S0-CUN-932

THE ROSTER OF CONFEDERATE SOLDIERS

1861 – 1865

Volume II

Bell, H.
– to –
Buett, Thomas

M253-31 — M253-61

EDITED BY
Janet B. Hewett

BROADFOOT PUBLISHING COMPANY
Wilmington, NC
1995

"Fine Books Since 1970."
BROADFOOT PUBLISHING COMPANY
1907 Buena Vista Circle * Wilmington, North Carolina 28405

THIS BOOK IS PRINTED ON ACID-FREE PAPER.

ISBN No. 1-56837-306-6 (Multi-Volume Set)

© 1995
BROADFOOT PUBLISHING COMPANY
Wilmington, NC

Bell, H. GA 1st Inf. Co.A
Bell, H. GA 2nd Bn.Troops & Defences (Macon) Co.C
Bell, H. KY 7th Cav. Co.B
Bell, H. MS 5th Inf. (St.Troops) Co.I 3rd Lt.
Bell, H. NC 2nd Jr.Res. Co.K
Bell, H. SC Arty. Manigault's Bn. 1st Co.B
Bell, H. TN 63rd Inf. Co.K Cpl.
Bell, H.A. MS 14th (Cons.) Inf. Co.H
Bell, Hamilton TX 20th Cav. Co.B
Bell, Hampton 1st Choctaw & Chickasaw Mtd.Rifles 3rd Co.F
Bell, Hanibel TX Inf. 2nd St.Troops Co.H
Bell, Harden TN 4th (McLemore's) Cav. Co.G
Bell, Hardy J. GA 57th Inf. Co.G Sgt.
Bell, Harmon L. GA 15th Inf. Co.C
Bell, Harris TN 34th Inf. Co.G Sgt.
Bell, Harrison (Colored) TN 29th Inf. Co.D
Bell, Harrison T. GA 13th Cav. Co.D
Bell, Harrison T. GA Inf. 25th Bn. (Prov.Guard) Co.E
Bell, Harris P. GA 18th Inf. Co.I
Bell, Haywood P. NC 32nd Inf. Co.I
Bell, Haywood P. NC 56th Inf. Co.A
Bell, H.B. GA Inf. 9th Bn. Co.D
Bell, H.C. AL 55th Vol. Co.K
Bell, H.C. TN 12th (Cons.) Inf. Co.G
Bell, H.C. TX 5th Inf. Co.A
Bell, H.E. TX 24th Cav. Co.B
Bell, Henderson VA 50th Inf. Co.I
Bell, Hendron V. VA 5th Inf. Co.I Sgt.
Bell, Henry AR Inf. 8th Bn. 1st Co.C
Bell, Henry AR 10th Inf. Co.F,C Ord.Sgt.
Bell, Henry AR 25th Inf. Co.F
Bell, Henry GA Lt.Arty. Guerard's Btty.
Bell, Henry GA 59th Inf. Co.E
Bell, Henry MD 1st Cav. Co.A
Bell, Henry MS Inf. 3rd Bn. Co.D Cpl.
Bell, Henry MO 9th Bn.S.S. Co.E Sgt.
Bell, Henry NC 43rd Inf. Co.F
Bell, Henry NC 46th Inf. Co.G
Bell, Henry NC 64th Inf. Co.N
Bell, Henry SC 1st Cav. Co.B
Bell, Henry SC 1st Arty. Co.H
Bell, Henry TN Cav. Allison's Squad. Co.B
Bell, Henry VA 12th Cav. Co.C
Bell, Henry VA 2nd Inf. Co.H
Bell, Henry VA 59th Inf. Co.G
Bell, Henry A. TN 39th Mtd.Inf. Co.I
Bell, Henry A. MS 43rd Inf. Co.B
Bell, Henry B. GA 37th Inf. Co.G A.Hosp.Stew.
Bell, Henry C. MO Cav. Poindexter's Regt.
Bell, Henry C. 1st Conf.Eng.Troops Co.C
Bell, Henry D. GA Inf. 1st Loc.Troops (Augusta) Co.A
Bell, Henry D. VA Loc.Res.
Bell, Henry E. GA Arty. (Sumter Arty.) 11th Bn. New Co.C
Bell, Henry E. NC 4th Cav. (59th St.Troops) Co.H
Bell, Henry E. VA 21st Inf. Co.H
Bell, Henry F. VA Lt.Arty. Armistead's Co. Bugler
Bell, Henry G. GA 8th Inf. Co.F
Bell, Henry G. GA 51st Inf. Co.K Sgt.
Bell, Henry G. MS Part.Rangers Smyth's Co.
Bell, Henry H. LA 13th Bn. (Part.Rangers) Co.F
Bell, Henry H. LA 16th Inf. Co.B
Bell, Henry K. AR 15th (Josey's) Inf. Co.A Sgt.
Bell, Henry T. VA 23rd Inf. Co.B
Bell, Henry W. GA 18th Inf. Co.H
Bell, Henry W. LA 18th Inf. Co.H
Bell, Henry W. VA 13th Inf. 1st Co.B
Bell, H.E.W. AR 19th (Dawson's) Inf. Co.A
Bell, H.F. KY 2nd (Woodward's) Cav. Co.C
Bell, H.F. NC 27th Inf. Co.F
Bell, H.F. TN 9th Inf. Co.H
Bell, H.F. VA 5th Cav. Co.I
Bell, H.F. VA 5th Cav. (12 mo. '61-2) Co.K
Bell, H.F. VA 15th Cav. Co.I
Bell, H.F. Conf.Lt.Arty. Stark's Bn. Co.A
Bell, H.H. GA Arty. (Sumter Arty.) 11th Bn. Co.B
Bell, H.H. LA 5th Cav. Co.E
Bell, Hillary H. VA 9th Inf. Co.E
Bell, Hinds C. LA 16th Inf. Co.B
Bell, Hiram MS 6th Inf. Co.G 1st Cpl.
Bell, Hiram P. GA 43rd Inf. Col.
Bell, Hiram R. NC Inf. 13th Bn. Co.C
Bell, H.J. NC 3rd Bn.Sr.Res. Co.A
Bell, H.J. TN 43rd Inf. Co.B
Bell, H.K. MS 10th Inf. Old Co.A, New Co.D
Bell, H.L. TN Cav. Napier's Bn. Co.D
Bell, H.L. TN 2nd (Walker's) Inf. Co.H Cpl.
Bell, H.M. Gen. & Staff, QM Dept. Maj.
Bell, H.N. MS 46th Inf. Co.B
Bell, Holland M. AL 41st Inf. Co.H Capt.
Bell, Homer S. GA 17th Inf. Co.K Sgt.Maj.
Bell, Hope VA Horse Arty. E. Graham's Co.
Bell, H.R. GA 66th Inf.
Bell, H.R. Gen. & Staff En.Off.
Bell, H.S. SC 23rd Inf. Co.D
Bell, H.T. GA Inf. 25th Bn. (Prov.Guard) Co.I 1st Lt.
Bell, Hugh KY 1st (Butler's) Cav. Co.G
Bell, Hugh KY 1st (Helm's) Cav. Co.A
Bell, Hugh KY 12th Cav. Co.A
Bell, Hugh KY 7th Mtd.Inf. Co.B
Bell, Hugh TN 55th Inf. Co.I
Bell, Hugh L. GA 38th Inf. Co.N
Bell, H.W. AL 6th Inf. Co.A
Bell, H.W. GA 18th Inf. Co.C 1st Lt.
Bell, I.H. 7th Conf.Cav. Co.L
Bell, I.N. TN 5th (McKenzie's) Cav. Co.B
Bell, Ira D. VA 57th Inf. Co.G
Bell, Irbin H. TX 34th Cav. Co.F
Bell, Isaac AR 19th (Dawson's) Inf. Co.A 1st Lt.
Bell, Isaac AR Inf. Hardy's Regt. Torbett's Co. 1st Lt.
Bell, Isaac MS Home Guards Barnes' Co.
Bell, Isaac C. SC 13th Inf. Co.A
Bell, Isaac Ellsberry MO 8th Inf. Co.E
Bell, Isaac G. MS 11th Inf. Co.I
Bell, Isaac J. AR 33rd Inf. Co.F
Bell, Isaac T. TN 12th (Cons.) Inf. Co.A
Bell, Isaac (T.) Gen. & Staff ADC
Bell, Isaac W. MS Inf. 3rd Bn. Co.A
Bell, Isaiah NC 3rd Inf. Co.G
Bell, Isai L. MS 21st Inf. Co.D
Bell, I.T. GA 40th Inf. Co.C Cpl.
Bell, I.W. MS 46th Inf. Co.B
Bell, I.W. SC 7th Cav. Co.E
Bell, J. AL Cav. Barlow's Co.
Bell, J. AR 51st Mil. Co.D
Bell, J. GA 2nd Cav. Co.F
Bell, J. GA Lt.Arty. Pritchard's Co. (Washington Arty.)
Bell, J. GA 8th Inf. Co.A
Bell, J. GA 10th Inf. Co.I
Bell, J. GA 41st Inf. Co.E
Bell, J. GA 48th Inf. Capt.
Bell, J. KY 10th (Johnson's) Cav. Co.E
Bell, J. MS Cav. Hughes' Bn. Co.D
Bell, J. SC Lt.Arty. M. Ward's Co. (Waccamaw Lt.Arty.)
Bell, J. SC 2nd St.Troops Co.A
Bell, J. TX 26th Cav. Co.I
Bell, J. TX Inf. 1st St.Troops Martin's Co.A
Bell, J. VA Hvy.Arty. 20th Bn. Co.B
Bell, J. VA 54th Mil. Co.H
Bell, J. 1st Cherokee Mtd.Vol. 1st Co.D
Bell, J. 1st Choctaw & Chickasaw Mtd.Rifles 3rd Co.D
Bell, J.A. GA 32nd Inf. Co.K Lt.
Bell, J.A. KY 3rd Mtd.Inf. Co.L
Bell, J.A. NC 27th Inf. Co.I Music.
Bell, J.A. TN Cav. Napier's Bn. Co.D
Bell, J.A. TN Cav. Williams' Co.
Bell, J.A. TN 50th Inf. Co.G
Bell, J.A. TX 20th Cav. Co.K
Bell, J.A. TX 29th Cav. Co.H,C
Bell, J.A. TX 16th Inf. Co.I
Bell, Jack 1st Cherokee Mtd.Vol. 1st Co.I
Bell, Jack R. TN 41st Inf. Co.F Sgt.
Bell, Jackson GA 4th (Clinch's) Cav. Co.C
Bell, Jackson MS Inf. 1st Bn.St.Troops (30 days '64) Co.D
Bell, Jackson MS 2nd (Quinn's St.Troops) Inf. Co.A
Bell, Jackson MS 36th Inf. Co.I
Bell, Jackson SC 1st Mtd.Mil. Earnest's Co.
Bell, Jackson SC 5th Cav. Co.G
Bell, Jackson SC Cav. 17th Bn. Co.B
Bell, Jackson TN 12th (Green's) Cav. Co.A
Bell, Jackson TX Inf. 3rd St.Troops Co.H
Bell, Jacob SC 2nd Inf. Co.C Sgt.
Bell, Jacob C. AR 14th (Powers') Inf. Co.H
Bell, Jacob C. GA 21st Inf. Co.I
Bell, Jacob D. SC Lt.Arty. 3rd (Palmetto) Bn. Co.D
Bell, James AL City Troop (Mobile) Arrington's Co.A
Bell, James AL Cav. Moreland's Regt. Co.B
Bell, James AL 15th Inf.
Bell, James AL 18th Inf. Co.H
Bell, James AL 20th Inf. Ens.
Bell, James AL 20th Inf. Co.A
Bell, James AR Cav. Wright's Regt. Co.A
Bell, James AR 15th (N.W.) Inf. Co.B
Bell, James AR 19th (Dawson's) Inf. Co.C
Bell, James AR 34th Inf. Co.D
Bell, James AR 35th Inf. Co.E Cpl.
Bell, James FL 5th Inf. Co.F
Bell, James FL 10th Inf. Co.B
Bell, James GA 10th Inf. Co.B
Bell, James GA 11th Inf. Co.K
Bell, James GA Inf. 26th Bn. Co.B
Bell, James GA 32nd Inf. Co.E
Bell, James GA 34th Inf. Co.K

Bell, James GA Inf. Pool's Co.
Bell, James GA Inf. Whiteside's Nav.Bn. (Loc.Def.) Co.A
Bell, James KY 1st (Butler's) Cav. Co.D
Bell, James KY 3rd Cav. Co.E
Bell, James KY 10th Cav. Co.F
Bell, James KY 10th (Johnson's) Cav. New Co.C
Bell, James KY 6th Mtd.Inf. Co.D
Bell, James KY 9th Mtd.Inf. Co.D
Bell, James LA Cav. Cole's Co.
Bell, James LA 1st (Strawbridge's) Inf. Co.G
Bell, James LA Mil. 1st Native Guards
Bell, James LA 3rd Inf. Co.A
Bell, James MS Cav.Res. Butler's Co.
Bell, James MS 1st (King's) Inf. (St.Troops) Co.K
Bell, James MS 1st (Percy's) Inf. Co.A
Bell, James MS 6th Inf. Co.G
Bell, James MS 27th Inf. Co.D
Bell, James MS 36th Inf. Co.I
Bell, James MS 37th Inf. Co.F
Bell, James MO Cav. Snider's Bn. Co.A
Bell, James MO 1st & 4th Cons.Inf. Co.B
Bell, James MO 4th Inf. Co.A
Bell, James MO 9th Inf. Co.H
Bell, James NC 5th Cav. (63rd St.Troops) Co.A
Bell, James NC Lt.Arty. 13th Bn. Co.D
Bell, James NC 17th Inf. (2nd Org.) Co.K
Bell, James NC 51st Inf. Co.I
Bell, James SC 1st Cav. Co.B Sgt.
Bell, James SC Arty. Manigault's Bn. 1st Co.A
Bell, James SC 23rd Inf. Co.D
Bell, James TN 7th (Duckworth's) Cav. Co.F
Bell, James TN 12th Inf. Co.A
Bell, James TN 12th (Cons.) Inf. Co.A
Bell, James TN 15th Inf. Co.G
Bell, James TN 18th Inf. Co.D
Bell, James TX Cav. Bourland's Regt. Co.G
Bell, James TX 3rd Inf. Co.B
Bell, James VA 1st Cav. Co.E
Bell, James VA 3rd (Chrisman's) Bn.Res. Co.F Sgt.
Bell, James VA 31st Mil. Co.B
Bell, James VA 60th Inf. 2nd Co.H
Bell, James 15th Conf.Cav. Co.F
Bell, James 2nd Cherokee Mtd.Vol. Co.H
Bell, James A. AL 39th Inf. Co.K
Bell, James A. GA 55th Inf. Co.G
Bell, James A. KY 6th Cav.
Bell, James A. MS 27th Inf. Co.D
Bell, James A. MO Cav. Slayback's Regt. Co.D
Bell, James A. NC 11th (Bethel Regt.) Inf. Co.K
Bell, James A. SC 1st (Orr's) Rifles Co.A
Bell, James A. SC 5th Inf. 1st Co.B, 2nd Co.F 1st Sgt.
Bell, James A. TN 11th Inf. Co.F Sgt.
Bell, James A. TX 10th Cav. Co.B
Bell, James A. VA 3rd Cav. Co.K 1st Lt.
Bell, James A., Sr. VA 5th Inf. Co.C 2nd Lt.
Bell, James Alexander VA 5th Inf. Co.C
Bell, James B. AL 6th Inf. Co.B
Bell, James B. AL 18th Inf. Co.D
Bell, James B. GA 3rd Cav. (St.Guards) Co.H
Bell, James B. NC Hvy.Arty. 10th Bn. Co.A
Bell, James B. VA Inf. 43rd Regt. Co.C Lt.
Bell, James B. VA Rockbridge Cty.Res. Bacon's Co.
Bell, James B. Sharp's Brig. Capt.,AQM
Bell, James C. AR Inf. 4th Bn. Co.B
Bell, James C. AR 34th Inf. Co.K
Bell, James C. GA 52nd Inf. Co.B
Bell, James C. MO 8th Inf. Co.B
Bell, James C. SC 2nd Inf. Co.C 2nd Lt.
Bell, James C. TX 8th Inf. Co.D
Bell, James D. AR 34th Inf. Co.K
Bell, James D. GA 1st (Olmstead's) Inf. Co.K
Bell, James D. TX 1st (McCulloch's) Cav. Co.F 2nd Lt.
Bell, James D. TX 1st (Yager's) Cav. Co.K 1st Lt.
Bell, James D. TX Cav. 8th (Taylor's) Bn. Co.B AAQM,2nd Lt.
Bell, James D. VA 1st Cav. 1st Co.D
Bell, James D. VA 6th Cav. Co.D
Bell, James D. Gen. & Staff Capt.,AQM
Bell, James E. AL 23rd Inf. Co.E Sgt.
Bell, James E. AL 41st Inf. Co.H Lt.
Bell, James E. GA 10th Cav. (St.Guards) Co.B Sgt.
Bell, James E. SC 2nd Arty. Co.H
Bell, James E. SC 3rd Inf. Co.I
Bell, James E. VA 14th Cav.
Bell, James E. VA 6th Inf. 2nd Co.B 2nd Lt.
Bell, James E. Gen. & Staff Asst.Surg.
Bell, James Eugene GA Inf. 9th Bn. Co.D
Bell, James H. AL 11th Cav. Co.E 1st Sgt.
Bell, James H. AL 1st Inf. Co.G
Bell, James H. AL 19th Inf. Co.F
Bell, James H. AL 50th Inf. Co.E Cpl.
Bell, James H. AR 24th Inf. Co.F
Bell, James H. AR Inf. Hardy's Regt. Co.D
Bell, James H. GA 55th Inf. Co.A,C
Bell, James H. MO 8th Cav. Co.H
Bell, James H. MO Cav. Williams' Regt. Co.B 2nd Lt.
Bell, James H. MO Inf. 4th Regt.St.Guard Co.D
Bell, James H. NC 3rd Cav. (41st St.Troops) Co.K
Bell, James H. NC 4th Cav. (59th St.Troops) Co.G
Bell, James H. NC 2nd Arty. (36th St.Troops) Co.G
Bell, James H. NC 1st Inf. Co.E
Bell, James H. NC 27th Inf. Co.C
Bell, James H. NC 55th Inf. Co.A
Bell, James H. TX Cav. Waller's Regt. Dunn's Co.
Bell, James H. VA 7th Cav. Co.D 2nd Lt.
Bell, James H. VA Cav. 39th Bn. Co.C
Bell, James H. VA 16th Inf. Co.F
Bell, James H. VA 151st Mil. Co.D
Bell, James H. Bell's,CSA
Bell, James Henry SC 7th Inf. 1st Co.D, 2nd Co.D
Bell, James J. GA 55th Inf. Co.H
Bell, James J. GA 63rd Inf. Co.H
Bell, James K. MS St.Cav. Perrin's Bn. Co.F
Bell, James L. GA 7th Inf. Co.K Sgt.
Bell, James L. VA 30th Cav. Co.C
Bell, James M. AL 6th Inf. Co.A
Bell, Jas. M. AL 45th Inf. Co.I
Bell, James M. GA Cav. 9th Bn. (St.Guards) Co.C
Bell, James M. GA 1st (Olmstead's) Inf. Co.G
Bell, James M. GA 55th Inf. Co.H
Bell, James M. MS 11th (Perrin's) Cav. Co.H
Bell, James M. TN 1st (Turney's) Inf. Co.B
Bell, James M. TN 35th Inf. 2nd Co.D Surg.
Bell, James M. TN 44th Inf. Co.B 1st Lt.
Bell, James M. TX 15th Cav. Co.K Bugler
Bell, James M. TX 10th Inf. Co.C
Bell, James M. VA 2nd Inf. Co.B
Bell, James M. VA 97th Mil. Co.D Cpl.
Bell, James M. 1st Conf.Inf. 2nd Co.E
Bell, James M. 1st Cherokee Mtd.Vol. 1st Co.G
Bell, James M. 2nd Cherokee Mtd.Vol. Lt.Col.
Bell, James M. Gen. & Staff Surg.
Bell, James McD. MS 27th Inf. Co.D
Bell, James M.P. MS 21st Inf. Co.K
Bell, James N. AL 49th Inf. Co.H
Bell, James N. GA 11th Inf. Co.G
Bell, James N. TX 15th Cav. Co.G Cpl.
Bell, James N. VA 5th Cav. (12 mo. '61-2) Co.H 1st Lt.
Bell, James N. VA 13th Cav. Co.I
Bell, James N. VA 6th Inf. Co.G
Bell, James O. VA 8th Cav. Co.A
Bell, James P. AL 34th Inf. Co.B
Bell, James P. GA Hvy.Arty. 22nd Bn. Co.F
Bell, James P. MO 1st Cav. Co.B
Bell, James R. GA 49th Inf. Co.H
Bell, James R. MS 12th Inf. Co.B Maj.
Bell, James R. MS 19th Inf. Co.G
Bell, James R. MO Cav. Fristoe's Regt. Co.K
Bell, James Rufus NC 22nd Inf. Co.K,E
Bell, Jas. S. GA 13th Cav. Co.D
Bell, James S. MO Cav. Coffee's Regt.
Bell, James S. MO Searcy's Bn.S.S. Co.D Cpl.
Bell, James S. 8th (Wade's) Conf.Cav. Co.K
Bell, James T. AL 24th Inf. Co.I 1st Lt.
Bell, James T. MS 2nd Inf. Co.H
Bell, James T. MS 19th Inf. Co.G
Bell, James T. TX 2nd Inf. Co.B 2nd Lt.
Bell, James T. VA Lt.Arty. 12th Bn. 2nd Co.A
Bell, James T. VA Lt.Arty. Sturdivant's Co.
Bell, James T. VA 28th Inf. Co.I
Bell, James W. AL 33rd Inf. Co.F
Bell, James W. AR 6th Inf. New Co.D
Bell, James W. FL 2nd Inf. Co.M
Bell, James W. GA Lt.Arty. Guerard's Btty.
Bell, James W. GA 57th Inf. Co.G
Bell, James W. GA 61st Inf. Co.B
Bell, James W. MS St.Cav. Perrin's Bn. Co.F Sgt.
Bell, James W. MS Inf. 2nd St.Troops Co.G Cpl.
Bell, James W. MS Inf. 3rd Bn. Co.G
Bell, James W. MS 10th Inf. Old Co.E, New Co.A
Bell, James W. MS 17th Inf. Co.F
Bell, James W. NC 1st Cav. Co.B
Bell, James W. NC 16th Inf. Co.H Lt.,Music.
Bell, James W. SC 19th Inf. Co.I
Bell, James W. TN 34th Inf. Co.B
Bell, James W. TN 36th Inf. Co.B
Bell, James W. TN 43rd Inf. Co.B
Bell, James W. VA 1st Cav. Co.I
Bell, James W. VA 9th Cav. Co.K
Bell, James W. VA 24th Inf. Co.C
Bell, James W. VA 33rd Inf. Co.I
Bell, James W. VA 41st Mil. Co.C Cpl.

Bell, James W. VA 146th Mil. Co.A
Bell, James William MO 8th Inf. Co.E Sgt.
Bell, James X. TX 9th Cav. Co.G
Bell, Jasper M. AL 7th Cav. Co.B
Bell, J.B. FL 2nd Cav. Co.H
Bell, J.B. GA 8th Inf. Co.K
Bell, J.B. GA 15th Inf. Co.C
Bell, J.B. MS 1st Cav. Co.K Bvt.2nd Lt.
Bell, J.B. MS 44th Inf. Co.A AQM
Bell, J.B. NC 1st Cav. (9th St.Troops) Co.K
Bell, J.B. NC 37th Inf. Co.C
Bell, J.B. SC Arty. Stuart's Co. (Beaufort Vol.Arty.) Cpl.
Bell, J.B. SC 11th Inf. Co.A
Bell, J.B. VA 1st (Farinholt's) Res. Co.K Sgt.
Bell, J.B. VA 3rd Res. Co.D
Bell, J.B.A. AL 40th Inf. Co.D
Bell, J.C. AL 7th Cav. Co.I
Bell, J.C. AR 8th Cav. Co.A
Bell, J.C. AR 1st Mtd.Rifles Co.G
Bell, J.C. AR 50th Mil. Co.G
Bell, J.C. GA 4th Cav. (St.Guards) Cartledge's Co.
Bell, J.C. GA Inf. 23rd Bn.Loc.Def. Pendergrass' Co.
Bell, J.C. MS Cav. 4th Bn. Co.B
Bell, J.C. MS 12th Cav. Co.D Cpl.
Bell, J.C. MS 5th Inf. Co.C
Bell, J.C. MO 12th Cav. Co.C
Bell, J.C. SC 1st Inf. Co.I Sgt.
Bell, J.C. SC 5th Res. Co.I
Bell, J.C. TN 8th (Smith's) Cav. Co.A
Bell, J.C. TX 16th Inf. Co.C
Bell, J.C. TX 16th Inf. Co.H 1st Sgt.
Bell, J.C. VA 17th Cav. Co.F
Bell, J.C. VA Lt.Arty. R.M. Anderson's Co.
Bell, J.C. Gen. & Staff Capt., E.O.
Bell, J.C. Gen. & Staff Hosp.Stew.
Bell, J.C.C. NC Mallett's Bn. (Cp.Guard) Co.D
Bell, J.C.F. AL 55th Vol. Co.K
Bell, J.D. AL Gid Nelson Lt.Arty.
Bell, J.D. NC 2nd Jr.Res. Co.E
Bell, J.E. AL 17th Inf. Co.E
Bell, J.E. GA Cav. 1st Bn.Res. Co.E
Bell, J.E. GA Tiller's Co. (Echols Lt.Arty.)
Bell, J.E. MS 3rd Cav. Co.K,H
Bell, J.E. MS 3rd Inf. (St.Troops) Co.E Sgt.
Bell, J.E. VA Lt.Arty. Hankins' Co.
Bell, Jefferson MS 39th Inf. Co.C
Bell, Jere AL 17th Inf. Co.C
Bell, Jeremiah VA 1st Inf. Co.C
Bell, Jeremiah VA 46th Inf. 2nd Co.K
Bell, Jeremiah VA 189th Mil. Co.C
Bell, Jerome KY 8th Cav. Sgt.
Bell, Jerry VA 24th Inf. Co.E
Bell, Jerry E. AL 13th Inf. Co.G
Bell, Jesse AL 22nd Inf. Co.I
Bell, Jesse AL 27th Inf. Co.F
Bell, Jesse GA Lt.Arty. 14th Bn. Co.A,G
Bell, Jesse GA Lt.Arty. Anderson's Btty.
Bell, Jesse GA Lt.Arty. Havis' Btty.
Bell, Jesse 3rd Conf.Cav. Co.H
Bell, Jesse C. VA 6th Inf. Co.H
Bell, Jessee AL 4th Inf. Co.K
Bell, Jesse E. MS 30th Inf. Co.E 1st Sgt.
Bell, Jesse E. Gen. & Staff Hosp.Stew.
Bell, Jessee C.F. AL 19th Inf. Co.G
Bell, Jesse J. FL 2nd Cav. Co.E
Bell, Jesse M. FL Cav. 3rd Bn. Co.B
Bell, Jesse M. TX 12th Cav. Co.D
Bell, Jesse T. AL 10th Inf. Co.B
Bell, Jesse T. VA 7th Cav. Co.G
Bell, Jesse V. MS Cav. 1st Bn.(Miller's) Cole's Co.
Bell, Jesse V. MS St.Cav. 2nd Bn. (Harris') Co.A
Bell, Jesse V. MS Cav. 3rd Bn. (Ashcraft's)
Bell, Jesse V. MS 11th (Ashcraft's) Cav.
Bell, Jesse W. TX 1st (McCulloch's) Cav. Co.H
Bell, Jesse W. TX Cav. Morgan's Regt. Co.B
Bell, J.F. AL 2nd Cav. Co.F
Bell, J.F. AR 13th Inf. Co.D
Bell, J.F. LA 1st (Nelligan's) Inf. Surg.
Bell, J.F. SC 3rd Inf. Co.E
Bell, J.F. TN 47th Inf. Co.F
Bell, J.F. Mead's Conf.Cav. Co.I
Bell, J.F.M. AL 29th Inf. Co.H
Bell, J. Foster 2nd Cherokee Mtd.Vol. Co.B Ord.Sgt.
Bell, J.G. AL 32nd Inf. Co.F
Bell, J.G. MS Inf. 2nd Bn. Co.L 3rd Lt.
Bell, J.G. MS 14th Inf. Co.C
Bell, J.G. MS 48th Inf. Co.L Lt.
Bell, J.H. AL 56th Part.Rangers Co.A Sgt.
Bell, J.H. AL 3rd Res. Co.C
Bell, J.H. AL 9th Inf. Co.E
Bell, J.H. AL 15th Inf. Co.E
Bell, J.H. AL 23rd Inf. Co.H
Bell, J.H. AL Randolph Cty.Res. D.A. Self's Co. Sgt.
Bell, J.H. AR 19th (Dawson's) Inf. Co.I
Bell, J.H. AR 30th Inf. Co.B
Bell, J.H., Jr. GA 7th Cav. Co.A
Bell, J.H., Sr. GA 7th Cav. Co.A
Bell, J.H. GA Inf. 40th Bn. Co.A
Bell, J.H. KY 1st (Helm's) Cav. Co.A
Bell, J.H. LA Inf.Crescent Regt. Co.H 1st Sgt.
Bell, J.H. MS 1st Lt.Arty. Co.G
Bell, J.H. TN 5th (McKenzie's) Cav. Co.A
Bell, J.H. TN Cav. Jackson's Co.
Bell, J.H. TN 31st Inf. Co.F
Bell, J.H. TX 8th Cav. Co.A Sgt.
Bell, J.H. TX 10th Cav. Co.F 1st Sgt.
Bell, J.H. TX 1st Hvy.Arty. Co.B
Bell, J.H. VA 7th Cav. Glenn's Co.
Bell, J.H. VA 3rd Bn. Valley Res. Co.B
Bell, J.H. VA 46th Inf. Co.G
Bell, J. Harvey KY 1st (Butler's) Cav. Co.A
Bell, J.J. AR 7th Inf. Co.G
Bell, J.J. AR Inf. Cocke's Regt. Co.I
Bell, J.J. GA 49th Inf. Co.H
Bell, J.J. MS 6th Cav. Co.I
Bell, J.J. MS 13th Inf. Co.C
Bell, J.J. TN 12th (Green's) Cav. Co.K
Bell, J.J. TX 21st Cav. Co.C
Bell, J.J. TX 33rd Cav. Co.K
Bell, J.J. 10th Conf.Cav. Co.D
Bell, J.K. AL 1st Cav. Co.G
Bell, J.K. AL Wheeler's Escort
Bell, J.K. TX 1st Hvy.Arty. Co.A
Bell, J.L. AR 2nd Cav. Co.E
Bell, J.L. MS 7th Cav. Co.A
Bell, J.L. MS 40th Inf. Co.G
Bell, J.L. MO Cav. Schnabel's Bn. Co.C
Bell, J.L. NC 18th Inf. Co.I
Bell, J.L. SC Mil. 1st Regt. (Charleston Res.) Co.C
Bell, J.L. SC 3rd Inf. Co.I Cpl.
Bell, J.L. SC 5th Inf. 2nd Co.A
Bell, J.L. SC 17th Inf. Co.I
Bell, J.L. TN 38th Inf. Co.E Cpl.
Bell, J.M. AL 6th Inf. Co.B Jr.2nd Lt.
Bell, J.M. AL 22nd Inf. Co.G Sgt.
Bell, J.M. AL 33rd Inf. Co.K
Bell, J.M. GA 4th Cav. (St.Guards) Gower's Co.
Bell, J.M. GA 13th Inf. Co.C
Bell, J.M. GA Inf. 17th Bn. (St.Guards) Jefferson's Co.
Bell, J.M. GA Inf. (Mitchell Home Guards) Brooks' Co.
Bell, J.M. LA 12th Inf. 2nd Co.M
Bell, J.M. LA 17th Inf. Co.G
Bell, J.M. MS 1st Cav. Co.D Cpl.
Bell, J.M. MS 1st Cav.Res. Co.K
Bell, J.M. NC 67th Inf. Co.H Capt.
Bell, J.M. SC 4th Cav. Co.I
Bell, J.M. SC Cav. 12th Bn. Co.B
Bell, J.M. SC 1st St.Troops Co.F
Bell, J.M. SC 3rd Bn.Res. Co.C
Bell, J.M. SC 6th Res. Co.E
Bell, J.M., Jr. SC 21st Inf. Co.C
Bell, J.M. SC 23rd Inf. Co.D
Bell, J.M. SC 25th Inf. Co.I
Bell, J.M. SC Post Guard Senn's Co.
Bell, J.M. TN Inf. 1st Cons.Regt. Co.E
Bell, J.M. TN 9th Inf. Co.H
Bell, J.M. TN 50th Inf. Co.G
Bell, J.M. TX 33rd Cav. Co.A
Bell, J.M. TX Cav. Chisum's Regt. (Dismtd.) Co.B
Bell, J.M. TX Inf. Timmons' Regt. Co.E
Bell, J.M. VA 2nd Cav. Co.D
Bell, J.M. VA 5th Cav. 1st Lt.
Bell, J.M. VA 14th Cav. Co.D
Bell, J.M. 15th Conf.Cav. Co.D
Bell, J.M. 1st Cherokee Mtd.Vol. 1st Co.D Lt.Col.
Bell, J.M. 1st Cherokee Mtd.Vol. 2nd Co.G Cpl.
Bell, J.M. 2nd Cherokee Mtd.Vol. Co.B 1st Lt.
Bell, J.M. Gen. & Staff Lt.Col.
Bell, J.M. Gen. & Staff 1st Lt.,AQM
Bell, J.M.C. AL 37th Inf. Co.C
Bell, J.N. AL 2nd Inf. Co.H
Bell, J.N. AL 5th Inf. Co.C
Bell, J.N. AR 1st (Monroe's) Cav. Co.F
Bell, J.N. KY Morgan's Men Co.D 2nd Lt.
Bell, J.N. MS 3rd (St.Troops) Cav. Co.E
Bell, J.N. MS 1st (King's) Inf. (St.Troops) Co.B
Bell, J.N. NC 1st Cav. (9th St.Troops) Co.G Cpl.
Bell, J.N. TN 8th Inf. Co.D
Bell, J.N. Gen. & Staff, Arty. 1st Lt.,Ord.Off.
Bell, J.N.C. VA 20th Cav. Co.C
Bell, Joe J. AR 8th Inf. New Co.K 2nd Lt.
Bell, Joel E. TN 4th (McLemore's) Cav. Co.A
Bell, Joel W. AL 38th Inf. Co.E
Bell, John AL City Troop (Mobile) Arrington's Co.A
Bell, John AL Cav. Moreland's Regt. Co.B
Bell, John AL Arty. 4th Bn. Hilliard's Legion Co.D

Bell, John AL St.Arty. Co.A Cpl.
Bell, John AL 18th Inf. Co.E
Bell, John AL 20th Inf. Co.A
Bell, John AL 23rd Inf. Co.E
Bell, John AL 23rd Inf. Co.I
Bell, John AL 24th Inf. Co.B
Bell, John AL 28th Inf. Co.K
Bell, John AL 31st Inf. Co.F
Bell, John AL 59th Inf. Co.H
Bell, John AR Cav. Harrell's Bn. Co.A
Bell, John AR Lt.Arty. Rivers' Btty.
Bell, John AR 3rd Inf. Co.E
Bell, John AR 6th Inf. Co.G
Bell, John AR 15th (N.W.) Inf. Co.B
Bell, John AR 18th Inf. Co.K Sgt.
Bell, John AR 23rd Inf. Co.B
Bell, John AR 35th Inf. Co.E
Bell, John AR 51st Mil. Co.E 3rd Lt.
Bell, John FL 3rd Inf. Co.G
Bell, John FL 8th Inf. Co.H,C
Bell, John GA 1st Cav. Co.G,I
Bell, John GA 9th Inf. Co.I
Bell, John GA 23rd Inf. Co.G Sgt.
Bell, John GA 34th Inf. Co.K
Bell, John GA 54th Inf. Co.C
Bell, John GA 64th Inf. Co.G
Bell, John KY 9th Cav. Co.A
Bell, John KY 10th Cav. Co.G
Bell, John KY 12th Cav. Co.F
Bell, John KY 3rd Bn.Mtd.Rifles Co.C
Bell, John KY 6th Mtd.Inf. Co.A
Bell, John LA 3rd (Wingfield's) Cav. Co.I
Bell, John LA 1st Hvy.Arty. (Reg.) Co.H
Bell, John LA Inf. 1st Sp.Bn. (Wheat's) New Co.E
Bell, John LA 12th Bn.
Bell, John LA 20th Inf. Co.C
Bell, John MS Lt.Arty. Turner's Co.
Bell, John MS 6th Inf. Co.F
Bell, John MS 8th Inf. Co.D
Bell, John MS 20th Inf. Co.E
Bell, John MO Cav. Snider's Bn. Co.E
Bell, John MO 9th Inf. Co.K
Bell, John NC 6th Sr.Res. Co.D
Bell, John NC 16th Inf. Co.M
Bell, John NC 30th Inf. Co.C
Bell, John SC 4th Cav. Co.H
Bell, John SC 1st Arty. Co.G
Bell, John SC Arty. Stuart's Co. (Beaufort Vol.Arty.)
Bell, John SC 1st Inf. Co.O
Bell, John SC 5th Bn.Res. Co.E
Bell, John SC 11th Inf. Co.A
Bell, John SC 13th Inf. Co.K
Bell, John SC 20th Inf. Co.H
Bell, John TN 4th (McLemore's) Cav. Co.G
Bell, John, Jr. TN 8th (Smith's) Cav. Co.K
Bell, John TN 10th (DeMoss') Cav. Co.G
Bell, John TN 12th Inf. Co.B
Bell, John TN 13th Inf. Co.I
Bell, John TX 3rd Cav. Co.H
Bell, John TX 20th Cav. Co.G
Bell, John TX 35th (Brown's) Cav. 2nd Co.B
Bell, John TX 36th Cav. Co.E
Bell, John TX Cav. Morgan's Regt. Co.F
Bell, John TX 1st Hvy.Arty. 2nd Co.A
Bell, John TX 1st Hvy.Arty. Co.E
Bell, John TX 11th Inf. Co.C
Bell, John TX Waul's Legion Co.A
Bell, John VA 5th Cav. (12 mo. '61-2) Co.D
Bell, John VA 8th Cav. Co.I
Bell, John VA 12th Cav. Co.C
Bell, John VA 13th Cav. 1st Co.B
Bell, John VA 2nd Arty. Co.I
Bell, John VA Lt.Arty. Fry's Co.
Bell, John VA 6th Res. Co.H
Bell, John VA 16th Inf. Co.F
Bell, John VA Inf. 23rd Bn. Co.C
Bell, John VA 46th Inf. Co.D,K Sgt.
Bell, John VA 60th Inf. 2nd Co.H
Bell, John VA 122nd Mil. Co.C
Bell, John VA Burks' Regt.Loc.Def.
Bell, John 7th Conf.Cav. Co.L
Bell, John 14th Conf.Cav. Co.K,H
Bell, John Horse Arty. White's Btty.
Bell, John, Jr. Wheeler's Corps 1st Lt.,Ord.Off.
Bell, John 1st Cherokee Mtd.Vol. 1st Co.B Sgt.
Bell, John 2nd Cherokee Mtd.Vol. Co.D
Bell, John A. AL 13th Bn.Part.Rangers Co.C
Bell, John A. GA 31st Inf. Co.I Cpl.
Bell, John A. LA 7th Inf. Co.H
Bell, John A. MS 5th Inf. Co.H
Bell, John A. NC 12th Inf. Co.D,B Cpl.
Bell, John A. NC 37th Inf. Co.C Cpl.
Bell, John A. VA 10th Inf. 2nd Co.C
Bell, John A. VA 23rd Inf. Co.G
Bell, John A. VA 50th Inf. Co.I
Bell, John A. VA 58th Mil. Co.D
Bell, John A. Gen. & Staff Lt.,Ord.Off.
Bell, John B. NC 4th Cav. (59th St.Troops) Co.G
Bell, John B. VA 25th Inf. 2nd Co.D
Bell, John C. AR 36th Inf. Co.C
Bell, John C. GA 51st Inf. Co.E
Bell, John C. GA 61st Inf. Co.B
Bell, John C. NC 3rd Cav. (41st St.Troops) Co.B Cpl.
Bell, John C. SC 12th Inf. Co.F Capt.
Bell, John C. TX 3rd Cav. Co.B
Bell, John C. VA 15th Inf. Co.D
Bell, John C. VA 20th Inf. Co.G
Bell, John C. 8th (Wade's) Conf.Cav. Co.D
Bell, John D. FL 6th Inf. Co.G
Bell, John D. NC 37th Inf. Co.C
Bell, John D. TN 1st (Turney's) Inf. Co.F Capt.
Bell, John Davis GA 41st Inf. Co.G Sgt.
Bell, John E. AR Lt.Arty. 5th Btty.
Bell, John E. LA 10th Inf. Co.E
Bell, John F. AL 11th Inf. Co.I Sgt.
Bell, John F. AR 7th Inf. Co.D
Bell, John F. AR 38th Inf. Co.D
Bell, John F. GA 43rd Inf. Co.E
Bell, John F. GA 52nd Inf. Co.K Sgt.
Bell, John F. KY 2nd (Duke's) Cav. Co.C
Bell, John F. NC 1st Arty. (10th St.Troops) Co.H
Bell, John F. NC 25th Inf. Co.A
Bell, John F. SC 13th Inf. Co.A
Bell, John F. VA 9th Cav. Co.A
Bell, John F. VA Hvy.Arty. 19th Bn. Co.A
Bell, John Francis Gen. & Staff Surg.
Bell, John G. AL 8th Inf. Co.D
Bell, John G. FL Inf. 2nd Bn. Co.F
Bell, John G. MS 2nd Inf. Co.C Sgt.
Bell, John H. AL 15th Bn.Part.Rangers Co.A Sgt.
Bell, John H. AL 56th Part.Rangers Co.H,G
Bell, John H. AR 18th Inf. Co.E 1st Sgt.
Bell, John H. AR Inf. Hardy's Regt. Co.I 1st Lt.
Bell, John H. GA 40th Inf. Co.B
Bell, John H. MO 10th Cav. Co.G
Bell, John H. MO Searcy's Bn.S.S. Co.D
Bell, John H. SC 1st (Orr's) Rifles Co.A
Bell, John H. TN 23rd Inf. 2nd Co.A
Bell, John H. TN 44th (Cons.) Inf. Co.E
Bell, John H. TX 5th Inf. Co.A Cpl.
Bell, John H. TX 22nd Inf. Co.H
Bell, John H. VA Lt.Arty. Hankins' Co. Bugler
Bell, John H. VA 3rd Inf. 1st Co.I Cpl.
Bell, John H. VA 39th Inf. Co.B
Bell, John J. AL 16th Inf. Co.A Sgt.
Bell, John J. AR 1st (Colquitt's) Inf. Co.K Cpl.
Bell, John J. GA 55th Inf. Co.H
Bell, John J. NC 8th Inf. Co.K 1st Lt.
Bell, John J. NC 24th Inf. Co.K
Bell, John J. SC 2nd Arty. Co.A
Bell, John J. SC Inf. 7th Bn. (Enfield Rifles) Co.H
Bell, John J. VA 15th Inf. Co.H
Bell, John K. LA 4th Inf. New Co.G
Bell, John K. LA Mil. Conf.Guards Regt. Co.G 1st Sgt.
Bell, John K. MS 14th (Cons.) Inf. Co.K Cpl.
Bell, John K. MS 43rd Inf. Co.H Cpl.
Bell, John L. AL 4th Inf. Co.B
Bell, John L. MS 2nd Part.Rangers Co.A
Bell, John L. MS 5th Inf. Co.F
Bell, John L. SC Inf. 7th Bn. (Enfield Rifles) Co.D
Bell, John L. TN 9th (Ward's) Cav. Co.A
Bell, John L. TN 8th Inf. Co.F
Bell, John L. TN 12th (Cons.) Inf. Co.G Capt.
Bell, John L. TN 22nd Inf. Co.G Capt.
Bell, John L. TN 34th Inf. Co.B
Bell, John M. AL 25th Inf. Co.F
Bell, John M. AR 2nd Mtd.Rifles Co.B
Bell, John M. AR 34th Inf. Co.K Sgt.
Bell, John M. LA 1st Cav. Co.A
Bell, John M. LA Cav. 1st Bn. (St.Guards) Co.B Cpl.
Bell, John M. LA Inf. 16th Bn. (Conf.Guards Resp.Bn.) Co.B Cpl.
Bell, John M. SC 14th Inf. Co.B 2nd Lt.
Bell, John M. TN Lt.Arty. Huggins' Co.
Bell, John M. TX 2nd Inf. Co.I 1st Lt.
Bell, John M. VA 10th Bn.Res. Co.B
Bell, John N. TN 6th Inf. Co.I
Bell, John N. TN 23rd Inf. 1st Co.A Sgt.
Bell, John N. TX 18th Inf. Co.B
Bell, John N. VA 3rd Inf. 1st Co.I
Bell, John N. VA 13th Inf. Co.H Cpl.
Bell, John N. VA Rockbridge Cty.Res. Hutchison's Co.
Bell, John O.L. VA 34th Inf. Co.G
Bell, John P. AR 26th Inf. Co.K 1st Sgt.
Bell, John P., Jr. MO 1st Cav. Co.B Cpl.
Bell, John P., Sr. MO 1st Cav. Co.B
Bell, John R. FL 4th Inf. Co.I Cpl.
Bell, John R. GA 13th Cav. Co.D
Bell, John R. GA 57th Inf. Co.D,E
Bell, John R. MS 2nd Inf. Co.C

Bell, John R. MO 1st & 4th Cons.Inf. Co.B
Bell, John R. MO 4th Inf. Co.A
Bell, John R. NC 26th Inf. Co.C
Bell, John R. VA 24th Cav. Co.F
Bell, John R. VA Inf. 1st Bn. Co.A
Bell, John R. 1st Conf.Inf. 2nd Co.E
Bell, John S. AR 12th Bn.S.S. Co.A 1st Lt.
Bell, John S. AR 15th (Josey's) Inf. Co.B
Bell, John S. KY 1st (Butler's) Cav. Co.D
Bell, John S. KY 4th Mtd.Inf. Co.K 2nd Lt.
Bell, John S. LA Inf. 16th Bn. (Conf.Guards Resp.Bn.) Co.B
Bell, John S. LA 27th Inf. Co.K
Bell, John S. MO 12th Inf. Co.C
Bell, John S. SC 14th Inf. Co.A
Bell, John S. VA 50th Inf. Co.I Cpl.
Bell, John T. AL 53rd (Part.Rangers) Co.D
Bell, John T. AL 14th Inf. Co.I Capt.
Bell, John T. GA 18th Inf. Co.I
Bell, John T. LA 13th Inf. Co.G
Bell, John T. MS 11th Inf. Co.B
Bell, John T. MS 14th Inf. Co.G
Bell, John T. MS 26th Inf. Co.F
Bell, John T. 1st Choctaw & Chickasaw Mtd.Rifles 3rd Co.D
Bell, John V. VA 1st Cav. Co.A
Bell, John V. VA 5th Inf. Co.F
Bell, John V. VA Patrol Guard 11th Congr.Dist. (Mtd.)
Bell, John W. AL Cav. Falkner's Co.
Bell, John W. AL 1st Bn.Cadets Co.A
Bell, John W. AL 23rd Inf. Co.I
Bell, John W. AL 32nd Inf.
Bell, John W. AL 32nd Inf. Co.H Capt.
Bell, John W. AL 33rd Inf. Co.F
Bell, John W. AL 46th Inf. Co.G Sgt.
Bell, John W. AR 1st (Colquitt's) Inf. Co.C
Bell, John W. AR 14th (McCarver's) Inf. Co.D
Bell, John W. AR 21st Inf. Co.K Cpl.
Bell, John W. GA Lt.Arty. Guerard's Btty. Bugler
Bell, John W. GA 3rd Bn. (St.Guards) Co.B
Bell, John W. GA 17th Inf. Co.K
Bell, John W. GA 22nd Inf. Co.G
Bell, John W. GA 36th (Villepigue's) Inf. Co.I 1st Lt.
Bell, John W. GA Inf. (GA RR Grds.) Porter's Co.
Bell, John W. KY 10th Cav. Co.H
Bell, John W. KY 4th Mtd.Inf. Co.G,K
Bell, John W. LA Pointe Coupee Arty.
Bell, John W. MS Inf. 2nd Bn. Co.B Cpl.
Bell, John W. MS 15th Bn.S.S. Co.B
Bell, John W. MS 48th Inf. Co.B Cpl.
Bell, John W. MO 12th Cav. Co.F
Bell, John W. MO Cav. Slayback's Regt. Co.D Cpl.
Bell, John W. MO Arty. Jos. Bledsoe's Co. Bugler
Bell, John W. NC 1st Cav. (9th St.Troops) Co.B
Bell, John W. NC Cav. 12th Bn. Co.C
Bell, John W. NC Cav. 16th Bn. Co.G
Bell, John W. NC Vol. Lawrence's Co.
Bell, John W. NC Part.Rangers Swindell's Co.
Bell, John W. SC Lt.Arty. 3rd (Palmetto) Bn. Co.D
Bell, John W. TN Cav. 2nd Bn. (Biffle's) Co.B
Bell, John W. TN 6th (Wheeler's) Cav. Co.G
Bell, John W. TN 43rd Inf. Co.G
Bell, John W. TN 43rd Inf. Co.K
Bell, John W. TN 53rd Inf. Co.F
Bell, John W. TX 6th Cav. Co.A,E
Bell, John W. VA 1st Cav. 1st Co.D
Bell, John W. VA 6th Cav. Co.D
Bell, John W. VA Cav. Mosby's Regt. (Part. Rangers) Co.C
Bell, John W. VA 13th Inf. Co.A
Bell, John W. VA 13th Inf. 1st Co.B
Bell, John W. VA 49th Inf. QM
Bell, John W. 7th Conf.Cav. Co.H
Bell, John W. 8th (Dearing's) Conf.Cav. Co.C
Bell, John W. Gen. & Staff, QM Dept. Maj.
Bell, John W. Gen. & Staff, Arty. 1st Lt.
Bell, John Z. TX 17th Cav. Co.G
Bell, Jonah VA 6th Cav. Co.D
Bell, Josch P. NC 8th Sr.Res. Daniel's Co.
Bell, Joseph AL 15th Bn.Part.Rangers Co.E
Bell, Joseph AL Mil. 4th Vol. Co.A
Bell, Joseph AL 15th Inf. Co.I
Bell, Joseph AR 35th Inf. Co.E
Bell, Joseph AR 50th Mil. Co.A
Bell, Joseph FL 3rd Inf.
Bell, Joseph GA 13th Cav. Co.I
Bell, Joseph GA Cav. 19th Bn. Co.C
Bell, Joseph GA Lt.Arty. Anderson's Btty.
Bell, Joseph GA 49th Inf. Co.H Cpl.
Bell, Joseph LA 1st (Strawbridge's) Inf. Co.H
Bell, Joseph LA 12th Inf. Co.I
Bell, Joseph LA 28th (Thomas') Inf. Co.E
Bell, Joseph MS 1st Cav. Co.C
Bell, Joseph MS 18th Cav. Co.K,L
Bell, Joseph MO Cav. Snider's Bn. Co.E
Bell, Joseph MO 2nd Inf. Co.I
Bell, Joseph SC 7th Cav. Co.C
Bell, Joseph SC Cav. 10th Bn. Co.D
Bell, Joseph SC Cav.Bn. Holcombe Legion Co.D
Bell, Joseph TN 15th Inf. Co.B
Bell, Joseph TX 20th Cav. Co.F
Bell, Joseph VA 12th Cav. Co.C
Bell, Joseph VA 122nd Mil. Co.C
Bell, Joseph 10th Conf.Cav. Co.H
Bell, Joseph Eng.,CSA
Bell, Joseph Exch.Bn. 2nd Co.A, 3rd Co.B,CSA
Bell, Joseph A. MS 12th Cav. Co.B
Bell, Joseph A. MS 14th Inf. Co.C
Bell, Joseph A. NC 1st Arty. (10th St.Troops) Co.H
Bell, Joseph A. TX 5th Cav. Co.I Sgt.
Bell, Jos. A. TX 16th Inf. Co.I
Bell, Joseph B. AL 2nd Bn. Hilliard's Legion Vol. Co.F
Bell, Joseph B. AL 59th Inf. Co.C
Bell, Joseph B. FL 5th Inf. Co.I
Bell, Joseph B. SC 24th Inf. Co.H Sgt.
Bell, Joseph B. VA Lt.Arty. W.H. Rice's Co.
Bell, Joseph B.W. AL Lt.Arty. Ward's Btty.
Bell, Joseph C. AR 36th Inf. Co.C
Bell, Joseph C. NC 28th Inf. Co.B
Bell, Joseph C. NC 56th Inf. Co.K
Bell, Joseph C. VA 14th Cav. Co.E
Bell, Joseph D. VA 22nd Inf. Taylor's Co.
Bell, Joseph D. VA 60th Inf. Co.E 2nd Lt.
Bell, Joseph E. VA 3rd Res. Co.F
Bell, Joseph F. AL 20th Inf. Co.B
Bell, Joseph F. NC 1st Arty. (10th St.Troops) Co.D
Bell, Joseph H. AR 3rd Inf. Co.K,L Capt.
Bell, Joseph H. AR 37th Inf. Adj.
Bell, Joseph H. GA Cav. 21st Bn. Co.A
Bell, Joseph H., Jr. GA Cav. 21st Bn. Co.A
Bell, Joseph H. GA 1st (Ramsey's) Inf. Co.H
Bell, Joseph H. TN 10th Inf. Co.F Sgt.
Bell, Joseph H. TX 30th Cav. Co.I
Bell, Joseph J. GA 47th Inf. Co.G 1st Sgt.
Bell, Joseph J. NC 4th Cav. (59th St.Troops) Co.H
Bell, Joseph J. NC Coast Guards Galloway's Co.
Bell, Joseph M. AR 2nd Vol. Co.A 2nd Lt.
Bell, Joseph M. AR 32nd Inf. Co.F 1st Lt.
Bell, Joseph M. TN 3rd (Lillard's) Mtd.Inf. Co.D
Bell, Joseph M. TX Inf. Griffin's Bn. Co.C
Bell, Joseph M. VA 9th Cav. Co.K
Bell, Joseph M. VA 41st Mil. Co.C
Bell, Joseph N. AL 11th Inf. Co.H Sgt.
Bell, Joseph N. GA Inf. 26th Bn. Co.B
Bell, Joseph N. KY Horse Arty. Byrne's Co. 2nd Lt.
Bell, Joseph N. KY 4th Mtd.Inf. Co.E
Bell, Joseph N. MS Lt.Arty. (Issaquena Arty.) Graves' Co. Sgt.
Bell, Joseph N. TN 36th Inf. Co.B
Bell, Joseph P. GA 1st (Olmstead's) Inf. Co.D
Bell, Joseph P. GA 3rd Inf. Co.A Cpl.
Bell, Joseph P. MO 1st Cav. Co.C
Bell, Joseph P. TX Inf. Griffin's Bn. Co.C Cpl.
Bell, Joseph R. AR 1st (Colquitt's) Inf. Co.C
Bell, Joseph R. KY 6th Mtd.Inf. Co.A
Bell, Joseph R. VA 12th Inf. Co.C Sgt.
Bell, Joseph S. GA 16th Inf. Co.G
Bell, Joseph S. VA 6th Inf. Co.A
Bell, Joseph T. GA 64th Inf. Co.H
Bell, Joseph T. SC 4th Cav. Co.H
Bell, Joseph T. VA 97th Mil. Co.M
Bell, Josephus NC 2nd Arty. (36th St.Troops) Co.B
Bell, Joseph V. TX 35th (Likens') Cav. Co.F
Bell, Joseph W. MS Inf. 2nd Bn. Co.B
Bell, Joseph W. MS 48th Inf. Co.B
Bell, Joseph W. NC 17th Inf. (2nd Org.) Co.B
Bell, Joshua MS 9th Inf. Co.H
Bell, Joshua MS 11th Inf. Co.F
Bell, Joshua MS 41st Inf. Co.D
Bell, Joshua NC 6th Inf. Co.G
Bell, Joshua NC 43rd Inf. Co.F
Bell, Joshua TN 18th Inf. Co.G
Bell, Joshua H. NC 27th Inf. Co.C Sgt.
Bell, Josiah AL Lt.Arty. Hurt's Btty.
Bell, Josiah NC 2nd Jr.Res. Co.I
Bell, Josiah L. NC Inf. 13th Bn. Co.C
Bell, J.P. AL 15th Inf. Co.D
Bell, J.P. MO 1st & 3rd Cons.Cav. Co.B
Bell, J.P. MO St.Guard
Bell, J.P. NC Mil. Clark's Sp.Bn. Co.B
Bell, J.P. TN 9th (Ward's) Cav. Co.E Cpl.
Bell, J.P. TN 26th Inf. Co.E
Bell, J.P. TN 49th Inf. Co.B
Bell, J.P. TX 12th Inf. Co.A
Bell, J.P. VA 122nd Mil. Co.E
Bell, J.P. Ord. Scouts & Guards Click's Co.,CSA

Bell, J.P. Gen. & Staff Lt.
Bell, J.R. AL 51st (Part.Rangers) Co.G
Bell, J.R. AL 62nd Inf. Co.C
Bell, J.R. GA 6th Inf. (St.Guards) Co.A
Bell, J.R. GA 28th Inf. Co.A
Bell, J.R. MS Graves' Co. (Copiah Horse Guards)
Bell, J.R. MS 1st Lt.Arty. Co.B
Bell, J.R. MS 6th Inf. Co.F
Bell, J.R. MO 5th Inf. Co.E
Bell, J.R. NC McLean's Bn.Lt.Duty Men Co.A
Bell, J.R. TX 1st Hvy.Arty. Co.D
Bell, J.R. VA Lt.Arty. Carpenter's Co.
Bell, J.R. Trans-MS Conf.Cav. 1st Bn. Co.C
Bell, J.S. NC 37th Inf. Co.F
Bell, J.S. TX Cav. Bourland's Regt. Co.H,K
Bell, J.S. 2nd Cherokee Mtd.Vol. Co.B Cpl.
Bell, J.S.N. AL Arty. 2nd Lt.
Bell, J.T. AL 5th Inf. New Co.A
Bell, J.T. AL 23rd Inf. Co.H
Bell, J.T. AL 63rd Inf. Co.F
Bell, J.T. KY 3rd Mtd.Inf. Co.L
Bell, J.T. MS 6th Cav. Co.I
Bell, J.T. MS Scouts Morphis' Ind.Co.
Bell, J.T. MS 6th Inf. Co.C
Bell, J.T. MS 40th Inf. Co.K
Bell, J.T. SC 9th Inf. Co.D
Bell, J.T. TN 12th Inf. Co.E
Bell, J.T. TX 21st Cav. Co.I
Bell, J.T. TX 9th (Nichols') Inf. Co.G
Bell, J.T. TX 12th Inf. Co.B
Bell, J.T. TX 18th Inf. Co.G
Bell, J.T. VA 11th Cav. Co.I
Bell, J.T. VA 17th Inf. Co.E
Bell, J.T. Gregg's Staff Lt.,ADC
Bell, J. Thomas TX 1st (McCulloch's) Cav. Co.F
Bell, Junius LA Lt.Arty. 6th Field Btty. (Grosse Tete Flying Arty.)
Bell, Junius LA Pointe Coupee Arty.
Bell, J.V. VA 2nd Cav. Co.C
Bell, J. Vance VA 5th Inf. Co.A
Bell, J.W. AL 25th Inf. Co.E
Bell, J.W. AL Cp. of Instr. Talladega
Bell, J.W. AR Lt.Arty. Rivers' Btty.
Bell, J.W. AR 33rd Inf. Co.H
Bell, J.W. GA Inf. 40th Bn. Co.C
Bell, J.W. GA 43rd Inf. Co.E
Bell, J.W. GA 46th Inf. Co.G
Bell, J.W. MS 1st Cav. Co.B
Bell, J.W. MS 2nd Cav. Co.C
Bell, J.W. MS 4th Cav. Co.A
Bell, J.W. MS 5th Cav. Co.F
Bell, J.W. MS Cav. 17th Bn. Co.F
Bell, J.W. MS Inf. 1st Bn. Co.C Cpl.
Bell, J.W. MS Inf. 2nd Bn. (St.Troops) Co.B Cpl.
Bell, J.W. MS 32nd Inf. Co.C
Bell, J.W. MO 5th Cav. Co.A
Bell, J.W. MO Inf. 3rd Regt.St.Guard Co.F 1st Lt.
Bell, J.W. NC 32nd Inf. Co.K
Bell, J.W. SC 4th Cav. Co.G Bvt.2nd Lt.
Bell, J.W. SC Cav. 10th Bn. Co.C 3rd Lt.
Bell, J.W. SC 2nd Bn.S.S. Co.C
Bell, J.W. SC Mil. 16th Regt. Stiles' Co.
Bell, J.W. SC Inf.Bn. (Walker's Bn.) Co.E
Bell, J.W. TN 3rd (Forrest's) Cav. Co.B Cpl.
Bell, J.W. TN 6th Inf. Co.A
Bell, J.W. TN 36th Inf. Co.G
Bell, J.W. TX Cav. 1st Regt.St.Troops Co.G
Bell, J.W. TX 29th Cav. Co.C
Bell, J.W. TX 1st Inf. Co.H
Bell, J.W. TX 13th Vol. Co.G Cpl.
Bell, J.W. TX Waul's Legion Co.B
Bell, J.W. VA Cav. 40th Bn. Co.F
Bell, J.W. VA Cav. Mosby's Regt. (Part. Rangers) Co.E
Bell, J.W. 8th (Wade's) Conf.Cav. Co.B Sgt.
Bell, J.W. 1st Conf.Inf. 2nd Lt.
Bell, J.W. Gen. & Staff Surg.
Bell, J. Wayt VA Baldwin's Mtd.Regt. Home Guards Bell's Co. Capt.
Bell, J. Wesley SC Lt.Arty. 3rd (Palmetto) Bn. Co.D
Bell, J.W.H. GA Inf. (Jones Hussars) Jones' Co. Ord.Sgt.
Bell, J.W.M. AL 14th Inf. Co.G 1st Lt.
Bell, Kenneth R. NC 32nd Inf. Co.I Sgt.
Bell, Kinchen T. FL 1st Cav. Co.A Cpl.
Bell, Kirvin A. AL Cav. 4th Bn. (Love's) Co.B
Bell, K.S. GA 66th Inf. Co.E
Bell, K.S. MS 35th Inf. Co.C QMSgt.
Bell, L. AL Cav. 8th Regt. (Livingston's) Co.B
Bell, L. AL 15th Bn.Part.Rangers Co.A
Bell, L. AL 56th Part.Rangers Co.A
Bell, L. KY 5th Mtd.Inf. Co.A
Bell, L. MS 3rd Inf. (St.Troops) Co.C
Bell, L. SC 5th Res. Co.B
Bell, L. TX Waul's Legion Co.G
Bell, L. Exch.Bn. 1st Co.B,CSA
Bell, L.A. MS 36th Inf. Co.H
Bell, Lafayette GA 13th Cav. Co.D
Bell, Lafayette KY 4th Cav. Co.A,H
Bell, Lares R. MO 2nd Cav. Co.C
Bell, Lares R. MO Inf. 1st Regt.St.Guard Comsy.
Bell, Lawrence TN 15th Inf. Co.D Sgt.
Bell, L.B. MS 12th Cav. Co.E
Bell, L.B. MS 30th Inf. Co.A
Bell, L.B. MS S.W. Red's (St.Troops) Co.
Bell, L.B. TN 1st (Feild's) & 27th Inf. (Cons.) Co.I
Bell, L.B. TN 27th Inf. Co.G
Bell, L.B. 3rd Conf.Eng.Troops Co.B
Bell, L.B. Eng.Dept. Polk's Corps A. of TN Sap. & Min. Co.,CSA
Bell, L.B. 1st Cherokee Mtd.Vol. 2nd Co.G
Bell, L.C. AR 38th Inf. Co.G
Bell, L.C. GA Inf. 14th Bn. (St.Guards) Co.H
Bell, L.C. VA Inf. 5th Bn.Loc.Def. Co.E 2nd Lt.
Bell, L. Carrol TN 2nd (Robison's) Inf. Co.B
Bell, L.D. AR 35th Inf. Co.E
Bell, L.D. AR 58th Mil. Co.A
Bell, Leander C. SC Inf. 7th Bn. (Enfield Rifles) Co.D,G Cpl.
Bell, Leaston GA Inf. (Richmond Factory Guards) Barney's Co.
Bell, Leazarus SC 4th St.Troops Co.D
Bell, Lemuel GA 32nd Inf. Co.K
Bell, Leonidas D. TN 18th Inf. Co.F
Bell, Leroy MS 2nd Inf. Co.B
Bell, Leroy MS Inf. 3rd Bn. (St.Troops) Co.E
Bell, Leslie C. VA 28th Inf. Co.F Sgt.Maj.
Bell, Levi C. AR Inf. Adams' Regt.
Bell, Levi C. NC 1st Arty. (10th St.Troops) Co.G
Bell, Lewis FL 7th Inf. Co.K Cpl.
Bell, Lewis GA Hvy.Arty. 22nd Bn. Co.D
Bell, Lewis MS 46th Inf. Co.K
Bell, Lewis A. SC 1st (Orr's) Rifles Co.B
Bell, Lewis Henry VA 40th Inf. Co.G,C
Bell, Lewis Micajah LA 28th (Gray's) Inf. Co.F
Bell, L.F. AR 20th Inf. Co.I
Bell, L.G. TX 12th Inf. Co.B
Bell, L.H. TN 3rd (Forrest's) Cav. Co.D,C
Bell, L.J. AR 15th (Johnson's) Inf. Co.A
Bell, L.L. TX 5th Cav. Co.D
Bell, L.L. VA 7th Inf. Co.F
Bell, Lloyd C. VA 44th Inf. Co.G
Bell, L.M. NC 28th Inf. Co.B
Bell, Louis 2nd Cherokee Mtd.Vol. Co.H
Bell, L.R. AL 15th Bn.Part.Rangers Co.A Chap.
Bell, L.R. AL 56th Part.Rangers Chap.
Bell, L.R. MS 36th Inf. Co.H
Bell, L.R. MO Inf. 3rd Bn. Co.B
Bell, L.R. MO 6th Inf. Co.A
Bell, Lucius C. FL 4th Inf. Co.E Sgt.
Bell, Luther R. NC 12th Inf. Co.D,B
Bell, Lycurgus TX 10th Cav. Co.G
Bell, Lycurgus M. GA 3rd Cav. (St.Guards) Co.H
Bell, M. AL 23rd Inf. Co.I
Bell, M. AR 24th Inf. Co.D
Bell, M. AR Inf. Hardy's Regt. Co.C
Bell, M. GA 4th Cav. (St.Guards) Cartledge's Co. 1st Lt.
Bell, M. GA 1st Reg. Co.B
Bell, M. SC 2nd Bn.S.S. Co.C
Bell, M. SC 5th St.Troops Co.L
Bell, M.A. GA Inf. Jackson's Co.
Bell, M.A. SC 21st Inf. Co.C
Bell, M.A. SC 25th Inf. Co.I
Bell, MacDonald TN 63rd Inf. Co.K
Bell, Madison GA 11th Cav. Co.A Maj.
Bell, Madison GA Cobb's Legion Co.C
Bell, Madison MS 11th Inf. Co.F
Bell, Madison L. GA 21st Inf. Co.I
Bell, Madison W. GA 47th Inf. Co.B
Bell, Marcus MS 2nd St.Cav. Co.E
Bell, Marcus A. GA Inf. (Collier Guards) Collier's Co.
Bell, Marcus B. NC 1st Inf. (6 mo. '61) Co.A
Bell, Marcus D. GA Inf. 10th Bn. Co.C 1st Lt.
Bell, Marcus L. NC 1st Inf. Co.K
Bell, Marion GA 23rd Inf. Co.C
Bell, Marion TN 23rd Inf. 1st Co.A, Co.B Sgt.
Bell, Marion A. GA 51st Inf. Co.E
Bell, Marion R. MO 1st Cav. Co.I 1st Sgt.
Bell, Marlin M. GA Cobb's Legion Co.C
Bell, Marmaduke MS 17th Inf. Co.I Capt.
Bell, Marmaduke NC 43rd Inf. Co.F Sgt.
Bell, Martin NC 11th (Bethel Regt.) Inf. Co.I
Bell, Martin NC 49th Inf. Co.H
Bell, Martin TN 28th (Cons.) Inf. Co.C
Bell, Martin L. VA 52nd Inf. Co.F
Bell, Martin V. TN Cav. 4th Bn. (Branner's) Co.A
Bell, Massalon SC 19th Inf. Co.G
Bell, Mat 3rd Conf.Cav. Co.G
Bell, Mathew TX 26th Cav. Co.I

Bell, Matthias NC 17th Inf. (2nd Org.) Co.B
Bell, M.C. GA Cobb's Legion Co.K Cpl.
Bell, Mc NC 3rd Arty. (40th St.Troops) Co.G
Bell, McC. AL 5th Inf. New Co.A Sgt.
Bell, McDonald TN 61st Mtd.Inf. Co.D Cpl.
Bell, McGilbrey NC 1st Arty. (10th St.Troops) Co.L
Bell, M. Davis TX 5th Cav. Co.D
Bell, M.F. TN 42nd Inf. 2nd Co.H
Bell, M.H. AL Cp. of Instr. Talladega
Bell, M.H. Gen. & Staff Asst.E.O.
Bell, Michael TX 20th Inf. Co.A
Bell, Michael VA 21st Inf. Co.H
Bell, Michael J. NC Hvy.Arty. 1st Bn. Co.B
Bell, Miles AL Inf. 1st Regt. Co.G
Bell, Miles AL 15th Inf. Co.B
Bell, Miles K. VA Arty. Kevill's Co.
Bell, Miles K. VA 41st Inf. 1st Co.E
Bell, Milton MS 37th Inf. Co.B
Bell, Milton NC 52nd Inf. Co.B
Bell, Milton B. TN 27th Inf. Co.I
Bell, M.J. SC 9th Inf. Co.E
Bell, M.J. TX 13th Cav. Co.I
Bell, M.J. TX 28th Cav. Co.B
Bell, M.L. Gen. & Staff Capt.
Bell, M.M. AL 3rd Cav. Co.H
Bell, M.M. MS Cav. Jeff Davis Legion Co.H
Bell, M.M. TX 16th Inf. Co.H
Bell, M.M. TX 20th Inf. Co.B
Bell, Monroe AL Cav. 4th Bn. (Love's) Co.A,E
Bell, Monroe NC 1st Arty. (10th St.Troops) Co.C
Bell, Monroe NC 23rd Inf. Co.H
Bell, Monroe W. NC 34th Inf. Co.G
Bell, Montgomery TN 49th Inf. Co.A
Bell, Montgomery Inf. Bailey's Cons.Regt. Co.G
Bell, Montgomery G. TN 27th Inf. Co.K
Bell, Morris KY 5th Cav. Co.B
Bell, Moses AR 51st Mil. Co.H Capt.
Bell, Moses SC 1st Inf. Co.E
Bell, Moses SC Inf. Holcombe Legion Co.C
Bell, Moses V. TN 54th Inf. Co.C
Bell, M.P. AL Talladega Cty.Res. Wm. Steed's Co.
Bell, M.P. NC 1st Cav. (9th St.Troops) Co.G Black.
Bell, M.R. GA Cherokee Legion (St.Guards) Co.E
Bell, M.R. NC Inf. 13th Bn. Co.C
Bell, M.R. TN Inf. 27th Regt. Co.I
Bell, M.T. GA Tiller's Co. (Echols Lt.Arty.)
Bell, M.T. MS 10th Cav. Co.H
Bell, M.T. Gen. & Staff Asst.Surg.
Bell, Mtgomery TN 11th Inf. Co.K 1st Sgt.
Bell, Muntford VA VMI Cadet
Bell, M.V. TN 2nd (Ashby's) Cav. Co.H Cpl.
Bell, M.V. TN 48th (Nixon's) Inf. Co.H
Bell, M.W. GA 1st Reg. Co.F
Bell, M.W. VA 1st (Farinholt's) Res. Co.K
Bell, N. AR 13th Mil. Co.F 1st Lt.
Bell, N. GA 13th Inf. Co.C
Bell, N. GA Inf. 27th Bn. Co.E
Bell, N. NC 1st Jr.Res. Co.F
Bell, N. NC 2nd Jr.Res. Co.G
Bell, N. Conf.Lt.Arty. Richardson's Bn. Co.C
Bell, N.A. GA Mayer's Co. (Appling Cav.)
Bell, Nathaniel GA 4th Inf. Co.H Cpl.
Bell, Nathaniel A. GA 47th Inf. Co.F 1st Sgt.
Bell, Nathaniel E. SC 1st (Orr's) Rifles Co.B 1st Sgt.
Bell, Nathan W. VA Hvy.Arty. 18th Bn. Co.C
Bell, Nathan W. VA 14th Inf. Co.A Cpl.
Bell, N.C. TN Inf. Nashville Bn. Cpl.
Bell, N.E. AR 13th Inf. Co.C
Bell, N.E. NC Arty.
Bell, N.E. TN 21st (Wilson's) Cav. Co.H
Bell, Newell NC 2nd Arty. (36th St.Troops) Co.G
Bell, Newton Jasper TN 27th Inf. Co.I
Bell, Nicholas LA Arty. 1st Field Btty.
Bell, Ninian O. KY 8th Cav.
Bell, N.J. AL Gray's Bn.Res. Co.B
Bell, N.J. NC 30th Inf. Co.K
Bell, N.J. VA 2nd Inf.
Bell, Noah NC 3rd Arty. (40th St.Troops) Co.D
Bell, Noah NC 13th Inf. Co.G
Bell, Noah NC 61st Inf. Co.B Cpl.
Bell, Noah SC 18th Inf. Co.C
Bell, Noah TN Lt.Arty. McClung's Co. Ord.Sgt.
Bell, Noah C. TN 1st Cav. Co.A
Bell, Norman VA Lt.Arty. Grandy's Co.
Bell, N.P. KY 7th Mtd.Inf. Co.H
Bell, N.R. MS 46th Inf. Co.B
Bell, N.R. NC 13th Inf. Co.F
Bell, N.R. NC Allen's Co. (Loc.Def.)
Bell, N.W. VA 1st Regt. Richmond Howitzers
Bell, O. LA 2nd Cav. Co.G
Bell, Ocus AL 15th Inf. Co.B
Bell, O.G. TN 6th (Wheeler's) Cav. Co.K
Bell, Onesimus W. TX 13th Vol. 3rd Co.I
Bell, Onessimus W. TX 35th (Brown's) Cav. Co.K
Bell, O.P. GA Inf. 14th Bn. (St.Guards) Co.H
Bell, O.R. AL McDaniel's Res.
Bell, Orville TN 32nd Inf. Co.K 2nd Lt.
Bell, Orville VA Lt.Arty. Fry's Co.
Bell, Oscar F. TN 19th Inf. Co.E Sgt.
Bell, Oscar F. TX 17th Cav. Co.H
Bell, Osman LA 1st Hvy.Arty. (Reg.) Co.H
Bell, Ovid L. MS 21st Inf. Co.E
Bell, O.W. TX 4th Inf. Co.H
Bell, Owen AL 3rd Res. Co.K
Bell, Owen NC 24th Inf. Co.B
Bell, Owen NC 51st Inf. Co.G
Bell, P. FL 11th Inf. Co.G
Bell, P. LA Mil. 1st Regt. 3rd Brig. 1st Div. Co.A
Bell, Patrick FL 4th Inf. Co.E
Bell, Patrick H. NC 1st Arty. (10th St.Troops) Co.K
Bell, Patrick R. FL 8th Inf. Co.H
Bell, Percy AL 20th Inf. Co.E
Bell, Percy Gen. & Staff Lt.,Ord.Off.
Bell, Peter NC 1st Inf. Co.E
Bell, Peter NC 2nd Inf. Co.A
Bell, Peter H. VA 34th Inf. Co.I
Bell, Peter V. TX 20th Inf. Co.C
Bell, P.G. AR 30th Inf. Co.B
Bell, Phillip MO Inf. 8th Bn. Co.F
Bell, Phillip MO 9th Inf. Co.K
Bell, Pink TN 10th (DeMoss') Cav. Co.K
Bell, Pinkney TN 6th Inf. Co.I
Bell, Pleasant TN Cav. 5th Bn. (McClellan's) Co.B
Bell, P.M. TN 43rd Inf. Co.A
Bell, P.N. SC 1st St.Troops Co.I
Bell, P.N. SC 19th Inf. Co.G
Bell, P. Noble SC 1st (Orr's) Rifles Co.G
Bell, Powhattan TX 16th Inf. Co.G
Bell, Presley MS 26th Inf. Co.E
Bell, P.T. VA 30th Inf. Co.I
Bell, Q.D. VA Loc.Def. Ezell's Co.
Bell, Q.L. AR 32nd Inf. Co.F 1st Lt.
Bell, Quentin D. VA 46th Inf. 2nd Co.K Sgt.
Bell, Quinton TN Cav. 7th Bn. (Bennett's) Co.F
Bell, R. AR 1st Mtd.Rifles Co.G
Bell, R. GA 9th Inf. (St.Guards) Co.D
Bell, R. LA Mil. 1st Regt. 2nd Brig. 1st Div. Co.E
Bell, R. MS Cav. 1st Bn. (Miller's) Co.A Lt.
Bell, R. MO 9th (Elliott's) Cav. Co.E
Bell, R. SC Cav. 17th Bn. Co.A
Bell, R.A. GA 1st Reg. Co.F
Bell, R.A. GA Inf. 5th Bn. (St.Guards) Co.C Cpl.
Bell, R.A. MS 9th Inf. Co.F Capt.
Bell, R.A. TN 22nd Inf. Co.B
Bell, R.A. TX 2nd Inf. Co.A
Bell, Ralph NC 2nd Arty. (36th St.Troops) Co.I
Bell, Ralph NC 3rd Arty. (40th St.Troops) Co.G
Bell, Ralph E. NC 7th Inf. Co.I
Bell, Rason T. GA 41st Inf. Co.C
Bell, R.B. AR 18th Inf. Co.K Cpl.
Bell, R.B. LA 30th Inf. Co.C Cpl.
Bell, R.B. SC 4th Cav. Co.B
Bell, R.B. SC Cav. 10th Bn. Co.A
Bell, R.C. TN 14th Inf. Co.H Adj.
Bell, R.D. MS Cav. 4th Bn. Co.B
Bell, R.D. 8th (Wade's) Conf.Cav. Co.D Cpl.
Bell, R.E. GA 4th Cav. (St.Guards) White's Co. Sgt.
Bell, R.E. TX 3rd Cav. Co.H
Bell, R.E. TX 20th Inf. Co.A Maj.
Bell, Redick W. GA 49th Inf. Co.E
Bell, Reuben P. VA 34th Inf. Co.D
Bell, R.F. NC 2nd Cav. (19th St.Troops) Co.A
Bell, R.F. SC 7th Inf. 1st Co.D
Bell, R.F. VA 4th Cav. Co.I
Bell, R.F. VA 22nd Inf. Co.C
Bell, R.H. MS 1st Cav. Co.D
Bell, R.H. MS 10th Inf. New Co.K
Bell, R.H. SC 6th Cav. Co.C Sgt.
Bell, R.H. SC Manigault's Bn.Vol. Co.C
Bell, R.H. TN 7th (Duckworth's) Cav. Co.F
Bell, R.H. TN 14th (Neely's) Cav. Co.I
Bell, R.H. VA 2nd St.Res. Co.I Sgt.
Bell, R.H. VA 59th Inf. Co.A Sgt.
Bell, Richard AR Lt.Arty. 5th Btty.
Bell, Richard GA 4th Res. Co.E
Bell, Richard MS 43rd Inf. Co.C Sgt.
Bell, Richard SC 1st Mtd.Mil. Earnest's Co.
Bell, Richard Gen. & Staff Maj.,Comsy.
Bell, Richard A. VA 14th Inf. Co.A
Bell, Richard F. VA 11th Cav. Co.E
Bell, Richard H. MS 28th Cav. Co.D Sgt.
Bell, Richard N. GA 41st Inf. Co.B
Bell, Richard R. NC 51st Inf. Co.I
Bell, Richard S. TX 37th Cav. Co.K
Bell, Rich K. LA Inf. McLean's Co. Cpl.

Bell, Ridin C. NC 3rd Arty. (40th St.Troops) Co.F
Bell, Riley LA 2nd Inf. Co.F
Bell, Ripply LA 28th (Thomas') Inf. Co.E
Bell, R.J. MS Inf. 2nd St.Troops Co.I
Bell, R.J. SC Inf. 7th Bn. (Enfield Rifles) Co.F
Bell, R.J. TN 20th Inf. Co.C
Bell, R.J. TN 51st (Cons.) Inf. Co.E
Bell, R.J. TX Cav. Border's Regt. Co.A
Bell, R.L. MO 5th Cav. Co.B
Bell, R.L. TN 14th (Neely's) Cav. Reed's Co.
Bell, R.L. TX 20th Cav. Co.G
Bell, R.L. TX Cav. Morgan's Regt. Co.F
Bell, R.M. AR 18th Inf. Co.K
Bell, R.M. MS 14th Inf. Co.C
Bell, R.N. SC 5th Cav. Co.D
Bell, R.N. TN 13th Inf. Co.F
Bell, R.N. VA Inf. 26th Bn. Co.I
Bell, Robert AL 20th Inf. Co.A
Bell, Robert AL 23rd Inf. Co.I Cpl.
Bell, Robert AR 3rd Cav. Co.H
Bell, Robert AR 31st Inf. Co.F Cpl.
Bell, Robert LA 10th Inf. Co.E
Bell, Robert LA Mil.Cont.Regt. Kirk's Co. Sgt.
Bell, Robert NC 30th Inf. Co.A
Bell, Robert NC 30th Inf. Co.B
Bell, Robert NC 62nd Inf. Co.B
Bell, Robert NC Walker's Bn. Thomas' Legion Co.E
Bell, Robert TN 10th Cav. Co.C
Bell, Robert TN Cav. Newsom's Regt. Co.G
Bell, Robert TN 18th Inf. Co.G
Bell, Robert TN 43rd Inf. Co.B
Bell, Robert TX 8th Inf. Co.I
Bell, Robert, Jr. VA 24th Inf. Co.G
Bell, Robert VA 29th Inf. Co.D
Bell, Robert VA 41st Inf. Co.D
Bell, Robert A. AR 20th Inf. Co.A
Bell, Robert A. GA 17th Inf. Co.A Cpl.
Bell, Robert A. MS 10th Inf. Old & New Co.E Capt.
Bell, Robert A. TX 10th Inf. Co.H
Bell, Robert B. TN 4th Inf. Co.I Sgt.
Bell, Robert B. VA 27th Inf. Co.E
Bell, Robert C. NC 49th Inf. Co.F Sgt.
Bell, Robert C. SC 1st Arty. Co.E
Bell, Robert C. VA 17th Inf. Co.I Sgt.
Bell, Robert C. Gen. & Staff 1st Lt.,Adj.
Bell, Robert D. TN 5th Inf. 2nd Co.I
Bell, Robert E. GA Inf. 27th Bn. Co.A
Bell, Robert E. TX 22nd Cav. Co.H Sgt.
Bell, Robert E. VA 50th Inf. Co.A
Bell, Robert F. TN 17th Inf. Co.C
Bell, Robert F. VA 1st Arty. Co.K
Bell, Robert F. VA 189th Mil. Co.C
Bell, Robert F. A.P. Hill's Corps Capt.,ADC
Bell, Robert G. VA 34th Inf. Co.E
Bell, Robert G. VA 51st Inf. Co.C
Bell, Robert H. VA 44th Inf. Co.F Cpl.
Bell, Robert J. MS 5th Inf. Co.D
Bell, Robert J. MO 10th Inf. Surg.
Bell, Robert J. SC 22nd Inf. Co.E
Bell, Robert J. TN 18th (Newsom's) Cav. Co.D
Bell, Robert J. VA 39th Inf. Co.L
Bell, Robert J. Gen. & Staff Surg.
Bell, Robert L. AL 41st Inf. Co.C
Bell, Robert L. VA 5th Cav. Co.H
Bell, Robert L. VA 40th Inf. Co.C Cpl.
Bell, Robert M. FL 6th Inf. Co.H
Bell, Robert M. NC 11th (Bethel Regt.) Inf. Co.I 1st Sgt.
Bell, Robert N. GA 2nd Cav. Co.G
Bell, Robert N. NC 3rd Inf. Co.F,G 2nd Lt.
Bell, Robert N. VA Hvy.Arty. 19th Bn. Co.D
Bell, Robert O.B. NC 20th Inf. Co.A
Bell, Robert P. VA 3rd Inf. Co.D
Bell, Robert R. NC 38th Inf. Co.D 1st Lt.
Bell, Robert S. NC 54th Inf. Co.E 1st Lt.
Bell, Robert S. TX 34th Cav. Co.F
Bell, Robert S. TX 18th Inf. Co.F
Bell, Robert S. VA 1st Cav. Co.E
Bell, Robert S. VA Hvy.Arty. 18th Bn. Sgt.Maj.
Bell, Robert S. VA Lt.Arty. Arch. Graham's Co.
Bell, Robert S. VA 6th Inf. Co.G
Bell, Robert S. Gen. & Staff Capt.
Bell, Robert W. MS 19th Inf. Co.K
Bell, Robert W. SC 14th Inf. Co.A
Bell, R.P. GA Inf. 40th Bn. Co.F
Bell, R.P. GA 41st Inf. Co.C
Bell, R.P. LA 4th Inf. New Co.G
Bell, R.R. NC 5th Cav. (63rd St.Troops) Co.C
Bell, R.R. NC 56th Inf. Co.A Sgt.
Bell, R.S. MS Res.Corps Withers' Co.
Bell, Rufus E. NC 47th Inf. Co.D
Bell, Rufus W. VA 51st Inf. Co.C
Bell, Russell B. GA 10th Inf. D'Antignac's Co.
Bell, R.W. AR 6th Inf. Co.B
Bell, R.W. GA 23rd Inf. Co.A
Bell, R.W. GA Inf. 23rd Bn.Loc.Def. Sim's Co.
Bell, R.W. GA 63rd Inf. Co.E
Bell, R.W. TX Cav. 3rd Regt.St.Troops Co.A
Bell, S. GA 5th Res. Co.B
Bell, S. MS 3rd Cav. Co.E
Bell, S. SC Hvy.Arty. 15th (Lucas') Bn. Co.B
Bell, S. TN 53rd Inf. Co.I
Bell, S.A. MO 1st & 3rd Cons.Cav. Co.B
Bell, S.A. TN Conscr.
Bell, S.A. VA Lt.Arty. 38th Bn. Co.C
Bell, Sam KY Dortch's Cav. 2nd Bn. Co.A
Bell, Sam MS 2nd Part. Co.A
Bell, Samuel AL 8th Cav. Co.B
Bell, Samuel AL 15th Bn.Part.Rangers Co.E
Bell, Saml. AL 1st Inf. Co.E
Bell, Samuel AL 55th Vol. Co.K
Bell, Samuel AR 2nd Cav. 1st Co.A
Bell, Samuel AR 3rd Cav. 3rd Co.E
Bell, Samuel GA 2nd Inf. Co.K 2nd Lt.
Bell, Samuel, Jr. LA Inf.Crescent Regt. Co.B
Bell, Samuel NC 2nd Cav. (19th St.Troops) Co.B
Bell, Samuel NC 3rd Cav. (41st St.Troops) Co.A
Bell, Samuel NC Lt.Arty. 13th Bn. Co.D
Bell, Samuel NC 3rd Inf. Co.I
Bell, Samuel NC 29th Inf. Co.A
Bell, Samuel NC 32nd Inf. Co.I
Bell, Samuel NC 47th Inf. Co.C
Bell, Samuel SC 10th Inf. Co.B, 2nd Co.G Capt.
Bell, Samuel SC 18th Inf. Co.E
Bell, Samuel TN 2nd (Smith's) Cav.
Bell, Samuel TN 6th Inf. Co.I
Bell, Samuel TX 2nd Cav. Co.K
Bell, Samuel VA 1st Inf. Co.A
Bell, Samuel VA 40th Inf. Co.C
Bell, Samuel VA Baldwin's Mtd.Regt. Home Guards Bell's Co. Capt.
Bell, Samuel 1st Cherokee Mtd.Rifles McDaniel's Co.
Bell, Samuel A. MO 1st Cav. Co.G
Bell, Samuel A. VA Hvy.Arty. Kyle's Co.
Bell, Samuel C. AR 1st Mtd.Rifles Co.D
Bell, Samuel C. AR 15th (N.W.) Inf. Co.K 1st Sgt.
Bell, Samuel C.D. VA Cav. 14th Bn. Co.D
Bell, Samuel C.D. VA 15th Cav. Co.K
Bell, Samuel E. VA Hvy.Arty. 18th Bn. Co.C
Bell, Samuel E. VA 14th Inf. Co.A
Bell, Samuel H. MS 8th Cav. Co.G
Bell, Samuel H. MS Cav. 24th Bn. Co.A
Bell, Samuel H. MS 9th Inf. Old Co.E
Bell, Samuel H. NC 16th Inf. Co.H Cpl.
Bell, Samuel H. TN 35th Inf. 3rd Co.F
Bell, Samuel H. TX 1st (Yager's) Cav. Co.F Sgt.
Bell, Samuel H. 10th Conf.Cav. Co.C
Bell, Samuel L. GA Inf. 1st Loc.Troops (Augusta) Co.F 1st Sgt.
Bell, Samuel M. TX 18th Inf. Co.G
Bell, Samuel P. TX 11th Inf. Co.C
Bell, Samuel R. MO 10th Cav. Co.H
Bell, Samuel T. TX Cav. Chisum's Regt. (Dismtd.) Co.B 2nd Lt.
Bell, Samuel W. TN 4th (McLemore's) Cav. Co.G Sgt.
Bell, Sanders W. SC 1st (McCreary's) Inf. Co.A
Bell, S.B. TN 21st (Wilson's) Cav. Co.H 2nd Lt.
Bell, S.B. TN 21st & 22nd (Cons.) Cav. Co.G
Bell, S.C. AR 15th (N.W.) Inf. Co.K Sgt.
Bell, S.D. TX Inf. 2nd St.Troops Co.D
Bell, S.D. VA Lt.Arty. Hankins' Co.
Bell, Seaborn J. GA 3rd Inf. Co.A 2nd Lt.
Bell, Seth R. NC 17th Inf. (1st Org.) Co.B
Bell, S.F. TN 45th Inf. Co.C
Bell, S.H. AL Mil. Co.H Capt.
Bell, Shade NC 18th Inf. Co.I
Bell, Shep MS Inf. 1st Bn. Co.C
Bell, Silas MO Inf. 5th Regt.St.Guard Co.D Capt.
Bell, Silas W. GA 3rd Cav. Co.G
Bell, Simeon TN 2nd (Walker's) Inf. Co.C
Bell, Simeon TN 63rd Inf. Co.K
Bell, S.J. AL 18th Inf. Co.G
Bell, S.L. AL 20th Inf. Co.A
Bell, S.L. AL 30th Inf. Co.C
Bell, S.M. AL Cav. (St.Res.) Young's Co.
Bell, S.M. AL Talladega Cty.Res. G.M. Gamble's Co.
Bell, S.N. SC 12th Inf. Co.I
Bell, S.P. GA 1st (Symons') Res. Co.C 2nd Lt.
Bell, Spencer MO Cav. Snider's Bn. Co.A
Bell, S.R. AR 3rd Inf. (St.Troops) Co.C Capt.
Bell, S.R. LA 2nd Res.Corps Co.D
Bell, S.R. LA Inf.Crescent Regt. Co.B
Bell, S.R. LA Inf.Cons.Crescent Regt. Co.C
Bell, S.R. NC 3rd Jr.Res. Co.D
Bell, S.R. NC 7th Bn.Jr.Res. Co.B
Bell, S.S. AR 37th Inf. Co.A Col.
Bell, S.T. TN 19th & 20th (Cons.) Cav. Co.G
Bell, Staley NC 33rd Inf. Co.D
Bell, Stanley H. AL Lt.Arty. 2nd Bn. Co.D 2nd Lt.
Bell, Starkey NC 66th Inf. Co.B

Bell, Stephen NC 22nd Inf. Co.E
Bell, Stephen TX Inf. 1st Bn. Co.B
Bell, Stephen B. FL 2nd Cav. Co.G
Bell, Stephen B. FL Cav. 5th Bn. Co.A Sgt.
Bell, Stephen D. FL 1st Cav. Co.F Cpl.
Bell, Stephen E. AL 11th Inf. Co.I 2nd Lt.
Bell, Stephen P. TX 34th Cav. Co.D Sgt.
Bell, Stephen R. NC 1st Inf. Co.E
Bell, Sterling H. MS Lt.Arty. Stanford's Co.
Bell, Stiles KY 8th Mtd.Inf. Co.K
Bell, S.W. AL Arty. 1st Bn. Co.D
Bell, S.W. NC 1st Jr.Res. Co.D
Bell, S.W. TX 12th Cav. Co.F
Bell, T. AR Mil. Desha Cty.Bn.
Bell, T. FL 1st (Res.) Inf.
Bell, T. KY 3rd Cav. Co.D
Bell, T. LA 1st Cav. Co.F
Bell, T. LA Mil.Cav. (Jeff Davis Rangers) Norwood's Co.
Bell, T. LA 31st Inf. Co.F
Bell, T. MS Inf. 1st Bn.St.Troops (30 days '64) Co.F
Bell, T. TX 23rd Cav. Co.G Sgt.
Bell, T.A. GA Inf. 1st City Bn. Co.F
Bell, T.A. MS 9th Cav. Co.D
Bell, T.A. TN 48th (Nixon's) Inf. Co.K
Bell, T.A. TX 14th Field Btty.
Bell, T.B. AL 30th Inf. Co.H Cpl.
Bell, T.B. TX 21st Inf. Co.C Sgt.
Bell, T.B. VA 4th Cav. Co.F
Bell, T.C. GA 4th Cav. (St.Guards) Dorsey's Co.
Bell, T.C. TN 19th & 20th (Cons.) Cav. Co.A
Bell, T.C. TX 17th Inf. Co.B
Bell, T.D. AR 19th (Dockery's) Inf. Co.H
Bell, T.D. GA Inf. 25th Bn. (Prov.Guard) Sgt.
Bell, T.E. AL 5th Inf. Co.H
Bell, T.F. MO 8th Inf. QM
Bell, T.F. TN 13th Inf. Co.D
Bell, T.F. Gen. & Staff Capt.,AM
Bell, T.H. TN 12th Inf. Co.G Lt.Col.
Bell, T.H. TN 12th (Cons.) Inf. Co.A Capt.
Bell, T.H. TX 1st Inf. Co.A
Bell, T.H. Gen. & Staff Brig.Gen.
Bell, Thad MS 1st (King's) Inf. (St.Troops) D. Love's Co.
Bell, Thaddeus FL 6th Inf. Co.H
Bell, Thaddeus NC 56th Inf. Co.G
Bell, Thaddeus SC 1st (Butler's) Inf. Co.C
Bell, Theodore NC 13th Inf. Co.G
Bell, Theodore A. SC 11th Inf. Co.A Ord.Sgt.
Bell, Theophilus VA 8th Inf. Co.A Cpl.
Bell, Theophilus M. NC 17th Inf. (1st Org.) Co.B
Bell, Thomas AL 15th Inf. Co.A
Bell, Thomas AR Cav. Harrell's Bn. Co.A
Bell, Thomas AR 18th Inf. Co.G
Bell, Thomas GA Lt.Arty. Barnwell's Btty.
Bell, Thomas GA 42nd Inf.
Bell, Thomas GA Inf. Alexander's Co.
Bell, Thomas GA Cherokee Legion (St.Guards) Co.D Sgt.
Bell, Thomas GA Floyd Legion (St.Guards) Co.A
Bell, Thomas KY 12th Cav. Co.F
Bell, Thomas LA 18th Inf. Co.I
Bell, Thomas LA 19th Inf. Co.G
Bell, Thomas MS 12th Cav. Co.E
Bell, Thomas MS 38th Cav. Co.B
Bell, Thomas MS 1st (Percy's) Inf. Co.A
Bell, Thomas MO Lt.Arty. Barret's Co.
Bell, Thomas MO 8th Inf. Co.F
Bell, Thomas NC 51st Inf Co.B
Bell, Thomas NC Coast Guards Galloway's Co.
Bell, Thomas SC Inf. 3rd Bn. Co.G
Bell, Thomas TN 5th Inf. 1st Co.H
Bell, Thomas TN 30th Inf. Co.H 1st Lt.
Bell, Thomas TX 1st (McCulloch's) Cav. Co.D
Bell, Thomas TX 14th Cav. Co.B Cpl.
Bell, Thomas TX 26th Cav. Co.I
Bell, Thomas TX Cav. Baylor's Regt. Co.K
Bell, Thomas TX Inf. 2nd St.Troops Co.G
Bell, Thomas TX 20th Inf. Co.I Sgt.
Bell, Thomas VA Hvy.Arty. 10th Bn. Co.C
Bell, Thomas VA 8th Inf. Co.D
Bell, Thomas A. GA Inf. 4th Bn. (St.Guards) Co.H 1st Lt.
Bell, Thomas A. KY 6th Mtd.Inf. Co.D
Bell, Thomas A., Jr. KY 6th Mtd.Inf. Co.D
Bell, Thomas A. MS Cav. 3rd Bn.Res. Co.C
Bell, Thomas A. TN 54th Inf. Co.E
Bell, Thomas A. VA 5th Inf. Co.C
Bell, Thomas B. AR 3rd Inf. Co.E
Bell, Thomas B. VA Lt.Arty. Hankins' Co. Sgt.
Bell, Thomas B. VA 3rd Inf. 1st Co.I
Bell, Thos. C. GA 8th Inf. Co.K
Bell, Thomas C. GA 24th Inf. Co.I
Bell, Thomas C. MS 31st Inf. Co.K
Bell, Thomas C. TN 20th (Russell's) Cav. Co.B
Bell, Thomas D. AL 1st Regt. Mobile Vol. British Guard Co.A
Bell, Thomas F. MO 11th Inf. Co.E
Bell, Thomas F. NC 2nd Arty. (36th St.Troops) Co.D
Bell, Thomas H. AL 6th Inf. Co.A,L Capt.
Bell, Thomas H. TX 19th Inf. Co.A,F Sgt.
Bell, Thomas H. TX Inf. 24th Bn.
Bell, Thomas J. AL 11th Inf. Co.H
Bell, Thomas J. AL 28th Inf. Co.I
Bell, Thomas J. GA 18th Inf. Co.I
Bell, Thomas J. GA 53rd Inf. Co.B
Bell, Thomas J. GA 55th Inf. Co.F
Bell, Thomas J. MS 8th Cav. Co.C 1st Lt.
Bell, Thomas J. MS 15th Inf. Co.F
Bell, Thomas J. MS 20th Inf. Co.E
Bell, Thomas J. MS 27th Inf. Co.E
Bell, Thomas J. SC 12th Inf. Co.B AQM,1st Lt.
Bell, Thomas J. TN 17th Inf. Co.H
Bell, Thomas J. TN 43rd Inf. Co.F
Bell, Thomas J. TX 1st (Yager's) Cav. Co.K
Bell, Thomas J. TX Cav. 8th (Taylor's) Bn. Co.B
Bell, Thomas J. TX 11th Cav. Co.I
Bell, Thomas K. GA 34th Inf. Co.I
Bell, Thomas L. NC 49th Inf. Co.E 1st Sgt.
Bell, Thomas L. VA 34th Inf. Co.G
Bell, Thomas M. TN 44th Inf. Co.E Capt.
Bell, Thomas M. VA 5th Inf. Co.C
Bell, Thomas N. AL 41st Inf. Co.C
Bell, Thomas N. FL 1st Cav. Co.E
Bell, Thomas O. Conf.Cav. Wood's Regt. Co.G
Bell, Thomas P. MS 13th Inf. Co.C 2nd Lt.
Bell, Thomas P. VA 5th Inf. Co.C 1st Sgt.
Bell, Thos. P. Gen. & Staff 1st Lt.,ADC
Bell, Thomas R. SC 24th Mil.
Bell, Thomas R. TX 12th Cav. Co.D
Bell, Thomas R. VA 1st Arty. Co.K
Bell, Thomas R. VA Lt.Arty. Cayce's Co.
Bell, Thomas R. VA Lt.Arty. Parker's Co.
Bell, Thomas S. AL 23rd Inf. Co.E
Bell, Thomas S. GA 40th Inf. Co.I
Bell, Thomas S. MS 18th Inf. 1st Lt.
Bell, Thomas S. MO 2nd Inf. Co.H
Bell, Thomas S. NC 55th Inf. Co.B
Bell, Thomas S. VA 49th Inf. Co.A 1st Lt.,Adj.
Bell, Thomas S. Gen. & Staff 1st Lt.,Adj.
Bell, Thomas S.J. MS 1st Cav. Co.C
Bell, Thomas T. VA 3rd Inf. Co.E
Bell, Thomas W. AL 3rd Inf. Co.K
Bell, Thomas W. GA 32nd Inf. Co.K
Bell, Thomas W. GA 61st Inf. Co.G
Bell, Thomas W. MS 43rd Inf. Co.H
Bell, Thomas W. NC 1st Inf. Co.G Cpl.
Bell, Thomas W. NC 5th Inf. Co.C Music.
Bell, Thomas W. NC 17th Inf. (1st Org.) Co.H
Bell, Thos. W. VA 34th Inf. Co.E Sgt.
Bell, Thomas W. 1st Conf.Inf. 2nd Co.H
Bell, Thompson KY 1st (Butler's) Cav. Co.E
Bell, Tillman B. TX Inf. Griffin's Bn. Co.C Sgt.
Bell, Tilman F. NC 17th Inf. (1st Org.) Co.B
Bell, Tilmon NC 14th Inf. Co.D Cpl.
Bell, T.J. AL Inf. 23rd Regt.
Bell, T.J. GA 11th Cav. (St.Guards) Griff's Co.
Bell, T.J. GA Siege Arty. Campbell's Ind.Co.
Bell, T.J. GA Inf. 8th Bn. Co.A
Bell, T.J. GA 37th Inf. Co.K
Bell, T.J. GA 43rd Inf. Co.E
Bell, T.J. GA 46th Inf. Co.H
Bell, T.J. GA 63rd Inf. Co.E
Bell, T.J. KY 1st (Butler's) Cav. Co.D Sgt.
Bell, T.J. MS 18th Cav. Wimberly's Co.
Bell, T.J. MS 28th Cav. Co.K 1st Lt.
Bell, T.J. TX 14th Inf. Co.B
Bell, T.J. Gen. & Staff Capt.,AQM
Bell, T.L. TN 31st Inf. Co.I Capt.
Bell, T.L. TN 45th Inf. Co.D
Bell, T.M. GA Inf. 8th Bn. Co.A
Bell, T.N. TN 7th (Duckworth's) Cav. Co.G
Bell, Tolbert W. LA 31st Inf. Co.I
Bell, T.R. TX 17th Inf. Co.B
Bell, T.S. GA Hvy.Arty. 22nd Bn. Co.B
Bell, T.S. TX 30th Cav. Co.E
Bell, Turner D. AL 36th Inf. Co.A 2nd Lt.
Bell, T.W. AL 21st Inf. Co.D
Bell, T.W. NC 38th Inf. Co.H
Bell, T.W. VA Inf. 2nd Bn.Loc.Def. Co.A Sgt.
Bell, Tyrell R. NC 2nd Inf. Co.I
Bell, U.J. TX 18th Inf. Co.K
Bell, Uriah TX 12th Inf. Co.K
Bell, Uriah Jasper AR 37th Inf. Co.E
Bell, V. Gen. & Staff Chap.
Bell, V.A. GA Cav. 6th Bn. (St.Guards) Co.G
Bell, Valentine KY 9th Mtd.Inf. Co.D
Bell, Valentine TN 3rd (Clack's) Inf. Co.C
Bell, Valentine M. KY 2nd Mtd.Inf. Co.F
Bell, Vance VA 18th Cav. Co.F
Bell, Van D. MS 23rd Inf. Co.C
Bell, V.D. MS Scouts Morphis' Ind.Co.
Bell, Victor VA 30th Bn.S.S. Co.F
Bell, Victor VA 189th Mil. Co.C
Bell, Vincent R. VA 15th Cav. Co.D 2nd Lt.
Bell, Vincent R. VA Cav. 15th Bn. Co.B 2nd Lt.

Bell, Vincent R. VA 40th Inf. Co.B
Bell, Von A. GA 8th Inf. Co.E
Bell, V.R. VA 5th (Cons.) Cav. Co.H 2nd Lt.
Bell, V.S. TN 42nd Inf. 2nd Co.H
Bell, V.T. MS 2nd Cav. Co.E
Bell, W. AL Mil. 4th Vol.Co.G
Bell, W. GA Hardwick Mtd.Rifles
Bell, W. GA 5th Res. Co.E
Bell, W. GA Inf. 25th Bn. (Prov.Guard) Co.D
Bell, W. KY 3rd Cav. Co.D
Bell, W. SC Mil.Cav. Rutledge's Co.
Bell, W. TN 47th Inf. Co.G
Bell, W. TX Cav. Bourland's Regt. Co.G
Bell, W.A. KY 5th Cav. Co.H
Bell, W.A. LA 13th Bn. (Part.Rangers) Co.B
Bell, W.A. MS 3rd Inf. (St.Troops) Co.B
Bell, W.A. TN 3rd (Forrest's) Cav. Co.K Capt.
Bell, W.A. TN 4th (Murray's) Cav. Co.H
Bell, W.A. TN 8th (Smith's) Cav. Co.C
Bell, W.A. TN 13th Inf. Co.A Bvt.2nd Lt.
Bell, W.A. TN 47th Inf. Co.G
Bell, W.A. TX 33rd Cav. Co.K
Bell, Wallace MO Cav. Slayback's Regt. Co.B
Bell, Walter GA 32nd Inf. Co.F
Bell, Walter MD Arty. 2nd Btty.
Bell, Walter J. FL 2nd Cav. Co.E
Bell, Walter M. NC 1st Cav. (9th St.Troops) Co.F Sgt.
Bell, Walter R. NC 51st Inf. Co.B Capt.
Bell, Washington AL 23rd Inf. Co.F
Bell, Washington NC 6th Sr.Res. Co.K
Bell, Washington VA 6th Inf. Co.C
Bell, Wat MS 10th Inf. Old Co.E
Bell, Watson W. TX 18th Inf. Co.E Cpl.
Bell, W.B. AL 4th Inf. Co.G
Bell, W.B. GA 59th Inf. Co.A
Bell, W.B. SC Inf. Holcombe Legion Co.F
Bell, W.B. TN Cav. Cox's Bn.
Bell, W.B. Gen. & Staff 2nd Lt.,Dr.M.
Bell, W.B. Gen. & Staff Lt.,E.O.
Bell, W. Brown SC 3rd Inf. Co.I Sgt.
Bell, W.C. AL 7th Inf. Co.C
Bell, W.C. LA Inf.Cons.Crescent Regt. Co.G
Bell, W.C. MS 6th Cav. Co.I Cpl.
Bell, W.C. MS 40th Inf. Co.D
Bell, W.C. MO 1st & 4th Cons.Inf. Co.K
Bell, W.C. MO 2nd Inf. Co.C
Bell, W.C. MO Quantrill's Co.
Bell, W.C. MO St.Guard
Bell, W.C. SC Arty. Manigault's Bn. 1st Co.B
Bell, W.C. SC 23rd Inf. Co.A
Bell, W.D. TN 9th (Ward's) Cav. Co.B
Bell, W.E. MS 1st Lt.Arty. Co.I
Bell, W.E. SC 4th Cav. Co.H Cpl.
Bell, W.E. SC Cav. 10th Bn. Co.D
Bell, Wes GA 49th Inf. Co.K
Bell, Wesley GA 46th Inf. Co.H
Bell, Wesley TN 13th (Gore's) Cav. Co.H
Bell, West A. MS Inf. 3rd Bn. Co.A 2nd Lt.
Bell, Westley 1st Choctaw & Chickasaw Mtd.Rifles 2nd Co.H
Bell, W.F. AR 15th Mil. Co.D
Bell, W.F. KY 2nd (Duke's) Cav. Co.C
Bell, W.F. KY 9th Cav. Capt.
Bell, W.F. MS 4th Cav. Co.F
Bell, W.F. NC 6th Inf. Co.A
Bell, W.F. TN 18th (Newsom's) Cav. Co.C
Bell, W.F. TN 19th (Biffle's) Cav. Co.K
Bell, W.G. GA 49th Inf. Co.H Capt.
Bell, W.H. AL 38th Inf. Co.E
Bell, W.H. AR 51st Mil. Co.E 2nd Lt.
Bell, W.H. MS 6th Cav. Co.K
Bell, W.H. MS Wilkinson Cty. Minute Men Co.A
Bell, W.H. NC 3rd Cav. (41st St.Troops) Co.B
Bell, W.H. NC 3rd Arty. (40th St.Troops) Co.G
Bell, W.H. NC 12th Inf. Co.K
Bell, W.H. NC 63rd Inf. Co.H
Bell, W.H. TN Inf. 2nd Cons.Regt. Co.B Sgt.
Bell, W.H. TN 3rd (Clack's) Inf. Co.D
Bell, W.H. TN 30th Inf. Co.H Cpl.
Bell, W.H. TN 51st (Cons.) Inf. Co.F
Bell, W.H. 1st Choctaw & Chickasaw Mtd.Rifles 3rd Co.D
Bell, W.H.H. AL 50th Inf. Co.C
Bell, Wiley AL 48th Inf. Co.C
Bell, Wiley F. GA 42nd Inf. Co.I
Bell, Wiley R. FL 2nd Inf. Co.M
Bell, William AL Cav. Lewis' Bn. Co.D
Bell, William AL 5th Inf. Co.K
Bell, William AL 15th Inf. Co.H
Bell, William AL 21st Inf. Co.B
Bell, William AL 25th Inf. Co.E
Bell, Wm. AL 26th Inf. Co.C
Bell, William AL 26th (O'Neal's) Inf.
Bell, William AL 55th Vol. Co.A
Bell, William AR 1st Vol. Co.F
Bell, William FL 1st (Res.) Inf. Co.D
Bell, William GA 13th Cav. Co.D
Bell, William GA Lt.Arty. Ritter's Co.
Bell, William GA 1st (Olmstead's) Inf. Co.C
Bell, William GA 2nd Res.
Bell, William GA 30th Inf. Co.H
Bell, William GA 32nd Inf. Co.C
Bell, William GA 32nd Inf. Co.F
Bell, William KY 10th (Johnson's) Cav. New Co.H
Bell, William KY 9th Mtd.Inf. Adj.
Bell, William LA Inf. 10th Bn.
Bell, William LA 14th Inf. Co.K
Bell, William LA Inf.Cons. 18th Regt. & Yellow Jacket Bn.
Bell, William LA 21st (Patton's) Inf. Co.A
Bell, William LA 22nd (Cons.) Inf. Co.I
Bell, William LA Inf.Crescent Regt. Co.C
Bell, William LA Mil. Irish Regt. Co.C Cpl.
Bell, William MD Arty. 3rd Btty.
Bell, William MS 1st Cav. Co.F
Bell, William MS 18th Cav. Co.G
Bell, William MS 2nd Inf. Co.C
Bell, William MS Inf. 2nd St.Troops Co.B
Bell, William MS 6th Inf. Co.F
Bell, William MS 21st Inf. Co.C
Bell, William MS 25th Inf. Co.D
Bell, William MS 26th Inf. Co.B
Bell, William MS 27th Inf. Co.B
Bell, William MS 36th Inf. Co.I
Bell, William MO Inf. 1st Bn. Co.C Cpl.
Bell, William MO 6th Inf. Co.K
Bell, William NC 3rd Cav. (41st St.Troops) Co.B
Bell, William NC 2nd Inf. Co.E
Bell, William NC 24th Inf. Co.K,F Hosp.Stew.
Bell, William SC 4th Cav. Co.K
Bell, William SC 12th Inf. Co.F
Bell, William TN 3rd (Forrest's) Cav. Co.E
Bell, William TN 4th Cav.
Bell, William TN 7th (Duckworth's) Cav. Co.G
Bell, William TN 12th (Green's) Cav. Co.C 1st Lt.
Bell, William TN Lt.Arty. Barry's Co.
Bell, William TN 2nd (Walker's) Inf. Co.C
Bell, William TN 3rd (Clack's) Inf. Co.C,D
Bell, William TN 16th Inf. Co.E
Bell, William TN 29th Inf.
Bell, William TN 37th Inf. Co.F
Bell, William TN 47th Inf. Co.F
Bell, William TN 51st Inf. Co.F Sgt.
Bell, William TX 16th Cav. Co.A
Bell, William TX 1st Regt.St.Troops Co.D
Bell, William VA 12th Cav. Asst.Surg.
Bell, William VA 14th Cav. 2nd Co.I
Bell, William VA 2nd Inf. Co.B
Bell, William VA 7th Bn.Res. Asst.Surg.
Bell, William VA 24th Inf. Co.E
Bell, William VA 30th Inf. 2nd Co.I
Bell, William VA 47th Inf. 2nd Co.I
Bell, William 3rd Conf.Cav. Co.G
Bell, William 7th Conf.Cav. Co.K
Bell, William 2nd Conf.Inf. Co.D
Bell, William Gen. & Staff Asst.Surg.
Bell, Wm., Jr. Gen. & Staff 1st Lt.,Adj.
Bell, William A. AL 10th Inf. Co.K
Bell, William A. AL 36th Inf. Co.C
Bell, William A. AR Cav. 1st Bn. (Stirman's) Co.F
Bell, William A. GA 23rd Inf. Co.D
Bell, Wm. A. KY Conscr.
Bell, William A. LA Cav. Greenleaf's Co. (Orleans Lt.Horse) Comsy.Sgt.
Bell, William A. MS 3rd Inf. Co.H
Bell, William A. MO Cav. Wood's Regt. Co.B
Bell, William A. NC 7th Inf. Co.I
Bell, William A. NC 18th Inf. Co.C Cpl.
Bell, William A. TN 12th (Green's) Cav. Co.F Capt.
Bell, William A. TN 16th Inf. Co.C
Bell, William A. TN 45th Inf. Co.D
Bell, William A. TX 5th Cav. Co.B
Bell, William A. TX 34th Cav. Co.F
Bell, William A. VA 4th Inf. Co.E
Bell, William A. VA Mtd.Guard (Henry Cty.)
Bell, Wm. A. Gen. & Staff 1st Lt.,Dr.M.
Bell, William B. NC 2nd Inf. Co.K Comsy.Sgt.
Bell, William B. NC 28th Inf. Co.H
Bell, William B. TN 10th (DeMoss') Cav. Co.B
Bell, William B. TX 5th Cav. Co.D Sgt.
Bell, William C. LA 3rd Inf. Co.F
Bell, William C. MS St.Cav. Perrin's Bn. Co.F
Bell, William C. MS Inf. 2nd Bn. Co.B
Bell, William C. MS 48th Inf. Co.B
Bell, William C. MO 1st & 3rd Cons.Cav. Co.K
Bell, William C. TN 4th Inf. Co.I
Bell, William D. LA Inf. 4th Bn. Co.E 2nd Lt.
Bell, William D. SC 9th Inf. Co.G
Bell, William D. TN 12th (Cons.) Inf. Co.A
Bell, William D. VA 8th Bn.Res. Co.B
Bell, William D.F. SC 1st (McCreary's) Inf. Co.A Cpl.
Bell, William E. FL 2nd Inf. Co.F
Bell, William E. KY 2nd Mtd.Inf. Co.I Capt.

Bell, William E. TX 1st (McCulloch's) Cav. Co.A
Bell, William E. TX 8th Field Btty.
Bell, William E. TX Lt.Arty. Dege's Bn.
Bell, William E. TX 17th Inf. Co.B
Bell, William E. VA 5th Inf. Co.C
Bell, William F. AL Cav. Roddey's Escort
Bell, William F. AL Crawford's Co.
Bell, William F. AR 1st (Monroe's) Cav. Co.A Sgt.
Bell, William F. AR 8th Cav. Co.A
Bell, William F. MS Inf. 2nd Bn. Co.B Cpl.
Bell, William F. MS 48th Inf. Co.B Cpl.
Bell, William F. MO 10th Inf. Co.K
Bell, William F. SC 2nd Inf. Co.F
Bell, William F. VA 13th Inf. 2nd Co.E Sgt.
Bell, Wm. F. Gen. & Staff Capt.,AQM
Bell, William G. GA Cav. 29th Bn. Co.E
Bell, William G. GA Inf. 5th Bn. (St.Guards) Co.C Cpl.
Bell, William G. GA 21st Inf. Co.I
Bell, William G. GA 31st Inf. Co.E
Bell, William H. AL Lt.Arty. Clanton's Btty.
Bell, William H. AL 5th Inf. New Co.G
Bell, William H. AR 1st (Dobbin's) Cav. Co.C 2nd Sgt.
Bell, William H. AR 1st (Colquitt's) Inf. Co.C
Bell, William H. AR 35th Inf. Co.D Sgt.
Bell, William H. GA Brooks' Co. (Terrell Lt.Arty.)
Bell, William H. GA 1st (Olmstead's) Inf. Co.K
Bell, William H. GA 2nd (Stapleton's) St.Troops Co.D
Bell, William H. GA Inf. Alexander's Co. Cpl.
Bell, William H. GA Cherokee Legion (St.Guards) Co.K
Bell, William H. MS St.Cav. Perrin's Bn. Co.F
Bell, William H. MS 21st Inf. Co.E
Bell, William H. MS 22nd Inf. Co.F
Bell, William H. MO 5th Cav. Co.C
Bell, William H. MO Cav. Poindexter's Regt.
Bell, William H. NC 1st Arty. (10th St.Troops) Co.D
Bell, William H. SC 1st Arty. Co.D Music.
Bell, William H. SC Inf. 7th Bn. (Enfield Rifles) Co.H
Bell, William H. TX 1st (McCulloch's) Cav. Co.F
Bell, William H. TX 1st (Yager's) Cav. Co.K
Bell, William H. TX Cav. 8th (Taylor's) Bn. Co.B
Bell, William H. VA Lt.Arty. 38th Bn. Co.D
Bell, William H. VA Lt.Arty. Moore's Co.
Bell, William H. VA Lt.Arty. Thompson's Co.
Bell, William H. 7th Conf.Cav. Co.K
Bell, William H. Gen. & Staff AASurg.
Bell, William H.H. TN 32nd Inf. Co.B
Bell, William J. AL Arty. 4th Bn. Hilliard's Legion Co.A,D
Bell, William J. AL 28th Inf. Co.H
Bell, William J. GA 29th Inf. Co.B
Bell, William J. MS 22nd Inf. Co.G Ord.Sgt.
Bell, William J. MS 39th Inf. Co.C 1st Sgt.
Bell, William J. TN 17th Inf. Co.C
Bell, William J. VA 4th Inf. Co.I
Bell, William J. VA 33rd Inf. Co.D
Bell, William J. 1st Conf.Eng.Troops Co.C
Bell, William L. MO 6th Cav. Co.B
Bell, William M. AL 5th Inf. New Co.A
Bell, William M. AL 20th Inf. Co.A
Bell, William M. MS 2nd Part. Co.A
Bell, William M. MS Scouts Morphis' Ind.Co. Sgt.
Bell, William M. MS 1st (Johnston's) Inf. Co.I Cpl.
Bell, William M., Jr. MS 14th Inf. Co.C 2nd Lt.
Bell, William M. MS 31st Inf. Co.G
Bell, William M. MS 40th Inf. Co.K
Bell, William M. NC 60th Inf. Co.H
Bell, William M. TN 3rd (Clack's) Inf. Co.E 2nd Lt.
Bell, William M. TX 12th Inf. Co.K Cpl.
Bell, William M. VA 5th Inf. Co.E
Bell, William M. VA Inf. 22nd Bn. Co.H
Bell, William N. VA 13th Cav. Co.K
Bell, William N. VA 41st Inf. 2nd Co.E 2nd Lt.
Bell, William P. AL Lt.Arty. Goldthwaite's Btty.
Bell, Wm. P. AL 31st Inf. Co.H
Bell, William P. LA 1st Inf. Co.A Sgt.
Bell, William P. VA 4th Inf. Co.D
Bell, William R. AL 46th Inf. Co.G
Bell, William R. AL 47th Inf. Co.G
Bell, William R. AL Randolph Cty.Res. J. Orr's Co.
Bell, William R. FL Cav. 3rd Bn. Co.A Cpl.
Bell, William R. GA 27th Inf. Co.D
Bell, William R. GA 52nd Inf. Co.I
Bell, William R. LA 1st Hvy.Arty. Co.C
Bell, William R. MS 14th Inf. Co.G
Bell, William R. MS 14th (Cons.) Inf. Co.F
Bell, William R. NC 14th Inf. Co.K Cpl.
Bell, William S. GA Arty. 9th Bn. Co.A
Bell, William S. GA Phillips' Legion Co.M Sgt.
Bell, William S. NC Inf. 13th Bn. Co.C Sgt.
Bell, William S. NC 30th Inf. Co.B Cpl.
Bell, William S. TN 43rd Inf. Co.E
Bell, William S. TX 17th Cav. Co.K
Bell, William S. TX 17th Cons.Dismtd.Cav. Co.K
Bell, William S. VA 7th Cav. Co.A
Bell, William S. VA Lt.Arty. Douthat's Co.
Bell, William S. VA 7th Bn.Res. Co.B
Bell, William T. AL 19th Inf. Co.G 2nd Lt.
Bell, William T. AL 42nd Inf. Co.G 2nd Lt.
Bell, William T. AL 61st Inf. Co.A
Bell, William T. FL 1st Inf. Old Co.K, New Co.A Sgt.
Bell, William T. GA 51st Inf. Co.G Cpl.
Bell, William T. GA 51st Inf. Co.H
Bell, William T. MS 19th Inf. Co.G
Bell, William T. NC 12th Inf. Co.G
Bell, William T. NC 12th Inf. Co.N 3rd Lt.
Bell, William T. NC 32nd Inf. Co.B,C 2nd Lt.
Bell, William T. TN 2nd (Robison's) Inf. Co.F Cpl.
Bell, William T. TX Cav. Hardeman's Regt. Co.D
Bell, William T. VA Lt.Arty. Hankins' Co.
Bell, William T. VA 3rd Inf. 1st Co.I
Bell, William T. VA 13th Inf. 2nd Co.B
Bell, William T. VA 39th Inf. Co.A 2nd Lt.
Bell, William Thomas VA 54th Mil. Co.E,F
Bell, William T.R. VA 9th Inf. Co.I 2nd Lt.
Bell, William T.R. VA 46th Inf. 2nd Co.A
Bell, William T.R. VA 59th Inf Co.I 2nd Lt.
Bell, William V. AL 39th Inf. Co.F
Bell, William W. AR 3rd Inf. Co.K,L Cpl.
Bell, William W. AR 12th Bn.S.S.
Bell, William W. AR 37th Inf. Co.G Capt.
Bell, William W. GA 16th Inf. Co.F,G
Bell, William W. GA 16th Inf. Co.G
Bell, William W. NC 26th Inf. Co.D
Bell, Willis A. NC 24th Inf. Co.E
Bell, Wilson AL Inf. 1st Regt. Co.F
Bell, Wilson AL 1st Regt.Conscr. Co.F
Bell, Wilson GA Inf. 8th Bn. Co.A Sgt.
Bell, Wilson MO 2nd Cav. Co.C
Bell, Wilson MO Inf. 3rd Bn. Co.B
Bell, Wilson MO 6th Inf. Co.A
Bell, Wimberly N. GA 2nd Inf. 1st Co.B
Bell, Wimberly N. GA 26th inf. Co.E
Bell, W.J. AL 40th Inf. Co.C
Bell, W.J. AL 59th Inf. Co.H
Bell, W.J. AR Cav. McGehee's Regt. Little's Co.
Bell, W.J. AR Inf. 4th Bn. Co.B
Bell, W.J. AR 15th Mil. Co.A
Bell, W.J. AR 30th Inf. Co.D
Bell, W.J. FL 2nd Inf. Co.D Music.
Bell, W.J. GA Lt.Arty. Howell's Co.
Bell, W.J. GA 8th Inf. Co.K
Bell, W.J. MS 2nd St.Cav. Co.G
Bell, W.J. TN 8th (Smith's) Cav. Co.F
Bell, W.J. TN 10th (DeMoss') Cav. Co.K
Bell, W.J. VA Lt.Arty. Hankins' Co.
Bell, W.J. VA 3rd Res. Co.I
Bell, W.K. SC Arty. Melcher's Co. (Co.B,German Arty.)
Bell, W.L. GA Inf. 25th Bn. (Prov.Guard) Co.C
Bell, W.L. TN 16th (Logwood's) Cav. Co.C
Bell, W.L. TN 19th (Biffle's) Cav. Co.A
Bell, W.L. 3rd Conf.Eng.Troops Co.H
Bell, W.L.A. AL 15th Inf. Co.K
Bell, W.M. AL 20th Inf. Co.I
Bell, W.M. AR 5th Inf. Co.G
Bell, W.M. AR 15th Mil. Co.C
Bell, W.M. LA 25th Inf. Co.G
Bell, W.M. MS 1st Cav. Co.I
Bell, W.M. MS 6th Cav. Co.I 1st Lt.
Bell, W.M. MS 23rd Inf. Co.L
Bell, W.M. MO Cav. 3rd Bn. Co.H
Bell, W.M. TN 2nd (Smith's) Cav. Kinney's Co. 2nd Lt.
Bell, W.M. TN 3rd (Forrest's) Cav. Co.F
Bell, W.M. TN 6th (Wheeler's) Cav. Co.K
Bell, W.M. TN Inf. 2nd Cons.Regt. Co.D
Bell, W.M. TN 45th Inf. Co.C
Bell, W.M. TX 28th Cav. Co.A
Bell, W.M. Conf.Cav. Wood's Regt. Co.I
Bell, W.N. SC 14th Inf. Co.A
Bell, W.O. TN 34th Inf. Co.G
Bell, W.O. 14th Conf.Cav. Co.H Cpl.
Bell, W.P. FL 10th Inf. Co.E
Bell, W.P. GA Inf. 8th Bn. Co.A 2nd Lt.
Bell, W.P. SC 1st (Hagood's) Inf. 1st Co.G
Bell, W.P. SC 2nd Inf. Co.K
Bell, W.R. AL 7th Cav. Co.I
Bell, W.R. AL 36th Inf. Co.A
Bell, W.R. AL 62nd Inf. Co.K
Bell, W.R. FL 1st (Res.) Inf. Co.C
Bell, W.R. FL 1st (Res.) Inf. Co.G
Bell, W.R. MS 43rd Inf. Co.L Cpl.

Bell, W.R. SC 4th Bn.Res. Co.B
Bell, W.R. 15th Conf.Cav. Co.A Sgt.
Bell, W. Randolph AL 8th Inf. Co.D Sgt.
Bell, W.R.G. GA 60th Inf. Co.G
Bell, W.S. SC 2nd Inf. Co.D
Bell, W.S. TN Arty.Corps Surg.
Bell, W.S. TN 42nd Inf. 2nd Co.H
Bell, W.S. TX Cav. Hardeman's Regt. Co.D
Bell, W.S. Gen. & Staff Surg.
Bell, W.T. AL 37th Inf. Co.H
Bell, W.T. GA Inf. 23rd Bn.Loc.Def. Cook's Co.
Bell, W.T. MS 1st Lt.Arty. Co.G
Bell, W.T. MS Lt.Arty. 14th Bn. Co.A
Bell, W.T. MO 1st N.E. Cav. Co.O
Bell, W.T. NC Mallett's Bn. Co.A
Bell, W.T. SC 2nd Inf. Co.H
Bell, W.T. TN 22nd (Barteau's) Cav. Co.D
Bell, W.T. TN 55th (McKoin's) Inf. Day's Co.
Bell, W.T. VA Conscr. Cp.Lee Co.A Cpl.
Bell, W.T. Gen. & Staff Asst.Surg.
Bell, W.T. Gen. & Staff 1st Lt.,Adj.
Bell, W.T.R. Gen. & Staff 2nd Lt.,Dr.M.
Bell, W.W. AL 5th Inf. New Co.A
Bell, W.W. NC Allen's Co. (Loc.Def.)
Bell, Zachariah FL 6th Inf. Co.G
Bell, Zachariah GA 25th Inf. Co.E
Bell, Zephaniah TX 34th Cav. Co.F
Bell, Zimri NC 52nd Inf. Co.B Cpl.
Bell, Z.N. AR 26th Inf. Co.K
Bell, Z.P. TX 5th Inf. Co.C
Bell, Z.P. TX Inf. Whaley's Co.
Bell, Z.S. MS 2nd St.Cav. Co.E 1st Sgt.
Bell, Z.W. MS 1st Cav. Co.C
Bell, Z.X.Y. MS 3rd Inf. (St.Troops) Co.A
Bella, James S. GA 7th Inf. Co.H
Bellafaunt, Joseph TN Lt.Arty. Morton's Co. Cpl.
Bellah, C.H. TX 2nd Inf. Co.C
Bellah, Charles AR 1st Vol. Simington's Co.
Bellah, Charles MO 15th Cav. Co.G 3rd Lt.
Bellah, E.B. AR 38th Inf. Co.C
Bellah, Edward AR 38th Inf. Old Co.I,H
Bellah, Edward MO 15th Cav. Co.G Sgt.
Bellah, Elba AR 38th Inf. Co.H
Bellah, Elba MO 15th Cav. Co.G 1st Sgt.
Bellah, Elby AR 1st Vol. Simington's Co.
Bellah, Ezekiel MO 4th Inf. Co.C
Bellah, Henry AL 13th Inf. Co.D,B
Bellah, H.R. GA 12th Cav. Co.I,B
Bellah, Isaiah A. TX 11th Inf. Co.K
Bellah, James TX 9th Cav. Co.K Sgt.
Bellah, J.H. GA 3rd Bn.S.S. Co.F
Bellah, J.M. AL 37th Inf. Co.H
Bellah, John MO 4th Inf. Co.C
Bellah, John H. GA Phillips' Legion Co.C Sgt.
Bellah, John R. AL 25th Inf. Co.F
Bellah, John W. AL 17th Inf. Co.E
Bellah, L.B. MO 1st & 4th Cons.Inf. Co.C
Bellah, L.B. MO 4th Inf. Co.C
Bellah, Leonard MO 1st & 4th Cons.Inf. Co.C
Bellah, Leonard MO 4th Inf. Co.C
Bellah, Milton GA Brooks' Co. (Terrell Lt.Arty.)
Bellah, Nathan S. TX 11th Inf. Co.K
Bellah, Richard W. GA Phillips' Legion Co.C
Bellah, R.P. GA Siege Arty. 28th Bn. Co.I
Bellah, R.W. GA 3rd Bn.S.S. Co.F
Bellah, Samuel GA Brooks' Co. (Terrell Lt.Arty.)
Bellah, Samuel MS Lt.Arty. 14th Bn. Co.C
Bellah, Samuel MS Lt.Arty. Merrin's Btty.
Bellah, Waller AR 8th Inf. New Co.A
Bellah, William AR 38th Inf. Old Co.F
Bellah, William P. GA 41st Inf. Co.G 1st Lt.
Bellah, William P. GA Cobb's Legion Co.B
Bellah, W.R. MO 1st & 4th Cons.Inf. Co.C
Bellah, W.R. MO 4th Inf. Co.C
Bellains, J. GA 34th Inf. Co.C
Bellaire, Augustine LA 1st Hvy.Arty. Co.D
Bellaire, E. LA Inf.Cons. 18th Regt. & Yellow Jacket Bn. Co.G
Bellak, A.I. MO Cav. Fristoe's Regt. Co.H
Bellam, Philip Inf. School of Pract. Powell's Detach. Co.B
Bellam, Phillip Conf.Lt.Arty. 1st Reg.Btty. Sgt.
Bellamory, A.J. GA 4th Mil. Co.A 2nd Lt.
Bellamy, A.B. TN 62nd Mtd.Inf. Co.D
Bellamy, Abner H. VA 52nd Inf. Co.A
Bellamy, Abraham M. SC 10th Inf. Co.B
Bellamy, A.J. TX 17th Inf. Co.B
Bellamy, Alvin J. GA 29th Inf. Co.B
Bellamy, A.N. GA 29th Inf. Co.B Sgt.
Bellamy, A.R. TX 17th Inf. Co.B
Bellamy, Asa F. TX 1st (Yager's) Cav. Co.K
Bellamy, Asa F. TX Cav. 8th (Taylor's) Bn. Co.B
Bellamy, Benjamin A. FL Cav. (Marianna Drag.) Smith's Co. Cpl.
Bellamy, Benjamin A. 15th Conf.Cav. Co.B Sgt.
Bellamy, Berry VA Cav. Ferguson's Bn. Park's Co.
Bellamy, B.L. AL 3rd Res. Co.C
Bellamy, Calvin B. FL 5th inf. Co.D
Bellamy, Charles E. AL 38th Inf. Surg.
Bellamy, Chas. E. Gen. & Staff Surg.
Bellamy, Croom MS 28th Cav. Co.E Capt.
Bellamy, E. VA 5th Cav. Co.I
Bellamy, Elisha VA Loc.Def. Mallory's Co.
Bellamy, Eugene MS 28th Cav. Co.E
Bellamy, F. Asa TX 1st (McCulloch's) Cav. Co.F
Bellamy, F.J. SC Lt.Arty. M. Ward's Co. (Waccamaw Lt.Arty.)
Bellamy, Francis W. VA 1st Arty. Co.H
Bellamy, Franklin K. SC 10th Inf. Co.B
Bellamy, F.W. TN Conscr. Co.B
Bellamy, F.W. VA Arty. C.F. Johnston's Co.
Bellamy, George D. NC 46th Inf. Co.C Sgt.
Bellamy, George T. Anderson's Cav. Hosp.Stew.
Bellamy, G.H. LA Inf.Crescent Regt. Co.K
Bellamy, Gilbert F. GA Inf. (Franklin Cty. Guards) Kay's Co.
Bellamy, Harold MS Inf. 2nd Bn. Co.I 1st Lt.
Bellamy, Harold MS 48th Inf. Co.I Capt.
Bellamy, Harrold TN 34th Inf. Co.E 1st Lt.
Bellamy, H.H. AR 1st (Dobbin's) Cav. Co.A
Bellamy, Isaac E. NC 18th Inf. Co.C Cpl.
Bellamy, James AR 18th (Marmaduke's) Inf. Co.C
Bellamy, James 3rd Conf.Inf. Co.C
Bellamy, James F. FL 2nd Inf. Co.E Cpl.
Bellamy, James M. GA 29th Inf. Co.B
Bellamy, James T. MS 29th Inf. Co.D
Bellamy, James W. VA 1st Arty. Co.H 1st Sgt.
Bellamy, J.C. SC 10th Inf. Co.B
Bellamy, J.D. LA Lt.Arty. Bridges' Btty.
Bellamy, J.D. SC Lt.Arty. M. Ward's Co. (Waccamaw Lt.Arty.)
Bellamy, J.F. TX 1st Inf. Co.M
Bellamy, J.M. AR Inf. 4th Bn. Co.A
Bellamy, J.M. AR 50th Mil. Co.I Cpl.
Bellamy, J.N. TX Cav. Martin's Regt. Co.G
Bellamy, J.N. VA Mil. Scott Cty.
Bellamy, John GA 15th Inf. Co.B
Bellamy, John LA Cav. Greenleaf's Co. (Orleans Lt.Horse)
Bellamy, John MO 5th Cav. Co.C
Bellamy, John VA Inf. 45th Bn. Co.F
Bellamy, John C. NC 2nd Arty. (36th St.Troops) Co.K
Bellamy, John G. GA 29th Inf. Co.B Cpl.
Bellamy, John H. VA 19th Inf. Co.B
Bellamy, John W. NC 46th Inf. Co.C
Bellamy, Jordan NC Coast Guards Galloway's Co.
Bellamy, Joseph C. NC 2nd Arty. Co.F
Bellamy, Joseph W. VA Mil. Scott Cty.
Bellamy, J.P. VA Mil. Scott Cty.
Bellamy, J. Pleasant GA 29th Inf. Co.B
Bellamy, J.T. MS 15th Inf. Co.H
Bellamy, J.T. SC Lt.Arty. M. Ward's Co. (Waccamaw Lt.Arty.)
Bellamy, J.W. GA 34th Inf. Co.C,I Artif.
Bellamy, J.W. VA Mil. Scott Cty.
Bellamy, L.D. SC Lt.Arty. M. Ward's Co. (Waccamaw Lt.Arty.)
Bellamy, Lemuel SC Lt.Arty. M. Ward's Co. (Waccamaw Lt.Arty.)
Bellamy, Lewis W. VA 19th Inf. Co.B
Bellamy, Lucian G. NC 18th Inf. Co.C
Bellamy, Marsden NC 3rd Cav. (41st St.Troops) Co.G
Bellamy, Marsden D. FL 5th Inf. Co.A
Bellamy, Marshall VA Cav. Ferguson's Bn. Parks' Co.
Bellamy, Napoleon B. NC 15th Inf. Co.I
Bellamy, Nathan P. TX 14th Cav. Co.C
Bellamy, R.B. SC Lt.Arty. M. Ward's Co. (Waccamaw Lt.Arty.) Cpl.
Bellamy, R.C. TX 2nd Inf. Co.C
Bellamy, Richard B. FL Cav. (Marianna Drag.) Smith's Co.
Bellamy, Richard B. 15th Conf.Cav. Co.B
Bellamy, Richard C. FL 5th Inf. Co.A
Bellamy, Richard H. AL Lt.Arty. 20th Bn. Co.A,B Capt.
Bellamy, Richard H. AL 6th Inf. Co.F
Bellamy, R.T. AR 50th Mil. Co.I
Bellamy, Seth SC 1st (McCreary's) Inf. Co.F Cpl.
Bellamy, Thomas J. GA 15th Inf. Co.B
Bellamy, Thomas M. NC 12th Inf. Co.F Sgt.
Bellamy, T.J. GA 29th Inf. Co.B
Bellamy, V.E. AL Mil. 4th Vol. Co.F
Bellamy, V.E. AL 19th Inf. Co.H
Bellamy, V.E. AL 40th Inf. Co.K Ord.Sgt.
Bellamy, Volney MS 6th Inf. Co.I
Bellamy, W.A. GA 8th Inf. Co.B
Bellamy, W.A. SC 3rd St.Troops Co.D
Bellamy, W.D. FL Conscr.
Bellamy, W.E. NC 1st Inf. Co.K

Bellamy, W.H. MS 3rd Cav. Co.B
Bellamy, William LA 1st (Strawbridge's) Inf. Co.C
Bellamy, William MS 32nd Inf. Co.H Cpl.
Bellamy, William VA 64th Mtd.Inf. Fugate's Co.
Bellamy, William A. AL Lt.Arty. 20th Bn. Co.A,B Sgt.
Bellamy, William A. SC 1st (McCreary's) Inf. Co.F
Bellamy, William C. GA 3rd Cav. Co.B
Bellamy, Wm. C. Gen. & Staff Asst.Surg.
Bellamy, William D. FL 1st Inf. Old Co.I
Bellamy, William F. VA 56th Inf. Co.C
Bellamy, William H. GA 34th Inf. Co.B,G Cpl.
Bellamy, William H. MO 5th Cav. Co.C Cpl.
Bellamy, William J. MS 26th Inf. Co.H Sgt.
Bellamy, William J.H. NC 18th Inf. Co.I
Bellamy, William P. GA 15th Inf. Co.B
Bellamy, W.P. GA 29th Inf. Co.B
Belland, W. MS 27th Inf. Co.B
Bellande, M. LA 4th Inf. Co.B
Bellanfant, J.W. TN 11th (Holman's) Cav. Co.D
Bellanfant, N.D. TN 11th (Holman's) Cav. Co.D
Bellanger, A. LA Mil. 3rd Regt.Eur.Brig. (Garde Francaise) Co.6
Bellanger, A. LA Mil. Orleans Guards Regt. Co.B
Bellanger, Alf LA Washington Arty.Bn. Co.5 Cpl.
Bellanger, Henry LA 26th Inf. Co.H
Bellanny, --- VA 1st (Farinholt's) Res.
Bellantoni, Filippe AL 21st Inf. Co.G
Bellany, B.L. AL Talladega Cty.Res. D.B. Brown's Co.
Bellar, A. LA 18th Inf. Co.D
Bellar, G.H. AR 15th (N.W.) Inf. Co.H
Bellar, J.T. 4th Conf.Inf. Co.E
Bellar, L. GA Cav. 1st Bn.Res. Co.E
Bellar, L. GA 41st Inf. Co.K
Bellar, Leonard TX Inf. Griffin's Bn. Co.A
Bellar, M.C. LA 13th Bn. (Part.Rangers) Co.C
Bellar, Nathan MS Inf. 3rd Bn. Co.B
Bellar, P. LA 18th Inf. Co.D
Bellard, A. TX 21st Inf. Co.F
Bellard, Christoval LA 18th Inf. Co.B
Bellard, Cyprien LA Miles' Legion Co.D
Bellard, Joseph VA 6th Cav. Co.H
Bellard, Julien TX 11th (Spaight's) Bn.Vol. Co.E
Bellard, Louis LA 28th (Gray's) Inf. Co.G
Bellard, M. TX 24th & 25th Cav. (Cons.) Co.H
Bellard, Mecina TX 25th Cav. Co.H
Bellard, Paul TX Cav. Ragsdale's Bn. Co.F
Bellard, P.E. AL 37th Inf. Co.E
Bellard, Pierre LA 7th Cav. Co.D
Bellart, --- TX Cav. Ragsdale's Bn. Co.D
Bellbry, J.M. AR 1st Cav. Co.I
Belle, A.E. AL 60th Inf. Co.D
Belle, Alexander E. AL 3rd Bn. Hilliard's Legion Vol. Co.F Cpl.
Belle, C.S. VA 13th Inf. Co.A
Belle, George N. MS 1st (King's) Inf. (St.Troops) Co.E
Belle, George W. MO 4th Cav. Co.I
Belle, James MS 1st (King's) Inf. (St.Troops) Co.E
Belle, John LA 1st Hvy.Arty. (Reg.) Co.G
Belle, Theobule LA 1st Hvy.Arty. (Reg.) Co.G
Belle, William AL 4th (Russell's) Cav. Co.K
Belle, William Spivew AL 5th Inf. Co.H
Bellegarde, John B. LA 11th Inf. Co.E
Bellem, James VA Lt.Arty. Brander's Co. Bugler
Belleman, Victor TX 4th Field Btty.
Bellemy, F.T. GA 34th Inf. Co.G
Bellemy, William A. SC 1st (McCreary's) Inf. Co.F Cpl.
Bellen, W. TX 1st Hvy.Arty. Co.D
Bellen, Z.S. TX Cav. Martin's Regt. Co.F
Bellenberg, August LA Mil. Chalmette Regt. Co.K
Bellenfant, Absolom S. TN 4th (McLemore's) Cav. Co.F
Bellenger, A.L. LA Washington Arty.Bn. Co.5 Cpl.
Bellenger, Chalmers T. MS 5th Inf. Co.I Sgt.
Bellenger, M. Gen. & Staff Surg.
Bellenger, Moore F. MS 5th Inf. Co.I
Belleperin, F. LA Mil. 1st Regt. French Brig. Co.1
Beller, Abram Conf.Inf. Tucker's Regt. Co.C
Beller, A.J. TX 15th Inf. Co.C
Beller, Amos A. GA 35th Inf. Co.A
Beller, Andrew P. VA 24th Inf. Co.F
Beller, A.T. AR Willett's Co.
Beller, C. TX Conscr.
Beller, Charles KY 2nd (Duke's) Cav. Co.B
Beller, Daniel E. VA 24th Inf. Co.F
Beller, E.P. AR 20th Inf. Co.B
Beller, George TX 15th Inf. Co.C
Beller, Gerhard LA Mil. 4th Regt.Eur.Brig. Co.D
Beller, G.W. TN 13th (Gore's) Cav. Co.K
Beller, H.C. Gen. & Staff Capt.,AQM
Beller, J. LA Mil. 3rd Regt. French Brig. Co.2
Beller, James TN 28th (Cons.) Inf. Co.A
Beller, Joel TN 28th (Cons.) Inf.
Beller, John AR Cav. 1st Bn. (Stirman's) Co.C
Beller, John AR 10th Inf. Co.G
Beller, John TN 13th (Gore's) Cav. Co.K
Beller, John M. AR Cav. Harrell's Bn. Co.D
Beller, John M. AR 27th Inf. Co.D
Beller, J.T. AR 16th Inf. Co.D
Beller, Layayette LA Inf.Cons.Crescent Regt. Co.H Sgt.
Beller, Lucien B. MO 3rd Cav. Co.K
Beller, Moses MO 3rd Cav. Co.K
Beller, Peter M. AL 4th (Russell's) Cav. Co.K
Beller, Peter M. TN 3rd (Forrest's) Cav. 1st Co.F
Beller, R. AL Randolph Cty.Res. John Orr's Co.
Beller, Reuben R. TX Inf. Griffin's Bn. Co.B,E
Beller, Robert P. GA Phillips' Legion Co.C
Beller, Samuel TN 44th (Cons.) Inf. Co.C
Beller, Samuel TX 5th Inf. Co.G
Beller, William B. MO 3rd Cav. Co.K
Beller, William C. MO 3rd Cav. Co.D
Beller, William H. VA 36th Inf. 2nd Co.H Cpl.
Beller, William H. VA 86th Mil. Co.B Sgt.
Bellerny, Henry AL 6th Inf. Co.K Sgt.
Bellers, James TN 1st Cav. Co.K
Belles, H.C. MO Inf. 6th Regt.St.Guard QM
Belleson, W.K. MD Cav. 2nd Bn. Co.E
Bellet, D.N. SC 1st Inf. Co.N
Bellet, Jack LA Inf. 10th Bn. Co.H
Bellett, Adam VA 55th Inf. Co.L
Bellett, Adam VA 92nd Mil. Co.A
Bellett, Charles N. GA 24th Inf. Co.I
Belleu, Jacob GA 11th Cav. Co.D
Bellew, A.J. TN 26th Inf. Co.F
Bellew, Clinton A.C. KY 8th Cav.
Bellew, Daniel MO 12th Inf. Co.I
Bellew, George W. TX 6th Cav. Co.E
Bellew, G.H.A. AR 15th (Josey's) Inf. 1st Co.G
Bellew, G.W. TN 26th Inf. Co.F
Bellew, H.A. NC 1st Cav. (9th St.Troops) Co.G
Bellew, James AL 51st (Part.Rangers) Co.K
Bellew, James FL Lt.Arty. Perry's Co.
Bellew, James GA 46th Inf. Co.B
Bellew, James KY 1st (Helm's) Cav. Mullins' Co.
Bellew, James KY 3rd Bn.Mtd.Rifles Co.C
Bellew, J.B. GA 24th Inf. Co.K
Bellew, Jefferson SC 22nd Inf. Co.H Cpl.
Bellew, John AL 42nd Inf. Co.K
Bellew, John MS Cav. 17th Bn. Co.E,A
Bellew, Joseph, Jr. AL 49th Inf. Co.F
Bellew, Joseph MS Inf. 3rd Bn. Co.K
Bellew, J.W. TN 2nd (Walker's) Inf. Sgt.Maj.
Bellew, Marvil TN 26th Inf. Co.F
Bellew, Mason MS 39th Inf. Co.B
Bellew, Reuben H. TX Waul's Legion Co.A
Bellew, Robert MS Arty. (Seven Stars Arty.) Roberts' Co.
Bellew, Sidney TX 22nd Cav. Co.E
Bellew, Thomas R. AL Cav. Hardie's Bn.Res. Co.A
Bellew, W.D. TN 26th Inf. Co.F
Bellew, Wiley MS 2nd Inf. Co.C
Bellew, William AL 19th Inf. Co.F
Bellew, William TX 6th Cav. Co.E
Bellew, William L. KY 3rd Cav. Co.B Sgt.
Bellew, W.R. TX 9th (Young's) Inf. Co.I Capt.
Bellfield, A. GA 2nd Inf. Co.D
Bellfield, Sydnor VA Murphy's Co.
Bellfield, William GA 2nd Inf. Co.D
Bellfield, William VA 10th Cav. Co.D
Bellfield, William B. GA Inf. Ezzard's Co.
Bellflower, B.F. TX 1st Inf. Co.M
Bellflower, H. SC 8th Inf. Co.H
Bellflower, Henry M. GA 64th Inf. Co.G
Bellflower, John NC 17th Inf. (2nd Org.) Co.E
Bellflower, John B. GA 55th Inf. Co.C
Bellflower, Leander A. GA 49th Inf. Co.K
Bellflower, Marcus GA 3rd Inf. Co.I
Bellflower, P.T. GA 5th Res. Co.E
Bellflower, Robert R. FL 5th Inf. Co.F
Bellflower, S. SC 2nd Bn.S.S. Co.B
Bellflower, S.W. GA 49th Inf. Co.K
Bellflower, Thomas H. GA 31st Inf. Co.K
Bellflower, William H.H. GA 31st Inf. Co.F
Bellflowers, Jefferson J. GA 45th Inf. Co.A
Bellflowers, Jesse SC 21st Inf. Co.I
Bellflowers, William SC 3rd St.Troops Co.C
Bellford, William NC 56th Inf. Co.A
Bellfour, Welch GA Cav. 22nd Bn. (St.Guards) Co.G
Bellgard, J.B. TX 18th Inf. Co.H,C
Bellials, Jackson NC 39th Inf. Co.E
Bellican, Erastus KY 2nd Mtd.Inf. Co.C,A
Bellicer, J.G. FL 8th Inf. 1st Lt.
Bellie, D.B. KY Kirkpatrick's Bn. Co.B,D

Bellien, James LA Inf.Cons.Crescent Regt. Co.H Sgt.
Bellikina, F. TX 2nd Inf. Co.E
Bellim, A.W. GA 22nd Inf.
Bellin, James LA Arty. King's Btty. Sgt.
Bellinger, A.M. MS 13th Inf. Asst.Surg.
Bellinger, Amos N. Gen. & Staff Asst.Surg.
Bellinger, Charles E. LA 7th Inf. Capt.
Bellinger, C.P. SC 2nd Inf. Co.I,H 2nd Lt.
Bellinger, E. TX 24th & 25th Cav. (Cons.) Co.I
Bellinger, E.S.P. SC 11th Inf. Bellinger's Co. Capt.
Bellinger, Eustace TX Arty. 4th Bn. Co.B
Bellinger, Eustace TX 8th Inf. Co.B
Bellinger, E.W. SC 1st (Hagood's) Inf. 2nd Co.A,K Sgt.
Bellinger, E.W. SC 2nd Inf. Co.I
Bellinger, G.S. SC 1st (Hagood's) Inf. 1st Co.K, 2nd Co.A 1st Sgt.
Bellinger, J.A. SC 2nd Arty. Co.B Sr.1st Lt.
Bellinger, Jacob MS 28th Cav. Co.C
Bellinger, John SC 2nd Inf. Co.I
Bellinger, John Gen. & Staff 2nd Lt.
Bellinger, John A. SC 1st (Hagood's) Inf. 1st Co.H Cpl.
Bellinger, John F. GA 7th Inf. Co.D 3rd Lt.
Bellinger, Joseph SC Arty. Manigault's Bn. 1st Co.A
Bellinger, Joseph SC 8th Bn.Res. Co.C
Bellinger, Joseph SC Mil. 17th Regt. Buist's Co.
Bellinger, J.S. SC 1st (Hagood's) Inf. 2nd Co.A
Bellinger, Martin SC 1st (Hagood's) Inf. Surg.
Bellinger, Martin SC Palmetto S.S. Surg.
Bellinger, R. GA Cav. Dorough's Bn.
Bellinger, Robert A. GA Phillips' Legion Co.B,H
Bellinger, Robert H. AL 3rd Inf. Co.F
Bellinger, S. VA 57th Inf. Co.G
Bellinger, S.N. SC 1st (Hagood's) Inf. 1st Co.G
Bellinger, V.W. SC 2nd Arty. Co.B
Bellinger, W. SC Mil. 17th Regt. Rogers' Co.
Bellinger, W.B. GA 2nd Inf. Co.C 3rd Lt.
Bellinger, W.H. SC 4th Cav. Co.K
Bellinger, William AL 7th Cav. Co.G Cpl.
Bellinger, William FL 5th Inf. Co.G Sgt.
Bellinger, Wm. Gen. & Staff Asst.Surg.
Bellinger, W.M. SC 1st (Hagood's) Inf. 1st Co.G
Bellinger, W.R. TX 6th Inf. Co.C 1st Sgt.
Bellingham, William VA 3rd (Archer's) Bn.Res. Co.D Sgt.
Bellingham, William VA Second Class Mil. Wolff's Co. Sgt.
Bellingrath, Albert GA 3rd Bn. (St.Guards) Co.B
Bellingrath, Herman GA 19th Inf. Drum.
Bellingrath, Herman GA Fulton Cty.Bn. Capt.
Bellingrath, L. GA 3rd Bn. (St.Guards) Co.F
Bellingsley, Robert B. FL 10th Inf. Co.E
Bellington, W.H. VA 42nd Inf. Co.I
Bellis, --- TX 1st Hvy.Arty. Co.D Cpl.
Bellis, H.C. Morgan's & Dobbin's Regt. Capt.,QM
Bellis, Jacob M. MO 3rd Inf. Co.A
Bellis, John R. MO 3rd Inf. Co.A
Bellis, Simeon 3rd Conf.Eng.Troops Co.A
Bellison, William VA Brewer's Cav. Brewer's Co.
Bellissin, --- LA Mil. 3rd Regt.Eur.Brig. (Garde Francaise) Co.6
Bellitin, J.T. KY 5th Cav. Co.G
Bellizon, W.K. MD Cav. 2nd Bn. Co.E
Belljahn, John LA 20th Inf. Co.C Cpl.
Bellknapp, Norman VA 19th Cav. Co.I
Bellman, C. KY 3rd Cav. Co.D
Bellman, C. MS 3rd Inf. Co.E
Bellmar, J.O. AR 21st Inf. Co.A
Bellmer, Henry LA 1st (Strawbridge's) Inf. Co.A,C,H
Bellmer, Henry LA 21st (Kennedy's) Inf. Co.A
Bellmer, Herman LA C.S. Zouave Bn. Co.B
Bellmer, J.O. AR 14th (McCarver's) Inf. Co.K
Bellmona, H. 1st Chickasaw Inf. McConnell's Co.
Bellnap, Andrew VA 14th Cav.
Bello, Vallery LA 18th Inf. Co.B
Bellocq, F. LA 18th Inf. Co.A
Bellocq, Felix LA C.S. Zouave Bn. Co.D 1st Lt.
Bellocq, John LA 4th Inf. Co.B
Bellocq, P. LA Mil. 4th Regt.Eur.Brig. Co.4
Bellocq, Z.O. LA Lt.Arty. Bridges' Btty.
Bellof, John TX 7th Field Btty.
Bellom, A.J. AL 27th Inf. Co.G
Bellome, L.E. LA 28th (Thomas') Inf. Co.A Sgt.
Bellomy, Benjamin F. VA 57th Inf. Co.H
Bellomy, D.R. TN 34th Inf. Co.K
Bellomy, George W. VA 57th Inf. Co.H
Bellomy, James P. VA 64th Mtd.Inf. Co.D
Bellomy, James W. VA Arty. C.F. Johnston's Co. Sgt.
Bellomy, Jefferson TX 10th Inf. Co.H
Bellomy, John W. VA 64th Mtd.Inf. Co.D
Bellomy, Joseph W. VA 64th Mtd.Inf. Co.D
Bellomy, J.R. TX Cav. McCord's Frontier Regt. Co.E
Bellomy, Marion TX 10th Inf. Co.H
Bellomy, Reuben W. VA Lt.Arty. Hardwicke's Co.
Bellomy, Reuben W. VA 57th Inf. Co.H
Bellomy, Richard TN 14th Inf. Co.G
Bellomy, W.H. TX Cav. McCord's Frontier Regt. Co.E Cpl.
Bellomy, William C. VA 64th Mtd.Inf. Co.D
Bellon, A. LA 2nd Res.Corps Co.A
Belloote, John TN 16th (Logwood's) Cav. Co.K
Bellory, Pedro LA 10th Inf. Co.G
Bellot, David H. SC 1st (McCreary's) Inf. Co.H
Bellot, John SC 7th Inf. 1st Co.C, 2nd Co.C
Bellot, Louis G. SC 1st (McCreary's) Inf. Co.H 2nd Lt.
Bellot, Ubym LA Mil. 1st Regt. French Brig. Co.7
Bellote, C.L. MS 28th Cav. Co.C
Bellote, J.M. GA 8th Cav. Co.K
Bellote, J.M. GA 62nd Cav. Co.K
Bellote, Wesley F. MS 14th Inf. Co.E
Bellott, E.J. SC 19th Inf. Co.H Sgt.
Bellott, John B. FL 2nd Inf. Co.I
Bellott, J.R. FL Sp.Cav. 1st Bn. Co.A
Bellott, Peter LA Arty. Green's Co. (LA Guard Btty.)
Bellott, T.D. SC Cav. 10th Bn. Co.B 1st Lt.
Bellott, W. SC 1st (Hagood's) Inf. 2nd Co.H
Bellotte, J.D. SC 4th Cav. Co.C
Bellotte, Michael Alexander SC 4th Inf. Co.K 3rd Lt.
Bellotte, S.A. SC 4th Cav. Co.C
Bellotte, T.D. SC 4th Cav. Co.C 1st Lt.
Bellotte, William M. SC Palmetto S.S. Co.L
Bellotte, William Marion SC 4th Inf. Co.K
Bellou, J. LA Mil. Orleans Guards Regt. Co.H
Bellou, R.H. TN 9th Cav. Co.B
Bellout, --- TX Cav. Ragsdale's Bn. 2nd Co.C
Bellow, Bertran J. GA 42nd Inf. Co.F
Bellow, Charles S. LA 6th Inf. Co.C
Bellow, E.J. LA 3rd Inf. Co.K
Bellow, E.J. LA 22nd (Cons.) Inf. Co.H
Bellow, F. LA 18th Inf. Co.E
Bellow, F. LA Inf.Cons. 18th Regt. & Yellow Jacket Bn. Co.B
Bellow, Faustin LA 30th Inf. Co.G
Bellow, Honore LA 18th Inf. Co.E
Bellow, James TN 28th Inf. Co.G
Bellow, Joseph 1st Creek Mtd.Vol. Co.F
Bellow, Luther MO Cav. Freeman's Regt. Co.B
Bellow, Martin N. MS 36th Inf. Co.K
Bellow, Samuel TN 55th (McKoin's) Inf. James' Co.
Bellow, Thomas LA 18th Inf. Co.E 1st Lt.
Bellow, Thomas LA Inf.Cons. 18th Regt. & Yellow Jacket Bn. Co.B 1st Lt.
Bellow, Walter MO Cav. Freeman's Regt. Co.B
Bellow, W.S. AR 18th Inf. Co.G
Bellowmy, J.A. TX Cav. McCord's Frontier Regt. Co.E Sgt.
Bellows, A.A. Cherokee Regt. (Sp.Serv.) Miller's Co.
Bellows, Charles Cherokee Regt. (Sp.Serv.) Miller's Co.
Bellows, James W. TN 1st (Carter's) Cav. Co.K
Bellows, J.T. AR 23rd Cav. Co.D
Bellows, Warren SC 1st Arty. Co.H
Bellows, William R. AR 23rd Inf. Co.D
Bellrame, Elisha VA Mil. Carroll Cty.
Bells, J.C. TN 12th (Green's) Cav. Co.G Sgt.
Bellsnyder, C.B. TN Arty.Corps Sgt.
Bellsteadt, George TX 32nd Cav. Co.D Music.
Bellue, D.R. SC Lt.Arty. 3rd (Palmetto) Bn. Co.A
Bellue, Franklin SC Lt.Arty. 3rd (Palmetto) Bn. Co.A
Bellue, Thomas AL 3rd Res. Co.A
Bellum, William VA Lt.Arty. Clutter's Co.
Bellune, John F. 1st Conf.Eng.Troops Co.K Cpl.
Bellune, J.F. GA Hvy.Arty. 22nd Bn. Co.F
Bellune, W.S. SC 7th Cav. Co.A Cpl.
Bellune, W.S. SC Cav. Tucker's Co. Cpl.
Bellus, W.S. TX Cav. Bourland's Regt. Co.H
Bellville, --- TX 2nd Cav. Co.H
Bellville, Gustave Lt.Arty. Dent's Btty.,CSA Cpl.
Bellville, James E. KY 2nd Bn.Mtd.Rifles Co.B
Bellville, J.R. SC 1st (Butler's) Inf. Co.E
Bellward, Charles LA 13th Inf. Co.D,I
Bellwood, J.J. MO Robertson's Regt.St.Guard Co.4 1st Lt.
Belly, Jules LA Mil. Orleans Guards Regt. Co.D
Bellyard, J.B. TX 12th Inf. Co.E
Bellyea, E. TX Cav. Bourland's Regt. Co.G
Bellyea, Elbridge TX 18th Cav. Co.G
Belman, C. MS Henley's Co. (Henley's Invinc.)
Belman, G. LA Mil. 2nd Regt. 3rd Brig. 1st Div.
Belman, J.C. AR 1st Inf.
Belmar, J.O. MO St.Guard

Belmar, Lewis MO 3rd Cav. Co.B
Belmear, H.C. KY 9th Mtd.Inf. Co.B
Belmear, William MO 4th Cav. Co.F,G
Belmer, Hermann VA Lt.Arty. Page's Co.
Belmer, Hermann VA Lt.Arty. J.D. Smith's Co.
Belmont, Joseph VA Inf. 25th Bn. Co.D Stew.
Belo, Alfred NC 1st Arty. (10th St.Troops) Co.I
Belo, Alfred H. NC 21st Inf. Co.D Capt.
Belo, Alfred H. NC 55th Inf. Lt.Col.
Belo, Charles NC 9th Bn.S.S. Co.B
Belo, Robert W. NC 56th Inf. Co.H 2nd Lt.
Beloat, Arthur T. VA 39th Inf. Co.L
Beloat, Arthur T. VA 46th Inf. 4th Co.H, Co.G
Beloat, Benjamin J. VA 46th Inf. 4th Co.F
Beloat, C. TN 16th (Logwood's) Cav. Co.D
Beloat, John TN 16th (Logwood's) Cav. Co.G
Beloat, R.H. TN 10th (DeMoss') Cav. Co.K
Beloat, W.M. TN 22nd Inf. Co.C
Beloate, Edward N. VA 39th Inf. Co.L Cpl.
Beloate, James B. VA 39th Inf. Co.H
Beloate, Nathaniel VA 39th Inf. Co.L
Beloats, J. TN 12th (Green's) Cav. Co.F
Belois, W.M. AL 15th Inf. Co.F
Belomy, Andrew J. VA 19th Inf. Co.E
Belomy, Berry VA 16th Cav. Co.G
Belomy, James P. VA Inf. 21st Bn. 2nd Co.D
Belomy, John W. VA Inf. 21st Bn. 2nd Co.D
Belomy, Joseph W. VA Inf. 21st Bn. 2nd Co.D
Belomy, Marshal VA 16th Cav. Co.G
Belomy, Nathan VA Inf. 21st Bn. 2nd Co.D
Belomy, William C. VA Inf. 21st Bn. 2nd Co.D
Belony, Elisha VA 3rd Arty. Co.F
BeLoo, J. AR 5th Mil. Co.I
Beloo, Jacob AR 5th Mil. Co.I
Belostri, Louis TX 7th Cav. Co.K
Belot, A. LA Mil. 1st Native Guards
Belot, E. SC 14th Inf. Co.F
Belot, G.T. TN 7th (Duckworth's) Cav. Co.C
Belot, O. LA Mil. 1st Native Guards
Belot, Octave LA Mil. 1st Native Guards
Belot, T.G. TN 12th Cav. Co.F
Belot, V. LA Mil. 1st Native Guards
Belot, William D. FL 5th Inf. Co.F
Belote, Benjamin VA Hvy.Arty. 19th Bn. Co.B
Belote, Benjamin VA 39th Inf. Co.A
Belote, Charles TN 14th (Neely's) Cav. Co.K
Belote, C.L. TN Inf. 154th Sr.Regt. Co.K
Belote, Henry FL 2nd Inf. Co.I
Belote, Henry J. VA 39th Inf. Co.A
Belote, Isaac N. TN 14th Inf. Co.H
Belote, J. GA 8th Cav. New Co.D
Belote, J. GA Cav. 20th Bn. Co.A
Belote, James GA 50th Inf. Co.G
Belote, James VA Vol. Taylor's Co.
Belote, J.H. TX 10th Field Btty.
Belote, J.L. TN Inf. 154th Sr.Regt. Co.K Cpl.
Belote, John AR 36th Inf. Co.I
Belote, John VA Arty. Kevill's Co.
Belote, John VA 41st Inf. 1st Co.E
Belote, John W., Jr. VA 6th Inf. Co.C
Belote, John W. VA 34th Inf. Co.A
Belote, John W. VA 39th Inf. Co.I
Belote, Joseph C. MS 23rd Inf. Co.A
Belote, N.H. MS 29th Inf.
Belote, Sylvester L. AR 1st (Colquitt's) Inf. Co.D
Belote, Thaddeus S. VA 16th Inf. 2nd Co.H,G
Belote, Thadeus S. VA 54th Mil. Co.E,F
Belote, T.S. VA 54th Mil. Co.H
Belote, William FL 2nd Inf. Co.I Cpl.
Belote, William H. MS 29th Inf. Co.C Cpl.
Belote, W.M. TN 12th (Cons.) Inf. Co.H
Belote, W.S. MS 28th Cav. Co.D
Belote, W.S. MS 34th Inf. Co.G
Belots, J.C. AL 5th Inf. Co.G Sgt.
Belott, Andrew J. TX 13th Cav. Co.C Sgt.
Belott, James GA Inf. 18th Bn. Co.A
Belott, John W. VA 21st Mil. Co.D
Belott, R.H. MS 29th Inf. Co.K
Belott, Russell FL 10th Inf. Co.C
Belotte, Jacob L. AL Inf. 1st Regt. Co.G
Belought, F.G. MS 2nd St.Cav. Co.A
Belout, C.M. MS 26th Inf. Co.C
Below, George F. TX 19th Cav. Co.E
Belperen, J. LA Mil. 3rd Regt. French Brig. Co.5 Sgt.
Belrill, A. AL 1st Inf. Co.F
Belsam, A. LA Mil. Orleans Guards Regt. Co.G
Belschers, B.W. VA 4th Bn.Res. Co.A Capt.
Belsches, Benjamin W. VA 5th Cav. (12 mo. '61-2) Co.C Capt.
Belsches, Benjamin W. VA 13th Cav. Maj.
Belsent, C.E. TN 12th Cav. Co.G
Belser, Arvin R. AL 6th Inf. Co.A Sgt.
Belser, Edwin J. AL Res. Belser's Co. Capt.
Belser, E.J. AL Res.Force
Belser, Harrison AL 6th Inf. Co.A
Belser, Jacob F. AR Cav. Wright's Regt. Co.B
Belser, J.J. SC 4th St.Troops Co.D Sgt.
Belser, J.J. SC 5th Bn.Res. Co.F 1st Lt.
Belser, Job AR 24th Inf. Co.E Asst.Cook
Belser, Job AR Inf. Hardy's Regt. Co.B Asst.Cook
Belser, L.H. Gen. & Staff Col.,E.O.
Belser, S.V. AL 37th Inf. Co.I
Belser, W.J. AL 6th Cav. Co.E
Belser, W.J. AL Cav. Chisolm's Co. Jr.2nd Lt.
Belsha, James L. AL 9th Inf. Co.D Sgt.
Belsha, Thomas J. MS 30th Inf. Co.I
Belsha, Zachariah TN Cav. 9th Bn. (Gantt's) Co.F
Belshan, D. MO St.Guard
Belshar, David MO 4th Inf. Co.A
Belshaw, --- LA 1st (Strawbridge's) Inf. Co.F
Belshaw, Thomas MS Packer's Co. (Pope Guards)
Belshe, Robert R. KY 6th Cav. Co.H Sgt.
Belsher, B.T. MS 26th Inf. Co.D Capt.
Belsher, Columbus S. AL 35th Inf. Co.I Sgt.
Belsher, David MO 1st & 4th Cons.Inf. Co.B
Belsher, Edwin M. NC 47th Inf. Co.F
Belsher, Isum G. VA 45th Inf. Co.L
Belsher, J.F. MS 2nd St.Cav. Co.K
Belsher, J.H. SC 1st Cav. Co.A
Belsher, John VA 45th Inf. Co.L
Belsher, John W. MS 3rd Inf. Co.I
Belsher, Littleton FL Cav. 5th Bn. Co.I
Belsher, Robert L. AR Cav. Wright's Regt. Co.H
Belsher, Thad C. AL 5th Inf. New Co.H Capt.
Belsher, Wiley M. MS Cav. Ham's Regt. Co.D
Belsher, W.M. MS 4th Inf. Co.A
Belsher, Wyles MS 2nd Inf. Co.D
Belsom, Alfred LA Arty. 1st Field Btty.
Belsom, E. LA Inf.Cons. 18th Regt. & Yellow Jacket Bn. Co.B
Belsom, Emilo LA 18th Inf. Co.E
Belsom, Onezime LA 30th Inf. Co.G
Belsom, Phil. LA 30th Inf. Co.E Cpl.
Belson, Charles TX Lt.Arty. Hughes' Co.
Belson, D. LA Washington Arty.Bn. Co.5
Belson, F. LA Washington Arty.Bn. Co.5
Belson, Joseph, Jr. LA Washington Arty.Bn. Co.5
Belsonune, A. LA Mil. Orleans Guards Regt. Co.B
Belstine, A. TX Cav. Giddings' Bn.
Belt, --- MS Wilkinson Cty. Minute Men Harris' Co.
Belt, A. Campbell VA 6th Cav. Co.K
Belt, Albert TN 45th Inf. Co.I
Belt, Alonz KY Cav. 4th Regt. Co.G
Belt, Augustus W. AR 1st Mtd.Rifles Co.E 1st Sgt.
Belt, Aug. W. Gen. & Staff 1st Lt.,ADC
Belt, C. MO 5th Cav. Co.B
Belt, C.T. Caswell's Staff Lt.,ADC
Belt, Daniel L. NC 8th Bn.Jr.Res. Co.A
Belt, D.L. NC 3rd Jr.Res. Co.F
Belt, Dotson TN Cav. 7th Bn. (Bennett's) Co.E
Belt, Francis TN 18th Inf. Co.I
Belt, George A. VA 8th Inf. Co.C
Belt, Greenberry J.P. VA 8th Inf. Co.C
Belt, James AR 34th Inf. Co.D
Belt, James GA 64th Inf. Co.I
Belt, James TN Cav. 7th Bn. (Bennett's) Co.E
Belt, James M. GA 20th Inf. Co.E Music.
Belt, James P. VA 8th Inf. Co.C
Belt, Jasper VA 3rd Cav. & Inf. St.Line Co.A
Belt, Jeremiah SC 5th St.Troops Co.F
Belt, J.H. VA 50th Inf. Co.F
Belt, J.M. TX Inf. 1st St.Troops Wheat's Co.A
Belt, John AR 15th (N.W.) Inf. Co.I
Belt, John MO 5th Cav. Co.B
Belt, John TN 62nd Mtd.Inf. Co.H
Belt, John M. TX 13th Cav. Co.K
Belt, John W. MO 12th Cav. Co.F
Belt, Joseph B. AL 3rd Inf. Co.K
Belt, J.W. GA 60th Inf. Co.B
Belt, L. Carlton GA 9th Inf. Co.I Capt.
Belt, Marcus L. MO 12th Cav. Co.E QMSgt.
Belt, R.C. TN 50th Inf. Co.I
Belt, Robert AR 7th Mil. Co.A
Belt, Robert AR 15th (N.W.) Inf. Co.K
Belt, Robert AR 34th Inf. Co.I
Belt, Robert S. TN 39th Mtd.Inf. Co.K
Belt, S.K. TN 24th Inf. Co.C
Belt, Thomas MO 5th Cav. Co.B
Belt, Thomas TN 4th (McLemore's) Cav. Co.E
Belt, Thomas VA Cav. Mosby's Regt. (Part. Rangers) Co.D
Belt, Thomas A. QM Dept.,CSA Employee
Belt, W.B. AR 34th Inf. Co.I
Belt, W.F. AR 34th Inf. Co.D
Belt, W.H. TN 24th Inf. Co.C
Belt, William AR 7th Mil. Co.A
Belt, William W. NC Walker's Bn. Thomas' Legion Co.C
Beltatoni, M. LA Mil. 3rd Regt. 2nd Brig. 1st Div. Co.A
Beltcher, William F. VA 129th Mil. Carter's Co.

Belter, H. LA Mil. 2nd Regt. 2nd Brig. 1st Div.
Belter, Hern LA Mil. 4th Regt.Eur.Brig. Co.C,D
Belter, William LA Mil. 4th Regt.Eur.Brig. Co.C,D
Belton, B.F. TX Cav. 2nd Bn.St.Troops Co.A
Belton, Charles VA 15th Cav. Co.B
Belton, E.B. AL 16th Inf.
Belton, Floyd VA Inf. 23rd Bn. Co.E
Belton, Frank M. NC 2nd Inf. Co.A
Belton, Hamilton VA 58th Inf. Co.H
Belton, H.T. MS 44th Inf. Co.A
Belton, I. West TN 2nd (Walker's) Inf. Co.F
Belton, James NC 21st Inf. Co.I Cpl.
Belton, James NC 28th Inf. Co.A
Belton, James VA Cav. 37th Bn. Co.I,E
Belton, James F. AL 10th Inf. Co.G
Belton, John C. MO 3rd Cav. Co.G Sgt.
Belton, John H. NC 13th Inf. Co.H
Belton, John W. GA 3rd Inf. Co.E
Belton, Joseph F. SC Arty.Bn. Hampton Legion Co.A Cpl.
Belton, Jos. F. Gen. & Staff Capt.
Belton, J.W. TN 2nd (Walker's) Inf. Co.F
Belton, J.W. TN 31st Inf. Co.D
Belton, L.L. AR 2nd Cav. Co.G
Belton, Milton J. AL 6th Inf. Co.B
Belton, Newton J. AL 10th Inf. Co.G Music.
Belton, Pleasant H. NC 58th Inf. Co.E
Belton, Reigh NC 45th Inf. Co.A
Belton, Thomas J. VA Inf. 23rd Bn. Co.E
Belton, Thomas J. VA 50th Inf. Co.L
Belton, Thornton NC 45th Inf. Co.F
Belton, Thornton NC 53rd Inf. Co.E
Belton, William AL 10th Inf. Co.G
Belton, William NC 21st Inf. Co.L
Belton, William VA 5th Bn.Res. Co.
Belton, William Henry MS 11th Inf. Co.E Capt.
Beltram, Andres LA 30th Inf. Co.D
Beltramo, Antnio LA Mil. 6th Regt.Eur.Brig. (Italian Guards Bn.) Co.3
Beltran, Aniseto TX 8th Inf. Co.C
Beltran, Jesus TX Cav. Ragsdale's Bn. 1st Co.C
Beltran, Jose TX 3rd Inf. 1st Co.C
Beltran, Manuel TX Cav. Ragsdale's Bn. 1st Co.C
Beltran, R. LA Lt.Arty. LeGardeur, Jr.'s Co. (Orleans Guard Btty.)
Beltran, Stephen TX 4th Field Btty.
Belts, Charles MS 20th Inf. Co.D
Beltzhoover, D. LA 1st Hvy.Arty. Lt.Col.
Beltzhoover, D. Gen. & Staff Lt.Col.,Ch.Arty.
Beltzhoover, Samuel MO Mil. 2nd Regt. 1st Lt.
Beltzhoover, Samuel G. MO Inf. 4th Regt. St.Guard Adj.
Beltzhoover, Samuel G. Gen. & Staff Capt.
Beltzing, John TX 13th Vol. 2nd Co.C
Belue, D.R. SC 1st (McCreary's) Inf. Campbell's Co.
Belue, Franklin SC 1st (McCreary's) Inf. Campbell's Co.
Belue, Henry H. SC 27th Inf. Co.B
Belue, H.H. SC Inf. 1st (Charleston) Bn. Co.B
Belue, H.H. SC 7th Res. Co.K
Belue, J. MS Condrey's Co. (Bull Mtn.Invinc.)
Belue, James W. TX 19th Cav. Co.D
Belue, J.T. AL Leighton Rangers
Belue, Leroy LA 27th Inf. Co.H
Belue, Thomas SC 15th Inf. Co.F Sgt.
Belue, William M. MS 26th Inf. Co.A
Belue, W.L. AL 26th (O'Neal's) Inf. Co.B
Belven, Feling 1st Choctaw Mtd.Rifles Co.E
Belver, Thomas LA Miles' Legion Co.B
Belvin, A.W. TX 10th Cav. Co.H
Belvin, Benjamin VA 21st Mil. Co.B
Belvin, Benjamin VA 26th Inf. Co.E
Belvin, Benjamin VA 34th Inf. Co.K
Belvin, Doctor L. NC Hvy.Arty. 10th Bn. Co.A
Belvin, Dorley H. NC 1st Arty. (10th St.Troops) Co.A
Belvin, E.D. AL 45th Inf. Co.B
Belvin, Edward T. VA 26th Inf. Co.A
Belvin, Elijah W. NC 1st Inf. Co.I
Belvin, Frederick VA 32nd Inf. Co.F Cpl.
Belvin, G.A. GA 8th Inf. Co.B
Belvin, George FL 2nd Inf. Co.D
Belvin, George H. VA Inf. 4th Bn.Loc.Def. Co.B
Belvin, Gilbert 1st Choctaw & Chickasaw Mtd.Rifles 3rd Co.H
Belvin, Griffin 1st Choctaw & Chickasaw Mtd.Rifles 3rd Co.H
Belvin, H.D. 7th Conf.Cav. Co.D
Belvin, Henry VA 21st Mil. Co.B
Belvin, Isaiah AL 44th Inf. Co.H
Belvin, I.W. Gen. & Staff Asst.Surg.
Belvin, James NC 1st Inf. Co.I
Belvin, James VA 26th Inf. Co.E
Belvin, James VA 26th Inf. Co.F
Belvin, James C. TX 31st Cav. Co.B,G
Belvin, James P. GA 11th Inf. Co.K Capt.
Belvin, James W. VA 1st Arty. Co.G
Belvin, James W. VA 32nd Inf. 1st Co.I
Belvin, Jefferson 1st Choctaw & Chickasaw Mtd.Rifles 2nd Co.I
Belvin, Jesse 1st Choctaw & Chickasaw Mtd.Rifles 3rd Co.H
Belvin, J.F. LA 27th Inf. Co.E
Belvin, John AL 44th Inf. Co.G
Belvin, John VA 21st Mil. Co.B
Belvin, John A. GA 8th Inf. Co.B
Belvin, John A. NC 5th Cav. (63rd St.Troops) Co.B
Belvin, John A., Jr. VA Cav. Mosby's Regt. (Part.Rangers) Co.A Capt.
Belvin, John A., Jr. VA 3rd Inf.Loc.Def. Co.D
Belvin, John P. VA 26th Inf. Co.F
Belvin, J.W. GA 12th (Robinson's) Cav. (St.Guards) Co.B 3rd Lt.
Belvin, J.W. SC 9th Inf. Co.E
Belvin, Nathaniel C. NC 47th Inf. Co.E
Belvin, Ralph VA 26th Inf. Co.F
Belvin, Richard AL 44th Inf. Co.H
Belvin, Sampson 1st Choctaw Mtd.Rifles Co.E
Belvin, S.H. LA 1st (Nelligan's) Inf. Co.B
Belvin, Thomas VA 26th Inf. Co.F
Belvin, Thomas 1st Choctaw & Chickasaw Mtd.Rifles 3rd Co.H Sgt.
Belvin, Thomas H. NC 3rd Inf. Co.I
Belvin, T.S. GA 6th Inf. Co.C
Belvin, T.S. GA 11th Inf. Co.K
Belvin, T. Sumpter GA 1st (Ramsey's) Inf. Co.C
Belvin, W. VA Cav. Mosby's Regt. (Part. Rangers) Co.B
Belvin, W.A. NC 5th Cav. (63rd St.Troops) Co.G
Belvin, W.A. NC 23rd Inf. Co.G Cpl.
Belvin, Webb L. NC 47th Inf. Co.E Cpl.
Belvin, William VA 26th Inf. Co.F
Belvin, William H. NC 1st Arty. (10th St.Troops) Co.A
Belvin, William H. VA 34th Inf. Co.K
Belvin, William T. SC 20th Inf. Co.G Bvt.2nd Lt.
Belvin, Wilson 1st Choctaw & Chickasaw Mtd.Rifles 3rd Co.H Lt.
Belvin, Winchester VA Lt.Arty. Parker's Co.
Belword, Charles LA 11th Inf. Co.D Cpl.
Belyean, James A. GA 27th Inf. Co.K
Belyean, Josiah GA 27th Inf. Co.K
Belyen, Berry B. GA 27th Inf. Co.K
Belyen, Berry E. GA 3rd Cav. Co.C
Belyen, Freman GA 27th Inf. Co.K
Belyen, John C. GA 27th Inf. Co.K
Belyen, Richard GA 27th Inf. Co.K
Belyen, T.C. GA Arty. (Macon Lt.Arty.) Slaten's Co.
Belyen, T.C. GA 59th Inf. Co.H
Belyen, Weasley F. GA 27th Inf. Co.K Cpl.
Belyew, Harry S. GA 4th Inf. Co.A
Belyew, John TN 55th (Brown's) Inf. Co.B
Belyew, Thomas C. GA 4th Inf. Co.A
Belz, Michael TX Inf. Griffin's Bn. Co.F Cpl.
Belzford, James W. VA 114th Mil. Co.A
Belzous, E. LA 30th Inf. Co.D
Beman, George C. NC 13th Inf. Co.B
Beman, Henry A. TX 3rd Cav. Co.K Cpl.
Beman, Henry D. GA Cav. 7th Bn. (St.Guards) Co.E Capt.
Beman, J. GA 17th Inf. Co.B
Beman, Jeremiah GA 25th Inf. Co.C
Beman, S.C. TN 3rd (Forrest's) Cav. Co.C
Beman, Thomas S. GA 15th Inf. Co.E
Beman, Uriah AL 39th Inf. Co.A
Beman, W.J. TN 48th (Nixon's) Inf. Co.E
Bemar, R.F. TN Cav. Nixon's Regt. Co.E
Bembow, R.Mc. AL 63rd Inf. Co.F
Bembridge, Thomas NC 1st Inf. Co.G
Bembry, Henry FL 5th Inf. Co.F
Bembry, Henry FL 11th Inf. Co.G
Bembry, John GA 8th Inf. Co.G
Bembry, K. GA 63rd Inf. Co.E
Bembry, Thomas N. FL 5th Inf. Co.F
Bembry, William, Sr. GA Lt.Arty 14th Bn. Co.B Sr.2nd Lt.
Bembry, William, Sr. GA Lt.Arty. Anderson's Btty. 2nd Lt.
Bembry, William W. GA Lt.Arty. 14th Bn. Co.B
Bembry, William W. GA Lt.Arty. Anderson's Btty. QMSgt.
Bement, A.H. LA Mil.Conf.Guards Regt. Co.E
Bemer, W. AL 5th Cav. Co.E
Bemis, Henry Conf.Inf. Tucker's Regt. Co.E Cpl.
Bemis, J.T. AR Pine Bluff Arty.
Bemis, Thomas W. MO 3rd Cav. Co.F
Bemis, William GA 21st Inf. Co.F
Bemiss, Cyrus T. Gen. & Staff, QM Conscr. Dept. AQM
Bemiss, James KY 9th Mtd.Inf. Co.B

Bemiss, J.H. KY 8th Mtd.Inf. Co.K 2nd Lt.,Adj.
Bemiss, J.H. TN 40th Inf. Co.B Sgt.
Bemiss, John M. KY 2nd Cav. Surg.
Bemiss, J.S. Gen. & Staff Contr.Surg.
Bemiss, S.M. Gen. & Staff Surg.
Bemiss, W. LA Arty. Watson Btty.
Bemiss, William H. KY 6th Mtd.Inf. Co.A
Bemiss, William S. MS 1st Lt.Arty. Co.K
Bemister, Thomas NC 14th Inf. Co.B
Bemius, Joseph LA 4th Inf.
Bemmers, Thomas LA Mil. Chalmette Regt. Co.I
Bemus, R.H. VA 9th Cav.
Bemus, William TX 12th Cav. Co.F
Ben KY 7th Mtd.Inf. Co.B Cook
Ben (Boy) MS 23rd Inf. Co.I Cook
Ben SC Inf. 1st (Charleston) Bn. Co.A Col'd. Cook
Ben (Serv.) SC Cav.Bn. Holcombe Legion Co.C Cook
Ben (Slave) SC Cav.Bn. Holcombe Legion Co.D Cook
Ben SC Inf. Holcombe Legion Drum.
Ben TX 23rd Cav. Co.D Cook
Ben (Indian) TX 24th Cav. Co.G
Ben 1st Seminole Mtd.Vol. Hill's Co.
Ben, --- SC Mil.Arty. 1st Regt. Co.B Drum.
Ben, --- SC Arty. Melchers' Co. (Co.B,German Arty.) Drum.
Ben, --- 1st Choctaw & Chickasaw Mtd.Rifles 1st Co.E
Ben, --- 1st Seminole Mtd.Vol. Fossitchee Coyckinn's Co.
Ben, Alex 1st Cherokee Mtd.Rifles Co.K
Ben, I. MO Cav. Coffee's Regt. Co.F
Ben, I.A. NC 6th Inf.
Ben, Manuel LA Mil. 5th Regt.Eur.Brig. (Spanish Regt.) Co.5
Ben, Wallace 1st Choctaw Mtd.Rifles Co.G
Benafield, Hardy J. GA 35th Inf. Co.F
Benafield, Jackson AL Inf. 1st Regt. Co.I
Benafield, James GA 35th Inf. Co.F
Benafield, James H.B. GA 41st Inf. Co.G
Benafield, James S. GA 45th Inf. Co.C
Benafield, J.M. 10th Conf.Cav. Co.A
Benafield, Robert GA 35th Inf. Co.F
Benafield, Seaborn J. GA 1st (Fannin's) Res. Co.I
Benagh, James Gen. & Staff Capt.,AAG
Benard, Charles LA Mil. 2nd Regt. French Brig. Co.7
Benard, E. LA 21st (Kennedy's) Inf. Co.F
Benard, Joseph LA 1st Hvy.Arty. Co.F
Benard, T. TX Cav. Chisum's Regt. Co.C
Benard, William C. TX Cav. Madison's Regt. Co.F
Benart, Joseph LA Mil. LaFourche Regt.
Benavedis, D. TX Cav. Border's Regt. Co.I
Benavide, David TX Cav. Gidding's Bn. Weisiger's Co.
Benavides, Atilano TX 33rd Cav. 1st Co.H
Benavides, Christobal TX 33rd Cav. 1st Co.H Capt.
Benavides, Cristobal TX Cav. Benavides' Regt. Co.A Capt.
Benavides, Lorenzo TX 33rd Cav. 1st Co.H
Benavides, Luis TX 33rd Cav. 1st Co.H
Benavides, Luis TX Cav. Benavides' Regt. Co.A
Benavides, Pablo TX Cav. Benavides' Regt. Co.C
Benavides, Pablo TX 8th Inf. Co.C Music.
Benavides, Pedro LA 30th Inf. Co.D
Benavides, Pedro TX 3rd Inf. Co.F
Benavides, Refugio TX 33rd Cav. 1st Co.I Capt.
Benavides, S. TX Cav. Benavides' Regt. Co.H
Benavides, Santos TX 33rd Cav. 1st Co.H Maj.
Benavids, D. TX Cav. Giddings' Bn. Weisiger's Co.
Benayzi, Francesco LA Mil. 4th Regt.Eur.Brig. Cognevich's Co.
Benazu, Ant. LA Mil. 4th Regt.Eur.Brig. Cognevich's Co.
Benbar, E.M. AL 3rd Inf. Co.C
Benberry, J.M. KY 1st (Helm's) Cav. Old Co.G
Benbo, E.M. AL 3rd Cav. Co.C
Benbow, --- TX Cav. McCord's Frontier Regt. Co.F
Benbow, Adam AL 15th Bn.Part.Rangers Co.E
Benbow, A.J. AL 8th Inf. Co.F
Benbow, Henry L. SC Inf. Hampton Legion Co.C 2nd Lt.
Benbow, H.L. SC 23rd Inf. Co.I Col.
Benbow, J.J. AL 22nd Inf. Co.B 1st Sgt.
Benbow, J.N. AL 15th Bn.Part.Rangers Co.A
Benbow, J.N. AL 56th Part.Rangers Co.A
Benbow, Joseph AL 56th Part.Rangers Co.A
Benbow, Joseph J. AL 42nd Inf. Co.C
Benbow, M.T.G. AL Arty. 4th Bn. Hilliard's Legion Co.A,D
Benbow, M.T.G. AL 59th Inf. Co.H
Benbow, R. SC 5th Bn.Res. Co.B
Benbow, Richard SC 4th St.Troops Co.I
Benbow, W.A.C. AL 7th Cav. Co.C
Benbray, W.B. KY Lt.Arty. Cobb's Co.
Benbray, W.B. KY 3rd Mtd.Inf. 1st Co.F
Benbrook, Alexander D. MS 16th Inf. Co.D
Benbrook, Alex D. MS 10th Inf. Co.C, New Co.B
Benbrook, Charles MO Cav. Freeman's Regt. Co.A Sgt.
Benbrook, Elbert AR 14th (McCarver's) Inf. Co.E 1st Sgt.
Benbrook, Elbert MO Cav. Freeman's Regt. Co.A
Benbrook, G.W. AR 35th Inf. Co.F
Benbrook, H.C. MS Cav. Powers' Regt. Co.G
Benbrook, H.C. 20th Conf.Cav. Co.D
Benbrook, Henry MS Lt.Arty. English's Co.
Benbrook, John Q. AR 34th Inf. Co.C
Benbrook, L. MS Lt.Arty. English's Co.
Benbrook, L.D. 20th Conf.Cav. Co.D
Benbrook, Lewis LA Inf. 4th Bn. Co.E
Benbrook, Louis MS Cav. Hughes' Bn. Co.B
Ben-Brook, W. AR 11th & 17th Cons.Inf. Co.K
Benbrook, W.G. MS Cav. Buck's Co. Ord.Sgt.
Benbrook, William AR 17th (Griffith's) Inf. Co.D
Benbrook, William G. MS 1st (Patton's) Inf. Co.A 1st Lt.
Benbrook, W.L. AR 35th Inf. Co.A
Benbrooks, Charles E. AR 27th Inf. Co.E
Benbury, James E. NC 2nd Cav. (19th St.Troops) Co.C
Benbury, James E. VA 13th Cav. Co.I
Benbury, John A. NC 1st Inf. Co.A Capt.
Benbury, L.C. VA Inf. Cohoon's Bn. 1st Lt.,Adj.
Benbury, Lemuel C. NC 1st Inf. Co.A 1st Lt.
Benbury, R.W. LA Lt.Arty. Fenner's Btty. Cpl.
Benbury, William E. NC 11th (Bethel Regt.) Inf. Co.F Sgt.
Bencart, W.L. GA 4th Inf. Co.C
Bence, Alexander GA 36th (Broyles') Inf. Co.A
Bence, Benjamin F. GA 4th Bn.S.S. Co.C
Bence, B.F. GA 36th (Broyles') Inf. Co.A
Bence, C.B.W. GA 36th (Broyles') Inf. Co.A Sgt.
Bence, John TN 53rd Inf. Co.K
Bence, Richard KY 1st Inf. Co.I
Bence, R.J. VA 10th Cav. 1st Co.E
Bence, W.F. GA 36th (Broyles') Inf. Co.A
Bence, W.J. AL 21st Inf. Co.K
Bence, W.N. GA 5th Res. Co.E
Benceni, Moses A. NC 4th Inf. Co.K
Benceni, Moses A. NC 6th Inf. Co.G
Bencento, Augustin AL 95th Mil. Co.D
Bench, A.J. GA 9th Inf.
Bench, I.S. SC 6th Cav. Co.C
Bench, W.J. SC Mil. 16th Regt. Steinmeyer's Co.
Bencha, Isaac NC 5th Sr.Res. Co.K
Bencill, Adam LA 21st (Patton's) Inf. Co.E,A,D
Bencill, F. LA Mil. Orleans Fire Regt. Co.I
Bencke, John H. VA Cav. 35th Bn.
Bend, About 1st Cherokee Mtd.Rifles Co.E
Bendal, Lemuel TN 18th (Newsom's) Cav. Co.E
Bendall, Albert L. VA 30th Inf. Co.F
Bendall, Benjamin F. VA Inf. 5th Bn. Co.F
Bendall, Benjamin F. VA 53rd Inf. Co.F
Bendall, Charles P. VA 13th Cav. Co.K
Bendall, Cornelius VA 47th Inf. 2nd Co.K
Bendall, Isaac S. VA 5th Cav. (12 mo. '61-2) Co.C
Bendall, Isaac S. VA 13th Cav. Co.K
Bendall, Isaac S. VA 16th Inf. Co.E
Bendall, James MS Inf. 3rd Bn. Co.I
Bendall, John J. VA 15th Inf. Co.H
Bendall, John K. VA 13th Cav.
Bendall, John R. VA Inf. 5th Bn. Co.F
Bendall, John R. VA Loc.Def. Scott's Co. Sgt.
Bendall, Joseph M. VA 10th Cav. Co.D Sgt.
Bendall, Louisile VA 52nd Mil. Co.A
Bendall, Oliver P. VA 5th Cav. (12 mo. '61-2)
Bendall, Oliver P. VA 13th Cav. Co.A
Bendall, Oliver P. VA 16th Inf. Co.E Cpl.
Bendall, Richard J. VA 16th Inf. Co.E
Bendall, Robert VA 13th Cav. Co.A
Bendall, Robert F. VA 5th Cav. (12 mo. '61-2) Co.K,C
Bendall, William F. VA 47th Inf. 2nd Co.K
Bendall, William P. VA 13th Cav.
Bendall, Woodford B. VA 47th Inf. 2nd Co.K
Bendaman, O.Y. TN 6th (Wheeler's) Cav. Co.E
Bendamon, Thomas J. TN 6th (Wheeler's) Cav. Co.E
Bendec, H.H. AL St.Res. Elliby's Co.
Bendenagle, E. LA Inf.Crescent Regt. Co.D Cpl.
Bendenbaugh, B.A. AL Hilliard's Legion Vol.
Bender, A. LA Lt.Arty. Holmes' Btty. Sgt.
Bender, A. LA Inf.Crescent Regt. Co.E

Bender, A. VA 67th Mil. Co.C
Bender, A.J. Exch.Bn. 2nd Co.A,CSA
Bender, Andrew TX 21st Cav. Co.F
Bender, Benjamin VA 26th Cav. Co.D
Bender, Benjamin VA Cav. 46th Bn. Co.A
Bender, B.L. MS 16th Inf. Co.D
Bender, C. VA Inf. 1st Bn.Loc.Def. Co.C
Bender, Conrad TX Cav. 8th (Taylor's) Bn. Co.C
Bender, Daniel FL Milton Lt.Arty. Dunham's Co.
Bender, Daniel S. NC Hvy.Arty. 1st Bn. Co.A
Bender, David VA 67th Mil. Co.D
Bender, D.R. GA Lt.Arty. Daniell's Btty.
Bender, D.S. GA Cav. Gartrell's Co.
Bender, Francis T. MD 1st Inf. Co.A Sgt.
Bender, Frank MD 1st Cav. Co.A
Bender, Frank J. NC 2nd Inf. Co.G
Bender, George LA 10th Inf.
Bender, George TN Lt.Arty. Winston's Co.
Bender, George VA Cav. 46th Bn. Co.B
Bender, George VA Hvy.Arty. 10th Bn. Co.C
Bender, Geo. H. VA 24th Bn.Part.Rangers Co.A
Bender, George W. VA 25th Inf. 2nd Co.G
Bender, George W. VA 136th Mil. Co.E
Bender, G.G. LA Inf.Crescent Regt. Co.H
Bender, G.M. LA 2nd Inf. Co.H
Bender, G.W. AL Gid Nelson Lt.Arty.
Bender, G.W. VA 67th Mil. Co.D
Bender, Henry VA 67th Mil. Co.C
Bender, Isaac B. VA Inf. 9th Bn. Co.B Cpl.
Bender, Isaac B. VA 25th Inf. 2nd Co.G
Bender, James A. LA Mil. Irish Regt. Laughlin's Co.
Bender, James A. LA Miles' Legion Sgt.
Bender, J.B. AL Lowndes Rangers Vol. Fagg's Co.
Bender, J.B. Conf.Cav. Wood's Regt. Co.H
Bender, J.D. LA Inf.Crescent Regt. Co.E
Bender, J.F. LA 14th Inf. Co.F
Bender, J.H. NC 4th Cav. (59th St.Troops) Co.E
Bender, J.J. LA Inf.Crescent Regt. Co.I Cpl.
Bender, John FL 1st Inf. Old Co.I, New Co.C
Bender, John LA Mil. Lafayette Arty.
Bender, John TN Cav. 1st Bn. (McNairy's) Co.A Bugler
Bender, John TN Arty. Marshall's Co.
Bender, John TX 20th Inf. Co.K
Bender, John 7th Conf.Cav. Co.A
Bender, John L. AR 18th (Marmaduke's) Inf. Co.G
Bender, John L. NC 51st Inf. Co.G
Bender, John T. GA 14th Inf. Co.H
Bender, Joseph VA 41st Inf. 1st Co.E
Bender, Julius C. AL Cav. Holloway's Co.
Bender, Lewis TN 21st Inf. Co.G
Bender, Lewis 9th Conf.Inf. Co.H
Bender, Lewis L. MS 9th Inf. Old Co.C Sgt.
Bender, L.L. TN 7th (Duckworth's) Cav. Co.C
Bender, Mat MO 1st & 4th Cons.Inf. Co.K,H
Bender, Mat MO 4th Inf. Co.K
Bender, P. GA Lt.Arty. (Jackson Arty.) Massenburg's Btty.
Bender, Philemon H. NC 8th Bn.Part.Rangers Co.A 1st Sgt.
Bender, Philemon H. NC 66th Inf. Co.F Sgt.
Bender, Samuel VA 67th Mil. Co.C
Bender, T.F. MS 20th Inf. Co.I Cpl.
Bender, T.F. MS 37th Inf. Co.H Sgt.
Bender, Thomas VA Inf. 9th Bn. Co.B
Bender, Thomas B. MS 37th Inf. Co.H,B
Bender, Walter G. VA Lt.Arty. Turner's Co. 2nd Lt.
Bender, W.G. VA Arty. Wise Legion Lt.,Adj.
Bender, W.G. Eng.,CSA Capt.
Bender, W.G. Gen. & Staff 1st Lt.
Bender, William FL Milton Lt.Arty. Dunham's Co.
Bender, William LA 1st Hvy.Arty. (Reg.) Co.B
Bender, William VA 17th Inf. Co.C
Bender, William VA 20th Inf. Co.A
Bender, William B. NC 5th Cav. (63rd St.Troops) Co.K
Bender, Wm. G. VA Arty. Wise Legion Lt.
Bender, W.L. GA Inf. Clemons' Co. Cpl.
Bender, W.N. AL 2nd Inf. Co.D
Benderman, John TN 6th (Wheeler's) Cav. Co.E
Benderman, John TN 48th (Voorhies') Inf. Co.B
Benderman, John W. TN 3rd (Clack's) Inf. Co.C,D
Benderman, Thomas TN 6th (Wheeler's) Cav. Co.E
Benderman, Thomas TN 48th (Voorhies') Inf. Co.B Sgt.
Benderman, William F. TN 48th (Voorhies') Inf. Co.B
Benders, James MO 2nd Cav. Co.K
Bendery, G. LA Mil. 3rd Regt. 1st Brig. 1st Div. Co.B Cpl.
Bendford, G.V. SC 1st (Butler's) Inf. Co.K
Bendis, S.L. GA 2nd Mil. Co.E
Bendiss, Marco LA Mil. 4th Regt.Eur.Brig. Cognevich's Co.
Bendiss, Nicole LA Mil. 4th Regt.Eur.Brig. Cognevich's Co.
Bendix, A. LA Mil. Lewis Guards
Bendix, Alex LA Mil. Orleans Fire Regt. Co.F
Bendly, E.P. SC 3rd Inf. Co.A
Bendly, J.E. AL 49th Inf. Co.K
Bendly, M.R. AL 49th Inf. Co.K
Bendrat, H. TX 4th Inf. Co.F
Bendro, James LA 1st Hvy.Arty.
Bendt, F. TX Cav. Terry's Regt. Co.E
Bendy, H.W. Gen. & Staff QM Agent
Bendy, James H. TX 25th Cav. Co.A
Bendy, W.H. Gen. & Staff Agent,AACS
Bene, Henry LA Mil. 6th Regt.Eur.Brig. (Italian Guards Bn.) Co.5
Beneak, William VA Inf. 4th Bn.Loc.Def. Co.D
Benedetti, Louis LA Mil. 6th Regt.Eur.Brig. (Italian Guards Bn.) Sap.
Benedic LA Mil. 3rd Regt.Eur.Brig. (Garde Francaise) Co.4 Sgt.
Benedic, J.S. LA 22nd Inf. Co.B
Benedic, J.S. LA Mil. Orleans Guards Regt. Co.K Sgt.
Benedick, B.S. GA 2nd Inf. Co.A
Benedick, Emsey F. AR 1st (Crawford's) Cav. Co.B
Benedick, John C. GA 21st Inf. Co.C
Benedickt, Daniel LA Mil. Orleans Fire Regt. Hall's Co.
Benedickt, E. SC Lt.Arty. Wagener's Co. (Co.A, German Arty.)
Benedickt, F. SC Lt.Arty. Wagener's Co. (Co.A, German Arty.)
Benedict, Albert TX Cav. 6th Bn. Co.A
Benedict, A.T. MS 16th Inf. Co.K
Benedict, Charles AL 1st Regt. Mobile Vol. Co.E
Benedict, Charles AL 4th Res. Co.C
Benedict, Daniel MS 44th Inf. Co.L
Benedict, David C. AR 1st Mtd.Rifles Co.I
Benedict, Eli T. MO 1st Cav. Co.F
Benedict, Eli T. MO Inf. 8th Bn. Co.A
Benedict, Eli T. MO 9th Inf. Co.A
Benedict, Emory AR 1st Field Btty. (McNally's Lt.Arty.Btty.)
Benedick, Fidel AL Res. Belser's Co.
Benedict, George B. TX 6th Inf. Co.A
Benedict, Hiram D. MO 9th (Elliott's) Cav. Co.D
Benedict, H. Oscar LA 1st Cav. Co.I
Benedict, Hugh T. MO 10th Cav. Co.H
Benedict, Jacob TX 1st Inf. Co.F
Benedict, James B. KY 6th Mtd.Inf. Co.E
Benedict, James W. MO Cav. Poindexter's Regt.
Benedict, Joe Morgan's Staff 1st Lt.
Benedict, Joseph GA Cobb's Legion Co.D
Benedict, Joseph KY 9th Mtd.Inf. Co.B 1st Lt.
Benedict, J.W. KY 12th Cav. Co.D Cpl.
Benedict, Lewis VA Cav. Mosby's Regt. (Part.Rangers)
Benedict, N.B. Gen. & Staff Surg.
Benedict, Oscar LA 3rd (Harrison's) Cav. Co.K
Benedict, Robert S. GA 9th Inf. (St.Guards) Culp's Co.
Benedict, Robert S. GA Inf. White's Co.
Benedict, Russell W. AR 1st Mtd.Rifles Co.I
Benedict, Samuel LA 13th Inf.
Benedict, Thos. B. Gen. & Staff Asst.Surg.
Benedict, Thomas G. GA Phillips' Legion Co.O
Benedict, W. LA Mil.Cont.Regt. Mitchell's Co.
Benedict, Wesley E. MO Cav. Poindexter's Regt.
Benedict, William E. VA 41st Inf. Co.C
Benedikt, H. SC Mil.Arty. 1st Regt. Co.A
Beneditte, Martin KY 7th Mtd.Inf. Co.F
Beneditto, V. LA Mil. 4th Regt. 2nd Brig. 1st Div. Co.E
Benedom, Charles VA 17th Cav. Co.H,G
Benedum, E.H. VA Lt.Arty. 38th Bn. Co.A
Benedum, James H. VA Lt.Arty. 38th Bn. Co.A
Benedum, James H. VA 1st St.Res. Co.C
Benedum, John E. VA 8th Inf. Co.H Music.
Benefield, A. AL 15th Inf. Co.D
Benefield, Arnold AL 3rd Bn.Res. Co.B
Benefield, Benjamin J. AR 1st Mtd.Rifles Co.I 2nd Lt.
Benefield, Caleb AL 17th Inf. Co.E
Benefield, C.N. AR 15th Mil. Co.A Cpl.
Benefield, Cornelius N. AR 35th Inf. Co.H Sgt.
Benefield, Enoch GA 29th Inf. Co.G
Benefield, H. 8th (Wade's) Conf.Cav. Co.F
Benefield, J. AL 8th Inf. Co.D,G
Benefield, Jacob AL 39th Inf. Co.H
Benefield, James M. AR 2nd Mtd.Rifles Co.B Capt.
Benefield, James M. GA 41st Inf.
Benefield, J.D. MS 43rd Inf. Co.F
Benefield, J.J. GA 8th Inf. (St.Guards) Co.E 2nd Lt.
Benefield, J.M. GA 34th Inf. Co.K

Benefield, John C. MS 10th Cav. Co.G,I
Benefield, J.T. GA 8th Inf. (St.Guards) Co.E
Benefield, Larkin NC 25th Inf. Co.H
Benefield, L.W. AL 32nd Inf. Co.D Cpl.
Benefield, Needham N. GA 1st Reg. Co.H
Benefield, Robert MD Inf. 2nd Bn. Co.D
Benefield, Rufus D. GA 31st Inf. Co.A
Benefield, Samuel LA 16th Inf. Co.H
Benefield, W.H. GA 2nd St.Line Co.I
Benefield, W.H. GA 8th Inf. (St.Guards) Co.E
Benefield, William LA 25th Inf. Co.A,B
Benefield, William J. GA 1st Reg. Co.H
Benefield, Zachariah AL 39th Inf. Co.H
Benefield, Z.H.J. GA 7th Inf. Co.G
Beneghams, John LA Mil. Barr's Ind.Co. (Blakesley Guards)
Beneke, William LA 1st (Nelligan's) Inf. Co.H,A
Benelti, Francois LA Mil. 1st Regt. French Brig. Co.7
Benen, Herman LA Mil. 4th Regt. 1st Brig. 1st Div. Co.I Cpl.
Benenhailey, F. SC Inf. 7th Bn. (Enfield Rifles) Co.E
Benenhailey, H. SC Inf. 7th Bn. (Enfield Rifles) Co.E
Benenhailey, James SC Inf. 7th Bn. (Enfield Rifles) Co.E
Benenhailey, John SC Inf. 7th Bn. (Enfield Rifles) Co.E
Benenhailey, R. SC Inf. 7th Bn. (Enfield Rifles) Co.E
Benenhailey, T. SC Inf. 7th Bn. (Enfield Rifles) Co.E
Benerfield, William H. GA 12th Cav. Co.I
Beners, W.P. MO Cav. Ford's Bn. Co.D
Benet, Casinero FL 8th Inf. Co.D
Benet, Holoman GA Cav. 16th Bn. (St.Guards) Co.F
Benet, Hypolite LA Inf. 16th Bn. (Conf.Guards Resp.Bn.) Co.C
Benet, J.R. LA Mil.Cav.Squad. (Ind.Rangers Iberville) 2nd Lt.
Benet, Peter L. FL 8th Inf. Co.D 1st Lt.
Benet, Stephen A. FL 3rd Inf. Co.B
Benet, Thomas FL 8th Inf. Co.D Music.
Benetrand, O. LA Mil. 3rd Regt. 1st Brig. 1st Div. Co.G
Benett, --- GA 45th Inf. Co.H Sgt.
Benett, Charles VA Lt.Arty. Thompson's Co.
Benett, E.C. AR 21st Inf. Co.D
Benett, F. TX Cav. Terry's Regt. Co.E
Benett, James LA Miles' Legion Co.E
Benett, John E. TN 26th Inf. Co.F,G
Benett, Joseph MS 10th Cav. Co.B,E,K
Benett, Norval S. VA 20th Cav. Co.A
Benett, Seatts AR Cav. Davies' Bn. Co.A
Benett, Sollimon MS 10th Cav. Co.E
Benett, T.T. VA 20th Cav. Co.A
Benette, James TN 50th Inf. Co.H
Beneux, Horace AR 34th Inf. Co.I 3rd Lt.
Beneux, Virgil AR 34th Inf. Co.I 1st Lt.
Benevides, F. TX St.Troops Teel's Co.
Benevidis, John AL Mobile Fire Bn. Mullany's Co.
Beney, --- 1st Creek Mtd.Vol. Co.M
Beney, A. LA 22nd Inf. Gomez's Co.
Beney, A.L. LA Mil. 1st Regt. French Brig. Co.4
Beney, L. LA Mil. 1st Regt. French Brig. Co.4 Cpl.
Beneyfield, John H. GA Arty. 9th Bn. Co.D
Benezette, Charles W. VA 12th Inf. Co.B
Benf, F. GA 3rd Mil. Co.C,I
Benfer, P.H. TX 33rd Cav. Co.E
Benfield, A.A. NC 2nd Inf. Co.C
Benfield, Adolphus L. NC 58th Inf. Co.K
Benfield, Alfred NC Cav. 5th Bn. Co.C
Benfield, Alfred NC 6th Cav. (65th St.Troops) Co.C
Benfield, Alfred NC 58th Inf. Co.F
Benfield, Alphen SC 1st Arty. Co.K
Benfield, Andy NC 37th Inf. Co.F
Benfield, Balis E. NC 35th Inf. Co.H Sgt.
Benfield, B.F. GA 11th Cav. Co.F
Benfield, Byard H. NC 58th Inf. Co.A
Benfield, Charles A. NC 22nd Inf. Co.F
Benfield, Clinton TX 11th Inf. Co.C
Benfield, Coonrod A. NC Inf. 2nd Bn. Co.G
Benfield, Daniel NC 42nd Inf. Co.K
Benfield, David TN 23rd Inf. Co.D
Benfield, Doctor M. NC 16th Inf. Co.E
Benfield, Dolphus NC 58th Inf. Co.A
Benfield, E.A. NC 22nd Inf. Co.A
Benfield, Frederic NC 4th Sr.Res. Co.D
Benfield, George F. NC 22nd Inf. Co.A
Benfield, Harrison NC 58th Inf. Co.F
Benfield, J.A. NC 37th Inf. Co.F
Benfield, Jackson V. NC 37th Inf. Co.B
Benfield, Jacob NC 7th Inf. Co.A
Benfield, James NC 1st Bn.Jr.Res. Co.E
Benfield, James H. NC 39th Inf. Co.B
Benfield, J.H. NC 29th Inf. Co.B
Benfield, John NC 5th Sr.Res. Co.D
Benfield, John NC 58th Inf. Co.F
Benfield, John R. NC 35th Inf. Co.H
Benfield, Joseph NC 55th Inf. Co.H
Benfield, Joseph L. NC 37th Inf. Co.B
Benfield, Julius M. NC 1st Inf. (6 mo. '61) Co.G
Benfield, Lester W. AL 22nd Inf. Co.D
Benfield, Marcus NC 23rd Inf. Co.F
Benfield, Marion NC 22nd Inf. Co.K
Benfield, Marion E. NC 8th Bn.Jr.Res. Co.B
Benfield, Martin NC 11th (Bethel Regt.) Inf. Co.D
Benfield, M.C. NC 62nd Inf. Co.F
Benfield, Miles NC 18th Inf. Co.K
Benfield, Muahum VA Lt.Arty. Jackson's Bn.St.Line Co.A
Benfield, Noah SC 3rd Bn.Res. Co.C
Benfield, Noah SC 5th St.Troops Co.K
Benfield, Noah SC 6th Res. Co.G
Benfield, P. NC 5th Sr.Res. Co.I
Benfield, Philow NC 4th Inf. Co.H
Benfield, Riley NC 32nd Inf. Co.F
Benfield, Sidney H. NC 35th Inf. Co.H Cpl.
Benfield, Silas A. NC 48th Inf. Co.C
Benfield, Thomas GA 11th Cav. Co.F
Benfield, T.W. NC 1st Inf. (6 mo. '61) Co.G
Benfield, T.W. NC 11th (Bethel Regt.) Inf. Co.D
Benfield, W.A. NC 58th Inf. Co.F
Benfield, Weighstill NC 58th Inf. Co.F
Benfield, Wesley NC 49th Inf. Co.I
Benfield, W.H. NC 48th Inf. Co.A
Benfield, W.H. NC 58th Inf. Co.F
Benfield, William NC 18th Inf. Co.C
Benfield, W.J. NC 58th Inf. Co.F
Benford, Alex TX 5th Cav. Co.K
Benford, B.M. 7th Conf.Cav. Co.K
Benford, F. GA 2nd Inf. Sgt.
Benford, H.L. MO St.Guard 1st Lt.
Benford, James GA 10th Cav.
Benford, James H.L. GA Cobb's Legion Co.B
Benford, James H.L. 7th Conf.Cav. Co.B
Benford, James L. GA 4th Inf. Co.G
Benford, P. KY 3rd Mtd.Inf. Co.L 1st Lt.
Benford, P.E. LA Mil.Conf.Guards Regt. Co.B
Benford, Peter AL 36th Inf. Asst.Surg.
Benford, Robert MO 7th Cav. Co.B
Benford, Rowland G. VA 2nd Arty. Co.D
Benford, Thaddeus S. GA 4th Inf. Co.G
Benford, W.C. MS 4th Mil.Cav. Co.G 2nd Lt.
Benford, W.H. MS 7th Cav. Co.H
Benford, William H. GA 4th Inf. Co.G
Benfrem, T.N. NC 50th Inf. Co.E
Benfren, I. NC 66th Inf. Co.E
Benfroid, H. NC 6th Cav. (65th St.Troops) Co.H
Beng, John GA 21st Inf. Co.H Sgt.
Bengart, John LA 14th Inf. Co.K,G
Benge, Alfred NC 5th Sr.Res. Co.K
Benge, Anderson 1st Cherokee Mtd.Rifles Co.A 1st Lt.
Benge, Benjamin 1st Cherokee Mtd.Vol. 2nd Co.B
Benge, B.G. MS 27th Inf. Co.H
Benge, Burwell G. MS 9th Cav. Co.G
Benge, C. GA 8th Inf. Co.C
Benge, Calvin NC 55th Inf. Co.B
Benge, David C. TN 37th Inf. Co.D
Benge, David H. TN 19th Inf. Co.I
Benge, D.C. TN Inf. 4th Cons.Regt. Co.A
Benge, Elisha NC 55th Inf. Co.B
Benge, George 1st Cherokee Mtd.Rifles Co.K 1st Lt.
Benge, Henry NC 55th Inf. Co.B
Benge, Henry TN 1st (Carter's) Cav. Co.K Sgt.
Benge, H.L. TX 18th Inf. Co.K Cpl.
Benge, James NC 55th Inf. Co.B
Benge, James 1st Cherokee Mtd.Vol. Co.J 1st Lt.
Benge, James 2nd Cherokee Mtd.Vol. 1st Lt.
Benge, James M. TX Cav. Martin's Regt. Co.K AQM
Benge, J.B. MS Henley's Co. (Henley's Invinc.)
Benge, J.J. TX 5th Inf. Co.G
Benge, J.M. TX 9th (Young's) Inf. Co.I 1st Lt.
Benge, J.M. Gen. & Staff Capt.,AQM
Benge, John AR 1st Cav. (St.) Co.B
Benge, John NC 28th Inf. Co.I
Benge, John 1st Cherokee Mtd.Rifles Co.F
Benge, Jonathan B. MS 40th Inf. Co.H
Benge, Mc. 2nd Cherokee Mtd.Vol. Co.B
Benge, Nathan NC 28th Inf. Co.I
Benge, Ned 1st Cherokee Mtd.Rifles Co.H
Benge, O.M. TX 18th Inf. Co.K Sgt.
Benge, P.G. AR 6th Inf. Co.B Cpl.
Benge, Pickens M. 1st Cherokee Mtd.Rifles Co.K Capt.
Benge, R. 1st Cherokee Mtd.Vol. Co.J Cpl.
Benge, R.F. TX 18th Inf. Co.K
Benge, Richard 1st Cherokee Mtd.Rifles Co.K
Benge, Richard P. TX 2nd Cav. 1st Co.F

Benge, Richard P. TX Cav. Morgan's Regt. Co.I
Benge, Riddle 1st Cherokee Mtd.Vol. Co.J
Benge, Robert LA 4th Inf. New Co.G
Benge, Robert T. TX Cav. 2nd Bn.St.Troops Wilson's Co.
Benge, R.T. TX 9th Cav. Co.E
Benge, Samuel NC 55th Inf. Co.B
Benge, Samuel 2nd Cherokee Mtd.Vol. Co.F
Benge, Samuel D. Conf.Cav. Wood's Regt. 2nd Co.G
Benge, Samuel T. TX 18th Cav. Co.A
Benge, Stand 1st Cherokee Mtd.Vol. 2nd Co.C
Benge, Thomas MS 44th Inf. Co.G
Benge, Thomas O. TX 10th Inf. Co.I
Benge, T.J. AR 6th Inf. Co.B Sgt.
Benge, U.D. NC 9th Bn.S.S. Co.A
Benge, U.D. NC 21st Inf. Co.B
Benge, Ware TX 10th Inf. Co.I
Benge, William 1st Cherokee Mtd.Vol. Co.J
Benge, William A. NC 54th Inf. Co.G
Benge, William N. TX Cav. Mann's Regt. Co.A
Benge, William N. TX Cav. Mann's Bn. Co.A
Benge, Willis NC 5th Sr.Res. Co.B
Benge, W.L. TX 9th Cav. Co.F
Bengener, H.C. TX Conscr.
Bengener, William F. TX 1st (McCulloch's) Cav. Co.D
Bengener, William F. TX 16th Inf. Co.G
Benger, C. Baly VA 16th Cav. Co.B
Benger, Charles GA Inf. 2nd Bn. Co.B Music.
Benger, Charles GA 30th Inf. Co.F
Benges, F. SC Mil.Arty. 1st Regt. Harm's Co.
Bengier, J.P. LA Inf. 16th Bn. (Conf.Guards Resp.Bn.) Co.C
Bengin, Elias KY 4th Cav.
Benham, Calhoun Gen. & Staff Maj.,AAG
Benham, Calvin C. NC 1st Cav. (9th St.Troops) Co.A
Benham, C.C. TX 30th Cav. Co.K
Benham, C.C. TX Cav. Benavides' Regt. Co.K
Benham, D.M. TX Cav. Giddings' Bn. Pickerell's Co.
Benham, E.J. TN 48th (Nixon's) Inf. Co.F Capt.
Benham, Elihu J. TN 54th Inf. Co.A 2nd Lt.
Benham, Henry TN Cav. 9th Bn. (Gantt's) Co.F,E Sgt.
Benham, Isaac P. VA 25th Cav. Co.D Cpl.
Benham, J. KY Cav. 2nd Bn. (Dortch's) Co.D
Benham, James H. TX 8th Inf. Co.E Cpl.
Benham, James V. TN 54th Inf. Co.A Sgt.
Benham, J.F. VA Mil. Scott Cty.
Benham, J.K. AL 1st Regt. Mobile Vol. British Guard Co.A Cpl.
Benham, John KY Morgan's Men Co.H
Benham, John MO Cav. Clardy's Bn. Co.B 1st Lt.
Benham, John D. TX Cav. 3rd (Yager's) Bn. Co.B
Benham, John H. VA 48th Inf. Co.H
Benham, John M. TN 19th (Biffle's) Cav. Co.A
Benham, John V. TN Cav. 9th Bn. (Gantt's) Co.F Cpl.
Benham, J.V. TN 48th (Nixon's) Inf. Co.F
Benham, L.A. TX 6th Inf. Co.C
Benham, W.A. AL 27th Inf. Co.I
Benham, W.H. LA Cav. Greenleaf's Co. (Orleans Lt.Horse)
Benham, William J. GA 13th Cav. Co.A 2nd Lt.
Benham, Willis GA Cav. 10th Bn. (St.Guards) Co.C
Benhart, James TN 8th (Smith's) Cav. Co.B
Benhart, R.B. TX 7th Cav. Co.A
Benhausen, William LA 1st (Nelligan's) Inf. Co.F
Benhew, L. AL Cav. Hardie's Bn.Res. Co.G
Benhiser, Jonas VA Lt.Arty. Clutter's Co.
Beniah, L. LA Mil. LaFourche Regt.
Beniams, William MS 20th Inf. Co.A
Benick, Henry J. NC 50th Inf. Co.I
Benifield, Eli FL 1st Cav. Co.I
Benifield, J. AL Cav. Moreland's Regt. Co.E
Benifield, S.E. GA 1st (Fannin's) Res. Co.K
Benifield, William GA 50th Inf. Co.I
Benight, J.G. TX Cav. 2nd Bn.St.Troops Wilson's Co.
Benike, William LA Inf. 1st Sp.Bn. (Rightor's) Co.D
Benilew, J. LA 6th Inf. Co.C
Benington, E.S. GA 6th Res.
Benington, John H. TX 11th (Spaight's) Bn.Vol. Co.C
Benino, Avilles Conf.Lt.Arty. Davis' Co.
Benion, W.B. TN 2nd (Robison's) Inf.
Benion, W.H. AL 3rd Bn.Res. Jackson's Co. 1st Sgt.
Benison, George MS 40th Inf. Co.A
Benison, Green Berry TX 20th Cav. Co.D
Benison, R. Brush Bn.
Benison, R.B. TX Cav. Border's Regt. Co.D
Benison, William P. NC 60th Inf. Co.D
Benit, H.C. LA 30th Inf. Co.F
Benit, I.B. LA 2nd Cav. Co.C
Benite, G. AR 58th Mil. Co.C Sgt.
Benitez, A. LA Mil. 5th Regt.Eur.Brig. (Spanish Regt.) Co.1
Benitez, Angel LA Mil. Cazadores Espanoles Regt. Co.2
Benito, Jean LA Mil. 6th Regt.Eur.Brig. (Italian Guards Bn.) Co.5
Benitt, W.S. MO 10th Inf. Co.L
Benizen, B. MS 16th Inf. Co.H
Benizon, Solomon TX 15th Cav. Co.C
Benjamin 1st Choctaw Mtd.Rifles Co.K
Benjamin, --- AL 25th Inf. Co.G
Benjamin, --- VA Goochland Lt.Arty. Cook
Benjamin, --- 1st Choctaw & Chickasaw Mtd.Rifles 2nd Co.C
Benjamin, --- Deneale's Regt. Choctaw Warriors Co.B
Benjamin, A. LA Mil. 1st Native Guards
Benjamin, A. VA 30th Inf. Co.G
Benjamin, Alex LA Inf. 1st Sp.Bn. (Rightor's) Co.A
Benjamin, Alex. LA 3rd (Harrison's) Cav. Co.D
Benjamin, Alfred W. MS Lt.Arty. (The Hudson Btty.) Hoole's Co. Sgt.
Benjamin, Antoine LA Mil. 1st Native Guards
Benjamin, C.A. GA 26th Inf. Co.C
Benjamin, Charles Deneale's Regt. Choctaw Warriors Co.B
Benjamin, Charles A. GA 20th Inf. Co.K
Benjamin, Charles A. LA 7th Inf. Co.A Sgt.Maj.
Benjamin, D. VA 1st St.Res. Co.D
Benjamin, D.V. LA Mil.Conf.Guards Regt. Co.B
Benjamin, E.C. TN 59th Mtd.Inf. Co.D
Benjamin, F. GA Floyd Legion (St.Guards) Co.A
Benjamin, Franklin VA Cav. Mosby's Regt. (Part.Rangers) Co.A
Benjamin, George TX 5th Inf. Co.F
Benjamin, H. MS 9th Bn.S.S. Co.A
Benjamin, H. MS 41st Inf. Co.H
Benjamin, H.J. AR 5th Inf. Co.B
Benjamin, H.K. AR 2nd Mtd.Rifles Co.E
Benjamin, J.A. LA Mil. 3rd Regt. French Brig. Co.8
Benjamin, Jas. H. VA 8th Inf. Co.I
Benjamin, J.C. TN 19th & 20th (Cons.) Cav. Co.K
Benjamin, J.D. SC 4th Bn.Res. Co.E
Benjamin, J.D. SC 5th St.Troops Co.I
Benjamin, J.D. SC 9th Res. Co.D
Benjamin, J.H. SC 22nd Inf. Co.F
Benjamin, John VA Lt.Arty. Rogers' Co.
Benjamin, Joseph LA Cav. Benjamin's Co. Capt.
Benjamin, J.R. SC 3rd Inf. Co.F
Benjamin, J.T. KY 1st (Butler's) Cav. Co.A
Benjamin, Judah P. A.Secretary of War
Benjamin, L.A. KY 2nd (Woodward's) Cav. Co.A
Benjamin, Lazar LA Mil. 3rd Regt.Eur.Brig. (Garde Francaise) Frois' Co.
Benjamin, M. SC 9th Res. Co.D
Benjamin, Matt SC 4th Bn.Res. Co.D
Benjamin, Milton M. GA 1st (Symons') Res. Co.K Sgt.
Benjamin, Milton M. GA Inf. 18th Bn. (St.Guards) Co.C Cpl.
Benjamin, S. MS 3rd Inf. Co.A
Benjamin, S. SC 9th Res. Co.D
Benjamin, S. VA 1st St.Res. Co.E
Benjamin, Samuel MS 14th Inf. Co.F
Benjamin, Samuel SC 5th St.Troops Co.I Cpl.
Benjamin, Samuel SC 22nd Inf. Co.F
Benjamin, Samuel H. SC 3rd Inf. Co.F Cpl.
Benjamin, S.C. Gen. & Staff Surg.
Benjamin, S.L. MS Inf. Lewis' Co.
Benjamin, Sol SC 10th Inf. Co.L
Benjamin, Sylvester MS 15th Inf. Co.F
Benjamin, Thomas C. GA Inf. 27th Bn. Co.F
Benjamin, T.P. GA Lt.Arty. (Arsenal Btty.) Hudson's Co. 1st Sgt.
Benjamin, T.P. KY 2nd (Woodward's) Cav. Co.E
Benjamin, W.C. AL Mil. 3rd Vol. Co.C
Benjamin, William MO Lt.Arty. McDonald's Co.
Benjamin, William NC 62nd Inf. Co.A
Benjamin, William H. VA Lt.Arty. 38th Bn. Co.A
Benjamin, William H. VA Lt.Arty. Rogers' Co.
Benjamine, Joseph LA 1st Cav. Co.F Capt.
Benjamine, M. SC Post Guard Senn's Co.
Benjamine, Roberson SC Inf. 3rd Bn. Co.B
Benjamine, S.B. AL 6th Cav. Co.L
Benjes, F. SC Arty. Melchers' Co. (Co.B, German Arty.)
Benjiman, F.G. VA 24th Cav. Co.F

Benkes, John H. AL 12th Inf. Co.G
Benklin, H.B. MS 12th Inf.
Benler, T. LA 15th Inf.
Benlin, G. GA 44th Inf. Co.H
Benlin, J.R. AR 1st (Dobbin's) Cav. Co.B
Benlin, William SC 1st Arty. Co.A
Benly, Edward LA 3rd (Wingfield's) Cav. Co.D,G
Benly, George LA 3rd (Wingfield's) Cav. Co.G
Benman, J. MO 9th Inf. Co.F
Benn, C.C. Hosp.Stew.
Benn, Charles C. VA 2nd Inf. Co.C Sgt.
Benn, Chas. C. Gen. & Staff Hosp.Stew.
Benn, John LA Mil. Irish Regt. Laughlin's Co.
Benn, Joseph J. VA 41st Inf. 2nd Co.E
Benn, Luke TN 43rd Inf. Co.A
Benn, Simeon T. NC 2nd Cav. (19th St.Troops) Co.H
Benn, William VA 7th Cav. Co.E
Benn, Wilson GA 36th (Villepigue's) Inf. Co.A
Bennaker, G.B. SC 20th Inf. Co.B
Bennan, F. MO 1st Brig.St.Guard
Bennar, Henry GA 1st (Olmstead's) Inf. Co.I
Bennar, Henry GA 47th Inf. Co.A
Bennatt, Ben TX 8th Cav. Co.B
Bennaugh, W.T. KY 1st (Butler's) Cav. Co.A
Bennay, Charles Conf.Inf. 8th Bn. Co.B
Benneake, William F. VA Inf. 4th Bn.Loc.Def.
Bennear, James VA 114th Mil. Co.G
Bennedict, E. SC Mil.Arty. 1st Regt. Werner's Co.
Bennefield, Daniel TN Lt.Arty. Tobin's Co.
Bennefield, David AL Arty. 1st Bn. Co.F
Bennefield, George SC Lt.Arty. Beauregard's Co.
Bennefield, Henry SC Lt.Arty. Beauregard's Co.
Bennefield, H.T. GA 1st (Fannin's) Res. Co.I
Bennefield, James B. SC Lt.Arty. Beauregard's Co.
Bennefield, J.J. FL 11th Inf. Co.C
Bennefield, J.M.D. AL 48th Inf. Co.I
Bennefield, John AL 39th Inf. Co.B
Bennefield, John SC Lt.Arty. Beauregard's Co.
Bennefield, Joseph J. SC Lt.Arty. Beauregard's Co.
Bennefield, N.H. GA 1st (Fannin's) Res. Co.A
Benneke, Ed. LA Mil. 1st Regt. 3rd Brig. 1st Div. Co.A
Bennell, E. TN 42nd Inf.
Bennell, John C. TN 2nd (Smith's) Cav.
Bennell, William C. TN 2nd (Smith's) Cav.
Bennelu, B.H. GA 31st Inf. Co.H Cpl.
Bennen, Charles AL 1st Regt.Conscr.
Bennent, Thomas B. MO 1st Cav. Co.K Sgt.
Benner, Edward VA Inf. 1st Bn.Loc.Def. Co.E
Benner, Emile LA C.S. Zouave Bn. Co.D
Benner, George TX 36th Cav. Co.F
Benner, Henry VA 18th Cav. Co.D
Benner, Isaac VA 97th Mil. Co.C
Benner, Isaac S. VA 7th Cav. Co.K
Benner, John H. TN 2nd (Robison's) Inf. Co.B Sgt.
Benner, Paul LA C.S. Zouave Bn. Co.B
Benner, Thomas M. TN 2nd (Robison's) Inf. Co.B Cpl.
Benner, W.H. VA Inf. 1st Bn.Loc.Def. Co.F
Benner, William VA 151st Mil. Co.E
Bennerman, J. MO 9th Bn.S.S. Co.C
Bennerman, Peter VA Patrol Guard 11th Congr.Dist. (Mtd.)
Bennermon, Chas. T. Gen. & Staff 1st Lt.,Adj.
Benners, J.H. AL Mil. 4th Vol. Co.I Cpl.
Benneson, H. TX Inf. 1st St.Troops Shield's Co.B
Benneson, W. TX Inf. 1st St.Troops Shield's Co.B
Bennet, A.D. MO Inf. 5th Regt.St.Guard Co.B
Bennet, A.J. TN 6th Inf. Co.G
Bennet, Andrew VA 59th Inf. 1st Co.F
Bennet, Benjamin N. NC 37th Inf. Co.B
Bennet, Charles MS 1st Cav.Res. Co.E
Bennet, Charles VA 11th Cav. Co.D
Bennet, C.L. SC 1st Mtd.Mil. Screven's Co.
Bennet, Craten M. NC 62nd Inf. Co.A Cpl.
Bennet, David A. AL 11th Inf. Co.G
Bennet, E.D. MS Inf. 1st Bn. Ray's Co.
Bennet, Elias R. FL 8th Inf. Co.I Cpl.
Bennet, Eligh VA 62nd Mtd.Inf. 2nd Co.C
Bennet, Elijah TX Cav. 6th Bn. Co.B
Bennet, E.R. Colquitt's Brig. AAAIG
Bennet, Fielden VA 63rd Inf. Co.C
Bennet, F. Marion TN Cav. 11th Bn. (Gordon's) Co.A
Bennet, Frank LA 21st (Kennedy's) Inf. Co.C
Bennet, G. VA 46th Inf. Co.E
Bennet, George G. VA 14th Cav. Co.L
Bennet, G.W. VA 62nd Mtd.Inf. 1st Co.D
Bennet, H. SC Mil. 16th Regt. Jones' Co. Cpl.
Bennet, Henry D. AL 8th (Livingston's) Cav. Co.E
Bennet, Henry H. AL 11th Inf. Co.G
Bennet, H.P. MS 8th Cav. Co.G
Bennet, Isham P. NC 2nd Cav. (19th St.Troops) Co.H Cpl.
Bennet, J. SC 1st (Hagood's) Inf. 1st Co.G
Bennet, Jackson P. GA 11th Cav. (St.Guards) Tillman's Co.
Bennet, James MS 3rd (St.Troops) Cav. Co.A
Bennet, James MS 39th Inf.
Bennet, James TN 13th (Gore's) Cav. Co.I,D
Bennet, James M. KY 14th Cav. Co.D,C Sgt.
Bennet, Jason NC 58th Inf. Co.G
Bennet, J.B. MS 10th Cav. Co.K
Bennet, J.M. GA 1st (Fannin's) Res. Co.K
Bennet, J.M. MS 10th Cav. Co.B
Bennet, J.M. SC 1st (Hagood's) Inf. 1st Co.F, 2nd Co.G
Bennet, J.M. TN 45th Inf. Co.K Sgt.
Bennet, J.M., Jr. TX Cav. 2nd Bn.St.Troops Co.A
Bennet, J.O. TN 9th Inf. Co.E
Bennet, Joel GA Cav. Russell's Co.
Bennet, John AR 8th Cav. Co.K
Bennet, John LA Inf.Cons.Crescent Regt. Co.C
Bennet, John MS Inf. 1st Bn. Ray's Co.
Bennet, John TN 21st Inf. Co.G
Bennet, John G. FL 8th Inf. Co.I
Bennet, John M. SC 1st (Hagood's) Inf. 1st Co.H
Bennet, John M., Sr. TX Cav. 2nd Bn.St.Troops Co.A
Bennet, John M. TX 29th Cav. Co.C
Bennet, John W. TN 13th Inf. Co.L
Bennet, Joseph E. NC 12th Inf. Co.B,D Sgt.
Bennet, Joseph F. MS 24th Inf. Co.I
Bennet, Joseph R. TX 35th (Brown's) Cav. Co.G 2nd Lt.
Bennet, Joseph R. TX 13th Vol. 2nd Co.G 2nd Lt.
Bennet, J.P. MS Henley's Co. (Henley's Invinc.)
Bennet, J.W. MS St.Cav. 2nd Bn. (Harris') Co.C
Bennet, L.C. MS St.Cav. 2nd Bn. (Harris') Co.C
Bennet, Lewis T. TX 13th Vol. 2nd Co.G Capt.
Bennet, Marion MS 2nd St.Cav. Co.F
Bennet, Mathew F. VA 26th Cav. Co.B
Bennet, Mitchell TN 42nd Inf. 1st Co.H
Bennet, Nelson M. TN 84th Inf. Co.E
Bennet, Nevie SC 8th Inf. Co.G
Bennet, N.S. AR Cav. McGehee's Regt. Co.I
Bennet, P. LA Inf.Crescent Regt. Co.H
Bennet, Peter TN 10th Inf. Co.B
Bennet, P.H. LA 13th Bn. (Part.Rangers) Co.B
Bennet, Pickens C. MS Cav. 24th Bn. Co.B,D Sgt.
Bennet, Reuben GA Inf. 9th Bn. Co.C
Bennet, R.H. TX 29th Cav. Co.C
Bennet, Richard TX Cav. 2nd Regt.St.Troops Co.C
Bennet, Samuel VA 46th Inf. 4th Co.F
Bennet, Silas AL 3rd Res. Co.D
Bennet, Simeon LA Cav. 18th Bn. Co.D 2nd Lt.
Bennet, S.M. MS St.Cav. 2nd Bn. (Harris') Co.C
Bennet, T.C. SC 5th St.Troops Co.K
Bennet, T.L. VA Inf. 44th Bn. Co.D
Bennet, T.T. MS Cav. Garland's Bn. Co.A
Bennet, W. MS 24th Inf. Co.G
Bennet, W.B. GA 2nd Cav. Co.D
Bennet, W.C. SC 2nd St.Troops Co.H
Bennet, W.H. TN 22nd (Barteau's) Cav. Co.K
Bennet, Wiley FL 8th Inf. Co.I
Bennet, William FL 8th Inf. Co.I
Bennet, William GA 7th Inf. Co.I
Bennet, William LA Inf.Cons.Crescent Regt. Co.F
Bennet, Wm. SC 23rd Inf.
Bennet, William TN 9th (Ward's) Cav. Co.A
Bennet, William Conf.Inf. Tucker's Regt. Co.D
Bennet, William H. TN Inf. 1st Bn. (Colms') Co.B
Bennet, W.J. MS Inf. 1st Bn. Ray's Co.
Bennet, W. Oliver TN Cav. 11th Bn. (Gordon's) Co.A
Bennet, Z.T. AR 11th & 17th Cons.Inf. Co.A
Bennetes, J. TX Cav. Baird's Regt. Co.C
Bennett, --- KY 12th Cav. Co.E
Bennett, --- MS 1st Inf.
Bennett, --- TN 9th (Ward's) Cav. Co.F 2nd Lt.
Bennett, --- TX Cav. 4th Regt.St.Troops
Bennett, --- TX 26th Cav. Co.F
Bennett, --- TX Cav. Mann's Regt. Co.D
Bennett, --- TX Cav. Mann's Regt. Co.F
Bennett, --- VA VMI Arty.Detach.
Bennett, A. GA 5th Res. Co.D
Bennett, A. GA 13th Inf.
Bennett, A. SC Lt.Arty. 3rd (Palmetto) Bn. Co.G Cpl.
Bennett, A. SC 8th Res.
Bennett, A.A. MS 9th Cav. Co.B
Bennett, A.A. MS Cav. 17th Bn. Co.D
Bennett, Aaron A. TN 23rd Inf. 1st Co.A, Co.B Cpl.

Bennett, Aaron B. NC 2nd Arty. (36th St.Troops) Co.K
Bennett, Abel M. AR Cav. Wright's Regt. Co.G Cpl.
Bennett, Abel M. GA 65th Inf. Co.I
Bennett, Abner C. VA 57th Inf. Co.E
Bennett, Abraham SC 4th Cav. Co.G
Bennett, Abraham SC 24th Inf. Co.E
Bennett, Absalum VA 57th Inf. Co.E
Bennett, A.C. GA Brooks' Co. (Terrell Lt.Arty.)
Bennett, A.C. MO Cav. 3rd Regt.St.Guard Co.A
Bennett, A.C. MO 12th Inf. Co.H
Bennett, A.C. VA 10th Cav. Co.K
Bennett, A.C. VA 58th Inf. Co.H
Bennett, A.D. AL 12th Cav. Co.A Capt.
Bennett, A.D. TN 3rd (Forrest's) Cav. 1st Co.E 1st Sgt.
Bennett, Adam F. AL 11th Inf. Co.H
Bennett, Adolphus A. GA 36th (Villepigue's) Inf. Co.A
Bennett, A.F. AL 3rd Cav. Co.C
Bennett, A.F.P. AL 33rd Inf. Co.K
Bennett, A.G. AL 31st Inf. Co.A
Bennett, A.G. Gen. & Staff Maj.
Bennett, A.H. GA Hvy.Arty. 22nd Bn. Co.A Cpl.
Bennett, A.H. GA 60th Inf. 1st Co.A
Bennett, A.H. LA 27th Inf. Co.I
Bennett, A.H. TN 31st Inf. Co.G Sgt.
Bennett, A.H.M. GA 38th Inf. Co.H Cpl.
Bennett, A.J. AL 28th Inf. Co.K
Bennett, A.J. GA 43rd Inf. Co.E Sgt.
Bennett, A.J. KY 12th Cav. Co.A,I Bvt.2nd Lt.
Bennett, A.J. MO Cav. 1st Bn.St.Guard Co.E 3rd Lt.
Bennett, A.J. SC 1st (Butler's) Inf. Co.C
Bennett, A.L. GA Cav. 1st Gordon Squad. (St.Guards) Co.A
Bennett, A.L. MS 4th Inf. Co.H
Bennett, A.L. TX Cav. Morgan's Regt. Co.E
Bennett, Albert MO Inf. 1st Bn. Co.A
Bennett, Albert MO 5th Inf. Co.K
Bennett, Albert A. GA 12th Inf. Co.B
Bennett, Albert B. VA Lt.Arty. R.M. Anderson's Co.
Bennett, Alex TN 20th Inf. Co.H
Bennett, Alex VA Inf. 22nd Bn. Co.G
Bennett, Alexander AR 1st Inf. Co.G
Bennett, Alexander NC 28th Inf. Co.E
Bennett, Alexander S. GA 6th Inf. Co.B Music.
Bennett, Alfred AL Inf. 1st Regt. Co.A
Bennett, Alfred GA Arty. 9th Bn. Co.C
Bennett, Alfred MS 35th Inf.
Bennett, Alfred NC 2nd Arty. (36th St.Troops) Co.K
Bennett, Alfred TN 13th (Gore's) Cav. Co.F Sgt.
Bennett, Allen H. NC 29th Inf. Co.G Sgt.
Bennett, Allison C. MO 3rd Cav. Co.B
Bennett, Alva T. GA 34th Inf. Co.E Capt.
Bennett, Alvin NC 15th Inf. Co.D
Bennett, Alvin NC 49th Inf. Co.B
Bennett, A.M. MS 7th Inf. Co.G
Bennett, A.M. MS 22nd Inf. Co.A
Bennett, Amasiah AL 7th Cav. Co.I
Bennett, Ambrose TN 1st (Turney's) Inf. Co.H
Bennett, A.N. MS 12th Cav. Co.D
Bennett, Andrew VA Lt.Arty. Waters' Co.
Bennett, Andrew H. VA 60th Inf. Co.C
Bennett, Andrew J. AL St.Arty. Co.A
Bennett, Andrew J. AL 16th Inf. Co.A
Bennett, Andrew J. MO 9th (Elliott's) Cav. Co.I 1st Sgt.
Bennett, Andrew J. NC 45th Inf. Co.E
Bennett, Andrew J. VA Lt.Arty. Thornton's Co.
Bennett, Andrew J. VA Lt.Arty. Woolfolk's Co.
Bennett, Andrew J. VA 30th Bn.S.S. Co.A
Bennett, Andrew J. VA 59th Inf. 1st Co.G
Bennett, Andrew J. VA 60th Inf. Co.D
Bennett, Ansel B. TX Cav. 2nd Regt.St.Troops Co.I
Bennett, Anthony GA 1st (Symons') Res. Co.A,B Fifer
Bennett, Anthony GA 63rd Inf. Co.F,D Music.
Bennett, Anthony LA 6th Inf. Co.F
Bennett, Anthony A. LA 11th Inf. Co.F
Bennett, A.P. AR 3rd Inf. Co.K
Bennett, A.P. LA Inf. 16th Bn. (Conf.Guards Resp.Bn.) Co.A Sgt.
Bennett, A.R. AL 62nd Inf. Co.B
Bennett, A.R. LA 1st Cav. Sgt.
Bennett, Arch TN Inf. Nashville Bn. Felts' Co.
Bennett, Archer L. NC 29th Inf. Co.E Sgt.
Bennett, Archibald NC 58th Inf. Co.B
Bennett, Archibald VA 46th Inf. 1st Co.C
Bennett, Archibald VA 60th Inf. Co.B
Bennett, Armon C. TN 32nd Inf. Co.K
Bennett, Arter AL 15th Inf. Co.K
Bennett, Arthur LA Inf. 11th Bn. Co.C
Bennett, Arthur LA Inf.Cons.Crescent Regt. Co.N
Bennett, Arthur J. TX 13th Vol. 2nd Co.C
Bennett, Asa GA 11th Inf. Co.H
Bennett, Asa B. NC 2nd Arty. (36th St.Troops) Co.G
Bennett, A.T., Jr. LA Washington Arty.Bn. Co.5
Bennett, Augustus LA 14th Inf. Co.C
Bennett, A.W. Gen. & Staff Asst.Surg.
Bennett, B. SC 22nd Inf. Co.B
Bennett, B. TN 10th Inf. Co.I
Bennett, Bazel VA 5th Cav. Co.H
Bennett, Bazil VA 2nd Inf. Co.C
Bennett, B.B. SC 3rd Cav. Co.K
Bennett, B.B. SC 11th Inf. Co.E
Bennett, B.C. AL 53rd (Part.Rangers) Co.D
Bennett, B.C. FL 1st (Res.) Inf. Co.D
Bennett, B.C. KY 3rd Mtd.Inf. Co.B
Bennett, B.C. TX 11th Inf. Co.F
Bennett, B.C. TX Conscr.
Bennett, B.C. VA 46th Inf. 2nd Co.K
Bennett, B.C. Gen. & Staff Asst.Surg.
Bennett, Behrend AL 3rd Inf. Co.F
Bennett, Benjamin AR Inf. 1st Bn. Co.G
Bennett, Benjamin FL Sp.Cav. 1st Bn. Co.A
Bennett, Benjamin MO 9th Bn.S.S. Co.D
Bennett, Benjamin NC 2nd Arty. (36th St.Troops) Co.K Sgt.
Bennett, Benjamin TN 13th Inf. Co.A
Bennett, Benjamin TN Inf. 23rd Bn. Co.C
Bennett, Benjamin C. LA 5th Inf. Co.C
Bennett, Benjamin F. AL 28th Inf. Co.K Cpl.
Bennett, Benjamin F. AR 26th Inf. Co.B
Bennett, Benjamin F. MS 18th Inf. Co.F
Bennett, Benjamin F. MO 1st N.E. Cav.
Bennett, Benjamin M. VA 12th Inf. 2nd Co.I
Bennett, Benjamin W. VA Courtney Arty. Sgt.
Bennett, Berry GA Cherokee Legion (St.Guards) Co.E
Bennett, Berry A. TN 32nd Inf. Co.K
Bennett, Berwick A. AL 6th Inf. Co.I
Bennett, Beverly NC 22nd Inf. Co.E
Bennett, B.F. AR 25th Cav. Co.G Capt.
Bennett, B.F. AR 20th Inf. Co.I
Bennett, B.F. GA Cav. 12th Bn. (St.Guards) Co.A
Bennett, B.F. GA 3rd Bn. (St.Guards) Cpl.
Bennett, B.F. MS 3rd Inf. Co.G
Bennett, B.F. SC 3rd Cav. Co.K
Bennett, B.H. AR 38th Inf. Co.A
Bennett, B.H. MO Cav. Coffee's Regt. Co.G 2nd Lt.
Bennett, B.H. TN 12th (Green's) Cav. Co.G
Bennett, B.J. GA 3rd Res. Co.G
Bennett, B.J. GA 47th Inf. Co.K
Bennett, B.L. GA 28th Inf. Co.K
Bennett, B.M. TX 2nd Inf. Co.A
Bennett, B.N. GA 28th Inf. Co.K
Bennett, Braxton FL 10th Inf. Co.A
Bennett, Britton LA 13th Inf. Co.E,H,I,K Capt.
Bennett, Bryant LA Inf. 11th Bn. Co.C
Bennett, Bryant LA Inf.Cons.Crescent Regt. Co.F Sgt.
Bennett, B.T. MS 3rd (St.Troops) Cav. Co.G
Bennett, B.T. TN 21st (Wilson's) Cav. Co.B
Bennett, B.T. TN 51st (Cons.) Inf. Co.C
Bennett, C. VA 22nd Inf. Co.H
Bennett, Calvin F. LA 12th Inf. Co.C
Bennett, Campbell VA 79th Mil. Co.4
Bennett, Campion H. AR 27th Inf. Co.K
Bennett, Cary E. GA 6th Inf. Co.H
Bennett, C.B. KY 1st Inf. Co.A
Bennett, C.C. TN 19th Inf. Co.G
Bennett, C.E. NC Mallett's Bn. (Cp.Guard) Co.E
Bennett, C.E. SC 7th Cav. Co.G
Bennett, C.E. SC Rutledge Mtd.Riflemen & Horse Arty. Trenholm's Co.
Bennett, C.F. SC 3rd Cav. Co.K
Bennett, C.G. GA 8th Cav. New Co.I
Bennett, C.G. GA Cav. 20th Bn. Co.A,D
Bennett, C.G. NC 4th Cav. (59th St.Troops) Co.B
Bennett, C.H. AL 33rd Inf. Co.K Cpl.
Bennett, C.H. MO 1st Inf. St.Guard Adj.
Bennett, C.H. TX 11th Cav. Co.D
Bennett, Charles AR 1st (Monroe's) Cav. Co.A
Bennett, Charles AR 2nd Mtd.Rifles Co.E
Bennett, Charles GA Lt.Arty. Scogin's Btty. (Griffin Lt.Arty.)
Bennett, Charles KY 9th Cav. Co.A
Bennett, Charles MO 4th Cav. Co.H
Bennett, Charles MO Mtd.Inf. Boone's Regt. Co.A
Bennett, Charles NC 3rd Inf. Co.I
Bennett, Charles NC 7th Sr.Res. Watts' Co.
Bennett, Charles NC 54th Inf. Co.C
Bennett, Charles VA Cav. 1st Bn. Co.C
Bennett, Charles VA 24th Cav. Co.E
Bennett, Charles VA 22nd Inf. Co.B
Bennett, Charles A. NC 53rd Inf. Co.H
Bennett, Charles D. VA 38th Inf. Co.A Cpl.

Bennett, Charles E. SC 1st (McCreary's) Inf. Co.C
Bennett, Charles F. SC 24th Inf. Co.I
Bennett, Charles H. GA Inf. 8th Bn. Co.B
Bennett, Chas. H. MO St.Guard Adj.
Bennett, Charles J. NC Hvy.Arty. 1st Bn. Co.A
Bennett, Charles L. SC Mil.Cav. 4th Regt. Howard's Co.
Bennett, Charles L. VA 36th Inf. Co.F
Bennett, Charles W. LA 8th Inf. Co.K
Bennett, Charles W. NC 23rd Inf. Co.E Cpl.
Bennett, Charles W. VA 18th Cav. Co.D Sgt.
Bennett, Charley GA 34th Inf. Co.I
Bennett, C.H.L. TN 3rd (Forrest's) Cav. Co.A
Bennett, Christopher L. TN Cav. 7th Bn. (Bennett's) Co.B Capt.
Bennett, C.L. AL 8th Inf. Co.K 1st Lt.
Bennett, C.L. GA 1st Inf. (St.Guards) Co.G
Bennett, C.L. SC Lt.Arty. J.T. Kanapaux's Co. (Lafayette Arty.)
Bennett, C.L. SC 24th Inf. Co.D
Bennett, C.L. TN 9th (Ward's) Cav. Co.D
Bennett, C.L. TX 3rd Cav. Co.F
Bennett, C.L. Gen. & Staff Capt.,AQM
Bennett, Columbus TX 18th Cav. Co.C
Bennett, Columbus A. NC 20th Inf. Co.F Cpl.
Bennett, Cooper GA 4th Cav. (St.Guards) Gower's Co.
Bennett, Cooper GA 11th Cav. Co.K
Bennett, Cooper GA Lt.Arty. Van Den Corput's Co.
Bennett, Cooper GA Inf. 3rd Bn. Co.A
Bennett, Cornelius VA 19th Cav. Co.D
Bennett, C.R. NC 17th Inf. (2nd Org.) Co.A
Bennett, Creed H. KY 11th Cav.
Bennett, C.S. TX 8th Cav. Co.B
Bennett, C.T. MS 4th Inf. Co.F
Bennett, C.V. AR 6th Inf. Co.C
Bennett, C.V. AR 12th Inf. Co.D
Bennett, C.W. GA Inf. 9th Bn. Co.D,B
Bennett, C.W. GA 37th Inf. Co.E
Bennett, C.W. MS 3rd Inf. (St.Troops) Co.B
Bennett, D. MS 4th Inf. Co.H
Bennett, D.A. GA 47th Inf. Co.K
Bennett, Dabney GA Inf. 8th Bn. Co.B
Bennett, Daniel GA Cobb's Legion Co.L
Bennett, Daniel VA 62nd Mtd.Inf. 2nd Co.C
Bennett, Daniel 14th Conf.Cav. Co.H
Bennett, Daniel H. GA 2nd Inf. 1st Co.B
Bennett, Daniel H. GA 26th Inf. Co.E Ord.Sgt.
Bennett, Daniel K. NC 2nd Arty. (36th St.Troops) Co.K Capt.
Bennett, Daniel K. NC 20th Inf. Co.G Capt.
Bennett, Daniel K. NC 30th Inf. Co.C
Bennett, Daniel M. VA 45th Inf. Co.E
Bennett, Daniel W. GA 42nd Inf. Co.C
Bennett, Daniel W. GA 43rd Inf. Co.K
Bennett, Darling A. GA 45th Inf. Co.D
Bennett, David GA 4th (Clinch's) Cav.
Bennett, David NC 21st Inf. Co.F
Bennett, David SC 11th Res. Co.C
Bennett, David TN 1st (Carter's) Cav. Co.D
Bennett, David A. AL 6th Cav. Co.E,C
Bennett, David A. AL 39th Inf. Co.I
Bennett, David C. GA Cav. 19th Bn. Co.C
Bennett, David L. AL 36th Inf. Co.A
Bennett, David N. NC 14th Inf. Co.C
Bennett, David R. NC 4th Inf. Co.I
Bennett, David W. FL 5th Inf. Co.D
Bennett, David W. MS 1st Lt.Arty. Co.L,E
Bennett, David W. TX 36th Cav. Co.C
Bennett, D.B. TN 3rd (Forrest's) Cav.
Bennett, D.C. TX 12th Cav. Co.B
Bennett, D.C. 10th Conf.Cav. Co.H
Bennett, D.C.W. TN Inf. 23rd Bn. Co.C 1st Lt.
Bennett, De MS Inf. 3rd Bn. (St.Troops) Co.C
Bennett, Decatur C. SC Inf. Hampton Legion Co.F
Bennett, D.G. NC 67th Inf. Co.D
Bennett, D.H. FL 2nd Inf. Co.B Cpl.
Bennett, Dick KY Cav. Thompson's Co. 1st Lt.
Bennett, Dinckney AR 36th Inf. Co.F
Bennett, D.J. GA 4th Res. Co.E
Bennett, D.L. FL Cav. 5th Bn. Co.H Cpl.
Bennett, D.M. 2nd Conf.Eng.Troops Co.E
Bennett, Doctor G. NC 49th Inf. Co.F
Bennett, D.P. TX 12th Cav. Co.B
Bennett, Drewry T. FL 6th Inf. Co.E
Bennett, Drury GA 4th Cav. (St.Guards) Armstrong's Co.
Bennett, D.S. MS Inf. 3rd Bn. (St.Troops) Co.A
Bennett, D.S. NC 6th Inf. Co.B
Bennett, D.W. FL Sp.Cav. 1st Bn.
Bennett, E. GA 5th Cav. Co.F
Bennett, E. GA 6th Res. Co.A
Bennett, E. LA 4th Inf. Co.I
Bennett, E. LA Mil. 4th Regt. 3rd Brig. 1st Div. Co.C
Bennett, E. LA Inf.Cons.Crescent Regt. Co.G
Bennett, E. MS 28th Cav. Co.E
Bennett, E. TX 20th Inf. Co.F Capt.
Bennett, E.A. VA 3rd Inf.Loc.Def. Co.D
Bennett, E.B. LA 18th Inf. Co.C
Bennett, E.B. LA Inf.Cons. 18th Regt. & Yellow Jacket Bn. Co.H
Bennett, E.B. MS 6th Inf. Co.H Capt.
Bennett, E.C. GA Phillips' Legion Co.C
Bennett, E.D. MS 2nd St.Cav. 1st Co.C
Bennett, E.D. MS 2nd (Quinn's St.Troops) Inf. Co.F Sgt.
Bennett, Edmund MD 1st Inf. Co.E Sgt.
Bennett, Edward TN Arty. Ramsey's Btty.
Bennett, Edward D. MS 2nd Inf. Co.H
Bennett, Edward F. NC 12th Inf. Co.D,B
Bennett, Edward H. AR 32nd Inf. Co.B Cpl.
Bennett, Edward H. MO 3rd Cav. Co.B Cpl.
Bennett, Edward H. MO 8th Cav. Co.D
Bennett, Edward L. VA Cav. 35th Bn. Co.A Sgt.
Bennett, Edward W. NC 4th Cav. (59th St.Troops) Co.B
Bennett, Edwin LA 1st (Nelligan's) Inf. Co.C Cpl.
Bennett, Edwin R. MS 10th Inf. Co.C, New Co.B
Bennett, E.E. MS Inf. 1st Bn. Co.C
Bennett, E.F. GA 18th Inf. Co.C
Bennett, E.F. GA 41st Inf. Co.D
Bennett, E.G. MS 6th Cav. Co.D
Bennett, E.G. MS 8th Cav. Co.K
Bennett, E.G. TN 11th (Holman's) Cav. Co.D
Bennett, E.G. TN Douglass' Bn.Part.Rangers Lytle's Co.
Bennett, E.H. GA 4th (Clinch's) Cav. Co.A
Bennett, E.H. GA Cav. Rumph's Co. (Wayne Cav. Guards) 1st Lt.
Bennett, E.H. KY 1st (Helm's) Cav. Co.I Sgt.
Bennett, E.H. MO Cav. 2nd Regt.St.Guard Co.A
Bennett, E.H. SC 1st Mtd.Mil. Johnson's Co.
Bennett, E.H. SC 3rd Cav. Co.K
Bennett, E.J. GA 1st (Symons') Res. Co.C
Bennett, E.J. MS 35th Inf. Co.G
Bennett, E.L. AL 28th Inf.
Bennett, E.L. GA Inf. (High Shoals Defend.) Medlin's Ind.Co. Sgt.
Bennett, E.L. NC 29th Inf. Co.E
Bennett, Elam LA Inf. 11th Bn. Co.C
Bennett, Elbert GA Cav. 2nd Bn. Co.C,B
Bennett, Eli VA 25th Inf. 2nd Co.K
Bennett, Eli VA 62nd Mtd.Inf. 2nd Co.C Cpl.
Bennett, Elias MS Nash's Co. (Leake Rangers)
Bennett, Elias MS Cav. Shelby's Co. (Bolivar Greys)
Bennett, Elias R. FL 1st Inf. Old Co.C, Co.H
Bennett, Elihu NC 21st Inf. Co.G
Bennett, Elijah AL 2nd Cav. Co.A
Bennett, Elijah LA 16th Inf. Co.G
Bennett, Elijah MS 38th Cav. Co.G Cpl.
Bennett, Elijah VA 25th Inf. 2nd Co.K
Bennett, Elijah VA 31st Inf. 1st Co.B
Bennett, Elijah B. GA 38th Inf. Co.N
Bennett, Elijah M. MS 23rd Inf. Co.H
Bennett, Elijah M. MS 29th Inf. Co.G
Bennett, Eli N. GA 43rd Inf. Co.F
Bennett, Elisha GA Cav. 9th Bn. (St.Guards) Co.D
Bennett, Elisha LA 4th Inf. Co.E
Bennett, Elisha MS 38th Cav. Co.G
Bennett, Elisha NC 7th Sr.Res. Watts' Co.
Bennett, Elisha NC 21st Inf. Co.F
Bennett, Elisha 1st Conf.Eng.Troops Co.C
Bennett, Elisha D. TX 31st Cav. Co.G 1st Lt.
Bennett, Elisha T. GA Inf. 3rd Bn. Co.G
Bennett, Elisha W. AL 41st Inf. Co.K Lt.
Bennett, Elson G. TX 15th Cav. Co.F
Bennett, E.M. MS 27th Inf. Co.A
Bennett, E.M. TN 29th Inf.
Bennett, Enoch R. Gen. & Staff Dr.M.
Bennett, Ephrem C. AR 17th (Lemoyne's) Inf. Co.B
Bennett, E.R. MS 4th Cav. Co.E
Bennett, E.R. MS 6th Inf. Lt.Col.
Bennett, E.T. GA 1st Reg. Co.M
Bennett, E.W. AL 7th Cav. Co.I
Bennett, E.W. MS 12th Cav. Co.D Sgt.
Bennett, F.A. LA Inf. 16th Bn. (Conf.Guards Resp.Bn.) Co.A
Bennett, F.C. VA 51st Inf. Co.K
Bennett, Felix GA 1st (Symons') Res. Co.G,A
Bennett, Fielden VA Mil. Grayson Cty.
Bennett, Fielding TN Lt.Arty. Winston's Co. Cpl.
Bennett, F.J. TX 26th Cav. Co.A
Bennett, Fleet S. NC 51st Inf. Co.K Sgt.
Bennett, F.M. AL 4th (Russell's) Cav. Co.C
Bennett, F.M. AL 14th Inf. Co.B
Bennett, F.M. AR 10th Inf. Co.K
Bennett, F.M. MS 3rd Inf. Co.E Cpl.
Bennett, F.M. TN 6th (Wheeler's) Cav. Co.K
Bennett, F.M. VA Inf. 5th Bn.Loc.Def. Co.B
Bennett, Francis M. GA 38th Inf. Co.B

Bennett, Francis M. GA 45th Inf. Co.D
Bennett, Francis M. TN 15th Cav. Co.A,H
Bennett, Francis M. VA 44th Inf. Co.G
Bennett, Frank MS Cav. 3rd Bn.Res. Co.A
Bennett, Frank MS 5th Cav. Co.B
Bennett, Frank NC 23rd Inf. Co.A Capt.
Bennett, Frank SC 21st Inf. Co.F
Bennett, Franklin AR 38th Inf. Co.I
Bennett, Franklin MS 38th Cav. Co.E
Bennett, Franklin VA Cav. Young's Co.
Bennett, Franklin VA 57th Inf. Co.G
Bennett, Fred NC 2nd Arty. (36th St.Troops) Co.C
Bennett, Fredrick VA Cav. Young's Co.
Bennett, Freeman GA Cherokee Legion (St.Guards) Co.E
Bennett, G. TN 14th (Neely's) Cav. Co.H
Bennett, G. TX 26th Cav. Co.F
Bennett, G.A. SC 25th Inf. Co.E
Bennett, Gaines NC 58th Inf. Co.G
Bennett, Gardner NC 49th Inf. Co.D
Bennett, G.B. LA Inf. Pelican Regt. Co.G
Bennett, G.C. AL 33rd Inf. Co.D
Bennett, George AL 15th Inf. Co.I
Bennett, George MS Cav. 2nd Bn.Res. Co.I
Bennett, George MS Inf. 2nd Bn. Co.G Bvt.2nd Lt.
Bennett, George MS 21st Inf. Co.B
Bennett, George MS 48th Inf. Co.G 1st Lt.
Bennett, George TN 1st (Carter's) Cav. Co.C
Bennett, George TX 33rd Cav. Co.A
Bennett, George VA 46th Mil. Co.B 1st Lt.
Bennett, George B. LA Inf. 4th Bn. Co.E
Bennett, George D. NC 3rd Cav. (41st St.Troops) Co.C
Bennett, George E. VA 2nd Arty. Co.D Cpl.
Bennett, George E. VA Inf. 22nd Bn. Co.D
Bennett, George F. VA Lt.Arty. Jeffress' Co.
Bennett, George H. TX 2nd Cav. Co.B
Bennett, George H. TX 2nd Field Btty.
Bennett, George M. FL 5th Inf. Co.D
Bennett, George M. SC 1st Arty. Co.A
Bennett, George P. GA Carlton's Co. (Troup Cty.Arty.)
Bennett, George P. GA 2nd Inf. Stanley's Co.
Bennett, George R. SC 4th Cav. Co.G
Bennett, George R. VA 6th Cav. 2nd Co.E
Bennett, George T. NC 8th Bn.Part.Rangers Co.F Sgt.
Bennett, George T. NC 66th Inf. Co.I Sgt.
Bennett, George T. VA Lt.Arty. Kirkpatrick's Co.
Bennett, George W. AR 24th Inf. Co.F
Bennett, George W. AR 35th Inf. Co.C Capt.
Bennett, George W. AR Inf. Hardy's Regt. Co.D
Bennett, George W. GA Cobb's Legion Co.K
Bennett, George W. MS 2nd Inf. Co.H
Bennett, George W. MS 11th Inf. Co.G
Bennett, George W. MS 29th Inf. Co.G
Bennett, George W. MS 30th Inf. Co.H
Bennett, George W. NC 4th Inf. Co.H
Bennett, George W. NC 7th Inf. Co.D
Bennett, George W. NC 20th Inf. Co.F
Bennett, George W. TN 12th (Green's) Cav. Co.A Maj.
Bennett, George W. TN Cav. Newsom's Regt. Co.B
Bennett, George W. TX 37th Cav. Co.B
Bennett, George W. TX 8th Inf. Co.D 1st Lt.
Bennett, George W. VA Cav. 35th Bn. Co.E
Bennett, George W. VA 4th Inf. Co.C
Bennett, George W. VA 10th Inf. Co.H
Bennett, George W. VA 19th Inf. Co.D
Bennett, George W. VA 30th Bn.S.S. Co.A
Bennett, George W. VA 62nd Mtd.Inf. 2nd Co.C
Bennett, George W.A. TN 55th (McKoin's) Inf. Dillehay's Co.
Bennett, George W.C. MO 10th Cav. Maj.
Bennett, Gerome MS 2nd St.Cav. Co.H
Bennett, Gerrard NC 3rd Arty. (40th St.Troops) Co.B
Bennett, G.F. MS 24th Inf. Co.F
Bennett, G.H. MS 18th Cav. Wimberly's Co.
Bennett, G.H. MO 11th Inf. Co.D
Bennett, G.H. TX St.Troops Teel's Co.
Bennett, G.K. AL 1st Regt. Mobile Vol. Co.A Cpl.
Bennett, G.K. AL Mil. 2nd Regt.Vol. Co.D
Bennett, G.M. AL 17th Inf. Co.D
Bennett, G.M. AL 33rd Inf. Co.I
Bennett, G.M. GA 2nd Inf. Co.G
Bennett, G.R. SC 24th Inf. Co.E Sgt.
Bennett, Granville TX 2nd Cav. Co.A Cpl.
Bennett, Granville VA 2nd Cav.St.Line McNeel's Co. Cpl.
Bennett, Granville VA 19th Cav. Co.F Cpl.
Bennett, Granville M. VA Cav. 46th Bn. Co.B
Bennett, Green AR 31st Inf. Co.C
Bennett, Green B. AL 44th Inf. Co.I Sgt.
Bennett, Green B. GA 9th Inf. Co.G
Bennett, Grief J. GA Cherokee Legion (St.Guards) Co.K
Bennett, G.S. TX St.Troops Teel's Co.
Bennett, G.T. AR 36th Inf. Co.E
Bennett, Guilder NC 58th Inf. Co.G
Bennett, G.W. AL 30th Inf. Co.G
Bennett, G.W. AL 33rd Inf. Co.D
Bennett, G.W. AR 33rd Inf. Co.C
Bennett, G.W. GA Phillips' Legion Co.G Sgt.
Bennett, G.W. MS 2nd Cav. 2nd Co.G
Bennett, G.W. MS 5th Cav. Co.B
Bennett, G.W. MS 8th Cav. Co.B
Bennett, G.W. MS 28th Cav. Co.E
Bennett, G.W. MS Hightower's Co.
Bennett, G.W. SC 2nd Inf. Co.H
Bennett, G.W. SC 24th Inf. Co.B
Bennett, G.W. TN 21st (Wilson's) Cav. Co.G
Bennett, G.W. TN 12th Inf. Co.H
Bennett, G.W. TN 44th (Cons.) Inf. Co.C
Bennett, G.W. TN 51st Inf. Co.H
Bennett, G.W. TN 51st (Cons.) Inf. Co.D
Bennett, G.W. VA 18th Cav. Co.I,A
Bennett, H. GA 54th Inf. Co.K
Bennett, H. SC 4th Cav. Co.C
Bennett, H. VA 55th Inf. Co.L
Bennett, H.A. GA 4th Cav. (St.Guards) Cartledge's Co.
Bennett, H.A. GA 5th Mil. Co.E Sgt.
Bennett, H.A. GA 54th Inf. Co.K 1st Sgt.
Bennett, Hansford LA Miles' Legion Co.C 1st Sgt.
Bennett, Hanson LA Inf. 9th Bn. Co.C
Bennett, Harden L. MS Inf. 3rd Bn. Co.D Cpl.
Bennett, Hardy AR 38th Inf.
Bennett, Hardy AR Inf. Clayton's Co.
Bennett, Hardy K. NC 20th Inf. Faison's Co.
Bennett, Hardy K. NC 61st Inf. Co.A
Bennett, Hardy T. VA 51st Inf. Co.K
Bennett, Harrison MO 12th Inf. Co.H Capt.
Bennett, H.C. KY Lt.Arty. Cobb's Co. Cpl.
Bennett, H.C. KY 3rd Mtd.Inf. 1st Co.F
Bennett, H.D. AL 26th (O'Neal's) Inf. Co.B
Bennett, H.D. SC 11th Res. Co.G Sgt.
Bennett, Heber L. LA Lt.Arty. 2nd Field Btty.
Bennett, Hendly S. TX 32nd Cav. Co.G Capt.
Bennett, Henry GA 4th (Clinch's) Cav. Co.A
Bennett, Henry GA 12th Cav. Co.K
Bennett, Henry GA 6th Inf. Co.A
Bennett, Henry GA Inf. 18th Bn. Co.A
Bennett, Henry GA 54th Inf. Co.K
Bennett, Henry KY 1st Inf. Co.B
Bennett, Henry MS 12th Cav. Co.F
Bennett, Henry MS 24th Inf. Co.G
Bennett, Henry MO Cav. 2nd Bn.St.Guards Co.B
Bennett, Henry MO 15th Cav. Co.A
Bennett, Henry NC 29th Inf. Co.G
Bennett, Henry NC 37th Inf. Co.D
Bennett, Henry VA Cav. McNeill's Co.
Bennett, Henry VA 36th Inf. Co.I,F
Bennett, Henry VA 46th Inf.
Bennett, Henry VA 49th Inf. Co.D
Bennett, Henry VA 58th Mil. Co.H
Bennett, Henry Conf.Cav. Powers' Regt. Co.G
Bennett, Henry B. VA 45th Inf. Co.E
Bennett, Henry C. MS 15th Inf. Co.E
Bennett, Henry C. VA Cav. 35th Bn. Co.A
Bennett, Henry C. VA 24th Inf. Co.I Sgt.
Bennett, Henry H. AR 24th Inf. Co.F
Bennett, Henry H. AR Inf. Hardy's Regt. Co.D
Bennett, Henry H. MS 2nd Inf. Co.K,E
Bennett, Henry J. SC 3rd Cav. Co.E,K
Bennett, Henry L. TN 17th Cav.
Bennett, Henry P. GA 50th Inf. Co.C
Bennett, Henry J. VA 17th Inf. Co.K Sgt.
Bennett, Henry T. VA 135th Mil. Co.I
Bennett, Heny TN Cav. Clark's Ind.Co.
Bennett, Hiram FL 7th Inf. Co.C
Bennett, Hiram GA 1st Bn.S.S. Co.C Cpl.
Bennett, Hiram GA 7th Inf. (St.Guards) Co.A Sgt.
Bennett, Hiram E. MS 15th Inf. Co.E
Bennett, Hiram T. GA 39th Inf. Co.H
Bennett, H.L. MS 12th Cav. Co.A
Bennett, H.L. MS 10th Inf. Co.C
Bennett, H.M. MS 7th Inf. Co.G
Bennett, H.M. MO Lt.Arty. Barret's Co.
Bennett, H.M. NC 11th (Bethel Regt.) Inf. Co.G
Bennett, Honely A. NC 29th Inf. Co.G
Bennett, Hosea NC 2nd Arty. (36th St.Troops) Co.K
Bennett, Howard VA 21st Cav. 2nd Co.G
Bennett, H.P. GA 38th Inf. Co.I
Bennett, H.S. TX 1st Inf. 2nd Co.K Sgt.
Bennett, H.S. TX Inf. Cotton's Co.
Bennett, Hudson LA Inf. 9th Bn. Co.C
Bennett, Hugh C. NC 3rd Cav. (41st St.Troops) Co.F 1st Lt.
Bennett, Hugh C. TX 10th Inf. Co.B
Bennett, H.W. KY 1st (Butler's) Cav. Co.B
Bennett, H.W. 1st Conf.Inf. Co.F
Bennett, I.A. MO 8th Cav. Co.G

Bennett, I.D. GA 54th Inf. Co.K
Bennett, I.I. MS 25th Inf. Co.C
Bennett, Isaac NC 43rd Inf. Co.A
Bennett, Isham A. GA 54th Inf.
Bennett, Isham G. GA 2nd Inf. 1st Co.B
Bennett, Isham G. GA 26th Inf. Co.E
Bennett, Isham H. NC 12th Inf. Co.F 2nd Lt.
Bennett, Isham W. GA 42nd Inf. Co.B
Bennett, Israel P. MS 12th Inf. Co.I
Bennett, J. AL Lt.Arty. Kolb's Btty.
Bennett, J. AR Mil. Borland's Regt. Woodruff's Co. Cpl.
Bennett, J. FL 2nd Cav.
Bennett, J. GA 29th Inf. Co.C
Bennett, J. GA 44th Inf. Co.F
Bennett, J. MS 2nd Cav. 2nd Co.C
Bennett, J. MS 9th Inf. Co.K
Bennett, J. TX Cav. Bourland's Regt. Co.G
Bennett, J. TX 3rd (Kirby's) Bn.Vol. Co.B
Bennett, J.A. AR 1st Inf. Co.D
Bennett, J.A. GA 7th Inf. (St.Guards) Co.G
Bennett, J.A. GA 34th Inf. Co.F Cpl.
Bennett, J.A. GA 55th Inf. Co.D
Bennett, J.A. GA 60th Inf. Co.F
Bennett, J.A. MS Cav. Ham's Regt. Co.D
Bennett, J.A. MS 6th Inf. Co.G
Bennett, J.A. MO Cav. 2nd Regt.St.Guard Co.A Sgt.
Bennett, J.A. NC 57th Inf. Co.D
Bennett, J.A. TX 5th Cav. Co.H
Bennett, J.A. TX 20th Inf. Co.C
Bennett, J.A. TX 22nd Inf. Co.A
Bennett, Jackson GA 2nd Cav. (St.Guards) Co.E
Bennett, Jackson MO 12th Inf. Co.D Sgt.
Bennett, Jackson TN Lt.Arty. Burroughs' Co. Sgt.
Bennett, Jackson TN 34th Inf. 1st Co.C
Bennett, Jackson VA Cav. 36th Bn. Co.A
Bennett, Jacob FL 2nd Inf. Co.B
Bennett, Jacob TN 24th Inf. 1st Co.G, Co.B
Bennett, Jacob S. VA 31st Inf. Co.K
Bennett, Jacob W. MS 6th Inf. Co.G
Bennett, James AL 2nd Cav. Co.D
Bennett, James AL Gid Nelson Lt.Arty.
Bennett, James AL 18th Inf. Co.H
Bennett, James AR 2nd Inf. Co.D
Bennett, James AR 12th Inf. Co.D
Bennett, James AR 36th Inf. Co.F Cpl.
Bennett, James GA 4th (Clinch's) Cav. Co.A Cpl.
Bennett, James GA 23rd Inf. Co.F
Bennett, James GA 47th Inf. Co.C
Bennett, James GA 50th Inf. Co.B
Bennett, James GA 50th Inf. Co.G
Bennett, James LA 1st (Strawbridge's) Inf. Co.H,G
Bennett, James LA 4th Inf. Co.H
Bennett, James LA 9th Inf. Co.I
Bennett, James LA 14th Inf. Co.D
Bennett, James LA 15th Inf. Co.B
Bennett, James MD Cav. 2nd Bn.
Bennett, James MS 2nd Inf. Co.B
Bennett, James MS 24th Inf. Co.G
Bennett, James MS 43rd Inf. Co.G
Bennett, James MS 44th Inf. Co.F
Bennett, James MO Cav. Freeman's Regt. Co.G
Bennett, James NC 2nd Detailed Men Co.D 2nd Lt.
Bennett, James NC 12th Inf. Co.K
Bennett, James NC 21st Inf. Co.F
Bennett, James TN Cav. 5th Bn. (McClellan's) Co.B Cpl.
Bennett, James TN 8th (Smith's) Cav. Co.H
Bennett, James TN Cav. 12th Bn. (Day's) Co.E
Bennett, James TN 50th Inf. Co.D
Bennett, James TX 8th Inf. Co.I
Bennett, James TX 16th Inf. Co.D
Bennett, James TX Lt.Inf. & Riflemen (St.Serv.) Maxey's Co. (Lamar Rifles)
Bennett, James VA Cav. 46th Bn. Co.B
Bennett, James VA Lt.Arty. Brander's Co.
Bennett, James VA 8th Inf. Co.E
Bennett, James VA 42nd Inf. Co.F
Bennett, James A. GA Arty. 9th Bn. Co.D
Bennett, James A. GA Lt.Arty. Milledge's Co. 2nd Lt.
Bennett, James A. GA 3rd Inf. 1st Co.I 2nd Lt.
Bennett, James A. GA 4th Res. Co.D,G
Bennett, James A. GA 7th Inf. Co.B 1st Sgt.
Bennett, James A. GA 14th Inf. Co.D
Bennett, James A. GA Cobb's Legion Co.A,I 1st Lt.
Bennett, James A. MS 18th Inf. Co.K
Bennett, James A., Jr. NC 21st Inf. Co.G
Bennett, James A., Sr. NC 21st Inf. Co.G
Bennett, James A. SC 1st (Hagood's) Inf. 1st Co.H, 2nd Co.C
Bennett, James A. VA 6th Inf. Co.H
Bennett, James B. VA 46th Mil. Co.B
Bennett, James B. VA 62nd Mtd.Inf. 2nd Co.C
Bennett, James C. LA 2nd Res.Corps Co.I
Bennett, James C.L. GA 4th (Clinch's) Cav. Co.C
Bennett, James C.L. GA 26th Inf. Co.K
Bennett, James D. TN Cav. 7th Bn. (Bennett's) Co.B
Bennett, James D. TN 9th (Ward's) Cav. Col.
Bennett, James D. TN 24th Inf. 2nd Co.H 2nd Lt.
Bennett, James E. NC 21st Inf. Co.F
Bennett, James E. VA Lt.Arty. G.B. Chapman's Co. Cpl.
Bennett, James E. VA 25th Inf. 1st Co.G
Bennett, James E. VA 27th Inf. Co.G
Bennett, James F. TN 47th Inf. Co.G
Bennett, James G. NC 15th Inf. Co.D
Bennett, James G. NC 49th Inf. Co.B
Bennett, James Gordon NC 7th Inf. Co.D
Bennett, James H. FL 5th Inf. Co.D
Bennett, James H. KY 6th Mtd.Inf. Co.A
Bennett, James H. MS 19th Inf. Co.K
Bennett, James H. NC 13th Inf. Co.I 1st Sgt.
Bennett, James H. NC 53rd Inf. Co.H
Bennett, James H. TN 32nd Inf. Co.K
Bennett, James J. LA 13th Bn. (Part.Rangers) Co.F
Bennett, James K. SC 1st (Hagood's) Inf. 2nd Co.D Sgt.
Bennett, James L. FL 7th Inf. Co.F
Bennett, James L. GA Cav. Hendry's Co. (Atlantic & Gulf Guards)
Bennett, James L. GA 2nd Inf. 1st Co.B
Bennett, James L. GA 26th Inf. Co.E
Bennett, James Lindsey MS Inf. 1st St.Troops Co.E
Bennett, James M. AL Cav. 8th Regt. (Livingston's) Co.I
Bennett, James M. AL Inf. 1st Regt. Co.H
Bennett, James M. AR Cav. Wright's Regt. Co.F
Bennett, James M. AR 3rd Inf. Co.C
Bennett, James M. AR 8th Inf. New Co.E
Bennett, James M. FL Lt.Arty. Perry's Co.
Bennett, James M. GA Inf. 8th Bn. Co.B
Bennett, James M. GA 41st Inf. Co.C Cpl.
Bennett, James M. GA 43rd Inf. Co.G
Bennett, James M. KY 7th Cav.
Bennett, James M. KY 8th Cav.
Bennett, James M. KY 10th Cav. Co.C,D
Bennett, James M. KY Morgan's Men Murphy's Co.
Bennett, James M. LA 9th Inf. Co.K,F
Bennett, James M. MO 6th Cav. Co.I
Bennett, James M. TN Inf. 23rd Bn. Co.C
Bennett, James M. TX Cav. 2nd Regt.St.Troops Co.I
Bennett, James M. TX 8th Cav. Co.G Sgt.
Bennett, James M. TX 19th Cav. Co.B Lt.
Bennett, James M. TX Cav. Davis Bn.
Bennett, James M. VA Hvy.Arty. 20th Bn. Co.D
Bennett, James N. NC 18th Inf. Co.C Cpl.
Bennett, James P. KY 8th Cav.
Bennett, James P. LA Inf. 1st Sp.Bn. (Rightor's) New Co.C
Bennett, James P. MS 7th Inf. Co.A Sgt.
Bennett, Jas. P. VA 3rd Cav. Co.A
Bennett, James S. KY 2nd (Duke's) Cav. Co.L
Bennett, James S. MO 12th Inf. Co.H
Bennett, James T. AR 12th Inf. Co.E
Bennett, James T. AR 38th Inf. Co.C
Bennett, James T. LA 5th Cav. Co.E
Bennett, James T. MS Cav. Jeff Davis Legion Co.E
Bennett, James T. MO 10th Inf. Co.F
Bennett, James T. 10th Conf.Cav. Co.5 Cpl.
Bennett, James Thomas NC 17th Inf. (2nd Org.) Co.F
Bennett, James W. AL Lt.Arty. Ward's Btty. Asst.Surg.
Bennett, James W. GA 42nd Inf. Co.B,E
Bennett, James W. KY 10th Cav. Co.C
Bennett, James W. NC 53rd Inf. Co.I
Bennett, James W. SC 13th Inf. Co.B 2nd Lt.
Bennett, James W. TN 44th (Cons.) Inf. Co.H
Bennett, James W. TX 10th Inf. Co.B Capt.
Bennett, James W. VA 59th Inf. 3rd Co.E
Bennett, Jas. W. Gen. & Staff Asst.Surg.
Bennett, Jasper MS 2nd St.Cav. Co.F
Bennett, Jasper SC 2nd Arty. Co.G
Bennett, Jasper N. NC 62nd Inf. Co.I
Bennett, J.B. AL 6th Inf. Co.B
Bennett, J.B. AL 6th Inf. Co.H
Bennett, J.B. GA 9th Inf. Co.D
Bennett, J.B. KY 12th Cav. Co.I
Bennett, J.B. MS 10th Inf. Co.C, New Co.B
Bennett, J.B. TX 19th Inf. Co.B,K
Bennett, J.B. TX 20th Inf. Co.F 2nd Lt.
Bennett, J.C. AR 3rd Cav. Co.D
Bennett, J.C. AR 20th Inf. Co.G
Bennett, J.C. FL Sp.Cav. 1st Bn. Co.A

Bennett, J.C. KY 10th (Johnson's) Cav. Co.A Capt.
Bennett, J.C. KY 8th Mtd.Inf. Co.D 2nd Lt.
Bennett, J.C. LA Inf. 9th Bn. Co.B
Bennett, J.C. MS 32nd Inf. Co.C
Bennett, J.C. 10th Conf.Cav. Co.H
Bennett, J.D. AR 1st Inf. Co.A
Bennett, J.D. KY 8th Mtd.Inf. Co.D
Bennett, J.D. MS 9th Inf. Co.B
Bennett, J.D. TN 9th (Ward's) Cav. Col.
Bennett, J.D. TN 5th Inf. 2nd Co.K
Bennett, J.D. VA 3rd (Archer's) Bn.Res. Co.A
Bennett, J.D. VA Inf. 25th Bn. Co.D
Bennett, J.E. TX 27th Cav. Co.F
Bennett, J.E. TX 9th (Young's) Inf. Co.B
Bennett, J.E. 1st Conf.Inf. 2nd Co.K
Bennett, Jefferson B. LA 28th (Gray's) Inf. Co.B
Bennett, Jehu NC 1st Inf. (6 mo. '61) Co.D
Bennett, Jehu S. NC 15th Inf. Co.D Capt.
Bennett, Jenkins AL Cav. Moses' Squad. Co.B Sgt.
Bennett, Jeremiah AL 17th Inf. Co.K
Bennett, Jeremiah GA 1st (Symons') Res. Co.F,H
Bennett, Jeremiah NC 58th Inf. Co.G
Bennett, Jerome LA 28th (Gray's) Inf. Co.D
Bennett, Jerome LA 31st Inf. Co.I
Bennett, Jerome MS 12th Cav. Co.C
Bennett, Jesse FL 3rd Inf. Co.K
Bennett, Jesse FL Conscr.
Bennett, Jesse GA 6th Inf. Co.A Hosp.Stew.
Bennett, Jesse GA 50th Inf. Co.C Sgt.
Bennett, Jesse TN 43rd Inf. Co.K
Bennett, Jesse VA 22nd Inf. Co.K
Bennett, Jesse A. MS 2nd St.Cav. Co.E
Bennett, Jesse C. GA 21st Inf. Co.F
Bennett, Jesse D. MS 7th Inf. Co.A
Bennett, Jessee AL 16th Inf. Co.F
Bennett, Jesse T. TX 14th Cav. Co.A
Bennett, Jesse T. VA 31st Inf. Co.K
Bennett, Jesse W. MO 10th Cav. Co.H Sgt.
Bennett, J.F. AL 10th Inf.
Bennett, J.F. AL 48th Inf. Co.I Sgt.
Bennett, J.F. GA 1st (Symons') Res. Co.H
Bennett, J.F. GA 13th Inf. Co.G
Bennett, J.F. MS 15th Inf. Co.E
Bennett, J.G. TX Cav.
Bennett, J.H. GA 13th Cav. Co.K
Bennett, J.H. MS Cav. Ham's Regt. Co.B,D Cpl.
Bennett, J.H. MS 23rd Inf. Co.D
Bennett, J.H. MO St.Guard
Bennett, J.H. TN 13th Inf. Co.L
Bennett, J.H. TX 23rd Cav. Co.B
Bennett, J.J. AL 1st Cav. Co.B
Bennett, J.J. KY Lt.Arty. Cobb's Co.
Bennett, J.J. KY 3rd Mtd.Inf. 1st Co.F
Bennett, J.J. KY 7th Mtd.Inf. Co.K
Bennett, J.J. MO 1st & 4th Cons.Inf. Co.I 1st Lt.
Bennett, J.J. SC 24th Inf. Co.B Cook
Bennett, J.J. TX 19th Inf. Co.B
Bennett, J.K. GA 3rd Bn. (St.Guards) Co.F 2nd Lt.
Bennett, J.L. AR 62nd Mil. Co.E Sgt.
Bennett, J.L. GA 54th Inf. Co.F,K
Bennett, J.L. NC 2nd Jr.Res. Co.F
Bennett, J.L. SC 6th Cav. Co.D
Bennett, J.L. TN Inf. 154th Sr.Regt. Co.F Sgt.
Bennett, J.M. AL 10th Cav.
Bennett, J.M. GA 38th Inf. Co.N
Bennett, J.M. GA 54th Inf. Co.K Sgt.
Bennett, J.M. KY 7th Mtd.Inf. Co.A
Bennett, J.M. MS 1st Cav.Res. Co.C
Bennett, J.M. MS 5th Inf. Co.D
Bennett, J.M. SC 1st (Butler's) Inf. Co.I
Bennett, J.M. TN 3rd (Clack's) Inf. Co.A
Bennett, J.M. TN 8th Inf. Co.E
Bennett, J.M. TX Cav. 2nd Bn.St.Troops Co.A
Bennett, J.M. TX 6th Field Btty. Sgt.
Bennett, J.M. TX Lt.Arty. Dege's Bn. Sgt.
Bennett, J.M. TX 9th (Young's) Inf. Co.A
Bennett, J.N. TN Inf. 3rd Cons.Regt. Co.B Sgt.
Bennett, J.N. TN 38th Inf. Co.C Sgt.
Bennett, J.N. TX Conscr.
Bennett, J.O. LA 3rd (Wingfield's) Cav. Co.K
Bennett, J.O. MS 3rd Inf. Co.G
Bennett, J.O. TX Cav. Crump's Regt. Co.D
Bennett, Jo A. TN 20th Inf. Co.H Drum.
Bennett, Joab AL 3rd Cav. Co.C
Bennett, Joel L. VA 38th Inf. Co.A
Bennett, John AL 8th Cav. Co.G
Bennett, John AL 12th Cav. Co.F
Bennett, John AL 1st Regt. Mobile Vol. British Guard Co.B
Bennett, John AL 6th Inf. Co.I
Bennett, John AL 15th Inf. Co.I
Bennett, John AL 19th Inf. Co.D
Bennett, John AL 43rd Inf. Co.H
Bennett, John AR Cav. McGehee's Regt. Co.A
Bennett, John AR 8th Inf. New Co.I
Bennett, John AR 16th Inf. Co.B
Bennett, John AR 36th Inf. Co.F
Bennett, John GA 2nd Cav. Co.D
Bennett, John GA 1st (Olmstead's) Inf. Gordon's Co.
Bennett, John GA 2nd Inf. Co.H
Bennett, John GA Inf. 18th Bn. Co.C,A
Bennett, John GA 26th Inf. Co.D
Bennett, John GA 63rd Inf. Co.B
Bennett, John GA Inf. Hull's Co.
Bennett, John GA Inf. (High Shoals Defend.) Medlin's Ind.Co.
Bennett, John KY 8th Cav. Co.E,G
Bennett, John LA 1st Hvy.Arty. (Reg.) Co.D
Bennett, John LA 4th Inf. Co.D
Bennett, John LA 17th Inf. Co.A
Bennett, John LA 25th Inf. Co.B
Bennett, John MS 18th Cav. Co.A
Bennett, John MS Cav. Ham's Regt. Co.B
Bennett, John MS 35th Inf. Co.C
Bennett, John MS 43rd Inf. Co.A
Bennett, John MS 43rd Inf. Co.G
Bennett, John MO 4th Cav. Co.B
Bennett, John MO 12th Cav. Co.C
Bennett, John NC 12th Inf. Co.K
Bennett, John NC 21st Inf. Co.F
Bennett, John NC 44th Inf. Co.A
Bennett, John NC 45th Inf. Co.F,B
Bennett, John NC 49th Inf. Co.K
Bennett, John NC 53rd Inf. Co.H
Bennett, John NC 58th Inf. Co.B
Bennett, John NC 58th Inf. Co.G
Bennett, John SC 1st Arty. Co.B
Bennett, John SC 1st (Butler's) Inf. Co.D
Bennett, John SC 3rd Inf.
Bennett, John SC 7th Res. Co.D
Bennett, John SC 24th Inf. Co.E
Bennett, John TN 22nd (Nixon's) Cav. Co.A
Bennett, John TN 2nd (Walker's) Inf. Co.K
Bennett, John TN Inf. 23rd Bn. Co.C
Bennett, John TX 18th Cav. Co.B
Bennett, John TX 37th Cav. 2nd Co.I
Bennett, John TX Cav. Crump's Regt. Co.D
Bennett, John TX 11th Inf. Co.H
Bennett, John VA 20th Cav. Co.C
Bennett, John VA Hvy.Arty. 19th Bn. 3rd Co.C
Bennett, John VA 6th Bn.Res. Co.D
Bennett, John VA 11th Bn.Res. Co.A
Bennett, John VA 12th Inf. Co.G
Bennett, John VA 22nd Inf. Co.B
Bennett, John VA 39th Inf. Co.H
Bennett, John VA 46th Mil. Co.B
Bennett, John VA 49th Inf. Co.D
Bennett, John VA 62nd Mtd.Inf. 2nd Co.L
Bennett, John VA 79th Mil. 4th Co.
Bennett, John Conf.Inf. 1st Bn. 2nd Co.B
Bennett, John A. AR 32nd Inf. Co.B Jr.2nd Lt.
Bennett, John A. MO 8th Cav. Co.D 2nd Lt.
Bennett, John A. MO 10th Inf. Co.H
Bennett, John A. VA 9th Inf. Co.C
Bennett, John A. VA Inf. 26th Bn. Co.E
Bennett, John A. VA Inf. 26th Bn. Co.F
Bennett, John A. VA 135th Mil. Co.D
Bennett, John A. VA Mil. Stowers' Co.
Bennett, Johnathan VA 18th Cav. Co.G
Bennett, John B. AL 6th Inf. Co.A
Bennett, John B. GA Cav. 2nd Bn. Co.F
Bennett, John B. GA Lt.Arty. Fraser's Btty.
Bennett, John B. GA 10th Inf. 1st Co.K
Bennett, John C. AL 11th Cav. Co.C
Bennett, John C. AR 1st (Colquitt's) Inf. Co.E
Bennett, John C. GA Cav. 19th Bn. Co.C
Bennett, John C. VA 9th Inf. Co.K
Bennett, John D. MO Cav. Davies' Bn.
Bennett, John E. MO 10th Cav. Co.I
Bennett, John E. TN 1st (Turney's) Inf. Co.B Capt.
Bennett, John E. VA Loc.Def.
Bennett, John F. GA 50th Inf. Co.B
Bennett, John F. VA Inf. 5th Bn. Co.A
Bennett, John G. AL 37th Inf. Co.D
Bennett, John G. GA 42nd Inf. Co.B
Bennett, John G. GA 45th Inf. Co.D
Bennett, John G. NC 4th Cav. (59th St.Troops) Co.A
Bennett, John G. NC 31st Inf. Co.B
Bennett, John H. GA 1st Reg. Co.C Sgt.
Bennett, John H. GA 34th Inf. Co.I
Bennett, John H. KY 5th Cav. Co.D
Bennett, John H. VA 6th Cav. 2nd Co.E
Bennett, John H. VA Hvy.Arty. 19th Bn. 2nd Co.C
Bennett, John H. VA 6th Inf. Co.D
Bennett, John H. VA 57th Inf. Co.E
Bennett, John H. VA 57th Inf. Co.I
Bennett, John J. LA Cav. Webb's Co.
Bennett, John J. LA 28th (Gray's) Inf. Co.D
Bennett, John J. MO 4th Inf. Co.I 1st Lt.
Bennett, John J. NC 2nd Inf. Co.C Cpl.

Bennett, John James LA 1st Hvy.Arty. (Reg.) Co.G Music.
Bennett, John Kelly VA 6th Cav. 2nd Co.E
Bennett, John L. GA 6th Inf. Co.A
Bennett, John L. GA 43rd Inf. Co.B
Bennett, John L. MS 1st Lt.Arty. Co.C
Bennett, John L. MS 15th Inf. Co.H 2nd Lt.
Bennett, John L. VA 59th Inf. 1st Co.G
Bennett, John L. VA 60th Inf. Co.D
Bennett, John M. GA 39th Inf. Co.H
Bennett, John M. KY 4th Cav. Co.D
Bennett, John M. TX 32nd Cav. Co.A Cpl.
Bennett, John M. TX 16th Inf. Co.D
Bennett, John N. AR 36th Inf. Co.H
Bennett, John N. NC 4th Cav. (59th St.Troops) Co.B
Bennett, John N. NC 2nd Arty. (36th St.Troops) Co.G Sgt.
Bennett, John P. GA 50th Inf. Co.G
Bennett, John P. MS 3rd Inf. Co.E Sgt.
Bennett, John P. MS 36th Inf. Co.E Sgt.
Bennett, John P. TX Cav. 6th Bn. Co.A
Bennett, John P. VA 1st Arty. 2nd Co.C
Bennett, John P. VA Hvy.Arty. 10th Bn. Co.A
Bennett, John Q. VA 32nd Inf. Co.A
Bennett, John R. GA 5th Inf. Co.C
Bennett, John R. MS St.Cav. Perrin's Bn.
Bennett, John R. MO Cav. 1st Regt.St.Guard Chap.
Bennett, John R. MO Inf. 3rd Bn. Co.C
Bennett, John R. MO 6th Inf. Co.B
Bennett, John R. VA 8th Cav. Co.A Hosp.Stew.
Bennett, John R. VA Hvy.Arty. A.J. Jones' Co.
Bennett, John R. Gen. & Staff Chap.
Bennett, John S. AL Mil. 4th Vol. Co.E
Bennett, John S. MS Inf. 3rd Bn. Co.D,G 2nd Lt.
Bennett, John S. NC 4th Cav. (59th St.Troops) Co.K
Bennett, John S. NC 25th Inf. Co.B
Bennett, John T. GA 41st Inf. Co.I Sgt.
Bennett, John T. TN 1st (Turney's) Inf. Co.H
Bennett, John T. TX 6th Cav. Co.B
Bennett, John T. TX 15th Cav. Co.F 2nd Lt.
Bennett, John T. VA Inf. 26th Bn. Co.D
Bennett, John T. VA 135th Mil. Co.D
Bennett, John W. AL 33rd Inf. Co.I
Bennett, John W. FL 10th Inf. Co.H
Bennett, John W. GA 23rd Inf. Co.H
Bennett, John W. GA 36th (Villepigue's) Inf. Co.A,B
Bennett, John W. LA 1st Cav.
Bennett, John W. LA 1st (Strawbridge's) Inf. Co.C
Bennett, John W. LA 21st (Kennedy's) Inf. Co.B
Bennett, John W. MS 20th Inf. Co.F Hosp.Stew.
Bennett, John W. NC 4th Cav. (59th St.Troops) Co.A
Bennett, John W. SC 1st (Hagood's) Inf. 1st Co.H, 2nd Co.C
Bennett, John W. TN 7th Inf. Co.K
Bennett, John W. TX 18th Cav. Co.H
Bennett, John W. VA 7th Inf. Co.B
Bennett, John W. VA 10th Inf. Co.H
Bennett, John W. VA 40th Inf. Co.K
Bennett, John W. VA 58th Mil. Co.F
Bennett, John W. 1st Conf.Inf. Co.A
Bennett, Jonathan VA 31st Inf. Co.K
Bennett, Jordan W. TX 2nd Field Btty. Capt.
Bennett, Jordan W. TX St.Troops Teel's Co. 1st Lt.
Bennett, Joseph AR 27th Inf. Co.K
Bennett, Joseph AR 62nd Mil. Co.D
Bennett, Joseph FL Cav. 3rd Bn. Co.C
Bennett, Joseph KY 7th Cav. Co.C
Bennett, Joseph, Sr. MS Mtd.Inf. (St.Troops) Maxey's Co.
Bennett, Joseph MO Cav. 2nd Bn.St.Guard Co.B
Bennett, Joseph MO 6th Cav. Co.D
Bennett, Joseph NC 14th Inf. Co.D Sgt.
Bennett, Joseph TX 23rd Cav. Co.K
Bennett, Joseph TX 8th Field Btty. Sgt.
Bennett, Joseph VA Lt.Arty. Moore's Co.
Bennett, Joseph VA 25th Inf. 2nd Co.K
Bennett, Joseph VA 62nd Mtd.Inf. 2nd Co.C
Bennett, Joseph 15th Conf.Cav. Co.E
Bennett, Jos. Gen. & Staff AQMGen.
Bennett, Joseph A.R. FL 7th Inf. Co.C Sgt.
Bennett, Joseph B. NC 53rd Inf. Co.I
Bennett, Joseph B. VA 12th Inf. 2nd Co.I
Bennett, Joseph C. MO 3rd Cav. Co.D
Bennett, Joseph D. MO Cav. Wood's Regt. Co.K Sgt.
Bennett, Joseph F. VA 9th Inf. Co.C
Bennett, Joseph H. FL 4th Inf. Co.E
Bennett, Joseph J. NC 4th Inf. Co.A
Bennett, Joseph J. NC 20th Inf. Co.G
Bennett, Joseph L. AL 63rd Inf. Co.C Cpl.
Bennett, Joseph M. VA 7th Cav. Co.E
Bennett, Joseph S. KY 6th Cav. Co.E
Bennett, Joseph W. GA Hvy.Arty. 22nd Bn. Co.D
Bennett, Joshua VA 11th Cav. Co.C
Bennett, Joshua A. MS 1st Lt.Arty. Co.E Cpl.
Bennett, Joshua S. MS 35th Inf. Co.G 2nd Lt.
Bennett, Josiah NC 31st Inf. Co.K Cpl.
Bennett, Josiah TN Park's Co. (Loc.Def.Troops)
Bennett, Josiah VA 46th Mil. Co.B
Bennett, Josiah VA 62nd Mtd.Inf. 2nd Co.C
Bennett, Josiah H. MS 10th Inf. Old Co.B
Bennett, Josiah L. TX 6th Cav. Co.C
Bennett, Josiah S. GA 42nd Inf. Co.B,E
Bennett, J.P. AL Supp.Force 2nd Congr.Dist. Reed's Co.
Bennett, J.P. GA 38th Inf. Co.C
Bennett, J.P. KY 2nd Mtd.Inf. Co.E
Bennett, J.P. KY Kirkpatrick's Bn. Co.C
Bennett, J.P. MS 9th Inf. Co.B Sgt.
Bennett, J.P. 1st Conf.Eng.Troops Artif.
Bennett, J.R. AR 10th Inf. Co.A
Bennett, J.R. GA Cav. Gartrell's Co.
Bennett, J.R. GA 1st (Fannin's) Res. Co.A
Bennett, J.R. MO St.Guard Capt.
Bennett, J.R. SC 6th Inf. 2nd Co.B
Bennett, J.R. SC 8th Regt.St.Troops Co.C
Bennett, J.R. VA Inf. 4th Bn.Loc.Def. Co.D
Bennett, J.S. AL 8th Inf. Co.K
Bennett, J.S. AL 38th Inf. Co.I
Bennett, J.S. KY 1st (Butler's) Cav. Co.L
Bennett, J.S. KY 7th Cav. Co.K
Bennett, J.S. LA 5th Cav. Co.F
Bennett, J.S. LA 13th Bn. (Part.Rangers) Co.C Sgt.
Bennett, J.S. MS 10th Inf. Old Co.E
Bennett, J. Samuel MO 10th Cav. Co.F
Bennett, J. Samuel VA 38th Inf. Co.A
Bennett, J.S.K. SC 1st Mtd.Mil. Heyward's Co.
Bennett, J.S.K. Gen. & Staff, QM Dept. Capt.
Bennett, J.T. AL Cav. 5th Bn. Hilliard's Legion Co.E Cpl.
Bennett, J.T. AL 16th Inf. Co.F
Bennett, J.T. AR 19th (Dawson's) Inf. Co.B Sgt.
Bennett, J.T. GA 4th (Clinch's) Cav. Co.A
Bennett, J.T. MS 4th Inf. Co.F
Bennett, Juhue NC 49th Inf. Co.B Capt.
Bennett, Julius Edward NC 18th Inf. Co.G
Bennett, J.W. AL 8th Inf. Co.K
Bennett, J.W. AR 19th (Dockery's) Inf. Co.H
Bennett, J.W. FL Inf. 2nd Bn. Co.A
Bennett, J.W. GA Hvy.Arty. 22nd Bn. Co.E
Bennett, J.W. GA 1st Inf. (St.Guards) Co.G Cpl.
Bennett, J.W. GA 7th Inf. (St.Guards) Co.A 3rd Lt.
Bennett, J.W. GA 47th Inf. Co.K
Bennett, J.W. GA 54th Inf. Co.K
Bennett, J.W. GA Cobb's Legion Co.A
Bennett, J.W. KY 7th Mtd.Inf. Co.H
Bennett, J.W. LA Mil. Beauregard Regt. Sgt.Maj.
Bennett, J.W. MS 4th Cav. Co.A
Bennett, J.W. MS 11th (Cons.) Cav. Co.D
Bennett, J.W. MS Cav. Ham's Regt. Co.D
Bennett, J.W. MS Inf. 3rd Bn. Co.D
Bennett, J.W. MS 15th (Cons.) Inf. Co.G
Bennett, J.W. MO 7th Cav. Co.F
Bennett, J.W. MO Lt.Arty. 1st Btty. Asst.Surg.
Bennett, J.W. NC 13th Inf. Co.H
Bennett, J.W., Jr. SC 3rd Cav. Co.K
Bennett, J.W., Sr. SC 3rd Cav. Co.K
Bennett, J.W. SC Lt.Arty. Jeter's Co. (Macbeth Lt.Arty.) Bugler
Bennett, J.W. SC Lt.Arty. J.T. Kanapaux's Co. (Lafayette Arty.)
Bennett, J.W. SC 11th Inf. Co.D
Bennett, J.W. TN 3rd (Forrest's) Cav. Co.E
Bennett, J.W. TN 55th (McKoin's) Inf. Day's Co.
Bennett, J.W. TX Cav. 2nd Bn.St.Troops Co.A
Bennett, J.W. TX Cav. Morgan's Regt. Co.D
Bennett, J.W. TX 2nd Field Btty. Capt.
Bennett, J.W. TX Conscr.
Bennett, J.W. TX Waul's Legion Co.A
Bennett, J.W. 1st Conf.Eng.Troops Co.E Artif.
Bennett, J.W. Gen. & Staff AASurg.
Bennett, L. KY 6th Cav. Co.K
Bennett, L. NC 53rd Inf. Co.H
Bennett, Lambert VA Inf. 4th Bn.Loc.Def. Co.B
Bennett, L.B. LA 1st Inf.
Bennett, L.C. MS 2nd St.Cav. Co.H,F
Bennett, L.C. TX 2nd Cav. Co.K 2nd Lt.
Bennett, Leander G. TN 32nd Inf. Co.K Sgt.
Bennett, Lee NC 46th Inf. Co.G
Bennett, Leger LA 31st Inf. Co.C
Bennett, Leonidas F. MS 29th Inf. Co.K
Bennett, Leroy GA 3rd Cav.
Bennett, Leroy GA Inf. 8th Bn. Co.B Cpl.
Bennett, Leroy LA Bickham's Co. (Caddo Mil.)
Bennett, Levi GA 43rd Inf. Co.F
Bennett, Levi VA 19th Cav. Co.F
Bennett, Levi M. MS 2nd Inf. Co.E 1st Sgt.
Bennett, Lewis GA 26th Inf. Co.I

Bennett, Lewis GA 51st Inf. Co.K
Bennett, Lewis NC 4th Inf. Co.E
Bennett, Lewis NC 20th Inf. Co.G
Bennett, Lewis J. VA Cav. 35th Bn. Co.E
Bennett, L.G. VA 11th Cav.
Bennett, L.H. GA 18th Inf. Co.I
Bennett, L.H. GA 56th Inf. Co.K
Bennett, L.H. TX 17th Inf. Co.B
Bennett, Liberius M. LA Lt.Arty. 20th Bn. Co.A
Bennett, Lighter H. KY 6th Mtd.Inf. Co.A 1st Lt.
Bennett, L.J. GA 28th Inf. Co.K Cpl.
Bennett, L.O. VA Horse Arty. D. Shanks' Co.
Bennett, Lorenzo L. NC 27th Inf. Co.G
Bennett, L. Orrick VA Horse Arty. D. Shanks' Co.
Bennett, Louis GA 31st Inf.
Bennett, L.P.H. TN 34th Inf. Co.I
Bennett, L.T. KY 5th Cav. Co.D,C
Bennett, L.T. TX 35th (Brown's) Cav. Co.G Capt.
Bennett, Lyberius M. AL 6th Inf. Co.B Cpl.
Bennett, Lycurgus L. TN 24th Inf. Co.L Ord.Sgt.
Bennett, Lyttleton H. FL 7th Inf. Co.D Sgt.
Bennett, M.A. GA 54th Inf. Co.I,K
Bennett, M.A. NC 15th Inf. Co.D
Bennett, M.A.C. GA 23rd Inf. Co.H
Bennett, Malcom M. MS 15th Inf. Co.B
Bennett, Manath A. NC 49th Inf. Co.B
Bennett, Manuel LA Miles' Legion Boone's Btty. 1st Jr.Lt.
Bennett, Maranda AL Eufaula Lt.Arty.
Bennett, Marion MS 3rd Inf. Co.E
Bennett, Mark SC 7th Res. Co.D
Bennett, Mark SC 13th Inf. Co.B Cpl.
Bennett, Marshall C. VA 9th Cav. Co.A
Bennett, Martin NC 3rd Arty. (40th St.Troops) Co.B
Bennett, Martin NC 21st Inf. Co.F
Bennett, Martin VA 1st Cav.St.Line Co.B Sgt.
Bennett, Martin G. AL 6th Inf. Co.A
Bennett, Martin G. GA 59th Inf. Co.E
Bennett, Martin L. VA 114th Mil. Co.E Music.
Bennett, Mason VA 2nd Inf. Co.H
Bennett, Matthew D. VA 4th Inf. Co.E Maj.
Bennett, Maunsel LA Lt.Arty. 2nd Field Btty. Lt.
Bennett, M.C. AR 45th Cav. Co.K 2nd Lt.
Bennett, M.C. AR 38th Inf. Cpl.
Bennett, M.C. TN 31st Inf. Co.F Sgt.
Bennett, M.F. GA Cav. 16th Bn. (St.Guards) Co.F
Bennett, M.G. GA 9th Inf. Co.D
Bennett, M.G. GA 24th Inf. Co.B
Bennett, M.H. LA Washington Arty.Bn. Co.4
Bennett, M.H. NC 15th Inf. Co.M
Bennett, M.H. NC 32nd Inf. Co.I
Bennett, Micajah AL 3rd Res. Co.H
Bennett, Micajah P. MS 7th Inf. Co.A Sgt.
Bennett, Michael VA 58th Mil. Co.H Cpl.
Bennett, Michael J. VA Cav. 35th Bn. Co.E
Bennett, Miles GA 16th Inf. Co.H
Bennett, Miles GA 23rd Inf. Co.H
Bennett, Miles TX 22nd Inf. Co.I
Bennett, Miles B. GA 9th Inf. Co.G
Bennett, Miles J. MS 2nd Inf. Co.B 1st Sgt.
Bennett, Milton N. NC 17th Inf. (2nd Org.) Co.F
Bennett, M.L. AL 28th Inf. Co.K
Bennett, M.L. GA Hvy.Arty. 22nd Bn. Co.A Cpl.
Bennett, M.L. GA 60th Inf. 1st Co.A Cpl.
Bennett, M.L. TN 8th (Smith's) Cav. Co.H
Bennett, M.M. NC 21st Inf. Co.F
Bennett, Mordecai S. AL 28th Inf. Co.H
Bennett, Moses TN 35th Inf. Co.L
Bennett, Moses TN 36th Inf. Co.L
Bennett, Moses VA 9th Inf. Co.G
Bennett, Moses VA 31st Inf. Co.F
Bennett, Moses H. AL 19th Inf. Co.E 2nd Lt.
Bennett, M.S. AL 3rd Inf. Co.A
Bennett, M.S. KY 6th Mtd.Inf. Co.B
Bennett, M.S. TX 1st Hvy.Arty. Co.K Cpl.
Bennett, M.V. MS 38th Cav. Co.E
Bennett, N. AR 15th (Josey's) Inf. Co.E
Bennett, N.A. GA 12th Cav. Co.D
Bennett, Nathan GA 2nd Cav. Co.D
Bennett, Nathan TN Arty. Ramsey's Btty.
Bennett, Nathan VA 31st Inf. Co.I
Bennett, Nelson TX 26th Cav. Co.F
Bennett, Nevel GA 4th Cav. (St.Guards) Dorsey's Co.
Bennett, Nevil SC 4th Cav. Co.E
Bennett, Nevil SC Cav. 12th Bn. Co.C
Bennett, Nevil J. NC 14th Inf. Co.C
Bennett, Newton AL 8th Inf. Co.K
Bennett, Newton C. TN 48th (Nixon's) Inf. Co.G Sgt.
Bennett, Newton L. SC 13th Inf. Co.B
Bennett, N.H. GA 54th Inf. Co.K
Bennett, N.J. SC Inf. 7th Bn. (Enfield Rifles) Co.F
Bennett, Noah AR 36th Inf. Co.F
Bennett, Noah FL 7th Inf. Co.C
Bennett, Noah B. NC 2nd Arty. (36th St.Troops) Co.K Cpl.
Bennett, N.W. MO 11th Inf. Co.K
Bennett, O. VA 1st St.Res. Co.D
Bennett, O.A. AL 4th Inf. Co.H
Bennett, O.F. AL 14th Inf. Co.F
Bennett, Oliver AL Cav. 5th Bn. Hilliard's Legion Co.A
Bennett, Oliver C. AR 2nd Cav. Co.F
Bennett, Oliver P. MS 15th Inf. Co.E
Bennett, Oren AL Lt.Arty. Kolb's Btty. Artif.
Bennett, Oscar A. VA 11th Inf. Co.I Cpl.
Bennett, P. LA Mil.Bn. British Fusileers Co.A
Bennett, Pat M. GA 1st Inf. Co.C
Bennett, Patrick AR 3rd Inf. Co.E
Bennett, Patrick M. 1st Conf.Cav. 2nd Co.C
Bennett, P.C. MO 10th Inf. Co.G
Bennett, Perry AR Cav. Wright's Regt. Co.G Sgt.
Bennett, Perry MS 22nd Inf. Co.A
Bennett, Perry C. AR 36th Inf. Co.F Cpl.
Bennett, Perry M. LA 2nd Inf. Co.G Cpl.
Bennett, Peter VA 12th Cav. Co.C
Bennett, Peter VA 122nd Mil. Co.B Cpl.
Bennett, Philip FL 2nd Inf. Co.H Music.
Bennett, Philman, Jr. GA 34th Inf. Co.I
Bennett, Pleasant AR 12th Inf. Co.D
Bennett, Pleasant A. AR 33rd Inf. Co.C
Bennett, Pleasant L. LA 31st Inf. Co.C
Bennett, P.M. MS 10th Cav. Co.A
Bennett, P.N.D. TN 13th Inf. Co.G 1st Sgt.
Bennett, Powhatan P. TN Cav. McCann's Squad.
Bennett, P.P. AR 10th Inf. Co.A,K
Bennett, P.P. TN 9th (Ward's) Cav. Kirkpatrick's Co.
Bennett, P.P. TN Cav. Jackson's Co.
Bennett, Pressly NC 2nd Inf. Co.F
Bennett, P.S. SC 6th Inf. 1st Co.H, 2nd Co.B
Bennett, P.W. SC Lt.Arty. 3rd (Palmetto) Bn. Co.G
Bennett, Q. KY 1st (Butler's) Cav. Co.E
Bennett, Q. KY 3rd Cav. Co.D
Bennett, R. AL Randolph Cty.Res. Shepherd's Co. Sgt.
Bennett, R. FL Lt.Arty. Dyke's Co.
Bennett, R. FL 1st (Res.) Inf.
Bennett, R. GA 38th Inf. Co.N
Bennett, R. GA 53rd Inf.
Bennett, R. LA 13th Bn. (Part.Rangers) Co.F
Bennett, R. TX 24th & 25th Cav. (Cons.) Co.E
Bennett, R.A. TN Inf. 154th Sr.Regt. Co.F
Bennett, R.A. TX 8th Inf. Co.G
Bennett, Randal GA 11th Cav. (St.Guards) Folks' Co. Sgt.
Bennett, Randall T. GA 2nd Cav. Co.K
Bennett, Randell H. GA 4th (Clinch's) Cav. Co.A,K
Bennett, Randolph VA 24th Cav. Co.B
Bennett, Randolph VA Cav. 40th Bn. Co.B
Bennett, Ransom AR 36th Inf. Co.F
Bennett, Ransom GA 36th (Broyles') Inf. Co.L
Bennett, R.B. GA 60th Inf. Co.F
Bennett, R.E. AL 8th Inf. Co.K
Bennett, R.E. AL 28th Inf. Co.K
Bennett, R.E. AR 2nd Inf. Co.I
Bennett, Redding GA 63rd Inf. Co.D
Bennett, Reuben FL Kilcrease Lt.Arty.
Bennett, Reuben LA 5th Cav. Co.E
Bennett, Reuben SC 23rd Inf. Co.F
Bennett, Reuben VA 11th Cav. Co.C
Bennett, Reuben VA 58th Mil. Co.K
Bennett, Reuben A. TX Cav. Baylor's Regt. Co.E
Bennett, Reuben A. VA Lt.Arty. 13th Bn. Co.B
Bennett, Reuben B. LA 12th Inf. Co.H
Bennett, Reuben G. NC 21st Inf. Co.I
Bennett, Reuben H. NC 53rd Inf. Co.H
Bennett, Reuben K. GA 24th Inf. Co.B
Bennett, Reuben O. MO Searcy's Bn.S.S. Co.D
Bennett, Reuben W. FL 4th Inf. Co.E
Bennett, R.F. GA 62nd Inf. Co.L
Bennett, R.F. SC 4th Cav. Co.H
Bennett, R.F. SC Cav. 10th Bn. Co.D
Bennett, R.G. SC 6th Inf. 2nd Co.B
Bennett, R.H. FL 10th Inf. Co.A
Bennett, R.H. GA 10th Inf. Co.I Cpl.
Bennett, R.H. Trans-MS Conf.Cav. 1st Bn. Co.D
Bennett, Richard LA Lt.Arty. 2nd Bn. Co.E
Bennett, Richard FL 2nd Inf. Co.B
Bennett, Richard GA 4th Res. Co.G
Bennett, Richard GA 10th Inf. Co.B
Bennett, Richard GA 41st Inf. Co.I
Bennett, Richard GA 54th Inf. Co.K Capt.
Bennett, Richard GA 54th Inf. Co.K Sgt.
Bennett, Richard GA Cherokee Legion (St.Guards) Co.B
Bennett, Richard KY 7th Cav. Co.D

Bennett, Richard MS 2nd Inf. Co.H
Bennett, Richard MS 25th Inf. Co.D
Bennett, Richard C. KY 13th Cav. Co.A
Bennett, Richard F. VA 24th Cav. Co.K
Bennett, Richard F. VA Inf. 5th Bn. Co.F
Bennett, Richard F. VA 53rd Inf. Co.F
Bennett, Richard J. FL 2nd Cav. Co.B
Bennett, Richard M. GA Arty. 9th Bn. Co.D
Bennett, Richard T. NC 20th Inf. Co.E Cpl.
Bennett, Richard Y. MS 2nd Inf. Co.B
Bennett, Rich R. TN 6th Inf. Co.E
Bennett, Rick F. 8th (Dearing's) Conf.Cav. Co.E
Bennett, Risden T. NC 14th Inf. Co.C Col.
Bennett, Riston AR 2nd Inf. Co.D
Bennett, R.J. GA 11th Cav. Co.B
Bennett, R.J. GA 1st (Fannin's) Res. Co.A
Bennett, R.J. VA 5th Inf.
Bennett, R.L. AL Gid Nelson Lt.Arty.
Bennett, R.M. MS 44th Inf. Co.A
Bennett, R.O. TX 1st Inf. Co.M Cpl.
Bennett, Robbert AR 2nd Vol. Co.C
Bennett, Robert GA 2nd Cav. Co.I
Bennett, Robert MS 1st (King's) Inf. (St.Troops) Co.F
Bennett, Robert MS 10th Inf. Old Co.E
Bennett, Robert NC 38th Inf. Co.C
Bennett, Robert TX 25th Cav. Co.G
Bennett, Robert VA Cav. Hounshell's Bn.
Bennett, Robert VA Cav. Thurmond's Co.
Bennett, Robert C. AR 1st (Colquitt's) Inf. Co.F,K,A
Bennett, Robert F. NC 49th Inf. Co.K Cpl.
Bennett, Robert F. 1st Conf.Eng.Troops Co.A Cpl.
Bennett, Robert H. GA 2nd Cav. (St.Guards) Co.E
Bennett, Robert H. MS 18th Inf. Co.G Sgt.
Bennett, Robert J. KY 10th Cav. Co.H
Bennett, Robert M. NC 2nd Arty. (36th St.Troops) Co.K Sgt.
Bennett, Robert P. VA 5th Cav. Co.G
Bennett, Robert S. MS 35th Inf. Co.G
Bennett, Robert W. GA 25th Inf. Co.G
Bennett, R.R. AL 19th Inf. Co.G
Bennett, R.R. AL 40th Inf. Co.H
Bennett, R.R. TX 15th Inf. 2nd Co.F
Bennett, R.S. 1st Chickasaw Inf. Hansell's Co.
Bennett, R.T. VA Lt.Arty. 12th Bn. Co.B
Bennett, Rubin GA 37th Inf. Co.F
Bennett, Rufus K. GA 42nd Inf. Co.E,A
Bennett, Rufus W. VA Lt.Arty. B.Z. Price's Co.
Bennett, R.V. TN Inf. 154th Sr.Regt. Co.F
Bennett, R.W. GA 10th Cav.
Bennett, R.W. MO Douglas' Regt. Bly's Co.
Bennett, R.W. TX 4th Inf. Co.E
Bennett, R.W. 7th Conf.Cav. Co.D
Bennett, S. AL 3rd Inf. Co.D
Bennett, S. MS Cav. Ham's Regt. Co.D
Bennett, S. Conf.Cav. Powers' Regt. Co.D 2nd Sr.Lt.
Bennett, Samuel AR 2nd Inf. Co.I
Bennett, Samuel MS 24th Inf. Co.G
Bennett, Samuel NC 2nd Arty. (36th St.Troops) Co.K
Bennett, Samuel SC 1st Arty. Co.I,G
Bennett, Samuel SC 11th Inf. Bellinger's Co.
Bennett, Samuel TX 29th Cav. Co.C Sgt.
Bennett, Samuel A. GA Lt.Arty. Scogin's Btty. (Griffin Lt.Arty.)
Bennett, Samuel C. KY 8th Cav.
Bennett, Samuel F. GA Siege Arty. 28th Bn. Co.C
Bennett, Samuel J. LA 9th Inf. Co.I
Bennett, Samuel J. MO 10th Inf. Co.H
Bennett, Samuel J. TX 2nd Cav. Co.B
Bennett, Samuel J. TX 2nd Field Btty. Cpl.
Bennett, Samuel K. GA 2nd Inf. Co.F
Bennett, Samuel N. KY 6th Mtd.Inf. Co.A
Bennett, Samuel N. NC 29th Inf. Co.G
Bennett, Samuel P. NC 31st Inf. Co.B Cpl.
Bennett, Samuel R. AL St.Arty. Co.D
Bennett, Sanford V. GA 11th Inf. Co.A Cpl.
Bennett, S.B. LA Mil. British Guard Bn. Kurczyn's Co. Cpl.
Bennett, S.B. MO 10th Cav. Co.F
Bennett, S.C. SC 2nd Inf. Co.H
Bennett, Scott KY 6th Mtd.Inf. Co.A
Bennett, S.D. MS 9th Cav. Co.F
Bennett, S.D. MS Inf. 3rd Bn. (St.Troops) Co.E
Bennett, S.D. TN Cav. 17th Bn. (Sanders') Co.C
Bennett, S.E. GA 54th Inf. Co.F,K
Bennett, Seaborn AL Cav. 5th Bn. Hilliard's Legion Co.A
Bennett, Sebastian GA 26th Inf. Co.D
Bennett, Sebron AL 19th Inf. Co.F
Bennett, Sebron L. NC 2nd Inf. Co.C Cpl.
Bennett, Seburn 10th Conf.Cav. Co.A
Bennett, S.F. GA 1st Reg. Co.A
Bennett, S.G. TX St.Troops Teel's Co. Cpl.
Bennett, S.H. KY 7th Mtd.Inf. Co.H Sgt.
Bennett, Sicely E. GA 65th Inf. Co.B,E
Bennett, Silas FL Inf. 2nd Bn. Co.E
Bennett, Silas H. AL 61st Inf. Co.C Sgt.
Bennett, Silas J. VA 56th Inf. Co.B
Bennett, Silvandes C. NC 29th Inf. Co.E
Bennett, Silvanus VA 18th Cav. Co.H
Bennett, Silvanus VA 114th Mil. Co.E Music.
Bennett, Simmons FL 8th Inf.
Bennett, Simon GA 3rd Cav. (St.Guards) Co.E
Bennett, Simon T. TX 35th (Brown's) Cav. Co.K
Bennett, Simon T. TX 13th Vol. 3rd Co.I
Bennett, Simp 1st Cherokee Mtd.Vol. 1st Co.C
Bennett, S.J. AR 8th Cav. Co.F
Bennett, S.J. AR Cav. Crabtree's (46th) Regt. Co.A
Bennett, S.J. GA 7th Inf. (St.Guards) Co.A Sgt.
Bennett, S.J.W. LA 27th Inf. Co.H
Bennett, S.M. MS 2nd St.Cav. Co.H
Bennett, S.M. MS 12th Cav. Co.C
Bennett, Smith W. LA Cav. Webb's Co.
Bennett, S.N. MS 4th Inf. Co.F
Bennett, S.O. MO 1st N.E. Cav. Co.I
Bennett, Sodocia B. MO Cav. Wood's Regt. Co.K
Bennett, Solomon AR 9th Inf. Co.G
Bennett, Solomon FL 11th Inf. Co.L
Bennett, Solomon GA 2nd Bn.S.S. Co.E Sgt.
Bennett, Solomon MS 17th Inf. Co.E
Bennett, Solomon TN Inf. 23rd Bn. Co.C
Bennett, Solomon TX 7th Inf. Co.K
Bennett, Solomon B. TN 3rd (Clack's) Inf. Co.K
Bennett, Solomon W. NC 30th Inf. Co.C 1st Lt.
Bennett, S.P. LA 1st (Strawbridge's) Inf. Co.C
Bennett, S.P. SC 1st Mtd.Mil. Anderson's Co.
Bennett, S.P. SC 18th Mil. Co.A
Bennett, Stanford AR 15th Mil. Co.B Cpl.
Bennett, Stephen MS Conscr.
Bennett, Stephen TX Lavaca Cty. Minute Men
Bennett, Stephen W. MS 43rd Inf. Co.D
Bennett, S.W. KY 7th Mtd.Inf. Co.A
Bennett, S.W. MS 14th (Cons.) Inf. Co.I
Bennett, S.W. TX 12th Cav. Co.K Sgt.
Bennett, T. GA 1st (Cons.) Inf. Co.C,D
Bennett, T. GA Inf. 1st Bn. (St.Guards) Co.D Bvt.2nd Lt.
Bennett, T. GA 54th Inf. Co.F Music.
Bennett, T. NC Lt.Arty. Thomas' Legion Levi's Btty.
Bennett, T. SC 3rd Cav. Co.D
Bennett, T. SC 3rd Cav. Co.K
Bennett, T. 1st Conf.Reg.Cav. Co.A
Bennett, Tandy NC 53rd Inf. Co.H
Bennett, Taylor FL Inf. 2nd Bn. Co.E
Bennett, Taylor MS 3rd Inf. Co.G
Bennett, T.B. FL Cav. 3rd Bn. Co.C
Bennett, T.B. SC 1st Mtd.Mil. Heyward's Co. Cpl.
Bennett, T.B. SC 3rd Cav. Co.H
Bennett, T.B. 15th Conf.Cav. Co.E
Bennett, T.C. GA 48th Inf. Co.K
Bennett, T.C. MS Lt.Arty. (Jefferson Arty.) Darden's Co.
Bennett, T.C. MS 5th Inf. Co.A
Bennett, T.C. SC 17th Inf. Co.E
Bennett, T.C. VA 10th Cav. Co.D
Bennett, T.C. VA Cav. 40th Bn. Co.B
Bennett, T.C. VA Inf. 1st Bn.Loc.Def. Co.A
Bennett, T.D. AR 37th Inf. Co.K
Bennett, T.D. KY 7th Mtd.Inf. Co.H
Bennett, T.D. TX 9th (Young's) Inf. Co.F
Bennett, Terence GA 1st (Olmstead's) Inf. Gordon's Co.
Bennett, Terence GA 63rd Inf. Co.B
Bennett, T.F. AR 75th Cav. Co.G
Bennett, T.G. LA Cav. 18th Bn. Co.F
Bennett, T.G. TX Waul's Legion Co.A Sgt.
Bennett, T.H. AL Mil. 4th Vol. Modawell's Co. Sgt.
Bennett, T.H. AL 6th Inf. Co.I
Bennett, T.H. GA 60th Inf. Co.F Cpl.
Bennett, Thaddeus W. GA 1st (Oldstead's) Inf. Co.H
Bennett, Theodore MO 15th Cav. Co.B,C
Bennett, Theodore TX 9th (Nichols') Inf. Co.G
Bennett, Theo. C. TX 8th Cav. Co.F
Bennett, Theo J. TX 8th Cav. Co.B 3rd Lt.
Bennett, Thomas AL 3rd Cav. Co.D
Bennett, Thomas AL 6th Inf. Co.K
Bennett, Thomas AL 12th Inf. Co.A
Bennett, Thomas AL 14th Inf. Co.C
Bennett, Thomas AR 33rd Inf. Co.G
Bennett, Thomas FL Kilcrease Lt.Arty.
Bennett, Thomas GA 13th Cav. Co.A
Bennett, Thomas GA 1st (Olmstead's) Inf. Gordon's Co.
Bennett, Thomas GA 18th Inf. Co.C
Bennett, Thomas GA 26th Inf. Co.K
Bennett, Thomas GA 59th Inf. Co.E
Bennett, Thomas GA Inf. (Newton Factory Employees) Russell's Co.

Bennett, Thomas LA 4th Cav. Co.H
Bennett, Thomas LA 1st (Nelligan's) Inf. Co.B
Bennett, Thomas LA Mil. Chalmette Regt. Co.I
Bennett, Thomas LA Herrick's Co. (Orleans Blues)
Bennett, Thomas MS 12th Cav. Co.I
Bennett, Thomas MS 24th Inf. Co.G
Bennett, Thomas NC 6th Cav. (65th St.Troops) Co.H
Bennett, Thomas NC 34th Inf. Co.G
Bennett, Thomas NC 53rd Inf. Co.H
Bennett, Thomas SC 1st Cav. Music.
Bennett, Thomas SC Arty. Bachman's Co. (German Lt.Arty.)
Bennett, Thomas SC 8th Bn.Res. (Stalling's Bn.) Co.A
Bennett, Thomas SC 21st Inf. Co.F
Bennett, Thomas TN 1st (Feild's) Inf. Co.C
Bennett, Thomas VA 18th Inf. Co.A
Bennett, Thomas VA 45th Inf. Co.C
Bennett, Thomas Conf.Inf. Tucker's Regt. Co.E
Bennett, Thomas A. TN 24th Inf. Co.B
Bennett, Thomas B. SC 3rd Cav. Co.H
Bennett, Thomas B. SC Inf. Hampton Legion Co.D Cpl.
Bennett, Thomas C. VA 38th Inf. Co.A
Bennett, Thomas F. VA 10th Cav. Co.K
Bennett, Thomas G. NC 4th Cav. (59th St.Troops) Co.B
Bennett, Thomas G. TX 28th Cav. Co.F
Bennett, Thomas H. Conf.Lt.Arty. 1st Reg.Btty. Cpl.
Bennett, Thomas H. Inf. School of Pract. Powell's Detach.
Bennett, Thomas J. AR 36th Inf. Co.F
Bennett, Thomas J. GA 2nd Cav. Co.C
Bennett, Thomas J. GA 18th Inf. Co.D
Bennett, Thomas J. GA 42nd Inf. Co.A
Bennett, Thomas J. MS 11th Inf. Co.C
Bennett, Thomas J. MO 16th Inf. Co.B
Bennett, Thomas J. TN 32nd Inf. Co.I
Bennett, Thomas L. GA 14th Inf. Co.E Cpl.
Bennett, Thomas L. VA Inf. 22nd Bn. Co.D
Bennett, Thomas P. 1st Conf.Inf. Co.A, 2nd Co.E Drum.
Bennett, Thomas R. GA 2nd Cav. Co.C
Bennett, Thomas R. GA 43rd Inf. Co.E
Bennett, Thomas R. MS 35th Inf. Co.B
Bennett, Thomas S. MO 12th Inf. Co.H Jr.2nd Lt.
Bennett, T.J. GA 18th Inf. Co.A
Bennett, T.J. SC 1st Mtd.Mil. Johnson's Co.
Bennett, T.J. SC 3rd Cav. Co.K
Bennett, T.J. SC 11th Inf. Co.E
Bennett, T.J. TN 19th & 20th (Cons.) Cav. Co.K
Bennett, T.J. TN 20th (Russell's) Cav. Co.F
Bennett, T.J. Horse Arty. White's Btty.
Bennett, T.J. Gen. & Staff AASurg.
Bennett, T.K. MS 4th Inf. Co.F
Bennett, T.K. Gen. & Staff Maj.,QM
Bennett, T.R. GA Inf. 40th Bn. Co.C
Bennett, T.S. MO Inf. 3rd Regt.St.Guard Co.F 3rd Lt.
Bennett, T.W. MS 1st (Patton's) Inf. Co.H Cpl.
Bennett, T.W. SC 8th Res.
Bennett, U.M. GA 7th Cav. Co.H
Bennett, Uriah NC 58th Inf. Co.G
Bennett, Vardamon AR 36th Inf. Co.D
Bennett, W. AR 2nd Inf. Co.D
Bennett, W. GA Cav. 19th Bn. Co.C
Bennett, W. LA Inf. 9th Bn. Co.C
Bennett, W. MS Mtd.Inf. (St.Troops) Maxey's Co.
Bennett, W. SC 3rd Cav. Co.D,K
Bennett, W. SC 1st (Butler's) Inf. Co.K
Bennett, W. Inf. Bailey's Cons.Regt. Co.B Cpl.
Bennett, W. TX 7th Inf. Co.A Cpl.
Bennett, W.A. GA Cav. 24th Bn. Co.D
Bennett, W.A. SC 1st Mtd.Mil. Johnson's Co.
Bennett, W.A. SC 3rd Cav. Co.K
Bennett, W.A. SC 1st (Hagood's) Inf. 1st Co.F, 2nd Co.G
Bennett, W.A. TX 10th Field Btty.
Bennett, W.A. VA 22nd Inf. Co.B
Bennett, W.A. VA 46th Inf. 2nd Co.K
Bennett, Walter AR 18th Inf. Co.H
Bennett, Walter MS 2nd (Quinn's St.Troops) Inf. Co.I
Bennett, Walter TX 8th Cav. Co.A
Bennett, Walter A. TX 4th Inf. Co.F Cpl.
Bennett, Walter A. TX Inf. Cunningham's Co. Cpl.
Bennett, Walter E. MS 35th Inf. Co.G Sgt.
Bennett, Walter J. MS 2nd Inf. Co.B
Bennett, Washington GA 11th Inf. Co.H
Bennett, Washington SC 1st Mtd.Mil. Johnson's Co.
Bennett, Washington G. NC 29th Inf. Co.E Sgt.
Bennett, Watt TN 50th Inf. Co.E Cpl.
Bennett, Watt J. GA 5th Inf. Co.A
Bennett, W.B. GA 4th (Clinch's) Cav. Co.A
Bennett, W.B. GA Cav. 20th Bn. Co.A
Bennett, W.B. GA Lt.Arty. Clinch's Btty.
Bennett, W.B. GA Inf. 18th Bn.
Bennett, W.B. GA 50th Inf.
Bennett, W.B. MD Arty. 3rd Btty.
Bennett, W.B. SC 2nd Res.
Bennett, W.B. TX 26th Cav. Co.F
Bennett, W.C. AL 11th Cav. Co.I
Bennett, W.C. GA 1st (Olmstead's) Inf. Screvens' Co.
Bennett, W.C. GA Inf. 18th Bn. Co.A Sgt.
Bennett, W.C. MS 8th Cav. Co.G
Bennett, W.C. MS 9th Cav. Co.D
Bennett, W.C. MS Cav. 17th Bn. Co.E,F
Bennett, W.C. SC 5th St.Troops Co.E
Bennett, W.C. SC 22nd Inf. Co.I
Bennett, W.C. TN Inf. 4th Cons.Regt. Co.K Cpl.
Bennett, W.C. TX Cav. Sutton's Co.
Bennett, W.D.B. MS 34th Inf. Co.D
Bennett, W. Drayton SC Inf. Hampton Legion Co.D Cpl.
Bennett, Wesley T. TN 45th Inf. Co.H
Bennett, West SC 22nd Inf. Co.B
Bennett, W.F. GA Inf. 25th Bn. (Prov.Guard) Co.G
Bennett, W.F. NC 22nd Inf. Co.B
Bennett, W.F. TN 55th (McKoin's) Inf. Day's Co.
Bennett, W.G. AL 5th Inf. New Co.A
Bennett, W.G. KY 1st (Butler's) Cav. Co.B
Bennett, W.G. KY 2nd Cav. Co.B
Bennett, W.H. GA 8th Inf. Co.B Cpl.
Bennett, W.H. GA 16th Inf. Co.A Drum.
Bennett, W.H. LA 5th Cav. Co.C
Bennett, W.H. LA Inf. 9th Bn. Co.B
Bennett, W.H. MD Cav. 2nd Bn. Co.A
Bennett, W.H. MS 6th Cav. Co.E Sgt.
Bennett, W.H. SC 1st Mtd.Mil. Johnson's Co.
Bennett, W.H. SC 3rd Cav. Co.D
Bennett, W.H. SC 3rd Cav. Co.K
Bennett, W.H. SC 1st (Hagood's) Inf. 1st Co.I
Bennett, W.H. SC 3rd Inf. Co.K
Bennett, W.H. TN 8th (Smith's) Cav. Co.K
Bennett, W.H. TN 9th (Ward's) Cav. Co.G 3rd Lt.
Bennett, W.H. TN 22nd (Barteau's) Cav. Co.E Sgt.
Bennett, W.I. GA Inf. Athens Reserved Corps
Bennett, Wiley NC 54th Inf. Co.B
Bennett, Wiley M. MS 23rd Inf. Co.H
Bennett, Wm. AL Cav. 11th Regt. Co.I
Bennett, William AL 6th Inf. Co.K
Bennett, William AL 62nd Inf. Co.A
Bennett, William AR Inf. 8th Bn. Co.G 1st Lt.
Bennett, William AR 16th Inf. 1st Lt.
Bennett, William AR 35th Inf. Co.E
Bennett, William AR 38th Inf. Old Co.F 2nd Lt.
Bennett, William AR Inf. Crawford's Bn. Co.A
Bennett, William FL Cav. 5th Bn. Co.F
Bennett, William FL 7th Inf. Co.C
Bennett, William FL 10th Inf. Co.A
Bennett, William GA Cav. 2nd Bn. Co.F
Bennett, William GA 4th (Clinch's) Cav. Co.E
Bennett, William GA Cav. Hendry's Co. (Atlantic & Gulf Guards)
Bennett, William GA Inf. 9th Bn. Co.E 2nd Lt.
Bennett, William GA 21st Inf. Co.F
Bennett, William GA 37th Inf. Co.H 1st Lt.
Bennett, William GA 43rd Inf. Co.E
Bennett, William GA 50th Inf.
Bennett, William KY 5th Cav. Co.G
Bennett, William LA Inf. 1st Sp.Bn. (Wheat's) New Co.D Cpl.
Bennett, William LA Inf. 11th Bn. Co.C
Bennett, William MD Cav. 2nd Bn. Co.F
Bennett, William MS 28th Cav. Co.B
Bennett, William MS Cav. Davenport's Bn. (St.Troops) Co.A
Bennett, William MS 5th Inf. Co.A
Bennett, William MS 42nd Inf. Co.K
Bennett, William MO 3rd Cav. Co.E
Bennett, William MO 15th Cav. Co.I Sgt.
Bennett, William MO Lt.Arty. 13th Btty.
Bennett, William NC 3rd Jr.Res. Co.A
Bennett, William NC 4th Bn.Jr.Res. Co.A
Bennett, William NC 8th Sr.Res. Bryans' Co. Sgt.
Bennett, William NC 12th Inf. Co.B,E
Bennett, William NC Inf. 13th Bn. Co.B
Bennett, William NC 14th Inf. Co.D
Bennett, William NC 21st Inf. Co.F Sgt.
Bennett, William NC 21st Inf. Co.G
Bennett, William NC 53rd Inf. Co.G
Bennett, William, Jr. NC 53rd Inf. Co.H
Bennett, William NC 66th Inf. Co.B
Bennett, William NC Giddins' Co. (Detailed & Petitioned Men)
Bennett, William SC 3rd Cav. Co.D
Bennett, William SC Cav. 10th Bn. Co.C

Bennett, William SC 4th St.Troops Co.F
Bennett, William SC 11th Inf. Co.E
Bennett, William SC 17th Inf. Co.C,H
Bennett, William TN 1st (Carter's) Cav. Co.D
Bennett, William TN 8th (Smith's) Cav. Co.H
Bennett, William TN 9th (Ward's) Cav. Kirkpatrick's Co., Co.E
Bennett, William TN 21st & 22nd (Cons.) Cav. Co.C
Bennett, William TN Holman's Bn.Part.Rangers Martin's Co.
Bennett, William TN 4th Inf. Co.H Cpl.
Bennett, William TN 20th Inf. Co.H
Bennett, William TN 31st Inf. Co.F
Bennett, William TN 37th Inf. Co.A Cpl.
Bennett, William TN 42nd Inf. Co.K
Bennett, William TX 37th Cav. 2nd Co.I
Bennett, William VA 5th Cav. Co.G
Bennett, William VA 25th Cav. Co.F
Bennett, William VA Cav. 41st Bn. Trayhern's Co.
Bennett, William VA Cav. Hounshell's Bn.
Bennett, William VA 7th Inf. Co.F
Bennett, William VA 17th Inf. Co.B
Bennett, William VA Inf. 23rd Bn. Co.B Cpl.
Bennett, William VA Inf. 26th Bn. Co.A,G
Bennett, William VA 79th Mil. 4th Co.
Bennett, William VA Henrico Res.
Bennett, William VA 5th Cav.Arty. & Inf.St.Line Co.I
Bennett, William VA Mil. Washington Cty.
Bennett, William A. AL 13th Inf. Co.G 1st Sgt.
Bennett, William A. GA 41st Inf. Co.B
Bennett, William A. NC 53rd Inf. Co.D Cpl.
Bennett, William A. VA 53rd Inf. Co.B
Bennett, William B. GA 4th (Clinch's) Cav. Co.I
Bennett, William B. GA 10th Cav. (St.Guards) Co.G
Bennett, William B. GA 11th Cav. (St.Guards) Johnson's Co.
Bennett, William B. GA 13th Inf. Co.I Cpl.
Bennett, William B. GA 26th Inf. Co.D
Bennett, William B. NC 15th Inf. Co.D
Bennett, William B. NC 49th Inf. Co.B
Bennett, William B. VA 9th Inf. Co.G
Bennett, William B. 4th Conf.Eng.Troops Co.E
Bennett, William C. GA 3rd Cav. (St.Guards) Co.E
Bennett, William C. GA 4th (Clinch's) Cav. Co.I
Bennett, William C. MO 12th Inf. Co.E
Bennett, William C. TN 48th (Nixon's) Inf. Co.H Cpl.
Bennett, William C. TN 54th Inf. Co.C
Bennett, William C. VA 46th Mil. Co.B
Bennett, William C. VA 62nd Mtd.Inf. 2nd Co.C Cpl.
Bennett, William D. VA 10th Cav. Co.K
Bennett, William E. NC 31st Inf. Co.K Sgt.
Bennett, William F. AL 61st Inf. Co.D
Bennett, William F. GA 1st (Olmstead's) Inf. Co.C
Bennett, William F. GA 6th Inf. Co.D
Bennett, William F. GA 18th Inf. Co.I Sgt.
Bennett, William F. GA 20th Inf. Co.F
Bennett, William F. GA 24th Inf. Co.B
Bennett, William F. SC Lt.Arty. Beauregard's Co.
Bennett, William F. TN 2nd (Robison's) Inf. Co.H
Bennett, William F. TN 23rd Inf. 1st Co.A, Co.B
Bennett, William F. TN 44th (Cons.) Inf. Co.H Sgt.
Bennett, William F.F. LA 9th Inf. Co.F Capt.
Bennett, William G. MS 12th Inf. Co.I
Bennett, William G. TN 15th Inf. Co.H
Bennett, William G. VA 4th Inf. Co.E
Bennett, William H. GA 11th Cav. (St.Guards) Johnson's Co.
Bennett, William H. GA 8th Inf. Co.B
Bennett, William H. GA 17th Inf. Co.C ACS
Bennett, William H. KY 1st (Butler's) Cav. Co.B 2nd Lt.
Bennett, William H. KY 9th Cav. Co.B 1st Lt.
Bennett, William H. LA 5th Inf. Co.C
Bennett, William H. MS 10th Inf. Old Co.E
Bennett, William H. MS 35th Inf. Co.G
Bennett, William H. NC 4th Cav. (59th St.Troops) Co.A
Bennett, William H. SC Arty. Bachman's Co. (German Lt.Arty.)
Bennett, William H. TN Cav. 7th Bn. (Bennett's) Co.B Sgt.
Bennett, William H. TN 7th Inf. Co.K
Bennett, William H. TX 15th Cav. Co.F
Bennett, William H. TX 19th Cav. Co.B
Bennett, William H. TX 10th Inf. Co.B
Bennett, William H. TX 13th Vol. Co.M
Bennett, William H. TX 15th Inf. 2nd Co.H
Bennett, William H. Benning's Brig. Capt.,ACS
Bennett, Wm. J. AL 19th Inf. Co.E
Bennett, William J. AL Vol. Rabby's Coast Guard Co. No.1 Sgt.
Bennett, William J. AR 26th Inf. Co.B
Bennett, William J. GA 2nd Inf. 1st Co.B
Bennett, William J. GA 26th Inf. Co.E
Bennett, William J. GA 38th Inf. Co.N
Bennett, William J. GA Cherokee Legion (St.Guards) Co.B
Bennett, William J. KY Cav. 1st Bn. Co.D
Bennett, William J. KY 6th Mtd.Inf. Co.D
Bennett, William J. MS 43rd Inf. Co.A
Bennett, William J. KY 23rd Inf. Co.E
Bennett, William J. NC 58th Inf. Co.G
Bennett, William J. TN 28th Inf. Co.F
Bennett, William K. Bell's Brig. Maj.,QM
Bennett, William L. AL Lt.Arty. Kolb's Btty.
Bennett, William L. AL 29th Inf. Co.G Sgt.
Bennett, William L. AL Vol. Lee, Jr.'s Co.
Bennett, William L. FL 7th Inf. Co.F
Bennett, William L. VA Inf. 5th Bn. Co.F
Bennett, William L. VA 9th Inf. 2nd Co.A
Bennett, William L. VA 53rd Inf. Co.F
Bennett, William M. AL 12th Inf. Co.K
Bennett, William M. AR 9th Inf. Co.G
Bennett, William M. AR Inf. Cocke's Regt. Co.F
Bennett, William M. MS 15th Inf. Co.E
Bennett, William M. VA 9th Inf. Co.K
Bennett, William O. TN 6th (Wheeler's) Cav. Co.K Capt.
Bennett, William P. AR 36th Inf. Co.H
Bennett, William R. AR 31st Inf. Co.C
Bennett, William R. MS 35th Inf. Co.I
Bennett, William S. MS 30th Inf. Co.A
Bennett, William S. MO 12th Inf. Co.H
Bennett, William T. AR 33rd Inf. Co.K
Bennett, William T. GA 4th (Clinch's) Cav. Co.C
Bennett, William T. GA Inf. Taylor's Co.
Bennett, William T. LA 4th Inf. Co.I
Bennett, William T. MS 22nd Inf. Co.A
Bennett, William T. NC 4th Cav. (59th St.Troops) Co.B
Bennett, William T. TN 28th Inf. Co.H
Bennett, William T. VA Lt.Arty. Thornton's Co.
Bennett, William T. VA 14th Inf. Co.I Sgt.
Bennett, William T. VA 57th Inf. Co.E
Bennett, William W. MO 4th Cav. Surg.
Bennett, William W. VA 63rd Inf. Co.K
Bennett, W.J. AL 7th Inf. Co.G
Bennett, W.J. AL 33rd Inf. Co.D
Bennett, W.J. AL 36th Inf. Co.I
Bennett, W.J. GA Mayer's Co. (Appling Cav.)
Bennett, W.J. GA Lt.Arty. Van Den Corput's Co.
Bennett, W.J. GA Inf. 3rd Bn. Co.A
Bennett, W.J. KY 12th Cav. Co.A
Bennett, W.J. KY 12th Cav. Co.B 2nd Lt.
Bennett, W.J. LA 9th Inf. Co.I
Bennett, W.J. MS 43rd Inf. Co.G Cpl.
Bennett, W.J. MS Henley's Co. (Henley's Invinc.)
Bennett, W.J. TX 15th Cav. Co.F
Bennett, W.J. TX 20th Cav. Co.K
Bennett, W.K. GA 4th (Clinch's) Cav. Co.D
Bennett, W.L. FL Kilcrease Lt.Arty.
Bennett, W.L. SC Inf. 7th Bn. (Enfield Rifles) Co.D
Bennett, W.M. AL 5th Inf. Co.C
Bennett, W.M. GA Hardwick Mtd.Rifles
Bennett, W.M. MS 35th Inf. Co.G
Bennett, W.M. MS 44th Inf. Co.F
Bennett, W.M. SC 3rd Cav. Co.B
Bennett, W.M. TN 24th Inf. 2nd Co.G, Co.L Capt.
Bennett, W.O. MS Inf. 3rd Bn. Co.D
Bennett, W.P. AR 10th (Witt's) Cav. Co.A
Bennett, W.P. GA Inf. (GA RR Guards) Porter's Co.
Bennett, W.P. TN 24th Inf. Co.F
Bennett, W.P. TX 1st Bn.S.S. Co.B
Bennett, W.R. AL 32nd Inf. Co.B
Bennett, W.R. SC 4th Cav. Co.H
Bennett, W.R. SC Cav. 10th Bn. Co.D
Bennett, W.R. TN 4th (McLemore's) Cav. Co.I
Bennett, W.R. TN 16th Inf. Co.D
Bennett, Wright AL 2nd Cav. Co.A
Bennett, W.S. AL 3rd Res. Co.A 2nd Lt.
Bennett, W.S. KY 12th Cav. Co.I
Bennett, W.S. SC 3rd Cav. Co.B
Bennett, W.S. SC 4th Cav. Co.G
Bennett, W.S. SC 11th Inf. 1st Co.F
Bennett, W.S. TN 26th Inf. Co.F,G Sgt.
Bennett, W.S. TX 1st Bn.S.S. Co.B
Bennett, W.S. 1st Conf.Inf. 2nd Co.K
Bennett, W.T. KY 1st (Helm's) Cav. Old Co.G
Bennett, W.T. MS 33rd Inf. Co.H
Bennett, W.T. NC 28th Inf. Co.A Cpl.
Bennett, W.T. TN 12th Inf. Co.H
Bennett, W.T. TN 12th (Cons.) Inf. Co.K
Bennett, W.T. VA 17th Cav. Co.C
Bennett, W. Thomas Gen. & Staff Chap.

Bennett, W.V. VA Horse Arty. D. Shanks' Co.
Bennett, W.W. AL Lt.Arty. Tarrant's Btty.
Bennett, W.W. AL Mil. 4th Vol. Co.E
Bennett, W.W. AL 38th Inf. Co.I
Bennett, W.W. LA Mil. British Guard Bn. Burrowes' Co.
Bennett, W.W. Gen. & Staff Chap.
Bennett, W.W. Gen. & Staff Surg.
Bennett, Young A. NC 29th Inf. Co.E
Bennett, Zachariah H. GA 9th Inf. Co.I Sgt.
Bennett, Z.H. GA Cav. 2nd Bn. Co.B Sgt.
Bennett, Z.H. GA 5th Cav. Co.F Sgt.
Bennett, Z.P. VA 10th Cav. Co.K
Bennett, Z.W. TN 45th Inf. Co.C
Bennette, Dodson GA 2nd Cav. Co.D
Bennette, E.B.B. TN 38th Inf. Co.F
Bennette, Francis M. TX 19th Cav. Co.I
Bennette, J.A. AL 47th Inf. Co.D
Bennette, John AL 8th Cav. Co.E
Bennette, John H. VA 12th Inf. Co.D
Bennette, John O. GA 11th Inf. Co.E Cpl.
Bennette, John W. GA 23rd Inf. Co.F
Bennette, Joseph 2nd Cherokee Mtd.Vol. Co.H
Bennette, Reuben A. GA 4th Bn.S.S. Co.C
Bennette, S.W. Gen. & Staff 1st Lt.,E.O.
Bennette, W.C. GA 23rd Inf. Co.F
Bennette, William H. VA 12th Inf. Co.D
Bennette, William M. GA 11th Inf. Co.E
Bennetts, John AR 5th Inf. Co.G
Bennetts, John NC 25th Inf. Co.B
Benneux, Horace AR 7th Mil. Co.B 1st Sgt.
Benneux, Virgel AR 7th Mil. Co.B 1st Lt.
Benney, --- 1st Creek Mtd.Vol. Co.A
Benney, --- 1st Creek Mtd.Vol. Co.B
Benney, --- 1st Creek Mtd.Vol. 2nd Co.C
Benney, John TN Lt.Arty. Burroughs' Co.
Benneyfield, Mathew FL 10th Inf. Co.A
Bennick, Augustus NC 34th Inf. Chap.
Bennick, Augustus Gen. & Staff Chap.
Bennick, David J. NC 38th Inf. Co.F 1st Sgt.
Bennick, Fredrick LA 31st Inf. Co.C
Bennick, G.E. LA 6th Cav. Co.A
Bennick, George NC 50th Inf. Co.I Cpl.
Bennick, G.I. NC 56th Inf. Co.I
Bennick, H.D. NC 23rd Inf. Co.K
Bennick, Jacob J. TX 13th Cav. Co.A Sgt.
Bennick, James LA 7th Inf. Co.H
Bennick, J.M. TX 16th Inf. Co.K 2nd Lt.
Bennick, John S. VA 2nd Inf. Co.G,H
Bennick, J.S. NC 50th Inf. Co.I
Bennick, Z.S. NC 1st Bn.Jr.Res. Co.B
Bennie, A.H. TN 10th Inf. Co.G 3rd Lt.
Bennifield, H.M. MS 2nd Cav. Co.E,B
Bennifield, James GA 48th Inf. Co.C
Bennifield, James A. AL 63rd Inf. Co.D
Bennight, George AR 33rd Inf. Co.I
Benning, Alexander TN 14th Inf. Co.F
Benning, George C. GA 54th Inf. Co.I,C
Benning, Henry L. GA 17th Inf. Col.
Benning, Henry L. Benning's Brig. Brig.Gen.
Benning, S.J. GA 1st Reg. Co.C 2nd Lt.
Benning, S.J. Benning's Brig. Capt.,AAG
Benning, T.E. GA 8th Cav. New Co.E
Benning, T.E. GA Cav. 20th Bn. Co.C
Benning, William H. VA Inf. 25th Bn. Co.E
Benningar, William T. KY 9th Cav. Co.D
Benningfield, Joseph AR Lt.Arty. Etter's Btty.
Benningham, Berry AR Cav. Wright's Regt. Co.A
Benningham, Critis AR Cav. Wright's Regt. Co.H
Benningham, Daniel MO Lt.Arty. 1st Btty.
Benningham, Milton B. AR Cav. Wright's Regt. Co.H Cpl.
Benningham, W.G. Sap. & Min.,CSA
Benninghausen, A. LA Mil. 1st Regt. 3rd Brig. 1st Div. Co.A
Benningman, D. AL Res. J.G. Rankin's Co.
Bennington, Frank VA Horse Arty. E. Graham's Co.
Bennington, James TN 35th Inf. 2nd Co.D
Bennington, James P. TX 11th (Spaight's) Bn.Vol. Co.C,G
Bennington, Jasper TN 35th Inf. 2nd Co.D
Bennington, J.M. VA 10th Bn.Res. Co.B
Bennington, J.N. AL 41st Inf. Co.G
Bennington, John TN 16th Inf. Co.F
Bennington, John VA 4th Inf. Co.F
Bennington, John VA 58th Inf. Co.G
Bennington, John M. VA Rockbridge Cty.Res. Hutcheson's Co.
Bennington, Lemuel VA 46th Inf. 1st Co.G, Co.D,I Color Cpl.
Bennington, Mathew VA 29th Inf. Co.B Cpl.
Bennington, Nelson VA 58th Inf. Co.G
Bennington, Nimrod VA 20th Cav. Co.H
Bennington, Thomas TN Cav. 1st Bn. (McNairy's) Co.A
Bennington, T.R.D. TN 22nd (Barteau's) Cav. Co.A
Bennington, William AL 31st Inf.
Bennington, William E. TX 11th (Spaight's) Bn.Vol. Co.C
Bennington, William N. VA 46th Inf. 1st Co.G
Bennington, W.J. TN 16th Inf. Co.D Sgt.
Bennion, S.E. GA 1st Inf. (St.Guards) Co.G
Bennison, B.R. MS 8th Inf. Co.A
Bennison, Hugh TX 1st Regt.St.Troops Co.B
Bennison, Richard TX 19th Cav. Co.G
Bennison, T. MS 8th Inf. Co.A
Bennison, Walter TX 1st Regt.St.Troops Co.B
Bennison, William P. AL 18th Inf. Co.D
Benniss, Cyrus T. Gen. & Staff AQM
Bennisson, H. TX 2nd Inf. Co.F
Bennisson, W. TX 2nd Inf. Co.F
Bennit, Albert G. AL 12th Cav. Co.A Capt.
Bennit, N.M. TN 28th (Cons.) Inf. Co.I
Bennitt, Anthony LA 15th Inf. Co.F
Bennitt, Benjamin F. MS 13th Inf. Co.C Cpl.
Bennitt, William TX Conscr.
Benno, ---, Jr. LA Mil. 2nd Regt. French Brig. Co.3
Benno, ---, Sr. LA Mil. 2nd Regt. French Brig. Co.3
Bennom, H. 1st Chickasaw Inf. Minnis' Co. Cpl.
Bennon, Charles LA 1st (Strawbridge's) Inf. Co.G
Bennon, W.T. GA 29th Inf. Co.C
Benns, Charles GA Inf. 2nd Bn. Co.B
Benns, H.L.C. TN 48th (Nixon's) Inf. Co.K
Benns, J.B. SC Arty. Manigault's Bn. Co.E
Benns, John SC Hvy.Arty. Gilchrist's Co. (Gist Guard)
Benns, William W. TN 32nd Inf. Co.C Cpl.
Benns, W.W. TN 35th Inf. 2nd Co.I
Benny, Charles MO 4th Cav. Co.F,G
Benny, Green Mead's Conf.Cav. Co.I
Benny, H.J. MO 12th Inf. Co.I
Bennyfield, James GA Inf. 10th Bn. Co.B
Benoas, Charles LA 6th Inf. Co.E
Benoid, Ellysse LA Mil. LaFourche Regt. Co.A
Benoin, James NC 1st Inf. Co.G
Benoist, A. LA Mil. British Guard Bn. West's Co.
Benoist, Augustin LA Inf. 10th Bn. Co.H
Benoist, Cornelius J. MS 2nd Part.Rangers Co.F,D
Benoist, Daniel NC 23rd Inf. Co.D
Benoist, F. LA Inf.Crescent Regt. Co.H
Benoist, J. LA Mil. 1st Regt. French Brig. Co.4
Benoist, James NC 23rd Inf. Co.D
Benoist, James F. MS Inf. 2nd Bn. Co.D
Benoist, J.F. MS 48th Inf. Co.D
Benoist, Jn. D. LA 2nd Res.Corps Co.B
Benoist, John J. NC 38th Inf. Co.E
Benoist, Joseph LA Inf. 10th Bn. Co.H
Benoist, V.S. LA 8th Cav. Co.K
Benoit, A. LA Inf.Cons. 18th Regt. & Yellow Jacket Bn. Co.E
Benoit, Alexander LA 15th Inf. Co.H
Benoit, Asnaelis LA Mil. LaFourche Regt.
Benoit, C. LA Mil. Chalmette Regt. Co.K
Benoit, Claiborne J. LA 18th Inf. Co.G
Benoit, Cmen. LA Inf. 16th Bn. (Conf.Guards Resp.Bn.) Co.B
Benoit, Emile LA Inf. 10th Bn. Drum.
Benoit, Emile LA Inf.Cons. 18th Regt. & Yellow Jacket Bn. Drum.
Benoit, Ernest AR 35th Inf. Co.G
Benoit, E.T. MS 10th Inf. Old Co.E
Benoit, F. LA Mil. LaFourche Regt.
Benoit, Felix Conf.Inf. 8th Bn.
Benoit, Francis LA Inf. 16th Bn. (Conf.Guards Resp.Bn.) Co.B
Benoit, Francois LA C.S. Zouave Bn. Co.A
Benoit, Francois TX 11th (Spaight's) Bn.Vol. Co.E
Benoit, J. TX 6th Field Btty.
Benoit, J. TX Lt.Arty. Dege's Bn.
Benoit, James W. MS 14th Inf. Co.K Capt.
Benoit, J.B. LA Inf.Cons. 18th Regt. & Yellow Jacket Bn. Co.I
Benoit, Jean LA 28th (Thomas') Inf. Co.K
Benoit, Jean Baptiste LA 18th Inf. Co.F
Benoit, John TX Cav. Ragsdale's Bn. Co.A
Benoit, John TX 13th Vol. 3rd Co.K
Benoit, Joseph LA Williams Res.Corps Cpl.
Benoit, Julien LA 2nd Res.Corps Co.K
Benoit, J.W. Gen. & Staff Capt.,AAG
Benoit, Michel TX Cav. Ragsdale's Bn. Co.A
Benoit, Octave LA Mil. LaFourche Regt.
Benoit, Ozeme LA 30th Inf. Co.H
Benoit, Paulin LA Mil. LaFourche Regt.
Benoit, Peter LA Mil. LaFourche Regt.
Benoit, Placide LA 3rd (Harrison's) Cav. Co.K
Benoit, Philia. LA 4th Inf. Co.E
Benoit, R. LA 18th Inf. Co.H
Benoit, Ulysse LA 18th Inf. Co.G
Benoit, V. LA Inf.Cons. 18th Regt. & Yellow Jacket Bn. Co.G
Benom, J. 3rd Conf.Inf. Co.E

Benot, Auguste LA C.S. Zouave Bn. Co.A
Benot, Joseph LA Mil. 1st Native Guards
Benot, Julien LA Inf. 16th Bn. (Conf.Guards Resp.Bn.) Co.E
Benot, Julien LA Inf.Cons.Crescent Regt. Co.E
Benot, L. LA Mil. 1st Regt. French Brig. Co.3
Benoy, --- LA Mil. 3rd Regt.Eur.Brig. (Garde Francaise) Drum.
Benoy, Alexander NC 3rd Inf. Co.C
Bens, Cane TN 19th (Biffle's) Cav. Co.D
Bens, T.W. LA 2nd Inf. Co.G Cpl.
Bensadon, Joseph Gen. & Staff Surg.
Bensan, A. TX 8th Inf. Co.G
Bensch, W.J. SC 3rd Cav. Co.G
Benschler, S. SC 1st Regt. Charleston Guard Co.I
Bense, I. SC Arty. Manigault's Bn. Co.A
Bense, J. SC Mil.Arty. 1st Regt. Harms' Co.
Bense, J. SC Arty. Melchers' Co. (Co.B, German Arty.)
Bense, J.R. LA 1st (Nelligan's) Inf. Co.H
Bense, J.S. GA Phillips' Legion Co.D
Bensel, Charles LA Mil. Conf.Guards Regt. Co.I
Bensel, Chris LA Mil. Conf.Guards Regt. Co.I
Bensel, Henry LA Mil. Fire Bn. Co.C Sgt.
Bensel, Len LA 21st (Kennedy's) Inf. Co.F
Bensel, R. LA 1st (Strawbridge's) Inf. Co.D
Benseman, H. Gen. & Staff En.Off.
Bensen, H. SC Mil. 16th Regt. Stiles' Co.
Benshe, Wm. AL 3rd Inf. Co.L
Benshidder, N. TN 2nd (Robison's) Inf. Co.F
Benshoof, John VA 5th Inf. Co.K
Bensil, Leonard LA 1st (Strawbridge's) Inf. Co.F
Bensing, Martin LA 14th Inf. Co.K
Bensky, J.W. NC 22nd Inf. Co.B
Bensley, A.J. TN 8th Inf. Co.H
Bensley, J. AL 1st Hoss Co.D
Bensley, M. LA 33rd Inf. Co.H
Bensly, Hamton SC 16th Inf. Co.K
Bensly, J. AL 6th Inf. Co.E
Benson, ---, 1st TX Cav. McCord's Frontier Regt. Co.A
Benson, --- TX Cav. Steele's Command Co.A
Benson, A. MS 1st Lt.Arty. Co.D
Benson, A. SC 2nd Bn.S.S. Co.C
Benson, A. SC Inf. Holcombe Legion Co.D
Benson, A.B. AL Lt.Arty. Clanton's Btty.
Benson, Abe. M. SC 5th Res. Co.C 1st Lt.
Benson, Abner M. LA 19th Inf. Co.F
Benson, A.E. AL 8th Cav. Co.B Cpl.
Benson, A.F. GA 46th Inf. Co.H
Benson, A.H. VA 11th Inf. Co.G Hosp.Stew.
Benson, A.J. AL 4th Res. Co.F Cpl.
Benson, A.J. AL 5th Inf. New Co.I
Benson, A.J. SC Hvy.Arty. 15th (Lucas') Bn. Co.C
Benson, A.J. TN 1st (Carter's) Cav. Co.K
Benson, Albert J. TX 13th Vol. 2nd Co.C
Benson, Ales D. TN 7th Inf. Co.K Cpl.
Benson, Alexander SC 2nd St.Troops Co.K
Benson, Alexander C. NC 29th Inf. Co.F
Benson, Alonzo D.V. TN 44th Inf. Co.I Cpl.
Benson, Alonzo D.V. TN 44th (Cons.) Inf. Co.A Sgt.
Benson, A.M. GA Inf. 18th Bn. (St.Guards) Co.E
Benson, Amos VA 4th Cav. Co.A Cpl.
Benson, Andrew J. AR 2nd Mtd.Rifles Co.B
Benson, Andrew J. GA 1st (Fannin's) Res. Co.I
Benson, Andrew J. GA 30th Inf. Co.G
Benson, Andrew J. NC 3rd Arty. (40th St.Troops) Co.K
Benson, Archibald T. NC 3rd Inf. Co.H Cpl.
Benson, Argile TN 23rd Inf. Co.H Cpl.
Benson, Asa T. VA 32nd Inf. 1st Co.K
Benson, B. SC 2nd Bn.S.S. Co.C
Benson, B. SC Inf. Holcombe Legion Co.D
Benson, Ben H. MS 1st Cav. Co.D Bvt.2nd Lt.
Benson, Benjamin F. AR 8th Inf. New Co.C
Benson, Benjamin H. AR 4th Inf. Co.K
Benson, Benjamin N. VA Cav. Young's Co.
Benson, Benjmin H. AR Cav. Wright's Regt. Co.E Sgt.
Benson, Berry B. TN 12th (Green's) Cav. Co.B Maj.
Benson, Berry G. SC 1st (McCreary's) Inf. Co.H 1st Sgt.
Benson, B.F. SC 2nd Arty. Co.G
Benson, B.F. TN 3rd (Forrest's) Cav. Co.H,G Orderly Sgt.
Benson, B.G. LA 1st Inf. Co.H
Benson, B.G. MS Cav. 2nd Bn.Res. Co.B
Benson, B.G. SC 1st Inf. Co.I
Benson, B.K. SC 1st Inf. Co.I
Benson, Blackwood K. SC 1st (McCreary's) Inf. Co.H Cpl.
Benson, Burrell A. GA 30th Inf. Co.I
Benson, C. LA 7th Cav. Co.C
Benson, C. LA Washington Arty.Bn. Co.5
Benson, Caleb 1st Chickasaw Inf. Wallace's Co.
Benson, C.B. MS 16th Inf. Co.B Cpl.
Benson, C.E. VA Lt.Arty. 13th Bn. Co.A
Benson, Charles NC 2nd Jr.Res. Co.H
Benson, Charles C. NC 24th Inf. Co.I
Benson, Charles H. NC 55th Inf. Co.G
Benson, Charles P. VA 1st Arty. Co.H
Benson, Charles P. VA Arty. C.F. Johnston's Co.
Benson, Charles P. Gen. & Staff Hosp.Stew.
Benson, Christopher C. VA 6th Inf. Co.D 2nd Lt.
Benson, C.J. AL 18th Inf. Co.K
Benson, C.J. MS 43rd Inf. Co.C
Benson, C.K. Gen. & Staff Hosp.Stew.
Benson, C.P. VA 3rd Inf.Loc.Def. Co.I
Benson, C.P. Hosp.Stew.
Benson, C.W. LA Hvy.Arty. 8th Bn. Co.A
Benson, Daniel AL 4th Cav. Co.H
Benson, Daniel AR Cav. 1st Bn. (Stirman's) Co.F
Benson, Daniel D. MS 16th Inf. Co.B Sgt.
Benson, Daniel J. NC 2nd Arty. (36th St.Troops) Co.G
Benson, David NC 1st Inf. (6 mo. '61) Co.E
Benson, David F. NC 60th Inf. Co.E
Benson, D.B. VA 15th Inf. Co.D Asst.Surg.
Benson, D.B. VA 53rd Inf. Asst.Surg.
Benson, D.B. Gen. & Staff Asst.Surg.
Benson, D.D. TX Cav. Crump's Regt. Co.H
Benson, Douglass B. VA 15th Inf. Co.I
Benson, D.W. MS 28th Cav. Co.G
Benson, Dye P. TX 2nd Cav. Co.B
Benson, E. TX 20th Inf. Co.K
Benson, E.D. AR 34th Inf. Co.I
Benson, Edward LA 21st (Patton's) Inf. Co.H Drum.
Benson, Eli AR 35th Inf. Co.H
Benson, Eli GA 7th Inf. Co.F Capt.
Benson, Eli TN 23rd Inf. 1st Co.F, Co.H
Benson, Ellis AL 16th Inf. Co.A
Benson, Ellis MS Cav. 3rd Bn. (Ashcraft's) Co.A
Benson, Enoch M. GA 41st Inf. Co.B
Benson, E.R. AL 62nd Inf. Co.C
Benson, E.T. GA 22nd Inf. Co.C
Benson, F. LA 4th Cav. Co.B
Benson, F. TX 1st Hvy.Arty. Co.E
Benson, Fayette MS Cav. Gibson's Co.
Benson, F.M. AR 32nd Inf. Co.B
Benson, F.M. LA 1st Inf. Co.G
Benson, Francis NC 3rd Inf. Co.H
Benson, Francis L. VA 9th Inf. Co.K
Benson, Francis R. VA 9th Inf. Co.K
Benson, Francis R. Sig.Corps,CSA 1st Sgt.
Benson, Franklin L. LA 3rd Inf. Co.C
Benson, Frederick A. AR 18th Inf. Co.B Sgt.
Benson, G. LA Mil. 4th Regt. 1st Brig. 1st Div. Co.E
Benson, G.A. GA 2nd Res. Co.E
Benson, Galien A. TN 14th Inf. Co.I
Benson, G.C. TN 7th (Duckworth's) Cav. Co.D
Benson, George TN 15th (Cons.) Cav. Co.E
Benson, George TN 9th Inf. Co.F
Benson, George H. MS 17th Inf. Co.F
Benson, George H. MS 34th Inf. Co.E
Benson, George H. VA 40th Inf. Co.E
Benson, George L. GA 40th Inf. Co.A
Benson, George P. AL 10th Inf. Co.F
Benson, George P. LA Mil. Chalmette Regt. Co.F
Benson, George W. AL 1st Inf. Co.F
Benson, George W. GA Arty. 11th Bn. (Sumter Arty.) New Co.C
Benson, George W. MS 10th Cav. Co.G 1st Sgt.
Benson, George W. MS 2nd Inf. Co.E
Benson, George W. MO Cav. Wood's Regt. Co.H
Benson, George W. NC 2nd Arty. (36th St.Troops) Co.H
Benson, George W. NC 33rd Inf. Co.I,H Cpl.
Benson, G.F. MS 1st Cav. Co.D
Benson, G.H. TN 7th (Duckworth's) Cav. Co.B
Benson, G.R. Conf.Cav. Powers' Regt. Co.A Sgt.
Benson, G.W. AR Cav. McGehee's Regt. Co.I
Benson, G.W. TN 7th (Duckworth's) Cav. Co.D 2nd Bugler
Benson, G.W. TN Lt.Arty. Rice's Btty.
Benson, G.W. TN 23rd Inf. 1st Co.F, Co.H
Benson, H. LA Mil. Conf.Guards Regt. Band
Benson, H. SC 1st Regt. Charleston Guard Co.G
Benson, H. TX 1st Hvy.Arty. Co.E
Benson, H.A. AL 40th Inf. Co.G
Benson, Hardy W. MS 44th Inf. Co.E
Benson, Harrison NC 16th Inf. Co.I Music.
Benson, Henry AL 31st Inf. Co.C,G
Benson, Henry GA 2nd Cav. (St.Guards) Co.K
Benson, Henry SC Mil.Cav. Theo. Cordes' Co.
Benson, Henry VA 27th Inf. Co.B
Benson, Henry A. NC 4th Cav. (59th St.Troops) Co.E

Benson, Henry C. NC 1st Cav. (9th St.Troops) Co.F Sgt.
Benson, Henry C. VA 9th Cav. Co.C
Benson, Henry G. VA 11th Inf. Co.A
Benson, Henry J. GA 41st Inf. Co.E
Benson, H.G. VA 3rd Inf.Loc.Def. Co.I Cpl.
Benson, H.W. MS 9th Inf. Co.E
Benson, I.I. AL 4th (Russell's) Cav. Co.H
Benson, Isaac TX 6th Inf. Co.D
Benson, Isaac S. AL 11th Cav. Co.C
Benson, Isom G. AL 6th Inf. Co.C Cpl.
Benson, J. GA 46th Inf. Co.H
Benson, J. KY 7th Cav. Co.B
Benson, J. LA Mil. British Guard Bn. Coburn's Co.
Benson, J. MS Cav. 3rd Bn. (Ashcraft's) Co.A
Benson, J. SC 4th Cav. Co.F
Benson, J. SC Cav. 12th Bn. Co.D
Benson, J. TN 21st (Wilson's) Cav. Co.C
Benson, J. Conf.Reg.Inf. Brooks' Bn. Co.A
Benson, J.A. AR 12th Inf. Co.F
Benson, Jabus T. TX 2nd Inf. Co.H
Benson, Jacob VA 25th Inf. 2nd Co.H Sgt.
Benson, James LA 22nd Inf. Jones' Co.
Benson, James LA 26th Inf.
Benson, James MS 2nd Cav. Co.C
Benson, James MS Cav. Gibson's Co.
Benson, James MS 8th Inf. Co.B
Benson, James MS 13th Inf. Co.K
Benson, James MO 8th Cav. Co.F
Benson, James NC 8th Inf. Co.A
Benson, James SC 1st Arty. Co.C
Benson, James SC 4th Bn.Res. Co.B
Benson, James SC Inf. Holcombe Legion Co.F
Benson, James TN 9th (Ward's) Cav. Co.F Cpl.
Benson, James TN 26th Inf. Co.C
Benson, James VA 41st Inf.
Benson, James A. AL Mil. 4th Vol. Co.E
Benson, James A. AL 38th Inf. Co.A
Benson, James A. GA 22nd Inf. Co.F
Benson, James C. MS 1st Lt.Arty. Co.L,E
Benson, James C. NC 2nd Cav. (19th St.Troops) Co.B
Benson, James C. NC 20th Inf. Co.A Music.
Benson, James E. VA Hvy.Arty. 19th Bn. Co.B
Benson, James E. VA 39th Inf. Co.D
Benson, James F. VA 27th Inf. Co.B,G
Benson, James H. AL 9th Inf. Co.G 1st Sgt.
Benson, James H. TN 23rd Inf. 1st Co.F, Co.H
Benson, James H. VA 20th Cav. Co.A
Benson, James H. VA 31st Inf. 2nd Co.B
Benson, James J. AL 28th Inf. Co.F
Benson, James M. AL 24th Inf. Co.C
Benson, James M. AL 41st Inf. Co.D Cpl.
Benson, James M. NC 20th Inf. Co.G
Benson, James M. TN 37th Inf. Co.E
Benson, James N. KY 3rd Mtd.Inf. Co.E
Benson, James R. AL 17th Inf. ACS
Benson, James R. Gen. & Staff Asst.Comsy.
Benson, James S. AL 48th Inf. Co.E 1st Sgt.
Benson, James W. MS 30th Inf. Co.E
Benson, Jasper TN 55th (Brown's) Inf. Co.F
Benson, J.B. AR 11th & 17th Cons.Inf. Co.C
Benson, J.C. GA Cav. 1st Bn.Res. Stark's Co. 2nd Lt.
Benson, J.C. NC Mil. 120th Regt. Co.K Capt.
Benson, J.D. MS 31st Inf. Co.B
Benson, J.E. AL 14th Inf. Co.H
Benson, J.E. KY 1st (Helm's) Cav. New Co.G
Benson, J.E. VA 3rd Inf.Loc.Def. Co.I
Benson, Jefferson F. GA Arty. 9th Bn. Co.A
Benson, Jeremiah SC 10th Inf. 2nd Co.G Cpl.
Benson, Jesse B. MS 30th Inf. Co.F Cpl.
Benson, Jesse J. NC 2nd Arty. (36th St.Troops) Co.B,H
Benson, Jesse W. NC 45th Inf. Co.B
Benson, J.F. AL 15th Inf. Co.H
Benson, J.F. GA Inf. 1st Loc.Troops (Augusta) Co.E
Benson, J.F. MS 28th Cav. Co.H
Benson, J.G. 14th Conf.Cav. Co.H
Benson, J.H. NC 2nd Arty. (36th St.Troops) Co.H
Benson, J.H. TN 9th Inf. Co.F
Benson, J.H.C. TN Lt.Arty. Huggins' Co.
Benson, J.H.D. GA 2nd Inf. Co.B
Benson, J.H.L. GA 37th Inf. Co.H
Benson, J.J. TN 4th (McLemore's) Cav. Co.B
Benson, J.J. TN 55th (Brown's) Inf. Co.G
Benson, J.L. GA 2nd Inf. Co.I
Benson, J.L. GA Inf. 9th Bn. Co.E
Benson, J.L.M. AR 32nd Inf. Co.I
Benson, J.M. AR 1st Cav. Co.I
Benson, J.M. GA 28th Inf. Co.D
Benson, J.M. MS Cav. 1st Bn. (McNair's) St.Troops Co.C
Benson, J.M. SC 2nd Inf. Co.K
Benson, J.M. SC 5th Inf. 1st Co.F, 2nd Co.K 1st Lt.
Benson, J.N. AR 12th Inf. Co.E
Benson, J.N. GA Inf. Dozier's Co.
Benson, John AL 56th Part.Rangers Co.F
Benson, John AL 30th Inf. Co.E
Benson, John AL 50th Inf. Co.I Sgt.
Benson, John AR 8th Inf. New Co.E
Benson, John AR 32nd Inf. Co.I
Benson, John KY 5th Cav. Co.G
Benson, John KY 7th Cav. Co.G
Benson, John KY 11th Cav. Co.H
Benson, John LA Mil. 2nd Regt. 2nd Brig. 1st Div.
Benson, John LA Mil. 4th Regt. 1st Brig. 1st Div. Co.K
Benson, John LA 22nd Inf. Co.A
Benson, John NC 57th Inf. Co.K
Benson, John SC 6th Inf. 2nd Co.A
Benson, John SC 16th Inf. Co.C
Benson, John SC 16th & 24th (Cons.) Inf. Co.F
Benson, John TN 21st (Wilson's) Cav. Co.H
Benson, John TN 21st & 22nd (Cons.) Cav. Co.H
Benson, John TN Inf. 23rd Bn. Co.B
Benson, John TN 25th Inf. Co.K
Benson, John TN 26th Inf. Co.C
Benson, John TX 26th Cav. Co.A
Benson, John TX 28th Cav. Co.K
Benson, John TX Cav. Durant's Co.
Benson, John TX Cav. Madison's Regt. Co.B
Benson, John VA 6th Cav. Co.E
Benson, John VA 27th Inf. Co.D
Benson, John Conf.Reg.Inf. Brooks' Bn. Co.A
Benson, John B. TN 41st Inf. Co.G
Benson, John B. TN 44th (Cons.) Inf. Co.A
Benson, John C. KY 1st Bn.Mtd.Rifles Co.A
Benson, John C. TN 38th Inf. 1st Co.H
Benson, John C. TX 14th Inf. Co.D
Benson, John E. VA 14th Inf. Co.E Sgt.
Benson, John G. VA 25th Inf. 2nd Co.H
Benson, John H. TN Inf. 23rd Regt. Co.H
Benson, John M. GA 16th Inf. Co.K
Benson, John M. GA 40th Inf. Co.A
Benson, John M. LA Inf.Crescent Regt. Co.G
Benson, John M. NC 2nd Arty. (36th St.Troops) Co.B 1st Sgt.
Benson, John M. Gen. & Staff 1st Lt.,Dr.M
Benson, John P. AR Cav. Wright's Regt. Co.H
Benson, John R. 1st Conf.Inf. 2nd Co.F
Benson, John S. MO 3rd Inf. Co.H Cpl.
Benson, John U. NC 50th Inf. Co.D
Benson, John W. AL Lt.Arty. Clanton's Btty.
Benson, John W. AL Inf. 1st Regt. Co.I
Benson, John W. GA 7th Inf. Co.F 1st Lt.
Benson, John W. MO Robertson's Regt.St.Guard Co.1
Benson, John W. NC 28th Inf. Co.A
Benson, John W. TN 18th Inf. Co.H
Benson, John W. VA 25th Inf. 2nd Co.H
Benson, Joseph VA 11th Cav. Co.A Cpl.
Benson, Joseph F. SC 2nd Rifles Co.A
Benson, Joseph P. AL Inf. 1st Regt. Co.B,I 2nd Lt.
Benson, Joseph P. MS 2nd Inf. Co.G
Benson, Joseph S. TX Waul's Legion Co.A
Benson, Joseph W. TX Cav. Morgan's Regt. Co.B Bugler
Benson, J.P. AR 37th Inf. Co.I
Benson, J.P. TX 1st Hvy.Arty.
Benson, J.R. NC 5th Inf. Co.D Cpl.
Benson, J.R. TX 15th Inf. Co.I Sgt.
Benson, J.S. NC 4th Sr.Res. Co.F
Benson, J.S. VA 4th Cav. Co.G
Benson, J.T. GA 46th Inf. Co.H
Benson, J.T. TX 33rd Cav. Co.F
Benson, J.W. GA Inf. 1st City Bn. (Columbus) Co.A
Benson, J.W. MO Cav. Ford's Bn. Co.C
Benson, J.W. SC 4th Cav. Co.H
Benson, J.W. SC Cav. 10th Bn. Co.D
Benson, J.W. TN 27th Cav. Co.I
Benson, L. MS Moseley's Regt.
Benson, L. MO 7th Cav. Co.G
Benson, Lafayette TN 22nd Cav. 2nd Lt.
Benson, Lafayette TN 44th (Cons.) Inf. Co.I
Benson, Lafayette F. TN 55th (McKoin's) Inf. Co.I
Benson, Levi, Jr. NC 2nd Arty. (36th St.Troops) Co.B
Benson, Levi S. NC 2nd Arty. (36th St.Troops) Co.B
Benson, L.F. TN 21st (Carter's) Cav. Co.G 2nd Lt.
Benson, L.L. MS Cav. Yerger's Regt. Co.B Sgt.
Benson, L.M. AR Inf. 4th Bn. Co.B
Benson, L.S. SC 14th Inf. Co.H
Benson, Martin NC 2nd Jr.Res. Co.I Sgt.
Benson, Mathias N. TN 3rd (Lillard's) Mtd.Inf. Co.G 1st Sgt.
Benson, M.C. GA 20th Inf. Co.D
Benson, M.C. GA 22nd Inf. Co.E
Benson, M.C. KY 12th Cav. Co.C,K
Benson, M.E. AR 6th Inf. Co.C

Benson, Milton L. TX 2nd Cav. Co.I
Benson, M.R. KY 3rd Mtd.Inf. Co.E
Benson, M.W. AL 7th Inf. Co.E
Benson, Moses W. AL Cav. Lewis' Bn. Co.E
Benson, Moses W. AL 10th Inf. Co.C
Benson, Nathan NC 35th Inf. Co.I
Benson, Nathaniel KY 5th Mtd.Inf. Co.H
Benson, Nathaniel J. TX Waul's Legion Co.A
Benson, N.C. TN 55th (Brown's) Inf. Co.F
Benson, Newton TN 21st (Wilson's) Cav. Co.C
Benson, Newton Jasper 4th Conf.Inf. Co.I Capt.
Benson, N.H. GA Phillips' Legion Co.C
Benson, N.J. MO 7th Cav. Co.G
Benson, N.J. Forrest's Scouts T. Henderson's Co.,CSA
Benson, Noah AL 38th Inf. Co.A
Benson, O. GA 16th Inf. Co.H
Benson, O. VA 54th Mil. Co.H
Benson, Oscar GA 3rd Bn.S.S. Co.E Sgt.
Benson, Otis S. VA Lt.Arty. Grandy's Co.
Benson, Otis S. Conf.Lt.Arty. Richardson's Bn. Co.C
Benson, Payton G.B. NC 20th Inf. Co.A Cpl.
Benson, P.B. SC 1st St.Troops Co.H Sgt.
Benson, Perrin SC Inf. Hampton Legion Co.F
Benson, Perrin VA 1st St.Res. Co.C
Benson, Peru H. AR 23rd Inf. Co.I 1st Lt.
Benson, P.P. TN 1st Cav.
Benson, P.P. TN 16th (Logwood's) Cav. Co.K
Benson, Preston VA 25th Inf. 2nd Co.H
Benson, Prue B. SC 3rd Res. Co.F Cpl.
Benson, Pruit C. TX 10th Inf. Co.F
Benson, R.A. AL 50th Inf. Co.I
Benson, R.A. GA 63rd Inf. Co.G
Benson, R.C. AR 37th Inf. Co.I
Benson, R.C. TN 3rd (Forrest's) Cav. Co.A
Benson, R.E. GA 3rd Res. Co.B Cpl.
Benson, Reuben C. AL 4th Inf. Co.B
Benson, Richard A. GA 30th Inf. Co.D
Benson, Richard A. Gen. & Staff Capt.,ACS
Benson, Richard C. GA 36th (Villepigue's) Inf. Co.I Sgt.
Benson, Richard H. VA 15th Inf. Co.B
Benson, Rily AR 15th (Johnson's) Inf. Co.B
Benson, R.L. AR 18th Inf. Co.I
Benson, R.M. GA 7th Inf. (St.Guards) Co.A
Benson, R.M. MS Inf. 2nd Bn. Co.B
Benson, R.M. MS 48th Inf. Co.B
Benson, Robert AR 38th Inf. Co.C
Benson, Robert GA 27th Inf. Co.A
Benson, Robert MO 15th Cav. Co.H
Benson, Robert A. TN 38th Inf. 1st Co.H
Benson, Robert L. NC 49th Inf. Co.C
Benson, R.P. AL 38th Inf. Co.A
Benson, R.P. NC 56th Inf. Co.K
Benson, R.S. AL 13th Inf. Co.H
Benson, R.T. SC 16th Inf. Co.G 2nd Lt.
Benson, Rufus H. AL 10th Inf. Co.C
Benson, R.W. TN 7th (Duckworth's) Cav. Co.E
Benson, S. AR 8th Inf. New Co.A
Benson, S. GA 59th Inf. Co.G
Benson, S. LA Mtd.Rifles Miller's Ind.Co.
Benson, S. TX 15th Cav. Co.K
Benson, Samuel GA Inf. 10th Bn. Co.D
Benson, Samuel TX 2nd Field Btty. Sgt.
Benson, Samuel TX St.Troops Teel's Co.
Benson, Samuel 7th Conf.Cav. Co.D
Benson, Samuel G. SC 1st Arty. Co.D
Benson, Samuel G. TN 16th Inf. Co.F
Benson, Samuel M. LA 1st (Nelligan's) Inf. Co.G
Benson, Samuel M. TX Cav. Sutton's Co.
Benson, Samuel S. NC 49th Inf. Co.C
Benson, Sanders W. MS 17th Inf. Co.F Capt.
Benson, S.C. LA Res.Corps
Benson, S.E. AR 3rd Cav. Co.A
Benson, S.F. NC 57th Inf. Co.I
Benson, S.H. AL 20th Inf. Co.G Sgt.
Benson, Shelton GA Arty. 9th Bn. Co.D
Benson, S.M. TX 21st Cav. Co.C
Benson, Solomon AL 4th (Russell's) Cav. Co.G
Benson, Solomon NC 60th Inf. Co.E
Benson, Spencer AL 48th Inf. Co.E Sgt.
Benson, Theodore VA 6th Inf. Co.D
Benson, Thomas AL 12th Inf. Co.C
Benson, Thomas GA 1st Cav. Co.A
Benson, Thomas NC 60th Inf. Co.H
Benson, Thomas SC 2nd Inf. Co.F
Benson, Thomas B. SC 1st (Orr's) Rifles Co.A QMSgt.
Benson, Thomas E. NC 2nd Arty. (36th St.Troops) Co.F
Benson, Thomas E. NC 2nd Inf. Co.E
Benson, Thomas H. AL 10th Inf. Co.C
Benson, Thomas H. SC 16th Inf. Co.K
Benson, Thomas J. TN 9th Cav.
Benson, Thomas P. SC 4th Inf. Co.B Bvt.2nd Lt.
Benson, Thomas P. SC Palmetto S.S. Co. Capt.
Benson, Thomas W.L. NC 3rd Inf. Co.H
Benson, T.J. GA Inf. 1st Loc.Troops (Augusta) Co.E
Benson, T.J. MS 28th Cav. Co.H
Benson, T.M. AL 40th Inf. Co.H
Benson, U. MS 1st Cav.
Benson, U.Z. TN 15th (Cons.) Cav. Co.E
Benson, Virgil SC 7th Inf. 1st Co.B
Benson, Virgil S. SC 2nd Inf. Co.F
Benson, W. MS 7th Cav. Co.A
Benson, W. TX 15th Cav. Co.K
Benson, W.A. KY Morgan's Men Co.H
Benson, W.A. SC 22nd Inf. Co.B Capt.
Benson, Wade H. VA 20th Cav. Co.G
Benson, W.B. AL Lt.Arty. Goldthwaite's Btty.
Benson, W.B. GA Cherokee Legion (St.Guards) Co.D
Benson, W.C. AL 16th Inf. Co.A
Benson, W.C. AL 17th Inf. Co.H
Benson, W.C. AR 6th Inf. 1st Co.B
Benson, W.C. AR 7th Inf. Co.H
Benson, W.C. MS 31st Inf. Co.D
Benson, W.C. TN 22nd (Barteau's) Cav. Co.D
Benson, W.C. TN 21st Inf. Co.F
Benson, W.E. TN 14th Inf. Co.C Sgt.
Benson, Wesley D. TN 44th (Cons.) Inf. Co.A
Benson, W.F. TN Cav. 11th Bn. (Gordon's) Co.A
Benson, W.G. MS 43rd Inf. Co.F
Benson, W.H. AL Inf. 1st Regt. Co.D
Benson, W.H. AL 25th Inf. Asst.Surg.
Benson, W.H. GA Inf. 2nd Bn. Asst.Surg.
Benson, W.H. LA 2nd Cav. Co.F Sgt.
Benson, W.H. LA 3rd Inf. Co.C
Benson, W.H. MS 4th Cav. Co.B
Benson, W.H. SC 5th Inf. Asst.Surg.
Benson, Wiley A. AL 48th Inf. Co.E
Benson, William AL 20th Inf. Co.G Sgt.
Benson, William AL 21st Inf. Co.F
Benson, William AL 61st Inf. Co.G
Benson, William AR 7th Inf. Co.D
Benson, William AR Inf. Hardy's Regt. Co.A
Benson, William GA 19th Inf. Co.F 2nd Lt.
Benson, William GA 20th Inf. Co.D
Benson, William LA 1st Cav. Co.C
Benson, William MS 28th Cav. Co.H 2nd Lt.
Benson, William MO 7th Cav. Co.F
Benson, William SC 7th Inf. 1st Co.C, 2nd Co.C
Benson, William TX 35th (Brown's) Cav. Co.A Capt.
Benson, William TX 13th Vol. 1st Co.B 1st Lt.
Benson, William A. TX Cav. Hardeman's Regt. Co.F Cpl.
Benson, William B. AL 6th Inf. Co.E
Benson, William C. AL 17th Inf. Co.K
Benson, William C. AR 4th Inf. Co.A Cpl.
Benson, William C. MS Cav. 4th Bn. Roddey's Co.
Benson, William C. MS 2nd Inf. Co.E
Benson, William C. NC 24th Inf. Co.I Sgt.
Benson, William C. VA 20th Cav. Co.G,H
Benson, William E. VA 22nd Inf. Co.G
Benson, William F. NC 42nd Inf. Co.A Cpl.
Benson, William F. TX 35th (Brown's) Cav. Co.D
Benson, William Gill MO Inf. 1st Bn. Co.B
Benson, William H. AL 3rd Inf. Co.I
Benson, William H. GA Inf. 10th Bn. Asst.Surg.
Benson, William H. MS Cav. Stockdale's Bn. Co.A,B
Benson, William H. VA 20th Cav. Co.D
Benson, William H. VA 1st St.Res. Co.C
Benson, William H. Gen. & Staff Asst.Surg.
Benson, William L.C. VA 31st Inf. 2nd Co.B
Benson, William L.D. NC 52nd Inf. Co.A Cpl.
Benson, William M. GA Lt.Arty. Croft's Btty. (Columbus Arty.)
Benson, William O. MS 2nd Inf. Co.E
Benson, William T. GA 10th Inf. Co.F
Benson, William W. NC 3rd Inf. Co.H
Benson, William W. VA Cav. 46th Bn. Co.C
Benson, William W. VA 31st Inf. Co.E Sgt.
Benson, Willis GA 8th Inf. (St.Guards) Co.E Cpl.
Benson, Willis K. SC 2nd Cav. Co.K Sgt.
Benson, Willis K. SC Cav.Bn. Hampton Legion Co.B Sgt.
Benson, Willis S. AL 28th Inf. Co.G
Benson, Wilson AR Mil. Desha Cty.Bn
Benson, Wilson NC 35th Inf. Co.G
Benson, Wilson NC 60th Inf. Co.D
Benson, W.J. TN 30th Inf. Co.A 1st Lt.
Benson, W.L. TN 7th (Duckworth's) Cav. Co.E
Benson, W.S. KY Cav. 2nd Bn. (Dortch's) Co.D Cpl.
Benson, W.T. AL Mil. 4th Vol. Co.E
Benson, W.T. AL 38th Inf. Co.A
Benson, W.T. TN 23rd Inf. 1st Co.F, Co.H
Benson, W.T. TX Cav. McCord's Frontier Regt. 2nd Co.A Cpl.
Benson, W.W. GA 1st (Fannin's) Res. Co.F
Benson, W.W. MS 40th Inf. Co.D

Benson, Wyatt W. GA 45th Inf. Co.I
Benson, Z. SC 1st (McCreary's) Inf. Co.H
Bensson, James MS Wilkinson Cty. Minute Men Co.A
Benster, James LA 18th Inf. Co.K
Benston, Noah NC 45th Inf. Co.C
Bensy, J. FL Kilcrease Lt.Arty.
Bent, Andrew MS 22nd Inf. Co.C
Bent, Archelaus VA 60th Inf. Co.G Cpl.
Bent, George MO Lt.Arty. Landis' Co.
Bent, George F. VA 7th Bn.Res. Co.A
Bent, James GA 1st (Olmstead's) Inf. Co.A,B
Bent, J.J. VA 3rd (Chrisman's) Bn.Res. Co.B
Bent, J.J. VA 9th Bn.Res. Co.A
Bent, J. Jerome VA 60th Inf. Co.G Sgt.
Bent, John M. VA Cav. 46th Bn. Co.B
Bent, John M. VA 36th Inf. 2nd Co.E 1st Sgt.
Bent, Robert TN 40th Inf. Co.B
Bent, W.H. AL 15th Inf. Co.C
Bent, William MS Cav. 24th Bn. Co.B
Bentamento, G.D. Gen. & Staff ACS
Bentel, Caleb KY 2nd Mtd.Inf. Co.H
Bentell, E. TX Waul's Legion Co.F
Bentell, Ernst TX 1st Hvy.Arty. Co.E
Bentensen, J.M. MS 8th Cav. Co.B
Benter, E.L. MS 16th Inf. Co.D
Bentford, M.A.T. GA 64th Inf. Co.I
Benthal, John AR Lt.Arty. Owen's Btty.
Benthal, William H. MS Lt.Arty. (Madison Lt.Arty.) Richards' Co.
Benthall, Alexander TN 51st Inf. Co.E Cpl.
Benthall, J.B. AR 30th Inf. Co.K
Benthall, J.C. TX 35th (Brown's) Cav. Co.H Lt.
Benthall, J.C. TX Cav. Waller's Regt. Menard's Co.
Benthall, Jesse AR 25th Inf. Co.K
Benthall, John NC 15th Inf. Co.A
Benthall, John VA 1st Arty. Co.A,D
Benthall, John VA 32nd Inf. 1st Co.K
Benthall, John C. TX 13th Vol. 2nd Co.A 2nd Lt.
Benthall, John W. LA 31st Inf. Co.B
Benthall, Lawrence NC 15th Inf. Co.A
Benthall, M.J. TN 22nd Inf. Co.C
Benthall, R. TN 38th Inf. Co.E Cpl.
Benthall, S.C. TX Cav. Waller's Regt. Menard's Co.
Benthall, W.H. Gen. & Staff Hosp.Stew.
Benthall, William VA 6th Inf. 2nd Co.B
Benthall, William H. MS 10th Inf. Old Co.I
Benthall, William H. MS 18th Inf. Co.C
Benthall, William T. LA 3rd (Harrison's) Cav. Co.C
Benthall, W.T. MS Wilkinson Cty. Minute Men Harris' Co.
Benthaw, William TN 15th (Cons.) Cav. Co.A
Benthel, M. TN 47th Inf. Co.B Cpl.
Benthel, Richard TN Cav. Newsom's Regt. Co.B
Benthel, W. TN 15th (Stewart's) Cav. Co.E
Benthien, V. LA Inf.Cons.Crescent Regt. Co.I
Benthuyser, William TX 1st Inf.St.Troops Shield's Co.B
Bentick, H.W. TX 1st Regt.St.Troops Co.A
Bentict, J. TX 25th Cav.
Bentie, Domenic AL 95th Mil. Co.D
Bentlaw, Jessee AR 1st Mtd.Rifles Co.K
Bentle, Marcoris TN 55th (McKoin's) Inf. Day's Co.
Bentle, Marquis TN 44th (Cons.) Inf. Co.H
Bentley, --- VA 1st St.Res. Co.E
Bentley, A. AL Cp. of Instr. Talladega
Bentley, A.B. SC 5th St.Troops Co.M
Bentley, A.J. MS Inf. 3rd Bn. Co.I 3rd Lt.
Bentley, Alfred M. GA 3rd Cav. Co.F
Bentley, Andrew J. GA 35th Inf. Co.A 1st Lt.
Bentley, Andrew J. TN 2nd (Robison's) Inf. Co.K
Bentley, Anthony G. SC 1st Inf. Co.E
Bentley, A.R. KY 10th Cav. Co.H 2nd Lt.
Bentley, A.R. KY 13th Cav. Co.H 2nd Lt.
Bentley, Asa GA 3rd Cav. (St.Guards) Co.I
Bentley, A.W. TN 3rd (Clack's) Inf. Co.I Sgt.
Bentley, B. TX 26th Cav. Co.C
Bentley, Babbitt KY 13th Cav. Co.H
Bentley, Benjamin AL 47th Inf. Co.A
Bentley, Benjamin KY 13th Cav. Co.H
Bentley, Benjamin NC 1st Arty. (10th St.Troops) Co.I
Bentley, Benjamin E. NC 55th Inf. Co.H
Bentley, Benjamin M. FL Cav. 3rd Bn. Co.A
Bentley, B.F. GA 60th Inf. Co.G
Bentley, B.F. GA Inf. 9th Bn. Co.E
Bentley, C. GA 63rd Inf. Co.E
Bentley, Calvin GA Inf. 17th Bn. (St.Guards) McCarty's Co.
Bentley, Charles LA 8th Inf. Co.A Sgt.
Bentley, Charles G. MS 42nd Inf. Co.G Sgt.
Bentley, Charles M. GA 15th Inf. Co.G
Bentley, Daniel MO 9th Inf. Co.I
Bentley, Daniel E. VA Lt.Arty. 13th Bn. Co.B
Bentley, Daniel E. VA Lt.Arty. B.Z. Price's Co. Sgt.
Bentley, David E. AL 16th Inf. Co.I,G 2nd Lt.
Bentley, David R. VA 23rd Inf. Co.K
Bentley, D.B. AL 9th Inf. Co.F
Bentley, Dick TN 20th Cav.
Bentley, Dotson GA 23rd Inf. Co.A
Bentley, E.B. SC 25th Inf. Co.H
Bentley, Edward AR 36th Inf. Co.C
Bentley, Edward S. TX Inf. Griffin's Bn. Co.E
Bentley, E.J. AL 13th Inf. Co.H
Bentley, Elijah GA 1st Cav. Co.H
Bentley, E.S. TX 13th Vol. 3rd Co.A
Bentley, E.W. GA 10th Inf. Conscr.
Bentley, Gaines L. AL 13th Inf. Co.H
Bentley, G.B. GA 7th Inf. (St.Guards) Co.A
Bentley, G.B. GA Phillips' Legion Co.M
Bentley, George LA Ogden's Cav.
Bentley, George MS 36th Inf.
Bentley, George W. NC 44th Inf. Co.I
Bentley, George W. VA 38th Inf. Co.A
Bentley, G.M. GA 23rd Inf. Co.A
Bentley, G.M. GA Inf. Pool's Co.
Bentley, Golden SC 5th Inf. 1st Co.E, 2nd Co.H
Bentley, G.W. Inf. Bailey's Cons.Regt. Co.B
Bentley, G.W. TX 7th Inf. Co.A
Bentley, Henry LA 1st Hvy.Arty. (Reg.) Co.D
Bentley, H.H. MS 1st (Percy's) Inf. Co.K
Bentley, H.H. TN 26th Inf. 1st Co.H
Bentley, H.H. 3rd Conf.Cav. Co.E
Bentley, H.H. 1st Conf.Eng.Troops Co.I
Bentley, Hiram KY 13th Cav. Co.D
Bentley, H.N. GA Cherokee Legion (St.Guards) Co.K
Bentley, Hollin J. AL 28th Inf. Co.C
Bentley, Isaac GA 1st Cav. Co.H 1st Lt.
Bentley, Isaac T. AL Lt.Arty. 2nd Bn. Co.F
Bentley, Isham AL 29th Inf. Co.C
Bentley, Isham J. GA 35th Inf. Co.A
Bentley, Isiah T.M. GA 44th Inf. Co.I Cpl.
Bentley, J. MS 22nd Inf. Co.I
Bentley, J. NC Mallett's Co.
Bentley, J. SC 5th Mil. Beat Co.4
Bentley, J. SC 11th Res. Co.A
Bentley, J.A. GA Cav. 29th Bn. Co.C
Bentley, J.A. GA 36th (Broyles') Inf. Co.C
Bentley, James GA 35th Inf. Co.A
Bentley, James MS 37th Inf. Co.F
Bentley, James NC 38th Inf. Co.G
Bentley, James NC 58th Inf. Co.I
Bentley, James SC 15th Inf. Co.H Sgt.
Bentley, James TX Cav. 2nd Regt.St.Troops Co.F
Bentley, James B. AL 29th Inf. Co.B
Bentley, James B. VA Cav. 34th Bn. Co.C
Bentley, James C. GA 66th Inf. Co.B Sgt.
Bentley, James E. TN Lt.Arty. Baxter's Co.
Bentley, James E.R. VA Arty. Paris' Co.
Bentley, James F. AL 28th Inf. Co.C
Bentley, James H. VA 5th Cav. 3rd Co.F
Bentley, James H. VA 61st Mil. Co.G,I 1st Sgt.
Bentley, James M. TN 9th (Ward's) Cav. Co.F,C
Bentley, James R. MO 1st Inf. Co.C
Bentley, James R.K. VA 4th Inf. Co.C
Bentley, James S. AL Jeff Davis Arty.
Bentley, James S. KY 2nd (Duke's) Cav. Co.A,G 2nd Lt.
Bentley, James W. MO 9th Inf. Co.I
Bentley, J.B. AL 47th Inf. Co.C
Bentley, J.C. GA 63rd Inf. Co.E
Bentley, J.D. SC 21st Inf. Co.C
Bentley, J.E. AL 48th Inf. Co.I
Bentley, Jesse H. GA 3rd Cav. Co.F Sgt.
Bentley, J.F. AL 5th Bn.Vol. Co.C
Bentley, J.H. AR 37th Inf. Co.C Cpl.
Bentley, J.J. GA 13th Inf. Co.D
Bentley, J.M. AL 21st Inf. Co.I Sgt.
Bentley, J.N. GA Lt.Arty. Howell's Co.
Bentley, J.N. LA 27th Inf. Co.G
Bentley, Joel A. GA Inf. 4th Bn. (St.Guards) Co.G
Bentley, Joel J. NC 37th Inf. Co.G
Bentley, John AL 48th Inf. Co.I
Bentley, John KY 10th (Johnson's) Cav. New Co.C
Bentley, John MO 9th Inf. Co.I
Bentley, John VA Cav. O'Ferrall's Bn. Co.C
Bentley, John B. GA 22nd Inf. Co.F 2nd Lt.
Bentley, John B. VA 9th Cav. Co.F
Bentley, John D. GA 38th Inf. Co.F
Bentley, John F. AL 47th Inf. Co.H 1st Lt.
Bentley, John F. GA 30th Inf. Co.E Capt.
Bentley, John F. GA 39th Inf. Co.E Capt.
Bentley, John G. AL 27th Inf. Co.B 2nd Lt.
Bentley, John G. GA 1st Reg. Co.H
Bentley, John H. MO St.Guard
Bentley, John J. GA 51st Inf. Co.K
Bentley, John J. NC 37th Inf. Co.G
Bentley, John J. VA Inf. 22nd Bn. Co.B

Bentley, John M. MS 16th Inf. Co.C
Bentley, John Q. KY 13th Cav. Co.D
Bentley, John R. GA 7th Inf. Co.H,K
Bentley, John S. Conf.Cav. Wood's Regt. Co.K
Bentley, John V. KY 13th Cav. Co.D
Bentley, John W. GA 23rd Inf. Co.A
Bentley, John W. GA 26th Inf. Co.C
Bentley, Joseph FL Milton Lt.Arty. Dunham's Co.
Bentley, Joseph LA 6th Inf. Co.A
Bentley, Joseph MO Lt.Arty. 3rd Btty.
Bentley, Joseph MO 3rd Inf. Co.B Sgt.
Bentley, Joseph A.J. GA 38th Inf. Co.F Sgt.
Bentley, Joseph C. VA 18th Inf. Co.G
Bentley, Joseph J. MO Dorsey's Regt.
Bentley, Joseph L. AL 30th Inf. Co.D
Bentley, J.R. VA 3rd (Archer's) Bn.Res. Co.A
Bentley, J.T. GA Lt.Arty. King's Btty.
Bentley, J.W. AL 23rd Inf. Co.K
Bentley, J.W. GA Inf. 9th Bn. Co.E
Bentley, J.W. GA 13th Inf. Co.D
Bentley, J.W. GA 37th Inf. Co.H
Bentley, J.W. TN 12th (Green's) Cav. Co.E
Bentley, Lafayette KY 13th Cav. Co.D
Bentley, Lycurgus 1st Chickasaw Inf. White's Co.
Bentley, Martin AL 47th Inf. Co.B
Bentley, May KY 13th Cav. Co.D
Bentley, M.G. GA 17th Inf. Co.D
Bentley, Michael VA Hvy.Arty. 19th Bn.
Bentley, M.M. GA Ind.Cav. (Res.) Humphrey's Co.
Bentley, M.V. AL Cav. Forrest's Regt.
Bentley, M.V. TN 3rd (Clack's) Inf. Co.K 1st Sgt.
Bentley, N.J. TN 15th (Cons.) Cav. Co.G
Bentley, Noah J. NC 18th Inf. Co.C
Bentley, Noah T. AL Inf. 1st Regt. Co.A
Bentley, O.C. AL Coosa Guards J.W. Suttles' Co.
Bentley, Oliver H. GA 22nd Inf. Co.K,A
Bentley, Paul H. NC 1st Inf. Co.F
Bentley, Pinckney C. AL 47th Inf. Co.B
Bentley, Read M. FL 2nd Inf. Co.M
Bentley, Richard AL 48th Inf. Co.I Cpl.
Bentley, Robert MO 1st Inf. Co.C
Bentley, Robert F. AL 16th Inf. Co.A Sgt.
Bentley, Robertus F. GA 38th Inf. Co.I,F Cpl.
Bentley, R.P. AL 48th Inf. Co.I Cpl.
Bentley, S.A. LA Mil.Conf.Guards Regt. Co.G
Bentley, S.A. MS Inf. Comfort's Co.
Bentley, Samuel GA 1st Reg. Co.H
Bentley, Samuel A. MS 1st Lt.Arty. Co.G Sgt.
Bentley, Samuel A. MS 18th Inf. Co.D
Bentley, Solomon D. KY 13th Cav. Co.D
Bentley, Stephen B. MO 3rd Inf. Co.B
Bentley, T.A. 3rd Conf.Cav. Co.I
Bentley, T.H. AL 9th Inf. Co.F
Bentley, T.J. AR 12th Inf. Co.K
Bentley, T.R. AL 29th Inf. Co.C
Bentley, W.D.C. GA Phillips' Legion Co.F
Bentley, W.F. GA 17th Inf. Co.C
Bentley, W.F. GA 46th Inf. Co.D
Bentley, W.H. SC 1st (Orr's) Rifles Co.B
Bentley, W.H. Gen. & Staff AASurg.
Bentley, W.H.H. GA 22nd Inf. Co.K Sgt.
Bentley, William GA 2nd Cav. Co.C
Bentley, William GA 3rd Cav. (St.Guards) Co.I
Bentley, William GA 62nd Cav. Co.B
Bentley, William GA Cav. Roswell Bn. Co.B,A
Bentley, William GA 17th Inf. Co.C
Bentley, William KY 13th Cav. Co.D
Bentley, William MS 3rd Inf. (St.Troops) Co.F
Bentley, William MO 3rd Inf. Co.B
Bentley, William B. MO 9th Inf. Co.I
Bentley, William C. AL 36th Inf. Co.E
Bentley, William C. VA 18th Inf. Co.G
Bentley, William D. GA Cherokee Legion (St.Guards) Co.K 3rd Lt.
Bentley, William F. NC 55th Inf. Co.H
Bentley, William F. VA Lt.Arty. 13th Bn. Co.B
Bentley, William G. GA 26th Inf. Co.C
Bentley, William G. VA 30th Inf. Co.F
Bentley, Wm. G. Gen. & Staff, QM Dept. Maj.
Bentley, William H. LA Pointe Coupee Arty. QMSgt.
Bentley, William H. MO Inf. 1st Bn. Co.C 1st Lt.
Bentley, William H. TN 9th (Ward's) Cav. Co.C
Bentley, William H. VA 3rd Inf. Co.E
Bentley, William M. GA 35th Inf. Co.A
Bentley, William R. NC 29th Inf. Co.G
Bentley, William T. MO 5th Inf. Co.H
Bentley, William W. AL Inf.
Bentley, William W. VA 24th Inf. Co.E Maj.
Bentley, W.M. GA 1st Cav. Co.H
Bentley, W.O. VA 9th Cav. Co.F
Bently, A. AL 23rd Inf. Co.I
Bently, A. NC 4th Inf. Co.G
Bently, A. NC 26th Inf. Co.I
Bently, Aaron TX 5th Inf. Co.B
Bently, A. Griffin SC 18th Inf. Co.F Sgt.
Bently, Aquilla SC 7th Res. Co.E
Bently, A.R. KY 5th Mtd.Inf. Co.F
Bently, Asa MS 23rd Inf. Co.D
Bently, B. GA 59th Inf. Co.G
Bently, Bablett KY 10th (Diamond's) Cav. Co.E
Bently, Berry GA 17th Inf. Co.C
Bently, Brantly LA 17th Inf. Co.C Sgt.
Bently, Caleb NC 26th Inf. Co.I
Bently, Dennis B. GA
Bently, E.R. TX Cav. Sutton's Co.
Bently, E.S. Sig.Corps,CSA
Bently, George VA Cav. 37th Bn. Co.B
Bently, George W. NC Mil. Clark's Sp.Bn. Co.A
Bently, H.H. 1st Conf.Inf. 2nd Co.I
Bently, H.L. GA 27th Inf. Co.H Cpl.
Bently, Hugh NC 7th Inf. Co.A
Bently, Isham J. AL 5th Bn.Vol. Co.B
Bently, James NC 7th Inf. Co.K
Bently, James TN Cav. 7th Bn. (Bennett's) Co.C 2nd Lt.
Bently, James L. AL 31st Inf. Co.A
Bently, James R. MO 3rd & 5th Cons.Inf.
Bently, James W. MS 14th Inf. Co.A
Bently, James W. MO Inf. 8th Bn. Co.E
Bently, J.B. SC 2nd Arty. Co.G
Bently, J.C. GA Lt.Arty. 14th Bn. Co.D
Bently, J.D. GA 60th Inf. Co.I
Bently, J.D. TX Cav. Bourland's Regt. Co.C
Bently, J.M. AL 51st (Part.Rangers) Co.I
Bently, Joel J. NC 5th Sr.Res. Co.A
Bently, John SC 15th Inf. Co.H
Bently, John TX 29th Cav. Co.F Sgt.
Bently, John A. SC 1st (McCreary's) Inf. Co.L
Bently, John H. TX 10th Cav. Co.B Cpl.
Bently, John J. VA 20th Inf. Co.B
Bently, John L. AL 10th Inf. Co.I
Bently, Joseph NC 7th Inf. Co.A
Bently, Joseph C. VA Lt.Arty. Jeffress' Co.
Bently, J.T. AL 12th Inf. Co.H
Bently, J.W. AL 55th Vol. Co.C
Bently, J.W. Bell's Co.F,CSA
Bently, J.W.F. AL 63rd Inf. Co.C
Bently, K.H. TN 14th (Neely's) Cav. Co.K
Bently, Lemuel AL 12th Cav. Co.C
Bently, L.M. AL 23rd Inf. Asst.Surg.
Bently, McAlpin GA 38th Inf. Co.I,F
Bently, M.M. GA 2nd Brig.St.Troops 2nd Lt.
Bently, Moses GA Hvy.Arty. 22nd Bn. Co.C Music.
Bently, Moses KY 5th Mtd.Inf. Co.F
Bently, Moses W.H. NC 30th Inf. Co.K
Bently, Nathan NC 7th Inf. Co.A
Bently, N.J. AL 35th Inf. Co.B
Bently, Patterson M. GA Inf. 27th Bn. Co.D
Bently, Reuben TX 4th Cav. Co.F
Bently, R.H. TN 21st & 22nd (Cons.) Cav. Co.D
Bently, Robert G. GA 1st Cav. Co.H Cpl.
Bently, Thomas F. GA 29th Inf. Co.E 1st Sgt.
Bently, Thomas H. TN Cav. 7th Bn. (Bennett's) Co.C Sgt.
Bently, Thomas H. TN 22nd (Barteau's) Cav. Co.D
Bently, W.H. GA 19th Inf. Co.F
Bently, William AL 7th Cav. Co.E
Bently, William MS 14th Inf. Co.A
Bently, William MS 14th (Cons.) Inf. Co.D
Bently, William 3rd Conf.Inf. Co.B
Bently, William B. MO Inf. 8th Bn. Co.E
Bently, W.J. AL 31st Inf. Co.A
Bently, W.J. LA 2nd Cav. Co.A
Bentnick, John TX Cav. Waller's Regt. Menard's Co. Sgt.
Benton, --- AL 10th Inf. Co.C
Benton, --- TX 1st (McCulloch's) Cav. Co.K
Benton, A. MS 46th Inf. Co.E
Benton, A.B. SC 16th & 24th (Cons.) Inf. Co.B
Benton, A.B. SC 24th Inf. Co.E
Benton, Abner M. AL Eufaula Lt.Arty.
Benton, A.C. MS 10th Inf. New Co.A
Benton, Adam C. GA 48th Inf. Co.F Sgt.
Benton, Addison L. VA Inf. 21st Bn. 2nd Co.C
Benton, Addison L. VA 64th Mtd.Inf. Co.C
Benton, A.G. AL Cav. Forrest's Regt.
Benton, A.G. TN 30th Inf. Co.A Sgt.
Benton, A.H. GA 1st Cav. Co.B
Benton, A.J. AL 47th Inf. Co.A
Benton, Alexander FL Lt.Arty. Abell's Co.
Benton, Alexander FL Milton Lt.Arty. Dunham's Co.
Benton, Alexander C. MS 9th Inf. Old Co.F, Old Co.E
Benton, Alfred 1st Choctaw & Chickasaw Mtd.Rifles 1st Co.E
Benton, Allen GA Cav. 7th Bn. (St.Guards) Co.A
Benton, Allen MO 8th Inf. Co.B
Benton, Alonzo TN 16th (Logwood's) Cav. Co.E
Benton, Anderson KY 3rd Cav. Co.C
Benton, Andrew J. TX 22nd Inf. Co.H
Benton, Angelo Gen. & Staff Chap.
Benton, A.P. GA 1st Cav. Co.B Sgt.

Benton, Arch SC 2nd St.Troops Co.H
Benton, Archibald SC 11th Res. Co.K
Benton, Archibald C. NC 4th Cav. (59th St.Troops) Co.A
Benton, Archibald F. GA 41st Inf. Co.D
Benton, Archibald H. GA 41st Inf. Co.D Sgt.
Benton, Archibald N. GA 43rd Inf. Co.H 1st Sgt.
Benton, Armlin SC Lt.Arty. M. Ward's Co. (Waccamaw Lt.Arty.)
Benton, Arthur AL 22nd Inf.
Benton, Arthur SC Lt.Arty. M. Ward's Co. (Waccamaw Lt.Arty.)
Benton, Arthur SC 2nd Res.
Benton, Asa SC Lt.Arty. M. Ward's Co. (Waccamaw Lt.Arty.)
Benton, A.T. AL 10th Inf. Co.H Sgt.
Benton, B.B. MS 34th Inf. Co.D
Benton, Ben E. Gen. & Staff Capt.,AGD
Benton, Benjamin SC Lt.Arty. M. Ward's Co. (Waccamaw Lt.Arty.) Gunner
Benton, Benjamin E. TX 1st (McCulloch's) Cav. Co.B 2nd Lt.
Benton, Berry SC 24th Inf. Co.E
Benton, B.F. AL 14th Inf. Co.L Capt.
Benton, B.F. TX 1st Inf. 2nd Co.K Capt.
Benton, B.H. NC 2nd Jr.Res. Co.F 1st Lt.
Benton, B.P. AL 8th Inf. Co.B
Benton, Bradley NC 20th Inf. Faison's Co.
Benton, Bradley C. NC 30th Inf. Co.A
Benton, B.W.R. GA 49th Inf. Co.K
Benton, C. AL Cp. of Instr. Talladega
Benton, C. VA 22nd Cav. Co.A
Benton, Calvin MO 11th Inf. Co.C
Benton, Calvin NC 32nd Inf. Co.K
Benton, Calvin W. MS 27th Inf. Co.D
Benton, C.C. TN 14th Inf. Co.C
Benton, C.C. VA Second Class Mil. Wolff's Co.
Benton, Charles LA 4th Cav. Co.A Sgt.
Benton, Charles 1st Choctaw & Chickasaw Mtd.Rifles 2nd Co.B
Benton, Charles E. LA 14th Inf. Co.I
Benton, Charles H. KY 2nd Bn.Mtd.Rifles Asst.Surg.
Benton, Charles H. Gen. & Staff Asst.Surg.
Benton, Charles R. LA 1st (Strawbridge's) Inf. Co.H 1st Lt.
Benton, Chas. R. Gen. & Staff Capt.,Ord.Off.
Benton, Clem J. MS 17th Inf. Co.F
Benton, Columbus AL 20th Inf. Co.G
Benton, Columbus GA 3rd Res. Co.B
Benton, D. MO 15th Cav. Co.L
Benton, Daniel AL 21st Inf. Co.F
Benton, David FL 7th Inf. Co.A
Benton, D.B. GA 1st Reg. Co.D Cpl.
Benton, D.H. GA 11th Cav. (St.Guards) Johnson's Co.
Benton, D.W. MO 12th Inf. Co.A
Benton, E.A. GA 30th Inf. Cpl.
Benton, Edmond H. TN 59th Mtd.Inf. Co.H Capt.
Benton, Edmund C. TX Inf. 2nd Regt. Co.I Cpl.
Benton, Edward D. TN 19th Inf. Co.I
Benton, Edwin AL Lt.Arty. Hurt's Btty. Cpl.
Benton, Edwin SC 21st Inf. Co.D
Benton, E.H. SC 11th Inf. 1st Co.F
Benton, E.H. SC 24th Inf. Co.E Jr.2nd Lt.
Benton, E.J. LA 3rd Inf. Co.K
Benton, E.J. SC 3rd Cav. Co.A
Benton, E.J. SC 11th Inf. 1st Co.I, Co.G
Benton, E.L. GA Inf. 1st Conf.Bn. Co.C
Benton, E.L. GA 66th Inf. Co.I
Benton, Elias GA 25th Inf. Co.D
Benton, Elias E. GA Mtd.Inf. (Pierce Mtd.Vol.) Hendry's Co.
Benton, Elijah GA Cav. 22nd Bn. (St.Guards) Co.H
Benton, Elijah TN 1st (Carter's) Cav. Co.C
Benton, Ellis A. NC 30th Inf. Co.E Cpl.
Benton, Emual LA Inf.Cons.Crescent Regt. Co.D
Benton, Emuel LA Inf. 11th Bn. Co.G
Benton, E.N. GA Lt.Arty. Croft's Btty. (Columbus Arty.)
Benton, E.P. SC 21st Inf. Co.D
Benton, E.T. MO Cav. Williams' Regt. Co.K
Benton, E.T. NC 68th Inf. Co.I
Benton, F. AL Cp. of Instr. Talladega
Benton, F. LA 9th Inf. Co.G
Benton, F.C. GA 1st Lt.Duty Men Co.A
Benton, Fielding GA 46th Inf. Co.B,D
Benton, Floid AR 8th Cav. Co.F
Benton, F.M. TX 10th Cav. Co.B Sgt.
Benton, Francis M. TX Cav. Martin's Regt. Co.E Cpl.
Benton, Francis R. AR 14th (Powers') Inf. Co.G
Benton, Francis R. MO 3rd Cav. Co.H
Benton, Franklin AL Cav. Lewis' Bn. Co.E
Benton, G.B. AL 17th Inf. Co.G
Benton, G.D. NC 3rd Arty. (40th St.Troops) Co.H
Benton, George MO Cav. Clardy's Bn. Co.B Ord.Sgt.
Benton, George TX 5th Cav. Co.G
Benton, George VA Lt.Arty. 38th Bn. Co.B
Benton, George C. GA 64th Inf. Co.F
Benton, George D. GA 64th Inf. Co.F
Benton, George D. NC Hvy.Arty. 10th Bn. Co.C
Benton, George E. VA Cav. Young's Co.
Benton, George L. MS 29th Inf. Co.B
Benton, George W. AR 14th (Powers') Inf. Co.G Sgt.
Benton, George W. GA 46th Inf. Co.G
Benton, G.P. MO 11th Inf. Co.C
Benton, G.W. GA 9th Inf. Co.B Sgt.
Benton, G.W. LA 13th Bn. (Part.Rangers) Co.A
Benton, H. GA 1st Reg. Co.K
Benton, H. SC 2nd Bn.S.S. Co.B
Benton, H. SC 11th Inf. Co.B
Benton, Hampton SC 18th Inf. Co.I
Benton, Hannon S. MO 3rd Cav. Co.H
Benton, H.E. GA 29th Inf. Co.I
Benton, H.E. SC 24th Inf. Co.E
Benton, Henry AL Arty. 1st Bn. Co.C
Benton, Henry AL 21st Inf. Co.F
Benton, Henry GA Siege Arty. 28th Bn. Co.B
Benton, Henry LA 1st (Nelligan's) Inf. Co.C
Benton, Henry MS 11th Inf. Co.A
Benton, Henry NC 12th Inf. Co.H
Benton, Henry NC 47th Inf. Co.G
Benton, Henry D. NC 20th Inf. Co.G
Benton, Henry E. NC 2nd Arty. Co.C 2nd Lt.
Benton, Henry E. NC 1st Inf. (6 mo. '61) Co.F
Benton, Henry O. GA 31st Inf. Co.D 2nd Lt.
Benton, H.F. GA 41st Inf. Co.D
Benton, H.H. AR 8th Cav. Co.D
Benton, Hinton J. NC 20th Inf. Faison's Co.
Benton, Hinton J. NC 61st Inf. Co.A
Benton, H.J. SC 1st St.Troops Co.I
Benton, H.O. GA 9th Inf. Co.H Sgt.
Benton, H.R. SC 1st Cav. Co.I
Benton, H.S. GA 1st (Ramsey's) Inf.
Benton, H.T. MS 27th Inf. Co.D
Benton, H.T. TN 7th (Duckworth's) Cav. Co.B
Benton, Hugh SC 1st (Butler's) Inf. Co.G
Benton, Isaac AL 4th Res. Co.I
Benton, Isaac N. NC 5th Inf. Co.B
Benton, Isham G. AL Lt.Arty. 20th Bn. Co.A Sgt.
Benton, J. AR Mil. Louis' Co.
Benton, J. MS Henley's Co. (Henley's Invinc.)
Benton, J. MO 15th Cav. Co.L
Benton, J. VA 3rd Inf.Loc.Def. Co.E
Benton, Jack GA 1st Cav. Co.B
Benton, Jacob GA 7th Inf. Co.A Jr.2nd Lt.
Benton, Jacob NC 52nd Inf. Co.C
Benton, Jacob TX 10th Cav. Co.B
Benton, Jacob A. VA 62nd Mtd.Inf. 1st Co.A Cpl.
Benton, James AL 2nd Cav. Co.B
Benton, James AL 1st Inf. Co.I
Benton, James AR 35th Inf. Co.G
Benton, James GA 11th Inf. Co.G
Benton, James GA 21st Inf. Co.I
Benton, James KY 5th Mtd.Inf. Co.A
Benton, James MS 3rd Cav. Co.E
Benton, James MS 11th (Perrin's) Cav. Co.G
Benton, James MS Inf. 1st Bn.St.Troops (12 mo. '62-3) Co.F
Benton, James NC 5th Inf. Co.H
Benton, James NC 5th Sr.Res. Co.I
Benton, James NC 27th Inf. Co.C Sgt.
Benton, James NC 52nd Inf. Co.C
Benton, James NC Mil. Clark's Sp.Bn. D.N. Bridger's Co.
Benton, James SC 11th Inf. Co.C
Benton, James SC 11th Inf. 2nd Co.I, Co.K
Benton, James TX Cav. Bourland's Regt. Co.A
Benton, James VA 59th Mil. Arnold's Co.
Benton, James A. AL Lt.Arty. 20th Bn. Co.A,B
Benton, James B. NC 33rd Inf. Co.E
Benton, James B. NC 61st Inf. Co.G
Benton, James E. NC 1st Arty. (10th St.Troops) Co.F
Benton, James E. VA 13th Cav. Co.C
Benton, James F. SC 3rd Cav. Co.A
Benton, James F. SC Arty. Bachman's Co. (German Lt.Arty.)
Benton, James H. GA 31st Inf. Co.D
Benton, James H. MS 13th Inf. Co.K
Benton, James H. NC 20th Inf. Co.H
Benton, James H. NC 38th Inf. Co.C Capt.
Benton, James H. VA 41st Inf. Co.I
Benton, James H. 1st Choctaw & Chickasaw Mtd.Rifles 2nd Co.I
Benton, James M. NC 13th Inf. Co.I
Benton, James M. NC 22nd Inf. Co.H
Benton, James M. NC 45th Inf. Co.H 2nd Lt.
Benton, James M. TX 28th Cav. Co.K Sgt.
Benton, James M. VA 6th Cav. Co.F
Benton, James P. AL 6th Inf. Co.K
Benton, James P. TX 36th Cav. Co.G

Benton, James P. TX 18th Inf. Co.D
Benton, James R. GA 43rd Inf. Co.H
Benton, James T. FL 1st Cav. Co.F Cpl.
Benton, James W. AR 33rd Inf. Co.D
Benton, James W. GA 2nd Cav. Co.A
Benton, James W. NC 2nd Arty. (36th St.Troops) Co.G
Benton, James W. NC Hvy.Arty. 10th Bn. Co.C Sgt.
Benton, James W. NC 15th Inf. Co.B
Benton, James W. VA Inf. 21st Bn. 2nd Co.C
Benton, J.B. AL 37th Inf. Co.A Cpl.
Benton, J.B. Gen. & Staff Maj.,Ch.QM
Benton, J.C. MO 12th Inf. Co.A
Benton, J.C. SC 11th Res. Co.K Cpl.
Benton, J.D. GA 1st (Fannin's) Res. Co.A
Benton, J.D. SC 24th Inf. Co.E
Benton, J.E. AL 58th Inf. Co.B
Benton, J.E. AR 30th Inf. Co.D
Benton, Jefferson V. AL 25th Inf. Co.B Cpl.
Benton, Jeremiah GA 25th Inf. Co.D
Benton, Jerry TN 3rd (Forrest's) Cav. Co.D
Benton, Jesse GA 25th Inf. Co.I
Benton, Jesse TN 1st (Carter's) Cav. Co.K
Benton, Jesse TN 4th (McLemore's) Cav. Co.G
Benton, Jesse, Jr. TX 1st Inf. 2nd Co.K
Benton, Jesse M. NC Hvy.Arty. 10th Bn. Co.C
Benton, J.F. AL Lt.Arty. 20th Bn. Co.A
Benton, J.F. FL 10th Inf. Co.A,E
Benton, J.G. TN 50th Inf. Co.E
Benton, J.G. TN 50th (Cons.) Inf. Co.E
Benton, J.H. AL 15th Inf. Co.K
Benton, J.H. GA 32nd Inf. Co.H
Benton, J.H. MO Dorsey's Regt.
Benton, J.J. LA 4th Inf. New Co.G Sgt.
Benton, J.J. MO Cav. Schnabel's Bn. Co.G
Benton, J.J. NC Lt.Arty. 13th Bn. Co.C
Benton, J.K.P. GA 41st Inf. Co.D
Benton, J.M. GA Lt.Arty. 12th Bn. 2nd Co.B,F
Benton, J.M. TN Inf. 3rd Cons.Regt. Co.C
Benton, J.M. TX 10th Cav. Co.F
Benton, J. Morris NC Hvy.Arty. 10th Bn. Co.D Cpl.
Benton, J.O. SC 2nd St.Troops Co.H
Benton, J.O. SC 8th Bn.Res. Fishburne's Co.
Benton, J.O. SC 11th Res. Co.D
Benton, J.O. Gen. & Staff Hosp.Stew.
Benton, John GA 21st Inf. Co.I
Benton, John KY 11th Cav. Co.F
Benton, John LA Arty. Kean's Btty. (Orleans Ind.Arty.)
Benton, John MD Arty. 3rd Btty.
Benton, John MS 4th Inf. Co.I
Benton, John MO Cav. Fristoe's Regt. Co.D
Benton, John SC 1st Arty. Co.G Music.
Benton, John TN 1st (Carter's) Cav. Co.C
Benton, John TN 59th Mtd.Inf. Co.H
Benton, John TX 35th (Likens') Cav. Co.G
Benton, John VA 26th Inf.
Benton, John 3rd Conf.Cav. Co.H
Benton, John E. VA Cav. Young's Co.
Benton, John F. TN 48th (Voorhies') Inf. Co.K 2nd Lt.
Benton, John G. AL 47th Inf. Co.D
Benton, Jno. G. Gen. & Staff AQM
Benton, John H. LA Washington Arty.Bn. Co.3
Benton, John H. 1st Conf.Cav. 2nd Co.G
Benton, John L. MO 3rd Cav. Co.H
Benton, John L. NC 4th Inf. Co.F
Benton, John L. NC 33rd Inf. Co.E
Benton, John L. TX 10th Cav. Co.B
Benton, John M. TN 48th (Voorhies') Inf.
Benton, Jno. P. AL 33rd Inf. Co.A
Benton, John P. LA Washington Arty.Bn. Co.3 Driver
Benton, John S. AR 14th (Powers') Inf. Co.G
Benton, John T. TX 13th Vol. 1st Co.H, 2nd Co.F
Benton, John W. AR 36th Inf. Co.B
Benton, John W. FL Lt.Arty. Abell's Co.
Benton, John W. FL Milton Lt.Arty. Dunham's Co.
Benton, John W. GA 7th Inf. Co.A 2nd Lt.
Benton, John W. GA Cobb's Legion Co.D
Benton, Joseph AR 7th Inf. Co.I Cpl.
Benton, Joseph NC 8th Bn.Part.Rangers Co.B
Benton, Joseph NC 13th Inf. Co.K
Benton, Joseph NC 66th Inf. Co.C
Benton, Joseph SC Arty. Fickling's Co. (Brooks' Lt.Arty.)
Benton, Joseph TN 30th Inf. Co.A
Benton, Joseph VA 3rd Inf. Co.A
Benton, Joseph G. GA 43rd Inf. Co.H
Benton, Joseph M. TN 19th Inf. Co.I
Benton, Joseph W. FL 10th Inf. Co.K
Benton, Joshua SC 5th Cav. Co.C
Benton, Joshua SC Cav. 17th Bn. Co.D
Benton, Joshua SC 1st Mtd.Mil. Green's Co. 2nd Cpl.
Benton, Joshua SC 11th Inf. 2nd Co.I
Benton, Josiah SC 3rd Cav. Co.A
Benton, Josiah SC 4th Bn.Res. Co.B
Benton, J.R. GA Inf. 40th Bn. Co.C
Benton, J.R. SC 1st Cav. Co.I
Benton, J.R. SC 11th Inf. 1st Co.F
Benton, J.R. SC 24th Inf. Co.E
Benton, J.S. GA 4th Cav. (St.Guards) Dead-wyler's Co.
Benton, J.S. GA Arty. Ind.Bn. Co.I
Benton, J.S. GA 2nd Inf. Co.E
Benton, J.S.F. 2nd Cherokee Mtd.Vol. Co.C
Benton, J.T. AR Inf. Cocke's Regt. Co.D 2nd Lt.
Benton, J.T. SC 3rd Cav. Co.B
Benton, J.T. TX 16th Field Btty. Sgt.
Benton, J.T. TX 13th Vol. 2nd Co.H Sgt.
Benton, Julius L. NC 20th Inf. Co.F Cpl.
Benton, J.W. FL Inf. 2nd Bn. Co.D
Benton, J.W. MS St.Cav. 3rd Bn. (Cooper's) 2nd Co.A
Benton, J.W. MS 18th Cav. Co.G
Benton, J.W. MS 37th Inf. Co.F
Benton, J.W. SC Lt.Arty. 3rd (Palmetto) Bn. Co.D
Benton, J.W. SC Inf. 7th Bn. (Enfield Rifles) Co.E
Benton, J.W. SC 25th Inf. Co.G
Benton, J.W. TX 1st (Yager's) Cav. Co.D Lt.
Benton, J.W. TX 18th Inf. Co.K
Benton, J.W. TX 19th Inf. Co.A
Benton, Kilbee NC Hvy.Arty. 1st Bn. Co.B,D
Benton, L. GA 9th Inf. (St.Guards) Co.H
Benton, L.C. TX Cav. Morgan's Regt. Co.K
Benton, Leonidas AR 1st Mtd.Rifles Co.B
Benton, Lewis AR 12th Inf. Co.E
Benton, Lewis TN 26th Inf. Co.A
Benton, Lewis 3rd Conf.Cav. Co.H
Benton, L.H. MO 12th Inf. Co.A
Benton, L.J. LA 3rd Inf. Co.K
Benton, Louis SC Lt.Arty. 3rd (Palmetto) Bn. Co.C
Benton, L.P.S. TN 5th (McKenzie's) Cav. Co.A
Benton, M. TX Cav. Bourland's Regt. Co.A
Benton, Marion AL 61st Inf. Co.C Cpl.
Benton, Marion MO 10th Inf. Co.E
Benton, Mark MO 11th Inf. Co.C
Benton, Marsden NC Coast Guards Galloway's Co.
Benton, Mathew AL 6th Inf. Co.A
Benton, Matthew J. NC 20th Inf. Co.F Music.
Benton, Mc. SC 11th Inf. 1st Co.F
Benton, M.C. SC 24th Inf. Co.E
Benton, Meshack SC 1st (Butler's) Inf. Co.C,D Cpl.
Benton, M.F. MS 26th Inf. Co.I Capt.
Benton, Miles W. NC 5th Inf. Co.B
Benton, Mills NC 33rd Inf. Co.E
Benton, Mills VA Inf. Cohoon's Bn. Co.D Sgt.
Benton, Mordachi MS 18th Inf. Co.F
Benton, Mordecai E. MS 2nd Inf. Co.H
Benton, Moses B. NC 2nd Arty. (36th St.Troops) Co.G
Benton, Moses H. GA 14th Inf. Co.F
Benton, M.S. MS 1st (King's) Inf. (St.Troops) Co.E
Benton, N. GA 43rd Inf. Co.D
Benton, N. MO Cav. Fristoe's Regt. Co.B
Benton, Nat TX 36th Cav. Co.B Lt.Col.
Benton, Nat TX Vol. Benton's Co. Capt.
Benton, Nathan E. GA 16th Inf. Co.K 1st Lt.
Benton, N.C. GA 16th Inf. Co.K Cpl.
Benton, Necy AL 15th Inf. Co.H
Benton, Nelson NC 51st Inf. Co.G
Benton, Ossian GA Inf. 27th Bn. Co.C
Benton, P. GA 27th Inf. Co.A
Benton, P. SC 11th Inf. Co.K
Benton, Parker KY 1st (Butler's) Cav. Co.B
Benton, P.G. MO 11th Inf. Co.C 1st Lt.
Benton, P.H. AR 1st (Monroe's) Cav. Co.G
Benton, P.H. AR 20th Inf. Co.I Capt.
Benton, Philip MS Conscr.
Benton, Philip SC 11th Res. Co.K
Benton, Preston SC Lt.Arty. M. Ward's Co. (Waccamaw Lt.Arty.)
Benton, P.S. TX 10th Cav. Co.H
Benton, Randolph Gen. & Staff Capt.
Benton, R.B. GA 3rd Res. Co.B
Benton, R.B. GA 61st Inf. Co.B
Benton, R.B. GA Inf. Collier's Co.
Benton, R.D. TN 5th (McKenzie's) Cav. Co.A
Benton, R.D. VA 3rd Inf.
Benton, R.F.C. MO 5th Cav. Co.I
Benton, Rhett SC 1st (Butler's) Inf. Co.C
Benton, Richard FL 10th Inf. Co.F
Benton, Richard H. MO 9th (Elliott's) Cav. Co.B Sgt.
Benton, Robert TN 2nd (Ashby's) Cav. Co.A
Benton, Robert TN Cav. 5th Bn. (McClellan's) Co.A
Benton, Robert 1st Choctaw & Chickasaw Mtd.Rifles Co.G

Benton, Robert C. VA Inf. 21st Bn. 2nd Co.C
Benton, Robert C. VA 64th Mtd.Inf. Co.C Cpl.
Benton, Robert F. MS 21st Inf. Co.F 2nd Lt.
Benton, Robert W. AR 23rd Inf. Co.A
Benton, R.T. FL Lt.Arty. Dyke's Co.
Benton, R.W. SC 3rd Cav. Co.A
Benton, R.W. SC Arty. Bachman's Co. (German Lt.Arty.)
Benton, R.W. SC 11th Res. Co.K
Benton, S. AR 15th (Johnson's) Inf. Co.A
Benton, S. SC 1st Cav. Co.E
Benton, S. SC 3rd Cav. Co.B
Benton, S. SC 1st (Butler's) Inf. Co.K
Benton, S. SC 2nd Bn.S.S. Co.B
Benton, S. SC 11th Inf. Co.B
Benton, S. SC 11th Inf. Bellinger's Co.
Benton, Sampson GA 39th Inf. Co.D
Benton, Samuel AL 57th Inf. Co.B
Benton, Samuel GA 34th Inf. Co.E
Benton, Samuel MS 9th Inf. Old Co.D Capt.
Benton, Samuel MS 34th Inf. Col.
Benton, Samuel NC 5th Sr.Res. Co.H
Benton, Samuel NC 53rd Inf. Co.B
Benton, Samuel SC Lt.Arty. 3rd (Palmetto) Bn. Co.C
Benton, Samuel SC 24th Inf. Co.A
Benton, Samuel Gen. & Staff Brig.Gen.
Benton, Samuel E. AL 1st Regt.Conscr. Co.I
Benton, Samuel E. AL 7th Inf. Co.E
Benton, Samuel E. AL 61st Inf. Co.C Sgt.
Benton, Samuel J. GA 41st Inf. Co.D
Benton, Samuel J. SC 2nd Inf. Co.G,I,K Capt.
Benton, Samuel T. GA 31st Inf. Co.G
Benton, Seabron A. NC 26th Inf. Co.K
Benton, S.H. TN 49th Inf. Co.C
Benton, Simeon NC 51st Inf. Co.G
Benton, S.J. FL Inf. 2nd Bn. Co.D Sgt.
Benton, S.J. FL 10th Inf. Co.K
Benton, S.J. SC 2nd Inf. Co.E
Benton, Solomon MS Lt.Arty. (The Hudson Btty.) Hoole's Co.
Benton, Solomon MS 33rd Inf. Co.I
Benton, S.S. SC 11th Inf. 1st Co.F
Benton, S.S. SC 24th Inf. Co.E
Benton, Stephen GA 2nd Cav. Co.D
Benton, Stephen G. GA 43rd Inf. Co.H
Benton, Stephen T. GA 39th Inf. Co.D
Benton, T. SC 5th Cav. Co.C
Benton, T.C. GA 8th Inf. Co.G Cpl.
Benton, Terrell W. GA 3rd Inf. Co.C
Benton, T.F. TX 10th Cav. Co.A Ord.Sgt.
Benton, T.H. MS 4th Cav. Co.H
Benton, T.H. MS 36th Inf.
Benton, T.H. TX 10th Cav. Co.F
Benton, Theodore S. VA Cav. Mosby's Regt. (Part.Rangers) Co.B
Benton, Thomas NC 2nd Arty. (36th St.Troops) Co.K
Benton, Thomas LA 1st Cav. Co.B
Benton, Thomas MS 18th Inf. Co.D
Benton, Thomas NC 5th Inf. Co.H
Benton, Thomas SC 2nd St.Troops Co.H
Benton, Thomas SC 8th Bn.Res. Fishburne's Co.
Benton, Thomas TN 3rd (Forrest's) Cav. Co.H
Benton, Thomas TX 36th Cav. Co.I Cpl.
Benton, Thomas VA 50th Inf. Co.A Sgt.
Benton, Thomas VA 59th Mil. Arnold's Co.
Benton, Thomas 1st Choctaw & Chickasaw Mtd.Rifles 2nd Co.K
Benton, Thomas A. NC 30th Inf. Co.C
Benton, Thomas C. GA 29th Inf. Co.C
Benton, Thomas E. VA 13th Cav. Co.C
Benton, Thomas F. GA 10th Inf. Co.C
Benton, Thomas G. NC 33rd Inf. Co.E
Benton, Thomas G. VA Inf. Cohoon's Bn. Co.D
Benton, Thomas H. MS Inf. 1st Bn.St.Troops (12 mo. '62-3) Co.C Sgt.
Benton, Thomas H. MS 21st Inf. Co.F Cpl.
Benton, Thomas H. MO Cav. Snider's Bn. Co.E
Benton, Thomas H. MO Cav. Williams' Regt. Co.C
Benton, Thomas H. NC Hvy.Arty. 10th Bn. Co.C
Benton, Thomas H. NC 23rd Inf. Co.K
Benton, Thomas H. TN 14th Inf. Co.C
Benton, Thomas H. VA 8th Inf. Co.F
Benton, Thomas H. 1st Choctaw Mtd.Rifles Co.I
Benton, Thomas H. 1st Choctaw & Chickasaw Mtd.Rifles 2nd Co.B Capt.
Benton, Thomas J. GA 18th Inf. Co.C
Benton, Thomas J. NC 27th Inf. Co.F
Benton, Thos. O. LA Lt.Arty. 3rd Btty. (Benton's) Capt.
Benton, T.J. MS Inf. 2nd St.Troops Co.D
Benton, Ts. NC 3rd Inf. Co.I
Benton, Tulious SC 3rd Cav. Co.A
Benton, Tullins SC Cav. 17th Bn. Co.D
Benton, Tullius SC 1st Mtd.Mil. Green's Co.
Benton, Van B. KY 11th Cav. Co.F
Benton, Van Buren KY 7th Mtd.Inf. Co.F
Benton, Van Buren KY Dudley's Ind.Cav. Sgt.
Benton, Victor L. TN 1st (Feild's) Inf. Co.C
Benton, W. MS 5th Inf. Co.D
Benton, W. NC 3rd Jr.Res. Co.G
Benton, W.A. MS 27th Inf. Co.D
Benton, W.B. KY 11th Cav. Co.F Sgt.
Benton, W.C. Clark's Staff Col.
Benton, W.D. AL 51st (Part.Rangers) Co.D 1st Lt.
Benton, W.D. MS Cav. 1st Bn. (McNair's) St.Troops Co.A
Benton, W.D. MS Cav. Jeff Davis Legion Co.E
Benton, W.E. TN 22nd (Barteau's) Cav. Co.K
Benton, W.F. AL 17th Inf. Co.E
Benton, W.F. TX Cav. Border's Regt. Co.F
Benton, W.G. SC 3rd Cav. Co.A
Benton, W.H. AR 30th Inf. Co.K
Benton, W.H. MS Horse Arty. Cook's Co.
Benton, W.H. 2nd Conf.Eng.Troops Co. Artif.
Benton, William AZ Cav. Herbert's Bn. Oury's Co. 2nd Lt.
Benton, William AR 3rd Inf. Co.I
Benton, William AR 12th Inf. Co.E
Benton, William MO 11th Inf. Co.C
Benton, William NC Hvy.Arty. 1st Bn. Co.C
Benton, William NC 8th Bn.Jr.Res. Co.C
Benton, William NC 8th Sr.Res. Callihan's Co.
Benton, William NC 45th Inf. Co.D
Benton, William TN 4th (McLemore's) Cav. Co.G
Benton, William TN 21st & 22nd (Cons.) Cav. Co.C
Benton, William TX 20th Cav. Co.G
Benton, William TX Cav. Bourland's Regt. Co.A Sgt.
Benton, William TX Cav. McCord's Frontier Regt.
Benton, William TX Cav. Morgan's Regt. Co.F
Benton, William VA Cav. 37th Bn. Co.H
Benton, William VA 62nd Mtd.Inf. 2nd Co.L
Benton, William VA 3rd Cav. & Inf.St.Line Co.D
Benton, William Conf.Inf. Tucker's Regt. Co.I
Benton, William A. GA Inf. 2nd Bn. Co.B Cpl.
Benton, William A. NC 4th Cav. (59th St.Troops) Co.A 2nd Lt.
Benton, William A. SC Cav. 12th Bn. Co.A Cpl.
Benton, William Allen SC 4th Cav. Co.A Sgt.Maj.
Benton, William B. GA 13th Cav. Co.I Sgt.
Benton, William B. LA 3rd (Harrison's) Cav. Co.G
Benton, William C. TX Cav. Saufley's Scouting Bn. Co.E 2nd Lt.
Benton, William D. GA 36th (Villepigue's) Inf. Co.C
Benton, William D. NC Cav. (Loc.Def.) Howard's Co.
Benton, William H. MS 1st Lt.Arty. Co.F
Benton, William H. MS 10th Inf. Old Co.H Sgt.
Benton, William H. NC Hvy.Arty. 1st Bn. Co.C
Benton, William J. GA Lt.Arty. Guerard's Btty. Cpl.
Benton, William J. GA 57th Inf. Co.A
Benton, William J. NC 2nd Arty. (36th St.Troops) Co.G
Benton, William L. GA 3rd Cav. Co.A
Benton, William L. GA 3rd Inf. Co.A
Benton, William L. MS 2nd Part.Rangers Co.K,H
Benton, William N. FL 5th Inf. Co.I 1st Sgt.
Benton, William N. NC 20th Inf. Co.H
Benton, William P. NC Hvy.Arty. 10th Bn. Co.C
Benton, William R. NC 20th Inf. Co.E Cpl.
Benton, William T. GA 39th Inf. Co.D
Benton, William T. NC 5th Inf. Co.H Cpl.
Benton, William T. NC 33rd Inf. Co.E
Benton, William T. NC 52nd Inf. Co.C
Benton, William W. NC 13th Inf. Co.H
Benton, Wily LA 1st Hvy.Arty. Co.K
Benton, W.J. GA 60th Inf.
Benton, W.J. LA Collins' Scouts
Benton, W.J. MO 11th Inf. Co.D
Benton, W.L. MS 7th Cav. Co.G
Benton, W.L. MS 1st Inf. 2nd Lt.
Benton, W.N. GA Cav. 29th Bn. Co.A Sgt.
Benton, W.R. GA Cav. Dorough's Bn.
Benton, W.S. AL 31st Inf. Co.H Sgt.
Benton, W.T. AR 38th Inf. Co.A 1st Lt.
Benton, W.W. SC 11th Inf. Co.K
Benton, Zachariah VA Inf. 21st Bn. 2nd Co.C
Benton, Zachariah VA 64th Mtd.Inf. Co.C
Bentoza, Wankeen FL Lt.Arty. Abell's Co.
Bentoza, Waukeen FL Milton Lt.Arty. Dunham's Co.
Bentry, A. GA 8th Cav.
Bents, John SC 1st Arty. Co.B
Bentson, Asa T. VA 1st Arty. Co.A
Bentson, W.T. AL 38th Inf. Co.A

Benty, J.A. AL 5th Inf. Co.F
Bentz, Edward Conf.Inf. Tucker's Regt. Co.D
Bentz, Henry VA 22nd Inf. Co.H
Bentz, John LA 10th Inf. Co.K
Bentz, William T. VA 7th Cav. Co.G
Bentz, William T. VA 2nd Inf. Co.D Cpl.
Bentzen, Christopher LA C.S. Zouave Bn. Co.F
Bentzen, John LA Mil. 2nd Regt. 2nd Brig. 1st Div.
Bentzlie, John LA C.S. Zouave Bn. Co.F
Benua, Joseph LA 20th Inf. Co.D,B
Benuzzi, Antonio LA 28th (Thomas') Inf. Co.G Cpl.
Benware, John MO Cav. Wood's Regt. Co.G
Benware, S. MO 10th Inf. Co.I
Beny, G.W. LA Inf.Cons.Crescent Regt. Co.L
Beny, Z.H. AR Inf. Adams' Regt. Co.G
Benydingmer, A.B. VA 10th Cav. Co.D
Benyely, J.H. AR Cav. 6th Bn. Co.C Cpl.
Benz, Andrew LA 30th Inf. Co.C
Benzel, Christopher LA C.S. Zouave Bn. Co.A
Benzel, H. MS 9th Inf. Co.G Sgt.
Benzel, Henry GA 36th (Villepigue's) Inf. Co.G
Benzel, Henry MS 10th Inf. New Co.B Sgt.
Benzel, Henry 1st Conf.Inf. 1st Co.G
Benzel, Paul LA C.S. Zouave Bn. Co.A Music.
Benzer, William B. AL 4th Res. Co.A
Benzourant, Jaton J. TN 3rd (Forrest's) Cav. Co.B
Beoch, Ashil MS 21st Inf. Co.K 2nd Lt.
Beohm, Abner VA 136th Mil. Co.A
Beohm, Abram MO Searcy's Bn.S.S. Co.D
Beohm, John S. VA 11th Cav. Co.B
Beohm, Joseph W. MO Searcy's Bn.S.S. Co.D
Beohm, Samuel VA 8th Bn.Res. Co.D
Beolel, Francois LA Mil. 2nd Regt. 2nd Brig. 1st Div.
Beoll, --- SC 2nd Inf. Co.H
Beolle, V. GA 18th Inf. Co.I
Beonson, Charles TX Conscr.
Beord, W.P. AL Pickens Cty.Supp.Force Allen's Co.
Beorum, Harvey AL 5th Inf. Co.K
Beothy, W. TX 25th Cav. Co.H
Beover, Jesse R. AR 1st Vol. Co.F
Bequette, Ed MO Cav. Clardy's Bn. Co.B
Bequette, Louis MO Cav. 3rd Regt.St.Guard Co.A
Ber, L. LA Mil. Chalmette Regt. Co.B
Beradoe, Orgista LA 18th Inf. Co.E
Beradoe, Orgista LA Inf.Cons. 18th Regt. & Yellow Jacket Bn. Co.E
Berand, Earnest LA 7th Cav. Co.E
Beranger, T. TX Comal Res.
Berant, Miles FL 2nd Inf. Co.G
Berard, Achille LA Inf. 10th Bn. Co.E Capt.
Berard, A.S. LA 2nd Cav. Co.K
Berard, Camille LA 2nd Cav. Co.C
Berard, Earnest LA 7th Cav. Co.E Sgt.
Berard, Ernest LA Inf. 10th Bn. Co.G
Berard, O. LA 18th Inf. Co.K
Berard, Odilon LA Inf. 10th Bn. Co.D
Berard, Odilon LA Inf.Cons. 18th Regt. & Yellow Jacket Bn. Co.D
Berard, S. LA Inf. 10th Bn. Co.D Sgt.
Berard, S. LA Inf.Cons. 18th Regt. & Yellow Jacket Bn. Co.D Sgt.
Beras, Phillipo TX 4th Field Btty.
Beraud, Desire LA Inf.Cons. 18th Regt. & Yellow Jacket Bn. Lt.Col.
Beraud, John L. LA 18th Inf. Co.F
Beraud, John L. LA Inf.Cons. 18th Regt. & Yellow Jacket Bn. Co.F
Berband, P.A. LA Mil. Mtd.Rangers Plaquemines
Berbeisse, C. LA Mil. 4th Regt.Eur.Brig. Co.A
Berbeisse, H. LA Mil. 4th Regt.Eur.Brig. Co.A
Berberret, John W. Conf.Cav. Wood's Regt. Co.L
Berbette, --- VA Lt.Arty. B.Z. Price's Co.
Berbusse, Charles SC Arty. Bachman's Co. (German Lt.Arty.) Cpl.
Berbusse, Charles SC Arty.Bn. Hampton Legion Co.B Cpl.
Bercegeais, Rene LA 1st Cav. Co.H
Bercegeay, J. MS 1st Lt.Arty. Co.H
Berch, Richard VA 60th Inf. Co.B
Bercher, G. TX 14th Inf. Co.A
Berchett, Drewry W. VA 5th Cav. Co.F
Berchett, Harrison NC 54th Inf. Co.G
Berchett, Henry NC 54th Inf. Co.G
Berchett, James R. Sig.Corps,CSA
Berchfield, Charles VA 72nd Mil.
Berchfield, Edward MS 11th (Perrin's) Cav. Co.D
Berchfield, Harp MS 12th Cav. Co.I
Berchfield, P.I. MS Inf. 2nd St.Troops Co.G
Berchfield, William MO 3rd Cav. Co.B
Berchier, J.B. TX 24th & 25th Cav. Co.H
Bercholdt, L. LA Mil. Chalmette Regt. Co.A Cpl.
Berchtold, H. TX Inf. 1st St.Troops Co.B
Bercier, --- LA Mil. 1st Chasseurs a pied Co.1
Bercier, Manuel LA Mil. 1st Native Guards
Bercier, O. Lambert LA Mil. French Brig. Maj.,Ch. of Staff
Bercy, Edouard LA Mil. 1st Native Guards
Berd, W.C. MS 2nd St.Cav. Co.D
Berdaux, J.W. AL 63rd Inf. Co.F
Berdell, J. TX Waul's Legion Co.F
Berden, D.M. GA Inf. 25th Bn. (Prov.Guard) Co.D
Berden, Gustavus MS 22nd Inf. Co.H
Berden, J. LA Mil. 4th Regt. 1st Brig. 1st Div. Co.H
Berden, J.J. AL 12th Cav. Co.B
Berden, Owen K. AR Inf. 2nd Bn. Co.B
Berdet, John J. VA 79th Mil. 4th Co. Cpl.
Berdet, Lewis P. VA 79th Mil. 4th Co. Sgt.
Berdett, Humphrey M. GA 38th Inf. Co.K
Berdett, W.L. AL 4th Res. Co.E
Berdine, James P. GA 41st Inf. Co.B
Berdine, R.H. SC Palmetto S.S. Co.I
Berdine, V.E. TX 15th Inf. 2nd Co.E
Berdit, S.N. 10th Conf.Cav. Co.D
Berdoera, M. LA 26th Inf. Co.A
Berdon, August MS Lt.Arty. English's Co.
Berdon, B. LA Mil.Cont.Regt. Mitchell's Co.
Berdreau, V. LA 18th Inf. Co.I
Berdreaux, D. LA Inf. Jeff Davis Regt. Co.F
Berdreaux, J.J. LA Inf. Jeff Davis Regt. Co.F
Berdue, James VA 6th Inf.
Bereal, Caralimp TX Cav. 3rd (Yager's) Bn. Co.A
Berealy, W. AL 4th Inf. Co.C Sgt.
Berean, F.F. MS 3rd Inf. Co.H Sgt.
Bereaud, Honore LA 2nd Res.Corps Co.K
Bereegeay, J. LA Mil. 1st Regt. French Brig. Co.3
Berell, M.P. SC Inf. 37th Regt.
Berend, Alexander GA 1st Reg. Co.L 1st Sgt.
Berendt, Chas. LA Mil. 3rd Regt. 1st Brig. 1st Div. Co.I
Berendt, M. FL 9th Inf. Co.B
Berenquer, J. LA Mil. 5th Regt.Eur.Brig. (Spanish Regt.) Co.1 Cpl.
Berens, George LA Mil. 3rd Regt. 3rd Brig. 1st Div. Co.H
Berens, S.G. AR Cav. Gordon's Regt. Co.A
Beresford, F. VA Inf. 2nd Bn.Loc.Def. Co.G
Beresford, James H. Conf.Cav. Wood's Regt. Co.L Cpl.
Beresford, N. LA 1st Cav. Co.F
Beresford, Thomas MS 10th Inf. Old Co.F
Beresford, T.J. MS 9th Inf. New Co.E Cpl.
Beresford, W.F. 20th Conf.Cav. Co.F
Berestick, George NC 5th Inf. Co.A
Beretick, Michael AL 21st Inf. Co.E
Bereton, Antoni GA Inf. 1st Bn. (St.Guards) Co.D
Berffy, J. LA Mil. 3rd Regt. 2nd Brig. 1st Div.
Berfield, G.H. LA 8th Cav. Co.D
Berg, A. TN 15th Inf. Co.I
Berg, Anton LA Mil. Chalmette Regt. Co.A 1st Sgt.
Berg, Jacob SC 2nd Cav. Co.B
Berg, Jacob SC Cav.Bn. Hampton Legion Co.C
Berg, Jacob TX 11th (Spaight's) Bn.Vol. Co.A
Berg, Jacob TX 13th Vol. 3rd Co.K
Berg, Jacob TX 21st Inf. Co.A
Berg, Joe TX 5th Inf. Martindale's Co.
Berg, John MD Arty. 3rd Btty.
Berg, John S. KY 3rd Bn.Mtd.Rifles
Berg, L. LA 7th Inf. Co.G
Berg, Leo MS 1st Lt.Arty. Co.I
Berg, Lewis LA Mil. 2nd Regt. 2nd Brig. 1st Div. Co.D
Berg, Mauricy LA Mil.Cont.Regt. Roder's Co.
Berg, P.E. LA Mil. Chalmette Regt. Co.A
Berg, Peter TX 1st Hvy.Arty. Co.C
Berg, Theodore LA Mil. Chalmette Regt. Co.A Sgt.
Berg, Theodore Conf.Reg.Inf. Brooks' Bn. Co.B
Berg, W. TX 5th Inf. Martindale's Co.
Berg, W. TX 21st Inf. Co.K
Bergam, John B. VA 94th Mil. Co.A
Bergam, John M. VA 94th Mil. Co.A
Bergamini, A., Jr. LA Inf.Crescent Regt. Co.G
Bergamy, Jeptha GA 12th Inf. Co.E
Bergan, Logan 2nd Cherokee Mtd.Vol. Co.E,C
Berge, --- TX Cav. Ragsdale's Bn. 2nd Co.C
Berge, Allen MS 38th Cav. Co.C
Berge, Charles Gen. & Staff Hosp.Stew.
Berge, H. AL Cav. Lenoir's Ind.Co. Bugler
Berge, H. Gen. & Staff Hosp.Stew.
Berge, Henry AL 3rd Cav. Co.C
Berge, Isaac 1st Conf.Cav. 2nd Co.F
Berge, T.M. MS 36th Inf. Co.E
Berge, William AL Lt.Arty. 2nd Bn. Co.A
Berge, William VA 22nd Cav. Co.K
Bergean, Francois LA 1st Hvy.Arty. (Reg.) Co.G

Bergen, Christopher KY 8th Cav. Co.C
Bergen, Erasmus T. KY 8th Cav. Co.C
Bergen, Erasmus T. KY 8th Mtd.Inf. Co.C
Bergen, Patrick P. MS 16th Inf. Co.F
Bergen, P.H. SC 25th Inf. Co.E
Bergen, T. TN 9th Inf. Co.I
Bergen, W. TN 9th Inf. Co.I
Bergene, Maurice LA Inf.Cons. 18th Regt. & Yellow Jacket Bn. Co.A
Bergeon, James G. NC 3rd Arty. (40th St.Troops) Co.B
Berger, A. LA Mil. 4th Regt.Eur.Brig. Co.E Sgt.
Berger, C. GA 1st (Fannin's) Res. Co.K
Berger, Charles L. GA 44th Inf. Co.C
Berger, Dennis LA 1st Hvy.Arty. (Reg.) Co.D
Berger, D.M. Horse Arty. White's Btty.
Berger, Eli TN 1st (Carter's) Cav. Co.C
Berger, Francois LA 13th Inf. Co.D
Berger, Frank TN 2nd (Ashby's) Cav. Co.F
Berger, Frank TN Cav. 4th Bn. (Branner's) Co.F
Berger, George NC 29th Inf. Co.B
Berger, George TX 20th Inf. Co.A
Berger, George VA 22nd Cav. Co.K
Berger, George H. SC 1st Arty. Co.D,A
Berger, George H. SC 1st Arty. Co.E Cpl.
Berger, G.W. TN 13th Inf. Co.I
Berger, H. VA Inf. Montague's Bn. Co.B
Berger, Henry GA 1st Inf. Co.I
Berger, Henry SC 1st (Butler's) Inf. Co.H
Berger, Jacob AL 8th Inf. Co.G
Berger, Jacob VA Loc.Def. Neff's Co.
Berger, Jacob C. TN 27th Inf. Co.D Cpl.
Berger, James VA 22nd Cav. Co.K
Berger, James H. VA 38th Inf. Co.B Sgt.
Berger, J.B. GA 8th Cav. Co.H
Berger, J.B. GA 62nd Cav. Co.I,H
Berger, J.B. NC Mil. Clark's Sp.Bn. A.R. Davis' Co.
Berger, J.C. TN 21st & 22nd (Cons.) Cav. Co.F
Berger, John TX 1st Inf. Co.G
Berger, Joseph W. VA 13th Inf. Co.G
Berger, L. AL 1st Regt. Mobile Vol. Co.C
Berger, Lewis LA Inf. 1st Sp.Bn. (Wheat's) Co.B
Berger, Louis TX 3rd Inf.
Berger, Martin LA 20th Inf. New Co.B
Berger, P. LA Mil. 4th Regt. French Brig. Co.1,5 Cpl.
Berger, Peter LA Inf. 1st Sp.Bn. (Rightor's) Co.E
Berger, R. TN 15th Inf. Co.I
Berger, Richard TX 8th Cav. Co.D
Berger, S.S. VA Lt.Arty. 13th Bn. Co.B Sgt.
Berger, W. TX 3rd Inf. Co.B Sgt.
Berger, William E. VA 157th Mil. Co.A
Bergerm, Jean B. LA Mil. Terrebonne Regt.
Bergeron, A. LA 26th Inf. Co.G
Bergeron, A. Conf.Cav. Wood's Regt. 2nd Co.F, Co.B
Bergeron, Alexis LA Mil. Knaps' Co. (Fausse River Guards)
Bergeron, Amedie LA 27th Inf. Co.D
Bergeron, B. LA Mil. St.James Regt. Gaudet's Co.
Bergeron, C.B. LA 4th Inf. Co.F
Bergeron, C.D. LA 2nd Cav.
Bergeron, Charles LA 26th Inf. Co.H
Bergeron, David LA C.S. Zouave Bn. Co.B
Bergeron, Desidore LA 2nd Cav. Co.H
Bergeron, Dorville LA 28th (Thomas') Inf. Co.E
Bergeron, Drozin LA 26th Inf. Co.D
Bergeron, Dubregi LA 26th Inf. Co.C
Bergeron, E. LA Inf.Cons. 18th Regt. & Yellow Jacket Bn. Co.G
Bergeron, Edouard LA 18th Inf. Co.G
Bergeron, Edward LA Inf. 10th Bn. Co.G
Bergeron, Emile LA Arty. Landry's Co. (Donaldsonville Arty.)
Bergeron, Emile LA Inf. 1st Sp.Bn. (Rightor's) Co.E
Bergeron, Emile LA 14th Inf. Co.B
Bergeron, Emile LA 18th Inf. Co.C
Bergeron, Emile LA 26th Inf. Co.C
Bergeron, Erminville LA 26th Inf. Co.F
Bergeron, Eugene LA 26th Inf. Co.D
Bergeron, Eusebe LA 1st Hvy.Arty. (Reg.) Co.D
Bergeron, Euzebe LA 26th Inf. Co.D
Bergeron, F.J. Conf.Cav. Wood's Regt. 2nd Co.F Cpl.
Bergeron, Franklin LA 26th Inf. Co.I
Bergeron, F.V. LA 4th Inf. Co.F
Bergeron, Germin LA 26th Inf. Co.F
Bergeron, H. LA Mil. Knaps' Co. (Fausse River Guards)
Bergeron, J. Baptiste LA 2nd Cav. Co.K
Bergeron, J.D. LA 2nd Cav. Co.I
Bergeron, John GA 32nd Inf. Co.K Sgt.
Bergeron, John G. GA 32nd Inf. Co.C
Bergeron, Joseph LA 2nd Res.Corps Co.B
Bergeron, Joseph LA 10th Inf. Co.G
Bergeron, Joseph, Jr. LA 28th (Thomas') Inf. Co.K
Bergeron, J.P. LA Inf.Cons. 18th Regt. & Yellow Jacket Bn. Co.G
Bergeron, Julien LA 26th Inf. Co.F
Bergeron, L. LA 18th Inf. Co.K
Bergeron, L. LA Inf.Cons. 18th Regt. & Yellow Jacket Bn. Co.K
Bergeron, L. LA 26th Inf. Co.D Sgt.
Bergeron, Lastie LA 28th (Thomas') Inf. Co.K
Bergeron, Lucien LA 1st Hvy.Arty. (Reg.) Co.B
Bergeron, Michel LA 18th Inf. Co.E
Bergeron, Michel LA Mil. St.James Regt. Gaudet's Co.
Bergeron, Millien LA 11th Inf. Co.B
Bergeron, Mozart LA Mil. Knaps' Co. (Fausse River Guards)
Bergeron, Narciss LA Mil. Terrebonne Regt.
Bergeron, N.B. LA 26th Inf.
Bergeron, Nemorin LA 7th Inf. Co.D
Bergeron, Octave LA 26th Inf. Co.H
Bergeron, O.J. LA Cav. Greenleaf's Co. (Orleans Lt.Horse)
Bergeron, O.J. TN 12th (Cons.) Inf. Co.C
Bergeron, O.J. TN 22nd Inf. Co.A
Bergeron, Omer LA 26th Inf. Co.C
Bergeron, P. LA Inf.Cons. 18th Regt. & Yellow Jacket Bn. Co.F
Bergeron, Paul LA 2nd Cav. Co.K
Bergeron, Philogene LA 18th Inf. Co.B
Bergeron, R. GA 32nd Inf. Co.K
Bergeron, S. LA 18th Inf. Co.F
Bergeron, Samuel GA 48th Inf. Co.D
Bergeron, Savillien LA 28th (Thomas') Inf. Co.K
Bergeron, Schuyler LA 26th Inf. Co.H
Bergeron, Simon LA Inf. 10th Bn. Co.B
Bergeron, Simon LA Inf.Cons. 18th Regt. & Yellow Jacket Bn. Co.B
Bergeron, Sosthene LA 27th Inf. Co.D
Bergeron, Stephen GA 32nd Inf. Co.C
Bergeron, Surville LA 28th (Thomas') Inf. Co.E
Bergeron, Trasimond LA 26th Inf. Co.F
Bergeron, Ulysse LA 1st Hvy.Arty. (Reg.) Co.B
Bergeron, Washington GA 32nd Inf. Co.C
Bergeron, Washington LA 26th Inf. Co.H
Bergeron, William GA 32nd Inf. Co.C
Bergeron, William GA 32nd Inf. Co.K Cpl.
Bergeron, Zenon LA 2nd Cav. Co.K
Bergeron, Zenon LA 27th Inf. Co.D
Bergeron, Zenon, Jr. LA Mil. Knaps' Co. (Fausse River Guards)
Bergerons, Evariste LA Inf.Cons. 18th Regt. & Yellow Jacket Bn. Co.K
Bergerot, R. LA Inf.Cons.Crescent Regt. Co.C
Bergerson, J. LA Mil. LaFourche Regt.
Bergerstoe, Frank LA Mil. Mooney's Co. (Saddlers Guards)
Berges, George W. GA 64th Inf. Co.K
Berges, J.F. KY 12th Cav. Co.I
Berges, Pierre LA Mil.Bn. French Vol. Cav.Co. 1st Lt.
Bergess, Alex. VA 34th Mil. Co.B
Bergess, William AR 11th Inf. Co.I
Bergess, William M. GA 60th Inf. Co.D
Bergett, P.L. AR 3rd Cav. 3rd Co.E
Bergeun, Charles LA Pointe Coupee Arty.
Bergeun, L. Alcide LA Pointe Coupee Arty. Cpl.
Bergfeld, George TX 3rd Inf. Co.B Music.
Bergfeldt, E. LA Mil. 1st Regt. French Brig. Co.5
Bergheim, William SC Arty. Bachman's Co. (German Lt.Arty.)
Bergheim, William SC Arty.Bn. Hampton Legion Co.B
Bergheimer, C. VA 2nd St.Res. Co.F
Bergheimer, P. VA 1st St.Res. Co.D
Bergiachi, Nino LA Mil. Cazadores Espanoles Regt. Co.F
Bergin, Edward C. TX Cav. Ragsdale's Bn. 2nd Co.C
Bergin, E.M. AL 57th Inf. Co.F
Bergin, G.J. 3rd Conf.Cav. Co.F Cpl.
Bergin, Jasper MO 9th Inf. Co.D
Bergin, J.M. MO Inf. Clark's Regt. Co.C
Bergin, John A. AL 30th Inf. Co.A Cpl.
Bergin, John W., Jr. TX 2nd Inf. Co.D Sgt.
Bergin, Michael GA 1st (Olmstead's) Inf. Gordon's Co.
Bergin, Michael GA 63rd Inf. Co.K,D
Bergin, O.M. TX 2nd Inf. Co.D
Bergin, Thomas KY 2nd Mtd.Inf. Co.F
Bergin, Thomas VA Inf. 2nd Bn.Loc.Def. Co.A
Bergin, William AL 37th Inf. Co.C
Bergin, William P. TX 2nd Inf. Co.D
Bergin, W.M. AL Cav. Barbiere's Bn. Truss' Co. Cpl.
Bergis, J.W. NC 2nd Conscr. Co.B
Bergman, C. LA Mil. 3rd Regt. 2nd Brig. 1st Div. Co.A

Bergman, Cato MS Cav. Powers' Regt. Co.H Sgt.
Bergman, Charles TX 33rd Cav. Co.A
Bergman, Charles TX 4th Field Btty.
Bergman, Charles TX 7th Field Btty.
Bergman, Charles TX 15th Field Btty.
Bergman, Charles TX Lt.Arty. Hughes' Co.
Bergman, Charles H. SC Arty. Bachman's Co. (German Lt.Arty.) 1st Sgt.
Bergman, C. Harry SC Arty.Bn. Hampton Legion Co.B 1st Sgt.
Bergman, L.E.C. LA 1st Cav. Co.I Sgt.
Bergman, Louis AR 23rd Inf. Co.G Sgt.
Bergmann, A. LA Mil. 4th Regt.Eur.Brig. Co.A
Bergmann, A. SC Mil.Cav. Theo. Cordes' Co.
Bergmann, A. SC Mil.Arty. 1st Regt. Co.A
Bergmann, Ambrose SC 1st (McCreary's) Inf. Co.I
Bergmann, G. TX 33rd Cav. Co.E
Bergmann, William A. LA Inf. 7th Bn. Co.C
Bergmeyer, Bernhard VA 1st Inf. Co.K
Bergner, Herman GA 1st Bn.S.S. Co.B
Bergner, Herman GA 1st (Olmstead's) Inf. 1st Co.A
Bergram, Jesse F. AR 18th Inf. Co.K Cpl.
Bergschiker, Frederik LA Mil.Cont.Regt. Lang's Co.
Berguron, S.R. LA Inf.Crescent Regt. Co.B
Bergus, C. GA 1st (Fannin's) Res. Co.B
Berham, E. LA 4th Inf. Co.H
Berham, J. LA 1st (Nelligan's) Inf. Co.H
Berhen, R.T. VA Invalid Corps 1st Lt.
Berial, John TX 17th Field Btty.
Beriar, O. TX 12th Inf. Co.E
Berientes, L. TX 8th Inf. Co.C
Berig, F. Wells MS 35th Inf.
Berill, J.W. FL Lt.Arty. Dyke's Co.
Bering, C.H. TX Cav. Waller's Regt. Menard's Co.
Bering, L.H. TX 26th Cav. Co.A
Bering, Louis H. TX 13th Vol. 2nd Co.A Cpl.
Beringer, Pierre LA Mil. 1st Regt. French Brig. Co.7 3rd Lt.
Beringham, J.T. Stirman's Regt. S.S. Co.K Cpl.
Berings, A TX Inf. Houston Bn. Co.B 1st Lt.
Berins, John KY 10th Cav. Co.C
Berins, John SC River Corps
Berister, O. GA 56th Inf. Co.D Cpl.
Berk, Thomas NC Cav. 7th Bn. Co.F
Berkeen, Joseph S. TN 48th (Voorhies') Inf. Co.H
Berkelbach, Fred TX 1st Hvy.Arty. Co.C
Berkelbach, William TX 1st Hvy.Arty. Co.C
Berkele, John AL Inf. 1st Regt. Co.B Music.
Berkeley, Carter VA Lt.Arty. Garber's Co. Cpl.
Berkeley, Charles VA 6th Cav. Co.I
Berkeley, Charles F. VA 8th Inf. Co.D Capt.
Berkeley, E. VA VMI Co.D
Berkeley, E. Gen. & Staff Asst.Surg.
Berkeley, Edmund VA 8th Inf. Co.C Lt.Col.
Berkeley, Francis B. VA 62nd Mtd.Inf. Adj.
Berkeley, Francis B. Gen. & Staff Capt.,AAG
Berkeley, Frank B. VA Lt.Arty. Garber's Co.
Berkeley, Green 3rd Conf.Eng.Troops 2nd Lt.
Berkeley, Henry R. VA Lt.Arty. Kirkpatrick's Co.
Berkeley, Henry R. VA Lt.Arty. Nelson's Co.
Berkeley, John TX Inf. Houston Bn. Co.C Capt.
Berkeley, John H. VA Lt.Arty. Nelson's Co.
Berkeley, John H. VA Lt.Arty. Kirkpatrick's Co. Sgt.
Berkeley, John L. VA Lt.Arty. Nelson's Co.
Berkeley, John L. VA Lt.Arty. Kirkpatrick's Co.
Berkeley, Landon C. VA 15th Inf. Co.C 2nd Lt.
Berkeley, L.C. VA 2nd Inf.
Berkeley, L.C. VA 3rd Inf.Loc.Def. Co.E Cpl.
Berkeley, Lewis VA 15th Inf. Co.C
Berkeley, Nelson VA 34th Inf. Co.K
Berkeley, Norborne VA 8th Inf. Col.
Berkeley, Peyton R. VA 3rd Cav. Co.K Capt.
Berkeley, Robert B. VA 3rd Cav. Co.K H.Sgt.
Berkeley, Robert C. VA 11th Inf. Co.G
Berkeley, T.A. VA Lt.Arty. Garber's Co.
Berkeley, T.A. VA 5th Inf. Capt.,Asst.Surg.
Berkeley, T.A. Gen. & Staff Asst.Surg.
Berkeley, William M. VA 25th Inf. 2nd Co.D
Berkeley, William Noland VA 8th Inf. Co.D Maj.
Berkeley, William R. VA 3rd Cav. Co.K
Berkeley, William R. VA 21st Inf. Co.K Maj.
Berkeley, William W. VA 9th Cav. Co.H
Berkely, Alvin KY 10th Cav. Co.I
Berkely, Edmond VA Horse Arty. McClanahan's Co.
Berkely, Spotswood VA Horse Arty. McClanahan's Co.
Berkely, William MO Cav. Snider's Bn. Co.B Sgt.
Berkenhoff, B. TX 17th Inf. Co.H Cpl.
Berkert, Robert LA Mil. Mooney's Co. (Saddlers Guards)
Berket, D. 1st Cherokee Mtd.Vol. 1st Co.B
Berket, J. 1st Cherokee Mtd.Vol. 1st Co.B
Berkett, John MO Cav. Coffee's Regt. Co.K
Berkhead, John AR Inf. 8th Bn. 1st Co.C
Berkhead, John AR 25th Inf. Co.F
Berkheard, E.W. NC 47th Inf. Co.F
Berkit, Joseph NC 64th Inf. Co.N
Berkley, Alfred Gen. & Staff Brig.Gen.
Berkley, Bedell VA 55th Inf. Co.F,C
Berkley, Benjamin F. Sig.Corps,CSA
Berkley, Carter VA 6th Cav. Co.D
Berkley, Carter VA Horse Arty. McClanahan's Co. 1st Lt.
Berkley, Charles R. VA 3rd Cav. Co.H
Berkley, E. FL Cav. 5th Bn.
Berkley, E. VA VMI Co.D
Berkley, G. MS 18th Inf. Co.F
Berkley, H. Gen. & Staff Surg.
Berkley, H.C. LA 3rd (Wingfield's) Cav. Co.E
Berkley, H.C. TN 6th (Wheeler's) Cav. Co.C
Berkley, Henry TX 9th (Nichols') Inf. Co.I
Berkley, J. SC 22nd Inf. Co.I
Berkley, James A. VA Inf. 22nd Bn. Co.B
Berkley, J.M. VA 2nd Cav.
Berkley, Lewis Gen. & Staff Asst.Surg.
Berkley, Porter VA 49th Inf. 3rd Co.G
Berkley, Publius J. VA 3rd Cav. Co.H
Berkley, R.C. VA 7th Inf. QMSgt.
Berkley, T.A. VA 61st Inf. Asst.Surg.
Berkley, W.H. LA 3rd (Wingfield's) Cav. Co.F
Berkley, Wm. MO 5th Cav. Co.D,I 1st Lt.
Berkley, William H. VA 49th Inf. Co.H
Berkley, William M. TN 5th Inf. 1st Co.C
Berkley, William W. VA 56th Inf. Co.I Sgt.
Berkly, Henry C. LA 4th Inf. Old Co.G
Berkly, J.B. NC 23rd Inf. Co.I
Berkman, George GA 10th Inf. Co.A
Berkman, L.C. GA Cobb's Legion
Berknel, Arthur LA Mil. Mtd.Rangers Plaquemines
Berkner, Fred TX 1st Hvy.Arty. Co.K
Berkowitz, Louis J. TX 4th Cav. Co.C
Berks, Alexander VA 58th Inf.
Berks, Allison T. VA 18th Inf. Co.A
Berks, Arthur T. TX 1st Field Btty.
Berks, James VA 58th Inf.
Berks, Thomas M. MO 10th Cav. Co.H
Berks, William KY 7th Cav. Co.H
Berks, William R. AL 35th Inf. Co.I Cpl.
Berkshire, John W. KY 5th Cav. Co.G
Berkshire, W.H. 1st Conf.Cav. 1st Co.K Sgt.
Berkson, Isaac MO Cav. 3rd Bn. Co.F
Berkson, Simon MO Cav. 3rd Bn. Sr.2nd Lt.
Berkson, Simon MO Cav. 3rd Bn. Co.F Sgt.
Berkson, Theodore MS 1st (Percy's) Inf. Co.A
Berkson, Theodore H. MS 1st Lt.Arty. Co.A
Berl, H.O. GA 47th Inf. Lt.
Berlack, Harris FL 2nd Cav. Co.C
Berland, Paul TX Cav. Ragsdale's Bn. Co.F
Berlar, Antoine TX 11th (Spaight's) Bn.Vol. Co.F
Berle, Carl LA Mil. 4th Regt.Eur.Brig. Co.C
Berlener, B. TX Cav. Waller's Regt. Co.F
Berlenz, Ferdinand 1st Conf.Reg.Cav. Co.A
Berleson, William P. NC 58th Inf. Co.C
Berleth, George TX Lt.Arty. Jones' Co. Cpl.
Berleth, George TX Inf. 4th Bn. (Oswald's) Co.B
Berletta, C. AL 1st Regt. Mobile Vol. Baas' Co.
Berletta, P. AL 4th Res. Co.B
Berley, Asa Baker Gen. & Staff AASurg.
Berley, B.F. LA 28th (Thomas') Inf. Co.B 2nd Lt.
Berley, Richard M. LA 12th Inf. Co.L
Berley, William Q.M. SC 5th Cav. Co.F
Berlies, L. VA 21st Cav. 2nd Co.G
Berlin, Charles VA 12th Cav. Co.D
Berlin, Daniel W.F. VA 30th Inf. Co.H
Berlin, George VA 7th Cav. Co.E
Berlin, George W. LA 15th Bn.S.S. (Weatherly's) Co.C 1st Sgt.
Berlin, George W. LA Miles' Legion Co.F Cpl.
Berlin, I.G. TX St.Res. Co.A Lt.
Berlin, Isaac VA 146th Mil. Co.K
Berlin, Jackson VA 2nd Inf. Co.C
Berlin, Jefferson VA 89th Mil. Co.D
Berlin, Joseph LA Borrow's Scouts
Berlin, Lewis VA 122nd Mil. Co.A Cpl.
Berlin, P.L. TX 21st Cav. Co.F
Berlin, R. GA 1st (Symons') Res. Co.B
Berlin, Sanford W. VA 55th Inf. Co.M
Berlin, W.D. TN 3rd (Forrest's) Cav. Co.C
Berlin, William J. TN Cav. 17th Bn. (Sanders') Co.A Sgt.
Berlinger, J. TN 4th Inf. Co.G
Berlington, David TN 19th & 20th (Cons.) Cav. Co.E
Berlly, B. TX Inf. 1st St.Troops Biehler's Co.A
Berlocher, Henry TX 2nd Inf. Co.F Cpl.
Berlocher, John TX 1st Hvy.Arty. Co.D,K

Berluchau, G. LA Mil. Orleans Guards Regt. Co.E
Berluchaux, G. SC Arty. Manigault's Bn. 1st Co.A, 2nd Co.D
Berly, Alexander LA Mil. Chalmette Regt. Co.H
Berly, Benjamin F. LA 26th Inf. Co.B Cpl.
Berly, Henry GA Inf. 11th Bn. (St.Guards) Co.A
Berly, W.T. SC 3rd Inf. Co.I 1st Sgt.
Berlyne, W.F. TX 1st Bn.S.S. Co.A
Bermager, A. LA 28th (Thomas') Inf. Co.G
Berman, B. LA Mil. 4th Regt. 3rd Brig. 1st Div. Co.D
Berman, Fritz LA Mil. Mooney's Co. (Saddlers Guards)
Bermann, Conrad TX 2nd Inf. Co.B
Bermingham, Alfred O. AR 45th Mil. Co.D
Bermingham, J.C. KY 9th Mtd.Inf. Co.F
Bermingham, John NC 15th Inf. Co.B
Bermingham, M. TX 5th Cav. Co.F
Bermingham, M.J. LA Inf.Crescent Regt. Co.G
Bermingham, N.B. LA Mil. Orleans Fire Regt. Hall's Co. 2nd Lt.
Bermingham, Patrick TN 2nd (Walker's) Inf. Co.A
Bermingham, Peter LA Mil. Lafayette Arty.
Bermingham, Thomas LA Inf.Crescent Regt. Co.G
Bermingham, Thomas NC 15th Inf. Co.B
Bermond, P. LA Mil. 1st Regt. French Brig. Co.2
Bermondy, A.W. TX 25th Cav.
Bermot, Charles VA Lt.Arty. W.P. Carter's Co.
Bermudez, B. LA Mil. Orleans Guards Regt. Co.E
Bermudez, Edw. LA Mil. Orleans Guards Regt. Co.E 3rd Lt.
Bermudez, Edward Gen. & Staff Adj.
Bermudez, J. LA Mil. Orleans Guards Regt. Co.A
Bern, C.N. VA Cav. Mosby's Regt. (Part. Rangers) Co.A
Bern, L.H. AL 8th Inf.
Berna, John W. AR 34th Inf. Co.E
Bernadas, Bertrand LA Mil. 2nd Regt. French Brig. Co.7
Bernadez, Daniel LA C.S. Zouave Bn. Co.D
Bernais, Anetaire LA 33rd Regt.St. Co.C
Bernal, Jose LA Mil. 5th Regt.Eur.Brig. (Spanish Regt.) Co.3 3rd Lt.
Bernal, Jose LA Mil. 5th Regt.Eur.Brig. (Spanish Regt.) Co.5
Bernal, J.V. TN Inf. Nashville Bn. Cattles' Co.
Bernal, Leandro TX 3rd Inf. Co.F 1st Sgt.
Bernal, Refugio TX Cav. 3rd (Yager's) Bn. Rhode's Co. Sgt.
Bernales, Culogis TX 3rd Inf. Co.C
Bernan, Isaac AL 15th Inf.
Bernaniau, C.H. LA Inf. 16th Bn. (Conf.Guards Resp.Bn.) Co.B
Bernard, --- LA Mil. 3rd Regt.Eur.Brig. (Garde Francaise) Co.6
Bernard, --- LA Mil. Orleans Fire Regt. Asst.Surg.
Bernard, A. LA Mil. 1st Regt. 2nd Brig. 1st Div.
Bernard, A. LA Mil. 3rd Regt.Eur.Brig. (Garde Francaise) Co.3
Bernard, A. LA 18th Inf. Co.K
Bernard, A. LA Inf.Cons. 18th Regt. & Yellow Jacket Bn. Co.K 3rd Lt.
Bernard, A. LA 26th Inf. Co.A
Bernard, A. SC 6th Inf. Co.C 1st Lt.
Bernard, A. TN 7th (Duckworth's) Cav. Co.A
Bernard, A. TX Inf. 1st St.Troops Lawrence's Co.D
Bernard, Alcide LA Conscr.
Bernard, Alfred LA 26th Inf. Co.C
Bernard, Alphonse LA Inf.Cons. 18th Regt. & Yellow Jacket Bn. Co.I
Bernard, Anderson MO 1st & 4th Cons.Inf. Co.E
Bernard, Anteol LA Inf.Cons. 18th Regt. & Yellow Jacket Bn. Co.D
Bernard, Anton TX 10th Field Btty.
Bernard, Aquilla LA Mil. LaFourche Regt.
Bernard, Arist. C. LA 30th Inf. Co.H Sgt.
Bernard, A.S. LA 11th Inf. Co.K Sgt.
Bernard, August LA Mil. 1st Regt. French Brig. Co.6
Bernard, B. LA Mil. 4th Regt. French Brig. Co.5
Bernard, B. LA Mil. 4th Regt. 2nd Brig. 1st Div. Co.G
Bernard, Benjamin Franklin VA 10th Cav. Co.C
Bernard, Byron W. VA 46th Inf. 2nd Co.A
Bernard, C. LA Mil. 3rd Regt.Eur.Brig. (Garde Francaise) Co.3,7
Bernard, Carlos F.W. VA 15th Inf. Co.D
Bernard, C.H. TX 12th Inf. Co.E
Bernard, C.H. TX Inf. Chambers' Bn.Res.Corps Co.C
Bernard, Charles LA 14th Inf. Co.C
Bernard, Charles E. VA Cav. 37th Bn. Co.A
Bernard, Charles E. VA 24th Inf. Co.B
Bernard, C.J. FL 2nd Cav. Co.H
Bernard, Clay LA 26th Inf. Co.I Sgt.
Bernard, Clemile LA 18th Inf. Co.A Sgt.
Bernard, Clemile LA Inf.Cons. 18th Regt. & Yellow Jacket Bn. Co.A Cpl.
Bernard, Cleobule LA 18th Inf. Co.F
Bernard, Cleobule LA Inf.Cons. 18th Regt. & Yellow Jacket Bn. Co.A
Bernard, Clotare LA Mil. LaFourche Regt. Co.F Capt.
Bernard, C.O. FL 2nd Cav. Co.H Sgt.
Bernard, C.P. VA 46th Inf. Co.B
Bernard, D. LA Inf. 16th Bn. (Conf.Guards Resp.Bn.) Co.A
Bernard, D. LA 18th Inf. Co.A Sgt.
Bernard, David Meade VA 12th Inf. Co.E
Bernard, Demas LA 18th Inf. Co.A Cpl.
Bernard, Demas LA Inf.Cons. 18th Regt. & Yellow Jacket Bn. Co.A,C Cpl.
Bernard, Desire LA 26th Inf. Co.A
Bernard, Despanet LA Inf.Cons. 18th Regt. & Yellow Jacket Bn. Co.A Sgt.
Bernard, D.L. LA Inf. 10th Bn. Co.I,C
Bernard, D.L. LA 18th Inf. Co.F
Bernard, D.L. LA Inf.Cons. 18th Regt. & Yellow Jacket Bn. Co.I,C
Bernard, D.M. VA 13th Cav.
Bernard, Dominick AL 21st Inf. Co.G
Bernard, D.W. VA Horse Arty. Pelham's Co.
Bernard, D.W. VA 3rd Inf.Loc.Def. Co.B
Bernard, E. LA 18th Inf. Co.I
Bernard, E. LA Inf.Cons. 18th Regt. & Yellow Jacket Bn. Co.H
Bernard, E. LA 30th Inf. Co.A
Bernard, E. LA Mil. LaFourche Regt. Sgt.
Bernard, E.B. Gen. & Staff AQM
Bernard, E.C. LA Mil. 2nd Regt. 3rd Brig. 1st Div. Co.F 2nd Lt.
Bernard, Edward TN 20th (Russell's) Cav. Co.C
Bernard, Eliphimon LA 26th Inf. Co.A
Bernard, Ely LA Mil. LaFourche Regt.
Bernard, Ernest LA 26th Inf. Co.A Sgt.
Bernard, E.T. LA Mil. Orleans Guards Regt. Co.E
Bernard, Euclide LA 7th Cav. Co.H Sgt.
Bernard, Eugene LA Mil. 1st Native Guards
Bernard, F. LA 1st Cav. Co.F
Bernard, F. LA 18th Inf. Co.F
Bernard, F. LA Inf.Cons. 18th Regt. & Yellow Jacket Bn. Co.I
Bernard, F.E. LA Mil. Orleans Guards Regt. Co.C,F,I
Bernard, Felix LA 4th Inf. Co.H
Bernard, Ferguste L. LA 7th Cav. Co.E
Bernard, Fleming W. VA 15th Inf. Co.D Sgt.
Bernard, Francis U. NC 55th Inf. Co.E Music.
Bernard, Frank VA Lt.Arty. Brander's Co.
Bernard, Franklin L. VA Loc.Def.
Bernard, Frederick TX 6th Inf. Co.D Artif.
Bernard, George LA Washington Arty.Bn. Co.3,1 Sgt.
Bernard, George M. LA 2nd Cav. Co.H
Bernard, George S. VA 12th Inf. Co.E
Bernard, George S. VA 12th Inf. 2nd Co.I, Co.E Sgt.
Bernard, G.N. TN 32nd Inf. Co.H
Bernard, Godfrey LA Inf. 10th Bn. Co.B Sgt.
Bernard, Godfrey LA Inf.Cons. 18th Regt. & Yellow Jacket Bn. Co.B Sgt.
Bernard, Gustavis A. VA 42nd Inf. Co.F
Bernard, G.W. AR 58th Mil. Co.D Sgt.
Bernard, H. LA Mil. 1st Regt. French Brig. Co.5
Bernard, H. LA Mil. 3rd Regt.Eur.Brig. (Garde Francaise) Co.5
Bernard, Henry LA 14th (Austin's) Bn.S.S. Co.A
Bernard, Henry P. MO 4th Cav. Co.H,B
Bernard, H.P. Exch.Bn. 2nd Co.C,CSA
Bernard, H.R. TN 45th Inf. Co.F Cpl.
Bernard, Hyppolite LA 2nd Res.Corps Co.K
Bernard, Isdore LA 11th Inf. Co.L
Bernard, J. LA Arty. 5th Field Btty. (Pelican Lt.Arty.)
Bernard, J. LA Inf.Crescent Regt. Co.A
Bernard, J. TX 21st Inf. Co.D
Bernard, J.A. LA Mil. 1st Native Guards
Bernard, James LA Mil. Chalmette Regt. Co.I
Bernard, James H. LA 11th Inf. Co.F
Bernard, J.C. GA 4th Inf. Sgt.
Bernard, J.C. TX 1st Inf. Co.D
Bernard, J. Damonville LA 8th Inf. Co.F Cpl.
Bernard, Jean LA 18th Inf. Co.F Jr.2nd Lt.
Bernard, Jerome TX 9th (Nichols') Inf. Co.C
Bernard, Jesse T. FL Lt.Arty. Dyke's Co.
Bernard, J.L. LA Miles' Legion Co.B
Bernard, J.L. TX 4th Cav. Co.G
Bernard, J.N. MO 3rd Inf. Co.I
Bernard, John AR Cav. Gordon's Regt. Co.C
Bernard, John TN 9th (Ward's) Cav. Co.C
Bernard, John TX 34th Cav. Co.A
Bernard, John VA 6th Cav. Co.K

Bernard, John VA Cav. Young's Co.
Bernard, John VA 56th Inf. Co.H
Bernard, John A. TN 4th Inf. Co.I 2nd Lt.
Bernard, John A. VA Cav. 37th Bn. Co.G
Bernard, John A. VA 24th Inf. Co.B Capt.
Bernard, John O. VA 24th Inf. Co.D
Bernard, John P. LA 7th Inf. Co.A
Bernard, John P. NC 55th Inf. Co.E Music.
Bernard, Jonathan TN Miller's Co. (Loc.Def. Troops)
Bernard, Joseph LA 1st Hvy.Arty. (Reg.) Co.F
Bernard, Joseph LA Mil. 1st Native Guards
Bernard, Joseph LA 18th Inf. Co.F
Bernard, Joseph LA Inf.Cons. 18th Regt. & Yellow Jacket Bn. Co.I,H
Bernard, Joseph LA 26th Inf. Co.A
Bernard, Joseph VA Lt.Arty. Clutter's Co.
Bernard, Joseph W. AR 15th Mil. QM
Bernard, J.P. AR Cav. 1st Bn. (Stirman's) Co.G 1st Sgt.
Bernard, Js. LA 7th Cav. Co.F
Bernard, J.T. Gen. & Staff Capt.,AQM
Bernard, Jule LA 7th Cav. Co.C
Bernard, Jules LA Mil. 1st Native Guards
Bernard, J.W. AR Cav. 1st Bn. (Stirman's) Co.G
Bernard, J.W. AR Cav. Gordon's Regt. Co.C
Bernard, L. LA Arty. Guyol's Co. (Orleans Arty.)
Bernard, L. LA 26th Inf. Co.A
Bernard, L. LA Mil. LaFourche Regt.
Bernard, Lastie LA Conscr.
Bernard, L.B. LA 12th Inf. 2nd Co.M
Bernard, Leow LA Mil. LaFourche Regt.
Bernard, Lewis A. LA 26th Inf. Co.H
Bernard, Linas H. VA Cav. 37th Bn. Co.A
Bernard, Livandais LA 2nd Cav. Co.H
Bernard, L.L. LA Mil. Orleans Guards Regt. Co.D
Bernard, L.M. LA 7th Cav. Co.C
Bernard, Louis LA Mil. 1st Native Guards
Bernard, Louis TX 4th Cav. Co.G Sgt.
Bernard, Louis TX 6th Inf. Co.D
Bernard, Louis A. LA 4th Inf. Co.F
Bernard, M. LA Mil. 3rd Regt. French Brig. Co.2
Bernard, Manuel VA Cav. Young's Co.
Bernard, McH. VA 10th Cav. Co.K
Bernard, Meade Conf.Inf. 8th Bn. Co.F 2nd Lt.
Bernard, Molonget LA 28th (Thomas') Inf. Co.G
Bernard, Montague KY 2nd (Duke's) Cav. Co.I
Bernard, Mozard LA Inf. 10th Bn. Co.E 1st Lt.
Bernard, M.T. LA 26th Inf. Co.D
Bernard, Nelson LA Inf. 10th Bn. Co.A
Bernard, Nelson LA 18th Inf. Co.A
Bernard, Nelson LA Inf.Cons. 18th Regt. & Yellow Jacket Bn. Co.A
Bernard, Numa LA Inf.Cons.Crescent Regt. Co.I Sgt.
Bernard, O. LA 18th Inf. Co.I
Bernard, O. LA Inf.Cons. 18th Regt. & Yellow Jacket Bn. Co.H
Bernard, Orillear LA 7th Cav. Co.D
Bernard, P. LA Mil. 3rd Regt. French Brig. Co.5
Bernard, P. LA Inf.Cons. 18th Regt. & Yellow Jacket Bn. Co.I Cpl.
Bernard, P.H. LA Mil. 3rd Regt.Eur.Brig. (Garde Francaise) Co.4
Bernard, Philip LA 4th Inf. Co.F
Bernard, Philip SC Inf. 1st (Charleston) Bn. Co.C Music.
Bernard, Pierre LA 18th Inf. Co.F Cpl.
Bernard, P.V. LA Mil. Orleans Guards Regt. Co.D
Bernard, R. LA 18th Inf. Co.E
Bernard, R. LA Inf.Cons. 18th Regt. & Yellow Jacket Bn. Co.E
Bernard, R.C. LA 7th Cav. Co.H
Bernard, Richard F. VA 13th Inf. Co.A
Bernard, Robert C. VA 10th Cav. Co.K
Bernard, Runly AL 11th Inf. Co.D
Bernard, S. LA Mil. 2nd Regt. French Brig. Co.8
Bernard, S. LA 26th Inf. Co.A
Bernard, Samuel MO 4th Cav. Co.H
Bernard, Samuel TN 9th Cav.
Bernard, Samuel H. VA Cav. 37th Bn. Co.G
Bernard, Shuble F.M. LA 28th (Gray's) Inf. Co.C
Bernard, St. Upery LA Mil. 4th Regt. 1st Brig. 1st Div. Co.I
Bernard, Sylvester VA Inf. 1st Bn.Loc.Def. Co.D
Bernard, Thomas TX 1st Inf. Co.L
Bernard, Thos. H. VA Inf. 57th Regt. Co.F
Bernard, Thomas S. VA 16th Inf. Co.B Sgt.
Bernard, Thomas W. GA 6th Cav. Co.B
Bernard, Thomas W. VA 2nd Cav. Co.F
Bernard, T.O. VA Conscr.
Bernard, Traville 14th Conf.Cav. Co.D
Bernard, U.C. LA Mil. Chalmette Regt. Co.C
Bernard, Uclide LA Inf.Cons. 18th Regt. & Yellow Jacket Bn. Co.D
Bernard, Urban LA Mil. LaFourche Regt.
Bernard, Vahein LA 7th Cav. Co.H
Bernard, Val LA 30th Inf. Co.H Sgt.
Bernard, Valsin LA Conscr.
Bernard, V.H. LA 15th Bn.S.S. (Weatherly's) Co.B Jr.2nd Lt.
Bernard, Victor H. LA 4th Inf. Co.E Music.
Bernard, V.J. LA 26th Inf. Co.I Lt.
Bernard, W. LA Mil. 1st Native Guards
Bernard, W.A. VA Lt.Arty. Otey's Co.
Bernard, Walter MS 3rd Cav. Co.E Sgt.
Bernard, Walter A. VA 10th Cav. Co.K
Bernard, W.B. MS 28th Cav. Co.D
Bernard, W.H. AR Cav. 1st Bn. (Stirman's) Co.G
Bernard, William AL 4th (Russell's) Cav. Co.I
Bernard, William NC 27th Inf. Co.H 2nd Lt.
Bernard, William TN 10th Inf. Co.F
Bernard, William H. NC 1st Inf. (6 mo. '61) Co.H
Bernard, William L. VA Cav. 37th Bn. Co.G,A 1st Lt.
Bernard, William M. MO 3rd Inf. Co.A Sgt.
Bernard, William P. GA 44th Inf. Co.A
Bernard, William R. VA 9th Cav. Co.B
Bernard, Zadock TN Miller's Co. (Loc.Def.Troops)
Bernard, Zeb AR 34th Inf. Co.I
Bernardine, Hector LA 1st (Strawbridge's) Inf. Co.H
Bernardo, Antonio LA 30th Inf. Co.D
Bernart, W. NC 1st Cav. (9th St.Troops) Co.E
Bernaud, Francois LA 28th (Thomas') Inf. Co.G
Bernauer, Bernhardt LA 1st (Strawbridge's) Inf. Co.F
Bernaza, G. LA Mil. 5th Regt.Eur.Brig. (Spanish Regt.) Co.1
Bernd, Charles LA 11th Inf. Co.I
Berndt, Charles LA 14th Inf. Co.E
Berndt, G.A. TX 1st Hvy.Arty. Co.C
Berne, C.C. Gen. & Staff Hosp.Stew.
Berne, John GA 1st Reg. Co.M
Berne, Luckey GA 1st (Olmstead's) Inf. Co.E
Berne, N.P. SC 4th Cav. Co.E
Berne, O. MS Cav. Davenport's Bn. (St.Troops) Co.A Cpl.
Berne, William F. VA 5th Inf.
Berneard, Louis Charles LA 10th Inf. Co.I Cpl.
Berner, August MD 1st Cav. Co.F
Berner, Hardy 7th Conf.Cav. Co.M
Berner, Robert TX 20th Inf. Co.A Cpl.
Bernercher, Julien TX 13th Vol. 2nd Co.F
Bernero, Gio Botto LA Mil. 6th Regt.Eur.Brig. (Italian Guards Bn.) Co.2
Bernes, Francois LA 3rd Inf. Co.G
Bernett, A.J. GA Cav. 8th Bn. (St.Guards) Co.B Cpl.
Bernett, James TN 84th Inf. Co.D
Bernett, Jeremiah LA 28th (Gray's) Inf. Co.E
Bernett, S.J. GA 15th Inf.
Bernett, William Conf.Cav. Clarkson's Bn. Ind.Rangers Co.B
Bernett, W.M. MO St.Guard
Berneus, James LA Siege Train Bn. Co.C
Berney, Edward GA 10th Inf. Co.K
Berney, E.G. TN 12th (Cons.) Inf. Co.F
Berney, James AL Rebels
Berney, John AR 3rd Inf. Co.B
Berney, John LA Bay Btty. 2nd Lt.,Adj.
Berney, John Gen. & Staff, Military Court 2nd Lt.,Prov.Marsh.
Berney, M. GA Inf. (Wright Loc.Guards) Holmes' Co.
Berney, S. AL Lt.Arty. Goldthwaite's Btty. Cpl.
Bernhard, Chr. LA Mil. 4th Regt.Eur.Brig. Co.C
Bernhard, Christopher J. MS 30th Inf. Co.G
Bernhard, D. LA Mil. 4th Regt.Eur.Brig. Co.A
Bernhard, David A. MS 30th Inf. Co.I
Bernhard, Drayton J. MS 30th Inf. Co.I
Bernhard, E.M. GA 2nd Cav. (St.Guards) Co.C
Bernhard, E.M. GA 66th Inf. Co.F Sgt.
Bernhard, George LA 8th Inf. Co.C
Bernhard, H.C. SC 3rd Inf. Co.E
Bernhard, H.C.H. GA Hvy.Arty. 22nd Bn. Co.A
Bernhard, H.M. GA 60th Inf. Co.A
Bernhard, John LA Mil. 4th Regt.Eur.Brig. Co.C
Bernhard, John J. GA 41st Inf. Co.A 1st Lt.
Bernhard, Samuel AR 18th (Marmaduke's) Inf. Co.B
Bernhard, Samuel 3rd Conf.Inf. Sgt.
Bernhardt, Caleb T. NC 1st Cav. (9th St.Troops) Co.F
Bernhardt, Daniel LA 20th Inf. Co.D
Bernhardt, F. TX 1st Hvy.Arty. Co.C
Bernhardt, Fred. TX Inf. 1st St.Troops Stevenson's Co.F
Bernhardt, Gottlob F. LA 31st Inf. Co.H

Bernhardt, John C. NC 1st Cav. (9th St.Troops) Co.F
Bernhardt, Joseph TX 14th Field Btty.
Bernhardt, Levi NC 23rd Inf. Co.F
Bernhardt, Martin A. NC 4th Inf. Co.B Cpl.
Bernhausen, H. TX Cav. Terry's Regt. Co.E
Bernheim, Augustus LA 14th Inf. Co.E
Bernheim, C. VA 2nd St.Res. Co.H
Bernheim, Samuel VA Inf. 25th Bn. Co.E Sgt.Maj.
Bernhold, Adolf AL 1st Regt. Mobile Vol. Co.E
Berniard, C. LA 22nd Inf. Co.D
Berniard, C. LA 22nd (Cons.) Inf. Co.D
Berniard, L.A. LA Mil. 1st Chasseurs a pied Co.5
Bernichan, J. Bte. LA Mil. 2nd Regt. French Brig. Co.7
Bernichi, A. VA 2nd St.Res. Co.K
Bernichi, F. VA 2nd St.Res. Co.K
Bernichi, R. VA 2nd St.Res. Co.K
Bernick, Joseph J. LA Arty. 1st Field Btty.
Bernie, C. SC Hvy.Arty. Mathewes' Co.
Bernier, Joseph LA 1st (Nelligan's) Inf. Co.C 1st Sgt.
Bernier, S. GA 25th Inf. Co.C
Bernill, J.W. VA 23rd Cav. Co.D
Bernis, L. LA Mil. French Co. of St.James
Bernisconi, Michael AL Vol. Rabby's Coast Guard Co. No.1
Berniss, Sam'l M. Gen. & Staff Surg.
Bernon, Benjamin NC Loc.Def. Griswold's Co.
Bernondy, A.D. TX Cav. Waller's Regt. Menard's Co.
Bernos, John Henry Gen. & Staff Capt.,AAG
Bernos, Louis LA Mil. 3rd Regt. 2nd Brig. 1st Div. Co.B 2nd Lt.
Bernot, Louis LA Mil. 4th Regt. 1st Brig. 1st Div. Co.G
Bernoudie, Dutivert LA Mil. 4th Regt. 1st Brig. 1st Div. Co.F 1st Lt.
Bernoudy, Oscar LA Washington Arty.Bn. Co.C
Bernrculer, Charles J. FL Lt.Arty. Dyke's Co. Bugler
Bernrculer, Henry FL Lt.Arty. Dyke's Co.
Bernstein, A.H. LA 2nd Inf. Co.A Music.
Bernstein, Archer LA 1st (Nelligan's) Inf. Co.F
Bernstein, Bernard AL Eufaula Lt.Arty.
Bernstein, C. AL 1st Regt. Mobile Vol. Baas' Co.
Bernstein, C. VA 2nd St.Res. Co.M
Bernstein, Charles LA 1st (Nelligan's) Inf. Co.F
Bernstein, H. AL Chas. A. Herts' Co.
Bernstein, H. AL St.Arty. Co.C
Bernstein, J. AL 94th Mil. Co.A Cpl.
Bernstein, Jacob LA Inf. 16th Bn. (Conf.Guards Resp.Bn.) Co.C
Bernstein, Joseph LA 12th Inf. Co.C,D
Bernstein, L. AL St.Arty. Co.C
Bernstein, L. AL 94th Mil. Co.A
Bernstein, Morris LA 28th (Gray's) Inf. Co.K
Bernstein, N.A. SC Mil. 16th Regt. Robinson's Co.
Bernstein, Nathaniel VA 1st Inf. Co.C
Bernstein, Philip AL Eufaula Lt.Arty.
Bernuchaud, A. LA 2nd Cav. Co.H
Bernukes, A.D. TX Inf. Houston Bn. Loc.Def.Troops Co.C Sgt.
Berny, J.S. AL 60th Inf. Co.G
Berong, Marion GA 6th Cav.
Beronger, Antoine LA Mil. LaFourche Regt.
Beronjon, J.F. AL 3rd Inf. Co.A
Beroskey, John FL 11th Inf. Co.D
Berosky, John FL Inf. 2nd Bn. Co.F
Berot, Ver. LA Mil. 3rd Regt.Eur.Brig. (Garde Francaise) Cpl.
Beroth, J.W. NC 21st Inf. Co.K Sgt.
Beroud, --- LA Mil. 3rd Regt.Eur.Brig. (Garde Francaise) Euler's Co.
Beroud, Frances SC Hvy.Arty. 15th (Lucas') Bn. Co.A
Berquier, H. LA Mil. 1st Native Guards
Berraghi, Joseph VA 18th Inf. Co.A
Berral, Jesus TX Cav. Ragsdale's Bn. Co.D
Berrel, L. Gen. & Staff Chap.
Berrell, H.L. VA Lt.Arty. R.M. Anderson's Co.
Berrell, S. AL 17th Inf. Sgt.
Berrenger, Andrew TX Cav. Ragsdale's Bn. Co.E
Berresford, Fred VA 2nd Inf.Loc.Def. Co.I
Berret, Joseph W. MD Cav. 2nd Bn.
Berret, Philemon GA 34th Inf. Co.A,I
Berrett, J. SC Arty. Manigault's Bn. Co.E
Berrett, John SC Hvy.Arty. Gilchrist's Co. (Gist Guard)
Berrey, Acrey VA 10th Inf. Co.L
Berrey, Chadwell VA 10th Inf. Co.L
Berrey, Chadwell VA 82nd Mil. Co.A
Berrey, George SC 20th Inf. Co.H
Berrey, Henry VA Lt.Arty. Pollock's Co.
Berrey, Isaac K. VA 129th Mil. Carter's Co.
Berrey, Jacob SC 20th Inf. Co.H
Berrey, James M. VA 129th Mil. Carter's Co.
Berrey, James S. VA 82nd Mil. Co.A
Berrey, John SC 20th Inf. Co.H
Berrey, John A. GA Inf. Clemons' Co. Sgt.
Berrey, P.E. SC 11th Res. Co.G Sgt.
Berrey, Robert B. VA 30th Inf. Co.A Cpl.
Berrey, T.F. VA 82nd Mil. Co.A
Berrey, William F. VA 82nd Mil. Co.A
Berrey, Zach T. VA 2nd St.Res. Co.B Sgt.
Berrfield, James MS 1st Lt.Arty. Co.K
Berri, James E. LA 5th Inf. Co.D Sgt.
Berri, Thomas J. AR 15th Inf. Co.I
Berrick, A.H. VA 56th Inf. Co.B
Berrie, A.L. TN 10th Inf. Co.F Capt.
Berrie, E. GA Cav. Rumph's Co. (Wayne Cav. Guards)
Berrie, Efford J. GA 4th (Clinch's) Cav. Co.A,B
Berrie, P.A. GA Inf. 1st Loc.Troops (Augusta) Co.K
Berrie, William A. GA 4th (Clinch's) Cav. Co.B
Berrie, William H. GA 4th (Clinch's) Cav. Co.B
Berrien, James Hunter Gen. & Staff Surg.
Berrien, J. Hunter VA 3rd Cav. Surg.
Berrien, John McP. Gen. & Staff,CSA Lt.
Berrien, L.C. GA 1st Reg. Co.C 2nd Lt.
Berrien, L.C. GA 9th Inf. Co.I Sgt.
Berrier, A. NC 15th Inf. Co.D
Berrier, A. NC 49th Inf. Co.B
Berrier, Andrew J. NC 13th Inf. Co.D
Berrier, Charles W. TN 41st Inf. Co.D
Berrier, Henry J. NC 14th Inf. Co.B Sgt.
Berrier, Henry J. VA 10th Cav. Co.B
Berrier, Hiram R. VA 10th Cav. Co.B Sgt.
Berrier, John H. AL Cav. Bowie's Co.
Berrier, John H. 8th (Wade's) Conf.Cav. Co.A Cpl.
Berrier, John W. TN 6th Inf. Co.K Sgt.
Berrier, Lewis VA 10th Cav. Co.B Sgt.
Berrier, Thomas VA 10th Cav. Co.B
Berrigan, John LA 1st (Nelligan's) Inf. Co.E
Berrigan, Peter TX 1st Hvy.Arty. 2nd Co.F
Berrigan, Peter TX 15th Field Btty.
Berrigan, Peter TX 2nd Inf. Odlum's Co.
Berrigan, Thomas KY 2nd (Woodward's) Cav. Co.F
Berrigan, Thomas KY 1st Inf. Co.B
Berriger, J.F. LA Cav. 1st Bn. (St.Guards) Co.C
Berriger, J.P. TX Waul's Legion Co.G Sgt.
Berrihill, Pleasant 1st Creek Mtd.Vol. 1st Co.C 2nd Lt.
Berrihill, Robert 1st Creek Mtd.Vol. 1st Co.C
Berrill, James AL 16th Inf. Co.C
Berrill, Thomas LA 13th Inf. Co.I
Berriman, James M. TN Cav. 2nd Bn. (Biffle's) Co.F
Berriman, John N. TN Cav. 2nd Bn. (Biffle's) Co.F
Berring, A. TX Inf. 1st St.Troops Lawrence's Co.D
Berringer, Leonard TX 2nd Field Btty.
Berringer, L.L. TX 9th Cav. Co.A
Berrinloz, Kin R. GA 39th Inf. Co.C
Berrio, T. TX Cav. McCord's Frontier Regt. Co.C
Berrit, John GA 19th Inf. Co.H
Berritt, J.T. MD Cav. 2nd Bn. Co.F
Berro, P. LA Mil. 3rd Regt. French Brig. Co.5
Berron, P.W. SC Inf. 37th Regt.
Berrong, H. GA Inf. (Mell Scouts) Wyly's Co.
Berrong, Henry N. GA Cav. 16th Bn. (St.Guards) Co.C
Berrong, Jesse GA Inf. (Mell Scouts) Wyly's Co.
Berrong, John P. GA 24th Inf. Co.D 1st Lt.
Berrong, J.P. GA 11th Cav. Co.F
Berrong, Leander J. GA 24th Inf. Co.D Sgt.
Berrotts, Thomas NC 42nd Inf. Co.I
Berrough, W. MS Cav. Jeff Davis Legion Co.G
Berrough, William GA Cav. 20th Bn. Co.B
Berrui, P. GA Inf. 18th Bn. (St.Guards) Co.B
Berry, --- LA Mil. 4th Regt. 1st Brig. 1st Div. Co.B
Berry, --- MS Stricklin's Co. (St.Troops)
Berry, --- TX 5th Cav. Co.B
Berry, --- TX Cav. Border's Regt. Co.B
Berry, --- TX Cav. Good's Bn. Co.C
Berry, --- TX Cav. Hardeman's Regt. Co.E Cpl.
Berry, --- TX Cav. Mann's Regt. Co.H
Berry, --- TX 8th Field Btty.
Berry, A. FL Inf. 2nd Bn. Co.A
Berry, A. 1st Conf.Cav. 1st Co.C
Berry, A. 3rd Conf.Cav. Co.F
Berry, Abraham VA 18th Cav. Co.I
Berry, Abram VA 62nd Mtd.Inf. 1st Co.D
Berry, A.C. AL Gid Nelson Lt.Arty.
Berry, Acres VA 34th Mil. Co.C
Berry, Adam J. VA Inf. 21st Bn. 2nd Co.C
Berry, Adam J. VA 64th Mtd.Inf. Co.C
Berry, Adolphus GA 30th Inf. Co.B
Berry, A.E. AR Cav. Nave's Bn. Co.B
Berry, A.E. MS 19th Inf. Co.B

Berry, A.F. SC 2nd Arty. Co.F
Berry, A.F. SC 1st (Hagood's) Inf. 1st Co.C
Berry, A.G. MS 2nd Cav. Co.H
Berry, A.G. MS St.Cav. 3rd Bn. (Cooper's) Little's Co.
Berry, A.G. MS 39th Inf. Co.A Sgt.
Berry, A.I. LA Maddox's Regt.Res.Corps Co.B
Berry, A.J. AL 25th Inf. Co.E
Berry, A.J. GA Inf. 2nd Bn. (St.Guards) Old Co.D
Berry, A.J. GA Phillips' Legion Co.D,E
Berry, A.J. LA 28th (Gray's) Inf. Co.K
Berry, A.J. MS 6th Inf. Co.F
Berry, A.J. MS 14th (Cons.) Inf. Co.C
Berry, A.J. SC Mil.Arty. 1st Regt. Walton's Co.
Berry, A.J. SC Lt.Arty. Walter's Co. (Washington Arty.)
Berry, A.J. TX Cav. 4th Regt.St.Troops Co.G Capt.
Berry, A.J. TX Cav. McGinnis' Bn.Res.Corps Capt.
Berry, A.J. TX 20th Bn. St.Troops Co.C
Berry, A.J. Mead's Conf.Cav. Co.A
Berry, A.J. Gen. & Staff Hosp.Stew.
Berry, A.K. AR Cav. Gordon's Regt. Co.A
Berry, A.K. Conf.Cav. Baxter's Bn. Co.A
Berry, A.L. AR 7th Mil. Col.
Berry, Albert AR 1st St.Cav. Lt.Col.
Berry, Albert LA 9th Inf. Co.E Sgt.
Berry, Albert G. MS 7th Cav. Co.F
Berry, Albert G. MS 16th Inf. Co.B
Berry, Albert S. KY 5th Mtd.Inf. Co.G,F Color Bearer
Berry, Albert S. Sig.Corps,CSA
Berry, Albert S. Mar.Corps Navy,CSA 2nd Lt.
Berry, Alexander VA 1st Inf. Drum.
Berry, Alexander C. AL 4th Inf. Co.A Music.
Berry, Alexander L. NC 6th Inf. Co.D
Berry, Alexander R. VA 37th Inf. Co.K
Berry, Alfonsa C. AR Cav. Wright's Regt. Co.E
Berry, Alfonsis C. AR 24th Inf. Co.G
Berry, Alfred AL 41st Inf. Co.H Sgt.
Berry, Alphonsis C. AR Inf. Hardy's Regt. Co.F
Berry, A.M. AR Inf. Hardy's Regt. Co.I
Berry, A.M. MS 2nd St.Cav. Co.G
Berry, Amos E. MO 10th Inf. Co.D
Berry, Anderson KY 2nd (Duke's) Cav. Co.A,G 2nd Lt.
Berry, Anderson TX Cav. Baird's Regt. Co.A
Berry, Anderson TX 4th Inf. Co.C
Berry, Anderson W. KY 3rd Cav. Co.E
Berry, Anderson W. KY 8th Cav. Co.H Sgt.
Berry, Andrew KY 7th Mtd.Inf. Co.B
Berry, Andrew TX 16th Cav. Co.I
Berry, Andrew C. NC Walker's Bn. Thomas' Legion Co.A Jr.2nd Lt.
Berry, Andrew F. FL 5th Inf. Co.K
Berry, Andrew J. AR 4th Inf. Co.D
Berry, Andrew J. GA 42nd Inf. Co.F
Berry, Andrew J. SC Inf. Hampton Legion Co.E
Berry, Andrew J. TX 13th Cav. Co.F
Berry, Andrew J. TX Cav. Morgan's Regt. Co.A 1st Lt.
Berry, Andrew J. TX 18th Inf. Co.C
Berry, Andrew J. VA 46th Inf. 2nd Co.A
Berry, Andrew M. MO Inf. 8th Bn. Co.D
Berry, Andrew M. MO 9th Inf. Co.H Cpl.
Berry, Anthony AL 21st Inf. Co.E
Berry, A.R. VA Horse Arty. McClanahan's Co.
Berry, Archibald VA Horse Arty. McClanahan's Co.
Berry, Archibald R. VA 58th Mil. Co.G
Berry, A.S. KY 13th Cav. Co.A
Berry, A.T. GA 6th Inf. (St.Guards) Co.B
Berry, Augustus AL Lt.Arty. 2nd Bn.
Berry, Augustus R. VA 10th Inf. Co.H
Berry, A.W. MS 39th Inf. Co.A Cpl.
Berry, B.A. TN 7th (Duckworth's) Cav. Co.E
Berry, Ballard W. VA Loc.Res.
Berry, B.B. AR 32nd Inf. Co.I
Berry, B.B. SC 1st Cav. Co.E
Berry, Ben LA 3rd Inf. Co.A
Berry, Benjamin GA Cav. 20th Bn. Co.C
Berry, Benjamin KY 1st (Butler's) Cav. Co.G
Berry, Benjamin NC Gibbs' Co. (Loc.Def.)
Berry, Benjamin TN 7th (Duckworth's) Cav. Co.E
Berry, Benjamin VA 33rd Inf. Co.I
Berry, Benjamin B. TN 14th Inf. Co.I
Berry, Benjamin F. GA 37th Inf. Co.C
Berry, Benjamin F. LA 5th Cav. Co.E
Berry, Benjamin F. LA 13th Bn. (Part.Rangers) Co.E,F
Berry, Benjamin F. VA 97th Mil. Co.M,E
Berry, Benjamin H. TN 1st (Turney's) Inf. Co.E
Berry, Benjamin R. AL 19th Inf. Co.B 1st Sgt.
Berry, Berrell GA 13th Cav.
Berry, Beverly Midler TX 20th Cav. Co.B 3rd Lt.
Berry, B.F. AL 5th Cav. Co.B
Berry, B.F. VA 9th Bn.Res. Co.D Cpl.
Berry, B.H. AL 9th Inf. Co.C
Berry, B.H. VA 3rd Inf.Loc.Def. Co.C
Berry, Bird AR 45th Cav. Co.G Cpl.
Berry, B.P. GA 8th Cav. New Co.E
Berry, B.S. AR 8th Inf. Old Co.G
Berry, Burton AR 32nd Inf. Co.K
Berry, C. GA 56th Inf. Co.E
Berry, C. Conf.Cav. Wood's Regt. 1st Co.G
Berry, C.A. AZ Cav. Herbert's Bn. Swope's Co.
Berry, Calvin NC 35th Inf. Co.K Music.
Berry, Calvin C. TX 24th Cav. Co.E Sgt.
Berry, Cassius MO Searcy's Bn.S.S. Co.B
Berry, C.C. AR 8th Inf. New Co.E
Berry, C.C. NC Walker's Bn. Thomas' Legion Co.A Capt.
Berry, C.C. TX 17th Inf. Co.I
Berry, C.G. AL Lowndes Rangers Vol. Fagg's Co.
Berry, C.G. Conf.Cav. Wood's Regt. Co.H
Berry, C.H. LA Inf. Pelican Regt. Co.E
Berry, Chadwell, Jr. VA 7th Inf. Co.K
Berry, Charles GA Hvy.Arty. 22nd Bn. Co.E Cpl.
Berry, Charles GA 1st (Olmstead's) Inf. Guilmartin's Co. Cpl.
Berry, Charles GA Cobb's Legion Co.A
Berry, Charles MO 1st N.E. Cav. Co.K
Berry, Charles MO 3rd Cav. Co.F
Berry, Charles MO 4th Cav. Co.D
Berry, Charles MO 9th Inf. Co.C
Berry, Charles MO Inf. Clark's Regt. Co.B
Berry, Charles NC 18th Inf. Co.A
Berry, Charles VA 27th Inf. 2nd Co.H
Berry, Charles VA 62nd Mtd.Inf. 2nd Co.I
Berry, Charles Conf.Cav. (Warren Drag.) Raum's Co.
Berry, Charles A. VA 9th Cav. Co.I
Berry, Charles A. VA 25th Mil. Co.C
Berry, Charles G. VA 5th Inf. Co.D
Berry, Charles H. FL 7th Inf. Co.K 1st Sgt.
Berry, Charles H. LA 19th Inf. Co.B
Berry, Charles H. VA 30th Inf. Co.C
Berry, Charles J. MS 1st Lt.Arty. Co.A Cpl.
Berry, Charles J. TX Waul's Legion Co.H Sgt.
Berry, Charles J. VA 12th Cav. Co.B
Berry, Charles J. VA 2nd Inf. Co.G
Berry, Charles M. MS 31st Inf. Co.H
Berry, Charles N. MO Cav. Wood's Regt. Co.B
Berry, Charles R. KY 8th Cav. Co.E
Berry, Charles W. NC 3rd Inf. Co.F
Berry, Charles W. VA 25th Inf. 2nd Co.G
Berry, Charles W. VA 55th Inf. Co.H
Berry, Charles W. VA 62nd Mtd.Inf. 2nd Co.G
Berry, Christopher A. TX 6th Inf. Co.F
Berry, C.J. TX 37th Cav. Co.K
Berry, Clabourn SC 7th Inf. Co.M,C
Berry, Claiborne GA Conscr.
Berry, C.M. KY 9th Mtd.Inf. Co.D
Berry, Collier GA 24th Inf. Co.H
Berry, Columbus TX 10th Inf. Co.C Cpl.
Berry, Columbus M. MS 29th Inf. Co.E
Berry, C.P. SC Inf. Hampton Legion Co.E
Berry, C.R. TN 10th Inf. Co.F
Berry, C.S. NC 3rd Arty. (40th St.Troops) Co.I
Berry, C.W. GA Inf. 8th Bn. Co.C Cpl.
Berry, C.W. GA Inf. (GA R.R. Guards) Porter's Co. Sgt.
Berry, C.W. MS Inf. 7th Bn. Co.D
Berry, Cyrus A. TX 2nd Field Btty. Sgt.
Berry, D. MS Inf. 3rd Bn. (St.Troops) Co.E
Berry, D. TX 15th Field Btty. Cpl.
Berry, D.A. TX 10th Cav. Co.B
Berry, Daniel SC 14th Inf. Co.B
Berry, Daniel N. AR 12th Inf. Co.E Cpl.
Berry, Daniel P. AL 3rd Inf. Co.A
Berry, Daniel P. AL 24th Inf. Co.H,A Capt.
Berry, David AL 41st Inf. Co.D 2nd Lt.
Berry, David MS 6th Inf. Co.I
Berry, David NC 1st Arty. (10th St.Troops) Co.H
Berry, David Gen. & Staff AASurg.
Berry, David A. GA 30th Inf. Co.E
Berry, David B. MS 12th Inf. Co.F
Berry, David F. VA 21st Cav. Co.F
Berry, David F. VA 50th Inf. 1st Co.G
Berry, David F. VA 63rd Inf. Co.B, 1st Co.I
Berry, David H. VA Lt.Arty. Parker's Co.
Berry, David N. VA 10th Inf. Co.D Sgt.
Berry, D.D. MO 7th Cav. Co.G
Berry, D.D. MO St.Guard Maj.
Berry, D.E. MS Cav. Garland's Bn. Co.B
Berry, Decatur F. AR 1st Mtd.Rifles Co.H
Berry, Decatur F. AR 31st Inf. Co.K Capt.
Berry, Decatur F. Gen. & Staff Capt.,ACS
Berry, D.E.H. 14th Conf.Cav. Co.B
Berry, Denson MS Cav. 1st Bn. (McNair's) St.Troops Co.A
Berry, Denson MS Home Guards Barnes' Co.
Berry, D.F. AR Inf. Williamson's Bn. Co.G 2nd Lt.

Berry, D.F. SC Cav. 19th Bn. Co.E
Berry, D.F. SC Durham's Bn. Co.B
Berry, D.H. AL 14th Inf. Co.C
Berry, D.H. VA 2nd St.Res. Co.C
Berry, D.H. 20th Conf.Cav. Co.M
Berry, D.J. AL 30th Inf. Co.G
Berry, D.L. TX 37th Cav. 2nd Co.D
Berry, Doc. M. AL 5th Cav. Co.B
Berry, Dorsey VA 4th Cav. Co.I
Berry, D.P. AL 3rd Bn.Res. Jackson's Co.
Berry, D.P. MS Cav. 1st Bn. (McNair's) St.Troops Co.A
Berry, D.P. MS Cav. Gibson's Co.
Berry, D.S. GA Phillips' Legion Co.D
Berry, D.S. 8th (Wade's) Conf.Cav. Co.K
Berry, D.T. SC 23rd Inf. Co.E Sgt.
Berry, D.W. AR Lt.Arty. Wiggins' Btty.
Berry, D.W. SC 2nd Arty. Co.K
Berry, E. AR 17th (Griffith's) Inf. Co.A Cpl.
Berry, E. GA Cav. Floyd's Co.
Berry, E. LA Inf.Cons.Crescent Regt. Co.I
Berry, E. TN 4th (McLemore's) Cav. Co.C
Berry, E. VA Inf. 44th Bn. Co.A
Berry, E.A. AL 3rd Bn. Hilliard's Legion Vol. Co.D
Berry, Edmond M. NC 22nd Inf. Co.K,H
Berry, Edward KY 2nd Mtd.Inf.
Berry, Edward KY 7th Mtd.Inf. Co.A
Berry, Edward MS Cav. 3rd Bn.Res. Co.C Capt.
Berry, Edward SC 1st (McCreary's) Inf. Co.C
Berry, Edward G. FL 10th Inf. Co.F
Berry, Edward M. NC 23rd Inf. Co.H
Berry, E.G. LA 31st Inf. Co.K
Berry, Eli VA 37th Mil. 2nd Co.B
Berry, Eli VA 40th Inf. Co.F
Berry, Elias H. AL 6th Cav. Co.E,C
Berry, Elijah SC 2nd Arty. Co.B,K
Berry, Elijah A. AL 60th Inf. Co.C
Berry, Elisha NC 6th Inf. Co.D
Berry, Elisha T. TX 37th Cav. Co.K
Berry, Ellison A. SC 19th Inf. Co.E
Berry, E.M. NC 49th Inf. Co.H
Berry, E.M. TX 5th Inf. Co.F
Berry, Emanuel TX 20th Inf. Co.D
Berry, Emmert MO 15th Cav. Co.F
Berry, Emmett M. VA 41st Inf. Co.C
Berry, Enoch TX 14th Cav. Co.B
Berry, Enoch R. MD Arty. 1st Btty.
Berry, Enoch R. VA 1st Arty. 1st Co.C
Berry, Enoch R. VA 1st Inf. Co.F
Berry, E.P. MS Cav. Terrell's Unatt.Co. Sgt.
Berry, E. Peter K. AL 49th Inf. Co.E
Berry, Ephraim NC Cav. 14th Bn. Co.B
Berry, Ephraim J. AL 37th Inf. Co.E
Berry, Ephraim J. TN 37th Inf. Co.E
Berry, Ephraim M. NC 16th Inf. Co.A
Berry, Ephraim M. NC 39th Inf. Co.K
Berry, E.P.K. Exch.Bn., Co.D,CSA
Berry, Eppa TX 16th Cav. Co.K Sgt.
Berry, E.S. TX 4th Inf. Co.C
Berry, E.T. TX 9th (Young's) Inf. Co.I
Berry, E.T. VA 10th Cav. Co.A
Berry, E.U. MS 30th Inf. Co.D
Berry, Eugene MO Searcy's Bn.S.S. Co.B Sgt.
Berry, Evans KY 13th Cav. Co.K
Berry, E.W. SC 2nd Arty. Co.K
Berry, E.W. TX 3rd Cav. Co.E
Berry, Ezra SC 2nd Regt. Res.
Berry, F.A. AR 26th Inf. Co.C
Berry, F.A. SC Cav. 19th Bn. Co.E
Berry, F.A. SC 3rd St.Troops Co.B Bvt.2nd Lt.
Berry, F.C. MS 2nd St.Cav. Co.B
Berry, F.C. MS 24th Inf. Co.C 2nd Lt.
Berry, F.C. SC Cav. 14th Bn. Co.D
Berry, F.C. SC 2nd Arty. Co.I
Berry, Felix MO Cav. 3rd Regt.St.Guard Co.C
Berry, Ferdinand TN 1st (Feild's) Inf. Co.B
Berry, F.G. AR 2nd Mtd.Rifles
Berry, F.G. AR 27th Inf. New Co.C
Berry, F.G. MS 9th Cav. Co.E
Berry, F.G. MS 10th Cav. Co.F
Berry, F.G. MS 2nd Inf. Co.G
Berry, F.G. TN Cav. 17th Bn. (Sanders') Co.B
Berry, Fielding VA 62nd Mtd.Inf. Co.G
Berry, F.M. AL 17th Inf. Co.C
Berry, F.M. GA Inf. (GA R.R. Guards) Porter's Co.
Berry, F.M. KY 9th Cav. Co.D Cpl.
Berry, Francis M. AR 1st (Crawford's) Cav. Co.C
Berry, Francis M. AR 4th Inf. Co.D
Berry, Francis Marion MO 8th Inf. Co.E
Berry, Frank AL 14th Inf. Co.G
Berry, Frank LA 14th Inf. Co.B
Berry, Franklin M. AR 2nd Inf. Co.G
Berry, Franklin M. MS Cav. Jeff Davis Legion Co.B
Berry, Frank M. MS 13th Inf. Co.K
Berry, F.T. GA 8th Inf. Co.K
Berry, G. MS Cav. 3rd Bn.Res. Co.D
Berry, G. MS 1st (King's) Inf. (St.Troops) Co.B
Berry, G. MO 1st & 4th Cons.Inf. Co.E
Berry, G. SC 23rd Inf. Co.H
Berry, Gabriel GA 32nd Inf. Co.F
Berry, G.B. AL 6th Cav. Co.C
Berry, G.D. TX Inf. 3rd St.Troops Co.B
Berry, G.E. TN 4th (McLemore's) Cav. Co.C
Berry, G.E. TX Cav. 2nd Regt.St.Troops Co.G
Berry, George AL St.Arty. Co.A
Berry, George KY 2nd (Woodward's) Cav. Co.A
Berry, George MS 10th Inf. Old Co.E
Berry, George MO 4th Inf. Co.E
Berry, George MO 11th Inf. Co.C
Berry, George MO St.Guard
Berry, George SC 2nd Arty. Co.B Cpl.
Berry, George TN 4th (Murray's) Cav. Co.F
Berry, George TX Cav. Border's Regt. Co.B
Berry, George TX 19th Inf. Co.I
Berry, George VA 5th Cav. (12 mo. '61-2)
Berry, George VA 2nd Inf. Co.E
Berry, George E. LA Inf. 1st Sp.Bn. (Rightor's) Co.E Music.
Berry, George E. VA 10th Cav. 1st Co.E, Co.A Sgt.
Berry, George F. VA 5th Inf. Co.C
Berry, George H. KY 4th Mtd.Inf. Co.B
Berry, George H. MS Lt.Arty. (Issaquena Arty.) Graves' Co.
Berry, George L.A. NC 56th Inf. Co.A Sgt.
Berry, George R. AL 56th Part.Rangers Co.I
Berry, George S. AL 29th Inf. Co.G
Berry, George T. VA 9th Inf. Co.G
Berry, George W. AL 4th (Russell's) Cav. Co.I
Berry, George W. AL 9th Inf. Co.C
Berry, George W. AL 19th Inf. Co.C
Berry, George W. AR Inf. 4th Bn. Co.C
Berry, George W. GA Hvy.Arty. 22nd Bn. Co.E Cpl.
Berry, George W. GA Inf. 1st Loc.Troops (Augusta) Co.F
Berry, George W. GA 15th Inf. Co.H Lt.
Berry, George W. KY 10th (Johnson's) Cav. New Co.F
Berry, George W. KY 2nd Mtd.Inf. Co.A
Berry, George W. NC 6th Inf. Co.E,D
Berry, George W. SC 1st Arty. Co.D Cpl.
Berry, George W. TN Cav. 25th Regt. Bledsoe's Co.
Berry, George W. TX 11th Cav. Co.I
Berry, George W. VA Courtney Arty.
Berry, George W. VA 5th Inf. Co.C
Berry, George W. VA 6th Inf. Co.H
Berry, George W. VA 9th Bn.Res. Co.B
Berry, George W. VA 15th Inf. Co.H Lt.
Berry, George W. 2nd Conf.Inf. Co.B
Berry, German MS Yerger's Co. (St.Troops)
Berry, G.H. AR Inf. Cocke's Regt. Co.K
Berry, Giles F. AL 3rd Bn. Hilliard's Legion Vol. Co.E
Berry, Giles F. AL 60th Inf. Co.G
Berry, Gipson T. TX Cav. Martin's Regt. Co.I
Berry, G.J. AL 34th Inf. Co.D
Berry, G.L. MS Cav. 2nd Bn.Res. Co.B 2nd Lt.
Berry, G.L. MS 3rd Inf. (St.Troops) Co.A Capt.
Berry, G.L.A. NC 32nd Inf. Co.I
Berry, G.M. LA 5th Inf. Co.G
Berry, G.R. AL 13th Bn.Part.Rangers Co.C,E
Berry, Granville S. VA Inf. 9th Bn. Co.B Sgt.
Berry, Granville S. VA 25th Inf. 2nd Co.G 1st Sgt.
Berry, Gus TN Lyons Cav. J.C. Stone's Co.A
Berry, G.W. AL 55th Vol. Co.D
Berry, G.W. GA 47th Inf. Co.I
Berry, G.W. MS 5th Inf. (St.Troops) Co.F
Berry, G.W. MS 41st Inf. Co.L
Berry, G.W. MO 6th Cav. Co.H Sgt.
Berry, G.W. TX Cav. 6th Bn. Co.A
Berry, G.W. TX 10th Cav. Co.C
Berry, G.W. TX 19th Cav. Co.I
Berry, G.W. VA 2nd Inf.Loc.Def. Co.A
Berry, G.W. VA Inf. 2nd Bn. Co.C
Berry, G.W. Mead's Conf.Cav. Co.A Sgt.
Berry, H. AR 58th Mil. Co.B
Berry, H. GA 10th Inf.
Berry, H. MO Cav. Williams' Regt. Co.G
Berry, H.A. AR 32nd Inf. Co.H
Berry, H.A. GA 55th Inf. Co.D
Berry, Hanford W. VA 25th Cav. Co.C
Berry, Hansford W. VA 37th Inf. Co.D
Berry, Hardy MS 42nd Inf. Co.F
Berry, Harmon MS Conscr.
Berry, Harney A. FL 6th Inf. Co.G
Berry, Harris TN 7th Inf. Co.D
Berry, Harvey MO Cav. 3rd Regt.St.Guard Co.C
Berry, Harvey B. AL 38th Inf. Co.F
Berry, H.C. MS 11th (Perrin's) Cav. Co.G
Berry, H.C. MS 36th Inf. Co.C
Berry, H.C. MS 39th Inf. Co.A
Berry, H.E. AL 16th Inf. Co.H
Berry, Henry AL 41st Inf. Co.H

Berry, Henry LA 28th (Thomas') Inf. Co.I
Berry, Henry LA Herrick's Co. (Orleans Blues) Drum.
Berry, Henry MS 6th Inf. Co.H
Berry, Henry MO 7th Cav. Haislik's Co.
Berry, Henry MO 8th Cav. Co.I
Berry, Henry MO Lt.Arty. 4th (Harris') Field Btty.
Berry, Henry MO Lt.Arty. 13th Btty.
Berry, Henry VA 23rd Cav. 2nd Co.K Sgt.
Berry, Henry VA 34th Mil. Co.D Cpl.
Berry, Henry VA 77th Mil. Co.C 1st Sgt.
Berry, Henry C. VA 19th Inf. Co.H
Berry, Henry D. FL 1st Cav. Co.D Sgt.
Berry, Henry D. 3rd Conf.Eng.Troops Co.A Sgt.
Berry, Henry H. FL Lt.Arty. Dyke's Co.
Berry, Henry H. FL 10th Inf. Co.K Sgt.
Berry, Henry H. MS 16th Inf. Co.B
Berry, Henry M. VA 3rd (Chrisman's) Bn.Res. Co.B
Berry, Henry T. AL 1st Bn. Hilliard's Legion Vol. Co.B
Berry, Henry T. AL 41st Inf. Co.H
Berry, Henry T. SC Arty. Gregg's Co. (McQueen Lt.Arty.)
Berry, Henry T. SC Arty. Manigault's Bn. 1st Co.C
Berry, Herman W. AL 20th Inf. Co.B
Berry, H.F. AR 1st (Monroe's) Cav. Co.L
Berry, H.H. FL Inf. 2nd Bn. Co.D Sgt.
Berry, H.H. MS 4th Cav. Co.A
Berry, H.H. MS 46th Inf. Co.B
Berry, H.H. TN Cav. Jackson's Co.
Berry, H.H. TN 55th (Brown's) Inf. Co.B
Berry, H.H. TX 32nd Cav. Co.C
Berry, Hiram Newton MS 14th Inf. Co.B,H 1st Sgt.
Berry, H.J. MS 6th Inf. Co.I
Berry, H.L. LA Inf. 4th Bn. Co.D
Berry, H.L. TX 14th Inf. Co.B Capt.
Berry, H.M. MS 8th Cav. Co.A
Berry, H. Newton MS Inf. (Res.) Berry's Co. Capt.
Berry, Howard VA 4th Cav. Co.C
Berry, Howard VA 82nd Mil. Co.C
Berry, H.S. AR 2nd Mtd.Rifles Co.K 2nd Lt.
Berry, H.S. AR 4th St.Inf. Co.A 3rd Lt.
Berry, H.S. VA 3rd (Chrisman's) Bn.Res. Co.B
Berry, H.S. VA 9th Bn.Res. Co.B
Berry, H.T. AR 1st (Dobbin's) Cav. Co.D 2nd Lt.
Berry, H.T. AL 60th Inf. Co.H
Berry, H.T. VA 3rd (Chrisman's) Bn.Res. Co.B
Berry, H.T. VA 4th Cav. Co.C Music.
Berry, Hudson P. MS St.Cav. 2nd Bn. (Harris') Co.A
Berry, Hugh AR 11th Inf. Co.F
Berry, Hugh A.P. TX 13th Cav. Co.F
Berry, H.W. AR Lt.Arty. Owen's Btty.
Berry, I. MO Cav. Williams' Regt. Co.G
Berry, Isaac NC 56th Inf. Co.A Cpl.
Berry, Isaac TN 54th Inf. Co.H
Berry, Isaac F. MO Cav. 1st Regt.St.Guard Co.E 2nd Lt.
Berry, Isaac M. AL 4th (Russell's) Cav. Co.I
Berry, Isaac S. TN 44th (Cons.) Inf. Co.I Sgt.
Berry, Isaac S. TN 55th (McKoin's) Inf. McEwen Jr.'s Co. Cpl.
Berry, Isaiah G. MS 1st Lt.Arty. Co.I Cpl.
Berry, Isham H. GA 10th Cav. (St.Guards) Co.K
Berry, I.W. MS 31st Inf. Co.H
Berry, J. FL 2nd Cav.
Berry, J. KY 2nd (Woodward's) Cav. Co.E
Berry, J. SC Part.Rangers Kirk's Co.
Berry, J. SC 23rd Inf. Co.E
Berry, J. TX 25th Cav.
Berry, J. TX Cav. Border's Regt. Co.C Cpl.
Berry, J. TX Cav. Border's Regt. Co.F
Berry, J. VA St'at'n Arty. 3rd Bn. Co.D
Berry, J. 8th (Wade's) Conf.Cav. Co.C
Berry, J. 1st Chickasaw Inf. McCord's Co.
Berry, J.A. AL 1st Inf. Co.H
Berry, J.A. AL 4th Inf.
Berry, J.A. AR 20th Inf. Co.D Sgt.
Berry, J.A. TN 55th (Brown's) Inf. Co.B
Berry, J.A. TN 60th Mtd.Inf. Co.G
Berry, J.A. TX 19th Cav. Co.I
Berry, J.A.A. VA 5th Bn.Res. Co.D
Berry, Jackson W. TN Cav. Shaw's Bn. Hamilton's Co.
Berry, James AL 7th Cav. Co.G
Berry, James AL 11th Cav. Co.A
Berry, James AR Lt.Arty. Wiggins' Btty.
Berry, James GA Inf. 9th Bn. Co.E
Berry, James GA 10th Inf. Co.K
Berry, James MO 12th Cav. Co.A
Berry, James MO Lt.Arty. 2nd Field Btty.
Berry, James NC 7th Inf. Co.D
Berry, James NC 56th Inf. Co.D
Berry, James SC 1st Cav. Co.E
Berry, James TN 2nd Cav. Co.I
Berry, James TN Hvy.Arty. Johnston's Co.
Berry, James TN 39th Mtd.Inf. Co.F
Berry, James TN 61st Mtd.Inf. Co.B
Berry, James TX 19th Inf. Co.I Sgt.
Berry, James, Jr. TX 19th Inf. Co.I
Berry, James VA Inf. 4th Bn.Loc.Def. Co.C
Berry, James VA 5th Inf. Co.F
Berry, James VA Res. Keyser's Co.
Berry, James VA Mil. Scott Cty.
Berry, James 1st Conf.Cav. 2nd Co.G
Berry, James A. TX Cav. Giddings' Bn.
Berry, James A. TX 16th Inf. Co.G Comsy.Sgt.
Berry, James A.A. VA 7th Bn.Res. Co.D
Berry, James B. VA 5th Inf. Co.D
Berry, James C. MS Inf. 2nd Bn. (St.Troops) Co.C
Berry, James C. VA 6th Bn.Res. Co.F
Berry, James D. NC 6th Inf. Co.D Sgt.
Berry, James E. GA Cav. 1st Bn.Res. McKenney's Co.
Berry, James E. GA Cav. 29th Bn. Co.E
Berry, James E. GA 42nd Inf. Co.F
Berry, James E. NC Mil. Clark's Sp.Bn. Co.B Cpl.
Berry, James E. TN 54th Inf. Co.H
Berry, James E. VA Lt.Arty. Pollock's Co.
Berry, James E. VA 37th Inf. Co.H Capt.
Berry, James F. AL 1st Cav. 1st Co.K
Berry, James F. AR 25th Inf. Co.E Sgt.
Berry, James F. TN 54th Inf. Co.B
Berry, James F. VA 7th Inf. Co.G
Berry, James F. VA 21st Mil. Co.A
Berry, James G. AR 2nd Cav. 1st Co.A
Berry, James H. AR 16th Inf. Co.E 2nd Lt.
Berry, James H. MO 3rd Cav. Co.I
Berry, James H. MO 3rd Inf. Co.C Cpl.
Berry, James H. VA 25th Inf. 2nd Co.G
Berry, James H. VA 62nd Mtd.Inf. 2nd Co.G
Berry, James L. VA 62nd Mtd.Inf. 2nd Co.G Sgt.
Berry, James M. AL 50th Inf. Co.C Sgt.
Berry, James M. AR 3rd Inf. Co.I
Berry, James M. GA 7th Inf. Co.K
Berry, James M. LA 2nd Inf. Co.G Music.
Berry, James M. NC 20th Inf. Co.E
Berry, James M. NC 23rd Inf. Co.F Cpl.
Berry, James M. NC 39th Inf. Co.B
Berry, James M. TN 1st Cav.
Berry, James M. VA Inf. 1st Bn.Loc.Def. Co.E Sgt.
Berry, James M. VA 5th Inf. Co.C Sgt.
Berry, James M. VA 7th Inf. Gibson's Co.
Berry, James M. VA Inf. 9th Bn. Co.B Lt.
Berry, James M. VA 25th Inf. Co.G Capt.
Berry, James M. VA 25th Inf. 2nd Co.G Capt.
Berry, James M. VA 49th Inf. Co.K
Berry, James N. AR 1st Mtd.Rifles Co.B
Berry, James O. MO 3rd Inf. Co.C Cpl.
Berry, James P. GA 42nd Inf. Co.I,F Cpl.
Berry, James P. NC Walker's Bn. Thomas' Legion Co.A 1st Sgt.
Berry, James R. MS 12th Inf. Co.F
Berry, James S. AL 6th Cav. Co.K
Berry, James S. MO Inf. 3rd Bn. Co.D
Berry, James S. MO 6th Inf. Co.F,A Teamster
Berry, James S. TX 19th Cav. Co.A
Berry, James S. VA Mil. Washington Cty.
Berry, James T. AL Cav. 5th Bn. Hilliard's Legion Co.H
Berry, James T. KY 5th Cav.
Berry, James W. AL 3rd Bn. Hilliard's Legion Vol. Co.B
Berry, James W. AL 44th Inf. Co.B Cpl.
Berry, James W. KY 2nd Cav. Co.F
Berry, James W. SC 13th Inf. Co.E 1st Sgt.
Berry, James W. TN 89th Mtd.Inf. Co.E
Berry, James W. VA 11th Cav. Co.B
Berry, James W. VA 25th Inf. 2nd Co.G
Berry, James W. VA 25th Inf. 1st Co.H Cpl.
Berry, James W. VA 62nd Mtd.Inf. 2nd Co.G Cpl.
Berry, Jasper TX Cav. Benavides' Regt. Co.H
Berry, Jasper TX Cav. Hardeman's Regt. Co.F
Berry, Jasper TX 17th Field Btty.
Berry, Jasper TX 3rd Inf.
Berry, Jasper H. AR 12th Inf. Co.E
Berry, Jasper M. AR 7th Inf. Co.D
Berry, J.A.W. SC 4th St.Troops Co.C
Berry, Jay SC 23rd Inf. Co.E
Berry, J.B. AL Gid Nelson Lt.Arty.
Berry, J.B. MS 39th Inf. Co.G Sgt.
Berry, J.C. AL 57th Inf. Co.H
Berry, J.C. AR 32nd Inf. Co.B Sgt.
Berry, J.C. KY 3rd Mtd.Inf. Co.M
Berry, J.C. MS Cav. 3rd Bn. (Ashcraft's) Co.D Sgt.
Berry, J.C. MS 5th Cav. Co.F Sgt.
Berry, J.C. MS 2nd (Davidson's) Inf. Co.F Cpl.
Berry, J.C. MO 5th Cav. Co.H

Berry, J.C. TN 22nd Inf. Co.F
Berry, J.D. AR Cav. Gordon's Regt. Co.K Sgt.
Berry, J.D. AR 4th St.Inf. Co.K 3rd Lt.
Berry, J.E. GA 5th Cav.
Berry, J.E. MO 2nd Cav. Co.D
Berry, J.E. TX Cav. 1st Regt.St.Troops Co.A
Berry, Jefferson TN 16th Inf. Co.G
Berry, Jerry KY 4th Cav. Co.I
Berry, Jerry KY 9th Cav. Co.I
Berry, Jerry VA 23rd Inf. Co.K
Berry, Jerry J. MO 3rd Cav. Co.K Sr.2nd Lt.
Berry, Jesse SC 14th Inf. Co.K
Berry, Jesse P. GA 23rd Inf. Co.E Cpl.
Berry, Jesse R. MS Cav. 1st Bn. (Miller's) Bowles' Co.
Berry, J.F. AL 7th Cav. Co.B
Berry, J.F. GA Cav. 2nd Bn. Co.A Cpl.
Berry, J.F. GA 5th Cav. Co.I Cpl.
Berry, J.F. GA Inf. 25th Bn. (Prov.Guard) Co.C Cpl.
Berry, J.F. MS 32nd Inf. Co.C Sgt.
Berry, J.F. NC 5th Sr.Res. Co.F Sgt.
Berry, J.F. TN 19th Inf. Co.K
Berry, J.F. TX Cav. Benavides' Regt. Co.C
Berry, J.G. GA 5th Inf. (St.Guards) Allums' Co.
Berry, J.G. KY 1st (Helm's) Cav. Co.A Lt.
Berry, J.G. TN 55th (Brown's) Inf. Co.B
Berry, J.G. VA Cav. 46th Bn. Co.A
Berry, J.H. GA Cav. 6th Bn. (St.Guards) Co.F 2nd Lt.
Berry, J.H. KY 10th (Johnson's) Cav. New Co.G
Berry, J.H. SC 5th Cav. Co.I
Berry, J.H. SC Cav. 14th Bn. Co.D
Berry, J.H. SC Cav. 19th Bn. Co.C
Berry, J.H. SC 4th Bn.Res. Co.D Sgt.
Berry, J.H. TN 1st Hvy.Arty. Co.L, 3rd Co.A Cpl.
Berry, J.H. TN 5th Inf. 2nd Co.C
Berry, J.H. TN 60th Mtd.Inf. Co.G
Berry, J.H. TX 11th Inf. Co.B
Berry, J.H. VA 6th Cav. Co.C 1st Sgt.
Berry, J.H. VA 23rd Cav. Co.L 2nd Lt.
Berry, J.H. 1st Conf.Inf. 1st Co.H
Berry, J.J. AR 8th Inf. Sgt.Maj.
Berry, J.J. AR 26th Inf. Co.C
Berry, J.J. MS 39th Inf. Co.A
Berry, J.J. MO 11th Inf. Co.A
Berry, J.J. SC Inf. 7th Bn. (Enfield Rifles) Co.E
Berry, J.L. AL 24th Inf. Co.G
Berry, J.L. AL 34th Inf. Co.A
Berry, J.L. TN 47th Inf. Co.K
Berry, J.M. AL 15th Inf. Co.C
Berry, J.M. AL 34th Inf. Co.A Sgt.
Berry, J.M. GA Lt.Arty. 12th Bn.
Berry, J.M. GA 56th Inf. Co.F
Berry, J.M. GA Floyd Legion (St.Guards) Co.I Jr.1st Lt.
Berry, J.M. MO St.Guard
Berry, J.M. NC 62nd Inf. Co.G
Berry, J.M. SC Lt.Arty. 3rd (Palmetto) Bn. Co.H
Berry, J.M. SC 7th Inf. 1st Co.K, 2nd Co.K Capt.
Berry, J.M. TN 31st Inf. Co.G
Berry, J.M. TX 26th Cav. 1st Co.G
Berry, J.M. Mead's Conf.Cav. Co.A
Berry, J.N. AL 34th Inf. Co.E
Berry, J.N. AL 51st (Part.Rangers) Co.G
Berry, J.N. AR 32nd Inf. Co.B
Berry, J.N.V. VA 64th Mtd.Inf. Co.C
Berry, J.O. SC 2nd Arty. Co.B,K
Berry, Joe MS 18th Cav. Co.E
Berry, Joel A. VA 97th Mil. Co.M
Berry, Joel W. GA Phillips' Legion Co.D,K Cpl.
Berry, John AL Arty. 1st Bn. Co.B
Berry, John AL 5th Inf. Co.E
Berry, John AL 7th Inf. Co.G
Berry, John AL 16th Inf. Co.E Sgt.
Berry, John AR 13th Inf. Co.D
Berry, John FL 6th Inf. Co.K
Berry, John GA Hvy.Arty. 22nd Bn. Co.C
Berry, John GA Lt.Arty. (Jackson Arty.) Massenburg's Btty.
Berry, John GA Mil. 6th Regt. Co.B
Berry, John GA 8th Inf. Co.E Sgt.
Berry, John KY 12th Cav. Co.E,C
Berry, John KY 3rd Mtd.Inf. Co.M
Berry, John LA 1st Cav.
Berry, John LA Washington Arty.Bn. Co.5
Berry, John LA 1st (Strawbridge's) Inf. Co.D
Berry, John LA Mil. 3rd Regt. 1st Brig. 1st Div. Co.F
Berry, John LA 13th Inf. Co.E
Berry, John MS Cav. 3rd Bn. (Ashcraft's) Co.E
Berry, John MS 29th Inf. Co.E
Berry, John MS 30th Inf. Co.D
Berry, John MS 42nd Inf. Asst.Surg.
Berry, John MO 2nd Cav. Co.K
Berry, John MO Cav. 2nd Bn.St.Guard Co.B
Berry, John MO 1st & 4th Cons.Inf. Co.F
Berry, John, Jr. NC 13th Inf. Co.E Sgt.
Berry, John NC 26th Inf. Asst.Surg.
Berry, John, Jr. NC 35th Inf. Co.K
Berry, John, No.1 SC 7th Inf. Co.M
Berry, John, No.2 SC 7th Inf. Co.M
Berry, John SC 17th Inf. Co.G
Berry, John SC 20th Inf. Co.K
Berry, John TN 3rd (Forrest's) Cav. Co.B
Berry, John TN 8th (Smith's) Cav. Co.L
Berry, John TN Cav. J.J. Parton's Co.
Berry, John TN 17th Inf. Co.I
Berry, John TN 54th Inf. Co.H
Berry, John TX 11th Cav. Co.B
Berry, John TX 23rd Cav. Co.E Cpl.
Berry, John TX 30th Cav. Co.B
Berry, John VA 1st Cav. 2nd Co.K
Berry, John VA 5th Cav. (12 mo. '61-2) Co.F
Berry, John VA 9th Cav. Co.I
Berry, John VA Cav. 14th Bn. Co.A
Berry, John VA 15th Cav. Co.F
Berry, John VA 7th Bn.Res. Co.D
Berry, John VA 17th Inf. Co.I
Berry, John VA 25th Mil. Co.A
Berry, John Mead's Conf.Cav. Co.B
Berry, Jno. Gen. & Staff Asst.Surg.
Berry, John Gen. & Staff Hosp.Stew.
Berry, John A. AR 8th Inf. New Co.F Cpl.
Berry, John A. AR 14th (McCarver's) Inf. Co.E
Berry, John A. AR Inf. Cocke's Regt. Co.K
Berry, John A. GA Inf. 1st Conf.Bn. Co.D
Berry, John A. GA 30th Inf. Co.B Sgt.
Berry, John A. GA 56th Inf. Co.F
Berry, John A. NC 27th Inf. Co.F Ord.Sgt.
Berry, John A. NC 32nd Inf. Co.H
Berry, John A. VA Lt.Arty. Rives' Co.
Berry, John A. VA 5th Inf. Co.K
Berry, John A. VA Inf. 21st Bn. 2nd Co.C
Berry, John A. VA 64th Mtd.Inf. Co.C
Berry, John C. LA 19th Inf. Co.F
Berry, John C. MS 22nd Inf. Co.F
Berry, John D. GA Phillips' Legion Co.D
Berry, John D. NC 2nd Cav. (19th St.Troops) Co.A
Berry, John D. VA 37th Inf. Co.K
Berry, John E. MO 11th Inf. Co.I Cpl.
Berry, John E. NC 8th Bn.Jr.Res. Co.C Cpl.
Berry, John E. TX 13th Cav. Co.D Sgt.
Berry, John F. MO Cav. 1st Regt.St.Guard Co.F Sgt.
Berry, John F. MO 7th Cav. Co.H Sgt.
Berry, John F. VA 58th Mil. Co.E Cpl.
Berry, John F. 3rd Conf.Cav. Co.I 1st Sgt.
Berry, John G. AL Nitre & Min.Corps Young's Co.
Berry, John G. GA Arty. 9th Bn. Co.A,E
Berry, John G. LA 12th Inf. Co.G
Berry, John G. MS Inf. 3rd Bn. Co.B
Berry, John G., Jr. TX 27th Cav. Co.C
Berry, John H. AL 41st Inf. Co.H
Berry, John H. NC 31st Inf. Co.E 2nd Lt.
Berry, John H. VA 1st Cav. 1st Co.K Sgt.
Berry, John J. KY 4th Mtd.Inf. Co.C Music.
Berry, John J., Jr. VA Lt.Arty. Pollock's Co.
Berry, John J. VA 10th Inf. Co.K
Berry, John J. VA 97th Mil. Co.F
Berry, John J.D. GA 6th Inf. Co.D
Berry, John K. VA Arty. Curtis' Co. Cpl.
Berry, John L. KY 5th Mtd.Inf. Co.C
Berry, John L. LA Inf. 16th Bn. Co.A
Berry, John L. TX 13th Cav. Co.F
Berry, John L. VA 82nd Mil. Co.A
Berry, John M. AL 4th (Russell's) Cav. Co.G
Berry, John M. AL 19th Inf. Co.C
Berry, John M. AL Cp. of Instr. Talladega
Berry, John M. AR 8th Inf. New Co.I 1st Sgt.
Berry, John M. Mead's Conf.Cav. Co.A Cpl.
Berry, John N.B. VA Inf. 21st Bn. 2nd Co.C
Berry, John P. AR 1st Mtd.Rifles Co.D Sgt.
Berry, John P. AR 15th Inf. Co.K Sgt.
Berry, John P. MD 1st Inf. Co.C
Berry, John P. MD Weston's Bn. Co.A
Berry, John R. AL 25th Inf. Co.E
Berry, John R. AR 8th Inf. New Co.C Sgt.Maj.
Berry, John R. KY Maysville
Berry, John R. NC 31st Inf. Co.E
Berry, John R. VA 62nd Mtd.Inf. 2nd Co.I
Berry, John Richard MO Lt.Arty. Parsons' Co.
Berry, John Richard MO 6th Inf. Co.I
Berry, John Scott VA Lt.Arty. Pollock's Co.
Berry, John T. AL 15th Inf. Co.H
Berry, John T. AR 9th Inf. Co.G
Berry, John T. GA 30th Inf. Co.E
Berry, John T. GA 36th (Villepigue's) Inf. Co.C
Berry, John T. KY 4th Cav. Co.I Sgt.
Berry, John T. MO 3rd Cav. Co.A Sgt.
Berry, John T. MO Cav. 3rd Bn. Co.C Sgt.
Berry, John U. LA 10th Inf. Co.K
Berry, John W. AL 29th Inf. Co.G
Berry, John W. GA Hvy.Arty. 22nd Bn. Co.B
Berry, John W. GA 5th Inf. Co.E Cpl.
Berry, John W. GA 66th Inf. Co.C

Berry, John W. KY 7th Cav. Co.K,F
Berry, John W. KY 2nd Mtd.Inf. Co.A
Berry, John W. MS 18th Inf. Co.F Sgt.
Berry, John W. MO 3rd Bn. (St.Guard) Co.C
Berry, John W. TN 1st (Turney's) Inf.
Berry, John W. TN 55th (Brown's) Inf. Co.D
Berry, John W. TX 30th Cav. Co.E 1st Lt.
Berry, John W. TX 20th Bn.St.Troops Maj.
Berry, John W. VA 97th Mil. Co.K
Berry, Jonas AR 2nd Cav. Co.A
Berry, Jordan VA 6th Inf. Co.B
Berry, Jordan VA 54th Mil. Co.C,D
Berry, Jordon R. VA 7th Inf. Co.G
Berry, Josep TX Cav. Waller's Regt. Co.I
Berry, Joseph MS 6th Inf. Co.H
Berry, Joseph NC 32nd Inf. Co.H
Berry, Joseph SC Inf. 6th Bn. Co.A
Berry, Joseph SC 23rd Inf. Co.C
Berry, Joseph SC 26th Inf. Co.C
Berry, Joseph SC Manigault's Bn.Vol. Co.D
Berry, Joseph TX 12th Cav. Co.D
Berry, Joseph VA 38th Inf. Co.A
Berry, Joseph C. MS 18th Inf. Co.D Sgt.
Berry, Joseph C. MS 31st Inf. Co.F
Berry, Joseph D. NC 17th Inf. (1st Org.) Co.I
Berry, Joseph D. NC 17th Inf. (2nd Org.) Co.L Bvt.2nd Lt.
Berry, Joseph E. AR 10th Inf.
Berry, Joseph F. TX Cav. Baylor's Regt. Co.G
Berry, Joseph L. VA Inf. 9th Bn. Co.B
Berry, Joseph L. VA 25th Inf. 2nd Co.G Cpl.
Berry, Joseph M. NC 16th Inf. Co.A
Berry, Joseph M. NC 39th Inf. Co.K
Berry, Joseph M. SC 1st Arty. Co.C
Berry, Joseph M. TN 62nd Mtd.Inf. Co.G
Berry, Jo. O. SC 7th Inf. Co.M
Berry, Joshua GA 3rd Bn. (St.Guards) Co.G
Berry, Josiah VA 7th Cav.
Berry, Josiah M. TX 19th Cav. Co.I Cpl.
Berry, J. Owens VA 8th Inf. Co.G Capt.
Berry, J.P. FL Cav. 5th Bn.
Berry, J.P. NC 31st Inf. Co.E
Berry, J.P. NC Walker's Bn. Thomas' Legion Co.A Sgt.
Berry, J.P. SC 11th Res. Co.G Cpl.
Berry, J.P. SC 14th Inf. Co.K
Berry, J.P. 20th Conf.Cav. Co.C
Berry, J.R. AR 2nd Cav. Co.B
Berry, J.R. TN Conscr. Co.B
Berry, J.S. AL 57th Inf. Co.A
Berry, J.S. MO St.Guard
Berry, J.S. TN 9th Inf. Co.K
Berry, J.T. AL 26th (O'Neal's) Inf. Co.A
Berry, J.T. AL 34th Inf. Co.D
Berry, J.T. TX 10th Cav. Co.E
Berry, J.T. TX Cav. Bourland's Regt. Co.D
Berry, J.T. TX 7th Inf. Co.I
Berry, J.T. TX 20th Inf. Co.B
Berry, J.T. Jackson's Co.,CSA
Berry, J. Taylor KY 8th Cav. Co.H Capt.
Berry, Julius S. Gen. & Staff 2nd Lt.,Dr.M
Berry, J.W. AL 60th Inf. Co.A
Berry, J.W. GA 13th Inf. Co.H
Berry, J.W. LA 1st Bn.Res.Corps Capt.,QM
Berry, J.W. MS 10th Cav. Co.A
Berry, J.W. MS 1st (Johnston's) Inf. Co.G
Berry, J.W. MO 12th Inf. Co.A
Berry, J.W. SC 2nd Arty. Co.F
Berry, J.W. SC Lt.Arty. 3rd (Palmetto) Bn. Culpeper's Co.
Berry, J.W. SC Inf. 7th Bn. (Enfield Rifles) Co.A
Berry, J.W., Jr. TX 9th (Young's) Inf. Co.I
Berry, J.W. TX 18th Inf. Co.G Cpl.
Berry, J.W. VA 45th Inf. Co.B
Berry, J.W. Gen. & Staff En.Off.
Berry, J.W.R. SC 4th Cav. Co.G 1st Lt.
Berry, J.W.R. SC Cav. 10th Bn. Co.C 1st Lt.
Berry, Kenneth L. TX 27th Cav. Co.C
Berry, K.S. FL Lt.Arty. Dyke's Co.
Berry, L. NC Gibb's Co. (Loc.Def.)
Berry, L. SC 7th Inf. 2nd Co.G
Berry, L. SC 23rd Inf. Co.E
Berry, Larkin D. TX 22nd Inf. Co.C Cpl.
Berry, Lawrence LA Washington Arty.Bn. Co.3
Berry, Lawrence L.G. VA 2nd Inf. Co.G
Berry, L.B. TX 12th Cav. Co.I
Berry, L.D. KY 1st Inf. Co.E
Berry, L.D. KY 2nd Mtd.Inf. Co.A
Berry, L.D. KY 3rd Mtd.Inf. Co.L
Berry, L.D. MO 16th Inf. Co.I
Berry, L.D. TX 7th Inf. Co.I
Berry, L.D. TX Granbury's Cons.Brig. Co.B
Berry, Lewis MO 1st & 4th Inf. Co.F
Berry, Lewis SC 5th St.Troops Co.M
Berry, Lewis SC 7th Res. Co.E
Berry, Lewis SC St.Troops Co.M
Berry, Lewis F. NC 39th Inf. Co.K,D
Berry, L. Franklin NC 16th Inf. Co.A
Berry, L.H. LA Inf. 1st Sp.Bn. (Rightor's) Co.E
Berry, L.J. MS Cav. Ham's Regt. Co.I Cpl.
Berry, L.K. TN 30th Inf. Co.K Sgt.
Berry, L.K. 1st Conf.Cav. 1st Co.D
Berry, L.M. NC 23rd Inf. Chap.
Berry, Logan A. NC 39th Inf. Co.B
Berry, Louis MO 1st Inf. Co.E
Berry, Louis A. GA 64th Inf. Co.C Cpl.
Berry, Lucius F. GA 49th Inf. Co.I
Berry, L.W. VA 3rd Res. Co.D
Berry, Lyman S. LA 22nd Inf. Sgt.Maj.
Berry, Lyman S. LA 22nd (Cons.) Inf. Sgt.Maj.
Berry, Lyman S. MS 1st Lt.Arty. Co.A
Berry, M. FL 1st (Res.) Inf. Co.I
Berry, M. VA 24th Cav. Co.B
Berry, M.A. AL 3rd Res. Co.A
Berry, M.A. GA Phillips' Legion Co.D
Berry, Mansfield L. TX 32nd Cav. Co.G
Berry, Marion M. NC 8th Bn.Jr.Res. Co.B
Berry, Mark VA 33rd Inf. Co.H
Berry, Marshall MS 11th Inf. Co.B Cpl.
Berry, Marten P. GA 52nd Inf. Co.I
Berry, Martin TN 10th Inf. Co.E
Berry, Martin VA 61st Inf. Co.C
Berry, Martin W. TX 13th Cav. Co.D
Berry, Maston E. AL 51st (Part.Rangers) Co.B
Berry, Mathew A. AL 3rd Bn.Res. Jackson's Co.
Berry, M.B. MS 31st Inf. Co.H Cpl.
Berry, M.B. Gen. & Staff Hosp.Stew.
Berry, M.C. TX 21st Inf. Co.E
Berry, M.D. GA Arty. Maxwell's Reg.Lt.Btty.
Berry, M.D. Exch.Bn. 1st Co.A,CSA
Berry, M.F. TX 5th Inf. Co.A
Berry, M.F. VA 4th Cav. Co.C
Berry, M.G. MO 2nd Inf. Co.I,D
Berry, M.H. KY 9th Cav. Co.D 2nd Lt.
Berry, M.H. SC 4th St.Troops Co.G
Berry, Micajah F. Gen. & Staff Adj.Gen.
Berry, Michael MS 16th Inf. Co.I,D
Berry, Michael NC Inf. Thomas' Legion Co.D
Berry, Michael TX 5th Cav. Co.A
Berry, Michael VA Hvy.Arty. 19th Bn. 2nd Co.C
Berry, Michael VA 30th Inf. 2nd Co.I
Berry, Michael VA 47th Inf. 2nd Co.I
Berry, Michael C. TX 11th (Spaight's) Bn.Vol. Co.C
Berry, Miles AL 6th Cav. Co.C
Berry, Miles AL 26th (O'Neal's) Inf. Co.C
Berry, Miles A. TX 1st Inf. Co.H Cpl.
Berry, Miles D. GA Lt.Arty. Daniell's Btty.
Berry, Milton H.M. TX 10th Inf. Co.C
Berry, Milton J. MS Lt.Arty. (The Hudson Btty.) Hoole's Co.
Berry, M.J. AR Cav. Crabtree's (46th) Regt. Co.B
Berry, M.J. MS 12th Inf. Co.F
Berry, M.L. TX 29th Cav. Co.C
Berry, M.M. NC 3rd Jr.Res. Co.E
Berry, M.M.A. AL 34th Inf. Co.E
Berry, Moses AR 8th Inf. Co.I
Berry, Moses MS Cav. 3rd Bn. (Ashcraft's) Co.D
Berry, Moses J. AR 8th Inf. New Co.C
Berry, Moses R. MS 31st Inf. Co.F
Berry, M.P. AR 1st (Colquitt's) Inf. Co.G Music.
Berry, M.P. TN 2nd (Walker's) Inf. Co.D Music.
Berry, M.P. TN 55th (Brown's) Inf. Co.B
Berry, M.P. 9th Conf.Inf. Co.D Cpl.
Berry, M.P. Polk's Brig.Band,CSA Drum.
Berry, M.R. GA Inf. (Express Inf.) Witt's Co.
Berry, M.S. TN 27th Inf. Co.H
Berry, M.T. AL 34th Inf. Co.D
Berry, Nathan NC 8th Inf. Recruit
Berry, Nathan D. NC 5th Inf. Co.I
Berry, Nathan W. VA 5th Cav. (12 mo. '61-2) Co.H
Berry, Nathan W. VA 13th Cav. Co.A
Berry, N.J. AL 60th Inf. Co.H
Berry, N.M. Gen. & Staff En.Off.
Berry, N.R. MO 6th Cav. Co.H Capt.
Berry, N.S. KY 4th Cav. Co.I
Berry, N.S. TX 1st Hvy.Arty. Co.K
Berry, N.T. MO Lt.Arty. 13th Btty.
Berry, N.T. SC Inf. Hampton Legion Co.C
Berry, N.T. SC Manigault's Bn.Vol. Co.D
Berry, O. James MO 11th Inf. Co.H
Berry, Oliver J. VA 39th Inf. Co.G
Berry, Oscar MO 12th Cav. Co.F Bvt.2nd Lt.
Berry, Oscar TX 10th Cav. Co.I
Berry, Oscar VA Lt.Arty. Pollock's Co.
Berry, Oscar S. GA 30th Inf. Co.B 2nd Lt.
Berry, P. AL 31st Inf. Co.H
Berry, Patrick AL 1st Regt. Mobile Vol. British Guard Co.B
Berry, Patrick MS 30th Inf. Co.E
Berry, P.B. FL 9th Inf. Co.F
Berry, P.B. MS 6th Inf. Co.I
Berry, P.B. MS 14th (Cons.) Inf. Co.C
Berry, P.B. VA 62nd Mtd.Inf. 2nd Co.G Cpl.

Berry, Peter LA 14th Inf. Co.D Cpl.
Berry, Peter F. VA Loc.Res.
Berry, Phillip A. 1st Conf.Eng.Troops Co.G
Berry, Pinkney NC 35th Inf. Co.K 1st Lt.
Berry, Pinkney NC 58th Inf. Co.F
Berry, P.L. TN Conscr. Co.B
Berry, Powhatan VA Inf. 1st Bn. Co.A
Berry, P.T. MS 39th Inf. Co.A Sgt.
Berry, P.T. MS Inf. Cooper's Co.
Berry, R.A. NC 48th Inf. Co.B
Berry, Randall D. AL 4th Inf. Co.A Cpl.
Berry, Randall D. AL 62nd Inf. Co.D 2nd Lt.
Berry, R.B. AR 32nd Inf. Co.I Sgt.
Berry, R.B. TX 20th Inf. Co.G
Berry, R.C. MS Cav. Powers' Regt. Co.K
Berry, R.D. AL 5th Cav. Co.B
Berry, R.E. NC 6th Cav. (65th St.Troops) Co.F
Berry, R.E. SC 2nd St.Troops Co.C Cpl.
Berry, Reuben W. TN 30th Inf. Co.B Cpl.
Berry, R.G.M. SC 1st Cav. Co.E
Berry, R.H. AR 26th Inf. Co.C
Berry, Richard GA 66th Inf. Co.E
Berry, Richard KY 9th Cav. Co.H
Berry, Richard LA 5th Inf. Co.B
Berry, Richard MO 12th Cav. Co.G
Berry, Richard NC 1st Cav. (9th St.Troops) Co.E
Berry, Richard NC 33rd Inf. Co.B,F
Berry, Richard SC 6th Cav. Co.B
Berry, Richard VA Arty. (Loc.Def. & Sp.Serv.) Lanier's Co.
Berry, Richard VA Lt.Arty. Pollock's Co.
Berry, Richard A. VA 12th Inf. Co.K
Berry, R.L. AR 38th Inf. Co.A Cpl.
Berry, R.L. MS Cav. 1st Bn. (McNair's) St.Troops Co.A
Berry, R.M. MS 9th Cav. Co.E Cpl.
Berry, R.M. MS 10th Cav. Co.F
Berry, R.M. TN Cav. 17th Bn. (Sanders') Co.B Cpl.
Berry, Robert AL 9th Inf.
Berry, Robert AL 41st Inf. Co.I
Berry, Robert AL 50th Inf. Co.C
Berry, Robert AR 1st (Colquitt's) Inf. Co.D 1st Sgt.
Berry, Robert KY 2nd (Duke's) Cav. Co.K Capt.,ACS
Berry, Robert KY Morgan's Men Co.E
Berry, Robert KY 9th Mtd.Inf. Co.I
Berry, Robert MO 15th Cav. Co.F
Berry, Robert NC 6th Inf. Co.B
Berry, Robert Gen. & Staff Capt.,Asst.Comsy.
Berry, Robert G. MO 4th Cav. Co.B
Berry, Robert H. AL 35th Inf. Co.H
Berry, Robert H. GA 35th Inf. Co.H
Berry, Robert M. MS 11th Inf. Co.C
Berry, Robert N. AR 37th Inf. Co.I Sgt.
Berry, Robert R. VA 26th Inf. Co.E 2nd Lt.
Berry, Robert T. VA 19th Inf. Co.H Capt.
Berry, Robert W. AR 31st Inf. Co.K
Berry, Robert W. TX 19th Cav. Co.F
Berry, R.R. GA 55th Inf. Co.I
Berry, R.R. GA 56th Inf. Co.F Sgt.
Berry, R.S. SC 17th Inf. Co.K
Berry, R.S. SC Palmetto S.S. Co.E
Berry, R.T. NC Mil. Clark's Sp.Bn. Co.B Lt.
Berry, R.W. NC 23rd Inf. Co.H
Berry, S. FL 10th Inf. Co.I
Berry, S. NC 3rd Jr.Res. Co.G
Berry, S.A. AR 2nd Cav. 1st Co.A Cpl.
Berry, S.A. AR 3rd Cav. 3rd Co.E
Berry, S.A. TN 38th Inf. Co.G
Berry, S.A. 3rd Conf.Cav. Co.I
Berry, Salathiel AL 4th Cav. Co.G
Berry, Sam TX 7th Cav. Co.D
Berry, Samuel AL 50th Inf. Co.C
Berry, Samuel KY 11th Cav. Co.B
Berry, Samuel LA 20th Inf. Co.I
Berry, Samuel MO Cav. Williams' Regt. Co.B
Berry, Samuel NC 60th Inf. Co.H
Berry, Samuel NC Inf. Thomas' Legion Co.G
Berry, Samuel, Jr. SC 3rd St.Troops Co.B
Berry, Samuel TN 61st Mtd.Inf. Co.K
Berry, Samuel TX 10th Cav. Co.E Sgt.
Berry, Samuel TX 10th Inf. Co.C Music.
Berry, Samuel VA 5th Cav. (12 mo. '61-2) Co.B
Berry, Samuel VA 7th Cav. Co.F
Berry, Samuel VA Cav. 14th Bn. Co.A
Berry, Samuel VA 15th Cav. Co.F
Berry, Samuel A. AR Cav. 6th Bn. Co.C
Berry, Samuel D. AL Cav. Lewis' Bn. Co.E
Berry, Samuel G. LA 12th Inf. Co.F Cpl.
Berry, Samuel J. TN 54th Inf. Co.A
Berry, Samuel J. VA 25th Mil. Co.A
Berry, Samuel K. VA 10th Inf. Co.D
Berry, Samuel L. TX 13th Cav. Co.F
Berry, Samuel M. TN Inf. 3rd Bn. Co.A
Berry, Samuel O. KY 2nd (Duke's) Cav. Co.A
Berry, Samuel O. KY 6th Cav. Co.G 1st Sgt.
Berry, Samuel O. KY 14th Cav. Co.A
Berry, Samuel Obadiah SC 19th Inf. Co.D
Berry, Samuel W. AL 10th Inf. Co.I
Berry, Samuel W. GA 61st Inf. Co.I 1st Sgt.
Berry, Samuel W. KY 7th Cav. Co.B
Berry, Sanford TN 3rd (Forrest's) Cav. Co.C
Berry, Sanford TX 16th Cav. Co.B
Berry, S.C. AL Cav. Barlow's Co.
Berry, S.C. TX 3rd Cav. Co.B
Berry, S.C. TX 19th Inf. Co.I
Berry, S.C. Jackson's Co.,CSA
Berry, S.D. AR 1st Mtd.Rifles Co.D Sgt.
Berry, Seth MS Inf. 7th Bn. Co.D
Berry, Seth MO 6th Cav. Co.E Cpl.
Berry, S.H. AL 56th Part.Rangers Co.D
Berry, S.H. AL 55th Vol. Co.D
Berry, S.H. AR 2nd Mtd.Rifles Co.K
Berry, S.H. AR 27th Inf. New Co.C 1st Sgt.
Berry, S.H. MS 25th Inf. Co.B
Berry, S.H. 2nd Conf.Inf. Co.B
Berry, S.I. LA Maddox's Regt.Res.Corps Co.B
Berry, Sidney NC 8th Bn.Jr.Res. Co.C
Berry, Sidney E. NC 6th Inf. Co.D
Berry, Silas NC 35th Inf. Co.K
Berry, Silas J. MO 3rd Cav. Co.F
Berry, Simeon D. GA 36th (Broyles') Inf. Co.G 2nd Lt.
Berry, Simon GA 42nd Inf. Co.A
Berry, Simpson FL 2nd Cav. Co.H
Berry, S.J. TN 48th (Nixon's) Inf. Co.F
Berry, S.J. TX 10th Cav. Co.E
Berry, S.J. VA 5th Cav. (12 mo. '61-2) Co.D
Berry, S.K. MO Lt.Arty. 13th Btty.
Berry, S.L. KY 9th Mtd.Inf. Co.C Cpl.
Berry, S.L. MS Cav. 1st Bn. (McNair's) St.Troops Co.A
Berry, S.N. SC 2nd Arty. Co.I
Berry, Solathill AL 16th Inf. Co.I
Berry, S.S. TN 55th (Brown's) Inf. Co.B
Berry, Stephen AL Lt.Arty. Lee's Btty.
Berry, Stephen MO Lt.Arty. 4th (Harris') Field Btty.
Berry, Stephen NC 32nd Inf. Co.H
Berry, Stephen P. AL Lt.Arty. 2nd Bn. Co.E
Berry, Stephen W. TX 11th Cav. Co.C
Berry, Sterling TN 39th Mtd.Inf. Co.F
Berry, S.W. AL 9th Inf.
Berry, Sylvester AL 41st Inf. Co.I
Berry, Sylvester A. VA 59th Inf. 3rd Co.D
Berry, Sylvester J. VA 3rd Inf. Co.E
Berry, T. AR Cav. McGehee's Regt. Co.F
Berry, T. KY Cav. 2nd Bn. (Dortch's) Co.D
Berry, T. MS Cav. Terrell's Unatt.Co.
Berry, T.A. TX 22nd Inf. Co.F
Berry, Taylor Gen. & Staff Capt.,ACS
Berry, T.F. KY Morgan's Men Co.D,A
Berry, T.H. AR 8th Inf. New Co.E
Berry, T.H. SC Mil.Arty. 1st Regt. Walter's Co.
Berry, T.H. TN 33rd Inf. Co.B
Berry, Th TN 59th Mtd.Inf. Co.K
Berry, Thomas AL 6th Cav. Co.C
Berry, Thomas AL Cav. Lewis' Bn. Co.C
Berry, Thomas AL 81st Inf. Co.A Capt.,AQM
Berry, Thomas AL 43rd Inf. Co.C
Berry, Thomas GA 3rd Cav. Co.B
Berry, Thomas GA 85th Inf. Co.E
Berry, Thomas KY 3rd Cav. Co.C
Berry, Thomas KY 7th Cav. Co.K
Berry, Thomas KY 14th Cav. Co.B
Berry, Thomas LA 8th Inf. Co.C
Berry, Thomas LA 8th Inf. Co.G
Berry, Thomas LA Inf. 11th Bn. Co.D
Berry, Thomas MS Cav. 3rd Bn. (Ashcraft's) Co.E
Berry, Thomas MS Stricklin's Co. (St.Troops)
Berry, Thomas MO Cav. 3rd Bn. Co.E 2nd Lt.
Berry, Thomas SC Inf. Holcombe Legion Co.H
Berry, Thomas TN 18th (Newsom's) Cav. Co.I Sgt.
Berry, Thomas TN 19th & 20th (Cons.) Cav. Co.C Cpl.
Berry, Thomas TN Inf. 1st Bn. (Colms') Co.D
Berry, Thomas TN 3rd (Lillard's) Mtd.Inf. Co.A
Berry, Thomas TN 30th Inf. Co.K
Berry, Thomas TX Cav. Morgan's Regt. Co.A
Berry, Thomas TX 1st Hvy.Arty. Co.D
Berry, Thomas TX 17th Inf. Co.K
Berry, Thomas VA 11th Inf. Co.A
Berry, Thomas VA 37th Inf. Co.H
Berry, Thomas VA 47th Inf. 3rd Co.I
Berry, Thomas VA 63rd Inf. Co.B
Berry, Thomas VA Loc.Def. Bosher's Co.
Berry, Thomas Conf.Lt.Arty. Davis' Co.
Berry, Thomas Gen. & Staff AQM
Berry, Thomas Gen. & Staff Capt., Instr.Arty.
Berry, Thomas A. GA 43rd Inf. Co.H Sgt.
Berry, Thomas A. GA 48th Inf. Co.G
Berry, Thomas A. MS 10th Inf. Old Co.K
Berry, Thomas B. VA 21st Cav. Co.F Sgt.
Berry, Thomas C. MO 1st N.E. Cav. Co.L Cpl.
Berry, Thomas D. AL Inf. 1st Regt. Co.A Sgt.
Berry, Thomas D. AL 47th Inf. Co.H 1st Lt.
Berry, Thomas F. KY 2nd (Duke's) Cav. Co.A

Berry, Thomas G. TX 9th Cav. Co.A Lt.Col.
Berry, Thomas H. SC Lt.Arty. Walter's Co. (Washington Arty.)
Berry, Thomas H. TX 18th Cav. Co.G
Berry, Thomas J. AL Cp. of Instr. Talladega
Berry, Thomas J. AR 9th Inf. Co.G
Berry, Thomas J. AR 26th Inf. Co.B
Berry, Thomas J. GA 60th Inf. Lt.Col.
Berry, Thomas J., Jr. MO 3rd Cav. Co.E,H 2nd Lt.
Berry, Thos. J. Gen. & Staff, Arty. 1st Lt.
Berry, Thomas L. MS 42nd Inf. Co.G
Berry, Thomas L. TX 18th Cav. Co.D Black.
Berry, Thomas L. VA 40th Inf. Co.F
Berry, Thomas M. AR 1st (Colquitt's) Inf. Co.D
Berry, Thomas M. AR 2nd Inf. Co.G
Berry, Thomas Napoleon LA 19th Inf. Co.D Cpl.
Berry, Thomas R. TX 17th Inf. Co.I
Berry, Thomas S. LA 14th Inf. Co.C Sgt.
Berry, Thomas S. MD 1st Inf. Co.D
Berry, Thos. S. Gen. & Staff AAAG
Berry, Thomas T. AR Inf. Cocke's Regt. Co.A,E Lt.
Berry, Thomas W. GA 11th Cav. Co.H
Berry, Thornton J. VA Inf. 9th Bn. Co.B Cpl.
Berry, Thornton J. VA 25th Inf. 2nd Co.G 2nd Lt.
Berry, T.J. AL 42nd Inf. Co.I
Berry, T.J. MS 3rd Cav. Co.K,G
Berry, T.J. MS 39th Inf. Co.A
Berry, T.L. SC 4th Cav. Co.H
Berry, T.L. TN 19th (Biffle's) Cav. Co.L
Berry, T.M. MS Cav. Terrell's Unatt.Co.
Berry, T.N. AL 12th Cav. Co.D
Berry, Tom AR 4th St.Inf. Lt.Col.
Berry, T.R. AL 6th Cav. Co.C
Berry, Travers J. VA Lt.Arty. Brander's Co.
Berry, Treadway SC 20th Inf. Co.H
Berry, T.T.E. SC 25th Inf. Co.A Music.
Berry, T.W. SC 18th Inf. Co.I Sgt.
Berry, T.Y. GA 3rd Res. Co.E
Berry, T.Y. 2nd Conf.Eng.Troops Co.B
Berry, U.N.M. TN 47th Inf. Co.K Sgt.
Berry, Verdiman MS 30th Inf. Co.E
Berry, V.W. GA 43rd Inf. Co.F
Berry, W. MS 8th Cav. Co.D Cpl.
Berry, W.A. SC Charleston Arsenal Bn.Loc.Def.Troops Co.D 1st Lt.
Berry, Walker W. TX Cav. Morgan's Regt. Co.A
Berry, Waller VA Horse Arty. G.W. Brown's Co.
Berry, Wartzel NC 35th Inf. Co.K
Berry, Washington J. MS 16th Inf. Co.B
Berry, W.B. AR 23rd Cav.
Berry, W.B. GA 2nd Cav. (St.Guards) Co.F
Berry, W.B. GA Inf. 8th Bn. Co.A
Berry, W.B. MS 30th Inf. Co.D
Berry, W.B. TN 55th (Brown's) Inf. Co.D
Berry, W.C. NC 35th Inf. Co.K
Berry, W.C. TX Cav. Baird's Regt. Co.D
Berry, W.C. Lt.Arty. Dent's Btty.,CSA
Berry, W.D. AL Cav. 24th Bn. Co.C
Berry, W.D. AL Mil. 2nd Regt.Vol. Co.D QMSgt.
Berry, W.D. AL 53rd (Part.Rangers) Co.C
Berry, W.D. TN Lt.Arty. Tobin's Co.
Berry, W.D. Gen. & Staff Hosp.Stew.
Berry, W.E. MS 2nd Cav.Res. Co.I
Berry, Wesley LA 19th Inf. Co.F
Berry, W.F. GA 42nd Inf. Co.I
Berry, W.F. NC 32nd Inf. Co.I
Berry, W.F. SC 18th Inf. Co.K
Berry, W.F. TN 3rd (Forrest's) Cav. Co.C
Berry, W.G. AL 1st Bn. Hilliard's Legion Vol. Co.B
Berry, W.G. AL 60th Inf. Co.H
Berry, W.G. MS 1st Cav. Co.E
Berry, W.G. SC 7th Inf. 2nd Co.I
Berry, W.G. TN Inf. 3rd Cons.Regt. Co.K Sgt.
Berry, W.G. TN 11th Inf. Co.K
Berry, W.H. AL 32nd Inf. Co.E
Berry, W.H. GA Cav. 6th Bn. (St.Guards) Co.G
Berry, W.H. GA Inf. (GA RR Grds.) Porter's Co. Cpl.
Berry, W.H. GA Inf. Whiteside's Nav.Bn. (Loc.Def.) Co.A
Berry, W.H. MS Cav. 1st Bn. (McNair's) St.Troops Co.A
Berry, W.H. MS Cav. 3rd Bn.Res. Co.C
Berry, W.H. MS Cav. Gartley's Co. (Yazoo Rangers)
Berry, W.H. MS 1st Lt.Arty. Co.K Cpl.
Berry, W.H. TN 19th (Biffle's) Cav. Co.A
Berry, W.H. TN Inf. 3rd Bn. Co.A
Berry, W.H. Conf.Cav. Wood's Regt. 2nd Co.M
Berry, W.H. Gen. & Staff Lt.
Berry, Wiley J. GA 6th Inf. (St.Guards) Co.D
Berry, William AL Cav. Lewis' Bn. Co.C
Berry, William AL Inf. 1st Regt. Co.D
Berry, William AL 17th Inf. Co.C
Berry, William AL 26th (O'Neal's) Inf. Co.A 1st Sgt.
Berry, William AL 29th Inf. Co.K
Berry, William AL 38th Inf. Co.F
Berry, William AL St.Res. Palmer's Co.
Berry, William AR 1st (Monroe's) Cav. Co.B
Berry, William AR 1st (Monroe's) Cav. Co.E
Berry, William AR 1st (Colquitt's) Inf. Co.A
Berry, William GA 6th Inf. (St.Guards) Pittman's Co.
Berry, William GA 12th Inf. Co.G
Berry, William GA 52nd Inf. Co.H
Berry, William GA 62nd Inf. Co.G
Berry, William KY 2nd (Duke's) Cav. Co.F
Berry, William KY 11th Cav. Co.B Asst.Forage M.
Berry, William KY 3rd Mtd.Inf. Co.M
Berry, William LA 25th Inf. Co.C
Berry, Wm. MS 4th Cav. Co.A
Berry, William MS 6th Inf. Co.H
Berry, William MS 39th Inf. Co.A
Berry, William MO 7th Cav. Haislin's Co.
Berry, William MO Lt.Arty. 13th Btty. Cpl.
Berry, William NC 6th Inf. Co.D
Berry, William NC 32nd Inf. Co.I
Berry, William NC 50th Inf. Co.K
Berry, William NC Snead's Co. (Loc.Def.)
Berry, William SC Arty. Fickling's Co. (Brooks Lt.Arty.)
Berry, William SC Simons' Co.
Berry, William TN 22nd Inf. Co.F
Berry, William TX 10th Cav. Co.B
Berry, William VA Lt.Arty. Pegram's Co.
Berry, William VA Inf. 4th Bn.Loc.Def. Co.C
Berry, William VA 6th Inf. Co.A
Berry, William VA 7th Bn.Res. Co.D
Berry, William VA 10th Inf. Co.E
Berry, William VA 16th Inf. Co.B
Berry, William 4th Conf.Inf. Co.D
Berry, William A. GA 42nd Inf. Co.F
Berry, William A. TN 59th Mtd.Inf. Co.F Sgt.
Berry, William B. AR 3rd Cav. Earle's Co.
Berry, William B. LA 1st (Nelligan's) Inf. Co.K
Berry, William B. MO 3rd Cav. Co.A
Berry, William B. MO Cav. 3rd Bn. Co.C
Berry, William B. VA 6th Bn.Res. Co.C Cpl.
Berry, William C. AL 32nd Inf. Co.K Sgt.
Berry, William C. MO 3rd Cav. Co.E,H
Berry, William C. MO Cav. Freeman's Regt. Co.I
Berry, William C. MO Robertson's Regt. St.Guard Co.7
Berry, William C. NC 16th Inf. Co.E,B Cpl.
Berry, William C. TX 19th Cav. Co.H
Berry, William C. VA 1st Cav. Co.E Cpl.
Berry, William C. VA 4th Inf. Co.H
Berry, Wm. C. Gen. & Staff QM,Comsy.
Berry, William D. AL 1st Regt. Mobile Vol. Co.A AQM
Berry, William D. AR 16th Inf. Co.E Cpl.
Berry, William D. SC 1st St.Troops Co.H
Berry, William Douglas VA 17th Inf. Co.H
Berry, William E. AL 38th Inf. Co.E
Berry, William F. NC 15th Inf. Co.M
Berry, William F. VA Lt.Arty. Carrington's Co.
Berry, William F. VA Lt.Arty. Cayce's Co.
Berry, William G. AR 37th Inf. Co.I Cpl.
Berry, William G. GA 21st Inf. Co.C Cpl.
Berry, William G. TN 24th Inf. 2nd Co.H Sgt.
Berry, William H. GA 56th Inf. Co.F Sgt.
Berry, William H. GA 61st Inf. Co.I
Berry, William H. NC 6th Cav. (65th St.Troops) Co.A,E Cpl.
Berry, William H. NC Cav. 7th Bn. Co.A Cpl.
Berry, William H. TX 5th Inf. Co.F
Berry, William H. VA Arty. Curtis' Co. 2nd Lt.
Berry, William H. VA 30th Inf. Co.B Sgt.
Berry, William H. VA 55th Inf. Co.I
Berry, William H. VA 109th Mil. 1st Co.A
Berry, William H. Secret Serv. McDaniel's Co.
Berry, William J. AL 7th Cav. Co.A
Berry, William J. AL 19th Inf. Co.C
Berry, William J. GA 13th Inf. Co.I
Berry, William J. LA 9th Inf. Co.A
Berry, William J. MS 29th Inf. Co.E
Berry, William J. TN 25th Inf. Co.D
Berry, William J. TN 63rd Inf. Co.I
Berry, William J. VA Hvy.Arty. 18th Bn. Co.C
Berry, William J. VA Inf. 9th Bn. Co.B
Berry, William J. VA 14th Inf. Co.A
Berry, William J. VA 25th Inf. 2nd Co.G Sgt.
Berry, William J. VA 37th Inf. Co.D
Berry, William J. VA 52nd Inf. Co.C
Berry, William J. Mead's Conf.Cav. Co.A Cpl.
Berry, William L. AL Lt.Arty. Hurt's Btty.
Berry, William L. AL 12th Inf. Co.G
Berry, William M. MS 1st Lt.Arty. Co.K Cpl.
Berry, William M. VA 62nd Mtd.Inf. 2nd Co.G
Berry, William M.H. AL 6th Inf. Co.M

Berry, William N. NC 64th Inf. Co.M
Berry, William N. TN Cav. 16th Bn. (Neal's) Co.F
Berry, William P. GA Cav. 29th Bn. Co.E
Berry, William P. GA 1st Reg. Co.H
Berry, William P. NC 2nd Cav. (19th St.Troops) Co.A Bugler
Berry, William P. VA 30th Inf. Co.K Sgt.
Berry, William R. GA 5th Res. Co.L
Berry, William S. AL 43rd Inf. Co.E
Berry, William S. VA 41st Inf. Co.B
Berry, William T. AR 9th Inf. New Co.B, Co.F
Berry, William T. TX 8th Inf. Co.K,G
Berry, William T. 4th Conf.Eng.Troops Artif.
Berry, William Thomas VA Lt.Arty. Cayce's Co.
Berry, William W. GA 3rd Bn.S.S. Co.D
Berry, William W. GA Cobb's Legion Co.C
Berry, William W. NC 17th Inf. (1st Org.) Co.B
Berry, William W. NC 17th Inf. (2nd Org.) Co.B
Berry, William W. TN 32nd Inf. Co.C
Berry, William W. TX 17th Cons.Dismtd.Cav. Co.D
Berry, William W. TX 10th Inf. Co.F
Berry, William W. VA 2nd Cav. Chap.
Berry, William W. VA 6th Bn.Res. Co.H Sgt.
Berry, Willie MS 2nd Cav.Res. Co.D Cpl.
Berry, Willis MS 39th Inf. Co.A
Berry, Wilson MO 5th Inf. Co.F
Berry, Wilson TN Lt.Arty. Burroughs' Co.
Berry, Wittington A. MS 34th Inf. Co.K,H
Berry, W.J. AR 8th Inf. New Co.F
Berry, W.J. AR 14th (McCarver's) Inf. Co.E
Berry, W.J. GA 23rd Inf. Co.E
Berry, W.J. LA 4th Inf. Co.C
Berry, W.J. LA 9th Inf. Co.H
Berry, W.J. LA 12th Inf. 2nd Co.M
Berry, W.J. TN 20th Inf. Co.H
Berry, W.J. TX 5th Cav. Co.D
Berry, W.J. TX 12th Field Btty.
Berry, W.J. VA 4th Cav. Co.C
Berry, W.J. VA 82nd Mil. Co.D
Berry, W.L. TN 46th Inf. Co.F
Berry, W.N. SC 4th Cav. Co.G
Berry, W.N. SC Cav. 10th Bn. Co.C
Berry, W.N. TN 51st (Cons.) Inf. Co.E
Berry, Woodson P. 15th Conf.Cav. Co.B
Berry, W.P. AL 6th Cav.
Berry, W.P. MS 1st Cav. Co.A
Berry, W.P. SC Inf. 1st (Charleston) Bn. Co.F
Berry, W.P. SC 27th Inf. Co.C
Berry, W. Preston MS Cav. 1st Bn. (Miller's) Co.E Sgt.
Berry, W.R. AR 1st (Monroe's) Cav. Co.L
Berry, W.R. SC 5th Cav. Co.K
Berry, W.R. SC Lt.Arty. 3rd (Palmetto) Bn. Co.H Cpl.
Berry, W.R. SC 3rd Res. Co.C Capt.
Berry, W.R. SC 16th Inf. Co.E
Berry, W.S. GA 30th Inf. Co.C
Berry, W.S. VA 3rd Res. Co.D
Berry, W.T. AL 15th Inf. Co.A 1st Lt.
Berry, W.T. AL 48th Inf. Co.H
Berry, W.T. GA 4th Res. Co.I Cpl.
Berry, W.T. GA Phillips' Legion Co.D
Berry, W.T. SC 18th Inf. Co.H Sgt.
Berry, W.T. TX Cav. Giddings' Bn. Carrington's Co.
Berry, W.V. GA 55th Inf. Co.D
Berry, W.W. GA Inf. 4th Bn. (St.Guards) Co.B
Berry, W.W. GA 9th Inf. (St.Guards) Co.D
Berry, W.W. TN Inf. 23rd Bn. Co.E
Berry, W.W. TN 55th (Brown's) Inf. Co.B Music.
Berry, W.W. TX 18th Cav. Co.B
Berry, W.W. TX Cav. Morgan's Regt. Co.A
Berry, W.W. Gen. & Staff Chap.
Berry, Wylie Nelson TN 52nd Inf. Co.H
Berry, Z.S. MS 15th Bn.S.S. Co.A Sgt.
Berry, Z.S. MS 32nd Inf. Co.A
Berryhill, A. GA Arty. (Macon Lt.Arty.) Slaten's Co.
Berryhill, A.E. MS 6th Inf. Co.B
Berryhill, A.J. MS 46th Inf. Co.E
Berryhill, A.J. TX 24th Cav. Co.G
Berryhill, A.J. TX 9th (Nichols') Inf. Co.D
Berryhill, Alexander NC 53rd Inf. Co.B
Berryhill, Alfred AL Arty. 1st Bn. Co.E
Berryhill, Alfred AL 13th Inf. Co.F
Berryhill, Andrew GA Hvy.Arty. 22nd Bn. Co.B
Berryhill, Andrew GA 14th Inf. Co.H
Berryhill, Andrew NC 53rd Inf. Co.B
Berryhill, Benjamin F. AL 43rd Inf. Co.F
Berryhill, Benjamin F. MO 3rd Inf. Co.G
Berryhill, B.F. AL 5th Cav. Co.A
Berryhill, Charles W. AL 16th Inf. Co.K
Berryhill, George W. MS 43rd Inf. Co.D
Berryhill, G.W. AL 5th Cav. Co.A
Berryhill, G.W. MS 4th Cav. Co.I
Berryhill, G.W. MS 3rd Inf. (St.Troops) Co.H
Berryhill, G.W. MS 31st Inf. Co.B
Berryhill, G.W. MO 6th Cav. Co.K
Berryhill, H.A. MS 10th Inf. Old Co.K
Berryhill, Henry AL Inf. 1st Regt. Co.F,H
Berryhill, Henry J.W. AL Inf. 1st Regt. Co.F
Berryhill, J. AL 16th Inf. Co.H
Berryhill, J.A. TN 27th Inf. Co.H 1st Sgt.
Berryhill, James AL 5th Cav. Co.A Cpl.
Berryhill, James GA 55th Inf. Co.C
Berryhill, James TN 21st (Wilson's) Cav. Co.K
Berryhill, James 1st Creek Mtd.Vol. Co.B
Berryhill, James 1st Creek Mtd.Vol. Co.F
Berryhill, James L. NC 13th Inf. Co.B
Berryhill, James M. TN Cav. Napier's Bn. Co.F
Berryhill, James S. NC 1st Inf. (6 mo. '61) Co.K
Berryhill, J.C. AL 38th Inf. Conscr.
Berryhill, J.C. AL Cp. of Instr. Talladega
Berryhill, J.C. MS 31st Inf. Co.D
Berryhill, J.D. TN 19th (Biffle's) Cav. Co.D
Berryhill, J.F. TN 13th Inf. Co.H
Berryhill, J.H.W. AL 4th (Roddey's) Cav. Co.I
Berryhill, Jim 1st Creek Mtd.Vol. Co.F 2nd Lt.
Berryhill, J.M. NC 53rd Inf. Co.B
Berryhill, J.M. TN 21st (Wilson's) Cav. Co.K
Berryhill, J.M. TN 27th Inf. Co.H
Berryhill, J.N. AR Cav. Crabtree's (46th) Regt. Co.B
Berryhill, John AL 26th (O'Neal's) Inf. Co.H
Berryhill, John GA 49th Inf. Co.G
Berryhill, John MS 9th Cav. Co.A
Berryhill, John MS Cav. 17th Bn. Co.E,A
Berryhill, John TX 11th Inf. Co.B
Berryhill, John 1st Seminole Mtd.Vol.
Berryhill, John H. NC 34th Inf. Co.G
Berryhill, John J. AL 16th Inf. Co.K
Berryhill, John W. MS 1st Cav.Res. Co.K Sgt.
Berryhill, John W. MS 15th Inf. Co.K
Berryhill, Joseph LA 9th Inf. Co.I
Berryhill, Joseph J. NC 13th Inf. Co.B
Berryhill, J.R. AL 10th Cav. Co.D
Berryhill, J.T. TN 21st (Wilson's) Cav. Co.K
Berryhill, Kerr W. GA 29th Inf. Co.D
Berryhill, L.C. AL 22nd Inf. Co.H
Berryhill, Levi H. AL 16th Inf. Co.H Sgt.
Berryhill, Lewis T. TN 23rd Inf. Co.B Cpl.
Berryhill, M. TX 15th Cav. Co.D
Berryhill, Mark LA 9th Inf. Co.I
Berryhill, Mark 1st Creek Mtd.Vol. Co.F 1st Sgt.
Berryhill, M.F. TX Inf. Timmons' Regt. Co.D
Berryhill, M.F. TX Waul's Legion Co.F
Berryhill, M.V. MS 9th Inf. New Co.K
Berryhill, M.V. MS 10th Inf. Old Co.K
Berryhill, M.W. MO 11th Inf. Co.B 2nd Lt.
Berryhill, Nathan TX 12th Inf. Co.B
Berryhill, Newton MO 6th Cav. Co.K
Berryhill, Newton T. AL 16th Inf. Co.K
Berryhill, Pinkney L. NC 49th Inf. Co.K
Berryhill, Pleasant MO 3rd Inf. Co.G
Berryhill, R. TX 33rd Cav. Co.K
Berryhill, Robert A. AL 16th Inf. Co.K
Berryhill, Samuel GA Cav. 22nd Bn. (St.Guards) Co.H
Berryhill, Samuel 1st Seminole Mtd.Vol. Cpl.
Berryhill, Simon TX 12th Inf. Co.B
Berryhill, Simon 1st Seminole Mtd.Vol. Cpl.
Berryhill, S.J. NC 3rd Inf. Co.A
Berryhill, S.P.A. 1st Conf.Eng.Troops Co.F
Berryhill, T.A. TX 11th Inf. Co.B
Berryhill, Thomas GA Hvy.Arty. 22nd Bn. Co.E
Berryhill, Thomas GA 1st (Olmstead's) Inf. Guilmartin's Co.
Berryhill, Thomas MS 22nd Inf. Co.K
Berryhill, Thomas TX 12th Inf. Co.B
Berryhill, Thomas F. AL 16th Inf. Co.H
Berryhill, Thomas J. AL Inf. 1st Regt. Co.F Music.
Berryhill, T.J. AL 5th Cav. Co.A
Berryhill, T.J. AR 11th Inf. Co.E
Berryhill, T.J.C. AL 5th Cav. Co.A
Berryhill, T.L. TX 11th Inf. Co.B
Berryhill, T.N. AL 7th Cav. Co.H
Berryhill, W. AL 25th Inf. Co.F
Berryhill, W.G. NC 1st Inf. (6 mo. '61) Co.C Sgt.
Berryhill, W.H. AL 11th Inf. Co.K
Berryhill, W.H. AL 26th (O'Neal's) Inf. Co.H
Berryhill, William GA 14th Inf. Co.H
Berryhill, William 1st Creek Mtd.Vol. Co.F
Berryhill, William A. NC 53rd Inf. Co.B
Berryhill, William Gamewell NC 45th Inf. Co.K Sgt.
Berryhill, William H. GA 2nd Cav. Co.E
Berryhill, William H. MS 43rd Inf. Co.D 1st Lt.
Berryhill, William J. MO 1st Cav. Co.E
Berryhill, William R. AR 17th (Lemoyne's) Inf. Co.E
Berryhill, William R. NC 53rd Inf. Co.B Sgt.
Berryhill, Willis H. AL 16th Inf. Co.K
Berryhill, W.K.R. TN 27th Inf. Co.H 2nd Lt.
Berryhill, W.R. AR 21st Inf. Co.F
Berryhill, W.R.A. AL 5th Cav. Co.A

Berryhill, W.W. GA 3rd Inf. Co.F
Berryjohn, J. AL Mil. 2nd Regt.Vol. Co.E
Berryman, --- GA Carlton's Co. (Troup Cty.Arty.)
Berryman (Col'd) SC Inf. Holcombe Legion Co.B
Berryman, A. AL 11th Cav. Co.A
Berryman, A. AL 16th Inf. Co.I
Berryman, A. TN 38th Inf. Co.L
Berryman, A.B. TN 5th Inf. 1st Co.H, 2nd Co.E
Berryman, A.B. TX 20th Inf. Co.H
Berryman, A.B. VA 3rd Cav. Co.G
Berryman, A.C. NC 1st Jr.Res. Co.E
Berryman, A.L. TN 38th Inf. Co.L
Berryman, Alfred S. NC 4th Inf. Co.G
Berryman, Alman VA 49th Inf. Co.E
Berryman, B.P. AR 9th Inf. Co.E
Berryman, Carl W. TX 16th Inf. Co.G
Berryman, Charles T. GA 3rd Cav. (St.Guards) Co.G
Berryman, C.T. GA 38th Inf. Co.H
Berryman, D. VA Lt.Arty. 38th Bn. Co.A
Berryman, D.T. VA 12th Cav. Co.E
Berryman, Edward AL 16th Inf. Co.I
Berryman, Edward VA 61st Inf. Co.H,C Sgt.
Berryman, F. TX 1st Hvy.Arty. Co.D Music.
Berryman, F.M. MO 3rd Inf. Co.I
Berryman, F.P. KY 5th Cav. Co.A
Berryman, Frank KY 7th Cav. Co.K
Berryman, G. AL 11th Cav. Co.A
Berryman, George VA 12th Cav. Co.E
Berryman, George W. AR 17th (Lemoyne's) Inf. Co.E Sgt.
Berryman, George W. AR 21st Inf. Co.I,D Capt.
Berryman, H.C. TX 20th Inf. Co.H
Berryman, H.T. TN Lt.Arty. Morton's Co.
Berryman, H.W. TX 1st Inf. Co.I
Berryman, I.R. MO 8th Cav. Co.H
Berryman, J. AL 11th Cav. Co.A
Berryman, J. LA 13th Inf. Co.G,E
Berryman, J. SC 25th Inf. Co.E Cook
Berryman, J. TX 20th Inf. Co.H
Berryman, J.A. KY 8th & 12th (Cons.) Cav. Co.K 1st Lt.
Berryman, J.A. KY 12th Cav. Co.C 2nd Lt.
Berryman, James TN Lt.Arty. Morton's Co.
Berryman, James H. KY 4th Mtd.Inf. Co.C Music.
Berryman, James M. NC 42nd Inf. Co.F
Berryman, James M. TN Cav. 2nd Bn. (Biffle's) Co.F
Berryman, J.F. MO 12th Inf. Co.E
Berryman, J.G. AR 2nd Cav. Co.B
Berryman, J.G.D. MO Cav. 3rd Regt.St.Guard Co.A Sgt.
Berryman, J.N. AL 16th Inf. Co.I
Berryman, Joel TX 8th Field Btty. Artif.
Berryman, John AL 16th Inf. Co.I
Berryman, John MS 7th Cav. Co.K Cpl.
Berryman, John MS 2nd (Davidson's) Inf. Co.G
Berryman, John MO 4th Cav. Co.H
Berryman, John MO 1st Inf. Co.D
Berryman, John TX Cav. Madison's Regt. Co.B
Berryman, John TX 12th Inf. Co.D
Berryman, John B. MD 1st Inf. Co.C Sgt.
Berryman, John B. MD Weston's Bn. Co.A Cpl.
Berryman, John N. VA 5th Cav. (12 mo. '61-2) Co.E
Berryman, John N. VA 13th Cav. Co.G
Berryman, John R. VA Lt.Arty. Hankins' Co.
Berryman, John T. KY 9th Mtd.Inf. Co.C Sgt.
Berryman, John W. MO 1st Inf. Co.B,D,E 2nd Lt.
Berryman, John W. MO 1st & 4th Cons.Inf. Co.D 2nd Lt.
Berryman, Joseph TN Lt.Arty. Morton's Co.
Berryman, Joseph TN 24th Bn.S.S. Co.C
Berryman, Joseph R. VA Lt.Arty. Hankins' Co.
Berryman, Joseph R. VA 3rd Inf. 1st Co.I
Berryman, J.S. AR 2nd Cav. Co.B
Berryman, J.W. NC 8th Inf. Co.E
Berryman, L. AR 13th Mil. Co.A
Berryman, M. VA Cav. Mosby's Regt. (Part. Rangers) Co.D
Berryman, Marcellus VA Cav. Mosby's Regt. (Part.Rangers) Co.D
Berryman, Nathaniel J. VA 3rd Inf. Co.E
Berryman, N.M. AL 13th Inf. Co.I
Berryman, R. AL 11th Cav. Co.A
Berryman, R. TN 38th Inf. Co.L
Berryman, R.C. AR Cav. Gordon's Regt. Co.E Sgt.
Berryman, R.C. MO Cav. 2nd Regt.St.Guard 1st Lt.
Berryman, R.C. MO 12th Inf. Co.C Maj.
Berryman, Robert C. MO 4th Cav. Co.H,B
Berryman, S. 1st Chickasaw Inf. Milam's Co.
Berryman, Sanford A. NC 1st Cav. (9th St.Troops) Co.F
Berryman, Tallifero TN Lt.Arty. Morton's Co.
Berryman, Theophilus J. VA Lt.Arty. Hankins' Co. Sgt.Maj.
Berryman, Theophilus J. VA 3rd Inf. 1st Co.I Sgt.
Berryman, Thomas TN Lt.Arty. Morton's Co.
Berryman, Thomas TN 24th Bn.S.S. Co.C
Berryman, Thomas TN 34th Inf. Co.F Cpl.
Berryman, Thomas VA 12th Cav. Co.E
Berryman, Thomas E. VA 5th Cav. (12 mo. '61-2) Co.E
Berryman, Thomas E. VA 13th Cav. Co.G
Berryman, Thomas N. VA Lt.Arty. Garber's Co.
Berryman, T.N. VA Lt.Arty. Cooper's Co.
Berryman, W. TN 6th (Wheeler's) Cav. Co.A
Berryman, W.F. TX 20th Inf. Co.H
Berryman, W.H. VA Lt.Arty. Hankins' Co.
Berryman, William TX 10th Inf. Co.A
Berryman, William TX 20th Inf. Co.H
Berryman, William A. VA 12th Cav. Co.E Sgt.
Berryman, William J. AR Cav. 1st Bn. (Stirman's) Co.A
Berryman, William L. AR 3rd Inf. Co.L,A
Berryman, William N. VA 11th Inf. Co.I Cpl.
Berryman, William S. AR 2nd Cav. Co.B
Berryman, W.J. AR Cav. Gordon's Regt. Co.E
Berryman, W.L. AR Lt.Arty. Owen's Btty.
Berryman, W.P. GA Inf. (Madison Cty.Home Guard) Milner's Co.
Berryman, W.S. TX 17th Cons.Dismtd.Cav. Co.B
Bersch, Benjamin H. VA 18th Inf. Co.D
Bersch, J.C. VA 18th Inf.
Berschecker, F. TN Inf. 3rd Bn. Co.G
Berse, H. SC Mil.Arty. 1st Regt. Co.A
Berse, W. AR 51st Mil. Co.B
Bersh, G.N. VA 20th Cav. Co.G
Bershears, Jasper Newton MO 8th Inf. Co.I
Bershears, L.S. SC 22nd Inf. Co.B
Bershell, John GA 2nd Res. Co.F
Berson, John GA Inf. Atwater's Co.
Bersot, James O. KY 4th Cav. Co.B QMSgt.
Berst, Frank A. LA 21st (Patton's) Inf. Co.A
Berstrand, C. LA Mil. LaFourche Regt.
Bert, John AL 1st Cav. 2nd Co.B
Bert, John AL 28th Inf. Co.L
Bert, Joseph H. AR 2nd Cav. Co.I
Bert, Larkin C. MS 42nd Inf. Co.F
Bert, M.E. AR 38th Inf. Co.D
Bertallet, A. TX Inf. 1st St.Troops Stevenson's Co.F 1st Lt.
Bertaut, Aristide LA 18th Inf. Co.E
Bertazzi, P. LA Mil. 3rd Regt.Eur.Brig. (Garde Francaise)
Bertchiger, John F. TX 2nd Inf. Co.B
Bertchold, J. TX 1st Hvy.Arty. Co.G Music.
Bertchy, H. TN Inf. 3rd Bn. Co.F
Berteaux, Amederiee 14th Conf.Cav. Co.D
Bertel, A. LA Lt.Arty. LeGardeur, Jr.'s, Co. (Orleans Guard Btty.)
Bertel, A. LA Mil.Conf.Guards Regt. Co.E
Bertel, F.C. LA Mil.Conf.Guards Regt. Co.F
Bertel, H.E. LA Arty. Watson Btty.
Bertel, H.E. LA Mil.Conf.Guards Regt. Co.F 2nd Lt.
Bertel, J. TX Inf. 4th Bn. (Oswald's) Co.B
Bertel, J.B. LA Mil.Conf.Guards Regt. Co.E
Bertelotte, Augusto LA 26th Inf. Co.C
Bertelotte, Francois LA 26th Inf. Co.C
Berten, John MS 22nd Inf. Co.D
Berter, M.C. AL 42nd Inf. Co.F
Bertha, Edwin R. TX Inf. 24th Bn.
Berthancourt, Alexandra LA 10th Inf. Co.F
Berthaud, Henry LA 18th Inf. Co.K Cpl.
Berthaut, C. LA 30th Inf. Co.A
Berthe, J.E. Conf.Cav. Wood's Regt. Co.K
Berthe, Joseph E. LA 1st (Nelligan's) Inf. Co.H 2nd Lt.
Berthe, Joseph H. KY 1st Inf. Co.I
Berthea, J.H. 20th Conf.Cav. Co.I
Berthea, William J. NC 31st Inf. Co.I 2nd Lt.
Bertheaud, Charles A. LA Inf. 1st Sp.Bn. (Rightor's) Co.E Sgt.
Bertheaud, Emile A. LA 30th Inf. Co.E 1st Sgt.
Berthel, Alexandre LA Mil. 2nd Regt. French Brig. Co.5
Berthelot, A. LA Mil. 4th Regt. French Brig. Co.4
Berthelot, Francois LA Mil. 1st Regt. French Brig. Co.6
Berthelot, Henry B. LA Washington Arty.Bn. Co.2,1
Berthelot, Joseph LA 1st Hvy.Arty. (Reg.) Co.C
Berthelot, Joseph H. LA Washington Arty.Bn. Co.1
Berthelot, J.S. LA Mil. 3rd Regt. 3rd Brig. 1st Div. Co.D 2nd Lt.
Berthelot, Jules LA 18th Inf. Co.A

Berthelot, Marcellus LA 1st Hvy.Arty. (Reg.) Co.C
Berthelot, Matarin LA 7th Inf. Co.B
Berthelot, N. LA 3rd Inf. Co.A
Berthelot, Numa LA 3rd Inf. Co.A
Berthelot, Onesime LA 1st Hvy.Arty. Co.C
Berthelot, Pierre LA 2nd Cav. Co.I Cpl.
Berthelot, R. LA Inf.Cons. 18th Regt. & Yellow Jacket Bn. Co.C
Berthelot, Romain LA 18th Inf. Co.A
Berthelot, Valsin LA Mil. LaFourche Regt.
Berthelot, Victor LA Mil. St.James Regt. Co.E
Berthelot, Wm. H. Gen. & Staff Surg.
Berthelote, Auguste LA Inf. 9th Bn. Co.D
Berthelote, Peter LA Inf. 9th Bn. Co.D
Berthelote, Zenon LA Inf. 9th Bn. Co.D
Berthelotte, V. LA 30th Inf. Co.F
Berthier, J. LA Mil. 4th Regt. French Brig. Co.3
Berthier, J.B. TX 25th Cav. Co.I
Bertho, Charles MS 3rd Inf. Co.E
Berthois, L. LA Mil. 3rd Regt.Eur.Brig. (Garde Francaise) Co.1
Berthol, B. LA Mil. 3rd Regt. French Brig. Co.3
Berthol, B. LA Mil. 4th Regt. French Brig. Co.7 Sgt.
Berthold, Fritz TX 13th Vol. 2nd Co.C
Berthold, W.F. TN 7th (Duckworth's) Cav. White's Co. Cpl.
Berthold, William LA 20th Inf. Co.C Ord.Sgt.
Berthole, B. LA Mil. 2nd Regt. French Brig. Co.8
Berthono, D. LA Mil. 4th Regt. French Brig. Co.3
Berthron, John TN 10th Inf. Co.E
Berthune, Toney GA 5th Res. Co.F Music.
Berti, John AL 1st Cav. Co.B
Bertin, --- LA Mil. 1st Chasseurs a pied Co.1
Bertin, A. LA Lt.Arty. 6th Field Btty. (Grosse Tete Flying Arty.) Cpl.
Bertin, A. LA 22nd (Cons.) Inf. Co.E
Bertin, A.A. LA 22nd Inf. Co.E,C Cpl.
Bertin, Alexander LA Mil. Chalmette Regt. Co.H
Bertin, Augustine LA 1st (Nelligan's) Inf. Co.A
Bertin, Bazile LA Mil. 3rd Regt.Eur.Brig. (Garde Francaise) Frois' Co.
Bertin, C. LA Mil. 1st Regt. French Brig. Co.4
Bertin, Eustave LA Ogden's Cav. Sgt.
Bertin, J. LA Mil. 3rd Regt.Eur.Brig. (Garde Francaise) Co.2
Bertin, John A. LA 1st Hvy.Arty. (Reg.) Co.G
Bertin, Philip LA 4th Inf. Co.E
Bertinot, J. LA 7th Cav. Co.D
Bertinot, J. LA 2nd Res.Corps Co.A Cpl.
Bertis, William TX Arty. 4th Bn. Co.A 1st Sgt.
Bertling, Philip VA 24th Bn.Part.Rangers Cropper's Co.
Bertody, T.D. GA Hvy.Arty. 22nd Bn. Co.A Capt.
Bartody, T.D. GA 60th Inf. 1st Co.A Capt.
Bertody, Thomas D. GA Arty. (Chatham Arty.) Wheaton's Co. Sgt.
Bertody, Thomas D. GA 1st (Olmstead's) Inf. Claghorn's Co. Sgt.
Bertoli, Joseph LA Mil. Orleans Guards Regt. Co.C,I
Bertoli, Leon LA 30th Inf. Co.F
Bertoli, Leonce LA 18th Inf. Co.I
Bertoli, Loir LA Mil. Orleans Guards Regt. Co.C
Bertoli, Peter TN 1st (Feild's) Inf. Co.C
Berton, A. LA Ogden's Cav. Co.A
Berton, Germain LA Mil. 4th Regt. 2nd Brig. 1st Div. Co.F 2nd Lt.
Berton, J.A. GA 40th Inf. Co.E
Berton, Thomas S. VA 40th Inf.
Berton, Timothy SC 16th Inf. Co.G
Bertoniere, Augustin LA 2nd Cav. Co.K Cpl.
Bertoniere, Augustin LA Pointe Coupee Arty.
Bertonlin, Felix LA Mil. Orleans Guards Regt. Co.G
Bertonlin, V. LA Mil. Orleans Guards Regt. Co.A
Bertonneau, Arnold LA Mil. 1st Native Guards 1st Lt.
Bertonniere, --- LA Mil. 1st Chasseurs a pied Co.1
Bertonniere, Augustin LA Mil. Knaps' Co. (Fausse River Guards)
Bertonniere, F. LA Mil. 1st Chasseurs a pied Co.4
Bertonniere, O. LA Mil. 1st Chassuers a pied Co.4
Bertonniere, R. LA Mil. 1st Chasseurs a pied Co.4
Bertossa, F. LA Mil. 3rd Regt. 1st Brig. 1st Div. Co.H
Bertoulin, F. VA Hvy.Arty. Coffin's Co.
Bertoulin, Felix LA Pointe Coupee Arty.
Bertram, --- TX 4th Inf. Co.C
Bertram, Albin TX 33rd Cav. Co.C
Bertram, Charles LA Mil. Mech.Guard
Bertram, Samuel J. VA 33rd Inf. Co.I,A
Bertram, Simeon TN 13th Inf. Co.D
Bertram, Victor TX Cav. Madison's Regt. Co.E
Bertram, William MO Inf. Clark's Regt. Co.D
Bertram, William S. TN 54th Inf. Co.A Cpl.
Bertran, Pleasant VA Inf. 45th Bn. Co.F
Bertrand, --- LA Mil. 2nd Regt. 2nd Brig. 1st Div. Co.A
Bertrand, A. TX Cav. Ragsdale's Bn. Co.A
Bertrand, A. Conf.Reg.Inf. Brooks' Bn. Co.C Sgt.
Bertrand, Alcee LA 6th Inf. Co.C
Bertrand, Alcide LA 1st Hvy.Arty. (Reg.) Co.D
Bertrand, Alphonce LA 28th (Thomas') Inf. Co.K
Bertrand, Anthony Conf.Inf. 8th Bn.
Bertrand, Anthony Conf.Reg.Inf. Brooks' Bn. Co.C Sgt.
Bertrand, Artigen LA 22nd Inf. Co.A
Bertrand, Auguste LA 8th Inf. Co.F
Bertrand, C.A. LA 2nd Res.Corps Co.B
Bertrand, Charles LA 2nd Res.Corps Co.I
Bertrand, Charles LA 3rd Inf. Co.I Cpl.
Bertrand, Charles LA 4th Inf. Co.E
Bertrand, Chs. LA 18th Inf. Co.C
Bertrand, Cles. D. LA 2nd Res.Corps Co.B
Bertrand, D. LA Mil. 3rd Regt.Eur.Brig. (Garde Francaise) Frois' Co.
Bertrand, D. LA Miles' Legion Co.D
Bertrand, E. LA Mil. LaFourche Regt.
Bertrand, Edw. LA 13th Inf. Co.D Music.
Bertrand, Eugene LA Inf. 10th Bn. Co.K,B
Bertrand, Eugene LA Inf.Cons. 18th Regt. & Yellow Jacket Bn. Co.K,B
Bertrand, Euphimon LA 4th Inf. Co.E
Bertrand, Felix O. LA Miles' Legion Co.B
Bertrand, Florence TX Inf. Griffin's Bn. Co.F
Bertrand, F.O. TX 13th Vol. 2nd Co.H
Bertrand, G. LA 22nd Inf. Co.E
Bertrand, George B. TX 28th Cav. Co.F Sgt.
Bertrand, Gustave LA Inf. 10th Bn. Co.A,D
Bertrand, Gustave LA 18th Inf. Co.A
Bertrand, Gustave LA Inf.Cons. 18th Regt. & Yellow Jacket Bn. Co.A,D
Bertrand, Gustave LA Mil. Vermillion Regt. Co.B 2nd Lt.
Bertrand, J. LA Mil. 3rd Regt. French Brig. Co.2
Bertrand, J. LA 22nd Inf. Co.B
Bertrand, J.B. LA 1st Hvy.Arty. (Reg.) Co.B
Bertrand, J.B. LA Miles' Legion Co.4
Bertrand, Jean LA Mil. 1st Regt. French Brig. Co.7
Bertrand, John R. TX 7th Field Btty. Sgt.
Bertrand, Joseph TX Cav. Ragsdale's Bn. 2nd Co.A
Bertrand, Joseph A. LA 1st Cav. Co.I
Bertrand, Lastie LA 28th (Thomas') Inf. Co.I
Bertrand, Leon J. LA 1st Hvy.Arty. (Reg.) Co.A
Bertrand, Lize LA 2nd Res.Corps Co.I
Bertrand, Louis LA Mil. 1st Native Guards
Bertrand, Louis LA Mil. 3rd Regt. 2nd Brig. 1st Div.
Bertrand, Louis LA 6th Inf. Co.H
Bertrand, Lucun LA 1st Hvy.Arty. (Reg.) Co.G
Bertrand, Octave LA 18th Inf. Co.A Sgt.
Bertrand, Octave LA Inf.Cons. 18th Regt. & Yellow Jacket Bn. Co.A 1st Sgt.
Bertrand, Osevio LA Mil. 1st Native Guards
Bertrand, P.A. LA Mil. Chalmette Regt. Co.H
Bertrand, Peter G. TX 7th Field Btty. Ord.Sgt.
Bertrand, Pierre LA Mil. 1st Native Guards
Bertrand, Pierre LA Mil. 1st Regt. French Brig. Co.7
Bertrand, R.A. Gen. & Staff Capt.,Ord.Off.
Bertrand, R.B. TN Inf. 3rd Cons.Regt. Co.K
Bertrand, R.B. TN 24th Inf. Co.E
Bertrand, R.C. AR 10th Inf. Co.A Lt.
Bertrand, Solomon LA Inf.Cons. 18th Regt. & Yellow Jacket Bn. Co.A
Bertranet, B. LA Mil. 3rd Regt. French Brig. Co.5
Bertranet, G. LA Mil. 3rd Regt. French Brig. Co.5
Bertrant, A.N. LA Inf. 16th Bn. (Conf.Guards Resp.Bn.) Co.B
Bertrant, J. LA 18th Inf. Co.A
Bertrelle, L. LA 1st (Nelligan's) Inf. Co.H
Bertro, Joseph TX 1st Field Btty.
Bertron, James C. Bradford's Corps Scouts & Guards Co.A
Bertsch, C. TX Inf. 4th Bn. (Oswald's) Co.A
Bertsche, Joseph LA Arty. Kean's Btty. (Orleans Ind.Arty.)
Bertsche, Joseph VA Lt.Arty. Pegram's Co.
Bertsh, C. TX 3rd Inf. 2nd Co.A
Berttram, Henry TX 17th Inf. Co.H

Bertucci, Antonio LA Mil. 6th Regt.Eur.Brig. (Italian Guards Bn.) Co.2
Bertucci, Francesco LA Mil. 6th Regt.Eur.Brig. (Italian Guards Bn.) Co.1
Bertucci, Giovanni LA Mil. 6th Regt.Eur.Brig. (Italian Guards Bn.) Co.2,3 Cpl.
Bertucci, Guiseppe LA Mil. 6th Regt.Eur.Brig. (Italian Guards Bn.) Co.2
Bertucci, Salvatore LA Mil. 6th Regt.Eur.Brig. (Italian Guards Bn.) Co.2
Bertunds, B. AR 37th Inf. Co.G
Bertus, A. LA Lt.Arty. LeGardeur, Jr.'s Co. (Orleans Guard Btty.) Cpl.
Bertus, E. LA 20th Inf. 1st Lt.,Adj.
Bertus, Eugene LA 4th Inf. Co.D
Bertus, Jules J. LA 30th Inf. Co.D Sgt.
Bertus, Wm. E. Gen. & Staff 1st Lt.,Adj.
Berveiller, Jean Sap. & Min. Gallimard's Co.,CSA 2nd Sap.
Bervil, C.W. GA 12th (Wright's) Cav. (St.Guards) Thiot's Co.
Berwick, --- FL Inf. 10th Regt. Co.K Cpl.
Berwick, Beverly R. LA 21st (Patton's) Inf. Co.D
Berwick, B.R. LA Arty. 1st Field Btty.
Berwick, Clarence C. LA Scouts Vinson's Co.
Berwick, David LA 8th Inf. Co.H
Berwick, E. MS 12th Inf. Co.C
Berwick, E. TX 11th (Spaight's) Bn.Vol. Co.B
Berwick, E. TX 13th Vol. 4th Co.I
Berwick, Franklin MS 36th Inf. Co.G
Berwick, Harmon MS 12th Inf. Co.C
Berwick, J. TX 21st Inf. Co.A
Berwick, Jefferson LA 18th Inf. Co.K
Berwick, Joseph TX 11th (Spaight's) Bn.Vol. Co.A
Berwick, N. VA 54th Mil. Co.G
Berwick, Oscar D. LA Arty. 1st Field Btty. 1st Lt.
Berwick, Thomas MS 36th Inf. Co.G,D
Berwick, W. AL 8th Inf. Co.H
Berwick, William VA 6th Inf. Co.H
Berwick, William VA 54th Mil. Co.E,F
Berwick, William Sig.Corps,CSA
Berwin, George LA 21st (Kennedy's) Inf. Co.A 2nd Lt.
Berwood, J.H. LA 14th (Austin's) Bn.S.S. Co.A
Bery, George LA Mil. 4th Regt. 1st Brig. 1st Div. Co.D
Bery, Gilbert TX 17th Cav. Co.G
Bery, I.H. 2nd Conf.Eng.Troops Co.H
Bery, Joseph AL Cav. Moreland's Regt. Co.B
Bery, Joseph SC 2nd St.Troops Co.B Cpl.
Bery, R. AL 5th Cav. Co.B
Bery, Thomas GA 6th Cav. Co.D
Beryjon, V. AL 21st Inf. Co.D,E
Beryman, John TX Cav. Durant's Co.
Beryman, Newton M. TX 1st Inf. Co.I 2nd Lt.
Beryman, S.W. VA 9th Inf. Co.D
Beryman, William LA 15th Inf. Co.K
Berzar, Hyppolite LA 2nd Res.Corps Co.I
Besancon, O. LA Dreux's Cav. Co.A
Besant, Robert A. LA 16th Inf. Co.I
Besant, T.W. SC Lt.Arty. M. Ward's Co. (Waccamaw Lt.Arty.)
Besant, William T. VA Cav. 35th Bn. Co.B
Besauconais, Isidore TN Lt.Arty. Tobin's Co.
Besaury, Jean LA 26th Inf. Co.G
Besch, Abner LA Mil. Leeds' Guards Regt. Co.F
Besch, Alexander W. TX Inf. Griffin's Bn. Co.D
Besch, Emil TX 5th Inf. Co.B
Bese, G.W. VA Lt.Arty. 38th Bn.
Beseler, C. TX 33rd Cav. Co.E
Besenger, George NC 5th Sr.Res. Co.E
Besenger, S. AL 57th Inf. Co.F
Beser, E. KY 12th Cav. Co.F
Besezny, F. TX 3rd Inf. 2nd Co.A
Besgame, H.H. AL 60th Inf. Co.F
Besh, Alex TX 13th Vol. 3rd Co.A
Besh, Alexander TX Inf. Griffin's Bn. Co.D
Beshean, H. MO Cav. Schnabel's Bn. Co.B
Beshear, William TN Inf. 1st Bn. (Colms') Co.A
Besheares, Alexander TN 23rd Inf. Co.H
Besheares, S. KY 9th Cav. Co.B
Besheares, W. TN 15th (Stewart's) Cav. Co.D
Beshears, Aaron NC 5th Sr.Res. Co.A
Beshears, Alexander GA 38th Inf. Co.B
Beshears, James MO 2nd Inf. Co.F
Beshears, Jasper N. MO 11th Inf. Co.I
Beshears, J.D. AL 1st Bn. Hilliard's Legion Vol. Co.A
Beshears, J.D. AL 60th Inf. Co.F
Beshears, Jesse TX 12th Cav. Co.C
Beshears, John TN 8th (Smith's) Cav. Co.E
Beshears, John TN 36th Inf. Co.A
Beshears, John C. GA 12th Cav. Co.B
Beshears, M.D. SC 5th St.Troops Co.F
Beshears, Robert TN 36th Inf. Co.A
Beshears, R.R. 3rd Conf.Cav. Co.G
Beshears, Thomas TN 15th Inf. Co.B
Beshears, W.H. GA 3rd Bn. (St.Guards) Co.F
Beshell, H.T. GA 8th Inf. Co.K
Beshell, John GA 1st (Fannin's) Res. Co.B
Beshere, J.C. GA 12th Inf. Co.B
Besherer, John NC 57th Inf. Co.C
Beshers, Bazil AR 11th Inf. Co.I
Beshers, Isaac AR 11th Inf. Co.I
Beshers, James TN 48th (Voorhies') Inf. Co.E
Beshers, J.B. KY 3rd Mtd.Inf. Co.A
Beshers, Robert AR 11th Inf. Co.I
Beshers, R.R. TN 35th Inf. Co.L
Beshers, Thomas R. AR 11th Inf. Co.I Music.
Beshers, William AR 11th Inf. Co.I Music.
Beshers, William M. AR 1st (Crawford's) Cav. Co.G
Beshiler, William AR 1st (Crawford's) Cav. Co.C
Beshires, James GA 36th (Broyles') Inf. Co.B
Beshires, William AR 3rd Inf. Co.D
Beshoar, M. AR 7th Inf. Surg.
Beshoar, M. AR 38th Inf. Co.E Capt.
Besicks, W. TN Inf. Harman's Regt. Co.A
Besie, John AR 1st (Crawford's) Cav. Co.A
Besigner, W. SC 11th Res. Co.E
Besing, C.H. TX 25th Cav.
Besinger, A. SC 1st (Hagood's) Inf. 1st Co.K, 2nd Co.A
Besinger, J. SC 11th Res. Co.E
Besinger, J.A. SC 1st (Hagood's) Inf. 1st Co.F, 2nd Co.G
Besinger, J.J. SC 1st (Hagood's) Inf. 1st Co.F, 2nd Co.G
Besinger, John SC 2nd St.Troops Co.E
Besinger, Joseph J. GA 1st Reg. Co.K
Besinger, J.W. SC 1st (Hagood's) Inf. 1st Co.K, 2nd Co.G
Besinger, Seaborn W. AL 2nd Bn. Hilliard's Legion Vol. Co.D
Besinger, W. SC 1st (Hagood's) Inf. 1st Co.K
Besinger, W.C. SC 1st (Hagood's) Inf. 1st Co.F, 2nd Co.G
Besinger, William SC 2nd St.Troops Co.E
Besinger, Willis MS 7th Cav. Co.D
Besingham, J.D. AR 5th Inf.
Besingham, John D. AR 18th (Marmaduke's) Inf. Co.E
Besler, Frederick LA 16th Inf. Co.D
Besler, John LA 4th Inf. Co.A
Besley, Andrew W. TN 25th Inf. Co.B Music.
Besley, John AL Arty. 1st Bn. Co.D
Besley, William J. TN 25th Inf. Co.B
Beslin, Achille LA Inf. 10th Bn. Co.H
Beslin, Achille LA Inf.Cons. 18th Regt. & Yellow Jacket Bn. Co.A
Beslin, Leopold LA 7th Cav. Co.F
Beslonches, J.B.V. LA 2nd Cav.
Besmoon, T.N. Sig.Corps,CSA
Besoluppass, --- Deneale's Regt. Choctaw Warriors Co.C
Beson, Jepthy AR 24th Inf. Co.B
Beson, John W. NC 55th Inf. Co.D
Bess, Alexander VA 59th Inf. 1st Co.G
Bess, Alexander VA 60th Inf. Co.D
Bess, Allias TN 16th Inf. Co.H
Bess, Andrew J. TN 34th Inf. Co.H
Bess, C. GA Cav. Nelson's Ind.Co.
Bess, Cary A. VA 59th Inf. 1st Co.G
Bess, Cary A. VA 60th Inf. Co.D
Bess, Charles KY 2nd Mtd.Inf. Co.E
Bess, Charles H. KY 14th Cav. Co.B
Bess, Charles H. VA 60th Inf. Co.D
Bess, Charles L. VA 59th Inf. 1st Co.G
Bess, Charles L. VA 60th Inf. Co.D
Bess, Christopher C. MO 4th Cav. Co.B
Bess, Christopher C. MO Cav. Preston's Bn. Co.B
Bess, C.M. MS 11th (Cons.) Cav. Co.D
Bess, Daniel MO 7th Cav. Co.D
Bess, Daniel R. MO Inf. 4th Regt.St.Guard Co.B
Bess, D.R. MO 8th Cav. Co.H
Bess, E.B. MO 8th Cav. Co.H
Bess, Edward MO 7th Cav. Co.D Cpl.
Bess, Elias VA 6th Cav. Co.H
Bess, Emanuel MO Inf. 4th Regt.St.Guard Co.B
Bess, G.B. MO Inf. 4th Regt.St.Guard Co.B Sgt.
Bess, George MO 4th Cav. Co.B
Bess, George MO Cav. Preston's Bn. Co.B
Bess, Giles AR 50th Mil. Co.A
Bess, Henry MO Cav. Preston's Bn. Co.C
Bess, Jacob MO 8th Cav. Co.H
Bess, Jacob MO Inf. 4th Regt.St.Guard Co.B
Bess, James C. VA 63rd Inf. Co.D
Bess, J.B. NC 34th Inf. Co.B
Bess, Jesse V. VA 22nd Inf. Co.A
Bess, J.F. MO 7th Cav. Co.D
Bess, John TN 16th Inf. Co.H
Bess, John VA 59th Inf. 1st Co.G
Bess, John C. VA 60th Inf. Co.D
Bess, John F. MO Inf. 4th Regt.St.Guard Co.B
Bess, John F. NC 34th Inf. Co.E

Bess, John L. VA 22nd Inf. Co.G
Bess, John W. MO Cav. Preston's Bn. Co.B
Bess, J.W. LA 19th Inf. Co.C
Bess, K.G. VA 60th Inf. Co.D
Bess, Lawson NC 5th Sr.Res. Co.E
Bess, Lawson M. MO 5th Inf. Co.K
Bess, Lawson Monroe MO Inf. 1st Bn. Co.A
Bess, Lemuel NC 12th Inf. Co.L
Bess, Lemuel B. NC 32nd Inf. Co.F,A
Bess, Levi MO 7th Cav. Co.D
Bess, M. TN 4th Cav. Co.A
Bess, Miles MO 15th Cav. Co.B
Bess, Moses MO 4th Cav. Co.A
Bess, Moses MO Cav. Preston's Bn. Co.A
Bess, Noah G. NC 34th Inf. Co.E
Bess, Peter MO Inf. 1st Bn. Co.A
Bess, Ransom TX 18th Inf. Co.F
Bess, R.B. TN Inf. 1st Cons.Regt. Co.F
Bess, Robert TN 16th Inf. Co.H
Bess, Russell TN 16th Inf. Co.G
Bess, Thomas NC 49th Inf. Co.K
Bess, Thomas TN 35th Inf. 2nd Co.A
Bess, Wiley TN 16th Inf. Co.H
Bess, William TN Inf. 1st Bn. (Colms') Co.A
Bess, William B. NC 34th Inf. Co.E
Bess, William H. VA Inf. 23rd Bn. Co.G
Bess, Wm. H. VA 45th Inf. Co.G
Bess, William H. VA 60th Inf. Co.D
Bess, William W. TN 34th Inf. Co.H
Bessac, Charles A. LA Lt.Arty. Fenner's Btty.
Bessaillon, Alexander Conf.Inf. Tucker's Regt. Co.K
Bessan, A. LA 7th Cav. Co.F Sgt.
Bessan, A. LA Mil. St.Martin's Regt. Co.A 2nd Lt.
Bessanett, Geo. C. Gen. & Staff A.Surg.
Bessano, Alex TN 30th Inf. Co.K
Bessant, Benjamin AL Lt.Arty. Kolb's Btty.
Bessant, R.A. LA 4th Cav. Co.C 2nd Lt.
Bessant, W. GA 8th Cav. New Co.D Capt.
Bessant, William AL Lt.Arty. Kolb's Btty.
Besse, C.A. LA 26th Inf. Co.F
Besse, Charles A. LA 2nd Cav.
Bessecour, T. LA 27th Inf. Co.K
Besselhin, W.F. Gen. & Staff Surg.
Besselieu, E.M. SC 2nd Cav. Co.B
Bessellier, J.H. SC 2nd Cav.
Bessellieu, Charles M. SC Inf. Hampton Legion Co.A
Bessellieu, C. Mason SC 2nd Cav. Co.B
Bessellieu, C. Mason SC Cav.Bn. Hampton Legion Co.C
Bessellieu, H.T. SC 2nd Cav. Co.B Sgt.
Bessellieu, H. Thurston SC Cav.Bn. Hampton Legion Co.C
Bessellieu, John H. SC 2nd Cav. Co.B
Bessellieu, John H. SC Cav.Bn. Hampton Legion Co.C
Bessellieu, T.E. SC 2nd Cav. Co.B 1st Sgt.
Bessellieu, T.E. SC Arty. Stuart's Co. (Beaufort Vol.Arty.)
Bessellieu, T. Edward SC Cav.Bn. Hampton Legion Co.C Sgt.
Bessemer, H. LA 25th Inf. Co.H
Bessen, M. LA 13th Inf. Co.F
Bessenger, O.P. AL 22nd Inf. Co.I
Bessenger, S.S. GA 1st (Olmstead's) Inf. Co.D
Bessent, Daniel D. NC 13th Inf. Co.F
Bessent, James E. GA 1st (Olmstead's) Inf. Gordon's Co.
Bessent, James E. GA 63rd Inf. Co.B
Bessent, James H. NC 51st Inf. Co.G Cpl.
Bessent, James H. SC 10th Inf. Co.M
Bessent, J.F. TN 47th Inf. Co.D
Bessent, John P. NC Coast Guards Galloway's Co.
Bessent, J.P. SC 10th Inf. Co.M Capt.
Bessent, P.R. TN 15th (Cons.) Cav. Co.F
Bessent, Ransom P. NC 42nd Inf. Co.B QM
Bessent, R.P. Kirkland's Brig. Capt.,AQM
Bessent, R.S. GA 4th (Clinch's) Cav. Co.D
Bessent, W. GA 1st (Olmstead's) Inf. Screven's Co.
Bessent, W. GA Inf. 18th Bn. Co.A
Bessent, William GA Cav. 20th Bn. Co.A 1st Lt.
Besser, Charles A. GA Inf. 11th Bn. (St.Guards) Co.B
Besser, C.T. TX 24th & 25th Cav. (Cons.) Co.E
Besser, C.T. TX 20th Inf. Co.G
Bessett, Miles MS 31st Inf. Co.K
Besshass, M.B. VA 17th Cav. Co.K
Bessie, T.A. GA 41st Inf. Co.C
Bessinger, George SC 1st (Hagood's) Inf. 1st Co.I
Bessinger, George SC 1st (Hagood's) Inf. 1st Co.K, 2nd Co.A
Bessinger, J.A. SC 4th Inf. Co.G
Bessinger, J.D.H. GA 1st (Olmstead's) Inf. Co.D
Bessinger, John W. SC Lt.Arty. 3rd (Palmetto) Bn. Co.E,G
Bessinger, M. GA Cav. 2nd Bn. Co.E
Bessinger, M. GA 5th Cav. Co.C
Bessinger, Mark TN 17th Inf. Co.C
Bessinger, Seaborn AL 57th Inf. Co.C
Besskel, Jesse NC 3rd Cav. (41st St.Troops)
Bessle, C.H. TN 5th Cav. Co.D
Bessman, John W. GA Inf. 1st Loc.Troops (Augusta) Co.A
Besson, C. LA Arty. Landry's Co. (Donaldsonville Arty.)
Besson, Charles LA 18th Inf. Co.G
Besson, E. VA 2nd St.Res. Co.K Sgt.
Besson, F. AL 1st Regt. Mobile Vol. Co.C
Besson, Felix AL 4th Res. Co.C
Besson, I.J. AL Randolph Cty.Res. J. Hightower's Co.
Besson, John LA 4th Inf. Co.E
Besson, John A.B. AL 29th Inf. Co.K
Besson, Joseph T. LA 4th Inf. Co.E Cpl.
Besson, T.D. LA 26th Inf.
Besson, W.E. Gen. & Staff Hosp.Stew.
Besson, William E. AL Eufaula Lt.Arty. Hosp.Stew.
Besson, Wm. E. Gen. & Staff Hosp.Stew.
Bessonet, Geo. C. Gen. & Staff A.Surg.
Bessonett, Frederick MS 12th Inf. Co.H 2nd Lt.
Bessonette, George C. MS Inf. 3rd Bn. Co.B
Bessonette, William C. MS 2nd Inf. Co.C 2nd Lt.
Best, A.B. MS 38th Cav. Co.G Cpl.
Best, A.B. GA Conscr.
Best, Absalom GA 25th Inf. Co.F
Best, Absalom NC 2nd Arty. (36th St.Troops) Co.C
Best, Adolphus C. GA 25th Inf. Co.F Cpl.
Best, A.J. GA 54th Inf. Co.E
Best, A.J. NC 28th Inf. Co.B
Best, Alfred B. Gen. & Staff Detailed as Sub.Enl.Off.
Best, Amos J. GA 25th Inf. Co.F Cpl.
Best, Anderstokes GA 1st Bn.S.S. Co.C
Best, Andrew J. GA 7th Inf. Co.A
Best, Archibald FL 2nd Inf. Co.F
Best, Archibald FL 11th Inf. Co.H Sgt.
Best, Ashley O. GA Hvy.Arty. 22nd Bn. Co.C
Best, B. MS 5th Cav. Co.B
Best, Benjamin NC 3rd Arty. (40th St.Troops) Co.A
Best, Benjamin NC 1st Inf. Co.A
Best, Benjamin NC 3rd Bn.Sr.Res. Williams' Co. Cpl.
Best, Benjamin NC Loc.Def. Griswold's Co. Cpl.
Best, Benjamin J. NC 3rd Inf. Co.A 2nd Lt.
Best, Benjamin S. NC 27th Inf. Co.K Cpl.
Best, Benjamin S. NC 51st Inf. Co.B
Best, Berry O. MS Moseley's Regt.
Best, B.F. GA 25th Inf. Co.F
Best, Blany J. NC 38th Inf. Co.A
Best, B.O. Fort's Scouts,CSA
Best, C.B. Fort's Scouts,CSA
Best, C.C. GA 2nd St.Line Co.D
Best, C.H. AL 19th Inf. Co.I
Best, Charles TN 22nd (Barteau's) Cav. Co.E
Best, Charles B. MS 17th Inf. Co.G
Best, Christopher TX 37th Cav. Co.G
Best, C.M. TN 21st (Wilson's) Cav. Co.H
Best, Council NC 8th Sr.Res. Gardner's Co.
Best, Council, Jr. NC 35th Inf. Co.I Sgt.
Best, D. TX Cav. 2nd Regt.St.Troops Co.B
Best, Daniel R. NC 18th Inf. Co.C
Best, David A. NC Lt.Arty. 3rd Bn. Co.C Artif.
Best, D.L. GA Cav. 2nd Bn. Co.C
Best, D.L. GA 5th Cav. Co.E Cpl.
Best, E.A. NC 7th Inf. Chap.
Best, Edward AL 1st Regt. Mobile Vol. British Guard Co.A
Best, Edward KY 8th Cav. Co.E
Best, Edward P. MO 2nd Cav. Co.H
Best, Elias VA Cav. 35th Bn. Co.C
Best, Eli R. LA Inf. 11th Bn. Co.D
Best, Eli R. LA 19th Inf. Co.H 2nd Lt.
Best, Elvey A. NC 7th Inf. Chap.
Best, Emory F. GA 23rd Inf. Lt.Col.
Best, Ephraim S. VA Inf. 5th Bn. Co.C
Best, E.R. LA 2nd Cav. Co.E
Best, E.R. LA 1st Eng.Corps Co.F Sgt.
Best, E.S. VA 53rd Inf. Co.D
Best, F.K. NC 23rd Inf. Co.G
Best, F.M. SC Inf. Hayard's Bn.
Best, Francis F. MS 16th Inf. Co.K 5th Sgt.
Best, Franklin MO 3rd Inf. Co.K Sgt.
Best, George SC 21st Inf. Co.B
Best, George B. GA Cav. 2nd Bn. Co.C Capt.
Best, George B. GA 5th Cav. Co.E Capt.
Best, George M. AL Arty. 1st Bn. Co.D
Best, George R. NC 38th Inf. Co.A
Best, G.W. NC 38th Inf. Co.C
Best, G.W. Fort's Scouts,CSA
Best, H. NC 3rd Regt.St.Troops
Best, Harbard MS 1st Cav.Res. Co.H

Best, Harbest 14th Conf.Cav. Co.D
Best, Harris GA 7th Inf. Co.A
Best, Henry NC 12th Inf. Co.K Cpl.
Best, Henry NC 20th Inf. Co.D
Best, Henry NC 47th Inf. Co.G Cpl.
Best, Henry TX 1st Field Btty.
Best, Henry TX 4th Field Btty.
Best, Henry TX Arty. 4th Bn. Co.A
Best, Henry TX 8th Inf. Co.A
Best, Henry TX St.Troops Edgar's Co.
Best, Henry A. NC 61st Inf. Co.H
Best, Henry E. GA 25th Inf. Co.F
Best, Henry H. NC 3rd Inf. Co.A Capt.
Best, Henry T. NC 15th Inf. Co.E
Best, Hezekiah S. GA Phillips' Legion Co.D,B,H Sgt.
Best, H.S. GA 23rd Inf. N.C.S. Ord.Sgt.
Best, Humphreys P. 1st Conf.Eng.Troops Co.I
Best, Isaac MS 11th Inf. Co.B
Best, Isaac NC 2nd Arty. (36th St.Troops) Co.A
Best, Isaac TN 39th Mtd.Inf. Co.B
Best, Isaac TX Cav. Benavides' Regt. Co.G
Best, Isaac J. LA Inf. 11th Bn. Co.D
Best, Isaac J. LA Inf.Cons.Crescent Regt. Co.B
Best, J.A. LA 2nd Inf. Co.G
Best, James GA 22nd Inf. Co.A
Best, James MO 12th Cav. Co.E
Best, James TN 39th Mtd.Inf. Co.B
Best, James TX 5th Field Btty.
Best, James TX 8th Field Btty.
Best, James TX Lt.Arty. Dege's Bn.
Best, James TX 3rd Inf.
Best, James A. AL 45th Inf. Co.I
Best, James E. AL 6th Cav.
Best, James E. LA 31st Inf. Co.C
Best, James H. NC 3rd Inf. Co.A
Best, James H. NC 55th Inf. Co.G Cpl.
Best, James J. NC 1st Cav. (9th St.Troops) Co.E
Best, James J. NC 1st Inf. (6 mo. '61) Co.L
Best, James K.P. GA 51st Inf. Co.A Sgt.
Best, James P. SC 21st Inf. Co.H
Best, James R. NC Hvy.Arty. 1st Bn. Co.C
Best, James W. GA 25th Inf. Co.F 1st Cpl.
Best, J.B. SC 3rd Cav. Co.D
Best, J.C. TN 12th (Green's) Cav. Co.I Sgt.
Best, J.C. TN 1st (Feild's) & 27th Inf. (Cons.) Co.I
Best, J.D. AR 6th Inf. Co.B
Best, Jeremiah TX 11th (Spaight's) Bn.Vol. Co.D
Best, J.F. Gen. & Staff Surg.
Best, J.H. GA 5th Cav. Co.F
Best, J.H.L. NC 3rd Arty. (40th St.Troops) Co.G
Best, J.J. TX 21st Inf. Co.H
Best, J.M. GA 25th Inf. Pritchard's Co.
Best, J.O. Conf.Cav. Baxter's Bn. Co.C
Best, John GA Cav. 2nd Bn. Co.B
Best, John GA 1st (Olmstead's) Inf. Co.F
Best, John TN 39th Mtd.Inf. Co.B
Best, John TX Cav. Ragsdale's Bn. 2nd Co.C Cpl.
Best, John A. NC 38th Inf. Co.A
Best, John A.J. NC 16th Inf. Co.L
Best, John B. NC 30th Inf. Co.E Sgt.
Best, John C. AL 41st Inf. Co.I
Best, John C. TN 27th Inf. Co.G Sgt.
Best, John E. AR 1st (Colquitt's) Inf. Co.H
Best, John E. FL 11th Inf. Co.C,F
Best, John H. GA 26th Inf. Co.H
Best, John H. NC 17th Inf. (2nd Org.) Co.I
Best, John H.L. NC 1st Arty. (10th St.Troops) Co.D
Best, John J. AL 28th Inf. Co.L
Best, John J. SC Inf. 9th Bn. Co.D,G Capt.
Best, John J. SC 26th Inf. Co.E 2nd Lt.
Best, John J. TX 35th (Brown's) Cav. Co.E
Best, John K. NC 20th Inf. Co.D
Best, John P. TX 11th (Spaight's) Bn.Vol. Co.C,G Music.
Best, John R. NC 3rd Inf. Co.A
Best, John S. GA Phillips' Legion Co.A Cpl.
Best, John T. NC 18th Inf. Co.H Sgt.
Best, John W. MS 17th Inf. Co.G
Best, John W.F. GA 40th Inf. Co.I Surg.
Best, Joseph NC 8th Inf. Co.B
Best, Joseph NC 17th Inf. (2nd Org.) Co.I
Best, J.P. TX 21st Inf. Co.K Music.
Best, J. Richard B. SC 1st (Hagood's) Inf. 1st Co.G, 2nd Co.E 1st Lt.
Best, J.S. AL 8th Cav. Co.B
Best, Justin E. NC 2nd Cav. (19th St.Troops) Co.C
Best, J.W. AR 19th (Dockery's) Inf. Co.C
Best, J.W. NC 12th Inf. Co.C
Best, J.W. NC 38th Inf. Co.A
Best, L.A. AL Cp. of Instr. Talladega Prov.Grd.
Best, L.C. SC 1st (Hagood's) Inf. 1st Co.I, 2nd Co.C
Best, Leonimous AL 12th Cav. Co.F Sgt.
Best, Littleton P. GA 21st Inf. Co.A
Best, Louis TX 35th (Brown's) Cav. Co.E
Best, M. TX 2nd Inf. Co.K
Best, M. TX Inf. Houston Bn. Co.D
Best, M. TX Conscr.
Best, Mathew J. NC 18th Inf. Co.C
Best, Matthew J. NC 2nd Arty. (36th St.Troops) Co.E
Best, M.W. TX 5th Inf. Co.K
Best, N.B. SC 21st Inf. Co.H
Best, Neal NC 38th Inf. Co.E
Best, N.H. MS 38th Cav. Co.G
Best, O.H. SC Aiken's Mtd.Inf. Sgt.
Best, Paul T. KY 8th Cav. Co.E,I
Best, P.C. LA Conscr.
Best, Peter GA 1st (Symons') Res. Co.F,H
Best, Peter G. VA Hvy.Arty. 10th Bn. Co.D
Best, P.T. GA 6th Inf. Co.I
Best, R.B. AR 35th Inf. Co.G
Best, R.D. NC 1st Jr.Res. Co.A Cpl.
Best, R.E. GA 1st (Olmstead's) Inf. Co.F
Best, R.E. GA 25th Inf. Pritchard's Co.
Best, Regdon NC 27th Inf. Co.A
Best, R.G. GA 8th Cav. Old Co.E
Best, R.G. GA 62nd Cav. Co.E
Best, R.G. NC Cav. 16th Bn. Co.A
Best, Richard H. AR Cav. McGehee's Regt. Co.A
Best, Richard W. NC 1st Arty. (10th St.Troops) Co.F,C
Best, Richard W. NC 3rd Inf. Co.D
Best, Rigdon G. NC 2nd Inf. Co.H 1st Sgt.
Best, Rigdon G. 7th Conf.Cav. Co.F 1st Sgt.
Best, Robert AL 7th Cav. Co.A
Best, Robert SC 21st Inf. Co.H
Best, Robert A. NC 4th Inf. Co.D 1st Lt.
Best, Robert H. NC 27th Inf. Co.K
Best, Robert N. GA Phillips' Legion Co.B Sgt.
Best, Robert S. NC 3rd Inf. Co.D
Best, Rodom C. NC 25th Inf. Co.F
Best, Rowland J. NC 30th Inf. Co.E
Best, R.S. NC Mil. Clark's Sp.Bn. D.N. Bridger's Co.
Best, R.T. AL Inf. 2nd Regt. Co.B 1st Lt.
Best, R.T. AL 42nd Inf. Co.B Capt.
Best, Samuel B. NC 25th Inf. Co.C
Best, Seaborn B. AL 37th Inf. Co.A
Best, Silas MO 1st Cav. Co.G
Best, Spious H. NC 33rd Inf. Co.K Cpl.
Best, S.R. Trans-MS Conf.Cav. 1st Bn. Co.D
Best, T.H. NC Snead's Co. (Loc.Def.)
Best, Theophilus W. NC 8th Sr.Res. Gardner's Co.
Best, Theophilus W. 7th Conf.Cav. Co.F
Best, Thomas NC 1st Inf. (6 mo. '61) Co.A
Best, Thomas NC 17th Inf. (2nd Org.) Co.I
Best, Thomas A. AL Cav. Bowie's Co.
Best, Thomas A. 8th (Wade's) Conf.Cav. Co.A Cpl.
Best, Thomas J. LA 7th Inf. Co.H
Best, Thomas M. AL 1st Cav. 2nd Co.B
Best, Thomas W. AL 5th Bn.Vol. Co.B
Best, Tilman FL 2nd Inf. Co.F
Best, T.T. NC 7th Sr.Res. Clinard's & Holland's Co.
Best, T.W. AL Talladega Cty.Res. D.M. Reid's Co.
Best, T.W. NC 16th Inf.
Best, V.O. MS 4th Inf. (St.Troops) Co.A
Best, W. NC 3rd Arty. (40th St.Troops) Co.A
Best, W.B. AL 8th Cav. Co.A
Best, W.B. AL 51st (Part.Rangers) Co.G
Best, W.C. NC 55th Inf. Co.A
Best, W.C. TN 21st (Wilson's) Cav. Co.H
Best, W.C. SC 3rd Cav. Co.D
Best, W.D. VA Conscr. Cp.Lee Co.A
Best, William GA 12th (Wright's) Cav. (St.Guards) Thiot's Co.
Best, William GA Hvy.Arty. 22nd Bn. Co.C
Best, William MO 1st Inf. Co.D
Best, William NC 1st Inf. Co.H Cpl.
Best, William NC 16th Inf. Co.L
Best, William NC 18th Inf. Co.C
Best, William NC Inf. Thomas' Legion Co.E
Best, William SC 1st Arty. Co.F 1st Sgt.
Best, William SC 21st Inf. Co.H
Best, William TN 6th Inf. Co.A Sgt.
Best, William B. NC 50th Inf. Co.D Capt.
Best, William B. 8th (Wade's) Conf.Cav. Co.A
Best, William Bright NC 2nd Inf. Co.H Sgt.
Best, William C. AL 61st Inf. Co.A Cpl.
Best, William C. AR Inf. 8th Bn. Wilson's Co.
Best, William C. NC 1st Arty. (10th St.Troops) Co.H
Best, William C. NC 2nd Jr.Res. Co.A
Best, William C. NC 27th Inf. Co.K
Best, William C. SC 1st (Hagood's) Inf. 1st Co.H, 2nd Co.K Cpl.
Best, William E. NC Loc.Def. Griswold's Co. Sgt.
Best, William H. GA 25th Inf. Co.H 2nd Lt.
Best, William H. NC Hvy.Arty. 1st Bn. Co.B

Best, William H. NC 3rd Inf. Co.D
Best, William H NC 18th Inf. Co.H Sgt.
Best, William L. LA Inf. 11th Bn. Co.D Sgt.Maj.
Best, Wm. R. LA Inf. 11th Bn. Co.D Sgt.Maj.
Best, William R. NC 2nd Arty. (36th St.Troops) Co.C
Best, William R. NC 18th Inf. Co.C
Best, William R. NC 51st Inf. Co.B
Best, William T. SC 1st (Hagood's) Inf. 1st Co.G, 2nd Co.E Cpl.
Best, Wilson W. SC 1st (Hagood's) Inf. 1st Co.H, 2nd Co.C
Best, W.J. LA 27th Inf. Co.K Cpl.
Best, W.J. VA 122nd Mil. Co.B
Best, W.L. LA 28th (Thomas') Inf. Co.B QMSgt.
Best, W.L. LA Inf.Cons.Crescent Regt. N.C.S. Sgt.Maj.
Best, W.L. NC 2nd Jr.Res. Co.G Sgt.
Best, W.M. Fort's Scouts,CSA
Best, W.S. MS 28th Cav. Co.D
Best, W.T. AR 32nd Inf. Co.D
Best, W.T. NC 1st Arty. (10th St.Troops) Co.F
Best, W.T. 8th (Dearing's) Conf.Cav. Co.G
Best, Zadock W. GA 1st Bn.S.S. Co.C
Best, Z.W. GA 54th Inf. Co.E
Beste, J. MS 11th Inf. Co.B
Besteck, William LA C.S. Zouave Bn. Co.C
Bester, A.V. Trans-MS Conf.Cav. 1st Bn. Co.B
Bester, F.B. AL 8th (Hatch's) Cav. Co.D
Besth, F. AL Mil. Bligh's Co.
Bestler, John LA 3rd (Wingfield's) Cav. Co.E
Bestler, John LA 4th Inf. Old. Co.G
Bestman, Richard 1st Conf.Inf. 1st Co.G
Bestmon, Richard GA 36th (Villepigue's) Inf. Co.G
Beston, D.P. Sig.Corps,CSA Sgt.
Beston, J. LA 7th Inf. Co.H
Beston, James D. MS Lt.Arty. Stanford's Co.
Beston, John VA 19th Cav. Co.I
Beston, Joseph NC 5th Inf. Co.E
Beston, J.R. VA 19th Cav. Co.I
Beston, Thomas TN 10th Inf. Co.F
Bestor, Daniel P. MS 37th Inf. Co.D Sgt.
Bestor, J.K. MD Weston's Bn. Co.B
Bestor, John R. VA 21st Inf. Co.B
Bestor, John T. AL 3rd Inf. Co.B
Bestor, R.J. MD Weston's Bn. Co.B
Bestor, R. John VA 21st Inf. Co.B
Bestwick, W.A. TX Waul's Legion Co.F
Bestwick, William Albert TX 8th Cav. Co.H
Besubly, Alford AR 4th Inf. Co.I
Beswell, George TN 51st (Cons.) Inf. Co.I
Beswell, John TN 55th (Brown's) Inf. Co.H Sgt.
Beswick, George L. KY 6th Cav. Co.G,D Cpl.
Beswick, Philip S. KY 6th Cav. Co.G,D
Beszzele, J.C. AL 46th Inf. Co.B
Betall, F.Y. TN 3rd (Forrest's) Cav. Co.C
Betancourt, Clermont LA Conscr.
Betancser, Fairstino LA Mil. 5th Regt.Eur.Brig. (Spanish Regt.) Co.4
Betancur, Manuel LA Mil. 5th Regt.Eur.Brig. (Spanish Regt.) Co.10
Betat, Charles LA Mil. Orleans Guards Regt. Co.H
Betate, C. LA Mil. Orleans Guards Regt. Co.I
Betbeze, G. LA Mil. 1st Regt. French Brig. Co.2
Betbeze, Jean LA Mil. 3rd Regt.Eur.Brig. (Garde Francaise) Frois' Co.
Betchard, Lemuel AR 5th Inf. Co.G
Beteker, J.E. TX Cav. Border's Regt. Co.F
Betenbaugh, James D. GA 34th Inf. Co.G
Betenbaugh, John SC 15th Inf. Co.F
Betenbaugh, John W. GA 34th Inf. Co.G
Betenbaugh, Joseph SC 15th Inf. Co.F
Betenbaugh, Trusvan R. GA 34th Inf. Co.G
Beteper 1st Choctaw Mtd.Rifles Co.B
Betersworth, Eugene H. TN 2nd (Robison's) Inf. Co.H
Betha, A.A. GA 5th Res. Co.G Sgt.
Betha, E. SC 6th Cav. Co.G
Bethan, B.H. VA 15th Cav. Co.C
Bethancourt, A. LA Inf.Cons. 18th Regt. & Yellow Jacket Bn. Co.B
Bethancourt, Albert LA 18th Inf. Co.E
Bethancourt, B. LA Inf.Cons. 18th Regt. & Yellow Jacket Bn. Co.B Sgt.
Bethancourt, Benoit LA 18th Inf. Co.E Sgt.
Bethancourt, Jeremie LA 18th Inf. Co.B
Bethancourt, Jeremie LA Inf.Cons. 18th Regt. & Yellow Jacket Bn. Co.B
Bethancourt, Jeremy LA 30th Inf. Co.G
Bethancourt, Just LA Inf.Cons. 18th Regt. & Yellow Jacket Bn. Co.B
Bethancourt, Justimin LA 18th Inf. Co.E
Bethancourt, O.A. LA Cav. Greenleaf's Co. (Orleans Lt.Horse)
Bethancourt, O.A. TN 12th (Cons.) Inf. Co.C
Bethancourt, O.A. TN 22nd Inf. Co.A
Bethancourt, P.B. LA 30th Inf. Co.A
Bethancourt, Thomas LA 18th Inf. Co.A Cpl.
Bethancourt, Thomas LA Inf.Cons. 18th Regt. & Yellow Jacket Bn. Co.C Cpl.
Bethancoutt, J. LA Mil. Orleans Guards Regt. Co.F
Bethany, Benjamin F. MS Inf. 3rd Bn. Co.C
Bethany, H.T. MS 1st Cav.Res. Co.C
Bethany, James T. MS Inf. 3rd Bn. Co.C Cpl.
Bethany, Jesse SC 15th Inf. Co.B
Bethany, J.H. MS 8th Inf. Co.G
Bethany, J.J. MS Cav. 4th Bn. Co.B
Bethany, J.J. 8th (Wade's) Conf.Cav. Co.D
Bethany, John F. LA 1st Cav. Co.E Sgt.
Bethany, Robert F. LA 1st Cav. Co.E
Bethany, Samuel H. MS Cav. Jeff Davis Legion Co.C
Bethany, T.P. MS 5th Inf. (St.Troops) Co.I
Bethany, William MS 43rd Inf. Co.K
Bethard, George TX 8th Inf. Co.A
Bethard, George W. MO 9th Inf. Co.G
Bethard, George W. TX Arty. 4th Bn. Co.A
Bethards, H.S. KY 2nd (Duke's) Cav. Co.A Sgt.
Bethards, H.S. KY 1st Inf. Co.C
Bethay, George AL 1st Regt. Mobile Vol. Co.K
Bethay, G.H. MS Inf. 3rd Bn. (St.Troops) Co.A
Bethay, James FL 3rd Inf. Co.C
Bethe, Charles KY 2nd (Duke's) Cav. Co.A
Bethe, H.R. TX 11th Inf. Co.G
Bethea, A.A. GA 12th (Wright's) Cav. (St.Guards) Wright's Co.
Bethea, A.B. SC Arty. Zimmerman's Co. (Pee Dee Arty.)
Bethea, A.C. MS 37th Inf. Co.F
Bethea, A.J. AL 7th Cav. Co.F
Bethea, A.J. AL Lt.Arty. Goldthwaite's Btty.
Bethea, A.J. SC 16th & 24th (Cons.) Inf. Hosp.Stew.
Bethea, A.J. SC 23rd Inf. Co.E Ord.Sgt.
Bethea, A.J. SC 24th Inf. Co.B
Bethea, Alfred AL 1st Cav. 1st Co.K
Bethea, Alfred AL 23rd Inf. Co.C Capt.
Bethea, A.W. AL 3rd Cav. Co.C
Bethea, Benjamin D. AL Inf. 1st Regt. Co.D
Bethea, Benjamin D. AL 32nd Inf. Co.B
Bethea, B.P. SC 23rd Inf. Co.E 2nd Lt.
Bethea, C.A. SC 3rd St.Troops Co.B
Bethea, Cato AL 11th Inf. Co.E
Bethea, C.W. AL 2nd Cav. Co.I
Bethea, C.W. AL Inf. 2nd Regt. Co.C
Bethea, David NC 8th Sr.Res. Williams' Co. Cpl.
Bethea, David H. SC Arty. Gregg's Co. (McQueen Lt.Arty.) Sgt.
Bethea, David N. SC Arty. Manigault's Bn. 1st Co.C Cpl.
Bethea, D.P. MS Lt.Arty. Turner's Co.
Bethea, D.W. SC 3rd St.Troops Co.B Sgt.
Bethea, E.A. SC 6th Cav. Co.I
Bethea, E.A. SC 21st Inf. Co.L
Bethea, E.A. SC 23rd Inf. Co.E
Bethea, E.S. SC 1st Arty. Co.E
Bethea, F.C. FL Cav. 5th Bn. Co.G
Bethea, Foster C. FL 1st Cav. Co.E
Bethea, Foster C. FL 9th Inf. Co.D
Bethea, H. MS 16th Inf. Co.G
Bethea, H. Gen. & Staff, Ord. Lt.
Bethea, H.C. GA 32nd Inf. Co.F
Bethea, Henry AL Lt.Arty. Goldthwaite's Btty.
Bethea, Henry AL 3rd Inf. Co.G
Bethea, Henry MS 15th Bn.S.S. Co.B 2nd Lt.
Bethea, Holden W. SC 1st (Hagood's) Inf. 2nd Co.I
Bethea, H.P. SC 8th Inf. Co.L
Bethea, Hugh 15th Conf.Cav. Co.I
Bethea, James AL 9th Inf. Co.A
Bethea, James A. SC 6th Cav. Co.G
Bethea, James C. SC 23rd Inf. Co.E 3rd Lt.
Bethea, J.B. MS 46th Inf. Co.H Jr.2nd Lt.
Bethea, J.B. NC 3rd Arty. (40th St.Troops) Co.I
Bethea, J.C. GA Cav. 12th Bn. (St.Guards) Co.C
Bethea, J.E. SC 24th Inf. Co.B
Bethea, Jesse B. AR 37th Inf. Co.H Sgt.
Bethea, J.F. GA 50th Inf. Hosp.Stew.
Bethea, J.F. SC 8th Inf. Co.L
Bethea, J.F. Gen. & Staff Hosp.Stew.
Bethea, J.K. SC 23rd Inf. Co.E
Bethea, John H. SC 3rd St.Troops Co.B
Bethea, John H. 15th Conf.Cav. Co.E
Bethea, John P. NC 24th Inf. Co.G 2nd Lt.
Bethea, John W. SC 3rd St.Troops Co.B 1st Sgt.
Bethea, Joshua B. AL 32nd Inf. Co.B
Bethea, J.W. SC Cav. 19th Bn. Co.E
Bethea, Leroy M. AL 1st Regt.Conscr. Co.D
Bethea, Leroy M. AL 45th Inf. Co.G
Bethea, L.M. AL Inf. 1st Regt. Co.B
Bethea, Milton J. AL 42nd Inf. Co.C
Bethea, M.S. SC 23rd Inf. Co.E
Bethea, N. AL 23rd Inf. Co.A
Bethea, N.C. NC Cumberland Cty.Bn. Detailed Men Co.B

Bethea, P. MS Inf. 2nd Bn. (St.Troops) Co.D 3rd Lt.
Bethea, P.E. AR Inf. 8th Bn. Co.A
Bethea, P.E. AR 37th Inf. Co.H
Bethea, Philip B. SC 1st (Orr's) Rifles Co.H
Bethea, P.P. SC 25th Inf. Co.D 2nd Lt.
Bethea, P.R. MS 39th Inf. Co.B
Bethea, P.W. SC 23rd Inf. Co.G
Bethea, R. MS 4th Cav. Co.C
Bethea, R.C. SC Inf. Hampton Legion Co.C
Bethea, Redden R. SC 1st (Orr's) Rifles Co.H
Bethea, Richard MS Cav. Powers' Regt. Co.G 1st Lt.
Bethea, Robert C. MS 7th Inf. Co.E 2nd Lt.
Bethea, R.W. MS Cav. Brown's Co. (Foster Creek Rangers)
Bethea, R.W. MS 16th Inf. Co.G
Bethea, T. AL Lt.Arty. Goldthwaite's Btty.
Bethea, Theodore AL 62nd Inf. Co.E 1st Lt.
Bethea, Theodore Gen. & Staff 2nd Lt.,Dr.M.
Bethea, Thos. D. GA 13th Inf. Co.G
Bethea, Thomas D. GA 59th Inf. Co.E
Bethea, Thomas H. NC 24th Inf. Co.G
Bethea, Thomas Jeff. AL 32nd Inf. Co.C 1st Sgt.
Bethea, T.J. AL 9th Inf. Co.A
Bethea, T.J. GA Lt.Arty. (Arsenal Btty.) Hudson's Co.
Bethea, T.P. MS Lt.Arty. Turner's Co. Sgt.
Bethea, Tristam B. Inf. School of Pract. Powell's Detach. Co.C,B
Bethea, Tristian Conf.Lt.Arty. 1st Reg.Btty. Sgt.
Bethea, Tristram NC 24th Inf. Co.G
Bethea, W.D. SC Arty. Manigault's Bn. 2nd Co.C
Bethea, W.H. SC Cav. 19th Bn. Co.E
Bethea, William GA 46th Inf. Co.I
Bethea, William C. NC 2nd Bn.Loc.Def.Troops Co.G
Bethea, William C. NC 8th Inf. Co.E
Bethea, William F. FL 1st Inf. New Co.B
Bethea, W.J. AL Lt.Arty. Goldthwaite's Btty.
Betheay, J.A. MS Cav. 1st Bn. (McNair's) St.Troops Co.A
Bethel, Alexander G. FL 4th Inf. Co.B
Bethel, Andrew F. VA Loc.Res.
Bethel, B.J. TN Cav. Allison's Squad. Co.B
Bethel, C.F. TN 23rd Inf. Co.H 1st Lt.
Bethel, Chester AR Inf. Cocke's Inf. Co.K
Bethel, Cornelius J. VA Loc.Def.
Bethel, D.P. KY 8th Mtd.Inf. Co.K
Bethel, Durham TN Cav. Allison's Squad. Co.A
Bethel, E. VA 1st St.Res. Co.D
Bethel, G.A. GA 7th Cav. Capt.
Bethel, George J. NC 13th Inf. Co.H
Bethel, H.C. AR 33rd Inf. Co.K
Bethel, Henry MO 1st Inf. Co.C,H
Bethel, Hudson M. VA 46th Inf. 1st Co.G Capt.
Bethel, James J. KY 2nd (Duke's) Cav. Co.C
Bethel, James J. KY 4th Cav.
Bethel, James S. VA 52nd Inf. Co.K
Bethel, J.J. KY Morgan's Men Co.E
Bethel, John B. TX 3rd Cav. Co.F
Bethel, John C. VA 15th Inf. Co.A Cpl.
Bethel, John S. VA Loc.Def.
Bethel, Joseph FL 4th Inf. Co.K
Bethel, Joseph C. KY 4th Mtd.Inf. Co.A Capt.
Bethel, Joseph T. VA 14th Inf. Co.C
Bethel, Joshua MO 1st Inf. Co.C,H
Bethel, J.P. AR 1st (Monroe's) Cav. Co.E
Bethel, Lyttleton VA 52nd Mil. Co.B
Bethel, R.A. AR 3rd Cav. Co.A
Bethel, R.H. AR 3rd Cav. Asst.Surg.
Bethel, Richard TN 38th Inf. Co.E
Bethel, Robert M. VA Lt.Arty. Kirkpatrick's Co.
Bethel, Thomas VA 15th Inf.
Bethel, W.A. AL 4th Res. Co.B
Bethel, W.H. TN 15th Inf. Co.A
Bethel, William TN 1st (Feild's) Inf. Co.F
Bethel, William J. VA Lt.Arty. Kirkpatrick's Co.
Bethel, William M. VA 10th Cav. Co.A
Bethel, William P. AR 33rd Inf. Co.K
Bethel, William P. NC 13th Inf. Co.H Cpl.
Bethel, William R.E. TN 28th Inf. Co.G
Bethel, W.L. TN Cav. Allison's Squad. Co.B
Bethel, W.M. VA 16th Cav. Co.D
Bethel, W.R. TN Inf. Nashville Bn. Cattles' Co.
Bethel, W.R.E. TN 8th (Smith's) Cav. Co.F Sgt.
Bethell, A.C. MS 5th Inf. (St.Troops) Co.D
Bethell, A.J. AR 6th Inf. Co.C
Bethell, Chester 1st Cherokee Mtd.Vol. Co.J
Bethell, C.W. KY 10th (Johnson's) Cav. New Co.B
Bethell, Elisha VA 15th Inf. Co.H Cpl.
Bethell, G.B. AR 34th Inf. Co.G
Bethell, George J. NC 55th Inf. Co.B,C 1st Lt.
Bethell, Henry MO 1st & 4th Cons.Inf. Co.F
Bethell, John A. FL 7th Inf. Co.K Bvt.2nd Lt.
Bethell, R.L. Gen. & Staff Asst.Surg.
Bethell, W.D. TN 22nd Inf. Co.A Capt.
Bethell, William TX Home Guards Killough's Co.
Bethell, Wm. Gen. & Staff Contr.Surg.
Bethell, William E. VA Hvy.Arty. 10th Bn. Co.E
Bethell, William P. AR 4th Inf. Co.A
Bethell, W.P. AR Cav. Dobbin's Regt.
Bethencourt, P. AL 21st Inf.
Bethenelly, John VA 52nd Inf. Co.C
Betherds, Henry S. KY 14th Cav. Co.A
Bethge, Charles TX Cav. 3rd (Yager's) Bn. Co.C
Bethia, Alfred TN Lt.Arty. Winston's Co.
Bethibill, Polk 1st Choctaw Mtd.Rifles Co.H
Bethol, Dewrant TX 36th Cav. Co.H
Bethshares, W.T. TN 27th Inf. Co.G 1st Sgt.
Bethshears, William W.B.H. TN Lt.Arty. Baxter's Co.
Bethum, Benjamin GA Cav. Pemberton's Co.
Bethune, A. AL 45th Inf. Co.E
Bethune, A.J. AL 45th Inf. Co.E
Bethune, Alexander A. NC 5th Cav. (63rd St.Troops) Co.A
Bethune, Alexander R. TX 1st (Yager's) Cav. Co.A
Bethune, Andrew J. NC 2nd Cav. (19th St.Troops) Co.D
Bethune, Andrew J. NC 5th Cav. (63rd St.Troops) Co.A,C
Bethune, Angus NC 14th Inf. Co.E
Bethune, Arthur R. TX Cav. 3rd (Yager's) Bn. Co.A
Bethune, August M. GA 13th Inf. Co.I
Bethune, Daniel A. TN 8th Inf. Co.I
Bethune, David NC 24th Inf. Co.G
Bethune, David S. AL Inf. 1st Regt. Co.G
Bethune, David S. AL 51st (Part.Rangers) Co.B Adj.
Bethune, D.M. GA Hvy.Arty. 22nd Bn. Co.A
Bethune, D.M. GA 60th Inf. 1st Co.A
Bethune, D.M. SC Inf. 7th Bn. (Enfield Rifles) Co.A Sgt.
Bethune, George M.D. TN 32nd Inf. Co.G
Bethune, G.M.D. TN 8th Inf. Co.I
Bethune, H. LA Mil. 3rd Regt. French Brig. Co.3
Bethune, Henri LA Mil. 1st Regt. French Brig. Co.6
Bethune, J.A. GA Siege Arty. Campbell's Ind.Co. Sgt.
Bethune, James TN 41st Inf. Co.B
Bethune, James L. GA Lt.Arty. Guerard's Btty.
Bethune, James T. AL 57th Inf. Co.D
Bethune, J.B. SC Manigault's Bn.Vol. Co.C
Bethune, J.D. GA 2nd Inf. Co.G
Bethune, J.E.S. TN 14th (Neely's) Cav. Co.D Sgt.
Bethune, J.G. GA 2nd Inf. Co.G
Bethune, J.J. MS 26th Inf. Co.K
Bethune, J.L. GA 46th Inf. Co.I
Bethune, John MS 6th Inf. Co.A
Bethune, John B. SC Palmetto S.S. Co.K
Bethune, John C. SC 5th Cav. Co.H 1st Lt.
Bethune, John C. SC Cav. 14th Bn. Co.A Sr.2nd Lt.
Bethune, John G. GA 12th (Robinson's) Cav. (St.Guards) Co.K Sr.2nd Lt.
Bethune, John M. AL 53rd (Part.Rangers) Co.D Sgt.
Bethune, John W. MS 18th Inf. Co.K
Bethune, J.W. MS 12th Cav. Co.L Sgt.
Bethune, J.W. MS 46th Inf. Co.D Sgt.
Bethune, M. NC 1st Jr.Res. Co.E
Bethune, Malcomb W. GA 13th Inf. Co.I
Bethune, Martin P. AL 39th Inf. Co.H
Bethune, Maximilian NC 5th Cav. (63rd St.Troops) Co.A
Bethune, Maximilian D. NC 2nd Cav. (19th St.Troops) Co.D
Bethune, M.P. AL 7th Inf. Co.F
Bethune, N.A. SC Inf. 7th Bn. (Enfield Rifles) Co.A
Bethune, P.I.G. GA Hvy.Arty. 22nd Bn. Co.A
Bethune, P.M. GA 60th Inf. 1st Co.A
Bethune, R.A. SC 6th Inf. 2nd Co.K 3rd Lt.
Bethune, R.A. SC 9th Inf. Co.C Sgt.
Bethune, S.B. AR Inf. 1st Bn. Co.F
Bethune, Toney GA Inf. 27th Bn. (NonConscr.) Co.B Music.
Bethune, W.C. AL 7th Inf. Co.F 1st Lt.
Bethune, W.C. AL 53rd (Part.Rangers) Co.D
Bethune, W.C. AL 57th Inf. Co.D Lt.Col.
Bethune, William J. NC 5th Cav. (63rd St.Troops) Co.A
Bethune, William M. TN 8th Inf. Co.I
Bethune, W.J. AL 15th Inf. Co.K Capt.
Bethune, W.L. MS 1st Cav. Co.F
Bethune, W.L. MS 1st Lt.Arty. Co.F
Betingfield, James LA 27th Inf. Co.I
Betis, B. AR 30th Inf. Co.H
Betjeman, Henry GA 1st (Olmstead's) Inf. Co.I
Betlerton, Asbery T. MS Lt.Arty. (The Hudson Btty.) Hoole's Co.

Betly, T. AL 13th Inf. Co.G
Betram, Andrew TN 10th Inf.
Betram, John Conf.Reg.Inf. Brooks' Bn. Co.B
Betran, Stephen TX 4th Cav. Co.D
Bets, N.R. AL 53rd (Part.Rangers) Co.A
Betsel, M.P. GA Cav. Allen's Co.
Betsell, John GA Hvy.Arty. 22nd Bn. Co.A
Betsell, John GA 60th Inf. 1st Co.A
Betsell, Robert J. SC 1st Inf. Co.E
Betsil, W.E. TX 23rd Cav. Co.C
Betsill, H. SC 27th Inf. Co.I
Betsill, Henry SC Inf.Loc.Def. Estill's Co.
Betsill, James SC 5th Cav. Co.K
Betsill, R.J. SC 18th Inf. Co.C Maj.
Betsill, W.A. GA 27th Inf. Co.E
Betsill, William GA Hvy.Arty. 22nd Bn. Co.A
Betsill, William GA 60th Inf. 1st Co.A
Betsill, William P. SC Cav.Bn. Hampton Legion Co.D
Betsill, William T. SC Cav.Bn. Hampton Legion Co.D
Bett, Jerry SC 7th Res. Co.G
Bett, M.H. AL 19th Inf. Co.E
Bett, R.C. NC 3rd Arty. (40th St.Troops)
Bett, William M. VA Unassign.Conscr.
Bettalange, N. LA Mil. 2nd Regt. 2nd Brig. 1st Div. Co.G
Bettcher, H. TX 1st Hvy.Arty. 2nd Co.A
Bettcher, Henry TX 26th Cav. Co.F, 2nd Co.G
Bettege, Frederick TX 36th Cav. Co.B
Betteheimer, John MS Inf. 2nd Bn. Co.F
Better, F.R. TN 37th Inf. Co.D
Betters, A. TX 1st Hvy.Arty. Co.G
Betterson, Croghan TN Douglass' Bn.Part.Rangers Co.A
Betterson, Preston SC 2nd Arty. Co.G
Bettersworth, Charles TN 33rd Inf. Co.G
Bettersworth, Joseph B. KY 2nd Mtd.Inf. Co.C
Betterton, Absalom J. GA Arty. 9th Bn. Co.A
Betterton, Adolphus GA 30th Inf. Co.E
Betterton, A.S. AL 18th Inf. Co.D,E
Betterton, Benjamin F. VA 38th Inf. Co.F
Betterton, Berry AL 18th Inf. Co.E
Betterton, Elijah R. VA 11th Inf. Co.I
Betterton, Ephram AL 18th Inf. Co.A
Betterton, F.M. GA Phillips' Legion Co.C
Betterton, G.F. GA 1st (Fannin's) Res. Co.C
Betterton, G.F. GA 2nd Res. Co.E
Betterton, Green B. MS 29th Inf. Co.F Sgt.
Betterton, James W. AL 18th Inf. Co.A
Betterton, James W. VA 38th Inf. Co.F
Betterton, J.C. MS 27th Inf. Co.H
Betterton, Jeptha G. GA Arty. 9th Bn. Co.A
Betterton, Jesse GA 44th Inf. Co.D
Betterton, John GA 21st Inf. Co.F
Betterton, John M. VA Arty. Paris' Co.
Betterton, Joseph R. GA 44th Inf. Co.D Sgt.
Betterton, L.M. MS Lt.Arty. Merrin's Btty. Artif.
Betterton, L.N. MS Lt.Arty. 14th Bn. Co.C Artif.
Betterton, L.W. GA 1st (Fannin's) Res. Co.C
Betterton, L.W. GA 2nd Res. Co.E
Betterton, Nathan J. VA 18th Inf. Co.I
Betterton, Robert F. VA 37th Inf. Co.A
Betterton, Simeon A. MS Lt.Arty. (The Hudson Btty.) Hoole's Co.
Betterton, S.M. AL 18th Inf. Co.E,D
Betterton, Thomas AR 1st Mtd.Rifles Co.H
Betterton, Thomas J. VA 37th Inf. Co.A Sgt.
Betterton, W.H. MS Lt.Arty. 14th Bn. Co.A
Betterton, William MS 4th Cav. Co.I
Betterton, William MS 4th Inf. Co.I
Betterton, William T. VA 42nd Inf. Co.I
Betterton, W.J. TN Detailed Conscr. Co.A
Betterwolf, L. MS Henley's Co. (Henley's Invinc.)
Bettes, B.J. AR 15th Inf. Co.F
Bettes, Jesse AR 7th Inf. Co.G
Bettes, J.H. AR Inf. Stanley's Co.
Bettes, J.H. TN 45th Inf. Co.B Ord.Sgt.
Betthea, Hugh FL Cav. 3rd Bn. Co.D
Betthton, Thomas KY 12th Cav. Co.F
Betti, Wiatt MS 10th Cav. Co.B
Bettice, Adam C. SC 18th Inf. Co.E,F
Bettick, Thomas L. GA 54th Inf. Co.I
Bettie, M.W. TX Cav. 2nd Regt.St.Troops Co.K
Bettie, William AR 7th Inf. Co.K
Bettie, W.T. TN 19th & 20th (Cons.) Cav. Co.B
Bettiheimer, John MS 48th Inf. Co.F
Bettinger, B. LA 2nd Inf. Co.C
Bettinger, F.A. LA Mil. Orleans Guards Regt. Co.F
Bettis, A.C. 1st Conf.Cav. Co.I Capt.
Bettis, Alfred Y. AL 5th Inf. Co.I Sgt.
Bettis, Arch TN 62nd Mtd.Inf. Co.B
Bettis, B. SC 7th Inf. Co.A Lt.
Bettis, Braley NC Walker's Bn. Thomas' Legion Co.G
Bettis, Braley TN 1st (Carter's) Cav. Co.H
Bettis, B.W. SC 5th Res. Co.K Capt.
Bettis, Calvin W. AL 16th Inf. Co.B
Bettis, Daniel T. TN 1st (Carter's) Cav. Co.H
Bettis, Daniel T. TN 39th Mtd.Inf. Co.C
Bettis, Duke K. TN 39th Mtd.Inf. Co.I Sgt.
Bettis, E.H. AL 5th Inf. New Co.I
Bettis, Fritz TX 5th Inf. Co.I
Bettis, George H. MS Inf. 3rd Bn. Co.G Sgt.
Bettis, George W. KY 7th Cav. Co.E
Bettis, G.W. AL 15th Cav. Co.C
Bettis, G.W. AL 5th Inf. New Co.I
Bettis, H. AR 8th Cav. Co.A
Bettis, Harry TX 2nd Field Btty. Artif.
Bettis, Henry TX Waul's Legion Co.A
Bettis, J.A. MS 23rd Inf. Co.C
Bettis, James E. AR 8th Cav. Co.E
Bettis, J.C. AR 8th Cav. Co.A
Bettis, J.C. AR Inf. Cocke's Regt. Co.C 1st Sgt.
Bettis, Jesse R. AL 5th Inf. New Co.I
Bettis, J.F. VA Cav. 37th Bn. Co.E
Bettis, J.G. TN 27th Inf. Co.C
Bettis, J.M. AL 38th Inf. Co.A
Bettis, John AR 26th Inf. Co.F
Bettis, John TX 9th Field Btty.
Bettis, John D. AL 24th Inf. Co.E
Bettis, John J. GA 14th Inf. Co.E
Bettis, Joseph E. NC Walker's Bn. Thomas' Legion 2nd Co.D Sgt.
Bettis, M. KY 12th Cav. Co.K
Bettis, M. TX Cav. Bourland's Regt. Co.H
Bettis, Matthew S. AL 38th Inf. Co.A
Bettis, Miles B. AR 26th Inf. Recruit
Bettis, M.P. TX 1st Bn.S.S. Co.B
Bettis, M.V. TN 15th (Cons.) Cav. Co.G Sgt.
Bettis, M.W. TX Cav. Bourland's Regt. Co.H
Bettis, N.D. Conf.Cav. Wood's Regt. Co.I
Bettis, Noflet Conf.Cav. Wood's Regt. Co.I
Bettis, P.E. NC Walker's Bn. Thomas' Legion 2nd Co.D Sgt.
Bettis, P.H. AR Cav. Wright's Regt. Co.D
Bettis, Phillip GA 14th Inf. Co.E
Bettis, S.A. AR Inf. Cocke's Regt. Co.C
Bettis, S.C. MS 7th Cav. Co.G
Bettis, S.D. AR 8th Cav. Co.A
Bettis, S.D. MO 10th Inf. Co.E
Bettis, Simeon Eng.,CSA
Bettis, S.M. KY 12th Cav. Co.K
Bettis, S.M. TN 27th Inf. Co.C
Bettis, T.A. TN 13th Inf. Co.C Cpl.
Bettis, Thomas C. AR 26th Inf. Co.F
Bettis, Thomas C. TX 9th Field Btty.
Bettis, Thomas J. AL 5th Inf. New Co.I Adj.
Bettis, Thomas J. VA 47th Inf. Co.A
Bettis, Thomas J. VA 49th Inf. 3rd Co.G
Bettis, Thornton VA 47th Inf. Co.B
Bettis, T.J. AL 7th Cav. Co.G
Bettis, Toliver J. GA 14th Inf. Co.E
Bettis, William A. TX 9th Field Btty.
Bettis, William B.C. TN Lt.Arty. Lynch's Co.
Bettis, William H. AR 26th Inf. Co.F
Bettis, William H. TN 37th Inf. Co.H
Bettis, William J. LA 13th Inf. Co.C,A
Bettis, William J.F. AL Mil. 4th Vol. Co.A
Bettis, W.J. AL 38th Inf. Co.D Sgt.
Bettis, W.M. TX Cav. Bourland's Regt. Co.H
Bettis, W.S. AR 10th (Witt's) Cav. Co.E
Bettison, Croghan KY 2nd (Woodward's) Cav. Co.F
Bettison, Croghan KY 1st Inf. Co.A 2nd Lt.
Bettison, Joseph R. Gen. & Staff AASurg.
Bettison, Preston SC 1st (Hagood's) Inf. 1st Co.G
Bettison, William GA 4th Inf. Co.E
Bettiss, G.M. GA 22nd Inf. Co.C
Bettiss, H. TX St.Troops Teel's Co.
Bettiss, William J. LA 11th Inf. Co.F
Bettisworth, A.J. MS 16th Inf. Co.C
Bettisworth, A.J. Bradford's Corps Scouts & Guards Co.B
Bettisworth, Ashley F. MS 16th Inf. Co.B Music.
Bettle, William VA 45th Inf. Co.G
Bettoe, Richard M. MO 4th Cav. Co.G
Betton, Julian FL 1st Cav. Co.E 2nd Lt.
Betton, Julian FL 2nd Inf. Co.M 2nd Lt.
Betton, Milton J. AL 6th Inf. Co.L
Betton, Nathan T. AL 3rd Bn. Hilliard's Legion Vol. Co.B
Betton, Sol. D. AL 17th Inf. Co.C
Bettran, Andres LA Mil. 5th Regt.Eur.Brig. (Spanish Regt.) Co.7
Betts, A. TX Inf. Timmons' Regt. Co.D
Betts, A. TX Waul's Legion Co.F
Betts, A.C. TN 12th Inf. Co.K
Betts, A.C. TN 12th (Cons.) Inf. Co.K
Betts, A.F. MS 18th Cav. Co.H
Betts, A.F. MS 1st Bn.S.S. Co.A
Betts, A.F. MS 25th Inf. Co.I
Betts, A.F. TN 12th Inf. Co.K 1st Sgt.
Betts, A.J. AL 10th Cav. Co.H
Betts, A.J. MS 43rd Inf. Co.F Sgt.

Betts, Alexander D. NC 30th Inf. Chap.
Betts, Alfred J. GA Lt.Arty. Croft's Btty. (Columbus Arty.)
Betts, Allen NC 56th Inf. Co.C
Betts, Alonzo KY 4th Cav. Co.G
Betts, Alonzo MS (St.Troops) Blythe's Bn. Co.B Sgt.
Betts, Anderson N. NC 31st Inf. Co.C 2nd Lt.
Betts, Andrew W. NC 31st Inf. Co.C Capt.
Betts, A.R. AL 34th Inf. Co.A
Betts, A.R. MS Inf. 3rd Bn. (St.Troops) Co.E
Betts, Archibald NC 31st Inf. Co.C
Betts, Barlee MO Cav. Ford's Bn. Co.C
Betts, C.B. SC 12th Inf. Chap.
Betts, C.B. TX 13th Vol. 1st Co.H
Betts, C.B. Gen. & Staff Chap.
Betts, C.C. TN 12th Inf. Co.K
Betts, C.D. TX 24th & 25th Cav. (Cons.) Co.A
Betts, Charles TX 16th Inf. Co.F
Betts, Charles B. TX 35th (Brown's) Cav. Co.C
Betts, Charles N. VA 37th Mil. Co.A 2nd Lt.
Betts, C.P. MS 14th Inf. Co.K
Betts, Edward AL 3rd Cav. Co.B Cpl.
Betts, Edward AL 4th Inf. Co.E
Betts, Edward Conf.Cav. Wood's Regt. 1st Co.M
Betts, E.G. MS 10th Inf. Co.B, New Co.G Capt.
Betts, Elisha VA 3rd Cav. Co.C
Betts, Elisha VA 23rd Inf. Co.E 1st Sgt.
Betts, Elisha Gen. & Staff Dr.M.
Betts, E.M. TN 51st Inf. Co.H
Betts, E.M. TN 51st (Cons.) Inf. Co.D Sgt.
Betts, Evander MO 15th Cav. Co.I
Betts, F.M. MS 2nd St.Cav. Co.G
Betts, F.M. MS 10th Cav. Co.F
Betts, F.M. MS 41st Inf. Co.L 2nd Lt.
Betts, Frank AL 4th Inf. Co.E
Betts, Frank Conf.Cav. Wood's Regt. 1st Co.M
Betts, Frank M. MS 22nd Inf. Co.I 3rd Sgt.
Betts, Fred B. MO 2nd Inf. Co.F
Betts, G.A. VA 37th Mil. Co.A
Betts, George M. VA 3rd Cav. Co.C Sgt.
Betts, George P. LA Inf.Crescent Regt. Co.F Sgt.
Betts, George P. MS Cp.Guard (Cp. of Instr. for Conscr.)
Betts, George W. GA Arty. 9th Bn. Co.D
Betts, George W. MS 14th Inf. Co.K
Betts, George W. TX 2nd Inf. Co.H
Betts, Gustavus A. VA 9th Cav. Co.D
Betts, G.W. MS 6th Cav. Co.I 2nd Lt.
Betts, H.T. GA 8th Inf. (St.Guards) Co.C
Betts, Isaac R. TX 10th Inf. Co.D
Betts, Isaac R. TX 12th Inf. Co.L
Betts, James VA 11th Cav. Co.A
Betts, James M. GA 7th Inf. Co.E Sgt.
Betts, J.B. GA 13th Cav. Co.K
Betts, J.F. AL 3rd Cav. Co.B
Betts, J.F. Conf.Cav. Wood's Regt. 1st Co.M
Betts, J.H. GA 16th Inf. Co.I Sgt.
Betts, J.H. MS 41st Inf. Co.L
Betts, J.H. TN 47th Inf. Co.G
Betts, J.J. TN 6th Inf. Co.B
Betts, J.M. AR 37th Inf. Co.G
Betts, J.M. TN 15th Inf. Co.G
Betts, J.N. MS 18th Cav. Co.F
Betts, J.N. TN 51st Inf. Co.E
Betts, J.N. TN 51st (Cons.) Inf. Co.I
Betts, John A. GA 42nd Inf. Co.B
Betts, John D. LA 1st (Nelligan's) Inf. Howell's Co.
Betts, John D. VA 9th Inf. Co.E
Betts, John E. VA 40th Inf. Co.C 1st Lt.
Betts, John G. AL 1st Bn. Hilliard's Legion Vol. Co.F Sgt.
Betts, John G. AL 23rd Bn.S.S. Co.F Sgt.
Betts, John J. TN 18th (Newsom's) Cav. Co.I 1st Lt.
Betts, John L. MS 1st (Patton's) Inf. Co.C
Betts, John L. MS 43rd Inf. Co.F
Betts, Jonathan M. GA 9th Inf. Co.C
Betts, Joseph TX 10th Inf. Co.D
Betts, Joseph VA 37th Mil. Co.A
Betts, Joseph R. VA 40th Inf. Co.G
Betts, Joshua J. AR 9th Inf. New Co.I
Betts, Joshua J. MS 25th Inf. Co.G
Betts, J.R. GA 10th Inf. Co.D
Betts, J.W. NC 1st Jr.Res. Co.B
Betts, Leonidas MS Packer's Co. (Pope Guards)
Betts, Leonidas 4th Conf.Inf. Co.I 1st Lt.
Betts, Lewis VA 15th Inf. Co.H
Betts, L.P. GA 16th Inf. Co.B
Betts, Luther VA 9th Cav. Co.D
Betts, M. MS 1st Cav.
Betts, M. MO 1st Cav.
Betts, M. TX 7th Cav. Co.G
Betts, M. TX 24th & 25th Cav. (Cons.) Co.A
Betts, Malmon TX 1st Hvy.Arty. Co.C
Betts, N.R. AL 53rd (Part.Rangers) Co.A
Betts, Oliver H. VA 9th Cav. Co.D
Betts, Orville SC 1st Arty. Co.F
Betts, R. VA Cav. Mosby's Regt. (Part.Rangers) Co.A
Betts, Ramsy D. 1st Choctaw Mtd.Rifles Co.E
Betts, R.C. GA 42nd Inf. Co.B
Betts, R.H. GA 16th Inf. Co.B
Betts, R.S. VA 3rd Inf.Loc.Def. Co.A
Betts, Russell S. VA 1st Inf. Co.H Cpl.
Betts, Samuel C. VA 1st Cav. 2nd Co.K
Betts, Samuel D. AR 19th (Dockery's) Inf. Co.F
Betts, Samuel L. MS 14th Inf. Co.K Cpl.
Betts, S.D. AR 19th Inf. (Dockery's) Co.F
Betts, S.G. AL 10th Cav. Co.G
Betts, Stephen GA 16th Inf. Co.G
Betts, S.W. MS Wilson's Co. (Ponticola Guards)
Betts, T. Edwin VA 40th Inf. Co.C Capt.
Betts, Thomas G. TX 12th Inf. Co.I
Betts, Thomas R. VA 40th Inf. Co.F Ord.Sgt.
Betts, Warren VA 61st Inf. Co.G
Betts, W.E. GA 13th Inf. Co.C
Betts, W.H. AL 5th Inf. Co.C
Betts, W.H. AL 14th Inf. Co.A
Betts, W.H. AL 63rd Inf. Co.C
Betts, W.H. NC 31st Inf. Co.C Sgt.
Betts, William TN 10th (DeMoss') Cav. Co.D,I
Betts, William TX 10th Inf. Co.D
Betts, William A. AR 1st (Crawford's) Cav. Co.F
Betts, William H. AL 3rd Inf. Co.C Sgt.
Betts, William H. AL 13th Inf. Co.B Col.
Betts, William H. TN 5th Inf.
Betts, William J. TN 55th (McKoin's) Inf. McEwen Jr's. Co.
Betts, William L. MS 43rd Inf. Co.F Cpl.
Betts, William M. MS 48th Inf. Co.L
Betts, William M. VA Arty. Kevill's Co.
Betts, William M. VA 41st Inf. 1st Co.E
Betts, William P. AL 13th Inf. Co.F
Betts, William W. NC 8th Inf. Co.A
Betts, W.J. TN 44th (Cons.) Inf. Co.I
Betts, W.L. MS 14th (Cons.) Inf. Co.I Cpl.
Betts, W.M. MS Inf. 2nd Bn. Co.L
Betts, W.O. GA 7th Inf. (St.Guards) Co.F
Betts, W.S. AL 8th Inf. Co.I
Bettsly, F.L. AL 15th Inf. Co.H Lt.
Betture, John AL Cp. of Instr. Talladega
Bettus, Burel J. AR Cav. Davies' Bn. Co.A
Bettuy, Joseph LA 11th Inf. Co.E
Bettway, Joseph LA 13th Inf. Co.I,E
Betty, F. VA 2nd St.Res. Co.L
Betty, Harry Conf.Reg.Inf. Brooks' Bn. Co.B
Betty, H.C. TN 28th (Cons.) Inf. Co.E Comsy.Sgt.
Betty, H.C. TN 84th Inf. Co.A
Betty, Horotio C. TN 11th Cav. Co.B Comsy.Sgt.
Betty, Isaac TX 19th Cav. Co.F
Betty, James R. TN 24th Inf. Co.F
Betty, J.M. TN 4th (Murray's) Cav. Co.H
Betty, J.M. TN 8th (Smith's) Cav. Co.C Sgt.
Betty, John TN 6th Inf. Co.G
Betty, John R. KY 2nd (Duke's) Cav. Co.F Cpl.
Betty, John R. KY 7th Cav. Co.B
Betty, L.H. TN 8th (Smith's) Cav. Co.C
Betty, M. NC 2nd Jr.Res. Co.D
Betty, Richard SC Inf.Loc.Def. Estill's Co.
Betty, Robert B. MS 30th Inf. Co.F
Betty, S.A. TN 4th (Murray's) Cav. Co.H Cpl.
Betty, S.K. TN 8th (Smith's) Cav. Co.C
Betty, W.F.M. TN 84th Inf. Co.A
Betty, William F.M. TN 28th (Cons.) Inf. Co.E,G 2nd Lt.
Betty, W.T. MS Cav. Ham's Regt. Co.E Cpl.
Bettz, E. VA 18th Inf. Co.E
Bettz, Israel TX Cav. Hardeman's Regt. Co.E
Betz, Charles LA 4th Inf. Co.B Capt.
Betz, Franklin MO 1st N.E. Cav. Co.L
Betz, Frederick LA 27th Inf. Co.A Music.
Betz, George F. 7th Conf.Cav. Co.A
Betz, George H. GA Arty. Baker's Co. Sgt.
Betz, G.F. GA 10th Inf. Co.C
Betz, G.H. GA Inf. City Bn. (Columbus) Williams' Co.
Betz, John SC Lt.Arty. Garden's Co. (Palmetto Lt.Arty.)
Betz, P.M. LA Mil.Cont.Regt. Roder's Co.
Betz, Valentine LA Millaudon's Co. (Jefferson Mtd.Guards,Co.B)
Betzeman, J. SC 1st Regt. Charleston Guard Co.F
Beubon, Charles NC 3rd Inf.
Beubury, James E. VA 5th Cav. (12 mo. '61-2) Co.G
Beucke, Charles L. MD Arty. 2nd Btty.
Beufoot, James E. VA 54th Mil. Co.C or D
Beuford, George AL Cav. Barbiere's Bn. Goldsby's Co.
Beuford, J.L. AL 4th Res. Co.H
Beuford, Littleburg H. AL 10th Cav. Surg.
Beuford, Thos. MS 2nd (Quinn's St.Troops) Inf. Co.E
Beugh, A.T. GA 1st Cav. Co.A

Beugnot, J. LA Mil. 1st Regt. French Brig. Surg.,Maj.
Beugnot, J.F. LA Mil. French Brig. Maj.,Surg.
Beuhler, F. MO 10th Inf. Co.B
Beuhler, John R. VA 2nd Cav. Co.D
Beuisly, G.W. AR 2nd Mtd.Rifles Co.K Sgt.
Beul, Frank TN 14th (Neely's) Cav. Co.H
Beul, W.M. TN 14th (Neely's) Cav. Co.H
Beulah, Christian TN 9th (Ward's) Cav. Co.G
Beuliche, W. AL 21st Inf. Co.H
Beunefield, Daniel VA Cav. 41st Bn. Co.G
Beunefield, Needom G. GA 56th Inf. Co.A
Beupa, F. 1st Chickasaw Inf. Wallace's Co.
Beurer, F. TN 15th Inf. Co.I
Beurrier, Jules LA Mil. 1st Regt. French Brig. Co.8 1st Lt.
Beus, D. GA 12th Inf. Co.K
Beusel, George LA 21st (Kennedy's) Inf. Co.F
Beusse, Henry GA 9th Inf. (St.Guards) Co.H
Beusse, J.H.D. GA Inf. Athens Reserved Corps Cpl.
Beutchee, J.J. MS Cav. 4th Bn. Co.B
Beutchee, J.J. 8th (Wade's) Conf.Cav. Co.D
Beutel, Adolph VA 1st St.Res. Co.B Cpl.
Beutelspacher, Th. LA Mil. 4th Regt.Eur.Brig. Co.A
Beuter, Franz LA Mil. 3rd Regt. 3rd Brig. 1st Div. Co.G Capt.
Beuty, John TN 16th (Logwood's) Cav. Co.G
Beuves, William VA 45th Inf. Co.G
Bevan, George LA Inf.Crescent Regt. Co.H
Bevan, George W. FL 3rd Inf. Co.G Cpl.
Bevan, George W. LA Inf.Crescent Regt. Co.I Sgt.
Bevan, J. LA 18th Inf. Co.C
Bevan, John H. GA 56th Inf. Co.I
Bevan, John P. FL 2nd Cav. Co.F
Bevan, J.W. GA 24th Inf. Co.C
Bevan, M.N. FL 5th Inf. Co.B
Bevan, Samuel Conf.Inf. Tucker's Regt. Co.G
Bevan, S.J. AR 18th Inf. Co.G
Bevan, Thomas D. VA 13th Cav. Co.K
Bevan, Thomas D. VA 46th Inf. 2nd Co.F
Bevan, William J. FL 3rd Inf. Co.G
Bevan, William R. FL 8th Inf. Co.H Cpl.
Bevans, D.H. VA 2nd St.Res. Co.G 2nd Lt.
Bevans, James M. AL Cav. Holloway's Co.
Bevans, Jesse MO 6th Inf. Co.G
Bevans, J.L. TN 31st Inf. Surg.
Bevans, J.M. 7th Conf.Cav. Co.L
Bevans, John C. NC 1st Arty. (10th St.Troops) Co.I Sgt.
Bevans, John C. NC 2nd Arty. (36th St.Troops) Co.A Sgt.
Bevans, John W. AL 12th Cav. Co.F
Bevans, John W. AL Cav. Holloway's Co.
Bevans, Joseph LA 18th Inf. Co.A
Bevans, Joseph LA Inf.Crescent Regt. Co.I
Bevans, Joseph L. Gen. & Staff Surg.
Bevans, L.C. TN 21st Inf. Co.A
Bevard, D.N. GA 48th Inf. Co.B
Bevard, Martin V. MS 14th Inf. Co.B
Bevard, M.V. Central Div. KY Sap. & Min.,CSA
Bevard, O. LA 18th Inf. Co.D
Bevart, James TN 9th Cav. Co.F
Bevel, Allen W. NC 21st Inf. Co.K
Bevel, Benjamin F. GA Inf. 3rd Bn. Co.E
Bevel, Benjamin F. GA 37th Inf. Co.C
Bevel, C.R. NC 3rd Jr.Res. Co.A
Bevel, Elisha G. TN 44th Inf. Co.K
Bevel, Elisha G. TN 44th (Cons.) Inf. Co.F
Bevel, H. TX 21st Inf. Co.B
Bevel, Henry AL 6th Inf. Co.A
Bevel, Henry D. TN 34th Inf. Co.C Bvt.2nd Lt.
Bevel, James FL Lt.Arty. Dyke's Co.
Bevel, James TN 44th Inf. Co.K
Bevel, James TN 44th (Cons.) Inf. Co.F
Bevel, James B. AL 4th (Russell's) Cav. Co.G
Bevel, James E. NC 21st Inf. Co.G Cpl.
Bevel, James M. GA Inf. Cobb Guards Co.B
Bevel, James T. VA 56th Inf. Co.A
Bevel, J.B. GA 6th Inf. (St.Guards) Co.E Cpl.
Bevel, J.L. AR 8th Inf.
Bevel, John T. AL 49th Inf. Co.H 1st Sgt.
Bevel, John W. VA 29th Inf. Co.C
Bevel, M.V.B. TN 10th (DeMoss') Cav. Co.K Cpl.
Bevel, W.B. TN 51st Inf. Co.H
Bevel, William AR 34th Inf. Co.F
Bevel, William TN 42nd Inf. 1st Co.H
Bevel, William D. AL 6th Inf. Co.A
Bevel, William H. AR 9th Inf. New Co.I Bvt.2nd Lt.
Bevel, William H. AR 15th (N.W.) Inf. Co.C
Bevel, William H. MS 25th Inf. Co.G Sgt.
Bevel, William P. MS St.Cav. 2nd Bn. (Harris') Co.A,B
Bevel, William P. Mead's Conf.Cav. Co.B Sgt.
Bevell, Charles D. VA 38th Inf. Co.G
Bevell, C.R. NC 4th Bn.Jr.Res. Co.A
Bevell, F.M. AR 2nd Cav. Co.D
Bevell, James TN 3rd (Forrest's) Cav. Co.G
Bevell, John B. TX Cav. Martin's Regt. Co.E
Bevell, John H. TN 1st (Turney's) Inf. Co.D Capt.
Bevell, John R. FL Milton Lt.Arty. Dunham's Co.
Bevell, S.S. AR 8th Inf. New Co.D Cpl.
Bevell, Pharris AL 11th Inf. Co.B
Bevell, P.S. FL 1st (Res.) Inf. Co.F Cpl.
Bevell, W.B. TN 51st (Cons.) Inf. Co.D
Bevell, W.E. AL Mil. 4th Vol. Modawell's Co.
Bevell, William AR 7th Mil. Co.C
Bevell, William GA 9th Inf. Co.F
Bevell, Willis B. AL 49th Inf. Co.D
Bevell, W.J.S. TX 24th Cav. Co.G
Bevelley, William GA 12th Cav. Co.A
Bevels, G.M. TN 44th (Cons.) Inf. Co.F
Bevely, John NC 6th Sr.Res. Co.I
Beven, J.C. AR 8th Cav. Co.A
Bevener, J. NC 50th Inf. Co.E
Bevens, Ala AR 14th (Powers') Inf. Co.K
Bevens, E. TX 15th Inf. Co.B
Bevens, E.F. AR 7th Inf. Co.D 1st Lt.
Bevens, Elam F. AR 30th Inf. Co.K Capt.
Bevens, John Conf.Reg.Inf. Brooks' Bn. Co.C
Bevens, J.S. AL 31st Inf. Surg.
Bevens, Samuel TX 18th Cav. Co.D
Bevens, T.L. AR Inf. Hardy's Regt. Co.F
Bevens, W.A. AR 8th Cav. ACS
Bevens, William E. AR 1st (Colquitt's) Inf. Co.G Cpl.
Bever, A.T. GA 51st Inf. Co.B
Bever, Daniel F. NC 15th Inf. Co.E
Bever, John F. TX 36th Cav. Co.H
Beverage, A.J. VA 18th Cav. Co.A,B
Beverage, Andrew VA 10th Bn.Res. Co.D
Beverage, Andrew J. VA 25th Inf. 2nd Co.F
Beverage, D. VA 62nd Mtd.Inf.
Beverage, George W. VA 26th Cav. Co.E
Beverage, George W. VA Cav. 46th Bn. Co.E
Beverage, George W. VA 31st Inf. Co.G
Beverage, Harvey VA 31st Inf. Co.E 2nd Lt.
Beverage, Harvey VA 162nd Mil. Co.B
Beverage, Henry VA 25th Inf. 2nd Co.F
Beverage, Jacob VA 31st Inf. Co.E Lt.
Beverage, Jacob VA 62nd Mtd.Inf. 2nd Co.A
Beverage, John VA 31st Inf. Co.E
Beverage, John VA 62nd Mtd.Inf. 2nd Co.D
Beverage, John, Jr. VA 162nd Mil. Co.A
Beverage, John VA 162nd Mil. Co.B
Beverage, John W. VA 31st Inf. 2nd Co.B
Beverage, John W. VA 62nd Mtd.Inf. 2nd Co.D
Beverage, John W. VA 162nd Mil. Co.A
Beverage, Josiah VA 19th Cav. Co.F
Beverage, Josiah VA 62nd Mtd.Inf. 2nd Co.D, 2nd Co.A
Beverage, Levi VA 62nd Mtd.Inf. 2nd Co.D, 2nd Co.A Cpl.
Beverage, Levi VA Mil. 127th Regt.
Beverage, Noble VA Inf. 25th Bn. Co.F
Beverage, R. VA 62nd Mtd.Inf. Co.I
Beverage, Samuel VA 25th Inf. 2nd Co.F
Beverage, Samuel VA 62nd Mtd.Inf. 2nd Co.D
Beverage, Solomon C. VA 62nd Mtd.Inf. 2nd Co.D
Beverage, Solomon C. VA 162nd Mil. Co.A
Beverage, T.E. AR 27th Inf. Co.F
Beverage, Thomas M. VA 25th Inf. 2nd Co.F
Beverage, Thomas M. VA 62nd Mtd.Inf. 2nd Co.D Cpl.
Beverage, Washington VA 162nd Mil. Co.B
Beverage, Wesley VA 14th Cav. Co.C
Beverage, Wesley VA 162nd Mil. Co.B
Beverage, William VA 31st Inf. Co.G Cpl.
Beverage, William VA 62nd Mtd.Inf. 2nd Co.D
Beverage, William, Jr. VA 162nd Mil. Co.A
Beverage, William A. AR 45th Mil. Co.G
Beverage, William A. VA 62nd Mtd.Inf. 2nd Co.D
Beverage, W.S. AR 27th Inf. Co.F
Bevere, J.E. LA 3rd Inf. Co.A
Beverett, John AL 57th Inf. Co.D
Beveridge, Adam LA 15th Inf. Co.D Sgt.
Beveridge, David VA 9th Inf. Co.B
Beveridge, John C. GA 63rd Inf. Co.K 2nd Lt.
Beveridge, John L. GA 12th Inf. Co.A
Beveridge, John M. VA 20th Cav. Co.I
Beveridge, J.T. Gen. & Staff Asst.Comsy.
Beveridge, Thomas TN 51st Inf. Co.E 1st Lt.
Beveridge, Thomas E. AR Lt.Arty. Rivers' Btty.
Beveridge, W.H. VA Cav. 1st Bn. Co.A
Beveridge, W.H. VA 1st St.Res. Co.B
Beveridge, Wm. H. VA 46th Inf. Co.A
Beverige, Adam LA Mil. 3rd Regt. 1st Brig. 1st Div. Co.E
Beverley, Charles LA Inf. McLean's Co. Cpl.
Beverley, H.M. TX Cav. Mann's Bn. Cox's Co. 2nd Lt.
Beverley, James G. VA 9th Cav. Co.E
Beverley, J.R. AL Cp. of Instr. Talladega Co.A

Beverlly, W.N. AL 22nd Inf. Co.E Cpl.
Beverly, A. TN 52nd Inf. Co.B
Beverly, A.H. AL Mil. 4th Vol. Modawell's Co.
Beverly, A.H. AL 12th Inf. Co.F
Beverly, Alexander VA Cav. 34th Bn. Co.C
Beverly, Allen TN 51st (Cons.) Inf. Co.B
Beverly, Andrew J. GA 3rd Res. Co.D Sgt.
Beverly, Andrew J. TX 6th Cav. Co.A
Beverly, Andrew W. AL 45th Inf. Co.E
Beverly, B. Mead's Conf.Cav. Co.L
Beverly, Benjamin F. AL 43rd Inf. Co.A 1st Lt.
Beverly, Benjamin F. GA 5th Inf. Co.F 1st Lt.
Beverly, Benjamin F. GA Inf. 13th Bn. (St.Guards) Douglass' Co.
Beverly, C.G. AL 30th Inf. Co.G
Beverly, Charles VA 59th Inf. 2nd Co.A Cpl.
Beverly, C.W. SC 1st (Butler's) Inf. Co.K
Beverly, C.W. SC 11th Inf. 1st Co.F
Beverly, D. SC 10th Inf. Co.D
Beverly, David VA Cav. 34th Bn. Co.C
Beverly, D.G. AL 45th Inf. Co.A
Beverly, F. SC 10th Inf. Co.D
Beverly, Francis C. VA 9th Cav. Co.E Capt.
Beverly, Guilford M. TX 19th Cav. Co.K
Beverly, Gustus B. MS 37th Inf. Co.C
Beverly, Hamilton AL 44th Inf. Co.C
Beverly, Hampton NC 43rd Inf. Co.H Capt.
Beverly, Henry L. NC 4th Cav. (59th St.Troops) Co.A
Beverly, Hiram C. VA 29th Inf. 1st Co.F
Beverly, H.W. AL 33rd Inf. Co.H
Beverly, J.A. AL 3rd Bn.Res. Jackson's Co.
Beverly, James KY 5th Mtd.Inf. Co.E
Beverly, James TX 19th Cav. Co.E
Beverly, J.B. SC 3rd Cav. Co.A
Beverly, J.B. SC 11th Inf. Co.K
Beverly, J.E. AL 1st Bn. Hilliard's Legion Vol. Co.D
Beverly, Jesse KY 4th Cav. Co.C
Beverly, Jesse R. AL 43rd Inf. Co.A
Beverly, J.J. GA Cav. 15th Bn. (St.Guards) Wooten's Co.
Beverly, J.J. LA 3rd Inf. Co.H
Beverly, J.L. NC 1st Jr.Res. Co.I Cpl.
Beverly, J.L. NC 43rd Inf. Co.H
Beverly, John AL Cav. 24th Bn. Co.B
Beverly, John AL 61st Inf. Co.D
Beverly, John GA 4th (Clinch's) Cav. Co.C
Beverly, John GA 3rd Res. Co.D
Beverly, John SC 11th Res. Co.D
Beverly, John SC 25th Inf. Co.D
Beverly, John F. VA 51st Inf. Co.I
Beverly, John F. VA 64th Mtd.Inf. Co.H
Beverly, John G. VA 9th Cav. Co.E
Beverly, John J. AL 61st Inf. Co.H
Beverly, John W. GA 46th Inf. Co.A
Beverly, Josiah J. LA 31st Inf. Co.A
Beverly, J.P. GA 8th Cav. Co.K 1st Sgt.
Beverly, J.P. GA 62nd Cav. Co.K 1st Sgt.
Beverly, J.R. GA 46th Inf. Co.A 2nd Lt.
Beverly, J.R. MS Grace's Co. (St.Troops)
Beverly, L. Salmon LA Hvy.Arty. 8th Bn.
Beverly, Nathan GA Cav. 1st Bn.Res. McKinney's Co.
Beverly, Nathan F. VA 51st Inf. Co.A
Beverly, Nathaniel P. AL 13th Inf. Co.I
Beverly, Nathaniel P. GA 5th Inf. (St.Guards) Russell's Co.
Beverly, N.M. GA Lt.Arty. Ritter's Co.
Beverly, N.M. MD Arty. 3rd Btty.
Beverly, N.P. AL 3rd Res. Co.F 1st Lt.
Beverly, Oliver V. MS 13th Inf. Co.F Sgt.
Beverly, Oliver V. MS 24th Inf. Co.I
Beverly, R. SC 24th Inf. Co.B Cpl.
Beverly, Robert H. VA 3rd Cav. Co.E
Beverly, Samuel VA Rangers
Beverly, Skyler VA Cav. 34th Bn. Co.C
Beverly, Sylvester VA 29th Inf. 1st Co.F
Beverly, Sylvester VA 64th Mtd.Inf. Co.H
Beverly, Thomas A. AL 43rd Inf. Co.A 1st Sgt.
Beverly, T.J. AL 30th Inf. Co.G
Beverly, W.C. AL 3rd Inf. Co.D
Beverly, W.D. SC 25th Inf. Co.D
Beverly, William AL Talladega Cty.Res. B.H. Ford's Co.
Beverly, William KY 4th Cav. Co.C
Beverly, William A. TX 6th Cav. Co.A
Beverly, William C. AL 13th Inf. Co.I
Beverly, William C. MS 35th Inf. Co.K Cpl.
Beverly, William H NC 33rd Inf. Co.B Sgt.
Beverly, William N. AL 7th Inf. Co.E
Beverly, William N. AL 39th Inf. Co.H Cpl.
Beverly, W.P. NC 23rd Inf. Co.A
Bevers, A.J. TN Inf. 3rd Cons.Regt. Co.B
Bevers, Benjamin S. NC 25th Inf. Co.D
Bevers, Charles W. NC 14th Inf. Co.K 2nd Lt.
Bevers, Daniel F. NC 56th Inf. Co.C
Bevers, Edwin NC 47th Inf. Co.I
Bevers, Fabius G. NC 14th Inf. Co.K
Bevers, James VA Lt.Arty. Lamkin's Co.
Bevers, T.B. TX 3rd Cav. Co.F
Bevers, W.H. AR 31st Inf. Co.C 3rd Lt.
Bevers, Wilson AL 5th Inf. New Co.E
Bevers, Woodley NC 47th Inf. Co.I Sgt.
Beverson, J.G. SC Mil. 1st Regt. (Charleston Res.) Co.C
Beverson, J.G. SC Mil. 16th Regt. Prendergast's Co.
Bevert, Charles TN 8th (Smith's) Cav. Co.F
Bevert, Jerome P. TN 4th (Murray's) Cav. Co.K
Bevert, Larkin 1st Cherokee Mtd.Vol. 2nd Co.D, 2nd Co.F 1st Sgt.
Beverton, Henry VA 41st Mil. Co.C
Beves, Henry AR Cav. Gordon's Regt. Co.H
Bevier, Robert S. MO 5th Inf. Lt.Col.
Bevil, A.H. TN 19th (Biffle's) Cav. Co.K
Bevil, Alexander AL Inf. 1st Regt. Co.F
Bevil, C.T. VA 3rd Arty. Co.B
Bevil, Ed AL Inf. 2nd Regt. Co.K
Bevil, G.D. AL Inf. 2nd Regt. Co.K
Bevil, George C. AL Inf. 1st Regt. Co.F
Bevil, George M. TN 32nd Inf. Co.I
Bevil, George S. TX 11th (Spaight's) Bn.Vol. Co.C
Bevil, Granville GA 47th Inf. Co.E
Bevil, G.S. TX 21st Inf. Co.E Cpl.
Bevil, Jackson TX Waul's Legion Co.A
Bevil, James GA 12th (Wright's) Cav. (St.Guards) Thiot's Co.
Bevil, James GA 39th Inf. Co.F Cpl.
Bevil, James SC 8th Inf. Co.C
Bevil, James TN 32nd Inf.
Bevil, James O. TX 3rd Cav. Co.E
Bevil, John VA Cav. 47th Bn. Co.C
Bevil, John VA 4th Res. Co.F
Bevil, John A. VA 24th Inf. Co.E
Bevil, John L.C. NC 45th Inf. Co.E
Bevil, John M. TX 27th Cav. Co.E
Bevil, John N. VA 4th Res. Co.F,K
Bevil, John W. VA 22nd Cav. Co.G
Bevil, J.W. TX 7th Inf. Co.K
Bevil, Lewis J. TN 5th Inf. Co.A
Bevil, M.G. MS 44th Inf. Co.F
Bevil, Newton VA Cav. 47th Bn. Co.C
Bevil, R. GA Siege Arty. 28th Bn. Co.B
Bevil, R.J. TN 5th Inf. 2nd Co.I
Bevil, Robert F. MS Cav. 4th Bn. Sykes' Co.
Bevil, Robert H. GA Brooks' Co. (Terrell Lt.Arty.)
Bevil, W.A. TX 3rd Cav. Co.K
Bevil, William AR 15th (N.W.) Inf. Emergency Co.I
Bevil, William GA 39th Inf. Co.I,G
Bevil, William M. TN 5th Inf. Co.A
Bevil, William T. AL Inf. 1st Regt. Co.F
Bevil, William T. VA 21st Cav. 2nd Co.E
Bevil, W.P. AL 27th Inf. Co.F
Bevil, W.P. MS 11th (Cons.) Cav. Co.G
Bevile, J.L. AR 15th (Josey's) Inf. 1st Co.C
Bevill, A.J. VA Inf. 25th Bn. Co.E
Bevill, A.J. Gen. & Staff Doctor
Bevill, Alex SC 4th St.Troops Co.K
Bevill, Alexander A. VA 51st Inf. Co.C
Bevill, Alison MS 31st Inf. Co.D
Bevill, Archer NC 1st Inf. Co.A
Bevill, Archie NC 27th Inf. Co.H
Bevill, B. VA 4th Res. Co.G
Bevill, Benjamin J. TX 15th Inf. 2nd Co.D
Bevill, Bolivar L. AL 40th Inf. Co.C
Bevill, C. FL Fernandez's Mtd.Co. (Supply Force) Sgt.
Bevill, Charles H. MS 13th Inf. Co.A
Bevill, Clabourn GA 47th Inf. Co.I
Bevill, Claiborn GA 12th (Wright's) Cav. (St.Guards) Thiot's Co.
Bevill, Claibourn FL 10th Inf. Co.B
Bevill, Daniel FL 10th Inf. Co.B
Bevill, E. AL 15th Inf. Co.B
Bevill, Elisha TN 46th Inf. Co.C Cpl.
Bevill, F. GA 8th Inf. Co.B
Bevill, F.C. MS 31st Inf. Co.D
Bevill, G. GA 4th (Clinch's) Cav. Co.H
Bevill, George NC 58th Inf. Co.F
Bevill, James GA Cav. 2nd Bn. Co.A
Bevill, James SC 1st (Butler's) Inf. Co.H
Bevill, James TN 46th Inf. Co.C
Bevill, James B. VA Inf. 25th Bn. Co.E
Bevill, James P. MS 20th Inf. Co.G
Bevill, James P. Gen. & Staff, Ord.Scouts
Bevill, James R. LA 12th Inf. Co.C 1st Lt.
Bevill, James R. TN 3rd (Forrest's) Cav. Co.C
Bevill, James R. TN Cav. Newsom's Regt. Donel's, Randolph's Co.
Bevill, James T. GA 50th Inf. Co.D Capt.
Bevill, James W. FL 2nd Cav. Co.F
Bevill, Jesse H. NC 1st Inf. Co.A
Bevill, J.M. TN Cav. 1st Bn. (McNairy's) Co.D Sgt.
Bevill, John AR 32nd Inf. Co.A
Bevill, John GA Arty. Maxwell's Reg.Lt.Btty.

Bevill, John GA 1st Reg. Co.D
Bevill, John A. MS 20th Inf. Co.G Sgt.
Bevill, John F. AR 15th (N.W.) Inf. Co.E
Bevill, John M. KY 8th Cav. Co.K 2nd Lt.
Bevill, J.R. FL Cav. 5th Bn. Co.G Capt.
Bevill, J.S. GA 5th Cav. Co.I
Bevill, McNeal MS 31st Inf. Co.D
Bevill, N.J. TN 46th Inf. Co.C
Bevill, Paul GA 47th Inf. Co.I
Bevill, R.C. AL 12th Inf. Co.G Sgt.
Bevill, R.F. TN 18th Inf. Co.G
Bevill, Richard B. MS 15th (Cons.) Inf. Co.H
Bevill, Richard B. MS 20th Inf. Co.G
Bevill, Robert GA Cav. 2nd Bn. Co.A
Bevill, Robert GA 5th Cav. Co.I
Bevill, Robert MS 1st (Johnston's) Inf. Co.G
Bevill, Robert F. 8th (Wade's) Conf.Cav. Co.G
Bevill, Robert H. FL 2nd Cav. Co.C
Bevill, Robert J. FL 3rd Inf. Co.G 1st Lt.
Bevill, R.W. AL 62nd Inf. Co.C Cpl.
Bevill, S.B. GA Cav. 20th Bn. Co.C
Bevill, S.C. FL Cav. 5th Bn. Co.G
Bevill, S.G. NC 7th Sr.Res. Johnson's Co.
Bevill, S.P. FL Cav. 5th Bn. Co.G
Bevill, Stephen B. GA 47th Inf. Co.E
Bevill, Stephen C. FL 2nd Cav. Co.C Cpl.
Bevill, Thomas MS 18th Cav. Co.F
Bevill, Thomas NC 2nd Cav. (19th St.Troops) Co.F
Bevill, Thomas TN 46th Inf. Co.G
Bevill, W.A. SC 21st Inf. Co.G 2nd Lt.
Bevill, W.A.H. SC 15th Inf. Co.H
Bevill, W.C. TX 12th Cav. Co.D
Bevill, W.H. VA 4th Res. Co.E
Bevill, W.H. 2nd Conf.Inf. Co.G 2nd Bvt.Lt.
Bevill, W.H.H. SC 15th Inf. Co.H
Bevill, William E. NC 3rd Cav. (41st St.Troops) Co.E
Bevill, William E. NC 5th Cav. (63rd St.Troops) Co.D
Bevill, William J. VA Conscr. Cp.Lee
Bevill, William T. MS 41st Inf. Co.K Sgt.
Bevill, W.J. VA 32nd Inf. Co.E
Bevill, W.L. GA Cav. 2nd Bn. Co.A
Bevill, W.L. GA 5th Cav. Co.I
Bevill, W.P. MS 2nd Inf. Co.G
Bevill, W.T. MS 9th Inf. Co.K Sgt.
Bevill, Zach GA 1st (Olmstead's) Inf. Co.K
Beville, Andrew J. VA 3rd Cav. Co.H
Beville, C.D. VA Conscr. Cp.Lee Co.B
Beville, G. GA 1st (Symons') Res. Co.B
Beville, James LA 1st Hvy.Arty. (Reg.) Co.H,I Sgt.
Beville, James A. VA 4th Inf. Co.A
Beville, James M. MS 16th Inf. Co.F
Beville, J.T. VA Inf. 44th Bn. Co.C
Beville, J.T. VA 38th Inf. Co.G
Beville, Lowery GA 1st (Olmstead's) Inf. Co.H
Beville, S.J. AL Gid Nelson Lt.Arty.
Beville, W.C. TX 21st Cav. Co.C Cpl.
Beville, W.F. LA Inf.Crescent Regt. Co.E
Bevills, B.J. TX 13th Vol. 2nd Co.D
Bevils, B.G. TN 3rd (Clack's) Inf. Co.H
Bevin, A. GA Inf. 17th Bn. (St.Guards) Fay's Co.
Bevin, Aubrey LA 30th Inf. Co.I,H Capt.
Bevin, Aubry LA 3rd Inf. Capt.
Bevin, Charles KY 5th Mtd.Inf. Co.C
Bevin, J.G. AL 2nd Inf. Co.E
Bevin, Octave LA 3rd Inf. Co.A Cpl.
Bevin, Robert 3rd Conf.Inf. Co.B 1st Sgt.
Bevin, T.J. GA 19th Inf. Co.I
Bevin, W.E. SC Mil. 17th Regt. Buist's Co.
Bevin, William E. SC Arty. Manigault's Bn. 1st Co.A
Bevington, William AL St.Arty. Co.A
Bevins, --- VA Inf. 2nd Bn.Loc.Def. Co.A
Bevins, Andrew AL 63rd Inf. Co.G
Bevins, George W. VA Inf. 21st Bn. 2nd Co.E Sgt.
Bevins, George W. VA 64th Mtd.Inf. Co.E Sgt.
Bevins, George W. VA Mil. Scott Cty.
Bevins, Henry GA 45th Inf. Co.C
Bevins, Henry KY 5th Mtd.Inf. Co.C
Bevins, Henry T. KY 4th Mtd.Inf. Co.C
Bevins, Isaac C. VA 64th Mtd.Inf. Co.E
Bevins, Isidore TX Ind.Cav.
Bevins, James NC 4th Sr.Res. Co.I
Bevins, James M. KY 10th (Diamond's) Cav. Co.C Bvt.2nd Lt.
Bevins, James M. VA 94th Mil. Co.A Cpl.
Bevins, James S. KY 5th Mtd.Inf. Co.D
Bevins, James S. VA 64th Mtd.Inf. Co.E
Bevins, J.C. VA Mil. Scott Cty.
Bevins, J.J. VA 41st Inf. Co.D
Bevins, J.K. SC Mil. 1st Regt. (Charleston Res.) Co.F
Bevins, John KY 10th (Diamond's) Cav. Co.C
Bevins, John TN 62nd Mtd.Inf. Co.C
Bevins, John J. VA Inf. French's Bn. Co.C
Bevins, M. DeWitt KY 1st Bn.Mtd.Rifles Co.C
Bevins, M.L. AR 36th Inf. Co.E
Bevins, Oliver AR 8th Cav. Co.F
Bevins, Peter M. TN 61st Mtd.Inf. Co.E Music.
Bevins, R.F. AL 10th Inf. Co.H
Bevins, Robert AR 18th (Marmaduke's) Inf. Co.B
Bevins, T. MO Cav. 1st Regt.St.Guard Co.A 3rd Lt.
Bevins, William AR 1st (Crawford's) Cav. Co.B
Bevins, William VA Swan's Bn.St.Line Co.F
Bevis, Adoniram J. FL 6th Inf. Co.D
Bevis, A.J. AL 27th Inf. Co.C
Bevis, A.J. FL 2nd Cav. Co.G
Bevis, Andrew J. FL Cav. 5th Bn. Co.A
Bevis, Benjamon L. GA Lt.Arty. 12th Bn. 2nd Co.A
Bevis, George H. GA Lt.Arty. 12th Bn. 2nd Co.A
Bevis, Isum AL 12th Inf. Co.H
Bevis, J. TN 7th Inf. Co.B
Bevis, James A. TN 19th (Biffle's) Cav. Co.B
Bevis, James F. GA 2nd Cav. (St.Guards) Co.G
Bevis, James M. GA Lt.Arty. 12th Bn. 2nd Co.A
Bevis, Jesse M. AL 27th Inf.
Bevis, John A. FL 2nd Cav. Co.G
Bevis, John A. FL Cav. 5th Bn. Co.A Hosp.Stew.
Bevis, John A. Gen. & Staff Hosp.Stew.
Bevis, John H. GA Lt.Arty. 12th Bn. 2nd Co.A
Bevis, Joshua P. FL 8th Inf. Co.E
Bevis, J.W. TN 13th (Gore's) Cav. Co.D 1st Lt.
Bevis, Levi J. GA Phillips' Legion Co.D
Bevis, Martin L. FL 8th Inf. Co.E
Bevis, P.O. TN 19th & 20th (Cons.) Cav. Co.E
Bevis, Richard F. AL 9th Inf. Co.H
Bevis, Robert VA 41st Inf. Co.C
Bevis, S.R. AR 6th Inf. Co.G
Bevis, T.F. AL 27th Inf. Co.C
Bevis, Thomas L. FL Cav. 5th Bn. Co.A
Bevis, T.L. FL 2nd Cav. Co.G
Bevis, T.O. AL Cav. Forrest's Regt.
Bevis, T.O. TN 18th (Newsom's) Cav. Co.E
Bevis, T.O. TN 21st (Wilson's) Cav. Co.H Ord.Sgt.
Bevis, William AL 26th Inf. (O'Neal's) Co.K,F
Bevis, William FL 1st (Res.) Inf. Co.C
Bevis, William FL Res. Poe's Co.
Bevis, William Z. SC 18th Inf. Co.A Sgt.
Bevley, A. TN 55th (Brown's) Inf. Co.F
Bevley, Jackson AR 7th Cav. Co.C
Bevoniger, Hampton VA 11th Cav. Co.B
Bevrage, Josiah VA 2nd Cav.St.Line McNeel's Co.
Bevrage, J.T. TN 51st (Cons.) Inf. Co.I 2nd Lt.
Bevrige, J.C. GA 1st (Olmstead's) Inf. Gordon's Co.
Bevrotte, Henry LA Mil. 1st Native Guards
Bevy, Edward MS 3rd Inf. Co.A
Bevy, Mark VA 33rd Inf. Co.H
Bew, A.F. MS Lt.Arty. Stanford's Co.
Bew, George W. VA 6th Inf. Ferguson's Co.
Bew, George W. VA 12th Inf. Co.H
Bew, H.A. MS 12th Inf. Co.C 3rd Lt.
Bew, Hezekiah VA 26th Inf. Co.G
Bew, James M. VA 26th Inf. Co.G Sgt.
Bew, J.H. VA Loc.Def. Wood's Co.
Bew, John MS Lt.Arty. Stanford's Co.
Bew, John H. VA Cav. 40th Bn. Co.C
Bew, John H. VA 26th Inf. Co.G 2nd Lt.
Bew, Thomas VA 9th Mil. Co.B
Bew, Thomas W. VA 6th Inf. Co.H
Bew, W.E. MS 3rd Cav.
Bew, William E. MS 15th Inf. Co.G 1st Lt.
Bew, William J. VA 26th Inf. Co.C
Bewett, Joseph MS 7th Inf. Co.B
Bewie, Daniel MS 15th Bn.S.S. Co.B
Bewie, James H. AR 14th (Powers') Inf. Co.G
Bewley, Anthony W. TN 39th Mtd.Inf. Co.E Cpl.
Bewley, C.F. TN 1st (Carter's) Cav. Co.K
Bewley, C.F. TN 61st Mtd.Inf. Co.I Lt.
Bewley, Henry AR 8th Inf. New Co.K
Bewley, J.A. TX 9th (Young's) Inf. Co.I
Bewley, James AR 34th Inf. Co.B
Bewley, John TN 61st Mtd.Inf. Co.I
Bewley, Malan AR 35th Inf. Co.H
Bewley, M.W. AR 15th Mil. Co.A
Bewley, Samuel B. TX 27th Cav. Co.C
Bewley, S.B. TX 1st Hvy.Arty. Co.H
Bewley, W.C. SC 2nd Cav. Co.B
Bewley, W.C. SC 1st St.Troops Co.C
Bewley, William M. MO 5th Inf. Co.C 1st Sgt.
Bewley, William N. TN 61st Mtd.Inf. Co.I Capt.
Bewly, William M. MS 3rd Inf. Co.F Sgt.
Bews, Wm. AL Cp. of Instr. Talladega
Bexley, A.R. FL 3rd Inf. Dr.
Bexley, Christopher NC 1st Arty. (10th St.Troops) Co.I

Bexley, Christopher C. NC 3rd Arty. (40th St.Troops) Co.D
Bexley, James NC 1st Arty. (10th St.Troops) Co.I
Bexley, John SC 11th Inf. Co.C
Bexley, Joseph L. GA 28th Inf. Co.E
Bexley, Nathaniel NC 1st Arty. (10th St.Troops) Co.I
Bexley, Samuel NC 2nd Inf. Co.F
Bexley, W.M. AL Lt.Arty. 2nd Bn. Co.C
Bexly, Hugh M. GA 7th Inf. Co.A
Bexly, J.D. AL 22nd Inf. Co.I
Bexster, H.T. NC 2nd Conscr. Co.I
Bey, G. LA Mil. Orleans Fire Regt. Co.G
Bey, N. LA Mil. Orleans Fire Regt. Co.A
Bey, Peter LA 25th Inf. Co.H
Beya, Vincenzo LA Mil. Cazadores Espanoles Regt. Co.F
Beybee, William MS 18th Cav. Co.D
Beydler, Samuel VA 8th Bn.Res. Co.D
Beyer, Adam MD 1st Inf. Co.F
Beyer, Adam VA 12th Cav.
Beyer, Burnhardt TX 8th Inf. Co.K
Beyer, Charles TX 1st (McCulloch's) Cav. Co.E
Beyer, Ernest LA Washington Arty.Bn. Co.3
Beyer, Henry LA 20th Inf. Co.B Cpl.
Beyer, M. VA 30th Btty.
Beyer, Otto TX Arty. 4th Bn. Co.B 1st Lt.
Beyer, Otto TX 8th Inf. Co.B,A Jr.1st Lt.
Beyers, Charles 1st Cherokee Mtd.Rifles Co.I
Beyers, Julius TX 17th Inf. Co.F
Beyers, Nick 1st Cherokee Mtd.Rifles Co.1 Sgt.
Beyersdorf, Fred. MO 5th Inf. Co.E
Beyets, Benjamin SC 2nd Arty. Co.G
Beyford, James MS 1st Cav. Co.C
Beyhy, H.P. Gen. & Staff Maj.Gen.
Beyler, John G. VA 97th Mil. Co.F
Beylle, Joseph LA Lt.Arty. Fenner's Btty.
Beylor, George O. VA 7th Cav. Co.D
Beylor, G.W. VA 7th Cav. Co.D
Beylor, Thornton W. VA 10th Inf. Co.K
Beymel, John MO 1st Regt.St.Guard Inf.
Beymel, Newton AR 3rd Inf.
Beynel, M. LA Mil. 2nd Regt. French Brig. Co.1
Beynon, John LA Inf. 1st Sp.Bn. (Rightor's) Co.D Sgt.
Beynon, Thomas J. TX 2nd Cav. Co.G
Beynon, W. Gen. & Staff Maj.,QM
Beynon, William TX 35th (Likens') Cav. Adj.
Beynon, William TX 11th (Spaight's) Bn.Vol. Co.B 1st Lt.
Beynter, J. TX 25th Cav. Co.F
Beyo, F. MS Inf. 2nd Bn. (St.Troops) Co.D
Beyre, L. AL 3rd Inf. Co.C
Beytagh, John GA 1st (Olmstead's) Inf. Co.A
Bezancon, Theo SC 2nd Inf. Co.A
Bezanson, Joseph VA 10th Inf. Co.B
Bezard, J.T. LA 3rd Inf. Co.E
Bezeand, Cerile LA Conscr.
Bezelay, F. GA Floyd Legion (St.Guards) Co.I
Bezet, Zephir LA Pointe Coupee Arty.
Bezleay, J.T. GA 8th Inf. Co.A
Bezleay, John F. GA 3rd Cav. Co.H Cpl.
Bezou, Henry LA Mil. 1st Native Guards Maj.
Bezzell, W.H. TN 6th (Wheeler's) Cav. Co.K
Bezzley, Ezekiel NC 68th Inf. Co.K
Bheam, George VA 34th Mil. Co.B
Bhoile, John TX St.Troops Atkins' Co.
Bholler, --- AL 15th Inf. Co.B
Biacabe, A. LA Mil. 3rd Regt.Eur.Brig. (Garde Francaise) Co.2
Biace, E. KY 12th Cav. Co.I
Biaggini, D. AL 21st Inf. Co.G
Biaggini, Giovanni LA Mil. 6th Regt.Eur.Brig. (Italian Guards Bn.) Co.2
Biakofsky, Charles Conf.Inf. Tucker's Regt. Co.G
Bianchi, G. VA 2nd St.Res. Co.K
Bianchieri, Paolo LA Mil. 6th Regt.Eur.Brig. (Italian Guards Bn.) Co.1
Bianchini, R. TX 9th (Nichols') Inf. Co.G,H
Bianci, A. SC Mil. 1st Regt. (Charleston Res.) Co.B
Bianco, Louis AL 32nd Inf. Co.K,C
Bianel, Leopoldo LA Mil. 5th Regt.Eur.Brig. (Spanish Regt.) Co.4
Bianeo, P. AL 21st Inf. Co.G
Bianki, A. SC 1st Regt. Charleston Guard Co.D
Bianne, A. LA Mil. 3rd Regt. French Brig. Co.5
Bianum, K.R. AR 8th Cav. Co.E
Biard, Augustus AL 26th (O'Neal's) Inf. Co.I
Biard, J.L. TX 29th Cav. Co.C Cook
Biard, J.W. GA 53rd Inf. Co.F
Biard, J.W. TX 11th Cav. Co.B Sgt.
Biard, T.F. TX 29th Cav. Co.C
Biard, W.G. TX 29th Cav. Co.C
Biard, W.W. MS 9th Cav. Co.E
Biarnethy, C.L. AR 7th Cav. Co.E Cpl.
Biars, W.M. AR Mtd.Vol. Baker's Co. Cpl.
Bias, Absalom VA Cav. 36th Bn. Co.C
Bias, Alfred VA 50th Inf. Co.F
Bias, Calvary VA 1st Cav.St.Line Co.B
Bias, Elliott TN 39th Mtd.Inf. Co.E
Bias, G. GA 11th Inf. Co.F
Bias, H. LA 2nd Cav. Co.E
Bias, James P. VA Cav. 36th Bn. Co.C
Bias, J.F. GA 27th Inf.
Bias, J.K. VA 1st Cav.St.Line Co.B
Bias, J.M. GA 3rd Res. Co.D
Bias, John LA Inf.Cons.Crescent Regt. Co.F
Bias, Lafayette TX 32nd Cav. Co.K,E
Bias, Melville VA 36th Inf. Co.A
Bias, Palatine VA 50th Inf. Co.F
Bias, Rilant VA 22nd Inf. Co.I
Bias, Robert TN 35th Inf. Co.H
Bias, Rylen VA Cav.St.Line Co.B
Bias, Silvester VA 1st Cav.St.Line Co.B Cpl.
Bias, S.M. MO 2nd Inf. Co.E
Bias, T. AL Cav. Hardie's Bn.Res. Co.E
Bias, T.A. VA Cav. Ferguson's Bn. Morris' Co.
Bias, Thomas SC 20th Inf. Co.A
Bias, Thomas TN 12th Inf. Co.A
Bias, Thomas A. VA 16th Cav. Co.D Cpl.
Bias, William VA 50th Inf. Co.F
Bias, William A. VA Cav. 36th Bn. Co.C
Bias, William A. VA 36th Inf. Beckett's Co.A
Bias, William M. NC 14th Inf. Co.F
Bias, W.L. GA 18th Inf. Co.H
Bias, W.N. LA 19th Inf. Co.E
Biays, George MD 1st Cav. Co.C
Biays, P.A. KY 2nd Mtd.Inf. Co.G Sgt.
Biays, P.A. MD Cav. 2nd Bn. Co.D
Bibac, B. LA Mil. 1st Regt. French Brig. Co.2
Bibal, C. LA Mil. 1st Regt. French Brig. Co.2
Bibb, A.A. VA Cav. Hounshell's Bn. Thurman's Co.
Bibb, Albert VA 3rd Res. Co.H
Bibb, Alfred B. VA 56th Inf. Co.C Cpl.
Bibb, Alfred T. AR 38th Inf. Co.F
Bibb, Andrew J. VA 56th Inf. Co.C
Bibb, A.S. AL 12th Inf. Co.G Capt.
Bibb, B. AL 5th Cav. Co.I
Bibb, Benjamin F. MS 3rd Cav. Co.F 2nd Lt.
Bibb, B.F. AR 18th Inf. Co.C Cpl.
Bibb, B.F. MS 3rd Inf. (St.Troops) Co.B Sgt.
Bibb, B.F. MS 4th Inf. Co.H
Bibb, B.F. SC 4th Cav. Co.C
Bibb, Cary VA 59th Inf. 1st Co.F
Bibb, Cary VA 60th Inf. Co.C
Bibb, Cyrus T. VA 50th Inf. Co.F
Bibb, Doddridge VA 50th Inf. Co.F
Bibb, E. TN Cav. 9th Bn. (Gantt's) Co.G
Bibb, Eli TX 9th (Young's) Inf. Co.F Sgt.
Bibb, Epomianondas TN 11th Inf. Co.H Sgt.
Bibb, F. MS 11th Inf. Co.D
Bibb, French S. VA Lt.Arty. Carrington's Co. 2nd Lt.
Bibb, French S. Conf.Arty. Nelson's Bn. Co.E Jr.2nd Lt.
Bibb, G.A. AR 19th (Dawson's) Inf. Co.F
Bibb, Gau Bon AL Montgomery Guards
Bibb, George KY 2nd (Duke's) Cav. Co.C
Bibb, George M. KY 9th Mtd.Inf. Co.A
Bibb, George W. AL 43rd Inf. Co.C Sgt.
Bibb, George Washington VA Inf. 1st Bn. Co.D
Bibb, G.J. TN 51st (Cons.) Inf. Co.G
Bibb, G.W. TN 55th (Brown's) Inf. Co.C
Bibb, H.C. AL 9th Inf. Co.F 2nd Lt.
Bibb, Henry AR 19th (Dawson's) Inf. Co.F Cpl.
Bibb, Henry VA 2nd Inf.Loc.Def. Co.H
Bibb, Henry VA Inf. 2nd Bn.Loc.Def. Co.F
Bibb, Henry F. VA 56th Inf. Co.C
Bibb, Henry H. AL 9th Inf. Co.C
Bibb, Henry N. VA 1st Arty. Co.H Cpl.
Bibb, Henry N. VA Arty. C.F. Johnston's Co. 2nd Lt.
Bibb, H.F. VA 13th Inf. Co.D
Bibb, H.H. AL 13th Bn.Part.Rangers Co.D 1st Lt.
Bibb, H.H. AL 56th Part.Rangers Co.K Capt.
Bibb, Horace B. VA 13th Inf. Co.D
Bibb, Jas. AL 35th Inf. Co.E
Bibb, James B. AR 7th Inf. Co.A
Bibb, James D. VA Lt.Arty. 12th Bn. 2nd Co.A
Bibb, James D. VA Lt.Arty. Sturdivant's Co.
Bibb, James H. VA 56th Inf. Co.C
Bibb, James M. VA 1st St.Res. Co.A
Bibb, James M. VA 3rd Inf.Loc.Def. Co.I
Bibb, James N. VA 50th Inf. Co.F Cpl.
Bibb, James T. VA 19th Inf. Co.B
Bibb, J.B. AL 23rd Inf. Col.
Bibb, J.L. VA 3rd Res. Co.H
Bibb, J.M. AL Cav. Stewart's Bn. Co.E
Bibb, John AL 60th Inf. Co.F
Bibb, John MO 8th Inf. Co.G
Bibb, John D. AL 1st Bn. Hilliard's Legion Vol. Co.A
Bibb, John E. VA 13th Inf. Co.C Sgt.
Bibb, John F. TN 27th Inf. Co.A 2nd Lt.
Bibb, John H. AR 26th Inf. Co.A

Bibb, John H. GA Cherokee Legion Co.B
Bibb, John H., Jr. VA Lt.Arty. Carrington's Co.
Bibb, John H. VA 27th Inf. Co.E
Bibb, John R. VA 2nd Cav. Co.B
Bibb, Joseph AL 5th Cav. Co.I
Bibb, Joseph F. VA 56th Inf. Co.C 2nd Lt.
Bibb, Joshua A. VA 50th Inf. Co.F
Bibb, J.R. VA 88th Mil.
Bibb, L. TN 3rd (Forrest's) Cav. Co.C
Bibb, Leonidas TN Cav. 9th Bn. (Gantt's) Co.C Cpl.
Bibb, Levi VA Lt.Arty. Douthat's Co. Cpl.
Bibb, Levi VA 28th Inf. Co.H
Bibb, Levi VA Burks' Regt.Loc.Def. Flaherty's Co. Lt.
Bibb, L.H. KY 3rd Cav. Co.C
Bibb, Lockhart TN 3rd (Forrest's) Cav. 1st Lt.,Adj.
Bibb, Martin VA 60th Inf. Chap.
Bibb, P.D. AL 30th Inf. Co.D
Bibb, Peyton AL Conscr. Co.B
Bibb, Porter, Jr. AL 54th Inf. AQM
Bibb, Porter J. TN 40th Inf. Co.E Capt.
Bibb, P.W. TN Arty. Bibb's Co. Capt.
Bibb, R.E. TN 14th Inf. Co.C
Bibb, R.H. TN 49th Inf. Co.C
Bibb, Richard AL 1st Bn. Hilliard's Legion Vol. Co.G 2nd Lt.
Bibb, Richard AL 23rd Bn.S.S. Co.G 2nd Lt.
Bibb, Richard MO Inf. Perkins' Bn. Co.B
Bibb, Richard H. AR 14th (McCarver's) Inf. Co.I Sgt.
Bibb, Richard H. AR 21st Inf. Co.K Cpl.
Bibb, Robert VA 4th Inf. Co.E
Bibb, Robert VA 11th Inf. Co.K
Bibb, S. TN 15th (Stewart's) Cav. Co.F
Bibb, Samuel F. VA 37th Inf. Co.A
Bibb, Samuel R. SC Palmetto S.S. Co.B
Bibb, Samuel T. AL 56th Part.Rangers Co.K 2nd Lt.
Bibb, S.H. 1st Conf.Cav. 2nd Co.E
Bibb, S.T. AL 16th Inf. Co.F
Bibb, Taply MO 2nd Inf. Co.F Cpl.
Bibb, Thomas B. AL 43rd Inf. Co.C
Bibb, Thomas H. AL 3rd Inf. Co.B
Bibb, Thomas W. KY 2nd (Duke's) Cav. Co.C
Bibb, T.J. AL 9th Inf. Co.E
Bibb, T.P.A. VA 3rd Inf.Loc.Def. Co.B Capt.
Bibb, Vernon F. TN Cav. 9th Bn. (Gantt's) Co.C Capt.
Bibb, V.F. TN Cav. 9th Bn. (Gantt's) Co.G
Bibb, W. KY 8th Mtd.Inf. Co.I
Bibb, W.C. LA Mil.Conf.Guards Regt. Co.B
Bibb, W.D. MS 3rd (St.Troops) Cav. Co.A
Bibb, W.D. MS Mtd.Inf. (St.Troops) Maxey's Co.
Bibb, W.F. VA 1st Res. Co.C
Bibb, W.G. LA Mil.Conf.Guards Regt. Co.B
Bibb, W.H. GA 37th Inf. Co.A
Bibb, W.H. KY 1st (Butler's) Cav. Co.C
Bibb, W.H. MS 10th Cav. Co.A
Bibb, W.H. MS 14th Inf. Co.E Sgt.
Bibb, Wm. AL Cp. of Instr. Talladega Asst.Enrolling Off.
Bibb, William AR 2nd Vol. Co.D
Bibb, William AR 21st Inf. Co.F
Bibb, William AR 14th (McCarver's) Inf. Co.K
Bibb, William GA 23rd Inf. Co.B
Bibb, William B. VA 47th Mil. Hammer's Co.
Bibb, William C. TX Cav. McCord's Frontier Regt. Co.H Sgt.
Bibb, William C. VA 6th Cav. Co.F
Bibb, William H. AL 11th Inf. Co.C
Bibb, William H. MS 9th Cav. Co.F
Bibb, William H. TN Cav. 17th Bn. (Sanders') Co.C
Bibb, William J. VA 13th Inf. Co.C
Bibb, William L. VA Cav. Hounshell's Bn. Thurmond's Co. 1st Lt.
Bibb, William M. LA 28th (Gray's) Inf. Co.K
Bibb, W.L. GA 11th Cav. (St.Guards) MacIntyre's Co.
Bibb, W.L. GA 57th Inf. Co.A
Bibbee, Joseph VA 22nd Inf. Co.B
Bibber, P. Gen. & Staff Capt.,AQM
Bibbey, James NC 16th Inf. Co.K
Bibbey, J.L. AL Coosa Guards J.W. Suttles' Co.
Bibbins, Michael SC Sea Fencibles Symons' Co.
Bibble, Wash. TN Inf. 2nd Cons.Regt. Co.E Cpl.
Bibbs, B.F. MO 7th Cav. Co.B,K
Bibbs, Richard H. VA Cav. Mosby's Regt. (Part.Rangers) Co.D
Bibbs, Samuel Rowland SC 4th Inf. Co.E
Bibbs, Tapley MO 2nd Inf. Co.F
Bibbs, W.C. AL Rebels
Bibbs, William SC 22nd Inf. Co.K 2nd Lt.
Bibby, --- FL Cav. 5th Bn. Co.G
Bibby, Andrew J. AL 62nd Inf. Co.E
Bibby, Bartley C. AL 42nd Inf. Co.G
Bibby, B.N. AL 15th Inf. Co.C Sgt.
Bibby, D.M. AL 18th Inf. Co.C
Bibby, F.P. AL 14th Inf. Co.K
Bibby, J.A. AL 1st Inf. Co.E
Bibby, Jacob AL 42nd Inf. Co.G
Bibby, James B. AL 46th Inf. Co.I,B Cpl.
Bibby, James H. AL 10th Inf. Co.F
Bibby, J.H. AR Mil. Borland's Regt. Peyton Rifles Cpl.
Bibby, John L. AL 46th Inf. Co.B
Bibby, Josephus AL 46th Inf. Co.B,D
Bibby, M.A. AL 46th Inf. Co.I,B
Bibby, Robert VA 22nd Inf. Swann's Co. 2nd Lt.
Bibby, Robert VA 59th Inf. 2nd Co.K 2nd Lt.
Bibby, William R. AL 10th Inf. Co.F
Bibby, W.J. AL 21st Inf. Co.B
Bibe, J. TX 1st Hvy.Arty. Co.A
Bibe, J.B. LA Mil. 1st Regt. French Brig. Co.4 Sgt.
Bibee, Louis S. TN 44th (Cons.) Inf. Co.C
Bibee, Thomas W. TN 43rd Inf. Co.B Drum.
Biber, T.B. TN 50th Inf. Co.I
Biberon, C.C. Eng.,CSA Col.
Bibey, William H. VA Lt.Arty. Kirkpatrick's Co.
Bibi, John LA Mil. 1st Native Guards
Bibian, Jacob LA Mil. 1st Regt. 3rd Brig. 1st Div. Co.G
Bible, --- TX 1st Hvy.Arty. Co.K
Bible, Adam TN 29th Inf. Co.I
Bible, Adam W. VA 25th Inf. 2nd Co.E Cpl.
Bible, A.S. TN 5th (McKenzie's) Cav. Co.H
Bible, C.C. TX 15th Inf. Co.I Cpl.
Bible, Enoch TN 61st Mtd.Inf. Co.I
Bible, Ezekiel TN 29th Inf. Co.I
Bible, Franklin TN 61st Mtd.Inf. Co.I Cpl.
Bible, G.A.R. 3rd Conf.Cav. Co.I
Bible, G.W. TX 15th Inf. Co.K
Bible, Henry TN 61st Mtd.Inf. Co.I
Bible, J.A. TN 2nd (Ashby's) Cav. Co.A
Bible, Jacob TN 61st Mtd.Inf. Co.I Sgt.
Bible, Jacob F. TN 62nd Mtd.Inf. Co.B Sgt.
Bible, James TN 61st Mtd.Inf. Co.I
Bible, James A. TN Conscr.
Bible, James W. VA 62nd Mtd.Inf. 2nd Co.F
Bible, J.C. TN 61st Mtd.Inf. Co.I
Bible, John TN 61st Mtd.Inf. Co.I
Bible, John A. VA 31st Inf. Co.G
Bible, Leir TN 61st Mtd.Inf. Co.I
Bible, Lewis TX 2nd Inf. Co.K
Bible, Noah TX 4th Inf. Co.E
Bible, Philip C. TX 4th Inf. Co.E
Bible, Phillip L. TN 3rd (Lillard's) Mtd.Inf. Co.D 2nd Lt.
Bible, Phillip L. TN 62nd Mtd.Inf. Co.B Capt.
Bible, Washington TN 29th Inf. Co.I Cpl.
Bible, William TN 61st Mtd.Inf. Co.I
Bible, William TX 15th Inf. Co.I
Bible, William A. TN 29th Inf. Co.B Capt.
Bible, William F. VA 19th Cav. Co.F
Bible, William R. TN 61st Mtd.Inf. Co.A,I 1st Sgt.
Bible, W.O. TX 2nd Inf. Co.K
Biblemont, A. LA Mil. 4th Regt. French Brig. Co.1
Bibles, Ave TX 24th Cav. Co.C
Bibles, George TX 1st Hvy.Arty. Co.K
Bibs, Foster AL 9th Bn. Co.B Cpl.
Biby, Elias N. VA 28th Inf. Co.F
Biby, E.P. VA 28th Inf. Co.F
Biby, George W. VA Lt.Arty. 38th Bn. Co.D
Biby, Henry G. VA 52nd Inf. Co.G
Biby, James MO Lt.Arty. 1st Btty.
Biby, John P. NC 52nd Inf. Co.D
Biby, Sandy J. TN 28th Inf. Co.E
Bicaise, B. SC Mil. Charbonnier's Co.
Bice, --- GA 19th Inf. Co.F
Bice, Abram GA 23rd Inf. Co.A
Bice, Amos AL 7th Inf. Co.G
Bice, Anderson L. GA 14th Inf. Co.E
Bice, Andrew J. VA 25th Cav. Co.D Cpl.
Bice, Asberry TN 37th Inf. Co.D
Bice, Charles NC 25th Inf. Co.G
Bice, David GA 7th Inf. Co.H
Bice, Elisha AL Cav. (St.Res.) Young's Co.
Bice, Elisha GA 7th Inf. Co.H
Bice, Ferrel AL Res. J.G. Rankin's Co.
Bice, G. AL Cav. Hardie's Bn.Res. Co.G
Bice, G. AL Cp. of Instr. Talladega Co.A
Bice, Hiram B. AL 10th Inf. Co.A
Bice, Isaac AL 47th Inf. Co.C
Bice, Jack G. AL 18th Inf. Co.L Cpl.
Bice, James AL Cav. Hardie's Bn.Res. Co.G Cpl.
Bice, James AL 8th Inf. Co.E
Bice, James AL Res. J.G. Rankin's Co. Cpl.
Bice, James GA 19th Inf. Co.K
Bice, James M. AL 8th Inf. Co.E
Bice, J.C. AL 20th Cav. Lee's Co. Cpl.
Bice, J.C. AL 51st (Part.Rangers) Co.E
Bice, J.E. AL 47th Inf. Co.C

Bice, J.E. AL 58th Inf. Co.A
Bice, J.G. TN Cav. 5th Bn. (McClellan's) Co.B
Bice, J.G. TN 8th (Smith's) Cav. Co.H Sgt.
Bice, John GA 29th Inf. Co.H Cpl.
Bice, John T. AL 8th Inf. Co.E
Bice, Jonas W. GA 7th Inf. Co.H
Bice, J.T. AL 20th Cav. Lee's Co.
Bice, J.T. AL 12th Inf. Co.B
Bice, J.W. GA 19th Inf. Co.F
Bice, Lafayett AL Cp. of Instr. Talladega Co.A
Bice, M.A. VA 8th Cav. Co.E
Bice, N. AL 23rd Inf. Co.B
Bice, Naman TN Lt.Arty. Barry's Co.
Bice, N.J. AL Cav. (St.Res.) Young's Co.
Bice, Samuel H. KY 3rd Cav. Co.D
Bice, S.H. KY 3rd Mtd.Inf. Co.I
Bice, Terrell AL 51st (Part.Rangers) Co.E
Bice, Therom AL 37th Inf. Co.B
Bice, Thomas AL 7th Inf. Co.G
Bice, Thomas GA Cav. 9th Bn. (St.Guards) Co.E
Bice, T.J. GA 34th Inf. Co.F
Bice, Volentine GA Cav. 6th Bn. (St.Guards) Co.B
Bice, W.A. SC 13th Inf. Co.I
Bice, W.C. AL 18th Inf. Co.L
Bice, W.C. AL 58th Inf. Co.A
Bice, W.C. AL Cp. of Instr. Talladega Co.A
Bice, William AL Res. J.G. Rankin's Co.
Bice, William GA 7th Inf. Co.H
Bice, William MS 6th Inf. Co.I
Bice, William W. GA 9th Inf. Co.G
Bice, W.J. AL 8th Inf. Co.E
Bichardes, D. AR 1st (Cons.) Inf. Co.C
Bichet, Joseph FL 5th Inf. Co.A
Bichler, Michel LA Mil. 4th Regt. 1st Brig. 1st Div. Co.G
Bichoff, Charles SC Simons' Co.
Bickelhomer, William J. VA 54th Inf. Co.A
Bickell, George W. VA 19th Cav. Co.K
Bickenbach, William TX Cav. 8th (Taylor's) Bn. Co.C
Bickenback, William TX 1st (Yager's) Cav. Co.E
Bicker, G.M. VA Mil. Greene Cty.
Bicker, R.A. AL 17th Inf. Co.I
Bicker, W.J. AL 15th Bn.Part.Rangers Co.E
Bicker, W.J. AL 56th Part.Rangers Co.E
Bickering, John MS Inf. 7th Bn. Co.G 1st Sgt.
Bickers, A.C. VA 7th Inf. Co.F
Bickers, A.C. VA Mil. Greene Cty.
Bickers, A.J. VA 10th Inf. Co.L
Bickers, A.J. VA 82nd Mil. Co.C Sgt.
Bickers, A.T. GA Inf. (Jasper & Butts Cty. Guards) Lane's Co.
Bickers, Benjamin AR 2nd Inf. Co.D
Bickers, Benjamin F. GA 3rd Cav. (St.Guards) Co.D
Bickers, Benjamin J. AR 23rd Inf. Co.E
Bickers, B.F. GA 55th Inf. Co.B
Bickers, George VA 10th Inf. Co.L
Bickers, Jack AR 2nd Inf. Co.D
Bickers, James M. VA 13th Inf. Co.D
Bickers, Jefferson AR 2nd Inf. Co.D
Bickers, J.M. VA Cav. Mosby's Regt. (Part. Rangers) Co.C
Bickers, John A. GA 17th Inf. Co.F
Bickers, John M. VA 6th Cav. Co.I,G
Bickers, John T. GA 44th Inf. Co.F
Bickers, John T. VA 7th Inf. Co.C
Bickers, J.R. AL 1st Regt. Mobile Vol. Co.A
Bickers, J. Ross LA Inf. 4th Bn. Co.B
Bickers, L.C. VA 13th Inf. Co.C
Bickers, L.C. VA 82nd Mil. Co.D Cpl.
Bickers, T.J. VA Mil. Greene Cty.
Bickers, T.O. VA 13th Inf. Co.A
Bickers, W. LA 25th Inf. Co.D
Bickers, W.H. MS Scouts Morphis' Ind.Co.
Bickers, W.H. TN Cav. 26th Regt. Co.H
Bickers, W.H. TN 13th Inf. Co.G
Bickers, William A. GA 1st Reg. Asst.Surg.
Bickers, William A. NC 6th Inf. Asst.Surg.
Bickers, Wm. A. Gen. & Staff Asst.Surg.
Bickers, William C. GA Phillips' Legion Co.A
Bickers, Wm. J. GA Conscr. Conscr.
Bickerson, R. AL 17th Inf. Co.I
Bickerstaff, Benjamin TN 11th Cav. Co.I
Bickerstaff, D.H. MS 10th Cav. Co.C
Bickerstaff, D.H. MS 14th Inf. Co.E
Bickerstaff, Duann H. TN 1st Arty.
Bickerstaff, J. TX Inf. Chambers' Bn.Res.Corps Co.E
Bickerstaff, James H. AL Lt.Arty. 20th Bn. Co.A
Bickerstaff, James H. AL 6th Inf. Co.F
Bickerstaff, Jas H. AL 34th Inf. Co.I 2nd Lt.
Bickerstaff, J.B. TX 11th Cav. Co.I
Bickerstaff, Jordan R. AL 6th Inf. Co.L
Bickerstaff, J.R. TN 22nd (Barteau's) Cav. 1st Co.H
Bickerstaff, M.C. MS 10th Cav. Co.F
Bickerstaff, Mitchel L. TN Cav. 17th Bn. (Sanders') Co.B
Bickerstaff, R.J. AL 6th Inf. Co.L
Bickerstaff, R.J. AL 17th Inf. Co.I
Bickerstaff, R.J. Gen. & Staff Capt.
Bickerstaff, Robert H. AL 6th Inf. Co.F
Bickerstaff, Robert J. AR 23rd Inf. Co.E 1st Lt.
Bickerstaff, S.A. MS 2nd Cav. Co.B
Bickerstaff, Samuel MO 5th Cav. Co.B
Bickerstaff, Simon A. KY 2nd Cav.
Bickerstaff, Simon A. MS 1st (Patton's) Inf. Co.C
Bickerstaff, Thomas H. MO St.Guard
Bickerstaff, Warren R. AL Cav. 4th Bn. (Love's) Co.B Sgt.
Bickerstaff, W.J. AL 34th Inf. Co.I Capt.
Bickerstaff, W.R. MS Cav. Jeff Davis Legion Co.I Sgt.
Bickerstaff, W.S. TX 4th Cav. Co.F
Bickerstall, R.A. AL 17th Inf. Co.I
Bickert, J. LA Mil. 4th Regt.Eur.Brig. Co.E
Bickert, P. LA Mil. 4th Regt.Eur.Brig. Co.E
Bickett, James D. VA 27th Inf. Co.D
Bickett, James S. NC 35th Inf. Co.F
Bickett, John SC 14th Inf. Co.G
Bickett, John W.H. NC 48th Inf. Co.A Cpl.
Bickett, Michael VA Arty. Bryan's Co.
Bickett, Nimrod J. NC 48th Inf. Co.A
Bickett, Thomas W. NC Hvy.Arty. 10th Bn. Co.C 1st Lt.
Bicketts, Hiram MO Cav. Jackman's Regt. Co.E
Bickford, W.A. TN Inf. 3rd Bn. Co.E
Bickham, A.C. LA 3rd (Wingfield's) Cav. Co.A,K 3rd Lt.
Bickham, A.C. LA 3rd (Wingfield's) Cav. Co.C Capt.
Bickham, Alexander M. MS 11th Inf. Co.A Sgt.
Bickham, Alexander M. Gen. & Staff 2nd Lt.,Dr.M.
Bickham, Arche FL 7th Inf. Co.C
Bickham, B.F. MS 6th Inf. Co.K 2nd Lt.
Bickham, B.H. LA 17th Inf. Co.F Lt.
Bickham, B.P. LA 17th Inf. Co.F
Bickham, B.R. LA 17th Inf. Co.F
Bickham, B.R. LA Bickham's Co. (Caddo Mil.) Capt.
Bickham, Colvin M. LA 9th Inf. Co.I
Bickham, D.W. LA 17th Inf. Co.F
Bickham, F.G. LA 17th Inf. Co.F 1st Lt.
Bickham, F.M. LA 17th Inf. Co.F
Bickham, F.N. LA 17th Inf. Co.F 1st Sgt.
Bickham, Frank M. LA 9th Inf. Co.I
Bickham, G.C. LA 3rd (Wingfield's) Cav. Co.A,K
Bickham, J.D. LA 3rd Inf. Co.H
Bickham, Jesse J. MS 10th Inf. Old Co.H
Bickham, J.J. MS 39th Inf. Co.E Sgt.
Bickham, John D. AR 4th Inf. Co.D
Bickham, J.S. LA 4th Inf. Co.I
Bickham, J.T. LA 2nd Inf. Co.H
Bickham, J.W. TX Home Guards Killough's Co.
Bickham, L.C. 14th Conf.Cav. Co.C
Bickham, M.J. MS 39th Inf. Co.E
Bickham, M.L. LA 17th Inf. Co.F Sgt.
Bickham, O. LA 2nd Inf. Co.H
Bickham, O.W. LA 1st Hvy.Arty. (Reg.) Co.E
Bickham, S.H. LA 3rd (Harrison's) Cav. Co.G Sgt.
Bickham, T.A. LA 4th Inf. Co.I
Bickham, T.D. LA 3rd (Wingfield's) Cav. Co.C
Bickham, T.F. LA 17th Inf. Co.F Sgt.
Bickham, Thomas C. LA 3rd Inf. Co.F
Bickham, Thos. C. LA 27th Inf. Co.I
Bickham, Thomas D. MS 38th Cav. Co.K
Bickham, T.R. LA 3rd (Wingfield's) Cav. Co.C
Bickham, W.A. AL 3rd Inf. Co.G
Bickham, W.B. LA 17th Inf. Co.F
Bickham, W.F. MS 39th Inf. Co.E
Bickham, William L. LA 16th Inf. Co.B
Bickham, William T. LA 9th Inf. Co.I,B
Bickhams, John W. TX Cav. Giddings' Bn. Carr's Co.
Bickle, Albert TX 29th Cav. Co.D Cpl.
Bickle, G.H. TN 29th Inf.
Bickle, G.W. AR 27th Inf. Co.I
Bickle, H.B. AR 8th Cav. Co.F
Bickle, J. AR 8th Cav. Co.F
Bickle, Jacob VA 15th Cav. Co.B
Bickle, James A. VA 14th Inf. Co.H
Bickle, J.M. AR 27th Inf. Co.G
Bickle, L.P. VA 20th Cav. Co.G Cpl.
Bickle, William LA Cav. (Orleans Lt.Horse) Greenleaf's Co.
Bickle, Y.M. VA 5th Inf. Co.L Sgt.
Bicklehimer, David VA 4th Res. Co.I
Bickler, Lewis Conf.Reg.Inf. Brooks' Bn. Co.B
Bickles, B.F. VA 49th Inf. Co.C
Bickles, James AL 1st Inf. Co.H
Bickley, A. TN 9th Inf. Co.I
Bickley, Andrew H. VA 37th Inf. Co.C Fifer
Bickley, Benjamin F. VA 22nd Cav. Co.E,F
Bickley, Benjamin F. VA 29th Inf. Co.A Sgt.
Bickley, Charles TX 13th Vol. 3rd Co.K Capt.

Bickley, Charles TX Inf. Griffin's Bn. Co.E,F Capt.
Bickley, David S. KY 2nd Mtd.Inf. Co.G
Bickley, Edward C. VA 23rd Inf. Co.D
Bickley, E.L. Conf.Cav. 6th Bn. Co.E
Bickley, Elbert L. VA Cav. McFarlane's Co.
Bickley, Frank O. AL 3rd Inf. Co.C Cpl.
Bickley, George LA 19th Inf. Co.D
Bickley, Geo. W. L. Gen. & Staff Surg.
Bickley, G.S. LA 19th Inf. Co.C
Bickley, G.S. LA Inf. Pelican Regt. Co.D
Bickley, H.U. SC 20th Inf. Co.C
Bickley, Jacob GA Siege Arty. 28th Bn. Co.D
Bickley, Jacob SC 15th Inf. Co.I
Bickley, James M. VA 72nd Mil.
Bickley, James T. TN 17th Inf. Co.E
Bickley, J. Benton VA 22nd Cav. Co.A,E Sgt.
Bickley, J.C. SC 4th Cav. Co.K 1st Sgt.
Bickley, J.H. KY Jessee's Bn.Mtd.Riflemen Co.E 2nd Lt.
Bickley, J.H. SC 15th Inf. Co.I
Bickley, J.H. Conf.Cav. 6th Bn. Co.E Lt.
Bickley, J.J. AL 12th Inf. Co.H
Bickley, J.J. GA 3rd Cav. Co.B
Bickley, J.J. SC 15th Inf. Co.I,F
Bickley, J.M. SC 2nd St.Troops Co.F
Bickley, Joe KY 8th Cav. Co.I
Bickley, John H. KY Mtd.Rifles Co.E
Bickley, John H. VA Cav. McFarlane's Co.
Bickley, John H. VA 37th Inf. Co.D Sgt.
Bickley, Joseph H. TN 2nd (Robison's) Inf. Co.G
Bickley, Noah M. AL 34th Inf. Co.G
Bickley, Richard SC 2nd St.Troops Co.F
Bickley, Sampson SC 2nd St.Troops Co.F
Bickley, Samuel W. AL 13th Inf. Co.C
Bickley, Simeon GA Siege Arty. 28th Bn. Co.D
Bickley, Simon GA 3rd Cav. Co.B,C
Bickley, Simon P. GA Siege Arty. 28th Bn. Co.D Cpl.
Bickley, S.J. Trans-MS Conf.Cav. 1st Bn. Co.E
Bickley, Solomon GA 3rd Cav. Co.B
Bickley, S.P. GA 1st Reg. Co.C
Bickley, T. No. AL Leighton Rangers Cpl.
Bickley, William GA 5th Res. Co.F
Bickley, Wilson GA 5th Res. Co.F
Bickly, D.W. SC 15th Inf. Co.I
Bickly, E.L. VA Cav. 34th Bn. Co.H 2nd Lt.
Bickly, Elbert KY 1st Bn.Mtd.Rifles Co.E
Bickly, H. Conf.Cav. 6th Bn. Co.E Lt.
Bickly, J. KY 1st Bn.Mtd.Rifles Co.D
Bickly, J.C. SC Mil.Cav. Rutledge's Co.
Bickly, J.H. VA Cav. 34th Bn. Co.H Capt.
Bickly, John F. VA 48th Inf. Co.K Sgt.
Bickly, J.T. AL 45th Inf. Co.E
Bickly, Robert P. VA 51st Inf. Co.A 1st Sgt.
Bickly, William KY Cav. 2nd Bn. (Dortch's) Co.A
Bickmon, J.M. TN 11th Cav. Co.C
Bicknel, C.W. SC 5th Mil. Beat Co.4
Bicknel, George T. TX 27th Cav. Co.I,N
Bicknel, J.S. GA 45th Inf.
Bicknel, Martin A. TX 27th Cav. Co.I,N
Bicknell, Alvin L. NC 54th Inf. Co.E Sgt.
Bicknell, B.E. VA Inf. 2nd Bn.Loc.Def. Co.B
Bicknell, Benjamin E. NC 30th Inf. Co.C
Bicknell, B.J. MS 1st Cav. Co.A
Bicknell, Byron J. MS Cav. 1st Bn. (Miller's) Co.E
Bicknell, Daniel K. TN 37th Inf. Co.A
Bicknell, J. KY Jessee's Bn.Mtd.Riflemen Co.C
Bicknell, J. KY Part.Rangers Rowan's Co.
Bicknell, J.A. TX Cav. Terry's Regt. Co.A Cpl.
Bicknell, James N. TX 1st Inf. Co.C
Bicknell, J.J. AL 5th Cav. Co.A
Bicknell, John KY 2nd (Woodward's) Cav. Co.A
Bicknell, R. AR 17th (Griffith's) Inf. Co.C
Bicknell, Sam'l T. Gen. & Staff AQMGen. of TN
Bicknell, S.T. VA 3rd Inf.Loc.Def. Co.B
Bickner, Abner VA 21st Cav. 2nd Co.G
Bickner, C. MS 2nd (Quinn's St.Troops) Inf. Co.H
Bicksler, Henry B. VA 8th Inf. Co.G,I Capt.
Bicksler, Henry F. VA 49th Inf. Co.C
Bicksler, John VA 7th Inf. Co.H
Bicksler, John F. VA Cav. 35th Bn. Co.A
Bicksler, Thomas J. VA 49th Inf. Co.C
Bidault, Joseph A. SC Inf. Hampton Legion Co.A
Bidautt, P. LA Mil. 3rd Regt.Eur.Brig. (Garde Francaise) Co.4 SF
Bidda, G.W. MS 7th Cav. Co.E
Bidda, William MS St.Cav. 2nd Bn. (Harris') 2nd Co.C
Biddell, A.M. MS 16th Inf. Co.A
Biddenback, J.N. Gen. & Staff En.Off.
Biddie, Calvin MO 6th Cav. Co.I
Biddie, Henry NC 62nd Inf. Co.F
Biddie, James H. AR 4th Inf. Co.F
Biddie, James H. AR 33rd Inf. Co.I 2nd Lt.
Biddie, Wm. NC 62nd Inf. Co.F.
Biddie, Wilson F. AR 4th Inf. Co.F
Biddingfield, J.T. GA 19th Inf. Co.F 1st Sgt.
Biddis, J.H. MS Inf. 3rd Bn. Co.G
Biddix, Francis A. NC 58th Inf. Co.A
Biddix, James NC 58th Inf. Co.A
Biddle, A.G. VA 17th Cav. Co.F 2nd Lt.
Biddle, B. GA 60th Inf. Co.F
Biddle, Bruer LA 11th Inf. Co.E
Biddle, Francis MO Cav. Fristoe's Regt. Co.I
Biddle, Francis J. TX 13th Vol. 2nd Co.G
Biddle, H. LA Inf.Cons.Crescent Regt. Co.I
Biddle, H.E. MS 26th Inf. Co.H
Biddle, Henry LA Mil. C.S. Zouave Bn. Co.D
Biddle, J. MO 8th Cav.
Biddle, J. VA 34th Inf. Co.D
Biddle, Jacob MO St.Guard
Biddle, James 3rd Conf.Cav. Co.C
Biddle, James W. NC 1st Cav. (9th St.Troops) Co.H QMSgt.
Biddle, J.E. TN 44th (Cons.) Inf. Co.H
Biddle, J.E. Horse Arty. White's Btty.
Biddle, J.F. VA 32nd Inf. Co.F
Biddle, John MS 7th Cav. Co.C
Biddle, John A. AR 28th Cav.
Biddle, John P. VA 54th Mil. Co.B
Biddle, J.V. AL 9th (Malone's) Cav. Co.F
Biddle, Louis GA 9th Inf. Co.D
Biddle, N.L. AL 31st Inf. Co.E,F
Biddle, P. MD 1st Cav. Co.F
Biddle, Philip W. VA 41st Inf. Co.F Capt.
Biddle, R.B. AL 46th Inf. Capt.
Biddle, Richard F. SC Arty. Lee's Co.
Biddle, Robert P. KY 1st Bn.Mtd.Rifles Co.D
Biddle, Samuel TX 22nd Inf. Co.B
Biddle, Samuel S. NC 61st Inf. Co.E Capt.
Biddle, Samuel S., Jr. NC Mil. Clark's Sp.Bn. Co.A 1st Sgt.
Biddle, S.E. TN 17th Inf. Co.B
Biddle, T.C. TX 3rd (Kirby's) Bn.Vol. Co.B 1st Sgt.
Biddle, Thomas C. TX Cav. Hardeman's Regt. Co.E 2nd Lt.
Biddle, W.H. SC 4th Bn.Res. Co.E
Biddle, William VA 22nd Cav. Co.E
Biddling, Thomas TN 34th Inf. Co.F
Biddy, C.H. MO 7th Cav. Co.B
Biddy, David TN 43rd Inf. Co.I
Biddy, Gasper TX Part.Rangers Thomas' Co.
Biddy, George D. TN 43rd Inf. Co.I Cpl.
Biddy, G.W. GA 18th Inf. Co.M
Biddy, G.W. GA 28th Inf. Co.F
Biddy, Hamilton TX Part.Rangers Thomas' Co.
Biddy, Jackson GA 43rd Inf. Co.C
Biddy, James A. TN 43rd Inf. Co.I
Biddy, James J. TX 18th Inf. Co.D
Biddy, J.J. GA Inf. 8th Bn. Co.A
Biddy, John AL 7th Cav. Co.E
Biddy, L.W. GA 18th Inf. Co.M
Biddy, L.W. GA 28th Inf. Co.F
Biddy, M. MS 7th Cav. Co.E
Biddy, Robert AL 15th Inf. Co.D
Biddy, S.A. MS 7th Cav. Co.E
Biddy, Talbut GA 28th Inf. Co.F
Biddy, T.F. MS 9th Bn.S.S. Co.B
Biddy, Thomas MS 5th Inf. Co.A
Biddy, Tolbat GA 18th Inf. Co.M
Biddy, W.G. MS Cav. Ham's Regt. Co.I
Biddy, William TX Part.Rangers Thomas' Co.
Biddy, William TX 18th Inf. Co.D
Bideau, --- LA Mil. 3rd Regt.Eur.Brig. (Garde Francaise) Co.5
Bideau, Franc LA 13th Inf. Co.F
Bidenbaugh, Jacob W. GA 12th Inf. Co.C
Bidges, H. 1st Chickasaw Inf. Kesner's Co.
Bidgood, George L. VA 2nd St.Res. Co.C Capt.
Bidgood, James C. VA 9th Inf. Co.I Sgt.
Bidgood, John H. VA 9th Inf. Co.I
Bidgood, Joseph V. VA 32nd Inf. Co.C Sgt.Maj.
Bidgood, Nathaniel VA 9th Inf. Co.I
Bidgood, Richard M. VA 32nd Inf. Co.E Cpl.
Bidgood, Richard W. VA 32nd Inf. Co.E Chap.
Bidgood, Ro. W. VA Lt.Arty. Parker's Co.
Bidgood, Robert W. VA 15th Inf. Co.B
Bidgood, Thomas S. AL 1st Regt. Mobile Vol. Butts' Co. Sgt.
Bidgood, Tully W. VA 9th Inf. Co.I
Bidgood, Willis D. VA 9th Inf. Co.I Cpl.
Bidgwood, R.W. Gen. & Staff Chap.
Bidix, Charles NC 58th Inf. Co.A
Bidix, J. NC Mallett's Co.
Bidleman, Henry C. 3rd Conf.Eng.Troops Co.A
Bidler, Daniel W. VA 2nd Inf. Co.E
Bidley, C. VA 46th Inf. Co.C
Bidman, M.A. MS 1st Inf. Co.E
Bidot, E. LA Mil. 1st Regt. French Brig. Co.6
Bidsel, J.J. GA 27th Inf. Co.E
Bidson, Travis NC 3rd Cav. (41st St.Troops) Co.C
Bidsworth, J.M. MO 2nd Inf. Co.I

Bidwell, B. AR 27th Inf. Co.G
Bidwell, Bill G. TN 30th Inf. Co.A Maj.
Bidwell, Elias B. TX 17th Cav. Co.D
Bidwell, Elias B. TX 17th Cons.Dismtd.Cav. Co.C
Bidwell, Henry MO 3rd Inf. Co.A
Bidwell, J.M. TN 18th Inf. Co.E Sgt.
Bidwell, L.P. AL Cav. Barbiere's Bn. Co.G
Bidwell, Solomon L. Conf.Inf. 1st Bn. 2nd Co.B
Bidwell, Solomon S. AL Inf. 2nd Regt. Co.F
Bidwell, William TN 39th Mtd.Inf. Co.C
Bieber, John H. MS 2nd Inf. Co.E
Biederman, George LA 21st (Kennedy's) Inf. Co.C
Biedermann, P.G. TX 6th Inf. Co.B 1st Lt.
Biediger, J. TX Waul's Legion Co.H
Biediger, J. Exch.Bn. 1st Co.C,CSA
Biedler, A.M. VA 8th Bn.Res. Co.B
Biedler, Andrew VA Cav. Mosby's Regt. (Part.Rangers) Co.C
Biedler, Jacob VA 12th Cav. Co.E
Biedler, William VA Cav. Mosby's Regt. (Part.Rangers) Co.C Sgt.
Beiga, Jesus TX 8th Field Btty.
Biegeman, Philipp LA 14th Inf. Co.E
Biehler, Charles LA Lt.Arty. Fenner's Btty.
Biehler, Charles LA Inf. 1st Sp.Bn. (Rightor's) New Co.C
Biehler, C.L. TX Inf. 1st St.Troops Biehler's Co.A Capt.
Biehler, C.L. TX 1st Regt.St.Troops Co.E
Biehler, F. TX Inf. 1st St.Troops Biehler's Co.A
Biehler, G. LA Mil.Squad. Guides d'Orleans Cavalier
Biel, C. SC Lt.Arty. Wagener's Co. (Co.A,German Arty.)
Bielefeld, C. TX 4th Inf. (St.Troops) Co.A
Bielling, E.S. SC Hvy.Arty. 15th (Lucas') Bn. Co.A
Bieman, Henry SC 20th Inf. Co.A
Bieman, Henry SC 22nd Inf.
Bien, Francis LA 7th Inf. Co.I
Bien, H.H. Gen. & Staff 1st Lt.,Adj.
Biene, R.O. TN 35th Inf. Co.L Ord.Sgt.
Bienfort, H.A. AR 12th Inf. Co.D
Bienvenn, E.M. LA Mil. 1st Native Guards
Bienvent, I. LA Arty. 5th Field Btty. (Pelican Lt.Arty.)
Bienvenu, A.E. LA Mil. Orleans Guards Regt. Co.F
Bienvenu, Alex LA Orleans Guards Regt. Co.D
Bienvenu, Aristide LA Mil. Orleans Guards Regt. Co.F
Bienvenu, Arthur LA Millaudon's Co. (Jefferson Mtd.Guards,Co.B)
Bienvenu, Cyril LA Mil. 1st Chasseurs a pied Co.5 Cpl.
Bienvenu, D. LA Mil. (Sap. & Min.) Surgi's Co. Jr.1st Lt.
Bienvenu, D. SC Arty. Manigault's Bn. 1st Co.A, Co.D
Bienvenu, E. LA Arty. 5th Field Btty (Pelican Lt.Arty.)
Bienvenu, E. LA Arty. Beauregard Bn.Btty.
Bienvenu, F.A. LA C.S. Zouave Bn. Co.D 1st Lt.
Bienvenu, F. Alex LA 8th Inf. Co.C Sgt.
Bienvenu, M. TX 21st Cav. Co.C
Bienvenu, N. LA Arty. 5th Field Btty. (Pelican Lt.Arty.)
Bienvenu, N., Jr. LA Mil. Delery's Co. (St.Bernard Horse Rifles Co.)
Bienvenu, N., Jr. LA Mil. Orleans Guards Regt. Co.B
Bienvenu, N. SC Arty. Manigault's Bn. Co.D
Bienvenu, Nune LA Mil. Orleans Guards Regt. Co.D
Bienvenu, P. LA Mil. Orleans Guards Regt. Co.H
Bienvenu, P.A. LA Millaudon's Co. (Jefferson Mtd.Guards,Co.B) Cpl.
Bienvenu, P.A. SC Arty. Manigault's Bn. 1st Co.A, Co.D
Bienvenu, Sevigne LA 7th Cav. Co.I
Bienvenu, T. LA Millaudon's Co. (Jefferson Mtd.Guards,Co.B)
Bienvenu, T. LA Mil. Orleans Guards Regt. Co.B,G
Bienvenue, Charles LA Arty. 5th Field Btty. (Pelican Lt.Arty.)
Bienvnu, Lewis LA 7th Cav. Co.H
Bier, C. GA Inf. 23rd Bn.Loc.Def. Cook's Co.
Bier, C.C. LA Washington Arty.Bn. Co.4 Ch.Artif.
Bier, Charles GA Inf. 23rd Bn.Loc.Def. Cook's Co.
Bier, Christian LA Mil.Cont.Regt. Mitchell's Co.
Bier, Frederick VA 1st Arty. Co.K
Bier, George H. Gen. & Staff Maj.,Ord.Off.
Bier, J.B. SC 4th Cav. Co.B
Bier, Lazarus VA 24th Inf. Co.H
Bierce, James W. AR Cav. 1st Bn. (Stirman's) Co.F
Bierd, C.B. VA 11th Cav. Co.E
Bierd, Moses TN 25th Inf. Co.D
Bierden, Q. LA 26th Inf. Co.K
Bierdon, O. AR 50th Mil. Co.I
Biere, Pierre LA 1st Hvy.Arty. Co.I
Bierhalter, Frank GA 1st (Olmstead's) Inf. 1st Co.A Cpl.
Bierhalter, Frank GA 1st Bn.S.S. Co.B,C Sgt.
Bierhart, H.H. LA Mil. Chalmette Regt. Co.B
Bierhoof, George LA 14th Inf. Co.B
Bierhorst, F. LA Mil. 3rd Regt. 1st Brig. 1st Div. Co.G 1st Sgt.
Biering, F.G. TX 3rd Inf. Co.B
Bierkam, William VA Cav. McNeill's Co.
Bierkamp, F. VA 2nd Inf.Loc.Def. Co.B
Bierkamp, Frederick VA 33rd Inf. Co.F Sgt.
Bierkamp, Henry VA 33rd Inf. Co.F 1st Lt.
Bierley, James E. NC 4th Bn.Jr.Res. Co.B
Bierly, Andrew J. VA 57th Inf. Co.K
Bierly, David M. VA 52nd Inf. Co.G
Bierly, E.L. NC 5th Cav. (63rd St.Troops) Co.H
Bierly, Gideon S. VA Lt.Arty. Douthat's Co. Sgt.
Bierly, Gideon S. VA 28th Inf. Co.H
Bierly, H. NC 5th Cav. (63rd St.Troops) Co.H Cpl.
Bierly, M.I. VA Mtd.Guard. 12th Congr.Dist.
Bierly, Samuel D. VA 57th Inf. Co.K
Bierman, C.C. MS 44th Inf. Co.A Cpl.
Bierman, John MS 15th Inf. Co.C
Bierman, John TX 13th Vol. 2nd Co.B
Bierman, John VA 32nd Inf. Co.E
Bierman, Joseph TX 19th Cav. Co.E
Biermann, Jacob TX Arty. 4th Bn. Co.B
Biermann, Jacob TX 8th Inf. Co.B
Bierne, A. VA 14th Cav. Co.B
Bierne, C.J. VA 59th Inf. 1st Co.B Capt.
Bierne, Patrick VA 4th Cav. Co.I
Bierne, William J. LA 7th Inf. Co.A
Biernett, H.L. TX Cav. Bourland's Regt. Co.E
Biers, G.W. GA 64th Inf. Co.K
Biers, G.W. Conf.Cav. Clarkson's Bn. Ind. Rangers Co.H Sgt.
Biers, Henderson AL City Troop (Mobile) Arrington's Co.A
Biers, John F. MO Cav. Wood's Regt. Co.K
Biers, L. NC 39th Inf. Co.D Sgt.
Biers, Samuel KY 12th Cav. Co.B
Biers, William VA 1st St.Res. Co.K Sgt.
Bierschenck, Frederick VA 15th Inf. Co.K
Biershank, Frederick VA Inf. 25th Bn. Co.F Cpl.
Bies, Wm. B. LA 31st Inf. Co.I
Biesel, William LA 4th Inf. Co.A
Biesenbach, P.J. TX 3rd Inf. Co.B Capt.
Biesenbach, W. TX 3rd Inf. Co.B
Biesher, J.F. MS 2nd St.Cav. Co.K
Biessenberger, Jn. LA Mil. 1st Regt. French Brig. Music.
Biester, H. LA 16th Inf. Co.E
Biester, H. LA Inf.Crescent Regt. Co.K
Bieze, John W. GA Hvy.Arty. 22nd Bn. Co.C
Bifen, G.W. VA 11th Cav. Co.A
Biffert, Adam LA Mil. Borge's Co. (Garnet Rangers)
Biffife, J.D. TN 19th (Biffle's) Cav. Co.A
Biffle, Adley B. TN Cav. 9th Bn. (Gantt's) Co.E Capt.
Biffle, George R. TN Cav. 9th Bn. (Gantt's) Co.F Sgt.
Biffle, Ge. R. TN 19th (Biffle's) Cav. Co.A
Biffle, George T. MO Cav. Freeman's Regt. Co.D
Biffle, Henderson MO 6th Cav. Co.D
Biffle, Jacob B. TN Cav. 2nd Bn. (Biffle's) Co.B Capt.
Biffle, Jacob M. TN 6th (Wheeler's) Cav. Co.G Sgt.
Biffle, Jacock M. TN Cav. 2nd Bn. (Biffle's) Co.B
Biffle, James M. TX 12th Inf. Co.H
Biffle, J.B. TN 19th (Biffle's) Cav. Col.
Biffle, J.J. TN 19th (Biffle's) Cav. Co.A Capt.
Biffle, J.M. MO 4th Inf. Co.B Sgt.
Biffle, John MO 6th Cav. Co.D
Biffle, John M. AR 7th Inf. Co.I
Biffle, N.F. MO 6th Cav. Co.H 2nd Lt.
Biffle, William M. TN Cav. 9th Bn. (Gantt's) Co.F 1st Lt.
Biffle, Wilson L. TX 1st (Yager's) Cav. Co.H
Biffle, Wilson L. TX Cav. 8th (Taylor's) Bn. Co.E Bugler
Biffle, Wilson M. MO 2nd Inf.
Biffle, W.L. TX 1st (McCulloch's) Cav. Co.C
Biffle, W.M. MO 2nd Cav. Co.F
Biffle, W.M. MO 7th Cav. Co.I Sgt.
Biffle, W.M. MO 8th Cav. Co.G

Biffle, W.M. TN Cav. 2nd Bn. (Biffle's) Co.D Sgt.
Biffle, W.M. TN 6th Cav. (Wheeler's) Co.A
Biford, D. AL 16th Inf. Co.K
Biford, Irvin MS 43rd Inf. Co.E
Biford, William MS 43rd Inf. Co.E
Bifort, W. AL 1st Regt. Mobile Vol. Co.C
Big, George 1st Seminole Mtd.Vol.
Bigalke, E. LA 22nd Inf. Co.C
Bigalow, E.G. TX 8th Cav. Co.E
Big Arch 1st Cherokee Mtd.Rifles Co.I
Bigars, George AL 5th Cav. Co.B
Bigbea, A.N. MS 6th Cav. Co.E
Bigbea, A.N. MS Inf. 3rd Bn. (St.Troops) Co.A 1st Lt.
Bigbee, Charles A. TN 3rd (Forrest's) Cav. 1st Co.G
Bigbee, George A. GA 32nd Inf. Co.F
Bigbee, H.C. MS 10th Inf. Co.M, New Co.D
Bigbee, J.L. AL 18th Inf. Co.K
Bigbee, M.M. AL 20th Inf. Co.E
Bigbee, O.I. AL Cp. of Instr. Talladega Co.D
Bigbee, O.M. MS Lt.Arty. (Warren Lt.Arty.) Swett's Co.
Bigbee, O.M. TN Lt.Arty. Scott's Co.
Bigbee, O.N. AL 30th Inf. Co.C Cpl.
Bigbee, P.H. AL 18th Inf. Co.K
Bigbee, P.H. AL 30th Inf. Co.C Sgt.
Bigbee, Robert O. TN 30th Inf. Co.B 1st Lt.
Bigbee, T.E. TX 5th Inf. Co.A
Bigbee, Thomas J. TN 30th Inf. Co.B
Bigbee, Thomas T. TN 33rd Inf. Co.G Sgt.
Bigbee, W.T. TX 11th Cav. Co.F
Bigbee, W.W. AL 30th Inf. Co.C
Bigbie, B.F. AL 15th Inf. Co.E
Bigbie, H.C. MS 9th Inf. Co.G
Bigbie, John Archibald VA 2nd Cav. Co.G Cpl.
Bigbie, J.T. GA 2nd Bn.Loc.Troops (Augusta) Co.B
Bigbie, J.W. GA 32nd Inf. Co.F
Bigbie, Lewellen W. AL 33rd Inf. Co.G Cpl.
Bigbie, Thomas T. AL 33rd Inf. Co.G Sgt.
Bigbie, W.S. KY 9th Mtd.Inf. Co.F
Bigbie, W.S. MS 5th Cav. Co.I Cpl.
Big Bullett 1st Cherokee Mtd.Rifles Co.E
Bigby, A.B. AL 26th (O'Neal's) Inf.
Bigby, Benjamin A. MS 35th Inf. Co.H Sgt.
Bigby, Benjamin Madison MS Inf. 1st St.Troops Co.D
Bigby, Berry GA 54th Inf. Co.C
Bigby, B.F. 2nd Cherokee Mtd.Vol. Co.K
Bigby, B.J.W. 2nd Cherokee Mtd.Vol. Co.H
Bigby, B.O. GA 10th Inf. Co.B
Bigby, C.A. KY 5th Cav. Co.I
Bigby, Clement L. SC 1st (Orr's) Rifles Co.K
Bigby, George M. SC 1st (Orr's) Rifles Co.K 1st Lt.
Bigby, Henry C. TX 16th Cav. Co.C
Bigby, James TX Cav. Wells' Regt. Co.E
Bigby, James A. SC 1st (Orr's) Rifles Co.K 1st Lt.
Bigby, James A. SC 20th Inf. Co.E Sgt.
Bigby, J.H. TN 7th (Duckworth's) Cav. Co.G
Bigby, J.L. 2nd Cherokee Mtd.Vol. Co.K
Bigby, John W. SC 1st (Orr's) Rifles Co.K
Bigby, J.S. GA 10th Cav. (St.Guards) Co.E
Bigby, J.W. SC 1st St.Troops Co.F
Bigby, J.W. SC 5th Res. Co.A Sgt.
Bigby, Samuel D. MS 35th Inf. Co.H
Bigby, Thomas 2nd Cherokee Mtd.Vol. Co.K
Bigby, T.M. TX 5th Inf. Co.G
Bigby, William A. SC 1st (Orr's) Rifles Co.K
Bigby, W.W. AL 20th Inf. Co.D
Big Dark FL McBride's Co. (Indians)
Big Elk 1st Cherokee Mtd.Vol. 1st Co.I
Bigelow, A.B. AR Lt.Arty. Owen's Btty. Teamster
Bigelow, Alfred B. AR Cav. Wright's Regt. Co.B
Bigelow, C.A. TX 17th Inf. Co.I
Bigelow, Eugene FL 10th Inf. Co.A Sgt.
Bigelow, George TX 26th Cav. Co.E
Bigelow, George TX Lt.Arty. Hughes' Co.
Bigelow, H.W. AR 11th Inf. Co.C Sgt.
Bigelow, H.W. AR 11th & 17th Inf. Co.C 2nd Lt.
Bigelow, H.W. AR 15th Inf. Co.C
Bigelow, James W. TX 6th Cav. Co.H
Bigelow, Joseph AL Inf. 2nd Regt. Co.H
Bigelow, L.B. FL 10th Inf. Co.A
Bigelow, Milton H. MS 1st Lt.Arty. Co.G Cpl.
Bigelow, Richard R. AR Inf. 8th Bn. 1st Co.C
Bigelow, Richard R. AR 25th Inf. Co.F
Bigelow, Robert J. FL 4th Inf. Co.D Asst.Surg.
Bigelow, Robert J. Gen. & Staff Asst.Surg.
Bigelow, W.H. TX 7th Cav. Co.A
Bigelow, William H. TX 8th Cav. Co.G
Bigenski, Edward LA Mil. 3rd Regt. 2nd Brig. 1st Div.
Biger, John W. SC 15th Inf. Co.F
Bigers, J. GA Cav. Dorough's Bn.
Bigers, S.H. NC 5th Cav. (63rd St.Troops) Co.F
Big Feather bhu wa loo kee 1st Cherokee Mtd.Rifles Co.I
Big foot Arch 1st Cherokee Mtd.Rifles Co.E
Bigford, George MS 5th Inf. Co.D
Bigford, George R. MS St.Cav. Perrin's Bn. Co.C
Bigford, James W. MS 6th Inf. Co.K
Bigford, James W. NC Hvy.Arty. 1st Bn. Co.C
Bigford, John W. MS 6th Inf. Co.K
Bigford, Samuel TX 22nd Inf. Co.B
Bigford, W.J. NC 8th Sr.Res. Callihan's Co.
Bigg, E.L. GA 61st Inf. Co.H
Biggais, J.P. MS 1st Cav.Res. Co.K
Biggar, Benjamin F. TX 28th Cav. Co.A Cpl.
Biggar, George GA Inf. 18th Bn. Co.A
Biggar, John R. LA Mil. Leeds' Guards Regt. Co.E
Biggar, John R. TN 24th Inf. Co.D
Biggar, W.G. TX Cav. Sutton's Co.
Biggars, B.T. GA 11th Cav. Co.H
Biggars, R.C. GA 11th Cav. Co.H
Biggart, James NC 11th (Bethel Regt.) Inf. Co.H
Biggart, J.F. SC 4th Cav. Co.H
Biggart, J.F. SC Cav. 10th Bn. Co.D
Biggart, W.A. SC Inf. Hampton Legion Co.C
Biggart, William S. SC 1st (Butler's) Inf. Co.C
Bigger, A. SC 5th St.Troops Co.B
Bigger, A.B. SC 1st Cav. Co.H
Bigger, A.J. SC 18th Inf. Co.G
Bigger, Archibald J. AL Cav. Lenoir's Ind.Co.
Bigger, Charles LA Inf.Crescent Regt. Co.A
Bigger, Charles P. VA 46th Inf. 2nd Co.A Capt.
Bigger, David A. TN 23rd Inf.
Bigger, Davis A. TN 17th Inf. Co.F
Bigger, Ed D. KY 3rd Mtd.Inf. Co.D
Bigger, Ed. KY Lt.Arty. Cobb's Co.
Bigger, Edward KY 3rd Cav. Co.D
Bigger, F.P. MO 15th Cav. Co.H
Bigger, Garrison NC 48th Inf. Co.I
Bigger, George J. AL Cav. Lenoir's Ind.Co.
Bigger, James AR 8th Inf. New Co.C
Bigger, James TN 6th (Wheeler's) Cav. Co.E
Bigger, James A. MS 2nd Cav. Co.G Cpl.
Bigger, James H. MS 19th Inf. Co.E 3rd Lt.
Bigger, James Harvy MS 8th Cav. Co.A
Bigger, James R. AR 7th Inf. Co.A
Bigger, J.H. GA 48th Inf. Co.A
Bigger, J.H. MS 28th Cav. Co.H
Bigger, J.H. TX 28th Cav. Co.H
Bigger, J.N. TN 17th Inf. Co.F 1st Lt.
Bigger, John MD 1st Cav. Co.K
Bigger, John D. VA 1st Cav. 2nd Co.K
Bigger, John G. AR 1st Vol. Kelsey's Co. 1st Lt.
Bigger, John J. MS 19th Inf. Co.E
Bigger, John J. VA 23rd Inf. Co.I
Bigger, John N. TN 4th (McLemore's) Cav. Co.A
Bigger, John R. LA 15th Inf. Co.G
Bigger, J.R. TN 17th Cav. Co.F
Bigger, J.R. TN 17th Inf. Co.F
Bigger, J.T. TN 23rd Inf. 2nd Co.F Sgt.
Bigger, L.C. TN 24th Inf. Co.D Teamster
Bigger, L.T. TX 10th Cav. Co.F
Bigger, M.A. SC 1st Cav. Co.H Sgt.
Bigger, Norris NC 48th Inf. Co.I
Bigger, Oliver NC 48th Inf. Co.I
Bigger, Ransom M. AR 25th Inf. Co.A 2nd Lt.
Bigger, R.B. TN 42nd Inf. Co.G Cpl.
Bigger, R.F. Inf. Bailey's Cons.Regt. Co.B
Bigger, R.F. TX 7th Inf. Co.G
Bigger, R.H. Gen. & Staff, QM Dept. Maj.
Bigger, Robert TN 17th Inf. Co.F Cpl.
Bigger, Robert T. TX 28th Cav. Co.A Sgt.
Bigger, Thomas C. TN 14th Inf. Co.H
Bigger, William Inf. Bailey's Cons.Regt. Co.B
Bigger, William TX 7th Inf. Co.G
Bigger, William L. TN 24th Inf. Co.D
Bigger, W.J. VA 3rd Inf.Loc.Def. Co.F Cpl.
Bigger, Zenos NC 48th Inf. Co.I
Biggers, A.J. AL Cav. Chisolm's Co.
Biggers, A.J. AR 27th Inf. Co.G
Biggers, A.J. MO 11th Inf. Co.K
Biggers, A.J. SC Inf. 1st (Charleston) Bn. Co.F
Biggers, A.J. SC 27th Inf. Co.C
Biggers, Alexander TN Patterson's Regt. Co.B
Biggers, Alison H.C. NC 4th Cav. Co.E
Biggers, Amze SC 7th Res. Co.B
Biggers, Amzi SC 5th Inf. 2nd Co.F
Biggers, Andrew J. SC 7th Res. Co.B
Biggers, B.A. GA Inf. City Bn. (Columbus) Co.A
Biggers, C. AR 47th (Crandall's) Cav. Co.D
Biggers, E.A. GA 27th Inf. Co.H Cpl.
Biggers, Ezekiel O. MS 27th Inf. Co.C
Biggers, H.C. GA 9th Inf. (St.Guards) Co.H
Biggers, Isaac N. AL 41st Inf. Co.D
Biggers, J. GA Inf. 2nd Bn. (St.Guards) Co.A
Biggers, J. MO 12th Inf. Co.G
Biggers, James A. VA 57th Inf. Co.H Cpl.

Biggers, James J. GA 40th Inf. Co.G
Biggers, James N. MS 11th (Perrin's) Cav. Co.I
Biggers, James S. MS 15th Inf. Co.D
Biggers, James W. MS 11th Inf. Co.G
Biggers, J.B. GA 3rd Cav. Co.K
Biggers, J.F. MS St.Cav. 2nd Bn. (Harris') Co.B
Biggers, J.F. TN 8th Inf. Co.I
Biggers, J.G. MO 12th Inf. Co.G
Biggers, J.L. GA Cav. Pemberton's Co. Sgt.
Biggers, J.L. TN 24th Inf. 1st Co.G, Co.B
Biggers, J.M. GA Cav. 1st Gordon Squad. (St.Guards) Co.A
Biggers, J.N. TN 3rd (Forrest's) Cav. Co.D
Biggers, John MS 2nd Cav. Co.A
Biggers, John MS 11th (Cons.) Cav. Co.G
Biggers, John NC 4th Cav. (59th St.Troops) Co.E
Biggers, John VA 13th Inf. Co.D Sgt.
Biggers, John R. GA 42nd Inf. Co.E
Biggers, Joseph A. AL 41st Inf. Co.D
Biggers, Joseph L. GA 31st Inf. Co.A 1st Lt.
Biggers, Jo W. TN 8th Inf. Co.I
Biggers, J.W. GA 2nd Inf. Co.C
Biggers, J.W.P. GA 42nd Inf. Co.E,A
Biggers, L. GA 3rd Cav. Co.K
Biggers, L.J. GA Cav. Pemberton's Co.
Biggers, L.M. GA Cav. Pemberton's Co.
Biggers, L.W. KY 6th Cav. Co.K
Biggers, M.M. NC 2nd Jr.Res. Co.E
Biggers, N.A. TN 8th Inf. Co.I Sgt.
Biggers, P.J. GA 46th Inf. Co.C
Biggers, R. TN Inf. 4th Cons.Regt. Co.K
Biggers, R.A. GA 40th Inf. Co.G
Biggers, Ranson M. AR 1st Vol. Simington's Co. 3rd Lt.
Biggers, R.C. GA Inf. 4th Bn. (St.Guards) Co.B
Biggers, R.G. SC 3rd Bn.Res. Co.D
Biggers, Robert NC 4th Cav. (59th St.Troops) Co.E
Biggers, Robert H. AR 25th Inf. Co.D
Biggers, Robert M.W. NC 20th Inf. Co.A
Biggers, Robert U. TN 8th Inf. Co.I
Biggers, Robert W. NC 1st Cav. (9th St.Troops) Co.F
Biggers, S. GA Inf. 2nd Bn. (St.Guards) Co.A
Biggers, S.H. NC 3rd Jr.Res. Co.A
Biggers, S.W. TX 15th Inf. Co.A 1st Sgt.
Biggers, Thomas J. GA 40th Inf. Co.G
Biggers, W. DeWitt NC 4th Inf. Co.B
Biggers, W. George SC Hvy.Arty. Mathewes' Co.
Biggers, William GA 7th Inf. Co.E
Biggers, William NC 4th Cav. (59th St.Troops) Co.E
Biggers, William A. NC 35th Inf. Co.H Music.
Biggers, William D. VA 23rd Inf. Co.D Ens.
Biggers, William E. GA Carlton's Co. (Troup Cty.Arty.)
Biggers, William H. MS 11th Inf. Co.C
Biggers, William H. MS 31st Inf. Co.G Sgt.
Biggers, W.R. GA 3rd Bn. (St.Guards) Co.C Sgt.
Biggers, Zimri P. NC 12th Inf. Co.E
Biggerstaff, Aaron GA Philips' Legion Co.L
Biggerstaff, Aurelius TN 5th (McKenzie's) Cav. Co.G
Biggerstaff, A.W. NC 62nd Inf. Co.F
Biggerstaff, Baruch NC 50th Inf. Co.G Sgt.
Biggerstaff, Benjamin F. NC 50th Inf. Co.G Sgt.
Biggerstaff, C.W. NC 1st Bn.Jr.Res. Co.B
Biggerstaff, Elijah, Jr. NC 50th Inf. Co.G
Biggerstaff, Elijah, Sr. NC 50th Inf. Co.G
Biggerstaff, George W. NC 16th Inf. Co.D
Biggerstaff, George Washington NC 56th Inf. Co.I Cpl.
Biggerstaff, Govern M. NC 15th Inf. Co.C
Biggerstaff, Henry W. NC 15th Inf. Co.C
Biggerstaff, Isaac AR 7th Cav. Co.G
Biggerstaff, Isaac AR Inf. Cocke's Regt. Co.H
Biggerstaff, Isaac Newton NC 56th Inf. Co.I
Biggerstaff, J. NC Mallett's Co.
Biggerstaff, Jacob NC 50th Inf. Co.G
Biggerstaff, J.J. TX Cav. Giddings' Bn. White's Co.
Biggerstaff, John B. GA 12th Cav. Co.F
Biggerstaff, John J. TX 22nd Cav. Co.A
Biggerstaff, John M. TX 22nd Cav. Co.C Hosp.Stew.
Biggerstaff, Joseph NC 39th Inf. Co.B
Biggerstaff, Noah NC 54th Inf. Co.B Sgt.
Biggerstaff, Samuel NC 62nd Inf. Co.F
Biggerstaff, Samuel TN 25th Inf. Co.K
Biggerstaff, Thomas NC 50th Inf. Co.G
Biggerstaff, William KY 7th Cav. Co.B
Biggerstaff, William KY 11th Cav. Co.B
Biggerstaff, William TX Cav. Wells' Regt. Co.H
Biggerstaff, William O. TX 34th Cav. Co.E
Biggerstaff, W.Y. AR 7th Cav. Co.G
Biggerstoff, J.N. NC 55th Inf. Co.C
Biggert, William S. NC 1st Inf. (6 mo. '61) Co.B
Biggin, Patrick LA Mil. Irish Regt. Laughlin's Co.
Biggins, H.F. VA Loc.Def. Mallory's Co.
Biggot, J.J. TN 19th (Biffle's) Cav. Co.K
Biggs, Abram NC 17th Inf. (2nd Org.) Co.E
Biggs, Absalom D. NC Hvy.Arty. 1st Bn. Co.A
Biggs, A.C. VA 166th Mil. Co.H
Biggs, Adam A. KY 8th Mtd.Inf. Co.C Cpl.
Biggs, A.J. 20th Conf.Cav. 2nd Co.I
Biggs, Albert C. NC 22nd Inf. Co.H
Biggs, Alexander MO 4th Cav. Co.K,D
Biggs, Alex. NC Cumberland Cty.Bn. Detailed Men Co.A
Biggs, Amariah NC 17th Inf. (2nd Org.) Co.H
Biggs, Andrew J. NC 33rd Inf. Co.G
Biggs, A.O. TN 12th Inf. Co.H
Biggs, A.O. TN 12th (Cons.) Inf. Co.K
Biggs, A.R. TN 12th Inf. Co.B
Biggs, A.R. TN 12th (Cons.) Inf. Co.A
Biggs, A.T. KY 10th (Johnson's) Cav. New Co.B
Biggs, Aug C. VA 30th Bn.S.S. Co.C
Biggs, Barney MO 8th Cav. Co.K
Biggs, Benjamin AR Cav. Wright's Regt. Co.F
Biggs, Benjamin AR 3rd Inf. Co.C
Biggs, B.F. TX 33rd Cav. Co.B
Biggs, B.F., Jr. TX 11th Inf. Co.B
Biggs, Colin FL 3rd Inf. Co.A
Biggs, C. Pleasant FL 3rd Inf. Co.F Cpl.
Biggs, C.W. VA 30th Bn.S.S. Co.C
Biggs, C.W. VA 166th Mil. Ballard's Co.H
Biggs, Daniel AR Cav. Wright's Regt. Co.K
Biggs, Daniel MS Part.Rangers Armistead's Co.
Biggs, Daniel NC 2nd Bn.Loc.Def.Troops Co.E
Biggs, Daniel U. 1st Choctaw & Chickasaw Mtd.Rifles 1st Co.K
Biggs, David AR 12th Inf. Co.G
Biggs, David MS 31st Inf. Co.I
Biggs, Davis MS 36th Inf. Co.I
Biggs, Davis TN Inf. 3rd Cons.Regt. Co.B
Biggs, Davis TN 38th Inf. Co.D Music.
Biggs, D.T. VA 5th Cav.
Biggs, Duncan A. 3rd Conf.Eng.Troops Co.D
Biggs, Eason NC 1st Inf. Co.H
Biggs, Eason NC 1st Jr.Res. Co.K
Biggs, Ebenezer, J. NC 24th Inf. Co.G
Biggs, Eleazer MS 36th Inf. Co.I
Biggs, Elias VA 12th Cav. Co.D
Biggs, Elias VA 146th Mil. Co.H
Biggs, Eli C. NC 3rd Cav. (41st St.Troops) Co.G
Biggs, Eusebius W. MS 3rd Inf. Co.C
Biggs, George TX 22nd Cav. Co.I,F
Biggs, George Bradford's Corps Scouts & Guards Co.A
Biggs, George N. KY Lt.Arty. Cobb's Co.
Biggs, George T. MS 2nd Cav. Co.H Cpl.
Biggs, George W. GA 12th Inf. Co.C
Biggs, G.S. FL 7th Inf. Music.
Biggs, G.T. MS 22nd Inf. 5th Sgt.
Biggs, H. AL Cav. Moreland's Regt. Co.D
Biggs, H. MS 1st (Johnston's) Inf. Co.I Ens.
Biggs, H.A. TX 3rd (Kirby's) Bn.Vol. Co.B
Biggs, H.A. TX 17th Inf. Co.F
Biggs, Harvey TX 2nd Cav. 2nd Co.F
Biggs, Hector NC 24th Inf. Co.G
Biggs, Henry MS 36th Inf.
Biggs, Henry NC 3rd Bn.Sr.Res.Co.C
Biggs, Henry Gen. & Staff Contr.Surg.
Biggs, Henry Clay TX 26th Cav. Co.B
Biggs, Henry H. TX 27th Cav. Co.C
Biggs, Henry R. VA 17th Inf. Co.E
Biggs, H.H. TN Arty. Marshall's Co.
Biggs, H.H. TN 8th Inf. Co.I
Biggs, Hiram J. MO 1st Cav. Co.A
Biggs, Hiram L. AR 26th Inf. Co.B
Biggs, Hosea B. NC 17th Inf. (2nd Org.) Co.H
Biggs, Hugh MS 41st Inf. Co.D
Biggs, Hugh NC 51st Inf. Co.E
Biggs, I.J. MO 12th Inf. Co.K Cpl.
Biggs, I.L. MS 12th Cav. Co.K
Biggs, J. AL Cav. Moreland's Regt. Co.D
Biggs, J. KY 2nd (Duke's) Cav. Co.K
Biggs, J. MD Cav. 2nd Bn. Co.C
Biggs, J. MS Part.Rangers Armistead's Co.
Biggs, J. MS Res.Corps Withers' Co.
Biggs, J.A. TN 31st Bn. Co.H
Biggs, Jacob FL 2nd Inf. Co.E
Biggs, James MO Cav. Wood's Regt. Co.A
Biggs, James NC 29th Inf. Co.B,K
Biggs, James A. NC 64th Inf. Co.I
Biggs, James A. TN 29th Inf. Co.I
Biggs, James H. TX 2nd Cav. Co.H
Biggs, James H. VA 6th Inf. Co.G
Biggs, James O. VA Hvy.Arty. 18th Bn. Co.E
Biggs, James P. GA 44th Inf. Co.C
Biggs, James T. MS 2nd Part.Rangers Co.C Ord.Sgt.
Biggs, James T. MS 3rd Inf. Co.C Cpl.
Biggs, James T. TN 16th (Logwood's) Cav. Co.D 2nd Lt.

Biggs, James W. MS Cav. Jeff Davis Legion Co.A
Biggs, James W. VA 2nd Cav. Co.C 1st Sgt.
Biggs, Jedd W. MS Cav. Jeff Davis Legion Co.F Bugler
Biggs, Jefferson NC 2nd Arty. (36th St.Troops) Co.G
Biggs, Jere R. TN 13th Inf. Co.D
Biggs, Jesse MO Inf. 1st Bn. Co.B
Biggs, Jessee MO 5th Inf. Co.K Cpl.
Biggs, J.H. TN 47th Inf. Co.H
Biggs, J.J. TN 3rd (Forrest's) Cav. Co.H
Biggs, J.J. TN 42nd Inf. Co.C
Biggs, J.J. 4th Conf.Inf. Co.H
Biggs, John NC 16th Inf. Co.D
Biggs, John NC 18th Inf. Co.D
Biggs, John NC 31st Inf. Co.F
Biggs, John TN 1st (Feild's) Inf. Co.K
Biggs, John TN 35th Inf. 3rd Co.F
Biggs, John TN Inf. Nashville Bn. Felts' Co.
Biggs, John A. VA 2nd Cav. Co.C Sgt.
Biggs, John D. NC 17th Inf. (2nd Org.) Co.A Cpl.
Biggs, John D. NC 42nd Inf. Co.B 1st Sgt.
Biggs, John D. NC 61st Inf. Co.H Capt.
Biggs, John D. VA 42nd Inf. Co.G 2nd Lt.
Biggs, Johnerthan AR Cav. Wright's Regt. Co.K
Biggs, John F. VA 42nd Inf. Co.A
Biggs, John M. NC 7th Inf. Co.B
Biggs, John M. TN Inf. 39th Regt. Capt.,ACS
Biggs, John M. TN 39th Mtd.Inf. Co.K Capt.,ACS
Biggs, John M. TN 59th Mtd.Inf. Co.E
Biggs, Jonathan AR 50th Mil. Co.G
Biggs, Jonathan L. AR 25th Inf. Co.H
Biggs, Joseph KY 4th Mtd.Inf. Co.K
Biggs, Joseph VA 49th Inf. 3rd Co.G
Biggs, Joseph E. GA 3rd Cav. Co.C
Biggs, Jo. J. TN 4th Inf. Co.C
Biggs, Joseph R. MO 1st Inf. Co.G
Biggs, Joseph R. MO 1st & 4th Inf. Co.G
Biggs, J.R. TX 36th Cav. Co.I
Biggs, J.S. KY 8th Mtd.Inf. Co.C
Biggs, J.T. TN 3rd (Forrest's) Cav. Co.H 1st Lt.
Biggs, J.T. TN 12th (Green's) Cav. Co.K 2nd Lt.
Biggs, J.T. TN 4th Inf. Co.C 1st Lt.
Biggs, J.W. VA 6th Cav. 1st Co.E Bugler
Biggs, Kenneth M. NC 3rd Arty. (40th St.Troops) Co.E
Biggs, Levi NC 17th Inf. (2nd Org.) Co.G
Biggs, Miles TX 8th Cav. Co.I
Biggs, Miles H. VA Lt.Arty. G.B. Chapman's Co.
Biggs, Miles H. VA Inf. 26th Bn. Co.F Fifer
Biggs, Moses NC 2nd Arty. (36th St.Troops) Co.G
Biggs, N. LA 31st Inf. Co.F
Biggs, Neill G. NC 2nd Cav. (19th St.Troops) Co.D
Biggs, Nicholas H. VA 5th Inf. Co.K
Biggs, Nichols Conf.Inf. 1st Bn. 2nd Co.B
Biggs, Noah NC 3rd Cav. (41st St.Troops) Co.G
Biggs, Noah NC 17th Inf. (1st Org.) Co.F
Biggs, Noah NC 61st Inf. Co.H
Biggs, P.B. KY 10th (Johnson's) Cav. New Co.B
Biggs, Peter KY 10th (Johnson's) Cav. New Co.G
Biggs, Philip NC Cumberland Cty.Bn. Detailed Men Co.A
Biggs, Pompey 1st Creek Mtd.Vol. Co.L
Biggs, Resden NC 31st Inf. Co.A
Biggs, R.H. MO 2nd Inf. Co.B
Biggs, R.H. TN 21st Inf. Co.C 1st Sgt.
Biggs, R.H. Gen. & Staff Capt.,AQM
Biggs, Rich 2nd Conf.Eng.Troops Co.H
Biggs, Richard SC 23rd Inf. Co.H
Biggs, R.J. TN 4th Inf. Co.C 2nd Lt.
Biggs, Robert KY 2nd (Woodward's) Cav. Co.D Capt.
Biggs, Robert KY 9th Mtd.Inf. Co.B
Biggs, Robert J. TN 4th Inf. Co.C Lt.
Biggs, Robert T. VA Inf. 23rd Bn. Co.H
Biggs, Ruffin T. NC 47th Inf. Co.D
Biggs, S. SC 8th Res.
Biggs, S. TN 9th (Ward's) Cav. Capt.
Biggs, Samuel SC Inf. 3rd Bn. Co.F
Biggs, Samuel L. VA Lt.Arty. Douthat's Co.
Biggs, Samuel L. VA Burks' Regt.Loc.Def. Shield's Co.
Biggs, Samuel M. MO Inf. Clark's Regt. Co.C
Biggs, Sanford TN 21st & 22nd (Cons.) Cav. Co.C
Biggs, Sanford TN 22nd (Barteau's) Cav. Co.F
Biggs, Sanford M. MO 9th Inf. Co.D
Biggs, Simon T.D. MO 1st Inf. Co.G
Biggs, T.C. TX 11th Inf. Co.E
Biggs, Thomas MS 36th Inf.
Biggs, Thomas MO 5th Cav. Co.G
Biggs, Thomas TX Inf. Rutherford's Co.
Biggs, Thomas C. 1st Choctaw & Chickasaw Mtd.Rifles 1st Co.K
Biggs, Thomas D. GA 3rd Cav. (St.Guards) Co.H Sgt.
Biggs, Thomas D. GA 15th Inf. Co.I Cpl.
Biggs, Thomas N. TN 39th Mtd.Inf. Co.H 1st Lt.
Biggs, Thomas S. TX 3rd (Kirby's) Bn.Vol. Co.A
Biggs, Thomas S. TX 20th Inf. Co.I
Biggs, T.J. AL 17th Inf. Co.H
Biggs, T.J. TN 12th (Green's) Cav. Co.K
Biggs, T.L. MS 1st Cav. Co.K
Biggs, T.R. TN 12th Inf. Co.H
Biggs, T.R. TN 12th (Cons.) Inf. Co.K
Biggs, T.R. 3rd Conf.Eng.Troops Co.B
Biggs, Turner MO 9th (Elliott's) Cav. Co.H
Biggs, W. GA 10th Inf. Co.B
Biggs, Warren NC Hvy.Arty. 10th Bn. Co.D
Biggs, Washington NC 2nd Arty. (36th St.Troops) Co.G
Biggs, W.H. MO 5th Cav. Co.D
Biggs, W.H.H. AR 12th Inf. Co.I
Biggs, Wiggins AL 56th Part.Rangers Co.C
Biggs, Wiggins LA 1st Hvy.Arty. (Reg.) Co.A
Biggs, Wiliby KY 13th Cav. Co.F
Biggs, William AL Cav. Barbiere's Bn. Davenport's Bn. Brown's Co.
Biggs, William AL 8th Inf. Co.B
Biggs, William GA Inf. 1st City Bn. (Columbus) Co.A
Biggs, William GA Inf. Taylor's Co.
Biggs, William MS 3rd Cav.Res. Co.A Sgt.
Biggs, William MS 36th Inf. Co.I
Biggs, William MS Cp.Guard (Cp. of Instr. for Conscr.)
Biggs, William MO 7th Cav. Ward's Co.
Biggs, William MO 1st Inf. Co.G
Biggs, William MO St.Guard
Biggs, William NC Hvy.Arty. 1st Bn. Co.A
Biggs, William NC 17th Inf. (1st Org.) Co.F 2nd Lt.
Biggs, William NC 17th Inf. (2nd Org.) Co.A Capt.
Biggs, William NC 45th Inf. Co.K
Biggs, William TN Cav. 7th Bn. (Bennett's) Co.D
Biggs, William TN 22nd (Barteau's) Cav. Co.F
Biggs, William TN 3rd (Lillard's) Mtd.Inf. 1st Co.K
Biggs, William TN 8th Inf. Co.H
Biggs, William TN 39th Mtd.Inf. Co.H Sgt.
Biggs, William TN 63rd Inf. Co.E
Biggs, William TX 26th Cav. Co.C
Biggs, William B. MS 18th Inf. Co.I
Biggs, William B. NC 29th Inf. Co.B,K
Biggs, William C. TN 50th Inf. Co.F Sgt.
Biggs, William C. TN 50th (Cons.) Inf. Co.F Sgt.
Biggs, William C. VA 36th Inf. 2nd Co.C
Biggs, William F. MS 2nd Inf. Co.K
Biggs, William G. VA 6th Inf. Co.G
Biggs, William G. VA 54th Mil. Co.C,D
Biggs, William H. TN 34th Inf. Co.G
Biggs, William H. TX Cav. Benavides' Regt. Co.K
Biggs, William H.H. AR 6th Inf. New Co.D Sgt.
Biggs, William J. AR 8th Inf. New Co.E
Biggs, William L. TX 27th Cav. Co.H
Biggs, William M. 9th Bn.S.S. Co.A Sgt.
Biggs, William R. NC 13th Inf. Co.K
Biggs, William R. VA Inf. 4th Bn.Loc.Def. Co.C
Biggs, William R. VA Inf. 5th Bn. Co.B
Biggs, William R. VA 166th Mil. Ballard's & W. Lively's Co.
Biggs, Williamson VA Burks' Regt.Loc.Def. Shield's Co.
Biggs, William T. KY 10th (Johnson's) Cav. New Co.B
Biggs, William W. LA 31st Inf. Co.A
Biggs, Wilson L. GA 44th Inf. Co.C
Biggs, Wilson R. VA 30th Bn.S.S. Co.C
Biggs, Winfry AL 23rd Inf. Co.E
Biggs, W.J. AL 17th Inf. Co.H Cpl.
Biggs, W.J. KY 6th Cav. Co.B
Biggs, W.J. MS 3rd Inf. Co.C
Biggs, W.J. TN Cav. Jackson's Co.
Biggs, W.J. TN Cav. Williams' Co.
Biggs, W.J. Forrest's Scouts,CSA
Biggs, W.L. NC 32nd Inf. Co.A
Biggs, Zach TN 55th (Brown's) Inf. Co.D 1st Lt.
Biggs, Zachariah TN 10th (DeMoss') Cav. Co.K
Biggs, Zachariah TN 43rd Inf. Co.E
Bigham, --- TX Cav. 4th Regt.St.Troops Co.F
Bigham, A. MS 4th Regt.St.Troops
Bigham, A.H. TX Cav. 4th Regt.St.Troops Co.F
Bigham, A.J. TX 4th Cav. Co.E Sgt.
Bigham, Alaxander AR 4th Inf. Co.F

Bigham, B.A. AR 21st Inf. Co.D Sgt.
Bigham, Barnett A. AR 17th (Lemoyne's) Inf. Co.B
Bigham, Benjamin F. TX 12th Cav. Co.F
Bigham, B.K. TX 12th Cav. Co.E
Bigham, C.A. MS Cav. Ham's Regt. Co.E
Bigham, Christopher NC 4th Sr.Res. Co.H
Bigham, Columbus A. MS Inf. 3rd Bn. Co.G 2nd Lt.
Bigham, David AR 9th Inf. Co.E
Bigham, David NC 39th Inf. Co.C Cpl.
Bigham, David TN 53rd Inf. Co.B Cpl.
Bigham, D.C.M. MS 11th (Cons.) Cav. Co.E
Bigham, D.G. SC 17th Inf. Co.A
Bigham, E.H. TX Cav. 4th Regt.St.Troops Co.F
Bigham, E.L. AR 3rd Inf. Co.K Music.
Bigham, Elbert S. TN 14th Inf. Co.F,E
Bigham, Elijah SC 17th Inf. Co.A
Bigham, Finis M. MS 2nd Inf. Co.I
Bigham, F.J. AL 5th Cav. Co.C
Bigham, Frank SC 6th Inf. 2nd Co.A
Bigham, George SC 17th Inf. Co.A
Bigham, George W. MS 26th Inf. Co.F Capt.
Bigham, Green L. NC 5th Cav. (63rd St.Troops) Co.I
Bigham, G.V. AL Cav. Moreland's Regt. Co.B
Bigham, Harvey SC Inf. 6th Bn. Co.A
Bigham, Harvy SC 26th Inf. Co.C
Bigham, H.C. SC 17th Inf. Co.A Cpl.
Bigham, Isham R. MS 26th Inf. Co.F
Bigham, J. GA 46th Inf. Co.H
Bigham, James C. MO 1st Cav. Co.E
Bigham, James S. TX 1st (McCulloch's) Cav. Co.F 2nd Lt.
Bigham, James S. TX 1st (Yager') Cav. Co.K Capt.
Bigham, James S. TX Cav. 8th (Taylor's) Bn. Co.B 1st Lt.
Bigham, James S. TX 19th Cav. Co.A
Bigham, James W. NC 11th (Bethel Regt.) Inf. Co.A Cpl.
Bigham, James W. SC 24th Inf. Co.H
Bigham, J.B. TX 17th Cons.Dismtd.Cav. Co.G
Bigham, J.C. NC McLean's Bn.Lt.Duty Men Co.B
Bigham, J.H. NC 11th (Bethel Regt.) Inf. Co.A
Bigham, J.H. SC 5th Inf. 2nd Co.A
Bigham, J.H. SC 12th Inf. Co.B 2nd Lt.
Bigham, J.H. SC 17th Inf. Co.A
Bigham, J.L. AR 1st (Monroe's) Cav. Co.H Sgt.
Bigham, J.L. SC 5th St.Troops Co.L
Bigham, John AR Cav. Wright's Regt. Co.C
Bigham, John MS St.Cav. 2nd Bn. (Harris') Co.A
Bigham, John MS 20th Inf. Co.G
Bigham, John SC 6th Inf. 2nd Co.A
Bigham, John M. TX 19th Cav. Co.A
Bigham, John R. NC 11th (Bethel Regt.) Inf. Co.A
Bigham, John R. NC 25th Inf. Co.C
Bigham, Joseph SC 17th Inf. Co.A
Bigham, Joseph H. NC 57th Inf. Co.F
Bigham, Joseph T. SC 12th Inf. Co.B
Bigham, Joseph W. MS 17th Inf. Co.G
Bigham, J.R. SC 17th Inf. Co.E
Bigham, L. TN 12th (Cons.) Inf. Co.G
Bigham, Lawson H. MS St.Cav. 2nd Bn. (Harris') Co.A
Bigham, L.C.M. MS 11th (Cons.) Cav. Co.E
Bigham, Lee C.M. MS St.Cav. 2nd Bn. (Harris') Co.A
Bigham, L.G. SC 17th Inf. Co.A
Bigham, L.L. MS 41st Inf. Co.B Sgt.
Bigham, Louis TX 19th Cav. Co.A
Bigham, Lucas L. TN 42nd Inf. 2nd Co.F
Bigham, Madison S. NC 13th Inf. Co.B
Bigham, Madison S. NC 62nd Inf. Co.E
Bigham, Mather S.H. TX 17th Cav. Co.A
Bigham, Munsor M. TX 21st Cav. Co.K
Bigham, M.V. TX 22nd Inf. Co.F
Bigham, Nathan SC 6th Res. Co.E
Bigham, Nathaniel W. TX 19th Cav. Co.A
Bigham, N.H. NC 5th Inf. Co.K
Bigham, O.H. TX 6th Cav. Co.H Far.
Bigham, R.A. SC 4th Cav. Co.B
Bigham, R.C. AR 32nd Inf. Co.C
Bigham, R.L. TN 22nd Inf. Co.G
Bigham, Robert TX 1st (Yager's) Cav. Co.K
Bigham, Robert A. SC 6th Res. Co.E Cpl.
Bigham, Robert B. TX 18th Cav. Co.D
Bigham, Robert C. TX Cav. 8th (Taylor's) Bn. Co.B
Bigham, Robert N. MO 1st Cav. Co.E
Bigham, Robert Y. TX 18th Inf. Co.A Sgt.
Bigham, R.S. SC 1st Cav. Co.D
Bigham, Samuel FL 10th Inf. Co.F
Bigham, Samuel GA 2nd Inf. Co.I
Bigham, Samuel GA 25th Inf. Co.H
Bigham, Samuel B. MS St.Cav. 2nd Bn. (Harris') Co.A 1st Lt.
Bigham, Samuel T. AL 35th Inf. Co.C
Bigham, Samuel W. TX 6th Inf. Co.F
Bigham, S.P. FL 4th Inf. Co.G
Bigham, S.S. MO Cav. Freeman's Regt. Co.A Sgt.
Bigham, T.A. NC 2nd Jr.Res. Co.B
Bigham, T.G. SC 3rd Bn.Res. Co.E
Bigham, T.G. SC 5th St.Troops Co.A,L
Bigham, T.G. SC 6th Res. Co.C Cpl.
Bigham, Thomas AL 16th Inf. Co.K
Bigham, Thomas B. MS 27th Inf. Co.C
Bigham, Thomas P. NC 62nd Inf. Co.I
Bigham, Thomas S. TN 4th (McLemore's) Cav. Co.A
Bigham, W. SC 5th St.Troops Co.L
Bigham, W. TX 4th Cav. Co.K
Bigham, W.C. NC 4th Sr.Res. Co.K
Bigham, W.D. SC 5th St.Troops Co.L
Bigham, W.D. SC 6th Res. Co.C
Bigham, W.H. MO 1st Inf. Co.G
Bigham, William AL 11th Cav. Co.B
Bigham, William GA 12th Inf. Co.K
Bigham, William MS St.Cav. 2nd Bn. (Harris') Co.A
Bigham, William SC 5th Inf. 2nd Co.B
Bigham, William VA Inf. 2nd Bn.Loc.Def. Co.G
Bigham, William B.R. NC 25th Inf. Co.C Cpl.
Bigham, William H. FL 4th Inf. Co.G 1st Sgt.
Bigham, William M. MS 26th Inf. Co.F
Bigham, William N. TX 1st (Yager's) Cav. Co.K
Bigham, William N. TX Cav. 8th (Taylor's) Bn. Co.B
Bigham, William P. NC 55th Inf. Co.F
Bigham, William W. NC 50th Inf. Co.I
Bigham, W.J. SC 17th Inf. Co.A
Bigham, W. William TX 1st (McCulloch's) Cav. Co.F
Big Head, Daniel 1st Cherokee Mtd.Rifles Co.I
Big Indian NC Inf. Thomas' Legion Co.I
Big Jack 1st Cherokee Mtd.Rifles Co.A
Big jack, Joseph 1st Cherokee Mtd.Rifles Co.A
Big Jim 1st Seminole Mtd.Vol.
Big John 1st Choctaw & Chickasaw Mtd.Rifles 2nd Co.C
Big John 1st Choctaw & Chickasaw Mtd.Rifles 2nd Co.I
Biglane, Thomas MS 46th Inf. Co.B
Bigler, C.D. TX 5th Cav. Co.C
Bigler, David LA Mil. 4th Regt. 3rd Brig. 1st Div. Co.C
Bigler, J.J. LA 26th Inf. Co.B
Bigler, Mark VA 28th Inf. Co.K
Bigler, N. LA 26th Inf. Co.B
Bigler, Samuel LA 20th Inf. Co.F
Bigles, John J. GA 61st Inf. Co.E,K
Bigley, A.B. VA 10th Cav. Co.B
Bigley, John GA 36th (Villepigue's) Inf. Co.I
Bigley, John MS 28th Cav. Co.I
Bigley, Samuel TX 4th Inf. Co.B
Bigley, T.J. TN 20th Inf. Co.C
Biglow, A.C. TN 15th Inf. Co.A
Biglow, A.C. TN 15th Inf. Co.E Lt.
Biglow, Ira G. LA 8th Inf. Co.E
Biglow, James L. Conf.Inf. 1st Bn. 2nd Co.B
Biglow, John O. TX 33rd Cav. Co.A
Biglow, Michael TX 34th Cav. Co.K
Bigly, J.S. TX Cav. 2nd Regt.St.Troops Co.B
Bigner, David LA Inf. 11th Bn. Co.F
Bigner, George MS 39th Inf. Co.H
Bigner, John A. TX Cav. Waller's Regt. Co.D
Bigner, William MS Inf. 3rd Bn. Co.G
Bigner, William MS 32nd Inf. Co.G
Bigner, William MS 39th Inf. Co.H
Bignon, A.E. LA Mil. 2nd Regt. 3rd Brig. 1st Div. Co.F Capt.
Bignon, A.F. GA Inf. 1st Loc.Troops (Augusta) Barnes' Lt.Arty.Co.
Bignon, A.P. GA Inf. 1st Loc.Troops (Augusta) Barnes' Lt.Arty.Co.
Bignon, Armand V. LA Arty. Green's Co. (LA Guard Btty.) Cpl.
Bignon, Armand V. LA 1st (Nelligan's) Inf. 1st Co.B Cpl.
Bignon, B. GA 1st (Symons') Res. Co.I
Bignon, Bernard GA Inf. 1st Loc.Troops (Augusta) Co.A
Bignon, H.A. GA Inf. 1st Loc.Troops (Augusta) Barnes' Lt.Arty.Co.
Bignon, John P. GA Inf. 1st Loc.Troops (Augusta) Co.B
Bignon, John P. SC Lt.Arty. Walter's Co. (Washington Arty.)
Bigot, Theo LA Mil. 3rd Regt. 2nd Brig. 1st Div. Co.E 3rd Lt.
Bigot, Theo. L., Jr. LA Inf. 1st Sp.Bn. (Righ-tor's) Co.F
Big Otterlefter 1st Cherokee Mtd.Vol. 1st Co.I
Big Road 1st Cherokee Mtd.Rifles Co.D
Bigs, Burton NC 8th Sr.Res. Williams' Co.
Bigs, F.M. MS 2nd (Quinn's St.Troops) Inf. Co.I

Big Sides 1st Cherokee Mtd.Rifles Co.H
Big sky yah too kah 1st Cherokee Mtd.Rifles McDaniel's Co. 2nd Lt.
Bigstaff, Benjamin B. KY 2nd (Duke's) Cav. Co.A
Bigstaff, Benjamin B. KY 4th Cav. Capt.
Bigstaff, Benjamin B. KY 14th Cav. Co.A Capt.
Bigstaff, O.S. KY 2nd (Duke's) Cav. Co.I
Big Stream FL McBride's Co. (Indians)
Big Tim 1st Creek Mtd.Vol. Co.E
Big Tom 1st Seminole Mtd.Vol.
Biguenet, --- LA Mil. 1st Chasseurs a pied Co.4
Big Watchie FL McBride's Co. (Indians)
Big Wave FL McBride's Co. (Indians)
Bihler, F. TX 1st Regt.St.Troops Co.C
Bihler, M. TX Lt.Arty. Dege's Bn.
Bihler, Thomas LA 7th Inf. Co.G
Bihlman, Herman TX Waul's Legion Co.B
Bihlmon, H. TX 9th (Young's) Inf. Co.A
Bihlny, Jose AL 23rd Inf. Co.F
Bihm, J. LA 2nd Res.Corps Co.A
Bihm, James LA 7th Cav. Co.K
Bihm, Jesse LA 7th Cav. Co.K
Bihm, M. LA 2nd Cav. Co.A
Bihm, M. LA 2nd Res.Corps Co.A Sgt.
Bihm, Milton LA 6th Inf. Co.C
Bihm, Richard L. LA 6th Inf. Co.C
Bihm, R.S. LA 2nd Res.Corps Co.A
Bijeau, Archille LA Inf.Cons. 18th Regt. & Yellow Jacket Bn. Co.A
Bijou, A. LA Mil. 1st Native Guards
Bijou, J. LA Mil. 1st Native Guards
Bijou, P. LA Mil. 1st Native Guards
Bijoux, B. Manuel LA Mil. 1st Native Guards
Bijoux, Leanan LA Mil. 1st Native Guards
Bikin, S.F. AL 3rd Cav. Co.D
Bikle, L.A. NC 20th Inf. Chap.
Bikle, Louis A. Gen. & Staff Chap.
Bikler, M. TX 8th Field Btty.
Bilany, John TN 29th Inf. Co.C
Bilbary, L. Serere LA 18th Inf. Co.C
Bilbe, H.Q. 15th Conf.Cav. Co.K
Bilbeon, J.M. TX 14th Inf. Co.H
Bilberry, Franklin TX 17th Inf. Co.G
Bilberry, I.D. AL 63rd Inf. Co.C
Bilberry, James TN 8th Inf. Co.F
Bilberry, J.C. AR 1st Vol. Co.K Sgt.
Bilberry, John LA 31st Inf. Co.I
Bilberry, L.S. TX 7th Cav. Co.C
Bilberry, Marion TX 7th Cav. Co.C
Bilberry, Martin TN 8th Inf. Co.F
Bilberry, Russell TX 17th Inf. Co.G,D
Bilbery, J.N. AR 8th Cav. Co.D Cpl.
Bilbey, J.C. TN 22nd Inf. Co.E Sgt.
Bilbey, J.H. AR Cav. Gordon's Regt. Co.B Sgt.
Bilbo, A. MS 1st Cav.Res. Co.E
Bilbo, Edwin VA 2nd Bn.Res. Co.B
Bilbo, Edwin VA 56th Inf. Co.F
Bilbo, E.H. TX 4th Cav. Co.I Cpl.
Bilbo, E.H. TX Inf. Currie's Co.
Bilbo, G.A. MS 7th Inf. Co.B 3rd Lt.
Bilbo, George W. MS 8th Inf. Co.G Cpl.
Bilbo, Gustavus A. MS 33rd Inf. Co.C Sgt.
Bilbo, G.W. MS 38th Cav. Co.C
Bilbo, James GA 1st (Olmstead's) Inf. Co.C
Bilbo, James GA 1st (Olmstead's) Inf. Co.G
Bilbo, James MS 38th Cav. Co.C
Bilbo, Jasper MS 38th Cav. Co.C
Bilbo, J.C. AL Cav. Murphy's Bn. Co.D
Bilbo, J.C. 15th Conf.Cav. Co.K
Bilbo, J.J. MS 9th Cav. Co.C
Bilbo, J.J. MS Cav. 17th Bn. Co.E
Bilbo, J.L. LA 2nd Cav. Co.A
Bilbo, John GA Arty. (Chatham Arty.) Wheaton's Co.
Bilbo, John GA 1st (Olmstead's) Inf. Claghorn's Co.
Bilbo, John GA 1st (Symons') Res. Co.A 1st Lt.
Bilbo, John C. TX Cav. Ragsdale's Bn. Co.A
Bilbo, Joseph TX Cav. Ragsdale's Bn. Co.A Cpl.
Bilbo, Joseph T. GA Cobb's Legion Co.B
Bilbo, William MS Inf. 1st Bn.St.Troops (12 mo. '62-3) Co.C
Bilbo, W.K. GA 41st Inf. Co.D
Bilbow, John TN Inf. 154th Sr.Regt. Co.A
Bilbra, M.B. TN Inf. 23rd Bn. Co.B
Bilbra, P. TN Inf. 23rd Bn. Co.B
Bilbrey, A.D. TN 13th (Gore's) Cav. Co.F
Bilbrey, Carroll TN 25th Inf. Co.I
Bilbrey, Carter TN 25th Inf. Co.D
Bilbrey, Charnel TN 25th Inf. Co.H
Bilbrey, F.G. TN 13th (Gore's) Cav. Co.F
Bilbrey, G.W. AL Cav. Shockley's Co.
Bilbrey, Harder TN 4th (Murray's) Cav. Co.D
Bilbrey, Hardy TN Lt.Arty. Baxter's Co.
Bilbrey, Henry TN 13th (Gore's) Cav. Co.E
Bilbrey, Hickman TN 25th Inf. Co.B
Bilbrey, Isaac TN 25th Inf. Co.I
Bilbrey, Isham TN 25th Inf. Co.B,D
Bilbrey, James TN 25th Inf. Co.H
Bilbrey, James H. TN 25th Inf. Co.B Cpl.
Bilbrey, J.C. AR 45th Cav. Co.F 1st Lt.
Bilbrey, Jefferson TN 13th (Gore's) Cav. Co.F 1st Lt.
Bilbrey, Jefferson TN 25th Inf. Co.B 2nd Lt.
Bilbrey, J.H. TN 4th (Murray's) Cav. Co.D
Bilbrey, J.H. TN 13th (Gore's) Cav. Co.F Capt.
Bilbrey, J.H. TN 16th Inf.
Bilbrey, Josiah S.H. TN 25th Inf. Co.B Capt.
Bilbrey, J.R. TN 13th (Gore's) Cav. Co.F
Bilbrey, J.R. TN 25th Inf. Co.I
Bilbrey, M.B. TN 13th (Gore's) Cav. Co.F
Bilbrey, M.G. TN 13th (Gore's) Cav. Co.F
Bilbrey, Mounce TN 25th Inf. Co.B
Bilbrey, Paschal TN 13th (Gore's) Cav. Co.F
Bilbrey, S.D. TN 13th (Gore's) Cav. Co.F
Bilbrey, Stephen D. AR 14th (McCarver's) Inf. Co.F
Bilbrey, William C. TN 25th Inf. Co.B
Bilbrey, William H. TN 13th (Gore's) Cav. Co.F Cpl.
Bilbro, Henry M. VA 42nd Inf. Co.C
Bilbro, James A. AL 1st Regt.Conscr. Lt.
Bilbro, James A. AL 3rd Inf. Co.C Cpl.
Bilbro, J.C. MS 3rd Cav. Co.B,E
Bilbro, J.C. MS 1st (King's) Inf. (St.Troops) Co.K
Bilbro, John J. VA 34th Inf. Co.H
Bilbro, John S. AL 61st Inf. Co.H Cpl.
Bilbro, John W. VA 28th Inf. Co.G,D
Bilbro, P.H. MS 6th Inf. Co.B
Bilbro, Thomas MS 40th Inf. Co.H
Bilbro, Turner MS 6th Inf. Co.B
Bilbro, W.H. AL 12th Inf. Co.F
Bilbro, William H. AL 61st Inf. Co.H
Bilbro, William T. AL 3rd Inf. Co.C Capt.
Bilbrow, Kinzy L. TN 28th Inf. Co.F
Bilbry, James C. AR 15th (N.W.) Inf. Co.G
Bilbry, J.C. AR 38th Inf. Co.D Sgt.
Bilbry, J.H. 1st Conf.Cav. 2nd Co.C
Bilbry, J.M. AR 1st Vol. Co.I Sgt.
Bilbry, John AR 34th Inf. Co.F
Bilby, J.S. AR 13th Mil. Co.F
Bild, James S. GA 24th Inf. Co.K
Bilderback, James MO 7th Cav. Ward's Co.
Bilderback, William S. MO 2nd Cav. Co.D,F Cpl.
Bilderback, W.J. TN 2nd (Ashby's) Cav. Co.G
Bildo, James 1st Chickasaw Inf. McConnell's Co.
Bileagher, Mary TX 3rd Inf.
Bilecci, Antnio LA Mil. 6th Regt.Eur.Brig. (Italian Guards Bn.) Co.3
Biler, J. SC Mil. 16th Regt. Robinson's Co.
Biler, James H. AR 36th Inf. Co.B
Bilers, C. VA 4th Inf.
Biles, --- TX Cav. Bourland's Regt. Co.G
Biles, A.J. GA 60th Inf. 1st Co.A
Biles, Allen TX 9th Cav. Co.G
Biles, Anderson J. GA Hvy.Arty. 22nd Bn. Co.A
Biles, Asberry TN 16th Inf. Co.C
Biles, Benton H. AR 36th Inf. Co.B
Biles, B.H. AR 21st Mil. Co.E
Biles, Charles W. GA Inf. 1st Conf.Bn. Co.D
Biles, Charles W. GA 30th Inf. Co.F
Biles, David GA 12th Cav. Co.F
Biles, D.C. TN 6th (Wheeler's) Cav. Co.K Sgt.
Biles, D.C. TN Cav. 11th Bn. (Gordon's) Co.A
Biles, E.M. NC 57th Inf. Co.B
Biles, E.R. GA 60th Inf. Co.I
Biles, G.C. TN 4th Inf. Co.H
Biles, George TN 7th (Duckworth's) Cav. Co.G
Biles, George TN 46th Inf. Co.B
Biles, G.S. TN 20th (Russell's) Cav. Co.E
Biles, H.T. NC 14th Inf. Co.H
Biles, Isaac E. NC 14th Inf. Co.H
Biles, Isaac F. NC 3rd Arty. (40th St.Troops) Co.B
Biles, Isaac T. NC 28th Inf. Co.K 2nd Lt.
Biles, James C. TN 16th Inf. Co.C
Biles, James P. AR 36th Inf. Co.B
Biles, J.C. NC 2nd Jr.Res. Co.E
Biles, Jefferson LA 9th Inf. Co.I
Biles, J.H. TN 16th Inf. Co.C
Biles, John C. TN 32nd Inf. Co.H
Biles, John H. AL Lt.Arty. 2nd Bn. Co.C
Biles, John J. LA 28th (Thomas') Inf. Co.I Sgt.
Biles, John J. TN 28th Inf. Co.I
Biles, John W. NC 4th Cav. (59th St.Troops) Co.A
Biles, J.P. AR 21st Mil. Co.E
Biles, J.S. AR 2nd Inf. Co.I
Biles, M.J. AR 2nd Inf. Co.I
Biles, R. NC 2nd Jr.Res. Co.E
Biles, R.D. MS Cav. Dunn's Co. (MS Rangers)
Biles, Richard M. TN 1st (Feild's) Inf. Co.K
Biles, Robert NC 6th Sr.Res. Co.G Capt.
Biles, R.S. TN 14th Cav. Co.C
Biles, S.G. TN 19th & 20th (Cons.) Cav. Co.D
Biles, S.G. TN 31st Inf. Co.I
Biles, S.J. TN Inf. 4th Cons.Regt. Co.C

Biles, S.M. TN 53rd Inf. Co.A
Biles, Stephen J. TN 3rd (Clack's) Inf. Co.A
Biles, T.A. TX Inf. Chambers' Bn.Res.Corps Co.C
Biles, T.B. TN Inf. 1st Cons.Regt. Co.K Sgt.
Biles, T.E. LA 17th Inf. Co.G
Biles, Thomas TN 16th Inf. Co.C Sgt.
Biles, Valmont LA 17th Inf. Co.B
Biles, W.H. AR 6th Inf. Co.B
Biles, William A.C. NC 28th Inf. Co.K Cpl.
Biles, William H. TN 46th Inf. Co.I Sgt.
Biles, William S. AR 9th Inf. Co.G Music.
Biles, W.S. TX Cav. 6th Bn. Co.D
Biley, Eli NC 8th Sr.Res. Co.A
Biley, John NC 58th Inf. Co.G
Bilger, H.H. TX 10th Field Btty. Artif.
Bilgers, John LA Mil. 4th Regt. 1st Brig. 1st Div. Co.C
Bilhartz, Frank KY 9th Mtd.Inf. Co.K
Bilhartz, John TX 8th Field Btty. Sgt.
Bilharz, A. LA Mil. Fire Bn. Co.B
Bilharz, C. VA Inf. Montague's Bn. Co.B Sgt.
Bilharz, Charles VA 53rd Inf. Co.I 2nd Lt.
Bilheust, Henry LA C.S. Zouave Bn. Co.B,D Sgt.Maj.
Bilhi, M. LA Mil. 1st Chasseurs a pied Co.1
Bilhimer, John VA 58th Mil. Co.D
Bilhy, Walis 1st Choctaw Mtd.Rifles Co.E
Bilin, George W. VA 122nd Mil. Co.D
Bilinga, Willis 1st Choctaw & Chickasaw Mtd.Rifles 2nd Co.K
Bilings, J.H. VA 21st Cav. 2nd Co.I
Bilingsby, A. AR 11th Inf. Co.F
Bilington, Thomas MS 1st N.E. Cav. Co.K
Bilisoly, Adolphus VA 9th Inf. Co.K Sgt.
Bilisoly, A.L. Gen. & Staff 1st Lt.,D.M.
Bilisoly, Antonio L. VA 9th Inf. Co.K Cpl.
Bilisoly, Eugene E. VA 9th Inf. Co.K
Bilisoly, Joseph L. VA 9th Inf. Co.K
Bilisoly, Julius J. VA 9th Inf. Co.K
Bilisoly, Julius J. VA 61st Inf. Co.D 2nd Lt.
Bilisoly, Lisle A. VA 9th Inf. Co.K 2nd Lt.
Bilisoly, Urban VA 9th Inf. Co.K Sgt.
Bilisoly, Virginius B. Gen. & Staff Surg.
Biliter, J.D. NC 3rd Jr.Res. Co.B
Biliter, J.D. NC 4th Bn.Jr.Res. Co.B
Bill (Indian) TX Cav. Morgan's Regt. Co.K
Bill (Slave) SC Cav.Bn. Holcombe Legion Co.D Cook
Bill, --- MS 20th Inf. Co.B Cook
Bill, A.A. TN Inf. 3rd Bn. Co.C
Bill, Christian G. VA 1st Cav. Co.G
Bill, G. GA 25th Inf. Co.A
Bill, James M. AL 8th Inf. Co.D
Bill, John H. MS 24th Inf. Co.H Cpl.
Bill, J.W. VA 18th Inf. Co.G
Bill, Nelson A. MS Gage's Co. (Wigfall Guards)
Bill, T. AL 47th Inf. Co.C
Bill, Thomas Huff MS 15th Inf. Co.G
Billac, B. LA Mil. 2nd Regt. French Brig. Co.2
Billam, W.H. VA 5th Inf. Co.K
Billaman, H. VA 57th Inf. Co.B
Billamy, J.W. GA 39th Inf. Co.I
Billar, C.C. VA 11th Cav. Co.C
Billar, Noah VA 11th Cav. Co.C
Billard, H. LA Mil. 1st Regt. French Brig. Co.1
Billard, Thomas TX 12th Cav. Co.C
Billareal, Antonio TX 8th Inf. Co.C
Billareal, Cleofas TX Cav. Benavides' Regt. Co.C
Billareal, Cleofas TX 8th Inf. Co.C
Billaud, Leon LA Inf. 10th Bn. Co.A,C Sgt.
Billaud, Leon LA Inf.Cons. 18th Regt. & Yellow Jacket Bn. Co.A,C Sgt.
Billaud, Martial LA 26th Inf. Co.I
Billaudean, John LA 28th (Thomas') Inf. Co.K
Billaudean, Ulysse LA 28th (Thomas') Inf. Co.K
Billbery, J.B. TN 12th (Cons.) Inf. Co.G Sgt.
Billbery, J.R. AL 33rd Inf. Co.D
Billbery, M.M. TX 30th Cav. Co.D
Billbo, T.J. GA 66th Inf. Co.B
Billbrey, Isham J. TN 25th Inf. Co.D
Billbrey, James K.P. TN 25th Inf. Co.D
Billbrey, Mitchell TX 22nd Cav. Co.A Cpl.
Billbrey, Stephen D. AR 21st Inf. Co.B
Billeade, E. VA 21st Inf. Co.F
Billeaseau, S.R. LA 11th Inf. Co.I
Billeau, H. Gen. & Staff Asst.Surg.
Billeaud, Leon LA 18th Inf. Co.A
Billeaudeau, Achille LA Miles' Legion Co.H
Billeisen, J. LA Mil. 4th Regt.Eur.Brig. Co.E 1st Lt.
Billen, Ambrose VA 2nd Inf. Co.G
Billen, William E. AR 1st Inf. Co.E
Billenger, W.M. NC 4th Inf. Co.F
Billens, W.R. LA 1st Inf. Co.D
Biller, Absalom VA 136th Mil. Co.G
Biller, Ambrose C. VA 136th Mil. Co.G
Biller, J.C. VA 9th Bn.Res. Co.D
Biller, Jonas VA 2nd Inf. Co.G
Biller, Joseph VA 3rd (Chrisman's) Bn.Res. Co.C
Biller, Joseph VA 8th Bn.Res. Co.C
Biller, Joseph VA 37th Mil. Co.G
Biller, Martin VA 136th Mil. Co.G
Biller, Sellestine VA 97th Mil. Co.C
Billerey, Joseph H. TN 13th (Gore's) Cav. Co.F Capt.
Billett, C.H. GA 31st Inf. Co.I
Billett, James LA 1st Hvy.Arty. Co.C
Billett, James TN 1st Hvy.Arty. 2nd Co.C
Billett, Theodore N. GA 31st Inf. Co.I
Billey, --- 1st Creek Mtd.Vol. 1st Co.C
Billey, --- 1st Creek Mtd.Vol. Co.L
Billhartz, --- TX Lt.Arty. Dege's Bn. Sgt.
Billhimer, B.F. VA 1st Cav. Co.I
Billhimer, Calvin VA 1st Cav. Co.I
Billhimer, Isaac VA 58th Mil. Co.F
Billhimer, J. TN 9th Inf. Co.I Cpl.
Billhimer, John VA 2nd Inf. Co.B
Billhimer, John H. VA 10th Cav. Co.H
Billhimer, Joseph TN 9th Inf. Co.I
Billhimer, J.W. TN Inf. 1st Cons.Regt. Co.E
Billhimer, William M. VA 10th Inf. Co.G,B Music.
Billhort, William AL 23rd Inf. Co.I
Billi, Bat 1st Choctaw Mtd.Rifles Ward's Co.
Billianna, W. TX 14th Inf. Co.A
Billiee, T.R. AL Cav. Hardie's Bn.Res. Co.A
Billien, David Hall Gen. & Staff Asst.Surg.
Billiet, R. LA Mil. 3rd Regt. French Brig. Co.6
Billig, A. TN 12th Inf. Co.C Music.
Billig, Ad TX Inf. 4th Bn. (Oswald's) Co.B Cpl.
Billig, Isaac TX 5th Inf. Co.A
Billig, Mathias LA Mil. Chalmette Regt. Co.G
Billigman, Fred TX 2nd Inf. Co.F
Billin, David H. TX 31st Cav. Asst.Surg.
Billin, John S. LA 4th Inf. Co.E 3rd Lt.
Billiness, J.W. AL 17th Inf. Co.H
Billing, Edward W. SC 1st (Hagood's) Inf. 1st Co.H, 2nd Co.K,C
Billing, F.C. AL 1st Regt. Mobile Vol. Co.C
Billing, James E. GA 25th Inf. Co.G
Billing, J.R. GA 63rd Inf. Co.H
Billing, T.J. VA 2nd St.Res. Co.C
Billing, William J. GA 25th Inf. Co.G,H Sgt.
Billing, W.M. VA 1st Cav. Co.C
Billinger, Casper AR Inf. Sparks' Co.
Billinger, E. TX 1st Hvy.Arty. Co.H
Billinger, M. MS 48th Inf. Co.E
Billingley, R.D. TN 51st (Cons.) Inf. Co.K
Billingly, B.F. MS 6th Cav. Co.H
Billingly, J.W. MS 18th Cav. Co.C
Billings, A.D. AR Willett's Co. (Prov.Guard)
Billings, A.D. MS Lt.Arty. Culbertson's Btty.
Billings, A.D. MS 9th Inf. Old Co.H
Billings, A.D. MS 10th Inf. Old Co.F
Billings, Albert D. MS 1st Lt.Arty. Co.G
Billings, Amos TN 35th Inf. 3rd Co.F
Billings, Axium J. GA Inf. 10th Bn. Co.E
Billings, Benjamin F. NC 21st Inf. Co.A
Billings, B.F. NC Snead's Co. (Loc.Def.) Music.
Billings, Calvin NC 1st Cav. (9th St.Troops) Co.H
Billings, Calvin NC 32nd Inf. Co.I
Billings, C.C. AL 32nd Inf. Co.H Sgt.
Billings, Charles NC 54th Inf. Co.H
Billings, Charles H. VA 18th Inf. Co.A
Billings, Constantine T. SC Inf. 7th Bn. (Enfield Rifles) Co.D
Billings, Daniel NC 55th Inf. Co.B
Billings, Edgar S. VA 11th Cav. Co.I
Billings, E.F. AR 1st Mtd.Rifles Co.H
Billings, Eli H. NC 61st Inf. Co.I
Billings, Elijah SC Hvy.Arty. Gilchrist's Co. (Gist Guard) Cpl.
Billings, Elijah SC Arty. Manigault's Bn. Co.E Cpl.
Billings, George E. LA Inf. 16th Bn. (Conf.Guards Resp.Bn.) Co.B,A
Billings, George W. NC Walker's Bn. Thomas' Legion Co.A
Billings, Got TN 51st Inf. Co.C
Billings, Granville NC 22nd Inf. Co.F
Billings, G.W. AL Cav. Forrest's Regt.
Billings, G.W. AL Talladega Cty.Res. J. Lucius' Co.
Billings, G.W. TN 18th (Newsom's) Cav. Co.E
Billings, G.W. TN 38th Inf. 2nd Co.H
Billings, G.W. TN 51st Inf. Co.G
Billings, G.W. TN 51st (Cons.) Inf. Co.H
Billings, G.W. TN 51st (Cons.) Inf. Co.I
Billings, H.C. AL Lt.Arty. Kolb's Btty.
Billings, H.C. GA 4th Mil. Col.
Billings, Henry TN 12th (Green's) Cav. Co.C
Billings, Henry VA 12th Cav. Co.B
Billings, Henry M. VA 2nd Inf. Co.H Col.
Billings, Hiram NC 52nd Inf. Co.F
Billings, I.R. GA 1st (Cons.) Inf. Co.H
Billings, J. AL Cav. Moreland's Regt. Co.E

Billings, J. NC 13th Inf. Co.K
Billings, James TN 13th (Gore's) Cav. Co.K
Billings, James M. VA Lt.Arty. 13th Bn. Co.B
Billings, J.C. AL 4th Res. Co.C
Billings, J.D. SC Mil. 1st Regt.Rifles Chichester's Co.
Billings, Jesse J. NC 5th Sr.Res. Co.K
Billings, Jethro AL 3rd Cav. Co.B
Billings, Jethro Conf.Cav. Wood's Regt. 1st Co.M
Billings, J.H. TX 2nd Inf. Co.I Cpl.
Billings, J.J. TN 31st Inf. Co.G
Billings, John AL 5th Inf. New Co.H
Billings, John AR 18th Inf. Co.G
Billings, John MO 2nd Inf. Co.E
Billings, John NC 13th Inf. Co.E
Billings, John NC 26th Inf. Co.A
Billings, John VA Mil. Grayson Cty.
Billings, John R. VA 38th Inf. Co.K Sgt.
Billings, Joseph VA 6th Inf. Co.G
Billings, J.R. TX 2nd Inf. Co.I
Billings, K.G. SC 1st (Butler's) Inf. Co.F,A,G,I Capt.
Billings, Martin GA 11th Inf. Co.D
Billings, Meridith B. NC 14th Inf. Co.I Cpl.
Billings, Nelson NC 56th Inf. Co.C
Billings, Peter NC 32nd Inf. Co.I
Billings, Pierce W. VA 57th Inf. Co.F
Billings, R.F. AR 1st (Monroe's) Cav. Co.C Sgt.
Billings, Riley TX 1st (Yager's) Cav. Co.E
Billings, Riley TX Cav. 8th (Taylor's) Bn. Co.C
Billings, Roswell A. NC 42nd Inf. Co.A
Billings, R.P. TN 51st Inf. Co.C Capt.
Billings, R.P. TN 51st (Cons.) Inf. Co.I 3rd Lt.
Billings, Samuel NC 61st Inf. Co.I
Billings, Samuel VA Mil. Grayson Cty.
Billings, Thomas NC 33rd Inf. Co.D
Billings, W.H. MO 4th Inf. Co.C
Billings, William NC 55th Inf. Co.B
Billings, William TX 1st Hvy.Arty. Co.H
Billings, William C. TX 2nd Inf. Co.I 2nd Lt.
Billings, William H. TN 12th (Green's) Cav. Co.G
Billings, William M. SC 4th St.Troops Co.C
Billings, William W. TN 4th (McLemore's) Cav. Co.B
Billings, W.M. VA 11th Cav. Co.I
Billingsby, A.J. SC 1st Cav. Co.F
Billingsby, Andrew SC 1st Cav. Co.F
Billingsby, F.M. AR 27th Inf. Co.D
Billingsby, James MS 24th Inf. Co.G
Billingsby, J.W. AL 48th Inf. Co.C
Billingsby, Robert TN 21st (Wilson's) Cav. Co.K
Billingsby, W.H. SC 2nd Rifles Co.C Cpl.
Billingsby, W.S. TN 28th (Cons.) Inf. Co.D
Billingsla, A.A. AR 11th & 17th Cons.Inf. Co.F
Billingslea, Clem G. AL 37th Inf. Co.D
Billingslea, D.F.C. MS 1st Lt.Arty. Co.B
Billingslea, F.A. GA Cav. 15th Bn. (St.Guards) Jones' Co.
Billingslea, F.A. GA 10th Mil.
Billingslea, James E. MS 1st Lt.Arty. Co.G QMSgt.
Billingslea, James F. GA Phillips' Legion Co.A
Billingslea, J.C. AL Cav. Murphy's Bn. Co.B 1st Lt.
Billingslea, J.C. Gen. & Staff AASurg.
Billingslea, John AL Cav. Holloway's Co.
Billingslea, John B. TX 2nd Inf. Co.D Cpl.
Billingslea, J.T. AL Lt.Arty. Ward's Btty.
Billingslea, Louis C. MS 20th Inf. Co.E Cpl.
Billingslea, Oliver F. MS Lt.Arty. (Madison Lt.Arty.) Richards' Co. Cpl.
Billingslea, W.A. GA Tiller's Co. (Echols Lt.Arty.) Sgt.
Billingslee, William N. AL 6th Inf. Co.G
Billingsley, --- TX 33rd Cav. Co.C
Billingsley, Acy AR Cav. Poe's Bn. Co.A
Billingsley, B. MS Blythe's Bn. (St.Troops) Co.A
Billingsley, B.F. TN 62nd Mtd.Inf. Co.G 2nd Lt.
Billingsley, Burr TX Cav. Chisum's Regt. (Dismtd.) Co.B
Billingsley, Burrell TX 10th Inf. Co.C
Billingsley, Calvin P. MS 42nd Inf. Co.I
Billingsley, Campbell C. AR 6th Inf. New Co.D
Billingsley, Carrol TX 17th Cons.Dismtd.Cav. 1st Co.G
Billingsley, C.F. TN Cav. Woodward's Co.
Billingsley, Charles VA 9th Cav. Co.I
Billingsley, Chas. F. KY 1st (Helm's) Cav. Co.A
Billingsley, David F.C. MS 18th Inf. Co.A
Billingsley, David H. AL 4th Inf. Co.G
Billingsley, David H. TN Lt.Arty. Winston's Co.
Billingsley, David W. AR 14th (McCarver's) Inf. Co.C Cpl.
Billingsley, D.H. AL Cav. Barbiere's Bn. Goldsby's Co.
Billingsley, D.W.D. AR 21st Inf. Co.A Sgt.
Billingsley, E. MS 2nd Cav. Co.D
Billingsley, Edmund F. NC 14th Inf. Co.C
Billingsley, F.M. AL Cp. of Instr. Talladega
Billingsley, F.M. TX 17th Cons.Dismtd.Cav. Co.E
Billingsley, Francis M. AR 14th (McCarver's) Inf. Co.C
Billingsley, Frank NC 23rd Inf. Co.A 1st Sgt.
Billingsley, George AL 5th Inf. Co.F
Billingsley, George M. MS 17th Inf. Co.C Cpl.
Billingsley, G.M. MS 2nd (Davidson's) Inf. Co.F
Billingsley, Granville AR 2nd Mtd.Rifles Co.G
Billingsley, Harvel AL 14th Inf. Co.G
Billingsley, Henry C. FL 2nd Inf. Co.M,D
Billingsley, H.G. AR 1st (Monroe's) Cav. Co.A N.C.S. Ord.Sgt.
Billingsley, H.G. AR 2nd Vol. Co.B 1st Lt.
Billingsley, James AR 27th Inf. Co.K
Billingsley, James A. AR 6th Inf. New Co.D
Billingsley, James A. Gen. & Staff, QM Dept.
Billingsley, James B. GA 4th Cav. (St.Guards) Cannon's Co.
Billingsley, James B. MS Cav. 24th Bn. Co.A 2nd Lt.
Billingsley, James H. TN 62nd Mtd.Inf. Co.G 1st Lt.
Billingsley, James J. LA Inf. 11th Bn. Co.D
Billingsley, James J. NC 14th Inf. Co.C
Billingsley, James M. MS 7th Cav. Co.I Cpl.
Billingsley, James M. MO 8th Inf. Co.B
Billingsley, J.B. TX 20th Bn. (St.Troops) Co.A
Billingsley, J.C. AL 7th Cav. Co.K,A
Billingsley, J.C. TX 4th Inf. Co.E Capt.
Billingsley, J.D. AR 16th Inf. Co.G
Billingsley, J.D. VA 6th Cav. Co.F
Billingsley, J.E. AR 1st (Monroe's) Cav. Co.D
Billingsley, J.F. KY 1st (Helm's) Cav. Co.A
Billingsley, J.G. AR 1st (Monroe's) Cav. Co.D
Billingsley, J.M. NC 23rd Inf. Co.A
Billingsley, John AL Jeff Davis Arty.
Billingsley, John AL 31st Inf. Co.C 2nd Lt.
Billingsley, John AR 2nd Inf. Co.D
Billingsley, John TX 12th Inf. Co.H
Billingsley, John A. VA 9th Cav. Co.I Capt.
Billingsley, John A. VA 25th Mil. Co.B
Billingsley, John J. TX 10th Inf. Co.C
Billingsley, John L. TX 12th Inf. Co.H Cpl.
Billingsley, John P. TX 17th Cav. Co.A
Billingsley, John W. MS 42nd Inf. Co.I
Billingsley, Joseph AR 27th Inf. Co.K
Billingsley, Joseph F. VA 9th Cav. Co.I
Billingsley, Joseph F. VA 25th Mil. Co.C 2nd Lt.
Billingsley, Joseph H. TN Cav. Welcker's Bn. Kincaid's Co.
Billingsley, Joseph W. TX 1st (Yager's) Cav. Co.H
Billingsley, Joshua J. LA Inf.Cons.Crescent Regt. Co.B
Billingsley, J.P. TX 8th Cav. Co.D
Billingsley, J.R. AR 5th Inf. Co.K
Billingsley, J.W. TX 1st (McCulloch's) Cav. Co.C
Billingsley, Lewis TX 12th Inf. Co.H
Billingsley, Marcus L. GA 27th Inf. Co.G Capt.
Billingsley, Mark TX 30th Cav. Co.E
Billingsley, Martin J. AL 4th Inf. Co.G
Billingsley, Martin T. AL 4th Inf. Co.G 1st Lt.
Billingsley, M.F. AR 8th Cav. Co.D 1st Sgt.
Billingsley, M.M. AR 23rd Inf. Co.F
Billingsley, M.M. AR 32nd Inf. Co.E
Billingsley, P.N.A. AR Cav. Crabtree's (46th) Regt. Co.C Sgt.Maj.
Billingsley, Samuel A. AR 2nd Mtd.Rifles Co.F Cpl.
Billingsley, Samuel F. MS 28th Cav. Co.G 2nd Lt.
Billingsley, Samuel M. AR 14th (McCarver's) Inf. Co.C
Billingsley, Samuel M. AR 21st Inf. Co.A
Billingsley, S.H. MO Cav. Ford's Bn. Co.B Cpl.
Billingsley, S.J. TX 4th Inf. Co.E
Billingsley, Sydney C. NC 43rd Inf. Co.H Cpl.
Billingsley, T.C. TX 17th Inf. Co.E Sgt.
Billingsley, Thomas B. TN 28th Inf. Co.E Cpl.
Billingsley, Thomas J. MS 17th Inf. Co.C
Billingsley, Thomas T. TX 12th Inf. Co.H
Billingsley, Thomas W. MS 2nd Inf. Co.I
Billingsley, Thomas W. MS 30th Inf. Co.C Capt.
Billingsley, T.J. AR 1st (Monroe's) Cav. Co.D
Billingsley, W. VA 9th Inf. Co.I
Billingsley, W.A. AR 1st (Monroe's) Cav. Co.D
Billingsley, W.C. AL 25th Inf. Co.I
Billingsley, W.H. AR 2nd Inf. Co.D
Billingsley, W.H. TX 8th Cav. Co.K
Billingsley, William AR 27th Inf. New Co.B
Billingsley, William GA 4th Cav. (St.Guards) Carron's Co.
Billingsley, William E. AL 43rd Inf. Co.I

Billingsley, William F. TX Cav. Baylor's Regt. Co.G
Billingsley, William H. TN 28th Inf. Co.E Sgt.
Billingsley, William P. MS 31st Inf. Co.F 1st Sgt.
Billingsley, Wilson S. AR 2nd Mtd.Rifles Co.F
Billingsley, W.P. MS 2nd (Davidson's) Inf. Co.F
Billingsley, W.S. TN 51st Inf. Co.F Cpl.
Billingsley, W.S. TN 51st (Cons.) Inf. Co.F
Billingsloe, Frank AL 3rd Cav. Co.B Capt.
Billingsloe, Frank Conf.Cav. Wood's Regt. 1st Co.M 1st Lt.
Billingsly, Alfred A. AL 43rd Inf. Co.I
Billingsly, Ben F. AR Lt.Arty. Thrall's Btty.
Billingsly, B.L. TX St.Troops Gould's Co. (Clarksville Lt.Inf.)
Billingsly, Carrol TX 18th Cav. Co.B
Billingsly, Carroll Lafayette MS 1st (Johnston's) Inf. Co.C
Billingsly, Christopher TX 10th Inf. Co.C Sgt.
Billingsly, Clayton W. AL 43rd Inf. Co.I
Billingsly, Columbus MS 19th Inf. Co.F
Billingsly, Cyrus TN 16th Inf. Co.I
Billingsly, David A. MS 2nd (Davidson's) Inf. Co.D Cpl.
Billingsly, David C. MS 19th Inf. Co.I
Billingsly, Edward TX 20th Cav. Co.F
Billingsly, Elbert G. TX 18th Cav. Co.A
Billingsly, F.M. AR 21st Inf. Co.A
Billingsly, F.M. AR 27th Inf. Co.D
Billingsly, George TN 62nd Mtd.Inf. Co.E
Billingsly, G.W. FL Lt.Arty. Dyke's Co.
Billingsly, H.A. AL 48th Inf. Co.C
Billingsly, H.A. GA 48th Inf. Co.C
Billingsly, H.B. NC 6th Sr.Res. Co.G
Billingsly, H.C. FL 2nd Cav.
Billingsly, Henry A. AL Cav. Hardie's Bn.Res. Co.I
Billingsly, J. MS Cav. 3rd Bn. (Ashcraft's) Co.A
Billingsly, J. TX Cav. Chisum's Regt. (Dismtd.) Co.B
Billingsly, J. 3rd Conf.Inf. Co.B
Billingsly, James GA 35th Inf. Co.D
Billingsly, James A. TN 43rd Inf. Co.F Sgt.
Billingsly, James B. MS 2nd (Davidson's) Inf. Co.D
Billingsly, James E.M. AL 42nd Inf. Co.I
Billingsly, James L. TN 63rd Inf. Co.B
Billingsly, J.C. MS 2nd St.Cav. Co.K
Billingsly, Jesse AR Lt.Arty. Zimmerman's Btty.
Billingsly, Jesse AR 14th (Powers') Inf. Co.B
Billingsly, J.F. MS 41st Inf. Co.B Cpl.
Billingsly, J.J. LA 8th Cav. Co.D Sgt.
Billingsly, J.L. TX 14th Field Btty. Sgt.
Billingsly, J.N.A. AR 36th Inf. Co.E
Billingsly, John AR 24th Inf. Co.F
Billingsly, John AR 27th Inf. Co.K
Billingsly, John AR Inf. Hardy's Regt. Co.D
Billingsly, John B. AL 43rd Inf. Co.I
Billingsly, John H. TN 43rd Inf. Co.F 2nd Lt.
Billingsly, John H. TX 1st (Yager's) Cav. Co.C
Billingsly, John H. TX Cav. 3rd (Yager's) Bn. Co.C
Billingsly, Joseph W. TX Cav. 8th (Taylor's) Bn. Co.E
Billingsly, J.S. FL 2nd Cav. Co.D
Billingsly, J.S. FL Cav. 5th Bn. Co.C
Billingsly, Leand T. TN Cav. 4th Bn. (Branner's) Co.F Cpl.
Billingsly, L.K. TX 17th Inf. Co.E
Billingsly, L.T. TN 2nd (Ashby's) Cav. Co.F
Billingsly, M.A. MS 2nd St.Cav. Co.K
Billingsly, M.A. MS 10th Cav. Co.C
Billingsly, Madison A. MS 2nd (Davidson's) Inf. Co.D Sgt.
Billingsly, Marion H. TX 18th Cav. Co.E
Billingsly, P.M. TN Inf. 22nd Bn. Co.C 1st Lt.
Billingsly, R.B. KY 4th Cav. Co.E
Billingsly, R.L. LA 16th Inf. Co.A,H
Billingsly, R.M. TX Cav. Chisum's Regt. Co.B
Billingsly, Robert AR 3rd Inf. Co.L,A
Billingsly, Robert B. FL 5th Inf. Co.K
Billingsly, Samuel J. MS 19th Inf. Co.F
Billingsly, Samuel L.P. TN 5th (McKenzie's) Cav. Co.C
Billingsly, S.E. AR 36th Inf. Co.E
Billingsly, S.L.P. TN 63rd Inf. Co.H
Billingsly, S.M. AR 36th Inf. Co.E
Billingsly, T.C. AR Cav. Crabtree's (46th) Regt. Co.C
Billingsly, T.P. TX 19th Inf. Co.H
Billingsly, W.A. LA 8th Cav. Co.D
Billingsly, Wardimer TX 18th Cav. Co.A Cpl.
Billingsly, W.E. MS 9th Inf. New Co.A
Billingsly, W.G. TN 19th (Biffle's) Cav. Co.B
Billingsly, William TX 12th Cav. Co.C
Billingsly, William TX Cav. Chisum's Regt. (Dismtd.) Co.B
Billingsly, William M. TX 11th Inf. Co.H
Billingsly, W.M. TX 28th Cav. Co.A
Billingsly, W.S. TN 28th Inf. Co.E
Billington, --- TN 21st (Carter's) Cav. Co.K
Billington, Alison TX 10th Inf. Co.B
Billington, Elias TN 44th (Cons.) Inf. Co.G
Billington, Elias TN 55th (McKoin's) Inf. Duggan's Co.
Billington, I.A. MS Cav. Yerger's Regt. Co.C
Billington, J.A. MS Cav. 1st Bn. (Montgomery's) St.Troops Co.C
Billington, J.A. MS Cav. Gartley's Co. (Yazoo Rangers)
Billington, J.A. TN 11th (Holman's) Cav. Co.C Sgt.
Billington, J.A. TX 20th Cav. Co.K
Billington, James A. MS 6th Cav. Co.H
Billington, James A. MS 12th Inf. Co.B
Billington, James M. TN 24th Inf. 1st Co.G Capt.
Billington, James P. TN 4th (McLemore's) Cav. Co.A
Billington, J.L. TX 12th Cav. Co.K
Billington, J.O. MS 4th Inf.
Billington, John Conf.Cav. Wood's Regt. Co.E
Billington, John H. TN 6th Inf. Co.E
Billington, John L. TX 15th Cav. Co.F Sgt.
Billington, John W. MS 1st Lt.Arty. Co.B
Billington, Maximum M. TX 6th Cav. Co.G
Billington, M.G. TX 30th Cav. Co.C
Billington, R.L. TN 7th (Duckworth's) Cav. Co.E
Billington, Ruben TN 4th (McLemore's) Cav. Co.A
Billington, W.H. KY 3rd Mtd.Inf. Co.F
Billington, W.H. KY 7th Mtd.Inf. Co.E
Billington, William MO Cav. Ford's Bn. Co.A
Billington, William J. TX 19th Cav. Co.D
Billions, James TN 8th Inf. Co.E
Billions, Jason TN 41st Inf. Co.D
Billips, Andrew J. LA Inf.Cons.Crescent Regt. Co.B Sgt.
Billips, David T. NC 3rd Arty. (40th St.Troops) Co.G
Billips, Henry NC 3rd Arty. (40th St.Troops) Co.G
Billips, Jackson LA Inf. 11th Bn. Co.A Cpl.
Billips, James NC 1st Inf. Co.K
Billips, James W. VA 16th Cav. Co.F
Billips, J.D. TN 31st Inf. Co.E
Billips, John VA 50th Inf. Co.C
Billips, John A. AL 42nd Inf. Co.D
Billips, John E. AL 42nd Inf. Co.D
Billips, Richardson O. AL 42nd Inf. Co.D Sgt.
Billips, Samuel A. VA 8th Cav. Co.H
Billips, Wesley VA Cav. Caldwell's Bn. Taylor's Co.
Billips, William G. NC 3rd Inf. Co.A
Billis, Henry VA Mtd.Riflemen St.Martin's Co.
Billis, James TN 10th Inf. Co.B
Billis, James 1st Choctaw Mtd.Rifles Ward's Co.
Billis, Thompson 1st Choctaw & Chickasaw Mtd.Rifles 2nd Co.K
Billisolly, E. VA Loc.Def. Durrett's Co.
Billiss, J.E. AR 3rd Cav.
Billiter, D.L. NC 21st Inf. Co.D
Billiter, John A. NC 21st Inf. Co.D
Billiter, Philip L. NC 21st Inf. Co.D
Billitter, Amos NC 21st Inf. Co.K Fifer
Billmire, James F. VA 146th Mil. Co.H
Billmyer, James F. VA 2nd Inf. Co.I
Billmyer, James M. VA 1st Cav. Co.F
Billmyer, James M. VA 1st Cav. Co.F 2nd Lt.
Billmyer, John T. VA 1st Cav. Co.F 1st Lt.
Billmyer, Milton J. VA 1st Cav. Co.F Capt.
Billmyer, Robert L. VA 1st Cav. Co.F
Billmyer, W.B.O. VA 12th Cav. Co.A
Billmyer, W.H. VA 7th Cav. Glenn's Co.
Billmyer, William H. VA 12th Cav. Co.A
Billner, John W. TX 1st (Yager's) Cav. Co.H
Billner, John W. TX Cav. 8th (Taylor's) Bn. Co.E
Billner, J.W. TX 1st (McCulloch's) Cav. Co.C
Billoche, --- 1st Creek Mtd.Vol. Co.G
Billoh, W.E. AR Inf. Hardy's Regt. Hosp.Stew.
Billon, J. LA Mil. French Co. of St.James
Billopp, Christopher MD 1st Cav. Co.C
Billopp, T.F. GA 29th Inf. Co.A Capt.
Billopp, Thomas F. TN 14th Inf. Co.A
Billopp, W.W. GA 29th Inf. Co.A Capt.
Billops, Walter S. AL Lt.Arty. Lee's Btty.
Billops, William J. TN 21st (Wilson's) Cav. Co.I
Billore, W. LA Mil. LaFourche Regt.
Billowe, N. NC 5th Sr.Res. Co.B
Billro, J.F. AR 50th Mil. Co.G
Billroe, Munroe AR 50th Mil. Co.G
Bills, A.B. LA 20th Inf. Co.C
Bills, A.D. TX 29th Cav. Co.C
Bills, Alfred P.N. TN 41st Inf. Co.H
Bills, A.M.H. MO 11th Inf. Co.G
Bills, A.P.N. TN Inf. 3rd Cons.Regt. Ens.
Bills, A.S. TN 15th Inf. Co.A,E
Bills, A.W. MS 23rd Inf. Co.E

Bills, A.W. MS 32nd Inf. Co.B Cpl.
Bills, Berry FL 9th Inf. Co.G
Bills, Branson T. MS 34th Inf. Co.B
Bills, C.D. TN 15th Inf. Co.A,E
Bills, Conrad KY 2nd Mtd.Inf. Co.H
Bills, D.B. MS 34th Inf. Co.B
Bills, F.H. TN 17th Inf. Co.C
Bills, Floyd TN 53rd Inf. Co.B
Bills, Gasham A. TN 4th (McLemore's) Cav. Co.D Sgt.
Bills, Gersham A. MS 34th Inf. Co.B
Bills, G.C. TX 29th Cav. Co.C
Bills, Henry MS 2nd St.Cav. Co.A
Bills, Isaac J. MS 34th Inf. Co.B
Bills, J.A. LA Mil. Lewis Guards
Bills, J.A. TX 29th Cav. Co.C
Bills, James E. MO 11th Inf. Co.I Cpl.
Bills, James J. TN 32nd Inf. Co.G
Bills, James M. MO Cav. 10th Regt.St.Guard QM
Bills, James M. TN 17th Inf. Co.H
Bills, J.E. TX 23rd Cav. Co.B Sgt.
Bills, J.H. LA 3rd Inf. Co.K
Bills, J.H. LA 22nd (Cons.) Inf. Co.H Sgt.
Bills, J.J. TN 35th Inf. 2nd Co.I
Bills, John A. TN 4th (McLemore's) Cav. Co.D
Bills, John D. MS 32nd Inf. Co.B 2nd Lt.
Bills, John G. MS 23rd Inf. Co.G,A
Bills, John G. MS 34th Inf. Co.B
Bills, John H. MS 34th Inf. Co.B Cpl.
Bills, J.T. LA 3rd Inf. Co.K
Bills, J.W. TX 23rd Cav. Co.B 2nd Lt.
Bills, Lafayette KY 2nd Mtd.Inf. Co.G Cpl.
Bills, Lafayette KY 4th Mtd.Inf. Co.H Cpl.
Bills, Lemuel P. TN 17th Inf. Co.C
Bills, Leon Forrest's Scouts T.N. Kizer's Co.,CSA
Bills, L.J. TN 7th (Duckworth's) Cav. Co.E Bvt.2nd Lt.
Bills, Louis GA Lt.Arty. Daniell's Btty.
Bills, M.S. TN 17th Inf. Co.C
Bills, P.N. TN Inf. 3rd Cons.Regt. Co.E
Bills, Robert D. TX 19th Cav. Co.I Sr.2nd Lt.
Bills, Wallace MS 2nd St.Cav. Co.A 2nd Lt.
Bills, W.H. MS Inf. 2nd St.Troops Co.I
Bills, W.H. MS 34th Inf. Co.B
Bills, William KY 3rd Mtd.Inf. Co.K
Bills, William MS 34th Inf. Co.B
Bills, William G. TN 32nd Inf. Co.G Music.
Bills, William J. TN 32nd Inf. Co.G
Bills, William J. TN 42nd Inf. Co.G
Bills, William R. MO 1st & 4th Cons.Inf. Co.B
Bills, William R. MO 4th Inf. Co.G
Bills, Wilson P. TN 32nd Inf. Co.G
Bills, W.T. TN Inf. 4th Cons.Regt. Co.H
Billue, A.J. GA 55th Inf. Co.I
Billue, Robert S. NC 48th Inf. Co.F
Billue, W.H. NC 7th Inf. Co.D
Billupps, Andrew J. VA 6th Inf. Vickery's Co.
Billups, Alonzo P. MS 42nd Inf. Co.A
Billups, Andrew J. VA Lt.Arty. Moore's Co. Cpl.
Billups, Cealy VA 6th Inf. Co.G
Billups, Cealy VA 54th Mil. Co.E,F
Billups, Charles VA Cav. 34th Bn. Co.B
Billups, Charles W. GA Carlton's Co. (Troup Cty.Arty.)
Billups, David T. NC 1st Arty. (10th St.Troops) Co.D
Billups, E.S. AL Conscr.
Billups, G.A. AL 5th Inf. Co.B,G
Billups, George H. Gen. & Staff, S.Dept. Agent
Billups, George W. VA 5th Cav. Co.A
Billups, George W., Jr. VA 21st Mil. Co.B
Billups, H.C. GA 9th Inf. (St.Guards) Adj.
Billups, Henry NC 1st Arty. (10th St.Troops) Co.D
Billups, Henry C. GA 3rd Inf. Co.K Capt.
Billups, Henry G. VA Mtd.Guard 1st Congr.Dist.
Billups, Hezekiah VA 6th Bn.Res. Co.B
Billups, Hugh G. VA 55th Inf. Co.F,K 1st Sgt.
Billups, J.A. AL 37th Inf. Co.G Cpl.
Billups, James VA 16th Cav. Co.D
Billups, James VA Cav. Ferguson's Bn. Morris' Co.
Billups, J.D. TX Vol. Rainey's Co.
Billups, J.E. GA Lt.Arty. Van Den Corput's Co.
Billups, J.J. AL 40th Inf. Co.K
Billups, J.M. Gen. & Staff Maj.,QM
Billups, J.O. VA Lt.Arty.Lamkin's Co. Sgt.
Billups, John, Jr. GA 3rd Cav. (St.Guards) Co.F Cpl.
Billups, John GA Arty. Lumpkin's Co.
Billups, John GA Inf. Athens Reserved Corps Capt.
Billups, John A. AL Inf. 2nd Regt. Co.B Sgt.
Billups, John L. VA 8th Cav. Co.K,H
Billups, John M. MS 43rd Inf. Co.B Capt.
Billups, John M. VA 5th Cav. 3rd Co.F
Billups, John M. VA 61st Mil. Co.F,I
Billups, John R. AL 39th Inf. Co.E
Billups, John W. VA 61st Mil. Co.B Cpl.
Billups, Joseph Devony TX 20th Cav. Co.A
Billups, Joseph P. MS 43rd Inf. Co.B Capt.,AQM
Billups, Joseph P. MS 44th Inf. Capt.,QM
Billups, Joseph P. Lowry's Brig. Capt.,AQM
Billups, Joseph R. NC 27th Inf. Co.F
Billups, J.R. Gen. & Staff, QM Dept. Capt.
Billups, Lafayette W. VA Inf. 4th Bn.Loc.Def. Co.E
Billups, Lawrence NC 15th Inf. Co.I Cpl.
Billups, R.H. AL 5th Inf. New Co.G
Billups, R.M. AL 5th Inf. New Co.G
Billups, R.O. AL Inf. 2nd Regt. Co.B
Billups, R.O. AL 37th Inf. Co.G Sgt.
Billups, Robert L. NC 27th Inf. Co.F
Billups, Robert L. SC Inf. Hampton Legion Co.C 1st Sgt.
Billups, Robert S. VA 61st Mil. Maj.
Billups, Robert W. TX 27th Cav. Co.L Capt.
Billups, R.R. SC 23rd Inf. Comsy.Sgt.
Billups, Silas VA Cav. 34th Bn. Co.B
Billups, T.C. GA Cav. 1st Bn. Walthour's Co.
Billups, T.C. MS 6th Cav. Co.H 2nd Lt.
Billups, T. Carlton MS 44th Inf. Co.A
Billups, Thomas G. VA 5th Cav. 3rd Co.F
Billups, Thomas G. VA 61st Mil. Co.I
Billups, Thomas J. VA 11th Cav. Co.K Sgt.
Billups, T.M. MS 39th Inf. Co.D
Billups, T.P. TX Vol. Rainey's Co.
Billups, W. MO Cav. Williams' Regt. Co.H
Billups, Walter S. VA 61st Mil. Co.F
Billups, William MS 2nd Inf. Co.H
Billups, William VA Inf. 4th Bn.Loc.Def. Co.A
Billups, Wm. Gen. & Staff Surg.
Billups, W.J. AL 40th Inf. Co.K
Billups, W.S. VA 62nd Mtd.Inf. 2nd Co.M Sgt.
Billy, --- MS Cav. 1st Choctaw Bn.
Billy, --- 1st Choctaw & Chickasaw Mtd.Rifles
Billy, --- 1st Choctaw & Chickasaw Mtd.Rifles Maytubby's Co.
Billy, --- 1st Creek Mtd.Vol. Co.A
Billy, --- 1st Creek Mtd.Vol. Co.B
Billy, --- 1st Creek Mtd.Vol. Co.E
Billy, --- 1st Creek Mtd.Vol. Co.H
Billy, --- 1st Creek Mtd.Vol. Co.K
Billy, --- 1st Seminole Mtd.Vol.
Billy, Alex Deneale's Regt. Choctaw Warriors Co.C
Billy, Alex Choctaw Inf. Wilkins' Co.
Billy, Alexander 1st Choctaw Mtd.Rifles Co.B Sgt.
Billy, Allen 1st Choctaw Mtd.Rifles Co.H
Billy, Cornelius 1st Choctaw & Chickasaw Mtd.Rifles 2nd Co.K
Billy, Creek 1st Choctaw & Chickasaw Mtd.Rifles 3rd Co.H
Billy, Jackson Choctaw Inf. Wilkins' Co.
Billy, James 1st Choctaw & Chickasaw Mtd.Rifles 2nd Co.H, 3rd C Sgt.
Billy, John 1st Choctaw & Chickasaw Mtd.Rifles Co.A
Billy, John 1st Choctaw & Chickasaw Mtd.Rifles 2nd Co.C
Billy, John 1st Choctaw & Chickasaw Mtd.Rifles 3rd Co.F
Billy, John 1st Choctaw & Chickasaw Mtd.Rifles 2nd Co.H, 3rd C
Billy, John 1st Choctaw & Chickasaw Mtd.Rifles 2nd Co.K
Billy, Johnson 1st Choctaw Mtd.Rifles Co.B Cpl.
Billy, Lewis Deneale's Regt. Choctaw Warriors Co.A
Billy, Lyman 1st Choctaw & Chickasaw Mtd.Rifles 2nd Co.D
Billy, Mutson 1st Choctaw & Chickasaw Mtd.Rifles 3rd Co.D
Billy, Simon 1st Choctaw & Chickasaw Mtd.Rifles 2nd Co.K, 3rd C
Billy, Simon Deneale's Regt. Choctaw Warriors Co.D
Billy, Thomas Deneale's Regt. Choctaw Warriors Co.C
Billy, Ubsen 1st Choctaw & Chickasaw Mtd.Rifles 3rd Co.K
Billy, William 1st Choctaw & Chickasaw Mtd.Rifles 2nd Co.K
Billy, Willis Deneale's Regt. Choctaw Warriors Co.C Ord.Sgt.
Billy Hagan 1st Seminole Mtd.Vol.
Billy Harjo 1st Creek Mtd.Vol. Co.B
Billy Harjo 1st Seminole Mtd.Vol. Sgt.
Bilman, Frank AL 5th Bn.Vol. Co.D Cpl.
Bilmy, E. TN 63rd Inf.
Bilon, A.H. MO 3rd Inf. Co.E
Bilow, J. TX 25th Cav. Co.B
Bilow, J. TX 25th Cav. Co.I
Bilss, Louis LA Inf. 4th Bn. Co.C
Bilssib, B.B. VA 5th Cav.
Biltgen, Peter LA 5th Inf. Co.F

Bilton, --- TX Cav. Good's Bn. Co.B
Bilton, George W. TX 17th Inf. Co.K
Bilton, Jacob J. SC 25th Inf. Co.E
Bilton, J.J. SC Simons' Co.
Bilton, William H. SC 25th Inf. Co.E
Bilups, E. GA 3rd Cav. Co.H
Bilyen, David TX 30th Cav. Co.H
Bilyew, A.J. MO 9th Bn.S.S. Co.C
Bilyew, Andrew J. MO 10th Inf. Co.H,K
Bilygard, Adam W. VA 25th Inf. Co.E Cpl.
Bimard, William C. TX Cav. Saufley's Scouting Bn. Co.A
Bime, John FL Sp.Cav. 1st Bn.
Bimki, Charles LA Cav. Cole's Co.
Bimkley, William NC 1st Inf. Co.C
Bimm, Clinton LA 7th Inf. Co.B
Bimpki, Charles LA 1st Cav. Co.H
Bims, Charles VA Cav. Mosby's Regt. (Part.Rangers)
Bims, C.I. MS Cav. Powers' Regt. Co.E Cpl.
Bimton, O.P. AL 42nd Inf. Co.B
Binaker, C. SC 2nd St.Troops Co.C
Binam, Calvin AR Inf. Adams' Regt. Moore's Co.
Binam, Plesent AR Inf. Adams' Regt. Moore's Co.
Binaud, L. LA Mil. 3rd Regt. French Brig. Co.6 2nd Lt.
Bince, John GA 10th Inf. Co.C
Bincer, William AL Mil. 3rd Vol. Co.A Sgt.
Bind, B. MS Cav. Powers' Regt. Co.I Sgt.
Binder, Bernard Conf.Inf. Tucker's Regt. Co.A
Binder, E. SC Mil.Arty. 1st Regt. Co.A
Binder, E. SC 27th Inf. Co.I
Binder, E. TX 14th Inf. Co.K
Binder, Ignatius AL 12th Inf. Co.C Music.
Binder, John L. 3rd Conf.Inf. Co.G
Binder, John Lewis AR 3rd Inf. Co.G
Binder, L. AR Lt.Arty. Key's Btty.
Binder, T. GA 3rd Mil. Co.G
Binder, William GA 19th Inf. Co.I
Bindin, G.T. MS 31st Inf. Co.A
Binding, Samuel TX Inf. Griffin's Bn. Co.B
Bindrick, George TX 6th Inf. Co.H
Bindschaedler, Henry TX 2nd Inf. Co.F
Bine, L. AR 18th Mil. Co.A
Bine, Walter I. LA 31st Inf. Co.G
Bineaud, Edouard AL 31st Inf. Co.I
Bineker, C.J. GA Inf. 1st Loc.Troops (Augusta) Co.K
Biner, G.L. NC
Binerd, John L. Mahone's Div. Capt.,AQM
Bines, George MS 40th Inf. Co.D
Bines, John AL 18th Inf. Co.G
Binet, C.A. LA 26th Inf. Co.B
Binet, C.A. MS 20th Inf. Co.E
Binet, Wm. Gen. & Staff Chap.
Binford, --- VA VMI Co.A
Binford, Addison R. VA Hvy.Arty. 10th Bn. Co.E
Binford, A.G. VA 3rd Inf. Co.I
Binford, A.J. AR 12th Inf. Co.D
Binford, Alfred R. VA Lt.Arty. 13th Bn. Co.A Cpl.
Binford, B. GA 38th Inf. Co.D
Binford, Ballard W. VA 1st Arty. Co.K
Binford, Ballard W. VA Lt.Arty. Taylor's Co.
Binford, Benjamin J. AR 9th Inf. Co.G
Binford, B.J. TX 35th (Brown's) Cav. Co.I
Binford, B.L. VA 3rd Res. Co.D
Binford, B.W. VA Cav. Mosby's Regt. (Part.Rangers) Co.D
Binford, Charles T. VA Lt.Arty. 13th Bn. Co.A
Binford, F. VA 2nd Inf.Loc.Def. Co.G 1st Sgt.
Binford, F. VA Inf. 2nd Bn.Loc.Def. Co.A 1st Sgt.
Binford, Felix R. TN 3rd (Forrest's) Cav. Co.H Sgt.
Binford, Felix R. TN 5th Cav. Ord.Sgt.
Binford, F.R. KY 1st Inf. Co.E
Binford, G.C. TN Inf. 4th Cons.Regt. Co.F
Binford, G.C. VA 1st (Farinholt's) Res. Co.C
Binford, George C. TN 18th Inf. Co.C QMSgt.
Binford, Gid. J. KY 12th Cav. Capt.
Binford, Gid J. KY 7th Mtd.Inf. Co.B Capt.
Binford, Henry AR 3rd Inf. Co.E
Binford, Henry A. AR 12th Bn.S.S. Co.D
Binford, Henry A. AR 19th (Dockery's) Inf. Co.G,D
Binford, Henry K. GA 20th Inf. Co.B
Binford, J. AL 1st Bn.Cadets Co.A
Binford, J.A., Jr. Forrest's Scouts T. Henderson's Co.,CSA
Binford, James E. VA 1st Arty. Co.K
Binford, James E. VA Arty. L.F. Jones' Co.
Binford, James H. VA Lt.Arty. 13th Bn. Co.A
Binford, James H. VA Lt.Arty. R.M. Anderson's Co.
Binford, James H. Gen. & Staff 1st Lt.,Dr.M.
Binford, James L. VA Hvy.Arty. 10th Bn. Co.E Cpl.
Binford, James L. VA 14th Inf. Co.E
Binford, James M. VA 21st Inf. Co.F
Binford, James R. MS 15th Inf. Lt.Col.
Binford, J.E. VA Inf. 25th Bn. Co.D
Binford, J.H. AL 7th Inf. Co.D
Binford, J.M. VA 23rd Cav. Co.C Sgt.
Binford, J.M. VA Cav. 41st Bn. 2nd Co.H 1st Sgt.
Binford, John GA 19th Inf. Co.F
Binford, John A., Jr. MS 15th Inf. Co.E Adj.
Binford, John A. Gen. & Staff 1st Lt.,Adj.
Binford, John H. AL 4th (Russell's) Cav. Co.F,A Cpl.
Binford, John W. VA 53rd Inf. Co.C
Binford, John W. VA Inf. Montague's Bn. Co.D
Binford, Joseph T. VA 18th Inf. Co.H,D
Binford, Julian VA Lt.Arty. 13th Bn. Co.A
Binford, J.W. VA 3rd Res. Co.D
Binford, L. VA 27th Inf.
Binford, L.H. Gen. & Staff Surg.
Binford, Napoleon B. VA 1st Arty. Co.K
Binford, Napoleon B. VA Lt.Arty. R.M. Anderson's Co.
Binford, N.B. VA Cav. 1st Bn. Co.C
Binford, N.B. VA Vol. Binford's Co. Capt.
Binford, N.B. VA Conscr. Cp.Lee Co.B
Binford, N.R. VA 3rd Inf.Loc.Def. Co.C
Binford, P.E.T. TN 20th (Russell's) Cav. Co.G
Binford, Peter AL 4th Inf. Co.I
Binford, Peter AL 7th Inf. Co.D
Binford, Peter AL 38th Inf. Asst.Surg.
Binford, Peter Gen. & Staff Asst.Surg.
Binford, Peter L. AL 4th (Russell's) Cav. Co.I,F
Binford, P.L.G. TX Ford's Cav. 1st Lt.
Binford, R.F. VA 2nd Inf.Loc.Def. Co.G
Binford, R.F. VA Inf. 2nd Bn.Loc.Def. Co.A
Binford, R.J. VA 3rd Inf.Loc.Def. Co.B
Binford, Robert E. VA Hvy.Arty. 10th Bn. Co.E 1st Lt.
Binford, Robert E. VA 21st Inf. Co.F
Binford, Rowland G. VA Inf. 22nd Bn. Co.D 1st Sgt.
Binford, Samuel J. VA 1st Arty. Co.K
Binford, Samuel J. VA Lt.Arty. Taylor's Co. Cpl.
Binford, S.P. VA 2nd Bn.Res. Co.D
Binford, T. MS 8th Cav. Co.F
Binford, Thomas J. TN 3rd (Forrest's) Cav. Co.C
Binford, Thomas M. VA 2nd Inf.Loc.Def. Co.G 2nd Lt.
Binford, Thomas M. VA Inf. 2nd Bn.Loc.Def. Co.A 2nd Lt.
Binford, T.T. AL 7th Inf. Co.D
Binford, T.T. MS 41st Inf. Co.I 2nd Lt.
Binford, W. KY 7th Mtd.Inf. Co.I
Binford, W.E. VA 2nd St.Res. Co.A Cpl.
Binford, W.H. AL 7th Cav. 2nd Lt.
Binford, William A. VA 3rd Cav. Co.K
Binford, William A. VA 2nd Arty. Co.E
Binford, William A. VA Inf. 22nd Bn. Co.E
Binford, William C. VA 9th Inf. Co.K
Binford, William H. AL 4th Inf. Co.I Cpl.
Binford, Wm. H. Gen. & Staff Adj.,1st Lt.
Binford, W.J. VA 4th Cav. Co.G
Binford, W.M. VA Cav. Mosby's Regt. (Part.Rangers) Co.B
Binford, W.M. VA 3rd Inf.Loc.Def. 2nd Co.G Sgt.
Binford, W.M. VA 3rd Inf.Loc.Def. Co.I
Bing, A. MS 2nd (Quinn's St.Troops) Inf. Co.H
Bing, F. VA 8th Cav. Co.E
Bing, Francis VA 16th Cav. Co.E
Bing, Gabriel GA 34th Inf. Co.G
Bing, George A. GA 36th (Broyles') Inf. Co.D
Bing, G.W. KY 3rd Cav. Co.G
Bing, James A. TN 16th Inf. Co.A
Bing, L.G. TN 16th Inf. Co.A Sgt.
Bing, T. GA 36th (Broyles') Inf. Co.D
Bing, W.H. TN 16th Inf. Co.A
Bingam, James TX Cav. Benavides' Regt. Co.H
Bingaman, A.L. MS Cav. Jeff Davis Legion Co.A
Bingamy, John AL Rives' Supp.Force 9th Congr.Dist.
Bingay, B.J. LA 18th Inf. Co.A Cpl.
Bingay, J.B. LA Ogden's Cav. Co.H
Binge, Andrew J. AL 11th Inf. Co.G
Binge, J.M. Gen. & Staff Capt.,AQM
Binge, R. 2nd Cherokee Mtd.Vol. Co.B
Binge, Thomas LA 1st (Strawbridge's) Inf. Co.A
Binger, J. TX Inf. 1st St.Troops Martin's Co.A
Binger, Mathias Conf.Reg.Inf. Brooks' Bn. Co.B
Binger, W.H. SC 4th Bn.Res. Co.C
Bingers, John VA 1st St.Res. Co.F
Binges, Joel MS Cav. Polk's Ind.Co. (Polk Rangers)
Bingham, --- GA 66th Inf. Co.F
Bingham, --- TX Cav. McCord's Frontier Regt. Co.F

Bingham, A.H. GA 34th Inf. Co.C
Bingham, Albert G. TX 17th Cav. Co.B
Bingham, Alfred G. MS Inf. 3rd Bn. Co.D Sgt.
Bingham, Allen W. VA 47th Mil.
Bingham, Allen W. VA 56th Inf. Co.B,K
Bingham, Alvery NC 52nd Inf. Co.B Sgt.
Bingham, A.W. GA 39th Inf. Co.I
Bingham, B.R. TX 30th Cav. Co.B
Bingham, C. KY 7th Cav. Co.K
Bingham, C. MS 2nd St.Cav. Co.B
Bingham, C.A. KY 7th Mtd.Inf. Co.K
Bingham, Calvin AL 57th Inf. Co.A
Bingham, Calvin C. 1st Conf.Inf. 2nd Co.F
Bingham, Calvin S. MS 16th Inf. Co.F
Bingham, C.C. MS 6th Cav. Co.F
Bingham, C.C. MS 9th Cav. Co.E
Bingham, C.C. MS 10th Cav. Co.F
Bingham, C.C. TN Cav. 17th Bn. (Sanders') Co.B
Bingham, C.C. TX 17th Inf. Co.G
Bingham, C.F. VA Hvy.Arty. 20th Bn. Co.B
Bingham, C.F. VA 38th Inf. 2nd Co.I
Bingham, Charles J. VA 10th Cav. Co.B
Bingham, Charles O. AL 3rd Inf. Co.B Sgt.
Bingham, Charles W. VA 4th Inf. Co.G
Bingham, Christopher F. VA Hvy.Arty. Kyle's Co.
Bingham, C.M. TN 21st (Wilson's) Cav. Co.F
Bingham, C.M. TN Cav. Wilson's Regt. Co.C
Bingham, C.M. TN 13th Inf. Co.F
Bingham, Crane AL 36th Inf. Co.D
Bingham, D.D. TN 27th Inf. Co.E
Bingham, E. AR 13th Inf. Co.D
Bingham, Edwin H. GA Inf. 1st Loc.Troops (Augusta) Co.D
Bingham, Elijah Arnold LA 28th (Gray's) Inf. Co.F
Bingham, Enoch AL 35th Inf. Co.F
Bingham, Ernsley Mead's Conf.Cav. Co.A
Bingham, E.W. VA Hvy.Arty. 20th Bn. Co.C
Bingham, F.E. TX 25th Cav. Co.K
Bingham, F.M. MS 2nd St.Cav. Co.B
Bingham, G.B. NC 8th Sr.Res. McNeill's Co.
Bingham, G.B.O.W. MS 5th Inf. Co.G
Bingham, George N. NC 39th Inf. Co.I,A
Bingham, George W. VA Hvy.Arty. 20th Bn. Co.A
Bingham, George W.S. TX 22nd Cav. Co.C
Bingham, G.H. LA 18th Inf. Co.H
Bingham, G.H. LA Inf.Crescent Regt. Co.K
Bingham, G.M. NC Cav. 16th Bn. Co.E Sgt.
Bingham, G.M. 7th Conf.Cav. Co.M Sgt.
Bingham, Greene MS 24th Inf. Co.B,C Cpl.
Bingham, Gustavus Adolphus VA 10th Cav. Co.B 1st Lt.
Bingham, G.W. TX Cav. Giddings' Bn. Onin's Co.
Bingham, H. TX Cav. McCord's Frontier Regt. Co.F
Bingham, H.A. TX Inf. 1st St.Troops Whitehead's Co.
Bingham, Harris AL 36th Inf. Co.D
Bingham, Harvey NC 37th Inf. Co.E 2nd Lt.
Bingham, Henry N. MS Lt.Arty. Stanford's Co. Sgt.
Bingham, Hill GA 34th Inf. Co.C
Bingham, Hiram MS 24th Inf. Co.C Sgt.
Bingham, H.M.C. TN 23rd Inf. Co.E
Bingham, H.N. MS 18th Cav. Co.F
Bingham, I. MO Cav. Williams' Regt. Co.H
Bingham, I.I. TN 3rd (Forrest's) Cav. Co.D
Bingham, Jabez KY 8th Mtd.Inf. Co.B Maj.
Bingham, James MS 8th Cav. Co.D
Bingham, James TX 16th Inf. Co.A
Bingham, James C. GA 16th Inf. Co.K
Bingham, James H. MS 43rd Inf. Co.D
Bingham, James J. TN Holman's Bn.Part.Rangers Co.B
Bingham, James J. TN 2nd (Robison's) Inf. Co.D
Bingham, James P. TN 2nd (Robison's) Inf. Co.D
Bingham, James W. 1st Conf.Inf. 2nd Co.F
Bingham, J.E. TN 6th Inf. Co.K Cpl.
Bingham, Jeptha K. NC 37th Inf. Co.K
Bingham, Jesse A. TX Lt.Arty. Hughes' Co.
Bingham, J. Franklin NC 39th Inf. Co.B
Bingham, J.J. TN 11th (Holman's) Cav. Co.G
Bingham, John A.P. AR 1st (Crawford's) Cav. Co.B Capt.
Bingham, John A.P. AR 1st (Colquitt's) Inf. Co.E AQM
Bingham, John A.P. Gen. & Staff Capt.,AQM
Bingham, John H. TX Arty. Douglas' Co. 1st Lt.
Bingham, John L. AL 50th Inf. Co.C
Bingham, John M. NC 56th Inf. Co.K
Bingham, John S. VA 2nd Cav. Co.H
Bingham, John S. VA 56th Inf. Co.K
Bingham, John S. VA Loc.Def. Bosher's Co.
Bingham, John W. KY 6th Cav. Co.G,D 1st Lt.
Bingham, John W. KY 6th Mtd.Inf. Co.D
Bingham, John W. MS 33rd Inf. Co.G
Bingham, Joseph TN 34th Inf. Co.E
Bingham, J.W. AR Inf. 4th Bn. Co.A
Bingham, J.W. LA Inf.Crescent Regt. Co.B
Bingham, J.W. LA Conscr.
Bingham, Knox P. TX Cav. Madison's Regt. Co.D Cpl.
Bingham, L. VA 55th Inf.
Bingham, Lafayette MS 37th Inf. Co.K
Bingham, L.E. TN 1st (Feild's) & 27th Inf. (Cons.) Co.I
Bingham, L.E. TN 27th Inf. Co.E Cpl.
Bingham, Louis A. NC 17th Inf. (1st Org.) Co.L
Bingham, L.P. TN 6th Inf. Co.K
Bingham, Lucius S. NC 20th Inf. Co.A 2nd Lt.
Bingham, Lycurgus A. VA Hvy.Arty. 10th Bn. Co.A
Bingham, Martin TN 4th (McLemore's) Cav. Co.E
Bingham, Matthew J. TX 16th Cav. Co.D Music.
Bingham, M.L. VA Inf. 1st Bn.Loc.Def. Co.D
Bingham, Nathan Conf.Cav. Clarkson's Bn. Ind. Rangers Co.C
Bingham, Purnal R. GA 34th Inf. Co.C N.C.S. Hosp.Stew.
Bingham, Purnal R. GA 39th Inf. Co.E N.C.S. Hosp.Stew.
Bingham, Ragsdale AL 50th Inf. Co.C
Bingham, R.J. TN 4th (McLemore's) Cav. Co.E
Bingham, R.L. MS 3rd Inf. (St.Troops) Co.C
Bingham, R.M. NC 2nd Inf. Co.C
Bingham, Robert NC 44th Inf. Co.G Capt.
Bingham, Robert H. NC 39th Inf. Co.B
Bingham, Robert J. MS 15th Inf. Co.K Sgt.
Bingham, Rufus A. NC 62nd Inf. Co.D
Bingham, R.W. NC 11th (Bethel Regt.) Inf. Co.D
Bingham, Samuel TX 21st Cav. Co.E
Bingham, Samuel TX 5th Inf. Co.B
Bingham, Samuel A. 1st Conf.Inf. 2nd Co.F
Bingham, Samuel R. SC 7th (Ward's) Bn.St.Res. Co.F
Bingham, S.F. TN 4th (McLemore's) Cav. Co.C
Bingham, S.H. KY 1st (Butler's) Cav. Co.G
Bingham, Simon W. MS 31st Inf. Co.H
Bingham, S.M. NC 38th Inf. Co.H
Bingham, Solomon GA 47th Inf. Co.E
Bingham, S.P. GA 7th Cav. Co.E
Bingham, S.R. GA Cav. 21st Bn. Co.B
Bingham, S.W. MS 1st (King's) Inf. (St.Troops) D. Love's Co.
Bingham, T. NC 2nd Jr.Res. Co.F
Bingham, Thom TN 4th (McLemore's) Cav. Co.C
Bingham, Thomas NC 6th Sr.Res. Co.A
Bingham, Thomas VA 21st Cav. 2nd Co.E
Bingham, Thomas C. MO Cav. Poindexter's Regt.
Bingham, Thomas J. MS 9th Cav. Co.G
Bingham, Thomas J. MS 37th Inf. Co.K
Bingham, Thomas J. TX 20th Inf. Co.D
Bingham, Th. J. TX 20th Inf. Co.I
Bingham, Thomas M. MS 33rd Inf. Co.G
Bingham, Thomas P. TX 19th Cav. Co.C
Bingham, Thomas R. TN 55th (McKoin's) Inf. McEwin, Jr.'s Co.
Bingham, Thomas W. GA 47th Inf. Co.E
Bingham, T.N. GA 2nd Cav. (St.Guards) Co.F
Bingham, T.N. GA 34th Inf. Co.C
Bingham, T.R. TN 44th (Cons.) Inf. Co.I
Bingham, T.S. MS 8th Cav. Co.I
Bingham, W.B. AL Mil. 4th Vol. Co.F Ord.Sgt.
Bingham, W.D. 2nd Conf.Eng.Troops Co.H
Bingham, W.H. SC 8th Inf. Co.I
Bingham, Wiley M. AR 4th Inf. Co.A
Bingham, Wiley M. AR 24th Inf. Co.G
Bingham, William AL 12th Inf. Co.G
Bingham, William NC 6th Sr.Res. Co.D,F
Bingham, William NC 39th Inf. Co.I
Bingham, William TX 32nd Cav. Co.I
Bingham, William VA 2nd Inf.Loc.Def. Co.I
Bingham, William A. AL 41st Inf. Co.F
Bingham, William B. AL 5th Inf. New Co.E
Bingham, William B. AL 40th Inf. Co.K 1st Lt.
Bingham, William D. AR 15th (N.W.) Inf. Co.A
Bingham, William F. MS 24th Inf. Co.C
Bingham, William F. TN 1st (Feild's) Inf. Co.D
Bingham, William F.M. TN Cav. 9th Bn. (Gantt's) Co.C
Bingham, William G. NC 58th Inf. Co.I 1st Sgt.
Bingham, William Henry MO 8th Inf. Co.G
Bingham, William R. VA Horse Arty. Shoemaker's Co.
Bingham, William W. TN 2nd (Robison's) Inf. Co.D
Bingham, W.J. AL 49th Inf. Co.B 2nd Lt.
Bingham, W.M. AR 1st Mtd.Rifles Co.E
Binghams, William NC 16th Inf. Co.E
Binghams, William NC 54th Inf. Co.B

Binghan, J.A. NC 2nd Jr.Res. Co.H
Binghill, T.N. AL Randolph Cty.Res. J. Hightower's Co.
Bingle, C. TX 21st Inf. Co.F
Bingle, Charles TX 35th (Brown's) Cav. Co.G
Bingle, Charles TX 13th Vol. 2nd Co.G
Bingle, Christian TX 11th (Spaight's) Bn.Vol. Co.F Artif.
Bingle, Nicholas TX 5th Cav. Co.C Bugler
Bingley, Charles S. SC Lt.Arty. Walter's Co. (Washington Arty.)
Bingley, C.S. SC Mil. 1st Regt.Rifles Palmer's Co.
Bingley, C.W. SC 1st Regt. Charleston Guard Co.F 2nd Lt.
Bingley, C.W. SC 6th Inf. 2nd Co.K
Bingley, C.W. SC 8th Bn.Res. Co.A Bvt.2nd Lt.
Bingley, C.W. SC 9th Inf. Co.D
Bingley, James A. VA 53rd Inf. Co.B Cpl.
Bingley, James A. VA Inf. Tomlin's Bn. Co.A
Bingley, James C. SC Lt.Arty. Walter's Co. (Washington Arty.)
Bingley, J.C. SC Mil. 1st Regt.Rifles Palmer's Co.
Bingley, John J. VA Inf. 1st Bn.Loc.Def. Co.A 2nd Lt.
Bingley, Joseph S. VA 3rd (Archer's) Bn.Res. Co.A
Bingley, William H. Sig.Corps,CSA
Bingman, H. NC 5th Sr.Res. Co.C
Bingo, Dick SC Inf. 1st (Charleston) Bn. Co.C Cook
Bingor, Jacob GA 24th Inf.
Bingum, Isaac N. TN 2nd (Smith's) Cav.
Binham, W. MS 6th Cav. Co.F
Bini, John VA Horse Arty. G.W. Brown's Co.
Binian, --- TX Cav. McCord's Frontier Regt. Co.K
Biniard, William GA 1st Inf. (St.Guards) Co.E
Binicker, John D. AL Lt.Arty. Clanton's Btty.
Binion, A.D. MS 1st Cav. Co.G
Binion, A.H. NC 57th Inf. Asst.Surg.
Binion, A.H. Gen. & Staff Asst.Surg.
Binion, Algernon H. MS 11th Inf. Co.F
Binion, A.O. MS 2nd (Quinn's St.Troops) Inf. Co.F 1st Sgt.
Binion, A.O. 14th Conf.Cav. Co.B
Binion, B.F. GA 5th Res. Co.B
Binion, Dorsey N. GA 48th Inf. Co.K
Binion, E.N. GA 48th Inf. Co.K
Binion, George R. GA 59th Inf. Co.I Sgt.
Binion, Hiram J. MS 11th Inf. Co.F Sgt.
Binion, Hiram S. MS 11th Inf. Co.F
Binion, H.J. MS 19th Inf. Co.A
Binion, H.S. MS 19th Inf. Co.A
Binion, James KY 5th Mtd.Inf. Co.A,K
Binion, James TX 29th Cav. Co.F
Binion, James B. TX 10th Inf. Co.E
Binion, James H. AL Lt.Arty. Phelan's Co.
Binion, James H. AL 35th Inf. Co.E
Binion, James T. GA 10th Inf. Co.F
Binion, J.H. MS 19th Inf. Co.A
Binion, John MS 6th Cav. Co.A
Binion, John MS 11th Inf. Co.F
Binion, John R. AL 41st Inf. Co.H Sgt.
Binion, Joseph TX 9th Field Btty.
Binion, J.W. MS 10th Cav. Co.B
Binion, M.B. TX 11th Cav. Co.I
Binion, Napoleon B. GA 46th Inf. Co.F 1st Lt.
Binion, Orrville E. AL Lt.Arty. Phelan's Co.
Binion, Remon TX 11th Inf. Co.K
Binion, Thomas AR 37th Inf. Co.H
Binion, Thomas S. TX 11th Inf. Co.D Cpl.
Binion, Turner O. AL 19th Inf. Co.C
Binion, W. MS 1st Cav. Co.G
Binion, W. TX Cav. 1st Regt.St.Troops Co.F
Binion, W.A. TX 11th Cav. Co.I
Binion, W.B. TX Cav. 1st Regt.St.Troops Co.B
Binion, William A. GA 4th Inf. Co.F
Binion, Z.T. GA 5th Res. Co.D
Binjamin, G. LA Mil. 3rd Regt. French Brig. Co.6
Bink, Aug LA Mil. 1st Regt. 2nd Brig. 1st Div. Co.G
Binke, John AR 19th (Dockery's) Inf. Co.B
Binke, R.S. VA 30th Inf. Co.D
Binkey, August TX 24th Cav. Co.I
Binkley, A. TN 30th Inf. Co.A
Binkley, A.T. TN 1st (Feild's) Inf. Co.L
Binkley, A.T. TN Inf. Nashville Bn. Felts' Co.
Binkley, Benton NC 7th Sr.Res. Clinard's & Holland's Co.
Binkley, B.F. TN 12th (Cons.) Inf. Co.H Capt.
Binkley, B.F. TN 22nd Inf. Co.B Capt.
Binkley, Elias B. NC 33rd Inf. Co.H
Binkley, Emanuel NC 5th Sr.Res. Co.B
Binkley, F.F. NC 7th Sr.Res. Clinard's & Holland's Co.
Binkley, F.M. TN 20th Inf. Co.I
Binkley, Franklin TN 35th Inf. Co.B
Binkley, Frederick NC 33rd Inf. Co.F,I
Binkley, G.W. TN 8th (Smith's) Cav. Co.F
Binkley, H.C. KY Cav. 2nd Bn. (Dortch's) Co.B
Binkley, Henry TN 4th (McLemore's) Cav. Co.B
Binkley, J.A. KY 14th Cav. Co.H
Binkley, J.A. KY 3rd Mtd.Inf. Co.G
Binkley, Jacob TN 18th Inf. Co.E
Binkley, Jacob W. NC 21st Inf. Co.D
Binkley, James H. NC 42nd Inf. Co.E
Binkley, J.G. MO 7th Cav. Co.K
Binkley, J.G. NC 4th Bn.Jr.Res. Co.B
Binkley, J.H. TN 20th Inf. Co.I
Binkley, J.M. TN 15th Cav. Co.F
Binkley, J.M. TN Lt.Arty. Polk's Btty.
Binkley, J.M. TN 20th Inf. Co.I
Binkley, J.M. TN 30th Inf. Co.A Sgt.
Binkley, John NC 33rd Inf. Co.I
Binkley, John W. NC 28th Inf. Co.F
Binkley, J.P. TN 11th Inf. Co.E
Binkley, J.W. TN Lt.Arty. Huggins' Co.
Binkley, J.W. TN 30th Inf. Co.A
Binkley, J.W. 7th Conf.Cav. Co.G
Binkley, M.K. TN 8th (Smith's) Cav. Co.F
Binkley, Morgan TN 4th (McLemore's) Cav. Co.B
Binkley, O.W. NC 21st Inf. Co.D
Binkley, P.C. 7th Conf.Cav. Co.G
Binkley, P.J. 7th Conf.Cav. Co.G
Binkley, R.M. TN 12th (Cons.) Inf. Co.H
Binkley, R.N. TN 22nd Inf. Co.B
Binkley, Rufus TN Cav. Newsom's Regt. Co.D
Binkley, Rutherford TN 2nd (Robison's) Inf. Co.G
Binkley, T.W. TN 12th Cav. Co.I
Binkley, T.W. TN 30th Inf. Co.A
Binkley, W.H. TN 11th Inf. Co.E
Binkley, William TN 20th Inf. Co.I Capt.
Binks, John TN Inf. Harman's Regt. Co.K
Binley, Christopher TX 11th (Spaight's) Bn.Vol. Co.C
Binn, W. GA 5th Res. Co.D,A
Binn, Wilson 1st Conf.Inf. Co.A
Binnaker, C.J. SC 11th Res. Co.G
Binnaker, G.B. SC 11th Res. Co.G
Binnaker, J.B. SC Prov.Guard Hamilton's Co.
Binnawces, Henry FL 10th Inf. Co.I
Binndall, Beny AL 11th Cav. Co.F,K
Binnekir, James L. FL 1st Inf. Old Co.K,H
Binner, A.E. LA 9th Inf. Co.G
Binner, James AL 1st Cav. Co.I Sgt.
Binneral, H. LA Lt.Arty. Bridges' Btty.
Binnewres, Henry FL Inf. 2nd Bn. Co.A
Binney, A. LA Inf. 16th Bn. Co.A
Binney, James B. LA 7th Inf. Co.G
Binney, John TN 34th Inf. 1st Co.C Cpl.
Binney, S.W. MS 29th Inf. Co.F
Binnicker, James S. FL 7th Inf. Co.C Sgt.
Binnicker, N.B. SC Inf. Hampton Legion Co.H
Binnie, Edward W. MS 21st Inf. Co.D
Binnion, Alex W. MO Cav. 3rd Bn. Co.C
Binnion, John B. MO Cav. 3rd Bn. Co.C
Binnisfield, Simpson AR Lt.Arty. Thrall's Btty. Drum.
Binns, Benjamin MO Inf. 3rd Regt.St.Guard Co.B
Binns, Benjamin F. MO 3rd Cav. Co.F
Binns, Benjamin F. MO 10th Inf. Co.G
Binns, Benjamin F. VA 53rd Inf. Co.K
Binns, B.F. MO St.Guard
Binns, Burrell J. LA 12th Inf. Co.A Cpl.
Binns, C.H. VA 5th Cav. 2nd Co.F
Binns, C.H. VA 11th Cav. Co.I
Binns, Charles D. VA 53rd Inf. Co.K
Binns, Charles H. VA Hvy.Arty. A.J. Jones' Co.
Binns, Christopher J. VA 53rd Inf. Co.K
Binns, David AL 54th Inf. Co.H
Binns, Edward S. TX 36th Cav. Co.B
Binns, Enoch G. GA 15th Inf. Co.A Cpl.
Binns, Fielding W. VA Hvy.Arty. A.J. Jones' Co.
Binns, Fleming J. VA 53rd Inf. Co.K
Binns, F.W. VA 53rd Inf. Co.K
Binns, G.E. AL 63rd Inf. Co.E
Binns, George S. GA 15th Inf. Co.A
Binns, Gideon C. MS 12th Cav. Co.A
Binns, Isaiah M. GA 15th Inf. Co.A
Binns, James T. TN 6th (Wheeler's) Cav. Co.C
Binns, James T. TN Cav. 11th Bn. (Gordon's) Co.C
Binns, J.C. GA 5th Res. Co.F
Binns, Joe MS 13th Inf. Co.C
Binns, John TX 33rd Cav. Co.A
Binns, John VA Cav. Mosby's Regt. (Part. Rangers)
Binns, John C. GA 20th Inf. Surg.
Binns, John C. VA 3rd Cav. Co.D
Binns, John E. TN 11th Inf. Co.D Col.

Binns, John G. Gen. & Staff Asst.Surg.
Binns, John H. VA Hvy.Arty. A.J. Jones' Co.
Binns, Jordan T. VA 83rd Inf. Co.K Sgt.
Binns, Joseph A. GA 15th Inf. Co.A
Binns, Joseph D. GA 31st Inf. Co.H
Binns, J. Wilcher MS Part.Rangers Smyth's Co.
Binns, Leonard F. AL Lt.Arty. 2nd Bn. Co.D
Binns, L.F. MS Cav. Jeff Davis Legion Co.D Cpl.
Binns, Major E. VA 53rd Inf. Co.K
Binns, Major R. VA 3rd Cav. Co.D
Binns, Major R. VA 53rd Inf. Co.K
Binns, Mitchel GA 15th Inf. Co.A
Binns, Norris R. VA 3rd Cav. Co.D
Binns, Richard B. VA 52nd Mil. Co.A
Binns, Richard B. VA 53rd Inf. Co.K
Binns, Samuel MO 16th Inf. Co.I
Binns, William VA 13th Inf. Co.D
Binns, William VA 53rd Inf. Co.K
Binns, William A. AL 36th Inf. Co.A
Binns, William B. VA 52nd Mil. Co.A
Binns, William E. VA Hvy.Arty. A.J. Jones' Co.
Binns, William E., Jr. VA Hvy.Arty. A.J. Jones' Co.
Binns, William L. GA 15th Inf. Co.A
Binns, William T. MO 10th Inf. Co.G
Binnum, S.E. AL 49th Inf. Co.E Cpl.
Binny, Joe MS 18th Cav. Co.E
Bino, G. TX 2nd Cav. Co.E
Bins, A. TX 2nd Cav. Co.B
Bins, Augus Burroughs' Bn.Part.Rangers Co.A
Bins, David 4th Conf.Inf. Co.I
Bins, G.C. Exch.Bn. 3rd Co.B,CSA
Bins, G.W. GA 45th Inf. Co.E
Bins, J.C. GA 15th Inf. Asst.Surg.
Bins, John A. TX 10th Field Btty.
Bins, John B.C. VA 22nd Inf. Co.I
Bins, John F. GA 27th Inf. Co.K
Bins, Juan LA Mil. 5th Regt.Eur.Brig. (Spanish Regt.) Co.2
Bins, Z.N. TX 10th Field Btty.
Binskie, A. MS 20th Inf. Co.I
Binsler, J.A. GA 38th Inf. Co.F
Bins, William H. VA 3rd Inf. Co.H
Binson, B.F. AL 12th Inf. Co.B
Binson, E.W. MO 3rd Inf. Co.C
Binson, Isaac H. TN 5th Cav.
Binson, J. GA 28th Inf. Co.C
Binson, J.G. GA 13th Cav. Co.H 2nd Lt.
Binstean, E.J. AL 54th Inf. Co.C
Binswanger, S. VA St.Res. Co.D
Bintle, William NC 57th Inf. Co.I
Bintson O. LA C.S. Zouave Bn. Co.F,B,D
Bintz, J.B. GA 23rd Inf.
Binum, Allen TN 44th Inf. Co.C
Binum, C.W. AR Cav. McGehee's Regt. Co.I
Binum, Jesse TN 44th Inf. Co.C
Binum, Joseph 10th Conf.Cav. Co.H
Binum, Stephen TX Cav. 1st Regt.St.Troops Co.C
Binvigna, M. LA Mil. 4th Regt. French Brig. Co.4
Binyon, Isom R. TN 43rd Inf. Co.D Capt.
Binyon, James TX 32nd Cav. Co.F
Binyon, Thomas B. TN 43rd Inf. Co.D N.C.S. Ord.Sgt.
Biochett, J.J. VA 2nd Cav.
Biodd, C. LA 30th Inf.
Bion, George VA 18th Cav. 2nd Co.E 1st Lt.
Biouenet, John LA Mil.Orleans Fire Regt. Co.B 1st Lt.
Biper, August LA 10th Inf. Co.D
Bippert, Frederick TX 3rd Inf. Co.H
Bippert, John TX 3rd Inf. Co.H
Biraben, Z. LA 3rd Regt. French Brig. Co.7
Birard, Samuel VA 20th Cav. Co.C
Bircellov, A. TX Cav. Border's Regt. Co.B
Birch, A. TN 7th Inf. Co.C
Birch, A.C. TN 13th (Gore's) Cav. Co.E Sgt.
Birch, B. GA 4th (Clinch's) Cav. Co.K
Birch, B.D. TX 11th Inf.
Birch, Benjamin AL 1st Regt.Mobile Vol.Baas' Co.
Birch, Benjamin D. TX Cav. Rutherford's Regt.
Birch, Benjamin J. TX 6th Inf. Co.F
Birch, Berry KY 5th Mtd.Inf. Co.C
Birch, Berry H. KY 2nd Bn.Mtd.Rifles Co.E
Birch, Cezar R. MO Inf. 8th Bn. Co.C
Birch, Charles LA Mil. Beauregard Bn. Co.G
Birch, E. GA 36th (Broyles') Inf. Co.K
Birch, Ezra VA 4th Inf.
Birch, Ezra VA 9th Inf.
Birch, F. Gillum's Regt. Co.F
Birch, George KY 11th Cav. Co.C
Birch, George VA 1st Inf. Drum.
Birch, George C. FL 1st Inf. New Co.B Cpl.
Birch, George W. TN 2nd Cav. Co.B
Birch, Henry GA 39th Inf. Co.B
Birch, Hiram TX Cav. Martin's Regt. Co.B
Birch, H.M. NC 3rd Bn.Sr.Res. Durham's Co.
Birch, Isaac GA Cav. 29th Bn. Co.B
Birch, J. MS Inf. 7th Bn. Co.B
Birch, James MO 10th Inf. Co.F
Birch, James A. NC 39th Inf. Co.I
Birch, James D. SC 1st (Butler's) Inf. Co.G
Birch, James H. KY 2nd Mtd.Inf. Co.K
Birch, James M. VA 55th Inf. Co.E
Birch, J.E. VA 7th Inf. Co.H
Birch, Jerard MS 3rd Cav. Co.E
Birch, J.M. GA 4th (Clinch's) Cav. Co.K
Birch, J.M. TN 35th Inf. Co.E
Birch, John LA 4th Inf. Co.I
Birch, John MS 16th Inf. Co.D
Birch, John E. FL 6th Inf. Co.G
Birch, John E. TX 22nd Cav. Co.H Cpl.
Birch, John N. GA 12th (Robinson's) Cav. (St.Guards) Co.K
Birch, John W. LA 16th Inf. Co.F
Birch, John W. NC 5th Inf. Co.F
Birch, Joseph E. VA 1st Inf. Co.E
Birch, J.T. GA 23rd Inf. Co.D
Birch, J.W. Conf.Cav. Powers Regt. Co.C Lt.
Birch, Lea MO Robertson's Regt.St.Guard Co.12
Birch, Levi VA 25th Cav. Co.H
Birch, L.H. GA 6th Inf. Co.A
Birch, Marion KY 5th Cav. Co.I,A
Birch, N.R.R. LA 16th Inf. Co.F
Birch, R. VA Cav. 32nd Bn. Co.B
Birch, Rila Conf.Cav. Clarkson's Bn. Co.A
Birch, Riley MO Inf. Clark's Regt. Co.E
Birch, R.M. MS 46th Inf. Co.D
Birch, Robert KY Cav. 2nd Bn. (Dortch's) Co.C
Birch, Robert VA 10th Cav.
Birch, Robert J. MS 11th (Perrin's) Cav. Co.B
Birch, S. MS Scouts Montgomery's Co.
Birch, S.J. TN 21st & 22nd (Cons.) Cav. Co.K
Birch, S.W. GA Lt.Arty. 14th Bn. Co.A
Birch, S.W. GA Lt.Arty. Davis' Btty.
Birch, T.B. SC Inf. Holcombe Legion Co.A
Birch, T.H. AR 7th Inf. Co.I
Birch, Thomas KY 11th Cav. Co.C 2nd Lt.
Birch, Thomas, Jr. VA 6th Cav. Co.K
Birch, Thomas, Sr. VA 6th Cav. Co.K
Birch, Thomas J. MO Inf. 8th Bn. Co.A
Birch, T.M. AR 35th Inf. Co.I
Birch, W.A. AR 1st Mtd.Rifles Co.A 2nd Lt.
Birch, W.D. LA 3rd (Wingfield's) Cav. Co.D
Birch, W.H. MO 16th Inf. Co.C
Birch, W.H. NC 3rd Bn.Sr.Res. Durham's Co.
Birch, W.H.S. MO 5th Cav. Co.K Jr.2nd Lt.
Birch, William AR 7th Inf. Co.I
Birch, William KY 2nd Bn.Mtd.Rifles Co.E
Birch, William H. MS 37th Inf. Co.E
Birch, William H. TX 22nd Cav. Co.H
Birch, William R. VA 5th Cav. Co.E Cpl.
Birch, William R. VA 6th Cav. Co.F
Birch, Z.T. FL 1st (Res.) Inf. Co.L
Birch, Z.T. FL 11th Res.
Bircham, C.C. TN 42nd Inf. 2nd Co.H
Bircham, H. AR 58th Mil. Co.D
Bircham, Jack MS 12th Cav. Co.F
Bircham, John A. TN 42nd Inf. 2nd Co.H
Bircham, William VA Inf. 23rd Bn. Co.C
Bircheat, Columbus C. AL 44th Inf. Co.E
Birchell, John VA 10th Cav. 2nd Co.E
Bircher, Henry SC Arty. Melchers' Co. (Co.B,German Arty.)
Bircher, T.G. AR Mil. Desha Cty.Bn.
Birchett, David NC 46th Inf. Co.E
Birchett, Drewry W. VA 13th Cav. Co.F
Birchett, Drewry W. VA Inf. 6th Bn. Co.C
Birchett, E.P. AR 5th Inf. Co.H
Birchett, George K. MS 21st Inf. Co.A
Birchett, George K., Jr. Gen. & Staff, Trans-MS Dept. Capt.,Asst.Exch.Agent
Birchett, G.W. MO St.Guard
Birchett, Isaac NC 23rd Inf. Co.E
Birchett, J. VA Inf. 44th Bn. Co.B
Birchett, James F. NC 23rd Inf. Co.E
Birchett, James M. AL 7th Cav. Co.B
Birchett, John E. VA 41st Inf. 2nd Co.G
Birchett, John W. MO 6th Inf. Co.D
Birchett, J.W. VA 15th Inf. Co.A
Birchett, Leonidas A. VA Hvy.Arty. Epes' Co.
Birchett, L.J. MO 7th Cav. Co.B
Birchett, T.G. MS Lt.Arty. (Warren Lt.Arty.) Swett's Co. Asst.Surg.
Birchett, T.G. Gen. & Staff Asst.Surg.
Birchett, William P. VA 3rd (Archer's) Bn.Res. Co.C
Birchfield, Abner VA Inf. 45th Bn. Co.C
Birchfield, Adam KY 5th Mtd.Inf. Co.I
Birchfield, Anderson MO 7th Cav. Co.B
Birchfield, Charles VA 22nd Cav. Co.D
Birchfield, Charles VA 22nd Cav. Co.I
Birchfield, David E. TN Hvy.Arty. Caruthers' Btty.
Birchfield, David L. AR 16th Inf. Co.B Sgt.
Birchfield, D.P. MS 5th Cav. Co.I
Birchfield, E.C. SC Lt.Arty. Beauregard's Co.

Birchfield, Edward AL Cav. Barbiere's Bn. Truss' Co.
Birchfield, Ezekiel NC 39th Inf. Co.F
Birchfield, G. MS McCord's Co. (Slate Springs Co.)
Birchfield, G.F. AR 30th Inf. Co.G
Birchfield, G.W. AL 26th Inf. Co.E
Birchfield, J. AL 63rd Inf. Co.H
Birchfield, J. MO Cav. Freeman's Regt. Co.D
Birchfield, James AR 14th (McCarver's) Inf. Co.F
Birchfield, James AR 21st Inf. Co.B
Birchfield, James VA 4th Res. Co.D
Birchfield, Jesse TN Hvy.Arty. Caruthers' Btty.
Birchfield, Jesse Y. NC 39th Inf. Co.F
Birchfield, J.H. TN 5th (McKenzie's) Cav. Co.A Sgt.
Birchfield, John AR 38th Inf. Co.F Cpl.
Birchfield, John A. AL 24th Inf. Co.C,A
Birchfield, M. AR 1st (Monroe's) Cav. Co.H
Birchfield, Nathan NC Inf. Thomas' Legion Co.H
Birchfield, Nathaniel TN 5th (McKenzie's) Cav. Co.K
Birchfield, Perry F. AL 37th Inf. Co.B
Birchfield, Robert TN Hvy.Arty. Caruthers' Btty.
Birchfield, Thomas VA Inf. 45th Bn. Co.C
Birchfield, T.J. AL 32nd Inf. Co.D
Birchfield, W.A. TN 3rd (Forrest's) Cav. Co.E
Birchfield, W.F. Forrest Cav. Lyon's Escort,CSA
Birchfield, William AR 14th (McCarver's) Inf. Co.I
Birchfield, William AR 21st Inf. Co.B
Birchfield, William KY 5th Mtd.Inf. Co.E,C
Birchfield, William TN 3rd (Lillard's) Mtd.Inf. Co.E
Birchfield, William A. NC Inf. Thomas' Legion Co.H Music.
Birchfield, William L. TX 14th Cav. Co.A Sgt.
Birchfield, William T. TX 13th Vol. Co.M
Birchfield, Wilson NC 39th Inf. Co.A,F
Birchhart, M.H. VA 31st Mil. Co.B
Birchit, J.N. AR 19th (Dawson's) Inf. Co.F
Birchit, John W. MO Lt.Arty. McDonald's Co.
Birchitt, Isham NC 52nd Inf. Co.F
Birchmeyer, --- LA Mil. 3rd Regt.Eur.Brig. (Garde Francaise) Euler's Co.
Birchmore, E.C. SC 5th Cav. Co.A
Birchum, A. AR 58th Mil. Co.C
Birchum, Iradel VA 50th Inf. Co.C
Birchum, Ward VA 29th Inf. 2nd Co.F,D
Birckaloo, Jonathan AL Rives' Supp.Force
Birckel, George LA 20th Inf. New Co.B, Co.D
Birckel, George LA 21st (Kennedy's) Inf. Co.C
Birckhead, M. NC 22nd Inf. Co.L
Birckhead, Richard VA 46th Inf. 2nd Co.D,E
Birckhead, S. NC 22nd Inf. Co.L
Bird 1st Cherokee Mtd.Rifles Co.E Cpl.
Bird 1st Cherokee Mtd.Rifles Co.K Sgt.
Bird 1st Cherokee Mtd.Vol. 2nd Co.E
Bird, --- FL 2nd Cav. Co.G
Bird, --- GA 10th Inf. Co.H Music.
Bird, A. GA Cav. 2nd Bn. Co.C
Bird, A. GA 5th Cav. Co.E
Bird, Aaron VA 162nd Mil. Co.C
Bird, Aaron D. VA 25th Inf. 2nd Co.F
Bird, A.B. VA 63rd Inf. Co.G
Bird, Abraham MO 1st N.E. Cav. Co.A
Bird, Abraham MO 8th Cav. Co.D
Bird, Abram M. AL 10th Inf. Co.A
Bird, A.C. AR Lt.Arty. 5th Btty. Cpl.
Bird, A.C. GA Lt.Arty. Croft's Btty. (Columbus Arty.) Cpl.
Bird, A.C. TX Cav. Chisum's Regt. Co.D
Bird, A.D. AL 3rd Res. Co.C
Bird, A.D. AL 16th Inf. Co.D
Bird, Adam GA Cav. 29th Bn. Co.E
Bird, Adam GA 61st Inf. Co.D
Bird, A.F. GA Hvy.Arty. 22nd Bn. Co.B
Bird, A.G. AR 6th Inf. Co.G Sgt.
Bird, A.H. GA 27th Inf. Co.D
Bird, A.I. MS 6th Cav. Co.C
Bird, A.J. AR 31st Inf. Co.D
Bird, A.J. FL 2nd Cav. Co.A
Bird, A.J. FL 9th Inf. Co.A
Bird, A.J. LA 4th Inf. Co.H 2nd Lt.
Bird, A.J. MS 5th Cav. Co.C
Bird, A.J. MS 3rd Inf. (St.Troops) Co.B
Bird, A.J. MO 7th Cav. Co.F
Bird, Albert NC 60th Inf. Co.K
Bird, Albert Galliline AL 3rd Inf. Co.E
Bird, Albert P. VA 26th Inf. Co.G 2nd Lt.
Bird, Alexander AL 1st Inf. Co.F
Bird, Alexander NC 53rd Inf. Co.C
Bird, Alexander VA 4th Res. Co.B
Bird, Alexander VA 5th Bn.Res. Co.B
Bird, Alexander VA 60th Inf. Co.F
Bird, Alexander VA 63rd Inf. Co.F
Bird, Alfred AL 3rd Bn.Res. Co.C
Bird, Alfred GA 50th Inf. Co.F Sgt.
Bird, Alfred LA Mil. 4th Regt. 1st Brig. 1st Div. Co.B
Bird, Alfred NC 14th Inf. Co.K
Bird, Alfred A. AL 45th Inf. Co.I
Bird, Alonzo MO Inf. 3rd Bn. Co.D
Bird, Alonzo MO 6th Inf. Co.F
Bird, Andrew FL 5th Inf. Co.H
Bird, Andrew GA 7th Cav. Co.H
Bird, Andrew GA Hardwick Mtd.Rifles Co.B
Bird, Andrew MS Cav. Stockdale's Bn. Co.A
Bird, Andrew MO 8th Cav. Co.K
Bird, Andrew MO Inf. 1st Regt.St.Guard Co.E
Bird, Andrew NC 39th Inf. Co.F
Bird, Andrew H. GA 1st (Olmstead's) Inf. Gordon's Co.
Bird, Andrew H. GA 25th Inf. Co.D 2nd Lt.
Bird, Andrew H. GA 63rd Inf. Co.B
Bird, Andrew J. FL Cav. 5th Bn. Co.E
Bird, Andrew J. TN 3rd (Forrest's) Cav.
Bird, Andrew W. MS 16th Inf. Co.F
Bird, Anson G. VA 31st Inf. Co.E Cpl.
Bird, Anson G. VA 162nd Mil. Co.C Sgt.
Bird, Anthony B. VA Mil. Grayson Cty.
Bird, Antony GA 50th Inf. Co.B
Bird, A.P. AL 6th Cav. Co.C
Bird, Archibald G. AR 1st Cav. Co.K
Bird, Arthur FL Inf. 2nd Bn. Co.C
Bird, Asa AR Cav. Gordon's Regt. Co.K
Bird, Asa AR 7th Mil. Co.E
Bird, B. GA Inf. 3rd Bn. Co.E
Bird, B. LA 2nd Inf. Co.H
Bird, B. TN 9th Cav. Co.G
Bird, B. VA 6th Cav. 1st Co.E
Bird, B.A. NC 1st Bn.Jr.Res. Co.C
Bird, B.A. NC 31st Inf. Co.K
Bird, B.A. SC 10th Inf. 1st Co.G
Bird, Baldridge 1st Cherokee Mtd.Rifles Co.G
Bird, Bartley TN 44th Inf. Co.F
Bird, B.D. NC 31st Inf. Co.I
Bird, Benjamin AR 38th Inf. Co.F
Bird, Benjamin FL 11th Inf. Co.L
Bird, Benjamin VA 8th Cav. Co.F
Bird, Benjamin VA 16th Inf. Co.F
Bird, Benjamin F. NC 14th Inf. Co.H
Bird, Benjamin O. VA 17th Cav. Co.D
Bird, Benjamin V. VA 45th Inf. Co.F
Bird, Benjamond M. GA 16th Inf. Co.D
Bird, Bernhd. LA Mil. 4th Regt.Eur.Brig. Co.D
Bird, B.F. AL 33rd Inf. Co.I 1st Lt.
Bird, Bluford T. GA 35th Inf. Co.B 1st Sgt.
Bird, Bluford W. GA 22nd Inf. Co.E Sgt.
Bird, Bluford W. VA 24th Inf. Co.G Cpl.
Bird, B.M. TN 4th (McLemore's) Cav. Co.E
Bird, B.R. MS 41st Inf. Co.I Cpl.
Bird, B.S. AL 27th Inf. Co.G
Bird, B.T. TN 47th Inf. Co.B
Bird, C. GA 5th Inf.
Bird, C. GA 54th Inf. Co.K
Bird, C. VA Hvy.Arty. 20th Bn. Co.D
Bird, C.A. GA Mil. 6th Regt. Co.A
Bird, Calvin C. MS 2nd Part.Rangers Co.E
Bird, Carmine S. NC 39th Inf. Co.B Hosp.Stew.
Bird, Carny NC 6th Sr.Res. Co.K Sgt.
Bird, C.B. AL 45th Inf. Co.F
Bird, Charles MD 1st Inf. Co.D
Bird, Charles VA 25th Inf. 2nd Co.F
Bird, Charles VA 60th Inf. Co.F
Bird, Charles A. MO 1st Inf. Co.B
Bird, Charles D. VA 12th Inf. Co.C
Bird, Charles M. VA 15th Inf. Co.H
Bird, Charles W. VA 162nd Mil. Co.C
Bird, Christopher C. AL 13th Inf. Co.E
Bird, C.K. SC 7th Cav. Co.A
Bird, Coffee B. 1st Cherokee Mtd.Vol. 1st Co.B, 2nd Co.B Sgt.
Bird, Coleman S. VA Lt.Arty. J.D. Smith's Co.
Bird, Colin NC 28th Inf. Co.E
Bird, Columbus KY 4th Cav. Co.D
Bird, Columbus KY 5th Cav. Co.D
Bird, Cornelius TX 5th Cav. Co.H
Bird, D. MS Barr's Co. 3rd Lt.
Bird, D. SC Arty. Manigault's Bn. 1st Co.B
Bird, Daniel SC 15th Inf. Co.K Cpl.
Bird, Daniel TN Inf. 1st Cons.Regt. Co.C
Bird, Daniel VA 9th Inf. Co.D
Bird, Daniel B. FL 3rd Inf. Co.E Capt.
Bird, Daniel F. AL 63rd Inf. Co.G
Bird, Daniel M. VA 24th Inf. Co.D
Bird, Daniel W. GA 11th Cav. Co.B
Bird, David MS K. Williams' Co. (Gray's Port Greys)
Bird, David NC 64th Inf. Co.I
Bird, David TN 3rd (Lillard's) Mtd.Inf. Co.B
Bird, David VA 31st Inf. Co.E Sgt.
Bird, David VA 162nd Mil. Co.C Sgt.
Bird, David S. NC Inf. 111th Regt. Co.A
Bird, D.B. TN 9th (Ward's) Cav. Co.F
Bird, Dernsey AR 36th Inf. Co.F
Bird, Dethridge KY 5th Cav. Co.D
Bird, D.H. AL Crawford's Co.
Bird, Dick LA Mil. Chalmette Regt. Co.K

Bird, D.L. MS Stewart's Co. (Yalobusha Rangers)
Bird, D. Logan MS Cav. Ham's Regt. Co.I
Bird, E. AL 36th Inf. Co.I
Bird, E. GA 5th Cav. Co.E
Bird, E. VA 6th Cav. Co.E
Bird, E. VA 110th Mil. Saunder's Co. Sgt.
Bird, E.A. TN 51st Inf. Co.A Bvt.2nd Lt.
Bird, E.A. TN 51st (Cons.) Inf. Co.H Sgt.
Bird, Ed LA Cav. Nutt's Co. (Red River Rangers)
Bird, Edmund R. MO 2nd Inf. Co.A
Bird, Edward GA Cav. 2nd Bn. Co.A Lt.Col.
Bird, Edward GA 5th Cav. Col.
Bird, Edward LA 3rd Inf. Co.F
Bird, Edward SC 5th Inf. 1st Co.B
Bird, Edward J. GA 25th Inf. Co.D
Bird, Edward J. GA 47th Inf. Co.E
Bird, Edward K. KY 4th Mtd.Inf. Co.I
Bird, Edward L. GA Cav. 1st Bn. Lamar's & Brailsford's Co.
Bird, Edward T. VA 2nd Cav. Co.D
Bird, Edward T. VA Horse Arty. G.W. Brown's Co.
Bird, Edwin T. AR 18th (Marmaduke's) Inf. Co.E
Bird, E.L. GA 7th Cav. Co.B
Bird, E.L. GA Cav. 21st Bn. Co.D Jr.2nd Lt.
Bird, Elbert F. SC 12th Inf. Co.G
Bird, Elias S. TN 54th Inf. Hollis' Co.
Bird, Eli H. AL 9th (Malone's) Cav. Co.F
Bird, Elijah LA Inf.Cons.Crescent Regt. Co.E,O
Bird, Elijah S. GA 1st (Ramsey's) Inf. Co.K
Bird, Emery S.D. GA Arty. 9th Bn. Co.B
Bird, E.T. AR 5th Inf.
Bird, E.W. LA 17th Inf. Co.H
Bird, F. VA 6th Cav. 1st Co.E
Bird, F.M. GA 16th Inf. Co.D
Bird, Fountain MO 7th Cav. Co.F
Bird, Francis M. AL 36th Inf. Co.E
Bird, Francis M. VA 25th Inf. 2nd Co.F
Bird, Francis M. VA 162nd Mil. Co.C 1st Lt.
Bird, Francis R. TX 7th Field Btty. Cpl.
Bird, Francis W. NC 1st Inf. (6 mo. '61) Co.L 2nd Lt.
Bird, Francis W. NC 11th (Bethel Regt.) Inf. Co.C Maj.
Bird, Franklin MS Cav. Jeff Davis Legion Co.F
Bird, Frederick VA 162nd Mil. Co.C
Bird, Frederick H. TX 28th Cav. Co.K
Bird, Furney GA 30th Inf. Co.H
Bird, George MS Cav. Jeff Davis Legion Co.A
Bird, George MO 3rd Cav. Co.E
Bird, George TN Lt.Arty. Barry's Co.
Bird, George TN 3rd (Lillard's) Mtd.Inf. Co.B
Bird, George TX 2nd Cav. Co.E
Bird, George C. AL 5th Inf. Co.H
Bird, George G. MS 44th Inf. Co.D
Bird, George M. NC 6th Inf. Co.K
Bird, George M. NC 13th Inf. Co.E
Bird, George P. MS 15th Inf. Co.B
Bird, George P. NC 11th (Bethel Regt.) Inf. Co.K
Bird, George R. TN 54th Inf. Co.H
Bird, George W. GA 11th Inf. Co.K
Bird, George W. MS 11th Inf. Co.K Capt.
Bird, George W. MS 16th Inf. Co.A
Bird, George W. TX 3rd Inf. Co.E Capt.
Bird, George Y. TX 16th Cav. Co.A
Bird, G.H. GA Inf. (Madison Cty.Home Guard) Milner's Co.
Bird, G.L. TN 27th Inf. Co.F
Bird, G.S. AL 62nd Inf. Co.B
Bird, G.T. NC 42nd Inf. Co.K
Bird, H. 1st Cherokee Mtd.Vol. Co.J
Bird, Hampton TX Cav. 2nd Regt.St.Troops Co.G
Bird, Hark GA 25th Inf. Co.D Drum.
Bird, Hartwell NC 52nd Inf. Co.B
Bird, Harvey NC 3rd Bn.Sr.Res. Durham's Co.
Bird, H.C. AL 3rd Inf. Co.I
Bird, H.C. TN 27th Inf. Co.E
Bird, H.D. VA Hood's Bn.Res. Capt.
Bird, Henry FL 3rd Inf. Co.D Music.
Bird, Henry GA 35th Inf. Co.F
Bird, Henry B. GA 48th Inf. Co.F
Bird, Henry C. TN 22nd (Barteau's) Cav. Co.F
Bird, Henry G. AL 45th Inf. Co.I
Bird, Henry H. MO 1st Inf. Co.I Cpl.
Bird, Henry J. GA 16th Inf. Co.D
Bird, Henry V.L. VA 12th Inf. Co.C
Bird, Henry W. NC 44th Inf. Co.F
Bird, H.G. SC 10th Inf. Co.D Cpl.
Bird, H.G. SC 21st Inf. Co.L
Bird, H.I. SC 7th Inf. Co.A Capt.
Bird, Hilory LA 17th Inf. Co.C
Bird, Hite VA 23rd Cav. Co.D
Bird, Holloway SC 1st Inf. Co.C
Bird, Holloway J. SC 15th Inf. Co.K Capt.
Bird, Holman TN 54th Inf. Ives' Co.
Bird, H.J. GA 54th Inf. Co.F
Bird, H.M. AL 16th Inf. Co.D
Bird, H.P. AR 1st (Dobbin's) Cav. Co.C
Bird, H.P. TN 3rd (Forrest's) Cav. Co.C
Bird, Hugh L. AL 35th Inf. Co.G
Bird, I.L. GA 5th Cav. Co.D
Bird, I.R. KY Jessee's Bn.Mtd.Riflemen Co.B
Bird, Isaac C. TX 17th Cav. 1st Co.I
Bird, Isaac H. VA 7th Cav. Co.C
Bird, Isaac W. MS St.Cav. Perrin's Bn. Co.G
Bird, Isaiah GA Cav. 20th Bn. Co.B
Bird, Isaiah GA 17th Inf. Co.F
Bird, Isaiah GA Inf. (Richmond Factory Guards) Barney's Co.
Bird, Isaiah C. AL 13th Bn.Part.Rangers Co.E
Bird, Isom R. KY Corbin's Men
Bird, J. GA Cav. 1st Bn. Walthour's Co.
Bird, J. GA 11th Cav. Co.B
Bird, J. GA 1st (Olmstead's) Inf. Co.G
Bird, J. GA 30th Inf. Co.C
Bird, J. GA 38th Inf. Co.N
Bird, J. KY 10th (Johnson's) Cav. New Co.C
Bird, J. KY 12th Cav. Co.E
Bird, J. KY 12th Cav. Co.H
Bird, J. SC 10th Inf. Co.D
Bird, J. TN 10th & 11th (Cons.) Cav. Co.A Sgt.
Bird, J. TX Waul's Legion Co.F
Bird, J.A. AL 36th Inf. Co.E Sgt.
Bird, J.A. FL 2nd Cav. Co.G
Bird, J.A. GA 10th Cav. Co.A Sgt.
Bird, Jackson GA Lt.Arty. Croft's Btty. (Columbus Arty.)
Bird, Jackson GA 1st (Symons') Res. Co.D
Bird, Jackson NC 52nd Inf. Co.I
Bird, Jacob NC 2nd Arty. (36th St.Troops) Co.B
Bird, Jacob TN 43rd Inf. Co.A
Bird, Jacob TX 1st Bn.S.S. Co.D
Bird, Jacob VA 31st Inf. Co.E
Bird, Jacob 3rd Conf.Eng.Troops Co.D
Bird, Jacob H. FL 2nd Inf. Co.L
Bird, James AL 34th Inf. Co.H
Bird, James AL 54th Inf. Co.F
Bird, James GA Cav. 2nd Bn. Co.A Sgt.Maj.
Bird, James GA 5th Cav. Sgt.Maj.
Bird, James GA 6th Cav. Co.D
Bird, James GA 13th Cav. Co.F
Bird, James GA 3rd Res. Co.F
Bird, James GA 4th Res. Co.A Cpl.
Bird, James GA 5th Res. Co.F
Bird, James GA 59th Inf. Co.H
Bird, James GA 60th Inf. Co.I
Bird, James MO 5th Cav. Co.A
Bird, James MO 5th Cav. Co.I
Bird, James MO 9th (Elliott's) Cav. Co.H
Bird, James MO Cav. Slayback's Regt. Co.D
Bird, James NC 5th Sr.Res. Co.K
Bird, James SC Arty. Manigault's Bn. 1st Co.B
Bird, James SC 12th Inf. Co.E
Bird, James SC 20th Inf. Co.G
Bird, James TN Lt.Arty. Phillips' Co.
Bird, James TN 4th Inf.
Bird, James TN 35th Inf. Co.C
Bird, James TN 60th Mtd.Inf. Co.A
Bird, James VA 31st Inf. Co.E
Bird, James VA 162nd Mil. Co.C
Bird, James A. AR 8th Inf. New Co.D
Bird, James A. FL 6th Inf. Co.H
Bird, James A. NC 49th Inf. Co.A Cpl.
Bird, James A. NC 64th Inf. Co.H
Bird, James A. VA 2nd Cav. Co.D,H
Bird, James C. MS 37th Inf. Co.A
Bird, James C. NC 31st Inf. Co.B Cpl.
Bird, James G. GA 16th Inf. Co.D
Bird, James H. GA Lt.Arty. Guerard's Btty.
Bird, James H. VA 162nd Mil. Co.C
Bird, James L. MS 17th Inf. Co.H
Bird, James L. VA 2nd Cav. Co.D
Bird, James M. MS 5th Inf.(St.Troops) Co.A Sgt.
Bird, James M. VA 20th Cav. Co.A
Bird, James M. 1st Conf.Inf. Co.C
Bird, James N. GA 60th Inf. Co.C
Bird, James R. LA 12th Inf. Co.C
Bird, James R. VA 45th Inf. Co.F
Bird, James S. GA Cav. 16th Bn. (St.Guards) Co.G
Bird, James S. GA 52nd Inf. Co.A 1st Lt.
Bird, James T. NC 2nd Arty. (36th St.Troops) Co.B
Bird, James W. GA Cav. 1st Bn. Hughes' Co.
Bird, James W. GA 21st Inf. Co.D
Bird, James W. KY 8th Cav. Co.C,D
Bird, James W. MS 17th Inf. Co.H
Bird, James W. TN 27th Inf. Co.F
Bird, James W. VA 25th Inf. 2nd Co.F
Bird, J.B. AL 6th Cav. Co.B
Bird, J.B. AR 38th Inf. Co.E
Bird, J.B. NC 12th Inf. Co.K
Bird, J.B. SC 2nd Inf. Co.I
Bird, J.B. TN 7th (Duckworth's) Cav. Co.E
Bird, J.B. VA Mil. Scott Cty.
Bird, J.C. 3rd Conf.Eng.Troops Co.D

Bird, J.D. MS 5th Inf. (St.Troops) Co.E
Bird, J.E. FL 2nd Cav. Co.A
Bird, J.E.J. AL 6th Inf. Co.C
Bird, Jesse GA Cav. 2nd Bn. Co.F
Bird, Jesse GA 4th (Clinch's) Cav. Co.I
Bird, Jesse GA Lt.Arty. Clinch's Btty.
Bird, Jesse O. VA 2nd Cav. Co.D
Bird, Jesse R. NC 39th Inf. Co.B
Bird, J.F. NC 5th Inf. Co.D
Bird, J.H. AR 1st (Dobbin's) Cav. Co.C
Bird, J.H. AR 30th Inf. Co.F
Bird, J.H. GA 60th Inf. Co.C
Bird, J.H. NC 49th Inf. Co.A
Bird, J.H. VA Cav. 37th Bn. Co.H
Bird, J.H. VA Cav. Swann's Bn. Watkins' Co.
Bird, J.J. GA Cav. 12th Bn. (St.Guards) Co.C Sgt.
Bird, J.K. 1st Chickasaw Inf. Hansell's Co.
Bird, J.L. AR 7th Cav. Co.E
Bird, J.L. AR 34th Inf. Co.D
Bird, J.L. NC 6th Cav. (65th St.Troops) Co.C,G Cpl.
Bird, J.M. AL 56th Part.Rangers Co.A
Bird, J.M. AL 4th Inf. Co.G
Bird, J.M. GA 11th Cav. Co.A
Bird, J.M. GA 1st Inf.
Bird, J.M. GA 16th Inf. Co.D
Bird, J.M. MS 36th Inf. Co.D
Bird, J.M. MS 39th Inf. Co.D
Bird, J.M. MS Conscr.
Bird, J.M. SC 5th Inf. 2nd Co.G 1st Lt.
Bird, J.M. TN 20th (Russell's) Cav. Co.E
Bird, J.M. VA 26th Inf. Co.G Sgt.
Bird, J.N. GA 3rd Inf.
Bird, J.N. GA 39th Inf. Co.K
Bird, J.N. TN 46th Inf. Co.H
Bird, J.N. 3rd Conf.Cav. Co.E
Bird, J.O. GA 1st Cav. Co.K
Bird, Joal N. GA 16th Inf. Co.D
Bird, Job GA Arty. Moore's Btty. Can.
Bird, John AL 45th Inf. Co.I
Bird, John GA 5th Cav. Co.G
Bird, John GA 3rd Bn. (St.Guards) Co.B
Bird, John GA 5th Res. Co.F
Bird, John GA 26th Inf. Co.F
Bird, John GA 42nd Inf. Co.C
Bird, John LA 1st Hvy.Arty. (Reg.) Co.I
Bird, John NC 1st Jr.Res. Co.D
Bird, John NC 17th Inf. (2nd Org.) Co.D
Bird, John SC 1st Arty. Co.D
Bird, John TN Cav. 4th Bn. (Branner's) Co.C
Bird, John TN 19th (Biffle's) Cav. Co.F
Bird, John TN 11th Inf. Co.D
Bird, John TN 37th Inf. Co.K
Bird, John TN 42nd Inf. Co.A
Bird, John TX 7th Cav. Co.D
Bird, John TX 14th Inf. Co.I
Bird, John TX 19th Inf. Co.C
Bird, John VA Cav. 41st Bn. Co.C
Bird, John, Jr. VA 31st Inf. Co.E
Bird, John VA 162nd Mil. Co.C
Bird, John 4th Conf.Inf. Co.G
Bird, John Gillum's Regt. Co.H
Bird, John 3rd Conf.Eng.Troops Co.D
Bird, John A. LA Inf. 10th Bn. Co.H
Bird, John A. MS Cav. 3rd Bn.Res. Co.E
Bird, John A. SC 4th Cav. Co.A
Bird, John A. SC Cav. 12th Bn. Co.A
Bird, John C. GA 11th Inf. Co.K
Bird, John C. MS 35th Inf. Co.F
Bird, John G. MO 2nd Inf. Co.E
Bird, John H. TN Lt.Arty. Tobin's Co. Sgt.
Bird, John J. FL 2nd Cav.
Bird, John J.E. MS 22nd Inf. Co.G
Bird, John L. MS Packer's Co.(Pope Guards) Cpl.
Bird, John L. VA 60th Inf. Co.F
Bird, John M. MS 25th Inf. Co.D
Bird, John P. KY 8th Cav. Co.H
Bird, John P.M. GA Cobb's Legion Co.E
Bird, John R. GA 3rd Inf. Co.H
Bird, John R. TN 2nd (Robison's) Inf. Co.F
Bird, John R. TN 48th (Nixon's) Inf. Co.I
Bird, John R. TN 54th Inf. Hollis' Co.
Bird, John R. VA 45th Inf. Co.F
Bird, John S. FL 2nd Inf. Co.F Sgt.
Bird, John S. MS 13th Inf. Co.C Cpl.
Bird, John S. MO 8th Cav. Co.B
Bird, John S. VA Inf. 26th Bn. Co.I
Bird, John S.H. VA 45th Inf. Co.F
Bird, John T. TN Lt.Arty. Morton's Co.
Bird, John W. AL 2nd Bn. Hilliard's Legion Vol. Co.F
Bird, John W. AL 59th Inf. Co.C
Bird, John W. GA 6th Inf. (St.Guards) Co.H
Bird, John W. LA 8th Cav. Co.I Jr.2nd Lt.
Bird, John W. MO 2nd Cav.
Bird, John W. NC 22nd Inf. Co.K
Bird, John W. TN 44th (Cons.) Inf. Co.E
Bird, John W. TX 18th Cav. Witt's Co.
Bird, John W. TX 37th Cav. Co.F
Bird, John W. VA 5th Cav. Co.E
Bird, John W. VA 31st Inf. Co.B
Bird, John W. VA 31st Inf. Co.E
Bird, John W. VA 162nd Mil. Co.C
Bird, Jonathan L. NC Cav. 7th Bn. Co.C Sgt.
Bird, Joseph MS 20th Inf. Co.D
Bird, Joseph MS 35th Inf. Co.F
Bird, Joseph TX 16th Inf. Co.C Capt.
Bird, Joseph VA 57th Inf. Co.K
Bird, Joseph A. VA 4th Res. Co.B
Bird, Joseph B. NC 17th Inf. (2nd Org.) Co.D
Bird, Joseph B. VA 6th Bn.Res. Co.H
Bird, Joseph G. GA 16th Inf. Co.D
Bird, Joseph P. GA 16th Inf. Co.D
Bird, Joseph W. TX 22nd Inf. Co.H
Bird, Joshua C. NC 6th Cav. (65th St.Troops) Co.G,C Sgt.
Bird, Joshua C. NC Cav. 7th Bn. Co.C Sgt.
Bird, Joshua C. NC 39th Inf. Co.B 2nd Lt.
Bird, Joshua W. GA 44th Inf. Co.D
Bird, J.P. GA 29th Inf. Co.I
Bird, J.P. TX 2nd Cav. 2nd Co.F
Bird, J.P.N. GA Cherokee Legion (St.Guards) Co.A
Bird, J.R. MS Cav. Hughes Bn. Co.E
Bird, J.R. MS 6th Inf. Co.A
Bird, J.R. MS 8th Inf. Co.I
Bird, J.R. TX 28th Cav. Co.L
Bird, J.S. MS 27th Inf. Co.D
Bird, J.S. TN 20th Inf. Co.G
Bird, J.T. KY Morgan's Men Co.G
Bird, J.T. VA 5th Inf. Co.D
Bird, J.T. VA 62nd Mtd.Inf. Co.G 1st Lt.
Bird, Judson GA 1st Reg. Co.G Cpl.
Bird, J.W. AL Lt.Arty. Kolb's Btty.
Bird, J.W. AL 18th Inf. Co.B
Bird, J.W. GA 5th Cav. Co.D
Bird, J.W. GA Cav. 8th Bn. (St.Guards) Co.A
Bird, J.W. GA 42nd Inf. Co.D
Bird, J.W. LA 1st Hvy.Arty. (Reg.) Co.A
Bird, J.W. MS 18th Cav. Co.E
Bird, J.W. MO 12th Inf. Co.C
Bird, J.W. NC 60th Inf. Co.K
Bird, J.W. TX 10th Cav. Co.F
Bird, J.W. TX 28th Cav. Co.C,K
Bird, J.W. TX Cav. Terry's Regt. Co.A
Bird, J.W. TX Cav. Wells' Regt. Co.B
Bird, J.W. VA 19th Cav. Co.I
Bird, J.W. 7th Conf.Cav. Co.C
Bird, L. GA Cav. 2nd Bn. Co.C
Bird, L. GA 5th Cav. Co.E
Bird, L. LA Mil. 4th Regt. 1st Brig. 1st Div. Co.C
Bird, L. MS 29th Inf. Co.F Cpl.
Bird, L. TN Lt.Arty. Winston's Co.
Bird, L.B. LA Inf. 10th Bn. Co.H
Bird, L.D. GA 17th Inf. Co.K Sgt.
Bird, Lee AL Inf. 1st Regt. Co.C
Bird, Lee GA 3rd Cav.
Bird, Lee Lt.Arty. Dent's Btty.,CSA
Bird, Lemuel, Jr. AL 36th Inf. Co.E Cpl.
Bird, Lemuel P. NC 1st Cav. (9th St.Troops) Co.H
Bird, Lewis TN 43rd Inf. Co.A
Bird, Lewis G. LA 2nd Cav. Co.D
Bird, Lewis G. LA 3rd Inf. Co.C
Bird, Lewis M. VA 24th Inf. Co.H
Bird, L.G. SC Mil. 3rd Regt. Co.E
Bird, Lorenza W. NC 25th Inf. Co.G
Bird, Louis LA C.S. Zouave Bn. Co.B
Bird, M. AL 11th Cav. Co.A
Bird, M. GA 8th Inf. Co.C
Bird, M. TX Cav. McCord's Frontier Regt. Co.H
Bird, M. Conf.Cav. Baxter's Bn. 2nd Co.B
Bird, Marcus R. SC 5th St.Troops Co.B
Bird, Marian E. AR 33rd Inf. Co.A Cpl.
Bird, Mark, Jr. VA 10th Inf. Co.F,B Sgt.
Bird, Martin FL Cav. 3rd Bn. Co.A
Bird, Martin MO 3rd Cav. Co.E
Bird, Martin NC 52nd Inf. Co.I
Bird, Martin SC 1st St.Troops Co.C
Bird, Martin 15th Conf.Cav. Co.A,I
Bird, Mathew L. TN 2nd (Robison's) Inf. Co.K
Bird, M.B. SC 15th Inf. Co.K Cpl.
Bird, M.E. AR 6th Inf. Co.G
Bird, Melecaier FL 8th Inf. Co.I
Bird, M.H. TX 13th Vol. Co.E
Bird, Michael MS 44th Inf. Co.L
Bird, Michael M. MS 3rd Inf. Co.D
Bird, Mike GA 28th Inf. Co.G Sgt.
Bird, Mitchell MO Cav. Slayback's Regt. Co.D
Bird, M.J. AL 6th Inf. Co.C
Bird, Monroe MO 4th Cav. Co.D
Bird, Morgan S. VA 31st Inf. Co.E
Bird, Moses W. MS 8th Inf. Co.K
Bird, M.R. SC 7th Res. Co.I Sgt.
Bird, Nathan MO 7th Cav. Co.F Cpl.
Bird, Nathaniel NC 3rd Arty. Co.A
Bird, Nathaniel C. VA 55th Inf. Co.I
Bird, Nathaniel C. VA 109th Mil. 1st,2nd Co.A

Bird, N.B. AR 1st (Dobbin's) Cav. Co.B
Bird, Nelson AR 12th Inf. Co.E
Bird, Newell AL Lt.Arty. 2nd Bn. Co.B
Bird, N.H. GA 32nd Inf. Co.D
Bird, Obadiah W. VA 57th Inf. Co.G Cpl.
Bird, Otho M. VA 31st Inf. Co.E
Bird, P. SC Lt.Arty. M. Ward's Co. (Waccamaw Lt.Arty.)
Bird, P.A. AR 12th Inf. Co.E Sgt.
Bird, P.B. FL 10th Inf. Co.K Capt.
Bird, P.B. TN 29th Inf. Co.I
Bird, Perkins B. FL Inf. 2nd Bn. Co.D Capt.
Bird, Peter SC 5th St.Troops Co.E
Bird, Peter SC 6th Inf. 1st Co.D, 2nd Co.G
Bird, Peter SC Inf. 7th Bn. (Enfield Rifles) Co.H
Bird, Peter TX 8th Inf. Co.I
Bird, Peter TX Inf. 24th Bn.
Bird, Peter TX St.Troops Edgar's Co.
Bird, Peter VA 162nd Mil. Co.C Cpl.
Bird, Peter H. VA 2nd Cav. Co.D
Bird, Philip M. GA Inf. 8th Bn. Co.E Sgt.
Bird, Phillip D. AL 13th Inf. Co.B
Bird, Pickens B. FL 3rd Inf. Co.E 2nd Lt.
Bird, Pickens B. FL 9th Inf. Maj.
Bird, P.J. GA 60th Inf. Co.C
Bird, Pleasant GA 6th Inf. (St.Guards) Co.H
Bird, P.M.S. VA 7th Cav. Co.K
Bird, P.N.C. AR 21st Inf. Co.G
Bird, P.R. GA Cav. 8th Bn. (St.Guards) Co.A
Bird, Preston VA 24th Cav. Co.F
Bird, Price H.M. VA 45th Inf. Co.F Sgt.
Bird, P.V. GA 56th Inf. Co.B
Bird, R. AL 22nd Inf. Co.E 2nd Lt.
Bird, R. GA 9th Inf. (St.Guards) Co.H Music.
Bird, R. MS 41st Inf. Co.K
Bird, R. TX Cav. McCord's Frontier Regt. Co.B Cpl.
Bird, R. VA 6th Inf.
Bird, R.A. GA Cav. 1st Bn. Hopkins' Co.
Bird, R.A. GA Cav. 1st Bn. Lamar's & Brailford's Co.
Bird, R.A. GA 5th Cav. Co.K
Bird, R.A. VA 20th Cav. Co.C
Bird, R. Allen KY 2nd Mtd.Inf. Co.K
Bird, R.B. MS 20th Inf. Co.D
Bird, R.E. GA 9th Inf. (St.Guard) Co.F
Bird, R.H. MS St.Cav. Perrin's Bn. Co.E
Bird, R. Hampton MS 11th (Perrin's) Cav. Co.K
Bird, Richard AL 61st Inf. Co.C
Bird, Richard NC 44th Inf. Co.G
Bird, Richard C. VA 9th Cav. Co.F
Bird, Richard J. NC 22nd Inf. Co.K Sgt.
Bird, Richard W. SC 12th Inf. Co.G Cpl.
Bird, R.L. AL 8th (Livingston's) Cav. Co.E
Bird, R.L. AL 15th Inf. Co.G
Bird, Robert AR 5th Inf.
Bird, Robert AR 11th & 17th Cons.Inf. Co.I
Bird, Robert AR 18th (Marmaduke's) Inf. Co.E
Bird, Robert GA Arty. Lumpkin's Co.
Bird, Robert GA 1st (Olmstead's) Inf. 1st Co.A
Bird, Robert GA 1st (Olmstead's) Inf. Co.K
Bird, Robert GA 1st Bn.S.S. Co.B
Bird, Robert NC 25th Inf. Co.G Music.
Bird, Robert NC 44th Inf. Co.D
Bird, Robert NC Walker's Bn. Thomas' Legion Co.E 1st Sgt.
Bird, Robert TN 12th (Green's) Cav. Co.B
Bird, Robert TN 19th (Biffle's) Cav. Co.E
Bird, Robert TN 51st (Cons.) Inf. Co.B
Bird, Robert 3rd Conf.Inf. Co.E
Bird, Robert C. VA 57th Inf. Co.G
Bird, Robert H. NC 28th Inf. Co.E
Bird, Robert P. GA Cav. 1st Bn. Hughes' Co. Cpl.
Bird, Robert W. AR 17th (Griffith's) Inf. Co.F
Bird, Ross LA 1st (Nelligan's) Inf. Co.A
Bird, Ross TX 1st Inf. Co.A
Bird, R.P. GA 5th Cav. Co.D
Bird, Rufus MO Cav. 3rd Regt.St.Guard Co.C Sgt.
Bird, S.A. MS 12th Inf. Co.D
Bird, Samuel MS Cav. Powers' Regt. Co.H
Bird, Samuel TX Cav. Baird's Regt. Co.B
Bird, Samuel VA 7th Cav. Co.C
Bird, Samuel A. SC 12th Inf. Co.G Sgt.
Bird, Samuel M. GA 39th Inf. Co.K
Bird, Samuel P. TN 37th Inf. Co.A
Bird, Samuel R. VA 31st Inf. Co.E
Bird, Saml. S. Gen. & Staff Surg.
Bird, Samuel W. VA 10th Cav. Co.K
Bird, Samuel W. VA 57th Inf. Co.C
Bird, Samuel W. VA 64th Mil. Davis' Co. Sgt.
Bird, Sanders 1st Cherokee Mtd.Rifles Co.H
Bird, S.B. LA Inf.Cons. 18th Regt. & Yellow Jacket Bn. Co.H
Bird, S.B. TX Cav. Madison's Regt.
Bird, S.H. LA Mil.Conf.Guards Regt. Co.F Sgt.
Bird, Sherrod FL 9th Inf. Co.D,B
Bird, Silas J. VA 10th Cav. Co.K
Bird, Silas W. VA 10th Cav. Co.K
Bird, Solomon VA 39th Inf. Co.I
Bird, Spot VA 24th Cav. Co.F
Bird, Stephen SC 10th Inf. Co.D Sgt.
Bird, Stephen T. VA 36th Inf. 2nd Co.E
Bird, Stephen T. VA 157th Mil. Co.B
Bird, Stephen W. VA 45th Inf. Co.F
Bird, Stephen W. 3rd Conf.Eng.Troops Co.E Artif.
Bird, T. AL 12th Inf. Co.E Cpl.
Bird, T. GA 45th Inf. Co.E
Bird, T. VA Cav. 40th Bn. Co.F
Bird, T.C. AR 2nd Mtd.Rifles Co.C
Bird, T. Coleman AR 8th Inf. Old Co.C
Bird, T.E. Conf.Reg.Inf. Brooks' Bn. Co.C
Bird, Terrell GA 3rd Cav. Co.A
Bird, T.F. FL 2nd Cav.
Bird, T.H. GA 32nd Inf. Co.D
Bird, T.H. KY 8th Cav. Co.C Cpl.
Bird, Theo. MS Cav. (St.Troops) Gamblin's Co.
Bird, Thomas AL 11th Cav. Co.G
Bird, Thomas AL 45th Inf. Co.B
Bird, Thomas AR Cav. 1st Bn. (Stirman's) Co.C
Bird, Thomas AR 7th Cav. Co.E
Bird, Thomas GA 1st Cav. Co.F
Bird, Thomas LA 6th Cav. Co.F
Bird, Thomas MS 5th Inf. Co.H
Bird, Thomas MS 22nd Inf. Co.D
Bird, Thomas MS Hudson's Co. (Noxubee Guards)
Bird, Thomas SC Lt.Arty. 3rd (Palmetto) Bn. Co.B
Bird, Thomas TX Cav. Baird's Regt. Co.B
Bird, Thomas VA 11th Cav. Co.A
Bird, Thomas F. MO 6th Cav. Co.F
Bird, Thomas H. VA 42nd Inf. Co.F
Bird, Thomas J. GA 1st (Symons') Res. Co.D
Bird, Thomas J. MS 1st Lt.Arty. Co.A
Bird, Thomas N.C. AR 17th (Lemoyne's) Inf. Co.H
Bird, Thomas N.C. AR 21st Inf. Co.G
Bird, Thomas S. GA 6th Inf. (St.Guards) Co.H
Bird, Thompson J. LA 11th Inf. Co.H 1st Lt.
Bird, T.J. NC 11th (Bethel Regt.) Inf. Co.K
Bird, T.J. NC 60th Inf. Co.K
Bird, T.J. TN 2nd (Walker's) Inf. Co.F
Bird, T.J. Trans-MS Conf.Cav. 1st Bn. Maj.
Bird, T.P. TN 55th (Brown's) Inf. Co.F Cpl.
Bird, T.S. GA Cav. 1st Bn.Res. Tuft's Co.
Bird, T.S. GA Cav. 8th Bn. (St.Guards) Co.A
Bird, Uriah VA 59th Mil. Arnold's Co.
Bird, W. GA 3rd Cav. Co.I
Bird, W. NC 2nd Conscr. Co.I
Bird, W. TN 20th (Russell's) Cav. Co.K
Bird, W.A. KY 6th Cav. Co.C Cpl.
Bird, W.A. KY 10th (Johnson's) Cav. New Co.C Cpl.
Bird, W.A. LA 3rd (Harrison's) Cav. Co.G
Bird, W.A. MO 1st Cav. Co.H Cpl.
Bird, W.A.B. VA 51st Inf. Co.F
Bird, Washington GA 7th Inf. (St.Guards) Co.F
Bird, Washington GA 25th Inf. Co.D
Bird, Washington W. MS 11th (Perrin's) Cav. Co.K
Bird, W.B. GA 60th Inf. Co.C
Bird, W.B. NC 49th Inf. Co.G
Bird, W.B. TX Cav. Morgan's Regt. Co.E
Bird, W.B.T. MO 5th Cav. Co.G
Bird, W.C. SC Inf. 1st (Charleston) Bn. Co.E
Bird, W.C. Gen. & Staff, Cav. Col.
Bird, W. Cooper SC Inf. Hampton Legion Co.A
Bird, W.E. LA Sabine Res.
Bird, W.E. Gen. & Staff Maj.,QM
Bird, W.H. AR 2nd Vol. Co.B
Bird, W.H. KY 7th Mtd.Inf. Co.K
Bird, W.H. NC Inf. Thomas' Legion Co.F
Bird, W.H. TN 20th Inf. Co.G
Bird, Wiley GA 13th Cav. Co.F
Bird, Wiley GA 47th Inf. Co.C
Bird, Wiley GA 55th Inf. Co.E Sgt.
Bird, Wiley A. VA 2nd Cav. Co.D
Bird, William AL 8th (Livingston's) Cav. Co.E
Bird, William AR 15th Inf. Co.E
Bird, William FL 8th Inf. Co.I
Bird, William GA Cav. 2nd Bn. Co.A
Bird, William GA 4th Cav. (St.Guards) Dorsey's Co.
Bird, William GA Inf. 1st Loc.Troops (Augusta) Co.B,A
Bird, William GA Inf. 3rd Bn. Co.G
Bird, William GA 4th Bn.S.S. Co.A
Bird, William GA 10th Inf. Co.A
Bird, William GA 22nd Inf. Co.E
Bird, William GA 28th Inf. Co.G
Bird, William GA 35th Inf. Co.B
Bird, William GA 48th Inf. Co.H
Bird, William MS 2nd Part.Rangers Co.H,K
Bird, William MS 11th Inf. Co.E
Bird, William MS 17th Inf. Co.H
Bird, William MO 3rd Cav. Co.E
Bird, William MO 7th Cav. Co.G
Bird, William NC Cav. 12th Bn. Co.B

Bird, William NC 16th Inf. Co.H Cpl.
Bird, William NC 44th Inf. Co.D
Bird, William NC 56th Inf. Co.I
Bird, William TN 1st Hvy.Arty. Co.F Artif.
Bird, William TN Lt.Arty. Phillips' Co.
Bird, William VA 17th Cav. Co.D
Bird, William VA 31st Inf. Co.I
Bird, William 3rd Conf.Eng.Troops Co.D
Bird, William Forrest's Scouts T. Henderson's Co.,CSA
Bird, William Gen. & Staff Conscr., Sub.En.Off.
Bird, William A. GA 50th Inf. Co.B
Bird, William A. NC 6th Cav. (65th St.Troops) Co.B
Bird, William A. NC 6th Inf. Co.K
Bird, William A. TN 34th Inf. Co.F
Bird, William A. VA 45th Inf. Co.F 2nd Lt.
Bird, William A.B. VA 11th Bn.Res. Co.A 3rd Lt.
Bird, William B. AR 1st (Dobbin's) Cav.
Bird, William C. AL 37th Inf. Co.H
Bird, William C. AR 12th Inf. Co.E Sgt.
Bird, William C. FL 1st Inf. Old Co.I, New Co.C Capt.
Bird, William C. GA 45th Inf. Co.B
Bird, William C. VA 31st Inf. Co.E
Bird, William D. GA 23rd Inf. Co.G
Bird, William D. MS 43rd Inf. Co.A
Bird, William D. VA 54th Inf. Co.H
Bird, William E. GA 15th Inf. Co.E Capt.
Bird, William G. GA 39th Inf.
Bird, William H. AL 13th Inf. Co.C Cpl.
Bird, William H. AR 1st (Monroe's) Cav. Co.E 2nd Lt.
Bird, William H. GA 1st (Olmstead's) Inf. Co.H Cpl.
Bird, William H. TX 6th Inf. Co.G
Bird, William H. TX 16th Inf. Co.I
Bird, William H. VA 24th Inf. Co.B
Bird, William J. KY 6th Mtd.Inf. Co.A,C
Bird, William James SC 20th Inf. Co.G
Bird, William J.O. VA 2nd Cav. Co.D
Bird, William K. VA Inf. 21st Bn. 1st Co.D
Bird, William L. AR 18th Inf. Co.B Sgt.
Bird, William L. NC 11th (Bethel Regt.) Inf. Co.E
Bird, William M. TN 18th Inf. Co.G
Bird, William M. VA Horse Arty. J.W. Carter's Co.
Bird, William M. VA 11th Bn.Res. Co.A
Bird, William P. AL 11th Inf. Co.B
Bird, William P. GA 2nd Inf.
Bird, William P. TN Cav. Nixon's Regt. Co.H
Bird, William P. VA 1st Inf. Co.A
Bird, William P. VA 44th Inf. Co.E Sgt.
Bird, William R. TN 27th Inf. Co.F Sgt.
Bird, Williamson GA 3rd Inf. Co.H
Bird, William T. TN Cav. 12th Bn. (Day's) Co.A
Bird, William W. VA 1st Cav. Music.
Bird, William W. VA 13th Inf. Co.D 2nd Lt.
Bird, William Wirt VA 7th Cav. Co.K
Bird, Wilson R. NC 11th (Bethel Regt.) Inf. Co.K
Bird, Wilson T. VA 57th Inf. Co.G
Bird, Winfield S. AL 11th Inf. Co.B 2nd Lt.
Bird, W.J. AR 37th Inf. Co.I
Bird, W.J. GA Arty. 9th Bn. Co.B
Bird, W.J. GA 59th Inf. Co.C
Bird, W.J. GA Inf. (Madison Cty.Home Guard) Milner's Co.
Bird, W.J. SC 1st Cav. Co.F
Bird, W.J. TN 20th (Russell's) Cav. Co.E
Bird, W.J. TN 46th Inf. Co.H Sgt.
Bird, W.L. SC 2nd Inf. Co.G
Bird, W.M. TN 19th (Biffle's) Cav. Co.A
Bird, W.M. Gen. & Staff Capt.,ACS
Bird, Woodson TN 37th Inf. Co.K
Bird, W.R. MO 7th Cav. Co.F
Bird, W.T. LA 17th Inf. Co.C
Bird, W.W. NC 13th Inf. Co.I
Bird, Wylley GA Cav. 2nd Bn. Co.F
Bird, Wylley GA 5th Cav. Co.B
Bird, Y.G. AR 2nd Cav.
Bird, Zachariah AR 7th Inf. Co.H Sgt.
Bird Chopper 1st Cherokee Mtd.Rifles Co.A
Bird Chopper 1st Cherokee Mtd.Rifles Co.E Bugler
Birde, Charles C. GA Cherokee Legion (St.Guards) Co.K
Birdell Samuel GA Cherokee Legion (St.
Birden, J.R. AR 38th Inf. Co.B
Birden, V. AL Cp. of Instr. Talladega
Birden, William AL 36th Inf. Co.I
Birdeshaw, Daniel H. AL Inf. 1st Regt. Co.E
Birdett, J.M. TN 50th Inf. Co.C
Birdett, W.H. SC 1st (Orr's) Rifles Co.F
Birdett, William GA 41st Inf. Co.K
Birdette, J.M. TN 50th (Cons.) Inf. Co.C
Bird Grapes 1st Cherokee Mtd.Rifles Co.K
Birdine, A.F. MS 2nd St.Cav. Co.H,F Jr.2nd Lt.
Birdon, Eugene TN Cav. 7th Bn. (Bennett's) Co.F
Birds, B. FL 5th Inf.
Birds, James Lafayette AL 56th Part.Rangers Co.A
Birdsall, Benjamin F. LA 8th Inf. Co.K 1st Lt.
Birdsall, E.H. LA 13th Inf. Co.G
Birdsall, F.M. Conf.Cav. Wood's Regt. 2nd Co.F
Birdsell, A. LA Inf. 4th Bn. Co.D Cpl.
Birdsell, L. TX 8th Inf. Co.G
Birdsey, Samuel R. NC 3rd Arty. (40th St.Troops) Co.H Sgt.
Birdsey, S.R. NC 20th Inf. Co.E
Birdson, David MO 1st Cav. Co.B
Birdsong, A.H. GA 5th Inf. Co.K Music.
Birdsong, A.L. TX 28th Cav. Co.F
Birdsong, Albert GA 49th Inf. Co.I
Birdsong, Algernon S. VA 5th Cav. (12 mo. '61-2) Co.C
Birdsong, Algernon S. VA 13th Cav. Co.H
Birdsong, Benjamin F. GA 4th Inf. Co.C
Birdsong, Benjamin R. VA 5th Cav. (12 mo. '61-2) Co.C
Birdsong, Benjamin R. VA 13th Cav. Co.H
Birdsong, Butler F. GA 2nd Inf. Co.I
Birdsong, B.W. TX 28th Cav. Co.F
Birdsong, Charles T. VA Arty. J.W. Drewry's Co.
Birdsong, C.W. GA 2nd Inf. Co.I
Birdsong, D.M. MS 38th Cav. Co.H
Birdsong, E. MS 2nd Part.Rangers Co.K
Birdsong, E. MS 7th Cav. Co.K
Birdsong, Edmond E. GA Inf. 27th Bn. Co.A
Birdsong, Fayette H. GA Cav. 1st Bn.Res. Co.C Cpl.
Birdsong, F.B. MS 28th Cav. Co.I
Birdsong, Franklin MS 15th Inf. Co.F
Birdsong, George E. MS 1st Lt.Arty. Co.A
Birdsong, George E. MS 18th Inf. Co.I
Birdsong, George L.F. GA Cav. 1st Bn.Res. Co.C Capt.
Birdsong, George L.F. GA 12th (Robinson's) Cav. (St.Guards) Co.G Capt.
Birdsong, George P. GA 5th Inf. Co.K Music.
Birdsong, George P. MS 19th Inf. Co.G
Birdsong, George R. GA 51st Inf. Co.A
Birdsong, George W. NC 1st Inf. Co.K
Birdsong, G.T. MS 2nd Part.Rangers Co.K
Birdsong, G.T. MS 7th Cav. Co.K
Birdsong, Henry MS 29th Inf. Co.B
Birdsong, Henry VA 5th Cav. (12 mo. '61-2) Co.C
Birdsong, Henry VA 13th Cav. Co.H
Birdsong, Henry B. MS 18th Inf. Co.I
Birdsong, Henry B. VA Arty. Kevill's Co.
Birdsong, Henry H. NC 12th Inf. Co.N
Birdsong, Henry H. NC 32nd Inf. Co.B,C
Birdsong, Henry L. TN 32nd Inf. Co.E
Birdsong, Henry T. VA 3rd Lt.Arty. Co.D
Birdsong, H.G. VA Inf. 28th Bn. Co.D
Birdsong, H.G. VA 59th Inf. 3rd Co.I
Birdsong, Hiel MO 3rd Cav. Co.K
Birdsong, H.L. TN Inf. 4th Cons.Regt. Co.H
Birdsong, Ichabod W. AR Lt.Arty. Rivers' Btty.
Birdsong, J. AR 1st Inf. Co.F
Birdsong, James AL 3rd Cav. Co.C
Birdsong, James AR 8th Inf. New Co.A 1st Sgt.
Birdsong, James C. VA 12th Inf. Co.B
Birdsong, James C. VA 21st Inf. Co.G Capt.
Birdsong, James P. MS 36th Inf. Co.H Cpl.
Birdsong, J.C. TN 47th Inf. Co.F
Birdsong, J.C. TX Cav. Crump's Regt.
Birdsong, Jesse MS Inf. 4th St.Troops Co.L
Birdsong, Jessie MS 3rd Cav. Co.D
Birdsong, J.H. AL 3rd Inf. Co.A
Birdsong, J.J. AR 45th Cav. Co.I
Birdsong, J.J. KY 12th Cav. Co.D Bvt.2nd Lt.
Birdsong, J.J.C. TN 14th (Neely's) Cav. Co.B
Birdsong, J.M. GA Boddie's Co. (Troup Cty.Ind.Cav.)
Birdsong, J.M. TX 16th Cav. Asst.Surg.
Birdsong, J.M. VA 6th Inf. Co.K
Birdsong, John TN 19th (Biffle's) Cav. Co.C Cpl.
Birdsong, John H. GA 51st Inf. Co.I Cpl.
Birdsong, John J. GA 26th Inf. Co.I
Birdsong, John L. GA 51st Inf. Co.B
Birdsong, John M. NC Lt.Arty. 3rd Bn. Co.A
Birdsong, John T. MS 18th Inf. Co.I Sgt.
Birdsong, John T.J. VA Lt.Arty. 12th Bn. 2nd Co.A
Birdsong, John T.J. VA Lt.Arty. Sturdivant's Co.
Birdsong, John W. GA 41st Inf. Co.E
Birdsong, Joseph AL 3rd Cav. Co.C
Birdsong, Joseph GA Inf. 10th Bn. Co.E
Birdsong, Joseph H. VA 12th Inf. Co.C Music.
Birdsong, Josephus MS Cav. Hughes' Bn. Co.F
Birdsong, J.P. AL 24th Inf. Co.B
Birdsong, LaFayett GA 31st Inf. Co.E

Birdsong, Lafayette F. GA 46th Inf. Co.F Comsy.
Birdsong, L.F. Gen. & Staff Capt.,ACS
Birdsong, Merrit GA 45th Inf. Co.F
Birdsong, Merritt A. VA 16th Inf. Co.E
Birdsong, M.J. TX 28th Cav. Surg.
Birdsong, M.J. Gen. & Staff Asst.Surg.
Birdsong, Nathaniel A. VA 56th Inf. Co.E
Birdsong, N.B. AR Lt.Arty. Zimmerman's Btty.
Birdsong, Robert GA 48th Inf. Co.G
Birdsong, Samuel J. VA 5th Cav. (12 mo. '61-2) Co.C 2nd Lt.
Birdsong, Samuel J. VA 13th Cav. Co.K 2nd Lt.
Birdsong, Samuel N. NC 12th Inf. Co.N
Birdsong, Samuel N. NC 32nd Inf. Co.B,C
Birdsong, Samuel T. MS 18th Inf. Co.I Capt.
Birdsong, Solomon T. VA 3rd Inf. Co.E 1st Lt.
Birdsong, Thomas L. AL 4th (Russell's) Cav. Co.G,B Sgt.
Birdsong, Thomas M. VA 56th Inf. Co.E
Birdsong, T.J. MS 18th Inf. Co.I
Birdsong, W.A. TX Res. Renfroe's Co.
Birdsong, Washington F. GA 21st Inf. Co.F
Birdsong, W.D. GA Inf. 27th Bn. Co.B
Birdsong, William AR 1st Mtd.Rifles Co.F
Birdsong, William AR 1st (Colquitt's) Inf. Co.C
Birdsong, William B. VA Arty. J.W. Drewry's Co.
Birdsong, William F. TX 17th Cav. Co.G Cpl.
Birdsong, William F. TX 17th Cons.Dismtd.Cav. Co.K
Birdsong, William H. AL 24th Inf. Co.F,B 1st Sgt.
Birdsong, William H. VA 41st Inf. Co.A
Birdsong, William J. AL 4th Inf. Co.K
Birdsong, William J. NC 12th Inf. Co.N
Birdsong, William J. NC 32nd Inf. Co.B,C
Birdsong, William M. AL 13th Inf. Co.E Cpl.
Birdsong, William O. TX 18th Cav. Co.G
Birdsong, W.J. TN 47th Inf. Co.F
Birdsong, W.M. TN 6th (Wheeler's) Cav. Co.K
Birdsong, W.T. GA 24th Inf. Co.F
Birdtail, James 1st Cherokee Mtd.Rifles Co.C
Birdwell, Abraham M. TX 18th Inf. Co.D
Birdwell, Abraham S. TX Inf. Griffin's Bn. Co.B
Birdwell, Alfred D. TN 19th Inf. Co.G
Birdwell, Andrew R. TN 1st Cav. Co.K,A
Birdwell, Benjamin TN Sullivan Cty.Res. Trevitt's Co.
Birdwell, Benjamin F. TN 28th Inf. Co.E Sgt.
Birdwell, Benjamin F. TX 10th Cav. Co.G
Birdwell, Benjamin F. TX Inf. Griffin's Bn. Co.C
Birdwell, B.F. TN 28th (Cons.) Inf. Co.D Sgt.
Birdwell, B.F. TX 21st Inf. Co.C
Birdwell, Blooming TN 3rd (Clack's) Inf. Co.A
Birdwell, B.W. AR 36th Inf. Co.E
Birdwell, Charles A. TX 10th Cav. Co.G Sgt.
Birdwell, David TN 61st Mtd.Inf. Co.E
Birdwell, D.J. MD Arty. 3rd Btty.
Birdwell, Ed T. TN 34th Inf. Co.A
Birdwell, G. TX Cav. Border's Regt. Co.C
Birdwell, George TX 17th Cons.Dismtd.Cav. Co.F
Birdwell, George B. TX 10th Cav. Co.G Chap.
Birdwell, Geo. P. Gen. & Staff Chap.
Birdwell, Harrison TX 32nd Cav. Co.E
Birdwell, H.C. TX 1st Hvy.Arty. Co.A
Birdwell, Hugh C. TX Cav. Madison's Regt. Co.F 1st Sgt.
Birdwell, Isaac LA Cav. Cole's Co.
Birdwell, J.A. TN 28th (Cons.) Inf. Co.D
Birdwell, James A. TX 13th Cav. Co.H
Birdwell, James R. TX Cav. 6th Bn. Co.C
Birdwell, J.C. AR 15th (Josey's) Inf. 1st Co.G
Birdwell, Jesse TN Detailed Conscr. (Loc.Def. & Sp.Serv.Troops Nitre & Min.Bur.) Co.B
Birdwell, J.F. TN Inf. 4th Cons.Regt. Co.C
Birdwell, J.G. TN 7th (Duckworth's) Cav. Co.F
Birdwell, J.J. TN 28th (Cons.) Inf. Co.D
Birdwell, J.L. TN 61st Mtd.Inf. Co.E
Birdwell, J.M. AR 36th Inf. Co.E
Birdwell, J.M. TN 28th Inf. Co.E
Birdwell, J.M. TN 28th (Cons.) Inf. Co.D
Birdwell, Joab TN 28th Inf. Co.E Sgt.
Birdwell, John MS 30th Inf. Co.E Cpl.
Birdwell, John MO 7th Cav. Co.G
Birdwell, John TN 61st Mtd.Inf. Co.D
Birdwell, John TX 17th Cons.Dismtd.Cav. Co.F
Birdwell, John TX Cav. McCord's Frontier Regt. Co.C
Birdwell, John B. TN 34th Inf. Co.A
Birdwell, John C. TX 17th Cav. Co.H
Birdwell, John C. TX 17th Cons.Dismtd.Cav. Co.A
Birdwell, John F. TX 3rd (Clack's) Inf. Co.A
Birdwell, John J. TN 28th Inf. Co.E
Birdwell, J.W. TN Cav. 1st Bn. (McNairy's) Co.D Bvt.2nd Lt.
Birdwell, M. Trans-MS Conf.Cav. 1st Bn. Co.B
Birdwell, Mathews TX Cav. Wells' Bn. Co.A
Birdwell, M.V. TN Conscr.
Birdwell, Richard LA 9th Inf. Co.F
Birdwell, Robert TX Inf. Griffin's Bn. Co.C
Birdwell, Robert P. TX 11th (Spaight's) Bn.Vol. Co.E
Birdwell, R.P. TX 21st Inf. Co.B
Birdwell, R.R. TX 1st Inf. Co.H
Birdwell, Samuel TX 10th Inf. Co.I
Birdwell, Samuel H. TX Inf. Griffin's Bn. Co.C Cpl.
Birdwell, Samuel W. TN 44th Inf. Co.G Cpl.
Birdwell, Samuel W. TN 44th (Cons.) Inf. Co.F 3rd Lt.
Birdwell, S.C. TN 3rd (Clack's) Inf. Co.A
Birdwell, Sellers VA 56th Inf. Co.A
Birdwell, Simon N. AL 49th Inf. Co.D
Birdwell, S.L. TX 10th Cav. Co.K
Birdwell, Solomon C. TN 32nd Inf. Co.E
Birdwell, T. LA 8th Cav. Co.C
Birdwell, T.G. Gen. & Staff En.Off.
Birdwell, T.J. TX 5th Inf. Co.D
Birdwell, William TX 12th Inf. Co.B
Birdwell, William G. TX 10th Inf. Co.C
Birdwell, William H. TN 28th Inf. Co.E 1st Sgt.
Birdwell, William R. TX 17th Cav. Co.H 1st Sgt.
Birdwell, W.R. TX Inf. Riflemen Arnold's Co.
Birdwell, W.W. AR 32nd Inf. Co.K
Bire, J.G. AL Conscr. & Res.Bn. Co.A
Bire, W.C. AL 58th Inf. Co.A
Birg, Joseph LA 20th Inf. Co.D
Birge, G.B. MO 1st Brig.St.Guard
Birge, G.L. KY 2nd (Duke's) Cav. Co.B
Birge, Jackson KY 2nd (Duke's) Cav. Co.B
Birge, James W. MS 17th Inf. Co.C
Birge, J.G. KY 2nd (Duke's) Cav. Co.B
Birge, John VA 22nd Cav. Co.F
Birge, J.W. TX Cav. Bourland's Regt. Co.E
Birge, Luther C. MS 17th Inf. Co.C
Birge, N.A. TX 32nd Cav. Co.K
Birge, N.A. Gen. & Staff Capt.,AQM
Birge, William TN 21st (Wilson's) Cav. Co.A
Birgham, H.D. Gen. & Staff Capt.,AQM
Biri, V. AL 48th Mil. Co.D 1st Sgt.
Birk, H. LA Mil. Orleans Fire Regt. Co.I
Birk, J. LA Mil. 1st Regt. 2nd Brig. 1st Div.
Birk, J. TX Cav. Bourland's Regt. Co.H
Birk, J.L. SC 5th Inf. 2nd Co.I
Birk, John TN 22nd Inf. Co.D
Birk, John A. NC 6th Inf. Co.H
Birk, Levi NC Lt.Arty. 13th Bn. Co.D Cpl.
Birk, Walter TN 22nd Inf. Co.D
Birk, William LA 15th Inf. Co.B
Birkby, Charles T. VA 17th Inf. Co.C Cpl.
Birkby, Henry C. VA 17th Inf. Co.C
Birkby, John M. VA Lt.Arty. 38th Bn. Co.A Cpl.
Birke, John T. NC 2nd Arty. (36th St.Troops) Co.B
Birke, J.T. SC 1st (Butler's) Inf. Co.H
Birkeen, William MO 16th Inf. Co.E
Birkel, Jacob F. LA 30th Inf. Co.I,B Cpl.
Birkelbach, G. TX Inf. Timmons' Regt. Co.D
Birkelbach, George TX Waul's Legion Co.F
Birkely, John M. VA Lt.Arty. Rogers' Co.
Birkenstock, Peter AL 12th Inf. Co.C
Birkenthal, C. VA 2nd St.Res. Co.M
Birkes, William C. TX 30th Cav. Co.A Cpl.
Birket, William H. NC 4th Cav. (59th St.Troops) Co.K
Birkett, Elijah E. TX 22nd Cav. Co.G
Birkett, Francis M. AR 16th Inf. Co.I
Birkett, William VA 58th Mil. Co.C
Birkhead, Burwell W. NC 22nd Inf. Co.I 1st Lt.
Birkhead, E.H. TN 21st Cav. Co.E
Birkhead, Elisha H. NC 46th Inf. Co.F Cpl.
Birkhead, Francis M. NC 22nd Inf. Co.L Sgt.
Birkhead, J.A. NC 57th Inf. Co.B
Birkhead, James F. VA 19th Inf. Co.A
Birkhead, James G. VA 19th Inf. Co.A
Birkhead, J.C. MS 38th Cav. Co.A
Birkhead, John VA 1st Cav. 1st Co.K
Birkhead, Joseph F. VA 19th Inf. Co.A
Birkhead, J.W. KY 2nd Mtd.Inf. Co.A
Birkhead, Lawrence M. NC 22nd Inf. Co.L Sgt.
Birkhead, Milton B. NC 3rd Arty. (40th St.Troops) Co.C
Birkhead, N.S. VA 19th Inf. Co.A
Birkhead, William H. NC 4th Inf. Co.B Cpl.
Birkirs, Charly R. TX 4th Cav. Co.G
Birkley, Albert KY 8th Cav. Co.I
Birkley, C.H. VA Cav. 35th Bn. Co.C
Birkley, J.D. KY 8th Cav. Co.H
Birkley, William KY 8th Cav. Co.I
Birks, Byrd B. MO 9th Inf. Co.K
Birks, Isaac J. TN 54th Inf. Hollis' Co.
Birks, Steven J. MS 14th Inf. Co.F
Birksley, I.M. NC 49th Inf.
Birlew, Stephen MO 4th Cav. Co.H
Birlew, Stephen MO 15th Cav. Co.N

Birmering, W.R. AL 14th Inf. Co.K
Birmingham, B. LA Bickham's Co. (Caddo Mil.)
Birmingham, Calvin C. AR 2nd Mtd.Rifles Co.C
Birmingham, Charles AR 18th Inf. Co.I
Birmingham, D. TX 9th (Young's) Inf. Co.K Music.
Birmingham, E. LA Mil. McPherson' Btty.
Birmingham, Ed TX Lt.Inf. Riflemen Maxey's Co. (Lamar Rifles)
Birmingham, Edward VA 6th Inf. Co.D
Birmingham, Edward L. AR 36th Inf. Co.A 3rd Lt.
Birmingham, E.L. TX Inf. Timmons' Regt. Co.C
Birmingham, Elias TN 9th Cav. Co.A,F
Birmingham, Elias W. TN 32nd Inf. Co.G
Birmingham, Frank VA Hvy.Arty. 19th Bn. 2nd Co.C
Birmingham, G.B. TN 7th (Duckworth's) Cav. Co.C
Birmingham, Hardy H. NC 43rd Inf. Co.H Cpl.
Birmingham, Hugh L. TX 6th Cav. Co.D
Birmingham, Jackson AR 33rd Inf. Co.A
Birmingham, James C. AR 14th (McCarver's) Inf. Co.F
Birmingham, J.C. AR 21st Inf. Co.B
Birmingham, J.C. TN Inf. 23rd Bn. Co.B
Birmingham, J.D. NC 23rd Inf. Co.A
Birmingham, J.M. TN 53rd Inf. Co.B
Birmingham, J.M. TX 9th Cav. Co.H
Birmingham, John AL 24th Inf. Co.B
Birmingham, John LA 7th Inf. Co.F
Birmingham, John NC 46th Inf. Co.A
Birmingham, John C. TX 19th Inf. Co.D,A
Birmingham, John R. AR 2nd Mtd.Rifles Co.C
Birmingham, Joshua M. MS 2nd Inf. Co.C
Birmingham, Martin S. TN 11th Inf. Co.G
Birmingham, P. 9th Conf.Inf. Co.E
Birmingham, R. GA 1st (Olmstead's) Inf. Co.F
Birmingham, R. GA 25th Inf. Pritchard's Co.
Birmingham, Simeon H. TX 22nd Cav. Co.F
Birmingham, S.T. MS 18th Cav. Co.D
Birmingham, T.B. AR Lt.Arty. Rivers' Btty.
Birmingham, Thomas AR Inf. Cocke's Regt. Co.F
Birmingham, Thomas VA 1st Inf. Co.G
Birmingham, Thomas VA 17th Inf. Co.I
Birmingham, W.G. AR 36th Inf. Co.K
Birmingham, W.G. 3rd Conf.Eng.Troops Co.H Artif.
Birmingham, W.H. LA 28th (Thomas') Inf. Gunner
Birmingham, William NC 23rd Inf. Co.A
Birmingham, W.R. TX 25th Cav. Co.E
Birne, William C. NC 22nd Inf. Co.M
Birnell, D.B. TN 3rd (Clack's) Inf. Co.K
Birnes, Thomas TN 15th Cav. Co.I
Birney, Franklin AL 16th Inf. Co.C
Birney, Henry AR Cav. Gordon's Regt. Co.A
Birney, James C. AL 16th Inf. Co.C
Birney, J.L. GA 1st Reg. Co.F Sgt.
Birney, John AL 6th Inf. 2nd Lt.
Birney, Madison M. TX 1st (Yager's) Cav. Co.C Sgt.
Birney, Michael AL 4th Res. Co.B
Birney, S.F. MS Lt.Arty. Turner's Co.
Birney, Thomas J. VA 34th Inf. Norton's Co.
Birney, William J. MS 1st Lt.Arty. Co.D
Birney, W.J. GA 11th Cav. (St.Guards) MacIntyre's Co.
Birnie, C. AR Inf. Sparks' Co. Sgt.
Birnie, C.A. AR 35th Inf. Co.C
Birnie, C.G. AR Cav. Gordon's Regt. Co.A
Birnie, Cornelius AR 35th Inf. Co.C Sgt.
Birnie, James SC Lt.Arty. Parker's Co. (Marion Arty.)
Birnie, William SC Lt.Arty. Parker's Co. (Marion Arty.)
Birnie, William, Jr. SC Mil. 17th Regt. Buist's Co.
Birnie, William S. AR 35th Inf. Co.C 2nd Lt.
Birnson, William B. AR 15th (N.W.) Inf. Co.D
Biron, J.B. LA Mil. 1st Regt. French Brig. Co.4
Biron, P.M. LA Mil. 2nd Regt. French Brig. Co.2 1st Sgt.
Biron, S. AL Talladega Cty.Res. W.Y. Hendrick's Co.
Birot, --- LA Mil. 1st Native Guards
Birrage, F.H. TX Waul's Legion Co.D
Birri, Victor AL 48th Mil. Co.D 1st Sgt.
Birsalia, J.R. LA 1st Cav. Co.H
Birseon, G.R. AL 59th Inf. Co.B
Birskirk, T. SC 4th Cav. Co.I
Birskirk, Thomas SC Cav. 12th Bn. Co.B
Birt, A.L. TX 10th Cav. Co.F
Birt, B.F. MO Cav. Slayback's Regt. Co.B
Birt, Elijah AR 7th Inf. Co.D
Birt, Gillespie SC 1st Arty. Co.H
Birt, John E. SC 17th Inf. Co.H
Birt, M.W. SC 17th Inf. Co.H
Birt, T. AR 3rd Cav. Co.C
Birt, W.B. SC 17th Inf. Co.H
Birt, W.D. SC 17th Inf. Co.H
Birt, Wm. AL 45th Inf. Co.G
Birtell, M. LA Mil. Fire Bn. Co.F
Birtham, S. VA Cav. Mosby's Regt. (Part. Rangers) Co.E
Birthright, C.E. MO Inf. 1st Regt.St.Guard Co.B Maj.
Birthright, R. VA Conscr. Cp.Lee
Birthright, Robert NC 1st Inf. Co.C
Birthwright, C.A. TN 45th Inf. Co.F Cpl.
Birthwright, William TN 1st Cav.
Birthwright, William C. TN Greer's Regt. Part.Rangers Co.I
Birtnet, Robert VA 5th Inf. Co.H
Birton, James TN 10th (DeMoss') Cav. Co.C
Birtow, Joseph LA Mil. Stanley Guards Co.B
Bisaner, Abel N. NC 22nd Inf. Co.A
Bisaner, C.F. NC 2nd Jr.Res. Co.C 2nd Lt.
Bisaner, J.A. Gen. & Staff Detached as Sub. En.Off.
Bisaner, Jacob H. NC 11th (Bethel Regt.) Inf. Co.I Sgt.
Bisbee, C.M. MS 3rd Inf. Co.H
Bisbee, C.M. MS 7th Inf. Co.B 1st Sgt.
Bisbee, C.M. Ord.Scouts & Guards Click's Co.,CSA
Bisbeg, O.W. LA Res.Corps Sgt.
Bisby, Robert MO Cav. Fristoe's Regt. Co.B
Bisby, Robert Conf.Inf. 8th Bn.
Bisc, W.H. TX Cav. Wells' Regt. Co.D
Biscamp, Augustus F. TX 13th Cav. Co.G
Biscamp, Frederick J. TX 21st Cav. Co.G
Biscamp, W.F. TX Granbury's Cons.Brig. Co.K
Biscamp, William TX 9th (Nichols') Inf. Co.H
Biscamp, William F. TX 25th Cav. Co.C Sgt.
Bischener, Godfrey NC 7th Inf. Co.F
Bischoff, C. SC 23rd Inf. Co.D
Bischoff, Charles SC Arty. Bachman's Co. (German Lt.Arty.)
Bischoff, Frederick SC 1st (Orr's) Rifles Co.C Sgt.
Bischoff, Frederick TN 10th Inf. Co.D
Bischoff, George AL Lt.Arty. 2nd Bn. Co.E
Bischoff, H. SC Lt.Arty. Wagener's Co. (Co.A German Arty.)
Bischoff, Henry SC 3rd Cav. Co.G 1st Lt.
Bischoff, Henry SC Mil.Cav. Theo. Cordes' Co. 2nd Lt.
Bischoff, J. SC Mil.Cav. Theo. Cordes' Co.
Bischoff, J.C.W. SC 3rd Cav. Co.G 1st Sgt.
Bischoff, John SC Arty.Bn. Hampton Legion Co.B
Bischoff, N. SC Mil.Arty. 1st Regt. Werner's Co. Bvt.2nd Lt.
Bischoff, N. SC Lt.Arty. Wagener's Co. (Co. A,German Arty.) 1st Lt.
Bischoff, Valentin TX 3rd Inf. Co.K
Bischop, T.C. LA Inf. 9th Bn. Co.D
Biscoe, B. LA Mil.Conf.Guards Regt. Co.D
Biscoe, Cameron AR 2nd Inf. Co.B 2nd Lt.
Biscoe, C.N. AR Cav. McGehee's Regt. Co.I Capt.
Biscoe, C.N. AR 30th Inf. Co.B Capt.
Biscoe, Henry L. VA 40th Inf. Co.B Capt.,ACS
Biscoe, H.L. Gen. & Staff Maj.
Biscoe, J.C. TN 3rd (Forrest's) Cav.
Biscoe, John B. TX 8th Cav. Co.G Sgt.
Biscoe, John E. VA 9th Cav. Co.K Bugler
Biscoe, Melville VA 9th Cav. Co.D
Biscoe, Thomas H. LA 5th Inf. Co.K Capt.
Biscoe, William E. VA 7th Inf. Co.C
Bise, James TN Lt.Arty. Kain's Co.
Bise, James TN Conscr.
Bisel, Levi McCray AR 33rd Inf. Co.B
Bisel, Robert M. GA 4th Inf. Co.K Capt.
Bisell, Amos K. GA 4th Inf. Co.K
Bisento, Hernandes Conf.Lt.Arty. Davis' Co.
Biser, Charles T. MO 2nd Cav. Co.A Capt.
Biser, Charles T. MO Lawther's Part.Rangers Co.A Capt.
Biser, Charles T. Gen. & Staff, QM Dept. Vol.ADC
Biser, C.T. Bradford's Corps Scouts & Guards Capt.
Biser, Frederick VA 77th Mil. Co.A
Biser, W.D. MO Cav. 3rd Bn. Adj.
Biser, William D. MO 2nd Cav. Co.C 2nd Lt.
Biser, William D. MO 3rd Cav. Co.A Adj.
Biser, Wm. D. Gen. & Staff 1st Lt.,Adj.
Biset, Michael KY 5th Mtd.Inf. Co.A
Bish, Daniel VA 7th Inf. Co.D Cpl.
Bishears, J.M. AR Inf. Adams' Regt. Moore's Co.
Bishears, W.R. AR Inf. Adams' Regt. Moore's Co.
Bishley, C.B. GA 25th Inf. Co.H
Bishman, H. MO 2nd Inf. Co.A
Bishoff, Johan AL Home Guards
Bishop MS Cav. Vivion's Co.
Bishop, --- SC Inf. 1st (Charleston) Bn. Co.A

Bishop, --- TX 1st (McCulloch's) Cav. Co.F
Bishop, ---, 2nd TX 1st (McCulloch's) Cav. Co.F
Bishop, ---, 3rd TX 1st (McCulloch's) Cav. Co.F
Bishop, --- TX Lt.Arty. Dege's Bn.
Bishop, A. MS Inf. 2nd St.Troops Co.G
Bishop, A.A. MS 5th Inf. Co.C
Bishop, Aaron AL 12th Inf. Co.H
Bishop, Aaron SC 1st (Hagood's) Inf. 2nd Co.F
Bishop, Aaron VA 30th Bn.S.S. Co.F
Bishop, Aaron VA 89th Mil. Co.C
Bishop, A.B. SC Lt.Arty. 3rd (Palmetto) Bn. Co.H,I
Bishop, A.B. SC 5th Inf. 2nd Co.K
Bishop, Abel SC 5th St.Troops Co.F
Bishop, Abel SC 16th Inf. Co.K
Bishop, Able SC 7th Res. Co.M
Bishop, Abner GA 4th Res. Co.G
Bishop, Abner GA 38th Inf. Co.B
Bishop, Abner N. MS 19th Inf. Co.G
Bishop, Adam SC 17th Inf. Co.G
Bishop, Adam TN 10th Inf. Co.F
Bishop, A.E. TN 13th Cav. Co.A
Bishop, A.G. LA 13th Bn. (Part.Rangers) Co.A
Bishop, A.G. VA Lt.Arty. Carrington's Co.
Bishop, A.H. VA Arty. Martin's Btty.
Bishop, A.J. AL 51st (Part.Rangers) Co.F
Bishop, A.J. AL Cav. Hardie's Bn.Res. Co.E
Bishop, A.J. GA 4th Res. Co.B,F
Bishop, A.J. SC 5th Inf. 2nd Co.I
Bishop, A.J. SC 16th Inf. Co.D
Bishop, A.J. VA Mil. Scott Cty.
Bishop, Albert A. MS 37th Inf. Co.A
Bishop, Albert G. LA 5th Cav. Co.I
Bishop, Albery NC 34th Inf. Co.C
Bishop, Alexander KY 9th Cav. Co.B
Bishop, Alexander MS Inf. 2nd Bn. Co.B
Bishop, Alexander MS 48th Inf. Co.B
Bishop, Alexander R. VA 25th Cav. Co.I
Bishop, Alfred GA Cav. 16th Bn. (St.Guards) Co.G 1st Sgt.
Bishop, Alfred GA Arty. (Chatham Arty.) Wheaton's Co.
Bishop, Alfred GA 39th Inf. Co.G
Bishop, Alfred GA 42nd Inf. Co.B
Bishop, Alfred GA 52nd Inf. Co.G Sgt.
Bishop, Alfred MO Arty. Jos. Bledsoe's Co.
Bishop, Alfred MO 11th Inf. Co.D
Bishop, Alfred NC 30th Inf. Co.B
Bishop, Alfred NC 46th Inf. Co.C
Bishop, Alfred VA 122nd Mil. Co.A
Bishop, Allen GA 28th Inf. Co.K
Bishop, A.M. AR Inf. Hardy's Regt. Co.K
Bishop, Amos GA 11th Inf. Co.C
Bishop, Amos NC 4th Cav. (59th St.Troops) Co.B
Bishop, Amos NC 2nd Inf. Co.G
Bishop, Amos S. TX 19th Cav. Co.B
Bishop, Anderson SC 7th Res. Co.M
Bishop, Andrew SC Inf. Holcombe Legion Co.I 2nd Lt.
Bishop, Andrew TN 3rd (Lillard's) Mtd.Inf. Co.A
Bishop, Andrew TX Inf. 24th Bn.
Bishop, Andrew VA Mil. Washington Cty.
Bishop, Andrew J. TX 26th Cav. Co.B
Bishop, Andrew J. VA Hvy.Arty. 10th Bn. Co.C
Bishop, Andrew J. VA Inf. 21st Bn. 1st Co.D
Bishop, Andrew J. VA 64th Mtd.Inf. Co.I
Bishop, Andrew T. VA 1st Arty. Co.E
Bishop, Andrew T. VA Hvy.Arty. 10th Bn. Co.D
Bishop, Andrew W. LA 3rd Inf.
Bishop, Andrew W. LA 9th Inf. Co.H
Bishop, A.P. NC Mil. Clark's Sp.Bn. F.G. Simmon's Co.
Bishop, A.P. VA 48th Inf. Co.E
Bishop, Archibald A. NC 15th Inf. Co.F
Bishop, Asa FL 7th Inf. Co.K
Bishop, Asa GA Inf. 8th Bn. Co.F
Bishop, Asa GA 13th Inf. Co.F
Bishop, Asa MO Cav. Freeman's Regt. Co.F
Bishop, Asa NC 50th Inf. Co.H
Bishop, Asa VA 54th Inf. Co.E
Bishop, Asa W. GA 2nd Inf. Co.B
Bishop, A.T. TX 13th Cav. Co.G
Bishop, Atison L. AL 4th (Russell's) Cav. Co.H Cpl.
Bishop, Augustus W. AL 6th Inf. Co.A
Bishop, B. AL 18th Inf. Co.K
Bishop, B. FL Lt.Arty. Dyke's Co.
Bishop, B. LA Mil. 3rd Regt. 2nd Brig. 1st Div. Co.H 1st Sgt.
Bishop, B. VA 21st Cav. 2nd Co.G
Bishop, B.A. AL 18th Inf. Co.E
Bishop, Barney W. NC Hvy.Arty. 1st Bn. Co.B
Bishop, Barney W. NC 38th Inf. Co.A
Bishop, Bart G. NC 33rd Inf. Co.F
Bishop, B.E. TX 30th Cav. Co.B Black.
Bishop, B.E. VA 3rd Cav. 2nd Co.I
Bishop, Benet L.H. MS 39th Inf. Co.C
Bishop, Benjamin AL 4th Res. Co.E
Bishop, Benjamin VA Hvy.Arty. 18th Bn. Co.C
Bishop, Benjamin VA 16th Inf. Co.F
Bishop, Benjamin Mead's Conf.Cav. Co.A
Bishop, Benjamin F. FL Milton Lt.Arty. Dunham's Co.
Bishop, Benjamin F. GA 7th Inf. Co.H 1st Lt.
Bishop, Benjamin F. TX 1st (Yager's) Cav. Co.D 2nd Lt.
Bishop, Benjamin F. TX Cav. 3rd (Yager's) Bn. Co.D 2nd Lt.
Bishop, Benjamin T. SC 5th St.Troops Co.H
Bishop, Benj F. GA 54th Inf. Co.G
Bishop, Bennett NC 45th Inf. Co.C
Bishop, Berry FL 8th Inf. Co.A
Bishop, B.F. AR 8th Cav. Co.F
Bishop, B.F. AR 7th Inf. Co.G
Bishop, B.F. AR 27th Inf. Co.I Sgt.
Bishop, B.F. GA Siege Arty. 28th Bn. Co.I Capt.
Bishop, B.F. TX 24th Cav. Co.A
Bishop, B.F. TX 25th Cav. Co.B
Bishop, B.F. TX 12th Inf. Co.I
Bishop, B.F. Gen. & Staff Lt.,AAG
Bishop, B.H. KY 12th Cav. Co.G
Bishop, Bluford L. TX 36th Cav. Co.B
Bishop, Brantley D. NC Hvy.Arty. 1st Bn. Co.B
Bishop, B.T. KY 6th Mtd.Inf. Co.B
Bishop, B.T. SC 3rd Bn.Res. Co.A
Bishop, B.T. SC 9th Res. Co.H
Bishop, C. AL Cav. Barlow's Co.
Bishop, C. GA 18th Inf. Co.H
Bishop, C. NC 2nd Jr.Res. Co.I
Bishop, C. SC Inf. 3rd Bn. Co.D
Bishop, C. VA 2nd Inf.Loc.Def. Co.A
Bishop, C. 15th Conf.Cav. Co.C
Bishop, Caldwell LA Watkin's Bn.Res.Corps Co.C
Bishop, Caleb Q. NC 2nd Inf. Co.G
Bishop, Calvin AL 5th Cav. Co.A
Bishop, Calvin LA 18th Inf. Co.C
Bishop, Carey C. GA 8th Mil. Co.B
Bishop, C.C. SC Palmetto S.S. Co.D
Bishop, C.C. VA 9th Cav. Co.G
Bishop, C.D. TX 11th Cav. Co.D Sgt.
Bishop, C.D. Mead's Conf.Cav. Co.K Sgt.
Bishop, C.H. GA 13th Inf. Co.C
Bishop, Charles GA 53rd Inf. Co.B
Bishop, Charles VA Hvy.Arty. 10th Bn. Co.C
Bishop, Charles VA Inf. 2nd Bn.Loc.Def. Co.C
Bishop, Charles D. TX 17th Inf. Co.K
Bishop, Charles E. MD Cav. 2nd Bn. Co.G Capt.
Bishop, Charles E. VA 9th Inf. 2nd Co.A 1st Sgt.
Bishop, Charles E. VA 12th Inf. Co.A
Bishop, Charles F. MS 6th Inf. Co.B
Bishop, Charles F. MS 20th Inf. Co.H
Bishop, Charles M. VA 7th Cav. Co.C
Bishop, Charles M. VA 67th Mil. Co.A
Bishop, Christopher C. SC 1st (Butler's) Inf. Co.C Sgt.
Bishop, C.J. TN 51st (Cons.) Inf. Co.C
Bishop, Claborn TX 14th Inf. Co.F
Bishop, Cleaveland GA 1st Bn.S.S. Co.A
Bishop, Cleveland GA 25th Inf. Co.E
Bishop, Clinton SC 9th Res. Co.H
Bishop, Clinton W. SC 5th St.Troops Co.H
Bishop, Clough SC 5th Cav. Co.K
Bishop, C.M. GA 4th Res. Co.G
Bishop, C.M. SC 16th Inf. Co.D
Bishop, C.M. TN 21st (Wilson's) Cav. Co.F
Bishop, C.M. VA 5th Cav. Co.K
Bishop, Columbus GA Inf. Pool's Co.
Bishop, Columbus T. AL 17th Inf. Co.B Sgt.
Bishop, C.W. GA 42nd Inf. Co.E
Bishop, C.W. NC 1st Arty. (10th St.Troops) Co.I
Bishop, C.W. SC 3rd Bn.Res. Co.A Sgt.
Bishop, D. GA 44th Inf. Co.K
Bishop, D. MS 7th Cav. 2nd Co.G
Bishop, D. TN 14th (Neely's) Cav. Co.A
Bishop, D.A. TN 1st Hvy.Arty. Co.L
Bishop, Daniel AL 48th Inf. Co.G
Bishop, Daniel K. AL 14th Cav. Co.A
Bishop, Daniel P. SC 4th Inf. Co.G
Bishop, David MS Cav. 1st Bn. (McNair's) St.Troops Co.A
Bishop, David MS Home Guards Barnes' Co.
Bishop, David VA 46th Inf. 2nd Co.I
Bishop, David Mead's Conf.Cav. Co.A Sgt.
Bishop, David A. TN Arty. Fisher's Co.
Bishop, David H. AR Lt.Arty. Rivers' Btty.
Bishop, D.G. GA Tiller's Co. (Echols Lt.Arty.)
Bishop, D.G. GA 66th Inf. Co.E
Bishop, D.M. TN 21st (Wilson's) Cav. Co.F
Bishop, D.M. TN 21st (Wilson's) Cav. Co.H
Bishop, D.P. SC Lt.Arty. 3rd (Palmetto) Bn. Co.H,A
Bishop, D.W. TX 29th Cav. Co.C
Bishop, E. GA 5th Inf. 2nd Lt.
Bishop, E. GA Smith's Legion Co.C

Bishop, E. MS Cav. Vivion's Co.
Bishop, E. MS 23rd Inf. Co.G
Bishop, E. MS Walsh's Co. (Muckalusha Guards)
Bishop, E. TX Cav. Border's Regt. Co.E
Bishop, E. TX Cav. Border's Regt. Co.F
Bishop, E. TX Inf. 1st St.Troops White's Co.D
Bishop, E.A. AL 42nd Inf. Co.K
Bishop, E.A. GA 13th Inf. Co.C
Bishop, E.A. MS Condrey's Co. (Bull Mtn. Invinc.)
Bishop, E.A. SC 16th Inf. Co.D
Bishop, E.B. MS 1st Cav.Res. Co.E
Bishop, E.B. MS 1st Cav.Res. Co.F
Bishop, E.B. TN 12th (Cons.) Inf. Co.D
Bishop, E.B. TN 22nd Inf. Co.H Sgt.
Bishop, E.B. TX 14th Inf. Co.F Sgt.
Bishop, E.B. 20th Conf.Cav. 1st Co.H
Bishop, Ed MS 7th Cav. Co.A
Bishop, Edmond GA 8th Inf. Co.E
Bishop, Edmund TN 63rd Inf. Co.K,D
Bishop, Edward MS 2nd Part.Rangers Co.A
Bishop, Edward MS 17th Inf. Co.C
Bishop, Edward F. VA Cav. 39th Bn. Co.C
Bishop, Edwin F. NC 3rd Inf. Co.C
Bishop, E.G. SC 5th St.Troops Co.M Cpl.
Bishop, E.G. SC 18th Inf. Co.C
Bishop, E.L. GA 1st Cav. Co.D
Bishop, E.L. GA 17th Inf. Co.I
Bishop, E.L. TX 29th Cav. Co.B Cpl.
Bishop, Elbert NC 58th Inf. Co.D
Bishop, Eli FL 5th Inf. Co.G
Bishop, Eli FL 8th Inf. Co.A
Bishop, Elijah AR 6th Inf. New Co.D
Bishop, Elijah AR 12th Inf. Co.H Sgt.
Bishop, Elijah GA 42nd Inf. Co.D
Bishop, Elijah TN Conscr.
Bishop, Elijah TX 19th Cav. Co.C 1st Lt.
Bishop, Elijah VA 47th Mil.
Bishop, Elijah VA 56th Inf. Co.B
Bishop, Elijah VA 89th Mil. Co.C
Bishop, Elijah E. SC 13th Inf. Co.F
Bishop, Elijah E. VA 6th Cav. Co.H
Bishop, Elijah E. VA 8th Inf. Co.F
Bishop, Elijah S. VA 37th Inf. Co.E Cpl.
Bishop, Elijah W. VA 25th Cav. Co.I Cpl.
Bishop, Elkanah VA Inf. 23rd Bn. Co.A Lt.
Bishop, Ely FL 5th Inf. Co.G
Bishop, E.M. NC Cav. 12th Bn. Co.A
Bishop, E.M. SC Inf. Holcombe Legion Co.C
Bishop, Enoch AL 48th Inf. Co.C
Bishop, E.P. GA Inf. Athens Reserved Corps
Bishop, E.P. SC 5th Inf. 1st Co.C, 2nd Co.K Cpl.
Bishop, Ephraim GA Siege Arty. Campbell's Ind.Co.
Bishop, Ephraim GA 2nd Res. Co.E
Bishop, Ephraim GA 7th Inf. Co.D Cpl.
Bishop, E.R. NC 2nd Inf. Co.C
Bishop, E.S. VA 25th Cav. Co.I Capt.
Bishop, Eugene VA 56th Inf. Co.H
Bishop, E.W. VA Lt.Arty. 12th Bn. Co.B
Bishop, E.W. VA 47th Mil.
Bishop, Ezekiah MS 34th Inf. Co.B
Bishop, F. GA 22nd Inf. Co.G Cpl.
Bishop, F.B. TX Cav. Baird's Regt. Co.G
Bishop, F.C. TN 26th Inf. Co.A
Bishop, Ferdinand LA 13th Inf. Co.B
Bishop, F.F. TN Cav. 12th Bn. (Day's) Co.D
Bishop, F.J. GA 13th Inf. Co.F
Bishop, F.M. AL 9th (Malone's) Cav. Co.K
Bishop, F.M. GA 13th Inf. Co.F
Bishop, F.M. VA 1st Inf. Co.H
Bishop, Fount MO Inf. Perkins' Bn. Co.D
Bishop, Francis M. AL 7th Cav. Co.K
Bishop, Frank MS 21st Inf. Co.L Cpl.
Bishop, Franklin GA Floyd Legion (St.Guards) Co.F Cpl.
Bishop, Franklin L. MS Inf. Berry's Co.
Bishop, G. LA Mil. Lewis Guards
Bishop, G.B. GA 40th Inf. Co.A
Bishop, George FL 1st Inf. New Co.G
Bishop, George GA 1st (Olmstead's) Inf. Co.F
Bishop, George LA Mil. 3rd Regt. 2nd Brig. 1st Div. Co.B
Bishop, George LA 8th Inf. Co.I
Bishop, George MS 2nd St.Cav. Co.E
Bishop, George MS 3rd Cav.Res. Co.D
Bishop, George NC 2nd Cav. (19th St.Troops) Co.H 1st Lt.
Bishop, George NC Mil. Clark's Sp.Bn. Co.B
Bishop, George VA 11th Cav. Co.G,F
Bishop, George 1st Choctaw & Chickasaw Mtd.Rifles 3rd Co.D
Bishop, George D. FL 5th Inf. Co.G
Bishop, George W. AR 9th Inf. Co.G Music.
Bishop, George W. GA 57th Inf. Co.I Capt.
Bishop, George W. KY 10th (Johnson's) Cav. New Co.C
Bishop, George W. LA 2nd Inf. Co.F
Bishop, Geo. W. MD 1st Inf. Co.G Sgt.Maj.
Bishop, George W. MS 2nd (Davidson's) Inf. Co.D
Bishop, George W. MS 31st Inf. Co.F
Bishop, George W. NC 3rd Inf. Co.F
Bishop, George W. TN 2nd Cav. Co.L
Bishop, George W. TN 3rd (Forrest's) Cav. Co.L
Bishop, George W. TN Jackson's Regt. Home Guards
Bishop, George W. TN 29th Inf. Co.D
Bishop, George W. VA Cav. 1st Bn. Co.A Cpl.
Bishop, George W. VA Inf. 21st Bn. 1st Co.D
Bishop, George W. VA 46th Inf. 2nd Co.I Sgt.
Bishop, George W. VA 61st Inf. Co.G
Bishop, G.L. MS 1st Cav. Co.F Cpl.
Bishop, G.L. TN 55th (Brown's) Inf. Co.G
Bishop, Grayson AL 13th Inf. Co.I
Bishop, G.S. GA 25th Inf. Co.C
Bishop, Gustavus TX 29th Cav. Co.B
Bishop, G.W. AR 1st Mtd.Rifles Co.I
Bishop, G.W. AR Cav. Gordon's Regt. Co.C
Bishop, G.W. GA 1st Cav. Co.D
Bishop, G.W. GA 44th Inf. Co.G
Bishop, G.W. KY 6th Mtd.Inf. Co.I
Bishop, G.W. NC 32nd Inf. Co.B
Bishop, G.W. SC Cav. 19th Bn. Co.A
Bishop, G.W. SC Part.Rangers Kirk's Co.
Bishop, G.W. SC 2nd St.Troops Co.E
Bishop, G.W. SC 11th Res. Co.E
Bishop, G.W. SC Inf. Holcombe Legion Co.I
Bishop, G.W. TN 10th (DeMoss') Cav. Co.C
Bishop, G.W. TN 62nd Mtd.Inf. Co.G
Bishop, G.W.L. SC 8th Inf. Co.C
Bishop, H. SC Inf. 1st (Charleston) Bn. Co.G
Bishop, H. SC 11th Res. Co.D
Bishop, H. SC 27th Inf. Co.K
Bishop, Hamilton SC 5th Inf. 1st Co.C, 2nd Co.K
Bishop, Hamilton SC 7th Res. Co.M
Bishop, Hamilton S. VA 6th Cav. Co.H
Bishop, Harris G. AL 4th (Russell's) Cav. 2nd Lt.
Bishop, Harvey VA 29th Inf. 2nd Co.F
Bishop, Harvey B. VA 6th Cav. Co.H
Bishop, H.C. TX 6th Field Btty.
Bishop, Henry GA Inf. White's Co.
Bishop, Henry NC 3rd Inf. Co.C
Bishop, Henry VA Lt.Arty. Douthat's Co.
Bishop, Henry VA 64th Mtd.Inf. Co.I
Bishop, Henry 1st Conf.Inf. 2nd Co.H
Bishop, Henry D. MS 12th Inf. Co.F
Bishop, Henry D. VA 60th Inf. Co.K Cpl.
Bishop, Henry H. GA Arty. 9th Bn. Co.B
Bishop, Henry H. TN 14th Inf.
Bishop, Henry H. VA 5th Inf. Co.F
Bishop, Henry J. NC 39th Inf. Co.D
Bishop, Henry M. NC 3rd Inf. Co.F
Bishop, Henry T. AL 37th Inf. Co.B Cpl.
Bishop, Henry W. VA 54th Inf. Co.B
Bishop, Herman AL Jeff Davis Arty. Bugler
Bishop, Herman GA 1st Reg.
Bishop, Hezekiah GA 2nd Res. Co.C
Bishop, Hezekiah VA 6th Cav. Co.H
Bishop, H.H. GA Phillips' Legion Co.M
Bishop, Hillary FL 5th Inf. Co.G
Bishop, Hinds TX 28th Cav. Co.M
Bishop, Hines TX 14th Inf. 2nd Co.K
Bishop, Hiram GA Cav. 16th Bn. (St.Guards) Co.E
Bishop, H.J. SC 7th Res. Co.M
Bishop, H.L.W. TN 51st (Cons.) Inf. Co.C
Bishop, H.M. SC 2nd Bn.S.S. Co.B
Bishop, H.M. SC 11th Inf. 2nd Co.I, Co.B
Bishop, H.M. SC 16th Inf. Co.D Sgt.
Bishop, Horace TX 7th Cav. Co.I
Bishop, Horace B. TX 28th Cav. Co.G
Bishop, Horton A. NC 52nd Inf. Co.F
Bishop, H.R. SC Inf. Holcombe Legion Co.C
Bishop, H.T. MS Inf. 2nd Bn. Co.K
Bishop, H.T. MS 48th Inf. Co.K
Bishop, Hugh NC 39th Inf. Co.D
Bishop, H.W. AR 19th (Dockery's) Inf. Co.I Cpl.
Bishop, I. Henry MO 2nd Cav. Co.G
Bishop, I.J. SC 11th Res. Co.E
Bishop, I.M. LA 6th Cav. Co.K
Bishop, Iowa NC 15th Inf. Co.H
Bishop, Ira T. NC 3rd Inf. Co.I
Bishop, Isaac NC 60th Inf. Co.E
Bishop, Isaac SC 13th Inf. Co.F
Bishop, Isaac SC Inf. Hampton Legion Co.G
Bishop, Isaac VA Inf. 23rd Bn. Co.A
Bishop, Isaac A. SC 7th Res. Co.M
Bishop, Isaac G. 10th Conf.Cav. Co.E
Bishop, Isaac T. NC 3rd Inf. Co.B
Bishop, Israel MO Cav. Poindexter's Regt.
Bishop, J. AL 6th Inf. Co.B
Bishop, J. GA Siege Arty. 28th Bn. Co.I
Bishop, J. LA Mil. Crescent Cadets
Bishop, J. MS 11th (Perrin's) Cav. Co.B
Bishop, J. SC 5th Cav. Co.I

Bishop, J. SC Rutledge Mtd.Riflemen & Horse Arty. Trenholm's Co.
Bishop, J. TX 25th Cav. Co.E
Bishop, J. TX 4th Inf. (St.Troops) Co.E
Bishop, J.A. AL 63rd Inf. Co.K Cpl.
Bishop, J.A. GA Inf. Grubbs' Co.
Bishop, J.A. GA Phillips' Legion Co.M
Bishop, J.A. MS 18th Cav. Co.L
Bishop, J.A. MS Inf. 7th Bn. Co.A
Bishop, J.A. SC 13th Inf. Co.F
Bishop, J.A. VA 13th Cav. Co.K Cpl.
Bishop, Jack MO 12th Cav. Co.H
Bishop, Jackson AL 33rd Inf. Co.I
Bishop, Jackson C. VA 12th Inf. Co.A
Bishop, Jacob NC 3rd Inf. Co.E
Bishop, Jacob TX Cav. Baylor's Regt. Co.G
Bishop, Jacob VA 28th Inf. Co.K
Bishop, James AL 34th Inf. Co.B
Bishop, James AL 38th Inf. Conscr.
Bishop, James AL 65th Inf. Co.B
Bishop, James AL Cp. of Instr. Talladega
Bishop, James FL 2nd Inf. Co.H
Bishop, James GA 12th (Robinson's) Cav. (St.Guards) Co.D
Bishop, James GA 1st Inf. Co.C
Bishop, James LA 17th Inf. Co.C
Bishop, James LA 27th Inf. Co.B Cpl.
Bishop, James MS Inf. 2nd St.Troops Co.D
Bishop, James MS 6th Inf. Co.A
Bishop, James MO Arty. Jos. Bledsoe's Co.
Bishop, James NC 8th Bn.Part.Rangers Co.B
Bishop, James NC 66th Inf. Co.C
Bishop, James SC 5th St.Troops Co.F
Bishop, James SC 17th Inf. Co.D
Bishop, James TN 27th Inf. Co.A
Bishop, James VA 1st Cav. Co.A
Bishop, James VA 54th Mil. Co.A
Bishop, James VA 54th Mil. Co.E,F
Bishop, James A. SC 5th Inf. 1st Co.C
Bishop, James A. VA 56th Inf. Co.E Sgt.
Bishop, James B. AL Inf. 1st Regt. Co.F,H,A,E
Bishop, James B. GA 50th Inf. Co.B
Bishop, James C. MS Cav. Hughes' Bn. Co.H
Bishop, James Cunningham MS 8th Cav. Co.E,A
Bishop, James D. GA 46th Inf. Co.D
Bishop, James D. MS 16th Inf. Co.B
Bishop, James E. VA Hvy.Arty. 10th Bn. Co.D
Bishop, James E. VA 36th Inf. 2nd Co.H N.C.S. Music.
Bishop, James H. VA Hvy.Arty. 10th Bn. Co.D
Bishop, James H. VA 28th Inf. Co.K Cpl.
Bishop, James J. GA 1st Inf. Co.H
Bishop, James J. VA 56th Inf. Co.B
Bishop, James J. 1st Conf.Inf. 2nd Co.H Music.
Bishop, James L. AL 47th Inf. Co.E
Bishop, James L. TN 50th Inf. Co.B
Bishop, James L. VA 5th Cav. (12 mo. '61-2) Co.H Cpl.
Bishop, James L. VA 13th Cav. Co.A Cpl.
Bishop, James L. VA 50th Inf. Co.D
Bishop, James M. AL 6th Inf. Co.G
Bishop, James M. AR 7th Inf. Co.F
Bishop, James M. GA 11th Inf. Co.C
Bishop, James M. GA 22nd Inf. Co.I Cpl.
Bishop, James M. GA 23rd Inf. Co.I
Bishop, James M. MS 2nd Inf. Co.K
Bishop, James M. TN 2nd (Ashby's) Cav. Co.D
Bishop, James M. TN Cav. 4th Bn. (Branner's) Co.C
Bishop, James M. VA Inf. 23rd Bn. Co.A
Bishop, James M. VA 50th Inf. Co.B
Bishop, James N. MS 16th Inf. Co.B Sgt.
Bishop, James N. VA 16th Inf. Co.E
Bishop, James P. MO 8th Cav. Co.D
Bishop, James R. NC 5th Cav. (63rd St.Troops) Co.B
Bishop, James T. GA 9th Inf. (St.Guards) Co.B
Bishop, James T. SC 5th Inf. 1st Co.D, 2nd Co.D 1st Sgt.
Bishop, James T. VA 25th Cav. Co.I
Bishop, James W. AL 5th Bn.Vol. Co.B
Bishop, James W. TN Inf. 154th Sr.Regt. 2nd Co.B
Bishop, James W. VA Inf. 21st Bn. 1st Co.D
Bishop, James W. VA 64th Mtd.Inf. Co.I
Bishop, J.B. AL Mtd.Inf. J. Oden's Co.
Bishop, J.B. KY 2nd (Duke's) Cav. Co.H
Bishop, J.B. TN 10th (DeMoss') Cav. Co.H
Bishop, J.B. TN 4th Inf. Co.F
Bishop, J.B. 4th Conf.Inf. Co.E
Bishop, J.C. LA 26th Inf. Co.G
Bishop, J.C. LA Inf.Cons.Crescent Regt. Co.H
Bishop, J.C. SC 5th Cav. Co.E
Bishop, J.C. SC 4th Bn.Res. Co.A
Bishop, J.C. SC 20th Inf. Co.G
Bishop, J.C. TX 5th Cav. Co.D
Bishop, J.D. TX 20th Inf. Co.C Cpl.
Bishop, J.E. AL 60th Inf. Co.A
Bishop, J.E. MS 2nd Cav. Co.K
Bishop, J.E. MS Cav.Res. Mitchell's Co.
Bishop, Jean LA 20th Inf. Co.D
Bishop, Jeff TN 8th (Smith's) Cav. Co.H
Bishop, Jefferson AL 2nd Bn. Hilliard's Legion Vol. Co.F
Bishop, Jefferson TN Cav. 5th Bn. (McClellan's) Co.B
Bishop, Jeremiah AL 47th Inf. Co.E
Bishop, Jesse GA 6th Inf. Co.F Cpl.
Bishop, Jesse NC 3rd Cav. (41st St.Troops) Co.A
Bishop, Jesse NC Cav. (Loc.Def.) Howard's Co.
Bishop, J.F. GA Lt.Arty. Havis' Btty.
Bishop, J.F. TN 21st (Wilson's) Cav. Co.F
Bishop, J.F. TN 50th Inf. Co.I 1st Sgt.
Bishop, J.F.J. KY 12th Cav. Co.G
Bishop, J.G. AL Cav. 5th Bn. Hilliard's Legion Co.E
Bishop, J.G. TX 20th Cav. Co.A
Bishop, J.H. AL 62nd Inf. Co.C
Bishop, J.H. GA 18th Inf. Co.G
Bishop, J.H. VA 9th Cav. Co.G
Bishop, J.I. MS 4th Cav. Co.A
Bishop, J.I. MS 46th Inf. Co.B
Bishop, J.I. SC Cav. 19th Bn. Co.A
Bishop, J.I. SC Part.Rangers Kirk's Co.
Bishop, J.J. AL Cav. Moreland's Regt. Co.D
Bishop, J.J. AR 2nd Inf. Co.H
Bishop, J.J. GA Inf. 25th Bn. (Prov.Guard) Co.C
Bishop, J.J. MS 6th Cav. Co.F,B Cpl.
Bishop, J.J. MS 8th Cav. Co.F
Bishop, J.J. MS 41st Inf. Co.I
Bishop, J.J. NC Lt.Arty. Thomas' Legion Levi's Btty.
Bishop, J.J. TN 7th (Duckworth's) Cav. Co.G Sgt.
Bishop, J.J. TN 20th (Russell's) Cav. Co.E 1st Sgt.
Bishop, J.J. TX 12th Inf. Co.B Sgt.
Bishop, J.J. VA Lt.Arty. Barr's Co. Lt.
Bishop, J.J. VA 47th Mil.
Bishop, J.J. 4th Conf.Inf. Co.A
Bishop, J.K. NC 32nd Inf. Co.I
Bishop, J.L. GA 11th Inf. Co.C
Bishop, J.L. TN 19th (Biffle's) Cav. Co.D
Bishop, J.L. TX Cav. 8th (Taylor's) Bn. Co.B
Bishop, J.M. AL 22nd Inf. Co.D
Bishop, J.M. AR 23rd Inf. Co.I
Bishop, J.M. MS Lt.Arty. 14th Bn. Co.C
Bishop, J.M. MS Lt.Arty. Merrin's Btty.
Bishop, J.M. MS 17th Inf. Co.E
Bishop, J.M. MS 26th Inf. Co.D
Bishop, J.M. MS 26th Inf. Co.E
Bishop, J.M. MS 40th Inf. Co.C
Bishop, J.M. NC 3rd Cav. (41st St.Troops) Co.A
Bishop, J.M. NC 7th Sr.Res. Boon's Co.
Bishop, J.M. SC 1st (Hagood's) Inf. 1st Co.F, 2nd Co.G
Bishop, J.M. TN 43rd Inf. Co.H Sgt.
Bishop, J.M.B. GA 11th Inf. Co.C
Bishop, J.N. MS 5th Inf. Co.K
Bishop, J.O.A. TX 18th Inf. Co.H
Bishop, Joel SC 1st (Hagood's) Inf. 2nd Co.F
Bishop, Joel SC 3rd Res. Co.F
Bishop, Joel SC 22nd Inf. Co.B
Bishop, John AL 16th Inf. Co.G
Bishop, John AL 33rd Inf. Co.A
Bishop, John AR 2nd Inf. Co.G
Bishop, John GA 1st Reg. Co.G
Bishop, John GA 1st (Fannin's) Res. Co.E
Bishop, John GA Inf. 14th Bn. Co.H
Bishop, John GA 17th Inf. Co.I
Bishop, John GA 23rd Inf. Co.A
Bishop, John GA 35th Inf. Co.A
Bishop, John GA 54th Inf. Co.G,C
Bishop, John GA Inf. Grubbs' Co.
Bishop, John LA 22nd Inf. D.H. Marks' Co.
Bishop, John MS 1st Cav.Res. Co.B
Bishop, John MS 4th Cav. Co.A
Bishop, John MS 18th Inf. Co.G
Bishop, John MS 46th Inf. Co.B
Bishop, John MO 10th Inf. Co.H,E Sgt.
Bishop, John NC 22nd Inf. Co.E
Bishop, John NC 28th Inf. Co.G
Bishop, John NC 47th Inf. Co.C
Bishop, John NC 54th Inf. Co.C
Bishop, John NC Walker's Bn. Thomas' Legion Co.E
Bishop, John SC 1st (Hagood's) Inf. 2nd Co.F
Bishop, John SC 1st (Hagood's) Inf. 2nd Co.F
Bishop, John TN 34th Inf. Co.D 2nd Lt.
Bishop, John TX 2nd Cav. Co.D
Bishop, John VA 3rd Res. Co.K
Bishop, John VA 31st Inf. Co.B
Bishop, John VA 53rd Inf. Co.D
Bishop, John VA 162nd Mil. Co.C
Bishop, John A. AL 5th Inf. New Co.H
Bishop, John A. LA 1st Hvy.Arty. (Reg.)
Bishop, John A. MS 16th Inf. Co.F
Bishop, John A. TN 20th Cav. Sgt.
Bishop, John A. VA 9th Inf. 1st Co.H 2nd Lt.

Bishop, John A. VA Inf. 28th Bn. Co.C 2nd Lt.
Bishop, John A. VA 59th Inf. 2nd Co.H 1st Lt.
Bishop, John B. TX 2nd Inf. Co.I
Bishop, John B. VA 6th Bn.Res. Co.A
Bishop, John C. NC 2nd Arty. (36th St.Troops) Co.G
Bishop, John C. NC 3rd Arty. (40th St.Troops) Co.D
Bishop, John C. NC Lt.Arty. 13th Bn. Co.D
Bishop, John E. AL 3rd Bn. Hilliard's Legion Vol. Co.B
Bishop, John E. GA 13th Inf. Co.I
Bishop, John E. MO 8th Cav. Co.D
Bishop, John E. TX 7th Cav. Co.I 2nd Lt.
Bishop, John E. VA Hvy.Arty. 10th Bn. Co.D
Bishop, John F. AL 6th Inf. Co.F
Bishop, John F. SC 5th Inf. 1st Co.D, 2nd Co.D
Bishop, John G. TX Cav. Morgan's Regt. Co.F
Bishop, John H. AR 8th Inf. New Co.G
Bishop, John H. AR 14th (McCarver's) Inf. Co.H
Bishop, John H. KY 12th Cav. Co.K
Bishop, John H. MS 16th Inf. Co.B
Bishop, John H. MO Cav. Freeman's Regt. Co.F Cpl.
Bishop, John H. TX 10th Inf. Co.H
Bishop, John H. VA Cav. Mosby's Regt. (Part.Rangers) Co.A
Bishop, John H. VA 28th Inf. Co.K
Bishop, John J. GA Cobb's Legion Co.C
Bishop, John J. VA 4th Inf. Co.D 1st Lt.
Bishop, John L. AR Cav. Harrell's Bn. Co.A
Bishop, John L. GA Inf. Pool's Co.
Bishop, John L. MS Inf. 5th Bn. Co.B
Bishop, John L. MS 27th Inf. Co.K Sgt.
Bishop, John L. VA Loc.Def. Mallory's Co.
Bishop, John M. MS 23rd Inf. Co.H
Bishop, John M. MS 31st Inf. Co.F
Bishop, John M. NC 1st Arty. (10th St.Troops) Co.I
Bishop, John P. VA 50th Inf. Cav. Co.B
Bishop, John R.S. TX 1st (McCulloch's) Cav. Co.B
Bishop, John S. AL 6th Inf. Co.G
Bishop, John S. NC 1st Inf. Co.E
Bishop, John T. FL 2nd Inf. Co.L
Bishop, John T. GA 42nd Inf. Co.D
Bishop, John T. NC 38th Inf. Co.A
Bishop, John T. VA Hvy.Arty. 10th Bn. Co.C 1st Sgt.
Bishop, John V. GA 30th Inf. Co.C
Bishop, John W. AL 51st (Part.Rangers) Co.F
Bishop, John W. FL 1st Inf. New Co.F
Bishop, John W. NC 38th Inf. Co.A
Bishop, John W. VA Inf. 21st Bn. 1st Co.D 2nd Lt.
Bishop, John W. VA Inf. 23rd Bn. Co.A
Bishop, John W. VA 64th Mtd.Inf. Co.I
Bishop, John W.E. VA 5th Cav. (12 mo. '61-2) Co.H
Bishop, Jonathan TN Cav. 12th Bn. (Day's) Co.E
Bishop, Jonathan VA 1st Arty. Co.H
Bishop, Jonathan VA Arty. C.F. Johnston's Co. Cpl.
Bishop, Jones TX 16th Inf. Co.I 2nd Lt.
Bishop, Joseph AL Cav. Moreland's Regt. Co.D
Bishop, Joseph AL 18th Bn.Vol. Co.A
Bishop, Joseph AL 61st Inf. Co.E
Bishop, Joseph AR 7th Inf. Co.F
Bishop, Joseph AR 34th Inf. Co.G
Bishop, Joseph FL 2nd Cav. Co.I
Bishop, Joseph FL Cav. 5th Bn. Co.F
Bishop, Joseph FL 11th Inf. Co.E
Bishop, Joseph KY 7th Mtd.Inf. Co.F Sgt.
Bishop, Joseph LA 5th Cav. Co.I Cpl.
Bishop, Joseph MS 29th Inf. Co.F
Bishop, Joseph NC 64th Inf. Co.D
Bishop, Joseph TN 19th Inf. Co.B
Bishop, Joseph TX 17th Inf. Co.I
Bishop, Joseph VA 15th Cav. Co.B,A
Bishop, Joseph VA 18th Cav. Co.G
Bishop, Joseph VA 21st Cav. Co.A
Bishop, Joseph VA 24th Inf. Co.I
Bishop, Joseph VA 29th Inf. Co.H
Bishop, Joseph 8th (Wade's) Conf.Cav. Co.H
Bishop, Joseph A. GA Arty. 9th Bn. Co.B
Bishop, Joseph A. VA 5th Cav. (12 mo. '61-2) Co.C
Bishop, Joseph A. VA 25th Inf. 2nd Co.F
Bishop, Joseph B. KY 7th Mtd.Inf. Co.F
Bishop, Joseph C. VA 17th Inf. Co.G
Bishop, Joseph M. NC 54th Inf. Co.C
Bishop, Joseph P. VA 25th Cav. Co.H Cpl.
Bishop, Joseph S. SC 5th Inf. 1st Co.C, 2nd Co.K Cpl.
Bishop, Joseph S. TN 63rd Inf. Co.I
Bishop, Joseph T. AL 49th Inf. Co.D
Bishop, Joseph W. AR Cav. Harrell's Bn. Co.A Capt.
Bishop, Joshua MS 15th (Cons.) Inf. Co.I
Bishop, Joshua MS 20th Inf. Co.I
Bishop, Joshua VA 54th Inf. Co.A,E
Bishop, J.P. TX 11th Inf. Co.B
Bishop, J.Q. TN 21st (Wilson's) Cav. Co.F
Bishop, J.R. AR 4th Inf. Co.B
Bishop, J.R. MS 38th Cav. Co.G
Bishop, J.R. MS Inf. Comfort's Co.
Bishop, J.R. TX 4th Cav. Co.B
Bishop, J.R. TX 11th Inf. Co.B Sgt.
Bishop, J.R. TX 16th Inf. Co.Band Music.
Bishop, J.R. 2nd Conf.Eng.Troops Co.A Sgt.
Bishop, J.R.S. TX 17th Inf. Co.K
Bishop, J.S. AR 10th (Witt's) Cav. Co.G
Bishop, J.S. KY 3rd Mtd.Inf. Co.L
Bishop, J.S. SC 5th Cav. Co.I
Bishop, J.S. SC 2nd Inf. Co.K
Bishop, J.S. TN 12th Inf. Co.E
Bishop, J.S. VA 5th Cav. Co.K
Bishop, J.T. AL 18th Inf. Co.E
Bishop, J.T. AL 26th (O'Neal's) Inf. Co.B 1st Sgt.
Bishop, J.T. GA Arty. Lumpkin's Co.
Bishop, J.T. KY 10th Cav. Co.F Capt.
Bishop, J.T. TN 12th Inf. Co.I
Bishop, J.T. TN 12th (Cons.) Inf. Co.I
Bishop, J.T. VA 13th Cav. Co.D
Bishop, J.U. SC 3rd Inf. Co.B
Bishop, J.U. SC Inf. 3rd Bn. Co.D
Bishop, J.W. AL 37th Inf. Co.B
Bishop, J.W. AL 60th Inf. Co.A
Bishop, J.W. AL Res. Belser's Co.
Bishop, J.W. KY 3rd Bn.Mtd.Rifles
Bishop, J.W. LA Inf. 11th Bn. Co.B
Bishop, J.W. LA Inf.Cons.Crescent Regt. Co.K
Bishop, J.W. MS 2nd St.Cav. Co.E
Bishop, J.W. MS 2nd St.Cav. Co.K
Bishop, J.W. MS Inf. 2nd Bn. Co.B
Bishop, J.W. MS 4th Inf. Co.B
Bishop, J.W. MS 48th Inf. Co.B
Bishop, J.W. NC 32nd Inf. Co.B
Bishop, J.W. SC Cav. 19th Bn. Co.A
Bishop, J.W. SC Part.Rangers Kirk's Co.
Bishop, J.W. SC 3rd Inf. Co.K
Bishop, J.W. SC 11th Res. Co.E
Bishop, J.W. SC 20th Inf. Co.F
Bishop, J.W. TN 3rd (Lillard's) Mtd.Inf. Co.G
Bishop, J.W. TN 9th Inf. Co.D Cpl.
Bishop, J.W. VA Inf. 21st Bn. 2nd Co.C
Bishop, J.W. VA 30th Bn.S.S. Co.D
Bishop, J. Winfield VA 3rd Cav. 2nd Co.I Sgt.
Bishop, J.Z. MS 40th Inf. Co.C
Bishop, King MO 8th Cav. Co.D
Bishop, K.R. MS Inf. 7th Bn. Co.A
Bishop, L. SC Lt.Arty. 3rd (Palmetto) Bn. Co.I
Bishop, L. SC 8th Bn.Res. Co.C
Bishop, L. SC 16th Inf. Co.D
Bishop, LaFayette GA 44th Inf. Co.K
Bishop, Larkin NC 52nd Inf. Co.F
Bishop, Larkin C. NC 37th Inf. Co.B Cpl.
Bishop, L.C.W. TN 55th (Brown's) Inf. Co.E
Bishop, Lee AR 11th & 17th Cons.Inf. Co.K,H
Bishop, Lee KY 3rd Mtd.Inf. Co.I
Bishop, Leon GA 40th Inf. Co.G
Bishop, Leonard MS 11th (Perrin's) Cav. Co.C
Bishop, Leonidas AR 17th (Griffith's) Inf. Co.D
Bishop, Leonidas T. MS 37th Inf. Co.E 3rd Lt.
Bishop, Levi GA 1st (Fannin's) Res. Co.E
Bishop, Levi P. VA Inf. 23rd Bn. Co.A
Bishop, Lewis SC 1st St.Troops Co.H
Bishop, Lewis TX Arty. 4th Bn. Co.A
Bishop, Lewis VA 46th Inf. 2nd Co.I
Bishop, Lewis VA 64th Mtd.Inf. Co.H
Bishop, Lewis VA 162nd Mil. Co.A
Bishop, Lewis B. MS 19th Inf. Co.G
Bishop, Lewis H. TX 28th Cav. Co.A,K
Bishop, L.G. SC 16th Inf. Co.D
Bishop, L.G. SC 18th Inf. Co.C Sgt.
Bishop, Lindsey GA Inf. 8th Bn. Co.F
Bishop, Lindsey M. NC 37th Inf. Co.B
Bishop, Littleton SC 1st Arty. Co.K
Bishop, Littleton H.E. VA 5th Cav. (12 mo. '61-2) Co.E
Bishop, Littleton H.E. VA 13th Cav. Co.G
Bishop, L.K. MO Inf. 5th Regt.St.Guard Co.D
Bishop, L.L. TN 3rd (Clack's) Inf. Co.D
Bishop, Lot NC 47th Inf. Co.K
Bishop, L.T. MS 14th Inf. Co.A
Bishop, L.T. TN 3rd (Forrest's) Cav. Co.I
Bishop, L.T. TX 17th Inf. Co.K
Bishop, L.T. VA Lt.Arty. 12th Bn. Co.B
Bishop, Luke R. GA Cobb's Legion Co.C
Bishop, M. AR 1st Inf. Co.G
Bishop, M. GA 1st Mil. Co.I
Bishop, M. NC 47th Inf. Co.C
Bishop, M. SC 11th Inf. Co.B
Bishop, M. VA Mil. Washington Cty.
Bishop, M. Gen. & Staff AASurg.
Bishop, Madison VA 30th Bn.S.S. Co.E
Bishop, Marshall E. VA 2nd Cav. Co.C

Bishop, Martin MS Inf. 1st Bn.St.Troops (12 mo. '62-3) Co.E
Bishop, Martin NC Lt.Arty. Thomas Legion Levi's Btty.
Bishop, Martin TN 10th Inf. Co.E
Bishop, Martin V. VA Inf. 23rd Bn. Co.A Sgt.
Bishop, Mastin G. VA 64th Mtd.Inf. Co.I
Bishop, Mathew GA 1st (Olmstead's) Inf. Co.C
Bishop, Mathew TX 6th Cav. Co.G
Bishop, Mathew VA Inf. 21st Bn. Co.B
Bishop, Mathew VA 50th Inf. Cav. Co.B
Bishop, Mathew VA 64th Mtd.Inf. Co.B
Bishop, M.B. TX 13th Cav. Co.G
Bishop, Melvill R. MO Arty. Jos. Bledsoe's Co.
Bishop, Merit P. VA 5th Cav. (12 mo. '61-2) Co.E
Bishop, Merit P. VA 13th Cav. Co.G
Bishop, M.H. NC Lt.Arty. Thomas' Legion Levi's Btty.
Bishop, M.H. SC 11th Inf. 1st Co.F
Bishop, M.H. VA Lt.Arty. Barr's Co.
Bishop, M.H. 3rd Conf.Eng.Troops Co.H Artif.
Bishop, Miles H. SC 2nd Rifles Co.H
Bishop, Milton SC 22nd Inf. Co.B
Bishop, Milton C. TX 13th Cav. Co.G
Bishop, M.L. SC 5th Inf. 2nd Co.D
Bishop, Moses L. VA 19th Cav. Co.A,H
Bishop, Moses L. VA 20th Cav. Co.F
Bishop, Moses L. VA 3rd Cav. & Inf.St.Line Co.A
Bishop, M.R. VA 17th Cav. Co.H,C
Bishop, M.W. MS 2nd Cav. Co.D
Bishop, M.W. TN 19th (Biffle's) Cav. Co.H
Bishop, M.W. VA 64th Mtd.Inf. Co.A
Bishop, N. TN Inf. 3rd Cons.Regt. Co.C
Bishop, Napoleon MO 1st N.E. Cav. Co.B
Bishop, Nathan NC 31st Inf. Co.I
Bishop, Nathan VA 89th Mil. Co.C
Bishop, Nathan M. NC 50th Inf. Co.H
Bishop, Newton GA St.Mil.
Bishop, Nimrod TX 1st Hvy.Arty. Co.D 2nd Lt.
Bishop, Noah NC 64th Inf. Co.M
Bishop, Noah TN Cav. 16th Bn. (Neal's) Co.F
Bishop, Noah TN 19th Inf. Co.B
Bishop, Noah VA Inf. 23rd Bn. Co.A
Bishop, Noah VA 54th Inf. Co.E
Bishop, Norval W. VA 2nd Cav. Co.C
Bishop, N.T. AL Rangers Walker's Co.
Bishop, O. SC Cav. 19th Bn. Co.A
Bishop, Obediah VA 11th Inf. Co.F
Bishop, Obediah VA 54th Inf. Co.K
Bishop, O.L. TX 1st (Yager's) Cav. Co.K Bugler
Bishop, Oliver SC Part.Rangers Kirk's Co.
Bishop, Oliver TX 4th Cav. Co.B
Bishop, Oliver P. MS Cav. 1st Bn. (Miller's) Co.A
Bishop, O.P. MS 1st Cav. Co.H
Bishop, Orlando L. TX Cav. 8th (Taylor's) Bn. Co.B Bugler
Bishop, P. TN Inf. 3rd Bn. Co.B
Bishop, P. TX 24th Cav. Co.A Far.
Bishop, Patrick H. MS 31st Inf. Co.I
Bishop, Patrick H. VA Hvy.Arty. 18th Bn. Co.C
Bishop, P.C. GA 13th Inf. Co.F
Bishop, Philip TX 1st (Yager's) Cav. Co.D
Bishop, Philip J. GA 13th Inf. Co.F
Bishop, Philip T. GA 44th Inf. Co.E
Bishop, Phillip GA 44th Inf. Co.G
Bishop, Phillip TX Cav. 3rd (Yager's) Bn. Co.D
Bishop, Pinkney TN 43rd Inf. Co.B
Bishop, P.J. GA Inf. 13th Reg. Co.I
Bishop, P.S. AL 3rd Res. Co.F
Bishop, P.S. AL 3rd Bn.Res. Flemming's Co.F
Bishop, R. TN Cav. 12th Bn. (Day's) Co.D
Bishop, R.A. GA 52nd Inf
Bishop, R.B. GA 11th Inf. Co.D
Bishop, R.B. TX 12th Inf. Co.A
Bishop, R.D. TX 30th Cav. Co.F
Bishop, Reuben AL 62nd Inf. Co.D
Bishop, Richard NC 54th Inf. Co.F
Bishop, Richard SC 1st (Butler's) Inf. Co.F
Bishop, Richard SC 9th Inf. Co.B
Bishop, Richard B. TX 5th Inf. Co.I
Bishop, Riley M. NC Hvy.Arty. 1st Bn. Co.B
Bishop, R.J. AL 22nd Inf. Co.D,A
Bishop, R.L. VA Hvy.Arty. Allen's Co.
Bishop, R.N. NC 1st Jr.Res. Co.H
Bishop, Robert AL 62nd Inf. Co.C Cpl.
Bishop, Robert GA 63rd Inf. Co.C
Bishop, Robert TN 43rd Inf. Co.H
Bishop, Robert TX 11th Cav. Co.D
Bishop, Robert 4th Conf.Inf. Co.E
Bishop, Robert A. MS 1st Lt.Arty. Co.D
Bishop, Robert A. MS 22nd Inf. Co.G
Bishop, Robert A. VA 6th Cav. Co.H
Bishop, Robert A. VA 8th Inf. Co.F
Bishop, Robert B. MS Cav. 24th Bn. Co.A
Bishop, Robert E. VA 12th Inf. Co.D Sgt.
Bishop, Robert F. VA 12th Cav. Co.C
Bishop, Robert H. NC 2nd Jr.Res. Co.A
Bishop, Robert L. VA 59th Inf. 2nd Co.H
Bishop, Robert T. VA 56th Inf. Co.E
Bishop, R.R. TN 19th (Biffle's) Cav. Co.D
Bishop, R.R. Conf.Cav. Baxter's Bn. Co.C
Bishop, R.S. MS 2nd Cav. Co.D
Bishop, R.T. TX 24th & 25th Cav. Co.B
Bishop, R.V. KY 5th Cav. Co.A
Bishop, S. LA Mil. 1st Regt. 2nd Brig. 1st Div. Co.A
Bishop, S. SC Lt.Arty. 3rd (Palmetto) Bn. Co.H,A
Bishop, S. SC 20th Inf. Co.G
Bishop, Samuel FL 7th Inf. Co.K
Bishop, Samuel NC 37th Inf. Co.B
Bishop, Samuel VA 54th Inf. Co.E
Bishop, Samuel C. NC 61st Inf. Co.B
Bishop, Samuel D. NC 30th Inf. Co.B
Bishop, Samuel H. TX 1st (Yager's) Cav. Co.K Cpl.
Bishop, Samuel H. TX Cav. 8th (Taylor's) Bn. Co.B Cpl.
Bishop, Samuel J. NC 58th Inf. Co.G 1st Sgt.
Bishop, Samuel L. LA 20th Inf. Co.G,K Lt.Col.
Bishop, Samuel L. LA Herrick's Co. (Orleans Blues) 2nd Lt.
Bishop, Samuel R. MS 15th Inf. Co.F
Bishop, Samuel W. AL 47th Inf. Co.B
Bishop, Samuel W. TX 18th Cav. Co.D 2nd Lt.
Bishop, Samuel W. VA 48th Inf.
Bishop, S.E. KY 6th Inf. Co.A,C
Bishop, S.E. LA 26th Inf. Co.G
Bishop, Shedric VA 47th Mil.
Bishop, Shedrick VA 46th Inf. 2nd Co.I
Bishop, Siberia M. VA Inf. 23rd Bn. Co.A
Bishop, Silvester TN 59th Mtd.Inf. Co.G
Bishop, Simpson SC 13th Inf. Co.F
Bishop, S.J. AL 7th Inf. Co.F
Bishop, S.J. GA 13th Inf. Co.F
Bishop, S.J. GA Phillips' Legion Co.D Cpl.
Bishop, S.J. TN 21st (Wilson's) Cav. Co.F
Bishop, S.J. VA 17th Inf.
Bishop, S.M. GA Inf. (Newton Factory Employees) Russell's Co.
Bishop, Solon B. AR Cav. Witherspoon's Bn. Co.D
Bishop, S.R. KY 7th Cav. Co.K
Bishop, S.S. TN 3rd (Lillard's) Mtd.Inf. Co.G
Bishop, S.T. AL 18th Inf. Co.K,E
Bishop, Stanmore MS Cav. 24th Bn. Co.A
Bishop, Stephen AL Cav. 5th Bn. Hilliard's Legion Co.A
Bishop, Stephen AL 61st Inf. Co.D
Bishop, Stephen 10th Conf.Cav. Co.A
Bishop, Stephen G.R. VA Cav. Mosby's Regt. (Part.Rangers) Co.A
Bishop, Stephen R. KY Cav. 2nd Bn. (Dortch's) Co.C
Bishop, Stephen R. KY 3rd Cav. Co.C Teamster
Bishop, Steven N. AL 4th Cav. (Russell's) Co.C
Bishop, Stoncil MS 6th Inf. Co.H
Bishop, S.W. AL 46th Inf. Co.I
Bishop, S.W. MS 28th Cav. Co.B
Bishop, S.W. MO 3rd Inf. Sgt.
Bishop, S.W. TX Cav. Baird's Regt. Co.G 2nd Lt.
Bishop, Sylvanus GA 44th Inf. Co.K
Bishop, T. SC Lt.Arty. 3rd (Palmetto) Bn. Co.H,A
Bishop, The M. MS 9th Inf. Old Co.C, Old Co.B
Bishop, Theophelus C. LA 7th Inf. Co.K
Bishop, Thomas GA 2nd Inf. Co.B Sgt.
Bishop, Thomas GA 52nd Inf. Co.G
Bishop, Thomas GA Inf. Athens Reserved Corps
Bishop, Thomas GA Smith's Legion Co.C
Bishop, Thomas KY 1st (Butler's) Cav. Co.B
Bishop, Thomas KY 4th Cav. Co.I
Bishop, Thomas KY 7th Cav. Co.K
Bishop, Thomas TN Cav. 16th Bn. (Neal's) Co.F
Bishop, Thomas TN 43rd Inf. Co.H
Bishop, Thomas VA 5th Cav. (12 mo. '61-2) Co.H
Bishop, Thomas VA Lt.Arty. Page's Co.
Bishop, Thomas VA Lt.Arty. J.D. Smith's Co.
Bishop, Thomas VA 52nd Mil. Co.B
Bishop, Thomas A. VA 13th Cav. Co.A Cpl.
Bishop, Thomas C. MS 4th Cav. Co.E
Bishop, Thomas C. MS Cav. Hughes' Bn. Co.D
Bishop, Thomas F. MS 9th Cav. Co.G
Bishop, Thomas F. MS 3rd Inf. Co.D
Bishop, Thomas J. AL 3rd Bn.Res. Co.A
Bishop, Thomas J. AR 14th (McCarver's) Inf. Co.H
Bishop, Thomas J. GA Inf. White's Co. Sgt.
Bishop, Thomas J. NC Hvy.Arty. 10th Bn. Co.D
Bishop, Thomas J. VA 7th Cav. Co.C
Bishop, Thomas J. VA 16th Inf. Co.E
Bishop, Thomas N. NC 1st Inf. Co.E 2nd Lt.
Bishop, Thomas W. KY Cav. 2nd Bn. (Dortch's) Co.B
Bishop, Thomas W. KY 2nd Mtd.Inf. Co.B

Bishop, Thomas W. TX 11th Inf. Co.B
Bishop, Thos. W. TX Conscr.
Bishop, Thurlow SC 3rd Bn.Res. Co.B
Bishop, Tillman D. TX 13th Cav. Co.G
Bishop, Tillman S. MS 6th Inf. Co.A
Bishop, T.J. GA Inf. 18th Bn. Co.C
Bishop, T.J. SC 24th Inf. Co.A Drum.
Bishop, T.M. GA Inf. 14th Bn. (St.Guards) Co.H
Bishop, Toliver SC 3rd Res. Co.F
Bishop, T.T. MS Inf. 2nd St.Troops Co.B
Bishop, T.W. LA 4th Inf. Co.K
Bishop, Uriah AL 21st Inf. Co.C
Bishop, W. AL 1st Regt.Conscr. Co.D
Bishop, W. AL 46th Inf. Co.I
Bishop, W. GA 28th Inf. Co.E
Bishop, W. SC Lt.Arty. 3rd (Palmetto) Bn. Co.H,A
Bishop, W. TN 3rd (Clack's) Inf. Co.D
Bishop, W. VA 1st Cav. Co.D
Bishop, Walter GA 62nd Cav. Co.L
Bishop, Walter L. VA 24th Cav. Co.I
Bishop, Walter L. 8th (Dearing's) Conf.Cav. Co.D
Bishop, Warren SC 1st Arty. Co.E
Bishop, W.C. GA Arty. (Chatham Arty.) Wheaton's Co.
Bishop, W.C. GA 2nd Inf. Co.H
Bishop, W.C. SC 5th Inf. 1st Co.F, 2nd Co.I
Bishop, W.C. SC 12th Inf. Co.C
Bishop, W.C. SC 27th Inf. Co.I
Bishop, W.D. MS Cav. Ham's Regt. Co.E
Bishop, W.D. SC 1st Arty. Co.F
Bishop, W.D. SC 11th Inf. Co.K
Bishop, W.E. MS 40th Inf. Co.D
Bishop, W.E. 20th Conf.Cav. 1st Co.H
Bishop, Wesley AL Inf. 1st Regt. Co.F
Bishop, Wesley MS Cav. 2nd Regt.Res. Co.B
Bishop, Wesley P. MS 2nd St.Cav. Co.E,B
Bishop, W.F. KY Cav. 2nd Bn. (Dortch's) Co.D
Bishop, W.F. KY 9th Mtd.Inf. Co.C 1st Lt.
Bishop, W.F. SC 3rd Inf. Co.B
Bishop, W.F. SC Inf. 3rd Bn. Co.D
Bishop, W.H. GA Mil. 7th Regt. Co.G
Bishop, W.H. MS Cav. 3rd Bn.Res. Co.B
Bishop, W.H. MS 2nd Inf. Co.F
Bishop, W.H. VA 46th Inf. Co.E
Bishop, W.I. SC Cav. 19th Bn. Co.C
Bishop, William AL 5th Inf. New Co.E
Bishop, William AL 18th Bn.Vol. Co.A Cpl.
Bishop, William AL 21st Inf. Co.I
Bishop, William AL 37th Inf. Co.B Sgt.
Bishop, William AR 2nd Inf. Co.K
Bishop, William FL Cav. 5th Bn. Co.I
Bishop, William FL Lt.Arty. Dyke's Co.
Bishop, William FL 5th Inf. Co.G
Bishop, William GA 6th Cav. Co.H
Bishop, William GA 7th Inf. Co.C
Bishop, William GA 8th Inf. Co.H
Bishop, William GA 23rd Inf. Co.G
Bishop, William GA 56th Inf. Co.E
Bishop, William GA 63rd Inf. Co.C
Bishop, William GA Inf. Grubbs' Co.
Bishop, William KY 1st Bn.Mtd.Rifles Co.D
Bishop, Wm. KY Cav. 2nd Bn. (Dortch's) Co.B
Bishop, William KY 3rd Mtd.Inf. Co.B
Bishop, William MS 1st Cav.Res. Co.F
Bishop, William MS Cav. 1st Bn. (McNair's) St.Troops Co.A
Bishop, William MS Inf. 1st Bn.St.Troops (12 mo. '62-3) Co.F
Bishop, William MS 15th Bn.S.S. Co.B
Bishop, Wm. MO St.Guard
Bishop, William TN 9th Cav.
Bishop, William TX 2nd Cav. Co.C
Bishop, William TX 6th Inf. Co.I
Bishop, William VA 2nd Cav. Co.K
Bishop, William VA 10th Cav. 2nd Co.E
Bishop, William VA 6th Bn.Res. Co.H
Bishop, William VA 14th Inf. Co.F
Bishop, William Conf.Inf. 8th Bn.
Bishop, William Conf.Reg.Inf. Brooks' Bn. Co.D
Bishop, William A. AL 47th Inf. Co.K
Bishop, William A. MO 8th Cav. Co.D
Bishop, William B. GA 13th Inf. Co.I
Bishop, William B. GA 60th Inf. Co.K Sgt.
Bishop, William B. NC 60th Inf. Co.F
Bishop, William B. VA 63rd Inf. Co.D
Bishop, William D. AR 27th Inf. Co.H
Bishop, William D. NC 22nd Inf. Co.L
Bishop, William E. MS 4th Inf. Co.B
Bishop, William E. MS 31st Inf. Co.I
Bishop, William E. VA Lt.Arty. Grandy's Co. Artif.
Bishop, William E. Sig.Corps,CSA
Bishop, William F. NC 45th Inf. Co.C
Bishop, William G. NC 14th Inf. Co.E
Bishop, William G. TX 15th Cav. Co.A 1st Lt.
Bishop, William H. AL 48th Inf. Co.G
Bishop, William H. AR 16th Inf. Co.E
Bishop, William H. GA 13th Inf. Co.I
Bishop, William H. GA 44th Inf. Co.C Sgt.
Bishop, William H. MS 7th Inf. Co.F Col.
Bishop, William H. MS 40th Inf. Co.C
Bishop, William H. NC 2nd Inf. Co.G Sgt.
Bishop, William H. TN Inf. Tackitt's Co.
Bishop, William H. TX 15th Cav. Co.A
Bishop, William H. TX 19th Cav. Co.F
Bishop, William H. VA 49th Inf. 3rd Co.G
Bishop, William I. MS 27th Inf. Co.K
Bishop, William Ira MS Inf. 5th Bn. Co.B
Bishop, William J. SC 17th Inf. Co.G Sgt.
Bishop, William J. VA 56th Inf. Co.D
Bishop, William J.E. VA 16th Inf. 1st Co.H
Bishop, William J.E. Conf.Lt.Arty. Richardson's Bn. Co.C Artif.
Bishop, William M. GA Smith's Legion Stiff's Co.
Bishop, William O. VA 56th Inf. Co.H
Bishop, William P. NC 60th Inf. Co.G
Bishop, William P. SC Inf. Holcombe Legion Co.C
Bishop, William P. TN 29th Inf. Co.D Capt.
Bishop, William P. VA 25th Cav. Co.H,I
Bishop, William S. KY 7th Mtd.Inf. Co.F Sgt.
Bishop, William T. AL 16th Inf. Co.G 1st Lt.
Bishop, William T., Jr. AL 16th Inf. Co.G
Bishop, William W. VA 9th Inf. 2nd Co.H
Bishop, William W. VA 12th Inf. 1st Co.I
Bishop, Willis M. GA 5th Inf. Co.B
Bishop, Willis M. GA 44th Inf. Co.G
Bishop, Wilson SC 16th Inf. Co.G
Bishop, W.J. AL 46th Inf. Co.K
Bishop, W.J. GA 18th Inf. Co.G
Bishop, W.J. SC Part.Rangers Kirk's Co.
Bishop, W.J. TN 19th (Biffle's) Cav. Co.D
Bishop, W.L. GA Cav. 9th Bn. (St.Guards) Co.C
Bishop, W.L. TX 14th Inf. Co.I
Bishop, W.L. TX 19th Inf. Co.C
Bishop, W.M. AL 19th Inf. Co.H
Bishop, W.M. TN 21st (Wilson's) Cav. Co.F,B
Bishop, W.P. GA 18th Inf. Co.G
Bishop, W.P. NC 58th Inf. Co.H
Bishop, W.P. SC Inf. 1st (Charleston) Bn. Co.G
Bishop, W.P. SC 27th Inf. Co.I Cpl.
Bishop, W.P. SC Inf. Holcombe Legion Co.I Capt.
Bishop, W.R. MS 5th Inf. Co.C 2nd Lt.
Bishop, W.R. MS 13th Inf. Co.F
Bishop, W.S. TX 5th Cav. Co.F Cpl.
Bishop, W.S. VA 8th Cav. Co.D
Bishop, W.T. AL Inf. 1st Regt. Co.G 1st Lt.
Bishop, W.T. MS 15th Bn.S.S. Co.B
Bishop, W.T. NC 1st Cav. (9th St.Troops) Co.C Artif.
Bishop, W.W. TX 28th Cav. Co.E
Bishop, W.W. TX 11th Inf. Co.B
Bishop, W.W. VA 2nd Cav. Co.C Cpl.
Bishop, W.W. VA 3rd Cav. 2nd Co.I
Bishop, Zachariah T. MO Cav. Freeman's Regt. Co.F
Bishop, Zack MS Cav. 3rd Bn.Res. Co.B
Bishop, Zack SC 17th Inf. Co.D
Bishop, Zephaniah F. GA 3rd Cav. (St.Guards) Co.D Cpl.
Bishop, Z.G. AL 12th Inf. Co.D Cpl.
Bishops, John M. MO Inf. 5th Regt.St.Guard Co.D
Bishup, D. FL 1st (Res.) Inf. Co.F
Bishup, M. FL 1st (Res.) Inf. Co.G
Bishup, W.H. GA 45th Inf. Co.H
Bising, Henry TX 17th Inf. Co.D
Biskd, B. LA Mil. 1st Regt. 2nd Brig. 1st Div. Co.E
Bisland, John R. LA 26th Inf. Adj.
Bisland, John R. Gen. & Staff 1st Lt.,Adj.
Bisland, J.W. MS 1st Lt.Arty. Co.H
Bisland, R. MS 4th Cav. Co.C
Bisland, T. Alex LA Inf. 4th Bn. Co.E Capt.
Bisland, Thomas S. LA 26th Inf. QMSgt.
Bisland, William A. LA 26th Inf. Co.H Capt.
Bisly, Joseph LA O'Hara's Co. (Pelican Guards, Co.B)
Bison, Francis SC 1st Arty. Co.A
Bisopop, William GA 40th Inf. Co.F
Bispham, Robert VA 9th Cav. Sandford's Co.
Bispham, Robert VA Cav. 15th Bn. Co.A
Bispham, Robert VA 41st Mil. Co.D
Bispham, T.M. AL 41st Inf. Co.C
Bispham, William T. VA 47th Inf. Co.C Sgt.
Bisplinghoff, H. TN Cav. 4th Bn. (Branner's) Co.A Bugler
Bissalin, Alex Conf.Inf. 8th Bn. Co.D
Bissell, Arza P. LA 17th Inf. Co.A
Bissell, Benett NC 45th Inf. Co.C
Bissell, F. AR Lt.Arty. Hart's Btty.
Bissell, H.E. Gen. & Staff AASurg.
Bissell, J. VA 8th Inf. Co.C
Bissell, J.B. SC Mil. 17th Regt. Buist's Co. 2nd Lt.
Bissell, John AR 24th Inf. Co.K

Bissell, John AR Inf. Hardy's Regt. Co.H
Bissell, Oliver AR Mil. Desha Cty.Bn.
Bissell, Stephen AR Mil. Desha Cty.Bn.
Bissell, Thomas AR Mil. Desha Cty.Bn. 2nd Lt.
Bissell, William AR Mil. Desha Cty.Bn.
Bissell, William MS 20th Inf. Co.A
Bissell, William R. VA 8th Inf. Co.A Capt.
Bissell, W.S. SC 2nd Inf. Co.I 2nd Lt.
Bisser, Wm. D. MO Cav. 3rd Bn. Adj.
Bisset, Alexis LA 27th Inf. Co.D
Bisset, Ovide LA 4th Inf. Co.B
Bisset, Pauline LA 4th Inf. Co.D
Bisset, William VA 5th Cav. (12 mo. '61-2) Co.D
Bissett, Asel C. LA Inf. 11th Bn. Co.D
Bissett, Berry N. NC 2nd Inf. Co.B
Bissett, C. TX 33rd Cav. Co.K
Bissett, Daniel NC 7th Inf. Co.E
Bissett, David A. VA 13th Cav. Co.E 2nd Lt.
Bissett, Jackson NC 47th Inf. Co.A
Bissett, J.H. TX 33rd Cav. Co.K
Bissett, J.L. TX 33rd Cav. Co.K
Bissett, John VA Lt.Arty. Pegram's Co.
Bissett, John VA 16th Inf. Co.K
Bissett, Joseph J. NC 47th Inf. Co.A
Bissett, Josiah NC 47th Inf. Co.A
Bissett, Manoah NC 47th Inf. Co.A
Bissett, Payton NC 30th Inf. Co.I
Bissett, Peyton NC 47th Inf. Co.A
Bissett, Philander J. NC 7th Inf. Co.E
Bissett, Samuel VA Lt.Arty. Pegram's Co.
Bissett, William VA 13th Cav. Co.B
Bissett, William VA 17th Cav. Co.H Sgt.
Bissett, William D. NC 47th Inf. Co.A
Bissinger, Henry MS Conscr.
Bissle, Robert KY 4th Cav. Co.B
Bissle, Robert KY 5th Cav. Co.B
Bisson, --- AL 22nd Inf. Co.D
Bist, J.M. NC 14th Inf. Co.D
Biswell, James A. AR 34th Inf. Co.D
Bitanco, Manuel LA 1st (Strawbridge's) Inf. Co.C
Bitat, C.P. LA 30th Inf. Co.F
Bitcher, Charles W. VA Cav. McFarlane's Co.
Bitchiner, Daniel GA 5th Inf. Co.C
Bitchman, D. TX 1st Hvy.Arty. Co.K
Biter, A. SC Inf. 1st (Charleston) Bn. Co.F
Biter, A. SC 7th Res. Co.L
Biter, Alex SC 27th Inf. Co.C
Biter, H. SC 7th Res. Co.L
Biter, Henderson SC 5th St.Troops Co.E
Biter, James SC 9th Res. Co.A
Biter, James SC 13th Inf. Co.B
Biter, John SC 22nd Inf. Co.C
Biter, John TN 51st Inf. Co.A
Biter, John TN 51st (Cons.) Inf. Co.H
Biter, Joseph TN 45th Inf. Co.H 3rd Lt.
Biter, Peter SC 22nd Inf. Co.C
Biter, Peter F. TN 28th Inf. Co.F
Biter, Pinkney SC 22nd Inf. Co.C
Biter, S.M. SC 27th Inf. Co.B
Biter, W.A.J. TN 11th Inf. Co.C
Biter, Wiles SC 9th Inf. Co.I
Biter, Wiles SC 22nd Inf. Co.C
Bith, G.F. TN 44th (Cons.) Inf.
Bithner, Samuel Conf.Reg.Inf. Brooks' Bn. Co.E
Bitkers, P. VA 11th Inf. Co.A Lt.
Bitner, Henry TX 2nd Inf. Co.B
Bitner, Jackson AR 25th Inf. Co.K
Bitner, Samuel L. AR 4th Inf. Co.E
Bitner, Thomas TN 63rd Inf. Co.K
Bitner, W.D. TX 13th Cav. Co.B
Bitreck, M.D. TN 2nd (Robison's) Inf. Co.B
Bitsell, J.M. SC Mil. 1st Regt. (Charleston Res.) Co.C
Bittek, J.N. TX 30th Cav. Co.D
Bittell, John TX 16th Inf. Co.B
Bitteman, Lucien A. TX 25th Cav. Co.H
Bitter, J. LA Mil. Fire Bn. Co.D
Bitter, Philip C. TX 36th Cav. Co.F 1st Lt.
Bitter, William TX 36th Cav. Co.F Ch.Bugler
Bitterman, L.A. TX 24th & 25th Cav. Co.H
Bitters, H. LA Mil. Chalmette Regt. Co.B
Bitters, Joseph LA Mil. 4th Regt. 1st Brig. 1st Div. Co.I
Bitters, Joseph LA 5th Inf. Co.G
Bitterwoff, X. LA Mil. 4th Regt. 2nd Brig. 1st Div. Co.C
Bitterwolf, Leopold MS 3rd Inf. Co.E
Bittick, Columbus C. AR Inf. Hardy's Regt. Co.D
Bittick, Jerome TN 3rd (Clack's) Inf. Co.I Sgt.
Bittick, J.H. TN 22nd (Barteau's) Cav. Co.I 2nd Lt.
Bittick, John TN 22nd (Barteau's) Cav. Co.I
Bittick, J.W. AR 20th Inf. Co.E
Bittick, Marion MO Mtd.Inf. Boone's Regt.
Bittick, N.D. TN 22nd (Barteau's) Cav. Co.I
Bittick, Thomas MO Mtd.Inf. Boone's Regt.
Bittick, William AR 2nd Mtd.Rifles Co.H
Bittick, William MO Mtd.Inf. Boone's Regt.
Bittick, W.T. TN 47th Inf. Co.H
Bitticks, Henry W.C. TX 18th Cav. Co.H
Bitticks, Henry W.C. TX Cav. Baylor's Regt. Co.H
Bitticks, Jasper N. TX Cav. Baylor's Regt. Co.H
Bitticks, J.H. TN 9th Inf. Co.H
Bitticks, John TN 19th (Biffle's) Cav. Co.C
Bitticks, N.M. TN 9th Inf. Co.E Cpl.
Bitticks, Samuel TN 19th (Biffle's) Cav. Co.C
Bitticks, William M. MO 10th Inf. Co.I
Bitting, John H. GA Phillips' Legion Co.B Sgt.
Bitting, John W. NC 48th Inf. Co.K Capt.
Bitting, J.W. NC 7th Sr.Res. Watts' & Holland's Co.
Bitting, Nicholas GA Phillips' Legion Co.B
Bittis, W. MS 2nd Cav.Res. Co.G
Bittle, A.J. AR 10th (Witt's) Cav. Co.G
Bittle, Amos AR 31st Inf. Co.D
Bittle, B. LA Mil. Chalmette Regt. Co.B
Bittle, Benjamin MO 3rd Inf. Co.G
Bittle, Benjamin R. VA 3rd Inf. Co.G
Bittle, Emanuel MO 10th Cav. Co.F
Bittle, Emanuel MO 3rd Inf. Co.G
Bittle, Francis J. TX 35th (Brown's) Cav. Co.G
Bittle, George AL 25th Inf. Co.H Cpl.
Bittle, George C. AR 1st (Crawford's) Cav. Co.K
Bittle, George T. AR 12th Inf. Co.I
Bittle, Geo. W. VA Arty. J.W. Drewry's Co.
Bittle, George W. VA Burks' Regt.Loc.Def.
Bittle, G.W. 1st Conf.Eng.Troops Co.D Cpl.
Bittle, Irvin SC Prov.Guard Hamilton's Co.
Bittle, Isaac AR 2nd Mtd.Rifles Co.F Sgt.
Bittle, J. AL Cav. Barbiere's Bn. Bowie's Co.
Bittle, J.A. AL Cav. Barbiere's Bn. Bowie's Co.
Bittle, J.A. AL Cav. 5th Bn. Hilliard's Legion Co.E
Bittle, James AR 10th (Witt's) Cav. Co.G
Bittle, James E. 10th Conf.Cav. Co.E
Bittle, James K. MO Inf. Clark's Regt. Co.A
Bittle, J.B. AL Cav. Barbiere's Bn. Bowie's Co.
Bittle, J.H. SC Inf. 9th Bn. Co.C
Bittle, J.H. SC 26th Inf. Co.D
Bittle, J.J. AR 10th Inf. Co.G
Bittle, J.K. MO 9th Inf. Co.B
Bittle, John AL Cav. 5th Bn. Hilliard's Legion Co.E
Bittle, John AL 31st Inf. Co.E
Bittle, John AR 18th Inf. Co.B
Bittle, John 10th Conf.Cav. Co.E
Bittle, John W. SC Cav. 12th Bn. Co.A
Bittle, John W. VA Burks' Regt.Loc.Def.
Bittle, John Wesley SC 4th Cav. Co.A
Bittle, J.T. AR 11th Inf. Co.K
Bittle, L.H. AR 10th Inf. Co.G
Bittle, Robert VA 22nd Cav. Co.C
Bittle, Robert F. VA 50th Inf. 1st Co.G
Bittle, Robert F. VA 63rd Inf. Co.E
Bittle, Wiley A. AR 37th Inf. Co.H
Bittle, William H. MS 24th Inf. Co.K
Bittman, J.F. GA 15th Inf.
Bittner, William AR Lt.Arty. Marshall's Btty. Music.
Bittner, William TX 1st Field Btty.
Bittock, J. TN 21st & 22nd (Cons.) Cav. Co.C
Bitts, C.M. AL 50th Inf. Co.H 2nd Lt.
Bitts, J.H. MS 11th (Perrin's) Cav. Co.K
Bitty, Wesly T. TN 6th Inf. Co.E
Bitwell, William MO 5th Cav. Co.A
Bitzel, Adam VA 1st Inf. Co.K
Bitzen, F. AL 94th Mil. Co.A
Bitzer, Conrad R. VA 8th Inf. Co.A 1st Lt.
Bitzer, George W. VA 6th Cav. Co.A
Bitzer, George W. VA 8th Inf. Co.A
Bitzer, J.H. VA 122nd Mil. Co.F Capt.
Biue, J.D. Gen. & Staff Chap.
Bius, N. TX Cav. 2nd Regt. Co.B
Bius, William D. AR 5th Inf. Co.C
Biven, E.R. SC Lt.Arty. 3rd (Palmetto) Bn. Culpeper's Co.
Biven, H.M. TX Inf. Griffin's Bn. Co.F
Biven, James TX Inf. Griffin's Bn. Co.F
Biven, Jesse FL 4th Inf. Co.E
Biven, Joseph H. VA 41st Inf. Co.C
Biven, N.W. TN 51st (Cons.) Inf. Co.I,F
Biven, Richard FL Sp.Cav. 1st Bn. Co.B
Biven, Robert AR 3rd Inf. Co.B Sgt.
Biven, William E. MD 1st Inf. Co.I
Biven, Zachariah B. MD 1st Inf. Co.I
Bivens, --- LA 1st Cav. Lt.
Bivens, --- TX Cav. Good's Bn. Co.A
Bivens, --- TX 11th (Spaight's) Bn.Vol. Co.G
Bivens, Andrew J. 1st Conf.Cav. 2nd Co.G
Bivens, B. GA 32nd Inf. Co.B
Bivens, B. MS 34th Inf. Co.H
Bivens, Banister S. TN 59th Mtd.Inf. Co.D
Bivens, Benjamin B. TN 59th Mtd.Inf. Co.D
Bivens, Berrien A. GA Arty. 11th Bn. (Sumter Arty.) Co.D, New Co.C

Bivens, Charles GA Arty. Maxwell's Reg. Lt.Btty.
Bivens, Charles GA 1st Reg. Co.D
Bivens, D.C. GA 31st Inf. Co.K
Bivens, Elias TX 11th Cav. Co.K
Bivens, Elias L. TN 59th Mtd.Inf. Co.D
Bivens, Elijah TX 10th Inf. Co.H
Bivens, Elijah K. TX 14th Cav. Co.E Cpl.
Bivens, F. MS 29th Inf. Co.E
Bivens, J. AL 12th Inf. Co.H
Bivens, J. GA 53rd Inf. Co.I
Bivens, J. NC 38th Inf. Co.M
Bivens, James TX 21st Inf. Co.B
Bivens, James H. GA 12th (Robinson's) Cav. (St.Guards) Co.H
Bivens, James M. NC 6th Inf. Co.H
Bivens, J.B. SC 8th Bn.Res. Fishburne's Co.
Bivens, J.E. AL Inf. 1st Regt. Co.D
Bivens, J.M. GA 19th Inf. Co.I
Bivens, J.M. MO 5th Cav. Co.H
Bivens, John GA Lt.Arty. Fraser's Btty.
Bivens, John SC 1st Mtd.Mil. Scott's Co.
Bivens, John SC 2nd St.Troops Co.H
Bivens, John TX 21st Inf. Co.K
Bivens, John A. 1st Conf.Cav. 2nd Co.G Sgt.
Bivens, John T. GA 6th Inf. (St.Guards) Co.F Cpl.
Bivens, John T. GA 9th Inf. Co.F
Bivens, John V. TX 27th Cav. Co.I
Bivens, Jonah GA 53rd Inf. Co.F Asst.Surg.
Bivens, Jonah Gen. & Staff Asst.Surg.
Bivens, Joseph NC 6th Inf. Co.F
Bivens, Joseph SC 1st Mtd.Mil. Scott's Co.
Bivens, Joseph TN 36th Inf. Co.F
Bivens, Joseph A. NC 53rd Inf. Co.I
Bivens, Joseph W. NC 53rd Inf. Co.I
Bivens, J.R. TN 6th Inf. Co.C 1st Lt.
Bivens, J.T. LA 17th Inf. Co.C
Bivens, J.W. TX 17th Cons.Dismtd.Cav. Co.H
Bivens, L.S. TX Cav. 2nd Bn.St.Troops Wilson's Co.
Bivens, L.T. AL 7th Inf. Co.K
Bivens, L.T. MS Lt.Arty. 14th Bn. Co.B 1st Sgt.
Bivens, M.B. 1st Conf.Cav. 2nd Co.G
Bivens, Michael NC 6th Inf. Co.F
Bivens, Nathaniel W. TN 51st Inf. Co.E
Bivens, O.P. MO 3rd Inf. Co.D Jr.2nd Lt.
Bivens, P.A. TN 24th Bn.S.S. Co.A
Bivens, Peter M. NC 55th Inf. Co.F
Bivens, P.F. LA 3rd Inf. Co.D
Bivens, Robert M. GA 44th Inf. Co.I
Bivens, Robert N. NC 37th Inf. Co.D
Bivens, Stephen NC 1st Inf. Co.B
Bivens, T.A. AR 30th Inf. Co.K
Bivens, Thomas TX 15th Cav. Co.I
Bivens, Thomas J. NC 53rd Inf. Co.I
Bivens, W. TX 7th Inf. Co.B
Bivens, W.E. TN 55th (Brown's) Inf. Co.A
Bivens, W.G. TX 3rd Cav. Co.G
Bivens, William GA Inf. 8th Bn. Co.D Cpl.
Bivens, William NC 53rd Inf. Co.I
Bivens, William VA 3rd Cav. & Inf.St.Line Co.A
Bivens, William VA 3rd Cav. & Inf.St.Line Co.D
Bivens, William N. NC 53rd Inf. Co.I
Bivin, DeKalb AL 21st Inf. Co.K,G
Bivin, DeKalb K. AL 1st Regt.Conscr. Co.B
Bivin, James R. MO 2nd Inf. Co.H
Bivin, James T. LA 19th Inf. Co.E
Bivin, Joseph A. LA 12th Inf. Co.B Capt.
Bivin, Lien A. MO 2nd Inf. Co.H
Bivin, Miles L. FL 5th Inf. Co.B
Bivin, Samuel J. KY 8th Cav. Co.I
Bivin, V.H. TX 9th (Nichols') Inf. Co.G
Bivin, V.H. TX Inf. Timmon's Regt. Co.G Sgt.
Bivin, V.H. TX Waul's Legion Co.A 1st Sgt.
Bivines, James E.A. TX Inf. Griffin's Bn. Co.F Sgt.
Bivings, James M. SC 5th Inf. 1st Co.K
Bivings, James M. SC Palmetto S.S. Co.K
Bivings, William R. NC 62nd Inf. Co.F
Bivins, A.B. TN 11th Inf. Co.I
Bivins, Augustus GA Inf. 5th Bn. (St.Guards) Co.D
Bivins, Avery MO 8th Cav. Co.I
Bivins, B.F. TX 11th (Spaight's) Bn.Vol. Co.B
Bivins, B.F. TX 13th Vol. 4th Co.I
Bivins, Daniel B. 1st Conf.Eng.Troops Co.H Cpl.
Bivins, Decalb K. AL Conscr. Echols' Co.
Bivins, Dewit C. TN 53rd Inf.
Bivins, D.R. MO 3rd Inf. Co.D
Bivins, E.G. 1st Conf.Cav. Co.G Sgt.
Bivins, F.M. MO 3rd Inf. Co.D
Bivins, George A. FL Milton Lt.Arty. Dunham's Co.
Bivins, George C. GA 4th Inf. Co.K
Bivins, George T. GA 61st Inf. Co.I
Bivins, H. TX Loc.Def.Troops Merriman's Co. (Orange Cty. Coast Guards)
Bivins, H.B. TX Cav. 2nd Bn.St.Troops Nelson's Co.
Bivins, H.B. TX 32nd Cav. Co.E
Bivins, Henry B. TX 11th Inf. Co.I Drum.
Bivins, H.F. TN 45th Inf. Co.C
Bivins, H.W. TN 45th Inf. Co.C
Bivins, I.R. TN Inf. 1st Cons.Regt. Co.A 1st Lt.
Bivins, James GA 30th Inf. Co.B
Bivins, James TX 13th Cav. Co.K
Bivins, James Brush Bn.
Bivins, James A. TX 3rd Cav. Co.G
Bivins, James A. 3rd Conf.Cav. Co.D 2nd Lt.
Bivins, James E.A. TX 13th Vol. 3rd Co.K
Bivins, James T. AL Arty. 4th Bn. Hilliard's Legion Co.B Sgt.
Bivins, James T. AL Lt.Arty. Kolb's Btty.
Bivins, James T. AL 59th Inf. Co.D Sgt.
Bivins, J.E. AL 16th Inf. Co.D
Bivins, Jehu NC 3rd Arty. Co.G
Bivins, Jehu NC Lt.Arty. 13th Bn. Co.E
Bivins, Jesse FL 9th Inf. Co.H
Bivins, Jesse F. TX Cav. Hardeman's Regt. Co.E
Bivins, J.H. GA 46th Inf. Co.B
Bivins, J.H. TN Cav. Jackson's Co.
Bivins, J.H. TN Arty. Marshall's Co.
Bivins, J.K. Inf. Bailey's Cons.Regt. Co.A
Bivins, J.K. TX 7th Inf. Co.B
Bivins, J.M. GA Inf. 19th Bn. (St.Guards) Co.C Maj.
Bivins, J.M. TN 45th Inf. Co.C
Bivins, John GA 12th Cav. Co.B
Bivins, John MO 1st N.E. Cav.
Bivins, John M. TX 27th Cav. Co.H Capt.
Bivins, John T. VA Cav. Mosby's Regt. (Part.Rangers) Co.G
Bivins, Joseph SC 3rd Cav. Co.I
Bivins, J.T. GA 46th Inf. Co.B
Bivins, L.C. 9th Conf.Inf. Co.H
Bivins, L.T. MS 1st Cav. Co.D
Bivins, Milton TX 27th Cav. Co.H
Bivins, M.W. AR 7th Cav. Co.C Cpl.
Bivins, P.A. TN 5th Inf. 2nd Co.H
Bivins, P.A. TN 42nd Inf. 2nd Co.H
Bivins, Richard MS 25th Inf. Co.C
Bivins, Robert T. GA 5th Inf. Co.G Sgt.
Bivins, S. NC 7th Sr.Res. Bradshaw's Co.
Bivins, Samuel H. GA 30th Inf. Co.B
Bivins, Samuel W. GA 4th Inf. Co.K
Bivins, S.M. TX 3rd Cav. Co.H
Bivins, Thomas NC 57th Inf. Co.I
Bivins, Thomas C. TX 15th Cav. Co.I
Bivins, Thomas J. GA 2nd Inf. Co.E
Bivins, Truman KY 10th Cav. Co.B
Bivins, Uriah C. GA 5th Inf. Co.B
Bivins, William NC Hvy.Arty. 10th Bn. Co.C
Bivins, William NC 2nd Inf. Co.I
Bivins, William G. GA 17th Inf. Co.B
Bivins, William J. NC 3rd Inf. Co.D 1st Lt.
Bivins, William N. TX 19th Cav. Co.E
Bivins, W.M. GA 1st Lt.Duty Men Co.A
Bivion, John MO Arty. Jos. Bledsoe's Co.
Bivis, G.P. FL 8th Inf. Co.E
Bivwear, Henry M. TX 13th Vol. 3rd Co.K
Bix, H.H. AL Res. J.G. Rankin's Co.
Bixbiad, Joseph AR 16th Inf. Co.C
Bixby, F.M. KY 8th Cav. Co.B
Bixby, H.C. VA 54th Mil. Co.E,F
Bixby, Henry VA 41st Inf. 1st Co.E
Bixby, Henry C. VA Arty. Kevill's Co.
Bixby, Henry C. VA 6th Inf. 1st Co.B Cpl.
Bixby, M.J. AR 1st Mtd.Rifles Co.F
Bixby, William J. VA Arty. Kevill's Co.
Bixey, George AR 27th Inf. Co.E
Bixin, Tubbee Deneale's Regt. Choctaw Warriors Co.C
Bixler, Isaac M. MO Cav. Snider's Bn. Co.C
Bixler, Joshua MO Cav. Snider's Bn. Co.C
Bixler, Milton MO Cav. Snider's Bn. Co.C
Bixler, Milton H. MO 1st N.E. Cav. Co.B
Bixler, Morgan A. VA 10th Inf. Co.K
Bixler, Morgan J. VA 58th Mil. Co.E Sgt.
Bixler, William C.L. VA 10th Inf. Co.K
Bixler, William D. MS Cav. Garland's Bn. Co.A
Bixley, H.C. AL 4th Inf. Co.C
Bixon, J.M. AR 13th Inf. Co.F
Biyegas, Rosaleo TX 3rd Inf. 1st Co.C
Bize, Antoine LA C.S. Zouave Bn. Co.B
Bize, Auguste LA 13th Inf. Co.D
Bize, D.R. GA 46th Inf. Co.C
Bizell, B. NC 8th Sr.Res. Co.F
Bizer, John VA 56th Inf. Co.A
Bizer, John H. LA Inf. 1st Sp.Bn. (Wheat's) Co.B
Bizett, Miles MS 26th Inf. Co.I
Bizette, Jules LA 2nd Cav. Co.K
Bizette, Leozene LA 2nd Cav. Co.K
Bizette, Ovide LA 2nd Cav. Co.K
Bizner, J. TX Cav. Benavides' Regt. Co.C

Bizot, P. LA Mil. 3rd Regt.Eur.Brig. (Garde Francaise) Co.3
Bizsnow, S. TX Inf. Griffin's Bn. Co.F
Bizzel, A.G. MO Inf. 2nd Regt.St.Guard Co.H 3rd Lt.
Bizzel, L.D. TN 14th (Neely's) Cav. Co.F
Bizzell, A.G. MO 3rd Cav.
Bizzell, A.G. MO Lt.Arty. 1st Btty.
Bizzell, Albert Francis NC 7th Inf. Co.C,B 2nd Lt.
Bizzell, Albert M. NC Moseley's Co (Sampson Arty.)
Bizzell, B.S. TN 31st Inf. Co.F
Bizzell, David W. AR 3rd Cav. Co.I Capt.
Bizzell, D.J. TN 9th Inf. Co.F
Bizzell, E.A. NC Mil. Clark's Sp.Bn. Co.L Capt.
Bizzell, Festus NC 20th Inf. Co.H Sgt.
Bizzell, F.M. NC 5th Cav. (63rd St.Troops) Co.C Sgt.
Bizzell, F.M. NC 55th Inf. Co.G
Bizzell, Francis M. AR 14th (Powers') Inf. Co.E Sgt.
Bizzell, H. TN 14th (Neely's) Cav. Co.A
Bizzell, Hardy R. NC 38th Inf. Co.B
Bizzell, H.D. Gen. & Staff Contr.Surg.
Bizzell, Henry B.H. AL 29th Inf. Co.C
Bizzell, J.A. MS 1st (Johnston's) Inf. Co.F Cpl.
Bizzell, James A. NC 20th Inf. Surg.
Bizzell, James A. Gen. & Staff Surg.
Bizzell, James C. AL 39th Inf. Co.H
Bizzell, James C. AL 57th Inf. Co.B
Bizzell, Jesse NC Mil. Clark's Sp.Bn. D.N. Bridgers' Co. 1st Sgt.
Bizzell, J.J. TX 27th Cav. Co.K
Bizzell, John NC 66th Inf. Co.C
Bizzell, John E. AR 36th Inf. Co.F
Bizzell, J.R. MS 7th Cav. 2nd Co.G
Bizzell, J.R. TN 14th (Neely's) Cav. Co.A
Bizzell, J.R. TN 9th Inf. Co.F
Bizzell, Lorenzo F. AR 14th (Powers') Inf. Co.E Sgt.
Bizzell, M. TX Cav. Wells' Regt. Co.E
Bizzell, N.B. TX 23rd Cav. Co.D
Bizzell, O.W. AR Inf. Williamson's Bn. Co.H 3rd Lt.
Bizzell, Seaborn B. AL Arty. 1st Bn. Co.F
Bizzell, S.J. TN 47th Inf. Co.C Sgt.
Bizzell, T.C. AR 10th Inf. Co.K
Bizzell, T.H. TN 14th (Neely's) Cav. Co.A
Bizzell, W. TN 14th (Neely's) Cav. Co.A
Bizzell, W.A. TX Cav. Morgan's Regt. Co.G
Bizzell, W.H. AL 2nd Cav. Co.D 1st Lt.
Bizzell, William B. NC 27th Inf. Co.C
Bizzell, William H. MS 34th Inf. Co.D
Bizzell, William K. TN 6th Inf. Co.K
Bizzell, W.J. AL Mil. 4th Vol. Modawell's Co.
Bizzell, W.L. LA 17th Inf. Co.B
Bizzell, Wooten NC 27th Inf. Co.C Lt.
Bizzell, W.P. KY 7th Mtd.Inf. Co.D
Bizzelle, W.J. AL Gid Nelson Lt.Arty.
Bizzle, Alfred J. MO Cav. Preston's Bn. Co.B,C
Bizzle, Franklin MS 17th Inf. Co.I
Bizzle, J.L. TN 15th (Cons.) Cav. Co.G
Blacbourne, George MO Mtd.Inf. Boone's Regt. Co.A
Blacburn, Duke SC 10th Inf. Co.C
Blachard, Wm. VA 24th Inf. Co.I
Blachard, Willoughby VA 24th Inf. Co.I
Blache, A. LA Arty. 5th Field Btty. (Pelican Lt.Arty.)
Blache, Anatole Gen. & Staff Maj.,ADC
Blache, C. LA 30th Inf. Co.F
Blache, Charles LA Mil. Orleans Guards Regt. Co.D
Blache, Ernest LA Mil. 1st Native Guards Sgt.
Blache, Ernest LA Mil. 1st Native Guards
Blache, G. LA Mil. Orleans Guards Regt. Co.C,D,I
Blache, H. LA Mil. Orleans Guards Regt. Co.C,D,I
Blache, J.E. LA Mil. Orleans Guards Regt. Co.F
Black GA 16th Inf. Co.A
Black, --- AL 41st Inf. Co.K
Black, --- TX Cav. Border's Regt. Co.K
Black, --- TX Cav. Bourland's Regt. Co.G
Black, --- VA Hvy.Arty. 19th Bn. Co.C
Black, A. AR 15th (N.E.) Inf. Co.K
Black, A. LA 25th Inf. Co.F
Black, A. TN Inf. 2nd Cons.Regt. Co.I
Black, A. TX Cav. Wells' Regt. Co.B
Black, A. 2nd Conf.Eng.Troops Co.H
Black, A.A. MS 5th Inf. (St.Troops) Co.A Sgt.
Black, Aaron TX 12th Cav. Co.B
Black, A.B. FL 10th Inf. Co.E
Black, A.B. GA 60th Inf. Co.I
Black, Abraham FL Cav. 3rd Bn. Co.C
Black, Abraham SC 1st St.Troops Co.G
Black, Abraham SC 16th Inf. Co.B
Black, Abraham 15th Conf.Cav. Co.E
Black, Absalom H. GA 9th Inf. (St.Guards) DeLaperriere's Co.
Black, A.C. GA Inf. 25th Bn. (Prov.Guard) Co.G
Black, A.C. MS 13th Inf. Co.A
Black, A.C. SC Cav. 19th Bn. Co.B
Black, A.C. SC 20th Inf. Co.M
Black, A.C. TN Cav. 12th Bn. (Day's) Co.F
Black, A.D. AR 1st Mtd.Rifles Co.H Cpl.
Black, A.D. AR 11th Inf. Co.H 3rd Lt.
Black, A.D. AR 11th & 17th Cons.Inf. Co.C
Black, A.D. NC Lt.Arty. 13th Bn. Co.C
Black, Adam MO 1st & 3rd Cons.Cav. Co.E Sgt.
Black, Adam NC 37th Inf. Co.D
Black, Adam D. AR 9th Inf. Co.G Jr.2nd Lt.
Black, Adam M. AL 61st Inf. Co.D
Black, Adam M. MS 26th Inf. Co.F 2nd Lt.
Black, A.G. SC 17th Inf. Co.D
Black, A.H. GA 19th Inf. Co.F Capt.
Black, A.H. TN 9th (Ward's) Cav. Co.E
Black, A.J. AR 1st (Dobbin's) Cav. Co.E
Black, A.J. GA 18th Inf. Co.K
Black, A.J. MS 7th Cav. Co.F
Black, A.J. MS 28th Cav. Co.F Sgt.
Black, A.J. MS 28th Cav. Co.H
Black, A.J. MO 7th Cav. Co.B
Black, A.J. TN 26th Inf. Co.C
Black, A.J. TX 25th Cav. Co.C
Black, A.L. AR 6th Inf. 1st Co.B
Black, A.L. AR 16th Inf. Co.I Cpl.
Black, Albert G. TN 4th (McLemore's) Cav. Co.K
Black, Albrey SC 17th Inf. Co.H
Black, Alex TN 59th Mtd.Inf.
Black, Alexander AL 28th Inf. Co.E
Black, Alexander FL 1st Cav. Co.K
Black, Alexander FL Inf. 2nd Bn. Co.A
Black, Alexander FL 2nd Inf. Co.K
Black, Alexander GA 16th Inf. Co.E
Black, Alexander GA 39th Inf. Co.A Cpl.
Black, Alexander MS 27th Inf. Co.G 1st Sgt.
Black, Alexander NC 3rd Arty. (40th St.Troops) Co.C
Black, Alexander NC 2nd Inf. Co.G
Black, Alexander NC 7th Inf. Co.C
Black, Alexander TN 11th Cav.
Black, Alexander TX 18th Inf. Co.A Sgt.
Black, Alexander D. AR 9th Inf. Co.D Cpl.
Black, Alexander M. SC 12th Inf. Co.H 2nd Lt.
Black, Alexander W. AL 6th Inf. Co.B
Black, Alexander W. AL 10th Inf. Co.H Cpl.
Black, Alford NC 30th Inf. Co.H
Black, Alfred FL 9th Inf. Co.E
Black, Alfred NC 1st Arty. (10th St.Troops) Co.H
Black, Alfred NC 2nd Arty. (36th St.Troops) Co.B
Black, Alfred NC Lt.Arty. 13th Bn. Co.B
Black, Alfred NC 16th Inf. Co.M
Black, Alfred NC 23rd Inf. Co.B
Black, Alfred TN 50th Inf. Co.A
Black, Alfred G. TN Cav. 2nd Bn. (Biffle's) Co.F
Black, Alfred P. SC 5th Inf. 1st Co.B, 2nd Co.F 2nd Lt.
Black, Allison W. NC 37th Inf. Co.C
Black, A.M. MS 32nd Inf. Co.G 2nd Lt.
Black, Amos NC 14th Inf. Co.B
Black, Amos TN Cav. 16th Bn. (Neal's) Co.E
Black, Amos TN 29th Inf. Co.I
Black, Anderson MS 10th Cav. Co.C
Black, Anderson MO 1st Cav. Co.H
Black, Anderson MO 1st & 3rd Cons.Cav. Co.E
Black, Andrew LA 22nd Inf. D.H. Marks' Co.
Black, Andrew NC 37th Inf. Co.A
Black, Andrew SC Sea Fencibles Symons' Co.
Black, Andrew VA Cav. 36th Bn. Co.C
Black, Andrew D. VA 52nd Inf. Co.E
Black, Andrew H. VA 52nd Inf. Co.E
Black, Andrew J. GA 55th Inf. Co.D
Black, Andrew J. NC 29th Inf. Co.C
Black, Andrew J.L. NC 37th Inf. Co.C
Black, Andrew M. AL 61st Inf. Co.D
Black, Andrew S. AL 43rd Inf. Co.I
Black, Andrew T. MS 1st (Johnston's) Inf. Co.A
Black, A.P. AL 10th Inf. Co.H
Black, A.P. GA Inf. 8th Bn. Co.F
Black, A.P. SC Post Guard Senn's Co. Cpl.
Black, Arch AL 18th Bn.Vol. Co.A
Black, Archibald AL 33rd (Part.Rangers) Co.F
Black, Archibald NC 2nd Cav. (19th St.Troops) Co.I
Black, Archibald NC 49th Inf. Co.D
Black, Archibald D. NC 2nd Arty. (36th St.Troops) Co.C
Black, Archibald G. NC 8th Sr.Res. Kelly's Co.
Black, Archibald M. NC 49th Inf. Co.D
Black, Archibald M. NC 56th Inf. Co.B
Black, Arestus N. VA 1st Cav. Co.I Sgt.
Black, A.S. AL 1st Cav. Co.G

Black, Asa R. TX 17th Cav. Co.E
Black, Asbury C. GA 11th Inf. Co.H
Black, Augustus TX 6th Inf. Co.H
Black, Austin SC Cav.Bn. Holcombe Legion Co.B
Black, A.W. TX 17th Inf. Co.E
Black, Aytehm P. MO 1st Cav. Co.A
Black, B. MS 3rd Cav. Co.H
Black, B. VA 5th Inf. Co.G
Black, Bailey AL Inf. 2nd Regt. Co.E
Black, Bartee B. AR 4th Inf. Chap.
Black, Ben AR 7th Inf. Co.K
Black, Benaga NC 37th Inf. Co.H
Black, Benjamin GA 40th Inf. Co.D
Black, Benjamin VA 42nd Inf. Co.C
Black, Benjamin A. 3rd Conf.Cav. Co.F Cpl.
Black, Benjamin B. GA 48th Inf. Co.A
Black, Benjamin C. AR 32nd Inf. Co.A Sgt.
Black, Benjamin F. AL 47th Inf. Co.H
Black, Benjamin F. MS 20th Inf. Co.D
Black, Benjamin F. MS 31st Inf. Co.A
Black, Benjamin F. VA 12th Cav. Co.I
Black, Benjamin F. VA Lt.Arty. Arch. Graham's Co.
Black, Benjamin P. TX 2nd Cav. 1st Co.F Cpl.
Black, Benjamin P. TX Cav. Morgan's Regt. Co.I
Black, Benjamin T. AL 40th Inf. Co.B
Black, Bernard J. VA Hvy.Arty. 18th Bn. Co.C Capt.
Black, Bernard J. Conf.Arty. Lewis' Bn. Co.C 1st Lt.
Black, Berry MO 8th Cav. Co.H
Black, Berry MO Inf. 4th Regt.St.Guard Co.C
Black, Berry TN 15th Cav. Co.D
Black, B.F. AR 32nd Inf. Co.E Jr.2nd Lt.
Black, B.F. LA 3rd Inf. Co.C
Black, B.M. MS 38th Cav. Co.G Capt.
Black, B.M. TN 3rd (Forrest's) Cav. Co.B Capt.,ACS
Black, B.M. TN 7th (Duckworth's) Cav. White's Co.A Sgt.
Black, C. AL 4th Inf. Co.A
Black, C. TX Cav. Crump's Regt.
Black, C. VA 2nd St.Res. Co.D
Black, C.A. GA 48th Inf. Co.A Cpl.
Black, C.A. SC 3rd Cav. Co.K
Black, Calvin AL 48th Inf. Co.D
Black, Calvin AL Pris.Guard Freeman's Co.
Black, Calvin FL 4th Inf. Co.A
Black, Calvin SC 1st Arty. Co.C
Black, Calvine TX Cav. Chisum's Regt. Co.C
Black, Calvin J. GA 36th (Broyles') Inf. Co.E
Black, Calvin J. GA 52nd Inf. Co.A
Black, Calvin L. VA 14th Cav. Co.H
Black, Calvin M. TN Lt.Arty. Huggins' Co.
Black, Calvin M. TX 26th Cav. Co.D Cpl.
Black, Casper NC 48th Inf. Co.H
Black, C.B. AL 34th Inf. Black's Co. Capt.
Black, C.C. KY 9th Cav. Co.C,A
Black, C.C. KY Corbin's Men
Black, C.D. LA Pointe Coupee Arty.
Black, C.E. LA 18th Inf. Co.B
Black, Cephalus VA Lt.Arty. G.B. Chapman's Co. Sgt.Maj.
Black, Cephalus VA 108th Mil. Co.C
Black, C.F. AL 3rd Inf. Co.H
Black, C.F. MO 6th Inf. Co.C
Black, C.G. TN 16th Inf. Co.C 2nd Lt.
Black, C.H. TX 20th Cav. Co.K
Black, Charles AL Randolph Cty.Res. J. Orr's Co.
Black, Charles LA Mtd.Rifles Miller's Ind.Co.
Black, Charles NC 13th Inf. Co.I
Black, Charles TN 7th (Duckworth's) Cav. White's Co.
Black, Charles E. LA Inf.Crescent Regt. Co.B Sgt.
Black, Charles O. VA Cav. 39th Bn. Co.A
Black, Charles O. VA 58th Mil. Co.F
Black, Charles P. MS 15th Inf. Co.H
Black, Charles V. MS 21st Inf. Co.H
Black, Christopher AR 13th Inf. Co.E
Black, Christopher KY 7th Inf. 1st Co.K
Black, Christopher C. AR 6th Inf. Co.H, Old Co.D Cpl.
Black, Cicero S. AR 3rd Cav. Co.G Sgt.
Black, C.L. LA 17th Inf. Co.D
Black, C.L. NC 57th Inf. Co.F
Black, C.L. TX 29th Cav. Co.K
Black, C.L. VA 7th Bn.Res. Co.D
Black, Claiborne W. TN 1st (Turney's) Inf. Co.C
Black, Clarendon SC 17th Inf. Co.H
Black, Clifton T. MO Inf. 3rd Bn. Co.E
Black, Clifton T. MO 6th Inf. Co.C
Black, Clinton M. NC 11th (Bethel Regt.) Inf. Co.D
Black, C.M. AL 14th Inf. Co.G
Black, Colton J. MO Cav. Preston's Bn. Co.B
Black, Cornelius AL 57th Inf. Co.F Sgt.
Black, C.R. TX 9th (Young's) Inf. Co.G
Black, C.R. VA Conscr. Cp. Lee Co.A
Black, C.S. GA Inf. 8th Bn. Co.A
Black, C.T. SC 25th Inf. Co.B Cpl.
Black, C.W. TN 3rd (Forrest's) Cav. Co.D
Black, C.W. Forrest's Scouts T. Henderson's Co.,CSA
Black, Cyrus MO Inf. 3rd Regt.St.Guard Capt.,A.Div.QM
Black, Cyrus MO 12th Inf. Co.G Capt.
Black, Cyrus Gen. & Staff Capt.,AQM
Black, Cyrus R. TX Cav. 2nd Bn.St.Troops Hubbard's Co.
Black, D. GA 55th Inf. Co.H
Black, D. KY 3rd Mtd.Inf. 1st Co.F
Black, D. MS 2nd Cav. Co.H
Black, D. SC Hvy.Arty. 15th (Lucas') Bn. Co.A
Black, Danel AL 49th Inf. Co.E
Black, Daniel AL Lt.Arty. Hurt's Btty.
Black, Daniel GA 2nd Cav. (St.Guards) Co.I
Black, Daniel GA Cav. 16th Bn. (St.Guards) Co.E
Black, Daniel KY Lt.Arty. Cobb's Co.
Black, Daniel LA 17th Inf. Co.I
Black, Daniel MS 3rd (St.Troops) Cav. Co.C
Black, Daniel NC 4th Sr.Res. Co.E 2nd Lt.
Black, Daniel SC 18th Inf. Co.B
Black, Daniel TN 50th Inf. Co.I
Black, Daniel VA Mil. Carroll Cty.
Black, Daniel Exch.Bn. Co.E,CSA
Black, Daniel A. NC 15th Inf. Co.F
Black, Daniel A. NC 56th Inf. Co.B
Black, Daniel A. VA Hvy.Arty. 19th Bn. Co.D
Black, Daniel A. VA 6th Inf. Co.G
Black, Daniel L. 7th Conf.Cav. Co.G
Black, Daniel R. NC 15th Inf. Co.F
Black, Daniel T. SC 1st Inf. Co.E
Black, David AL 16th Inf. Co.K
Black, David FL 2nd Cav. Co.C
Black, David GA 51st Inf. Co.K Cpl.
Black, David MS 46th Inf. Co.G
Black, David SC 17th Inf. Co.D Sgt.
Black, David TN 24th Inf. 1st Co.G, Co.B
Black, David TX 18th Inf. Co.D
Black, David VA Cav. McFarlane's Co.
Black, David VA Burks' Regt.Loc.Def. Beckner's Co.
Black, David Conf.Cav. 6th Bn. Co.E
Black, David A. GA 21st Inf. Co.G Cpl.
Black, David A. VA 5th Inf. Co.D
Black, David C. GA 24th Inf. Co.C
Black, David C. TN 7th Inf. Co.B
Black, David F. AL 19th Inf. Co.E
Black, David G. GA Arty. 9th Bn. Co.A
Black, David M. GA 1st Cav. Co.E
Black, David M. SC 5th Inf. 1st Co.E, 2nd Co.H Sgt.
Black, David M. SC 7th Res. Co.E
Black, David M. SC Palmetto S.S. Co.K
Black, David P. AR 1st Mtd.Rifles Co.B AQM
Black, David R. KY Cav. 1st Bn. Co.A
Black, David R. VA Cav. 34th Bn. Co.H
Black, David S. AL 4th Inf. Co.F
Black, David S. VA 3rd (Chrisman's) Bn.Res. Co.F Sgt.
Black, David S. VA Rockbridge Cty.Res. Donald's Co.
Black, Davidson M. NC 52nd Inf. Co.H
Black, David W. SC 1st Arty. Co.C
Black, D.C. AR 45th Cav. Capt.,AQM
Black, D.C. 3rd Conf.Cav. Co.E
Black, D.D. AL 6th Cav. Co.C
Black, D.F. GA 31st Inf. Co.A
Black, D.H. TN 12th Cav. Co.E
Black, D.L. KY 2nd (Woodward's) Cav. Co.C
Black, Doctor F. GA 35th Inf. Co.A
Black, Donfanando N. LA 28th (Gray's) Inf. Co.A
Black, D.P. Gen. & Staff Capt.,AQM
Black, D.R. MO 12th Cav. Co.H
Black, D.S. AL 51st (Part.Rangers) Co.D
Black, D.S. AR Mil. Desha Cty.Bn.
Black, D.T. 2nd Conf.Eng.Troops Co.H Sgt.
Black, Duncan NC 15th Inf. Co.F
Black, Duncan NC 38th Inf. Co.K
Black, Duncan NC 49th Inf. Co.D Cpl.
Black, Duncan NC 50th Inf. Co.H
Black, Duncan A. NC 33rd Mil. Ray's Co. Sgt.
Black, Duncan A. NC 38th Inf. Co.K 2nd Lt.
Black, Duncan B. NC 2nd Cav. (19th St.Troops) Co.I
Black, E. AL 33rd Inf. Co.D
Black, E. LA Lt.Arty. 6th Field Btty. (Grosse Tete Flying Arty.)
Black, E. MS 3rd Inf. (St.Troops) Co.C Cpl.
Black, E. TX 4th Cav. Co.F
Black, E. TX 22nd Inf. Co.K
Black, Edgar GA 25th Inf. Co.F
Black, Edmund C. MS 29th Inf. Co.A
Black, Edward LA Pointe Coupee Arty.
Black, Edward SC 6th Inf. 1st Co.F, 2nd Co.I

Black, Edward VA 36th Inf. Co.F 2nd Lt.
Black, Edward A. SC 12th Inf. Co.A
Black, Edw. J. Gen. & Staff 1st Lt.,ADC
Black, Edward M. TX 27th Cav. Co.A
Black, E.E. NC 34th Inf. Co.H
Black, E.F. MS 41st Inf. Co.F
Black, E.H. GA 3rd Cav. Co.K
Black, E.H. GA 65th Inf. Co.C
Black, E.J. AL 3rd Inf. Co.E
Black, E.L. AL 33rd Inf. Co.D
Black, E.L. GA 9th Inf. Co.D
Black, Eli NC 2nd Inf. Co.E
Black, Elias GA 41st Inf. Co.C
Black, Elias W. AR 4th Inf. Co.A N.C.S.
Black, Eli J. AR 34th Inf. Co.D Sgt.
Black, Eli J. 10th Conf.Cav. Co.D
Black, Elisha TX 10th Inf. Co.B
Black, Elisha M. TX 8th Cav. Co.D
Black, Elisha W. MS 16th Inf. Co.A
Black, Emanuel TN 43rd Inf. Co.A
Black, Emanuel M. GA 2nd Cav. Co.A
Black, Energy P. MS 13th Inf. Co.A
Black, Ephraim GA 30th Inf. Co.B
Black, Ephraim NC 16th Inf. Co.M
Black, Ephraim NC 26th Inf. Co.G
Black, Ephraim NC 45th Inf. Co.H
Black, Ephram M. MO 7th Cav. Co.I
Black, E.R. SC 3rd Bn.Res. Co.C
Black, Erastus L. AR 23th Inf. Co.E Maj.
Black, Erastus M. AL 46th Inf. Co.B Cpl.
Black, E.T. AL 23rd Inf. Co.F
Black, E.T. AL 31st Inf. Co.D
Black, Eugene P. GA 4th Inf. Co.K
Black, Evolette LA 6th Inf. Co.B
Black, E.W. AL 14th Inf. Co.G
Black, E.W. TX 26th Cav. Co.D 1st Sgt.
Black, E.W. TX 5th Inf. Co.C Ens.
Black, Ewd. M. AR 2nd Mtd.Rifles Hawkin's Co.
Black, Ezekiel NC 11th (Bethel Regt.) Inf. Co.A
Black, Ezekiel TX 13th Cav. Co.I Sgt.
Black, Ezekiel P. AL 17th Inf. Co.K Cpl.
Black, F. KY 7th Cav. Co.C
Black, F. LA Inf.Crescent Regt. Co.H Cpl.
Black, F. TX Cav. Bourland's Regt. Co.H
Black, F.D. GA 53rd Inf. Co.A
Black, F.E.H. GA 37th Inf. Co.D
Black, F.J. SC 2nd Arty. Co.G
Black, F.M. AL 17th Inf. Co.K
Black, F.M. AL 26th (O'Neal's) Inf. Co.A
Black, F.M. GA 4th Cav. (St.Guard) Pickle's Co.
Black, F.M. MS 2nd St.Cav. 1st Co.C
Black, F.M. MO 4th Inf. Co.B
Black, F.M. MO 8th Inf. Co.E
Black, F.P. AR 1st Mtd.Rifles Co.I
Black, F.P. Bradford's Corps Scouts & Guards
Black, Francis I. VA 20th Cav. Co.I Sgt.Maj.
Black, Francis M. AL 41st Inf. Co.G
Black, Francis P. AL 10th Inf. Co.H Capt.
Black, Francis P. AR 9th Inf. Co.G
Black, Frank VA 5th Inf.
Black, Frank H. AL 11th Inf. Co.H Cpl.
Black, Franklin AL 19th Inf. Co.E
Black, Franklin KY 6th Cav. Co.K
Black, Franklin D. NC 60th Inf. Co.F,I Sgt.
Black, Franklin H. MS Cav. Jeff Davis Legion Co.B
Black, Franklin H. MS 29th Inf. Co.A
Black, Fred NC 46th Inf. Co.G
Black, G. SC 6th Inf. 1st Co.G, 2nd Co.I
Black, Gabriel MS 2nd Cav. Co.G
Black, Garland C. VA 19th Cav. Co.I
Black, Garland C. VA 27th Inf. Co.F
Black, Garrett GA 43rd Inf. Co.A
Black, Garvin R. GA 36th (Broyles') Inf. Co.A Sgt.
Black, Gavin S. AL 49th Inf. Co.E 1st Lt.
Black, G.B. TN 14th (Neely's) Cav. Co.C Cpl.
Black, G.B. TN 55th (Brown's) Inf. Co.D Lt.Col.
Black, G.B. TX 25th Cav. Co.G
Black, George AR 8th Inf. New Co.I
Black, George MO 4th Cav. Co.G
Black, George MO 5th Inf. Co.F
Black, George MO 9th Inf. Co.C
Black, George MO Inf. Clark's Regt. Co.B
Black, George NC 37th Inf. Co.A
Black, George TN 28th Inf. Co.K
Black, George VA 27th Inf. Co.E
Black, George A. AL 55th Vol. Co.J
Black, George D. VA 146th Mil. Co.A
Black, George F. AR 23th Inf. Co.E Sgt.
Black, George H. AL 7th Inf. Co.A Bvt.2nd Lt.
Black, George H. GA 16th Inf. Co.G
Black, George H. KY 2nd (Duke's) Cav. Co.F
Black, George L. AL 2nd Bn. Hilliard's Legion Vol. Co.C
Black, George R. GA 1st (Olmstead's) Inf. Gordon's Co. 1st Lt.
Black, George R. GA 63rd Inf. Co.B,F Lt.Col.
Black, George W. AR 3rd Inf. Co.I
Black, George W. FL 2nd Inf. Co.K
Black, George W. GA 1st (Ramsey's) Inf.
Black, George W. GA 48th Inf. Co.A
Black, George W. MO 1st N.E. Cav. Co.C
Black, George W. MO 7th Cav. Co.I
Black, George W. NC 25th Inf. Co.K
Black, George W. SC 1st (Hagood's) Inf. 1st Co.H
Black, George W. SC 1st (Orr's) Rifles Co.G
Black, George W. SC 14th Inf. Co.B
Black, George W. TN Cav. 2nd Bn. (Biffle's) Co.F
Black, George W. TN 6th Inf. Co.C
Black, George W. TN 36th Inf. Co.B Cpl.
Black, George W. TN 48th (Voorhies') Inf. Co.I
Black, George W. VA Lt.Arty. Cooper's Co.
Black, G.L. AL 39th Inf. Co.A
Black, G.L. NC 50th Inf. Co.G
Black, Gordon C. VA 54th Inf. Co.F
Black, G.P. LA Mil.Conf.Guards Regt. QMSgt.
Black, Granville H. TX 26th Cav. Co.D Capt.
Black, Green AL 48th Inf. Co.D Sgt.
Black, Green GA 64th Inf. Co.D
Black, Green R. GA 1st (Fannin's) Res. Co.A Sgt.
Black, G.W. AL 8th (Hatch's) Cav. Co.I
Black, G.W. AL Talladega Cty.Res. J. Lucius' Co.
Black, G.W. GA 11th Cav. Co.H
Black, G.W. MS Cav. 2nd Bn.Res. Co.B
Black, G.W. NC 1st Bn.Jr.Res. Co.B Sgt.
Black, G.W. TN 28th (Cons.) Inf. Co.C
Black, G.Y. TN 51st (Cons.) Inf. Co.E Cpl.
Black, H. AR 15th (N.W.) Inf. Co.K
Black, H. GA 55th Inf. Co.H
Black, H. NC 3rd Jr.Res. Co.H
Black, H. 2nd Corps Surg.
Black, H.A. MS Cav. Ham's Regt. Co.E
Black, H.A. TX 17th Cons.Dismtd.Cav. Co.B
Black, Hance SC 1st St.Troops Co.G
Black, Harrison GA 23rd Inf. Co.G
Black, Harvey VA 4th Inf. Surg.
Black, H.B. KY 5th Cav. Co.E
Black, H.C. GA 1st (Fannin's) Res. Co.D
Black, H.C. KY Cav. 2nd Bn. (Dortch's) Co.A
Black, H.C. KY 7th Cav. Co.F
Black, H.C. KY 8th Cav. Co.F
Black, H.C. MS 28th Cav. Co.I Ord.Sgt.
Black, H.C. MS 1st (Percy's) Inf. Co.D
Black, H.C. TX Cav. Morgan's Regt. Co.F
Black, H.E. TN 4th Cav. Co.K
Black, Henderson J. VA 27th Inf. Co.F
Black, Henry AR Cav. Wright's Regt. Co.K
Black, Henry FL Cav. 3rd Bn. Co.C
Black, Henry GA 8th Cav. Co.B
Black, Henry GA 62nd Cav. Co.B
Black, Henry GA 36th (Villepigue's) Inf. Co.K
Black, Henry LA 6th Inf. Co.H
Black, Henry SC 3rd Cav. Co.G
Black, Henry SC 7th Inf. 2nd Co.E, Co.C Cpl.
Black, Henry TX Cav. Baird's Regt. Co.B
Black, Henry TX 2nd Inf. Co.B Music.
Black, Henry VA 20th Cav. Co.K
Black, Henry 15th Conf.Cav. Co.E
Black, Henry 1st Conf.Inf. 1st Co.K
Black, Henry A. VA 12th Cav. Co.I
Black, Henry A. VA 34th Inf. Co.E Sgt.
Black, Henry C. AR 4th Inf. Co.K
Black, Henry C. KY 3rd Mtd.Inf.
Black, Henry C. NC McDugald's Co.
Black, Henry C. VA 18th Cav. 2nd Co.E
Black, Henry F. TX 13th Vol. Co.E Cpl.
Black, Henry G. GA 63rd Inf. Co.F Sgt.
Black, Henry J. GA 41st Inf. Co.H
Black, Henry L. TX 10th Cav. Co.C
Black, Henry M. NC 21st Inf. Co.M
Black, Henry M. VA 10th Inf. Co.G
Black, Henry P. AR 2nd Inf. Co.K
Black, Henry S. TX Cav. Morgan's Regt. Co.A
Black, Henry T. GA 2nd Res. Co.F 2nd Lt.
Black, Henry T. GA 8th Inf. (St.Guards) Co.G Sgt.Maj.
Black, Henry T. GA 42nd Inf. Co.F
Black, H.F. TX 4th Inf. Co.I
Black, H.G. GA 1st (Olmstead's) Inf. Gordon's Co.
Black, H.H. GA 4th Res. Co.A
Black, H.H. TX 1st Inf. Co.A Lt.Col.
Black, Hiram TX 15th Cav. Co.H
Black, H.J. SC 12th Inf. Co.E
Black, H.J.R. GA 2nd Res.
Black, H.L., Sr. AL 2nd Cav. Co.K
Black, H.L. AL 50th Inf.
Black, H.M. TN 24th Inf. Co.C
Black, Holman MO 3rd Inf. Co.D
Black, Horace LA 13th Inf. Co.E
Black, H.P. SC Lt.Arty. 3rd (Palmetto) Bn. Co.A
Black, Hugh FL 6th Inf. Co.A 2nd Lt.

Black, Hugh FL 10th Inf. Davidson's Co. Bvt.2nd Lt.
Black, Hugh NC 7th Bn.Jr.Res. Co.A
Black, H.W. AL 45th Inf. Co.A
Black, H.W. GA 50th Inf. Co.D
Black, H.W. MO 12th Cav. Co.H
Black, I.I. MS 37th Inf. Co.G
Black, Isaac FL 1st Inf. New Co.G
Black, Isaac SC 16th Inf. Co.B
Black, Isaac TX 13th Vol. Co.E
Black, Isaac N. TN 3rd (Clack's) Inf. Co.I 2nd Lt.
Black, I.T. TN 3rd (Lillard's) Mtd.Inf. Co.D
Black, J. AL Cav. Hardie's Bn.Res. S.D. McClellan's Co.
Black, J. AL 12th Inf. Co.G
Black, J. AL 13th Inf.
Black, J. AL 17th Inf. Co.C
Black, J. AR 30th Inf. Co.B
Black, J. KY 3rd Cav. Co.D
Black, J. MS 2nd Cav. Co.G
Black, J. NC 4th Sr.Res. Co.K
Black, J. NC 57th Inf. Co.C
Black, J. SC 1st (Hagood's) Inf. 1st Co.G
Black, J. SC 7th Inf. 2nd Co.E
Black, J. SC 12th Inf. Co.H
Black, J. TN 14th (Neely's) Cav. Co.H
Black, J. VA 17th Cav. Co.I
Black, J.A. AL 17th Inf. Co.B
Black, J.A. AR 27th Inf. Co.D,E
Black, J.A. AR 37th Inf. Co.I
Black, J.A. LA Inf.Crescent Regt. Co.H
Black, J.A. LA Inf.Cons.Crescent Regt. Co.G
Black, J.A. MO Cav. Ford's Bn. Co.A
Black, J.A. NC 57th Inf. Co.K 1st Sgt.
Black, J.A. SC 2nd Arty. Co.A
Black, J.A. SC 3rd Bn.Res. Co.A
Black, J.A. SC 5th St.Troops Co.M
Black, J.A. TN 2nd (Ashby's) Cav. Co.K
Black, J.A. TN Cav. 5th Bn. (McClellan's) Co.E
Black, J.A. TN 1st Arty. Co.A
Black, J.A. TN Lt.Arty. Huggins' Co.
Black, J.A. TN 50th Inf. Co.K
Black, J.A. TX 35th (Brown's) Cav. Co.A,F
Black, J.A. TX 13th Vol. 1st Co.B
Black, Jack TN 50th Inf. Co.D Col'd. Cook
Black, Jacob AR 1st Mtd.Rifles Co.F
Black, Jacob AR Lt.Arty. Marshall's Btty.
Black, Jacob NC Mil. 66th Bn. J.H. Whitman's Co.
Black, Jacob A. MS Lt.Arty. (The Hudson Btty.) Hoole's Co.
Black, Jacob S. TX 27th Cav. Co.I
Black, Jacob S. TX Cav. Sutton's Co.
Black, Jacob T. VA 8th Cav. Co.E
Black, Jacob T. VA Horse Arty. Jackson's Co. Bugler
Black, James AL 18th Bn.Vol. Co.A
Black, James AL 46th Inf. Co.B
Black, James AR Cav. Gordon's Regt. Co.G
Black, James AR 6th Inf. Co.H, Old Co.D
Black, James FL Inf. 2nd Bn. Co.A
Black, James GA Cav. Edmondson's Regt. Co.C
Black, James GA Cav. Logan's Co. (White Cty. Old Men's Home Guards)
Black, James GA Lt.Arty. Guerard's Btty.
Black, James GA 4th Res. Co.I
Black, James GA 65th Inf. Co.E
Black, James LA 1st Hvy.Arty. (Reg.) Co.H 1st Sgt.
Black, James MS Cav. 3rd Bn.Res. Co.A
Black, James MS 18th Cav. Co.G
Black, James MS 3rd Inf. (St.Troops) Co.I
Black, James MS Hudson's Co. (Noxubee Guards)
Black, James NC 23rd Inf. Co.B
Black, James SC 1st (McCreary's) Inf. Co.L
Black, James SC 1st St.Troops Co.G
Black, James SC 3rd Res. Co.A
Black, James SC 5th Inf. 1st Co.I
Black, James SC 16th Inf. Co.C Cpl.
Black, James SC Palmetto S.S. Co.G Lt.
Black, James TN 16th (Logwood's) Cav. Co.B
Black, James TX 11th Cav. Co.D
Black, James TX Cav. Baird's Regt. Co.E
Black, James TX Cav. Baird's Regt. Co.G
Black, James TX 1st Hvy.Arty. Co.I 1st Lt.
Black, James TX 15th Inf. 1st Co.D Sgt.
Black, James TX 16th Inf. Co.I
Black, James VA Lt.Arty. 38th Bn. Co.B
Black, James VA 4th Inf. Co.C
Black, James VA 22nd Inf. Co.B
Black, James VA 51st Inf. Co.B
Black, James VA 52nd Inf. Co.E
Black, James A. AL 51st (Part.Rangers) Co.B
Black, James A. FL 4th Inf. Co.A 1st Lt.
Black, James A. VA 4th Inf. Co.A
Black, James A. VA 11th Inf. Co.C
Black, James B. TN 5th (McKenzie's) Cav. Co.F
Black, James B. TN 33rd Inf. Co.B
Black, James B. Gen. & Staff Capt.,Asst.Surg.
Black, James C. MS 19th Inf. Co.E
Black, James C. MO 5th Inf. Co.B
Black, James C. NC 17th Inf. (1st Org.) Co.L
Black, James D. GA 24th Inf. Co.C
Black, James E. LA 15th Inf. Co.G
Black, James E. VA 23rd Inf. Co.F Sgt.
Black, James F. AR 4th Inf. Co.G Capt.
Black, James F. NC 1st Cav. (9th St.Troops) Co.F
Black, James F. Gen. & Staff 1st Lt.,E.O.
Black, James G. AL Cp. of Instr. Talladega Co.C
Black, James H. AR 16th Inf. Co.C
Black, James H. AR 32nd Inf. Co.A
Black, James H. GA 12th Inf. Co.A
Black, James H. MS Cav. Dunn's Co. (MS Rangers)
Black, James H. NC 30th Inf. Co.K
Black, James H. NC 50th Inf. Co.G
Black, James H. SC 18th Inf. Co.D
Black, James H. VA 54th Inf. Co.H Sgt.
Black, James H.H. AL 33rd Inf. Co.C
Black, James K. AR Cav. 1st Bn. (Stirman's) Co.D
Black, James K. NC 2nd Bn.Loc.Def.Troops Co.E
Black, James K.P. AR 1st Cav. Co.K
Black, James L. AL 9th Inf. Co.H
Black, James L. AR 13th Inf. Co.K
Black, James L. GA 43rd Inf. Co.E Cpl.
Black, James L. NC 39th Inf. Co.B
Black, James M. AL 23rd Inf. Co.D
Black, James M. AR 34th Inf. Co.K
Black, James M. MS Cav. 24th Bn. Co.C
Black, James M. MS 20th Inf. Co.D
Black, James M. MS 36th Inf. Co.B
Black, James M. NC 11th (Bethel Regt.) Inf. Co.A
Black, James M. NC 52nd Inf. Co.A 3rd Lt.
Black, James M. VA 7th Bn.Res. Co.D
Black, James M. VA 57th Inf. Co.H
Black, James N. GA 36th (Broyles') Inf. Co.G
Black, James O. GA 3rd Cav. Co.K,G
Black, James O. TN 34th Inf. Co.K
Black, James O. TN 40th Inf. Co.K
Black, James P. MS 2nd Inf. Co.F Sgt.
Black, James P. NC 25th Inf. Co.K
Black, James P. SC 5th Inf. 2nd Co.B Cpl.
Black, James P. SC 7th Inf. 1st Co.D, 2nd Co.D
Black, James R. AL 49th Inf. Co.A
Black, James R. GA Inf. 1st Loc.Troops (Augusta) Co.F Cpl.
Black, James R. TN 3rd (Forrest's) Cav.
Black, James S. GA Inf. Taylor's Co.
Black, James S. LA Inf. 16th Bn. (Conf.Guards Resp.Bn.) Co.C Sgt.
Black, James S. NC 7th Bn.Jr.Res. Co.B Sgt.
Black, James S. TX Cav. Madison's Regt. Co.G Sgt.
Black, James S. VA 54th Inf. Co.A
Black, James S.H. GA 65th Inf. Co.H
Black, James T. VA 52nd Inf. Co.H
Black, James W. AL 33rd Inf. Co.H Sgt.
Black, James W. GA 2nd Res. Co.F Sgt.
Black, James W. GA Inf. 3rd Bn. Co.C Cpl.
Black, James W. GA 3rd Bn.S.S. Co.C Cpl.
Black, James W. GA 16th Inf. Co.D
Black, James W. Lt.Arty Dent's Btty.,CSA
Black, Jas. W. Gen. & Staff E.O.
Black, Jason E. MS 4th Inf. Co.B
Black, Jasper SC 17th Inf. Co.D
Black, Jasper L. GA 35th Inf. Co.H
Black, Jasper R. SC 20th Inf. Co.K
Black, J.B. GA Cav. Young's Co. (Alleghany Troopers)
Black, J.B. MS 5th Inf. (St.Troops) Co.F
Black, J.B. SC 6th Cav. Co.C
Black, J.B. SC 11th Inf. Asst.Surg.
Black, J.B. SC Inf. Holcombe Legion Co.F 2nd Lt.
Black, J.B. TN 14th (Neely's) Cav. Co.H 2nd Lt.
Black, J.B. TN 14th Inf. Co.A
Black, J. Benjamin SC 2nd Inf. Co.K
Black, J.C. AR 1st Mtd.Rifles Co.I Sgt.
Black, J.C. MS 29th Inf. Co.K
Black, J.C. NC 2nd Jr.Res. Co.E
Black, J.C. TN 13th Inf. Co.E
Black, J.C. TN 28th Inf. Co.K
Black, J.C. TX 33rd Cav. Co.G
Black, J.C. Bradford's Corps Scouts & Guards
Black, J.D. GA 2nd Res. Co.D
Black, J.D. MS Cav. 24th Bn. Co.D
Black, J.D. 20th Conf.Cav. 2nd Co.I
Black, J.E. AR 25th Inf. Co.F
Black, J.E. MS 38th Cav. Co.G 1st Sgt.
Black, J.E. MS 15th Inf. Co.A
Black, Jehirl GA 56th Inf. Co.B
Black, Jeptha N. GA Inf. 4th Bn. (St.Guards) Co.H

Black, Jeptha N. GA 52nd Inf. Co.A
Black, Jerome Conf.Inf. Tucker's Regt. Co.I
Black, Jerome N. TX 13th Cav. Co.A Capt.
Black, Jerome R. AL 55th Vol. Co.J,K
Black, Jesse NC 48th Inf. Co.H
Black, Jesse NC 58th Inf. Co.L
Black, Jesse SC 14th Inf. Co.B
Black, Jesse TN Lt.Arty. Morton's Co.
Black, Jesse C. NC 60th Inf. Co.H
Black, Jesse L. NC 29th Inf. Co.C
Black, Jesse W. AL 47th Inf. Co.C
Black, Jesse W. MS 36th Inf. Co.E
Black, Jessie P. GA Inf. 4th Bn. (St.Guards) Co.B Cpl.
Black, J.F. AL 12th Inf. Co.F
Black, J.F. AR Mil. Louis' Co.
Black, J.F. GA 11th Cav. Co.H
Black, J.F. GA 48th Inf. Co.A
Black, J.F. MS 3rd Inf. (St.Troops) Co.I Cpl.
Black, J.F. TN 21st (Wilson's) Cav. Co.K
Black, J.F. TN 21st and 22nd (Cons.) Cav. Co.A
Black, J.F. TN 22nd (Barteau's) Cav. Co.C
Black, J.F. TN 27th Inf. Co.H
Black, J.F. TX 14th Inf. Co.I
Black, J.G. AL 62nd Inf. Co.F 3rd Lt.
Black, J.G. AL Cp. of Instr. Talladega Co.C
Black, J.G. GA Cav. 1st Bn.Res. Co.E
Black, J.G. NC 3rd Jr.Res. Co.H
Black, J.G. SC 1st Cav. Co.F
Black, J.G. SC 7th Cav. Co.D
Black, J.H. AL 9th Inf. Co.G
Black, J.H. AL 14th Inf. Co.H
Black, J.H. AR 8th Cav. Co.B 1st Lt.
Black, J.H. AR 26th Inf. Co.C
Black, J.H. GA Cav. 1st Bn.Res. Co.E
Black, J.H. GA 8th Cav. Old Co.D
Black, J.H. GA 39th Inf. Co.C Cpl.
Black, J.H. GA 60th Inf. Co.H
Black, J.H. MS 6th Cav. Co.C
Black, J.H. MS 8th Cav. Co.I
Black, J.H. MS 44th Inf. Co.F
Black, J.H. SC Palmetto S.S. Co.L
Black, J.H. Sig.Corps,CSA
Black, J.J. GA 8th Inf. Co.A Cpl.
Black, J.J. MS Mtd.Men Foote's Co.
Black, J.K.P. AR 27th Inf. Co.I
Black, J.K.P. FL 10th Inf. Co.E
Black, J.K.P. MO Cav. 3rd Bn. Co.D
Black, J.L. AL 33rd Inf. Co.D
Black, J.L. GA Inf. 8th Bn. Co.F
Black, J.L. SC 4th Bn.Res. Co.B
Black, J.L. TN 23rd Inf. Co.D 2nd Lt.
Black, J.L. TX Cav. 2nd Regt.St.Troops Co.G 1st Lt.
Black, J.M. AL Cav. Barbiere's Bn. Co.G
Black, J.M. AL Inf. 2nd Regt. Co.G Sgt.
Black, J.M. AL Mil. 4th Vol. Gantt's Co.
Black, J.M. AL 33rd Inf.
Black, J.M. AL 42nd Inf. Co.H
Black, J.M. AL 44th Inf. Co.I Lt.
Black, J.M. AL St.Res. Richardson's Co.
Black, J.M. AR 18th Inf. Co.F
Black, J.M. GA 15th Inf. Co.K
Black, J.M. SC 1st Arty. Co.E
Black, J.M. SC 6th Inf. 1st Co.G
Black, J.M. TN Cav. Kaiser's Regt.
Black, J.M. TN Inf. 4th Cons.Regt. Co.B
Black, J.M. TN 21st Inf. Co.H
Black, J.M. TN 45th Inf. Co.C Music.
Black, J.M. TN 51st Inf. Co.A
Black, J.M. TN 51st (Cons.) Inf. Co.H
Black, J.M. TN 55th (Brown's) Inf. Co.D
Black, J.M. TX Inf. Chambers' Bn.Res.Corps Co.D
Black, J.M. Conf.Inf. 1st Bn. 2nd Co.E
Black, J.N. TX 35th (Likens') Cav. Co.A Capt.
Black, J.O. GA Inf. 8th Bn. Co.A
Black, Joe KY 1st (Butler's) Cav. Co.E
Black, Joe MS 1st Cav. Co.F
Black, Joel GA Inf. 8th Bn. Co.D
Black, Joel GA 39th Inf. Co.F
Black, Joel GA 56th Inf. Co.A
Black, John AL 5th Cav. Co.A
Black, John AL 5th Cav. Co.D
Black, John AL 7th Cav. Co.I
Black, John AL Talladega Cty.Res. R.N. Ware's Cav.Co.
Black, John AL Lt.Arty. 2nd Bn. Co.E
Black, John AL Inf. 1st Regt. Co.A
Black, John AL 4th Res. Co.D
Black, John AL 5th Bn.Vol. Co.B
Black, John AL 16th Inf. Co.F
Black, John AL 17th Inf. Co.H
Black, John AL 28th Inf. Co.L Cpl.
Black, John AL 41st Inf. Co.G
Black, John AL 53rd (Part.Rangers) Co.C
Black, John AL Inf. B. Wood's Co. Sgt.
Black, John AR 7th Cav. Co.K
Black, John AR 1st Vol. Maj.
Black, John AR 10th Mil. Co.I
Black, John AR 16th Inf. Co.C
Black, John AR 34th Inf. Co.F Jr.2nd Lt.
Black, John AR 38th Inf. Co.K
Black, John FL 4th Inf. Co.E
Black, John GA Cav. 19th Bn. Co.B
Black, John GA 5th Inf.
Black, John GA Inf. 8th Bn. Co.F
Black, John KY 11th Cav. Co.F
Black, John LA Arty. Green's Co. (LA Guard Btty.)
Black, John LA Mil. Beauregard Bn. 2nd Lt.
Black, John MS 1st Cav. Co.C
Black, John MS 2nd Cav. Co.I
Black, John MS St.Cav. 2nd Bn. (Harris') Co.C
Black, John MS 3rd Cav. Co.D
Black, John MS 3rd Cav. Co.E Cpl.
Black, John MS 43rd Inf. Co.A
Black, John MO Cav. 2nd Regt.St.Guard Co.D
Black, John MO 9th (Elliott's) Cav. Co.D
Black, John MO Cav. Wood's Regt. Co.B Cpl.
Black, John MO 16th Inf. Co.D
Black, John NC 3rd Inf. Co.K 2nd Lt.
Black, John NC 3rd Jr.Res. Co.A
Black, John NC 4th Bn.Jr.Res. Co.A
Black, John NC 5th Sr.Res. Co.B
Black, John NC 29th Inf. Co.C
Black, John NC 34th Inf. Co.A
Black, John NC 42nd Inf. Co.C
Black, John NC 53rd Inf. Co.A
Black, John NC 60th Inf. Co.H
Black, John SC 5th Cav. Co.C 1st Sgt.
Black, John SC Cav. 17th Bn. Co.D Sgt.
Black, John SC 2nd Arty. Co.A
Black, John SC 11th Inf. Co.B 2nd Lt.
Black, John SC 18th Inf. Co.F
Black, John SC Palmetto S.S. Co.H
Black, John TN Cav. 16th Bn. (Neal's) Co.E
Black, John TN 50th Inf. Co.D Col'd. Cook
Black, John TN 51st (Cons.) Inf. Co.B
Black, John TX 37th Cav. 2nd Co.I
Black, John TX 10th Inf. Co.B
Black, John VA 3rd Cav.
Black, John VA 10th Cav. Co.H
Black, John VA 4th Inf. Co.E
Black, John VA 22nd Inf. Co.K
Black, John VA 24th Inf. Co.E
Black, John VA 52nd Inf. Co.E Cpl.
Black, John VA Wade's Regt.Loc.Def. Co.E
Black, John 10th Conf.Cav. Co.G
Black, John Gen. & Staff Hosp.Stew.
Black, John A. AL 5th Cav. Co.F
Black, John A. AL 24th Inf. Co.C
Black, John A. AL 55th Vol. Co.J,K
Black, John A. AR 3rd Inf. Co.G Sgt.
Black, John A. GA 39th Inf. Co.A
Black, John A. MS 42nd Inf. Co.C
Black, John A. NC 15th Inf. Co.F
Black, John A. NC 56th Inf. Co.B
Black, John A. SC 7th Res. Co.E
Black, John A. TX 18th Cav. Co.A
Black, John A. VA 63rd Inf. Co.A
Black, John A. VA 166th Mil. W. Lively's Co.
Black, John Alexander MO 8th Inf. Co.I Cpl.
Black, John B. NC 11th (Bethel Regt.) Inf. Co.H
Black, John B. SC 22nd Inf. Co.D
Black, John B. TN 32nd Inf. Co.C
Black, John B. TX 17th Inf. Co.B
Black, John C. AL 17th Inf. Co.K
Black, John C. NC 37th Inf. Co.C
Black, John C., Jr. NC 37th Inf. Co.C
Black, John C. TN Cav. Newsom's Regt. Co.D
Black, John C. VA 33rd Inf. Co.I
Black, John C.H. MS Inf. 3rd Bn. Co.B
Black, John D. VA 50th Inf. Co.I
Black, John E. MS 33rd Inf. Co.G
Black, John E. VA Lt.Arty. Garber's Co.
Black, John E. VA 97th Mil. Co.I
Black, John F. AL 42nd Inf. Co.H
Black, John F. GA 39th Inf. Co.C
Black, John F. LA 1st (Nelligan's) Inf. Co.C
Black, John F. LA Inf. 1st Sp.Bn. (Rightor's) New Co.C
Black, John F. LA 22nd Inf. Co.A,F 1st Lt.
Black, John F. MS 24th Inf. Co.A
Black, John F. MS 29th Inf. Co.A
Black, John F. NC 48th Inf. Co.I
Black, John F. Taylor's Staff 1st Lt., Asst.Prov.Marsh.
Black, John G. AL 3rd Inf. Co.G
Black, John G. GA 16th Inf. Co.A
Black, John G. NC 7th Bn.Jr.Res. Co.A
Black, John G. SC Horse Arty. (Washington Arty.) Vol. Hart's Co.
Black, John G. SC Cav.Bn. Holcombe Legion Co.B
Black, John H. AR Cav. Witherspoon's Bn. Co.B
Black, John H. GA Cav. 29th Bn. Co.H Sgt.
Black, John H. MS 7th Inf. Co.F 1st Sgt.
Black, John H. SC 4th Inf. Co.H
Black, John H. TN 6th Inf. Co.H

Black, John H. 1st Conf.Inf. 2nd Co.E
Black, John J. NC Mil. 66th Bn. J.H. Whitman's Co.
Black, John J. VA 4th Cav. Co.F
Black, John J.C. AR 9th Inf. Co.G Sgt.
Black, John K. GA 43rd Inf. Co.I
Black, John L. MS 9th Inf. Old Co.I, New Co.A Sgt.
Black, John L. NC 29th Inf. Co.C
Black, John L. SC 1st Cav. Col.
Black, John L. SC 1st (Butler's) Inf. Co.E Capt.
Black, John L. VA 48th Inf. Co.K
Black, John M. GA 24th Inf. Co.C
Black, John M. MS 19th Inf. Co.F
Black, John M. MS 35th Inf. Co.G
Black, John M. NC 2nd Arty. (36th St.Troops) Co.E,I
Black, John M. NC 37th Inf. Co.A Sgt.
Black, John M. VA Hvy.Arty. 20th Bn. Co.C
Black, John N. AL 41st Inf. Co.C,I 2nd Lt.
Black, John N. AR 14th (McCarver's) Inf. Co.D Sgt.
Black, John N. AR 21st Inf. Co.K
Black, John N. GA 35th Inf. Co.I
Black, John N. MS 2nd St.Cav. Co.D
Black, John N. MS 2nd Part.Rangers Co.A
Black, John N. MS 19th Inf. Co.B
Black, John N. NC 30th Inf. Co.K Sgt.
Black, John N. VA 54th Inf. Co.H
Black, John Q.A. GA 3rd Cav. (St.Guards) Co.A
Black, John R. SC 12th Inf. Co.G
Black, John R. TX 13th Cav. Co.K 1st Sgt.
Black, John S. AL 13th Inf. Co.K
Black, John S. GA 11th Inf. Co.A
Black, John S. GA 22nd Inf. Co.G Sgt.
Black, John S. KY 8th Mtd.Inf. Co.K
Black, John S. NC 25th Inf. Co.I Cpl.
Black, John S. NC 30th Inf. Co.K
Black, John S. TN Lt.Arty. Baxter's Co.
Black, John S. TN 2nd (Robinson's) Inf. Co.D
Black, John S. VA Rockbridge Cty.Res. Donald's Co.
Black, John S.M. TX 12th Inf. Co.D
Black, John T. GA 35th Inf. Co.H
Black, John T. VA Arty. Kevill's Co.
Black, John T. VA 4th Inf. Co.H
Black, John Thomas VA 41st Inf. 1st Co.E
Black, John W. AL 37th Inf. Co.D
Black, John W. AR 32nd Inf. Co.D 1st Sgt.
Black, John W. GA 38th Inf. Co.I,F
Black, John W. MS 3rd Cav. Co.B Sgt.
Black, John W. NC 35th Inf. Co.C Sgt.
Black, John W. NC 42nd Inf. Co.I Sgt.
Black, John W. NC 60th Inf. Co.H
Black, John W. TN 48th (Voorhies') Inf. Co.I
Black, John Y. NC Home Guards Swansboro Co.
Black, Jonathan AR Cav. 1st Bn. (Stirman's) Co.H
Black, Jonathan TX 27th Cav. Co.B
Black, Joseph AL 9th Inf. Co.G
Black, Joseph AL 26th (O'Neal's) Inf. Co.E
Black, Joseph AL 42nd Inf. Co.H
Black, Joseph AR Lt.Arty. Marshall's Btty.
Black, Joseph GA Cav. 16th Bn. (St.Guards) Co.E
Black, Joseph NC 1st Inf. (6 mo. '61) Co.B
Black, Joseph NC 29th Inf. Co.C
Black, Joseph NC 37th Inf. Co.A
Black, Joseph NC 37th Inf. Co.H
Black, Joseph NC 45th Inf. Co.F
Black, Joseph SC 5th Inf. 1st Co.B 1st Lt.
Black, Joseph TN 50th Inf. Co.D Col'd. Cook
Black, Joseph TN 62nd Mtd.Inf. Co.A
Black, Joseph A. TX 6th Cav. Co.G
Black, Joseph A. 1st Conf.Inf. 2nd Co.F
Black, Jos. A. Gen. & Staff Hosp.Stew.
Black, Joseph B. MS 35th Inf. Co.B
Black, Jospeh D. AL 13th Inf. Co.K Cpl.
Black, Joseph H. LA 22nd Inf. Co.B
Black, Joseph H. LA 22nd (Cons.) Inf. Co.B Sgt.
Black, Joseph L. TX 15th Cav. Co.I
Black, Joseph M. NC 37th Inf.
Black, Joseph M. TX 34th Cav. Co.E
Black, Joseph M. VA 5th Inf. Co.D
Black, Joseph M. VA 10th Inf. Co.G
Black, Joseph P. NC 37th Inf. Co.I
Black, Joseph R. GA 43rd Inf. Co.E 2nd Lt.
Black, Joseph S. AL 17th Inf. Co.K
Black, Joseph W. GA 48th Inf. Co.E
Black, Josiah M. TX 13th Cav. Co.D
Black, J.P. AR 1st Vol. Kelsey's Co.
Black, J.P. LA 17th Inf. Co.C
Black, J.P. SC 6th Inf. 1st Co.G
Black, J.R. AL 56th Part.Rangers Co.K
Black, J.R. AL 22nd Inf. Co.B
Black, J.R. AL 36th Inf. Co.H Capt.
Black, J.R. AL 40th Inf. Co.A
Black, J.R. AL 48th Inf. Co.I Sgt.
Black, J.R. FL 1st (Res.) Inf.
Black, J.R. MS 43rd Inf. Co.E 1st Lt.
Black, J.R. MO 9th Inf. Co.C
Black, J.R. MO Inf. Clark's Regt. Co.B
Black, J.R. NC 16th Inf. Co.H
Black, J.R. NC 38th Inf. Co.K
Black, J.R. TX 4th Inf. Co.I
Black, J.R. VA 19th Cav. Co.I
Black, J.R. Exch.Bn. Co.E,CSA
Black, J.S. AL 9th Inf. Co.G
Black, J.S. GA Inf. 8th Bn. Co.A
Black, J.S. KY 4th Cav. Co.G
Black, J.S. KY 9th Cav. Co.G
Black, J.S. NC 3rd Jr.Res. Co.D Sgt.
Black, J.S. TN 2nd (Ashby's) Cav. Co.K
Black, J.S. TN Cav. 5th Bn. (McClellan's) Co.E
Black, J.S. TN 40th Inf. Co.B
Black, J.S. TX Cav. Madison's Regt. Co.G Sgt.
Black, J.S. VA 10th Bn.Res. Co.B Cpl.
Black, J.S.H. GA Smith's Legion Co.A
Black, J.T. AL 8th Inf.
Black, J.T. AL Cp. of Instr. Talladega
Black, J.T. MS 2nd St.Cav. Co.C Cpl.
Black, J.V. MS Inf. 7th Bn. Co.A
Black, J.V.H. GA 11th Cav. Co.G
Black, J.W. AL 6th Inf. Co.B
Black, J.W. AL 17th Inf. Co.H Cpl.
Black, J.W. AL 34th Inf. Breedlove's Co. Cpl.
Black, J.W. AR 45th Cav. Co.I
Black, J.W. AR 1st Inf. Co.H
Black, J.W. FL Lt.Arty. Dyke's Co.
Black, J.W. FL Kilcrease Lt.Arty. Sgt.
Black, J.W. FL 1st Inf. Co.G
Black, J.W. GA 2nd Cav. (St.Guards) Co.B
Black, J.W. GA 66th Inf. Co.F,K
Black, J.W. KY 9th Cav. Co.G 2nd Lt.
Black, J.W. MS 1st (King's) Inf. (St.Troops) Co.H
Black, J.W. SC 7th Inf. Co.H Cpl.
Black, J.W. SC 15th Inf. Co.C
Black, J.W. TN 14th (Neely's) Cav. Co.I 3rd Lt.
Black, J.W. TN 23rd Inf. Co.D Sgt.
Black, J.W. TN 46th Inf. Co.I
Black, J.W. TX 17th Inf. Co.D
Black, J.W. VA 23rd Cav. Co.A
Black, J.W. VA 3rd Res. Co.B
Black, K.A. Gen. & Staff Asst.Surg.
Black, Kenneth NC 3rd Inf. Asst.Surg.
Black, L. GA Inf. 17th Bn. (St.Guards) Fay's Co. Sgt.
Black, L.A. AR 1st (Monroe's) Cav. Co.D
Black, Lafayette TX 26th Cav. Co.D 1st Lt.
Black, Lauson A. AR 20th Inf. Co.E Capt.
Black, Lawrence NC 37th Inf. Co.K
Black, Lawson GA Cav. 6th Bn. (St.Guards) Co.B
Black, L.B. AL 2nd Btty. Co.B
Black, L.B. TN 26th Cav. Co.E
Black, L.C. GA Inf. 8th Bn. Co.A
Black, L.C. GA 60th Inf. Co.I 2nd Lt.
Black, L.C. LA 6th Inf. Co.I 2nd Lt.
Black, L.C. NC 15th Inf. Co.D Cpl.
Black, L.C. TN 9th (Ward's) Cav. Co.E
Black, L.D. AL 50th Inf. Co.F
Black, L.D. GA 2nd Res. Co.D
Black, Lemuel TX 4th Inf. Co.B
Black, Leonard TX 18th Cav. Co.B Sgt.
Black, Leonidas TN 3rd (Clack's) Inf. Co.A 2nd Lt.
Black, Leroy D. SC Inf. 7th Bn. (Enfield Rifles) Co.B
Black, L.H. TX 14th Inf. Co.D Cpl.
Black, Little Terapin 1st Cherokee Mtd.Rifles Co.G
Black, L.J. AR Inf. Cocke's Regt. Co.G
Black, L.J. GA 59th Inf. Co.H
Black, L.S. AL 33rd Inf. Co.D
Black, Lucian J. VA 11th Inf. Co.K
Black, M. AL 23rd Inf. Co.A
Black, M. AR 1st (Monroe's) Cav. Co.F
Black, M. AR 37th Inf. Co.B
Black, M. GA 44th Inf. Co.G
Black, M. GA 65th Inf. Co.H
Black, M. TX 4th Inf. (St.Troops) Co.A
Black, M.A. GA 12nd Cav. Co.B
Black, M.A. MS 10th Cav. Co.K
Black, Malcolm NC 6th Sr.Res. Co.I
Black, Malcolm NC 48th Inf. Co.D
Black, Malcolm A. NC 48th Inf. Co.D
Black, Marion TX 17th Inf. Co.E
Black, Mark P. SC 14th Inf. Co.B
Black, Marshal NC 7th Sr.Res. Williams' Co.
Black, Marshall R. VA Horse Arty. Jackson's Co.
Black, Martin GA 65th Inf. Co.E
Black, Martin 9th Conf.Inf. Co.G
Black, Martin E. MS 35th Inf. Co.G
Black, Martin V. AR 15th (Josey's) Inf. Co.A 3rd Lt.
Black, Martin V. MS Inf. 3rd Bn. Co.B
Black, Matthew NC 37th Inf. Co.H

Black, Matthew J. TN 9th Inf.
Black, M.B. AL Cav. Moses' Squad. Co.B 1st Lt.
Black, M.B. NC 57th Inf. Co.K
Black, M.D. GA 8th Cav. Old Co.D
Black, M.D. GA 62nd Cav. Co.D
Black, M.E. TN 21st Inf. Co.D
Black, M.G. MO 3rd Inf. Co.E Sgt.
Black, M.G. MO St.Guard
Black, M.G. Conf.Cav. Clarkson's Bn. Ind. Rangers Teamster
Black, Michael GA Hvy.Arty. 22nd Bn. Co.E
Black, Michael GA 1st (Olmstead's) Inf. Guilmartin's Co.
Black, Michael NC 26th Inf. Co.A
Black, Michael SC 1st Arty. Co.I
Black, Michael Conf.Inf. 8th Bn.
Black, Michael M. MS 19th Inf. Co.I 1st Sgt.
Black, Milton MO 8th Cav. Co.F
Black, Mitchell R. GA 11th Inf. Co.A
Black, M.J. AL 50th Inf. Co.E
Black, M.J. AR 15th (Johnson's) Inf. Co.B
Black, M.L. MS 38th Cav. Co.G Sgt.
Black, M.M. GA 3rd Inf.
Black, Montravale NC 29th Inf. Co.H
Black, Moses GA 14th Inf. Co.K
Black, Moses W. GA 2nd Inf. Co.F
Black, M.V. GA 4th Cav. (St.Guards) Pirkle's Co.
Black, M.V. GA 11th Inf. Co.A,H
Black, M.V. SC 1st (Hagood's) Inf. 1st Co.A
Black, M.V.B. MS 5th Inf. Co.D
Black, M.W. TN 17th Inf. Co.E 2nd Lt.
Black, N. NC 2nd Conscr. Co.A
Black, N. TN 3rd (Forrest's) Cav. Co.D
Black, N. TN 14th (Neely's) Cav. Co.I
Black, N.A. SC 7th Cav. Co.D
Black, N.A.J. FL 10th Inf. Co.E
Black, Nathan NC 64th Inf. Co.G
Black, Nathan TN 60th Mtd.Inf. Co.I
Black, Nathaniel S. AL 6th Inf. Co.F Capt.
Black, N.B. TN 17th Inf. Co.E 1st Sgt.
Black, N.B. TN 23rd Inf. Co.E
Black, Neil FL 3rd Inf. Co.K
Black, Neil FL 4th Inf. Co.A Sgt.
Black, Neill FL 6th Inf. Co.A
Black, Newton AL 41st Inf. Co.G
Black, Nicholas VA 19th Inf. Co.K 1st Sgt.
Black, Nicholas M. VA 19th Inf. Co.K Sgt.
Black, N.L. SC 20th Inf. Co.C
Black, Noah NC 5th Sr.Res. Co.B
Black, N.R. 14th Conf.Cav. Co.G
Black, N.S. GA 46th Inf. Co.A
Black, Olin D. GA 5th Inf. Co.A
Black, Oliver H.P. AR 4th Inf. Co.K Capt.
Black, Orlando SC 1st Arty. Co.C
Black, Oscar MS 1st (Percy's) Inf. Co.H Cpl.
Black, Oscar MS Inf. 3rd Bn. Co.K
Black, P. Conf.Reg.Inf. Brooks' Bn. Co.A
Black, Pat TN 17th Inf. Co.D
Black, Patrick NC 11th (Bethel Regt.) Inf. Co.K
Black, Paul SC 7th Inf. 2nd Co.E
Black, Payton G.B. GA 30th Inf. Co.C
Black, Peter AR 2nd Inf. Co.F
Black, Peter GA 8th Cav. Co.B
Black, Peter GA 62nd Cav. Co.B
Black, Peter MO 11th Inf. Co.B
Black, Peter NC 6th Sr.Res. Co.D
Black, Peter TN Cav. 12th Bn. (Day's) Co.D
Black, Peter P. MO 4th Cav. Co.G
Black, P.H. GA Hvy.Arty. 22nd Bn. Co.D
Black, Philip NC 46th Inf. Co.G
Black, Pinkney NC 23rd Inf. Co.B
Black, P.J. TX 27th Cav. Co.A
Black, P.L. AL 14th Inf. Co.H
Black, Pleasant L. AL Cav. Gachet's Co. Sgt.
Black, Pleasant P. MO Cav. Jackson's Regt. Co.G
Black, P.M. MO Lt.Arty. Farris Btty. (Clark Arty.) 1st Sgt.
Black, P.T. TX Cav. 2nd Bn.St.Troops Co.A
Black, Quincy S. GA 48th Inf. Co.F
Black, R. KY 3rd Mtd.Inf. 1st Co.F
Black, R. MS Cav. Russell's Co.
Black, R. SC Cav. 19th Bn. Co.C
Black, R.A. MO Cav. Jackman's Regt. Co.B
Black, Rankin MO 1st Cav. Co.H Cpl.
Black, Ransom GA 8th Cav. Co.B
Black, Ransom GA 62nd Cav. Co.B
Black, R.B. VA Inf. 7th Bn.Loc.Def. Co.B
Black, R.C. GA Cav. 1st Bn.Res. Tuft's Co.
Black, Reeves K. TX Cav. 2nd Bn.St.Troops Hubbard's Co.
Black, Reuben NC 60th Inf. Co.H
Black, Reuben NC Inf. Thomas' Legion Co.G
Black, R. Grier NC 2nd Cav. (19th St.Troops) Co.B Cpl.
Black, R.H. MS 1st Cav. Co.I Sgt.
Black, R.H. TN Inf. 154th Sr.Regt. Co.K
Black, R.H. TX 9th Cav. Co.E 2nd Lt.
Black, R.H. TX 27th Cav. Co.F
Black, R.H. TX Cav. Ragsdale's Co.
Black, Richard KY 10th (Johnson's) Cav. New Co.G
Black, Richard NC Snead's Co. (Loc.Def.)
Black, Richard TN 16th (Logwood's) Cav. Co.B
Black, Richard VA 7th Cav. Co.B,H
Black, Richard VA 135th Mil. Co.A
Black, Richard T. VA 27th Inf. Co.E 2nd Lt.
Black, R.J. GA 4th Res. Co.I
Black, R.J. SC 24th Inf. Co.F Cpl.
Black, R.J. TN 7th (Duckworth's) Cav. Co.B Bvt.2nd Lt.
Black, R.L. AL 33rd Inf. Co.D Cpl.
Black, R.M. AR 24th Inf. Co.D
Black, R.M. AR Inf. Hardy's Regt. Co.C
Black, R.M. SC 6th Inf. 2nd Co.H
Black, R.M. TX Cav. Morgan's Regt. Co.A
Black, Robert AL 31st Inf.
Black, Robert AR 1st (Dobbin's) Cav. Co.H
Black, Robert GA Cav. 1st Gordon Squad. (St.Guards) Reeves' Co.
Black, Robert KY Lt.Arty. Cobb's Co.
Black, Robert LA 5th Inf. Co.E
Black, Robert LA 6th Inf. Co.E 1st Sgt.
Black, Robert MS Lt.Arty. Merrin's Btty.
Black, Robert SC 2nd St.Troops Co.H Capt.
Black, Robert SC 6th Inf. 2nd Co.I
Black, Robert TN 19th (Biffle's) Cav. Co.D
Black, Robert TN 23rd Inf. Co.B
Black, Robert TN 63rd Inf. Co.B
Black, Robert TX 5th Cav. Co.H
Black, Robert TX 1st Regt.St.Troops Co.B
Black, Robert TX 9th (Nichols') Inf. Co.G Sgt.Maj.
Black, Robert VA 1st Inf. Co.G
Black, Robert VA 19th Inf. Co.K Cpl.
Black, Robert 14th Conf.Cav. Co.I
Black, Robert Conf.Inf. Tucker's Regt. Co.I
Black, Robert A. GA Inf. 8th Bn. Co.D
Black, Robert A. SC 7th Res. Co.F Capt.
Black, Robert E.G. GA 20th Inf. Co.C 2nd Lt.
Black, Robert F. MS 15th Inf. Co.G
Black, Robert F. MS K. Williams' Co. (Gray's Port Greys)
Black, Robert F. TX 14th Cav. Co.H 1st Lt.
Black, Robert M. GA 2nd Inf. Co.H
Black, Robert S. AR 36th Inf. Co.B Sgt.
Black, Robert S. NC 7th Inf. Co.H
Black, Robert S. NC 28th Inf. Co.K
Black, Robert S. VA 24th Inf. Co.A
Black, Robert W. AL 17th Inf. Co.K
Black, Robert W. MS 11th Inf. Co.G 2nd Lt.
Black, Royal NC 60th Inf. Co.H
Black, Royal NC Inf. Thomas' Legion Co.G
Black, R.R. FL 1st (Res.) Inf. Co.D
Black, R.R. SC 11th Res. Co.D Capt.
Black, R.R. SC 16th Inf. Co.F Cpl.
Black, R.S. AR Mil. Louis' Co.
Black, R.S. MO Cav. Coleman's Regt. 3rd Lt.
Black, Rufus TX 12th Cav. Co.B
Black, Rufus H. AR 1st Mtd.Rifles Co.K
Black, Rufus H. AR 25th Inf. Co.A 1st Lt.
Black, R.V.T. MS 6th Cav. Co.C 2nd Lt.
Black, R.V.T. MS 8th Cav. Co.I 2nd Lt.
Black, R.V.T. MS 35th Inf. Co.G
Black, R.V.T. MS 44th Inf. Co.F
Black, R.Y. LA Mil. Conf.Guards Regt. Co.D
Black, S. GA Cav. Gartrell's Co.
Black, S. GA 3rd Mil. Co.H
Black, S. NC 2nd Jr.Res. Co.C
Black, S.A. NC 49th Inf. Co.G
Black, S.A. TX Cav. Giddings' Bn. Onin's Co.
Black, Samuel AL Randolph Cty.Res. J. Orr's Co.
Black, Samuel MS 5th Inf. Co.D
Black, Samuel MO Cav. Wood's Regt. Co.K
Black, Samuel NC 6th Sr.Res. Co.C
Black, Samuel NC 37th Inf. Co.C
Black, Samuel TN 9th (Ward's) Cav. Co.F,D
Black, Samuel TX 19th Cav. Co.H
Black, Samuel TX 12th Inf. Co.D
Black, Samuel VA 7th Cav. Co.I
Black, Samuel VA 10th Cav. Co.D
Black, Samuel A. AL 11th Inf. Co.I
Black, Samuel A. TN 23rd Inf. 2nd Co.A Cpl.
Black, Samuel D. AL 40th Inf. Co.B
Black, Samuel D. VA 1st Cav. 2nd Co.D
Black, Samuel D. VA 37th Inf. Co.H
Black, Samuel F. VA 5th Inf. Co.D
Black, Samuel F. 7th Conf.Cav. Co.G
Black, Samuel H. NC 24th Inf. Co.B
Black, Samuel J. NC 37th Inf. Co.I
Black, Samuel L. AR 15th (Josey's) Inf. Co.A Capt.
Black, Samuel L. MS 40th Inf. Co.K
Black, Samuel N. NC 1st Cav. (9th St.Troops) Co.C
Black, Samuel P. AL 13th Inf. Co.K

Black, Samuel P. Gen. & Staff, Subsistence Dept. Agent
Black, Samuel P. Gen. & Staff AASurg.
Black, S.B. AR 18th (Marmaduke's) Inf. Co.I
Black, S.B. GA Inf. 17th Bn. (St.Guards) Stocks' Co.
Black, S.B. GA 40th Inf. Co.F
Black, S.C. AL 4th Res. Co.E
Black, S.C. SC Inf. 1st (Charleston) Bn. Co.E Sgt.
Black, S.D. AL 19th Inf. Co.H
Black, Seaborn GA 48th Inf. Co.A
Black, Seldon AL 49th Inf. N.C.S. QMSgt
Black, S.H. NC 2nd Jr.Res. Co.D
Black, Silas E. TX Cav. Morgan's Regt. Co.I
Black, Simeon TX 1st Inf. Co.G Cpl.
Black, Simeon B. AR 3rd Inf. Co.A
Black, S.J. NC 1st Inf. (6 mo. '61) Co.G
Black, S.J. NC 11th (Bethel Regt.) Inf. Co.D Sgt.
Black, S.L. MS 2nd Cav. Co.A
Black, S.L. MS Cav. 24th Bn. Co.D
Black, S.L. SC 15th Inf. Co.C
Black, S.L. Hardee's Corps Maj.,AAIG
Black, Smith Mead's Conf.Cav. Co.F
Black, S.O. AL 30th Inf. Co.E Cpl.
Black, S.O. MS 10th Inf. New Co.K 2nd Lt.
Black, S.O. MS 34th Inf. Co.H Cpl.
Black, Solomon GA 1st (Olmstead's) Inf. Gordon's Co. Music.
Black, Solomon GA 63rd Inf. Co.K Drum.
Black, S.P. GA 29th Inf.
Black, S.P. TN 8th Inf. Co.I
Black, S.S. TN 24th Inf. 1st Co.G, Co.B
Black, Stephen NC 17th Inf. (2nd Org.) Co.H
Black, Stephen VA Horse Arty. E. Graham's Co.
Black, Sterling TN 12th (Green's) Cav. Co.I
Black, Sterling M. AR 6th Inf. Co.H, 1st Co.B
Black, S. Thomas AR 25th Inf. Co.A Capt.
Black, T.A. NC 30th Inf. Co.K
Black, T.A. SC 1st (Butler's) Inf. Co.K
Black, T.C. TN 4th (McLemore's) Cav. Co.F
Black, T.C. TX 28th Cav. Co.E
Black, T.D. AL 37th Inf. Co.I
Black, T.D. AL 42nd Inf. Co.A,G
Black, Tembleton T. SC Palmetto S.S. Co.K
Black, T.F. SC 2nd St.Troops Co.F Music.
Black, T.F. SC Inf. Holcombe Legion Co.H
Black, T.G. TX 11th Inf. Co.G
Black, T.H. GA 39th Inf. Co.C
Black, Theodore J. KY 3rd Cav. Co.F
Black, Theodore N. KY 8th Cav. Co.G
Black, Thomas AL St.Arty. Co.C
Black, Thomas AR 2nd Cav. Co.B
Black, Thomas GA 2nd Cav. Co.G
Black, Thomas GA 12th Cav. Co.C
Black, Thomas GA 16th Inf. Co.G
Black, Thomas GA 42nd Inf. Co.F
Black, Thomas MS 1st Cav. Co.I
Black, Thomas MS 1st (Patton's) Inf. Co.H
Black, Thomas MS 44th Inf. Co.A
Black, Thomas NC 16th Inf. Co.M
Black, Thomas NC 37th Inf. Co.H
Black, Thomas NC 42nd Inf. Co.C
Black, Thomas SC 5th Inf. 1st Co.B
Black, Thomas SC 18th Inf. Co.G
Black, Thomas TN Cav. 16th Bn. (Neal's) Co.E
Black, Thomas TN Inf. 2nd Cons.Regt. N.C.S. Hosp.Stew.
Black, Thomas TN 16th Inf. Co.C Hosp.Stew.
Black, Thomas TN 26th Inf. Co.C
Black, Thomas 3rd Conf.Cav. Co.F
Black, Thomas 20th Conf.Cav. 2nd Co.I
Black, Thomas Gen. & Staff Hosp.Stew.
Black, Thomas A. AR Cav. Wright's Regt. Co.I 1st Sgt.
Black, Thomas A. AR 2nd Inf. Co.K
Black, Thomas A. GA 43rd Inf. Co.I
Black, Thomas B. GA 22nd Inf. Co.D Cpl.
Black, Thomas D. AL Inf. 2nd Regt. Co.C
Black, Thomas E. AL 22nd Inf. Co.C
Black, Thomas G. TN 6th Inf. Co.E
Black, Thomas G. VA Lt.Arty. 13th Bn. Co.C
Black, Thomas H. AL 47th Inf. Co.K
Black, Thomas J. GA 15th Inf. Co.C
Black, Thomas J. MS 44th Inf. Co.E Capt.
Black, Thomas J. TN 9th (Ward's) Cav. Co.F,D
Black, Thomas J. SC 3rd Cav. Co.K
Black, Thomas J. TX Cav. Saufley's Scouting Bn. Co.D
Black, Thomas M. TX 26th Cav. Co.D
Black, Thomas N. AR 20th Inf. Co.E
Black, Thomas P. SC 6th Cav. Co.F
Black, Thomas P. SC Palmetto S.S. Co.E
Black, Thomas R. LA Inf. 11th Bn. Co.G
Black, Thomas R. LA Inf.Cons.Crescent Regt. Co.D
Black, Thos. W. LA Inf. 16th Bn. (Conf.Guards Resp.Bn.)
Black, Tiberras E. KY 13th Cav.
Black, Tilman L. SC 2nd Cav. Co.C
Black, T.J. AL 48th Inf. Co.I
Black, T.J. GA Inf. 25th Bn. (Prov.Guard) Co.F Sgt.
Black, T.J. KY 7th Cav. Co.F
Black, T.J. MS Cav. 24th Bn. Co.D
Black, T.J. MS Lt.Arty. Merrin's Btty. Asst.Surg.
Black, T.J. MS 5th Inf. Co.D
Black, T.J. TN 14th (Neely's) Cav. Co.H Jr.2nd Lt.
Black, T.J. TN 8th Inf. Co.I Music.
Black, T.J. TX 19th Cav. Co.D
Black, T.J. Gen. & Staff A.Surg
Black, T.L. MS 35th Inf. Co.G
Black, T.M. NC 11th (Bethel Regt.) Inf. Co.A
Black, T.M. TN 15th (Cons.) Cav. Co.G
Black, T.N. KY 8th Mtd.Inf. Co.G
Black, T.P. SC 9th Inf. Co.D
Black, T.P. Sig.Corps,CSA
Black, T.T. SC 5th Inf. 1st Co.K
Black, T.T. SC Cav.Bn. Holcombe Legion Co.D Cpl.
Black, T.V. 1st Chickasaw Inf. Milam's Co.
Black, Van Buren GA 11th Inf. Co.A
Black, W. AL 25th Inf. Co.A
Black, W. GA 1st Cav. Co.B
Black, W. GA Inf. 2nd Bn. (St.Guards) Co.A
Black, W. SC 12th Inf. Co.H
Black, W. TN Arty. Marshall's Co.
Black, W. VA 44th Inf. Co.I
Black, W. VA Loc.Def. Wood's Co. Sgt.
Black, W.A. GA 2nd Cav. (St.Guards) Co.B
Black, W.A. GA 11th Inf. Co.A
Black, W.A. LA Cav. 13th Regt.
Black, W.A. MO Cav. 1st Regt.St.Guard Co.F
Black, W.A. MO 7th Cav. Co.H
Black, W.A. TN 21st (Wilson's) Cav. Co.K
Black, W.A. TN 21st & 22nd (Cons.) Cav. Co.A
Black, W.A. TX 28th Cav. Co.I
Black, Warren AL 56th Part.Rangers Co.I
Black, Warren MS 5th Inf. Co.D
Black, Warren C. MS Cav. 24th Bn. Co.C 1st Lt.
Black, Warren C. MS Arty. (Seven Stars Arty.) Roberts' Co. QMSgt.
Black, Wash SC 2nd Arty. Co.G,A
Black, W.B. AL 1st Inf. Co.C
Black, W.B. AL 62nd Inf. Co.F
Black, W.B. KY 1st Inf. Co.E 2nd Lt.
Black, W.C. MO Cav. Coleman's Regt. Co.D
Black, W.C. MO 1st & 4th Cons.Inf. Co.C
Black, W.C. MO 4th Inf. Co.B 1st Sgt.
Black, W.C. 1st Cherokee Mtd.Vol. 2nd Co.G
Black, W. Clen MS 13th Inf. Co.I
Black, W.D. AR 20th Inf. Co.H
Black, W.D. LA Inf.Crescent Regt. Co.C
Black, W.D. LA Inf.Cons.Cresent Regt. Co.G
Black, W.D. NC 29th Inf. Co.C
Black, W.D.W. VA 1st Cav. 2nd Co.D
Black, W.E. AL 8th Inf.
Black, W.E. MS 4th Inf. Co.H
Black, W.E. SC 2nd Cav. Co.G Cpl.
Black, W.E. SC 2nd Inf. Co.C
Black, W.E. SC 3rd Inf. Co.A
Black, W.E. SC 20th Inf. Co.C
Black, Wesley FL 1st Inf. Old Co.G
Black, Wesley Allen SC 19th Inf. Co.D
Black, W.F. AL 5th Cav.
Black, W.F. TN 7th (Duckworth's) Cav. Co.B
Black, W.F. TX 26th Cav. Co.D
Black, W.F. TX 26th Cav. Co.K
Black, W.F.L. GA 7th Cav. Co.C
Black, W.F.M. AL 5th Cav. Co.K
Black, W.H. AR 24th Inf. Co.D
Black, W.H. GA 5th Inf. Co.D
Black, W.H. TN 26th Cav. Co.K
Black, W.H. TN Park's Co. (Loc.Def.Troops)
Black, W.H. TX 17th Inf. Co.F
Black, W.H. VA 5th Cav. Co.G
Black, W.H.H. TN 4th (McLemore's) Cav. Co.E
Black, W.H.H. TN 23rd Inf. Co.I Sgt.
Black, Whitfield J. GA 21st Inf. Co.F
Black, Wiley SC 2nd Arty. Co.A
Black, William AL 3rd Cav. Co.H
Black, William AL Cav. Forrest's Regt.
Black, William AL 49th Inf. Co.A
Black, William AR 1st (Crawford's) Cav. Co.K
Black, William AR 1st (Colquitt's) Inf. Co.B
Black, William AR 30th Inf. Co.A
Black, William AR 38th Inf. Co.H
Black, William FL 1st Inf. New Co.G
Black, William FL 8th Inf. Co.I
Black, William GA Cav. 16th Bn. (St.Guards) Co.D
Black, William GA 56th Inf. Co.G
Black, William LA 1st Hvy.Arty. (Reg.) Co.K
Black, William LA 1st (Nelligan's) Inf. Co.C
Black, William LA Inf. 1st Sp.Bn. (Wheat's) Co.C Cpl.
Black, William, Jr. MS 2nd St.Cav. Co.D

Black, William MS 3rd Cav. Co.D
Black, William MS Lt.Arty. Merrin's Btty. Gy.Sgt.
Black, William MO Cav. Clardy's Bn. Co.A Sgt.
Black, William MO Cav. Freeman's Regt. Co.B
Black, William MO Cav. Wood's Regt. Co.K Cpl.
Black, William MO St.Guard
Black, William NC Cav. 14th Bn. Co.F
Black, William NC 48th Inf. Co.H
Black, William NC 49th Inf. Co.F
Black, William SC 1st Arty. Co.D,A
Black, William SC 1st Arty. Co.I
Black, William SC 1st (Butler's) Inf. Co.I
Black, William SC 4th Inf. Co.G
Black, William SC 4th St.Troops Co.B
Black, William SC 12th Inf. Co.C
Black, William SC 12th Inf. Co.G
Black, William SC Inf. 13th Bn. Co.B
Black, William SC 16th Inf. Co.C,H. Sgt.
Black, William SC Inf. Hampton Legion Co.I
Black, William SC Inf. Holcombe Legion Co.C
Black, William SC Palmetto S.S. Co.M
Black, William TN 4th Cav. Co.L
Black, William TN 9th (Ward's) Cav. Co.D
Black, William TN 10th (DeMoss') Cav. Co.A
Black, William TN 16th (Logwood's) Cav. Co.K
Black, William TN 22nd (Barteau's) Cav. Co.C
Black, William TN Lt.Arty. Polk's Btty.
Black, William TN 4th Inf. Co.H
Black, William TN 28th Inf. Co.K
Black, William TN 36th Inf. Co.B Sgt.
Black, William TN 50th Inf. Co.D Col'd. Cook
Black, William TN 61st Mtd.Inf. Co.D
Black, William TX 1st (McCulloch's) Cav. Co.H
Black, William TX 13th Cav. Co.D
Black, William TX Cav. Benavides' Regt. Co.C
Black, William TX 1st Hvy.Arty. Co.I
Black, William TX 8th Inf. Co.B
Black, William TX 8th Inf. Co.F,D
Black, William VA Inf. 4th Bn.Loc.Def. Co.C
Black, William VA 19th Inf. Co.K Cpl.
Black, William VA 24th Inf. Co.E
Black, William VA 47th Inf. Co.A
Black, William VA 51st Inf. Co.B
Black, William VA Loc.Def. Morehead's Co.
Black, William A. AL 28th Inf. Co.G
Black, William A. AR 25th Inf. Co.H
Black, William A. AR 38th Inf. Co.H Capt.
Black, William A. GA Hvy.Arty. 22nd Bn. Co.D
Black, William A. GA 1st (Olmstead's) Inf. Co.D Cpl.
Black, William A. SC 2nd Cav. Co.A
Black, William A. TN 2nd (Smith's) Cav.
Black, William A. TN 11th Inf. Co.G,B,D
Black, William A. TX 12th Inf. Co.I
Black, William B. AL 19th Inf. Co.I 1st Lt.
Black, William B. AR 4th Inf. Co.A
Black, William B. GA 1st (Olmstead's) Inf. Gordon's Co.
Black, William B. GA 63rd Inf. Co.K,B
Black, William B. KY 5th Cav. Co.H,F
Black, William C. KY 6th Cav. Co.B,K
Black, William C. MS 27th Inf. Co.G Sgt.
Black, William C. MS 35th Inf. Co.G
Black, Wm. C. Gen. & Staff Capt.,AQM
Black, William E. AR 9th Inf. Co.D
Black, William F. TN 24th Inf. Co.B
Black, William F. TX 13th Cav. Co.A Cpl.
Black, Wm. F. VA Hvy.Arty. 18th Bn. Co.B
Black, William F.S. GA Cav. 24th Bn. Co.B
Black, William G. MS Cav. 24th Bn. Co.D Sgt.
Black, William G. MS Arty. (Seven Stars Arty.) Roberts' Co. Sgt.
Black, William G. TX 13th Vol. Co.E
Black, William George P. VA Lt.Arty. Snead's Co.
Black, William H. AL 17th Inf. Co.B
Black, William H. GA 65th Inf. Co.K Cpl.
Black, William H. MS 2nd Part.Rangers Co.A
Black, William H. MO 1st Inf. Co.B
Black, William H. NC 1st Arty. (10th St.Troops) Co.D
Black, William H. VA 14th Cav. Co.H
Black, William J. TN 16th (Logwood's) Cav. Co.D
Black, William J. TN 11th Inf. Co.F
Black, William J. VA Horse Arty. Shoemaker's Co.
Black, William L. LA Inf.Crescent Regt. Co.B
Black, William L. TX 11th Inf. Co.D
Black, William L. VA 52nd Inf. Co.E Sgt.Maj.
Black, William M. GA 1st Cav. Co.E,F
Black, William M. MS 20th Inf. Co.I
Black, William M. MS 37th Inf. Co.G
Black, William M. NC 35th Inf. Co.C 1st Lt.
Black, William M. NC 49th Inf. Co.D Capt.
Black, William M. NC 56th Inf. Co.K
Black, William M. VA 57th Inf. Co.C
Black, William N. SC 1st Arty. Co.C
Black, William P. SC 7th Inf. 1st Co.D
Black, William P. TX 15th Cav. Co.H
Black, William P. TX 17th Cons.Dismtd.Cav. Co.H
Black, William P. TX Cav. Morgan's Regt. Co.A
Black, William R. AL 39th Inf. Co.D Cpl.
Black, William R. GA 39th Inf. Co.A
Black, William R. TN 48th (Voorhies') Inf. Co.I
Black, William R. TX 8th Cav. Co.D Bvt.2nd Lt.
Black, William R.H. GA 56th Inf. Co.A
Black, William S. SC 2nd Arty. Co.A
Black, William S. TX 2nd Cav.
Black, William T. AL Inf. 1st Regt. Co.A
Black, William T. GA Siege Arty. 28th Bn. Co.H 2nd Lt.
Black, William T. GA 5th Inf. Co.K Col.
Black, William T. VA 28th Inf. Co.E Sgt.
Black, Wm. Thos. Gen. & Staff 1st Lt.,Dr.M.
Black, William W. AR 24th Inf. Co.F
Black, William W. NC 50th Inf. Co.G
Black, William W. TX 14th Cav. Co.G Capt.
Black, William W. TX 35th (Brown's) Cav. Co.A,F
Black, Willis AL 12th Inf. Co.G
Black, Winfield S. MS 21st Inf. Co.H
Black, W.J. GA Inf. 25th Bn. (Prov.Guard) Co.G
Black, W.J. MS 27th Inf. Co.F
Black, W.J. NC 1st Jr.Res. Co.E
Black, W.J. TN Inf. 2nd Cons.Regt. Co.I Cpl.
Black, W.J. TN 50th Inf. Co.A
Black, W.J. TN 50th (Cons.) Inf. Co.A Cpl.
Black, W.J. TX 9th (Nichols') Inf. Co.F
Black, W.J. TX Waul's Legion Co.D
Black, W.L. GA 2nd Cav. (St.Guards) Co.F
Black, W.L. MS Lt.Arty. 14th Bn. Co.C Sgt.
Black, W.M. AL Randolph Cty.Res. B.C. Raney's Co.
Black, W.M. MS 10th Cav. Co.H
Black, W.M. MS 18th Inf. Co.I
Black, W.M. MS 37th Inf. Co.G
Black, W.M. MS 40th Inf. Co.K
Black, W.M. TN 19th (Biffle's) Cav. Co.D
Black, W.M. VA 3rd Res. Co.B
Black, W.M. 20th Conf.Cav. Co.C Cpl.
Black, W.M. Conf.Cav. Baxter's Bn. Co.A
Black, W.N. NC 4th Sr.Res. Co.G
Black, W.P. TN 17th Inf. Co.E
Black, W.R. AL 5th Inf. New Co.C
Black, W.R. GA Cav. 6th Bn. (St.Guards) Co.B
Black, W.S. MS 12th Cav. Co.C
Black, W.S. MS 43rd Inf. Co.L
Black, W.S. SC 26th Inf. Chap.
Black, W.S. 7th Conf.Cav. Co.G
Black, W.S. Gen. & Staff Chap.
Black, W.T. AL 34th Inf. Black's Co. 3rd Lt.
Black, W.T. AL Auburn Home Guards Vol. Darby's Co.
Black, W.T. AR 18th Inf. Co.C 1st Lt.
Black, W.T. GA 32nd Inf. Co.I
Black, W.W. AR 34th Inf. Co.F
Black, W.W. FL Cav. 5th Bn. Co.D Sgt.
Black, W.W. MS 46th Inf. Co.G Sgt.
Black, W.W. NC 15th Inf. Co.C
Black, W.W. TX Cav. Benavides' Regt. Co.C
Black, W.W. TX Cav. McCord's Frontier Regt. Co.H
Black, W.W. TX 13th Vol. 1st Co.B
Black, Zachariah B. MS 20th Inf. Co.D
Black, Z.B. MS 41st Inf. Co.I
Blackabee, Robert 1st Conf.Cav. 2nd Co.K
Blackaby, C.A. Conf.Cav. 6th Bn. Co.G
Blackaby, Elijah AL 3rd Res. Co.B Cpl.
Blackaby, Frank M. MO 1st N.E. Cav. Co.C
Blackaby, J.M. VA 28th Inf. Co.K
Blackaby, William VA 28th Inf. Co.K
Blackaby, William H. VA Lt.Arty. R.M. Anderson's Co. Sgt.Maj.
Blackal, Simon AL 8th Inf. Co.I
Blackard, Aaron VA 24th Inf. Co.I 1st Lt.
Blackard, A.G. TN 22nd (Barteau's) Cav. Co.F
Blackard, Andrew J. MS 17th Inf. Co.B
Blackard, Austin C. VA 29th Inf. Co.B
Blackard, George AR Cav. Gordon's Regt. Co.D
Blackard, George W. MS 18th Cav. Co.A
Blackard, Hezekiah AR 16th Inf. Co.A 2nd Lt.
Blackard, James TN 30th Inf. Co.H
Blackard, James A. LA 12th Inf. Co.F 2nd Lt.
Blackard, James M. MS 17th Inf. Co.B
Blackard, J.B. MS 18th Cav. Wimberly's Co.
Blackard, Joel VA 7th Inf. Co.D Capt.
Blackard, J.V. AR 3rd Inf. St.Troops King's Co. Lt.
Blackard, Larance H. NC 50th Inf. Co.A
Blackard, Miles D. VA Inf. 23rd Bn. Co.F 1st Sgt.
Blackard, R.M. TN Sullivan Cty.Res. (Loc.Def.Troops) Witcher's Co.
Blackard, T.G. AR 7th Cav. Co.L Sgt.
Blackard, T.G. AR 10th Mil.

Blackard, T.G. AR 10th Mil. Co.B
Blackard, T.H. AR 8th Inf. New Co.K
Blackard, Thomas AL Cav. Moreland's Regt. Co.B
Blackard, Thomas W. NC 50th Inf. Co.A Cpl.
Blackard, W.C. MS 7th Cav. Co.A
Blackard, W.C. TN 9th Inf. Co.F
Blackard, W.F. KY 12th Cav. Co.B
Blackard, William M. AR Cav. Gordon's Regt. Co.D
Blackard, W.M. AR 7th Cav. Co.L
Blackard, W.M. AR 10th Mil. Co.B
Blackaway, John KY 8th Cav. Co.H
Blackbern, Simeon MO Cav. Stallard's Co.
Blackbern, William P. NC 25th Inf. Co.F
Black Bird 1st Cherokee Mtd.Vol. 2nd Co.B
Blackborn, J.A. VA 13th Cav. Co.C
Blackborn, J.A. VA Res.
Blackborn, J.H. TN 19th (Biffle's) Cav. Co.H
Blackborn, J.M. TN 19th (Biffle's) Cav. Co.H
Blackborn, John TX 14th Inf. Co.C
Blackborn, John 8th (Wade's) Conf.Cav. Co.K Cpl.
Blackborn, T.J. AL Cav. Moses' Squad. Co.A
Blackborn, William TN 19th (Biffle's) Cav. Co.H
Blackbourn, A.A. TN 2nd (Ashby's) Cav. Co.A
Blackbourn, F.M. MS 5th Cav. Co.H
Blackbourn, F.M. MS 18th Cav. Co.K
Blackbourn, James H. TN 6th (Wheeler's) Cav. Co.I
Blackbourn, Jesse TN 2nd (Ashby's) Cav. Co.A
Blackbourn, J.L. TN 2nd (Ashby's) Cav. Co.A Sgt.
Blackbourn, John VA 129th Mil. Baisden's Co.
Blackbourn, Patrick H. VA Hvy.Arty. 10th Bn. Co.E
Blackbourn, Thomas VA 129th Mil. Baisden's Co.
Blackbourn, William NC 22nd Inf. Co.K
Blackbourn, William VA 129th Mil. Baisden's Co.
Blackbourn, William M. GA 4th Inf. Co.G Cpl.
Blackbourne, Benjamin B. MS 2nd Part.Rangers Co.K,H
Blackbourne, George GA Inf. (Wright Loc.Guards) Holmes' Co.
Blackbun, C.H. AR Mil. Desha Cty.Bn. Capt.
Blackburn, --- TX Cav. Mann's Regt. Co.I
Blackburn, --- VA 3rd Lt.Arty. Co.F
Blackburn, A. MO 9th Bn.S.S. Co.B
Blackburn, A.A. AL 1st Inf. Co.A
Blackburn, A.J. GA Inf. 66th Regt. Co.F
Blackburn, A.J. MS 15th Bn.S.S. Co.B
Blackburn, A.J. NC 3rd Inf. Co.A
Blackburn, A.J. NC 32nd Inf. Co.I
Blackburn, A.J. TN 19th (Biffle's) Cav. Co.G
Blackburn, A. Lafayette NC 11th (Bethel Regt.) Inf. Co.I
Blackburn, Albert MO 11th Inf. Co.A
Blackburn, Alexander SC 1st Arty. Co.H
Blackburn, Alexander G. MS 22nd Inf. Co.F
Blackburn, Alexander H. MS 21st Inf. Co.F
Blackburn, Alfred TN 16th Inf. Co.C
Blackburn, Ambrose AR Cav. Gordon's Regt. Co.F 1st Lt.
Blackburn, Anderson VA Cav.St.Line Co.A
Blackburn, Andrew J. AL 41st Inf. Co.I
Blackburn, Andrew J. NC 53rd Inf. Co.K
Blackburn, Andrew J. VA 13th Inf. Co.C 1st Sgt.
Blackburn, Armstrong J. MS 33rd Inf. Co.E
Blackburn, Arthur MS 22nd Inf. Co.C
Blackburn, Arthur W. TN Cav. 9th Bn. (Gantt's) Co.F
Blackburn, Augustin W. NC 38th Inf. Co.B Capt.
Blackburn, Aurelins C. NC 52nd Inf. Co.K Capt.
Blackburn, B. KY 2nd Mtd.Inf. Co.K
Blackburn, B. KY 4th Mtd.Inf. Co.E
Blackburn, Barrett M. VA Hvy.Arty. A.J. Jones' Co.
Blackburn, B.B. MS 7th Cav. Co.G
Blackburn, Benjamin AL 41st Inf. Co.F
Blackburn, Benjamin TN 12th Inf. Co.F
Blackburn, Benjamin F. GA 11th Inf. Co.G
Blackburn, Benjamin F. KY 6th Cav. Co.E
Blackburn, B.F. AL 22nd Inf. Co.E
Blackburn, B.F. AL 39th Inf. Co.H
Blackburn, B.F. TN Cav. 17th Bn. (Sanders') Co.A
Blackburn, B.F. Churchill's Staff Capt.
Blackburn, Bryant NC 2nd Arty. (36th St.Troops) Co.I
Blackburn, C. KY 2nd (Duke's) Cav. Co.D Cpl.
Blackburn, Caleb D. VA Lt.Arty. 38th Bn. Co.D
Blackburn, Calvin VA 1st Arty. Co.I
Blackburn, Cary B. LA Inf. 4th Bn. Co.E 2nd Lt.
Blackburn, Cary B. MS 10th Inf. New Co.B
Blackburn, Cary B. Gen. & Staff Asst.Surg.
Blackburn, C.B. AR 8th Cav. Peoples' Co. Sgt.
Blackburn, C.B. 1st Conf.Inf. Asst.Surg.
Blackburn, C.C. TX Cav. Martin's Regt. Co.A
Blackburn, Charles A. MO Inf. 8th Bn. Co.C
Blackburn, Charles A. MO 9th Inf. Co.G
Blackburn, Charles F. VA Hvy.Arty. 19th Bn. Co.B
Blackburn, Columbus M. NC 21st Inf. Co.G
Blackburn, Columbus R. AL 49th Inf. Co.H
Blackburn, Cullen D. TN 14th Inf. Co.C Sgt.
Blackburn, Cyrus KY 1st Bn.Mtd.Rifles Co.A
Blackburn, Dabney P. VA 44th Inf. Co.K,I
Blackburn, Daniel NC 49th Inf. Co.K
Blackburn, Daniel TN 3rd (Forrest's) Cav. Co.C
Blackburn, David NC 49th Inf. Co.K
Blackburn, David VA 3rd Bn. Valley Res. Co.B
Blackburn, David A. VA 24th Cav. Co.A
Blackburn, David A. VA Cav. 40th Bn. Co.A
Blackburn, David A. VA Loc.Def.
Blackburn, David M. TX 19th Cav. Co.I Cpl.
Blackburn, D.F. AL 14th Inf. Co.C
Blackburn, D.J. AL 14th Inf. Co.K Fifer
Blackburn, D.M. SC 7th Inf. 1st Co.L
Blackburn, D.N. AR Cav. Gordon's Regt. Co.F
Blackburn, D.N. AR Inf. Cocke's Regt. Co.H
Blackburn, Doctor VA 63rd Inf. Co.C,G Cpl.
Blackburn, Doctor R. VA Mil. Grayson Cty.
Blackburn, E. AR 26th Inf. Co.E
Blackburn, E. GA 12th (Wright's) Cav. (St.Guards) Thiot's Co.
Blackburn, E. KY 9th Cav. Co.A Sgt.
Blackburn, E.A. NC 57th Inf. Co.D
Blackburn, E.A. TN 6th (Wheeler's) Cav. Co.K
Blackburn, E.A. TN Cav. 11th Bn. (Gordon's) Co.A
Blackburn, Edmond NC 58th Inf. Co.G,M
Blackburn, Edward AL 20th Inf. Co.I Cpl.
Blackburn, Edward KY 9th Cav. Co.E Cpl.
Blackburn, Edward L. NC 6th Cav. (65th St.Troops) Co.E,A
Blackburn, Edward L. NC Cav. 7th Bn. Co.A
Blackburn, Edward W. VA 46th Inf. 2nd Co.A
Blackburn, E.E. Gen. & Staff Prov.Marsh.
Blackburn, E.G. NC 1st Cav. (9th St.Troops) Co.A
Blackburn, Eli B. GA 52nd Inf. Co.B 2nd Lt.
Blackburn, Elijah AR 14th (Powers') Inf. Co.B Drum.Maj.
Blackburn, Elijah GA 38th Inf. Co.I Capt.
Blackburn, Elijah MO Cav. Jackman's Regt. Co.I
Blackburn, Elisha NC Inf. 2nd Bn. Co.G
Blackburn, Elisha 7th Conf.Cav. Co.G
Blackburn, Elisha L. TN 7th Inf. Co.E
Blackburn, E.M. AL Cav. Moreland's Regt. Co.H Sgt.
Blackburn, E.M. AR 35th Inf. Co.G
Blackburn, E.M. MS Cav. Buck's Co. Capt.
Blackburn, E.M. MS 12th Inf. Co.G Capt.
Blackburn, E.M. Gen. & Staff Hosp.Stew.
Blackburn, E.P. TN 23rd Inf. Co.C
Blackburn, Fayette H. VA 9th Cav. Co.H
Blackburn, F.E. TX 1st Inf. Co.A
Blackburn, Felix NC 51st Inf. Co.K
Blackburn, F.G. 14th Conf.Cav. Co.G
Blackburn, Fountain VA 26th Inf. Co.H
Blackburn, G. TX Cav. Border's Regt. Co.H
Blackburn, Gabriel F. MS 7th Inf. Co.D
Blackburn, G.B. TX Lavaca Cty. Minute Men Ord.
Blackburn, G.C. TX 4th Cav. Co.J Cpl.
Blackburn, George AR 45th Cav. Co.D
Blackburn, George GA Cav. 1st Bn. Brailsford's Co.
Blackburn, George GA 5th Cav. Co.H
Blackburn, George KY 1st Inf. Co.A
Blackburn, George L. VA Hvy.Arty. 19th Bn. Co.B
Blackburn, George T. MS 28th Cav. Co.D Capt.
Blackburn, George W. NC 37th Inf. Co.A
Blackburn, G.F. MS 12th Inf. Co.C
Blackburn, G.F. MS 41st Inf. Co.I 2nd Lt.
Blackburn, G.H. TN Lt.Arty. Lynch's Co.
Blackburn, Granbury M. AL 10th Inf. Co.B
Blackburn, Green TN 35th Inf. 2nd Co.A
Blackburn, Green TX 4th Inf. Co.C
Blackburn, G.W. AL 14th Inf. Co.C
Blackburn, G.W. AR 6th Inf. Co.A
Blackburn, G.W. SC Lt.Arty. 3rd (Palmetto) Bn. Co.A,H
Blackburn, G.W. TN 1st Cav. Co.L
Blackburn, G.W. TN 44th (Cons.) Inf. Co.G
Blackburn, G.W. TN 55th (McKoins') Inf. Duggan's Co.
Blackburn, H. AR 31st Inf. Co.D
Blackburn, H. LA 1st Cav. Co.F
Blackburn, H. MO 1st & 4th Cons.Inf. Co.E
Blackburn, H. 7th Conf.Cav. Co.C
Blackburn, Harden H. AL 19th Inf. Co.C Cpl.
Blackburn, Harvey H. MO Cav. Coleman's Regt. Co.A

Blackburn, Harvy AR 31st Inf. Co.D
Blackburn, H.C. Conf.Cav. Wood's Regt. Co.I
Blackburn, Henry MO 4th Inf. Co.H
Blackburn, Henry TN 12th Inf. Co.F
Blackburn, Henry W. GA 38th Inf. Co.I
Blackburn, H.H. AL 29th Inf. Co.F
Blackburn, H.M. TN 63rd Inf. Co.C Sgt.
Blackburn, I. MO Cav. Freeman's Regt. Co.D
Blackburn, Irwin MS 7th Inf. Co.D
Blackburn, Isaac N. GA Siege Arty. 28th Bn. Co.C
Blackburn, J. AL 12th Cav. Co.D
Blackburn, J. AR Cav. Gordon's Regt. Co.F
Blackburn, J. AR 9th Inf. Co.K
Blackburn, J. GA 34th Inf. Co.E
Blackburn, J. MS 44th Inf. Co.E
Blackburn, J. TN Jackson's Cav. Co.A
Blackburn, J. TX 7th Cav. Co.D
Blackburn, J. TX Cav. Baird's Regt. Co.G
Blackburn, J.A. MS 38th Cav. Co.I Sgt.
Blackburn, Jabez AL 41st Inf. Co.I
Blackburn, Jackson S. AR Cav. Wright's Regt. Co.H
Blackburn, Jacob TN 37th Inf. Co.K
Blackburn, James AL 6th Cav. Co.B
Blackburn, James AR Mil. 12th Regt. Lt.
Blackburn, James AR Inf. Cocke's Regt. Co.A Adj.
Blackburn, James GA 53rd Inf. Co.C
Blackburn, James KY Horse Arty. Byrne's Co.
Blackburn, James MS 44th Inf. Co.H
Blackburn, James NC 50th Inf. Co.B
Blackburn, James TN 16th Inf. Co.C Cpl.
Blackburn, James TX Cav. Madison's Regt. Co.C
Blackburn, James VA Courtney Arty.
Blackburn, James VA 2nd Inf.Loc.Def. Co.I
Blackburn, James A. 7th Conf.Cav. Co.G
Blackburn, James C. TX 30th Cav. Co.G 1st Lt.
Blackburn, James D. VA 77th Mil. Co.A
Blackburn, James F. VA 55th Inf. Co.A
Blackburn, James G. NC 2nd Bn.Loc.Def.Troops Co.E
Blackburn, James G. TX 37th Cav. Co.G Far.
Blackburn, James L. GA 42nd Inf. Co.I
Blackburn, James L. NC 2nd Arty. Co.I
Blackburn, James L. SC Cav.Bn. Holcombe Legion Co.C Lt.
Blackburn, James M. AL 29th Inf. Co.B
Blackburn, James M. AR 3rd Inf. Co.A
Blackburn, James M. LA 28th (Gray's) Inf. Co.B
Blackburn, James Oliver NC 21st Inf. Co.G Capt.
Blackburn, James P. AL 19th Inf. Co.K
Blackburn, James R. MO 1st Cav. Co.B Sgt.
Blackburn, James R. NC 51st Inf. Co.K
Blackburn, James S. AR 3rd Inf. Co.K
Blackburn, James T. NC 34th Inf. Co.A
Blackburn, James W. AR 14th (Power's) Inf. Co.B Capt.
Blackburn, James W. AR Inf. Cocke's Regt. Co.A
Blackburn, James W. VA 62nd Mtd.Inf. 1st Co.A Cpl.
Blackburn, J.B. AL 32nd Inf. Co.F Sgt.
Blackburn, J.B. TN 30th Inf. Co.I Sgt.
Blackburn, J.C. AL 29th Inf. Co.F
Blackburn, J.C. NC 2nd Cav. (19th St.Troops) Co.F
Blackburn, J.C. NC 3rd Inf. Co.A
Blackburn, J.C. TN 19th (Biffle's) Cav. Co.I Cpl.
Blackburn, J.C. TN 27th Inf. Co.E
Blackburn, J.C.C. Gen. & Staff Col.
Blackburn, J.D. NC 21st Inf. Co.A
Blackburn, J.D. TX 14th Inf. Co.H Sgt.
Blackburn, J.E. TX Cav. Chisum's Regt. (Dismtd.) Co.D
Blackburn, Jeff TX 19th Inf. Co.C,D
Blackburn, Jeff L. MS 48th Inf. Co.H
Blackburn, Jeremiah NC 37th Inf. Co.A
Blackburn, Jesse TN Cav. 5th Bn. (McClellan's) Cav. Co.A
Blackburn, Jesse P. TN 3rd (Forrest's) Cav. Co.A
Blackburn, J.F. TX Cav. 6th Bn. Co.B Black.
Blackburn, J.H. AL 62nd Inf. Co.F Sgt.
Blackburn, J.H. AL St.Res. Co.A Sgt.
Blackburn, J.H. AR 15th Mil. Co.D
Blackburn, J.H. Gen. & Staff Asst.Surg.
Blackburn, J.J. AL Lt.Arty. Tarrant's Btty.
Blackburn, J.J. GA Siege Arty. 28th Bn. Co.G
Blackburn, J.J. TN 21st & 22nd (Cons.) Cav. Co.I Ord.Sgt.
Blackburn, J.K. Polk TX 8th Cav. Co.F 1st Lt.
Blackburn, J.L. MS Inf. 2nd Bn. Co.H
Blackburn, J.L. SC 7th Cav. Co.E 3rd Lt.
Blackburn, J.L. SC Cav.Bn. Holcombe Legion Co.C 3rd Lt.
Blackburn, J.L. TN Cav. 5th Bn. (McClellan's) Co.A
Blackburn, J.M. GA Inf. Ezzard's Co.
Blackburn, J.M. TN 7th (Duckworth's) Cav. Co.H
Blackburn, J.M. Gen. & Staff, QM Dept.
Blackburn, J.N. MO St.Guard
Blackburn, J.N. NC 3rd Inf. Co.A
Blackburn, Joel NC Cav. 5th Bn. Co.D
Blackburn, Joel NC 6th Cav. (65th St.Troops) Co.D
Blackburn, Joel P. AL 16th Inf. Co.A
Blackburn, John AL 8th Inf. Co.K
Blackburn, John AR 26th Inf. Co.H Cpl.
Blackburn, John GA 1st Reg. Co.K
Blackburn, John GA 1st (Ramsey's) Inf.
Blackburn, John MO 1st & 4th Cons.Inf. Co.C
Blackburn, John MO 4th Inf. Co.C
Blackburn, John NC 58th Inf. Co.I
Blackburn, John SC 1st Arty. Co.C,K
Blackburn, John TN 11th (Holman's) Cav. Co.G
Blackburn, John TN 44th Inf. Co.F
Blackburn, John VA 1st Cav.St.Line Co.A
Blackburn, John 7th Conf.Cav. Co.G
Blackburn, John A. NC 21st Inf. Co.G
Blackburn, John B. SC 26th Inf. Co.K
Blackburn, John B. TX 31st Cav. Co.A Cpl.
Blackburn, John C. AR 14th (Power's) Inf. Co.B 1st Lt.
Blackburn, John C. GA Inf. 11th Bn. (St.Guards) Co.C
Blackburn, John C. NC 21st Inf. Co.F 1st Lt.
Blackburn, John C. VA Hvy.Arty. 10th Bn. Co.C
Blackburn, John E. MO 1st Cav. Co.B
Blackburn, John F. MO 2nd Inf. Co.G Cpl.
Blackburn, John G. SC 1st (Orr's) Rifles Co.B
Blackburn, John G. TX 30th Cav. Co.A
Blackburn, John H. AL 4th Inf. Co.F
Blackburn, John M. TX 17th Cav. Co.F
Blackburn, John N. GA 3rd Inf. Co.G
Blackburn, John R. NC 2nd Arty. (36th St.Troops) Co.I
Blackburn, John S. AL 40th Inf. Co.I 1st Lt.
Blackburn, John S. MS 14th Inf. Co.B
Blackburn, John S. VA 1st Cav. 1st Co.D
Blackburn, John S. VA 6th Cav. Co.D
Blackburn, John T. MS 29th Inf. Co.E
Blackburn, John W. GA 24th Inf. Co.F Ord.Sgt.
Blackburn, John W. NC 5th Inf. Co.A
Blackburn, John W. NC 12th Inf. Co.C
Blackburn, John W. NC 43rd Inf. Co.F
Blackburn, John W. TN Holman's Bn.Part.Rangers Co.B
Blackburn, John W. TN 3rd (Lillard's) Mtd.Inf. Co.A
Blackburn, John W. TN 44th (Cons.) Inf. Co.D
Blackburn, Joseph AL 48th Inf. Co.G
Blackburn, Joseph GA Cobb's Legion Co.C
Blackburn, Joseph MS 3rd Cav. Co.G
Blackburn, Joseph MS Hamer's Co. (Salem Cav.)
Blackburn, Joseph MS 2nd Inf. Co.D
Blackburn, Jo. Gen. & Staff Capt.
Blackburn, Joseph C. AL 47th Inf. Co.H
Blackburn, Joseph E. FL 5th Inf. Co.G
Blackburn, Joseph E. KY 2nd Bn.Mtd.Rifles Co.B
Blackburn, Joseph H. NC 7th Inf. Co.F
Blackburn, Joseph L.S. TN Cav. 2nd Bn. (Biffle's) Co.B Music.
Blackburn, Joshua KY 1st Bn.Mtd.Rifles Co.C
Blackburn, Josiah GA Cobb's Legion Co.H
Blackburn, Josiah VA 6th Inf. Co.E
Blackburn, J.P. AL 12th Cav. Co.B 1st Lt.
Blackburn, J.R. MO 1st & 3rd Cons.Cav. Co.B Sgt.
Blackburn, J.R. NC Unassign.Conscr.
Blackburn, J.R. TN 4th Inf. Co.K
Blackburn, J.R. TN 49th Inf. Co.D
Blackburn, J.R. Inf. Bailey's Cons.Regt. Co.L
Blackburn, J.S. AL Mil. 4th Vol. Moore's Co. 1st Lt.
Blackburn, J.S. Payne's Regt. Lt.,Ord.Off.
Blackburn, J.T. AL 12th Cav. Co.B
Blackburn, J.T. NC 13th Inf. Co.C
Blackburn, J.W. AR Lt.Arty. Zimmerman's Btty.
Blackburn, J.W. AR 7th Inf. Co.I
Blackburn, J.W. GA 10th Inf. Co.B
Blackburn, J.Y. TX Inf. 3rd St.Troops Co.A
Blackburn, Kinion NC 2nd Arty. (36th St.Troops) Co.I
Blackburn, L. MO Cav. Jackman's Regt. Co.I
Blackburn, L. TX Cav. Chisum's Regt. (Dismtd.) Co.E
Blackburn, Lafayette GA 13th Inf. Co.E
Blackburn, Lafayette TX 17th Cav. Co.I
Blackburn, Lafayette TX 14th Inf. 1st Co.K
Blackburn, Lafayette TX 18th Inf. Co.L
Blackburn, Leander C. VA 53rd Inf. Co.E
Blackburn, Levi NC 39th Inf. Co.B
Blackburn, Levi A. NC Cav. 7th Bn. Co.A
Blackburn, L.G. AL 3rd Inf. Co.D

Blackburn, Louis VA 44th Inf. Co.K
Blackburn, Luke P. Gen. & Staff ADC
Blackburn, L.W. NC 57th Inf. Co.D
Blackburn, Maise TX 29th Cav. Co.F
Blackburn, Marion AR 17th (Griffith's) Inf. Co.G
Blackburn, Martin E.L. GA 50th Inf. Co.B
Blackburn, M.E.L. GA 7th Cav. Co.G
Blackburn, M.E.L. GA Cav. 24th Bn. Co.A
Blackburn, Michael TN 16th Inf. Co.C
Blackburn, Miles NC 33rd Inf. Co.D
Blackburn, Milton S. GA 4th Inf. Co.F
Blackburn, Milton S. GA Inf. 8th Bn. Co.D
Blackburn, M.S. GA 16th Inf. Co.E
Blackburn, M.W. TX 28th Cav. Co.I
Blackburn, M.W. TX 17th Inf. Co.D,I
Blackburn, N.M. AL 1st Cav. 1st Co.K
Blackburn, N.W. NC 57th Inf. Co.D
Blackburn, O.H. AR Cav. Crabtree's (46th) Regt. Co.A
Blackburn, Oliver AR 47th (Crandall's) Cav. Co.E
Blackburn, P. GA 1st Inf.
Blackburn, P.A. VA Inf. 25th Bn. Co.H
Blackburn, Paulin A. VA Cav. 40th Bn. Co.B
Blackburn, Paulin A. VA 109th Mil. 2nd Co.A 2nd Lt.
Blackburn, Perry GA 11th Cav. Co.D
Blackburn, Peyton VA 54th Inf. Co.E
Blackburn, Phillip AR 31st Inf. Co.A
Blackburn, Pinkney L. GA 43rd Inf. Co.H
Blackburn, P.J. AL 49th Inf. Co.I Cpl.
Blackburn, P.S. GA 16th Inf. Co.E
Blackburn, R.A. TX 7th Inf. Co.H
Blackburn, R.D. TN 30th Inf. Co.I Cpl.
Blackburn, Resin NC 20th Inf. Co.I
Blackburn, Resin NC 51st Inf. Co.K
Blackburn, Richard TX 12th Inf. Co.B
Blackburn, Richard VA 58th Inf. Co.G
Blackburn, Richard B. AL 41st Inf. Co.H Sgt.
Blackburn, Richard T. TX 6th Inf. Co.F
Blackburn, Riley TN 5th (McKenzie's) Cav. Co.E
Blackburn, R.L. GA Cav. 20th Bn. Co.A,E
Blackburn, Robert FL 5th Inf. Co.K
Blackburn, Robert MS Lt.Arty. 14th Bn. Co.C
Blackburn, Robert MS 19th Inf. Co.C Cpl.
Blackburn, Robert TN 11th (Holman's) Cav. Co.G
Blackburn, Robert TX 12th Inf. Co.B
Blackburn, Robert A. VA 44th Inf. Co.K Sgt.
Blackburn, Robert G. TN Holman's Bn.Part.Rangers Co.B
Blackburn, Robert H. MO Cav. Freeman's Regt. Co.D
Blackburn, Robert L. FL 1st Inf. New Co.C
Blackburn, Robert L. VA 55th Inf. Co.A Cpl.
Blackburn, Royal W. VA Hvy.Arty. 18th Bn. Co.B
Blackburn, R.S. TX Inf. Cotton's Co.
Blackburn, R.S. 7th Conf.Cav. Co.G
Blackburn, R.W. VA 19th Inf. Co.C Sgt.
Blackburn, S. GA 1st (Olmstead's) Inf. Co.F
Blackburn, S. KY 1st Bn.Mtd.Rifles Co.A
Blackburn, S. SC 3rd St.Troops Co.D
Blackburn, Samuel TX 23rd Cav. Co.C
Blackburn, Samuel TX 27th Cav. Co.D
Blackburn, Samuel E. TX 27th Cav. Co.D
Blackburn, Silas KY 3rd Bn.Mtd.Rifles Co.A
Blackburn, Simeon MO 5th Cav. Co.D
Blackburn, Simpson GA 11th Cav. Co.D
Blackburn, Simpson K. GA 65th Inf. Co.K
Blackburn, S.J. AR 14th (Powers') Inf. Co.I Sgt.
Blackburn, S.K. GA 16th Inf. Co.E
Blackburn, S.M. AL 12th Inf. Co.F
Blackburn, S.R. GA Lt.Arty. Ritter's Co.
Blackburn, S.R. TX 12th Inf. Co.C Sgt.
Blackburn, S.V. AR Cav. Gordon's Regt. Co.D
Blackburn, T.A. MS 12th Inf. Co.C
Blackburn, T.C. AL 21st Inf. Co.F
Blackburn, T.C. AL Cp. of Instr. Talladega
Blackburn, Thom GA Cav. Russell's Co.
Blackburn, Thomas AL 2nd Cav. Co.A Sgt.
Blackburn, Thomas NC 32nd Inf. Co.I
Blackburn, Thomas NC McMillan's Co.
Blackburn, Thomas VA 1st Cav.St.Line Co.A
Blackburn, Thomas J. NC 21st Inf. Co.F 2nd Lt.
Blackburn, Thomas M. NC 1st Inf. Co.I
Blackburn, Thomas N. AL 16th Inf. Co.A
Blackburn, Thomas R. MO 2nd Inf. Co.G
Blackburn, Thomas W. GA 47th Inf. Co.D
Blackburn, T.J. AL Lt.Arty. Tarrant's Btty.
Blackburn, T.J. NC Lt.Arty. 13th Bn. Co.C
Blackburn, T.J. TX 14th Inf. Co.H
Blackburn, T.J. 8th (Wade's) Conf.Cav. Co.K
Blackburn, W. KY 3rd Cav. Grant's Co.
Blackburn, W. KY 6th Cav. Co.K
Blackburn, W. MO St.Guard
Blackburn, W.A. TN 1st (Carter's) Cav. Co.L Capt.
Blackburn, Wade MS 1st Cav.Res. Co.F
Blackburn, Wade H. NC 51st Inf. Co.H
Blackburn, W.B. AR 8th Cav. Co.D
Blackburn, Wesley MO Cav. Fristoe's Regt. Co.F
Blackburn, W.G. MS Cav. Powers' Regt. Co.C
Blackburn, W.G. TN 44th (Cons.) Inf. Co.I
Blackburn, W.G. VA 5th Cav. Co.I,F
Blackburn, W.G. Gillum's Regt. Whitaker's Co.
Blackburn, W.H.H. AR Inf. Cocke's Regt. Co.K
Blackburn, Wilburn NC 13th Inf. Co.D
Blackburn, William AR 15th (N.E.) Inf. Co.D
Blackburn, William GA 1st (Ramsey's) Inf. Co.I
Blackburn, William GA 43rd Inf. Co.D
Blackburn, William MS 18th Cav. Wimberly's Co. Sgt.
Blackburn, William MS Cav. Gibson's Co.
Blackburn, William MO 4th Inf. Co.H
Blackburn, William NC 1st Cav. (9th St.Troops) Co.A
Blackburn, William NC 5th Sr.Res. Co.A
Blackburn, William TN 7th Inf. Co.E
Blackburn, William TX 12th Inf. Co.B
Blackburn, William VA 3rd Bn. Valley Res. Co.B 1st Lt.
Blackburn, William VA 5th Inf. Co.L 2nd Lt.
Blackburn, William VA Inf. 25th Bn. Co.E
Blackburn, William VA Inf. 45th Bn. Co.E
Blackburn, William VA 57th Inf. Co.K
Blackburn, William VA 1st Cav.St.Line Co.A
Blackburn, William A. AL 41st Inf. Co.H 1st Sgt.
Blackburn, William A. FL Cav. 3rd Bn. Co.A
Blackburn, William A. TN 37th Inf. Co.B 1st Lt.
Blackburn, William A.J. TX 31st Cav. Co.E
Blackburn, William B. AR 14th (McCarver's) Inf. Co.F
Blackburn, William B. AR 21st Inf. Co.B
Blackburn, William D. NC 21st Inf. Co.A
Blackburn, William E. VA 30th Bn.S.S. Co.E
Blackburn, William F. MO 2nd Inf. Co.G
Blackburn, William F. NC 1st Cav. (9th St.Troops) Co.K
Blackburn, William H. TN 11th Inf. Co.K,H
Blackburn, William J. AR 4th Inf. Co.I Capt.
Blackburn, William J. MS 5th Inf. (St.Troops) Co.A Sgt.
Blackburn, William J. MS 22nd Inf. Co.C
Blackburn, William J. TN Cav. 2nd Bn. (Biffle's) Co.B
Blackburn, William L. TN Cav. 2nd Bn. (Biffle's) Co.C
Blackburn, William M. AR 7th Inf. Co.C Capt.
Blackburn, William M. GA 12th Cav. Co.G Cpl.
Blackburn, William M.S. NC 34th Inf. Co.E
Blackburn, William P. TX 12th Inf. Co.E
Blackburn, William P. TX Home Guards Kilough's Co.
Blackburn, William R. GA 2nd Cav. Co.A Sgt.
Blackburn, William R. KY Cav. 2nd Bn. (Dortch's) Co.B Cpl.
Blackburn, William R. VA 48th Inf. Co.K
Blackburn, William R. VA 54th Inf. Co.K
Blackburn, William S. AL Jeff Davis Arty.
Blackburn, William T. AL 29th Inf. Co.B
Blackburn, William T. TX 5th Inf. Co.G,I
Blackburn, William W. FL 1st Inf. Old Co.I, New Co.C 1st Sgt.
Blackburn, W.J. NC 18th Inf. Co.A
Blackburn, W.J. TX 23rd Cav. Co.C
Blackburn, W.J. 2nd Conf.Eng.Troops Co.D
Blackburn, W.L.H. TX 28th Cav. Co.I Bugler
Blackburn, W.M. AR Part.Rangers J.R. Palmer's Co. 2nd Lt.
Blackburn, W.N. TX 12th Cav. Co.E Cpl.
Blackburn, W.P. AL Lt.Arty. Tarrant's Btty.
Blackburn, W.P. AL Mil. 4th Vol. Co.C
Blackburn, W.P. MO St.Guard Wm. H. Taylor's Co.
Blackburn, W.R. GA Lt.Arty. Ritter's Co.
Blackburn, W.R. KY 7th Cav. Co.B Cpl.
Blackburn, W.R. TX Cav. Gano's Squad. Co.B
Blackburn, W.S. VA Lt.Arty. B.H. Smith's Co.
Blackburn, W.S. VA Horse Arty. McClanahan's Co.
Blackburn, W.T. TX 11th Inf. Co.H
Blackburn, Wyatt S. VA 26th Inf. Co.H
Blackburn, Y.A. LA 27th Inf. Co.G
Blackburne, James AR 15th (Josey's) Inf. Co.C 1st Lt.
Blackburne, J.B. SC 12th Inf. Co.E 1st Lt.
Blackburne, John S. AL Recruits
Blackburne, M. LA 17th Inf. Co.K
Blackburne, William TN 23rd Inf. Co.D
Blackburne, William H. GA 19th Inf. Co.I
Blackby, Robert 1st Conf.Inf. 2nd Co.K
Blackcoat, James 1st Cherokee Mtd.Rifles Co.F
Black Dog FL McBride's Co. (Indians)
Black Dog 1st Osage Bn. Co.B,CSA Capt.

Blacke, V.B. VA 67th Mil. Co.E
Blackebey, Jesse LA 1st Cav. Co.C
Blackeley, Thomas J. VA Lt.Arty. Brander's Co.
Blackemore, D.A. VA Cav. 41st Bn. Co.B
Blackemore, M.N. LA Lt.Arty. LeGardeur, Jr.'s Co. (Orleans Guard Btty.)
Blackemore, Pleasant LA Arty. Moody's Co. (Madison Lt.Arty.)
Blackenship, J. MS 1st Inf. Co.C
Blackenship, William R. GA 39th Inf. Co.I
Blackenship, W.J. AL Coosa Guards J.W. Suttles' Co.
Blacker, Charles H. Gen. & Staff Capt.,ADC
Blackerby, B.F. AL 31st Inf. Co.K
Blackerby, B.F.T. SC 4th Bn.Res. Co.D
Blackerby, C.C. AL 29th Inf. Co.E
Blackerby, J.L. SC 2nd Cav. Co.G Cpl.
Blackerby, J.L. SC 3rd Inf. Co.G
Blackerby, Joseph AL 31st Inf. Co.K
Blackerby, J.W. AL 29th Inf. Co.E
Blackerby, W.H. AL 62nd Inf. Co.C
Blackerd, Granville VA 51st Inf. Co.F
Blackerd, Willoughby AR 1st (Monroe's) Cav. Co.D
Blackered, Aaron VA 8th Cav. Co.A
Blackerley, Jas. B. Gen. & Staff Surg.
Blackerly, H.H. AL 29th Inf. Co.E
Blackerly, J.B. AR 2nd Cav. Lt.
Blackewell, G. AL 56th Vol. (Part.Rangers) Co.L
Black Feet FL McBride's Co. (Indians)
Blackford, B. KY 3rd Mtd.Inf. Co.F
Blackford, Benjamin VA 11th Inf. Asst.Surg.
Blackford, Benj. Gen. & Staff Surg.
Blackford, B. Lewis VA 11th Inf. Co.G Sgt.
Blackford, B. Lewis Eng.,CSA Lt.
Blackford, B. Lewis Gen. & Staff 1st Lt.
Blackford, Charles M. VA 2nd Cav. Co.B Capt.
Blackford, Charles M. Gen. & Staff, Cav. Capt.
Blackford, Eugene AL 5th Inf. New Co.A Maj.
Blackford, J.C. VA 7th Cav. Glenn's Co.
Blackford, John A. KY 1st (Butler's) Cav. Co.G
Blackford, John B. KY 5th Mtd.Inf. Co.F
Blackford, John C. MD Cav. 2nd Bn. Co.A
Blackford, Lancelot M. VA Lt.Arty. Arch. Graham's Co.
Blackford, Lancelot M. VA 24th Inf.
Blackford, William H. VA 11th Inf. Co.G Sgt.
Blackford, Wm. H. Gen. & Staff 1st Lt.,Dr.M.
Blackford, Wm. L. Gen. & Staff Surg.
Blackford, William W. VA 1st Cav. 2nd Co.D Capt.
Blackford, William W. 1st Conf.Eng.Troops Lt.Col.
Blackfox, Ezekiel 1st Cherokee Mtd.Rifles Co.G Black.
Black Fox, Henry 1st Cherokee Mtd.Rifles Co.A
Blackgraves, Ed. TX 2nd Inf. Co.C
Blackhan, L.C. VA 50th Inf. Co.E Sgt.
Black Haw 1st Cherokee Mtd.Rifles Co.A
Black Haw 1st Cherokee Mtd.Rifles Co.D
Black Haw 1st Cherokee Mtd.Rifles Co.E
Black Haw 1st Cherokee Mtd.Vol. 1st Co.F, 2nd Co.F Sgt.
Black Haw Crayfish 1st Cherokee Mtd.Rifles Co.I
Black Haw, Pettet 1st Cherokee Mtd.Rifles Co.B
Blackhorn, James VA Inf. 2nd Bn. (Loc.Def.) Co.G
Blackie, Geo. S. Gen. & Staff Surg.
Blackie, John GA Cav. 21st Bn. Co.B,E
Blackiston, George W. MD Weston's Bn. Co.D
Blackiston, Henry C. MD 1st Cav. Co.B 2nd Lt.
Blackiston, S.H. MD 1st Cav. Co.B
Blackiston, Thomas MD Btty. Sgt.
Blackistone, George W. MD 1st Inf. Co.H
Blackledge, Alexander C. TX 13th Cav. Co.A
Blackledge, Allen P. GA Inf. 11th Bn. (St.Guards) Co.B
Blackledge, James H. 1st Conf.Cav. 1st Co.H
Blackledge, J.B. GA Cav. 21st Bn. Co.C
Blackledge, J.B. SC 6th Inf. 2nd Co.H
Blackledge, J.H. 1st Conf.Cav. 1st Co.H
Blackledge, Jno. J. AL 56th Inf. Co.I
Blackledge, R.F. AL 31st Inf. Co.B
Blackledge, Richard AL 36th Inf. Co.E
Blackledge, Thomas AL 32nd Inf. Co.B
Blackledge, W.J. SC 1st (Butler's) Inf. Co.C Drum.
Blackledge, W.J. TN Cav. 12th Bn. (Day's) Co.E
Blackledge, Z. TX Waul's Legion Co.E
Blackler, Thomas P. VA 6th Inf. Co.H Sgt.
Blackley, --- TX Cav. Baird's Regt. Co.C
Blackley, --- VA Loc.Def. Wood's Co.
Blackley, Armstead C. NC Hvy.Arty. 10th Bn. Co.D
Blackley, Augustus NC 47th Inf. Co.G
Blackley, Benjamin J. NC 15th Inf. Co.E
Blackley, James H. NC 47th Inf. Co.G
Blackley, J.R. TN 15th Inf. Co.A
Blackley, Marion L. VA 37th Inf. Co.A
Blackley, M.L. Gen. & Staff Hosp.Stew.
Blackley, M.P. SC 14th Inf. Co.F
Blackley, Robert MS 1st Lt.Arty. Co.D
Blackley, Rufus H. NC 15th Inf. Co.E
Blackley, Shimuel C. NC 55th Inf. Co.I Sgt.
Blackley, S.M. TN 33rd Inf. Co.G
Blackley, William A. NC 15th Inf. Co.E Sgt.
Blackley, William H. VA 55th Inf. Co.B
Blackley, William J. NC 61st Inf. Co.C
Blackley, William L. NC Jones' Co. (Supp. Forces)
Blackley, William M. AR 58th Mil. Co.B
Blacklidge, D. MS 8th Inf. Co.F
Blacklidge, John MS 37th Inf. Co.A,K
Blacklidge, William AR 18th Inf. Co.E
Blacklock, B.T. TX 12th Inf. Co.F
Blacklock, J.J. GA Inf. 27th Bn. (NonConscr.) Co.A
Blacklock, R. MS Cp.Guard (Cp. of Instr. for Conscr.)
Blacklock, Robert AR 13th Inf. Co.E
Blacklock, Robert AR Mil. Desha Cty.Bn.
Blacklock, Robert KY 7th Mtd.Inf. 1st Co.K
Blacklock, W.H. TX 12th Inf. Co.F
Blacklock, William MS 21st Inf. Co.I
Blackly, Benjamin J. NC 3rd Bn.Sr.Res. Co.C Capt.
Blackly, Daniel AL 29th Inf. Co.E
Blackly, J.W. VA 30th Inf. Co.A
Blackma, Zachariah LA 15th Inf. Co.I
Blackman, --- TX Cav. 4th Regt.St.Troops Co.F
Blackman, A. FL 6th Inf. Co.I
Blackman, A. GA Inf. 1st Loc.Troops (Augusta) Co.E
Blackman, A. SC 6th Inf. 2nd Co.E
Blackman, A. TX 24th & 25th Cav. (Cons.) Co.B
Blackman, A. TX 25th Cav. Co.B
Blackman, Albert TN 4th (McLemore's) Cav. Co.F
Blackman, Alfred LA 9th Inf. Co.A 1st Lt.
Blackman, Alpha NC 51st Inf. Co.H
Blackman, A.M. AL Jeff Davis Arty.
Blackman, Andrew J. AR Lt.Arty. Rivers' Btty.
Blackman, Andrew J. GA 2nd Bn.S.S. Co.A,E
Blackman, Arthur FL 8th Inf. Co.C
Blackman, Arthur A. NC 5th Inf. Co.C
Blackman, Asa Olen LA 9th Inf. Co.A
Blackman, B., Jr. AR Cav. 6th Bn. Co.D
Blackman, Barzilla NC 24th Inf. Co.E
Blackman, Benjamin TX 26th Cav. Co.K
Blackman, Benjamin TX 1st Hvy.Arty. Co.D
Blackman, Benjamin E. 2nd Conf.Eng.Troops Co.G
Blackman, Bennett SC 6th Inf. 2nd Co.D
Blackman, Bennett SC 9th Inf. Co.H
Blackman, B.F. MS 27th Inf. Co.E
Blackman, B.F. TN 19th & 20th (Cons.) Cav. Co.F
Blackman, B.F. TN 20th (Russell's) Cav. Co.A
Blackman, B.F. TX Inf. Timmon's Regt. Co.A
Blackman, B.J. SC 2nd Inf. Co.G Cpl.
Blackman, Burrell LA 16th Inf. Co.E
Blackman, C. TX 1st Hvy.Arty. Co.K
Blackman, C.A. AL 23rd Inf. Co.A
Blackman, Calvin TX Inf. Townsend's Co. (Robertson Five Shooters)
Blackman, Chapman AL 17th Inf. Co.B
Blackman, Charles TX 23rd Cav. Co.H
Blackman, Charles A. AL 46th Inf. Co.H
Blackman, C.R. LA 18th Inf. Co.B
Blackman, Cullen FL 8th Inf. Co.C
Blackman, Cullen L. NC 5th Inf. Co.A
Blackman, David AL 57th Inf. Co.F
Blackman, David GA Carlton's Co. (Troup Cty.Arty.)
Blackman, David GA 4th Inf. Co.I
Blackman, David B. NC 24th Inf. Co.E
Blackman, Dillen NC 51st Inf. Co.E
Blackman, Edmond GA 40th Inf. Co.G
Blackman, Eli TX 27th Cav. Co.D
Blackman, Elijah G. AL 30th Inf. Co.A
Blackman, Enoch SC 5th Inf. 1st Co.K
Blackman, Felix H. TN 9th (Ward's) Cav. Co.I Capt.
Blackman, F.F. AL Cp. of Instr. Talladega
Blackman, F.F. 3rd Conf.Eng.Troops
Blackman, F.H. TN Cav. 1st Bn. (McNairy's) Co.A 1st Lt.
Blackman, F.M. GA 1st Inf. Co.B
Blackman, F.M. GA 3rd Res. Co.K
Blackman, Frank AL 3rd Bn. Hilliard's Legion Vol. Co.C
Blackman, George VA 62nd Mtd.Inf. Co.E
Blackman, George W. AL 17th Inf. Co.K
Blackman, George W. AR 19th (Dockery's) Inf. Co.C
Blackman, George W. TN 1st (Turney's) Inf. Co.B

Blackman, G.H. TX 2nd Inf. Co.C
Blackman, Glenn C. GA 4th Bn.S.S. Co.B
Blackman, Green W. AL 4th Res. Co.I
Blackman, G.W. GA 1st (Fannin's) Res. Co.D
Blackman, G.W. SC 6th Cav. Co.G
Blackman, G.W. SC 1st (Butler's) Inf. Co.F
Blackman, G.W. SC Inf. Holcombe Legion Co.F
Blackman, H. LA 1st Cav. Robinson's Co. Cpl.
Blackman, H. TN Arty. Ramsey's Btty. Black.
Blackman, Handy MS Inf. 1st Bn.St.Troops (30 days '64) Co.D
Blackman, Harry NC 53rd Inf. Co.C
Blackman, Henry AL Coosa Cty.Res. W.W. Griffin's Co.
Blackman, Henry GA 31st Inf. Co.D
Blackman, Henry MS 2nd (Quinn's St.Troops) Inf. Co.A
Blackman, Henry SC 14th Inf. Co.H
Blackman, Henry SC 21st Inf. Co.H
Blackman, Henry C. GA Inf. 18th Bn. (St.Guards) Co.C
Blackman, Henry H. GA 54th Inf. Co.H
Blackman, Hiram AL 4th Inf. Co.C
Blackman, H.J. AL 17th Inf. Co.K
Blackman, H.J. SC 10th Inf. Co.D 3rd Lt.
Blackman, Hollis H. AL 1st Regt.Conscr. Co.C
Blackman, H.S. NC 50th Inf. Co.D
Blackman, Hugh G. SC 4th Cav. Co.F
Blackman, Irvin SC 2nd Arty. Co.C Cpl.
Blackman, Isaac GA Bn. Co.C
Blackman, J. GA 15th Inf. Co.B
Blackman, J. GA 15th Inf. Co.E
Blackman, J. LA Mil.Conf.Guards Regt. Co.C
Blackman, J. MS 10th Cav. Co.F
Blackman, J. TX Cav. Crumps's Regt. Co.D
Blackman, J. TX 1st Hvy.Arty. Co.D
Blackman, J. TX Inf. Chambers' Bn.Res.Corp Co.B
Blackman, J.A. AL 3rd Res. Co.C
Blackman, J.A. AL 30th Inf. Co.C
Blackman, J.A. MS 37th Inf. Co.I
Blackman, J.A. MS 46th Inf. Co.C Sgt.
Blackman, J.A. SC Lt.Arty. 3rd (Palmetto) Bn. Co.G
Blackman, J.A. Trans-MS Conf.Cav. 1st Bn. Co.D
Blackman, Jacob NC 25th Inf. Co.G
Blackman, James AL Arty. 1st Bn. Co.F
Blackman, James AL 3rd Bn.Res. Jackson's Co.
Blackman, James GA Lt.Arty. Hamilton's Co. Cpl.
Blackman, James GA 1st Reg. Co.A
Blackman, James GA 2nd Res. Co.A,G
Blackman, James GA 9th Inf. (St.Guards) Culp's Co.
Blackman, James GA Inf. White's Co.
Blackman, James NC 51st Inf. Co.G
Blackman, James SC 21st Inf. Co.B
Blackman, James TX 20th Inf. Co.D
Blackman, James A. TX 22nd Inf. Co.B
Blackman, James G. TX Waul's Legion Co.B 1st Lt.
Blackman, James H. AR 1st Inf. Co.H
Blackman, James H. LA 16th Inf. Co.E
Blackman, James H. NC 51st Inf. Co.I
Blackman, James N. MS 8th Inf. Co.F
Blackman, James W. AL 4th Res. Co.I
Blackman, James W. GA 2nd Bn.S.S. Co.A
Blackman, J. Andy AL 1st Regt.Conscr. Co.G
Blackman, J.C. AL 40th Inf. Co.C
Blackman, J.C. GA Lt.Arty. Croft's Btty. (Columbus Arty.)
Blackman, J.C. NC 51st Inf. Co.E
Blackman, J.E. GA Lt.Arty. Milledge's Co.
Blackman, J.E. GA 20th Inf. Co.A Sgt.
Blackman, Jerry SC 1st Cav. Co.G
Blackman, Jesse H. AL 37th Inf. Co.C
Blackman, J.F. NC 50th Inf. Co.F
Blackman, J.G. GA 46th Inf. Co.E
Blackman, J.G. TX 12th Inf. Co.I Jr.2nd Lt.
Blackman, J.G. TX Inf. Timmon's Regt. Co.A 1st Lt.
Blackman, J.H. LA 16th Inf. Co.I
Blackman, J.J. GA 22nd Inf. Co.E
Blackman, J.J. TN 6th Inf. Co.E
Blackman, J.L. MO 3rd Cav. Co.A
Blackman, J.L. NC Hvy.Arty. 10th Bn. Co.D
Blackman, J.M. NC 2nd Inf. Co.H
Blackman, J.M. TN 47th Inf. Co.F
Blackman, J.N. TN Inf. 3rd Cons.Regt. Co.D
Blackman, J.N. TN 4th Inf. Co.E Sgt.
Blackman, Joab FL 8th Inf. Co.C Cpl.
Blackman, Joel W. NC 24th Inf. Co.F
Blackman, John AL Jeff Davis Arty.
Blackman, John FL 7th Inf. Co.G
Blackman, John GA 1st Reg. Co.A
Blackman, John GA 42nd Inf. Co.I
Blackman, John GA 59th Inf. Co.E
Blackman, John LA 17th Inf. Co.B
Blackman, John MS Inf. 1st Bn.St.Troops (30 days '64) Co.D
Blackman, John NC 38th Inf. Co.B
Blackman, John NC 51st Inf. Co.E
Blackman, John SC 4th Cav. Co.F
Blackman, John SC 2nd Arty. Co.A
Blackman, John SC 1st (Orr's) Rifles Co.H
Blackman, John TN 51st Inf. Co.C
Blackman, John TN 51st (Cons.) Inf. Co.I
Blackman, John TX Cav. Baird's Regt. Co.G
Blackman, John Forrest's Scouts T. Henderson's Co.,CSA
Blackman, John A. NC 2nd Inf. Co.H
Blackman, John C. FL 6th Inf. Co.I
Blackman, John H. MS 22nd Inf. Co.A
Blackman, John H. NC 3rd Arty. (40th St.Troops) Co.I
Blackman, John H. NC 11th Inf. Co.I
Blackman, John J. GA 9th Inf. (St.Guards) Culp's Co.
Blackman, John P. AL 2nd Bn. Hilliard's Legion Vol. Co.C
Blackman, John P. FL 1st Inf. New Co.F
Blackman, John R. AL 6th Inf. Co.L
Blackman, John R. AL 60th Inf. Co.B
Blackman, John S. LA Inf. 4th Bn. Co.C
Blackman, John S. MO 3rd Cav. Co.A
Blackman, Jonah AL 8th Inf. Co.E
Blackman, Jonathan R. GA 2nd Bn.S.S. Co.A,E
Blackman, Joseph AL 12th Inf. Co.D Cpl.
Blackman, Joseph TN 24th Inf. Co.E
Blackman, Joseph A. GA Carlton's Co. (Troup Cty.Arty.)
Blackman, Joseph A. GA 2nd Inf. Stanley's Co.
Blackman, Joseph J. AL 12th Inf. Co.B
Blackman, Joseph M. TX 20th Inf. Co.D
Blackman, Joshua AL 53rd (Part.Rangers) Co.C Black.
Blackman, Josiah GA 4th Res. Co.E
Blackman, Josiah TX 4th Cav. Co.D Far.
Blackman, J.P. AL 59th Inf. Co.A
Blackman, J.P. KY 3rd Mtd.Inf. Co.H
Blackman, J.S. GA 46th Inf. Co.E
Blackman, J.S. LA 14th (Austin's) Bn.S.S.
Blackman, Julius A. NC 20th Inf. Co.H Cpl.
Blackman, Junius M. MO 3rd Cav. Co.A
Blackman, Junius M. MO Cav. 3rd Bn. Co.C
Blackman, J.W. AL 8th Inf. Co.H
Blackman, J.W. AL 53rd (Part.Rangers) Co.C Far.
Blackman, J.W. SC Post Guard Senn's Co.
Blackman, K.H. LA Mtd.Rifles Miller's Ind.Co.
Blackman, K.H. SC Arty. Zimmerman's Co. (Pee Dee Arty.) Artif.
Blackman, K.H. SC 1st (McCreary's) Inf. Co.D
Blackman, K.P. AL 37th Inf. Co.K
Blackman, Lewis R.H. NC 25th Inf. Co.G Sgt.
Blackman, L.G. MS 37th Inf. Co.B
Blackman, Lovard NC 3rd Cav. (41st St.Troops) Co.D
Blackman, L.P. GA 46th Inf. Co.E
Blackman, M. SC 18th Inf. Co.I
Blackman, Malachiah AL 33rd Inf. Co.G
Blackman, Manly SC 20th Inf. Co.B
Blackman, Marion FL Inf. 2nd Bn. Co.E
Blackman, Marion SC 1st (Butler's) Inf. Co.B
Blackman, M.C. TX Cav. Baird's Regt. Co.G
Blackman, McDaniel NC 51st Inf. Co.G
Blackman, Milledge SC Hvy.Arty. Mathewes' Co.
Blackman, M.W. TX 5th Inf. Co.G
Blackman, Nathaniel L. NC 18th Inf. Co.D
Blackman, N.E.J. AL 12th Cav. Co.D,B
Blackman, P.G. TX Inf. Timmon's Regt. Co.A
Blackman, R. SC 6th Cav. Co.G
Blackman, Ransom SC 1st (Butler's) Inf. Co.F
Blackman, R.C. SC 10th Inf. Co.D
Blackman, R.J. NC 5th Inf. Co.D
Blackman, Robert MS 18th Inf. Co.F Sgt.
Blackman, Robert TX 1st Inf. Co.I
Blackman, Robert C. GA 2nd Bn.S.S. Co.E
Blackman, Robert L. MS Griffin's Co. (Madison Guards)
Blackman, Sampson TX 11th Inf. Co.D
Blackman, Samson NC 38th Inf. Co.C
Blackman, Samuel GA 1st Inf. Co.F
Blackman, Sam. MS 6th Inf. Co.C
Blackman, Samuel 1st Conf.Inf. 2nd Co.H
Blackman, Samuel G. TN 17th Inf. Co.B
Blackman, S.E. TN 51st Inf. Co.C
Blackman, S.E. TN 51st (Cons.) Inf. Co.I
Blackman, S.F. MS 8th Inf. Co.G
Blackman, S.M. AL 53rd (Part.Rangers) Co.E
Blackman, S.M. GA 2nd Inf. Co.B
Blackman, Sol MS 36th Inf. Co.C
Blackman, Solomon MS 10th Inf. Old Co.D
Blackman, Solomon B. MS 27th Inf. Co.E
Blackman, Solomon F. MS 37th Inf. Co.B
Blackman, S.R. AR 20th Inf. Co.F
Blackman, Sydney LA 11th Inf. Co.E
Blackman, T. AR 51st Mil. Co.H
Blackman, T.A. Gen. & Staff, QM Dept. Clerk

Blackman, Thomas AL 18th Inf. Co.D
Blackman, Thomas GA Lt.Arty. Milledge's Co.
Blackman, Thomas GA Inf. (RR Guards) Preston's Co.
Blackman, Thomas VA Cav. Mosby's Regt. (Part.Rangers) Co.C
Blackman, Thomas J. AL 3rd Bn. Hilliard's Legion Vol. Co.E
Blackman, Thomas M. LA 12th Inf. Co.B,D Sgt.
Blackman, Thomas N. LA 13th Inf. Co.D Sgt.
Blackman, T.M. AR 11th Inf. Co.G
Blackman, T.N. VA Hvy.Arty. Coffin's Co. Sgt.
Blackman, Urban M. GA 46th Inf. Co.E
Blackman, W. AR 51st Mil. Co.H
Blackman, W.A. MS 9th Cav. Co.F
Blackman, W.A. MS 10th Cav. Co.A
Blackman, Wade SC 21st Inf. Co.B
Blackman, Wade W. SC 8th Inf. Co.A
Blackman, W.B. AL Coosa Cty.Res. W.W. Griffin's Co.
Blackman, W.C. AL 53rd (Part.Rangers) Co.C
Blackman, W.D. AR 12th Inf. Co.K
Blackman, W.F. TX 1st Hvy.Arty. Co.D
Blackman, W.G. TX 2nd Inf. Co.A
Blackman, W.H. AR 34th Inf. Co.G
Blackman, W.H. AR 35th Inf. Co.D
Blackman, W.H. SC 1st St.Troops Co.F
Blackman, Wilbur F. LA 9th Inf. Co.A 2nd Lt.
Blackman, Wilbur F. Gen. & Staff 1st Lt.,Adj.
Blackman, William GA 1st (Symons') Res. Co.K
Blackman, William GA 8th Inf. (St.Guards) Co.D
Blackman, William GA Inf. White's Co.
Blackman, Wm. MO 2nd Inf. Co.I
Blackman, William NC Hvy.Arty. 1st Bn. Co.C Sgt.
Blackman, William NC 51st Inf. Co.E
Blackman, William SC 14th Inf. Co.H Sgt.
Blackman, William SC 23rd Inf. Co.E
Blackman, William TX 27th Cav. Co.D
Blackman, William A. MS 11th Inf. Co.I
Blackman, William A. NC 55th Inf. Co.G
Blackman, William A. TN Cav. 17th Bn. (Sanders') Co.C
Blackman, William B. NC 20th Inf. Co.H 1st Sgt.
Blackman, William C. NC 3rd Cav. (41st St.Troops) Co.D
Blackman, William C. TX Cav. Morgan's Regt. Co.E
Blackman, William D. AL 37th Inf. Co.C Sgt.
Blackman, William D. AR 6th Inf. New Co.D
Blackman, William G. MS 27th Inf. Co.L
Blackman, William G. NC 7th Inf. Co.C
Blackman, William H. AL Inf. 1st Regt. Co.C
Blackman, William H. TN 1st Cav. Co.I,K
Blackman, William M. AL Mil. 4th Vol. Co.A
Blackman, William S. MS Inf. (Res.) Berry's Co.
Blackman, William V. LA Inf. 4th Bn. Co.C Cpl.
Blackman, William W. GA 2nd Bn.S.S. Co.E
Blackman, William W. MO 3rd Cav. Co.A
Blackman, William W. MO Cav. 3rd Bn. Co.C
Blackman, Willis GA 45th Inf. Co.D
Blackman, W.J. GA Siege Arty. 28th Bn. Co.H
Blackman, W.J. MS Inf. 3rd Bn. (St.Troops) Co.D
Blackman, W.J. SC Post Guard Senn's Co.
Blackman, W.J. TX 5th Inf. Co.G
Blackman, W.J. TX Inf. Timmon's Regt. Co.A
Blackman, W.L. SC 4th Bn.Res. Co.B
Blackman, W.M. GA Sander's Bn.
Blackman, W.M. TX 12th Inf. Co.F Cpl.
Blackman, W.S. GA 15th Inf.
Blackman, W.T. LA 28th (Gray's) Inf. AAAG
Blackman, W.V. LA Inf. Pelican Regt. Co.G Cpl.
Blackman, W.W. SC 21st Inf. Co.G
Blackman, Wyatt NC 24th Inf. Co.F
Blackman, Young C. NC 2nd Inf. Co.H
Blackman, Zacharia AL 61st Inf. Co.G
Blackman, Zachariah AL 1st Regt.Conscr. Co.I
Blackman, Zachariah AL 18th Inf. Co.D
Blackman, Zachariah LA Inf. 1st Sp.Bn. (Wheat's) Old Co.D
Blackman, Zachariah MS 12th Inf. Co.I
Blackmans, --- TN Douglass' Bn.Part.Rangers Blackman's Co. Capt.
Blackmar, A.E. LA Mil. Conf.Guards Regt. Co.H
Blackmar, A.O. GA 5th Inf. (St.Guards) Everett's Co.
Blackmar, A.O., Jr. GA Inf. Chapman's Co. (GA Defenders)
Blackmar, C.H. GA Arty. Maxwell's Reg. Lt.Btty.
Blackmar, H.C. LA Mil.Conf.Guards Regt. Co.H
Blackmar, Henry C. GA 1st (Symon's) Res. Co.J
Blackmar, W.J. GA 48th Inf. Co.H
Blackmer, Elon G. NC 66th Inf. Co.G Capt.
Blackmer, Elon God NC 7th Inf. Co.F 2nd Lt.
Blackmon, A.B. SC 4th St.Troops Co.B
Blackmon, A.B. SC 5th Bn.Res. Co.E
Blackmon, A.J. SC 12th Inf. Co.E
Blackmon, Amos R. GA 12th Inf. Co.E
Blackmon, Andie AL 61st Inf. Co.G
Blackmon, Ashly NC 50th Inf. Co.D
Blackmon, Aug. G. GA 2nd Cav. (St.Guards) Co.I
Blackmon, B. TX 9th (Nichol's) Inf. Co.C
Blackmon, Benjamin E. AL 3rd Bn. Hilliard's Legion Vol. Co.C
Blackmon, B.F. TX 12th Cav. Co.H
Blackmon, B.F. TX Waul's Legion Co.B
Blackmon, Bingham SC 2nd Inf. Co.H
Blackmon, C. SC 5th Bn.Res. Co.E
Blackmon, C.A. MS 29th Inf. Co.I
Blackmon, Carroll TX 2nd Cav. Co.D
Blackmon, Chapman SC 4th St.Troops Co.B
Blackmon, Charles M. FL 4th Inf. Co.I
Blackmon, Cullen MS 44th Inf. Co.D Sgt.Maj.
Blackmon, David R. GA 3rd Cav. Co.D Sgt.
Blackmon, E. SC 12th Inf. Co.H
Blackmon, Edmond J.M. GA 30th Inf. Co.B
Blackmon, F.H. AL 30th Inf. Co.A
Blackmon, George W. AL 60th Inf. Co.K
Blackmon, Glenn C. GA Inf. 3rd Bn. Co.D
Blackmon, Harmon C. AL Cav. 8th Regt. (Livingston's) Co.I
Blackmon, Harmon C. AL Cav. Moses' Squad. Co.A
Blackmon, H.C. GA 3rd Cav. Co.D
Blackmon, H.C. MS 7th Cav. Co.A
Blackmon, Henry C. GA 20th Inf. Co.E Sgt.
Blackmon, Henry C. MS 2nd Part.Rangers Co.A
Blackmon, H.H. AL 33rd Inf. Co.I
Blackmon, H.H. GA 46th Inf. Co.E
Blackmon, Homer AL Cav. Callaway's Co.
Blackmon, J.A. SC 22nd Inf. Co.E
Blackmon, James, No.1 TX 9th (Nichols') Inf. Co.C Sgt.
Blackmon, James, No.2 TX 9th (Nichols') Inf. Co.C
Blackmon, James C. GA 20th Inf. Co.E
Blackmon, James E. GA Lt.Arty. Milledge's Co.
Blackmon, James J. AL 3rd Bn. Hilliard's Legion Vol. Co.C
Blackmon, James R. SC 12th Inf. Co.E
Blackmon, J.B., Jr. SC 12th Inf. Co.E 2nd Lt.
Blackmon, J.B., Sr. SC 12th Inf. Co.E 1st Lt.
Blackmon, J.B., 3rd SC 12th Inf. Co.E
Blackmon, J.C. AL 33rd Inf. Co.D
Blackmon, J.C. SC 2nd Inf. Co.G
Blackmon, Jerry NC 26th Inf. Co.A
Blackmon, J.J. AL 60th Inf. Co.B
Blackmon, J.J. SC 6th Inf. Co.A
Blackmon, J.J. TN 21st (Wilson's) Cav. Co.G 1st Sgt.
Blackmon, J.L. AL 12th Cav. Co.B
Blackmon, Joab NC 25th Inf. Co.G
Blackmon, John AL 37th Inf. Co.C
Blackmon, John C. SC 12th Inf. Co.E
Blackmon, John E. SC 12th Inf. Co.E Sgt.
Blackmon, John R. AL 3rd Bn. Hilliard's Legion Vol. Co.C
Blackmon, John S. GA 20th Inf. Co.E
Blackmon, John S. GA 46th Inf. Co.E
Blackmon, John S. SC 1st (Hagood's) Inf. 2nd Co.D
Blackmon, Joseph A. NC 25th Inf. Co.G
Blackmon, Joseph M. TX 9th (Nichols') Inf. Co.C 2nd Lt.
Blackmon, J.S. AL 46th Inf.
Blackmon, J.S. GA 21st Inf. Co.A
Blackmon, J.T. GA 53rd Inf. Co.A
Blackmon, J.W. SC 22nd Inf. Co.E
Blackmon, Levi AL 15th Bn.Part.Rangers Co.E
Blackmon, Levi AL 56th Part.Rangers Co.E
Blackmon, M. AL 60th Inf. Co.B
Blackmon, M. SC Arty. 9th Regt. Co.A
Blackmon, Nathan L. NC 54th Inf. Co.H
Blackmon, R.E. AL 60th Inf. Co.B
Blackmon, Richard J. NC 50th Inf. Co.D
Blackmon, R.W. TX Inf. (Sabine Vol.) Cotton's Co.
Blackmon, S.A. TX 12th Cav. Co.H
Blackmon, Sanford GA 20th Inf. Co.E Sgt.
Blackmon, Simpson SC 1st (Hagood's) Inf. 2nd Co.D
Blackmon, S.M. SC 4th St.Troops Co.B
Blackmon, S.M. SC 22nd Inf. Co.E
Blackmon, S.N. SC 2nd Inf. Co.H
Blackmon, Stephen GA 20th Inf. Co.G
Blackmon, Stephen R. AL 20th Inf. Co.F
Blackmon, T.C. SC 22nd Inf. Co.E Cpl.
Blackmon, Theophilus AL 63rd Inf. Co.G
Blackmon, Thomas GA 3rd Inf. 1st Co.I
Blackmon, Thomas LA 4th Cav. Co.F

Blackmon, T.O. GA Inf. 27th Bn. Co.E
Blackmon, W. SC 12th Inf. Co.I
Blackmon, W.D. AL 9th Inf. Co.G
Blackmon, W.H. SC 5th Res. Co.A Sgt.
Blackmon, William AL 30th Inf. Co.A
Blackmon, William GA 4th Inf. Co.I
Blackmon, William SC 2nd Inf. Co.G
Blackmon, William J. AL Inf. 1st Regt. Co.H
Blackmon, William M. AL Rives' Supp.Force 9th Congr.Dist.
Blackmon, William M. GA 44th Inf. Co.D
Blackmon, W.J. SC 4th St.Troops Co.B
Blackmon, W.J. SC 5th Bn.Res. Co.E
Blackmon, W.J. SC 12th Inf. Co.E
Blackmon, W.L. AL 15th Inf. Co.A Sgt.
Blackmon, W.L. SC 22nd Inf. Co.E Sgt.
Blackmon, Z. MS Applewhite's Co. (Vaiden Guards) Jr.2nd Lt.
Blackmond, George W. AL 1st Bn. Hilliard's Legion Vol. Co.C
Blackmond, James P. GA 2nd Res. Co.K
Blackmore, --- VA 64th Mtd.Inf. Co.K Sgt.
Blackmore, A.J. TN 22nd (Barteau's) Cav. Co.D
Blackmore, Andrew J. TN Cav. 7th Bn. (Bennett's) Co.A
Blackmore, Benjamin NC 1st Jr.Res. Co.E
Blackmore, Buck L. NC 2nd Arty. (36th St.Troops) Co.A Music.
Blackmore, Cullen A. MS 9th Inf. Old Co.K
Blackmore, G.D. KY Kirkpatrick's Bn. Co.A
Blackmore, George KY Morgan's Men Co.H
Blackmore, George TN 9th (Ward's) Cav. Co.A
Blackmore, George D. TN 2nd (Robinson's) Inf. Co.I
Blackmore, Harold E. NC 2nd Arty. (36th St.Troops) Co.A
Blackmore, Henry LA C.S. Zouave Bn. Co.D
Blackmore, Henry VA 10th Cav. Co.H
Blackmore, J. TN Greer's Regt.Part.Rangers Holmes' Co.
Blackmore, James A. TN 2nd (Robinson's) Inf. Co.I
Blackmore, James A. TN Inf. 114th Regt.
Blackmore, James W. TN 2nd (Robinson's) Inf. Co.I Ord.Sgt.
Blackmore, J.B. MO Beck's Co.
Blackmore, J.D. GA 2nd Cav. Co.D
Blackmore, J. Robert VA 7th Cav. Co.A
Blackmore, J.W. TN Inf. 4th Cons.Regt. Co.I
Blackmore, L. MS 12th Inf. Co.I
Blackmore, Romulus A. NC 2nd Arty. (36th St.Troops) Co.A
Blackmore, Romulus A. NC Moseley's Co. (Sampson Arty.)
Blackmore, T.C. TN Cav. Jackson's Co.
Blackmore, Thomas TN 2nd (Walker's) Inf. Co.K
Blackmore, Thomas 9th Conf.Inf. Co.A
Blackmore, Thos. J. Gen. & Staff 1st Lt.,ADC
Blackmore, W.H. SC Inf. Holcombe Legion Co.F
Blackmore, William MO 2nd Inf. Co.I
Blacknal, Thomas O. TN 8th Inf. Co.C 2nd Lt.
Blacknall, Arthur NC 54th Inf. Co.E Cpl.
Blacknall, Benjamin T. AR 1st (Colquitt's) Inf. Co.B Sgt.
Blacknall, Charles MO 1st Inf. Co.D
Blacknall, Charles C. NC 23rd Inf. Co.G Col.
Blacknall, James R. NC 2nd Cav. (19th St.Troops) Co.K,B
Blacknall, J.Y. TN 8th Inf. Co.C
Blacknall, R.P. Gen. & Staff Capt.,Asst.Surg.
Blacknall, Rufus P. NC 54th Inf. Co.K Cpl.
Blacknall, T.H. AR 37th Inf. Co.E Maj.
Blacknall, Thomas B. NC 30th Inf. Co.G Sgt.
Blacknell, George R. TN 41st Inf. Co.B Cpl.
Blacknell, Richard D. NC Moseley's Co. (Sampson Arty.) Cpl.
Blackner, G.G. Invalid Corps Capt.
Blackney, P. AR 15th Inf. Co.C
Blackomore, George MO Cav. Snider's Bn. Co.D
Blackrany, William LA Mil. 3rd Regt. 1st Brig. 1st Div. Co.C
Blacksfar, D.R. GA 3rd Inf. Co.H
Blackshare, A.W. TN 19th (Biffle's) Cav. Co.F
Blackshare, Charles A. GA Cav. 1st Bn.Res. Co.C
Blackshare, J.N. TN 19th (Biffle's) Cav. Co.F
Blackshay, I.M. GA 12th Mil.
Blackshear, A. KY 9th Mtd.Inf. Co.B
Blackshear, Cicero S. FL 3rd Inf. Co.C
Blackshear, D. VA 2nd Inf.Loc.Def. Co.A
Blackshear, D. VA Inf. 2nd Bn.Loc.Def. Co.C
Blackshear, David GA 26th Inf. Co.I
Blackshear, D.R. TX 4th Inf. Co.G
Blackshear, D.W. AL 16th Inf. Co.D
Blackshear, Edward T. TX 10th Inf. Co.A
Blackshear, Elijah AL 3rd Bn.Res. Appling's Co.
Blackshear, Elijah F. GA Cav. 22nd Bn. (St.Guards) Co.H
Blackshear, E.P. GA Cav. 19th Bn. Co.D
Blackshear, E.P. 10th Conf.Cav. Co.I
Blackshear, E.T. TX 4th Inf. Co.G
Blackshear, Everett H. GA 57th Inf. Co.C
Blackshear, H.M. GA Cav. 22nd Bn. (St.Guards) Co.C
Blackshear, H.M. GA Conscr.
Blackshear, Hosea H. GA Inf. 10th Bn. Co.C
Blackshear, Isaac GA 26th Inf. Co.I
Blackshear, James A. GA Arty. 11th Bn. (Sumter Arty.) Co.D Capt.
Blackshear, James J. GA 2nd Cav. Co.A
Blackshear, James J. TX 4th Inf. Co.G Cpl.
Blackshear, James V. GA 17th Inf. Co.K
Blackshear, J.E. GA Cav. 8th Bn. (St.Guards) Co.A
Blackshear, J.E. GA 5th Res. Co.A 1st Sgt.
Blackshear, J. Emmett Gen. & Staff Contr.Surg.
Blackshear, Jesse AL Cav. Roddey's Escort
Blackshear, J.H. TX 1st Inf. Co.M.
Blachshear, J.J. AL 15th Inf. Co.H
Blackshear, J.M. GA 11th Cav. (St.Guards) MacIntyre's Co. 1st Sgt.
Blackshear, J.M. GA 29th Inf. Co.F
Blackshear, J.M. TX 7th Cav. Co.E
Blackshear, J.M. TX Waul's Legion Co.H 1st Lt.
Blackshear, Joey F. GA Cav. 22nd Bn. (St.Guards) Co.H
Blackshear, Joseph GA Siege Arty. 28th Bn. Co.C
Blackshear, J.W. AL 15th Inf. Co.K
Blackshear, Leonidas GA Inf. Cobb Guards Co.B
Blackshear, Moses GA Inf. Cobb Guards Co.A
Blackshear, R.D. TX 4th Inf. Co.G
Blackshear, Rufus K. TX 2nd Cav. Co.A
Blackshear, S.Z. TX 1st Inf. Co.G Music.
Blackshear, T. GA Cav. 20th Bn. Co.A
Blackshear, T. 1st Conf.Inf. 2nd Co.E
Blackshear, T.B. GA 5th Res. Co.B
Blackshear, Thomas E. GA Inf. (St.Guards) Hansell's Co.
Blackshear, U.T. AL 8th (Hatch's) Cav. Co.G 1st Lt.
Blackshear, W. AL 63rd Inf.
Blackshear, W. LA 13th Inf.
Blackshear, William GA 3rd Res. Co.D
Blackshear, William GA 26th Inf. Co.I
Blackshear, Wm. L. GA 17th Inf. Co.K
Blackshear, W.N. TX 1st Inf. Co.M 2nd Lt.
Blackshears, T.E. GA 12th Mil.
Blacksher, A.M. GA Inf. 14th Bn. (St.Guards) Co.A
Blacksher, David MS 17th Inf. Co.E
Blacksher, J. TN Inf. 23rd Bn. Co.B
Blacksher, Jacob AL Cav. Moreland's Regt. Co.G
Blacksher, U.T. AL 8th (Hatch's) Cav. Co.G 1st Lt.
Blacksher, W.A. AL 38th Inf. Co.C Cpl.
Blacksher, W.F. TX Conscr.
Blackshier, Abram FL 1st Inf. New Co.G
Blackship, W.M. GA 13th Cav. Co.D
Blackshire, Elisha TN 8th Inf. Co.C,I
Blackshire, J. Exch.Bn. 1st Co.C,CSA 1st Lt.
Blackshire, W.L. GA Inf. 5th Bn. (St.Guards) Co.C
Blackshur, Stephen TN 21st (Wilson's) Cav. Co.F 2nd Lt.
Blacksmith 1st Cherokee Mtd.Rifles Co.I
Blackson, David TN 62nd Mtd.Inf. Co.K
Blackson, G.W. GA 1st (Ramsey's) Inf.
Blackspen, E.P. GA 10th Mil. 3rd Lt.
Blackstalk, J.L. AL 6th Inf. Co.C
Blackster, G.W. AL 36th Inf. Co.D
Blackstock, A. AL Jeff Davis Arty.
Blackstock, Allen GA 21st Inf. New Co.E
Blackstock, Allen NC Inf. 2nd Bn. Co.D
Blackstock, B. MS Cav. 3rd Bn. (Ashcraft's) Co.A
Blackstock, B.B. AL Conscr.
Blackstock, Charles H. VA 53rd Inf. Co.E
Blackstock, C.M.C. GA 4th Cav. (St.Guards) Dorsey's Co. Cpl.
Blackstock, Daniel D. GA 35th Inf. Co.A Cpl.
Blackstock, David A. VA Hvy.Arty. Wright's Co.
Blackstock, David A. VA 34th Inf. Co.F
Blackstock, D.K. TX Cav. 1st Regt.St.Troops Co.A
Blackstock, D.K. TX Cav. Border's Regt. Co.F
Blackstock, D.N. MS 20th Inf. Co.K
Blackstock, D.N. MS Conscr.
Blackstock, E. AR 8th Inf. Co.E
Blackstock, E.D. AR 32nd Inf. Co.H
Blackstock, Edward VA 1st (Farinholt's) Res. Co.D
Blackstock, F.M. GA 55th Inf. Co.D
Blackstock, G.W. GA 56th Inf. Co.E Sgt.
Blackstock, Hines VA 26th Inf. Co.K

Blackstock, James GA Lt.Arty. 14th Bn. Co.D
Blackstock, James GA Lt.Arty. King's Btty.
Blackstock, James TX 14th Inf. Co.I
Blackstock, James A. AL Lt.Arty. 2nd Bn. Co.F
Blackstock, James A. GA 56th Inf. Co.E
Blackstock, James D. GA 27th Inf. Co.D
Blackstock, James E. GA 8th Inf. Co.F
Blackstock, James L. VA 14th Inf. Co.H
Blackstock, James N. GA 35th Inf. Co.A
Blackstock, Jasper GA 55th Inf. Co.D,A
Blackstock, J.C. GA Cherokee Legion (St.Guards) Co.K
Blackstock, J.E. GA 56th Inf. Co.E 2nd Lt.
Blackstock, Jefferson L. AL 6th Cav. Co.E,C
Blackstock, J.F. GA 40th Inf. Co.G
Blackstock, J.J. AL Inf. 1st Regt. Co.B
Blackstock, J.J. AL 45th Inf. Co.B
Blackstock, J.J. GA 56th Inf. Co.E
Blackstock, J.L. GA 36th (Broyles') Inf. Co.C
Blackstock, John AL 6th Cav. Co.C
Blackstock, John GA 19th Inf. Co.C
Blackstock, John B. GA 42nd Inf. Co.D
Blackstock, John J. GA 1st Cav. Co.E,F
Blackstock, John J. VA Inf. 25th Bn. Co.E
Blackstock, John T. VA 26th Inf. Co.K
Blackstock, John W. AL 30th Inf. Co.I
Blackstock, K. GA Inf. 1st City Bn. (Columbus) Co.D
Blackstock, Lewis AL 25th Inf. Co.D Cpl.
Blackstock, Marshall VA 3rd Cav. Co.H
Blackstock, Nehemiah SC 1st Arty. Co.G
Blackstock, N.S. 20th Conf.Cav. Co.C
Blackstock, R.B. MS Cav. 3rd Bn. (Ashcraft's) Co.A
Blackstock, Richard GA 38th Inf. Co.I
Blackstock, Richard T. AL 30th Inf. Co.I
Blackstock, Robert AR 2nd Vol. Co.C
Blackstock, S. GA Inf. (NonConscr.) Howard's Co.
Blackstock, Terry T. GA 42nd Inf. Co.D
Blackstock, Thomas O. TX 11th (Spaight's) Bn.Vol. Co.E
Blackstock, W.C. AL 56th Part.Rangers Co.C
Blackstock, William GA 4th Cav. (St.Guards) Dorsey's Co.
Blackstock, William C. AL 27th Inf. Co.A
Blackstock, William C. AL 55th Vol. Co.C
Blackstock, William W.W. GA 56th Inf. Co.E
Blackstocks, A. GA 11th Cav. Co.G
Blackstocks, D.D. GA 56th Inf. Co.E
Blackstocks, John H. GA 11th Inf. Co.D
Blackston, David AL 47th Inf. Co.I
Blackston, David George NC 5th Inf. Co.F
Blackston, Earl AR 30th Inf. Co.D
Blackston, George AL 28th Inf. Co.L
Blackston, G.W. AL 26th (O'Neal's) Inf. Co.D
Blackston, H.C. GA 48th Inf. Co.K
Blackston, Henry W. GA 36th (Broyles') Inf. Co.A
Blackston, H.H. AR 1st (Monroe's) Cav. Co.E
Blackston, James W. GA 10th Inf. Co.F
Blackston, J.H. SC 4th Cav. Co.C
Blackston, John MO Cav. 3rd Bn. Co.F
Blackston, John H. LA Inf. Pelican Regt. Co.C
Blackston, John H. SC Arty. Bachman's Co. (German Lt.Arty.)
Blackston, John M. VA 38th Inf. Co.F
Blackston, John T. GA 10th Inf. Co.F
Blackston, J.W.B. AL 26th (O'Neal's) Inf. Co.F,G
Blackston, T.C. SC Lt.Arty. Beauregard's Co.
Blackston, W. LA 1st Hvy.Arty. (Reg.) Co.E
Blackston, William AR Inf. Cocke's Regt. Co.D
Blackston, William A. GA 48th Inf. Co.I
Blackston, William R. NC 1st Inf. Co.F
Blackston, William R. NC 11th (Bethel Regt.) Inf. Co.C
Blackstone, Argil GA 48th Inf. Co.I
Blackstone, Argile GA Inf. (Richmond Factory Guards) Barney's Co. 1st Lt.
Blackstone, B.C. MS 18th Inf. Co.C
Blackstone, Dallas SC 1st (McCreary's) Inf. Co.H
Blackstone, E.S. LA Maddox's Regt.Res.Corps Co.B Sgt.
Blackstone, F.M. GA 43rd Inf. Co.E
Blackstone, George L. GA 48th Inf. Co.I
Blackstone, H.C. GA 16th Inf. Co.K
Blackstone, James AL 43rd Inf. Co.H
Blackstone, James H. AR 5th Inf. Co.A
Blackstone, James H. GA Cobb's Legion Co.C
Blackstone, Jesse AL 33rd Inf. Co.D
Blackstone, J.H. LA 15th Inf. Co.H 2nd Lt.
Blackstone, J.H. SC Cav. 10th Bn. Co.B
Blackstone, J.L. AL 26th (O'Neal's) Inf. Co.G
Blackstone, Jno. MO St.Guard
Blackstone, John H. LA 25th Inf. Co.H
Blackstone, John T. KY 13th Cav. Co.A
Blackstone, John T. NC 56th Inf. Co.E
Blackstone, M.P. LA 3rd Inf. Co.D
Blackstone, R.M. GA 18th Inf. Co.E Sgt.
Blackstone, Thomas AL 44th Inf. Co.B
Blackstone, Thomas L. GA 48th Inf. Co.I
Blackstone, William AR 1st (Crawford's) Cav. Co.B
Blackstone, William L. GA 3rd Inf. Co.G
Blackstone, William T. MD 1st Inf. Co.H
Blackstone, Zeph GA Inf. (Richmond Factory Guards) Barney's Co. 1st Sgt.
Blackstone, Zeph M. GA Inf. (Richmond Factory Guards) Barney's Co.
Blackwalder, Philip A. NC 37th Inf. Co.G
Blackweel, A.C. MS 6th Cav. Co.G
Blackweel, J. MS 6th Cav. Co.G
Blackwel, L. NC 3rd Jr.Res. Co.H
Blackwel, R.B. Buford's Div. Maj.,Prov.Marsh.
Blackwelden, David FL 1st Cav. Co.C
Blackwelder, Abraham NC 7th Inf. Co.B
Blackwelder, Adam M. NC 7th Inf. Co.B
Blackwelder, Alex NC 4th Sr.Res. Co.F
Blackwelder, Alexander NC 28th Inf. Co.D
Blackwelder, Alexander W. NC 6th Inf. Co.G
Blackwelder, Alfred NC 13th Inf. Co.B
Blackwelder, Alfred A. NC 42nd Inf. Co.G Cpl.
Blackwelder, Allison J. NC 52nd Inf. Co.A
Blackwelder, Benjamin F. NC 20th Inf. Co.A
Blackwelder, Charles M. NC 52nd Inf. Co.A
Blackwelder, Charles R. NC 20th Inf. Co.B
Blackwelder, Columbus NC 52nd Co.A
Blackwelder, D. FL 2nd Cav. Co.H
Blackwelder, Daniel NC 4th Inf. Co.G
Blackwelder, Daniel C. NC 4th Cav. (59th St.Troops) Co.E
Blackwelder, David AL 1st Regt.Conscr. Co.A
Blackwelder, David NC 33rd Inf. Co.E,C
Blackwelder, David W. NC 43rd Inf. Co.B
Blackwelder, Elias A. NC 8th Inf. Co.H
Blackwelder, E.R. NC 3rd Jr.Res. Co.I Sgt.
Blackwelder, E.W. NC 6th Sr.Res. Co.G
Blackwelder, George NC 7th Inf. Co.B
Blackwelder, George W. NC 52nd Inf. Co.A
Blackwelder, G.W. NC 8th Inf. Co.H
Blackwelder, G.W. TN 51st (Cons.) Inf. Co.B
Blackwelder, Henry A. NC 1st Cav. (9th St.Troops) Co.F
Blackwelder, Henry C. NC 42nd Inf. Co.G
Blackwelder, Hugh F. NC 7th Inf. Co.I
Blackwelder, Isaac W. NC 42nd Inf. Co.B
Blackwelder, J.A. TX 7th Inf. Co.I
Blackwelder, Jacob NC 7th Inf. Co.B
Blackwelder, Jacob S. NC 6th Inf. Co.G
Blackwelder, James A. NC 42nd Inf. Co.G Capt.
Blackwelder, John NC 57th Inf. Co.F
Blackwelder, John C. NC 20th Inf. Co.B
Blackwelder, John M. NC 42nd Inf. Co.D
Blackwelder, John S. NC 7th Inf. Co.H
Blackwelder, Joseph A. NC 5th Cav. (63rd St.Troops) Co.F
Blackwelder, Joseph L. NC 7th Inf. Co.I
Blackwelder, Lawson L. NC 42nd Inf. Co.C
Blackwelder, L.H. NC 8th Inf. Co.H
Blackwelder, Martin NC 20th Inf. Co.B Cpl.
Blackwelder, Monroe NC 17th Inf. (2nd Org.) Co.L
Blackwelder, Moses FL 1st Cav. Co.D 2nd Lt.
Blackwelder, Moses B. NC 1st Arty. (10th St.Troops) Co.C Cpl.
Blackwelder, Nelson NC 1st Cav. (9th St.Troops) Co.F
Blackwelder, Nelson T. NC 1st Cav. (9th St.Troops) Co.F
Blackwelder, Ransom C. NC 52nd Inf. Co.A
Blackwelder, R.B. NC 17th Inf. (2nd Org.) Co.L
Blackwelder, R.C. NC 1st Cav. (9th St.Troops) Co.G
Blackwelder, Richard M. NC 7th Inf. Co.G
Blackwelder, Rufus A. NC 22nd Inf. Co.K
Blackwelder, Sampson NC 42nd Inf. Co.G
Blackwelder, T. FL 2nd Cav. Co.H
Blackwelder, W. NC 1st Jr.Res. Co.G
Blackwelder, W. NC 30th Inf. Co.C
Blackwelder, W.B. GA Floyd Legion (St.Guards) Co.B
Blackwelder, Wiley FL 8th Inf. Co.D Cpl.
Blackwelder, Wiley NC 42nd Inf. Co.H
Blackwelder, Wiley W. NC 20th Inf. Co.B
Blackwelder, William MS 18th Cav. Co.F
Blackwelder, William A. NC 1st Cav. (9th St.Troops) Co.F
Blackwelder, William A. NC 42nd Inf. Co.G
Blackwelder, William M. AL 1st Regt.Conscr. Co.A
Blackwelder, William M. NC 42nd Inf. Co.B
Blackwelder, W.M. MS 2nd Part. Co.A
Blackwelder, W.R. NC 17th Inf. (2nd Org.) Co.L
Blackwell, --- GA Inf. City Bn. (Columbus) Co.A
Blackwell, --- MO 1st Inf.St.Guard Co.B Capt.
Blackwell, --- TX 1st (McCulloch's) Cav. Co.D
Blackwell, A. MO Cav. 3rd Bn. Co.H

Blackwell, A. SC 18th Inf. Co.F
Blackwell, A. TN 9th Inf. Co.K
Blackwell, A. TX 11th Cav. Co.G
Blackwell, Aaron LA 14th Inf. Co.K
Blackwell, Aaron MS 38th Cav. Co.E
Blackwell, Abraham VA 54th Inf. Co.B
Blackwell, Abram SC 4th St.Troops Co.K
Blackwell, Abram SC 5th Bn.Res. Co.C
Blackwell, A.G. MS 8th Inf. Co.A
Blackwell, A.G. VA 5th Cav. Co.D
Blackwell, A.H. AL 13th Bn.Part.Rangers Co.A
Blackwell, A.H. AL 56th Part.Rangers Co.L
Blackwell, A.H. LA Inf. Pelican Regt. Co.E
Blackwell, A.H. MS 3rd Inf. Co.H
Blackwell, A.H. TN 22nd (Barteau's) Cav. 1st Co.H Cpl.
Blackwell, A.H. TN Inf. 1st Cons.Regt. Co.D Cpl.
Blackwell, A.H. TN 8th Inf. Co.A
Blackwell, A.J. AR 15th (N.W.) Inf. Co.D
Blackwell, A.J. GA 60th Inf. Co.C Sgt.
Blackwell, A.J. GA Phillips' Legion Co.E
Blackwell, A.J. MS 20th Inf. Co.I
Blackwell, A.J. MS 31st Inf. Co.H
Blackwell, A.J. MS 37th Inf. Co.H
Blackwell, Alf. SC 12th Inf. Co.C
Blackwell, Alford TN 26th Inf. Co.A
Blackwell, Alvis TN 19th (Biffle's) Cav. Co.A
Blackwell, Ambrose AR 19th (Dawson's) Inf. Co.H
Blackwell, Amos J. TX 18th Cav. Co.D
Blackwell, Andrew H. LA 19th Inf. Co.D
Blackwell, Andrew J. SC 1st Arty. Co.H
Blackwell, Ansley MS 8th Inf. Co.H
Blackwell, Anthony AR 19th (Dawson's) Inf. Co.H
Blackwell, A.P. TN 41st Inf. Co.A
Blackwell, Armistead KY Cav. 1st Regt. Col.
Blackwell, A.T. 3rd Conf.Cav. Co.K
Blackwell, Augustin S. AL 9th (Malone's) Cav. Co.D
Blackwell, A.V. TN 5th (McKenzie's) Cav. Co.B
Blackwell, A.V. TN Cav. Welcker's Bn. Kincaid's Co.
Blackwell, B. NC 1st Detailed Men Co.H
Blackwell, B. TX 32nd Cav. Co.I
Blackwell, B.A. SC 3rd Cav. Co.F
Blackwell, Balus C. Conf.Cav. Wood's Regt. 2nd Co.G
Blackwell, Benjamin AR 45th Cav. Co.F
Blackwell, Benjamin TX 1st Hvy.Arty. Co.D
Blackwell, Benjamin VA Cav. 37th Bn. Co.K
Blackwell, Benjamin VA 48th Inf. Co.B
Blackwell, Benjamin F. MS 27th Inf. Co.F
Blackwell, Benjamin F. MS 40th Inf. Co.A
Blackwell, Benjamin F. TX 17th Inf. Co.D
Blackwell, Benjamin H. NC 2nd Inf. Co.C
Blackwell, Berry SC 4th Inf. Co.I
Blackwell, Berry SC 18th Inf. Co.F
Blackwell, Berry SC Palmetto S.S. Co.I
Blackwell, Berry P. NC 25th Inf. Co.K
Blackwell, B.F. AL 48th Inf. Co.H
Blackwell, B.F. MS 8th Inf. Co.A
Blackwell, B.F. SC 12th Inf. Co.K
Blackwell, B.F. TN 27th Inf. Co.G
Blackwell, B.M. MS 42nd Inf. Co.D
Blackwell, B.N. MS 6th Cav. Co.E
Blackwell, B.N. MS 5th Inf. (St.Troops) Co.B
Blackwell, B.R. VA 38th Mil.
Blackwell, B.S. GA 16th Inf. Co.E
Blackwell, Bushrod MS 37th Inf. Co.H
Blackwell, B.W. MS 6th Cav. Co.E
Blackwell, B.W. MS 5th Inf. Co.B
Blackwell, Cesterfield SC 9th Inf. Co.I
Blackwell, C.F. TN 41st Inf. Co.A Sgt.
Blackwell, Charles SC Horse Arty. (Washington Arty.) Vol. Hart's Co.
Blackwell, Charles SC Conscr. Cp. of Instr. Columbia
Blackwell, Charles B. SC 20th Inf. Co.H,K
Blackwell, Charles E. MO St.Guard
Blackwell, Chesterfield SC Inf. Holcombe Legion Co.I,K
Blackwell, Cilburn AL 22nd Inf. Co.B
Blackwell, C.W. 1st Conf.Eng.Troops Co.G
Blackwell, D. AR 38th Inf. Old Co.I, Co.A
Blackwell, D. TX 32nd Cav. Co.I
Blackwell, D.A. NC Mil. 109th Regt. Adj.
Blackwell, Daniel GA 65th Inf. Co.C
Blackwell, David AR Lt.Arty. Rivers' Btty.
Blackwell, David AR 25th Inf. Co.F
Blackwell, David NC Walker's Bn. Thomas' Legion Co.A Sgt.
Blackwell, David TN 35th Inf. 2nd Co.A
Blackwell, D.C. MS 27th Inf. Co.F
Blackwell, D.C. TX 5th Cav. Co.K
Blackwell, D.E. MS 13th Inf. Co.H Cpl.
Blackwell, Dempsey S. GA Phillips' Legion Co.M
Blackwell, D.G. GA Cobb's Legion Co.H
Blackwell, D.N. TX 15th Inf. Co.B Sgt.
Blackwell, D.T. AL 2nd Cav. Co.F
Blackwell, Duke TN 16th Inf. Co.E
Blackwell, Dunston R. GA 15th Inf. Co.F Sgt.
Blackwell, D.W. TN 35th Inf. 2nd Co.A
Blackwell, E. MS 35th Inf. Co.K
Blackwell, E. TX 9th Cav. Co.G
Blackwell, E. Burch SC 2nd Cav. Co.A
Blackwell, Edgar VA 9th Cav. Co.D
Blackwell, Edward VA 1st Cav. Co.E
Blackwell, Edward N. MS 20th Inf. Co.E 1st Lt.
Blackwell, Edward W. NC 12th Inf. Co.E
Blackwell, E.F. VA 6th Cav. Co.D
Blackwell, E.H. MS Cav. 1st Bn. (McNair's) St.Troops Co.B
Blackwell, E.K. MO 1st & 4th Cons.Inf. Co.E
Blackwell, E.L. MO 4th Inf. Co.E,H
Blackwell, Elbert VA 45th Inf. Co.G
Blackwell, Elex SC Hvy.Arty. 15th (Lucas') Bn. Co.B
Blackwell, Eli VA 14th Cav. Co.G, 2nd Co.F
Blackwell, Elisha NC 29th Inf. Co.A
Blackwell, Eli W. TN 42nd Inf. Co.B
Blackwell, E.R. MS 9th Cav. Co.C
Blackwell, E.R. MS Cav. 17th Bn. Co.E
Blackwell, Farris LA 26th Inf. Co.F
Blackwell, F.D. TX 7th Field Btty.
Blackwell, F.D. TX 15th Inf. 2nd Co.G
Blackwell, Felix MS Inf. 2nd St.Troops Co.D
Blackwell, Felix G. MS 20th Inf. Co.I
Blackwell, Ferdinand VA Cav. 15th Bn. Co.B Sgt.
Blackwell, Ferdinand VA 40th Inf. Co.F
Blackwell, Ferdinand VA 111th Mil. Co.4 Sgt.
Blackwell, F.G. MS 37th Inf. Co.H
Blackwell, F.R. MS 39th Inf. Co.K
Blackwell, Francis GA 43rd Inf. Co.C
Blackwell, Francis M. GA Inf. 8th Bn. Co.E Cpl.
Blackwell, Francis M. NC 35th Inf. Co.G
Blackwell, Frank AL Lt.Arty. 2nd Bn. Co.C
Blackwell, Franklin R. MS 7th Inf. Co.H
Blackwell, F.W. MS 3rd (St.Troops) Cav. Co.K
Blackwell, G. AL 56th Part.Rangers Co.L
Blackwell, G. AL Cortes Vol.
Blackwell, G. TN 3rd (Forrest's) Cav. 1st Co.B
Blackwell, George GA 6th Cav. Co.K
Blackwell, George GA 43rd Inf. Co.C
Blackwell, George LA Mtd.Rifles Miller's Ind.Co.
Blackwell, George NC 57th Inf. Co.C
Blackwell, George SC 1st (Butler's) Inf. Co.H
Blackwell, George H. VA 11th Inf. Co.D
Blackwell, George L. AR 9th Inf. Co.C
Blackwell, George T. TN Cav. 7th Bn. (Bennett's) Co.B
Blackwell, George W. SC 1st (McCreary's) Inf. Co.G
Blackwell, George W. TN 37th Inf. Co.A
Blackwell, George W. TN 54th Inf. Hollis' Co.
Blackwell, George W. VA 45th Inf. Co.A
Blackwell, G.F. SC 1st (Butler's) Inf. Co.E
Blackwell, G.H. SC 2nd Res.
Blackwell, G.L. AL 48th Inf. Co.H
Blackwell, G.L. GA Cav. 6th Bn. Co.A Sgt.
Blackwell, G.P. SC Inf. 7th Bn. (Enfield Rifles) Co.F
Blackwell, G.T. TN 22nd (Barteau's) Cav. Co.E Sgt.
Blackwell, G.W. GA 34th Inf. Co.D Capt.
Blackwell, G.W. MS 6th Cav. Co.E
Blackwell, G.W. MS 5th Inf. (St.Troops) Co.B
Blackwell, H. GA 35th Inf.
Blackwell, H.A. VA 5th Cav.
Blackwell, Harden TN 15th Cav. Col'd. Serv.
Blackwell, Henry AR 7th Mil. Co.B
Blackwell, Henry B. MS 42nd Inf. Co.E
Blackwell, Henry C. VA 29th Inf. Co.H Cpl.
Blackwell, Henry Clay VA 7th Inf. Co.I
Blackwell, Henry F. TX 15th Cav. Co.I 2nd Lt.
Blackwell, H.F. GA 32nd Inf. Co.A
Blackwell, H.H. GA 22nd Inf. Co.G
Blackwell, Hiram VA 40th Inf. Co.F
Blackwell, Hiram H. VA 9th Cav. Co.D
Blackwell, H.J. AR Cav. Harrell's Bn. Co.D
Blackwell, H.L. VA 20th Inf. Co.F
Blackwell, Houston L. VA 57th Inf. Co.A
Blackwell, Hugh KY 3rd Mtd.Inf. Co.A Capt.
Blackwell, Hugh F. AR 36th Inf. Co.F
Blackwell, H.W. TX 13th Vol. 2nd Co.D
Blackwell, Ira S. VA Cav. 35th Bn. Co.E
Blackwell, Isaac LA 16th Inf. Co.D
Blackwell, Isiaah TX Cav. Cater's Bn.
Blackwell, J. AL 6th Cav. Co.D
Blackwell, J. AL Lt.Arty. Goldthwaite's Btty.
Blackwell, J. GA Cav. 1st Gordon Squad. (St.Guards) Reeves' Co.
Blackwell, J. MS 6th Cav. Co.I
Blackwell, J. MS 8th Inf. Co.H
Blackwell, J. TX 29th Cav. Co.H
Blackwell, J.A. GA 15th Inf. Co.I

Blackwell, J.A. MS Grace's Co. (St.Troops)
Blackwell, J.A. SC 2nd Inf. Co.C,G
Blackwell, Jackson TN 41st Inf. Co.B,E
Blackwell, Jacob AL Lt.Arty. 2nd Bn. Co.C
Blackwell, Jacob MS 40th Inf. Co.A
Blackwell, James AL 15th Inf. Co.E
Blackwell, James AL 32nd Inf. Co.G
Blackwell, James AR 19th (Dawson's) Inf. Co.H
Blackwell, James GA 52nd Inf. Co.C
Blackwell, James GA 65th Inf. Co.C
Blackwell, James GA Phillips' Legion Co.E
Blackwell, James GA Smith's Legion Co.D
Blackwell, James LA 16th Inf. Co.F
Blackwell, James MS Cav. Jeff Davis Legion Co.E
Blackwell, James MS 1st Bn.S.S. Co.D
Blackwell, James NC 23rd Inf. Co.I
Blackwell, James NC 64th Inf. Co.A
Blackwell, James SC Cav. 12th Bn. Co.A
Blackwell, James SC Lt.Arty. 3rd (Palmetto) Bn. Co.H,I
Blackwell, James SC 20th Inf. Co.I
Blackwell, James TN 48th (Nixon's) Inf. Co.D Sgt.
Blackwell, James TN 48th (Voorhies's) Inf. Co.D
Blackwell, James TN Inf. Sowell's Detach.
Blackwell, James TX 1st Inf. Co.D Sgt.
Blackwell, James VA 22nd Inf. Co.B
Blackwell, James VA 31st Mil. Co.F
Blackwell, James B. MS 21st Inf. Co.K Ens.
Blackwell, James B. NC 3rd Arty. (40th St.Troops) Co.G
Blackwell, James E. AL 38th Inf. Co.F Sgt.
Blackwell, James E. LA 9th Inf. Co.A
Blackwell, James E. VA 20th Inf. Co.K
Blackwell, James E. VA 23rd Inf. Co.E Sgt.
Blackwell, James F. VA 15th Inf. Co.E
Blackwell, James G. VA 1st Inf. Co.A
Blackwell, James G. VA 2nd St.Res. Co.A
Blackwell, James G. VA 12th Inf. Co.G
Blackwell, James H. AL 43rd Inf. Co.E
Blackwell, James H. MO Inf. 8th Bn. Co.E
Blackwell, James H. MO 9th Inf. Co.I
Blackwell, James H. VA 25th Inf. 2nd Co.D
Blackwell, James J. AL 6th Inf. Co.K
Blackwell, James J. MS 40th Inf. Co.A
Blackwell, James J. NC 16th Inf. Co.K
Blackwell, James K.P. TN 42nd Inf. 2nd Co.F
Blackwell, James L. GA Phillips' Legion Co.M 1st Lt.
Blackwell, James L. SC 2nd Inf. Co.A
Blackwell, James L. VA Cav. 36th Bn. Co.A
Blackwell, James M. AR 1st (Colquitt's) Inf. Co.E
Blackwell, James M. GA Cobb's Legion Co.G
Blackwell, James M. NC 22nd Inf. Co.G 1st Sgt.
Blackwell, James M. NC 45th Inf. Co.H
Blackwell, James M. SC 20th Inf. Co.F
Blackwell, James M. VA 22nd Cav. Co.H
Blackwell, James P. FL 1st (Res.) Inf. Co.A Sgt.
Blackwell, James P. KY 9th Mtd.Inf. Co.K
Blackwell, James P. TX Inf. W. Cameron's Co.
Blackwell, James T. GA 6th Inf. (St.Guards) Co.C Sgt.
Blackwell, James V. MS 31st Inf. Co.I
Blackwell, James W. GA 12th Cav. Co.B
Blackwell, James W. GA 60th Inf. Co.C Sgt.
Blackwell, James W. NC 50th Inf. Co.K Cpl.
Blackwell, James W. TN 53rd Inf. Co.F
Blackwell, James W. VA 56th Inf. Co.H 1st Sgt.
Blackwell, Jason SC Palmetto S.S. Co.H
Blackwell, Jason F. AL 55th Vol. Co.B
Blackwell, Jasper N. NC 55th Inf. Co.D
Blackwell, J.B. GA Cav. 9th Bn. (St.Guards) Co.C
Blackwell, J.B. NC Lt.Arty. 13th Bn. Co.E
Blackwell, J.B. VA 5th Bn.Res. Co.D
Blackwell, J.B. VA 49th Inf. 1st Co.G
Blackwell, J.C. AL 55th Vol. Co.B
Blackwell, J.C. GA Inf. 1st Conf.Bn. Co.C
Blackwell, J.C. GA 66th Inf. Co.K
Blackwell, J.C. SC 21st Inf. Co.B,H
Blackwell, J.D. AL 5th Inf. New Co.I
Blackwell, J.D. MS 8th Inf. Co.E
Blackwell, J.D. SC Inf. Holcombe Legion Co.K
Blackwell, J.D. TN 60th Mtd.Inf. Co.I
Blackwell, J.D. TX 3rd Cav. Co.I
Blackwell, J.D. VA 2nd Arty. Co.K 1st Lt.
Blackwell, J.D. VA Mil. Washington Cty.
Blackwell, J.E. AL 4th (Russell's) Cav. Co.E
Blackwell, Jefferson TX 18th Inf. Co.C
Blackwell, Jeremiah TX 13th Cav. Co.D
Blackwell, Jerrayl GA Cav. Corbin's Co.
Blackwell, Jesse AR Inf. Hardy's Regt. Co.K
Blackwell, Jesse GA Phillip's Legion Co.E Sgt.
Blackwell, Jesse LA 9th Inf. Co.I
Blackwell, Jesse G. FL 1st (Res.) Inf. Co.A 1st Lt.
Blackwell, J.F. AL 5th Inf. New Co.I
Blackwell, J.G. GA Cav. 6th Bn. (St.Guards) Co.A Sgt.
Blackwell, J.G. MS 3rd (St.Troops) Cav. Co.K
Blackwell, J.G. VA 3rd Inf. (Loc.Def.) Co.D
Blackwell, J.H. GA Inf. 9th Bn. Co.C
Blackwell, J.H. GA 32nd Inf. Co.A Sgt.
Blackwell, J.H. GA 37th Inf. Co.F
Blackwell, J.H. GA 54th Inf. Co.H
Blackwell, J.H. SC 3rd Inf. Co.F
Blackwell, J.H. SC 4th Bn.Res. Co.D
Blackwell, J.H. VA Cav. Mosby's Regt. (Part.Rangers) Co.B
Blackwell, J.J. Gen. & Staff. Capt.,Asst.Comsy.
Blackwell, J.J.G. MS 37th Inf. Co.G
Blackwell, J.L. NC 7th Sr.Res. Davie's Co.
Blackwell, J.L. TN 3rd (Forrest's) Cav. Co.E
Blackwell, J.L. TN 5th (McKenzie's) Cav. Co.A Maj.
Blackwell, J.L. TX 14th Inf. Co.D
Blackwell, J.M. AL 1st Cav. Co.H
Blackwell, J.M. AL 12th Cav. Co.A
Blackwell, J.M. GA 1st (Ramsey's) Inf. Co.F
Blackwell, J.M. GA 3rd Bn. (St.Guards) Co.A Ord.Sgt.
Blackwell, J.M. GA Inf. 9th Bn. Co.C
Blackwell, J.M. GA 34th Inf. Co.D
Blackwell, J.M. GA 37th Inf. Co.F
Blackwell, J.M. NC 1st Bn.Jr.Res. Co.C
Blackwell, J.M. SC 1st (Hagood's) Inf. 2nd Co.K
Blackwell, J.M. TX 1st Hvy.Arty. 2nd Co.A
Blackwell, J.M. VA 88th Mil.
Blackwell, J.N. TX Cav. 2nd Bn.St.Troops
Blackwell, Jo MO 5th Cav. Co.I
Blackwell, Joel GA 43rd Inf. Co.C
Blackwell, Joel NC 14th Inf. Co.C
Blackwell, Joel TX 18th Cav. Co.D
Blackwell, Joel J. Gen. & Staff Capt.,ACS
Blackwell, Joel W. TX 19th Cav. Co.E
Blackwell, John AR Inf. 8th Bn. 1st Co.C
Blackwell, John AR 25th Inf. Co.F
Blackwell, John GA 18th Inf. Co.A
Blackwell, John GA 52nd Inf. Co.C
Blackwell, John GA 65th Inf. Co.C
Blackwell, John LA 9th Inf. Co.I
Blackwell, John NC 1st Bn.Jr.Res. Co.C
Blackwell, John NC 30th Inf. Co.G
Blackwell, John NC 57th Inf. Co.C
Blackwell, John SC 1st Arty. Co.K
Blackwell, John SC 2nd Inf.
Blackwell, John SC 2nd St.Troops Co.G
Blackwell, John SC Inf. 9th Bn. Co.B
Blackwell, John SC 16th Inf. Co.H
Blackwell, John SC Inf. Holcombe Legion Co.I
Blackwell, John TN 35th Inf. 2nd Co.A
Blackwell, John TN 37th Inf. Co.A
Blackwell, John TN 41st Inf. Co.E
Blackwell, John TN 48th (Voorhies') Inf. Co.I
Blackwell, John TX Cav. Sutton's Co.
Blackwell, John VA Inf. 23rd Bn. Co.G
Blackwell, John VA 36th Inf. 2nd Co.E
Blackwell, John VA 157th Mil. Co.B
Blackwell, John B. TN 8th Inf. Co.K
Blackwell, John C. SC 2nd Cav. Co.A Sgt.
Blackwell, John D. VA 4th Cav. Co.D,K
Blackwell, John D. VA 18th Inf. Chap.
Blackwell, John D. VA 57th Inf. Co.A 1st Lt.
Blackwell, John D. VA Tuttle's Bn.Loc.Def. Co.A
Blackwell, John E. TN Lt.Arty. Burrough's Co. 1st Lt.
Blackwell, John E. TN 34th Inf. Co.C 2nd Lt.
Blackwell, John G. AL 41st Inf. Co.I
Blackwell, John G. MS 16th Inf. Co.C
Blackwell, John H. LA 13th Bn. (Part.Rangers) Co.C
Blackwell, John H. NC 31st Inf. Co.E
Blackwell, John H. SC 12th Inf. Co.K
Blackwell, John M. TX 1st Inf. Co.H
Blackwell, John M. VA Lt.Arty. Huckstep's Co.
Blackwell, John M. VA Lt.Arty. Snead's Co.
Blackwell, John M.V. TX Inf. Griffin's Bn. Co.A
Blackwell, John N. NC 22nd Inf. Co.G 2nd Lt.
Blackwell, John O. VA 40th Inf. Co.F
Blackwell, John T. AL 11th Inf. Co.A
Blackwell, John T. Gen. & Staff ACS
Blackwell, John W. GA 11th Inf. Co.H
Blackwell, John W. MS 27th Inf. Co.B
Blackwell, John W. NC 18th Inf. Co.B
Blackwell, John W. TN 32nd Inf. Co.G
Blackwell, Joseph AR 15th (N.W.) Inf. Co.C
Blackwell, Joseph AR 34th Inf. Co.I
Blackwell, Joseph AR 38th Inf. Old Co.I,H
Blackwell, Joseph MO 9th (Elliott's) Cav. Co.B
Blackwell, Joseph TN 7th (Duckworth's) Cav. Co.M
Blackwell, Joseph TN 19th Inf. Co.H
Blackwell, Joseph TN 41st Inf. Co.B
Blackwell, Joseph TN 42nd Inf. 2nd Co.H
Blackwell, Joseph VA 18th Cav. Co.B
Blackwell, Joseph A. VA Lt.Arty. 38th Bn. Co.A

Blackwell, Joseph B., Jr. MS 2nd Part.Rangers Co.H,K
Blackwell, Joseph B., Sr. MS 2nd Part.Rangers Co.H Sgt.
Blackwell, Joseph D. VA 3rd Inf. Co.H
Blackwell, Joseph F. VA Lt.Arty. 12th Bn. 2nd Co.A
Blackwell, Joseph F. VA Lt.Arty. Sturdivant's Co.
Blackwell, Joseph F. VA 19th Inf. Co.B
Blackwell, Josh TN 22nd (Barteau's) Cav. 1st Co.H Sgt.
Blackwell, Joshua AL 13th Bn.Part.Rangers Co.A Sgt.
Blackwell, Joshua AL 56th Part.Rangers Co.L
Blackwell, Joshua B. MS 42nd Inf. Co.E
Blackwell, Josiah S. GA Cobb's Legion Co.C Sgt.
Blackwell, Josiah S. NC Walker's Bn. Thomas' Legion Co.A Cpl.
Blackwell, J.P. AL 13th Part.Rangers Co.A Bugler
Blackwell, J.P. AL 32nd Inf. Co.G
Blackwell, J.P. NC 1st Cav. (9th St.Troops) Co.E
Blackwell, J.P. SC 14th Inf. Co.I
Blackwell, J.P. TN 22nd (Barteau's) Cav. 1st Co.H Sgt.
Blackwell, J. Preston SC 24th Inf. Co.I
Blackwell, J.R. SC 1st (Butler's) Inf. Co.C 2nd Lt.
Blackwell, J.S. TN 1st (Carter's) Cav. Co.E Cpl.
Blackwell, J.T. TX 29th Cav. Co.D
Blackwell, J.W. GA Cav. 1st Gordon Squad. (St.Guards) Reeves' Co.
Blackwell, J.W. GA 4th Cav. (St.Guards) Robertson's Co.
Blackwell, J.W. MS 41st Inf. Co.K
Blackwell, J.W. MS 46th Inf. Co.B
Blackwell, J.W. TN Cav. 1st Bn. (McNairy's) Co.D
Blackwell, J.W. TN 15th (Stewart's) Cav. Co.B
Blackwell, J.W. TN 13th Inf. Co.E
Blackwell, J.W. TN 31st Inf. Co.F
Blackwell, J.W. TN 37th Inf. Co.A
Blackwell, J.Y. TN 8th Inf. Co.A
Blackwell, L. NC 7th Bn.Jr.Res. Co.A
Blackwell, Levi NC 51st Inf. Co.A
Blackwell, Levie NC 2nd Arty. (36th St.Troops) Co.H
Blackwell, Levington G. TX 15th Cav. Co.H
Blackwell, Lewis GA 6th Cav. Co.C Black.
Blackwell, Lewis GA 1st (Symons') Res. Co.E,C
Blackwell, Lewis NC 18th Inf. Co.B
Blackwell, L.F. AR 7th Inf. Co.K
Blackwell, L.F. GA Inf. (Wright Loc.Guards) Holmes' Co.
Blackwell, Livingston G. TX Cav. 2nd Regt. St.Troops Co.D Cpl.
Blackwell, L.L. SC 1st Cav. Co.A
Blackwell, Llewellyn L. GA 15th Inf. Co.C Cpl.
Blackwell, L.M. MO 8th Inf. Co.E
Blackwell, M. AL 4th Res. Co.F
Blackwell, M. AL 43rd Inf. Co.F
Blackwell, M. AL 45th Inf. Co.F
Blackwell, M. MS Cav. 1st Bn. (McNair's) St.Troops Co.C
Blackwell, M. NC 23rd Inf. Co.C
Blackwell, M. TN 50th Inf. Co.A
Blackwell, Marion GA Phillips' Legion Co.M
Blackwell, Marion NC 16th Inf. Co.D
Blackwell, Marion NC 50th Inf. Co.K Music.
Blackwell, Martin P. TX 18th Cav. Co.K
Blackwell, Matthew H. TX 32nd Cav. Co.G
Blackwell, M.C. SC Inf. Holcombe Legion Co.A,K
Blackwell, Meredith VA 25th Inf. 2nd Co.H
Blackwell, M.H. TX 6th Cav. Co.H
Blackwell, Micajah TN 11th Inf. Co.C
Blackwell, Michael A.P. MS 2nd Inf. Co.B
Blackwell, Michael A.P. MS 17th Inf. Co.I
Blackwell, Milton AR 19th (Dawson's) Inf. Co.E
Blackwell, Milton M. NC 16th Inf. Co.F
Blackwell, M.J. GA 11th Cav. Co.E
Blackwell, M.J. SC Inf. Hampton Legion Co.G
Blackwell, M.J. SC Cav. Holcombe Legion Co.A
Blackwell, M.M. GA Inf. 17th Bn. (St.Guards) Stock's Co.
Blackwell, M.O. VA 5th Cav. Co.D Sgt.
Blackwell, M.O. VA Lt.Arty. Griffin's Co.
Blackwell, Moore C. VA 38th Inf. Co.D
Blackwell, Moreau VA 9th Cav. Co.D
Blackwell, Morris MS 3rd Inf. Co.G Sgt.
Blackwell, M.T. LA Inf.Crescent Regt. Co.E
Blackwell, M.T. SC Inf. 7th Bn. (Enfield Rifles) Co.A
Blackwell, N. AL Res. J.G. Rankin's Co.
Blackwell, N. TX 5th Cav. Co.K
Blackwell, Nathan AL 21st Inf. Co.A
Blackwell, N.B. MO Cav. Fristoe's Regt. Co.F
Blackwell, N.C. AL 29th Inf. Cpl.
Blackwell, Nicholas MS 14th (Cons.) Inf. Co.G Capt.
Blackwell, Nicholas MS 21st Inf. Co.K Capt.
Blackwell, Nicholas MS 43rd Inf. Co.E Capt.
Blackwell, Oscar VA 40th Inf. Co.H 2nd Lt.
Blackwell, Owen NC 2nd Arty. (36th St.Troops) Co.B
Blackwell, Owen NC 2nd Arty. (36th St.Troops) Co.H
Blackwell, P. NC 55th Inf. Co.K
Blackwell, Patrick K. NC 2nd Arty. (36th St.Troops) Co.I
Blackwell, Peter H. AR 33rd Inf. Co.K
Blackwell, R. AR Cav. Harrell's Bn. Co.D
Blackwell, R. GA 59th Inf. Co.K
Blackwell, R.A. KY 1st (Butler's) Cav. Co.F
Blackwell, R.A. NC 22nd Inf. Co.G. 1st Sgt.
Blackwell, R.A. SC 3rd Cav. Co.F
Blackwell, R.A. VA 20th Inf. Co.C
Blackwell, R.B. KY 2nd (Duke's) Cav. Co.H
Blackwell, R.B. VA 88th Mil.
Blackwell, R. Bradley TX 17th Cons.Dismtd. Cav. Co.K Sgt.
Blackwell, R.D. NC 6th Cav. (65th St.Troops) 1st Lt.,Adj.
Blackwell, Reuben B. TX 17th Cav. Co.K
Blackwell, Reuben W. VA Lt.Arty. 1st Bn. Co.C
Blackwell, Reuben W. Gen. & Staff 1st Lt.,ADC
Blackwell, R.H. TN Cav. 9th Bn. (Gantt's) Co.G
Blackwell, Richard LA 3rd (Wingfield's) Cav. Co.C
Blackwell, Richard NC 16th Inf. Co.K
Blackwell, R.J. AR 5th Inf. Co.K
Blackwell, R.J. AR Inf. Cocke's Regt. Co.E
Blackwell, R.M. GA 32nd Inf. Co.A
Blackwell, Robert KY 10th (Johnson's) Cav. New Co.F
Blackwell, Robert NC 4th Sr.Res. Co.A
Blackwell, Robert NC 7th Sr.Res. Mitchell's Co.
Blackwell, Robert NC 23rd Inf. Co.I
Blackwell, Robert SC 12th Inf. Co.G
Blackwell, Robert TN 10th (DeMoss's) Cav. Co.A
Blackwell, Robert TN 22nd (Barteau's) Cav. Co.G
Blackwell, Robert VA 8th Inf. Co.A
Blackwell, Robert VA 157th Mil. Co.B
Blackwell, Robert Cherokee Regt. (Sp.Serv.) Miller's Co.
Blackwell, Robert A. VA 9th Cav. Co.G
Blackwell, Robert B. VA 56th Inf. Co.H
Blackwell, Robert G. VA 3rd Inf. 2nd Co.I Sgt.
Blackwell, Robert J. VA 15th Inf. Co.E
Blackwell, Robert L. TN Cav. 7th Bn. (Bennett's) Co.E
Blackwell, Robert L. TN 37th Inf. Co.A Cpl.
Blackwell, Robert P. VA 51st Inf. Co.C
Blackwell, R.T. MS 2nd St.Cav. Co.B
Blackwell, R.T. NC 22nd Inf. Co.G Cpl.
Blackwell, R.W. AL 9th Inf. Co.E
Blackwell, R.W. GA Cav. 6th Bn. (St.Guards) Co.A 1st Lt.
Blackwell, R.W. VA 1st Arty. 3rd Co.C
Blackwell, R.W. VA 1st Arty. 3rd Co.C
Blackwell, R.W. VA 34th Inf.
Blackwell, S. AL 2nd Cav. Co.F
Blackwell, S. MS 2nd (Quinn's St.Troops) Inf. Co.H
Blackwell, S. NC 39th Inf. Co.G
Blackwell, S. TX 5th Cav. Co.K
Blackwell, S. Brush Bn.
Blackwell, S.A. MS 2nd (Quinn's St.Troops) Inf. Co.H 3rd Lt.
Blackwell, Samuel AL 5th Cav. Co.G
Blackwell, Samuel AL Lt.Arty. Goldwaite's Btty.
Blackwell, Samuel GA 13th Cav. Co.C
Blackwell, Samuel KY 6th Cav. Co.H 2nd Lt.
Blackwell, Samuel MS 7th Inf. Co.A
Blackwell, Samuel SC 6th Cav. Co.B
Blackwell, Samuel VA 40th Inf. Co.F
Blackwell, Samuel VA 45th Inf. Co.K
Blackwell, Samuel D. GA 3rd Cav. (St.Guards) Co.H
Blackwell, Samuel G. VA 72nd Mil.
Blackwell, Samuel H. MS 2nd Part.Rangers Co.K,H Capt.
Blackwell, S.B. NC 7th Sr.Res. Fisher's Co.
Blackwell, Seborn TN 42nd Inf. 2nd Co.F Cpl.
Blackwell, S.G. MS Blythe's Bn. (St.Troops)
Blackwell, Simon AL 61st Inf. Co.E
Blackwell, Simpson SC Inf. Holcombe Legion Co.A,K Sgt.
Blackwell, Solomon L. NC 16th Inf. Co.F Capt.
Blackwell, S.P. NC 1st Jr.Res. Co.B
Blackwell, S.S. GA 32nd Inf. Co.A
Blackwell, Stephen MO 12th Inf. Co.E
Blackwell, Stephen NC 23rd Inf. Co.A

Blackwell, Steptoe LA 3rd (Wingfield's) Cav. Co.A
Blackwell, T. SC Palmetto S.S. Co.H
Blackwell, T.G. GA 32nd Inf. Co.A 1st Lt.
Blackwell, Thomas AL 45th Inf. Co.I
Blackwell, Thomas AR 4th Inf. Co.H
Blackwell, Thomas KY 12th Cav. Co.F,D
Blackwell, Thomas TN 35th Inf. 2nd Co.A
Blackwell, Thomas VA 9th Cav. Co.G
Blackwell, Thomas C. GA 22nd Inf. Co.G
Blackwell, Thomas C. KY 4th Mtd.Inf. Co.C 1st Lt.
Blackwell, Thomas C. NC 35th Inf. Co.G
Blackwell, Thomas E. VA 40th Inf. Co.F 2nd Lt.
Blackwell, Thos. F. VA 54th Inf. Co.B
Blackwell, Thomas H. Conf.Cav. Wood's Regt. 2nd Co.G
Blackwell, Thomas J. MS 31st Inf. Co.C
Blackwell, Thomas J. NC 35th Inf. Co.B Capt.
Blackwell, Thomas J. TX 17th Cav. Co.A Lt.
Blackwell, Thomas L. NC 2nd Cav. (19th St.Troops) Co.G
Blackwell, Thomas L. NC 1st Arty. (10th St.Troops) Co.H
Blackwell, Thomas L. SC Inf. 9th Bn. Co.B Cpl.
Blackwell, Thos. L. Gen. & Staff Ord.Sgt.
Blackwell, Thomas M. MS 11th Inf. Chap.
Blackwell, Thos. M. Gen. & Staff Chap.
Blackwell, Tho. M. Gen. & Staff Surg.
Blackwell, Thomas O. NC 61st Inf. Co.C
Blackwell, Thomas P. AR 9th Inf. Co.C
Blackwell, T.J. GA 8th Inf. Co.I Capt.
Blackwell, T.J. MS 1st (Patton's) Inf. Co.G
Blackwell, T.J. SC 6th Inf. 2nd Co.K
Blackwell, T.J. SC Inf. 7th Bn. (Enfield Rifles) Co.A
Blackwell, T.J. SC 9th Inf. Co.D
Blackwell, T.J. Gen. & Staff AAG
Blackwell, T.L. NC 35th Inf. Co.B
Blackwell, T.L. NC 67th Inf. Co.H Sgt.
Blackwell, T.L. SC 26th Inf. Co.B
Blackwell, T.M. MS 31st Inf. Surg.
Blackwell, T.N. LA 3rd (Wingfield's) Cav. Co.L,K
Blackwell, T.P. AR Inf. Hardy's Regt. Co.G
Blackwell, T.R. SC 6th Cav. Co.A
Blackwell, Uriah A. SC Inf. 7th Bn. (Enfield Rifles) Co.A
Blackwell, W. AL 1st Cav. 1st Co.C
Blackwell, W. LA Mil.Cont.Cadet
Blackwell, W. SC 5th Cav. Co.D
Blackwell, W. TN 20th Inf. Co.G
Blackwell, W. TX 20th Cav. Co.I
Blackwell, W.A. AR Lt.Arty. 5th Btty.
Blackwell, W.A. AR 21st Mil. Co.D
Blackwell, W.A. LA Inf. 1st Sp.Bn. (Rightor's) Co.D
Blackwell, Waid MS 27th Inf. Co.H
Blackwell, Warren TX 19th Cav. Co.I
Blackwell, Wayne MS 22nd Inf. Co.H
Blackwell, Wayne MS 27th Inf. Co.H
Blackwell, W.C. AL 56th Part.Rangers Co.K
Blackwell, W.C. AR 3rd Cav. Co.H
Blackwell, W.E. SC 17th Inf. Co.G
Blackwell, Wesley C. Conf.Cav. Wood's Regt. 2nd Co.G
Blackwell, W.F. GA 32nd Inf. Co.A
Blackwell, W.H. MO 8th Inf. Co.F
Blackwell, W.H. SC 21st Inf. Co.B
Blackwell, William AL 41st Inf. Co.C
Blackwell, William AL 55th Vol. Co.B
Blackwell, William AR 4th Inf. Co.H
Blackwell, William AR 33rd Inf. Co.A
Blackwell, William AR 34th Inf. Co.I
Blackwell, William GA 52nd Inf. Co.C
Blackwell, William GA 65th Inf. Co.C Cpl.
Blackwell, William GA Smith's Legion Co.D
Blackwell, William LA Washington Arty.Bn. Co.5
Blackwell, William LA Miles' Legion Co.C
Blackwell, William MS 1st Cav.Res. Co.I
Blackwell, William MS 8th Inf. Co.A
Blackwell, William MO 3rd Cav. Co.E
Blackwell, William MO Inf. Perkins' Bn. Co.C
Blackwell, William SC 1st Arty. Co.G
Blackwell, William SC Lt.Arty. 3rd (Palmetto) Bn. Co.H,I
Blackwell, William SC 16th Inf. Co.H
Blackwell, William SC 18th Inf. Co.F
Blackwell, William SC Cav.Bn. Holcombe Legion Co.D
Blackwell, William TN 42nd Inf. 2nd Co.F
Blackwell, William TX 8th Inf. Co.A
Blackwell, William VA 22nd Inf. Co.B
Blackwell, William VA 63rd Inf. Co.A
Blackwell, William A. TN 8th Inf. Co.K
Blackwell, William A. VA 4th Inf. Co.B Cpl.
Blackwell, William A. VA 20th Inf. Co.K Cpl.
Blackwell, William A. VA 23rd Inf. Co.E
Blackwell, William B. VA 6th Bn.Res. Co.I
Blackwell, William B. VA 37th Inf. Co.F
Blackwell, William C. AR 1st (Colquitt's) Inf. Co.E
Blackwell, William C. TN 37th Inf. Co.A 1st Lt.
Blackwell, William D. SC 2nd Rifles Co.H
Blackwell, William F. NC 60th Inf. Co.G
Blackwell, William H. AR 3rd Cav. Co.B Maj.
Blackwell, William H. TN 1st Hvy.Arty. 2nd Co.D, 3rd Co.B 1st Lt.
Blackwell, William H. TX 15th Cav. Co.H
Blackwell, William H. TX 18th Cav. Co.K
Blackwell, William H. VA Lt.Arty. 38th Bn. Co.D 2nd Lt.
Blackwell, William H. VA 25th Inf. 2nd Co.D
Blackwell, William H. VA 40th Inf. Co.F
Blackwell, William Harvey MO 8th Inf. Co.E
Blackwell, William J. FL 1st (Res.) Inf. Co.A Sgt.
Blackwell, William M. GA 5th Inf. Co.F,M
Blackwell, William M. NC 55th Inf. Co.K
Blackwell, William M. VA 14th Cav. Co.H
Blackwell, William M. VA 27th Inf. Co.B
Blackwell, William P. AR 3rd Cav. Co.G
Blackwell, William P. NC 21st Inf. Co.M
Blackwell, William P. VA 45th Inf. Co.B
Blackwell, William R. FL 3rd Inf. Co.D
Blackwell, William S. MS Cav. Jeff Davis Legion Co.E
Blackwell, William S. VA 4th Cav. Co.A
Blackwell, William S. VA 5th Cav. Co.F
Blackwell, William T. MS 2nd Inf. Co.B
Blackwell, William T. NC 54th Inf. Co.I
Blackwell, William T. TN 8th Inf. Co.I
Blackwell, William T. VA 9th Inf. Co.G
Blackwell, William W. GA 2nd Bn.S.S. Co.A
Blackwell, William W. LA 1st (Nelligan's) Inf. Co.A Cpl.
Blackwell, W.J. NC 64th Inf. Co.B
Blackwell, W.J. TN 11th Inf. Co.C
Blackwell, W.L. MS Inf. 2nd Bn. (St.Troops) Co.B
Blackwell, W.R. FL 1st (Res.) Inf. Co.E
Blackwell, W.S. MS 15th Inf. Co.A
Blackwell, W.S. MS 35th Inf. Co.F
Blackwell, W.S. SC Inf. Holcombe Legion Co.A
Blackwell, W.S. TN Cav. Napier's Bn. Co.B
Blackwell, Wylie SC 26th Inf. Co.B
Blackwell, Yandall H. MO Inf. 2nd Regt. St.Guard Co.D 1st Lt.
Blackwell, Y.H. MO 5th Cav. Co.A Maj.
Blackwell, Y.N. MO Inf. 6th Regt. Co.A 1st Lt.
Blackwell, Z. SC 22nd Inf. Co.D
Blackwell, Zachariah B. NC 60th Inf. Co.A
Blackwilder, C.A. NC 18th Inf. Co.K
Blackwilder, M.W. NC 23rd Inf. Co.C
Blackwilder, Sandy AL 61st Inf. Co.F
Blackwill, Albert MO 10th Inf. Co.H
Blackwill, John MO 10th Inf. Co.H Sgt.
Blackwill, Richard MO 10th Inf. Co.H
Blackwill, Roland MO 10th Inf. Co.H
Blackwood, A. AR 24th Inf. Co.K
Blackwood, Alex AL 62nd Inf. Co.B
Blackwood, Alexander SC 13th Inf. Co.F
Blackwood, B. AR 12th Inf. Co.C 2nd Lt.
Blackwood, B.B. AL 50th Inf. Co.K
Blackwood, B.B. TN 38th Inf. 1st Co.K
Blackwood, C. SC 27th Inf. Co.B,K
Blackwood, Charles SC Inf. 1st (Charleston) Bn. Co.B,G
Blackwood, Charles SC 7th Res. Co.M
Blackwood, C.J. MS 5th Inf. Co.D
Blackwood, Cranford AL 8th Inf. Co.E Capt.
Blackwood, Edmond NC 11th (Bethel Regt.) Inf. Co.G
Blackwood, Edward C. MS 1st Bn.S.S. Co.A 2nd Lt.
Blackwood, Edward C. MS Packer's Co. (Pope Guards) Ens.
Blackwood, Elbert AL 12th Cav. Co.C
Blackwood, Eli S. NC 5th Cav. (63rd St.Troops) Co.F
Blackwood, Eli S. NC Hvy.Arty. 10th Bn. Co.C
Blackwood, F.A. SC 1st (Hagood's) Inf. 2nd Co.C
Blackwood, F.A. SC 17th Inf. Co.G
Blackwood, Fred NC 17th Inf. Co.G
Blackwood, George TN 3rd (Clack's) Inf. Co.C
Blackwood, G.G. SC 25th Inf. Co.A Cpl.
Blackwood, Goodman TX Cav. Martin's Regt. Co.B
Blackwood, Green W. GA 60th Inf. Co.A
Blackwood, Green W. NC Inf. 2nd Bn. Co.E
Blackwood, G.W. AR 31st Inf. Co.B 1st Sgt.
Blackwood, Henry R. GA 31st Inf. Co.C Sgt.
Blackwood, H.J. AR 32nd Inf. Co.I
Blackwood, Hugh TN Inf. 23rd Bn. Co.D
Blackwood, J. AL 15th Inf. Co.C
Blackwood, J.A. AR 15th Mil. Co.C

Blackwood, J.A. AR 35th Inf. Co.H
Blackwood, James AL 12th Inf. Co.D
Blackwood, James AR 32nd Inf. Co.I
Blackwood, James GA 22nd Inf. Co.G
Blackwood, James C. NC 60th Inf. Co.G
Blackwood, James C. VA 146th Mil. Co.K
Blackwood, James H. VA 16th Cav. QMSgt.
Blackwood, James H. VA Cav. Ferguson's Bn. Morris' Co. Sgt.
Blackwood, J.B. NC 1st Bn.Jr.Res. Co.E
Blackwood, J.C. SC Mil.Arty. 1st Regt. Tupper's Co.
Blackwood, J.C. SC 25th Inf. Co.A
Blackwood, Jeff VA 146th Mil. Co.H
Blackwood, J.F. VA 18th Cav. Co.D
Blackwood, J.J. NC 4th Sr.Res. Co.G
Blackwood, J.L. MS 2nd St.Cav. Co.G
Blackwood, J.L. NC 4th Sr.Res. Co.H
Blackwood, J.M. MS 15th Inf. Co.K
Blackwood, John AL 13th Bn.Part.Rangers Co.C
Blackwood, John AL 56th Part.Rangers Co.G
Blackwood, John AL St.Res. Palmer's Co.
Blackwood, John AR 24th Inf. Co.K
Blackwood, John AR Inf. Hardy's Regt. Co.H
Blackwood, John GA 40th Inf. Co.E
Blackwood, John NC 1st Inf. (6 mo. '61) Co.D
Blackwood, John NC 4th Sr.Res. Co.E
Blackwood, John NC 60th Inf. Co.G Sgt.
Blackwood, John SC Inf. Holcombe Legion Co.K
Blackwood, John B. MS Packer's Co. (Pope Guards) Cpl.
Blackwood, John B. NC 13th Inf. Co.F
Blackwood, John F. NC 15th Inf. Co.C
Blackwood, John F. VA 146th Mil. Co.K
Blackwood, John M. MS 23rd Inf. Co.E
Blackwood, John M. NC 33rd Inf. Co.F
Blackwood, John O. AR 23rd Inf.
Blackwood, Johnson AR 6th Inf. New Co.F
Blackwood, Johnston AR 33rd Inf. Co.F
Blackwood, John T. NC 17th Inf. (2nd Org.) Co.L
Blackwood, Joseph AL 13th Bn.Part.Rangers Co.D
Blackwood, Joseph NC 37th Inf. Co.H
Blackwood, Joseph NC 49th Inf. Co.H
Blackwood, Joseph F. VA 146th Mil. Co.K
Blackwood, J.T. NC 15th Inf. Co.C
Blackwood, J.T. SC 18th Inf. Co.K
Blackwood, Julius T. NC 28th Inf. Co.A,H
Blackwood, M. SC 1st (McCreary's) Inf. Co.L
Blackwood, Marcus SC 13th Inf. Co.F
Blackwood, M.S. AR 8th Inf. New Co.A Sgt.
Blackwood, Nathaniel NC 13th Inf. Co.G Cpl.
Blackwood, N.J. TN 46th Inf. Co.C
Blackwood, P. 1st Conf.Eng.Troops Co.A
Blackwood, Philo NC 1st Inf. (6 mo. '61) Co.D
Blackwood, Philo NC 11th (Bethel Regt.) Inf. Co.G
Blackwood, R.A. VA 20th Cav. Co.C
Blackwood, Richard K. MS 5th Inf. Co.D
Blackwood, R.N. GA Cherokee Legion (St.Guards) Co.E
Blackwood, Robert NC 11th (Bethel Regt.) Inf. Co.G
Blackwood, Robert B. VA 49th Inf. Co.D
Blackwood, Samuel D. NC 33rd Inf. Co.F Cpl.
Blackwood, S.W. NC 3rd Arty. (40th St.Troops) Co.G
Blackwood, S.W. TN 5th Inf. 2nd Co.I
Blackwood, S.W. TN 46th Inf. Co.C
Blackwood, Thomas NC 60th Inf. Co.G
Blackwood, Thomas SC Inf. Holcombe Legion Co.K
Blackwood, Thomas M. LA 8th Cav. Co.K
Blackwood, T.W. SC 1st (Hagood's) Inf. 1st Co.I, 2nd Co.C
Blackwood, W. AR 24th Inf. Co.K
Blackwood, W. NC 4th Cav. (59th St.Troops)
Blackwood, Washington NC 56th Inf. Co.D
Blackwood, W.F. AR 5th Inf. Co.I 2nd Lt.
Blackwood, W.F. GA 8th Cav. Co.H Cpl.
Blackwood, W.F. GA 62nd Cav. Co.I,H Cpl.
Blackwood, W.H. MS 1st Bn.S.S. Co.A Cpl.
Blackwood, William AR 1st Vol. Anderson's Co.
Blackwood, Wm. AR 5th St.Inf. Co.C 1st Lt.
Blackwood, William LA 9th Inf. Co.H
Blackwood, William SC 13th Inf. Co.F
Blackwood, William H.H. MS Packer's Co. (Pope Guards)
Blackwood, William J. NC 66th Inf. Co.A
Blackwood, William R. VA Inf. 45th Bn. Co.F 1st Lt.
Blackwood, William S. NC 28th Inf. Co.A Cpl.
Blackwood, William W. TN 3rd (Clack's) Inf.
Blackwood, W.J. 2nd Conf.Eng.Troops Co.G Artif.
Blackwood, W.P. MO 7th Cav. Co.B
Blacy, Fred TN 1st Hvy.Arty. 2nd Co.C,I 1st Lt.
Blacy, Fred TN Hvy.Arty. Sterling's Co. Cpl.
Blade, Abner LA 16th Inf. Co.B
Blade, F. MO 15th Cav. Co.B
Blade, H.T. VA Loc.Def. Durrett's Co.
Bladen, John AL 10th Inf. Co.K
Bladen, Thomas VA 6th Cav. Co.F
Bladenburg, W. AR Mil. Desha Cty.Bn.
Blades, A. KY 7th Cav. Co.F
Blades, A.L. KY Cav. 2nd Bn. (Dortch's) Co.B,A
Blades, A.W. LA 3rd (Wingfield's) Cav. Co.E
Blades, Colmore D. VA 40th Inf. Co.F
Blades, H.M. AR Lt.Arty. 5th Btty.
Blades, John TN 12th (Green's) Cav. Co.I
Blades, Nicholas O. TX 22nd Cav. Co.D Jr.2nd Lt.
Blades, N.O. TX 1st Bn.S.S. Co.A
Blades, S. KY Arty. Corbett's Co.
Blades, Silas KY 8th Cav. Co.H Cpl.
Blades, Thomas M. KY 1st Bn.Mtd.Rifles Co.A 1st Lt.
Blades, Thomas M. KY 3rd Bn.Mtd.Rifles Co.A 1st Lt.
Blades, W.C. MO 1st & 4th Cons.Inf. Co.H
Blades, W.C. MO 4th Inf. Co.K
Bladgett, William J. 9th Conf.Inf. Co.A Lt.
Bladoe, Charles AL 44th Inf. Co.E
Bladon, T.G. SC 27th Inf. Co.F Ch.Cook
Bladon, Thomas LA 11th Inf. Co.I
Bladon, T.J. SC 2nd Arty. Co.K
Bladon, T.J. SC 1st Bn.S.S. Co.B Ch.Cook
Bladsaw, B.F. MS Inf. 1st Bn.St.Troops (30 days '64) Co.C
Blady, J.S. LA Inf.Crescent Regt. Co.K 1st Sgt.
Blaedel, B.A. LA Mil. 4th Regt.Eur.Brig. Co.A
Blaehe, A. LA Lt.Arty. LeGardeur, Jr.'s Co. (Orleans Guard Btty.)
Blaekley, William H. VA Arty. Fleet's Co.
Blaekly, J. AR 3rd Cav.
Blaer, Fred TN Hvy.Arty. Sterling's Co.
Blaer, Michael LA 15th Inf. Co.H
Blaere, H. LA Mil.Squad. Guides d'Orleans
Blafet, W.P. AL 37th Inf. Co.K
Blaffer, A.J. LA Washington Arty.Bn. Co.5
Blaffer, Jules A. LA 1st (Nelligan's) Inf. Co.G 2nd Lt.
Blagg, A. MS 2nd St.Cav. Co.D
Blagg, Adam R. MS 23rd Inf. Co.F
Blagg, A.G. MS 32nd Inf. Co.G
Blagg, B.F. AR 24th Inf. Co.I
Blagg, H.J. MS 32nd Inf. Co.A
Blagg, J. AR 58th Mil. Co.A
Blagg, James MO Inf. Clark's Regt. Co.E
Blagg, James VA 25th Inf. 2nd Co.F Cpl.
Blagg, James Conf.Cav. Clarkson's Bn. Ind. Rangers Co.A
Blagg, James Farris MS 7th Cav. Co.E Cpl.
Blagg, James H. VA 18th Cav. 2nd Co.G
Blagg, Jesse Conf.Cav. Clarkson's Bn. Ind. Rangers Co.A,G 2nd Lt.
Blagg, J.F. MS 23rd Inf. Co.F
Blagg, John VA 162nd Mil. Co.C
Blagg, John M. VA 25th Inf. 2nd Co.F Sgt.
Blagg, John W. VA 4th Cav. Co.E
Blagg, John W. VA 4th Inf. Co.E
Blagg, John Wesley MS 1st Cav. Co.D
Blagg, Joseph TX 22nd Cav. Co.K
Blagg, Joseph TX Cav. Martin's Regt. Co.D
Blagg, J.W. MS Cav. Ham's Regt. Co.B,C,F
Blagg, M. AR 24th Inf. Co.I
Blagg, Samuel A. AR 1st Vol. Co.G
Blagg, Samuel A. AR 38th Inf. Co.F
Blagg, S.E. AR 30th Inf. Co.K
Blagg, S.H. AR Cav. Gordon's Regt. Co.I
Blagg, Simeon A. VA 31st Inf. Co.I Sgt.
Blagg, T.T. AR 32nd Inf. Co.G Cpl.
Blagg, W. AR Cav. McGehee's Regt. Co.G
Blagge, Hamilton TX 26th Cav. Co.F Cpl.
Blagge, Henry TX 26th Cav. Co.F Sgt.Maj.
Blagge, W.A. TX 23rd Cav. Co.E
Blagrave, I.N. TX 2nd Inf. Co.C Lance Cpl.
Blagrave, T.L. TX 2nd Inf. Co.C
Blagraves, --- TX Cav. McCord's Frontier Regt. Co.E
Blagy, William AR Cav. Gordon's Regt. Co.G
Blaides, Campbell MO 144th Cons.Inf. Co.H
Blaidon, Charles LA 20th Inf. New Co.B
Blailack, Charles H. KY 3rd Cav. Co.B
Blailack, Thomas KY 3rd Cav. Co.B
Blailoch, R.C. MS 27th Inf. Co.E
Blailock, John MO 2nd Cav. Co.A
Blailock, Robert C. MS 21st Inf. Co.G Sgt.
Blailock, Steven C. MS 21st Inf. Co.G
Blailock, Thomas B. MS 18th Inf. Co.G Sgt.
Blain, --- TX Cav. Bourland's Regt. Co.G
Blain, A. SC 17th Inf. Co.B,G Sgt.
Blain, Abner VA 3rd (Chrisman's) Bn.Res. Co.A
Blain, Abner W. VA 20th Cav. Co.I
Blain, Alexander MO 1st Cav. Co.D
Blain, A.W. VA 7th Bn.Res. Co.B
Blain, Baker TX 11th Cav. Co.A

Blain, Benjamin F. NC 39th Inf. Co.I
Blain, Benjamin M. MS 11th (Perrin's) Cav. Co.D
Blain, Charles VA 64th Mtd.Inf. Co.H
Blain, D. VA 1st Cav. Co.E
Blair, Daniel AL Cp. of Instr. Talladega
Blain, Daniel VA Lt.Arty. Arch. Graham's Co.
Blain, Daniel VA 32nd Inf. N.C.S. Ord.Sgt.
Blain, Daniel M. MS 5th Inf. Co.D
Blain, D.J. TX Waul's Legion Co.F
Blain, E.J. MS 38th Cav. Co.G
Blain, Eliot KY Cav. Malone's Regt.
Blain, George MO 1st Cav. Co.D
Blain, George A. TX 7th Inf. Co.G Adj.
Blain, George W. MS 5th Inf. Co.D
Blain, Henry AL 16th Inf. Co.A
Blain, Henry A. TX Cav. Martin's Regt. Co.A
Blain, H.T. MS Cav. 2nd Bn.Res. Co.B
Blain, Hugh M. MO 1st Cav. Co.D
Blain, Israel MO 1st Cav. Co.D
Blain, James MO 1st Cav. Co.D
Blain, James NC 62nd Inf. Co.D
Blain, James C. TX 34th Cav. Co.E Sgt.
Blain, James S. GA 26th Inf. Co.A Lt.Col.
Blain, James S. GA Inf. (Brunswick Rifles) Harris' Ind.Co. 1st Lt.
Blain, James W. MO 1st Cav. Co.D
Blain, J.D. GA Cav 21st Bn. Co.D
Blain, J.E. SC 20th Inf. Co.B
Blain, J.M. SC 6th Inf. 1st Co.C, 2nd Co.H
Blain, John TN 39th Mtd.Inf. Co.E
Blain, John TX 11th Cav. Co.A
Blain, John A. MO 1st Cav. Co.D
Blain, John H. TN 3rd (Lillard's) Mtd.Inf. Co.A
Blain, John L. Gen. & Staff 1st Lt.,Adj.
Blain, Joseph A. VA Lt.Arty. 38th Bn. Co.C
Blain, Joseph W. TX 27th Cav. Co.D,M 2nd Lt.
Blain, J.S. KY 14th Cav.
Blain, J.T. MS 38th Cav. Co.G
Blain, J.W. MS 5th Inf. Co.D
Blain, J.W. MO 1st & 3rd Cons.Cav.
Blain, K.K. AL Talladega Cty.Res. G.M. Gamble's Co. Sgt.
Blain, Melvin SC 6th Inf. 2nd Co.H
Blain, Milton M. MS 4th Inf. Co.B
Blain, M.W. MS 38th Cav. Co.G
Blain, Nathaniel TN 15th (Cons.) Cav. Co.K
Blain, Randolph H. VA 1st Arty. Co.D
Blain, Randolph H. VA Horse Arty. Jackson's Co. Sr.1st Lt.
Blain, R.F. TN 21st Cav. Co.I
Blain, Robert VA Loc.Def. Neff's Co.
Blain, Samuel James VA 10th Inf. Co.H
Blain, Samuel Y. MS 4th Inf. Co.B
Blain, S.W. MS 5th Inf. Co.D
Blain, S.Y. MS 38th Cav. Co.G
Blain, T. AL 15th Inf. Co.I
Blain, Thomas A. MO 1st Cav. Co.D 2nd Lt.
Blain, W.A. MS 38th Cav. Co.G
Blain, W.C. MS 5th Inf. Co.D
Blain, W.E. AR 1st Mtd.Rifles Co.K
Blain, William MO 1st Cav. Co.D
Blain, William NC 6th Cav. Co.C,G
Blain, William NC Cav. 7th Bn. Co.C
Blain, William E. AR 25th Inf. Co.E Cpl.
Blain, William G. TX 28th Cav. Co.H 2nd Lt.
Blain, William H. AL 10th Inf. Co.I
Blain, William M. NC 1st Inf. (6 mo. '61) Co.E
Blain, William M. NC 11th (Bethel Regt.) Inf. Co.D
Blain, William S. GA 26th Inf. Co.A
Blain, Willis W. MS 5th Inf. Co.D 2nd Lt.
Blain, Will S. Gen. & Staff Hosp.Stew.
Blaine, George J. AR Inf. Hardy's Regt. Co.F
Blaine, J.C. VA Inf. 44th Bn. Co.D
Blaine, W.C. MS 34th Inf. Co.E
Blaine, W.E. VA 3rd Cav. Co.C
Blaine, William C. VA 22nd Inf. Co.H
Blair, --- TX 1st (McCulloch's) Cav. Co.K
Blair, --- TX Cav. Steele's Command Co.D
Blair, A. MS 15th Inf. Co.A
Blair, A.A. TN 63rd Inf. Co.D Capt.
Blair, A.C. TN Inf. 1st Cons.Regt. Co.G
Blair, Adolphus VA 1st Inf. Co.D 2nd Lt.
Blair, A.F. SC Inf. 3rd Bn. Co.G 2nd Lt.
Blair, A. Frank AL 50th Inf. Co.E 2nd Lt.
Blair, A.H. TN 1st (Feild's) Inf. Co.H 2nd Lt.
Blair, A. Henderson TN 1st (Feild's) Inf. Co.I
Blair, A.J. AL Cav. 5th Bn. Hilliard's Legion Co.E Cpl.
Blair, A.J. AL 33rd Inf. Co.C
Blair, A.J. TN 31st Inf. Co.B Cpl.
Blair, A.J. TN 55th (Brown's) Inf. Co.A
Blair, A.J. TX 3rd Cav. Co.D
Blair, A.J. TX Cav. Martin's Regt. Co.H
Blair, A.J. TX 4th Inf. Co.H
Blair, Albert GA 41st Inf. Co.K
Blair, Albert VA 1st St.Res. Co.A
Blair, Albert S. TX 6th Cav. Co.H
Blair, Albert W. NC 1st Cav. (9th St.Troops) Co.D
Blair, Alex LA 6th Inf. Co.C
Blair, Alex C. TX 35th (Brown's) Cav. Co.F
Blair, Allen GA 41st Inf. Co.K
Blair, Allen T. GA Cobb's Legion Co.F
Blair, Anderson KY 10th (Diamond's) Cav. Co.D
Blair, Andrew SC 6th Inf. 1st Co.H Music.
Blair, Andrew SC 24th Mil.
Blair, Andrew C. TN 7th Inf. Co.B
Blair, Andrew J. MS 41st Inf. Co.G
Blair, Andrew J. VA 45th Inf. Co.D Cpl.
Blair, Anthony LA 14th Inf. Co.F 1st Sgt.
Blair, Arris NC Hvy.Arty. 10th Bn. Co.A Cpl.
Blair, Arris NC 14th Inf. Co.B
Blair, Arthur S. VA 53rd Inf. Co.G
Blair, A.S. VA 4th Res. Co.B
Blair, Asa F. AL 22nd Inf. Co.I 1st Lt.
Blair, Asa J. 10th Conf.Cav. Co.E
Blair, A.W. TN Lt.Arty. Rice's Btty.
Blair, B. LA Ogden's Cav. Co.G
Blair, B.B. VA Cav. 37th Bn. Chap.
Blair, B.B. Gen. & Staff Chap.
Blair, Benjamin C. GA 42nd Inf. Co.G
Blair, Benjamin S. GA 61st Inf. Co.F
Blair, B.L. AR Cav. Gordon's Regt. Co.B
Blair, B.P. AL 12th Inf. Co.B
Blair, Brice C. VA Lt.Arty. B.Z. Price's Co.
Blair, B.W. MS 18th Cav. Co.D
Blair, Calvin T. AL 3rd Cav. Co.H
Blair, C.B. SC 7th Inf. Co.E 1st Lt.
Blair, Charles AR Cav. Gordon's Regt. Co.B
Blair, Charles GA 46th Inf. Co.D Cpl.
Blair, Charles LA 22nd Inf. Co.B
Blair, Charles VA 51st Inf. Co.A
Blair, Charles B. SC 15th Inf. Co.E 1st Lt.
Blair, Charles C. 3rd Conf.Inf. Co.B
Blair, Charles W. MD 1st Inf. Co.A 2nd Lt.
Blair, Charles W. VA Hvy.Arty. 19th Bn. 2nd Co.C 1st Lt.
Blair, Chas. W. Gen. & Staff 2nd Lt., Gen.Recruit Off.
Blair, C.L. LA Mil. 1st Chasseurs a pied Co.5
Blair, C.M. FL 1st (Res.) Inf. Co.B
Blair, Columbus GA 30th Inf. Co.C
Blair, Columbus GA Inf. Alexander's Co. Bvt.2nd Lt.
Blair, Columbus TN 37th Inf. Co.B
Blair, Columbus TN 59th Mtd.Inf. Co.I
Blair, Constantine AR Cav. 1st Bn. (Stirman's) Co.H
Blair, Constantine TX 27th Cav. Co.B
Blair, C.W. TX 11th Field Btty. (Lt.Arty. Howell's Co.) 1st Sgt.
Blair, Daniel VA 3rd Inf.Loc.Def. Co.I
Blair, Daniel VA 51st Inf. Co.B
Blair, Daniel Pendleton's Headquarters Ord.Sgt.
Blair, Daniel C. AL 14th Inf. Co.I
Blair, Daniel L. VA 45th Inf. Co.D
Blair, David MS 5th Inf. (St.Troops) Co.B
Blair, David SC 4th St.Troops Co.H
Blair, David SC Inf. Holcombe Legion Co.G
Blair, David VA 21st Cav. 1st Co.E
Blair, David J. TX 8th Cav. Co.G
Blair, David Paxton MS Inf. 1st St.Troops Co.D 1st Sgt.
Blair, David T. Gen. & Staff Surg.
Blair, D.C. AL 18th Inf. Co.D
Blair, D.G. TN 43rd Inf. Surg.
Blair, D.J. TX Cav. Border's Regt. Co.H 1st Lt.
Blair, D.R. MS 43rd Inf. Co.L
Blair, Drury A. VA 38th Inf. Co.D
Blair, D.S. MS 14th Inf. Co.F
Blair, D.S. MS 35th Inf. Co.I,F 1st Lt.
Blair, D.Y. TN 60th Mtd.Inf. Asst.Surg.
Blair, D.Y. TN 63rd Inf. Co.D
Blair, E. TN 60th Mtd.Inf. Surg.
Blair, E.C. AR 18th (Marmaduke's) Inf. Co.B
Blair, E.C. NC 58th Inf. Forage M.
Blair, E.C. TX 33rd Cav. Co.D
Blair, Edley P. GA 3rd Inf. Co.L
Blair, Edward F. GA 54th Inf. Co.F Ord.Sgt.
Blair, Edwin F. VA 3rd Cav. 1st Co.I
Blair, E.E. TN 8th (Smith's) Cav. Co.E
Blair, E.G. GA 64th Inf. Co.I
Blair, E.J. AL 21st Inf. Co.H
Blair, E.J. TX Cav. Baird's Regt. Co.H
Blair, Elbert J. AL 1st Regt.Conscr. Co.D
Blair, Elbert J. AL Conscr. Echols' Co.
Blair, Eli TN 39th Mtd.Inf. Co.A Cpl.
Blair, Elias B. TX 34th Cav. Co.K Cpl.
Blair, Elijah S. NC 1st Cav. (9th St.Troops) Co.D
Blair, E.P. GA Inf. (High Shoals Defend.) Medlins' Ind.Co. 2nd Lt.
Blair, Erwin SC 6th Inf. 2nd Co.F
Blair, F. AL 40th Inf. Co.K
Blair, F. TN 1st Hvy.Arty. 2nd Co.C
Blair, F. TX 24th Cav. Co.I
Blair, F. TX 24th & 25th Cav. (Cons.) Co.H
Blair, F. TX Waul's Legion Co.B

Blair, F.A. MO St.Guard
Blair, F.M. MS 43rd Inf. Co.L
Blair, F.M. TX 34th Cav. Co.K 2nd Lt.
Blair, F.M., Jr. TX 34th Cav. Co.K
Blair, Francis AL Mil. 4th Vol. Co.F
Blair, Francis GA 1st (Olmstead's) Inf. Co.K 1st Lt.
Blair, Francis M. FL 9th Inf. Co.K
Blair, Francis M. LA 28th (Thomas') Inf. Co.E 2nd Lt.
Blair, Francis M. VA Cav. 34th Bn. Co.B
Blair, Francis M. VA 51st Inf. Co.A
Blair, Francis S. TN 5th (McKenzie's) Cav. Co.H
Blair, Frank TX 2nd Cav. Co.H
Blair, Frank S. TN 60th Mtd.Inf. Co.A Capt.
Blair, G. LA Odgen's Cav. Co.G
Blair, G. TN 12th (Green's) Cav. Co.I
Blair, G.C. AL 57th Inf. Co.G
Blair, G.D. TN 15th (Cons.) Cav. Co.G
Blair, G.E. AL 14th Inf. Co.I
Blair, George LA 9th Inf. Co.B Sgt.
Blair, George VA 20th Cav. Co.F
Blair, George VA 22nd Cav. Co.B
Blair, George VA Cav. 34th Bn. Co.A
Blair, George VA Cav. Moorman's Co.
Blair, George 14th Conf.Cav. Co.D
Blair, George H. GA 3rd Inf. Co.L
Blair, George M. AL 33rd Inf. Co.A
Blair, George M. TN 26th Inf. Co.I Sgt.
Blair, George V. MO Cav. Wood's Regt. Co.D
Blair, Geo. W. AL 5th Inf. Co.G,F
Blair, George W. AL 46th Inf. Co.G
Blair, George W. TN 43rd Inf. Co.K
Blair, George W. VA 38th Inf. Co.B 1st Sgt.
Blair, George W. 1st Conf.Inf. 2nd Co.D
Blair, Gilford GA 19th Inf. Co.I
Blair, G.M. AL 17th Inf. Co.F Cpl.
Blair, G.M. TN 62nd Mtd.Inf. Co.F
Blair, Gordon VA 4th Res. Co.E,G
Blair, Green GA 2nd Inf. Co.A Sgt.
Blair, Green GA 9th Inf. (St.Guards) Culp's Co. 3rd Lt.
Blair, Green GA Inf. White's Co.
Blair, Green W. TX 14th Cav. Co.K
Blair, G.W. AL Lt.Arty. Clanton's Btty.
Blair, G.W. AL 14th Inf. Co.G Sgt.
Blair, G.W. AL 22nd Inf. Co.G Sgt.
Blair, G.W. AL 22nd Inf. Co.I
Blair, G.W. GA 4th Res. Co.K
Blair, G.W. MS 35th Inf. Co.I 2nd Lt.
Blair, G.W. MS 43rd Inf. Co.L
Blair, G.W. TN 14th Inf. Co.I
Blair, G.W. TX 24th Cav. Co.I
Blair, G.W. TX 24th & 25th Cav. Co.I
Blair, G.W. TX Waul's Legion Co.B
Blair, G.W. Fort's Scouts,CSA
Blair, H. TX Conscr.
Blair, H. VA 1st Inf. Co.E
Blair, H.A. FL 1st (Res.) Inf. Co.B Sgt.
Blair, H.C. TN 114th Regt. Co.A
Blair, Henry TN 20th Inf. Co.C
Blair, Henry B. GA 41st Inf. Co.D Cpl.
Blair, Henry E. VA Lt.Arty. Grffin's Co. 1st Lt.
Blair, Henry E. VA 9th Inf. 1st Co.A 2nd Lt.
Blair, Henry M. TN 7th Inf. Co.H
Blair, H.H. MS 2nd Cav. Co.H Sgt.
Blair, Hiram VA 51st Inf. Co.A
Blair, H.S. TX Cav. Baird's Regt. Co.G
Blair, Hu C. TN 43rd Inf. Co.K
Blair, Hugh VA 2nd St.Res. Co.E Cpl.
Blair, Hugh A. GA 32nd Inf. Surg.
Blair, Hugh A. Gen. & Staff Surg.
Blair, Hyram GA 5th Inf. (St.Guards) Rucker's Co. Cpl.
Blair, I.N. TX Cav. Giddings' Bn. Maddox's Co.
Blair, Isaac VA 22nd Cav. Co.B
Blair, Isaac VA Cav. 34th Bn. Co.A
Blair, Isaac VA 51st Inf. Co.A
Blair, Isaac F. FL 7th Inf. Co.C
Blair, Isaac F. FL 10th Inf. Co.F
Blair, Isaac H. Gen. & Staff AASurg.
Blair, Isaiah F. FL 10th Inf. Co.B
Blair, I.T. TN 23rd Inf. Co.H
Blair, J. AL 59th Inf. Co.K
Blair, J. AL Talladega Cty.Res. D.M. Reid's Co.
Blair, J. GA 4th Res.
Blair, J. KY 2nd (Duke's) Cav. Co.F
Blair, J. MS St.Cav. 3rd Bn. (Cooper's) 2nd Co.A
Blair, J. MO Cav. Schnabel's Bn. Co.F
Blair, J. TX 29th Cav. Co.G
Blair, J. 2nd Cherokee Mtd.Vol. Co.B
Blair, J.A. AL Cav. Barbiere's Bn. Co.D
Blair, J.A. AR 15th (N.W.) Inf. Co.I
Blair, J.A. TX 30th Cav. Co.A
Blair, Jackson S. 1st Conf.Inf. 2nd Co.D
Blair, Jacob VA 21st Cav. 1st Co.E
Blair, Jacob VA Cav. 34th Bn. Co.A
Blair, Jacob F. KY 10th (Diamond's) Cav. Co.C
Blair, Jacob K. TN 37th Inf. Co.B
Blair, James AL Arty. 1st Bn. Co.B
Blair, James AL 48th Inf. Co.K
Blair, James AR 14th (Powers') Inf. Co.I
Blair, James AR 19th Inf. Co.A
Blair, James AR 38th Inf. Old Co.I, Co.H
Blair, James GA 4th Res. Co.I
Blair, James GA 30th Inf. Co.C
Blair, James GA 61st Inf. Co.I
Blair, James LA 1st Hvy.Arty. (Reg.) Co.C
Blair, James MS Inf. 2nd Bn. Co.C
Blair, James MS 48th Inf. Co.C
Blair, James MO Cav. Coleman's Regt. Co.A
Blair, James MO Lawther's Part.Rangers Co.A
Blair, James NC 6th Cav. (65th St.Troops) Co.F
Blair, James SC 12th Inf. Co.A Cpl.
Blair, James SC 18th Inf. Co.G
Blair, James TN 8th (Smith's) Cav. Co.F
Blair, James TN 22nd (Barteau's) Cav. Co.B
Blair, James TX Cav. Gano's Squad. Co.B
Blair, James VA 17th Cav. Co.K
Blair, James VA 1st St.Res. Co.E
Blair, James VA 3rd Inf.Loc.Def. Co.I
Blair, James VA 45th Inf. Co.D
Blair, James Gen. & Staff Hosp.Stew.
Blair, James A. NC Hvy.Arty. 10th Bn. Co.A
Blair, James A. TN 23rd Inf. Co.B
Blair, James B. AR 34th Inf. Co.B
Blair, James B. MS 39th Inf. Co.F
Blair, James B. NC 37th Inf. Co.E
Blair, James C. TX 34th Cav. Co.F
Blair, James D. LA 2nd Cav. Co.B Lt.Col.
Blair, James D. LA 3rd Inf. Co,D Capt.
Blair, James E. AL Lt.Arty. Ward's Btty.
Blair, James E. AL 10th Inf. Co.A
Blair, James E. GA 1st Bn.S.S. Co.K
Blair, James E. GA 1st Inf. (St.Guards) Co.K
Blair, James E. Conf.Lt.Arty. Stark's Bn. AQM
Blair, James E. Gen. & Staff AQM
Blair, James Edwin VA 19th Inf. Co.C AQM
Blair, James F. TX 36th Cav. Co.G Capt.
Blair, James G. TN 62nd Mtd.Inf. Co.F Capt.
Blair, James H. AL 8th Inf. Co.A
Blair, James I. KY 3rd Cav. Co.B Sgt.
Blair, James I. KY 7th Cav. Co.B Sgt.
Blair, James J. AR 3rd Inf. Co.K
Blair, James J. TN 6th (Wheeler's) Cav. Co.C Sgt.
Blair, James J. TN Cav. 11th Bn. (Gordon's) Co.C Cpl.
Blair, James K.P. MS Cav. 24th Bn. Co.A
Blair, James L. MS 15th Inf. Co.B,H. Cpl.
Blair, James L. TN 7th Inf. Co.H
Blair, James L. VA Horse Arty. J.W. Carter's Co.
Blair, James L. VA 10th Inf. Co.F
Blair, James L.W. TN 1st (Feild's) Co.I
Blair, James M. AL 33rd Inf. Co.C
Blair, James M. VA 31st Inf. Co.C Capt.
Blair, James O. AL Cav. Holloway's Co.
Blair, James O. AL Lt.Arty. 2nd Bn. Co.E
Blair, James O. GA 26th Inf. Co.H
Blair, James O. GA 41st Inf. Co.G 2nd Lt.
Blair, James S. LA 1st (Nelligan's) Inf. Co.A
Blair, James T. VA 5th Inf. Co.C
Blair, James W. TN 41st Inf. Co.D
Blair, James W. TX 11th Inf. Co.I
Blair, Jasper AL 17th Inf. Co.B
Blair, Jasper AL 33rd Inf. Co.C
Blair, Jasper G.W. TX 10th Inf. Co.K
Blair, J.C. AL 18th Inf. Co.D
Blair, J.C. MS 4th Inf. Co.B
Blair, J.C. Pioneer Bn. Co.A,CSA
Blair, J.D. TN 11th (Holman's) Cav. Co.B
Blair, J.D. TN 21st & 22nd (Cons.) Cav. Co.E
Blair, J.D. TN Holman's Bn.Part.Rangers Co.A
Blair, J.D. TX 34th Cav. Co.K 1st Sgt.
Blair, J.D. VA Inf. 4th Bn. Co.F
Blair, Jefferson TN 30th Inf. Co.D
Blair, Jerome VA 4th Res. Co.E,G
Blair, Jesse TX 1st (Yager's) Cav. Co.K
Blair, Jesse TX Cav. 8th (Taylor's) Bn. Co.B
Blair, Jesse H. NC 54th Inf. Co.K
Blair, Jesse M. GA 11th Cav. Co.H
Blair, J.F. TX 36th Cav. Co.G Capt.
Blair, J.F. TX Granbury's Cons.Brig. Music.
Blair, J.F.M. VA Inf. Montague's Bn. Co.B
Blair, J.G. MS 2nd St.Cav. Co.H
Blair, J.H. AR 33rd Inf. Co.K
Blair, J.H. KY 7th Mtd.Inf. Co.A
Blair, J.H. TN 11th (Holman's) Cav. Co.B
Blair, J.H. TN Holman's Bn.Part.Rangers Co.A
Blair, J.H. TN 28th (Cons.) Inf. Co.E
Blair, J.H. TX 33rd Cav. Co.F
Blair, J.H. TX 12th Inf. Co.H
Blair, J.H. VA 50th Inf. Co.A,H
Blair, J.J. GA 4th Res. Co.K
Blair, J.J. TN 62nd Mtd.Inf. Co.F Bvt.2nd Lt.
Blair, J.J. TX 14th Inf. Co.B
Blair, J.L. AL Cav. 5th Bn. Hilliard's Legion Co.E

Blair, J.L. MS 14th Inf. Co.F 1st Sgt.
Blair, J.M. KY 3rd Mtd.Inf. Co.I Cpl.
Blair, J.M. GA 16th Inf. Co.E
Blair, J.M. NC 6th Inf. Co.E
Blair, J.M. NC 48th Inf. Co.G
Blair, J.M. NC Loc.Def. Lee's Co. (Silver Greys)
Blair, J.M. TN 62nd Mtd.Inf. Co.F
Blair, J.M. TX 34th Cav. Co.K 1st Lt.
Blair, J.M. TX 11th (Spaight's) Bn.Vol. Co.A Asst.Surg.
Blair, J.N. GA Inf. 5th Bn. (St.Guards) Co.B
Blair, J.N. TN 1st Cav. Co.A
Blair, Joel D. TX 18th Cav. Co.D
Blair, John AL 10th Cav.
Blair, John AR Cav. Gordon's Regt. Co.D
Blair, John GA 50th Inf. Co.K
Blair, John LA Miles' Legion Co.A
Blair, John TN Cav. 11th Bn. (Gordon's) Co.C Cpl.
Blair, John TN 61st Mtd.Inf. Co.A
Blair, John TX 20th Cav. Co.F Bugler
Blair, John VA 22nd Cav. Co.G Sgt.
Blair, John VA Cav. 34th Bn. Co.A
Blair, John VA 1st St.Res. Co.A Cpl.
Blair, John VA 45th Inf. Co.D
Blair, John VA Mil. Scott Cty.
Blair, John Lt.Arty. Dent's Btty.,CSA
Blair, John A. AR 27th Inf. Co.F
Blair, John A. MS 2nd Inf. Co.K Lt.Col.
Blair, John A. MS 46th Inf. Co.A 2nd Lt.
Blair, John A. TN 10th & 11th (Cons.) Cav. Co.B
Blair, John A. TX 17th Cav. Co.F
Blair, John A. TX 17th Cons.Dismtd.Cav. Co.F
Blair, John B. TN Inf. 3rd Cons.Regt. Co.F Capt.
Blair, John B. TN 35th Inf. Co.G Capt.
Blair, John C. KY 5th Cav. Co.G
Blair, John C. NC 1st Cav. (9th St.Troops) Co.D Capt.
Blair, John C. NC 58th Inf. Co.E Drum Maj.
Blair, John C. TN 28th Inf. Co.G
Blair, John F. TX 10th Inf. Co.K Music.
Blair, John F.M. VA 53rd Inf. Co.I
Blair, John G. SC 6th Inf. 1st Co.A, 2nd Co.F Sgt.
Blair, John H. AL 29th Inf. Co.K
Blair, John H. VA 14th Cav. Co.D
Blair, John J. AL 1st Bn. Hilliard's Legion Vol. Co.A
Blair, John L. TX 1st Bn.S.S. Co.B 1st Lt.,Adj.
Blair, John L. TX 12th Inf. Co.H
Blair, John L. 10th Conf.Cav. Co.E
Blair, John M. MS 1st Cav. Co.F
Blair, John M. TN Cav. 4th Bn. (Branner's) Co.B
Blair, John N. TN 2nd (Ashby's) Cav. Co.G
Blair, John N. TN Vol. (Loc.Def.Troops) McLin's Co.
Blair, John N. VA Inf. 25th Bn. Co.C
Blair, John R. TN 31st Inf. Co.B Music.
Blair, John S. TX 6th Cav. Co.H
Blair, John S. VA 5th Cav. Co.C
Blair, John S. VA Cav. Swann's Bn. Vincent's Co.
Blair, John T. VA Lt.Arty. French's Co.
Blair, John T. VA 19th Inf. Co.C ACS
Blair, John W. AL 17th Inf. Co.E Cpl.
Blair, John W. AL 29th Inf. Co.G Cpl.
Blair, John W. MS 14th Inf. Co.I
Blair, John W. TN Cav. 11th Bn. (Gordon's) Co.C
Blair, John W. TN 54th Inf. Co.G 2nd Lt.
Blair, John Y. Gen. & Staff Asst.Comsy.
Blair, Joseph AL 48th Inf. Co.G
Blair, Joseph GA 61st Inf. Co.I
Blair, Joseph MS St.Cav. 2nd Bn. (Harris') Co.C
Blair, Joseph A. VA Lt.Arty. 38th Bn. Co.C
Blair, Joseph A. VA Lt.Arty. E.J. Anderson's Co. Sgt.
Blair, Joseph C. AL 41st Inf. Co.I
Blair, Joseph F. NC Hvy.Arty. 10th Bn. Co.A
Blair, Joseph L. TN 8th (Smith's) Cav. Co.F
Blair, J.P. SC 3rd Inf. Co.A,C
Blair, J.P. TN 15th Cav. Co.G
Blair, J.R. LA 28th (Thomas') Inf. Co.E 1st Lt.
Blair, J.R. MO 1st Cav. Co.G
Blair, J.R. NC 1st Inf. (6 mo. '61) Co.B
Blair, J.R. TX 3rd Cav. Co.D
Blair, J.R. TX 19th Inf. Co.B
Blair, J.S. TN 7th (Duckworth's) Cav. Co.D
Blair, J.T. TN 8th (Smith's) Cav. Co.E
Blair, J.T. Trans-MS Conf.Cav. 1st Bn. Co.C
Blair, J.T. Gen. & Staff AASurg.
Blair, J.W. AL Moreland's Bn.S.S.
Blair, J.W. AR 36th Inf. Co.I
Blair, J.W. GA 1st Inf. (St.Guards) Co.I
Blair, J.W. GA 4th Res. Co.K
Blair, J.W. MS 1st Bn. Co.D
Blair, J.W. TN 47st Inf. Co.B
Blair, J.W. TN 48th (Nixon's) Inf. Co.K
Blair, J.W. TN 62nd Mtd.Inf. Co.F
Blair, K.N. AL 1st Bn. Hilliard's Legion Vol. Co.G
Blair, K.N. AL 15th Inf. Co.I
Blair, K.P. LA 20th Inf. Co.I
Blair, L. Blackburn TX 20th Cav. Co.F
Blair, L.D. MS St.Cav. 2nd Bn. (Harris') Co.C
Blair, L.D. MS 1st (Patton's) Inf. Co.B
Blair, Leroy G. 10th Conf.Cav. Co.E
Blair, Levi AL 15th Inf. Co.I
Blair, Lewellyn S. TX Lt.Arty. Hughes' Co.
Blair, Lewis 1st Cherokee Mtd.Rifles Co.K
Blair, Lewis H. VA Lt.Arty. 13th Bn. Co.A
Blair, L.G. AL Cav. 5th Bn. Hilliard's Legion Co.E
Blair, L.M. AL 53rd (Part.Rangers) Co.A
Blair, Lorenzo R. AL 3rd Cav. Co.G
Blair, Loyd GA 41st Inf. Co.K Cpl.
Blair, L.P. AL 14th Inf. Co.B 1st Lt.
Blair, L.R. AL 58th Inf. Co.A 2nd Lt.
Blair, L.T. TN 62nd Mtd.Inf. Co.F
Blair, Luallen S. TX 35th (Brown's) Cav. Co.G
Blair, Luther R. VA Hvy.Arty. Wright's Co.
Blair, L.W.R. SC Inf. 7th Bn. (Enfield Rifles) Co.A Maj.
Blair, M.A. Gen. & Staff Surg.
Blair, Mathew A. VA 20th Cav. Co.D Surg.
Blair, Matthew VA 1st St.Res. Co.F Cpl.
Blair, McKenzie GA 61st Inf. Co.I
Blair, Milton B. NC 26th Inf. Co.I 1st Lt.
Blair, M.L. AR 45th Mil. Co.G
Blair, M.L. SC 22nd Inf. Co.K
Blair, M.O. MS 35th Inf. Co.I
Blair, M.W. GA 29th Inf.
Blair, N. AR 38th Inf. Co.B
Blair, Needham AL 53rd (Part.Rangers) Co.B,G
Blair, N.P. TN 29th Inf. Co.H Cpl.
Blair, O.C. LA Odgen's Cav. Co.G 2nd Lt.
Blair, Oliver LA 28th (Thomas') Inf. Co.E Sgt.
Blair, Osbon GA Inf. 13th Bn. (St.Guards) Douglass' Co.
Blair, Osborn GA 1st Lt.Duty Men Co.A
Blair, Peter VA 17th Cav. Co.B,K
Blair, R.E. MS 9th Inf. New Co.I
Blair, Richard AL Cav. 5th Bn. Hilliard's Legion Co.E,C
Blair, Richard FL Lt.Arty. Perry's Co.
Blair, Richard 10th Conf.Cav. Co.E
Blair, Richard F. TN 27th Inf. Co.K Sgt.
Blair, Riley J. TX 13th Cav. Co.C AQM
Blair, R.J. AL 13th Inf. Co.I Sgt.
Blair, R.J. AL 23rd Inf. Co.A
Blair, R.J. Gen. & Staff Capt.,AQM
Blair, R.L. TN 19th Inf. Co.G Capt.
Blair, Robt. AL 14th Inf. Co.C
Blair, Robert MS 39th Inf. Co.A
Blair, Robert SC 5th St.Troops Co.C
Blair, Robert SC 9th Res. Co.G
Blair, Robert C. TN 23rd Inf. Co.B Ord.Sgt.
Blair, Robert J. AL 12th Inf. Co.B
Blair, Robert J. AL 33rd Inf. Co.A Cpl.
Blair, Robert L., Sr. TN Vol. (Loc.Def.Troops) McLin's Co.
Blair, Robert M. MS 6th Inf. Co.H
Blair, Robert M. NC 26th Inf. Co.I
Blair, S. AL 7th Cav. Co.C
Blair, S.A. GA 39th Inf. Co.A
Blair, Samuel NC Walker's Bn. Thomas' Legion Co.C Cpl.
Blair, Samuel SC 6th Inf. 2nd Co.F
Blair, Samuel A. GA 1st Inf.
Blair, Samuel B. VA 53rd Inf. Co.G Sgt.
Blair, Samuel C. TN 5th (McKenzie's) Cav. Co.H
Blair, Samuel H. AL 9th (Malone's) Cav. Co.H Cpl.
Blair, Samuel H. AL 19th Inf. Co.I Cpl.
Blair, Samuel J. 1st Conf.Inf. 2nd Co.D
Blair, Samuel M. NC 53rd Inf. Co.B Sgt.
Blair, Samuel S. VA 20th Cav. Co.A,F
Blair, Samuel T. FL Inf. 2nd Bn. Co.A
Blair, Samuel T. FL 10th Inf. Co.I
Blair, S.E. TX Cav. Giddings' Bn. Maddox's Co.
Blair, S.F. TN 20th Inf. Co.D
Blair, Shields TN 60th Mtd.Inf. Co.A
Blair, Simon C. MS 11th Inf. Co.F
Blair, S.J. MS 6th Inf. Co.C
Blair, S.J. TN 15th (Cons.) Cav. Co.G
Blair, S.M. TN Lt.Arty. Huggins' Co.
Blair, S.M. TN 20th Inf. Co.C
Blair, S.R. TX 34th Cav. Co.K
Blair, S.R. VA 37th Inf. Co.B Sgt.
Blair, S.S. TN Cav. 1st Bn. (McNairy's) Co.D
Blair, S.S. TN 22nd (Barteau's) Cav. Co.B Black.
Blair, S.S. VA 21st Cav. Co.C
Blair, S.T. TN 2nd (Ashby's) Cav. Co.A
Blair, S.T. TN Lt.Arty. Burrough's Co.

Blair, S.T. TN Lt.Arty. McClung's Co. Sgt.
Blair, Stephen LA 13th Inf. Co.C
Blair, Stephen MS Inf. 2nd Bn. Co.E
Blair, Stephen MS 48th Inf. Co.E
Blair, Stephen W. NC 11th (Bethel Regt.) Inf. Co.H
Blair, Suter F. VA 38th Inf. Co.B
Blair, T. GA Inf. Athens Reserved Corps
Blair, T.A. TN 28th (Cons.) Inf. Co.I
Blair, Thomas AL 19th Inf. Co.I Sgt.
Blair, Thomas GA 9th Inf. (St.Guards) Culps' Co. Sgt.
Blair, Thomas GA 41st Inf. Co.D
Blair, Thomas GA Inf. White's Co. Cpl.
Blair, Thomas SC Inf. 3rd Bn. Co.G
Blair, Thomas TN 22nd (Barteau's) Cav. Co.B
Blair, Thomas TN 44th (Cons.) Inf. Co.B
Blair, Thomas VA 38th Inf. Co.A
Blair, Thomas VA 45th Inf. Co.D
Blair, Thomas A. AR 18th Inf. Co.E Sgt.
Blair, Thomas A. TX 1st (Yager's) Cav. Co.B 2nd Lt.
Blair, Thomas A. TX Cav. 3rd (Yager's) Bn. Co.B 2nd Lt.
Blair, Thomas C. VA 14th Cav. Co.D
Blair, Thomas M. GA 39th Inf. Co.B Cpl.
Blair, Thomas M. LA Washington Arty.Bn. Co.5 2nd Lt.
Blair, Tilero J. AR 36th Inf. Co.A
Blair, T.J. MS 43rd Inf. Co.L
Blair, T.J. MO 4th Inf. Co.C
Blair, T.M. GA 29th Inf. Co.D
Blair, Travis TX Waul's Legion Co.B
Blair, T.S. SC 3rd Inf. Co.A,C
Blair, T.W. TN 3rd (Clark's) Inf. Co.F
Blair, T.W. TX 9th (Young's) Inf. Co.C
Blair, Vincent TX Res.Corps Co.B
Blair, W. AL 19th Inf. Co.I
Blair, W. AL 62nd Inf. Co.C
Blair, W.A. TN Cav. 12th Bn. (Day's)
Blair, W.A. 4th Conf.Inf. Co.E
Blair, W.B. TN 8th Inf. Co.C Music.
Blair, W.C. AL Mil. 4th Vol. Co.H
Blair, W.C. TN 30th Inf. Co.D
Blair, W.D. MS Inf. 3rd Bn.
Blair, W.D. TN 18th Inf. Co.B
Blair, W.E. AL 1st Bn. Hilliard's Legion Vol. Co.D
Blair, Wesley Shecoe's Chickasaw Mtd.Vol. Co.A
Blair, W.F. NC 48th Inf. Co.G
Blair, W.H. AL St.Res.
Blair, W.H. Gen. & Staff Asst.Surg.
Blair, W.H.H. TN 20th Inf. Co.I
Blair, Wiley AL 45th Inf. Co.G
Blair, Wiley TN 2nd (Ashby's) Cav. Co.G
Blair, Wiley TN Cav. 4th Bn. (Branner's) Co.B
Blair, Wiley 1st Chickasaw Inf. White's Co. Sgt.
Blair, William AL 11th Cav. Co.K
Blair, William AL Inf. 1st Regt. Co.C
Blair, William AL 12th Inf. Co.C
Blair, William AL 31st Inf. Co.D
Blair, William AL 36th Inf. Co.F
Blair, William AL 37th Inf. Co.G
Blair, William AL Vol. Lee, Jr.'s Co.
Blair, Wm. AL Cp. of Instr. Talladega Co.A
Blair, William AR Cav. Gordon's Regt. Co.D
Blair, William AR 9th Inf. Old Co.B, Co.K
Blair, William AR 14th (Powers') Inf. Co.K
Blair, William GA 3rd Cav.
Blair, William GA 9th Inf. (St.Guards) Culp's Co.
Blair, William LA Pointe Coupee Arty.
Blair, William MS 11th (Perrin's) Cav. Co.D
Blair, William MS 28th Cav. Co.C
Blair, William MS 22nd Inf. Co.G
Blair, William NC 45th Inf. Co.D
Blair, William TN 37th Inf. Co.B
Blair, William TN 39th Mtd.Inf. Co.B
Blair, William TX 14th Cav. Co.D Ord.Sgt.
Blair, William TX 14th Cav. Co.K
Blair, William 3rd Conf.Cav. Co.F
Blair, Wm. A. AL 50th & 54th Inf. Co.D
Blair, Wm. A. VA 11th Inf. Conscr.
Blair, William A.Y. VA Hvy.Arty. Wright's Co.
Blair, William B. MS 1st (Patton's) Inf. Co.B
Blair, William B. TX 18th Cav. Co.D 1st Lt.
Blair, Wm. B. Gen. & Staff Maj.,Ch.S.
Blair, William C. TN 23rd Inf. Co.B
Blair, William D. AR 16th Inf. Co.A
Blair, William D. GA Inf. White's Co.
Blair, William E. VA Lt.Arty. 13th Bn. Co.B Teamster
Blair, William F. FL 6th Inf. Co.F
Blair, William F. NC 46th Inf. Co.G
Blair, William H. AR 1st (Colquitt's) Inf. Co.H
Blair, William H. MS 23rd Inf. Co.C Asst.Surg.
Blair, William J. TN 4th Cav. Co.C
Blair, William J. TN 14th Cav. Co.C
Blair, William J. TX 18th Inf. Co.B
Blair, William K. TN Vol. (Loc.Def.Troops) McLin's Co.
Blair, William M. AL 1st Rangers Co.D
Blair, William M. NC 1st Cav. (9th St.Troops) Co.D 2nd Lt.
Blair, William M. TX Cav. Waller's Regt. Co.D Capt.
Blair, William S. AL 27th Inf. Co.I
Blair, William S. GA 41st Inf. Co.G,D Cpl.
Blair, William T. AL 10th Inf. Co.A
Blair, William T. FL 3rd Inf. Co.G
Blair, William T. FL 11th Inf. Co.E Cpl.
Blair, William T. NC 37th Inf. Co.E
Blair, William T. VA Lt.Arty. 13th Bn. Co.A
Blair, William T. VA 38th Inf. Co.A Sgt.Maj.
Blair, William Thomas SC 4th Inf. Co.E
Blair, William W. FL 10th Inf. Co.C Sgt.
Blair, William W. GA 2nd Cav. Co.G
Blair, Willson AR Cav. McGehee's Regt. Co.C
Blair, Wilson AR 45th Cav. Co.M
Blair, W.K., Jr. TN Blair's Co. (Loc.Def.Troops)
Blair, W.M. FL 1st (Res.) Inf. Co.K
Blair, W.M. MS 12th Cav. Co.L
Blair, W. McConnell SC 15th Inf. Co.E Sgt.
Blair, W.O. TN 16th Cav.
Blair, Woodard AL 62nd Inf. Co.G
Blair, Woodard 10th Conf.Cav. Co.E
Blair, W.S. MS Inf. 3rd Bn. Co.H
Blair, W.T. MS 25th Inf. Co.D
Blair, W.T. VA Lt.Arty. Griffin's Co.
Blair, W.T. 2nd Conf.Inf. Co.D Cpl.
Blair, W.W. MS 38th Cav. Co.C
Blair, W.W. TN 1st (Carter's) Cav. Co.M
Blair, W.W. TN 63rd Inf. Co.D
Blair, W.W. TN Blair's Co. (Loc.Def.Troops) 1st Lt.
Blair, Wylie AL 1st Regt.Conscr. Co.B
Blair, Zephania C. AL 53rd (Part.Rangers) Co.B,G
Blaire, A.E. GA 23rd Inf. Co.B 2nd Lt.
Blaire, W. LA 4th Inf. Co.H
Blais, C. LA Mil. 1st Chasseurs a pied Co.8
Blais, Joseph LA Mil. 1st Regt. French Brig. Co.8 Sgt.
Blaisdell, A. AR Mil. Desha Cty.Bn.
Blaisdell, Henry TX 21st Cav. Co.H
Blaisdell, Jerry LA 21st (Patton's) Inf. Co.H Sgt.
Blaisdell, O.H. GA Inf. (Express Inf.) Witt's Co.
Blaise, A. LA Mil. 3rd Regt. French Brig. Co.4
Blaise, A.R. LA Mil. 1st Chasseurs a pied Co.3 Sgt.
Blaise, A.R. LA Inf. 7th Bn. Co.A
Blaise, C. TX 3rd (Kirby's) Bn.Vol. Co.B
Blaise, John TN Arty. Marshall's Co. Sgt.
Blaise, Lewis TX Cav. 2nd Regt.St.Troops Co.A
Blaisier, Isaiah TX 1st Bn.S.S. Co.C Sgt.
Blaix, F. LA Mil. 3rd Regt. French Brig. Co.5
Blake, A. TX 25th Cav. Co.A
Blake, A.A. AR Lt.Arty. Wiggin's Btty. 2nd Lt.
Blake, A.A. MS Lt.Arty. (Warren Lt.Arty.) Swett's Co. Bugler
Blake, Aaron AL 49th Inf. Co.A
Blake, Abiah M. SC 5th Res. Co.B
Blake, Abner TX 19th Inf. Co.B
Blake, Abraham AR 24th Inf. Co.B
Blake, Abraham AR Inf. Hardy's Regt. Co.B
Blake, A.C. VA Lt.Arty. Thornton's Co.
Blake, A.F. KY 12th Cav. Co.G
Blake, A.I. MO Lt.Arty. 1st Btty.
Blake, A.J. MO Cav. Ford's Bn. Co.C
Blake, A.J. TN 21st (Wilson's) Cav. Co.I
Blake, A.J. TN 50th Inf. Co.B
Blake, A.J. TN 50th (Cons.) Inf. Co.A Cpl.
Blake, Albert C. VA 4th Cav. Co.G
Blake, Alex SC 18th Inf. Co.K
Blake, Alexander MS 15th Inf. Co.I
Blake, Alford AR 18th Inf. Co.E
Blake, Allen MO Cav. 7th Regt.St.Guard Co.A 1st Lt.
Blake, Allen TX 19th Cav. Co.F
Blake, Alpheus L. VA 55th Inf. Co.I
Blake, Alpheus L. VA 109th Mil. Co.B, 2nd Co.A
Blake, Alva F. NC 51st Inf. Co.G
Blake, Andrew LA 21st (Patton's) Inf. Co.D
Blake, Andrew C. VA 53rd Inf. Co.H 2nd Jr.Lt.
Blake, Andrew E. MS 20th Inf. Co.E 1st Cpl.
Blake, Andrew J. VA 30th Bn.S.S. Co.A
Blake, Andrew W. SC 2nd Inf. Co.F Sgt.Maj.
Blake, Archalus AL 49th Inf. Co.A
Blake, A.S. VA 2nd Inf.Loc.Def. Co.B
Blake, A.S. VA Inf. 2nd Bn.Loc.Def. Co.D
Blake, Asa LA 28th (Gray's) Inf. Co.A
Blake, Asa NC 45th Inf. Co.K
Blake, Asberry MO 11th Inf. Co.H
Blake, Asberry J. MO Lt.Arty. 1st Field Btty.
Blake, Asbury AR 35th Inf. Old Co.F
Blake, Augustine A. VA 53rd Inf. Co.H
Blake, B.B. TN 55th (Brown's) Inf. Co.G
Blake, Benjamin VA 61st Mil. Co.I

Blake, Benjamin F. VA 24th Cav. Co.E Capt.
Blake, Benjamin F. VA Cav. 40th Bn. Co.D,E Capt.
Blake, B.F. AR 1st (Monroe's) Cav. Co.K
Blake, B.F. AR 30th Inf. Co.I
Blake, B.F. AR 32nd Inf. Co.E
Blake, B.G. AR 1st (Monroe's) Cav. Co.K
Blake, B.G. SC Lt.Arty. Wagener's Co. (Co.A, German Arty.)
Blake, B.G. SC 3rd St.Troops Co.A
Blake, B.H. VA 5th Cav. Co.G
Blake, Bonny MS 10th Inf.
Blake, C.A. GA 18th Inf. Co.B
Blake, Cain A. MS 31st Inf. Co.K Sgt.
Blake, Caleb A. GA Arty. 9th Bn. Co.D
Blake, Caleb A. GA 43rd Inf. Co.I
Blake, Calvin NC 46th Inf. Co.H
Blake, Carter VA 24th Cav. Co.E
Blake, Caswell SC 10th Inf. Co.M
Blake, C.H. KY 7th Mtd.Inf. Co.C 1st Lt.
Blake, C.H. Blake's Scouts,CSA Capt.
Blake, Charles SC Inf. 1st (Charleston) Bn. Co.F
Blake, Charles SC Mil. 16th Regt. Eason's Co.
Blake, Charles VA 22nd Inf. Co.K
Blake, Charles Ind.Scouts & Rangers Lillard's Co.
Blake, Charles A. VA 22nd Inf. Co.K
Blake, Charles F. FL Lt.Arty. Dyke's Co.
Blake, Charles G. SC 27th Inf. Co.C
Blake, Charles G. SC Sea Fencibles Symons' Co.
Blake, Christopher C. TX 6th Cav. Co.B
Blake, Cicero L. VA 26th Inf. 2nd Co.B
Blake, C.L. VA 5th Cav. Co.E
Blake, Clark VA Cav. Hounshell's Bn. Thurmond's Co.
Blake, Council W. NC 18th Inf. Co.E
Blake, C.W. NC 3rd Cav. (41st St.Troops) Co.A
Blake, D. MS Inf. 2nd Bn. Co.E
Blake, D. MS 48th Inf. Co.E
Blake, D. NC 1st Jr.Res. Co.E
Blake, D. NC 14th Inf. Co.D
Blake, Daniel LA Mil. Stanley Guards Co.B
Blake, David AR 30th Inf. Co.I
Blake, David NC 6th Sr.Res. Co.K
Blake, David NC Jones' Co. (Supp.Force)
Blake, Dempsey H. NC 47th Inf. Co.I 1st Sgt.
Blake, Dicison M. VA Cav. Thurmond's Co.
Blake, Dickinson VA 22nd Inf. Co.K
Blake, D.N. AL 3rd Bn.Res. Flemming's Co.I
Blake, D.R.S. SC 6th Inf. 1st Co.B, 2nd Co.A
Blake, E. AL 25th Inf. Co.B
Blake, E.B. VA 24th Cav. Co.B
Blake, E.B. VA Cav. 40th Bn. Co.B
Blake, Ebenezer VA 20th Cav. Co.K
Blake, Ebenezer VA 18th Inf. Co.B
Blake, Ebenezer VA 60th Inf. Co.F
Blake, Ed MS Cav. Russell's Co.
Blake, E.D. Gen. & Staff Lt.Col.,AAG
Blake, Edgar VA 53rd Inf.
Blake, Edwin E. NC 18th Inf. Co.E
Blake, E.E. MS 41st Inf. Co.B
Blake, E.E. Gen. & Staff Hosp.Stew.
Blake, E.G. MS 46th Inf. Co.C
Blake, E.H. AR 37th Inf. Co.I
Blake, E.H. VA 56th Inf. Co.K
Blake, E.L. 15th Conf.Cav. Co.C
Blake, Enoch P. VA Lt.Arty. Cutshaw's Co.
Blake, E.P. VA Lt.Arty. Carpenter's Co.
Blake, E.W. LA Arty. 1st Field Btty.
Blake, Ezekiel W. SC Lt.Arty. Walter's Co. (Washington Arty.)
Blake, F.M. AL 18th Inf. Co.G Fifer
Blake, F.M. NC 3rd Cav. (41st St.Troops) Co.A
Blake, Francis AL 18th Inf. Co.I
Blake, Francis D. SC 1st Arty. Co.B,A Capt.
Blake, Francis S. GA Cav. 21st Bn. Co.B,E
Blake, Francis T. MD 1st Inf. Co.E Cpl.
Blake, Frederick R. NC 25th Inf. Co.H Capt.
Blake, Frederick R. Gen. & Staff Capt.,AIG
Blake, F.S. GA 7th Cav. Co.F
Blake, Gab LA Arty. Watson Btty.
Blake, Garret TN 15th Inf. Co.D
Blake, G.B. 3rd Conf.Eng.Troops Co.C Artif.
Blake, George GA 1st (Olmstead's) Inf. Read's Co.E
Blake, George LA 2nd Inf.
Blake, George MO 8th Inf. Co.G
Blake, George VA 7th Cav. Glenn's Co.
Blake, George VA 42nd Inf. Co.I
Blake, George VA 62nd Mtd.Inf. 2nd Co.L
Blake, George D. AR 1st (Colquitt's) Inf. Co.B
Blake, George K. LA Inf. McLean's Co. Ord.Sgt.
Blake, George K. VA 59th Inf. 2nd Co.A 1st Sgt.
Blake, George N. VA 55th Inf. Co.I
Blake, George R. TN 6th Inf. Co.D
Blake, George V. VA 12th Cav. Co.A Sgt.
Blake, George W. AL Gid Nelson Lt.Arty.
Blake, George W. VA Cav. Hounshell's Bn. Thurmond's Co.
Blake, George W. VA 60th Inf. Co.C
Blake, Geo. W. Gen. & Staff Capt.,AQM
Blake, Gill SC 6th Cav. Co.F
Blake, G.J. GA 5th Res. Co.A
Blake, G.W. SC Mil. 16th Regt. Jones' Co.
Blake, G.W. TX Inf. 1st St.Troops Saxton's Co.
Blake, Hamilton VA 22nd Inf. Co.K
Blake, H.C. NC 2nd Arty. (36th St.Troops) Co.B
Blake, Henry AL 51st (Part.Rangers) Co.C,G
Blake, Henry NC 4th Cav (59th St.Troops) Co.C
Blake, Henry VA 36th Inf. 2nd Co.B
Blake, Henry C. AL 1st Bn. Hilliard's Legion Vol. Co.B
Blake, Henry C. NC Lt.Arty. 13th Bn. Co.B
Blake, Henry H. VA 59th Inf. 1st Co.F
Blake, Henry H. VA 60th Inf. Co.C Cpl.
Blake, Henry W. GA 4th Cav. (St.Guards) Dorsey's Co. Sgt.
Blake, H.W. SC 5th Cav. Co.C
Blake, I.H. VA 2nd St.Res. Co.B Sgt.
Blake, I.L. 15th Conf.Cav. Co.C
Blake, Isaac VA 8th Cav. Co.D
Blake, Isaac C. AL 46th Inf. Co.B Sgt.
Blake, Isaiah NC 47th Inf. Co.I Sgt.
Blake, Isham F. NC 34th Inf. Co.K
Blake, Isham M. FL 1st Cav. Co.B Capt.
Blake, Isham M. FL 5th Inf. Co.K
Blake, J. AL 22nd Inf. Co.F
Blake, J. GA 25th Inf. Co.I
Blake, J.A. GA 18th Inf. Co.B
Blake, J.A. VA 3rd Cav. Co.C
Blake, Jacob NC 24th Inf. Co.B
Blake, Jacob NC 67th Inf. Co.H
Blake, Jacob VA Lt.Arty. Nelson's Co.
Blake, Jacob VA Lt.Arty. Woolfolk's Co.
Blake, James AL Inf. 1st Regt. Co.C
Blake, James AR 30th Inf. Co.I
Blake, James GA 66th Inf. Co.H
Blake, James MO 7th Cav. Co.K
Blake, James SC 1st (Butler's) Inf. Co.D
Blake, James SC 1st (Butler's) Inf. Co.E
Blake, James TN 7th (Duckworth's) Cav. Co.G
Blake, James TN 10th Inf. Co.G
Blake, James TN 48th (Nixon's) Inf. Co.K
Blake, James VA Cav. Thurmond's Co.
Blake, James VA Lt.Arty. Armistead's Co.
Blake, James VA 60th Inf. Co.C
Blake, James VA 61st Mil. Co.B
Blake, James Lt.Arty. Dent's Btty.,CSA
Blake, James A. VA 46th Inf. Co.A
Blake, James B. AL 3rd Bn.Res. Co.A
Blake, James C. TX 11th Cav. Co.I
Blake, James E. TN 55th (Brown's) Inf. Co.E
Blake, James F. AL Inf. 2nd Regt. Co.H
Blake, James F. VA 36th Inf. 2nd Co.E
Blake, James H. NC 47th Inf. Co.I
Blake, James H. SC 3rd Bn.Res. Co.E
Blake, James J. SC 10th Inf. Co.M
Blake, James K. GA 8th Inf. (St.Guards) Co.G
Blake, James S. NC 1st Inf. (6 mo. '61) Co.D
Blake, James T. GA 43rd Inf. Co.I
Blake, James T. NC 52nd Inf. Co.E
Blake, James T. VA 10th Cav. Co.G Cpl.
Blake, James W. 1st Cherokee Mtd.Vol. 1st Co.G, 2nd Co.D Sgt.
Blake, J.B. AL 3rd Res. Co.A
Blake, J.B. GA Floyd Legion (St.Guards) Co.I Sgt.
Blake, J.C. Mead's Conf.Cav. Co.K Sgt.
Blake, J.D. VA 3rd Cav. Co.D
Blake, J.E. SC 7th Inf. 1st Co.K, 2nd Co.K
Blake, Jeremiah MS Inf. 3rd Bn. Co.G
Blake, Jesse AR 13th Inf. Co.I Sgt.
Blake, Jesse AR 30th Inf. Co.I
Blake, J.F. Blake's Scouts,CSA
Blake, J.H. AR 26th Inf. Capt.,Asst.Surg.
Blake, J.H. MS 9th Inf. New Co.H
Blake, J.H. TX Cav. Terry's Regt. Co.E
Blake, J.H. Gen. & Staff AASurg.
Blake, J.J. AR 19th (Dockery's) Inf. Cons. Co.E,D Sgt.
Blake, J.J. SC Arty. Manigault's Bn. 2nd Co.C QMSgt.
Blake, J.J. SC Arty. Zimmerman's Co. (Pee Dee Arty.) QMSgt.
Blake, J.L. MS Inf. 2nd St.Troops (30 days '64) Co.I
Blake, J.M. FL 5th Inf. Co.K
Blake, J.M. MS Inf. 2nd St.Troops (30 days '64) Co.I
Blake, J.M. 1st Cherokee Mtd.Rifles Co.D Sgt.
Blake, Joab AR 30th Inf. Co.I
Blake, Joab MS 35th Inf. Co.C
Blake, Joel KY 7th Mtd.Inf. Co.C Capt.
Blake, Joel C. FL 5th Inf. Co.K 1st Lt.
Blake, Joel H. MO Cav. 7th Regt.St.Guard Surg.
Blake, John AL 20th Inf. Co.D
Blake, John AL 25th Inf. Co.F

Blake, John GA 36th (Villepigue's) Inf. Co.H Cpl.
Blake, John KY 1st Inf. Co.F
Blake, John LA Inf. 4th Bn. Co.C
Blake, John LA 7th Inf. Co.I
Blake, John LA Inf. Pelican Regt. Co.G
Blake, John LA Mil. Stanley Guards Co.B
Blake, John LA Miles' Legion Co.G
Blake, John MD 1st Inf. Co.F
Blake, John MO St.Guard
Blake, John NC 15th Inf. Co.D
Blake, John NC 44th Inf. Co.H
Blake, John NC 49th Inf. Co.B
Blake, John SC Mil. 1st Regt. (Charleston Res.) Co.A
Blake, John SC Cav.Bn. Holcombe Legion Co.D
Blake, John VA 24th Cav. Co.D
Blake, John VA Cav. 40th Bn. Co.D
Blake, John VA 20th Inf.
Blake, John VA 21st Mil. Co.D
Blake, John VA 62nd Mtd.Inf. 2nd Co.G
Blake, John VA 67th Mil. Co.A
Blake, John 20th Conf.Cav. Co.F
Blake, John 1st Conf.Inf. 1st Co.H Cpl.
Blake, John Blake's Scouts,CSA
Blake, John A. SC 6th Inf. 2nd Co.A
Blake, John A. VA Mtd.Res. Rappahannock Dist. Sale's Co.
Blake, Johnathan VA 135th Mil. Co.G
Blake, John B. NC 3rd Inf. Co.K
Blake, John B. NC 51st Inf. Co.G Cpl.
Blake, John F. NC 3rd Inf. Co.E
Blake, John H. MS 30th Inf. Co.E
Blake, John H. NC 2nd Arty. (36th St.Troops) Co.B
Blake, John H. NC Lt.Arty. 13th Bn. Co.B
Blake, John H. NC 1st Inf. (6 mo. '61) Co.H
Blake, John H. VA 5th Cav. 3rd Co.F
Blake, John H. VA 23rd Inf. Co.H
Blake, John H. VA 61st Mil. Co.B 1st Sgt.
Blake, John J. TN 7th (Duckworth's) Cav. Co.G 1st Lt.
Blake, John J. VA Inf. 25th Bn. Co.A
Blake, John L. VA Arty. L.F. Jones' Co.
Blake, John L. VA 109th Mil. Co.B, 2nd Co.A Sgt.
Blake, John R. AL 20th Inf. Co.G
Blake, John R. TN 1st (Turney's) Inf. Co.G
Blake, John R. TX 9th Cav. Co.I
Blake, John S. AL 55th Vol. Co.F
Blake, John S. TN 42nd Inf. 1st Co.E
Blake, John T. VA 56th Inf. Co.G
Blake, John T. VA 135th Mil. Co.F
Blake, John U. VA 8th Cav. 2nd Co.D
Blake, John W. AR 6th Inf. Co.B
Blake, John W. MS 22nd Inf. Co.B
Blake, John W. VA 2nd Arty. Co.G
Blake, John W. VA Inf. 22nd Bn. Co.G
Blake, John W. VA 87th Mil. Co.C
Blake, Jordan VA 11th Cav. Co.F
Blake, Joseph AL 18th Inf. Co.A Fifer
Blake, Joseph A. AL Cav. 5th Bn. Hilliard's Legion Co.C
Blake, Joseph A. 10th Conf.Cav. Co.C Cpl.
Blake, Joseph W. NC Lt.Arty. 13th Bn. Co.B
Blake, Julius A. SC Inf. 1st (Charleston) Bn. Co.A Capt.
Blake, Julius A. SC 27th Inf. Co.I Lt.Col.
Blake, Julius A. Gen. & Staff Asst.Comsy.
Blake, J.W. AR 15th (Johnson's) Inf. Co.B
Blake, J.W. MS 3rd Inf. Co.C
Blake, Kennedy H. SC Inf. Hampton Legion Co.D
Blake, K.H. SC 18th Inf. Co.D
Blake, Leonidas TN 7th (Duckworth's) Cav. Co.G
Blake, Levi GA 54th Inf. Co.H
Blake, Levi S. GA 20th Inf. Co.I
Blake, Lewellyn A. VA 26th Inf. 2nd Co.B
Blake, Lewis VA 59th Inf. 1st Co.F
Blake, Lewis VA 60th Inf. Co.C
Blake, Lewis A. VA 135th Mil. Co.F 2nd Lt.
Blake, Llewelyn A. VA 5th Cav. Co.E
Blake, L.M. TX 19th Inf. Co.B
Blake, Louis LA Inf. 1st Sp.Bn. (Rightor's) Co.E
Blake, Louis VA Hvy.Arty. 19th Bn. Co.B
Blake, L.W. Trans-MS Conf.Cav. 1st Bn. Co.B
Blake, Major C. VA 22nd Inf. Co.K 1st Sgt.
Blake, Marlborough VA 135th Mil. Co.F
Blake, Mathias NC 33rd Inf. Co.I,H
Blake, Matthias NC 27th Inf.
Blake, McDowell VA Cav. Thurmond's Co.
Blake, McDowell VA 36th Inf. Co.B
Blake, Michael VA Lt.Arty. Clutter's Co.
Blake, Michael J. LA 14th Inf. Co.H
Blake, Milton AL 4th Inf. Co.A
Blake, Napoleon VA Mtd.Res. Rappahannock Dist. Sale's Co.
Blake, Noah B. AR 9th Inf. Co.C
Blake, P. NC 3rd Jr.Res. Co.D
Blake, Patrick LA 1st Hvy.Arty. (Reg.) Co.G
Blake, Patrick LA Mil. 4th Regt. 1st Brig. 1st Div. Co.F
Blake, Peter LA 1st (Nelligan's) Inf. Co.E
Blake, Peter NC 7th Bn.Jr.Res. Co.B
Blake, Peter VA 3rd Inf.Loc.Def. Co.I
Blake, Peter W. VA 2nd Inf. Co.D
Blake, R.A. VA Inf. 5th Bn.Loc.Def. 2nd Co.A Jr.2nd Lt.
Blake, Randolph AL 2nd Bn. Hilliard's Legion Vol. Co.E
Blake, Randolph AL 59th Inf. Co.B
Blake, Redich NC 6th Sr.Res. Co.K
Blake, Reuben L. VA 55th Inf. Co.C
Blake, R.G. AR 45th Cav. Co.M 3rd Lt.
Blake, R. George VA 10th Cav. Co.D 1st Sgt.
Blake, Richard AL 20th Inf. Co.C
Blake, Richard AL 22nd Inf.
Blake, Richard GA 1st Inf. Co.F
Blake, Richard VA 61st Mil. Co.B
Blake, Richard A. VA 55th Inf. Co.H
Blake, Richard H. VA Lt.Arty. Armistead's Co.
Blake, Richard H. VA 55th Inf. Co.C
Blake, Richard M. NC 2nd Arty. (36th St.Troops) Co.E
Blake, R.J.G. GA 54th Inf. Co.F
Blake, Robert AL Cav. Barbiere's Bn. Truss' Co.
Blake, Robert NC 3rd Arty. (40th St.Troops) Co.G
Blake, Robert B. LA 28th (Thomas') Inf. Co.B
Blake, Robert B. TX 27th Cav. Co.E Cpl.
Blake, Robert M. VA 55th Inf. Co.I Sgt.
Blake, Robert N. VA 109th Mil. Co.B, 2nd Co.A Sgt.
Blake, Rockwood H. MO 1st N.E. Cav. Co.A
Blake, Rockwood H. MO 4th Cav. Co.G
Blake, R.S. MS Inf. 3rd Bn. Co.D,B
Blake, R.S. MS 32nd Inf. Co.D
Blake, Rufus J.G. GA 29th Inf. Co.D
Blake, Samuel AL Inf. 1st Sp.Bn. (Wheat's) Co.A
Blake, Samuel L. GA 54th Inf. Co.H
Blake, S.D. KY 7th Mtd.Inf. Co.C
Blake, S.D. TN 8th Inf. Co.C
Blake, S.D. Blake's Scouts,CSA
Blake, Seaborn TX Cav. Madison's Regt. Co.A
Blake, S.F. AL 5th Bn.Vol. Co.D
Blake, S.H. FL Cav. 3rd Bn. Co.C
Blake, S.H. GA 36th (Villepique's) Inf. Co.K
Blake, S.H. 15th Conf.Cav. Co.E Cpl.
Blake, S.H. 1st Conf.Inf. 1st Co.K
Blake, S.R. TX 16th Inf. Co.F
Blake, S.T. AL 6th Cav. Co.B
Blake, Stephen KY 1st (Helm's) Cav. Co.B
Blake, Stephen G. NC 3rd Inf. Co.K
Blake, Thomas AL 17th Inf. Co.D
Blake, Thomas AL 46th Inf. Co.K
Blake, Thomas AL 53rd (Part.Rangers) Co.C
Blake, Thomas FL 7th Inf. Co.C
Blake, Thomas GA Phillips' Legion Co.F
Blake, Thomas KY 7th Mtd.Inf. Co.C Sgt.
Blake, Thomas NC 38th Inf. Co.E
Blake, Thomas SC 1st (Butler's) Inf. Co.I Music.
Blake, Thomas VA 24th Cav. Co.E
Blake, Thomas VA Cav. 40th Bn. Co.E
Blake, Thomas B. VA 1st Arty. Co.E Sgt.Maj.
Blake, Thomas B. VA Hvy.Arty. 10th Bn. Co.E Capt.
Blake, Thomas H. FL 2nd Cav. Co.C Ch.Bugler
Blake, Thomas H. FL 1st Inf. Old Co.H Music.
Blake, Thomas J. MO Cav. 4th Regt.St.Guard Co.A Surg.
Blake, Thos. W. Gen. & Staff Brig.Gen.
Blake, Timothy MS 44th Inf. Co.L
Blake, T.N. LA Mil.Conf.Guards Regt. Co.K 1st Lt.
Blake, T.R. Blake's Scouts,CSA
Blake, W. LA Inf. 4th Bn. Co.D
Blake, W. SC 4th Cav. Co.K
Blake, W.A. TN 7th (Duckworth's) Cav. Co.D
Blake, W.A. TX 11th Cav. Co.B
Blake, Walter NC 25th Inf. Co.H 2nd Lt.
Blake, Walter SC 4th Cav. Co.K
Blake, Walter Gen. & Staff Vol.,ADC
Blake, Walter P. FL 5th Inf. Co.K 2nd Lt.
Blake, Warner A. VA Hvy.Arty. 19th Bn. Co.B
Blake, W.H. SC 6th Inf. 1st Co.G
Blake, W.H. VA 5th Cav. Co.G Sgt.
Blake, W.H. VA 32nd Inf. 2nd Co.K
Blake, W.H. VA 55th Inf. Co.C
Blake, William AL 8th Inf. Co.B
Blake, Wm. AL 22nd Inf. Co.F Sgt.
Blake, William AL 44th Vol. Co.F
Blake, William GA 1st (Olmstead's) Inf. Co.B Drum.
Blake, William GA 60th Inf. Co.C
Blake, William GA 66th Inf. Co.C
Blake, William KY 1st Inf. Co.H
Blake, William LA 5th Inf. Co.D
Blake, William MS 38th Cav. Co.H

Blake, William MS 18th Inf. Co.K
Blake, William NC 2nd Jr.Res. Co.G
Blake, William NC 3rd Inf. Co.D
Blake, William SC 12th Inf. Co.C
Blake, William TN 42nd Inf. 1st Co.E
Blake, William VA Cav. 15th Bn. Co.C
Blake, William VA 17th Cav. Co.C
Blake, William VA 36th Inf. Co.F
Blake, William Stuart Horse Arty.,CSA
Blake, William A. VA 111th Mil. Co.8
Blake, William B. VA Lt.Arty. W.P. Carter's Co.
Blake, William B. VA Hvy.Arty. A.J. Jones' Co.
Blake, William F. AR 30th Inf. Co.I
Blake, William F. VA 24th Cav. Co.E
Blake, William F. VA Cav. 40th Bn. Co.E
Blake, Wm. G. Gen. & Staff AASurg.
Blake, William H. AL 12th Inf. Co.B
Blake, William H. MO Lt.Arty. Landis' Co.
Blake, William H. NC 33rd Inf. Co.F
Blake, William H. TN 8th Inf. Co.C Capt.
Blake, William H. TX Cav. Madison's Regt. Co.A Far.
Blake, William H. VA 24th Cav. Co.D
Blake, William H. VA Cav. 40th Bn. Co.D
Blake, William H. VA 61st Mil. Co.B
Blake, William H. VA 109th Mil. Co.B
Blake, William J. VA Cav. Hounshell's Bn. Thurmond's Co.
Blake, William J. VA 109th Mil. Co.B
Blake, William James AR 37th Inf. Co.I Capt.
Blake, William M. GA 28th Inf. Co.E
Blake, William M. SC 18th Inf. Co.K Cpl.
Blake, William O. AR 3rd Cav. Co.F
Blake, William O. TN 54th Inf. Co.E
Blake, William W. TX 27th Cav. Co.E
Blake, W.O. TN 48th (Nixon's) Inf. Co.K Cpl.
Blake, Woodson AR 15th (N.W.) Inf. Co.G
Blake, Woodson TN 14th Inf. Co.B
Blake, W.P. TN 7th (Duckworth's) Cav. Co.G
Blake, W.R. MS St.Cav. 2nd Bn. (Harris') Co.B
Blake, W.R. MS Cav. 3rd Bn. (Ashcraft's)
Blake, W.R. Eng.,CSA
Blake, Wright NC 4th Cav. (59th St.Troops) Co.C
Blake, Z. Conf.Reg.Inf. Brooks' Bn. Co.C
Blake, Zachariah VA 55th Inf. Co.I
Blake, Zachariah J. VA 109th Mil. Co.B
Blake, Zachariah S. Conf.Reg.Inf. Brooks' Bn. Co.C
Blakeherd, S. KY Cav. 2nd Bn. (Dortch's) Co.A
Blakeley, Albert A. GA 1st Reg. Co.A Cpl.
Blakeley, Alex. M. KY Cav. 2nd Bn. (Dortch's) Co.D
Blakeley, A.R. VA 3rd Inf.Loc.Def. Co.C
Blakeley, Benj. AR Dobbin's 1st Cav. Co.A
Blakeley, C.C. SC 5th Cav. Co.B
Blakeley, Charles L. TN 2nd (Smith's) Cav. Rankin's Co.
Blakeley, E. MS Stewart's Co. (Yalobusa Rangers)
Blakeley, E.A. TX 1st Hvy.Arty. Co.B
Blakeley, E.P. SC Manigault's Bn.Vol. Co.A Cpl.
Blakeley, G.B. MO 11th Inf. Co.H
Blakeley, George W. AL 4th Inf. Co.E
Blakeley, Green B. MO 9th Bn.S.S. Co.C
Blakeley, Henry C. MO 9th Bn.S.S. Co.C
Blakeley, H.T. MS 5th Cav. Co.K
Blakeley, James W. AR Cav. 6th Bn. Co.E Sgt.
Blakeley, J.B. AL 8th Cav. Co.C
Blakeley, J.J. MO 9th Bn.S.S. Co.C
Blakeley, J.K. SC 9th Res. Co.A Cpl.
Blakeley, J.L. 3rd Conf.Eng.Troops Co.G
Blakeley, John AL 30th Inf. Co.H
Blakeley, John, Jr. MS 13th Inf. Co.D
Blakeley, John NC 21st Inf. Co.M
Blakeley, John J. SC 25th Inf. Co.K
Blakeley, John R. NC 6th Inf. Co.A
Blakeley, Matthew P. FL 5th Inf. Co.A
Blakeley, Monroe NC 11th (Bethel Regt.) Inf. Co.A
Blakeley, N.M. AR 32nd Inf. Co.G Sgt.
Blakeley, R. MS 12th Cav. Co.H,K
Blakeley, Robert J. VA 5th Inf. Co.E
Blakeley, R.R. SC 3rd St.Troops Co.A
Blakeley, T.A. SC 27th Inf. Co.G
Blakeley, Thomas E. SC 25th Inf. Co.K
Blakeley, Thomas W. SC 25th Inf. Co.K
Blakeley, William GA 13th Inf. Co.D
Blakeley, William A. AL Rives' Supp.Force 9th Congr.Dist.
Blakeley, William H. VA 1st Cav. 2nd Co.K
Blakeley, William J. MS Cav. Jeff Davis Legion Co.B
Blakeley, William J. SC 25th Inf. Co.K Cpl.
Blakeley, W.M. AL Cp. of Instr. Talladega
Blakely, A.A. GA Lt.Arty. Milledge's Co. Sgt.
Blakely, A.J. GA Inf. 1st City Bn. (Columbus) Co.F Cpl.
Blakely, A.J. MS 26th Inf. Co.B,E,D
Blakely, Albert TN 16th Cav. Co.H
Blakely, Albert A. GA Lt.Arty. Hamilton's Co. 1st Sgt.
Blakely, Albert J. GA Inf. 19th Bn. (St.Guards) Co.A
Blakely, Alexander M. KY 3rd Cav. Co.C
Blakely, A.M. TN Cav. 5th Bn. (McClellan's) Co.B
Blakely, Amos Conf.Inf. 8th Bn. Co.C
Blakely, Andrew AL 20th Inf. Co.E
Blakely, A.R. LA Washington Arty.Bn. Co.2
Blakely, A.R. VA 14th Inf. Co.A
Blakely, B. SC 14th Inf. Co.F
Blakely, Benjamin C. MO Cav. Coleman's Regt. Cpl.
Blakely, B.F. SC 4th Inf. Co.D
Blakely, B.F. SC Palmetto S.S. Co.I
Blakely, C.C. SC Cav. 17th Bn. Co.C
Blakely, Charles L. TN 4th (McLemore's) Cav. Co.H
Blakely, C.L. TN 8th (Smith's) Cav. Co.H
Blakely, Clark GA 50th Inf. Co.K
Blakely, E. SC 10th Inf. Co.A
Blakely, Edwin SC Post Guard Senn's Co.
Blakely, Elihu C. 1st Conf.Eng.Troops Co.C
Blakely, E.P. SC 4th Cav. Co.D Sgt.
Blakely, E.T. SC 3rd Inf. Co.I
Blakely, E.T. SC 14th Inf. Co.F
Blakely, F.A. NC McLean's Bn.Lt.Duty Men Co.A
Blakely, Felix MO 1st Cav. Co.H
Blakely, G.A. SC 14th Inf. Co.F
Blakely, G.B. AL 30th Inf. Co.H
Blakely, G.B. GA 46th Inf. Co.K
Blakely, George AL 20th Inf. Co.E Sgt.
Blakely, George VA Cav. 37th Bn. Co.B
Blakely, Glen L. GA 30th Inf. Co.I
Blakely, G.W. SC 1st St.Troops Co.K
Blakely, Harvey W. SC 10th Inf. Co.E
Blakely, H.C. MO 16th Inf. Co.G
Blakely, Henry P. SC 14th Inf. Co.F
Blakely, H.P. AL 49th Inf. Co.I
Blakely, I.T. AL 8th Inf. Co.A Cpl.
Blakely, Jacob W. TX 13th Vol. 2nd Co.A
Blakely, James MS Inf. 1st Bn.St.Troops (30 days '64) Co.D
Blakely, James TX 18th Cav. Co.K
Blakely, James A. NC 35th Inf. Co.H
Blakely, James D. AL 19th Inf. Co.K
Blakely, James D. LA Mil.Conf.Guards Regt. Co.H Jr.2nd Lt.
Blakely, James H. AR 36th Inf. Co.F
Blakely, James M. AR 2nd Mtd.Rifles Co.K
Blakely, James T. SC 3rd Res. Co.E 2nd Lt.
Blakely, J.D. SC 14th Inf. Co.F
Blakely, J.H. AL 44th Inf. Co.A
Blakely, J.J. NC 11th (Bethel Regt.) Inf. Co.A
Blakely, J.K. SC 1st Bn.S.S. Co.C
Blakely, J.L. Eng.Dept. Polks Corps A. of TN Sap. & Min. Co.,CSA
Blakely, J.M. AR 11th Inf. Co.I
Blakely, J.M. AR 11th & 17th Cons.Inf. Co.C
Blakely, John AL 8th (Livingston's) Cav. Co.D
Blakely, John MS 34th Inf. Co.D
Blakely, John TN 34th Inf. Co.A
Blakely, John B. NC 37th Inf. Co.C
Blakely, John C. MO 1st Cav. Co.H,C 1st Lt.
Blakely, John D. TN 1st (Feild's) Inf. Co.B 2nd Lt.
Blakely, John H. GA 50th Inf. Co.K
Blakely, John L. SC 10th Inf. Co.A
Blakely, John W. AL 37th Inf. Co.G
Blakely, Joseph A. MO 1st Cav. Co.H
Blakely, Josiah TX 17th Inf. Co.F
Blakely, J.R. MO Searcy's Bn.S.S.
Blakely, J.T. GA Lt.Arty. Daniell's Btty.
Blakely, J.T. SC 16th Inf. Co.F Capt.
Blakely, J.W. AR 11th Inf. Co.I
Blakely, J.W. SC 4th Bn.Res. Co.E
Blakely, J. Warren SC 14th Inf. Co.F
Blakely, J. Wilson SC 14th Inf. Co.F
Blakely, Lawrence TN Cav. 11th Bn. (Gordon's) Co.E
Blakely, L.L. SC 5th St.Troops Co.C,I
Blakely, Ludlo L. SC 14th Inf. Co.F
Blakely, Ludy SC 9th Res. Co.E 2nd Lt.
Blakely, Madison P. SC 14th Inf. Co.F
Blakely, Marshall KY 3rd Cav. Co.I
Blakely, Marshall TN 29th Inf. Co.C
Blakely, Milton SC 3rd Inf. Co.I Cpl.
Blakely, M.L. SC 14th Inf. Co.F
Blakely, M.M. SC 14th Inf. Co.F Sgt.
Blakely, M.P. SC 3rd Inf. Co.I
Blakely, Pinckney M. SC 14th Inf. Co.F Cpl.
Blakely, R. SC 25th Inf. Co.B
Blakely, R. SC Mil. Charbonnier's Co.
Blakely, R. TX Inf. 1st St.Troops White's Co.D
Blakely, R.A.F. GA 1st Bn.S.S. Co.B
Blakely, R.D. MS 3rd Cav. Co.I
Blakely, R.L. SC 2nd Inf. Co.B

Blakely, R.M. KY 3rd Mtd.Inf. Co.H
Blakely, Robert A. MO 1st Cav. Co.H Cpl.
Blakely, Robert A. MO 1st & 3rd Cons.Cav. Co.E
Blakely, Robert C. MS 29th Inf. Co.G
Blakely, Robert E. SC Lt.Arty. Parker's Co. (Marion Arty.)
Blakely, Robert J. AL 20th Inf. Co.E
Blakely, Rutherford R. SC 14th Inf. Co.F Sgt.
Blakely, Sam S. SC 5th St.Troops Co.I
Blakely, Samuel AL Cav. 24th Bn. Co.C
Blakely, Samuel L. AL 4th (Russell's) Cav. Co.D
Blakely, Smauel T. TX 14th Cav. Co.C
Blakely, S.S. SC 4th Cav. Co.I
Blakely, S.S. SC Cav. 12th Bn. Co.B
Blakely, S.S. SC 9th Res. Co.E
Blakely, Stephen A. AL 19th Inf. Co.K
Blakely, T. AL 20th Inf. Co.A
Blakely, T.A. SC 22nd Inf. Co.F
Blakely, T.H. LA 2nd Inf. Co.C
Blakely, Thad AR 12th Inf. Co.F
Blakely, Thomas NC 33rd Inf. Co.B
Blakely, Thomas A. SC 1st Bn.S.S. Co.C
Blakely, Thomas M. AR 7th Cav. Co.M
Blakely, Thomas M. TX 8th Cav. Co.L Cpl.
Blakely, T.J. TX 7th Cav. Co.E
Blakely, T. Whit SC 3rd Inf. Co.I Cpl.
Blakely, U. NC 4th Sr.Res. Co.G
Blakely, Warner M. AL Cav. Gachet's Co.
Blakely, W.E. TN 8th (Smith's) Cav. Co.H Ord.Sgt.
Blakely, W.F.M. NC 37th Inf. Co.C
Blakely, William MS 2nd St.Cav. Co.K Sgt.
Blakely, William MS Cav. Ham's Regt. Co.K Sgt.
Blakely, William H. MD 1st Cav. Co.K
Blakely, William J. NC 35th Inf. Co.H
Blakely, William M. GA Inf. 19th Bn. (St.Guards) Co.A
Blakely, William R. AR Cav. Poe's Bn. Co.A
Blakely, W.R. AR 11th Inf. Co.C
Blakely, W.R. SC 14th Inf. Co.F
Blakely, W.T. AR 32nd Inf. Co.C
Blakeman, --- MS Arty. Byrne's Btty.
Blakeman, Daniel KY 4th Mtd.Inf. Co.F
Blakeman, E.A. LA Mil. 1st Regt. 3rd Brig. 1st Div.
Blakeman, Joel TX Inf. Rutherford's Co.
Blakeman, John T. KY 4th Mtd.Inf. Co.F
Blakeman, Milton KY 4th Mtd.Inf. Co.F
Blakeman, Morton MO 10th Inf. Co.A
Blakeman, T.M. Gen. & Staff Asst.Surg.
Blakeman, T.Z. KY 7th Cav. Co.C
Blakeman, William TN Cav. 12th Bn. (Day's) Co.C Sgt.
Blakeman, William TN 26th Inf. Co.D
Blakemere, Squire A. VA 64th Mtd.Inf. Co.F
Blakemon, H.J. GA 29th Inf. Co.D
Blakemore, A.A. TN 8th Inf. Co.C
Blakemore, A.J. TN 12th Inf. Co.H
Blakemore, A.J. TN 12th (Cons.) Inf. Co.K
Blakemore, A.J. TN 47th Inf. Co.G
Blakemore, Albert J. TX Waul's Legion Co.E
Blakemore, A.W. KY 2nd Cav. Co.E
Blakemore, B.A. VA 23rd Cav. Co.B
Blakemore, Charles F. VA Inf. 21st Bn. Co.B
Blakemore, Charles F. VA 64th Mtd.Inf. Co.B
Blakemore, David H. VA 5th Inf. Co.C
Blakemore, Edwin D. VA 64th Mtd.Inf. Co.B
Blakemore, G.B. Eng.,CSA Asst.Eng.
Blakemore, George TX 2nd Cav. Co.D
Blakemore, George VA 11th Cav. Co.C
Blakemore, George M. VA Cav. McNeill's Co.
Blakemore, George T. TN 23rd Inf. Co.B Capt.
Blakemore, George W. VA 5th Inf. Co.I
Blakemore, H.A. TN 8th Inf. Co.C
Blakemore, H.A. TN 32nd Inf. Co.G
Blakemore, Hamilton J. VA 12th Inf. Co.E
Blakemore, H.B. AR 15th (Josey's) Inf. 1st Co.G Capt.
Blakemore, H.C. TN 12th Inf. Co.D
Blakemore, Henry B. KY 12th Cav. Lt.
Blakemore, Henry C. TN 12th (Cons.) Inf. Co.E
Blakemore, Henry J. AL 47th Inf. Co.E
Blakemore, Jackson B. VA 5th Inf. Co.I
Blakemore, Jackson B. VA Prov.Guard Avis' Co.
Blakemore, James AR 34th Inf. Co.K
Blakemore, James TN 32nd Inf. Co.F
Blakemore, James C. AR Cav. Wright's Regt. Co.F Cpl.
Blakemore, James E. AR 2nd Inf. Co.K
Blakemore, James M. MO 3rd Inf. Co.G 1st Sgt.
Blakemore, J.B. MO 6th Cav. Co.A Sgt.
Blakemore, J.C. LA 25th Inf. Co.D 1st Sgt.
Blakemore, J.C. LA Inf. Pelican Regt. Co.C Sgt.
Blakemore, J.F. TN 31st Inf. Co.I Cpl.
Blakemore, J.H. GA 10th Inf. Co.B
Blakemore, J.H. GA 53rd Inf. Co.Band Music.
Blakemore, J.H. TN 19th & 20th (Cons.) Cav. Co.F Capt.
Blakemore, J.H. TN 12th (Cons.) Inf. Co.D
Blakemore, J.H. TN 22nd Inf. Co.H
Blakemore, J.H. Gen. & Staff, A. of N.VA. Lt.,Ord.Off.
Blakemore, J.M. TN 4th (McLemores) Cav. Co.D
Blakemore, John TN 14th (Neely's) Cav. Co.I
Blakemore, John TN 19th & 20th (Cons.) Cav. Co.E
Blakemore, John TN 20th (Russell's) Cav. Co.I
Blakemore, John F. VA 5th Inf. Co.I
Blakemore, John H. TN 20th (Russell's) Cav. Co.A 1st Lt.
Blakemore, John R. VA 5th Inf. Co.D Sgt.
Blakemore, John T. VA Inf. 21st Bn. Co.B Cpl.
Blakemore, John T. VA 64th Mtd.Inf. Co.B
Blakemore, Joseph C. KY 2nd (Duke's) Cav. Co.D
Blakemore, J.P. TN 5th Inf. Co.A Cpl.
Blakemore, J.P. TN 18th Inf. Co.B
Blakemore, J.W. TN 12th (Green's) Cav. Co.G
Blakemore, J.W. TN 20th (Russell's) Cav. Co.I
Blakemore, J.W. TN 8th Inf. Co.C
Blakemore, J.W. TN 47th Inf. Co.F
Blakemore, L.T. TN 7th (Duckworth's) Cav. Co.H 1st Lt.
Blakemore, L.W. TN 19th & 20th (Cons.) Cav. Co.B
Blakemore, Marcus N. Gen. & Staff, QM Dept. Ch.Cook
Blakemore, M.N. KY 2nd (Woodward's) Cav. Co.A
Blakemore, Noel B. VA 5th Inf. Co.I
Blakemore, Peter H. VA Prov.Guard Avis' Co.
Blakemore, Richard M. TN 4th Cav.
Blakemore, R.M. KY 2nd (Woodward's) Cav. Co.A
Blakemore, R.M. LA 13th Bn. (Part.Rangers) Co.D
Blakemore, R.N. TN 51st Inf. Co.K
Blakemore, Robert M. LA 5th Cav. Co.C
Blakemore, Thomas H. TN 8th Inf. Co.C
Blakemore, Thomas M. TX 36th Cav. Asst.Surg.
Blakemore, Thomas M. VA 5th Inf. Co.I Cpl.
Blakemore, T.J. TN 14th (Neely's) Cav. Co.F
Blakemore, T.M. VA 18th Cav. Co.G
Blakemore, W.F. AR 35th Inf. Co.D
Blakemore, W.F. TN 20th (Russell's) Cav. Co.D
Blakemore, W.F. TN 22nd (Nixon's) Cav. Co.A
Blakemore, W.F. TN 23rd Inf. Co.B
Blakemore, W.F. TN 47th Inf. Co.G
Blakemore, W.G. TN Lt.Arty. Morton's Co. Sgt.
Blakemore, White W. TN 41st Inf. Co.F
Blakemore, William AR 1st Mtd.Rifles Co.B
Blakemore, William KY Lt.Arty. Cobb's Co.
Blakemore, William H. VA 10th Inf. Co.G Sgt.
Blakemore, William L. TN 47th Inf. Co.G,K
Blakemore, William S. VA 5th Inf. Co.I
Blakemore, William S. VA Prov.Guard Avis' Co. 2nd Lt.
Blakemore, William T. B.R. Johnson's Staff 1st Lt.,ADC
Blakemore, William W. NC 39th Inf. Co.D
Blakemore, W.S. VA 26th Cav. Co.E
Blakenbecker, James KY 10th Cav. Co.M
Blakency, J.A. GA 3rd Cav. Co.D
Blakeney, A. MS 8th Inf. Co.A Cpl.
Blakeney, A. MS 37th Inf. Co.G
Blakeney, A.H. AL Cav. Moreland's Regt. Co.D
Blakeney, A.H. SC 26th Inf. Co.B Sgt.
Blakeney, Alson AL 2nd Cav. Co.C
Blakeney, Alvin MS Inf. 1st Bn. Johnston's Co.
Blakeney, David H. VA Lt.Arty. J.S. Brown's Co.
Blakeney, David H. VA Lt.Arty. Taylor's Co.
Blakeney, F. MS 13th Inf. Co.G
Blakeney, H. AL Cav. Moreland's Regt. Co.D
Blakeney, Hugh MS 26th Inf. Co.D
Blakeney, Hugh SC 8th Inf. Co.D 1st Lt.
Blakeney, Hugh W. MS 34th Inf. Co.B
Blakeney, J.A. AL 3rd Inf. Co.D
Blakeney, J.A. AL 26th (O'Neal's) Inf. Co.I
Blakeney, Jacob MS Inf. 1st Bn. Johnston's Co.
Blakeney, James AL 23rd Inf. Co.G 1st Sgt.
Blakeney, James A. AL 3rd Cav. Co.D
Blakeney, James A. MS Lt.Arty. Turner's Co.
Blakeney, James A. MS 35th Inf. Co.B Sgt.
Blakeney, J.C. AL 40th Inf. Co.C
Blakeney, J.E. MS 23rd Inf. Co.A
Blakeney, J.E. TN 14th (Neely's) Cav. Co.B
Blakeney, J.E. TN 19th (Biffle's) Cav. Co.L
Blakeney, John C. SC Lt.Arty. Kelly's Co. (Chesterfield Arty.)
Blakeney, John W. AL 11th Inf. Co.A
Blakeney, John W. MS Cav. Jeff Davis Legion Co.E
Blakeney, John W. VA 67th Mil. Co.A Sgt.

Blakeney, Jos. AL 21st Inf. Co.C
Blakeney, Julius C. NC 61st Inf. Asst.Surg.
Blakeney, J.W. TN 14th (Neely's) Cav. Co.B
Blakeney, Lewis N. SC Lt.Arty. Kelly's Co. (Chesterfield Arty.) Lt.
Blakeney, M.L. SC 1st (Butler's) Inf. Co.D,H
Blakeney, O.R. MO Lt.Arty. 1st Btty.
Blakeney, O.R. MO Lt.Arty. Walsh's Co.
Blakeney, R.J. MS Inf. 7th Bn. Co.D Ord.Sgt.
Blakeney, Robert J. MS Cav. 24th Bn. Co.A
Blakeney, Thomas MS 34th Inf. Co.G
Blakeney, W.B. MS 8th Inf. Co.A
Blakeney, W.H. MS Inf. 7th Bn. Co.D
Blakeney, William AL 41st Inf. Co.B Sgt.
Blakeney, William MS Cav. 24th Bn. Co.A
Blakeny, A.J. AL 37th Inf. Co.C
Blakeny, A.T. VA 146th Mil. Co.F
Blakeny, B. AR 50th Mil. Gleave's Co. Cpl.
Blakeny, George W. SC 1st (Butler's) Inf. Co.A,D
Blakeny, J. MS 37th Inf. Co.G
Blakeny, J.M. AR 36th Inf. Co.K 1st Lt.
Blakeny, M.T. MS 26th Inf. Co.D,B
Blakeny, P.A. MS 23rd Inf. Co.A
Blakeny, Robert MS 8th Inf. Co.A
Blaker, C. GA 54th Inf. Co.A
Blaker, Charles GA Lt.Arty. Barnwell's Btty.
Blaker, G.W. VA 22nd Inf. Co.K
Blaker, James VA 108th Mil. Co.B
Blaker, John MS 3rd Cav. Co.D
Blaker, John W. VA 48th Inf. Music.
Blaker, John W. 20th Conf.Cav. Co.M
Blaker, William F. VA 22nd Inf. Co.G
Blakerman, Joseph AL Cav. Hardie's Bn.Res. Co.E
Blakes, Charles GA 28th Inf. Co.G
Blakesbey, W.J. VA Loc.Def. Durrett's Co.
Blakesely, Starling LA 1st (Nelligan's) Inf. Co.C
Blakeslee, Charles TX Vol. Duke's Co.
Blakeslee, Charles E. MD Arty. 3rd Btty.
Blakeslie, Emanuel AL Mil. Bligh's Co.
Blakesly, Abenham MO Mtd.Inf. Boone's Regt.
Blakesly, J. GA Inf. 19th Bn. (St.Guards) Co.D Sgt.
Blakeway, H.R. TX Cav. Martin's Regt. Co.H
Blakeway, William TX 4th Cav. Co.I
Blakewell, G.W. LA 25th Inf. Co.F
Blakewood, Benjamin F. SC 3rd Cav. Co.E
Blakewood, B.F. SC 1st Mtd.Mil. Blakewood's & Raysor's Co.
Blakewood, John S. SC 1st Mtd.Mil. Blakewood's Co. Capt.
Blakewood, Solomon R. SC 3rd Cav. Co.E
Blakey, --- VA 7th Inf. Co.F
Blakey, A.A. TX 10th Cav. Co.I
Blakey, A.R. VA Rockbridge Cty.Res. Baron's Co.
Blakey, Asa AL Inf. 1st Regt. Co.F
Blakey, B.A. GA 10th Cav. (St.Guards) Co.C 2nd Lt.
Blakey, B.F. MO 9th (Elliott's) Cav. Co.B
Blakey, Churchill S. GA 30th Inf. Co.H
Blakey, Columbus C. AL 15th Inf. Co.B
Blakey, D. MS 5th Cav. Co.H
Blakey, David MS Cav. Hughes' Bn. Co.F
Blakey, David T. AL 3rd Inf. Co.F
Blakey, D.H. LA 25th Inf. Co.B
Blakey, D.T. AL 1st Cav. Col.
Blakey, Elijah AL 39th Inf. Co.I
Blakey, Evrett C. TX Cav. Benavides' Regt. Wilson' Co. Cpl.
Blakey, G.A. VA Inf. 25th Bn. Co.G
Blakey, George H. VA 18th Inf. Co.C
Blakey, George W. MO 5th Inf. Co.D
Blakey, G.W. TX Cav. 1st Regt.St.Troops Co.D 2nd Lt.
Blakey, G.W. VA Mil. Greene Cty.
Blakey, Henry H. TX 27th Cav. Co.I,N
Blakey, H.G. TX 4th Inf. Co.B
Blakey, Jackson AL 57th Inf. Co.B
Blakey, James W. AL 23rd Bn.S.S. Co.E 1st Sgt.
Blakey, James W. MO Cav. 3rd Bn. Co.C
Blakey, J.D. VA 34th Inf. Co.D Sgt.
Blakey, J.D. VA Mtd.Guard 6th Congr.Dist.
Blakey, J.H. VA 1st St.Res. Co.C
Blakey, J.O. TX Cav. 1st Regt.St.Troops Adj.
Blakey, Jo TX Cav. 1st Regt.St.Troops Co.C
Blakey, John AL Inf. 1st Regt. Co.F
Blakey, John G. VA Hvy.Arty. 19th Bn. 3rd Co.E
Blakey, John T. MO 16th Inf. Co.K
Blakey, J.T. GA Lt.Arty. Barnwell's Btty.
Blakey, J.T. TX 16th Inf. Co.F
Blakey, J.W. AL 1st Bn. Hilliard's Legion Vol. Co.E 1st Sgt.
Blakey, J.W. VA Inf. 25th Bn. Co.G
Blakey, Luke GA 46th Inf. Co.F
Blakey, Mirabean L. AL Inf. 1st Regt. Co.F
Blakey, O.H. MO 9th (Elliott's) Cav. Co.B
Blakey, P.A. TX 4th Cav. Co.K
Blakey, R.O. MO 3rd & 5th Cons.Inf. Co.B
Blakey, S.A. MO 10th Inf. Co.G
Blakey, S.G. VA 7th Inf. Co.F Sgt.
Blakey, Stephen A. MO 12th Inf. Co.K Sgt.
Blakey, T.C., Jr. VA Mil. Greene Cty.
Blakey, Thomas VA Hvy.Arty. 19th Bn. 3rd Co.E Drum.
Blakey, Thomas A. 1st Conf.Eng.Troops Co.H
Blakey, Thomas H. VA 1st St.Res. Co.K Cpl.
Blakey, T.S. TX Cav. 1st Bn.St.Troops Co.A
Blakey, Washington AL Inf. 1st Regt. Co.F
Blakey, William AL 39th Inf. Co.I
Blakey, William G. MO 2nd Cav. Co.H,B 1st Lt.
Blakey, William H. MO 3rd Cav. Co.A 2nd Lt.
Blakey, William H. MO Cav. 3rd Bn. Co.F
Blakey, William P. VA 2nd St.Res. Co.G
Blakey, Yelverton C. VA 7th Inf. Co.F
Blaking, Rease NC 48th Inf.
Blakins, J.H. AL 37th Inf. Co.C
Blakley, A.J. MO Cav. Hicks' Co.
Blakley, Eli NC 28th Inf. Co.F
Blakley, G.B. MO 1st Cav. Co.C
Blakley, George W. NC 28th Inf. Co.F
Blakley, H.W. AL 10th Cav. Co.E
Blakley, Jesse MO 1st Cav. Co.C
Blakley, J.J. MO 16th Inf. Co.F
Blakley, John C. MO 1st Cav. Co.H,C 1st Lt.
Blakley, Robert A. GA 39th Inf. Co.E
Blakley, S.S. AR 8th Inf. New Co.A Sgt.
Blakley, William H. GA Arty. Baker's Co.
Blakly, George W. SC 4th Inf. Co.I
Blakly, Henry TN 61st Mtd.Inf. Co.B
Blakly, Jahue I. AR 4th Inf. Co.F
Blakly, J.B. NC 23rd Inf. Co.I
Blakly, John B. VA Lt.Arty. 13th Bn. Co.C
Blakly, P.A. AR 30th Inf. Co.L
Blakly, R.D.M. VA Cav. 37th Bn. Co.B
Blakly, T.A. SC 22nd Inf. Co.F
Blakly, W.R. AR 11th & 17th Cons.Inf. Co.C
Blakney, David AL Cav. Moreland's Regt. Co.D,K Capt.
Blakney, David MS 17th Inf. Co.E
Blakney, David H. VA 1st Lt.Arty. Co.B
Blakney, Frank AL 40th Inf. Co.D 1st Lt.
Blakney, George W. VA 11th Cav. Co.A
Blakney, George W. VA 67th Mil. Co.B
Blakney, John T. AL 8th (Hatch's) Cav. Co.K
Blakney, J.W. TN 19th (Biffle's) Cav. Co.L
Blakney, Peter M. MS Lt.Arty. Turner's Co. Cpl.
Blakney, Reese NC 26th Inf. Co.B
Blakney, Robert H. AL 43rd Inf. Co.E Sgt.
Blakney, W.H. AL Cav. Moreland's Regt. Co.C,K 2nd Lt.
Blakney, William F. MS 26th Inf. Co.D Cpl.
Blakslee, C.T. TN 13th Inf. Co.L
Blakwell, Francis M. AL 3rd Bn.Res. Co.B
Blalack, Charles KY 7th Cav. Co.B
Blalack, Charles TX Cav. Gano's Squad. Co.B
Blalack, Charles R. AL 4th Inf. Co.A
Blalack, Frank N. AR 1st Inf. Co.G Sgt.
Blalack, G.M. AL 31st Inf. Co.F
Blalack, Hansford W. AL 5th Cav. Co.B
Blalack, James A. AL 44th Inf. Co.A
Blalack, Jasper N. MS 31st Inf. Co.E Cpl.
Blalack, J.B. MS 5th Inf. (St.Troops) Co.E
Blalack, J.H. MS Inf. 2nd Bn. Co.K
Blalack, J.H. MS 48th Inf. Co.K
Blalack, J.H. 8th (Wade's) Conf.Cav. Co.F
Blalack, J.R. LA 25th Inf. Co.G
Blalack, Lewis A. AL 44th Inf. Co.A
Blalack, M.D. AL 25th Inf. Co.E
Blalack, M.E. MS 2nd Cav. Co.B Capt.
Blalack, Richard C. AL 31st Inf. Co.F
Blalack, Richard P. AL 4th Inf. Co.A
Blalack, R.J. MS Walsh's Co. (Muckalusha Guards)
Blalack, Thomas KY 7th Cav. Co.B
Blalack, Thomas TX Cav. Gano's Squad. Co.B Sgt.
Blalack, William KY 7th Cav. Co.B
Blalack, William TX Cav. Gano's Squad. Co.B
Blalark, G.W. VA 2nd Inf.Loc.Def. Co.F
Blalock, --- AL 15th Inf. Co.G Cpl.
Blalock, A.C. GA 1st (Fannin's) Res. Co.I
Blalock, A.E. GA Inf. 1st Loc.Troops (Augusta) Co.D Sgt.
Blalock, A.J. GA 2nd Inf. Music.
Blalock, A.J. NC 6th Inf. Co.C
Blalock, A.J. VA 64th Mtd.Inf. Co.E
Blalock, Albert C. Conf.Inf. 1st Bn. 2nd Co.A
Blalock, Alfred MS 18th Inf. Co.F
Blalock, Alfred NC 7th Inf. Co.G
Blalock, Alfred NC 7th Sr.Res. Davie's Co. 3rd Lt.
Blalock, Arbert NC 24th Inf. Co.H
Blalock, Arbert NC 35th Inf. Co.E
Blalock, A.T. GA 11th Cav. Co.F
Blalock, Austin NC 35th Inf. Co.E

Blalock, B. TX 13th Vol. 2nd Co.B
Blalock, B. TX Loc.Def. Perry's Co. (Fort Bend Scouts)
Blalock, Benjamin GA 52nd Inf. Co.C
Blalock, Beverly D. MS 31st Inf. Co.I
Blalock, B.F. AL 50th Inf. Co.G
Blalcok, B.F. TN 38th Inf. 1st Co.H
Blalcok, Billie GA 53rd Inf. Co.C Drum.
Blalock, Brison M. GA Inf. 8th Bn. Co.E
Blalock, C. NC 50th Inf. Co.A
Blalock, C.D. TX Cav. Chisum's Regt. (Dismtd.) Co.D Sgt.
Blalock, Charles S. LA Cav. Nutt's Co. (Red River Rangers)
Blalock, Charles S. TX 17th Cav. Co.K Sgt.
Blalock, C.J. GA 4th Cav. (St.Guards) White's Co.
Blalock, Columbus C. NC 50th Inf. Co.A
Blalock, D. NC 1st Jr.Res. Co.I
Blalock, Dewitt NC 43rd Inf. Co.F
Blalock, Doc. A. AL Cav. Lewis' Bn. Co.E
Blalock, D.C. GA 1st Inf. (St.Guards) Co.B
Blalock, D.R. KY 3rd Mtd.Inf. Co.E
Blalock, Drury P. NC 1st Arty. (10th St.Troops) Co.C
Blalock, Edmond D. NC 52nd Inf. Co.I
Blalock, Edward AR 2nd Mtd.Rifles Co.A
Blalock, Egbert N. NC 6th Inf. Co.C
Blalock, Elijah D. KY 3rd Mtd.Inf. Co.E
Blalock, Elisha Dines KY 3rd Mtd.Inf. Co.E
Blalock, Etheldred H. NC 25th Inf. Co.F 1st Lt.
Blalock, E.W. TX Inf. Chambers' Bn.Res.Corps Co.A
Blalock, F.J. NC 6th Inf. Co.I
Blalock, F.M. GA 5th Res. Co.B Cpl.
Blalock, F.M. NC 30th Inf. Co.H
Blalock, G. LA 9th Inf. Co.H
Blalock, George H. NC 25th Inf. Co.F
Blalock, Green NC 3rd Bn.Sr.Res. Durham's Co.
Blalock, Green W. NC 50th Inf. Co.A Sgt.
Blalock, G.W. NC Res. Barnett's Co.
Blalock, H. NC Mallett's Bn. Co.C
Blalock, Hardy NC 51st Inf. Co.G
Blalock, Harrison H. GA 61st Inf. Co.B,K
Blalock, Haston NC 50th Inf. Co.A
Blalock, H.B. GA Inf. 25th Bn. (Prov.Guard) Co.D
Blalock, H.C. AL Inf. 1st Regt. Co.D Cpl.
Blalock, Henry AL 16th Inf. Co.C
Blalock, Henry NC Bass' Co.
Blalock, Henry B. GA Inf. 26th Bn. Co.B 1st Sgt.
Blalock, Henry J. NC 2nd Cav. (19th St.Troops) Co.K Cpl.
Blalock, Henry P. GA 3rd Cav. Co.G
Blalock, Henry W. NC 52nd Inf. Co.I
Blalock, H.J. FL Cav. 5th Bn. Co.C
Blalock, H.P. GA 28th Inf. Co.E
Blalock, J. GA 5th Res. Co.B
Blalock, James AR 36th Inf. Co.F
Blalock, James SC 12th Inf. Co.I
Blalock, James A. NC 25th Inf. Co.F Capt.
Blalock, James D. TX 3rd Cav. Co.I Sgt.
Blalock, James F. KY 3rd Mtd.Inf. Co.E Sgt.
Blalock, James H. NC 7th Cav. Co.B
Blalock, James K.P. GA 41st Inf. Co.K
Blalock, James M. GA 1st Cav. Co.E,F Capt.
Blalock, James M. GA 7th Inf. (St.Guards) Co.I Ens.
Blalock, James M. TX 1st Inf. Co.A Cpl.
Blalock, Jas. P. AL Cav. Lewis' Bn. Co.D
Blalcok, James P. MS 31st Inf. Co.I
Blalock, James S. FL 10th Inf. Co.B Sgt.
Blalock, J.B. MS 40th Inf. Co.E
Blalock, J.B. NC 28th Inf. Co.B
Blalock, J.B. SC 17th Inf. Co.E
Blalock, J.D. GA 2nd Inf. Co.G
Blalock, J.D. SC 17th Inf. Co.I
Blalock, J.D. 2nd Conf.Eng.Troops Sgt.
Blalock, J.E. GA 40th Inf. Co.H
Blalock, Jefferson H. FL 10th Inf. Co.B,H
Blalock, Jeremiah MO 7th Cav. Co.K
Blalock, Jesse NC 31st Inf. Co.E Music.
Blalock, Jesse TX 3rd Cav. Co.I
Blalock, Jesse L. GA 1st (Fannin's) Res. Co.I
Blalock, J.H. TX Inf. 2nd St.Troops Co.D 2nd Lt.
Blalock, J.J. TX 10th Cav. Co.B
Blalock, J.K. Polk GA Inf. 40th Bn. Co.D
Blalock, J.M. AL 45th Inf. Co.F
Blalock, J.M. NC 4th Bn.Jr.Res. Co.C
Blalock, J.M. NC 5th Inf. Co.C 2nd Lt.
Blalock, J.M. TN 31st Inf. Co.K
Blalock, John AL 28th Inf. Co.F
Blalock, John GA Lt.Arty. Barnwell's Btty.
Blalock, John NC 53rd Inf. Co.C
Blalock, John NC 58th Inf. Co.B
Blalock, John SC 2nd Arty. Co.E
Blalock, John SC 1st (McCreary's) Inf. Co.L
Blalock, John SC 5th St.Troops Co.F
Blalock, John TN 13th (Gore's) Cav. Co.F
Blalock, John TX 13th Vol. Co.D
Blalock, John A. LA 28th (Gray's) Inf. Co.C
Blalock, John C. NC 29th Inf. Co.I Capt.
Blalock, John H. AL 12th Inf. Co.B Sgt.
Blalock, John J. GA 20th Inf. Co.D
Blalock, John L. GA 10th Inf. Co.I 2nd Lt.
Blalock, John L. GA 44th Inf. Co.G Capt.
Blalock, John M. MS 10th Cav. Co.C
Blalock, John N. SC 12th Inf. Co.I,H
Blalock, John T. AL 38th Inf. Co.F
Blalock, John T. GA Inf. 3rd Bn. Co.E
Blalock, John W. NC 13th Inf. Co.B
Blalock, Jonas NC 5th Inf. Co.B
Blalock, Joseph B. GA 42nd Inf. Co.I Sgt.
Blalock, Joseph B. NC 49th Inf. Co.A
Blalock, Joseph G. GA 11th Inf. Co.E
Blalock, Joseph M. NC 62nd Inf. Co.I Sgt.
Blalock, J.S. FL Inf. 2nd Bn. Co.C Sgt.
Blalock, J.T. GA 37th Inf. Band Music.
Blalock, Julius C. NC 26th Inf. Co.E
Blalock, J.W. GA 40th Inf. Co.H
Blalock, J.W. NC 7th Sr.Res. Davie's Co.C 2nd Lt.
Blalock, J.W. SC 18th Inf. Co.H
Blalock, Lawson C. NC 14th Inf. Co.D Music.
Blalock, L.B. KY 12th Cav. Co.E
Blalock, L.D.H. NC 1st Arty. (10th St.Troops) Co.B
Blalock, L.D.H. NC 1st Inf. (6 mo. '61) Co.F
Blalock, Lewis B. AL 28th Inf. Co.F
Blalock, Lewis D.H. NC 6th Inf. Co.C
Blalock, L.F. GA 41st Inf. Co.F
Blalock, M. AR 24th Inf. Co.E
Blalock, M. AR Inf. Hardy's Regt. Co.B
Blalock, Maranda B. GA 52nd Inf. Co.G
Blalock, Martin V. NC 6th Inf. Co.C Cpl.
Blalock, Merritt E. NC 52nd Inf. Co.I
Blalock, M.F. GA 6th Inf. Co.C
Blalock, Milton NC 12th Inf. Co.D,B Sgt.
Blalock, Newbern W. GA Inf. 8th Bn. Co.F,E
Blalock, N.W. GA 40th Inf. Co.E
Blalock, Obediah NC 7th Sr.Res. Davie's Co.
Blalock, Obediah NC 24th Inf. Co.H
Blalock, Obediah M. AL Inf. 1st Regt. Co.K Cpl.
Blalock, R.C. GA 52nd Inf. Co.B Sgt.
Blalock, Reuben W. GA Inf. 3rd Bn. Co.E
Blalock, Richard A. NC 31st Inf. Co.C
Blalock, Robert TN Cav. Williams' Co. Sgt.
Blalock, Robert TX 26th Cav. Co.K 1st Lt.
Blalock, R.P. MS 10th Cav. Co.B,D
Blalock, R.W. TX 1st Inf. Co.D
Blalock, R.W. TX Cav. 1st Bn.St.Troops Co.F 2nd Lt.
Blalock, Samuel W. NC 58th Inf. Co.A Cpl.
Blalock, S.W. NC 2nd Arty. (36th St.Troops) Co.B
Blalock, T.D. GA Lt.Arty. Barnwell's Btty.
Blalock, Thaddeus C. TX 1st (McCulloch's) Cav. Co.A
Blalock, Thomas MO 9th (Elliott's) Cav. Co.D
Blalock, Thomas NC 50th Inf. Co.A
Blalock, Thomas Horse Arty. White's Btty.
Blalock, Thomas F. FL 10th Inf. Co.B
Blalock, Thomas M. GA 64th Inf. Co.C
Blalock, Thomas R. NC 24th Inf. Co.H
Blalock, Thompson NC 3rd Bn.Sr.Res. Durham's Co.
Blalock, T.J. FL Inf. Agent,QM
Blalock, T.N. 9th Inf. Co.H
Blalock, T.Z. MS 24th Inf. Co.F
Blalock, W. LA 2nd Res.Corps Co.A
Blalock, W. NC 3rd Arty. (40th St.Troops) Co.G
Blalock, W. NC Lt.Arty. 13th Bn. Co.E
Blalock, W. TN 8th Inf. Co.E
Blalock, W.B. GA Inf. (Express Inf.) Witt's Co.
Blalock, W.C. MS Cav. 3rd Bn. (Ashcraft's) Co.F Sgt.
Blalock, W.D. LA 8th Inf. Co.B
Blalock, W.H. FL Cav. 5th Bn. Co.C
Blalock, W.H. GA Cav. 1st Gordon Squad. (St.Guards) Co.A Sgt.
Blalock, W.H. GA 40th Inf. Co.H
Blalock, W.H. MS 2nd Part.Rangers Co.D
Blalock, W.H. NC 31st Inf. Co.E
Blalock, W.H. TN 7th (Duckworth's) Cav. Co.K
Blalock, W.H. TN 6th Inf. Co.D
Blalock, Wilburn W. Conf.Inf. 1st Bn. 2nd Co.A
Blalock, William FL 11th Inf. Co.I
Blalock, William GA Cav. Logan's Co. (White Cty. Old Men's Home Guards)
Blalock, William GA 39th Inf. Co.E
Blalock, William MS 31st Inf. Co.I
Blalock, William NC 50th Inf. Co.A
Blalock, William VA 64th Mtd.Inf. Co.E
Blalock, William A. KY 3rd Mtd.Inf. Co.E
Blalock, William A. NC 31st Inf. Co.E
Blalock, William A. NC 50th Inf. Co.A 1st Lt.
Blalock, William B. MS 21st Inf. Co.I
Blalock, William B. NC 43rd Inf. Co.A

Blalock, William D. NC 6th Inf. Co.C
Blalock, William H. FL 2nd Cav. Co.E,D
Blalock, Wm. J. AL Cp. of Instr. Talladega
Blalock, William Jasper NC 6th Inf. Co.C
Blalock, William K. GA 11th Inf. Co.E
Blalock, William M. AL 34th Inf. Co.K
Blalock, William M. GA 20th Inf. Co.D
Blalock, William M. NC 35th Inf. Co.E
Blalock, William M. TN 48th (Nixon's) Inf. Co.I
Blalock, William M. TN 54th Inf. Ives' Co.
Blalock, William P. NC 50th Inf. Co.A
Blalock, William Perendo TN Inf. W. Cameron's Co.
Blalock, William R. TX 22nd Inf. Co.H
Blalock, W.J. AL 14th Inf. Co.A
Blalock, W.M. NC Mallett's Bn. Co.F
Blalock, W.N.D. GA Cav. 1st Gordon Squad. (St.Guards) Co.A
Blalock, W.P. TX Cav. Morgan's Regt. Co.G
Blalock, Yancey NC 2nd Inf. Co.I
Blalock, Zachariah D. NC 52nd Inf. Co.I
Blam, Martin TX Inf. 1st St.Troops Saxton's Co.
Blaman, George G. MS 11th (Perrin's) Cav. Co.D
Blamen, J.H. Hosp.Stew.
Blamer, James W. VA 2nd Inf. Co.E,C
Blamer, Samuel VA 89th Mil. Co.H
Blamey, Lamuel Conf.Inf. Tucker's Regt. Co.A Sgt.
Blamire, Edward B. VA 9th Inf. Co.K
Blamire, Edward T. VA 16th Inf. Co.C Capt.
Blamire, E.T. VA 2nd St.Res. Co.A
Blamire, E.T. VA 3rd Inf.Loc.Def. Co.D
Blamire, George VA 3rd Inf. Co.A Music.
Blamire, Jas. A. Gen. & Staff Hosp.Stew.
Blan, Cornelius FL 8th Inf. Co.B
Blan, H. TX 20th Cav. Co.K
Blan, J.J. AL Inf. 1st Regt. Co.F
Blan, J.J. AL 60th Inf. Co.F
Blan, John R. AL 40th Inf. Co.A
Blan, John R.B. AL 33rd Inf. Co.A
Blan, J.R.T. AL 62nd Inf. Co.H
Blan, J.W. TX Inf. Timmons' Regt. Co.C
Blan, Payton TX Cav. 1st Regt.St.Troops Co.E Capt.
Blan, Robert AL Inf. 1st Regt. Co.E Jr.2nd Lt.
Blan, Robert AL 60th Inf. Co.A
Blan, Robert AL 3rd Bn. Hilliard's Legion Vol. Co.B
Blan, Thomas AL 60th Inf. Co.A
Blan, W.A. AL 22nd Inf. Co.I
Blan, W.A. AL 28th Inf. Co.I
Blan, W.E. AL 60th Inf. Co.I
Blanc, A.J. LA Arty. Beauregard Bn.Btty.
Blanc, Augustin M. LA 7th Inf. Co.I
Blanc, Charles NC 1st Cav (9th St.Troops) Co.E
Blanc, Charles TN Arty. Ramsey's Btty.
Blanc, E. LA Mil. 3rd Regt. 2nd Brig. 1st Div. Co.K Capt.
Blanc, E. TX 3rd (Kirby's) Bn.Vol. Co.A Sgt.
Blanc, E. TX 20th Inf. Co.A
Blanc, F. LA Mil.Cav. Cagnolatti's Co. (Chasseurs Jefferson)
Blanc, Frederick M. LA 7th Inf. Co.G
Blanc, George L. MS 40th Inf. Co.C
Blanc, G.S. LA 22nd Inf. Co.D Sgt.
Blanc, Henri LA Mil. 1st Native Guards
Blanc, H.L. LA Mil. Terrebonne Regt.
Blanc, J. LA Cav. Greenleaf's Co. (Orleans Lt.Horse)
Blanc, Joachim LA Miles' Legion Co.F
Blanc, Martin TX Cav. Ragsdale's Bn. Co.F
Blanc, P. LA Mil. Orleans Guards Regt. Co.B
Blanc, Paul LA 30th Inf. Co.F
Blanc, Paul LA Mil. Orleans Guards Regt. Co.F
Blanc, Vincent LA Mil. 3rd Regt. French Brig. Co.5 2nd Lt.Jr.
Blancan, Bienaime LA Mil. 1st Native Guards
Blance, E.M. LA 7th Cav. Co.C
Blance, Joseph A. GA 1st Reg. Co.H 2nd Lt.
Blance, Sheppard W. GA 20th Inf. Co.D Capt.
Blancet, A. TN Cav. 12th Bn. (Day's) Co.C
Blancet, G.H. TN 5th (McKenzie's) Cav. Co.A
Blancet, James AL 6th Inf. Co.A
Blancet, James AL 49th Inf. Co.C
Blancet, James TN Cav. 12th Bn. (Day's) Co.C
Blancet, James M. VA 54th Inf. Co.G
Blancet, John AL 6th Inf. Co.A
Blancet, Robert TN 14th Inf. Co.D
Blancet, Robert VA 59th Inf. 2nd Co.D
Blancet, Samuel VA 8th Cav. Co.F
Blancet, Samuel VA 51st Inf. Co.H
Blancett, D.C. TN 4th Inf. Co.F Cpl.
Blancett, Henry S. VA 50th Inf. Co.E
Blancett, J.P. AL Inf. 2nd Regt. Co.K
Blancett, T.M. AL Inf. 2nd Regt. Co.K
Blancett, W.M. AL Inf. 2nd Regt. Co.K
Blanch, --- AL 22nd Inf. Co.C
Blanch, Joseph T. NC Hvy.Arty. 10th Bn. Co.A
Blanchard, --- GA 45th Inf. Co.C
Blanchard, A. LA 8th Cav. Co.C
Blanchard, A. LA 18th Inf. Co.A
Blanchard, A. LA Inf.Cons. 18th Regt. & Yellow Jacket Bn. Co.C,E
Blanchard, A. LA 30th Inf. Co.I
Blanchard, A. LA Mil. LaFourche Regt.
Blanchard, Abraham LA 18th Inf. Co.G
Blanchard, Abram W. NC 61st Inf. Co.G
Blanchard, A.C. GA Cav. 21st Bn. Co.A
Blanchard, A.D. LA 2nd Cav. Co.H Cpl.
Blanchard, Adon LA 1st Hvy.Arty. (Reg.) Co.B
Blanchard, A.G. Eng.,CSA 1st Lt.
Blanchard, A.J. NC Mallett's Bn. (Cp.Guard) Co.E
Blanchard, Albert G. LA 1st (Nelligan's) Inf. Col.
Blanchard, Albert G. Gen. & Staff Brig.Gen.
Blanchard, Alcie LA 1st Hvy.Arty. (Reg.) Co.B
Blanchard, Alexander AL 18th Inf. Co.G
Blanchard, Alexandre LA Conscr.
Blanchard, Alfred P. MO 4th Cav. Co.B,E
Blanchard, Amadio LA 28th (Thomas') Inf. Co.H
Blanchard, Amede LA 26th Inf. Co.C
Blanchard, A.P. MO 3rd Cav. Co.B
Blanchard, Armand LA 27th Inf. Co.D
Blanchard, Arsene LA 18th Inf. Co.D
Blanchard, Arthur LA 4th Inf. Co.H
Blanchard, August Conf.Cav. Wood's Regt. 2nd Co.F Music.
Blanchard, Augustin LA 1st Hvy.Arty. (Reg.) Co.B
Blanchard, Augustine LA Mil. Assumption Regt.
Blanchard, Augustus, Jr. LA Mil. Assumption Regt.
Blanchard, A.W. GA Lt.Arty. 12th Bn. 1st Co.A Bvt.2nd Lt.
Blanchard, A.W. GA 1st (Ramsey's) Inf. Co.D
Blanchard, A.W. GA 63rd Inf. Co.A Capt.
Blanchard, B.L. LA Mil. 3rd Regt. 2nd Brig. 1st Div. Co.A Sgt.
Blanchard, B.L. TX 29th Cav. Co.I
Blanchard, Calvin NC 52nd Inf. Co.C Cpl.
Blanchard, Calvin VA Inf. Cohoon's Bn. Co.B
Blanchard, Charles LA 1st Hvy.Arty. (Reg.) Co.C
Blanchard, Charles W. FL 2nd Inf. Co.K 1st Sgt.
Blanchard, C.P. LA 2nd Cav. Co.C Sgt.
Blanchard, D. LA Inf. 10th Bn. Co.G,A
Blanchard, D. LA 30th Inf. Band Music.
Blanchard, D. LA 30th Inf. Co.I
Blanchard, David J. NC 51st Inf. Co.B Cpl.
Blanchard, Dawson LA 1st (Nelligan's) Inf. Capt.,Comsy.
Blanchard, Dawson Gen. & Staff Capt.,Comsy.
Blanchard, Dawson A. LA Arty. Green's Co. (LA Guard Btty.)
Blanchard, Dr. J.B. LA Mil. Assumption Regt. Capt.
Blanchard, Drozin LA 8th Inf. Co.C
Blanchard, D.W. NC 32nd Inf. Co.G
Blanchard, E. LA 18th Inf. Co.D
Blanchard, E. LA 30th Inf. Co.I
Blanchard, Edgar W. MS Cav. Jeff Davis Legion Co.A
Blanchard, E.L. MS 1st Cav. Co.H
Blanchard, Eldred VA Inf. Cohoon's Bn. Co.B
Blanchard, Eldridge NC 52nd Inf. Co.C
Blanchard, Esom TX 32nd Cav. Co.H
Blanchard, Eugene LA 1st Hvy.Arty. (Reg.) Co.B
Blanchard, Evan P. AL 36th Inf. Co.D
Blanchard, Evariste LA 1st Hvy.Arty. (Reg.) Co.B
Blanchard, Fed N. NC 47th Inf.
Blanchard, F.L. LA Pointe Coupee Arty.
Blanchard, Francois LA 1st Hvy.Arty. (Reg.) Co.C
Blanchard, Fredric H. FL 9th Inf. Co.F
Blanchard, F.M. NC 3rd Cav. (41st St.Troops) Co.C
Blanchard, F.W. NC 6th Inf. Co.K Sgt.
Blanchard, G.E. MS 20th Inf. Co.A
Blanchard, Gregorio LA 1st Hvy.Arty. (Reg.) Co.C
Blanchard, H.C. VA Cav. Mosby's Regt. (Part.Rangers) Co.D
Blanchard, Helaire LA 4th Inf. Co.H Music.
Blanchard, Henry Hurdle MS 34th Inf. Co.A 1st Sgt.
Blanchard, Henry W. NC 54th Inf. Co.D
Blanchard, Howard L. GA 49th Inf. Co.K
Blanchard, I.G. Sig. Corps,CSA Capt.
Blanchard, Ingrham TN 5th Inf. 2nd Co.C
Blanchard, J. AL 46th Inf. Co.F
Blanchard, J. LA Mil. 3rd Regt. French Brig. Co.3
Blanchard, J.A. AL 46th Inf. Co.C
Blanchard, J.A. MS 28th Cav. Co.E
Blanchard, J.A. TX 11th (Spaight's) Bn.Vol. Asst.Surg.

Blanchard, J.A. TX 20th Inf. Asst.Surg.
Blanchard, J.A. TX 21st Inf. Asst.Surg.
Blanchard, J.A. Gen. & Staff Asst.Surg.
Blanchard, James GA Cav. 22nd Bn. (St.Guards) Co.H
Blanchard, James LA Pointe Coupee Arty.
Blanchard, James MS 2nd Cav. Co.K
Blanchard, James MS 1st (King's) Inf. (St.Troops) Co.K
Blanchard, James NC 5th Inf. Co.H
Blanchard, James NC 37th Inf. Co.I
Blanchard, James Gen. & Staff 2nd Lt.,Dr.M.
Blanchard, James D. LA Washington Arty.Bn. Co.3 Artif.
Blanchard, James G. NC 42nd Inf. Co.K
Blanchard, James G. Gen. & Staff Lt.,AAG
Blanchard, James H. GA 10th Inf. Co.F
Blanchard, James P. NC Cav. 15th Bn.
Blanchard, James R. AR 4th Inf. Co.A
Blanchard, James R. NC 52nd Inf. Co.C
Blanchard, J.B. LA 4th Inf. Co.F
Blanchard, J.B. LA Mil. Knaps' Co. (Fausse River Guards)
Blanchard, J.D. MS 11th Inf. Co.I
Blanchard, J.E. LA Dreux's Cav. Co.A Sgt.
Blanchard, Jean B. LA 26th Inf. Co.H
Blanchard, Jeremiah GA 10th Inf. Co.F 1st Lt.
Blanchard, J.F. MS 34th Inf. Co.A
Blanchard, J.F.R. LA Mil.Cav.Squad. (Ind. Rangers Iberville)
Blanchard, J.H. AR 19th (Dockery's) Inf. Co.H
Blanchard, J.H. KY 8th Mtd.Inf. Co.I
Blanchard, J.H. LA Inf. 1st Sp.Bn. (Rightor's) Co.E Cpl.
Blanchard, J.H. TN 51st Inf. Co.G Sgt.
Blanchard, J.H. TN 51st (Cons.) Inf. Co.G
Blanchard, J.J.E. LA Mil. Orleans Fire Regt. Hall's Co. 1st Lt.
Blanchard, J.M. MS 3rd Inf. Co.B
Blanchard, John MS St.Troops (Herndon Rangers) Montgomery's Ind.Co.
Blanchard, John MS 2nd Inf. Co.A
Blanchard, John TN Cav. 16th Bn. (Neal's) Co.E
Blanchard, John H. KY 4th Inf. Co.I
Blanchard, John T. AR 4th Inf. Co.B
Blanchard, John W. VA Inf. Cohoon's Bn. Co.A,B
Blanchard, Joseph LA 1st Hvy.Arty. (Reg.) Co.B
Blanchard, Jos. F. Rene LA 27th Inf. Co.D
Blanchard, Joseph H. NC 1st Inf. Co.F Sgt.
Blanchard, J.T. GA 56th Inf. Co.I
Blanchard, Jules LA 18th Inf. Co.E
Blanchard, Jules LA 28th (Thomas') Inf. Co.H
Blanchard, L.A. LA Pointe Coupee Arty.
Blanchard, Leonidas M. GA 5th Inf. Co.A
Blanchard, Louis LA Mil. LaFourche Regt.
Blanchard, Louis D. LA 3rd Inf. Co.A
Blanchard, Lucien LA 1st Hvy.Arty. (Reg.) Co.B
Blanchard, M. LA Mil. Assumption Regt.
Blanchard, Martin LA Arty. Moody's Co. (Madison Lt.Arty.)
Blanchard, Mathew C. FL 10th Inf. Co.K
Blanchard, Maturin LA 1st Hvy.Arty. (Reg.) Co.C
Blanchard, M.C. FL Inf. 2nd Bn. Co.D
Blanchard, Mercer GA Inf. 3rd Bn. Co.F Jr.2nd Lt.
Blanchard, Mercer GA 37th Inf. Co.B 1st Lt.
Blanchard, M.R. AL 57th Inf. Co.C
Blanchard, N. LA Inf.Cons. 18th Regt. & Yellow Jacket Bn. Co.E
Blanchard, Nathan GA 18th Inf. Co.I
Blanchard, Nichols LA Mil. 1st Native Guards 1st Sgt.
Blanchard, Nichols LA 28th (Thomas') Inf. Co.H
Blanchard, Numa LA 3rd Inf. Co.A
Blanchard, Numa LA 21st (Patton's) Inf. Co.B
Blanchard, O.A. MO 3rd Inf. Co.E
Blanchard, Olivier LA Conscr.
Blanchard, O.R. MO St.Guard Lt.
Blanchard, Orther LA Mil. 1st Native Guards
Blanchard, Oscar SC Lt.Arty. Beauregard's Co.
Blanchard, Ozeme LA 1st Hvy.Arty. (Reg.) Co.B
Blanchard, P. LA 7th Cav. Co.D
Blanchard, P. MO 8th Inf. Co.A
Blanchard, Paltier NC 2nd Cav. (19th St.Troops) Co.C
Blanchard, Peter LA Mil. Chalmette Regt. Co.K
Blanchard, Pierre LA 8th Inf. Co.K
Blanchard, Price MO St.Guard
Blanchard, R. MS Inf. 7th Bn. Co.A
Blanchard, R.A. TX Lt.Arty. Hughes' Co.
Blanchard, R.D. GA 10th Inf. Co.C
Blanchard, Reuben G. FL 10th Inf. Co.E
Blanchard, Reuben L. AR 4th Inf. Co.B
Blanchard, Reuben T. GA 48th Inf. Co.K
Blanchard, Reymond LA 18th Inf. Co.G
Blanchard, R.H. MS 11th (Cons.) Cav. Co.H
Blanchard, R.L. MS 6th Cav. Co.D
Blanchard, R.L. MS 10th Cav. Co.E
Blanchard, R.L. MS Cav. Davenport's Bn. (St.Troops) Co.C
Blanchard, Robert A. GA 3rd Cav. (St.Guards) Co.I Cpl.
Blanchard, R.T. GA 48th Inf. Co.K
Blanchard, S. KY 7th Cav. Co.E
Blanchard, S. LA 1st Cav. Co.B
Blanchard, S. LA Mil. LaFourche Regt.
Blanchard, Samuel LA 4th Inf.Co.F
Blanchard, Severin LA Arty. Landry's Co. (Donaldsonville Arty.)
Blanchard, S.H. LA 14th Inf. Co.F
Blanchard, S.H. MS 28th Cav. Co.K
Blanchard, S.S. SC Lt.Arty. J.T. Kanapaux's Co. (Lafayette Arty.) Cpl.
Blanchard, Stith KY Cav. 2nd Bn. (Dortch's) Co.B
Blanchard, S.W. MS 1st Cav. Co.H
Blanchard, T.C. NC 58th Inf. Co.E
Blanchard, Theodule LA 26th Inf. Co.H
Blanchard, Thomas MS Cav. Ham's Regt. Co.F
Blanchard, Thomas NC 5th Inf. Co.H
Blanchard, Thomas E. GA Inf. 3rd Bn. Co.F 1st Lt.
Blanchard, Thomas E. GA 37th Inf. Co.B Capt.
Blanchard, Thos. E. Gen. & Staff Lt.,AQG
Blanchard, Thomas S. NC Loc.Def. Griswold's Co.
Blanchard, Trasimon LA 1st Hvy.Arty. (Reg.) Co.B
Blanchard, T.S. SC Mil.Arty. 1st Regt. Pope's Co.
Blanchard, T.S. SC 25th Inf. Co.A
Blanchard, T.S. SC Inf.Loc.Def. Estill's Co.
Blanchard, U. LA 16th Inf. Co.C
Blanchard, U. LA 18th Inf. Co.I
Blanchard, Uriah GA Cobb's Legion Co.A
Blanchard, Victor LA 27th Inf. Co.D 2nd Lt.
Blanchard, W. LA Inf.Cons. 18th Regt. & Yellow Jacket Bn. Co.E
Blanchard, W.A. NC 57th Inf. Co.I Cpl.
Blanchard, W.D. AR 12th Inf. Co.K
Blarchard, William AL 10th Inf. Co.K
Blanchard, William MS 18th Cav. Co.L
Blanchard, William NC 14th Inf. Co.D
Blanchard, William TN Cav. 16th Bn. (Neal's) Co.E
Blanchard, William G. GA 60th Inf. Co.G
Blanchard, William G. NC 7th Inf. Co.C
Blanchard, William R.B. AL 57th Inf. Co.F
Blanchard, William S. NC Lt.Arty. 13th Bn. Co.A
Blanchard, William T. GA 12th Inf. Co.H
Blanchard, W.J. GA 10th Inf. Co.F
Blanchard, W.L. Morgan's Staff Maj.
Blanchard, W.P. AL 1st Cav.
Blanchard, W.R. AL 53rd (Part.Rangers) Co.I
Blanchard, Young NC 3rd Inf. Co.C
Blanchart, J.J. GA Brooks' Co. (Terrell Lt.Arty.)
Blanche, A. SC Mil. 1st Regt. (Charleston Res.) Co.B
Blanched, Armand LA 7th Cav. Co.C
Blancher, F.C. MS 3rd Inf. Co.B
Blancherd, Timothy TN 5th Inf. 2nd Co.C
Blanchet, A. LA Mil. Orleans Guards Regt. Co.E
Blanchet, A. TX 11th (Spaight's) Bn.Vol. Co.E
Blanchet, A.A. AR 7th Mil. Co.C
Blanchet, Ernest LA Inf. 7th Bn. Co.A
Blanchet, Henry NC 51st Inf. Co.D
Blanchet, James SC 1st St.Troops Co.I
Blanchet, James J. SC 14th Inf. Co.I
Blanchet, John AL 17th Bn.S.S. Co.B
Blanchet, John AL 39th Inf. Co.B
Blanchet, John M. SC 14th Inf. Co.I Cpl.
Blanchet, Lemuel AL 17th Bn.S.S. Co.B
Blanchet, Lemuel AL 39th Inf. Co.B
Blanchet, Lemuel AL 61st Inf. Co.C
Blanchet, Thomas SC 5th Res. Co.G
Blanchet, U. LA Mil. 4th Regt. 2nd Brig. 1st Div. Co.A
Blanchet, V. TX 11th (Spaight's) Bn.Vol. Co.B
Blanchet, V. TX 13th Vol. 4th Co.I
Blanchet, William Jasper AL 49th Inf. Co.C
Blanchet, William Z. SC 14th Inf. Co.I
Blanchett, C. TX 1st Hvy.Arty. Co.B
Blanchett, James TN 7th (Duckworth's) Cav. Co.G
Blanchett, P. TX Conscr.
Blanchfield, John VA 1st Lt.Arty. Co.B
Blanchfield, Owen VA 1st Inf. Chambers' Co.
Blanchfield, Owen VA 2nd Inf. Co.K
Blanchin, C. LA Mil. 3rd Regt.Eur.Brig. (Garde Francaise) Co.2 Capt.
Blancho, Charles 2nd Conf.Eng.Troops Co.D Cpl.
Blancho, Charles F. GA 1st (Olmstead's) Inf. Co.C Cpl.
Blanchord, Ducartel LA 11th Inf. Co.B
Blanchord, H.C. MS Blythe's Bn. (St.Troops) Co.A
Blancit, Calvin TX 13th Cav. Co.D

Blancit, Jordan AL 18th Bn.Vol. Co.A
Blancit, J.P. AR Gipson's Bn.Mtd.Riflemen Capt.
Blancit, Robert B. VA Inf. 26th Bn. Co.D
Blancit, Thomas J. VA 22nd Inf. Co.K
Blanck, Joseph LA 20th Inf. Co.D
Blancken, C.H. SC Lt.Arty. Wagener's Co. (Co.A,German Arty.)
Blancken, H. SC Mil. 16th Regt. Lawrence's Co.
Blancket, Ernest LA Mil. C.S. Zouave Bn. Co.E
Blanckfield, John VA Lt.Arty. J.S. Brown's Co.
Blanckingship, A.D. AR 27th Inf. Co.G
Blanco, Manuel LA Mil. 5th Regt.Eur.Brig. (Spanish Regt.) Co.3
Blanco, Santo TX 2nd Cav. Co.B
Blancomb, J.P. LA Mil. 1st Regt. French Brig. Co.1 3rd Lt.
Blancy, James F. VA 50th Inf. Co.E
Blancy, Thos. R. Gen. & Staff AASurg.
Bland, Abner NC 17th Inf. (2nd Org.) Co.G
Bland, Abner NC 31st Inf. Co.F
Bland, Abner M. GA 11th Inf. Co.I
Bland, Abram F. NC 1st Arty. (10th St.Troops) Co.I
Bland, A.C. TN 30th Inf. Co.D
Bland, A.J. VA 30th Bn.S.S. Co.C,D
Bland, Albert M. NC 1st Inf. (6 mo. '61) Co.K
Bland, Alexander VA Arty. Bryan's Co.
Bland, Alexander T. VA 26th Inf. Co.H Cpl.
Bland, Allen TN 9th Inf. Co.B
Bland, Allen P. MS 2nd Inf. Co.H
Bland, A.M. FL 1st (Res.) Inf.
Bland, Andrew J. MS 8th Inf. Co.C
Bland, Andrew J. TN 8th Inf. Co.C
Bland, A.P. SC Mil. 16th Regt. Sigwald's Co.
Bland, Archer Conf.Cav. Wood's Regt. 2nd Co.A
Bland, B. TN 15th (Stewart's) Cav. Co.D
Bland, Benjamin LA Mil. 1st Regt. 3rd Brig. 1st Div. Co.G 1st Lt.
Bland, Benjamin VA 60th Inf. Co.A
Bland, Benjamin F. VA 5th Cav. Co.E,C Sgt.
Bland, B.F. AR 1st Mtd.Rifles Co.D Cpl.
Bland, B.F. TX 4th Cav. Co.I
Bland, Calvin AR 12th Inf. Co.I
Bland, C.B. MS 44th Inf. Co.C
Bland, Charles KY 10th (Johnson's) Cav. Co.A
Bland, Charles MS 4th Inf. Co.D Ord.Sgt.
Bland, Charles SC Post Guard Senn's Co.
Bland, Charles W. AL 13th Inf. Co.C
Bland, Christopher C. NC 2nd Arty. (36th St.Troops) Co.K
Bland, C.J. VA 30th Inf. Co.A
Bland, Daniel MO 1st N.E. Cav. Co.H
Bland, Daniel P. NC 18th Inf. Co.E
Bland, David GA 11th Cav. (St.Guards) Tillman's Co.
Bland, David GA 5th Res. Co.B
Bland, David NC 30th Inf. Co.E
Bland, David TX 4th Cav. Co.B
Bland, D.P. NC 3rd Cav. (41st St.Troops) Co.A
Bland, E. MS Walsh's Co. (Muckalusha Guards)
Bland, Edward VA 49th Inf. Co.B
Bland, Edward H. MO Inf. 8th Bn. Co.C
Bland, Edward P. VA 15th Inf. Co.D
Bland, Edward W. MO 8th Inf. Co.A Jr.2nd Lt.
Bland, Elbert SC 7th Inf. 1st Co.H Lt.Col.
Bland, E.M. MS Cav. Jeff Davis Legion Co.C
Bland, Enoch GA 31st Inf. Co.H
Bland, Enoch NC 3rd Cav. (41st St.Troops) Co.A
Bland, E.S. GA 49th Inf. Co.H
Bland, F.C. MS 17th Inf. Co.E
Bland, Francis M. AL 18th Inf. Co.D Cpl.
Bland, Francis P. GA 3rd Inf. Co.G
Bland, F.S. GA Lt.Arty. Howell's Co.
Bland, George NC 3rd Cav. (41st St.Troops) Co.A
Bland, George VA 9th Inf. Co.D
Bland, George VA 60th Inf. Co.A
Bland, George A. MS 17th Inf. Co.E Sgt.
Bland, George W. AR 20th Inf. Co.E Sgt.
Bland, George W. SC 5th Res. Co.K
Bland, Gideon AL 33rd Inf. Co.H
Bland, G.J. AR 24th Inf. Co.C
Bland, G.P. AR 51st Mil. Co.E
Bland, G.W. AR 20th Inf. Co.F
Bland, G.W. AR 36th Inf. Co.C
Bland, G.W. AR 50th Mil. Co.A
Bland, G.W. SC 2nd Arty. Co.E
Bland, H. TX 26th Cav. Co.E
Bland, H.A. NC 3rd Cav. (41st St.Troops) Co.A
Bland, H.A. NC Cav.Loc.Def. Howard's Co.
Bland, Harmon NC 18th Inf. Co.I
Bland, Harrison L. GA 51st Inf. Co.G
Bland, Harry VA 24th Cav. Co.C Sgt.
Bland, Harry VA Cav. 40th Bn. Co.C
Bland, Harvey T. VA 108th Mil. Co.E
Bland, Henry GA 66th Inf. Co.D
Bland, Henry A. NC 5th Cav. (63rd St.Troops) Co.E
Bland, Henry A. NC 18th Inf. Co.I
Bland, Hiram GA 1st Inf. Co.I
Bland, Hiram GA 9th Inf. Co.I
Bland, Hiram H. NC 35th Inf. Co.D
Bland, H.W. TN 32nd Inf. Co.B Sgt.
Bland, I.H. VA 24th Cav. Co.C
Bland, I.R. VA 2nd Inf.Loc.Def. Co.F Cpl.
Bland, Ira R. VA Inf. 6th Bn.Loc.Def. Co.C Cpl.
Bland, Ira R. VA 23rd Inf. Co.H
Bland, Isaac VA 18th Cav. Co.A
Bland, Isaac VA 11th Bn.Res. Co.F
Bland, Isaac E. GA 39th Inf. Co.A
Bland, Isaac N. VA 25th Inf. 1st Co.F
Bland, Isaac N. VA 62nd Mtd.Inf. 2nd Co.F
Bland, I.R. NC 3rd Cav. (41st St.Troops) Co.A
Bland, J. AR 1st Mtd.Rifles Co.E
Bland, J. FL 1st (Res.) Inf. Co.B
Bland, J. KY 4th Cav. Co.K
Bland, J. NC Cav. McRae's Bn. Co.E
Bland, J. VA Loc.Def. Dulany's Co. 1st Lt.
Bland, J.A. SC 2nd St.Troops Co.I Bvt.2nd Lt.
Bland, James AL 32nd Inf. Co.I Sgt.
Bland, James AR 19th (Dockery's) Inf. Co.A
Bland, James FL 1st (Res.) Inf. Co.B
Bland, James GA 47th Inf. Co.C
Bland, James NC 17th Inf. (1st Org.) Co.G
Bland, James NC 35th Inf. Co.D
Bland, James TN 18th (Newson's) Cav. Co.B
Bland, James 2nd Conf.Eng.Troops Co.G
Bland, James B. VA 46th Mil. Co.B
Bland, James B. VA 62nd Mtd.Inf. 2nd Co.C
Bland, James C. GA 10th Inf. Co.F Music.
Bland, James C. NC 20th Inf. Co.I
Bland, James E. VA 9th Mil. Co.B
Bland, James E. VA 26th Inf. Co.G
Bland, James F. NC Hvy.Arty. 1st Bn. Co.B
Bland, James F. NC 18th Inf. Co.E
Bland, James H. KY 8th Cav. Co.K
Bland, James H. TN 1st (Turney's) Inf. Co.K
Bland, James M. VA 36th Inf. 3rd Co.I
Bland, James P. MS 29th Inf. Co.A
Bland, James P. VA 26th Inf. Co.C
Bland, James R. NC 17th Inf. (2nd Org.) Co.A
Bland, James R. TN Cav. Newsom's Regt. Co.C 3rd Lt.
Bland, James T. NC 17th Inf. (2nd Org.) Co.E
Bland, James T. VA 24th Cav. Co.C
Bland, James T. VA Cav. 40th Bn. Co.C
Bland, J.B. AL 12th Cav. Co.C
Bland, Jesse AR 12th Inf. Co.I Jr.2nd Lt.
Bland, Jesse AR 26th Inf. Co.F 1st Lt.
Bland, Jesse TN 12th (Green's) Cav. Co.A
Bland, J.H. MS 28th Cav. Co.H
Bland, J.J. NC 17th Inf. (1st Org.) Co.C
Bland, J.J. NC 33rd Inf.
Bland, J.J. VA 5th Cav. Co.E
Bland, J.K. TN 19th (Biffle's) Cav. Co.G
Bland, J.L. TN 38th Inf. Co.I
Bland, J.M. GA 1st Reg. Co.H
Bland, John AL Cav. Lewis' Bn. Co.E
Bland, John AL 62nd Inf. Co.K
Bland, John AR 3rd Cav. Co.B Cpl.
Bland, John AR Mtd.Vol. Hooker's Co. Lt.
Bland, John AR 32nd Inf. Co.D Capt.
Bland, John GA 46th Inf. Co.A
Bland, John MD 1st Cav. Co.D
Bland, John NC 17th Inf. (2nd Org.) Co.G
Bland, John NC 18th Inf. Co.I
Bland, John SC 7th Mil. Col.
Bland, John VA 60th Inf. Co.A
Bland, John A. NC 3rd Arty. (40th St.Troops) Co.H
Bland, John A. VA 25th Inf. 2nd Co.K Sgt.
Bland, John B. SC Cav. 17th Bn. Co.B
Bland, John B. VA Hvy.Arty. Epes' Co.
Bland, John C. AL 33rd Inf. Co.H
Bland, John E. VA 1st Cav. Co.G
Bland, John E. VA 34th Inf. Co.A Sgt.
Bland, John H. MO 10th Inf. Co.A
Bland, John H. VA 21st Mil. Co.E
Bland, John H. VA 34th Inf. Co.A
Bland, John Henry MS 8th Cav. Co.A
Bland, John J. NC 30th Inf. Co.E
Bland, John L. NC 2nd Inf. Co.I Cpl.
Bland, Johnson SC 7th Inf. 1st Co.H 2nd Lt.
Bland, Johnson VA 46th Mil. Co.B
Bland, Johnson VA 62nd Mtd.Inf. 2nd Co.C
Bland, John T. TN 20th Inf. Co.C Cpl.
Bland, John T. VA 5th Cav. (12 mo. '61-2) Co.F
Bland, John T. VA 14th Cav. Co.H,C,L Capt.
Bland, John T. VA 17th Cav. Co.I Capt.
Bland, John T. VA Hvy.Arty. 19th Bn. Co.A
Bland, John T. VA 9th Mil. Co.B
Bland, John T. VA 26th Inf. Co.H
Bland, John T. VA Loc.Def. Tayloe's Co.
Bland, John W. AL 54th Inf. Co.B
Bland, John W AR 1st (Crawford's) Cav. Co.C
Bland, John W. TX 36th Cav. Co.H Artif.
Bland, John Wesley TN 40th Inf. Co.A
Bland, John William VA 26th Inf. Co.H 1st Sgt.

Bland, Jonathan VA 60th Inf. Co.A
Bland, Joseph NC 17th Inf. (1st Org.) Co.G
Bland, Joseph TX 26th Cav. Co.C
Bland, Joseph TX Loc.Def.Troops Merriman's Co. (Orange Cty. Coast Guards)
Bland, Joseph F. VA 24th Cav. Co.C
Bland, Joseph J. NC 44th Inf. Co.I 1st Lt.
Bland, Joseph R. VA 26th Inf. Co.C Sgt.
Bland, Josiah AR 4th Inf. Co.E
Bland, Josiah VA Arty. Curtis' Co.
Bland, J.R. TN 19th & 20th (Cons.) Cav. Co.B
Bland, J.R. TN 51st (Cons.) Inf. Co.E
Bland, J.R. VA 3rd Res. Co.D
Bland, J.R. VA 26th Inf. Co.H
Bland, J.S. VA 18th Cav. Co.A
Bland, J.T. NC 3rd Cav. (41st St.Troops) Co.A
Bland, J.T. NC 3rd Arty. (40th St.Troops) Co.H
Bland, J.T. VA 7th Cav. Capt.
Bland, J.V. TX 7th Inf. Co.A 1st Sgt.
Bland, J.W. AR 19th (Dockery's) Inf. Co.A Cpl.
Bland, J.W. TN 41st Inf. Co.C
Bland, J.W. VA Inf. 26th Bn. Co.C
Bland, L. MO Cav. Williams' Regt. Co.F
Bland, L. VA 45th Inf. Co.B
Bland, Lafayette AR 37th Inf. Co.C
Bland, Lawrence SC 7th Inf. 1st Co.F, Co.A
Bland, L.D. AR 1st (Dobbin's) Cav. Co.H
Bland, Lucian MS 12th Inf. Co.K
Bland, Lucian MS 18th Inf. Co.D
Bland, L.W. AR 37th Inf. Co.C
Bland, M. VA Loc.Def. Dulany's Co.
Bland, M.A. SC Mil. 17th Regt. Buist's Co.
Bland, M. Alberto SC Arty. Manigault's Bn. 1st Co.A Cpl.
Bland, Marion L. TN 7th Inf. Co.F Sgt.
Bland, Marshall H. GA 49th Inf. Co.C 1st Lt.
Bland, Micajah H. GA 49th Inf. Co.C,G
Bland, Miles H. VA 46th Mil. Co.A
Bland, Milton AL 48th Inf. Co.F
Bland, Milton NC Hvy.Arty. 1st Bn. Co.B
Bland, O. TX 13th Vol. 4th Co.I
Bland, O.K. TN 38th Inf. Co.I
Bland, Oliver TX 13th Cav. Co.I 3rd Lt.
Bland, Oliver TX 11th (Spaight's) Bn.Vol. Co.B
Bland, Ormond K. TN 4th Inf. Co.D
Bland, Payton TX 13th Cav. Co.I 1st Lt.
Bland, Payton SC Mil. 14th Regt.
Bland, P.D. VA 18th Cav. Co.A
Bland, Perenant MO Lt.Arty. Farris' Btty. (Clark Arty.) Cpl.
Bland, Perry T. TX 1st (McCulloch's) Cav. Co.K
Bland, Perry T. TX Cav. 8th (Taylor's) Bn. Co.D
Bland, Peter P. VA Hvy.Arty. Epes' Co.
Bland, Peyton TX Loc.Def.Troops Merriman's Co. (Orange Cty. Coast Guards)
Bland, Peyton TX Cav. 1st Regt.St.Troops Co.E Capt.
Bland, P.G. Gen. & Staff Hosp.Stew.
Bland, Pleasant D. VA 25th Inf. 1st Co.F
Bland, Pleasant D. VA 62nd Mtd.Inf. 2nd Co.F
Bland, P.M. TN 51st (Cons.) Inf. Co.C
Bland, R. AR 37th Inf. Co.C 2nd Lt.
Bland, Radford AR Inf. Cocke's Regt. Co.B
Bland, R.B. MS 6th Inf. Co.I Sgt.
Bland, R.H. GA Lt.Arty. Howell's Co. 2nd Lt.
Bland, Richard T. AR 4th Inf. Co.A
Bland, Robert AR 17th (Lemoyne's) Inf. Co.D
Bland, Robert AR 21st Inf. Co.H
Bland, Robert VA 49th Inf. Co.B
Bland, Robert VA 60th Inf. Co.A
Bland, Robert VA 108th Mil. Co.E
Bland, Robert C. VA 13th Cav. Co.E Sgt.
Bland, Robert E. VA 1st Cav. Co.G Cpl.
Bland, Robert E. VA 3rd Cav. Co.F Sgt.
Bland, Robert E. VA 13th Cav. Co.F 2nd Lt.
Bland, Robert T. VA 55th Inf. Co.C Capt.
Bland, Roderick, Jr. VA 24th Cav. Co.C Sgt.
Bland, Roderick, Jr. VA Cav. 40th Bn. Co.C
Bland, Roderick, Jr. VA 26th Inf. Co.H Sgt.
Bland, Roderick VA Mil. Maj.
Bland, S. GA 5th Res. Co.C
Bland, Samuel LA Washington Arty.Bn. Co.3 Cpl.
Bland, Samuel S. VA 6th Inf. Co.C
Bland, Schuyler VA 55th Inf. Co.C 1st Sgt.
Bland, S.D. GA 28th Inf. Co.A Bvt.2nd Lt.
Bland, S.D. GA 49th Inf. Co.H Sgt.
Bland, S.E. AL 24th Inf. Co.I
Bland, Silas TN 44th (Cons.) Inf. Co.H
Bland, Silas TN 55th (McKoin's) Inf. Joyner's Co.
Bland, Simeon E. AL 34th Inf. Co.G
Bland, Simeon M. GA 66th Inf. Co.D
Bland, S.J. NC 1st Arty. (10th St.Troops) Co.I
Bland, S.L. MS 5th Cav. Co.H
Bland, Solomon TN 23rd Inf. 1st Co.F, Co.H
Bland, S.P. GA 5th Inf. Lt.
Bland, Stephen A. NC 17th Inf. (2nd Org.) Co.E
Bland, Stewart D. VA 18th Cav. Co.A Jr.2nd Lt.
Bland, Stuart D. VA 62nd Mtd.Inf. 2nd Co.H
Bland, T.G. FL 2nd Inf. Hosp.Stew.
Bland, T.G. Hosp.Stew.
Bland, T.H. VA 60th Inf. Co.A
Bland, Theodore TX 30th Cav. Co.B
Bland, Theodore VA 56th Inf. Co.E
Bland, Theopholus VA Inf. 44th Bn. Co.C
Bland, Thos. AL (Hilliard's) 1st Legion Co.B
Bland, Thomas MS 3rd (St.Troops) Cav. Co.D
Bland, Thomas NC 50th Inf. Co.I
Bland, Thomas VA Lt.Arty. Thompson's Co.
Bland, Thomas VA 3rd Inf. Co.H
Bland, Thomas G. LA Inf. 1st Sp.Bn. (Rightor's) New Co.C Hosp.Stew.
Bland, Thomas G. LA 10th Inf. Co.C 1st Lt.
Bland, Thomas H. VA 108th Mil. Co.B
Bland, Timothy NC 8th Sr.Res. Broadhurst's Co.
Bland, Vernon E. VA 6th Inf. Co.B
Bland, W. GA Cav. 2nd Bn. Co.C
Bland, W. MS 3rd (St.Troops) Cav. Co.A
Bland, W. MS 1st (King's) Inf. (St.Troops) Co.G
Bland, W. VA 18th Cav. Co.A 2nd Lt.
Bland, W.A. AL 22nd Inf. Co.I
Bland, W.A. TN 28th (Cons.) Inf. Co.E
Bland, W.A. TN 84th Inf. Co.A
Bland, W.D. VA 11th Bn.Res. Co.F
Bland, W.F. GA Lt.Arty. 12th Bn. 3rd Co.E
Bland, W.F. GA Lt.Arty. Howell's Co.
Bland, W.G. NC 15th Inf. Co.M
Bland, W.H. TN 31st (Cons.) Inf. Co.E
Bland, W.H. TN 52nd Inf. Co.H Sgt.
Bland, W.I. VA 14th Cav. Co.H
Bland, William AL 40th Inf. Co.H
Bland, William AL 48th Inf. Co.F
Bland, William GA 5th Cav. Co.E
Bland, William GA Inf. 26th Bn. Co.A
Bland, William KY 2nd (Duke's) Cav. Co.B
Bland, William NC Hvy.Arty. 1st Bn. Co.B
Bland, William NC 17th Inf. (1st Org.) Co.G
Bland, William NC 17th Inf. (2nd Org.) Co.G
Bland, William TN 1st (Feild's) Inf. Co.C
Bland, William VA 46th Mil. Lantz's Co. 2nd Lt.
Bland, Wm. A. AL 34th Inf. Co.I
Bland, William A. NC 31st Inf. Co.F
Bland, William A.J. AL Lt.Arty. Clanton's Btty.
Bland, William C. AR 26th Inf. Co.F Cpl.
Bland, William C. VA 1st Arty. 2nd Co.C, 3rd Co.C
Bland, William D. VA Horse Arty. Jackson's Co.
Bland, William D. VA 50th Inf. Co.H Cpl.
Bland, William E. VA 5th Cav. (12 mo. '61-2) Co.F
Bland, William E. VA 13th Cav. Co.F
Bland, William E. VA 3rd (Archer's) Bn. Co.C
Bland, William F. GA 49th Inf. Co.C
Bland, William G. NC 32nd Inf. Co.I
Bland, William H. AR Lt.Arty. 5th Btty.
Bland, William H. AR 24th Inf. Co.G
Bland, William H. AR Inf. Hardy's Regt. Co.F
Bland, William H. GA 61st Inf. Co.D
Bland, William H. VA 36th Inf. 3rd Co.I
Bland, William H. VA 61st Inf. Co.G
Bland, William J. AL 29th Inf. Co.C
Bland, William J. NC Inf. 13th Bn. Co.D
Bland, William J. VA 31st Inf. Surg.
Bland, William L. VA 26th Inf. 2nd Co.B
Bland, William O. VA Loc.Def. Dulany's Co.
Bland, William W. NC 66th Inf. Co.K
Bland, William W. TN 2nd (Robison's) Inf. Co.B
Bland, William W. TN 22nd Inf. Looney's Co.
Bland, W.J. AL 48th Inf. Co.F
Bland, W.J. GA Inf. 27th Bn. (NonConscr.) Co.A
Bland, W.J. TN 8th Inf. Co.E
Bland, W.J. 10th Conf.Cav. Co.K
Bland, W.J. Gen. & Staff Surg.
Bland, W.M. TN 51st Inf. Co.K
Bland, W.M. TN 51st (Cons.) Inf. Co.G Col.Sgt.
Bland, W.W. TN 38th Inf. Co.L 3rd Lt.
Blandeau, Gerston VA 7th Inf. Co.H
Blandenburg, R.K. GA 1st (Fannin's) Res. Co.E Cpl.
Blandenburg, R.K. GA 2nd Res. Co.I
Blandenford, William S. KY 3rd Cav.
Blandford, Mark H. GA 12th Inf. Co.K Lt.Col.
Blandford, Mark H. Gen. & Staff, Cav. Col.
Blandford, T.C. KY 10th (Johnson's) Cav. New Co.I,E
Blandford, Thomas KY 7th Cav. Co.K
Blandford, Thomas W. KY 8th Mtd.Inf. Co.K Sgt.,Hosp.Stew.
Blandford, T.W. KY 8th Cav. Hosp.Stew.
Blandford, T.W. TN 40th Inf. Co.B Cpl.
Blandin, J.W. AL Cav. Barbiere's Bn. Goldsby's Co.
Blandin, J.W. AL Mil. 4th Vol. Co.K
Blanding, H.W. Gen. & Staff AASurg.

Blanding, James D. SC 9th Inf. Col.
Blanding, J.D. SC 4th St.Troops Co.I 1st Sgt.
Blanding, Ormsby SC 1st Arty. Co.E,C Maj.
Blandley, J.R. Gen. & Staff Surg.
Blandner, Charles F. GA 5th Inf. Co.F Music.
Blandon, F.A. LA Conscr.
Blandon, G.T. VA Inf. 4th Bn.Loc.Def. Co.F
Blandon, John D. TX 22nd Cav. Co.A
Blandon, W.B. 1st Conf.Inf. 2nd Co.C
Blandsford, T.W. KY 12th Cav. Co.A
Blandy, Thomas R. VA 18th Inf. Co.G
Blane, Alex C. TN 14th Inf. Co.E Sgt.
Blane, G.D. KY 2nd Mtd.Inf. Co.D Sgt.
Blane, George MO 4th Cav.
Blane, George F. TN 4th Inf. Co.F
Blane, George T. TN 50th Inf. Co.D,F
Blane, Henry TN 14th Inf. Co.E
Blane, Jacob, Jr. VA 3rd Cav. Co.C
Blane, James O. TN Cav. 11th Bn. (Gordon's) Co.C
Blane, John KY 1st (Helm's) Cav. Co.A
Blane, John TN 18th Inf. Co.K
Blane, John TX 11th Cav. Co.B Sgt.
Blane, John VA Res.Forces Thurston's Co.
Blane, John F. TN Cav. 11th Bn. (Gordon's) Co.C
Blane, John W. VA 59th Inf. 3rd Co.E
Blane, Nathan TN 16th (Logwood's) Cav. Co.G
Blane, Peter M. TN Cav. 11th Bn. (Gordon's) Co.C
Blane, Robert H. TN 14th Inf. Co.E
Blane, Samuel L. AL 24th Inf. Co.I
Blane, William E. TN 50th Inf. Co.F 1st Sgt.
Blane, William E. TN 50th (Cons.) Inf. Co.F Sgt.
Blane, Wilson NC 62nd Inf. Co.D
Blanenn, E. AL 50th Inf.
Blaney, Barney NC 6th Inf. Co.A
Blaney, Charles LA 22nd Inf. Wash. Mark's Co.
Blaney, George W. NC 2nd Inf. Co.I
Blaney, James LA 1st (Strawbridge's) Inf. Co.B
Blaney, James LA 9th Inf. Co.D Cpl.
Blaney, John FL Norwood's Co. (Home Guards)
Blaney, Michael 9th Conf.Inf. Co.B
Blaney, Mike TN 21st Inf. Co.I
Blaney, R. NC Wallace's Co. (Wilmington RR Guard)
Blanferd, Davis AR 17th (Griffith's) Inf. Co.A Cpl.
Blanford, David AR 11th & 17th Cons.Inf. Co.I Cpl.
Blanford, George AR 23rd Inf. Co.D
Blanford, J. KY 10th (Johnson's) Cav. Co.E
Blanford, John KY 1st (Butler's) Cav. Co.G
Blanford, John KY 10th (Johnson's) Cav. New Co.G
Blanford, John KY Morehead's Regt. (Part. Rangers) Co.C
Blanford, Richard KY 8th Cav. Co.G Sgt.
Blanford, Samuel H. VA 21st Inf. Co.B
Blanford, T.C. KY Morgan's Men Co.D
Blanford, Thomas KY Cav. 2nd Bn. (Dortch's) Co.C
Blanford, Thomas KY 9th Mtd.Inf. Co.B
Blanford, Thomas C. KY 1st (Butler's) Cav.
Blanford, T.W. Gen. & Staff Hosp.Stew.
Blango, John 1st Seminole Mtd.Vol.
Blank, --- TX 30th Cav. Co.C
Blank, B. LA Mil. Lewis Guards
Blank, Bernard LA Mil. Orleans Fire Regt. Co.F
Blank, Charles NC 1st Inf. Co.E
Blank, George AL Auburn Home Guards Vol. Darby's Co.
Blank, Henry S. VA 1st St.Res. Co.B
Blank, J. LA Mil. 4th Regt. French Brig. Co.1
Blank, J. SC Mil. 1st Regt. (Charleston Res.) Co.B
Blank, John F. KY 3rd Cav. Co.B
Blank, Louis AR 15th (N.W.) Inf. Co.B
Blank, Louis LA 22nd (Cons.) Inf. Co.I
Blank, Paul LA Mil. Fire Bn. Co.E Sgt.
Blank, R.L. MS 5th Inf. Co.C
Blank, Rudolph TX Lt.Arty. Jones' Co.
Blankberger, G.W. AL 12th Inf. Co.G
Blanke, Charles TX 4th Field Btty.
Blanke, John TX Inf. Timmons' Regt. Co.K
Blanke, John TX Waul's Legion Co.B
Blankenbacer, Christopher C. MO 10th Cav. Co.D
Blankenbaker, D.W. Inf. Bailey's Cons.Regt. Co.B
Blankenbaker, D.W. TX 7th Inf. Co.A
Blankenbaker, E.F. VA 82nd Mil. Co.A Maj.
Blankenbaker, F. MO Searcy's Bn.S.S.
Blankenbaker, Franklin MO Douglas' Regt.
Blankenbaker, George VA 4th Cav. Co.C
Blankenbaker, J. VA 82nd Mil. Co.B
Blankenbaker, J.H. VA 4th Cav. Co.C
Blankenbaker, John M. VA 82nd Mil. Co.C
Blankenbaker, Richard MO Cav. Williams' Regt. Co.E
Blankenbaker, R.W. VA 82nd Mil. Co.B 2nd Lt.
Blankenbaker, W. VA 13th Cav. Co.K
Blankenbaks, C.C. MO Cav. 3rd Regt.St.Guard Co.D
Blankenbecker, Hiram VA 6th Bn.Res. Co.A
Blankenbecker, John E. VA 6th Bn.Res. Co.F
Blankenbeckler, Jas. M. KY 10th (Diamond's) Cav. Co.M
Blankenbeckler, James N. VA 48th Inf. Co.D
Blankenbeckler, William TN 43rd Inf. Co.E
Blankenbeckler, William C. VA Inf. 23rd Bn. Co.A
Blankenbecler, George B. VA Inf. 23rd Bn. Co.A
Blankenbeker, Elias F. VA 7th Inf. Co.A
Blankenbeker, Elliott F. VA 10th Inf. Co.L Capt.
Blankenbeker, George M. VA 7th Inf. Co.A
Blankenbeker, James C. VA 7th Inf. Co.A
Blankenbeker, James N. VA 4th Cav. Co.C
Blankenbeker, James N. VA 7th Inf. Co.A Sgt.
Blankenbeker, Jerome N. VA 7th Inf. Co.A
Blankenbeker, J.M. VA 10th Inf. Co.L
Blankenbeker, Jonas VA 10th Inf. Co.L Sgt.
Blankenbeker, Richard U. VA 10th Inf. Co.L
Blankenbeker, S.F. VA 10th Inf. Co.L
Blankenbeker, Simeon A. VA 34th Inf. Fray's Co. Sgt.
Blankenbeker, Smith F. VA 34th Inf. Fray's Co. 1st Lt.
Blankenbeker, William VA 10th Inf. Co.L
Blankenbeker, William J. VA 7th Inf. Co.K Sgt.
Blankenboker, John A. VA 4th Cav. Co.C
Blankensee, David SC Inf. Hampton Legion Co.A
Blankenship TX Cav. 4th Regt.St.Troops Co.E
Blankenship, --- TX 33rd Cav. Co.A
Blankenship, --- TX Cav. Mann's Regt. Co.C Cpl.
Blankenship, A. AL 35th Inf. Co.D
Blankenship, A. GA Lt.Arty. (Jackson Arty.) Massenburg's Btty.
Blankenship, A. MO 6th Inf. Co.D
Blankenship, A. VA 1st (Farinholt's) Res. Co.G
Blankenship, A.B. TN 63rd Inf. Co.H
Blankenship, Abra L. VA 56th Inf. Co.G
Blankenship, Addison VA 58th Inf. Co.K
Blankenship, A.J. AL 17th Inf. Co.D
Blankenship, A.J. TX Cav. Morgan's Regt. Co.G 2nd Lt.
Blankenship, A.J. VA 3rd Arty. Co.G
Blankenship, Alexander B. NC 53rd Inf. Co.K
Blankenship, Alfred B. TN 5th (McKenzie's) Cav. Co.C
Blankenship, Anderson J. VA 86th Mil. Co.E
Blankenship, Andrew J. AR 33rd Inf. Co.E
Blankenship, Andrew J. MO Lt.Arty. McDonald's Co.
Blankenship, Andrew J. TX 11th Inf. Co.K
Blankenship, Andrew L. VA 28th Inf. Co.D
Blankenship, A.R. TN 20th Cav. Co.H
Blankenship, Archable NC 16th Inf. Co.H
Blankenship, Archer VA 5th Cav. Co.C
Blankenship, Archer F. VA 38th Inf. Co.C
Blankenship, A.S. TN 42nd Inf. Co.G
Blankenship, A.W. AL 42nd Inf. Co.F
Blankenship, B.B. KY 3rd Mtd.Inf. Co.G
Blankenship, Benjamin AR 7th Inf. Co.H
Blankenship, Benjamin GA 2nd Res. Co.F
Blankenship, Benjamin NC 56th Inf. Co.H
Blankenship, Benjamin VA Cav. 34th Bn. Co.A
Blankenship, Benjamin VA 1st (Farinholt's) Res. Co.G
Blankenship, Benjamin B. VA 16th Inf. Co.F Cpl.
Blankenship, Berry VA 8th Cav. Co.E,H,F
Blankenship, B.R. MS St.Troops (Peach Creek Rangers) Maxwell's Co. Sgt.
Blankenship, B.R. MS Cav. Polk's Ind.Co. (Polk Rangers)
Blankenship, B.S. NC 1st Bn.Jr.Res. Co.D
Blankenship, Burrell J. TX 6th Cav. Co.G
Blankenship, Calaway TN 59th Mtd.Inf. Co.A
Blankenship, Caleb TN 55th (Brown's) Inf. Co.E
Blankenship, Calvin MO 1st Cav. Co.I
Blankenship, Calvin MO 10th Cav. Co.K Cpl.
Blankenship, C.C. TX 30th Cav. Co.F
Blankenship, Charles VA 16th Cav. Co.C Jr.2nd Lt.
Blankenship, Charles VA Inf. 4th Bn.Loc.Def. Co.F
Blankenship, Charles T. VA 11th Inf. Co.C
Blankenship, Charles W. VA 16th Cav. Co.C
Blankenship, Charles W. VA 22nd Inf. Co.G Sgt.
Blankenship, Chastein VA Loc.Res.
Blankenship, Colbert TN 13th Inf. Co.K
Blankenship, Conley KY 10th (Diamond's) Cav. Co.H

Blankenship, Conley, Jr. KY 10th (Diamond's) Cav. Co.H
Blankenship, C.W. VA 22nd Cav. Co.I
Blankenship, C.W. VA 188th Mil. Co.C
Blankenship, Daniel AL 46th Inf. Co.A
Blankenship, Daniel MO Cav. Freeman's Regt. Co.A
Blankenship, Daniel VA 151st Mil. Co.C
Blankenship, Daniel D. KY 10th (Diamond's) Cav. Co.H
Blankenship, David VA 3rd Lt.Arty. Co.A
Blankenship, David L. KY Cav. 1st Bn. Co.A
Blankenship, David L. TX 19th Cav. Co.H Cpl.
Blankenship, David M. VA 54th Inf. Co.E
Blankenship, David P. TN 4th (McLemore's) Cav. Co.B Sgt.
Blankenship, D.E. TN Conscr.
Blankenship, D.H. TN 31st Inf. Co.E Capt.
Blankenship, D.L. VA 25th Cav. Co.K Bvt.2nd Lt.
Blankenship, D.L. VA Cav. McFarlane's Co.
Blankenship, E. AR 15th (N.W.) Inf. Co.K
Blankenship, E. VA 59th Inf. 2nd Co.D
Blankenship, Edmond VA Inf. 23rd Bn. Co.D
Blankenship, Edward J. VA 3rd Cav. 2nd Co.I
Blankenship, Edward L. VA 2nd Cav. Co.I Cpl.
Blankenship, E.H. MS 2nd Part.Rangers Co.D
Blankenship, E.H. TN 13th Inf. Co.A
Blankenship, Eli AL 17th Inf. Co.A
Blankenship, Elias VA 42nd Inf. Co.E
Blankenship, Elijah P. VA 57th Inf. Co.E
Blankenship, Elisha W. AL 33rd Inf. Co.B
Blankenship, Enoch MO 12th Inf. Co.F
Blankenship, F. AR 15th (Johnson's) Inf. Co.C
Blankenship, F. LA Maddox's Regt. Res.Corps Co.B
Blankenship, Floyd VA Cav. 46th Bn. Co.A
Blankenship, F.M. MS 1st Lt.Arty. Co.H
Blankenship, F.Y. VA 1st (Farinholt's) Res. Co.D
Blankenship, George AL 9th (Malone's) Cav. Co.C
Blankenship, George TN 7th Inf. Co.G
Blankenship, George A. NC 29th Inf. Co.B
Blankenship, George W. GA 12th Inf. Co.E Music.
Blankenship, George W. VA 6th Cav. 2nd Co.E
Blankenship, George W. VA 14th Inf. Co.A
Blankenship, George Washington TN Douglass' Bn.Part.Rangers Carter's Co.
Blankenship, Gifford J. TN 25th Inf. Co.E Cpl.
Blankenship, Gilbert TN 62nd Mtd.Inf. Co.H
Blankenship, Giles VA 21st Cav. Co.B
Blankenship, G.W. MS 32nd Inf. Co.G
Blankenship, G.W. TN 42nd Inf. Co.G
Blankenship, G.W. 3rd Conf.Eng.Troops Co.F Artif.
Blankenship, G.W. Sap. & Min. G.W. Maxson's Co.,CSA
Blankenship, H. AL Mtd.Res. Logan's Co.
Blankenship, H. VA 57th Inf.
Blankenship, H.B. LA 1st Hvy.Arty. (Reg.) Co.D
Blankenship, H.C. AR 15th (N.W.) Inf. Co.I
Blankenship, H.C. TN 19th & 20th (Cons.) Cav. Co.A
Blankenship, H.E. TN 21st & 22nd (Cons.) Cav. Co.C
Blankenship, H.E. TN 22nd (Barteau's) Cav. Co.K
Blankenship, Henry AL 3rd Bn. Hilliard's Legion Vol. Co.C
Blankenship, Henry AL 60th Inf. Co.B
Blankenship, Henry AR 47th (Crandall's) Cav. Co.I
Blankenship, Henry A. KY 10th (Diamond's) Cav. Co.H
Blankenship, Henry C. VA 54th Inf. Co.E
Blankenship, Henry R. MO 1st & 3rd Cons.Cav. Co.B
Blankenship, Hezekiah NC 50th Inf. Co.G Cpl.
Blankenship, H.H. GA 63rd Inf. Co.H
Blankenship, H.H. TX 35th (Likens') Cav. Co.D Jr.2nd Lt.
Blankenship, H.J. MO 1st Cav. Co.B
Blankenship, H.S. TX Cav. 2nd Regt.St.Troops Co.A
Blankenship, Isaac TN 55th (Brown's) Inf. Co.E Sgt.
Blankenship, Isaac TN 59th Mtd.Inf. Co.A
Blankenship, Isham R.C. VA 8th Cav. Co.H,F
Blankenship, J. MO Cav. Freeman's Regt. Co.A
Blankenship, J. TN 21st & 22nd (Cons.) Cav. Co.B
Blankenship, J. TN 9th Inf. Co.E
Blankenship, J. TX 2nd Inf. Co.D
Blankenship, J. VA 8th Cav. Co.F
Blankenship, J. VA 53rd Inf. Co.G
Blankenship, J.A. VA 11th Inf. Co.I
Blankenship, Jacob AR 35th Inf. Co.C
Blankenship, James MS 2nd St.Cav. Co.B Sgt.
Blankenship, James NC 29th Inf. Co.B
Blankenship, James TX 15th Cav. Co.H
Blankenship, James TX 1st Bn.S.S. Co.D
Blankenship, James VA 12th Inf. Co.D Sgt.
Blankenship, James A. TX 3rd Cav. Co.I
Blankenship, James C. TX 11th Inf. Co.K
Blankenship, James C. VA 28th Inf. Co.G
Blankenship, James E. VA 11th Inf. Co.E Capt.
Blankenship, James H. AL 30th Inf. Co.A
Blankenship, James J. VA Inf. 9th Bn. Duffy's Co.C
Blankenship, James L. TN 19th (Biffle's) Cav.
Blankenship, James R. VA 2nd Arty. Co.I
Blankenship, James R. VA 14th Inf. Co.A
Blankenship, James T. NC 37th Inf. Co.E
Blankenship, James W. AL 1st Regt.Conscr. Co.E
Blankenship, James W. VA Arty. J.W. Drewry's Co.
Blankenship, J.B. GA 6th Cav. Co.F
Blankenship, J.C. AR 38th Inf. Co.K
Blankenship, J.C. VA Lt.Arty. Parker's Co.
Blankenship, Jesse VA Cav. 34th Bn. Co.A Cpl.
Blankenship, Jesse VA 57th Inf. Co.G
Blankenship, J.H. VA 22nd Inf. Co.E
Blankenship, J.J. AL 15th Bn.Part.Rangers Co.A
Blankenship, J.J. AL 56th Part.Rangers Co.A
Blankenship, J.J. TX Cav. Hardeman's Regt. Co.E
Blankenship, J.J. VA 25th Inf. 2nd Co.C
Blankenship, J.L. VA Inf. 1st Bn. Co.E
Blankenship, J.L. VA 56th Inf. Co.I
Blankenship, J.M. GA Inf. 2nd Bn. (St.Guards) New Co.D Sgt.
Blankenship, J.N. AL 34th Inf. Co.B
Blankenship, J.N. NC 11th (Bethel Regt.) Inf. Co.H
Blankenship, J.O. VA Lt.Arty. 12th Bn. Co.B
Blankenship, Joel TN Cav. 7th Bn. (Bennett's) Co.B
Blankenship, Joel TN 22nd (Barteau's) Cav. Co.E
Blankenship, John AL 3rd Bn. Hilliard's Legion Vol. Co.C
Blankenship, John AL 20th Inf. Co.G
Blankenship, John KY 13th Cav. Co.D
Blankenship, John LA 3rd Inf. Co.B
Blankenship, John TN 2nd (Ashby's) Cav. Co.A
Blankenship, John TN 4th (McLemore's) Cav. Co.G
Blankenship, John TN 8th Inf. Co.E
Blankenship, John VA 8th Cav. Co.G Cpl.
Blankenship, John VA 16th Cav. Co.C 1st Lt.
Blankenship, John VA Lt.Arty. Cayce's Co.
Blankenship, John VA Lt.Arty. Motley's Co.
Blankenship, John VA 6th Bn.Res. Co.B
Blankenship, John VA 45th Inf. Co.K
Blankenship, John B. NC 29th Inf. Co.B
Blankenship, John M. KY 10th (Diamond's) Cav. Co.H
Blankenship, John O. NC 29th Inf. Co.D
Blankenship, John T. VA 5th Cav. Co.C
Blankenship, John W. AR 9th Inf. Co.E Capt.
Blankenship, John W. KY 1st (Helm's) Cav. Co.B
Blankenship, John W. KY 2nd Cav.
Blankenship, John W. KY 10th (Diamond's) Cav. Co.H
Blankenship, John W. TX 29th Cav. Co.F
Blankenship, Jno. W. TX 11th Inf. Co.G
Blankenship, Joseph AR Inf. Cocke's Regt. Co.E
Blankenship, Joseph NC 50th Inf. Co.I
Blankenship, Joseph NC 64th Inf. Co.F Cpl.
Blankenship, Joseph VA 6th Bn.Res. Co.B
Blankenship, Joseph B. TX 11th Inf. Co.K
Blankenship, Joseph G. VA 3rd Cav. 2nd Co.I
Blankenship, Joseph L. AR 16th Inf. Co.E Sgt.
Blankenship, Joseph R. VA 3rd Inf. Co.E Sgt.
Blankenship, Joseph T. VA Hvy.Arty. 20th Bn. Co.A
Blankenship, Joseph T. VA 11th Inf. Co.D
Blankenship, Joseph T. VA 44th Inf. Co.A
Blankenship, Joshua AR 38th Inf. Co.F
Blankenship, J.R. AR 21st Inf. Co.B
Blankenship, J.R. TN 7th (Duckworth's) Cav. Co.H
Blankenship, J.T. VA Inf. 25th Bn. Co.H
Blankenship, J.W. TN Cav. Woodward's Co.
Blankenship, J.W. TN Inf. 22nd Bn. Co.E
Blankenship, J.W. 14th Conf.Cav. Co.I
Blankenship, J.W.S. VA 3rd (Archer's) Bn.Res. Co.F
Blankenship, Kiah KY 10th (Diamond's) Cav. Co.H
Blankenship, King E. VA 41st Inf. Co.D
Blankenship, L. VA 34th Inf. Co.G
Blankenship, Lafayette AR 8th Inf. New Co.H
Blankenship, Larkin D. AR 23rd Inf. Co.B
Blankenship, Lee AR 47th (Crandall's) Cav. Co.I

Blankenship, Leroy G. VA Lt.Arty. Jeffress' Co. Sgt.
Blankenship, Leslie C. VA 11th Inf. Co.C
Blankenship, Lewis VA 36th Inf. 2nd Co.E
Blankenship, Lewis VA 57th Inf. Co.G
Blankenship, Lewis J. VA Lt.Arty. French's Co.
Blankenship, Lewis J. VA 46th Inf. 2nd Co.K
Blankenship, Lewis W. VA 22nd Inf. Co.G
Blankenship, Louis J. VA Lt.Arty. Brander's Co.
Blankenship, Marcellus J. VA 15th Inf. Co.H
Blankenship, Martin KY 10th (Diamond's) Cav. Co.H
Blankenship, Mathew AL 12th Inf. Co.H
Blankenship, M.C. GA 6th Cav. Co.F
Blankenship, M.C. GA 65th Inf. Co.A
Blankenship, M.C. GA Smith's Legion Co.B
Blankenship, M.D. TX Cav. Morgan's Regt. Co.G
Blankenship, M.G. AL 60th Inf. Co.B
Blankenship, Miles G. AL 3rd Bn. Hilliard's Legion Vol. Co.C
Blankenship, M.L. AL 31st Inf. Co.E
Blankenship, Nehemiah H. AL 54th Inf. Co.I
Blankenship, N.H. TN 40th Inf. Co.E
Blankenship, Noah G. VA 30th Bn.S.S. Co.B
Blankenship, Noah G. VA 60th Inf. 2nd Co.H
Blankenship, Oaty B. VA 86th Mil. Co.E
Blankenship, Oaty G. VA 54th Inf. Co.E
Blankenship, Obadiah VA 36th Inf. 2nd Co.E
Blankenship, Oscar KY 10th (Diamond's) Cav. Co.A
Blankenship, Oscar VA Lt.Arty. French's Co.
Blankenship, Otey B. VA 36th Inf. 2nd Co.H
Blankenship, P. AL 34th Inf. Co.B
Blankenship, P. VA 3rd (Archer's) Bn.Res. Co.F
Blankenship, P.C. GA Lt.Arty. 14th Bn. Co.D
Blankenship, P.C. GA Lt.Arty. Havis' Btty.
Blankenship, P.C. GA Lt.Arty. King's Btty.
Blankenship, P.E. VA 5th Cav. Co.K
Blankenship, Presley TN 60th Mtd.Inf. Co.F
Blankenship, Presley D. NC 29th Inf. Co.B
Blankenship, Prisley KY 10th (Diamond's) Cav. Co.H
Blankenship, Prisley J. KY 10th (Diamond's) Cav. Co.H
Blankenship, Q.A. VA St.Guard
Blankenship, R. VA Inf. 5th Bn.Loc.Def. Co.B
Blankenship, Raleigh VA Inf. 45th Bn. Co.B
Blankenship, R.E. VA 2nd Inf.Loc.Def. Co.I Capt.
Blankenship, R.E. VA Inf. 2nd Bn.Loc.Def. Co.G Capt.
Blankenship, Reuben AL 18th Inf. Co.D
Blankenship, Reuben VA 1st Inf. Co.D
Blankenship, Reuben VA 190th Mil. Co.E
Blankenship, Reuben O. NC 34th Inf. Co.C
Blankenship, R.H. TN 18th Inf. Co.F
Blankenship, Richard 1st Conf.Cav. 2nd Co.D
Blankenship, R.J. AL 6th Cav. Co.C
Blankenship, R.J. AL 31st Inf. Co.G
Blankenship, R.J. AL 48th Inf. Co.G
Blankenship, R.L. VA 16th Cav. Co.H
Blankenship, R.M. NC 2nd Cav. (19th St.Troops) Co.G
Blankenship, R.O. VA 3rd Inf.Loc.Def. Co.F
Blankenship, R.O. VA Inf. 4th Bn.Loc.Def. Co.F
Blankenship, Robert R. GA 11th Inf. Co.H
Blankenship, Robert S. AL 7th Cav.
Blankenship, R.R. GA 30th Inf. Co.H
Blankenship, R.S. VA 20th Inf. Co.E
Blankenship, Ryle MS 35th Inf. Co.G
Blankenship, Sampson AR 37th Inf. Co.F
Blankenship, Sam'l AL 5th Cav. Co.C
Blankenship, Samuel L. VA 54th Inf. Co.E
Blankenship, Samuel P. VA Goochland Lt.Arty.
Blankenship, Sidney C. NC 56th Inf. Co.H
Blankenship, Silas VA Hvy.Arty. 10th Bn. Co.C
Blankenship, Silas VA 56th Inf. Co.C
Blankenship, Smith TN Cav. 7th Bn. (Bennett's) Co.B
Blankenship, Smith TN 22nd (Barteau's) Cav. Co.E
Blankenship, S.O. VA 56th Inf. Co.I
Blankenship, Solomon VA Inf. 45th Bn. Co.B
Blankenship, S.P. NC 11th (Bethel Regt.) Inf. Co.H 1st Sgt.
Blankenship, Spencer TN 59th Mtd.Inf. Co.A
Blankenship, Spince TN 15th Inf. Co.G
Blankenship, S.R. VA 4th Cav. Co.I
Blankenship, S.R. VA 46th Inf. 2nd Co.H
Blankenship, Stephen TN 29th Inf. Co.B
Blankenship, Stephen P. VA Cav. Caldwell's Bn. Hankins' Co.
Blankenship, Stephen P. VA 29th Inf. Co.H
Blankenship, Steven P. VA 16th Cav. Co.C
Blankenship, S.W. LA Arty. Green's Co. (LA Guard Btty.)
Blankenship, S.W. VA 12th Inf. Co.A
Blankenship, T.B. GA Cav. 9th Bn. (St.Guards) Co.F,A
Blankenship, T.F. TN 8th Inf. Co.E
Blankenship, T.G. NC 11th (Bethel Regt.) Inf. Co.H
Blankenship, Thaddeus B. VA 2nd Arty. Co.A
Blankenship, Thaddeus B. VA Inf. 22nd Bn. Co.A
Blankenship, Thomas AL 4th (Russell's) Cav. Co.D
Blankenship, Thomas TN Greer's Regt.Part. Rangers Co.C
Blankenship, Thomas TN 2nd (Walker's) Inf. Co.B
Blankenship, Thomas VA Cav. 34th Bn. Co.C 1st Lt.
Blankenship, Thomas VA 24th Inf. Co.B
Blankenship, Thomas E. AL 12th Inf. Co.H
Blankenship, Thomas E. NC 37th Inf. Co.I
Blankenship, Thomas G. VA 56th Inf. Co.G
Blankenship, Thomas H. VA 46th Inf. 2nd Co.A
Blankenship, Thomas M. VA 57th Inf. Co.G
Blankenship, Thomas O. VA 9th Inf. Co.C
Blankenship, Thompson VA 86th Mil. Co.E
Blankenship, T.J. TN 12th (Green's) Cav. Co.A
Blankenship, T.J. 3rd Conf.Inf. Co.A
Blankenship, W. LA 22nd (Cons.) Inf. Co.H
Blankenship, W.A. TN 26th Inf. Co.E
Blankenship, Washington L. AL 10th Inf. Co.C
Blankenship, Washington W. NC 34th Inf. Co.B
Blankenship, W.B. TN 2nd (Ashby's) Cav. Co.A
Blankenship, W.B. TN Cav. 5th Bn. (McClellan's) Co.A
Blankenship, W.B. VA Inf. 1st Bn. Co.D
Blankenship, W.B. VA 4th Res. Co.D
Blankenship, W.D. TN Inf. 23rd Bn. Co.C
Blankenship, W.E. TN 47th Inf. Co.K
Blankenship, W.E. VA 5th Cav. Co.K
Blankenship, W.F. AR Inf. Cocke's Regt. Co.C
Blankenship, W.G. TX 3rd Cav. Co.E
Blankenship, W.H. GA Inf. (Richmond Factory Guards) Barney's Co.
Blankenship, W.H. KY 9th Mtd.Inf. Co.F
Blankenship, W.H. MS 1st Bn.S.S. Co.A 1st Sgt.
Blankenship, W.H. TN Inf. 23rd Bn. Co.B
Blankenship, W.H. TN 40th Inf. Co.E
Blankenship, W.H. TN 63rd Inf. Co.H
Blankenship, W.H. VA 1st (Farinholt's) Res. Co.B
Blankenship, Wiley A. VA 15th Inf. Co.A Sgt.
Blankenship, Wm. AL 5th Cav. Co.C
Blankenship, William AR Cav. Crabtree's (46th) Regt. Co.C
Blankenship, William AR 27th Inf. Co.G
Blankenship, William KY 10th (Diamond's) Cav. Co.A
Blankenship, William KY 10th (Diamond's) Cav. Co.H
Blankenship, William LA 3rd Inf. Co.B
Blankenship, William LA 8th Inf. Co.E
Blankenship, William MO 1st Cav. Co.I
Blankenship, William MO 3rd Cav. Co.B
Blankenship, William NC 26th Inf. Co.C
Blankenship, William NC Mallett's Bn. (Cp.Guard) Co.B
Blankenship, William TN 26th Inf. Co.E
Blankenship, William VA 6th Bn.Res. Co.B
Blankenship, William VA 11th Bn.Res. Co.D
Blankenship, William VA 29th Inf. Co.H
Blankenship, William VA 42nd Inf. Co.E
Blankenship, William VA Inf. 45th Bn. Co.B
Blankenship, William VA 54th Inf. Co.G
Blankenship, William VA 60th Inf. Co.A
Blankenship, William VA 62nd Mtd.Inf. 2nd Co.L
Blankenship, William VA 86th Mil. Co.E
Blankenship, William VA 190th Mil. Co.G
Blankenship, William 1st Cherokee Mtd.Vol. 2nd Co.A Sgt.
Blankenship, William A. AR 18th (Marmaduke's) Inf. Co.F
Blankenship, William A. GA 11th Inf. Co.D
Blankenship, William B. VA Courtney Arty.
Blankenship, William B. VA Lt.Arty. Weisiger's Co.
Blankenship, William B. VA 16th Inf. Co.I
Blankenship, William C. VA 36th Inf. 2nd Co.H
Blankenship, William C. VA 86th Mil. Co.E
Blankenship, William F. AR 32nd Inf. Co.B
Blankenship, William G. TX 27th Cav. Co.C
Blankenship, William H. AL 1st Regt.Conscr. Co.C
Blankenship, William H. AL 54th Inf. Co.I
Blankenship, William H. GA Inf. 1st City Bn. (Columbus) Co.D 2nd Lt.
Blankenship, William H. GA 22nd Inf. Co.B
Blankenship, William H. TN 5th (McKenzie's) Cav. Co.C
Blankenship, William H. VA 17th Cav. Co.E
Blankenship, William H. VA Cav. 34th Bn. Co.A
Blankenship, William H. VA 11th Inf. Co.D

Blankenship, William H.H. GA Inf. 19th Bn. (St.Guards) Co.B 2nd Lt.
Blankenship, William H.H. VA 36th Inf. 2nd Co.H
Blankenship, William H.H. VA 86th Mil. Co.E
Blankenship, William J. AL 13th Inf. Co.H Cpl.
Blankenship, William J. VA 53rd Inf. Co.B
Blankenship, William M. VA 17th Cav. Co.E Sgt.
Blankenship, William M. VA 59th Inf. 2nd Co.I
Blankenship, William T. VA 41st Inf. Co.D
Blankenship, William W. VA 53rd Inf. Co.B
Blankenship, Willis B. AR 15th (Josey's) Inf. Co.C
Blankenship, W.M. AR 32nd Inf. Co.H
Blankenship, W.R. MO Cav. Williams' Regt. Co.H
Blankenship, W.R. VA Hvy.Arty. 20th Bn. Co.C
Blankenship, W.U. GA Inf. 5th Bn. (St.Guards) Co.C
Blankenship, W.W. VA 14th Inf. Co.A
Blankensip, Govan M. NC 58th Inf. Co.G
Blankensop, S.J. VA 31st Inf. Co.A Comsy.Sgt.
Blankenstein, Jacob SC 15th Inf. Co.A
Blankership, A.W. GA 42nd Inf. Co.F
Blankership, David NC 64th Inf. Co.F
Blankership, R.S. VA 3rd Res. Co.C
Blanket, George 1st Cherokee Mtd.Rifles Co.H
Blanket, Joseph FL Milton Lt.Arty. Dunham's Co.
Blankinbecklar, John VA Inf. 21st Bn. 2nd Co.E
Blankinbecler, John A. VA 64th Mtd.Inf. Co.E
Blankinbuckler, James M. KY 5th Mtd.Inf. Co.D
Blankinchen, Watkins L. VA 62nd Mtd.Inf. Co.L
Blankingship, D. VA 36th Inf. 2nd Co.K
Blankingship, David VA 25th Cav. Co.G
Blankingship, Francis Y. VA 14th Inf. Co.H
Blankingship, Hiram AR 27th Inf. Co.G
Blankingship, J.M. TN 14th (Neely's) Cav. Co.B
Blankingship, R.A. TN 14th (Neely's) Cav. Co.B
Blankingship, S. VA 36th Inf. 2nd Co.K
Blankingship, W.D. TX 29th Cav. Co.B
Blankingship, William A. VA 25th Inf. 2nd Co.F Capt.
Blankingship, W.R. TX 29th Cav. Co.B
Blankinsecker, John A. VA Mil. Scott Cty.
Blankinship, A. AR 38th Inf. Co.K
Blankinship, Abner GA Inf. Atwater's Co.
Blankinship, A.J. VA 2nd Inf.Loc.Def. Co.D
Blankinship, Alen VA 1st Cav.St.Line Co.A
Blankinship, Allen C. VA Inf. 45th Bn. Co.D Cpl.
Blankinship, Andrew NC 34th Inf. Co.C
Blankinship, Andrew J. VA 36th Inf. 2nd Co.H
Blankinship, B.C. AR 27th Inf. Co.G
Blankinship, Benjamin VA Inf. 25th Bn. Co.F
Blankinship, C.W. AR 23rd Inf. Co.H
Blankinship, Daniel AL 48th Inf. Co.D
Blankinship, Daniel VA 36th Inf. 2nd Co.H
Blankinship, Daniel H. AL 57th Inf. Co.E
Blankinship, David NC 64th Inf. Co.D
Blankinship, David E. TN 9th Inf. Co.I
Blankinship, E.J. AR 8th Inf. New Co.F
Blankinship, Elam VA Inf. 4th Bn.Loc.Def. Co.C
Blankinship, Elbert G. VA 58th Inf. Co.B
Blankinship, Eli VA Inf. 45th Bn. Co.D 1st Sgt.
Blankinship, Eli H. VA 22nd Cav. Co.F
Blankinship, Eli H. VA 36th Inf. 1st Co.B, 2nd Co.D
Blankinship, Elisha MO 12th Inf. Co.F
Blankinship, Elisha J. AR 14th (McCarver's) Inf. Co.B
Blankinship, Floyd VA Inf. 45th Bn. Co.D Cpl.
Blankinship, Francis M. TX 18th Cav. Co.D Sgt.
Blankinship, G. VA 60th Inf. Co.F
Blankinship, George TN 2nd Cav. Co.E
Blankinship, George VA Inf. 45th Bn. Co.D
Blankinship, George W. VA 1st St.Res. Co.C
Blankinship, G.W. VA 19th Cav. Co.B
Blankinship, Harrison H. TX 21st Cav. Co.D
Blankinship, Henry VA Inf. 45th Bn. Co.D
Blankinship, H.H. TN 31st Inf. Co.E
Blankinship, Isaac VA 11th Bn.Res. Co.F
Blankinship, Isaac VA 36th Inf. 2nd Co.H
Blankinship, James GA 42nd Inf. Co.H
Blankinship, James A. VA 30th Bn.S.S. Co.C,D
Blankinship, James K. AL 6th Cav. Co.E
Blankinship, J.F. AR Cav. Davies' Bn. Co.B
Blankinship, J.H. GA 13th Cav. Co.D
Blankinship, J.H. TN 31st Inf. Co.E
Blankinship, J.J. AR 30th Inf. Co.F
Blankinship, John VA Inf. 45th Bn. Co.B
Blankinship, John R. AL 29th Inf. Co.A
Blankinship, Joseph AL Jeff Davis Arty. Cpl.
Blankinship, Joseph R. AR 14th (McCarver's) Inf. Co.F
Blankinship, Levi VA 36th Inf. 1st Co.B, 2nd Co.D
Blankinship, Levi VA Inf. 45th Bn. Co.D Sgt.
Blankinship, Lewis J. VA 36th Inf. 2nd Co.C
Blankinship, L.J. TN 31st Inf. 1st Co.E
Blankinship, M. TX 9th Cav. Co.D
Blankinship, Martin V. AL 44th Inf. Co.E
Blankinship, M.W. GA 13th Cav. Co.D
Blankinship, Obediah VA Inf. 45th Bn. Co.B Cpl.
Blankinship, Obediah VA 129th Mil. Buchanon's Co.
Blankinship, Oscar VA Arty. Wise Legion
Blankinship, R. GA Inf. Atwater's Co.
Blankinship, Ralph L. VA Cav. 34th Bn. Co.B Sgt.
Blankinship, Reuben VA Inf. 45th Bn. Co.C
Blankinship, Reuben J. AL 44th Inf. Co.E
Blankinship, Richard TN 4th (Murray's) Cav. Co.A
Blankinship, Richard C. NC 56th Inf. Co.H
Blankinship, R.M. NC 18th Inf. Co.D
Blankinship, R.M. VA 60th Inf. Co.I
Blankinship, Robert GA 39th Inf. Co.I
Blankinship, R.S. VA 4th Res. Co.D
Blankinship, Samuel 3rd Conf.Eng.Troops Co.H
Blankinship, S.P. LA 13th Bn. (Part.Rangers) Co.C
Blankinship, T.B. MS 25th Inf. Co.I
Blankinship, Thomas J. TN Lt.Arty. McClung's Co.
Blankinship, Thompson VA 30th Bn.S.S. Co.C,D
Blankinship, W. AL 34th Inf. Co.B
Blankinship, W. AL 36th Inf. Co.E
Blankinship, W. VA 8th Cav. Co.H
Blankinship, W.B. Conf.Cav. Raum's Co.
Blankinship, W.H. MS 25th Inf. Co.I
Blankinship, William B. VA 6th Inf. Weisiger's Co.
Blankinship, William H. AL 57th Inf. Co.E Sgt.
Blankinship, William H. VA 22nd Cav. Co.G
Blankinship, Wm. P. MO 1st Cav. St.Guard Vance's Co.
Blankinship, William Pinkney MO 8th Inf. Co.C
Blankinship, William T. NC 18th Inf. Co.D
Blankinship, William T. VA 14th Inf. Co.I
Blankinship, William W. NC 50th Inf. Co.G
Blankinship, William W. VA Conscr. Cp.Lee Co.A
Blankinship, Winton VA 30th Bn.S.S. Co.B
Blankinship, W.W. TN 31st Inf. Co.G
Blankman VA VMI Co.C
Blankner, F. VA Inf. Lyneman's Co.
Blankner, John VA Inf. Lyneman's Co. Cpl.
Blankner, Julius VA Inf. Lyneman's Co.
Blanks, A.J. AL 29th Inf. Co.B
Blanks, Andrew J. AL Jeff Davis Arty.
Blanks, Andrew J. AL 37th Inf. Co.B
Blanks, A.O. GA 6th Inf. (St.Guards) Co.B
Blanks, A.T. VA 1st (Farinholt's) Res. Co.D
Blanks, A.T. VA Inf. 25th Bn. Co.D
Blanks, C.C. AL 24th Inf. Co.I
Blanks, C.C. AL 34th Inf. Co.E
Blanks, C. Columbus AL 46th Inf. Co.F
Blanks, Charles D. VA 13th Cav. Co.E
Blanks, Erving TX 16th Cav. Co.I
Blanks, E.W. VA 3rd Cav. Co.B
Blanks, F. MS 2nd Cav. Co.C
Blanks, F.A. LA 12th Inf. Co.K 1st Lt.
Blanks, George D. VA Hvy.Arty. 20th Bn. Co.D
Blanks, George D. VA Hvy.Arty. Patteson's Co.
Blanks, George T. TN 14th Inf. Co.F Cpl.
Blanks, Glendor VA 1st Arty. Co.F,D
Blanks, Glendor VA Lt.Arty. 1st Bn. Co.D
Blanks, Glendor VA Arty. B.H. Smith's Co.
Blanks, Glendower President's Guard,CSA
Blanks, H. MO Cav. 2nd Regt.St.Guard Co.D
Blanks, H.A. VA Second Class Mil. Wolff's Co.
Blanks, Harper VA 14th Inf. Co.E
Blanks, H.B. AL 34th Inf. Co.E
Blanks, Henry TN 16th Inf. Co.D Cpl.
Blanks, Henry VA 54th Mil. Co.E,F
Blanks, Henry A., Jr. VA 12th Inf. Co.A
Blanks, H.W. TN Inf. 1st Cons.Regt. Co.F Cpl.
Blanks, J. MS Grace's Co. (St.Troops)
Blanks, Jack NC 31st Inf. Co.A
Blanks, James AR 19th (Dawson's) Inf. Co.B
Blanks, James KY 6th Mtd.Inf. Co.B
Blanks, James MS 2nd Cav. Co.C
Blanks, James VA Arty. Young's Co.
Blanks, James A. VA 2nd Cav. Co.E
Blanks, James K.B. AR 17th (Lemoyne's) Inf. Co.E
Blanks, James S. VA Lt.Arty. 1st Bn. Co.C
Blanks, James W. NC 51st Inf. Co.F
Blanks, James W. VA 21st Inf. Co.H
Blanks, J.D. KY 6th Mtd.Inf. Co.B
Blanks, Jefferson L. GA 64th Inf. Co.D Sgt.
Blanks, J.F. LA 13th Bn. (Part.Rangers) Co.A
Blanks, J.K.P. AR 21st Inf. Co.I
Blanks, J.L. MS 46th Inf. Co.F
Blanks, J.M. TN Inf. 1st Cons.Regt. Co.F Sgt.

Blanks, J.M. TN 16th Inf. Co.D Sgt.
Blanks, Joel VA 46th Inf. 3rd Co.F
Blanks, Joel B. VA 14th Inf. Co.E, 2nd Co.G
Blanks, Joel B. VA 20th Inf. Co.K
Blanks, Joel B. VA 59th Inf. 3rd Co.C
Blanks, John AL 34th Inf. Co.E
Blanks, John GA 2nd Res. Co.I
Blanks, John MS 29th Inf. Co.H
Blanks, John H. VA 21st Inf. Co.H
Blanks, John H. VA 38th Inf. Co.I
Blanks, John L. VA 14th Inf. Co.E
Blanks, John N. VA 11th Inf. Co.H
Blanks, John S.B. TN 16th Inf. Co.D
Blanks, Joseph GA 3rd Cav. Co.H
Blanks, Joseph GA 36th (Broyles') Inf. Co.A
Blanks, Joseph VA 38th Inf. Co.F
Blanks, Joseph M. MO 3rd Cav. Co.B Sgt.
Blanks, J.R. NC 23rd Inf. Co.I Cpl.
Blanks, J.R. VA 59th Inf. 3rd Co.G
Blanks, J.S. TN Cav. Woodward's Co.
Blanks, J.S. VA 1st Arty. 3rd Co.C
Blanks, J.S.B. TN Inf. 1st Cons.Regt. Co.F
Blanks, J.T. KY 1st (Helm's) Cav. Co.B
Blanks, J.T. KY 2nd (Woodward's) Cav. Co.A,B
Blanks, J.W. LA 13th Bn. (Part.Rangers) Co.H 1st Lt.
Blanks, L.B. VA 14th Inf. Co.E
Blanks, L.S. VA 3rd (Archer's) Bn.Res. Co.A
Blanks, Lyddall B. VA Inf. Gregory's Co.
Blanks, Marble MO 2nd Inf. Co.C
Blanks, P.W. VA 3rd Cav. Co.B
Blanks, R.A. KY 1st (Helm's) Cav. Co.B
Blanks, R.A. TN Cav. Woodward's Co.
Blanks, Richard MS 1st Lt.Arty. Co.I
Blanks, Richard Conf.Cav. Wood's Regt. Co.K
Blanks, R.L. MS 9th Inf. Co.I
Blanks, R.L. MS 41st Inf. Co.C
Blanks, Robert SC 6th Inf. 1st Co.B, 2nd Co.A
Blanks, Robert A. VA 11th Inf. Co.H
Blanks, Simon S. GA 30th Inf. Co.I
Blanks, T.F. VA 38th Inf. 1st Co.I
Blanks, Theo F. VA 14th Inf. 2nd Co.G
Blanks, Thomas Y. TN Lt.Arty. Rice's Btty.
Blanks, T.T. MS 5th Inf. (St.Troops) Co.C
Blanks, Vincent N. VA 59th Inf. 3rd Co.G Sgt.
Blanks, Vincent N. VA Inf. Gregory's Co.
Blanks, W.B. TN Cav. Woodward's Co.
Blanks, W.D. KY 3rd Mtd.Inf. Co.F
Blanks, Wesley P. NC 55th Inf. Co.I
Blanks, W.H. MS Inf. 2nd St.Troops Co.H
Blanks, William NC 18th Inf. Co.I Sgt.
Blanks, William NC 61st Inf. Co.G
Blanks, William TN 84th Inf. Co.C
Blanks, William VA 38th Inf. Co.F
Blanks, William VA 50th Inf. Co.F
Blanks, William VA 54th Mil. Co.E,F
Blanks, William F. VA 59th Inf. 3rd Co.G
Blanks, William F. VA Inf. Gregory's Co.
Blanks, William J. AL 37th Inf. Co.B
Blanks, William J. VA 56th Inf. Co.E
Blanks, William J. 1st Conf.Eng.Troops Co.G
Blanks, William Lewis TN Cav. Napier's Bn. Co.A
Blanks, William P. VA 2nd Cav. Co.E 2nd Lt.
Blanks, William T. NC 1st Cav. (9th St.Troops) Co.E
Blanks, Wilson B. VA Hvy.Arty. 10th Bn. Co.B
Blanks, W.P. MO 2nd Cav. Co.E
Blankship, Hezekiah AL 4th (Russell's) Cav. Co.D Sgt.
Blankship, William MO Cav. Freeman's Regt. Co.A
Blankship, William H. VA 1st Inf. Co.B
Blankship, W.R. GA 28th Inf. Co.I
Blankskip, Gilbert M. MO Cav. Fristoe's Regt. Co.G
Blankskip, John S. MO Cav. Fristoe's Regt. Co.G
Blankskip, William H. MO Cav. Fristoe's Regt. Co.G
Blankstein, William GA Inf. 19th Bn. (St.Guards) Co.B
Blankership, J.W. AL 18th Inf. Co.F
Blann, A. MS 28th Cav. Co.G
Blann, George W. AL Inf. 1st Regt. Co.G
Blann, George W. AR 14th (McCarver's) Inf. Co.F Cpl.
Blann, G.W. AR 8th Cav. Co.D
Blann, John C. MS 42nd Inf. Co.C
Blann, John W. TX Waul's Legion Co.F
Blann, M. AL 48th Inf. Co.F
Blann, Monroe AL 3rd Cav. Co.D
Blann, S.L. MS Lt.Arty. 14th Bn. Co.A
Blann, S.S. MS Lt.Arty. Yates' Btty.
Blann, Stephen H. MS 13th Inf. Co.E
Blann, Stephen R. MS 12th Inf. Co.F Sgt.
Blann, T. TX Waul's Legion Teamster
Blann, Ths W. AL 21st Inf. Co.C,A
Blann, T.M. MS Inf. 1st Bn.St.Troops (12 mo. '62-3) Co.A
Blann, William H. AR Cav. Wright's Regt. Co.E
Blannerhassett, Sance MO 11th Inf. Co.C
Blannon, Louis LA 4th Inf. Co.H
Blanset, A.D. AL 9th (Malone's) Cav. Co.F 1st Lt.
Blanset, Calvin Gen. & Staff, QM Dept.
Blanset, Henry S. GA 17th Inf. Co.D
Blanset, James TN 34th Inf. Co.G
Blanset, Jesse J. NC 24th Inf. Co.F
Blanset, William MS 5th Inf. Co.G
Blanset, William C. GA 17th Inf. Co.D
Blansett, Daniel W. AR 25th Inf. Co.H
Blansett, E.A. AL 9th Inf. Co.F
Blansett, Harden L. VA 37th Inf. Co.A
Blansett, James TX 29th Cav. Co.D
Blansett, James R. GA 17th Inf. Co.D
Blansett, J.L. AR 6th Inf. Co.B
Blansett, Jordon AL 33rd Inf. Co.H
Blansett, Miles MO 7th Cav. Co.I,E,A
Blansette, John AL 9th (Malone's) Cav. Co.L
Blansette, J.P. AL 9th (Malone's) Cav. Co.L
Blansette, T.M. AL 9th (Malone's) Cav. Co.L
Blansette, W.C. AL 9th (Malone's) Cav. Co.L Sgt.
Blansette, William AL 9th (Malone's) Cav. Co.L
Blansette, W.W. AL 9th (Malone's) Cav. Co.L
Blansford, Ignatius KY 10th (Johnson's) Cav. New Co.G
Blansford, J.T. KY 10th (Johnson's) Cav. New Co.G
Blansit, Jasper N. MS 17th Inf. Co.C Jr.2nd Lt.
Blansit, Jasper N. MS 31st Inf. Co.K 1st Lt.
Blansit, William P. AL 18th Bn.Vol. Co.A
Blansitt, John W. TX 27th Cav. Co.B
Blansitt, Miles AR 30th Inf. Co.I
Blantan, Vincent SC 5th St.Troops Co.G
Blanten, E.H. TX Cav. Hardeman's Regt. Co.C
Blanten, George W. VA 40th Inf. Co.A
Blantern, Charles TX 37th Cav. Co.K
Blanters, W.C. Forrest's Scouts T. Henderson's Co.,CSA
Blantin, J.M. AR 1st Field Btty.
Blantly, J.D. FL 6th Inf. Co.D
Blanton, --- NC 54th Inf. Co.I
Blanton, --- SC Inf. 1st (Charleston) Bn. Co.C
Blanton, Abraham B. FL 5th Inf. Co.D
Blanton, Abram FL 4th Inf. Co.E
Blanton, Adolphus H. TX 2nd Inf. Co.B
Blanton, A.H. MS 12th Cav. Co.A,H
Blanton, Alexander MO 1st Inf. Co.B
Blanton, Alexander VA Hvy.Arty. Coleman's Co.
Blanton, Alexander VA 21st Inf. Co.G
Blanton, Allen NC 1st Arty. (10th St.Troops) Co.I
Blanton, Allen NC 2nd Arty. (36th St.Troops) Co.A
Blanton, Allen A. VA 44th Inf. Co.H Sgt.
Blanton, Alvin R. NC 25th Inf. Co.B
Blanton, Ambrose SC 15th Inf. Co.F
Blanton, Anthony McK. NC 16th Inf. Co.D
Blanton, Arthur NC 56th Inf. Co.F
Blanton, Asa NC Inf. 2nd Bn. Co.D
Blanton, Asberry J. GA 2nd Res. Co.F
Blanton, Augustus VA 30th Inf. Co.E
Blanton, A.W. NC 1st Bn.Jr.Res. Co.C Cpl.
Blanton, B.E. VA 3rd Cav. Co.G
Blanton, Ben F. TX Cav. Hardeman's Regt. Co.C
Blanton, Ben H. Hood's Staff Capt.,ADC
Blanton, Benjamin TX 30th Cav. Co.E
Blanton, Benjamin TX 4th Field Btty.
Blanton, Benjamin W.L. VA 3rd Cav. Co.G
Blanton, B.F. NC Mallett's Bn. Co.A
Blanton, B.F. TN 63rd Inf. Co.H
Blanton, B.G. GA 32nd Inf. Co.B
Blanton, B.H. MS 3rd Inf. (St.Troops) Co.I Cpl.
Blanton, B.H. Gen. & Staff Maj.,Comsy.
Blanton, Blaney NC Hvy.Arty. 1st Bn. Co.B,D
Blanton, Burwell TX 4th Cav. Co.B Cpl.
Blanton, Burwell W. NC 55th Inf. Co.D
Blanton, C. 3rd Conf.Inf. Co.F
Blanton, C.B. MS 27th Inf. Co.A
Blanton, C.D. SC Palmetto S.S. Co.H
Blanton, C.H. MS 27th Inf. Co.A
Blanton, Charles GA 46th Inf. Co.I Cpl.
Blanton, Charles SC 5th Inf. 2nd Co.I
Blanton, Charles SC 6th Inf. 1st Co.I
Blanton, Charles VA Cav. 40th Bn. Co.F
Blanton, Charles B. NC 55th Inf. Co.D
Blanton, Charles C. VA 24th Cav. Co.F
Blanton, Charles L. MS 15th Inf. Co.B,H
Blanton, Charles M. MS 27th Inf. Co.A
Blanton, Charles P. NC 12th Inf. Co.E
Blanton, Claborn SC 9th Inf. Co.I
Blanton, Claiborne AR 18th (Marmaduke's) Inf. Co.F
Blanton, D.A. NC 55th Inf. Co.D
Blanton, D.A. SC 3rd St.Troops Co.D
Blanton, Daniel GA Cherokee Legion (St.Guards) Co.E

Blanton, Daniel A. SC Inf. 9th Bn. Co.G
Blanton, David SC 7th Res. Co.H
Blanton, David TN 14th Inf. Co.K
Blanton, David A. VA 3rd Cav. Co.G
Blanton, David F. FL 2nd Cav. Co.I
Blanton, David G. NC 15th Inf. Co.C Cpl.
Blanton, David J. SC Inf. 9th Bn. Co.G
Blanton, David M. TN 1st (Turney's) Inf. Co.B
Blanton, D.D. SC 15th Inf. Co.F
Blanton, D.F. FL Cav. 5th Bn. Co.F
Blanton, D.J. SC 26th Inf. Co.K
Blanton, D.T. FL 9th Inf. Co.D Cpl.
Blanton, E. NC Cav. McRae's Bn. Co.E
Blanton, E. TN 23rd Inf. 2nd Co.F Sgt.
Blanton, E. TX 23rd Cav. Co.E
Blanton, Ebenezer J. NC 15th Inf. Co.C
Blanton, E.C. FL Cav. 5th Bn.
Blanton, Edward TX 15th Inf. 2nd Co.E
Blanton, Edward M. NC 28th Inf. Co.H
Blanton, Edwin E. TX Cav. Baylor's Regt. Co.H
Blanton, E. Franklin SC 6th Inf. 1st Co.I
Blanton, Elbert C. FL 4th Inf. Co.E
Blanton, Elbert C. FL 5th Inf. Co.D
Blanton, Elihue P. TX 11th Inf. Co.C
Blanton, Elijah AL 8th Cav. Co.G
Blanton, Elijah NC 34th Inf. Co.B
Blanton, Enoch NC Inf. 13th Bn. Co.D
Blanton, Enoch NC 51st Inf. Co.G
Blanton, Ezekiel MO 10th Inf. Co.K
Blanton, F.A. NC 4th Sr.Res. Co.H
Blanton, Frances A. NC 28th Inf. Co.H
Blanton, Francis B. VA 3rd Cav. Co.G
Blanton, Francis Marion AL Lt.Arty. 2nd Bn. Co.D
Blanton, Franklin NC 56th Inf. Co.F
Blanton, Gasway TN 59th Mtd.Inf. Co.E
Blanton, G.B. GA 26th Inf. Co.H
Blanton, G.E. GA 60th Inf. Co.E
Blanton, George NC 38th Inf. Co.I 1st Sgt.
Blanton, George J. GA Phillips' Legion Co.B
Blanton, George W. GA 23rd Inf. Co.E
Blanton, George W. MO 1st Cav. Co.H
Blanton, George W. MO 1st & 3rd Cons.Cav. Co.E
Blanton, George W. NC 28th Inf. Co.H
Blanton, George W. NC 34th Inf. Co.C 2nd Lt.
Blanton, George W. VA Cav. 40th Bn. Co.F Sgt.
Blanton, Gilbert S. TN 37th Inf. Co.H
Blanton, G.M. MS 26th Inf. Co.A
Blanton, G.M. TX 14th Inf. Asst.Surg.
Blanton, Granderson GA 21st Inf. New Co.E
Blanton, Grandison NC Inf. 2nd Bn. Co.D
Blanton, G.W. TN 49th Inf. Co.F
Blanton, H.A. VA 3rd Cav. Co.G
Blanton, Henderson SC Palmetto S.S. Co.M
Blanton, Henry MO 1st N.E. Cav. Co.L Sgt.
Blanton, Henry A. VA 41st Inf. Co.K
Blanton, Horace T. KY Lt.Arty. Cobb's Co.
Blanton, Horace T. TN Cav. Napiers Bn. Maj.
Blanton, Horace T. TN Maj.
Blanton, H.S. NC 55th Inf. Co.D
Blanton, H.T. TN 5th Inf. 1st Co.F Capt.
Blanton, Hugh L. VA 3rd Cav. Co.G 1st Sgt.
Blanton, I. GA
Blanton, I.R. SC Palmetto S.S.
Blanton, Isaac TX Granbury's Cons.Brig. Co.D
Blanton, Isaac TX 10th Inf. Co.C
Blanton, Isaac VA Inf. 21st Bn. Co.A, 1st Co.D Cpl.
Blanton, Isaac VA 51st Inf. Co.A
Blanton, Isaac VA 64th Mtd.Inf. Co.H
Blanton, J. GA 63rd Inf. Co.F
Blanton, J. NC Cav. McRae's Bn. Co.E
Blanton, J. TN 49th Inf. Co.F
Blanton, J. Inf. Bailey's Cons.Regt. Co.C
Blanton, J. 7th Conf.Cav. Co.K 3rd Lt.
Blanton, J.A. GA Phillips' Legion Co.B
Blanton, J.A. SC 1st Mtd.Mil. Evans' Co.
Blanton, J.A. SC 3rd Cav. Co.D
Blanton, Jackson AL 50th Inf. Co.K
Blanton, Jackson TN 38th Inf. 1st Co.K
Blanton, Jacob TX 27th Cav. Co.F
Blanton, James MS 12th Cav. Co.B
Blanton, James MO Inf. 8th Bn. Co.B
Blanton, James MO 9th Inf. Co.F
Blanton, James NC 34th Inf. Co.B
Blanton, James, Jr. SC Palmetto S.S. Co.M
Blanton, James, Sr. SC Palmetto S.S. Co.M
Blanton, James A. GA 4th Inf. Co.A
Blanton, James A. VA 1st Cav. Co.G Cpl.
Blanton, James C. KY Cav. Buckner Guards
Blanton, James C. SC 5th Inf. 1st Co.G
Blanton, James D. AR 1st (Crawford's) Cav. Co.C
Blanton, James F. TX 11th Inf. Co.C
Blanton, James H. GA 23rd Inf. Co.E
Blanton, James H. MO 6th Cav. Co.E Capt.
Blanton, James J. FL 4th Inf. Co.E
Blanton, James J. VA 3rd Res. Co.E Sgt.
Blanton, James M. AL 19th Inf. Co.H
Blanton, James M. NC 34th Inf. Co.F
Blanton, James M. VA 3rd Cav. Co.G
Blanton, James O. AR 14th (McCarver's) Inf. Co.I
Blanton, James O. AR 21st Inf. Co.K
Blanton, James S. TX 18th Inf. Co.A
Blanton, James W. AR 1st (Monroe's) Cav. Co.E Capt.
Blanton, James W. AR 1st Mtd.Rifles Co.B
Blanton, James W. TX 27th Cav. Co.A
Blanton, Jasper N. NC 62nd Inf. Co.H
Blanton, J.C. SC 3rd St.Troops Co.D
Blanton, J.D. TX Cav. 1st Regt.St.Troops Co.A
Blanton, J.D. TX Cav. Border's Regt. Co.F
Blanton, J.E. FL Lt.Arty. Dyke's Co.
Blanton, J.E. FL Kilcrease Lt.Arty.
Blanton, Jeremiah W. NC 62nd Inf. Co.H Fifer
Blanton, Jesse MO 3rd Inf. Co.H
Blanton, J.G. GA Cav. 20th Bn. Co.A Sgt.
Blanton, J.H. TX 12th Cav. Co.E Cpl.
Blanton, J.H. TX Cav. Giddings' Bn. Carr's Co.
Blanton, J.J. GA 8th Cav. New Co.D
Blanton, J.J. GA Cav. 20th Bn. Co.A
Blanton, J.J. SC 1st Mtd.Mil. Earnests' Co.
Blanton, J.J. SC 5th Cav. Co.G
Blanton, J.J. SC Cav. 17th Bn. Co.B
Blanton, J.J. TX Cav. 1st Regt.St.Troops Co.A
Blanton, J.J. VA Cav. 40th Bn. Co.F
Blanton, J.J. VA 21st Inf. Co.D
Blanton, J.L. SC Inf. Holcombe Legion Co.K
Blanton, J.L. TX 9th Cav. Co.B
Blanton, J.M. MO Lt.Arty. Farris' Btty. (Clark Arty.)
Blanton, J.M. TX 23rd Cav. Co.E
Blanton, J.N. GA 26th Inf. Co.H
Blanton, J.N. TN 17th Inf. Co.A Capt.Comsy.
Blanton, John AL 1st Cav. Co.G
Blanton, John MS 20th Inf. Co.G
Blanton, John NC 28th Inf. Co.H
Blanton, John SC 5th Inf. 1st Co.G
Blanton, John SC Palmetto S.S. Co.M
Blanton, John TN 35th Inf. Co.E
Blanton, John TN 38th Inf. 1st Co.K
Blanton, John TN 59th Mtd.Inf. Co.E
Blanton, John TX 32nd Cav. Co.A
Blanton, John VA 51st Inf. Co.I
Blanton, John A. TN 59th Mtd.Inf. Co.K
Blanton, John A. VA Courtney Arty.
Blanton, John A. VA Lt.Arty. Weisiger's Co.
Blanton, John A. VA 6th Inf. Weisiger's Co.
Blanton, John A. VA 16th Inf. Co.I
Blanton, John B. AR 1st (Monroe's) Cav. Co.E Sgt.
Blanton, John B. FL 5th Inf. Co.D
Blanton, John B. NC 12th Inf. Co.E
Blanton, John Burgess Gen. & Staff AASurg.
Blanton, John C. TN 3rd (Forrest's) Cav. Co.C Capt.
Blanton, John C. TN 23rd Inf. 2nd Co.F Cpl.
Blanton, John D. AL 1st Cav. Co.F
Blanton, John F. NC 18th Inf. Co.I
Blanton, John J. VA 24th Cav. Co.F
Blanton, John S. TN 1st (Turney's) Inf. Co.B
Blanton, John S. VA 4th Cav. Co.I,G
Blanton, John T. NC 61st Inf. Co.G
Blanton, J.V. GA 12th Cav. Co.K
Blanton, John W. AL 50th Inf. Co.K
Blanton, John W. MO 1st Cav. Co.I
Blanton, John W. NC 51st Inf. Co.G
Blanton, John W. TN 37th Inf. Co.A Sgt.
Blanton, Joseph SC Palmetto S.S. Co.M
Blanton, Joseph A. MS 15th Inf. Co.I
Blanton, Joseph J. NC Inf. 13th Bn. Co.D
Blanton, Joseph J. NC 51st Inf. Co.G
Blanton, Joseph J. VA Courtney Arty.
Blanton, Joseph J. VA Lt.Arty. Weisiger's Co.
Blanton, Joseph J. VA 6th Inf. Weisiger's Co.
Blanton, Joseph J. VA 16th Inf. Co.I
Blanton, Joseph M. TX 6th Cav. Co.K Cpl.
Blanton, Joseph R. NC 49th Inf. Co.A Sgt.
Blanton, Joseph W. GA 36th (Broyles') Inf. Co.B Ward M.
Blanton, Joshua NC 3rd Cav. (41st St.Troops) Co.A
Blanton, Josiah MS 26th Inf. Co.A
Blanton, Josiah NC 15th Inf. Co.C
Blanton, Josiah S. NC 28th Inf. Co.H
Blanton, J.S. AL 13th Inf.
Blanton, J.T. TN 37th Inf. Co.G Sgt.
Blanton, J.W. AL 36th Inf. Co.F
Blanton, J.W. AR 2nd Mtd.Rifles Hawkin's Co.
Blanton, J.W. AR Mil. Desha Cty.Bn.
Blanton, J.W. GA 23rd Inf. Co.E
Blanton, Kenneth C. NC 16th Inf. Co.D
Blanton, L. AL 4th Inf. Co.K
Blanton, L.B. AL 11th Cav. Co.B
Blanton, L.B. MS Lt.Arty. 14th Bn. Co.C
Blanton, Lee M. VA 1st Inf. Co.D 2nd Lt.
Blanton, Levi B. MS 26th Inf. Co.A

Blanton, Lewis VA Lt.Arty. Thornton's Co. Cpl.
Blanton, L.H. NC 15th Inf. Co.C
Blanton, L.L. SC Inf. 1st (Charleston) Bn. Co.D
Blanton, L.L. SC 7th Res. Co.C
Blanton, L.S. TN 4th (McLemore's) Cav. Co.E
Blanton, L.S. TN 17th Inf. Co.B
Blanton, Malvin G. TX 17th Cav. Co.A
Blanton, Matthew GA 25th Inf. Co.E
Blanton, M.C. NC 56th Inf. Co.I
Blanton, M.G. TX 17th Cons.Dismtd.Cav. Co.A
Blanton, M.H. TX 9th Cav. Co.B
Blanton, Mike SC Palmetto S.S. Co.M
Blanton, Mitchell AL Cav. Gachet's Co. Cpl.
Blanton, Mitchell AL 6th Inf. Co.C
Blanton, M.N. SC 1st (McCreary's) Inf. Co.F
Blanton, Morris NC 30th Inf. Co.E
Blanton, Morton D. VA 3rd Cav. Co.G
Blanton, Moses NC 51st Inf. Co.C,G
Blanton, N. AL 15th Inf. Co.F
Blanton, N. TN 5th Inf. 2nd Co.K
Blanton, N.A. SC 15th Inf.
Blanton, Nathaniel SC 15th Inf. Co.F
Blanton, Newton C. TN 33rd Inf. Co.A
Blanton, N.R. TN 33rd Inf. Co.A
Blanton, Obediah TN 62nd Mtd.Inf. Co.E
Blanton, Obediah TX Cav. 3rd Bn.St.Troops
Blanton, P. MS 12th Cav. Co.B
Blanton, P.A. TX Vol. Rainey's Co.
Blanton, Philip MS 15th Inf. Co.I
Blanton, Pinkney NC 15th Inf. Co.C
Blanton, Pleasant A. TX 1st Inf. Co.H
Blanton, R.A. VA Mtd.Res. Rappahannock Dist. Sale's Co.
Blanton, R.F. VA 4th Cav. Co.I,G
Blanton, Richard GA 36th (Broyles') Inf.
Blanton, Richard A. VA Mtd.Res. Co.C
Blanton, Richard M. LA 1st Hvy.Arty. (Reg.) Co.G Sgt.
Blanton, R.M. LA Cav. Greenleaf's Co. (Orleans Lt.Horse)
Blanton, R.N. TN 17th Inf. Co.B
Blanton, Robert A. NC 15th Inf. Co.C
Blanton, Robert C. TN 37th Inf. Co.G
Blanton, Robert W. GA 46th Inf. Co.I
Blanton, Robert W. VA 1st Cav. Co.G
Blanton, Robert W. VA 30th Inf. Co.E
Blanton, S.F. NC Cav. McRae's Bn. Co.E
Blanton, S.L. FL Kilcrease Lt.Arty.
Blanton, Samuel D. SC 5th Inf. 1st Co.G
Blanton, Solomon H. AL 7th Inf. Co.C
Blanton, Sol. H. AL 48th Inf. Co.H 1st Sgt.
Blanton, Spencer E. NC 16th Inf. Co.D
Blanton, S.T. NC 1st Bn.Jr.Res. Co.B 2nd Lt.
Blanton, Stephen F. NC 34th Inf. Co.B
Blanton, S.W. AR 8th Cav. Co.F
Blanton, T. KY 2nd (Duke's) Cav. Co.C
Blanton, Taylor NC 34th Inf. Co.B
Blanton, Thomas FL 2nd Inf. Co.B
Blanton, Thomas NC 30th Inf. Co.E
Blanton, Thomas SC 5th Inf. 1st Co.G
Blanton, Thomas H. VA 24th Cav. Co.F
Blanton, Thomas J. NC 28th Inf. Co.H Sgt.
Blanton, Thomas L. TN 37th Inf. Co.A
Blanton, Thomas W. VA Inf. 25th Bn. Co.C
Blanton, Thomas W. VA 53rd Inf. Co.C Sgt.
Blanton, Thomas W. VA Inf. Montague's Bn. Co.D Sgt.
Blanton, Thompson MO 12th Inf. Co.C
Blanton, T.L. TX 9th (Nichols') Inf. Co.A
Blanton, T.L. VA Cav. Young's Co.
Blanton, T.L. VA 1st (Farinholt's) Res. Co.H Sgt.
Blanton, Vincen SC 7th Res. Co.H
Blanton, Vincent TN 35th Inf. Co.E Sgt.
Blanton, Vincent L. TN 37th Inf. Co.A
Blanton, Vinson AR 8th Cav. Co.F
Blanton, Vinson SC 3rd Bn.Res. Co.A
Blanton, V.S. TX 5th Cav. Co.I
Blanton, Wayne N. AL Lt.Arty. 2nd Bn. Co.D
Blanton, W.C. MS 28th Cav. Co.D
Blanton, W.C. MO 9th Bn.S.S. Co.A Capt.
Blanton, W.C. TN 23rd Inf. 2nd Co.F Capt.
Blanton, W.C. TN 48th (Nixon's) Inf. Co.B Capt.
Blanton, W.E. TX 20th Inf. Co.C
Blanton, W.E. VA Conscr. Cp.Lee
Blanton, W.F. VA 21st Inf. Co.D
Blanton, W.G. NC 16th Inf. Co.G Cpl.
Blanton, W.H. MS 2nd Cav. Co.A
Blanton, W.H. MS 27th Inf. Co.A
Blanton, W.H. SC 1st (McCreary's) Inf. Co.A
Blanton, W.H. TN 4th (McLemore's) Cav. Co.D
Blanton, W.H. TN 16th Inf. Co.F
Blanton, William AL 39th Inf. Co.G
Blanton, William GA 32nd Inf. Co.B 1st Sgt.
Blanton, William KY 13th Cav. Co.K
Blanton, William NC 16th Inf. Co.D
Blanton, William NC 28th Inf. Co.H
Blanton, William NC 34th Inf. Co.I
Blanton, William SC Inf. Holcombe Legion Co.K
Blanton, William TN Lt.Arty. Phillips' Co.
Blanton, William TN 14th Inf. Co.K
Blanton, William TX 3rd Cav. Co.D
Blanton, William VA 51st Inf. Co.A
Blanton, William VA Inf. Mileham's Co.
Blanton, William 1st Conf.Eng.Troops Co.F Artif.
Blanton, William A. NC 12th Inf. Co.E
Blanton, William C. MO 1st N.E. Cav. Lt.Col.
Blanton, William C. NC 12th Inf. Co.E
Blanton, William C. TN 48th (Voorhies') Inf. Co.H
Blanton, William E. VA Arty. L.F. Jones' Co.
Blanton, William G. GA 23rd Inf. Co.E
Blanton, William J. NC 49th Inf. Co.A
Blanton, William J. VA 3rd Res. Co.E 2nd Lt.
Blanton, William L. GA 1st (Symons') Res. Co.G
Blanton, William L. NC 15th Inf. Co.C
Blanton, William L. VA 55th Inf. Co.M Sgt.
Blanton, William M. NC 38th Inf. Co.I 2nd Lt.
Blanton, William M. NC 56th Inf. Co.F
Blanton, William N. MS Lt.Arty. 14th Bn. Co.C
Blanton, William N. MS 15th Inf. Co.I
Blanton, William N. MS 26th Inf. Co.A
Blanton, William R. GA 26th Inf. Co.C
Blanton, William R. TX 19th Inf. Co.F
Blanton, William T. AL 4th (Roddey's) Cav. Co.I Cpl.
Blanton, William T. NC 28th Inf. Co.H
Blanton, William W. TN 1st (Turney's) Inf. Co.B 1st Sgt.
Blanton, Willis AR 8th Cav. Peoples' Co.
Blanton, Willson TN 62nd Mtd.Inf. Co.E
Blanton, Wilson AR 15th (Josey's) Inf. Co.G Sgt.
Blanton, W.J. VA 3rd Res. Co.E
Blanton, W.M. 3rd Conf.Eng.Troops Co.D
Blanton, W.N. GA 63rd Inf. Co.F,D
Blanton, W.N. MS 13th Inf. Co.F
Blanton, W.S. SC 11th Res. Co.C
Blanton, W.T. SC 2nd St.Troops Co.K
Blanton, W.W. MO 6th Cav. Co.E 1st Sgt.
Blanton, W.W. TN 4th (McLemore's) Cav. Co.E
Blanton, Zack A. VA 18th Inf. Co.F Capt.
Blanton, Zinathan NC 15th Inf. Co.C Sgt.
Blantoon, Joseph MS 3rd Inf. (St.Troops) Co.I
Blantz, George VA 15th Inf. Co.K
Blappert, G. LA Mil. Fire Bn. Co.D
Blaque, Charles GA 1st (Olmstead's) Inf. Co.D
Blar, William AL 5th Inf. Co.A
Blardone, Bartol LA Mil. Cazadores Espanoles Regt. Co.F Sgt.
Blare, Francis M. VA 8th Cav. Co.K
Blaringame, Howard AL 4th (Russell's) Cav. Co.E
Blarming TX Cav. Good's Bn. Co.A
Blarney, John J. FL 11th Inf. Co.A
Blary, J.A. FL 48th Regt.
Blas, Jules LA Mil. 1st Regt. French Brig. Co.8
Blasco, Amedes LA Mil. 1st Native Guards
Blasco, Eugen J. LA 13th Inf. Co.I,E,B,K Capt.
Blasco, Henry LA 5th Inf. Co.D
Blasco, Oscar LA 13th Inf. Co.D
Blasco, Oscar LA C.S. Zouave Bn. Co.A
Blase, H. SC Mil.Arty. 1st Regt. Harms' Co.
Blase, Henry SC 3rd Cav. Co.G
Blase, Herman LA Mil. 4th Regt. 1st Brig. 1st Div. Co.I
Blase, J.L. LA 4th Inf. Co.C
Blase, J.M. GA 16th Inf. Co.E
Blase, William SC Mil. 16th Regt. Robinson's Co.
Blasengame, J.L. GA 54th Inf. Co.I
Blasengame, Sidney A. GA Lt.Arty. Van Den Corput's Co. Sgt.
Blasengame, Sidney A. GA Inf. 3rd Bn. Co.A Cpl.
Blasengame, Thomas C. GA 10th Cav. (St.Guards) Co.G
Blasengame, W.G. SC 3rd Res. Co.H 2nd Lt.
Blasengame, William AR 36th Inf. Co.C
Blasengan, F.M. AL 50th Inf.
Blasengham, James W. AL 7th Inf. Co.A
Blash, Hayden H. MS 18th Inf. Co.B
Blasimgame, J.W. TN 19th (Biffle's) Cav. Co.I
Blasing, Albert TX 3rd Inf. Co.G
Blasingame, A.H. GA Cav. Arnold's Co.
Blasingame, A.J. TN 19th (Biffle's) Cav. Co.I
Blasingame, Alonzo H. GA 11th Inf. Co.H Sgt.
Blasingame, A.M. 8th (Wade's) Conf.Cav. Co.B QMSgt.
Blasingame, A.T. GA 42nd Inf. Co.H Cpl.
Blasingame, Benjamin F. GA 11th Inf. Co.G,H
Blasingame, Beverly F. GA 42nd Inf. Co.H
Blasingame, B.G. AR Inf. 4th Bn. Co.E 1st Lt.
Blasingame, Cicero P. GA 11th Inf. Co.H 1st Lt.
Blasingame, David A. GA 45th Inf. Co.B
Blasingame, G.A. TN 19th (Biffle's) Cav. Co.I

Blasingame, G.W. AL 1st Cav. 2nd Co.C
Blasingame, J. GA Inf. 27th Bn. (NonConscr.) Co.D
Blasingame, James L. 8th (Wade's) Conf.Cav. Co.B
Blasingame, James P. GA 42nd Inf. Co.H
Blasingame, James P. GA 45th Inf. Co.B Sgt.
Blasingame, J.B. AR 47th (Crandall's) Cav.
Blasingame, J.B. AR Inf. 4th Bn. Co.E Cpl.
Blasingame, J.M. AL 1st Cav. 2nd Co.C Sgt.
Blasingame, J.M. AR Inf. 4th Bn. Co.E 3rd Lt.
Blasingame, J.M. MS 5th Cav. Co.K 1st Lt.
Blasingame, J.M. 8th (Wade's) Conf.Cav. Co.E
Blasingame, John G. NC 2nd Cav. (19th St.Troops) Co.I Sr.2nd Lt.
Blasingame, John T. AL 39th Inf. Co.E Sgt.
Blasingame, John T. GA 42nd Inf. Co.H
Blasingame, J.W. GA 32nd Inf. Co.I Sgt.
Blasingame, Leonard G. AL Lt.Arty. 20th Bn. Co.A,B Far.
Blasingame, Luther TX 26th Cav. Co.D Cpl.
Blasingame, Luther TX Inf. Whaley's Co.
Blasingame, Monroe AR 47th (Crandall's) Cav.
Blasingame, Nat G. LA Res.Corps Regenberg's Co.
Blasingame, Silas A. TX 11th Inf. Co.I
Blasingame, Thomas TX Inf. Whaley's Co.
Blasingame, T.J. GA 32nd Inf. Co.I 2nd Lt.
Blasingame, T.M. TX 11th Inf. Co.I
Blasingame, W. TN 40th Inf. Co.A
Blasingame, William MS 32nd Inf. Co.I
Blasingame, William TN Arty. Bibb's Co.
Blasingame, William TX 26th Cav. Co.D
Blasingame, William A. MS 32nd Inf. Co.B
Blasingame, William S. 4th Conf.Inf. Co.G
Blasingame, William W. GA Inf. 27th Bn. Co.E Sgt.
Blasingame, William W. TX Inf. Whaley's Co.
Blasingame, W.P. AR Inf. 4th Bn. Co.E
Blasingame, W.P. GA 42nd Inf. Co.H Cpl.
Blasingame, W.S. TN 42nd Inf. Co.A
Blasingame, W.T. 8th (Wade's) Conf.Cav. Co.B
Blasinggame, M.F. TN 18th Inf. Co.B
Blasingham, Madison SC 1st Inf. Co.E
Blasingim, George AR 45th Mil. Co.F
Blasingim, J.M. MS 2nd St.Cav. Co.L
Blasingim, Washington AR 45th Mil. Co.F
Blasini, Jean Baptiste LA 13th Inf. Co.E
Blass, Christian LA Mil.Mech.Guard
Blass, J. LA Mil. 4th Regt.Eur.Brig. Co.C
Blass, W.H. MS 8th Inf. Co.E
Blassamgame, W. AR 32nd Inf. Co.F
Blassengame, Andrew GA 52nd Inf. Co.I
Blassengame, B.F. GA 32nd Inf. Co.I
Blassengame, John MS 26th Inf. Co.C
Blassengame, Samuel T. TX 6th Cav. Co.D
Blassengame, W.H. SC Inf. 13th Bn. Co.A
Blassengame, William E. GA 52nd Inf. Co.I
Blassengame, W.G. SC 1st St.Troops Co.B 2nd Lt.
Blassengin, Columbus MS 10th Cav. Co.E
Blassie, C.L. TX Waul's Legion Co.A
Blassingaim, T.B. AR 1st Mtd.Rifles Co.B
Blassingain, Mode MS 2nd Part.Rangers Co.E
Blassingam, J.T. 3rd Conf.Eng.Troops Co.F
Blassingame, Anderson AR 18th (Marmaduke's) Inf. Co.I
Blassingame, Augustus C. AL 6th Inf. Co.F
Blassingame, B.F. SC 1st Cav. Co.F 1st Lt.
Blassingame, B.J. GA 11th Cav. Co.I
Blassingame, David W. SC 6th Inf. 1st Co.K, Co.I
Blassingame, D.C. TN 33rd Inf. Co.F
Blassingame, George W. TX 13th Cav. Co.A
Blassingame, H. SC Lt.Arty. 3rd (Palmetto) Bn. Co.A Sgt.
Blassingame, Harrison SC 1st (McCreary's) Inf. Campbell's Co.
Blassingame, James MS 9th Inf. Old Co.E
Blassingame, James M. MS 9th Inf. Old Co.I
Blassingame, James T. MS 44th Inf. Co.D Cpl.
Blassingame, James W. MS 42nd Inf. Co.B
Blassingame, J.D. TX Cav. Hardeman's Regt. Co.A Cpl.
Blassingame, J.M. TN 2nd Cav.
Blassingame, John VA Inf. 6th Bn.Loc.Def. Co.B
Blassingame, John MS 32nd Inf. Co.I
Blassingame, John G. NC 1st Cav. (9th St.Troops) Co.G 2nd Lt.
Blassingame, John H. SC 5th Inf. 1st Co.K Sgt.
Blassingame, John H. SC Palmetto S.S. Co.K Capt.
Blassingame, John W. VA 12th Inf. Co.E
Blassingame, Joseph TX 20th Inf. Co.B
Blassingame, J.P. GA Cav. 8th Bn. (St.Guards) Co.B
Blassingame, J.W. GA 54th Inf. Co.I,F
Blassingame, Robert TX 1st Hvy.Arty. Co.H
Blassingame, R.T. AL 5th Cav. Co.C
Blassingame, T.B. AR 10th Inf. Co.G Sgt.
Blassingame, Thomas SC 5th Cav. Co.K
Blassingame, W.G. SC 1st Cav. Co.F
Blassingame, W.G. SC 5th Mil. Beat Co.3
Blassingame, William B. MS 35th Inf. Co.H Sgt.
Blassingame, William H.H. SC 6th Inf. 1st Co.K
Blassingan, John VA 2nd Inf.Loc.Def. Co.E
Blassingham, John VA 15th Cav. Co.B
Blassinghim, John MS 10th Cav. Co.B
Blast, --- AL 12th Inf. Co.E
Blatchford, George E. TX 27th Cav. Co.D
Blatchit, E.F. SC Bn.St.Cadets Co.A
Blate, Michael LA 14th Inf. Co.E
Blatherwick, C.H. TX 12th Inf. Co.C Drum.
Blatherwick, Nelson TX 12th Inf. Co.C
Blatherwick, S.M. TX 12th Inf. Co.C
Blatherwick, S.N. TX 22nd Inf. Co.B
Blaton, J.P. MO 16th Inf. Co.K
Blaton, Phillip LA 11th Inf. Co.F
Blats, John SC 1st Inf. Co.L
Blatsch, Peter TX 17th Inf. Co.K
Blatt, Charles GA Arty. Co.A
Blatt, J.A. GA 22nd Inf. Co.E
Blatter, --- LA Mil. 3rd Regt.Eur.Brig. (Garde Francaise) Euler's Co.
Blatter, William LA 21st (Patton's) Inf. Co.I
Blattner, John LA 20th Inf. Co.F
Blatts, John SC 3rd Inf. Co.E,C Sgt.
Blatts, William H. SC 3rd Inf. Co.E
Blatz, Charles MS 22nd Inf. Co.I
Blatz, Jacob LA Mil. 4th Regt.Eur.Brig. Co.C
Blatz, John GA 1st (Olmstead's) Inf. 1st Co.A
Blatz, John GA 1st Bn.S.S. Co.B
Blau, E.W. GA Inf. 19th Bn. (St.Guards) Co.F
Blau, Julius TN 7th Inf. Co.K Music.
Blaucett, Ephraim VA 50th Inf. Co.E
Blaugh, E.W. GA Inf. City Bn. (Columbus) Co.B
Blaugie, Elisha NC 7th Inf. Co.F
Blaun, Stephen AL 17th Inf. Co.F
Blauson, Arthur LA 1st Inf. Co.C
Blauth, Augustus VA 3rd Bn. Valley Res. Co.B
Blautun, W.R. TX Cav. 2nd Bn.St.Troops Co.A
Blaw, G.G. TX Cav. Giddings' Bn. Co.A
Blawn, --- VA Cav. 47th Bn. Aldredge's Co.
Blawn, William D. VA Cav. 47th Bn. Aldredge's Co.
Blaxon, Henry Conf.Inf. 1st Bn. Co.I Sgt.
Blaxsim, Henry AL Inf. 2nd Regt. Co.G
Blaxton, Dallas GA Inf. 1st Loc.Troops (Augusta) Co.H
Blaxton, E.W. GA 21st Inf. Co.C
Blaxton, George GA Inf. 1st Loc.Troops (Augusta) Co.H
Blaxton, H.H. AR 13th Inf. Co.I
Blaxton, James H. GA Inf. 1st Loc.Troops (Augusta) Co.H
Blaxton, Joseph H. GA Inf. 1st Loc.Troops (Augusta) Co.H
Blaxton, Martin GA Inf. 1st Loc.Troops (Augusta) Co.H
Blaxton, William AR Cav. McGehee's Regt. Co.C
Blaydes, H. TN 12th (Green's) Cav. Co.F
Blaydes, James E. TN 7th (Duckworth's) Cav. Co.B
Blaydes, James E. Gen. & Staff Asst.Surg.
Blaydes, J.D. TN 13th Inf. Co.B Sgt.
Blaydes, J.E. MS Part.Rangers Smyth's Co.
Blaydes, J.J. TN 3rd (Forrest's) Cav. Co.H
Blaydes, William H. VA 30th Inf. Co.D
Blaylack, Samuel W. AL 5th Inf. Co.E
Blaylack, Samuel W. AL 25th Inf. Co.E
Blaylack, W.S. AR 16th Inf. Co.K
Blaylock, A.C. GA Inf. 25th Bn. (Prov.Guard) Co.A
Blaylock, Albert N. NC 58th Inf. Co.G,B,K
Blaylock, Alfred AR 17th (Griffith's) Inf. Co.B
Blaylock, Allen B. FL 1st Inf. Old Co.K Music.
Blaylock, Allison 1st Conf.Inf. 2nd Co.D
Blaylock, A.N. AR 35th Inf. Co.A Sr.2nd Lt.
Blaylock, Andrew J. MS Part.Rangers Smyth's Co.
Blaylock, Atlas J. NC 44th Inf. Co.F
Blaylock, Benjamin C. NC 42nd Inf. Co.C Sgt.
Blaylock, Benjamin F. MS 17th Inf. Co.K
Blaylock, Berry B. MS 42nd Inf. Co.A
Blaylock, B.F. MS 7th Cav. Co.H 1st Sgt.
Blaylock, C.A. AR 19th (Dawson's) Inf. Co.B
Blaylock, Calvin NC 14th Inf. Co.H
Blaylock, Chesley H. NC 27th Inf. Co.G
Blaylock, C.J. GA 13th Cav. Co.I
Blaylock, C.R. NC 4th Inf. Co.A
Blaylock, Daniel KY 12th Cav. Co.I,C
Blaylock, David MS 36th Inf. Co.I
Blaylock, David NC 15th Inf. Co.A
Blaylock, David NC 20th Inf. Co.E Cpl.
Blaylock, David R. KY 3rd Cav. Co.E
Blaylock, David S. TN 3rd (Lillard's) Mtd.Inf. Co.D
Blaylock, E.F. TN 26th Inf. Co.A
Blaylock, E.P. TN 7th (Duckworth's) Cav. Co.E

Blaylock, F.M. AR 11th & 17th Cons.Inf. Co.I
Blaylock, F.M. AR 17th (Griffith's) Inf. Co.B
Blaylock, F.M. AR 35th Inf. Co.A
Blaylock, F.M. VA Inf. 2nd Bn.Loc.Def. Co.F
Blaylock, Francis M. AL Inf. 1st Regt. Co.C,K Sgt.
Blaylock, George LA 17th Inf. Co.F
Blaylock, George VA Inf. 6th Bn.Loc.Def. Co.C
Blaylock, Giles D. LA 9th Inf. Co.H
Blaylock, G.R. GA Phillips' Legion Co.D
Blaylock, G.W. NC 7th Sr.Res. Fisher's Co.
Blaylock, H. TN 27th Inf. Co.H
Blaylock, H. 1st Cherokee Mtd.Vol. 1st Co.B
Blaylock, Henry GA 4th Cav. (St.Guards) Cameron's Co.
Blaylock, Henry NC 28th Inf. Co.D
Blaylock, Henry 1st Creek Mtd.Vol. 2nd Co.D
Blaylock, Henry D. MS 37th Inf. Co.A
Blaylock, Henry T. MO 1st Inf. Co.G
Blaylock, H.W. AR 7th Cav. Co.E
Blaylock, H.W. AR 7th Mil. Co.C
Blaylock, I.S. MS Cav. 2nd Bn.Res. Co.I
Blaylock, Isham K. GA 1st Bn.S.S.
Blaylock, Isham K. GA 1st Inf. (St.Guards)
Blaylock, J. AR 20th Inf. Co.G
Blaylock, J. AR 20th Inf. Co.I Sgt.
Blaylock, James E. MS 23rd Inf. Co.E
Blaylock, James E. MS 26th Inf. Co.E,D
Blaylock, James L. AR 35th Inf. Co.D Sgt.
Blaylock, James M. MS 42nd Inf. Co.F Cpl.
Blaylock, James P. AL Cav. Lewis' Bn. Co.D
Blaylock, James W. AL 3rd Bn. Hilliard's Legion Vol. Co.A
Blaylock, J.E. AR 7th Mil. Co.C
Blaylock, Jef TX 37th Cav. 2nd Co.I
Blaylock, Jeremiah AR 30th Inf. Co.I
Blaylock, Jeremiah C. AR 15th (N.W.) Inf. Co.C
Blaylock, J.H. AR 11th Inf. Co.A
Blaylock, J.H. AR 11th & 17th Cons.Inf. Co.A
Blaylock, J.L. MS 3rd Cav. Co.A
Blaylock, J.M. NC 3rd Jr.Res. Co.C
Blaylock, J.N. NC 3rd Jr.Res. Co.A
Blaylock, John AL 32nd Inf. Co.I
Blaylock, John KY 9th Mtd.Inf. Co.H
Blaylock, John MS 3rd Inf. (St.Troops) Co.B Cpl.
Blaylock, John MO 1st & 4th Cons.Inf. Co.B
Blaylock, John MO 4th Inf. Co.G Cpl.
Blaylock, John NC 7th Sr.Res. Johnson's Co. 2nd Lt.
Blaylock, John SC Lt.Arty. Wagener's Co. (Co.A,German Arty.)
Blaylock, John VA 38th Inf. Co.H
Blaylock, John A. NC 42nd Inf. Co.C Cpl.
Blaylock, John H. MS 24th Inf. Co.L
Blaylock, John H. NC 20th Inf. Co.E Sgt.
Blaylock, John R. NC 1st Inf. Co.B Cpl.
Blaylock, John W. KY 1st (Butler's) Cav. Co.G
Blaylock, John W. MO 1st Inf. Co.G Music.
Blaylock, John W. MO 1st & 4th Inf. Co.G Music.
Blaylock, Joseph AR 15th (N.W.) Inf. Co.K
Blaylock, Joseph VA 23rd Inf. Co.F
Blaylock, Joseph Barry MS 22nd Inf. Co.H Jr.2nd Lt.
Blaylock, Joshua K. GA 16th Inf. Co.E
Blaylock, Josiah MS Inf. 3rd Bn. (St.Troops) Co.B
Blaylock, J.W. AL 60th Inf. Co.E
Blaylock, K. NC 26th Inf. Co.F
Blaylock, L. AR 10th Mil. Co.B
Blaylock, M. MS 3rd Inf. (St.Troops) Co.B
Blaylock, M.C. NC 5th Inf. Co.B
Blaylock, M.F. GA 43rd Inf. Co.F
Blaylock, M.G. AR Cav. Gunter's Bn. 2nd Lt.
Blaylock, M.G. AR 2nd Mtd.Rifles Co.A
Blaylock, Millington MS 5th Cav. Co.C
Blaylock, N.C. MS 1st (Johnston's) Inf. Co.H
Blaylock, R. SC 3rd Inf. Co.E
Blaylock, R.H. KY 12th Cav. Co.C
Blaylock, Richard S. VA 15th Inf. Co.C
Blaylock, Robert LA 3rd (Harrison's) Cav. Co.H
Blaylock, Rob. MS Cav. 2nd Bn.Res. Co.I
Blaylock, Robert TN 55th (Brown's) Inf. Co.A
Blaylock, Robert S. AR 15th (N.W.) Inf. Co.K Cpl.
Blaylock, R.P. MS 24th Inf. Co.F
Blaylock, S. GA 12th Cav. Co.K Music.
Blaylock, Samuel TN Cav. Clark's Ind.Co.
Blaylock, Samuel H. GA 2nd Cav. Co.C
Blaylock, Samuel W. KY 8th Mtd.Inf. Co.E
Blaylock, Sanders GA 4th Inf. Co.C
Blaylock, Sidney NC 52nd Inf. Co.I
Blaylock, S.M., Mrs. NC 26th Inf. Co.F
Blaylock, Solomon VA 24th Cav. Co.D
Blaylock, Solomon VA Cav. 40th Bn. Co.D
Blaylock, Stanton TN 7th (Duckworth's) Cav. Co.E
Blaylock, S.W. KY 12th Cav. Co.C Cpl.
Blaylock, S.W. NC Lt.Arty. 13th Bn. Co.B
Blaylock, T.C. TX 17th Inf. Co.B
Blaylock, Thomas FL 2nd Inf. Co.E
Blaylock, Thomas GA 12th Cav. Co.K
Blaylock, Thos. KY Cav.2nd Bn. (Dortch's) Co.C
Blaylock, Thomas TN 3rd (Forrest's) Cav. Co.A
Blaylock, Thomas B. TN 26th Inf. Co.A
Blaylock, T.J. AR 32nd Inf. Co.C
Blaylock, Vachel MS 36th Inf. Co.I
Blaylock, W. TN 4th Inf. Co.D
Blaylock, W.C. NC 52nd Inf. Co.I
Blaylock, Wilburn W. GA Inf. 25th Bn. (Prov. Guard) Co.A
Blaylock, William AR 51st Mil. Co.E Cpl.
Blaylock, William GA 1st Cav. Co.B
Blaylock, William GA Cav. 16th Bn. (St.Guards) Co.B
Blaylock, William D. GA Inf. 8th Bn. Co.B Sgt.
Blaylock, William H. MO 1st Inf. Co.G
Blaylock, William J. GA 26th Inf. Co.I Sgt.
Blaylock, William M. MS 42nd Inf. Co.A Sgt.
Blaylock, William P. KY 9th Mtd.Inf. Co.H
Blaylock, William T. MS 42nd Inf. Co.F Sgt.
Blaylock, William W. GA 2nd Res. Co.A,G
Blaylock, Willis C. MS 24th Inf. Co.L
Blaylock, W.T. GA 12th Cav. Co.I
Blaylock, W.T. GA 1st Inf. (St.Guards) Co.E
Blaylock, Z.T. MS 24th Inf. Co.F
Blaylove, William J. AL 30th Inf. Co.A
Blayluff, M.M. NC 51st Inf. Co.A
Blayne, J. GA 24th Inf. Co.K
Blayton, John VA 3rd Cav. Co.F
Blayton, John H. VA 3rd Cav.
Blayton, Robert VA 52nd Mil. Co.A
Blayton, William A. VA 3rd Cav. Co.F,G
Blayton, William H. VA 52nd Mil. Co.A
Blazer, Christopher TN Inf. 1st Bn. (Colms') Co.B
Blazer, James M. TN Inf. 1st Bn. (Colms') Co.B
Blazer, John KY 9th Mtd.Inf. Co.C
Blazer, Joseph TN Inf. 1st Bn. (Colms') Co.B
Blazier, Adolph LA 5th Cav. Co.H
Blazier, Adolphus LA Arty. Moody's Co. (Madison Lt.Arty.)
Blazier, Thos. F. TX 1st Bn.S.S. Co.C Sgt.
Blazine, John Bte. LA 28th (Thomas') Inf. Co.D
Bleach, James M. FL 7th Inf. Co.D
Bleach, J.F. FL 2nd Inf. Co.B Cpl.
Bleach, J.M. FL 9th Inf. Co.E
Bleach, Thomas L. FL 7th Inf. Co.D
Bleach, W.H. FL 9th Inf. Co.K
Bleach, W.M. FL 1st (Res.) Inf. Co.I
Bleachington, A.B. FL 5th Inf. Co.I
Bleadsoe, John H. AR 17th (Lemoyne's) Inf. Co.F Sgt.Maj.
Bleakley, Arthur GA Inf. 1st Loc.Troops (Augusta) Co.A
Bleakley, Eli S. MO 1st Cav. Co.C
Bleakley, E.S. GA Inf. 1st Loc.Troops (Augusta) Dearing's Cav.Co.
Bleakley, Robert LA Mil. 3rd Regt. 3rd Brig. 1st Div. Co.B Capt.
Bleakley, W.J. AR 32nd Inf. Co.G
Bleakney, O.T. MO Lt.Arty. 1st Btty.
Blean, A. LA Mil. British Guard Bn. West's Co.
Bleanmer, Lewis FL 3rd Inf. Co.I
Blease, Basil Manly SC 1st (McCreary's) Inf. Co.B Capt.
Blease, B.M. SC 1st Inf. Co.L Sgt.
Blease, Edward W. SC 6th Inf. 2nd Co.D
Blease, Edward W. SC 9th Inf. Co.H Sgt.
Blease, Edward W. VA Mtd.Riflemen Balfour's Co.
Blease, E.W. GA Cav. 21st Bn. Co.A
Blease, E.W. TN Arty. Marshall's Co. Cpl.
Blease, E.W. TN Lt.Arty. Scott's Co.
Bleasene, Albert TX 1st (McCulloch's) Cav. Co.A
Bleason, J.M. Brush Bn.
Bleau, A. LA Mil. 1st Chasseurs a pied Co.2
Bleauseau, D.D. LA Miles' Legion Co.E
Bleauseau, Joseph D. LA Miles' Legion Co.A
Bleavens, William A. GA Inf. 1st Loc.Troops (Augusta) Dearing's Cav.Co.
Blecher, Ebenezer MS Cav. Garland's Bn. Co.B
Blecher, J.H. GA 41st Inf. Co.C
Bleck, G.B. VA 54th Mil. Co.C,D
Blecker, Charles H. Gen. & Staff Asst.Comsy.
Bleckley, F.A. GA 4th Cav. (St.Guards) Cannon's Co.
Bleckley, F.A. GA 11th Cav. Co.F 2nd Lt.
Bleckley, J.L. Mead's Conf.Cav. Co.K
Bleckley, J.M. NC 49th Inf. Co.I
Bleckley, J.T. GA 11th Cav. Co.F Sgt.
Bleckley, Logan E. GA Phillips' Legion Co.D
Bleckley, William L. NC 49th Inf. Co.I
Bledsau, W.H. TN 15th (Stewart's) Cav. Co.D Cpl.
Bledsaw, Hezekiah AR 34th Inf. Co.C
Bledsaw, Newton VA 64th Mtd.Inf. 2nd Co.F
Bledsaw, Robert B. TN 12th Cav. Co.G

Bledsaw, Wash AR 34th Inf. Co.C
Bledsaw, W.D. TX 28th Cav. Co.D
Bledsaw, William AR 34th Inf. Co.C
Bledsaw, William L. MS 9th Inf. New Co.I Cpl.
Bledsaw, W.M. MO Quantrill's Co.
Bledso, George W. AL 27th Inf. Co.H Cpl.
Bledso, Green MS 5th Cav. Co.C
Bledso, James TN 19th & 20th (Cons.) Cav. Co.C
Bledso, W.H. NC 1st Jr.Res. Co.D
Bledsoe, A. MO St.Guard
Bledsoe, A. TN 4th (Murray's) Cav. Co.F
Bledsoe, A. TN 8th (Smith's) Cav. Co.I
Bledsoe, Aaron E. VA Cav. 1st Bn. Co.B
Bledsoe, Abraham J. VA 25th Cav. Co.B
Bledsoe, A.C. VA 5th (Cons.) Cav. Chap.
Bledsoe, A.C. VA 15th Cav. Chap.
Bledsoe, A.D. TN 9th Inf. Co.E
Bledsoe, Adam C. Gen. & Staff Chap.
Bledsoe, Alexander G. TN 7th Inf. Co.E
Bledsoe, Alonzo 2nd Cherokee Mtd.Vol. Co.G
Bledsoe, Alsa Mitchell NC 6th Inf. Co.C
Bledsoe, A.M. AL 8th Inf. Co.K
Bledsoe, Andrew VA Mil. Scott Cty.
Bledsoe, Angus B. VA 13th Inf. Co.F
Bledsoe, Anthony TN 1st Hvy.Arty. 1st Co.C, 2nd Co.A
Bledsoe, A.S. AL 18th Bn.Vol. Lt.
Bledsoe, A.S. TN 17th Inf. Co.I 2nd Lt.
Bledsoe, Audley VA Inf. 23rd Bn. Co.E
Bledsoe, Austin VA 25th Cav. Co.B
Bledsoe, Austin VA Mil. Scott Cty.
Bledsoe, Balard G. TX 27th Cav. Co.F Cpl.
Bledsoe, B.B. AL 7th Cav. Co.K
Bledsoe, B.B. TN 50th Inf. Co.B
Bledsoe, B.C. MS 2nd Part.Rangers Co.C
Bledsoe, Benjamin F. TN 4th Cav. Co.I
Bledsoe, Benjamin F. TN 4th (Murray's) Cav. Co.F 2nd Lt.
Bledsoe, Bishop VA Inf. 21st Bn. 2nd Co.C Bvt.2nd Lt.
Bledsoe, Braxton B. LA 9th Inf. Co.D Cpl.
Bledsoe, B.T. AR 27th Inf. Co.G
Bledsoe, B.W. GA Cav. Hall's Co.
Bledsoe, B.W. SC 2nd Arty. Co.K
Bledsoe, Caleb GA Cav. 1st Bn.Res. Stark's Co.
Bledsoe, Campbell VA 25th Cav. Co.A
Bledsoe, C.B. GA 53rd Inf. Co.A Sgt.
Bledsoe, C.B. VA 13th Inf. Co.F
Bledsoe, C.D. VA Mil. Scott Cty.
Bledsoe, C.H. AR 12th Inf. Co.F
Bledsoe, C.H. TN 12th Inf. Co.F
Bledsoe, Charles P. AL 3rd Cav. Co.G
Bledsoe, Charles P. AL 18th Inf. Co.L
Bledsoe, C.P. TN Cav. 1st Bn. (McNairy's) Co.D Sgt.
Bledsoe, C.T. TN 8th Inf. Co.F
Bledsoe, C.T. TN 16th Inf. Co.F Ord.Sgt.
Bledsoe, D.A.J. MS 2nd Cav. Co.B
Bledsoe, Daniel MS 7th Inf. Co.H
Bledsoe, Daniel VA Cav. 36th Bn. Co.C
Bledsoe, David C. MS 17th Inf. Co.B,F
Bledsoe, David D. VA 25th Cav. Co.B
Bledsoe, David D. VA Inf. 21st Bn. 2nd Co.C, 1st Co.D
Bledsoe, D.C. 4th Conf.Eng.Troops Artif.
Bledsoe, Dilmus T. VA 27th Inf. Co.E Sgt.
Bledsoe, D.T. MS 9th Inf. Co.A
Bledsoe, Duncan C. TX 8th Inf. Co.K,G
Bledsoe, Edward NC 12th Inf. Co.D
Bledsoe, Elias VA 25th Cav. Co.H,B
Bledsoe, Elijah M. GA 30th Inf. Co.I
Bledsoe, Elijah R. VA Lt.Arty. Ancell's Co.
Bledsoe, Elijah R. VA Lt.Arty. Snead's Co.
Bledsoe, E.P. AL 7th Cav. Co.D
Bledsoe, E.P. AL 37th Inf. Co.F 2nd Lt.
Bledsoe, E.T. VA 5th Cav. Co.K Cpl.
Bledsoe, E.T. VA 13th Inf. Co.F
Bledsoe, Felix MO 9th Bn.S.S. Co.C
Bledsoe, Felix MO 16th Inf. Co.I
Bledsoe, Felix A. LA 9th Inf. Co.D
Bledsoe, F.G. TX 18th Cav. Co.I
Bledsoe, F.M. AL 18th Inf. Co.K
Bledsoe, Francis M. GA 11th Inf. Co.I Capt.
Bledsoe, Franklin Asbery TN 6th Inf. Co.H
Bledsoe, Frank P. AL Inf. 1st Regt. Co.E,A 1st Lt.
Bledsoe, G. MO Cav. Woodson's Co.
Bledsoe, G. VA Cav. McNeill's Co.
Bledsoe, G.B. MS 6th Inf. Co.E 2nd Lt.
Bledsoe, George AL 22nd Inf. Co.I
Bledsoe, George TN 19th & 20th (Cons.) Cav. Co.K
Bledsoe, George VA 7th Inf. Co.C
Bledsoe, George B. MO 2nd Inf. Co.H Music.
Bledsoe, George L. AL 47th Inf. Co.H
Bledsoe, George M. AL 50th Inf. Co.D
Bledsoe, George T. NC 23rd Inf. Co.C Sgt.
Bledsoe, George W. AL 3rd Bn. Hilliard's Legion Vol. Co.B
Bledsoe, George W. AL 57th Inf. Co.F Cpl.
Bledsoe, George W. VA 25th Cav. Co.B
Bledsoe, Giles NC 30th Inf. Co.D
Bledsoe, G.L. AL 14th Inf. Co.E
Bledsoe, G.P. AL 1st Inf. Co.C 1st Lt.
Bledsoe, G.P. AL 45th Inf. Co.E 1st Lt.
Bledsoe, G.R. 2nd Conf.Eng.Troops Co.D Cpl.
Bledsoe, Granville MO St.Guard
Bledsoe, Grisby R. AL Inf. 1st Regt. Co.K
Bledsoe, G.W. TX Cav. 6th Bn. Co.B
Bledsoe, G.W. VA 2nd Cav. Co.B
Bledsoe, H. KY 2nd (Woodward's) Cav. Co.E
Bledsoe, H. TN Lt.Arty. Morton's Co.
Bledsoe, Hawkins NC 56th Inf. Co.D,H
Bledsoe, Henry C. AR 26th Inf. Co.I
Bledsoe, Henry H. NC 21st Inf. Co.H
Bledsoe, Hezekiah AR 19th (Dockery's) Inf. Co.E
Bledsoe, H.F. NC 1st Arty. (10th St.Troops) Co.G
Bledsoe, Hiram MO Lt.Arty. H.M. Bledsoe's Co. Capt.
Bledsoe, Hiram M. MO Arty. 1st Regt.St.Guard Co.A Capt.
Bledsoe, Hiram M. MO Inf. 6th Regt.St.Guard Col.
Bledsoe, Horace Green TN 6th Inf. Co.H
Bledsoe, H.W. MS 6th Inf. Co.E
Bledsoe, Hyram M. MO Inf. 5th Regt.St.Guard Co.G Capt.
Bledsoe, I.C. TX 6th Cav. Co.F
Bledsoe, I.H. MO Inf. Clark's Regt. Co.D
Bledsoe, Irving MO 11th Inf. Co.B
Bledsoe, Isaac NC 64th Inf. Co.M
Bledsoe, Isaac TN 3rd (Forrest's) Cav. Co.A
Bledsoe, Isaac TN Cav. 16th Bn. (Neal's) Co.F
Bledsoe, Isaac TN Inf. 154th Sr.Regt. 1st Co.B
Bledsoe, Isaac H. Conf.Cav. Clarkson's Bn. Ind.Rangers Co.A
Bledsoe, Isack AR Inf. Cocke's Regt. Co.K
Bledsoe, Isaiah NC 3rd Arty. (40th St.Troops) Co.G
Bledsoe, Isaiah NC Lt.Arty. 13th Bn. Co.E
Bledsoe, J. VA Cav. 37th Bn. Co.I Sgt.
Bledsoe, Jabez M. MS 22nd Inf. Co.I
Bledsoe, Jackson AR 23rd Inf. Co.H
Bledsoe, Jackson W. TN 43rd Inf. Co.A Cpl.
Bledsoe, James TN 19th (Biffle's) Cav. Co.I
Bledsoe, James TN 18th (Newsom's) Cav. Co.K
Bledsoe, James TN 3rd (Clack's) Inf. Co.C
Bledsoe, James VA 1st Cav. Co.F
Bledsoe, James A. NC 3rd Bn.Sr.Res. Co.A
Bledsoe, James M. GA 30th Inf. Co.F
Bledsoe, James Moore TN 6th Inf. Co.H
Bledsoe, James O. VA Cav. 35th Bn. Co.F
Bledsoe, James P. MO Inf. 6th Regt.St.Guard Co.B
Bledsoe, James P. TN 32nd Inf. Co.E
Bledsoe, James P. TN 35th Inf. 2nd Co.K
Bledsoe, James S. TN 32nd Inf. Co.E Cpl.
Bledsoe, James T. TN 35th Inf. 2nd Co.H Sgt.
Bledsoe, James T. TN 1st (Turney's) Inf. Co.I
Bledsoe, James W. VA Lt.Arty. Ancell's Co. 2nd Lt.
Bledsoe, J.C. TN 9th (Ward's) Cav. Co.F
Bledsoe, J.C. TN Inf. 23rd Bn. Co.B
Bledsoe, J.D. TN Inf. 23rd Bn. Co.B
Bledsoe, J.D. TN 55th (Brown's) Inf. Co.C Capt.
Bledsoe, Jesse VA 64th Mtd.Inf. Franklin's Co.
Bledsoe, Jesse N. VA 6th Cav. Co.I
Bledsoe, J.H. GA 3rd Res. Co.H
Bledsoe, J.J. NC 1st Inf. Co.F
Bledsoe, J.J. 10th Conf.Cav. Co.A Cpl.
Bledsoe, J.K. TX 7th Inf. Co.F
Bledsoe, J.L. AL 60th Inf. Co.A Sgt.
Bledsoe, J.L. MS 9th Inf. Co.K
Bledsoe, J.L. MS 41st Inf. Co.K
Bledsoe, J.L. TN 3rd (Forrest's) Cav. Co.H
Bledsoe, J.M. AL 45th Inf. Co.E
Bledsoe, J.M. AR 12th Inf. Co.F
Bledsoe, J.M. NC 1st Arty. (10th St.Troops) Co.G
Bledsoe, J.M. TN 12th (Green's) Cav. Co.G Cpl.
Bledsoe, J.M. TN 19th (Biffle's) Cav. Co.L
Bledsoe, J.M. TN 47th Inf. Co.F
Bledsoe, J.M. VA 8th Cav. Co.G
Bledsoe, J.N. AR 1st (Monroe's) Cav. Co.F
Bledsoe, J.N. GA 9th Inf. (St.Guards) Co.D
Bledsoe, Joel M. GA 3rd Res. Co.D
Bledsoe, John AL Cav. Callaway's Co.
Bledsoe, John KY Kirkpatrick's Bn. Co.A Sgt.
Bledsoe, John NC 22nd Inf. Co.B
Bledsoe, John TX Inf. Timmons' Regt. Co.E
Bledsoe, John TX Waul's Legion Co.D
Bledsoe, John A.B. VA 7th Inf. Co.C
Bledsoe, John C. AR 23rd Inf. Co.G Sgt.
Bledsoe, John H. AR 21st Inf. Co.E
Bledsoe, John J. AL 62nd Inf. Co.E

Bledsoe, John L. AL 3rd Bn. Hilliard's Legion Vol. Co.B Sgt.
Bledsoe, John L. TN 4th Inf. Co.I
Bledsoe, John L. VA Inf. 21st Bn. 2nd Co.C
Bledsoe, John L. VA 64th Mtd.Inf. Co.C
Bledsoe, John M. LA 9th Inf. Co.D
Bledsoe, John N. GA 15th Inf. Co.D 1st Lt.
Bledsoe, John P. VA 5th Inf. Co.L 2nd Lt.
Bledsoe, John R. MS 16th Inf. Co.D Sgt.
Bledsoe, John T. NC 56th Inf. Co.E Cpl.
Bledsoe, John T. TN 9th (Ward's) Cav. Co.C
Bledsoe, John T. VA 7th Inf. Co.A
Bledsoe, John W. VA Lt.Arty. Ancell's Co.
Bledsoe, Jonathan TN 4th Cav.
Bledsoe, Jordan C. NC 8th Inf. Co.C
Bledsoe, Joseph AR Cav. Wright's Regt. Co.K
Bledsoe, Joseph GA 32nd Inf. Co.D
Bledsoe, Joseph MO 5th Cav. Co.A
Bledsoe, Joseph MO Arty. Jos. Bledsoe's Co. Capt.
Bledsoe, Joseph 1st Cherokee Mtd.Vol. 2nd Co.D
Bledsoe, Joseph 2nd Cherokee Mtd.Vol. Co.G
Bledsoe, Joseph B. AL 3rd Inf. Co.H
Bledsoe, Joseph C. TN Cav. 7th Bn. (Bennett's) Co.F
Bledsoe, Josiah L. MO 5th Cav. Co.F 2nd Lt.
Bledsoe, J.P. MS 18th Cav. Wimberly's Co. Cpl.
Bledsoe, J.P. VA 14th Cav. Co.C
Bledsoe, J.R.C. AL 3rd Inf. Co.G
Bledsoe, J.T. AL 15th Inf. Co.B
Bledsoe, J.W. AR 1st (Monroe's) Cav. Co.F
Bledsoe, J.W. MO 9th (Elliott's) Cav. Co.E Sgt.
Bledsoe, J.W. TN 3rd (Forrest's) Cav. Co.H
Bledsoe, J.W. TN 6th Inf.
Bledsoe, J.W. VA 15th Cav. Co.B
Bledsoe, J.W. VA Cav. 37th Bn. Co.C
Bledsoe, Lafayette VA Inf. 23rd Bn. Co.E
Bledsoe, Lafayette VA Mil. Scott Cty.
Bledsoe, L.C. TX 23rd Cav. Co.G
Bledsoe, Lewis VA 8th Cav. Co.G
Bledsoe, Lewis J. TN 32nd Inf. Co.E
Bledsoe, Lewis J. TN 35th Inf. 2nd Co.K
Bledsoe, Lucien A. MS 1st Lt.Arty. Co.A
Bledsoe, L.W. SC 2nd Arty. Co.K
Bledsoe, M.A. Gen. & Staff Capt.,AQM
Bledsoe, Milledge SC 2nd Arty. Co.B,K
Bledsoe, M.O. TX Arty. (St.Troops) Good's Co.
Bledsoe, Moses VA Cav. 36th Bn. Co.C
Bledsoe, Moses G. VA 6th Cav. Co.I
Bledsoe, N. VA Mil. Scott Cty.
Bledsoe, Newton VA 25th Cav. Co.B
Bledsoe, Newton VA Mil. Scott Cty.
Bledsoe, N.S. AL 62nd Inf. Co.A
Bledsoe, O.F. Gen. & Staff, Arty. 2nd Lt.,Ord.Off.
Bledsoe, Oscar MS 44th Inf. Co.A
Bledsoe, P. Gen. & Staff Asst.Surg.
Bledsoe, Peachie TX 22nd Cav. Co.C
Bledsoe, Peter VA 8th Cav. Co.G
Bledsoe, Powhatan VA Lt.Arty. 12th Bn. Co.C
Bledsoe, Powhattan VA 32nd Inf. Asst.Surg.
Bledsoe, Preston VA Inf. 21st Bn. 2nd Co.D
Bledsoe, Ransom MO 1st Cav. Co.A
Bledsoe, R.B. MO 12th Cav. Co.I
Bledsoe, R.H. TN 4th (Murray's) Cav. Co.F Capt.
Bledsoe, R.H. TN 8th (Smith's) Cav. Co.I Capt.
Bledsoe, R.M. MS 2nd Cav. Co.B
Bledsoe, Roberd H. VA 19th Inf. Co.D Cpl.
Bledsoe, Robert GA Inf. 1st Bn. (St.Guards) Co.A
Bledsoe, Robert H. TN 9th (Ward's) Cav. Co.C
Bledsoe, Robert H. VA Lt.Arty. Page's Co. Ord.Sgt.
Bledsoe, Robert H. VA Lt.Arty. J.D. Smith's Co. Sgt.
Bledsoe, Robert P. MO 2nd Cav. Comsy.
Bledsoe, Robert P. MO Inf. 3rd Bn. Co.C
Bledsoe, Robert P. MO 6th Inf. Co.B Capt.,ACS
Bledsoe, Robert P. Gen. & Staff Asst.Comsy.
Bledsoe, R.W. SC 2nd Arty. Co.B,K
Bledsoe, R.W. TN 12th (Green's) Cav. Co.E
Bledsoe, R.W. TN 9th Inf. Co.E
Bledsoe, S. TN 12th (Green's) Cav. Co.K
Bledsoe, S. VA Loc.Forces Co.C
Bledsoe, Sampson W. VA Inf. 21st Bn. 2nd Co.C Cpl.
Bledsoe, Scott TN 4th (Murray's) Cav. Co.F Capt.
Bledsoe, S.H. 1st Conf.Eng.Troops
Bledsoe, Shelby VA 48th Inf. Co.A
Bledsoe, Stokes LA 1st (Nelligan's) Inf. Co.A
Bledsoe, Syrus TN 7th (Duckworth's) Cav. Co.I
Bledsoe, Terrell B. NC 28th Inf. Co.A Fifer
Bledsoe, T.G. AR 12th Inf. Co.F
Bledsoe, Thomas J. GA 5th Inf. Co.E
Bledsoe, Thomas J. MO 15th Cav. Co.A
Bledsoe, Thomas L. VA 25th Cav. Co.B
Bledsoe, Thomas L. VA Inf. 21st Bn. 1st Co.D
Bledsoe, Thomas N. TN 35th Inf. 2nd Co.K Cpl.
Bledsoe, Thomas N. TN 41st Inf. Co.E Sgt.
Bledsoe, Thomas R. VA 13th Inf. Co.A
Bledsoe, Thomas W. VA 25th Cav. Co.B
Bledsoe, Thomas W. VA 48th Inf. Co.G
Bledsoe, T.J. AL 8th Inf. Co.K
Bledsoe, T.J. MO 12th Inf. Co.I
Bledsoe, T.L. TX 20th Inf. Co.E
Bledsoe, T.W. TN 8th Inf. Co.B 2nd Lt.
Bledsoe, V.B. SC 14th Inf. Co.K
Bledsoe, W.A. TX Arty. (St.Troops) Good's Co.
Bledsoe, Warren B. GA 4th Inf. Co.D
Bledsoe, W.B. MS 2nd Cav. Co.B
Bledsoe, W.E. AL 8th Inf. Co.K Sgt.
Bledsoe, W.H. MO 1st & 4th Cons.Inf. Co.G
Bledsoe, W.H. MO 3rd & 5th Cons.Inf.
Bledsoe, W.H. VA Inf. 1st Bn.
Bledsoe, W.H. Exch.Bn. 3rd Co.B,CSA
Bledsoe, W.H.H. TN 55th (Brown's) Inf. Co.C
Bledsoe, W.I. TN 47th Inf. Co.G,K
Bledsoe, William MS 6th Cav. Co.A
Bledsoe, William MS 12th Inf. Co.G
Bledsoe, William MS 44th Inf. Co.L
Bledsoe, William MO 1st N.E. Cav. Sgt.Maj.
Bledsoe, William MO 4th Cav. Co.G
Bledsoe, Wm. MO St.Guard
Bledsoe, William SC 14th Inf. Co.K
Bledsoe, William TX 7th Inf. Co.I
Bledsoe, William VA 1st Bn.Res. Co.H 2nd Lt.
Bledsoe, William A. TX 18th Cav. Co.I Capt.
Bledsoe, William C. AL 3rd Cav. Co.G
Bledsoe, William C. AL 61st Inf. Co.F
Bledsoe, William D. NC 47th Inf. Co.E
Bledsoe, William Giles NC 6th Inf. Co.C
Bledsoe, William H. GA 4th Inf. Co.I
Bledsoe, William H. LA 19th Inf. Co.B
Bledsoe, William H. NC 21st Inf. Co.H
Bledsoe, William H. TN 2nd (Ashby's) Cav. Co.C
Bledsoe, William H. TN Cav. 5th Bn. (McClellan's) Co.D
Bledsoe, William H. TN 1st Lt.Arty. Co.B 1st Lt.
Bledsoe, William H. TN Lt.Arty. Weller's Co. Jr.1st Lt.
Bledsoe, William H. VA 7th Inf. Co.K
Bledsoe, William J. GA 5th Inf. Co.E
Bledsoe, William J. GA Inf. 25th Bn. (Prov.Guard) Co.C
Bledsoe, William J. TN Inf. 23rd Bn. Co.D
Bledsoe, William L. GA 19th Inf. Co.G
Bledsoe, William L.B. AL 7th Cav. Co.K,F
Bledsoe, William L.B. AL 3rd Inf. Co.H
Bledsoe, William M. AL 3rd Bn. Hilliard's Legion Vol. Co.B
Bledsoe, William M. MO 4th Cav. Co.G
Bledsoe, William N. MS 18th Inf. Co.C Cpl.
Bledsoe, William R. TN 44th Inf. Co.E
Bledsoe, William S. VA 34th Inf. Fray's Co.D
Bledsoe, William T. GA Inf. 2nd Bn. Co.C
Bledsoe, Willis S. TN 4th (Murray's) Cav. Co.F Capt.
Bledsoe, Winder VA 25th Cav. Co.B
Bledsoe, W.J. SC 7th Inf. 2nd Co.F
Bledsoe, W.J. TN 12th (Green's) Cav. Co.G
Bledsoe, W.J. Inf. Bailey's Cons.Regt. Co.A
Bledsoe, W.L. AR 26th Inf. Co.I
Bledsoe, W.L. LA 3rd (Harrison's) Cav. Co.D
Bledsoe, W.M. AL 60th Inf. Co.A
Bledsoe, W.P. TN Inf. 23rd Bn. Co.B
Bledsoe, W.S. TN 8th (Smith's) Cav. Maj.
Bledsoe, W.T. TN 11th Inf. Co.C
Bledsoe, Y.D. LA 27th Inf. Co.B
Bledson, J.W. VA Lt.Arty. Snead's Co.
Bledsow, Macon NC 58th Inf. Co.F
Bledswood, John M. MO 3rd Inf.
Bledworth, Thomas KY 13th Cav. Co.A
Bleech, John J. GA 51st Inf. Co.B
Bleecker, E. 14th Conf.Cav. Co.B
Bleeder, Jacob TX 5th Inf. (St.Troops) Co.A Lt.
Bleeker, Adam TX Cav. McCord's Frontier Regt. 2nd Co.A
Bleeker, J. TX 24th Cav. Co.F
Bleeny, D. AL 50th Inf.
Blef, Peter LA 6th Inf. Co.G
Bleferling, Henry LA 21st (Patton's) Inf. Co.D
Bleicher, J. LA Mil. 1st Regt. French Brig. Co.3
Bleicher, X. LA Mil. 1st Regt. French Brig. Co.5 3rd Lt.
Bleidorn, C. LA 21st (Kennedy's) Inf. Co.D
Bleidorn, H. LA 21st (Kennedy's) Inf. Co.D
Bleier, Maig VA 16th Inf. 2nd Co.H
Bleike, Fred TX 1st Hvy.Arty. Co.C
Bleike, William TX 1st Hvy.Arty. Co.C
Bleimel, Emerson TN 10th Inf. Chap.
Bleirysling, B. KY 3rd Mtd.Inf. Co.K
Blell, Emil LA 20th Inf. Co.C Cpl.
Blell, George LA 20th Inf. Co.F
Blell, George MS 19th Inf. Co.C Cpl.

Blevins, George W. TX 18th Cav. Co.D Cpl.
Blevins, George W. VA 48th Inf. Co.C
Blevins, Godfrey C. TN 26th Inf. Co.K Cpl.
Blevins, Granville VA 45th Inf. Co.C
Blevins, Granville H. NC 37th Inf. Co.K
Blevins, H. AR Cav. Rutherford's Regt. Co.H
Blevins, Hardin TN 26th Inf. Co.E
Blevins, Harrison AR Cav. Crabtree's (46th) Regt. Co.B 1st Lt.
Blevins, Harrison NC 37th Inf. Co.A
Blevins, Harrison VA 50th Inf.
Blevins, Harvey NC 30th Inf. Co.G
Blevins, Haywood VA 45th Inf. Co.C 1st Lt.
Blevins, Henderson AR Cav. Crabtree's (46th) Regt. Co.B Sgt.
Blevins, Henergor AR 8th Cav. Co.F
Blevins, Henniger AR 8th Inf. New Co.I
Blevins, Henry VA 48th Inf. Co.D
Blevins, H.H. TN 26th Inf. Co.K
Blevins, H.H. TN Conscr.
Blevins, Hiram TN 26th Inf. Co.K
Blevins, Hiram TN Detailed Conscr. Co.A
Blevins, Horton NC 26th Inf. Co.A Cpl.
Blevins, Hugh AR 34th Inf. Co.I
Blevins, Hugh NC 37th Inf. Co.K Cpl.
Blevins, Hugh A. AR 20th Inf. Co.A Sgt.
Blevins, Hugh T. TN 3rd (Lillard's) Mtd.Inf. Co.I 1st Lt.
Blevins, Hugh T.V. TN 1st (Carter's) Cav. Co.D 2nd Lt.
Blevins, Isaac TN 26th Inf. Co.K
Blevins, Isham NC 37th Inf. Co.K
Blevins, Isham NC 61st Inf. Co.I
Blevins, Isham 1st Cherokee Mtd.Vol. 2nd Co.K
Blevins, Isom TX 11th Cav. Co.C
Blevins, J. AR 32nd Inf. Co.H
Blevins, J. Mead's Conf.Cav. Co.L
Blevins, Jackson TN 26th Inf. Co.K
Blevins, Jacob NC 2nd Detailed Men Co.G 1st Lt.
Blevins, Jacob NC Mil. 66th Bn. J.H. Whitman's Co.
Blevins, Jacob TN Detailed Conscr. Co.A
Blevins, James AR 2nd Vol. Co.C
Blevins, James GA 6th Inf. Co.B
Blevins, James GA 34th Inf. Co.F
Blevins, James KY 13th Cav. Co.K
Blevins, James NC 61st Inf. Co.I Sgt.
Blevins, James VA 36th Inf. 1st Co.C, 2nd Co.D
Blevins, James VA 63rd Inf. Co.F
Blevins, James VA 64th Mtd.Inf. Co.H
Blevins, James VA Mil. Grayson Cty.
Blevins, James B. TN Cav. 16th Bn. (Neal's) Co.C
Blevins, James C. AL 4th Inf. Co.A
Blevins, James C.C. TN 3rd (Lillard's) Mtd.Inf. Co.I Cpl.
Blevins, James D. TN 5th (McKenzie's) Cav. Co.C 2nd 2nd Lt.
Blevins, James K.P. TN 3rd (Lillard's) Mtd.Inf. Co.I
Blevins, James W. GA 21st Inf. Co.H Bvt.2nd Lt.
Blevins, Jasper AR 18th Inf. Co.H
Blevins, J.B. AR 27th Inf. Co.D
Blevins, J.C. AL 51st (Part.Rangers) Co.I 2nd Lt.
Blevins, J.C. TN 38th Inf. Co.G
Blevins, J.E. MO St.Guard
Blevins, Jefferson KY Fields' Co. (Part.Rangers)
Blevins, Jefferson NC 61st Inf. Co.I
Blevins, Jehu P. TN 3rd (Lillard's) Mtd.Inf. Co.I
Blevins, Jeremiah MO 1st & 3rd Cons.Cav. Co.K
Blevins, Jeremiah MO 1st Inf. Co.I
Blevins, Jesse VA Mil. Washington Cty.
Blevins, J.H. MO Cav. 3rd Bn. Co.H
Blevins, J.M. AR 2nd Inf. New Co.E
Blevins, John AR Cav. Crabtree's (46th) Regt. Co.B
Blevins, John AR 34th Inf. Co.F
Blevins, John MO Cav. Williams' Regt. Co.E
Blevins, John NC 30th Inf. Co.G
Blevins, John NC 58th Inf. Co.L
Blevins, John TN Inf. 4th Cons.Regt. Co.A
Blevins, John TN 59th Mtd.Inf. Co.C
Blevins, John, Jr. TN 59th Mtd.Inf. Co.C
Blevins, John VA Mil. Washington Cty.
Blevins, John A. AR 8th Inf. New Co.I
Blevins, John C. AR 20th Inf. Co.A Cpl.
Blevins, John F. AL 44th Inf. Asst.Surg.
Blevins, John F. Gen. & Staff Asst.Surg.
Blevins, John L. 1st Chickasaw Inf. White's Co. 1st Lt.
Blevins, John R. AR 34th Inf. Co.E
Blevins, John R. VA 64th Mtd.Inf. Co.H
Blevins, John W. AR 16th Inf. Co.F
Blevins, John W. TN 5th (McKenzie's) Cav. Co.I Cpl.
Blevins, John W. TN Detailed Conscr. Co.B
Blevins, John W. TX 27th Cav. Co.I,N
Blevins, Jonathan TN 37th Inf. Co.D
Blevins, Jonathan F. VA 63rd Inf. Co.C,G
Blevins, Jonathan F. VA Mil. Grayson Cty.
Blevins, Joseph AR Inf. Hardy's Regt. Co.G
Blevins, Joseph TX Cav. Martin's Regt. Co.G
Blevins, Josiah NC 22nd Inf. Co.F
Blevins, Lafayette VA Cav. 34th Bn. Co.D
Blevins, Lafayette B. VA 6th Bn.Res. Co.F Cpl.
Blevins, Leroy S. TX Cav. McCord's Frontier Regt. 2nd Co.I
Blevins, Levi NC 26th Inf. Co.A
Blevins, L.H. AR 27th Inf. Co.E
Blevins, Lilborn H. VA 63rd Inf. Co.C
Blevins, Lilburn H. VA Mil. Grayson Cty.
Blevins, Louis GA 21st Inf. Co.H
Blevins, Lucien TN Detailed Conscr. Co.A
Blevins, Luke 1st Cherokee Mtd.Vol. 1st Co.E, 2nd Co.C Cpl.
Blevins, Lycurgus R. TN 3rd (Lillard's) Mtd.Inf. Co.I Cpl.
Blevins, M.A. GA 34th Inf. Co.F Sgt.
Blevins, Manna M. AR 14th (McCarver's) Inf. Co.C
Blevins, Meredith NC 37th Inf. Co.K
Blevins, M.J. AR 27th Inf. Co.E
Blevins, Morris NC 58th Inf. Co.L
Blevins, Moses TN 26th Inf. Co.E
Blevins, M. Washington TX 11th Cav. Co.C
Blevins, Nathan F. VA 29th Inf. Co.A
Blevins, Noah VA 50th Inf. Co.D
Blevins, Noah VA 5th Cav.Arty. & Inf.St.Line Co.I
Blevins, P. AR 5th Mil. Co.E
Blevins, Peter TN 5th Cav. Co.C
Blevins, P.H. AR 32nd Inf. Co.H
Blevins, Poindexter NC 58th Inf. Co.F,K Capt.
Blevins, Ralph NC 22nd Inf. Co.F Sgt.
Blevins, Ralph VA 21st Cav. 2nd Co.I
Blevins, Ransom KY 13th Cav. Co.K
Blevins, R.B. 3rd Conf.Cav. Co.I
Blevins, R.E.L. TN 5th (McKenzie's) Cav. Co.C
Blevins, R.H. TN 26th Inf. Co.K
Blevins, Richard AL 9th (Malone's) Cav. Co.F
Blevins, Richard TN 1st Cav. Co.G
Blevins, Richard TX 15th Cav. Co.K
Blevins, Richard TX Cav. Baylor's Regt. Co.C
Blevins, Richard M. GA 34th Inf. Co.F Sgt.
Blevins, Richard N. AL 19th Inf. Co.H,I
Blevins, Richard W. 1st Conf.Cav. 2nd Co.G Cpl.
Blevins, Robert MO 1st Cav. Co.C
Blevins, Robert MO 12th Cav. Co.B
Blevins, Robert NC 37th Inf. Co.K,B
Blevins, Robert J. TN 35th Inf. Co.C
Blevins, Samuel TN 1st (Carter's) Cav. Co.K Bugler
Blevins, Samuel VA Lt.Arty. Ellett's Co.
Blevins, Samuel 3rd Conf.Cav. Co.H
Blevins, Samuel H. TN 5th (McKenzie's) Cav. Co.C
Blevins, Samuel L. TN 1st (Carter's) Cav. Co.D
Blevins, S.E. TX 30th Cav. Co.D
Blevins, Shadrach NC 30th Inf. Co.G
Blevins, Silas AR 34th Inf. Co.F
Blevins, Squire AR 34th Inf. Co.I
Blevins, Squiril AR 7th Mil. Co.B
Blevins, Stephen GA 21st Inf. Co.H
Blevins, Stephen NC 26th Inf. Co.A
Blevins, Thomas AR 34th Inf. Co.F
Blevins, Thomas VA 36th Inf. 1st Co.C
Blevins, Tobias NC Mil. 66th Bn. J.H. Whitman's Co.
Blevins, Troy R. VA Inf. 23rd Bn. Co.A
Blevins, W. AL 9th (Malone's) Cav. Co.I
Blevins, W.A. AR 8th Cav. Co.F
Blevins, Wade H. TX Cav. Morgan's Regt. Co.A
Blevins, W.B. AR 34th Inf. Co.H
Blevins, W.C. 3rd Conf.Cav. Co.G
Blevins, W.E. GA 21st Inf. Co.H
Blevins, Welborn NC Mil. 66th Bn. J.H. Whitman's Co.
Blevins, Wells NC 37th Inf. Co.K
Blevins, Wesley NC 37th Inf. Co.K
Blevins, W.F. TN 5th (McKenzie's) Cav. Co.I 2nd Lt.
Blevins, W.H. AR Cav. Crabtree's (46th) Regt. Co.B
Blevins, W.H. GA 34th Inf. Co.F
Blevins, William AL 56th Part.Rangers Co.I
Blevins, Wm. AL Cp. of Instr. Talladega
Blevins, William AR Cav. Crabtree's (46th) Regt. Co.B
Blevins, William AR 34th Inf. Co.E
Blevins, William GA 21st Inf. Co.H
Blevins, William NC 1st Cav. (9th St.Troops) Co.A
Blevins, William NC 26th Inf. Co.A
Blevins, William VA 2nd St.Line Co.H
Blevins, William VA 64th Mtd.Inf. Co.H
Blevins, William VA Mil. Grayson Cty.

Blevins, William B. TN 5th (McKenzie's) Cav. Co.C
Blevins, William D. AR 15th (N.W.) Inf. Co.A
Blevins, William D. AR 16th Inf. Co.F
Blevins, William H. AR 14th (McCarver's) Inf. Co.C
Blevins, William H. AR 36th Inf. Co.F Sgt.
Blevins, William H. NC 58th Inf. Co.L Sgt.
Blevins, William L. TN 26th Inf. Co.K
Blevins, William M. VA 63rd Inf. Co.G
Blevins, William R. TX Cav. Morgan's Regt. Co.A
Blevins, William S. AL 35th Inf. Co.F
Blevins, W.J. 3rd Conf.Cav. Co.H
Blevins, W.L. TN Inf. 4th Cons.Regt. Co.E
Blevins, W.T. GA Inf. 14th Bn. (St.Guards) Co.A
Blevins, Zachariah C. VA Cav. 34th Bn. Co.D
Blevins, Zachariah C. VA 37th Inf. Co.E
Blevons, Mike 1st Cherokee Mtd.Vol. 2nd Co.A Sgt.
Blevons, Ransom 1st Cherokee Mtd.Vol. 2nd Co.A Cpl.
Blew, Daniel NC 51st Inf. Co.I
Blew, Gestes MO 3rd Cav. Co.D
Blew, John KY 8th Mtd.Inf. Co.D
Blew, William J. NC 51st Inf. Co.I Cpl.
Blewer, Edward L. LA 31st Inf. Co.E
Blewer, W.F. SC 5th Cav. Co.G
Blewer, W.F. SC Cav. 17th Bn. Co.B
Blewer, William SC 1st Mtd.Mil. Blakewood's & Raysor's Co.
Blewett, E.C. MO 4th Inf. Co.E
Blewett, E.C. MO 1st & 4th Cons.Inf. Co.E
Blewett, Edward MO Inf. 3rd Bn. Co.C
Blewett, Edward M. MO Inf. 2nd Regt.St.Guard Co.I 2nd Lt.
Blewett, Edward M. MO 6th Inf. Co.B Jr.2nd Lt.
Blewett, E.K. MO 4th Inf. Co.E,H
Blewett, Howard M. KY 2nd (Duke's) Cav. Co.L,D,B
Blewett, James KY 7th Cav. Co.B
Blewett, James TX Cav. Gano's Squad. Co.B
Blewett, John VA 8th Inf.
Blewett, Randle MS Inf. 2nd Bn. Co.C Capt.
Blewett, R.W. KY 9th Mtd.Inf. Co.A
Blewett, Thomas KY 7th Cav. Co.B
Blewett, Thomas W. KY 9th Mtd.Inf. Co.A
Blewett, T.H.W. KY 2nd (Duke's) Cav. Co.L
Blewett, W. MO 4th Inf. Co.H
Blewett, W.B. KY 7th Cav. Co.B Sgt.
Blewett, W.B. TX Cav. Gano's Squad. Co.B Sgt.
Blewett, William TX 13th Cav. Co.H Capt.
Blewitt, Charles J. VA 25th Inf. 2nd Co.E 2nd Lt.
Blewitt, Charles J. VA 46th Mil. Adj.
Blewitt, George W. VA 25th Inf. 2nd Co.E 1st Sgt.
Blewitt, H.G. KY 2nd (Duke's) Cav. Co.L
Blewitt, William S. AR 2nd Mtd.Rifles Co.G Cpl.
Blewster, L. GA Cav. 8th Bn. (St.Guards) Co.B
Bley, Charles LA 21st (Patton's) Inf. Co.I
Bley, Nathaniel GA 24th Inf. Co.F
Bley, William TN 59th Mtd.Inf. Co.D
Bleybush, F. TX Waul's Legion Co.A
Bleyer, L. SC 1st Regt. Charleston Guard Co.D
Bleyert, Henry SC Mil. 1st Regt. (Charleston Res.) Co.F
Bleyr, J. GA Inf. City Bn. (Columbus) Co.B
Blichenton, William 1st Conf.Eng.Troops Co.K
Blichington, T.R. FL 5th Inf. Co.I
Blick, A.J. TN 1st (Carter's) Cav. Co.K
Blick, Andrew J. VA 5th Cav. (12 mo. '61-2) Co.D Cpl.
Blick, Benjamin R. VA 9th Inf. 2nd Co.H
Blick, Benjamin R. VA 12th Inf. 1st Co.I
Blick, G.D. KY 3rd Mtd.Inf. Co.C
Blick, Geo. R. VA 3rd Arty. Co.E 3rd Sgt.
Blick, George R. VA 56th Inf. Co.E Cpl.
Blick, George W. NC 7th Inf. Co.G
Blick, G.W. VA 32nd Inf. Co.C
Blick, J. AR 6th Inf. Co.C
Blick, J.A. VA 3rd Lt.Arty. Co.E 1st Lt.
Blick, James A. VA 5th Cav. (12 mo. '61-2) Co.D Sgt.
Blick, Joseph A. Gen. & Staff Hosp.Stew.
Blick, Leander T. VA 6th Inf. Ferguson's Co.
Blick, Leander T. VA 12th Inf. Co.H
Blick, Nathaniel J. VA 13th Cav. Co.B
Blick, William A. VA 56th Inf. Co.E 2nd Lt.
Blick, William J. VA 9th Inf. 2nd Co.H Cpl.
Blick, William J. VA 12th Inf. 1st Co.I Cpl.
Blickley, L.E. GA Inf. (Collier Guards) Collier's Co.
Bliemel, Einmeran Gen. & Staff Chap.
Bliesath, R. LA Mil.Conf.Guards Regt. Co.H
Blif, J.L. AL Talladega Cty.Res. J. Henderson's Co.
Bligh, James AL Mil. Bligh's Co. Capt.
Bligh, John SC 2nd Inf. Co.D
Bligh, Michael SC 1st Arty. Co.A Sgt.
Bligh, Michael SC 1st Arty. Co.G Sgt.
Bligh, P. SC Mil. 16th Regt. Lawrence's Co.
Bligh, Roger LA Mil. 2nd Regt. 3rd Brig. 1st Div. Co.A
Bligh, Thomas TN 41st Inf. Co.H
Bligh, Thomas TN 53rd Inf. Co.D
Blight, J.R. AL 55th Vol. Co.K
Bligny, L.M. LA Mil. 3rd Regt.Eur.Brig. (Garde Francaise) Co.4
Blikhington, Hansford SC 2nd St.Troops Co.K
Blilock, A.J. Conf.Cav. Wood's Regt. 2nd Co.D
Blime, Joseph LA 21st (Patton's) Inf. Co.A Cpl.
Blimline, A.J. AL 7th Inf. Co.D
Blin, H. SC 1st Regt. Charleston Guard Co.D
Blinco, William KY 2nd (Duke's) Cav. Co.D
Blincoe, A.G. KY Cav. Buckner Guards
Blincoe, James D. MS Cav. Garland's Bn. Co.C 1st Sgt.
Blincoe, James D. 14th Conf.Cav. Co.C 1st Sgt.
Blincoe, James H. KY 2nd Mtd.Inf. Co.C
Blincoe, J.D. MS 16th Inf. Co.A Capt.
Blincoe, J.H. MS 1st Cav. Co.H
Blincoe, Thomas KY 2nd (Duke's) Cav. Co.D
Blincoe, Thomas J. KY 1st Inf. Co.D
Blincoe, William A. MS 30th Inf. Co.E
Blincoe, William C. KY 1st Inf. Co.G
Blind, John LA Mil. 3rd Regt. 1st Brig. 1st Div. Co.I Cpl.
Blineau, J. LA Mil. 3rd Regt.Eur.Brig. (Garde Francaise) Co.1
Blines, D.M. MO 9th Inf.
Bling, V.B. VA 62nd Mtd.Inf. Co.E
Blinker, William TX 2nd Inf. Co.F
Blinkoe, A.J. MS 1st Cav. Co.H Capt.
Blinler, James AL 1st Inf. Co.I
Blinn, J.E.W. TX 13th Vol. 2nd Co.B
Blinsan, J.B. LA Mil. 1st Regt. French Brig. Co.1 Cpl.
Blinson, G.W. NC 31st Inf. Co.D
Blinson, James R. NC 31st Inf. Co.D
Blisard, W.F. AR 35th Inf. Co.E
Blish, Henry VA 17th Inf. Co.I
Blisplinghoff, H. TN 2nd (Ashby's) Cav. Co.H
Bliss, Alfred GA 1st (Olmstead's) Inf. Co.G
Bliss, Alfred GA Inf. 18th Bn. Co.A
Bliss, Daniel TX 1st Hvy.Arty. Co.D Sgt.
Bliss, D.N. LA 3rd Inf. Co.I
Bliss, Fred GA 8th Inf. Co.B 1st Lt.
Bliss, G. GA 1st (Olmstead's) Inf. Stile's Co.
Bliss, George AL 4th Inf. Co.A
Bliss, Gideon GA Inf. 18th Bn. Co.B Sgt.
Bliss, Henry LA 22nd Inf. Co.A Cpl.
Bliss, Henry SC 1st Arty. Co.K
Bliss, Henry TX Arty. 4th Bn. Co.A Sgt.
Bliss, Henry TX 8th Inf. Sgt.Maj.
Bliss, James M. AR 30th Inf. QM
Bliss, James M. Price's Div. Capt.,AQM
Bliss, J.H. AR 2nd Cav. Co.B
Bliss, J.H. MS Lt.Arty. 14th Bn. Co.B
Bliss, J.H. MS Lt.Arty. Yates' Btty.
Bliss, L. GA Lt.Arty. Barnwell's Btty.
Bliss, Lewis GA Arty. (Chatham Arty.) Wheaton's Co.
Bliss, Lewis GA 1st (Olmstead's) Inf. Claghorns' Co.
Bliss, R.L. MS Inf. 3rd Bn. Co.H
Bliss, Robert L. Forrest's Cav. Ord.Sgt.
Bliss, Thomas FL Kilcrease Lt.Arty.
Bliss, Thomas VA Horse Arty. J.W. Carter's Co.
Bliss, Thompson 1st Choctaw & Chickasaw Mtd.Rifles 2nd Co.I
Bliss, T.W. SC Mil. 1st Regt. (Charleston Res.) Co.C
Bliss, William TX 8th Inf. Co.A
Bliss, William 1st Choctaw & Chickasaw Mtd.Rifles 2nd Co.D,K Sgt.
Blissard, George W. TN Cav. 17th Bn. (Sanders') Co.B
Blissard, G.W. MS 9th Cav. Co.E
Blissard, G.W. MS 10th Cav. Co.F
Blissard, J.S. MS 2nd St.Cav. Co.G Cpl.
Blisset, James R. GA 44th Inf. Co.E
Blissett, A.C. LA 22nd (Cons.) Inf. Co.F
Blissett, A.C. LA 27th Inf. Co.B
Blissett, George K. AL 19th Inf. Co.A
Blissett, George R. AL 19th Inf. Co.A
Blissett, J.F. GA 32nd Inf. Co.H
Blissett, John MS Inf. 2nd Bn. Co.B
Blissett, John MS 48th Inf. Co.G
Blissett, John H. AL 19th Inf. Co.A
Blissett, J.W. MS 3rd Inf. (St.Troops) Co.C
Blissett, R.J. AL 12th Inf. Co.E
Blissett, S.C. GA 32nd Inf. Co.H
Blissett, William S. GA 13th Inf. Co.C
Blissington, William MO Lt.Arty. 1st Btty.
Blissit, J.E. GA 13th Inf. Co.C
Blissit, J.M. AL Gid Nelson Lt.Arty.

Blissit, J.M. AL Cp. of Instr. Talladega
Blissit, W.J. GA 13th Inf. Co.C
Blissitt, Elijah W. GA 1st (Ramsey's) Inf. Co.K
Blissitt, J.B. MS 3rd Inf. (St.Troops) Co.C
Blist, Edward LA Mil. 3rd Regt. 2nd Brig. 1st Div. Co.H
Blister,--- 1st Cherokee Mtd.Vol. 1st Co.A, 2nd Co.C
Blitch, Alonzo E. FL 2nd Inf. Co.E Cpl.
Blitch, B. GA Inf. 18th Bn. Co.A
Blitch, B. GA 54th Inf. Co.I
Blitch, B.S. GA 4th (Clinch's) Cav. Co.A,K,F
Blitch, B.S. GA Lt.Arty. Clinch's Btty.
Blitch, B.S. GA 1st (Olmstead's) Inf. Screven's Co.
Blitch, C.S. GA 1st Cav.
Blitch, D. GA Inf. 18th Bn. Co.A
Blitch, D.I. GA Lt.Arty. Clinch's Btty. Cpl.
Blitch, D.J. GA 4th (Clinch's) Cav. Co.A,K,F
Blitch, D.J. GA 1st (Olmstead's) Inf. Screven's Co.
Blitch, Elisha M. GA Cav. 2nd Bn. Co.F
Blitch, Elisha M. GA 5th Cav. Co.B
Blitch, Henry GA 54th Inf.
Blitch, H.J. GA 7th Cav. Co.K
Blitch, H.J. GA Hardwick Mtd.Rifles Co.A
Blitch, H.W. GA 25th Inf. Co.D
Blitch, J. GA Mil. Coast Guard Bn. Co.A
Blitch, James E. GA Cav. 24th Bn. Co.A Cpl.
Blitch, James H. GA 23rd Inf. Co.D
Blitch, James H. GA 25th Inf. Co.D
Blitch, James S. FL 7th Inf. Co.G
Blitch, J.E. GA 7th Cav. Co.G Cpl.
Blitch, Jeremiah M. FL 9th Inf. Co.E,H Cpl.
Blitch, Jerome S. GA Cav. 2nd Bn. Co.F
Blitch, J.G. GA Cav. 1st Bn. Hughes' Co.
Blitch, John G. GA 5th Cav. Co.D Cpl.
Blitch, Jonathan C. FL Lt.Arty. Perry's Co.
Blitch, Joseph FL 2nd Inf. Co.K
Blitch, K.S. GA 5th Cav. Co.I
Blitch, K.S. GA 47th Inf. Co.I Sgt.
Blitch, Newton A. FL 2nd Cav. Co.C
Blitch, O.T. GA 7th Cav. Co.G
Blitch, O.T. GA Cav. 24th Bn. Co.A
Blitch, S. GA Lt.Arty. Clinch's Btty.
Blitch, Thomas L. GA 54th Inf. Co.I
Blitch, Thomas L. GA 64th Inf. Co.I
Blitch, Virgil L. FL 2nd Cav. Co.C
Blitch, W.H. GA 7th Cav. Co.K
Blitch, W.H. GA Hardwick Mtd.Rifles Co.A
Blitch, William GA 12th (Wright's) Cav. (St.Guards) Thiot's Co.
Blitch, William GA 1st (Symons') Res. Co.A
Blitch, William H. FL 2nd Cav. Co.C
Blitch, Willis GA 12th (Wright's) Cav. (St.Guards) Thiot's Co.
Blitch, W.S. GA 7th Cav. Co.K
Blitch, W.S. GA Hardwick Mtd.Rifles Co.A
Blitch, W.S. GA 54th Inf. Co.I
Blitchenton, Abraham FL 5th Inf. Co.I
Blitchenton, William FL 5th Inf. Co.I
Blitchford, Hansford GA 1st Reg. Co.B
Blitching, H. SC 11th Res. Co.F
Blitchington, Chester GA 28th Inf. Co.C
Blitchington, J. SC 11th Res. Co.A
Blitchington, John FL 5th Inf. Co.I
Blitchington, J.W. SC 1st (Hagood's) Inf. 1st Co.K, 2nd Co.A 1st Sgt.
Blitchington, L.E. GA 28th Inf. Co.C
Blitchington, O.B. SC 1st (Hagood's) Inf. 1st Co.K, 2nd Co.A
Blitchington, T. SC 11th Res. Co.F
Blitchington, W. VA Inf. 2nd Bn.Loc.Def. Co.B,C
Blitchmington, J. GA 11th Inf. Co.B
Blithe, John MO Cav. Snider's Bn. Co.C
Blithe, W.C. MS 6th Cav. Co.E Sgt.
Blithe, William M. AR 2nd Mtd.Rifles Co.A
Blithington, H. GA Inf. 1st Loc.Troops (Augusta) Co.E
Blivens, D. AR 27th Inf. Co.C
Blivins, George 3rd Conf.Cav. Co.G
Blizard, Artn SC 4th St.Troops Co.A
Blizard, James VA 4th Inf. Co.E
Blizard, James G. VA 48th Inf. Co.K Cpl.
Blizard, John TN 34th Inf. Co.A
Blizard, Morgan V. VA 25th Inf. 1st Co.E
Blizard, T.D. GA 3rd Res. Co.E
Blizzard, A. SC 2nd Inf. Co.G
Blizzard, A.B. NC 1st Jr.Res. Co.F
Blizzard, Adam W. VA 25th Inf. 2nd Co.E
Blizzard, Adam W. VA 46th Mil. Co.A
Blizzard, Alexander NC 67th Inf. Co.H
Blizzard, Alfred B. NC 27th Inf. Co.D
Blizzard, A.T. MS 2nd St.Cav. Co.K
Blizzard, B. NC Mil. Clark's Sp.Bn. Co.C
Blizzard, Benjamin VA 48th Inf. Co.D
Blizzard, Blany NC 61st Inf. Co.E
Blizzard, C.B. GA Lt.Arty. Howell's Co.
Blizzard, Daniel GA Siege Arty. 28th Bn. Co.G Cpl.
Blizzard, Daniel K. VA 25th Inf. 1st Co.E
Blizzard, Darling A. SC Inf. 7th Bn. (Enfield Rifles) Co.B
Blizzard, Dickson P. NC 15th Inf. Co.F
Blizzard, Dixon P. NC 56th Inf. Co.B
Blizzard, D.K. VA 62nd Mtd.Inf. 2nd Co.I
Blizzard, E.H. NC 67th Inf. Co.H
Blizzard, E. Jacob SC Inf. 7th Bn. (Enfield Rifles) Co.B
Blizzard, E.W. SC Lt.Arty. 3rd (Palmetto) Bn. Co.B Cpl.
Blizzard, Ezekiel NC Hvy.Arty. 1st Bn. Co.C
Blizzard, Ezekiel NC 18th Inf. Co.E
Blizzard, Ezekiel NC 61st Inf. Co.G
Blizzard, Ezekiel V.B. NC 3rd Inf. Co.H
Blizzard, Haynes P. NC 3rd Inf. Co.H Cpl.
Blizzard, Henry GA Siege Arty. 28th Bn. Co.G
Blizzard, Hosea P. NC 27th Inf. Co.D
Blizzard, Jacob L. VA 25th Inf. 2nd Co.E
Blizzard, Jacob L. VA 46th Mil. Co.A
Blizzard, James GA 18th Inf. Co.D
Blizzard, James VA 36th Inf. Co.F
Blizzard, James E. VA 22nd Cav. Co.E
Blizzard, James G. VA 48th Inf. Co.K,F
Blizzard, James T. SC Inf. 7th Bn. (Enfield Rifles) Co.B
Blizzard, John 3rd Conf.Cav. Co.G
Blizzard, John D. NC 15th Inf. Co.F
Blizzard, John D. NC 56th Inf. Co.B
Blizzard, John H. NC 3rd Arty. (40th St.Troops) Co.A
Blizzard, John H. NC 32nd Inf. Lenoir Braves 1st Co.K
Blizzard, John J. VA 29th Inf. Co.H
Blizzard, John M. NC 27th Inf. Co.C
Blizzard, Joseph NC 61st Inf. Co.E
Blizzard, J.T. SC Lt.Arty. 3rd (Palmetto) Bn. Co.B
Blizzard, J.W. SC Lt.Arty. 3rd (Palmetto) Bn. Co.B
Blizzard, J.W.C. MO 3rd Inf. Co.E Sgt.
Blizzard, Levin NC 61st Inf. Co.G Drum.
Blizzard, Morgan V. VA 62nd Mtd.Inf. 2nd Co.I Cpl.
Blizzard, P. NC Mil. Clark's Sp.Bn. Co.C
Blizzard, Perry NC 61st Inf. Co.E
Blizzard, S. VA 72nd Mil.
Blizzard, Samuel NC 27th Inf. Co.E
Blizzard, Samuel NC 61st Inf. Co.E
Blizzard, Samuel Z. VA 62nd Mtd.Inf. 2nd Co.F
Blizzard, Sidner VA 22nd Cav. Co.E,A
Blizzard, Stephen NC 2nd Arty. (36th St.Troops) Co.A
Blizzard, W. SC Shiver's Co.
Blizzard, William GA 44th Inf. Co.F Cpl.
Blizzard, William SC 1st Arty. Co.B,A
Blizzard, William VA 22nd Cav. Co.E
Blizzard, William H. NC 30th Inf. Co.G
Blizzard, William J. VA 25th Inf. 2nd Co.E
Blizzard, William J. VA 62nd Mtd.Inf. 2nd Co.F
Blizzared, Samuel Z. VA 25th Inf. 1st Co.F,B,E
Bllaakey, J.C. AR 1st Cav. Co.E
Bloat, N. AR 13th Mil. Co.A
Blobston, Edward L. TN 35th Inf. 2nd Co.K
Bloch, George AL 12th Inf. Co.C Cpl.
Bloch, J. LA Mil. 3rd Regt.Eur.Brig. (Garde Francaise) Co.6
Bloch, Samuel LA Inf. 1st Sp.Bn. (Wheat's) Old Co.D
Bloch, Samuel LA 15th Inf. Co.I
Blocher, William D. AR Lt.Arty. Marshall's Btty. 1st Lt.
Blocher, William D. AR Lt.Arty. Zimmerman's Btty. Capt.
Block, A. MS 7th Inf. Co.K
Block, A. TX 21st Inf. Co.B
Block, A.B. TX Inf. 1st St.Troops Shield's Co.B
Block, Abraham AL 6th Inf. Co.E
Block, Abraham AL 17th Inf. Co.F
Block, Albert TX 11th (Spaight's) Bn.Vol. Co.E
Block, B.L. AR 20th Inf. Co.H
Block, C. LA Mil. 3rd Regt. 2nd Brig. 1st Div. Co.A
Block, C. TX 13th Vol. 4th Co.I
Block, Chs. LA Mil. 3rd Regt. 2nd Brig. 1st Div.
Block, Charles TX 11th (Spaight's) Bn.Vol. Co.B
Block, David LA 22nd Inf. Co.B
Block, David LA 22nd (Cons.) Inf. Co.B
Block, D.W. AL 1st Regt. Mobile Vol. Co.E
Block, D.W. AL 4th Res. Co.C
Block, E. LA Mil. 1st Regt. French Brig. Co.2,4,7
Block, E. MS Inf. Cooper's Co.
Block, Francis E. MO 2nd Inf. Co.A 2nd Lt.
Block, Francis M. GA Arty. 9th Bn. Co.A
Block, Frederick TX Cav. 2nd Regt.St.Troops Co.D
Block, H. AR 38th Inf. Co.H

Block, H. LA Mil.Conf.Guards Regt. Co.B
Block, H. SC Mil.Cav. Theo. Cordes' Co.
Block, H. TX 25th Cav. Co.H
Block, H.C. TN 20th Inf. Co.C
Block, Henry LA 1st (Nelligan's) Inf. 1st Co.B
Block, Henry A. LA Arty. Green's Co. (LA Guard Btty.)
Block, H.W. SC Mil. 1st Regt. (Charleston Res.) Co.B
Block, Isaac LA 13th Inf. Co.B
Block, Isaac TX Waul's Legion Co.B
Block, J.A. TN 3rd (Forrest's) Cav.
Block, James M. AL 3rd Bn.Res. Jackson's Co. Cpl.
Block, John D. LA 1st (Nelligan's) Inf. 1st Co.B
Block, John T. LA Arty. Green's Co. (LA Guard Btty.)
Block, Joseph AL St.Arty. Co.C
Block, J.R. NC 46th Inf. Co.H
Block, Julius LA 13th Inf. Co.F Sgt.
Block, J.W. LA 18th Inf. Co.D,B
Block, J.W. LA Inf.Crescent Regt. Co.G Cpl.
Block, J.W. LA Inf.Cons.Crescent Regt. Co.C,G
Block, L.M. LA 2nd Inf. Co.B
Block, L.N. AR 13th Inf. Co.K Ord.Sgt.
Block, Michael LA Mil. 3rd Regt.Eur.Brig. (Garde Francaise) Frois' Co.
Block, Moses GA 3rd Inf. Co.A
Block, M.S. TX 22nd Inf. Co.K Cpl.
Block, Peters GA 3rd Inf. Co.E
Block, Robert Z. LA Arty. Green's Co. (LA Guard Btty.)
Block, S. LA Mil. 3rd Regt.Eur.Brig. (Garde Francaise) Co.2
Block, Samuel LA Inf. 7th Bn. Co.B
Block, Samuel D. LA 1st (Nelligan's) Inf. Co.K,F
Block, Simon LA 22nd Inf. Co.B
Block, Solomon AL 48th Mil. Co.H
Block, W. AL 22nd Inf. Co.E
Block, W.H. GA 1st Inf. (St.Guards) Co.A Cpl.
Block, W.H. NC 29th Inf.
Block, William TX 11th (Spaight's) Bn.Vol. Co.B
Blockard, John W. TN 4th Inf. Co.D
Blockburn, Francis J. MO 6th Cav. Co.F
Blockburn, H. TX 15th Inf. Co.I
Blocke, J. KY 2nd Bn.Mtd.Rifles
Blocken, T.G. KY Cav. 2nd Bn. (Dortch's) Co.A
Blockenship, John TN 10th Inf. Co.K
Blocker, A.B. AL 19th Inf. Co.H
Blocker, A.B. SC 3rd Cav. Co.A
Blocker, A.B. SC 11th Inf. Bellinger's Co., 1st Co.I, 2nd Co.I
Blocker, A.B. TX 3rd Cav. Co.A Bugler
Blocker, Abram AL 57th Inf. Co.D
Blocker, Albert B. MD Cav. 2nd Bn. Co.A
Blocker, A.M. SC 4th Cav. Co.G
Blocker, A.M. SC Cav. 10th Bn. Co.C
Blocker, A.M. SC 11th Inf. Bellinger's Co.
Blocker, A. Morgan SC 1st (Butler's) Inf. Co.F
Blocker, A.P. SC 11th Inf. 2nd Co.F Cpl.
Blocker, Barkley M. GA 48th Inf. Co.D
Blocker, Benjamin SC 11th Inf. 1st Co.I
Blocker, B.F. SC 11th Inf. 1st Co.I
Blocker, Charles H. MS 1st Lt.Arty. Co.D
Blocker, Charles H. NC 2nd Arty. (36th St.Troops) Capt.
Blocker, Chas. H. NC Arty. 36th Regt. Capt.,ACS
Blocker, Charles H. NC 24th Inf. Co.F Capt.
Blocker, Cornelius GA 61st Inf. Co.B
Blocker, C.W. SC 3rd Cav. Co.A
Blocker, Daniel FL 7th Inf. Co.A
Blocker, E.B. TX 3rd Cav. Co.A Asst.Surg.
Blocker, Edwin SC 1st (Butler's) Inf. Co.K
Blocker, E.E. SC 3rd Cav. Co.A
Blocker, E.E. SC 11th Inf. Bellinger's Co.
Blocker, Ely. W. MS 6th Inf. Co.C
Blocker, Eugene Burrows Gen. & Staff Capt.,Asst.Surg.
Blocker, F.M. TX 3rd Cav. Co.A Sgt.
Blocker, G.E. VA Lt.Arty. Fry's Co.
Blocker, George LA 18th Inf. Co.K
Blocker, George E. VA Lt.Arty. Turner's Co.
Blocker, George E. VA Arty. Wise Legion
Blocker, George W. TX 1st (Yager's) Cav. Co.G
Blocker, George W. TX Cav. 8th (Taylor's) Bn. Co.A
Blocker, George W. TX Cav. Ragsdale's Bn. Co.E
Blocker, G.M. SC 3rd Cav. Co.A
Blocker, G.M. SC 11th Inf. Bellinger's Co.
Blocker, Gorge KY Cav. 2nd Bn. (Dortch's) Co.C
Blocker, G.W. AR Inf. Hardy's Regt. Torbett's Co.
Blocker, Haley T. FL 2nd Cav. Co.E Capt.
Blocker, Isaiah MS Inf. 1st Bn.St.Troops (12 mo. '62-3) Co.C
Blocker, J.A. SC 1st Cav. Co.I
Blocker, J.A. SC 11th Inf. 1st Co.I
Blocker, Jacob F.M. AR 4th Inf. Kelley's Co. Sgt.
Blocker, Jacob F.M. AR 16th Inf. Co.H Sgt.
Blocker, James GA 1st (Symons') Res. Co.G
Blocker, James E. GA 4th Inf. Asst.Surg.
Blocker, James H. AL Lt.Arty. Phelan's Co.
Blocker, James Robert MS 7th Cav. Co.E
Blocker, James Robert MS 22nd Inf. Co.H
Blocker, J.C. TX 4th Inf. Co.E Music.
Blocker, J.D. AL Cav. Murphy's Bn. Co.B
Blocker, J.D. SC 3rd Cav. Co.A Sgt.
Blocker, J.E. NC 4th Inf. Asst.Surg.
Blocker, Jessie S. MS 29th Inf. Co.I
Blocker, John AL 4th Inf. Co.K
Blocker, John GA 61st Inf. Co.B,K
Blocker, John SC 11th Inf. 1st Co.I
Blocker, John SC 11th Res. Co.K
Blocker, John Cole MS 7th Cav. Co.E
Blocker, John D. 15th Conf.Cav. Co.G
Blocker, John E. AR 3rd Inf. Co.H
Blocker, John E. GA 12th Inf. Co.D
Blocker, John E. Gen. & Staff Asst.Surg.
Blocker, John G. KY 2nd Cav. Sgt.
Blocker, John M. SC 3rd Cav. Co.A
Blocker, John R. FL 2nd Cav. Co.E Sgt.
Blocker, John R. FL Milton Lt.Arty. Dunham's Co.
Blocker, John R. SC 1st Arty. Co.H 1st Lt.
Blocker, John R. VA 59th Inf. Adj.
Blocker, Jno. R. Gen. & Staff 1st Lt.,Adj.
Blocker, John W. MS 33rd Inf. Co.F
Blocker, Joseph A. GA 61st Inf. Co.B,K
Blocker, J.R. FL 1st Inf. Old Co.D,H Cpl.
Blocker, J.R. SC 3rd Cav. Co.B
Blocker, J.T. MS 1st Cav.Res. Co.E
Blocker, J.T. VA 15th Cav. Co.H
Blocker, J.W. Gen. & Staff Capt.,IG
Blocker, J.Y. MS Inf. 1st Bn.St.Troops (12 mo. '62-3) Co.C
Blocker, L.O. SC 3rd Cav. Co.A
Blocker, L.O. SC 11th Inf. 1st Co.I
Blocker, Michael P. AL Lt.Arty. Phelan's Co.
Blocker, M.M. AR Inf. Hardy's Regt. Torbett's Co.
Blocker, M.T. MS 27th Inf. Co.E
Blocker, Octavious H. NC 2nd Arty. (36th St.Troops) Co.C Capt.
Blocker, Octavius H. NC 24th Inf. Co.F 2nd Lt.
Blocker, R.H. MS 6th Inf. Co.C
Blocker, Richard C. FL Milton Lt.Arty. Dunham's Co.
Blocker, Richard C. FL 5th Inf. Co.D
Blocker, S.B. SC Cav. 2nd Regt. Asst.Comsy.
Blocker, S.B. SC 7th Inf. 1st Co.I 3rd Lt.
Blocker, S.J. 20th Conf.Cav. Co.C
Blocker, Thomas G. AR 3rd Inf. Co.H
Blocker, Thomas T. GA 1st (Symons') Res. Co.G
Blocker, T.J. SC 1st (Butler's) Inf. Co.K,H
Blocker, T.J. SC 11th Inf. 1st Co.I
Blocker, T.M. AL 2nd Cav. Co.D
Blocker, T.P. TX 24th Cav. Co.A
Blocker, W.C. AL Lt.Arty. Phelan's Co. Teamster
Blocker, W.C. SC 8th Bn.Res. Fishburne's Co.
Blocker, W.G. AL 3rd Res. Co.G
Blocker, W.G. MS 22nd Inf. Co.H
Blocker, W.H. AR Mil. Borland's Regt. Woodruff's Co. Sgt.
Blocker, W.H. MS 1st Cav.Res. Co.E
Blocker, W.H. MS Inf. 1st Bn.St.Troops (12 mo. '62-3) Co.C
Blocker, W.H. SC 1st (Butler's) Inf. Co.K
Blocker, W.H. SC Inf. 1st (Charleston) Bn. Co.B
Blocker, William LA 18th Inf. Co.K
Blocker, William LA Miles' Legion Co.E
Blocker, William C. AL 11th Cav. Co.C Cpl.
Blocker, William Compton AL 5th Inf. Co.H
Blocker, William E. AL 3rd Inf. Co.K
Blocker, William Griffin MS 7th Cav. Co.E
Blocker, William L. AL 57th Inf. Co.D
Blocker, William L. TX 19th Cav. Co.E
Blocker, William M. FL 8th Inf. Co.K
Blocker, William M. TX 19th Cav. Co.H
Blocker, William M. TX 30th Cav. Co.C
Blocker, William O. AR 3rd Inf. Co.H
Blocker, Willis E. MS 6th Inf. Co.C
Blocker, W.P. TX Cav. 1st Bn.St.Troops Co.D
Blockett, John G. KY 11th Cav. Sgt.
Blocking, J.S. MS 46th Inf. Co.G
Blocklege, R.L. MS 1st Cav.Res. Co.H
Blockley, Ruffin C. NC 47th Inf. Co.G
Blockman, James SC 2nd Res. Co.K
Blockman, R. LA Inf. 7th Bn. Co.B
Blocks, James AL 12th Cav. Co.I
Blocksom, G. MS Inf. 1st Bn.St.Troops (12 mo. '62-3) Co.D
Blocksome, D.E. MS Cav.Res. Mitchell's Co.

Blockwell, H.A. VA 5th Cav.
Blockwell, Marshal AL 33rd Inf. Co.C
Blockwood, W.H. SC 1st (Butler's) Inf. Co.K
Blocwell, G.L. GA 6th Cav. Co.C
Blodget, Foster, Jr. GA Lt.Arty. Milledge's Co. Capt.
Blodget, Foster, Jr. GA 3rd Inf. 1st Co.I Capt.
Blodget, James TX 6th Inf. Co.F
Blodget, William VA 23rd Cav. Co.M
Blodgett, E.S. GA Hill's Cadets Co.A Cpl.
Blodgett, Fred Conf.Inf. Tucker's Regt. Co.A
Blodgett, William H. TN Inf. 154th Sr.Regt. Co.E Sgt.
Blodgett, W.J. 9th Conf.Inf. Co.A Bvt.2nd Lt.
Blodshaw, P. Gen. & Staff Asst.Surg.
Blodworth, J.H. GA 4th Res. Co.K
Blodworth, W.C. AL 1st Cav. Co.A
Bloemer, Henry LA 20th Inf. Old Co.B
Bloff, James Conf.Inf. Tucker's Regt. Co.A
Blogg, J.F. MS 3rd Inf. Co.F
Blohm, George LA 20th Inf. Co.F Cpl.
Blohm, J.C. LA Mil. 4th Regt.Eur.Brig. Co.D Sgt.
Blohm, J.C. SC 1st Regt. Charleston Guard Co.G Cpl.
Blohm, J.C. SC Mil. 1st Regt. (Charleston Res.) Co.F Cpl.
Blohm, William LA Mil. 4th Regt.Eur.Brig. Co.D 1st Sgt.
Bloich, Wm. NC 28th Inf. Co.C
Bloil, John R. FL 7th Inf. Co.D
Blois, Alfred J.J. GA 1st (Olmstead's) Inf. Read's Co. 2nd Lt.
Blois, Alfred J.J. GA 26th Inf. Co.C Hosp.Stew.
Blois, Eugene GA 1st (Olmstead's) Inf. Screven's Co. Sgt.
Blois, Eugene GA Inf. 18th Bn. Co.B,A,C 2nd Lt.
Blois, F.H. GA 5th Cav. Co.A Jr.1st Lt.
Blois, Fred H. GA Cav. 2nd Bn. Co.D 1st Sgt.
Blois, J.F.H. GA Inf. 18th Bn. Co.C
Blois, T. LA Mil. Orleans Guards Regt. Co.A
Blois, Theodore GA 9th Siege Arty. Co.B Capt.
Blois, Theodore GA 1st (Olmstead's) Inf. Gallie's Co. Sgt.
Blolock, George W. MO 2nd Cav.
Blom, J.H. GA 25th Inf. 2nd Lt.
Blomaka, William LA Mil. 3rd Regt. 1st Brig. 1st Div. Co.A
Blomar, Clemance LA Mil. 3rd Regt. 1st Brig. 1st Div. Co.A
Blomberg, Frank KY 9th Mtd.Inf. Co.H
Blomburgh, H. TX Cav. 3rd Regt.St.Troops Kelly's Co.
Blome, L.T. GA Inf. 1st Loc.Troops (Augusta) Co.C
Blomefield, Clement LA 28th (Thomas') Inf. Co.H
Blomeke, Anton LA 20th Inf. Old Co.B
Blomer, Allen GA Inf. 3rd Bn. Co.C
Blomer, Y. NC 17th Inf. (2nd Org.) Co.B
Blondel, A. LA 5th Inf. Co.D
Blondel, Eugene VA 30th Inf. Co.F
Blondell, Charles E. VA 1st Cav. Co.B
Blonden, J. VA 3rd Cav. Co.G
Blondin, Charles LA Mil. 1st Native Guards
Blondquest, Charles LA 25th Inf. Co.H
Blonin, L. LA 1st Cav. Co.H
Blonis, F. LA 13th Inf. Co.H
Blonson, W. GA 10th Inf. Co.F
Blont, A.J. AL 15th Inf. Co.D
Bloo, Amele LA Miles' Legion Co.D
Blood, A. LA Mil. Orleans Fire Regt. Hall's Co.
Blood, B. Brush Bn.
Blood, Ed TX 14th Inf. Co.A
Blood, George LA Ogden's Cav. Co.I
Blood, George S. LA Inf. 1st Sp.Bn. (Rightor's) Co.F
Blood, George S. Sig.Corps,CSA
Blood, Marshall D. SC 2nd Cav. Co.H
Blood, Marshall D. SC Cav.Bn. Hampton Legion Co.D
Bloodgett, William TN 2nd (Walker's) Inf. Co.F 1st Sgt.
Bloodgood, James NC 3rd Inf. Co.G
Bloodgood, Joseph NC 1st Arty. (10th St.Troops) Co.E
Bloodgood, Joseph NC 1st Arty. (10th St.Troops) Co.G
Bloodgood, P. TX 8th Cav. Co.K
Bloodgood, Philip D. NC 1st Arty. (10th St.Troops) Co.G Cpl.
Bloodgood, Thomas TX 26th Cav. Co.K
Bloodgood, William TX 2nd Field Btty.
Bloodsworth, Bernard L. TX 8th Inf. Co.D
Bloodsworth, J. 4th Conf.Inf. Co.F
Bloodsworth, James H. 1st Conf.Eng.Troops Co.H
Bloodsworth, J.B. TX 35th (Brown's) Cav.
Bloodsworth, Jesse B. TX 27th Cav. Co.A
Bloodsworth, J.F. GA 45th Inf. Co.E
Bloodsworth, J.H. AL 5th Inf. New Co.G
Bloodsworth, J.L. LA Inf.Cons.Crescent Regt. Co.E
Bloodsworth, Julius AL 50th & 54th Inf. Co.F
Bloodsworth, Milus E. GA 25th Inf. Co.E Cpl.
Bloodsworth, Samuel SC 19th Inf. Co.F
Bloodsworth, Thomas KY 7th Cav. Co.H
Bloodwest, D.S. TX 14th Cav. Co.I
Bloodworth, A.J. NC Cav. (Loc.Def.) Howard's Co.
Bloodworth, A.J. TN 24th Bn.S.S. Co.A
Bloodworth, Alex TN 45th Inf. Co.F
Bloodworth, Alfred LA 2nd Inf. Co.D
Bloodworth, A.R. GA 3rd Inf. Co.F
Bloodworth, Bedford TN 18th Inf. Co.G
Bloodworth, B.M. GA 5th Res. Co.L
Bloodworth, C. GA 6th Inf. (St.Guards) Co.F
Bloodworth, C.F. NC 3rd Cav. (41st St.Troops) Co.A
Bloodworth, C.F. NC Cav. (Loc.Def.) Howard's Co.
Bloodworth, Charles C. GA 5th Inf. Co.E
Bloodworth, Charley C. GA Inf. 25th Bn. (Prov.Guard) Co.C
Bloodworth, C.W. TX 23rd Cav. Co.A
Bloodworth, D.N. GA 27th Inf. Co.F 1st Sgt.
Bloodworth, E.H. GA 12th (Robinson's) Cav. (St.Guards) Co.G
Bloodworth, Elijah H. GA Inf. 3rd Bn. Co.E 1st Lt.
Bloodworth, Francis D. GA Inf. 2nd Bn. Co.D Sgt.
Bloodworth, Francis M. MS 34th Inf. Co.I
Bloodworth, Francis M. NC 2nd Arty. (36th St.Troops) Co.A
Bloodworth, H.B. TX 15th Inf. Co.I
Bloodworth, H.B. TX Bean's Bn.Res.Corps Fetzer's Co.
Bloodworth, Henry P. GA 57th Inf. Co.K Cpl.
Bloodworth, Henry W. GA 57th Inf. Co.D
Bloodworth, H.H. MS Lt.Arty. 14th Bn. Co.C
Bloodworth, Hiram M. AL 6th Inf. Co.L
Bloodworth, H.S. KY Cav. 24th Regt. Co.D
Bloodworth, H.S. TN 18th Inf. Co.K Cpl.
Bloodworth, H.T. GA 57th Inf. Co.K Cpl.
Bloodworth, James H. NC 4th Cav. (59th St.Troops) Co.C 1st Lt.
Bloodworth, James J.M. GA Inf. 3rd Bn. Co.C,D Cpl.
Bloodworth, James J.M. GA 4th Bn.S.S. Co.C Sgt.
Bloodworth, James M. GA Inf. 3rd Bn. Co.D
Bloodworth, James M. GA 4th Bn.S.S. Co.B
Bloodworth, James P. TN 9th (Ward's) Cav. Co.C
Bloodworth, James W. GA 11th Cav. (St.Guards) Tillman's Co.
Bloodworth, Jason G. GA Inf. 2nd Bn. Co.D
Bloodworth, J.B. AR 2nd Mtd.Rifles Hawkins' Co.
Bloodworth, J.C. MS St.Cav. 2nd Bn. (Harris') Co.C
Bloodworth, J.C. MS 6th Cav. Morgan's Co.
Bloodworth, J.C. MS 12th Cav. Co.C
Bloodworth, Jesse MS 3rd Cav. Co.E
Bloodworth, Jesse F. NC 2nd Arty. (36th St.Troops) Co.B
Bloodworth, Jesse F. NC 18th Inf. Co.K
Bloodworth, J.H. GA 3rd Inf. Co.F
Bloodworth, J.M. GA 6th Inf. (St.Guards) Co.K
Bloodworth, J.M. GA 54th Inf. Co.B
Bloodworth, J.M. MS Lt.Arty. 14th Bn. Co.C Cpl.
Bloodworth, J.M. MS Lt.Arty. Merrin's Btty.
Bloodworth, J.N. TX 37th Cav. Co.H
Bloodworth, John AL Cav. Forrest's Regt.
Bloodworth, John GA 57th Inf. Co.K
Bloodworth, John TN 18th (Newsom's) Cav. Co.E
Bloodworth, John D. GA 3rd Inf. Co.F Cpl.
Bloodworth, John J. TN 14th Inf. Co.C
Bloodworth, John Q.A. GA 8th Inf. (St.Guards) Co.D
Bloodworth, John S. GA 11th Cav. (St.Guards) Tillman's Co.
Bloodworth, John W. NC 61st Inf. Co.G Sgt.
Bloodworth, Joseph H. MS 27th Inf. Co.D
Bloodworth, J.W. MS 43rd Inf. Co.C
Bloodworth, Lewis GA 50th Inf. Co.K
Bloodworth, Littleton J. GA 5th Inf. Co.B 1st Lt.
Bloodworth, M.A. GA 5th Res. Co.A
Bloodworth, Milton SC 22nd Inf. Co.G
Bloodworth, Milus E. GA 66th Inf. Co.E
Bloodworth, Minton E. FL 1st Cav. Co.C
Bloodworth, Morgan M. GA 3rd Inf. Co.F Sgt.
Bloodworth, Richard J. GA 45th Inf. Co.E
Bloodworth, Robert M. NC Hvy.Arty. 1st Bn. Co.B

Bloodworth, Robert N. NC 4th Cav. (59th St.Troops) Co.C
Bloodworth, Samuel J. AL Inf. 1st Regt. Co.I Sgt.
Bloodworth, Samuel W. MS 21st Inf. Co.F
Bloodworth, S.J. AL 1st Cav. Co.I
Bloodworth, Sumner TN 9th (Ward's) Cav. Co.C
Bloodworth, Thomas GA 6th Inf. (St.Guards) Co.A
Bloodworth, Thomas KY Cav. Malone's Regt. Co.A
Bloodworth, Thomas H.P. GA Inf. 3rd Bn. Co.D
Bloodworth, Thomas H.P. GA 4th Bn.S.S. Co.C,B
Bloodworth, Thomas J.N. MS 21st Inf. Co.F
Bloodworth, Thomas W. GA Inf. 3rd Bn. Co.D
Bloodworth, Thomas W. GA 4th Bn.S.S. Co.B
Bloodworth, Timothy J. NC 3rd Inf. Co.K
Bloodworth, Timothy W. AL Inf. 1st Regt. Co.F
Bloodworth, T.J. NC Lt.Arty. 13th Bn. Co.D
Bloodworth, T.S.M. GA 6th Inf. (St.Guards) Co.E
Bloodworth, W.C. MS 2nd St.Cav. Co.H
Bloodworth, W.C. MS St.Cav. 2nd Bn. (Harris') Co.C
Bloodworth, Webb TN 18th Inf. Co.K
Bloodworth, William GA Inf. Exempts Roberts' Co.
Bloodworth, William TN 18th Inf. Co.K
Bloodworth, William A. NC 3rd Inf. Co.K Sgt.
Bloodworth, William D. TX 9th (Young's) Inf. Co.D
Bloodworth, Wm. J. TX 1st Hvy.Arty. Co.I
Bloodworth, William M. GA 4th Bn.S.S. Co.B
Bloodworth, W.L. GA 3rd Bn. (St.Guards) Co.H
Bloodworth, W.M. GA 54th Inf. Co.B
Bloodworth, W.R. GA Cav. 1st Bn.Res. Stark's Co.
Bloom, A. LA 11th Inf. Co.K
Bloom, A. LA Bickham's Co. (Caddo Mil.)
Bloom, B. SC 2nd Arty. Co.A
Bloom, Daniel SC 2nd Arty. Co.G
Bloom, Daniel SC 1st (Hagood's) Inf. 1st Co.G
Bloom, D.L. SC 2nd Arty. Co.H
Bloom, Edward MO Cav. 3rd Regt.St.Guard Co.C
Bloom, Elias SC 2nd Arty. Co.A
Bloom, Francis S. Gen. & Staff 1st Lt.,ADC
Bloom, George SC 2nd St.Troops Co.E
Bloom, George W. FL 3rd Inf. Co.K
Bloom, H. TN 15th Inf. Co.I
Bloom, Henry LA 21st (Patton's) Inf. Co.I
Bloom, Henry LA Mil. Chalmette Regt. Co.A Sgt.
Bloom, Henry M. FL 5th Inf. Co.B
Bloom, Isaac LA Mil. 1st Regt. 3rd Brig. 1st Div.
Bloom, Isaac LA 11th Inf. Co.K
Bloom, Isaac LA 13th Inf. Co.D
Bloom, Isaac LA 20th Inf. Co.A
Bloom, J. LA Mil. 1st Regt. 2nd Brig. 1st Div. Co.I
Bloom, J.H. SC 2nd St.Troops Co.E
Bloom, J.H. SC 11th Res. Co.E
Bloom, John SC Hvy.Arty. 15th (Lucas') Bn. Co.A
Bloom, John TX 21st Cav. Co.E Sgt.
Bloom, John 20th Conf.Cav. 2nd Co.I
Bloom, Joseph LA Washington Arty.Bn. Co.3,2 Driver
Bloom, Joseph LA Mil. 4th Regt.Eur.Brig. Co.C
Bloom, Julius LA Inf.Crescent Regt. Co.C
Bloom, M. MS Inf. 2nd Bn. (St.Troops) Co.D
Bloom, M. TN Inf. 3rd Bn. Co.E
Bloom, P. TN 21st Inf. Co.D
Bloom, Peter 9th Conf.Cav. Co.G
Bloom, R. MS 16th Inf. Co.G
Bloom, Samuel AR 3rd Cav. Co.C
Bloom, Sebastian LA 1st Hvy.Arty. (Reg.) Co.E
Bloom, Simon AR 15th (Josey's) Inf. Co.B
Bloom, T.R. GA Cav. 8th Bn. (St.Guards) Co.A
Bloom, W. GA 6th Inf. (St.Guards) Pittman's Co.
Bloomberg, Andrew Brig.Brass Band 2nd Brig. Price's Div. Dist. of AR Music.
Bloomberg, J. TX 6th Inf. Co.C
Bloomburg, H. TX 26th Cav. Co.H
Bloomenstell, Fred E. 1st Conf.Inf. 1st Co.G
Bloomenthal, Isaac GA 36th (Villepigue's) Inf. Co.F
Bloomenthal, Isaac 1st Conf.Inf. 1st Co.F
Bloomenthal, J. MS Lt.Arty. Turner's Co.
Bloomer, B. AR 26th Inf. Co.E
Bloomer, Christian TN Cav. 16th Bn. (Neal's) Co.F Music.
Bloomer, Claibourne R. VA 48th Inf. Co.A
Bloomer, Daniel NC 64th Inf. Co.M
Bloomer, Daniel TN Cav. 16th Bn. (Neal's) Co.F
Bloomer, Daniel VA 64th Mtd.Inf. Co.I
Bloomer, Daniel VA Mil. Scott Cty.
Bloomer, I.M. SC 1st (McCreary's) Inf. Co.B
Bloomer, J. FL 2nd Inf. Co.D
Bloomer, Jacob TX 1st Field Btty.
Bloomer, Jacob TX Arty. Douglas' Co.
Bloomer, Jefferson VA Inf. 21st Bn. 2nd Co.C
Bloomer, Jesse R. TN Cav. 16th Bn. (Neal's) Co.F
Bloomer, J.P. VA Mil. Scott Cty.
Bloomer, J.W. Morgan's,CSA
Bloomer, Martin V. TN Cav. 16th Bn. (Neal's) Co.F
Bloomer, Martin V. VA Inf. 21st Bn. 2nd Co.C
Bloomer, Nathaniel VA 64th Mtd.Inf. Co.I,C
Bloomer, Thomas J. VA 34th Mtd.Inf. Co.C Sgt.
Bloomer, T.J. VA Inf. 21st Bn. 2nd Co.C
Bloomer, W. VA Mil. Scott Cty.
Bloomer, William TN Cav. 16th Bn. (Neal's) Co.F
Bloomer, William VA 25th Cav. Co.A
Bloomer, William VA Mil. Scott Cty.
Bloomfield, Benj. Gen. & Staff, QM Dept. Maj.
Bloomfield, George LA Mil. British Guard Bn. Burrowes' Co.
Bloomfield, George W. TX 16th Inf. Co.I
Bloomfield, James MO 1st Inf. Co.D
Bloomfield, James C. LA Washington Arty.Bn. Co.3
Bloomfield, James C. Gen. & Staff 1st Lt.,Ord.Off.
Bloomfield, John LA 5th Inf. Co.E
Bloomfield, John W. LA Inf. 1st Sp.Bn. (Rightor's) Co.E
Bloomfield, Lot VA Lt.Arty. Thornton's Co.
Bloomfield, R.L. GA 9th Inf. (St.Guards) Culp's Co.
Bloomfield, Robert H. TX 21st Cav. Co.K Music.
Bloomfield, Robert L. GA Inf. White's Co.
Bloomfield, William GA 2nd Cav. (St.Guards) Co.H
Bloomgreen, Gustavus AR 15th (Josey's) Inf. Co.B
Bloomingburg, Andrew AR 35th Inf. Co.B Music.
Bloomingburg, John AR 35th Inf. Co.B Music.
Bloomingburg, Thomas SC 1st Cav. Co.I
Bloomingtimber, John T. Brush Bn.
Bloon, A. LA 20th Inf. Co.I
Blosch, Edward VA 59th Inf. 2nd Co.A
Blose, James VA 2nd Inf. Co.F
Blose, William P. VA 1st Cav. Co.I
Blose, William P. VA 25th Inf. 1st Co.I
Blosengham, Osten M. AL 7th Inf. Co.A
Blosrer, John W. AR 19th (Dawson's) Inf. Co.H
Bloss, Jacob C. VA 97th Mil. Co.L
Blosser, C.F. VA 33rd Inf. Co.I
Blosser, Christian VA 58th Mil. Co.F
Blosser, Henry VA 20th Cav. Co.F
Blosser, Henry VA 36th Inf. 2nd Co.E
Blosser, Isaac VA 30th Bn.S.S. Co.F
Blosser, J. VA 146th Mil. Co.A
Blosser, Jacob VA 3rd (Chrisman's) Bn.Res. Co.A
Blosser, J.H. VA 7th Bn.Res. Co.A
Blosser, John Henry VA 62nd Mtd.Inf. 2nd Co.A
Blossingame, John GA 12th (Robinson's) Cav. (St.Guards) Co.G
Blossman, --- LA Mil. Orleans Guards Regt. Co.I
Blossman, F.E. TX 6th Inf. Co.A Cpl.
Blossman, Richard D.J. LA 31st Inf. Co.K
Blossman, S.J. LA 30th Inf. Co.F Cpl.
Blossom, Joseph TX 26th Cav. Co.K
Blossom, Joseph TX 2nd Inf. Co.B
Blossom, Wentzel TX 2nd Inf. Co.D Sgt.
Blot, --- AL 22nd Inf. Co.I
Blott, E. SC 14th Inf. Co.F
Bloudean, Le VA 6th Cav. Co.A
Blouin, Rosambaire LA 27th Inf. Co.D
Blouin, C. LA Inf.Cons. 18th Regt. & Yellow Jacket Bn. Co.B
Blouin, Camille LA 18th Inf. Co.E
Blouin, F. LA Mil. Chalmette Regt. Co.H
Blouin, J.C. LA Ogden's Cav. Co.I Sgt.
Blouin, J.D. LA Miles' Legion Co.A Sgt.
Blouin, J.E. LA 4th Inf. Co.F
Blouin, Joseph LA Arty. Watson Btty.
Blouin, J.T. LA 27th Inf. Co.D
Blouin, M.R. LA Ogden's Cav. Co.H
Blouin, Richard LA Arty. 5th Field Btty. (Pelican Lt.Arty.)
Blouin, Theophile LA Arty. Landry's Co. (Donaldsonville Arty.) Sgt.
Blouin, Theophile LA 8th Inf. Co.K Sgt.
Bloumenthal, Isaac GA Lt.Arty. Pritchard's Co. (Washington Arty.)
Blount, --- AL 21st Inf.
Blount, A. GA 2nd Inf. Co.D
Blount, A.H. GA Cobb's Legion Cpl.
Blount, A.J. AL 12th Inf. Co.F
Blount, A.J. LA 4th Inf. Co.C

Blount, A.L. TX Cav. Mann's Regt. Co.A Cpl.
Blount, Alexander 1st Conf.Cav. Co.G
Blount, Alexander L. GA 26th Inf. Co.A 2nd Lt.
Blount, Alexander L. GA Inf. (Brunswick Rifles) Harris' Ind.Co.
Blount, A.M. GA 53rd Inf. Co.H
Blount, A.N. MS 7th Inf. Co.B Capt.
Blount, Anderson R. GA 45th Inf. Co.B
Blount, Andrew J. NC 2nd Bn.Loc.Def.Troops Co.E
Blount, A.R. GA 43rd Inf. Co.B
Blount, Archibald FL 2nd Cav. Co.G
Blount, Asa M. LA 9th Inf. Co.G
Blount, A.T. GA 53rd Inf. Co.G Sgt.
Blount, Austin W. GA 47th Inf. Co.F
Blount, B.B. AL 8th Inf. Co.H
Blount, B.B. LA 12th Inf. 2nd Co.M
Blount, Benjamin G. TN 21st (Wilson's) Cav. Co.E
Blount, Benjamin J. NC 12th Inf. Co.H Sgt.
Blount, B.F. AL 12th Inf. Co.H
Blount, B.F. AL 17th Inf. Asst.Surg.
Blount, B.F. AL 45th Inf. Co.G
Blount, B.F. TX 29th Cav. Co.C
Blount, B.F. Gen. & Staff Surg.
Blount, Bill TX Cav. Morgan's Regt. Co.K
Blount, B.J. NC 55th Inf. Co.H Lt.
Blount, Calvin C. TX 13th Cav. Co.G Comsy. Sgt.
Blount, Calvin F. NC 1st Arty. (10th St.Troops) Co.K
Blount, C.G. MS 23rd Inf. Co.A Capt.
Blount, C.G. Gen. & Staff, QM Dept. Capt.
Blount, C.J. SC 2nd Inf. Co.D
Blount, Cornelius GA 1st (Ramsey's) Inf. Co.G
Blount, Cornelius W. FL 8th Inf. Co.B
Blount, C.W. AL 17th Inf. Co.F
Blount, D. AR 32nd Inf. Co.H
Blount, David GA 10th Inf. Co.D
Blount, David B. MS St.Cav. Perrin's Bn. Co.B Cpl.
Blount, David C. GA 63rd Inf. Co.A
Blount, D.B. MS 5th Cav. Co.G Cpl.
Blount, D.B. MS 30th Inf. Co.C
Blount, Edmond M., Jr. GA 26th Inf. Co.B Cpl.
Blount, Edmund GA Inf. 2nd Bn. Co.C
Blount, Edmund GA 26th Inf. Co.B 1st Lt.
Blount, Edmund C. NC Hoskins' Co. (Loc.Def.) 1st Lt.
Blount, E.H. GA 7th Cav. Co.K Sgt.
Blount, E.H. GA Hardwick Mtd.Rifles Co.A Sgt.
Blount, E.H. GA 2nd Inf. Co.D
Blount, E.H. GA 8th Inf. Co.D
Blount, Emsley P. 1st Conf.Cav. 2nd Co.G
Blount, Felix E. AL 32nd Inf. Co.G Cpl.
Blount, F.M. MS 40th Inf. Co.D 1st Sgt.
Blount, F.M. TX 17th Inf. Co.C
Blount, F.N. 2nd Conf.Eng.Troops Co.A
Blount, Francis B. AR 15th (Josey's) Inf. Co.C
Blount, Francis M. GA Arty. 9th Bn. Co.A,E Sr.2nd
Blount, Francis M. MS 10th Inf. Old Co.I
Blount, Francis M. TX 13th Cav. Co.G
Blount, Frank VA Burks' Regt.Loc.Def.
Blount, F.S. AL 1st Regt. Mobile Vol. Co.E
Blount, F.W. Gen. & Staff, Arty. Capt.
Blount, G.A. GA Hvy.Arty. 22nd Bn. Co.F
Blount, G.A. GA Inf. 1st Loc.Troops (Augusta) Barnes' Lt.Arty.Co.
Blount, G.A. GA 1st Reg. Co.A
Blount, G.A. GA 6th Res. Co.K
Blount, G.A. GA 32nd Inf. Co.F
Blount, G.A. TX Cav. Madison's Regt. Co.A
Blount, G.B. TN 4th Inf. Co.B
Blount, George GA 4th (Clinch's) Cav. Co.B Sgt.
Blount, George GA 26th Inf. Dent's Co.A
Blount, George GA 54th Inf. Co.I
Blount, George G. LA 9th Inf. Co.G
Blount, George G. MS 15th Inf. Co.B
Blount, George M. GA 32nd Inf. Adj.
Blount, George N. GA Siege Arty. 28th Bn. Co.F Cpl.
Blount, George W. NC 55th Inf. Co.A 1st Lt.
Blount, G.J. GA 1st (Symons') Res. Co.B Cpl.
Blount, G.M. TX Inf. Chambers' Bn.Res.Corps Co.B
Blount, G.M. Gen. & Staff 1st Lt.,Adj.
Blount, Green J. TX Inf. 1st Bn. Co.C
Blount, Green W. GA 59th Inf. Co.I
Blount, H. FL 4th Inf.
Blount, H.B. FL 1st Cav. Co.B
Blount, H.B. FL Sp.Cav. 1st Bn. Co.B Cpl.
Blount, Henry AL 6th Cav. Co.K
Blount, Henry GA 11th Cav. (St.Guards) McGriff's Co. 3rd Lt.
Blount, Henry GA 5th Inf. Co.D
Blount, Henry GA 12th Mil. 1st Lt.
Blount, Henry J. GA 12th Inf. Co.H
Blount, Hosea G. NC 17th Inf. (1st Org.) Co.H
Blount, Hugh Archer B. FL 10th Inf. Co.C 2nd Lt.
Blount, I.G. NC 1st Brig.Res. Maj.,QM
Blount, J. AR 1st Vol. Kelsey's Co.
Blount, J. AR 32nd Inf. Co.H
Blount, J. GA Lt.Arty. Clinch's Btty.
Blount, J. GA Lt.Arty. (Jackson Arty.) Masenburg's Btty.
Blount, J. GA 46th Inf. Co.A
Blount, Jacob GA 11th Cav. (St.Guards) McGriff's Co. 2nd Lt.
Blount, Jacob GA 8th Inf. Co.G
Blount, Jacob J. FL 7th Inf. Co.E
Blount, Jacob T. LA 28th (Gray's) Inf. Co.H
Blount, James AL 32nd Inf. Co.G
Blount, James FL 11th Inf. Co.K
Blount, James MO 3rd Cav. Co.B
Blount, James A. AR 8th Inf. New Co.C Sgt.
Blount, James A. NC 31st Inf. Co.A
Blount, James E. 1st Conf.Cav. 2nd Co.G
Blount, James G. GA 2nd Cav. Co.K
Blount, James H. GA Inf. 2nd Bn. Co.C
Blount, James J. NC Thomas' Legion Walker's Bn. 1st Co.D
Blount, James J. SC Horse Arty. (Washington Arty.) Vol. Hart's Co. Sgt.
Blount, James J. TN 1st (Carter's) Cav. Co.I
Blount, James J. Conf.Arty. Marshall's Co.
Blount, James K. TX 36th Cav. Co.A
Blount, James R. GA Siege Arty. 28th Bn. Co.F Capt.
Blount, James R. GA 1st Reg. Co.F,B 2nd Lt.
Blount, James R. MS 17th Inf. Co.K
Blount, James R. SC Arty.Bn. Hampton Legion Co.A Cpl.
Blount, James S. NC 2nd Arty. (36th St.Troops) Co.G Sgt.
Blount, James S. NC Lt.Arty. 13th Bn. Co.D Sgt.
Blount, James T. MO 6th Inf. Co.K
Blount, J.C. FL 1st Cav. Co.B
Blount, J.C. GA 59th Inf. Co.A
Blount, J.G. GA 11th Cav. (St.Guards) Bruce's Co.
Blount, J.G. SC Arty. Lee's Co. 1st Lt.
Blount, J.G. Gen. & Staff Maj.,AQM
Blount, J.H. GA Cav. 8th Bn. (St.Guards) Co.A
Blount, J.L.S. TX 19th Inf. Co.K
Blount, J.M. GA Lt.Arty. Van Den Corput's Co.
Blount, Joe B. TX 13th Cav. Co.G
Blount, John GA Lt.Arty. 14th Bn. Co.B
Blount, John GA Lt.Arty. Anderson's Btty.
Blount, John GA 1st (Fannin's) Res. Co.E
Blount, John GA 2nd Res. Co.A
Blount, John NC 12th Inf. Co.D,B
Blount, John G. NC 3rd Arty. (40th St.Troops) Co.C 1st Lt.
Blount, John G. NC 17th Inf. (1st Org.) Co.H
Blount, John G. NC 17th Inf. (2nd Org.) Co.G
Blount, John G. NC 17th Inf. (2nd Org.) Co.G Sgt.
Blount, John H. GA 26th Inf. Co.B
Blount, John H. TX 27th Cav. Co.D,E
Blount, John M. GA Inf. 3rd Bn. Co.A
Blount, John M. NC 1st Arty. (10th St.Troops) Co.K 1st Lt.
Blount, John R. MS 42nd Inf. Co.F
Blount, John T. GA 4th Inf. Co.A 2nd Lt.
Blount, John T. Gen. & Staff ACS
Blount, Jonathan A. GA 47th Inf. Co.F
Blount, Joseph B. TX 27th Cav. Co.D,E 1st Lt.
Blount, Joseph G. SC 6th Inf. 2nd Lt.,Adj.
Blount, Joseph G. VA Lt.Arty. 38th Bn. Co.D Capt.
Blount, J.R. FL Cav. 5th Bn. Co.B
Blount, J.S. AL 51st (Part.Rangers) Co.H 1st Sgt.
Blount, J.S. TX 17th Inf. Co.C
Blount, J.T. MO 8th Cav. Co.D
Blount, J.W. GA 8th Inf. Co.C
Blount, J.W. MS 2nd Cav. 2nd Co.G
Blount, J.W. MS 5th Cav. Co.A
Blount, J.W. TN Inf. 154th Sr.Regt. Co.G
Blount, Levi NC 3rd Cav. (41st St.Troops) Co.K
Blount, Levi P. GA 41st Inf. Co.F
Blount, L.P. GA 8th Inf. Co.D
Blount, L.P. GA Inf. 40th Bn. Co.D Sgt.
Blount, L.W. TX 12th Inf. Co.D
Blount, L. William NC 13th Inf. Co.G
Blount, Major J.B. GA Inf. 2nd Bn. Co.D
Blount, McGregor GA 26th Inf. Co.B
Blount, Miles NC 2nd Inf. Co.F Cpl.
Blount, Nathan S. FL 7th Inf. Co.E Maj.
Blount, Needham C. MS 7th Inf. Co.I
Blount, Nicholas GA Lt.Arty. 14th Bn. Co.B
Blount, Nicholas GA Lt.Arty. Anderson's Btty.
Blount, N.J. AL 6th Cav. Co.H
Blount, O.P. GA 1st (Olmstead's) Inf. Gordon's Co.
Blount, O.P. GA 46th Inf. Co.A

Blount, Osceola P. GA 63rd Inf. Co.K Cpl.
Blount, Owen R. FL 7th Inf. Co.E
Blount, P.M. AL 5th Inf. New Co.F
Blount, R.A. AR 1st (Dobbin's) Cav. Co.B
Blount, R.B. GA 2nd Mil. Co.D
Blount, R.B. GA Inf. (Jones Hussars) Jones' Co.
Blount, Reading NC 3rd Cav. (41st St.Troops) Co.K
Blount, Redden GA Cav. 7th Bn. (St.Guards) Co.C
Blount, Redding GA Lt.Arty. Daniell's Btty.
Blount, Redding M. GA 45th Inf. Co.G
Blount, Richard H. NC 3rd Arty. (40th St.Troops) Co.F Capt.
Blount, Richard H. NC 5th Inf. Co.B
Blount, R.J. GA 9th Inf. Co.E
Blount, Robert P. AL 5th Inf. New Co.E Capt.
Blount, Robert P. AL 5th Bn. (Blount's) Vol. Lt.Col.
Blount, Robert P. Longstreet's Staff Lt.Col.
Blount, S.A. AL 23rd Inf. Co.F
Blount, S.E. SC Arty. Stuart's Co. (Beaufort Vol. Arty.)
Blount, S.E. SC 11th Inf. Co.A
Blount, Sherman J. NC 20th Inf. Faison's Co.
Blount, Sherman J. NC 61st Inf. Co.A
Blount, Sidney F. GA 6th Inf. Co.A
Blount, S.J.C. FL Sp.Cav. 1st Bn. Co.B
Blount, S.J.C. GA Inf. 18th Bn. Co.A
Blount, S.M. GA Lt.Arty. 14th Bn. Co.B
Blount, Solamon A. AL 46th Inf. Co.B
Blount, Spire M. GA Lt.Arty. Anderson's Btty.
Blount, Stephen GA Lt.Arty. Anderson's Btty.
Blount, S.W. GA 2nd Inf. Co.D
Blount, T.B. AL Arty. 20th Bn.
Blount, T.B. GA Cav. 1st Bn. Walthour's Co.
Blount, T.B. GA 5th Cav. Co.G
Blount, T.C. MS 1st Lt.Arty. Co.F Cpl.
Blount, T.D. 14th Conf.Cav. Co.D
Blount, T.E. GA 2nd Inf. Co.D
Blount, T.H. GA 63rd Inf. Co.A
Blount, Thomas AL 53rd (Part.Rangers) Co.F Black.
Blount, Thomas GA Lt.Arty. Croft's Btty. (Columbus Arty.) Asst.Surg.
Blount, Thomas MS Cav. Yerger's Regt. Co.B
Blount, Thos. H. Gen. & Staff AASurg.
Blount, Thomas J. GA 1st (Fannin's) Res. Co.I
Blount, Thomas M. NC 4th Inf. Co.E AQM
Blount, Thos. M. Gen. & Staff Capt.
Blount, Thomas R. GA Siege Arty. 28th Bn. Co.H
Blount, Thomas R. GA 1st (Olmstead's) Inf. Davis' Co.
Blount, Thomas W. Gen. & Staff, Ord.Dept.Arty. Capt.
Blount, T.M. SC Arty. Stuart's Co. (Beaufort Vol.Arty.)
Blount, T.R. GA 3rd Cav. Co.I
Blount, W.A. GA 2nd Inf. Co.D
Blount, W.A. LA 4th Inf. New Co.G
Blount, W.B. TX 19th Inf. Co.K Cpl.
Blount, W.H. AL 8th Inf. Conscr.
Blount, W.H. AL 19th Inf. Co.G
Blount, W.H. LA Washington Arty.Bn. Co.1 Cpl.
Blount, W.H. VA 10th Cav. 1st Co.E Sgt.
Blount, William GA 2nd Cav. Co.K
Blount, William GA Cav. 22nd Bn. (St.Guards) Co.C
Blount, William MS 4th Inf. Co.F
Blount, William MS 44th Inf. Co.C
Blount, William 1st Conf.Cav. Co.G
Blount, William A. GA Cobb's Legion Co.L
Blount, William A. LA 4th Inf. Co.C Sgt.
Blount, William A. NC 1st Cav. (9th St.Troops) Surg.
Blount, Wm. A. Gen. & Staff Surg.
Blount, Wm. A. Gen. & Staff Lt.,ADC
Blount, William B. FL Inf. 2nd Bn. Co.B
Blount, William B. FL 10th Inf. Co.G
Blount, William C. TX 29th Cav. Co.E
Blount, William E. MS Cav. Stockdale's Bn. Co.B
Blount, William E. MS 17th Inf. Co.G Sgt.
Blount, William H. AL 40th Inf. Co.C
Blount, William H. GA 3rd Inf. Co.G
Blount, William H. LA 1st Sp.Bn. (Rightor's) Co.E
Blount, William H. NC 12th Inf. Co.H Capt.
Blount, William H. NC 47th Inf. Co.D 1st Lt.
Blount, William J. FL 5th Inf. Co.F
Blount, William R.C. NC 5th Cav. (63rd St.Troops) Co.C
Blount, William S. NC 17th Inf. (2nd Org.) Co.K 1st Sgt.
Blount, William T. SC Arty. Bachman's Co. (German Lt.Arty.)
Blount, W.J. GA Inf. 27th Bn. (NonConscr.) Co.B
Blount, W.J. MS 13th Inf. Co.I
Blount, W.M. GA Inf. 8th Bn. Co.D
Blount, W.S. NC 17th Inf. (1st Org.) Co.C
Blount, W.S.J. FL Sp.Cav. 1st Bn. Co.B
Blours, William W. MS 34th Inf. Co.H
Blouvett, William LA Ogden's Cav. Co.I
Blouvit, William LA Miles' Legion Co.A Sgt.
Blouzon, G. LA Mil. 3rd Regt. French Brig. Co.5
Blow, Benjamin NC 31st Inf. Co.G
Blow, Benjamin L. GA 9th Inf. Co.D
Blow, Charles VA 3rd Inf.Loc.Def. Co.I
Blow, George, Jr. VA 41st Inf. Lt.Col.
Blow, George W. VA 13th Cav. Co.H
Blow, Henry NC 67th Inf. Co.K
Blow, Henry L. LA 21st (Patton's) Inf. Co.A,K Lt.
Blow, Henry S. FL 1st Inf. New Co.G
Blow, H.L. LA 22nd (Cons.) Inf. Co.C 2nd Lt.
Blow, J. GA 5th Res. Co.H
Blow, James MS 28th Cav. Co.B
Blow, James A. GA 6th Inf. (St.Guards) Co.B
Blow, James M. LA 4th Inf. Co.I Comsy.Sgt.
Blow, J.J. MS Cav. 6th Bn. Prince's Co.
Blow, John LA 22nd Inf. Co.I 2nd Lt.
Blow, John H. GA Hvy.Arty. 22nd Bn. Co.B 1st Lt.
Blow, John H. GA Siege Arty. 28th Bn. Co.D Jr.2nd Lt.
Blow, John H. GA 1st Reg. Co.C
Blow, John H. GA 25th Inf. 1st Co.K Bvt.2nd Lt.
Blow, John T. GA 45th Inf. Co.C
Blow, John W. FL 1st Inf. New Co.G
Blow, J.R. NC 8th Bn.Part.Rangers Co.D
Blow, J.R. NC Bass' Co.
Blow, Moses H. MO Cav. 2nd Regt.St.Guard Co.F
Blow, Richard NC 31st Inf. Co.G
Blow, Richard NC 67th Inf. Co.D
Blow, Robert VA Lt.Arty. J.D. Smith's Co.
Blow, Robert T. Sig.Corps,CSA
Blow, Stephen F. NC 27th Inf. Co.K Cpl.
Blow, Walter W. TX 2nd Field Btty. 2nd Lt.
Blow, Walter W. VA 16th Inf. 1st Co.H
Blow, W.H. NC 8th Bn.Part.Rangers Co.D
Blow, W.H. NC Bass' Co.
Blow, William GA Arty. St.Troops Pruden's Btty.
Blow, William H. TX 15th Inf. 2nd Co.D
Blow, William H. TX 22nd Inf. Co.I
Blow, William J. NC 27th Inf. Surg.
Blow, Wm. J. Gen. & Staff Surg.
Blow, William N. VA 5th Cav. (12 mo. '61-2) Co.C Capt.
Blow, William N. VA 13th Cav. Co.H Capt.
Blow, Willis W. TN 32nd Inf. Co.F
Blow, Wright NC 1st Bn. Home Guards
Blow, W.W. VA Lt.Arty. Grandy's Co.
Blowers, W.W. KY 8th Mtd.Inf. Co.K
Blowin, A. LA Lt.Arty. 6th Field Btty. (Grosse Tete Flying Arty.)
Bloxam, John VA 115th Mil. Co.A
Bloxam, William S. VA 30th Inf. 1st Co.I
Bloxan, James W. VA 18th Cav. Co.K
Bloxen, J.Y. MS Cav. Hughes' Bn. Co.E
Bloxham, James P. VA 47th Inf. 3rd Co.I
Bloxham, James W. VA 114th Mil. Co.F
Bloxham, W.D. FL Cav. 5th Bn. Capt.,AQM
Bloxham, W.D. FL 1st Inf. Old Co.D
Bloxham, William D. FL 5th Inf. Co.C Capt.
Bloxham, William S. VA 47th Inf. 3rd Co.I
Bloxhan, Wm. D. Gen. & Staff Capt.,AQM
Bloxom, Albert MS Inf. 7th Bn. Co.D 2nd Jr.Lt.
Bloxom, Ezekiel G.H. VA 39th Inf. Co.F Fifer
Bloxom, George VA 32nd Inf. Co.E
Bloxom, H.C. AL 17th Inf. Co.H Sgt.
Bloxom, James T. MS 18th Inf. Co.A
Bloxom, James W. VA Hvy.Arty. 19th Bn. Co.B
Bloxom, Jasper N. MS Cav. 24th Bn. Co.A
Bloxom, J.M. MS Inf. 7th Bn. Co.D
Bloxom, John H. MS 18th Inf. Co.A
Bloxom, Leslie AL Inf. 1st Regt. Co.B
Bloxom, Leslie AL 53rd (Part.Rangers) Co.F
Bloxom, Thomas VA 54th Mil. Co.E,F
Bloxom, William H. VA 3rd Inf. Co.H
Bloxon, J.A. Gen. & Staff Asst.Surg.
Bloxon, Leslie AL 44th Inf. Co.C Cpl.
Bloxsom, G. MS 46th Inf. Co.I
Bloxsom, George MS Inf. 1st Bn.St.Troops (12 mo. '62-3) Co.A
Bloxsom, J.T. MS 4th Cav. Co.F Cpl.
Bloxsom, Wm. H. Gen. & Staff Ord.Sgt.
Bloxton, Alex VA Lt.Arty. Cooper's Co.
Bloxton, Allen H. VA 15th Inf. Co.I
Bloxton, Allen H. VA 30th Inf. Co.C
Bloxton, C.B. VA Inf. 25th Bn. Co.D
Bloxton, Charles B. VA Arty. Paris' Co.
Bloxton, F.A. VA Lt.Arty. Cooper's Co. Sgt.
Bloxton, H. LA 9th Inf. Co.F
Bloxton, James VA 55th Inf. Co.M

Bloxton, James H. AR 3rd Inf. Co.E
Bloxton, J.O. AL 10th Inf. Co.E
Bloxton, John B. VA 1st Arty. Co.B Sgt.
Bloxton, John B. VA Lt.Arty. 1st Bn. Co.B Sgt.
Bloxton, John B. VA Arty. Richardson's Co. Sgt.
Bloxton, John B. VA 32nd Inf. 1st Co.H
Bloxton, Joseph P. AR 3rd Inf. Co.E
Bloxton, O.P. AL 18th Inf. Co.I
Bloxton, William A. VA 30th Inf. Co.C
Bloxton, William E. VA Inf. 25th Bn. Co.H
Bloxton, Zachariah VA Lt.Arty. Cooper's Co.
Bloxum, Jim MS Mtd.Inf. (St.Troops) Maxey's Co.
Bloy, J. LA Mil. Cazadores Espanoles Regt. Co.D Cpl.
Bloy, L. LA Mil. 1st Regt. French Brig. Co.4
Bloy, P. LA Mil. Cazadores Espanoles Regt. Co.D Sgt.
Bloyce, D.J. TN 7th (Duckworth's) Cav. Co.F
Bloys, Alf TN 15th Inf. Co.E
Bloys, Daniel J. LA Cav. Cole's Co.
Bloys, William TN 15th Inf. Co.E
Bloza, Edward TX 3rd Inf. Co.G
Blucer, William A. LA 28th (Thomas') Inf. Co.F
Blucher, Felix A. Eng.,CSA Maj.
Bluckwitt, Robert GA 4th Inf. Co.D
Bludsworth, H.D. 15th Conf.Cav. Co.G
Bludsworth, J.C. AL 32nd Inf. Co.F
Bludsworth, M.E. 15th Conf.Cav. Co.G
Bludworth, Alfred J. NC Hvy.Arty. 1st Bn. Co.B
Bludworth, B.L. TX 8th Cav. Co.D
Bludworth, H.D. AL Cav. Murphy's Bn. Co.B
Bludworth, J.D. AL 1st Bn. Hilliard's Legion Vol. Co.E
Bludworth, Jefferson D. AL 23rd Bn.S.S. Co.E
Bludworth, J.H. LA 2nd Cav. Co.C
Bludworth, John AL 39th Inf. Co.I
Bludworth, John P. LA 2nd Cav. Co.C Cpl.
Bludworth, J.W. AL 59th Inf. Co.E
Bludworth, Milton H. TX 21st Cav. Co.K
Bludworth, Patrick AL 7th Inf. Co.E Capt.
Bludworth, T.W. AL Arty. 4th Bn. Hilliard's Legion Co.E
Bludworth, William TX 1st Inf. Co.E
Bludworth, William H. AL 1st Bn. Hilliard's Legion Vol. Co.E Cpl.
Bludworth, William H. AL 23rd Bn.S.S. Co.E Cpl.
Blue, A. MO Lt.Arty.
Blue, A.A. LA 25th Inf. Co.D
Blue, A.D. AL 23rd Inf. Co.B
Blue, Alexander FL 10th Inf. Co.E
Blue, Anaziah TX Cav. Wells' Bn. Co.B
Blue, Angus NC Hvy.Arty. 1st Bn. Co.D,C
Blue, A.P. AL 23rd Inf. Co.B
Blue, A.P. GA Cav. 1st Bn.Res. Co.A
Blue, Arch D. AL Inf. 1st Regt. Co.G
Blue, Archibald MS 4th Inf. Co.I Cpl.
Blue, Archie C. FL 9th Inf. Co.B
Blue, Aug. A. LA 4th Cav. Co.D
Blue, Barney B. 3rd Conf.Inf. Co.F Capt.
Blue, B.B. AR 18th (Marmaduke's) Inf. Co.B Sgt.Maj.
Blue, Benj. F. AL Cav. Gachet's Co.
Blue, Benjamin F. AL 33rd Inf. Co.K
Blue, Burton W. TX 13th Vol. 2nd Co.B
Blue, B.W.D. MS 11th Inf. Co.D
Blue, C. AL 33rd Inf. Co.K
Blue, Charles E. VA 11th Cav. Co.A
Blue, Charles Edward VA 13th Inf. Co.K
Blue, Cornelius D. TX 5th Inf. Co.I
Blue, D. AL 24th Inf. Co.K
Blue, D. NC Lt.Arty. 3rd Bn. Co.C
Blue, Daniel GA 8th Inf. Co.G 1st Sgt.
Blue, Daniel LA 16th Inf. Co.F
Blue, Daniel NC Hvy.Arty. 1st Bn. Co.D,C
Blue, Daniel NC 18th Inf. Co.F
Blue, Daniel NC 35th Inf. Co.C 2nd Lt.
Blue, Daniel A.J. AL Inf. 1st Regt. Co.G
Blue, Daniel A.J. AL 53rd (Part.Rangers) Co.B 2nd Lt.
Blue, Daniel M. MS 44th Inf. Co.C
Blue, Daniel S. NC 5th Cav. (63rd St.Troops) Co.A
Blue, David MS 27th Inf. Co.H
Blue, David NC 11th (Bethel Regt.) Inf. Co.D
Blue, D.C. TN 19th (Biffle's) Cav. Co.C
Blue, D. McQueen FL 8th Inf. Co.C Sgt.
Blue, Douglas A. TX 34th Cav. Co.F
Blue, Duncan AL Inf. 1st Regt. Co.G
Blue, Duncan AL 51st (Part.Rangers) Co.B Sgt.
Blue, Duncan NC 8th Sr.Res. Kelly's Co.
Blue, Duncan NC 20th Inf. Co.H
Blue, Duncan A. NC 35th Inf. Co.C 1st Sgt.
Blue, Duncan C. NC 26th Inf. Co.H
Blue, Duncan F. NC 46th Inf. Co.H
Blue, Duncan W. TN 9th Cav. Co.C
Blue, Edward VA 11th Cav. Co.A
Blue, Erastus TX Cav. Bourland's Regt. Co.D
Blue, Eugene A. AL 53rd (Part.Rangers) Co.B
Blue, Evander McN. NC 35th Inf. Co.C Capt.
Blue, F.A. GA 8th Inf. Co.C
Blue, H.A. SC 8th Inf. Co.C Sgt.
Blue, Hector AL Inf. 1st Regt. Co.G
Blue, Hector AL 3rd Inf. Co.D
Blue, Henry AL 33rd Inf. Co.K
Blue, Henry LA 7th Cav. Co.F
Blue, Henry NC Allen's Co. (Loc.Def.)
Blue, Henry J. GA 51st Inf. Co.H
Blue, H.J. GA Inf. 1st City Bn. (Columbus) Co.A
Blue, Isaac P. GA 63rd Inf. Co.E
Blue, J. AR 12th Bn.S.S. Co.C
Blue, J. MO Cav. 2nd Regt.St.Guard Co.E
Blue, J. MO 11th Inf. Co.H
Blue, James MO 1st N.E. Cav. Co.F
Blue, James MO 1st N.E. Cav. White's Co.
Blue, James MO 4th Cav. Co.F
Blue, James MO 9th Inf. Co.E
Blue, James MO Inf. Clark's Regt. Co.H
Blue, James Sap. & Min. G.W. Maxson's Co.
Blue, James D. AL 51st (Part.Rangers) Co.B
Blue, James D. AL Inf. 1st Regt. Co.G
Blue, James H. MO 2nd Cav. Co.E
Blue, James T. AL 25th Inf. Co.K
Blue, James T. AL 33rd Inf. Co.K
Blue, James T. FL 1st Cav. Co.B
Blue, James W. AR 8th Cav. Co.H
Blue, J.C. GA 54th Inf. Co.B
Blue, J.D. MS 4th Cav. Co.F Sgt.
Blue, J.D. MS Cav. Hughes' Bn. Co.E Sgt.
Blue, Jesse MS 9th Inf.
Blue, J.H. TX 5th Inf. Co.I
Blue, J.H. Conf.Cav. Wood's Regt. Co.L
Blue, J.J. AR Inf. Cocke's Regt. Co.K
Blue, J.M. GA 27th Inf. Co.K
Blue, John AL 3rd Cav. Co.D
Blue, John AL 53rd (Part.Rangers) Co.B
Blue, John MO 1st N.E. Cav. Price's Co.M
Blue, John NC 2nd Bn.Loc.Def.Troops Co.B
Blue, John TN 9th (Ward's) Cav. Co.A Cpl.
Blue, John TN Cav. 11th Bn. (Gordon's) Co.F
Blue, John VA 11th Cav. Co.D 2nd Lt.
Blue, John VA 12th Cav. Co.A
Blue, John VA 77th Mil. Co.B 1st Lt.
Blue, John A. MS Inf. 2nd St.Troops Co.F
Blue, John A.B. NC 26th Inf. Co.H
Blue, John A.B. NC 46th Inf. Co.H 1st Lt.
Blue, John C. GA 32nd Inf. Co.G
Blue, John C. MS 24th Inf. Co.G
Blue, John C. MS 27th Inf. Co.H
Blue, John C. NC 2nd Bn.Loc.Def.Troops Co.F
Blue, John D. AL 23rd Inf. Co.B,I
Blue, John D. MS 7th Inf. Co.E
Blue, John F. NC 8th Sr.Res. Callihan's Co.
Blue, John F. TN 2nd (Robison's) Inf. Co.I
Blue, John F. TN Inf. 4th Cons.Regt. Co.I
Blue, John G. NC 7th Inf. Co.F 2nd Lt.
Blue, John G. VA 33rd Inf. Co.A
Blue, John K. NC 5th Inf. Co.B
Blue, John W. AL 43rd Inf. Co.E
Blue, John W. TX 16th Inf. Co.G
Blue, Jonathan G. MS 31st Inf. Co.H 1st Sgt.
Blue, Joseph AR 8th Cav. Co.H Cpl.
Blue, Joseph VA 7th Cav. Glenn's Co.
Blue, Joseph G. VA 12th Cav. Co.A
Blue, Josiah M. TX 19th Cav. Co.K
Blue, J.R. TX 5th Inf. Co.I
Blue, J.T. FL 2nd Cav. Co.K
Blue, J.W. AR 38th Inf. Co.C
Blue, J.W. MO 2nd Cav. Co.E Cpl.
Blue, J.W. MO Cav. Freeman's Regt. Co.K 2nd Lt.
Blue, J.W. TN 40th Inf. Co.A
Blue, L. MS 4th Cav. Co.F Capt.
Blue, L.A. NC 38th Inf. Co.K Cpl.
Blue, Lawson VA 13th Inf. Co.K
Blue, Losin VA 77th Mil. Blue's Co.
Blue, Malcolm M. LA 4th Cav. Co.D
Blue, Malcom P.N. NC 35th Inf. Co.C
Blue, Michael VA 33rd Inf. Co.A
Blue, Monroe VA 18th Cav. Co.H 3rd Lt.
Blue, Monroe VA 33rd Inf. Co.A Cpl.
Blue, Monroe VA 62nd Mtd.Inf. 1st Co.H Cpl.
Blue, M.S. MO Lt.Arty. H.M. Bledsoe's Co.
Blue, Murdock I. NC 2nd Bn.Loc.Def.Troops Co.F
Blue, Napthale J. TN 35th Inf. Co.E
Blue, N.C. NC 28th Inf. Co.B
Blue, Neal AL 33rd Inf. Co.K
Blue, Neill C. NC 49th Inf. Co.D 2nd Lt.
Blue, N.J. TN Inf. 3rd Cons.Regt. Co.A
Blue, O.R. Gen. & Staff Chap.
Blue, Patrick AL 53rd (Part.Rangers) Co.B
Blue, Patrick Gen. & Staff AASurg.
Blue, Peter J. AL Inf. 1st Regt. Co.G,C
Blue, P.M. LA 5th Cav. Co.G
Blue, P.M. LA 13th Bn. (Part.Rangers) Co.A
Blue, Proctor 1st Cherokee Mtd.Rifles Co.E
Blue, Simon GA Mil. 6th Regt. Co.C

Blue, S.M. KY 1st Bn.Mtd.Rifles Co.A
Blue, S.M. KY 3rd Bn.Mtd.Rifles Co.A
Blue, Thomas B. GA Mil. 6th Regt. Co.C
Blue, Thomas B. TX 13th Vol. 2nd Co.I
Blue, T.J. FL 1st (Res.) Inf. Co.C
Blue, W.A. SC 26th Inf. Co.B
Blue, W.A. SC Bn.St.Cadets Co.A
Blue, W.A. TX 34th Cav. Co.B
Blue, Washington M. GA 51st Inf. Co.H
Blue, W.F. GA Arty. (Macon Lt.Arty.) Slaten's Co. Sgt.Maj.
Blue, W.G. TX 5th Inf. Co.I
Blue, William MO 1st N.E. Cav. Price's Co.M
Blue, William MO 1st N.E. Cav. White's Co.
Blue, William NC 26th Inf. Co.H
Blue, William NC 33rd Inf. Co.H
Blue, William SC 1st (Hagood's) Inf. 2nd Co.I Sgt.
Blue, William TN 9th Cav. Co.C
Blue, William 1st Choctaw & Chickasaw Mtd.Rifles Co.G
Blue, William A. GA 59th Inf. Co.F 1st Sgt.
Blue, William D. TX 11th Cav. Co.C
Blue, William D. Shecoe's Chickasaw Bn.Mtd.Vol. Co.A
Blue, William F. GA 8th Inf. Co.C
Blue, William J. VA 33rd Inf. Co.A
Blue, William N. TN 23rd Inf. 1st Co.A, Co.B
Blue, W.M. GA 51st Inf. Co.H
Blue, W.T. GA 27th Inf. Co.K
Blue, Z.T. NC 2nd Jr.Res. Co.A
Bluebaker, J.C. TX 13th Cav. Asst.Surg.
Bluebeck, Joseph VA 18th Cav. Co.D
Blue Bird 1st Cherokee Mtd.Vol. 1st Co.F, 2nd Co.F
Bluebird, Luke 1st Cherokee Mtd.Rifles Co.H
Blueford, Robert VA 9th Cav. Co.K
Blueford, Robert G. VA 41st Mil. Co.C
Bluet, A. SC Mil. 1st Regt. (Charleston Res.) Co.F
Bluethenthall, David AR 9th Inf. Co.D
Bluett, A.J. SC Inf. 1st (Charleston) Bn. Co.B Cpl.
Bluett, A.J. SC 27th Inf. Co.B Sgt.
Bluett, Randal MS 48th Inf. Co.C Capt.
Bluett, William B. TX Cav. 2nd Regt.St.Troops Co.F
Bluff, Clements VA Inf. 44th Bn.
Bluff, Harry NC Lt.Arty. Thomas' Legion Levi's Btty.
Bluff, Henry LA 1st Hvy.Arty. Co.A Sgt.
Bluff, Henry LA Miles' Legion Co.A
Bluff, Henry VA Inf. 1st Bn. Co.E
Bluford, B. SC 1st St.Troops Co.I
Bluford, Byrd SC 4th Bn.Res. Co.B
Bluford, G.W. VA 54th Mil. Co.C,D
Bluford, James TN 62nd Mtd.Inf. Co.C
Bluford, Robert VA 30th Inf. Co.K
Bluford, Scarlet TN 8th Cav. Co.C
Bluhm, Fritz VA 9th Inf. Co.B
Bluhm, Jacob GA 12th Inf. Co.E
Bluit, William VA 17th Inf. Co.I Cpl.
Blulock, H.D. MS 13th Inf. Co.K
Blum, --- LA Mil. 4th Regt. 2nd Brig. 1st Div. Co.G
Blum, --- TX 25th Cav. Co.I
Blum, A. LA 4th Inf. Co.B 2nd Lt.
Blum, August LA Mil. 3rd Regt. 1st Brig. 1st Div. Co.K
Blum, C.C. SC 2nd Inf. Co.K
Blum, C.F. TX 14th Field Btty. Bugler
Blum, Daniel NC Mil. Clark's Sp.Bn. S.H. Rountree's Co.
Blum, E. AL Res. Belser's Co.
Blum, E.M. LA 22nd (Cons.) Inf. Co.A Capt.
Blum, Emanuel LA Inf. 7th Bn. Co.A Cpl.
Blum, Emanuel LA 22nd Inf. Co.A Capt.
Blum, Ernest VA 1st Arty. Co.H Cpl.
Blum, Ernest VA Lt.Arty. Page's Co. Sgt.
Blum, Ernest VA Lt.Arty. J.D. Smith's Co.
Blum, G. LA 3rd Inf. Co.F
Blum, G.C. NC 2nd Inf. Co.A Cpl.
Blum, George GA Inf. (GA Defenders) Chapman's Co.
Blum, George LA 5th Inf. Co.G
Blum, George A. NC 4th Sr.Res. Co.A
Blum, Henry NC 14th Inf. Co.C
Blum, J. LA Mil.Squad. Guides d'Orleans
Blum, J. TX Inf. Carter's Co.
Blum, J.A. NC 9th Bn.S.S. Co.A
Blum, J.L. SC 2nd Arty. Co.B
Blum, John LA 9th Inf. Co.E
Blum, John LA 27th Inf. Co.D
Blum, John SC 15th Inf. Co.C
Blum, John TX 1st Hvy.Arty. Co.C
Blum, John TX 4th Field Btty. Cpl.
Blum, John A. SC Inf. Hampton Legion Co.A
Blum, John P. Sig.Corps,CSA
Blum, Joseph TX 8th Cav. Co.L
Blum, Joseph Sap. & Min. Kellersberg's Corps,CSA Sgt.
Blum, Julius LA 9th Inf. Co.E
Blum, Marcus TN 15th Inf. Co.K
Blum, Marx LA Arty. Landry's Co. (Donaldsonville Arty.)
Blum, M.T. NC 2nd Jr.Res. Co.E
Blum, Peter NC Hvy.Arty. 10th Bn. Co.A
Blum, Peter NC 14th Inf. Co.K
Blum, R. AL 1st Regt. Mobile Vol. Co.C
Blum, Robert A. SC 25th Inf. Co.B 1st Lt.
Blum, Samuel LA 22nd Inf. Co.B
Blum, Samuel LA 22nd (Cons.) Inf. Co.A
Blum, Theodore LA 16th Inf. Co.D
Blum, Thomas MO Inf. 4th Regt.St.Guard Co.C
Blum, William NC 18th Inf. Co.G
Blum, W.T. FL 5th Inf. Co.F
Blumberg, E. LA Mil. 4th Regt.Eur.Brig. Co.B
Blumberg, Ernest TX 8th Inf. Co.K
Blumburg, J. AR 51st Mil. Co.B
Blume, Benjamin H. MS 9th Inf. Old Co.K
Blume, Darling P LA 28th (Gray's) Inf. Co.A
Blume, D.L. GA Inf. 27th Bn. Co.E
Blume, E. AL Rebels
Blume, F. LA Mil. 4th Regt. 3rd Brig. 1st Div. Co.E
Blume, Ferdinand TX 7th Cav. Co.B Black.
Blume, George AL St.Arty. Co.A
Blume, George C. NC 52nd Inf. Co.A Cpl.
Blume, G.W. FL 8th Inf. Co.A
Blume, Henry TX 1st Hvy.Arty. Co.G
Blume, John SC 17th Inf. Co.H
Blume, John H. SC 14th Inf. Co.A
Blume, John H. TX 35th (Brown's) Cav. Co.G
Blume, John H. TX 13th Vol. 2nd Co.G
Blume, John W.H. LA 28th (Gray's) Inf. Co.A
Blume, Joseph W. NC 52nd Inf. Co.A
Blume, L. LA Mil.Conf.Guards Regt. Co.C
Blume, Lafayette FL 5th Inf. Co.B
Blume, M.E. LA 9th Inf. Co.H
Blume, Michael NC 37th Inf. Co.I
Blume, Otto SC 1st Arty. Co.B
Blume, Watson W. FL 5th Inf. Co.B
Blume, William TX 17th Field Btty.
Blume, William H., Jr. NC 52nd Inf. Co.A
Blume, William H., Sr. NC 52nd Inf. Co.A
Blume, William T. NC 37th Inf. Co.I
Blumenauer, John M. MD Inf. 2nd Bn. Co.C
Blumenberg, F.M. MS 1st (King's) Inf. (St.Troops) Co.H
Blumenfeld, John AL 8th Inf. Co.G
Blumenfeld, M. 7th Conf.Cav. Co.A
Blumenstiel, F.E. AL 32nd Inf. Music.
Blumenstiel, F.E. MS Cav. Buck's Co.
Blumenthal, Charles LA Mil. 4th Regt. 3rd Brig. 1st Div. Co.E
Blumentritt, L. TX 7th Cav. Co.B
Blumer, Adams MS 20th Inf. Co.E
Blumer, Peter LA C.S. Zouave Bn. Co.A
Blumeraier, John W. MD Inf. 2nd Bn. Co.F
Blumingburg, D.B. SC 11th Inf. Co.B
Blumingthall, L. MS 16th Inf. Co.D
Blumke, F. TX 2nd Inf. Co.A
Blummenaur, M. MD Arty. 1st Btty.
Blummenthal, Joseph LA Mil. Mech.Guard
Blummfeld, Georg LA Mil. Mech.Guard
Blumstein, George LA 22nd Inf. Co.B
Blun, Elias AL 10th Inf. Co.G
Blun, Elias GA 50th Inf. Co.E Cpl.
Blun, S.A. AL 20th Inf. Co.K
Blun, S.A. AL 30th Inf. Co.B
Blun, Thomas GA 41st Inf. Co.D
Blundell, --- Brush Bn.
Blundell, Americus R. VA 31st Inf. Co.E
Blundell, C.J. GA Cobb's Legion Co.D
Blundell, David TX 12th Inf. Co.A
Blundell, Francis TX 11th Inf. Co.D
Blundell, George P. MS Cav. 1st Bn. (Montgomery's) St.Troops Co.C
Blundell, George P. MS Cav. Yerger's Regt. Co.F
Blundell, George P. MS 10th Inf. Old Co.K Music.
Blundell, George P. MS 18th Inf. Co.D
Blundell, James H. TX Cav. Benavides' Regt. Co.F
Blundell, J.H. TX Cav. Benavides' Regt. Co.F
Blundell, John TN 20th Cav.
Blundell, John TN 23rd Inf. Co.B
Blundell, John TX Cav. 2nd Regt.St.Troops Co.B
Blundell, John A. TX 5th Cav. Co.B
Blundell, J.P. MS 1st Lt.Arty.
Blundell, J.W. MS 44th Inf. Co.B
Blundell, Martin TN 20th Cav.
Blundell, Richard F. TX 27th Cav. Co.D
Blundell, Thomas H. TX 27th Cav. Co.D
Blundell, William R. TX 11th Inf. Co.D
Blunden, Samuel VA 40th Inf. Co.F
Blunderg, H.W. SC 1st (McCreary's) Inf.

Blundill, James H. TX Cav. Benavides' Regt. Co.F
Blundle, John TN 17th Inf. Co.B
Blundle, William VA 20th Inf. Co.E
Blundon, --- VA VMI Co.C
Blundon, Henry VA 37th Mil. 2nd Co.B
Blundon, Martin VA 40th Inf. Co.F
Blundon, Samuel VA 37th Mil. 2nd Co.B
Blundon, W.H. VA 40th Inf. Co.H
Blunford, T.M. Gen. & Staff Hosp.Stew.
Blunger, Septimus TX 3rd Inf. Co.E
Blunk, Andrew KY 2nd Mtd.Inf. Co.K
Blunk, Andrew KY 9th Mtd.Inf. Co.H
Blunkall, P.H. TN 1st (Feild's) Inf. Co.L 2nd Lt.
Blunkall, P.H. TN 1st (Feild's) & 27th Inf. (Cons.) Co.D 2nd Lt.
Blunkall, P.H. TN Inf. Nashville Bn. Fulcher's Co. Sgt.
Blunks, Louis AL 32nd Inf. Co.C
Blunn, Joseph TX 21st Cav. Co.B
Blunt, A. AL Cav. Moreland's Regt. Co.I
Blunt, A.J. AL 59th Inf. Co.D
Blunt, A.L. TX 4th Cav. Co.E
Blunt, A.L. TX 24th & 25th Cav. Co.A Cpl.
Blunt, Allen FL 5th Inf. Co.A
Blunt, Andrew MO Quantrill's Co. Sgt.
Blunt, B. GA 4th (Clinch's) Cav.
Blunt, Balous B. MS 38th Cav. Co.K
Blunt, Benjamin FL 1st Inf. New Co.D
Blunt, Benjamin F. AL 1st Regt.Conscr. Co.F
Blunt, Charles F. VA Lt.Arty. Douthat's Co.
Blunt, Charles F. VA 28th Inf. Co.H
Blunt, C.P. TN Cav. 5th Bn. (McClellan's) Co.F
Blunt, C.P. TN 8th (Smith's) Cav. Co.B
Blunt, C.P. VA 1st Cav. Co.D
Blunt, D.B. MS 1st Cav. Co.B Cpl.
Blunt, Douglas MO 2nd Cav. Co.H
Blunt, E. GA 8th Cav. Co.C
Blunt, Ed GA 62nd Cav. Co.C
Blunt, Edmund GA 4th Inf. Co.I
Blunt, Edward D. AL 11th Inf. Co.D
Blunt, E.V. MO 2nd Cav. Co.E
Blunt, Frederick T. VA Inf. 5th Bn.Loc.Def. Co.B
Blunt, George W. NC 49th Inf. Co.K
Blunt, Granberry B. MS 42nd Inf. Co.G
Blunt, G.W. AR 26th Inf. Co.G
Blunt, G.W. GA 27th Inf. Co.K
Blunt, G.W. VA 1st (Farinholt's) Res. Co.G
Blunt, G.W. 2nd Conf.Eng.Troops Co.H
Blunt, Henry C. VA 10th Cav. Co.K
Blunt, Hugh R. AR 1st (Crawford's) Cav. Co.C
Blunt, Ira W. VA 21st Inf. Co.F Hosp.Stew.
Blunt, Isaac GA 51st Inf. Co.F
Blunt, Isaac J. MD Arty. 4th Btty. Cpl.
Blunt, Isaac J. VA Arty. Forrest's Co.
Blunt, Jacob C. MO 6th Cav. Co.G Cpl.
Blunt, Jacob M. GA Cav. 22nd Bn. (St.Guards) Co.A
Blunt, Jacob N. GA 21st Inf. Co.G
Blunt, James AR 32nd Inf. Co.B
Blunt, James LA 13th Inf. Co.A
Blunt, James MO Cav. Preston's Bn. Co.A
Blunt, James MO Inf. 5th Regt.St.Guard Co.A
Blunt, James E. AR 15th (Josey's) Inf. Co.H
Blunt, James G. MO Lt.Arty. 4th (Harris') Btty.
Blunt, James H. VA 2nd Cav. Co.E
Blunt, James H. VA Lt.Arty. Douthat's Co.
Blunt, James H. VA 28th Inf. Co.H
Blunt, James M. GA 10th Inf. Co.D
Blunt, James M. NC 35th Inf. Co.H
Blunt, James M. VA 12th Inf. Co.D
Blunt, James R. MS 38th Cav. Co.K
Blunt, James R. VA 24th Inf. Co.F
Blunt, James T. VA 1st Arty. Co.I Driver
Blunt, James T. VA Lt.Arty. 38th Bn. Co.B
Blunt, James W. AL 61st Inf. Co.G
Blunt, James W. NC 51st Inf. Co.F
Blunt, James W. VA Inf. 5th Bn. Co.F Cpl.
Blunt, James W. VA Loc.Def. Scott's Co.
Blunt, J.C. MO 12th Inf. Co.G
Blunt, J.H. GA Cav. 1st Bn.Res. Capt.
Blunt, J.H. VA Hvy.Arty. Allen's Co.
Blunt, J.J. AL Cav. Moreland's Regt. Co.G
Blunt, J.L. FL 2nd Cav. Co.H
Blunt, John GA Lt.Arty. King's Btty.
Blunt, John GA 64th Inf. Co.D
Blunt, John MS Cav. 1st Bn. (Montgomery's) St.Troops Co.C
Blunt, John MS Cav. Yerger's Regt. Co.F
Blunt, John MO 4th Cav. Co.A
Blunt, John MO Cav. Preston's Bn. Co.A
Blunt, John MO Cav. Slayback's Regt. Co.B
Blunt, John VA Inf. 1st Bn.Loc.Def. Co.C
Blunt, John A. VA Lt.Arty. Douthat's Co.
Blunt, John C. MS 40th Inf. Co.G
Blunt, John F. VA Hvy.Arty. Allen's Co.
Blunt, John H. LA 31st Inf. Co.B
Blunt, John H. VA 4th Cav. Co.G Cpl.
Blunt, John L. VA 15th Inf. Co.C Cpl.
Blunt, John N. AR 20th Inf. Co.K Sgt.
Blunt, John W. TN Inf. 1st Bn. (Colms') Co.C
Blunt, Jonathan GA Mayer's Co. (Appling Cav.)
Blunt, Joseph GA Inf. 10th Bn. Co.B
Blunt, Joseph E. VA 1st Arty. Co.I Driver
Blunt, Joseph E. VA Lt.Arty. 38th Bn. Co.B QMSgt.
Blunt, J.T. MO Inf. 1st Bn. Co.C
Blunt, J.W. MS 2nd (Quinn's St.Troops) Inf. Co.C
Blunt, J.W. MS 5th Inf. Co.B
Blunt, L. VA Inf. 1st Bn.Loc.Def. Co.C
Blunt, Laurence C. LA Inf. 11th Bn. Co.A Sgt.
Blunt, Lawrence C. LA Inf.Cons.Crescent Regt. Co.B
Blunt, Levi MO 2nd Cav. Co.C
Blunt, Levi MO Cav. 3rd Bn. Co.B
Blunt, M. TN 16th Inf. Co.G
Blunt, M. VA Inf. 25th Bn. Co.G
Blunt, Matthew GA 3rd Bn. (St.Guards) Co.B
Blunt, Miles KY 3rd Mtd.Inf. Co.C Sgt.
Blunt, Montgomery S. VA Inf. 25th Bn. Co.G
Blunt, Moses MO Cav. Preston's Bn. Co.A
Blunt, Normon GA Inf. (NonConscr.) Howard's Co.
Blunt, P. GA Inf. 1st Loc.Troops (Augusta) Co.I
Blunt, P.D. MO 2nd Cav. Co.E
Blunt, Peter VA 1st (Farinholt's) Res. Co.G
Blunt, Peter VA Inf. 1st Bn.Loc.Def. Co.E
Blunt, Peter D. MO Cav. 2nd Regt.St.Guard Co.G Cpl.
Blunt, P.W. TN Inf. 3rd Cons.Regt. Co.B
Blunt, P.W. TN 38th Inf. Co.F
Blunt, R. FL 9th Inf. Co.B
Blunt, R.A. GA Conscr.
Blunt, R.J. VA Inf. 1st Bn.Loc.Def. Co.C
Blunt, R.M. VA Inf. 1st Bn.Loc.Def. Co.C
Blunt, Robert MD 1st Inf. Co.G
Blunt, Robert VA Cav. 37th Bn. Co.G
Blunt, Robert VA 6th Inf. Weisiger's Co.
Blunt, Robert VA 16th Inf. Co.I
Blunt, Robert P. VA Inf. 4th Bn.Loc.Def. Co.D
Blunt, S.M. VA Horse Arty. D. Shanks' Co.
Blunt, S.M. VA Conscr. Cp.Lee
Blunt, Stephen GA Lt.Arty. King's Btty.
Blunt, Stephen O. VA 6th Inf. Co.D Cpl.
Blunt, Steven GA Lt.Arty. 14th Bn. Co.B,F
Blunt, Sutton GA 2nd Inf.
Blunt, T.E. AR 15th (N.W.) Inf. Co.K
Blunt, Temple J. VA 74th Mil. Co.C
Blunt, T.G. VA Inf. 25th Bn. Co.G
Blunt, Thomas GA Inf. 10th Bn. Co.B
Blunt, Thomas VA Hvy.Arty. 20th Bn. Co.B
Blunt, Thomas A. AL 43rd Inf. Co.A
Blunt, Thomas G. VA 15th Inf. Co.A
Blunt, Thomas J. VA 41st Inf. Co.B
Blunt, Thomas W. VA 30th Inf. Co.E
Blunt, T.J. GA Inf. (NonConscr.) Howard's Co.
Blunt, V.C. Second Class Mil. Hobson's Co.
Blunt, Wal VA Inf. 4th Bn.Loc.Def. Co.F
Blunt, Walter J. AL 11th Inf. Co.D
Blunt, W.E. MS 4th Cav. Co.B
Blunt, W.H. AL 8th Inf.
Blunt, W.H.L. GA 2nd Inf. Co.K
Blunt, William AL Lt.Arty. Goldthwaite's Btty. 1st Sgt.
Blunt, William MS Cav. 1st Bn. (Montgomery's) St.Troops Co.C
Blunt, William MS Cav. Yerger's Regt. Co.F
Blunt, William MS 2nd (Quinn's St.Troops) Inf. Co.D
Blunt, William MO 12th Inf. Co.G
Blunt, William TN 14th Inf. Co.D
Blunt, William TX Cav. Terry's Regt. Co.D
Blunt, William A. NC 2nd Arty. (36th St.Troops) Co.H Sgt.
Blunt, William F. VA 4th Cav. Co.G
Blunt, William H. LA 9th Inf. Co.C
Blunt, William R. VA 10th Cav. Co.A
Blunt, William R. VA Courtney Arty.
Blunt, William R. VA Lt.Arty. Weisiger's Co.
Blunt, W.R. GA 4th Res. Co.F 2nd Lt.
Blunten, D.B. TX 23rd Cav. Co.E
Blunton, J. GA 2nd Cav. Co.H
Blunton, James O. TN 3rd (Clack's) Inf. Co.F Sgt.
Blunton, M. GA Inf. 1st Conf.Bn. Co.E
Blunton, W.H. TX 17th Inf. Co.F
Blunton, W.W. TX 17th Inf. Co.F
Bluntzer, N. TX Cav. Benavides' Regt. Co.G
Bluntzer, Urban TX 36th Cav. Co.G
Blurton, J.T. AR 58th Mil. Co.E
Blush, Edward VA 46th Inf. Co.C
Blussengam, John GA Cav. 1st Bn.Res. Co.C
Blust, Franc T. LA Mil. Fire Bn. Co.C 1st Lt.
Blust, Leopold LA 20th Inf. Co.B,C Music.
Blust, Leopold LA 30th Inf. Music.
Blute, M. NC 15th Inf.
Blute, Michael NC 5th Inf. Co.A
Bluthenthal, Samuel AR 3rd Cav. Co.G Cpl.

Blvins, W.H. MO Cav. Freeman's Regt. Co.K
Bly, Abraham VA 23rd Cav. Co.G
Bly, Abraham VA Cav. O'Ferrall's Bn. Co.B
Bly, David VA 11th Cav. Co.A
Bly, David H. VA Lt.Arty. B.Z. Price's Co.
Bly, David H. VA 136th Mil. Co.H
Bly, David P. LA Inf. 16th Bn. (Conf.Guards Resp.Bn.) Co.A
Bly, David P. TN 2nd (Walker's) Inf. Co.E
Bly, George W. TN 37th Inf. Co.G
Bly, J. AL 59th Inf. Co.K
Bly, J.A. MS Lt.Arty. 14th Bn. Co.B
Bly, James M. VA 23rd Cav. Co.G Jr.2nd Lt.
Bly, James M. VA Cav. O'Ferrall's Bn. Co.B 2nd Lt.
Bly, James M. VA 10th Inf. Co.A
Bly, James P. AL 6th Inf. Co.K
Bly, J.M. GA 1st Cav.
Bly, John TN Lt.Arty. Lynch's Co.
Bly, John TN 37th Inf. Co.G
Bly, John VA 33rd Inf. Co.K
Bly, John G. VA 136th Mil. Co.A
Bly, Jonathan AL 2nd Bn. Hilliard's Legion Vol. Co.B
Bly, Mason VA 11th Cav. Co.E Sgt.
Bly, Mason VA 136th Mil. Co.H
Bly, Philip VA 23rd Cav. Co.G
Bly, Philip VA Cav. O'Ferrall's Bn. Co.B
Bly, Philip VA 136th Mil. Co.A
Bly, Richard VA 11th Cav. Co.E
Bly, Samuel MO 7th Cav. Co.F
Blyden, C. SC Mil.Arty. 1st Regt. Pope's Co. Ord.Sgt.
Blydenburgh, William Henry TX 16th Inf. Co.I
Blye, J.W. SC Inf. Hampton Legion Co.E
Blye, Patrick TN 10th Inf. Co.C
Blyer, T. GA Inf. 1st Bn. (St.Guards) Co.D
Blyer, W.F. GA 27th Inf. Co.K
Blyeth, Anderson J. AR 27th Inf. Co.A
Blyeth, John MO Cav. Fristoe's Regt. Co.A
Blymale, C. GA 55th Inf.
Blyth, Benjamin F. AL 6th Inf. Co.K
Blyth, M.J. MO Cav. Schnabel's Bn. Co.A
Blyth, Samuel H. TN 26th Inf. Co.A Sgt.
Blythe, A. SC 1st (Butler's) Inf. Co.G
Blythe, Aaron KY 7th Cav. Co.C Sgt.
Blythe, Aaron KY 11th Cav. Co.C Sgt.
Blythe, Abraham VA 51st Inf. Co.A
Blythe, Absalom SC 2nd Cav. Co.K Bvt.2nd Lt.
Blythe, Absalom SC Cav.Bn. Hampton Legion Co.B 1st Sgt.
Blythe, Adam VA 51st Inf. Co.A
Blythe, A.J. TX Lt.Arty. Hughes' Co.
Blythe, A.K. MS 44th Inf. Co.E Lt.Col.
Blythe, Anderson J. MO 10th Cav. Co.D
Blythe, Andrew NC 43rd Inf. Co.F
Blythe, Archer D. MS 19th Inf. Co.K Cpl.
Blythe, Archibald VA 41st Inf. Co.H
Blythe, A.S. LA 2nd Inf. Co.I Capt.
Blythe, Asa D. MS 9th Inf. Old Co.B, New Co.C
Blythe, Calvin GA 23rd Inf. Co.F
Blythe, Clement N. NC 23rd Inf. Co.K
Blythe, C.T. TN 7th (Duckworth's) Cav. Co.G
Blythe, Daniel AR 35th Inf. Co.D
Blythe, Daniel P. MS Cav. Ham's Regt. Co.F
Blythe, David SC 4th Inf. Co.G
Blythe, David SC Inf. 13th Bn. Co.B
Blythe, David SC Inf. Hampton Legion Co.I
Blythe, David M. TN 7th Inf. Co.H 1st Lt.
Blythe, D.R. AR 51st Mil. Co.H
Blythe, D.T. AL 3rd Res. Co.A Sgt.
Blythe, Edward VA Hvy.Arty. 18th Bn. Co.A
Blythe, Edward A. TX 31st Cav. Co.E Capt.
Blythe, Elijah E. MS 19th Inf. Co.K
Blythe, F.M. Conf.Cav. Baxter's Bn. Co.C
Blythe, Franklin NC 2nd Cav. (19th St.Troops) Co.H
Blythe, F.W. SC 4th Bn.Res. Co.B
Blythe, George GA Inf. (RR Guards) Preston's Co. Sgt.
Blythe, George SC Mil. 16th Regt. Eason's Co.
Blythe, George W. AL 9th Inf. Co.E Sgt.
Blythe, George W. AR 36th Inf. Co.F
Blythe, George W. GA Inf. (St.Armory Guards) Green's Co.
Blythe, George W. MO 2nd Cav. Co.K
Blythe, George W. NC 56th Inf. Co.E
Blythe, G.P. AR 37th Inf. Co.C
Blythe, Green L. MS 2nd Part. Co.A Col.
Blythe, H.B. AL 58th Inf. Co.I
Blythe, Irvin J. MS 2nd Inf. Co.D
Blythe, Jackson NC Inf. Thomas' Legion Co.B Bvt.2nd Lt.
Blythe, James MS 3rd Inf. Co.A Sgt.
Blythe, James NC 2nd Cav. (19th St.Troops) Co.C
Blythe, James TN 14th Inf. Co.E
Blythe, James Exch.Bn. 2nd Co.A,CSA Sgt.
Blythe, James A. AL 1st Cav. 2nd Co.C, Co.B,D
Blythe, James E. MS 19th Inf. Co.K
Blythe, James E. TN Cav. 1st Bn. (McNairy's) Co.C
Blythe, James E. TN 22nd (Barteau's) Cav. Co.B
Blythe, James I. MS 14th Inf. Co.E,A
Blythe, James J. MS 2nd Inf. Co.D
Blythe, James M. GA Cav. 1st Bn.Res. McKenney's Co.
Blythe, James M. TX 15th Cav. Co.K Cpl.
Blythe, James M. TX 15th Inf. Co.K Cpl.
Blythe, James W. GA 34th Inf. Co.F
Blythe, James W. NC 37th Inf. Co.C
Blythe, Jesse MS McLelland's Co. (Noxubee Home Guards) 2nd Lt.
Blythe, Jesse MS Patton's Co. (St.Troops) Cpl.
Blythe, Jesse NC 55th Inf. Co.C
Blythe, J.H. MS 2nd Inf. Co.D
Blythe, J.J. AL 11th Cav. Co.I
Blythe, J.J. NC 64th Inf. Co.E
Blythe, J.M. NC 64th Inf. Co.E
Blythe, John GA 14th Inf. Co.D
Blythe, John MO 12th Cav. Co.E
Blythe, John NC Lt.Arty. 3rd Bn. Co.A
Blythe, John TN 5th (McKenzie's) Cav. Co.B Capt.
Blythe, John A. AR 1st (Colquitt's) Inf. Co.K
Blythe, John A. KY 4th Cav. Co.K
Blythe, John A. LA 12th Inf. Co.G Sgt.
Blythe, John L. NC 62nd Inf. Co.E
Blythe, John N. NC 37th Inf. Co.C
Blythe, Johnson TN 2nd (Smith's) Cav. Cpl.
Blythe, John W. MS 2nd Inf. Co.D
Blythe, John W. MS 9th Inf. Old Co.F
Blythe, John W. MS 34th Inf. Co.F Lt.
Blythe, John W. TN 7th (Duckworth's) Cav. Co.G
Blythe, Joseph AL 3rd Inf. Co.K
Blythe, Joseph MO Inf. 3rd Bn. Co.F
Blythe, Joseph NC 1st Cav. (9th St.Troops) Co.B
Blythe, Joseph TX 2nd Field Btty.
Blythe, Joseph S. MO 6th Inf. Co.H
Blythe, Joshua TN 2nd (Smith's) Cav. Cpl.
Blythe, King S. AR 37th Inf. Co.C
Blythe, Lemuel D. GA Cav. 10th Bn. (St.Guards) Co.D
Blythe, Lewis J. MS 2nd Inf. Co.F
Blythe, Lydon TX 5th Cav. Co.K
Blythe, M.J. GA 7th Inf. (St.Guards) Co.A
Blythe, M.J. MS 18th Cav. Co.A
Blythe, M.M. AL 17th Inf. Co.F
Blythe, M.M. AL 58th Inf. Co.F 2nd Lt.
Blythe, M.S. LA 2nd Inf. Co.I
Blythe, Nathaniel TN 7th Inf. Co.F
Blythe, Newton J. MS 2nd Inf. Co.D 1st Lt.
Blythe, Newton J. MS 34th Inf. Co.F
Blythe, N.J. TN 15th (Cons.) Cav. Co.D
Blythe, R.B. MS 3rd Inf. Co.B
Blythe, Robert MS 3rd Cav. Co.D
Blythe, Robert NC 35th Inf. Co.F
Blythe, Robert T. VA 41st Inf. Co.H
Blythe, Samuel GA 27th Inf. Co.A
Blythe, Samuel W. NC 37th Inf. Co.I
Blythe, S.H. TN 5th Cav. Co.B
Blythe, Sion MS 29th Inf. Co.B
Blythe, Sion 3rd Conf.Eng.Troops Co.G
Blythe, Sion T. LA 19th Inf. Co.A
Blythe, Thomas TN 3rd (Lillard's) Mtd.Inf. Co.C
Blythe, Thomas TN 36th Inf. Co.F
Blythe, Thomas Conf.Cav. Baxter's Bn. Co.C
Blythe, Thomas J. MS 34th Inf. Co.F
Blythe, T.J. LA 3rd Inf. Co.I Cpl.
Blythe, T.J. TN 23rd Inf. Co.B
Blythe, W. TN 51st Inf. Co.D
Blythe, W.A. AL Cp. of Instr. Talladega Co.B
Blythe, W.A. VA 11th Inf. Co.G
Blythe, W.C. MS Cav. Davenport's Bn. (St.Troops) Co.C 1st Sgt.
Blythe, W.C. MS 2nd (Davidson's) Inf. Co.K
Blythe, W.F. TX Inf. 1st Bn. AQM
Blythe, W.H. TX 7th Inf. Co.G
Blythe, William AR Inf. Cocke's Regt. Co.K
Blythe, William MS 10th Cav. Co.G,K
Blythe, William NC 4th Cav. (59th St.Troops) Co.E
Blythe, William TN Cav. 16th Bn. (Neal's) Co.A
Blythe, William TN 7th Inf. Co.F
Blythe, William J. LA 4th Inf. Co.B
Blythe, William L. NC 2nd Arty. (36th St.Troops) Co.H
Blythe, William L. SC Hvy.Arty. 15th (Lucas') Bn. Co.A
Blythe, William T. TX Cav. 2nd Regt.St.Troops Co.I
Blythe, Wm. T. Gen. & Staff Capt.,AQM
Blythe, W.M. KY 10th (Johnson's) Cav. Co.E
Blythe, W.M. TN Inf. 23rd Bn. Co.E
Blythe, W.M. TN 51st (Cons.) Inf. Co.F
Blythe, W.T. TX 31st Cav. Co.E
Blythe, W.T. 1st Conf.Cav. 1st Co.C
Blyze, P.L. MO St.Guard Cpl.
Blyze, William MO 10th Inf. Co.K

Bnatt, P. Solomon LA 25th Inf.
Bnile, Paul A. AL 21st Inf. Co.E
Bo, Antonio Juan LA Mil. 5th Regt.Eur.Brig. (Spanish Regt.) Co.10
Boadas, James LA Mil. 5th Regt.Eur.Brig. (Spanish Regt.) Co.2
Boaden, Samuel A. VA 22nd Inf. Co.F
Boadenrieder, Bennett FL 11th Inf. Co.H Sgt.
Boadley, T.B. NC 5th Sr.Res. Co.E 2nd Lt.
Boaes, Ellis B. AL 30th Inf. Co.A Cpl.
Boag, Charles L. SC 1st (McCreary's) Inf. Co.I Capt.
Boag, Charles L. SC 1st Inf. Co.M 1st Lt.
Boag, Edwin T. SC 1st (McCreary's) Inf. Co.L Sgt.
Boag, John SC Mil.Arty. 1st Regt. Parkers' Co.
Boag, John G. SC Lt.Arty. Parker's Co. (Marion Arty.)
Boag, T.G. SC Mil.Arty. 1st Regt. Parker's Co.
Boag, Theodore G. SC Hvy.Arty. Gilchrist's Co. (Gist Guard) Capt.
Boag, William SC Hvy.Arty. Gilchrist's Co. (Gist Guard) Sgt.
Boag, William SC Arty. Manigault's Bn. Co.E
Boag, William SC 1st Inf. Co.M
Boag, William SC 1st (McCreary's) Inf. Co.I Sgt.
Boag, William SC 2nd Inf. Co.K
Boage, Robert T. VA 11th Cav. Co.E
Boague, A.D. VA 5th Bn.Res. Co.E
Boak, B.L. AL Cp. of Instr. Talladega
Boak, D.H.C. VA Horse Arty. Jackson's Co.
Boak, Jacob S. VA Horse Arty. Jackson's Co. Sgt.
Boak, James W. VA 33rd Inf. Co.D Sgt.
Boak, R.Y. AL Cp. of Instr. Talladega
Boak, R.Y. 2nd Conf.Eng.Troops Co.B
Boak, S.L. MO Lt.Arty. H.M. Bledsoe's Co.
Boal, A. LA 8th Inf. Co.I
Boal, J.D. FL 1st (Res.) Inf. Co.K
Boales, Austin TX 1st (Yager's) Cav. Co.C
Boales, Austin TX Cav. 3rd (Yager's) Bn. Co.C
Boales, William H. FL Milton Lt.Arty. Dunham's Co.
Boalo, D.J. LA Inf.Cons.Crescent Regt. Co.I
Boals, Robert F. MO 10th Inf. Co.C Capt.
Boals, T.H. TN 6th Inf. Co.D
Boalton, John A. VA 3rd Res. Co.K
Boalty, J.A. AR 1st Inf. Co.B
Boam, J.M. AL 45th Inf. Co.K
Boaman, C. LA Mil.Cav. Cagnolatti's Co. (Chasseurs Jefferson)
Boamer, Francis M. TN Cav. Newsom's Regt. Co.H
Boamon, T. TX Cav. Border's Regt. Co.B
Boamon, W. TN 15th (Stewart's) Cav. Co.D
Boan, A.A. SC 21st Inf. Co.E Sgt.
Boan, A.E. SC 21st Inf. Co.E Cpl.
Boan, Andrew J. SC Lt.Arty. Kelly's Co. (Chesterfield Arty.)
Boan, B.F. SC 23rd Inf. Co.G
Boan, C.D. SC 21st Inf. Co.E
Boan, Charles SC Lt.Arty. Kelly's Co. (Chesterfield Arty.)
Boan, D. SC 21st Inf. Co.E
Boan, Daniel NC 55th Inf. Co.H
Boan, Daniel SC 1st (Butler's) Inf. Co.H
Boan, Daniel SC 4th St.Troops Co.K Cpl.
Boan, Daniel TX 14th Cav. Co.C
Boan, David SC 4th St.Troops Co.K
Boan, E. SC 3rd Inf. Co.G Cpl.
Boan, F.G. AL 21st Inf. Co.B
Boan, F.S. AL 17th Inf. Co.K Sgt.
Boan, J. SC 21st Inf. Co.E Cpl.
Boan, Jacob M. AL 33rd Inf. Co.H
Boan, J.D. SC 21st Inf. Co.E
Boan, Jefferson VA 50th Inf. Co.K
Boan, John SC 1st Arty. Co.I
Boan, John D. AL 2nd Cav. Co.K
Boan, John H. AL 33rd Inf. Co.H
Boan, John W. SC 4th St.Troops Co.K
Boan, J.W. SC 23rd Inf. Co.A
Boan, M.D. SC 5th Inf. 2nd Co.B
Boan, M.D. SC 21st Inf. Co.E
Boan, Pressley SC 5th Bn.Res. Co.C
Boan, Preston Gen. & Staff A.Surg.
Boan, R.A. TX 26th Cav. Co.H
Boan, R.J. SC 21st Inf. Co.E
Boan, Samuel S. AL 17th Inf. Co.K
Boan, S.S. AL 21st Inf. Co.B
Boan, W. AL 21st Inf. Co.B
Boan, William SC Lt.Arty. Kelly's Co. (Chesterfield Arty.)
Boan, William C. NC 45th Inf. Co.C
Boan, Y.W. TN 15th Cav. Co.E
Boanaman, Gustave LA Mil. 4th Regt. 1st Brig. 1st Div. Co.C
Boannan, Albert J. MD Inf. 2nd Bn. Co.C
Boar, George 1st Cherokee Mtd.Rifles Co.I Sgt.
Boar, H.C. MO Cav. Williams' Regt. Co.D
Boar, Phlip LA Mil. 3rd Regt. 1st Brig. 1st Div. Co.D
Board, Alexander 1st Choctaw & Chickasaw Mtd.Rifles 2nd Co.K
Board, Alexander M. VA 58th Inf. Co.I Sgt.
Board, Benjamin F. VA 2nd Cav. Co.D
Board, Charles VA 146th Mil. Co.K
Board, Charles A. Gen. & Staff Asst.Surg.
Board, Charles B. VA 146th Mil. Co.H
Board, Columbus Conf.Cav. Wood's Regt. 1st Co.G
Board, Francis H. VA 58th Inf. Co.I Col.
Board, Frank VA 5th Cav. Co.D
Board, George F. VA 2nd Bn.Res. Co.F 1st Lt.
Board, H. MO 1st N.E. Cav. Co.G Sgt.
Board, Henry MO 10th Cav. Co.B
Board, J.A. KY 12th Cav. Co.G
Board, Jack 1st Cherokee Mtd.Rifles Co.B
Board, Jacob VA 21st Cav. Co.B
Board, Jacob M. KY 9th Cav. Co.D
Board, Jake KY 6th Cav. Co.D Cpl.
Board, James G. VA 28th Inf. Co.I,E Capt.
Board, Jesse L. VA 2nd Cav. Co.F
Board, John VA 157th Mil. Co.B
Board, John H. VA 58th Inf. Co.D
Board, J.W. LA 22nd (Cons.) Inf. Co.F
Board, J.W. LA 26th Inf. Co.H
Board, Nathan KY 9th Mtd.Inf. Co.G Cpl.
Board, Nathan VA 34th Inf. Co.G
Board, Nathaniel V. VA 17th Cav. Co.G,H 1st Sgt.
Board, Philip KY 6th Cav. Co.D
Board, R.D. TN 7th Cav. Co.M
Board, R.D. TN 5th Inf. 2nd Co.K
Board, R.D. Forrest's Scouts T. Henderson's Co.,CSA
Board, R.M. TX 9th (Young's) Inf. Co.I Capt.
Board, S. Inf. Bailey's Cons.Regt. Co.A
Board, Samuel H. VA 2nd Cav. Co.D
Board, Septimus M. VA 2nd Cav. Co.D
Board, S.P. FL 2nd Inf. Co.C
Board, Stephen TX 7th Inf. Co.H
Board, Stephen H. SC Lt.Arty. Kelly's Co. (Chesterfield Arty.)
Board, Sterrett B. TX Cav. Morgan's Regt. Co.I
Board, T.B. VA 10th Cav. Co.G Sgt.
Board, Thaddeus VA 24th Inf. Co.B
Board, Thadeus VA Cav. 37th Bn. Co.A
Board, Thomas B. VA 17th Cav. Co.H 2nd Lt.
Board, Thomas B. VA 34th Inf. Co.G
Board, Thomas C. VA 146th Mil. Co.H
Board, Thomas H. VA 2nd Cav. Co.F Sgt.
Board, Thomas H. VA 58th Inf. Co.I Capt.
Board, Thomas J. VA 17th Cav. Co.G Black.
Board, W.B. TX Cav. Bourland's Regt. Co.I,H
Board, W.G. MO 1st & 3rd Cons.Cav. Co.A Sgt.
Board, W.H. SC 14th Inf. Co.A
Board, William MO 10th Cav. Co.B 2nd Lt.
Board, William H. VA 15th Cav. Co.I
Board, Willis G. MO 1st Cav. Co.A 2nd Sgt.
Board, Willis G. MO St.Guard 2nd Lt.
Boardley, John TN 6th Inf. Co.L
Boardman, A. Stafford's Staff Capt.,AIG
Boardman, C.G. LA 2nd Res.Corps Co.B
Boardman, C.J. LA 18th Inf. Co.G
Boardman, Eli R. TX 31st Cav. Co.A
Boardman, George T. TX 16th Inf. Co.G
Boardman, G.T. TX Inf. Carter's Co.
Boardman, Henry AL 62nd Inf. Co.K Sgt.
Boardman, H.M. GA Inf. 1st Loc.Troops (Augusta) Co.D
Boardman, H.M. GA 1st (Symons') Res. Co.K
Boardman, James L. AL 5th Inf. New Co.D
Boardman, J.H. GA Inf. 14th Bn. (St.Guards) Co.E
Boardman, J.H. GA Inf. Hamlet's Co.
Boardman, John LA Washington Arty.Bn. Co.5 Cpl.
Boardman, Samuel KY 10th (Johnson's) Cav. New Co.H
Boardman, Samuel W. KY 4th Mtd.Inf. Co.B,D Comsy.Sgt.
Boardman, Samuel W. MS Lt.Arty. (Issaquena Arty.) Graves' Co.
Boardman, Thomas J. LA 5th Cav. Co.K Cpl.
Boardman, Wallace 1st Choctaw & Chickasaw Mtd.Rifles 2nd Co.C 2nd Lt.
Boardman, William MS 1st Cav. Co.H
Boardman, William MS 46th Inf. Co.E
Boardman, William G. MS 2nd Part.Rangers Co.K,H
Boardman, W.T. LA Washington Arty.Bn. Co.6 Can.
Boardman, W.T. LA Conscr.
Boards, C.F. TN Arty. Bibb's Co.
Boardwine, Charles VA 48th Inf. Co.F
Boarman, Alexander O. LA 1st (Nelligan's) Inf. Co.A Capt.
Boarman, C. LA Dreux's Cav. Co.A
Boarman, Charles S. MO 2nd Cav. Co.A

Boarman, Charles S. 20th Conf.Cav. Co.A 2nd Lt.
Boarman, J.A. MO 5th Cav. Co.B Capt.
Boarman, James M. MD 1st Cav. Co.B
Boarman, Richard T. VA Cav. Mosby's Regt. (Part.Rangers) Co.D
Boarman, R.T. MD Arty. 1st Btty.
Boarne, Daniel VA Inf. 25th Bn. Co.F
Boar, Stone 1st Seminole Mtd.Vol.
Boart, J. AL Inf. 1st Regt. Co.A
Boas, F.W. Conf.Cav. Clarkson's Bn. Ind. Rangers Co.B
Boas, R.J. MO 2nd Cav. Co.E Cpl.
Boas, Thomas MO 2nd Cav. Co.E
Boas, Thomas MO Inf. 5th Regt.St.Guard Co.C
Boasberry, G.W. AL 37th Inf. Co.K
Boasman, M.J. MS 1st Cav.Res. Co.D
Boasso, E. LA C.S. Zouave Bn.
Boast, John MS 14th Inf. Co.I
Boast, William E. MS 14th Inf. Co.I
Boaten, W.R. Eng.Dept. Polk's Corps A. of TN Sap. & Min. Co.,CSA
Boatenriter, J.B. FL Kilcrease Lt.Arty.
Boatfield, F.D. GA Inf. 11th Bn. (St.Guards) Co.B
Boatfield, Fred GA 64th Inf. Co.K
Boatfield, G.H. VA 37th Inf. Co.C
Boath, John AR Cav. Gordon's Regt. Co.F
Boatinhamer, J.C. MO Cav. Fristoe's Regt. Co.L
Boatler, Uriah MS 6th Cav. Co.G
Boatman, A. TX Cav. Border's Regt. Co.C
Boatman, Andy MO Cav. Fristoe's Regt. Co.C
Boatman, C.H. AR 8th Inf. New Co.F
Boatman, C.M. AR 27th Inf. Co.G
Boatman, Columbus TX 31st Cav. Co.F
Boatman, David AL 30th Inf. Co.E
Boatman, D.C. MS 31st Inf. Co.K
Boatman, F. LA 25th Inf. Co.H
Boatman, G. AR 1st Vol. Kelsey's Co.
Boatman, George W. MS 31st Inf. Co.E
Boatman, Ira MO 9th Inf. Co.C
Boatman, Ira MO Inf. Clark's Regt. Co.B
Boatman, J. TX Cav. Border's Regt. Co.C
Boatman, James R. TX 14th Cav. Co.C Sgt.
Boatman, Jesse J. TX Inf. Griffin's Bn. Co.B
Boatman, John TN 13th (Gore's) Cav. Co.G,E
Boatman, John TN 61st Mtd.Inf. Co.G
Boatman, John A. TN 37th Inf. Co.K
Boatman, John M. TX 11th Inf. Co.C
Boatman, John W. GA Cherokee Legion (St.Guards) Co.C Sgt.
Boatman, J.W. TN 5th Cav. Co.A
Boatman, P. AR 1st Vol. Kelsey's Co.
Boatman, Pleasant TN 28th (Cons.) Inf. Co.K
Boatman, Pleasant TN 84th Inf. Co.F
Boatman, Richard AR 7th Inf. Co.H
Boatman, Richard TN 37th Inf. Co.K
Boatman, Robert GA Cherokee Legion (St.Guards) Co.B
Boatman, T.M. TN 51st Inf. Co.F
Boatman, T.M. TN 51st (Cons.) Inf. Co.F
Boatman, Wesley TN 37th Inf. Co.I,C
Boatman, William AR 2nd Inf. Co.D
Boatman, William KY Cav. 2nd Bn. (Dortch's) Co.C
Boatman, William TN 8th Inf. Co.D
Boatman, William H.H. GA 1st Inf. Co.C
Boatman, Zachariah T. MS 31st Inf. Co.E
Boatmon, Charles H. AR 14th (McCarver's) Inf. Co.B
Boatner, Daniel E. MS 7th Inf. Co.C
Boatner, E.G. TX 35th (Brown's) Cav. Co.A
Boatner, Elias LA Hvy.Arty. 2nd Bn. Co.B
Boatner, Elijah MS 11th Inf. Co.D
Boatner, Elijah TX 17th Cav. Co.C
Boatner, Ennet J. LA 3rd Inf. Co.B
Boatner, Ezekiel G. TX 13th Vol. 2nd Co.G,H
Boatner, H.J. LA Washington Arty.Bn. Co.5
Boatner, H.L. AL 26th (O'Neal's) Inf. Co.G
Boatner, Jacob MS 4th Cav. Co.K
Boatner, Jacob MS Cav. Hughes' Bn. Co.H
Boatner, James W. LA Res.Corps Scott's Co.
Boatner, John AL 18th Bn.Vol. Co.C
Boatner, John GA 6th Cav. Co.D
Boatner, John GA Phillips' Legion Co.M
Boatner, John L. AR 3rd Inf. Co.C
Boatner, John L. MS 3rd Inf. Co.D
Boatner, J.T. AL 33rd Inf. Co.C
Boatner, J.W. AL Inf. 2nd Regt. Co.D
Boatner, M.L. GA Cav. 1st Bn.Res. Co.E
Boatner, Robert M. LA 4th Cav. Co.D Sgt.
Boatner, S. GA Siege Arty. 28th Bn. Co.I
Boatner, Thomas J. MS 11th Inf. Co.H
Boatner, W.A. GA Phillips' Legion Co.C
Boatner, W.H. MS 3rd Inf. Co.D,C
Boatner, William H. TX 23rd Cav. Co.F
Boatridge, H.D. AR Field Arty. H.C. West's 4th Btty. Cpl.
Boatright, --- Brush Bn.
Boatright, A. TN 55th (Brown's) Inf. Co.E Cpl.
Boatright, Abner SC 2nd Rifles Co.C
Boatright, A.P. SC 7th Inf. Co.M Lt.
Boatright, A.V. 7th Conf.Cav. Comsy.
Boatright, B.P. TN 31st Inf. Co.H
Boatright, B.S. GA Lt.Arty. 12th Bn. 2nd Co.C, 3rd Co.E 2nd Lt.
Boatright, Charles W. MS Lt.Arty. Stanford's Co.
Boatright, Claborn TX 18th Cav. Co.A
Boatright, C.T. AR 34th Inf. Co.C
Boatright, Daniel FL 3rd Inf. Co.K
Boatright, Daniel T. TX 10th Inf. Co.K 2nd Lt.
Boatright, David TN 53rd Inf. Co.K
Boatright, D.D. GA 54th Inf. Co.A,C
Boatright, D.J. TX 30th Cav. Co.E
Boatright, E. AL 6th Cav. Co.A
Boatright, E. AL 29th Inf. Co.K
Boatright, E. SC Manigault's Bn.Vol. Co.D
Boatright, E.J. SC 1st Arty. Co.K
Boatright, Eli SC Inf. 6th Bn. Co.A
Boatright, Elias TX Cav. Baird's Regt. Co.B
Boatright, F.A. AR 36th Inf. Co.C,A
Boatright, Fair AL 41st Inf. Co.I
Boatright, Francis A. MS Lt.Arty. Stanford's Co.
Boatright, G.D. TX 11th Inf. Co.B
Boatright, G.D. TX 18th Inf. Co.G
Boatright, George T. AL 3rd Bn. Hilliard's Legion Vol. Co.B Capt.
Boatright, George T. AL 60th Inf. Co.A Capt.
Boatright, Granvil H. VA 64th Mtd.Inf. Co.D
Boatright, G.W. GA Lt.Arty. 12th Bn. 2nd Co.C, 3rd Co.E
Boatright, H. TX Cav. Mann's Regt. Co.H
Boatright, Harvy MO 4th Cav. Co.G
Boatright, Henry MO 4th Cav. Co.G
Boatright, Henry TX Cav. Hardeman's Regt. Co.B
Boatright, H.P. AR 2nd Mtd.Rifles Co.K
Boatright, H.P. AR 7th Cav. Co.E
Boatright, H.S. MS Cav. 3rd Bn.Res. Co.C Sgt.
Boatright, Isaac W. TN 6th (Wheeler's) Cav. Co.H
Boatright, J. AL 11th Inf. Co.C
Boatright, J. LA 13th Bn. (Part.Rangers) Co.B
Boatright, J.A. KY 8th Mtd.Inf. Co.G
Boatright, James LA 31st Inf. Co.H,I
Boatright, James A. SC 10th Inf. Co.L
Boatright, James M. AL 41st Inf. Co.I
Boatright, James V. VA 25th Cav. Co.C
Boatright, James V. VA Inf. 21st Bn. 2nd Co.D
Boatright, J.D. GA 36th (Broyles') Inf. Co.B
Boatright, J.H. MS Cav. 1st Bn. (Montgomery's) St.Troops Cannon's Co. Cpl.
Boatright, J.H. MS St.Troops (Herndon Rangers) Montgomery's Ind.Co.
Boatright, J.M. AR 10th Inf. Co.B
Boatright, Joel LA 2nd Inf. Co.G
Boatright, John GA 10th Mil.
Boatright, John GA 54th Inf. Co.C
Boatright, John GA 60th Inf. Co.D
Boatright, John LA 6th Inf. Co.A
Boatright, John SC 11th Inf. Co.K Capt.
Boatright, John TX 18th Cav. Co.A
Boatright, John TX Inf. Griffin's Bn. Co.A
Boatright, John A. AR 32nd Inf. Co.A Sgt.
Boatright, John B. FL Lt.Arty. Dyke's Co.
Boatright, John B. TX 35th (Brown's) Cav. Co.K Sgt.
Boatright, John B. TX 13th Vol. 3rd Co.I
Boatright, John J. FL 9th Inf. Co.A
Boatright, John M. VA Inf. 21st Bn. 2nd Co.D
Boatright, John N. LA 31st Inf. Co.H
Boatright, J.O. FL 2nd Inf. Co.D
Boatright, J.S. AR 36th Inf. Co.C
Boatright, L.B. SC 3rd Cav. Co.A
Boatright, Levi TX 20th Inf. Co.C
Boatright, Lewis MS 1st (Johnston's) Inf. Co.K
Boatright, Limer LA 31st Inf. Co.H
Boatright, L.R. VA 3rd Res. Co.D
Boatright, Mack E. GA 3rd Inf. Co.F 1st Sgt.
Boatright, M.E. GA 6th Inf. (St.Guards) Co.A 1st Lt.
Boatright, M.T. MS 8th Cav. Co.K
Boatright, Reuben GA Cobb's Legion Co.F
Boatright, Reuben GA Inf. Grubbs' Co.
Boatright, Richard AR 32nd Inf. Co.A
Boatright, Richard J. GA 26th Inf. Co.F
Boatright, R.M. MO 5th Inf. Co.E
Boatright, Samuel J. VA Hvy.Arty. 19th Bn. Co.B
Boatright, S.B. MO 5th Inf. Co.E
Boatright, Thomas GA 8th Inf. Co.G
Boatright, Thomas MO 10th Cav. Co.A Jr.2nd Lt.
Boatright, Thomas SC 4th Cav. Co.F
Boatright, Thomas SC Cav. 12th Bn. Co.D
Boatright, Thomas SC 6th (Merriwether's) Bn.St.Res. Co.C
Boatright, Thomas C. AR 27th Inf. Old Co.C, Co.D

Boatright, Thomas H. AL 41st Inf. Co.I
Boatright, T.K.E. TN Inf. 4th Cons.Regt. Co.C
Boatright, T.P. TN 14th Inf. Co.D
Boatright, T.W. SC 11th Inf. Co.K
Boatright, W. GA 54th Inf. Co.C
Boatright, W.C. LA 17th Inf. Co.C
Boatright, Wiles LA 12th Inf. Co.E
Boatright, William GA 61st Inf. Co.G
Boatright, William TX 9th (Nichols') Inf. Co.F
Boatright, William C. TX 18th Cav. Co.A Bugler
Boatright, William E. TN 53rd Inf. Co.I
Boatright, William G. MO 10th Cav. Co.A
Boatright, W.R. AL 31st Inf. Co.I
Boatright, W.R. GA Hvy.Arty. 22nd Bn.
Boatrite, A.V. Gen. & Staff Asst.Comsy.
Boatrite, James W. AL 18th Inf. Co.D
Boatswin, John 1st Creek Mtd.Vol. Co.M
Boattche, J. TX 21st Inf. Co.I
Boatwright, --- KY Lt.Arty. Cobb's Co.
Boatwright, A. VA Inf. Lyneman's Co.
Boatwright, A.J. VA Inf. 25th Bn. Co.D
Boatwright, Alexander TX Cav. Benavides' Regt. Co.G
Boatwright, Azariah J. SC 13th Inf. Co.K
Boatwright, B.D. FL Cav. 5th Bn. Co.E
Boatwright, Benjamin FL 8th Inf. Co.A
Boatwright, Benjamin GA 1st (Ramsey's) Inf. Co.E
Boatwright, Benjamin SC 6th Cav. Co.G
Boatwright, Benjamin SC 7th Inf. 1st Co.H, Co.A Sgt.
Boatwright, Benjamin SC Post Guard Senn's Co.
Boatwright, B.J.R. FL Post Guard Madison Sgt.
Boatwright, C. GA 4th (Clinch's) Cav.
Boatwright, Charles TX 13th Vol. 2nd Co.F
Boatwright, Chesley TX Waul's Legion Co.A
Boatwright, D. SC 8th Res.
Boatwright, Drury MS 21st Inf. Co.H
Boatwright, E. LA 2nd Cav. Co.F Lt.Col.
Boatwright, E. TN Inf. 4th Cons.Regt. Co.G Music.
Boatwright, Eli SC 1st Bn.S.S. Co.B
Boatwright, Eli SC 27th Inf. Co.F Cpl.
Boatwright, Elisha S. VA 23rd Inf. Co.I
Boatwright, Eugene TN 46th Inf. Co.E
Boatwright, E.W. AL 63rd Inf. Co.E
Boatwright, F. TX 2nd Inf. Co.I
Boatwright, F.A. AR 25th Inf. Co.C
Boatwright, Faust SC 6th Cav. Co.G
Boatwright, Faust SC 1st Inf. Co.C
Boatwright, Foster SC 1st (McCreary's) Inf. Co.E
Boatwright, Francis D. FL 5th Inf. Co.C
Boatwright, George SC 6th Cav. Co.K
Boatwright, George W. AL Inf. 1st Regt. Co.A
Boatwright, George W., Sr. SC 2nd St.Troops Co.G
Boatwright, G.H. VA Mil. Scott Cty.
Boatwright, G.W. AL 10th Cav. Co.B
Boatwright, G.W. MS 28th Cav. Co.A
Boatwright, G.W. SC Prov.Guard Hamilton's Co.
Boatwright, Hartwite AR Mil. Desha Cty.Bn.
Boatwright, H.S. MS 3rd Inf. (St.Troops) Co.F
Boatwright, Isaiah SC 1st Arty. Co.D
Boatwright, J. SC 10th Inf. Co.D
Boatwright, Jackson GA 39th Inf. Co.A
Boatwright, Jacob C. FL 4th Inf. Co.E
Boatwright, James AL Cav. Forrest's Regt.
Boatwright, James GA 10th Inf. Co.D
Boatwright, James GA Inf. Hull's Co.
Boatwright, James MS Cav. 3rd Bn. (Ashcraft's) Co.E
Boatwright, James MS 10th Cav. Co.E
Boatwright, James SC 1st Arty. Co.D
Boatwright, James SC 14th Inf. Co.B Capt.
Boatwright, James SC 21st Inf. Co.I
Boatwright, James SC Palmetto S.S. Co.G
Boatwright, James TX 13th Vol. 2nd Co.F
Boatwright, James A. VA 18th Inf. Co.E
Boatwright, James H. GA 48th Inf. Co.D,C
Boatwright, James L. VA 3rd Res. Co.E
Boatwright, James M. TN 3rd (Clack's) Inf. Co.B
Boatwright, James M. TX 3rd (Kirby's) Bn.Vol. Co.A
Boatwright, James T. GA 57th Inf. Co.C
Boatwright, James V. VA 64th Mtd.Inf. Co.D
Boatwright, J.B. AL Cp. of Instr. Talladega
Boatwright, J.D. TX 31st Cav. Co.I
Boatwright, J.E. MS 11th Inf. Co.K
Boatwright, Jesse AR 50th Mil. Co.B
Boatwright, J.H. AL 14th Inf. Co.K
Boatwright, J.J. AR 8th Inf. New Co.D 1st Sgt.
Boatwright, J.K. SC Post Guard Senn's Co.
Boatwright, J.K.P. AR 27th Inf. Co.A
Boatwright, J.L. AL Mil. 4th Vol. Modawell's Co. Sgt.
Boatwright, J.L. AR 26th Inf. Co.E
Boatwright, J.L. SC 2nd Inf. Co.C
Boatwright, J.L. Gen. & Staff, Inf. 2nd Lt.
Boatwright, J.M. AL 6th Cav. Co.E Sgt.
Boatwright, J.N. LA 17th Inf. Co.C
Boatwright, Joel AR 1st Mtd.Rifles Co.B,A
Boatwright, Joel AR 15th (Josey's) Inf. 1st Co.G Cpl.
Boatwright, John FL 5th Inf. Co.C
Boatwright, John FL 8th Inf. Co.A
Boatwright, John GA 6th Inf. Co.F
Boatwright, John MO 1st Inf. Co.B
Boatwright, John MO 1st & 4th Cons.Inf. Co.D
Boatwright, Jno. G. Gen. & Staff Surg.
Boatwright, John H. Gen. & Staff Asst.Surg.
Boatwright, John J. FL 2nd Cav. Co.C
Boatwright, John L. Conf.Inf. Tucker's Regt. Co.G,K Capt.
Boatwright, John M. VA 64th Mtd.Inf. Co.D
Boatwright, John W. FL 4th Inf. Co.E
Boatwright, John W. LA Arty. Moody's Co. (Madison Lt.Arty.)
Boatwright, Joseph R. VA 18th Inf. Co.F
Boatwright, Josiah E. MS 15th Inf. Co.G
Boatwright, J.V. VA Mil. Scott Cty.
Boatwright, J.W. GA 8th Cav. New Co.E
Boatwright, J.W. GA Cav. 20th Bn. Co.C
Boatwright, Lorenzo D. MS Lt.Arty. Stanford's Co.
Boatwright, Louis AR Mil. Desha Cty.Bn.
Boatwright, Martin TX 27th Cav. Co.D,M
Boatwright, Merit S. VA 6th Inf. Co.K
Boatwright, M.J. SC Mil. 15th Regt. Co.B
Boatwright, Nathan R. AL Inf. 1st Regt. Co.C
Boatwright, N.C. GA 12th Cav. Co.A
Boatwright, N.S. GA Inf. 1st Loc.Troops (Augusta) Co.B,D
Boatwright, Pendleton GA 24th Inf. Co.K
Boatwright, P.P. VA 3rd Res. Co.C Sgt.
Boatwright, Robert H. VA Lt.Arty. Huckstep's Co.
Boatwright, Robert H. VA Lt.Arty. Snead's Co. Cpl.
Boatwright, R.S. SC 21st Inf. Co.I
Boatwright, R.T. AL 31st Inf. Co.B
Boatwright, R.W. VA 46th Inf. Co.E
Boatwright, Sam W. NC 37th Inf. Co.I
Boatwright, Samuel GA Inf. (St.Armory Guards) Green's Co.
Boatwright, S.J. SC 7th Inf. Co.M
Boatwright, S.J. VA 44th Inf. Co.I
Boatwright, S.O. VA 44th Inf. Co.C
Boatwright, Sumpter SC Inf. Hampton Legion Co.B
Boatwright, T.C. VA Richmond Prov.Guard Co.A
Boatwright, Thomas MS 1st (Johnston's) Inf. Co.K
Boatwright, Thomas SC 1st Arty. Co.B
Boatwright, Thomas SC 2nd St.Troops Co.G
Boatwright, Thomas TX Cav. Barnes' Regt. Co.K
Boatwright, Thomas F. VA 44th Inf. Co.C 2nd Lt.
Boatwright, Thomas R.E. TN 3rd (Clack's) Inf. Co.B
Boatwright, T.J. MS 10th Inf. Co.P, New Co.G
Boatwright, T.P. GA Lt.Arty. Guerard's Btty.
Boatwright, T.W. SC 6th Cav. Co.I Cpl.
Boatwright, W. SC Mil. 15th Regt. Co.B
Boatwright, W. TX 20th Bn.St.Troops Co.C
Boatwright, W.A. SC 6th Inf. 2nd Co.B
Boatwright, W.C. GA 3rd Cav. (St.Guards) Co.C
Boatwright, W.C. VA 18th Inf. Co.F
Boatwright, W.C. VA Inf. 25th Bn. Co.D
Boatwright, W.C. VA Inf. 44th Bn. Co.E
Boatwright, William GA Siege Arty. 28th Bn. Co.K
Boatwright, William GA 10th Inf. Co.D
Boatwright, William TX 13th Vol. 2nd Co.F Cpl.
Boatwright, William B. VA Arty. Dance's Co.
Boatwright, William N. SC 10th Inf. Co.A
Boatwright, William R. AL 53rd (Part.Rangers) Co.K
Boatwright, William S. AL 35th Inf. Co.B
Boatwright, William V. GA 35th Inf. Co.E
Boatwright, W.N. SC 7th Cav. Co.A
Boatwright, W.N. SC Cav. Tucker's Co.
Boatwrite, W.J. 2nd Cherokee Mtd.Vol. Co.C
Boatzman, R.H. 1st Conf.Eng.Troops Co.H
Boaz, A.S. VA 24th Cav. Co.K
Boaz, A.S. VA Cav. 32nd Bn. Co.B
Boaz, Berry G. GA 11th Inf. Co.G
Boaz, B.G. Gen. & Staff Asst.Comsy.
Boaz, Cado AL 3rd Res. Co.A
Boaz, D. KY 3rd Bn.Mtd.Rifles Co.B
Boaz, David TX 9th Cav. Co.A
Boaz, D.D. KY 7th Mtd.Inf. Co.A Sgt.
Boaz, E.R. AL 19th Inf. Co.F
Boaz, Ferdinand B. MS 18th Inf. Co.D
Boaz, Francis M. GA 4th Inf. Co.F

Boaz, George AL 30th Inf. Co.H
Boaz, George R. GA 4th Inf. Co.F
Boaz, G.R. GA Inf. 8th Bn. Co.F Capt.
Boaz, I.H. SC 4th Bn.Res. Co.C
Boaz, James TX 14th Inf. Co.H
Boaz, James VA 44th Inf. Co.A
Boaz, James D. VA Hvy.Arty. 20th Bn. Co.A
Boaz, J.C. KY 7th Mtd.Inf. Co.A
Boaz, J.F. KY 7th Mtd.Inf. Co.A Sgt.
Boaz, John TN 44th (Cons.) Inf. Co.B
Boaz, John 1st Conf.Cav. 2nd Co.A Sgt.
Boaz, J.R. VA 24th Cav. Co.H
Boaz, J.R. VA Cav. 32nd Bn. Co.B
Boaz, J.S. KY 12th Cav. Co.C
Boaz, J.W. GA Inf. 8th Bn. Co.F Capt.
Boaz, Levi AL 3rd Res. Co.C
Boaz, R.D. KY 8th Cav. Co.C
Boaz, R.H. KY 12th Cav. Co.C
Boaz, Richard TX 9th Cav. Co.A
Boaz, Richard TX 20th Cav. Co.A
Boaz, Robert TN 8th Inf. Co.H
Boaz, Sam F. TX 9th Cav. Co.A
Boaz, Sampson H. AL 30th Inf. Co.A
Boaz, Thomas TN 44th (Cons.) Inf. Co.B
Boaz, Thomas B. AL Inf. 1st Regt. Co.D,I Sgt.
Boaz, Thomas F. KY 2nd Mtd.Inf. Co.D
Boaz, Thomas J. VA Cav. 32nd Bn. Co.B
Boaz, T.J. KY 7th Cav. Co.I
Boaz, T.J. KY 7th Mtd.Inf. Co.A
Boaz, Wiley B. AL 3rd Res. Co.A Sgt.
Boaz, William MS Adams' Co. (Holmes Cty.Ind.)
Boaz, William F. MS 12th Inf. Co.I
Boaz, William J. TX 15th Cav. Co.E 2nd Lt.
Boaz, William J. TX 6th & 15th (Cons.) Vol. Co.E 2nd Lt.
Boaz, William N. TN 44th Inf. Co.E
Boaz, William N. TN 44th (Cons.) Inf. Co.B
Boaz, Willis D. TN 23rd Inf. Co.B
Boaz, W.N. KY 2nd Mtd.Inf. Co.D Sgt.
Boaz, W.R. KY 8th & 12th (Cons.) Cav. Co.K Capt.
Boaz, W.R. KY 12th Cav. Co.C 1st Lt.
Boaz, W.T. AL Cav. Barbiere's Bn. Bowie's Co.
Boaz, W.W. TX 1st Hvy.Arty. Co.D
Boaze, E.D. TN 22nd Inf. Co.D
Boaze, J.D. TN 50th Inf. Co.B
Boaze, J.N. TN 10th (DeMoss') Cav. Co.E
Boaze, John NC 35th Inf. Co.E
Boaze, John TN 19th (Biffle's) Cav. Co.B
Boaze, Robert W. VA 58th Inf. Co.H
Boaze, R.P. VA 24th Cav. Co.B
Boaze, Thomas J. VA 24th Cav. Co.H
Boaze, William KY 9th Cav. Co.B Cpl.
Boaze, William NC 35th Inf. Co.E
Boaze, W.J. AL Cav. Moreland's Regt. Co.F
Boazeman, Benjamin S. SC Inf. 3rd Bn. Co.B
Boazeman, Washing M. SC Inf. 3rd Bn. Co.B
Boazman, B.T. GA 1st Reg. Co.K
Boazman, D.H. SC 1st (Orr's) Rifles Co.B
Boazman, D.J. AL 15th Bn.Part.Rangers Co.A
Boazman, D.J. AL 56th Part.Rangers Co.A
Boazman, D.T. AL 14th Inf. Co.A
Boazman, E.C. AR 1st Mtd.Rifles Co.A
Boazman, E.P. SC 2nd Cav. Co.G
Boazman, E.P. SC 1st Inf. Co.L
Boazman, G.S. SC 2nd Cav. Co.G
Boazman, J. Trans-MS Conf.Cav. 1st Bn. Co.C
Boazman, J.M. SC 2nd Cav. Co.G
Boazman, Joseph W. SC Lt.Arty. 3rd (Palmetto) Bn. Co.F
Boazman, L.J. SC 2nd Cav. Co.G
Boazman, L.J. SC 3rd Inf. Co.F Bvt.2nd Lt.
Boazman, R.M. AL 14th Inf. Co.A Music.
Boazman, Samuel J. MS 40th Inf. Co.I Sgt.
Boazman, W.M. SC 2nd Cav. Co.G
Boazman, W.W. SC 2nd Cav. Co.G
Boazman, W.W. SC 1st Inf. Co.L Cpl.
Boazman, W.W. SC 3rd Inf. Co.E
Boazman, Zach T. SC Lt.Arty. 3rd (Palmetto) Bn. Co.F
Bob (Indian) TX 24th Cav. Co.G
Bob (Indian) TX Cav. Morgan's Regt. Co.K
Bob, --- Deneale's Regt. Choctaw Warriors Co.A
Bob, Robert 1st Cherokee Mtd.Vol. 2nd Co.H
Bobacca, Eugene LA 28th (Thomas') Inf. Co.B
Bobb, --- 1st Choctaw & Chickasaw Mtd.Rifles 2nd Co.K
Bobb, Anton LA 20th Inf. Co.C
Bobb, Franklin SC Inf. Holcombe Legion Co.H
Bobb, Franklin W.B. SC 13th Inf. Co.G
Bobb, G.L. SC 13th Inf. Co.G
Bobb, James W. MS 28th Cav. Co.C
Bobb, J.C. MO 4th Inf. Co.G Sgt.
Bobb, J.F. SC 13th Inf. Co.G
Bobb, J.S. SC 2nd Cav. Co.B
Bobb, Seymour H. MS 21st Inf. Co.I
Bobb, S.H. MS 10th Inf. Old Co.F 1st Lt.
Bobb, W.H. SC Lt.Arty. 3rd (Palmetto) Bn. Co.K
Bobbet, T.E. TX Cav. 1st Regt.St.Troops Co.A
Bobbet, Turner MS Inf. 1st Bn.St.Troops (12 mo. '62-3) Co.A
Bobbet, William H. AL 1st Bn. Hilliard's Legion Vol. Co.E
Bobbet, W.T. VA 46th Inf. 2nd Co.C
Bobbett, Allen 8th (Wade's) Conf.Cav. Co.G
Bobbett, Benjamin TN 12th (Cons.) Inf. Co.I
Bobbett, B.F. TN 20th (Russell's) Cav. Co.C
Bobbett, B.F. TN 47th Inf. Co.K
Bobbett, C.J. NC 23rd Inf. Co.G
Bobbett, Enoch MO Searcy's Bn.S.S. Co.F
Bobbett, George VA Lt.Arty. 13th Bn. Co.B
Bobbett, H. VA Cav. 36th Bn. Co.A
Bobbett, Henry MS 24th Inf. Co.I
Bobbett, H.H. TX 8th Cav. Co.I
Bobbett, James VA 2nd Inf.Loc.Def. Co.A
Bobbett, James H. VA 19th Cav. Co.A
Bobbett, J.N. VA 60th Inf. Co.A
Bobbett, John B. TX 17th Cav. Co.B
Bobbett, John H. MO 5th Inf. Co.F
Bobbett, John H. VA 22nd Cav. Co.G Cpl.
Bobbett, J.W. SC 18th Inf. Co.H
Bobbett, Paten VA Cav. 47th Bn. Co.C
Bobbett, Richard M. NC 50th Inf. Co.F
Bobbett, S.H. TX 10th Cav. Co.G
Bobbett, Stephen TN 49th Inf. Co.K
Bobbett, Stephen Inf. Bailey's Cons.Regt. Co.E
Bobbett, T. VA Cav. Hounshell's Bn. Co.A
Bobbett, Uriah R. MS St.Cav. Perrin's Bn. Co.I
Bobbett, W.A. AR 6th Inf. New Co.F Ord.Sgt.
Bobbett, William VA 53rd Inf. Co.I
Bobbett, William H. NC 3rd Bn.Sr.Res. Williams' Co.
Bobbett, William J. SC Inf. 18th Regt. Co.H
Bobbett, W.J. TN 49th Inf. Co.K
Bobbett, W.J. Inf. Bailey's Cons.Regt. Co.E
Bobbin, Thomas B. MS 22nd Inf. Co.B
Bobbinger, --- SC 2nd St.Troops Co.I
Bobbit, Absalom C. MO 9th Bn.S.S. Co.F
Bobbit, Elisha M. MO 1st N.E. Cav. Co.O
Bobbit, G.R. TX 25th Cav. Co.E Sgt.
Bobbit, James VA Inf. 2nd Bn.Loc.Def. Co.C
Bobbit, James W. MO 9th Bn.S.S. Co.F
Bobbit, J.J. AL 35th Inf. Co.A
Bobbit, Joseph VA 8th Cav. Co.G
Bobbit, R.E. MO 1st N.E. Cav. Co.O
Bobbit, Richard E. MS 11th Inf. Co.F
Bobbit, Robert M. MS 17th Inf. Co.K
Bobbit, Thomas F. VA 46th Inf. 2nd Co.F
Bobbitt, A. NC 3rd Bn.Sr.Res. Williams' Co. 1st Lt.
Bobbitt, Alexander G. NC 30th Inf. Co.G
Bobbitt, Allen C. VA Inf. 26th Bn. Co.E 1st Sgt.
Bobbitt, Allen C. VA 166th Mil. Co.A,B
Bobbitt, Andrew J. NC 28th Inf. Co.A
Bobbitt, A.T.S. TX 35th (Likens') Cav. Co.C
Bobbitt, Bartus P. AL 41st Inf. Co.B
Bobbitt, B.B. NC 43rd Inf. Co.F Music.
Bobbitt, B.L. MS 8th Inf. Co.H
Bobbitt, Burge B. NC 14th Inf. Co.A 2nd Lt.
Bobbitt, Burwell NC 30th Inf. Co.B
Bobbitt, C.H. TN 14th (Neely's) Cav. Co.H
Bobbitt, Charles VA 57th Inf. Co.D
Bobbitt, Crafton VA 57th Inf. Co.E
Bobbitt, E.F. NC 30th Inf. Co.B
Bobbitt, E.M. MO Cav. Woodson's Co.
Bobbitt, F.A. TX 3rd Cav. Co.F
Bobbitt, F.D. TN 38th Inf. Co.C Cpl.
Bobbitt, F.M. NC 1st Jr.Res. Co.B
Bobbitt, Francis T. VA 5th Cav. (12 mo. '61-2) Winfield's Co.
Bobbitt, F.W. AL 12th Inf. Co.D Cpl.
Bobbitt, George MO 11th Inf. Co.F
Bobbitt, George VA 45th Inf. Co.E
Bobbitt, George R. TX 24th Cav. Co.D Sgt.
Bobbitt, George R. TX 24th & 25th Cav. Co.E Sgt.
Bobbitt, George R. VA 13th Cav. Co.D
Bobbitt, George W. VA Cav. Hounshell's Bn. Co.A
Bobbitt, Gideon C. NC 14th Inf. Co.A
Bobbitt, Granville KY 8th Cav. Co.F
Bobbitt, Green NC 6th Inf. Co.B
Bobbitt, Green VA 45th Inf. Co.E
Bobbitt, G.T. MS 29th Inf. Co.C
Bobbitt, Hamilton VA 166th Mil. Co.A,B
Bobbitt, Hamilton L. VA Cav. (Part.Rangers) Thurmond's Co.
Bobbitt, Harvey NC 12th Inf. Co.C
Bobbitt, Haywood NC 44th Inf. Co.E
Bobbitt, Hoywood NC 6th Sr.Res. Co.I
Bobbitt, Isham C. NC 30th Inf. Co.G
Bobbitt, Jackson MS 13th Inf. Co.C
Bobbitt, James NC 5th Inf. Co.A
Bobbitt, James A. TN 14th Inf. Co.K Sgt.
Bobbitt, James E. VA 4th Res. Co.F
Bobbitt, James H. VA 22nd Inf. Co.A
Bobbitt, James J. MS 35th Inf. Co.A

Bobbitt, James L. TX 37th Cav. Co.K
Bobbitt, James M. AL 3rd Inf. Co.F
Bobbitt, James P. TX 18th Cav. Co.K
Bobbitt, James T. VA Cav. 36th Bn. Co.C 1st Lt.
Bobbitt, J.H. AL 1st Inf. Co.C
Bobbitt, J.H. AL 26th (O'Neal's) Inf. Co.K
Bobbitt, J.H. TN 12th (Green's) Cav. Co.E
Bobbitt, J.M. NC 1st Jr.Res. Co.B
Bobbitt, J.M. NC 12th Inf. Co.F
Bobbitt, John MS 2nd Part.Rangers Co.I
Bobbitt, John B. MS 5th Inf. Co.D
Bobbitt, John B. TX 37th Cav. Co.K
Bobbitt, John Greer MS Inf. 1st St.Troops Co.E
Bobbitt, John J. TN 13th Inf. Co.B
Bobbitt, John J. TX Cav. Wells' Bn. Co.A Cpl.
Bobbitt, John R. MS 28th Cav. Co.H,I
Bobbitt, John R. NC 8th Inf. Co.F
Bobbitt, John R. TN 14th (Neely's) Cav. Co.F,C 2nd Lt.
Bobbitt, John W. VA 61st Inf. Co.G
Bobbitt, Joseph GA 4th Inf. Co.C
Bobbitt, Joseph VA 45th Inf. Co.E
Bobbitt, Joseph H. NC 43rd Inf. Co.G Sgt.
Bobbitt, Joseph H. NC 46th Inf. Co.C
Bobbitt, J.P. VA 13th Cav. Co.D
Bobbitt, J.R. NC 12th Inf. Co.K
Bobbitt, Lacy VA 4th Res. Co.F 2nd Lt.
Bobbitt, Lewis H. VA Cav. Hounshell's Bn. Huffman's Co.
Bobbitt, Miles NC 1st Cav. (9th St.Troops) Co.E
Bobbitt, Morgan L. AL 3rd Inf. Co.F
Bobbitt, M.P.G. TX 28th Cav. Co.D
Bobbitt, Nathaniel M. MS 11th Inf. Co.K Sgt.
Bobbitt, Plummer A. NC 12th Inf. Co.F Sgt.
Bobbitt, P.S. NC 47th Inf. Co.G
Bobbitt, Randall NC 44th Inf. Co.K
Bobbitt, R.E. MO Cav. Woodson's Co.
Bobbitt, Robert A. MO 6th Inf. Co.C
Bobbitt, Robert Kinaman MS Inf. 1st St.Troops Co.E Cpl.
Bobbitt, R.R. MS Grace's Co. (St.Troops)
Bobbitt, Samuel VA 45th Inf. Co.E
Bobbitt, Samuel H. NC 4th Inf. Co.H 2nd Lt.
Bobbitt, Stephen E. NC 14th Inf. Co.A
Bobbitt, T.E. TX 14th Inf. Co.D Drum.
Bobbitt, T.F. TN 38th Inf. Co.C Bvt.2nd Lt.
Bobbitt, Thomas GA 26th Inf. Co.I
Bobbitt, Thos. B. AL 54th Inf.
Bobbitt, Thomas B. MS 1st Bn.S.S. Co.C
Bobbitt, Thomas F. VA 13th Cav. Co.D
Bobbitt, Thomas J. NC 24th Inf. Co.D
Bobbitt, Thomas M. MO 1st Cav. Co.F
Bobbitt, T.J. TN 31st Inf. Co.E Cpl.
Bobbitt, W.A. AL 41st Inf. Co.K
Bobbitt, W.A. AR 12th Inf. Co.G
Bobbitt, W.D. MS 28th Cav. Co.F
Bobbitt, W.D. TN 20th Cav. Co.E
Bobbitt, W.H. MS 24th Inf. Co.I
Bobbitt, Wiley P. AL 6th Inf. Co.L
Bobbitt, William AL 40th Inf. Co.C
Bobbitt, William GA 4th Inf. Co.C Cpl.
Bobbitt, William MS 15th Inf. Co.H
Bobbitt, William NC 61st Inf. Co.I
Bobbitt, William C. MS 1st Cav. Co.C
Bobbitt, William C. TX 19th Cav. Co.F Sgt.
Bobbitt, William E. NC 43rd Inf. Co.F Cpl.
Bobbitt, William H., Jr. NC 12th Inf. Co.F
Bobbitt, William H. NC 24th Inf. Co.D
Bobbitt, William Henry NC 8th Inf. Co.F 1st Sgt.
Bobbitt, William Henry, Sr. NC 12th Inf. Co.F
Bobbitt, William R. VA 16th Inf. Co.E
Bobbitt, W.R. MS 18th Cav. Co.E
Bobbitt, W.T. GA 4th Inf. Co.C
Bobbo, J.M. MO Cav. Clardy's Bn. Co.C
Bobbrett, T.S. VA 3rd Cav. Co.K
Bobbs, John SC 9th Inf. Co.I
Bobbs, R.A. FL 2nd Cav. Sgt.
Bobe, Ernest LA Mil. 4th Regt.Eur.Brig. Co.C
Bobe, F. AL Mil. 2nd Regt.Vol. Co.A
Bobe, Ferdinand AL Lt.Arty. 2nd Bn. Co.E
Bobe, Hy. LA Mil. St.Martin's Regt. Co.H 1st Lt.
Bobe, J.V. FL Cav. 3rd Bn. Co.B
Bobe, J.V. FL 2nd Inf. Co.A
Bobe, J.V. 15th Conf.Cav. Co.D
Bobe, Thomas TN Lt.Arty. Winston's Co.
Bobee, Lewis VA Lt.Arty. Moore's Co.
Bobeford, J. AL 17th Inf. Co.F
Bobelin, G.C. TX 11th Cav. Co.K
Boberg, Anton TN Inf. 3rd Bn. Co.F Sgt.
Bobet, A. Gen. & Staff, QM Dept. Capt.
Bobet, Alphonse LA 20th Inf. AQM
Bobet, Alphonse LA Herrick's Co. (Orleans Blues) Jr.2nd Lt.
Bobet, E.J. LA Inf. 1st Sp.Bn. (Rightor's) Co.A
Bobett, Henry TN 23rd Inf. Co.E
Bobett, James VA 1st Inf.
Bobin, Moses L. MO Lt.Arty. 1st Btty.
Bobinaux, Belizair LA 26th Inf. Co.E
Bobison, F.M. AR 38th Inf. Co.C
Bobit, Robert A. MO Inf. 3rd Bn. Co.E
Bobitt, James M. MS 23rd Inf. Co.G
Boblett, William R. VA 34th Inf. Co.G
Boblett, William R. VA 42nd Inf. Co.C
Bobo, A. MS 16th Inf. Co.G
Bobo, A.J. VA Cav. McNeill's Co.
Bobo, A.J. VA 62nd Mtd.Inf. 2nd Co.B
Bobo, A.K. MS 18th Cav. Co.H
Bobo, Amos H. TN 17th Inf. Co.A
Bobo, Andrew J. AL 22nd Inf. Co.E
Bobo, Andrew J. GA 8th Inf. Co.E
Bobo, Andrew J. VA 14th Mil. Co.B
Bobo, Andrew J. VA 25th Inf. 1st Co.H
Bobo, Andrew T. MS 17th Inf. Co.H
Bobo, Asa AL 41st Inf. Co.G
Bobo, A.T. MS 18th Cav. Co.E Sgt.
Bobo, A. Todd MS 33rd Inf. Co.I
Bobo, B. MS 6th Cav. Co.H
Bobo, B.A. GA 32nd Inf. Co.K
Bobo, Barham MS 28th Cav. Co.F 1st Sgt.
Bobo, Barham SC 15th Inf. Co.B 1st Sgt.
Bobo, Barham SC 18th Inf. Co.C
Bobo, B.B. TX 27th Cav. Co.K
Bobo, B.F. AL 13th Bn.Part.Rangers Co.E
Bobo, B.F. AL 56th Part.Rangers Co.I
Bobo, Burrel AR Cav. Morris Guard Ord.Sgt.
Bobo, Burrell R. TN 1st (Turney's) Inf. Co.E
Bobo, Burril A. FL 8th Inf. Co.A Capt.
Bobo, Burwell A. Gen. & Staff Asst.Surg.
Bobo, C.B. SC 18th Inf. Co.C Sgt.
Bobo, C.B. SC 18th Inf. Co.E 2nd Lt.
Bobo, Charles E. MS Cav. Powers' Regt. Co.E
Bobo, Charles G. MS 18th Cav. Co.K,B Sgt.
Bobo, C.K. MS 32nd Inf. Co.A
Bobo, C.W. TX 1st Inf. Co.A
Bobo, D. SC 1st (Butler's) Inf. Co.K
Bobo, David B. MS 12th Inf. Co.F Cpl.
Bobo, D.M. GA 1st Cav. Co.G,I
Bobo, E.B. MO 11th Inf. Co.F
Bobo, E.B. 4th Conf.Eng.Troops Sgt.
Bobo, Edwin H. SC Inf. Holcombe Legion Co.E 1st Lt.
Bobo, E.H. SC 5th Inf. 1st Co.K
Bobo, E.J. GA 1st Cav. Co.G,I Cpl.
Bobo, Elijah P. AL Hundley's Part.Rangers Co.A
Bobo, Elijah P. TN 37th Inf. Co.A
Bobo, Elisha AR 7th Cav. Co.A 2nd Lt.
Bobo, Elisha M. GA Cav. 10th Bn. (St.Guards) Co.D
Bobo, E.M. AR 5th Inf. Co.H
Bobo, E.P. TN Hunley's Regt.
Bobo, E.S.N. TN 8th Inf. Co.G 2nd Lt.
Bobo, F. AL 17th Inf. Co.C
Bobo, F.M. AL 56th Part.Rangers Co.I
Bobo, Harrison VA 14th Mil. Co.D
Bobo, Harrison VA 62nd Mtd.Inf. 2nd Co.B
Bobo, Henry F. MS Inf. 2nd Bn. Co.C
Bobo, Henry F. MS 48th Inf. Co.C
Bobo, Hiram GA 7th Inf. Co.D
Bobo, Hiram SC 6th Cav. Co.E Sgt.
Bobo, Hiram SC 3rd Inf. Co.D 3rd Lt.
Bobo, Hiram Y. AL 41st Inf. Co.H
Bobo, Howard S. SC 13th Inf. Co.C
Bobo, Indpt G.T. SC Lt.Arty. 3rd (Palmetto) Bn. Co.F
Bobo, James AL 56th Part.Rangers Co.I
Bobo, James KY 12th Cav. Co.E
Bobo, James LA 10th Inf. Co.E
Bobo, James J. AR 1st (Colquitt's) Inf. Co.G,A
Bobo, James Madison MS Inf. 1st St.Troops Co.D Cpl.
Bobo, James S. KY 9th Mtd.Inf. Co.E
Bobo, James Van GA 21st Inf. Co.D
Bobo, James W. 3rd Conf.Inf. Co.C Cpl.
Bobo, Jason SC 15th Inf. Co.B
Bobo, J.C. SC 9th Res. Co.H
Bobo, J.E. SC Inf. Holcombe Legion Co.E
Bobo, J.E. TN Inf. 23rd Bn. Co.A
Bobo, Jerry MS 18th Cav. Co.K
Bobo, J.G. MS 23rd Inf. Co.K
Bobo, J.H. TN 22nd Inf. Co.F
Bobo, J.M. SC 18th Inf. Co.C
Bobo, John MS 16th Inf. Co.G
Bobo, John SC 1st (Butler's) Inf. Co.I
Bobo, John SC 9th Res. Co.G
Bobo, John SC 18th Inf. Co.C
Bobo, John H. TN 22nd Inf. Co.I
Bobo, John P. MS 29th Inf. Co.C Sgt.
Bobo, John S. AL 22nd Inf. Co.A Sgt.
Bobo, John V. GA 1st Cav. Co.C
Bobo, John W. VA 13th Inf. Co.I
Bobo, Joseph F. VA 14th Mil. Co.E Cpl.
Bobo, J.P. SC 3rd Inf. Co.D Sgt.
Bobo, J.S. TN Inf. 23rd Bn. Co.A
Bobo, J.S.T. SC 1st (Hagood's) Inf. 1st Co.H
Bobo, J.W. AR 18th (Marmaduke's) Inf. Co.C
Bobo, J.W. SC 5th St.Troops Co.H Capt.
Bobo, J. William SC 2nd Cav. Co.E

Bobo, Kerr B. MS 12th Inf. Co.F
Bobo, Kindred SC 5th St.Troops Co.H
Bobo, Kindred SC 9th Res. Co.H
Bobo, Kindred J. TN 1st (Turney's) Inf. Co.E 1st Sgt.
Bobo, Lemuel J. MS 23rd Inf. Co.C
Bobo, Lewis GA 12th Inf. Co.E
Bobo, Livingston AL 41st Inf. Co.C
Bobo, L.J. SC 18th Inf. Co.C
Bobo, Louis N. TX Cav. 6th Bn. Co.C
Bobo, L.S. AL 26th (O'Neal's) Inf. Co.D Sgt.
Bobo, Martin GA 1st Cav. Co.C
Bobo, Martin Van Buren VA 13th Inf. Co.I
Bobo, Mathew GA 24th Inf. Co.B
Bobo, Miles AL 41st Inf. Co.H Sgt.
Bobo, Murphy SC 5th St.Troops Co.H
Bobo, Murphy SC 9th Res. Co.H
Bobo, Pinkney P. MS 11th Inf. Co.D
Bobo, P.R. TN Inf. 23rd Bn. Co.E Sgt.
Bobo, R.M. SC Hvy.Arty. Gilchrist's Co. (Gist Guard)
Bobo, R.M. SC Arty. Manigault's Bn. Co.E
Bobo, R.M. SC 5th St.Troops Co.H 1st Lt.
Bobo, R.M. SC 9th Res. Co.H 2nd Lt.
Bobo, R.M. SC 18th Inf. Co.C
Bobo, Robert MS 18th Cav. Co.K,L
Bobo, Robert SC 18th Inf. Co.C
Bobo, Robert W. SC 13th Inf. Co.A Sgt.
Bobo, Rufus W. AL 16th Inf. Co.H
Bobo, R.W. MS 15th Bn.S.S. Co.A
Bobo, Sampson SC 2nd Rifles Co.G
Bobo, Sampson 3rd Conf.Eng.Troops Co.B
Bobo, Seaborn S. MS 41st Inf. Co.G
Bobo, Simpson MS 5th Cav. Co.A
Bobo, Simpson MS 3rd Inf. (St.Troops) Co.H
Bobo, S.N. SC 18th Inf. Co.C
Bobo, Solomon GA 16th Inf. Co.C,A
Bobo, Solomon M. GA 24th Inf. Co.B Sgt.
Bobo, Spencer S. MS 2nd Part.Rangers Co.C
Bobo, Sterling A. MS Inf. 2nd Bn. Co.C
Bobo, Sterling A. MS 48th Inf. Co.C
Bobo, T. AL Randolph Cty.Res. B.C. Raney's Co.
Bobo, T. MS Lt.Arty. Turner's Co.
Bobo, Thomas SC 1st Arty. Co.K
Bobo, Thomas SC 5th St.Troops Co.H
Bobo, Thomas SC 9th Res. Co.H
Bobo, Tilman AL 43rd Inf. Co.I
Bobo, T.M. SC 1st (Butler's) Inf. Co.I
Bobo, Virgil A. MS 12th Inf. Co.F
Bobo, W.A. TX 10th Field Btty.
Bobo, W.F. SC 3rd Bn.Res. Co.A Sgt.
Bobo, Wiley GA Cherokee Legion (St.Guards) Co.C
Bobo, William SC 9th Res. Co.K
Bobo, William C. TX 4th Inf. Co.K 1st Sgt.
Bobo, William C. VA 77th Mil. Co.A
Bobo, William E. GA 41st Inf. Co.K Cpl.
Bobo, William F. SC 5th St.Troops Co.H
Bobo, William K. GA 3rd Cav. (St.Guards) Co.A
Bobo, William S. MS 16th Inf. Co.G
Bobo, Willis AL 13th Bn.Part.Rangers Co.E
Bobo, Willis AL 56th Part.Rangers Co.I
Bobo, Willis AL 22nd Inf. Co.E
Bobo, Willis GA Floyd Legion (St.Guards) Co.D Sgt.
Bobo, W.J. GA Inf. 9th Bn. Co.A
Bobo, W.J. SC 1st (Butler's) Inf. Co.C
Bobo, W.L. KY 9th Mtd.Inf. Co.E
Bobo, W.L. TN 17th Inf. Co.A
Bobo, W.L. TN Inf. 23rd Bn. Co.A Cpl.
Bobo, W.M. GA 16th Inf. Co.C
Bobo, W.W. AL 31st Inf. Co.D
Bobo, Y.S. LA 22nd (Cons.) Inf. Co.G
Bobo, Y.S. LA 28th (Thomas') Inf. Co.A
Bobo, Y.S. SC 3rd Inf. Co.D 1st Lt.
Boboo, B.A. FL 2nd Cav. Co.H
Bobp, Jacob LA Arty. Castellanos' Btty.
Bobston, Purdie NC McDugald's Co.
Bob Tiger 1st Seminole Mtd.Vol. Cpl.
Boby, W.W. GA 22nd Inf. Co.C
Boca, Migua J.M. TX Cav. Benavides' Regt. Co.I
Boca, Negra Longino TX 3rd Inf. Co.F
Bocage, E.W. AR 1st Field Btty.
Bocage, John TN 34th Inf. Co.E
Bocage, Jos. W. Gen. & Staff,PACS Lt.Col.
Bocage, J.W. AR 2nd Inf. Lt.Col.
Bocas, J. LA Inf.Cons. 18th Regt. & Yellow Jacket Bn. Co.B
Boccaletti, Carlo MS 18th Inf. Co.D
Bochard, E. MS 3rd Inf. Co.E
Bochat, Charles TX Conscr.
Bochen, John TX Inf. 1st St.Troops Stevenson's Co.F
Bocher, W.M. TX Cav. Baird's Regt. Co.B
Bochert, Chas. GA 1st (Olmstead's) Inf. Co.I Cpl.
Bochett, Charles L. SC 5th Cav. Co.A
Bochett, J.H. SC 5th Bn.Res. Co.F
Bochett, J.H. SC 23rd Inf. Co.I
Bochett, Thomas J. SC Inf. Hampton Legion Co.C
Bochett, W.H. SC 4th St.Troops Co.D
Bochette, A.R. SC Lt.Arty. Gaillard's Co.
Bochette, B.M. SC Cav. 14th Bn. Co.B
Bochette, C.L. SC Cav. 14th Bn. Co.B
Bochette, R.D. SC Cav. 14th Bn. Co.B
Bochler, Joseph AR 37th Inf. Co.H
Bochm, Silas VA 11th Cav. Co.E
Bochow, --- TX 2nd Cav. Co.E
Bochus, Michael TX 18th Cav. Co.F
Bock, --- TX 1st (Yager's) Cav. Co.H
Bock, A. MS Inf. 3rd Bn. (St.Troops) Co.C
Bock, A. MS Inf. 3rd Bn. (St.Troops) Co.G
Bock, A. TX 3rd Inf.
Bock, Adam TN 1st (Feild's) Inf. Co.I
Bock, Adolf LA 6th Inf. Co.G
Bock, Adolf TX 5th Field Btty.
Bock, Charles TX 35th (Brown's) Cav. Co.H
Bock, Charles TX 13th Vol. 2nd Co.A
Bock, Charles TX 17th Inf. Co.I
Bock, Frederick AL 3rd Inf. Co.F
Bock, F.R.W. AL 17th Inf. Co.F
Bock, H. TX 16th Inf. Co.E Sgt.
Bock, H.M. Gen. & Staff Ch.Music.
Bock, Hugo M. AL 3rd Inf. Co.F
Bock, Isadore TX Cav. 3rd Regt.St.Troops Co.B
Bock, Joseph SC Mil.Arty. 1st Regt. Walters' Co. 3rd Sgt.
Bock, Joseph SC Lt.Arty. J.T. Kanapaux's Co. (Lafayette Arty.) Sgt.Maj.
Bock, Peter TX 1st Hvy.Arty. Co.E,D
Bock, R.E. AL 40th Inf. Co.I
Bock, S. SC Mil. 1st Regt. (Charleston Res.) Co.B
Bock, William TX 18th Cav. Co.D Cpl.
Bock, William TX 16th Inf. Co.E Cpl.
Bock, William TX 17th Inf. Co.I
Bockel, C. LA 4th Inf. Co.D
Bockelman, Henry VA 15th Inf. Co.K
Bocken, J.H. SC Mil.Arty. 1st Regt. Smalls' Co.
Bocker, A. TX Inf. Timmons' Regt. Co.B Cpl.
Bocker, C.A. MO Cav. Fristoe's Regt. Co.H
Bockett, G.M. AL 47th Inf. Co.D
Bockey, John VA 31st Mil. Co.D 1st Lt.
Bockhorn, H. TX Inf. Timmons' Regt. Co.K
Bockhorn, H. TX Waul's Legion Co.B
Bockins, James M. TX 2nd Cav. Co.G Sgt.
Bockleman, John GA 43rd Inf. Co.K
Bockly, James S. VA 22nd Cav. Co.D
Bockman, A. GA Inf. (RR Guards) Preston's Co.
Bockman, John C. TX 18th Inf. Co.B
Bockman, M.C. TN 17th Inf. Co.K
Bockover, B.T. VA 54th Mil. Co.A
Bocks, W. GA Arty. Lumpkin's Co.
Bocock, A.H. VA Conscr. Cp.Lee Co.A 1st Sgt.
Bocock, Henry F. VA 3rd Res. Co.G
Bocock, James W. VA 24th Inf. Co.H
Bocock, Jesse L. VA 1st Cav. 1st Co.K
Bocock, John VA 4th Res. Co.C
Bocock, John H. VA 7th Inf. Chap.
Bocock, John T. SC 1st Arty. Co.H
Bocock, John T. VA 2nd Cav. Co.H
Bocock, John T. VA 44th Inf. Co.A
Bocock, J.T. VA 20th Inf. Co.E
Bocock, Micajah L. VA 48th Inf. Co.I
Bocock, Samuel R. VA 34th Inf. Co.C
Bocock, Thomas M. VA 24th Inf. Co.H
Bocock, W.M. VA Loc.Def. Morehead's Co.
Bocquet, C. LA Inf. 10th Bn. Co.H
Bocquet, C. LA Inf.Cons. 18th Regt. & Yellow Jacket Bn. Co.H
Bocquet, Cesar LA Mil. 1st Regt. French Brig. Co.3
Bocquet, Cesar LA Mil. 3rd Regt. French Brig. Co.1
Bocquin, C. AR 35th Inf. Co.C
Bocquin, Constant Brig.Brass Band 2nd Brig. Price's Div. Dist. of AR Music.
Boctella, Joseph LA Mil. 2nd Regt. 2nd Brig. 1st Div.
Boctor, J. TX 2nd Cav. Co.E
Bocum, Josiah AL 48th Inf. Co.I
Bocum, William TN Cav. Cox's Bn. Co.A
Bocut, J. AR Mil. Desha Cty.Bn.
Bodaford, Alex. GA 28th Inf. Co.H
Bodaford, Dunkin D. GA 28th Inf. Co.H
Bodan, S.L. SC 1st (Butler's) Inf. Co.B Sgt.
Boddaford, W.M.H. SC Hvy.Arty. 15th (Lucas') Bn. Co.A
Bodde, John LA Mil. 3rd Regt. 1st Brig. 1st Div. Co.A
Boddecke, William TX 9th (Nichols') Inf. Co.G
Bodden, Gerchard TX 8th Inf. Co.K
Bodden, Lemburg, TX 8th Inf. Co.K Music.
Bodden, Peter TX 1st Hvy.Arty. Co.C
Boddie, --- GA 5th Inf. Co.N
Boddie, Allen MS 27th Inf. Co.H

Boddie, Augustus MS 27th Inf. Co.H
Boddie, David A. SC 7th Inf. 1st Co.F
Boddie, Elijah TN 7th Inf. Co.C 1st Lt.
Boddie, George AR 1st (Crawford's) Cav. Co.D
Boddie, George MS 28th Cav. Co.B
Boddie, George V. GA Lt.Arty. Ferrell's Btty.
Boddie, G.V. GA Boddie's Co. (Troup Cty.Ind.Cav.) Cpl.
Boddie, H.B. AL 2nd Cav. Co.G
Boddie, H.B. AL Cav. Barbiere's Bn. Co.C
Boddie, Jacob GA Cav. 21st Bn. Co.A
Boddie, J.J. AL Barber's Cav. Co.C
Boddie, John MS Inf. 2nd St.Troops Co.E
Boddie, J.S. NC 1st Arty. (10th St.Troops) Co.G
Boddie, M. SC 27th Inf. Co.F
Boddie, Naith GA 7th Cav. Co.A
Boddie, Nathan GA Cav. 21st Bn. Co.A
Boddie, Nathan A. AL Inf. 1st Regt. Co.C
Boddie, Nicholas GA 7th Cav. Co.A
Boddie, Nicholas GA Cav. 21st Bn. Co.A
Boddie, N.V. AL 4th (Roddey's) Cav. Co.F
Boddie, S. AL 51st (Part.Rangers) Co.I
Boddie, Samuel P. AL Mil. 4th Vol. Co.C
Boddie, Simeon L. GA 6th Inf. Co.G
Boddie, T.A. GA Boddie's Co. (Troup Cty.Ind.Cav.) Capt.
Boddie, Thomas A. GA 4th Inf. Co.B
Boddie, William MS 1st Lt.Arty. Co.A
Boddie, W.W. NC 1st Arty. (10th St.Troops) Co.G
Boddiford, A.G. AL 1st Regt.Conscr. Co.K
Boddiford, G.F. GA Mil.
Boddingfield, Jas. AL 27th Inf. Co.I
Boddy, A.R. AL 53rd (Part.Rangers) Co.I
Boddy, H.B. AL Talladega Cty.Res. D.M. Reid's Co.
Boddy, M. MS 7th Inf. Co.K
Boddy, S. MS Inf. 3rd Bn. Co.I
Bode, Adolph LA Miles' Legion Co.F Cpl.
Bode, August VA 30th Inf. Co.A
Bode, Augustus MS 9th Inf. New Co.D
Bode, Ferdinand TX 36th Cav. Co.F
Bode, Fredrick LA 20th Inf. Co.B,A Sgt.
Bode, Gus. MS 10th Inf. Old Co.A
Bode, Henry LA 16th Inf. Co.D,A
Bode, John TX 4th Field Btty.
Bode, Lewis VA 19th Cav. Co.D
Bode, Louis VA 20th Cav. Co.B
Bode, W. LA Lewis Regt. Co.C
Bode, W. TX 4th Inf. Co.A
Bode, William MS Scouts Montgomery's Co.
Bode, William MS 9th Inf. New Co.D
Bode, William MS 9th Bn.S.S. Co.B
Bode, William MS 10th Inf. Old Co.A
Bode, William 20th Conf.Cav. Co.F
Bodeau, Eloi LA 7th Cav. Co.I
Bodeau, Oneziane LA 7th Cav. Co.I
Bodechtill, F. LA Mil.Conf.Guards Regt. Co.I
Bodect, O.S. AR 30th Inf. Co.K
Bodeford, E.D. GA 6th Inf. (St.Guards) Sim's Co.
Bodeford, G.W. GA Cav. Hall's Co.
Bodeford, Peter V. AL 25th Inf. Co.K 2nd Lt.
Bodeford, William AL Cav. Moreland's Regt. Co.C
Bodeker, Ferdinand W. NC 14th Inf. Co.K 1st Sgt.
Bodeker, George H. VA 1st Inf. Co.B
Bodeker, Otto TX Waul's Legion Co.D Sgt.
Bodeker, William TX Cav. Waller's Regt. Menard's Co.
Bodeker, William VA 2nd Cav. Co.K
Bodell, Adam VA 33rd Inf. Co.G
Bodell, Adam VA 136th Mil. Co.B
Bodell, David N. VA Wade's Regt.Loc.Def. Co.E
Bodell, George M. MD Cav. 2nd Bn. Co.C
Bodell, H. GA 63rd Inf. Co.K
Bodell, James VA Lt.Arty. B.Z. Price's Co.
Bodell, James VA 97th Mil. Co.B
Bodell, Wm. VA 33rd Inf. Conscr.
Bodell, William VA 97th Mil. Co.B
Bodemar, J. AR 18th Inf. Co.C
Bodemhaar, Peter R. NC Cav. 16th Bn. Co.H
Boden, Adam Conf.Inf. 1st Bn. Co.F
Boden, A.V. TN 5th Inf. 1st Co.F,C, Co.A
Boden, B. KY 2nd Mtd.Inf. Co.A
Boden, B. TN 46th Inf. Co.E Cpl.
Boden, F. SC 1st Inf. Co.O
Boden, George B. TN 5th Inf. 1st Co.F, 2nd Co.E Cpl.
Boden, George C. AL Eufaula Lt.Arty. Bugler
Boden, Henry GA 10th Inf. Co.A
Boden, James VA 60th Inf. Co.A
Boden, J.H. TN 10th (DeMoss') Cav. Co.I Cpl.
Boden, John VA 60th Inf. Co.A
Boden, John R. TX Cav. 3rd Regt.St.Troops
Boden, J.W. TN 5th Inf. 1st Co.F,C, Co.A
Boden, Peter TX 1st Hvy.Arty. Co.C
Boden, Quirin TX 1st Hvy.Arty. Co.C
Boden, William VA 60th Inf. Co.A
Bodenhamer, Adam NC 6th Sr.Res. Co.C,F
Bodenhamer, C.F. GA 8th Cav. Old Co.D
Bodenhamer, C.F. GA 62nd Cav. Co.D
Bodenhamer, C.F. NC 16th Inf. Co.H
Bodenhamer, C.F. NC 48th Inf. Co.K
Bodenhamer, Christian NC 6th Sr.Res. Co.C,F
Bodenhamer, Christian S. MO 3rd Cav. Co.A Sr.2nd Lt.
Bodenhamer, C.L. NC 33rd Inf. Co.G
Bodenhamer, C.S. Gen. & Staff Capt.,AQM
Bodenhamer, D.A. NC 1st Jr.Res. Co.C
Bodenhamer, David S. TN 32nd Inf. Co.H Sgt.Maj.
Bodenhamer, D.F. NC 53rd Inf. Co.A
Bodenhamer, D.H. NC 1st Jr.Res. Co.C
Bodenhamer, Eli P. NC 48th Inf. Co.K 1st Sgt.
Bodenhamer, Franklin D. TX Cav. 6th Bn. Co.C
Bodenhamer, Hezekiah NC Inf. 2nd Bn. Co.G Cpl.
Bodenhamer, J. NC 7th Sr.Res. Clinard's Co.
Bodenhamer, Jacob NC 48th Inf. Co.K
Bodenhamer, John C. NC 3rd Arty. (40th St.Troops) Co.C
Bodenhamer, John L. TN 32nd Inf. Co.H Bvt.2nd Lt.
Bodenhamer, J.P. NC 48th Inf. Co.K
Bodenhamer, Peter S.L. MS 31st Inf. Co.F,A Sgt.
Bodenhamer, P.R. GA 8th Cav. Old Co.D
Bodenhamer, P.R. GA 62nd Cav. Co.D
Bodenhamer, Randle NC 21st Inf. Co.K
Bodenhamer, S.H. MS 20th Inf. Co.A
Bodenhamer, T.H. NC 7th Sr.Res. Clinard's & Holland's Co. Sgt.
Bodenhamer, Thomas H.B. MS 17th Inf. Co.C
Bodenhamer, W.A. MS 41st Inf. Co.E
Bodenhamer, W.G. MS Cav. 2nd Bn.Res. Co.B 1st Lt.
Bodenhamer, W.G. MS Cav. Ham's Regt. Co.E Sgt.
Bodenhamer, William NC 48th Inf. Co.K
Bodenhamer, William A. NC 25th Inf. Co.E
Bodenhamer, William W. TX 5th Cav. Co.H
Bodenhammer, Frank NC 7th Sr.Res. Holland's Co.
Bodenhammer, J. NC 6th Sr.Res. Co.C
Bodenhammer, John A. NC 22nd Inf. Co.E
Bodenheimer, David NC 18th Inf. Co.G
Bodenheimer, L. LA 1st (Nelligan's) Inf. Co.H,A
Bodenheimer, L. LA Inf. 1st Sp.Bn. (Rightor's) Co.D
Bodenheimer, L. MS Inf. 2nd Bn. Co.D
Bodenheimer, L. MS 48th Inf. Co.D
Bodenheimer, Pleasant NC 42nd Inf. Co.A
Bodenhomer, Pleasant NC 22nd Inf. Co.E
Boderway, John LA 18th Inf. Co.G
Boderway, John LA Inf.Cons. 18th Regt. & Yellow Jacket Bn. Co.G
Bodet, --- LA Mil. 3rd Regt.Eur.Brig. (Garde Francaise) QM
Bodet, Chas. S. GA 8th Inf. Co.A
Bodey, Henry TX Waul's Legion Co.A
Bodey, W. SC Percival Scouts
Bodford, John AL 25th Inf. Co.A
Bodge, George E. LA 5th Inf. Co.A
Bodge, James AL Lt.Arty. 2nd Bn. Co.A
Bodge, James VA 24th Bn.Part.Rangers Co.B
Bodheimer, L. LA 28th (Gray's) Inf. Co.B
Bodia, Worril GA 32nd Inf. Co.F
Bodie, A.J. LA 28th (Gray's) Inf. Co.A
Bodie, A.J. MS Inf. 7th Bn. Co.C
Bodie, Alsa GA 1st Bn.S.S. Co.C
Bodie, Capias W. AL 42nd Inf. Co.C 2nd Lt.
Bodie, Caspers W. AL Inf. 1st Regt. Co.B
Bodie, Chesley LA 28th (Gray's) Inf. Co.A
Bodie, Davis S. SC 14th Inf. Co.B
Bodie, Davis S. SC Inf. Hampton Legion Co.B
Bodie, Felix E. SC 14th Inf. Co.B
Bodie, George W. MS 16th Inf. Co.F
Bodie, John SC 1st Inf. Co.H
Bodie, John R. SC 15th Inf. Co.K
Bodie, John S. GA 2nd Bn.S.S. Co.C
Bodie, Joseph SC 19th Inf. Co.F
Bodie, M. SC 1st Bn.S.S. Co.B
Bodie, Morgan SC 19th Inf. Co.A Sgt.
Bodie, N.A. AL 1st Bn. Hilliard's Legion Vol. Co.D Sgt.
Bodie, N.A. AL 60th Inf. Co.I Sgt.
Bodie, Nathan SC 14th Inf. Co.B
Bodie, Nicholas SC 24th Inf. Co.I
Bodie, N.W. GA 45th Inf. Co.H Sgt.
Bodie, Wesley SC 9th Inf. Co.H
Bodie, W.H. LA 27th Inf. Co.E
Bodie, Wiley SC 19th Inf. Co.A
Bodiee, G. LA Mil. Chalmette Regt. Co.H
Bodiford, A. AL 53rd (Part.Rangers) Co.I
Bodiford, A.G. AL 21st Inf. Co.G
Bodiford, Alex G. AL Conscr. Echols' Co.

Bodiford, Aley AL 17th Inf. Co.A
Bodiford, D.W. GA Lt.Arty. Howell's Co.
Bodiford, Elias P. AL 61st Inf. Co.K
Bodiford, Elias P. GA 25th Inf. Co.E
Bodiford, E.P. GA 38th Inf. 2nd Co.I
Bodiford, E.P. GA 60th Inf. 2nd Co.A
Bodiford, G.L. GA Lt.Arty. Howell's Co.
Bodiford, Henry SC 1st (Hagood's) Inf. 1st Co.H
Bodiford, Isaiah J. AL 37th Inf. Co.A
Bodiford, Isham AL 17th Inf. Co.A
Bodiford, Israel AL 17th Inf. Co.H
Bodiford, James AL 17th Bn.S.S. Co.B
Bodiford, James AL 39th Inf. Co.F
Bodiford, James L. AL Eufaula Lt.Arty.
Bodiford, James L. AL Inf. 1st Regt. Co.A
Bodiford, J.D. MS McLelland's Co. (Noxubee Home Guards)
Bodiford, John C. LA 8th Inf. Co.I
Bodiford, John J. AL 17th Inf. Co.A
Bodiford, J.S. GA 4th (Clinch's) Cav. Co.F
Bodiford, M. GA 8th Cav. Co.K
Bodiford, Marshal NC 46th Inf. Co.A
Bodiford, M.C. GA 62nd Cav. Co.K,H
Bodiford, S. AL Cav. Moreland's Regt. Co.C Cpl.
Bodiford, Stephen NC 46th Inf. Co.A
Bodiford, Thos. A. AL 21st Inf. Co.F
Bodiford, Uriah NC 46th Inf. Co.A
Bodiford, V.D. AL 23rd Inf. Co.F
Bodiford, W.A. AL 3rd Res. Co.C
Bodiford, Wesly H. FL Cav. 5th Bn. Co.A
Bodiford, W.H. GA Lt.Arty. Howell's Co.
Bodiford, William AL 5th Inf.
Bodiford, William AL 57th Inf. Co.I
Bodiford, William A. GA 11th Inf. Co.B
Bodiford, William P. AL 17th Inf. Co.A
Bodiker, W. TX 25th Cav.
Bodin, Alce LA Inf. 10th Bn. Co.F
Bodin, Alce LA Inf.Cons. 18th Regt. & Yellow Jacket Bn. Co.F
Bodin, Alcie LA 7th Cav. Co.I
Bodin, Belizaire LA 7th Cav. Co.I
Bodin, B.A.K. GA 5th Inf. (St.Guards) Johnston's Co.
Bodin, D. LA 3rd (Harrison's) Cav. Co.I
Bodin, J. TX 1st Hvy.Arty. Co.B
Bodin, Joseph LA Inf. 10th Bn. Co.F
Bodin, Joseph LA Inf.Cons. 18th Regt. & Yellow Jacket Bn. Co.F
Bodin, Moses AR Mil. Desha Cty.Bn.
Bodin, N. LA 3rd (Harrison's) Cav. Co.I
Bodin, Numa LA 7th Cav. Co.I
Bodin, R. LA 25th Inf. Co.F
Bodin, R.W. GA Inf. Clemons' Co.
Bodin, Ulysses LA Lovell's Scouts
Bodine, C. TX Inf. 1st St.Troops Biehler's Co.A
Bodine, Francis AL Lt.Arty. Ward's Btty.
Bodine, Henry AL 49th Inf. Co.E
Bodine, Henry MO 4th Cav. Co.K
Bodine, James TX 9th Cav. Co.G
Bodine, James L. MS 12th Cav. Co.B Sgt.
Bodine, James Vance MO Inf. 1st Bn. Co.B Sgt.
Bodine, James Vance MO 5th Inf. Co.K Cpl.
Bodine, John MS 28th Cav. Co.K,C,I
Bodine, John TX 27th Cav. Co.C
Bodine, John H. LA 1st (Strawbridge's) Inf. Co.E Cpl.
Bodine, John T. VA 2nd Inf. Co.E
Bodine, John W. VA Lt.Arty. Rogers' Co.
Bodine, Joseph R. TX 27th Cav. Co.C Cpl.
Bodine, Lanson KY 6th Mtd.Inf. Co.A
Bodine, O.H. TX Cav. Border's Regt. Co.B
Bodine, R.W. KY 1st (Butler's) Cav.
Bodine, Thomas W. TN 7th Inf. Co.K
Bodine, William AL Lt.Arty. Ward's Btty.
Bodine, William R. TX 27th Cav. Co.C
Bodkin, A. VA 52nd Inf. Co.D
Bodkin, Bazzle MO 9th Bn.S.S. Co.E
Bodkin, Benniah VA 62nd Mtd.Inf. 2nd Co.K
Bodkin, Eli VA 20th Cav. Co.K
Bodkin, Eli VA 62nd Mtd.Inf. 2nd Co.K
Bodkin, George W. VA 162nd Mil. Co.C
Bodkin, Green MO 9th Bn.S.S. Co.E
Bodkin, Isaac H. VA 31st Inf. Co.B
Bodkin, Israel VA 25th Inf. 2nd Co.F
Bodkin, J.A. VA 11th Cav. Co.G
Bodkin, James VA 62nd Mtd.Inf. 2nd Co.K
Bodkin, James A. VA 5th Inf. Co.H
Bodkin, John AR 30th Inf. Co.D
Bodkin, John VA 25th Inf. 2nd Co.F
Bodkin, John A. VA 25th Inf. 1st Co.E Cpl.
Bodkin, John A. VA 62nd Mtd.Inf. 2nd Co.K Cpl.
Bodkin, John L. VA Cav. 46th Bn. Co.E
Bodkin, Josiah VA 46th Mil. Co.A
Bodkin, Josiah VA 62nd Mtd.Inf. 2nd Co.K
Bodkin, Michael VA 25th Inf. 1st Co.E
Bodkin, Michel VA 62nd Mtd.Inf. 2nd Co.I
Bodkin, Patrick AL 9th Inf. Co.B
Bodkin, Robert VA 31st Inf. Co.E Cpl.
Bodkin, Samuel VA 62nd Mtd.Inf. 2nd Co.K
Bodkin, William A. VA 25th Inf. 1st Co.E
Bodkin, William H. VA 62nd Mtd.Inf. 2nd Co.K
Bodkin, William R. AR Lt.Arty. Thrall's Btty.
Bodkins, Charles W. VA 19th Cav. Co.D
Bodkins, Charles W. VA 20th Cav. Co.B
Bodkins, James TX 4th Inf. Co.A
Bodkins, J.C. TN 31st Inf. Co.E Cpl.
Bodkins, John AR 38th Inf. New Co.I
Bodkins, John MS 14th Inf. Co.I
Bodley, T.B. LA Lt.Arty. Fenner's Btty.
Bodley, T.B. LA Mil.Conf.Guards Regt. Co.D
Bodley, Thomas AL Arty. 1st Bn. Co.C
Bodman, H.A. TX Inf. 1st St.Troops Lawrence's Co.D
Bodman, J.F. AR 5th Inf. Co.I
Bodnon, C. TX Inf. 1st St.Troops Biehler's Co.A
Bodoin, Camile LA 26th Inf. Co.E
Bodoin, Delphin LA 26th Inf. Co.E
Bodoin, Octave LA 26th Inf. Co.F Cpl.
Bodoin, Phillip LA 2nd Cav. Co.D
Bodon, J.C. SC 2nd Arty. Co.A
Bodow, Henry SC 11th Inf. Co.G
Bodow, H.R. SC 25th Inf. Co.A
Bodow, J.C. SC 5th Cav. Co.C
Bodow, J.C. SC Cav. 17th Bn. Co.D
Bodreaux, Francois LA Mil. 1st Native Guards
Bodrey, John D. AL 12th Inf. Co.H
Bodrey, W.H. AL 10th Cav. Co.K 1st Lt.
Bodright, P. AL 17th Inf. Co.C
Bodry, Ethelbut L. MS 21st Inf. Co.F
Bodry, Hiram F. AR 1st (Colquitt's) Inf. Co.H
Bodry, H.T. AL 5th Cav. Co.C
Bodwell, Harmon NC 17th Inf. (2nd Org.) Co.H
Body, H.B. AL 63rd Inf. Co.F
Body, Joseph SC 22nd Inf. Co.I
Bodyhefer, Conrad VA 146th Mil. Co.F
Boe, Dominique LA Mil. St.James Regt. Co.F
Boe, P. LA Mil. 1st Regt. French Brig. Co.4
Boe, Pierre LA Mil. 2nd Regt. French Brig. Co.6
Boeckler, Paul TX 1st Hvy.Arty. Co.C
Boecklinger, Casper LA 20th Inf. Old Co.B,D
Boedeker, Friederich LA 20th Inf. Co.C Cpl.
Boedeker, Theodore TX Waul's Legion Co.C,D
Boeden, R.W. TX Cav. Baird's Regt. Co.H
Boeen, C. AL 44th Inf. Co.C
Boeer, Ernst TX Inf. Griffin's Bn. Co.F
Boeger, Ch TX 4th Inf. Co.F
Boeglin, Hy LA Mil. 4th Regt.Eur.Brig. Co.D
Boehl, Frederick TX 1st Hvy.Arty. Co.E
Boehl, G. TX 2nd Inf. Co.F
Boehlert, H. SC Mil. 16th Regt. Stiles' Co.
Boehm, A. LA Mil. 3rd Regt. 3rd Brig. 1st Div. Co.C
Boehm, A. LA Mil. 4th Regt.Eur.Brig. Co.C
Boehm, John W. VA 136th Mil. Co.H
Boehm, S. LA Mil. Orleans Fire Regt. Co.C
Boehn, H.W. TX 33rd Cav. Co.A
Boehn, Peter LA 22nd Inf. Co.D
Boehr, R. TX Waul's Legion Co.C
Boehringer, Jacob LA Mil.Cont.Regt. Lang's Co.
Boeker, August TX Waul's Legion Co.D
Boeker, Herman TX Waul's Legion Co.D
Boeley, I.J. MO 15th Cav. Co.F
Boelh, J. LA Mil. 1st Regt. French Brig. Co.5
Boemann, Hy LA Mil. 3rd Regt. 1st Brig. 1st Div. Co.F
Boen, C. TX 26th Cav. Co.C
Boen, Hiram AR 10th Mil. Co.I
Boen, Hiram TX Cav. 2nd Regt.St.Troops Co.I
Boen, James AL 49th Inf. Co.E
Boen, James MS 10th Cav. Co.A
Boen, Jesse AR 26th Inf. Co.H
Boen, J.M. AR 26th Inf. Co.H
Boen, John GA Mil. 6th Regt. Co.L
Boen, John MO Cav. Ford's Bn. Co.C
Boen, Pinkney AR 26th Inf. Co.H
Boen, Robert AR 14th (Powers') Inf. Co.E
Boen, Robert W. TX Cav. 2nd Regt.St.Troops Co.I
Boen, R.W. TX 26th Cav. Co.C
Boen, W. AR 10th Mil. Co.E
Boen, W. TN 4th Btty.
Boen, William Conf.Reg.Inf. Brooks' Bn. Co.B
Boener, Michael LA 7th Inf. Co.D
Boenicke, Herman VA 4th Cav. Co.B
Boening, John LA 30th Inf. Ch.Music.
Boensch, Walter B. TN 15th Cav. Co.H
Boepple, J.F. LA 1st Hvy.Arty. Co.E
Boer, Thomas E. VA 20th Cav. Co.B
Boerne, A. LA Mil. 3rd Regt. 3rd Brig. 1st Div. Co.C
Boerneri, Hermann TX 3rd Inf. Co.K Sgt.
Boerstein, L. SC Mil. 16th Regt. Prendergast's Co.
Boes, Able NC 56th Inf. Co.H
Boes, Abram NC 17th Inf. (2nd Org.) Co.F
Boes, Charles L. TX 17th Inf. Co.B
Boes, Thomas MS 46th Inf. Co.H
Boesch, C. SC 1st St.Troops Co.E
Boesch, Franz SC 3rd Cav. Co.G

Boesch, J. SC Inf. 1st (Charleston) Bn. Co.F
Boesch, J.F. SC Mil. 16th Regt. Prendergast's Co.
Boesch, J.J. SC 1st Regt. Charleston Guard Co.G
Boesch, J.J. SC 23rd Inf. Co.A
Boeschen, Charles SC 15th Inf. Co.A
Boeschen, Henry TX Waul's Legion Co.C
Boese, A. LA Mil. 4th Regt. 2nd Brig. 1st Div. Co.D
Boese, Charles TX 3rd Inf. Co.K Cpl.
Boesel, Ernst TX 4th Cav. Co.G Cpl.
Boesel, Ferd TX 4th Cav. Co.G Sgt.
Boesman, James NC Lt.Arty. 13th Bn. Co.F
Boesser, F. NC Mil. Clark's Sp.Bn. Co.B
Boetic, H.J. GA 45th Inf. Co.B
Boeting, Albert LA Mil. 3rd Regt. 1st Brig. 1st Div. Co.G
Boettcher, C.A. TX 13th Vol. 3rd Co.A
Boettcher, Charles LA Washington Arty.Bn. Co.1 Driver
Boettcher, Clement TX Inf. Griffin's Bn. Co.F,D
Boettger, Herni TX Cav. Ragsdale's Bn. Co.E Sgt.
Boettigheimer, Josiah VA 6th Inf. Co.D
Boetwall, Josial LA 1st Cav. Co.B
Boey, John MS 2nd Cav. Co.A
Boey, L. LA Mil. 3rd Regt. 1st Brig. 1st Div. Co.G
Bofenschen, Charles LA 2nd Inf. Co.C 1st Sgt.
Boff, Charles VA Loc.Def. Neff's Co.
Boffins, Jackson AR 34th Inf. Co.F
Boffman, John AR Lt.Arty. Marshall's Btty.
Bofil, Paul SC 24th Inf. Co.G
Bofinger, G. AL 17th Inf. Music.
Bogain, Cyprien LA Mil. 2nd Regt. French Brig. Co.6
Bogal, Catton NC 68th Inf.
Bogan, A.H. AL Conscr.
Bogan, A.J. LA Miles' Legion Co.A
Bogan, Alexander TN 9th (Ward's) Cav. Co.I
Bogan, Anthony Eng.Dept. Polk's Corps A. of TN Sap. & Min. Co.,CSA
Bogan, B. TN 12th (Green's) Cav. Co.A
Bogan, Bernard LA 1st Cav. Co.D
Bogan, B.G. SC 1st (McCreary's) Inf. Co.H
Bogan, B.G. SC 9th Res. Co.H
Bogan, Charles A. AL 19th Inf. Co.H
Bogan, Charles P. Gen. & Staff Surg.
Bogan, C.P. AR 37th Inf. Co.A Asst.Surg.
Bogan, E.H. AR 37th Inf. Co.G
Bogan, George MS 2nd Cav.Res. Co.E
Bogan, George MS 4th Inf. Co.A
Bogan, George MS 31st Inf. Co.I
Bogan, George W. GA Smith's Legion Stiff's Co.
Bogan, G.W. GA 6th Cav. Co.C 3rd Lt.
Bogan, Henry AL 6th Cav. Co.F
Bogan, Henry MS 31st Inf. Co.I
Bogan, Henry MS Moseley's Regt.
Bogan, Henry S. GA Smith's Legion Stiff's Co. 1st Lt.
Bogan, Holden SC 5th St.Troops Co.G
Bogan, Holden SC 7th Res. Co.A
Bogan, H.S. GA 6th Cav. Co.C 1st Lt.
Bogan, H.W. TN 31st Inf. Co.H
Bogan, I.C. NC 15th Inf. Co.B
Bogan, J. MS 2nd St.Cav. Co.D
Bogan, James J. LA 11th Inf. Co.E Sgt.
Bogan, James W. AL 19th Inf. Co.H
Bogan, J. Benjamin W. AR 33rd Inf. Co.F 1st Lt.
Bogan, J.C. AR 50th Mil. Co.G
Bogan, J.C. SC 15th Inf. Co.B
Bogan, Jesse AR 2nd Mtd.Rifles Co.E
Bogan, J.J. LA 13th Inf. Co.E
Bogan, John SC 18th Inf. Co.C
Bogan, John SC Inf. Holcombe Legion Co.A
Bogan, John VA 10th Bn.Res. Co.E
Bogan, L. LA Res.Corps
Bogan, M. TN 21st Inf. Co.G Cpl.
Bogan, Monroe AR Inf. Cocke's Regt. Co.A
Bogan, Pleasant M. MS 9th Inf. New Co.G
Bogan, P.P. SC 15th Inf. Co.B Sgt.
Bogan, R.A. TN 3rd (Forrest's) Cav. 1st Co.B
Bogan, R.F. SC 1st (Hagood's) Inf. 2nd Co.H
Bogan, R.H. GA Inf. City Bn. (Columbus) Co.B
Bogan, Richard H. MS 17th Inf. Co.C Ord.Sgt.
Bogan, Robert J.H. MS 21st Inf. Co.F Sr.2nd Lt.
Bogan, Samuel VA 20th Cav. Co.C
Bogan, S.L. MS 1st Cav. Co.K
Bogan, T.D. MS 7th Inf. Co.H
Bogan, Thomas D. MS 1st (Johnston's) Inf. Co.D
Bogan, Warren J. AL 3rd Inf. Co.K
Bogan, William LA 13th Inf. Co.K
Bogan, William H. TN 31st Inf. Co.H
Bogan, William R. MS 9th Inf. Co.B
Bogan, Zachariah AR 1st Mtd.Rifles Co.C
Boganni, J. SC Mil. 1st Regt. (Charleston Res.) Co.B
Bogar, Moses NC 42nd Inf. Co.F
Bogard, Archie TN Cav.
Bogard, Benjamin T. KY 8th Cav.
Bogard, David TX 11th Inf. Co.H
Bogard, E.H. MS 3rd Cav. Co.D 2nd Lt.
Bogard, Erastus L. AR 17th (Lemoyne's) Inf. Co.H
Bogard, Erastus L. AR 21st Inf. Co.G Sgt.
Bogard, George TX 11th Inf. Co.H
Bogard, G.M. MS 34th Inf. Co.C
Bogard, Jacob MS 3rd Cav. Co.G
Bogard, Jacob S. MS Hamer's Co. (Salem Cav.)
Bogard, Jacob S. MS 19th Inf. Co.H
Bogard, James KY 4th Mtd.Inf. Co.H
Bogard, J.H. MS 3rd Cav. Co.G,K
Bogard, J.H. MS 18th Cav. Co.D
Bogard, John TN Lt.Arty. Rice's Btty.
Bogard, John D. AR 8th Inf. New Co.B
Bogard, John Johnson MS 34th Inf. Co.C
Bogard, John W. MS 9th Inf. New Co.C
Bogard, J.S. AR 50th Mil. Co.D
Bogard, L.C. AR 1st (Monroe's) Cav. Co.E Cpl.
Bogard, L.C. LA 22nd (Cons.) Inf. Co.H
Bogard, L.C. MS 3rd Cav. Co.K
Bogard, Marion A. AR 17th (Lemoyne's) Inf. Co.H 2nd Lt.
Bogard, Marion A. AR 21st Inf. Co.G,A Capt.
Bogard, Michael LA 1st Hvy.Arty. (Reg.) Co.A
Bogard, M.L. KY 6th Mtd.Inf. Co.H Cpl.
Bogard, Richard T. MS Cav. Hughes' Bn. Co.H
Bogard, Samuel TN 62nd Mtd.Inf. Co.K
Bogard, T.C. AL 9th Inf. Co.C
Bogard, T.C. KY 12th Cav. Co.G
Bogard, Thomas M. AR 17th (Lemoyne's) Inf. Co.H
Bogard, Thomas M. AR 21st Inf. Co.G,A
Bogard, T.M. MS 3rd Cav. Co.G,K
Bogard, W.H. KY 1st Inf. Co.F Cpl.
Bogard, W.H. TN 50th Inf.
Bogard, William C. AR 50th Mil. Co.D Sgt.
Bogard, William H. KY Cav. Bolen's Ind.Co.
Bogard, William J. MO Searcy's Bn.S.S. Co.C
Bogard, Z.D. AR 2nd Vol. Co.C
Bogards, Samuel VA 42nd Inf. Co.E
Bogardus, Henry GA 1st (Olmstead's) Inf. Gordon's Co.
Bogardus, Henry S. GA 63rd Inf. Co.B,F QMSgt.
Bogart, A. TN 2nd (Ashby's) Cav. Co.A
Bogart, A. TN Cav. 5th Bn. (McClellan's) Co.A
Bogart, A.H. AR 3rd Cav. 3rd Co.E
Bogart, A.H. TX 8th Cav. Co.G
Bogart, Daniel TN 1st Hvy.Arty. Co.K, 2nd Co.C 1st Lt.
Bogart, David N. NC Snead's Co. (Loc.Def.)
Bogart, Ed. G. MO Cav. 6th Regt.St.Guard Lt.Col.
Bogart, E.G. MO 6th Cav. Co.G Comsy.
Bogart, Garret VA Burks' Regt.Loc.Def. Shield's Co.
Bogart, H.M. TN 62nd Mtd.Inf. Co.F Cpl.
Bogart, James LA Inf. 16th Bn. (Conf.Guards Resp.Bn.) Co.A
Bogart, J.H. GA 8th Inf. Co.B
Bogart, J.L. TN 62nd Mtd.Inf. Co.F
Bogart, John TN 3rd (Lillard's) Mtd.Inf. Co.H
Bogart, John H. VA 61st Inf. Co.C Sgt.
Bogart, L.M. TN 43rd Inf. Co.G Sgt.
Bogart, Michael LA 14th Inf. Co.C
Bogart, Samuel TN 37th Inf. Co.G Sgt.
Bogart, S.H. TN 36th Inf. Co.F
Bogart, S.W. NC 64th Inf. Co.K
Bogart, William LA Inf. 16th Bn. (Conf.Guards Resp.Bn.) Co.A
Bogart, William S. GA Arty. Wheaton's Co. (Chatham Arty.)
Bogart, William S. GA 1st (Olmstead's) Inf. Claghorn's Co.
Bogart, W.W. TN 62nd Mtd.Inf. Co.C 1st Sgt.
Bogarth, J.M. TN Inf. 2nd Cons.Regt. Co.F
Bogatski, A. SC Mil. 16th Regt. Triest's Co.
Boge, H. NC 31st Inf. Co.G
Boge, James TN Cav. Kaiser's Regt.
Bogeatte, Michael VA 5th Cav. Co.I
Bogel, James VA 18th Cav. Co.B
Bogel, J.M. TN 21st & 22nd (Cons.) Cav. Co.A
Bogel, Jules LA 3rd Inf. Co.K Cpl.
Bogemann, C. TX 4th Inf. Co.A
Bogen, Holden NC 4th Sr.Res. Co.E
Bogeord, W.T. AR 8th Cav. Peoples' Co.
Boger, Allen NC 4th Sr.Res. Co.F
Boger, Andrew MS 10th Inf. New Co.B
Boger, Daniel P. NC 7th Inf. Co.B 2nd Lt.
Boger, Dan N. NC 17th Inf. (2nd Org.) Co.L
Boger, G.A. NC 57th Inf. Co.A Sgt.
Boger, George NC 17th Inf. (2nd Org.) Co.L
Boger, George A. NC 42nd Inf. Co.D
Boger, George A. NC Pris.Guards Howard's Co.
Boger, George C. NC 2nd Inf. Co.H
Boger, Green L. AL 16th Inf.

Boger, Jacob NC 5th Inf. Co.B
Boger, Jacob NC 20th Inf. Co.A
Boger, James NC 42nd Inf. Co.D
Boger, James W. NC Pris.Guards Howard's Co.
Boger, John A. NC 7th Inf. Co.G
Boger, John W. TX 18th Inf. Co.G
Boger, Julius C. AL 4th Cav. Co.B
Boger, J.W. NC 57th Inf. Co.A
Boger, Monroe NC 57th Inf. Co.F
Boger, Moses NC 42nd Inf. Co.D
Boger, Paul NC 42nd Inf. Co.F
Boger, Peter A. NC 57th Inf. Co.F
Boger, Peter F. GA 23rd Inf. Co.F
Boger, W. Harrison NC 48th Inf. Co.C
Boger, William H. NC 42nd Inf. Co.G
Bogert, A. Henry AR 2nd Cav. 1st Co.A
Bogert, A. Hervy AR Cav. 6th Bn. Co.C
Bogert, Peter TN Lt.Arty. Polk's Btty.
Boges, --- TX Cav. Mann's Regt. Co.G Cpl.
Bogess, Thomas NC McMillan's Co.
Boget, C. FL 1st (Res.) Inf. Co.D
Boget, Jesse AR 11th Inf. Co.D
Boget, S.L. LA 3rd (Wingfield's) Cav. Co.A
Bogeth, Wm. TX Conscr.
Bogett, H. TN 21st Inf. Co.C
Bogett, P. TN 21st Inf. Co.C
Bogett, W.H. GA Inf. 1st City Bn. (Columbus) Co.B
Bogg, I.H. NC 2nd Inf. Sgt.
Bogg, James VA 19th Cav. Co.H Sgt.
Bogg, John VA 50th Inf. Co.H
Boggan, A. MS Inf. 2nd St.Troops Co.E
Boggan, Alexander MS 6th Inf. Co.H Sgt.
Boggan, Alexander M. NC 3rd Arty. (40th St.Troops) Co.G,C
Boggan, Charles A. MS 11th Inf. Co.I
Boggan, C.O. LA 19th Inf. Co.I
Boggan, Cornelius W. MS 1st Lt.Arty. Co.C
Boggan, D.P. MS 6th Cav. Co.K
Boggan, G.B. MS 18th Cav. Co.C,F
Boggan, George D. NC 43rd Inf. Co.H
Boggan, H. MS Blythe's Bn. (St.Troops) Co.A
Boggan, H.H.W. MS Unatt.Cav. Capt.
Boggan, James NC 43rd Inf. Co.K Capt.
Boggan, James J. MS 6th Inf. Co.H Sgt.
Boggan, James N. NC 3rd Arty. (40th St.Troops) Co.G
Boggan, J.G. LA 19th Inf. Co.I
Boggan, J.G. MS 2nd St.Cav. Co.H
Boggan, J.G. MS 6th Cav. Co.K
Boggan, John MS 1st (Johnston's) Inf. Co.D
Boggan, John, Sr. NC 43rd Inf. Co.H
Boggan, John A. NC 43rd Inf. Co.K 2nd Lt.
Boggan, John H. AL Inf. 1st Regt. Co.K
Boggan, P. MS Inf. 1st Bn.St.Troops (12 mo. '62-3) Co.E Cpl.
Boggan, P. MS 6th Inf. Co.H
Boggan, Patrick NC 43rd Inf. Co.H
Boggan, Paul MS 42nd Inf. Co.C
Boggan, Pleasant M. MS 8th Inf. Co.G
Boggan, Richard P. MS 9th Inf. Old Co.B
Boggan, R.P. MS 18th Cav. Co.F
Boggan, R.P. MS 10th Inf. New Co.I 1st Sgt.
Boggan, Solomon AL 6th Inf. Co.I
Boggan, T.A. MS 2nd Cav.Res. Co.C Cpl.
Boggan, Thomas L. MS 10th Inf. New Co.I 1st Lt.
Boggan, Thomas M. AL Inf. 1st Regt. Co.K
Boggan, Walter J. NC 14th Inf. Co.C 2nd Lt.
Boggan, Walter J. NC 43rd Inf. Co.H Maj.
Boggan, W.B. MS 8th Cav. Co.H
Boggan, William GA Cav. 19th Bn. Co.D
Boggan, William TN 18th (Newsom's) Cav. Co.D Cpl.
Boggan, William 10th Conf.Cav. Co.I
Boggan, William H. NC 4th Cav. (59th St.Troops) Co.A
Boggan, William H. NC 14th Inf. Co.C
Boggan, William H. TN 10th (DeMoss') Cav. Co.B
Boggan, William W. NC 26th Inf. Co.K 2nd Lt.
Boggan, William W. NC 43rd Inf. Co.H 2nd Lt.
Boggan, W.P. MS 2nd St.Cav. Co.H 2nd Lt.
Boggan, Young W. MS 8th Inf. Co.G
Boggans, D.P. LA 18th Inf. Co.C
Boggar, Charles E. MS 2nd Cav. Co.A 2nd Lt.
Boggas, G.B. GA 51st Inf. Co.I
Bogge, Richard GA Inf. Athens Reserved Corps Sgt.
Boggen, John H. AL 1st Regt.Conscr. Co.E
Boggen, Thomas M. AL 1st Regt.Conscr. Co.E
Boggenbohl, Henry LA 20th Inf. Co.D
Boggers, A.M. TX 14th Field Btty.
Boggers, F.M. GA Cav. 12th Bn. (St.Guards) Co.A
Boggers, J.H. LA 2nd Cav. Co.G
Boggers, Rush TX 12th Inf. Co.D
Boggers, Thomas MS 1st Cav. Co.G
Boggess, A. VA 5th Bn.Res. Lt.
Boggess, A. VA VMI Co.C 2nd Lt.
Boggess, Abijah F. TN 26th Inf. Co.A Capt.
Boggess, Albert TX 12th Cav. Co.A
Boggess, Albert TX 14th Cav. Co.A 1st Sgt.
Boggess, Albert VA 20th Cav. Co.E
Boggess, Albert VA Horse Arty. Lurty's Co. QMSgt.
Boggess, Albert Gen. & Staff 2nd Lt.,Dr.M.
Boggess, Benjamin B. VA 27th Inf. Co.F
Boggess, Brazilia B. TX 1st (McCulloch's) Cav. Co.H
Boggess, Brazzilia B. TX Cav. 1st Morgan's Regt. Co.B
Boggess, George VA 10th Cav. Co.G Cpl.
Boggess, Henry J. TX 1st (McCulloch's) Cav. Co.H Bugler
Boggess, Henry J. TX Cav. Morgan's Regt. Co.B
Boggess, H.K. MO 12th Cav. Co.B
Boggess, Irby H. TN 5th (McKenzie's) Cav. Co.B
Boggess, Irby H. TN Cav. 5th Regt. Asst.Comsy.
Boggess, Jiles S. TX 3rd Cav. Co.B Lt.Col.
Boggess, John A. TX 12th Inf. Co.D
Boggess, John B. TN 3rd (Lillard's) Mtd.Inf. Co.I
Boggess, John M. TX 16th Cav. Co.F
Boggess, John W. VA 6th Cav. Co.A
Boggess, Milton M. TX 1st (McCulloch's) Cav. Co.H Capt.
Boggess, Milton M. TX Cav. Morgan's Regt. Co.B Capt.
Boggess, Nimrod VA 60th Inf. 2nd Co.H
Boggess, R.O. Gen. & Staff Capt.,AQM
Boggess, Simon M. TN 3rd (Lillard's) Mtd.Inf. Co.I
Boggess, Thomas AL 49th Inf. Co.E
Boggess, Thomas S. MS 11th (Perrin's) Cav. Co.B 1st Lt.
Boggess, Thomas S. MS St.Cav. Perrin's Bn. Co.G 1st Lt.
Boggess, Wade MO 3rd Inf. Co.C
Boggess, Wade H. AL 49th Inf. Co.E 2nd Lt.
Boggess, William VA 22nd Inf. Co.B
Boggess, William L. AL 9th Inf. Co.K Jr.2nd Lt.
Boggess, William R. VA 108th Mil. Co.G
Boggin, J.H. MS 3rd Cav. Co.A
Boggins, L. MS 1st Lt.Arty.
Boggins, Samuel B. GA 41st Inf. Co.I Sgt.
Boggs, --- GA 9th Inf. Asst.Surg.
Boggs, A.A. VA Cav. McNeill's Co. 2nd Lt.
Boggs, Aaron SC Cav. 10th Bn. Co.B 2nd Lt.
Boggs, Aaron H. GA Cobb's Legion Co.H
Boggs, Aaron J. AL 28th Inf. Co.I
Boggs, A.D. TX 9th (Nichols') Inf. Co.K
Boggs, A.D. TX Inf. Timmons' Regt. Co.E,I Cpl.
Boggs, A.D. TX Waul's Legion Co.D Cpl.
Boggs, Adams NC 38th Inf. Co.H
Boggs, Addison AL 16th Inf. Co.E
Boggs, A. Devotie TX Inf. Whaley's Co.
Boggs, A.H. GA 4th Cav. (St.Guards) Robertson's Co.
Boggs, A.J. AR 19th (Dockery's) Inf. Co.A
Boggs, A.J. GA 7th Inf. Co.G
Boggs, A.J. 10th Conf.Cav. Co.A Far.
Boggs, Alex C. LA 19th Inf. Co.A Cpl.
Boggs, Alvis NC 8th Inf. Co.I
Boggs, A.M. SC 4th Cav. Co.C
Boggs, A.M. SC Hvy.Arty. Gilchrist's Co. (Gist Guard)
Boggs, A.M. SC Arty. Manigault's Bn. Co.E
Boggs, A. Madison SC Cav. 10th Bn. Co.B
Boggs, Andrew GA 4th Cav. (St.Guard) Robertson's Co.
Boggs, Andrew GA 11th Cav. Co.B
Boggs, Andrew J. AL Cav. 5th Bn. Hilliard's Legion Co.A
Boggs, Andrew J. AL 3rd Res. Co.E
Boggs, Andrew M. AL 28th Inf. Co.I
Boggs, A.P. GA Hvy.Arty. 22nd Bn. Co.F Ord.Sgt.
Boggs, A.P. GA Inf. 1st Loc.Troops (Augusta) Dearing's Cav.Co.
Boggs, A.P. GA 1st (Symons') Res. Co.K
Boggs, A. Pickens GA 10th Inf. Co.B Capt.
Boggs, Archibald GA Inf. 1st Loc.Troops (Augusta) Co.A
Boggs, Archibald VA 19th Cav. Co.G
Boggs, Arrington NC Inf. 2nd Bn. Co.F
Boggs, Arrington G. NC 42nd Inf. Co.I Sgt.
Boggs, Asa AL 14th Inf. Co.F
Boggs, B. GA 32nd Inf. Co.B
Boggs, Barney GA 1st Bn.S.S. Co.C
Boggs, B.B. TN 22nd Inf. Looney's Co.
Boggs, B.B. TN 38th Inf. Co.L
Boggs, Benjamin F. AL 8th Inf. Co.A
Boggs, Benjamin F. SC Inf. Hampton Legion Co.D
Boggs, B.F. AL 2nd Cav. Co.I

Boggs, B.F. SC 4th Cav. Co.C
Boggs, B.F. SC Cav. 10th Bn. Co.B
Boggs, B.W. MO 9th Bn.S.S. Co.A Sgt.
Boggs, C. VA 18th Cav. 2nd Co.E
Boggs, Caldwell AR 23rd Inf. Co.K
Boggs, Charles A. VA 9th Cav. Chap.
Boggs, Charles D. VA 25th Inf. 1st Co.F Capt.
Boggs, Charles D. VA 62nd Mtd.Inf. 2nd Co.F Capt.
Boggs, Chas. H. Gen. & Staff Chap.
Boggs, Charles W. VA 14th Cav. Co.M
Boggs, Charles W. VA 19th Cav. Co.H
Boggs, Choang T. GA 1st Reg. Co.H Sgt.Maj.
Boggs, Christian C. VA 5th Inf. Co.A
Boggs, Columbus B. AL 16th Inf. Co.E
Boggs, C.W. GA 9th Inf. Co.E
Boggs, D. 1st Cherokee Mtd.Vol. Co.J
Boggs, D.A. VA Inf. 2nd Bn.Loc.Def. Co.D
Boggs, Daniel 1st Squad. Cherokee Mtd.Vol. Co.A
Boggs, Daniel A. VA 11th Inf. Co.K
Boggs, David C. MO 2nd Cav. Co.C
Boggs, Doctor F. VA 29th Inf. 1st Co.F, Co.A
Boggs, Edward W. VA 25th Inf. 2nd Co.E Capt.
Boggs, E.H. TN 4th Cav.
Boggs, Eligah KY 13th Cav. Co.D
Boggs, Elihu TN 8th (Smith's) Cav. Co.L Black.
Boggs, Elijah F. VA 39th Inf. Co.L
Boggs, Elijah F. VA 46th Inf. 4th Co.F Cpl.
Boggs, Ezekiel GA 29th Inf. Co.D
Boggs, F. AL Cav. Moreland's Regt. Co.E
Boggs, F.J. VA Lt.Arty. 12th Bn. Maj.
Boggs, Francis VA Inf. 4th Bn.Loc.Def. Co.A 2nd Lt.
Boggs, Francis J. VA 1st Inf. Co.H Capt.
Boggs, Franklin VA 64th Mtd.Inf. Co.H Cpl.
Boggs, Garner SC 1st (Orr's) Rifles Co.A
Boggs, G.E. SC 6th Inf. 1st Co.C, 2nd Co.G
Boggs, George W.B. SC Cav.Bn. Hampton Legion Co.B
Boggs, G.R. VA 30th Bn.S.S. Co.F
Boggs, G.R. VA 60th Inf. Co.G
Boggs, Harrison H. MO Inf. 3rd Bn. Co.E
Boggs, Harrison H. MO 6th Inf. Co.C
Boggs, H.D. SC Inf. Hampton Legion Co.D
Boggs, Henry KY 13th Cav. Co.D
Boggs, Henry NC 53rd Inf. Co.F
Boggs, Henry M. VA 60th Inf. Co.F
Boggs, Henry R. VA 62nd Mtd.Inf. 2nd Co.G
Boggs, H.J. MO 12th Cav. Co.E
Boggs, Hugh KY 5th Mtd.Inf. Co.D
Boggs, H.W.M. SC 7th Cav. Co.G Artif.
Boggs, H.W.M. SC Rutledge Mtd.Riflemen & Horse Arty. Trenholm's Co.
Boggs, Isaac O. AL 16th Inf. Co.E
Boggs, Isah AL 17th Inf. Co.C
Boggs, I.T. MS 1st (King's) Inf. (St.Troops) Co.D
Boggs, J. GA 29th Inf. Co.D
Boggs, J. KY 2nd (Duke's) Cav. Co.A
Boggs, J. LA 4th Cav. Co.F
Boggs, J.A. NC 21st Inf. Co.F
Boggs, J.A. SC Inf. Hampton Legion Co.D
Boggs, Jacob A. NC 21st Inf. Co.G
Boggs, Jacob S. VA 60th Inf. Co.F
Boggs, James GA 1st Bn.S.S. Co.C
Boggs, James GA 32nd Inf. Co.B
Boggs, James KY 5th Mtd.Inf. Co.D
Boggs, James NC 21st Inf. Co.L
Boggs, James VA 50th Inf. Co.H Sgt.
Boggs, James C. VA 25th Inf. 1st Co.F
Boggs, James C. VA 62nd Mtd.Inf. 2nd Co.F
Boggs, James E. VA 22nd Inf. Co.E Sgt.
Boggs, James H. KY 7th Cav. Co.F
Boggs, James H. TX 18th Inf. Co.F
Boggs, James M. MS 22nd Inf. Co.B
Boggs, James M. SC 2nd Rifles Co.F
Boggs, James M. VA Inf. 9th Bn. Duffy's Co.C 1st Lt.
Boggs, James M. VA 50th Inf. Co.H
Boggs, James M. Conf.Cav. 7th Bn. Co.A Sgt.
Boggs, James R. GA Inf. Athens Reserved Corps
Boggs, James S. GA 38th Inf. Co.E
Boggs, James W. TX 13th Vol. 2nd Co.I
Boggs, James W. VA 60th Inf. Co.G
Boggs, J.C. GA 9th Inf. Co.E
Boggs, J.C. SC 1st Cav. Co.F Sgt.
Boggs, Jehu NC 27th Inf. Co.G
Boggs, Jehu VA 36th Inf. 2nd Co.E
Boggs, Jeremiah NC 53rd Inf. Co.F
Boggs, Jeremiah J.L. MS 9th Inf. Old Co.F
Boggs, Jesse MO 9th Inf. Co.C
Boggs, Jesse MO Inf. Clark's Regt. Co.B
Boggs, Jesse NC 53rd Inf. Co.F
Boggs, Jesse VA 64th Mtd.Inf. Co.H Cpl.
Boggs, Jesse F. VA 29th Inf. 1st Co.F
Boggs, J.H. SC Cav. 10th Bn. Co.B
Boggs, J.H. SC 1st (Butler's) Inf. Co.G
Boggs, J.H. SC Inf. Hampton Legion Co.I
Boggs, J.K. GA 8th Inf. Co.A
Boggs, J.L. MS 3rd Cav. Co.E 1st Sgt.
Boggs, J.L. SC 1st St.Troops Co.B
Boggs, J.L. SC 3rd Res. Co.K
Boggs, J.M. SC 1st St.Troops Co.B
Boggs, J.N. Gen. & Staff Asst.Surg.
Boggs, John KY 8th Cav. Co.B
Boggs, John KY Fields' Co. (Part.Rangers)
Boggs, John LA 16th Inf. Co.F Cpl.
Boggs, John MS 33rd Inf. Co.K
Boggs, John MO 12th Cav. Co.E
Boggs, John MO Cav. Slayback's Regt. Capt.,ACS
Boggs, John VA 17th Cav. Co.I
Boggs, John VA 20th Cav. Co.F
Boggs, John VA 51st Inf. Co.A
Boggs, John 1st Cherokee Mtd.Rifles Co.B Sgt.
Boggs, John A. LA 28th (Gray's) Inf. Co.D
Boggs, John A. VA 135th Mil. Co.B
Boggs, John D. NC 55th Inf. Co.C Sgt.
Boggs, John G.W.G. FL Inf. 2nd Bn. Co.E
Boggs, John M. VA 50th Inf. Co.H
Boggs, John O. TX 14th Inf. Co.G
Boggs, John R. AR 11th Inf. Co.G
Boggs, John R. VA 22nd Inf. Co.B
Boggs, John R. VA 29th Inf. 1st Co.F Sgt.
Boggs, John R. VA 135th Mil. Co.A
Boggs, John T. VA 39th Inf. Co.L
Boggs, Joseph AL Cav. 5th Bn. Hilliard's Legion Co.A
Boggs, Joseph GA 32nd Inf. Co.B
Boggs, Joseph Conf.Cav. 7th Bn. Co.A
Boggs, Joseph A. TN 41st Inf. Co.D
Boggs, Joseph J. AL 1st Bn. Hilliard's Legion Vol. Co.B
Boggs, Joseph M. AL Cp. of Instr. Talladega
Boggs, Joseph N. AL 4th Inf. Co.D
Boggs, Joseph P. TX Cav. Morgan's Regt. Co.B
Boggs, Joseph R. GA 15th Inf. Co.A
Boggs, Joseph S. GA 1st Reg. Co.L
Boggs, J.R. AR 2nd Inf. New Co.E
Boggs, J. Thomas SC Palmetto S.S. Co.I
Boggs, J.W. AL Gen. & Staff Asst.Surg.
Boggs, J.W. AR 8th Cav. Co.E
Boggs, J.W. AR 8th Inf. Co.K
Boggs, J.W. LA 4th Cav. Co.F
Boggs, J.W. VA 30th Bn.S.S. Co.F
Boggs, J.W.P. AR 7th Inf. Co.F
Boggs, Kelly NC 42nd Inf. Co.A
Boggs, Lawrence VA 30th Bn.S.S. Co.F
Boggs, Levi KY 13th Cav. Co.D
Boggs, Levi VA 19th Cav. Co.K Sgt.
Boggs, Lewis NC 1st Inf. Co.D
Boggs, Lewis J. AR 26th Inf. Co.B
Boggs, Lilbern MO Lt.Arty. 3rd Btty. Cpl.
Boggs, Lilburn LA 14th Inf. Co.C
Boggs, Lilburn W. MO Arty. Lowe's Co. Cpl.
Boggs, Littleton T. VA 39th Inf. Co.L
Boggs, L.O. GA Inf. 26th Bn. Co.C
Boggs, Milton A. GA Carlton's Co. (Troup Cty.Arty.)
Boggs, Milton A. GA Cobb's Legion Co.C
Boggs, M.R. AL Mil. 4th Vol. Co.K
Boggs, M.R. GA 23rd Inf. Co.B
Boggs, M.R. GA Inf. 23rd Bn.Loc.Def. Cook's Co.
Boggs, M.R. SC Cav. 10th Bn. Co.B
Boggs, N.E. NC 13th Inf. Co.D
Boggs, N.E. NC 15th Inf. Co.D
Boggs, N.E. NC 49th Inf. Co.B Sgt.
Boggs, Noah C. NC 34th Inf. Co.E
Boggs, Norman VA 8th Inf.
Boggs, N.S. NC 3rd Jr.Res. Co.B
Boggs, N.S. NC 4th Bn.Jr.Res. Co.B
Boggs, Owen MO Cav. Williams' Regt. Co.K Cpl.
Boggs, Peter NC 1st Arty. (10th St.Troops) Co.D
Boggs, Peter NC 8th Inf. Co.K
Boggs, Peter F. NC 1st Cav. (9th St.Troops) Co.A
Boggs, Pleasant L. TN 34th Inf. Co.G Sgt.
Boggs, R.H. AR 26th Inf. Co.G
Boggs, R.H. NC 1st Jr.Res. Co.I
Boggs, Richard GA 11th Cav. Co.B
Boggs, Richard 2nd Cherokee Mtd.Vol. Co.F
Boggs, Richard H.H. GA 38th Inf. Co.E
Boggs, Richard P. GA 36th (Broyles') Inf. Co.D
Boggs, Robert AL Inf. 2nd Regt. Co.H 1st Lt.
Boggs, Robert VA 54th Mil. Co.C,D
Boggs, Robert Gen. & Staff 1st Lt.,ADC
Boggs, Robert G. VA Hvy.Arty. 20th Bn. Co.B
Boggs, Robert G. VA 38th Inf. 2nd Co.I
Boggs, R.P. GA Floyd Legion (St.Guards) Co.F
Boggs, R.Q. AR 8th Cav. Co.E
Boggs, R.W. GA 8th Inf. Co.A Cpl.
Boggs, Sampson VA 22nd Inf. Co.E
Boggs, Samuel GA 1st Bn.S.S. Co.C Cpl.
Boggs, Samuel GA 32nd Inf. Co.B
Boggs, Samuel TN 34th Inf. Co.G
Boggs, Samuel H. GA 38th Inf. Co.E
Boggs, Samuel J. LA 28th (Gray's) Inf. Co.B
Boggs, Samuel R. MS 34th Inf. Co.D

Boggs, S.D. SC 7th Cav. Co.B
Boggs, Shoe boots 1st Cherokee Mtd.Rifles Co.B
Boggs, S.M.C. NC 15th Inf. Co.D
Boggs, S.M.C. NC 49th Inf. Co.B
Boggs, Stanford NC 1st Inf. Co.D
Boggs, Stephen B. GA 35th Inf. Co.F
Boggs, Stephen W. NC 42nd Inf. Co.A
Boggs, Stimpson NC 6th Sr.Res. Co.C,F Cpl.
Boggs, T.A. SC 6th Inf. 1st Co.C, 2nd Co.G
Boggs, T.G. SC 17th Inf. Co.E
Boggs, Thaddeus VA 19th Cav. Co.H
Boggs, Thadeus VA 30th Bn.S.S. Co.F
Boggs, Thomas NC 7th Sr.Res. Bradshaw's Co.
Boggs, Thomas SC 1st Arty. Co.E
Boggs, Thomas A. GA 6th Cav. Co.H
Boggs, Thomas A. GA 1st Mil.
Boggs, Thomas D. NC 16th Inf. Co.C
Boggs, Thomas H. SC 2nd Rifles Co.E Lt.Col.
Boggs, Thomas J. TN 1st (Turney's) Inf. Co.H
Boggs, Thomas K. SC Inf. Hampton Legion Co.D
Boggs, Thomas S. AL 62nd Inf. Co.D
Boggs, W. TN Cav. Jackson's Co. Cpl.
Boggs, W.A. GA Cav. 20th Bn. Co.E
Boggs, Walter VA 19th Cav. Co.H
Boggs, W.C. TN Cav. Williams' Co.
Boggs, W.E. SC Mil. 17th Regt. Rogers' Co.
Boggs, W.H. MS 38th Cav. Co.B
Boggs, William GA 36th (Broyles') Inf. Co.D
Boggs, William MO 2nd Cav. Co.F
Boggs, William MO 8th Inf. Co.I
Boggs, William MO 10th Inf. Co.G
Boggs, William TN 9th (Ward's) Cav. Co.F
Boggs, William VA 18th Cav. 2nd Co.E Cpl.
Boggs, William VA Hvy.Arty. 20th Bn. Co.B
Boggs, William A. GA 1st (Olmstead's) Inf. Co.G
Boggs, William B. NC 13th Inf. Co.E
Boggs, William C. TN 13th Cav. Co.F
Boggs, William C. TN 14th Cav. Co.F
Boggs, William E. SC 6th Inf. Chap.
Boggs, Wm. E. Gen. & Staff Chap.
Boggs, William F. VA Swan's Bn.St.Line Co.K
Boggs, William H. GA 24th Inf. Co.C
Boggs, William H. NC 1st Arty. (10th St.Troops) Co.D
Boggs, William J. TX 18th Inf. Co.F
Boggs, William L. VA 19th Cav. Co.H
Boggs, William L. VA Cav. 47th Bn. Co.A
Boggs, William M. GA 35th Inf. Co.F
Boggs, William M. VA Inf. 26th Bn. Co.E
Boggs, William M. VA 135th Mil. Co.A
Boggs, William P. GA 5th Inf. Co.F
Boggs, William W. LA 1st Cav. Co.H
Boggs, William W. VA 20th Cav. Co.I 1st Lt.
Boggs, Wilson 2nd Cherokee Mtd.Vol. Co.F
Boggs, Worman VA 19th Cav. Co.B
Boggs, W.P. GA Inf. 25th Bn. (Prov.Guard) Co.C
Boggs, W.R. Gen. & Staff,PACS Brig.Gen.
Boggs, W.W. AL 2nd Cav. Co.I
Boggs, Zachariah MS 22nd Inf. Co.B
Boggs, Zenas L. GA Cav. 1st Bn. Hughes' Co.
Boggus, E.L. GA 41st Inf. Co.I
Boggus, Elijah GA 24th Inf. Co.I
Boggus, Enoch VA 22nd Inf. Co.I
Boggus, F.M. GA 32nd Inf. Co.F
Boggus, G.W. AL 9th Inf. Co.G
Boggus, Henry G. GA 42nd Inf. Co.E,A 1st Sgt.
Boggus, Henry J. AL 17th Inf. Co.C
Boggus, J.C. AL Lt.Arty. Kolb's Btty.
Boggus, J.H. AL 9th Inf. Co.K
Boggus, J.J. AL 17th Inf. Co.C
Boggus, J.N. AL 9th Inf. Co.G
Boggus, John KY 2nd (Duke's) Cav. Co.B
Boggus, R.B. TN 3rd (Clack's) Inf. Co.D
Boggus, R.H. GA 10th Cav. (St.Guards) Co.E
Boggus, R.H. 10th Conf.Cav. Co.A
Boggus, Robert W. GA 42nd Inf. Co.E
Boggus, S.B. MO 7th Cav. Co.C
Boggus, Thomas GA 24th Inf. Co.I
Boggus, Thomas B. AL 4th (Russell's) Cav. Co.I
Boggus, William H. AL 6th Inf. Co.C
Boggus, William H.H. AL Lt.Arty. 20th Bn. Co.A,B
Bogguss, J.J. LA 4th Cav. Co.C
Bogie, Joseph S. MO 1st N.E. Cav. Co.A
Bogie, J.S. MO 9th Bn.S.S. Co.D
Bogle, Alexander M. NC 38th Inf. Co.G
Bogle, Andrew AL 8th Inf. Co.D 1st Lt.
Bogle, A.R. VA 51st Inf. Co.F
Bogle, Creed F. VA 51st Inf. Co.F
Bogle, Erastus H. VA 45th Inf. Co.F
Bogle, F.C. VA 45th Inf. Co.F
Bogle, George VA Mil. Stowers' Co.
Bogle, George R. MO 6th Cav. Co.B
Bogle, George Wash NC 56th Inf. Co.H
Bogle, H.C. 3rd Conf.Cav. Co.C
Bogle, Henry KY 6th Cav. Co.H
Bogle, Hugh NC Walker's Bn. Thomas' Legion Co.C
Bogle, J.A. MO 6th Cav. Co.B
Bogle, Jas M. Gen. & Staff Surg.
Bogle, J.B. VA 11th Bn.Res. Co.A
Bogle, J.C. AL 94th Mil. Co.A
Bogle, J.C. MO 6th Cav. Co.B Cpl.
Bogle, J.C.M. TN 62nd Mtd.Inf. Co.K
Bogle, J.J. MO 6th Cav. Co.B
Bogle, J.M. TN 22nd (Barteau's) Cav. Co.C
Bogle, J.M. TN 23rd Inf. Co.H
Bogle, John VA 11th Bn.Res. Co.A
Bogle, John C. MS 12th Cav. Co.A
Bogle, Joseph GA 40th Inf. Co.I
Bogle, Joseph M. MS 3rd Inf. Co.C Surg.
Bogle, J.R. TN 8th (Smith's) Cav. Co.D
Bogle, Julius J. AL 41st Inf. Co.D Cpl.
Bogle, J.Y. TN 23rd Inf. Co.H
Bogle, L.D. VA Mil. Stowers' Co.
Bogle, Madison VA 8th Cav. Co.F
Bogle, M.L. NC 4th Inf. Co.K
Bogle, Nye VA Mil. Stowers' Co.
Bogle, P.G. TN 2nd (Smith's) Cav. Thomason's Co.
Bogle, P.G. 3rd Conf.Cav. Co.C Sgt.
Bogle, R. MO Inf. 4th Regt.St.Guard Co.A 1st Lt.
Bogle, R.H. TN 31st Inf. Co.E
Bogle, Robert AR 4th Inf. Co.F
Bogle, Robert E. TN 22nd Inf. Co.I
Bogle, Robert R. TN 7th Inf. Co.F
Bogle, R.P. KY 6th Cav. Co.B,H
Bogle, S.F. TN 12th (Green's) Cav. Co.H
Bogle, S.N. KY 6th Cav. Co.B,H
Bogle, W.G. TN 8th (Smith's) Cav. Co.D
Bogle, William M. NC 56th Inf. Co.H
Bogle, William S. NC Unassign.Conscr.
Bogle, W.P. VA 26th Cav. Co.H Sgt.
Bogles, W.H. GA Cav. Pemberton's Co. Cpl.
Bogley, Martin LA 4th Cav. Co.A
Bogly, J.F. VA 23rd Inf. Co.I Sgt.
Bogmon, Louis LA 2nd Cav.
Bogne, John MS 27th Inf. Co.C
Bogner, George TN 15th Inf. Co.K
Bogor, H.L.A. VA Loc.Def. Neff's Co.
Bogs, James LA O'Hara's Co. (Pelican Guards,Co.B)
Bogs, James MO 6th Cav. Co.I
Bogston, L.P. AL 8th Inf. Co.B
Bogue, A.J. AL Inf. 2nd Regt. Co.K
Bogue, Dorsey NC 2nd Cav. (19th St.Troops) Co.C
Bogue, Francis MD 1st Cav. Co.C
Bogue, Francis VA Arty. Forrest's Co.
Bogue, Henderson NC 5th Inf. Co.B
Bogue, James TN 34th Inf. Co.K
Bogue, Jesse NC 11th (Bethel Regt.) Inf. Co.F
Bogue, Jesse D. NC 15th Inf. Co.I
Bogue, J.L. NC 31st Inf. Co.G
Bogue, John J. NC 1st Inf. Co.A
Bogue, Joshua L. NC 17th Inf. (1st Org.) Co.I
Bogue, Joshua L. NC 17th Inf. (2nd Org.) Co.H
Bogue, Richard E. NC Lt.Arty. 13th Bn. Co.A
Bogue, Thomas AL 55th Vol. Co.H
Bogue, Thomas J. MS Cav. 1st Bn. (Miller's) Co.A
Bogue, T.J. MS 1st Cav. Co.H Sgt.
Bogue, Z.R. NC 15th Inf. Co.C
Boguille, Ludgere LA Mil. 1st Native Guards Capt.
Boguille, Orther LA Mil. 1st Native Guards
Boguille, Raoul LA Mil. 1st Native Guards Sgt.Maj.
Bogus, A.J. KY 5th Cav. Co.F
Bogus, Alexander TN 3rd (Clack's) Inf. Co.C
Bogus, Elijah NC 6th Inf. Co.A
Bogus, G.R.S. GA 51st Inf. Co.I
Bogus, John F. AL 19th Inf. Co.C
Bogus, John H. VA 60th Inf. Co.K
Bogus, Thomas VA 60th Inf. Co.C
Bogwell, G.M. AL Randolph Cty.Res. E.C. Raney's Co.
Bogwell, W.M. AL Randolph Cty.Res. E.C. Raney's Co.
Bogy, Ben MO 6th Cav. Co.G
Bogy, Ben MO 7th Cav. Capt.,CS
Bogy, J.C. AR 1st (Colquitt's) Inf. Co.D Cpl.
Bogy, J.L. AR 1st (Monroe's) Cav. Co.G
Bogy, John B. AR 1st (Colquitt's) Inf. Co.D Sgt.
Bogy, Joseph V. AR 1st Field Btty. Sgt.
Bogy, L. MO Lt.Arty. Farris' Btty. (Clark Arty.) Sgt.
Bogy, L.V. AR 1st Field Btty. Sgt.
Bogy, T.H. AR 12th Bn.S.S. Co.A 1st Sgt.
Bogy, T.H. AR 18th Inf. Co.K
Bogy, V. MO Lt.Arty. Farris' Btty. (Clark Arty.) Sgt.
Bohal, J. TX 2nd Field Btty.
Boham, Timothy LA Arty. Landry's Co. (Donaldsonville Arty.)

Bohaman, William TX 14th Inf. Co.I
Bohan, Anthony LA 18th Inf. Co.E
Bohan, Anthony LA Inf.Cons. 18th Regt. & Yellow Jacket Bn. Co.E
Bohan, Anthony LA Miles' Legion Co.F
Bohan, Daniel MS 44th Inf. Co.L
Bohan, Ebenezer AL Cp. of Instr. Talladega
Bohan, Edward AL 56th Part.Rangers Co.B
Bohan, Edwin LA 2nd Inf. Co.B
Bohan, John AL 9th Inf. Co.B Cpl.
Bohan, John LA Miles' Legion Co.G
Bohan, John E. VA 30th Inf. Co.C
Bohan, Martin TN 10th Inf. Co.K Sgt.
Bohan, Timothy TX Arty. 4th Bn. Co.A
Bohan, Timothy TX 8th Inf. Co.F Cpl.
Bohanan, A. TN 28th (Cons.) Inf. Co.F
Bohanan, A.C. GA Phillips' Legion Co.D
Bohanan, A.H. GA 60th Inf. Co.D Cpl.
Bohanan, Andrew J. GA Cobb's Legion Co.B Cpl.
Bohanan, Churchell VA Lt.Arty. Thompson's Co.
Bohanan, David GA 60th Inf. Co.D
Bohanan, E. Shecoe's Chickasaw Bn.Mtd.Vol. Co.A Lt.
Bohanan, E.G. KY Cav. Jenkins' Co.
Bohanan, Elijah AR Cav. Harrell's Bn. Co.B
Bohanan, Elijah AR 27th Inf. Co.G
Bohanan, E.T. TN 19th & 20th (Cons.) Cav. Co.B
Bohanan, E.T. TN 5th Inf. 2nd Co.F QMSgt.
Bohanan, F. MO 12th Inf. Co.G
Bohanan, Franklin M. MO 8th Inf. Co.I
Bohanan, George M. TN 33rd Inf. Co.D
Bohanan, G.W. LA 11th Inf. Co.G
Bohanan, H. KY 12th Cav. Co.B
Bohanan, Holman TN 13th (Gore's) Cav. Co.H
Bohanan, James AL Cav. Lenoir's Ind.Co.
Bohanan, James AL 3rd Inf.
Bohanan, James GA Inf. 17th Bn. (St.Guards) Stocks' Co.
Bohanan, James NC Inf. Thomas' Legion Co.I
Bohanan, James TN 84th Inf. Co.B
Bohanan, James TX 17th Cons.Dismtd.Cav. Co.F
Bohanan, James M. TX 17th Cav. Co.F
Bohanan, James V. AL 4th (Russell's) Cav. Co.G
Bohanan, J.G. TX 30th Cav. Co.E
Bohanan, J.N. TX Cav. Chisum's Regt. Co.B
Bohanan, John AR Cav. Harrell's Bn. Co.B
Bohanan, John A. NC 22nd Inf. Co.H
Bohanan, John O. GA 35th Inf. Co.B
Bohanan, J.P. TX 21st Inf. Co.D
Bohanan, J.R. GA 34th Inf. Co.A Cpl.
Bohanan, J.V. GA 7th Inf. (St.Guards) Co.L
Bohanan, L. MO 12th Inf. Co.G
Bohanan, Nathaniel FL 7th Inf. Co.A
Bohanan, O. TN Arty. Marshall's Co.
Bohanan, R. VA 2nd St.Res. Co.I
Bohanan, Richard LA 11th Inf. Co.G
Bohanan, Richard L. VA Inf. 1st Bn. Co.D
Bohanan, Robert GA 34th Inf. Co.A
Bohanan, R.Y. TN 12th (Cons.) Inf. Co.E
Bohanan, Thomas S.L. MS Inf. (Red Rebels) D.J. Red's Co.
Bohanan, W. MO 12th Inf. Co.G
Bohanan, Walter A. AR 7th Cav. Co.A
Bohanan, W.C. 1st Conf.Cav. Co.D
Bohanan, William TN 4th (McLemore's) Cav. Co.G
Bohanan, William B. GA Cav. 10th Bn. (St.Guards) Co.D Cpl.
Bohanan, W.L. GA 60th Inf. Co.D
Bohanan, W.R. AL 17th Inf. Co.E
Bohanan, W.W. AL 14th Inf. Co.A
Bohaning, W.G. AR 5th Inf. Co.D Capt.
Bohanman, Thomas S.S. MS 25th Inf. Co.A
Bohannan, Alex E. SC 2nd Rifles Co.D
Bohannan, Benjamin F. GA 35th Inf. Co.D
Bohannan, Berry S. GA 52nd Inf. Co.A Lt.
Bohannan, Charles B. VA Arty. Curtis' Co.
Bohannan, Columbus MO 9th Inf. Co.D
Bohannan, David TX 22nd Cav. Co.G
Bohannan, D.G. SC 6th Cav. Co.G
Bohannan, Duncan FL 1st Cav. Co.D
Bohannan, Edward 1st Choctaw & Chickasaw Mtd.Rifles 1st Co.E Sgt.
Bohannan, E.J. TX 22nd Inf. Co.I
Bohannan, G.A. VA Inf. 25th Bn. Co.A
Bohannan, Green MO Inf. Clark's Regt. Co.A
Bohannan, Henry TN Inf. 22nd Bn. Co.D
Bohannan, Henry TN 25th Inf. Co.D
Bohannan, Henry VA Lt.Arty. 13th Bn. Co.B
Bohannan, James AL 17th Inf. Co.E
Bohannan, James E. TN 43rd Inf. Co.B 2nd Lt.
Bohannan, J.C. GA 19th Inf. Co.H Sgt.
Bohannan, J.F. KY 3rd Mtd.Inf. Co.K
Bohannan, J.M. TX 22nd Inf. Co.I Sgt.
Bohannan, John FL 10th Inf. Co.C
Bohannan, John KY 2nd (Duke's) Cav. Co.B
Bohannan, John TN Inf. 22nd Bn. Co.D
Bohannan, John D. FL 1st Cav. Co.D
Bohannan, John G. VA 61st Mil. Col.
Bohannan, John R. TX 19th Cav. Co.D
Bohannan, Julius 1st Choctaw & Chickasaw Mtd.Rifles 2nd Co.C Cpl.
Bohannan, M.R. VA 11th Inf. Co.A
Bohannan, Purtiller MO Cav. 3rd Bn. Co.B
Bohannan, R.L. VA Cav. 32nd Bn. Co.A
Bohannan, Robert MO 9th Inf. Co.B
Bohannan, Robert MO Inf. Clark's Regt. Co.A
Bohannan, Robert K. AL 17th Inf. Co.E
Bohannan, Stephen Deneale's Regt. Choctaw Warriors Co.D
Bohannan, Thomas TN Inf. 22nd Bn. Co.D,B
Bohannan, W.A. MS 38th Cav. Co.A
Bohannan, W.G. AL 16th Inf. Co.C
Bohannan, W.H. GA Cav. 19th Bn. Co.D
Bohannan, W.H. 10th Conf.Cav. Co.I
Bohannan, William FL 10th Inf. Co.C Cpl.
Bohannan, William A. VA 1st Inf. Co.B
Bohannan, William E. VA 4th Cav. Co.C
Bohannan, William O. TX Waul's Legion Co.E
Bohannen, H. LA 25th Inf. Co.I
Bohannen, T.S.S. MS 1st Bn.S.S. Co.B
Bohannen, W. VA Inf. 44th Bn. Co.E
Bohannin, Phelin 1st Choctaw & Chickasaw Mtd.Rifles Co.A
Bohannon, Abner G. VA 59th Inf. 3rd Co.D Sgt.
Bohannon, Abuer AL 36th Inf. Co.F
Bohannon, A.C. VA 5th Cav. 3rd Co.F
Bohannon, Alex GA 8th Inf. (St.Guards) Co.I Sgt.
Bohannon, Alexander GA 1st Cav. Co.B Ord.Sgt.
Bohannon, Alexander GA 4th Res. Co.I
Bohannon, Alexander TN 25th Inf. Co.K
Bohannon, Amicus VA Cav. 40th Bn. Co.E
Bohannon, Andrew VA 5th Cav. Co.E
Bohannon, Andrew VA 21st Mil. Co.E
Bohannon, Andrew VA 53rd Inf. Co.H
Bohannon, Aurelius P. VA 1st Arty. Co.E
Bohannon, Aurelius P. VA Hvy.Arty. 10th Bn. Co.D 2nd Lt.
Bohannon, A.W. VA 24th Cav. Co.E
Bohannon, Barthello MO 1st Cav.
Bohannon, Benjamin FL 10th Inf. Co.C
Bohannon, Benjamin VA Inf. 28th Bn. Co.C
Bohannon, Benjamin VA 59th Inf. 2nd Co.H
Bohannon, Benjamin B. TX 22nd Cav. Co.G
Bohannon, C.A. VA 24th Cav. Co.E Cpl.
Bohannon, C.E. VA 5th Cav. Co.E
Bohannon, Charles VA 24th Cav. Co.C
Bohannon, Christopher A. VA 61st Mil. Co.A
Bohannon, Cornelius E. VA 61st Mil. Co.A
Bohannon, Drury Budd TX 8th Cav. Co.H
Bohannon, Eli KY 4th Mtd.Inf. Co.E
Bohannon, Eli MS Lt.Arty. (Issaquena Arty.) Graves' Co.
Bohannon, E.T. TN 20th (Russell's) Cav. QMSgt.
Bohannon, F.M. MO 1st & 4th Cons.Inf. Co.E
Bohannon, F.M. MO 4th Inf. Co.E
Bohannon, George A. VA 55th Inf. Co.G 2nd Lt.
Bohannon, George W. TN 25th Inf. Co.E
Bohannon, George W. VA 1st Arty. Co.I
Bohannon, George W. VA Lt.Arty. 38th Bn. Co.B
Bohannon, G.M. TN 4th Inf. Co.E
Bohannon, G.W. LA 3rd (Harrison's) Cav. Co.D
Bohannon, H.D. GA 8th Inf. Co.G
Bohannon, Helick AR 8th Inf. New Co.C
Bohannon, James H. VA Hvy.Arty. Epes' Co.
Bohannon, James M. AR Inf. Cocke's Regt. Co.A
Bohannon, J.C. VA 5th Cav. Co.E
Bohannon, J.D. GA Cav. 19th Bn. Co.B
Bohannon, J.D. GA 8th Inf. Co.G
Bohannon, J.E. KY 6th Mtd.Inf. Co.H
Bohannon, J.F. GA 8th Inf. Co.G Cpl.
Bohannon, J.L. 10th Conf.Cav. Co.G
Bohannon, J.M. KY 2nd Mtd.Inf. Co.K
Bohannon, Joel TN 28th Inf. Co.D,H
Bohannon, John FL 7th Inf. Co.I
Bohannon, John VA Inf. 1st Bn.Loc.Def. Co.B
Bohannon, John M. TX 19th Cav. Co.F
Bohannon, John W. VA 26th Inf. Co.D Cpl.
Bohannon, Joseph GA 1st Cav. Co.B
Bohannon, Joseph MS 1st Bn.S.S. Co.B
Bohannon, Joseph VA Lt.Arty. 1st Bn. Co.D
Bohannon, Joseph T. VA 1st Arty. Co.D
Bohannon, Joseph T. VA Arty. B.H. Smith's Co.
Bohannon, J.W. GA 8th Inf. Co.G Cpl.
Bohannon, L.C. TX 27th Cav. Co.F
Bohannon, L.C. TX Cav. (Red River Drag.) Ragsdale's Co.
Bohannon, Lee GA 1st Cav. Co.B
Bohannon, Leroy VA 5th Cav. 3rd Co.F
Bohannon, Leroy VA 61st Mil. Co.I Sgt.

Bohannon, L.H. GA Cherokee Legion (St.Guards) Co.I
Bohannon, M. NC 20th Inf. Co.I 1st Lt.
Bohannon, M. TN Lt.Arty. Winston's Co.
Bohannon, Miles R. VA Lt.Arty. 13th Bn. Asst.Surg.
Bohannon, Morgan FL 7th Inf. Co.I
Bohannon, Nathaniel MO St.Guard
Bohannon, N.B. KY 8th Cav. Co.C
Bohannon, Neil NC 28th Inf. Co.I Capt.
Bohannon, Ozah AL 4th (Russell's) Cav. Co.G
Bohannon, Phillip TN 62nd Mtd.Inf. Co.G
Bohannon, Phillip D. VA Hvy.Arty. Epes' Co.
Bohannon, Richard VA 9th Inf. 1st Co.H
Bohannon, Richard VA Inf. 28th Bn. Co.C
Bohannon, Richard VA 59th Inf. 2nd Co.H
Bohannon, R.L. VA Lt.Arty. W.P. Carter's Co.
Bohannon, Robert AL Cav. Hardie's Bn.Res. Co.E
Bohannon, Robert 3rd Conf.Cav. Co.K
Bohannon, Robert B. AL 4th Inf. Co.C
Bohannon, R.R. GA Inf. Pool's Co.
Bohannon, R.Y. TN 12th Inf. Co.D
Bohannon, Simon S. NC 28th Inf. Co.I Capt.
Bohannon, S.S. NC 20th Inf. Co.I Capt.
Bohannon, Thomas KY 8th Cav. Co.C
Bohannon, Thomas TN 62nd Mtd.Inf. Co.G
Bohannon, Thomas 3rd Conf.Cav. Co.K
Bohannon, Thomas A. VA 7th Inf. Co.A
Bohannon, W. MS 1st Cav. Co.E
Bohannon, W. VA Martin's Btty.
Bohannon, W.A. VA Lt.Arty. 12th Bn. Co.B
Bohannon, W.A.J. AR Inf. Adams' Regt. Moore's Co.
Bohannon, W.C. TN 28th (Cons.) Inf. Co.H Sgt.
Bohannon, W.C. TN 84th Inf. Co.D
Bohannon, W.C. TX 3rd Cav. Co.I
Bohannon, W.G. AR 30th Inf. Co.F
Bohannon, Wiley S. TX 12th Inf. Co.H
Bohannon, William AL Gid Nelson Lt.Arty.
Bohannon, William KY 2nd (Duke's) Cav. Co.C
Bohannon, William TN 1st Cav. Co.B
Bohannon, William TN 28th (Cons.) Inf. Co.H
Bohannon, William TN 84th Inf. Co.D
Bohannon, William VA 1st Bn.Res. Co.H
Bohannon, William VA 38th Inf. Co.C Ens.
Bohannon, William C. VA Hvy.Arty. Epes' Co.
Bohannon, William E. TX 18th Inf. Co.E
Bohannon, William H. KY Jessee's Bn.Mtd. Riflemen Co.A
Bohannon, William J. AR 27th Inf. New Co.B
Bohannon, William M. TN 4th Inf. Co.E
Bohannon, William P. VA 5th Cav. Co.E 2nd Lt.
Bohannon, Willis, Jr. AL Cav. Hardie's Bn.Res. Co.E
Bohannon, Willis, Sr. AL Cav. Hardie's Bn.Res. Co.E
Bohannon, W.L. AL Mil. 4th Vol. Modawell's Co.
Bohannon, W.P. VA 5th (Cons.) Cav. Co.C 1st Lt.
Bohannon, W.T. GA 7th Inf. Co.I
Bohannon, W.V. GA Inf. Pool's Co. Cpl.
Bohanon, A. TN 84th Inf. Co.B
Bohanon, Alex. AR 45th Mil. Co.G 2nd Lt.
Bohanon, Alex C. VA 61st Mil. Co.I
Bohanon, Charles W. VA Cav. 40th Bn. Co.C
Bohanon, Corneal AR 45th Mil. Co.G 1st Sgt.
Bohanon, George LA 1st Res. Co.D
Bohanon, George W. LA 25th Inf. Co.I 2nd Lt.
Bohanon, James M. AR 14th (Powers') Inf. Co.E
Bohanon, John M. VA 38th Inf. Co.A
Bohanon, John P. TX Inf. Griffin's Bn. Co.B,E
Bohanon, John S. TN 13th (Gore's) Cav. Co.H
Bohanon, R.B. TN 26th Inf. Co.E
Bohanon, Thomas O. TN 1st (Carter's) Cav. Co.D Far.
Bohanon, W.H. TX 19th Inf. Co.C
Bohanon, William AR 10th (Witt's) Cav. Co.G
Bohanon, William TN 1st (Carter's) Cav. Co.D
Bohanon, William F. AL Lt.Arty. Clanton's Btty.
Bohart, James M. MO 1st Cav. Co.F 1st Lt.
Bohart, John VA Cav. 32nd Bn. Co.A
Bohart, William MO 1st Cav. Co.E,F
Bohart, William MO 15th Cav. Co.F
Bohe, F.B. AL Rebels
Boheag, William TX 8th Inf. Co.I
Boheag, William TX Inf. 24th Bn. (St.Troops)
Boheenan, T.J. AR 1st Mtd.Rifles 2nd Lt.
Bohen, D., Jr. Gen. & Staff Capt.,AQM
Bohen, James GA 1st (Olmstead's) Inf. Co.A
Bohen, John LA 18th Inf. Co.H
Bohen, John MS 17th Inf. Co.B
Bohen, Richard 2nd Conf.Eng.Troops Co.D
Bohen, T.H. TX 2nd Inf. Co.C
Bohene, Charles LA 22nd Inf.
Boher, J.W. NC 38th Inf. Co.I
Bohile, C.C. TX Cav. 1st Bn.St.Troops Co.D
Bohlae, William AL Lt.Arty. Lee's Btty. Bugler
Bohlan, E.H. GA 2nd Inf. Co.G
Bohlar, William AL 3rd Inf. Co.G
Bohlein, John B. VA 6th Inf. Co.C Music.
Bohlen, H. LA Mil. 4th Regt. 1st Brig. 1st Div. Co.A Sgt.
Bohlen, John MS 7th Cav. Co.D,E
Bohler, Abner GA Arty. 11th Bn. (Sumter Arty.) Co.A
Bohler, Augustus R. GA Inf. 1st Loc.Troops (Augusta) Co.D 2nd Lt.
Bohler, Caleb GA 1st Inf. Co.D
Bohler, Calvin GA 48th Inf. Co.K
Bohler, J. LA Mil. 4th Regt.Eur.Brig. Co.E
Bohler, James H. 1st Conf.Inf. 1st Co.F Music.
Bohler, James W. GA Cav. 21st Bn. Co.A Bugler
Bohler, James W. GA 36th (Villepigue's) Inf. Co.F Music.
Bohler, J.H. GA Inf. 1st Loc.Troops (Augusta) Barnes' Lt.Arty.Co. Bugler
Bohler, John T. GA 15th Inf. Co.G
Bohler, J.W. GA 7th Cav. Co.A Bugler
Bohler, Thomas GA 8th Inf. Co.F
Bohler, William H. GA 48th Inf. Co.K Sgt.
Bohler, William L. LA 12th Inf. Co.L
Bohler, William O. GA Inf. 1st Loc.Troops (Augusta) Co.B Sgt.
Bohler, William T. LA 16th Inf. Co.H
Bohles, H. SC Mil.Arty. 1st Regt. Pope's Co.
Bohles, H. SC Rhett's Co. (Brooks Home Guards)
Bohles, Henry SC Lt.Arty. J.T. Kanapaux's Co. (Lafayette Arty.)
Bohlia, George W. AL 8th Inf. Co.D
Bohlken, John LA 20th Inf. Old Co.B,A
Bohlm, James LA Mil. 3rd Regt. 1st Brig. 1st Div. Co.C
Bohlm, Louis LA Mil. 3rd Regt. 1st Brig. 1st Div. Co.C
Bohlum, Samuel 1st Choctaw & Chickasaw Mtd.Rifles 2nd Co.K
Bohm, Charles LA 1st Hvy.Arty. (Reg.) Co.A
Bohm, Henry VA 39th Inf. Co.D
Bohm, Isaac LA 22nd Inf. Co.B
Bohm, Leopold Conf.Inf. 8th Bn. Co.F
Bohm, Thomas LA 21st (Patton's) Inf. Co.B Sgt.
Bohme, Augustus LA 20th Inf. Co.F Sgt.Maj.
Bohme, Fred G.A.H. LA 28th (Thomas') Inf. Co.F
Bohmer, Henry LA 13th Inf. Co.B
Bohmer, Henry VA Cav. 1st Bn. (Loc.Def.Troops) Co.C,G 2nd Lt.
Bohmer, Henry VA 4th Cav. Co.I
Bohmer, William G. TN 44th (Cons.) Inf.
Bohms, G. TX 3rd Inf. 2nd Co.A
Bohn, A. LA Mil. 3rd Regt. French Brig. Co.7 Cpl.
Bohn, Barney Conf.Inf. 8th Bn. Co.A
Bohn, Dabney VA Lt.Arty. Cayce's Co.
Bohn, Dabney VA Lt.Arty. J.R. Johnson's Co.
Bohn, Dabney VA 28th Inf. 1st Co.C
Bohn, E.B. GA 5th Cav.
Bohn, George Conf.Lt.Arty. 1st Reg.Btty.
Bohn, George Inf. School of Pract. Powell's Detach. Co.A
Bohn, L.M. MO Inf. 4th Regt.St.Guard Co.D
Bohn, Peter LA 13th Inf. Co.D
Bohn, R. MS 46th Inf. Co.E
Bohn, Rudolph LA 4th Inf. Co.B
Bohn, W.H. VA Imboden's Sig.Guard
Bohn, Wm. AR 13th Inf. Co.F
Bohne, --- LA Mil. 2nd Regt. 2nd Brig. 1st Div. Co.A
Bohne, A. LA Mil. 4th Regt. French Brig. Co.2 Cpl.
Bohne, Ernest LA Mil. Chalmette Regt. Co.G
Bohne, F. LA Mil. 4th Regt.Eur.Brig. Co.A
Bohne, John LA Arty. Kean's Btty. (Orleans Ind.Arty.)
Bohne, John LA 5th Inf. Co.C
Bohne, W. LA Mil. 2nd Regt. 2nd Brig. 1st Div. Co.F
Bohnefeld, Carl GA 7th Inf. Co.E
Bohnefeld, Richard GA 7th Inf. Co.E
Bohner, Dennis VA 31st Inf. Co.I
Bohner, S. Luis SC Henders Bn.
Bohney, H. LA Mil. 3rd Regt. 1st Brig. 1st Div. Co.K
Bohning, F. LA Mil.Cont.Regt. Roder's Co.
Bohon, George MO 5th Cav. Co.G
Bohon, James C. VA Inf. 23rd Bn. Co.C
Bohon, Joseph H. KY 5th Cav. Co.A
Bohon, W.J. KY 4th Cav. Co.F
Bohonnon, James C. AL 43rd Inf. Co.B
Bohonnon, Thomas J. VA 7th Inf. Co.A
Bohr, M. GA Inf. 1st Loc.Troops (Augusta) Barnes' Lt.Arty.Co. Cpl.
Bohr, Mauritz GA 36th (Villepigue's) Inf. Co.F
Bohr, Morritz 1st Conf.Inf. 1st Co.F

Bohrer, Benjamin VA 89th Mil. Co.B
Bohrer, C. LA Mil. Fire Bn. Co.D
Bohrer, C. VA Cav. Mosby's Regt. (Part. Rangers) Co.C
Bohrer, Charles AR 3rd Cav. Co.D
Bohrer, Elijah VA 89th Mil. Co.D
Bohrer, Franklin VA 89th Mil. Co.C
Bohrer, George VA 31st Mil. Co.H
Bohrer, George VA 89th Mil. Co.C
Bohrer, Isaac J. VA 89th Mil. Co.C
Bohrer, Joseph VA 89th Mil. Co.C
Bohrer, Peter VA 89th Mil. Co.B
Bohrer, Peter VA 89th Mil. Co.C
Bohrer, Philip J. VA 89th Mil. Co.C
Bohrer, Thomas T. VA 31st Mil. Co.H
Bohrer, Washington VA 89th Mil. Co.B
Bohring, W.H. SC Rhett's Co. (Brooks Home Guards)
Bohrman, Charles TX 2nd Inf. Co.B
Bohrn, August LA 25th Inf. Co.C
Bohs, --- TX Lt.Arty. Dege's Bn.
Bohs, M. TX 6th Field Btty.
Bohsle, John TX 6th Inf. Co.E
Bohtubbee, Harkin 1st Choctaw & Chickasaw Mtd.Rifles 2nd Co.C
Bohunun, F.M. MO 11th Inf. Co.I
Boice, E. LA 25th Inf. Co.K Sgt.
Boice, Edwin LA 8th Inf. Co.E Sgt.
Boice, George L. LA LA & Government Employees Regt. 1st Lt.
Boice, I.R. NC Home Guards
Boice, James LA 13th Bn. (Part.Rangers) Co.B
Boice, James A. MO Inf. 8th Bn. Co.A
Boice, J.W. MO Inf. 3rd Bn. Co.E
Boice, Robert VA 10th Cav. Co.G
Boice, William H. MO 1st N.E. Cav. Co.H
Boice, William R. MO Cav. Stallard's Co.
Boice, W.T. GA 19th Inf. Co.K
Boid, Adelbert MS 11th (Perrin's) Cav. Co.K
Boid, Calvin V. TX Cav. Martin's Regt. Co.F Cpl.
Boid, James TN 4th (McLemore's) Cav. Co.G
Boid, Jasper TN 19th (Biffle's) Cav. Co.B
Boid, John TN Holman's Bn.Part.Rangers Co.D
Boid, John H. SC 3rd Res. Co.H
Boid, L.R. LA Inf. 11th Bn. Co.A Cpl.
Boid, Samuel MO Cav. Ford's Bn. Co.F
Boid, W.M. TN Holman's Bn.Part.Rangers Co.D
Boide, William SC Sea Fencibles Symons' Co.
Boidston, G. MO 3rd Inf. Co.D
Boie, J.D. NC 5th Inf. Co.H
Boie, John C. TX 2nd Cav. Co.C Cpl.
Boie, John C. TX Inf. Griffin's Bn. Co.A
Boiett, W. AR Unassign.Conscr.
Boigar, Henry LA 10th Inf. Co.C
Boignion, Louis LA Mil.Cav.Squad. (Ind. Rangers Iberville)
Boihern, N. LA Mil. 4th Regt. French Brig. Co.1
Boiken, E.B. NC 66th Inf. Co.K
Boikin, Benjamin MO Cav. Wood's Regt. Co.E
Boikin, Isa R. TN Cav. 7th Bn. (Bennett's) Co.E
Boil, J. GA 1st Troops & Defences (Macon) Co.A
Boile, W.R. GA 36th (Broyles') Inf. Co.D
Boileau, Peter GA 1st (Olmstead's) Inf. Co.I
Boileau, Samuel H. VA Lt.Arty. Jeffress' Co. Cpl.
Boiler, William NC 67th Inf. Co.D
Boiles, B.F. Stirman's Regt.S.S. Co.F,CSA
Boiles, Daniel W. NC 55th Inf. Co.F
Boiles, John AR 7th Cav. Co.L
Boiles, John SC Mil.Cav. 4th Regt. Howard's Co.
Boiles, Thomas MO 2nd Cav. Co.B
Boiles, Virgil NC 1st Bn.Jr.Res. Co.E
Boilon, David VA 14th Cav. Co.L
Boilon, David VA 17th Cav. Co.I
Boilon, Samuel VA 31st Inf. Co.D
Boils, A.J. GA Cav. 6th Bn. (St.Guards) Co.A
Boils, F. AL 40th Inf. Co.H
Boils, H. NC 3rd Jr.Res. Co.C
Boils, Jasper TN 59th Mtd.Inf. Co.I
Boils, Patrick GA 7th Inf. Co.H
Boils, Thomas J. NC 54th Inf. Co.B
Boils, Westley W. TN 59th Mtd.Inf. Co.I
Boilus, James AL 19th Inf. Co.K
Boimare, A.B. Eng.,CSA 1st Lt.
Boimare, Francis LA Mil. 4th Regt. 1st Brig. 1st Div. Co.F Capt.
Boin, H.K. TN 37th Inf. Co.D Cpl.
Boin, William AL 10th Inf. Co.I
Boineau, A.J. SC Arty. Stuart's Co. (Beaufort Vol.Arty.)
Boineau, G. SC 1st Mtd.Mil. Christopher's Co.
Boineau, H. SC 3rd Cav. Co.A
Boineau, H. SC 11th Inf. Bellinger's Co. Cpl.
Boineau, S. SC 3rd Cav. Co.A
Boineau, S. SC Arty. Stuart's Co. (Beaufort Vol.Arty.)
Boineau, S. SC 11th Inf. Bellinger's Co.
Boiner, W.L. GA 23rd Inf. Co.B
Boinest, J.E. SC Bn.St.Cadets Co.B
Boinest, John E. SC 23rd Inf. Co.A
Boinest, W.B. SC 5th Cav. Co.D
Boinest, W.B. SC Cav. 17th Bn. Co.A
Boinest, W.B. SC Mil.Arty. 1st Regt. Tupper's Co.
Boing, Jarett VA Smithton R.S. Inf. Co.I
Boington, John TN 2nd (Robison's) Inf. Co.H
Boirny, L. Gen. & Staff 2nd Lt.,Dr.M.
Bois, Frederick LA 15th Inf. Co.E Cpl.
Bois, J.W. LA 25th Inf.
Boisblanc, E. LA Dreux's Cav. Co.A
Boisblanc, H. LA Dreux's Cav. Co.A
Boisblanc, H. LA Mil. Orleans Guards Regt. Co.D
Boisblane, A. SC Arty. Manigault's Bn. Co.D
Boisclair, Henry S. MS 21st Inf. Co.F
Boisclair, Louis A. GA Inf. 1st Loc.Troops (Augusta) Co.A
Boisclair, Thomas W. MS 21st Inf. Co.F 1st Lt.
Boisclair, T.W. MS Lt.Arty. 14th Bn. Co.C Sgt.
Boisclair, T.W. MS Lt.Arty. Merrin's Btty. Gy.Sgt.
Boisclair, V.W. GA Cav. Allen's Co.
Boisclair, V.W. GA Inf. 1st Loc.Troops (Augusta) Dearing's Cav.Co.
Boisdelon, Fulgence LA C.S. Zouave Bn. Co.B
Boisdore, Francois LA Mil. 1st Native Guards
Boisdore, J.S. LA Mil. Orleans Guards Regt. Co.E
Boisdore, S. LA 22nd Inf. Co.C
Boise, F.C. LA 27th Inf. Co.B
Boiseau, W.H. TN 50th (Cons.) Inf. Co.E
Boiseau, William TN 50th Inf. Co.E
Boisfontaine, O.B. LA Mil. 3rd Regt. 1st Brig. 1st Div. Co.F Jr.2nd Lt.
Boisfontaine, Oscar LA Mil. Chalmette Regt. Co.K
Boisfontaine, P.B. LA Mil. Chalmette Regt. Co.K
Boisjois, E. TX 24th & 25th Cav. (Cons.) Co.A
Boisonnean, P. LA Mil. 1st Regt. French Brig. Co.1
Boissac, E. LA 20th Inf. New Co.E Sgt.
Boissac, Ennemand LA 11th Inf. Co.B
Boissac, Ennemond LA 13th Inf. Co.A 1st Sgt.
Boissac, Eu M. GA 13th Cav. Co.A Sgt.
Boissac, Eugene M. LA 3rd Inf. Co.A Sgt.
Boissac, Marcelin LA 27th Inf. Co.D
Boissac, Sosthene M. LA 1st Cav. Co.A
Boissat, F.A. LA Inf. Weatherly's Bn. Co.A
Boissat, H. LA Cav. Benjamin's Co.
Boissat, P. LA 1st (Nelligan's) Inf. Co.B
Boisse, Eug. LA Mil. 1st Regt. French Brig. Co.8
Boisseau, Benjamin G. VA 12th Inf. Co.A
Boisseau, Benjamin H. VA Hvy.Arty. Epes' Co.
Boisseau, B.H. NC 3rd Jr.Res. Co.K Jr.2nd Lt.
Boisseau, B.H. NC 4th Bn.Jr.Res. Co.D Sgt.
Boisseau, C.C. VA Arty. B.H. Smith's Co.
Boisseau, C.C. VA 1st (Farinholt's) Res. Co.H Sgt.
Boisseau, E. LA Mil.Conf.Guards Regt. Co.G
Boisseau, Ebberlee R. VA Hvy.Arty. Epes' Co.
Boisseau, E.C. TN 50th Inf. Co.E
Boisseau, H. LA Mil. 3rd Regt.Eur.Brig. (Garde Francaise) Co.4
Boisseau, H. VA 10th Cav. 2nd Co.E
Boisseau, J. LA 2nd Inf. Co.H
Boisseau, James VA 1st Arty. 2nd Co.C, 3rd Co.C
Boisseau, James VA Lt.Arty. 1st Bn. Co.C Cpl.
Boisseau, James VA Hvy.Arty. Epes' Co. Cpl.
Boisseau, James VA Arty. Young's Co. Cpl.
Boisseau, James VA Second Class Mil. Wolff's Co.
Boisseau, James R. TX 17th Cav. Co.E
Boisseau, James W. VA Hvy.Arty. 18th Bn. Co.C Sgt.
Boisseau, J.H. VA 3rd (Archer's) Bn.Res. Co.B
Boisseau, John F.P. VA 12th Inf. Co.E
Boisseau, John P. VA 1st Cav. Co.G
Boisseau, Joseph LA 1st (Nelligan's) Inf. Co.A
Boisseau, Richard E. VA 3rd Cav. 2nd Co.I Bvt.2nd Lt.
Boisseau, Richard H. TX 15th Cav. Co.C Capt.
Boisseau, Richard W. VA 4th Cav. Co.B Sgt.
Boisseau, Robert G. VA 3rd Cav. 2nd Co.I
Boisseau, Robert H. VA Hvy.Arty. Epes' Co. Sgt.
Boisseau, Robert H. VA Inf. 5th Bn. Co.E Capt.
Boisseau, R.W. VA 1st Cav. Co.G
Boisseau, R.W. Gen. & Staff AASurg.
Boisseau, Theoderick VA Arty. B.H. Smith's Co.
Boisseau, Theoderick VA 1st Arty. Co.D
Boisseau, Theoderick VA Lt.Arty. 1st Bn. Co.D
Boisseau, Thomas H. VA Inf. 5th Bn. Co.E 1st Sgt.
Boisseau, W.E. VA 4th Cav. Co.B
Boisseau, W.E. VA Mtd.Guard Loc.Def.Troops

Boisseau, W.H. TN Inf. 2nd Cons.Regt. Co.I
Boisseau, William E. VA 3rd Inf. Co.C
Boisseau, William F. VA 3rd (Archer's) Bn.Res. Co.E Sgt.
Boisseau, Wm. P. VA Inf. 44th Bn. Co.D
Boisseau, W.P. VA Lt.Arty. 13th Bn. Co.C
Boissiere, J. LA Mil. 1st Native Guards
Boissot, V. LA 2nd Cav. Co.D
Boistell, F.C. GA 1st (Symons') Res. Co.H
Boitel, A. LA Mil. 1st Regt. French Brig. Co.1
Boiter, J.J. LA 17th Inf. Co.G
Boiter, J.L. LA 17th Inf. Co.G
Boiteux, Arthur LA Pointe Coupee Arty.
Boitle, W.H. AR 26th Inf. Co.E
Boitman, Frederick LA Mil. 1st Regt. 3rd Brig. 1st Div. Co.E
Boitnett, David H. VA 42nd Inf. Co.K
Boitnett, Leonard D. VA 42nd Inf. Co.K
Boitnott, D.H. GA 42nd Inf. Co.K
Boitnott, I.H. NC 2nd Inf.
Boitnott, J. KY 1st (Helm's) Cav.
Boitnott, James W. VA 42nd Inf. Co.K
Boitnott, John H. VA 24th Inf. Co.B
Boitnott, Josiah VA 53rd Inf. Co.F
Boivig, Azenie LA 18th Inf.
Boivy, William NC 57th Inf. Co.E
Boizell, Joseph LA Miles' Legion Co.C
Boke, James TN Conscr. (Cp. of Instr.)
Boke, R.P. AL Cp. of Instr. Talladega Co.E
Bokemeier, H. LA Mil. 4th Regt.Eur.Brig. Co.C Cpl.
Boken, Godfrey NC Inf. 2nd Bn. Co.H
Boker, G.N. AR 38th Inf. Co.C
Boker, Joseph N. AR 38th Inf. Co.C Cpl.
Boker, J.R. AR 38th Inf. Co.C
Boker, T. SC 1st (McCreary's) Inf. Co.C
Bolac, Noah NC 49th Inf. Co.F
Bolan, F.R. KY 1st (Butler's) Cav. Co.E
Bolan, George W. GA 11th Inf. Co.K
Bolan, James LA Inf. 1st Sp.Bn. (Wheat's) New Co.D
Bolan, James H. VA 6th Bn.Res. Co.B
Bolan, John VA 15th Inf. Co.F
Bolan, John Conf.Reg.Inf. Brooks' Bn. Co.E Cpl.
Bolan, Michael J. AL 17th Inf. A.Surg.
Bolan, Michael J. Gen. & Staff Surg.
Bolan, M.J. MS 27th Inf. Surg.
Bolan, M.J. SC 24th Inf. Surg.
Bolan, Peter NC 1st Inf. Co.K
Bolan, Taylor GA 1st Cav. Co.H
Bolan, Thomas Y. GA Hvy.Arty. 22nd Bn. Co.D
Bolan, Thomas Y. SC Cav.Bn. Hampton Legion Co.C
Boland, A. AL 8th Inf.
Boland, Andrew J. GA 2nd Bn.S.S. Co.A Cpl.
Boland, Andrew J. GA 5th Inf. Co.I,M
Boland, D. GA Floyd Legion (St.Guards) Co.F
Boland, David AR 33rd Inf. Co.A
Boland, Edward MO 1st Inf. Co.H
Boland, Elijah T. AL 13th Inf. Co.F
Boland, E.N. GA 46th Inf. Co.B,G
Boland, E.W. GA 46th Inf. Co.E
Boland, E.W. LA 1st Hvy.Arty. (Reg.) Co.C
Boland, E.W. MS 29th Inf. Co.F 2nd Lt.
Boland, Fielding TN Jackson's Cav.
Boland, F.M. GA Inf. 19th Bn. (St.Guards) Co.D
Boland, George SC 2nd St.Troops Co.F
Boland, G.H. 7th Conf.Cav. Co.D
Boland, G.S. AR Arty. 2nd Btty. Cpl.
Boland, G.W. MS 8th Cav. Co.B
Boland, H. GA Inf. 19th Bn. (St.Guards) Co.E
Boland, Henry 1st Conf.Cav. 2nd Co.A
Boland, Henry M. AL 13th Inf. Co.F
Boland, Henry P. VA 63rd Inf. Co.K
Boland, H.F. SC 9th Res. Co.B
Boland, H.H. SC 4th Bn.Res. Co.D
Boland, H.M. AL 1st Bn. Hilliard's Legion Vol. Co.A
Boland, H.M. AL 60th Inf. Co.F
Boland, J. AL 17th Inf. Co.H
Boland, J.A. TX 20th Inf. Co.F
Boland, J.A. TX Inf. Houston Bn. Co.E Cpl.
Boland, James LA 6th Inf. Co.I 2nd Lt.Jr.
Boland, James MS Wilkinson Cty. Minute Men Co.A
Boland, James SC 1st (Butler's) Inf. Co.B
Boland, James M. SC Inf. Holcombe Legion Co.H
Boland, J.B. SC 13th Inf. Co.G
Boland, J.C. MS 8th Cav. Co.E,B
Boland, J.C. MS 28th Cav. Co.E,A
Boland, J.H. AR Cav. McGehee's Regt. Co.F
Boland, J.J. AR 25th Inf. Co.E
Boland, J.M. AL 60th Inf. Co.D
Boland, John AL 57th Inf. Co.H,D
Boland, John LA Mil.Conf.Guards Regt. Co.D
Boland, John MS 1st Lt.Arty. Co.G
Boland, John MS 4th Inf. Co.E
Boland, John VA Cav. 35th Bn. Co.C Sgt.
Boland, John VA 1st Inf. Co.C
Boland, John VA 11th Inf. Co.H
Boland, Jordon VA 16th Cav. Co.C
Boland, J.W. AL 3rd Bn. Hilliard's Legion Vol. Co.F
Boland, J.W. MS 29th Inf. Co.F
Boland, Maurice AR 2nd Inf. Co.B
Boland, Middleton SC Lt.Arty. 3rd (Palmetto) Bn. Co.F
Boland, M.M. MS 8th Cav. Co.B
Boland, M.M. MS 28th Cav. Co.E
Boland, P.A. Gen. & Staff Sig.Sgt.
Boland, Phillipp AR 1st (Crawford's) Cav. Co.A
Boland, S.D. SC 3rd Inf. Co.C
Boland, S.D. SC 15th Inf. Co.I Sgt.
Boland, Taplin AL 20th Inf. Co.K
Boland, Uriah A. MS Inf. 2nd Bn. Co.D
Boland, Uriah A. MS 48th Inf. Co.D
Boland, W.E. MS 1st (King's) Inf. D. Love's Co.
Boland, W.F. VA Cav. 35th Bn. Co.C
Boland, William GA Lt.Arty. Massenburg's Btty. (Jackson Arty.)
Boland, William MS Barr's Co. Cpl.
Boland, William SC 5th St.Troops Co.C
Boland, William SC 9th Res. Co.G
Boland, William TN 12th Inf. Co.K
Boland, William G. MS Inf. 2nd Bn. Co.D
Boland, William G. MS 48th Inf. Co.D
Boland, William J. AL 13th Inf. Co.F
Boland, William P. AL 4th (Roddey's) Cav. Co.H
Boland, W.T. MS 2nd St.Cav. Co.A
Bolander, John H. AL 44th Inf. Co.F
Bolca, Edward TX 1st (McCulloch's) Cav. Co.D
Bolch, A. SC 1st Cav. Co.H Black.
Bolch, Aaron NC 28th Inf. Co.C
Bolch, Abel NC 28th Inf. Co.C
Bolch, Andrew J. NC 3rd Jr.Res.
Bolch, Anthony NC 23rd Inf. Co.F
Bolch, C. NC 3rd Jr.Res. Co.E
Bolch, Emanuel NC 28th Inf. Co.C
Bolch, Ephraim NC 57th Inf. Co.E
Bolch, Franklin NC 28th Inf. Co.H
Bolch, G. NC 3rd Jr.Res. Co.E
Bolch, G., 2nd NC 3rd Jr.Res. Co.E
Bolch, George W. GA 22nd Inf. Co.D
Bolch, Gerard NC 8th Bn.Jr.Res. Co.B
Bolch, Henry NC Snead's Co. (Loc.Def.)
Bolch, Henry C. NC 28th Inf. Co.C
Bolch, Israel NC 23rd Inf. Co.F
Bolch, Israel NC 57th Inf. Co.E
Bolch, J. GA 27th Inf. Co.D
Bolch, Jacob NC 12th Inf. Co.C
Bolch, James GA 22nd Inf. Co.D
Bolch, James NC 42nd Inf. Co.B
Bolch, Jefferson GA 22nd Inf. Co.D
Bolch, Jordan NC 28th Inf. Co.C
Bolch, Joseph NC 57th Inf. Co.B Sgt.
Bolch, J.T. GA 22nd Inf. Co.D
Bolch, J.W.C. GA 22nd Inf. Co.I
Bolch, Logan NC 28th Inf. Co.C
Bolch, Marcus NC 28th Inf. Co.C
Bolch, Nathan A. NC 28th Inf. Co.H
Bolch, Philip NC 28th Inf. Co.H
Bolch, Philip H. NC 28th Inf. Co.C
Bolch, R.R. GA Cav. Bond's Co. (St.Guards)
Bolch, Salathiel A. NC 12th Inf. Co.A
Bolch, W.H. NC Cav. McRae's Bn. Co.E
Bolch, William NC 28th Inf. Co.C
Bolch, William H. NC 23rd Inf. Co.F
Bolch, William H. NC 28th Inf. Co.H
Bolcton, Amos R. AL 36th Inf. Co.H
Bold, C.M. SC 11th Inf. Co.A
Bold, H.E. SC Arty. Stuart's Co. (Beaufort Vol.Arty.)
Bold, H.E. SC 11th Inf. Co.A
Bold, J.W. SC Arty. Stuart's Co. (Beaufort Vol.Arty.)
Bold, J.W. SC 11th Inf. Co.A
Bold, W. SC Mil. 16th Regt. Sigwald's Co.
Bold, William SC 24th Inf. Co.A
Bold, William SC 32nd Regt. Co.G
Boldan, --- LA Mil. 3rd Regt.Eur.Brig. (Garde Francaise)
Boldback, William S. MO Inf. 1st Regt.St.Guard Co.E Cpl.
Bolden, B. AL Shelby Cty.Res. J.M. Webster's Co.
Bolden, C. AL Inf. 1st Regt. Co.G
Bolden, C.C.D. MS 12th Inf. Co.B
Bolden, Charley VA 129th Mil. Wilkinson's Co.
Bolden, Daniel MD 1st Cav. Co.G
Bolden, Henry T. NC 2nd Cav. (19th St.Troops) Co.K
Bolden, H.H. GA 36th (Broyles') Inf. Co.D
Bolden, I.C. SC 6th Cav. Co.C
Bolden, J. AL 1st Inf. 3rd Co.G
Bolden, Jacob AL 57th Inf. Co.I
Bolden, J.D. AL 4th Cav. Co.A
Bolden, J.L. GA 11th Mil.

Bolden, John NC 2nd Cav. (19th St.Troops) Co.K Bugler
Bolden, Lany B. GA 6th Inf. Co.G
Bolden, Lewis SC 4th St.Troops Music.
Bolden, Moses TN 35th Inf. Co.B
Bolden, Robert SC 4th St.Troops Music.
Bolden, William AL 18th Inf. Co.A
Bolden, William NC 31st Inf. Co.E
Bolden, William J. KY Varley's Regt. Bradley's Co.
Bolderman, O.F. VA 2nd Inf.Loc.Def. Co.F
Bolderson, William O. VA Arty. Curtis' Co.
Boldin, Alex. TN 15th (Stewart's) Cav. Co.E
Boldin, Daniel VA 23rd Cav. Co.M
Boldin, E. LA 27th Inf. Co.K
Boldin, John T. SC 2nd Rifles Co.H Sgt.
Boldin, Ugenus MO 6th Inf. Co.C 1st Lt.
Bolding, Aleck TN 22nd Inf. Co.I
Bolding, Calvin P. MS Inf. 5th Bn. Co.C Sgt.
Bolding, C.P. MS 41st Inf. Co.A Sgt.
Bolding, E.D. MS 3rd Inf. (St.Troops) Co.A
Bolding, F.G. AL Cav. Moreland's Regt. Co.D
Bolding, George W. AR 24th Inf. Co.G
Bolding, George W. TX 17th Cons.Dismtd.Cav. Co.F
Bolding, Gorg AR Inf. Hardy's Regt. Co.F
Bolding, James AR Inf. Hardy's Regt. Co.F
Bolding, James A. AR 24th Inf. Co.G
Bolding, James H. SC 1st (Orr's) Rifles Co.F
Bolding, James M. MS 7th Cav. Co.I
Bolding, James T. TN Cav. 12th Bn. (Day's) Co.E
Bolding, J.J. AL 40th Inf. Co.A
Bolding, John F. AR 9th Inf. Co.G
Bolding, J.R. AL 5th Cav. (Forrest's Regt.) Lt.
Bolding, J.S. MS 4th Inf. Co.F
Bolding, J.T. AL 27th Inf. Co.B 1st Sgt.
Bolding, J.T. MS Inf. 3rd Bn. Co.I Sgt.
Bolding, L.D. GA 3rd Cav. (St.Guards) Co.E
Bolding, Lewis D. GA Inf. (Franklin Cty.Guards) Kay's Co.
Bolding, L.Z. AR 19th (Dockery's) Inf. Co.G Cpl.
Bolding, Marion J. MS Inf. 5th Bn. Co.C
Bolding, M.C. AL Cav. Moreland's Regt. Co.D
Bolding, M.E. AL 19th Inf. Co.C 1st Sgt.
Bolding, M.E. AL 40th Inf. Co.A,K
Bolding, M.J. MS 41st Inf. Co.A Sgt.
Bolding, Obadiah W. AR 9th Inf. Co.K,G
Bolding, Spencer NC 27th Inf. Co.C
Bolding, Thomas AR Inf. Hardy's Regt. Co.F
Bolding, Thomas S. AR 24th Inf. Co.G
Bolding, Thomas W. MO Cav. Freeman's Regt. Co.F
Bolding, Wesley W. MS Inf. 5th Bn. Co.C
Bolding, William F. AR 9th Inf. Co.G
Bolding, William J. KY 6th Mtd.Inf. Co.A
Bolding, William M. SC 1st (Orr's) Rifles Co.F
Bolding, W.R. GA 4th Cav. (St.Guards) Dorsey's Co.
Bolding, W.W. MS 11th (Cons.) Cav. Co.E
Bolding, W.W. MS Cav. Ham's Regt. Co.E Sgt.
Bolding, W.W. MS 41st Inf. Co.A
Boldman, F. LA Mil. 3rd Regt. 3rd Brig. 1st Div. Co.G
Boldman, H.W. GA Cav. 24th Bn. Co.D
Boldock, J. TX Cav. Hardeman's Regt. Co.C
Boldock, J.H. VA 11th Inf. Co.H
Boldomim, Edward TX 1st Legion
Boldon, Jordon VA 22nd Cav. Co.F
Boldon, Walter VA 33rd Inf. Co.F
Boldridge, B.F.K. MO Lt.Arty. 3rd Field Btty. 1st Lt.
Boldridge, H.C. LA Sabine Res.
Boldridge, J. MO Lt.Arty. 3rd Field Btty. 2nd Lt.
Bolds, G.W. MS 10th Cav. Co.F
Bolds, James L. NC 42nd Inf. Co.F
Bolds, J.H. GA Inf. 27th Bn. Co.F
Bolds, Samuel MO 4th Cav. Co.F
Boldt, D. SC 11th Inf. 2nd Co.F
Boldt, Lebrecht TX Arty. 4th Bn. Co.B
Boldt, Lebrecht TX 8th Inf. Co.B
Boldurand, H.W. AL 35th Inf. Co.E
Bole, J.F. MS Cav. 6th Bn. Prince's Co.
Bole, Joseph R. MS 11th Inf. Co.K
Bole, Thomas H. AL 61st Inf. Co.A
Bole, W.T. Conf.Cav. Wood's Regt. 2nd Co.D
Boleau, Joseph MS 2nd (Quinn's St.Troops) Inf. Co.I
Boleck, C. SC 6th Res. Co.A
Boleek, J.M. NC 2nd Jr.Res. Co.C
Boleiman, Em LA 26th Inf. Co.A
Boleiman, Honore LA 26th Inf. Co.E
Bolein, G. Conf.Lt.Arty. 1st Reg.Btty.
Bolejack, J.W. NC 4th Bn.Jr.Res. Co.B
Bolemand, H.W. GA 7th Cav. Co.I,F
Bolen, --- LA Inf. 4th Bn. Asst.Surg.
Bolen, A.C. MO Cav. 2nd Regt.St.Guard Co.D
Bolen, Alfred F. MO Cav. Preston's Bn. Co.B
Bolen, Alfred R. VA 12th Cav. Co.E
Bolen, A.R. VA 146th Mil. Co.K Sgt.Maj.
Bolen, Asberry TN 26th Inf. Co.E Sgt.
Bolen, Barny VA 54th Inf. Co.B
Bolen, B.B. TN 53rd Inf. Co.F
Bolen, Brantley MS 2nd Inf. Co.H
Bolen, B.T. TN 1st (Carter's) Cav. Co.G
Bolen, Daniel O. TN 1st (Feild's) Inf. Co.F
Bolen, David Y. VA 45th Inf. Co.A
Bolen, Edward L. VA 7th Inf. Co.C
Bolen, Elisha VA 24th Inf. Co.E
Bolen, Elisha VA 60th Inf. Co.I
Bolen, Frank B. LA 21st (Patton's) Inf. Co.D
Bolen, Frank C. VA 49th Inf. Co.D Sgt.
Bolen, G. AL 44th Inf. Co.A
Bolen, G.E. SC 2nd Arty. Co.F Cpl.
Bolen, G.E. SC 1st (Hagood's) Inf. 1st Co.C
Bolen, George C. MO 12th Inf. Co.K
Bolen, George W. VA 122th Mil. Co.C
Bolen, G.R. VA 34th Mil. Co.B Sgt.
Bolen, H. FL 1st (Res.) Inf. Co.E
Bolen, H. VA 8th Inf. Co.H
Bolen, H.D. SC Inf. Hampton Legion Co.H
Bolen, H.F. VA 23rd Cav. Co.E
Bolen, H.M. AL 8th Cav. Co.B
Bolen, H.T. VA 12th Cav. Co.I
Bolen, Isaac VA Mil. Carroll Cty.
Bolen, Isaac Andrew Jackson VA 63rd Inf. 2nd Co.I Sgt.
Bolen, Jackson B. NC 25th Inf. Co.I
Bolen, James LA 8th Inf. Co.D
Bolen, James VA 5th Inf. Co.D
Bolen, James J. VA 7th Inf. Co.B
Bolen, James N. KY Cav. Bolen's Ind.Co. Capt.
Bolen, James O. MO 4th Cav. Co.H,B
Bolen, James R. MS 2nd Inf. Co.H
Bolen, J.B. SC 2nd Arty. Co.A
Bolen, J.B. SC 2nd Inf. Co.A
Bolen, Jesse MO 7th Cav. Haislip's Co.
Bolen, J.J. SC 20th Inf. Co.B
Bolen, J.M. AL 44th Inf. Co.A
Bolen, J.M. SC 2nd Arty. Co.A
Bolen, John GA 51st Inf. Co.E
Bolen, John MO 4th Cav. Co.H,B
Bolen, John VA Lt.Arty. Douthat's Co.
Bolen, John VA 34th Mil. Co.B
Bolen, John A. AL 32nd Inf. Co.E Sgt.
Bolen, John A. MS 31st Inf. Co.F
Bolen, John H. VA 34th Mil. Co.C
Bolen, J.P. SC 22nd Inf. Co.I
Bolen, J.R. TN 17th Inf. Co.K
Bolen, J.S. SC 20th Inf. Co.B
Bolen, J.T. MS Cav. Ham's Regt. Co.E
Bolen, Kerney NC 52nd Inf. Co.B
Bolen, Lafayette AL 51st (Part.Rangers) Co.E
Bolen, Losen SC 7th Res. Co.G
Bolen, M. TN 1st (Carter's) Cav. Co.G
Bolen, Mathias E. FL 5th Inf. Co.G,F Cpl.
Bolen, Milem TN 7th Inf. Co.D
Bolen, M.W. SC 22nd Inf. Co.I
Bolen, Napoleon MS 31st Inf. Co.F
Bolen, Nathan D. VA 7th Inf. Co.B
Bolen, N.B. AL Cav. Forrest's Regt.
Bolen, Newton L. VA 49th Inf. Co.D
Bolen, N.H. SC 2nd Arty. Co.A
Bolen, Page VA 4th Res. Co.F
Bolen, Patrick VA 19th Inf. Co.I
Bolen, Reddick S. AL 6th Inf. Co.I
Bolen, Richard TN 2nd (Walker's) Inf. Co.E
Bolen, S.E. SC 20th Inf. Co.B
Bolen, Sion E. GA 17th Inf. Co.D
Bolen, Thomas B. AL 32nd Inf. Co.E
Bolen, T.J. SC 20th Inf. Co.D
Bolen, T.M. MO Cav. 2nd Regt.St.Guard Co.D
Bolen, William MS 26th Inf. Co.I
Bolen, William SC 7th Res. Co.G
Bolen, William TN 43rd Inf. Co.K
Bolen, William VA Lt.Arty. Thompson's Co.
Bolen, William VA 21st Cav. Co.G
Bolen, William A. VA 7th Inf. Co.G Capt.
Bolen, William A. VA 7th Bn.Res. Co.D
Bolen, Willis MO Cav. Preston's Bn. Co.B Cpl.
Bolen, Willoughby MS 31st Inf. Co.F 1st Lt.
Bolener, Theodore VA 14th Mil. Co.E
Boler, A.H. AL 60th Inf. Co.K
Boler, Alexander H. AL 1st Bn. Hilliard's Legion Vol. Co.C
Boler, Bennett GA Cobb's Legion Co.B
Boler, Charles KY 4th Mtd.Inf. Co.E
Boler, George T. VA 33rd Inf. Co.F
Boler, George W. VA 1st Inf. Co.I
Boler, Green B. MS 36th Inf. Co.D,B
Boler, Henry MS 11th (Perrin's) Cav. Co.K
Boler, James MS 46th Inf. Co.I
Boler, John MS 5th Inf. (St.Troops) Co.E Sgt.
Boler, John W. TX 9th Cav. Co.D
Boler, Leroy GA 5th Inf. Co.E
Boler, Musco VA 36th Inf. Co.F
Boler, O. GA 8th Inf. Co.B
Boler, R.F. VA 1st St.Res. Co.A
Boler, Walker VA 36th Inf. Co.F

Boler, Walker E. GA 3rd Inf. Co.E Cpl.
Boler, W.E. GA 8th Cav. Co.G
Boler, W.E. GA 62nd Cav. Co.G
Boler, William Knox MO 8th Inf. Co.A
Boler, W.R. MS 36th Inf. Co.D
Bolerson, W.H. VA Res.
Bolert, F. LA 25th Inf. Co.H
Boles, A.J. GA Inf. 40th Bn. Co.D
Boles, Albert NC 6th Inf. Co.A
Boles, Albert VA Inf. 23rd Bn. Co.H
Boles, Alexander LA 5th Inf. Co.B
Boles, Alexander M. NC 21st Inf. Co.G
Boles, A.M. GA 16th Inf. Co.B
Boles, Ar VA 55th Inf.
Boles, Axom TX 4th Inf. Co.K
Boles, B.S. AL 56th Part.Rangers Co.I
Boles, Calvin TN Cav. Shaw's Bn. Hamilton's Co.
Boles, C.G. AL 19th Inf. Co.I,L
Boles, Charles T. VA 22nd Inf. Co.C
Boles, C.J. GA 54th Inf. Co.H,A
Boles, C.J. VA Cav. 34th Bn. Co.K
Boles, Daniel TX Cav. 6th Bn. Co.D
Boles, David AR 27th Inf. Co.I
Boles, David J. NC 64th Inf. Co.I
Boles, D.W. TX Inf. Whaley's Co.
Boles, E. AL Cav. Moreland's Regt. Co.E
Boles, E. TX 17th Inf. Co.C
Boles, Ed NC 7th Sr.Res. Watts' Co.
Boles, E.D. TN 12th (Cons.) Inf. Co.F
Boles, Elias R. TX 4th Cav. Co.D Cpl.
Boles, Elijah AL 6th Cav. Co.A
Boles, Ewing VA 25th Cav. Co.I
Boles, F.M. TX 12th Cav. Co.G
Boles, Franklin VA 37th Inf. Co.E
Boles, Gabriel VA Inf. 23rd Bn. Co.H
Boles, George LA 9th Inf. Co.D
Boles, George VA 54th Inf. Co.H
Boles, George W. VA 4th Inf. Co.L
Boles, G.G. NC 21st Inf. Co.I
Boles, Gustave S.M. MO 9th (Elliott's) Cav. Co.D
Boles, G.V. VA 25th Cav. Cpl.
Boles, G.W. GA 36th (Broyles') Inf. Co.H
Boles, Heeny GA 1st Inf. (St.Guards) Co.K
Boles, Henry KY 9th Cav. Co.I
Boles, Henry C. NC 4th Inf. Co.H
Boles, Isaac AL 40th Inf. Co.B,G
Boles, Isaiah AL 53rd (Part.Rangers) Co.D
Boles, J.A. LA 17th Inf. Co.C
Boles, Jacob NC 38th Inf. Co.E
Boles, James Mead's Conf.Cav. Co.B 2nd Lt.
Boles, James D. NC 13th Inf. Co.F
Boles, James M. AR 27th Inf. Co.I
Boles, James P. NC 21st Inf. Co.D
Boles, J.B.R. FL Cav. 5th Bn. Co.A
Boles, J.D. TX 17th Cav. Co.D Sgt.
Boles, Jefferson P. TN 4th Cav. Co.I
Boles, J.F. AL 53rd (Part.Rangers) Co.G
Boles, J. Francis NC 48th Inf. Co.K
Boles, J.H. MS 37th Inf. Co.D
Boles, John AR 11th & 17th Cons.Inf. Co.I
Boles, John GA 64th Inf. Co.I,E
Boles, John MO Dismtd.Cav. Lawther's Temp.Regt. Co.A
Boles, John TN Cav. Shaw's Bn. Hamilton's Co.
Boles, John VA 89th Mil. Co.H
Boles, John A. VA 45th Inf. Co.I
Boles, John B. NC 4th Inf. Co.H
Boles, John C. AL 19th Inf. Co.I 2nd Lt.
Boles, John C. AR 17th (Griffith's) Inf. Co.F
Boles, John H. GA 66th Inf. Co.B
Boles, John M. AR 27th Inf. Co.I
Boles, John M. VA 36th Inf. Co.F
Boles, John S. AL 27th Inf. Co.F 1st Sgt.
Boles, John W. TX 27th Cav. Co.C
Boles, Joseph GA 21st Inf. Co.D 1st Sgt.
Boles, J.P. TN 8th Inf. Co.F
Boles, J.W. MS Cav. Powers' Regt. Co.I Sgt.
Boles, Lewis NC 7th Bn.Jr.Res. Co.A
Boles, M.A. AL 8th Inf. Co.D Cpl.
Boles, Martin V. VA Inf. 21st Bn. Co.B
Boles, Martin V. VA 64th Mtd.Inf. Co.A
Boles, Martin V. VA 64th Mtd.Inf. Co.B
Boles, Milton TN Cav. Shaw's Bn. Hamilton's Co.
Boles, Mortin Va. VA Cav. Ferguson's Bn. Morris' Co.
Boles, P.B. GA 60th Inf. Co.B
Boles, P.L. AR 19th (Dawson's) Inf. Co.H
Boles, Prior W. VA 64th Mtd.Inf. Co.B
Boles, Pryor TN 44th (Cons.) Inf.
Boles, R.A. AL 9th Inf. Co.D
Boles, R.J. AL 19th Inf. Co.K Cpl.
Boles, Robert NC 64th Inf. Co.I
Boles, Robert TN 8th Inf. Co.D Sgt.
Boles, Samuel F. SC 20th Inf. Co.K
Boles, S.H. AR 27th Inf. Co.I
Boles, T.H. KY 4th Mtd.Inf. Co.A
Boles, T.H.F. Mead's Conf.Cav. Co.B 1st Sgt.
Boles, Thomas AR 11th & 17th Cons.Inf. Co.I
Boles, Thomas A. AR 17th (Griffith's) Inf. Co.F
Boles, Thomas H. TN 44th (Cons.) Inf. Co.A
Boles, Thomas J. GA Inf. Cobb Guards Co.A
Boles, Timothy GA Inf. 1st Loc.Troops (Augusta) Co.I
Boles, W.A. VA 21st Cav. Co.E
Boles, W.D. SC 1st Arty. Co.A
Boles, W.E. MS Inf. 1st Bn.St.Troops (30 days '64) Co.B
Boles, William AR 11th & 17th Cons.Inf. Co.I
Boles, William AR 17th (Griffith's) Inf. Co.F
Boles, William AR 27th Inf. Co.I Sgt.
Boles, William KY 2nd Cav. Co.K
Boles, William NC 21st Inf. Co.D
Boles, William TN Cav. Shaw's Bn. Hamilton's Co.
Boles, William TN 43rd Inf. Co.B
Boles, William TX 28th Cav. Co.K
Boles, William TX Waul's Legion Co.B
Boles, William VA Mil. Grayson Cty.
Boles, William D. FL 5th Inf. Co.K
Boles, William D. SC 1st Arty. Co.D
Boles, William R. VA Inf. 21st Bn. Co.B Capt.
Boles, William T. VA 4th Inf. Co.L Cpl.
Boles, W.M. AR 24th Inf. Co.I
Boles, W.T. MS 3rd (St.Troops) Cav. Co.H
Boles, W.W. AR 32nd Inf. Co.C
Boletes, R.C. VA 7th Cav. Co.F
Boleware, G.W. MS 2nd (Quinn's St.Troops) Inf. Co.D
Boleware, W.L. MS 2nd (Quinn's St.Troops) Inf. Co.D
Boley, B.F. VA 7th Cav. Baylor's Co.
Boley, D. VA 22nd Inf. Co.I
Boley, G.R. MO Robertson's Regt.St.Guard Co.11
Boley, H.C. MS 23rd Inf. Co.F
Boley, Henry B. AL 10th Cav. Co.E
Boley, H.W. SC 20th Inf.
Boley, James B. VA Lt.Arty. J.D. Smith's Co.
Boley, James O. VA Lt.Arty. J.D. Smith's Co. Jr.1st Lt.
Boley, James R. VA 49th Inf. Co.A
Boley, J.O. VA 2nd Inf.Loc.Def. Co.K Capt.
Boley, J.O. VA Inf. 2nd Bn.Loc.Def. Co.B Capt.
Boley, John W. VA 22nd Inf. Co.K
Boley, J.R. MS Cav. Ham's Regt. Co.B
Boley, L. AL 63rd Inf. Co.K
Boley, Manson D. VA 30th Bn.S.S. Co.C
Boley, Marion A. AL 8th Inf. Co.D
Boley, Newton K. VA Lt.Arty. Lowry's Co.
Boley, Simon P. VA 49th Inf. Co.A
Boley, S.N. VA 1st Bn.Res. Co.G
Boley, Spootswood VA 34th Inf. Co.G
Boley, William VA Horse Arty. Shoemaker's Co.
Boley, William VA 59th Inf. 1st Co.G
Boley, William A. VA 22nd Inf. Co.K
Boley, William H. VA Lt.Arty. J.D. Smith's Co.
Boley, William M.W. VA 36th Inf. Co.F
Boley, William O. VA 60th Inf. Co.D
Boleyn, John MS 2nd St.Cav. Co.A
Boleypaw, Mathew TN 37th Inf. Co.H
Bolger, A.A. AR 6th Inf. Co.G Cpl.
Bolger, A.J. GA 53rd Inf. Co.H
Bolger, Ed LA 10th Inf. Co.D
Bolger, E.R. SC 1st Regt. Charleston Guard Co.H
Bolger, F.B. AL 45th Inf. Co.K
Bolger, G.W. AR 6th Inf. Co.G
Bolger, H.L.P. SC Lt.Arty. J.T. Kanapaux's Co. (Lafayette Arty.)
Bolger, H.N. AR 6th Inf. Co.G Cpl.
Bolger, H.P. AR 6th Inf. Co.G
Bolger, J.E. TN 1st Hvy.Arty. Co.K, 2nd Co.C
Bolger, John Inf. School of Pract. Powell's Detach. Co.C Cpl.
Bolger, M. SC 1st Regt. Charleston Guard Co.A
Bolger, M. SC 5th Bn.Res. Co.D
Bolger, M. SC Ord.Guards (Loc.Def.Troops Charleston)
Bolger, Philip LA 25th Inf. Co.C Sgt.
Bolger, Phillip LA 6th Inf. Co.G
Bolger, P.M. TX Cav. Waller's Regt. Co.C,D
Bolger, Thomas J. AR 1st (Crawford's) Cav. Co.E QMSgt.
Bolger, Thomas W. SC Lt.Arty. J.T. Kanapaux's Co. (Lafayette Arty.) 2nd Lt.
Bolic, B. Sidney NC 11th (Bethel Regt.) Inf. Co.I
Bolich, A.E. GA 57th Inf.
Bolich, A.P. NC Mallett's Co.
Bolick, Abraham NC 6th Inf. Co.D
Bolick, Absalom NC 57th Inf. Co.E
Bolick, A.J. NC 58th Inf. Co.H
Bolick, Alexander NC 55th Inf. Co.H
Bolick, Anderson NC 55th Inf. Co.H
Bolick, B.D. NC 6th Inf. Co.D
Bolick, C. SC 3rd Bn.Res. Co.E
Bolick, Cephus SC 5th St.Troops Co.A
Bolick, David NC 28th Inf. Co.D

Bolick, E.D. SC 6th Inf. 1st Co.A, 2nd Co.F Cpl.
Bolick, Henry NC 32nd Inf. Co.B
Bolick, J.J. NC 1st Cav. (9th St.Troops) Co.K
Bolick, Joseph B. NC 58th Inf. Co.A,K
Bolick, Levi SC Cav. 10th Bn. Co.A
Bolick, L.M. SC 25th Mil.
Bolick, Matthias NC 5th Sr.Res. Co.D
Bolick, Marcus NC 1st Cav. (9th St.Troops) Co.D Bugler
Bolick, Noah NC 14th Inf. Co.D
Bolick, P. NC Mallett's Bn. (Cp.Guard) Co.D
Bolick, R.D. SC Lt.Arty. Garden's Co. (Palmetto Lt.Arty.)
Bolick, R.D. SC 3rd Bn.Res. Co.B
Bolick, Robert NC 32nd Inf. Co.D,E
Bolick, Robert A. NC 7th Inf. Co.A 2nd Lt.
Bolick, Rufus NC 58th Inf. Co.E
Bolick, S.B. NC 12th Inf. Co.G
Bolick, Thomas F. NC Unassign.Conscr.
Bolick, W.D. SC 1st Cav. Co.K
Bolick, W.E. SC 1st (Butler's) Inf. Co.F
Bolick, William A. SC 1st Cav. Co.K
Bolier, Peter B. AR 18th Inf. Co.D
Bolieux, P. LA 8th Cav. Co.C
Boligack, J.W. NC 3rd Jr.Res. Co.B
Bolijack, W.E. NC 21st Inf. Co.G
Bolin, --- TX Cav. Good's Bn. Co.B
Bolin, --- VA 46th Inf. Co.C
Bolin, Alexander NC 50th Inf. Co.F 1st Lt.
Bolin, Alexander L. MS 31st Inf. Co.F
Bolin, Alfred NC 1st Arty. (10th St.Troops) Co.H
Bolin, Andrew AR 9th Inf. Co.C
Bolin, Andrew J. AR Inf. 4th Bn. Co.B
Bolin, A.R. FL 1st (Res.) Inf. Co.D
Bolin, Arthur FL 10th Inf. Co.B Music.
Bolin, Benjamin T. VA 42nd Inf. Co.H
Bolin, Britten VA Inf. 21st Bn. 1st Co.E, Co.A
Bolin, Britten VA 64th Mtd.Inf. Co.A
Bolin, Calipp KY 5th Mtd.Inf. Co.F
Bolin, C.B. SC 13th Inf. Co.F
Bolin, Christie KY 12th Cav. Co.K
Bolin, Daniel NC 5th Inf. Co.B
Bolin, Daniel TN 35th Inf. Co.G
Bolin, Daniel A. GA 21st Inf. Co.F
Bolin, David AR 17th (Griffith's) Inf. Co.A
Bolin, David SC 3rd St.Troops Co.B
Bolin, David TN 35th Inf. Co.G
Bolin, Dennis VA 3rd Bn. Valley Res. Co.B
Bolin, D.R. MS 10th Cav. Co.K Cpl.
Bolin, E. SC 16th Inf. Co.C
Bolin, Edmond AR 2nd Inf. Co.G
Bolin, Edward TN 15th Inf. Co.B
Bolin, Elin VA 64th Mtd.Inf. 2nd Co.F
Bolin, Felix GA 3rd Res. Co.I
Bolin, F.G. SC 16th & 24th (Cons.) Inf. Co.A
Bolin, F.M. SC 1st St.Troops Co.E
Bolin, Francis M. SC 4th Inf. Co.F
Bolin, George SC 2nd Arty. Co.B
Bolin, Goliah 1st Creek Mtd.Vol. Co.E
Bolin, H. NC 3rd Jr.Res. Co.C
Bolin, Henry C. TN 1st (Turney's) Inf. Co.D Cpl.
Bolin, Hugh VA 21st Cav. 2nd Co.E
Bolin, J.A. SC 2nd Arty. Co.C
Bolin, James AL 48th Inf. Co.C
Bolin, James NC 34th Inf. Co.A
Bolin, James TN 35th Inf. Co.G
Bolin, James TX 11th (Spaight's) Bn.Vol. Co.G
Bolin, James VA Inf. 21st Bn. 1st Co.E
Bolin, James VA 64th Mtd.Inf. Co.A
Bolin, James A. AL 46th Inf. Co.F
Bolin, James A. GA 6th Cav. Co.B Cpl.
Bolin, James H. MO 3rd Cav. Co.I
Bolin, James M. VA 64th Mtd.Inf. Co.G 2nd Lt.
Bolin, James W. NC 4th Inf. Co.H
Bolin, Jasper TN 44th (Cons.) Inf.
Bolin, J.C. GA 1st Inf. Co.B
Bolin, Jeremiah TN 34th Inf. 2nd Co.C Sgt.
Bolin, Jesse Conf.Cav. 7th Bn. Co.A
Bolin, J.M. NC 1st Jr.Res. Co.F
Bolin, J.M. VA 60th Inf. Co.I
Bolin, John FL 2nd Cav. Co.A
Bolin, John FL Cav. 5th Bn. Co.E
Bolin, John KY 5th Mtd.Inf. Co.F
Bolin, John SC 17th Inf. Co.C Cpl.
Bolin, John TX 35th (Brown's) Cav. Co.D
Bolin, John TX 13th Vol. 2nd Co.C
Bolin, John VA 14th Inf. 2nd Co.G
Bolin, John A. AL Inf. 1st Regt. Co.H
Bolin, John A. AL 17th Inf. Co.I
Bolin, John F. MO 2nd Cav. Co.B
Bolin, Johnson 1st Choctaw & Chickasaw Mtd.Rifles 2nd Co.C
Bolin, John V. TN 28th Inf. Co.A Sgt.
Bolin, Joseph NC 56th Inf. Co.H
Bolin, Joseph TN 1st (Turney's) Inf. Co.D
Bolin, L.A. AL 42nd Inf. Co.E
Bolin, Lee NC 35th Inf. Co.E
Bolin, Levi Conf.Cav. 7th Bn. Co.A Cpl.
Bolin, Levi Moses MO Lt.Arty. Parsons' Co.
Bolin, Levi Moses MO 6th Inf. Co.I
Bolin, Lewis SC 17th Inf. Co.C Cpl.
Bolin, Lewis VA Inf. 21st Bn. 1st Co.E
Bolin, Lewis VA 64th Mtd.Inf. Co.A
Bolin, Louis SC 12th Inf. Co.B
Bolin, M. TX 22nd Inf. Co.A Capt.
Bolin, Malcom TX Cav. Crump's Regt.
Bolin, Martin MO 7th Cav. Co.C
Bolin, Michael GA 1st (Olmstead's) Inf. Co.C
Bolin, Milton TN 34th Inf. 2nd Co.C
Bolin, Nathan MO 2nd Cav. Co.B
Bolin, Perry AL Cav. Lewis' Bn. Co.C
Bolin, Perry AL 48th Inf. Co.C Sgt.
Bolin, Ples MS 14th Inf. Co.C
Bolin, R. AR 26th Inf. Co.E
Bolin, R.J. TX 4th Field Btty.
Bolin, Robert H. VA 64th Mtd.Inf. Co.A
Bolin, Robert Jackson MS 1st (Johnston's) Inf. Co.C Sgt.
Bolin, R.V. SC 5th Inf. 2nd Co.G
Bolin, S.E. SC 1st Bn.S.S. Co.A
Bolin, S.E. SC 27th Inf. Co.E
Bolin, S.W. AL 46th Inf. Co.F
Bolin, Thaddeus SC 18th Inf. Co.G
Bolin, Thos. AL 25th Inf. Co.D
Bolin, Thomas TN 15th Inf. Co.B
Bolin, Thomas TX Inf. 3rd St.Troops Co.E
Bolin, Thomas J. MO 2nd Cav. Co.B
Bolin, Timothy TN 15th Inf. Co.D Cpl.
Bolin, T.N. LA 2nd Inf. Co.I
Bolin, Tom TN 3rd (Forrest's) Cav. Co.D Cpl.
Bolin, Uriah AR 7th Inf. Co.A
Bolin, Uriah GA 3rd Res. Co.I
Bolin, V. GA 54th Inf. Co.H
Bolin, V.V. SC Cav. DeSaussure's Squad.
Bolin, V.V. SC Hvy.Arty. 15th (Lucas') Bn. Co.B
Bolin, W. TN 3rd (Forrest's) Cav. Co.D
Bolin, Wilburn NC 16th Inf. Co.L
Bolin, William AR 33rd Inf. Co.F
Bolin, William FL 2nd Cav. Co.A
Bolin, William FL Cav. 5th Bn. Co.E Cpl.
Bolin, William GA 62nd Cav. Co.C,H
Bolin, William MS Cav. 3rd Bn. (Ashcraft's) Co.D
Bolin, William SC 17th Inf. Co.C
Bolin, William TX 22nd Inf. Co.A
Bolin, William VA 19th Cav. Co.A
Bolin, William VA 24th Inf. Co.A
Bolin, William B. VA 29th Inf. Co.D
Bolin, William C. LA 10th Inf. Co.K
Bolin, William D. SC 2nd St.Troops Co.G
Bolin, William J. MO 8th Cav. Co.B
Bolin, William P. GA Cobb's Legion Co.C Sgt.
Bolin, William R. MS 43rd Inf. Co.H
Bolin, William R. TX 11th (Spaight's) Bn.Vol. Co.A
Bolin, W.R. SC 117th Inf. Co.C
Bolin, W.R. TX 21st Inf. Co.A
Bolin, W.W. MS 31st Inf. Co.K
Bolind, Alphonso LA Res.Corps Hatcher's Co.
Bolind, John VA 41st Inf. Co.I
Boliner, P.M. TX 9th Cav. Co.E
Bolines, Edward A. TX 8th Cav. Co.H Cpl.
Boling, A.J. NC 7th Sr.Res. Fisher's Co.
Boling, Anderson VA 151st Mil. Co.F
Boling, Andrew VA 7th Bn.Res. Co.D
Boling, Andrew J. AR 21st Inf. Co.A
Boling, Andrew P. VA 50th Inf.
Boling, Bartlett VA Cav. Mosby's Regt. (Part.Rangers) Co.C,D
Boling, B.B. GA 6th Cav. Co.I,B
Boling, B.B. MS 46th Inf. Co.G
Boling, Benjamin F. MS 34th Inf. Co.F
Boling, B.F. AR 13th Inf. Co.F
Boling, B.H. MS 28th Cav. Co.A
Boling, Buck 1st Cherokee Mtd.Rifles Co.F
Boling, C. AL Cav. Moreland's Regt. Co.F
Boling, Charles A. VA 151st Mil. Co.F
Boling, C.W. AR 30th Inf. Co.H
Boling, Daniel H. Conf.Cav. Wood's Regt. Co.B
Boling, David GA 43rd Inf. Co.D
Boling, David Y. VA Mtd.Guard 13th Congr. Dist.
Boling, Edward LA 1st (Strawbridge's) Inf. Co.B
Boling, Elijah NC 35th Inf. Co.D
Boling, Elliott GA Cav. Young's Co. (Alleghany Troopers) Sgt.
Boling, Floyd A. VA 17th Cav. Co.A
Boling, Floyd Alexander VA 8th Cav. 1st Co.D
Boling, G. AL 4th Inf. Co.A
Boling, H.C. GA 28th Inf. Co.F 1st Lt.
Boling, H.P. MS 13th Inf. Co.F
Boling, J. AL 45th Inf. Co.K
Boling, J. MO Lt.Arty. 3rd Field Btty.
Boling, J. TX 9th Cav. Co.C
Boling, J.A. GA 11th Mil.
Boling, Jackson 2nd Cherokee Mtd.Vol. Co.G
Boling, James GA Inf. 1st Conf.Bn. Co.B

Boling, James A. GA 24th Inf. Co.A
Boling, James E. SC 16th Inf. Co.G
Boling, James H. VA 25th Cav. Co.B
Boling, James J. VA 151st Mil. Co.B Cpl.
Boling, James N. NC 47th Inf. Co.H Cpl.
Boling, J.C. GA Lt.Arty. Van Den Corput's Co.
Boling, Jefferson V. GA 23rd Inf. Co.K Sgt.
Boling, Jeremiah C. GA 23rd Inf. Co.K
Boling, Jesse AL 61st Inf. Co.H
Boling, Jesse VA 8th Cav. 1st Co.D
Boling, Jesse VA 11th Bn.Res. Co.D
Boling, Jesse J. VA 151st Mil. Co.B
Boling, J.J. AL Mil. 4th Vol. Co.I
Boling, J.L. AR 10th Inf. Co.A
Boling, J.M. NC 7th Sr.Res. Johnson's Co.C
Boling, John AR 15th (N.W.) Inf. Emergency Co.I Sgt.
Boling, John MS 17th Inf. Co.B
Boling, John 2nd Cherokee Mtd.Vol. Co.G
Boling, John M. VA Cav. Mosby's Regt. (Part.Rangers) Co.C
Boling, John W. SC 16th Inf. Co.G Capt.
Boling, Joshua VA 151st Mil. Co.A
Boling, Josiah M. VA Inf. 23rd Bn. Co.B,G
Boling, J.W. TN 31st Inf. Co.H
Boling, Lawson SC 5th St.Troops Co.F
Boling, Lee M. TX Cav. Hardeman's Regt. Co.A
Boling, L.T. VA 30th Inf. Co.D
Boling, M. TN 1st (Carter's) Cav. Co.G
Boling, Manning MS Cav. 3rd Bn. (Ashcraft's) Co.F
Boling, McKinny H. GA 34th Inf. Co.H
Boling, M.L. MS 18th Cav. Co.C
Boling, M.M. GA 2nd Inf. Co.A
Boling, Nathaniel S. GA 2nd Inf. Co.A
Boling, Nathan S. GA 34th Inf. Co.H
Boling, N.B. MS 2nd (Davidson's) Inf. Co.F Cpl.
Boling, N.G. VA 54th Inf. Co.D
Boling, P. AL Cav. Moreland's Regt. Co.F
Boling, Pinckney J. TN 32nd Inf. Co.I
Boling, R. AL Cav. Moreland's Regt. Co.F Sgt.
Boling, Reuben C. GA 34th Inf. Co.H
Boling, Reuben J. GA 3rd Cav. Co.F Cpl.
Boling, Rhey VA 25th Cav. Co.H Cpl.
Boling, Richard GA 20th Inf. Co.F
Boling, Richard G. NC 27th Inf. Co.B
Boling, Robert P. GA 6th Cav. Co.H 3rd Lt.
Boling, R.S. GA 55th Inf. Co.B
Boling, S.C. SC 16th Inf. Co.G
Boling, S. Calvin SC 16th & 24th (Cons.) Inf. Co.D
Boling, Silas H. GA 6th Cav. Co.H
Boling, S.J. GA Cav. Young's Co. (Alleghany Troopers)
Boling, Thomas E. GA Arty. 9th Bn. Co.A
Boling, Thomas G. TN 32nd Inf. Co.I
Boling, Thomas J. GA 6th Cav. Co.F 3rd Lt.
Boling, Thomas J. GA Smith's Legion Anderson's Co. 3rd Lt.
Boling, Thomas P. GA 6th Cav. Co.F Cpl.
Boling, Thomas P. GA Smith's Legion Anderson's Co. Cpl.
Boling, T.R. AL 33rd Inf. Co.F
Boling, Urias A. VA 17th Cav. Co.D
Boling, W. MS 2nd (Davidson's) Inf. Co.F
Boling, W.A. TN 9th Inf. Co.B
Boling, Westwood NC 4th Inf. Co.E
Boling, W.G. MS 14th (Cons.) Inf. Co.G
Boling, William GA Cherokee Legion (St.Guards) Co.A
Boling, William SC 5th St.Troops Co.F
Boling, William F. VA 11th Bn.Res. Co.D
Boling, William F. VA 60th Inf. Co.I
Boling, William G. VA 22nd Cav. Co.H
Boling, William J. GA 2nd Inf. Co.A
Boling, William S. MS Gage's Co.
Boling, William T. GA 24th Inf. Co.A
Boling, Wilson L. VA 59th Inf. 2nd Co.I
Boling, W.J. AR 5th Inf. Co.D
Boling, W.J. TN 42nd Inf. Co.D 1st Sgt.
Bolinge, M. GA 24th Inf. Co.A
Bolinge, William GA 24th Inf. Co.A Sgt.
Bolinger, A. AL 22nd Inf. Co.G
Bolinger, Adam VA 7th Cav. Co.K
Bolinger, Adam VA 33rd Inf. Co.C,A
Bolinger, B.F. MO 7th Cav. Co.D
Bolinger, F.M. TX 5th Inf. Co.G
Bolinger, George R. VA 31st Inf. Co.K 2nd Lt.
Bolinger, G.H. AL Cav. Hardie's Bn.Res. Co.I
Bolinger, Henry MO Cav. Preston's Bn. Co.C
Bolinger, Henry MO 8th Inf. Co.A
Bolinger, Hezekiah MO Cav. 3rd Bn. Co.G
Bolinger, J. GA 5th Res. Co.E
Bolinger, Jacob TX 1st Bn.S.S. Co.C
Bolinger, Jacob TX 9th (Young's) Inf. Co.E
Bolinger, John AR 34th Inf. Co.D
Bolinger, L. LA Miles' Legion Co.E
Bolinger, L. NC McLean's Bn.Lt.Duty Men Co.B
Bolinger, Martin V. AL 24th Inf. Co.K
Bolinger, S.M. AR 51st Mil. Co.D
Bolinger, Solomon E. GA 49th Inf. Co.K
Bolinger, William MO Cav. Preston's Bn. Co.C
Bolinger, William TX 9th Cav. Co.H
Bolins, A. AL 63rd Inf. Co.G
Bolio, Levi D. TX 19th Cav. Co.G
Bolison, Z. MS Cav. 3rd Bn. (Ashcraft's) Co.C
Boliting, W.B. GA 41st Inf. Co.G
Bolivar, Christian Gen. & Staff, Comsy.Dept. Capt.
Bolivar, Henry 1st Chickasaw Inf. Gregg's Co.
Boliver, George SC 2nd Arty. Co.I Sr.2nd Lt.
Bolkcum, W.P. AL 6th Cav. Co.C
Bolkhen, John KY 4th Mtd.Inf. Co.K
Boll, Joe LA Mil. 3rd Regt. 1st Brig. 1st Div. Co.E
Boll, John SC 9th Res. Co.C
Boll, M. LA Mil. 3rd Regt. 1st Brig. 1st Div. Co.E
Boll, Michael AL 1st Regt. Mobile Vol. Co.E Sgt.
Boll, Michael AL Mil. 3rd Vol. Co.E
Boll, Michael LA 1st Hvy.Arty. (Reg.) Music.
Boll, P.G. MS 6th Cav. Co.I 1st Sgt.
Boll, Young SC 9th Res. Co.C
Bollab, Jno. MO St.Guard
Bollab, M. MO St.Guard
Bollace, W. MS 8th Cav. Co.D
Bollaes, A. LA 3rd Inf. Co.G
Bollah, A.O. MO St.Guard
Bolland, A. VA St.Guards
Bolland, R.H. MS 11th (Cons.) Cav. Co.C
Bolle, Ed TN 21st & 22nd (Cons.) Cav. Co.D
Bolle, Ed TN 22nd (Barteau's) Cav. Co.D
Bolle, Edward TN Cav. 7th Bn. (Bennett's) Co.A
Bolle, Emanuel TN 1st (Carter's) Cav. Co.E,K
Bollen, H.C. MO 9th Inf. Co.D Cpl.
Bollen, John TN 44th (Cons.) Inf.
Bollen, L. AL 5th Cav. Co.E
Bollendorf, Nicholas LA 6th Inf. Co.C
Bollendorff, N. VA Inf. 2nd Bn.Loc.Def. Co.C
Bollenger, David MO 1st Cav. Co.D
Bollenhelier, B.E. AL 8th (Hatch's) Cav. Co.D
Boller, M.H. VA 7th Bn.Res. Co.A
Bolles, C.E. TX Cav. 1st Bn.St.Troops Co.F
Bolles, Charles P. NC 2nd Bn.Loc.Def.Troops Co.A Capt.
Bolles, C.P. Gen. & Staff, Eng. Maj.
Bolles, G.W. MS 31st Inf. Co.H
Bolles, Hiram TN 29th Inf. Co.I
Bolles, H. Washington SC 20th Inf. Co.F
Bolles, James T. LA 7th Inf. Co.I Music.
Bolles, John AL 8th Inf. Co.D
Bolles, Joseph VA Loc.Res.
Bolles, L. NC 3rd Jr.Res. Co.H
Bolles, Lewis AR 20th Inf. Co.C
Bolles, Louis NC 56th Inf. Co.B
Bolles, William AL 24th Inf. Co.F
Bolles, William TN 29th Inf. Co.I Sgt.
Bolles, William A. NC 2nd Bn.Loc.Def.Troops Co.B
Bolles, William H. NC Hvy.Arty. 10th Bn. Co.D
Bolleter, Julius Gen. & Staff Capt.,AAG
Bolleyn, B. SC 11th Inf. Co.C
Bollge, H. LA Mil. Fire Bn. Co.E
Bollie, D. LA Mil. Vermillion Regt. Co.B
Bollimore, Thomas VA 54th Mil. Co.G
Bollin, Ben TX 9th (Young's) Inf. Co.E
Bollin, Doctor G. VA 29th Inf. Co.E
Bollin, George W. SC 1st (McCreary's) Inf. Co.C
Bollin, John TN 10th Inf. Co.D Cpl.
Bollin, John J. VA Inf. 21st Bn. 1st Co.D
Bollin, J.V. TN 28th (Cons.) Inf. Co.B Sgt.
Bollin, Owen TN 10th Inf. Co.D
Bollin, Samuel J. VA Inf. 21st Bn. 1st Co.D
Bollin, Thomas C. GA 1st Cav. Co.F
Bollin, Timothy TX 13th Vol. 2nd Co.B
Bollin, T.J. SC 22nd Inf. Co.I
Bolling, Allen AL 8th Inf. Co.A
Bolling, Andrew L. VA 48th Inf. Co.G 2nd Lt.
Bolling, Andrew W. VA 12th Inf. Co.G
Bolling, Archibald VA Lt.Arty. 13th Bn. Co.A 1st Lt.
Bolling, Ballard P. VA 54th Inf. Co.A
Bolling, B.W. VA Inf. 44th Bn. Co.E
Bolling, C.B. AL 61st Inf. Co.M,A
Bolling, C.C. MS Lt.Arty. (Warren Lt.Arty.) Swett's Co.
Bolling, Charles L. TX 1st Inf. Co.L 2nd Lt.
Bolling, Charles R. VA 1st Cav.St.Line Co.A
Bolling, D. TX Inf. 1st St.Troops Martin's Co.A
Bolling, Daniel AL 8th Inf. Co.C
Bolling, Daniel A. AL 10th Inf. Co.C
Bolling, David AR 3rd Cav. Co.H
Bolling, E. SC 7th Inf. 2nd Co.G
Bolling, Elijah VA 30th Inf. Co.B
Bolling, E.S. TX 9th (Nichols') Inf. Co.G Capt.
Bolling, E.S. TX Inf. Timmons' Regt. Maj.
Bolling, E.S. TX Waul's Legion Co.A Maj.

Bolling, Frank M. AR 4th Inf. Co.H 2nd Lt.
Bolling, G.B. SC 12th Inf. Co.G
Bolling, Geo. S. Gen. & Staff, Prov. A. of TN QM,Maj.
Bolling, George W., Jr. Gen. & Staff Capt.,ACS
Bolling, G.M. SC 12th Inf. Co.G
Bolling, H. AL 1st Regt. Mobile Vol. Co.K
Bolling, H. AL 48th Mil. Co.A
Bolling, Henry AL 1st Bn.Cadets Co.B
Bolling, Henry VA Arty. J.W. Drewry's Co.
Bolling, Henry VA 30th Inf. Co.B Cpl.
Bolling, Henry Gen. & Staff, AG Dept. Capt.
Bolling, Henry W. VA 29th Inf. Co.H
Bolling, H.N. VA Lt.Arty. 12th Bn. Co.B
Bolling, Hosea VA 50th Inf. Co.H
Bolling, James GA Cobb's Legion Co.B
Bolling, James H. VA 29th Inf. Co.H
Bolling, James T. VA 42nd Inf. Co.A
Bolling, James W. 1st Conf.Inf. 2nd Co.H
Bolling, J.C. Gen. & Staff AQM
Bolling, J.E. VA 9th Cav. Co.G
Bolling, J. Efferson VA 29th Inf. Co.H
Bolling, J.M. SC Palmetto S.S. Co.I
Bolling, John AL Arty. 4th Bn. Hilliard's Legion Co.A
Bolling, John, Jr. AL 17th Inf. Co.C Capt.
Bolling, John AL 59th Inf. Co.I
Bolling, John VA 3rd Cav. Co.G Sgt.Maj.
Bolling, John VA 29th Inf. Co.H
Bolling, John A. TX 2nd Inf. Co.K Cpl.
Bolling, John C. AL 6th Inf. Co.H
Bolling, John H. MS 18th Inf. Co.D Cpl.
Bolling, John M. MD 1st Inf. Co.H
Bolling, John M. MD Weston's Bn. Co.D
Bolling, John W. VA 29th Inf. Co.H
Bolling, Joseph M. 1st Conf.Inf. 2nd Co.H
Bolling, Joseph T. SC Palmetto S.S. Co.I
Bolling, J.S. AL 8th Inf. Co.K
Bolling, J.S. AL 44th Inf. Co.F
Bolling, J.W. AL 57th Inf. Co.I
Bolling, Lewis GA 46th Inf. Co.I
Bolling, L.S. MS 31st Inf. Co.I AQM
Bolling, L.S. Gen. & Staff, QM Dept. Capt.
Bolling, Oscar VA 30th Inf. Co.B
Bolling, Peyton W. MS 10th Inf. Old Co.E
Bolling, R.E. AL Rebels
Bolling, Richard M. VA 4th Cav. Co.F
Bolling, Richard M. VA 24th Cav. Co.G 2nd Lt.
Bolling, Richard M. VA Cav. 32nd Bn. Co.A 2nd Lt.
Bolling, Robert AL 3rd Inf. Co.I
Bolling, Robert TX 3rd Cav. Co.E
Bolling, Robert VA 9th Inf. 2nd Co.A 1st Lt.
Bolling, Robert E. AL Conscr.
Bolling, Robert E. AL Rebels
Bolling, Robert T. FL Inf. 2nd Bn. Co.B 1st Sgt.
Bolling, Robert T. FL 10th Inf. Co.G 1st Sgt.
Bolling, Robert T. SC Cav.Bn. Hampton Legion Co.B
Bolling, Robert W. VA 51st Inf. Co.C 2nd Lt.
Bolling, R.P. TN Inf. 3rd Bn. Co.C Cpl.
Bolling, R.S. AL 6th Inf.
Bolling, S.A. AL 8th Inf. Co.K Cpl.
Bolling, S.M. AL Gid Nelson Lt.Arty.
Bolling, S.M. VA Cav. Mosby's Regt. (Part. Rangers) Co.E
Bolling, Stewart VA 9th Inf. 2nd Co.A
Bolling, Stewart W. VA 13th Cav. Co.F
Bolling, Stith VA 9th Cav. Co.G Capt.
Bolling, T.A. VA 2nd Inf.Loc.Def. Co.A
Bolling, T.A. VA Inf. 2nd Bn.Loc.Def. Co.C
Bolling, T.E. TX 8th Cav. Co.I Sgt.
Bolling, Thomas VA 24th Cav. Co.G Sgt.
Bolling, Thomas VA Lt.Arty. 12th Bn. 2nd Co.A
Bolling, Thomas VA Lt.Arty. Sturdivant's Co.
Bolling, Thomas A. VA 60th Inf. Co.E
Bolling, Thomas M. KY 2nd Mtd.Inf. Co.C
Bolling, Townsend S. VA 9th Inf. 2nd Co.A Sgt.
Bolling, T.P. AL 28th Inf. Co.K
Bolling, T.T. LA Mil.Conf.Guards Regt. Co.G
Bolling, Tully S. AL 28th Inf. Co.K
Bolling, T.W. 4th Conf.Inf. Co.F
Bolling, W.A. TX 3rd Cav. Co.E 3rd Lt.
Bolling, W.A. VA Cav. Mosby's Regt. (Part. Rangers) Co.E
Bolling, Warner T. TN 2nd (Robison's) Inf. Co.C
Bolling, W.E. VA Inf. 44th Bn. Co.D
Bolling, W. Frank MD Arty. 1st Btty. Sgt.Maj.
Bolling, W.G. MS 43rd Inf. Co.C
Bolling, William GA 2nd Bn.S.S. Co.A
Bolling, William GA 5th Inf. Co.H,M
Bolling, William H. VA Lt.Arty. Arch. Graham's Co.
Bolling, William H. VA 29th Inf. Co.H 2nd Lt.
Bolling, William H. VA 46th Inf. 3rd Co.D
Bolling, William H. VA 59th Inf. 3rd Co.B
Bolling, William N. VA 12th Inf. Co.E
Bolling, William N. Eng.,CSA Lt.
Bolling, William R. AL 56th Part.Rangers Co.B
Bolling, William R. 4th Conf.Inf. Co.F Sgt.
Bolling, W.J. KY 3rd Cav. Co.D
Bolling, Wm. M. SC 13th Inf. Co.F
Bolling, W.R. AL 15th Bn.Part.Rangers Co.B
Bolling, W.R. MS 11th (Perrin's) Cav. Co.I
Bolling, W.R. Gen. & Staff Surg.
Bolling, W.T. TN Inf. 154th Sr.Regt. Co.D
Bolling, Wyndham R. VA Hvy.Arty. Patteson's Co. 2nd 1st Lt.
Bollinger, A.J. Nitre & Min.Bur. War Dept.,CSA
Bollinger, David MO 3rd Inf. Co.F
Bollinger, F.R. GA 66th Inf. Co.H
Bollinger, H. AL Cav. Hardie's Bn.Res. S.D. McClellan's Co.
Bollinger, H. MO 1st & 3rd Cons.Cav. Co.G
Bollinger, Henry MO 4th Cav. Co.C
Bollinger, Hezekiah MO Cav. Preston's Bn. Co.A,C Cpl.
Bollinger, H.F. TX 20th Inf. Co.B
Bollinger, H.F. 4th Conf.Eng.Troops Co.E Artif.
Bollinger, J. LA Mil. Chalmette Regt. Co.C
Bollinger, James M. MO 12th Inf. Co.E
Bollinger, J.F. MS 4th Inf. Co.D
Bollinger, Joel C. MO 2nd Cav. Co.B Sgt.
Bollinger, John H. AR Pettis
Bollinger, Joseph MO 3rd Cav. Co.B,E
Bollinger, Joseph MO 10th Inf. Co.G
Bollinger, J.T. MS 3rd Inf. (St.Troops) Co.K
Bollinger, Levi A. NC 28th Inf. Co.H
Bollinger, Louis LA Miles' Legion Co.H
Bollinger, Samuel AR 51st Mil. Co.B
Bollinger, W. SC 5th Bn.Res. Co.A 1st Sgt.
Bollinger, W. SC Shiver's Co.
Bollinger, W., Jr. SC Shiver's Co.
Bollinger, William MO 4th Cav. Co.B,C
Bollinger, William SC Inf. 3rd Bn. Co.F
Bollinger, William VA Horse Arty. G.W. Brown's Co.
Bollinger, William P. NC 46th Inf. Co.K Cpl.
Bollini, Charles TX 6th Inf. Co.E
Bollins, W. NC 55th Inf. Co.G
Bollis, Arthur W. TX Cav. 8th (Taylor's) Bn. Co.D
Bollis, B. SC 1st Regt. Charleston Guard Co.D
Bollis, John D. VA Loc.Res.
Bollis, V. LA Arty. 1st Field Btty.
Bolliveaux, L.H. AL 1st Regt. Mobile Vol. Co.C 2nd Lt.
Bollman, B. SC Mil.Arty. 1st Regt. Werner's Co.
Bollman, D. SC Mil.Arty. 1st Regt. Werner's Co.
Bollman, H. SC 3rd Cav. Co.G Cpl.
Bollman, John M. VA Horse Arty. D. Shank's Co.
Bollman, Oscar F. VA Inf. 6th Bn.Loc.Def. Co.C
Bollmann, B. SC 12th Inf.
Bollmann, D. SC Lt.Arty. Wagener's Co. (Co.A,German Arty.)
Bollmann, H. SC Mil.Cav. Theo. Cordes' Co. Cpl.
Bollmeyes, W. TX 3rd Inf. 2nd Co.I
Bollo, Francesco LA Mil. 6th Regt.Eur.Brig. (Italian Guards Bn.) Co.2
Bollort, George W. MO 15th Cav. Co.F
Bollough, J.W. SC Manigault's Bn.Vol. Co.A
Bollow, T. TX Cav. 2nd Regt.St.Troops Co.B
Bolls, B.E. AL 33rd Inf. Co.F
Bolls, Benjamin NC 4th Bn.Jr.Res. Co.C
Bolls, Christopher AL 24th Inf. Co.D
Bolls, C.N. MS Scouts Morphis' Ind.Co.
Bolls, Frank TX 9th (Nichols') Inf. Co.C Sgt.
Bolls, G.M. MS 1st Cav.Res. Co.C
Bolls, G.M. MS Cav. Powers' Regt. Co.I
Bolls, H. Conf.Inf. 1st Bn. 2nd Co.B
Bolls, H.S. MS Scouts Montgomery's Co.
Bolls, J. Conf.Inf. 1st Bn. 2nd Co.B
Bolls, James MS 16th Inf. Co.C Cpl.
Bolls, James W. LA 16th Inf. Co.B
Bolls, John KY 5th Cav. Co.I
Bolls, John NC 69th Inf. Co.C
Bolls, John TN Cav. 9th Bn. (Gantt's) Co.E,F
Bolls, John W. MS 12th Inf. Co.A
Bolls, Joseph AL Lt.Arty. 2nd Bn. Co.C
Bolls, J.W. MS 4th Cav. Co.D Sgt.
Bolls, J.W. MS 28th Cav. Co.G
Bolls, J.W. MS Cav. Hughes' Bn. Co.C Sgt.
Bolls, Pat R. MS 1st Lt.Arty. Co.K Sgt.
Bolls, R. AL 12th Inf. Co.B
Bolls, Thomas B. LA Cav. Lott's Co. (Carroll Drag.)
Bolls, Thomas B. MS 2nd Part.Rangers Co.B
Bolls, T.W. MS Scouts Morphis' Ind.Co.
Bolls, W.A. LA 25th Inf. Co.B
Bolls, W.G. TX Inf. 3rd St.Troops Co.A
Bolls, Wm. GA 30th Inf. Co.I
Bolls, William MS 10th Cav. Co.F
Bolls, William W. MS 21st Inf. Co.A
Bolls, W.J. MS 9th Cav. Co.E

Bollum, W.L. MO St.Guard
Bollware, James MO 9th Inf. Co.D
Bollware, John MO 9th Inf. Co.D
Bolly, Robert E. AL Rebels
Bolman, J. AL St.Arty. Co.C
Bolman, John AL Lt.Arty. 2nd Bn. Co.E Sgt.
Bolmar, George H. LA 8th Cav. Co.G
Bolmond, John W. SC 2nd Rifles Co.G
Boln, John J. VA Locals
Bolner, Abraham B. VA 62nd Mtd.Inf. 2nd Co.H
Boloannan, J. AL Fayette Cty.Res.
Bologni, Guiseppe LA Mil. 6th Regt.Eur.Brig. (Italian Guards Bn.) Co.2
Bolon, Edward SC 1st (Butler's) Inf. Co.C
Bolon, John W. VA 3rd Inf. Co.A
Bolond, A. VA 10th Cav. 1st Co.E
Boloner, Theodore VA 62nd Mtd.Inf. 2nd Co.B
Boloner, W.J. AR Inf. Adams' Regt. Moore's Co.
Bolorama, H. 1st Chickasaw Inf. Minnis' Co.
Bolotte, Camille LA 26th Inf. Co.C
Bolridge, J.W. VA 4th Cav. Co.C
Bols, B.S. AL 2nd Cav. Co.E
Bolsem, Jones AL Randolph Cty.Res. B.C. Raney's Co. Sgt.
Bolseneur, E. LA Ogden's Cav. Co.I
Bolsenner, J.E. LA 1st Cav. Co.H
Bolsenuer, Charles V. LA 1st Cav. Co.H Cpl.
Bolsenur, A.E. LA 9th Inf. Co.G
Bolsenur, A.T. LA 9th Inf. Co.G
Bolser, John VA 14th Cav. Co.C
Bolsgrove, Wm. Conf.Cav. 6th Bn. Co.D
Bolsineur, A. Morgan's,CSA
Bolsinger, W.A. LA 1st Cav. Co.H
Bolsius, Gme LA Mil. 3rd Regt.Eur.Brig. (Garde Francaise) Co.9 Sgt.Maj.
Bolsom, Benjamin F. VA Lt.Arty. Moore's Co. QMSgt.
Bolster, George G. AL Inf. 1st Regt. Co.D,E
Bolster, J. VA 3rd Inf.Loc.Def. Co.C
Bolster, R. NC 30th Inf. Co.F
Bolster, T.E. VA 3rd Inf.Loc.Def. Co.C
Bolster, T.E. VA Conscr. Cp.Lee Co.B Cpl.
Bolster, Thomas E. VA 6th Inf. Co.G
Bolstin, J.D. GA 14th Inf. Co.E
Bolston, C.W. TX 11th (Spaight's) Bn.Vol. Co.B
Bolston, J. AL Arty. 1st Bn. Co.A
Bolt, --- AL 22nd Inf. Co.G,A
Bolt, Abraham AR 19th (Dawson's) Inf. Co.A
Bolt, Abram SC 22nd Inf. Co.G
Bolt, Andrew SC 9th Res. Co.A Cpl.
Bolt, Andrew J. VA 45th Inf. Co.I
Bolt, Ben AR 12th Inf. Co.D
Bolt, Benjamin AR 24th Inf. Co.F
Bolt, Benjamin AR 33rd Inf. Co.E
Bolt, Benjamin AR Inf. Hardy's Regt. Co.D Cpl.
Bolt, Berryman AL Randolph Cty.Res. J. Hightower's Co.
Bolt, C. AR 30th Inf. Co.F
Bolt, C. GA 8th Inf. Co.E
Bolt, Calvin C. SC 1st (Orr's) Rifles Co.L
Bolt, Charles SC 18th Inf. Co.B
Bolt, Charles H.F. LA 14th Inf. Co.I
Bolt, C.L. VA Inf. 1st Bn. Co.E
Bolt, Claborn C. VA 54th Inf. Co.G
Bolt, Dorroh SC 14th Inf. Co.C
Bolt, Edmond SC 1st (Orr's) Rifles Co.L
Bolt, E.L. VA Mil. Wythe Cty.
Bolt, Eli SC 6th Cav. Co.A
Bolt, Frederick TN Cav. 16th Bn. (Neal's) Co.C
Bolt, George VA 45th Inf. Co.K
Bolt, Harvey G. VA 45th Inf. Co.I
Bolt, Herbert SC 22nd Inf. Co.G
Bolt, Hiram SC 6th Cav. Co.A Sgt.
Bolt, Hiram SC 3rd Inf. Co.A
Bolt, Isham SC 1st (Orr's) Rifles Co.F
Bolt, James AR 19th (Dawson's) Inf. Co.A
Bolt, James AR 33rd Inf. Co.E
Bolt, James SC Inf. 3rd Bn. Co.C
Bolt, James SC 4th Bn.Res. Co.D
Bolt, James SC 5th St.Troops Co.D
Bolt, James SC 9th Res. Co.A
Bolt, James B. AR 19th (Dawson's) Inf. Co.A
Bolt, James B. SC 14th Inf. Co.C
Bolt, James H. LA 14th Inf. Co.I
Bolt, James R. GA 6th Cav. Co.H,E
Bolt, James R. GA 16th Inf. Co.H
Bolt, J.B. GA Inf. 1st Loc.Troops (Augusta) Co.B
Bolt, J.D. TX 9th Cav. Co.F
Bolt, J.F. TX 9th Cav. Co.F
Bolt, J.K. SC 6th Cav. Co.A,D
Bolt, John AR 33rd Inf. Co.E Sgt.
Bolt, John NC 3rd Arty. (40th St.Troops) Co.K
Bolt, John NC 3rd Inf. Co.I
Bolt, John NC 61st Inf. Co.C Cpl.
Bolt, John SC 1st Arty. Co.C
Bolt, John SC Inf. 3rd Bn. Co.C
Bolt, John SC 14th Inf. Co.C
Bolt, John VA Lt.Arty. Brander's Co.
Bolt, John VA 4th Res. Co.K
Bolt, John VA 45th Inf. Co.I
Bolt, John D. MS 29th Inf. Co.I
Bolt, John R. Conf.Cav. Wood's Regt. 2nd Co.M
Bolt, J.R. MS 1st (Percy's) Inf. Co.K
Bolt, J.T. MS 9th Inf. Co.K
Bolt, L.A. TN 42nd Inf. Co.A
Bolt, L.A. 4th Conf.Inf. Co.G
Bolt, Leroy VA 45th Inf. Co.I 1st Sgt.
Bolt, Lewis Martin SC 4th Inf. Co.K
Bolt, L.M. SC 1st (Orr's) Rifles Co.L
Bolt, Madison VA 4th Res. Co.F,K
Bolt, Martin AR 33rd Inf. Co.E
Bolt, Martin J. GA Floyd Legion (St.Guards) Co.C
Bolt, Martin J. TX Cav. Madison's Regt. Co.D
Bolt, Moses W. TX 2nd Cav. Co.C
Bolt, Robert SC 1st (Orr's) Rifles Co.D
Bolt, Robert SC 22nd Inf. Co.G
Bolt, Robert TX 24th Cav. Co.K Artif.
Bolt, Robert H. AL 13th Inf. Co.K Cpl.
Bolt, Samuel SC Inf. 3rd Bn. Co.C
Bolt, Samuel SC 4th Bn.Res. Co.D
Bolt, Samuel SC 5th St.Troops Co.D
Bolt, Samuel SC 9th Res. Co.A
Bolt, Samuel G. LA 14th Inf. Co.I
Bolt, S.H. VA 45th Inf. Co.I
Bolt, S.J. SC 6th Cav. Co.A
Bolt, S.R. MS 2nd Part. Co.A
Bolt, S.R. MS 18th Cav. Co.F
Bolt, T.B. VA 1st (Farinholt's) Res. Co.H
Bolt, Thomas SC 22nd Inf. Co.G
Bolt, Thomas VA 45th Inf. Co.I Capt.
Bolt, Thomas W. SC 22nd Inf. Co.G
Bolt, Toliver SC 22nd Inf. Co.G Cpl.
Bolt, T.W. SC 6th Cav. Co.A Cpl.
Bolt, T.W. SC 3rd Inf. Co.A
Bolt, W. SC 14th Inf. Co.C
Bolt, W. SC 32nd Regt. Co.G
Bolt, W. Franklin SC Inf. 3rd Bn. Co.C
Bolt, Wiley SC Inf. 3rd Bn. Co.C Sgt.
Bolt, Wiley SC 9th Res. Co.A Sgt.
Bolt, William AL Cav. Moses' Squad. Co.B
Bolt, William SC 22nd Inf. Co.G
Bolt, William E. AR 4th Inf. Co.G
Bolt, William H. MS 29th Inf. Co.I
Bolt, William H.C. VA 45th Inf. Co.I Capt.
Bolt, William L. SC 22nd Inf. Co.G
Bolt, William M. VA 54th Inf. Co.B
Bolt, Winston W. AL 13th Inf. Co.K
Bolt, W.M. TX 9th Cav. Co.F
Bolt, W.P. SC 3rd Inf. Co.A,I
Bolt, W.R. MS 9th Inf. Co.K
Bolt, W.T. SC 3rd Inf. Co.A
Bolta, John LA 5th Inf. Co.G
Bolte, C. LA Mil. 3rd Regt. 3rd Brig. 1st Div. Co.C
Bolte, Charles TX 1st Hvy.Arty. Co.C Cpl.
Bolte, Emile LA 6th Inf. Co.G
Bolten, James H. VA 31st Inf. Co.K
Bolten, J.F. SC 2nd Arty. Co.F
Bolten, J.H. NC 56th Inf. Co.I
Bolten, M.F. TX 11th (Spaight's) Bn.Vol. Co.B
Bolten, M.W. SC 2nd Arty. Co.F
Bolten, Simeon Bolt NC 56th Inf. Co.I
Bolter, A.B. TX Cav. Giddings' Bn. Maddox's Co.
Bolthis, L.M.G. Gen. & Staff Chap.
Boltin, J.A. TX 1st Inf. Co.H
Boltin, James M. VA 62nd Mtd.Inf. 2nd Co.E
Boltinghouse, Denis AR 2nd Mtd.Rifles Co.I Sgt.
Boltinghouse, Zack AR Inf. Cocke's Regt. Co.K
Bolton, --- VA Inf. 1st Bn.Loc.Def. Co.C
Bolton, A. TN 22nd (Barteau's) Cav. Co.A
Bolton, Abner SC 22nd Inf. Co.A
Bolton, Absolom D. VA 86th Mil. Co.F Cpl.
Bolton, Albert G. VA 27th Inf. Co.F
Bolton, Alex LA 6th Inf. Co.C
Bolton, Alex TN 8th (Smith's) Cav. Co.K
Bolton, Alex TN 5th Inf. 2nd Co.K
Bolton, Alexander H. VA 7th Inf. Co.D
Bolton, Alx TN Cav. 1st Bn. (McNairy's) Co.A
Bolton, Archable AL 18th Bn.Vol. Co.A
Bolton, Atlas NC 28th Inf. Co.D
Bolton, B. MS 9th Cav. Co.B
Bolton, B. VA 1st St.Res. Co.B
Bolton, Benjamin AR Mil. Louis' Co.
Bolton, Benjamin TN 19th (Biffle's) Cav. Co.E Cpl.
Bolton, Benjamin VA Inf. 25th Bn. Co.A
Bolton, Benjamin J. NC 38th Inf. Co.E
Bolton, Benjamin W. AR 36th Inf. Co.B Bvt.2nd Lt.
Bolton, Benson TX 11th Inf. (Roberts' Regt.) Co.F
Bolton, B.F. AL 2nd Cav. Co.I
Bolton, B.R. TX 14th Inf. Co.I
Bolton, Bradford GA 42nd Inf. Co.A
Bolton, Brit SC Inf. 9th Bn. Co.C

Bolton, Brit SC 26th Inf. Co.D
Bolton, Britton SC 1st (Hagood's) Inf. 2nd Co.I
Bolton, Bryant NC 24th Inf. Co.K
Bolton, B.W. AR Cav. Coleman's Regt. Co.G Capt.
Bolton, B.W. AR Cav. Crabtree's (46th) Regt. Co.G Capt.
Bolton, C.A. GA Inf. 1st Bn. (St.Guards) Co.B
Bolton, Calvin NC 28th Inf. Co.D
Bolton, Canada S. TX 1st Inf. Co.H
Bolton, Cap AL 8th Cav. Co.B
Bolton, Cary VA 2nd St.Res. Co.G
Bolton, Channing M. 1st Conf.Eng.Troops Co.E 2nd Lt.
Bolton, Charles GA Arty. Baker's Co.
Bolton, Charles MO Cav. Fristoe's Regt. Co.L
Bolton, Charles A. GA 1st (Ramsey's) Inf. Co.A
Bolton, Charles A. TX 3rd Cav. Co.E
Bolton, Charles L. MS 2nd Part.Rangers Co.K,H
Bolton, C.L. AL Lowndes Rangers Vol. Fagg's Co.
Bolton, C.L. Conf.Cav. Wood's Regt. Co.H
Bolton, C.P. SC Cav. 19th Bn. Co.E 1st Lt.
Bolton, C.P. SC 20th Inf. Co.L 1st Lt.
Bolton, Daniel AL 4th Inf. Co.E
Bolton, Daniel MS Cav. 4th Bn. Roddey's Co.
Bolton, Daniel J. FL 11th Inf. Co.C
Bolton, D.E. AL 57th Inf. Co.A
Bolton, Dixon D. MO 10th Cav. Co.H
Bolton, D.J. AL 3rd Bn.Res. Appling's Co.
Bolton, D.J. AL 51st (Part.Rangers) Co.G
Bolton, D.J. AL Pris.Guard Freeman's Co.
Bolton, D.L. AL 15th Inf. Co.I
Bolton, D.T. FL Lt.Arty. Dyke's Co.
Bolton, E. AL 8th (Livingston's) Cav. Co.B
Bolton, E. GA Cav. 29th Bn. Co.G Cpl.
Bolton, E.A. SC 20th Inf. Co.B
Bolton, E.B.H. TN 22nd (Barteau's) Cav. Co.G
Bolton, E.C. TX 20th Inf. Co.C
Bolton, Edward SC 22nd Inf. Co.A
Bolton, Edward H. LA 31st Inf. Co.C
Bolton, Edward S. LA 28th (Gray's) Inf. Co.K
Bolton, E.J. TN 3rd (Forrest's) Cav. Co.D
Bolton, Elbert F. AL 11th Inf. Co.I
Bolton, Eli VA Lt.Arty. Clutter's Co.
Bolton, Elijah AL 42nd Inf. Co.B
Bolton, Elijah F. GA 34th Inf. Co.E
Bolton, Ellsworth MS 13th Inf. Co.D
Bolton, E.S. VA Lt.Arty. Clutter's Co.
Bolton, Evan TX 5th Cav. Co.B Bugler
Bolton, E.W. SC 11th Res. Co.G
Bolton, E.W. SC 20th Inf. Co.B
Bolton, E.W. TX Cav. Chisum's Regt. (Dismtd.)
Bolton, F.B. MO 10th Cav. Co.D
Bolton, F.M. TN 44th (Cons.) Inf. Co.C
Bolton, Foster M. NC 54th Inf. Co.C
Bolton, Francis M. LA Inf. 11th Bn. Co.C
Bolton, Francis M. LA Inf.Cons.Crescent Regt. Co.F
Bolton, Francis M. TN 55th (McKoin's) Inf. Dillehay's Co.
Bolton, George GA 27th Inf. Co.K
Bolton, George GA 36th (Broyles') Inf. Co.G
Bolton, George GA Inf. Taylor's Co.
Bolton, George TN Inf. 154th Sr.Regt. Co.G
Bolton, George B. NC 24th Inf. Co.A
Bolton, George F. VA 49th Inf. Co.H
Bolton, George M. Dallas AL 49th Inf. Co.C
Bolton, George N. LA 28th (Gray's) Inf. Co.K
Bolton, George R. NC 7th Inf. Co.D
Bolton, George W. AL 44th Inf. Co.D
Bolton, George W. LA 12th Inf. Co.C
Bolton, George W. LA 12th Inf. Co.E Sgt.
Bolton, George W. MO Cav. 7th Regt.St.Guard Co.B Maj.
Bolton, George W. VA 46th Mil. Co.A
Bolton, G.H. TN 31st Inf. Co.E 1st Sgt.
Bolton, Gideon TN 22nd (Barteau's) Cav. Co.G
Bolton, Gus. R. AL 7th Cav. Co.B
Bolton, Gustavus R. AL Pris.Guard Freeman's Co.
Bolton, G.W. GA 12th Cav. Co.K
Bolton, G.W. MO 3rd & 5th Cons.Inf. Co.B
Bolton, H. TN 21st & 22nd (Cons.) Cav. Co.C
Bolton, H.C. LA 2nd Cav. Co.A
Bolton, H.C. TN 22nd (Barteau's) Cav. Co.K
Bolton, Henderson AL 8th (Livingston's) Cav. Co.E
Bolton, Henry AR 8th Inf. New Co.K
Bolton, Henry TN 61st Mtd.Inf. Co.C
Bolton, Henry VA 22nd Inf. Co.B
Bolton, Henry VA Burks' Regt.Loc.Def.
Bolton, Henry A. VA 6th Inf. Co.C
Bolton, Henry C. TX Lt.Arty. H. Van Buren's Co.
Bolton, Henry C. TX 3rd Inf. Co.D
Bolton, Henry H. NC 51st Inf. Co.I Sgt.
Bolton, Henry L. TX 1st Hvy.Arty. Co.I Capt.
Bolton, Henry M. LA 28th (Gray's) Inf. Co.K Cpl.
Bolton, Henry W. VA Lt.Arty. Parker's Co. Sgt.
Bolton, H.H. NC 15th Inf. Co.M Music.
Bolton, H.H. NC 32nd Inf. Co.I Music.
Bolton, Hilry VA 38th Inf. Co.E
Bolton, Hiram A. VA 24th Inf. Co.K
Bolton, Hiram B. GA 12th Cav. Co.D
Bolton, H.L. AL 26th Inf. Co.C
Bolton, H.L. TX 15th Inf. 1st Co.D
Bolton, H.W. VA 3rd Inf.Loc.Def. Co.K
Bolton, Hy Wilcox's Div. Eng.,CSA Capt.
Bolton, I.L. TN 16th (Logwood's) Cav. Co.C
Bolton, Isaac L. MS 5th Inf. (St.Troops) Co.A Capt.,Adj.
Bolton, J.A. TX 2nd Cav. Co.K
Bolton, J.A. TX 9th (Nichols') Inf. Co.B
Bolton, Jackson GA 13th Cav. Co.I
Bolton, Jackson NC 50th Inf. Co.I
Bolton, James MS 11th (Cons.) Cav. Co.D
Bolton, James MS 36th Inf. Co.F
Bolton, James NC 4th Cav. (59th St.Troops) Co.K
Bolton, James NC Cav. 12th Bn. Co.A
Bolton, James NC 47th Inf. Co.B
Bolton, James NC 52nd Inf. Co.E
Bolton, James VA 25th Cav. Co.A
Bolton, James VA 1st St.Res. Co.A
Bolton, James 8th (Dearing's) Conf.Cav. Co.A
Bolton, James Eng.,CSA Lt.
Bolton, James Gen. & Staff Surg.
Bolton, James A. NC Hvy.Arty. 10th Bn. Co.A
Bolton, James C. NC 24th Inf. Co.A 2nd Lt.
Bolton, James D. VA Inf. 23rd Bn. Co.B
Bolton, James E. AL 6th Cav. Co.F Cpl.
Bolton, James F. MS 9th Inf. New Co.G
Bolton, James F. TN 2nd (Smith's) Cav. Lea's Co.
Bolton, James H. GA 61st Inf. Co.F
Bolton, James J. MO 10th Cav. Co.H
Bolton, James K. VA Lt.Arty. Clutter's Co.
Bolton, James M. GA 36th (Villepigue's) Inf. Co.D
Bolton, James M. LA 12th Inf. Co.E Sgt.
Bolton, James M. TN 62nd Mtd.Inf. Co.E
Bolton, James M. TX 3rd Cav. Co.E
Bolton, James M. VA Cav. Mosby's Regt. (Part.Rangers) Co.B
Bolton, James M. VA 19th Inf. Co.G
Bolton, James M. 1st Conf.Inf. 1st Co.D, 2nd Co.C Cpl.
Bolton, James N. TN 3rd (Forrest's) Cav. Co.E
Bolton, James S. GA Inf. 10th Bn. Co.C Sgt.
Bolton, James S. GA 38th Inf. Co.N
Bolton, James W. AL 16th Inf. Co.A,K
Bolton, James W. VA Lt.Arty. Rives' Co.
Bolton, James W. VA 37th Inf. Co.D
Bolton, Jasper N. TX 6th Cav. Co.E
Bolton, J.E. AL 5th Bn.Vol. Co.C
Bolton, J.E. AL 51st (Part.Rangers) Co.H
Bolton, Jeremiah F. GA 12th Inf. Co.A
Bolton, J.F. GA Cav. 19th Bn. Co.C
Bolton, J.F. LA Inf.Cons.Crescent Regt. Co.F Cpl.
Bolton, J.F. SC Lt.Arty. 3rd (Palmetto) Bn. Co.B
Bolton, J.F. SC 1st (Hagood's) Inf. 1st Co.C
Bolton, J.G. TN 24th Bn.S.S. Co.B
Bolton, J.G. TN 50th (Cons.) Inf. Chap.
Bolton, J.G. Gen. & Staff Chap.
Bolton, J.H. AL 56th Part.Rangers Co.B Sgt.
Bolton, J.H. AL Cav. Murphy's Bn. Co.B
Bolton, J.H. GA 5th Cav. Co.F
Bolton, J.H. GA 39th Inf. Co.F
Bolton, J.H. GA 60th Inf. Co.F
Bolton, J.H. SC 20th Inf. Co.B
Bolton, J.L. AL 28th Inf. Co.L
Bolton, J.L. GA Tiller's Co. (Echols Lt.Arty.)
Bolton, J.L. TN 12th (Green's) Cav. Co.K
Bolton, J.N. TX 3rd Cav. Co.E
Bolton, Joab NC Hvy.Arty. 10th Bn. Co.A
Bolton, Joel M. MO 10th Cav. Co.H,F Cpl.
Bolton, John GA 61st Inf. Co.F
Bolton, John KY 5th Mtd.Inf. Co.B Sgt.
Bolton, John MO 10th Cav. Co.H
Bolton, John NC 14th Inf. Co.H,A
Bolton, John TN 5th (McKenzie's) Cav. Co.A
Bolton, John TN 2nd (Robison's) Inf. Co.B
Bolton, John TN 9th Inf. Asst.Surg.
Bolton, John VA 14th Cav. Co.I
Bolton, John VA 25th Cav. Co.A
Bolton, John VA 3rd Inf.
Bolton, John VA 25th Inf. 1st Co.G Cpl.
Bolton, John 10th Conf.Cav. Co.H,G
Bolton, John A. AL 49th Inf. Co.D
Bolton, John A. VA 31st Inf. Co.A 2nd Lt.
Bolton, John A. VA 62nd Mtd.Inf. 2nd Co.K
Bolton, John A. VA Burks' Regt.Loc.Def.
Bolton, John F. LA Inf. 11th Bn. Co.C Cpl.
Bolton, John F. LA 25th Inf. Co.A,B
Bolton, John G. TN 11th Inf. Co.A
Bolton, John H. GA Cav. 2nd Bn. Co.B
Bolton, John H. GA 30th Inf. Co.F

Bolton, John H. MS Inf. 3rd Bn. (St.Troops) Co.C 2nd Lt.
Bolton, John H. NC 22nd Inf. Co.B Cpl.
Bolton, John H. VA Cav. 35th Bn. Co.A
Bolton, John J. VA 49th Inf. Co.H
Bolton, John P. LA 1st (Nelligan's) Inf. Co.F Sgt.
Bolton, John R. NC 51st Inf. Co.I
Bolton, John T. TX 35th (Brown's Regt.) Cav. Co.C
Bolton, John W. AL 40th Inf. Co.G
Bolton, John W. GA 6th Inf. Co.H
Bolton, John W. GA 51st Inf. Co.H
Bolton, John W. LA 31st Inf. Co.B
Bolton, Joseph AL Cav. Bowie's Co.
Bolton, Joseph KY 9th Mtd.Inf. Co.G
Bolton, Joseph MS Cav. 4th Bn. Roddey's Co.
Bolton, Joseph 8th (Wade's) Conf.Cav. Co.A
Bolton, Joseph A. AL 11th Inf. Co.I
Bolton, Joseph E. TX 2nd Cav. Co.K
Bolton, Joseph H. AL 15th Bn.Part.Rangers Co.B Sgt.
Bolton, Jos. J. MO St.Guard
Bolton, J.R. AL 8th (Livingston's) Cav. Co.B
Bolton, J.T. GA Inf. 5th Bn. (St.Guards) Co.C
Bolton, J.T. LA 6th Inf. Co.A Cpl.
Bolton, J.W. AL Cav. Moreland's Regt. Co.F
Bolton, J.W. AL 45th Inf. Co.G
Bolton, J.W. GA 54th Inf. Co.D
Bolton, J.W. TN 17th Inf. Co.I 1st Lt.
Bolton, J.W. Conf.Lt.Arty. Stark's Bn. Co.C
Bolton, Lemuel NC 4th Cav. (59th St.Troops) Co.K
Bolton, Lemuel NC Cav. 12th Bn. Co.A
Bolton, Lemuel NC 1st Inf. Co.F
Bolton, Lemuel TN 61st Mtd.Inf. Co.E
Bolton, Lemuel 8th (Dearing's) Conf.Cav. Co.A
Bolton, Lenard T. GA 43rd Inf. Co.H Cpl.
Bolton, Lewis AL Pris.Guard Freeman's Co.
Bolton, Lewis F. KY 9th Mtd.Inf. Co.G
Bolton, Lewis T. AL 28th Inf. Co.L
Bolton, Lindsey C. VA 1st Res. Co.B
Bolton, Lorenzo VA Cav. 41st Bn. Trayhern's Co.
Bolton, Lorenzo VA 146th Mil. Co.H
Bolton, Lorenzo J. VA Cav. 35th Bn. Co.A
Bolton, L.T. MS 9th Inf. New Co.C
Bolton, M. LA 2nd Cav. Co.F
Bolton, M. NC 8th Sr.Res. Williams' Co.
Bolton, Madison AL Cp. of Instr. Talladega
Bolton, Major Thomas NC 43rd Inf. Co.G
Bolton, Manoah LA 12th Inf. Co.C
Bolton, Marcus L. GA 35th Inf. Co.B
Bolton, Marshal C. AL 11th Inf. Co.I
Bolton, Marshall GA 42nd Inf. Co.A
Bolton, Mathew M. GA 6th Mil. Co.G
Bolton, Mathew W. VA 151st Mil. Co.B 1st Lt.
Bolton, Matthew P. GA 1st (Ramsey's) Inf. Co.C
Bolton, Matthew W. VA 30th Bn.S.S. Co.B Cpl.
Bolton, Merewether L. MO 10th Cav. Co.H
Bolton, Merriweather L. NC 3rd Inf. Co.E Surg.
Bolton, Miles GA 15th Inf. Co.A Cpl.
Bolton, M.L. GA Inf. 25th Bn. (Prov.Guard) Co.G
Bolton, M.L. NC 3rd Cav. (41st St.Troops) Co.B
Bolton, M.M. AL 14th Inf. Co.E
Bolton, M.M. AL 23rd Inf. Co.I,C
Bolton, M.M. GA 10th Cav. (St.Guards) Co.C
Bolton, Monroe MO 10th Cav. Co.I
Bolton, Moses GA 6th Cav. 1st Co.K Cpl.
Bolton, Moses KY Jessee's Bn.Mtd.Riflemen Co.C Cpl.
Bolton, Moses KY Part.Rangers Rowan's Co. Cpl.
Bolton, Moses LA 6th Inf. Co.C
Bolton, Moses B. AL Recruits
Bolton, Moses B. LA 1st Cav. Co.G
Bolton, M.P. GA 45th Inf. Co.H 2nd Lt.
Bolton, M.S. SC Arty. Fickling's Co. (Brooks Lt.Arty.)
Bolton, M.W. SC 1st (Hagood's) Inf. 1st Co.C
Bolton, Noah VA 25th Cav. Co.A
Bolton, Noah VA Inf. 21st Bn. 1st Co.D
Bolton, Osborn L. MS 37th Inf. Co.B
Bolton, Oscar AR 45th Cav. Co.I
Bolton, Osco AR 32nd Inf. Co.E
Bolton, Owen B. AL 24th Inf. Co.H,B
Bolton, P. MS Blythe's Bn. (St.Troops) Co.B
Bolton, P.A. AL Lt.Arty. Tarrant's Btty.
Bolton, P.A. AL Pris.Guard Freeman's Co.
Bolton, Peter NC 51st Inf. Co.I
Bolton, R. AL 34th Inf. Co.B
Bolton, R. GA 25th Inf. Pritchard's Co.
Bolton, R.D. GA 16th Inf. Co.H
Bolton, R.D. MS 1st Cav. Co.K
Bolton, R.D. MS 2nd (Davidson's) Inf. Co.E
Bolton, R.E. TX 11th (Spaight's) Bn.Vol. Co.A 2nd Lt.
Bolton, R.E. TX 21st Inf. (Spaight's Regt.) Co.A 2nd Lt.
Bolton, Reuben AL 24th Inf. Co.H
Bolton, Reuben AL 30th Inf. Co.I
Bolton, Reuben GA 54th Inf. Co.D
Bolton, Richard AL 4th (Russell's) Cav. Co.I Cpl.
Bolton, Richard GA 29th Inf. Co.A
Bolton, Richard GA 54th Inf. Co.D
Bolton, Richard TN 43rd Inf. Co.C
Bolton, R.K. AL Pris.Guard Freeman's Co.
Bolton, Robert AL Cav. G.W. Dawson's Co. 2nd Lt.
Bolton, Robert AL 3rd Inf. Co.D Cpl.
Bolton, Robert GA 1st (Olmstead's) Inf. Co.F
Bolton, Robert VA 2nd Inf.Loc.Def. Co.B
Bolton, Robert VA Inf. 2nd Bn.Loc.Def. Co.D
Bolton, Robert B. MO 15th Cav. Co.B
Bolton, Robert D. AR 2nd Mtd.Rifles Co.C 1st Sgt.
Bolton, Robert S. GA Inf. 10th Bn. Co.C
Bolton, Romanus TN 60th Mtd.Inf. Co.A
Bolton, S.C. VA 15th Cav. Co.B
Bolton, Silvester GA 42nd Inf. Co.A
Bolton, S.M. GA Arty. 11th Bn. (Sumter Arty.) Co.A,B
Bolton, Stephen TN 4th (Murray's) Cav. Co.K
Bolton, Stephen TN Inf. 22nd Bn. Co.F
Bolton, S.W. TX 21st Cav. Co.F
Bolton, T. AL 38th Inf. Co.H
Bolton, Terrell NC 28th Inf. Co.D
Bolton, Thomas AL Mil. 4th Vol. Co.A
Bolton, Thomas AL 42nd Inf. Co.H,D
Bolton, Thomas A. 1st Conf.Inf. 2nd Co.C
Bolton, Thomas B. MO 10th Cav. Co.H
Bolton, Thomas H. MS Inf. 3rd Bn. (St.Troops) Co.D
Bolton, Thomas J. AL 13th Inf. Co.A
Bolton, Thomas J. MO Cav. Fristoe's Regt. Co.L
Bolton, Thomas J. MO Cav. Preston's Bn. Co.L
Bolton, Thomas L. GA 16th Inf. Co.F
Bolton, Thomas M. GA 1st (Ramsey's) Inf. Co.C
Bolton, Thomas M. VA 19th Inf. Co.G
Bolton, T.J. AL Gid Nelson Lt.Arty.
Bolton, T.J. AR 5th Inf. Co.E
Bolton, T.J. MS 8th Cav. Co.F
Bolton, T.J. MS Cav. Ham's Regt. Co.I
Bolton, T.J. MS 1st (King's) Inf. (St.Troops) Co.D
Bolton, T.J. MS Inf. 1st Bn.St.Troops (30 days '64) Co.F
Bolton, T.L., Dr. GA 13th Cav. Co.F
Bolton, T.M. GA Cav. 19th Bn. Co.B
Bolton, T.M. 10th Conf.Cav. Co.G Sgt.
Bolton, V. VA 3rd (Chrisman's) Bn.Res. Co.B
Bolton, V. VA 9th Bn.Res. Co.C
Bolton, Wade AL 4th Inf. Co.B
Bolton, Walker TX 18th Cav. Co.I
Bolton, Walter TN 59th Mtd.Inf. Co.K
Bolton, Washington VA Lt.Arty. Parker's Co.
Bolton, W.E. GA 31st Inf. Co.C
Bolton, W.E. MS 7th Cav. Co.I
Bolton, West MS 1st Cav. Co.K
Bolton, W.H. AL 2nd Cav. Co.I
Bolton, W.H. GA Cav. Roswell Bn. Co.A
Bolton, W.H. VA 4th Cav. Co.B
Bolton, Wilcher C. VA Inf. 22nd Bn. Co.E
Bolton, William AL Inf. 1st Conf.Bn. Co.F
Bolton, William AL 30th Inf. Co.I
Bolton, William GA 4th Cav. (St.Guards) White's Co.
Bolton, William GA Inf. 27th Bn. Co.F
Bolton, William SC 5th Inf. 2nd Co.G
Bolton, William TN Inf. 22nd Bn. Co.C
Bolton, William TN 34th Inf. Co.F Sgt.
Bolton, William VA 1st Inf. Drum.
Bolton, William VA Inf. 25th Bn. Co.A Music.
Bolton, William A. AL Lt.Arty. 2nd Bn. Co.B
Bolton, William A. AL Jeff Davis Arty.
Bolton, William A. NC Lt.Arty. 13th Bn. Co.B
Bolton, William A. NC 2nd Bn.Loc.Def.Troops Co.D
Bolton, William A. VA Inf. 1st Bn. Co.E
Bolton, William Evans MS 1st (Johnston's) Inf. Co.C
Bolton, William H. AL 32nd Inf. Co.B Cpl.
Bolton, William H. GA 6th Inf. Co.H
Bolton, William H. MS 1st Cav. Co.I,K
Bolton, William H. MS Cav. 1st Bn. (Miller's) Cole's Co.
Bolton, William H. VA 8th Cav. Co.B
Bolton, William H. VA 4th Inf. Co.D
Bolton, William H. VA Inf. 23rd Bn. Co.B Capt.
Bolton, William H. VA Inf. 23rd Bn. Co.F
Bolton, William H. VA 86th Mil. Co.F
Bolton, William James NC 38th Inf. Co.K
Bolton, William K. VA 49th Inf. Co.H
Bolton, William L. SC 2nd Cav. Co.I
Bolton, William M. GA 15th Inf. Co.A 2nd Lt.
Bolton, William M. NC 15th Inf. Co.L Cpl.
Bolton, William M. NC 32nd Inf. Co.K

Bolton, William N. 15th Conf.Cav. Co.G
Bolton, William P. MS 17th Inf. Co.I
Bolton, William P. VA 25th Inf. 2nd Co.K
Bolton, William R. TN Cav. 9th Bn. (Gantt's) Co.A
Bolton, William T. AL 38th Inf. Co.E Sgt.
Bolton, William T. GA 15th Inf. Co.A Capt.
Bolton, William W. VA Inf. 1st Bn.Loc.Def. Co.D
Bolton, Willis R. NC 47th Inf. Co.B
Bolton, W.J. AL 42nd Inf. Co.B
Bolton, W.J. GA Arty. Lumpkin's Co.
Bolton, W.J. GA 43rd Inf. Co.H
Bolton, W.M. LA 15th Inf. Co.A Sgt.
Bolton, W.M. LA LA & Government Employees Regt. Co.A 2nd Lt.
Bolton, W.N. AL Cav. Murphy's Bn. Co.B
Bolton, W.S. AL Pris.Guard Freeman's Co. Sgt.
Bolts, Green KY 2nd Bn.Mtd.Rifles Co.E
Boltun, Robert W. NC 22nd Inf. Co.G
Boltz, Augustus VA 1st Inf. Co.B
Boltz, Henry VA 1st Inf. Co.B
Boltz, Henry VA 2nd Inf.Loc.Def. Co.E
Boltz, Henry VA Inf. 6th Bn.Loc.Def. Co.B
Boltz, John AL Lt.Arty. 2nd Bn. Co.A
Boltz, John H. VA Inf. 25th Bn. Co.F
Boltzer, Benjamin VA 47th Inf. Co.D
Bolufa, Henry 1st Chickasaw Inf. Gregg's Co.
Bolufachubba, J. 1st Chickasaw Inf. Minnis' Co.
Bolus, W.B. TX Cav. 2nd Regt.St.Troops Co.G
Bolvick, William AL 40th Inf. Co.F
Bolware, Green F. SC 24th Inf. Co.H
Bolware, M.M. AL 38th Inf. Co.E Sgt.
Boly, Joseph VA 33rd Inf. Co.C
Bolyjack, Ephraim B. NC 21st Inf. Co.G
Bolyn, Green SC 7th Res. Co.B
Bolyn, J. Logan SC 7th Res. Co.B Sgt.
Bolyn, Lowery J. SC 7th Res. Co.B Sgt.
Bolyn, T.M. VA 8th Inf. Co.H
Bolzen, Louis Conf.Inf. 8th Bn.
Bom, James H. GA 10th Cav. (St.Guards) Co.A
Bom, Mike LA Mil. 1st Regt. 3rd Brig. 1st Div.
Boman, A. NC 5th Sr.Res. Co.F
Boman, Aaron VA 45th Inf. Co.I
Boman, C. MS Inf. 2nd Bn. (St.Troops) Co.C
Boman, Christie MO 10th Inf. Co.G
Boman, D. VA 2nd Inf. Co.F
Boman, Daniel AL 55th Vol. Co.K
Boman, D.H. AR 33rd Inf. Co.K
Boman, D.T. AL Morris' Co. (Mtd.)
Boman, Ephraim AL 55th Vol. Co.K
Boman, George AL 55th Vol. Co.K
Boman, George VA 114th Mil. Co.K
Boman, George Blake's Scouts,CSA
Boman, George E. AR 9th Inf. Co.E
Boman, G.S. AL 7th Inf. Co.F
Boman, G.W. GA 13th Inf. Co.I
Boman, Henry TN 13th (Gore's) Cav. Co.H
Boman, J. TX 7th Cav. Co.K
Boman, Jacob VA 114th Mil. Co.K
Boman, James AR Cav. Harrell's Bn. Co.B
Boman, James GA Inf. Dozier's Co.
Boman, James TN Cav. Shaw's Bn. Hamilton's Co. Cpl.
Boman, James TN 51st (Cons.) Inf. Co.F
Boman, James VA 64th Mtd.Inf. Co.G
Boman, James M. VA 41st Inf. Co.D
Boman, J.B. TX 21st Cav. Co.B 2nd Lt.
Boman, Jessee L. GA Inf. 10th Bn. Co.D
Boman, J.H. NC 21st Inf. Co.I
Boman, J.H. TN 8th Inf. Co.H
Boman, J.J. TX 28th Cav. Co.K
Boman, J.L. AL 18th Inf. Co.K,E Sgt.
Boman, J.M. TN 51st (Cons.) Inf. Co.F
Boman, John AL 55th Vol. Co.K
Boman, John NC 5th Sr.Res. Co.C
Boman, John F. AL 63rd Inf. Co.C,I
Boman, John F. VA 129th Mil. Avis' Co.
Boman, John H. AL 22nd Inf. Co.G,I
Boman, John H. AR 14th (McCarver's) Inf. Co.B 1st Sgt.
Boman, J.S. MO 2nd Inf. Co.D
Boman, Martin TN 26th Inf. Co.B,H
Boman, Otto LA 21st (Patton's) Inf. Co.B
Boman, Peter AL 18th Inf. Co.K
Boman, Peter Conf.Cav. 6th Bn. Co.E
Boman, P.G. TN 51st (Cons.) Inf. Co.F
Boman, R.M. VA 3rd Res. Co.H
Boman, Robert VA 41st Inf. Co.D
Boman, S. AL 59th Inf. Co.G
Boman, S. TN 50th Inf. Co.K
Boman, Samuel KY 5th Mtd.Inf. Co.A
Boman, Samuel TN 43rd Inf. Co.E,H
Boman, Sanford AL 2nd Bn. Hilliard's Legion Vol. Co.D
Boman, T.A. GA 66th Inf. Co.K
Boman, Thomas AL Arty. 1st Bn. Co.B
Boman, Thomas VA Cav. 47th Bn. Co.C
Boman, Thomas A. GA 56th Inf. Co.K
Bowan, Thomas F. VA 45th Inf. Co.I
Boman, W. LA 15th Inf. Co.C 1st Capt.
Boman, W. TX Cav. Border's Regt. Co.K
Boman, W.B. TN Conscr. (Cp. of Instr.)
Boman, William AR Cav. Harrell's Bn. Co.B
Boman, William GA Inf. 25th Bn. (Prov.Guard) Co.K
Boman, William GA 38th Inf. Co.K
Boman, William, Sr. GA 39th Inf. Co.C
Boman, William GA Inf. Dozier's Co.
Boman, William TN 61st Mtd.Inf. Co.K
Boman, William A.J., Jr. GA 39th Inf. Co.C
Boman, W.L. NC 22nd Inf. Co.I
Boman, W.R. NC 3rd Jr.Res. Co.A
Bomar, A.R. GA 2nd Cav. (St.Guards) Co.D Cpl.
Bomar, Armstead R. GA 35th Inf. Co.E Music.
Bomar, Ben F. Gen. & Staff Capt.,AQM
Bomar, Charles TN 46th Inf. Co.E
Bomar, D.S. MS 32nd Inf. Co.D
Bomar, D.S. TN 4th Inf. Co.H
Bomar, Elijah TN 41st Inf. Co.K
Bomar, Flavius J. GA Arty. 9th Bn. Co.E
Bomar, Francis M. GA Arty. 9th Bn. Co.A,E
Bomar, George W. SC 22nd Inf. Co.H,B
Bomar, George W. SC 25th Inf. Co.A
Bomar, G.H. SC Lt.Arty. 3rd (Palmetto) Bn. Co.B Cpl.
Bomar, G.W. SC Mil. 1st Regt. (Charleston Res.) Co.D
Bomar, G.W. SC Mil. Charbonnier's Co.
Bomar, H. AL 22nd Inf. Co.C
Bomar, H.D. TN 22nd Inf. Co.F
Bomar, Irvine GA 1st Cav. Co.E,F
Bomar, Irwin GA 21st Inf. Co.A
Bomar, J.A. TN 20th (Russell's) Cav. Co.K
Bomar, James B. TN 44th Inf. Co.H
Bomar, James B. TN 44th (Cons.) Inf. Co.A
Bomar, James W. VA 3rd Cav. Co.H
Bomar, James W. VA 20th Inf. Co.H
Bomar, J.C. SC 6th Cav. Co.E
Bomar, J.D. TN 22nd Inf. Co.F
Bomar, J.E. SC 27th Inf. Co.C
Bomar, J. Edward SC 25th Inf. Co.B Jr.2nd Lt.
Bomar, J.M. TN 19th & 20th (Cons.) Cav. Co.D 1st Lt.
Bomar, John TN 11th (Holman's) Cav. Co.C
Bomar, John C. TN 21st (Carter's) Cav. Co.G Cpl.
Bomar, John Earle SC Inf. Holcombe Legion Co.C Capt.
Bomar, John W. SC 22nd Inf. Co.B
Bomar, J.S. GA 42nd Inf. Co.G
Bomar, J.W.S. SC 5th St.Troops Co.E Cpl.
Bomar, J.W.S. SC 7th Res. Co.L Cpl.
Bomar, L.D. SC Palmetto S.S. Co.K
Bomar, R. TN 19th & 20th (Cons.) Cav. Co.K Cpl.
Bomar, Reuben H. TN 44th Inf. Co.H
Bomar, Reuben H. TN 44th (Cons.) Inf. Co.A
Bomar, R.H. SC 25th Inf. Co.B
Bomar, Richard M. TX 4th Inf. Co.A Capt.
Bomar, R.J. TN Cav. Williams' Co.
Bomar, Robert A. SC Inf. Hampton Legion Co.A Sgt.
Bomar, T.A. SC 5th Inf. 1st Co.F
Bomar, T.A. SC Palmetto S.S. Co.D
Bomar, Thomas SC 22nd Inf. Co.B
Bomar, Thomas H. GA 38th Inf. Co.N Maj.
Bomar, Thomas N. SC 5th Inf. 1st Co.F, 2nd Co.C
Bomar, T.N. TX 3rd Cav. Co.F
Bomar, W. TN 19th & 20th (Cons.) Cav. Co.K
Bomar, W.B. SC Inf. 1st (Charleston) Bn. Co.F
Bomar, W.B. SC 7th Res. Co.L
Bomar, W.C. TN Cav. Williams' Co.
Bomar, W.F. TN 22nd Inf. Co.B
Bomar, William TN 20th (Russell's) Cav. Co.E
Bomar, William TX Inf. (Unatt.) Rutherford's Co.
Bomar, William B. SC 27th Inf. Co.C
Bomar, William J. SC 13th Inf. Co.C
Bomar, William J. TN Inf. 23rd Bn. Co.C
Bomar, William M. SC 13th Inf. Co.F
Bomar, William P. GA 21st Inf. Co.A Cpl.
Bomar, William S. TN 20th Cav.
Bomar, William T. GA 21st Inf. Co.A
Bomar, W.P. GA Inf. 8th Bn. Co.C
Bomar, Z.E. MS 19th Inf. Co.A
Bomas, Peter LA Mil. 2nd Regt. 2nd Brig. 1st Div. Co.B
Bomaster, Eugene Conf.Inf. 8th Bn. Co.F
Bomaster, Henry 1st Cherokee Mtd.Vol. 2nd Co.A
Bomda, B. LA Mil. 1st Regt. French Brig. Co.5
Bomegarner, John AR Cav. Gordon's Regt. Co.E
Bomer, --- TX 33rd Cav. Co.C
Bomer, David TN 16th Inf. Co.E
Bomer, E.O. GA 1st Cav. Co.E
Bomer, H.C. AL 63rd Inf. Co.D
Bomer, H.W. TN 5th Inf. 2nd Co.I
Bomer, James H. NC 1st Home Guards Co.K

Bomer, J.P. NC 33rd Inf. Co.G
Bomer, J.R. GA 42nd Inf. Co.G
Bomer, L.D. SC Cav. 2nd Bn.Res. Co.H
Bomer, N.A. TX Inf. (Unatt.) Rutherford's Co.
Bomer, Reuben TN 20th (Russell's) Cav. Co.E Cpl.
Bomer, W.C. VA 27th Inf.
Bomer, W.F. TN 12th (Cons.) Inf. Co.H
Bomer, W.H.C. TX 7th Cav. Co.C
Bomer, William GA 7th Inf. (St.Guards) Co.G
Bomer, W.W. 3rd Conf.Cav. Co.A
Bomfoder, L. Sap. & Min.,CSA
Bomfrey, J. GA Lt.Arty. 12th Bn.
Bomgaran, A. AL Talladega Cty.Res. B. Stewart's Co.
Bomgardemer, --- AL Talladega Cty.Res. B. Stewart's Co.
Bomgardner, P.H. AL 12th Cav. Co.C Cpl.
Bomgarner, John AR 17th (Lemoyne's) Inf. Co.G Sgt.
Bomgarner, John AR 21st Inf. Co.E
Bomgart, Ernst TX 10th Inf. Co.G
Bomiare, Antonie LA C.S. Zouave Bn. Co.D Sgt.
Bomiller, John MS 7th Inf. Co.C
Bomin, James GA Cav. 19th Bn. Co.C
Bomin, Nathaniel VA 64th Mtd.Inf. 2nd Co.F
Bomman, C.W. GA 7th Cav. Co.I
Bomman, William GA Cav. 24th Bn. Co.D
Bommerius, Frederick LA 22nd Inf. Co.B
Bomon, B.W. TN 51st (Cons.) Inf. Co.A
Bomon, Henry B. VA Inf. Mileham's Co.
Bomon, P.A. TN 51st (Cons.) Inf. Co.A
Bomon, Samuel VA 25th Cav. Co.F Cpl.
Bomon, Thomas J. VA 25th Cav. Co.F,K
Bomos, Frederick VA 9th Inf. Co.K
Bompart, Joseph LA Mil. 6th Regt.Eur.Brig. (Italian Guards Bn.) Co.5
Bompet, M. LA 21st (Kennedy's) Inf. Co.D 2nd Lt.
Bomrichelly, Henri LA 13th Inf. Co.E,A
Bomun, J.A. TN 14th (Neely's) Cav. Co.F
Bon, B. MS 31st Inf. Co.C
Bon, Desere LA 1st Inf. Co.A Cpl.
Bon, Desire LA Mil. 6th Regt.Eur.Brig. (Italian Guards Bn.) Co.5 Sgt.
Bon, Desire LA C.S. Zouave Bn. Co.B Cpl.
Bon, Martin V. AL 15th Inf.
Bonaboy, Hugh W. GA 23rd Inf. Co.B 2nd Lt.
Bonahaux, J. SC Mil. 16th Regt. Bancroft's Co.
Bonaire, Napoleon MO 16th Inf. Co.G
Bonaldi, Dominico SC Sea Fencibles Symons' Co.
Bonamire, Henry SC 4th Inf. Co.F
Bonan, Etienne Conf.Inf. Tucker's Regt. Co.A
Bonan, H.J. GA 50th Inf. Surg.
Bonan, Patrick LA 10th Inf. Co.A 2nd Lt.
Bonanchand, P., Jr. LA Mil. Knaps' Co. (Fausse River Guards)
Bonanchard, Pierre LA 2nd Cav. Co.K
Bonands, W.A. MS Cav. Jeff Davis Legion Co.E
Bonantz, C. TX Inf. 1st St.Troops Stevenson's Co.F 2nd Lt.
Bonaparte, Napoleon Inf. School of Pract. Powell's Detach. Co.B
Bonar, John GA 25th Inf. Co.A
Bonard, James M. TN 3rd (Forrest's) Cav. Co.I
Bonard, John GA 29th Inf. Co.F
Bonard, Joseph VA 21st Inf. Co.I
Bonard, J.S. MO 1st Inf. Co.E
Bonaud, A. GA Hvy.Arty. 22nd Bn. Co.F Capt.
Bonaud, A. GA Siege Arty. 28th Bn. Maj.
Bonaud, A. GA 1st (Olmstead's) Inf. Bonaud's Co. Capt.
Bonaud, A. Gen. & Staff Dr.M.
Bonavaud, Philippo LA French Legion Co.A
Bonaventure, Paul LA Pointe Coupee Arty.
Bonaventuro, Paulin LA 2nd Cav. Co.K
Bonavita, F.M. VA 2nd St.Res. Co.E
Bonawell, John T. VA 39th Inf. Co.H
Bonawell, Robert VA 39th Inf. Co.H
Bonay, H. VA 1st Inf. Co.I
Bonce, H.B. GA 60th Inf. Co.E
Boncha, E. 1st Chickasaw Inf. Minnis' Co.
Bonchelle, J.J. GA 1st (Fannin's) Res. Co.B
Bonchelon, John P. GA Floyd Legion (St.Guards) Co.C Cpl.
Bonchemin, H.T. LA Ogden's Cav. Co.H
Boncher, A. LA Mil. British Guard Bn. Kurczyn's Co. Sgt.
Bonchillon, B.F. AL 20th Inf. Co.A
Bonchillon, Francis S. MS 18th Inf. Co.A
Bonchillon, J.C. AL 20th Inf. Co.A
Bonchillon, J.W. AL 20th Inf. Co.H
Bonchillon, Mackerness W. AL 20th Inf. Co.E
Bonchillon, Thaddeus AL 20th Inf. Co.E
Bonchillon, W.F. MS St.Troops (Herndon Rangers) Montgomery's Ind.Co.
Boncman, W.M. GA Cobb's Legion
Bond, --- GA 16th Inf. Co.B
Bond, --- TX Cav. 4th Regt.St.Troops Co.I
Bond, --- TX 24th & 25th Cav. (Cons.) Co.I
Bond, A. LA Inf.Cons.Crescent Regt. Co.E
Bond, A. TX Cav. McCord's Frontier Regt. Co.H
Bond, A. Conf.Inf. 8th Bn. Co.A
Bond, A.B. TN 23rd Inf. Co.E 2nd Lt.
Bond, Abel AL 61st Inf. Co.K
Bond, Abel GA 38th Inf. 2nd Co.I
Bond, Abel GA 60th Inf. 2nd Co.A
Bond, A.C. TN 55th (Brown's) Inf. Co.D
Bond, A.C. VA 20th Cav. Co.H
Bond, A.C. VA Cav. 46th Bn. Co.A
Bond, A.F. MO 1st N.E. Cav.
Bond, A.H. LA 3rd (Wingfield's) Cav. Co.E
Bond, A.J. GA 19th Inf. J.J. Beall's Co.
Bond, Albert FL 4th Inf. Co.C
Bond, Alex MS Cav. 17th Bn. Co.D
Bond, Alex VA 29th Inf. Co.D
Bond, Alexander MS 3rd Inf. Co.H 2nd Lt.
Bond, Alexander MS Inf. 7th Bn. Co.B
Bond, Alexander 1st Choctaw & Chickasaw Mtd.Rifles 2nd Co.C
Bond, Alexander C. VA Horse Arty. Lurty's Co.
Bond, Alfred MS 3rd Inf. Co.H
Bond, Alfred C. AL 3rd Inf. Co.D
Bond, Allen AL 50th Inf. Co.H
Bond, Amtrobus VA 3rd Inf. Co.E Capt.
Bond, Anderson GA Siege Arty. 28th Bn. Co.C
Bond, Andrew MS 3rd Inf. Co.H
Bond, Andrew J. GA 38th Inf. Co.F
Bond, Andrew J. TN Inf. 1st Bn. (Colms') Co.A
Bond, Andrew J. TN 50th (Cons.) Inf. Co.B
Bond, Andrew J. TN 60th Mtd.Inf. Co.G
Bond, Aquilla VA Inf. 25th Bn. Co.B,G
Bond, Arthur W. MD 1st Cav. Co.A Cpl.
Bond, Asa VA 54th Inf. Co.B
Bond, Asbury GA 16th Inf. Co.C
Bond, B. MS 5th Inf. (St.Troops) Co.F
Bond, Balas H. NC 2nd Arty. (36th St.Troops) Co.F
Bond, Bartlett W. TN 1st (Turney's) Inf. Co.A
Bond, Benjamin TX 15th Cav. Co.K
Bond, Benjamin F. AR Cav. Carlton's Regt. Co.D
Bond, Benjamin F. KY 6th Mtd.Inf. Co.G Cpl.
Bond, Benjamin F. MD Inf. 2nd Bn. Co.A
Bond, Benjamin F. TN 6th Inf. Co.G Bvt.2nd Lt.
Bond, Benjamin F. VA 44th Inf. Co.E
Bond, B.F. AR 1st (Monroe's) Cav. Co.G Sgt.
Bond, B.F. MD 1st Cav. Co.A
Bond, B.T. SC Palmetto S.S. Co.E
Bond, Burk TN Cav. 1st Bn. (McNairy's) Co.C 1st Lt.
Bond, Burke TN 11th (Holman's) Cav. Co.G
Bond, Burke TN Holman's Bn.Part.Rangers Co.B Adj.
Bond, B.W. LA 2nd Cav. Co.B
Bond, B.W. LA Mtd.Part.Rangers Bond's Co. Capt.
Bond, B.W. TN 3rd (Clack's) Inf. Co.C
Bond, B.W. TN 16th Inf. Co.E,B
Bond, C. GA 66th Inf. Co.I
Bond, C.A. TN 4th (McLemore's) Cav. Co.F
Bond, Cephas MS 3rd Inf. Co.H
Bond, Charl TX Cav. McCord's Frontier Regt. Co.H
Bond, Charles TX 1st Hvy.Arty. Co.K
Bond, Charles TX 2nd Inf. Co.D Cpl.
Bond, Charles A. Conf.Inf. Tucker's Regt. Co.G
Bond, Charles B. GA 27th Inf. Co.B
Bond, Chester TN 19th & 20th (Cons.) Cav. Co.K Cpl.
Bond, Clayton S. MS 44th Inf. Co.H
Bond, Clinton NC 55th Inf. Co.I
Bond, C.S. GA 10th Inf. Co.F
Bond, C.W. GA Cav. (St.Guards) Bond's Co. Capt.
Bond, D. AL 56th Part.Rangers Co.B
Bond, D. AL Inf. 2nd Regt. Co.G
Bond, D. MS Inf. Lewis' Co.
Bond, Daniel J. MS 15th Inf. Co.F
Bond, David AL 15th Bn.Part.Rangers Co.B
Bond, David AL 12th Inf. Co.C
Bond, David AL 21st Inf. Co.A
Bond, David MO 1st N.E. Cav. Co.K
Bond, David L. AR 18th (Marmaduke's) Inf. Co.F 2nd Lt.
Bond, David W. KY 6th Mtd.Inf. Co.G Sgt.
Bond, Davis LA 16th Inf. Co.B
Bond, D.B.F. KY 3rd Mtd.Inf. Co.A
Bond, Decalb MS Cav. 17th Bn. Co.D
Bond, DeKalb MS 9th Cav. Co.B
Bond, D.J. MS Cav. 17th Bn. Co.E
Bond, D.L. TN 4th (McLemore's) Cav. Co.C
Bond, D.M. TN 48th (Voorhies') Inf. Co.E
Bond, D.N. MO Inf. Clark's Regt. Co.B
Bond, E. FL 2nd Cav. Co.D
Bond, E. FL Cav. 5th Bn. Co.C
Bond, E. GA 16th Inf. Co.D

Bond, E. TX 19th Inf. Co.C
Bond, E.D. TN 14th (Neely's) Cav. Co.F
Bond, E.D. TN Cav. Nixon's Regt. Co.B
Bond, Ed W. TN Holman's Bn.Part.Rangers Co.A 2nd Lt.
Bond, Edward GA 11th Cav. (St.Guards) Groover's Co.
Bond, Edward NC 7th Inf. Co.G
Bond, Edward TX 15th Cav. Co.K
Bond, Edward VA 61st Inf. Co.H
Bond, E.F. GA Inf. 9th Bn. Co.C
Bond, E.F. GA 37th Inf. Co.F Cpl.
Bond, E.F. GA 38th Inf. Co.H
Bond, E.F. GA 54th Inf. Co.H Cpl.
Bond, E.J. GA 8th Inf. (St.Guards) Co.H Cpl.
Bond, E.J. MS 5th Cav. Co.G
Bond, Elbert F. TN 59th Mtd.Inf. Co.F
Bond, Elijah TN 35th Inf. 1st Co.A, 2nd Co.D, Co.B Sgt.
Bond, Elisha VA 50th Inf. Co.I
Bond, E.M. GA Inf. 25th Bn. (Prov.Guard) Co.G
Bond, E.M. GA 38th Inf. Co.H Cpl.
Bond, E.S. GA 2nd Inf. Co.B
Bond, E.W. GA Cav. (St.Guards) Bond's Co. Cpl.
Bond, E.W. TN 11th (Holman's) Cav. Co.B 2nd Lt.
Bond, E.W. TN Inf. 3rd Cons.Regt. Co.F Sgt.
Bond, F. TX 26th Cav. Co.C
Bond, F.A. TN 16th (Logwood's) Cav. Co.H
Bond, F.F. AR 6th Inf. Co.E
Bond, F.H. TX 2nd Inf. Co.K
Bond, F.M. AR 18th (Marmaduke's) Inf. Co.A
Bond, F.M. 3rd Conf.Inf. Co.A
Bond, Francis AR 1st (Dobbin's) Cav.
Bond, Francis E. TX 6th Inf. Co.F
Bond, Francis E. TX 17th Inf. Co.I Sgt.
Bond, Francis K. GA 3rd Cav. (St.Guards) Co.H
Bond, Francis K. GA 15th Inf. Co.I
Bond, Francis L. VA 59th Inf. 3rd Co.D
Bond, Francis M. GA 23rd Inf. Co.F
Bond, Francis U. AR 23rd Inf. Co.I 2nd Lt.
Bond, Francis W. AR 23rd Inf. Co.I 2nd Lt.
Bond, Francis W. NC 1st Inf. Co.A Capt.
Bond, Frank A. MD 1st Cav. Co.A Capt.
Bond, Frank A. VA 1st Cav. 2nd Co.K 2nd Lt.
Bond, Franklin L. MS 17th Inf. Co.D Sgt.
Bond, G. GA 36th (Broyles') Inf. Co.C
Bond, G.E. KY 1st (Butler's) Cav.
Bond, George TN 51st Inf. Co.F Cpl.
Bond, George L. LA 1st (Strawbridge's) Inf. Co.K 2nd Lt.
Bond, George P. GA 8th Inf. Co.C 1st Sgt.
Bond, George T. MO 3rd Cav. Co.A Far.
Bond, George W. GA 25th Inf. Co.E
Bond, George W. NC 1st Jr.Res. Co.K
Bond, George W. TN Inf. 1st Bn. (Colms') Co.A
Bond, George W. TN 50th (Cons.) Inf. Co.B
Bond, George W. VA 50th Inf. Co.H
Bond, George W. VA Inf. French's Bn. Co.B,D 2nd Lt.
Bond, George W. VA Mil. Scott Cty.
Bond, G.F. AR 21st Inf. Co.I Cpl.
Bond, Gideon S. LA 16th Inf. Co.B
Bond, G.J. Gen. & Staff Chap.
Bond, Gordon TN 44th (Cons.) Inf. Co.F
Bond, Green F. AR 17th (Lemoyne's) Inf. Co.E Cpl.
Bond, G.T. VA 46th Inf. 2nd Co.C
Bond, G.W. AR 1st (Dobbin's) Cav. Co.F
Bond, G.W. GA 38th Inf. 2nd Co.I
Bond, G.W. MS Inf. 3rd Bn. (St.Troops) Co.C
Bond, G.W. TN Cav. 9th Bn. (Gantt's) Co.G
Bond, G.W. TX 13th Vol. Co.H
Bond, H. AL 22nd Inf. Co.F
Bond, H. MD 1st Cav. Co.A
Bond, H. MO St.Guard
Bond, H. TX 24th Cav. Co.I
Bond, Hadley VA 50th Inf. Co.I
Bond, Halley VA 29th Inf. Co.D
Bond, H.B. LA 26th Inf.
Bond, H.B. MO 11th Inf. Co.D
Bond, H.C. GA Ind.Cav. (Res.) Humphrey's Co.
Bond, H.E. GA Inf. 25th Bn. (Prov.Guard) Co.B Sgt.
Bond, Henry GA 35th Inf. Co.C
Bond, Henry, Jr. LA 1st (Strawbridge's) Inf.
Bond, Henry MS Cav. 17th Bn. Co.F
Bond, Henry MS 24th Inf. Co.G
Bond, Henry TX 15th Cav. Co.D
Bond, Henry C. TN Cav. 9th Bn. (Gantt's) Co.C,G
Bond, Henry C. VA 2nd Cav. Co.F
Bond, Henry C. VA 28th Inf. Co.B
Bond, Henry J. SC Arty. Gregg's Co. (McQueen Lt.Arty.) Artif.
Bond, Henry J. SC Arty. Manigault's Bn. 1st Co.C Artif.
Bond, Henry M. GA 38th Inf. Co.H
Bond, H.F. LA Dreux's Cav. Co.A
Bond, H.F. MS 5th Inf. Co.D
Bond, Hiram MO 1st Cav. Co.G
Bond, H.K. MS 29th Inf. Co.K
Bond, Holbert M. MO 5th Inf. Co.D 1st Sgt.
Bond, H.T. MS 9th Bn.S.S. Co.B
Bond, Hy. F. LA Inf. 1st Sp.Bn. (Rightor's) Co.F 1st Lt.
Bond, Isaac NC 28th Inf. Co.A
Bond, Isaac VA Inf. 21st Bn. 1st Co.D
Bond, Isaac D. VA 28th Inf. Co.G
Bond, Isaac F. VA 1st Cav. Co.E
Bond, Isaac H. MO Cav. Wood's Regt. Co.B
Bond, Isaac H. NC Walker's Bn. Thomas' Legion Co.C
Bond, Isaac M. VA 64th Mtd.Inf. Co.H Sgt.
Bond, Isaac M. VA Inf. French's Bn. Co.D 1st Lt.
Bond, Isom 1st Choctaw & Chickasaw Mtd.Rifles Maytubby's Co.
Bond, Israel C. SC 7th Inf. 1st Co.C, 2nd Co.C
Bond, Isreal C. NC 2nd Bn.Loc.Def.Troops Co.G A.1st Sgt.
Bond, J. AL 35th Inf. Co.C
Bond, J. GA 59th Inf. Co.H
Bond, J. KY 6th Cav. Co.K
Bond, J. LA Inf. 1st Sp.Bn. (Rightor's) Co.D
Bond, J. TN 51st (Cons.) Inf. Co.I
Bond, J.A. GA 15th Inf. Co.A
Bond, J.A. SC 13th Inf. Co.H QMSgt.
Bond, J.A. TN 12th Inf. Co.K
Bond, J.A. TN 18th Inf. Co.I
Bond, J.A. TX 13th Vol. 2nd Co.D
Bond, Jacob J. MS 13th Inf. Co.E
Bond, James AR 31st Inf. Co.C
Bond, James GA Cav. 2nd Bn. Co.F
Bond, James GA 5th Cav. Co.B
Bond, James GA 2nd Res. Co.G
Bond, James GA 34th Inf. Co.H
Bond, James KY 7th Cav. Co.E
Bond, James LA 1st Cav. Co.G
Bond, James LA 2nd Cav. Co.B
Bond, James LA 3rd (Wingfield's) Cav. Co.E
Bond, James LA 8th Cav. Co.E 1st Lt.
Bond, James LA Arty. Hutton's Co. (Crescent Arty.,Co.A)
Bond, James LA 2nd Inf. Co.F 1st Lt.
Bond, James LA 4th Inf. Old Co.G
Bond, James TN 7th (Duckworth's) Cav. Co.D Bvt.2nd Lt.
Bond, James, Sr. VA 4th Res. Co.F
Bond, James VA 54th Inf. Co.B
Bond, James VA Mil. Carroll Cty.
Bond, James 1st Choctaw Mtd.Rifles Co.G Cpl.
Bond, James A. TX 15th Inf. 2nd Co.H
Bond, James D. NC 1st Inf. Co.E
Bond, James F. NC Mil. 7th Regt. Lt.
Bond, James G. GA 16th Inf. Co.D
Bond, James H. NC 55th Inf. Co.I
Bond, James H. TN 7th Inf. Co.G Capt.
Bond, James H. TN 59th Mtd.Inf. Co.F
Bond, James H. VA 51st Inf. Co.A
Bond, James J. AR 2nd Mtd.Rifles Co.F
Bond, James J. GA Lt.Arty. Milledge's Co.
Bond, James J. GA 3rd Inf. 1st Co.I
Bond, James Larkin GA 36th (Broyles') Inf. Co.C
Bond, James M. MO 4th Inf. Co.E
Bond, James M. TN Inf. 1st Bn. (Colms') Co.A
Bond, James O. MD Inf. 2nd Bn. Co.B
Bond, James O. TN 24th Inf. Co.D
Bond, James U. GA 12th Inf. Co.F Sgt.
Bond, James W. GA 22nd Inf. Co.I
Bond, James W. GA 38th Inf. Co.A,H
Bond, James W. NC Inf. 2nd Bn. Co.D
Bond, J.B. AL 15th Inf. Co.I
Bond, J.B. TN 5th Inf. Co.A
Bond, J.B. TN 26th Inf. Co.A
Bond, J.B.F. GA 2nd Cav. Co.I
Bond, J.C. MO 15th Cav. Co.B
Bond, J.D. AL 39th Inf. Co.A
Bond, J.D. MS 9th Cav. Co.C,B
Bond, J.D. NC 47th Inf. Co.I
Bond, J.D. TN 6th Inf. Co.L 1st Lt.
Bond, J.D. TN 45th Inf. Co.G 2nd Lt.
Bond, J.D. TN 55th (Brown's) Inf. Ford's Co. 1st Lt.
Bond, J.D. 1st Conf.Cav. Co.I
Bond, J.E.F. FL 1st Inf. New Co.H
Bond, Jerry TX Cav. Bourland's Regt. Co.A
Bond, J.F. AL 21st Inf. Co.B 1st Lt.
Bond, J.F. MS 44th Inf. Co.H
Bond, J.G. AR 15th Mil. Chap.
Bond, J.G.W. TN 12th (Green's) Cav. Co.K
Bond, J.G.W. TN 16th (Logwood's) Cav. Co.C
Bond, J.H. GA Phillips' Legion Co.E,N
Bond, J.H. LA 3rd Inf. Co.G
Bond, J.J. GA Inf. 9th Bn. Co.C
Bond, J.J. GA 37th Inf. Co.F Sgt.
Bond, J.J. LA Inf. 4th Bn. Co.D
Bond, J.J. MD Weston's Bn. Co.D

Bond, J.J. MS 15th Inf. Co.E
Bond, J.K.P. MS 34th Inf. Co.D
Bond, J.L. GA 44th Inf. Co.A
Bond, J.L. LA 9th Inf. Co.K Sgt.
Bond, J.L. MS 29th Inf. Co.K
Bond, J.M. AL 2nd Bn. Hilliard's Legion Vol. Co.D
Bond, J.M. MO 1st & 4th Cons.Inf. Co.E
Bond, J.M. NC McLean's Bn.Lt.Duty Men Co.A
Bond, J.M. TN 44th (Cons.) Inf. Co.F
Bond, J.M. TN 48th (Nixon's) Inf. Co.D 2nd Lt.
Bond, J.M. TN 48th (Voorhies') Inf. Co.D
Bond, J.M. TN Inf. Sowell's Detach.
Bond, J.M. TX 21st Cav. Co.I
Bond, Joel E. MS 15th Inf. Co.F
Bond, Joel T. GA 8th Inf. (St.Guards) Co.B
Bond, John AL 16th Inf. Co.I
Bond, John MD Inf. 2nd Bn. Co.A
Bond, John MS 2nd (Quinn's St.Troops) Inf. Co.H 2nd Lt.
Bond, John MS 3rd Inf. Co.A Sgt.
Bond, John MO 9th Bn.S.S. Co.A
Bond, John NC 35th Inf. Co.G
Bond, John TN 15th (Stewart's) Cav. Co.E
Bond, John TN 21st (Wilson's) Cav. Co.G
Bond, John TX 16th Cav. Co.A
Bond, John VA 29th Inf. Co.D
Bond, John VA 31st Mil. Co.F
Bond, Jno. Gen. & Staff Surg.
Bond, John A. AL 12th Inf. Co.C
Bond, Johnathan TX 17th Cav. Co.F
Bond, John B. GA 15th Inf. Co.I
Bond, John B. Gen. & Staff Surg.
Bond, John B.W. TN 35th Inf. 1st Co.A, 2nd Co.D, Co.B
Bond, John D. AL Inf. 1st Regt. Co.D
Bond, John D. GA 2nd Cav. Co.I
Bond, John F. AL Arty. 1st Bn. Co.D,C,F,B 1st Lt.
Bond, John F. AR 3rd Inf. Co.D,E
Bond, John F. NC 1st Arty. (10th St.Troops) Co.K
Bond, John H. GA 16th Inf. Co.D,I
Bond, John H. SC Hvy.Arty. Gilchrist's Co. (Gist Guard)
Bond, John H. TN 3rd (Clack's) Inf. Co.D
Bond, John H. VA 29th Inf. 1st Co.F
Bond, John H. VA Inf. French's Bn. Co.D
Bond, John Henry TX 6th Cav. Co.H
Bond, John J. MD 1st Inf. Co.H
Bond, John M. TN 3rd (Lillard's) Mtd.Inf. Co.A Cpl.
Bond, John M. VA Conscr. Cp.Lee
Bond, John M.D. GA 53rd Inf. Co.I Capt.
Bond, John P. GA 34th Inf. Co.F 1st Lt.
Bond, Johnson TN 41st Inf. Co.K Sgt.
Bond, John S. Gen. & Staff Surg.
Bond, John T. GA 13th Inf. Co.I
Bond, John T. GA 48th Inf. Co.G Sgt.
Bond, John T. LA 1st Hvy.Arty. (Reg.) Co.B
Bond, John T. MD 1st Inf. Co.H
Bond, John T. MS 5th Inf. Co.D
Bond, John Thomas MD Weston's Bn. Co.D
Bond, John W. GA 38th Inf. Co.H
Bond, Jonas 1st Choctaw & Chickasaw Mtd.Rifles 2nd Co.H
Bond, Jonas R.H. AR 1st (Colquitt's) Inf. Co.D
Bond, Jonathan TN 8th (Smith's) Cav. Co.B
Bond, Joseph KY Inf. Ficklin's Bn.
Bond, Joseph LA 1st Hvy.Arty. (Reg.) Co.G
Bond, Joseph LA 1st (Nelligan's) Inf. Co.H
Bond, Joseph LA 25th Inf. Co.A
Bond, Joseph VA 10th Cav. Co.I
Bond, Joseph Deneale's Regt. Choctaw Warriors Co.A
Bond, Joseph Eng.,CSA 2nd Lt.
Bond, Joseph B. GA Cav. 1st Bn. Lamar's Co. 3rd Lt.
Bond, Joseph F. TX 12th Cav. Co.A
Bond, Joseph G. TN 27th Inf. Co.I Cpl.
Bond, Joseph H. VA 6th Cav. Co.I
Bond, Joseph J. GA 48th Inf. Co.C
Bond, Joseph J. LA 1st Hvy.Arty. (Reg.) Co.K Sgt.
Bond, Joseph L. LA 12th Inf. 2nd Co.M Capt.
Bond, Joseph L. VA Inf. 30th Bn.
Bond, Joseph R. GA 29th Inf. Co.D
Bond, Joseph W. AR 31st Inf. Co.C 1st Lt.
Bond, J.P. GA 13th Inf. Co.I
Bond, J.P. GA 39th Inf. Co.A 1st Lt.
Bond, J.P. TN 1st Hvy.Arty. Co.L
Bond, J.R. GA Cav. 12th Bn. (St.Guards) Co.D
Bond, J.R. TX Cav. 2nd Regt.St.Troops Co.A Cpl.
Bond, J.R. TX 28th Cav. Co.C
Bond, J.S. KY 1st (Butler's) Cav.
Bond, J.T. GA 8th Inf. (St.Guards) Co.H
Bond, Julien D. AL 2nd Bn. Hilliard's Legion Vol. Co.D 1st Lt.
Bond, Julien D. AL 59th Inf. Co.G 1st Lt.
Bond, J.W. GA 3rd Inf. Co.G Sgt.
Bond, J.W. MD 1st Cav. Co.B
Bond, J.W. TN 12th (Green's) Cav. Co.E,H Sgt.
Bond, J.W. TN 14th (Neely's) Cav. Co.E
Bond, J.W.B. TN Inf. 3rd Cons.Regt. Co.F
Bond, L. TN 12th (Green's) Cav. Co.E
Bond, Lafayett TX 30th Cav. Co.H
Bond, L.B. TN 12th (Green's) Cav. Co.K
Bond, Lemuel S. KY Cav. Bolen's Ind.Co. 1st Lt.
Bond, Levi MO Cav. Poindexter's Regt.
Bond, Lewis TN Arty. Marshall's Co. 1st Lt.
Bond, Lewis Gen. & Staff Capt.,Ord.Off.
Bond, Lewis A. LA 28th (Gray's) Inf. Co.I
Bond, L.I. MS Cav. 2nd Bn.Res. Co.I
Bond, L.J. SC 15th Inf. Co.H
Bond, L.K. GA 8th Inf. Co.C
Bond, L.M. KY 4th Cav. Co.G 3rd Lt.
Bond, Lucius TN 16th (Logwood's) Cav. Co.C
Bond, M. AR 1st (Monroe's) Cav. Co.F
Bond, Mac SC 15th Inf. Co.H
Bond, Mahlun GA 13th Inf. Co.I
Bond, Marion MS 9th Cav. Co.B
Bond, Marion MS Cav. 17th Bn. Co.D
Bond, Marion P. MS 11th Inf. Co.C
Bond, Marmaduke N. NC 1st Inf. (6 mo. '61) Co.I
Bond, Marshal D. LA Watkins' Bn.Res.Corps Co.C
Bond, Marshall C. MS Lt.Arty. Stanford's Co.
Bond, Martin MS 3rd Inf. Co.H Cpl.
Bond, Martin N. VA 53rd Inf. Co.E
Bond, Martin R. GA 15th Inf. Co.I
Bond, M.C. Conf.Inf. 1st Bn. 2nd Co.A
Bond, Melville C. GA 2nd Cav. (St.Guards) Co.G Cpl.
Bond, M.F. MS 9th Bn.S.S. Co.B
Bond, M.F. MS 10th Inf. Co.D, New Co.B
Bond, Miles TX Cav. McCord's Frontier Regt. Co.D
Bond, Milton LA 4th Inf. Old Co.G
Bond, M.J. MS 11th Inf. Co.C
Bond, M.N. LA 3rd (Wingfield's) Cav. Co.E
Bond, M.N. MS 7th Inf. Co.C
Bond, M.N. 7th Conf.Cav. Co.F
Bond, M.N. 8th (Dearing's) Conf.Cav. Co.G
Bond, Monroe M. TN 7th Inf. Co.G 2nd Lt.
Bond, Morris VA 17th Cav. Co.B,K
Bond, Morris L. TN 11th (Holman's) Cav. Co.G,B
Bond, Morris L. TN Holman's Bn.Part.Rangers Co.B
Bond, Nathan MS Cav. 17th Bn. Co.D
Bond, Nathan TN 60th Mtd.Inf. Co.G
Bond, Nathan S. GA 53rd Inf. Co.C
Bond, N.C. GA 2nd St.Line Co.K
Bond, Nelson FL 4th Inf. Co.C
Bond, Nelson C. GA 38th Inf. Co.A,H
Bond, Nelson W. MS 4th Cav. Co.A
Bond, N.H. TN 3rd (Forrest's) Cav. Co.C
Bond, N.P. TN 13th Inf. Co.H
Bond, N.W. TN 15th (Cons.) Cav. Co.E
Bond, Ockimon T. VA 31st Inf. Co.C 2nd Lt.
Bond, Oliver P. AR 1st (Colquitt's) Inf. Co.I
Bond, Oliver P. VA 48th Inf. Co.E
Bond, Orville VA 4th Res. Co.F,K
Bond, O.T. VA 17th Cav. Co.K 1st Lt.
Bond, P. LA Mil. 1st Regt. 2nd Brig. 1st Div. Co.A
Bond, P. 1st Conf.Cav.
Bond, P.C. MS 44th Inf. Co.H
Bond, P.D. AL 5th Bn.Vol. Co.B
Bond, Pearson AR Inf. Hardy's Regt. Co.B
Bond, Peter LA 8th Inf. Co.H
Bond, Peter TN 4th Inf. Co.D
Bond, Peter J. MO Cav. 3rd Bn. Co.B
Bond, Peter J. MO 5th Inf. Co.C
Bond, Philip AL St.Arty. Co.A 1st Lt.
Bond, Pleasant H. GA 16th Inf. Co.D
Bond, P.P. GA Inf. 1st Loc.Troops (Augusta) Co.E
Bond, Preston MS Cav. 3rd Bn.Res. Co.E
Bond, R. KY 6th Mtd.Inf. Co.A
Bond, R.B. TN 13th Inf. Co.H
Bond, Reuben VA Lt.Arty. Douthat's Co.
Bond, Reuben VA Mil. Carroll Cty.
Bond, Reuben P. GA 34th Inf. Co.H
Bond, R.G. AL 42nd Inf. Co.H Music.
Bond, R.G. TN 4th Inf. Co.C Music.
Bond, R.G. TN 6th Inf. Co.K
Bond, R.H. GA 8th Inf. Co.A,H Cpl.
Bond, R.H. KY 9th Cav. Co.C
Bond, R.H. TN 45th Inf. Co.G Ord.Sgt.
Bond, R.H.L. NC 68th (Inf.) Co.I Capt.
Bond, Richard C. LA 1st Hvy.Arty. Co.C,K,H Maj.
Bond, Richard S. MO 1st N.E. Cav. Co.D
Bond, Robert GA 59th Inf. Co.G
Bond, Robert SC 15th Inf. Co.H

Bond, Robert A. MS 1st Lt.Arty. Co.C
Bond, Robert B. TN 1st (Feild's) Inf. Co.K
Bond, Robert D. AR 1st (Colquitt's) Inf. Co.G
Bond, Robert H. VA 46th Inf. 1st Co.K Sgt.
Bond, Robert J. MS 13th Inf. Co.F
Bond, Robert L. GA 34th Inf. Co.H
Bond, Robert L. KY 4th Cav. Co.F,B Cpl.
Bond, Robert P. LA 4th Cav. Co.F
Bond, R.P. GA Inf. 9th Bn. Co.C
Bond, R.P. GA 37th Inf. Co.F
Bond, R.P. LA Mil. Claiborne Regt. Co.A
Bond, R.P. MS 2nd Cav. 2nd Co.G
Bond, R.P. MS 5th Cav. Co.A
Bond, R.R. GA 2nd Cav. Co.I
Bond, R.R. GA 19th Inf. Co.C Cpl.
Bond, R.S. KY 4th Cav. Co.C
Bond, R.S. MS Cav. 24th Bn. Co.E Cpl.
Bond, R.T. TN 9th Inf. Co.E Sgt.
Bond, Rufus M. MS 3rd Inf. Co.H
Bond, R.W. MO 11th Inf. Co.A
Bond, S. TN Inf. 4th Cons.Regt. Co.B
Bond, Samuel A. TN 44th Inf. Co.K
Bond, Samuel A. TN 44th (Cons.) Inf. Co.F
Bond, Samuel K. VA Lt.Arty. Lowry's Co. Artif.
Bond, Samuel P. GA 12th Inf. Co.K
Bond, Sanders GA 27th Inf. Co.C
Bond, S.C. GA 66th Inf. Co.I Sgt.
Bond, S.E. FL Cav. 5th Bn. Co.D
Bond, S.E. GA 66th Inf. Co.I Sgt.
Bond, Seaborne E. MS 44th Inf. Co.H
Bond, Signal T. TX 34th Cav. Co.H
Bond, S.K. VA 166th Mil. Taylor's Co.
Bond, S. Lewis SC 2nd Inf. Co.F Sgt.
Bond, Smith P. GA 25th Inf. Co.E
Bond, Solomon TN 45th Inf. Co.G
Bond, Solomon VA 72nd Mil.
Bond, S.P. KY 10th Cav. Co.A
Bond, Stephen C. AR 33rd Inf. Co.D Sgt.
Bond, Stephen P. KY 13th Cav. Co.A
Bond, Sugar A. TN 22nd (Barteau's) Cav. Co.F
Bond, S.W. TX Inf. Chambers' Bn.Res.Corps
Bond, T.C. LA 3rd (Wingfield's) Cav. Co.E
Bond, T.E. TN 46th Inf. Co.I Sgt.
Bond, T.H. GA Cherokee Legion (St.Guards) Co.K
Bond, T.H. VA Hood's Bn.Res. Capt.
Bond, The TN 14th (Neely's) Cav. Co.F
Bond, T.H.M. GA 38th Inf. Co.H
Bond, Thomas AL 24th Inf. Co.I
Bond, Thomas AR 4th Inf. Co.I
Bond, Thomas MS 9th Cav. Co.C 1st Lt.
Bond, Thomas MS Cav. 17th Bn. Co.E 1st Lt.
Bond, Thomas MS 3rd Inf. Co.H
Bond, Thomas TN 33rd Inf. Co.B 1st Lt.
Bond, Thomas TX 19th Cav. Co.C
Bond, Thomas TX 2nd Inf. Co.B
Bond, Thomas TX 19th Inf. Co.C
Bond, Thomas 1st Choctaw & Chickasaw Mtd.Rifles 2nd Co.K
Bond, Thomas H. GA 43rd Inf. Co.E
Bond, Thomas H. VA 12th Inf. Co.C Capt.
Bond, Thomas H. VA 12th Regt.Res. Maj.
Bond, Thomas J. GA Inf. 13th Bn. (St.Guards) Beall's Co.
Bond, Thomas J. 1st Choctaw & Chickasaw Mtd.Rifles Surg.
Bond, Thomas L. MS 29th Inf. Co.A
Bond, Thomas M. AL 9th Inf. Co.K
Bond, Thomas M. KY 1st (Helm's) Cav. Old Co.G
Bond, Thomas M. LA 4th Inf. Old Co.G Sgt.
Bond, Thomas P. MS Cav. Jeff Davis Legion Co.F
Bond, Thomas P. MO Cav. Wood's Regt. Co.B
Bond, Thos. R. AL 36th Inf. Co.I Sgt.
Bond, Thomas R. FL 2nd Cav. Co.G Sgt.
Bond, Thomas R. FL Cav. 5th Bn. Co.A Sgt.
Bond, Thomas R. FL 1st Inf. Old Co.A,H
Bond, T.J. TN 3rd (Clack's) Inf. Co.F Sgt.
Bond, T.L. SC 2nd Inf. Co.D
Bond, T.M. LA 3rd (Wingfield's) Cav. Co.E 2nd Lt.
Bond, Toliver VA Inf. 23rd Bn. Co.B,G
Bond, T.P. VA 6th Cav. 1st Co.E
Bond, V.A. TX 8th Cav. Co.C
Bond, V.A. TX Inf. Houston Bn. Loc.Def.Troops Co.D Capt.
Bond, W. KY Morgan's Men Co.E
Bond, W.A. TN 13th Inf. Co.H
Bond, Walter L. FL 5th Inf. Co.K
Bond, Warren R. GA 48th Inf. Co.G
Bond, W.C. GA 2nd Inf. Co.B
Bond, W.D. GA 11th Cav. Co.I
Bond, W.D. GA 19th Inf. Co.C Cpl.
Bond, W.E. GA Inf. 9th Bn. Co.C
Bond, W.E. GA 54th Inf. Co.B
Bond, Welman N. TX 4th Cav. Co.F
Bond, W.E.M. GA 38th Inf. Co.H
Bond, Wesley NC 49th Inf. Co.B
Bond, Wesley VA 5th Inf. Co.I
Bond, Wesley 1st Choctaw & Chickasaw Mtd.Rifles Co.A
Bond, W.G. KY 4th Cav. Co.C 2nd Lt.
Bond, W.H. GA 16th Inf. Co.D
Bond, W.H. TN 12th (Green's) Cav. Co.K
Bond, W.H. TN 16th (Logwood's) Cav. Co.C
Bond, Wilbur F. GA 22nd Inf. Co.I
Bond, Wilkin MS 3rd Inf. Co.H
Bond, William AL Inf. 2nd Regt. Co.E
Bond, William AL Inf. 2nd Regt. Co.H Sgt.
Bond, William AR 17th (Lemoyne's) Inf. Co.F
Bond, William AR 21st Inf. Co.E
Bond, William GA 20th Inf. Co.I 1st Sgt.
Bond, William GA 35th Inf. Co.C
Bond, William KY Morgan's Men Co.D Cpl.
Bond, William LA 3rd (Wingfield's) Cav. Co.E
Bond, William MD 1st Inf. Co.A Capt.
Bond, William MS 2nd Inf. Co.C
Bond, William NC 55th Inf. Co.I
Bond, William SC 1st Arty. Co.C
Bond, William VA 29th Inf. 1st Co.F
Bond, William VA Inf. 45th Bn. Co.F
Bond, William VA Mil. Carroll Cty.
Bond, William Conf.Inf. 1st Bn. 2nd Co.C
Bond, William A. AR 1st (Colquitt's) Inf. Co.I
Bond, William A. LA Inf. 4th Bn. Co.B
Bond, William D. GA 2nd Cav. Co.I
Bond, William E. GA 4th Bn.S.S. Co.C
Bond, William E. KY 10th Cav. Co.A
Bond, William E. KY 13th Cav. Co.A
Bond, William E. VA 50th Inf. Co.H
Bond, William G. GA 51st Inf. Co.G Sgt.
Bond, William H. TN 4th Inf. Co.D
Bond, William J. NC 5th Cav. (63rd St.Troops) Co.B
Bond, William J. NC 5th Inf. Co.E Sgt.
Bond, William J. VA 8th Cav. Co.G Cpl.
Bond, William M. AL Cav. 4th Bn. (Love's) Co.A 1st Sgt.
Bond, William M. TX 11th Cav. Co.A
Bond, William M. Exch.Bn. 1st Co.A,CSA
Bond, William P. GA 10th Cav. (St.Guards) Co.A
Bond, William P. VA 2nd Cav. Co.D
Bond, William R. NC 12th Inf. Co.G
Bond, William R. NC 43rd Inf. Co.F 2nd Lt.
Bond, William S. KY 5th Cav. Co.F Cpl.
Bond, William T. MO 1st Regt.St.Guards Co.G Capt.
Bond, William T. MO 9th Inf. Co.C Capt.
Bond, William T. SC 10th Inf. Co.B
Bond, William W. VA Inf. 21st Bn. 1st Co.D
Bond, William W. VA 64th Mtd.Inf. Co.H 1st Sgt.
Bond, Willis AL 6th Inf. Co.H
Bond, Willis Deneale's Regt. Choctaw Warriors Co.A
Bond, Willis D. GA Inf. 4th Bn. (St.Guards) Co.C
Bond, Willis H. GA 15th Inf. Co.I
Bond, Winfrey KY 8th Mtd.Inf. Co.B
Bond, W.L. FL Cav. 5th Bn. Co.C
Bond, W.L. TN 14th (Neely's) Cav. Co.F
Bond, W.M. AL 2nd Bn. Hilliard's Legion Vol. Co.D
Bond, W.M. TN 4th (McLemore's) Cav. Co.F QMSgt.
Bond, W.P., Jr. TN 6th Inf. Co.A
Bond, W.P. VA 43rd Mil. Shaon's Co.
Bond, W.P. VA 53rd Inf. Co.A
Bond, W.R. Daniels' Staff 1st Lt.,ADC
Bond, Wright TN 55th (Brown's) Inf. Co.A
Bond, W.T. MO Inf. Clark's Regt. Co.B Capt.
Bond, W.T. TN 14th (Neely's) Cav. Co.F
Bond, W.W. AR Cav. Gordon's Regt. Co.K
Bond, W.W. MD 1st Cav. Co.A
Bond, Yost VA Inf. 23rd Bn. Co.B,G
Bondar, I.N. VA 3rd Inf.
Bonde, Henry B. TN Cav. 7th Bn. (Bennett's) Co.A
Bonde, Henry B. TN Douglass' Bn.Part.Rangers Chap.
Bonde, John C. VA 5th Inf. Co.B 1st Sgt.
Bonde, John C. VA 27th Inf. 2nd Co.H Capt.
Bonde, T.J. AR Inf. Hardy's Regt. Co.E
Bondeli, E.L. AL 9th Inf. Co.E
Bondeloche, Adolphe LA 26th Inf. Co.C
Bondeloche, Jedeon LA 26th Inf. Co.K
Bonden, G.C. TN 12th (Cons.) Inf. Co.G
Bonden, J. VA 59th Inf. 1st Co.B
Bonden, W.B. Mark NC 2nd Cav. (19th St.Troops) Co.E
Bonder, Nathaniel AL 31st Inf. Co.H
Bonderank, Frank B. KY 2nd Mtd.Inf. Co.A
Bondet, N. LA Mil. Cazadores Espanoles Regt. Co.D Sgt.
Bondman, C. SC 6th Cav. Co.H
Bondmant, J.W. TN Inf. 2nd Cons.Regt. Co.G
Bondnan, Peter LA Pointe Coupee Arty.

Bondousquie, A. LA Mil. Orleans Guards Regt. Co.F
Bondousquie, L. LA Mil. Orleans Guards Regt. Co.A
Bondousquie, P. LA Mil. Orleans Guards Regt. Co.A
Bondram, A. LA 2nd Res.Corps Co.A
Bondre, C. LA Mil. Cazadores Espanoles Regt. Co.D
Bondreau, Cletus LA 26th Inf. Co.C
Bondreau, Ernest LA 26th Inf. Co.C
Bondreau, Francois LA 26th Inf. Co.C
Bondreau, Francois G. LA 26th Inf. Co.C
Bondreau, G. LA 26th Inf. Co.A
Bondreau, H.S. LA 3rd Inf. Co.A
Bondreau, J. LA 8th Cav. Co.G
Bondreau, J. LA Inf. 10th Bn. Co.G
Bondreau, John LA Barrow's Cav. Co.C 1st Lt.
Bondreau, Joseph TX 25th Cav. Co.H
Bondreau, Trasimond LA 26th Inf. Co.C
Bondreau, Trasimond A. LA 26th Inf. Co.C Sgt.
Bondreaux, A. LA Inf.Cons.Crescent Regt. Co.C
Bondreaux, A.D. LA 2nd Res.Corps Co.K Capt.
Bondreaux, Emile Conf.Cav. Wood's Regt. 2nd Co.F
Bondreaux, Narcisse LA Mil. St.James Regt. Co.E
Bondreaux, Omer LA Inf. 1st Sp.Bn. (Rightor's) Co.E
Bondreaux, Seraphin LA Arty. 1st Field Btty.
Bondreaux, Seraphin LA Inf. 1st Sp.Bn. (Rightor's) Co.E 1st Lt.
Bondreaux, Urbin LA 1st Hvy.Arty. (Reg.) Co.C Cpl.
Bondreaux, W. LA 18th Inf.
Bondro, Don Louis LA 15th Inf. Co.C
Bondro, Gust LA Mil.Cav.Squad. (Ind.Rangers Iberville)
Bondro, V. LA Inf.Cons. 18th Regt. & Yellow Jacket Bn. Co.H
Bondrum, S.R. VA 3rd Res. Co.F
Bondry, J.P. MO Robertson's Regt.St.Guard Co.6
Bonds, A.B. TX 35th (Brown's) Cav. Co.F Capt.
Bonds, A.B. TX 13th Vol. 1st Co.H
Bonds, A.H. MS 33rd Inf. Co.D
Bonds, A.L. TN 24th Bn.S.S. Co.B
Bonds, A.L. TN 45th Inf. Co.E
Bonds, Alexander H. MS 7th Inf. Co.E
Bonds, Allen AR 9th Inf. Co.D
Bonds, Allen Cav. Murchison's Bn. Co.B,CSA
Bonds, Alpha L. TN 34th Inf.
Bonds, A.M. MS 2nd Cav. Co.K
Bonds, A.M. MS 3rd (St.Troops) Cav. Co.D
Bonds, Andrew P. AL 8th (Livingston's) Cav. Co.E 1st Lt.
Bonds, Archibald GA Cav. 6th Bn. (St.Guards) Co.E
Bonds, B. MS 10th Inf. New Co.H
Bonds, Benjamin F. MS 10th Inf. Old Co.E, New Co.E Cpl.
Bonds, B.F. MS 44th Inf. Co.F
Bonds, Caleb P. GA 41st Inf. Co.K
Bonds, Carroll MS 3rd Inf. Co.H
Bonds, C.C. MS 3rd (St.Troops) Cav. Co.D Cpl.
Bonds, Daniel TN 8th Inf. Co.I Ord.Sgt.
Bonds, David 3rd Conf.Inf. Co.F 2nd Lt.
Bonds, D.W. MS Inf. 2nd St.Troops Co.I Sgt.
Bonds, F.A. GA 24th Inf. Co.F
Bonds, Flavius A. GA Cobb's Legion Co.E
Bonds, F.M. AL 60th Inf. Co.B
Bonds, G.B. MS 26th Inf. Co.A
Bonds, George AL 50th Inf. Co.A
Bonds, George AR Inf. Cocke's Regt. Co.K
Bonds, George A. TN 4th (McLemore's) Cav. Co.B Cpl.
Bonds, George J. AR 3rd Cav. 2nd Co.E
Bonds, H. AL 31st Inf. Co.F
Bonds, H.C. KY 6th Cav. Co.I Cpl.
Bonds, Henry GA 13th Cav. Co.I
Bonds, Henry W. MS 1st (King's) Inf. (St.Troops) Love's Co.
Bonds, Hillary S. GA 24th Inf. Co.F Music.
Bonds, Hugh D. AR Cav. 1st Bn. (Stirman's) Co.A
Bonds, Ira R. GA 3rd Cav. (St.Guards) Co.B
Bonds, I.W. GA 24th Inf. Co.F
Bonds, J. GA 38th Inf. Co.I
Bonds, J.A. AL 63rd Inf. Co.E
Bonds, Jackson NC 20th Inf. Co.B
Bonds, Jackson A. AL 5th Bn.Vol. Co.B
Bonds, James VA 62nd Mtd.Inf. 2nd Co.L
Bonds, James W. GA 29th Inf. Co.G
Bonds, James W. MS 2nd Inf. Co.A
Bonds, Jasper MS 46th Inf. Co.B
Bonds, J.B. FL 6th Inf.
Bonds, Jeremiah M. TN 4th (McLemore's) Cav. Co.G
Bonds, J.F. 1st Conf.Inf. 2nd Co.I
Bonds, J.G. GA 36th (Broyles') Inf. Co.C
Bonds, J.J. GA 10th Cav. (St.Guards) Co.C
Bonds, J.J. GA 13th Cav. Co.I
Bonds, J.K. MS 26th Inf. Co.A
Bonds, J.M. AR 25th Inf. Co.E
Bonds, J.M. GA Cav. 6th Bn. (St.Guards) Co.E
Bonds, J.O. AL 14th Inf. Co.E Cpl.
Bonds, John GA 4th Cav. (St.Guards) McDonald's Co.
Bonds, John LA 27th Inf. Co.C Sgt.
Bonds, John NC 20th Inf. Co.B
Bonds, John C. AL 24th Inf. Co.C
Bonds, John C. AL 37th Inf. Co.G Sgt.
Bonds, John C. AL 40th Inf. Co.I
Bonds, John C. AL Cp. of Instr. Talladega
Bonds, John C. MO 12th Inf. Co.H
Bonds, John D. TN 8th Inf.
Bonds, John D. TN 32nd Inf. Co.F 1st Sgt.
Bonds, John F. AL 10th Inf. Co.G
Bonds, John H. MS 8th Inf. Co.B
Bonds, John M. GA 29th Inf. Co.G
Bonds, John M. GA 46th Inf. Co.I
Bonds, John M. MS 7th Inf. Co.C
Bonds, John M. MS 22nd Inf. Co.E
Bonds, John M. Band Featherstone's Brig. Music.
Bonds, John R. AL 61st Inf. Co.F
Bonds, Joseph M. GA 15th Inf. Co.A
Bonds, Joseph W. AL 26th (O'Neal's) Inf. Co.K
Bonds, J.P. MS 3rd Cav. Co.C
Bonds, J.R. GA 16th Inf. Co.C
Bonds, J.T. AL 38th Inf. Co.B
Bonds, J.W. AL 14th Inf. Co.E
Bonds, L.C. AL Cav. Moreland's Regt. Co.G Sgt.
Bonds, Lewis R. TN 4th (McLemore's) Cav. Co.B
Bonds, L.H. MS 6th Cav. Co.F
Bonds, L.P. AL Cav. Moreland's Regt. Co.D 1st Sgt.
Bonds, M. KY 9th Mtd.Inf. Co.D Cpl.
Bonds, Marion AL 3rd Bn. Hilliard's Legion Vol. Co.C
Bonds, M.D. MS 11th Inf. Co.C
Bonds, Michael Elia TX 20th Cav. Co.E
Bonds, Milton GA Cav. 9th Bn. (St.Guards) Co.E
Bonds, M.W. SC 5th Res. Co.H
Bonds, N. NC 14th Inf. Co.D
Bonds, N. TN 20th Inf. Co.E
Bonds, Nelson W. MS 34th Inf. Co.H
Bonds, Newton NC 1st Inf. (6 mo. '61) Co.B
Bonds, Newton NC 20th Inf. Co.B
Bonds, Newton VA Cav. 34th Bn. Co.A
Bonds, Norvel A. AL 5th Bn.Vol. Co.B
Bonds, Norvil W. AL 10th Inf. Co.G
Bonds, O.H. GA 4th Cav. (St.Guards) McDonald's Co.
Bonds, Patrick D. AL 5th Bn.Vol. Co.B
Bonds, P.B. AR 11th & 17th (Cons.) Inf. Co.A Lt.
Bonds, P.B. MS 7th Inf. Co.C
Bonds, Peter VA 1st Cav. Co.I
Bonds, R. AL 3rd Inf. Co.G
Bonds, R.A. MS 26th Inf. Co.A
Bonds, Richard AL 3rd Cav. Co.G
Bonds, Richd. AL Cp. of Instr. Talladega
Bonds, Richard AR 31st Inf. Co.D
Bonds, Richard A. AL 2nd Inf. Co.A
Bonds, Richard A. AL 51st (Part.Rangers) Co.A
Bonds, Richard C. AL 24th Inf. Co.C
Bonds, R.L. AL 15th Inf. Co.D
Bonds, Robert AL 61st Inf. Co.F Sgt.
Bonds, Robert MS 10th Inf. New Co.G
Bonds, Robert TN 19th (Biffle's) Cav. Co.H
Bonds, Robert A. MS 2nd Inf. Co.K
Bonds, Robert O. FL 2nd Inf. Co.L
Bonds, R.W. MS 3rd (St.Troops) Cav. Co.D
Bonds, S. MS 44th Inf. Co.F
Bonds, S.A. MS 36th Inf. Co.D
Bonds, S.A. TN 21st & 22nd (Cons.) Cav. Co.C
Bonds, Samuel D. AL 24th Inf. Co.C Sgt.
Bonds, Sanford FL 2nd Inf. Co.L
Bonds, Solomon W. TN 4th (McLemore's) Cav. Co.G
Bonds, Sugar J. AL 3rd Bn. Hilliard's Legion Vol. Co.C
Bonds, Sumner W. TN 8th Inf. Co.C
Bonds, Sumner W. TN 32nd Inf. Co.G Cpl.
Bonds, T.A. MO 1st Cav. Co.D
Bonds, Thomas J. AL 16th Inf. Co.A
Bonds, Thomas L. MS 2nd Inf. Co.A
Bonds, T.J. TN 45th Inf. Co.E
Bonds, T.W. NC 43rd Inf. Co.F Lt.
Bonds, Varda GA 40th Inf. Co.K
Bonds, W.A. AL 29th Inf. Co.I
Bonds, W.A. LA 19th Inf. Co.K
Bonds, W.A. LA Inf. Crescent Regt. Co.G
Bonds, Warren B. AL Cp. of Instr. Talladega
Bonds, W.C. AL 51st (Part.Rangers) Co.I Cpl.

Bonds, W.C. AR 31st Inf. Co.D
Bonds, W.E. TN 47th Inf. Co.F
Bonds, W.H. LA 19th Inf. Co.K Cpl.
Bonds, W.H. MS 12th Cav. Co.F
Bonds, W.H.H. MS Inf. 4th St.Troops Co.F
Bonds, Wiley SC 2nd Arty. Co.H
Bonds, William FL 1st Inf. New Co.E
Bonds, William GA 13th Cav. Co.I
Bonds, William GA 8th Inf. (St.Guards) Co.E Cpl.
Bonds, William GA Inf. 13th Bn. (St.Guards) Guerry's Co.
Bonds, William GA 15th Inf. Co.F
Bonds, William GA 24th Inf. Co.F
Bonds, William KY 10th Cav. Co.B
Bonds, William MS Cav. Hughes' Bn. Co.H
Bonds, William NC 17th Inf. (1st Org.) Co.F
Bonds, William NC 31st Inf. Co.F
Bonds, William SC 2nd Arty. Co.H
Bonds, William TN 55th (Brown's) Inf. Co.A
Bonds, William A. GA 1st Reg. Co.M
Bonds, William D. TN 8th Inf. Co.C Capt.
Bonds, William F. MS 17th Inf. Co.E
Bonds, William J. AL 24th Inf. Co.C
Bonds, William M. AR 9th Inf. Co.D
Bonds, William R. GA 35th Inf. Co.F
Bonds, Williamson GA Inf. White's Co.
Bonds, Wilson SC 1st (McCreary's) Inf. Co.A
Bonds, W.L. AR 18th (Marmaduke's) Inf. (1st Bn.) Co.G
Bonds, W.L. TX 5th Cav. Co.A 2nd Lt.
Bonds, W.S. MO 9th Bn.S.S. Co.A
Bonds, W.W. MS 35th Inf. Co.G
Bonds, W.W. TX 35th (Brown's) Cav. Co.F
Bondurant, Albert Conf.Cav. Wood's Regt. 1st Co.A Capt.
Bondurant, Albert W. VA 25th Inf. 2nd Co.D
Bondurant, A.R. KY 12th Cav. Co.A,D
Bondurant, A.W. VA Inf. 6th Bn.Loc.Def. Co.B
Bondurant, Benjamin F. MO 3rd Regt.St.Guards Co.E
Bondurant, Benjamin T. TN 20th (Russell's) Cav. Co.I Sgt.
Bondurant, Clifford A. VA 3rd Cav. Co.K
Bondurant, David A. KY 10th (Johnson's) Cav. New Co.I Cpl.
Bondurant, E.D. MS 5th Cav. Co.D Sgt.
Bondurant, E.M. VA 36th Inf. Co.A
Bondurant, Frank S. NC 46th Inf. Co.C
Bondurant, George P. VA Inf. 25th Bn. Co.B 2nd Lt.
Bondurant, G.P. VA 4th Cav. Co.K
Bondurant, G.P. VA 20th Inf. Co.E 1st Lt.
Bondurant, Henry C. VA Lt.Arty. 13th Bn. Co.C
Bondurant, Horace Conf.Cav. Wood's Regt. 1st Co.A
Bondurant, Horace Gen. & Staff Capt.,AQM
Bondurant, J.A. AL 5th Inf. New Co.I
Bondurant, Jacob KY 3rd Cav. Co.C
Bondurant, Jacob P. VA 10th Cav. Co.D
Bondurant, Jacob W. VA 11th Inf. Co.B
Bondurant, James D. VA Lt.Arty. J.D. Smith's Co.
Bondurant, James W. AL Jeff Davis Arty. Capt.
Bondurant, J.J. VA Post Guard (Abingdon) J.G. Martin's Co.
Bondurant, J.J.C. TN 7th (Duckworth's) Cav. Co.H
Bondurant, John F. AL Mil. 4th Vol. Co.C 2nd Lt.
Bondurant, John F. VA Lt.Arty. J.D. Smith's Co. Cpl.
Bondurant, John J. VA 3rd Cav. Co.K
Bondurant, John J. VA 14th Inf. Co.H
Bondurant, John M. TX 2nd Inf. Co.E
Bondurant, John P. MO 2nd Inf. Co.C
Bondurant, John P. VA Conscr.
Bondurant, John Peter AR 36th Inf. Co.G
Bondurant, John W. VA 48th Inf. Co.F
Bondurant, Joseph MO Inf. 3rd Bn. Co.F
Bondurant, Joseph MO 6th Inf. Co.H
Bondurant, Joseph S. VA Hvy.Arty. 18th Bn. Co.D
Bondurant, Joseph S. VA Hvy.Arty. Patteson's Co.
Bondurant, J.S. VA 10th Cav. Co.K
Bondurant, J.W. TN 13th Inf. Co.C
Bondurant, J.W. TN 38th Inf. Co.I
Bondurant, J.W. VA 3rd Res. Co.D
Bondurant, J.W. Conf.Arty. R.C.M. Page's Bn. 1st Lt.
Bondurant, J.W. Gen. & Staff, Arty. Lt.Col.
Bondurant, M.M. VA 21st Cav. Co.F
Bondurant, M.M. VA 63rd Inf. Co.E
Bondurant, Pleasant L. VA 48th Inf. Co.F
Bondurant, P.M. TN 38th Inf. Co.I
Bondurant, Richard MO Lawther's Part.Rangers
Bondurant, Robert G. VA 57th Inf. Co.F
Bondurant, Robert W. VA 10th Cav. Co.K
Bondurant, Samuel F. AL 4th Inf. Co.D Cpl.
Bondurant, Samuel J. VA 3rd Cav. Co.K
Bondurant, Samuel W. VA 3rd Cav. Co.K
Bondurant, S.F. VA 34th Inf. Co.H
Bondurant, Silas F. Conf.Hvy.Arty. Montague's Bn. Co.C
Bondurant, Thomas L. VA 20th Inf. Co.E
Bondurant, Thomas L. VA Inf. 25th Bn. Surg.
Bondurant, Thomas L. Gen. & Staff Asst.Surg.
Bondurant, Thomas Neblett VA 10th Cav. Co.C Sgt.
Bondurant, W.A. MS Cav. 2nd Bn.Res. Co.B 1st Sgt.
Bondurant, W.A. MS 3rd Cav. Co.K
Bondurant, W.E. VA Lt.Arty. Carrington's Co.
Bondurant, W.E. Gen. & Staff Asst.Surg.
Bondurant, W.H. MS Cav. Hughes' Bn. Co.D 1st Sgt.
Bondurant, William VA 1st Inf. Co.C
Bondurant, William VA 57th Inf. Co.B Recruit
Bondurant, William B. VA 11th Inf. Co.B
Bondurant, William B. VA 58th Inf. Co.B Cpl.
Bondurant, William H. MS 4th Cav. Co.E 2nd Lt.
Bondurant, William H. MS 12th Inf. Co.D Sgt.
Bondurant, William S. KY Jessee's Bn.Mtd.Riflemen
Bondweant, B.T. TN 19th & 20th (Cons.) Cav. Co.E Sgt.
Bondy, J.P. MO 1st Cav. 1st Lt.
Bondy, J.T. AL 5th Inf. Co.K
Bondy, R. Conf.Inf. 8th Bn. Co.D
Bondy, William GA 23rd Inf. Co.B
Bone, --- LA Mil. 2nd Regt. French Brig. Co.2
Bone, A. SC 8th Inf. Co.B
Bone, Abel Wilson MS 10th Inf. Co.G
Bone, Able W. MO 10th Inf. Co.G
Bone, A.H. AR 8th Inf. New Co.F
Bone, Anderson TX 11th Field Btty. (Howell's Co. Lt.Arty.)
Bone, Andrew TX Cav. Madison's Regt. Co.F
Bone, Arch N. GA 39th Inf. Co.B
Bone, A.Y. TX 29th Cav. Co.B 1st Lt.
Bone, Azor R. MO Cav. Wood's Regt. Co.E
Bone, B. GA Siege Arty. 28th Bn. Co.I
Bone, Bailey P. TN 53rd Inf. Co.F Cpl.
Bone, B.F. MO 2nd Cav. Co.E
Bone, B.F. TN 7th (Duckworth's) Cav. Co.A
Bone, B.J. SC 8th Inf. Co.I
Bone, B.J. SC 21st Inf. Co.A
Bone, Bose KY 7th Mtd.Inf. Co.B
Bone, C.C. KY 7th Mtd.Inf. Co.F
Bone, C.C. TN 21st (Wilson's) Cav. Co.K Cpl.
Bone, Charles AL 61st Inf. Co.F
Bone, Charles B. GA Siege Arty. 28th Bn. Co.F
Bone, Christopher VA 58th Inf. Co.C
Bone, C.J. SC 8th Inf. Co.B
Bone, Clark GA Arty. Lumpkin's Co.
Bone, C.N. GA 61st Inf. Co.I
Bone, C.R. AR 8th Inf. New Co.H
Bone, D. SC 21st Inf. Co.A
Bone, Daniel GA Lt.Arty. Croft's Btty. (Columbus Arty.)
Bone, David NC 33rd Inf. Co.G Sgt.
Bone, David L. AR 14th (McCarver's) Inf. Co.D Cpl.
Bone, David L. AR 21st Inf. Co.K Cpl.
Bone, Dennis LA 7th Inf. Co.C
Bone, D.F. MO 11th Inf. Co.F
Bone, D.M. TX Cav. Baylor's Regt. Co.K
Bone, E. SC 8th Inf. Co.B Cpl.
Bone, Eli J.K.P. AR 37th Inf. Co.B
Bone, Enoch L. TX 16th Cav. Co.G
Bone, F.M. KY 1st Inf. Co.E
Bone, F.M. TX Cav. Baylor's Regt. Co.K
Bone, F.M. TX Inf. (Unatt.) Rutherford's Co.
Bone, Frank TN 16th (Logwood's) Cav. Co.D
Bone, Franklin GA Cav. 22nd Bn. (St.Guards) Co.G
Bone, George SC 1st (Butler's) Inf. Co.F
Bone, George SC Inf. 9th Bn. Co.E
Bone, George W. NC 25th Inf. Co.G
Bone, George W. TX Cav. Hardeman's Regt. Co.C
Bone, G.H. NC Arty. Capt.
Bone, Gladdin MO 10th Cav. Co.K
Bone, G.R. TX Cav. Bone's Co.
Bone, Hardaman AL 55th Vol. Co.B
Bone, Hardamon GA 12th Cav. Co.L
Bone, Hardy H. NC 30th Inf. Co.I
Bone, Harmon MO 4th Cav. Co.B,H
Bone, Harmon MO 10th Cav. Co.K
Bone, Harrison MO 4th Cav. Co.B,H
Bone, Henry GA 60th Inf. Co.K
Bone, Henry MO 1st Inf. Co.C
Bone, Henry A. NC 1st Jr.Res. Co.A
Bone, Henry C. AR 1st Vol. Co.B
Bone, Henry M. LA 11th Inf. Co.F Sgt.
Bone, H.P. TN 3rd (Forrest's) Cav. 1st Co.F
Bone, H.P. Brown's Div. Hosp.Stew.
Bone, Hugh VA Hood's Bn.Res. Capt.

Bone, Hugh P. TN 48th (Nixon's) Inf. Co.H
Bone, H.Y. TX 11th Cav. Maj.
Bone, Isaac MO 12th Inf. Co.D
Bone, Jackson AL 19th Inf. Co.E
Bone, Jacob GA 16th Inf. Co.D
Bone, James MS 23rd Inf. Co.I
Bone, James NC Inf. 2nd Bn. Co.B
Bone, James B. GA 12th Cav. Co.L
Bone, James C. GA Inf. Fuller's Co.
Bone, James F. TX 17th Cav. Co.H
Bone, James H. GA 56th Inf. Co.G Sgt.
Bone, James J. AR 32nd Inf. Co.H
Bone, James M. TN 18th Inf. Co.I
Bone, James P. TX 22nd Cav. Co.C
Bone, James S. MO Cav. Ford's Bn. Co.A
Bone, J.C. GA 3rd Cav. (St.Guards) Co.F
Bone, J.C. GA Inf. 23rd Bn.Loc.Def. Sim's Co.
Bone, J.C.E. 3rd Conf.Cav. Co.G 2nd Lt.
Bone, J.E. AR 38th Inf. Co.G
Bone, J.E. SC Inf. 7th Bn. (Enfield Rifles) Co.F
Bone, Jesse F. TX 22nd Cav. Co.C
Bone, J.F. TX 35th (Likens') Cav. Co.I
Bone, J.H. TX 1st Hvy.Arty. 2nd Co.A Cpl.
Bone, J.H. TX 15th Inf. 1st Co.E
Bone, J.L.W. TX 23rd Cav. Co.I
Bone, J.M. AR 27th Inf. Co.A
Bone, J.N. NC 2nd Jr.Res. Co.H
Bone, John AL 17th Inf. Co.I
Bone, John GA Cav. 9th Bn. (St.Guards) Co.F
Bone, John GA 13th Cav. Co.F
Bone, John GA Lt.Arty. 14th Bn. Co.A
Bone, John GA Lt.Arty. Havis' Btty.
Bone, John GA 22nd Inf. Co.C Cpl.
Bone, John KY 7th Mtd.Inf. Co.B
Bone, John NC Hvy.Arty. 10th Bn. Co.D
Bone, John SC 21st Inf. Co.I
Bone, John TN 15th Inf. Co.E
Bone, John TX 1st Regt.St.Troops Co.C
Bone, Johnathan 1st Conf.Eng.Troops Co.F
Bone, John B. MO Cav. Wood's Regt. Co.E
Bone, John B. MO 10th Inf. Co.G
Bone, Johnson AL 34th Inf. Co.F
Bone, John W. KY 7th Cav. Co.B
Bone, John W. NC 30th Inf. Co.I
Bone, John W. TX Cav. Bone's Co. Capt.
Bone, John W. TX Cav. Bourland's Regt. Bone's Co. Capt.
Bone, Jonathan NC 25th Inf. Co.G
Bone, Joseph VA 32nd Inf. Co.C Cook
Bone, Joseph H. GA 3rd Cav. (St.Guards) Co.F
Bone, Joseph H. GA 16th Inf. Co.B
Bone, Joseph H. GA Cobb's Legion Co.E
Bone, J.P. TN 3rd (Forrest's) Cav. Co.B
Bone, J.T. NC 43rd Inf. Co.C
Bone, J.T. TN 12th (Green's) Cav. Co.F Ord.Sgt.
Bone, J.T. TX 37th Cav. Mullin's Co.
Bone, J.W. SC Inf. 7th Bn. (Enfield Rifles) Co.A
Bone, J.W. TX Cav. 2nd Regt.St.Troops Co.B Capt.
Bone, J.W. TX Cav. Terry's Regt. Co.I Capt.
Bone, L.B. TN 10th (DeMoss') Cav. Co.A Cpl.
Bone, L.D. SC Cav. 12th Bn. Co.C
Bone, Leonard D. SC 4th Cav. Co.E
Bone, Leonidas J. TX 6th Cav. Co.C
Bone, L.J. SC 1st (Butler's) Inf. Co.B
Bone, L.J. TN 22nd Inf. Co.F
Bone, M. AL 11th Cav. Co.F
Bone, M. GA Siege Arty. 28th Bn. Co.I
Bone, M. GA 64th Inf.
Bone, M. TN 3rd (Forrest's) Cav. Co.D
Bone, Manning GA 30th Inf. Co.C
Bone, Mark W. AR 17th (Lemoyne's) Inf. Co.F Cpl.
Bone, Mathew GA 16th Inf. Co.D
Bone, Matthew NC 25th Inf. Co.G
Bone, Matthew L. AR 17th (Lemoyne's) Inf. Co.F Capt.
Bone, M.E. MO Cav. Coffee's Regt. Co.G
Bone, M.H. TN 12th (Green's) Cav. Co.B
Bone, M.L. AR 21st Inf. Co.E Capt.
Bone, M.W. AR 21st Inf. Co.E
Bone, Nicholas P. SC 4th Cav. Co.E 1st Sgt.
Bone, N.P. SC Cav. 12th Bn. Co.C
Bone, N.P. SC Lt.Arty. M. Ward's Co. (Waccamaw Lt.Arty.)
Bone, Oliver GA Inf. Fuller's Co.
Bone, P.A. AR 14th (McCarver's) Inf. Co.G Cpl.
Bone, Paul AR Lt.Arty. 1st Field Btty. (McNally's Bn.)
Bone, Peter B. TN 53rd Inf. Co.F Cpl.
Bone, Peter H. GA Inf. 2nd Bn. Co.C
Bone, Porter A. AR 21st Inf. Co.K Sgt.
Bone, R.B. TN 7th (Duckworth's) Cav. Co.A
Bone, R.B. TN 12th (Green's) Cav. Co.B Adj.
Bone, R.C. MO 11th Inf. Co.F
Bone, R.G. SC 2nd Bn.S.S. Co.B
Bone, R.G. SC 21st Inf. Co.I
Bone, Richard MS 15th Inf. Co.K
Bone, Richard S. MO Cav. Wood's Regt. Co.A
Bone, Robert C. TN 8th (Smith's) Cav. Co.D 1st Lt.
Bone, Robert C. TN 7th Inf. Co.A 3rd Lt.
Bone, Robert D. Gen. & Staff Asst.Surg.
Bone, Robert F. AL 6th Inf. Co.K Sgt.
Bone, Samuel AL 32nd Inf. Co.H
Bone, Samuel N. TX 4th Cav. Co.H
Bone, T.B. AR 21st Inf. Co.E
Bone, Thomas SC 10th Inf. Co.E
Bone, Thomas B. AR 17th (Lemoyne's) Inf. Co.F Sgt.
Bone, Thomas D. TX 30th Cav. Co.A
Bone, Thomas J. KY 7th Cav. Co.C
Bone, Thomas J. TX 1st Bn.S.S. Co.C
Bone, Thomas J. TX 9th (Young's) Inf. Co.G
Bone, Thomas R. GA 61st Inf. Co.E Cpl.
Bone, Thomas R. VA 9th Mil. Co.B Cpl.
Bone, Thomas T. MO 4th Cav. Co.B
Bone, T.J. KY 3rd Mtd.Inf. Co.M
Bone, T.J. TN 7th (Duckworth's) Cav. Co.A
Bone, T.T. AR 30th Inf. Co.F
Bone, W.B. GA 12th Cav. Co.L
Bone, W.C. AR 8th Inf. New Co.C
Bone, W.E. KY 3rd Mtd.Inf. Co.M
Bone, W.E. TN 22nd Inf. Co.F
Bone, William GA 12th Cav. Co.L
Bone, William GA 3rd Inf. Co.K,B Music.
Bone, William GA 34th Inf. Co.E
Bone, William GA Floyd Legion (St.Guards) Co.K
Bone, William SC 6th Cav. Co.K
Bone, William SC 1st (Butler's) Inf. Co.B
Bone, William SC Inf. 7th Bn. (Enfield Rifles) Co.F
Bone, William SC 14th Inf. Co.C
Bone, William C. KY 2nd Mtd.Inf. Co.A
Bone, William D. TN 8th (Smith's) Cav. ACS
Bone, Wm. D. Gen. & Staff ACS
Bone, William F. AR 14th (Powers') Inf. Co.D Cpl.
Bone, William P. GA 42nd Inf. Co.G,C
Bone, William S. SC 1st Arty. Co.D
Bone, William S. TN 47th Inf. Co.G Cpl.
Bone, Willis C. GA Cobb's Legion Co.C
Bone, W.R. SC 8th Inf. Co.B
Bone, W.S. TN Inf. 2nd Cons.Regt. Co.D Cpl.
Bone, Young MS 15th Inf. Co.K
Bone, Young E. TX 22nd Cav. Co.C
Bonecarel, B. LA Mil. 2nd Regt. French Brig. Co.8
Bonecutter, Martin S. VA 31st Mil. Co.F Sgt.
Boneda, George 1st Chickasaw Inf. Hansell's Co.
Boneker, C. SC 2nd St.Troops Co.C
Bonell, J.C. AL 20th Inf. Co.H
Bonels, J.T. AL 58th Inf. Co.B
Bonen, W.R. TN Cav. Napier's Bn. Co.C Cpl.
Bonenberger, Philip SC 20th Inf. Co.K Music.
Boneno, John B. LA Arty. 1st Field Btty. Sgt.
Boneol, Lewis LA Res.Corps Co.D
Boner, A. AL 21st Inf. Co.F
Boner, Albert G. TN 30th Inf. Co.D
Boner, Allen VA 62nd Mtd.Inf. 2nd Co.E
Boner, Charles H. AL 15th Inf. Co.L Sgt.
Boner, C.S. TN 30th Inf. Co.D
Boner, Jacob 7th Conf.Cav. Co.G
Boner, James J. MO Inf. 3rd Bn. Co.A Cpl.
Boner, John GA 47th Inf. Co.E
Boner, Peter S. GA Inf. (St.Guards) Hansell's Co.
Boner, Samuel VA 20th Cav. Co.D
Boner, W.J. VA 9th Cav.
Bonerman, R.G. TX Inf. Timmons' Regt. Co.A
Bonerwell, Peter W. VA 39th Inf. Co.E
Bones, A.M. AL 21st Inf. Co.E
Bones, Edward T. VA 22nd Inf. Co.K Sgt.
Bones, Frank G. AL 3rd Cav. Co.D
Bones, James I. MO 6th Inf. Co.E Sgt.
Bones, James W. GA Inf. 18th Bn. (St.Guards) Co.E 2nd Lt.
Bones, James W. GA 63rd Inf. Co.H
Bones, J.D. AL 4th Res. Co.B
Bones, J.H. VA 11th Inf. Co.F
Bones, John S. AL 17th Inf. Co.I Capt.
Bones, John S. GA 5th Inf. Co.A Cpl.
Bones, Joseph MO 5th Cav. Co.G
Bones, Joseph A. VA 25th Cav. Co.E
Bones, Joseph A. VA 4th Inf. Co.B
Bones, Joseph E. VA 11th Inf. Co.F
Bones, J.W. GA Lt.Arty. 12th Bn. 1st Co.A
Bones, Michael LA Mil. Leeds' Guards Regt. Co.F
Bones, T.H. TX 2nd Inf. Co.B
Bones, Thomas A. GA Inf. 18th Bn. (St.Guards) Co.E
Bones, Thomas M. GA 5th Inf. Co.A Sgt.
Bones, William T. VA 28th Inf. Co.I
Bonestabile, Antonio AL 21st Inf. Co.G
Bonet, Juan LA Mil. 5th Regt.Eur.Brig. (Spanish Regt.) Co.5
Bonet, Juan LA Mil. 5th Regt.Eur.Brig. (Spanish Regt.) Co.9

Bonet, Vicente LA Mil. 5th Regt.Eur.Brig. (Spanish Regt.) Co.9
Bonethean, H.P. SC 23rd Inf. Co.A
Bonett, M. LA Lt.Arty. 2nd Field Btty.
Bonette, E. LA Cav. Benjamin's Co.
Bonette, L.C. LA Cav. Benjamin's Co.
Bonetti, Louis LA 10th Inf. Co.I
Boneville, Chas. TX Cav. Madison's Regt.
Bonewell, Charles A. VA 32nd Inf. Co.E
Bonewitz, F. 4th Conf.Eng.Troops Co.E Artif.
Bonewitz, Fred Kellersberg's Corps Sap. & Min.,CSA Artif.
Bonewitz, M. TX Conscr.
Boney, --- 1st Creek Mtd.Vol. Co.M
Boney, A.L. SC 4th St.Troops Co.A
Boney, A.L. SC 5th Bn.Res. Co.A
Boney, Arthur SC 6th Inf. 1st Co.D, 2nd Co.G
Boney, Arthur SC Post Guard Senn's Co.
Boney, Christopher C. NC 38th Inf. Co.A
Boney, D. MO Cav. Ford's Bn. Co.C
Boney, Daniel NC 8th Sr.Res. Bryans' Co. Sgt.
Boney, E.W. NC 5th Cav. (63rd St.Troops) Co.C
Boney, G.J. NC 3rd Arty. (40th St.Troops) Co.H
Boney, Green L. MS 1st Lt.Arty. Co.K
Boney, Henry W. TX 7th Inf. Co.K
Boney, Hiram S. NC 30th Inf. Co.E
Boney, James D. NC McDugald's Co.
Boney, James T. NC 30th Inf. Co.E
Boney, James W. NC McDugald's Co.
Boney, J.C. SC 3rd Bn.Res. Co.B
Boney, J.G. MO 10th Inf. Co.A
Boney, J.K. NC 30th Inf. Co.E
Boney, John SC Inf. 3rd Bn. Co.G
Boney, John A. AL 57th Inf. Co.E
Boney, John A. NC 8th Sr.Res. Broadhurst's Co.
Boney, John B. NC 3rd Inf. Co.D
Boney, John B. NC 61st Inf. Co.G
Boney, John T. SC Inf. 7th Bn. (Enfield Rifles) Co.B
Boney, J.S. SC 6th Inf. 1st Co.D, 2nd Co.G
Boney, L. TX 2nd Inf. Co.D
Boney, L.J. AR 30th Inf. Co.G
Boney, M. LA Mil. 4th Regt.Eur.Brig. Co.E
Boney, O. TX 20th Inf. Co.K
Boney, R.W. SC 1st Arty. Co.F
Boney, R.W. SC 6th Inf. 1st Co.D, 2nd Co.G
Boney, S. GA Cav. 22nd Bn. (St.Guards) Co.I
Boney, Samuel SC 3rd Bn.Res. Co.B
Boney, Samuel SC 4th St.Troops Co.H
Boney, Samuel SC 6th Res. Co.I
Boney, Samuel SC Post Guard Senn's Co.
Boney, Timothy W. NC 67th Inf. Co.H
Boney, Uriah L. NC 18th Inf. Co.I
Boney, W. TX 25th Cav. Co.D
Boney, W.G. LA 6th Cav. Co.A
Boney, William MS 46th Inf. Co.F
Boney, William J. NC 60th Inf. Co.E 2nd Lt.
Boney, Z. TX 20th Inf. Co.K
Bonfanti, H.T. LA Cav. Greenleaf's Co. (Orleans Lt.Horse)
Bonfanti, Joseph VA 6th Inf. 1st Co.B Sgt.
Bonfantie, John VA 6th Inf. Co.H Cpl.
Bonfanty, John VA 54th Mil. Co.A
Bonfanty, Joseph VA 54th Mil. Co.A
Bonfield, C. FL Conscr.
Bonfield, James MS 23rd Inf. Co.H
Bonfield, J.W. AL 4th Inf. Co.K 2nd Lt.
Bonfon, G.O. LA 2nd Inf. Lt.
Bonford, P.E. Gen. & Staff 1st Lt.,ADC
Bonford, T.M. LA Inf. 10th Bn. Lt.
Bonfoy, Samuel GA Cav. Roswell Bn. Co.B
Bonge, Frederick VA 6th Inf. Ferguson's Co.
Bonge, Frederick VA 12th Inf. Co.H
Bongee, Sampson AR 1st Vol. Co.G
Bonger, Michael LA 21st (Patton's) Inf. Co.H
Bongerio, John SC 1st Arty. Co.K
Bonghw, W.F. TX 33rd Cav. Co.A
Bongiovanni, Paolo LA Mil. 6th Regt.Eur.Brig. (Italian Guards Bn.) Co.4 1st Sgt.
Bongon, Lioner LA Mil. Lartigue's Co. (Bienville Guards)
Bonham, A.A. VA 8th Cav. Co.A
Bonham, Allen VA 63rd Inf. Co.C
Bonham, Allen VA Mil. Grayson Cty.
Bonham, Andrew T. VA 6th Bn.Res. Co.A Sgt.
Bonham, A.P. AL 10th Inf. Co.I
Bonham, A.P. VA 30th Bn.S.S. Co.C,D
Bonham, Archibald AL Arty. 1st Bn. Co.A
Bonham, B.J. AL 2nd Cav. Co.F Capt.
Bonham, Charles AL 3rd Inf. Co.F
Bonham, Daniel VA 19th Inf. Co.D
Bonham, Davis K. VA 114th Mil. Co.K
Bonham, D.W.O. MS 22nd Inf. Col.
Bonham, E. LA 6th Inf. Co.C
Bonham, Edward VA 12th Cav. Co.B
Bonham, E.H. TN 19th Inf. Co.E
Bonham, E.M. AL 2nd Cav. Co.F Black.
Bonham, Ephraim VA 45th Inf. Co.C
Bonham, George KY 13th Cav. Co.K
Bonham, George S. VA 1st Cav. 1st Co.D
Bonham, George S. VA 6th Cav. Co.D
Bonham, George W. NC 18th Inf. Co.E
Bonham, G.L. SC 6th Cav. Co.H
Bonham, G.L. SC Lt.Arty. 3rd (Palmetto) Bn. Co.I
Bonham, G.S. VA 62nd Mtd.Inf. 2nd Co.M
Bonham, H. LA 1st Cav. Co.G
Bonham, Henry SC 1st Arty. Co.H
Bonham, Isaac VA 6th Cav. Co.D
Bonham, James NC 8th Sr.Res. Broadhurst's Co.
Bonham, James E. VA 2nd Inf. Co.I
Bonham, James J. TX 1st (Yager's) Cav. Co.D
Bonham, James T. AL 17th Inf. Co.F
Bonham, James W. AL 53rd (Part.Rangers) Co.K
Bonham, J.B. AL 48th Mil. Co.D
Bonham, J.B. SC 6th Cav. Co.H
Bonham, J.B. TN 59th Mtd.Inf. Co.A
Bonham, J.C. MO 5th Cav. Co.A Cpl.
Bonham, J.H. SC 6th Cav. Co.H
Bonham, J.J. AL 14th Inf. Co.B
Bonham, J.J. TX Cav. 3rd (Yager's) Bn. Co.D Sgt.
Bonham, J.M. Conf.Cav. Wood's Regt. 1st Co.A
Bonham, John AR 1st (Colquitt's) Inf. Co.F
Bonham, John MO 1st Brig.St.Guard
Bonham, John SC 3rd Res. Co.G
Bonham, John A. VA 21st Cav. 2nd Co.E
Bonham, John B. SC 1st Arty. Co.C
Bonham, John F. VA 48th Inf. Co.D
Bonham, John L. VA 27th Inf. Co.G Sgt.Maj.
Bonham, John T. NC 60th Inf. Co.F Music.
Bonham, John W. LA 19th Inf. Co.G Music.
Bonham, John W. VA 25th Cav. Co.G
Bonham, Joseph AR 27th Inf. Co.E Sgt.
Bonham, Joseph K. VA 25th Cav. Co.G
Bonham, Josiah VA Mil. Grayson Cty.
Bonham, J.S. MS 1st (Percy's) Inf. Co.B
Bonham, J.W. LA Red River S.S.
Bonham, M. GA 54th Inf. Co.D
Bonham, M. VA 17th Inf. Co.B
Bonham, Malachi F. AL 3rd Inf. Co.H,G Capt.
Bonham, Mark AR 20th Inf. Co.G
Bonham, Milton Conf.Cav. Wood's Regt. QMSgt.
Bonham, M.L. TX 3rd (Kirby's) Bn.Vol. Co.B
Bonham, M.L. TX Inf. Timmons' Regt. Co.A Jr.2nd Lt.
Bonham, M.L. TX Waul's Legion Co.B Jr.2nd Lt.
Bonham, M.L. Gen. & Staff Brig.Gen.
Bonham, Nehemiah NC Inf. Thomas' Legion Co.C
Bonham, N.S. AL 14th Inf. Co.B
Bonham, N.W. AL 34th Inf. Co.A
Bonham, Oscar L. VA 48th Inf. Co.D
Bonham, Richard W. TX Cav. Mann's Regt. Co.A
Bonham, Richard W. TX Cav. Mann's Bn. Co.A
Bonham, Robert B. TN 61st Mtd.Inf. Co.A 1st Sgt.
Bonham, Ross SC 4th Bn.Res. Co.B
Bonham, Samuel MO 5th Cav. Co.A,G
Bonham, Samuel TX Cav. Baylor's Regt. Co.K
Bonham, Samuel B. MO 1st Cav. Co.G
Bonham, S.B. SC 1st St.Troops Co.H
Bonham, S.B. SC 3rd Res. Co.G
Bonham, Scott R. AR 7th Inf. Co.G Capt.
Bonham, Sebastian E. VA 2nd Inf. Co.I 1st Sgt.
Bonham, Simeon AL 8th Inf. Co.C
Bonham, W.A. SC Cav.Bn. Holcombe Legion Co.C
Bonham, W.C. SC 13th Inf. Co.E
Bonham, Wiley J. VA 25th Cav. Co.G
Bonham, William NC 25th Inf. Co.F Cpl.
Bonham, William VA 1st Cav. 1st Co.D
Bonham, William VA 6th Cav. Co.D
Bonham, William VA 62nd Mtd.Inf. 2nd Co.M 2nd Lt.
Bonham, William Conf.Cav. Wood's Regt. 1st Co.A
Bonham, William A. AL 4th Cav. Co.M
Bonham, William R. VA 51st Inf. Co.I
Bonhan, M.S. AL 18th Inf. Co.B
Bonhart, J. VA 53rd Inf. Co.G
Bonhart, J.E. GA 54th Inf. Co.A
Bonhegan, Henry VA 6th Inf. Ferguson's Co.
Bonhegan, Henry VA 12th Inf. Co.H
Bonhomme, Jean VA Lt.Arty. Page's Co. Cpl.
Bonhomme, John AL 51st (Part.Rangers) Co.K
Bonhomme, John LA C.S. Zouave Bn. Co.A,D
Boni, Theophile LA Miles' Legion
Bonic, Rufus MD 1st Inf. Co.C
Bonicum, John TN Inf. 154th Sr.Regt. Co.H
Bonie, M.B. AL Lowndes Rangers Vol. Fagg's Co. 1st Lt.
Bonie, Wilson MS 24th Inf. Co.B
Bonie, W.T. AR 37th Inf. Co.D Cpl.
Boniface, Louis SC 23rd Inf. Co.D
Boniface, Louis SC Sea Fencibles Symons' Co.

Bonifacio, Martin LA Mil. 5th Regt.Eur.Brig. (Spanish Regt.) Co.A
Bonifay, Eugene C. FL 1st Inf. Old Co.K, New Co.A
Bonifay, Felix FL Cav. 3rd Bn. Co.B
Bonifay, Felix J. 15th Conf.Cav. Co.D Cpl.
Bonifay, Francis C. FL 1st Inf. Old Co.K, New Co.A
Bonifay, George AL 62nd Inf. Co.B Sgt.Maj.
Bonifay, George P. AL Inf. 1st Regt. Co.F
Bonifay, Henry FL 1st Inf. Old Co.K
Bonifay, M. AL Cav. Barlow's Co. Sgt.
Bonifay, M. 15th Conf.Cav. Co.C Sgt.
Bonifay, R.H. 15th Conf.Cav. Co.D
Bonifoy, George P. AL 38th Inf. Co.K
Bonifry, V. AL 4th Inf. Co.K
Bonin, Arthur LA 7th Cav. Co.G
Bonin, Dupiron LA Conscr.
Bonin, Euvalie LA 8th Inf. Co.C
Bonin, Gilmar LA Conscr.
Bonin, G.P. LA 18th Inf. Co.D
Bonin, G.P. LA Inf.Cons. 18th Regt. & Yellow Jacket Bn. Co.D
Bonin, Jules LA Conscr.
Bonin, Lasalin LA 3rd (Harrison's) Cav. Co.I
Bonin, Leonard LA 8th Inf. Co.C
Bonin, M. LA Mil. 5th Regt.Eur.Brig. (Spanish Regt.) Co.1 Cpl.
Bonin, Oldes LA Inf. 10th Bn. Co.D
Bonin, Oldes LA Inf.Cons. 18th Regt. & Yellow Jacket Bn. Co.D
Bonin, Theard LA 2nd Cav. Co.C
Bonin, U. LA 18th Inf. Co.D
Bonin, U. LA Inf.Cons. 18th Regt. & Yellow Jacket Bn. Co.D
Bonin, Ulsha LA 3rd (Harrison's) Cav. Co.I
Bonin, Valcourt LA 8th Inf. Co.C
Bonin, Valiere LA 8th Inf. Co.C
Boning, C. TX Inf. 4th Bn. (Oswald's) Co.B
Boningal, Frank MS Lt.Arty. (Warren Lt.Arty.) Swett's Co.
Boniol, R.E. LA Inf.Cons.Crescent Regt. Co.I Music.
Bonis, F.M. LA Mil. Orleans Guards Regt. Co.D
Bonitheau, David SC Simons' Co.
Bonito, F.A. LA Mil. Orleans Fire Regt. Hall's Co.
Bonitz, F. TX 3rd (Kirby's) Bn.Vol. Co.B
Bonitz, F. TX Inf. Timmons' Regt. Co.B
Bonitz, F. TX Waul's Legion Co.A,H Sgt.
Bonitz, Julius A. NC Loc.Def. Griswold's Co. Sgt.
Bonival, James M. VA 26th Inf. Co.E, 2nd Co.B
Bonival, John VA 26th Inf. Co.E
Bonival, William VA 26th Inf. Co.E
Bonja, N. 1st Chickasaw Inf. McCord's Co.
Bonjean, J.J. LA Mil. 1st Native Guards
Bonke, J.R. MS 38th Cav. Co.A
Bonland, W.A. TX 37th Cav. 2nd Co.D
Bonley, I.E. Gen. & Staff Asst.Surg.
Bonley, W.C. MS 21st Inf. Co.A
Bonlin, N. AL 9th (Malone's) Cav. Co.L
Bonlineau, Joseph GA Cav. Allen's Co. Lt.
Bonlo, Philip J. AL 15th Bn.Part.Rangers Co.B
Bonly, G.B. GA 23rd Inf. Co.B
Bonmare, R.P. LA 4th Cav. Co.F
Bonn, George E. VA 1st Inf. Co.H
Bonn, George E. VA Inf. 25th Bn. Co.A 1st Sgt.
Bonn, Henry R. VA 1st Inf. Co.H
Bonn, Henry R. VA Inf. 25th Bn. Co.A 1st Sgt.
Bonn, J. GA 64th Inf.
Bonn, Jacob LA 9th Inf. Co.A
Bonn, James 1st Conf.Inf. 2nd Co.C
Bonn, Joseph MD 1st Cav. Co.F Sgt.
Bonn, Joseph VA 1st Inf. Co.H Cpl.
Bonn, Joseph VA Inf. 25th Bn. Co.A Sgt.
Bonn, Pet TX 3rd Inf. Co.B
Bonn, Peter LA 5th Inf. New Co.A Sgt.
Bonn, Philip C. TN 1st (Feild's) Inf. Co.E
Bonn, Samuel G. MD 1st Cav. Co.A,F 2nd Lt.
Bonn, Samuel G. VA 1st Cav. 2nd Co.K
Bonn, S.B. AL 11th Inf. Co.B
Bonna, T.M. GA 8th Inf. Co.A
Bonnabel, --- LA Prov.Regt. Legion Co.10 Capt.
Bonnafano, Tim 1st Chickasaw Inf. Gregg's Co.
Bonnafard, --- LA Mil. 1st Chasseurs a pied Co.1
Bonnaffe, J. LA Mil. 3rd Regt.Eur.Brig. (Garde Francaise) Co.2 Cpl.
Bonnafon, J.J.A. LA Dreux's Cav. Co.A
Bonnamour, Clovis LA 26th Inf. Co.C
Bonnan, George F. TN 46th Inf. Co.D
Bonnanno, Guiseppe LA Mil. 6th Regt.Eur.Brig. (Italian Guards Bn.) Co.4
Bonnard, Charles C. GA 54th Inf. Co.H
Bonnard, James F. LA 12th Inf. Co.L Music.
Bonnatt, A. LA 18th Inf. Co.C
Bonnatt, A. LA Inf.Cons. 18th Regt. & Yellow Jacket Bn. Co.C
Bonnavaux, J.B. LA Mil. 1st Regt. French Brig. Co.3 3rd Lt.
Bonnaventuro, Octave LA 2nd Cav. Co.K
Bonnaventuro, Paul LA 2nd Cav. Co.K
Bonnaventuro, Pierre LA 2nd Cav. Co.K
Bonnavia, A. LA Mil. 3rd Regt.Eur.Brig. (Garde Francaise) Co.7 Cpl.
Bonnawell, W. VA 115th Mil. Co.D
Bonnawell, William VA 115th Mil. Co.A
Bonne, A. LA 3rd (Harrison's) Cav. Co.I
Bonne, L. LA Mil. 1st Native Guards Sgt.
Bonne, M. LA 2nd Cav. Co.I
Bonne, T. LA 7th Cav. Co.E
Bonne, V. LA 7th Cav. Co.E
Bonnean, H.S. AL 8th Inf. Co.C
Bonneau, A. LA Mil. 3rd Regt. French Brig. Co.1
Bonneau, E.A. LA 9th Inf. Co.F
Bonneau, F.N. SC Hvy.Arty. Mathewes' Co. Capt.
Bonneau, J.B. 10th Conf.Cav. Co.D Hosp.Stew.
Bonneau, John B. AL Cav. 5th Bn. Hilliard's Legion Co.D
Bonneau, Octavus AL 24th Inf. Co.G N.C.S. QMSgt.
Bonneau, Peter M. AL 24th Inf. Co.G
Bonneau, Peter P. Gen. & Staff Surg.
Bonneau, P.P. SC 10th Inf. Surg.
Bonneau, R.V. Gen. & Staff Maj.,ACS
Bonneaud, H. LA Mil. 3rd Regt. French Brig. Co.2
Bonnecarere, --- LA Mil. 2nd Regt. French Brig. Co.3
Bonnecaze, A. LA Mil. 1st Regt. French Brig. Co.1 Cpl.
Bonnecaze, E. LA Mil. 1st Regt. French Brig. Co.4
Bonnecaze, Jules Gen. & Staff Lt.Col.,ADC
Bonnecaze, L., Jr. LA Mil. French Co. of St.James
Bonnefeldt, William TX Arty. 4th Bn. Co.A
Bonnefeldt, William TX 8th Inf. Co.A
Bonnefoud, B. LA Mil. 3rd Regt. French Brig. Co.5
Bonnel, John SC 2nd St.Troops Co.K
Bonnell, Anthony GA 25th Inf. Co.K
Bonnell, Apollos GA 36th (Broyles') Inf. Co.B
Bonnell, C.E. GA 32nd Inf. Co.K
Bonnell, F.M. MO 6th Inf. Co.G Cpl.
Bonnell, Henry FL 2nd Inf. Co.C Sgt.
Bonnell, J. GA Siege Arty. 28th Bn. Co.H
Bonnell, Jackson FL 1st (Res.) Inf. Co.B
Bonnell, James M. MS 23rd Inf. Co.B Ord.Sgt.
Bonnell, J.H. GA 32nd Inf. Co.K
Bonnell, J.M. MS 15th (Cons.) Inf. Ord.Sgt.
Bonnell, John AL Arty. 20th Bn.
Bonnell, John FL 1st (Res.) Inf. Co.B
Bonnell, John FL 2nd Inf. Co.C
Bonnell, John GA 3rd Cav. Co.B
Bonnell, John SC Mil. 1st Regt. (Charleston Res.) Co.C
Bonnell, John A. FL 9th Inf. Co.E,H Sgt.
Bonnell, William A. GA Inf. 2nd Bn. Co.D Cpl.
Bonnell, William A. VA 8th Inf. Co.B Cpl.
Bonnemer, Charles LA Pointe Coupee Arty.
Bonnemer, Charles L. LA C.S. Zouave Bn. Co.B,A 2nd Lt.
Bonnemor, C.L. MS 28th Cav. Co.I
Bonnemuson, A. LA Mil. 1st Chasseurs a pied Co.7
Bonner, A. LA 22nd (Cons.) Inf. Color Bearer
Bonner, A. 15th Conf.Cav. Co.K
Bonner, Adoneram J. GA Cobb's Legion Co.G Sgt.
Bonner, A.E. LA 31st Inf. Co.D 1st Lt.
Bonner, A.G. VA Cav. 46th Bn. Co.E
Bonner, A.H. TX 28th Cav. Co.D
Bonner, A.J. TN 11th (Holman's) Cav. Co.H
Bonner, A.J. TN Douglass' Bn.Part.Rangers Coffee's Co.
Bonner, A.J. TN 8th Inf. Co.C
Bonner, A.J. TN 35th Inf. Co.G
Bonner, Alex MS 4th Cav. Co.A
Bonner, Alex MS 46th Inf. Co.B
Bonner, Alexander LA 21st (Patton's) Inf. Co.D,C 1st Sgt.
Bonner, Alexander MS 2nd (Quinn's St.Troops) Inf. Co.A
Bonner, Allen LA 27th Inf. Co.B 1st Lt.
Bonner, Andrew J. LA 9th Inf. Co.F
Bonner, Andrew S. TX 10th Inf. Co.D
Bonner, A.R. AL 21st Inf. Co.C
Bonner, B. SC 2nd Cav. Co.B
Bonner, Ben F. SC 5th Inf. 1st Co.G
Bonner, Benjamin AL 19th Inf. Co.E
Bonner, Benjamin B. LA 31st Inf. Co.A Cpl.
Bonner, Benjamin F. AR 23rd Inf. Co.E
Bonner, Benjamin F. SC Palmetto S.S. Co.M Sgt.

Bonner, B.F.C. GA Inf. 14th Bn. (St.Guards) Co.A
Bonner, Bolivar LA Pointe Coupee Arty.
Bonner, Booker TN 16th (Logwood's) Cav. Co.C
Bonner, Bryan T. NC 4th Inf. Co.I 2nd Lt.
Bonner, B.W. GA 7th Inf. (St.Guards) Co.F
Bonner, Caleb A.S. NC 2nd Cav. (19th St.Troops) Co.G
Bonner, Calvin TN 3rd (Lillard's) Mtd.Inf. Co.G
Bonner, Calvin TN 62nd Mtd.Inf. Co.A
Bonner, C.C. TN 35th Inf. Co.G, 1st Co.D 2nd Lt.
Bonner, C.F. GA 8th Inf. Co.D
Bonner, Charles Gen. & Staff A.Surg.
Bonner, Charles E. GA Cav. 7th Bn. (St.Guards) Co.C Cpl.
Bonner, Charles W. TN Cav. 7th Bn. (Bennett's) Co.C
Bonner, C.W. TN 21st & 22nd (Cons.) Cav. Co.D Sgt.
Bonner, C.W. TN 22nd (Barteau's) Cav. Co.D Sgt.
Bonner, D. MS Cav. Powers' Regt. Co.H
Bonner, D.A. AL 19th Inf. Co.E
Bonner, D.A. AL 40th Inf. Co.D
Bonner, Daniel MS 16th Inf. Co.A Cpl.
Bonner, Daniel VA Lt.Arty. Brander's Co.
Bonner, D.D. AL 15th Inf. Co.L 1st Sgt.
Bonner, D.H.L. TX 14th Inf. Co.E Music.
Bonner, Earl F. AL 20th Inf. Co.E
Bonner, Edward SC 5th Inf. 1st Co.G Sgt.
Bonner, Edward O. TX 31st Cav. Co.A
Bonner, E.F. LA 7th Inf. Co.E
Bonner, E.F. MS 23rd Inf. Co.L
Bonner, Ethel S. MS 1st (Johnston's) Inf. Co.D
Bonner, Ethel S. MS 22nd Inf. Co.C
Bonner, Ezekiel TN 62nd Mtd.Inf. Co.A
Bonner, F.M.D. MS Lt.Arty. 14th Bn. Co.A
Bonner, F.M.D. MS Lt.Arty. Yates' Btty.
Bonner, Francis P. MS Lt.Arty. (Brookhaven Lt.Arty.) Hoskins' Btty. Cpl.
Bonner, Frank MS Cav. Powers' Regt. Co.H
Bonner, F.S. TN 11th (Holman's) Cav. Co.H
Bonner, F.S. TN Douglass' Bn.Part.Rangers Coffee's Co.
Bonner, George AR 27th Inf. Co.A
Bonner, Geo. AR Inf. Adams' Regt. Co.C
Bonner, George A. GA 1st Cav. Co.H Cpl.
Bonner, George A. TX 6th Inf. Co.F
Bonner, George M. AL Cav. Hardie's Bn.Res. Co.A Capt.
Bonner, Geo. M. AL 24th Inf. Co.D Capt.
Bonner, George W. SC 5th Inf. 1st Co.G
Bonner, George W. SC Palmetto S.S. Co.M Sgt.
Bonner, G.W. AL 40th Inf. Co.D
Bonner, G.W. AR 20th Inf. Co.I Cpl.
Bonner, H. AL 59th Inf. Co.C Cpl.
Bonner, H.C. MS 39th Inf. Co.B
Bonner, Henry AL 22nd Inf. Co.A
Bonner, Henry FL 10th Inf. Co.B Sgt.
Bonner, Henry NC 4th Inf. Co.I 1st Lt.
Bonner, Henry C. AL 47th Inf. Co.H,I
Bonner, Henry C. AR Inf. Cocke's Regt. Co.C 1st Sgt.
Bonner, Henry J. AR 4th Inf. Co.B Capt.
Bonner, Henry R. LA 4th Inf. Co.E Sgt.
Bonner, Henry T. GA 41st Inf. Co.F
Bonner, H.T. GA Inf. 40th Bn. Co.D
Bonner, Irvin H. TX 10th Inf. Co.D
Bonner, James AL Cav. Holloway's Co.
Bonner, James AL Mil. 4th Vol. Co.A Sgt.
Bonner, James AR 23rd Inf. Co.E
Bonner, James GA Cobb's Legion Co.F
Bonner, James MS 1st (King's) Inf. (St.Troops) Co.C Cpl.
Bonner, James NC Hoskins' Co. (Loc.Def.)
Bonner, James A. MS Bradford's Co. (Conf. Guards Arty.) Cpl.
Bonner, James E. TX 14th Cav. Co.G
Bonner, James H. AL 40th Inf. Co.D
Bonner, James M. GA 60th Inf. Co.A
Bonner, James M. NC Inf. 2nd Bn. Co.E
Bonner, James M. NC 15th Inf. Co.G 2nd Lt.
Bonner, James N. TX 1st (Yager's) Cav. Co.D
Bonner, James O. GA Phillips' Legion Co.A Sgt.
Bonner, James P. TN 3rd (Lillard's) Mtd.Inf. Co.G
Bonner, James T. AL 41st Inf. Co.I
Bonner, James W. GA Lt.Arty. 14th Bn. Co.C
Bonner, James W. GA Lt.Arty. Ferrell's Btty.
Bonner, James W. GA 10th Inf. Co.F
Bonner, J.B. AL 14th Inf. Co.F
Bonner, J.B. AL 36th Inf. Co.I
Bonner, J.B. GA 19th Inf. Co.F
Bonner, J.B. NC 2nd Jr.Res. Co.I
Bonner, J.C. TX 4th Inf. Co.B
Bonner, J.E. TX 12th Cav. Co.B Sr.2nd Lt.
Bonner, J.F. LA 15th Inf. Co.A
Bonner, J.G. AL 13th Bn.Part.Rangers Co.C Cpl.
Bonner, J.H. KY 3rd Mtd.Inf. Co.H
Bonner, J.H. TX 12th Cav. Co.B
Bonner, J.H. TX Inf. Timmons' Regt. Co.A
Bonner, J.J. AL 7th Cav. Co.I,C
Bonner, J.J. TX Inf. Timmons' Regt. Co.A
Bonner, J.J. TX Waul's Legion Co.B
Bonner, J.M. AR 32nd Inf. Co.D
Bonner, J.M. GA 9th Inf. (St.Guards) Co.A
Bonner, J.M. GA 56th Inf. Co.B
Bonner, J.M. LA 4th Inf. Co.E
Bonner, J.M. LA Inf.Cons.Crescent Regt. Co.A Capt.
Bonner, J.M. TX Cav. 3rd (Yager's) Bn. Co.D
Bonner, J.M.L. TX 20th Inf. Co.A
Bonner, John GA 1st (Olmstead's) Inf. Co.E
Bonner, John GA 19th Inf. Co.G
Bonner, John GA Phillips' Legion Co.F Cpl.
Bonner, John LA 9th Inf. Co.A
Bonner, John LA Inf. 9th Bn.
Bonner, John TN 2nd (Walker's) Inf. Co.D
Bonner, John TX 1st (McCulloch's) Cav. Co.E
Bonner, John TX 36th Cav. Co.I
Bonner, John B. NC 3rd Arty. (40th St.Troops) Co.B
Bonner, John B. 7th Conf.Cav. Co.B Capt.
Bonner, John C. TN 35th Inf. Co.G 1st Sgt.
Bonner, John F. GA 15th Inf. Co.A
Bonner, John G. KY 8th Cav. Capt.
Bonner, John G. KY 8th Mtd.Inf. Co.H Capt.
Bonner, Jno G. Gen. & Staff Capt.,AACS
Bonner, John H. TX 2nd Cav. Co.A
Bonner, John H. TX 18th Inf. Co.C 1st Lt.
Bonner, John J. FL 2nd Inf. Co.F
Bonner, John J. TN 7th Inf. Co.F
Bonner, John L. TX 10th Inf. Co.D
Bonner, John M. AR 15th (Josey's) Inf. Co.A
Bonner, John M. GA 1st Cav. Co.E
Bonner, John M. LA Inf. 16th Bn. (Conf.Guards Resp.Bn.) Co.A,B 1st Lt.
Bonner, John R. GA 57th Inf. Co.H Capt.
Bonner, John S. GA 45th Inf. Co.G
Bonner, John S. LA 9th Inf. Co.F
Bonner, John T. AR 15th (Josey's) Inf. Co.G Sgt.
Bonner, John W. AL Cav. 8th Regt. (Livingston's) Co.I Cpl.
Bonner, John W. AL Cav. Moses' Squad. Co.A Cpl.
Bonner, John W. GA Cav. 7th Bn. (St.Guards) Co.C
Bonner, John Y. NC 3rd Arty. (40th St.Troops) Co.B
Bonner, Jordon AL 40th Inf. Co.D
Bonner, Joseph F. TX 4th Cav. Co.F
Bonner, Joseph H. AL Mil. 4th Vol. Co.A
Bonner, Joseph H. AR 23rd Inf. Co.E
Bonner, Josiah AL 19th Inf. Co.E
Bonner, Josiah AL 40th Inf. Co.D
Bonner, Josiah GA 1st (Fannin's) Res. Co.F
Bonner, J.R. GA 55th Inf. Co.F
Bonner, J.R. TN Inf. 154th Sr.Regt. Co.F
Bonner, J.R. TX 2nd Cav. 1st Co.F
Bonner, J.S. AL 13th Bn.Part.Rangers Co.C
Bonner, J.S. AL 56th Part.Rangers Co.G
Bonner, J.S. MS 4th Cav. Co.A
Bonner, J.S. MS 46th Inf. Co.B
Bonner, J.W. AL 25th Inf. Co.F
Bonner, J.W. AL Cp. of Instr. Talladega
Bonner, J.W. GA 2nd Cav. (St.Guards) Co.B
Bonner, J.W. MS 41st Inf. Co.A Cpl.
Bonner, J.W. TN Inf. 1st Cons.Regt. Co.K
Bonner, J.W. TN 50th Inf. Co.C 1st Lt.
Bonner, J.W. TN 50th (Cons.) Inf. Co.C 1st Lt.
Bonner, J.W. TX 4th Inf. Co.B
Bonner, Lafayette VA 63rd Inf. Asst.Surg.
Bonner, Lafayette Gen. & Staff Asst.Surg.
Bonner, Lawrence TN 2nd (Robison's) Inf. Co.E
Bonner, Lewis Conf.Reg.Inf. Brooks' Bn. Co.D
Bonner, Louis W. Conf.Reg.Inf. Brooks' Bn. Co.D
Bonner, Luther SC Palmetto S.S. Co.M Sgt.
Bonner, M.A. 20th Conf.Cav. Co.A
Bonner, Macon NC 3rd Arty. (40th St.Troops) Co.B Sr.1st Lt.
Bonner, M.B. AR 8th Inf. New Co.E Cpl.
Bonner, M.C. TX 4th Inf. Co.B
Bonner, Memary Gen. & Staff Asst.Surg.
Bonner, Miles, Jr. TN 11th (Holman's) Cav. Co.H
Bonner, Miles, Sr. TN 11th (Holman's) Cav. Co.H
Bonner, Miles, Jr. TN Douglass' Bn.Part.Rangers Coffee's Co.
Bonner, Miles TN 35th Inf. Co.G
Bonner, M.V. NC 48th Inf. Capt.
Bonner, Nelson TN 44th (Cons.) Inf. Co.F
Bonner, Newsom TN 11th (Holman's) Cav. Co.H
Bonner, Newton J. MS 33rd Inf. Co.I

Bonner, Oliver A. TX 10th Inf. Co.D Sgt.
Bonner, Oliver A. TX 12th Inf. Co.L Sgt.
Bonner, Pinckney SC 5th Inf. 1st Co.G Cpl.
Bonner, Pinkney SC Palmetto S.S. Co.M
Bonner, Pleasant S. GA 3rd Inf. Co.D
Bonner, R.A. AL 59th Inf. Co.H
Bonner, R.H. TN 7th Cav. Co.M
Bonner, R.H. Forrest's Scouts T. Henderson's Co.,CSA
Bonner, Richard AR 13th Inf. Co.C
Bonner, Richard W. GA 45th Inf. Co.F Capt.
Bonner, R.J. MS 6th Inf. Asst.Surg.
Bonner, Robert GA 41st Inf. Co.F
Bonner, Robert LA 13th Bn. (Part.Rangers) Co.F
Bonner, Robert MO 1st Inf. Co.B
Bonner, Robert MO 1st & 4th Cons.Inf. Co.D
Bonner, Robert A. AL Arty. 4th Bn. Hilliard's Legion Co.D
Bonner, Robert A. AL 15th Inf. Co.L
Bonner, Robert J. MS 22nd Inf. Co.B 2nd Sgt.
Bonner, Robt. Jas. Gen. & Staff Asst.Surg.
Bonner, Rufus TN 11th (Holman's) Cav. Co.H
Bonner, Rufus TN Douglass' Bn.Part.Rangers Coffee's Co.
Bonner, R.W. GA Cav. 8th Bn. (St.Guards) Co.A
Bonner, R.W. GA Conscr. Conscr.
Bonner, R.W. TX 12th Cav. Co.E
Bonner, S.A. TX Inf. 1st St.Troops Sheldon's Co.B
Bonner, Samuel AL 37th Inf. Co.D
Bonner, Samuel A. AL 3rd Cav. Co.D
Bonner, Samuel A. AL 42nd Inf. Co.C 1st Lt.
Bonner, Samuel A. TX 36th Cav. Co.K Cpl.
Bonner, Scipio A. VA 11th Cav. Co.F 3rd Lt.
Bonner, S.H. GA Inf. 40th Bn. Co.D
Bonner, S.H. GA 41st Inf. Co.F
Bonner, S.L. VA Inf. 54th Bn. Asst.Surg.
Bonner, S.L. VA 63rd Inf. Asst.Surg.
Bonner, S.R. LA 2nd Inf. Co.D
Bonner, T. Gen. & Staff Asst.Surg.
Bonner, T.A. MS 12th Cav. Co.C
Bonner, T.H. GA 42nd Inf. Co.H
Bonner, Thomas AL 3rd Cav. Co.C
Bonner, Thomas AL Cav. Murphy's Bn. Co.D
Bonner, Thomas AL Lt.Arty. Kolb's Btty.
Bonner, Thomas AL 7th Inf. Co.K
Bonner, Thomas AL 22nd Inf. Co.H
Bonner, Thomas GA 1st Cav. Co.E
Bonner, Thomas GA 2nd Cav. (St.Guards) Co.I 1st Lt.
Bonner, Thomas GA 1st (Fannin's) Res. Co.F
Bonner, Thomas 15th Conf.Cav. Co.K
Bonner, Thomas A. MS Inf. 5th Bn. Co.B
Bonner, Thomas A. MS 27th Inf. Co.K
Bonner, Thomas F. TN 41st Inf. Co.E
Bonner, Thomas M. TN 16th Inf. Co.C
Bonner, Thomas P. NC 2nd Arty. (36th St.Troops) Co.G
Bonner, Thomas R. TX 18th Inf. Co.C Col.
Bonner, T.J. MS 4th Cav. Co.A Sgt.
Bonner, T.J. MS 46th Inf. Co.B Sgt.
Bonner, T.J.D. 14th Conf.Cav. Co.D
Bonner, T.P. NC Lt.Arty. 13th Bn. Co.D
Bonner, T.P. Gen. & Staff Contr.AASurg.
Bonner, Virgil T. AL Cp. of Instr. Talladega
Bonner, V.T. AL 14th Inf. Co.K
Bonner, V.T. AL 22nd Inf. Co.D
Bonner, V.T. AL 25th Inf. Co.F Cpl.
Bonner, W.B. TX Granbury's Cons.Brig. Co.G
Bonner, W.C. AL 57th Inf. Co.A
Bonner, W.F. GA 2nd Cav. (St.Guards) Co.I
Bonner, W.F. GA Inf. 26th Bn. Co.C
Bonner, W.F. LA 3rd Inf. Co.H
Bonner, W.F. SC Prov.Guard Hamilton's Co.
Bonner, W.H. GA 27th Inf. Co.E
Bonner, W.H. MS 37th Inf. Co.H
Bonner, W.H. TX Cav. Border's Regt. Co.E
Bonner, Wiley SC 2nd Bn.S.S. Co.A
Bonner, Wiley SC 11th Inf. 1st Co.F
Bonner, Wiley SC 24th Inf. Co.A,E
Bonner, William AL 7th Cav. Co.I Cpl.
Bonner, William AL 56th Part.Rangers Co.C
Bonner, William AL 22nd Inf. Co.H
Bonner, William AR 2nd Inf. Old Co.E
Bonner, William AR Mil. Borland's Regt. Pulaski Lancers
Bonner, William GA 10th Inf. Co.F
Bonner, William GA Phillips' Legion Co.A
Bonner, William LA 1st (Strawbridge's) Inf. Co.D
Bonner, William MS 1st Lt.Arty. Co.F
Bonner, William MS Horse Arty. Cook's Co.
Bonner, William MS 16th Inf. Co.B
Bonner, William MS 40th Inf. Co.A
Bonner, William NC Hoskins' Co. (Loc.Def.)
Bonner, William TN 11th (Holman's) Cav. Co.H
Bonner, William TX 8th Inf. Co.G
Bonner, Wm. A. AL 15th Inf. Co.L
Bonner, William A. NC 1st Cav. (9th St.Troops) Co.B Cpl.
Bonner, William D. MS 12th Inf. Co.A Cpl.
Bonner, William D. TX 17th Cav. Co.G
Bonner, William F. SC 2nd Cav. Co.C
Bonner, Wm. G. Gen. & Staff Maj.
Bonner, William H. AR Inf. Cocke's Regt. Co.C
Bonner, William H. GA 1st (Olmstead's) Inf. Co.C
Bonner, William H. MS 9th Cav. Co.G
Bonner, William H. TX 30th Cav. Co.G
Bonner, William H. VA 27th Inf. Co.E
Bonner, William J. TN 8th Inf. Co.H 1st Lt.
Bonner, William J. TN 16th Inf. Co.C
Bonner, William J. VA 31st Inf. Co.H Cpl.
Bonner, William J. Gen. & Staff Capt.,AQM
Bonner, William L. TX 3rd Cav. Co.K
Bonner, William L. TX 20th Inf. Co.A
Bonner, William N. TN 8th Inf. Co.K
Bonner, William N. TN 32nd Inf. Co.E
Bonner, William N. TN 44th (Cons.) Inf. Co.F
Bonner, William P. GA Cav. 7th Bn. (St.Guards) Co.C
Bonner, William T. GA 60th Inf. Co.A
Bonner, William U. AL 18th Inf. Co.F
Bonner, William V. NC 15th Inf. Co.I Asst.Surg.
Bonner, Wm. V. Gen. & Staff Asst.Surg.
Bonner, Willis TN 44th Inf. Co.G
Bonner, Willis TN 44th (Cons.) Inf. Co.F
Bonner, Willis VA 6th Cav. Co.K
Bonner, W.J. AL 7th Cav. Co.C
Bonner, W.R. GA Arty. St.Troops Pruden's Btty.
Bonner, W.R. TN 46th Inf. Co.D
Bonner, W.S. GA 1st Cav. Co.E
Bonner, W.S. GA 1st (Fannin's) Res. Co.F
Bonner, W.S. LA 4th Cav. Co.F
Bonner, Wyatt H. AL 3rd Bn. Hilliard's Legion Vol. Co.E
Bonner, Wyatt J. AL 3rd Bn. Hilliard's Legion Vol. Co.E
Bonner, Wyatt J. AL 60th Inf. Co.G
Bonner, Wyley TN 34th Inf. Co.E
Bonner, Zadock GA 53rd Inf. Co.I
Bonnesal, H.R. LA Mil. Orleans Guards Regt. Co.G Sgt.
Bonnester, F. 4th Conf.Eng.Troops Co.B
Bonnet, A. LA Mil. 3rd Regt. French Brig. Co.5
Bonnet, Ad LA Mil. 3rd Regt.Eur.Brig. (Garde Francaise) Co.5 Sgt.
Bonnet, Adol LA Mil. 3rd Regt.Eur.Brig. (Garde Francaise) Co.5 Sgt.Maj.
Bonnet, C. SC 18th Inf. Co.C
Bonnet, David SC 2nd St.Troops Co.K
Bonnet, D.D. SC 2nd St.Troops Co.C Sgt.
Bonnet, E.A. SC 2nd Arty. Co.A
Bonnet, H.D. SC 2nd St.Troops Co.C
Bonnet, J. LA Inf.Crescent Regt. Co.I
Bonnet, Jean LA Mil. 1st Regt. French Brig. Co.7
Bonnet, John A. SC Hvy.Arty. Mathewes' Co.
Bonnet, Nath. MO St.Guard 1st Lt.
Bonnet, P.A. LA Mil. 4th Regt. 2nd Brig. 1st Div. Co.A Capt.
Bonnet, Rufus W. SC 1st (Hagood's) Inf. 1st Co.H, 2nd Co.C
Bonnethean, H.B. SC Lt.Arty. Parker's Co. (Marion Arty.)
Bonnets, J.G. MS 28th Cav. Co.H
Bonnett, A. MO 5th Cav. Co.B
Bonnett, Andrew J. AL 17th Inf. Co.K
Bonnett, C.F. SC Inf. Hampton Legion Co.H
Bonnett, Daniel LA 28th (Gray's) Inf. Co.C
Bonnett, David G. LA Inf. 4th Bn. Co.F
Bonnett, D.D. SC 11th Res. Co.G Cpl.
Bonnett, D.D. SC 25th Inf. Co.D
Bonnett, D.D.J. SC 20th Inf. Co.B
Bonnett, D.R. LA 3rd Inf. Co.C
Bonnett, George W. MS Cav. Ham's Regt. Co.F
Bonnett, G.J. SC 2nd Arty. Co.I
Bonnett, Henry W. LA 28th (Gray's) Inf. Co.G
Bonnett, J. NC 8th Inf. Co.B
Bonnett, Jac D. SC 20th Inf. Co.B
Bonnett, James LA 5th Cav. Co.H
Bonnett, James R. LA 3rd Inf. Co.C Sgt.
Bonnett, J.F. SC 1st (Hagood's) Inf. 1st Co.B, 2nd Co.B
Bonnett, John LA 5th Inf. Co.I
Bonnett, Jonas A. GA 2nd Inf. 1st Co.B
Bonnett, Jonas A. GA 26th Inf. Co.E Sgt.Maj.
Bonnett, Joseph B. AL 4th Inf. Co.E Sgt.
Bonnett, Joseph B. AL 38th Inf. Co.E
Bonnett, P.A. AL Cav. Murphy's Bn. Co.B
Bonnett, P.A. 15th Conf.Cav. Co.G
Bonnett, P.H. SC 20th Inf. Co.D
Bonnett, Rufus W. SC 25th Inf. Co.G
Bonnett, Wilson GA 56th Inf. Co.G
Bonnett, W.R.E. SC 20th Inf. Co.B
Bonneval, A. LA Mil. Orleans Guards Regt. Co.F
Bonneval, H. LA Mil. Orleans Guards Regt. Co.E

Bonneval, H. SC Arty. Manigault's Bn. 1st Co.A
Bonneval, H.K. LA Mil. Orleans Guards Regt. Co.A
Bonneville, M. LA Mil. 3rd Regt.Eur.Brig. (Garde Francaise) Co.2 Sgt.
Bonney, A.L. SC 7th Cav. Co.H
Bonney, Amos J. LA 1st (Strawbridge's) Inf. Co.G Cpl.
Bonney, Amos John LA 22nd Inf. Jones' Co.
Bonney, B.F. LA 3rd (Wingfield's) Cav. Co.I
Bonney, B.F. Gen. & Staff Hosp.Stew.
Bonney, Charles MS 10th Inf. Old Co.I
Bonney, Charles L. Conf.Cav. Wood's Regt. 2nd Co.M
Bonney, C.W. VA 15th Cav. Co.I
Bonney, C.W. VA 50th Inf. Co.K
Bonney, E. AL St.Arty. Co.C
Bonney, E.T. Gen. & Staff Contr.Surg.
Bonney, F.P.L. SC 3rd Bn.Res. Co.B
Bonney, G.W. VA 54th Mil. Co.G
Bonney, Henry J. VA 5th Cav.(12 mo.'61-2) Co.A
Bonney, Henry J. VA Cav. 14th Bn. Co.C
Bonney, Henry J. VA 15th Cav. Co.C
Bonney, Henry S. MS 33rd Inf. Co.E
Bonney, Henry T. VA 16th Inf. Co.G Lt.
Bonney, James VA 7th Cav. Co.F
Bonney, James VA 13th Inf. Co.I
Bonney, James VA 16th Inf. 2nd Co.H
Bonney, James H. VA 16th Inf. Co.G Cpl.
Bonney, James M. MS 29th Inf. Co.H 2nd Lt.
Bonney, John VA 6th Inf. 2nd Co.B
Bonney, John VA 77th Mil. Co.A
Bonney, Junius P. LA Arty.1st Field Btty. Artif.
Bonney, M. VA 5th Inf.
Bonney, N. VA 5th Cav. Co.K
Bonney, Otto M. VA 16th Inf. Co.G
Bonney, P.J. LA 1st Cav. Co.I
Bonney, P.J. LA 7th Cav. Co.A 3rd Lt.
Bonney, Quinton T. VA 16th Inf. Co.G 2nd Lt.
Bonney, Reuben VA 16th Inf. Co.C
Bonney, Reuben VA 77th Mil. Co.A
Bonney, U.P. SC 1st Inf. Co.N Sgt.
Bonney, Usher P. SC 7th Cav. Co.H 1st Lt.
Bonney, Usher P. SC Cav.Bn. Holcombe Legion Co.E 1st Lt.
Bonney, Virginius W. VA 5th Cav. (12 mo. '61-2) Co.I
Bonney, Virginius W. VA Cav. 14th Bn. Co.B
Bonney, Virginius W. VA 15th Cav. Co.I Sgt.
Bonney, V.W. VA 5th Cav.
Bonney, W.A. VA 5th Cav.
Bonney, William VA 5th Cav. (12 mo. '61-2) Co.A Cpl.
Bonney, William VA Cav. 14th Bn. Co.D
Bonney, William VA 16th Inf. Co.G
Bonney, William H. VA 5th Cav. (12 mo.'61-2) Co.I
Bonney, William H. VA Cav. 14th Bn. Co.B
Bonney, William H. VA 15th Cav. Co.I
Bonney, William J. VA 5th Cav. (12 mo. '61-2) Co.A
Bonney, William J. VA Cav. 14th Bn. Co.C
Bonney, Wilson VA 15th Cav. Co.I Capt.
Bonney, Wilson M. VA 5th Cav. (12 mo. '61-2) Co.I 1st Lt.
Bonney, Wilson M. VA Cav.14th Bn. Co.B Capt.
Bonnie, John TX Cav. Martin's Regt. Co.A
Bonniger, J. AL 1st Regt. Mobile Vol. Co.C
Bonnimier, C. SC 1st St.Troops Co.K
Bonnin, G. LA Mil. 3rd Regt. French Brig. Co.5
Bonnin, J.C. LA Mil. Orleans Guards Regt. Co.I Cpl.
Bonnin, M. LA 18th Inf. Co.D
Bonnin, Martial LA Inf. 10th Bn. Co.D,F
Bonnin, Martial LA Inf.Cons. 18th Regt. & Yellow Jacket Bn. Co.D,F
Bonnin, O. LA 18th Inf. Co.D
Bonnin, Ovignac LA Inf. 10th Bn. Co.D
Bonnin, Ovignac LA Inf.Cons. 18th Regt. & Yellow Jacket Bn. Co.D
Bonnoitt, James E. NC 43rd Inf. Co.K Cpl.
Bonnoitt, James E. SC 1st Arty. Co.E
Bonnor, R.R. NC 4th Inf. Co.I 2nd Lt.
Bonnot, G. LA Mil. 1st Chasseurs a pied Co.4
Bonnot, G. LA Mil. 4th Regt. French Brig. Co.2
Bonnot, Gabriel LA Inf. 16th Bn. (Conf.Guards Resp.Bn.) Co.E
Bonnot, Gabriel LA Inf.Cons.Crescent Regt. Co.E
Bonnot, L. LA Mil. 1st Chasseurs a pied Co.4
Bonnot, L. LA 22nd Inf. Co.C
Bonnshier, --- FL 2nd Inf. Co.H
Bonnum, J.T. TN 23rd Inf. Sgt.
Bonny, Charles E. MS Inf. 2nd Bn. (St.Troops) Co.C
Bonny, E. LA Mil. Orleans Guards Regt. Co.G,B
Bonny, James W. KY 7th Cav. Co.B
Bonny, L. VA 32nd Inf. Co.C
Bonny, S. MS 1st (Percy's) Inf. Co.F
Bonnywell, Burwell VA 21st Mil. Co.A
Bonnywell, John VA 21st Mil. Co.A
Bonnywell, William VA 21st Mil. Co.A Sgt.
Bono, A. AR 20th Inf. Co.I
Bono, Acy F. GA 3rd Mil. Co.G
Bono, F. AR 20th Inf. Co.I
Bono, Jean Bta. LA Mil. 5th Regt.Eur.Brig. (Spanish Regt.) Co.4 Sgt.
Bono, Joseph AR 9th Inf. Old Co.I, Co.E
Bono, Vincent LA Mil. 1st Native Guards
Bonor, M.A. MS Cav. Powers' Regt. Co.H
Bonot, John TX Inf. 1st St.Troops Biehler's Co.A
Bonquois, L. LA Mil. 1st Regt. 2nd Brig. 1st Div. Co.G
Bons, J.R. AL 19th Inf. Co.G
Bonsack, G. Post Band Cp.Lee VA, CSA Music.
Bonsal, John Gen. & Staff Capt.,QM
Bonsal, Stephen VA 54th Mil. Co.B
Bonsal, Stephen Gen. & Staff,Comsy.Dept. Capt.
Bonsall, Isaac LA Inf.Cons.Crescent Regt. Co.G
Bonsall, W.B. LA 18th Inf. Surg.
Bonsall, W.B. LA Inf.Cons. 18th Regt. & Yellow Jacket Bn. Surg.
Bonsall, W.B. MS 35th Inf. Co.F
Bonsall, Wm. B. Gen. & Staff Surg.
Bonseigneur, --- LA Mil.1st Native Guards Capt.
Bonsell, H.T. GA Lt.Arty. 12th Bn.
Bonshal, Francis S. LA 1st (Strawbridge's) Inf. Co.B 1st Sgt.
Bonsigna, F. LA Mil. 3rd Regt. French Brig. Co.8 Sgt.
Bonsold, John NC 18th Inf. Co.A
Bonta, Charles KY 6th Cav. Co.D Cpl.
Bonta, Charles C. KY 6th Cav. Co.G
Bonta, G.C. KY 6th Cav. Co.G
Bonta, J.A. KY 10th Cav. Co.H
Bonta, Samuel KY 6th Cav. Co.D
Bontarala, H. 1st Chickasaw Inf. Minnis' Co.
Bontemps, J. LA Mil. 3rd Regt.Eur.Brig. (Garde Francaise) Co.2
Bontemps, Raphael MS 3rd Inf. Co.F
Bonterie, Prosper LA 26th Inf. Co.I
Bontil, Samuel KY 5th Cav. Co.I
Bonts, James H. VA Harpers Res. Co.A
Bontte, Jules LA 3rd (Harrison's) Cav. Co.I
Bonty, Harvey VA 3rd (Chrisman's) Bn.Res. Co.B
Bontz, George VA 3rd (Chrisman's) Bn.Res. Co.A
Bontz, George W. VA 7th Bn.Res. Co.A
Bontz, Silas VA Cav. 38th Regt. Co.C
Bontz, William VA 58th Mil. Co.C
Bontz, William F. VA 2nd Inf. Co.A
Bonu, Henry TX 26th Cav. Co.C,2nd Co.G 1st Sgt.
Bonvet, Joseph LA 30th Inf. Co.H
Bonvilain, Euzelien LA 26th Inf. Co.C
Bonvilain, Lize LA 26th Inf. Co.C
Bonvillain, Ernest LA 26th Inf. Co.K 1st Lt.
Bonvillain, Wash LA 26th Inf. Co.K
Bonville, Charles TX Cav. Baird's Regt. Co.A
Bonville, Charles L. TX 2nd Cav. Co.I Capt.
Bonville, John P. KY 4th Mtd.Inf. Co.I Sgt.
Bonville, M.A.J. AR 7th Cav. Capt.,QM
Bonville, M.A.J. Gen. & Staff Capt.,AQM
Bonville, Mark A.J. AR 1st Mtd.Rifles Co.H 1st Lt.
Bonvillian, Bannon LA Inf. 1st Sp.Bn. (Rightor's) Co.E Cpl.
Bonvillian, C. LA 7th Cav. Co.C Cpl.
Bonvillian, Gustave LA Inf. 1st Sp.Bn. (Rightor's) Co.E
Bonvillian, R. LA 3rd (Harrison's) Cav. Co.I
Bonvillin, C. LA 26th Inf. Co.K
Bony, K.S. MS 35th Inf. Co.E
Bony, O. TX 20th Inf. Co.K
Bony, R.C. LA Bickham's Co. (Caddo Mil.)
Bony, T. TX 20th Inf. Co.K
Bony, Thomas E. NC 4th Cav. (59th St.Troops) Co.B
Bony, Wimbrook A. NC 2nd Jr.Res. Co.A
Bonyer, John A. GA 10th Inf. Co.D
Bonyer, William P. VA 108th Mil. Co.B
Bonzano, H. LA Mil.Conf.Guards Regt. Co.D
Bonzon, Ferdinand LA 1st Hvy.Arty. (Reg.) Co.F
Bonzon, Ferdinand LA 13th Inf. Co.D
Booby, Rolan AR Mil. Desha Cty.Bn.
Bood, Samuel M. GA 39th Inf.
Booden, D.J. TN 18th (Newsom's) Cav. Co.D 2nd Lt.
Boodin, Dolger LA Lovell's Scouts
Boodworth, Henry W. GA 57th Inf. Co.D
Boody, John TN 27th Inf. Co.A
Boody, William TN 27th Inf. Co.A
Booe, George W. NC 13th Inf. Co.F Sgt.
Booe, George W. NC 13th Inf. Co.F
Booe, G.W. NC 5th Cav. (63rd St.Troops) Co.H
Booe, H.F. NC 54th Inf. Co.G
Booe, Isaac D. AR 10th (Witt's) Cav. Kirk's Co.
Booe, Jacob NC 42nd Inf. Co.F

Booe, Jacob F. AR 6th Inf. New Co.D
Booe, J.L. AR 32nd Inf. Co.G
Booe, John D. TN 6th Inf. Co.C
Booe, Marshall N. NC 42nd Inf. Co.F
Booe, William NC 42nd Inf. Co.F
Booe, William E. NC 5th Cav. (63rd St.Troops) Co.H Capt.
Booe, William H. NC 5th Cav. (63rd St.Troops) Co.H
Booe, W.L. TN Lt.Arty. Polk's Btty.
Booen, F. LA Mil. Orleans Fire Regt. Co.I
Booen, T.H. TX 16th Inf. Co.K
Boo-e wa-sis-ka Indians Washington's Squad. Co.B,CSA 2nd Lt.
Boofer, Johnathen AR 7th Cav. Co.B Cpl.
Boofer, John B. TN 30th Inf. Co.A
Boofer, Noah TN 43rd Inf. Co.B
Boofer, Riley TN 43rd Inf. Co.B
Boofter, Eugene TN Arty. Ramsey's Btty.
Boofter, Eugene S. TN 14th Inf. Co.D
Boog, B.G. GA 6th Cav. Co.L 2nd Lt.
Boog, F.M. GA 6th Cav. Co.L,F 1st Lt.
Boogher, E.N. VA 27th Inf. Co.H
Booher, A.C. TN 63rd Inf. Co.E
Booher, Benjamin M. VA 37th Inf. Co.A
Booher, C.A. TN 63rd Inf. Co.F
Booher, Carson TN 63rd Inf. Co.E
Booher, Charles GA Cav. 19th Bn. Co.A
Booher, Charles 10th Conf.Cav. Co.F
Booher, Charles E. GA Inf. 2nd Bn. Co.A
Booher, Curtis 3rd Conf.Eng.Troops Co.A Artif.
Booher, D.B. GA 2nd Inf. Co.G
Booher, D.B. GA 64th Inf. Co.I 2nd Lt.
Booher, Dory TX 14th Cav. Co.F
Booher, Ellis TN 63rd Inf. Co.K
Booher, Frederick D. VA 6th Bn.Res. Co.C
Booher, George TN 26th Inf. Co.K
Booher, George TN 63rd Inf. Co.K Cpl.
Booher, George L. VA 48th Inf. Co.I
Booher, Jacob TN Arty. Ramsey's Btty.
Booher, Jacob H. VA 37th Inf. Co.A
Booher, James TN 60th Mtd.Inf. Co.G
Booher, James E. GA Lt.Arty. Crofts' Btty. (Columbus Arty.)
Booher, James G. KY 2nd (Duke's) Cav. Co.C Sgt.
Booher, James L. TN Cav. 12th Bn. (Day's) Co.A
Booher, James W. AR Cav. 1st Bn. (Stirman's) Co.A
Booher, J.E. GA Lt.Arty. Croft's Btty. (Columbus Arty.)
Booher, Jesse TN Detailed Conscr. (Loc.Def. & Sp.Serv.Troops) Co.A
Booher, John TN 59th Mtd.Inf. Co.F
Booher, John TN 61st Mtd.Inf. Co.E
Booher, John TN Sullivan Cty.Res. White's Co.
Booher, John VA Lt.Arty. Jeffress' Co.
Booher, John VA Mil. Washington Cty.
Booher, John A. VA 25th Cav. Co.D
Booher, John H. VA 37th Inf. Co.B
Booher, Jonathan TN 61st Mtd.Inf. Co.E
Booher, Jonathan P. TN 14th Inf. Co.I Cpl.
Booher, Martin TN 26th Inf. Co.K
Booher, Martin TN 63rd Inf. Co.F,G
Booher, M.J. GA Cav. Nelson's Ind.Co.
Booher, Patterson TN 59th Mtd.Inf. Co.F
Booher, Phillip TN 61st Mtd.Inf. Co.E
Booher, Samuel TN 26th Inf. Co.K
Booher, Samuel TN Conscr. (Cp. of Instr.)
Booher, Thomas TN 26th Inf. Co.K
Booher, T.N. TN Inf. 4th Cons.Regt. Co.E
Booher, W.B. TN Detailed Conscr. Co.A
Booher, William VA 25th Cav. Co.D
Booher, William B. TN 63rd Inf. Co.E
Booher, William H. TN 61st Mtd.Inf. Co.E
Booher, William H. VA 37th Inf. Co.B
Book, B.F. LA 25th Inf. Co.F Cpl.
Book, David LA 31st Inf. Co.B
Book, Henry L. VA 28th Inf. Co.B
Book, Levi F. TN Arty. Fisher's Co.
Book, L.F. TN Arty. Bibb's Co. 2nd Lt.
Book, M.H. TX 7th Field Btty.
Book, Michail H. TX Cav. 3rd Regt.St.Troops Co.B
Book, R.M. LA 25th Inf. Co.F
Book, William LA 1st Cav. Co.F
Booker, --- TX 1st Hvy.Arty. Co.K
Booker, --- TX 8th Inf. Co.K
Booker, A.B. NC 26th Inf. Co.D
Booker, Abraham NC 39th Inf. Co.H Capt.
Booker, Adam TN 3rd (Lillard's) Mtd.Inf. 1st Co.K
Booker, Adam TN 19th Inf. Co.D
Booker, A.J. GA Cav. 22nd Bn.(St.Guards) Co.I Sgt.
Booker, A.J. VA 22nd Inf. Co.I
Booker, A.M.C. TN Conscr. (Cp. of Instr.)
Booker, August KY 1st (Butler's) Cav. Co.B
Booker, Benjamin H. VA 26th Inf. Co.H Cpl.
Booker, B.P. TN 61st Mtd.Inf. Co.K
Booker, C.A. MO 1st & 4th Cons.Inf. Co.I
Booker, C.A. MO 4th Inf. Co.I
Booker, Calvin KY 7th Mtd.Inf. Co.D
Booker, Charles AL Cav. Shockley's Co.
Booker, Charles MS 18th Inf. Co.D
Booker, Charles E. TX 27th Cav. Co.C
Booker, Charles E.C. VA 21st Mil. Co.D,E
Booker, Charles E.C. VA 34th Inf. Co.A
Booker, Charles K. VA 32nd Inf. Co.A
Booker, Charles W. VA 21st Inf. Co.D
Booker, Charles Y. VA Hvy.Arty. 20th Bn. Co.D
Booker, Christopher VA 48th Inf. Co.F
Booker, C.W. GA 5th Res. Co.I Sgt.
Booker, Daniel LA Mtd.Rifles Miller's Ind.Co. Sgt.
Booker, Daniel LA 28th (Thomas') Inf. Co.B
Booker, David TN 39th Mtd.Inf. Co.D
Booker, E. AL 1st Btty. Co.E
Booker, E.D. VA 47th Inf. Co.D AQM
Booker, E.D. Gen. & Staff, QM Dept. Capt.
Booker, Edmund W. AL 4th Inf. Co.D
Booker, Ed. W. AL 8th Cav. QMSgt.
Booker, Edward H. VA 42nd Inf. Co.F
Booker, Efford A. GA 61st Inf. Co.G
Booker, E.J. LA Mil.Conf.Guards Regt. Co.G
Booker, Elijah A. GA 57th Inf. Co.E
Booker, E.M. GA 3rd Cav. (St.Guards) Co.C
Booker, Enoch M. LA 12th Inf. Co.F
Booker, F. GA Cobb's Legion Co.K
Booker, F.M. LA 16th Inf. Co.A
Booker, F.P. VA 1st Cav. Co.G Cpl.
Booker, Frederick H. VA 3rd Cav. Co.G
Booker, Gaston NC 26th Inf. Co.D
Booker, G.B. TN 61st Mtd.Inf. Co.E
Booker, George MO 5th Cav. Co.I
Booker, George VA 3rd Cav. Co.K
Booker, George, Jr. VA Lt.Arty. R.M. Anderson's Co.
Booker, Geo. Gen. & Staff Maj.,AQM
Booker, George E. VA 48th Inf. Chap.
Booker, George E. VA 58th Inf. Co.H Capt.
Booker, George E. Gen. & Staff Chap.
Booker, George M. TN 1st (Feild's) Inf. Co.H
Booker, George M. VA 32nd Inf. Co.A
Booker, George W. AL Gid Nelson Lt.Arty.
Booker, George W. NC 13th Inf. Co.H
Booker, George W. NC 45th Inf. Co.F
Booker, George W. VA 14th Mil. Co.E
Booker, G.M. TN 1st (Feild's) & 27th Inf. (Cons.) Co.H
Booker, G.R. GA 46th Inf. Co.E 2nd Lt.
Booker, Gray A. TX 17th Inf. Co.A
Booker, Green MO 1st Inf. Co.H
Booker, G.W. AL 19th Inf. Co.G
Booker, G.W. TN 31st Inf. Co.D
Booker, G.W. TX Inf. 3rd St.Troops Co.A
Booker, G.Y. VA Lt.Arty. 13th Bn. Co.A
Booker, G.Y. 1st Conf.Eng.Troops Co.B Sgt.
Booker, H. LA 4th Inf. Co.K
Booker, H.C. NC McLean's Bn.Lt.Duty Men Co.A 1st Sgt.
Booker, Henry J. NC 26th Inf. Co.D Sgt.
Booker, Henry T. VA Cav. 40th Bn. Co.D
Booker, Henry T. VA 12th Inf. Co.A
Booker, H.M. SC 20th Inf.
Booker, H.T. VA 5th Cav. Co.A
Booker, I.R. VA Lt.Arty. R.M. Anderson's Co.
Booker, Isaac W. MS 43rd Inf. Co.G
Booker, J. VA 26th Inf.
Booker, J.A. MS Hightower's Co.
Booker, J.A. TX Cav. Terry's Regt. Co.A
Booker, Jabez M. GA Arty. 11th Bn. (Sumter Arty.) New Co.C
Booker, Jabez M. GA 9th Inf. Co.A
Booker, Jacob VA 48th Inf. Co.F
Booker, Jacob H. VA Cav. 37th Bn. Co.A
Booker, Jacob Thornton GA 11th Inf. Co.A Cpl.
Booker, James LA 8th Inf. Co.H
Booker, James MS 4th Cav. Co.I
Booker, James TX 7th Cav. Co.H
Booker, James VA 38th Inf. Co.D Sgt.
Booker, James A. TN 42nd Inf. Co.B
Booker, James C. GA 11th Inf. Co.A
Booker, James D. VA 34th Inf. Co.K
Booker, James G. TN Cav. 9th Bn. (Gantt's) Co.A
Booker, James H. VA 3rd Cav. Co.K
Booker, James L. TN 39th Mtd.Inf. Co.G
Booker, James L. TX 11th Cav. Co.C
Booker, James L. TX 12th Cav. Co.H Cpl.
Booker, James M. NC 3rd Cav. (41st St.Troops) Co.I
Booker, James N. MS 43rd Inf. Co.G
Booker, James N. VA Hvy.Arty. 20th Bn. Co.D
Booker, J.C. NC 11th (Bethel Regt.) Inf. Co.G
Booker, Jesse W. VA 11th Cav. Co.C
Booker, Jeter A. MS 31st Inf. Co.D Sgt.
Booker, J.G. AL 10th Inf. Co.F
Booker, J.H. GA 46th Inf. Co.E Sgt.

Booker, J.H. VA 56th Inf. Co.I
Booker, J.J. AL 2nd Cav. Co.H
Booker, J.L. SC 13th Inf. Co.C
Booker, J.M. AL 2nd Cav. Co.H
Booker, J.M. MS 1st Cav.Res. Co.F
Booker, John AL 7th Cav. Co.G,K
Booker, John AR 7th Inf. Co.E Sgt.
Booker, John GA Cav. 8th Bn. (St.Guards) Co.A Music.
Booker, John GA 5th Res. Co.B Music.
Booker, John VA 19th Cav. Co.G
Booker, John VA Lt.Arty. Wimbish's Co.
Booker, John VA 34th Inf. Co.K
Booker, John VA 38th Inf. Co.D Sgt.
Booker, John VA 60th Inf. Co.K
Booker, John VA 109th Mil. Co.B
Booker, John A. VA 21st Inf. Co.D Capt.
Booker, John A. VA Mil. Scott Cty.
Booker, Johnathan VA 135th Mil. Co.F
Booker, John B. MS 2nd Inf. Co.F
Booker, John D. VA 14th Cav. Co.B
Booker, John E. LA 19th Inf. Co.H
Booker, John E. VA Lt.Arty. Pegram's Co. Sgt.
Booker, John E. VA 14th Inf. Co.A
Booker, John L., Sr. VA 21st Mil. Co.D,E
Booker, John Lewis VA 26th Inf. 2nd Co.B Sgt.
Booker, John M. VA Hvy.Arty. 20th Bn. Co.D
Booker, John M. VA 23rd Inf. Co.I Cpl.
Booker, John R. VA Cav. 39th Bn. Co.D
Booker, John R. VA 108th Mil. Co.F
Booker, John Richard VA 20th Inf. Co.G
Booker, John S. VA 6th Bn.Res. Co.C 1st Lt.
Booker, John S. VA 48th Inf. Co.I
Booker, John T. VA 26th Inf. Co.H
Booker, John W. GA 10th Inf. Co.K
Booker, John W. GA 11th Inf. Co.A
Booker, John W. TN 50th Inf. Co.H
Booker, John W. VA 34th Inf. Co.K
Booker, John W. Sig.Corps,CSA
Booker, John Woodson KY 3rd Cav. Co.H
Booker, Jonathan VA 3rd Cav. & Inf.St.Line Co.A
Booker, Jonathan G. VA 19th Cav. Co.A
Booker, Joseph A. GA 57th Inf. Co.E
Booker, Joseph M. MS 2nd Inf. Co.F
Booker, Joseph W. AR 23rd Inf. Co.D
Booker, Joseph W. GA 32nd Inf. Co.D
Booker, J.P. AL 51st (Part.Rangers) Co.A
Booker, J. Preston TN 1st (Feild's) Inf. Co.H
Booker, J.R. GA Inf. 9th Bn. Co.E
Booker, J.T. KY 12th Cav. Co.G
Booker, J.T. MO 1st Inf. Co.H
Booker, J.T. TN 28th Inf. Co.G
Booker, J.T. TN 28th (Cons.) Inf. Co.A
Booker, J.W. AR 1st (Dobbin's) Cav. Co.D
Booker, J.W. GA 32nd Inf. Co.D Cpl.
Booker, J.W. KY 12th Cav. Co.G
Booker, J.W. VA 1st (Farinholt's) Res. Co.H
Booker, L.A. VA Mil. Washington Cty.
Booker, Lewis VA 1st Arty. Co.K 2nd Lt.
Booker, Lewis VA 1st Arty. Co.K
Booker, Lewis VA Lt.Arty. 38th Bn. Co.C 1st Lt.
Booker, Lewis VA Lt.Arty. Montgomery's Co. Sgt.
Booker, Lewis Anderson's Corps 1st Lt.
Booker, Lewis T. VA 24th Cav. Co.D
Booker, Lewis T. VA Cav. 40th Bn. Co.D
Booker, Lewis T. VA 21st Mil. Co.D,E
Booker, L.F. KY 9th Mtd.Inf. Co.B
Booker, Marshall E. VA 58th Inf. Co.H Sgt.
Booker, Martin TN 6th Inf. Co.K
Booker, Melville A. VA 23rd Inf. Co.C
Booker, M.G. AL 42nd Inf. Co.H
Booker, M.H. AL 2nd Cav. Co.H
Booker, Miers MD Inf. 2nd Bn. Co.D
Booker, Miles H. VA 26th Inf. 2nd Co.B 2nd Lt.
Booker, Mumford E. TN 1st (Feild's) Inf. Co.H
Booker, N.G. AL 2nd Cav. Co.H
Booker, N.G. AL Inf. 2nd Regt. Co.H
Booker, O.P. GA 38th Inf. Co.N
Booker, Oscar E. GA Arty. 11th Bn. (Sumter Arty.) New Co.C
Booker, Oscar E. GA 9th Inf. Co.A
Booker, P. SC 20th Inf.
Booker, Paschal P. NC 15th Inf. Co.H 2nd Lt.
Booker, Poindexter VA 5th Cav. Co.A
Booker, P.T. GA 17th Inf. Co.H 2nd Lt.
Booker, P.W. TN 61st Mtd.Inf. Co.K
Booker, R. KY 10th (Diamond's) Cav.
Booker, R.B. KY 4th Cav. Co.F
Booker, R.H. TN 61st Mtd.Inf. QMSgt.
Booker, R.H. Horse Arty. White's Btty. 2nd Lt.
Booker, Ricard MO Cav. Wood's Regt. Co.H Cpl.
Booker, Richard NC Cumberland Cty.Bn. Detailed Men Co.A
Booker, Richard A. VA 3rd Res. Co.D Col.
Booker, Richard A. VA 18th Inf. Co.F Capt.
Booker, Richard M. Gen. & Staff Capt.,Adj.
Booker, Richard P. VA 2nd Arty. Co.I
Booker, Richard P. VA 23rd Inf. Co.C
Booker, Richard P. VA Conscr. Cp.Lee Co.B
Booker, R.L. KY 6th Mtd.Inf. Co.I Cpl.
Booker, R.M. GA 1st (Ramsey's) Inf. Co.D
Booker, R.M. VA Lt.Arty. R.M. Anderson's Co.
Booker, Robert MO 1st Inf. Co.H
Booker, Robert G. AR 23rd Inf. Co.D Sr.2nd Lt.
Booker, Robert H. VA 2nd Cav. Co.I
Booker, Robert H. VA 21st Inf. Co.D
Booker, Robert J. TN 42nd Inf. Co.B
Booker, Robert S. VA Hvy.Arty. 20th Bn. Co.D
Booker, Robert S. VA 56th Inf. Co.I Cpl.
Booker, Samuel VA 3rd Cav. Co.G
Booker, Samuel VA Mil. Scott Cty.
Booker, Samuel D. TN 28th Inf. Co.G Cpl.
Booker, Samuel D. TN 28th (Cons.) Inf. Co.A
Booker, Samuel G. TN 1st (Feild's) Inf. Co.H
Booker, Silas GA Phillips' Legion Co.M
Booker, Simpson GA Arty. 11th Bn. (Sumter Arty.) New Co.C
Booker, Simpson GA 9th Inf. Co.A
Booker, S.M. AL 48th Inf. Co.A
Booker, S.M.C. MS 43rd Inf. Co.G
Booker, S.W. GA 22nd Inf. Co.C
Booker, T. VA Inf. 25th Bn. Co.D
Booker, Thomas LA 28th (Thomas') Inf. Co.B
Booker, Thomas MO 7th Cav. Co.H
Booker, Thomas SC 13th Inf. Co.C
Booker, Thomas VA Cav. Mosby's Regt. (Part. Rangers) Co.E
Booker, Thomas VA 1st Arty. Co.K
Booker, Thomas VA Lt.Arty. 12th Bn. Co.B Cpl.
Booker, Thomas VA Hvy.Arty. 20th Bn. Co.D
Booker, Thomas VA Arty. L.F. Jones' Co.
Booker, Thomas E. VA Inf. 4th Bn. Co.C
Booker, Thomas F. MS 31st Inf. Co.D
Booker, Thomas H. MO Searcy's Bn.S.S. Co.B
Booker, Thomas H. VA 5th Cav. Co.A
Booker, Thomas H. VA Lt.Arty. Lamkin's Co.
Booker, Thomas J. TX 13th Cav. Co.H
Booker, Thomas L. VA 24th Inf. Co.H
Booker, Thomas M. GA 57th Inf. Co.E
Booker, Thomas T. VA 23rd Inf. Co.C 1st Sgt.
Booker, T.J. AR 1st (Monroe's) Cav. Co.D 2nd Lt.
Booker, T.J. GA Inf. 9th Bn. Co.E
Booker, T.J. GA 37th Inf. Co.H
Booker, T.J. GA 54th Inf. Co.K
Booker, T.P. SC Palmetto S.S. Co.D
Booker, T.W. SC 5th Inf. 1st Co.C
Booker, T.W. SC Palmetto S.S. Co.D
Booker, W. MS 1st (Percy's) Inf. Co.F
Booker, W.A. MS 7th Cav. Co.G
Booker, W.B. AL 4th Res. Co.G
Booker, W.C. TN 1st (Feild's) Inf. Co.H
Booker, W.E. GA 11th Inf. Co.A
Booker, W.E. NC 26th Inf. Co.D
Booker, William LA 8th Inf. Co.H
Booker, William LA 16th Inf. Co.A,I
Booker, William MS 3rd Inf. (St.Troops) Co.K
Booker, William MO Cav. Slayback's Regt. Co.A
Booker, William TN 19th Inf. Co.D
Booker, William TX 7th Cav. Co.H
Booker, William TX 22nd Cav. Co.K
Booker, William VA Inf. 7th Bn.Loc.Def. Co.B
Booker, William VA 22nd Inf. Co.I
Booker, William A. MS 2nd Part.Rangers Co.G
Booker, William C. NC 26th Inf. Co.D Sgt.
Booker, William D. VA 3rd Cav. Co.K
Booker, William E. NC 47th Inf. Co.C
Booker, William E. VA 21st Inf. Co.D 2nd Lt.
Booker, William G. TN 50th Inf. Co.H
Booker, William G. VA 1st St.Res. Co.F
Booker, William H. TX 8th Inf.
Booker, William H. VA 1st Cav. Co.G
Booker, William H. VA Inf. 4th Bn.Loc.Def. Co.C
Booker, William J. AL 4th Inf. Co.E
Booker, William J. MS 33rd Inf. Co.E
Booker, William S. AR 15th Mil. Co.B Capt.
Booker, William T. MD 1st Cav. Co.E
Booker, Willis LA 16th Inf. Co.A
Booker, W.J. MO 1st & 4th Cons.Inf. Co.I
Booker, W.J. MO 4th Inf. Co.I
Booker, W.M. GA 3rd Cav. Co.D
Booker, W.O. VA Lt.Arty. Lamkin's Co.
Booker, W.O. VA 20th Inf. Co.G
Booker, W.R. GA 4th Res. Co.A
Booker, W.S. AL 2nd Cav. Co.H
Booker, W.S. MO 10th Cav. Co.D
Booker, W.S. SC Palmetto S.S. Co.D
Booker, W.W. MS 28th Cav. Co.E
Bookes, F.M. AL 7th Cav. Co.A
Bookhart, David B. SC 1st (Hagood's) Inf. 1st Co.D
Bookhart, D.B. SC 1st Bn.S.S. Co.C Sgt.

Bookhart, D.B. SC 20th Inf. Co.B
Bookhart, James A. SC Inf. 7th Bn. (Enfield Rifles) Co.B
Bookhart, James M.G. MS 13th Inf. Co.D
Bookhart, J.H. MS 2nd Cav. Co.B
Bookhart, J.M.G. MS 2nd Cav. Co.B
Bookhart, Joel T. SC Inf. Hampton Legion Co.E
Bookhart, L.M. SC 6th Inf. 1st Co.D, 2nd Co.E Cpl.
Bookhart, W.J. SC Cav. 14th Bn. Co.B
Bookheart, W.J. SC 5th Cav. Co.A
Bookherd, John H. AR 1st (Colquitt's) Inf. Co.I
Bookin, A. AR Mil. Borland's Regt. Woodruff's Co.
Bookit, C.E. Bradford's Corps Scouts & Guards Co.A
Bookle, Richard AL Mil. 3rd Vol. Co.A
Bookman, C. SC 4th Bn.Res. Co.A
Bookman, C. TX 2nd Inf. Co.F
Bookman, I.M. TX 4th Inf. Co.G 2nd Lt.
Bookman, James F. TX 10th Inf. Co.A Cpl.
Bookman, Joseph F. TX 10th Inf. Co.A
Bookman, O.H. SC 12th Inf. Co.F
Bookman, Paul E. TX Granbury's Cons.Brig. Co.D
Bookman, Paul E. TX 10th Inf. Co.A Sgt.
Bookman, S. TX Cav. Terry's Regt. Co.F
Bookman, S.W. SC 2nd Inf. Co.C Cpl.
Bookman, S.W. SC 20th Inf. Co.C Cpl.
Bookmann, Jesse TX 20th Inf. Co.I
Booknard, --- SC 4th St.Troops Co.G
Bookout, B.C. MS 28th Cav. Co.I
Bookout, C. AR 51st Mil. Co.H
Bookout, Calvin AR 21st Mil. Dollar's Co. 3rd Lt.
Bookout, Calvin AR 36th Inf. Co.A
Bookout, Cash C. GA Arty. 9th Bn. Co.A
Bookout, David NC 14th Inf. Co.D
Bookout, Eli MS 2nd Cav. Co.E
Bookout, Elias MS Cav. 3rd Bn. (Ashcraft's) Co.A
Bookout, Henry MS 17th Inf. Co.E
Bookout, James TX 12th Inf. Co.K
Bookout, James A. AL 55th Vol. Co.H
Bookout, James A. TN 42nd Inf. 1st Co.F
Bookout, J.B. TN 31st Inf. Co.I
Bookout, J.C. GA 60th Inf. Co.C
Bookout, J.D. TX 12th Inf. Co.K Sgt.
Bookout, John AR Cav. 1st Bn. (Stirman's) Co.F
Bookout, John TN 15th (Stewart's) Cav. Co.C Sgt.
Bookout, John F. TN 4th Cav. Co.D
Bookout, John M. GA Arty. 9th Bn. Co.A
Bookout, John O. AL 49th Inf. Co.E
Bookout, John O. Exch.Bn. Co.E,CSA
Bookout, John S. TX 12th Inf. Co.K Cpl.
Bookout, John W. MS 48th Inf. Co.I
Bookout, J.W. MS Inf. 2nd Bn. Co.I
Bookout, J.W. TN 34th Inf. Co.E
Bookout, Levi NC 4th Sr.Res. Co.E
Bookout, Lewis T. GA Arty. 9th Bn. Co.A
Bookout, Marian GA Cav. 1st Gordon Squad. (St.Guards) Reeves' Co.
Bookout, M.D. NC 56th Inf. Co.F
Bookout, M.D. TX 12th Inf. Co.K
Bookout, M.L. SC 1st (Butler's) Inf. Co.K
Bookout, S.B. TN 19th Inf. Co.A
Bookout, S.D. MS 15th (Cons.) Inf. Co.K
Bookout, Silas NC 56th Inf. Co.F
Bookout, Silas Levi AL 49th Inf. Co.B
Bookout, Simeon D. MS 23rd Inf. Co.A 1st Sgt.
Bookout, Troy J. GA 7th Inf. Co.D
Bookout, Wade TN Lt.Arty. (Lookout Arty.) Barry's Co.
Bookout, William G. MS 2nd Inf. Co.B
Bookout, William R. TN 42nd Inf. Co.H
Bookout, W.R. AL 55th Vol. Co.H Sgt.
Bookout, W.W. TN 31st Inf. Co.I
Books, Charles D. NC 24th Inf. Co.H
Books, T. GA Arty. 11th Bn. (Sumter Arty.) Co.B
Booksh, Charles E. LA 1st Cav. Co.A
Booksh, Joseph E. LA 1st Cav. Co.A
Bookter, Alexander LA 1st Cav. Co.H
Bookter, Edwin F. SC 12th Inf. Co.D Col.
Bookter, N.R. SC 12th Inf. Co.D 2nd Lt.
Bookter, T.C. MS St.Cav. Perrin's Bn. Co.I Capt.
Bookter, Thomas C. MS 11th (Perrin's) Cav. Co.E Capt.
Bookter, Thomas C. Conf.Cav. Wood's Regt. Co.E 1st Lt.
Bookter, W.P. SC 12th Inf. Co.D
Bool, J.F. AR 12th Inf. Co.K Sgt.
Bool, John J. VA Lt.Arty. Moore's Co.
Bool, William W. AR 45th Cav. Co.A
Boole, J. AL St.Arty. Co.C
Boole, John F. LA 1st (Nelligan's) Inf. Co.K
Boole, Joshua LA Mil. Beauregard Bn. Co.G
Boole, Luther T. VA 9th Inf. Co.D
Booler, James R. LA 12th Inf. Co.H
Booles, William A. LA 12th Inf. Co.H
Booley, Peter MS 10th Inf.
Boolhick, T.W. LA Mil. Stanley Guards Co.B
Bools, Bartlett NC 50th Inf. Co.A
Bools, John TN Cav. 12th Bn. (Day's) Co.F
Boom, O.M. AL 23rd Inf. Co.H
Boom, Thomas MS Inf. 1st Bn.St.Troops (30 days '64) Co.B
Booman, A.L. NC 3rd Jr.Res. Co.G
Booman, Thomas Brush Bn.
Booman, William C. AL 18th Inf. Co.K
Booman, W.W. NC 3rd Jr.Res. Co.G
Boomer, Benjamin NC Part.Rangers Swindell's Co. 2nd Lt.
Boomer, Benjamin E. NC Gibbs' Co. (Loc.Def.) Sgt.
Boomer, Caleb S. NC 33rd Inf. Co.I,H. Sgt.
Boomer, Matthew NC 17th Inf. (1st Org.) Co.B
Boomer, Nathan NC 17th Inf. (1st Org.) Co.B
Boomer, Nathan NC 17th Inf. (2nd Org.) Co.B
Boomer, Thomas R. NC 17th Inf. (2nd Org.) Co.B
Boomer, William S. NC 33rd Inf. Co.I,H
Boomer, William W. NC 17th Inf. (1st Org.) Co.B Cpl.
Boomer, W.S. NC 23rd Inf. Co.H
Boomer, Zachariah NC 17th Inf. (1st Org.) Co.B
Boomer, Zachariah NC 17th Inf. (2nd Org.) Co.B
Boomer, Zachariah NC 33rd Inf. Co.H
Boomer, Zachariah NC Part.Rangers Swindell's Co. Cpl.
Boon, --- TX Cav. Mann's Regt. Co.D
Boon, A. GA 8th Inf.
Boon, Absalom C. NC 2nd Bn.Loc.Def.Troops Co.B
Boon, A.C. GA 1st Inf. Co.B
Boon, A.D. MS 1st (King's) Inf. (St.Troops) Co.I
Boon, A.G. MS 4th Cav. Co.D
Boon, A.J. AL Cav. Barlow's Co.
Boon, A.J. 15th Conf.Cav. Co.C
Boon, A.L. AR Cav. Davies' Bn. Co.B Sgt.
Boon, A.L. AR 5th Inf. Co.H 2nd Lt.
Boon, A.L. MO 7th Cav. Co.E Sgt.
Boon, Albert MS 6th Cav. Co.B
Boon, Albert MS 8th Cav. Co.F
Boon, Albert MS 29th Inf. Co.E
Boon, Albert G. MS 19th Inf. Co.F
Boon, Alex TX 30th Cav. Co.H Cook
Boon, Alexander VA 135th Mil. Co.I
Boon, Alfred H. GA Phillips' Legion Co.A
Boon, Amos NC 25th Inf. Co.K Cpl.
Boon, Andrew C. NC 50th Inf. Co.G
Boon, And. J. GA 10th Mil. Co.K
Boon, Andrew J. GA Inf. 13th Bn. (St.Guards) Douglass' Co.
Boon, Augustus A. LA 8th Inf. Co.G
Boon, Bellon J. MS 6th Cav. Co.B
Boon, Benjamin FL 1st Inf. New Co.E
Boon, Benjamin VA 30th Bn.S.S. Co.D
Boon, Benjamin VA 54th Inf. Co.B
Boon, Benjamin H. TX 13th Vol. 1st Co.H Sgt.
Boon, Benjamin L. GA 7th Inf. Co.F
Boon, Bennett NC 8th Inf. Co.F
Boon, Berton NC 58th Inf. Co.C
Boon, Beverly B. VA 57th Inf. Co.G Sgt.
Boon, B.F. GA 12th (Robinson's) Cav. (St.Guards) Co.D
Boon, B.F. GA 5th Res. Co.E,I 2nd Lt.
Boon, B.F. GA 13th Inf. Co.B
Boon, B.J. AL Inf. 2nd Regt. Co.B
Boon, B.J. AL 42nd Inf. Co.B
Boon, B.J. MS 8th Cav. Co.F
Boon, Boling NC 2nd Cav. (19th St.Troops) Co.H
Boon, Bright TN 14th Inf. Co.F
Boon, Brittain W. AL 3rd Cav. Co.H
Boon, Bryant MS 2nd Part. Co.A
Boon, Bryant TN 3rd (Forrest's) Cav. Co.F Sgt.
Boon, B.V. KY 1st Inf. Co.E Sgt.
Boon, B.W. AL 3rd Inf. Co.L
Boon, C. TX 24th & 25th Cav. (Cons.) Co.I
Boon, Caleb NC 27th Inf. Co.C
Boon, Caleb NC 45th Inf. Co.K
Boon, C.G. MS 4th Cav. Co.F
Boon, Charles AL 1st Cav. 2nd Co.A, 1st Co.B
Boon, Charles A. NC 35th Inf. Co.D 1st Lt.
Boon, Charles J. NC 2nd Arty. (36th St.Troops) Co.B
Boon, Charles J. NC Lt.Arty. 13th Bn. Co.B
Boon, C.M. NC Lt.Arty. 13th Bn. Co.B
Boon, Curtis V. TX 1st Mtd.Res. Co.I
Boon, Cyrus FL Cav. 3rd Bn. Co.B
Boon, Cyrus 15th Conf.Cav. Co.D
Boon, Daniel AL 12th Cav. Co.D Cpl.
Boon, Daniel AL Cav. (St.Res.) Young's Co.
Boon, Daniel AL 23rd Inf. Co.B
Boon, Daniel MS 2nd Inf. (Quinn's St.Troops) Co.G

Boon, Daniel VA Inf. 26th Bn. Co.F Comsy.Sgt.
Boon, Daniel VA 166th Mil. Co.E
Boon, Daniel H. NC Inf. 2nd Bn. Co.F
Boon, Daniel H. NC 21st Inf. Co.M
Boon, Daniel O. FL Cav. (Marianna Drag.) Smith's Co. Sgt.
Boon, David M. NC 51st Inf. Co.K
Boon, D.C. MO Cav. 6th Regt.St.Guard Co.A Capt.
Boon, Dempsey W. NC 31st Inf. Co.D
Boon, D. Priestly 1st Cherokee Mtd.Vol. 2nd Co.D 2nd Lt.
Boon, E. AL Cav. Barlow's Co.
Boon, E. AL 23rd Inf. Co.I,E
Boon, E. GA 3rd Res. Co.D
Boon, E. TX 13th Vol. 2nd Co.H
Boon, E.A. TX 26th Cav.
Boon, E.A. TX Cav. Terry's Regt. Co.C
Boon, E.C. NC 23rd Inf. Co.C
Boon, Edward NC 54th Inf. Co.B
Boon, Edward H. TX 22nd Cav. Co.E
Boon, Elkanah MS 6th Inf. Co.C
Boon, F.M. TX Inf. 2nd St.Troops Co.F
Boon, F.M. TX 13th Vol. Co.G
Boon, Francis M. GA 50th Inf. Co.B
Boon, Franklin LA 1st Hvy.Arty. (Reg.) Co.C
Boon, Franklin NC 66th Inf. Co.E
Boon, G.C. NC 21st Inf. Co.M
Boon, G.D. NC 7th Sr.Res. Bradshaw's Co.
Boon, George NC 16th Inf. Co.B
Boon, George NC 29th Inf. Co.D
Boon, George VA 135th Mil. Co.I
Boon, George G. VA 5th Inf. Co.D Sgt.
Boon, George H. KY 3rd Cav. Co.A
Boon, George P. MS 4th Inf. (St.Troops) QM
Boon, George W. TN 55th (McKoin's) Inf. Joyner's Co. 2nd Lt.
Boon, Gibson FL 5th Inf. Co.F
Boon, G.M. MS 33rd Inf. Co.F
Boon, Godlove VA 28th Inf. Co.I,E
Boon, G.P. MS 1st Cav. Co.K
Boon, Green MO Cav. 3rd Bn. Co.B
Boon, G.W. AL 23rd Inf. Co.I
Boon, G.W. Ord.Scouts & Guards Click's Co.,CSA
Boon, H. MS 1st Lt.Arty. Co.G
Boon, Hampton G. MO 10th Cav. Co.D
Boon, Hampton L. MO St.Guards Capt.
Boon, Harvey J. GA 7th Inf. Co.F Sgt.
Boon, Henderson VA 135th Mil. Co.D
Boon, Henry GA Inf. (Newton Factory Employees) Russell's Co.
Boon, Henry MO 12th Inf. Co.I Jr.2nd Lt.
Boon, Henry VA 15th Inf. Co.E
Boon, Henry B. NC 7th Inf. Co.E
Boon, Henry J. NC 50th Inf. Co.C
Boon, Henry M. NC 27th Inf. Co.B
Boon, Henry M. VA 135th Mil. Co.D
Boon, Henry T. AL Inf. 1st Regt. Co.A
Boon, H.H. TX 3rd (Kirby's) Bn.Vol. Co.A
Boon, H.J. 7th Conf.Cav. Co.L 3rd Lt.
Boon, H.L. Gen. & Staff, QM Dept. Maj.
Boon, Horry L. GA 50th Inf. Co.B
Boon, Howard Z. NC 21st Inf. Co.M
Boon, H.T. AL 34th Inf. Co.D
Boon, Hugh VA 166th Mil. R.G. Lively's Co.
Boon, J. TX 1st Inf. Co.M
Boon, J.A. TX 26th Cav. Co.H
Boon, J.A. Trans-MS Conf.Cav. 1st Bn. Co.C
Boon, Jackson NC 51st Inf. Co.F
Boon, Jacob NC 7th Sr.Res. Boon's Co.D Capt.
Boon, Jacob NC 27th Inf. Co.E
Boon, Jacob NC 47th Inf. Co.K 2nd Lt.
Boon, Jacob VA 39th Inf. Co.H
Boon, Jacob C. VA 57th Inf. Co.F
Boon, Jacob P. VA 1st Cav. Co.A
Boon, James AL 34th Inf. Co.D
Boon, James GA 42nd Inf. Co.I
Boon, James NC 16th Inf. Co.C
Boon, James NC 58th Inf. Co.A
Boon, James TN 17th Inf. Co.B
Boon, James VA 59th Inf. 2nd Co.C
Boon, James 1st Choctaw & Chickasaw Mtd.Rifles 1st Co.K Sgt.
Boon, James A. NC 38th Inf. Co.B
Boon, James E. NC 6th Cav. (65th St.Troops) Co.K
Boon, James E. NC 29th Inf. Co.D
Boon, James H. FL 1st Cav. Co.G Bugler
Boon, James H. FL 1st (Res.) Inf. Co.A
Boon, James H. GA 49th Inf. Co.A
Boon, James H. NC 11th (Bethel Regt.) Inf. Co.G
Boon, James H. TN 55th (Brown's) Inf. Ford's Co. Cpl.
Boon, James J. NC Cav. 5th Bn. Co.B Sgt.
Boon, James J. NC 6th Cav. (65th St.Troops) Co.K Sgt.
Boon, James J. NC 16th Inf. Co.C
Boon, James K.P. AL 11th Inf. Co.H
Boon, James M. AL 6th Inf. Co.A
Boon, James M. AL 24th Inf. Co.K,I
Boon, James M. AL Pris.Guard Freeman's Co.
Boon, James M. NC 54th Inf. Co.B
Boon, James M. TX 17th Inf. Co.E
Boon, James P. GA 60th Inf. Co.B
Boon, James R. TX 17th Inf. Co.E
Boon, James W. NC 35th Inf. Co.D
Boon, James W. NC 51st Inf. Co.E
Boon, J.B. TN 6th Inf. Co.L
Boon, J.B. TN 55th (Brown's) Inf. Ford's Co.
Boon, J.B.T. AR 2nd Cav. Co.D
Boon, J.B.T. TN 7th (Duckworth's) Cav. Co.A
Boon, J.C. AL 1st Cav. 2nd Co.C
Boon, J.C. AL 7th Cav. Co.H
Boon, J.C. AL Vol. Meador's Co.
Boon, J.C. TN 38th Inf. Co.E
Boon, J.D. AR 31st Inf. Co.H
Boon, J.D. LA 4th Cav. Co.B
Boon, J.E. AL 23rd Inf. Co.I,E
Boon, J.E. AR 2nd Cav. Co.D
Boon, J.E. TN 7th (Duckworth's) Cav. Co.H
Boon, Jeremiah NC 16th Inf. Co.C
Boon, Jesse TN 38th Inf. Co.C
Boon, Jessee T. GA 60th Inf. Co.B
Boon, J.H. AL 23rd Inf. Co.G
Boon, J.H. MS 2nd Cav. Co.D
Boon, J.H. MS Inf. 3rd Bn. (St.Troops) Co.F
Boon, J.H. NC 5th Inf. Co.E
Boon, J.J. TN 6th Inf. Co.L
Boon, J.M. AL 40th Inf. Co.G 1st Sgt.
Boon, J.M. GA 1st Cav. Co.E,F 2nd Lt.
Boon, J.M. GA Inf. Ezzard's Co. Cpl.
Boon, Joel FL Cav. 5th Bn. Co.F
Boon, Joel FL 1st (Res.) Inf. Co.D
Boon, John MS Cav. Duncan's Co. (Tishomingo Rangers)
Boon, John MO Cav. 3rd Bn. Co.B
Boon, John NC 53rd Inf. Co.A
Boon, John SC Lt.Arty. Garden's Co. (Palmetto Lt.Btty.)
Boon, John TN 4th (Murray's) Cav. Co.I
Boon, John TX 29th Cav. Co.G
Boon, John TX Cav. Martin's Regt. Co.E
Boon, John VA 14th Mil. Co.C Cpl.
Boon, John VA Inf. 26th Bn. Co.G
Boon, John VA 36th Inf. Co.A
Boon, John VA Inf. 44th Bn. Cook
Boon, John A. NC 16th Inf. Co.C
Boon, John C. NC 31st Inf. Co.D
Boon, John F. NC 35th Inf. Co.B
Boon, John H. NC 44th Inf. Co.G
Boon, John H. NC 51st Inf. Co.B
Boon, John J. NC 5th Inf. Co.G
Boon, John J. TN 55th (Brown's) Inf. Ford's Co. 1st Sgt.
Boon, John J. TX Cav. 8th (Taylor's) Bn. Co.D
Boon, John P. NC 21st Inf. Co.M
Boon, John P. NC 47th Inf. Co.K
Boon, John P. TN Cav. 17th Bn. (Sanders') Co.A Ord.Sgt.
Boon, John R. MS St.Cav. Perrin's Bn. Co.D
Boon, John W. AL 28th Inf. Co.H
Boon, John W. MS Cav. 24th Bn. Co.B
Boon, John W. MS 33rd Inf. Co.C
Boon, John W. NC 25th Inf. Co.K
Boon, John W. NC 29th Inf. Co.B
Boon, John W. NC 35th Inf. Co.D
Boon, John W. NC 61st Inf. Co.A
Boon, Jonathan KY 10th Cav. Co.G
Boon, Joseph NC 5th Inf. Co.A
Boon, Joseph NC 8th Sr.Res. Broadhurst's Co. Sgt.
Boon, Joseph NC 67th Inf. Co.E
Boan, Joseph NC Loc.Def. Croom's Co.
Boon, Joseph F. NC 51st Inf. Co.B
Boon, Joseph H. NC 30th Inf. Co.I
Boon, Joseph H. VA Inf. 26th Bn. Co.G
Boon, Joseph M. GA 7th Inf. Co.F
Boon, Joseph W. AL Inf. 1st Regt. Co.K
Boon, Joshua NC 53rd Inf. Co.A
Boon, Josiah B. VA 57th Inf. Co.F
Boon, J.P. AR Mil. Desha Cty.Bn. Aide
Boon, J.P. TN 51st (Cons.) Inf. Co.D
Boon, J.R. AL 15th Inf. Co.K 1st Sgt.
Boon, J.R. TX 1st Inf. Co.E
Boon, J.R. TX 2nd Inf. Co.I
Boon, J.S. NC Cav. (Loc.Def.) Howard's Co.
Boon, J.S. TX 9th (Young's) Inf. Co.I Sgt.
Boon, J.W. AL 24th Inf. Co.K
Boon, J.W. LA Inf. 1st Bn. (St.Guards) Co.B
Boon, J.W. MS 44th Inf. Co.I
Boon, J.W., Jr. NC 35th Inf. Co.D
Boon, J.W. VA 2nd Inf. Co.E
Boon, Kinchen L. GA 7th Inf. Co.F 1st Lt.
Boon, L. AL 44th Inf. Co.I
Boon, L. AR 45th Cav. Co.K
Boon, L. SC Inf. Bn. (Walker's Bn.) Co.A
Boon, Lazarus N. SC 10th Inf. 2nd Co.G
Boon, Lewis VA 135th Mil. Co.D

Boon, Lewis H. NC 21st Inf. Co.M
Boon, L.L. AR 20th Inf. Co.I
Boon, Luther NC 5th Inf. Co.A
Boon, M. AL 8th (Livingston's) Cav. Co.C
Boon, Mark VA Lt.Arty. Lowry's Co.
Boon, Marquis D.L. VA 57th Inf. Co.G 1st Lt.
Boon, Martin GA 10th Cav. Co.B
Boon, Martin MS 2nd Part.Rangers Co.A
Boon, Martin TN 4th (Murray's) Cav. Co.D
Boon, Martin 1st Conf.Cav. 2nd Co.C
Boon, Martin 7th Conf.Cav. Co.B
Boon, Martin A. NC 42nd Inf. Co.C
Boon, Martin B. AL Inf. 1st Regt. Co.A,F 1st Sgt.
Boon, Micajah A. AL 50th Inf. Co.D
Boon, M.L. MS 1st (King's) Inf. (St.Troops) Co.I
Boon, M.M. GA Cav. 29th Bn. Co.F
Boon, M.M. GA 39th Inf. Co.G
Boon, M.N. MS 6th Cav. Co.E
Boon, M.T. MO 5th Cav. Co.G
Boon, M.W. GA 4th Res. Co.H
Boon, Nathan S. NC 5th Inf. Co.A
Boon, Nestor W. TX 36th Cav. Co.K,A
Boon, Nicholas GA 2nd Cav. Co.A
Boon, Nicholas GA 26th Inf. Dent's Co.A
Boon, Nicholas NC 30th Inf. Co.A
Boon, N.J. TN 38th Inf. Co.E 1st Lt.
Boon, Norman T. VA 57th Inf. Co.G
Boon, Patterson NC 47th Inf. Co.K Cpl.
Boon, Philemon H. NC 47th Inf. Co.K
Boon, Pinkney NC Inf. 13th Bn. Co.C
Boon, Pinkney NC 66th Inf. Co.E
Boon, R. TX 24th & 25th Cav. (Cons.) Co.B
Boon, R. TX 25th Cav. Co.B
Boon, Ratcliffe GA 11th Cav. Co.I Sgt.
Boon, Ratliff H. GA Carlton's Co. (Troup Cty.Arty.)
Boon, R.H. GA 5th Inf. (St.Guards) Allums' Co.
Boon, Richard C. AL Inf. 1st Regt. Co.A,F
Boon, Riley NC 29th Inf. Co.D
Boon, R.N. AL Inf. 2nd Regt. Co.B
Boon, R.N. AL 40th Inf. Co.G N.C.S.
Boon, R.N. MS 8th Cav. Co.F
Boon, Robert NC 16th Inf. Co.C
Boon, Robert TN 50th Inf. Co.B
Boon, Robert C. FL Cav. (Marianna Drag.) Smith's Co.
Boon, Robert N. MS 6th Cav. Co.B
Boon, Robert N. NC 16th Inf. Co.L
Boon, Robert W. NC Inf. Thomas' Legion Co.E
Boon, R.P. TX 30th Cav. Co.D Far.
Boon, S. TX Cav. 6th Bn. Co.F
Boon, Sampson NC 12th Inf. Co.D
Boon, Samuel NC 16th Inf. Co.C
Boon, Samuel D. AL 40th Inf. Co.A
Boon, Samuel J. NC 2nd Arty. (36th St.Troops) Co.C
Boon, S.C. MO Cav. 2nd Regt.St.Guard Co.A
Boon, S.C. TN 14th (Neely's) Cav. Co.E
Boon, S.C. TN 38th Inf. Co.E
Boon, S.D. AL 21st Inf. Co.C
Boon, S.H. GA 59th Inf. Co.H
Boon, S.H. TX 36th Cav. Co.K
Boon, Silas SC Inf. 7th Bn. (Enfield Rifles) Co.D
Boon, Sion TN 47th Inf. Co.G,F
Boon, S.J. NC Lt.Arty. 13th Bn. Co.C
Boon, Stephen NC 12th Inf. Co.D
Boon, Stephen NC 30th Inf. Co.A Cpl.
Boon, Stephen H. FL 5th Inf. Co.F
Boon, Stephen J. NC Hvy.Arty. 1st Bn. Co.B Cpl.
Boon, Sylvester NC 5th Cav. (63rd St.Troops) Co.C
Boon, Sylvester NC 20th Inf. Faison's Co.
Boon, Sylvester NC 30th Inf. Co.A
Boon, T.A. AR Cav. Gordon's Regt. Co.E
Boon, T.A. MS 8th Cav. Co.F Cpl.
Boon, T.A. TX 9th (Nichols') Inf. Co.B
Boon, T.H. MS Cav. 4th Bn. Co.A
Boon, Thomas NC 14th Inf. Co.A
Boon, Thomas NC 24th Inf. Co.D
Boon, Thomas NC 50th Inf. Co.G
Boon, Thomas TN 15th (Cons.) Cav. Co.H
Boon, Thomas A. MS 6th Cav. Co.B Cpl.
Boon, Thomas A. MS Cav. Abbott's Co. Sgt.
Boon, Thomas A. MO Lt.Arty. 1st Btty.
Boon, Thomas A. MO Lt.Arty. Landis' Co.
Boon, Thomas C. TX Cav. Martin's Regt. Co.K Sgt.
Boon, Thomas J. AR 15th (N.W.) Inf. Co.E
Boon, Thomas J. GA 5th Inf. Co.F
Boon, T.J. MS 9th Inf. New Co.G
Boon, T.J. MS 20th Inf. Co.B
Boon, T.J. NC 3rd Cav. (41st St.Troops) Co.A
Boon, T.J. TN 12th (Cons.) Inf. Co.D
Boon, T.N. TN 22nd Inf. Co.I
Boon, T.S. TX Inf. 1st St.Troops QMSgt.
Boon, T.W. AL Inf. 2nd Regt. Co.K
Boon, Tyra SC 12th Inf. Co.G
Boon, W. FL 1st (Res.) Inf. Co.D
Boon, W. GA 4th (Clinch's) Cav.
Boon, W. NC 7th Sr.Res. Boon's Co.D
Boon, W.A. GA 10th Mil. Co.B
Boon, W.A. MS 18th Cav. Co.G
Boon, W.A. TN 27th Inf. Co.C
Boon, Walter VA 52nd Inf. Co.K 1st Lt.
Boon, Warner W. GA 7th Inf. Co.F
Boon, Warren KY 5th Cav. Co.G
Boon, Warren KY 5th Mtd.Inf. Co.F
Boon, Warren J. AL 28th Inf. Co.C
Boon, W.B. AL 1st Inf. Co.A
Boon, W.B. TN 45th Inf. Co.B Sgt.
Boon, W.C. TX 30th Cav. Co.D
Boon, W.C. 8th (Wade's) Conf.Cav. Co.C
Boon, W.H. MS 6th Inf. Co.C
Boon, Wiley S. NC 35th Inf. Co.D
Boon, William GA Cav. 8th Bn. (St.Guards) Co.B
Boon, William GA 26th Inf. Dent's Co.A
Boon, William GA St.Res.
Boon, William MS 11th Inf. Co.E
Boon, William NC 15th Inf. Co.H Music.
Boon, William NC 47th Inf. Co.A
Boon, William NC 47th Inf. Co.K
Boon, William NC 51st Inf. Co.F
Boon, William 7th Conf.Cav. 2nd Co.I
Boon, William C. MO Inf. Clark's Regt. Surg.
Boon, William C. NC 2nd Cav. (19th St.Troops) Co.H
Boon, William C. Gen. & Staff Surg.
Boon, William H. NC 38th Inf. Co.A
Boon, William H.D. NC 43rd Inf. Co.D
Boon, William Henry NC 5th Inf. Co.G
Boon, William Henry TN 14th Inf. Co.F
Boon, William I. AL 3rd Cav. Co.H
Boon, William J. FL Cav. (Marianna Drag.) Smith's Co.
Boon, William N. GA 7th Inf. Co.F
Boon, William R. NC 6th Cav. (65th St.Troops) Co.K
Boon, William R. NC 1st Inf. (6 mo. '61) Co.H
Boon, William R. NC 51st Inf. Co.D 2nd Lt.
Boon, William S. NC 62nd Inf. Co.B
Boon, William W. GA Lt.Arty. 14th Bn. Co.C
Boon, William W. GA Lt.Arty. Ferrell's Btty.
Boon, Willis MS 26th Inf. Co.D
Boon, W.J. AL Mil. 4th Vol. Co.D
Boon, W.L. TN 6th Inf. Co.B
Boon, W.P. MS 11th Inf. Co.G
Boon, Wright NC 5th Inf. Co.G
Boon, W.S. TN 19th (Biffle's) Cav. Co.K Cpl.
Boon, W.W. 7th Conf.Cav. Co.L
Boon, Zebulon VA Lt.Arty. Griffin's Co. Cpl.
Boon, Zebulon VA 9th Inf. 1st Co.A
Boone, --- AL Lt.Arty. Wards' Btty.
Boone, --- TX Cav. McCord's Frontier Regt. Co.K
Boone, Abner S. TN 41st Inf. Co.F Capt.
Boone, Abraham VA Rockbridge Cty.Res. Miller's Co.
Boone, Adam M. MO Cav. 3rd Bn. Co.C
Boone, A.H. GA Arty. (Macon Lt.Arty.) Slaten's Co.
Boone, A.H. TN Cav. Jackson's Co.
Boone, A.H. TN 8th Inf. Co.H
Boone, A.J. MS Cav. 2nd Bn.Res. Co.B
Boone, Allen R. GA 44th Inf. Co.K
Boone, Alson NC 1st Inf. Co.H
Boone, A.N. NC 12th Inf. Co.G
Boone, Anderson VA 20th Cav. Co.I
Boone, Andrew J. GA 25th Inf. Co.I
Boone, Augustin LA 15th Inf. Co.C Sgt.
Boone, B. TX Legion Co.C
Boone, Bacus S. NC 29th Inf. Co.B
Boone, Bartley B. MS 2nd Inf. Co.A Lt.Col.
Boone, Benjamin TN 41st Inf. Co.K Capt.
Boone, Benjamin F. MS 2nd Inf. Co.A Sgt.
Boone, Benjamin H. TX 35th (Brown's) Cav. Co.C 1st Sgt.
Boone, B.F. AR 34th Inf. Co.K 2nd Lt.
Boone, B.F. GA 11th Inf. Co.K Sgt.
Boone, B.F. SC 7th Inf. 1st Co.G, 2nd Co.G
Boone, B.F. TN 22nd Inf. Looney's Co.
Boone, B.F. TN 38th Inf. Co.L
Boone, B.G. GA Siege Arty. 28th Bn. Co.G
Boone, Burton NC Cav. 5th Bn. Co.B
Boone, B.V. AR Inf. Cocke's Regt. Co.B 1st Sgt.
Boone, Charles GA 1st (Olmstead's) Inf. Gordon's Co.
Boone, Charles GA 63rd Inf. Co.B
Boone, Crockett AR 15th (N.W.) Inf. Co.C AQMSgt.
Boone, D.A. TX 20th Inf. Co.B
Boone, Daniel AR 16th Inf. Co.I Capt.
Boone, Daniel NC 1st Inf. Co.E
Boone, Daniel TX 26th Cav. Co.A
Boone, Daniel VA Lt.Arty. Cayce's Co.
Boone, Daniel VA 6th Inf. Co.A
Boone, Daniel Gen. & Staff, Comsy.Dept. Capt.

Boone, Daniel C. AL Lt.Arty. Phelan's Co.
Boone, Daniel C. MO Cav. Freeman's Regt.
Boone, Daniel H. NC 22nd Inf. Co.L
Boone, David C. MS 12th Cav.
Boone, David C. NC Lt.Arty. 3rd Bn. Co.A,C
Boone, David C. NC Moseley's Co. (Sampson Arty.) Cpl.
Boone, David L. GA 1st (Fannin's) Res. Co.C Sgt.
Boone, D.C. NC 61st Inf. Co.E
Boone, D.G. TX Bean's Bn.Res.Corps Howeth's Co.
Boone, D.P. 1st Cherokee Mtd.Vol.Regt. 2nd Co.D 2nd Lt.
Boone, E.D. LA Mtd.Rifles Miller's Ind.Co.
Boone, Edgar D. LA 1st (Nelligan's) Inf. Co.F
Boone, Edgar D. LA Bn. Co.A Capt.
Boone, E.F. AR 16th Inf. Co.I
Boone, E.F. AR 34th Inf. Co.K Music.
Boone, E.H. Brush Bn.
Boone, E.R. LA 1st Cav. Co.A 2nd Lt.
Boone, Ethelrid D. TN 14th Inf. Co.B
Boone, Ezekiel TX St.Mil.
Boone, F.M. TN 27th Inf. Co.C
Boone, Francis M. MS 2nd Inf. Co.A
Boone, Francis M. MS 26th Inf. Co.C Lt.Col.
Boone, Francis M. TN 3rd (Forrest's) Cav. Co.C
Boone, Frank TX 2nd Field Btty.
Boone, Frank TX St.Troops Teel's Co.
Boone, G.A. NC 12th Inf. Co.G
Boone, G.A. Eng.,CSA
Boone, George F. AL Mobile City Troop
Boone, Geo. F. AL Mil. 89th Vol. Adj.
Boone, George W. GA 17th Inf. Co.A 1st Sgt.
Boone, G.H. VA 21st Cav. 2nd Co.G
Boone, G.M. MO 5th Cav. Co.G
Boone, Godfrey SC 13th Inf. Co.H
Boone, Green MO 5th Inf. Co.C
Boone, G.W. VA 2nd Inf.Loc.Def. Co.A
Boone, G.W. VA Inf. 2nd Bn. (Loc.Def.) Co.C Cpl.
Boone, H. KY 3rd Cav. Co.A
Boone, H. Arelius NC 16th Inf. Co.A
Boone, Harlin A. NC 25th Inf. Co.B Capt.
Boone, Henry TX 1st Hvy.Arty. Co.G
Boone, Henry A. GA 2nd Cav. (St.Guards) Co.G
Boone, Henry C. AL Cav. 8th Regt. (Livingston's) Co.I Bugler
Boone, Henry C. AL Cav. Moses' Squad. Co.A Music.
Boone, Henry W. MO 3rd Inf. Co.A
Boone, Henry W. 7th Conf.Cav. Co.H
Boone, Hezekiah KY 5th Cav. Co.A
Boone, H.H. TX Cav. Waller's Regt. Co.D Maj.
Boone, H.L.W. TN Cav. Jackson's Co.
Boone, H.L.W. TN 8th Inf. Co.H
Boone, Iverson R. TX 17th Inf. Co.A
Boone, J. MO 5th Cav. Co.D
Boone, J. NC 7th Inf. Co.A
Boone, J.A. AL 6th Inf. Co.A
Boone, Jacob 1st Conf.Eng.Troops Co.I
Boone, Jacob P. VA Prov.Guard Avis' Co.
Boone, Jacob R. VA 6th Inf. Co.A
Boone, James MS 4th Cav. Co.E
Boone, James TN 8th Inf. Co.H
Boone, James TX Cav. Wells' Regt. Co.F 1st Sgt.
Boone, James D. NC 1st Inf. Co.F QMSgt.
Boone, James F. TX 13th Cav. Co.G
Boone, James H. NC Lt.Arty. 3rd Bn. Co.C,A 2nd Lt.
Boone, James L. LA 2nd Inf. Co.D
Boone, James L. SC Sea Fencibles Symons' Co.
Boone, James M. NC 6th Inf. Co.E
Boone, James R. TX 4th Cav. Co.H
Boone, James W. MS 9th Inf. Old Co.E
Boone, J.B.F. NC 1st Inf. (6 mo. '61) QM
Boone, J.B.F. Gen. & Staff, QM Dept. Maj.
Boone, J.C. AL 21st Inf. Co.H
Boone, J.C. AL 40th Inf. Co.A
Boone, J.C. AL Cp. of Instr. Talladega
Boone, J.D. AR 1st (Dobbin's) Cav. Co.C
Boone, J.D. GA Arty. (Macon Lt.Arty.) Slaten's Co.
Boone, J.D. TN 3rd (Forrest's) Cav. Co.I
Boone, J.D. TX Cav. 2nd Regt.St.Troops Co.B 3rd Lt.
Boone, J.E. SC Arty. Melcher's Co. (Co.B,German Arty.)
Boone, J.E. TN 3rd (Forrest's) Cav. Co.F
Boone, J.E. TN 12th Inf. Co.G
Boone, Jeremiah Conf.Inf. 1st Bn. 2nd Co.E
Boone, Jesse TN 38th Inf. Co.C
Boone, Jesse B. NC Cav. 12th Bn. Co.C 1st Lt.
Boone, Jesse B. NC Cav. 16th Bn. 1st Lt.
Boone, Jesse B. NC Lt.Arty. 3rd Bn. Co.C,A Sgt.
Boone, Jesse B. 8th (Dearing's) Conf.Cav. Co.C 1st Lt.
Boone, J.F. MS 28th Cav. Co.A
Boone, J.F. VA Cav. 36th Bn. Co.D
Boone, J.F. VA 3rd Inf.Loc.Def. Co.B
Boone, J.H. MS St.Cav. 3rd Bn. (Cooper's) 1st Co.A
Boone, J.L. GA Brooks' Co. (Terrell Lt.Arty.)
Boone, J.L. LA 2nd Cav. Co.E
Boone, J.L. LA 6th Cav. Co.C
Boone, J.M. AR 5th Inf. Co.E Sgt.
Boone, J.M. MS 46th Inf. Co.I
Boone, J.M. MO 7th Cav. Co.K
Boone, J.M. TX Cav. McCord's Frontier Regt. Co.K
Boone, Joel MO 10th Inf. Co.B
Boone, John AL 22nd Inf. Co.F Sgt.
Boone, John MO 5th Inf. Co.C
Boone, John SC 2nd Inf. Co.G
Boone, John TN 8th (Smith's) Cav. Co.K
Boone, John TX Cav. Hardeman's Regt. Co.H
Boone, John VA 20th Cav. Co.I
Boone, John A. AR Inf. Cocke's Regt. Co.H
Boone, John A.D. NC 51st Inf. Co.K Sgt.
Boone, John B. MS 1st Lt.Arty. Co.F
Boone, John C. TX 17th Inf. Co.K Sgt.
Boone, John F. AL 57th Inf. Co.D
Boone, John F. MO 5th Inf. Co.I Jr.2nd Lt.
Boone, John F. VA 1st Arty. 1st Co.C Cpl.
Boone, John F. VA 1st Inf. Co.F Cpl.
Boone, John H. MS 22nd Inf. Co.F
Boone, John H. VA 7th Cav. Harris' Co.
Boone, John L. MS 2nd Inf. Co.A
Boone, John L. MS 30th Inf. Co.B
Boone, John P. NC 6th Inf. Co.E
Boone, John S. MO 1st Inf. Co.K
Boone, John T. GA 2nd Cav. (St.Guards) Co.G 1st Sgt.
Boone, John T. GA 20th Inf. Co.D
Boone, John T. MS 9th Inf. Old Co.E
Boone, John T. MS 10th Inf. New Co.A
Boone, John W. NC 4th Cav. (59th St.Troops) Co.D
Boone, John W. NC 1st Inf. Co.F
Boone, John W. VA 7th Cav. Co.E
Boone, John W. VA 17th Inf. Co.B Cpl.
Boone, Jonathan D. KY 7th Cav. Co.D,G
Boone, Joseph AL 34th Inf. Co.G
Boone, Joseph NC 6th Inf. Co.E
Boone, Joseph TX 16th Inf. Chap.
Boone, Joseph A. NC 1st Inf. (6 mo. '61) Co.I
Boone, Jos. C. AL 37th Inf. Co.G
Boone, Joseph W. MS 10th Inf. New Co.A
Boone, Joseph W. SC Cav.Bn. Hampton Legion Co.D
Boone, J.R. GA 4th Cav. (St.Guards) Dorsey's Co.
Boone, J.R. NC 2nd Inf. Co.G
Boone, J. Robert NC 6th Inf. Co.E
Boone, J.T. TN 8th Inf. Co.H
Boone, J.W. LA Cav. 1st Bn. (St.Guards) Co.D
Boone, J.W. SC 4th Cav. Co.K
Boone, J.W. SC 2nd Inf. Co.G
Boone, J.W. SC 8th Inf. Co.A
Boone, Kedar L. GA 11th Inf. Co.A Sgt.
Boone, L. AR Cav. 1st Bn. (Stirman's) Maj.
Boone, Lacy J.B. AR 34th Inf. Co.K
Boone, Lafayette Stirman's Regt.S.S. Maj.
Boone, Lawrence NC 4th Cav. (59th St.Troops) Co.D
Boone, Lawson L. AR 37th Inf. Co.K
Boone, Leander MO Lt.Arty. 3rd Btty.
Boone, Leander A. MO 2nd Cav. Co.K,H
Boone, Levy J. MO 1st Cav. Co.K
Boone, Lewellyn P. SC 1st (McCreary's) Inf. Co.G
Boone, Lewis VA Inf. 26th Bn. Co.B
Boone, Lewis VA Rockbridge Cty.Res. Miller's Co.
Boone, L. Frazier MS 30th Inf. Co.B,D
Boone, L.H. AL 8th Inf. Co.I
Boone, L.J. MO 1st & 3rd Cons.Cav.
Boone, M. NC 1st Detailed Men Co.H
Boone, M. TX 15th Inf. Co.C
Boone, Marcus T. NC 25th Inf. Co.B
Boone, Michael J. NC 30th Inf. Co.A
Boone, Nathaniel W. LA 1st (Strawbridge's) Inf. Co.G
Boone, N.H. AR Inf. Hardy's Regt. Co.A
Boone, Nicholas GA 4th (Clinch's) Cav. Co.B
Boone, N.T. AR Cav. Gordon's Regt. Co.K
Boone, N.W. MS 9th Inf. New Co.C
Boone, O.C. Gen. & Staff Maj.,DCS
Boone, Oliver MS 18th Cav. Co.C,F
Boone, Origan AL 23rd Inf. Co.I
Boone, O.S. MS 14th Inf. Co.G
Boone, P.C. MS Blythe's Bn. (St.Troops) Co.B
Boone, Pinckney C. MS 2nd Part.Rangers Co.H
Boone, Pinkney C. MS 22nd Inf. Co.F
Boone, P.J.E. TX 10th Field Btty. Cpl.
Boone, R. NC 5th Inf. Co.D

Boone, Ratliff H. GA 3rd Cav. (St.Guards) Co.F Cpl.
Boone, R.B. MS 2nd Inf.
Boone, Reuben L. MS 2nd Inf. Co.A
Boone, R.J. MS 38th Cav. Co.I Sgt.
Boone, R.M. LA Lt.Arty. 2nd Field Btty. Capt.
Boone, R.M. LA 2nd Inf. Co.E Capt.
Boone, R.M. LA Miles' Legion Boone's Btty. Capt.
Boone, Robert FL Cav. 5th Bn. Co.I
Boone, Robert E. MO 5th Cav. Co.G
Boone, Robert H. GA 4th Inf. Co.C
Boone, Sampson NC 51st Inf. Co.G 1st Sgt.
Boone, Samuel MO 5th Cav. Co.G
Boone, Samuel J. GA 11th Inf. Co.A
Boone, Simeon P. NC 4th Cav. (59th St.Troops) Co.D
Boone, S.L. AR 5th Inf. Co.E 1st Lt.
Boone, S.L. AR 30th Inf. Co.A,D
Boone, Solon G. NC 1st Inf. Co.F
Boone, Sosthene LA 15th Inf. Co.C
Boone, Squire AR 15th (N.W.) Inf. Co.C Col.
Boone, S.W. MS 11th Inf. Co.G
Boone, S. William LA Mil. Orleans Fire Regt. Hall's Co.
Boone, T.A. TX 1st Inf. Co.I
Boone, T.G. NC 44th Inf. Co.C
Boone, Thomas TN 53rd Inf. Co.D
Boone, Thomas VA 3rd Cav. & Inf.St.Line Co.A
Boone, Thomas D. NC 1st Inf. Co.F Capt.
Boone, Thomas E. TN 59th Mtd.Inf. Co.A
Boone, Thomas E. VA 25th Inf. 2nd Co.C
Boone, Thomas M. MO 5th Inf. Co.I
Boone, Thomas W. MS 2nd Inf. Co.A Bvt.2nd Lt.
Boone, Thomas W. MS 30th Inf. Co.B 2nd Lt.
Boone, Thomas W. 3rd Conf.Cav. Co.B
Boone, Thomas W. Conf.Inf. 1st Bn. 2nd Co.E
Boone, T.J. FL 1st (Res.) Inf. Co.C
Boone, T.J. TN 22nd Inf. Co.H
Boone, T.T. AR 2nd Inf. Co.F,K
Boone, U.H. KY 5th Cav. Co.A
Boone, Valsin LA Mil. 1st Native Guards 1st Lt.
Boone, W. MS 3rd Inf. Co.A
Boone, W.A. MS 5th Cav. Co.K
Boone, Warren S. MS 11th Inf. Co.G
Boone, W.F. NC 1st Inf. Co.F
Boone, W.H. KY 8th Cav. Co.H
Boone, W.H.H. MS Cav. Ham's Regt. Co.A
Boone, William AL 23rd Inf. Co.I
Boone, William AL 61st Inf. Co.H
Boone, William GA 25th Inf. Co.I
Boone, William MD 1st Cav. Co.E
Boone, William NC 58th Inf. Co.A
Boone, William SC 2nd Inf. Co.G
Boone, William A. TN 12th (Green's) Cav. Cotler's Co.
Boone, William C. AR 1st (Dobbin's) Cav.
Boone, William D. AR 19th Inf. Co.E
Boone, William H. AR 35th Inf. Co.B Cpl.
Boone, William H. NC Vol. Lawrence's Co.
Boone, William H.H. MS 2nd Inf. Co.A
Boone, William J. 15th Conf.Cav. Co.B
Boone, William R. AR Cav. McNeil's Co.
Boone, William R. NC Cav. 5th Bn. Co.B
Boone, William R. TX Cav. Hardeman's Regt. Co.B
Boone, William S. MO 3rd Inf. Co.A
Boone, William S. NC 29th Inf. Co.A
Boone, William T. MO 5th Cav. Co.G 2nd Lt.
Boone, William T. MO 5th Inf. Co.I
Boone, W.J.A. MS 1st (Johnston's) Inf. Co.D Capt.
Boone, W.L. MO 11th Inf. Co.A
Boone, W.R. TN 17th Inf. Co.B 2nd Lt.
Boone, W.T. MS 11th Inf. Co.G
Boone, Zedekiah SC Inf. 7th Bn. (Enfield Rifles) Co.D
Boonyhill, James 1st Creek Mtd.Vol. Co.B
Booram, Isaac A. VA 19th Cav. Co.G
Boord, Ahrued KY 2nd (Woodward's) Cav. Co.E 2nd Lt.
Boord, H.B. VA Cav. 36th Bn. Co.A 1st Lt.
Boorde, Wm. H. SC 14th Inf. Co.A
Boorehead, Gustave LA 10th Inf. Co.F
Boorland, James M. MS St.Cav. 2nd Bn. (Harris') 2nd Co.C
Boorlinger, W.R. MO 8th Inf. Co.A
Boorom, George H. KY 3rd Cav. Co.D
Booron, George KY 4th Cav. Co.F
Boorrows, James NC 30th Inf. Co.I
Boos, Ambroise LA 21st (Patton's) Inf. Co.B
Boos, Cassimere LA 8th Inf. Co.B
Boos, J. LA Mil. Fire Bn. Co.E
Boos, Peter LA Mil. Chalmette Regt. Co.D
Boos, Ph LA Mil. Chalmette Regt. Co.D
Boos, R.P. MO Cav. 3rd Regt.St.Guard Co.D Sgt.
Boose, H. TN Inf. 154th Sr.Regt. 2nd Co.B
Boose, Henry MO 8th Cav. Co.H
Boose, T. NC 33rd Inf. Co.G
Booser, J.S. GA 55th Inf. Co.I
Booser, L.J. MS 5th Inf. (St.Troops) Co.C
Booser, P.J. MS 2nd (Davidson's) Inf. Co.A
Booser, William MS 5th Inf. (St.Troops) Co.C
Boosh, J.T. AR 1st (Dobbin's) Cav. Co.K
Booshee, Consider NC 43rd Inf. Co.D,E
Booshee, George W. NC 43rd Inf. Co.D
Booshing, P.H. TN Inf. Tackitt's Co.
Boosley, R. FL 10th Inf. Love's Co.
Boot, A. MS 18th Cav. Co.E
Boot, John 1st Cherokee Mtd.Vol. 2nd Co.B
Boot, Square 1st Choctaw & Chickasaw Mtd.Rifles 2nd Co.H
Boote, W.R., Jr. LA 27th Inf. Co.D
Booten, Fealing H. VA Cav. Ferguson's Bn. Spurlock's Co.
Booten, H. VA Inf. 45th Bn. Co.F
Booten, John Conf.Reg.Inf. Brooks' Bn. Co.D
Booten, J.W. NC 5th Inf. Co.E
Booten, Richard C. VA 33rd Inf. Co.G
Booten, Sylvanus T. VA 33rd Inf. Co.H
Booten, Wesley VA Cav. Ferguson's Bn. Spurlock's Co. Cpl.
Booter, Frederick TX 20th Cav. Co.B
Booth, --- AL 21st Inf. Co.G
Booth, --- TX Cav. Mann's Regt. Co.K
Booth, --- VA VMI Co.C
Booth, A.A. GA 43rd Inf.
Booth, A.B. LA 3rd Inf. Co.K
Booth, A.B. LA 22nd (Cons.) Inf. Co.H Sgt.
Booth, A.B. MS 4th Cav. Co.A
Booth, Abel W. TN 55th (McKoin's) Inf. Duggan's Co.
Booth, Abijah VA 36th Inf. 2nd Co.H
Booth, Abraham MO 4th Cav. Co.D
Booth, Absalom GA 38th Inf. Co.H
Booth, Ace AL 41st Inf. Co.A
Booth, A.F. TN 19th & 20th (Cons.) Cav. Co.C
Booth, A.F. VA Inf. 14th Regt. Co.D
Booth, A.H. MS 26th Inf. Chap.
Booth, A.H. Gen. & Staff Chap.
Booth, A.J. AR 12th Bn.S.S. Co.D
Booth, A.J. AR 15th (Johnson's) Inf. Co.D
Booth, A.J. KY 13th Cav. Co.I Ord.Sgt.
Booth, A.J. TN 40th Inf. Co.G
Booth, A.J. Sig.Corps,CSA
Booth, Albert AL 6th Inf. Co.G
Booth, Alex. TN Lt.Arty. McClung's Co.
Booth, Alexander VA 51st Inf. Co.B
Booth, Alonzo VA Cav. Ferguson's Bn. Spurlock's Co.
Booth, Alvey TX Arty. 4th Bn. Co.B
Booth, Alvey TX 8th Inf. Co.B
Booth, Andrew J. VA 37th Mil. Co.A
Booth, Andy W. GA Inf. 9th Bn. Co.D
Booth, A.R. MS 33rd Inf. Co.A Capt.
Booth, Archer J. VA 3rd Cav. Co.E
Booth, Asa H. VA 54th Inf. Co.D Capt.
Booth, A.Z. GA 27th Inf. Co.E
Booth, Ben H. Sig.Corps,CSA
Booth, Benjamin FL 10th Inf. Co.D Cpl.
Booth, Benjamin NC 7th Sr.Res. Fisher's Co.
Booth, Benjamin VA 3rd (Archer's) Bn.Res. Co.E
Booth, Benjamin F. AL 41st Inf. Co.A
Booth, Benjamin F. MS Cav. Powers' Regt. Co.E Sgt.
Booth, Benjamin F. MS 12th Inf. Co.K Sgt.
Booth, Benjamin F. VA 16th Cav. Co.E Cpl.
Booth, Benjamin F. VA Cav. Ferguson's Bn. Spurlock's Co.
Booth, Benjamin H. MS 27th Inf. Co.K
Booth, B.F. MS Inf. Lewis' Co. Sgt.
Booth, B.G. MS 3rd Cav.
Booth, B.H. AL 3rd Cav. Co.H
Booth, B.H. AL Mil. 2nd Regt.Vol. Co.F N.C.S. Sgt.Maj.
Booth, B.H. AL Mil. 4th Vol. Co.D
Booth, Burwell VA 8th Cav. Co.K
Booth, Charles VA 8th Cav. Co.K
Booth, Charles D. TN 32nd Inf. Co.H
Booth, Charles E. VA 1st Inf. Co.A
Booth, Charles E. VA 12th Inf. Co.G
Booth, Charles R. Conf.Hvy.Arty. Montague's Bn. Co.C
Booth, Charles T. TX 12th Cav. Co.A
Booth, Charles W. Bradford's Corps Scouts & Guards Co.A
Booth, Christopher S. VA 24th Inf. Co.D
Booth, C.M. AL 8th Cav. Co.A
Booth, Cornelius VA 42nd Inf. Co.B
Booth, Curtis AL 41st Inf. Co.A
Booth, Curtis AL 43rd Inf. Co.D
Booth, C.W. AR 2nd Cav. 1st Co.A
Booth, C.W. AR 47th (Crandall's) Cav.
Booth, D. LA Mil. Orleans Fire Regt. Co.A
Booth, Daniel B. AL 3rd Cav. Co.H
Booth, Daniel C. AL Lt.Arty. 2nd Bn. Co.F
Booth, David TN Lt.Arty. McClung's Co.
Booth, David H. VA 60th Inf. Co.G

Booth, David Winfield MS 21st Inf. Asst.Surg.
Booth, D.D. MS 5th Inf. Co.K
Booth, Derensellear R. AR 3rd Inf. Co.G
Booth, Dewitt C. TX Cav. Morgan's Regt. Co.A
Booth, Dewitt C. VA 58th Inf. Co.D Capt.
Booth, D.M. AL 9th Cav. Co.G
Booth, Doctor D. AL 46th Inf. Co.A
Booth, D.R. VA 18th Inf. Co.H
Booth, E.A. GA Lt.Arty. 12th Bn.
Booth, E.A. TX 26th Cav. Co.E,I
Booth, Edward LA Mil. 1st Regt. 3rd Brig. 1st Div. Co.F 1st Lt.
Booth, Edward LA Inf. 9th Bn. Co.D Cpl.
Booth, Edward C. VA 42nd Inf. Co.K Ord.Sgt.
Booth, Edwin G. VA 3rd Cav. Co.E
Booth, E.L. MS 6th Inf. Co.A
Booth, Elias FL 10th Inf. Co.A
Booth, Elijah MO Cav. Snider's Bn. Co.B
Booth, Elisha VA 58th Inf. Co.D
Booth, F.M. MO Lt.Arty. H.M. Bledsoe's Co.
Booth, F.N. TX St.Troops Teel's Co.
Booth, Francis VA 16th Cav. Co.E
Booth, Francis VA Cav. Ferguson's Bn. Spurlock's Co.
Booth, Francis M. VA 8th Cav. Co.K Sgt.
Booth, Frederick VA 136th Mil. Co.E
Booth, Frederick VA Lynchburg Prov.Guard Co.A
Booth, G. GA Cav. Dorough's Bn.
Booth, G.A. GA 1st (Fannin's) Res. Co.F
Booth, Gabriel H. TX 4th Cav. Co.B
Booth, George LA 1st Hvy.Arty. (Reg.) Co.B
Booth, George LA Miles' Legion Co.F
Booth, George Conf.Cav. Clarkson's Bn. Ind. Rangers Co.H
Booth, George G. VA Lt.Arty. 12th Bn. 1st Co.A Cpl.
Booth, George G. VA Lt.Arty. Utterback's Co. Cpl.
Booth, Geo. L. Gen. & Staff Hosp.Stew.
Booth, George W. AL 2nd Bn. Hilliard's Legion Vol. Co.E
Booth, George W. AR Cav. McGehee's Regt. Co.H
Booth, George W. AR 1st (Colquitt's) Inf. Co.C
Booth, George W. AR 8th Inf. New Co.A
Booth, George W. MD 1st Cav. Adj.
Booth, Geo. W. Gen. & Staff 1st Lt.,Adj.
Booth, George Wilson MD 1st Inf. Co.D Capt.
Booth, George Y. VA 5th Cav. Co.A
Booth, G.H. GA 38th Inf. Co.H
Booth, G.J. TX 8th Cav. Co.I
Booth, G.R. TN Inf. 2nd Cons.Regt. Co.D Capt.
Booth, Greenup B. KY 4th Mtd.Inf. Co.H
Booth, G.W. AL 7th Cav. Co.D
Booth, G.W. AL 24th Inf. Co.E
Booth, G.W. AL 59th Inf. Co.B
Booth, G.W. AR 6th Inf. Co.G
Booth, H. GA Cav. Dorough's Bn.
Booth, H. Bradford's Corps Scouts & Guards Co.B
Booth, H.A. VA 30th Bn.S.S. Co.F
Booth, Henry AR 36th Inf. Capt.,CS
Booth, Henry AR 36th Inf. Co.E
Booth, Henry GA Lt.Arty. 12th Bn. 1st Co.A
Booth, Henry GA 63rd Inf. Co.A
Booth, Henry Price's Div. Capt.
Booth, Henry C. KY Cav. 1st Bn. Co.B
Booth, Henry F. MS 1st (Johnston's) Inf. Co.H
Booth, Henry H. MS 14th Inf. Co.B
Booth, Henry H. MS 15th Inf. Co.G
Booth, Henry L. TN 32nd Inf. Co.H
Booth, H.F. MS 2nd Cav. Co.I
Booth, H.H. AL 46th Inf. Co.A
Booth, H.H. MS 20th Inf. Co.A
Booth, H.H. Conf.Cav. Raum's Co.
Booth, Hillery A. VA 56th Inf. Co.G 2nd Lt.
Booth, Hiram A. VA 22nd Inf. Co.E
Booth, H.M. MS Inf. 2nd Bn. (St.Troops) Co.D
Booth, Hugh VA 63rd Inf. Co.K
Booth, Hull AR 2nd Cav. Co.C
Booth, Isaac D. TN 49th Inf. Co.A
Booth, J.A. GA Inf. 23rd Bn.Loc.Def. Pendergrass' Co.
Booth, J.A. TX Cav. 3rd Regt.St.Troops Townsend's Co.
Booth, J.A. TX 24th Cav. Co.I
Booth, James GA 2nd Cav. Co.D
Booth, James GA 1st (Olmstead's) Inf. Co.A
Booth, James SC 9th Inf. Co.D
Booth, James SC Palmetto S.S. Co.E
Booth, James VA 54th Inf. Co.E
Booth, James B. MS 21st Inf. Co.F Cpl.
Booth, James C. AL Lt.Arty. 2nd Bn. Co.F
Booth, James C. GA 15th Inf. Co.I
Booth, James C. GA 38th Inf. Co.H
Booth, James C. VA 58th Inf. Co.D
Booth, James E. VA 56th Inf. Co.G
Booth, James H. MO Cav. Poindexter's Regt.
Booth, James H. NC 47th Inf. Co.H
Booth, James J. AR 15th (Josey's) Inf. Co.H Sgt.
Booth, James J. MS 37th Inf. Co.B
Booth, James M. MS 27th Inf. Co.C Cpl.
Booth, James P. TX 35th (Brown's) Cav. Co.G
Booth, James P. TX 13th Vol. 2nd Co.G
Booth, James R. GA 2nd Inf. 1st Co.B
Booth, James R. GA 26th Inf. Co.E
Booth, James T. AL Lt.Arty. Tarrant's Btty.
Booth, James T. SC Arty. Manigault's Bn. 1st Co.B
Booth, James T. VA 6th Cav. Co.G 1st Lt.
Booth, J.B. KY Morgan's Men Co.E
Booth, J.B. LA 28th (Gray's) Inf. Co.A
Booth, J.B. TX 19th Cav. Co.I
Booth, J.C. AR 15th Inf. Asst.Surg.
Booth, J.C. MS Cav. Yerger's Regt. Co.A
Booth, J.C. MS Lt.Arty. Darden's Co. (Jefferson Arty.)
Booth, J. Dallas TN 14th Inf. Co.G
Booth, J.E. GA Cav. 19th Bn. Co.C 2nd Lt.
Booth, J.E. GA Inf. 27th Bn. (NonConscr.) Co.C
Booth, J.E. MS Cav. 1st Bn. (Montgomery's) St.Troops Hammond's Co.
Booth, J.E. VA 22nd Inf. Co.E
Booth, Jefferson M. KY 1st (Butler's) Cav. Co.M,D
Booth, Jesse C. FL 2nd Cav. Co.G 2nd Lt.
Booth, Jesse C. FL Cav. 5th Bn. Co.A Capt.
Booth, Jesse C. FL 1st Inf. Old Co.G
Booth, Jesse H. AL 3rd Cav. Co.H Cpl.
Booth, J.H. MS 12th Inf.
Booth, J.H. Stirman's Regt.S.S. Co.A,CSA
Booth, J.L. AR Inf. 4th Bn. Co.E Sgt.
Booth, J.L.C. GA 38th Inf. Co.H
Booth, J.M. AL 12th Inf. Co.D
Booth, J.M. GA 4th Cav. (St.Guards) White's Co.
Booth, J.M. GA 4th Inf. Co.C
Booth, J.M. MS Cav. Yerger's Regt. Co.A
Booth, J.M.R. KY 9th Cav. Co.D
Booth, Joel Washington TN 2nd (Robison's) Inf. Co.A
Booth, John AL Jeff Davis Arty.
Booth, Jno. AL Cp. of Instr. Talladega
Booth, John AR 1st Mtd.Rifles Co.K
Booth, John AR 25th Inf. Co.C
Booth, John FL 1st Cav. Co.C
Booth, John LA 5th Inf. Co.K
Booth, John MD Inf. 2nd Bn. Co.H
Booth, John MS 2nd St.Cav. 1st Co.C
Booth, John MS 18th Cav. Co.G
Booth, John MS Inf. 2nd Bn. Co.H
Booth, John MS 48th Inf. Co.H
Booth, John SC Inf. 9th Bn. Co.F
Booth, John, Jr. SC 10th Inf. Co.B
Booth, John TX 15th Cav. Co.E
Booth, John TX Cav. Mann's Bn. Cox's Co.
Booth, John VA 14th Cav. Co.G, 2nd Co.F
Booth, John VA 14th Inf. Co.D
Booth, John VA 22nd Inf. Swann's Co.
Booth, John VA Albemarle Res. Co.A
Booth, John VA Prov.Guard Avis' Co.
Booth, John VA Mil. Scott Cty.
Booth, John A. SC 10th Inf. Co.B
Booth, John C. AL Cav. Lewis' Bn. Co.D
Booth, John C. GA 38th Inf. Co.H
Booth, John C. NC 2nd Bn.Loc.Def.Troops Co.A Maj.
Booth, John C. Gen. & Staff Maj.
Booth, John Cryer MS 2nd Part.Rangers Co.C Surg.
Booth, John Cryer Gen. & Staff Asst.Surg.
Booth, John E. VA 4th Inf. Co.A
Booth, John F. MS Cav. 2nd Regt.Res. Co.I 1st Lt.
Booth, John F. MS 2nd Inf. Co.E Capt.
Booth, John H. TX 6th Cav. Co.I
Booth, John H. VA 36th Inf. Co.F
Booth, John L. AR 47th (Crandall's) Cav.
Booth, John L. 2nd Cherokee Mtd.Vol. Co.A Cpl.
Booth, John M. MS 20th Inf. Co.C
Booth, John M. MS 30th Inf. Co.I Sgt.
Booth, John O. AL 24th Inf. Co.E
Booth, John P. TN 30th Inf. Co.F
Booth, John R. FL 10th Inf. Co.D
Booth, John R. GA 1st (Olmstead's) Inf. Co.A
Booth, John R. KY 9th Cav. Co.D
Booth, John S. VA 14th Inf. Co.H
Booth, Johnson GA 1st (Fannin's) Res. Co.D
Booth, John T. AL 41st Inf. Co.A
Booth, John T. MS 37th Inf. Co.D
Booth, John T. NC 2nd Inf. Co.E Sgt.
Booth, John T. TX 27th Cav. Co.C
Booth, John T. VA 3rd Inf.Loc.Def. Co.D
Booth, John T. VA 40th Inf. Co.K
Booth, John W. FL 8th Inf. Co.B Lt.
Booth, John W. GA 1st Bn.S.S. Co.B
Booth, John W. GA 26th Inf. Co.E

Booth, John W. GA 38th Inf. Co.H
Booth, John W. MS 1st (Johnston's) Inf. Co.H
Booth, Joseph AL 53rd Part.Rangers
Booth, Joseph TX 8th Cav. Co.G
Booth, Joseph TX Granbury's Cons.Brig. Co.D
Booth, Joseph TX 10th Inf. Co.G
Booth, Jos. J. Hosp.Stew.
Booth, Joseph S. Gen. & Staff Hosp.Stew.
Booth, Joseph W. VA 5th Cav. (12 mo. '61-2) Co.E
Booth, Josiah B. VA 40th Inf. Co.C
Booth, J.P. TN Lt.Arty. Tobin's Co.
Booth, J.S. TX Cav. Border's Regt. Co.K Sgt.
Booth, J.T. TX 11th Inf. Co.H Sgt.
Booth, J.W. MO Inf. Winston's Regt. Co.A Sgt.
Booth, J.W. Cherokee Regt. Miller's Co.
Booth, J.W. Gen. & Staff A.Surg.
Booth, J.W.G. GA 38th Inf. Co.H Drum Maj.
Booth, J.W.J. AL 38th Inf. Co.H
Booth, L.B. GA Siege Arty. 28th Bn. Co.F
Booth, Lewis VA 36th Inf. Co.E
Booth, Lewis D. MS 9th Inf. Old Co.A
Booth, Lewis D. TN 2nd Cav. Co.B 1st Sgt.
Booth, Lewis D. TN 21st (Carter's) Cav. Co.G
Booth, Lewis D. TN 22nd Cav. Co.B Sgt.
Booth, L.S. SC Arty. Manigault's Bn. 1st Co.B
Booth, L.W. TX Cav. 3rd Regt.St.Troops Townsend's Co.
Booth, M. MS Cav. Yerger's Regt. Co.A
Booth, M. TX Cav. 2nd Regt.St.Troops Co.H
Booth, M. VA 72nd Mil.
Booth, Matthew VA 13th Inf. Co.K
Booth, Milton L. VA 53rd Inf. Co.A
Booth, Milton L. VA Inf. Montague's Bn. Co.A
Booth, M.M. VA 5th Cav. Co.H
Booth, Moses L. VA 2nd Cav. Co.D 1st Lt.
Booth, Moses R. LA 11th Inf. Co.D
Booth, M.R. Conf.Cav. Wood's Regt. 2nd Co.F
Booth, Nash NC Inf. 13th Bn. Co.A
Booth, Nathan LA 13th Inf. Co.G,E
Booth, Nathaniel VA 3rd Res. Co.F
Booth, Osborn T. AR 32nd Inf. Co.A Cpl.
Booth, Patrick TX Waul's Legion Co.B
Booth, Patrick A. VA 6th Cav. Co.G
Booth, Payton C. VA 62nd Mtd.Inf. Co.C
Booth, Peter MO Cav. Snider's Bn. Co.B
Booth, Peter VA 36th Inf. Co.G
Booth, Peter B. VA 24th Inf. Co.D Capt.
Booth, R. GA Cav. Dorough's Bn.
Booth, R.C. FL 1st Inf. Old Co.G
Booth, Richard AL 43rd Inf. Co.D
Booth, Richard FL 3rd Inf. Co.A Music.
Booth, Richard F. AL Conscr. Echols' Co.
Booth, Richard F. AL 21st Inf. Co.G
Booth, Richard F.M. AL 1st Regt.Conscr. Co.I
Booth, Richard H. VA 3rd Inf. Co.E
Booth, Right VA 54th Inf. Co.H Sgt.
Booth, Riley R. VA 54th Inf. Co.I
Booth, R.J. AR 38th Inf. Old Co.I, Co.H
Booth, R.J. 2nd Conf.Eng.Troops
Booth, Robert AL Cav. 24th Bn. Co.C
Booth, Robert AL 45th Inf. Co.A
Booth, Robert AR 11th Inf. Co.D
Booth, Robert AR 36th Inf. Co.A
Booth, Robert GA Carlton's Co. (Troup Cty.Arty.)
Booth, Robert NC 2nd Inf. Co.E
Booth, Robert C. FL 2nd Cav. Co.E 2nd Lt.
Booth, Robert G. SC 10th Inf. Co.B Cpl.
Booth, Robert P. AR 15th (Josey's) Inf. Co.C
Booth, Robert P. TX 27th Cav. Co.C
Booth, Robert S. VA 12th Inf. Co.K,G
Booth, Roswell V. MS 21st Inf. Co.A
Booth, R.V. TN Lt.Arty. McClung's Co. Sgt.
Booth, R.V. Gen. & Staff, Arty. 1st Lt.
Booth, S. TX 19th Cav. Co.I
Booth, Samuel AL 9th Inf. Co.H
Booth, Samuel VA 16th Cav. Co.E
Booth, Samuel VA Cav. Ferguson's Bn. Spurlock's Co.
Booth, Samuel D. VA 6th Cav. Co.G
Booth, Samuel D. VA 53rd Inf. Co.A
Booth, Samuel D. VA Inf. Montague's Bn. Co.A
Booth, Samuel J. VA 15th Cav. Co.D
Booth, Samuel J. VA Cav. 15th Bn. Co.B
Booth, Samuel S. GA 38th Inf. Co.H
Booth, S.C. TX 18th Inf. Co.F
Booth, Seaborn W. GA 41st Inf. Co.I
Booth, Silas VA 58th Inf. Co.D 2nd Lt.
Booth, Silas H. VA 28th Inf. Co.D
Booth, Solomon VA 14th Inf. 2nd Co.G
Booth, S.S. AL Mil. 4th Vol. Co.D
Booth, Steph VA 72nd Mil.
Booth, Stephen T. VA 2nd Cav. Co.D
Booth, S.W. GA Inf. 23rd Bn.Loc.Def. Sims' Co.
Booth, S.W. GA Cobb's Legion Co.G
Booth, T. KY 12th Cav. Co.K
Booth, T. MS Cav. 3rd Bn.Res. Co.A Capt.
Booth, T.A. SC 11th Res. Co.K
Booth, T.A. TN 51st (Cons.) Inf. Co.B
Booth, T.D. AL 4th Res. Co.F
Booth, Tebias TX 12th Cav. Co.F
Booth, Thomas AL 44th Inf. Co.G N.C.S. Comsy.Sgt.
Booth, Thomas GA Carlton's Co. (Troup Cty.Arty.)
Booth, Thomas MS 11th Inf. Co.K 3rd Lt.
Booth, Thomas MS 15th Inf. Co.B Capt.
Booth, Thomas NC 47th Inf. Co.H
Booth, Thomas VA 41st Inf. 2nd Co.G
Booth, Thomas B. VA 3rd Cav. 2nd Co.I
Booth, Thomas H. MS 2nd Cav. Co.I Sgt.
Booth, Thomas H. VA Inf. 26th Bn. Co.F
Booth, Thomas H. VA 59th Inf. 2nd Co.C
Booth, Thomas J. GA 13th Cav. Co.E
Booth, Thomas W. AL 6th Inf. Co.G,H
Booth, Thomas W. VA Hvy.Arty.20th Bn. Co.E Cpl.
Booth, Thomas Y. GA Cobb's Legion Co.A
Booth, Thom J. TX 12th Cav. Co.F
Booth, Tim LA 13th Inf. Co.H Cpl.
Booth, T.J. AR 15th (Johnson's) Inf. Co.D
Booth, T.J. TN 40th Inf. Co.G
Booth, T.J. TX 19th Cav. Co.I
Booth, T.J. Conf.Cav. Wood's Regt. Co.I Sgt.
Booth, T.T. AR 21st Mil. Co.A
Booth, T.T. AR 36th Inf. Co.E
Booth, T.W. LA 1st Hvy.Arty. (Reg.) Co.D
Booth, T.W. VA 13th Inf. 2nd Co.B
Booth, T.Y. GA 53rd Inf. Co.B
Booth, U.W. AL Lt.Arty. Kolb's Btty.
Booth, W. AL 34th Inf. Co.C
Booth, W. GA Inf. 27th Bn.(NonConscr.) Co.C Sgt.
Booth, W.A. AL 38th Inf. Co.H Music.
Booth, W.A. GA 38th Inf. Co.H Band Drum.
Booth, W.A. MS Part.Rangers Armistead's Co. Sgt.
Booth, Walter H. GA Carlton's Co. (Troup Cty.Arty.)
Booth, W.B. VA 21st Cav. 2nd Co.G
Booth, W.C. TX 28th Cav. Co.B
Booth, W.C. VA 8th Inf. Co.I
Booth, W.D. AR 36th Inf. Co.E
Booth, W.H. MS Cav. 2nd Bn.Res. Co.G Cpl.
Booth, W.H. VA Inf. 44th Bn. Co.D
Booth, W.H. VA 59th Inf. 1st Co.B
Booth, Wiley GA Siege Arty. 28th Bn. Co.D
Booth, Wiley GA 32nd Inf. Co.B
Booth, Wiley M. VA 54th Inf. Co.A
Booth, William AL 33rd Inf. Co.E
Booth, William AL 45th Inf. Co.A
Booth, William AL 62nd Inf. Co.D
Booth, Wm. AL Cp. of Instr. Talladega
Booth, William AR 13th Mil. Co.A
Booth, William MS 19th Inf. Co.A
Booth, William TN 9th (Ward's) Cav. Co.F
Booth, William TX 19th Cav. Co.I
Booth, William VA Lt.Arty. Grandy's Co.
Booth, William VA Inf. 1st Bn. Co.D
Booth, William VA 16th Inf. 1st Co.H
Booth, William VA 19th Bn.
Booth, William VA 45th Inf. Co.D
Booth, William, Jr. VA 54th Mil. Co.G
Booth, William Conf.Inf. 8th Bn. Co.F Sgt.
Booth, William A. AL 29th Inf. Co.K
Booth, William A. MS 1st (Johnston's) Inf. Co.H
Booth, William C. VA 44th Inf. Co.H
Booth, William C. VA 57th Inf. Co.G
Booth, William D. AR 14th (McCarver's) Inf. Co.C Sgt.
Booth, William D. AR 21st Inf. Co.A
Booth, William F. AL 3rd Cav. Co.H Sgt.
Booth, William G. MS 11th Inf. Co.D
Booth, William H. AR 1st (Colquitt's) Inf. Co.C
Booth, William H. GA 34th Inf. Co.C
Booth, William H. KY 10th (Diamond's) Cav. Co.I
Booth, William H. VA 60th Inf. Co.A
Booth, William J. FL 2nd Inf. Co.G
Booth, William J. MS 5th Cav. Co.C Sgt.
Booth, William J. MS Applewhite's Co. (Vaiden Guards) 2nd Lt.
Booth, William L. AL 33rd Inf. Co.F
Booth, William L. TX 12th Cav. Co.A
Booth, William P. MS 27th Inf. Co.G 2nd Lt.
Booth, William R. TX 35th (Brown's) Cav. Co.G
Booth, William S. LA 1st Cav. Co.B 2nd Lt.
Booth, Wm. T. AR 2nd Cav. Co.E
Booth, W.J. FL 2nd Cav. Co.K
Booth, W.J. MS 18th Cav. Co.I Ord.Sgt.
Booth, W.K. AL 17th Inf. Co.H
Booth, W.M.C. MS Lt.Arty. (Jefferson Arty.) Darden's Co.
Booth, W.M.R. TX Terry's Mtd.Co. (St.Troops)
Booth, W.P. AR 36th Inf. Co.E
Booth, W.S. TN 40th Inf. Co.G
Booth, W.S. VA 5th Cav. Co.K
Booth, W.W. AL St.Res.

Booth, W.W. FL Kilcrease Lt.Arty.
Booth, Z. MS 5th Inf. Co.K Capt.
Booth, Zachariah MS 2nd Part.Rangers Co.E
Booth, Zachariah D. GA 59th Inf. Co.C
Boothby, Daniel AR Lt.Arty. Rivers' Btty.
Boothby, Frank L. AL 15th Inf. Co.H 1st Lt.
Boothby, Mark AL 13th Inf. Co.E
Boothe, --- TX Cav. Good's Bn. Co.A
Boothe, A. MS 41st Inf. Co.B
Boothe, A.A. MS 46th Inf. Co.D
Boothe, A.B. MS 2nd (Quinn's St.Troops) Inf. Co.D
Boothe, A.B. MS 46th Inf. Co.B
Boothe, Abner VA 4th Res. Co.H
Boothe, A.H. MS Mil. 4th Cav. Co.B Capt.
Boothe, A.J. AR 19th (Dockery's) Inf. Co.K
Boothe, Alex VA 38th Inf. Co.C
Boothe, Alfred A. AL 43rd Inf. Co.B
Boothe, Arthur T. VA 57th Inf. Co.I
Boothe, Asa VA Inf. 26th Bn. Co.I
Boothe, A.T. VA Inf. 14th Regt. Co.D
Boothe, A.V. TN 31st Inf. Co.K
Boothe, A.W. TN 44th (Cons.) Inf. Co.G
Boothe, A.W. TX 9th (Young's) Inf. Co.K
Boothe, Benedeict M. VA 55th Inf. Co.E
Boothe, Benjamin VA 38th Inf. Co.C
Boothe, Benjamin W. SC 19th Inf. Co.A
Boothe, B.F. AR 19th (Dawson's) Inf. Co.K Sgt.
Boothe, B.F. AR Inf. Hardy's Regt. Co.K Sgt.
Boothe, B.G. MS 4th Inf. Co.I
Boothe, Burwell W. VA 57th Inf. Co.A
Boothe, B.W. AL 33rd Inf. Co.E
Boothe, Chals J. TX 24th Cav. Co.G 1st Lt.
Boothe, Charles R. AL 53rd (Part.Rangers) Co.K Cpl.
Boothe, Charles R. VA 34th Inf. Co.H
Boothe, Charles W. VA 29th Inf. Co.C
Boothe, C.M. AL Mil. 4th Vol. Co.D 1st Sgt.
Boothe, Corden S. VA 11th Cav. Co.E
Boothe, Corydon S. VA 33rd Inf. Co.B
Boothe, C. Silas VA 11th Inf. Co.G
Boothe, D.C. TX 20th Inf. Co.G
Boothe, E.L. MS 4th Cav. Co.B
Boothe, Elam AL 30th Inf. Co.D
Boothe, Eligia MO Inf. Perkins' Bn. Co.F
Boothe, Elijah VA 5th Inf. Co.H
Boothe, F.F. AL 3rd Bn.Res. Co.H
Boothe, F.M. TN Lt.Arty. Phillips' Co. Bugler
Boothe, F.W. TX 25th Cav. Co.G
Boothe, George VA 36th Inf. Co.E
Boothe, George H. MO Lt.Arty. Farris' Btty. (Clark Arty.)
Boothe, George W. AL 45th Inf. Co.I
Boothe, George W. AR Lt.Arty. Key's Btty.
Boothe, George W. VA 2nd Inf.Loc.Def. Co.H
Boothe, G.R. TN 47th Inf. Co.G,F Capt.
Boothe, G.T.C. 1st Conf.Eng.Troops Co.I
Boothe, G.W. AR 15th (Johnson's) Inf. Co.A
Boothe, G.W. AR 38th Inf. Co.C
Boothe, G.W. VA Inf. 2nd Bn.Loc.Def. Co.F
Boothe, G.W.P. MS Blythe's Bn. (St.Troops) Co.A
Boothe, H. AR 17th (Griffith's) Inf. Co.C
Boothe, H. VA 16th Cav. Co.B Sgt.
Boothe, H.A. TX 9th (Nichol's) Inf. Co.D
Boothe, Harden VA 22nd Inf. Co.E
Boothe, Harvey L. VA 57th Inf. Co.C
Boothe, H.C. AL 5th Inf. Co.F New Cpl.
Boothe, Henderson VA Horse Arty. G.W. Brown's Co.
Boothe, Henry AL 18th Inf. Co.E
Boothe, Henry C. VA 6th Bn.Res. Co.I
Boothe, Hezekiah VA Cav. Caldwell's Bn. Gent's Co. Cpl.
Boothe, I. Newton VA 11th Cav. Co.G
Boothe, Isaac D. Inf. Bailey's Cons.Regt. Co.G
Boothe, J. GA 63rd Inf.
Boothe, J.A. TX 4th Cav. Co.B
Boothe, James AL 30th Inf. Co.D
Boothe, James FL Inf. 2nd Bn. Co.D
Boothe, James FL 10th Inf. Co.K
Boothe, James GA 57th Inf. Co.K Cpl.
Boothe, James KY 4th Cav. Co.B
Boothe, James LA 3rd (Wingfield's) Cav. Co.B Sgt.
Boothe, James NC 6th Sr.Res. Co.K Sgt.
Boothe, James NC 6th Sr.Res. Co.K
Boothe, James TX 5th Inf. Co.F
Boothe, James E. GA 11th Cav. (St.Guards) Folks' Co.
Boothe, James E. SC 19th Inf. Co.A
Boothe, James E. 10th Conf.Cav. Co.H 2nd Lt.
Boothe, James J. VA 40th Inf. Co.E
Boothe, James L. AL 30th Inf. Co.D
Boothe, James M. VA 40th Inf. Co.C
Boothe, James S. MS 11th Inf. Co.I
Boothe, James W. VA 4th Inf. Co.C
Boothe, J.C. GA Inf. 1st City Bn. (Columbus) Co.A Cpl.
Boothe, J.C. MS St.Cav. 3rd Bn. (Cooper's) 2nd Co.A
Boothe, J.C. MS 1st (King's) Inf. (St.Troops) Co.G
Boothe, J.C.B. Inf. Bailey's Cons.Regt. Co.A
Boothe, J.D. SC 21st Inf. Co.G
Boothe, J.E. GA Cav. 22nd Bn. (St.Guards) Co.C
Boothe, Jefferson VA 16th Cav. Co.E
Boothe, Jesse MO Cav. Ford's Bn. Co.B
Boothe, Jesse VA 14th Cav. 2nd Co.F
Boothe, Jesse G. GA 26th Inf. Co.K
Boothe, J.F. AL Inf. 1st Regt. Co.G
Boothe, J.H. MS 4th Inf. Co.C Sgt.
Boothe, J.H. MS 9th Inf. New Co.K
Boothe, J.H. NC 3rd Cav. (41st St.Troops) Co.I
Boothe, J.H. VA 22nd Inf. Co.E
Boothe, Jimmison VA 22nd Inf. Co.E
Boothe, J.L. MS 39th Inf. Co.G
Boothe, J.M. MS St.Cav. 3rd Bn. (Cooper's) 2nd Co.A
Boothe, J.N. TX 4th Cav. Co.B
Boothe, Joe TN 13th Inf. Co.L
Boothe, Joel A. TN Lt.Arty. Barry's Co.
Boothe, Joel W. MS 2nd Inf. Co.A
Boothe, John AL 40th Inf. Co.D
Boothe, John AR 2nd Inf. Co.A
Boothe, John KY 5th Mtd.Inf. Co.C
Boothe, John NC 2nd Cav. (19th St.Troops) Co.C Capt.
Boothe, John TN 27th Inf. Co.H
Boothe, John TX 24th & 25th Cav. (Cons.) Co.I
Boothe, John TX Cav. Wells' Regt. Co.J
Boothe, John TX 5th Inf. Co.E
Boothe, John VA 25th Cav. Co.B
Boothe, John VA 3rd Inf. Co.G
Boothe, John VA 45th Inf. Co.G
Boothe, John VA Loc.Def. (Prov.Guard) Mallory's Co.
Boothe, John A. NC 6th Inf. Co.I
Boothe, John D. VA 63rd Inf. Co.K
Boothe, John F. VA 11th Cav. Co.E
Boothe, John H. VA Lt.Arty. J.R. Johnson's Co.
Boothe, John J.W. MS 2nd Part.Rangers Co.D,F
Boothe, John M. MS Cav. 1st Bn. (Miller's) Co.E
Boothe, John P. VA 34th Inf. Co.H
Boothe, John R. GA 1st (Olmstead's) Inf. Co.A
Boothe, John R. GA 1st Reg. Co.A
Boothe, John S. VA 34th Inf. Co.A
Boothe, John T. VA 22nd Inf. Co.E Cpl.
Boothe, John W. GA 1st (Olmstead's) Inf. 1st Co.A
Boothe, John W. MO 4th Cav. Co.I Sgt.
Boothe, John W. VA 16th Cav. Co.B Cpl.
Boothe, John W. VA Cav. Caldwell's Bn. Gent's Co. Cpl.
Boothe, Joseph VA 41st Inf. Co.I Sgt.
Boothe, Joshua VA 166th Mil. Co.D
Boothe, Joshua F. TX 19th Cav. Co.A
Boothe, J.R. MO Cav. Freeman's Regt. Co.B
Boothe, J.R.L. TX 14th Inf. Co.I
Boothe, J.R.L. TX 19th Inf. Co.C
Boothe, J.S.F. TX 23rd Cav. Co.C
Boothe, Julius TX 7th Inf. Co.B
Boothe, J.W.G. GA Inf. 25th Bn. (Prov.Guard) Co.G
Boothe, Lawson MS Cav. 1st Bn. (McNair's) St.Troops Co.C
Boothe, Levy VA Inf. 4th Bn.Loc.Def. Co.B
Boothe, Marion TN Inf. 154th Sr.Regt. 2nd Co.B
Boothe, M.B. SC 2nd Arty. Co.E
Boothe, McDonald M. GA 26th Inf. Co.G Sgt.
Boothe, Merritt NC 1st Inf. Co.G
Boothe, Micajah S. MS 14th Inf. Co.B
Boothe, M.S. GA 16th Inf. Co.F
Boothe, Nash NC 66th Inf. Co.A
Boothe, Nathaniel AL 13th Inf. Co.G
Boothe, P. TX 9th (Nichol's) Inf. Co.G
Boothe, Patrick TX 1st Field Btty.
Boothe, Patrick A. VA 23rd Inf. Co.K Cpl.
Boothe, Peter G. MO Cav. Poindexter's Regt.
Boothe, Quinton TX 9th Cav. Co.A
Boothe, R. MS 39th Inf. Co.H
Boothe, R.A. SC 10th Inf. Co.D 1st Lt.
Boothe, R.E. VA 1st (Farinholt's) Res. Co.B
Boothe, R.M. TN 19th Inf. Co.E
Boothe, Robert MS Cav. 24th Bn. Co.B
Boothe, Robert VA 23rd Inf.
Boothe, Robert J. AR 1st (Colquitt's) Inf. Co.H Sgt.
Boothe, Russell C. TX Wauls' Legion Co.C
Boothe, Samuel J. VA 111th Mil. Co.2 Cpl.
Boothe, Simon VA 20th Cav. Co.A
Boothe, Stephen VA 22nd Inf. Co.E
Boothe, Stokely J. VA 14th Inf. Co.H
Boothe, S.W. TX 14th Inf. Co.I
Boothe, T.C. AL 25th Inf. Co.K
Boothe, Th MS 2nd Cav. Co.B
Boothe, Thomas VA Horse Arty. G.W. Brown's Co.
Boothe, Thomas Jef. SC 19th Inf. Co.A

Boothe, Timothy AR 8th Inf. New Co.A
Boothe, T.J. AL 33rd Inf. Co.K
Boothe, T.J. AR 19th (Dockery's) Inf. Co.K
Boothe, T.J. SC 2nd Arty. Co.E
Boothe, Travis AL 18th Inf. Co.E
Boothe, T.W. AL 7th Cav. Co.D
Boothe, W.A. GA Inf. 25th Bn. (Prov.Guard) Co.G Sgt.
Boothe, W.A. MS 4th Inf. Co.C
Boothe, W.A. TN 9th (Ward's) Cav. Co.B
Boothe, Walter TX 19th Inf. Co.C
Boothe, W.C. MS 2nd (Quinn's St.Troops) Inf. Co.D
Boothe, W.D. AL 17th Inf. Co.F
Boothe, W.F. TX 24th & 25th Cav. (Cons.) Co.E
Boothe, W.G. AL 11th Inf. Co.D
Boothe, William AL 33rd Inf. Co.A
Boothe, William GA 61st Inf. Co.I
Boothe, William MS Cav. Ham's Regt. Co.I
Boothe, William TN 15th Cav. Co.K
Boothe, William TX 15th Cav. Co.K
Boothe, William TX 23rd Cav. Co.C 1st Sgt.
Boothe, William VA 16th Cav. Co.B
Boothe, William VA 6th Bn.Res. Co.D
Boothe, William B. GA 26th Inf. Co.K
Boothe, William C. TN Lt.Arty. Barry's Co.
Boothe, William D. AL 45th Inf. Co.I
Boothe, William H. AL Arty. 1st Bn. Co.E
Boothe, William H. NC 26th Inf. Co.D Sgt.
Boothe, William H. TN 5th Inf. 1st Co.C, Co.A Sgt.
Boothe, William M. GA 43rd Inf. Co.H
Boothe, William M. VA Cav. 46th Bn. Co.C
Boothe, William T. MS 20th Inf. Co.I
Boothe, William T. NC 6th Inf. Co.I
Boothe, William T. VA 38th Inf. Co.C
Boothe, W.K. AL 58th Inf. Co.H
Boothe, W.S. GA 13th Cav. Co.F Cpl.
Boothe, W.S. TX 25th Cav. Co.G 1st Sgt.
Boothe, W.T. MS 37th Inf. Co.H
Boothman, Edward TN Arty. (Steuben Arty.) Marshall's Co.
Bootle, Charles H. AL Cav.Res. Brooks' Co.
Bootman, George W. GA 21st Inf. Co.H
Bootner, Elijah TX 17th Cons.Dismtd.Cav. Co.C
Booton, D.F. GA 3rd Cav. Co.H Maj.
Booton, Edwin VA 7th Inf. Co.A
Booton, Eldridge MO St.Guard
Booton, F.H. VA 16th Cav. Co.E
Booton, Hiram VA 1st Bn.Res. Co.H
Booton, Hiram VA 82nd Mil. Co.D
Booton, Horace VA 1st Bn.Res. Co.H
Booton, J.G. VA Lt.Arty. W.H. Chapman's Co. 2nd Lt.
Booton, John VA 4th Cav. Co.C
Booton, John K. VA Lt.Arty. W.H. Chapman's Co. Capt.
Booton, Ralph S. KY 10th (Diamond's) Cav. Co.D Sgt.Maj.
Booton, Reuben KY 9th Cav. Co.H
Booton, R.S. KY 1st Bn.Mtd.Rifles Co.C
Booton, R.S. VA 7th Cav. Co.D 1st Lt.
Booton, Sinclair VA 7th Inf. Co.A
Booton, Sylvanus T. VA 97th Mil. Co.E
Booton, William E. VA 97th Mil. Co.E
Booton, W.S. GA 8th Inf. Co.A
Booton, W.W. MO 16th Inf. Co.C
Bootright, John MO 12th Inf. Co.F
Boots, G. LA Mil. 2nd Regt. 3rd Brig. 1st Div. Co.F
Bootwright, James K. VA Lt.Arty. 38th Bn. Co.C Cpl.
Bootwright, James K. VA Lt.Arty. E.J. Anderson's Co.
Booty, A.J. TX 10th Cav. Co.F Capt.
Booty, J.A. TX 10th Cav. Co.F Cpl.
Booty, Roland AR Cav. Wright's Regt. Co.D
Bootz, P. GA 1st (Olmstead's) Inf. Co.I
Boovy, James Monroe NC 46th Inf. Co.K
Boovy, Marcus A. NC 46th Inf. Co.K
Boovy, Miles M. NC 46th Inf. Co.K
Boovy, Silas B. NC 46th Inf. Co.K
Booyer, J.W. SC 4th Bn.Res. Co.A
Booz, D.W. VA 53rd Inf. Co.E
Booz, John W. VA 52nd Inf. 2nd Co.B Drum.
Booz, William G. VA 19th Inf. Co.G Ord.Sgt.
Boozar, D.B. AL 4th (Russell's) Cav. Co.B
Booze, Anderson VA 4th Cav. Co.B
Booze, Christian W. VA Lt.Arty. Douthat's Co. Driver
Booze, Edward VA 27th Inf. Co.E
Booze, George A. NC 53rd Inf. Co.H
Booze, G.R. TX Cav. Terry's Regt. Co.I
Booze, G.W. Longstreets Ord.Train WagonM.
Booze, Henry VA 3rd Res. Co.K
Booze, Joel VA Lt.Arty. Douthat's Co.
Booze, Joel VA Burks' Regt.Loc.Def. Beckner's Co.
Booze, Joel VA Burks' Regt.Loc.Def. McCue's Co.
Booze, John VA 10th Inf. Co.E
Booze, John W. NC 53rd Inf. Co.H
Booze, John W. VA 28th Inf. Co.K Color Cpl.
Booze, Layfayette VA 58th Mil. Co.C
Booze, M. VA 3rd Res. Co.K
Booze, Richard L. VA 1st Cav. Co.I
Booze, Samuel MS 1st Lt.Arty. Co.G
Booze, Samuel VA Lt.Arty. Douthat's Co.
Booze, Thomas H. GA Floyd Legion (St.Guards) Co.D
Booze, William VA 3rd Res. Co.K
Booze, William VA Burks' Regt.Loc.Def. Capt.
Booze, William H. VA 57th Inf. Co.K
Boozer, A.P. MS 46th Inf. Co.G
Boozer, Asa AL 7th Cav. Co.H
Boozer, B.A. SC 13th Inf. Co.G Cpl.
Boozer, B.F. SC 3rd Inf. Co.H
Boozer, B.W. AL 11th Inf. Co.A
Boozer, C.C. AL Cav. Barbiere's Bn. Co.B
Boozer, Charles MO Inf. Clark's Regt. Co.A
Boozer, Charles B. Conf.Cav. Clarkson's Bn. Ind.Rangers Co.E
Boozer, C.P. SC 3rd Inf. Co.C
Boozer, Daniel B. SC 5th Cav. Co.K
Boozer, David AL 30th Inf. Co.E
Boozer, David TX Waul's Legion Co.E
Boozer, David L. SC 2nd Cav. Co.H Cpl.
Boozer, David L. SC Cav.Bn. Hampton Legion Co.D
Boozer, D.C. SC 2nd St.Troops Co.F
Boozer, D.C. SC 3rd Inf. Co.E
Boozer, D.F. AL 30th Inf. Co.E
Boozer, D.S. SC 2nd Cav. Co.G
Boozer, D.S. SC 3rd Inf. Co.C
Boozer, D.T. SC 3rd Inf. Co.H
Boozer, D.W. SC 3rd Inf. Co.C Cpl.
Boozer, E.P. SC 3rd Inf. Co.E
Boozer, Ezra S. MS 1st Lt.Arty. Co.D
Boozer, F.A. SC Inf. Holcombe Legion Co.H
Boozer, F.M. AL 19th Inf. Co.I
Boozer, Frederick AL Cp. of Instr. Talladega
Boozer, Frederick S. SC 5th Cav. Co.K Sgt.
Boozer, G.B. SC 5th St.Troops Co.C 3rd Lt.
Boozer, George SC Inf. Holcombe Legion Co.H
Boozer, George B. SC 9th Res. Co.G Cpl.
Boozer, G.S. AL 51st (Part.Rangers) Co.A
Boozer, G.W. MS 46th Inf. Co.G
Boozer, H. GA Inf. 25th Bn. (Prov.Guard) Co.D
Boozer, H.D. SC 7th Cav. Co.E Cpl.
Boozer, H.D. SC Cav.Bn. Holcombe Legion Cpl.
Boozer, H.D. TX 4th Inf. Co.G Cpl.
Boozer, Henry AL 2nd Inf. Co.A
Boozer, Henry AL 51st (Part.Rangers) Co.A
Boozer, Henry SC 13th Inf. Co.G
Boozer, Henry M. SC 20th Inf. Co.F
Boozer, Henry S. SC Inf. Holcombe Legion Co.H Capt.
Boozer, H.H. AL 30th Inf. Co.E Sgt.
Boozer, H.M.C. GA 2nd Cav. (St.Guards) Co.K
Boozer, J.A. SC 2nd St.Troops Co.F
Boozer, James H. TX Waul's Legion Co.E
Boozer, J.C. SC 9th Res. Co.F
Boozer, J.C. SC Inf. Holcombe Legion Co.G
Boozer, J.D. KY 7th Mtd.Inf. Co.H
Boozer, Jesse C. AL 2nd Inf. Co.A
Boozer, Jessee C. AL 51st (Part.Rangers) Co.A
Boozer, J.G. SC 6th Cav. Co.C Sgt.
Boozer, J.J. Gen. & Staff Asst.Surg.
Boozer, J.M. SC 13th Inf. Co.D
Boozer, Job J. SC Inf. 3rd Bn. Co.B Sgt.
Boozer, John GA 10th Cav. (St.Guards) Co.C
Boozer, John H. AL 28th Inf. Co.D
Boozer, John W. AL 11th Inf. Co.A
Boozer, Joseph AL 43rd Inf. Co.E
Boozer, J.S. GA Inf. 25th Bn. (Prov.Guard) Co.D
Boozer, J.W. SC Inf. Holcombe Legion Co.H Cpl.
Boozer, Lemuel H. SC Cav. 14th Bn. Co.C
Boozer, Lemuel M. SC 13th Inf. Co.D Sgt.
Boozer, L.J. MS 5th Inf. Co.C
Boozer, L.L. SC 3rd Inf. Co.H
Boozer, M.P. MS 16th Inf. Co.H
Boozer, Peter AL 19th Inf. Co.I
Boozer, P.J. MS 43rd Inf. Co.L
Boozer, R.C. SC 13th Inf. Co.G
Boozer, R.C. SC Inf. Holcombe Legion Co.H
Boozer, Samuel H. AL 55th Vol. Co.G
Boozer, Samuel P. SC 13th Inf. Co.D
Boozer, Samuel W. SC 13th Inf. Co.K
Boozer, Simon P. SC 2nd Inf. Co.F
Boozer, Simson SC 1st Inf. Co.L
Boozer, S.S. SC Inf. Holcombe Legion Co.H
Boozer, S.W. SC 2nd St.Troops Co.A Cpl.
Boozer, Theodore VA 2nd Inf. Co.D
Boozer, Thomas N. SC 13th Inf. Co.G
Boozer, Timothy SC 20th Inf. Co.F
Boozer, T.N. SC 1st (McCreary's) Inf.
Boozer, T.N. SC 9th Res. Co.F

Boozer, T.P. SC Cav. 19th Bn. Co.A
Boozer, V.R. SC 4th Bn.Res. Co.A
Boozer, W.A. SC Cav.Bn. Holcombe Legion Co.C
Boozer, W.H. AL 2nd Cav. Co.A
Boozer, W.H. AL 11th Inf. Co.A
Boozer, William MS 1st Cav.Res. Co.E 1st Sgt.
Boozer, William MS 6th Inf. Co.C
Boozer, William NC 57th Inf. Co.G Music.
Boozer, William A. SC 5th Cav. Co.K
Boozer, William G. SC 2nd Inf. Co.F Sgt.
Boozer, Z. TX 13th Vol. 2nd Co.H
Boozier, J.H. AL 18th Inf. Co.G
Boozier, Joseph MO Searcy's Bn.S.S. Co.E
Boozman, Chester H. LA 3rd (Harrison's) Cav. Co.K
Boozman, C.J. 20th Conf.Cav. Co.A
Boozman, D.C. LA Res.Corps. Regenberg's Co.
Boozman, Drake LA Hvy.Arty. 2nd Bn. Co.D
Boozman, H. MS 1st Lt.Arty. Co.F
Boozman, M.W. SC 2nd Cav. Co.G
Boozman, Rufus MS 18th Inf. Co.H
Boozman, William LA Hvy.Arty. 2nd Bn. Co.D
Bope, Philip M. AR 1st (Colquitt's) Inf. Co.C 1st Sgt.
Bopham, William AL 22nd Inf.
Bopp, Baptiste LA Mil. Chalmette Regt. Co.I
Bopp, John LA Mil. Chalmette Regt. Co.I Cpl.
Bopp, William G. VA 17th Inf. Co.C
Bopree, John D. MS Cav. 1st Bn. (Miller's) Cole's Co. Bugler
Boquel, J.B. LA Mil. 1st Regt. French Brig. Co.5 2nd Lt.
Boquelle, A.J. LA 22nd (Cons.) Inf. Co.E Drum.
Bora, John VA 136th Mil. Co.C
Borah, C.C. TX 22nd Inf. Co.G
Borah, George AR 45th Cav. Co.F
Borah, James F. MS 1st (Johnston's) Inf. Chap.
Borah, J.T. Gen. & Staff Chap.
Borah, William KY 3rd Cav. Co.A
Borah, W.J. KY 7th Cav. Co.A
Borah, W.J. TX Cav. Gano's Squad. Co.A
Boral, O. LA 7th Cav. Co.F
Borall, I. LA 7th Cav. Co.A
Boram, Ambrose H. AR 1st (Colquitt's) Inf. Co.E
Boram, J. SC Cav. A.W. Cordes' Co.
Boram, J.C. AL 1st Regt. Mobile Vol. Butts' Co.
Boram, John H. AL 3rd Res. Co.B
Boram, Meredith TN Cav. 7th Bn. (Bennett's) Co.E
Boram, T. SC Arty. Manigault's Bn. Co.E
Boram, Thomas SC 1st Arty. Co.I
Boram, Thomas SC Hvy.Arty. Gilchrist's Co. (Gist Guard)
Boram, W.H. SC 15th Inf. Co.B
Boran, Clark T. NC 37th Inf. Co.K
Boran, Hosea MO 4th Cav. Co.B
Boran, John J. AR 13th Inf. Co.I 2nd Lt.
Boran, Joseph TN 18th Inf. Co.H
Boran, Oza MO 12th Cav. Co.B
Boran, Peter MS 12th Inf. Co.D
Boras, W.W.W. TX 1st Hvy.Arty. Co.G
Borata, Augustin LA Mil. 5th Regt.Eur.Brig. (Spanish Regt.) Co.3
Borauvitt, T.S. AL 51st (Part.Rangers) Co.C
Borbitt, Uriah MS 41st Inf. Co.B
Borby, C. TN Cav. Allison's Squad. Co.C
Borby, R. TN Cav. Allison's Squad. Co.C
Borch, John F. SC Charleston Res. Co.F
Borcham, W.M. KY 3rd Mtd.Inf.
Borchard, A. GA Inf. 14th Bn. (St.Guards) Co.D
Borchard, B. GA 63rd Inf. Co.K
Borche, A. LA 18th Inf. Co.A
Borche, Auguste LA Inf.Cons.Crescent Regt.
Borche, Augustus LA 4th Cav. Co.F
Borcher, Henry TX 3rd Inf. Co.A
Borchers, Charles GA 1st (Olmstead's) Inf. Co.I Cpl.
Borchers, George GA Lt.Arty. 12th Bn. 2nd Co.B, Co.F Sgt.
Borchers, Nicholas B. FL 2nd Inf. Co.E
Borchert, William T. GA 1st (Olmstead's) Inf. Co.H Cpl.
Borchfield, Andrew TN 60th Mtd.Inf. Co.L
Borchild, Frederick AR 13th Inf. Co.A
Borcke, Heros Von Gen. & Staff Maj.,AAIG
Bord, J.H. VA 2nd Cav. Co.D
Bord, W. VA 24th Inf. Co.D
Bord, W.W. KY 1st (Butler's) Cav. Co.C
Bordage, Philip TX Cav. Ragsdale's Bn. Co.F
Bordan, Charles M. VA 4th Inf. Co.E
Bordan, J.B. TX 11th Inf. Co.A
Bordan, Joseph LA 7th Cav. Co.I
Bordan, M. MS 21st Inf. Co.C
Bordas, Stephen GA 24th Inf. Co.E
Bordat, N. LA Mil. 3rd Regt. French Brig. Co.8
Borde, D. LA Mil. 3rd Regt. French Brig. Co.4
Borde, J.L. LA Mil. 3rd Regt. French Brig. Co.4
Borde, William GA 12th Inf. Co.I
Bordeaux, A.J. NC 1st Inf. (6 mo. '61) Co.B
Bordeaux, Andre LA 7th Cav. Co.B
Bordeaux, Charles A. VA Cav. 41st Bn. Co.G
Bordeaux, Daniel J. NC 8th Sr.Res. Jacob's Co.
Bordeaux, David NC Lt.Arty. 13th Bn. Co.D
Bordeaux, Ja A. NC Lt.Arty. 13th Bn. Co.D
Bordeaux, James NC 1st Arty. (10th St.Troops) Co.K
Bordeaux, James P. LA 12th Inf. Co.D
Bordeaux, John W. MS Graves' Co. (Copiah Horse Guards)
Bordeaux, John W. NC 4th Cav. (59th St.Troops) Co.C
Bordeaux, J.W. MS Cav. Stockdale's Bn. Co.A
Bordeaux, Nathan F. NC Cav. (Loc.Def.) Howard's Co.
Bordeaux, R.C.M. NC Hvy.Arty. 1st Bn. Co.A Sgt.
Bordeaux, Richard L. NC 8th Sr.Res. Jacob's Co. 2nd Lt.
Bordeaux, Thomas NC 2nd Arty. (36th St.Troops) Co.I
Bordeaux, Thomas G. MS 13th Inf. Co.F
Bordeaux, William J. AL Cav.Res. Brooks' Co.
Bordeaux, William W. NC McDugald's Co.
Bordelan, Hilliard LA 1st Hvy.Arty. (Reg.) Co.A
Bordelois, E. LA Mil. 3rd Regt.Eur.Brig. (Garde Francaise) Co.1
Bordelon, A. LA 18th Inf. Co.F
Bordelon, A. LA Inf.Cons. 18th Regt. & Yellow Jacket Bn. Co.I
Bordelon, A. LA Inf.Crescent Regt. Co.D
Bordelon, A. LA Inf.Cons.Crescent Regt. Co.A
Bordelon, Alexander LA 1st Cav. Co.A
Bordelon, Alfred H. LA Arty. 1st Field Btty.
Bordelon, Auguste LA 2nd Res.Corps Co.I
Bordelon, Augustine LA Inf.Cons.Crescent Regt. Co.G
Bordelon, B. LA 18th Inf. Co.D
Bordelon, Belezaire LA Inf.Cons. 18th Regt. & Yellow Jacket Bn. Co.E
Bordelon, C. LA Inf.Cons.Crescent Regt. Co.E,G
Bordelon, Celestin LA Inf.Cons.Crescent Regt. Co.G
Bordelon, Clesent LA Cav. Dubecq's Co.
Bordelon, Clescent LA 18th Inf. Co.E
Bordelon, Clescent LA Inf.Cons. 18th Regt. & Yellow Jacket Bn. Co.E
Bordelon, E. LA Cav. Benjamin's Co.
Bordelon, E. LA Inf.Cons. 18th Regt. & Yellow Jacket Bn. Co.I
Bordelon, Edmond LA 15th Bn.S.S. (Weatherly's) Co.C
Bordelon, Emile LA 8th Cav. Co.B
Bordelon, E.S. LA 18th Inf. Co.F
Bordelon, E.V. LA Lt.Arty. 2nd Field Btty.
Bordelon, F. LA Inf.Cons. 18th Regt. & Yellow Jacket Bn. Co.I
Bordelon, F. LA Inf.Crescent Regt. Co.H
Bordelon, Fostin LA 1st Cav. Co.G
Bordelon, Francis LA 18th Inf. Co.I
Bordelon, G. LA 1st Cav. Co.G
Bordelon, G. LA 2nd Inf. Co.E
Bordelon, G. LA 18th Inf. Co.F
Bordelon, G. LA Inf.Cons. 18th Regt. & Yellow Jacket Bn. Co.I
Bordelon, Gerome LA Inf.Cons.Crescent Regt. Co.G
Bordelon, Geron LA Inf.Crescent Regt. Co.D
Bordelon, G.F. LA Cav. Benjamin's Co.
Bordelon, G.L. LA Lt.Arty. 2nd Field Btty.
Bordelon, H. LA Arty. Hutton's Co. (Crescent Arty.,Co.A)
Bordelon, H. LA 18th Inf. Co.K
Bordelon, H.A. LA Res.Corps Co.B
Bordelon, H.E. LA Lt.Arty. 2nd Field Btty.
Bordelon, Henry LA 8th Cav. Co.B
Bordelon, Hilaire LA Inf.Cons. 18th Regt. & Yellow Jacket Bn. Co.K
Bordelon, J. LA 18th Inf. Co.H
Bordelon, J.B. LA Cav. Benjamin's Co.
Bordelon, J.F. LA Inf.Cons.Crescent Regt. Co.I
Bordelon, Joseph LA Inf.Cons.Crescent Regt. Co.A,G
Bordelon, J.P. LA Cav. Benjamin's Co.
Bordelon, J.P. LA 18th Inf. Co.F
Bordelon, J.P. LA Inf.Cons. 18th Regt. & Yellow Jacket Bn. Co.I
Bordelon, J.P. LA Inf.Crescent Regt. Co.D
Bordelon, Julien LA Inf.Cons.Crescent Regt. Co.H
Bordelon, L. LA 18th Inf. Co.I
Bordelon, L.C. LA Cav. Benjamin's Co.
Bordelon, L.F. LA 2nd Cav. Co.B
Bordelon, Louis E. LA Lt.Arty. 2nd Field Btty.
Bordelon, M.P. LA 2nd Inf. Co.E Jr.2nd Lt.
Bordelon, Neville LA Arty. 1st Field Btty.
Bordelon, O. LA 18th Inf. Co.F

Bordelon, O. LA Inf.Cons.18th Regt. & Yellow Jacket Bn. Co.I
Bordelon, O.H. LA Arty. 1st Field Btty.
Bordelon, Olomp LA Arty. Hutton's Co. (Crescent Arty.,Co.A)
Bordelon, Oscar LA Res.Corps
Bordelon, P. LA 18th Inf. Co.F
Bordelon, P. LA Inf.Cons. 18th Regt. & Yellow Jacket Bn. Co.I
Bordelon, P.F. LA Lt.Arty. 2nd Field Btty. Cpl.
Bordelon, P.F. LA Siege Train Bn. Co.E Cpl.
Bordelon, Pierre LA 8th Cav. Co.B
Bordelon, Pierre H. Eng.,CSA
Bordelon, Predhomme LA Inf.Cons.Crescent Regt. Co.G
Bordelon, Remi LA 8th Cav. Co.B
Bordelon, Semion LA Inf.Cons.Crescent Regt. Co.G
Bordelon, S.G. LA 2nd Inf. Co.E
Bordelon, S.J. LA Lt.Arty. 2nd Field Btty. Cpl.
Bordelon, Sybert LA 8th Cav. Co.B
Bordelon, T. LA Inf.Crescent Regt. Co.D
Bordelon, Theopile LA Inf.Cons.Crescent Regt. Co.G
Bordelon, T.J. LA Arty. 1st Field Btty.
Bordelon, V. LA Arty. Hutton's Co. (Crescent Arty.,Co.A)
Bordelon, V. LA 18th Inf. Co.C
Bordelon, V. LA Inf.Cons. 18th Regt. & Yellow Jacket Bn. Co.C
Bordelon, V.B. LA Cav. Benjamin's Co.
Bordelon, Z. LA 2nd Cav. Co.A
Bordelon, Zenon S. LA Inf.Crescent Regt. Co.A
Borden, A. TN Inf. Harman's Regt. Co.A
Borden, Adam A. AL 1st Inf. Co.F
Borden, Adam A. Conf.Inf. 1st Bn. Co.F
Borden, Andrew S. VA Lt.Arty. Carrington's Co.
Borden, A.T. MO Cav. Williams' Regt. Co.D
Borden, Benjamin F. TN 38th Inf. 1st Co.H 2nd Lt.
Borden, B.F. MS Cav. Jeff Davis Legion Co.E
Borden, Caleb C. MS 26th Inf. Co.C
Borden, C.B. NC Nelson's Co. (Loc.Def.)
Borden, Charles AL 10th Inf.
Borden, Daniel TN 43rd Inf. Co.I
Borden, Daniel VA 11th Cav. Co.E
Borden, Daniel M. GA 31st Inf. Co.F
Borden, Daniel M. VA 10th Inf. Co.A
Borden, D.P. TN 29th Inf. Co.I
Borden, E.B. GA 62nd Cav. Co.I
Borden, Elbert TN 62nd Mtd.Inf. Co.A
Borden, Eli AL Cp. of Instr. Talladega Co.D
Borden, F.A. MS Cav. Jeff Davis Legion Co.E
Borden, Fredrick A. AL 5th Inf. New Co.D
Borden, G. TX Cav. Terry's Regt. Co.E Sgt.
Borden, George AL 5th Bn.Vol. Co.C 2nd Lt.
Borden, George VA 136th Mil. Co.A
Borden, George W. VA 11th Inf. Co.F
Borden, George W. VA 24th Inf. Co.K
Borden, G.F. VA 38th Inf. Co.B
Borden, Guy TX Nolan's Mtd.Co. (Loc.Def.)
Borden, H. MS Cav. 2nd Regt.Res. Co.B 2nd Lt.
Borden, Hampson VA 136th Mil. Co.E Cpl.
Borden, Henry L. TX 35th (Brown's) Cav. Co.D Cpl.
Borden, H.L. TX 35th (Brown's) Cav. Co.D
Borden, James AL 27th Inf. Co.K
Borden, James VA 2nd Inf. Co.I
Borden, James VA 5th Inf. Co.C
Borden, James B. VA 64th Mtd.Inf. Co.I
Borden, James C. NC 1st Cav.(9th St.Troops) Co.H Capt.
Borden, James C. TX 1st (Yager's) Cav. Co.D Capt.
Borden, James C. TX Cav. 3rd (Yager's) Bn. Co.D Capt.
Borden, James H. VA Inf. 23rd Bn. Co.F
Borden, James M. 7th Conf.Cav. Co.L
Borden, James W. AL Inf. 1st Regt. Co.B
Borden, James W. AL 30th Inf. Co.H
Borden, J.E. AR 8th Mil.
Borden, J.E. TN 62nd Mtd.Inf. Co.D
Borden, J.G. AL 51st (Part.Rangers) Co.D
Borden, J.H. MO 4th Inf. Co.C
Borden, Joel VA 136th Mil. Co.E
Borden, Joel E. AR 24th Inf. Co.F
Borden, Joel E. AR Inf. Hardy's Regt. Co.D
Borden, John NC Mil. Clark's Sp.Bn. Co.D
Borden, John TX 18th Inf. Co.F
Borden, John R. TX Cav. 3rd (Yager's) Bn. Co.D 1st Sgt.
Borden, Jno. R. TX Cav. 3rd Regt.St.Troops Capt.
Borden, Joseph AL 5th Inf. New Co.D 1st Lt.
Borden, Joseph AL 5th Bn.Vol. Co.C Sgt.
Borden, Joseph AL 40th Inf. Co.D
Borden, Joseph VA 11th Cav. Co.E Bugler
Borden, Joseph VA 136th Mil. Co.H
Borden, Joseph Forrest's Scouts T. Henderson's Co.,CSA
Borden, J.P. AL 4th Cav. Co.D
Borden, J.P. AR 37th Inf. Co.I Cpl.
Borden, J.S. TX 20th Inf. Co.I
Borden, J.T. TX 24th & 25th Cav. (Cons.) Co.E
Borden, Levi AL Mil. 4th Vol. Modawell's Co.
Borden, Levi AL 21st Inf. Co.C
Borden, M. TX 7th Field Btty.
Borden, M. TX Lt.Arty. Jones' Co.
Borden, Martin MS 26th Inf. Co.C
Borden, Milam TX 8th Cav. Co.H
Borden, Milam TX 35th (Brown's) Cav. Co.E
Borden, Milam TX Cav. Waller's Regt. Co.A
Borden, M.W. AR Cav. Gordon's Regt. Co.H
Borden, M.W. AR 34th Inf. Co.B
Borden, M.W. TN Cav. 16th Bn. (Neal's) Co.E Ord.Sgt.
Borden, P. TX Nolan's Mtd.Co. (Loc.Def.)
Borden, Perry VA 136th Mil. Co.H
Borden, R.E. AR 5th Inf. Co.H
Borden, Robert SC Hvy.Arty. Gilchrist's Co. (Gist Guard)
Borden, Sidney G. TX Cav. Benavides' Regt. Co.G
Borden, Thaddeus H. TX 1st (Yager's) Cav. Co.C
Borden, Thaddeus H. TX Cav. 3rd (Yager's) Bn. Co.C
Borden, Thomas J. MS 6th Inf. Co.I Maj.
Borden, Thomas J. TN 62nd Mtd.Inf. Co.A
Borden, T.J. TN 62nd Mtd.Inf. Co.D
Borden, T. Syd MS Cav. Jeff Davis Legion Co.E
Borden, W.A. AL 8th Cav. Hatch's Co.E
Borden, W.H. AL 5th Bn.Vol. Co.C
Borden, William MO 16th Inf. Co.E
Borden, William TN 2nd (Ashby's) Cav. Co.K
Borden, William TN 39th Mtd.Inf. Co.B
Borden, William H. NC 27th Inf. Co.A 1st Sgt.
Borden, William H. NC 50th Inf. Co.E 1st Lt.
Borden, William J. AL 25th Inf. Co.I 1st Lt.
Borden, William M. MO 1st Cav. Co.F
Borden, William W. AL 5th Inf. New Co.D
Borden, W.J. AL Cp. of Instr. Talladega Co.C
Bordenau, L. LA Mil. 3rd Regt. French Brig. Co.7
Bordenave, John V. SC Lt.Arty. 3rd (Palmetto) Bn. Co.E,G
Bordenave, P. LA Mil. 4th Regt. 2nd Brig. 1st Div. Co.G
Bordenave, Victor LA 3rd Inf. Co.G
Bordenuve, L. LA Mil. 3rd Regt. French Brig. Co.5
Border, Emil TX 4th Field Btty.
Border, G.F. TX 5th Inf. Co.C Sr.2nd Lt.
Border, J.H. MO 1st & 4th Cons.Inf. Co.C
Border, John P. TX Cav. Border's Regt. Col.
Border, John P. TX Cav. Border's Bn. Lt.Col.
Border, J.P. TX Inf. 2nd St.Troops Co.B Capt.
Border, Sol KY 2nd (Woodward's) Cav. Co.A Sgt.
Border, Washington MO 9th Inf. Co.F
Borderes, A. LA Inf.Cons. 18th Regt. & Yellow Jacket Bn. Co.B
Borderes, Alphe LA 18th Inf. Co.E
Bordero, T.E. GA 2nd Inf. Co.A
Borders, Albert I. NC 34th Inf. Co.F Cpl.
Borders, Alexander GA 2nd Res. Co.E Cpl.
Borders, A.M. GA Cav. 1st Gordon Squad. (St.Guards) Co.A
Borders, Andrew M. GA 34th Inf. Co.H
Borders, Augustine M. GA 1st Cav. Co.A 2nd Lt.
Borders, Augustin S. AL 22nd Inf. Co.G Sgt.
Borders, Augustus S. AL 39th Inf. Co.I 1st Sgt.
Borders, Burrill GA 7th Inf. Co.F
Borders, Edmund GA Inf. 8th Bn. Co.D,B Sgt.
Borders, George W. MO 8th Cav. Co.C
Borders, G.W. MO 12th Inf. Co.F
Borders, Henderson NC 4th Sr.Res. Co.H
Borders, Henderson NC 34th Inf. Co.F
Borders, Henry NC 34th Inf. Co.F
Borders, Henry J. NC 34th Inf. Co.F
Borders, I.M. Cheatham's Div. Asst.Surg.
Borders, Isaac J. GA 35th Inf. Co.B
Borders, James A. NC 14th Inf. Co.D Sgt.
Borders, James C. AL 5th Inf. New Co.A 2nd Lt.
Borders, James E. TX 18th Inf. Co.D
Borders, J.H. AR Inf. Hardy's Regt. Co.C
Borders, J.M. TN 55th (Brown's) Inf. Asst.Surg.
Borders, John AL 51st (Part.Rangers) Co.D
Borders, John TX 16th Inf. Co.D
Borders, John McD. AL 39th Inf. Co.I
Borders, L.W. GA 34th Inf. Co.E
Borders, Martin NC 26th Inf. Co.I
Borders, Michael NC 2nd Jr.Res. Co.D
Borders, Michael NC 14th Inf. Co.D
Borders, Michael B. GA 7th Inf. Co.F
Borders, Mike NC 1st Cav. (9th St.Troops) Co.I

Borders, R. GA Inf. 8th Bn. Co.D 1st Lt.
Borders, Randolph GA Inf. 8th Bn. Co.B
Borders, Samuel KY 6th Mtd.Inf. Co.E
Borders, Samuel TN 17th Inf. Co.G
Borders, Samuel K. AL 51st (Part.Rangers) Co.D
Borders, S.K. AL Inf. 1st Regt. Co.D
Borders, Stephen GA 6th Inf. Co.F
Borders, Stephen A. GA 21st Inf. Co.D Capt.
Borders, Stephen A. GA Floyd Legion (St.Guards) Co.H Capt.
Borders, Stephen L. GA 2nd Inf. Co.A
Borders, Stephen L. GA 34th Inf. Co.H
Borders, T.F. GA 53rd Inf. Co.G,H
Borders, T.H. KY 7th Cav. Co.H
Borders, Thomas H. KY Cav. 2nd Bn. (Dortch's) Co.B
Borders, William GA 8th Cav. Co.A
Borders, William GA 62nd Cav. Co.A,H
Borders, William NC 2nd Jr.Res. Co.D
Borders, William NC 14th Inf. Co.D Cpl.
Borders, William H. GA 34th Inf. Co.H
Borders, W.R. NC 1st Cav. (9th St.Troops) Co.I
Bordes, F. LA Mil. 1st Regt. French Brig. Co.2
Bordes, J. LA Mil. 1st Regt. French Brig. Co.2
Bordes, Louis LA Mil. 3rd Regt. French Brig. Co.1
Bordier, Rene LA Inf.Crescent Regt. Co.L
Bordiker, John TX 26th Cav. Co.C
Bordley, A. AR 13th Inf. Co.C
Bordly, T.B. NC 15th Inf. Co.C
Bordon, A. MS 3rd Inf. Co.E Drum.
Bordon, A.T. MO 16th Inf. Co.E
Bordon, David AL 31st Inf. Co.F
Bordon, George VA 25th Cav. Co.F
Bordon, John W. MO 16th Inf. Co.E
Bordon, W.W. AL Lt.Arty. Tarrant's Btty. Cpl.
Bordston, H.S. TX Conscr.
Bordus, Lafayette GA 34th Inf. Co.H
Borduzat, Arthur LA C.S. Zouave Bn. Co.B 2nd Lt.
Borduzat, J.A. LA Mil. Orleans Guards Regt. Co.D
Borduzat, James LA C.S. Zouave Bn. Co.A 2nd Lt.
Borduzat, J.P. LA Cav. Greenleaf's Co. (Orleans Lt.Horse)
Bordwine, John H. VA 22nd Cav. Co.E
Bore, Alfred NC 25th Inf. Co.A
Bore, E.F. AL 28th Inf. Co.E
Bore, James NC 26th Inf. Co.A
Bore, M. Gen. & Staff Chap.
Boreas, Nap LA 2nd Cav. Co.A
Boredin, John B. LA Sabine Res.
Boree, Louis LA Mil. 1st Native Guards
Boregard, W.T. MO Inf. 5th Regt.St.Guard Co.D
Borego, Secundino TX 8th Inf. Co.C
Boreing, John MO 10th Inf. Co.B
Borel, Alcide LA 8th Inf. Co.C
Borel, Desire LA 8th Inf. Co.C
Borel, Edward LA 7th Cav. Co.F
Borel, Eugena LA Conscr.
Borel, Fualdes LA 8th Inf. Co.C
Borel, Nicolas LA Inf. 10th Bn. Co.D
Borel, Nicolas LA Inf.Cons. 18th Regt. & Yellow Jacket Bn. Co.D
Borel, T. LA Mil. 3rd Regt. French Brig. Co.8
Boreland, J.E. GA 31st Inf. Co.K
Boreland, John MO Inf. 2nd Regt.St.Guard Co.G
Boreles, Jas. MO St.Guard
Borelinger, William H. AR 45th Mil. Co.E
Borell, J.P. VA 5th Cav. Co.C Sgt.
Borels, Necholas LA 18th Inf. Co.D
Borem, Alexander TX 16th Cav. Co.I
Borem, Isam TX 16th Cav. Co.I
Boreman, Henry AL 22nd Inf. Co.C
Boreman, W.R. AL 33rd Inf. Co.I
Boremmer, A.H. LA 4th Cav. Co.B 1st Sgt.
Boren, A. MS Cav. Ham's Regt. Co.B
Boren, A.B. TX 3rd Cav. Co.H 2nd Lt.
Boren, A.B. TX 35th (Likens') Cav. Capt.
Boren, Abe TN 35th Inf. Co.G
Boren, Absalom NC Walker's Bn. Thomas' Legion Co.C
Boren, Absom GA 36th (Broyles') Inf. Co.D
Boren, Alexander Brush Bn.
Boren, Alfred MS 15th Bn.S.S. Co.B
Boren, Alfred MS 32nd Inf. Co.K
Boren, Alfred B. MS 9th Inf. Old Co.F, New Co.I
Boren, Ben F. MS 36th Inf. Co.K
Boren, Bennett TX 9th (Young's) Inf. Co.F
Boren, B.F. MS 4th Cav. Co.D
Boren, B.F. MS Inf. 2nd Bn. (St.Troops) Co.A
Boren, B.N. TX 7th Inf. Co.F Sgt.
Boren, B.N. TX 14th Inf. Co.C Capt.
Boren, B.N. TX 19th Inf. Co.F
Boren, Camillus U. TX Cav. Morgan's Regt. Co.B
Boren, Charles H. MS 26th Inf. Co.G,F
Boren, Clark GA 15th Inf. Co.A 1st Lt.
Boren, D.W. Bradford's Corps Scouts & Guards Co.A
Boren, F.J. MS 10th Cav. Co.I
Boren, Francis M. TN Cav. Newsom's Regt. Co.B
Boren, Frank TN 21st (Wilson's) Cav. Co.G
Boren, Frank TN 21st & 22nd (Cons.) Cav. Co.K
Boren, George MS 32nd Inf. Co.K Cpl.
Boren, Harrison TX Cav. Morgan's Regt. Co.E
Boren, Henry TN 21st (Wilson's) Cav. Co.G
Boren, Henry TX Cav. Bone's Co.
Boren, Henry TX Cav. Martin's Regt. Co.F
Boren, Henry J. TN Cav. Newsom's Regt. Co.B
Boren, H.J. TN Cav. 24th Regt. Co.G
Boren, H.J. TN 51st (Cons.) Inf. Co.B
Boren, Isaac S. TX 18th Cav. Co.D
Boren, J. TX Cav. Bone's Co.
Boren, J. Brush Bn.
Boren, James MS Cav. 3rd Bn.Res. Co.D
Boren, James SC 2nd Cav. Co.F
Boren, James TN 21st (Wilson's) Cav. Co.G
Boren, James TN Inf. 22nd Bn. Co.B Sgt.
Boren, James TX 20th Inf. Co.A
Boren, James M. TN 2nd (Robison's) Inf. Co.K Sgt.
Boren, James N. TX Arty. Douglas' Co. 3rd Lt.
Boren, James W. TN Cav. Newsom's Regt. Co.B Sgt.
Boren, James W. TN 6th Inf. Co.E
Boren, J.E. GA 40th Inf. Co.F
Boren, Jesse F. MS 9th Inf. New Co.I
Boren, J.F. MS 34th Inf. Co.D
Boren, John MS 10th Cav. Co.I
Boren, John MS 32nd Inf. Co.K
Boren, John TN 16th Inf. Co.E
Boren, John TX 18th Cav. Co.D
Boren, John Brush Bn.
Boren, John F. TX 2nd Inf. Co.G Sgt.
Boren, John H. TN 39th Mtd.Inf. Co.C
Boren, John K. TX Cav. Morgan's Regt. Co.B
Boren, Jno. P. TX 12th Cav. Co.E
Boren, John S. MS 32nd Inf. Co.K
Boren, Jonathan SC 2nd Rifles Co.B
Boren, Joseph M. TX 11th Inf. Co.K
Boren, Joshua TN Cav. 4th Bn. (Branner's) Co.D
Boren, Joshua TN 39th Mtd.Inf. Co.C
Boren, J.P. TN Inf. 22nd Bn. Co.D
Boren, L.D. 3rd Conf.Cav. Co.A
Boren, Lemuel D. TN 2nd (Smith's) Cav. Lea's Co.
Boren, Lenard W. KY 4th Mtd.Inf. Co.A
Boren, M. TN 35th Inf. 2nd Co.A
Boren, Manchester SC 22nd Inf. Co.F
Boren, M.F. MO 12th Cav. Co.A
Boren, Michael TN Inf. 22nd Bn. Co.B Cpl.
Boren, Moranda TN 29th Inf. Co.B Sgt.
Boren, O.H.F. TX 8th Cav. Co.E
Boren, O.H.P. Jackson's Co.,CSA
Boren, P.C. MO 12th Cav. Co.K
Boren, Pleasant TN Inf. 22nd Bn. Co.B
Boren, Pleasant TN 35th Inf. 2nd Co.A
Boren, Pleasant B. TN 2nd Cav. Co.B
Boren, R. TX 12th Cav. Co.G
Boren, R.A. TX 7th Inf. Co.B
Boren, Randolph P. TX Cav. Morgan's Regt. Co.B
Boren, R.B. MS Cav. 3rd Bn.Res. Co.D Cpl.
Boren, R.B. MS Cav. 24th Bn. Co.F
Boren, R.H. MS 6th Cav. Co.D
Boren, R.M. TN 8th (Smith's) Cav. Co.L
Boren, R.M. TN Conscr. (Cp. of Instr.)
Boren, Rufus N. MS 26th Inf. Co.G
Boren, Rufus N. MS 32nd Inf. Co.K
Boren, Tarleton TX 12th Cav. Co.H
Boren, T.H. 3rd Conf.Cav. Co.A 1st Sgt.
Boren, Thomas TN Inf. 22nd Bn. Co.B
Boren, Thomas TN 35th Inf. 2nd Co.A
Boren, Thomas G. MS Inf. 2nd Bn. (St.Troops) Co.A 1st Sgt.
Boren, Thomas G. Bradford's Corps Scouts & Guards Co.A
Boren, Thomas H. TN 2nd (Smith's) Cav. Lea's Co.
Boren, W. AR 19th (Dawson's) Inf. Co.G
Boren, W. TX 9th Cav. Co.C
Boren, W. TX 19th Inf. Co.E
Boren, Washington TN Lt.Arty. Scott's Co.
Boren, Washington TX Cav. Morgan's Regt. Co.E
Boren, Washington T. TX 16th Cav. Co.F 1st Sgt.
Boren, W.C. MS Cav. Ham's Regt. Co.B,D
Boren, W.D. MS 38th Cav. Co.B Cpl.
Boren, W.H. MS 6th Cav. Co.D
Boren, W.H. MS Cav. Davenport's Bn. Co.C
Boren, William AR Cav. Gordon's Regt. Co.A
Boren, William SC 22nd Inf. Co.F
Boren, William TN 21st (Wilson's) Cav. Co.G
Boren, William A. TX Cav. Waller's Regt. Co.B

Boren, William C. KY 2nd (Duke's) Cav. Co.E
Boren, William C. KY 1st Inf. Co.K
Boren, William C. MS 2nd Inf. Co.E
Boren, William R. SC 2nd Rifles Co.E
Boren, W.S. AR 19th (Dawson's) Inf. Co.G Sgt.
Boren, W.S. NC 62nd Inf. Co.K Sgt.
Borens, William GA 17th Inf. Co.F
Borer, Jerome B. AR 36th Inf. Co.H 1st Lt.
Borest, Francois LA Mil. 2nd Regt. French Brig. Co.4
Borey, C. LA Arty. Guyol's Co. (Orleans Arty.)
Borfoot, David AL 15th Inf. Co.F
Borg, A. TN 15th Inf. Co.I
Borg, John LA Mil. St.James Regt. Co.E
Borg, John E. TN 15th Inf. Co.I Sgt.
Borg, William TN Inf. 3rd Bn. Co.G
Borgan, John W. NC Nelson's Co. (Loc.Def.)
Borgarding, William LA 20th Inf. Co.I
Borgas, Jeromino TX Cav. Ragsdale's Bn. Co.B
Borge, Frank LA 8th Inf. Co.B 3rd Lt.
Borge, James LA Mil. Borge's Co. (Garnet Rangers) Capt.
Borge, James LA Pointe Coupee Arty.
Borge, L.F. AL 6th Cav. Co.B
Borge, Louis LA 6th Inf. Co.G
Borge, T. LA Mil. Orleans Fire Regt. Co.B Capt.
Borger, D. NC Mallett's Bn. (Cp. Guard) Co.D
Borger, Henry GA 1st (Olmstead's) Inf. Co.I
Borger, J.H. SC Mil.Arty. 1st Regt. Harm's Co.
Borger, J.H. SC Arty. Melchers' Co. (Co.B,German Arty.)
Borgerner, J.W. AL 33rd Inf. Co.E
Borges, A. GA 22nd Inf. Co.E
Borges, H. SC Mil.Arty. 1st Regt. Werner's Co.
Borgfeld, J. TX 8th Inf. Co.A
Borgfeldt, Christof TX 8th Inf. Co.K
Borgfield, J.F. TX 9th (Nichols') Inf. Atchison's Co.
Borgfieldt, J.F. TX 26th Cav. 1st Co.G
Borgier, C.H. AL 5th Inf. Co.H Sgt.
Borgio, P. AL 1st Regt. Mobile Vol. Bass' Co.
Borgois, J. AL 1st Bn.Cadets Co.B
Borgording, William KY 4th Mtd.Inf. Co.K
Borgstadt, William 4th Conf.Eng.Troops Co.E Artif.
Borgsteadt, William TX 2nd Cav. Co.E
Borgsteiner, J.R. GA 54th Inf. Co.I
Borgus, Reuben NC 30th Inf. Co.B
Borhan, H. MS 3rd Inf. (St.Troops) Co.F
Borho, Lewis TX 8th Cav. Co.G
Borie, Jean Pierre LA Mil. 1st Regt. French Brig. Co.7
Borien, C.M. MS 2nd Cav. Co.H
Boril, Joseph LA 7th Cav. Co.H
Borin, ---, 1st TX Cav. Good's Bn. Co.C
Borin, ---, 2nd TX Cav. Good's Bn. Co.C
Borin, Als. TX Cav. Wells' Regt. Co.H
Borin, F.M. GA 38th Inf. Co.N
Borin, G.D. NC 3rd Arty. (40th St.Troops) Co.B
Borin, J.M. Gen. & Staff Ord.Dept.
Borin, J.W. AL 47th Inf. Co.H
Borine, R.R. MS 29th Inf. Co.F 1st Lt.
Boring, A. TN 19th Inf. Co.F
Boring, A.N. GA 18th Inf. Co.A Sgt.
Boring, David C. AL 47th Inf. Co.E
Boring, D.W. AL 8th Inf. Co.B Cpl.
Boring, Francis A. GA 18th Inf. Co.A
Boring, Franklin AR 19th (Dawson's) Inf. Co.K
Boring, George W. GA Lt.Arty. (Jo Thompson Arty.) Hanleiter's Co.
Boring, Isaac MS Inf. 3rd Bn. (St.Troops) Co.F
Boring, Isaac D. MS 31st Inf. Co.C
Boring, Isaac W. GA 4th Inf. Co.K
Boring, Isaac W. GA Inf. 10th Bn. Co.C,E
Boring, Jacob C. TN 3rd (Lillard's) Mtd.Inf. Co.H
Boring, James TX 11th Cav. Co.H
Boring, James F.W. MS 12th Cav. Co.B
Boring, James H. GA 22nd Inf. Co.E
Boring, James N. TX 16th Inf. Co.A
Boring, James W. TN 69th Mtd.Inf. Co.F
Boring, J.C. GA 34th Inf. Co.D 1st Lt.
Boring, J.D. MS 6th Cav. Co.F
Boring, Jessee Gen. & Staff Surg.
Boring, J.H. AR Inf. Cocke's Regt. Co.B Capt.
Boring, John, Jr. TN 62nd Mtd.Inf. Co.K
Boring, John A. FL Lt.Arty. Perry's Co.
Boring, John C. TN 63rd Inf. Co.I
Boring, John D. TN Cav. 4th Bn. (Branner's) Co.B
Boring, John D. TN 3rd (Lillard's) Mtd.Inf. Co.H
Boring, John D. TN 62nd Mtd.Inf. Co.K
Boring, John E. FL Inf. 2nd Bn. Co.B
Boring, John K. TX 36th Cav. Co.C Cpl.
Boring, John M. AR 3rd Inf. Co.C
Boring, John M. GA 22nd Inf. Co.E
Boring, John P. GA Cherokee Legion (St.Guards) Co.D 3rd Lt.
Boring, John R. MS 31st Inf. Co.C
Boring, Joseph W. FL Lt.Arty. Perry's Co.
Boring, Joseph W. LA 12th Inf. Co.L
Boring, Joseph W. Gen. & Staff Brig.Ord.Off.
Boring, Joshua H. AR 3rd Cav. Co.B 3rd Lt.
Boring, J.R. 4th Conf.Inf. Co.E
Boring, J.W. GA Inf. 25th Bn. (Prov.Guard) Co.F
Boring, J.W. TN Sullivan Cty.Res. White's Co.
Boring, L.H. GA 18th Inf. Co.A
Boring, L.J. MS Cav. 2nd Bn.Res. Co.I Cpl.
Boring, Marcus TN 2nd (Ashby's) Cav. Co.G
Boring, Marcus TN Cav. 4th Bn. (Branner's) Co.B
Boring, Marke TN 59th Mtd.Inf. Co.B
Boring, N.H. TN 4th Inf. Co.F
Boring, Nicholas NC Walker's Bn. Thomas' Legion Co.E
Boring, Nicholas H. Gen. & Staff Asst.Surg.
Boring, Peter H. TN Unassign.
Boring, Reynolds GA 34th Inf. Co.D
Boring, Robert TN Cav. 4th Bn. (Branner's) Co.B
Boring, Robert TN 62nd Mtd.Inf. Co.K
Boring, Robert D. TN 2nd (Ashby's) Cav. Co.G
Boring, Robert M. GA 4th Inf. Co.K
Boring, Tennessee M. TN 1st (Feild's) Inf. Co.I
Boring, Thomas GA 12th (Wright's) Cav. (St.Guards) Wright's Co.
Boring, W.H. SC Inf. 1st (Charleston) Bn. Co.B
Boring, William C. LA 12th Inf. Co.L Cpl.
Boring, Zachariah T. MS 31st Inf. Co.C
Boris, C.S. GA 66th Inf. Co.H
Boriss, Joseph NC 6th Sr.Res. Co.D
Borjes, J.H. SC Mil.Arty. 1st Regt. Werner's Co.
Borjes, J.H. SC Lt.Arty. Wagener's Co. (Co.A, German Arty.)
Borker, William AL 42nd Inf. Co.E
Borlan, Robert KY 14th Cav. Co.C
Borland, Albert MS 26th Inf. Co.D
Borland, Alexander GA 25th Inf. Co.E
Borland, Andrew GA 31st Inf. Co.C
Borland, Andrew J. NC 1st Inf. Co.D
Borland, Andrew J. NC Inf. 13th Bn. Co.A
Borland, Andrew J. NC 66th Inf. Co.A
Borland, A.S. KY 3rd Mtd.Inf. Co.I
Borland, E. MO Lt.Arty. 3rd Field Btty.
Borland, Erasmus GA 31st Inf. Co.C Cpl.
Borland, Euclid VA 6th Inf. 2nd Co.E Capt.
Borland, F.M. GA Arty. Baker's Co.
Borland, G. AR Mil. Borland's Regt. Woodruff's Co.
Borland, George TX 16th Cav. Co.D
Borland, George 1st Cherokee Mtd.Vol. 2nd Co.H Cpl.
Borland, Harold Laughton's Staff Maj.
Borland, J. LA Mil. British Guard Bn. Coburn's Co. Cpl.
Borland, James LA Washington Arty.Bn. Co.4
Borland, James LA 1st (Nelligan's) Inf. Co.C
Borland, James LA Inf. 1st Sp.Bn. (Rightor's) New Co.C
Borland, James MS 4th Cav. Co.C
Borland, James MO 11th Inf. Co.A
Borland, James F. GA 27th Inf. Co.F 2nd Lt.
Borland, J.H. AR 32nd Inf. Co.D
Borland, J.M. AR 7th Mil. Co.A
Borland, John LA Cav. Benjamin's Co.
Borland, John F. GA 2nd Cav. Co.G
Borland, John M. NC 56th Inf. Co.D
Borland, John P.H. GA 2nd Cav. Co.C
Borland, J.W. MS 46th Inf. Co.B
Borland, P.A. Sig.Corps,CSA Sgt.
Borland, Phocean A. VA 5th Cav. (12 mo. '61-2) Co.D
Borland, Phocian A. VA 13th Cav.Co.B
Borland, Q. GA 31st Inf. Co.B,C
Borland, Robert B. GA 31st Inf. Co.C
Borland, Samuel MO 11th Inf. Co.A
Borland, Solon AR 3rd Cav. Col.
Borland, Thomas GA 25th Inf. Co.E
Borland, Thomas R. VA 9th Inf. Co.K
Borland, William AL 39th Inf. Co.K
Borland, William AR 33rd Inf. Co.F
Borland, William NC 3rd Arty. (40th St.Troops) Co.G
Borland, William VA 4th Cav. Co.C
Borland, William G. NC 2nd Home Guards Co.K
Borland, William G. NC 27th Inf. Co.G
Borleigh, A. LA 8th Cav. Co.G
Borlet, Martin LA Mil. 2nd Regt. 2nd Brig. 1st Div. Co.I
Borley, David NC 1st Jr.Res. Co.C
Borman, A. LA Lt.Arty. Fenner's Btty.
Borman, A.B. NC Mallett's Bn. (Cp.Guard) Co.D
Bormet, John VA Lt.Arty. Page's Co.
Bormet, John VA Lt.Arty. J.D. Smith's Co.
Born, A. LA Mil.Conf.Guards Regt. Co.F
Born, Anderson H. AR 14th (McCarver's) Inf. Co.B

Born, Charles W. GA 35th Inf. Co.B Cpl.
Born, Daniel M. GA Cobb's Legion Co.E 1st Lt.
Born, D.J. AL 15th Inf. Co.D
Born, D.L. GA 11th Cav. Co.B
Born, D.L. GA 13th Cav. Co.I
Born, George AL 1st Regt. Mobile Vol. Co.C
Born, J. LA Mil.Conf.Guards Regt. Co.F
Born, Jacob L. TN 1st (Feild's) Inf. Co.E Music.
Born, J.A.L. GA Inf. 25th Bn. (Prov.Guard) Co.G
Born, James KY 2nd (Duke's) Cav. Co.B
Born, James VA Mil. Grayson Cty.
Born, James E. MO Inf. 5th & 6th Regt. 1st Lt.
Born, James K.P. GA 35th Inf. Co.F
Born, James L. GA Cobb's Legion Co.C 1st Sgt.
Born, J.M., Jr. GA Inf. (Express Inf.) Witt's Co. 1st Lt.
Born, John A.L. GA 35th Inf. Co.B
Born, John M. GA Cobb's Legion Co.C Cpl.
Born, Joseph M. GA Carlton's Co. (Troup Cty.Arty.)
Born, Lilburn VA Mil. Grayson Cty.
Born, O. MS 2nd (Quinn's St.Troops) Co.H
Born, Samuel G. TN 38th Inf. Co.F
Born, William J. GA Arty. 9th Bn. Co.D 1st Lt.
Born, William W. GA Arty. 9th Bn. Co.D
Bornagera, F. LA Mil. Cazadores Espanoles Regt. Co.1 Cpl.
Bornan, D.W. AL 15th Inf. Co.F
Borne, B. LA Mil. Chalmette Regt. Co.H
Borne, F. LA 18th Inf. Co.E
Borne, F. LA Inf.Cons. 18th Regt. & Yellow Jacket Bn. Co.B
Borne, Felix LA 30th Inf. Co.A
Borne, Jean Baptiste LA 1st Hvy.Arty. Co.C
Borne, Lewis LA Mil. 4th Regt. 1st Brig. 1st Div. Co.I
Borne, T. MS 30th Inf. Co.D
Borne, Theophilus LA 7th Inf. Co.A
Borne, Ulger LA 1st Hvy.Arty. Co.C
Borne, Zephirin LA 10th Inf. Co.H Cpl.
Borneau, William H. TX 15th Cav. Co.C
Bornefeld, William TX 8th Inf. Co.B,A
Borneman, Edward H. SC Arty. Bachman's Co. (German Lt.Arty.)
Borneman, Edward H. SC Arty.Bn. Hampton Legion Co.B
Bornemann, A. SC Mil.Arty. 1st Regt. Small's Co.
Bornemann, F.W. SC Arty. Melchers' Co. (Co.B,German Arty.)
Bornemann, H.F. SC 3rd Cav. Co.G
Bornemann, H.F. SC Mil.Cav. Theo. Cordes' Co.
Bornemann, R.W. SC Mil.Arty. 1st Regt. Small's Co.
Borner, F. LA Mil. 4th Regt.Eur.Brig. Co.B Cpl.
Borner, F.C. SC 3rd Cav. Co.G Sgt.
Borner, F.C. SC Mil.Cav. Theo. Cordes' Co. Sgt.
Borner, F.M. TN 21st (Wilson's) Cav. Co.G
Borner, Henry MO 16th Inf. Co.A
Borner, James H. TN 22nd Cav.
Bornes, L. AR 13th Inf. Co.K
Bornes, T. AR Cav. McGehee's Regt. Co.E
Borneston, M. SC Mil. 16th Regt. Lawrence's Co.
Bornet, O. LA Mil. 1st Chasseurs a pied Co.8
Bornett, P. AR 1st Vol. Co.E
Bornett, S.N. AR 1st Vol. Co.E
Borney, S.H. NC 66th Inf. Co.C
Bornguet, A. LA Mil. Cazadores Espanoles Regt. Co.D
Bornhill, J.W. AR Pine Bluff Arty.
Bornholdz, Joh LA Mil. 4th Regt.Eur.Brig. Co.B
Bornman, J.L. 14th Conf.Cav. Co.I
Bornow, W.G. FL Conscr.
Bornquin, Ed. LA Mil. 1st Regt. French Brig. Co.8
Bornshire, Matthias FL 2nd Cav. Co.B
Borny, Louis LA Mil. 3rd Regt. French Brig. Co.1
Boro, Dominico AL Arty. 1st Bn. Co.A
Boroff, Cornelius C. MS 15th Inf. Co.G
Borom, James B. AL Lt.Arty. Hurt's Btty.
Borom, James B. GA Cav. 29th Bn. Co.E
Borom, John P. AL Lt.Arty. Hurt's Btty. Sgt.
Borom, Julien C. AL Lt.Arty. Hurt's Btty.
Borom, Pasion J. AL Lt.Arty. Hurt's Btty.
Borom, William B. AL Lt.Arty. Hurt's Btty.
Boroman, Samuel MS 17th Inf. Co.A
Boron, John TN 28th Inf. Co.I
Boron, John TX 17th Cons.Dismtd.Cav. Co.E
Boror, William TX 17th Inf. Co.B
Borosich, T. TX 4th Inf. (St.Troops) Co.A
Borot, C. LA 8th Cav. Co.K
Borough, H.C. SC Cav.Bn. Holcombe Legion Co.D
Borough, J.H. TN 27th Inf. Co.G
Borough, T.C. SC 3rd Inf. Co.K
Borough, William M. AL 24th Inf. Co.E 2nd Lt.
Boroughs, Elijah B. NC 49th Inf. Co.D
Boroughs, E.P. SC Palmetto S.S. Co.I
Boroughs, George W. SC 4th Inf. Co.I
Boroughs, G.W. SC Palmetto S.S. Co.I
Boroughs, John AL 4th Inf. Co.H
Boroughs, John NC 34th Inf. Co.K
Boroughs, John A. GA 16th Inf. Co.A
Boroughs, Matthew W. NC 52nd Inf. Co.E Sgt.
Boroughs, Reuben AL 4th Inf. Co.H Sgt.
Boroughs, Reuben NC 3rd Arty. (40th St.Troops) Co.G,C
Boroughs, Thomas A. AL 4th Inf. Co.H
Boroughs, Thomas J. AL 24th Inf. Co.E
Boroughs, William M. AL 5th Inf. New Co.I
Boroughs, Zachary TN 44th (Cons.) Inf. Co.H
Boroughs, Zacheus NC 44th Inf. Co.H
Boroughs, Zed FL Cav. 3rd Bn. Co.A
Boroughs, Zed 15th Conf.Cav. Co.A
Boroum, J. FL 1st (Res.) Inf. Co.L
Borowski, Antoni LA 1st (Strawbridge's) Inf. Co.B
Borr, J.A. AR 21st Mil. Co.D
Borr, R.K. NC 4th Sr.Res. Co.I
Borras, John LA Mil. 5th Regt.Eur.Brig. (Spanish Regt.) Co.5
Borrell, B. MS 18th Inf. Co.I
Borrell, Jose Mc. LA Mil. 5th Regt.Eur.Brig. (Spanish Regt.) Co.5
Borrell, W. 3rd Conf.Eng.Troops Co.B
Borrers, O.H. AL Randolph Cty.Res. B.C. Raney's Co.
Borrett, S.T. VA 4th Inf.
Borrett, W.J. GA Cav. Russell's Co.
Borrick, W.J. SC Mil.Arty. 1st Regt. Co.C Cpl.
Borries, F. SC Lt.Arty. Wagener's Co. (Co.A, German Arty.)
Borriey, L. LA 26th Inf. Co.K
Borrin, John TX Cav. Wells' Regt. Co.H
Borring, Dixon W. GA 64th Inf. Co.K
Borring, Hilliard H. GA 64th Inf. Co.K,H Sgt.
Borring, J.D. TN 2nd (Ashby's) Cav. Co.G
Borring, J.W. GA Inf. 14th Bn. (St.Guards) Co.H
Borris, I.E. GA 22nd Inf. Co.E
Borrmann, A. TX Waul's Legion Co.C Bugler
Borroughs, Benjamin F. NC 5th Inf. Co.A
Borroughs, Edmund NC 5th Inf. Co.A
Borroughs, E.M. VA 62nd Mtd.Inf. Co.L
Borroughs, James NC 5th Inf. Co.A
Borroughs, Thomas SC 21st Inf. Co.I
Borroughs, William H. NC 26th Inf. Co.E
Borroughs, Wm. M. Gen. & Staff Asst.Surg.
Borroughs, W.M. AL 37th Inf. Asst.Surg.
Borroum, A.J. MS 34th Inf. Co.C Asst.Surg.
Borroum, A.J. MO Lt.Arty. Barret's Co. Asst.Surg.
Borroum, Edmond P. FL 4th Inf.
Borroum, Soc. P. FL 4th Inf. Co.I Music.
Borroum, T.B. MS 34th Inf. Co.C
Borroum, Virgil M. GA 48th Inf. Co.K 1st Sgt.
Borround, Andrew J. AL Lt.Arty. 20th Bn. Asst.Surg.
Borrow, Harmon H. TX 14th Cav. Co.E
Borrow, Henry AR Cav. 1st Bn. (Stirman's) Co.C
Borrow, I.H. Forrest's Scouts A. Harvey's Co.,CSA
Borrow, J.B. FL 1st Cav.
Borrow, J.P. AL 4th (Russell's) Cav. Co.E
Borrow, Thomas J. AL 42nd Inf. Co.E
Borrowm, A.J. Gen. & Staff Asst.Surg.
Borrows, T.J. TX 8th Cav. Co.K
Borrum, A.J. MS 30th Inf. Asst.Surg.
Borrum, J.R. TX 24th Cav. Co.I 2nd Lt.
Borrum, J.W. TN 38th Inf. 2nd Co.H
Borrus, Allen TN Detailed Conscr. Co.A
Borsch, Aug. LA Inf.Crescent Regt. Co.A
Borsey, R. TX 2nd Cav. Co.E
Borskey, John M. LA Ogden's Cav. Co.A
Borskey, P.P. LA Cav. 18th Bn. Co.C
Borst, Addison VA 10th Inf. Co.K Cpl.
Borst, Henry VA 9th Inf. 2nd Co.A
Borst, John B. VA 10th Inf. Co.K 1st Sgt.
Borstell, Frederick C.V. SC Cav.Bn. Hampton Legion Co.B
Bort, William AL 16th Cav. Co.H
Bortee, R.H. VA 25th Cav. Co.F
Borten, James NC 52nd Inf. Co.I
Borter, D. AR 21st Mil. Co.A
Borth, Joseph TX 25th Cav. Co.I
Bortle, D.J. AL 10th Inf. Co.A
Bortlett, William TN 41st Inf. Co.A
Borton, D.C. MS Shields' Co.
Borton, John R. KY 1st Bn.Mtd.Rifles Co.F
Borton, Young H. AR 7th Inf. Co.C Cpl.
Borum, Andrew VA Lt.Arty. Armistead's Co.

Borum, Andrew VA 61st Mil. Co.H
Borum, Andrew Conf.Lt.Arty. Stark's Bn. Co.A
Borum, A.V. NC 1st Arty. (10th St.Troops) Co.B
Borum, Bushrod MO Inf. 3rd Bn. Co.E
Borum, Bushrod MO 6th Inf. Co.C Cpl.
Borum, Calvin M. VA 10th Inf. Co.A Music.
Borum, Charles VA Lt.Arty. Grandy's Co.
Borum, Charles VA 54th Mil. Co.E,F
Borum, Edward VA Inf. 4th Bn.Loc.Def. Co.E Sgt.
Borum, Edward C. VA 3rd Inf. Co.B
Borum, G.A.R. NC 57th Inf. Co.D
Borum, George L. VA Inf. 4th Bn.Loc.Def. Co.B
Borum, George L. VA 61st Mil. Co.D 1st Lt.
Borum, George M. VA 11th Cav. Co.E
Borum, Henry M. VA 53rd Inf. Co.C
Borum, Henry M. VA Inf. Montague's Bn. Co.D
Borum, I.H. TN 7th (Duckworth's) Cav. Co.M
Borum, Isaac SC 4th Cav. Co.F
Borum, J. SC Cav. 12th Bn. Co.D
Borum, James T. MS 12th Inf. Co.F Cpl.
Borum, James W. TN 7th (Duckworth's) Cav. Co.M
Borum, J.C. AL 4th Res. Co.A
Borum, J.H. TN 14th (Neely's) Cav. Co.K
Borum, John VA 61st Mil. Co.D Sgt.
Borum, John H. VA 6th Inf. Ferguson's Co.
Borum, John H. VA 12th Inf. Co.H
Borum, John S. AL 27th Inf. Co.D
Borum, John W.W. VA 18th Inf. Co.C
Borum, Joseph B. AR 38th Inf. Capt.
Borum, Joseph Z. VA 18th Inf. Co.C
Borum, J.W. VA 1st (Farinholt's) Res. Co.F
Borum, J.W. VA Inf. 4th Bn.Loc.Def. Co.E
Borum, J.W.W. TN 9th Inf. Co.K Sgt.
Borum, Meredith TN 22nd (Barteau's) Cav. Co.G
Borum, M.W. AL 62nd Inf. Co.C
Borum, N.B. VA Lt.Arty. Armistead's Co.
Borum, P.C. VA Inf. 25th Bn. Co.D
Borum, Pleasant C. VA 18th Inf. Co.C
Borum, P.S. TN 7th (Duckworth's) Cav. Co.M
Borum, Ransom TN 38th Inf. 2nd Co.H
Borum, Richard H. VA 10th Inf. Co.A 1st Lt.
Borum, R.S. MS Cav. 3rd Bn. (Ashcraft's) Co.E Cpl.
Borum, R.S. MS 11th (Cons.) Cav. Co.I
Borum, Samuel R. VA 6th Inf. Co.G
Borum, Samuel R. VA 54th Mil. Co.E,F
Borum, Samuel T. VA 18th Inf. Co.C
Borum, Thomas L. VA Lt.Arty. Armistead's Co.
Borum, Thomas L. VA Inf. 4th Bn.Loc.Def. Co.E
Borum, T.J. VA 3rd Res. Co.D
Borum, William C. MS 2nd Inf. Co.C Sgt.
Borum, William C. VA Lt.Arty. Armistead's Co.
Borum, William C. VA 61st Mil. Co.D Lt.
Borum, William C. VA 61st Mil. Co.H
Borum, William C. Conf.Lt.Arty. Stark's Bn. Co.B
Borum, William H.S. FL 6th Inf. Co.E,D
Borum, William V. AL 18th Inf. Co.I,A
Borum, Willis H. MS 9th Inf. Old Co.C
Borvig, John F. NC 34th Inf. Co.K
Borwick, W.B. GA 1st Res.
Borwis, John Conf.Inf. Tacker's Regt. Co.A
Borxley, Aaron GA Mil. 4th Regt. Co.H
Bory, Maxey FL Inf. 2nd Bn. Co.F
Boryan, T. MO 8th Inf. Co.I Lt.
Boryer, Frederick A. VA 8th Inf. Co.D Sgt.
Boryer, Robert MS Grace's Co. (St.Troops)
Borys, John AL 18th Bn.Vol. Co.B
Boryszewski, Julius TN 1st Hvy.Arty. Co.K
Boryzewski, Julius TN Inf. 3rd Bn. Co.F Sgt.
Borzee, A.A. LA 8th Cav. Co.I
Borzone, Antonio LA Mil. Cazadores Espanoles Regt. Co.F
Borzoni, Bernardo LA Mil. 6th Regt.Eur.Brig. (Italian Guards Bn.) Co.4
Bos, Lt. LA Mil. 1st Regt. French Brig. Co.8
Bosage, Calvin AL Vol. Rabby's Coast Guard Co. No.1
Bosage, Daniel AL Vol. Rabby's Coast Guard Co. No.1
Bosage, Edward J. AL Vol. Rabby's Coast Guard Co. No.1
Bosage, Eugene AL Vol. Rabby's Coast Guard Co. No.1
Bosage, John B. AL Vol. Rabby's Coast Guard Co. No.1
Bosage, John V. AL Vol. Rabby's Coast Guard Co. No.1
Bosage, Julius AL Vol. Rabby's Coast Guard Co. No.1
Bosage, Maximilian AL Vol. Rabby's Coast Guard Co. No.1
Bosage, Theodore AL Vol. Rabby's Coast Guard Co. No.1
Bosage, Victor AL 21st Inf. Co.I,D
Bosalanthama, J. 1st Chickasaw Inf. Wallace's Co.
Bosanander, M. LA Miles' Legion Co.H
Bosang, James N. VA 4th Inf. Co.C Capt.
Bosang, John A. VA 4th Inf. Co.C Sgt.
Bosang, W.H. VA 11th Bn.Res. Maj.
Bosang, W.H. VA Loc.Def. Morehead's Co. Capt.
Bosang, William H. VA 4th Inf. Co.C 2nd Lt.
Bosang, Wm. H. VA Loc.Def. Morehead's Co. Capt.
Bosarg, Thomas AL 32nd & 58th (Cons.) Inf. Co.D
Bosarge, C.B. AL Cav. Murphy's Bn. Co.B
Bosarge, Francis AL Vol. Rabby's Coast Guard Co. No.1
Bosarge, J.V. AL Cav. Murphy's Bn. Co.B
Bosarge, J.V. 15th Conf.Cav. Co.G
Bosarge, M. AL Cav. Murphy's Bn. Co.B
Bosarge, M. 15th Conf.Cav. Co.G
Bosarge, Peter AL 32nd Inf. Co.C
Bosbeth, --- TX Waul's Legion Co.I
Bosbyshell, C.O. MS 9th Inf. Co.G
Bosbyshell, C.O. 20th Conf.Cav. Co.F
Bosch, Francis SC 1st Arty.
Bosch, Jos. LA Mil. 5th Regt.Eur.Brig. (Spanish Regt.) Co.5
Bosch, P.D. LA Mil. 3rd Regt. 3rd Brig. 1st Div. Co.C
Bosch, T.T. LA Mil. 4th Regt.Eur.Brig. Co.B
Bosche, Christian KY 9th Mtd.Inf. Co.H Capt.
Boschivitz, A. TN 15th Inf. Co.E
Boschivitz, M. TN 15th Inf. Co.E
Bosco, M. LA Inf.Cons.Crescent Regt. Co.G
Boscoe, R. LA 14th Inf. Co.A
Bosdel, Socratees SC 7th Inf. 1st Co.C, 2nd Co.C, Co.G
Bosdell, S.E. SC 7th Inf. 2nd Co.C, Co.G
Bosden, J.P. AL 4th Inf. Co.B
Bosden, William H. NC 55th Inf. Co.H
Bosdie, Thomas VA Mil. Scott Cty.
Bose, F.S. LA Mil.Conf.Guards Regt. Co.K
Bose, H. TX 17th Inf. Co.F
Bose, J.M. NC 8th Sr.Res. Co.A
Bose, Julius TX 3rd Inf. Co.K Maj.
Bose, J.W. Conf.Inf. 1st Bn. 2nd Co.B
Bose, William AL 10th Inf. Co.I
Bose, William LA 15th Inf. Co.A
Bose, William LA 21st (Kennedy's) Inf. Co.D
Bose, W.J. TX 19th Inf. Co.G
Boselet, Louis LA 21st (Kennedy's) Inf. Co.E
Boseley, George Thomas VA 62nd Mtd.Inf. 2nd Co.B
Boseley, William R. VA 25th Inf. 1st Co.H
Boseley, William R. VA 62nd Mtd.Inf. 2nd Co.B Sgt.
Bosely, Frank TN 2nd Cav.
Bosely, J.R. MD Cav. 2nd Bn. Co.F
Boseman, B.C. SC 8th Inf. Co.F
Boseman, David AL 6th Inf.
Boseman, D.J. AL 7th Inf. Co.A
Boseman, E. NC 1st Arty. (10th St.Troops) Co.E
Boseman, F.W. AL 60th Inf. Co.I
Boseman, F.W. AL 1st Bn. Hilliard's Legion Vol. Co.D
Boseman, George SC 8th Inf. Co.F
Boseman, Henry SC 8th Inf. Co.F
Boseman, Isaac AL 3rd Cav. Co.B
Boseman, Isaac Conf.Cav. Wood's Regt. 1st Co.M
Boseman, Isaac M. AL 38th Inf. Co.E
Boseman, J. AL 1st Bn. Hilliard's Legion Vol. Co.D
Boseman, J. NC 1st Arty. (10th St.Troops) Co.E
Boseman, James NC 3rd Inf. Co.K
Boseman, James SC 8th Inf. Co.F
Boseman, James VA 14th Inf. Co.H
Boseman, Jesse GA 3rd Inf. Co.E
Boseman, J.J. GA 1st Cav. Co.B
Boseman, John NC 1st Arty. (10th St.Troops) Co.E
Boseman, John B. AL Cav.Res. Brooks' Co. Cpl.
Boseman, L.C. AL 4th Res. Co.E
Boseman, P.W. SC 6th Inf. 2nd Co.E
Boseman, William SC 8th Inf. Co.F
Boseman, William J. NC 1st Arty. (10th St.Troops) Co.E
Bosen, A.M. MO Cav. 1st Regt.St.Guard Co.C
Bosen, Edmond LA 6th Inf. Co.G
Bosen, L.M. MS 2nd (Davidson's) Inf. Co.A
Bosen, W.H. MS 2nd (Davidson's) Inf. Co.A
Boserman, George W. VA 3rd Inf. Co.H
Boserman, Jacob VA Prov.Guard Avis' Co. Sgt.
Bosh, F.R. TN Arty. Stewart's Co.
Bosh, J.F. SC 8th Bn.Res. Co.A
Bosh, J.J. AL 20th Inf. Co.I
Bosh, Wm. AL 19th Inf. Co.K
Bosha, Stephen LA Mil.Cont.Regt. Kirk's Co.
Boshamer, Henry R. NC 13th Inf. Co.D

Boshamer, H.R. NC 7th Sr.Res. Davie's Co.
Boshars, Larkin AR 11th Inf. Co.I
Boshart, Christopher C. AL 4th (Russell's) Cav. Co.G
Boshart, Robert G. TN 37th Inf. Co.E
Boshart, William B. AL 4th (Russell's) Cav. Co.G
Boshear, William VA 47th Inf. Co.D
Boshears, Alexander AR 20th Inf. Co.G
Boshears, B. TN 1st Hvy.Arty. 2nd Co.D
Boshears, William AR 20th Inf. Co.G
Boshell, A.T. AL 13th Bn.Part.Rangers Co.D
Boshell, F.M. AL 56th Part.Rangers Co.H Cpl.
Boshell, Francis M. AL 13th Bn.Part.Rangers Co.D Cpl.
Boshell, James B. AL 56th Part.Rangers Co.H Cpl.
Boshell, J.B. AL 13th Bn.Part.Rangers Co.D
Boshell, J.L. AL 22nd Inf. Co.A
Boshell, P.M. AL 13th Bn.Part.Rangers Co.D
Boshell, P.N. AL 56th Part.Rangers Co.H
Boshen, John H. VA 1st St.Res. Co.F
Bosher, E. Jeter VA 1st Arty. Co.K
Bosher, E. Jeter VA Arty. L.F. Jones' Co.
Bosher, Fred VA Inf. Lyneman's Co.
Bosher, G.L. VA Cav. 47th Bn. Co.A AQM
Bosher, James VA Lt.Arty. Woolfolk's Co.
Bosher, James G. VA Lt.Arty. E.J. Anderson's Co.
Bosher, James G. VA 3rd Inf.Loc.Def. Co.D
Bosher, John VA 2nd Inf.Loc.Def. Co.I
Bosher, John VA Inf. 2nd Bn.Loc.Def. Co.G
Bosher, Lenard VA 14th Cav. 1st Co.F
Bosher, Leonard VA Cav. 36th Bn. Co.E
Bosher, R.H. VA 1st St.Res. Co.F
Bosher, Robert S. VA 1st Arty. Co.K Sgt.
Bosher, Robert S. VA Arty. L.F. Jones' Co. Sgt.
Bosher, Royall T. VA Loc.Def. Bosher's Co. 1st Lt.
Bosher, Royal T. VA 23rd Inf. Co.F Sgt.
Bosher, R.S. VA Inf. 25th Bn. Co.G
Bosher, Thomas VA 2nd Inf.Loc.Def. Co.I
Bosher, Thomas VA Inf. 2nd Bn.Loc.Def. Co.G
Bosher, Thomas VA 60th Inf. 1st Co.H
Bosher, Thomas J. VA Lt.Arty. W.P. Carter's Co. Sgt.
Bosher, William TX Cav. McDowell's Co.
Bosher, William M. TX 17th Inf. Co.K
Bosher, W.T. VA Inf. 25th Bn. Co.G
Boshere, John W. TN 40th Inf.
Boshers, John H. MS 2nd Inf. Co.A
Boshers, Polke TN 19th (Biffle's) Cav. Co.C
Boshers, R. AR 11th & 17th Cons.Inf. Co.C
Boshers, T.R. AR 11th & 17th Cons.Inf. Co.C
Boshes, B. AR 11th & 17th Cons.Inf. Co.C
Boshett, A. SC Lt.Arty. Gaillard's Co. (Santee Lt.Arty.)
Boshia, F. SC 1st (Butler's) Inf. Co.E
Boshiers, Taylor AR 25th Inf. Co.I
Boshong, Andrew VA 18th Cav. Co.D
Boshort, J.D. TN 21st (Wilson's) Cav. Co.A
Bosia, Alfred MO 11th Inf. Co.D
Bosier, Draton GA 64th Inf. Co.E
Bosier, Jacob SC 1st (Butler's) Inf. Co.B,D
Bosier, Jacob SC 22nd Inf. Co.A
Bosier, Joseph VA Cav. 34th Bn. Co.K Cpl.
Bosier, S.D. LA 28th (Thomas') Inf. Co.B Sgt.
Bosin, --- 1st Choctaw & Chickasaw Mtd.Rifles 2nd Co.B
Bosina, Mateo LA Mil. 4th Regt.Eur.Brig. Cognevich's Co.
Bosk, R. LA Mil. 3rd Regt. French Brig. Co.7
Boska, James C. 1st Chickasaw Inf. Gregg's Co.
Boskebo, John 1st Chickasaw Inf. Wallace's Co.
Bosker, C.A. VA 27th Inf. Co.I
Bosker, C.M. Secret Serv. McDaniels' Co.
Boskirk, R.V. GA 12th Cav. Co.I
Boslee, E. MO Inf. Clark's Regt. Co.C
Boslee, W.S. MO Inf. Clark's Regt. Co.C
Bosler, John NC 13th Inf. Co.H
Bosler, John TX 29th Cav. Co.D Ch.Bugler
Bosley, A.B. KY 1st (Butler's) Cav. Co.A
Bosley, Abraham E. MS 18th Inf. Co.D
Bosley, H.S. LA 8th Cav. Co.C
Bosley, John R. LA 1st (Nelligan's) Inf. Co.A
Bosley, J.T. KY 3rd Mtd.Inf. Chap.
Bosley, Peter L. VA 62nd Mtd.Inf. 2nd Co.G
Bosley, R.E. KY 2nd Cav.
Bosley, R.E. KY 6th Mtd.Inf. Co.F,E
Bosley, R.E. KY Morgan's Men Murphy's Co.
Bosley, Robert MS 11th Inf. Co.B
Bosley, T.G. Gen. & Staff Chap.
Bosley, W.I. LA Maddox's Regt.Res.Corps Co.B
Bosley, William A. VA 62nd Mtd.Inf. 2nd Co.G
Bosley, William H. VA Cav. 46th Bn. Co.B
Bosley, William H. VA 62nd Mtd.Inf. 2nd Co.G
Bosley, W.S. TX 21st Cav. Co.A
Bosly, A.B. KY 1st (Helm's) Cav. Asst.Surg.
Bosly, J.H. LA 3rd (Harrison's) Cav. 2nd Lt.
Bosly, John Henry LA 1st (Nelligan's) Inf. Co.A
Bosman, Mathew FL 9th Inf. Co.A
Bosman, T.W. GA 1st Cav. Co.B
Bosman, W.L. TN 39th Mtd.Inf. Co.B
Bosne, Pablo LA Mil. Cazadores Espanoles Regt. Co.2
Boson, Henry A. NC 3rd Arty. (40th St.Troops) Co.C
Bosque, A. LA Mil. 1st Native Guards
Bosque, Lorenzo LA 10th Inf. Co.H
Bosque, Lorenzo TN 1st Hvy.Arty. 2nd Co.C
Bosque, Theophile LA Mil. 1st Native Guards
Bosques, Saturnino TX 33rd Cav. 1st Co.H
Boss, Abel AL 3rd Inf. Co.G
Boss, A.F. KY 8th Cav. Co.F,A
Boss, Alexander KY 8th Cav. Co.F
Boss, Alexander KY 4th Mtd.Inf. Co.D
Boss, Andrew J. GA 42nd Inf. Co.K
Boss, Batson MS 3rd Inf. (St.Troops) Co.E
Boss, Charles VA Cav. Young's Co.
Boss, C.J. AR Pine Bluff Arty.
Boss, D. TX 2nd Inf. Co.B
Boss, D. TX Inf. 4th Bn. (Oswald's) Co.B
Boss, David W. GA 64th Inf. Co.K
Boss, Elijah W. GA 3rd Bn.S.S. Co.D
Boss, Enoch J. GA 12th Cav. Co.F Cpl.
Boss, E.W. GA Cobb's Legion Co.A
Boss, F.M. TX 7th Inf. Co.H
Boss, Fritz MO Inf. Clark's Regt. Co.D
Boss, George TX 1st Inf. Co.L
Boss, George W. GA 64th Inf. Co.K
Boss, Henry GA 6th Cav. Co.K
Boss, Henry VA 1st Cav. Co.H
Boss, Henry J. GA 35th Inf. Co.G
Boss, Henry T. GA 42nd Inf. Co.K
Boss, H.J. TN 26th Inf. 1st Co.H
Boss, H.W. GA Cav. 6th Bn. (St.Guards) Co.E
Boss, H.W. GA 39th Inf. Co.E
Boss, J. KY 7th Cav. Co.B
Boss, J. NC 7th Inf. Co.D
Boss, J. TX Cav. Gano's Squad. Co.B
Boss, James F.H. AL 39th Inf. Co.I
Boss, James J. GA 35th Inf. Co.G 1st Lt.
Boss, James P. VA 8th Inf. Co.H
Boss, James W. GA 64th Inf. Co.K Cpl.
Boss, J.H. GA 39th Inf. Adj.
Boss, John GA 1st Reg. Hill's Co.
Boss, John GA 1st (Fannin's) Res. Co.I
Boss, John H. GA 64th Inf. Co.K
Boss, John J. GA 60th Inf. Co.I
Boss, John J. TX Cav. Martin's Regt. Co.C,I
Boss, John W.N. GA 64th Inf. Co.K
Boss, Joseph VA 21st Mil. Co.E
Boss, Jos. N. Gen. & Staff 1st Lt.,Adj.
Boss, Joseph T. VA 21st Mil. Co.D
Boss, Joseph T. VA 26th Inf. 2nd Co.B
Boss, J.W. TN 47th Inf. Co.G
Boss, Leonard GA 42nd Inf. Co.G
Boss, Louis LA Mil. Chalmette Regt. Co.K
Boss, Marion KY 8th Cav. Co.F
Boss, Miles N. GA 35th Inf. Co.G
Boss, Peter LA Mil. 4th Regt. 1st Brig. 1st Div. Co.K
Boss, Peter G. MS 43rd Inf. Co.B
Boss, Peter W. GA 42nd Inf. Co.K
Boss, P.G. MS 6th Cav. Co.I 1st Sgt.
Boss, R. TN Lt.Arty. Rice's Btty.
Boss, Robert VA 9th Cav. Co.H
Boss, Robert J. VA 55th Inf. Co.I 1st Lt.
Boss, Robert J. VA 109th Mil. 1st Co.A Capt.
Boss, Robert S. AL Inf. 1st (Loomis') Bn. Co.E
Boss, Shephard MO 3rd Cav. Co.D
Boss, S.S. GA 6th Cav. Co.K
Boss, Thomas AL 1st Regt. Mobile Vol. Co.K
Boss, T.T. GA 66th Inf.
Boss, W.B. GA 60th Inf. Co.I
Boss, W.C. AL Cp. of Instr. Talladega Co.B
Boss, William C. GA 9th Inf. (St.Guards) Co.F
Boss, William E. NC 20th Inf. Faison's Co.
Boss, William L. GA 64th Inf. Co.K
Boss, William W. MS 35th Inf. Co.A Sgt.
Boss, W.W. TX 20th Cav. Co.F
Bossard, J.J. SC 5th Bn.Res. Co.B
Bossard, J.J. Gen. & Staff Surg.
Bossard, John SC 4th St.Troops Co.I
Bossard, John SC Inf. Hampton Legion Co.G
Bossard, John J. SC 9th Inf. Co.F Surg.
Bossarge, Daniel AL 15th Bn.Part.Rangers Co.D
Bossarge, Daniel AL 56th Part.Rangers Co.D
Bossarge, Jeff AL 15th Bn.Part.Rangers Co.D
Bossarge, Jeff AL 56th Part.Rangers Co.D
Bossarge, Julius AL 15th Bn.Part.Rangers Co.D
Bossarge, Julius AL 56th Part.Rangers Co.D
Bossarge, Theodore AL 15th Bn.Part.Rangers Co.D
Bossart, Joseph LA 21st (Kennedy's) Inf. Co.E
Bosse, Chs. LA Mil. Lafayette Arty.
Bosse, H. TX 16th Inf. Co.E
Bosse, John TN 1st Hvy.Arty. 2nd Co.C
Bosse, John TN Hvy.Arty. Sterling's Co.
Bosse, Louis SC Inf. Holcombe Legion Co.C

Bosse, William TX 16th Inf. Co.E
Bosse, William TX Inf. Timmons' Regt. Co.K
Bosse, William TX Waul's Legion Co.B
Bosseau, C. VA Inf. 25th Bn. Co.F Capt.
Bosseaux, Julien LA Mil. 6th Regt.Eur.Brig. (Italian Guards Bn.) Co.5
Bossel, G.M. TN 13th (Gore's) Cav. Co.F
Bossel, James TN 50th (Cons.) Inf. Co.B
Bossel, Samuel TN 13th (Gore's) Cav. Co.F
Bosseler, Nicholas LA Miles' Legion Co.B
Bosseman, George VA Lt.Arty. Carpenter's Co.
Bossenec, S.W. AL Talladega Cty.Res. B. Stewart's Co.
Bosser, Henry KY 1st (Butler's) Cav. Co.E
Bosserman, George H. VA 7th Bn.Res. Co.D
Bosserman, Henry B. VA 25th Inf. 2nd Co.H
Bosserman, John VA Burks' Regt.Loc.Def.
Bosserman, John H. VA 28th Inf. Co.A
Bosserman, John H. VA Burks' Regt.Loc.Def. Beckner's Co.
Bosserman, Joseph VA 3rd Bn. Valley Res. Co.D
Bosserman, Samuel VA 52nd Inf. Co.D
Bosserman, William VA 5th Inf. Co.D
Bosserman, William VA 25th Inf. 2nd Co.H
Bosserman, William B. VA 11th Inf. Co.D
Bosserman, William H. VA 52nd Inf. Co.A
Bossert, John MS 10th Inf. Old Co.F
Bossert, Joseph W. AR 35th Inf. Co.B QM
Bossert, Jos. W. Gen. & Staff Capt.,AQM
Bossett, John H. VA 64th Mil. Hunley's Co.
Bossett, Newton P. FL Vol. Brig.Band Finegan's Brig. Music.
Bossey, Frederick LA Inf. 1st Sp.Bn. (Wheat's) New Co.D
Bossham, James H. VA 151st Mil. Co.E
Bossham, John VA 151st Mil. Co.E Cpl.
Bossham, M.L. TN 36th Inf. Co.L
Bosshardt, Albert LA 14th Inf. Co.H
Bosshardt, Herman TN 15th Inf. Co.K Bugler
Bossier, A. LA Inf.Cons. 18th Regt. & Yellow Jacket Bn. Co.B
Bossier, Alcee LA 18th Inf. Co.E
Bossier, Alexander LA 2nd Cav. Co.I
Bossier, Antoine LA 18th Inf. Co.E
Bossier, D. TX Waul's Legion Co.D
Bossier, E. LA Inf.Cons. 18th Regt. & Yellow Jacket Bn. Co.B
Bossier, Evariste LA 18th Inf. Co.E
Bossier, J. TX Waul's Legion Co.D
Bossier, J.J. LA 2nd Cav. Co.C 1st Lt.
Bossier, L.A. LA 26th Inf. Co.G Lt.
Bossier, Louis LA 2nd Cav. Co.D
Bossier, Louis LA 2nd Inf. Co.A
Bossier, Paul LA 3rd Inf. Co.G Lt.
Bossier, P.E. LA 3rd Inf. Co.G
Bossier, Placide LA 3rd Inf. Co.G
Bossier, St.Onge 14th Conf.Cav. Co.H
Bossiere, Stanford LA 9th Inf. Co.I
Bossiere, St.Ange LA Ogden's Cav. Co.E
Bossiere, St.Ange LA 9th Inf. Co.I
Bossieux, Cyrus VA 3rd Lt.Arty. Co.K Capt.
Bossieux, Cyrus VA 1st Inf. Co.A Sgt.
Bossieux, Cyrus VA 12th Inf. Co.G Sgt.
Bossieux, Cyrus VA Inf. 25th Bn. Co.F Capt.
Bossieux, Edmond VA 4th Cav. Co.I 1st Lt.
Bossieux, Edmond VA 2nd St.Res. Co.B 2nd Lt.
Bossieux, Louis F. VA 3rd Inf.Loc.Def. Co.D Sgt.
Bossieux, Louis F. VA 6th Inf. Co.I Capt.
Bossieux, Louis J. VA 1st Inf. Co.A Sr.1st Lt.
Bossieux, Louis J. VA 12th Inf. Co.G 1st Lt.
Bossieux, Louis J. VA Inf. 25th Bn. Co.B Maj.
Bossieux, V. VA 3rd Lt.Arty. Co.K 2nd Lt.
Bossieux, Virginius VA 1st Inf. Co.A
Bossieux, Virginius VA 12th Inf. Co.G
Bossieux, Virginius VA Inf. 25th Bn. Co.F 2nd Lt.
Bossill, Charles GA 1st (Olmstead's) Inf. Co.A
Bossler, Joseph TN 15th Inf. Co.K
Bosso, Aynello LA Mil. Cazadores Espanoles Regt. Co.F
Bosson, William TX 31st Cav. Co.H
Bossonette, Edwin MS 3rd (St.Troops) Cav. Co.F
Bosswell, Elias SC 9th Inf. Co.G
Bosswell, Samuel SC 9th Inf. Co.G
Bost, Aaron J. NC 20th Inf. Co.A Sgt.
Bost, Aaron J. NC 37th Inf. Co.D 1st Lt.
Bost, Adolphus T. NC 46th Inf. Co.K Capt.
Bost, A.G. NC 8th Inf. Co.H
Bost, A.J. 1st Conf.Eng.Troops Co.F
Bost, Alfred W. NC 46th Inf. Co.K
Bost, Allison NC 5th Inf. Co.K
Bost, Amsa A. NC 57th Inf. Co.E
Bost, Andrew J. NC 17th Inf. (2nd Org.) Co.L
Bost, A.W. NC 2nd Jr.Res. Co.E
Bost, Caleb E. NC 7th Inf. Co.H
Bost, Coonrod W. AL 19th Inf. Co.K
Bost, C.W. 3rd Conf.Eng.Troops Co.G
Bost, Daniel J. NC 28th Inf. Co.K Sgt.
Bost, Daniel L. NC 8th Inf. Co.H
Bost, D.D. NC 57th Inf. Co.B
Bost, Elias G. NC 12th Inf. Co.A Sgt.
Bost, Eli G. NC 4th Inf. Co.A
Bost, Ephraim NC 5th Sr.Res. Co.E
Bost, Flynn W. MS 1st Cav. Co.C
Bost, F.W. MS Lt.Arty. 14th Bn. Co.B Sgt.
Bost, F.W. MS 9th Inf. Old Co.H
Bost, G.D. NC 57th Inf. Co.H
Bost, George J. NC 8th Bn.Jr.Res. Co.A
Bost, George W. AR Inf. 4th Bn. Co.B Cpl.
Bost, G.H. MS 18th Cav. Co.E
Bost, G.J. NC 3rd Jr.Res. Co.F
Bost, G.M. NC 5th Inf. Co.K
Bost, G.V. NC 1st Detailed Men Co.H
Bost, Harvey NC 12th Inf. Co.A
Bost, Henry NC 4th Cav. (59th St.Troops) Co.E
Bost, Henry C. NC 1st Cav. (9th St.Troops) Co.F Sgt.
Bost, Henry M. NC 1st Cav. (9th St.Troops) Co.F
Bost, H.W. NC 8th Inf. Co.H
Bost, Jackson L. NC 37th Inf. Co.D Maj.
Bost, Jackson M. NC 1st Cav. (9th St.Troops) Co.F
Bost, Jacob NC 1st Cav. (9th St.Troops) Co.F
Bost, Jacob TN 35th Inf. 1st Co.A
Bost, Jacob E. NC 7th Inf. Co.B
Bost, Jacob W. NC 57th Inf. Co.F Sgt.
Bost, James H. NC 26th Inf. Co.K
Bost, James M. AR 5th Inf. Co.I Sgt.
Bost, James W. NC 20th Inf. Co.B Cpl.
Bost, J.C. NC 57th Inf. Co.E
Bost, Jesse M. NC 1st Arty. (10th St.Troops) Co.D
Bost, J.K.P. NC 4th Cav. (59th St.Troops) Co.E
Bost, John NC 4th Sr.Res. Co.D
Bost, John NC 7th Inf. Co.B
Bost, John NC Home Guards
Bost, John J. NC 46th Inf. Co.B
Bost, John M. NC 20th Inf. Co.B
Bost, John R. TN 16th Inf. Co.E
Bost, Joseph M. SC Inf. Holcombe Legion Co.C Capt.
Bost, Julius A. NC 7th Inf. Co.B
Bost, J.V. NC 2nd Jr.Res. Co.E
Bost, Lawson O. NC 49th Inf. Co.E
Bost, Leander S. NC 6th Inf. Co.E,D
Bost, Manuel NC 49th Inf. Co.E
Bost, Martin L. NC 1st Cav. (9th St.Troops) Co.F Cpl.
Bost, Mathias NC 8th Inf. Co.H
Bost, M.D.L. TN 21st (Wilson's) Cav. Co.C
Bost, M.D.L. TN 21st & 22nd (Cons.) Cav. Co.F
Bost, Miles W.A. NC 38th Inf. Co.F
Bost, M.L. AR 15th Mil. Co.D
Bost, Morris NC 32nd Inf. Co.E
Bost, Morris R. NC 8th Bn.Jr.Res. Co.B Cpl.
Bost, Moses NC 4th Cav. (59th St.Troops) Co.E
Bost, Moses A. NC 46th Inf. Co.B
Bost, M.W. MS 2nd Cav. Co.G Sgt.
Bost, M.W. MS 7th Cav. Co.F
Bost, N.W. MS 22nd Inf. Cpl.
Bost, Nelson NC 7th Inf. Co.B
Bost, Noah TN 35th Inf. 1st Co.A Sgt.
Bost, Noah A. NC 12th Inf. Co.A
Bost, Peter E. NC 7th Inf. Co.B
Bost, Reuben M. MS 19th Inf. Co.E
Bost, Reuben M. MS 29th Inf. Co.A
Bost, R.F. NC 3rd Jr.Res. Co.F
Bost, Riley F. NC 8th Bn.Jr.Res. Co.A
Bost, Robert A. NC 12th Inf. Co.A Cpl.
Bost, Robert A. NC 46th Inf. Co.K Capt.
Bost, Rufus G. NC 57th Inf. Co.F
Bost, R.W. NC Inf. 76th Regt. Co.G
Bost, S.C. NC 4th Cav. (59th St.Troops) Co.E
Bost, Silas A. AR 5th Inf. Co.I
Bost, Solomon MS 24th Inf. Co.A
Bost, Solomon MS 29th Inf. Co.A
Bost, S.S. NC McLean's Bn.Lt.Duty Men Co.B
Bost, Tho NC 23rd Inf. Co.G
Bost, W.E. AR 1st (Monroe's) Cav. Co.A
Bost, W.E. NC 57th Inf. Co.B
Bost, W.H. NC 2nd Inf.
Bost, William A. NC 28th Inf. Co.K Cpl.
Bost, William H. NC 20th Inf. Co.A
Bost, William H. NC 46th Inf. Co.B
Bost, William M. NC 7th Inf. Co.B
Bost, W.P. NC McLean's Bn.Lt.Duty Men Co.B
Bost, W.R.D. NC 23rd Inf. Co.F
Bost, W.W. GA 16th Inf.
Bost, W.W. NC 32nd Inf. Co.K
Bost, W.W. NC 57th Inf. Co.B
Bostain, E.B. AR 8th Mil.
Bostain, Harvey W. GA 8th Inf. Co.F
Bostain, John J. NC 48th Inf. Co.C
Bostain, Mumford S. MS 23rd Inf. Co.C
Bostaine, E.B. AR 17th (Griffith's) Inf. Co.H
Bostard, John Sap. & Min.,CSA

Bostick, John H. AR 35th Inf. Co.E
Bostick, John M. GA Carlton's Co. (Troup Cty.Arty.)
Bostick, John M. GA 2nd Inf. Stanley's Co.
Bostick, John R. GA 14th Inf. Co.B
Bostick, John R. GA 42nd Inf. Co.A
Bostick, John S. NC 2nd Bn.Loc.Def.Troops Co.7
Bostick, John S. SC 1st Mtd.Mil. Martin's Co.
Bostick, John S. SC 3rd Cav. Co.E
Bostick, John W. GA 14th Inf. Co.A
Bostick, Joseph TN 34th Inf. Co.A Maj.
Bostick, Joseph VA 60th Inf. Co.A
Bostick, Joseph Gen. & Staff Maj.,AAIG
Bostick, Joseph H. SC Arty. Gregg's Co. (McQueen Lt.Arty.)
Bostick, Joseph L. FL 3rd Inf. Co.D 2nd Lt.
Bostick, Joseph W. NC 3rd Inf. Co.B
Bostick, Joshua D. AL 11th Inf. Co.E
Bostick, Joshua H. AR 17th (Lemoyne's) Inf. Co.B
Bostick, Joshua R. FL 3rd Inf. Co.D
Bostick, J.S. AL 5th Inf. New Co.A Cpl.
Bostick, J.W. MS 35th Inf. Co.K
Bostick, J.W. NC 6th Inf. Co.I
Bostick, J.W. TX Cav. Waller's Regt. Co.C
Bostick, J.W. TX 9th (Nichols') Inf. Co.G
Bostick, L.C. MS 1st (Foote's) Inf. (St.Troops) Hobart's Co.
Bostick, L.C. MS 27th Inf. Co.A
Bostick, Leonard F. VA Arty. Paris' Co.
Bostick, Lewis VA 60th Inf. Co.A
Bostick, L.R. SC 4th Cav. Co.K Sgt.
Bostick, L.S. AL 5th Inf. Co.D
Bostick, L.S. AR 20th Inf. Co.E
Bostick, L.T. SC Inf. Hampton Legion Co.G
Bostick, M. MS Inf. 3rd Bn. (St.Troops) Co.E
Bostick, Mark A.G. MO 1st Cav. Co.F 2nd Lt.
Bostick, McBryor NC 16th Inf. Co.D
Bostick, M.D. MS 6th Cav. Co.F
Bostick, M.H. TN 20th Inf. Co.B
Bostick, Nathaniel B. GA 14th Inf. Co.G
Bostick, Nelson J. VA 108th Mil. Co.G
Bostick, Newton J. MS 44th Inf. Co.E
Bostick, N.J. VA Inf. 26th Bn. Co.B
Bostick, N.L. GA 59th Inf. Co.D Sgt.
Bostick, O.P. SC 1st Mtd.Mil. Martin's Co.
Bostick, Patrick N. GA 20th Inf. Co.C 1st Lt.
Bostick, Paul J. SC Arty. Gregg's Co. (McQueen Lt.Arty.)
Bostick, Paul J. SC Arty. Manigault's Bn. 1st Co.C
Bostick, P.B. VA Inf. 26th Bn. Co.B
Bostick, Peter B. VA 108th Mil. Co.G
Bostick, R. Caswell's Staff Capt.
Bostick, R.F. SC 4th Cav. Co.K
Bostick, Rhesa J. GA 12th (Wright's) Cav. (St.Guards) Wright's Co.
Bostick, Richard AR 8th Inf. New Co.G
Bostick, Richard F. SC 3rd Cav. Co.E
Bostick, Robert F. VA Inf. 26th Bn. Co.C
Bostick, Robert F. VA 108th Mil. Co.A, Lemon's Co.
Bostick, Samuel E. NC 50th Inf. Co.I 2nd Lt.
Bostick, Samuel T. NC 3rd Inf. Co.B
Bostick, S.C. MS 5th Inf. (St.Troops) Co.G 1st Sgt.
Bostick, S.G. MS Cav. Jeff Davis Legion Co.I
Bostick, Sion R. TX 5th Inf. Co.B
Bostick, S.R. LA 3rd Inf. Co.D
Bostick, S.R. VA 59th Inf. 3rd Co.E 1st Sgt.
Bostick, S.S. AR 3rd (Cons.) Inf. Co.11
Bostick, T. NC 3rd Jr.Res. Co.I
Bostick, Tandy C.H. MS 5th Inf. Co.I Capt.
Bostick, Thaddius M. GA 14th Inf. Co.G Sgt.
Bostick, Thomas TN 34th Inf. ACS
Bostick, Thomas VA 16th Inf. Co.F
Bostick, Thomas A. MS 17th Inf. Co.H
Bostick, Thomas C. VA 108th Mil. Co.G
Bostick, Thomas H. SC 1st Mtd.Mil. Martin's Co.
Bostick, Thomas H. SC 3rd Cav. Co.E
Bostick, Thomas H. TN 7th Inf. Co.K Capt.
Bostick, Thomas H. Cheathams Div. Maj.,CS
Bostick, Thomas J. AR 10th Cav. Howard's Co., Herrod's Co.
Bostick, Thomas J. AR 4th Inf. Co.F
Bostick, Thomas T. NC 52nd Inf. Co.E Sgt.
Bostick, T.J. SC 10th Inf. Co.I 2nd Lt.
Bostick, T.K. TN 45th Inf. Co.C
Bostick, T.M. TX 17th Inf. Co.D
Bostick, Tristram 3rd Conf.Eng.Troops Co.A
Bostick, W.C. TX 32nd Cav. Co.C Capt.
Bostick, W.D. AL Inf. 1st Regt.
Bostick, W.D. TN 46th Inf. Co.B
Bostick, W.H. NC 12th Inf. Co.E
Bostick, W.H. TN 20th Inf. Co.B 2nd Lt.
Bostick, W.H.H. MS 27th Inf. Co.A
Bostick, Wiley W. FL 3rd Inf. Co.D Music.
Bostick, William AR 17th (Lemoyne's) Inf. Co.B
Bostick, William AR Inf. Cocke's Regt. Co.B
Bostick, William VA 24th Cav.
Bostick, William, Jr. VA 60th Inf. Co.A
Bostick, William, Sr. VA 60th Inf. Co.A
Bostick, William A. GA 51st Inf. Co.C Cpl.
Bostick, William K. TX 13th Cav. Co.G
Bostick, William L. FL 6th Inf. Co.B Sgt.
Bostick, William L. VA 108th Mil. Co.A, Co.F, Lemon's Co.
Bostick, William L. 3rd Conf.Eng.Troops Co.A Sgt.
Bostick, William M. VA 60th Inf. Co.A
Bostick, W.T. TN 4th Inf. Co.B
Bostick, W.T. VA 60th Inf. Co.A
Bostie, David NC 55th Inf. Co.D
Bostin, Alexander NC 18th Inf. Co.C
Bostin, Amos NC 7th Inf. Co.B
Bostion, Jacob NC 42nd Inf. Co.G Sgt.
Bostiun, Levi A. NC 34th Inf. Co.D
Bostleman, Fritz TN 14th Inf. Co.H
Bostnick, Elijah W. LA 28th (Gray's) Inf. Co.D
Boston, Bevley P. VA 13th Inf. Co.C
Boston, B.F. TX 28th Cav. Co.G
Boston, B.F. TX Vol. (So.Rights Guards) Teague's Co.
Boston, B.W. GA 1st (Symons') Res. Co.E
Boston, E.B. AR 11th & 17th Cons.Inf. Co.H,K
Boston, F.C. VA 5th Cav. Co.I 2nd Lt.
Boston, F.C. VA 5th (Cons.) Cav. Co.F Jr.2nd Lt.
Boston, F.C. VA 3rd Lt.Arty. Co.F Jr.2nd Lt.
Boston, Frank A. KY 4th Cav. Co.D Cpl.
Boston, George KY 4th Mtd.Inf. Co.F
Boston, George W. GA 3rd Cav. Co.F
Boston, H.B. TX 15th Field Btty.
Boston, H.B. TX 20th Inf. Co.K
Boston, Henry F. GA Phillips' Legion Co.C Cpl.
Boston, I.G. GA 6th Res.
Boston, J.A. MS 30th Inf. Co.C
Boston, James AR 31st Inf. Co.I Sgt.
Boston, James C. MS 4th Inf. Co.A Sgt.
Boston, James F. AL Cav. Lewis' Bn. Co.E Cpl.
Boston, James H. GA 12th Inf. Co.I Sgt.
Boston, James H. MO 16th Inf. Co.D
Boston, James M. MS Inf. 3rd Bn. Co.B
Boston, James N. VA 13th Inf. Co.C
Boston, James N. VA 84th Inf. Co.D Cpl.
Boston, J.B. VA 2nd Cav. Co.K
Boston, J.C. GA 1st (Symons') Res. Co.B
Boston, J.C. GA 32nd Inf. Co.H
Boston, Jesse NC 62nd Inf. Co.D
Boston, Jessee KY 4th Mtd.Inf. Co.F
Boston, Jesse F. MS Inf. 3rd Bn. Co.B
Boston, John MS 4th Inf. Co.A
Boston, John NC 1st Inf. Co.H
Boston, John G. MS Inf. 3rd Bn. Co.B Cpl.
Boston, John H. GA Inf. Fuller's Co.
Boston, John J. TX 27th Cav. Co.I
Boston, John T. VA Horse Arty. J.W. Carter's Co.
Boston, John T. VA 13th Inf. Co.A Sgt.
Boston, John W. GA Cav. 2nd Bn. Co.B Cpl.
Boston, J.S. KY 7th Cav. Co.A
Boston, J.W. GA 5th Cav. Co.F
Boston, J.W. GA 7th Cav. Co.B
Boston, J.W. GA Cav. 21st Bn. Co.C
Boston, J.W. MS 31st Inf. Co.I
Boston, M.D. GA 8th Inf. Co.B
Boston, Milton MS 3rd Inf. (St.Troops) Co.B
Boston, M.J. GA Phillips' Legion Co.C
Boston, M. Jerome GA Cobb's Legion Co.E Sgt.
Boston, R.B. VA 5th Cav. Co.I Col.
Boston, R.B. VA 5th (Cons.) Cav. Col.
Boston, R.B. VA 3rd Lt.Arty. Co.F Capt.
Boston, Robert W. MS Inf. 3rd Bn. Co.B
Boston, Samuel MO 7th Cav. Co.A
Boston, S.L. MS 2nd (Davidson's) Inf. Co.C
Boston, Solon A. VA 18th Inf. Co.E Sgt.
Boston, Uriah NC 2nd Inf. Co.H
Boston, W.C. 10th Conf.Cav. Co.H
Boston, William GA 2nd Res. Co.G
Boston, William KY 7th Cav. Co.K
Boston, William KY Horse Arty. Byrne's Co.
Boston, William C. MS Inf. 3rd Bn. Co.B
Boston, William J. GA 23rd Inf. Co.A Maj.
Boston, William K. FL 2nd Cav. Co.F Music.
Boston, William M. MS 31st Inf. Co.I
Boston, W.P. MS St.Cav. 2nd Bn. (Harris') Co.B
Boston, W.T. GA Cav. 2nd Bn. Co.B Cpl.
Boston, W.T. GA 5th Cav. Co.F Cpl.
Boston, W.T. GA 7th Cav. Co.B Cpl.
Boston, W.T. GA Cav. 21st Bn. Co.C Cpl.
Bostrom, Pleasant VA Cav. Ferguson's Bn. Ferguson's Co.
Bostrom, Weilley VA Cav. Ferguson's Bn. Ferguson's Co.
Bostrum, O. FL 1st (Res.) Inf.
Bostwick, --- AL 12th Inf. Co.C

Bostwick, --- TX Cav. Mann's Regt. Co.K
Bostwick, A.C. KY 7th Cav. Co.H
Bostwick, Azariah GA 31st Inf. Co.D
Bostwick, Azariah G. GA 31st Inf. Co.E Sgt.
Bostwick, Benjamin KY 3rd Cav. Co.H
Bostwick, C. AL 89th Mil. Co.C 2nd Lt.
Bostwick, C. LA Red River S.S. Co.A
Bostwick, C. TX 1st Inf. Co.F
Bostwick, C.A.W. GA 2nd Inf. Co.D
Bostwick, Charles TX 7th Cav. Co.A Sgt.
Bostwick, Charles H. AL Mil. 3rd Vol. Co.E 2nd Lt.
Bostwick, Charles O. AR 9th Inf. Co.G Music.
Bostwick, Edward SC 26th Inf. Co.E Capt.
Bostwick, E.W. LA 19th Inf. Co.C
Bostwick, F.G. KY 7th Cav. Co.H
Bostwick, Francis D. AL 3rd Inf. Co.B,G Cpl.
Bostwick, George P. MS 10th Inf. Old Co.G, New Co.H Cpl.
Bostwick, G.M. TN Inf. 154th Sr.Regt. Co.K Bvt.2nd Lt.
Bostwick, G.P. MS 9th Inf. Co.G Cpl.
Bostwick, Green B. GA 9th Inf. (St.Guards) Co.B
Bostwick, Green B. GA 38th Inf. Co.B,E
Bostwick, H.B. GA 7th Cav. Co.I
Bostwick, H.B. GA Cav. 9th Bn. (St.Guards) Co.B
Bostwick, H.G. TX 15th Inf. 2nd Co.E
Bostwick, Ira H. LA 7th Inf. Co.E
Bostwick, J.A. AR 2nd Vol. Co.D
Bostwick, J.A. TX 5th Inf. Co.F
Bostwick, James G. GA 9th Inf. (St.Guards) Co.B Sr.2nd Lt.
Bostwick, James H. TN 48th (Nixon's) Inf. Co.C Sgt.
Bostwick, J.A.W. AR 37th Inf. Co.C Sgt.
Bostwick, J.B. GA Siege Arty. 28th Bn. Co.G
Bostwick, J.B. GA 6th Inf. (St.Guards) Co.K
Bostwick, J.B. GA 53rd Inf. Co.A
Bostwick, J.C. TN 14th Cav. Co.B
Bostwick, John AL 1st Regt. Mobile Vol. Co.E, Baas' Co. 3rd Lt.
Bostwick, John D. GA 3rd Inf. Co.I
Bostwick, John H. AL 4th Res. Co.B Jr.2nd Lt.
Bostwick, John R. TX 4th Inf. Co.A
Bostwick, J.R. GA 1st Reg. Co.D
Bostwick, J.T. TX 25th Cav. Co.K
Bostwick, L. 14th Conf.Cav. Co.K
Bostwick, Little B. GA 36th (Broyles') Inf. Co.E
Bostwick, M. LA Mil.Cont.Cadets
Bostwick, Mark R. MS 2nd Inf. Co.B
Bostwick, R. TX 9th (Young's) Inf. Co.C
Bostwick, R.M. TN 13th Inf. Asst.Surg.
Bostwick, R.M. TN Inf. 154th Sr.Regt. Co.K
Bostwick, Robert W. Gen. & Staff Asst.Surg.
Bostwick, Samuel D. GA Cobb's Legion Co.D Capt.
Bostwick, T.K. Gen. & Staff Surg.
Bostwick, W.A. GA 14th Inf. Co.G
Bostwick, William B. GA 13th Inf. Co.C
Bostwick, William C. AL Hardy's Co. (Eufaula Minute Men)
Bostwick, William R. GA 49th Inf. Co.K
Bostwick, William W. AL Eufaula Lt.Arty.
Bostwick, William W. AL 3rd Inf. Co.B
Bostwick, W.M. Gen. & Staff Hosp.Stew.
Bostwick, W.R. TN Inf. 3rd Bn. Co.B Lt.
Boswaso, Frank AL 1st Regt.Conscr. Co.D
Boswell, --- GA 2nd Bn.St.Troops Co.D 2nd Lt.
Boswell, A. LA 3rd (Wingfield's) Cav. Co.G
Boswell, A. MS 41st Inf. Co.C
Boswell, A. TN 15th (Cons.) Cav. Co.H
Boswell, Abner NC 7th Sr.Res. Davie's, Mitchell's Co.
Boswell, A.F. TN 51st Inf. Co.H Cpl.
Boswell, A.J. GA 4th Res. Co.B,F Cpl.
Boswell, A.J. MS 1st Cav. Co.G Music.
Boswell, A.J. MS 1st (Foote's) Inf. (St.Troops) Co.B 1st Lt.
Boswell, A.J. TN 13th (Gore's) Cav. Co.E,F
Boswell, Alexander NC 43rd Inf. Co.I
Boswell, Alfred F. NC 2nd Inf. Co.D
Boswell, Allagood NC 20th Inf. Co.K
Boswell, Alva NC 2nd Arty. (36th St.Troops) Co.E
Boswell, Amon LA 1st Cav. Co.A
Boswell, Amos NC 51st Inf. Co.G
Boswell, Andrew J. TN 25th Inf. Co.H Cpl.
Boswell, A.P. TN 51st (Cons.) Inf. Co.E 1st Sgt.
Boswell, Augustus C. AL 10th Inf. Co.D Sgt.
Boswell, Augustus C. VA 40th Inf. Co.E
Boswell, Augustus W. GA 40th Inf. Co.D Sgt.
Boswell, A.W. FL 2nd Cav. Co.D
Boswell, B. SC Arty. Manigault's Bn. 2nd Co.C
Boswell, B. SC Arty. Zimmerman's Co. (Pee Dee Arty.)
Boswell, B. SC 1st (McCreary's) Inf. Co.D
Boswell, Benjamin LA 19th Inf. Co.A
Boswell, Benjamin SC 1st St.Troops Co.H
Boswell, Benjamin SC 3rd Res. Co.F
Boswell, Berryman C.H. LA Inf.Cons.Crescent Regt. Co.F
Boswell, B.F. TX 21st Inf. Co.G
Boswell, B.F. TX Inf. Griffin's Bn. Co.B
Boswell, Bunberry NC Hvy.Arty. 1st Bn. Co.C
Boswell, C. AR 8th Cav. Co.I
Boswell, C.C. GA 22nd Inf. Co.I
Boswell, Charles MO 9th Bn.S.S. Co.C
Boswell, Charles MO 10th Inf. Co.I Cpl.
Boswell, Charles P. TX 2nd Cav. 1st Co.F
Boswell, Charles P. TX Cav. Morgan's Regt. Co.I
Boswell, Daniel P. MO Cav. Slayback's Regt. Co.A
Boswell, D.B. TN 3rd (Clack's) Inf. Co.K
Boswell, D.M. TN 38th Inf. Co.C
Boswell, Doctor F. MS 13th Inf. Co.A
Boswell, D.S. KY 10th (Johnson's) Cav. Co.E
Boswell, Edmund D. VA 18th Inf. Co.G
Boswell, Edward C. KY 2nd (Duke's) Cav. Co.A,D
Boswell, Edward E. VA 53rd Inf. Co.E
Boswell, Edwin G. NC Cav. 12th Bn. Co.B
Boswell, Edwin G. 8th (Dearing's) Conf.Cav. Co.B
Boswell, E.G. NC 4th Cav. (59th St.Troops) Co.I
Boswell, Elbert MS 41st Inf. Co.C
Boswell, Eli NC 20th Inf. Co.D
Boswell, Elias W. SC 6th Inf. 2nd Co.E
Boswell, Evans GA 3rd Cav. Co.C
Boswell, F.M. AL 58th Inf. Co.I
Boswell, Frank TN 51st (Cons.) Inf. Co.D
Boswell, G.B. AR 37th Inf. Co.I
Boswell, G.C. KY Cav. 2nd Bn. (Dortch's) Co.D
Boswell, George GA 63rd Inf. Co.C
Boswell, George TN 51st Inf. Co.E
Boswell, George VA 2nd Inf. (Loc.Def.) Co.B
Boswell, George VA Inf. 2nd Bn. (Loc.Def.) Co.D
Boswell, George N. GA Cav. 7th Bn. (St.Guards) Co.D
Boswell, George T. NC 43rd Inf. Co.K
Boswell, George W. GA 4th Inf. Co.A
Boswell, George W. LA 16th Inf. Co.G Cpl.
Boswell, George W. NC 13th Inf. Co.A
Boswell, G.F. GA 22nd Inf. Co.I
Boswell, G.M. SC 2nd Arty. Co.E
Boswell, G.W. AR 26th Inf. Co.G
Boswell, G.W. KY 10th (Johnson's) Cav. New Co.H
Boswell, G.W. LA 10th Inf. Co.G Cpl.
Boswell, G.W. TX 2nd Cav. Co.I
Boswell, G.W. TX Inf. Griffin's Bn. Co.G
Boswell, Hamilton L. TN 25th Inf. Co.D Cpl.
Boswell, Hart AR Mil. Borland's Regt. Pulaski Lancers
Boswell, Hartwell AR Lt.Arty. Auston's Btty. Co.B 1st Lt.
Boswell, H.E. VA 9th Cav. Co.G
Boswell, H.E. VA 20th Inf. Co.C 1st Sgt.
Boswell, Henry W. NC 55th Inf. Co.A Cpl.
Boswell, Hezekiah TX 14th Cav. Co.E Jr.2nd Lt.
Boswell, Hiram TN Lt.Arty. Weller's Co.
Boswell, Howell NC 15th Inf. Co.B
Boswell, J. KY Cav. 2nd Bn. (Dortch's) Co.A
Boswell, J. MS 1st Cav.Res. Co.C Cpl.
Boswell, J.A. AL 21st Inf. Co.I
Boswell, James MS 28th Cav. Co.B,A
Boswell, James MO Cav. Snider's Bn. Co.A
Boswell, James NC 43rd Inf. Co.I
Boswell, James TN 61st Mtd.Inf. Co.B Sgt.
Boswell, James VA Cav. 37th Bn. Co.K
Boswell, James VA 17th Inf. Co.I
Boswell, James 1st Conf.Cav. 2nd Co.G
Boswell, James 15th Conf.Cav. Co.L
Boswell, James C. AR 8th Cav. Co.I
Boswell, James C. NC 5th Inf. Co.A
Boswell, James C. VA Cav. 39th Bn. Co.C
Boswell, James H. MO 1st Inf. Co.G
Boswell, James H. MO 1st & 4th Cons.Inf. Co.G Cpl.
Boswell, James H. NC 24th Inf. Co.D
Boswell, James H. VA Lt.Arty. Carpenter's Co.
Boswell, James H. VA 15th Inf. Co.A
Boswell, James M. AR 1st (Colquitt's) Inf. Co.K Capt.
Boswell, James P. SC 2nd Inf. Co.E Cpl.
Boswell, James P. TX 14th Cav. Co.E
Boswell, James P. VA 1st Arty. 2nd Co.C, 3rd Co.C
Boswell, James R. NC 43rd Inf. Co.C
Boswell, James R. Gen. & Staff Capt.,AQM
Boswell, James T. NC Inf. 13th Bn. Co.D
Boswell, James T. NC 66th Inf. Co.K Sgt.
Boswell, James W. VA 3rd Cav. Co.F
Boswell, James W. VA 59th Inf. 2nd Co.I
Boswell, J.C. GA 4th Res.

Boswell, J.C. MO St.Guard
Boswell, J.C. SC Arty. Manigault's Bn. 2nd Co.C
Boswell, J.C. SC Arty. Zimmerman's Co. (Pee Dee Arty.)
Boswell, J.C. SC 1st (McCreary's) Inf. Co.D
Boswell, J.C.L. MS 41st Inf. Co.B
Boswell, J.D. GA Inf. 27th Bn. Co.D
Boswell, J.D. TN 19th (Biffle's) Cav. Co.D
Boswell, Jesse NC 3rd Arty. (40th St.Troops) Co.F
Boswell, Jesse J. NC 43rd Inf. Co.C
Boswell, Jethro NC 55th Inf. Co.A
Boswell, J.F. AL 15th Inf. Co.L
Boswell, J.F. TX 13th Vol. Co.G
Boswell, J.H. TN 1st (Carter's) Cav. Co.L
Boswell, J.H. TN Lt.Arty. Weller's Co.
Boswell, J.I. MS 18th Cav. Co.A
Boswell, J.I. MS 17th Inf. Co.F
Boswell, J.J. AL 15th Inf. Co.A
Boswell, J.K. Eng.,CSA Capt.
Boswell, J.L. SC 7th Inf. 1st Co.L
Boswell, J.L.C. MS 9th Inf. Co.G Cpl.
Boswell, J.M. AR 30th Inf. Co.E
Boswell, J.M. GA 40th Inf. Co.C
Boswell, J.M. MS Inf. 3rd Bn. (St.Troops) Co.D
Boswell, J.M. TN Inf. 4th Cons.Regt. Co.G
Boswell, Joel L. MS 23rd Inf. Co.I Sgt.
Boswell, John GA 63rd Inf. Co.C
Boswell, John KY 7th Cav. Co.E
Boswell, John MO Cav. Ford's Bn. Co.E
Boswell, John MO 16th Inf. Co.A
Boswell, John TN 55th (Brown's) Inf. Co.E
Boswell, John VA 21st Cav. Co.B
Boswell, John VA 3rd Lt.Arty. Co.H
Boswell, John VA 13th Inf. Co.A
Boswell, John VA Inf. 28th Bn. Co.D
Boswell, John VA 59th Inf. 3rd Co.I
Boswell, John VA 4th Cav. & Inf.St.Line 1st Co.I
Boswell, John A. GA 2nd Cav. (St.Guards) Co.D
Boswell, John A. GA 46th Inf. Co.I
Boswell, John A. NC 1st Inf. Co.D
Boswell, John A. NC Inf. 13th Bn. Co.D
Boswell, John A. NC 66th Inf. Co.K
Boswell, John C. GA 23rd Inf. Co.C 1st Lt.
Boswell, John C. NC 2nd Arty. (36th St.Troops) Co.I Sgt.
Boswell, John D. TN 53rd Inf. Co.A
Boswell, John F. NC 24th Inf. Co.D
Boswell, John F. TX Cav. 1st Regt.St.Troops Co.E
Boswell, John F. VA 21st Mil. Co.C
Boswell, John J. GA 17th Inf. Co.C
Boswell, John L., Jr. VA 59th Inf. 1st Co.G
Boswell, John L. VA 60th Inf. Co.D 2nd Lt.
Boswell, John L. VA Burks' Regt.Loc.Def.
Boswell, John L.C. VA 57th Inf. Co.E 1st Sgt.
Boswell, John M. TN 27th Inf. Co.F
Boswell, John P. VA 1st St.Res. Co.C
Boswell, John R. GA Cav. 7th Bn. (St.Guards) Co.D Cpl.
Boswell, John S. AL 43rd Inf. Co.D
Boswell, John T. VA 9th Cav. Co.K
Boswell, John T. VA 41st Mil. Co.C Sgt.
Boswell, John W. VA 50th Inf. Co.K
Boswell, Jonathan MO Inf. 4th Regt.St.Guard Co.A Cpl.
Boswell, Jonathan MO 12th Inf. Co.E
Boswell, Joseph MS 13th Inf. Co.E Cpl.
Boswell, Joseph NC 2nd Bn.Loc.Def.Troops Co.E
Boswell, Joseph NC 12th Inf. Co.I
Boswell, Joseph VA 3rd (Archer's) Bn.Res. Co.B
Boswell, Joseph J. VA 44th Inf. Co.D
Boswell, Joseph M. VA Lt.Arty. Carpenter's Co.
Boswell, Joseph M. VA 27th Inf. Co.A
Boswell, Joseph O. GA 3rd Inf. Co.C Sgt.
Boswell, Joseph O. GA 55th Inf. Co.B 3rd Lt.
Boswell, Joshua J. NC 18th Inf. Co.C
Boswell, Josiah T. MD Inf. 2nd Bn. Co.F
Boswell, Josiah T. VA Inf. 25th Bn. Co.B
Boswell, J.P. GA 4th Res.
Boswell, J.P. SC Lt.Arty. 3rd (Palmetto) Bn. Co.G Cpl.
Boswell, J.P. SC Lt.Arty. Gaillard's Co. (Santee Lt.Arty.)
Boswell, J.P. 7th Conf.Cav. Co.G
Boswell, J.R. 9th Conf.Inf. AQM
Boswell, J.S. LA Lt.Arty. 2nd Field Btty.
Boswell, J.S. SC 7th Inf. Co.C
Boswell, J.S. VA 42nd Inf. Co.E
Boswell, J.T. MD Cav. 2nd Bn. Co.F
Boswell, J.T. NC 3rd Arty. (40th St.Troops) Co.F
Boswell, J.T. SC 2nd Arty. Co.E
Boswell, J.T. TN 22nd Inf. Co.H Cpl.
Boswell, J.W. AL 15th Inf. Co.L
Boswell, J.W. GA 23rd Inf. Co.D
Boswell, J.W. SC 1st (Butler's) Inf. Co.I
Boswell, K.W. MS 41st Inf. Co.C
Boswell, L. MS 18th Cav. Wimberly's Co.
Boswell, L.A. VA Lt.Arty. 1st Bn. Asst.Surg.
Boswell, Lewis VA 60th Inf. Co.D
Boswell, Lewis A. VA 17th Inf. Asst.Surg.
Boswell, Lewis A. Gen. & Staff Asst.Surg.
Boswell, Lewis R. VA 4th Inf. Co.B
Boswell, L.M. SC 4th St.Troops Co.C
Boswell, L.P. SC 8th Inf. Co.F
Boswell, Marshall MO St.Guard
Boswell, Marshall P. MO Dorsey's Regt.
Boswell, Martin W. VA 22nd Inf. Co.H
Boswell, Martin W. VA 34th Inf. Co.I Sgt.
Boswell, Mason VA 17th Cav. Co.H Far.
Boswell, Melvin B. NC 18th Inf. Co.C
Boswell, Michael NC 33rd Inf. Co.H
Boswell, Miles AR 26th Inf. Co.B,E
Boswell, M. Vann AL 18th Inf. Co.H
Boswell, Nacy VA 57th Inf. Co.E
Boswell, N.B. MS 3rd Inf. Co.G
Boswell, Oliver P. VA 4th Res. Co.I
Boswell, Patrick H. VA 58th Inf. Co.I
Boswell, Peter NC 14th Inf. Co.A
Boswell, Peter K. VA 4th Cav. Co.H
Boswell, P.J. SC Manigault's Bn.Vol. Co.B
Boswell, Purdy TN 51st Inf. Co.E
Boswell, Purdy TN 51st (Cons.) Inf. Co.I
Boswell, R. KY 3rd Cav. Co.E
Boswell, R.A. VA 34th Inf.
Boswell, Ranson P. GA 11th Cav. Co.A
Boswell, R.D.L. FL 2nd Cav. Co.A
Boswell, Reuben B. GA Cav. 7th Bn. (St.Guards) Co.D
Boswell, Reuben B. GA 55th Inf. Co.B
Boswell, Richard VA Lt.Arty. 38th Bn. Co.C
Boswell, Richard J. MS 13th Inf. Co.A
Boswell, Richard L. FL 6th Inf. Co.F
Boswell, Richard T. MD Arty. 1st Btty.
Boswell, R. King VA 13th Inf. 2nd Co.B
Boswell, Robert AL 21st Inf. Co.C
Boswell, Robert L. GA 34th Inf. Co.H
Boswell, R.P. GA 4th Cav. (St.Guards) Cartledge's Co.
Boswell, R.P. TN 23rd Inf. Co.D
Boswell, R.S. KY 1st (Butler's) Cav. Co.D
Boswell, S. TN 21st & 22nd (Cons.) Cav. Co.K
Boswell, Samuel SC 7th Cav. Co.F
Boswell, Samuel SC Cav. Tucker's Co.
Boswell, Samuel TN 25th Inf. Co.B
Boswell, Samuel H. KY Cav. Buckner Guards
Boswell, Samuel J. SC 6th Inf. 2nd Co.E
Boswell, Sanders TN 21st (Wilson's) Cav. Co.I
Boswell, S.H. NC 3rd Jr.Res. Co.D
Boswell, S.L. SC 6th Cav. Co.I
Boswell, S.M. Eng.,CSA
Boswell, Ster GA 1st Cav. Co.B
Boswell, T. TN 15th (Stewart's) Cav. Co.D
Boswell, T.B. MO 5th Cav. Co.I
Boswell, T.G. AR 7th Cav. Co.G
Boswell, T.H. AR 11th Inf. Co.E Sgt.
Boswell, T.H. AR 11th & 17th Cons.Inf. Co.E Sgt.
Boswell, Thomas AR 26th Inf. Co.G
Boswell, Thomas MO 1st N.E. Cav. Co.D
Boswell, Thomas MO 4th Cav. Co.G
Boswell, Thomas NC 4th Cav. (59th St.Troops) Co.B
Boswell, Thomas NC 2nd Bn.Loc.Def.Troops Co.C
Boswell, Thomas B. AR 33rd Inf. Co.H Cpl.
Boswell, Thomas C. NC 18th Inf. Co.E
Boswell, Thomas G. AR 27th Inf. Co.F
Boswell, Thomas H. NC 6th Inf. Co.H
Boswell, Thos. H. VA Arty. (Loc.Def. & Sp.Serv.) Lanier's Co.
Boswell, Thomas J. MS 28th Cav. Co.A
Boswell, Thomas J. NC Lt.Arty. 3rd Bn. Co.B
Boswell, Thomas J. 1st Conf.Inf. 2nd Co.H
Boswell, Thomas M. TN 25th Inf. Co.H
Boswell, Thomas R. MS 1st Cav.Res. Co.I
Boswell, Thomas R. VA 9th Cav. Co.G
Boswell, Thomas R. VA 20th Inf. Co.C
Boswell, Thomas T. VA 56th Inf. Co.A Capt.
Boswell, Thomas V. LA 16th Inf. Co.B
Boswell, T.J. AL 17th Inf. Co.D
Boswell, T.J. AL 33rd Inf. Co.F
Boswell, T.J. TN 12th (Cons.) Inf. Co.D Cpl.
Boswell, T.L. AL 51st (Part.Rangers) Co.C
Boswell, T.R. MS Inf. 2nd Bn. (St.Troops) Co.C
Boswell, T.S. FL 7th Inf. Co.K
Boswell, T.T. VA 1st (Farinholt's) Res. Co.A Lt.Col.
Boswell, T.W. AL 11th Cav. Co.G
Boswell, T.Y. AR 27th Inf. Co.G
Boswell, Uriah F. NC 4th Cav. (59th St.Troops) Co.C
Boswell, W.A. GA 41st Inf. Co.F
Boswell, Walter H. VA 53rd Inf. Co.B Sgt.
Boswell, Walter H. VA Inf. Tomlin's Bn. Co.A

Boswell, W.B. MS 10th Inf. New Co.D, Old Co.A
Boswell, W.B. 1st Conf.Inf. 1st Co.H
Boswell, W.F. TN 38th Inf. Co.C Cpl.
Boswell, Whitmel T. VA 24th Inf. Co.I
Boswell, William AL 56th Part.Rangers Co.K
Boswell, William AL 33rd Inf. Co.F
Boswell, William GA 35th Inf. Co.K
Boswell, William GA 36th (Villepigue's) Inf. Co.H
Boswell, William LA 19th Inf. Co.A
Boswell, William MO Cav. Williams' Regt. Co.B
Boswell, William NC 3rd Jr.Res. Co.B
Boswell, William NC 4th Bn.Jr.Res. Co.B
Boswell, William NC 7th Sr.Res. Bradshaw's Co.
Boswell, William VA 10th Cav. Co.C
Boswell, William VA 21st Cav. Co.B
Boswell, William VA Lt.Arty. Garbers's Co.
Boswell, William VA 4th Res. Co.C
Boswell, Wm. VA 25th Inf. Co.H
Boswell, William VA 49th Inf. Co.B
Boswell, William E. TX Inf. Griffin's Bn. Co.B
Boswell, William H. AL 24th Inf. Co.F,B Cpl.
Boswell, William H. NC 30th Inf. Co.A
Boswell, William H. TX 29th Cav. Co.A
Boswell, William H. VA 1st Lt.Arty. Co.C Black.
Boswell, William J. GA 3rd Inf. Co.C Sgt.
Boswell, William J. GA 55th Inf. Co.B 1st Lt.
Boswell, William J. VA Hvy.Arty. A.J. Jones' Co.
Boswell, William M. AL Inf. 1st Regt. Co.G,I 1st Lt.
Boswell, William M. MS 29th Inf. Co.A
Boswell, William O. TX 10th Inf. Co.D
Boswell, William O. VA Inf. 26th Bn. Co.E Sgt.
Boswell, William S. TN Cav. 2nd Bn. (Biffle's) Co.F
Boswell, William S. NC 5th Inf. Co.A 1st Lt.
Boswell, William S. VA Hvy.Arty. 20th Bn. Co.D
Boswell, William T. VA 5th Cav. Co.H
Boswell, William T. VA 53rd Inf. Co.B 1st Lt.
Boswell, William T. VA Inf. Tomlin's Bn. Co.A Cpl.
Boswell, William Tobias TN 1st (Feild's) Inf. Co.G
Boswell, William W. VA 18th Inf. Co.G
Boswell, Wilson AL Cav. 4th Bn. (Love's) Co.A
Boswell, Wilson MS Cav. Jeff Davis Legion Co.H
Boswell, W.J. AL 6th Cav. Co.F
Boswell, W.J. MS 8th Inf. Co.H Cpl.
Boswell, W.M. GA Hvy.Arty. 22nd Bn. Co.F
Boswell, W.T. MS 7th Cav. Co.H Sgt.Maj.
Boswell, W. Tobias KY Cav. Buckner Guards
Boswell, W.W. GA 3rd Bn. (St.Guards) Co.G
Boswick, J. GA 12th Mil.
Boswick, J. SC 14th Inf. Co.G
Boswick, Robert R. AL 4th Inf. Co.I
Boswick, William R. VA 3rd Inf. Co.H
Bosworth, A. NC 6th Sr.Res. Co.G
Bosworth, A.C. AL 14th Inf. Co.D Sgt.
Bosworth, Amos C. TX 16th Cav. Co.D
Bosworth, A.W. LA Inf.Crescent Regt. Co.H Col.
Bosworth, Bedford A. NC 13th Inf. Co.A
Bosworth, Benjamin F. GA 9th Inf. Co.K 1st Lt.
Bosworth, C.H. LA Inf.Cons.Crescent Regt. Co.C
Bosworth, Davidson NC 42nd Inf. Co.C
Bosworth, G.P. LA 3rd Inf. Co.B
Bosworth, Henry A. TX 6th Cav. Co.D
Bosworth, H.T. AL 4th Res. Co.F
Bosworth, James GA 10th Inf. Co.I Music.
Bosworth, James F. NC Inf. Thomas' Legion Co.F
Bosworth, James L. GA 30th Inf. Co.G
Bosworth, J.H. GA 48th Inf. Co.K
Bosworth, J.H. TX 6th Inf. Co.A
Bosworth, J.L. GA Inf. Arsenal Bn. (Columbus) Co.A
Bosworth, J. Larry AL 8th Inf. Co.A
Bosworth, J.M. GA 63rd Inf. Co.E
Bosworth, John W. VA 31st Inf. Co.H 1st Lt.
Bosworth, Joseph E. GA 30th Inf. Co.G
Bosworth, Littleton B. GA 9th Inf. Co.K Sgt.
Bosworth, M.F. AL 8th Inf. Co.E
Bosworth, M.R. TN Lt.Arty. Tobin's Co.
Bosworth, M.T. MS Cav. 3rd Bn.Res. Co.B Cpl.
Bosworth, N.W. LA 2nd Inf. Co.H 2nd Lt.
Bosworth, Samuel L. GA 9th Inf. Co.K
Bosworth, S.L. GA 63rd Inf. Co.E
Bosworth, S. Newton VA 31st Inf. Co.F Sgt.
Bosworth, W. MS 1st Bn.S.S.
Bosworth, Wiley W. GA 30th Inf. Co.G AQMSgt.
Bosworth, William MS 2nd Part.Rangers Co.I
Bosworth, William J. GA 9th Inf. Co.K
Bosworth, William V. LA 4th Inf. Old Co.G
Bosworth, W.V. LA 3rd (Wingfield's) Cav. Co.E
Botang, William TN 1st (Feild's) Inf. Co.E
Botario, John LA 1st Inf.
Botaro, Jean LA 10th Inf. Co.I
Bote, Ernest TX 3rd Inf. Co.G
Boteler, Alexander R., Jr. VA Lt.Arty. Arch. Graham's Co.
Boteler, Alexander R., Jr. VA 2nd Inf. Co.B
Boteler, Alex R. 2nd Corps Col.,ACS
Boteler, Benjamin W. MS 18th Inf. Co.A
Boteler, Charles P. VA Lt.Arty. Arch. Graham's Co.
Boteler, C.P. VA 12th Cav. Co.F
Boteler, Edward MO 4th Cav. Co.H Sgt.
Boteler, Edward A. MO Mtd.Inf. Boone's Regt.
Boteler, George W. TX 5th Inf. Co.A
Boteler, Henry VA Lt.Arty. Arch. Graham's Co. Cpl.
Boteler, James H. AL 28th Inf. Co.E Sgt.
Boteler, John T. MS Cav. Hughes' Bn. Co.E
Boteler, Joseph VA 4th Cav. Co.H Cpl.
Boteler, P.H. MS 4th Cav. Co.F
Boteler, P.H. MS Cav. Hughes' Bn. Co.E
Boteler, Richard MO Mtd.Inf. Boone's Regt. Co.A Lt.
Boteler, Richard L. MO 4th Cav. Co.H
Boteler, Robert F. AL 28th Inf. Co.E
Boteler, W. TN 7th (Duckworth's) Cav. Co.A
Boteler, William C. VA 49th Inf. Co.C
Boteler, William T. MS 24th Inf. Co.C 1st Lt.
Boteler, W.R. VA Lt.Arty. 12th Bn. Co.B
Botello, Antonio TX 33rd Cav. 1st Co.H
Botello, Antonio TX Cav. Benavides' Regt. Co.A
Botello, Concepcion TX 33rd Cav. 1st Co.H
Botello, Concepsion TX Cav. Benavides' Regt. Co.A
Botello, Gavino TX 33rd Cav. 1st Co.H
Botello, Gavino TX Cav. Benavides' Regt. Co.A
Botello, Marcos TX Cav. Benavides' Regt. Co.A
Botello, Marcus TX 33rd Cav. 1st Co.H
Botello, Matilde TX 33rd Cav. 1st Co.H
Botello, Matilde TX Cav. Benavides' Regt. Co.A
Botello, Vibiano TX Cav. Benavides' Regt. Co.A
Botello, Victor, Jr. TX 33rd Cav. 1st Co.H
Botello, Victor, Sr. TX 33rd Cav. 1st Co.H
Botello, Victor TX Cav. Benavides' Regt. Co.A
Botello, Viviano TX 33rd Cav. 1st Co.H
Botelor, I.S. VA 1st Cav.
Botelor, Walter P. MD Arty. 1st Btty.
Boteman, George M. MO 4th Cav. Co.F
Boteman, Thos. AR 4th St.Inf. Co.A 1st Lt.
Boten, A.V. TN 5th Inf. Co.A
Boten, Lucia LA 1st (Strawbridge's) Inf. Co.C
Botenstine, H.W. SC 1st (McCreary's) Inf. Co.A
Boteo, Gabina TX 3rd Inf. Co.G
Boter, Sebastian TX 5th Cav. Co.A
Botero, Joseph TX 2nd Field Btty.
Botes, D. GA Cav. 9th Bn. (St.Guards) Co.E
Botewrite, B.D. FL 2nd Cav. Co.A
Botey, G. Morgan's,CSA
Botger, John GA Hvy.Arty. 22nd Bn. Co.D
Both, F. LA Mil. 4th Regt. French Brig. Co.2
Both, I.S. VA 17th Inf. Co.H
Both, John, Jr. AL City Troop (Mobile) Arrington's Co.A Sgt.
Botha, M.J. AL 28th Inf Co.H
Bothall, Edward TX 10th Cav. Co.G
Bothe, Charles LA Miles' Legion Co.F
Bothe, Louis MS 12th Inf. Co.K
Bothea, Alfred AL Montgomery Guards
Bothea, T.B. AL Montgomery Guards
Botheirs, Thomas TN 16th Inf. Co.G
Bothiers, Thomas TN Inf. 22nd Bn. Co.A
Bothirs, John TN 16th Inf. Co.K
Bothman, August Sap. & Min.,CSA
Bothman, Herman LA Mil. 4th Regt. 1st Brig. 1st Div. Co.B
Bothnele, C.W. AL 51st (Part.Rangers) Co.E
Bothran, C.W. VA 42nd Inf. Co.E
Boths, William TX Cav. Madison's Regt. Co.C
Bothwell, C.W. AL Morris' Co. (Mtd.)
Bothwell, David J. AL 51st (Part.Rangers) Co.E
Bothwell, D.J. GA 1st Cav. Co.C
Bothwell, Edward TX 1st Field Btty. Sgt.
Bothwell, Edward TX St.Troops Edgar's Co. Sgt.
Bothwell, Edward H. Gen. & Staff Hosp.Stew.
Bothwell, James C. AL St.Arty. Co.A
Bothwell, James E. GA 1st Cav. Co.C
Bothwell, James T. GA Inf. 1st Loc.Troops (Augusta) Co.A
Bothwell, J.G.C. GA Phillips' Legion Co.C
Bothwell, S.E. GA Arty. Pruden's Btty. St.Troops Cpl.
Bothwell, S.E. GA Inf. 1st Loc.Troops (Augusta) Dearing's Cav.Co.
Bothwell, S.W. GA Inf. 1st Loc.Troops (Augusta) Dearing's Cav.Co.
Bothwell, S.W. GA Inf. 5th Bn. (St.Guards) Co.E

Bothwell, S.W. GA Cobb's Legion Co.A
Bothwick, Charles LA 21st (Patton's) Inf. Co.A
Botjer, J. GA 1st (Olmstead's) Inf. Co.I
Botkin, Eli C. VA 162nd Mil. Co.A
Botkin, Isaac N. VA 162nd Mil. Co.C
Botkin, James VA Horse Arty. McClanahan's Co.
Botkin, J.L. VA 20th Cav. Co.E Lt.
Botkin, Mathias B. VA 31st Inf. Co.E Cpl.
Botkin, W.M. GA Inf. 27th Bn. Co.F
Botkins, C.W. VA 20th Cav. Co.B
Botlard, R.H. TN 50th Inf. Co.K
Botleler, G.W. Gen. & Staff Hosp.Stew.
Botler, B. MS 4th Cav. Co.F
Botler, Robert LA Mil. 1st Native Guards
Botler, T.H. MS 4th Cav. Co.F
Botler, William T. MS 29th Inf. Co.I
Botlinger, Joel SC 5th Inf. 1st Co.K
Botman, Aug 4th Conf.Eng.Troops Artif.
Botner, E. MS 11th Inf. Co.D
Botomly, John R. VA 51st Inf. Co.F
Botoms, S.A. TX 7th Cav. Co.F
Botsay, A. LA Mil. 3rd Regt.Eur.Brig. (Garde Francaise)
Botsford, Horrace D. AL Eufaula Lt.Arty.
Botsford, Theodore R. AL 47th Inf. Co.D
Botsford, Theophilus F. AL 47th Inf. Co.D
Botson, C.A. AL 8th Cav. Co.D
Botson, John LA Mil. 2nd Regt. 2nd Brig. 1st Div.
Botson, O.P. TN Cav. Napier's Bn. Co.E
Bott, Alexander, No.1 VA 42nd Inf. Co.E
Bott, Alexander, No.2 VA 42nd Inf. Co.E
Bott, Berthier VA 3rd (Archer's) Bn.Res. Co.C 1st Lt.
Bott, Berthier B. VA 5th Cav. (12 mo. '61-2) Co.F
Bott, C.H. VA 42nd Inf. Co.E
Bott, Charles LA C.S. Zouave Bn. Co.H
Bott, Charles E. VA 8th Bn.Res. Co.C 1st Lt.
Bott, Charles E. VA 33rd Inf. Co.G Jr.2nd Lt.
Bott, E.W. AR 5th Inf. Co.B
Bott, Fenton A. TX 8th Cav. Co.D
Bott, George F. VA 33rd Inf. Co.G
Bott, Isaac AR Willett's Co.
Bott, Jacob LA Inf. 9th Bn. Co.B
Bott, J.B. SC 2nd Inf.
Bott, John GA 8th Cav. Co.H
Bott, John VA Inf. 44th Bn. Co.C
Bott, John H. VA 26th Inf. Co.E
Bott, John T. VA 37th Inf. Co.B Cpl.
Bott, Joseph VA 33rd Inf. Co.G
Bott, Joseph W. VA 42nd Inf. Co.E
Bott, J.T. VA Inf. 44th Bn. Co.C
Bott, Leroy VA 50th Inf. Co.K Cpl.
Bott, P.W. TN 15th Cav. Co.C
Bott, S. VA Conscr. Cp.Lee Co. QM Dept.
Bott, Shirley C. VA Inf. 25th Bn. Co.G
Bott, Thomas P. TX 13th Vol. 2nd Co.C
Bott, T.M. TX 5th Cav. Co.H
Bott, W.C. MS 12th Cav. Co.L
Bott, William L. VA 9th Inf. 2nd Co.A
Bottams, D.H. TN 12th Inf. Co.F
Bottams, P.A. TN 12th Inf. Co.F
Bottara, Jean LA 13th Inf. Co.E
Bottcher, William MS Rogers' Co. Cpl.
Botteller, Walter P. VA Lt.Arty. E.J. Anderson's Co.
Botte, J.M. LA Mil. 4th Regt. French Brig. Co.3
Botten, C.M. MO Cav. Coffee's Regt. Co.D
Botten, H. GA 8th Cav. Co.H
Botter, Andrew W. TX Cav. Baylor's Regt. Co.E
Botter, Andrew Winston TX 13th Cav. Co.A
Botter, Jasper J. AL Inf. 2nd Regt. Co.F
Botter, Jasper J. AL 38th Inf. Co.C Sgt.
Botters, A.A. MS 14th Inf. Co.G
Botters, John MS 28th Cav. Co.A
Botters, Sampson MS 12th Inf. Co.I Capt.
Botters, W.J. MS 14th Inf. Co.G
Bottger, Diedr. SC Arty. Bachman's Co. (German Lt.Arty.)
Bottger, Diedrick SC Arty.Bn. Hampton Legion Co.B
Bottiford, A.J. GA Siege Arty. 28th Bn. Co.K
Bottimore, William G. VA 6th Bn.Res. Co.B
Bottimore, William G. VA 22nd Inf. Co.K
Bottimore, William G. VA 45th Inf. Co.G Sgt.
Bottinger, I. TX Comal Res.
Bottito, Frank LA 28th (Thomas') Inf. Co.D
Bottle, --- 1st Cherokee Mtd.Rifles Co.B
Bottle, Joseph 1st Cherokee Mtd.Rifles Co.I
Bottle, Judge 1st Cherokee Mtd.Rifles Co.I
Bottleimer, Auguste LA 1st Hvy.Arty. (Reg.) Co.E
Bottles, James L. TN 26th Inf. Co.B,H Lt.Col.
Bottles, Samuel TN 19th Inf. Co.B
Bottles, S.M. TN 26th Inf. Co.B,H 2nd Lt.
Bottles, William T. TN 63rd Inf. Co.D,K 2nd Lt.
Bottner, Henry TX 2nd Inf. Co.B
Botto, Francois LA Mil. 6th Regt.Eur.Brig. (Italian Guards Bn.) Color Bearer
Botto, Frank VA 1st Arty. Co.K
Botto, L.T. TN Inf. 154th Sr.Regt. Co.D
Bottom, Ampsted TN 35th Inf. Co.B
Bottom, B. VA 21st Inf. Co.F
Bottom, C.A. MO 6th Cav. Co.H Sgt.
Bottom, David AR 5th Inf. Co.B
Bottom, Hiram VA 51st Inf. Co.K
Bottom, James A. NC 12th Inf. Co.F
Bottom, James M. TN Cav. Nixon's Regt. Co.G
Bottom, J.B. GA 1st (Ramsey's) Inf. Co.I
Bottom, J.F. MO 6th Cav. Co.H
Bottom, J.H. NC Mallett's Bn. Co.A
Bottom, J.H. VA Conscr. Cp.Lee Co.A
Bottom, John D. GA 3rd Inf. Co.G
Bottom, John J. AL 45th Inf. Co.C
Bottom, John L. AR 23rd Inf. Co.C 1st Lt.
Bottom, Jordon GA Lt.Arty. 12th Bn. 2nd Co.B,D Music.
Bottom, J.T. VA 1st (Farinholt's) Res. Co.G
Bottom, L.W. AR Mil. Desha Cty.Bn.
Bottom, Theophilus J. AR 26th Inf. Co.B
Bottom, T.J. GA 10th Inf. Co.B,A
Bottom, W.H. AL 45th Inf. Co.C
Bottom, William VA Inf. 4th Bn.Loc.Def. Co.F
Bottom, William P. GA Inf. 1st Loc.Troops (Augusta) Co.C
Bottomley, R. MO 1st Inf. 2nd Co.A
Bottomley, William L. VA 29th Inf. 2nd Co.F
Bottomly, James P. VA 51st Inf. Co.F
Bottomly, William VA Cav. 37th Bn. Co.D
Bottomly, William L. VA Mil. Carroll Cty.
Bottoms, Aaron L. GA 30th Inf. Co.G
Bottoms, Aaron L. GA 53rd Inf. Co.C
Bottoms, A.H. AR 31st Inf. Co.F
Bottoms, A.M. AL 12th Cav. Co.C
Bottoms, Andrew M. AL Cav. Lewis' Bn. Co.E Cpl.
Bottoms, Charles MS 14th Inf. Co.F
Bottoms, Charles B. MO 6th Cav. Co.A
Bottoms, David N. AL 5th Cav. Co.K 1st Lt.
Bottoms, David W. AL 15th Inf.
Bottoms, D.H. TN 12th (Cons.) Inf. Co.B
Bottoms, Emerson B. NC 5th Inf. Co.G
Bottoms, Francis M. GA 10th Inf. Co.I
Bottoms, George E. VA Inf. 25th Bn. Co.F
Bottoms, George W. GA 10th Inf. Co.I
Bottoms, George W. NC 2nd Inf. Co.B
Bottoms, G.M. TN 20th (Russell's) Cav. Co.C
Bottoms, G.W.D. AR 21st Inf. Co.F
Bottoms, James M. MS 21st Inf. Co.K
Bottoms, J.B. GA 23rd Inf. Co.E
Bottoms, J.C. AR 18th Inf. Co.K
Bottoms, J.E. Lt.Arty. Dent's Btty.,CSA
Bottoms, J.J. AL 1st Bn. Hilliard's Legion Vol. Co.E
Bottoms, J.K. TN 19th & 20th (Cons.) Cav. Co.E
Bottoms, J.K. TN 20th (Russell's) Cav. Co.C
Bottoms, Joel R. NC 47th Inf. Co.D
Bottoms, John SC 6th Inf. 2nd Co.E
Bottoms, John SC 9th Inf. Co.G
Bottoms, John VA Inf. 25th Bn. Co.F
Bottoms, John E. MS 23rd Inf. Co.H
Bottoms, John H. NC 7th Inf. Co.E
Bottoms, John L. AR 23rd Inf. Co.C 1st Lt.
Bottoms, John W. VA 3rd Arty. Co.A
Bottoms, John W. VA Arty. J.W. Drewry's Co.
Bottoms, Joseph C. NC 15th Inf. Co.A
Bottoms, J.T. TX 11th Cav. Co.D
Bottoms, J.W. AL Inf. 1st Regt. Co.G
Bottoms, J.W. AL 45th Inf. Co.C
Bottoms, L. VA 15th Inf. Co.C
Bottoms, Lattimore L. SC Lt.Arty. Kelly's Co. (Chesterfield Arty.)
Bottoms, Newton 1st Cherokee Mtd.Vol. 2nd Co.A
Bottoms, Noel GA 11th Inf. Co.D
Bottoms, P.A. TN 12th (Cons.) Inf. Co.B
Bottoms, Parker B. AL 29th Inf. Co.B
Bottoms, Reuben P. SC 1st Arty. Co.H
Bottoms, Richard NC 12th Inf. Co.H
Bottoms, Robert MS 21st Inf. Co.K
Bottoms, R.S. AL 5th Cav. Co.K 2nd Lt.
Bottoms, Samuel D. VA 1st Inf. Co.D
Bottoms, S.D. VA Inf. 25th Bn. Co.G
Bottoms, Smith TX 1st Inf. Co.G
Bottoms, Thomas MO 1st N.E. Cav.
Bottoms, Thomas MO 7th Cav. Co.E
Bottoms, Thomas A. MO 2nd Cav. Co.B Capt.
Bottoms, Thomas J. GA 57th Inf.
Bottoms, W.H. AL 1st Bn. Hilliard's Legion Vol. Co.E
Bottoms, W.H. NC 7th Inf. Co.E
Bottoms, William A. GA 51st Inf. Co.A
Bottoms, William E. NC 15th Inf. Co.A
Bottoms, William H. GA 22nd Inf. Co.I Sgt.
Bottoms, William J. AR 2nd Mtd.Rifles Co.C
Bottoms, William J. MS 23rd Inf. Co.H

Bottoms, William T. VA 9th Cav. Co.K
Bottoms, W.J. AR 1st (Monroe's) Cav. Co.E
Botton, W.H. NC 4th Cav. (59th St.Troops) Co.B
Botton, William J. GA 13th Cav. Co.I
Bottone, William A. VA 20th Inf. Co.C
Bottonley, R. MO 1st Inf. 2nd Co.A
Bottral, William H. NC 1st Arty. (10th St.Troops) Co.D
Botts, --- MO Inf. 1st Regt.St.Guard Maj.
Botts, A.B. TN 8th Inf. Co.K 1st Lt.
Botts, A.B. Gen. & Staff Hosp.Stew.
Botts, A.D. TN Lt.Arty. Polk's Btty.
Botts, Albert B. VA 151st Mil. Caldwell's Co.
Botts, Andrew T. VA 6th Cav. Co.B Cpl.
Botts, B.A. TX 8th Cav. AQM
Botts, Barnard MO 6th Cav. Co.F
Botts, Benjamin A. Gen. & Staff,PACS Maj.,QM
Botts, C. AL 43rd Inf. Co.I
Botts, Charles VA 2nd St.Res. Co.B
Botts, Charles A. SC 1st (Orr's) Rifles Co.G
Botts, C.M. TX 5th Inf. Co.A
Botts, Columbus C. AL 6th Inf. Co.D
Botts, E.C. MS Inf. 3rd Bn. (St.Troops) Co.F
Botts, Edward T. VA Cav. 35th Bn. Co.C
Botts, Frank VA Inf. 25th Bn. Co.A
Botts, George F. VA 12th Cav. Co.K
Botts, Granville MO Inf. 3rd Bn. Co.E
Botts, Granville MO 6th Inf. Co.C
Botts, Greenberry KY 5th Mtd.Inf. Co.H
Botts, Harry VA 9th Bn.Res. Co.A
Botts, H.C. TX 6th Inf. Co.C
Botts, Henry T. VA 30th Inf. Co.A 1st Lt.
Botts, H.T. Stevenson's Staff 1st Lt.,ADC
Botts, James FL 1st Inf. New Co.G
Botts, James VA 67th Mil. Co.E
Botts, James J. GA 52nd Inf. Co.H
Botts, J.E. AL Cav. Moreland's Regt. Co.A
Botts, J.F. AL Cav. Moreland's Regt. Co.A Sgt.
Botts, J.G. SC Inf. Holcombe Legion Co.F Cpl.
Botts, John AL 3rd Inf. Co.D Music.
Botts, John AR 8th Cav. Co.K
Botts, John P. MO 1st N.E. Cav.
Botts, John P. MO Cav. Hobb's Co. 3rd Lt.
Botts, John W. NC 34th Inf. Co.F
Botts, Joseph KY 1st Bn.Mtd.Rifles Co.A
Botts, J.T. MO 6th Cav. Co.F
Botts, J.T. VA Cav. Mosby's Regt. (Part. Rangers) Co.C
Botts, Lawson VA 2nd Inf. Co.G Lt.Col.
Botts, Lewis C. VA 34th Mil. Co.D
Botts, Mahlon B. GA 53rd Inf. Co.K
Botts, M.B. TX 14th Field Btty.
Botts, Miles VA 12th Inf. Co.K
Botts, N. LA Mil. Chalmette Regt. Co.H
Botts, Obediah VA 18th Cav. Co.H
Botts, Paul A. MS 12th Inf. Co.G 1st Sgt.
Botts, R.M. NC 1st Cav. (9th St.Troops) Co.I
Botts, S.B. FL 1st Inf. New Co.G
Botts, S.H. VA 8th Inf. Co.K
Botts, Sydney VA Arty. J.W. Drewry's Co.
Botts, T.A. SC Inf. Holcombe Legion Co.F
Botts, Thomas A. MO 1st N.E. Cav.
Botts, Thomas M. VA 15th Cav. Co.H
Botts, W. Browne TX 5th Inf. Co.A Lt.Col.
Botts, W.C. MS 9th Cav. Co.B
Botts, W.C. VA Cav. 35th Bn. Co.C
Botts, W.H. AL 13th Inf. Co.B Capt.
Botts, W.H. TN 8th Inf. Co.K Maj.
Botts, William F. FL 1st Inf. New Co.G
Botts, William F. VA 13th Inf. 2nd Co.B Cpl.
Botts, W.R. KY 5th Cav. Co.G Cpl.
Bottsford, W.S. AL 46th Inf. Co.D
Bottunns, G.M. TN 19th & 20th (Cons.) Cav. Co.E
Bottyer, Herman TX Cav. Ragsdale's Bn. Co.E Sgt.
Botubbee, --- 1st Choctaw & Chickasaw Mtd.Rifles Co.A
Botz, F. VA 2nd St.Res. Co.H
Botz, G.C. VA Inf. 1st Bn.Loc.Def. Co.B
Botzen, Louis VA 1st Inf. Co.K
Botzony, C.G.F. LA 1st Hvy.Arty. (Reg.) Co.E
Botzung, Jacob AL 12th Inf.
Bouanchaud, Alcide LA Pointe Coupee Arty. Capt.
Bouanchaud, Emile LA Pointe Coupee Arty.
Boube, Ant LA Mil. 1st Regt. French Brig. Co.2 3rd Lt.
Boube, Pierre LA Inf. 16th Bn. (Conf.Guards Resp.Bn.) Co.B
Bouch, Andrew TX Cav. Baird's Regt. Co.E
Bouch, Camille LA Inf. 9th Bn. Co.A
Bouch, E.R. TX 5th Inf. Co.F
Bouch, F.J. LA Mil. Fire Bn. Co.E
Bouch, M. TX 26th Cav. Co.C
Bouchanalla, F. 1st Chickasaw Inf. Hayne's Co.
Boucharan, P. LA Mil. 4th Regt. French Brig. Co.4
Bouchard, E. LA Mil. Jackson Rifle Bn.
Bouche, Charles TX 1st Hvy.Arty. Co.H
Bouche, J. LA Mil. 3rd Regt.Eur.Brig. (Garde Francaise) Co.3
Bouche, Toussaint LA Mil. 1st Regt. French Brig. Co.7
Bouchell, E.P. Gen. & Staff Surg.
Bouchell, Henry F. GA Carlton's Co. (Troup Cty.Arty.)
Bouchelle, E.F. AL 32nd Inf. Surg.
Bouchelle, J.B. AR 15th (Josey's) Inf. Co.F
Bouchelle, J.E. AL 21st Inf. Co.C
Bouchelle, J.N. SC 13th Inf. Co.A Chap.
Bouchelle, Jo A.G. AL 8th Inf. Co.E
Bouchelle, Joseph D. NC 33rd Inf. Co.E 1st Lt.
Bouchelle, J.W. Gen. & Staff Chap.
Bouchelle, Robert J. LA 5th Cav. Co.K Sgt.
Bouchelle, Thomas NC 2nd Detailed Men Col.
Bouchelle, Thomas S. NC 1st Inf. Co.B Capt.
Bouchelle, William E. TX 7th Cav. Co.C
Bouchelle, William E. TX 12th Cav. Co.I 2nd Lt.
Bouchellon, Champ. MS 35th Inf. Co.D
Bouchellon, John L. MS 44th Inf. Co.C
Boucher, Alexander LA Washington Arty.Bn. Co.2,4 Driver
Boucher, Charles J. AR 16th Inf. Co.E
Boucher, Enoch S. MO 1st Inf. Co.D
Boucher, Enoch Smith MO 8th Inf. Co.I,K Sgt.
Boucher, Felix LA Mil. Chalmette Regt. Co.C
Boucher, Frank M. TN 33rd Inf. Co.B
Boucher, G.L. AR 16th Inf. Co.E
Boucher, G.N. TN 3rd (Forrest's) Cav. Co.E
Boucher, G.W. TN 6th Inf. Co.K Sgt.
Boucher, Henry VA 1st Inf. Co.D
Boucher, I.W. MO 4th Cav. Co.E
Boucher, James J. AR 16th Inf. Co.E
Boucher, J.C. MO 6th Cav. Co.D Cpl.
Boucher, J.G. GA 12th Cav. Co.K
Boucher, John GA Cav. 21st Bn. Co.A
Boucher, John VA 1st Inf. Co.I
Boucher, John VA 61st Inf. Co.D
Boucher, John VA Cook's Guard
Boucher, Joseph C. LA Arty. Kean's Btty. (Orleans Ind.Arty.)
Boucher, Joshua O. MS 24th Inf. Co.H
Boucher, J.W. AR 16th Inf. Co.E
Boucher, Lewis A. MS 9th Inf. Old Co.C
Boucher, Lewis A. MS 11th Inf. Co.G
Boucher, Moses D. MS 17th Inf. Co.A
Boucher, Richard A. MS 24th Inf. Co.H
Boucher, Robert W. TX 14th Cav. Co.G
Boucher, Samuel K. AR 16th Inf. Co.E Cpl.
Boucher, T.C. MS 6th Cav. Co.C
Boucher, T.C. MS 8th Cav. Co.F,G Cpl.
Boucher, Thomas G. MS 17th Inf. Co.A
Boucher, Tom VA 2nd St.Res. Co.L
Boucher, T.P. TN 7th (Duckworth's) Cav. Co.E
Boucherlin, J.L. MS 3rd Inf. (St.Troops) Co.K Sgt.
Bouchet, Michael VA Arty. Forrest's Co.
Bouchi, Charles Inf. School of Pract. Powell's Cons. Co.C, Powell's Detch. 1st Sgt.
Bouchier, Thomas W. SC 4th Cav. Co.A Sgt.
Bouchier, Thomas W. SC Cav. 12th Bn. Co.A Sgt.
Bouchillon, George W. GA 63rd Inf. Co.A
Bouchillon, Gideon G. 1st Conf.Inf. 2nd Co.G Sgt.
Bouchillon, G.W. GA Lt.Arty. 12th Bn. 1st Co.A
Bouchillon, Henry M. SC 15th Inf. Co.K
Bouchillon, Isaac N. AL 20th Inf. Co.E Sgt.
Bouchillon, James S. SC 15th Inf. Co.K
Bouchillon, J.L. MS 3rd Cav. Co.F
Bouchillon, John D. GA 21st Inf. Old Co.E Bvt.2nd Lt.
Bouchillon, Lemuel D. GA 22nd Inf. Co.F
Bouchillon, Thaddeus W. SC 7th Inf. 1st Co.C, 2nd Co.C
Bouchillon, W.F. AL 7th Cav. Co.B
Bouchoie, J. LA Mil. 4th Regt. French Brig. Co.4
Bouchon, Francois AR 1st (Dobbin's) Cav. Co.B
Bouchona, Alfred LA Mil. 1st Regt. French Brig. Co.7 Cpl.
Bouchoux, Jean LA Mil. 1st Regt. French Brig. Co.7
Bouchrie, J.B. TN 1st Hvy.Arty. 2nd Co.A, 2nd Co.D
Boudar, H.B. VA Lt.Arty. R.M. Anderson's Co.
Boudar, H.B. VA 1st St.Res. Co.I
Boudar, J.G. VA 3rd Inf.Loc.Def. Co.I
Boudareaux, Antoine LA Inf.Crescent Regt. Co.B
Boudaue, Marshall MO 3rd & 5th Cons.Inf.
Boude, Henry B. TN 11th (Holman's) Cav. Chap.
Boude, Henry B. Gen. & Staff Chap.
Boude, John N. VA 136th Mil. Co.F
Boude, Joseph T. VA 31st Inf. 2nd Co.B
Bouden, J.J. VA 41st Inf.

Bouden, John AL Coosa Cty.Res. W.W. Griffin's Co.
Bouden, John T. VA 22nd Inf. Co.G
Bouden, N.H. LA Inf. 1st Bn. (St.Guards) Co.B Sgt.
Bouder, A.L. MO Cav. 6th Regt.St.Guard Co.C
Boudery, J.K. MS 44th Inf. Co.F
Boudet, George LA 5th Inf. Co.D
Boudet, James LA 5th Inf. Co.D
Boudinot, E.C. 1st Cherokee Mtd.Vol. Maj.
Boudinot, Wm. E. Gen. & Staff, Arty. Maj.
Boudinot, William P. 1st Cherokee Mtd.Vol. 1st Co.C, 2nd Co.E Bvt.2nd Lt.
Boudoin, Alexis LA 1st Hvy.Arty. (Reg.) Co.D
Boudoin, Alfred LA 13th Inf. Co.G,H
Boudoin, Esthival LA Inf.Cons. 18th Regt. & Yellow Jacket Bn. Co.F
Boudoin, Eugene LA 1st Hvy.Arty. (Reg.) Co.D
Boudoin, John A. MS 44th Inf. Co.G
Boudoin, Pierre LA 1st Hvy.Arty. (Reg.) Co.D
Boudoine, Eloi LA Inf. 16th Bn. (Conf.Guards Resp.Bn.) Co.B
Boudoine, Onezeme LA Inf. 16th Bn. (Conf. Guards Resp.Bn.) Co.B
Boudon, Timothy L. AL 55th Vol. Co.C Cpl.
Boudonsquire, Paul LA 30th Inf. Co.F
Boudraux, Clairville LA 1st Hvy.Arty. (Reg.) Co.B
Boudraux, Gaspard LA 30th Inf. Co.G,H
Boudraux, John LA Pointe Coupee Arty. 2nd Lt.
Boudraux, Joseph LA 30th Inf. Co.H
Boudraux, Louis LA 30th Inf. Co.H,G
Boudraux, Marcelien LA 30th Inf. Co.H Cpl.
Boudraux, Marcelin LA 30th Inf. Co.H
Boudraux, Pierre LA 26th Inf. Co.I
Boudraux, Prosper LA 26th Inf. Co.I
Boudreau, Adrien LA 26th Inf. Co.E
Boudreau, A.S. LA Inf.Cons. 18th Regt. & Yellow Jacket Bn. Co.I Sgt.
Boudreau, A. Simon LA 18th Inf. Co.F Sgt.
Boudreau, Beloni LA 18th Inf. Co.G
Boudreau, Beloni LA Inf.Cons. 18th Regt. & Yellow Jacket Bn. Co.G
Boudreau, D. LA Inf.Cons. 18th Regt. & Yellow Jacket Bn. Co.G
Boudreau, Damonville LA 3rd (Harrison's) Cav. Co.K
Boudreau, Elisha LA 3rd (Harrison's) Cav. Co.K Cpl.
Boudreau, Evariste Jean LA 28th (Thomas') Inf. Co.K
Boudreau, Gustave LA Arty. Landry's Co. (Donaldsonville Arty.)
Boudreau, Hippolyte LA 1st Cav. Co.H Cpl.
Boudreau, John LA 14th Inf. Co.B
Boudreau, John LA Mil. Knaps' Co. (Fausse River Guards)
Boudreau, Joseph LA 7th Cav. Co.G
Boudreau, Joseph LA 5th Inf. Co.C
Boudreau, Jules LA 1st Hvy.Arty. (Reg.) Co.D Sgt.
Boudreau, Jules LA 26th Inf. Co.H
Boudreau, M. LA Inf.Crescent Regt. Co.H
Boudreau, Marant LA Conscr.
Boudreau, Moise L. LA 26th Inf. Co.E
Boudreau, N. Conf.Lt.Arty. 1st Reg.Btty.
Boudreau, Numa LA 8th Inf. Co.C
Boudreau, Numa LA 26th Inf. Co.H
Boudreau, Octave LA Arty. Landry's Co. (Donaldsonville Arty.)
Boudreau, Onezime LA 3rd (Harrison's) Cav. Co.K
Boudreau, Raphael LA 18th Inf. Co.B Cpl.
Boudreau, S. AL 19th Inf. Music.
Boudreau, S. TX Inf. Griffin's Bn. Co.F
Boudreau, Stephen AL 40th Inf. Co.K Music.
Boudreau, Stephen L. LA 1st (Nelligan's) Inf. Co.G Music.
Boudreau, T. Conf.Lt.Arty. 1st Reg.Btty.
Boudreau, Zephirin LA Inf.Cons. 18th Regt. & Yellow Jacket Bn. Co.A
Bordreaux, A. LA Mil. LaFourche Regt.
Boudreaux, A. LA Inf.Crescent Regt. Co.D
Boudreaux, A.A. LA 7th Cav. Co.K
Boudreaux, Adelard LA 1st Hvy.Arty. (Reg.) Co.B
Boudreaux, Adrien LA 26th Inf. Co.F
Boudreaux, Adrien LA 30th Inf. Co.H
Boudreaux, Adrien LA Mil. Assumption Regt. Co.D Cpl.
Boudreaux, Alfred LA 1st Hvy.Arty. (Reg.) Co.C
Boudreaux, Arthur L. LA 4th Inf. Co.E Cpl.
Boudreaux, Auguste LA 1st Hvy.Arty. (Reg.) Co.C
Boudreaux, Auguste LA 18th Inf. Co.G
Boudreaux, Auguste V. LA 1st Hvy.Arty. (Reg.) Co.C Sgt.
Boudreaux, Bazil LA Mil. Assumption Regt.
Boudreaux, Claiborn LA 1st Hvy.Arty. (Reg.) Co.B Cpl.
Boudreaux, Clovis LA 26th Inf. Co.F
Boudreaux, D. Conf.Cav. Wood's Regt. 2nd Co.F
Boudreaux, Delphia LA 5th Inf. Co.C
Boudreaux, Deservin LA 1st Hvy.Arty. (Reg.) Co.C
Boudreaux, Desire LA 1st Hvy.Arty. (Reg.) Co.C
Boudreaux, Dozelien LA Inf.Cons. 18th Regt. & Yellow Jacket Bn. Co.F
Boudreaux, Dozilien LA 18th Inf. Co.G
Boudreaux, Draurin LA Mil. LaFourche Regt.
Boudreaux, E. LA 22nd Inf. Gomez's Co.
Boudreaux, Edmond LA Mil. Vermillion Regt. Co.A 2nd Lt.
Boudreaux, Edward LA Mil. LaFourche Regt.
Boudreaux, Emerant LA 18th Inf. Co.D
Boudreaux, Emile LA 2nd Cav. Co.H
Boudreaux, Emile LA 26th Inf. Co.F
Boudreaux, Ernest LA 1st Hvy.Arty. (Reg.) Co.C
Boudreaux, Etienne LA Arty. 1st Field Btty.
Boudreaux, Eugene LA 1st Hvy.Arty. (Reg.) Co.C
Boudreaux, Eugene LA Mil. LaFourche Regt. Lt.
Boudreaux, Flore LA Arty. Beauregard Bn.Btty.
Boudreaux, Franklin LA 1st Hvy.Arty. (Reg.) Co.B
Boudreaux, Furcey LA Arty. 1st Field Btty. Cpl.
Boudreaux, Gervais LA 1st Hvy.Arty. (Reg.) Co.C
Boudreaux, Isidor LA 1st Hvy.Arty. (Reg.) Co.B
Boudreaux, Jean LA 18th Inf. Co.G
Boudreaux, John LA 5th Cav. Lt.
Boudreaux, John J. LA Washington Arty.Bn. Co.5
Boudreaux, Joseph LA 2nd Res.Corps Co.K Sgt.
Boudreaux, Joseph LA Mil. LaFourche Regt.
Boudreaux, Joseph A. LA 2nd Res.Corps Co.K
Boudreaux, Jule TX 11th (Spaight's) Bn.Vol. Co.E
Boudreaux, Jules LA 7th Cav. Co.C
Boudreaux, Jules LA 1st Hvy.Arty. (Reg.) Co.C
Boudreaux, L. LA 26th Inf. Co.B
Boudreaux, L.F. LA Inf.Cons. 18th Regt. & Yellow Jacket Bn. Co.F
Boudreaux, Louis F. LA 18th Inf. Co.G
Boudreaux, Ludzignan LA 18th Inf. Co.G
Boudreaux, Maurice LA 1st Hvy.Arty. (Reg.) Co.C
Boudreaux, N. LA 26th Inf. Co.F Sgt.
Boudreaux, Newville LA Mil. LaFourche Regt.
Boudreaux, Nicolas LA 2nd Res.Corps Co.K
Boudreaux, Olesime LA 1st Hvy.Arty. (Reg.) Co.C
Boudreaux, Olezi LA 26th Inf. Co.D
Boudreaux, Oliziphore LA 18th Inf. Co.G
Boudreaux, R. LA Inf.Cons. 18th Regt. & Yellow Jacket Bn. Co.F Cpl.
Boudreaux, Rosemond LA 1st Hvy.Arty. (Reg.) Co.B
Boudreaux, Sevennes LA 8th Cav. Co.A Cpl.
Boudreaux, Theorime LA Inf.Cons. 18th Regt. & Yellow Jacket Bn. Co.K
Boudreaux, Traumond LA 18th Inf. Co.G
Boudreaux, Ulgeais 14th Conf.Cav. Co.D
Boudreaux, Valere LA 1st Hvy.Arty. (Reg.) Co.C
Boudreaux, Victor LA 26th Inf. Co.F
Boudreaux, Victor LA Mil. LaFourche Regt.
Boudreaux, Victorin LA 4th Inf. Co.E
Boudreaux, Villie LA 1st Hvy.Arty. (Reg.) Co.C
Boudreaux, Z. LA 18th Inf. Co.A Cpl.
Boudreux, Eustace LA 25th Inf. Co.A
Boudro, Charles Marie LA 30th Inf. Co.H
Boudro, Emile LA 30th Inf. Co.H
Boudro, Joseph LA 8th Inf. Co.H
Boudro, L. LA Mil. 3rd Regt.Eur.Brig. (Garde Francaise) Co.2
Boudro, Syphroyem TX 13th Vol. 3rd Co.K
Boudroux, Fasien LA 1st Hvy.Arty. Co.B
Boudsocz, --- LA Mil. 2nd Regt. French Brig. Co.3
Boue, --- LA Mil. 3rd Regt.Eur.Brig. (Garde Francaise) Co.5 Capt.
Boue, G. LA Mil. 1st Regt. French Brig. Co.2 Lt.
Boue, J. LA Mil. 1st Regt. French Brig. Co.7
Bouech, --- LA Mil. 3rd Regt. French Brig. Co.1
Bouern, James MO Cav. Snider's Bn. Co.C
Bouern, Whit MO Cav. Snider's Bn. Co.C
Bougan, Edward R. VA 55th Inf. Co.A
Bouge, L. AL Talladega Cty.Res. D.B. Brown's Co.
Bougens, O'Neal LA 7th Cav. Co.K
Bougeois, Joseph LA Inf.Cons.Crescent Regt. Co.D
Bougeois, N. Conf.Lt.Arty. 1st Reg.Btty.
Bougeois, W. Conf.Lt.Arty. 1st Reg.Btty.

Bougere, A. LA Lt.Arty. LeGardeur, Jr.'s Co. (Orleans Guard Btty.)
Bougere, Achille D. LA 30th Inf. Co.G 2nd Lt.
Bougere, A.D. Gen. and Staff, Mil. Sgt.Maj.
Bougere, Aristede LA Inf. 7th Bn. Co.A Sgt.
Bough, B.F. GA 46th Inf. Co.K
Bough, E. LA 4th Cav. Co.F
Bough, Henry VA 6th Bn.Res. Co.F
Bough, John TN 7th (Duckworth's) Cav. Co.C
Bough, John T. 1st Conf.Cav. 2nd Co.A
Bough, W.B. 1st Conf.Cav. 2nd Co.A
Bough, W.L. AL Inf. 1st Regt. Co.H Sgt.
Bougham, W.A. GA 3rd Cav. Co.I
Boughan, Alonzo GA 18th Inf. Co.E
Boughan, B.F. GA 18th Inf. Co.E Sgt.
Boughan, Hancock VA Mtd.Res. Rappahannock Dist. Sale's Co.
Boughan, James A. MS Cav. Jeff Davis Legion Co.F
Boughan, James H. VA 13th Inf. 1st Co.B 2nd Lt.
Boughan, James H. VA 55th Inf. Co.A Cpl.
Boughan, James N. VA 13th Inf. Co.C
Boughan, J.H. Gen. & Staff, QM Dept. Capt.
Boughan, John T. VA 18th Inf. Co.D
Boughan, John T. VA 55th Inf. Co.A 1st Lt.
Boughan, R.A. AR Cav. 15th Bn. AQM
Boughan, Richard A. VA 13th Inf. Co.C Sgt.
Boughan, William F. VA 55th Inf. Co.G
Boughen, W. AR Mil. Desha Cty.Bn.
Bougher, David MO 10th Inf. Co.G
Bougher, John MO 8th Inf. Co.C Sgt.
Boughey, A. 14th Conf.Cav. Co.H Cpl.
Boughman, Ambrose NC 58th Inf. Co.A
Boughman, Levi NC 35th Inf. Co.K
Boughman, Timothy NC 35th Inf. Co.K
Boughoff, J. LA Miles' Legion Co.E
Boughoof, Joseph TX Cav. Baylor's Regt. Co.D
Boughten, S.S. LA Inf. 4th Bn. Co.C
Boughton, A. AL 6th Inf. Co.B
Boughton, Benjamin VA 26th Inf. Co.C
Boughton, Charles H. VA 9th Cav. Co.F
Boughton, Eugene LA Mil. Leeds' Guards Regt. Co.F
Boughton, Henry VA 26th Inf. Co.C
Boughton, John L. VA 9th Cav. Co.F
Boughton, John R. VA 55th Inf. Co.A 1st Sgt.
Boughton, Joshua P. VA 55th Inf. Co.A Sgt.
Boughton, Leonidas R. VA 9th Cav. Co.F,B
Boughton, R.B. VA Mtd.Guard 1st Congr.Dist.
Boughton, R.S. LA 27th Inf. Co.B
Boughton, Samuel S. AL 42nd Inf. Co.D Cpl.
Boughton, S.S. AL Inf. 2nd Regt. Co.B Cpl.
Boughton, Thomas VA 26th Inf. Co.C
Boughton, Thomas A. VA 9th Cav. Co.F
Boughton, Walker VA 24th Cav. Co.C
Boughton, Walker VA Cav. 40th Bn. Co.C
Boughton, William VA 26th Inf. Co.C
Bougin, A. LA Dreux's Cav. Co.A
Bougine, W. AR Cav. Carlton's Regt. Co.E 1st Lt.
Bougio, Jacob LA 13th Inf. Co.D,F,I
Bougle, George SC 1st Arty. Co.A
Bouglies, Victor TN 11th Inf. Co.G,B Cpl.
Bougot, John TX 2nd Inf. Co.B
Bougue, F. 1st Chickasaw Inf. McCord's Co.
Bougues, Antoine LA Mil. 2nd Regt. French Brig. Co.5
Bougueval, Alphonse LA 8th Inf. Co.C
Bouherghs, T.M. TX 3rd (Kirby's) Bn.Vol. Co.A
Bouhey, A.H. LA 22nd Inf. Co.B Cpl.
Boui, Frank LA 14th Inf. Co.C Cpl.
Bouic, J.P. VA 7th Cav. Co.G
Bouie, A.H. MS 4th Cav. Co.I
Bouie, James W. KY 7th Cav. Co.B
Bouie, John D. NC Vol. Lawrence's Co.
Bouie, W. GA 47th Inf. Co.C
Bouillion, Don Louis LA Inf.Cons. 18th Regt. & Yellow Jacket Bn. Co.K
Bouillon, J. LA Mil. 3rd Regt. French Brig. Co.4
Bouillon, O. LA Inf. 10th Bn. Co.B
Bouillon, O. LA Inf.Cons. 18th Regt. & Yellow Jacket Bn. Co.B
Bouis, B.J. LA 2nd Cav. Co.C
Bouis, M. LA 2nd Cav. Co.K
Bouis, P.F. LA 2nd Cav. Co.C Cpl.
Bouis, Stephen VA 1st St.Res. Co.C
Bouisleg, G. LA C.S. Zouave Bn. Co.D
Bouknight, A.P. SC 7th Inf. 1st Co.E, Co.C,M Capt.
Bouknight, A.S. SC 7th Inf. 1st Co.E, Co.C,M Cpl.
Bouknight, Benjamin J. SC Inf. Hampton Legion Co.B 2nd Lt.
Bouknight, Daniel P. SC Inf. Hampton Legion Co.B
Bouknight, D.R. SC 13th Inf. Co.H Sgt.
Bouknight, Isaiah M. SC 13th Inf. Co.H
Bouknight, I.W. SC 13th Inf. Co.H
Bouknight, J. SC 20th Inf. Co.C
Bouknight, J.H. SC Bn.St.Cadets Co.B
Bouknight, J.M. SC 20th Inf. Co.C
Bouknight, John F. SC 13th Inf. Co.H Cpl.
Bouknight, J.R. SC 7th Inf. 1st Co.E, Co.M 1st Lt.
Bouknight, Michael SC 13th Inf. Co.H Sgt.
Bouknight, N.H. SC 7th Inf. Co.M,C
Bouknight, R.A. SC 2nd St.Troops Co.F
Bouknight, S.J. SC 7th Inf. Co.M,C
Bouknight, T.W. SC 13th Inf. Co.H
Bouknight, W.J. SC 2nd Inf. Co.C Sgt.
Bouland, R.M. TX 3rd Cav. Co.E
Bouland, Samuel R. MS 9th Inf. Old Co.A, New Co.F Sgt.
Bouland, W.A. TX 3rd Cav. Co.E 2nd Lt.
Boulanger, A.A. LA Mil. 2nd Regt. French Brig. Co.6
Boulanger, D.F. LA Mil. 4th Regt. French Brig. Co.5 Sgt.
Boulanger, J. LA Mil. Cazadores Espanoles Regt. Co.D
Boulas, B. LA Mil. 4th Regt. French Brig. Co.6 Sgt.
Boulas, Calamas LA Inf.Cons.Crescent Regt. Co.P
Boulas, S. LA Mil. 3rd Regt. French Brig. Co.2
Bould, Paul A. AL 21st Inf. Co.E
Boulden, Britton FL 10th Inf. Co.F
Boulden, Enoch GA 21st Inf. Co.H
Boulden, John W. KY 9th Cav. Co.C Cpl.
Boulden, J.W. KY Morgan's Men Co.D Cpl.
Boulden, N.H. VA 59th Inf. Co.F
Boulden, Robert TX Arty. 4th Bn. Co.A
Boulden, Thomas T. TN 26th Inf. Co.C
Bouldin, B.C. Gen. & Staff 1st Lt.,Adj.
Bouldin, Breckenridge C. VA 14th Cav. Co.B 2nd Lt.
Bouldin, Daniel VA Hvy.Arty. 18th Bn. Co.D
Bouldin, Daniel VA 34th Inf. Norton's Co.
Bouldin, David TN 35th Inf. Co.G
Bouldin, E. MS 2nd Part.Rangers Co.K
Bouldin, Edwin E. VA 14th Cav. Co.B Capt.
Bouldin, Ephraim NC 22nd Inf. Co.H Capt.
Bouldin, E.S. TX 24th Cav. Co.I
Bouldin, G. TX 8th Cav. Co.K
Bouldin, George W. GA 21st Inf. Co.H Sgt.
Bouldin, Green TX Cav. Benavides' Regt. Co.G
Bouldin, H. TX 8th Cav. Co.K 2nd Lt.
Bouldin, Henry C. TX 12th Inf. Co.A Sgt.
Bouldin, Hill AL 49th Inf. Co.G
Bouldin, H.M. TX 17th Inf. Co.I Capt.
Bouldin, John TN 4th (McLemore's) Cav. Co.K
Bouldin, John VA 14th Cav. Co.B
Bouldin, John T. VA 24th Inf. Co.H
Bouldin, John T. VA 42nd Inf. Co.F Cpl.
Bouldin, J.S. TX 24th Cav. Co.I
Bouldin, Martin V.B. NC 6th Inf. Co.H Cpl.
Bouldin, Nathan TN 35th Inf. Co.C
Bouldin, Nathaniel H. VA 57th Inf. Co.F
Bouldin, Noble AL 49th Inf. Co.G
Bouldin, Powhaton VA 14th Cav. Co.B
Bouldin, Richard W. VA 30th Inf. Co.A
Bouldin, Robert TX 8th Inf. Co.A
Bouldin, Robert C. VA 14th Cav. Co.B N.C.S. Ord.Sgt.
Bouldin, Thomas D. VA 24th Inf. Co.H
Bouldin, Thomas T. AR 3rd Inf. Co.G
Bouldin, Thomas T. TN 60th Mtd.Inf. Co.I 1st Lt.
Bouldin, Thomas T. VA 14th Cav. Co.B
Bouldin, T.T. VA 14th Cav. Co.B
Bouldin, W.E. VA 3rd Cav. Co.B
Bouldin, William D. VA 18th Inf. Co.K Sgt.
Bouldin, Wm. E. VA Inf. 44th Bn. Co.D
Bouldin, William O. VA 14th Cav. Co.B
Bouldin, Wilson L. NC 6th Inf. Co.H Sgt.
Bouldin, Wood, Jr. VA Arty. Paris' Co. Jr.1st Lt.
Bouldin, Wood, Jr. Gen. & Staff 2nd Lt.,Dr.M.
Boulds, W.R. VA Cav. 32nd Bn. Co.B
Bouldus, James MO 3rd Cav. Co.C Sgt.
Bouldwin, B.W. VA 18th Inf. Co.G
Bouldwin, W.M. AL 18th Inf. Co.A
Bouldwire, Phillip AR Inf. 1st Bn. Co.C
Boulee, Louis LA 2nd Cav. Co.D
Boulemet, S. LA Mil.Cont.Regt. Mitchell's Co.
Bouler, James W. AL 43rd Inf. Co.A
Bouler, J.W. AL 21st Inf. Co.C
Bouler, Thomas J. AL 6th Inf. Co.I
Boulet, Aug LA 26th Inf. Co.C
Boulet, Belizaire LA 3rd (Harrison's) Cav. Co.K
Boulet, B.G. LA Mil. 1st Chasseurs a pied Co.2
Boulet, B.G. SC Arty. Manigault's Bn. 1st Co.B, Co.D
Boulet, D. LA Inf. 10th Bn. Co.F
Boulet, D. LA Inf.Cons. 18th Regt. & Yellow Jacket Bn. Co.F
Boulet, Eraste LA 26th Inf. Co.E
Boulet, Ernest LA Arty. Pointe Coupee
Boulet, L.E. LA Mil. Orleans Guards Regt.

Boulet, M. LA 1st Hvy.Arty. (Reg.) Co.B
Boulet, N.P. LA Lt.Arty. LeGardeur Jr.'s Co. (Orleans Guard Btty.)
Boulet, V. LA Inf.Cons. 18th Regt. & Yellow Jacket Bn. Co.C
Boulet, Valerien LA 18th Inf. Co.C
Boulger, --- SC 1st Inf. Co.L
Boulic, Paul LA 13th Inf. Co.D,I
Bouligny, D. LA Mil. Orleans Guards Regt. Co.D
Bouligny, Edmond LA Arty. Watson Btty.
Bouligny, Edward LA Arty. Pointe Coupee
Bouligny, G. LA Mil. 2nd Regt. 2nd Brig. 1st Div. Co.A 3rd Lt.
Bouligny, Victor LA Mil. Orleans Guards Regt. Co.H
Bouliment, R. AL Mobile Fire Bn. Mullany's Co.
Boulin, --- LA Mil. 3rd Regt.Eur.Brig. (Garde Francaise) Surg.
Boulin, E. LA Mil. Orleans Guards Regt. Co.H
Boulin, George VA Cav. Swann's Bn. Sweeny's Co.
Boulin, John TX 12th Inf.
Boulin, Joshua VA Cav. Swann's Bn. Sweeny's Co.
Boulineau, E.M. GA 1st (Olmstead's) Inf. Stiles' Co.
Boulineau, E.M. GA Inf. 18th Bn. Co.A
Boulineau, William GA 5th Inf. Co.N
Boulineau, William A. GA 2nd Bn.S.S. Co.C
Boulinger, Frederick VA 19th Inf. Co.F
Boullard, J.W. MO 10th Inf. Co.B
Boulle, D. LA Inf. 10th Bn. Co.G
Boullement, R.H. TN Lt.Arty. Tobin's Co.
Boullemet, A. LA LA & Government Employees Regt. Co.A 1st Lt.
Boullemet, Augt AL 21st Inf. Co.K Sgt.
Boullemet, M. AL 1st Regt. Mobile Vol. Co.E Sgt.
Boullemet, M. AL Mil. 3rd Vol. Co.C 2nd Lt.
Boullemet, M. AL 4th Res. Co.C 2nd Lt.
Boullemet, P.V. LA Lt.Arty. LeGardeur Jr.'s Co. (Orleans Guard Btty.)
Boullemet, R. AL 1st Bn.Cadets Co.A Sgt.
Boullemet, Roland AL Mil. 2nd Regt.Vol. Co.C
Boullernet, Milton Hyman AL 3rd Inf. Co.E
Boullet, G. LA Inf. 7th Bn. Co.A
Boullier, C. LA 7th Inf. Co.H
Boullion, J. LA 7th Inf. Co.H
Boullion, J.J. LA 3rd Inf. Co.K
Boullion, J.R. LA 3rd Inf. Co.K
Boullion, M.T. TX 9th (Young's) Inf. Co.F
Boullosa, S. LA 22nd Inf. Co.C Cpl.
Boullosa, Simon LA 22nd (Cons.) Inf. Co.C
Boullt, Charles L. LA 27th Inf. Co.F
Boullt, D.H. LA 27th Inf. Co.F
Boulo, --- AL Mil. 3rd Vol. Co.G
Boulo, Philip AL 56th Part.Rangers Co.B
Boulocq, E. LA Mil. 3rd Regt.Eur.Brig. (Garde Francaise) Frois' Co. Cpl.
Boulocq, P.L. LA Mil. 1st Regt. French Brig. Co.7,8 Sous Lt.
Boulocq, P.L. LA Mil. 3rd Regt.Eur.Brig. (Garde Francaise) Frois' Co. Lt.
Boulon, John E. GA 46th Inf. Co.B
Boulot, William LA 18th Inf. Co.G
Bouls, J.H. TN 12th (Cons.) Inf. Co.E
Boult, William H. VA 6th Inf. Co.F Cpl.
Boultarre, Celestin LA Mil. Terrebonne Regt.
Boulten, D.E. MS 5th Inf. (St.Troops) Co.B
Boulten, John H. NC 64th Inf. Co.N
Boulter, --- TX Cav. Border's Regt. Co.B
Boulter, A.B. TX 28th Cav. Co.E
Boulter, James GA Inf. City Bn. (Columbus) Williams' Co.
Boulter, James TX 2nd Cav. Co.I
Boulter, William TN 15th Inf. Co.B
Boulter, W.L. TX 28th Cav. Co.E
Boulter, Y.L. TX 28th Cav. Co.E
Boultinghouse, J. TX 6th Field Btty.
Boultinghouse, J. TX Lt.Arty. Dege's Bn.
Boulton, --- TX 5th Field Btty. Bugler
Boulton, A.A. MS 10th Cav. Co.F
Boulton, C.M. MS 10th Cav. Co.F
Boulton, Columbus M. MS 16th Inf. Co.F
Boulton, Daniel LA 28th (Gray's) Inf. Co.G
Boulton, David R. MO 16th Inf. Co.A Sgt.Maj.
Boulton, Ed. B.H. TN Cav. 7th Bn. (Bennett's) Co.E
Boulton, Edward B.H. TN 7th Inf. Co.B
Boulton, Gideon TN Cav. 7th Bn. (Bennett's) Co.E
Boulton, G.W. GA 2nd Res. Co.D
Boulton, Isaac G. TN Cav. 7th Bn. (Bennett's) Co.E
Boulton, James J. TN 7th Inf. Co.B
Boulton, Jesse B. AL 36th Inf. Co.B
Boulton, John C. MS Bradford's Co. (Conf. Guards Arty.)
Boulton, John D. TN 7th Inf. Co.B Cpl.
Boulton, J.T. TX 24th Cav. Co.B
Boulton, W.A. AR Lt.Arty. Key's Btty.
Boulton, William A. AL Inf. 1st Regt. Co.A,D
Boulton, William T. TN 7th Inf. Co.B
Boulton, Wiltshire C. VA 2nd Arty. Co.E
Boultt, John W. MO 2nd & 6th Cons.Inf. Co.K Cpl.
Boulufs, John AL St.Arty. Co.C
Boulwane, William H. SC Inf.Bn. Co.C
Boulwar, George W. MO Inf. 3rd Bn. Co.B Cpl.
Boulware, Abraham T. KY 8th Cav.
Boulware, A.M. VA Lt.Arty. Cayce's Co.
Boulware, A.T. KY 9th Cav. Co.G
Boulware, Aubin VA 9th Cav. Co.H
Boulware, Benjamin P. FL 2nd Cav. Co.C,B
Boulware, B.F. SC 4th Cav. Co.B
Boulware, Chesley MS 20th Inf. Co.D
Boulware, David W. TX 18th Cav. Co.F
Boulware, D.P. SC 17th Inf. Co.B Sgt.
Boulware, Frank SC 6th Inf. 1st Co.C, 2nd Co.G
Boulware, Geo. T. MD Arty. 3rd Btty. H.B. Latrobe's Co.
Boulware, George T. MO Lt.Arty. Landis' Co.
Boulware, George T. VA 9th Cav.
Boulware, George T. VA 55th Inf. Co.K
Boulware, George W. MO 6th Inf. Co.A Cpl.
Boulware, Gilchrist R. AL 4th Inf. Co.E Sgt.
Boulware, Gray VA 9th Cav. Co.B
Boulware, Gray Sig.Corps,CSA
Boulware, James VA 9th Cav. Co.B 1st Lt.
Boulware, James R. SC 6th Inf. 1st Co.C, 2nd Co.G Asst.Surg.
Boulware, James R. Gen. & Staff Asst.Surg.
Boulware, James W. MO Inf. Clark's Regt. Co.H
Boulware, J.C. SC 6th Cav. Co.C
Boulware, J.F. SC 7th Inf. 1st Co.G, 2nd Co.G
Boulware, J.H. SC 3rd Inf. Co.C
Boulware, J.M. AL 2nd Cav. Co.H
Boulware, Joseph R. SC Lt.Arty. 3rd (Palmetto) Bn. Co.F
Boulware, J.W. MO Cav. Snider's Bn. Co.A
Boulware, J.W. MO 9th Inf. Co.E
Boulware, M. SC Cav. 10th Bn. Co.A
Boulware, Musco FL 2nd Cav. Co.C
Boulware, Muscoe VA 9th Cav. Co.B
Boulware, Obadiah SC 17th Inf. Co.B
Boulware, Osmond SC 3rd Bn.Res. Co.B
Boulware, Osmond SC 4th St.Troops Co.H
Boulware, Osmond SC 6th Res. Co.F
Boulware, Osmond SC 17th Inf. Co.B
Boulware, R.D. SC 6th Cav. Co.C
Boulware, R.D. SC 6th Res. Co.H Cpl.
Boulware, R.D. SC 17th Inf. Co.B Cpl.
Boulware, R.D. SC Manigault's Bn.Vol. Co.C
Boulware, R.H. TX Cav. Waller's Regt. Menard's Co.
Boulware, Robert H. AL 24th Inf. Co.K
Boulware, Robert H. AL 34th Inf. Co.K
Boulware, Robert P. FL 2nd Cav. Co.C
Boulware, T. FL 2nd Cav. Co.C
Boulware, Theoderic C. MO 2nd Cav. Co.K
Boulware, Thomas SC 17th Inf. Co.B 1st Sgt.
Boulware, Thomas A. VA Res.Forces Clark's Co. 1st Lt.
Boulware, Thomas H. VA 13th Inf. Co.A
Boulware, Thomas P. FL 2nd Cav. Co.C 2nd Lt.
Boulware, T.L. KY 9th Cav. Co.G
Boulware, Vivian G. VA 9th Cav. Co.H
Boulware, William SC 19th Inf. Co.B
Boulware, William VA 9th Cav. Co.H
Boulware, William C. MO Lt.Arty. H.M. Bledsoe's Co.
Boulware, William J. VA 9th Cav. Co.B
Boulware, William P. FL 2nd Cav. Co.C
Boulware, William S. KY 9th Cav. Co.I
Boulware, William Todd VA 9th Cav. Co.F
Bouliver, --- FL 9th Inf. Co.A
Boum, Casper VA 10th Cav. Co.H
Bouman, J.G. LA Mil. Chalmette Regt. Co.G Cpl.
Boume, Joseph W. Inf. Bailey's Cons.Regt. Co.G
Boume, L.W. Inf. Bailey's Cons.Regt. Co.G
Boun, David Inf. School of Pract. Recruit
Boun, Phillip C. TN 14th Inf. Co.A
Bounand, A. GA Siege Arty. 28th Bn. Maj.
Bounard, William AL 34th Inf. Co.A
Bounce, James VA 13th Inf. Co.I
Bound, Jesse MS 5th Inf. (St.Troops) Co.I
Bound, Osmond C. AL 39th Inf. Co.H
Bound, Wiley K. MS 29th Inf. Co.F
Bound, William MS 2nd Cav.Res. Co.I
Boundan, J.G. Gen. & Staff Hosp.Stew.
Bounden, R.J. TX 1st Hvy.Arty. Co.B Sgt.
Bounding, Buck FL McBride's Co. (Indians)
Bounds, A. MS Cav. 17th Bn. Co.B
Bounds, A.A. TN 25th Inf. Co.F Cpl.
Bounds, A.L. KY 4th Mtd.Inf. Co.K
Bounds, A.M. AR 24th Inf. Co.D
Bounds, A.M. AR Inf. Hardy's Regt. Co.C Cpl.
Bounds, Andrew TX 17th Inf. Co.C

Bounds, Berry TX 30th Cav. Co.C
Bounds, B.H. MS 4th Inf. Co.F Sgt.
Bounds, C. MS 41st Inf. Co.I
Bounds, Carrol W. TX 11th Cav. Co.G
Bounds, Daniel AL 15th Bn.Part.Rangers Co.D
Bounds, Daniel AL 56th Part.Rangers Co.D
Bounds, Daniel TN 13th (Gore's) Cav. Co.H
Bounds, Daniel T. AL 41st Inf. Co.F
Bounds, D.W. MS 3rd Inf. Co.H
Bounds, Elias C. MS 29th Inf. Co.F
Bounds, Elijah VA Mil. Scott Cty.
Bounds, E.M. MO 3rd Inf. Chap.
Bounds, E. McK. Gen. & Staff Chap.
Bounds, F.M. TX 29th Cav. Co.H 2nd Lt.
Bounds, Francis M. KY 4th Mtd.Inf. Co.G
Bounds, G.C. MS 41st Inf. Co.I
Bounds, George W. MS 3rd Inf. Co.H
Bounds, George W. MS 5th Inf. Co.I
Bounds, George W. MS 48th Inf. Co.D
Bounds, George W. TN 55th (McKoin's) Inf. Bounds' Co. Capt.
Bounds, George W. TX 11th Cav. Co.G
Bounds, Gillam MS Inf. 3rd Bn. (St.Troops) Co.H,A
Bounds, G.W. MS 3rd Inf. (St.Troops) Co.E
Bounds, G.W. MS 29th Inf. Co.F
Bounds, G.W. MS 39th Inf. Co.D
Bounds, Henry AL 39th Inf. Co.H
Bounds, Isaac TX 17th Inf. Co.D
Bounds, Isaac M. MO 12th Inf. Co.E
Bounds, James D. NC 38th Inf. Co.E
Bounds, James R. MS 43rd Inf. Co.K
Bounds, James S. AL 11th Inf. Co.K
Bounds, J.B. TX 29th Cav. Co.H
Bounds, J.E. MS Cav. (St.Troops) Gamblin's Co.
Bounds, Jesse MO 12th Inf. Co.F
Bounds, Jesse L. MO 12th Inf. Co.E
Bounds, J.H. AL 26th Inf. Co.B Cpl.
Bounds, J.H. TX 5th Inf. Co.G
Bounds, J.H. TX Inf. Whaley's Co.
Bounds, J.J. MS 2nd Part.Rangers Co.D
Bounds, J.J. TN 7th (Duckworth's) Cav. Co.K
Bounds, J.L. MS 28th Cav. Co.H,I
Bounds, J.M. SC 20th Inf. Co.G
Bounds, J.M. TX 11th Cav. Co.G Lt.Col.
Bounds, John MS 5th Inf. Co.I
Bounds, John MS 5th Inf. (St.Troops) Co.I Sgt.
Bounds, John TX 17th Inf. Co.C
Bounds, John C. MS 37th Inf. Co.K
Bounds, John Cole MS 22nd Inf. Co.H Cpl.
Bounds, John D. VA 6th Inf. 2nd Co.E
Bounds, John J. TN 13th Inf. Co.G
Bounds, John P. AL 5th Inf. Co.A
Bounds, John R. MS 29th Inf. Co.F
Bounds, Johnson MS 26th Inf. Co.H Sgt.
Bounds, John W. MS 44th Inf. Co.C
Bounds, John W. VA 37th Inf. Co.D Cpl.
Bounds, Joseph LA 16th Inf. Co.E
Bounds, Joseph A. MS 19th Inf. Co.F 2nd Lt.
Bounds, Joseph W. AR Inf. 4th Bn. Co.C
Bounds, J.T. MS 1st Cav.Res. Co.B
Bounds, Leonard R. MS 44th Inf. Co.C
Bounds, M. MS Cav. Ham's Regt. Co.B
Bounds, Michael M. MS Inf. 2nd Bn. Co.D
Bounds, Michael M. MS 48th Inf. Co.D
Bounds, Nathaniel MS 38th Cav. Co.I
Bounds, P.M. MS 46th Inf. Co.D
Bounds, Richard D. MS 37th Inf. Co.K
Bounds, Richard D. NC 38th Inf. Co.E
Bounds, Richmond AL 39th Inf. Co.H
Bounds, Riley LA 19th Inf. Co.K Cpl.
Bounds, R.M. MS 4th Inf. Co.F
Bounds, R.M. MS 44th Inf. Co.C
Bounds, R.P. MS Cav. (St.Troops) Gamblin's Co.
Bounds, Rush SC 1st (Butler's) Inf. Co.C Cpl.
Bounds, R.W. MS 46th Inf. Co.D
Bounds, Soln. MS 3rd Inf. Co.H
Bounds, Stephen M. MS 3rd Inf. Co.H
Bounds, Sylvanus MS Perrin's Bn.St.Cav. Co.A
Bounds, T.A. MS 2nd Cav. Co.B
Bounds, T.D. MS 2nd Cav. Co.B
Bounds, Thomas AR 5th Inf. Co.G
Bounds, Thomas LA Inf.Crescent Regt. Co.H
Bounds, Thomas B. MS 2nd Inf. Co.L Cpl.
Bounds, Thomas J. AR 1st Mtd.Rifles Co.K
Bounds, T.J. AR 30th Inf. Co.G
Bounds, T.L. TX Cav. Terry's Regt. Co.A
Bounds, W.B. MS Cav. 1st Res. Co.C
Bounds, W.F. MS Cav. 2nd Bn.Res. Co.E
Bounds, W.F. TN 25th Inf. Co.F
Bounds, W.H. MS Cav. Ham's Regt. Co.I
Bounds, W.H. Forrest's Scouts T.N. Kizer's Co.,CSA
Bounds, W.H. Gen. & Staff, QM Dept. Capt.
Bounds, Wiley W. NC 23rd Inf. Co.D
Bounds, William AL 16th Inf. Co.C
Bounds, William MS 3rd Cav.Res. Co.A
Bounds, William MS 2nd Inf. Co.L
Bounds, William TX 17th Inf.Co.C
Bounds, William A. MS Cav. Jeff Davis Legion Co.E
Bounds, William A. MS 13th Inf. Co.C
Bounds, William A. MS 27th Inf. Co.H Cpl.
Bounds, William H. MS 19th Inf. Co.B QMSgt.
Bounds, William H. MS 43rd Inf. Co.K
Bounds, William J. TX 29th Cav. Co.H
Bounds, William L. MO 5th Cav. Co.B Cpl.
Bounds, William N. AL 7th Inf. Co.E
Bounds, Windfiel MS Barr's Co.
Bounds, Woodward MS 3rd Inf. Co.H
Bounds, W.P. MS 29th Inf. Co.F
Bounds, W.R. MS 2nd Cav. Co.E 1st Sgt.
Bounds, W.R. MS Cav. 3rd Bn. (Ashcraft's) Co.A 1st Lt.
Bouneau, Arnoldus AL 24th Inf. Co.G,C 1st Sgt.
Bounemaison, Jacques LA 2nd Res.Corps Co.K
Bouny, G. LA Mil. Orleans Guards Regt. Co.B
Bouny, L. LA Mil. Orleans Guards Regt. Co.A Cpl.
Bouquet, J.V. TX Cav. Waller's Regt. Co.A
Bour, Allen GA 5th Inf.
Bouran, L.M. LA 22nd (Cons.) Inf. Co.B
Bourbonet, George LA Mil. Terrebonne Regt.
Bourcke, J.L. LA 7th Cav. Co.D
Bourcy, E. LA Mil. 1st Regt. French Brig. Co.4
Bourcy, E. LA Mil. 3rd Regt. French Brig. QM
Bourd, A. VA 53rd Inf. Co.G
Bourda, Jacques LA Mil. French Co. of St.James
Bourdai, A. LA Mil. Orleans Guards Regt. Co.K Cpl.
Bourdain, A. LA 30th Inf. Co.D
Bourdeaux, Anthony D. MS 13th Inf. Co.F 2nd Lt.
Bourdeaux, Benjamin C. NC Lt.Arty. 3rd Bn. Co.B
Bourdeaux, F.M. NC 1st Inf. Co.C Cpl.
Bourdeaux, Homer LA Mil. Assumption Regt. Lt.
Bourdeaux, John MS 4th Cav. Co.A
Bourdeaux, John R. NC 2nd Arty. (36th St.Troops) Co.K
Bourdeaux, Joseph C. MS 3rd Inf. Co.K
Bourdeaux, R.H. MS 5th Inf. Co.C 1st Sgt.
Bourdeaux, R.H. MS 13th Inf. Co.F
Bourdeaux, Richard H. NC 3rd Inf. Co.K 1st Sgt.
Bourdeaux, T.D. MS 2nd Cav. Co.C
Bourdette, A. LA Mil. 3rd Regt. French Brig. Co.2
Bourdette, E. LA Mil. 3rd Regt. French Brig. Co.2
Bourdette, J. LA Mil. 1st Regt. French Brig. Co.3
Bourdette, J. LA Mil. 3rd Regt.Eur.Brig. (Garde Francaise) Co.3
Bourdette, J.P. LA Mil. 3rd Regt. French Brig. Co.5
Bourdette, P. LA Mil. 3rd Regt.Eur.Brig. (Garde Francaise) Co.7
Bourdier, Jacques LA Conscr.
Bourdin, A. LA Arty. Watson Btty.
Bourdin, A. LA Mil. 1st Chasseurs a pied Co.3
Bourdin, A. LA Inf. 7th Bn. Co.C
Bourdin, Alfred LA Lt.Arty. Holmes' Btty.
Bourdin, Alfred MS Lt.Arty. (The Hudson Btty.) Hoole's Co.
Bourdin, E. LA Arty. Watson Btty.
Bourdin, E. LA Mil. Chalmette Regt. Co.G
Bourdin, Ed VA Inf. Prov.Guard
Bourdin, Ed. LA Inf. 7th Bn. Co.C
Bourdin, Edward LA 15th Inf. Co.K
Bourdin, Edward LA C.S. Zouave Bn. Co.A Sgt.
Bourdin, Emile LA Lt.Arty. Holmes' Btty.
Bourdin, Emile MS Lt.Arty. (The Hudson Btty.) Hoole's Co.
Bourdon, Joseph H. VA 3rd Cav. 2nd Co.I Bvt.2nd Lt.
Bourdon, Thomas C. VA 3rd Cav. 2nd Co.I
Bourdreaux, Antoine LA Mil. LaFourche Regt.
Bourdreaux, C. LA Mil. LaFourche Regt.
Bourdreaux, E. LA Mil. LaFourche Regt.
Bourdreaux, Felix 14th Conf.Cav. Co.D
Bourdreaux, Jean B. LA Mil. LaFourche Regt.
Bourdreaux, Louis LA Mil. Terrebone Regt.
Bourdreaux, Marcelin LA 18th Inf.
Bourdreaux, Melville LA Mil. LaFourche Regt.
Bourdreaux, Victor LA Mil. LaFourche Regt.
Bourdwine, James VA 63rd Inf. Co.A
Bouren, Able AR 15th (Josey's) Inf. Co.F
Bouren, John C. KY 2nd Mtd.Inf. Co.D
Bouren, Matteson SC 3rd Res. Co.H
Bourer, J.S. TN 8th (Smith's) Cav. Co.G
Bouret, Louis LA 11th Inf. Co.L
Bouret, Louis LA 20th Inf. New Co.E
Bourg, A. LA 26th Inf. Co.F
Bourg, A. 15th Conf.Cav. Co.G
Bourg, Adolphus E. MS 18th Inf. Co.F Cpl.

Bourg, Alf LA Mil. 1st Chasseurs a pied Co.3
Bourg, Alfred LA 26th Inf. Co.C
Bourg, A.S. LA Inf.Crescent Regt. Co.K
Bourg, Benedict TX Cav. 3rd (Yager's) Bn. Co.B
Bourg, Charles D. LA 8th Inf. Co.A
Bourg, Desire LA Inf. 16th Bn. (Conf.Guards Resp.Bn.) Co.B
Bourg, Dozelia LA 1st Hvy.Arty. (Reg.) Co.C
Bourg, E. LA Inf.Cons. 18th Regt. & Yellow Jacket Bn. Co.B
Bourg, Edward LA 26th Inf. Co.H
Bourg, Edward LA 1st Hvy.Arty. Co.A
Bourg, Faustin LA 26th Inf. Co.H
Bourg, F. Corantin LA 3rd (Harrison's) Cav. Co.I
Bourg, F.E. LA 2nd Cav. Co.H
Bourg, Felix LA 26th Inf. Co.C
Bourg, Felix J. LA Mil. Terrebonne Regt.
Bourg, Frank LA 2nd Cav. Co.I
Bourg, Franklin E. LA 22nd Inf. Jones' Co.
Bourg, Hilaire LA 1st Hvy.Arty. (Reg.) Co.C
Bourg, Jean Pierre LA 1st Hvy.Arty. (Reg.) Co.C
Bourg, Joachim LA 1st Hvy.Arty. (Reg.) Co.C
Bourg, Joseph LA 1st Hvy.Arty. (Reg.) Co.D
Bourg, Joseph LA 28th (Thomas') Inf. Co.H
Bourg, Joseph LA Mil. LaFourche Regt.
Bourg, Joseph L. LA 4th Inf. Co.E Cpl.
Bourg, Leste LA 1st Hvy.Arty. (Reg.) Co.D
Bourg, Louis LA 1st Hvy.Arty. (Reg.) Co.c
Bourg, M. LA 26th Inf. Co.B
Bourg, M. LA Inf.Cons.Crescent Regt. Co.A
Bourg, Marcelin LA Inf. 16th Bn. (Conf.Guards Resp.Bn.) Co.B
Bourg, Marcellien LA 26th Inf. Co.C
Bourg, Marcilien LA 28th (Thomas') Inf. Co.H
Bourg, Octave LA 1st Hvy.Arty. (Reg.) Co.B,D
Bourg, Ozemi LA Mil. LaFourche Regt.
Bourg, P. LA Inf.Cons.Crescent Regt. Co.A Sgt.
Bourg, Prudent LA Inf. 16th Bn. (Conf.Guards Resp.Bn.) Co.B Cpl.
Bourg, Rosemon LA 30th Inf. Co.H
Bourg, Theodule LA 26th Inf. Co.C
Bourg, T.V. LA 2nd Cav. Co.I
Bourg, Valery LA 1st Hvy.Arty. (Reg.) Co.C
Bourg, Vileor 14th Conf.Cav. Co.D
Bourg, Vilior LA Ogden's Cav. Co.A
Bourg, Zephirin LA 1st Hvy.Arty. (Reg.) Co.B
Bourge, --- TX Cav. Ragsdale's Bn. 2nd Co.C
Bourge, A. AL Cav. Murphy's Bn. Co.B
Bourge, Amedi LA 18th Inf. Co.D
Bourge, Ozenor LA 2nd Cav. Co.H
Bourge, P., Jr. LA Mil. Terrebonne Regt.
Bourgeat, Oniel LA 8th Inf. Co.F
Bourgean, Alfred LA Mil. 1st Native Guards Sgt.
Bourgeois, A. LA Arty. 5th Field Btty. (Pelican Lt.Arty.)
Bourgeois, A. LA Mil. LaFourche Regt.
Bourgeois, Adam LA 26th Inf. Co.H
Bourgeois, Adolph LA Pointe Coupee Arty.
Bourgeois, Adolph LA Arty. Watson Btty.
Bourgeois, A.H. LA Inf.Cons.Crescent Regt. Co.A Cpl.
Bourgeois, Albert LA Ogden's Cav. Doyal's Co.
Bourgeois, Alces LA 4th Inf. Co.E
Bourgeois, Alfred LA 27th Inf. Co.D
Bourgeois, A.M. LA Inf.Cons.Crescent Regt. Co.A
Bourgeois, Ar. LA Lt.Arty. Holmes' Btty.
Bourgeois, Aristide LA Arty. Watson Btty.
Bourgeois, A.S. LA 18th Inf. Co.D
Bourgeois, A.S. LA 26th Inf. Co.I Cpl.
Bourgeois, B. LA 2nd Cav. Co.H 1st Sgt.
Bourgeois, B. LA 22nd Inf. Co.E
Bourgeois, Belisare 14th Conf.Cav. Co.D
Bourgeois, Benjamin LA 30th Inf. Co.H
Bourgeois, Bernard LA 18th Inf. Co.A
Bourgeois, Bernard LA 30th Inf. Locoul's Co.
Bourgeois, Bernard MS 3rd Inf. Co.F
Bourgeois, Camile 14th Conf.Cav. Co.D
Bourgeois, Camile D. 14th Conf.Cav. Co.D Cpl.
Bourgeois, Camille LA Ogden's Cav. Co.A
Bourgeois, Camille LA Arty. Watson Btty.
Bourgeois, Charles LA 1st Hvy.Arty. (Reg.) Co.B
Bourgeois, D. LA 18th Inf. Co.D
Bourgeois, D. LA Inf.Cons. 18th Regt. & Yellow Jacket Bn. Co.D
Bourgeois, D. Conf.Cav. Wood's Regt. 2nd Co.F
Bourgeois, Duere MS Cav. 17th Bn. Co.D
Bourgeois, E. LA Mil. Orleans Guards Regt. Co.C
Bourgeois, Edmund MS 3rd Inf. Co.F
Bourgeois, E.L. LA Inf. 9th Bn. Co.D 1st Sgt.
Bourgeois, Emile LA 4th Cav. Co.A
Bourgeois, Emile 14th Conf.Cav. Co.D
Bourgeois, Eugene LA Mil. LaFourche Regt.
Bourgeois, F. LA Arty. 5th Field Btty. (Pelican Lt.Arty.)
Bourgeois, F. LA Mil. 3rd Regt. French Brig. Co.2
Bourgeois, Faurie LA Inf. 7th Bn. Co.A Cpl.
Bourgeois, Florence LA 26th Inf. Co.F
Bourgeois, Florian LA Ogden's Cav. Co.A
Bourgeois, Florien 14th Conf.Cav. Co.D Cpl.
Bourgeois, Francois LA 28th (Thomas') Inf. Co.D
Bourgeois, Francois LA Mil. LaFourche Regt.
Bourgeois, G.A. LA Mil. LaFourche Regt.
Bourgeois, Genou MS Cav. 17th Bn. Co.D
Bourgeois, Gustave LA 18th Inf. Co.A
Bourgeois, Henri LA Arty. Watson Btty.
Bourgeois, Henry LA Pointe Coupee Arty.
Bourgeois, Henry T. LA Inf. 1st Sp.Bn. (Rightor's) Co.E
Bourgeois, H.T. VA 10th Cav. 1st Co.E
Bourgeois, Ilde LA 4th Inf. Co.E
Bourgeois, J. LA Inf. 11th Bn. Co.G
Bourgeois, James LA 1st Inf. Co.B Sgt.
Bourgeois, J. Baptiste LA 30th Inf. Co.G
Bourgeois, J.D. TX Cav. Madison's Regt. Co.A
Bourgeois, J.L. LA Ogden's Cav. Co.H
Bourgeois, J.L. LA 30th Inf. Co.F
Bourgeois, J.M. LA Mil. LaFourche Regt. Co.C
Bourgeois, Joseph LA 1st Hvy.Arty. (Reg.) Co.B Sgt.
Bourgeois, Joseph LA Arty. Watson Btty.
Bourgeois, Joseph LA 26th Inf. Co.F
Bourgeois, Joseph 14th Conf.Cav. Co.D
Bourgeois, Jules LA 15th Inf. Co.C
Bourgeois, Jules LA 18th Inf. Co.A
Bourgeois, L. LA Inf. 16th Bn. (Conf.Guards Resp.Bn.) Co.C
Bourgeois, Leon LA Mil. LaFourche Regt.
Bourgeois, Leufroid LA Mil. Terrebonne Regt.
Bourgeois, L.M. LA 30th Inf. Locoul's Co.
Bourgeois, L.M. LA Mil. St.James Regt. Co.G Sgt.
Bourgeois, Louis J. LA Pointe Coupee Arty.
Bourgeois, Marcil LA 2nd Cav. Co.H
Bourgeois, Marcilieu LA 26th Inf. Co.D
Bourgeois, Norbert L. LA 26th Inf. Co.D Music.
Bourgeois, Octave LA 30th Inf. Co.G,H
Bourgeois, Olesime LA 1st Hvy.Arty. (Reg.) Co.C
Bourgeois, P. LA 4th Cav. Co.E
Bourgeois, Paul LA 26th Inf. Co.I
Bourgeois, Philogene LA 18th Inf. Co.A Sgt.
Bourgeois, Pierre LA 26th Inf. Co.E
Bourgeois, S. LA Inf.Cons. 18th Regt. & Yellow Jacket Bn. Co.C
Bourgeois, Savinien LA 4th Inf. Co.E
Bourgeois, Seymour LA Mil. LaFourche Regt.
Bourgeois, Simon LA 18th Inf. Co.K
Bourgeois, T. LA Ogden's Cav. Co.E
Bourgeois, Theodore LA Arty. Watson Btty.
Bourgeois, Theophile LA Mil. LaFourche Regt.
Bourgeois, Tinion 14th Conf.Cav. Co.D
Bourgeois, Ulysse LA 18th Inf. Co.G
Bourgeois, V. LA Inf. 9th Bn. Co.C
Bourgeois, Valcourt LA 2nd Cav. Co.C
Bourgeois, Valfrien LA Mil. LaFourche Regt.
Bourgeois, Vasseur LA 26th Inf. Co.D
Bourgeois, Victor LA Ogden's Cav. Co.A
Bourgeois, Victor LA 30th Inf. Locoul's Co.
Bourgeois, Vilsor P. 14th Conf.Cav. Co.D Cpl.
Bourgeois, W.J. LA Pointe Coupee Arty.
Bourgeois, Z. TX Inf. Griffin's Bn. Co.F
Bourgeois, Zenon TX 13th Vol. 3rd Co.K
Bourgeous, Auguste MS 3rd Inf. Co.F
Bourger, Charles LA Mil. 4th Regt. French Brig. Co.4 Jr.2nd Lt.
Bourgeros, Justilene LA Mil. LaFourche Regt.
Bourgeros, Ulisse LA Mil. LaFourche Regt.
Bourges, Alfred LA Mil. Chalmette Regt. Adj.
Bourges, E. Gen. & Staff 1st Lt.,Adj.
Bourges, Emile LA 22nd Inf. Co.D Sgt.
Bourges, Emile LA 22nd (Cons.) Inf. Co.D Sgt.
Bourges, Ern 14th Conf.Cav. Adj.
Bourges, Ernest LA 30th Inf. Co.F 2nd Lt.
Bourges, V.E. LA Inf. 7th Bn. Co.A Sgt.
Bourgesis, L.J. LA Mil. 1st Chasseurs a pied Co.3
Bourgogue, Theophile LA 18th Inf. Co.G
Bourgois, Alcide TX Cav. Ragsdale's Bn. Co.A
Bourgois, Hyppolite LA Conscr.
Bourgon, Nicolas LA Mil. 6th Regt.Eur.Brig. (Italian Guards Bn.) Co.5
Bourgouin, Edward LA Inf.Cons.Crescent Regt. Co.H Music.
Bourgue, T. LA Inf. 10th Bn. Co.E
Bourgue, T. LA Inf.Cons. 18th Regt. & Yellow Jacket Bn. Co.E
Bourguet, A. LA Mil. 1st Chasseurs a pied Co.8 Music.
Bourguin, G.A. LA 9th Inf. Co.I Sgt.Maj.
Bourguis, E. LA Arty. King's Btty.

Bourjean, C. LA Mil. 1st Native Guards
Bourjois, E. TX Cav. Mann's Regt. Co.A
Bourk, --- LA Inf. 9th Bn. Co.C
Bourk, F. LA 26th Inf. Co.A
Bourk, John AL 8th Inf. Co.I
Bourk, John VA 6th Inf. Co.C
Bourk, John E. LA 28th (Thomas') Inf. Co.E
Bourk, L. LA Inf. Weatherly's Bn. Co.A Cpl.
Bourk, R.A. LA Mil.Conf.Guards Regt. Co.B
Bourke, A. LA Inf. 10th Bn. Co.G
Bourke, Daniel TX 1st Inf. Co.L
Bourke, Hugh TX 1st (Yager's) Cav. Co.D
Bourke, Hugh TX Cav. 3rd (Yager's) Bn. Co.D
Bourke, J. VA Loc.Def. Wood's Co.
Bourke, Jean LA 1st Hvy.Arty. (Reg.) Co.G
Bourke, Jim TX 1st (Yager's) Cav. Co.D
Bourke, John GA Arty. (Chatham Arty.) Wheaton's Co.
Bourke, John LA 14th Inf. Co.H
Bourke, John TN Inf.
Bourke, John TX 1st Inf. Co.L
Bourke, John TX 2nd Inf. Co.K
Bourke, Joseph LA Inf.Crescent Regt. Co.D
Bourke, Joseph LA Miles' Legion Co.H
Bourke, Joseph B. VA 9th Inf. Co.G Cpl.
Bourke, Lucien LA 7th Cav. Co.B
Bourke, M. LA 4th Inf. Co.F
Bourke, Marshal LA Cav. 18th Bn. Co.E
Bourke, Michael LA 21st (Kennedy's) Inf. Co.E
Bourke, Michael VA 5th Inf. Co.F
Bourke, O. LA 4th Inf. Co.F
Bourke, P. AL 8th Inf. Co.F Sgt.
Bourke, Richard TX Cav. 3rd (Yager's) Bn. Co.D
Bourke, Thomas VA 61st Inf. Co.B
Bourke, V. LA Inf.Cons. 18th Regt. & Yellow Jacket Bn. Co.B
Bourke, W. TX 8th Cav. Co.I
Bourke, Walter KY 2nd Cav. Co.C
Bourke, W.H. LA Arty. Hutton's Co. (Crescent Arty.,Co.A) Cpl.
Bourke, William LA 4th Inf. Co.C
Bourlan, W.T. KY 8th Mtd.Inf. Co.G
Bourland, Addison M. AR 15th (N.W.) Inf. Maj.,Surg.
Bourland, Addison M. Gen. & Staff Surg.
Bourland, A.H. MO Cav. 7th Regt.St.Guard Co.A 3rd Lt.
Bourland, A.M. AR 7th Mil. Co.B Capt.
Bourland, Baylis E. MS 10th Inf. Old Co.B, New Co.C Cpl.
Bourland, Ben F. TX Cav. 2nd Regt.St.Troops Co.D
Bourland, B.L. TX 11th Cav. Co.A
Bourland, B.W. AR 11th Inf. Co.E Comsy.Sgt.
Bourland, B.W. AR 11th & 17th Cons.Inf. Co.E QMSgt.
Bourland, Charles T. TX 22nd Cav. Co.K 1st Lt.
Bourland, Dallas TN 19th (Biffle's) Cav. Co.B
Bourland, Dallas M. TX 18th Cav. (Darnell's Regt.)
Bourland, E. AR 7th Mil. QM
Bourland, E.C. MS Cav. Ham's Regt. Co.E Capt.
Bourland, Felix G. AL 4th Inf. Co.H
Bourland, G.B. TX 9th Cav. Co.C
Bourland, G.S. AR Lt.Arty. Wiggins' Btty. Cpl.
Bourland, Harvey R. KY 10th Cav. Co.I
Bourland, Henderson AR Lt.Arty. Wiggins' Btty. Music.
Bourland, H.R. KY 3rd Cav. Co.I
Bourland, H.R. KY 9th Mtd.Inf. Co.K
Bourland, J.A. AR 21st Mil. Co.G
Bourland, J.A. AR 36th Inf. Co.B
Bourland, James TX Cav. Bourland's Regt. Col.
Bourland, James C. AR 35th Inf. Co.B Capt.
Bourland, James C. MS 10th Inf. Old Co.B, New Co.G,C
Bourland, James P. AR 1st (Colquitt's) Inf. Co.B Ord.Sgt.
Bourland, Jasper H. AR 15th (N.W.) Inf. Co.C Hosp.Stew.
Bourland, John B. MS 42nd Inf. Co.I Sgt.
Bourland, John R. MO 3rd Cav. Co.E Lt.
Bourland, John R. MO 6th Cav. Co.E 1st Lt.
Bourland, M.B. KY 3rd Mtd.Inf. Co.G
Bourland, M.G. MO 16th Inf. Co.I
Bourland, R.H. MS Cav. Ham's Regt. Co.E 1st Sgt.
Bourland, R.H. MS 24th Inf. Co.F 1st Lt.
Bourland, Robert MS 10th Cav. Co.C Sgt.
Bourland, Wesley H. MS 10th Inf. Old Co.B
Bourland, William R. AR 1st S.S. Co.K
Bourland, William R. TX 9th Cav. Co.H
Bourland, William W. TX 11th Cav. Co.A
Bourland, W.P. MS 13th Inf. Co.H
Bourland, W.R. TX Cav. Bourland's Regt. Co.A
Bourlet, M. LA Mil. 4th Regt. French Brig. Co.5 Capt.
Bourn, A. SC 26th Inf. Co.A
Bourn, Andrew P. VA 4th Inf. Co.F 2nd Lt.
Bourn, B.D. SC 5th Cav. Co.E
Bourn, Bennett GA 31st Inf. Co.A
Bourn, Curtis H. VA 51st Inf. Co.K Sgt.
Bourn, David N. VA 15th Inf. Co.B
Bourn, E.H. SC 1st Cav. Co.B
Bourn, Elbert M. VA 4th Inf. Co.F
Bourn, Ephraim VA 4th Inf. Co.F Sgt.
Bourn, Francis M. MS 3rd Inf. Co.F Sgt.
Bourn, George A. VA 4th Inf. Co.F
Bourn, George W. VA Lt.Arty. Huckstep's Co. Cpl.
Bourn, Hasten VA 63rd Inf. Co.C
Bourn, I. SC Manigault's Bn.Vol. Whilden's Co.
Bourn, James MS 2nd (Quinn's St.Troops) Inf. Co.A
Bourn, James MS 3rd Inf. Co.F
Bourn, James E. TX 15th Cav. Co.C
Bourn, James L. VA Cav. 37th Bn. Co.D
Bourn, James L. VA 63rd Inf. Co.G
Bourn, James M. VA 4th Inf. Co.F Capt.
Bourn, Jesse J. MS 11th (Perrin's) Cav. Co.G
Bourn, John SC 5th Cav. Co.E
Bourn, John SC Manigault's Bn.Vol. Co.A
Bourn, John VA 63rd Inf. Co.C
Bourn, John VA Mil. Grayson Cty.
Bourn, John A. VA 7th Cav. Preston's Co. Cpl.
Bourn, John A. VA 4th Inf. Co.F
Bourn, Jonah SC 5th Cav. Co.E
Bourn, Levi TX 16th Cav. Co.K
Bourn, Lilbern VA 51st Inf. Co.K
Bourn, L.M. TN 8th (Smith's) Cav. Co.G
Bourn, L.W. VA Cav. 37th Bn. Co.D Capt.
Bourn, M.S. TN 16th (Logwood's) Cav. Co.F
Bourn, Reuben TX 6th Cav. Co.B
Bourn, Samuel S. TX 37th Cav. Co.C,B 2nd Lt.
Bourn, S.J. TX 3rd Cav. Co.D
Bourn, Stephen VA 63rd Inf. Co.C
Bourn, Stephen VA Mil. Grayson Cty.
Bourn, Stephen R. VA 4th Inf. Co.F
Bourn, Thomas H. VA Lt.Arty. Snead's Co.
Bourn, Thornton VA 8th Cav. Co.C
Bourn, Uriah GA 64th Inf. Co.A
Bourn, Walter KY 7th Cav. Co.G
Bourn, W.B. AR 2nd Inf. Co.A
Bourn, W.E. TX 11th Cav. Co.F
Bourn, Whitfield MO 1st N.E. Cav.
Bourn, William A. VA 8th Cav. Co.C
Bourn, William C. VA 51st Inf. Co.K,I Capt.
Bourn, William M. VA 8th Cav. Co.C
Bournand, Henry KY Cav. 1st Bn. Co.B
Bournand, Henry KY 4th Cav. Co.B
Bourne, A.J. 1st Conf.Inf. 2nd Co.C
Bourne, Butler KY 8th Cav. Co.I
Bourne, C. TN 12th (Green's) Cav. Co.F
Bourne, Church TN 13th Inf. Co.A Cpl.
Bourne, C.J. TN 13th Inf. Co.A
Bourne, C.T. TN 13th Inf. Co.A Cpl.
Bourne, David A. VA 15th Inf. Co.C
Bourne, D.S. VA 34th Inf. Co.D
Bourne, Ed 3rd Conf.Inf. Co.B
Bourne, Edwin VA Inf. 2nd Bn. Co.E
Bourne, F. TX 1st Inf. Co.C
Bourne, Felix VA 16th Cav. Co.I Cpl.
Bourne, Felix VA Cav. Caldwell's Bn. Graham's Co.
Bourne, George W. VA Lt.Arty. Snead's Co. Cpl.
Bourne, H.C. MS 6th Inf. Co.I Cpl.
Bourne, Henry KY 9th Cav. Co.D
Bourne, H.W. GA 7th Cav. Co.C
Bourne, H.W. GA Cav. 24th Bn. Co.B
Bourne, Isaac SC 2nd Arty. Co.D
Bourne, J. TN 12th (Green's) Cav. Co.F
Bourne, J. VA 5th Inf. Co.H
Bourne, Jacob R. VA 57th Inf. Co.H
Bourne, James FL Inf. 2nd Bn. Co.A
Bourne, James VA 50th Inf. Co.C
Bourne, James A. TN 14th Inf. Co.H Cpl.
Bourne, James D. VA Loc.Def. Mallory's Co.
Bourne, James E. VA 55th Inf. Co.C
Bourne, James M. KY 5th Mtd.Inf. Co.C
Bourne, J.D. VA 1st Bn.Res. Co.D
Bourne, John GA 63rd Inf. Co.C
Bourne, John A. VA 14th Cav. Co.G Sgt.
Bourne, John J. MO 9th Bn.S.S. Co.A
Bourne, John M. KY 4th Mtd.Inf. Co.I
Bourne, Joseph B. MD 1st Cav. Co.E
Bourne, Joseph W. TN 49th Inf. Co.A
Bourne, J.R. VA 1st Bn.Res. Co.D
Bourne, J.W. AR Inf. Sparks' Co.
Bourne, J.W. MS Mtd.Inf. (St.Troops) Maxey's Co. Sgt.
Bourne, Lewis W. TN 49th Inf. Co.A Sgt.
Bourne, L.W. KY 9th Mtd.Inf. Co.A
Bourne, M. MS Mtd.Inf. (St.Troops) Maxey's Co.
Bourne, M. TN 12th (Green's) Cav. Co.F
Bourne, M.S. TN 16th (Logwood's) Cav. Co.H

Bourne, M.S. TN Inf. 154th Sr.Regt. 2nd Co.B Cpl.
Bourne, N. Bradford's Corps Scouts & Guards Co.B
Bourne, P.B. GA 7th Cav. Co.C Sgt.
Bourne, P.B. GA Cav. 24th Bn. Co.B Sgt.
Bourne, Philip A. TN 12th (Green's) Cav. Co.I Sgt.
Bourne, Powhatan B. GA 15th Inf. Co.C 2nd Lt.
Bourne, Richard FL Inf. 2nd Bn. Co.A Sgt.
Bourne, Richard FL 10th Inf. Co.I Sgt.
Bourne, Richmond G. VA 8th Cav. Co.C Capt.
Bourne, S. TX 1st Inf. Co.C
Bourne, Theophilus VA 5th Cav. Co.E
Bourne, Thomas VA 50th Inf. Co.C
Bourne, Thomas B. Sig.Corps,CSA
Bourne, Thomas M. Gen. & Staff Hosp.Stew.
Bourne, Thomas R. VA 5th Cav. Co.E
Bourne, T.J. SC 10th Inf. Co.A
Bourne, Uncas Gen. & Staff Ch. of Ord.
Bourne, W.A. MS 1st (King's) Inf. (St.Troops) Co.I 2nd Lt.
Bourne, Walter KY 3rd Cav. Co.G
Bourne, Wiley TN 50th Inf. Co.E
Bourne, William KY 3rd Bn.Mtd.Rifles Co.B
Bourne, William MS 22nd Inf. Co.A
Bourne, William F. AR 18th (Marmaduke's) Inf. Co.B 1st Lt.
Bourne, William F. 3rd Conf.Inf. Co.B Capt.
Bourne, William H. GA 1st (Olmstead's) Inf. Co.H Cpl.
Bourne, William H. MO 5th Inf. Co.I
Bourne, William H. TN 14th Inf. Co.L
Bourne, William J. GA Lt.Arty. 12th Bn. Co.F
Bourne, William J. VA 57th Inf. Co.H
Bourne, William T. AR 35th Inf. Co.C Adj.
Bourne, William T. VA 6th Cav. Co.I
Bourne, William T. Gen. & Staff Lt.Col,AAG
Bourne, W.W. AL 6th Inf. Co.C
Bournell, A.J. MS 10th Inf. New Co.K
Bournell, J.M. MS 10th Inf. New Co.K
Bourner, John MD 1st Inf. Co.E
Bournes, George C. Conf.Inf. Tucker's Regt. Co.H
Bournt, Leonard LA Mil. 1st Regt. French Brig. Co.6
Bouroughs, J.D. AL 25th Inf. Co.F
Bouroughs, William J. AL 25th Inf. Co.F
Bourq, A. LA Inf. 10th Bn. Co.H
Bourq, A. LA Inf.Cons. 18th Regt. & Yellow Jacket Bn. Co.H,G
Bourque, D. LA Inf. Jeff Davis Regt. Co.F
Bourque, Eloi LA 18th Inf. Co.E,F
Bourque, John E. LA 18th Inf. Co.E
Bourque, L. LA 8th Cav. Co.B
Bourque, P. LA Inf. Jeff Davis Regt. Co.F
Bourque, Valery LA 18th Inf. Co.E
Bourque, Valery LA Inf.Cons. 18th Regt. & Yellow Jacket Bn. Co.C Jr.2nd Lt.
Bourque, V.S. LA 18th Inf. Co.K,C Jr.2nd Lt.
Bourque, Z. LA 18th Inf. Co.A
Bourque, Zinon LA Inf. 10th Bn. Co.A,G
Bourque, Zinon LA Inf.Cons. 18th Regt. & Yellow Jacket Bn. Co.A,G
Bourquet, Alex LA Mil. 1st Regt. French Brig. Co.3
Bourquin, --- LA Mil. 1st Regt. French Brig. Co.12
Bourquin, Augustus VA Hvy.Arty. Epes' Co.
Bourquin, Edward J. GA 1st (Olmstead's) Inf. Co.H
Bourquin, F.E. GA 54th Inf. Co.I 2nd Lt.
Bourquin, F.L. SC 1st (McCreary's) Inf. Co.I
Bourquin, Frederick W. NC 34th Inf. Drum Maj.
Bourquin, G. LA Mil. 3rd Regt. French Brig. Co.5
Bourquin, G.A. LA Arty. Watson Btty.
Bourquin, John F. VA Hvy.Arty. Epes' Co.
Bourquin, Jules LA 4th Inf. Co.D Sgt.
Bourquin, R.T. GA 47th Inf. Co.I 2nd Lt.
Bourquin, Stephen W. GA 25th Inf. Co.A 1st Lt.
Bourquin, Thomas E. GA 1st (Olmstead's) Inf. Co.C
Bourquine, T.E. GA 47th Inf. Co.I 1st Lt.
Bourre, L. LA Mil. 1st Regt. French Brig. Co.2
Bourregues, Leopold LA Mil. 2nd Regt. French Brig. Co.1
Bourroughs, Eaton NC 30th Inf. Co.G
Bourrows, Hezacuse GA 39th Inf. Co.E
Bourrows, Thomas J. GA 39th Inf. Co.E
Bours, David GA 11th Mil.
Bourvel, Joseph LA Mil. 3rd Regt. 3rd Brig. 1st Div. Co.H
Bourzigue, L. LA Mil. 3rd Regt. French Brig. Co.2 Sgt.
Bousack, G. VA Inf. 25th Bn. Music.
Bouse, Felix MO 10th Cav. Co.F Sgt.
Bouse, Frederick F. MO 10th Cav. Co.H
Bouse, Isaac W. VA 22nd Inf. Co.E Cpl.
Bouser, G.W.M. AR 18th Inf. Co.E
Bouser, H.C. 1st Chickasaw Inf. Milam's Co.
Bouserman, Elias VA 136th Mil. Co.E
Boush, A. LA C.S. Zouave Bn. Co.E
Boush, A.J. VA 54th Mil. Co.E,F
Boush, Andrew VA Hvy.Arty. 18th Bn. Co.B
Boush, Edwin J. MS 15th Inf. Co.G 1st Cpl.
Boush, Franklin VA 38th Inf. 2nd Co.I Music.
Boush, George L. VA 6th Inf. Co.C
Boush, G.T. VA Inf. 25th Bn. Co.G
Boush, Isaac F. VA 54th Mil. Co.E,F
Boush, Isaac F. Sig.Corps,CSA
Boush, John F. VA 6th Inf. Co.H
Boush, R.B. VA Inf. 25th Bn. Co.G
Boush, Samuel C. LA Washington Arty.Bn. Co.3
Boush, William VA 38th Inf. 2nd Co.I
Boushall, C.L. AR Inf. 4th Bn. Co.E 1st Lt.
Boushall, Marcus A. VA 61st Inf. Co.C
Boushell, John S. VA Inf. 4th Bn.Loc.Def. Co.D Capt.
Boushell, John S. VA 9th Inf. Co.G
Boushong, Isaac VA 11th Cav. Co.E
Bousigues, Justin LA Mil. 4th Regt. French Brig. Co.5
Bousman, Adam VA 58th Inf. Co.D
Bousman, George W. VA 24th Inf. Co.H
Bousman, Henry VA 58th Inf. Co.E
Bousman, John A. VA 8th Cav. Co.I
Bousman, Josiah VA 24th Inf. Co.B
Bousman, L.D. VA Inf. 57th Regt. Co.F
Bousman, Lorenzo D. VA 57th Inf. Co.F
Bousonier, E.A. LA 18th Inf. Co.B
Boussell, H. MO Thompson's Command
Boussette, Felix GA 1st (Olmstead's) Inf. Read's Co.A
Bousson, David AL 8th Inf. Co.E
Boustellos, Antoin LA Mil. 1st Native Guards
Boutcher, Joseph R. TN 54th Inf. Co.E
Boutcher, J.R. TN 48th (Nixon's) Inf. Co.K
Boute, Edouard LA Inf.Cons. 18th Regt. & Yellow Jacket Bn. Co.K
Boute, L. LA 26th Inf. Co.A
Boute, Louis A. LA 7th Cav. Co.H
Bouteaux, Alphonzo LA C.S. Zouave Bn. Co.D
Boutee, Charles LA 5th Inf. Co.G
Boutel, Albert M. GA 5th Inf. Co.A
Bouten, Daniel TN 61st Mtd.Inf. Co.K
Boutet, Albert M. GA Inf. 18th Bn. (St.Guards) Co.C
Boutet, A.M. SC 7th Cav. Co.B
Boutet, T.D. GA 1st (Symons') Res. Co.I
Boutet, Theodore D. GA Inf. 1st Loc.Troops (Augusta) Co.B
Bouteux, J. LA Mil. 3rd Regt.Eur.Brig. (Garde Francaise) Co.7
Bouth, William P. AR 8th Inf. Old Co.C
Boutin, A. LA Mil. 1st Native Guards
Boutin, Despaliere LA Conscr.
Boutly, J.G. AL 27th Inf. Co.B Bvt.2nd Lt.
Boutner, H.L. AL 26th Inf. Co.C
Bouton, D.M. TN 61st Mtd.Inf. Co.E
Bouton, D.M. TN 63rd Inf. Co.E
Bouton, George VA 1st Bn.Res. Co.H Capt.
Bouton, George VA 34th Inf. Frays' Co. Capt.
Bouton, I. VA 2nd Inf. Co.H
Bouton, I.W. LA Hvy.Arty. 8th Bn. Co.2
Bouton, James V. TN Detailed Conscr. Co.A
Bouton, Jules W. LA 14th Inf. Co.C Sgt.
Bouton, N.W. MS 2nd Cav.Res. Co.I 1st Sgt.
Boutreux, Eugene LA Mil. 1st Regt. French Brig. Co.C
Boutright, Sidney LA 31st Inf. Co.H
Boutron, V. LA Mil. 2nd Regt. French Brig. Co.1 Cpl.
Bouts, G.W. VA 9th Bn.Res. Co.A
Boutt, Alce LA 7th Cav. Co.E
Boutte, Alce LA Inf. 10th Bn.
Boutte, Alce LA Inf.Cons. 18th Regt. & Yellow Jacket Bn.
Boutte, Alcee LA 8th Inf. Co.C
Boutte, Alcide B. LA 8th Inf. Co.F
Boutte, Alphonse LA 7th Cav. Co.E
Boutee, Balthasar LA Conscr.
Boutte, E. LA Mil. 1st Native Guards
Boutte, Edouard LA Conscr.
Boutte, F.M. LA 2nd Res.Corps Co.B Sgt.
Boutte, Joseph D. LA Conscr.
Boutte, Joseph Z. LA Inf. 10th Bn. Co.B 2nd Lt.
Boutte, J.Z. LA Inf.Cons. 18th Regt. & Yellow Jacket Bn. Co.D 2nd Lt.
Boutte, L. LA Mil. 1st Native Guards
Boutte, Louis L. LA 8th Inf. Co.F
Boutte, Octave LA Conscr.
Boutte, T. LA 2nd Res.Corps Co.B 2nd Lt.
Boutte, T.A. LA Inf. 10th Bn. Co.D
Boutte, T.A. LA Inf.Cons. 18th Regt. & Yellow Jacket Bn. Co.D
Boutte, T.A. LA Conscr.

Boutte, Valson LA Mil. 1st Native Guards
Boutwell, A. TX Cav. Bourland's Regt. Co.B 1st Lt.
Boutwell, Alex AL 37th Inf. Co.K
Boutwell, Alexander TX 11th Cav. Co.B 1st Lt.
Boutwell, Alfred MS 46th Inf. Co.A Sgt.
Boutwell, Alfred R. TX 22nd Cav. Co.A Cpl.
Boutwell, Apollos VA 9th Cav. Co.B
Boutwell, B. AL Cav. 24th Bn. Co.B Cpl.
Boutwell, B. AL 38th Inf. Co.I
Boutwell, Calvin AL 37th Inf. Co.K
Boutwell, C.B. AL Cav.Res. Co.D
Boutwell, D. FL 8th Inf. Co.B
Boutwell, Daniel MS 46th Inf. Co.A
Boutwell, Edward G. VA 61st Inf. Co.D
Boutwell, F.M. AL 32nd & 58th (Cons.) Inf.
Boutwell, Francis M. AL 32nd Inf. Co.F
Boutwell, George W. AL 44th Inf. Co.C
Boutwell, George W. MS Inf. 1st Bn.St.Troops (12 mo. '62-3) Co.C
Boutwell, G.W. AR Inf. Cocke's Regt. Co.H
Boutwell, G.W. GA 6th Inf. (St.Guards) Co.F
Boutwell, H.B. AL 6th Inf. Co.M
Boutwell, H.D. AL 40th Inf. Co.F 1st Sgt.
Boutwell, Henry D. AL Mil. 4th Vol. Co.H 1st Sgt.
Boutwell, Henry D. AL Recruits
Boutwell, Holley AL Cav. 4th Bn. (Love's) Co.A
Boutwell, Irwin AL 37th Inf. Co.K
Boutwell, Jackson GA 17th Inf. Co.D
Boutwell, James AL Cav. Lewis' Bn. Co.A
Boutwell, James AL Lt.Arty. Lee's Btty.
Boutwell, James GA 4th Inf. Co.H
Boutwell, James N. AL Cav. Lewis' Bn. Co.A
Boutwell, James R. TX 22nd Cav. Co.A
Boutwell, J.D. GA 59th Inf. Co.A
Boutwell, J.M. AL 38th Inf. Co.C
Boutwell, John TX 4th Field Btty.
Boutwell, John A. MS 37th Inf. Co.A
Boutwell, John T. VA 47th Inf. Co.E Capt.
Boutwell, J.R. AL 11th Cav. Col.
Boutwell, J.R. AL 5th Inf. New Co.I 3rd Lt.
Boutwell, K. LA Miles' Legion Co.E
Boutwell, L.B. AL 6th Inf. Co.M
Boutwell, Lewis W. VA Lt.Arty. Moore's Co.
Boutwell, L.W. Conf.Lt.Arty. Richardson's Bn. Co.D
Boutwell, M.R. AL 5th Inf. New Co.I
Boutwell, N.C. TX Cav. Bourland's Regt. Co.B
Boutwell, Richard VA 9th Inf. Co.D
Boutwell, Richard M. VA Lt.Arty. Moore's Co.
Boutwell, Richard M. VA Lt.Arty. Thompson's Co.
Boutwell, Robert GA 9th Inf. Co.F Music.
Boutwell, S. GA 5th Res. Co.G
Boutwell, S. MO Inf. 4th Regt.St.Guard Co.D 2nd Lt.
Boutwell, Samuel AL 53rd (Part.Rangers) Co.F
Boutwell, Samuel GA Inf. 26th Bn. Co.A
Boutwell, Stephen GA 4th Res. Co.H
Boutwell, Towner B. MS 46th Inf. Co.A Sgt.
Boutwell, W. AL 38th Inf. Co.D
Boutwell, W.A. AL 17th Inf. Co.A
Boutwell, W.C. AL 37th Inf. Co.K
Boutwell, William AL 5th Inf. New Co.I
Boutwell, William AL 61st Inf. Co.G
Boutwell, William GA 49th Inf. Co.K
Boutwell, William TX 22nd Cav. Co.A
Boutwell, William R. VA 32nd Inf. Co.A
Boutwell, William T. MS 16th Inf. Co.E
Boutwright, T.H. AL 10th Cav. Co.B
Bouty, W.W. MS 3rd Inf. (St.Troops) Co.E
Boutz, Ernest LA 1st (Nelligan's) Inf. Co.C
Boutz, John G. LA 12th Inf. Co.F
Bouvard, Leon TN 2nd (Walker's) Inf. Co.B
Bouvarde, Leon TN Inf. 3rd Cons.Regt. Co.I
Bouver, J.P. VA 53rd Inf. Co.H
Bouvet, J. LA Mil. 3rd Regt.Eur.Brig. (Garde Francaise) Co.2
Bouvier, Antenor LA 4th Inf. Co.E
Bouvier, C. LA Mil. 3rd Regt.French Brig. Co.5 Cpl.
Bouvier, L. LA Mil. Cazadores Espanoles Regt. Co.D
Bouvier, Martiale LA 18th Inf. Co.G
Bouvier, N. LA Mil. 3rd Regt. French Brig. Co.4 Sgt.
Bouvier, Theophile LA 18th Inf. Co.G
Bouvillain, Clovis LA 1st Hvy.Arty. (Reg.) Co.C
Bouvillain, Ernest LA 3rd (Harrison's) Cav. Co.I
Bouvillain, Leufroy LA 3rd (Harrison's) Cav. Co.I
Bouy, Dominique LA 30th Inf. Locoul's Co.
Bouya, Harrison KY 2nd Cav. Co.F Sgt.
Bouyer, John M. GA Lt.Arty. 12th Bn. Co.F
Bouyer, J.W. MO Cav. Freeman's Regt. Co.F
Bouyer, R.E. GA Lt.Arty. 12th Bn. Co.F
Bouyer, R.F. GA Lt.Arty. 12th Bn. Co.F
Bouzer, W.H. AL 2nd Cav. Co.A
Bouzesot, L. MS 1th (King's) Inf. (St.Troops) Co.E
Bovard, J.A. LA 3rd Inf. Co.K
Bovard, James A. LA 5th Cav. Co.K Sgt.
Bovard, James M. MS 7th Inf. Co.A
Bovard, J.K. LA 4th Inf. Co.C,F,B
Bovard, John MS Cav. Power's Regt. Co.C
Bovard, W.T. LA 1st Cav. Co.B
Bovard, W.T. LA 3rd Inf. Co.K
Bove, William W. AR Cav. Wright's Regt. Co.A
Bovell, Alfred TX 31st Cav. Co.A,C
Bovell, A.P. TX Cav. Hardeman's Regt. Co.C
Bovell, J.B. TX Cav. Hardeman's Regt. Co.C
Bovell, S.A. TN 63rd Inf. Co.G
Bovely, J.L. GA 43rd Inf. Co.E
Boven, Samuel Marion TX 20th Cav. Co.B
Bovender, A.J. NC 5th Sr.Res. Co.H
Bovender, George W. NC 28th Inf. Co.F
Bovender, G.G. NC 28th Inf. Co.F
Bovender, John R. NC 28th Inf. Co.F
Bovet, Henry TX 11th (Spaight's) Bn.Vol. Co.E
Bovey, Abram S. VA 29th Cav. Co.H
Bovillier, Frank LA 26th Inf. Co.K
Bovim, R.J. NC 29th Inf.
Bovira, Jean LA Mil. 1st Native Guards
Bovis, B.H. AL Randolph Cty.Res. B.C. Raney's Co. Sgt.
Bow, D.H. AR Inf. 2nd Bn. Co.C
Bow, James LA Miles' Legion Co.E
Bow, John VA 53rd Inf. Co.K
Bow, John M. VA 54th Inf. Co.K
Bow, Joseph LA Mtd.Part.Rangers Bond's Co.
Bow, Richard GA 4th (Clinch's) Cav.
Bow, T.L. MS 17th Inf. Co.A
Bow, William LA 25th Inf. Co.B
Bowan, H.S. VA 46th Inf. Co.B,C
Bowan, P.W. NC 29th Inf. Co.C
Bowan, Timothy Recruits W.B. Ochiltree's Detach.
Bowan, W. NC 64th Inf. Co.G
Boward, Lewis H. Conf.Reg.Inf. Brooks' Bn. Co.D
Bowary, S.C. MS 33rd Inf. Co.E
Bowbow, Samuel D. TX Cav. 2nd Bn.St.Troops Hubbard's Co.
Bowcock, A.H. VA Inf. 1st Bn. Co.C Sgt.
Bowcock, Charles S. VA 57th Inf. Co.H 2nd Lt.
Bowcock, J.H. Gen. & Staff Chap.
Bowcock, J.L. VA 6th Cav. Co.C Sgt.
Bowcock, Jno. O. Gen. & Staff QM
Bowcock, Milton L. VA 28th Inf. Co.E
Bowd, T. GA 27th Inf. Co.C
Bowdan, A.M. NC 4th Bn.Jr.Res. Co.C
Bowdan, J. VA 22nd Inf. Co.F
Bowde, Joseph T. VA 162nd Mil. Co.C
Bowden, Aaron TX 16th Inf. Co.A
Bowden, A.B. AL 25th Inf. Co.K
Bowden, A.G. GA 39th Inf. Co.B
Bowden, A.J. LA Inf. 4th Bn. Co.C
Bowden, A.J. NC 15th Inf. Co.C
Bowden, Alanson G. GA 34th Inf. Co.H
Bowden, Albert AL 7th Cav. Co.E
Bowden, A.M. NC 3rd Jr.Res. Co.C
Bowden, Andrew G. TN 12th (Green's) Cav. Co.G
Bowden, Andrew J. GA 10th Cav. (St.Guards) Co.F
Bowden, Andrew J. NC 46th Inf. Co.C
Bowden, B. TN 38th Inf. 2nd Co.A
Bowden, B.B. NC 67th Inf.
Bowden, Bealy J. NC 18th Inf. Co.G
Bowden, Benjamin C. NC Hvy.Arty. 1st Bn. Co.B 2nd Lt.
Bowden, Benjamin F. VA 9th Mil. Co.B
Bowden, Bennett M. 2nd Conf.Eng.Troops Co.G
Bowden, B.F. AR 1st (Dobbin's) Cav. Co.A
Bowden, B.F. VA 5th Cav. Co.H
Bowden, B.J. NC 4th Cav. (59th St.Troops) Co.C
Bowden, Bryant NC 15th Inf. Co.F
Bowden, Bryant NC 56th Inf. Co.B
Bowden, Buckner NC 8th Sr.Res. Callihan's Co.
Bowden, C. MS 7th Cav. Co.G Cpl.
Bowden, Calvin J. NC 5th Cav. (63rd St.Troops) Co.C
Bowden, Caperton VA 22nd Inf. Co.F
Bowden, C.C. GA 7th Cav. Co.F
Bowden, C.C. GA Cav. 21st Bn. Co.B,E
Bowden, C.C. GA 5th Res. Co.D
Bowden, Charles FL 2nd Inf. Co.G
Bowden, Charles A. NC 3rd Inf. Co.A
Bowden, Charles W. AR 15th N.W. Inf. Co.E
Bowden, Charles W. GA 13th Cav. Co.H Sgt.
Bowden, Charles W. MS 2nd Part.Rangers Co.C
Bowden, C.S. TN 19th (Biffle's) Cav. Co.H
Bowden, Daniel FL 3rd Inf. Co.A
Bowden, David NC 56th Inf. Co.B
Bowden, David F. VA 5th Cav. (12 mo. '61-2) Co.F
Bowden, David F. VA Goochland Lt.Arty.
Bowden, Dempsey VA 16th Inf. Co.D
Bowden, D.F. VA Lt.Arty. 38th Bn. Co.A

Bowden, D.H. KY 10th Cav. Co.A 2nd Lt.
Bowden, D.J. TN 19th & 20th (Cons.) Cav. Co.B 3rd Lt.
Bowden, D.J. TN 5th Inf. 1st Co.H 1st Lt.
Bowden, D.L. AL 23rd Inf. Co.D,E
Bowden, D.W. GA 2nd Res. Co.B
Bowden, E. TN 20th (Russell's) Cav. Co.E
Bowden, E. VA 16th Inf. Co.D
Bowden, E. VA 45th Inf. Co.D
Bowden, Edward AR Cav. Wright's Regt. Co.F 2nd Lt.
Bowden, Edward AR 3rd Inf. Co.C
Bowden, Edward FL 3rd Inf. Co.A
Bowden, Elia A. AL 25th Inf. Co.K
Bowden, Elisha L. AL Cav. 4th Bn. (Love's) Co.A
Bowden, Elisha T. 3rd Conf.Eng.Troops Co.E
Bowden, E.M. TX 29th Cav. Co.G
Bowden, E.W. GA 23rd Inf. Co.A
Bowden, F.M. TN Inf. 154th Sr.Regt. Co.F
Bowden, F.P. AL Inf. 2nd Regt. Co.C
Bowden, F.P. AL 37th Inf. Co.I
Bowden, Francis M. AL 39th Inf. Co.B
Bowden, Francis M. AL 57th Inf. Co.B
Bowden, Francis M. AR 26th Inf. Co.A Cpl.
Bowden, Fred P. AL 42nd Inf. Co.A
Bowden, G.A. AR 15th Mil. Co.A Cpl.
Bowden, George A. AR 35th Inf. Co.H
Bowden, George A. VA 41st Inf. Co.H
Bowden, George C. AL Inf. 1st Regt. Co.A,B Ch.Music.
Bowden, George E. VA Hvy.Arty. 10th Bn. Co.A
Bowden, George W. GA 34th Inf. Co.H
Bowden, G.T. AL 33rd Inf. Co.D
Bowden, G.T. AL Vol. Goldsmith's Ind.Co.
Bowden, G.W. AL 12th Inf. Co.G
Bowden, G.W. AR 20th Inf. Co.C Cpl.
Bowden, G.W. MO Cav. 3rd Bn. Co.H
Bowden, Haywood MS 33rd Inf. Co.I
Bowden, H.B. TX 3rd Cav. Co.I
Bowden, Henry NC 23rd Inf. Co.C
Bowden, Henry A. TX 13th Vol. 3rd Co.I
Bowden, Hinton J. NC 3rd Inf. Co.K
Bowden, Hiram L. TN 2nd (Robinson's) Inf. Co.E
Bowden, H.M. MO 2nd Inf. Co.K
Bowden, Horace VA 7th Inf. Co.F
Bowden, Isaac P. AL 24th Inf. Co.K
Bowden, J.A. MS 7th Cav. 1st Co.I
Bowden, J.A. MS 18th Cav. Co.D
Bowden, Jacob AL 3rd Bn. Hilliard's Legion Vol. Co.B Cpl.
Bowden, Jacob AL 12th Inf. Co.D
Bowden, Jacob AL 60th Inf. Co.A
Bowden, James AR 26th Inf. Co.B
Bowden, James GA 25th Inf. Co.E
Bowden, James GA 28th Inf. Co.E
Bowden, James NC 8th Sr.Res. Kelly's Co.
Bowden, James TN Cav. 9th Bn. (Gantt's) Co.E
Bowden, James TN 32nd Inf. Co.I
Bowden, James Conf.Inf. 1st Bn. 2nd Co.A
Bowden, James A. KY Lt.Arty. Cobb's Co.
Bowden, James B. NC 24th Inf. Co.A
Bowden, James C. AR Inf. 2nd Bn. Co.K
Bowden, James C. TN 20th (Russell's) Cav. Co.B
Bowden, James E. FL 2nd Inf. Co.K Cpl.
Bowden, James E. FL Tampa City Guards 2nd Lt.
Bowden, James E. VA Hvy.Arty. 18th Bn. Co.A
Bowden, James G. VA 50th Inf. Co.I
Bowden, James K.P. TX 15th Cav. Co.F
Bowden, James M. AR 8th Inf. Old Co.C
Bowden, James T. TX Cav. Baylor's Regt. Co.E
Bowden, James W. AL 63rd Inf. Co.G
Bowden, Jasper L. TX 6th Cav. Co.G
Bowden, J.B. GA 53rd Inf. Co.A
Bowden, J.B. MS 44th Inf. Co.G,I
Bowden, J.C. TN 19th & 20th (Cons.) Cav. Co.B Cpl.
Bowden, J.C. TN 20th (Russell's) Cav. Co.B Cpl.
Bowden, J.C. TN 22nd Inf. Co.G
Bowden, Jesse NC 2nd Arty. (36th St.Troops) Co.A Cpl.
Bowden, Jesse B. NC 1st Arty. (10th St.Troops) Co.I Sgt.
Bowden, J.F. GA 9th Inf. (St.Guards) Co.D Cpl.
Bowden, J.F. LA 2nd Inf. Co.E
Bowden, J.G. TN Inf. 4th Cons.Regt. Co.C
Bowden, J.G. TN 32nd Inf. Music.
Bowden, J.G. TX 5th Inf. Co.D
Bowden, J.H. AL Lt.Arty. Kolb's Btty.
Bowden, J.H. SC Inf. Hampton Legion Co.K
Bowden, J.J. AL 33rd Inf. Co.D
Bowden, J.J. NC 4th Cav. (59th St.Troops) Co.C
Bowden, J.J. NC 3rd Jr.Res. Co.D
Bowden, J.J. NC 7th Bn.Jr.Res. Co.B QMSgt.
Bowden, J.J. TN 20th (Russell's) Cav. Co.E Sgt.
Bowden, J.L. AL 17th Inf. Co.B Sgt.
Bowden, J.L. AL 33rd Inf. Co.D
Bowden, J.L. NC 1st Jr.Res. Co.A
Bowden, J.L. NC 32nd Inf. Co.K
Bowden, J.M. AL 37th Inf. Co.K
Bowden, J.M. AR 37th Inf. Co.I
Bowden, J.M. LA 25th Inf. Co.H
Bowden, J.M. MS Cav. Williams' Co.
Bowden, J.M. MS 1st (Johnston's) Inf. Co.I
Bowden, J.M. MS 5th Inf. Co.B Capt.
Bowden, J.M. NC 1st Bn.Jr.Res. Co.D
Bowden, J.M. TN 2nd (Robison's) Inf.
Bowden, J.M. TX Inf. 1st St.Troops Saxton's Co.
Bowden, John GA 32nd Inf. Co.B
Bowden, John KY 7th Mtd.Inf. Co.C
Bowden, John LA 19th Inf. Co.G
Bowden, John NC 1st Inf. Co.F
Bowden, John NC 2nd Bn.Loc.Def.Troops Co.F
Bowden, John NC 6th Inf. Co.D
Bowden, John TN 7th (Duckworth's) Cav. Co.G
Bowden, John VA 16th Inf. 2nd Co.H
Bowden, John A. NC Inf. 13th Bn. Co.B
Bowden, John A. NC 66th Inf. Co.B
Bowden, John A. TN 9th Cav.
Bowden, John A. VA 61st Inf. Co.B
Bowden, John A. VA 109th Mil. Co.B
Bowden, Johna G. TX 35th (Brown's) Cav. Co.K
Bowden, John A.W. GA 2nd Bn.S.S. Co.E
Bowden, John B. NC 20th Inf. Co.E
Bowden, John C. GA 1st Bn.S.S. Co.C
Bowden, John D. NC 4th Cav. (59th St.Troops) Co.C Cpl.
Bowden, John D. NC Cav. (Loc.Def.) Howard's Co.
Bowden, John F. AL 25th Inf. Co.K
Bowden, John G. KY 3rd Mtd.Inf. Co.E
Bowden, John G. TN 17th Inf. Co.C
Bowden, John H. AL 34th Inf. Co.B Cpl.
Bowden, John H. AR 15th Mil. Co.A
Bowden, John H. AR 35th Inf. Co.H
Bowden, John H. TN 32nd Inf. Co.I
Bowden, John H. VA 8th Cav. Co.G
Bowden, John H. VA 24th Cav. Co.C Sgt.
Bowden, John H. VA Cav. 40th Bn. Co.C Sgt.
Bowden, John H. VA 109th Mil. 2nd Co.A Sgt.
Bowden, John O. NC 1st Arty. (10th St.Troops) Co.I
Bowden, John O. NC 2nd Arty. (36th St.Troops) Co.A
Bowden, John O. NC 4th Inf. Co.G
Bowden, John Owen NC 46th Inf. Co.G 1st Sgt.
Bowden, Johnson B. AL 3rd Inf. Co.H,G
Bowden, John T. TN 12th (Cons.) Inf. Co.H
Bowden, John T. VA 16th Inf. Co.D
Bowden, John W. AL 8th Inf. Co.E
Bowden, John W. AR 15th N.W. Inf. Co.E Sgt.
Bowden, John W. NC 56th Inf. Co.B
Bowden, John W. TX 4th Inf. Co.E
Bowden, John W. VA 41st Inf. 1st Co.E
Bowden, Jordan NC 47th Inf. Co.G
Bowden, Joseph MS 7th Inf. Co.C
Bowden, Joseph MS Inf. 7th Bn. Co.E
Bowden, Joseph NC 1st Jr.Res. Co.A
Bowden, Joseph G. VA 24th Cav. Co.C
Bowden, Joseph J. NC Cav. (Loc.Def.) Howard's Co.
Bowden, Joseph N. NC Hvy.Arty. 1st Bn. Co.A,D
Bowden, Joseph N. NC 18th Inf. Co.I
Bowden, Joshua J. TX 13th Vol. 3rd Co.I
Bowden, J.R. GA 32nd Inf. Co.H
Bowden, J.R. SC Lt.Arty. 3rd (Palmetto) Bn. Co.A,H,I Capt.
Bowden, J.R. SC 1st (McCreary's) Inf. Campbell's Co. 1st Sgt.
Bowden, J.T. AR 37th Inf. Co.I
Bowden, J.T. GA 53rd Inf. Co.B
Bowden, J.T. TN Inf. 2nd Cons.Regt. Co.C,L
Bowden, J.W. AR 15th Mil. Co.A
Bowden, J.W., Jr. AR 35th Inf. Co.H
Bowden, J.W., Sr. AR 35th Inf. Co.H
Bowden, J.W. NC Inf. 13th Bn. Co.B
Bowden, J.W. NC 66th Inf. Co.B
Bowden, J.W. NC Loc.Def. Croom's Co. Cpl.
Bowden, J.W. TN 20th (Russell's) Cav. Co.B Sgt.
Bowden, J.W. TN 5th Inf. 1st Co.F, 2nd Co.E Cpl.
Bowden, J.W. TN 5th Inf. 2nd Co.F
Bowden, J.W. TX 29th Cav. Co.G
Bowden, Lemuel AL 4th Res. Co.G
Bowden, Lemuel H. NC 2nd Arty. (36th St.Troops) Co.A 1st Lt.
Bowden, Lemuel N. NC 2nd Arty.(36th St.Troops) Co.A
Bowden, Levin AL 3rd Bn.Res. Co.C
Bowden, L.H. Eng.,CSA

Bowden, Littlebery B. MS Inf. 7th Bn. Co.E
Bowden, L.N. NC 1st Arty. (10th St.Troops) Co.I
Bowden, Louis NC 5th Cav. (63rd St.Troops) Co.F
Bowden, Lytle W. MS 29th Inf. Co.I
Bowden, M. NC 50th Inf. Co.A
Bowden, M.B. NC Inf. 13th Bn. Co.B
Bowden, M.B. NC 66th Inf. Co.B
Bowden, M.B. 1st Conf.Eng.Troops Co.L
Bowden, M.H. AR 37th Inf. Co.I
Bowden, M.M. GA 1st (Fannin's) Res. Co.E
Bowden, M.M. GA 2nd Res. Co.I
Bowden, M.M. GA 28th Inf. Co.E
Bowden, Morris C. NC 3rd Inf. Co.K
Bowden, Moses NC 26th Inf. Co.D
Bowden, Newton AR 15th Mil. Co.A 1st Lt.
Bowden, Nicholas W. AL 57th Inf. Co.B
Bowden, N.J. TN 10th (DeMoss') Cav. Co.I
Bowden, N.J. TN Cav. Napier's Bn. Co.E
Bowden, Noah AL 3rd Bn. Hilliard's Legion Vol. Co.B
Bowden, Noah AL 60th Inf. Co.A
Bowden, Norborne P. VA 12th Inf. Co.A
Bowden, P.M. Gen. & Staff Asst.Surg.
Bowden, R. AL Gid Nelson Lt.Arty.
Bowden, R.B. GA Arty. St.Troops Pruden's Btty.
Bowden, R.C. GA 66th Inf. Co.G
Bowden, R.D. AL 60th Inf. Co.A
Bowden, Reuben GA 8th Inf. Co.E
Bowden, Reuben SC 1st Regt.Res. Co.B
Bowden, Richard D. AL 3rd Bn. Hilliard's Legion Vol. Co.B
Bowden, Richard D. NC 1st Cav. (9th St.Troops) Co.E
Bowden, Richard E. VA 26th Inf. Co.H
Bowden, Richard T. NC 3rd Inf. Co.K
Bowden, Richard T. VA 26th Inf. Co.H Sgt.
Bowden, R.L. SC 13th Inf. Co.A Capt.
Bowden, R.L. TN 17th Inf. Co.C
Bowden, R.L. TN 32nd Inf. Ch.Music.
Bowden, R.N. NC 4th Cav. (59th St.Troops) Co.C
Bowden, Robert NC 46th Inf. Co.C
Bowden, Robert C. TN Cav. 2nd Bn. (Biffle's) Co.B
Bowden, Robert C. TN 6th (Wheeler's) Cav. Co.G
Bowden, Robert N., Jr. NC 2nd Arty. (36th St.Troops) Co.A
Bowden, Robert R. VA 12th Inf. Co.B Capt.
Bowden, Robert T.D. NC Inf. 13th Bn. Co.B Cpl.
Bowden, R.S. GA 32nd Inf. Co.B
Bowden, R.T.D. NC 66th Inf. Co.B
Bowden, Rufus NC 47th Inf. Co.G
Bowden, R.W. NC 52nd Inf. Co.D
Bowden, Samuel FL 6th Inf. Co.D Sgt.
Bowden, Samuel B. TX 34th Cav. Co.A
Bowden, Samuel D. NC 13th Inf. Co.B
Bowden, Samuel H. NC 1st Arty. (10th St.Troops) Co.I Sr.1st Lt.
Bowden, Samuel L. SC Palmetto S.S. Co.B Sgt.
Bowden, Samuel Leland SC 4th Inf. Co.K Cpl.
Bowden, S.D. AL 58th Inf. Co.C 2nd Lt.
Bowden, S.F. AL 17th Inf. Co.F Sgt.
Bowden, Simeon AL 3rd Bn. Hilliard's Legion Vol. Co.B
Bowden, Simeon A. AL 3rd Bn. Hilliard's Legion Vol. Co.B
Bowden, S.P. TN 5th Inf. Co.G
Bowden, S.T. GA 5th Res. Co.A
Bowden, Sumner TN 46th Inf. Co.G
Bowden, S.W. MS 43rd Inf. Co.C
Bowden, S.W. NC 5th Cav. (63rd St.Troops) Co.H
Bowden, T.E. MS 9th Inf. Old Co.G, New Co.A
Bowden, Thomas GA 28th Inf. Co.E
Bowden, Thomas A. VA 26th Inf. Co.H Sgt.
Bowden, Thomas L. TX 27th Cav. Co.D,M
Bowden, Timothy L. AL 27th Inf. Co.A
Bowden, T.L. TN 46th Inf. Co.F
Bowden, T.O. AR 1st (Dobbin's) Cav. Co.A
Bowden, T.P. TN 51st Inf. Co.G
Bowden, T.P. TN 51st (Cons.) Inf. Co.H
Bowden, Travis W. GA 53rd Inf. Co.K
Bowden, Uriah FL 2nd Inf. Co.G
Bowden, W.A. GA 2nd Res. Co.H
Bowden, W.A. NC 32nd Inf. Co.K
Bowden, W.B. AR 20th Inf. Co.C
Bowden, W.B. NC Cav. (Loc.Def.) Howard's Co.
Bowden, W.B. NC Inf. 13th Bn. Co.B
Bowden, W.B. NC 66th Inf. Co.B
Bowden, W.F. GA 63rd Inf. Co.C
Bowden, White NC 61st Inf. Co.F
Bowden, Whitford B. NC 4th Inf. Co.F
Bowden, William FL 3rd Inf. Co.A
Bowden, William GA 6th Cav. Co.H
Bowden, William GA Lt.Arty. 12th Bn. 2nd Co.B, Co.D
Bowden, William GA 1st (Ramsey's) Inf. Co.I
Bowden, William NC 15th Inf. Co.L
Bowden, William NC 32nd Inf. Co.K
Bowden, William NC 47th Inf. Co.G
Bowden, William NC 56th Inf. Co.B
Bowden, William TN 10th (DeMoss') Cav. Co.K
Bowden, William TN 2nd (Robison's) Inf. Co.F
Bowden, William TN 3rd (Clack's) Inf.
Bowden, William VA Inf. 4th Bn.Loc.Def. Co.B
Bowden, William VA 61st Inf. Co.H
Bowden, William B. AL 39th Inf. Co.B
Bowden, William B. AL 61st Inf. Co.B
Bowden, William B. NC 3rd Cav. (41st St.Troops) Co.H
Bowden, William B. NC 12th Inf. Co.C
Bowden, William B. NC 51st Inf. Co.C Sgt.
Bowden, William D. LA 12th Inf. Co.B
Bowden, William D. TN 1st Cav.
Bowden, William F. TN 20th (Russell's) Cav. Co.E
Bowden, William H. NC 12th Inf. Co.C
Bowden, William J. AL 3rd Inf. Co.H
Bowden, William J. TN 21st & 22nd (Cons.) Cav. Co.F 1st Sgt.
Bowden, William J. TN 17th Inf. Co.C Sgt.
Bowden, William M. AL 25th Inf. Co.K
Bowden, William N. AR 15th N.W. Inf. Co.E
Bowden, William R. TX 3rd Cav. Co.I
Bowden, William R. VA 5th Cav. (12 mo. '61-2) Co.F Sgt.
Bowden, William T. MS 13th Inf. Co.G
Bowden, William T. MS 26th Inf. Co.F
Bowden, William T. TN 44th Inf. Co.K
Bowden, William T. TN 44th (Cons.) Inf. Co.F
Bowden, William W. GA 48th Inf. Co.G
Bowden, Willis A. NC 15th Inf. Co.L
Bowden, W.L. TX 11th (Spaight's) Bn.Vol. Co.E
Bowden, W.M. TN 5th Inf. 1st Co.H, 2nd Co.E
Bowden, W.P. AL 12th Inf. Co.F,B
Bowden, W.R. FL 1st (Res.) Inf. Co.A
Bowden, W.S. AR 15th Mil. Co.A
Bowden, W.S. AR 35th Inf. Co.H
Bowden, W.T. GA 13th Inf. Co.G
Bowden, W.T. NC 15th Inf. Co.C
Bowden, Z.H. AR 15th Mil. Co.A
Bowder, --- TX Cav. Mann's Regt. Co.F
Bowder, Jeremiah M. Gen. & Staff AASurg.
Bowder, Nathan VA Inf. 44th Bn. Co.A
Bowdery, W.S. MS 3rd Inf. Co.F 2nd Lt.
Bowdews, W. GA 24th Inf. Co.E
Bowdin, B.C. GA Cav. 1st Bn.Res. Stark's Co.
Bowdin, B.C. GA 5th Res. Co.D
Bowdin, Hanson N. NC Cav. (Loc.Def.) Howard's Co.
Bowdin, James H. AR 35th Inf. Co.H
Bowdin, John M. GA 2nd Inf. Co.B
Bowdin, John M. GA 22nd Inf. Co.K Cpl.
Bowdin, J.W. AL 5th Cav. Co.G
Bowdin, W.L. AL 25th Inf. Co.D
Bowdine, Wilson 1st Conf.Cav. 1st Co.A
Bowditch, N.I. NC 2nd Arty. (36th St.Troops) Co.C
Bowdoin, B.F. GA 3rd Inf. Co.B
Bowdoin, C.C. GA 32nd Inf. Co.D
Bowdoin, Christopher C. GA 8th Inf. (St.Guards) Co.D
Bowdoin, Colin M. NC 26th Inf. Co.G
Bowdoin, Daniel GA Inf. 27th Bn. Co.F
Bowdoin, Daniel T. AL 25th Inf. Co.K
Bowdoin, Eletia F. GA 66th Inf. Co.B
Bowdoin, Henry W. GA 45th Inf. Co.D
Bowdoin, J.D. GA 66th Inf. Co.B Sgt.
Bowdoin, Jesse W. NC 26th Inf. Co.G
Bowdoin, John R. Gen. & Staff AASurg.
Bowdoin, John T. GA 3rd Inf. Co.B
Bowdoin, John T. GA 5th Mil. Lt.Col.
Bowdoin, John T. GA 9th Inf. (St.Guards) Co.A Capt.
Bowdoin, Jno. W. Gen. & Staff Asst.Surg.
Bowdoin, Joshua W. GA 3rd Inf. Co.B
Bowdoin, J.S. NC 1st Jr.Res. Co.F Sgt.
Bowdoin, J.W. AL 8th Inf. Co.B
Bowdoin, J.W. GA 4th (Clinch's) Cav. Asst.Surg.
Bowdoin, J.W. GA 40th Inf. Co.D
Bowdoin, Lloyd MD Inf. 2nd Bn. Co.A
Bowdoin, Lloyd VA 16th Inf. 2nd Co.H, 2nd Co.G
Bowdoin, Lloyd VA 39th Inf. Co.A,K Cpl.
Bowdoin, Peter VA 16th Inf. 2nd Co.H
Bowdoin, Peter VA 39th Inf. Co.A,K
Bowdoin, R.R. AL 53rd (Part.Rangers) Co.E
Bowdoin, Severn E. VA Hvy.Arty. 19th Bn. Co.B
Bowdoin, Severn E., Jr. VA 39th Inf. Co.F
Bowdoin, T.A. GA 32nd Inf. Co.H
Bowdoin, Wesley W. GA 45th Inf. Co.D

Bowdoin, William A. AL 2nd Bn. Hilliard's Legion Vol. Co.E Ord.Sgt.
Bowdoin, William A. AL 59th Inf. N.C.S. Ord.Sgt.
Bowdoin, William A. TN 40th Inf. Co.H
Bowdoin, William C. GA 40th Inf. Co.D
Bowdoin, W.T. GA 45th Inf. Co.D Cpl.
Bowdom, R. VA 3rd Cav.
Bowdon, A.L. AL 51st (Part.Rangers) Co.F
Bowdon, B.F. AR 2nd Inf. New Co.C
Bowdon, Council B. MS 2nd Part.Rangers Co.K,H Cpl.
Bowdon, Howell Green MS 34th Inf. Co.A
Bowdon, James R. MS 19th Inf. Co.H 1st Sgt.
Bowdon, James T. MS 2nd Part.Rangers Co.H
Bowdon, John C. AL Eufaula Lt.Arty.
Bowdon, John M. FL 6th Inf. Co.D
Bowdon, John W. MS 42nd Inf. Co.D
Bowdon, J.T. TN 22nd Inf. Co.C
Bowdon, Nathan J. NC 38th Inf. Co.E Cpl.
Bowdon, P.H. MS 34th Inf. Co.A
Bowdon, Pleasant M. MS 19th Inf. Co.K
Bowdon, P.M. MS 18th Cav. Co.D
Bowdon, Redrick Horn MS 34th Inf. Co.A
Bowdon, Riddick NC 38th Inf.
Bowdon, Samuel FL Cav. 5th Bn. Co.I 1st Sgt.
Bowdon, Sebastian C. TN 54th Inf. Co.E 2nd Lt.
Bowdon, Thomas NC 23rd Inf. Co.C
Bowdon, Upton T. NC 46th Inf. Co.C
Bowdon, William GA 44th Inf. Co.K
Bowdon, William L. FL Cav. 5th Bn. Co.I
Bowdon, W.L. AL Cav. Chisolm's Co.
Bowdon, W.T. MS 34th Inf. Co.A Cpl.
Bowdre, Albert R. MS 9th Inf. Maj.
Bowdre, Edward P. GA 1st Reg. Co.A,L,E,H Capt.
Bowdre, Hays E. GA Arty. 11th Bn. (Sumter Arty.) New Co.C
Bowdre, L.A. GA 66th Inf. Co.G
Bowdre, Walter T. GA Arty. 11th Bn. New Co.C
Bowdrie, Edward GA 57th Inf. Co.H
Bowdrie, Walter T. GA 9th Inf. Co.A
Bowdry, A. MS 2nd St.Cav. Co.K
Bowdry, A.A. MS 3rd Inf. Co.F
Bowdry, Alonzo MS 23rd Inf. Co.F
Bowdry, B.W. MO 5th Cav. Co.H Sgt.
Bowdry, James G. MS 2nd St.Cav. Co.K Cpl.
Bowdry, James S. MS Cav. Ham's Regt. Co.K Cpl.
Bowdry, Jerry AL 50th Inf.
Bowdry, John L. MS 19th Inf. Co.K
Bowdry, J.P. MO 5th Cav. Co.I 1st Lt.
Bowdry, J.S. MS 23rd Inf. Co.F
Bowdry, William S. MS 23rd Inf. Co.F 2nd Lt.
Bowe, B.W. VA 4th Cav. Co.G
Bowe, George A. VA Lt.Arty. 38th Bn. Co.C
Bowe, George A. VA Lt.Arty. E.J. Anderson's Co.
Bowe, H.C. VA 1st Inf. Co.D
Bowe, H.C. VA Inf. 1st Bn. Co.A
Bowe, Henry C. VA Cav. 39th Bn. Co.D
Bowe, Henry C. VA 38th Inf. Co.K
Bowe, James A. VA 4th Inf. Co.E
Bowe, Joseph VA 4th Inf. Co.E
Bowe, J.W. VA 4th Cav. Co.G
Bowe, L. MS 21st Inf. Co.C
Bowe, Marion VA 25th Cav. Co.F
Bowe, N. VA 3rd Inf.Loc.Def. 1st Co.G
Bowe, N.T. VA 3rd Inf.Loc.Def. Co.E
Bowe, N.W. VA 1st Inf. Co.D
Bowe, O.M. VA 14th Cav. Co.G
Bowe, Osias M. VA 11th Inf. Co.F
Bowe, R.B. TN 7th (Duckworth's) Cav. Co.A
Bowe, Robert LA 18th Inf. Co.H Sgt.
Bowe, Robert J. GA Inf. 1st Loc.Troops (Augusta) Co.B
Bowe, T.C. Gen. & Staff Hosp.Stew.
Bowe, Thomas AL 1st Regt. Mobile Vol. British Guard Co.A
Bowe, Thomas AL Mil. 3rd Vol. Co.A
Bowe, Thomas LA 6th Inf. Co.F Sgt.
Bowe, Thomas C. VA 18th Inf. Co.A
Bowe, William LA 1st Hvy.Arty. (Reg.) Co.G.I
Bowe, William P. VA 18th Inf. Co.A
Bowein, W.J. GA 63rd Inf. Co.G
Boweles, G.J. AR 18th Inf. Co.A
Bowell, Franklin MS 1st (King's) Inf. (St.Troops) Co.A
Bowell, J.F. GA 4th Inf. Co.B
Bowell, John LA C.S. Zouave Bn. Co.D,B
Bowell, John VA 16th Cav. Co.D
Bowels, Amon TN 50th Inf. Co.B
Bowels, B. GA Cav. Dorough's Bn.
Bowels, F.V. GA 15th Inf. Co.G
Bowels, Starling MO 5th Inf. Co.K
Bowels, William TN 14th (Neely's) Cav. Co.H
Bowem, Green TX 8th Inf. Co.E
Bowen, --- MO 10th Cav. Co.G
Bowen, --- VA 3rd Lt.Arty. Co.F
Bowen, --- VA VMI Co.D
Bowen, A. AL 32nd Inf. Co.F
Bowen, A. KY Cav. 2nd Bn. (Dortch's) Co.A
Bowen, A. NC 4th Cav. (59th St.Troops) Co.C
Bowen, A. SC 2nd Inf. Co.E
Bowen, A.B. AR 45th Cav. Co.K
Bowen, Abner TX Cav. Martin's Regt. Co.K
Bowen, Abner H. Gen. & Staff Asst.Surg.
Bowen, Absolam S. AR 8th Inf. New Co.A
Bowen, A.C. AR 1st (Dobbin's) Cav. Co.K
Bowen, A.C. AR Inf. Cocke's Regt. Co.C Sgt.
Bowen, A.C. GA Inf. 5th Bn. (St.Guards) Co.F
Bowen, A.C. NC Mallett's Co.
Bowen, Achilles Eng.,CSA Maj.
Bowen, A. Cornelius SC 1st (Orr's) Rifles Co.G
Bowen, A.D. AL 3rd Bn.Res. Flemmings' Co.
Bowen, Adolphus VA 9th Cav. Sandford's Co.
Bowen, Adolphus VA Cav. 15th Bn. Co.A
Bowen, Adolphus M. VA 41st Mil. Co.E
Bowen, Adville G.C. MS 12th Inf. Co.H
Bowen, A.H. SC Lt.Arty. Garden's Co. (Palmetto Lt.Arty.)
Bowen, A.H. Conf.Arty. Haskell's Bn. Hosp.Stew.
Bowen, A.J. AL 3rd Bn.Res. Appling's Co.
Bowen, A.J. VA 7th Cav. Co.E 2nd Lt.
Bowen, A.J. VA Cav. Mosby's Regt. (Part. Rangers) Co.B
Bowen, Albert KY 3rd Cav. Co.E
Bowen, Alexander GA 49th Inf. Co.B
Bowen, Alexander NC 35th Inf. Co.E
Bowen, Alexander VA Hvy.Arty. Coleman's Co.
Bowen, Alexander B. NC Walker's Bn. Thomas' Legion 1st Co.D
Bowen, Alexander B. TN 1st (Carter's) Cav. Co.I
Bowen, Alexander L. VA 56th Inf. Co.A
Bowen, Alfred KY 7th Cav. Co.E
Bowen, Alfred VA 40th Inf. Co.D
Bowen, Alfred J. VA 20th Inf. Co.K Cpl.
Bowen, Alfred J. VA 59th Inf. 2nd Co.C Cpl.
Bowen, Allen TX 4th Inf. Co.G
Bowen, Allen Y. VA Hvy.Arty. Coleman's Co.
Bowen, A.M. GA Arty. (Chatham Arty.) Wheaton's Co.
Bowen, A.M. GA 1st (Olmstead's) Inf. Claghorn's Co.
Bowen, A.M. MS 25th Inf. Co.F
Bowen, A.M. MO 1st Inf. Co.C Cpl.
Bowen, A.M. MO 1st & 4th Cons.Inf. Co.G
Bowen, A.M. SC 1st Inf. Co.L Sgt.
Bowen, A.M. 8th (Wade's) Conf.Cav. Co.H
Bowen, Andrew KY 6th Cav. Co.I,L
Bowen, Andrew J. GA 8th Inf. Co.F
Bowen, Andrew J. GA 30th Inf. Co.C
Bowen, Andrew J. GA 48th Inf. Co.E
Bowen, Andrew J. VA 17th Inf. Co.B Ord.Sgt.
Bowen, A.P. GA Cav. Roswell's Bn. Co.A
Bowen, A.R. TX 32nd Cav. Co.F Cpl.
Bowen, Archibald NC Hvy.Arty. 1st Bn. Co.A
Bowen, Archilles TN Eng.Corps Maj.
Bowen, Arthur C. NC 25th Inf. Co.H
Bowen, B. MS 18th Cav. Co.L
Bowen, Bailey A. AL 13th Inf. Co.C Capt.
Bowen, Bartholomew SC 1st (Orr's) Rifles Co.G
Bowen, Benet MS 3rd Inf. Co.F
Bowen, Benjamin C. GA 11th Inf. Co.B
Bowen, Benjamin F. GA 61st Inf. Co.B,D
Bowen, Benjamin F. GA 64th Inf. Co.A
Bowen, Benjamin F. TX Cav. Martin's Regt. Co.K
Bowen, Berry A. VA 14th Inf. Co.K
Bowen, B.F. GA 64th Inf. Co.A
Bowen, B.M. GA 4th (Clinch's) Cav. Co.F
Bowen, B.N. GA 5th Res. Co.H
Bowen, Branch VA 41st Inf. 2nd Co.E
Bowen, B.S. TN 15th (Stewart's) Cav. Co.B
Bowen, B.T. MS 3rd Inf. (St.Troops) Co.K
Bowen, C. AL 8th Cav. Co.F
Bowen, C. KY 1st Inf. Co.K
Bowen, Caleb P. GA 30th Inf. Co.C Capt.
Bowen, Calthorp H. VA 115th Mil. Co.A
Bowen, Calvin NC 20th Inf. Co.C Sgt.
Bowen, C.C. GA Cav. 21st Bn. Co.D Capt.
Bowen, C.E. SC 2nd Cav. Co.G
Bowen, C.G. MS McLelland's Co. (Noxubee Home Guards)
Bowen, C.H. SC Mil. 1st Regt. (Charleston Res.) Co.B
Bowen, C.H. SC 11th Inf. Co.G
Bowen, Chapel NC 21st Inf. Co.C
Bowen, Charles AR 23rd Cav. Co.A Capt.
Bowen, Charles AR 9th Inf. New Co.I Capt.
Bowen, Charles MS 11th (Perrin's) Co.F 2nd Lt.
Bowen, Charles MS 25th Inf. Co.G Capt.
Bowen, Charles SC 2nd Cav. Co.A
Bowen, Charles SC 3rd Cav. Co.F
Bowen, Charles SC 21st Inf. Co.F
Bowen, Charles 2nd Conf.Inf. Co.G Capt.
Bowen, Charles H. AL 11th Cav. 2nd Lt.

Bowen, Charles H. KY 2nd Mtd.Inf. Co.I Bugler
Bowen, Charles H. MS 11th Inf. Co.F
Bowen, Charles H. SC Simons' Co. 3rd Lt.
Bowen, Charles H. VA 15th Inf. Co.B Cpl.
Bowen, Charles L. MS 2nd Part. Maj.
Bowen, Charles O. VA Cav. Mosby's Regt. (Part.Rangers) Co.C
Bowen, Chesley MS 27th Inf. Co.F
Bowen, Chesley MS 34th Inf. Co.F
Bowen, Clement T. GA 47th Inf. Co.G Cpl.
Bowen, C.P. SC Lt.Arty. 3rd (Palmetto) Bn. Co.E,G Bugler
Bowen, C.V. GA Siege Arty. 28th Bn. Co.K
Bowen, C.V. GA 5th Res. Co.G
Bowen, C.V.T.L. GA Cav. 19th Bn. Co.B
Bowen, C.V.T.L. 10th Conf.Cav. Co.G
Bowen, D. GA 8th Inf. Co.F
Bowen, D. MS 9th Inf. Co.D
Bowen, Daniel GA 29th Inf. Co.I
Bowen, Daniel GA 45th Inf. Co.C Cpl.
Bowen, Daniel W. MS 2nd Inf. Co.H
Bowen, Daniel Y. VA Inf. 1st Bn. Co.D
Bowen, David MS Bowen's Co. (Chulahoma Cav.) Cpl.
Bowen, David MS 19th Inf. Co.I Capt.
Bowen, David NC 17th Inf. (2nd Org.) Co.E
Bowen, David VA 8th Cav. Co.K Cpl.
Bowen, David A. AL Lt.Arty. Lee's Btty.
Bowen, David A. NC 34th Inf. Co.B
Bowen, D.P. SC 1st (Butler's) Inf. Co.I
Bowen, Dudley VA 22nd Inf. Co.G
Bowen, Durham NC 3rd Inf. Co.B
Bowen, Duwin AR 35th Inf. Co.G
Bowen, E. AL 23rd Inf. Co.A
Bowen, E. AL 33rd Inf. Co.K
Bowen, E. AL 49th Inf. Co.E
Bowen, E. AL 95th Mil. Co.C
Bowen, E. MS Cav. Ham's Regt. Co.G
Bowen, E. VA Inf. 4th Bn.Loc.Def. Co.F
Bowen, E. VA 30th Inf. Co.I
Bowen, E.B. AL 27th Inf. Co.E
Bowen, E.B. Exch.Bn. Co.E,CSA
Bowen, E.C. GA 10th Cav. (St.Guards) Co.C
Bowen, E.C. GA 13th Cav. Co.H
Bowen, Ed TX 12th Inf. Co.D
Bowen, Edward F. NC 61st Inf. Co.K
Bowen, Edward J. NC 31st Inf. Co.K 1st Lt.
Bowen, Edward L. Gen. & Staff 2nd Lt.
Bowen, Edward T. VA 21st Inf. Co.C Cpl.
Bowen, Edwin VA 2nd Inf.Loc.Def. Co.C
Bowen, E.H. GA Cav. Logan's Co. (White Cty. Old Men's Home Guards)
Bowen, E.H. MO 6th Cav. Co.A
Bowen, E.L., Jr. MS 12th Inf. Co.C
Bowen, Elbert G. GA 42nd Inf. Co.C
Bowen, Elias GA 17th Inf. Co.F
Bowen, Elias TN 38th Inf. Co.F
Bowen, Elias J. Gen. & Staff Surg.
Bowen, Elias Oldham MO 8th Inf. Co.I,K Capt.
Bowen, Eli H. NC 61st Inf. Co.H
Bowen, Elijah NC 25th Inf. Co.A
Bowen, Elijah B. SC Inf. Hampton Legion Co.D Capt.
Bowen, Elijah M. SC 1st Arty. Co.H
Bowen, Elijah R. TN 2nd (Robison's) Inf. Co.F
Bowen, Elisha M.P. GA Inf. 8th Bn. Co.B 3rd Lt.
Bowen, Elisha W. GA 9th Inf. Co.I 2nd Lt.
Bowen, Elzy T. GA 22nd Inf. Co.K
Bowen, E.M. MS 4th Inf. Co.E
Bowen, E.M. SC 22nd Inf. Co.G
Bowen, Enoch S. NC 64th Inf. Co.M
Bowen, E.O. MO Cav. 6th Regt.St.Guard Co.C 3rd Lt.
Bowen, Erastine VA 60th Inf. Co.D
Bowen, Ewen TX 14th Cav. Co.B
Bowen, Ewing TX 13th Vol. 2nd Co.D
Bowen, F. GA 10th Inf. Co.I
Bowen, Ferdinand A.W. VA 7th Inf. Co.I Cpl.
Bowen, Ferdinard L. VA 46th Inf. 2nd Co.C
Bowen, F.F. VA Cav. Mosby's Regt. (Part. Rangers) Co.B
Bowen, F.L. SC 21st Inf. Co.F
Bowen, F.M. GA Inf. 25th Bn. (Prov.Guard) Co.F
Bowen, F.M TN 16th Cav. Co.G
Bowen, F.M. TX 7th Cav. Co.I
Bowen, F.M. VA 46th Inf. 2nd Co.E
Bowen, Francis E. GA 21st Inf. Co.B Sgt.
Bowen, Francis M. GA 42nd Inf. Co.K
Bowen, Francis M. GA 64th Inf. Co.A
Bowen, Francis S. VA 31st Mil. Co.A
Bowen, Frank KY 2nd Mtd.Inf. Co.K
Bowen, Frank 7th Conf.Cav. Co.L
Bowen, Fred VA Inf. 1st Bn.Loc.Def. Co.A
Bowen, Fred VA 54th Mil. Co.G
Bowen, Frederick SC Lt.Arty. 3rd (Palmetto) Bn. Co.E,G
Bowen, Frederick VA Hvy.Arty. 18th Bn. Co.B
Bowen, Frederick VA 40th Inf. Co.I
Bowen, Frederick C. NC 4th Cav. (59th St.Troops) Co.F
Bowen, G.C. MO Cav. Trace's Regt. Capt.
Bowen, G.D. 3rd Conf.Eng.Troops Co.C Cpl.
Bowen, George AL Mil. 3rd Vol. Co.E
Bowen, George KY 3rd Cav. Co.A
Bowen, George A. FL 2nd Inf. Co.M Sgt.
Bowen, George G. MS 17th Inf. Co.A
Bowen, George H. GA 22nd Inf. Co.G
Bowen, George L. MS Lt.Arty. Stanford's Co.
Bowen, George M. FL 2nd Cav. Co.G
Bowen, George O. AL 27th Inf. Co.G Sgt.
Bowen, George R. GA 61st Inf. Co.H
Bowen, George W. AL 36th Inf. Co.K
Bowen, Geroge W. GA Inf. 3rd Bn. Co.A 1st Lt.
Bowen, George W. GA 49th Inf. Co.B
Bowen, George W. GA 61st Inf. Co.F
Bowen, George W. GA Floyd Legion (St.Guard) Co.C
Bowen, George W. KY 5th Cav. Co.C 1st Lt.
Bowen, George W. MS 17th Inf. Co.A Sgt.Sig.Corps
Bowen, George W. MO 8th Cav. Co.E
Bowen, George W. NC 51st Inf. Co.B
Bowen, George W. VA 40th Inf. Co.D
Bowen, George W. 1st Conf.Inf. 2nd Co.C Sgt.
Bowen, G.O. MO Inf. 3rd Bn. Co.I
Bowen, Granville C. MO Cav. 7th Regt.St.Guard Co.E Capt.
Bowen, Granville C. MO 1st Inf. Co.K Capt.
Bowen, Green D. GA 5th Inf. Co.E
Bowen, Green M. GA 19th Inf. Co.F
Bowen, Greer SC 17th Inf. Co.C
Bowen, G.S. LA 18th Inf. Co.H
Bowen, G.W. GA Cav. 22nd Bn. (St.Guards) Co.F
Bowen, G.W. GA 1st (Fannin's) Res. Co.E
Bowen, G.W. KY 11th Cav. Co.G 1st Lt.
Bowen, G.W. MO Inf. 5th Regt.St.Guard Co.D
Bowen, G.W. NC 44th Inf. Co.E
Bowen, G.W. NC 55th Inf. Co.D
Bowen, G.W.D. AL 61st Inf. Co.B
Bowen, H. GA Cav. Roswell Bn. Co.A
Bowen, H. GA 54th Inf. Co.K
Bowen, H. VA 8th Cav. Co.H Capt.
Bowen, H. VA VMI Co.A
Bowen, Hamilton N. GA 61st Inf. Co.B
Bowen, Harrison NC 64th Inf. Co.A
Bowen, H.B. MS Cav. Terrell's Unatt.Co. 2nd Lt.
Bowen, H.B. MO 11th Inf. Co.E,G
Bowen, H.C. SC 1st (Butler's) Inf. Co.B
Bowen, Henderson KY 4th Cav. Co.C
Bowen, Henderson TN 4th Cav. Co.G
Bowen, Henry MD Inf. 2nd Bn. Co.G
Bowen, Henry MO 1st Inf. Co.G
Bowen, Henry TN 1st (Feild's) Inf. Co.G
Bowen, Henry VA 6th Cav. Co.B
Bowen, Henry VA 45th Inf. Co.G Sgt.
Bowen, Henry Brush Bn.
Bowen, Henry B. MO 2nd Btty.
Bowen, Henry C. SC Hvy.Arty. Gilchrist's Co. (Gist Guard)
Bowen, Henry D. FL 8th Inf. Co.H
Bowen, Henry E. VA 7th Inf. Co.B
Bowen, Henry J. MS Bowen's Co. (Chulahoma Cav.)
Bowen, Henry J. MS 34th Inf. Co.I Capt.
Bowen, Henry L. VA 8th Inf. Co.A
Bowen, Henry P. MS 12th Inf. Co.H
Bowen, Henry Pollard MS 1st Hvy.Arty. Co.A
Bowen, Henry R. NC 52nd Inf. Co.K
Bowen, Henry S. Gen. & Staff Maj.,Comsy.
Bowen, H.G. VA 19th Cav. Co.C
Bowen, H.H. GA 52nd Inf. Co.B Sgt.
Bowen, Hien VA 61st Inf. Co.H
Bowen, Hine VA 3rd Inf. Co.B
Bowen, Hiram GA 44th Inf. Co.G
Bowen, Hiram GA 49th Inf. Co.B
Bowen, Hiram TX 9th Cav. Co.K
Bowen, Hiram C. GA 29th Inf. Co.C Capt.
Bowen, H.J. GA 22nd Inf. Co.K
Bowen, H.J. MS 3rd Inf. Co.G 1st Lt.
Bowen, H.M. TN 15th (Cons.) Cav. Co.I
Bowen, H.M. TN 16th (Logwood's) Cav. Co.D
Bowen, Hollaway E. NC 4th Cav. (59th St.Troops) Co.F
Bowen, H.R. VA 3rd Bn.
Bowen, H.S. VA 22nd Cav. Col.
Bowen, H.S. VA 46th Inf. 2nd Co.K
Bowen, Hugh Brush Bn.
Bowen, Hugh F. VA Hvy.Arty. Coleman's Co.
Bowen, Hugh F. VA 56th Inf. Co.B
Bowen, Isaac GA Cobb's Legion Co.H Cpl.
Bowen, Isaac B. AL Lt.Arty. 20th Bn. Co.A
Bowen, Isaac N. GA 49th Inf. Co.B
Bowen, Isaac N. MO 1st Cav. Co.B
Bowen, J. AL Cav. 24th Bn. Co.C

Bowen, J. AL 3rd Inf.
Bowen, J. AL 27th Inf. Co.D
Bowen, J. GA Cav. 22nd Bn. (St.Guards) Co.F
Bowen, J. GA 5th Res. Co.G
Bowen, J. GA 5th Res. Co.H
Bowen, J. VA 40th Inf. Co.E
Bowen, J.A. AL 53rd (Part.Rangers) Co.A
Bowen, J.A. MS 3rd Cav. Co.H
Bowen, J.A. VA 5th Cav. Co.I
Bowen, Jackson Gen. & Staff Hosp.Stew.
Bowen, Jacob SC 2nd Arty. Co.B
Bowen, Jacob S. VA 34th Mil. Co.C
Bowen, James AL 1st Cav. 2nd Co.A
Bowen, James AL Cav. 24th Bn. Co.C
Bowen, James AL 49th Inf. Co.F
Bowen, James GA 3rd Res. Co.A
Bowen, James GA Inf. 8th Bn. Co.D
Bowen, James KY 2nd Bn.Mtd.Rifles Co.B
Bowen, James KY 4th Mtd.Inf. Co.C
Bowen, James MS Cav. Ham's Regt. Co.E
Bowen, James MO 2nd N.E. Cav. (Franklin's Regt.) Co.B
Bowen, James MO Cav. Snider's Bn. Co.A Sgt.
Bowen, James NC 35th Inf. Co.E
Bowen, James SC 1st St.Troops Co.I Cpl.
Bowen, James SC 4th Bn.Res. Co.B
Bowen, James SC 5th Res. Co.G Cpl.
Bowen, James SC 10th Inf. Co.G Cpl.
Bowen, James TN 15th (Cons.) Cav. Co.A
Bowen, James TN 15th (Stewart's) Cav. Co.B
Bowen, James TN 9th Inf. Co.I
Bowen, James TN 34th Inf. Co.A
Bowen, James TN 41st Inf. Co.G
Bowen, James TX 16th Cav. Co.H Sgt.
Bowen, James VA Cav. Mosby's Regt. (Part. Rangers) Co.B
Bowen, James VA 11th Inf. Co.I Cpl.
Bowen, James VA 40th Inf. Co.D
Bowen, James 1st Cherokee Mtd.Rifles Co.E
Bowen, James Exch.Bn. Co.E,CSA
Bowen, James A. AL 61st Inf. Co.H
Bowen, James A. GA Cobb's Legion Co.F
Bowen, James A. MS 33rd Inf. Co.G
Bowen, James A. TN 45th Inf. Co.I
Bowen, James A. VA 56th Inf. Co.H
Bowen, James B. NC Inf. 2nd Bn. Co.C
Bowen, James C. MO Cav. 7th Regt.St.Guard Co.E Capt.
Bowen, James C. MO 11th Inf. Co.E Jr.2nd Lt.
Bowen, James D. AL Lt.Arty. 20th Bn. Co.A
Bowen, James D. NC 28th Inf. Co.H
Bowen, James E. NC Inf. 2nd Bn. Co.C
Bowen, James F. GA 11th Inf. Co.A 1st Lt.
Bowen, James G. GA Inf. 27th Bn. Co.C
Bowen, James G. GA 42nd Inf. Co.C
Bowen, James H. AR 15th N.W. Inf. Co.F
Bowen, James H. NC Cav. 12th Bn. Co.B
Bowen, James H. NC 32nd Inf. Co.G
Bowen, James J. GA 12th (Wright's) Cav. (St.Guards) Brannen's Co.
Bowen, James J. GA 6th Res. Co.I
Bowen, James J. SC 6th Inf. Co.K
Bowen, James J. SC 6th Inf. 1st Co.K
Bowen, James L. GA 49th Inf. Co.B
Bowen, James L. NC 4th Cav. (59th St.Troops) Co.F
Bowen, James M. GA 55th Inf. Co.I
Bowen, James M. MO 1st N.E. Cav. Co.B
Bowen, James M. SC 6th Inf. 1st Co.K
Bowen, James P. LA 11th Inf. Co.A
Bowen, James R. GA Cobb's Legion Co.A Bugler
Bowen, James R. GA Cobb's Legion Co.K 1st Lt.
Bowen, James R. GA Phillips' Legion Co.G 1st Lt.
Bowen, James W. KY 10th (Johnson's) Cav. New Co.F
Bowen, James W. NC 17th Inf. (2nd Org.) Co.H
Bowen, J.B. LA 27th Inf. Co.B
Bowen, J.B. VA 59th Inf. 3rd Co.G
Bowen, J.C. KY 6th Mtd.Inf. Co.I
Bowen, J.C. MO Cav. Jackman's Regt. Co.G 1st Lt.
Bowen, J.C. MO 10th Inf. Co.K
Bowen, J.C. SC 2nd Cav. Co.F Sgt.
Bowen, J.C. SC Cav. 4th Bn. Co.A
Bowen, J.D. AL 5th Cav. Co.E
Bowen, J.D. MS 42nd Inf. Co.G
Bowen, J.E. VA 59th Inf. 3rd Co.G
Bowen, Jeff MS Inf. 1st Bn.St.Troops (30 days '64) Co.F
Bowen, Jefferson MS 21st Inf. Co.A Music.
Bowen, Jeremiah NC Lt.Arty. 3rd Bn. Co.B
Bowen, Jesse AR 10th Mil. Co.H
Bowen, Jesse NC 1st Jr.Res. Co.K
Bowen, Jesse J. AL 6th Inf. Co.K,B 1st Sgt.
Bowen, Jesse J. NC 38th Inf. Co.D
Bowen, J.F. TN 47th Inf. Co.B
Bowen, J.F. VA 25th Inf.
Bowen, J.G. SC 3rd Res. Co.K
Bowen, J.H. GA Cav. 8th Bn. (St.Guards) Co.A
Bowen, J.H. GA 1st (Symons') Res. Co.D
Bowen, J.H. LA Inf.Crescent Regt. Co.K
Bowen, J.H. MS 2nd Inf. Co.H
Bowen, J.H. SC Cav. A.C. Earle's Co. 1st Lt.
Bowen, J.H. SC Inf. 13th Bn. Co.C Capt.
Bowen, J.I. VA Cav. 37th Bn. Co.B
Bowen, J.J. GA 1st (Symons') Res. Co.H
Bowen, J.J. SC 5th Mil. Beat Co.4
Bowen, J.J. SC Inf. 13th Bn. Co.A
Bowen, J.J. VA Lt.Arty. R.M. Anderson's Co.
Bowen, J.J. VA 122nd Mil. Co.B
Bowen, J.L. GA 53rd Inf. Co.C
Bowen, J.L. LA 27th Inf. Co.F
Bowen, J.M. AR 10th Mil. Co.H
Bowen, J.M. MS 11th Inf. Co.F
Bowen, J.M. TX 5th Inf. Co.K
Bowen, J.N. AL 22nd Inf. Co.K
Bowen, J.N. AL 50th Inf. Co.F
Bowen, J.N. AL Cp. of Instr. Talladega
Bowen, J.N. GA 11th Inf. Co.I Sgt.
Bowen, J.O. SC 7th Inf. 1st Co.B
Bowen, Joel FL 11th Inf. Co.C Cpl.
Bowen, John AL 1st Inf. Co.I,D
Bowen, John AL 1st Regt. Mobile Vol. Co.C
Bowen, John AL 3rd Res. Co.H
Bowen, John AL 15th Inf. Co.B
Bowen, John AR 5th Mil. Co.E
Bowen, John AR 32nd Inf. Co.I
Bowen, John GA 2nd Cav. Co.E
Bowen, John GA Hvy.Arty. 22nd Bn. Co.F
Bowen, John GA 1st (Fannin's) Res. Co.F
Bowen, John GA 9th Inf. Co.I
Bowen, John GA 30th Inf. Co.I
Bowen, John MS 3rd Inf. Co.A
Bowen, John MO Lt.Arty. Walsh's Co. Cpl.
Bowen, John MO Inf. 3rd Bn. Co.A
Bowen, John MO 8th Inf. Co.I,K
Bowen, John NC 7th Sr.Res. Watts' Co.
Bowen, John SC 1st (Butler's) Inf. Co.B
Bowen, John TN 15th (Cons.) Cav. Co.H
Bowen, John TN 18th Inf. Co.H
Bowen, John TX Cav. Robertson's Squad. Co.B
Bowen, John VA Hvy.Arty. 10th Bn. Co.C
Bowen, John VA 1st (Farinholt's) Res. Co.A
Bowen, John VA 7th Inf. Co.B
Bowen, John VA 34th Mil. Co.C
Bowen, John 7th Conf.Cav. Co.D
Bowen, John Eng.,CSA Sgt.
Bowen, John A. AL 16th Inf. Co.H
Bowen, John A. AL 18th Inf. Co.K
Bowen, John A. GA 17th Inf. Co.G
Bowen, John A. TN 45th Inf. Co.I 2nd Lt.
Bowen, John A. VA 19th Inf. Co.A
Bowen, John B. FL 5th Inf. Co.H
Bowen, John B. NC 46th Inf. Co.C
Bowen, John B. TN 22nd Inf. Co.I
Bowen, John B. TX Cav. Martin's Regt. Co.B
Bowen, John B. VA Inf. 26th Bn. Co.E
Bowen, John B. VA 135th Mil. Co.A
Bowen, John C. GA 1st (Ramsey's) Inf. Co.H
Bowen, John C. GA 51st Inf. Co.H
Bowen, John C. VA 46th Inf. 2nd Co.C
Bowen, John G. SC 20th Inf. Co.A
Bowen, John H. AL 41st Inf. Co.F
Bowen, John H. AR 8th Inf. New Co.B
Bowen, John H. GA 12th Inf. Co.B 1st Lt.
Bowen, John H. GA 49th Inf. Co.B Cpl.
Bowen, John H. GA 59th Inf. Co.E Cpl.
Bowen, John H. KY 1st Bn.Mtd.Rifles Co.D
Bowen, John H. SC 4th Inf. Co.I 1st Lt.
Bowen, John H. SC Inf. Hampton Legion Co.K Capt.
Bowen, John H. TX 21st Cav. Co.H
Bowen, John J. AR 19th (Dawson's) Inf. Co.A
Bowen, John J. MS Lt.Arty. Stanford's Co.
Bowen, John J. MS 15th Inf. Co.G
Bowen, John L. GA 50th Inf. Co.H
Bowen, John L. NC 2nd Arty. (36th St.Troops) Co.A
Bowen, John M. AR 10th (Witt's) Cav.
Bowen, John M. SC Palmetto S.S. Co.K
Bowen, John M. TX 35th (Brown's) Cav. Co.C
Bowen, John M. TX 13th Vol. 2nd Co.C Sgt.
Bowen, John O. MS 30th Inf. Co.I Cpl.
Bowen, John R. NC 30th Inf. Co.E
Bowen, John R. TX 35th Cav. Co.K
Bowen, John S. AL 36th Inf. Co.K
Bowen, John S. MO 1st Inf. Col.
Bowen, John S. Gen. & Staff Maj.Gen.
Bowen, Johnson VA 10th Bn.Res. Co.C
Bowen, John W. GA 59th Inf. Co.F
Bowen, John W. KY 2nd Cav. Co.G
Bowen, John W. MS 9th Inf. Old Co.F Cpl.
Bowen, John W. MO 11th Inf. Co.E,G Cpl.
Bowen, John W. NC 4th Cav. (59th St.Troops) Co.C
Bowen, John W. NC Inf. 2nd Bn. Co.C
Bowen, John W. NC 18th Inf. Co.I
Bowen, John W. SC 6th Inf. 1st Co.K Cpl.

Bowen, John W. SC 14th Inf. Co.I
Bowen, John W. SC Inf.Bn. Co.F
Bowen, John W. VA Cav. Mosby's Regt. (Part.Rangers) Co.A
Bowen, John W. VA 28th Inf. 2nd Co.C Capt.
Bowen, John W. Gen. & Staff AASurg.
Bowen, John Wesley SC 19th Inf. Co.G
Bowen, John W.S. LA 28th (Gray's) Inf. Co.A
Bowen, John Y. TX 6th Cav. Co.D
Bowen, Jonah SC Manigault's Bn.Vol. Co.B
Bowen, Jonathan J. GA 41st Inf. Co.K Capt.
Bowen, Jonathan R. NC 18th Inf. Co.G
Bowen, Jones SC 5th Res. Co.G
Bowen, Joseph SC 14th Inf. Co.I Cpl.
Bowen, Joseph VA 40th Inf. Co.D
Bowen, Joseph VA 41st Mil. Co.D
Bowen, Joseph G. GA 55th Inf. Co.I
Bowen, Joseph M. VA 9th Cav. Co.K
Bowen, Joseph M. VA 41st Mil. Co.D
Bowen, Joseph T. MS 24th Inf. Co.K
Bowen, Joseph W. MO Cav. 2nd Regt.St.Guard Co.G
Bowen, Joshua AL 46th Inf. Co.I
Bowen, Joshua FL Cav. 3rd Bn. Co.B
Bowen, Joshua 15th Conf.Cav. Co.D
Bowen, Jouett W. MS 17th Inf. Co.A Cpl.
Bowen, J.P. GA 23rd Inf. Co.E
Bowen, J.P. VA Cav. Mosby's Regt. (Part. Rangers) Co.B
Bowen, J.R. GA 5th Res. Co.G Sgt.
Bowen, J.R. GA 16th Inf. Co.F
Bowen, J.R. MS 1st (Johnston's) Inf. Co.C
Bowen, J.R. NC Snead's Co. (Loc.Def.)
Bowen, J.S. 7th Conf.Cav. Co.L
Bowen, J.T. AL 22nd Inf. Co.K Sgt.
Bowen, J.T. AL 50th Inf. Co.F Sgt.
Bowen, J.T. GA 8th Inf. Co.F
Bowen, J.T. GA 11th Inf. Co.I
Bowen, J.T. GA 17th Inf. Co.K
Bowen, J.T. NC 4th Cav. (59th St.Troops) Co.I
Bowen, J.T. NC Cav. 12th Bn. Co.B
Bowen, J.T. SC 7th Inf. 1st Co.D Cpl.
Bowen, J.T. VA Inf. 4th Bn.Loc.Def. Co.F
Bowen, J.T. 8th (Dearing's) Conf.Cav. Co.B
Bowen, J.W. AL 62nd Inf. Co.I
Bowen, J.W. GA 20th Inf. Co.H Lt.
Bowen, J.W. MS Inf. 3rd Bn. (St.Troops) Co.F
Bowen, J.W. MS 43rd Inf. Co.C
Bowen, J.W. NC 66th Inf. Co.H
Bowen, J.W. TN 19th & 20th (Cons.) Cav. Co.D
Bowen, J.W. TN 20th (Russell's) Cav. Co.D
Bowen, J.W. TX 12th Cav. Co.D
Bowen, J.W. VA 3rd Cav. Co.A
Bowen, J.W. VA Lt.Arty. Lamkin's Co. Sgt.
Bowen, J.W. VA 46th Inf. 1st Co.G
Bowen, J. Walter VA Lt.Arty. Rives' Co. 2nd Lt.
Bowen, J.W.D. SC 1st Bn.S.S. Co.B
Bowen, J.W.D. SC 27th Inf. Co.F
Bowen, Kelly VA 40th Inf. Co.D
Bowen, Kinchen NC 3rd Inf. Co.K Cpl.
Bowen, Kinsey W. TX Inf. Griffin's Bn. Co.A Sgt.
Bowen, L. Alfred MS 15th Inf. Co.E
Bowen, Lawrence NC 1st Inf. Co.H
Bowen, L.B. GA 3rd Inf.
Bowen, L.D. GA 3rd Res. Co.E
Bowen, L.D. GA 53rd Inf. Co.H
Bowen, Leander M. NC 16th Inf. Co.D
Bowen, Leander M. SC 7th Inf. 1st Co.D, 2nd Co.D Cpl.
Bowen, Leonard VA 52nd Inf. 2nd Co.B
Bowen, Levi G. VA 56th Inf. Co.B
Bowen, Lewis VA Inf. 26th Bn. Co.E
Bowen, Lewis S. VA 40th Inf. Co.D
Bowen, L.F. MS 7th Cav. Co.K Sgt.
Bowen, L.F. MS 23rd Inf. Co.D
Bowen, L.H. MS 11th Inf. Co.F
Bowen, Littleton F. GA 25th Inf. Co.B
Bowen, L.M. TX 33rd Cav. Co.F
Bowen, L.M. VA 88th Mil.
Bowen, L.R. AL 60th Inf. Co.B
Bowen, L.R. NC 17th Inf. (2nd Org.) Co.G
Bowen, L.S. TX 8th Cav. Co.A
Bowen, L.S. TX 7th Inf. Co.A
Bowen, Lucius M. VA 56th Inf. Co.H
Bowen, Lumpkin GA 11th Inf. Co.B 1st Sgt.
Bowen, L.W. GA 8th Inf. (St.Guards) Co.K
Bowen, M. GA 54th Inf. Co.K
Bowen, M. LA Mil. Beauregard Regt. Capt.
Bowen, M. NC 4th Cav. (59th St.Troops) Co.F
Bowen, M. TN 12th Inf. Co.B
Bowen, M.A. MS 3rd Cav. Co.K
Bowen, Malachi GA 5th Res. Co.H
Bowen, Marcus H. NC Cav. 12th Bn. Co.B Cpl.
Bowen, Marcus H. 8th (Dearing's) Conf.Cav. Co.B Cpl.
Bowen, Marion GA 5th Res. Co.H
Bowen, Marion A. VA Cav. 39th Bn. Co.C
Bowen, Mark KY 12th Cav. Co.A
Bowen, Mark TN 12th (Cons.) Inf. Co.A
Bowen, Mark A. FL 4th Inf. Co.H
Bowen, Marquis D. GA 22nd Inf. Co.K
Bowen, Marshall VA 14th Inf. Co.K
Bowen, Martin LA Mil.Cont.Regt. Kirk's Co.
Bowen, Martin V. NC 2nd Arty. (36th St.Troops) Co.C Cpl.
Bowen, Mathew NC 68th Inf. Co.F
Bowen, Mc. GA 25th Inf. Co.C
Bowen, McCajah MO 8th Inf. Co.I,K
Bowen, M.E. TX 1st Inf. Co.G
Bowen, Michael LA 1st Hvy.Arty. (Reg.) Co.D
Bowen, Michael VA 27th Inf. Co.E
Bowen, Mike TN 14th Inf. Co.C
Bowen, Miles L.L. FL 4th Inf. Col.
Bowen, M.J. GA 29th Inf. Co.C 2nd Lt.
Bowen, M.J.K. MS Inf. 3rd Bn. (St.Troops) Co.F
Bowen, Mortimer H. VA Inf. 22nd Bn. Co.B
Bowen, Moses B. TX 9th Cav. Co.K 1st Lt.
Bowen, M.S. AR 30th Inf. Co.E
Bowen, M.V. NC Lt.Arty. 13th Bn. Co.C Cpl.
Bowen, Nathan NC 61st Inf. Co.H
Bowen, Nathan S. GA 3rd Inf. Co.E Cpl.
Bowen, N.F. GA 46th Inf. Co.K
Bowen, Nicholas M. GA 11th Inf. Co.B
Bowen, N.J.N. SC Lt.Arty. J.T. Kanapaux's Co. (Lafayette Arty.)
Bowen, N.J.N. SC 17th Inf. Co.E
Bowen, N.M. GA 3rd Inf. Co.F
Bowen, N.M. MS 12th Cav. Co.K Sgt.
Bowen, Noah J. GA 22nd Inf. Co.K
Bowen, Norman K. AR 23rd Inf. Co.E
Bowen, N. Pinkney MS 1st Lt.Arty. Co.C
Bowen, O. Earle SC 2nd Inf. Co.B
Bowen, Oliver GA 30th Inf. Co.G
Bowen, Oliver GA 44th Inf. Co.D
Bowen, Oliver VA 166th Mil. Co.F
Bowen, Oscar D. MS 3rd Inf. Co.A 1st Sgt.
Bowen, Owen J. GA 29th Inf. Co.C Bvt.2nd Lt.
Bowen, P. AR 10th Mil. Co.H
Bowen, P.A. AL 2nd Cav. Co.K 1st Sgt.
Bowen, P.A. AL St.Res. Sgt.
Bowen, P.A. GA 5th Res. Co.G
Bowen, Peter B. VA 11th Inf. Co.I Cpl.
Bowen, R. AR 51st Mil. Co.D
Bowen, R. GA 11th Cav. (St.Guards) MacIntyre's Co. Cpl.
Bowen, R. MO 5th Cav. Co.C
Bowen, R.C. MS Inf. 3rd Bn. (St.Troops) Co.F
Bowen, Reece MO Cav. Jackman's Regt. Co.G
Bowen, Reece SC 6th Cav. Co.K
Bowen, Reese SC 1st St.Troops Co.B
Bowen, Reese SC 5th Mil. Beat Co.3
Bowen, Reese W. MO Cav. Slayback's Regt. Co.A
Bowen, Reuben NC 31st Inf. Co.F
Bowen, R.H. GA 12th Mil. Cpl.
Bowen, R.H. MS Cav. Davenport's Bn. (St.Troops) Co.C,A
Bowen, Richard NC 24th Inf. Co.A
Bowen, Richard F. VA 14th Inf. Co.F
Bowen, Richard H. MS 6th Cav. Co.C
Bowen, Richard P. MS Bowen's Co. (Chulahoma Cav.) Capt.
Bowen, Right W. FL 3rd Inf. Co.C
Bowen, Riley MO 2nd Cav. Co.C
Bowen, Riley MO Cav. 3rd Bn. Co.B
Bowen, R.L. SC 17th Inf. Co.C
Bowen, Robert AL 11th Cav. Co.A Sgt.
Bowen, Robert GA Cherokee Legion (St.Guards) Co.C
Bowen, Robert MS 44th Inf. Co.H
Bowen, Robert NC 17th Inf. (2nd Org.) Co.H
Bowen, Robert VA 20th Inf. Co.K
Bowen, Robert VA 46th Inf. 3rd Co.F
Bowen, Robert Conf.Cav. Baxter's Bn. 2nd Co.B
Bowen, Robert A. SC 2nd Rifles Co.E
Bowen, Robert E. SC 2nd Rifles Co.E Col.
Bowen, Robert J. MS 12th Inf. Co.C Capt.
Bowen, Robert N. VA 59th Inf. 3rd Co.C Cpl.
Bowen, Robert T. MS Bowen's Co. (Chulahoma Cav.) Sgt.
Bowen, Robert T. MS 19th Inf. Co.I 3rd Lt.
Bowen, Robert T. VA 13th Inf. 2nd Co.B
Bowen, Robert V. GA 49th Inf. Co.E 2nd Lt.
Bowen, R.T. MS 18th Cav. Co.G 2nd Lt.
Bowen, R.T. VA 8th Cav. Co.H Sgt.
Bowen, Rufus NC 24th Inf. Co.A Music.
Bowen, Ruse SC 3rd Res. Co.H
Bowen, S. GA 5th Res. Co.H
Bowen, Samuel A. AL 5th Inf. New Co.C
Bowen, Samuel H. SC 4th Inf. Co.I
Bowen, Samuel J. AL Cav. Moses' Squad. Co.B
Bowen, Samuel M. MS 11th Inf. Co.F
Bowen, Samuel W. TX 14th Cav. Co.B
Bowen, Samuel W. VA 27th Inf. Co.F Capt.
Bowen, S.E. GA 1st (Symons') Res. Co.D
Bowen, Seth AL 50th Inf. Co.F
Bowen, Seth MS 2nd Cav. Co.A Cpl.
Bowen, S.G. AL 50th Inf. Co.F

Bowen, S.H. AL 14th Inf. Co.F
Bowen, S.H. AL 15th Inf. Co.F
Bowen, S.H. SC Inf. Hampton Legion Co.K
Bowen, Simpson VA 50th Inf. Co.H
Bowen, S.L. GA Floyd Legion (St.Guards) Co.F
Bowen, S.M. SC 7th Inf. 1st Co.B
Bowen, S. Newton SC 1st (Orr's) Rifles Co.G
Bowen, Sol NC 1st Arty. (10th St.Troops) Co.E
Bowen, S.S. AL 50th Inf. Co.F
Bowen, Starling S. GA 55th Inf. Co.I
Bowen, Stephen GA Cav. 22nd Bn. (St.Guards) Co.D 2nd Lt.
Bowen, Stephen J. AL Inf. 1st Regt. Co.H
Bowen, Strother H. VA 2nd Inf. Co.I Capt.
Bowen, S.W. AL 19th Inf. Co.E
Bowen, T.A. GA 53rd Inf. Co.H
Bowen, T.A. VA Inf. 44th Bn. Co.C
Bowen, Terence MS 22nd Inf. Co.C Sgt.
Bowen, T.G. AL 26th Inf. Co.F
Bowen, T.H. GA 60th Inf. Co.D
Bowen, T.H. TX Cav. Bone's Co.
Bowen, Thaddeus C. AL 6th Inf. Co.F 2nd Lt.
Bowen, Thomas AR 2nd Inf. Co.B Cpl.
Bowen, Thomas FL 10th Inf. Co.B
Bowen, Thomas GA Cav. Logan's Co. (White Cty. Old Men's Home Guards)
Bowen, Thomas GA 1st Reg. Co.F
Bowen, Thomas KY 1st Bn.Mtd.Rifles Co.B
Bowen, Thomas LA 1st Hvy.Arty. (Reg.) Co.B
Bowen, Thomas NC 22nd Inf. Co.E
Bowen, Thomas NC 64th Inf. Co.A,H
Bowen, Thomas TX 22nd Inf. Co.A
Bowen, Thomas VA 9th Cav. Co.K
Bowen, Thomas A. VA Lt.Arty. Taylor's Co.
Bowen, Thomas A. VA 17th Inf. Co.B
Bowen, Thomas B. NC 7th Inf. Co.G
Bowen, Thomas C. TX 16th Cav. Co.I
Bowen, Thomas D. AR 2nd Mtd.Rifles Co.A
Bowen, Thomas E. NC 4th Cav. (59th St.Troops) Co.F
Bowen, Thomas H. MS Inf. 2nd St.Troops Co.O
Bowen, Thomas H. TX 6th Cav. Co.D Capt.
Bowen, Thomas J. NC 39th Inf. Co.G
Bowen, Thomas J. SC 2nd Rifles Co.E 1st Sgt.
Bowen, Thomas J. VA 14th Inf. Co.F
Bowen, Thomas L. MS 1st (Johnston's) Inf. Co.C
Bowen, Thomas M. SC 2nd Rifles Co.L
Bowen, Thomas M. VA 41st Mil. Co.D
Bowen, Thomas O. GA Cav. 8th Bn. (St.Guards) Co.A 2nd Lt.
Bowen, Thomas P. VA 8th Cav. Co.H Maj.
Bowen, Thomas R. TX 2nd Rangers
Bowen, Thomas S. AL 2nd Inf. Co.A N.C.S. QMSgt.
Bowen, Thomas S. AL 51st (Part.Rangers) Co.A 2nd Lt.
Bowen, Thomas S. LA Arty. Moody's Co. (Madison Lt.Arty.) Sgt.
Bowen, Tim VA 1st Arty.
Bowen, Timothy VA Loc.Res.
Bowen, T.J. GA 24th Inf. Co.C
Bowen, T.J. SC 4th Bn.Res. Co.B
Bowen, T.J. TN 63rd Inf. Co.G
Bowen, T.M. GA 31st Inf. Co.B
Bowen, T.M. MS 11th Inf. Co.F
Bowen, T.M. TN 12th (Green's) Cav. Co.I
Bowen, T.P. MS Cav. 2nd Bn.Res. Co.B
Bowen, T.S. NC 1st Arty. (10th St.Troops) Co.A
Bowen, V.C. GA 5th Res. Co.B
Bowen, W. AL 36th Inf. Co.H
Bowen, W. SC Lt.Arty. 3rd (Palmetto) Bn. Co.G
Bowen, W. SC 2nd Inf. Co.A
Bowen, W.A. GA Cav. 1st Bn. Brailsford's Co.
Bowen, W.A. TX 9th Cav. Co.K Cpl.
Bowen, Wallace TX 21st Cav. Co.K
Bowen, Walter VA 7th Cav. Co.E Capt.
Bowen, Walter VA 17th Inf. Co.B
Bowen, Watson LA 4th Cav. Co.A
Bowen, W.B. MS 18th Cav.
Bowen, W.B. MS St.Troops (Peach Creek Ranges) Maxwell's Co.
Bowen, W.B. SC Inf. Hampton Legion Co.G
Bowen, W.B. VA Cav. Mosby's Regt. (Part. Rangers) Co.H
Bowen, W.C. GA 45th Inf. Co.B
Bowen, W.C. GA Floyd Legion (St.Guards) Co.F
Bowen, W.C. MS St.Cav. Perrin's Bn. Co.C
Bowen, W.C. MS 9th Inf. Co.E
Bowen, W.C. MS 14th Inf. Co.F Cpl.
Bowen, W.C. MS 44th Inf. Co.A
Bowen, W.D. AL 2nd Cav. Co.K
Bowen, W.D. AR 19th (Dockery's) Inf. Co.E
Bowen, W.D.S. MS Cav. 3rd Bn. (Ashcraft's) Co.F
Bowen, W.D.S. MS 6th Cav. Co.C Sgt.
Bowen, W.D.S. MS Cav. Davenport's Bn. (St.Troops) Co.A
Bowen, W.E. MS 7th Inf. Co.H
Bowen, W.F. GA 10th Cav. Co.I
Bowen, W.H. MD Arty. 1st Btty.
Bowen, W.H. MS Cav. Drane's Co. (Choctaw Cty.Res.)
Bowen, W.H. MO Robertson's Regt.St.Guard Co.2 Sgt.
Bowen, W.H. TN 8th (Smith's) Cav. Co.G
Bowen, W.H. TX 27th Cav. Co.H
Bowen, W.H. 20th Conf.Cav. 2nd Co.H
Bowen, Whitfield MO 2nd N.E. Cav. (Franklin's Regt.) Co.B
Bowen, Whitfield TX 13th Cav. Co.G
Bowen, Wiley VA Cav. 37th Bn. Co.H
Bowen, Wiley H. TX 37th Cav. Co.E
Bowen, William AL 15th Inf. Co.G
Bowen, William AR 2nd Inf. Co.A
Bowen, William AR 62nd Mil. Co.C
Bowen, William GA Cav. Logan's Co. (White Cty. Old Men's Home Guards)
Bowen, William GA 7th Inf. Co.K,H
Bowen, William GA 9th Inf. Co.I
Bowen, William KY 2nd Bn.Mtd.Rifles Co.B
Bowen, William MO 10th Cav. Co.G
Bowen, William MO 15th Cav. Co.A
Bowen, William NC 1st Bn.Jr.Res. Co.A
Bowen, William NC 24th Inf. Co.G
Bowen, William NC 56th Inf. Co.D
Bowen, William NC 66th Inf. Co.A,E
Bowen, William SC 1st Arty. Co.I
Bowen, William SC 2nd Inf. Co.E
Bowen, William SC 7th Inf. 1st Co.D
Bowen, William TN Cav. 16th Bn. (Neal's) Co.F
Bowen, William TN Cav. Nixon's Regt. Co.A
Bowen, William TN 11th Inf. Co.A 3rd Lt.
Bowen, William TN 34th Inf. Co.B
Bowen, William TX 19th Cav. Co.H 1st Sgt.
Bowen, William TX Waul's Legion Co.F
Bowen, William VA 4th Cav. Co.H
Bowen, William VA 8th Cav. Co.G
Bowen, William VA 8th Cav. Co.K
Bowen, William VA 31st Mil. Co.I
Bowen, William VA 40th Inf. Co.D
Bowen, William VA 59th Inf. 1st Co.G
Bowen, William VA 60th Inf. Co.D
Bowen, William 1st Conf.Inf. 2nd Co.G
Bowen, William A. GA 5th Cav. Co.H,B Sgt.
Bowen, William A. GA 1st (Ramsey's) Inf.
Bowen, William A. NC 17th Inf. (1st Org.) Co.K
Bowen, William B. GA 45th Inf. Co.C
Bowen, William B. MS 12th Inf. Co.F Sgt.
Bowen, William C. GA 49th Inf. Co.B
Bowen, William C. TX 3rd Cav. Co.K
Bowen, William D. AL 16th Inf. Co.H Cpl.
Bowen, William D. GA 1st (Symons') Res. Co.K
Bowen, William D. GA Inf. 18th Bn. (St.Guards) Co.C
Bowen, William E. MS 31st Inf. Co.G
Bowen, William Elisha MS 1st (Johnston's) Inf. Co.C
Bowen, William F. TX 6th Cav. Co.D
Bowen, William F. VA 6th Cav. Co.B
Bowen, William F. VA 5th Inf. Co.H Sgt.
Bowen, William F. VA 59th Inf. 3rd Co.C
Bowen, William H. AR 15th Mil. Co.A
Bowen, William H. GA 22nd Inf. Co.K
Bowen, William H. GA 48th Inf. Co.B
Bowen, William H. GA 49th Inf. Co.G
Bowen, William H. KY 5th Cav. Co.H
Bowen, William H. MS 24th Inf. Co.L Sgt.
Bowen, William H. NC 4th Cav. (59th St.Troops) Co.F
Bowen, William H. NC 3rd Arty. (40th St.Troops) Co.B
Bowen, William H. NC 16th Inf. Co.D
Bowen, William H. VA 40th Inf.
Bowen, William H. VA 51st Inf. Co.A
Bowen, William J. MS 9th Inf. Old Co.F
Bowen, William J. MS 34th Inf. Co.D
Bowen, William J. SC 1st (Butler's) Inf. Co.D
Bowen, William J. SC 5th Inf. 1st Co.H Capt.
Bowen, William J. SC 6th Res. Co.G Capt.
Bowen, William J. VA Lt.Arty. Carrington's Co.
Bowen, Wm. J. VA 46th Inf. Co.G
Bowen, William L. MS Inf. (Res.) Berry's Co.
Bowen, William M. FL 4th Inf. Co.K Sgt.
Bowen, William M. GA 60th Inf. Co.D
Bowen, William M. NC 39th Inf. Co.G
Bowen, William M. SC 6th Cav. Co.C,G
Bowen, William M. SC 12th Inf. Co.D
Bowen, William M. VA 33rd Inf. Co.D
Bowen, William P. NC 17th Inf. (2nd Org.) Co.F
Bowen, William R. MS 2nd Inf. Co.H
Bowen, William R. TN Cav. 4th Bn. (Branner's) Co.E
Bowen, William R. TX 35th (Brown's) Cav. Co.K
Bowen, William R. TX 13th Vol. 3rd Co.I
Bowen, William S. GA 11th Inf. Co.B
Bowen, William S. TX 7th Cav. Co.I Sgt.
Bowen, William S. TX 13th Cav. Co.D
Bowen, William S.C. AR 32nd Inf. Co.B

Bowen, William T. GA Cobb's Legion Co.F
Bowen, William T. KY 1st Bn.Mtd.Rifles Co.D
Bowen, William T. SC 4th Inf. Co.I
Bowen, William W. MO 10th Inf. Co.H 1st Sgt.
Bowen, Willis M. GA 55th Inf. Co.I Cpl.
Bowen, Willis O. VA Inf. 22nd Bn. Co.B Cpl.
Bowen, W.J. AL Cav. 24th Bn. Co.C
Bowen, W.J. AL St.Arty. Co.C
Bowen, W.J. MS 24th Inf. Co.H
Bowen, W.J. SC 5th St.Troops Co.K Capt.
Bowen, W.J. TN 12th (Cons.) Inf. Co.F
Bowen, W.J. TN 22nd Inf. Co.I
Bowen, W.J. VA 59th Inf. 3rd Co.G
Bowen, W.M. SC 5th Res. Co.G Cpl.
Bowen, W.M. SC 22nd Inf. Co.F
Bowen, W.M. TN 18th Inf. Co.H
Bowen, W.M. TN 50th Inf. Co.K 1st Lt.
Bowen, W.N. GA 8th Inf. Co.G
Bowen, W.P. AR 1st Inf. Co.G
Bowen, W.P. MS Lt.Arty. 14th Bn. Co.A
Bowen, W.P. MS Lt.Arty. Yates' Btty.
Bowen, W.P. MS 3rd Inf. Co.C
Bowen, W.P. TX 1st Inf. Co.G Sgt.
Bowen, W.R. FL 10th Inf. Co.B
Bowen, W.R. SC 1st Cav. Co.F,K Music.
Bowen, W.R. TN 2nd (Ashby's) Cav. Co.I
Bowen, W.R. TN 47th Inf. Co.G
Bowen, W.R. 3rd Conf.Eng.Troops Co.B
Bowen, W.S. MS Cav. Yerger's Regt. Co.A
Bowen, W.T. LA 27th Inf. Co.F
Bowen, W.T. SC Cav. A.C. Earle's Co. Sgt.
Bowen, W.T. SC 2nd Rifles Co.E Sgt.
Bowen, W.T. SC Inf. 13th Bn. Co.C Sgt.
Bowen, W.T. Price's Div. 1st Lt.,AIG
Bowen, W.W. AR 8th Cav.
Bowen, W.W. LA 6th Inf. Co.C
Bowen, W.W. MO 11th Inf. Co.G
Bowen, Y. KY 1st Bn.Mtd.Rifles Co.D
Bowen, Yancey NC 33rd Inf. Co.F,I
Bowen, Zachariah D. GA 20th Inf. Co.C
Bowen, Zachariah J. AL 44th Inf. Co.C
Bowen, Zack AL Jeff Davis Arty.
Bowen, Zackariah T. AL Cav. 5th Bn. Hilliard's Legion Co.B
Bowen, Z.D. GA 54th Inf. Co.K
Bowen, Zedekiah VA 15th Cav. Co.G
Bowen, Zedekiah VA Cav. 15th Bn. Co.D
Bowen, Z.T. 10th Conf.Cav. Co.B
Bowen, Z.W. MS 26th Inf. Co.B
Bowens, B.F. GA 8th Inf. Co.F
Bowens, Elias P. NC 28th Inf. Co.H
Bowens, Enoch S. TN Cav. 16th Bn. (Neal's) Co.F
Bowens, James MS 3rd Cav. Co.D Cpl.
Bowens, James Y. NC 64th Inf. Co.M
Bowens, Jason Y. TN Cav. 16th Bn. (Neal's) Co.F
Bowens, Jesse GA 62nd Cav. Co.E
Bowens, John NC Lt.Arty. 13th Bn. Co.A
Bowens, John W. TX 9th (Nichols') Inf. Co.C
Bowens, Joshua GA 5th Res. Co.F
Bowens, Matthew NC 8th Bn.Part.Rangers Co.A
Bowens, Reese TN Cav. 16th Bn. (Neal's) Co.F
Bowens, Samuel KY 6th Cav. Co.A
Bowens, W. AR Inf. Adam's Regt. Moore's Co. Sgt.
Bowens, William KY 13th Cav. Co.H
Bowens, William R. NC Hvy.Arty. 10th Bn. Co.C
Bower, A. LA Mil.Cont.Regt. Roder's Co.
Bower, Addie H. FL 6th Inf. Co.I 2nd Lt.
Bower, A.J. MO 2nd Inf. Co.G
Bower, Alfred B. AL 28th Inf. Co.I QMSgt.
Bower, Anthony P. VA 57th Inf. Co.K
Bower, B.F. TX 18th Inf. Co.E
Bower, Brooks TN 15th (Stewart's) Cav. Co.F
Bower, Byron B. GA 8th Cav. Co.B Capt.
Bower, Byron B. GA 62nd Cav. Co.B Capt.
Bower, Byron B. GA 5th Inf. Co.F
Bower, Byron B. Gen. & Staff Capt.
Bower, C.C. GA Cav. 9th Bn. (St.Guards) Co.E
Bower, Charles NC 13th Inf. Co.E
Bower, Charles VA 28th Inf. Co.K
Bower, Charles A. VA 2nd Cav. Co.A
Bower, Charles A. VA Lt.Arty. J.D. Smith's Co. 1st Lt.
Bower, Charles A. VA 41st Inf. 1st Co.E
Bower, Christopher VA 4th Res. Co.H
Bower, Christopher VA Burks' Regt.Loc.Def. Beckner's Co.
Bower, Christopher C. TX 10th Inf. Co.B
Bower, C.J. KY 4th Cav. Co.F
Bower, Daniel VA 30th Bn.S.S. Co.D
Bower, David VA 24th Inf. Co.A
Bower, D.J. GA 49th Inf. Co.B
Bower, Edward VA Lt.Arty. Clutter's Co.
Bower, Edward L. MS 1st Lt.Arty. Co.I Capt.
Bower, Edward L. TX 22nd Cav. Co.E Cpl.
Bower, E.G. AR Cav. Gordon's Regt. Co.B
Bower, E.G. MO 5th Cav. Co.G
Bower, Eli NC 26th Inf. Co.A
Bower, F. LA 25th Inf. Co.F
Bower, F. VA 1st St.Res. Co.B
Bower, George NC 26th Inf. Co.A
Bower, George VA Arty. Kevill's Co.
Bower, G.M.T. GA 8th Inf. (St.Guards) Co.I 1st Sgt.
Bower, Gustavius M. MO 1st N.E. Cav. Co.C
Bower, Henry LA 4th Inf. Co.C Cpl.
Bower, Herman TX 36th Cav. Co.G Cpl.
Bower, H.H. TN 5th (McKenzie's) Cav. Co.B
Bower, Ianthus GA 8th Cav. Co.B Bugler
Bower, Jacob LA Mil.Cont.Regt. Mitchell's Co.
Bower, Jacob Inf. School of Pract. Powell's Detach. Co.A
Bower, James GA 10th Inf. Co.C
Bower, James B. VA Res.Forces Thurston's Co. Sgt.
Bower, James R. VA 2nd Cav. Co.A
Bower, Janthus GA 62nd Cav. Co.B
Bower, J.C. GA 6th Inf. (St.Guards) Co.A
Bower, J.C. MO 2nd Inf. Co.G
Bower, J.D. LA 8th Inf.
Bower, J.D. MO 3rd Cav. Co.A
Bower, J.K. FL 1st (Res.) Inf. Co.C Sgt.
Bower, John LA C.S. Zouave Bn. Co.D
Bower, John VA 4th Res. Co.H
Bower, John Conf.Inf. 8th Bn. Co.E
Bower, John P. TX 13th Cav. Co.G
Bower, John T. VA Lt.Arty. Griffin's Co.
Bower, John W. KY 4th Mtd.Inf. Co.D
Bower, J.R. AL St.Res. Elliby's Co.
Bower, J.W. VA Inf. 30th Bn. Co.C
Bower, L. LA 30th Inf. Co.A
Bower, L.A. TX Cav. 2nd Regt.St.Troops Co.B
Bower, L.H. VA Burks' Regt.Loc.Def.
Bower, Louis Conf.Inf. 8th Bn. Co.E
Bower, Luther W. VA 24th Inf. Co.A Cpl.
Bower, Marcenes GA 62nd Cav. Co.B
Bower, Marcine GA 8th Cav. Co.B
Bower, Marcus VA 3rd Inf. Co.F
Bower, P. AL 48th Mil. Co.A
Bower, P. VA Inf. Lynemen's Co.
Bower, Peter S. Gen. & Staff AASurg.
Bower, Philip VA Inf. Lynemen's Co.
Bower, Philip VA 4th Res. Co.H
Bower, Robert VA Lt.Arty. Cooper's Co.
Bower, Robert H. VA 24th Inf. Co.A Sgt.
Bower, Thomas VA 28th Inf. Co.K
Bower, Thomas O. FL Asst.EQ
Bower, Thomas W. TX 13th Cav. Co.G
Bower, T.L. LA Inf. Pelican Regt. Co.G
Bower, V. LA 30th Inf. Co.A
Bower, W.B. VA 11th Inf. Co.D
Bower, W.C. AL 23rd Inf. Co.B
Bower, W.C. Sig.Corps,CSA
Bower, William AL 19th Inf. Co.E
Bower, Wm. AL 22nd Inf. Co.H Sgt.
Bower, William VA 30th Inf. Co.C
Bower, William Conf.Inf. Tucker's Regt. Co.E
Bower, William E. VA 5th Cav. Co.C
Bower, William K. VA 28th Inf. Co.K
Bower, William M. KY Inf. Ficklin's Bn. Co.H Sgt.
Bower, William R. TN 2nd Cav. Co.I
Bower, William R. VA 21st Cav. 2nd Co.G
Bower, W.J. KY 3rd Cav. Co.A
Bower, W.M. TX Waul's Legion Co.E
Bower, W.R. MO 5th Cav. Co.G
Bowerey, John TN 29th Inf. Co.G
Bowering, B. VA Res.
Bowering, D. MS 1st (King's) Inf. (St.Troops) Co.D
Bowering, M.A. MS 3rd Inf. Co.C
Bowerman, Benton KY 2nd (Duke's) Cav. Co.G
Bowerman, Calvin AL 29th Inf. Co.C Sgt.
Bowerman, F.M. KY 3rd Mtd.Inf. Co.A
Bowerman, James TN Lt.Arty. Lynch's Co.
Bowerman. James TX Cav. 2nd Regt.St.Troops Co.C Sgt.
Bowerman, Michael TN 36th Inf. Co.C Sgt.
Bowerman, Wiley AL 29th Inf. Co.C
Bowerman, Willam TX 6th Inf. Co.C
Bowers, --- GA 28th Inf. Co.E
Bowers, --- NC 13th Inf. Co.A
Bowers, --- TX Cav. Mann's Regt. Co.G Sgt.
Bowers, --- TX 1st Hvy.Arty. Co.G
Bowers, A. FL 6th Inf. Co.E
Bowers, A. TN 12th (Green's) Cav. Co.G
Bowers, A. VA 3rd Inf.Loc.Def. Co.H
Bowers, A.B. TN 18th Inf. Co.B Cpl.
Bowers, Abraham TN 3rd (Lillard's) Mtd.Inf. 1st Co.K
Bowers, Abraham TN 47th Inf. Co.B Sgt.
Bowers, Abraham TN 63rd Inf. Co.E
Bowers, Abram VA 21st Cav. Co.F
Bowers, A.D. SC 22nd Inf. Co.H 2nd Lt.
Bowers, Adam R. NC 48th Inf. Co.H 1st Lt.
Bowers, Addison H. FL 1st Inf. Old Co.E Sgt.
Bowers, A.E. SC 24th Inf. Co.D Capt.
Bowers, A.J. VA 1st St.Res. Co.F

Bowers, Albert VA Cav. 35th Bn. Co.E
Bowers, Alex GA 2nd Res. Co.E
Bowers, Alex MS Conscr.
Bowers, Alexander SC 22nd Inf. Co.H 2nd Lt.
Bowers, Alexander D. GA 19th Inf. Co.D
Bowers, Alexander M. MS 25th Inf. Co.H
Bowers, Alexander M. TN 3rd (Lillard's) Mtd.Inf. Co.H
Bowers, Alex C. TN 4th Inf. Co.B Bvt.2nd Lt.
Bowers, Alford M. MS 1st Bn.S.S. Co.D
Bowers, Allen VA 29th Inf. 2nd Co.F, Co.C Color Sgt.
Bowers, A.M. GA 38th Inf. Co.H
Bowers, A.M. GA 42nd Inf. Co.I
Bowers, Anderson NC 49th Inf. Co.A
Bowers, Anderson SC 4th St.Troops Co.B
Bowers, Anderson H.M. TN 39th Mtd.Inf. Co.K
Bowers, Andrew NC 6th Sr.Res. Co.C,F
Bowers, Andrew VA 29th Inf. 2nd Co.F
Bowers, Andrew VA Mil. Carroll Cty.
Bowers, Andrew B. NC 15th Inf. Co.A
Bowers, Andrew M. SC 13th Inf. Co.D 1st Lt.
Bowers, Anthony NC 39th Inf. Co.E
Bowers, Anthony, Jr. SC 22nd Inf. Co.H Sgt.
Bowers, Aquilla VA 146th Mil. Co.E
Bowers, Archibald TN 1st (Turney's) Inf. Co.D
Bowers, A.S. TN 50th Inf. Co.F
Bowers, Asa GA 24th Inf. Co.B
Bowers, August TX 1st (Yager's) Cav. Co.A
Bowers, A.V. KY 12th Cav. Co.C
Bowers, A.W. GA 32nd Inf.
Bowers, B. TN 24th Inf. Music.
Bowers, Bailey T. TN 14th Inf. Co.G Sgt.
Bowers, Barnabus KY 2nd Mtd.Inf. Co.C
Bowers, B.B. AL 8th (Hatch's) Cav. Co.C 1st Lt.
Bowers, B.B. VA 17th Inf. Co.G
Bowers, B.D. MS Stewart's Co. (Yalobusha Rangers)
Bowers, Benjamin SC 1st Mtd.Mil. Scott's Co.
Bowers, Benjamin SC Res. Co.B
Bowers, Benjamin A. NC 17th Inf. (1st Org.) Co.G
Bowers, Benjamin A. NC 31st Inf. Co.F
Bowers, Benjamin B. KY 2nd (Duke's) Cav. Co.L
Bowers, Benjamin B. TN 8th Inf. Co.I Capt.
Bowers, Benjamin F. GA 59th Inf. Co.K
Bowers, Benjamin F. TN 41st Inf. Co.K 1st Sgt.
Bowers, B.F. TX Cav. Waller's Regt. Co.C
Bowers, B.F. TX 9th (Nichols') Inf. Co.G
Bowers, B.F. VA 7th Cav. Co.F
Bowers, B.J. NC 29th Inf. Co.F
Bowers, Byron GA 24th Inf. Co.B
Bowers, Byron SC Lt.Arty. Beauregard's Co.
Bowers, C. TX 12th Inf. Co.D
Bowers, C. VA 1st St.Res. Co.D
Bowers, Caleb GA 6th Cav. Co.B,I Sgt.
Bowers, Caleb GA Smith's Legion Co.D
Bowers, C.C. AL Cp. of Instr. Talladega
Bowers, C.E. MS Lt.Arty. 14th Bn. Co.A Cpl.
Bowers, C.E. MS Lt.Arty. Yates' Btty.
Bowers, C.E. MS 9th Inf. Old Co.H
Bowers, C.E. SC 1st (Hagood's) Inf. 1st Co.I
Bowers, Charles AL 13th Inf. Co.D
Bowers, Charles SC 24th Inf. Co.D Sgt.
Bowers, Charles VA Horse Arty. E. Graham's Co.
Bowers, Charles A. GA 1st Reg. Co.L
Bowers, Charles E. GA Cobb's Legion Co.L
Bowers, Charles E. VA Lt.Arty. Thornton's Co.
Bowers, Charles J. VA 7th Cav. Co.F
Bowers, Charles J. VA 25th Inf. 1st Co.H
Bowers, Christopher TX 12th Inf. Co.I
Bowers, Christopher C. AL 4th Inf. Co.A
Bowers, C.N. SC 3rd Cav. Co.F
Bowers, Cornelius MD 1st Inf. Co.A
Bowers, Croll AR 47th (Crandall's) Cav. Co.E
Bowers, D. MO 1st Cav. Co.D
Bowers, D. VA 67th Mil. Co.E
Bowers, Daniel MS 8th Cav. Co.E,A
Bowers, Daniel MS 28th Cav. Co.H
Bowers, Daniel MS 29th Inf. Co.A
Bowers, Daniel NC 5th Inf. Co.F
Bowers, Daniel VA 17th Inf. Co.A
Bowers, Daniel VA 29th Inf. 2nd Co.F
Bowers, Daniel H. VA 33rd Inf. Co.C,A
Bowers, David GA Cav. 8th Bn. (St.Guards) Co.B
Bowers, David GA 1st (Fannin's) Res. Co.F
Bowers, David GA 2nd Inf. Co.K
Bowers, David NC 14th Inf. Co.I
Bowers, David TN 61st Mtd.Inf. Co.I
Bowers, David VA 4th Res. Co.F
Bowers, David VA 5th Inf. Co.M
Bowers, David VA 52nd Inf. Co.G
Bowers, D.U. SC 24th Inf. Co.D Sgt.
Bowers, D.W. TX 24th Cav. Co.I
Bowers, D.W. TX 16th Inf. Co.B
Bowers, E. AR 21st Inf. Co.D
Bowers, E.C. TN Inf. 4th Cons.Regt. Co.C
Bowers, Edmund SC 1st (Hagood's) Inf. 1st Co.H, 2nd Co.C
Bowers, Edter J. MS Griffin's Co. (Madison Guards) 2nd Lt.
Bowers, Edward TN 3rd (Clack's) Inf. Co.A
Bowers, E.J. Forrest's Scouts T. Henderson's Co.,CSA
Bowers, E.L. TX 34th Cav. Co.G
Bowers, Elbert AR 17th (Lemoyne's) Inf. Co.B
Bowers, Elbert M. GA 19th Inf. Co.A
Bowers, Elijah VA 4th Res. Co.F,K
Bowers, Eli W. NC Cav. 16th Bn. Co.D
Bowers, Ely 7th Conf.Cav. Co.G
Bowers, Ephraim TN Inf. 22nd Bn. Co.B
Bowers, Ephraim F. KY Kirkpatrick's Bn.
Bowers, Ephraim F. TN 3rd (Forrest's) Cav. Co.C
Bowers, Ephraim F. TN 9th (Ward's) Cav. Co.C
Bowers, Ewin TN 40th Inf. Co.A
Bowers, Ezra VA 7th Cav. Co.C
Bowers, Finley NC 54th Inf. Co.G
Bowers, F.M. FL 2nd Inf. Co.H
Bowers, F.M. VA 34th Inf. Co.B
Bowres, F.M. VA 67th Mil. Co.D
Bowers, Fountain TN 4th Cav. Co.D
Bowers, Francis KY 2nd Cav. Co.A
Bowers, Francis M. AL 25th Cav.
Bowers, Francis M. TN 1st (Turney's) Inf. Co.I Sgt.
Bowers, Frank NC 23rd Inf. Co.A
Bowers, Frederick SC 1st (Orr's) Rifles Co.A
Bowers, G. GA 46th Inf. Co.H
Bowers, Gabriel VA 6th Inf. 1st Co.B
Bowers, G.C. SC 1st Cav. Co.F
Bowers, George AL 5th Bn.Vol. Co.D
Bowers, George LA Mil. 1st Regt. 3rd Brig. 1st Div. Co.H
Bowers, George LA Inf. 11th Bn. Co.B
Bowers, George LA Inf.Cons.Crescent Regt. Co.K
Bowers, George LA C.S. Zouave Bn. Co.C
Bowers, George TN 61st Mtd.Inf. Co.I Cpl.
Bowers, George TX 1st Hvy.Arty. Co.I
Bowers, George TX 1st Inf. Co.M
Bowers, George VA 8th Bn.Res. Co.C
Bowers, George VA 29th Inf. 2nd Co.F
Bowers, George VA 41st Inf. 1st Co.E
Bowers, George VA 97th Mil. Co.C
Bowers, George VA Mil. Carroll Cty.
Bowers, George 4th Conf.Eng.Troops Co.H
Bowers, George A. NC Walker's Bn. Thomas' Legion Co.B
Bowers, George B. AR 4th Inf. Co.D
Bowers, George D. VA 12th Cav. Co.D
Bowers, George F. LA 15th Inf. Co.K Sgt.Maj.
Bowers, George F. VA Lt.Arty. Griffin's Co.
Bowers, George F. VA 9th Inf. 1st Co.A Sgt.
Bowers, George Florian AL 3rd Inf. Co.E
Bowers, George H. MO Cav. 14th Cav. St.Guard Co.C
Bowers, George J. TN 59th Mtd.Inf. Co.I
Bowers, George M. SC Lt.Arty. 3rd (Palmetto) Bn. Co.F
Bowers, George M. TN 24th Inf. Co.F
Bowers, George N. VA 55th Inf. Co.M
Bowers, George P. GA 13th Inf. Co.F
Bowers, George P. LA 7th Inf. Co.D
Bowers, George P. VA 4th Res. Co.C
Bowers, George R. MS 34th Inf. Co.B
Bowers, George T. TX 16th Inf. Co.G N.C.S. Hosp.Stew.
Bowers, George W. NC 29th Inf. Co.A
Bowers, George W. NC Inf. Thomas' Legion Co.C
Bowers, George W. TN 1st (Turney's) Inf. Co.I 1st Lt.
Bowers, George W. VA 7th Cav. Glenn's Co.
Bowers, George W. VA 60th Inf. Co.I
Bowers, Giles NC 49th Inf. Co.C 1st Lt.
Bowers, Giles NC 56th Inf. Co.C
Bowers, Giles B. TN 1st (Turney's) Co.D
Bowers, Giles C. TN 24th Inf. Co.K
Bowers, G.L. TN 24th Inf. Co.F
Bowers, G.M. GA 23rd Inf. Co.K
Bowers, G.M. SC 3rd Cav. Co.F
Bowers, G. McQ SC 2nd Inf. Co.G
Bowers, G.M.D. MS Lt.Arty. 14th Bn. Co.A
Bowers, G.M.D. MS Lt.Arty. Yates' Btty.
Bowers, Godfrey C. SC 2nd Rifles Co.A Bvt.2nd Lt.
Bowers, G.R. GA Lt.Arty. (Arsenal Btty.) Hudson's Co. Sgt.
Bowers, G.R. SC 1st (Butler's) Inf. Co.G
Bowers, Green W. NC 56th Inf. Co.D
Bowers, G.S. VA 34th Inf. Co.B
Bowers, Gus TX 1st Inf. Co.A
Bowers, Gustaves E. KY 12th Cav.
Bowers, G.W. GA 23rd Inf. Co.B
Bowers, G.W. GA 53rd Inf. Co.D

Bowers, G.W. TX 15th Inf. Co.B
Bowers, H. GA Siege Arty. 28th Bn. Co.I
Bowers, H.A. SC 24th Inf. Co.D
Bowers, Harrell NC Cav. 12th Bn. Co.B
Bowers, Harvey VA 7th Cav. Co.C
Bowers, Harvey VA 136th Mil. Co.D
Bowers, H.C. SC 2nd Arty. Co.H 2nd Lt.
Bowers, H.C. TN 12th (Green's) Cav. Co.E
Bowers, H.C. TN 49th Inf. Co.E 1st Sgt.
Bowers, H.C. Inf. Bailey's Cons.Regt. Co.F
Bowers, H.D. NC 5th Sr.Res. Co.F
Bowers, Henry MO Inf. 6th Regt.St.Guard Co.C
Bowers, Henry SC 1st Cav. Co.I
Bowers, Henry SC 3rd Cav. Co.B
Bowers, Henry TN 12th (Green's) Cav. Co.D
Bowers, Henry TN Cav. Clark's Ind.Co.
Bowers, Henry VA Hvy.Arty. 19th Bn. 3rd Co.C
Bowers, Henry VA 1st St.Res. Co.B
Bowers, Henry VA 19th Inf. Co.C
Bowers, Henry VA 52nd Inf. Co.H
Bowers, Henry VA 136th Mil. Co.C
Bowers, Henry C. MO 1st N.E. Cav.
Bowers, Henry C. TN 2nd (Robison's) Inf. Co.D
Bowers, Henry H. VA 27th Inf. Co.C
Bowers, Henry N. GA 6th Inf. Co.E
Bowers, Henry N. TN 19th Inf. Co.B
Bowers, Hesekiah VA 62nd Mtd.Inf. 2nd Co.D
Bowers, Hezekiah VA 162nd Mil. Co.A
Bowers, H.H. TX 1st Hvy.Arty. Co.G
Bowers, H.L. NC 1st Jr.Res. Co.C
Bowers, H.S. TN 11th (Holman's) Cav. Co.L
Bowers, H.T. AR 10th Mil. Co.E
Bowers, I.G. GA 37th Inf. Co.F
Bowers, Ike M. KY 1st (Helm's) Cav. New Co.A
Bowers, I.N. TN 19th & 20th (Cons.) Cav. Co.C Sgt.
Bowers, Isaac VA 136th Mil. Co.G
Bowers, Isaac N. TN 59th Mtd.Inf. Co.C
Bowers, Isaac N. VA 58th Mil. Co.E Sgt.
Bowers, J. GA 32nd Inf. Co.E
Bowers, J. LA 1st Cav. Robinson's Co.
Bowers, J. LA Inf.Cons.Crescent Regt. Co.F
Bowers, J. NC 1st Jr.Res. Co.C
Bowers, J. NC 2nd Jr.Res. Co.K
Bowers, J. TX 35th (Brown's) Cav.
Bowers, J. TX Cav. Mann's Regt. Co.B
Bowers, J.A. SC 15th Inf. Co.I Cpl.
Bowers, J.A. SC Inf. Holcombe Legion Co.H Cpl.
Bowers, J.A. TN 38th Inf. 2nd Co.H
Bowers, J.A. TX Inf. Timmons' Regt. Co.I Cpl.
Bowers, J.A. Cheatham's Staff Surg.
Bowers, Jackson VA 39th Inf. Co.A
Bowers, Jacob TX 12th Inf. Co.I
Bowers, Jacob VA 7th Cav. Co.C
Bowers, Jacob VA Lt.Arty. Douthat's Co. Artif.
Bowers, Jacob Conf.Lt.Arty. 1st Reg.Btty.
Bowers, Jacob T. VA 10th Inf. Co.H
Bowers, James AL 62nd Inf. Co.H
Bowers, Jas. FL Res. Poe's Co.
Bowers, James KY 9th Mtd.Inf. Co.E
Bowers, James NC 4th Inf. Co.K Cpl.
Bowers, James SC 1st Mtd.Mil. Screven's Co.
Bowers, James SC 3rd Cav. Co.C
Bowers, James SC Mil.Cav. 4th Regt. Howard's Co.
Bowers, James TN 1st Cav.
Bowers, James TN 3rd (Clack's) Inf. Co.H
Bowers, James TN Inf. 23rd Bn. Co.A
Bowers, James TN 29th Inf. Co.B
Bowers, James VA 4th Inf. Co.B
Bowers, James VA 29th Inf. Co.F
Bowers, James VA Mil. Carroll Cty.
Bowers, James A. GA Lt.Arty. Guerard's Btty.
Bowers, James A. GA 1st Bn.S.S. Co.C
Bowers, James A. GA 54th Inf. Co.A
Bowers, James A. NC 29th Inf. Co.F Cpl.
Bowers, James A. TN 3rd (Clack's) Inf. Co.K Surg.
Bowers, James B. AL 46th Inf. Co.H
Bowers, James B. GA Inf. 9th Bn. Co.A
Bowers, James B. GA 37th Inf. Co.D
Bowers, James B. GA 39th Inf. Co.D
Bowers, James C. NC 39th Inf. Co.C Cpl.
Bowers, James C. TN 1st Cav.
Bowers, James D. AR 1st Vol. Co.G
Bowers, James E. MS Lt.Arty. 14th Bn. Co.A Cpl.
Bowers, James H. VA 34th Inf. Co.B Cpl.
Bowers, James J. VA Lt.Arty. Douthat's Co.
Bowers, James L. NC 29th Inf. Co.A
Bowers, James L. TN 3rd (Lillard's) Mtd.Inf. Co.H 2nd Lt.
Bowers, James L. VA Cav. Ind.Co.
Bowers, James Lt. MS 15th Inf. Co.I
Bowers, James P. GA 61st Inf. Co.F
Bowers, James T. VA Cav. 46th Bn. Co.C
Bowers, James W. VA 136th Mil. Co.B
Bowers, Jasper J. NC 29th Inf. Co.F
Bowers, Jasper J. NC Walker's Bn. Thomas' Legion Co.H
Bowers, J.B. GA 32nd Inf. Co.H
Bowers, J.C. TN Lt.Arty. Huggins' Co.
Bowers, J.C. TN 49th Inf. Co.H Cpl.
Bowers, J.D. AR 1st (Monroe's) Cav. Co.F
Bowers, J.E. GA Tiller's Co. (Echols Lt.Arty.)
Bowers, J.E. MS Lt.Arty. Yates' Btty.
Bowers, J.E. MS 20th Inf. Co.K Jr.2nd Lt.
Bowers, Jeptha A. GA Inf. 4th Bn. (St.Guards) Co.C
Bowers, Jerry M. MS 15th Inf. Co.E
Bowers, Jesse AL 24th Inf. Co.I
Bowers, Jesse NC 17th Inf. (2nd Org.) Co.E
Bowers, J.F. AL 47th Inf. Co.I Lt.
Bowers, J.F. SC 12th Inf. Co.I
Bowers, J.F. SC Inf. Hampton Legion Co.C
Bowers, J.G. GA Inf. 9th Bn. Co.C
Bowers, J.H. AL 6th Cav. Co.B
Bowers, J.H. GA 38th Inf. Co.H Sgt.
Bowers, J.H. TN 1st (Turney's) Inf. Co.I
Bowers, J.J. VA 22nd Inf. Co.C Sgt.
Bowers, J.L. AR Mil. Desha Cty.Bn.
Bowers, J.L. TX 8th Cav. Co.K
Bowers, J.M. AL Cav. Forrest's Regt. Sgt.
Bowers, J.M. FL 1st Inf. New Co.G
Bowers, J.M. TN 1st (Turney's) Inf. Sgt.
Bowers, J.M. TN 49th Inf. Co.F Cpl.
Bowers, J.M. Inf. Bailey's Cons.Regt. Co.C
Bowers, J.N. MS 10th Cav. Co.H
Bowers, J.N. TN 18th (Newson's) Cav. Co.A Sgt.
Bowers, J.N. TN Inf. 154th Sr.Regt. Co.I
Bowers, J.N. Conf.Cav. Baxters' Bn. Co.A
Bowers, Joel GA 53rd Inf. Co.G
Bowers, John AL 44th Inf. Co.C
Bowers, John GA 27th Inf. Co.B Cpl.
Bowers, John GA 48th Inf. Co.H
Bowers, John GA 48th Inf. Co.I
Bowers, John GA 52nd Inf. Co.H
Bowers, John KY 14th Cav. Co.D
Bowers, John MS Inf. 1st Bn.St.Troops (30 days '64) Co.A
Bowers, John NC 3rd Arty. (40th St.Troops) Co.H Sgt.
Bowers, John NC 5th Inf. Co.F
Bowers, John NC 15th Inf. Co.A
Bowers, John NC 30th Inf. Co.C
Bowers, John NC 44th Inf. Co.D
Bowers, John SC 1st Mtd.Mil. Smith's Co.
Bowers, John SC 1st Arty. Co.F
Bowers, John SC Inf. Holcombe Legion Co.H
Bowers, John TN 2nd (Ashby's) Cav. Co.I
Bowers, John TN Cav. 4th Bn. (Branner's) Co.E
Bowers, John TN 1st (Turney's) Inf. Co.I
Bowers, John TN Inf. 4th Cons.Regt. Co.G
Bowers, John TN 14th Inf. Co.M
Bowers, John TN 18th Inf. Co.B Sgt.
Bowers, John TN 43rd Inf. Co.F
Bowers, John TN 46th Inf. Co.C
Bowers, John TN 61st Mtd.Inf. Bundren's Co.
Bowers, John TN 62nd Mtd.Inf. Co.G Sgt.
Bowers, John TX 27th Cav. Co.G
Bowers, John VA 29th Inf. 2nd Co.F
Bowers, John VA 62nd Mtd.Inf. 2nd Co.D
Bowers, John VA 62nd Mtd.Inf. 2nd Co.K
Bowers, John VA Mil. Carroll Cty.
Bowers, John A. TX 9th (Nichols') Inf. Co.K
Bowers, John A. TX Waul's Legion Co.E Cpl.
Bowers, John B. GA 13th Inf. Co.F
Bowers, John B. NC 45th Inf. Co.F
Bowers, John B. VA 2nd Inf. Co.A
Bowers, John B. VA Inf. Lyneman's Co.
Bowers, John Calhoun TX 20th Cav. Co.H
Bowers, John D. GA 24th Inf. Co.B Sgt.
Bowers, John E. SC Mil. 1st Regt. (Charleston Res.) Co.G Capt.
Bowers, John E. TX 2nd Cav. Co.A Cpl.
Bowers, John H. NC 33rd Inf. Co.B
Bowers, John J. VA 5th Inf. Co.D
Bowers, John L. VA 37th Inf. Co.B,K
Bowers, John O. MS 30th Inf. Co.I
Bowers, John R. GA 9th Inf. Co.F
Bowers, John R. NC 2nd Arty. Co.D
Bowers, John R. NC 2nd Inf. Co.I
Bowers, John R. TN Cav. 7th Bn. (Bennett's) Co.E Bvt.2nd Lt.
Bowers, John R. VA 48th Inf. Co.I
Bowers, John S. SC 13th Inf. Co.G Lt.
Bowers, John T. VA Hvy.Arty. Allen's Co.
Bowers, John T. VA 33rd Inf. Co.K
Bowers, John W. KY 2nd (Duke's) Cav. Co.L
Bowers, John W. SC 1st Cav. Co.I
Bowers, John W. VA 7th Cav. Co.C
Bowers, John W. VA 11th Cav. Co.D
Bowers, John W. VA 33rd Inf. Co.H Color Sgt.
Bowers, John W. VA 58th Mil. Co.E
Bowers, Joseph AZ Cav. Herbert's Bn. Helm's Comsy.Co.
Bowers, Joseph GA 47th Inf. Co.F
Bowers, Joseph LA Mtd.Rifles Miller's Ind.Co.
Bowers, Joseph MO 2nd Cav. Co.G

Bowers, Joseph MO McBride's Div.St.Guard
Bowers, Joseph TN 8th (Smith's) Cav. Co.F
Bowers, Joseph TN Arty. Ramsey's Btty. Sgt.
Bowers, Joseph VA Lt.Arty. Griffin's Co.
Bowers, Joseph VA 25th Inf. 2nd Co.F
Bowers, Joseph VA 29th Inf. Co.C
Bowers, Joseph VA 33rd Inf. Co.K
Bowers, Joseph A. GA 46th Inf. Co.H
Bowers, Joseph C. TN 7th Inf. Co.D
Bowers, Joseph M. AL 6th Cav. Co.K
Bowers, Joseph M. SC 13th Inf. Co.G
Bowers, J.P. GA Inf. 9th Bn. Co.C
Bowers, J.P. GA 37th Inf. Co.F
Bowers, J.R. AR 30th Inf. Co.G
Bowers, J.R. GA 23rd Inf. Co.K
Bowers, J.R. TX Inf. Timmons' Regt. Co.E
Bowers, J.R. TX Waul's Legion Co.D
Bowers, J.S. SC 3rd Inf. Co.C Cpl.
Bowers, J.S. SC Inf. Holcombe Legion Co.H Cpl.
Bowers, J.T. MS 28th Cav. Co.B
Bowers, J.T. SC 4th St.Troops Co.C
Bowers, J.T. SC 23rd Inf. Co.A
Bowers, J.T. VA 10th Cav. Co.H
Bowers, J.T. VA 18th Cav. Co.H
Bowers, J.W. GA 23rd Inf. Co.K
Bowers, J.W. MS Cav. 3rd Bn.Res. Co.B
Bowers, J.W. SC Cav. 19th Bn. Co.A
Bowers, J.W. SC Part.Rangers Kirk's Co.
Bowers, J.W. SC 1st (Butler's) Inf. Co.F
Bowers, J.W. TN Inf. 22nd Bn. Co.B
Bowers, J.W. TX 8th Cav. Co.K
Bowers, Kenneth NC 17th Inf. (2nd Org.) Co.E
Bowers, L. SC 6th Cav. Co.H
Bowers, Lawson GA 1st Cav. Co.B
Bowers, Lawson W. GA 7th Inf. Co.A
Bowers, Lemuel TX 27th Cav. Co.G
Bowers, Levi B. GA 44th Inf. Co.G
Bowers, Levi S. SC 13th Inf. Co.G
Bowers, Levi W. SC Lt.Arty. 3rd (Palmetto) Bn.Co.F Sgt.
Bowers, Lewis AR 2nd Inf. Old Co.C, Co.B
Bowers, Lewis NC 29th Inf. Co.F Cpl.
Bowers, Lewis TN 29th Inf. Co.I 2nd Lt.
Bowers, Lewis TX Cav. Baird's Regt. Co.E
Bowers, Lewis VA 4th Res. Co.H
Bowers, Lewis VA 29th Inf. 2nd Co.F
Bowers, Lewis 2nd Cherokee Mtd.Vol. Co.F
Bowers, Lewis T. GA 46th Inf. Co.F
Bowers, L.G. GA Inf. (GA Defend.) Chapman's Co.
Bowers, Llewelyn NC 31st Inf. Co.F
Bowers, Lorenzo W. NC 14th Inf. Co.I
Bowers, Loyd S. GA 38th Inf. Co.A,H
Bowers, L.P. TX 9th (Nichols') Inf. Co.K
Bowers, L.P. TX Waul's Legon Co.E Bvt.2nd Lt.
Bowers, L.S. SC 27th Inf. Co.B
Bowers, Luke TX 29th Cav. Co.G
Bowers, Luther M. GA 38th Inf. Co.H
Bowers, L.W. TN 18th Inf. Co.B
Bowers, M. SC 1st (Hagood's) Inf. 2nd Co.C
Bowers, M. SC 11th Inf. Co.E
Bowers, Malcham VA 114th Mil. Co.D Cpl.
Bowers, Malcolm SC 1st (Hagood's) Inf. 1st Co.I
Bowers, Malcolm B.T. VA 7th Cav. Co.F
Bowers, Marcus D. AR Inf. 8th Bn. 1st Co.C
Bowers, Marcus D. AR 25th Inf. Co.F
Bowers, Marcus M. VA 1st Inf. Co.A
Bowers, Marcus M. VA 12th Inf. Co.G Sgt.
Bowers, Marion AL Nitre & Min. Corps Young's Co. Capt.
Bowers, Marion Mead's Conf.Cav. Co.C Sgt.
Bowers, Marmion H. TX 16th Inf. Co.C Capt.
Bowers, Martin TX Arty. 4th Bn. Co.A Sgt.
Bowers, McK. SC 1st (Hagood's) Inf. 1st Co.K, 2nd Co.C Cpl.
Bowers, McR. SC 24th Inf. Co.D
Bowers, M.H. SC 24th Inf. Co.D 1st Lt.
Bowers, Michael TN 1st (Turney's) Inf. Co.I
Bowers, Michael E. VA 25th Inf. 2nd Co.K 1st Lt.
Bowers, Monroe M. AL 22nd Inf. Co.K
Bowers, Moses B. VA 60th Inf. Co.I
Bowers, N. SC 11th Inf. Co.E
Bowers, Nathaniel GA 4th Res. Co.E
Bowers, N.H. SC 2nd Inf. Co.H
Bowers, Noah W. GA 15th Inf. Co.H
Bowers, N.T. SC Inf. Hampton Legon Co.C
Bowers, O.H. TN 3rd (Forrest's) Cav. Co.I
Bowers, O.H. TN 12th (Green's) Cav. Co.G
Bowers, O.H. TN 12th (Cons.) Inf. Co.D
Bowers, O.H. TN 22nd Inf. Co.H
Bowers, Paris W. GA Arty. 11th Bn. (Sumter Arty.) Co.A Artif.
Bowers, Peter FL 5th Inf. Co.E
Bowers, P.F. SC 2nd Arty. Co.H
Bowers, P.H. TN 16th (Logwood's) Cav. Co.F 1st Lt.
Bowers, P.H. TN 4th Inf. Co.B
Bowers, Philander VA 25th Inf. 1st Co.E
Bowers, Philander VA 62nd Mtd.Inf. 2nd Co.I Sgt.
Bowers, Philemon GA 46th Inf. Co.G
Bowers, Philip VA 7th Cav. Co.C 1st Lt.
Bowers, Philip VA Lt.Arty. J.D. Smith's Co.
Bowers, Philip C. VA 5th Inf. Co.D
Bowers, Philoman TN 61st Mtd.Inf. Co.D
Bowers, P.J. NC 29th Inf. Co.F
Bowers, P.R. VA Inf. 26th Bn. Co.I Cpl.
Bowers, R. SC 5th Cav. Co.C
Bowers, R.B. NC 17th Inf. (2nd Org.) Co.K
Bowers, R.C. SC 2nd St.Troops Co.D
Bowers, Reuben TN Inf. 1st Bn. (Colms') Co.E
Bowers, Reuben TN 61st Mtd.Inf. Co.I
Bowers, R.F. TN 11th (Holman's) Cav. Co.L
Bowers, Richard AL 11th Inf. Co.F
Bowers, Richard H. VA 1st Cav. Co.B
Bowers, Richard I. NC 29th Inf. Co.F
Bowers, R.J. AL Lt.Arty. Goldwaite's Btty.
Bowers, Robert MS 30th Inf. Co.D
Bowers, Robert SC 1st Cav. Co.I
Bowers, Robert SC 1st Mtd.Mil. Smith's Co.
Bowers, Robert SC Cav. 17th Bn. Co.D
Bowers, Robert TN 61st Mtd.Inf. Co.I Sgt.
Bowers, Robert A. VA 7th Inf. Co.C
Bowers, Robert B. MS 22nd Inf. Co.F
Bowers, Robert D. NC 12th Inf. Co.G
Bowers, Robert S. NC 4th Inf. Co.H
Bowers, Rufus TN 61st Mtd.Inf. Co.I Sgt.
Bowers, S. SC 7th Inf. Co.E
Bowers, S. TX 35th (Likens') Cav. Co.D
Bowers, S. TX 37th Cav. Grey's Co.
Bowers, S.A. FL 2nd Inf. Co.A
Bowers, Samuel KY 10th (Johnson's) Cav. Co.A
Bowers, Samuel VA 2nd Inf. Co.H
Bowers, Samuel B. VA 37th Inf. Co.B Sgt.
Bowers, Samuel J. SC 1st (Hagood's) Inf. 2nd Co.D
Bowers, S.C. TN 18th Inf. Co.B 1st Lt.
Bowers, S.C. TN 18th Inf. Co.B
Bowers, S. Carson VA 58th Mil. Co.E Capt.
Bowers, Silas M. GA 26th Inf. Co.C
Bowers, S.J. SC 22nd Inf. Co.E
Bowers, Solomon VA 25th Inf. 2nd Co.F
Bowers, Solomon VA 62nd Mtd.Inf. 2nd Co.D
Bowers, Sutherland TN Cav. 17th Bn. (Sanders') Co.A
Bowers, S.Y. VA 20th Inf. Co.C
Bowers, T.B. TN Inf. 154th Sr.Regt. Co.I
Bowers, T.F. TX 1st Hvy.Arty. Co.G
Bowers, T.F. VA 12th Cav. Co.C
Bowers, Theodore VA Inf. 1st Bn. Co.E Cpl.
Bowers, Thomas NC 4th Cav. (59th St.Troops) Co.K
Bowers, Thomas NC Cav. 12th Bn. Co.A
Bowers, Thomas SC 22nd Inf. Co.H
Bowers, Thomas TN Cav. 12th Bn. (Day's) Co.C
Bowers, Thomas TN 37th Inf. Co.I,C
Bowers, Thomas 8th (Dearing's) Conf.Cav. Co.A
Bowers, Thomas B. MO 3rd Inf. Co.F
Bowers, Thomas B. VA 3rd Cav. Co.A
Bowers, Thomas J. NC 39th Inf. Co.E
Bowers, Thomas Martin 1st Choctaw & Chickasaw Mtd.Rifles 1st Co.K
Bowers, Thomas O. FL 4th Inf. Co.I
Bowers, T.J. GA 3rd Cav. (St.Guards) Co.C
Bowers, T.M. KY 12th Cav. Co.C Cpl.
Bowers, T.M. TN 9th Inf. Co.I
Bowers, T.O. FL Fernandez's Mtd.Co. (Supply Force)
Bowers, Tom M. TX Cav. Crump's Regt. 1st Lt.
Bowers, T.P. AL Cav. Forrest's Regt.
Bowers, T.P. MS 10th Cav. Co.H
Bowers, T.P. TN 18th (Newsom's) Cav. Co.A
Bowers, T.P. TN 19th & 20th (Cons.) Cav. Co.C
Bowers, T.P. Conf.Cav. Baxter's Bn. Co.A
Bowers, T.S. Page VA 7th Cav. Co.F
Bowers, T.S. Page VA 10th Inf. Co.A
Bowers, T.W. TN 7th (Duckworth's) Cav. Co.M
Bowers, T.W. TN 9th Inf. Co.K
Bowers, Valentine VA 25th Inf. 1st Co.E, 2nd Co.E Sgt.
Bowers, V.M. AL 1st Cav. Co.F
Bowers, W. GA 4th Res. Co.E
Bowers, W. KY 6th Cav. Co.I
Bowers, W. SC 16th & 24th (Cons.) Inf. Co.I
Bowers, W. VA 61st Inf. Co.C
Bowers, W.A. SC 11th Res. Co.I
Bowers, W.A. TN 2nd (Ashby's) Cav. Co.I
Bowers, W.A. TN Conscr. (Cp. of Instr.)
Bowers, W.B. SC 3rd Cav. Co.F
Bowers, W.B. SC 1st (Hagood's) Inf. 1st Co.I
Bowers, W.B. SC 11th Inf. Co.E
Bowers, W.D. TN 11th Inf. Co.D
Bowers, W.E. AL 3rd Res. Co.C
Bowers, W.E. GA 4th Res. Co.E Cpl.
Bowers, W.F. AR Cav. McGehee's Regt. Co.F 1st Lt.
Bowers, W.F. AR 18th Inf. Co.G

Bowers, W.H. AL 37th Inf. Co.K
Bowers, W.H. AR 1st (Dobbin's) Cav. Co.A Lt.
Bowers, W.H. NC 1st Jr.Res. Co.C
Bowers, W.H. NC 2nd Inf. Co.F
Bowers, W.H. SC 2nd Inf. Co.D Cpl.
Bowers, W.H. TN 3rd (Forrest's) Cav. Co.F Sgt.
Bowers, W.H. TN 8th Inf. Co.I
Bowers, W.H. TN 51st Inf. Co.C 1st Sgt.
Bowers, W.H. TN 51st (Cons.) Inf. Co.I Sgt.
Bowers, W.H. TN 59th Mtd.Inf. Co.C
Bowers, William FL 2nd Inf. Co.B
Bowers, William NC 17th Inf. (2nd Org.) Co.K
Bowers, William NC 33rd Inf. Co.D
Bowers, William NC 34th Inf. Co.I
Bowers, William NC 48th Inf. Co.B
Bowers, William SC 3rd Cav. Co.C
Bowers, William SC 3rd Cav. Co.F
Bowers, William SC 22nd Inf. Co.H Cpl.
Bowers, William SC 24th Inf. Co.D
Bowers, William TN 11th (Holman's) Cav. Co.L
Bowers, William TX Waul's Legion Co.E
Bowers, William VA 2nd Inf. Co.B
Bowers, William VA 10th Bn.Res. Co.D
Bowers, William VA 29th Inf. Co.C
Bowers, William VA 136th Mil. Co.G
Bowers, William VA 162nd Mil. Co.A
Bowers, William A. TN Cav. 4th Bn. (Branner's) Co.E
Bowers, William F. VA 7th Cav. Co.B Cpl.
Bowers, William G. TN 59th Mtd.Inf. Co.C 1st Sgt.
Bowers, William H. NC 33rd Inf. Co.A
Bowers, William H. TN 3rd (Lillard's) Mtd.Inf. Co.H,K Cpl.
Bowers, William H. VA 5th Inf. Co.E
Bowers, William H. VA 33rd Inf. Co.C
Bowers, William H. VA 58th Mil. Co.E Sgt.
Bowers, William Harris MS 2nd Part.Rangers Co.C Sgt.
Bowers, William H.H. FL 11th Inf. Co.C
Bowers, William J. AL 18th Inf. Co.A
Bowers, William J. TX Waul's Legion Co.E
Bowers, William L. VA 22nd Inf. Co.I Sgt.
Bowers, William M. GA 57th Inf. Co.E
Bowers, William M. SC Mil.Cav. 4th Regt. Howard's Co.
Bowers, William M. TX St.Troops Gould's Co. (Clarksville Lt.Inf.)
Bowers, William P. TN 2nd (Robison's) Inf. Co.D Capt.
Bowers, William R. NC 17th Inf. (2nd Org.) Co.E
Bowers, William S. TN 8th Inf. Co.I
Bowers, William S. VA 30th Inf. Co.E
Bowers, William T. VA 1st Cav. Co.E
Bowers, W.J. SC 2nd Inf. Co.H
Bowers, W.J. SC 12th Inf. Co.E
Bowers, W.M. GA 34th Inf. Co.H Sgt.
Bowers, W.M. TX Cav. 2nd Bn.St.Troops Wilson's Co.
Bowers, W.N. GA 23rd Inf. Co.B Capt.
Bowers, W.P. TX 3rd Cav. Co.C
Bowers, W.R. SC 11th Inf. Co.E
Bowers, W.T. MO Quantrill's Co.
Bowers, W.T. TN 10th (DeMoss') Cav. Co.D
Bowers, W.W. AR Mil. Desha Cty.Bn.
Bowers, W.W. TX 9th (Nichol's) Inf. Co.K
Bowers, W.W. TX Inf. Timmons' Regt. Co.I
Bowers, Young P. TX Waul's Legion Co.E
Bowery, Bushrod W. VA 32nd Inf. Co.C
Bowery, Francis A. VA 3rd Cav. Co.D
Bowery, Francis A. VA 53rd Inf. Co.K
Bowery, George L. VA Hvy.Arty. A.J. Jones' Co.
Bowery, George W. VA 3rd Cav. Co.D Cpl.
Bowery, James F. VA 24th Cav. Co.E,C
Bowery, James F. VA 32nd Inf. Co.C 2nd Lt.
Bowery, James H. VA 53rd Inf. Co.K
Bowery, J.H. TN Inf. 3rd Cons.Regt. Co.C
Bowery, John TN 19th Inf. Co.G
Bowery, John VA 32nd Inf. Co.E
Bowery, John H. VA 53rd Inf. Co.K 2nd Lt.
Bowery, John W. VA Hvy.Arty. A.J. Jones' Co.
Bowery, Lemuel VA 32nd Inf.
Bowery, Robert A. VA 1st Arty. Co.B
Bowery, Robert A. VA 32nd Inf. Co.C Cpl.
Bowery, S. GA 1st (Ramsey's) Inf.
Bowery, Stephen VA 3rd Cav. Co.D
Bowery, Thomas C. VA 53rd Inf. Co.K Cpl.
Bowery, William J. VA Lt.Arty. Parker's Co.
Bowes, G.W. TX 18th Inf. Co.C
Bowes, John LA 22nd Inf. Jones' Co.
Bowes, John NC 24th Inf. Co.A
Bowes, John VA 5th Inf. Co.H
Bowes, M. LA Mil.Cont.Regt. Kirk's Co.
Bowes, M.B. TX 19th Inf. Co.K
Bowes, Richard NC 24th Inf. Co.A
Bowhan, A.G. MO 1st Inf. Co.E
Bowhan, T. Conf.Lt.Arty. Richardson's Bn. Co.B
Bowhatches FL McBrides' Co. (Indians)
Bowhen, R. GA 63rd Inf. Co.C
Bowhit, M. MS 2nd Inf.
Bowick, B.S. NC Arty. 3rd Regt. Co.G
Bowick, E.M. SC Arty. Manigault's Bn. 1st Co.A
Bowick, E.M. 2nd Conf.Eng.Troops Co.F
Bowick, H. SC 14th Inf. Co.G
Bowick, H.W. GA 28th Inf. Co.B
Bowick, James SC 19th Inf. Co.H
Bowick, John SC 19th Inf. Co.H
Bowick, Joseph SC 19th Inf. Co.H
Bowick, M. NC 2nd Jr.Res. Co.G
Bowie, A.A. SC 1st St.Troops Co.C
Bowie, A.G. MS Cav. Power's Regt. Co.A
Bowie, A.J. GA Cav. 2nd Bn. Co.B
Bowie, A.J. GA 5th Cav. Co.F
Bowie, A.L. SC Inf. Holcombe Legion Co.F
Bowie, Alexander SC Arty. Manigault's Bn. 1st Co.A
Bowie, Alexander SC Cav.Bn. Hampton Legion Co.C
Bowie, Alexander VA 8th Inf. Co.A
Bowie, Allen B. VA Lt.Arty. Thornton's Co. Sgt.
Bowie, Allen T., Jr. Conf.Cav. Wood's Regt. 1st Co.A Adj.
Bowie, Allen T. Gen. & Staff Capt.,AAG
Bowie, Andrew AL 3rd Inf. Surg.
Bowie, Andrew Gen. & Staff Surg.
Bowie, Andrew T. SC Palmetto S.S. Co.K
Bowie, Andrew W. AL Cav. Bowie's Co. Capt.
Bowie, Asa SC 1st St.Troops Co.F
Bowie, Asa SC 4th Bn.Res. Co.B
Bowie, Asa SC Inf. Holcombe Legion Co.F Cpl.
Bowie, A.T. SC Manigault's Bn.Vol. Co.C Sgt.
Bowie, A.W. AL Cav. Barbiere's Bn. Co.F Capt.
Bowie, A.W. 8th (Wade's) Conf.Cav. Co.A Capt.
Bowie, B. MS Cav. Powers' Regt. Co.A
Bowie, B.C. GA 22nd Inf. Co.C
Bowie, Bourdeaux MS 3rd Inf. Co.K Sgt.
Bowie, Brune H. VA 1st Cav. 2nd Co.K Sgt.
Bowie, B.W. VA Cav. Mosby's Regt. (Part. Rangers) Co.E
Bowie, Charles L. GA Cobb's Legion Co.B Sgt.
Bowie, Comelius TX 9th (Young's) Inf. Co.I
Bowie, C.F. MS 28th Cav. Co.D
Bowie, C.T. MS St.Troops (Herndon Rangers) Montgomery's Ind.Co.
Bowie, C.W. TN 31st Inf. Co.G
Bowie, Daniel GA 31st Inf. Co.I Music.
Bowie, Daniel M. TX 1st (McCulloch's) Cav. Co.A
Bowie, D.M. TX 18th Inf. Co.A
Bowie, Duncan AL 18th Inf. Co.K
Bowie, E.B. SC 7th Inf. 1st Co.B, 2nd Co.B
Bowie, Ed. VA 34th Inf. Co.K
Bowie, Edwin VA 40th Inf. Co.G,K Sgt.
Bowie, F.E. SC Inf. Holcombe Legion Co.F 1st Lt.
Bowie, Francis AR Inf. 8th Bn. 1st Co.C
Bowie, Francis AR 25th Inf. Co.F
Bowie, Frederick J. MS 3rd (St.Troops) Cav. Co.F Cpl.
Bowie, George H. MS 11th (Perrin's) Cav. Co.C
Bowie, George M. TX 35th (Brown's) Cav. Co.D
Bowie, George M. TX 13th Vol. 1st Co.I
Bowie, Gillespie VA 41st Inf. Co.C
Bowie, Gordon F. VA 9th Cav. Co.C Cpl.
Bowie, G.W. Eng.,CSA
Bowie, Harry C. MD 1st Cav. Co.C
Bowie, H.B. MD 1st Cav. Co.K
Bowie, H.B. SC 1st St.Troops Co.F
Bowie, H.B. SC Inf. Holcombe Legion Co.F
Bowie, H.C. VA Mtd.Guards 9th Congr.Dist. Capt.
Bowie, Henry C. MD Arty. 1st Btty.
Bowie, Henry C. VA 8th Inf. Co.B Capt.
Bowie, Hezakiah J. MS 15th Inf. Co.D
Bowie, H.M.F. GA 36th (Villepique's) Inf. Co.A
Bowie, H.M.F. 1st Conf.Inf. Co.A,B, 2nd Co.C Music.
Bowie, H.W. SC 7th Inf. 1st Co.B, 2nd Co.B
Bowie, H.W. TX Loc.Def.Troops McNeel's Co. (McNeel Coast Guards)
Bowie, J. VA Cav. Mosby's Regt. (Part.Rangers) Co.G
Bowie, J.A. SC 23rd Inf. Co.A
Bowie, J.A. Gist's Brig. Capt.,ACS
Bowie, James TX 9th (Young's) Inf. Co.I
Bowie, James VA Inf. 44th Bn. Co.A Sgt.
Bowie, James VA 47th Inf. Co.B
Bowie, James VA Second Class Mil. Hobson's Co.
Bowie, James 20th Conf.Cav. Capt.
Bowie, James A. LA Miles' Legion Co.E 2nd Lt.

Bowie, James A. SC Arty. Manigault's Bn. 1st Co.A
Bowie, James A. SC 2nd Rifles Co.G
Bowie, James B. VA 111th Mil. Co.2
Bowie, James J. TX 5th Cav. Co.C
Bowie, James L. VA Lt.Arty. Thornton's Co. 2nd Lt.
Bowie, James M. AR 12th Inf. Co.E
Bowie, James W. AR Cav. Wright's Regt. Maj.
Bowie, J.C. TX 21st Inf. Co.I
Bowie, J.E. MS 4th Inf. Co.K Cpl.
Bowie, J.F. MS 3rd Inf. (St.Troops) Co.I
Bowie, J.H. GA Cav. 2nd Bn. Co.B
Bowie, J.H. GA 5th Cav. Co.F
Bowie, J.H. NC 1st Inf. Co.H
Bowie, J.H. SC Inf. Holcombe Legion Co.F
Bowie, J.J. GA 15th Inf. Co.K
Bowie, J.J. Gen. & Staff AASurg.
Bowie, J.M. GA 18th Inf. Co.A
Bowie, J.M. GA Phillips' Legion Co.L
Bowie, John MS 2nd Cav. Co.A
Bowie, John MS 3rd Inf. (St.Troops) Co.I
Bowie, John A. SC Mil. 16th Regt. Maj.
Bowie, John A. SC 24th Inf. Comsy.,ACS
Bowie, John F. MS 11th (Perrin's) Cav. Co.C
Bowie, John F. MS 16th Inf. Co.C
Bowie, John H. MS 1st Lt.Arty. Co.K
Bowie, John N. VA 8th Inf. Co.B
Bowie, John R. LA 3rd (Harrison's) Cav. Co.A
Bowie, John R. Sig.Corps,CSA Sgt.
Bowie, John W. GA Cobb's Legion Co.B Sgt.
Bowie, J.P. MS 3rd Inf. (St.Troops) Co.I
Bowie, J.W. SC 7th Inf. 2nd Co.B
Bowie, J.W. TN 3rd (Forrest's) Cav. Co.D 1st Sgt.
Bowie, L., Jr. SC 7th Cav. Co.B
Bowie, L., Jr. SC Rutledge Mtd.Riflemen & Horse Arty. Trenholm's Co.
Bowie, L. SC Mil. 17th Regt. Rogers' Co. Cpl.
Bowie, L., Jr. Sig.Corps,CSA
Bowie, Langdon, Jr. SC Hvy.Arty. 15th (Lucas') Bn. Co.C 2nd Lt.
Bowie, Lewis D. SC 1st (Orr's) Rifles Co.G
Bowie, M.B. Conf.Cav. Wood's Regt. Co.H Capt.
Bowie, Milledge L. AL 6th Inf. Co.M Capt.
Bowie, Nath A. TX 16th Cav. Co.F
Bowie, Pierce VA 30th Inf. Co.K
Bowie, Pinckney W. SC 2nd Rifles Co.A
Bowie, R.A. MO 1st N.E. Cav. Roberts' Arty.Co.
Bowie, R.A. VA 3rd Inf.Loc.Def. Co.C
Bowie, R.C. TX 9th (Young's) Inf. Co.I
Bowie, R.E. SC 1st Inf. Co.A
Bowie, Reason A. MO 1st Cav. Co.A Sgt.
Bowie, Reason A. MO Lt.Arty. 1st Field Btty.
Bowie, R.J. MS 4th Inf. Co.K
Bowie, Robert E. SC 2nd Rifles Co.A 2nd Lt.
Bowie, Robert S. SC 37th Inf. Co.K 2nd Lt.
Bowie, Robert T. GA 4th Res. Co.D Capt.
Bowie, R.T. GA 7th Inf. (St.Guards) Co.L Capt.
Bowie, R.T. GA 13th Inf. Co.G 1st Lt.
Bowie, S.D. GA 45th Inf. Co.A
Bowie, Theophilus VA 30th Inf. Co.K
Bowie, Theophilus G. GA Phillips' Legion Co.O 1st Lt.
Bowie, Thomas SC Inf. Holcombe Legion Co.F
Bowie, Thomas C. Conf.Cav. Wood's Regt. 1st Co.A
Bowie, Thos. C. Gen. & Staff 1st Lt.,ADC
Bowie, Thomas D. MD Arty. 1st Btty.
Bowie, Thomas F. Lee's Cav. Maj.,AAS
Bowie, Thomas J. VA 5th Cav. Co.H
Bowie, Thomas M. MS 12th Inf. Co.D
Bowie, Walter VA 9th Cav. Co.C
Bowie, Walter VA Cav. Mosby's Regt. (Part. Rangers) Co.B,F 1st Lt.
Bowie, Walter VA 1st Arty. 1st Co.C
Bowie, Walter VA 1st Arty. Co.F
Bowie, Walter VA 40th Inf. Co.K,G Capt.
Bowie, Washington A. GA 45th Inf. Co.A
Bowie, W.H. Conf.Cav. Wood's Regt. 1st Co.G
Bowie, Wm. VA Inf. Lyneman's Co.
Bowie, William F. Sig.Corps,CSA
Bowie, William H. MS 24th Inf. Co.G Sgt.
Bowie, William H.H. GA Cobb's Legion Co.B
Bowie, William J. VA 6th Cav. Co.H
Bowie, William T. MS 30th Inf. Co.D
Bowie, Wilson E. MS 30th Inf. Co.D
Bowie, W.P. LA 2nd Inf. Co.A
Bowie, W.S. TN 31st Inf. Co.G
Bowie, W.W. MS 11th (Perrin's) Cav. Co.C
Bowin, B.A. VA Hvy.Arty. 18th Bn. Co.C
Bowin, B.C. GA 51st Inf. Co.F
Bowin, David C. GA 22nd Inf.Co.K
Bowin, David H. VA 25th Cav. Co.B,K
Bowin, Drury NC 52nd Inf. Co.D
Bowin, E.H. GA Inf. 11th Bn. (St.Guards) Co.D
Bowin, Henry NC 52nd Inf. Co.D
Bowin, James W. NC 53rd Inf. Co.H
Bowin, John GA 45th Inf. Co.C
Bowin, John LA 2nd Inf. Co.B
Bowin, John NC 52nd Inf. Co.D
Bowin, John F. GA 49th Inf. Co.G
Bowin, John H. NC 53rd Inf. Co.H
Bowin, John N. GA 22nd Inf. Co.K Sgt.
Bowin, L. NC 23rd Inf. Co.C
Bowin, M.A. MS 3rd Inf. (St.Troops) Co.D
Bowin, M.C. AL Talladega Cty.Res. J. Lucius' Co.
Bowin, M.M. VA Hvy.Arty. 18th Bn. Co.C
Bowin, M.S. GA 45th Inf. Co.C Sgt.
Bowin, Richard J. GA 45th Inf. Co.C
Bowin, Richard V. GA 45th Inf. Co.C
Bowin, Samuel B. TX 14th Cav. Co.B
Bowin, Samuel C. NC 55th Inf. Co.D
Bowin, S.J. MS 9th Inf. Co.K
Bowin, Thomas AR 15th Mil. Co.C
Bowin, William AR 35th Inf. Co.G
Bowin, William NC Inf. 13th Bn. Co.A
Bowin, William VA 19th Cav. Co.K
Bowin, W.R. TN 10th (DeMoss') Cav. Co.F Cpl.
Bowin, Zedikiah VA 41st Mil. Co.D
Bowing, John C. GA 51st Inf. Co.H
Bowings, Nick FL McBride's Co. (Indians)
Bowings, William MS 35th Inf. Co.F 1st Lt.
Bowington, Wash FL 1st Inf. New Co.I
Bowins, Charles AL 49th Inf. Co.F
Bowins, Selus AL 49th Inf. Co.F
Bowis, Charles I. VA 62nd Mtd.Inf. 2nd Co.B
Bowis, Edward A. VA Hvy.Arty. A.J. Jones' Co.
Bowis, James M. VA Hvy.Arty. 10th Bn. Co.C
Bowis, P. VA 2nd Inf. Co.I
Bowis, Stanhope N. VA Hvy.Arty. A.J. Jones' Co.
Bowis, V.A. VA 3rd Inf.Loc.Def. Co.E
Bowis, William A. VA 53rd Inf. Co.E
Bowitch, James W. LA 27th Inf. Co.F
Bowker, C.J. TN 19th (Biffle's) Cav. Co.E
Bowker, C.L. GA 8th Inf. (St.Guards) Co.I
Bowker, Joseph A. TN 11th Inf. Co.E
Bowker, W.B. TN 49th Inf. Co.B
Bowlan, Ed. W. LA Hvy.Arty. 8th Bn. Co.2
Bowlan, Hamilton NC Cav. 5th Bn. Co.D
Bowlan, L.B. AR 34th Inf. Co.I
Bowlan, William GA 16th Inf. Co.C
Bowlan, William MO Moyers Cav.
Bowland, Billy 1st Choctaw & Chickasaw Mtd.Rifles 3nd Co.H
Bowland, Danniel B. MS 31st Inf. Co.G
Bowland, F.R. KY 3rd Mtd.Inf. Co.G
Bowland, Henderson SC 1st Arty. Co.A
Bowland, J. AL 39th Inf. Co.I
Bowland, J.M. SC 2nd St.Troops Co.B
Bowland, John GA 41st Inf. Co.E
Bowland, J.W. MO 7th Cav. Co.I
Bowland, M.J. LA 30th Inf. Co.E 2nd Lt.
Bowland, Morris LA 5th Inf. Co.E
Bowland, N.J. KY 3rd Mtd.Inf. Co.A,K
Bowland, S.G. MD Arty. 1st Btty.
Bowland, William NC 15th Inf. Co.E
Bowland, William 1st Cherokee Mtd.Vol. Co.J
Bowlar, John AL 19th Inf. Co.E
Bowlar, N. VA 34th Inf. Co.F
Bowlby, Wilson TX Inf. Chambers' Bn.Res.Corps Co.C
Bowlds, P.J. KY 1st (Butler's) Cav. Co.A
Bowlds, W.T. KY 12th Cav. Co.H
Bow Legs, John 1st Creek Mtd.Vol. Co.E
Bowlegs, William 1st Seminole Mtd.Vol.
Bowlen, A.R. KY 10th (Johnson's) Cav. New Co.I
Bowlen, Benjamin SC 17th Inf. Co.K
Bowlen, B.P. NC 64th Inf. Co.L Cpl.
Bowlen, C. AR 35th Inf. Co.E
Bowlen, D.T. Gen. & Staff Adj.
Bowlen, G.W. TX 9th (Young's) Inf. Co.I
Bowlen, H.C. MO Inf. Clark's Regt. Co.C
Bowlen, Hiram C. VA Inf. 21st Bn. Co.B
Bowlen, James TN 43rd Inf. Co.E
Bowlen, James VA 64th Mtd.Inf. Co.I
Bowlen, James M. GA 24th Inf. Co.I
Bowlen, John AR 35th Inf. Co.E
Bowlen, John MS Cav. Davenport's Bn. (St.Troops) Co.A
Bowlen, John E. VA 18th Cav. Co.A
Bowlen, John J. VA 64th Mtd.Inf. Co.I
Bowlen, John R. TN 26th Inf. Co.K
Bowlen, J.P. LA Inf.Crescent Regt. Co.E
Bowlen, J.R. AL Cav. Moreland's Regt. Co.E 2nd Lt.
Bowlen, J.R. TN Inf. 23rd Bn. Co.D Sgt.
Bowlen, N.B. TN 18th (Newsom's) Cav. Co.A
Bowlen, Pleasant TN 43rd Inf. Co.E
Bowlen, Riley TN 43rd Inf. Co.E
Bowlen, Robert GA 60th Inf. Co.D
Bowlen, William MO 1st Inf. Co.A
Bowlen, William D. VA 24th Inf. Co.G
Bowlen, Wm. R. VA 48th Inf.

Bowler, A.H. AL 47th Inf. Co.H
Bowler, Alonzo E. AR 1st Mtd.Rifles Co.D 1st Lt.
Bowler, Andrew VA Inf. 25th Bn. Co.F
Bowler, Arthur VA 1st Bn.Res. Co.H
Bowler, Benjamin F. VA 7th Inf. Co.A
Bowler, Charles KY 2nd Mtd.Inf. Co.B
Bowler, C.W. VA 29th Inf.
Bowler, Edmond TN 7th Cav.
Bowler, Frank VA 1st Arty. Co.C
Bowler, G.A. Conf.Lt.Arty. Richardson's Bn. Co.A Sgt.
Bowler, George A. VA Lt.Arty. Penick's Co. QMSgt.
Bowler, George N. VA 55th Inf. Co.M
Bowler, George T. VA 23rd Inf. Co.F
Bowler, James GA 3rd Cav. Co.A,K
Bowler, James LA 13th Inf. Co.B,C
Bowler, James MO Cav. Wood's Regt. Co.H
Bowler, J.M. AL 38th Inf. Co.D
Bowler, John J. VA Inf. 25th Bn. Co.G,A
Bowler, John W. TX 11th Cav. Co.C
Bowler, Joseph MO 9th Bn.S.S. Co.E Cpl.
Bowler, Joseph VA Lt.Arty. Pollock's Co.
Bowler, Leroy GA 57th Inf. Co.E
Bowler, Michael AL 12th Inf. Co.A
Bowler, Michael VA 59th Inf. 3rd Co.F
Bowler, Michael VA 60th Inf. 1st Co.H
Bowler, Napoleon B. VA 7th Inf. Co.A
Bowler, Nebuchadnezzar VA 1st Arty. 2nd Co.C, 3rd Co.C
Bowler, Reuben VA 30th Inf. 2nd Co.I
Bowler, Reuben VA 47th Inf. 2nd Co.I
Bowler, Reuben F. 1st Conf.Eng.Troops Co.A Artif.
Bowler, Thomas MD Arty. 3rd Btty.
Bowler, Thomas J. MO Cav. Freeman's Regt. Co.A
Bowler, T.M. SC Prov.Guard Hamilton's Co.
Bowler, W.A. AL 21st Inf. Co.H
Bowler, W.A. VA 4th Cav. Co.C
Bowler, W.C. AL 8th Cav. Hatch's Co.E
Bowler, William TN Cav. Nixon's Regt. Co.C
Bowler, William E. VA Lt.Arty. Pollock's Co.
Bowler, Wilson VA 23rd Inf. Co.F
Bowler, W.O. GA Cav. 10th Bn. (St.Guards) Co.E Sgt.
Bowler, W.T. VA Lt.Arty. Penick's Co.
Bowles, --- VA 2nd Cav. 2nd Lt.
Bowles, --- VA 2nd St.Res. Co.A
Bowles, A.B. FL 1st (Res.) Inf.
Bowles, A.B. Conf.Hvy.Arty. F.W. Smith's Bn. Ord.Sgt.
Bowles, A.C. MO 6th Cav. Co.F
Bowles, A.C. VA Lt.Arty. Lamkin's Co.
Bowles, Achelease MS 19th Inf. Co.F Capt.
Bowles, A.J. MS 4th Cav. Co.K Capt.
Bowles, A.J. VA 21st Inf. Co.F
Bowles, Albert B. VA Arty. J.W. Drewry's Co. Ord.Sgt.
Bowles, Albert B. VA 42nd Inf. Co.C
Bowles, Alexander NC 2nd Bn.Loc.Def.Troops Co.C
Bowles, Alfred G. NC 37th Inf. Co.G
Bowles, Alvy KY 8th Cav. Co.K
Bowles, A.M. GA 64th Inf. Co.A
Bowles, Anderson MO 2nd Cav. Co.B 1st Lt.
Bowles, Andrew J. GA 41st Inf. Co.F
Bowles, Andrew J. MS Cav. 1st Bn. (Miller's) Bowles' Co. Capt.
Bowles, Andrew J. MS Cav. Hughes' Bn. Co.H Capt.
Bowles, Andrew J. VA 24th Inf. Co.B
Bowles, Anthony TN 12th Inf. Co.C
Bowles, Arthur W. TX 1st (Yagers') Cav. Co.I
Bowles, A.W. VA 82nd Mil. Co.A
Bowles, B. VA 2nd Cav. Co.G
Bowles, B.A. NC Mallett's Co.
Bowles, Barnard H. VA 5th Inf. Co.G
Bowles, Bartlett NC 24th Inf. Co.A
Bowles, Benjamin NC 24th Inf. Co.G
Bowles, Benjamin NC 27th Inf. Co.E
Bowles, Benjamin VA 10th Cav. Co.B
Bowles, Benjamin VA 74th Mil. Co.E Sgt.
Bowles, Benjamin F. VA 4th Cav.
Bowles, Benjamin F. VA 2nd Arty. Co.H
Bowles, Benjamin F. VA Inf. 22nd Bn. Co.H
Bowles, Benjamin H. MO 1st N.E. Cav. Co.A Sgt.
Bowles, B.F. NC 42nd Inf. Co.F
Bowles, B.G. VA 34th Inf. Co.G
Bowles, Boldman H. VA 4th Cav. Co.G 2nd Lt.
Bowles, B.R. GA 32nd Inf. Co.I
Bowles, B.T. VA 5th Cav. Co.I
Bowles, Bushrod R. VA 51st Inf. Co.G
Bowles, Butler VA 57th Inf. Co.D
Bowles, C. MS 22nd Inf. Co.K
Bowles, C. TN 21st Inf. Co.C
Bowles, Caleb MO 10th Inf. Co.I Cpl.
Bowles, Carroll MS Cav. Hughes' Bn. Co.H Cpl.
Bowles, C.C. LA Mil. 1st Regt. 3rd Brig. 1st Div. Co.E 2nd Lt.
Bowles, C.E. VA 28th Inf. Co.I
Bowles, Charles MO 16th Inf. Co.H
Bowles, Charles VA 23rd Cav. 2nd Co.K
Bowles, Charles E. VA Lt.Arty. Kirkpatrick's Co.
Bowles, Charles W. KY 8th Cav.
Bowles, Chesterfield VA 56th Inf. Co.G
Bowles, Cicero R. GA 13th Cav. Co.E,A
Bowles, Dabney M. MO 1st N.E. Cav. Co.A Sgt.
Bowles, Dallas MS 4th Inf. Co.B
Bowles, Daniel AL 16th Inf.
Bowles, Daniel TN Cav. 16th Bn. (Neal's) Co.A
Bowles, Daniel TN Cav. Newsom's Regt.
Bowles, Daniel M. VA 57th Inf. Co.B Cpl.
Bowles, David TN Cav. 16th Bn. (Neal's) Co.A
Bowles, David VA 135th Mil. Co.D
Bowles, David A. NC 30th Inf. Co.D
Bowles, David H. KY 1st Bn.Mtd.Rifles Co.C 1st Sgt.
Bowles, David M. MS 1st Bn.S.S. Co.C
Bowles, David M. MS 22nd Inf. Co.B
Bowles, David O. AR 1st Mtd.Rifles Co.A
Bowles, Dawson TX 10th Inf. Co.D
Bowles, D.C. VA Inf. 26th Bn. Co.B
Bowles, D.C.R. AR 12th Bn.S.S. Co.C
Bowles, D.H. KY 3rd Bn.Mtd.Rifles Co.H 2nd Lt.
Bowles, Dick 1st Cherokee Mtd.Rifles Co.I
Bowles, D.M. VA 34th Inf. Co.G
Bowles, D.O. AR Cav. Carlton's Regt.
Bowles, Drewry W. VA Cav. 39th Bn. Co.D
Bowles, D.S. AR 37th Inf. Co.K
Bowles, E. TN Lt.Arty. Winston's Co.
Bowles, Edward R. MS 26th Inf. Co.C
Bowles, Elam NC 52nd Inf. Co.F
Bowles, Elisha MS Cav. Hughes' Bn. Co.H
Bowles, Elisha A. VA 28th Inf. Co.D
Bowles, Elisha A. VA 34th Inf. Co.I
Bowles, E.R. MS 6th Cav. Co.F
Bowles, Erwin L. VA 10th Cav. Co.B
Bowles, Evans VA 26th Inf. Co.L
Bowles, F. TX 24th & 25th Cav. Co.G
Bowles, Fayette D. MO 6th Cav. Co.I
Bowles, Fleming H. VA 57th Inf. Co.B
Bowles, F.M. TX 17th Cons.Dismtd.Cav. Co.G
Bowles, Francis VA Cav. 32nd Bn. Co.A
Bowles, Francis M. GA 24th Inf. Co.I
Bowles, Frank AR 7th Inf. Co.C
Bowles, Frank M. MS 15th Inf. Co.G
Bowles, G.B. MS 3rd Cav. Co.I
Bowles, George AL Cav. Forrest's Regt.
Bowles, George TN 18th (Newsom's) Cav. Co.F
Bowles, George TN Inf. 154th Sr.Regt. Co.A
Bowles, George A. VA 44th Inf. Co.D,I Sgt.
Bowles, George H. VA 19th Inf. Co.C
Bowles, Geo. K. VA Lt.Arty. Leake's Co. 1st Lt.
Bowles, George M. MO 10th Inf. Co.I 1st Lt.
Bowles, George M. VA Arty. Curtis' Co.
Bowles, George S. VA 18th Inf. Co.G
Bowles, George S. VA Inf. 25th Bn. Co.B
Bowles, George W. AL 6th Cav.
Bowles, George W. FL 3rd Inf. Co.I
Bowles, George W. MS 19th Inf. Co.E
Bowles, George W. VA 4th Inf. Co.A
Bowles, George W. VA 30th Bn.S.S. Co.B
Bowles, George W. VA 54th Inf. Co.C
Bowles, G.R. MO Inf. Clark's Regt. Co.C
Bowles, G.R. VA 42nd Inf. Co.F Sgt.
Bowles, Green B. MS 17th Inf. Co.C
Bowles, G.S. GA 22nd Inf. Co.E
Bowles, Gustaous H. GA Inf. 8th Bn. Co.C,B
Bowles, G.W. NC 42nd Inf. Co.F
Bowles, Henry MO St.Guard
Bowles, Henry C. MO 1st N.E. Cav. Co.A
Bowles, Henry C. TN 8th (Smith's) Cav. Co.F Cpl.
Bowles, Henry C. VA 2nd Cav. Co.F
Bowles, Henry C. VA 13th Inf. Co.H 1st Lt.
Bowles, Henry C. VA 16th Inf. Co.F
Bowles, Henry C. VA 57th Inf. Co.C
Bowles, Henry D. VA 14th Inf. Co.C Cpl.
Bowles, Henry F. KY 4th Cav. Co.I
Bowles, Henry J. GA 8th Inf. (St.Guards) Co.F
Bowles, Hezekiah SC 1st Arty. Co.C
Bowles, H.H. TX 3rd Cav. Co.F
Bowles, H.H. TX Cav. Baird's Regt. Co.D
Bowles, H.L. KY 2nd (Woodward's) Cav. Co.A
Bowles, H.R. TX 17th Inf. Co.I
Bowles, H.S. TX Cav. Madison's Regt. Co.A Capt.
Bowles, Huderson MO Cav. 3rd Regt.St.Guard Co.A
Bowles, H.W. MO Cav. Hicks' Co.
Bowles, H.W. SC 2nd Inf. Co.F
Bowles, I.H. TX 25th Cav.
Bowles, Irvin MS 30th Inf. Co.B

Bowles, Irvin VA Cav. Hounshell's Bn. Thurmond's Co.
Bowles, J.A. GA 1st (Fannin's) Res. Co.E
Bowles, J.A. GA 2nd Res. Co.I
Bowles, Jabel VA 10th Cav. Co.K
Bowles, Jackson M. MS Cav. Hughes' Bn. Co.H
Bowles, Jacob VA 24th Inf. Co.B Drum.
Bowles, James AL 41st Inf. Co.I
Bowles, James AR Mil. Desha Cty.Bn.
Bowles, James MS 2nd St.Cav. Co.H,C,F Cpl.
Bowles, James MS 2nd Part.Rangers Co.I
Bowles, James MO 2nd Cav. Co.B 1st Lt.
Bowles, James NC 31st Inf. Co.G
Bowles, James TN 13th (Gore's) Cav. Co.E
Bowles, James TN 12th Inf. Co.G
Bowles, James VA 19th Inf. Co.I
Bowles, James A. TX 8th Inf. Co.F Cpl.
Bowles, James A. VA 10th Inf. Co.B
Bowles, James B. KY Morehead's Regt. (Part. Rangers) Co.A
Bowles, James B. TN 5th Inf. 2nd Co.F 1st Sgt.
Bowles, James E. VA Hvy.Arty. 10th Bn. Co.C
Bowles, James E. VA Lt.Arty. J.D. Smith's Co.
Bowles, James E. VA 8th Inf. Co.B
Bowles, James E. VA 74th Mil. 2nd Lt.
Bowles, James H. VA Goochland Lt.Arty.
Bowles, James H. VA 34th Inf. Co.H
Bowles, James K.P. 1st Choctaw & Chickasaw Mtd.Rifles 1st Co.I
Bowles, James M. GA 35th Inf. Co.I
Bowles, James M. KY 4th Mtd.Inf. Co.K Sgt.
Bowles, James M. MO 1st Inf. Co.E
Bowles, James M. MO 10th Inf. Co.I Sgt.
Bowles, James P. TN 39th Mtd.Inf. Co.H
Bowles, James S. VA 17th Cav. Co.G
Bowles, James U. VA Cav. 39th Bn. Co.D
Bowles, James U. VA 44th Inf. Co.D
Bowles, James W. KY 2nd (Duke's) Cav. Co.C Lt.Col.
Bowles, James W. VA 24th Inf. Co.D
Bowles, James W. VA 57th Inf. Co.G
Bowles, Jasper AL 53rd (Part.Rangers) Co.D
Bowles, J.B. MS Cav. Drane's Co. (Choctaw Cty.Res.) 2nd Lt.
Bowles, J.D. GA Inf. (Express Inf.) Witt's Co.
Bowles, J.E. LA 3rd Inf. Co.H
Bowles, Jerome VA Hvy.Arty. 20th Bn. Co.D
Bowles, Jesse GA Inf. (Jasper & Butts Cty. Guards) Lane's Co.
Bowles, Jesse TN Cav. Welcker's Bn. Co.A
Bowles, Jesse TN 39th Mtd.Inf. Co.H
Bowles, Jesse R. VA 55th Inf. Co.H
Bowles, J.F. AL 53rd (Part.Rangers) Co.G
Bowles, J.F. TX 24th & 25th (Cons.) Cav. Co.E
Bowles, J.F. TX 9th (Nichols') Inf. Co.C Sgt.
Bowles, J.F. TX Inf. Timmons' Regt. Co.F 1st Lt.
Bowles, J.F. TX Waul's Legion Co.C 1st Lt.
Bowles, J.G. GA 44th Inf. Co.K
Bowles, J.J. AR 1st (Colquitt's) Inf. Co.I
Bowles, J.J. AR 15th (Josey's) Inf. 1st Co.C
Bowles, J.J. MO Cav. Hick's Co. 1st Lt.
Bowles, J.J. TN 20th (Russell's) Cav. Co.K
Bowles, J.K.P. TX 29th Cav. Co.E
Bowles, J.M. AR 1st Inf.
Bowles, J.M. LA 27th Inf. Co.G Ord.Sgt.
Bowles, J.M. LA Res.Corps Hatcher's Co.
Bowles, J.N. MS Inf. 2nd Bn. Co.E
Bowles, J.N. MS 48th Inf. Co.E
Bowles, Joe MS Inf. 7th Bn. Co.D Cpl.
Bowles, Joel E. VA Lt.Arty. Kirkpatrick's Co. Sgt.
Bowles, John AL 1st Cav. Co.G
Bowles, John AL 6th Inf. Co.A
Bowles, John AL 41st Inf. Co.I Cpl.
Bowles, John AR 15th N.W. Inf. Co.K
Bowles, John KY 9th Cav. Co.C
Bowles, John KY 14th Cav. Co.D
Bowles, John LA 8th Inf. Co.C
Bowles, John NC Lt.Arty. Thomas' Legion Levi's Btty.
Bowles, John NC 8th Inf. Co.D
Bowles, John TN Cav. 16th Bn. (Neal's) Co.A
Bowles, John TX 17th Cons.Dismtd.Cav. Co.E
Bowles, John TX 15th Cav. Co.K
Bowles, John VA 10th Cav. Co.K
Bowles, John VA 1st St.Res. Co.B
Bowles, John VA 2nd St.Res. Co.B
Bowles, John VA 3rd Inf. Co.H
Bowles, John 1st Conf.Cav. 2nd Co.F
Bowles, John B. KY 2nd (Duke's) Cav. Co.C,I 2nd Lt.
Bowles, John B. MS 11th (Perrin's) Cav. Co.I 2nd Lt.
Bowles, John B. MS 4th Inf. Co.A 3rd Lt.
Bowles, John B. MO 9th Inf. Co.D Capt.
Bowles, John B. MO Inf. Clark's Regt. Co.C
Bowles, John B. TX 2nd Cav. Co.C
Bowles, John C. MO 3rd Cav. Co.I
Bowles, John D. GA Hvy.Arty. 22nd Bn. Co.B
Bowles, John D. GA 25th Inf. 1st Co.K
Bowles, John F. VA 46th Inf. 2nd Co.H
Bowles, John J. MO 10th Inf. Co.A Cpl.
Bowles, John M. AR 4th Inf. Co.F
Bowles, John M. KY 8th Cav. Co.C Sgt.
Bowles, John R. KY 2nd (Woodward's) Cav. Co.I,G
Bowles, John R. VA 6th Cav. Co.F Sgt.
Bowles, John R. VA 24th Cav. Co.H
Bowles, John R. VA Cav. 32nd Bn. Co.B
Bowles, John R. VA 44th Inf. Co.D
Bowles, John S. GA 55th Inf. Co.K
Bowles, John S. GA 64th Inf. Co.E
Bowles, John S. VA Lt.Arty. 1st Bn. Co.D
Bowles, John S. VA 2nd Arty. Co.H 1st Lt.
Bowles, John S. VA Inf. 22nd Bn. Co.H Maj.
Bowles, John S. VA 34th Inf. Co.I
Bowles, John T. KY 8th Cav.
Bowles, John T. VA Lt.Arty. B.H. Smith's Co.
Bowles, John W. AL 59th Inf. Co.I
Bowles, John W. GA Inf. 8th Bn. Co.B
Bowles, John W. NC 24th Inf. Co.A
Bowles, John W. VA 10th Inf. Co.G
Bowles, John W. VA 19th Inf. Co.E
Bowles, Joseph AL 21st Inf. Co.D
Bowles, Joseph TX 28th Cav. Co.K
Bowles, Joseph VA Hvy.Arty. 20th Bn. Co.D
Bowles, Joseph H. VA 24th Cav. Co.B
Bowles, Joseph H. VA Cav. 40th Bn. Co.B
Bowles, Joseph H. VA 8th Inf. Co.B Sgt.
Bowles, Joseph M. AR 28th Inf. Co.G
Bowles, J.P. 3rd Conf.Eng.Troops Co.B
Bowles, J.R. KY 1st (Helm's) Cav. New Co.G
Bowles, J.S. TX 5th Cav. Co.H
Bowles, J.T. GA 53rd Inf. Chap.
Bowles, J.T. VA 34th Inf. Co.G
Bowles, J.T. Gen. & Staff Chap.
Bowles, J.V. VA Inf. 25th Bn. Co.G Cpl.
Bowles, J.W. AR 35th Inf. Co.A
Bowles, J.W. TN 5th Inf. 2nd Co.F
Bowles, L.D. GA 16th Inf. Co.B
Bowles, L.D. MO 6th Cav. Co.A
Bowles, Leroy GA Phillips' Legion Co.B
Bowles, Lewellen H. GA 3rd Inf. Co.G
Bowles, Lyddall VA 10th Cav. Co.I
Bowles, M.A. MS 10th Inf. New Co.D
Bowles, Marcus NC 8th Inf. Co.D
Bowles, Martin KY 9th Cav. Co.B
Bowles, Martin V. VA 17th Cav. Co.G Sgt.
Bowles, Mathew C. VA 2nd Arty. Co.H
Bowles, Melmoth A. NC 4th Inf. Co.C
Bowles, Middleton G. VA 57th Inf. Co. Cpl.
Bowles, Mid. G. VA 64th Mil. Davis' Co. Sgt.
Bowles, Miles NC 20th Inf.
Bowles, Moses C. GA 30th Inf. Co.I
Bowles, M.U. VA 10th Cav. Co.G
Bowles, M.W. TN Inf. 2nd Cons.Regt. Co.C
Bowles, M.W. TN 11th Inf. Co.B,D
Bowles, N.A. GA 7th Cav. Co.C
Bowles, N.A. GA Cav. 24th Bn. Co.B
Bowles, N.A. MS Cav. 3rd Bn. (Ashcraft's) Co.E
Bowles, N.A. MS Stricklin's Co. (St.Troops)
Bowles, N.G. GA 1st Inf. (St.Guards) Co.E
Bowles, Nicholas A. AL 6th Inf. Co.A
Bowles, Nicholas A. FL Cav. (Marianna Drag.) Smith's Co.
Bowles, Nicholas A. 15th Conf.Cav. Co.B
Bowles, N.L. GA 4th Cav. (St.Guards) White's Co.
Bowles, N.L. GA Lt.Arty. Daniell's Btty.
Bowles, Oliver VA 20th Inf.
Bowles, O.N. VA Lt.Arty. Lamkin's Co.
Bowles, Oran MS Inf. 7th Bn. Co.D
Bowles, P.D. TN 51st (Cons.) Inf. Co.H
Bowles, Pendleton R. GA 3rd Cav. Co.G
Bowles, Peter SC 21st Inf. Co.G 2nd Lt.
Bowles, Peter T. VA 15th Inf. Co.C Jr.2nd Lt.
Bowles, Pinck D. Gen. & Staff, Inf. Col.
Bowles, Pinckney D. AL 4th Inf. Co.E Col.
Bowles, P.P. GA 1st Inf. (St.Guards) Co.E
Bowles, R.A. NC Allen's Co. (Loc.Def.)
Bowles, Ralph C. MO St.Guard
Bowles, Randolph TN 13th (Gore's) Cav. Co.A
Bowles, R.B. AL 53rd (Part.Rangers) Co.G
Bowles, Reuben T. GA 55th Inf. Co.K
Bowles, Richard AL 13th Inf. Co.B
Bowles, Richard A. VA 2nd Arty. Co.H
Bowles, Richard A. VA Inf. 22nd Bn. Co.H Sgt.
Bowles, Richard C. VA 44th Inf. Co.D
Bowles, Richard F. MS 1st Bn.S.S. Co.C
Bowles, Richard F. MS 29th Inf. Co.E
Bowles, Richard L. VA 58th Inf. Co.K
Bowles, R.J. MO Lt.Arty. H.M. Bledsoe's Co.
Bowles, R.M. MS Inf. 7th Bn. Co.D
Bowles, R.M. NC 1st Arty. (10th St.Troops) Co.A
Bowles, Rob VA 51st Inf. Co.G
Bowles, Robert MD Arty. 1st Btty. Ord.Sgt.
Bowles, Robert MS 22nd Inf. Co.B
Bowles, Robert VA Cav. 41st Bn. Co.G

Bowles, Robert H. LA Mil. 4th Regt. 2nd Brig. 1st Div. Co.K Capt.
Bowles, Robert L. KY 9th Cav. Co.C 2nd Lt.
Bowles, Robert M. MS 1st Bn.S.S. Co.C
Bowles, Robert M. VA Lt.Arty. Kirkpatrick's Co.
Bowles, Robert S. VA 19th Inf. Co.C Sgt.
Bowles, R.S. TN 3rd (Forrest's) Cav. Co.A
Bowles, R.S. TN Inf. 154th Sr.Regt. 1st Co.B
Bowles, S. NC 1st Bn.Jr.Res. Co.D
Bowles, S. NC 8th Inf. Co.D
Bowles, Samuel NC 46th Inf. Co.E
Bowles, Samuel B. VA Arty. Dance's Co.
Bowles, Samuel G. VA Lt.Arty. Lamkin's Co. Cpl.
Bowles, Simpson NC 52nd Inf. Co.F
Bowles, S.P. VA 1st Bn.Res. Co.D
Bowles, S.P. VA 44th Inf. Co.D
Bowles, S.T. VA Inf. 25th Bn. Co.G
Bowles, Starling MO Inf. 1st Bn. Co.B
Bowles, Stephen H. VA 19th Inf. Co.I
Bowles, Tah lar lor 1st Cherokee Mtd.Rifles Co.I
Bowles, T.E. VA 46th Inf. 2nd Co.H
Bowles, T.F. VA 15th Inf. Co.C
Bowles, T.F. VA 38th Mil. 1st Co.
Bowles, T.H.J. LA Conscr.
Bowles, Thomas AL 41st Inf. Co.H
Bowles, Thomas KY 2nd (Duke's) Cav. Co.K
Bowles, Thomas TX 8th Cav. Co.G
Bowles, Thomas TX 31st Cav. Co.F Sgt.
Bowles, Thomas TX 32nd Cav. Co.F
Bowles, Thomas TX Conscr.
Bowles, Thomas A. MO 3rd Cav. Co.I Cpl.
Bowles, Thomas C. GA 18th Inf. Co.C
Bowles, Thomas G. NC 33rd Inf. Co.G Cpl.
Bowles, Thomas G. VA 23rd Inf. Co.G
Bowles, Thomas H. KY 6th Mtd.Inf. Co.G
Bowles, Thomas H. TN 44th Inf. Co.I
Bowles, Thomas H. VA 24th Cav. Co.B
Bowles, Thomas H. VA Cav. 40th Bn. Co.B
Bowles, Thomas H. VA 72nd Mil. Co.E 1st Sgt.
Bowles, Thomas J. FL 4th Inf. Co.B
Bowles, Thomas J. TN Cav. 1st Bn. (McNairy's) Co.B
Bowles, Thomas J. VA 44th Inf. Co.D
Bowles, Thomas P. VA Hvy.Arty. 20th Bn. Co.C
Bowles, Thomas W. GA 46th Inf. Co.C
Bowles, T.J. TN 3rd (Forrest's) Cav. Co.I
Bowles, T.J. Sig.Corps,CSA
Bowles, T.M. TX 12th Cav. Co.A
Bowles, T.W. KY Morgan's Men Co.E
Bowles, T.W. TN 21st Inf. Co.C
Bowles, Vincent W. GA 44th Inf. Co.K
Bowles, W. TN 1st Cav. Co.C
Bowles, W. TN 10th (DeMoss') Cav. Co.I
Bowles, W.A. AR 1st (Colquitt's) Inf. Co.I,A
Bowles, Warfield P. VA 57th Inf. Co.B
Bowles, Watson B. TX 6th Cav. Co.B
Bowles, W.B. TX Cav. 2nd Regt.St.Troops Co.G
Bowles, W.G. VA 62nd Mtd.Inf. Co.D Lt.
Bowles, W.H. MO 6th Cav. Co.A
Bowles, W.H. NC 20th Inf. Co.K Cpl.
Bowles, W.H. VA Hvy.Arty. 20th Bn. Co.C
Bowles, Whitley MS 19th Inf. Co.F
Bowles, William AL Inf. 2nd Regt. Co.E
Bowles, William AL 6th Inf. Co.A
Bowles, William GA Inf. 2nd Bn. (St.Guards) Old Co.D
Bowles, William NC Inf. 2nd Bn. Co.B
Bowles, William TN Cav. 1st Bn. (McNairy's) Co.B
Bowles, William TN 3rd (Forrest's) Cav. Co.A
Bowles, William TN Cav. 12th Bn. (Day's) Co.F
Bowles, William TN Cav. Newsom's Regt.
Bowles, William TN 19th Inf. Co.A Adj.
Bowles, William TN Inf. 154th Sr.Regt. Co.E
Bowles, William VA 15th Inf. Co.I
Bowles, William VA 24th Inf. Co.B
Bowles, William Gen. & Staff 1st Lt.,Adj.
Bowles, William A. NC 64th Inf. Co.H
Bowles, William A. VA 5th Cav. (12 mo. '61-2) Co.F
Bowles, William A. VA 13th Cav. Co.F
Bowles, William A. VA Lt.Arty. Kirkpatrick's Co.
Bowles, William A. VA 4th Inf.Co.A
Bowles, William A. VA 57th Inf. Co.G Sgt.
Bowles, William B. TX 16th Cav. Co.E 3rd Lt.
Bowles, William B. VA Arty. Dance's Co. (Powhatan Arty.)
Bowles, William B. VA Goochland Lt.Arty. Cpl.
Bowles, William C.D. AL 34th Inf. Co. Breedlove's Co.
Bowles, William D. SC 2nd Rifles Co.L
Bowles, William E. KY 13th Cav. Co.B
Bowles, William E. VA Hvy.Arty. 20th Bn. Co.D
Bowles, William E. VA 15th Inf. Co.C Cpl.
Bowles, William H. MO Dismtd.Cav. Lawther's Temporary Regt.
Bowles, William H. MO 10th Inf. Co.D
Bowles, William H. NC 2nd Inf. Co.G
Bowles, William H. TX 22nd Inf. Co.C Cpl.
Bowles, William H. VA 19th Inf. Co.G
Bowles, William J. VA 10th Cav. Co.B
Bowles, Wm. J. VA Horse Arty. G.W. Brown's Co.
Bowles, William K. VA 64th Mil. Davis's Co. Cpl.
Bowles, William L. VA 57th Inf. Co.B
Bowles, William R. VA 57th Inf. Co.B
Bowles, William R. VA 57th Inf. Co.C
Bowles, William S. VA Cav. 40th Bn. Co.B
Bowles, Wm. T. GA 30th Inf. Co.I
Bowles, William T. KY 1st (Butler's) Cav. Co.D
Bowles, William T. MS 1st Bn.S.S. Co.C
Bowles, Willliam Thomas VA 10th Cav. Co.D,I
Bowles, William V. GA 44th Inf. Co.K
Bowles, William W. AR 23rd Inf. Co.G 1st Sgt.
Bowles, William W. VA Lt.Arty. Sturdivant's Co.
Bowles, William W. VA 13th Inf. Co.D
Bowles, Willis S. GA 32nd Inf. Co.D
Bowles, W.J. AR 37th Inf. Co.D Capt.
Bowles, W.M. VA Lt.Arty. Lamkin's Co.
Bowles, W.P. GA Cav. 6th Bn. (St.Guards) Co.F
Bowles, W.R. SC 20th Inf.
Bowles, W.T. KY 9th Cav. Co.E
Bowles, W.W. AR Cav. Carlton's Regt. Co.A 2nd Lt.
Bowles, W.Y. AL 9th Inf.
Bowles, Wyatt S. MS 19th Inf. Co.F
Bowles, Zachariah VA 24th Inf. Co.B
Bowles, Zach T. VA 12th Cav. Co.C
Bowles, Z.P. TN Inf. 3rd Bn. Co.A
Bowley, Benjamin F. VA 1st Cav. Co.A,B
Bowley, C.Y. MS 3rd Cav. 1st Lt.
Bowley, George W. MS 19th Inf. Co.F
Bowley, G.W. AL 8th Inf. Co.B
Bowley, Leander MO Inf. Clark's Regt. Co.I
Bowley, Leander Conf.Cav. Clarkson's Bn. Ind. Rangers Co.C
Bowley, N.K. VA Arty. Wise Legion
Bowley, W.H. AL 8th Inf. Co.B
Bowley, William Conf.Reg.Inf. Brooks' Bn. Co.F
Bowlic, Washington A. SC 1st Cav. Co.D,K
Bowlin, A. FL 11th Inf. Co.G
Bowlin, A.C. TN 16th Inf. Co.E
Bowlin, Berry SC Palmetto S.S.
Bowlin, David TN 35th Inf. Co.G
Bowlin, D.R. VA Cav. Mosby's Regt. (Part. Rangers)
Bowlin, E.A. TN 26th Inf. Co.K
Bowlin, Elbert VA 64th Mtd.Inf. Co.C
Bowlin, Eli AR 3rd Inf. Co.H
Bowlin, Elias TN 62nd Mtd.Inf. Co.I
Bowlin, Elkuney TN Conscr. (Cp. of Instr.)
Bowlin, Francis TX 20th Bn.St.Troops Co.A
Bowlin, G.A. TN 14th (Neely's) Cav. Co.C 2nd Lt.
Bowlin, G.A. TN 18th (Newsom's) Cav. Co.K
Bowlin, G.C. TX 11th Inf. Co.H
Bowlin, George W. TN 41st Inf. Co.I
Bowlin, H. AL 1st Inf. Co.A
Bowlin, H. NC 4th Bn.Jr.Res. Co.C
Bowlin, Hamilton NC 6th Cav. (65th St.Troops) Co.D,B
Bowlin, Harmon J. VA 48th Inf. Co.A
Bowlin, Hiram C. VA 64th Mtd.Inf. Co.B
Bowlin, H.J. VA 12th Cav. Co.F
Bowlin, James AR 9th Inf. New Co.I
Bowlin, James MS 25th Inf. Co.G
Bowlin, James TX 10th Cav. Co.F
Bowlin, James 2nd Conf.Inf. Co.G
Bowlin, James B. TN Cav. 16th Bn. (Neal's) Co.E Cpl.
Bowlin, James B. VA Inf. 21st Bn. Co.A, 1st Co.D
Bowlin, James M. GA 22nd Inf. Co.I
Bowlin, James W. MO 10th Inf. Co.K
Bowlin, James W. NC 23rd Inf. Co.E
Bowlin, J.B. TX 28th Cav. Co.D
Bowlin, Jeremiah NC 13th Inf. Co.A
Bowlin, Jeremiah C. TX 28th Cav. Co.A
Bowlin, Jesse MO Inf. 5th Regt.St.Guard Co.D
Bowlin, Jessee MO 9th (Elliott's) Cav. Co.H
Bowlin, Jessie KY 13th Cav.
Bowlin, J.H. VA Cav. 2nd Bn. Co.F
Bowlin, John AL 25th Inf. Co.D
Bowlin, John AL Cp. of Instr. Talladega
Bowlin, John KY 4th Cav. Co.B
Bowlin, John LA 21st (Patton's) Inf. Co.G
Bowlin, John MS 1st (Kings) Inf. St.Troops Co.H
Bowlin, John MO St.Guard
Bowlin, John VA 38th Inf. 1st Co.I
Bowlin, John 1st Cherokee Mtd.Vol. 2nd Co.A Cpl.
Bowlin, John P. VA 1st Cav. Co.C
Bowlin, John S. MO 3rd Cav. Co.D

Bowlin, John T. SC 1st (Butler's) Inf. Co.D,A
Bowlin, John T. VA 61st Inf. Co.G
Bowlin, John W. GA 22nd Inf. Co.I Cpl.
Bowlin, Joseph SC 5th Mil. Beat Co.3
Bowlin, Joseph H. VA 58th Inf. Co.K
Bowlin, Martin MO Cav. 1st Regt.St.Guard Co.B Cpl.
Bowlin, Nathan MO 9th (Elliott's) Cav. Co.H Capt.
Bowlin, Nathan MO Inf. 5th Regt.St.Guard Co.D
Bowlin, O.B. MO Cav. 1st Regt.St.Guard Co.B
Bowlin, P. GA 36th (Broyles') Inf. Co.D
Bowlin, Patrick LA Mil. Leeds' Guards Regt. Co.F
Bowlin, Paul TN 15th Inf.
Bowlin, P.J. TN Cav. Nixon's Regt. Co.F
Bowlin, Polk GA Inf. 17th Bn. (St.Guard) McCarty's Co.
Bowlin, P.P. NC 23rd Inf. Co.E
Bowlin, R. AL Cp. of Instr. Talladega
Bowlin, R.H. MS Cav. Garland's Bn. Co.B
Bowlin, R.H. 14th Conf.Cav. Co.B
Bowlin, Richard E. TX 14th Cav. Co.I
Bowlin, R.J. TX 11th Inf. Co.H
Bowlin, Robert MS 32nd Inf. Co.F Sgt.
Bowlin, Robert O. KY 4th Cav. Co.B
Bowlin, S. TX Cav. Border's Regt. Co.A
Bowlin, S. VA Inf. 21st Bn. Co.A
Bowlin, Samuel TN 43rd Inf. Co.H
Bowlin, Solomon TX 37th Cav. Co.F
Bowlin, Stephen TX 19th Inf. Co.D Cpl.
Bowlin, S.W. TN 16th Inf. Co.H
Bowlin, Thaddeus SC 17th Inf. Co.K
Bowlin, Thaddeus SC Inf. Hampton Legion Co.K
Bowlin, Thomas AR 27th Inf. Co.G
Bowlin, Thomas MO 9th (Elliott's) Cav. Co.H 1st Lt.
Bowlin, Thomas NC 35th Inf. Co.E
Bowlin, Thomas SC 17th Inf. Co.K
Bowlin, Thomas SC Inf. Hampton Legion Co.K
Bowlin, Thomas TN 19th & 20th (Cons.) Cav. Co.C
Bowlin, Thomas C. TN Cav. 16th Bn. (Neal's) Co.E
Bowlin, T.V. MS Cav. Garland's Bn. Co.B
Bowlin, T.V. 14th Conf.Cav. Co.B
Bowlin, W. MS 10th Cav. Co.E
Bowlin, W.A. TN 15th Inf. Co.K
Bowlin, W.H. MS 39th Inf. Co.H
Bowlin, W.H. TN 17th Inf. Co.E
Bowlin, Willbern NC Inf. Thomas Legion Co.E
Bowlin, Wm. AL Cp. of Instr. Talladega
Bowlin, William NC 2nd Cav. (19th St.Troops) Co.K
Bowlin, William NC Lt.Arty. 13th Bn. Co.A
Bowlin, William NC 22nd Inf. Co.I
Bowlin, William TN 19th & 20th (Cons.) Cav. Co.C
Bowlin, William TN 12th (Cons.) Inf. Co.K
Bowlin, William 1st Cherokee Mtd.Vol. 2nd Co.A
Bowlin, William B. GA 43rd Inf. Co.H
Bowlin, William C. TX 19th Inf. Co.D
Bowlin, William H. VA 1st Cav. Co.C
Bowlin, William H. VA Inf. 21st Bn. 2nd Co.C
Bowlin, William H. VA 64th Mtd.Inf. Co.C Sgt.Maj.
Bowlin, William J. MO 3rd Cav. Co.G
Bowlin, William M. AL 5th Bn.Vol. Co.B
Bowlin, William M. TX 28th Cav. Co.A
Bowlin, William N. SC 12th Inf. Co.G Sgt.
Bowlin, Willis N. NC 30th Inf. Co.D
Bowlin, W.L. MS 39th Inf. Co.H
Bowlin, W.M. GA Inf. 17th Bn. (St.Guards) Jefferson's Co.
Bowlin, W.M. GA Inf. 17th Bn. (St.Guards) McCarty's Co.
Bowlin, W.M. MO 8th Inf. Co.C
Bowlinan, B. SC 2nd Inf. Co.G Cpl.
Bowline, W.R. AL 8th Inf. Co.A
Bowling, --- GA 10th Cav. Comsy.Sgt.
Bowling, Adolphus AL 2nd Cav. Co.A
Bowling, A.H. TN 9th Inf. Co.F
Bowling, Alex MD 1st Cav. Co.B
Bowling, Alex VA Lt.Arty. Cooper's Co.
Bowling, Alexander MD Arty. 1st Btty.
Bowling, Alex H. MS 2nd St.Cav. Co.A Sgt.
Bowling, Allen VA 17th Cav. Co.A
Bowling, Allen A. TN 14th Inf. Co.I
Bowling, Andrew J. AR 14th (McCarver's) Inf. Co.C
Bowling, Andrew W. VA 151st Mil. Co.B Sgt.
Bowling, Arthur VA Lt.Arty. 38th Bn. Co.C
Bowling, Arthur VA Lt.Arty. Pollock's Co.
Bowling, B. AL 8th Cav. Co.A
Bowling, B. AL 63rd Inf. Co.H
Bowling, B.L. TX 1st Inf. Co.B
Bowling, C. NC 55th Inf. Co.K
Bowling, C.A. MD 1st Cav. Co.K
Bowling, C.A. VA 60th Inf. Co.I
Bowling, Caldwell B. SC 18th Inf. Co.F
Bowling, Caleb KY 13th Cav. Co.A
Bowling, C.C. TN 2nd (Ashby's) Cav. Co.H
Bowling, C.H. MS 26th Inf. Co.A
Bowling, Charles F. MD Inf. 2nd Bn. Co.A
Bowling, Charles W. VA 45th Inf. Co.K
Bowling, Constantine VA 1st Cav. 2nd Co.K
Bowling, Constantine A. VA 1st Arty. 1st Co.C
Bowling, Constantine A. VA 1st Inf. Co.F
Bowling, D. GA 4th Bn. Co.F
Bowling, Daniel KY 13th Cav. Co.A
Bowling, Daniel TN Cav. 5th Bn. (McClellan's) Co.F
Bowling, Daniel TN 63rd Inf. Co.F
Bowling, David GA 2nd Cav. (St.Guards) Co.I
Bowling, David GA 7th Inf. (St.Guards) Co.I 1st Sgt.
Bowling, David VA 45th Inf. Co.D
Bowling, David C. TN 22nd (Barteau's) Cav. Co.F
Bowling, David Y. VA 188th Mil. Co.C
Bowling, D.B. VA 16th Cav. Co.I
Bowling, D.P. SC 1st (Orr's) Rifles Co.A
Bowling, D.R. SC Lt.Arty. Gaillard's Co. (Santee Lt.Arty.)
Bowling, Edward LA Inf. 9th Bn. Co.D
Bowling, E.E. Gen. & Staff, QM Dept. Detailed Conscr.
Bowling, Egbert T. VA 17th Inf. Co.K
Bowling, Elzy SC 9th Inf.
Bowling, Frederick S. AL 61st Inf. Co.F Sgt.
Bowling, F.T. GA 18th Inf. Co.M
Bowling, F.T. GA 28th Inf. Co.F
Bowling, Gardner AL 44th Inf. Co.H
Bowling, George KY 10th (Diamond's) Cav. Co.A
Bowling, George TN Cav. 5th Bn. (McClellan's) Co.F
Bowling, George E. SC 20th Inf. Co.A
Bowling, George N. TN 1st (Turney's) Inf. Co.F
Bowling, George S. VA 17th Cav. Co.A Cpl.
Bowling, George W. TN 63rd Inf. Co.F
Bowling, George W. VA 51st Inf. Co.E
Bowling, G.H. MS 18th Cav. Co.H
Bowling, G.J. MS 40th Inf. Co.C
Bowling, G.W. NC 26th Inf. Co.D
Bowling, G.W. TN 9th Inf. Co.B Cpl.
Bowling, H. AL 8th Inf.
Bowling, Harris GA 36th (Broyles') Inf. Co.D,B
Bowling, Harry W. VA 45th Inf. Co.K
Bowling, Harvey M. KY 5th Mtd.Inf. Co.B
Bowling, H.C. GA 18th Inf. Co.M Sgt.
Bowling, H.C. TN 22nd (Barteau's) Cav. Co.F
Bowling, Henry KY 10th (Diamond's) Cav. Co.B
Bowling, Henry Gen. & Staff Vol.ADC
Bowling, Henry N. VA 57th Inf. Co.E
Bowling, H.G. AR 5th Inf. Co.D Cpl.
Bowling, Hugh TN Detailed Conscr. (Loc.Def. & Sp.Serv.Troops) Co.A
Bowling, I.B. TN 9th Inf. Co.F
Bowling, Isaac KY Fields' Co. (Part.Rangers)
Bowling, Isaac TN 3rd (Lillard's) Mtd.Inf. Co.K
Bowling, Isaac TN 63rd Inf. Co.E
Bowling, Isaac VA 21st Cav. Co.F
Bowling, J. LA Mil.Conf.Guards Regt. Co.H Sgt.
Bowling, J. LA Mil.Conf.Guards Regt. Co.K 1st Lt.
Bowling, J. VA 7th Cav. Co.A
Bowling, J.A. MS 28th Cav. Co.F
Bowling, Jacob 1st Choctaw Mtd.Rifles Co.H
Bowling, James AL 16th Inf. Co.I
Bowling, James GA Smith's Legion Co.D Cpl.
Bowling, James MS 16th Inf. Co.D
Bowling, James MS 22nd Inf. Co.F
Bowling, James MO Inf. 8th Bn. Co.E
Bowling, James MO 9th Inf. Co.I
Bowling, James TN 3rd (Lillard's) Mtd.Inf. Co.A
Bowling, James A. NC 25th Inf. Co.E
Bowling, James A. VA Lt.Arty. Cooper's Co. Cpl.
Bowling, James B. VA 64th Mtd.Inf. Co.I Sgt.
Bowling, James H. MO Quantrill's Co.
Bowling, James J. GA Arty. 9th Bn. Co.A
Bowling, James J. VA 17th Cav. Co.A Black.
Bowling, James M. AL 1st Bn. Hilliard's Legion Vol. Co.B
Bowling, James T. VA 50th Inf. Co.K
Bowling, James W. MS 12th Cav. Co.B
Bowling, James W. TN 41st Inf. Co.G
Bowling, James W. VA 24th Inf. Co.A
Bowling, J.B. TN 14th (Neely's) Cav. Co.
Bowling, Jermon S. GA 3rd Inf. Co.C
Bowling, Jessee KY 13th Cav. Co.D
Bowling, Jesse I. VA 24th Inf. Co.G
Bowling, Jesse J. VA 17th Cav. Co.E
Bowling, J.H. GA 12th Cav. Co.D
Bowling, J.H. TN 5th (McKenzie's) Cav. Co.A Black.
Bowling, J.M. TN 1st Hvy.Arty. 3rd Co.B, Co.L Cpl.

Bowling, J.M. TN 1st Lt.Arty. Co.B Cpl.
Bowling, J. Mat KY 6th Mtd.Inf. Co.D Capt.
Bowling, Joel NC 58th Inf. Co.F
Bowling, John AL Gorff's Co. (Mobile Pulaski Rifles)
Bowling, John GA 21st Inf. Co.F
Bowling, John KY 18th Cav. Co.A
Bowling, John MS 6th Cav. Co.B
Bowling, John MS 2nd (Davidson's) Inf. Co.H
Bowling, John NC 7th Sr.Res. Davie's Co.
Bowling, John NC 35th Inf. Co.E
Bowling, John NC 55th Inf. Co.B
Bowling, John VA 16th Cav. Co.C
Bowling, John VA Lt.Arty. Cooper's Co.
Bowling, John 8th (Wade's) Conf.Cav. Co.K
Bowling, John A. AL Cav. Callaway's Co.
Bowling, John C. TN 5th (McKenzie's) Cav. Co.F
Bowling, John Francis VA 30th Inf. Co.A
Bowling, John H. VA Cav. 2nd Bn. Co.F
Bowling, John J. VA 17th Cav. Co.E
Bowling, John J. VA Inf. 30th Bn. Co.B
Bowling, John J. VA 59th Inf. 2nd Co.I
Bowling, John L. MO Cav. Ford's Bn. Co.B Cpl.
Bowling, John S. MO 1st Cav. Co.C
Bowling, John W. GA Lt.Arty. Van Den Corput's Co.
Bowling, John W. GA Inf. 3rd Bn. Co.A
Bowling, John W. VA 50th Inf. Co.C Sgt.
Bowling, John W. VA 51st Inf. Co.D
Bowling, Jordan W. VA 188th Mil. Co.C
Bowling, Joseph NC 8th Inf. Co.D
Bowling, Joseph NC 35th Inf. Co.E
Bowling, Joseph W. AL 1st Bn. Hilliard's Legion Vol. Co.B
Bowling, Joseph W. NC 3rd Cav. (41st St.Troops) Co.I 1st Lt.
Bowling, J.R. AR 34th Inf. Co.F Jr.2nd Lt.
Bowling, J.R. MS 7th Cav. 2nd Co.G
Bowling, J.S. MO Lt.Arty. 3rd Field Btty.
Bowling, J.S. TN 33rd Inf. Co.C
Bowling, J.W. KY 10th (Diamond's) Cav. Co.B
Bowling, L. VA 7th Cav. Co.A
Bowling, Larkin TN Cav. Welcker's Bn. Co.A
Bowling, Larkin TN 26th Inf. Co.K
Bowling, Lewis VA Lt.Arty. Cooper's Co.
Bowling, L.R. TN 2nd (Ashby's) Cav. Co.H
Bowling, L.S. TX 11th Inf. Co.C
Bowling, M. AL 11th Cav. Co.A
Bowling, M. GA Inf. (Loc.Def.) Hamlet's Co.
Bowling, M. KY 18th Cav. Co.K
Bowling, Martin C. GA 56th Inf. Co.C 1st Lt.
Bowling, Martin C. 7th Conf.Cav. Co.B Comsy.Sgt.
Bowling, Mitchel NC 64th Inf. Co.L
Bowling, Monroe TN Lt.Arty. Weller's Co.
Bowling, Nich MD 1st Cav. Co.B
Bowling, N.M. AR Cav. Davies' Bn. Co.D
Bowling, Noah J. GA 24th Inf. Co.I
Bowling, O. TN Lt.Arty. Phillips' Co.
Bowling, Paris KY 5th Mtd.Inf. Co.I
Bowling, Peter VA 24th Inf. Co.A
Bowling, P.W. AL Recruits
Bowling, Richard MS 22nd Inf. Co.F
Bowling, Richard M. VA Lt.Arty. Rives' Co.
Bowling, Richard T. GA 3rd Inf. Co.C
Bowling, Richard W. KY 4th Mtd.Inf. Co.F Sgt.
Bowling, R.M. KY Fields' Co. (Part.Rangers)
Bowling, R.M. MS 36th Inf. Co.F
Bowling, Robert GA 3rd Inf. Co.C Cpl.
Bowling, Robert VA Lt.Arty. Cooper's Co.
Bowling, Robert L. AL 32nd Inf. Co.A Capt.
Bowling, Robert R. TX Cav. Waller's Regt. Co.D 2nd Lt.
Bowling, Roderic MO 10th Cav. Co.K
Bowling, R.W. VA 30th Inf. Co.A
Bowling, Sandford J. AL 10th Inf. Co.C
Bowling, S.J. AL 9th Inf.
Bowling, Tandy W. MS 84th Inf. Co.E
Bowling, T.B. TN Lt.Arty. Tobin's Co.
Bowling, T.C. AL 7th Cav. Co.F
Bowling, T.C. VA Lt.Arty. Lamkin's Co.
Bowling, Thad C. TN 14th Inf. Co.K Capt.
Bowling, Thomas NC 8th Inf. Co.D
Bowling, Thomas TN Inf. 114th Regt. Co.B
Bowling, Thomas 3rd Conf.Cav. Co.H
Bowling, Thomas A. VA Hvy.Arty. 20th Bn. Co.D
Bowling, Thomas A. VA 22nd Inf. Taylor's Co.
Bowling, Thomas B. MD Inf. 2nd Bn. Co.A
Bowling, Thomas B. TN 26th Inf. Co.A 2nd Lt.
Bowling, Thomas J. LA 9th Inf. Co.A 1st Lt.
Bowling, Thomas J. VA 17th Cav. Co.E
Bowling, Thomas J. VA 59th Inf. 2nd Co.I
Bowling, T.J. GA 8th Inf. Co.K Capt.
Bowling, Tom TX 26th Cav. Co.C Cook
Bowling, W. TX 22nd Inf. Co.F
Bowling, Wallace MD Inf. 2nd Bn. Co.A
Bowling, Washington VA Lt.Arty. Cooper's Co.
Bowling, Westley NC 28th Inf. Co.E
Bowling, Wiley F. VA 24th Inf. Co.I
Bowling, William AL 4th (Russell's) Cav. Co.I
Bowling, William AL 29th Inf. Co.C
Bowling, William KY 2nd (Duke's) Cav. Co.C
Bowling, William KY 9th Cav. Co.H
Bowling, William NC 5th Sr.Res. Co.B
Bowling, William NC 35th Inf. Co.E
Bowling, William TN 35th Inf. Co.G
Bowling, William TX 10th Cav. Co.I
Bowling, William VA Lt.Arty. Cooper's Co.
Bowling, William VA 16th Cav. Co.C
Bowling, William VA 17th Inf. Co.K
Bowling, William VA 24th Inf. Co.A
Bowling, William A. VA 7th Cav. Co.E
Bowling, William D. GA 21st Inf. Co.F
Bowling, William D. VA 17th Cav. Co.E
Bowling, William G. MS 21st Inf. Co.G
Bowling, William G. VA 21st Cav. Co.F
Bowling, William H. VA 8th Inf. Co.F
Bowling, William H. VA Inf. 23rd Bn. Co.C Cpl.
Bowling, William H. VA 45th Inf. Co.L
Bowling, William J. MS 2nd St.Cav. Co.A 1st Sgt.
Bowling, William J. VA 11th Inf. Co.B Cpl.
Bowling, William M. SC 13th Inf. Co.F
Bowling, William R. AL 11th Inf. Co.F
Bowling, William R. MS 1st (Johnston's) Inf. Co.H
Bowling, William R. MS 16th Inf. Co.H
Bowling, William S. KY Cav. Malone's Regt. Co.B
Bowling, William T. LA 3rd Inf. Co.D
Bowling, William T. MS Cav. Street's Bn. Co.B
Bowling, William T. SC 20th Inf. Co.A Sgt.
Bowling, William W. KY 6th Cav. Co.E
Bowling, Wm. W. VA 50th Inf. Co.K
Bowling, Wilson L. VA 17th Cav. Co.E Sgt.
Bowling, W.J. AR 13th Inf. Co.F Sgt.
Bowling, W.J. TN 15th (Cons.) Cav. Co.H,E
Bowling, W.J. 4th Conf.Inf. Co.K 1st Sgt.
Bowling, W.K. Gen. & Staff Surg.
Bowling, W.P. AL Cav. Forrest's Regt.
Bowling, W.P. TN 18th (Newsom's) Cav. Co.F
Bowling, W.T. LA 2nd Cav. Co.C Cpl.
Bowling, W.T. TN 15th (Cons.) Cav. Co.E
Bowling, W.W. MS 2nd (Davidson's) Inf. Co.H
Bowling, W.W. VA 50th Inf. Co.K
Bowling, Wyndham R. VA 2nd Cav. Co.B
Bowlingdee, W.H. AR 13th Inf. Co.F Sgt.
Bowlinger, J.N. AR Inf. Adams' Regt. Moore's Co.
Bowlington, George W. MS 16th Inf. Co.D
Bowlington, S.D. KY 5th Cav. Co.D
Bowlis, J.H. MO 8th Inf. Co.B
Bowlis, W.V. MO 8th Inf. Co.B
Bowlman, M. MD 1st Cav. Co.K
Bowls, --- VA 10th Inf. Co.I
Bowls, A.J. AR 20th Inf. Co.C
Bowls, A.J. TX 20th Cav. Co.I
Bowls, Alexander VA Inf. 26th Bn. Co.G
Bowls, Andrew J. MO Cav. Fristoe's Regt. Co.G Sgt.
Bowls, Bently A. NC 37th Inf. Co.G
Bowls, B.F. MO 6th Cav. Co.F
Bowls, Burges NC 21st Inf. Co.F
Bowls, C. AL 4th Res. Co.B
Bowls, Calvin AR 30th Inf. Co.F
Bowls, D.C.R. AR 20th Inf. Co.C
Bowls, E. TX 20th Cav. Co.I
Bowls, F.P. TX Cav. 2nd Regt.St.Troops Co.B
Bowls, George MS Inf. 1st Bn. Polk's Co.
Bowls, George 2nd Cherokee Mtd.Vol. Co.I
Bowls, H.C. KY 2nd (Duke's) Cav. Co.K
Bowls, H.L. KY 13th Cav. Co.I
Bowls, Jacob TN 43rd Inf. Co.B
Bowls, James KY 1st Inf. Co.G
Bowls, James 1st Cherokee Mtd.Rifles Co.C
Bowls, James 2nd Cherokee Mtd.Vol. Co.I Cpl.
Bowls, James A. NC 21st Inf. Co.A
Bowls, James T. MO 10th Inf. Co.A
Bowls, J.C. TN 12th (Green's) Cav. Co.H
Bowls, J.C. TX 12th Cav. Co.A
Bowls, J.C. TX 20th Cav. Co.I
Bowls, J.E. GA 32nd Inf. Co.D
Bowls, Jeremiah VA 36th Inf. Co.A
Bowls, J.M. 4th Conf.Inf. Co.D Sgt.
Bowls, John NC 21st Inf. Co.H
Bowls, John TN 15th Inf. Co.B
Bowls, John 1st Cherokee Mtd.Rifles Co.C
Bowls, John 2nd Cherokee Mtd.Vol. Co.I
Bowls, Johnson 1st Cherokee Mtd.Rifles Co.C
Bowls, Johnson 2nd Cherokee Mtd.Rifles Co.I
Bowls, Joseph GA 29th Inf. Co.C
Bowls, J.P. TX 20th Cav. Co.I
Bowls, J.W. TX 15th Cav. Co.E
Bowls, L.C. TX 20th Cav. Co.I
Bowls, Martin NC 21st Inf. Co.F
Bowls, N.L. GA 13th Cav. Co.I
Bowls, N.S. GA 13th Cav. Co.K

Bowls, P.D. TN 51st Inf. Co.A
Bowls, P.O. 2nd Cherokee Mtd.Vol. Co.I
Bowls, Samuel 2nd Cherokee Mtd.Vol. Co.I
Bowls, Samuel Bolivar MS 8th Cav. Co.E,A
Bowls, S.H. MS Cav. Russell's Co.
Bowls, T.B. LA Cav. Webb's Co.
Bowls, T.J. MO 16th Inf. Co.G
Bowls, T.J. TX 20th Cav. Co.I
Bowls, W. VA 13th Inf. 2nd Co.E
Bowls, William MO 2nd Cav. Co.K
Bowls, William TN Cav. 17th Bn. (Sanders') Co.B
Bowls, William H. FL 6th Inf. Co.D
Bowls, William Y. AL 10th Inf. Co.D
Bowls, W.J. AR 8th Cav. Co.B
Bowlware, Thomas M. SC 6th Inf. 1st Co.A
Bowly, E.D. VA Horse Arty. J.W. Carter's Co.
Bowly, Joseph TN 15th Inf. Co.K Bugler
Bowm, John AL 3rd Bn.Res. Co.C
Bowman, --- LA Mil. 2nd Regt. 2nd Brig. 1st Div. Co.A
Bowman, --- LA Mil. 2nd Regt. French Brig. Co.4
Bowman, A. LA Inf. 1st Sp.Bn. (Rightor's) Co.F
Bowman, A. LA 22nd Inf. Co.E
Bowman, A. NC Cav. McRae's Bn. Co.D
Bowman, A. TX 26th Cav. Co.F
Bowman, A. TX Cav. Waller's Regt. Menard's Co.
Bowman, A. VA Wade's Regt.Loc.Def. Co.E
Bowman, Abner TX 2nd Cav. Co.H
Bowman, Abraham VA 6th Inf. Co.A
Bowman, Abraham VA 136th Mil. Co.C
Bowman, Abraham L. MO 2nd Cav. Co.A 1st Lt.
Bowman, Abraham L. MO 12th Cav. Co.A 1st Lt.
Bowman, A.D. GA 39th Inf. Co.D Drum Maj.
Bowman, Adam VA 7th Inf. Co.E
Bowman, Adam C. VA 19th Cav. Co.H Capt.
Bowman, Adam C. VA 31st Inf. Co.K
Bowman, Addison J. VA 57th Inf. Co.K
Bowman, A.F. LA Mil. 3rd Regt. 3rd Brig. 1st Div. Co.E
Bowman, A.J. AL 48th Inf. Co.I Cpl.
Bowman, A.J. GA 60th Inf. Co.G
Bowman, A.J. NC 32nd Inf. Co.E
Bowman, A.J. TN 63rd Inf. Co.K
Bowman, A.J. TN Vol. (Loc.Def.Troops) McLin's Co.
Bowman, A.J. VA 16th Cav. Co.F
Bowman, A.J. VA 18th Cav. Co.K
Bowman, Alfred TN 60th Mtd.Inf. Co.F Ord.Sgt.
Bowman, Allen VA 12th Cav. Co.E Sgt.
Bowman, Allen VA 146th Mil. Co.D
Bowman, Allen W. GA Lt.Arty. Guerard's Btty.
Bowman, Alonzo Z. SC 19th Inf. Co.G
Bowman, Alpheus M. VA 12th Cav. Co.H
Bowman, Ambrose H. VA 58th Mil. Co.E Cpl.
Bowman, Amon NC 29th Inf. Co.A
Bowman, Anderson KY 1st Bn.Mtd.Rifles Co.E Sgt.
Bowman, Anderson VA Lt.Arty. Jackson's Bn.St.Line Co.B
Bowman, Anderson VA 45th Inf. Co.I
Bowman, Andrew VA 7th Cav. Co.C
Bowman, Andrew VA 12th Cav. Co.K
Bowman, Andrew VA 29th Inf. Co.D 2nd Lt.
Bowman, Andrew VA 45th Inf. Co.I
Bowman, Andrew VA 146th Mil. Co.D
Bowman, Andrew VA Mil. Carroll Cty.
Bowman, Andrew J. AR Inf. 1st Bn. Co.C Sgt.
Bowman, Andrew J. VA 114th Mil. Co.B
Bowman, A.P. VA 15th Inf. Co.H
Bowman, Arch VA Inf. 23rd Bn. Co.D
Bowman, Archibald TN 60th Mtd.Inf. Co.G
Bowman, Archibald VA 6th Bn.Res. Co.B
Bowman, Asa VA 8th Inf. Co.C
Bowman, Austin VA 50th Inf. Co.K
Bowman, Austin VA 54th Inf. Co.G
Bowman, B. TX Cav. 2nd Regt.St.Troops Co.A
Bowman, B. VA 12th Cav. Co.G
Bowman, Barnett VA 51st Inf. Co.A
Bowman, B.D. VA 9th Bn.Res. Co.A Sgt.
Bowman, Ben D. VA 3rd (Chrisman's) Bn.Res. Co.B
Bowman, Benjamin TX Inf. Chambers' Bn.Res.Corps Co.C
Bowman, Benjamin VA 7th Cav. Co.I
Bowman, Benjamin VA 58th Mil. Co.G
Bowman, Benjamin VA 146th Mil. Co.B
Bowman, Benjamin E. TN 45th Inf. Co.I Sgt.
Bowman, Benjamin F. KY 8th Cav. Co.K Cpl.
Bowman, Benjamin Lee MO Lt.Arty. Parsons' Co. Capt.
Bowman, Benjamin Lee MO 6th Inf. Co.I Capt.
Bowman, Benjamin T. GA 18th Inf. Co.H
Bowman, Benton AL 12th Cav. Co.B
Bowman, Berryman T. VA 12th Cav. Co.C
Bowman, B.H. GA 59th Inf. Co.G Sgt.
Bowman, B.M. NC Inf. Thomas Legion Co.G
Bowman, Booker TN 16th (Logwood's) Cav. Co.K
Bowman, B.T. TN 18th Inf. Co.H
Bowman, B.T. VA 7th Bn.Res. Co.A
Bowman, C. GA 5th Res. Co.A
Bowman, C.A. LA 18th Inf. Co.H
Bowman, C.A. LA Inf.Cons.Crescent Regt. Co.C
Bowman, Calvin NC 32nd Inf. Co.D,E
Bowman, Calvin M. NC 28th Inf. Co.C
Bowman, Calvin W. AR 8th Inf. New Co.F Sgt.
Bowman, Cantrell TN 25th Inf. Co.E
Bowman, Cary MO 5th Inf. Co.A
Bowman, Casper VA 12th Cav. Co.H
Bowman, Casper VA 58th Mil. Co.I Sgt.
Bowman, C.C. GA 1st Cav. Co.D
Bowman, C.C. KY 12th Cav. Co.A Cpl.
Bowman, C.C. KY 1st Inf. Co.F Capt.
Bowman, C.C. MS 6th Inf. Co.B Cpl.
Bowman, C.C. NC 14th Inf. Co.C
Bowman, C.C. TN 60th Mtd.Inf. Co.K
Bowman, C.C. VA 12th Inf. Co.D
Bowman, Charles NC 7th Sr.Res. Watts' Co.
Bowman, Charles TN 5th Inf. 2nd Co.G
Bowman, Charles A. LA Inf.Crescent Regt. Co.A
Bowman, Charles H. VA 51st Inf. Co.H
Bowman, Charles S. Gen. & Staff, Cav. 2nd Lt.
Bowman, Coleman VA 10th Cav.
Bowman, Conrad VA 31st Mil. Co.I
Bowman, Cornelius GA 21st Inf. Co.G Sgt.
Bowman, Crockett VA 50th Inf. Co.K
Bowman, Curtis C. KY 1st (Butler's) Cav. Maj.
Bowman, Curtis C. KY 7th Cav. Maj.
Bowman, C.W. LA Inf. 10th Bn. Co.B
Bowman, C.W. LA Inf.Cons. 18th Regt. & Yellow Jacket Bn. Co.B
Bowman, C.W. TX 7th Cav. Co.K
Bowman, D. TN Lt.Arty. Winston's Co.
Bowman, D. VA 9th Bn.Res. Co.D Cpl.
Bowman, Dallas W. 1st Choctaw & Chickasaw Mtd.Rifles 1st Co.K
Bowman, Daniel AL 56th Part.Rangers Co.K
Bowman, Daniel AL 4th Inf. Co.D,B
Bowman, Daniel NC 5th Sr.Res. Co.D Cpl.
Bowman, Daniel NC 45th Inf. Co.B
Bowman, Daniel TN 29th Inf. Co.F
Bowman, Daniel TN Vol. (Loc.Def.Troops) McLin's Co.
Bowman, Daniel VA 7th Cav. Co.C
Bowman, Daniel H. NC 2nd Arty. (36th St.Troops) Co.C
Bowman, Daniel K. TN 60th Mtd.Inf. Co.D Cpl.
Bowman, Daniel S. VA 97th Mil. Co.B
Bowman, David MO 2nd Inf. Co.H
Bowman, David NC 6th Inf. Co.D
Bowman, David NC 32nd Inf. Co.E
Bowman, David NC 37th Inf. Co.G
Bowman, David SC 1st Inf. Co.C
Bowman, David VA 7th Cav. Co.I
Bowman, David VA 21st Cav. 2nd Co.C
Bowman, David VA 4th Inf. Co.G
Bowman, David VA 58th Mil. Co.H
Bowman, David R.P. MO 6th Inf. Co.E
Bowman, David W. SC Lt.Arty. 3rd (Palmetto) Bn. Co.D
Bowman, D.C. VA Mil. Scott Cty.
Bowman, D.E. AL Cav. Hardie's Bn.Res. Co.C
Bowman, D.F. VA 6th Inf. Co.A
Bowman, D.H. MO 9th Bn.S.S. Co.C
Bowman, D.H. NC Lt.Arty. 13th Bn. Co.C
Bowman, D.H. NC 52nd Inf. Co.D
Bowman, D.L. NC 37th Inf. Co.F
Bowman, D.P. SC 5th Cav. Co.A
Bowman, D.R. SC 11th Inf. Co.H
Bowman, D.R.P. MO Inf. 3rd Bn. Co.A
Bowman, D.S. AR 10th Inf. Co.F,C
Bowman, D.S. VA 8th Bn.Res. Co.D
Bowman, D.W. AL 15th Inf. Co.F
Bowman, D.W. TX Cav. Wells' Regt. Co.F
Bowman, E. AR 18th (Marmaduke's) Inf. Co.A
Bowman, E. VA 12th Inf. Co.D
Bowman, E.A. AR Mil. Borland's Regt. King's Co.
Bowman, Edward TX 13th Cav. Co.C
Bowman, Edward VA 7th Cav. Co.H
Bowman, Edward H. MO 1st Cav. Co.I
Bowman, Edwin. AL 63rd Inf. Co.B Cpl.
Bowman, E.F. TN 4th (Murray's) Cav. Co.D
Bowman, E.F. 1st Conf.Cav. 2nd Co.C
Bowman, Eli VA 18th Cav. Co.D
Bowman, Elias MS Lt.Arty. (Brookhaven Lt.Arty.) Hoskins' Btty.
Bowman, Elias VA 45th Inf. Co.I
Bowman, Elijah GA 1st Inf. (St.Guards) Co.G
Bowman, Elkanah L. NC 12th Inf. Co.A
Bowman, E.P. NC 1st Arty. (10th St.Troops) Co.H

Bowman, Ephraim VA 12th Cav. Co.H
Bowman, Ephraim VA 8th Bn.Res. Co.C
Bowman, Ephraim VA 58th Mil. Co.G
Bowman, F. FL 1st (Res.) Inf. Co.L
Bowman, F. VA 1st St.Res. Co.D
Bowman, F.E. LA Lt.Arty. 4th Btty. (Cameron's)
Bowman, F.J. AL 1st Regt. Mobile Vol. Co.E
Bowman, F.M. VA 7th Bn.Res. Co.A
Bowman, Francis D. AL 58th Inf. Co.I
Bowman, Francis M. MO 1st & 3rd Cons.Cav. Co.H
Bowman, Francis M. MO Cav. 3rd Bn. Co.B,H
Bowman, Francis M. TN 45th Inf. Co.I Sgt.
Bowman, Frank VA 23rd Inf.
Bowman, Franklin VA 12th Cav. Co.H
Bowman, Fulk C. VA 45th Inf. Co.I
Bowman, F.W. LA 3rd (Wingfield's) Cav. Co.E
Bowman, G. AL 11th Inf.
Bowman, Galen VA 50th Inf. Co.K
Bowman, Gallihugh F. VA 6th Inf. 2nd Co.E
Bowman, G.E. TX McMinn's Co.
Bowman, George AR 14th (McCarver's) Inf. Co.D Sgt.
Bowman, George KY 2nd (Duke's) Cav. Co.D
Bowman, George KY 3rd Cav. Co.B
Bowman, George KY 7th Cav. Co.B
Bowman, George KY 13th Cav. Co.K
Bowman, George NC 26th Inf. Co.K
Bowman, George NC 35th Inf. Co.K Sgt.
Bowman, George TN Lt.Arty. Burroughs' Co.
Bowman, George TN 1st Inf. Co.F
Bowman, George VA 7th Cav. Co.B
Bowman, George VA 12th Cav. Co.K
Bowman, George VA 8th Bn.Res. Co.C
Bowman, George VA 97th Mil. Co.C
Bowman, George VA 114th Mil. Co.B
Bowman, George VA 146th Mil. Co.E
Bowman, George E. VA 41st Inf. 2nd Co.G
Bowman, George E. VA 146th Mil. Co.E
Bowman, George F. TN 46th Inf. Co.B 2nd Lt.
Bowman, George G. GA Cobb's Legion Co.C
Bowman, George H. VA 12th Cav. Co.I
Bowman, George H. VA 52nd Inf. Co.H
Bowman, George O. VA 18th Cav. Co.K
Bowman, George R. NC 13th Inf. Co.K
Bowman, George W. AR 21st Inf. Co.K
Bowman, George W. KY 1st Inf. Co.H
Bowman, George W. MO 1st Cav. Co.K
Bowman, George W. TN 1st Bn.
Bowman, George W. TN 60th Mtd.Inf. Co.F
Bowman, George W. VA 18th Cav. Co.C
Bowman, George W. VA 3rd (Chrisman's) Bn.Res. Co.C
Bowman, George W. VA Inf. 23rd Bn. Co.H
Bowman, G.F. AL Cav. Lewis' Bn. Co.B 2nd Lt.
Bowman, G.F. TN Inf. 154th Sr.Regt. Co.F
Bowman, G.G. AL 62nd Inf. Co.F,E
Bowman, Gilbert E. VA Inf. 25th Bn. Co.B
Bowman, Gilbert E. VA 49th Inf. Co.F
Bowman, G.M. AR Cav. Gordon's Regt. Co.I
Bowman, Gollihue VA 8th Inf. Co.C
Bowman, Granville 1st Choctaw & Chickasaw Mtd.Rifles 1st Co.K Sgt.
Bowman, Green B. GA 45th Inf. Co.K
Bowman, Green S. GA 13th Cav. Co.E
Bowman, G.S. AL 3rd Res. Co.A
Bowman, Guilford U. NC 54th Inf. Co.K
Bowman, G.W. KY 3rd Mtd.Inf. Co.D
Bowman, G.W. GA 44th Inf. Co.G
Bowman, G.W. NC 21st Inf. Co.F
Bowman, G.W. TN 6th Inf. Co.F
Bowman, G.W. TX 30th Cav. Co.A
Bowman, G.W. VA 7th Cav.
Bowman, G.W. 3rd Conf.Cav. Co.H
Bowman, H. GA 1st Inf. (St.Guards) Co.D
Bowman, H. MS 7th Inf. Co.B
Bowman, H. MO 5th Cav. Co.A
Bowman, H.A. VA 2nd St.Res. Co.I
Bowman, Hardy GA 60th Inf. Co.G
Bowman, Harrison VA 51st Inf. Co.A
Bowman, H.D. TX 21st Cav. Co.I
Bowman, H. David VA 58th Mil. Co.I
Bowman, Henry LA 13th Inf. Co.F
Bowman, Henry MO 4th Cav. Co.D
Bowman, Henry MO 6th Cav. Co.K
Bowman, Henry NC 51st Inf. Co.E
Bowman, Henry TN 60th Mtd.Inf. Co.D
Bowman, Henry TN 63rd Inf. Co.D,I
Bowman, Henry TN Blair's Co. (Loc.Def.Troops)
Bowman, Henry TX 22nd Inf. Co.A
Bowman, Henry VA 13th Cav. Co.E Cpl.
Bowman, Henry VA 23rd Cav. Co.I
Bowman, Henry VA 50th Inf. Co.K
Bowman, Henry Conf.Inf. 8th Bn. Co.E
Bowman, Henry F. TN 5th Inf. 2nd Co.G Capt.
Bowman, Henry G. LA 17th Inf. Co.K
Bowman, Henry V. TN 45th Inf. Co.I Cpl.
Bowman, Hiram TN 25th Inf. Co.E
Bowman, Hiram VA 51st Mil. Co.E
Bowman, H.M. TN 21st (Wilson's) Cav. Co.G
Bowman, Hosea NC 26th Inf. Co.F
Bowman, H.P. FL Cav. 3rd Bn. Co.B
Bowman, H.P. 15th Conf.Cav. Co.D
Bowman, H.T. TN 20th (Russell's) Cav. Co.K Maj.
Bowman, Hugh VA 50th Inf. Co.K
Bowman, H.W.G. SC 11th Inf. Co.B 1st Lt.
Bowman, I. Conf.Arty. McIntosh's Bn. QMSgt.
Bowman, Isaac GA 7th Inf. Co.C
Bowman, Isaac LA Miles' Legion Co.B
Bowman, Isaac TN 60th Mtd.Inf. Co.D
Bowman, Isaac VA Lt.Arty. B.Z. Price's Co.
Bowman, Isaac VA Lt.Arty. W.H. Rice's Co.
Bowman, Isaac VA 51st Mil. Co.A
Bowman, Isaac (of S) VA 136th Mil. Co.D
Bowman, Isaac B. AL 18th Inf. Co.K
Bowman, Isaac D. VA 37th Inf. Co.H
Bowman, Isaac G. TX 7th Cav. Co.K Capt.
Bowman, Isaiah VA 23rd Cav. Co.G Cpl.
Bowman, Isaiah VA 2nd Inf. Co.E,C
Bowman, Isaiah VA 146th Mil. Co.G
Bowman, Isham MS 7th Inf. Co.H,B
Bowman, J. KY 5th Cav. Co.C
Bowman, J. TN Inf. 22nd Bn. Co.F
Bowman, J. TN 51st Inf. Co.D
Bowman, J. VA 5th Inf. Co.H
Bowman, J.A. AL 30th Inf. Co.E
Bowman, J.A. LA 12th Inf. Co.K
Bowman, J.A. NC 12th Inf. Co.A
Bowman, Jackson KY 3rd Cav. Co.B
Bowman, Jackson TN 1st (Carter's) Cav. Co.M
Bowman, Jackson TN 60th Mtd.Inf. Co.A
Bowman, Jackson TX 22nd Inf. Co.A
Bowman, Jacob KY 6th Mtd.Inf. Co.G
Bowman, Jacob MS 6th Inf. Co.B
Bowman, Jacob NC 11th (Bethel Regt.) Inf. Co.B
Bowman, Jacob NC 32nd Inf. Co.E
Bowman, Jacob TN Vol. (Loc.Def.Troops) McLin's Co.
Bowman, Jacob VA 7th Cav. Co.H,I
Bowman, Jacob VA 23rd Cav. Co.G
Bowman, Jacob VA 33rd Inf. Co.B
Bowman, Jacob VA 58th Mil. Co.H Sgt.
Bowman, Jacob C. VA 10th Inf. Co.L Cpl.
Bowman, Jacob W. NC 58th Inf. Co.B Capt.
Bowman, Jacob W. VA 19th Cav. Co.A
Bowman, James GA Cav. 9th Bn. (St.Guards) Co.F
Bowman, James KY 4th Cav. Co.E
Bowman, James MS 6th Inf. Co.B Cpl.
Bowman, James NC 33rd Inf. Co.D
Bowman, James NC 55th Inf. Co.I
Bowman, James TN 4th Cav.
Bowman, James TX Cav. 2nd Regt.St.Troops Co.C Sgt.
Bowman, James VA 45th Inf. Co.G
Bowman, James 3rd Conf.Eng.Troops Co.D
Bowman, James A. GA 6th Inf. Co.B
Bowman, James C. TN 29th Inf. Co.G Cpl.
Bowman, James C. TN 45th Inf. Co.I Cpl.
Bowman, James C. TX 22nd Cav. Co.E
Bowman, James F. TN 45th Inf. Co.I
Bowman, James H. KY 3rd Mtd.Inf. Co.B Maj.
Bowman, James H. VA 8th Bn.Res. Co.D
Bowman, James J. VA Inf. 21st Bn. Co.A, 1st Co.D
Bowman, James K. GA 42nd Inf. Co.G
Bowman, James K. VA 11th Cav. Co.E
Bowman, James K.P. TN 63rd Inf. Co.I
Bowman, James M. NC 6th Inf. Co.A
Bowman, James M. TN 29th Inf. Co.G
Bowman, James M. VA 2nd Arty. Co.A
Bowman, James M. VA Inf. 22nd Bn. Co.A Sgt.
Bowman, James M. VA 49th Inf. Co.H
Bowman, James P. LA 3rd Cav. Co.I 1st Lt.
Bowman, James P. TN 23rd Inf. 2nd Co.A
Bowman, James S. VA Inf. 25th Bn. Co.B
Bowman, James T. TN 2nd (Robison's) Inf. Co.F
Bowman, James W. GA 35th Inf. Co.I
Bowman, Jason AR 34th Inf. Co.K
Bowman, J.B. NC 26th Inf. Co.F
Bowman, J.B. TN 3rd (Forrest's) Cav. Co.I
Bowman, J.C. TN 47th Inf. Co.B
Bowman, J.C. VA 12th Cav. Co.F
Bowman, J.C. VA 1st (Farinholt's) Res. Co.G
Bowman, J.C. VA 82nd Mil. Co.D
Bowman, J.D. LA 10th Inf. Co.G 1st Lt.
Bowman, J. Douling LA 15th Inf. Co.G 1st Lt.
Bowman, Jefferson VA Lt.Arty. Jackson's Bn.St.Line Co.B
Bowman, Jefferson VA Inf. 23rd Bn. Co.C
Bowman, Jefferson VA 45th Inf. Co.L
Bowman, Jefferson VA 50th Inf. Co.K
Bowman, Jesse MS 2nd (Quinn's St.Troops) Inf. Co.I
Bowman, Jesse S. TX 26th Cav. Co.B
Bowman, Jesse S. TX 36th Cav. Co.D

Bowman, J.H. GA Arty. (Chatham Arty.) Wheaton's Co.
Bowman, J.H. GA 1st (Olmstead's) Inf. Claghorns' Co.
Bowman, J.H. KY 7th Cav. Co.B
Bowman, J.H. TX Cav. Gano's Squad. Co.B
Bowman, J.H. VA Inf. 4th Bn.Loc.Def. Co.F
Bowman, J.H.D. MS Mtd.Inf. (St.Troops) Maxey's Co.
Bowman, J.J. AR 10th Mil. Co.I Sgt.
Bowman, J.J. VA 9th Bn.Res. Co.A
Bowman, J.K.P. AL 48th Inf. Co.I
Bowman, J.L. MD 1st Cav. Co.K
Bowman, J.L. 14th Conf.Cav. Co.A
Bowman, J.M. KY 8th Cav. Co.K
Bowman, J.M. MS 1st Cav. Co.H
Bowman, J.M. MO 1st & 4th Cons.Inf. Co.C
Bowman, J.M. MO 4th Inf. Co.B
Bowman, J.M. TN 21st (Wilson's) Cav. Co.G
Bowman, J.M. VA 12th Cav. Co.H
Bowman, Joel C. VA 45th Inf. Co.I
Bowman, Joel H. GA 35th Inf. Co.I
Bowman, John AL 56th Part.Rangers Co.K
Bowman, John AR 14th (McCarver's) Inf. Co.D
Bowman, John AR 21st Inf. Co.K
Bowman, John AR Mil. Borland's Regt. Peyton Rifles Co.
Bowman, John GA Inf. 10th Bn. Co.A
Bowman, John KY Cav. 1st Bn. Co.A
Bowman, John KY 11th Cav. Co.G
Bowman, John KY 1st Inf. Co.B
Bowman, John LA 3rd Inf. Co.E
Bowman, John MS 7th Inf. Co.H
Bowman, John NC 14th Inf. Co.C
Bowman, John NC 26th Inf. Co.F
Bowman, John NC 37th Inf. Co.F
Bowman, John SC 1st (Butler's) Inf. Co.E
Bowman, John TN Lt.Arty. Winston's Co. Cpl.
Bowman, John TN 29th Inf. Co.G
Bowman, John TX Inf. Chambers' Bn.Res.Corps Co.C
Bowman, John VA 11th Cav. Co.H
Bowman, John VA 12th Cav. Co.K
Bowman, John VA 23rd Cav. Co.G
Bowman, John VA Cav. O'Ferrall's Bn. Co.B
Bowman, John VA Lt.Arty. Donald's Co.
Bowman, John VA 3rd Bn. Valley Res. Co.D
Bowman, John VA 6th Inf. 2nd Co.E
Bowman, John VA 9th Bn.Res. Co.A
Bowman, John VA 29th Inf. Co.D
Bowman, John VA 58th Mil. Co.G Cpl.
Bowman, John VA 97th Mil. Co.B
Bowman, John VA 136th Mil. Co.A
Bowman, John VA Mil. Carroll Cty.
Bowman, John A. MS 12th Cav. Co.F
Bowman, John A. MS 41st Inf. Co.E
Bowman, John A. MO Inf. 1st Regt.St.Guard Co.C Capt.
Bowman, John A. VA 6th Inf. 2nd Co.E
Bowman, John C. MS Bradford's Co. (Conf. Guards Arty.) Black.
Bowman, John F. AR 1st Vol. Co.C
Bowman, John H. AR 8th Inf. New Co.F 1st Lt.
Bowman, John H. GA 1st (Olmstead's) Inf. Davis' Co.
Bowman, John H. GA Inf. 2nd Bn. Co.C
Bowman, John H. VA Cav. O'Ferrall's Bn. Co.B
Bowman, John H. VA 1st St.Res. Co.I
Bowman, John J. AR 16th Inf. Co.C
Bowman, John J. VA 12th Inf. Co.D
Bowman, John M. MS Cav. 1st Bn. (Miller's) Co.A
Bowman, John M. VA Lt.Arty. Hardwicke's Co.
Bowman, John M. VA 58th Mil. Co.I
Bowman, John N. VA 23rd Cav. Co.A
Bowman, John O. AR 27th Inf. Old Co.B, Co.E
Bowman, John O. SC 5th Cav. Co.D
Bowman, John O. SC Cav. 17th Bn. Co.A
Bowman, John P. MO Inf. 6th Regt.St.Guard Maj.
Bowman, John R. NC 34th Inf. Co.C 2nd Lt.
Bowman, John R. VA 10th Inf. 2nd Co.C
Bowman, John R. VA 58th Mil. Co.B 1st Sgt.
Bowman, John S. VA 12th Cav. Co.H Sgt.
Bowman, John S. VA 25th Inf. 1st Co.I 1st Lt.
Bowman, John T. GA 8th Inf. Co.F Sgt.
Bowman, John T. MS 19th Inf. Co.D
Bowman, John T. NC 16th Inf. Co.I
Bowman, John T. TN Cav. Newsom's Regt. Co.B
Bowman, John V. MS 17th Inf. Co.C
Bowman, John W. MS 1st Lt.Arty. Co.I
Bowman, John W. MO 2nd Inf. Co.C
Bowman, John W. NC 53rd Inf. Co.K
Bowman, John W. VA 10th Cav. 1st Co.E
Bowman, John W. VA 12th Cav. Co.E
Bowman, John W. VA 10th Inf. Co.F
Bowman, John W. VA 33rd Inf. Co.G
Bowman, John W. VA 136th Mil. Co.E
Bowman, Jonas NC 32nd Inf. Co.D,E
Bowman, Jonathan MO Cav. 3rd Bn. Co.B
Bowman, Joseph GA 42nd Inf. Co.G
Bowman, Joseph LA Mil. 4th Regt. 3rd Brig. 1st Div. Co.D
Bowman, Joseph MS 6th Inf. Co.C
Bowman, Joseph NC 21st Inf. Co.F
Bowman, Joseph NC 21st Inf. Co.G
Bowman, Joseph NC 52nd Inf. Co.D Cpl.
Bowman, Joseph TN 4th (Murray's) Cav. Co.D
Bowman, Joseph TN 60th Mtd.Inf. Co.F
Bowman, Joseph VA 10th Cav. Co.H
Bowman, Joseph VA Patrol Guard 11th Congr. Distr. (Mtd.)
Bowman, Joseph 1st Conf.Cav. 2nd Co.C
Bowman, Joseph Morgan's,CSA
Bowman, Joseph C. VA 10th Inf. Co.F
Bowman, Joseph C. VA Mil. 68th Regt. Capt.
Bowman, Joseph H. NC 21st Inf. Co.F
Bowman, Joseph H. TN 32nd Inf. Co.D
Bowman, Joseph H. VA 19th Inf. Co.A
Bowman, Joseph Lafayette NC 32nd Inf. Co.E
Bowman, Joseph Logan NC 32nd Inf. Co.D,E
Bowman, Joseph M. KY 5th Cav. Co.A,B 1st Lt.
Bowman, Joseph P. TN 63rd Inf. Co.D
Bowman, Joseph R. VA Lt.Arty. W.H. Rice's Co.
Bowman, Joseph W. VA Lt.Arty. W.H. Rice's Co.
Bowman, Josh TN 51st Inf. Co.F
Bowman, Joshua NC 37th Inf. Co.F
Bowman, Joshua TN Cav. Newsom's Regt. Co.B
Bowman, Josiah GA 1st Inf. (St.Guards) Co.G
Bowman, Josiah TN 25th Inf. Co.H
Bowman, Josiah VA Cav. O'Ferrall's Bn. Co.B Cpl.
Bowman, J.S. TN 61st Mtd.Inf. Co.F
Bowman, J.T. GA 1st Inf. (St.Guards) Co.B
Bowman, J.T. GA 55th Inf. Co.D,A
Bowman, J.T. TN 6th Inf. Co.L
Bowman, J.T. TN 55th (Brown's) Inf. Ford's Co.
Bowman, Julius LA Mil. 4th Regt.Eur.Brig. Co.C
Bowman, Julius LA Mil.Cont.Regt. Mitchell's Co.
Bowman, J.W. AL 62nd Inf. Co.C
Bowman, J.W. GA Inf. 1st City Bn. (Columbus) Co.A
Bowman, J.W. NC 26th Inf. Co.F
Bowman, J.W. NC 37th Inf. Co.F
Bowman, J.W. NC McLean's Bn.Lt.Duty Men Co.A Sgt.
Bowman, J.W. NC Inf. Thomas Legion Co.A
Bowman, J.W. TN 8th (Smith's) Cav. Co.K Sgt.
Bowman, J.W. TN 18th Inf. Co.C
Bowman, J.W. VA 50th Inf. Co.A
Bowman, J.W. VA 94th Mil. Co.A
Bowman, J.W. Gen. & Staff Capt.,AQM
Bowman, L. NC 3rd Arty. (40th St.Troops) Co.I
Bowman, L. VA 1st St.Res. Co.D
Bowman, Lanson NC 12th Inf. Co.A
Bowman, Larkin N. GA 22nd Inf. Co.A
Bowman, Lawson NC 32nd Inf. Co.E
Bowman, L. Bird VA 7th Cav. Co.C
Bowman, L.D. GA 7th Cav. Co.C
Bowman, L.D. GA Cav. 24th Bn. Co.B
Bowman, L.D. GA 3rd Mil. Co.C
Bowman, L.E.D. SC 11th Res. Co.H
Bowman, Lemuel W. TX 3rd Inf. Co.H
Bowman, Leonidos TX 21st Cav. Co.I
Bowman, Lewis SC 1st (Hagood's) Inf. 1st Co.G Sgt.
Bowman, Lewis TX 10th Inf. Co.I
Bowman, L.J. GA 24th Inf. Co.C
Bowman, Logan NC 37th Inf. Co.E,F
Bowman, Lucius B. GA 12th Inf. Co.C
Bowman, Lucius T. TN 5th Inf. 2nd Co.K 2nd Lt.
Bowman, M. LA 21st (Kennedy's) Inf. Co.F
Bowman, M. MS 3rd Inf. Co.B
Bowman, M. NC 15th Inf. Co.H
Bowman, Mack NC 16th Inf. Co.I
Bowman, Madison VA 21st Cav. Co.K
Bowman, Madison VA 45th Inf. Co.I
Bowman, Madison VA 54th Inf. Co.G
Bowman, Marcus L. VA 63rd Inf. 2nd Co.I, Co.G
Bowman, Martin LA 1st (Strawbridge's) Inf. Co.E,G
Bowman, Martin TN Conscr. (Cp. of Instr.)
Bowman, Martin L. LA 4th Inf. Old Co.G
Bowman, Matthew GA 7th Inf. Co.C,D
Bowman, Max TX 35th (Brown's) Cav. Co.H
Bowman, Max TX Inf. Houston Bn. Co.D
Bowman, Medford VA 1st Bn.Res. Co.H 2nd Lt.
Bowman, Medford C. TN 45th Inf. Co.I 1st Sgt.
Bowman, Merrell GA 45th Inf. Co.E Cpl.
Bowman, M.H. MO 11th Inf. Co.F
Bowman, Michael VA 7th Cav. Co.B

Bowman, Michael H. VA 10th Cav. Co.H
Bowman, Mike KY 6th Mtd.Inf. Co.E
Bowman, Miles NC 37th Inf. Co.G
Bowman, Milton MO Inf. 4th Regt.St.Guard Co.C 1st Lt.
Bowman, Milton VA Cav. 35th Bn. Co.E
Bowman, M.L. LA 3rd (Wingfield's) Cav. Co.E Lt.
Bowman, M.L. MS 6th Inf. Co.D Sgt.
Bowman, M.L. MS 14th (Cons.) Inf. Co.A
Bowman, M.M. NC 37th Inf. Co.F
Bowman, M.M. TX 18th Inf. Co.F 2nd Lt.
Bowman, Moses VA 12th Cav. Co.K
Bowman, Moses VA 136th Mil. Co.F
Bowman, M.S. LA 4th Inf. Co.F
Bowman, M.S. Sig.Corps,CSA
Bowman, M.W. TX 4th Inf. Co.C
Bowman, N. SC 11th Inf. Co.B
Bowman, N. SC 23rd Inf. Co.A
Bowman, Nathaniel R. VA Hvy.Arty. 20th Bn. Co.D
Bowman, N.B. MO 16th Inf. Co.F
Bowman, Nicholas VA 45th Inf. Co.I
Bowman, Nimrod VA 23rd Cav. Co.A
Bowman, Nimrod VA Cav. 41st Bn. Co.A
Bowman, N.K. TN 63rd Inf. Co.I
Bowman, N.O. TN Inf. 154th Sr.Regt. Co.F Cpl.
Bowman, Noah NC 12th Inf. Co.A
Bowman, Noah VA 58th Mil. Co.B Sgt.
Bowman, Noah W. VA 10th Inf. 2nd Co.C Cpl.
Bowman, Noah W. VA 58th Mil. Co.B Capt.
Bowman, N.R. GA 1st Cav. Co.H
Bowman, O.H. TN 47th Inf. Co.B
Bowman, Oliver VA 4th Res. Co.F
Bowman, O.M.A. MO Inf. 4th Regt.St.Guard Co.B Drum.
Bowman, O.M.C. MO 7th Cav. Co.I Sgt.
Bowman, O.N. SC 20th Inf. Co.B
Bowman, P. AL 56th Part.Rangers Co.B
Bowman, P. TX 21st Inf. Co.D
Bowman, P. VA 3rd (Archer's) Bn.Res. Co.D
Bowman, P. VA Second Class Mil. Wolff's Co.
Bowman, Paul VA 12th Cav. Co.H
Bowman, P.C. NC 12th Inf. Co.A
Bowman, Peter TX 2nd Inf. Co.A
Bowman, Peter VA 37th Inf. Co.B
Bowman, P.F. NC 3rd Arty. (40th St.Troops) Co.I
Bowman, Philip AL 15th Bn.Part.Rangers Co.B
Bowman, Philip LA 1st (Strawbridge's) Inf. Co.I
Bowman, Philip VA 8th Bn.Res. Co.C
Bowman, Philip H. VA 7th Cav. Co.C
Bowman, Philip H. VA 12th Cav. Co.K
Bowman, Philip H. VA 136th Mil. Co.F
Bowman, Pius Conf.Reg.Inf. Brooks' Bn. Co.D
Bowman, Pleas TN 51st Inf. Co.F
Bowman, Pleasant W. KY 5th Cav. Teamster
Bowman, P.M. GA 3rd Mil. Co.H
Bowman, Polebius E. VA 7th Cav. Co.C
Bowman, Porter MO 2nd Inf. Co.H
Bowman, Preston TX Inf. Griffin's Bn. Co.E
Bowman, Q.E. NC 12th Inf. Co.A
Bowman, R. NC 7th Sr.Res. Johnson's Co.
Bowman, R. NC 30th Inf. Co.K
Bowman, R. SC 23rd Inf. Co.A
Bowman, R.C. TN 29th Inf. Co.G
Bowman, R.C. TN 60th Mtd.Inf. Co.D Cpl.
Bowman, R.C. VA Courtney Arty. Cpl.
Bowman, Reuben VA 50th Inf. Co.K
Bowman, R.F. TN 8th (Smith's) Cav. Co.I 2nd Lt.
Bowman, R. Foster TN 4th (Murray's) Cav. Co.F 2nd Lt.
Bowman, R.H. AL 6th Cav. Co.A
Bowman, Rich VA Inf. 4th Bn.Loc.Def. Co.F
Bowman, R.M. KY 2nd Mtd.Inf. Co.K Sgt.
Bowman, R.M. TN 8th Inf. Co.A Cpl.
Bowman, R.M. TN 23rd Inf. 2nd Co.A
Bowman, R.M. VA 3rd Res. Co.H
Bowman, R.M. VA 30th Inf. Co.A Cpl.
Bowman, R.N. AR 3rd Inf. Co.A
Bowman, Robert GA 38th Inf. Co.K
Bowman, Robert GA 63rd Inf. Co.C
Bowman, Robert KY 1st (Butler's) Cav. Co.B
Bowman, Robt. KY 2nd Mtd.Inf. Co.K Sgt.
Bowman, Robert LA 1st (Strawbridge's) Inf. Co.E Cpl.
Bowman, Robert MS 1st Lt.Arty. Co.I Capt.
Bowman, Robert MS 21st Inf. Co.F
Bowman, Robert NC 26th Inf. Co.F
Bowman, Robert VA 7th Cav. Co.C
Bowman, Robert VA 12th Cav. Co.K
Bowman, Robert VA 5th Inf. Co.K,H
Bowman, Robert VA 10th Inf. Co.G
Bowman, Robert VA Inf. 23rd Bn. Co.C
Bowman, Robert VA 45th Inf. Co.L
Bowman, Robert VA 97th Mil. Co.B
Bowman, Robt. Gen. & Staff, Comsy.Dept. Capt.
Bowman, Robert C. KY 5th Mtd.Inf. Co.F
Bowman, Robert C. VA Lt.Arty. Weisiger's Co. Cpl.
Bowman, Robert C. VA 16th Inf. Co.I Cpl.
Bowman, Robert H. GA 16th Inf. Co.F
Bowman, Robert K. TN 2nd (Robison's) Inf. Co.F
Bowman, Robert K. TN 18th Inf. Co.H
Bowman, Robert L. MS 26th Inf. Co.D
Bowman, Robert M. TN 23rd Inf. 2nd Co.A 1st Sgt.
Bowman, Robert M., Jr. TN 23rd Inf. 2nd Co.A
Bowman, Robert M. TX 24th Cav. Co.K
Bowman, Rodda NC 3rd Arty. (40th St.Troops) Co.I
Bowman, Ruel VA 50th Inf. Co.K
Bowman, R.V. Gen. & Staff Maj.,ACS
Bowman, R.W. VA 10th Inf. Cpl.
Bowman, S. MS 10th Cav. Co.H Bugler
Bowman, S. SC 1st Regt. Charleston Guard Co.G
Bowman, S. VA 12th Cav. Co.H
Bowman, S. Conf.Cav. Baxter's Bn. Co.A Bugler
Bowman, Samuel FL 4th Inf. Co.A
Bowman, Samuel MO 8th Cav. Co.G
Bowman, Samuel MO Cav. 10th Regt.St.Guard Co.E Capt.
Bowman, Samuel MO 12th Cav. Co.A Capt.
Bowman, Samuel MO Lt.Arty. Parsons' Co.
Bowman, Samuel NC 3rd Cav. (41st St.Troops) Co.F
Bowman, Samuel NC 11th (Bethel Regt.) Inf. Co.B
Bowman, Samuel TN 4th (Murray's) Cav. Co.F
Bowman, Samuel TN 8th (Smith's) Cav. Co.I
Bowman, Samuel TN 12th Inf. Co.B
Bowman, Samuel TN 12th (Cons.) Inf. Co.A
Bowman, Samuel TX 15th Inf. 2nd Co.G
Bowman, Samuel VA 8th Bn.Res. Co.D
Bowman, Samuel VA 45th Inf. Co.I
Bowman, Samuel VA 58th Mil. Co.G Cpl.
Bowman, Samuel A. 1st Conf.Inf. 2nd Co.D Music.
Bowman, Samuel B. VA Cav. 35th Bn. Co.E
Bowman, Samuel B. VA 97th Mil. Co.G
Bowman, Samuel G. TN 4th Inf. Co.L 2nd Lt.
Bowman, Samuel H. GA Cav. 2nd Bn. Co.D
Bowman, Samuel H. VA 10th Cav. Co.H 1st Lt.
Bowman, Samuel H. VA 33rd Inf. Co.C,B Capt.
Bowman, Samuel M. VA 33rd Inf. Co.C
Bowman, Samuel P. VA Inf. 23rd Bn. Co.D Cpl.
Bowman, Sanford KY 5th Mtd.Inf. Co.F
Bowman, S.C. NC 18th Inf. Co.C
Bowman, S.C. NC 32nd Inf. Co.E
Bowman, S.C. TN 20th (Russell's) Cav. Co.K
Bowman, S.C. TN 46th Inf. Co.D
Bowman, S.D. TN 63rd Inf. Co.K
Bowman, S.G. TN 8th (Smith's) Cav. Co.L
Bowman, S.G. VA 3rd (Chrisman's) Bn.Res. Co.A
Bowman, S.G. VA 7th Bn.Res. Co.B,A
Bowman, S.H. GA 5th Cav. Co.A
Bowman, S.H. MS 5th Cav. Co.D
Bowman, S.H. TN 12th Cav. Co.D
Bowman, S.H. TN 12th (Cons.) Inf. Co.E
Bowman, S.H. VA Lt.Arty. R.M. Anderson's Co.
Bowman, S.H. VA 3rd Inf.Loc.Def. Co.I
Bowman, S.H. Gen. & Staff Hosp.Stew.
Bowman, Silas B. TN 19th Inf. Co.B
Bowman, Silvester GA 13th Cav. Co.E
Bowman, Simon MS 3rd Inf. Co.E
Bowman, Simon P. NC 32nd Inf. Co.D,E Cpl.
Bowman, S.J. SC 2nd Inf. Co.D,B
Bowman, Solon M. VA 12th Cav. Co.H Cpl.
Bowman, Solon M. VA 58th Mil. Co.I
Bowman, S.W. MO 3rd Inf. Co.I 1st Sgt.
Bowman, S.W. VA 10th Cav. Co.D
Bowman, Sylvanus GA 9th Inf. (St.Guards) DeLaperriere's Co.
Bowman, T.A. MS 41st Inf. Co.E
Bowman, T.B. SC Mil. 1st Regt. (Charleston Res.) Co.D
Bowman, T.C. AL 5th Cav. Co.E
Bowman, T.E. LA Mil.Conf.Guards Regt. Co.H
Bowman, T.H. Conf.Cav. Wood's Regt. 1st Co.A
Bowman, Thaddeus C. GA 12th Cav. Co.I Cpl.
Bowman, Theodore TN 60th Mtd.Inf. Co.D Cpl.
Bowman, Theophilus TX 11th Cav. Co.I
Bowman, Theophilus TX Cav. Sutton's Co. Cpl.
Bowman, Thomas GA Lt.Arty. Guerard's Btty.
Bowman, Thomas LA 1st Res. Co.I
Bowman, Thomas LA Red River S.S.
Bowman, Thomas NC 26th Inf. Co.K
Bowman, Thomas TN 59th Mtd.Inf. Co.F
Bowman, Thomas TN 61st Mtd.Inf. Co.E
Bowman, Thomas J. GA 35th Inf. Co.I 1st Sgt.
Bowman, Thomas J. VA 23rd Cav. Co.I Sgt.

Bowman, Thomas J. VA 2nd Arty. Co.A
Bowman, Thomas J. VA Inf. 22nd Bn. Co.A
Bowman, Thomas P. NC 13th Inf. Co.K
Bowman, Thomas T. VA 22d Cav. Co.E
Bowman, T.J. LA 12th Inf. Co.K
Bowman, T.J. TX 1st Inf. Co.M
Bowman, Tyre VA 37th Inf. Co.B
Bowman, Tyree VA Inf. 1st Bn. Co.E
Bowman, U.W. Gen. & Staff Hosp.Stew.
Bowman, V.F. AL 5th Cav. Co.E Cpl.
Bowman, Vinc P. AL 48th Inf. Co.D
Bowman, W. MS 6th Inf. Co.D
Bowman, W. SC 1st Regt. Charleston Guard Co.G
Bowman, W.A.D. VA Inf. 4th Bn.Loc.Def. Co.F
Bowman, W.A.D. VA 6th Inf. Weisiger's Co.
Bowman, Washington MS 2nd (Quinn's St.Troops) Inf. Co.I
Bowman, Washington R. TX 21st Cav. Co.K
Bowman, W.B. AL Cav. Hardie's Bn.Res. Co.A
Bowman, W.C. AL 5th Inf. New Co.B
Bowman, W.C. TN Vol. (Loc.Def.Troops) McLin's Co.
Bowman, W.C. Gen. & Staff Chap.
Bowman, W.D. VA 1st St.Res. Co.D
Bowman, W.H. AL 51st (Part.Rangers) Co.D
Bowman, W.H. GA 1st Cav. Co.H
Bowman, W.H. TN Inf. 4th Cons.Regt. Co.H
Bowman, Whiten VA 7th Cav. Co.C Cpl.
Bowman, Wiley MS 2nd (Quinn's St.Troops) Inf. Co.I
Bowman, William AL Cav. Hardie's Bn.Res. Co.A Cpl.
Bowman, William AR 7th Mil. Co.A Drum.
Bowman, William FL 6th Inf. Co.C
Bowman, William GA 7th Inf. Co.C
Bowman, William KY 5th Cav. Co.E
Bowman, William KY 5th Cav. Co.H
Bowman, William LA 9th Inf. Co.K
Bowman, William LA 12th Inf. 2nd Co.M
Bowman, William LA 15th Inf. Co.C Capt.
Bowman, William MS 7th Inf. Co.B
Bowman, William NC 12th Inf. Co.A
Bowman, Wm. NC 22nd Inf. Co.I
Bowman, William NC 26th Inf. Co.K
Bowman, William NC 35th Inf. Co.K 1st Cpl.
Bowman, William SC 11th Inf. Co.B
Bowman, William TN Cav. 16th Bn. (Neal's) Co.D
Bowman, William TN 39th Mtd.Inf. Co.C
Bowman, William TN 60th Mtd.Inf. Co.D
Bowman, William TX Cav. Martin's Regt. Co.C
Bowman, William VA 7th Cav. Co.C
Bowman, William VA 12th Cav. Co.K
Bowman, William VA 14th Mil. Co.B
Bowman, William VA 29th Inf. Co.D
Bowman, William VA 54th Inf. Co.G
Bowman, William VA 62nd Mtd.Inf. 2nd Co.L
Bowman, William VA 136th Mil. Co.E
Bowman, William 1st Conf.Inf. 2nd Co.D
Bowman, William A. TX 16th Cav. Co.B
Bowman, William A.D. VA Courtney Arty. Cpl.
Bowman, William A.D. VA Lt.Arty. Weisiger's Co. Cpl.
Bowman, William A.D. VA 16th Inf. Co.I
Bowman, William B. AL 33rd Inf. Co.I
Bowman, William B. TN 29th Inf. Co.G
Bowman, William B. TN 29th Inf. Co.G 2nd Lt.
Bowman, William B. VA 2nd Inf.Loc.Def. Co.C Lt.
Bowman, William B. VA Inf. 2nd Bn.Loc.Def. Co.E Lt.
Bowman, William B. VA 6th Inf. Co.I
Bowman, William C. LA Inf. 4th Bn. Co.C
Bowman, William C. NC 34th Inf. Co.C
Bowman, William C. NC 45th Inf. Co.B
Bowman, William D. VA 12th Inf. Co.D
Bowman, William H. AL 51st (Part.Rangers) Co.A
Bowman, William H. AL 2nd Inf. Co.A
Bowman, William H. NC 21st Inf. Co.G
Bowman, William H. TX 21st Cav. Co.I 1st Lt.
Bowman, William H. VA 12th Cav. Co.E 1st Sgt.
Bowman, William H. VA 21st Cav. Co.K
Bowman, William H. VA 14th Inf. Co.A
Bowman, William H. VA 28th Inf. Co.D
Bowman, William H. VA 29th Inf. Co.G
Bowman, William H. VA 49th Inf. Co.F
Bowman, William H. VA 51st Inf.
Bowman, William H. VA 72nd Mil.
Bowman, William J. LA 12th Inf. Co.K
Bowman, William L. AL 43rd Inf. Co.I
Bowman, William M. KY 8th Cav. Co.K
Bowman, William M. TN 3rd (Lillard's) Mtd.Inf. Co.C
Bowman, William M. TN 32nd Inf. Co.D
Bowman, William M. VA 8th Bn.Res. Co.D,A
Bowman, William M. VA 146th Mil. Co.H
Bowman, William P. VA 50th Inf. Co.K
Bowman, William R. VA 10th Inf. Co.B
Bowman, William R. VA 58th Mil. Co.E 1st Lt.
Bowman, William S. TN 23rd Inf. 2nd Co.A Capt.
Bowman, William T. AL 8th Cav. Co.A
Bowman, William T. SC Lt.Arty. 3rd (Palmetto) Bn. Co.D
Bowman, Willis MS 2nd (Quinn's St.Troops) Inf. Co.I
Bowman, Willis P. GA 16th Inf. Co.F
Bowman, Wilson NC 12th Inf. Co.A
Bowman, Winfield MO 9th Inf. Co.I
Bowman, Winston LA 12th Inf. Co.B
Bowman, W.J. TN 60th Mtd.Inf. Co.G Cpl.
Bowman, W.R. KY 6th Cav. Co.G
Bowman, W.R. NC 4th Bn.Jr.Res. Co.A
Bowman, W.R. TN 20th (Russell's) Cav. Co.K
Bowman, W.R. TN 40th Inf. Co.B
Bowman, W.R. TX 25th Cav. Co.D
Bowman, W.S. Gen. & Staff Capt.,AQM
Bowman, W.T. AR 32nd Inf. Co.I
Bowman, W.W. TX 21st Cav. Co.I
Bowman, Z. AL Cav. Hardie's Bn.Res. Co.C
Bowman, Z.J. LA 12th Inf. Co.K
Bowmann, F.J. AL 95th Mil. Co.C 4th Cpl.
Bowmar, A.H. MS 28th Cav. Co.G Sgt.
Bowmar, H.D. KY 3rd Mtd.Inf. Co.M
Bowmar, J.D. KY 3rd Mtd.Inf. Co.M
Bowmar, J.H. MS Inf. 1st Bn.St.Troops (30 days '64) Co.A
Bowmar, J.H.D. KY 1st Inf. Co.E
Bowmer, B.T. TX 16th Inf. Co.D
Bowmer, E.A. GA 1st Cav. Co.F
Bowmer, Edward A. GA 11th Inf. Co.G
Bowmer, James MS Searcy's Bn.S.S.
Bowmer, William P. GA 11th Inf. Co.G
Bowmin, M. LA 15th Inf. Co.B
Bowmon, John TN 12th (Green's) Cav. Co.G
Bowmon, O.H. TN 12th (Green's) Cav. Co.G
Bown, David 9th Conf.Inf. Co.G
Bown, L. LA Mil. Chalmette Regt. Co.C
Bown, Robert AL Gorff's Co. (Mobile Pulaski Rifles)
Bownan, John AL 12th Cav. Co.B
Bownds, Jesse MS 27th Inf. Co.H
Bownds, T.J. AR 8th Inf. New Co.C
Bownds, T.S. AR 8th Inf. New Co.C Sgt.
Bowne, Alfred O. GA 1st (Olmstead's) Inf. Stiles' Co.
Bowne, Alfred O. GA Inf. 18th Bn. Co.B,C
Bowne, C.H. AL 11th Cav. Co.E 3rd Lt.
Bowner, Richard AR 13th Inf. Co.C
Bowram, L.W. LA 22nd Inf. Co.B
Bowran, J.T. AL 46th Inf. Co.B
Bowran, William GA 16th Inf. Co.I Music.
Bowren, C.H. MS 1st (Johnston's) Inf. Co.K
Bowren, Samuel D. AL 46th Inf. Co.B Cpl.
Bowrey, John TN 19th Inf. Co.G
Bowrey, Samuel TN Detailed Conscr. Co.B
Bowrey, William TN Detailed Conscr. Co.B
Bowrick, W.C. MS 11th (Perrin's) Cav. Co.G
Bowring, Andrew B. VA 30th Inf. Music.
Bowring, D. MS Inf. 1st Bn.St.Troops (30 days '64) Co.F
Bowring, D.W. AL 8th Inf. Co.B Cpl.
Bowring, Edwin T. MO 3rd Inf. Co.K
Bowring, Julius S. GA 16th Inf. Co.I 2nd Lt.
Bowring, Thompson AL 8th Inf. Co.B Music.
Bowrne, Joseph KY 2nd (Woodward's) Cav. Co.G
Bowrous, E.K. AR 21st Mil. Co.F
Bowrous, Thomas AR 21st Mil. Co.F
Bowry, Andrew TN 63rd Inf. Co.F
Bowry, B.W. VA Lt.Arty. 38th Bn. Co.A
Bowry, James F. VA Cav. 40th Bn. Co.E
Bowry, James M. TN 19th Inf. Co.G
Bowry, John TN 63rd Inf. Co.F
Bowry, John VA 1st Cav.St.Line
Bowry, John H. VA 3rd Cav. Co.D
Bowry, John W. TN 19th Inf. Co.G
Bowry, R.A. VA Lt.Arty. 1st Bn. Co.B
Bowry, R.A. VA Arty. Richardson's Co.
Bowry, William A. TN 19th Inf. Co.G Cpl.
Bows, James MO 1st Inf. Co.K
Bows, John NC 47th Inf. Co.D
Bows, Samuel NC 50th Inf. Co.A
Bowser, B.F. TX 18th Cav. Co.E
Bowser, B.F. TX Granbury's Cons.Brig. Co.H
Bowser, E.A. AR 2nd Cav. Co.F
Bowser, James TN Lt.Arty. Kain's Co.
Bowser, James TN 59th Mtd.Inf. Co.I
Bowser, James C. TN Sullivan Cty.Res. (Loc.Def.Troops)
Bowser, J.H. 7th Conf.Cav. Co.F
Bowser, John TN 29th Inf. Co.K
Bowser, John TN 60th Mtd.Inf. Co.G
Bowser, John B. VA 48th Inf. Co.I
Bowser, J.W. NC 3rd Jr.Res. Co.B Sgt.
Bowser, J.W. NC 4th Bn.Jr.Res. Co.B Sgt.
Bowser, Oliver P. TX 18th Cav. Co.E 2nd Lt.

Bowser, O.P. TX Granbury's Cons.Brig. Co.H 2nd Lt.
Bowsher, Henry LA Hvy.Arty. 8th Bn. Co.2
Bowsky, Julius MS Inf. 3rd Bn. Co.E
Bowsman, G. VA 50th Inf. Co.I
Bowsman, Jacob TX 22nd Inf. Co.A
Bowsman, John D. NC 15th Inf. Co.K
Bowsman, Julius L. MS Inf. 3rd Bn. Co.F
Bowsman, Levi TX 22nd Inf. Co.A
Bowsman, Lorenzo D. VA 64th Mil. Campbell's Co.
Bowson, H. VA 5th Cav. Co.E
Bowton, Frank TX 1st Hvy.Arty. Co.B
Bowton, J.W. TN 6th Inf. Co.I 1st Lt.
Bowtwell, Alexander K. MO 8th Cav. Co.H 2nd Lt.
Bowtwell, A.R. MO Cav. 1st Regt.St.Guard Co.C
Bowtwell, Stephen MO 8th Cav. Co.H
Bowtwell, William MO 8th Cav. Co.H,F
Bowyer, A.J. VA Lt.Arty. Penick's Co. Black.
Bowyer, Alexander VA 108th Mil. Co.C
Bowyer, Andrew L. VA 166th Mil. Co.A,B
Bowyer, Benton VA 22nd Inf. Co.G
Bowyer, C.A. VA Wade's Regt.Loc.Def. Co.D
Bowyer, C.E. TN 2nd (Ashby's) Cav. Co.I
Bowyer, Charles E. TN 2nd (Ashby's) Cav. Co.E
Bowyer, Charles Edward TN Cav. 4th Bn. (Branner's) Co.E Bugler
Bowyer, Charles L. VA Burks' Regt.Loc.Def. Flaherty's Co.
Bowyer, David VA 22nd Inf. Co.G
Bowyer, David VA 60th Inf. Co.D
Bowyer, David G. VA 5th Inf. Co.B
Bowyer, David G. VA 27th Inf. 2nd Co.H
Bowyer, David W. VA 11th Inf. Co.K Sgt.
Bowyer, D.L. VA Wade's Regt.Loc.Def. Co.D
Bowyer, Edmund F. VA Lt.Arty. Douthat's Co. Capt.
Bowyer, Edmund F. Gen. & Staff,PACS Asst.Surg.
Bowyer, George S. VA 2nd Cav. Co.C
Bowyer, G.W. MO 8th Inf. Co.K
Bowyer, G.W. VA 60th Inf. Co.A
Bowyer, H.C. MO 8th Inf. Co.K
Bowyer, Henry TX 2nd Cav. Co.D
Bowyer, H.M. VA Burks' Regt.Loc.Def. Miller's Co.
Bowyer, Huston VA Burks' Regt.Loc.Def. Flaherty's Co.
Bowyer, J.A.H. VA 7th Cav.
Bowyer, James H. VA Lt.Arty. 38th Bn. Co.D
Bowyer, James H. VA Lt.Arty. J.R. Johnson's Co.
Bowyer, James Hubbard VA 2nd Cav. Co.G
Bowyer, James T. VA 34th Inf. Co.H
Bowyer, James T. VA Burks' Regt.Loc.Def.
Bowyer, J.H. Gen. & Staff AASurg.
Bowyer, John VA 4th Res. Co.A
Bowyer, John VA 22nd Inf. Co.H
Bowyer, John VA 60th Inf. Co.A
Bowyer, John A.H. VA 11th Cav. Co.E
Bowyer, John D. VA 11th Inf. Co.K
Bowyer, John T. VA 34th Inf. Co.H
Bowyer, Joseph VA Burks' Regt.Loc.Def.
Bowyer, J.T. VA Conscr. Cp.Lee
Bowyer, J.W. VA 59th Inf. 1st Co.B
Bowyer, Leonidas R. VA 19th Inf. Co.B Sgt.
Bowyer, Lewis C. VA 22nd Inf. Co.F
Bowyer, Lewis C. VA 108th Mil. Co.G
Bowyer, M. VA 59th Inf. 1st Co.B
Bowyer, M. VA 60th Inf. Co.A
Bowyer, Marion G. VA 58th Inf. Co.I
Bowyer, Mathew M. VA 57th Inf. Co.K
Bowyer, N.B. VA 10th Cav. Co.G Lt.
Bowyer, N.B. VA 36th Inf. Beckett's Co. 2nd Lt.
Bowyer, Peter W. SC 4th St.Troops Co.F
Bowyer, R.C. VA Wade's Regt.Loc.Def. Co.D
Bowyer, Robert H. VA Lt.Arty. Cayce's Co.
Bowyer, Robert H. VA Lt.Arty. J.R. Johnson's Co.
Bowyer, Robert H. VA Lt.Arty. J.D. Smith's Co.
Bowyer, Robert H. VA 28th Inf. 1st Co.C
Bowyer, Robert L. VA 4th Res. Co.A
Bowyer, Samuel VA 22nd Inf. Co.A
Bowyer, Silas W. VA Inf. 26th Bn. Co.A,F
Bowyer, Silas W. VA 166th Mil. Co.B
Bowyer, Theophilus VA Cav. 47th Bn. Co.A
Bowyer, Thomas B. VA Hvy.Arty. 20th Bn. Co.C
Bowyer, Thomas B. 1st Conf.Eng.Troops Co.D
Bowyer, Thomas M. VA Lt.Arty. J.R. Johnson's Co. Capt.
Bowyer, Thomas M. VA 28th Inf. 1st Co.C Capt.
Bowyer, Thomas M. Gen. & Staff, Arty. Maj.
Bowyer, T.M. SC 24th Inf. Co.B
Bowyer, Vanbeuren VA Cav. Hounshell's Bn. Thurmond's Co.
Bowyer, Washington VA 166th Mil. Co.A
Bowyer, William VA 60th Inf. Co.A
Bowyer, William B. VA 2nd Cav. Co.C Black.
Bowyer, William H. VA 36th Inf. Beckett's Co., 2nd Co.B
Bowyer, William H. VA 58th Mil. Co.C 1st Sgt.
Bowyer, William T. VA 34th Inf. Co.H
Bowyer, William T. Conf.Hvy.Arty. Montague's Bn. Co.C
Bowyer, Woodville VA Hvy.Arty. Bowyer's Co. (Botetourt Arty.)
Bowyer, Woodville VA 28th Inf. Co.K
Bowyer, Woodville VA Burks' Regt.Loc.Def.
Bowyers, John VA Burks' Regt.Loc.Def.
Bowyers, W.M. VA 10th Inf. Co.F
Bowzer, Andrew L. VA Lt.Arty. G.B. Chapman's Co.
Bowzer, John AL St.Arty. Co.A 2nd Lt.
Bowzie, A.S. VA 40th Inf. QM
Box, --- AL 41st Inf. Co.K
Box, A.A. TX 3rd Cav. Co.C
Box, A.B. MS 23rd Inf. Co.C
Box, A.J. TX 17th Inf. Co.I
Box, A.L. MS 23rd Inf. Co.C
Box, Allen AL 42nd Inf. Co.G
Box, Allen GA 26th Inf. Co.K Sgt.
Box, Allen TN 34th Inf. Co.K
Box, A.M. MS Scouts Morphis' Ind.Co.
Box, A.M. MS 2nd Inf. Co.G
Box, Andrew J. TX 14th Cav. Co.D
Box, Arch TX 9th (Young's) Inf. Co.I
Box, A.W. MS 7th Cav. Co.F
Box, B.B. TX 28th Cav. Co.E
Box, Benjamin F. AL 26th (O'Neal's) Inf. Co.F
Box, C. MS Cav.1st Bn. (Montgomery's) St.Troops Hammond's Co.
Box, Caleb G. AL Cp. of Instr. Talladega
Box, C.G. AL 12th Cav. Co.B
Box, C.W. GA Phillips' Legion Co.D,K
Box, C.W. SC 1st Mtd.Mil. Kirk's Co. Sgt.
Box, D. MS 5th Cav. Co.B
Box, Daniel J. AL 10th Inf. Co.A
Box, David S. AL 5th Cav.
Box, David S. MS 17th Inf. Co.A
Box, Dillard MS Cav. Dunn's Co. (MS Rangers)
Box, D.J. AL 20th Cav. Lee's Co.
Box, D.K. AR 6th Inf. New Co.F
Box, D.K. AR 12th Inf. Co.A Sgt.
Box, D.P. AL Cav. Hardie's Bn.Res. Co.C
Box, Edward C. TX Cav. Martin's Regt. Co.F Sgt.
Box, Edward W. SC 1st (McCreary's) Inf. Co.H
Box, Elisha AR 1st Field Btty. (McNally's Bn.Lt.Arty.)
Box, E.R. AR 33rd Inf. Co.E
Box, E.W. SC 1st Mtd.Mil. Martin's Co.
Box, Felix TX Inf. Currie's Co.
Box, Felix M. TX 1st Inf. Co.I
Box, Floyd MS Cav. 3rd Bn. (Ashcraft's) Co.F
Box, F.M. MS Cav. Powers' Regt. Co.F
Box, F.M. MS 39th Inf. Co.D
Box, Franklin TX 14th Inf. Co.D
Box, Frank S. TX 2nd Cav. Co.A
Box, F.S. MS Cav. Vivion's Co.
Box, F.S. TX Waul's Legion Co.H Cpl.
Box, George AR 3rd Inf. Co.H
Box, George TN 33rd Inf. Co.K
Box, George A. TX 29th Cav. Co.F Cpl.
Box, George C. MS 31st Inf. Co.G
Box, George D. MS 16th Inf. Co.B
Box, George T. MS 17th Inf. Co.A
Box, George W. TX 14th Cav. Co.F
Box, Gilbert L. GA 36th (Broyles') Inf. Co.A
Box, G.P. GA 5th Inf. (St.Guards) Russell's Co.
Box, G.W. TX 12th Cav. Co.C
Box, H.A. MS Cav. Yerger's Regt. Co.E Cpl.
Box, H.A. TN 10th (DeMoss') Cav. Co.G
Box, H.A. TN Cav. Napier's Bn. Co.C
Box, Hamilton R. AL 18th Inf. Co.L
Box, H.D. TN 22nd Inf. Co.C
Box, H.E. SC Cav. 19th Bn. Co.C
Box, Henry AL Inf. 23rd Regt.
Box, Henry AL 42nd Inf. Co.G
Box, Henry MS 24th Inf. Co.K
Box, Henry TX 6th Cav. Co.K
Box, Henry M. MS 2nd Inf. Co.D Cpl.
Box, H.H. TN 10th (DeMoss') Cav. Co.F
Box, H.H. TN 24th Bn.S.S. Co.B
Box, Hiram A. MS 4th Inf. Co.F 3rd Lt.
Box, H.R. SC 1st Mtd.Mil. Kirk's Co. 2nd Lt.
Box, Isaac MS 6th Cav. Co.B
Box, Isaac MS 8th Cav. Co.F
Box, Isaac MS Inf. 3rd Bn. (St.Troops) Co.F
Box, Isaac MO 8th Cav. Co.C
Box, Isaac P. MS 21st Inf. Co.C
Box, J. AR 13th Mil. Co.G
Box, J.A. AL 65th Inf.
Box, J.A. TN 40th Inf. Co.E
Box, Jackson AR 17th (Lemoyne's) Inf. Co.H

Box, Jackson M. AR 21st Inf. Co.G
Box, James AR 19th Inf. Co.K
Box, James AR 50th Mil. Co.B
Box, James AR Inf. Crawford's Bn.
Box, James LA 28th (Thomas') Inf. Gunner
Box, James MO 3rd Cav. Co.D
Box, James MO 4th Cav. Co.I
Box, James A. AL 3rd Cav. Co.G
Box, James A. AL 18th Inf. Co.L
Box, James M. GA Phillips' Legion Co.B
Box, James P. AL 6th Inf. Co.K
Box, James R. AL 1st Regt.Conscr. Co.B
Box, James R. AL 21st Inf. Co.G
Box, James R. AL Conscr. Echols' Co.
Box, James R. TX 14th Cav. Co.D Sgt.
Box, J.B. MS 34th Inf. Co.H
Box, J.D. MS 7th Cav. Co.E
Box, J.D. SC 3rd Cav. Co.E
Box, Jeff TX Lavaca Cty. Minute Men
Box, Jeptha MS 27th Inf. Co.C
Box, Jeremiah AL 61st Inf. Co.B
Box, Jerry S. MS 26th Inf. Co.D,K
Box, Jerry S. MS 32nd Inf. Co.K
Box, J.G. TX 31st Cav. Co.F
Box, J.H. AL 12th Cav. Co.C
Box, J.H. GA Lt.Arty. Clinch's Btty.
Box, J.M. GA 60th Inf. Co.E
Box, John GA 4th (Clinch's) Cav. Co.I
Box, John GA Lt.Arty. Clinch's Btty.
Box, John GA 26th Inf. Co.K
Box, John MS Cav. Yerger's Regt. Co.E Cpl.
Box, John MS 24th Inf. Co.L
Box, John TN 1st (Feild's) Inf. Co.B
Box, John TN 5th Inf. 2nd Co.H Sgt.
Box, John TX Inf. Currie's Co.
Box, John H. AL 12th Inf. Co.H
Box, John H. GA 4th (Clinch's) Cav. Co.I
Box, John J. MS 23rd Inf. Co.E
Box, John Jackson MS 7th Cav. Co.E
Box, John J.W. TX 7th Cav. Co.I
Box, John P. AL 28th Inf. Co.B
Box, John P. TX 1st Inf. Co.I
Box, John R. TX 35th (Likens') Cav. Co.I
Box, John S. FL Inf. 2nd Bn. Co.F
Box, John S. GA 26th Inf. Co.K
Box, John W. GA 18th Inf. Co.K Cpl.
Box, John W. MS 6th Inf. Co.H
Box, Joseph GA 26th Inf. Co.K
Box, Joseph TN 5th Inf. 2nd Co.H Cpl.
Box, Joshua AR Inf. 1st Bn. Co.A
Box, J.P. MS 1st Cav.Res. Co.K
Box, J.P. TX 7th Cav. Co.I
Box, J.R. AR 13th Mil. Co.G
Box, J.R. MO 12th Inf. Co.H
Box, J.T. AL 12th Cav. Co.B
Box, J.W. MS 24th Inf. Co.K
Box, J.W. MS 39th Inf. Co.A
Box, L. LA 25th Inf. Co.K
Box, Leroy F. AL 10th Inf. Co.A 1st Lt.
Box, Lewis AR Inf. Cocke's Regt. Co.H
Box, L.H. TX 1st Inf. Co.G Sgt.
Box, M.A. AL 49th Inf. Co.I
Box, M.A. TN Cav. Napier's Bn. Co.E
Box, M.A. Exch.Bn. Co.E,CSA
Box, Marquis D.L. TX 16th Cav. Co.D Sgt.
Box, Martin V. AL 15th Inf. Co.G
Box, Maston P. MO Inf. 8th Bn. Co.B
Box, M.D.L. TX 17th Inf. Co.I
Box, Michael NC 7th Sr.Res. Davie's Co.
Box, M.K. TX 33rd Cav. Co.K
Box, M.L. AR 30th Inf. Co.K
Box, M.M. TN 10th (DeMoss') Cav. Co.F 1st Lt.
Box, M.M. TN Cav. Napier's Bn. Co.C 1st Lt.
Box, M.O. TN 10th (DeMoss') Cav. Co.G
Box, O.F. AL 12th Cav. Co.A
Box, Patterson AL 28th Inf. Co.B
Box, P.F. TN 34th Inf. Co.K
Box, R.B. MS Cav.1st Bn. (Montgomery's) St.Troops Hammond's Co.
Box, R.F. AR 11th & 17th Cons.Inf. Co.G
Box, R.H. TX 20th Cav. Co.G
Box, Richard GA 4th (Clinch's) Cav. Co.E
Box, Robert MS 31st Inf. Co.C
Box, Robert MO 8th Inf. Co.I,K
Box, Robert N. AR Inf. 4th Bn. Co.C
Box, R.R. AL 42nd Inf. Co.G
Box, Samuel M. AR 8th Inf. Co.E
Box, S.D. TX 3rd Cav. Co.C
Box, S.H. MS 10th Cav. Co.H 1st Sgt.
Box, S.H. TX 2nd Cav. Co.A
Box, S.H. Conf.Cav. Baxter's Bn. Co.A
Box, Shadrach A. AL 37th Inf. Co.A
Box, Silas M. AR 8th Inf. New Co.E
Box, S.M. TN 48th (Nixon's) Inf. Co.C
Box, S.M. TN Inf. Sowell's Detach.
Box, S.P. AL 1st Cav. Co.F Cpl.
Box, S.P. AL 12th Cav. Co.B Cpl.
Box, Stephen H. MS Cav. Duncan's Co. (Tishomingo Rangers)
Box, Stephen M. TN 48th (Voorhies') Inf. Co.K
Box, Stephen W. TX 2nd Cav. Co.A Cpl.
Box, Thomas KY 12th Cav. Co.K Sgt.
Box, Thomas TN 15th Inf. Co.E Sgt.
Box, Thomas A. GA Phillips' Legion Co.B
Box, T.J. AL 26th (O'Neal's) Inf. Co.F
Box, T.J. TX 2nd Cav. Co.K
Box, T.W. TX 20th Bn.St.Troops Co.C
Box, W. AL 58th Inf. Co.A
Box, W. GA 4th (Clinch's) Cav. Co.E
Box, W. MS Cav.1st Bn. (Montgomery's) St.Troops Hammond's Co.
Box, W. MS Cav. Yerger's Regt. Co.A
Box, W.A. LA 43rd Inf.
Box, Walter AL 1st Bn.Cadets Co.A
Box, Wash TN 20th Inf. Co.G
Box, W.D. TN Lt.Arty. Tobin's Co.
Box, W.F. AL 13th Bn.Part.Rangers Co.C
Box, W.F. AL 56th Part.Rangers Co.G
Box, W.H. TN 10th (DeMoss') Cav. Co.G
Box, W.H. TN Cav. Napier's Bn. Co.E
Box, W.H. TX 22nd Inf. Co.K
Box, Wiley MO Inf. 3rd Bn.St.Guard Co.A 2nd Lt.
Box, Wiley MO 12th Inf. Co.H Sgt.
Box, William AL 2nd Bn. Hilliard's Legion Vol. Co.E Sgt.
Box, William GA Hvy.Arty. 22nd Bn. Co.E
Box, William MS 7th Cav. Co.C,D
Box, William MO Inf. 1st St.Troops Co.D
Box, William A. AL 59th Inf. Co.B
Box, William B. GA 39th Inf. Co.C
Box, William C. TX 18th Inf. Co.C
Box, William H. AL 41st Inf. Co.H
Box, William J. AL 10th Inf. Co.I
Box, William J. GA 26th Inf. Co.K
Box, William J. SC Inf. 3rd Bn. Co.C
Box, William L. AL 41st Inf. Co.I
Box, William L. TX 24th Cav. Co.D
Box, William M. TX 24th Cav. Co.K
Box, William P. MS 7th Cav. Co.D Cpl.
Box, William R. MS 2nd Inf. Co.B
Box, William T. TX Cav. Wells' Bn. Co.A Sgt.
Box, Wiseman LA 28th (Gray's) Inf. Co.E
Box, W.J. MS Cav. Powers' Regt. Co.K
Box, W.J. MS Inf. 1st Bn.St.Troops (30 days '64) Co.E
Box, W.J. VA 2nd Inf.Loc.Def. Co.K Cpl.
Box, W.J. VA Inf. 2nd Bn.Loc.Def. Co.B Cpl.
Box, W.P. MS 34th Inf. Co.H
Box, W.R. MS Cav. Ham's Regt. Co.D
Box, W.S. AL 15th Inf. Co.G
Boxhorn, B. TN Inf. 3rd Bn. Co.D
Boxler, W.M. TN 14th (Neely's) Cav. Co.H
Boxley, Benjamin F. Conf.Cav. Wood's Regt. Co.B
Boxley, B.M. MS 5th Cav. Co.H
Boxley, B.M. MS 18th Cav. Co.K
Boxley, Cains M. AL 51st (Part.Rangers) Co.A
Boxley, C.H. AL 7th Cav. Co.G
Boxley, C.M. AL Inf. 2nd Regt. Co.C,A
Boxley, David W. TN Holman's Bn.Part.Rangers Co.B
Boxley, D.M. MS 18th Cav. Co.K
Boxley, D.W. TN 11th (Holman's) Cav. Co.G
Boxley, Edward D. VA 23rd Inf. Co.G Cpl.
Boxley, George S. NC Hvy.Arty. 10th Bn. Co.A 2nd Lt.
Boxley, George S. NC 48th Inf. Co.H
Boxley, G.H. MS 18th Cav. Co.F,H
Boxley, James TN 11th (Holman's) Cav. Co.G Sgt.
Boxley, James TN Holman's Bn.Part.Rangers Co.B
Boxley, James G. Gen. & Staff AASurg.
Boxley, James M. Conf.Cav. Wood's Regt. Co.B
Boxley, J.C. VA 5th Cav. Co.D
Boxley, John C. VA 23rd Inf. Co.G
Boxley, John T. MS Lt.Arty. (The Hudson Btty.) Hoole's Co.
Boxley, Joseph TN 11th (Holman's) Cav. Co.G
Boxley, Joseph TN Holman's Bn.Part.Rangers Co.B
Boxley, Joseph C. VA 23rd Inf. Co.G Cpl.
Boxley, Joseph J. VA 24th Cav. Co.F
Boxley, Joseph J. VA 30th Inf. Co.B
Boxley, Julian VA 23rd Inf. Co.G
Boxley, J.W. GA 27th Inf. Co.I
Boxley, Meredith G. MS Lt.Arty. (The Hudson Btty.) Hoole's Co.
Boxley, M.G. MS 18th Cav. Co.H
Boxley, P.H. TN 20th Inf. Co.H
Boxley, R.H. TX 13th Vol. 2nd Co.B,H
Boxley, S.H. AL 28th Inf. Co.D
Boxley, W.D. AL 25th Inf. Co.C
Boxley, William T. MS Lt.Arty. (The Hudson Btty.) Hoole's Co.
Boxley, W.T. MS 18th Cav. Co.H
Boxly, George TN 42nd Inf. 2nd Co.H
Boxly, John B. TN 42nd Inf. 2nd Co.H
Boxson, John C. GA 5th Inf. Co.F

Boxum, John S. GA 8th Inf.
Boxwell, Aaron VA 31st Mil. Co.F
Boxwell, John W. VA 31st Mil. Co.F
Boxwell, Robert VA 122nd Mil. Co.A
Boy, Andrw TN Sullivan Cty.Res. (Loc.Def.Troops) Witcher's Co.
Boy, B.W. VA Cav. 41st Bn. Co.D
Boy, Charles TN 2nd (Walker's) Inf. Co.H
Boy, Charles 9th Conf.Inf. Co.D
Boy, C.M. AR 2nd Cav. Co.E
Boy, F.M. TN Sullivan Cty.Res. (Loc.Def.Troops) Witcher's Co. Sgt.
Boy, James TN Sullivan Cty.Res. (Loc.Def.Troops) Witcher's Co. Cpl.
Boy, J.R. TN Sullivan Cty.Res. (Loc.Def.Troops) Witcher's Co.
Boy, Philip J. TN 63rd Inf. Co.F
Boy, Pierre LA 10th Inf. Co.F Cpl.
Boy, Pleasant AR 18th (Marmaduke's) Inf. Co.E
Boy, W. LA 3rd (Harrison's) Cav. Co.H
Boy, W.H. AR 10th Mil. Co.C 2nd Lt.
Boy, William AR 7th Cav. Co.M Sgt.
Boyack, Charles TX 9th (Nichols') Inf. Co.E
Boyack, Charles TX Waul's Legion Co.B
Boyack, P. LA Ogden's Cav. Co.F 1st Lt.
Boyack, Peter LA 7th Inf. Co.K
Boyack, Peter 14th Conf.Cav. Co.H 1st Lt.
Boyakin, Elias AL 12th Inf. Co.D
Boyakin, James GA Siege Arty. 28th Bn. Co.K
Boyakin, James GA 64th Inf. Co.D
Boyakin, J.J. KY 8th Mtd.Inf. Co.D
Boyakin, Osbourn H. TX 1st Inf. Co.I
Boyan, William SC 5th Bn.Res. Co.B
Boyans, James VA 4th Inf. Co.C
Boyant, T.L. AL Inf. 2nd Regt. Co.D
Boyanton, H.R. MS 39th Inf. Co.A
Boyanton, J.A. MS 39th Inf. Co.A
Boyard, A. KY Cav.
Boyard, William AR Cav. Crabtree's (46th) Regt. Becton's Co.
Boyas, Jim AR Mil. Desha Cty.Bn.
Boyatt, Bennett J. AL 4th Res. Co.I
Boyatt, E.W. MS 15th Inf. Co.A
Boyce, --- TX Cav. 4th Regt.St.Troops Co.G
Boyce, A. MS Inf. 3rd Bn. (St.Troops) Co.F
Boyce, A. SC Mil. 17th Regt. Rogers Co.
Boyce, Aaron F. TX 18th Cav. Co.F Sgt.
Boyce, Abner GA 56th Inf. Co.F
Boyce, A.F. TX 17th Cons.Dismtd.Cav. Co.G Sgt.
Boyce, Albert G. TX 18th Cav. Co.F
Boyce, Baker P. NC 68th Inf.
Boyce, B.E. SC Palmetto S.S. Co.E
Boyce, Ben SC 4th St.Troops Co.I
Boyce, B.F. TX 17th Cons.Dismtd.Cav. Co.E
Boyce, C. NC Cav. 14th Bn.
Boyce, C.B. SC 2nd Cav. Co.G
Boyce, C.B. SC 1st Inf. Co.I
Boyce, C.B. SC 3rd Inf. Co.I
Boyce, Charles MO Cav. Snider's Bn. Co.E
Boyce, Charles MO Inf. Clark's Regt. Co.H
Boyce, Charles B. NC 11th (Bethel Regt.) Inf. Co.H 1st Lt.
Boyce, Charles F. 3rd Conf.Eng.Troops 2nd Lt.
Boyce, C.M. Gen. & Staff Capt.,ACS
Boyce, C.W. LA Kelso's Btty. Lt.
Boyce, Daniel NC 4th Cav. (59th St.Troops) Co.K
Boyce, Daniel NC Cav. 12th Bn. Co.A
Boyce, Daniel 8th (Dearing's) Conf.Cav. Co.A
Boyce, David MS 2nd Inf. Co.G
Boyce, David VA Lt.Arty. Moore's Co. Cpl.
Boyce, David VA Lt.Arty. Thompson's Co.
Boyce, David A. VA 16th Inf. 2nd Co.H
Boyce, David E. VA 33rd Inf. Co.D
Boyce, David E. VA 51st Mil. Co.E
Boyce, Ebbert VA 20th Cav. Co.A
Boyce, Felix VA Horse Arty. Lurty's Co. Cpl.
Boyce, Franklin C. MS 24th Inf. Co.H Cpl.
Boyce, George MS 28th Cav. Co.E
Boyce, George TN 19th Inf. Co.E 1st Lt.
Boyce, George B. VA 11th Cav. Co.H
Boyce, George L. AL Lt.Arty. 2nd Bn. Co.E Cpl.
Boyce, George R. VA 33rd Inf. Co.D
Boyce, George R. VA 51st Mil. Co.E
Boyce, George W. AL Arty. 1st Bn. Co.F
Boyce, George W. GA 43rd Inf. Co.H
Boyce, George W. TN 20th Cav.
Boyce, Go. R. VA 51st Mil. Co.D Sgt.
Boyce, Harrison MO 9th Inf. Co.E
Boyce, Henry SC 7th Inf. Co.A
Boyce, Henry A. Magruder's Staff Vol.ADC
Boyce, Henry H. NC Lt.Arty. 3rd Bn. Co.B
Boyce, Henry H. VA Cav. 46th Bn. Co.A
Boyce, Hugh NC 11th (Bethel Regt.) Inf. Co.H
Boyce, H.W. SC 4th St.Troops Co.I
Boyce, H.W. SC Palmetto S.S. Co.E
Boyce, H.W. TX 17th Inf. Co.G
Boyce, Isaac E. MO Cav. Hunter's Regt. Sgt.
Boyce, J. LA Mil. Chalmette Regt. Co.B Cpl.
Boyce, J. VA Lt.Arty. 12th Bn. Co.B
Boyce, J.A. TN 24th Inf. Co.A
Boyce, James GA 19th Inf. Co.B
Boyce, James LA 1st Cav. Co.K
Boyce, James TN 34th Inf. Co.E
Boyce, James Inf. School of Pract. Powell's Command, Powell's Detach. Co.A
Boyce, James A. MO 1st Cav. Co.K
Boyce, James A. MO 9th Inf. Co.A
Boyce, James E. MS 36th Inf. Co.K
Boyce, James E. SC 23rd Inf. Co.G Sgt.
Boyce, James H. GA 9th Inf. Co.C Sgt.
Boyce, James M. GA Siege Arty. Campbell's Ind.Co.
Boyce, James M. TN 19th (Biffle's) Cav. Co.H
Boyce, James R. GA 18th Inf. Co.F Cpl.
Boyce, J.B. NC 30th Inf. Co.F
Boyce, J.C. TN Inf. 4th Cons.Regt. Co.H
Boyce, J.E. MS Cav. 2nd Bn. (St.Troops) Co.D
Boyce, J.E. SC 23rd Inf. Co.K
Boyce, Jerry SC 23rd Inf. Co.C
Boyce, J.F. TX 9th Cav. Co.E
Boyce, J.J. GA 25th Inf. Co.B
Boyce, J.J. SC 25th Inf. Co.B
Boyce, J.J. 3rd Conf.Cav. Co.E
Boyce, J.L. GA 19th Inf. Co.K
Boyce, J.O. TX 17th Inf. Co.D Sgt.
Boyce, John KY 9th Cav. Co.E
Boyce, John KY 2nd Mtd.Inf. Co.H
Boyce, John NC 2nd Inf. Co.D
Boyce, John SC 1st (Butler's) Inf. Co.G
Boyce, John SC 25th Inf. Co.E
Boyce, John VA Inf. 5th Bn.Loc.Def. Co.B
Boyce, John A. NC 27th Inf. Co.F
Boyce, John F. NC 1st Cav. (9th St.Troops) Co.B Bugler
Boyce, John H. GA 11th Inf. Co.H
Boyce, John H. GA Inf. 27th Bn. Co.C Sgt.
Boyce, John H. NC 3rd Cav. (41st St.Troops) Co.G
Boyce, John H. NC 15th Inf. Co.A
Boyce, John P. MS 1st Cav. Co.H
Boyce, John P. MS Cav. 1st Bn. (Miller's) Co.A
Boyce, John P. MS 28th Cav. Co.E
Boyce, John P. MS Cav. Shelby's Co. (Bolivar Greys)
Boyce, John P. VA 38th Inf. Co.D
Boyce, John P. VA 51st Mil. Co.E 2nd Lt.
Boyce, John R. MO Inf. Perkins' Bn.
Boyce, John W. AL Lt.Arty. Ward's Btty.
Boyce, John W. MO 6th Inf. Co.C 2nd Lt.
Boyce, Joseph AL Cav. 24th Bn. Co.H
Boyce, Jos. AL 26th Inf. Co.A
Boyce, Joseph GA 1st Cav. Co.A
Boyce, Joseph GA 43rd Inf. Co.H
Boyce, Joseph MO 1st Inf. Co.D 1st Lt.
Boyce, Joseph MO 1st & 4th Cons.Inf. Co.D 1st Lt.
Boyce, Josiah A. GA 19th Inf. Co.K
Boyce, J.T. TX 18th Inf. Co.H
Boyce, J.W. AL 7th Inf. Co.D
Boyce, J.W. MO St.Guard 1st Lt.
Boyce, K. Gen. & Staff Capt.,AQM
Boyce, Kenny NC 11th (Bethel Regt.) Inf. Co.F
Boyce, Ker GA Lt.Arty. 12th Bn. AQM
Boyce, Lemuel NC Cav. 12th Bn. Co.C
Boyce, L.R. SC 14th Inf. Co.D
Boyce, M. GA Cav. Roswell Bn. Co.A
Boyce, Marion Y. GA 11th Inf. Co.H
Boyce, Marshall P. NC 8th Inf. Co.A Cpl.
Boyce, Martin NC 1st Inf. (6 mo. '61) Co.M
Boyce, Michael C. VA Cav. 46th Bn. Co.A
Boyce, Michael C. VA Inf. 9th Bn. Co.A Cpl.
Boyce, Michael C. VA 25th Inf. 2nd Co.A Cpl.
Boyce, M.S. SC 2nd Arty. Co.B,K Music.
Boyce, M.T. GA Inf. 23rd Bn.Loc.Def. Sim's Co.
Boyce, Newdigats C. TX 17th Cav. Co.G
Boyce, Paul D. TN 1st (Turney's) Inf. Co.F Sgt.
Boyce, Peyton TX 11th Cav. Co.A Cpl.
Boyce, Peyton 1st Conf.Cav. 2nd Co.E
Boyce, Peyton Forrest's Scouts T. Kizer's Co.,CSA 1st Sgt.
Boyce, R. AR 38th Inf. Co.G
Boyce, R. Gen. & Staff Hosp.Stew.
Boyce, R.G. MO Robertson's Regt.St.Guard Co.12
Boyce, Richard T. TX 1st (Yager's) Cav. Co.K
Boyce, Richard T. TX Cav. 8th (Taylor's) Bn. Co.B
Boyce, R.L. Gen. & Staff Asst.Surg.
Boyce, Robert SC Lt.Arty. Jeter's Co. (Macbeth Lt.Arty.) Capt.
Boyce, Robert SC 1st Inf. Co.E 1st Lt.
Boyce, Robert VA Inf. 5th Bn.Loc.Def. Co.B Capt.
Boyce, Robert P., Sr. TX Cav. Baylor's Regt. Co.F Capt.
Boyce, Robert W. AR 4th Inf. Co.B

Boyce, R.P., Jr. TX Cav. Baylor's Regt. Co.F
Boyce, S. TN Inf. 154th Sr.Regt. Co.A
Boyce, S.A. NC 4th Sr.Res. Co.G
Boyce, S.A. TX 17th Inf. Co.D 2nd Lt.
Boyce, Samuel J. NC 30th Inf. Co.K Sgt.
Boyce, S.P. SC Lt.Arty. 3rd (Palmetto) Bn. Co.A
Boyce, T.B. MS 9th Bn.S.S. Co.C
Boyce, Thomas GA 19th Inf. Co.K
Boyce, Thomas NC 4th Cav. (59th St.Troops) Co.K
Boyce, Thomas NC Cav. 12th Bn. Co.A
Boyce, Thomas 8th (Dearing's) Conf.Cav. Co.A
Boyce, Thomas B. MS 29th Inf. Co.B
Boyce, Thomas J. AR 1st (Dobbin's) Cav. Co.E
Boyce, Thomas L. SC 1st (Orr's) Rifles Co.L
Boyce, T.J. TN 12th (Green's) Cav. Co.A
Boyce, T.J. TX 23rd Cav. Co.A
Boyce, T.L. SC 1st St.Troops Co.G
Boyce, T.L. SC 3rd Res. Co.C Cpl.
Boyce, W. TN 6th Inf. Co.L
Boyce, W. Gen. & Staff Surg.
Boyce, W.A. AL 27th Inf. Co.K 1st Lt.
Boyce, W.H. AL Cav. Lewis' Bn. Co.B
Boyce, W.H. AL 89th Mil. Co.D
Boyce, W.H. LA 2nd Cav. Co.E
Boyce, W.H. LA Inf. Jeff Davis Regt. Co.J
Boyce, W.H. MO Inf. Clark's Regt. Co.B
Boyce, W.H. TN 19th (Biffle's) Cav. Co.G
Boyce, William AR 1st (Dobbin's) Cav. Co.G
Boyce, William AR 38th Inf. Co.E
Boyce, William KY 10th Cav. Co.D
Boyce, William LA 17th Inf. Co.B
Boyce, William MO Cav. Ford's Bn. Co.B
Boyce, William NC 27th Inf. Co.F
Boyce, William NC 30th Inf. Co.F
Boyce, William TN 55th (Brown's) Inf. Ford's Co.
Boyce, William TX 18th Cav. Co.F
Boyce, William TX 7th Inf. Co.B
Boyce, William VA 5th Cav. Co.D
Boyce, William VA 37th Inf. Co.C
Boyce, William A. NC 17th Inf. (1st Org.) Co.A
Boyce, William A. NC 32nd Inf. Co.B
Boyce, William A. NC 56th Inf. Co.C Sgt.
Boyce, William G. MO 3rd Cav. Co.E,C
Boyce, William M. AL 16th Inf. Co.C
Boyce, W.M. GA Inf. 23rd Bn.Loc.Def. Sim's Co.
Boyce, W.M. TN 11th (Holman's) Cav. Co.C
Boyce, W.S. SC 7th Inf. 1st Co.H, Co.A,K
Boyce, Zachariah NC 61st Inf. Co.F
Boycourt, James F. KY 2nd Mtd.Inf. Co.B
Boyd, --- AL 22nd Inf. Co.K Sgt.
Boyd, --- LA Inf. 9th Bn. Lt.Col.
Boyd, --- NC 54th Inf. Co.I
Boyd, --- SC Lt.Arty. Garden's Co. (Palmetto Lt.Arty.)
Boyd, --- TX Cav. 4th Regt.St.Troops Co.H
Boyd, --- TX Conscr.
Boyd, A. KY 3rd Mtd.Inf. AQM
Boyd, A. MS 4th Cav. Co.H
Boyd, A. MS Inf. 2nd St.Troops Co.C
Boyd, A. TN 7th (Duckworth's) Cav. Co.D
Boyd, A. TX 14th Inf. Co.E
Boyd, A. TX 20th Inf. Co.K
Boyd, A. 2nd Conf.Eng.Troops Co.B
Boyd, A.A. MS Inf. 3rd Bn. Co.E Capt.
Boyd, A.A. TN 61st Mtd.Inf. Co.D
Boyd, A.B. VA Inf. 26th Bn. Co.D
Boyd, Abner TN 22nd (Barteau's) Cav. Co.B
Boyd, Abraham GA 38th Inf. Co.C Cpl.
Boyd, Abraham B. TN 44th Inf. Co.C
Boyd, Abram TX 20th Cav. Co.B
Boyd, Abram R. MS 30th Inf. Co.K
Boyd, A.C. AL Pris.Guard Freeman's Co.
Boyd, A.C. AR 23rd Cav. Co.G
Boyd, A.D. MS St.Cav. Perrin's Bn. Co.E
Boyd, Adam TN 38th Inf. Co.F
Boyd, A.E. MS Inf. 3rd Bn. Co.K
Boyd, A.F. GA 52nd Inf. Co.B Capt.
Boyd, A.F. GA Phillips' Legion Co.E Cpl.
Boyd, A.H. MO Lt.Arty. 3rd Btty.
Boyd, A.H. TN 1st (Carter's) Cav. Co.B
Boyd, A.H. TN 45th Inf. Co.D
Boyd, A.H. TX Cav. Frontier Bn. Co.A 2nd Lt.
Boyd, A.H. TX Cav. McCord's Frontier Regt. Co.A 2nd Lt.
Boyd, A.J. AR 5th Inf. Co.A
Boyd, A.J. GA 7th Inf. (St.Guards) Co.L
Boyd, A.J. MS 40th Inf. Co.B
Boyd, A.J. SC 5th St.Troops Co.A Cpl.
Boyd, A.J. SC 6th Res. Co.A
Boyd, A.K. NC 2nd Jr.Res. Co.B
Boyd, A.L. GA 2nd Inf. Co.D Sgt.
Boyd, A.L. GA Inf. (Jones Hussars) Jones' Co.
Boyd, Albert MS 10th Inf. Old Co.C, New Co.H Music.
Boyd, Albert A. VA 37th Inf. Co.G
Boyd, Albon A. TN 3rd (Lillard's) Mtd.Inf. Co.H
Boyd, Alex VA 14th Cav. Co.E
Boyd, Alexander AL Lt.Arty. 2nd Bn. Co.A Sgt.
Boyd, Alexander AR 9th Inf. Old Co.B, Co.K
Boyd, Alexander NC 54th Inf. Co.F
Boyd, Alexander VA Lt.Arty. Brander's Co.
Boyd, Alfred Gen. & Staff Maj.,QM
Boyd, Alfred D. NC 1st Cav. (9th St.Troops) Co.D
Boyd, Alfred R. TX 16th Cav. Co.F Sgt.
Boyd, Alfred W. MS 32nd Inf. Co.D
Boyd, Allen E. GA Cobb's Legion Co.E Cpl.
Boyd, Allen W. MS 1st Cav. Co.C
Boyd, Alvin TN 62nd Mtd.Inf. Co.K
Boyd, A.M. AR 2nd Vol. Co.B
Boyd, A.M. GA Inf. 14th Bn. (St.Guards) Co.E
Boyd, A.M. SC 4th Bn.Res. Co.D
Boyd, A.M. TN Inf. 1st Cons.Regt. Co.E Capt.
Boyd, A.M. TN 9th Inf. Co.G Capt.
Boyd, A.M. VA 22nd Inf. Co.F
Boyd, A.M. Gen. & Staff AASurg.
Boyd, A. Madison MS 38th Cav. Co.K
Boyd, Amos TN Park's Co. (Loc.Def.Troops)
Boyd, Amos F. NC 1st Cav. (9th St.Troops) Co.D
Boyd, Anderson MS 2nd (Quinn's St.Troops) Inf. Co.I
Boyd, Anderson VA 59th Inf. 3rd Co.G Cpl.
Boyd, Anderson W. MS 38th Cav. Co.K
Boyd, And J. GA Phillips' Legion Co.D,K
Boyd, Andrew KY 10th (Diamond's) Cav. Co.I
Boyd, Andrew SC 7th Inf. 2nd Co.D
Boyd, Andrew VA 2nd Cav. Co.B
Boyd, Andrew E. NC 37th Inf. Co.B
Boyd, Andrew G. MD 1st Cav. Co.A
Boyd, Andrew J. GA 4th Inf. Co.B Sgt.
Boyd, Andrew J. NC 21st Inf. Co.L Capt.
Boyd, Andrew J. NC 45th Inf. Lt.Col.
Boyd, Andrew J. VA 4th Inf. Co.C
Boyd, Andrew J. Conf.Cav. Wood's Regt. Co.K
Boyd, Andrew L. TN 3rd (Lillard's) Mtd.Inf. Co.H
Boyd, A.P. MS 28th Cav. Co.D
Boyd, A.P. MS 14th (Cons.) Inf. Co.D 1st Sgt.
Boyd, A.P. MS 43rd Inf. Co.C Sgt.
Boyd, A.R. TX 9th (Nichols') Inf. Co.I Cpl.
Boyd, A.R. TX 20th Inf. Co.G
Boyd, Archibald AL Cp. of Instr. Talladega
Boyd, Archibald SC 1st Cav. Co.G
Boyd, Archibald J. GA 4th Res. Co.D Sgt.
Boyd, Archy LA 20th Inf. Co.G
Boyd, A.S. VA 3rd Cav. Co.A
Boyd, Asa E. VA 42nd Inf. Co.B
Boyd, A.T. Gen. & Staff AASurg.
Boyd, Audley S.H. MO Cav. 3rd Bn. Co.C
Boyd, Augustus GA 52nd Inf. Co.D
Boyd, Augustus TX 5th Cav. Co.F
Boyd, Augustus A. AL 37th Inf. Co.D
Boyd, Augustus J. TN 14th Inf. Co.E
Boyd, Augustus M. GA 8th Inf. Co.E 2nd Lt.
Boyd, Austin M. MO Cav. Davies' Bn. Co.B
Boyd, Austin P. MS 14th Inf. Co.I 1st Sgt.
Boyd, Austin P. VA 10th Cav. Co.F
Boyd, A.V. TN Cav. 1st Bn. (McNairy's) Co.C
Boyd, A.W. MS 7th Cav. Co.C
Boyd, A.W. NC 34th Inf. Co.K
Boyd, B. KY 1st (Butler's) Cav. Co.A
Boyd, B.A. AL 31st Inf. Co.H
Boyd, B.A. GA 3rd Cav. (St.Guards) Co.B
Boyd, B.A. TN 37th Inf. Co.C Cpl.
Boyd, Bailey M. AR 16th Inf. Co.E Cpl.
Boyd, Baker KY 7th Mtd.Inf. Co.C 2nd Lt.
Boyd, Baker TN 1st (Feild's) Inf. Co.B
Boyd, B.C. GA 41st Inf. Co.E Sgt.
Boyd, B.E. LA 28th (Gray's) Inf. Co.B
Boyd, Benjamin GA 38th Inf. Co.C
Boyd, Benjamin MS 35th Inf. Co.E
Boyd, Benjamin SC Arty. Fickling's Co. (Brooks Lt.Arty.)
Boyd, Benjamin SC 6th Inf. 2nd Co.D
Boyd, Benjamin SC 9th Inf. Co.H
Boyd, Benjamin A. KY Cav. 2nd Bn. (Dortch's) Co.B
Boyd, Benjamin E. LA Inf. 11th Bn. Co.D
Boyd, Benjamin F. MS 38th Cav. Co.K
Boyd, Benjamin F. MO 1st Cav. Co.K
Boyd, Benjamin F. MO Inf. 8th Bn. Co.E
Boyd, Benjamin F. MO 9th Inf. Co.I Cpl.
Boyd, Benjamin F. NC 11th (Bethel Regt.) Inf. Co.K 2nd Lt.
Boyd, Benjamin F. SC Mil.Cav. 4th Regt. Howard's Co. 2nd Lt.
Boyd, Benjamin F. TN 4th (McLemore's) Cav. Co.A 1st Lt.
Boyd, Benjamin F. TX 17th Cav. Co.H
Boyd, Benjamin F. TX 31st Cav. Co.G
Boyd, Benjamin F. TX Cav. Madison's Regt. Co.F
Boyd, Benjamin F. TX 18th Inf. Co.A
Boyd, Benjamin F. TX Inf. Griffin's Bn. Co.E

Boyd, Benjamin R. VA 2nd Inf. Co.D
Boyd, B.F. GA 8th Inf. Co.C
Boyd, B.F. SC 6th Res. Co.G
Boyd, B.F. SC Post Guard Senn's Co.
Boyd, B.F. TX 21st Inf. Co.D
Boyd, B.H. AL 12th Inf. Co.E
Boyd, B.J. GA 50th Inf. Co.D
Boyd, B.J. SC 3rd Bn.Res. Co.C
Boyd, B.K. TN 3rd (Forrest's) Cav. Co.E
Boyd, B.K. TN 38th Inf. 2nd Co.A
Boyd, Bradford SC 9th Res. Co.A
Boyd, Bradford M. SC 14th Inf. Co.C
Boyd, Bransford TN 16th Inf. Co.F
Boyd, Brit GA Inf. (Richmond Factory Guards) Barney's Co.
Boyd, Britton GA 48th Inf. Co.I
Boyd, B.S. NC 14th Inf. Co.C
Boyd, B.T. GA Inf. 1st Loc.Troops (Augusta) Co.I
Boyd, B.T. LA 16th Inf. Co.A
Boyd, Burtis AR 37th Inf. Co.K
Boyd, Butler KY 7th Cav. Co.F Cpl.
Boyd, Butler 1st Conf.Cav. 2nd Co.A
Boyd, C. MS Cav. Vivion's Co.
Boyd, C.A. SC 6th Inf. 1st Co.A
Boyd, C.A. SC 17th Inf. Co.A
Boyd, Caleb VA 51st Inf. Co.H
Boyd, Calvin FL 3rd Inf. Co.K
Boyd, Calvin R. NC 26th Inf. Co.K Music.
Boyd, Campbell G. AR 2nd Inf. Co.H
Boyd, C.C. LA Hvy.Arty. 2nd Bn. 2nd Lt.
Boyd, C.D. VA 28th Inf. Co.K
Boyd, C.F. SC 3rd Inf. Co.E 1st Sgt.
Boyd, C.H. TX 17th Inf. Co.I Cpl.
Boyd, Charles VA 1st Arty. Co.H
Boyd, Charles VA Arty. C.F. Johnston's Co.
Boyd, Charles A. SC 6th Inf. 1st Co.F, 2nd Co.F
Boyd, Charles A. VA Horse Arty. Shoemaker's Co.
Boyd, Charles C. MS Inf. 2nd Bn. Co.B Sgt.
Boyd, Charles C. MS 48th Inf. Co.B Sgt.
Boyd, Charles D. VA 6th Bn.Res. Co.G
Boyd, Charles D. VA 72nd Mil.
Boyd, Charles F. VA 3rd Inf. 2nd Co.K
Boyd, Charles H. AL Arty. 1st Bn. Co.A
Boyd, Charles H. VA 54th Inf. Co.B
Boyd, Charles H. 1st Conf.Inf. 2nd Co.H
Boyd, Charles J. MS 1st (Johnston's) Inf. Co.A Cpl.
Boyd, Charles J. VA 57th Inf. Co.C
Boyd, Charles L. MS Inf. 1st Bn.St.Troops (12 mo. '62-3) Co.C
Boyd, Charles M. VA 51st Inf. Co.H Sgt.
Boyd, Charles R. VA 4th Inf. Co.A
Boyd, Charles R. VA 30th Bn.S.S. Co.B 2nd Lt.
Boyd, Charles R. 3rd Conf.Eng.Troops Co.E 1st Lt.
Boyd, Charles W. SC 1st Inf. Co.E 1st Sgt.
Boyd, Charles W. TN 44th (Cons.) Inf. Co.I
Boyd, Christopher C. MS 11th Inf. Co.G
Boyd, Christopher C. VA Lt.Arty. 13th Bn. Co.C Cpl.
Boyd, C.J. AR 10th Mil. Co.B
Boyd, C.J. KY 5th Mtd.Inf. Co.H
Boyd, C.J. TN 3rd (Forrest's) Cav. Co.E
Boyd, C.J. VA 4th Res. Co.E
Boyd, C.L. AL 13th Bn.Part.Rangers Co.B Cpl.
Boyd, C.L. AL 56th Part.Rangers Co.F
Boyd, C.L. MS 1st Cav.Res. Co.E
Boyd, C.M. MS 1st Cav. Capt.
Boyd, Conrad D. VA Lt.Arty. Rives' Co. 2nd Lt.
Boyd, Conrad D. VA 28th Inf. Co.K
Boyd, Conrad D. Lt.Arty. Stark's Bn. Co.C,CSA 2nd Lt.
Boyd, C.R. TX Cav. McCord's Frontier Regt. 1st Co.A
Boyd, C.R.R. SC 4th St.Troops Co.D 3rd Lt.
Boyd, C.S. VA 3rd Inf. Co.E
Boyd, C.W. AL 15th Inf. Co.I
Boyd, C.W. MS Cav. Gartley's Co. (Yazoo Rangers) 3rd Lt.
Boyd, C.W. SC Inf. 1st (Charleston) Bn. Co.B
Boyd, C.W. SC 15th Inf. Co.F Capt.
Boyd, C.W. SC Mil. 16th Regt. Stiles' Co.
Boyd, C.W. SC 27th Inf. Co.B Cpl.
Boyd, Cyrus KY 2nd Mtd.Inf.
Boyd, Cyrus MS 5th Cav. Co.I
Boyd, D.A. TN 22nd (Barteau's) Cav. Co.B
Boyd, Daniel AL 12th Cav. Co.D
Boyd, Daniel MS 28th Cav. Co.H,I
Boyd, Daniel MS 34th Inf. Co.F
Boyd, Daniel SC 7th Inf. 1st Co.D, Co.G, 2nd Co.D Sgt.
Boyd, Daniel SC 10th Inf. 2nd Co.G Cpl.
Boyd, Daniel Conf.Inf. Tucker's Regt. Co.G
Boyd, Daniel A. NC 25th Inf. Co.I
Boyd, Darius E. TN 37th Inf. Co.G
Boyd, David AR 32nd Inf. Co.F
Boyd, David AR 45th Mil. Co.C
Boyd, David GA 4th (Clinch's) Cav. Co.F,H
Boyd, David GA 6th Cav.
Boyd, David LA 8th Inf. Co.B
Boyd, David MD Weston's Bn. Co.B
Boyd, David NC 11th (Bethel Regt.) Inf. Co.H
Boyd, David NC 33rd Inf. Co.B
Boyd, David SC 5th St.Troops Co.D Cpl.
Boyd, David SC 9th Res. Co.A
Boyd, David SC 17th Inf. Co.D
Boyd, David SC 25th Mil.
Boyd, David TX 13th Vol. Co.E, 1st Co.I, Melton's Squad.
Boyd, David VA 21st Inf. Co.B
Boyd, David, Jr. Sig.Corps,CSA
Boyd, David A. TN Cav. 1st Bn. (McNairy's) Co.C
Boyd, David J. AR 3rd Inf. Co.C
Boyd, David L. MS 1st (Johnston's) Inf. Co.B
Boyd, David L. MS 43rd Inf. Co.H
Boyd, David L. MO 11th Inf. Co.A
Boyd, David L. TN 48th (Nixon's) Inf. Co.F
Boyd, David P. VA 16th Cav. Co.A
Boyd, Davison B. AL 6th Inf. Co.A,K
Boyd, D.B. AL Cav. Moreland's Regt. Co.E Cpl.
Boyd, D.B. MS Cav. Knox's Co. (Stonewall Rangers)
Boyd, D.C. AR 2nd Inf. Co.I Cpl.
Boyd, D.C. SC 1st (McCreary's) Inf. Co.B
Boyd, D.E. KY 2nd Mtd.Inf. Co.D Music.
Boyd, D.E. SC 12th Inf. Co.H Cpl.
Boyd, Dennis GA Inf. 18th Bn. Co.A
Boyd, D.F. LA 9th Inf. Capt.,QM
Boyd, D.F. Eng.,CSA Capt.,Ch.Eng.
Boyd, D.F. Gen. & Staff, Comsy.Dept. Maj.
Boyd, D.M. AL 5th Inf. New Co.E
Boyd, Doctor T.J. NC 16th Inf. Co.L Sgt.
Boyd, Doctor T.J. NC Inf. Thomas Legion Co.E Sgt.
Boyd, D.P. SC 6th Res. Co.G
Boyd, D.S. AL 28th Inf. Co.K
Boyd, D.T. AL 13th Bn.Part.Rangers Co.B
Boyd, D.T. TN 16th (Logwood's) Cav. Co.G
Boyd, Duggin L. SC 13th Inf. Co.D
Boyd, D.W. MO 11th Inf. Co.F
Boyd, D.W. SC Inf. 3rd Bn. Co.D
Boyd, E. GA 8th Inf. (St.Guards) Co.C
Boyd, E. GA 32nd Inf. Co.G
Boyd, E. TX 1st Hvy.Arty. Co.K
Boyd, E. Conf.Cav. Wood's Regt. 2nd Co.F
Boyd, E.B. SC 6th Inf. Co.H
Boyd, E.C. TN Stewart's Bn. Lt.
Boyd, Edmond VA 51st Inf. Co.B
Boyd, Edward NC 16th Inf. Co.M
Boyd, Edward D. VA Horse Arty. Shoemaker's Co. Sgt.
Boyd, Edw. Kingston LA 1st Cav. Robinson's Co. 1st Lt.
Boyd, Edw. Kingston Gen. & Staff Ch. of Arty., Ord.Off.
Boyd, Edward M. MS 34th Inf. Co.E
Boyd, Edward R. VA 4th Inf. Co.C
Boyd, Edward S. VA Hvy.Arty. 19th Bn. 3rd Co.C Music.
Boyd, Edwin NC Cav. 16th Bn. Lt.Col.
Boyd, E.F. AR 2nd Cav. Co.G
Boyd, E. Holmes VA Lt.Arty. Arch. Graham's Co.
Boyd, E. Holmes VA Inf. Hutter's Co.
Boyd, E. Holmes Terry's Brig. 1st Lt.,Ord.Off.
Boyd, Eli TN 48th (Nixon's) Inf. Co.I
Boyd, Elias M. AL 17th Inf. Co.E
Boyd, Elisha KY 10th (Diamond's) Cav. Co.I
Boyd, Ely TN 54th Inf. Ives' Co.
Boyd, Emory V. VA 49th Inf. Co.D 2nd Lt.
Boyd, Enoch AL Arty. 1st Bn. Co.C Cpl.
Boyd, Erasmus Clark MS 22nd Inf. Co.H
Boyd, Erastus H. Green's Brig. Surg.
Boyd, Erby TN 62nd Mtd.Inf. Co.B Bvt.2nd Lt.
Boyd, E.S. VA Inf. 25th Bn. Co.G Drum.
Boyd, Esque D. TX 31st Cav. Co.G Sgt.
Boyd, Ezekiel SC 9th Inf. Co.H
Boyd, F. MS 1st Cav.Res. Co.E
Boyd, F.A.M. NC Cav. 14th Bn. Co.E 1st Lt.
Boyd, F.A.M. NC 22nd Inf. Co.C Lt.
Boyd, Fances M. AL Cp. of Instr. Talladega
Boyd, Fenton S. AR Lt.Arty. Thrall's Btty.
Boyd, Ferris KY 1st (Helm's) Cav. Old Co.G
Boyd, F.G. GA 4th Res. Co.F
Boyd, F.G. KY 3rd & 7th (Cons.) Cav. Co.F Capt.
Boyd, F.G. 1st Conf.Cav. 2nd Co.A Capt.
Boyd, Fleet H. AR Cav. Wright's Regt. Co.D
Boyd, F.M. AL 36th Inf. Co.D
Boyd, F.M. AR 7th Inf. Co.D
Boyd, F.M. AR 35th Inf. Co.K
Boyd, F.M. GA 12th Cav. Co.G
Boyd, F.M. KY 2nd (Duke's) Cav. Co.A
Boyd, F.M. KY 3rd Mtd.Inf. Co.B
Boyd, F.M. TN 16th Inf. Co.B Sgt.
Boyd, F.M. TN 43rd Inf. Co.K

Boyd, F.R. SC Inf. 7th Bn. (Enfield Rifles) Co.B
Boyd, Francis M. AL 29th Inf. Co.K
Boyd, Francis M. GA 42nd Inf.
Boyd, Francis M. KY 14th Cav. Co.A
Boyd, Francis M. VA 12th Inf. Co.D
Boyd, Francis W. VA 3rd Cav. Co.A
Boyd, Frank MS 10th Inf. Old Co.F
Boyd, Frank VA 12th Cav. Co.E
Boyd, Franklin GA 12th Cav. Co.G
Boyd, Franklin MS Inf. 1st Bn.St.Troops (12 mo. '62-3) Co.C
Boyd, Franklin A.M. GA 40th Inf. Co.A 2nd Lt.
Boyd, Frank M. AR 3rd Inf. Co.D
Boyd, Frederick NC 3rd Arty. (40th St.Troops) Co.C
Boyd, Frederick VA 1st Inf.
Boyd, Freman GA Inf. (Richmond Factory Guards) Barney's Co.
Boyd, F.S. AR Cav. Crabtree's (46th) Regt. Co.F
Boyd, F.T. SC 18th Inf. Co.H
Boyd, F.W. MS 5th Inf. (St.Troops) Co.B Sgt.
Boyd, F.W. SC 25th Inf. Co.C
Boyd, F.Y. MS 18th Cav. Co.H
Boyd, G. AL 31st Inf. Co.H
Boyd, G.A. AR 9th Inf. Co.K
Boyd, G.A. FL Kilcrease Lt.Arty.
Boyd, G.A. FL 1st (Res.) Inf.
Boyd, G.A. GA Lt.Arty. Clinch's Btty.
Boyd, Gano TN 2nd Cav. Co.F
Boyd, G.C. VA 20th Inf. Co.E Sgt.
Boyd, G.D. AL 36th Inf. Co.D Cpl.
Boyd, George AL 16th Inf. Co.E
Boyd, George TN 26th Inf. Co.K
Boyd, Geo. TX 20th Cav. Co.D
Boyd, George VA Arty. Bryan's Co.
Boyd, George Sap. & Min. G.W. Maxson's Co.,CSA
Boyd, George A. GA 7th Cav. Co.I
Boyd, George A. GA Cav. 24th Bn. Co.D
Boyd, George A. VA 108th Mil. Co.C, Lemons' Co. Cpl.
Boyd, George D. AL 26th (O'Neal's) Inf. Co.D
Boyd, George D. AL 43rd Inf. Co.H
Boyd, George D. SC Lt.Arty. Walter's Co. (Washington Arty.)
Boyd, George F. NC 45th Inf. Co.A 2nd Lt.
Boyd, George G. VA 3rd Cav. Co.F
Boyd, George G. VA 15th Inf. Co.I
Boyd, George H. AL 51st (Part.Rangers) Co.A
Boyd, George H. AL 2nd Inf. Co.A
Boyd, George J. MS 43rd Inf. Co.C
Boyd, George L. MS 9th Inf. Old Co.A
Boyd, George N. AL 5th Bn.Vol. Co.A
Boyd, George N. TX 20th Inf. Co.B
Boyd, Geo. R. AL Cp. of Instr. Talladega
Boyd, George W. AL Cp. of Instr. Co.D
Boyd, George W. AR 45th Mil. Co.C Sgt.
Boyd, George W. GA 12th Inf. Co.I
Boyd, George W. NC Part.Rangers Swindell's Co.
Boyd, George W. NC 33rd Inf. Co.I,H
Boyd, George W. SC 2nd Bn.S.S. Co.A
Boyd, George W. SC 10th Inf. Co.C
Boyd, George W. TN 4th (Murray's) Cav. Co.K
Boyd, George W. TN 59th Mtd.Inf. Co.C
Boyd, George W. TX 18th Cav. Co.F
Boyd, George W. VA 51st Inf. Co.D
Boyd, G.F. MS 32nd Inf. Co.D
Boyd, G.H. VA 34th Inf. Co.A
Boyd, Gideon M. GA 14th Inf. Co.E
Boyd, G.L. MS 32nd Inf. Co.D 2nd Lt.
Boyd, G.M. SC 3rd Inf. Co.C
Boyd, G.W. AL Cp. of Instr. Talladega
Boyd, G.W. AR 7th Cav. Co.C
Boyd, G.W. AR 32nd Inf. Co.F Sgt.
Boyd, G.W. MS 2nd St.Cav. Co.H
Boyd, G.W. MS St.Cav. 2nd Bn. (Harris') Co.C Cpl.
Boyd, G.W. MS 6th Cav. Co.F
Boyd, G.W. MS 1st (Patton's) Inf. Co.H
Boyd, G.W. MS Inf. 3rd Bn. (St.Troops) Co.F
Boyd, G.W. MS 8th Inf. Co.A
Boyd, G.W. MO Cav. Davies' Bn. Co.H
Boyd, G.W. NC 60th Inf. Co.E
Boyd, G.W. SC Arty. Manigault's Bn. 1st Co.B
Boyd, G.W. SC 3rd Bn.Res. Co.E
Boyd, G.W. TN Inf. 22nd Bn. Co.F
Boyd, G.W. TN Conscr. (Cp. of Instr.)
Boyd, G.W. TX 13th Vol. Co.E
Boyd, G.W. TX 20th Cav. Co.B,H
Boyd, G. Washington TX 9th Cav. Co.G
Boyd, H. GA 12th Mil.
Boyd, H. MS Cav. 24th Bn. Co.D
Boyd, H. TX Cav. 1st Bn.St.Troops Co.E Sgt.
Boyd, H. Gillum's Regt. Co.G
Boyd, H.A. GA 12th Cav. Co.G
Boyd, H.A. TX 35th (Likens') Cav. Co.E 1st Lt.
Boyd, H.A. TX 12th Inf. Co.I
Boyd, Haitsteine B. SC Mil.Cav. 4th Regt. Howard's Co.
Boyd, Hamilton GA Inf. 27th Bn. Co.D
Boyd, Hamilton MD 1st Inf. Co.D
Boyd, Harrison GA 22nd Inf. Co.I
Boyd, Hartstein SC 3rd Cav. Co.C
Boyd, Harvey H. VA 27th Inf. Co.D Cpl.
Boyd, Harvy MS 7th Inf. Co.H Cpl.
Boyd, H.C. GA Inf. (GA RR Guards) Porter's Co.
Boyd, H.D. TN 19th & 20th (Cons.) Cav. Co.H
Boyd, Henry AR 5th Inf. Co.G
Boyd, Henry AR 17th (Lemoyne's) Inf. Co.E
Boyd, Henry GA Inf. 27th Bn. Co.D Cpl.
Boyd, Henry LA 1st Cav. Co.D
Boyd, Henry MO 1st Inf. Co.C,G
Boyd, Henry NC 64th Inf. Co.B
Boyd, Henry TX 17th Inf. Co.A
Boyd, Henry Mead's Conf.Cav. Co.F
Boyd, Henry C. MO 11th Inf. Co.E Sgt.
Boyd, Henry Clay KY 9th Mtd.Inf. Co.G 1st Lt.
Boyd, Henry E.J. TN 44th Inf. Co.C
Boyd, Henry L. NC 17th Inf. (2nd Org.) Co.G
Boyd, Henry W. TX 5th Inf. Co.C Jr.2nd Lt.
Boyd, Herbert AL Inf. 1st Regt. Co.H
Boyd, Hezekiah TX 17th Cav. Co.G Cpl.
Boyd, H.F. GA 13th Inf. Co.K 1st Sgt.
Boyd, H.H. GA 10th Cav. Co.I Sgt.
Boyd, H.H. NC 1st Cav. (9th St.Troops) Co.I
Boyd, H.H. 7th Conf.Cav. Co.L Sgt.
Boyd, H.H.L. AR 2nd Mtd.Rifles Co.C Cpl.
Boyd, Hiram TX 14th Field Btty.
Boyd, Hirum AR 15th Mil. Co.E
Boyd, H.L. AR 1st Mtd.Rifles Co.C
Boyd, H.M. TX 16th Inf. Co.B
Boyd, H.M. TX 20th Inf. Co.B
Boyd, Homer V. MS 24th Inf. Co.B
Boyd, Hosea M. AL 43rd Inf. Co.H
Boyd, Howard H. VA 51st Inf. Co.H
Boyd, H.P. VA Cav. Mosby's Regt. (Part. Rangers) Co.C
Boyd, H.P. VA 146th Mil. Co.H
Boyd, H.R. VA 3rd Inf.Loc.Def. Co.I
Boyd, Hugh NC 43rd Inf. Co.B
Boyd, Hugh TN Cav. Welcker's Bn. Co.A
Boyd, Hugh A. TN 35th Inf. 3rd Co.F
Boyd, Hugh H. GA 7th Inf. Co.F
Boyd, H.W. SC 7th Cav. Co.E
Boyd, Hyram VA 54th Inf. Co.H
Boyd, I. AL 4th (Russell's) Cav. Co.G
Boyd, I.A. MS 6th Inf. Co.C
Boyd, I.D. SC 18th Inf. Co.H
Boyd, I.E. NC 1st Arty. (10th St.Troops) Co.B
Boyd, I.F. GA 8th Inf.
Boyd, I.H. TN 3rd (Forrest's) Cav. Co.F
Boyd, I.M. AL Dawson's Co.
Boyd, Ira NC 23rd Inf. Co.D
Boyd, Isaac KY 10th (Diamond's) Cav. Co.I 2nd Lt.
Boyd, Isaac MO 1st Inf. Co.H Music.
Boyd, Isaac SC 2nd Arty. Co.E
Boyd, Isaac M. VA 16th Cav. Co.A
Boyd, Isaiah MS 7th Inf. Co.H
Boyd, Isaiah NC 55th Inf. Co.E
Boyd, Ivy AR 11th & 17th Cons.Inf. Co.F
Boyd, J. AL 3rd Inf. Co.G
Boyd, J. AL 19th Inf. Co.C
Boyd, J. AR 1st (Monroe's) Cav. Co.G
Boyd, J. AR 21st Mil. Co.A
Boyd, J. GA 4th (Clinch's) Cav.
Boyd, J. GA 48th Inf. Co.E
Boyd, J. VA 59th Inf. Co.C
Boyd, J.A. AL 22nd Inf. Co.G
Boyd, J.A. AR 2nd Vol. Co.B
Boyd, J.A. AR 30th Inf. Co.A
Boyd, J.A. AR 37th Inf. Co.K
Boyd, J.A. FL Conscr.
Boyd, J.A. GA 36th (Broyles') Inf. Co.I
Boyd, J.A. MS Inf. 7th Bn. Co.A Sgt.
Boyd, J.A. MO 6th Cav. Co.B
Boyd, J.A. NC 11th (Bethel Regt.) Inf. Co.H
Boyd, J.A. SC 13th Inf. Co.D
Boyd, J.A. SC 18th Inf. Co.H
Boyd, Jack MS 13th Inf. Co.I
Boyd, Jack VA 45th Inf. Co.G
Boyd, Jack 10th Conf.Cav. Co.B
Boyd, Jackson MO 3rd Cav. Co.E
Boyd, Jackson MO 12th Inf. Co.B
Boyd, Jacob AR 35th Inf. Co.K
Boyd, Jacob VA 54th Inf. Co.I Teamster
Boyd, J.A.J. AL 8th Inf. Co.K
Boyd, James AL 53rd (Part.Rangers) Co.K
Boyd, James AL 19th Inf. Co.D
Boyd, James AL 22nd Inf. Co.E
Boyd, James AR 15th Inf. Co.C
Boyd, James AR 26th Inf. Co.A
Boyd, James AR 45th Mil. Co.B
Boyd, James GA 10th Inf. Co.F
Boyd, James GA Inf. 27th Bn. Co.A
Boyd, James GA 38th Inf. Co.C
Boyd, James GA Cobb's Legion Co.A

Boyd, James LA 7th Inf. Co.E
Boyd, James LA 8th Inf. Co.A
Boyd, James MS 2nd (Davidson's) Inf. Co.F
Boyd, James MS 16th Inf. Co.I
Boyd, James MS 43rd Inf. Co.H Sgt.
Boyd, James MO Lt.Arty. Von Phul's Co.
Boyd, James NC 1st Cav. (9th St.Troops) Co.H
Boyd, James NC 6th Cav. (65th St.Troops) Co.A Cpl.
Boyd, James SC 1st St.Troops Co.D
Boyd, James SC Inf. 3rd Bn. Co.C
Boyd, James SC 14th Inf. Co.D
Boyd, James SC Inf. Holcombe Legion Co.D
Boyd, James TN 4th (Murray's) Cav. Co.B
Boyd, James TN 7th (Duckworth's) Cav. Co.H,G
Boyd, James TN 9th (Ward's) Cav. Co.B
Boyd, James TN Cav. 16th Bn. (Neal's) Co.E
Boyd, James TN Inf. 22nd Bn. Co.H
Boyd, James TN 29th Inf. Co.E
Boyd, James TX 4th Inf. Co.K
Boyd, James VA 2nd Cav. Co.B
Boyd, James VA Cav. Hounshell's Bn. Huffman's Co.
Boyd, James VA 3rd Inf. 2nd Co.K
Boyd, James VA 9th Inf. Co.B
Boyd, James VA Inf. 9th Bn. Co.A 2nd Lt.
Boyd, James VA 25th Inf. 2nd Co.A Capt.
Boyd, James VA 36th Inf. 2nd Co.C
Boyd, James VA 46th Inf. Co.L
Boyd, James VA 166th Mil. R.G. Lively's Co. 1st Sgt.
Boyd, James A. AR 16th Inf. Co.E
Boyd, James A. AR 27th Inf. Co.I
Boyd, James A. GA Inf. 8th Bn. Co.B
Boyd, James A. LA 12th Inf. Co.K Lt.Col.
Boyd, James A. MS 1st (Johnston's) Inf. Co.A Sgt.
Boyd, James A. NC 30th Inf. Co.G
Boyd, James A. TN Cav. Allison's Squad. Co.A
Boyd, James A. TN 16th Inf. Co.K
Boyd, James A. TX 10th Cav. Co.A
Boyd, James B. GA 43rd Inf. Co.K
Boyd, James B. SC 2nd Inf. Co.I Sgt.
Boyd, James B. TX 4th Inf. Co.C 1st Lt.
Boyd, James B. VA Burks' Regt.Loc.Def. 2nd Lt.
Boyd, James C. MS 2nd Part.Rangers Co.C
Boyd, James C. SC 23rd Inf. Co.F
Boyd, James D. TX 29th Cav. Co.E
Boyd, James E. GA 1st Lt.Duty Men Co.A
Boyd, James E. KY 8th Mtd.Inf. Co.B
Boyd, James E. MS 1st (King's) Inf. (St.Troops) Co.C
Boyd, James E. NC 13th Inf. Co.E
Boyd, James E. NC 29th Inf. Co.F
Boyd, James E. NC 39th Inf. Co.K
Boyd, James E. VA 3rd Inf. Co.F
Boyd, James F. AR 3rd Inf. Co.I
Boyd, James F. NC Cav. 5th Bn. Co.A Cpl.
Boyd, James F. TX 16th Cav. Co.F
Boyd, James G. VA Hvy.Arty. 18th Bn. Co.C
Boyd, James G. VA 14th Inf. Co.K
Boyd, James H. AL 4th Inf. Co.K
Boyd, James H. SC 1st (McCreary's) Inf. Co.B Sgt.
Boyd, James H. VA 4th Bn.Res.
Boyd, James J. AR 16th Inf. Co.E
Boyd, James J. MS 1st Lt.Arty. Co.L,E
Boyd, Jas. J. TX 20th Cav. Co.E,B
Boyd, James K. TN 5th Inf. 1st Co.C
Boyd, James L. AL 5th Bn.Vol. Co.A
Boyd, James L. AL 36th Inf. Co.B,D
Boyd, James L. MS 48th Inf. Co.L Cpl.
Boyd, James L. MO 8th Inf. Co.D
Boyd, James M. AL 29th Inf. Co.K
Boyd, James M. AR 3rd Inf. Co.D
Boyd, James M. AR 17th (Griffith's) Inf. Co.G
Boyd, James M. AR 35th Inf. Co.K
Boyd, James M. AR Inf. Hardy's Regt. Co.A
Boyd, James M. MS 40th Inf. Co.D Capt.
Boyd, James M. MO Cav. Wood's Regt. Co.E
Boyd, James M. SC 14th Inf. Co.E 1st Sgt.
Boyd, James M. VA Horse Arty. Shoemaker's Co.
Boyd, James M. VA 54th Inf. Co.B Capt.
Boyd, James M. Gen. & Staff, Arty. Capt.
Boyd, James O. FL 4th Inf. Co.F
Boyd, James O. SC Lt.Arty. Walter's Co. (Washington Arty.)
Boyd, James O. VA 38th Inf. Co.K
Boyd, James P. VA Mil. Carroll Cty.
Boyd, James R. AL Lt.Arty. Phelan's Co. Bugler
Boyd, James R. AL Pris.Guard Freeman's Co. Sgt.
Boyd, James R. VA Lt.Arty. 12th Bn. 2nd Co.A
Boyd, James R. VA Lt.Arty. Sturdivant's Co.
Boyd, James R. VA 49th Inf. 3rd Co.G
Boyd, James S. NC 13th Inf. Co.F
Boyd, James S. VA 37th Inf. Co.C 2nd Lt.
Boyd, James T. MS Inf. 1st Bn. Co.A
Boyd, James T. MS 41st Inf. Co.G
Boyd, James T. TN Cav. 1st Bn. (McNairy's) Co.C
Boyd, James W. KY 5th Mtd.Inf. Co.H Cpl.
Boyd, James W. MO 1st Inf. Co.B Cpl.
Boyd, James W. MO 1st & 4th Cons.Inf. Co.D Cpl.
Boyd, James W. SC 2nd St.Troops Co.K
Boyd, James W. TN 6th Inf. Co.F Capt.
Boyd, James W. TX 16th Cav. Co.H Sgt.
Boyd, James W. VA 23rd Cav. Co.E
Boyd, James W. VA Inf. 26th Bn. Co.B
Boyd, James W. Forrest's Scouts T. Henderson's Co.,CSA
Boyd, Jaroyal K. GA 43rd Inf. Co.K
Boyd, Jasper AL 36th Inf. Co.D
Boyd, Jasper AR 27th Inf. Co.H
Boyd, Jasper GA 22nd Inf. Co.B
Boyd, Jasper MS 38th Cav. Co.K
Boyd, Jasper MO Cav. Ford's Bn. Co.A
Boyd, Jasper N. AR 1st Mtd.Rifles Co.C
Boyd, J.B. AL 27th Inf. Co.B
Boyd, J.B. AR 27th Inf. Co.I
Boyd, J.B. GA 1st Inf. (St.Guards) Co.E
Boyd, J.B. LA Miles' Legion Co.A
Boyd, J.B. SC 4th Cav. Co.H
Boyd, J.B. SC Cav. 10th Bn. Co.D
Boyd, J.B. TN 9th Inf. Co.E 2nd Lt.
Boyd, J.B. TX 11th Inf. Co.F
Boyd, J.B. Gen. & Staff Asst.Surg.
Boyd, J.B.B. TX Inf. 3rd St.Troops Co.C
Boyd, J.B.S. AL 2nd Cav. Co.F
Boyd, J.C. AL 62nd Inf. Co.I
Boyd, J.C. LA Inf. 4th Bn. Co.E
Boyd, J.C. MS 1st (Patton's) Inf. Co.A
Boyd, J.C. TN 3rd (Forrest's) Cav. Co.E
Boyd, J.C. TN 12th (Green's) Cav. Co.B Cpl.
Boyd, J.C. TN 17th Inf. Co.F Music.
Boyd, J.C. TX Cav. Terry's Regt. Co.H Sgt.
Boyd, J.C. 10th Conf.Cav. Co.D
Boyd, J.D. GA Inf. 40th Bn. Co.D Sgt.
Boyd, J.D. MS 32nd Inf. Co.D
Boyd, J.D. MS Inf. (Choctaw Silver Greys) Drane's Co.
Boyd, J.D. MS Hall's Co.
Boyd, J.D. SC 6th Inf. 1st Co.G, 2nd Co.F
Boyd, J.D. TX 11th Inf. Co.F
Boyd, J.E. SC Inf. 3rd Bn. Co.D
Boyd, J.E. TN 9th Inf. Co.C
Boyd, J.E. TN 38th Inf. 2nd Co.A Cpl.
Boyd, Jefferson AL 55th Vol. Co.E
Boyd, Jefferson MS 38th Cav. Co.K
Boyd, Jefferson TX 2nd Inf. Co.C
Boyd, Jefferson F. AL 27th Inf. Co.B
Boyd, Jefferson J. GA 5th Cav. Co.A
Boyd, Jefferson W. GA 25th Inf. Co.G 1st Sgt.
Boyd, Jefferson W. TN Cav. Allison's Squad. Co.A Sgt.
Boyd, Jeremiah MS 7th Inf. Co.H
Boyd, Jeremiah TN 37th Inf. Co.G
Boyd, Jesse, Jr. MS 7th Inf. Co.H
Boyd, Jesse, Sr. MS 7th Inf. Co.H
Boyd, Jesse SC 10th Inf. 2nd Co.G 1st Sgt.
Boyd, Jesse A. NC 13th Inf. Co.B
Boyd, Jessee AL 4th (Russell's) Cav. Co.G
Boyd, Jesse F. GA 23rd Inf. Co.D,E Band Music.
Boyd, J.F. LA Lt.Arty. 2nd Field Btty.
Boyd, J.F. MO 16th Inf. Co.K
Boyd, J.F. NC Cav. 5th Bn. Co.A Cpl.
Boyd, J.F. SC 7th Cav. Co.E
Boyd, J.F. SC 8th Bn.Res. Co.C
Boyd, J.F. SC Inf. Holcombe Legion Co.C
Boyd, J.G. GA 4th Cav. (St.Guards) Robertson's Co. Sgt.
Boyd, J.G. GA 43rd Inf. Co.K
Boyd, J.G. GA Conscr.
Boyd, J.G. TN 20th Inf. Co.H
Boyd, J.G.D. TX 12th Inf. Co.E
Boyd, J.G.S. VA 20th Inf. Co.E 3rd Lt.
Boyd, J.H. GA 12th Cav. Co.G
Boyd, J.H. KY 10th (Johnson's) Cav. Co.K Cpl.
Boyd, J.H. MO 12th Inf. Co.A
Boyd, J.H. SC 1st Arty. Co.B
Boyd, J.H. SC Lt.Arty. Garden's Co. (Palmetto Lt.Arty.)
Boyd, J.H. SC Lt.Arty. J.T. Kanapaux's Co. (Lafayette Arty.)
Boyd, J.H. SC 4th Bn.Res. Co.D
Boyd, J.H. SC 4th Bn.Res. Co.E
Boyd, J.H. SC 5th St.Troops Co.D
Boyd, J.H. SC 5th St.Troops Co.I Cpl.
Boyd, J.H. SC 6th Res. Co.G
Boyd, J.H. SC 9th Res. Co.E
Boyd, J.H. SC 13th Inf. Co.A
Boyd, J.H. VA 1st Arty. 3rd Co.C
Boyd, J.H. VA Arty. Young's Co.
Boyd, J.J. AL 7th Cav. Co.A
Boyd, J.J. AL 7th Cav. Co.F
Boyd, J.J. AL 7th Cav. Co.H Cpl.

Boyd, J.J. AL Mil. 4th Vol. Co.F
Boyd, J.J. AL 22nd Inf. Co.D Lt.
Boyd, J.J. AL 25th Inf. Co.G
Boyd, J.J. AR 27th Inf. New Co.B,I Capt.
Boyd, J.J. FL 1st (Res.) Inf. Co.L
Boyd, J.J. GA Cav. 2nd Bn. Co.D
Boyd, J.J. GA 32nd Inf. Co.E
Boyd, J.J. MS 6th Cav. Co.E
Boyd, J.J. MS 5th Inf. (St.Troops) Co.G 1st Lt.
Boyd, J.J. MS 8th Inf. Co.A
Boyd, J.J. NC 11th (Bethel Regt.) Inf. Co.H
Boyd, J.J. TN 38th Inf. Co.D
Boyd, J.J. TN 62nd Mtd.Inf. Co.B
Boyd, J.J. TX 1st Hvy.Arty. Co.K
Boyd, J.L. AL 1st Cav. 2nd Co.C
Boyd, J.L. AL 13th Bn.Part.Rangers Co.B
Boyd, J.L. GA 1st Inf. (St.Guards) Co.E
Boyd, J.L. GA 10th Inf. Co.I
Boyd, J.L. MS 28th Cav. Co.D
Boyd, J.L. MS Inf. 2nd Bn. Co.L
Boyd, J.L. SC 3rd Bn.Res. Co.C
Boyd, J.L. SC 4th Bn.Res. Co.D
Boyd, J.M. AL 7th Cav. Co.H
Boyd, J.M. AL 17th Inf. Co.F
Boyd, J.M. AL 63rd Inf. Co.E
Boyd, J.M. GA 63rd Inf. Co.G,E
Boyd, J.M. LA Lt.Arty. 6th Field Btty. (Grosse Tete Flying Arty.)
Boyd, J.M. MS 4th Mil.Cav. Co.F 2nd Lt.
Boyd, J.M. MS Bowen's Co. (Chulahoma Cav.)
Boyd, J.M. MS St.Troops Co.B
Boyd, J.M. NC 7th Sr.Res. Bradshaw's Co.
Boyd, J.M. SC 13th Inf. Co.D Cpl.
Boyd, J.M. VA 64th Mtd.Inf. Co.H
Boyd, J.N. AL 28th Inf. Co.K
Boyd, J.N. AR Cav. Gordon's Regt. Co.K
Boyd, John AL 3rd Cav. Co.G
Boyd, John AL 51st (Part.Rangers) Co.I
Boyd, John AL Cav. Holloway's Co.
Boyd, John AL Arty. 1st Bn. Co.F
Boyd, John AL 22nd Inf. Co.D
Boyd, John AL 31st Inf. Co.H,K Sgt.
Boyd, John AL 42nd Inf. Co.D
Boyd, John AL 43rd Inf. Co.F
Boyd, John AL 44th Inf. Co.G Cpl.
Boyd, John AL Cp. of Instr. Talladega Co.B
Boyd, John AR 30th Inf. Co.F
Boyd, John AR 32nd Inf. Co.A
Boyd, John AR Inf. Cocke's Regt. Co.A
Boyd, John GA 38th Inf. Co.C
Boyd, John KY 10th (Diamond's) Cav. Co.G
Boyd, John KY Cav. Buckner Guards
Boyd, John MS 35th Inf. Co.E
Boyd, John MS 43rd Inf. Co.F
Boyd, John MO 8th Cav. Co.H,F
Boyd, John MO Lt.Arty. 3rd Btty. Teamster
Boyd, John MO Lt.Arty. Parsons' Co.
Boyd, John MO 6th Inf. Co.I
Boyd, John NC 8th Inf. Co.D
Boyd, John NC 13th Inf. Co.B
Boyd, John NC 55th Inf. Co.H,K
Boyd, John SC 2nd Arty. Co.E
Boyd, John SC Inf. 7th Bn. (Enfield Rifles) Co.B
Boyd, John SC 10th Inf. 2nd Co.G
Boyd, John TN 11th (Holman's) Cav. Co.K
Boyd, John TN Cav. 16th Bn. (Neal's) Co.E
Boyd, John TN Inf. 3rd Cons.Regt. Co.B
Boyd, John TN 16th Inf. Co.I 2nd Lt.
Boyd, John TN 18th Inf. Co.E
Boyd, John TN 37th Inf. Co.F Sgt.
Boyd, John TN 38th Inf. Co.F Cpl.
Boyd, John TN 45th Inf. Co.D Cpl.
Boyd, John TN 60th Mtd.Inf. Co.F
Boyd, John TX 1st (McCulloch's) Cav. Co.E
Boyd, John TX 4th Cav. Co.B
Boyd, John TX 4th Cav. Co.K
Boyd, John TX 18th Cav. Co.H Sgt.
Boyd, John TX Cav. Morgan's Regt. Co.D Sgt.
Boyd, John TX 7th Inf. Co.K
Boyd, John TX Waul's Legion Co.F
Boyd, John VA 3rd Cav. Co.A
Boyd, John VA 29th Inf. Co.E
Boyd, John VA Mil. Washington Cty.
Boyd, John Conf.Inf. 8th Bn. Co.E
Boyd, John A. GA 38th Inf. Co.N
Boyd, John A. MS Inf. 1st Bn. Co.A Cpl.
Boyd, John A. MS 2nd (Quinn's St.Troops) Inf. Co.I
Boyd, John A. MS 41st Inf. Co.G Sgt.
Boyd, John A. TN 44th Inf. Co.C
Boyd, John A. TX 3rd Cav. Co.C Ens.
Boyd, John B. GA 14th Inf. Co.E Cpl.
Boyd, John B. GA 38th Inf. Co.K
Boyd, John B. VA Lt.Arty. Taylor's Co.
Boyd, John B. VA 38th Inf. Co.G 2nd Lt.
Boyd, John B. VA Burks' Regt.Loc.Def. Allen's Co.
Boyd, John C. AL 39th Inf. Co.H
Boyd, John C. AL 40th Inf. Co.K
Boyd, John C. AL Vol. Meador's Co.
Boyd, John C. AR 7th Inf. Co.G
Boyd, John D. AR 33rd Inf. Co.C
Boyd, John D. FL 3rd Inf. Co.D
Boyd, John D. MS 9th Inf. Old Co.A
Boyd, John D. TX 16th Cav. Co.A
Boyd, John D. 7th Conf.Cav. Co.L
Boyd, John E. TN 44th (Cons.) Inf. Co.I
Boyd, John E. TN 55th (McKoin's) Inf. McEwen Jr.'s Co.
Boyd, John E., Jr. VA 1st Cav. Co.B Sgt.
Boyd, John F. NC 17th Inf. (1st Org.) Co.C Sgt.
Boyd, John F. VA Res. Keyser's Co.
Boyd, John H. AL 13th Inf. Co.K
Boyd, John H. NC 21st Inf. Co.L Capt.
Boyd, John H. NC 55th Inf. Co.K
Boyd, John H. NC 57th Inf. Co.G 1st Lt.
Boyd, John H. SC 9th Res. Co.A
Boyd, John H. SC 14th Inf. Co.C
Boyd, John H. SC 20th Inf. Co.A
Boyd, John H. TN 43rd Inf. Co.K
Boyd, John H. VA Lt.Arty. 1st Bn. Co.C
Boyd, John H. VA 38th Inf. Co.K Sgt.
Boyd, John H.H. NC 16th Inf. Co.L Cpl.
Boyd, John H.H. NC Inf. Thomas Legion Co.E
Boyd, John J. MS 46th Inf. Co.I
Boyd, John J. SC 18th Inf. Co.H
Boyd, John L. GA Arty. 9th Bn. Co.A,C Lt.
Boyd, John L. GA Lt.Arty. 14th Bn. Co.C Sgt.
Boyd, John L. GA Lt.Arty. Ferrell's Btty. Sgt.
Boyd, John L. MS 27th Inf. Co.E Capt.
Boyd, John L. SC 24th Inf. Co.H
Boyd, John L. VA 22nd Cav. Co.D Sgt.
Boyd, John M. GA Phillips' Legion Co.E
Boyd, John M. MS 42nd Inf. Co.D Sgt.
Boyd, John M. TX 17th Cav. Co.A
Boyd, John M. TX 31st Cav. Co.G Cpl.
Boyd, John M. Conf.Lt.Arty. 1st Reg.Btty.
Boyd, John M. Inf. School of Pract. Powell's Detach. Co.B
Boyd, John O. NC 3rd Arty. (40th St.Troops) Co.C
Boyd, John O. NC 33rd Inf. Co.I,H
Boyd, John O. TN 4th (McLemore's) Cav. Co.F 1st Sgt.
Boyd, John P. AL 47th Inf. Co.D
Boyd, John P. MS 20th Inf. Co.G
Boyd, John P. NC 25th Inf. Co.I
Boyd, John R. AL 22nd Inf. Co.F
Boyd, John R. NC 4th Inf. Co.I
Boyd, John S. AR 32nd Inf. Co.F Cpl.
Boyd, John S. TX 7th Cav.
Boyd, John T. MS 5th Inf. Co.H
Boyd, John T. MS 27th Inf. Co.E 1st Sgt.
Boyd, John T. MS 31st Inf. Co.F 2nd Lt.
Boyd, John T. SC 1st Cav. Co.H Cpl.
Boyd, John T. VA 57th Inf. Co.K
Boyd, John W. LA 2nd Inf. Co.D Cpl.
Boyd, John W. MS Inf. 2nd St.Troops Co.K Cpl.
Boyd, John W. MS 15th Inf. Co.G
Boyd, John W. MS 20th Inf. Co.C
Boyd, John W. NC 38th Inf. Co.G
Boyd, John W. NC Hill's Bn.Res. Co.D Jr.2nd Lt.
Boyd, John W. TN 3rd (Lillard's) Mtd.Inf. Co.H
Boyd, John W. TN 35th Inf. 3rd Co.F
Boyd, John W. TX 2nd Cav. Co.H
Boyd, John W. TX 7th Cav. Co.A
Boyd, John W. VA 18th Cav. 1st Co.G 1st Sgt.
Boyd, John W. VA 23rd Cav. Co.A Sgt.
Boyd, John W. VA Cav. 41st Bn. Co.A 1st Sgt.
Boyd, John Wesley AL 26th (O'Neal's) Inf. Co.G
Boyd, Jonas GA Lt.Arty. Scogin's Btty. (Griffin Lt.Arty.)
Boyd, Jonathan MO Cav. 2nd Bn.St.Guard Co.A
Boyd, Jonathan G. GA Inf. 8th Bn. Co.B
Boyd, Jordan GA Cav. 1st Bn. Hopkins' Co.
Boyd, Jordan TN 3rd (Lillard's) Mtd.Inf. Co.F
Boyd, Jordan A. NC 3rd Arty. (40th St.Troops) Co.B
Boyd, Joseph GA 2nd Cav. (St.Guards) Co.H
Boyd, Joseph MO 1st Inf. Co.C,G
Boyd, Joseph MO 1st & 4th Cons.Inf. Co.G
Boyd, Joseph MO 10th Inf. Co.B
Boyd, Joseph TN 36th Inf. Co.B
Boyd, Joseph TN 63rd Inf. Co.C
Boyd, Joseph TX 2nd Inf. Co.C
Boyd, Joseph VA 22nd Cav. Co.D 1st Lt.
Boyd, Joseph VA 34th Inf. Co.F
Boyd, Joseph A. MS 14th Inf. Co.G Cpl.
Boyd, Joseph A. MS 24th Inf. Co.F
Boyd, Joseph A. MS 27th Inf. Co.E
Boyd, Joseph A.E. AL 22nd Inf. Co.K Sgt.
Boyd, Joseph C. MS 10th Inf. Co.D, New Co.B
Boyd, Joseph C. TN 3rd (Lillard's) Mtd.Inf. Co.H Maj.
Boyd, Joseph D. GA 41st Inf. Co.F Sgt.
Boyd, Joseph J. AL 48th Inf. Co.I
Boyd, Joseph L. LA Maddox's Regt.Res.Corps Co.B

Boyd, Joseph L. MS 2nd Inf. Co.B
Boyd, Jo. M. AL 5th Inf. New Co.E
Boyd, Joseph M. AL 29th Inf. Co.K
Boyd, Joseph N. MO 1st Cav. Co.K
Boyd, Joseph N. MO Inf. Perkins' Bn. Co.D 1st Lt.
Boyd, Joshua KY 14th Cav.
Boyd, Joshua B. TN 1st (Turney's) Inf. Co.I Cpl.
Boyd, J.P. AL 33rd Inf. Co.E
Boyd, J.P. MS Inf. 1st Bn.St.Troops (12 mo. '62-3) Co.C
Boyd, J.P. SC 5th St.Troops Co.D
Boyd, J.P. VA Vol. Binford's Co.
Boyd, J.R. GA Inf. (Jones Hussars) Jones' Co.
Boyd, J.R. MS Cav. Drane's Co. (Choctaw Cty.Res.)
Boyd, J.R. MS 33rd Inf. Co.F Cpl.
Boyd, J.R. MS Walsh's Co. (Muckalusha Guards)
Boyd, J.S. AL 36th Inf. Co.A
Boyd, J.S. AR 45th Mil. Co.C
Boyd, J.S. MO 1st Inf. Co.K
Boyd, J.S. SC Inf. Hampton Legion Co.E
Boyd, J.S. TN 3rd (Forrest's) Cav. Co.F
Boyd, J.T. GA 1st (Olmstead's) Inf. Co.G
Boyd, J.T. GA 42nd Inf. Co.E,A Sgt.
Boyd, J.T. MS 6th Cav. Co.A
Boyd, J.T. SC 1st Inf. Co.A
Boyd, J.T. SC Inf. 1st (Charleston) Bn. Co.B
Boyd, J.T. SC 27th Inf. Co.B
Boyd, J. Thomas SC 19th Inf. Co.G
Boyd, Julius H. SC Lt.Arty. Garden's Co. (Palmetto Lt.Arty.)
Boyd, Julius M. NC 7th Inf. Co.A QMSgt.
Boyd, Julius W. GA 20th Inf. Co.H Capt.
Boyd, J.W. AL 1st Cav. 1st Co.K
Boyd, J.W. AR 24th Inf. Co.D
Boyd, J.W. AR Inf. Hardy's Regt. Co.C
Boyd, J.W. GA 5th Cav. Co.F
Boyd, J.W. GA 8th Cav. New Co.E
Boyd, J.W. GA Cav. 20th Bn. Co.C
Boyd, J.W. GA 27th Inf. Co.G
Boyd, J.W. MS 6th Cav. Co.E
Boyd, J.W. MS Inf. 3rd Bn. (St.Troops) Co.B
Boyd, J.W. NC Mallett's Bn. (Cp.Guard) Co.D
Boyd, J.W. SC 3rd Inf. Co.F
Boyd, J.W. SC Inf. 3rd Bn. Co.G
Boyd, J.W. SC Duncan's Mil. Co.D
Boyd, J.W. TN 20th (Russell's) Cav. Co.H
Boyd, J.W. TN Inf. 2nd Cons.Regt. Co.A
Boyd, J.W. TN 13th Inf. Co.E,G
Boyd, J.W. TN 47th Inf. Co.A Capt.
Boyd, J.W. TX Waul's Legion Co.H
Boyd, J.Y. AL 15th Inf. Co.B
Boyd, J.Y. SC Inf. 3rd Bn. Co.C
Boyd, Kingston Gen. & Staff Lt.,Ord.Off.
Boyd, L. AL Cav. Moses' Squad. Co.A QMSgt.
Boyd, L. TX 12th Inf. Co.B
Boyd, Larkin M. TX 13th Cav. Co.E
Boyd, Larkin M. TX 37th Cav. Co.C Sgt.
Boyd, L.B. GA 50th Inf. Co.D
Boyd, L.B. TX 12th Inf. Co.I
Boyd, L.D. SC 13th Inf. Co.D
Boyd, Lee MS 43rd Inf. Co.F Cpl.
Boyd, Leonidas A. TN 48th (Voorhies') Inf. Co.E
Boyd, Levi MO Cav. Poindexter's Regt.
Boyd, Levi J. TN 37th Inf. Co.G
Boyd, Lewis MS 38th Cav. Co.K
Boyd, Lindsay VA 13th Inf. Co.C
Boyd, Linn KY 4th Mtd.Inf. Co.G,I
Boyd, Livi MO 1st N.E. Cav. Co.M
Boyd, L.J. AR Mil. Desha Cty.Bn.
Boyd, L.J. TN 3rd (Lillard's) Mtd.Inf. Co.F
Boyd, L.J. VA 23rd Inf. Co.E
Boyd, L.L. FL 2nd Inf. Co.D
Boyd, L.L. TN 38th Inf. 2nd Co.A
Boyd, L.M. LA 27th Inf. Co.E Sgt.
Boyd, Lott FL 11th Inf. Co.G
Boyd, M. AL Auburn Home Guards Vol. Darby's Co.
Boyd, M. MS 42nd Inf. Co.D Sgt.
Boyd, M. SC 8th Inf. Co.K
Boyd, M. SC 8th Bn.Res. Co.C
Boyd, M. TN 12th (Green's) Cav. Co.F
Boyd, Mack D. NC 2nd Jr.Res. Co.H Capt.
Boyd, Macon FL 10th Inf. Co.B
Boyd, Marcus AL 46th Inf. Co.K
Boyd, Marcus MO 6th Cav. Co.G Cpl.
Boyd, Marcus NC 46th Inf. Co.K
Boyd, Marcus D. AR 2nd Cav. Co.F
Boyd, Marion AR 9th Inf. Old Co.I, Co.A
Boyd, Marion GA 41st Inf. Co.G
Boyd, Marion 14th Conf.Cav. Co.A
Boyd, Marion B. MS 20th Inf. Co.C
Boyd, Martin GA 36th (Broyles') Inf.
Boyd, Martin A. TX 18th Cav. Co.H
Boyd, Martin V.B. TX Inf. Griffin's Bn. Co.C
Boyd, Martin W. MO Cav. Davies' Bn. Co.H
Boyd, Mathew VA 50th Inf. Co.B
Boyd, Mathew B. AL Lt.Arty. 2nd Bn. Co.C
Boyd, Mathews VA 21st Cav. Co.K
Boyd, Matthew VA 166th Mil. Co.A
Boyd, Matthew A. VA Lt.Arty. G.B. Chapman's Co.
Boyd, M.B. AL 1st Cav. 1st Co.K
Boyd, M.B. MS 4th Inf. Co.H
Boyd, M.C. GA Inf. 26th Bn. Co.B Sgt.
Boyd, M.C. TN 5th (McKenzie's) Cav. Co.E
Boyd, McD. C. GA 1st Cav. Co.K,B
Boyd, McFarlan MO 11th Inf. Co.K
Boyd, M.D. TN 12th Cav.
Boyd, M.E. GA 28th Inf. Co.F
Boyd, M.G. GA 11th Cav. Co.E
Boyd, M.M. AR 9th Inf. Co.H
Boyd, Montgomery Gen. & Staff Surg.,Med.Director
Boyd, Mordicai M. TX 16th Cav. Co.F
Boyd, Mortimer A. VA 12th Cav. Co.E Ord.Sgt.
Boyd, Moses W. MS 1st Lt.Arty. Co.A
Boyd, M.P. SC 2nd Arty. Co.I
Boyd, M.P. SC 1st Inf. Co.L
Boyd, M.P. SC 3rd Inf. Co.E
Boyd, M.P.S. AR 2nd Vol. Co.B 2nd Lt.
Boyd, M.P.S. AR 37th Inf. Co.K Sgt.
Boyd, M.T. TN 13th Inf. Co.A
Boyd, Murphy J. NC 61st Inf. Co.D Cpl.
Boyd, M.V. TX 21st Inf. Co.D
Boyd, M.W. GA 36th (Villepigue's) Inf. Co.H 2nd Lt.
Boyd, M.W. MS 1st Lt.Arty. Surg.
Boyd, M.W. 20th Conf.Cav. Co.F Capt.
Boyd, M.W. Gen. & Staff Surg.,Med.Director
Boyd, N. TX 9th (Young's) Inf. Co.H
Boyd, Nathan AL 41st Inf. Co.H
Boyd, Nathaniel P. MS 2nd Inf. Co.B
Boyd, Nathaniel W. FL 11th Inf. Co.C
Boyd, Newton MS 38th Cav. Co.K
Boyd, Newton MO Inf. Perkins' Bn.
Boyd, N.F. SC 14th Inf. Co.C Cpl.
Boyd, N.H. Conf.Cav. Wood's Regt. 2nd Co.F
Boyd, N.J. AR 26th Inf. Co.C
Boyd, N.W. MO Lt.Arty. 4th (Harris') Field Btty.
Boyd, Obadiah TN 16th Inf. Co.F Sgt.
Boyd, O.H.P. TX 28th Cav. Co.B
Boyd, Oliver H.P. TX 17th Cav. 1st Co.I
Boyd, O.P. TX 3rd Cav. Co.I
Boyd, O.P. TX 11th Inf. Co.D Music.
Boyd, P. LA 22nd Inf. Co.A
Boyd, P.A. VA Arty. Bryan's Co.
Boyd, Patrick SC 3rd Cav.
Boyd, Patrick B. TX 19th Cav. Co.F
Boyd, P.C. TN 46th Inf. Co.A Cpl.
Boyd, Pearly MS 7th Inf. Co.H
Boyd, Perry TN 3rd (Lillard's) Mtd.Inf. Co.F
Boyd, Perry VA 45th Inf. Co.K
Boyd, Perry VA Mil. Washington Cty.
Boyd, Perry L. NC 1st Inf. (6 mo. '61) Co.K
Boyd, Peter MS 2nd Cav. Co.D
Boyd, Peter P. VA Lt.Arty. 12th Bn. 2nd Co.A
Boyd, Peter P. VA Lt.Arty. Sturdivant's Co.
Boyd, Pinkney AR 30th Inf. Co.F
Boyd, Pinkny W. TN 14th Inf. Co.E
Boyd, Pinky GA Cav. Young's Co. (Alleghany Troopers)
Boyd, P.L. NC 1st Cav. (9th St.Troops) Co.C
Boyd, Porterfield A. VA 108th Mil. Co.C, Lemons' Co.
Boyd, Pryor VA Cav. 36th Bn. Co.D 2nd Lt.
Boyd, Pryor VA 27th Inf. Co.G 2nd Lt.
Boyd, P.W. TN 9th (Ward's) Cav. Co.B
Boyd, P.W. VA Horse Arty. J.W. Carter's Co.
Boyd, Pyrrhus VA Cav. 47th Bn. Co.C
Boyd, R. MS 10th Cav. Co.G
Boyd, R. MS Cav. 24th Bn. Co.H
Boyd, R.A. FL Cav. 5th Bn. Co.F
Boyd, R.A. GA Cav. 15th Bn. (St.Guards) Jones' Co. Cpl.
Boyd, R.A. MO 11th Inf. Co.A
Boyd, R.A. TN 3rd (Forrest's) Cav. Co.K
Boyd, R.A. TN 14th (Neely's) Cav. Co.K
Boyd, Randolph AL 6th Inf. Co.A
Boyd, Rasselas MS 30th Inf. Co.G
Boyd, R.C. AL 31st Inf. Co.K
Boyd, R.C. AR 32nd Inf. Co.K
Boyd, R.C. TN 4th (McLemore's) Cav. Co.I
Boyd, R.C. TN 16th Inf. Co.I
Boyd, R.C. VA Cav. 34th Bn. Co.I,H Capt.
Boyd, R.D. GA Cav. Allen's Co.
Boyd, R.D. GA 1st Reg. Co.B
Boyd, R.E. MO 6th Cav. Co.H 1st Lt.
Boyd, R.E. TN 3rd (Forrest's) Cav. Co.E
Boyd, R.E. TX 35th (Brown's) Cav. Co.E
Boyd, Reed J. VA Mil. Carroll Cty.
Boyd, Reuben TN 2nd (Ashby's) Cav. Co.A
Boyd, Reuben TN Cav. 5th Bn. (McClellan's) Co.A
Boyd, R.F. NC 1st Cav. (9th St.Troops) Co.G

Boyd, R.F. NC 49th Inf. Co.H
Boyd, R.F. SC 5th St.Troops Co.K
Boyd, R.F. SC 6th Res. Co.G
Boyd, R.F. SC 18th Inf. Co.H
Boyd, R.F. TN 12th Cav. Co.B
Boyd, R.G.G. SC 17th Inf. Co.E
Boyd, R.H. AL 39th Inf. Co.I
Boyd, R.H. MS 20th Inf. Co.C
Boyd, R.H. TX 16th Inf. Co.H
Boyd, Richard AR 2nd Inf. Old Co.E, Co.D
Boyd, Richard GA 64th Inf. Surg.
Boyd, Richard MS 1st (Johnston's) Inf. Co.B
Boyd, Richard Gen. & Staff Surg.
Boyd, Richard C. AL Cav. Moses' Squad. Co.A Sgt.
Boyd, Richard C. GA 41st Inf. Co.E Sgt.
Boyd, Richard E. AL Cav. 8th Regt. (Livingston's) Co.I Sgt.
Boyd, Richard G. VA 53rd Inf. Co.A
Boyd, Richard H. AL 37th Inf. Co.I Sgt.
Boyd, Richard I. SC Cav.Bn. Hampton Legion Co.C
Boyd, Richard S. AL 20th Inf. Co.D
Boyd, Richard S. AR 2nd Inf. Co.F Capt.
Boyd, R.J. GA 16th Inf. Co.K Capt.
Boyd, R.L. TN 55th (McKoin's) Inf. Day's Co.
Boyd, R.L. TN 60th Mtd.Inf. Co.H
Boyd, R.L. 7th Conf.Cav. Co.L
Boyd, R.M. AL 6th Inf. New Co.E
Boyd, R.M. KY 10th (Diamond's) Cav. Co.I Sgt.
Boyd, Ro. GA 2nd Inf.
Boyd, Robert AL 7th Cav. Co.H
Boyd, Robert AL 11th Cav. Co.A
Boyd, Robert GA 2nd Inf. 1st Co.B
Boyd, Robert GA 8th Inf. (St.Guards) Co.C
Boyd, Robert GA 26th Inf. Co.E
Boyd, Robert GA 38th Inf. Co.N
Boyd, Robert GA 64th Inf. Co.C
Boyd, Robert KY 10th (Diamond's) Cav. Co.G
Boyd, Robert KY 3rd Mtd.Inf. Co.B
Boyd, Robert LA 9th Inf. Co.H
Boyd, Robert MS Inf. 3rd Bn. (St.Troops) Co.E
Boyd, Robert MS 13th Inf. Co.I Cpl.
Boyd, Robert NC 16th Inf. Co.B
Boyd, Robert NC 23rd Inf. Co.C
Boyd, Robert SC 6th Cav. Co.C
Boyd, Robert SC 5th St.Troops Co.A
Boyd, Robert SC 6th Res. Co.A Capt.
Boyd, Robert SC 17th Inf. Co.D 1st Sgt.
Boyd, Robert SC 23rd Inf. Co.A,C
Boyd, Robert TN 4th (Murray's) Cav. Co.D
Boyd, Robert TN 25th Inf. Co.B,D
Boyd, Robert TN 46th Inf. Co.E
Boyd, Robert VA 3rd Cav. Co.A
Boyd, Robert VA 22nd Inf. Co.F
Boyd, Robert VA 37th Inf. Co.I
Boyd, Robert VA 38th Inf. Co.G Sgt.
Boyd, Robert 1st Conf.Eng.Troops Co.C
Boyd, Robert A. NC 29th Inf. Co.F
Boyd, Robert A. SC 23rd Inf. Co.F Sgt.
Boyd, Robert A. TN 37th Inf. Co.G
Boyd, Robert A. TN 42nd Inf. Co.K
Boyd, Robert A. VA 22nd Cav. Co.D,H Cpl.
Boyd, Robert A. VA Cav. 46th Bn. Co.F
Boyd, Robert A. VA Arty. Bryan's Co.
Boyd, Robert A. VA Inf. 26th Bn. Co.F
Boyd, Robert A. VA 108th Mil. Co.A
Boyd, Robert A. 1st Conf.Eng.Troops Co.D Sgt.
Boyd, Robt. C. VA Cav. 34th Bn. Capt.
Boyd, Robert C. VA Cav. McFarlane's Co. 2nd Lt.
Boyd, Robert C. VA 37th Inf. Co.C
Boyd, Robert C. Conf.Cav. 6th Bn. Co.E Capt.
Boyd, Robert F. TN 4th (McLemore's) Cav. Co.F
Boyd, Robert F. TN 20th Cav. Co.A
Boyd, Robert H. KY 2nd Mtd.Inf. Co.B Cpl.
Boyd, Robert H. TX 34th Cav. Co.F Sgt.
Boyd, Robert H. TX 13th Vol. Co.E
Boyd, Robert J. GA Cobb's Legion Co.F Sgt.
Boyd, Robert J. NC 12th Inf. Co.G
Boyd, Robert M. NC 3rd Arty. (40th St.Troops) Co.B Cpl.
Boyd, Robert P. TN 4th (Murray's) Cav. Co.B
Boyd, Robert P. TN 25th Inf. Co.B,D
Boyd, Robert T. TX 18th Cav. Co.K Sgt.
Boyd, Robert W. NC 46th Inf. Co.K
Boyd, Robert W. 1st Conf.Cav. 2nd Co.F
Boyd, Roland R. TX 6th Inf. Co.F
Boyd, R.P. TN Inf. 22nd Bn. Co.H Sgt.
Boyd, R.P., Jr. 4th Conf.Eng.Troops Co.E
Boyd, R. Pressley SC 7th Inf. 1st Co.D, 2nd Co.D
Boyd, R.S. AL 18th Inf. Co.F
Boyd, Rufus J. Gen. & Staff Asst.Surg.
Boyd, R.W. GA Inf. 1st Bn. (St.Guards) Co.C
Boyd, R.W. GA Inf. City Bn. (Columbus) Co.C
Boyd, R.W. NC 29th Inf.
Boyd, R.W. SC 15th Inf. Co.F Ord.Sgt.
Boyd, R.W. TN 12th (Cons.) Inf. Co.F
Boyd, R.W. TN 62nd Mtd.Inf. Co.B
Boyd, R.W. 3rd Conf.Eng.Troops Co.B Artif.
Boyd, R.W. Gary's Brig. 2nd Lt.,Ord.Off.
Boyd, S. AL Cav. Moreland's Regt. Co.E
Boyd, S. MS Inf. 3rd Bn. Co.K
Boyd, S. SC Inf. 3rd Bn. Co.C
Boyd, S. VA 20th Inf. Co.D
Boyd, Sam LA Inf. 9th Bn. Lt.Col.
Boyd, Samuel AL 13th Bn.Part.Rangers Co.B
Boyd, Samuel AL Cp. of Instr. Talladega
Boyd, Samuel AR 32nd Inf. Co.F
Boyd, Samuel AR 45th Mil. Co.C 2nd Lt.
Boyd, Samuel GA 4th (Clinch's) Cav. Co.A
Boyd, Samuel GA 5th Inf. (St.Guards) Johnston's Co.
Boyd, Samuel LA 20th Inf. Lt.Col.
Boyd, Samuel NC 55th Inf. Co.E
Boyd, Samuel TN 1st (Feild's) Inf. Co.L
Boyd, Samuel TN 6th Inf. Co.A Cpl.
Boyd, Samuel TN Inf. Nashville Bn. Cattles' Co.
Boyd, Samuel TX 5th Cav. Co.F
Boyd, Samuel A. TX 22nd Cav. Co.D Cpl.
Boyd, Samuel B. Gen. & Staff, Ord.Dept.
Boyd, Samuel D. TX 18th Cav. Co.H
Boyd, Samuel H. NC 45th Inf. Co.E Col.
Boyd, Samuel J. MS 20th Inf. Co.B
Boyd, Samuel M. NC 29th Inf.
Boyd, Samuel S. VA 51st Inf. Co.D
Boyd, Samuel T. AL 48th Inf. Co.G
Boyd, Samuel W. AL Lt.Arty. 20th Bn. Co.A
Boyd, Sanford SC 5th St.Troops Co.D
Boyd, S.C. AR 11th & 17th Cons.Inf. Co.F
Boyd, S.C. LA 27th Inf. Co.K
Boyd, S.D. TX Cav. Morgan's Regt. Co.D Cpl.
Boyd, S.D. VA 3rd Inf.Loc.Def. Co.F
Boyd, S.E. TX 5th Cav. Co.K Cpl.
Boyd, Sebird J. VA 57th Inf. Co.C
Boyd, Sebron R. GA Inf. (Richmond Factory Guards) Barney's Co. 2nd Lt.
Boyd, S.F. GA 54th Inf. Co.G
Boyd, Sherley AR Inf. Cocke's Regt. Co.G
Boyd, Silas C. MS 7th Inf. Co.H
Boyd, S.J. MS Inf. 1st Bn. Co.A
Boyd, S.J. MS 8th Inf. Co.B
Boyd, S.L. SC 14th Inf. Co.E Cpl.
Boyd, S.L. TX Cav. Mann's Regt. Co.D 3rd Lt.
Boyd, S. Leroy SC 6th Inf. 1st Co.E Cpl.
Boyd, S.P. MS 8th Cav. Co.A
Boyd, S.P. TX 21st Cav. Co.F
Boyd, Spencer TN 7th (Duckworth's) Cav. Co.H
Boyd, Starlin A. GA 43rd Inf. Co.K
Boyd, S.W. MS 20th Inf. Co.K
Boyd, S.W. SC 24th Inf. Co.F
Boyd, T. FL 1st (Res.) Inf. Co.E
Boyd, T. GA 1st Reg. Co.M
Boyd, T. NC 38th Inf. Co.C
Boyd, T. TX 2nd Inf. Co.I
Boyd, T. VA Inf. 2nd Bn.Loc.Def. Co.C
Boyd, T.A. GA 20th Inf. Co.A
Boyd, T.A. TN 11th (Holman's) Cav. Co.C Cpl.
Boyd, Tandy SC 7th Inf. 2nd Co.I
Boyd, T.A.S. VA Lt.Arty. 1st Bn. Co.C Sgt.Maj.
Boyd, T.A.S. VA Arty. Young's Co. Sgt.Maj.
Boyd, T.B. NC 1st Inf. (6 mo. '61) Co.C
Boyd, T.B. SC Bn.St.Cadets Co.A
Boyd, T.B. Gen. & Staff Hosp.Stew.
Boyd, T.D. TX 20th Inf. Co.K
Boyd, T.E. AL 1st Bn. Hilliard's Legion Vol. Co.G
Boyd, T.F. TN 7th (Duckworth's) Cav. White's Co.
Boyd, Thaddeus S. SC 13th Inf. Co.A
Boyd, Theodore VA Lt.Arty. Cayce's Co.
Boyd, Theodore B. Morgan's Cav. Capt.,ACS
Boyd, Theophilus A.S. VA 1st Arty. 3rd Co.C Sgt.Maj.
Boyd, Theophilus A.S. VA 14th Inf. 1st Co.G Sgt.
Boyd, Thomas AL 23rd Inf. Co.G Cpl.
Boyd, Thomas AL 36th Inf. Co.D
Boyd, Thomas AR 2nd Mtd.Rifles Co.C
Boyd, Thomas FL Lt.Arty. Dyke's Co.
Boyd, Thomas GA 42nd Inf. Co.E Cpl.
Boyd, Thomas LA 14th Inf. Co.F
Boyd, Thomas MS 1st (Johnston's) Inf. Co.B Capt.
Boyd, Thomas MS 7th Inf. Co.H
Boyd, Thomas MO Inf. Perkins' Bn. Co.H
Boyd, Thomas NC 17th Inf. (1st Org.) Co.L
Boyd, Thomas NC 17th Inf. (2nd Org.) Co.F
Boyd, Thomas SC 23rd Inf. Co.C,A
Boyd, Thomas TN Inf. 1st Bn. (Colms') Co.E
Boyd, Thomas TN 39th Mtd.Inf. Co.H
Boyd, Thomas TN Inf. 154th Sr.Regt. Co.H
Boyd, Thomas VA 2nd Inf.Loc.Def. Co.A
Boyd, Thomas VA 2nd St.Res. Co.N
Boyd, Thomas VA 40th Inf. Co.A
Boyd, Thomas A. FL Lt.Arty. Dyke's Co.

Boyd, Thomas A. MS 2nd St.Cav. Co.D,K
Boyd, Thomas A. TN 44th Inf. Co.G
Boyd, Thomas A. Gen. & Staff Ord.Sgt.
Boyd, Thomas C. FL 2nd Inf. Co.H
Boyd, Thomas E. AL 23rd Bn.S.S. Co.G Cpl.
Boyd, Thomas F. NC 57th Inf. Co.H
Boyd, Thomas G. TN 3rd (Lillard's) Mtd.Inf. Co.H
Boyd, Thomas G. Vaughn's Staff 1st Lt.,Ord.Off.
Boyd, Thomas H. MS 39th Inf. Co.B
Boyd, Thomas H. VA 38th Inf. Co.G 1st Lt.
Boyd, Thomas H.S. LA 1st (Nelligan's) Inf. Co.I
Boyd, Thomas J. AL 33rd Inf. Co.E
Boyd, Thomas J. MS 42nd Inf. Co.C,G
Boyd, Thomas J. MO 4th Cav. Co.F
Boyd, Thomas J. VA 4th Inf. Co.C 1st Lt.
Boyd, Thomas K. GA 36th (Broyles') Inf. Co.B
Boyd, Thomas L. MS 16th Inf. Co.H
Boyd, Thomas M. AL 39th Inf. Co.H
Boyd, Thomas M. AR 9th Inf. Co.E 1st Sgt.
Boyd, Thomas M. SC 18th Inf. Co.H
Boyd, Thomas M. VA 19th Inf. Co.G Capt.
Boyd, Thomas N. VA Lt.Arty. 12th Bn. 2nd Co.A
Boyd, Thomas N. VA Lt.Arty. Sturdivant's Co.
Boyd, Thomas O. MS 4th Inf. AQM
Boyd, Thomas P. SC 13th Inf. Co.D
Boyd, Thomas P. TN 54th Inf. Co.A
Boyd, Thornberry GA 2nd Cav. (St.Guards) Co.H
Boyd, T.H.S. VA Hvy.Arty. Read's Co. 1st Lt.
Boyd, T.H.S. VA 2nd St.Res. Co.E
Boyd, Tillman A. TN 2nd (Smith's) Cav. Rankin's Co.
Boyd, Tillman A. TN 4th (McLemore's) Cav. Co.H
Boyd, Tilmon TX 19th Cav. Co.E Sgt.
Boyd, T.J. GA 42nd Inf. Co.F
Boyd, T.J. GA Inf. Hull's Co. Sgt.
Boyd, T.J. SC 18th Inf. Co.H
Boyd, T.L. MS 8th Inf. Co.A
Boyd, T.M. AR 1st Mtd.Rifles Co.I Sgt.
Boyd, T. McC LA Lt.Arty. 1st Bn. 4th Co. Cpl.
Boyd, T.P. MO 6th Cav. Co.H
Boyd, T.P. SC 1st Inf. Co.L
Boyd, T.P. TN Cav. Williams' Co.
Boyd, T.S. AL 7th Cav. Co.H
Boyd, T.S. AL 13th Bn.Part.Rangers Co.B
Boyd, T.S. AR 2nd Mtd.Rifles Co.C
Boyd, T.S. AR 50th Mil. Co.G
Boyd, T.W. TX Cav. Waller's Regt. Goode's Co.
Boyd, Vance M. MO 1st Cav. Co.F Cpl.
Boyd, V.H. GA Arty. 9th Bn. Co.C
Boyd, W. AL 31st Inf. Co.D
Boyd, W. AL Tuscaloosa Cadets Co.C
Boyd, W. VA Hvy.Arty. Coffin's Co.
Boyd, W. VA 3rd Inf.Loc.Def. Co.E
Boyd, W.A. AL Inf. 1st Regt. Co.A
Boyd, W.A. AR 19th (Dawson's) Inf. Co.B
Boyd, W.A. AR 26th Inf. Co.E
Boyd, W.A. GA Mil. 6th Regt. Co.A
Boyd, W.A. KY 1st (Helm's) Cav. New Co.G
Boyd, W.A. KY 2nd (Woodward's) Cav. Co.I,G
Boyd, W.A. MS 46th Inf. Co.G
Boyd, W.A. TN 34th Inf. Co.K
Boyd, Waller M. VA 19th Inf. Co.G Maj.
Boyd, Walter TX Cav. Benavides' Regt. Co.G
Boyd, Walter TX 22nd Inf. Co.C 1st Lt.
Boyd, Warren SC 2nd Rifles Co.B,K 1st Lt.
Boyd, Washington AR 5th Inf. Co.G
Boyd, Washington TX 30th Cav. Co.B
Boyd, Washington H. VA 54th Inf. Co.H
Boyd, W.B. VA 38th Inf. Co.C Lt.
Boyd, W.B. Gen. & Staff AASurg.
Boyd, W.C. AL 23rd Inf. Co.B,I
Boyd, W.C. GA 27th Inf. Co.D
Boyd, W.C. MS 4th Inf. Co.H
Boyd, W.C. TN 13th Cav. Co.C
Boyd, W.D. MO 11th Inf. Co.K
Boyd, W.D. SC 7th Cav. Co.E
Boyd, W.D. SC Cav.Bn. Holcombe Legion Co.C
Boyd, W.D. TN 3rd (Forrest's) Cav. Co.H
Boyd, W.D. TN 12th (Green's) Cav. Co.K 2nd Lt.
Boyd, W.D. TN 9th Inf. Co.E Sgt.
Boyd, W.E. AL 2nd Cav. Co.D
Boyd, W.E. GA 11th Inf. Co.E Sgt.
Boyd, W.E. LA 27th Inf. Co.E
Boyd, W.E. MS 41st Inf. Co.K
Boyd, W.E. TN 20th Inf. Co.H
Boyd, Wesley TN 42nd Inf. Co.B
Boyd, W.F. AL 4th Res. Co.F 1st Sgt.
Boyd, W.F. LA 6th Cav. Co.B
Boyd, W.F. SC 1st Cav. Co.I
Boyd, W.F. SC 2nd Arty. Co.K,C
Boyd, W.G. AL 4th (Russell's) Cav. Co.A
Boyd, W.H. FL 1st (Res.) Inf. Co.E
Boyd, W.H. GA 4th Cav. (St.Guards) White's Co.
Boyd, W.H. GA Cav. 20th Bn. Co.G
Boyd, W.H. GA Cav. 21st Bn. Co.D
Boyd, W.H. KY 8th Mtd.Inf. Co.B
Boyd, W.H. MS Cav.1st Bn. (Montgomery's) St.Troops Hammond's Co.
Boyd, W.H. MS 1st (Patton's) Inf. Halfacre's Co.
Boyd, W.H. MO 9th Inf. Co.C
Boyd, W.H. MO Inf. Clark's Regt. Co.B
Boyd, W.H. SC 7th Cav. Co.E
Boyd, W.H. SC 5th St.Troops Co.D
Boyd, W.H. SC 9th Res. Co.K
Boyd, W.H. SC Cav.Bn. Holcombe Legion Co.C
Boyd, W.H. TN 12th (Cons.) Inf. Sgt.
Boyd, W.H. TN 38th Inf. 2nd Co.A
Boyd, W.H. TN 51st Inf. Co.H
Boyd, W.H. TX Cav. Mann's Regt. Co.H
Boyd, W.H. Gen. & Staff A.Surg.
Boyd, Wier GA 52nd Inf. Col.
Boyd, Wilburn NC 20th Inf. Co.E
Boyd, William AL Cav. Holloway's Co.
Boyd, William AL 13th Inf. Co.K
Boyd, William AL 28th Inf. Co.H
Boyd, William AL 36th Inf. Co.D
Boyd, William AL 61st Inf. Co.F 2nd Lt.
Boyd, William AL Cp. of Instr. Talladega
Boyd, William AR 46th Cav. Co.M
Boyd, William AR Cav. Gordon's Regt. Co.G Sgt.
Boyd, William AR Cav. Nave's Bn. Co.B 1st Lt.
Boyd, William AR 30th Inf. Co.M 3rd Lt.
Boyd, William AR 34th Inf. Co.E
Boyd, William AR 35th Inf. Co.K
Boyd, William FL 8th Inf. Co.B
Boyd, William FL 9th Inf. Co.E
Boyd, William GA 63rd Inf. Co.G
Boyd, William GA Cobb's Legion Co.F 1st Lt.
Boyd, William KY 4th Cav. Co.B
Boyd, William LA 1st Inf. Lt.
Boyd, William LA 1st (Nelligan's) Inf. Co.C
Boyd, William LA Inf. 1st Sp.Bn. (Rightor's) New Co.C
Boyd, William LA 20th Inf. Co.I Capt.
Boyd, William LA Mil. Stanley Guards Co.B
Boyd, William MD Cav. 2nd Bn. Co.D
Boyd, William MS 18th Cav. Wimberly's Co., Co.A Sgt.
Boyd, William MS 1st (Johnston's) Inf. Co.B Sgt.
Boyd, William MS 2nd (Quinn's St.Troops) Inf. Co.H Cpl.
Boyd, William MS Inf. 3rd Bn. Co.E
Boyd, William MS 7th Inf. Co.H
Boyd, William MO 1st N.E. Cav. Co.F
Boyd, William MO 4th Cav. Co.D
Boyd, William MO 7th Cav. Co.A
Boyd, William MO Cav. Coffee's Regt. Co.A
Boyd, William MO Cav. Ford's Bn. Co.F
Boyd, William MO Inf. 8th Bn. Co.A
Boyd, William MO 9th Inf. Co.A
Boyd, William NC 28th Inf. Co.B
Boyd, William SC 1st (Orr's) Rifles Co.G
Boyd, William SC 2nd St.Troops Co.H
Boyd, William SC 6th Res. Co.I
Boyd, William SC 17th Inf. Co.D Cpl.
Boyd, William TN 3rd (Forrest's) Cav. Co.E
Boyd, William TN Cav. Newsom's Regt. Goodwin's Co.
Boyd, William TN 12th Inf. Co.A
Boyd, William TN 12th (Cons.) Inf. Co.A
Boyd, William TN 16th Inf. Co.I
Boyd, William TN 29th Inf. Co.E Cpl.
Boyd, William TN 37th Inf. Co.I
Boyd, William TN 43rd Inf. Co.C
Boyd, William TN 48th (Nixon's) Inf. Co.F
Boyd, William TN 54th Inf. Co.H
Boyd, William TN Inf. 154th Sr.Regt. 2nd Co.B
Boyd, William TX 18th Cav. Co.B
Boyd, William TX 20th Inf. Co.B Music.
Boyd, William TX Inf. Kennard's Bn. Co.B
Boyd, William VA 8th Cav. Co.E
Boyd, William VA Cav. 47th Bn. Co.C
Boyd, William VA Lt.Arty. 12th Bn. 2nd Co.A
Boyd, William VA Lt.Arty. Sturdivant's Co.
Boyd, William VA 4th Inf. Co.C
Boyd, William VA 22nd Inf. Co.F
Boyd, William VA 37th Inf. Co.C
Boyd, William VA 45th Inf. Co.G
Boyd, William VA 51st Inf. Co.D,E
Boyd, William VA 92nd Mil. Co.C
Boyd, William VA 108th Mil. Lemon's Co.
Boyd, William Conf.Cav. Wood's Regt. Co.L
Boyd, William Gen. & Staff, Bur. of Conscr. 2nd Lt.
Boyd, William A. AR 9th Inf. Old Co.B, Co.K
Boyd, William A. TX 11th Inf. Co.F
Boyd, William A. TX 12th Inf. Co.A
Boyd, William B. FL 1st Cav. Co.A
Boyd, William B. GA 48th Inf. Co.H

Boyd, William B. NC 3rd Arty. (40th St.Troops) Co.C
Boyd, William B. VA 12th Inf. Co.A
Boyd, William C. MS 2nd Inf. Co.A
Boyd, William C. MS 20th Inf. Co.A
Boyd, William C. MS 24th Inf. Co.F Sgt.
Boyd, William C. MS 27th Inf. Co.E
Boyd, William C. NC 20th Inf. Co.A
Boyd, William C. TN 1st (Feild's) Inf. Co.G
Boyd, William C. TN 51st Inf. Co.E
Boyd, William C. VA 20th Inf. Co.K
Boyd, William C. VA 59th Inf. 3rd Co.C
Boyd, William C. 1st Conf.Cav. 2nd Co.G
Boyd, William D. AL Lt.Arty. 20th Bn. Co.A
Boyd, William D. KY 4th Mtd.Inf. Co.G,F
Boyd, William D. MS 38th Cav. Co.K
Boyd, William E. AL Cav. Holloway's Co. Sgt.
Boyd, William E. GA 14th Inf. Co.E 1st Sgt.
Boyd, William F. AL Rives' Supp.Force 9th Congr.Dist. Sgt.
Boyd, William F. NC Lt.Arty. 3rd Bn. Co.A
Boyd, William G. AL 4th Inf. Co.C
Boyd, William H. GA 1st Cav. Co.H Asst.Surg.
Boyd, William H. GA 27th Inf. Co.G Sgt.
Boyd, William H. GA 53rd Inf. Co.C
Boyd, William H. LA Inf. 11th Bn. Co.D
Boyd, William H. LA Inf.Cons.Crescent Regt. Co.B Sgt.
Boyd, William H. MS 8th Inf. Co.B 1st Sgt.
Boyd, William H. MS 21st Inf. Co.D
Boyd, William H. MS 23rd Inf. Co.I
Boyd, William H. MS 35th Inf. Co.F
Boyd, William H. SC 6th Cav. Co.E
Boyd, William H. TX Cav. Mann's Bn. Cox's Co.
Boyd, William H. VA 1st Cav. Co.E
Boyd, William I. TX 19th Cav. Co.A Cpl.
Boyd, William J. KY 9th Cav. Co.K
Boyd, William J. MS 41st Inf. Co.G
Boyd, William J. SC 12th Inf. Co.H Cpl.
Boyd, William J. VA 1st Arty. 3rd Co.C 2nd Lt.
Boyd, William J. VA Lt.Arty. 1st Bn. Co.C 2nd Lt.
Boyd, William J. VA 14th Inf. 1st Co.G Jr.2nd Lt.
Boyd, William J. Sig.Corps,CSA
Boyd, William J.G.B. NC 16th Inf. Co.L,F 2nd Lt.
Boyd, William L. SC Inf. 3rd Bn. Co.C Sgt.
Boyd, William L. TX 9th Cav. Co.A Cpl.
Boyd, Wm. L. VA Arty. (Loc.Def. & Sp.Serv.) Lanier's Co.
Boyd, William M. AL 37th Inf. Co.I
Boyd, William M. GA 2nd Cav. (St.Guards) Co.K 1st Lt.
Boyd, William M. GA 4th Inf. Co.B,D
Boyd, William M. GA 64th Inf. Co.F,K QMSgt.
Boyd, William M. MS 13th Inf. Co.B
Boyd, William M. TN 11th (Holman's) Cav. Co.K
Boyd, William M. TN 18th (Newsom's) Cav. Co.I
Boyd, William M. TN 25th Inf. Co.A
Boyd, William M. TX 14th Inf. Co.E Sgt.
Boyd, William M. VA Inf. 26th Bn. Co.B
Boyd, William M. VA 108th Mil. Lemon's Co.
Boyd, William P. GA 42nd Inf. Co.E
Boyd, William R. GA 1st (Olmstead's) Inf. Co.H Comsy.Sgt.
Boyd, William R. GA 64th Inf. Co.F
Boyd, William R. TN 7th Inf. Co.F
Boyd, William R. VA 15th Inf. Co.I 2nd Lt.
Boyd, William S. AL 4th Inf. Co.C
Boyd, William S. AR 45th Mil. Co.C Sgt.
Boyd, William S. GA Arty. 11th Bn. (Sumter Arty.) New Co.C
Boyd, William S. GA 9th Inf. Co.A
Boyd, William S. MS 1st (Johnston's) Inf. Co.G
Boyd, William S. TN Cav. 7th Bn. (Bennett's) Co.F
Boyd, William S. TN 2nd (Robison's) Inf. Co.F
Boyd, William T. AL 24th Inf. Co.D 1st Lt.
Boyd, William T. AL 28th Inf. Co.A 2nd Lt.
Boyd, William T. NC 17th Inf. (1st Org.) Co.B
Boyd, William T. NC 17th Inf. (2nd Org.) Co.B
Boyd, William T. NC 33rd Inf. Co.A
Boyd, William T. VA 3rd Cav. Co.A Capt.
Boyd, William W. GA 19th Inf. Col.
Boyd, William W. TX 20th Inf. Co.B
Boyd, William W. VA Burks' Regt.Loc.Def. Allen's Co.
Boyd, William Y. TX 18th Cav. Co.H
Boyd, William Z. NC 17th Inf. (2nd Org.) Co.H
Boyd, Willis W. TX 6th Inf. Co.F
Boyd, Wilson F. VA 54th Inf. Co.D
Boyd, Wilson W. GA 26th Inf. Co.H
Boyd, Winfield TN Blair's Co. (Loc.Def.Troops)
Boyd, W.J. LA 30th Inf. Co.C
Boyd, W.J. MS 33rd Inf. Co.F
Boyd, W.J. NC 21st Inf. Co.D
Boyd, W.J. TX 32nd Cav. Co.F
Boyd, W.J. TX Cav. Border's Regt. Co.D
Boyd, W.J. VA Arty. Young's Co. 2nd Lt.
Boyd, W.J. Brush Bn.
Boyd, W.J.H. TN 14th Inf. Co.D
Boyd, W.J.L. SC Cav. 10th Bn. Co.A
Boyd, W.J.L. SC 3rd Bn.Res. Co.E
Boyd, W.J.L. SC 5th St.Troops Co.L
Boyd, W.L. AL 8th Inf. Co.K
Boyd, W.L.E. GA 39th Inf. Co.F
Boyd, W.M. AL 25th Inf. Co.G
Boyd, W.M. AR 14th (Powers') Inf. Co.I
Boyd, W.M. GA 2nd Mil. Co.A
Boyd, W.M. SC Arty. Manigault's Bn. 1st Co.B
Boyd, W.M. TN 19th & 20th (Cons.) Cav. Co.C
Boyd, W.M. TN 51st (Cons.) Inf. Co.D
Boyd, W.M.J. SC 3rd Inf. Co.F
Boyd, W.P. TN 5th Inf. Music.
Boyd, W.P. TN 60th Mtd.Inf. Co.G
Boyd, W.P.C. AR 5th Inf. Co.D
Boyd, W.R. MS Inf. 7th Bn. Co.A
Boyd, W.R.A. GA 16th Inf. Co.B Cpl.
Boyd, W.S. AR 7th Cav. Co.C
Boyd, W.S. AR 32nd Inf. Co.F Sgt.
Boyd, W.S. AR 62nd Mil. Co.D 3rd Lt.
Boyd, W.S. GA 12th Cav. Co.G
Boyd, W.S. SC Cav. 12th Bn. Co.B
Boyd, W.T. AR Cav. Gordon's Regt. Co.C
Boyd, W.T. NC 1st Cav. (9th St.Troops) Co.G
Boyd, W.T. SC 3rd Inf. Co.A,I
Boyd, W.T. TN 12th (Green's) Cav. Co.F
Boyd, W.T. VA Lt.Arty. R.M. Anderson's Co.
Boyd, W.T. VA 1st Regt. Richmond Howitzers
Boyd, W. Townes VA 3rd Cav. Co.A Cpl.
Boyd, W.W. MO 3rd Inf. Co.F,D
Boyd, W.W. TX 9th (Young's) Inf. Co.C
Boyd, W.Y. SC 14th Inf. Co.C
Boyd, W.Y. TX Cav. Morgan's Regt. Co.D
Boyd, Z. TN 30th Inf. Co.K
Boyd, Zachariah LA 28th (Gray's) Inf. Co.E
Boyd, Zack TN 19th & 20th (Cons.) Cav. Co.K
Boyd, Z.I. MS 4th Inf. Co.H
Boyde, --- LA 3rd (Harrison's) Cav. Co.K
Boyde, B.B. TN 13th (Gore's) Cav. Co.I 1st Sgt.
Boyde, Charles W. GA 56th Inf. Co.K
Boyde, Daniel AL 32nd Inf. Co.D
Boyde, Eli B. TN 23rd Inf. 1st Co.A, Co.B
Boyde, James MO Searcy's Bn.S.S. Co.A
Boyde, J.F. LA Inf.Cons.Crescent Regt. Co.G
Boyde, Sam TN 1st (Feild's) & 27th Inf. (Cons.) Co.L
Boyde, Thomas B. TX 22nd Inf. Co.E
Boyde, W.H. TN 3rd (Forrest's) Cav. Co.K
Boyde, William E. SC 1st (Orr's) Rifles Co.C
Boydel, G. LA Mil.Squad. Guides d'Orleans
Boyden, A. LA Washington Arty.Bn. Co.5
Boyden, D. Hanson VA Lt.Arty. Carrington's Co. Cpl.
Boyden, James TX 16th Inf. Co.D
Boyden, James J. VA 1st Inf. Co.B
Boyden, John C. VA 20th Inf. Co.D
Boyden, O.M. MS Inf. 3rd Bn. (St.Troops) Co.C
Boyden, W.J. AL 3rd Inf. Co.G
Boydnot, Joseph KY Morgan's Men Co.D
Boyds, R. MS 11th (Perrin's) Cav. Co.H
Boydson, S.J. TX Inf. Currie's Co.
Boydson, Thomas MO 1st & 3rd Cons.Cav. Co.D,F
Boydstien, Martin C. MO Cav. Poindexter's Regt.
Boydston, A.C. TN 36th Inf. Co.H 2nd Lt.
Boydston, Asa AR 35th Inf. Co.E
Boydston, Benjamin MO Cav. Williams' Regt. Co.B
Boydston, Benjamin L. MS 35th Inf. Co.A
Boydston, B.F. AR 35th Inf. Co.E
Boydston, B.F. 1st Conf.Cav. 2nd Co.E
Boydston, Charles W. MO 1st Cav. Co.E
Boydston, D.C. TX 30th Cav. Co.D
Boydston, F.H. MO 1st & 3rd Cons.Cav. Co.D
Boydston, G.W. MO Cav. Williams' Regt. Co.B
Boydston, James MO Cav. Williams' Regt. Co.B
Boydston, James K.P. 1st Conf.Cav. 2nd Co.E
Boydston, Jasper MO Cav. Williams' Regt. Co.B
Boydston, J.H. TX 17th Inf. Co.D
Boydston, John A. MO 1st Cav. Co.E
Boydston, John P., Jr. MS 15th Inf. Co.F
Boydston, Joseph E. TX 15th Cav. Co.G 2nd Lt.
Boydston, J.R. TX 12th Cav. Co.B
Boydston, M. MS 4th Cav. Co.K
Boydston, R.D. AR 35th Inf. Co.E
Boydston, R.N. MS 18th Cav. Co.C,E
Boydston, R.N. MS 15th Inf. Co.F
Boydston, Robert G. TX 19th Cav. Co.A
Boydston, S.C. AR 1st (Dobbin's) Cav. Co.B
Boydston, S.C. AR Mtd.Vol. Baker's Co.
Boydston, S.C. AR 18th Inf. Co.G
Boydston, S.Y. VA 59th Inf. 2nd Co.F
Boydston, T.H.B. MO 1st Cav. Co.E

Boydston, Thomas MO 1st Cav. Co.E
Boydston, Thomas MO 5th Cav. Co.E
Boydston, Thomas R. MO Douglas' Regt.
Boydston, T.J. TN 14th (Neely's) Cav. Co.I
Boydston, W.D. AR 58th Mil. Co.B
Boydston, W.G. MO 11th Inf. Co.F
Boydston, William MO 1st Cav. Co.E,K
Boydston, William MO 1st & 3rd Cons.Cav. Co.K,F
Boydston, William 1st Conf.Cav. 2nd Co.E 1st Lt.
Boydston, William S. MS 13th Inf. Co.C
Boydstun, A.W. 1st Conf.Cav. Co.E
Boydstun, Benjamin R. MS 1st Bn.S.S. Co.C Sgt.
Boydstun, Frank TX 12th Cav. Co.B
Boydstun, G.A. GA 12th Cav. Co.D
Boydstun, James G. TN 7th Inf. Co.H
Boydstun, James M. GA 12th Cav. Co.D 2nd 2nd Lt.
Boydstun, John R. TX 6th Cav. Co.B
Boydstun, Martin V. MS 15th Inf. Co.F
Boydstun, Robert W. MS 1st Bn.S.S. Co.C Cpl.
Boydstun, Thomas TN 19th Inf. Co.I 1st Sgt.
Boydstun, William TN 35th Inf. 3rd Co.F 2nd Lt.
Boydton, William L. VA Horse Arty. Shoemaker's Co.
Boye, Eduard TN Inf. 3rd Bn. Co.F Music.
Boye, R.B. Gen. & Staff Capt,EO
Boyed, --- GA 54th Inf. Co.G
Boyed, Benjamin T. NC 2nd Cav. (19th St.Troops) Co.C
Boyed, B.L. MS 1st (Johnston's) Inf. Co.B
Boyed, David GA Lt.Arty. Clinch's Btty.
Boyed, D.B. AL 37th Inf. Co.K
Boyed, H.E.J. TN 44th (Cons.) Inf. Co.K Cpl.
Boyed, Henry C. VA 9th Inf. Co.G
Boyed, James MO 12th Inf. Co.A
Boyed, James T. GA Cav. 20th Bn. Co.A
Boyed, J.D. MS 3rd Inf. (St.Troops) Co.I Cpl.
Boyed, John NC 2nd Jr.Res. Co.F
Boyed, Pinkney GA 11th Cav. Co.C
Boyed, Robert 1st Conf.Cav. 2nd Co.C
Boyed, R.W. TN 22nd Inf. Co.I
Boyed, W. MS 38th Cav. Co.G
Boyed, William TN 17th Inf. Co.D
Boyed, William J. AL 22nd Inf. Co.E
Boyed, William J. FL 2nd Inf. Co.I
Boyelon, Jacob MO 7th Cav. Co.B
Boyelston, Joseph C. AL 6th Cav. Co.F,H 2nd Lt.
Boyen, James AL 19th Inf. Co.C
Boyens, William A. LA 7th Inf. Co.K,G
Boyensten, J. VA 2nd Inf. Co.C
Boyer, --- VA 46th Inf. Co.E
Boyer, A. LA Mil. 1st Regt. French Brig. Co.5
Boyer, A.B. AR 2nd Mtd.Rifles Co.K Cpl.
Boyer, A.B. MS 7th Cav. Co.F
Boyer, Alexander VA 8th Cav. Co.C
Boyer, Alfred Z. KY 2nd (Duke's) Cav. Co.A,H,C
Boyer, Ambrose L. AR 5th Inf. Co.A Music.
Boyer, Americus V. GA 15th Inf. Co.E
Boyer, Andrew AL 13th Inf.
Boyer, Andrew B. MS 2nd Part.Rangers Co.D,F
Boyer, Andrew J. VA 33rd Inf. Co.G
Boyer, Andrew J. VA 146th Mil. Co.E
Boyer, Benjaman GA 1st Cav. Co.I
Boyer, Bert MO 3rd Cav. Co.C Black.
Boyer, Charles E. GA 59th Inf. Co.I Band
Boyer, Churchill VA 4th Inf. Co.F
Boyer, Churchwell VA 8th Cav. Co.C
Boyer, Cloyd C. MO 1st Inf. 2nd Co.A Sgt.
Boyer, Clyde C. MO 1st Inf. 2nd Co.A Sgt.
Boyer, Columbus C. GA 43rd Inf. Co.B 1st Lt.
Boyer, Daniel VA 51st Inf. Co.K Cpl.
Boyer, David TN 62nd Mtd.Inf. Co.I Cpl.
Boyer, David S. VA 146th Mil. Co.E
Boyer, D.C. TX Inf. 2nd St.Troops Co.H
Boyer, Dennis VA 51st Inf. Co.K
Boyer, E. LA Inf.Cons. 18th Regt. & Yellow Jacket Bn. Co.B
Boyer, Emile LA 30th Inf. Co.G Sgt.
Boyer, Ephraim VA 8th Cav. Co.C
Boyer, Ephraim VA 63rd Inf. Co.C
Boyer, Ephraim VA Mil. Grayson Cty.
Boyer, Eugene LA 18th Inf. Co.E
Boyer, F.A. MS 1st Lt.Arty. Co.H
Boyer, Ferdinand MO 12th Inf. Co.F
Boyer, Fred 1st Conf.Inf. 1st Co.G Cpl.
Boyer, Frederick A. GA 36th (Villepigue's) Inf. Co.G Cpl.
Boyer, F.W. AR 3rd Inf. Co.A
Boyer, George AL Lt.Arty. Kolb's Btty.
Boyer, George de B. TX 30th Cav. Co.D 1st Sgt.
Boyer, George W. AL 30th Inf. Co.C,E Cpl.
Boyer, Godfrey MO 12th Inf. Co.D
Boyer, Granville VA Mil. Grayson Cty.
Boyer, H. AL 34th Inf. Co.C
Boyer, Harvey VA 8th Cav. Co.C
Boyer, Harvey VA 4th Inf. Co.F
Boyer, Hugh VA 51st Inf. Co.K
Boyer, Hy. TX 1st Hvy.Arty. Co.D
Boyer, James TX Cav. Baylor's Regt. Co.A
Boyer, Jasper J. GA 15th Inf. Co.E Cpl.
Boyer, J.C. GA 59th Inf. Co.I
Boyer, J.F. Gen. & Staff, QM Dept. Capt.
Boyer, J.D.H. VA 62nd Mtd.Inf. 2nd Co.H Sgt.
Boyer, John AR 2nd Inf. Co.D 1st Lt.
Boyer, John KY 2nd (Duke's) Cav. Co.B
Boyer, John NC 57th Inf. Co.D
Boyer, John VA 108th Mil. McNeers' Co.
Boyer, John 7th Conf.Cav. Co.G
Boyer, John A. VA 1st Lt.Arty. Co.B
Boyer, John B. MO 12th Inf. Co.H
Boyer, John F. AL 6th Cav. Co.K
Boyer, John G. GA 45th Inf. Co.E Cpl.
Boyer, John H. KY 1st Bn.Mtd.Rifles Co.C
Boyer, John J. LA 19th Inf. Co.G Sgt.
Boyer, John J. TX 34th Cav. Co.D Cpl.
Boyer, Johnson VA 8th Cav. Co.C
Boyer, J.W. VA 8th Cav. Co.C Sgt.
Boyer, Leander VA 51st Inf. Co.K
Boyer, Leonard VA 31st Inf. Co.G
Boyer, Leonidas L. GA Inf. 27th Bn. Co.C
Boyer, Lucian AR 7th Inf. Co.C
Boyer, Martin E. GA 14th Inf. Co.D
Boyer, Matthew VA 16th Inf. Co.A
Boyer, M.F. VA 8th Cav. Co.C
Boyer, M.H. GA Lt.Arty. 12th Bn. 2nd Co.C, 3rd Co.B Ch.Music.
Boyer, M.H. GA 15th Inf. Co.E
Boyer, Moses SC Inf. 3rd Bn. Co.F
Boyer, Moses SC Inf. 7th Bn. (Enfield Rifles) Co.C
Boyer, Octave LA 1st Hvy.Arty. (Reg.) Co.A
Boyer, Octave LA Inf. 9th Bn. Co.B
Boyer, P. LA Mil. 1st Regt. French Brig. Co.8
Boyer, P. MS Inf. 3rd Bn. Surg.
Boyer, Pierre LA Mil. 2nd Regt. French Brig. Co.5
Boyer, P.L. VA 22nd Cav. Co.K
Boyer, R. LA Mil. 3rd Regt. French Brig. Co.8
Boyer, Radford NC 21st Inf. Co.K
Boyer, Ralph NC 21st Inf. Co.K
Boyer, R.J. MS 1st Lt.Arty. Co.H
Boyer, Robert B. VA 63rd Inf. Co.C
Boyer, Robert B. VA Mil. Grayson Cty.
Boyer, Robert J. GA 36th (Villepigue's) Inf. Co.G
Boyer, Robert J. 1st Conf.Inf. 1st Co.G
Boyer, R.S. AR 19th (Dawson's) Inf. Co.C
Boyer, Rudy AZ Cav. Herbert's Bn. Oury's Co.
Boyer, Samuel VA 5th Cav. Co.C
Boyer, S.E. VA 8th Cav. Co.C 1st Sgt.
Boyer, Sidney A. GA 27th Inf. Co.G Sgt.
Boyer, S.K. TN 51st (Cons.) Inf. Co.A
Boyer, Stephen TX Cav. Baird's Regt. Co.A,C
Boyer, Thomas SC 2nd Inf. Co.C
Boyer, Thomas L. VA 63rd Inf. Co.D
Boyer, Wesley SC 2nd Inf. Co.C
Boyer, W.H. AR 7th Cav. Co.L
Boyer, W.H. AR 10th Mil. Co.F Sgt.
Boyer, William C. VA 3rd Res. Co.D
Boyer, William G. MS Inf. 3rd Bn. Co.E Hosp.Stew.
Boyer, William H. VA 17th Inf. Co.H Sgt.
Boyer, William M. VA 97th Mil. Co.F
Boyer, W.V. TX 24th Cav. Co.F
Boyers, Adam P. KY Cav. 1st Bn. Co.A
Boyers, A.L. VA 12th Cav. Co.F
Boyers, Albert VA Cav. 35th Bn. Co.E
Boyers, Benton VA Cav. O'Ferrall's Bn. Co.B
Boyers, C.B. VA 11th Cav. Co.E
Boyers, D. MS Cav. 3rd Bn. (Ashcraft's) Co.C
Boyers, David VA Cav. 35th Bn. Co.E
Boyers, George D. VA 1st Lt.Arty. Co.C
Boyers, George W. VA 12th Cav. Co.A Sgt.
Boyers, Jacob VA 10th Inf. Co.E
Boyers, Jacob VA 58th Mil. Co.B
Boyers, James MS 1st Cav. Co.C
Boyers, James VA 36th Inf. 2nd Co.E
Boyers, James M. VA Inf. 23rd Bn. Co.G
Boyers, J.E. MS Cav. Ham's Regt. Co.B,C
Boyers, John VA 19th Cav. Co.I
Boyers, John T. TN 17th Inf. Co.A Sgt.Maj.
Boyers, Joseph VA 33rd Inf. Co.I
Boyers, Lafayette MD Cav. 2nd Bn. Lt.
Boyers, R.H. TN 20th Inf. Co.G
Boyers, R.M.H. MS 2nd St.Cav. Co.L
Boyers, Robert C. VA 48th Inf. Co.K
Boyers, Samuel C. GA 5th Inf. Co.C
Boyers, Silas C. GA 5th Inf. Co.C
Boyers, Thomas TN 4th Inf.
Boyervan, W.B. AL 3rd Cav. Co.H
Boyes, J. TN Cav. Cox's Bn. Co.B
Boyes, J.N. AR 38th Inf. Co.E
Boyes, Josoh MO Cav. Fristoe's Regt. Co.L
Boyes, Samuel VA 23rd Cav. Co.G

Boyet, A.J. NC 8th Bn.Part.Rangers Co.B
Boyet, Ashley GA 1st (Symons') Res. Co.E
Boyet, David NC 33rd Inf. Co.E
Boyet, Edward J. FL 8th Inf. Co.H
Boyet, E.J. GA 1st (Symons') Res. Co.E
Boyet, E.W. TN 47th Inf. Co.H
Boyet, George T. LA 13th Bn. (Part.Rangers) Co.F
Boyet, George W. FL 7th Inf. Co.B
Boyet, Jacob B. LA 9th Inf. Co.C
Boyet, J.B. GA 17th Inf. Co.B,H
Boyet, John LA 3rd (Wingfield's) Cav. Co.A
Boyet, John SC Inf. Holcombe Legion Co.D
Boyet, John G. FL 9th Inf. Co.C
Boyet, John H. TX 25th Cav. Co.F
Boyet, John M. NC 26th Inf. Co.K
Boyet, Jordan GA 5th Cav. Co.K
Boyet, Joshua J. GA 2nd St.Line Co.B
Boyet, J.T. LA 27th Inf. Co.E
Boyet, Micajah NC Loc.Def. Griswold's Co.
Boyet, Nathan NC Loc.Def. Griswold's Co. 1st Sgt.
Boyet, Noel LA 27th Inf. Co.E
Boyet, Randall FL 9th Inf. Co.D
Boyet, T.W. LA 27th Inf. Co.E
Boyet, W.A. NC 8th Bn.Part.Rangers Co.B
Boyet, W.B. SC 8th Inf. Co.C
Boyet, W.B. SC 11th Res. Co.E
Boyet, Westley D. LA 9th Inf. Co.C
Boyet, W.H. MS 35th Inf. Co.F
Boyet, William AR Cav. Harrell's Bn. Co.A
Boyet, William C. FL 9th Inf. Co.C Cpl.
Boyet, William N. LA Inf. 11th Bn. Co.F
Boyet, William W. GA 50th Inf. Co.K
Boyet, W.J.H. KY 14th Cav. Co.D
Boyeter, W.M. LA 12th Inf. Co.F
Boyett, A.J. GA Cav. 29th Bn. Co.A
Boyett, A.L. TN 22nd (Barteau's) Cav. Co.I 1st Sgt.
Boyett, Albert D. NC 32nd Inf. Co.C,D
Boyett, Amos NC 55th Inf. Co.A
Boyett, Anchrom A. NC 8th Sr.Res. Broadhurst's Co.
Boyett, Andrew A. FL 3rd Inf. Co.C Cpl.
Boyett, Andrew J. GA 21st Inf. Co.I Sgt.
Boyett, Angus SC 2nd Arty. Co.G
Boyett, Benjamin SC 1st (Hagood's) Inf. 1st Co.I
Boyett, Benjamin SC 2nd Inf. Co.I
Boyett, B.P. AR 8th Cav. Co.L
Boyett, Calvin NC 3rd Cav. (41st St.Troops) Co.K
Boyett, Calvin NC 2nd Arty. (36th St.Troops) Co.A
Boyett, Calvin NC Moseley's Co. (Sampson Arty.)
Boyett, Calvin NC 17th Inf. (2nd Org.) Co.H
Boyett, D.M. AR 11th Inf. Co.H Sgt.
Boyett, D.M. AR 11th & 17th Cons.Inf. Co.G
Boyett, E. TX 12th Inf. Co.B
Boyett, Edward J. FL 9th Inf. Co.D
Boyett, E.F. MS Inf. Comfort's Co.
Boyett, Elias MS 20th Inf. Co.K
Boyett, Elias D. NC 38th Inf. Co.D
Boyett, Enos NC 55th Inf. Co.A
Boyett, E.T. MS 30th Inf. Co.D
Boyett, Ethel LA 31st Inf. Co.I
Boyett, Etheldred D. NC 15th Inf. Co.A
Boyett, E.W. 20th Conf.Cav. Co.C
Boyett, Ezekiel M. NC 38th Inf. Co.D
Boyett, Ferdinand NC 44th Inf. Co.B
Boyett, Francis M. GA 50th Inf. Co.K
Boyett, Francis M. LA 31st Inf. Co.K
Boyett, Frederick NC Hvy.Arty. 1st Bn. Co.B
Boyett, Frederick NC 38th Inf. Co.C Cpl.
Boyett, G.A. NC 47th Inf. Co.I
Boyett, Garry NC Mil. Clark's Sp.Bn. Co.D
Boyett, George GA 11th Inf. Co.I
Boyett, G.L. GA 3rd Res. Co.I
Boyett, Green B. TX 2nd Cav. Co.H
Boyett, G.S. GA 3rd Inf.
Boyett, G.T. TN 22nd (Barteau's) Cav. Co.I
Boyett, G.W. FL 7th Inf. Co.K
Boyett, Henry AL 1st Bn. Hilliard's Legion Vol. Co.B
Boyett, Henry AL 60th Inf. Co.H
Boyett, Hinton H. NC 1st Arty. (10th St.Troops) Co.I
Boyett, Hinton H. NC 2nd Arty. (36th St.Troops) Co.A
Boyett, Irvan AL 26th (O'Neal's) Inf. Co.B
Boyett, Isaac J. GA 50th Inf. Co.F
Boyett, J. NC 2nd Jr.Res. Co.G
Boyett, J. 20th Conf.Cav. Co.C
Boyett, J.A. AL 33rd Inf. Co.F
Boyett, J.A. TN 17th Inf. Co.H
Boyett, Jacob A. GA 5th Inf. Co.H,M
Boyett, Jacob Y. GA 2nd Bn.S.S. Co.A Cpl.
Boyett, James GA Inf. 3rd Bn. Co.H
Boyett, James GA 37th Inf. Co.K
Boyett, James MS 2nd Cav. Co.B
Boyett, James E. MS 30th Inf. Co.G
Boyett, James J. TX 10th Inf. Co.F
Boyett, James L. AL 59th Inf. Co.I
Boyett, James M. AR 10th Cav.
Boyett, James T. NC 2nd Cav. (19th St.Troops) Co.C
Boyett, James W. NC 35th Inf. Co.I
Boyett, James W. NC 43rd Inf. Co.C
Boyett, James W. NC Loc.Def. Cox's Co.
Boyett, J.E. TN 47th Inf. Co.H Sgt.
Boyett, Jesse NC 66th Inf. Co.C
Boyett, Jessee AR Cav. Poe's Bn. Co.A
Boyett, J.H. TN 47th Inf. Co.H
Boyett, J.H. TX 24th & 25th Cav. (Cons.) Co.B
Boyett, J.I. TX 9th (Young's) Inf. Co.H
Boyett, J.J. GA 3rd Res. Co.F
Boyett, J.J. GA 32nd Inf. Co.F Ord.Sgt.
Boyett, J.M. MS 1st (Percy's) Inf. Co.I
Boyett, J.M. MS 15th Inf. Co.A
Boyett, J.M. TN 59th Mtd.Inf.
Boyett, J.M. TX 24th & 25th Cav. (Cons.) Co.F
Boyett, Joel NC 2nd Inf. Co.B
Boyett, John AL 26th (O'Neal's) Inf. Co.E,B
Boyett, John MS 2nd Cav. Co.I
Boyett, John TX 8th Inf. Co.B
Boyett, John TX 12th Inf. Co.B
Boyett, John A. FL 1st Inf. Old Co.F, New Co.B
Boyett, John A. NC 2nd Arty. (36th St.Troops) Co.A
Boyett, John A. NC 51st Inf. Co.B
Boyett, John E. NC 3rd Cav. (41st Troops) Co.G
Boyett, John E. NC Hvy.Arty. 1st Bn. Co.B
Boyett, John H. GA 50th Inf. Co.F
Boyett, John R. MS 1st Lt.Arty. Co.D
Boyett, John R. TX 10th Inf. Co.F
Boyett, John W. NC 67th Inf. Co.H
Boyett, Jonas NC 3rd Arty. (40th St.Troops) Co.A Sgt.
Boyett, Jones MS 2nd Cav. Co.I
Boyett, Joseph AL 33rd Inf. Co.F
Boyett, Joseph NC 43rd Inf. Co.C
Boyett, Joseph H. TX 3rd (Kirby's) Bn.Vol. Co.C Sgt.
Boyett, Joseph M. MS 30th Inf. Co.G
Boyett, Josiah NC 47th Inf. Co.I
Boyett, Josiah D. FL 8th Inf. Co.E
Boyett, Josiah J. GA 55th Inf. Co.G
Boyett, J.P. AL 5th Inf. New Co.G
Boyett, J.R. LA 17th Inf. Co.E
Boyett, J.R. TX 24th & 25th Cav. (Cons.) Co.G
Boyett, J.R. TX 35th (Brown's) Cav. Co.A
Boyett, J.R. TX Cav. Giddings' Bn. Maddox's Co.
Boyett, J.R. TX 13th Vol. 1st Co.B
Boyett, J.W. LA 28th (Gray's) Inf. Co.G
Boyett, J.W. NC Mil. Clark's Sp.Bn. Co.C
Boyett, J.W. NC 38th Inf. Co.D
Boyett, L. TN 47th Inf. Co.H
Boyett, Larry B. NC 2nd Inf. Co.B 2nd Lt.
Boyett, L.G. NC 6th Cav. (65th St.Troops) Co.H
Boyett, L.H. TN 22nd (Barteau's) Cav. Co.I
Boyett, L.H. TN 47th Inf. Co.H Sgt.
Boyett, L.W. TN 51st Inf. Co.H
Boyett, Matthew AL 18th Inf. Co.B
Boyett, Micajah NC 1st Arty. (10th St.Troops) Co.F
Boyett, Milton NC 2nd Arty. (36th St.Troops) Co.A
Boyett, Nathan NC 43rd Inf. Co.C
Boyett, Noah TX 13th Cav. Co.G
Boyett, R. AL 63rd Inf. Co.E
Boyett, R. NC 2nd Cav. (19th St.Troops) Co.E
Boyett, R.A. TN 35th Inf. 2nd Co.I
Boyett, Ransom GA 12th Inf. Co.B
Boyett, Ransom NC 2nd Inf. Co.B
Boyett, R.H. AR 19th (Dawson's) Inf. Co.H,K
Boyett, R.H. AR Inf. Crawford's Bn. Co.B
Boyett, Robert MS Burt's Ind.Co. (Dixie Guards)
Boyett, Robert TN 3rd (Clack's) Inf. Co.H
Boyett, R.T. MS 30th Inf. Co.D
Boyett, S.A. TN 47th Inf. Co.H
Boyett, Samuel M. LA 12th Inf. Co.I
Boyett, Satchwell NC Hvy.Arty. 1st Bn. Co.B
Boyett, S.E. NC Mil. Clark's Sp.Bn. Co.D
Boyett, S.H. MS 9th Inf. New Co.G
Boyett, S.H. MS 20th Inf. Co.K
Boyett, Stephen NC 27th Inf. Co.A
Boyett, Stephen NC 43rd Inf. Co.C
Boyett, Stephen NC 55th Inf. Co.A
Boyett, Stephen J. FL 5th Inf. Co.E
Boyett, Steven A. MS 30th Inf. Co.D Sgt.
Boyett, T.F. TN 22nd (Barteau's) Cav. Co.I
Boyett, Thomas AR 8th Inf. New Co.I
Boyett, Thomas GA 61st Inf. Co.D
Boyett, Thomas NC 2nd Inf. Co.B
Boyett, Thomas TX 15th Inf. Co.C
Boyett, Thomas A. GA 22nd Inf. Co.A
Boyett, Timothy NC 2nd Cav. (19th St.Troops) Co.C
Boyett, T.S. MS 1st (King's) Inf. (St.Troops) D. Love's Co.

Boyett, W.B. SC 8th Bn.Res. Co.C
Boyett, W.F. GA 17th Inf. Co.D
Boyett, W.H. AR 21st Inf. Co.F
Boyett, W.H. LA 8th Inf. Co.G
Boyett, W.H. VA Inf. 2nd Bn.Loc.Def. Co.C
Boyett, William FL 5th Inf. Co.E
Boyett, William NC 4th Inf. Co.D
Boyett, William NC 8th Sr.Res. Broadhurst's Co.
Boyett, William B. AL 42nd Inf. Co.E
Boyett, William H. AR 14th (McCarver's) Inf. Co.G
Boyett, William H. FL 4th Inf. Co.C
Boyett, William H. GA 50th Inf. Co.I
Boyett, William H. NC 2nd Arty. (36th St.Troops) Co.A
Boyett, William H. NC Moseley's Co. (Sampson Arty.)
Boyett, William N. GA 50th Inf. Co.K
Boyett, William R. NC Cav. (Loc.Def.) Howard's Co.
Boyett, William S. GA 55th Inf. Co.G
Boyett, William S. NC 1st Cav. (9th St.Troops) Co.I
Boyett, William T. GA 50th Inf. Co.F Cpl.
Boyett, W.J. AL 23rd Inf. Co.A,C Sgt.
Boyett, W.J. AR 11th Inf. Co.H Cpl.
Boyett, W.P. MS 9th Inf. New Co.G
Boyett, W.R. GA 50th Inf. Co.K
Boyett, W.W. AL 34th Inf. Co.B
Boyett, Y.R. LA Inf. 4th Bn. Co.F
Boyette, Denson AL Arty. 4th Bn. Hilliard's Legion Co.A
Boyette, Denson AL 59th Inf. Co.I
Boyette, George T. NC 2nd Inf. Co.B
Boyette, G.T. TN 21st & 22nd (Cons.) Cav. Co.C
Boyette, Hardy FL 2nd Inf. Co.L
Boyette, Isaac NC 2nd Inf. Co.B
Boyette, James H. NC 2nd Inf. Co.B
Boyette, James L. AL Arty. 4th Bn. Hilliard's Legion Co.A
Boyette, James W. NC Inf. 13th Bn. Co.C
Boyette, James W. NC 66th Inf. Co.E
Boyette, John R. KY 4th Mtd.Inf. Co.E
Boyette, Jonas NC 12th Inf. Co.C
Boyette, Josiah NC 2nd Inf. Co.B Cpl.
Boyette, L.L. AL 33rd Inf. Co.F
Boyette, Ransom NC 2nd Inf. Co.B
Boyette, Thomas AL Arty. 4th Bn. Hilliard's Legion Co.A
Boyette, Thomas AL 59th Inf. Co.I
Boyette, Thomas L. MS 1st Lt.Arty. Co.I
Boyette, W.H. MS 38th Cav. Co.A
Boyette, William J. AR 1st (Crawford's) Cav. Co.C
Boygan, Henderson AR Lt.Arty. Zimmerman's Btty.
Boygen, Reuben R. KY 7th Mtd.Inf. Co.G
Boygence, F. AL 25th Inf. Co.B
Boyiken, W. NC 2nd Jr.Res. Co.H
Boyington, Harmon MS 4th Cav. Co.B
Boyington, L.B. TX 1st Inf. Co.A
Boykain, W.T. TX 1st Inf. Co.L
Boyke, J. GA Inf. 27th Bn. Co.F
Boyken, T. SC Mil. 17th Regt. Rogers' Co.
Boyken, William GA 5th Res. Co.H
Boyken, William F. TX 5th Inf. Co.C
Boyken, W.S. GA 5th Res. Co.H
Boykin, --- AR 1st (Colquitt's) Inf. Co.I
Boykin, --- TX Cav. Steele's Command Co.D
Boykin, A. AL 56th Part.Rangers Co.B
Boykin, A. SC 7th Cav. Co.I
Boykin, A.A. SC 6th Cav. Co.C
Boykin, A.A. SC Manigault's Bn.Vol. Co.C
Boykin, A.B. GA 8th Cav. Co.H
Boykin, A.B. GA 62nd Cav. Co.H
Boykin, Abel AL 3rd Bn.Res. Co.B Sgt.
Boykin, Abel MS 16th Inf. Co.H
Boykin, Abraham NC 20th Inf. Faison's Co.
Boykin, Abraham NC 61st Inf. Co.A,G 1st Sgt.
Boykin, A.H. SC 2nd Cav. Co.A Capt.
Boykin, A.H. SC 7th Cav. Co.K
Boykin, A.H. Gen. & Staff, Cav. Capt.
Boykin, Alex AL 15th Bn.Part.Rangers Co.B
Boykin, Alexander AL 40th Inf. Co.E
Boykin, Allen B. LA 28th (Gray's) Inf. Co.D
Boykin, Anderson Cav.Bn. Holcombe Legion Co.A
Boykin, Anthony R. VA Hvy.Arty. 19th Bn. Co.A
Boykin, A.R. Gen. & Staff Asst.Surg.
Boykin, B.B. AL 40th Inf. Co.E
Boykin, B.E. SC Inf. 7th Bn. (Enfield Rifles) Co.E Capt.
Boykin, Benjamin H. NC 2nd Inf. Co.B Sgt.
Boykin, Bird TX Waul's Legion Co.E
Boykin, Burgess B. NC 15th Inf. Co.A Cpl.
Boykin, Burwell AL 3rd Cav. Co.D AQM
Boykin, Burwell Gen. & Staff Capt.,AQM
Boykin, C. AL 3rd Res. Co.C
Boykin, Camden M. SC 20th Inf. Co.G
Boykin, Cleon TN 1st Cav. Co.I
Boykin, Cleon M. TN 6th Inf. Co.I
Boykin, C.M. AL 7th Cav.
Boykin, C.M. SC 2nd Inf. Co.G
Boykin, Colin M. AL Cav. Barbiere's Bn. Goldsby's Co.
Boykin, Council NC 2nd Inf. Co.D
Boykin, C.W. MS 31st Inf. Co.I
Boykin, D. AL 62nd Inf. Co.I
Boykin, Daniel MS 46th Inf. Co.I
Boykin, David TX Waul's Legion Co.F
Boykin, David W. 7th Conf.Cav. Co.H Music.
Boykin, D.H. SC 7th Cav. Co.I
Boykin, D.H. SC Cav.Bn. Holcombe Legion Co.A
Boykin, Drewry SC 20th Inf. Co.G
Boykin, Drury SC Cav.Bn. Holcombe Legion Co.A
Boykin, E. TX Cav. 6th Bn. Co.D
Boykin, E.D. MS Burt's Ind.Co. (Dixie Guards)
Boykin, E.D. TX 22nd Inf. Co.B
Boykin, Edward M. SC Cav.Bn. Holcombe Legion Co.E 1st Lt.
Boykin, Edwin GA Cav. 2nd Bn. Co.B
Boykin, Edwin A. NC 24th Inf. Co.I Capt.
Boykin, E.H. AL 38th Inf. Co.I
Boykin, Elias AL 1st Bn. Hilliard's Legion Vol. Co.E
Boykin, Elias AL 23rd Bn.S.S. Co.E
Boykin, Eli. J. NC 2nd Inf. Co.B
Boykin, Ellington NC 50th Inf. Co.E
Boykin, E.M. SC 7th Cav. Co.K Maj.
Boykin, E.W. GA 5th Cav. Co.F
Boykin, F.A. AL Arty. 4th Bn. Hilliard's Legion Co.A 2nd Lt.
Boykin, F.A. AL Lt.Arty. Kolb's Btty.
Boykin, F.J. LA 2nd Inf. Co.E
Boykin, F.J. LA 19th Inf. Co.C
Boykin, F.M. MS 16th Inf. Co.H
Boykin, F.M. MS 46th Inf. Co.G
Boykin, F.M. TX 4th Cav. Co.I
Boykin, F.R. AL Cav. Murphy's Bn. Co.B
Boykin, Francis H. AL 32nd Inf. Co.A
Boykin, Francis M., Jr. VA 31st Inf. Lt.Col.
Boykin, Francis R. AL 61st Inf. Co.E
Boykin, Frank AL 2nd Cav. Co.I,K N.C.S. Lt.
Boykin, Frank AL 3rd Cav. Co.D
Boykin, Frank AL 40th Inf. Co.E
Boykin, Frank LA Lt.Arty. 2nd Field Btty. Cpl.
Boykin, Frank M., Jr. VA Inf. 25th Bn. Co.E Capt.
Boykin, F.S. TX Cav. 6th Bn. Co.D
Boykin, George AL 8th Inf. Co.K
Boykin, George H. FL 6th Inf. Co.C
Boykin, George W. MS 16th Inf. Co.H
Boykin, Gilford GA 6th Inf. Co.H 1st Lt.
Boykin, G.W. MS 46th Inf. Co.G
Boykin, H. NC 5th Cav. (63rd St.Troops) Co.C
Boykin, H. NC Mil. Clark's Sp.Bn. Co.I
Boykin, H.C. AL 40th Inf. Co.E
Boykin, Henry SC 21st Inf. Co.H
Boykin, Henry B. TX 4th Cav. Co.H
Boykin, Henry B. TX Inf. Riflemen Arnold's Co.
Boykin, Henry T. SC Inf. 7th Bn. (Enfield Rifles) Co.H
Boykin, H.H. SC 21st Inf. Co.H
Boykin, Hillory NC 50th Inf. Co.C
Boykin, Hiram SC 21st Inf. Co.H
Boykin, H.R. TX Cav. 6th Bn. Co.D
Boykin, Hustige NC 24th Inf. Co.C Cpl.
Boykin, I.O. AL 2nd Cav. Co.I
Boykin, Irvin NC 2nd Inf. Co.B
Boykin, J. AL 15th Bn.Part.Rangers Co.B
Boykin, J. AL 56th Part.Rangers Co.B
Boykin, J. AL 9th Inf. Co.F
Boykin, J. SC 1st Inf. Co.N
Boykin, J. SC 5th Bn.Res. Co.B
Boykin, J. TX 24th & 25th Cav. (Cons.) Co.I
Boykin, J.A. TX Waul's Legion Co.E
Boykin, Jacob NC 50th Inf. Co.E
Boykin, James AL Cav. Lenoir's Ind.Co. Capt.
Boykin, James AL 4th Res. Co.A
Boykin, James GA 4th Bn.S.S. Co.A
Boykin, James NC 3rd Inf. Co.G
Boykin, James SC Lt.Arty. 3rd (Palmetto) Bn. Co.G
Boykin, James SC 8th Res.
Boykin, James SC 20th Inf. Co.G
Boykin, James C. FL 6th Inf. Co.A
Boykin, James E. TN 6th Inf. Co.G
Boykin, James F. SC 2nd Cav. Co.C
Boykin, James F. SC 2nd Inf. Co.E
Boykin, James J. NC 43rd Inf. Co.C
Boykin, James J. VA 9th Inf. Co.F
Boykin, James M. NC 14th Inf. Co.E
Boykin, James M. TN 18th (Newsom's) Cav. Co.I
Boykin, James M. TN 6th Inf. Co.I
Boykin, James M. TN 8th Inf. Co.A
Boykin, James O. AL 3rd Cav. Co.D

Boykin, James R. MS 16th Inf. Co.H
Boykin, James W. AL 34th Inf. Co.I
Boykin, James W. TN 13th (Gore's) Cav. Co.B
Boykin, Jasper MS 16th Inf. Co.H
Boykin, Jasper MS 46th Inf. Co.G
Boykin, J.B. Gen. & Staff Surg.,Med.Pur.
Boykin, J.C. FL 10th Inf. Davidson's Co.
Boykin, Jeremiah M. VA 9th Inf. Co.F
Boykin, Jesse 4th Conf.Inf. Co.B
Boykin, J.F. SC Cav. 4th Bn. Co.B
Boykin, J.F. TX 10th Cav. Co.H
Boykin, J.H. TX 23rd Cav. Co.A
Boykin, J.H. TX 19th Inf. Co.A
Boykin, J.J. SC Cav.Bn. Holcombe Legion Co.A
Boykin, J.L. TX 5th Cav. Co.E Black.
Boykin, J.M. AL 4th Res. Co.D
Boykin, J.M. AL 45th Inf. Co.C
Boykin, J.M. NC Home Guards Co.C
Boykin, John AR 33rd Inf. Co.K
Boykin, John SC 2nd Cav. Co.A
Boykin, John SC 4th St.Troops Co.I
Boykin, John SC 20th Inf. Co.G
Boykin, John TX 1st (McCulloch's) Cav. Co.I
Boykin, John TX Cav. Hardeman's Regt. Co.E
Boykin, John TX Waul's Legion Co.C
Boykin, John A. GA 25th Inf. Co.G Sgt.
Boykin, John A.N. NC 43rd Inf. Co.C
Boykin, John B. AL Inf. 1st Regt. Co.G,C,I
Boykin, John B. TN 25th Inf. Co.H
Boykin, John C. NC 17th Inf. (2nd Org.) Co.G
Boykin, John D. TX 13th Vol. 3rd Co.I
Boykin, John F. MS 16th Inf. Co.H
Boykin, John H. TX 7th Inf. Co.C
Boykin, John J. SC 20th Inf. Co.G Sgt.
Boykin, John M. NC 50th Inf. Co.C
Boykin, John O. TX 5th Cav. Co.G
Boykin, John R. VA 41st Inf. Co.A
Boykin, John S. LA 2nd Cav. Co.I
Boykin, John S. LA 10th Inf. Co.E
Boykin, John T. GA 21st Inf. Co.F Capt.
Boykin, John T. TX 26th Cav. Co.D
Boykin, John T. TX Inf. Whaley's Co.
Boykin, John W. FL 6th Inf. Co.C Sgt.
Boykin, John W. GA 25th Inf. Co.G Cpl.
Boykin, John W. LA 8th Inf. Co.G
Boykin, Jonathan NC 50th Inf. Co.C
Boykin, Joseph AL 18th Inf. Co.B
Boykin, Joseph A. TN 1st Cav. Co.I
Boykin, J.R. TN 22nd (Barteau's) Cav. Co.G
Boykin, J.T., Jr. GA Boddie's Co. (Troup Cty.Ind.Cav.)
Boykin, J.W. AL 56th Part.Rangers Co.D
Boykin, J.W. GA 5th Cav. Co.F
Boykin, J.W. GA 8th Cav. Co.H
Boykin, J.W. TX Cav. Baylor's Regt. Co.F 2nd Lt.
Boykin, K.V. VA 10th Cav. Capt.,ACS
Boykin, L.D. MS 41st Inf. Co.C
Boykin, Littleberry W. NC 15th Inf. Co.A 2nd Lt.
Boykin, Lorenzo D. MS 16th Inf. Co.H
Boykin, Lott C. FL 6th Inf. Co.B
Boykin, Lovet NC 47th Inf. Co.A
Boykin, Manly H. SC 20th Inf. Co.G
Boykin, Matthew AR (Colquitt's) Co.I
Boykin, Miles W. TX Inf. Whaley's Co.
Boykin, Moscow B. AL 8th Inf. Co.A
Boykin, Moses E. LA 10th Inf. Co.E
Boykin, M.W. TX 9th (Nichols') Inf. Co.K
Boykin, M.W. TX 22nd Inf. Co.B
Boykin, N.J. SC 5th Bn.Res. Co.B
Boykin, Osborne H. TX Inf. Riflemen Arnold's Co.
Boykin, Paul G. GA 25th Inf. Co.G
Boykin, Pummer W. NC 2nd Inf. Co.B
Boykin, P.W. TX Cav. Baylor's Regt. Co.F
Boykin, R. NC 1st Arty. (10th St.Troops) Co.G
Boykin, R.A. SC 7th Cav. Co.I
Boykin, Ransom SC Cav.Bn. Holcombe Legion Co.A
Boykin, R.H. AL Cav. Barbiere's Bn. Goldsby's Co.
Boykin, R. Hayne AL 3rd Cav. Co.D
Boykin, R.J. LA Mil. King's Sp.Bn. 1st Lt.,Adj.
Boykin, Robert B. MS 16th Inf. Co.H Cpl.
Boykin, Robert D. AL 3rd Cav. Co.D
Boykin, Robert D. AL Cav. Barbiere's Bn. Goldsby's Co. Jr.2nd Lt.
Boykin, Robert H. AL Lt.Arty. 20th Bn. Co.A,B 2nd Lt.
Boykin, Robert H. AL 6th Inf. Co.F
Boykin, Robert V. NC 1st Cav. (9th St.Troops) Comsy.
Boykin, R.S. TX 10th Cav. Co.H
Boykin, R.S. VA 18th Bn. Co.A
Boykin, Ruffin MS 28th Cav. Co.D
Boykin, R.V. Gen. & Staff Capt.,ACS
Boykin, S. AL 38th Inf. Co.C
Boykin, Sam GA Cav. 8th Bn. (St.Guards) Co.A
Boykin, Samuel AL 3rd Cav. Co.D
Boykin, Samuel SC 2nd Cav. Co.A
Boykin, Samuel H. VA 3rd Inf.Loc.Def. Co.D Sgt.
Boykin, Samuel N. TX 26th Cav. Co.D
Boykin, S.C. AL Lt.Arty. 20th Bn. Co.B
Boykin, S.D. NC 2nd Jr.Res. Co.A
Boykin, Seymon S. AL 30th Inf. Co.I Sgt.
Boykin, S.F. AL Cav. Barbiere's Bn. Goldsby's Co.
Boykin, S.G. AR 35th Inf. Co.A
Boykin, S.H. NC Home Guards
Boykin, S.H. Gen. & Staff, QM Dept. Capt.
Boykin, Silas M. NC 47th Inf. Co.E Music.
Boykin, S.J. MS 46th Inf. Co.G
Boykin, S.L. SC Cav. 14th Bn. Co.A
Boykin, S.L. SC 20th Inf. Co.G
Boykin, S.M. TX 12th Inf. Co.I
Boykin, S.O. TX Inf. Timmons' Regt. Co.I
Boykin, Solomon MS 16th Inf. Co.H
Boykin, Solomon NC 46th Inf. Co.I Sgt.
Boykin, Solomon NC 51st Inf. Co.K 2nd Lt.
Boykin, S.R. MS 16th Inf. Co.H
Boykin, S.R. TX Waul's Legion Co.E
Boykin, Stephen B. SC 20th Inf. Co.G Cpl.
Boykin, Stephen L. SC 5th Cav. Co.H
Boykin, Stephen M. SC 20th Inf. Co.G Col.
Boykin, Stuart NC 24th Inf. Co.C
Boykin, T.H. TN 51st (Cons.) Inf. Co.D
Boykin, Thomas MS 46th Inf. Co.G
Boykin, Thomas 1st Chickasaw Inf. Gregg's Co.
Boykin, Thomas B. TN 1st Cav. Co.I
Boykin, Thomas G. LA 10th Inf. Co.E Ens.
Boykin, Thomas J. TX 4th Cav. Co.H
Boykin, Thomas J. TX Inf. Whaley's Co.
Boykin, Thomas J. Gen. & Staff Surg.
Boykin, Thomas K. NC 26th Inf. Surg.
Boykin, Thomas L. SC 2nd Cav. Co.A Cpl.
Boykin, T.J. MS 46th Inf. Co.G
Boykin, T.J. TX 5th Inf. Co.C
Boykin, T.L. SC 7th Cav. Co.K Sgt.
Boykin, T.L. SC 1st Inf. Co.N Capt.
Boykin, Tobias NC 2nd Inf. Co.B
Boykin, Tobias NC 33rd Inf. Co.A
Boykin, T.R. AL 2nd Cav. Co.I
Boykin, V.R. LA Lt.Arty. 2nd Field Btty.
Boykin, W. SC Inf. 7th Bn. (Enfield Rifles) Co.H
Boykin, W.A. VA 3rd Inf.Loc.Def. 1st Co.G
Boykin, W.C. MS 46th Inf. Co.F
Boykin, W.D. GA Cav. 2nd Bn. Co.B
Boykin, W.D. GA 5th Cav. Co.F
Boykin, W.D. Gen. & Staff Asst.Surg.
Boykin, W.F. MS 46th Inf. Co.G
Boykin, W.F. SC 7th Cav. Co.K Sgt.
Boykin, W.F. SC 21st Inf. Co.H
Boykin, Wiley NC 2nd Inf. Co.B
Boykin, William AL 18th Inf. Co.B
Boykin, William AL 42nd Inf. Asst.Surg.
Boykin, Wm. AR 1st (Colquitt's) Co.I
Boykin, William NC 2nd Inf. Co.B
Boykin, William TX 34th Cav. Co.G
Boykin, William TX 1st Hvy.Arty. Co.K
Boykin, William A. TX Cav. 6th Bn. Co.D
Boykin, William B. NC Lt.Arty. 3rd Bn. Co.C,A
Boykin, William C. TX 35th (Brown's) Cav. Co.E
Boykin, William C. TX 7th Field Btty.
Boykin, William D. GA 25th Inf. Co.G
Boykin, William H. FL 6th Inf. Co.C
Boykin, William H. NC 2nd Inf. Co.B Sgt.
Boykin, William H. NC 20th Inf. Co.F
Boykin, William J. TX Waul's Legion Co.C
Boykin, William L. TX 37th Cav. Co.H
Boykin, William M. NC 2nd Inf. Co.B
Boykin, William P. TN 6th Inf. Co.G
Boykin, William S. VA Hvy.Arty. 18th Bn. Co.A,K
Boykin, William W. SC 20th Inf. Co.G Sgt.
Boykin, W.J. GA 62nd Cav. Co.H
Boykin, W.O. TN 18th (Newsom's) Cav. Co.I
Boykin, W.S. VA 13th Cav. Co.K
Boykin, W.T. TX 22nd Inf. Co.A
Boykin, W.Y. AL 3rd Cav. Co.A
Boykins, Franklin AL 1st Inf. Co.G
Boylan, Andy D. LA 19th Inf. Co.B
Boylan, B. TX 26th Cav. Co.C
Boylan, David L. NC 1st Inf. Co.C Cpl.
Boylan, Francis VA Inf. 1st Bn. Co.D
Boylan, Frank Eng.,CSA Asst.Eng.
Boylan, George LA 21st (Patton's) Inf. Co.G
Boylan, George W. NC 3rd Inf. Co.D Sgt.
Boylan, James MO Lt.Arty. Barret's Co.
Boylan, James TX 3rd Inf. 1st Co.A
Boylan, John Gen. & Staff 2nd Lt.,Dr.M.
Boylan, John S. TN 6th Inf. Co.D
Boylan, Michael TX 16th Cav. Co.H
Boylan, Pat F. MS 39th Inf. Co.I
Boyle, A. GA 29th Inf. Co.B
Boyle, A. MS 14th Inf. Co.K
Boyle, Absalom R. VA 45th Inf. Co.F
Boyle, Alex MS 44th Inf. Co.B
Boyle, Allston S. SC 2nd Cav. Co.I

Boyle, Andrew VA 41st Inf. Co.D
Boyle, A.O. LA 22nd Inf. Wash. Marks Co.
Boyle, Austin S. SC Cav.Bn. Hampton Legion Co.A
Boyle, Barney LA 14th Inf. Co.H
Boyle, Barney MS 21st Inf. Co.L,G
Boyle, Barny LA Mil. Beauregard Regt. Co.C
Boyle, C. AR 13th Mil. Co.A
Boyle, C. AR Willett's Co.
Boyle, C. LA 1st Cav. Co.F
Boyle, Calvin L. TN Cav. 17th Bn. (Sanders') Co.A
Boyle, C.C. GA Cav. 6th Bn. (St.Guards) Co.G Sgt.
Boyle, Charles MS 25th Inf. Co.K
Boyle, Charles MO 1st Inf. Co.C
Boyle, Charles MO 1st & 4th Cons.Inf. Co.G
Boyle, Charles SC Arty. Manigault's Bn. 1st Co.A, 2nd Co.B
Boyle, Charles SC Mil. 18th Regt. Co.E Cpl.
Boyle, Charles VA 11th Inf. Co.F,H
Boyle, Charles B. MD 1st Cav. Co.D
Boyle, Charles H. AL 43rd Inf. Co.H 2nd Lt.
Boyle, Cornelius LA Mil. Brenan's Co. (Co.A, Shamrock Guards) Cpl.
Boyle, Cornelius VA Alexandria Bn.Vol. Maj.
Boyle, Cornelius Gen. & Staff, A. of N.VA Maj.,PM
Boyle, Dan Sap. & Min. Flynn's Co.,CSA
Boyle, Daniel AL 2nd Cav. Co.I Sr.2nd Lt.
Boyle, Daniel SC 22nd Inf. Co.D
Boyle, Daniel TN 1st Hvy.Arty. Co.F, 2nd Co.D
Boyle, Daniel VA Hvy.Arty. 19th Bn. 2nd Co.C
Boyle, D.C. MS 1st Cav. Co.F
Boyle, D.C. MS 6th Cav. Co.A
Boyle, D.C. MS Fant's Co.
Boyle, Dennis GA Arty. (Chatham Arty.) Wheaton's Co.
Boyle, Dennis GA 1st (Olmstead's) Inf. 1st Co.A, Way's Co. Cpl.
Boyle, Dennis GA 1st (Olmstead's) Inf. Claghorn's Co.
Boyle, Dennis GA 1st Bn.S.S. Co.B Cpl.
Boyle, Dennis LA Mil. 4th Regt. 3rd Brig. 1st Div. Co.A
Boyle, Dennis SC Arty. Lee's Co.
Boyle, Dennis W. MD Inf. 2nd Bn. Co.C
Boyle, D.S. FL 11th Inf. Asst.Surg.
Boyle, D.S. Gen. & Staff Asst.Surg.
Boyle, E. GA 6th Inf. (St.Guards) Co.I Cpl.
Boyle, E. KY 2nd Cav. Co.A
Boyle, E. MO 9th Bn.S.S. Co.A
Boyle, Edward AL 1st Inf. Co.K
Boyle, Edward LA 11th Inf. Co.L
Boyle, Edward LA 27th Inf. Co.I
Boyle, Edward TN Lt.Arty. Scott's Co.
Boyle, Edward A. MO 9th Bn.S.S. Co.A
Boyle, Edward O. MS 17th Inf. Co.F Cpl.
Boyle, Edward V. SC Cav.Bn. Hampton Legion Co.A
Boyle, Felix TN 1st (Turney's) Inf. Co.K Cpl.
Boyle, Francis A. GA Inf. 2nd Bn. Co.B
Boyle, Francis A. NC 12th Inf. Co.L 1st Sgt.
Boyle, Francis A. NC 32nd Inf. Co.A Adj.
Boyle, Francis A. Gen. & Staff 1st Lt.,Adj.
Boyle, Frank LA 1st Cav. Co.F Cpl.
Boyle, F.T. TN 6th (Wheeler's) Cav. Co.E
Boyle, G. AR 18th (Marmaduke's) Inf. Co.A
Boyle, G. AR Mil. Borland's Regt. King's Co.
Boyle, George GA Inf. 1st Loc.Troops (Augusta) Co.E
Boyle, George SC 1st (Orr's) Rifles Co.A
Boyle, George 3rd Conf.Inf. Co.A Sgt.
Boyle, George C. MS Inf. 2nd Bn. Co.C
Boyle, George C. MS 48th Inf. Co.C
Boyle, G.W. MS 11th (Perrin's) Cav. Co.K
Boyle, G.W. Gen. & Staff Chap.
Boyle, H. VA 3rd Inf.Loc.Def. Co.E
Boyle, Harry SC Arty. Childs' Co.
Boyle, H.T. MS 44th Inf. Co.B
Boyle, Hugh GA 1st Reg. Co.K,F
Boyle, Hugh M. AR 1st Mtd.Rifles Co.I
Boyle, I.E. AL 2nd Cav. Co.I
Boyle, I.L. NC 4th Inf. Co.K
Boyle, J. AL 45th Inf.
Boyle, J. AL 48th Inf. Co.C
Boyle, J. SC 25th Inf. Co.H
Boyle, J. TN 5th Inf. 2nd Co.K
Boyle, J.A. VA 34th Inf. Co.G
Boyle, Jackson AL 17th Inf. Co.I
Boyle, Jackson VA 1st Inf. Co.E
Boyle, James AL 1st Inf. 3rd Co.G
Boyle, James AL 1st Regt. Mobile Vol. British Guard Co.B
Boyle, James AL 41st Inf. Co.C
Boyle, James GA Lt.Arty. Barnwell's Btty.
Boyle, James GA Arty. Maxwell's Reg.Lt.Btty.
Boyle, James GA 1st (Olmstead's) Inf. Read's Co.
Boyle, James GA 10th Inf. Co.D
Boyle, James GA 64th Inf. Co.A
Boyle, James LA 1st Hvy.Arty. (Reg.) Co.K
Boyle, James LA 11th Inf. Co.C
Boyle, James LA 14th Inf. Co.H
Boyle, James LA Mil. British Guard Bn. West's Co.
Boyle, James LA Mil. Irish Regt. Laughlin's Co.
Boyle, James MS Lt.Arty. (Warren Lt.Arty.) Swett's Co. Artif.
Boyle, James MS 16th Inf. Co.A
Boyle, James SC 23rd Inf. Co.D Sgt.
Boyle, James TN 15th Inf. 2nd Co.F 1st Sgt.
Boyle, James TN 50th Inf. Co.D
Boyle, James TX Arty. 4th Bn. Co.A
Boyle, James TX 8th Inf. Co.A Cpl.
Boyle, James H. AL 5th Bn.Vol. Co.A 1st Sgt.
Boyle, James M. AR Cav. Wright's Regt. Co.A Sgt.
Boyle, James V. VA Cav. 41st Bn. Co.B
Boyle, James W. LA Inf.Cons.Crescent Regt. Co.A 2nd Lt.
Boyle, J.C. SC 2nd Inf. Co.C
Boyle, J.C. SC 4th St.Troops Co.A
Boyle, J.C. SC 23rd Inf. Co.A
Boyle, J.C. 2nd Conf.Eng.Troops Co.G
Boyle, Jesse A. VA 47th Inf. Co.D
Boyle, J.H. AL 23rd Inf. Co.A
Boyle, J.J. MO 1st Brig.St.Guard
Boyle, J.M. GA Hvy.Arty. 22nd Bn. Co.A
Boyle, J.M. GA Lt.Arty. (Jackson Arty.) Massenburg's Btty. Cpl.
Boyle, J.M. GA 5th Res. Co.B 1st Sgt.
Boyle, J.M. GA 60th Inf. 1st Co.A
Boyle, J.M. TN Cav. 1st Bn. (McNairy's) Co.E Bugler
Boyle, John AL Mil. 4th Vol. Co.F
Boyle, John AL 40th Inf. Co.K
Boyle, John GA Inf. 1st Loc.Troops (Augusta) Co.D
Boyle, John LA 1st Hvy.Arty. (Reg.) Co.A
Boyle, John LA Inf. 1st Sp.Bn. (Wheat's) Co.B Cpl.
Boyle, John LA 7th Inf. Co.D
Boyle, John LA 9th Inf. Co.A
Boyle, John LA 13th Inf. Co.K
Boyle, John LA 15th Inf. Co.E
Boyle, John MS 22nd Inf. Co.C
Boyle, John MO 7th Cav. Co.D
Boyle, John MO Lt.Arty. 13th Btty.
Boyle, John MO Inf. 4th Regt.St.Guard Co.A Sgt.
Boyle, John NC 2nd Inf. Co.A
Boyle, John NC 5th Inf. Co.E
Boyle, John SC 1st Arty. Co.B
Boyle, John SC 1st (Butler's) Inf. Co.H
Boyle, John SC 21st Inf. Co.G 2nd Lt.
Boyle, John TN 1st Hvy.Arty. Co.F
Boyle, John TN 14th Inf. Co.D
Boyle, John TN 21st Inf. Co.I
Boyle, John TX 1st (McCulloch's) Cav. Co.I
Boyle, John TX 1st Hvy.Arty. Co.H
Boyle, John VA Lt.Arty. 38th Bn. Co.B
Boyle, John VA 29th Inf.
Boyle, John 9th Conf.Inf. Co.B
Boyle, John Inf. School of Pract. Co.C
Boyle, John F. AR 13th Inf. Co.H
Boyle, John H., Jr. VA 1st Arty. 1st Co.C
Boyle, John H., Jr. VA 1st Inf. Co.F
Boyle, John P. AL 36th Inf. Machinist
Boyle, John T. MS 29th Inf. Co.D
Boyle, John W. TX 16th Cav. Co.E
Boyle, Joseph F. LA 22nd Inf. Ord.Sgt.
Boyle, Joseph F. LA 22nd (Cons.) Inf. Ord.Sgt.
Boyle, Jos. Mays Gen. & Staff Surg.
Boyle, Joseph W. LA Inf. 16th Bn. (Conf.Guards Resp.Bn.) Jr.2nd Lt.
Boyle, J.W. LA Arty. Hutton's Co. (Crescent Arty.,Co.A) Sr.2nd Lt.
Boyle, Lawrence AL Lt.Arty. 2nd Bn. Co.B
Boyle, Leonidas H. MO 2nd Cav. Co.K
Boyle, Leonidas H. MO 5th Inf. Co.C
Boyle, L.H. MO Btty.
Boyle, Martin V. TX 15th Cav. Co.K Cpl.
Boyle, Maurice J. AL 8th Inf. Co.D
Boyle, Michael GA 1st (Olmstead's) Inf. Co.C Sgt.
Boyle, Michael GA 1st (Symons') Res. Co.K Cpl.
Boyle, Michael SC Hvy.Arty. 15th (Lucas') Bn. Co.C
Boyle, Michael SC Arty. Childs' Co.
Boyle, Michael SC 1st (Orr's) Rifles Co.A
Boyle, M.J. TN 1st Cav. Co.A Hosp.Stew.
Boyle, M.J. 1st Conf.Cav. 1st Co.A
Boyle, M.L. SC Prov.Guard Hamilton's Co.
Boyle, Montgomery F. VA 45th Inf. Co.F
Boyle, Owen GA 36th (Villepigue's) Inf. Co.G
Boyle, Owen LA 1st (Strawbridge's) Inf. Co.C Sgt.
Boyle, Owen MS 1st Lt.Arty. Co.G

Boyle, Owen 1st Conf.Inf. 1st Co.G
Boyle, P. LA 21st (Kennedy's) Inf. Co.D
Boyle, P. VA Inf. 25th Bn. Co.D
Boyle, P. VA 46th Inf. Co.L
Boyle, Pal. MS 22nd Inf. James' Co.H
Boyle, Pat SC Prov.Guard Hamilton's Co.
Boyle, Pat SC Post Guard Senn's Co.
Boyle, Pat TN 2nd (Walker's) Inf. Co.I Music.
Boyle, Pat TN 21st Inf. Co.G
Boyle, Patrick AL 42nd Inf. Co.C
Boyle, Patrick AL Cp. of Instr. Talladega Co.B
Boyle, Patrick AR 24th Inf. Co.G
Boyle, Patrick GA 19th Inf. Co.B
Boyle, Patrick LA 5th Inf. Old Co.A
Boyle, Patrick LA 7th Inf. Co.D
Boyle, Patrick LA 25th Inf. Co.C
Boyle, Patrick MS 14th Inf. Co.G
Boyle, Patrick MS 24th Inf. Co.G,E
Boyle, Patrick MO Lt.Arty. Barret's Co.
Boyle, Patrick SC 1st (Butler's) Inf. Co.F
Boyle, Patrick TN 8th Inf. Co.C
Boyle, Patrick TN 10th Inf. Co.C
Boyle, Patrick TN 11th Inf. Co.E,G
Boyle, Patrick TN 15th Inf. Co.B
Boyle, Patrick TX 15th Cav. Co.H Sgt.
Boyle, Patrick VA 34th Inf. Co.D
Boyle, Patrick 9th Conf.Inf. Co.F Music.
Boyle, Patrick Conf.Reg.Inf. Brooks' Bn. Co.A Cpl.
Boyle, Patrick Brush Bn.
Boyle, Peter MD 1st Inf. Co.B 1st Sgt.
Boyle, Peter TN Arty. Bibb's Co. Cpl.
Boyle, Peter TN Arty. Bibb's Co.
Boyle, P.F. VA 2nd St.Res. Co.B Sgt.
Boyle, P.H. LA Inf. 7th Bn. Co.C
Boyle, Phelix GA Tiller's Co. (Echols Lt.Arty.)
Boyle, Pleasant W. LA 14th Inf. Co.A
Boyle, P.P. McD. AR 24th Inf. Co.H
Boyle, R.B. LA Inf. 7th Bn. Co.C
Boyle, Richard KY 6th Cav. Co.G
Boyle, Richard Morgan's,CSA Recruit
Boyle, Robert MS 44th Inf. Co.B
Boyle, Robert MO 8th Cav. Co.A
Boyle, Robert, Jr. MO Inf. 4th Regt.St.Guard Co.A
Boyle, Robert, Sr. MO Inf. 4th Regt.St.Guard Co.A
Boyle, Robert MO 6th Inf. Co.I
Boyle, Robert W. MS 1st Cav. Co.G
Boyle, Robert W. MS 20th Inf. Co.D Sgt.
Boyle, Roger T. LA 30th Inf. Co.C Capt.
Boyle, R.W. MS 15th (Cons.) Inf. Co.F 4th Sgt.
Boyle, Sandy VA 54th Mil. Co.E,F
Boyle, Sparten P. AR 4th Inf. Co.H
Boyle, T.E. MO Robertson's Regt.St.Guard Co.2
Boyle, Terrance NC 25th Inf. Co.E
Boyle, Terrence LA Mil. Irish Regt. Co.G
Boyle, Terrence LA Mil. Irish Regt. Laughlin's Co.
Boyle, Terrence TN 2nd (Walker's) Inf. Co.I
Boyle, Terrence 9th Conf.Inf. Co.F
Boyle, Terry SC 1st Arty. Co.G
Boyle, Thomas LA Arty. Hutton's Co. (Crescent Arty.,Co.A) 2nd Lt.
Boyle, Thomas LA 22nd Inf. Wash. Marks Co.
Boyle, Thos. TN Lt.Arty. McClung's Co.
Boyle, Thomas TN 2nd (Walker's) Inf. Co.H 1st Sgt.
Boyle, Thomas TN 84th Inf. Co.C
Boyle, Thomas Conf.Lt.Arty. 1st Reg.Btty.
Boyle, Thomas Inf. School of Pract. Powell's Detach. Co.B
Boyle, W.A. SC 4th Cav. Co.K
Boyle, W.A. SC 2nd Bn.S.S. Co.B 2nd Lt.
Boyle, W.A. SC 11th Inf. Co.C Bvt.2nd Lt.
Boyle, W.C. SC Palmetto S.S. Co.M
Boyle, W.F. TN Inf. 3rd Bn. Co.C 1st Sgt.
Boyle, W.H. VA 24th Inf. Co.A
Boyle, William AL 6th Inf.
Boyle, William AZ Cav. Herbert's Bn. Helm's Co., Oury's Co.
Boyle, William AR 1st (Monroe's) Cav. N.C.S. Hosp.Stew.
Boyle, William GA Arty. 11th Bn. (Sumter Arty.) Co.A
Boyle, William GA 20th Inf. Co.C
Boyle, William GA 56th Inf. Co.B
Boyle, William LA 14th Cav. Co.B
Boyle, William LA 1st Hvy.Arty. (Reg.) Co.I Sgt.
Boyle, William LA 15th Inf. Co.K
Boyle, William MS 28th Cav. Co.A
Boyle, William MS 3rd Inf. (St.Troops) Co.F
Boyle, William MO 11th Inf. Co.D
Boyle, William TX 1st Field Btty.
Boyle, William TX St.Troops Edgar's Co.
Boyle, William 1st Choctaw & Chickasaw Mtd.Rifles 1st Co.I
Boyle, William Inf. School of Pract. Co.C
Boyle, William B. VA Inf. 44th Bn. Co.E Cpl.
Boyle, William G. LA Herrick's Co. (Orleans Blues) Sgt.
Boyle, William J. MO 11th Inf. Co.H
Boyle, William Murkson NC 55th Inf. Co.F
Boyle, William P. VA Cav. 47th Bn. Co.B Sgt.
Boyle, William R. GA 66th Inf. Co.E Cpl.
Boyle, William T. VA 36th Inf. Co.F
Boyle, Woodson SC 3rd Bn.Res. Co.B
Boyle, W.P. MS 1st Cav. Co.D
Boyle, W.T. MS 6th Cav. Co.D
Boyler, J. SC 1st Regt. Charleston Guard Co.D
Boyles, Adam MO 10th Inf. Co.H
Boyles, Aleazar SC 7th Res. Co.H
Boyles, Alexander NC 11th (Bethel Regt.) Inf. Co.I
Boyles, Alexander NC 21st Inf. Co.F
Boyles, Alexander NC 21st Inf. Co.I
Boyles, Alexander NC 53rd Inf. Co.H
Boyles, Alexander M. NC 53rd Inf. Co.H Sgt.
Boyles, Augustin NC 21st Inf. Co.F
Boyles, Augustus H. NC 53rd Inf. Co.D,H
Boyles, Barney GA 20th Inf. Co.K
Boyles, Caleb VA 22nd Inf. Taylor's Co.
Boyles, Caleb VA 60th Inf. Co.E
Boyles, C.H. NC 21st Inf. Co.I
Boyles, Charles GA 56th Inf. Co.C
Boyles, Charles TX 10th Cav. Co.B
Boyles, Charles TX 37th Cav. Co.H Bugler
Boyles, Charles M. VA Cav. 35th Bn. Co.B
Boyles, Charles W. MS 20th Inf. Co.F
Boyles, C.S. SC 1st Arty. Co.F
Boyles, C.S. SC 2nd St.Troops Co.E
Boyles, C.W. MS 15th (Cons.) Inf. Co.G
Boyles, D. AR 7th Inf. Co.B
Boyles, Daniel MD 1st Inf. Co.G
Boyles, Daniel MD Inf. 2nd Bn. Co.G
Boyles, Daniel V. NC 45th Inf. Co.E
Boyles, David A. NC 13th Inf. Co.K Sgt.
Boyles, David H. AL 15th Bn.Part.Rangers Co.B Sgt.Maj.
Boyles, D.H. AL 56th Part.Rangers Sgt.Maj.
Boyles, D.H. AL Cav. Murphy's Bn. Co.B
Boyles, D.H. AL 57th Inf. Ens.
Boyles, Duff TX 5th Inf. Co.I
Boyles, E. SC 3rd Cav. Co.D
Boyles, E.F. AL Mil. 4th Vol. Co.C
Boyles, E.F. AL 19th Inf. Co.G
Boyles, Ellison GA 29th Inf. Co.A Cpl.
Boyles, E.T. MS 6th Inf. Co.K
Boyles, F.J. MS Lt.Arty. 14th Bn. Co.B
Boyles, Frank J. NC 11th (Bethel Regt.) Inf. Co.I
Boyles, Gabriel NC 21st Inf. Co.F
Boyles, Gabriel H. TX 19th Cav. Co.E Cpl.
Boyles, George MS 27th Inf. Co.H
Boyles, George B. KY 9th Mtd.Inf. Co.E
Boyles, George J. TX 36th Cav. Co.C
Boyles, George W. MS 2nd Cav. Co.K
Boyles, H. LA Siege Train Bn. Co.E
Boyles, Henry LA Lt.Arty. 2nd Field Btty.
Boyles, Henry SC 3rd Cav. Co.D
Boyles, Henry J. FL 4th Inf. Co.G
Boyles, Henry W. SC 3rd Cav. Co.E
Boyles, Irving E. NC 53rd Inf. Co.D
Boyles, Ivy W. VA 45th Inf. Co.C
Boyles, J. TN 9th Inf. Co.I 3rd Lt.
Boyles, James AL 11th Cav. Co.C
Boyles, James MS 27th Inf. Co.H
Boyles, James MO 10th Inf. Co.H
Boyles, James A. NC 37th Inf. Co.C
Boyles, James H. MS 1st Cav.Res. Co.B
Boyles, James H. NC 53rd Inf. Co.D
Boyles, James H. SC 3rd Cav. Co.E
Boyles, James M. AL 55th Vol. Co.G
Boyles, James M. NC 21st Inf. Co.G
Boyles, J.C. AL 4th Inf. Co.C
Boyles, J.C. NC 21st Inf. Co.D
Boyles, J.C. SC 8th Bn.Res. Co.C
Boyles, J.C.P. AL 31st Inf. Co.A
Boyles, Jefferson FL 9th Inf. Co.F
Boyles, Jesse AL Lt.Arty. Tarrant's Btty.
Boyles, J.H. NC 2nd Detailed Men Co.D 1st Lt.
Boyles, J.H. TN 30th Inf. Co.K
Boyles, J.J. KY 12th Cav. Co.A
Boyles, John MS 1st Cav.Res. Co.B
Boyles, John NC 11th (Bethel Regt.) Inf. Co.I
Boyles, John NC 21st Inf. Co.F
Boyles, John SC 3rd Cav. Co.C
Boyles, John TN 42nd Inf. 1st Co.H
Boyles, John A. TN 29th Inf. Co.F Sgt.
Boyles, John G. NC 21st Inf. Co.G
Boyles, John H. AL 55th Vol. Co.G
Boyles, John H. NC Inf. 2nd Bn. Co.A
Boyles, John H. VA Inf. 23rd Bn. Co.H
Boyles, John M. MS 27th Inf. Co.D ACS
Boyles, John M. Andersons Div. Capt.,ACS
Boyles, John W. AL Lt.Arty. Phelan's Co.
Boyles, John W. AR 33rd Inf. Co.K
Boyles, John W. NC 13th Inf. Co.K
Boyles, John W., Jr. NC 53rd Inf. Co.H Cpl.
Boyles, John W., Sr. NC 53rd Inf. Co.H

Boyles, John William NC 53rd Inf. Co.D
Boyles, Joseph NC 11th (Bethel Regt.) Inf. Co.I
Boyles, Joseph NC 48th Inf. Co.I
Boyles, Josiah NC 4th Sr.Res. Co.K
Boyles, J.R. SC 9th Inf. Co.E
Boyles, J.R. SC 12th Inf. Co.C 2nd Lt.
Boyles, J.S. NC 7th Sr.Res. Watts' Co.
Boyles, J.T. MS Inf. 3rd Bn. (St.Troops) Co.E
Boyles, J.W. AL 38th Inf. Co.D
Boyles, L.J. SC 17th Inf. Co.C
Boyles, Lucius C. FL 9th Inf. Co.B
Boyles, Marcus W. NC 1st Inf. Co.D
Boyles, Milton KY 1st (Butler's) Cav. Co.A
Boyles, M.Q. TX 15th Cav. Co.K
Boyles, Noah TX 2nd Cav. Co.B
Boyles, Noah TX Cav. Ragsdale's Bn. Co.B
Boyles, Noah TX 15th Field Btty.
Boyles, Patrick GA 3rd Inf. Co.I
Boyles, Patrick NC 1st Cav. (9th St.Troops) Co.G
Boyles, R. NC 4th Bn.Jr.Res. Co.C
Boyles, R. 3rd Conf.Inf. Co.C Sgt.
Boyles, Robert AR 3rd Inf. Co.C
Boyles, Robert AR 18th (Marmaduke's) Inf. Co.C
Boyles, Robert W. NC 21st Inf. Co.I
Boyles, R.R. NC 21st Inf. Co.I
Boyles, S. TN 19th & 20th (Cons.) Cav. Co.D
Boyles, Scott SC 11th Res. Co.L
Boyles, S.G. AL 56th Part.Rangers Co.B
Boyles, S.S. SC 5th St.Troops Co.G
Boyles, S.S. SC 7th Res. Co.H
Boyles, Sylvester MS 5th Inf. Co.B
Boyles, Theoren MO 10th Inf. Co.H
Boyles, Thomas AL 1st Bn.Cadets Co.B
Boyles, Thomas MS 27th Inf. Co.H
Boyles, Thos. B. AL 55th Inf. Co.E
Boyles, Thomas E. AR 5th Cav. Co.B
Boyles, Thomas H. VA 24th Inf. Co.A
Boyles, Thomas M. TX 29th Cav. Co.A
Boyles, T.J. AL 37th Inf. Co.I
Boyles, W. NC 2nd Conscr. Co.A
Boyles, W.A. MS 22nd Inf. Co.I
Boyles, W.C. MS 35th Inf. Co.E
Boyles, W.C. TX Cav. Hardeman's Regt. Co.H
Boyles, W.F. MS Lt.Arty. 14th Bn. Co.A
Boyles, W.F. MS Lt.Arty. Yates' Btty.
Boyles, W.H. TX 9th Cav. Co.B Jr.2nd Lt.
Boyles, William AL 15th Bn.Part.Rangers Maj.
Boyles, William AL 56th Part.Rangers Col.
Boyles, William AL Cav. Murphy's Bn. Co.B Capt.
Boyles, William MS 2nd Cav. Co.K
Boyles, William SC 3rd Cav. Co.D
Boyles, William SC 17th Inf. Co.C
Boyles, William TX 15th Cav. Co.K
Boyles, William B. TX Cav. 2nd Regt.St.Troops Co.D
Boyles, William H. FL Sp.Cav. 1st Bn. Watson's Co.
Boyles, William H. TX Cav. Madison's Regt. Co.D
Boyles, William R. GA Cav. Roswell Bn. Co.B
Boyles, William R. GA 43rd Inf. Co.K
Boyles, William R. NC 53rd Inf. Co.D
Boyles, William S. NC 11th (Bethel Regt.) Inf. Co.I
Boyles, William W. VA Inf. 23rd Bn. Co.H Sgt.
Boyles, W.L. AL Cp. of Instr. Talladega
Boyles, W.L. NC 5th Cav. (63rd St.Troops) Co.I
Boyles, W.P. MS 5th Inf. Co.B
Boyles, W.W. NC Inf. 2nd Bn. Co.A Cpl.
Boyleston, C.J. SC 2nd Arty. Co.A
Boyleston, G.W. SC 2nd Arty. Co.B Cpl.
Boyleston, P.J. SC 2nd Arty. Co.B
Boylin, William C. NC 26th Inf. Co.K
Boylon, W.G. LA 13th Inf. Co.B,D,I 1st Lt.
Boyls, Alexander TX Cav. Hardeman's Regt. Co.E
Boyls, G.B. TN Inf. 23rd Bn. Co.A
Boyls, George B. TN 55th (McKoin's) Inf. Co.H
Boylson, J.W. GA Inf. 1st Loc.Troops (Augusta) Co.D
Boylston, Elliot T. AL Inf. 1st Regt. Co.H
Boylston, George C. LA 9th Inf. Co.H Cpl.
Boylston, Hamilton McD. AL Inf. 1st Regt. Co.F
Boylston, Hamilton McD. AL 22nd Inf. Co.G Sgt.
Boylston, Hamilton McD. AL 39th Inf. Co.I Cpl.
Boylston, J.C. AL 5th Cav. 2nd Lt.
Boylston, J.R. LA 6th Cav. Co.H
Boylston, J.W. GA 2nd Inf. Co.B
Boylston, L.A. SC 5th Cav. Co.I
Boylston, R.B. SC 2nd Arty. Co.H
Boylston, R.B. SC 4th St.Troops Co.H
Boylston, R.B. Gen. & Staff 1st Lt.,E.O.
Boylston, Robert GA Inf. 1st Loc.Troops (Augusta) Co.H
Boylston, Roderick VA 55th Inf.
Boylston, S.C. Gen. & Staff 1st Lt.,AAAG
Boylston, S. Cordes SC 1st Arty. Co.B,F,D Adj.
Boylston, S.R. SC 5th Cav. Co.I Sgt.
Boylston, S.R. SC Cav. 14th Bn. Co.D
Boylston, W.C. LA 2nd Cav. Co.F Sgt.
Boylston, William A. LA 9th Inf. Co.C Sgt.
Boylston, W.W. LA 2nd Cav. Co.F
Boylton, William AL Lt.Arty. 2nd Bn. Co.E
Boyman, L.D. LA 4th Cav. Co.A Sgt.
Boyn, A.G. MS 1st (Patton's) Inf. Co.A
Boyn, W.F. AL 37th Inf. Co.C
Boyne, John LA 14th (Austin's) Bn.S.S. Co.A
Boyne, L.S. Inf. Bailey's Cons.Regt. Co.B
Boyne, Richard LA 6th Inf. Co.B
Boyne, Thomas AR 2nd Inf. Co.B Cpl.
Boyne, W.H. TX Inf. 1st St.Troops Stevenson's Co.F
Boyne, William LA 1st (Strawbridge's) Inf. Co.A
Boyneton, C.A. GA Cav. 1st Bn.Res.
Boynton, A. TX Kennards' Inf. Co.A
Boynton, A.J. GA Brooks' Co. (Terrell Lt.Arty.) Sgt.
Boynton, Amos C. GA 4th Inf. Co.A Cpl.
Boynton, Charles E. GA 3rd Cav. Co.E 1st Lt.
Boynton, Columbus A. GA 4th Inf. Co.E
Boynton, Daniel H. FL Cav. 5th Bn. Co.B
Boynton, Eliga W. GA Inf. 1st Conf.Bn. Co.D
Boynton, Elijah W. GA 30th Inf. Co.E
Boynton, E.S. GA 5th Inf. Co.B
Boynton, E.S. SC 17th Inf. Co.H Sgt.
Boynton, F.M. TX Granbury's Cons.Brig. Co.G
Boynton, Francis M. TX 17th Cav. Co.E Bugler
Boynton, Gaines M. Gen. & Staff Asst.Surg.
Boynton, G.M. TX Cav. 6th Bn. Surg.
Boynton, G.M. TX 11th Inf. Co.E
Boynton, G.S. TX 4th Inf. Co.I
Boynton, Henry B. AL 44th Inf. Co.A Sgt.
Boynton, Hollis A. GA 3rd Cav. Co.E Sgt.Maj.
Boynton, James B. SC 17th Inf. Co.H 1st Lt.
Boynton, James S. GA 30th Inf. Co.A Maj.
Boynton, J.B. SC 1st (Hagood's) Inf. 1st Co.I
Boynton, Jefferson L. GA 3rd Cav. Co.E
Boynton, Jefferson L. GA 2nd Inf. Co.K Sgt.
Boynton, John Q. GA 5th Inf. Co.B 2nd Lt.
Boynton, J.S. TX 3rd Cav. Co.A
Boynton, M. MS 39th Inf. Co.A
Boynton, M.A. TX 3rd Cav. Co.A
Boynton, M.B. SC 17th Inf. Co.H
Boynton, McW. TX 17th Cav. Co.E Sgt.
Boynton, Michael MS 39th Inf. Co.A
Boynton, M.M. SC 3rd Cav. Co.A 3rd Lt.
Boynton, Moses FL 11th Inf. Co.C
Boynton, Moses M. SC Cav.Bn. Hampton Legion Co.C
Boynton, Moses T. GA 30th Inf. Co.E
Boynton, Stephen SC 11th Res. Co.K
Boynton, Stephen D. SC Cav.Bn. Hampton Legion Co.C
Boynton, Thomas E. SC 3rd Cav. Co.A 1st Lt.
Boynton, William N. AL Inf. 1st Regt. Co.D
Boynton, William W. GA 2nd Inf. Co.K 2nd Lt.
Boynton, W.M. AL Arty. 1st Bn. Co.D
Boynton, W.R. SC 17th Inf. Co.H
Boynton, W.W. GA 63rd Inf. Co.E
Boyone, Stephen TX 36th Cav. Co.D
Boyrie, Jean Baptiste Sap. & Min. Gallimard's Co.,CSA Sgt.,1st Sap.
Boys, A.D. SC 17th Inf.
Boys, Ashby MO 5th Inf. Co.D
Boys, Edward VA 89th Mil. Co.H
Boys, Isaac VA 37th Inf. Co.C
Boys, J. TX 10th Field Btty.
Boys, Jerome MO 5th Inf. Co.D
Boys, L.E. AR 38th Inf. Co.E
Boys, Wm. MO 5th Inf. Co.D
Boyse, John B. TN 32nd Inf. Co.K
Boyse, William M. TN 32nd Inf. Co.K
Boyse, W.T. AR 11th Inf. Co.E Sgt.
Boyse, W.T. AR 11th & 17th Cons.Inf. Co.E,I Sgt.Maj.
Boysein, H.C. AL 19th Inf. Co.E Cpl.
Boyst, W.N. LA 3rd (Harrison's) Cav. Co.E
Boyston, Jerry MS St.Cav. 2nd Bn. (Harris') 2nd Co.C
Boyston, R. AR 58th Mil. Co.D
Boysworth, Jonathan NC 28th Inf. Co.K
Boysworth, Jonathan W. SC 7th Inf. 1st Co.C
Boysworth, Robert SC 19th Inf. Co.C
Boysworth, William MS Gage's Co. (Wigfall Guards)
Boyt, A. GA Cav. 2nd Bn. Co.C
Boyt, A. GA 32nd Inf. Co.K
Boyt, A. TN Inf. Nashville Bn. Felts' Co. Sgt.
Boyt, Abraham GA Cav. 1st Bn.Res. Co.C Cpl.
Boyt, Abram GA 12th (Robinson's) Cav. (St.Guards) Co.G Cpl.
Boyt, Benjamin GA 32nd Inf. Co.K
Boyt, Charles AL 53rd (Part.Rangers) Co.B
Boyt, C.W. MS Lt.Arty. 14th Bn. Co.A
Boyt, Ellis P. MS 2nd (Quinn's St.Troops) Inf. Co.B

Boyt, Francis M. GA Cav. 1st Bn.Res. Co.C Sgt.
Boyt, Francis M. GA 12th (Robinson's) Cav. (St.Guards) Co.G Sgt.
Boyt, G. AL 8th (Hatch's) Cav. Co.C
Boyt, G. AL 3rd Res. Co.C
Boyt, H. MS 4th Cav. Co.G
Boyt, Henry FL 2nd Inf. Co.E
Boyt, Henry MS Cav. Hughes' Bn. Co.F Cpl.
Boyt, Hugh MS 2nd (Quinn's St.Troops) Inf. Co.B
Boyt, Isaac D. NC 7th Inf. Co.C
Boyt, Isaac R. GA Arty. 11th Bn. (Sumter Arty.) Co.A
Boyt, James K. GA Lt.Arty. Scogin's Btty. (Griffin Lt.Arty.)
Boyt, J.D. GA Phillips' Legion Co.E
Boyt, Jesse NC 5th Inf. Co.E
Boyt, J.H. MS 38th Cav. Co.H
Boyt, J.L. GA 64th Inf. Co.D
Boyt, John J. AL Lt.Arty. Hurt's Btty.
Boyt, John L. NC 24th Inf. Co.F
Boyt, John M. GA Lt.Arty. Scogin's Btty. (Griffin Lt.Arty.)
Boyt, John T. FL 7th Inf. Co.H
Boyt, M. TN Inf. Nashville Bn. Felts' Co.
Boyt, R.J. AL 8th (Hatch's) Cav. Co.C
Boyt, Stephen GA 48th Inf. Co.H
Boyt, Thomas C. MS 7th Inf. Co.H Fifer
Boyt, Uriah GA 2nd Cav. Co.G
Boyt, Uriah B. GA Arty. 11th Bn. (Sumter Arty.) Co.A
Boyt, William FL 11th Inf. Co.E
Boyt, William E. FL Parsons' Co.
Boyt, W.R.W. NC 4th Sr.Res. Co.I
Boyte, Albert H. NC 48th Inf. Co.I Sgt.
Boyte, Elisha W. Conf.Cav. Wood's Regt. 2nd Co.G
Boyte, James M. AR Cav. Wright's Regt. Co.H
Boyte, Jehu TX 9th (Young's) Inf. Co.E Sgt.
Boyte, John B. MS 17th Inf. Co.I
Boyte, Joseph T.C. NC 26th Inf. Co.B
Boyte, Mac F. NC 26th Inf. Co.B
Boyte, Thomas AR Cav. Wright's Regt. Co.A
Boyter, Berry W. AL 20th Inf. Co.B
Boyter, John J. LA 12th Inf. Co.F
Boyter, Lemuel LA 3rd Inf. Co.B
Boytes, John M. MO 9th (Elliott's) Cav. Co.F
Boytes, Thomas B. MO 9th (Elliott's) Cav. Co.F Sgt.
Boyton, H.D.N. VA 4th Inf. Co.H
Boyton, J.T. GA 44th Inf. Co.G
Boytt, H. MS 33rd Inf. Co.H
Boytt, James H. FL 2nd Inf. Co.B Cpl.
Boytt, John GA 50th Inf. Co.K
Boytt, William TN 51st (Cons.) Inf. Co.D
Boytt, William H. VA 6th Inf. 2nd Co.E
Boytte, Solomon D. TN 50th Inf. Co.H
Bozag, Denna AL 22nd Inf. Co.H
Bozaman, David T. AL 13th Inf. Co.A
Bozant, John LA Washington Arty.Bn. Co.1
Bozant, John LA Inf.Crescent Regt. Co.E
Bozar, E.J. GA 6th Inf. (St.Guards) Co.A Sgt.
Bozard, A.D. SC 11th Res. Co.H
Bozard, C.F. SC 20th Inf. Co.B
Bozard, David T. SC 25th Inf. Co.G
Bozard, D.B. SC 20th Inf. Co.B
Bozard, F.R. SC 2nd Arty. Co.F
Bozard, Frederick R. SC 1st (Hagood's) Inf. 1st Co.A
Bozard, Jacob C. SC 1st (Hagood's) Inf. 1st Co.A
Bozard, Jacob C. SC 25th Inf. Co.G
Bozard, J.B. AL 4th Res. Co.C
Bozard, J.D. SC Cav. 14th Bn. Co.B Teamster
Bozard, J.E. SC 11th Res. Co.H
Bozard, J.E. SC 20th Inf. Co.B
Bozard, J.L. SC 11th Res. Co.H
Bozard, John D. SC 20th Inf. Co.B
Bozard, John S. SC 25th Inf. Co.G
Bozard, M. SC 11th Res. Co.H
Bozard, M.O. SC 2nd Arty. Co.F
Bozard, Stephen E. SC 25th Inf. Co.G
Bozard, W. SC 11th Res. Co.H
Bozard, William SC 2nd Arty. Co.F
Bozarge, D. AL 22nd Inf. Co.B
Bozark, Isaac MO 12th Inf. Co.A
Bozart, Joseph MO 4th Btty. Co.B
Bozarth, George MO 4th Inf. Co.A
Bozarth, H.C. KY 1st (Helm's) Cav. Old Co.G
Bozarth, H.C. KY Morgan's Men Co.D
Bozarth, James MO 9th (Elliott's) Cav. Co.I
Bozarth, James H. TN 16th Inf. Co.A
Bozarth, Jerome MO 10th Cav. Co.H
Bozarth, Joseph MO 1st N.E. Cav. Co.C
Bozarth, Joseph MO Cav. Poindexter's Regt.
Bozarth, Joseph TN 16th Inf. Co.A
Bozarth, Levi MO 4th Inf. Co.A
Bozarth, Luther F. MO Cav. Poindexter's Regt. Capt.
Bozarth, Phinas TN 16th Inf. Co.A
Boze, Alexander MO 2nd Regt.St.Guards Co.D
Boze, C. AL 3rd Inf. Co.G
Boze, Isaac MO 5th Inf. Co.F
Boze, James MO 4th Inf. Co.D
Boze, James McD. MO 15th Cav. Co.B
Boze, Jesse VA Lt.Arty. 38th Bn. Co.C
Boze, Jesse VA 74th Mil. Co.E
Boze, J.N. TN Cav. Napier's Bn. Co.B Cpl.
Boze, John TX 13th Cav. Co.D Sgt.
Boze, John P. Conscr.,CSA
Boze, R.P. VA Cav. 40th Bn. Co.B
Boze, Thomas VA Lt.Arty. Motley's Co.
Boze, T.R. TX 12th Cav. Co.G
Boze, Walter S. VA 74th Mil. Co.E
Boze, William TN 44th (Cons.) Inf. Co.C Sgt.
Boze, William TN 55th (McKoin's) Inf. Dillehay's Co. Sgt.
Boze, William C. TN 7th Inf. Co.B Cpl.
Boze, William T. VA 12th Inf. Co.K
Boze, W.J. AL 6th Inf. Co.A
Boze, W.P. VA Lt.Arty. Motley's Co.
Bozel, Charles S. VA 3rd Inf. Co.E
Bozel, J.W. FL 2nd Inf. Co.M
Bozel, Richard VA Lt.Arty. 38th Bn. Co.C
Bozell, George M. VA 12th Inf. Co.A
Bozell, J. MO Inf. Clark's Regt. Co.I
Bozell, Thomas C. VA 12th Inf. Co.A
Bozell, William A. VA 12th Inf. Co.C
Bozell, William M. VA 30th Inf. Co.A
Bozeman, A.C. MS 35th Inf. Co.I
Bozeman, Alexander G. NC 2nd Arty. (36th St.Troops) Co.K
Bozeman, B. Eng.,CSA
Bozeman, B.M. TX Cav. Terry's Regt. Co.G
Bozeman, B.T. GA Siege Arty. 28th Bn. Co.B
Bozeman, C.E. MS 41st Inf. Co.C
Bozeman, Charles NC 2nd Arty. (36th St.Troops) Co.K
Bozeman, Charley W. AL 37th Inf. Co.C,D
Bozeman, C.M., Jr. GA Cav. 22nd Bn. Co.F
Bozeman, Cornelius M., Jr. GA 10th Inf. Co.G Cpl.
Bozeman, Crawford W. TN Lt.Arty. Barry's Co.
Bozeman, D. MS 35th Inf. Co.E
Bozeman, Daniel AL 6th Inf. Co.F
Bozeman, Daniel F. AL 1st Regt.Conscr. Co.C
Bozeman, David AL Mil. 4th Vol. Gantt's Co.
Bozeman, David LA 27th Inf. Co.G
Bozeman, David B. AL 3rd Inf. Co.I
Bozeman, David B. AL 53rd (Part.Rangers) Co.K
Bozeman, David L. AL 44th Inf. Co.A Capt.
Bozeman, D.L. SC 24th Inf. Co.F Sgt.
Bozeman, D.T. SC 24th Inf. Co.F Sgt.
Bozeman, E. TX 14th Inf. Co.G
Bozeman, Elias B. LA 16th Inf. Co.C
Bozeman, Eli K. GA Arty. 11th Bn. (Sumter Arty.) Co.A 1st Lt.
Bozeman, E.W. GA 5th Res. Co.D
Bozeman, E.W. 2nd Conf.Eng.Troops Co.D
Bozeman, F.H. GA 5th Res. Co.G 1st Lt.
Bozeman, George W. GA 36th (Broyles') Inf. Co.E
Bozeman, G.W. SC 18th Inf. Co.I
Bozeman, H.B. GA Cav. 9th Bn. (St.Guards) Co.D
Bozeman, Henry M. GA 31st Inf. Co.F 1st Lt.
Bozeman, H.M. GA 63rd Inf. Co.E
Bozeman, Isaac NC 13th Inf. Co.G
Bozeman, James AL 2nd Cav. Co.K Sgt.
Bozeman, James AL 40th Inf. Co.I
Bozeman, James GA 3rd Inf. Co.B
Bozeman, James MS 2nd (Quinn's St.Troops) Inf. Co.A
Bozeman, James MS 22nd Inf. Co.A
Bozeman, James NC Arty. Haskin's Bn.
Bozeman, James NC 13th Inf. Co.G
Bozeman, James E. GA 55th Inf. Co.A
Bozeman, James F. AR 37th Inf. Co.H
Bozeman, James H. FL 1st Cav. Co.H
Bozeman, James M. MS 13th Inf. Co.K
Bozeman, James T. LA 9th Inf. Co.C
Bozeman, James W. GA Phillips' Legion Co.C,I
Bozeman, Jasper AL Inf. 2nd Regt. Co.C
Bozeman, Jasper AL 42nd Inf. Co.H
Bozeman, J.B. SC 5th Res. Co.B
Bozeman, J.C. AL Arty. 4th Bn. Hilliard's Legion Co.A
Bozeman, J.C. AL 59th Inf. Co.I
Bozeman, J.D. GA Cav. 19th Bn. Co.B
Bozeman, J.D. GA Inf. 1st Conf.Bn. Co.E Sgt.
Bozeman, J.D. LA Hvy.Arty. 2nd Bn. Co.D
Bozeman, J.E. AL Lt.Arty. 2nd Bn. Co.F
Bozeman, Jeff E. AL Mil. 4th Vol. Co.B
Bozeman, Jesse GA 3rd Res. Co.C
Bozeman, Jesse M. AL Rives' Supp.Force 9th Congr.Dist.
Bozeman, J.H. AL 2nd Cav. Co.K,G
Bozeman, J.H. AL 37th Inf. Co.C
Bozeman, John A. MS 22nd Inf. Co.A

Bozeman, John J. SC Inf. Hampton Legion Co.E Asst.Surg.
Bozeman, John J. Gen. & Staff Asst.Surg.
Bozeman, John L. AL 4th Res. Co.I
Bozeman, John R. GA 14th Inf. Co.E 3rd Lt.
Bozeman, John T. AL 2nd Cav. Co.K
Bozeman, John W. GA 3rd Inf. Co.B
Bozeman, John W. GA 6th Inf. Co.H
Bozeman, John W. GA 20th Inf. Co.I Cpl.
Bozeman, John William GA 10th Inf. Co.G 2nd Lt.
Bozeman, Josiah AL Arty. 4th Bn. Hilliard's Legion Co.A
Bozeman, J.Q. GA 1st Inf. (St.Guards) Co.E
Bozeman, J.R. GA 36th (Broyles') Inf. Co.E
Bozeman, J.T. AL 5th Inf. New Co.F
Bozeman, J.T. AL 14th Inf. Co.B
Bozeman, J.T. GA Inf. (GA Defenders) Chapman's Co. 2nd Lt.
Bozeman, L.E. LA Miles' Legion Co.F
Bozeman, Luke GA 1st Cav. Co.H
Bozeman, Luke GA 1st Inf. Co.H
Bozeman, Luke 1st Conf.Inf. 2nd Co.H
Bozeman, Luke C. GA 14th Inf. Co.G
Bozeman, M. GA Hvy.Arty. 22nd Bn. Co.E
Bozeman, M.A. MS 13th Inf. Co.H
Bozeman, Mathew FL 3rd Inf. Co.A,F
Bozeman, Meare J. MS 40th Inf. Co.E
Bozeman, M.G. MS 41st Inf. Co.C
Bozeman, Milton GA Cav. 22nd Bn. (St.Guards) Co.F
Bozeman, M.T. Sap. & Min. G.W. Maxson's Co.,CSA
Bozeman, Nathan Gen. & Staff Surg.
Bozeman, Nathan E. AL 37th Inf. Co.B
Bozeman, Peter SC 8th Inf. Co.F,M
Bozeman, Peter E. AL 1st Regt.Conscr. Co.G
Bozeman, R.B. LA 2nd Cav. Co.E
Bozeman, Richard GA Cav. 19th Bn. Co.B
Bozeman, Robert FL 10th Inf. Co.E
Bozeman, Robert J. GA Arty. 9th Bn. Co.C
Bozeman, S.A. GA 36th (Broyles') Inf. Co.E Cpl.
Bozeman, Samuel AL 14th Inf. Co.B
Bozeman, S. Newton GA 36th (Broyles') Inf. Co.E
Bozeman, Stephen MS 22nd Inf. Co.A
Bozeman, Theodore G. AL 37th Inf. Co.B Cpl.
Bozeman, Thomas J. AL 3rd Bn.Res. Co.B
Bozeman, Thos. J. AL 34th Inf. Co.B Cpl.
Bozeman, Thomas W. GA 2nd Bn.S.S. Co.B
Bozeman, Tolaver L. SC 16th Inf. Co.I
Bozeman, Toliver L. SC Inf. Hampton Legion Co.E Capt.
Bozeman, W.A. GA Cav. 9th Bn. (St.Guards) Co.D
Bozeman, Walter AL 17th Inf. Co.A
Bozeman, W.C. LA Hvy.Arty. 2nd Bn. Co.D
Bozeman, W.E. GA 1st Lt.Duty Men Co.A
Bozeman, W.H. GA Inf. 1st City Bn. (Columbus) Co.A Cpl.
Bozeman, William GA 20th Inf. Co.I
Bozeman, William TX 11th (Spaight's) Bn.Vol. Co.E
Bozeman, William TX 21st Inf. Co.B
Bozeman, William A. GA Arty. 9th Bn. Co.C
Bozeman, William E. AL 3rd Inf. Co.I Sgt.
Bozeman, William H. GA 31st Inf. Co.B
Bozeman, William R. AL Arty. 1st Bn. Co.F Cpl.
Bozeman, William W. GA 6th Inf. Co.I
Bozeman, W.M. MS Lt.Arty. Lomax's Co.
Bozemon, Thomas H. AL 3rd Bn.Res. Jackson's Co.
Bozemon, T.J. GA Cav. 1st Bn.Res. Tuft's Co. Cpl.
Bozemont, Louis LA C.S. Zouave Bn. Co.C Sgt.
Bozemore, J. 4th Conf.Inf. Co.H Cpl.
Bozemore, Joseph T. AL 34th Inf. Co.B Cpl.
Bozett, John M. AR Inf. Hardy's Regt. Co.A Sgt.
Bozette, Jesse AR 20th Inf. Co.E
Bozette, William AR 20th Inf. Co.E,H
Bozie, J.S. MO 9th Bn.S.S. Co.D
Bozier, Jacob SC 1st Bn.S.S. Co.B Sgt.
Bozier, Jacob SC 27th Inf. Co.F Cpl.
Boziman, S.J. MS Walsh's Co. (Muckalusha Guards)
Bozkin, D.W. NC Cav. 16th Bn. Music.
Bozman, Charles E. MS 1st (Patton's) Inf. Co.K
Bozman, David AL 6th Inf.
Bozman, Jacob VA 27th Inf. Co.D
Bozman, Jeff MS 35th Inf. Co.I
Bozman, J.H. AL 3rd Bn.Res. Co.C
Bozman, J.H. MS Cav. 1st Bn. (McNair's) St.Troops Co.D
Bozman, J.J. GA 1st Inf. Co.B
Bozman, John D. GA 29th Inf. Co.C
Bozman, M.T. 3rd Conf.Eng.Troops Co.F Artif.
Bozman, Peter H. MS 13th Inf. Co.E Capt.
Bozman, R. AL 7th Cav. Co.D 1st Sgt.
Bozoneer, Emilut LA Hvy.Arty. 8th Bn. Co.3
Bozonier, A. MO Lt.Arty. Barret's Co.
Bozonier, Antoine LA Lt.Arty. LeGardeur, Jr.'s Co. (Orleans Guard Btty.)
Bozonier, E.A. LA Inf.Crescent Regt. Co.B
Bozonier, E.A. LA Mil. Orleans Guards Regt.
Bozonier, Emile LA Lt.Arty. LeGardeur, Jr.'s Co. (Orleans Guard Btty.)
Bozonier, Emile LA 10th Inf. Co.H 1st Lt.
Bozonnier, --- LA Mil. 1st Chasseurs a pied Co.1
Bozorth, George MO 1st & 4th Cons.Inf. Co.B
Bozorth, James M. TN Inf. 1st Bn. (Colms') Co.A Sgt.
Bozorth, J.D. TN 16th Inf. Co.K
Bozorth, J.H. KY 1st (Butler's) Cav. Co.A Sgt.
Bozorth, Joseph MO 4th Inf. Co.A
Bozorth, Levi MO 1st & 4th Cons.Inf. Co.B
Bozwell, --- TN 34th Inf. Co.F
Bozwell, John F. VA 26th Inf. 2nd Co.B
Bozwell, T.H. MS 4th Mil.Cav. Co.B Jr.2nd Lt.
Bozzard, John AL 1st Regt. Mobile Vol. Co.6
Bozzard, Martin C. MO 1st Inf. 2nd Co.A
Bozzarge, Edward AL Lt.Arty. 2nd Bn. Co.E
Bozzarge, Eugene AL Lt.Arty. 2nd Bn. Co.E
Bozzarge, John AL Lt.Arty. 2nd Bn. Co.E
Bozzell, H.L. TX Cav. Wells' Regt. Co.E
Bozzell, William H. VA Cav. 35th Bn. Co.B
Bozzi, Angello LA 5th Inf. Co.A
Bozzle, Moses VA 58th Mil. Co.H
Bra, Emile TX 3rd Cav. Co.A
Braach, H.F. AL 13th Bn.Part.Rangers Co.C
Braach, W.T. AL 13th Bn.Part.Rangers Co.B
Braan, John MS 17th Inf. Co.C
Brabant, Julius MS 28th Cav. Co.E
Brabazon, J.M. Gen. & Staff AQM
Brabbin, George W. AR Inf. 4th Bn. Co.C 1st Sgt.
Brabbin, H.S. TN 16th Inf. Co.D
Brabbin, William J. TX 15th Inf. Co.B
Brabbitt, J.B. NC 4th Cav. (59th St.Troops) Co.G
Brabble, Edmund C. NC 12th Inf. Co.L Capt.
Brabble, Edmund C. NC 32nd Inf. Co.A Col.
Brabble, James J. NC 4th Cav. (59th St.Troops) Co.G
Brabble, John J. NC 3rd Arty. (40th St.Troops) Co.D 2nd Lt.
Brabble, John W. NC 4th Cav. (59th St.Troops) Co.G
Brabham, --- VA Sgt.
Brabham, A. SC 3rd Cav. Co.F
Brabham, A.H. SC 8th Bn.Res. Co.C 1st Sgt.
Brabham, Alfred SC 1st (Hagood's) Inf. 1st Co.I
Brabham, B. MS Cav. Part.Rangers Rhodes' Co.
Brabham, Benjamin SC 8th Bn.Res. Co.C
Brabham, B.J. SC 3rd Cav. Co.A
Brabham, B.J. SC 11th Inf. Bellinger's Co.
Brabham, C.F. SC 1st (Hagood's) Inf. 1st Co.I, 2nd Co.C 1st Sgt.
Brabham, George C. AL 53rd (Part.Rangers) Co.B
Brabham, H. SC 2nd St.Troops Co.D
Brabham, Henry SC 11th Res. Co.I
Brabham, Henry W. SC 3rd Cav. Co.E
Brabham, H.J. SC 1st (Hagood's) Inf. 1st Co.I, 2nd Co.C Sgt.
Brabham, H.M. AL Inf. 1st Regt. Co.G
Brabham, James SC Mil. 18th Regt. Co.F
Brabham, James G. AL Cav. 4th Bn. (Love's) Co.A
Brabham, J.J. SC 1st (Hagood's) Inf. 1st Co.I Capt.
Brabham, J.M. SC 3rd Cav. Co.D
Brabham, J.M. SC Cav. 19th Bn. Co.C 1st Lt.
Brabham, J.M. SC Part.Rangers Kirk's Co.
Brabham, J.M. SC 1st (Hagood's) Inf. 1st Co.I, 2nd Co.C
Brabham, J.M. SC 1st (McCreary's) Inf. Co.A
Brabham, J. Nathaniel SC 1st Arty. Co.G
Brabham, John F. SC 1st (Hagood's) Inf. 1st Co.I, 2nd Co.C Capt.
Brabham, John M. SC 2nd St.Troops Co.E Capt.
Brabham, M.J. SC 3rd Cav. Co.D,G
Brabham, N.M. SC 3rd Cav. Co.A Cpl.
Brabham, N.M. SC 11th Inf. Bellinger's Co.
Brabham, R.C. SC 11th Res. Co.L 1st Lt.
Brabham, R.C. SC 17th Inf. Co.G 2nd Lt.
Brabham, W. MS 2nd (Quinn's St.Troops) Inf. Co.C Cpl.
Brabham, W. SC 4th Cav. Co.D
Brabham, W.F. SC 3rd Cav. Co.A Cpl.
Brabham, W.F. SC 11th Inf. Bellinger's Co. Cpl.
Brabham, William MS 33rd Inf. Co.B Cpl.
Brabham, William VA 2nd Inf. Co.I
Brabham, Wilson MS 6th Inf. Co.B
Brabham, W.R. SC 1st (Hagood's) Inf. 1st Co.I, 2nd Co.C Cpl.

Braboy, William H. KY 4th Mtd.Inf. Co.G,I
Brabson, Alexander C. TN 3rd (Lillard's) Mtd.Inf. Co.A
Brabson, E. KY 1st Inf. Co.A
Brabson, Enoch KY 2nd Cav. Co.B
Brabson, James F. TN Conscr. (Cp. of Instr.)
Brabson, Samuel TN Cav. 12th Bn. (Day's) Co.C
Brabson, Samuel P. TN 61st Mtd.Inf. Co.A Sgt.
Brabson, Thomas TN 3rd (Lillard's) Mtd.Inf. Co.A
Brabson, Thomas TN 29th Inf. Co.I
Brabson, Thomas M. TN 19th Inf. Co.B Capt.
Brabson, W.T. TN 8th (Smith's) Cav. Co.L
Brabson, W.T. TN 39th Mtd.Inf. Co.A Sgt.
Brabston, W.C. TN 50th Inf. Co.D
Bracco, Edward MD 1st Cav. Co.A
Brace, George W. FL 4th Inf. Co.G
Brace, James TN 4th Cav.
Brace, James A. TX 8th Cav. Co.E
Brace, R.H. GA 66th Inf. Co.B
Brace, Rodney TX 16th Inf. Co.C
Brace, Theodore MO 3rd Regt.St.Guards Col.
Brace, T.J. SC Inf. 7th Bn. (Enfield Rifles) Co.D
Bracelin, Charles LA 20th Inf. Co.H
Braceo, Edwin VA 1st Cav. 2nd Co.K
Bracewell, Benjamin S. AL 39th Inf. Co.G Sgt.
Bracewell, D. GA 63rd Inf. Co.H
Bracewell, Henry H. GA 42nd Inf. Co.B
Bracewell, James L. MS Inf. 3rd Bn. Co.B
Bracewell, James P. FL 8th Inf. Co.B Ord.Sgt.
Bracewell, James W. GA 49th Inf. Co.G
Bracewell, Jesse A. GA 49th Inf. Co.G
Bracewell, John C. GA 49th Inf. Co.G
Bracewell, Joseph M. AL 22nd Inf. Co.G
Bracewell, Joseph M. AL 39th Inf. Co.G
Bracewell, Josephus FL 6th Inf. Co.A
Bracewell, J.P. FL 1st Inf. Old Co.G
Bracewell, J.P. Gen. & Staff Ord.Sgt.
Bracewell, J.R. GA 10th Cav. (St.Guards) Co.C
Bracewell, J.W. GA 43rd Inf. Co.G
Bracewell, N.B.W. GA Arty. (Macon Lt.Arty.) Slaten's Co.
Bracewell, Richard R. LA 28th (Gray's) Inf. Co.G
Bracewell, Richard W. MS 36th Inf. Co.G Sgt.
Bracewell, R.R. LA Bickham's Co. (Caddo Mil.)
Bracewell, Samuel MS Cav. 3rd Bn. (Ashcraft's) Co.A
Bracewell, Samuel T. GA 24th Inf. Co.F
Bracewell, Thomas AL 15th Inf. Co.E
Bracewell, Uriah AL 57th Inf. Co.I
Bracewell, Wiley K. GA 49th Inf. Co.G
Bracewell, William J. AL 57th Inf. Co.I
Bracewell, William S.A. GA 49th Inf. Co.G
Bracewell, W.R. GA Lt.Arty. (Jackson Arty.) Massenburg's Btty.
Bracey, Altamont H. VA 3rd Cav. Co.A
Bracey, Andrew J. VA 3rd Cav. Co.A
Bracey, Archibald NC 3rd Arty. (40th St.Troops) Co.E
Bracey, Augustus A. MS 12th Inf. Co.A QMSgt.
Bracey, E.L. GA 34th Inf. Co.K Cpl.
Bracey, George N. VA 12th Inf. Co.H
Bracey, Harrison MS 38th Cav. Co.I Sgt.
Bracey, Harrison TX 16th Inf. Co.F
Bracey, James NC 3rd Arty. (40th St.Troops) Co.E
Bracey, J.H. SC Inf. 7th Bn. (Enfield Rifles) Co.E 1st Sgt.
Bracey, J.H. SC Inf. Hampton Legion Co.G
Bracey, J.M. SC Inf. Hampton Legion Co.G
Bracey, J.R. VA 3rd Cav. Co.A
Bracey, J.S. AL Inf. 2nd Regt. Co.D
Bracey, R.M. SC Inf. 7th Bn. (Enfield Rifles) Co.E
Bracey, R.M. SC 23rd Inf. Co.K
Bracey, Robert GA 41st Inf. Co.I
Bracey, Robert TX 8th Cav. Co.F
Bracey, Sedley L. MS 12th Inf. Co.A Sgt.
Bracey, S.L. Gen. & Staff AQM
Bracey, Solomon VA 3rd Inf. 2nd Co.I
Bracey, Thomas H. VA 14th Inf. Co.E,G
Bracey, T.W. SC 1st Inf. Co.N Bvt.2nd Lt.
Bracey, T.W. SC Inf. Hampton Legion Co.G 1st Lt.
Bracey, V. VA 12th Cav. Co.A
Bracey, Virginius S. VA 14th Inf. Co.F
Bracey, V.S. VA 3rd Cav. Co.A
Bracey, W.B. 8th (Wade's) Conf.Cav. Co.E
Bracey, W.D.R. MS Cav. 4th Bn. Co.C
Bracey, William NC 1st Inf. Co.F
Bracey, William H. VA 14th Inf. Co.F
Bracey, William J. NC 3rd Arty. (40th St.Troops) Co.E
Bracey, W.J. VA 14th Inf. Co.F
Bracey, W.R. MS 41st Inf. Co.D Sgt.
Brach, John TX 1st Regt.St.Troops Co.C
Brach, Riley TX Waul's Legion Co.C
Bracheen, James M. TX 27th Cav. Co.L
Bracher, J. AR Cav. McGehee's Regt. Co.E
Bracher, Newman W. TN 54th Inf. Ives' Co.
Bracher, Samuel TN 35th Inf. Co.G
Bracher, William TN 54th Inf. Ives' Co.
Brachin, Albert AL 1st Inf. Co.G
Brachine, J.W. TN 3rd (Clack's) Inf. Co.K
Brachley, William NC 28th Inf. Co.I
Brachman, William W. VA 135th Mil. Co.D
Brachom, W. GA Cav. 15th Bn. (St.Guards) Allen's Co.
Bracht, F. TX 5th Cav. Surg.
Bracht, F. Selbey's Brig. Surg.
Bracini, D. VA 2nd St.Res. Co.K
Bracinridge, A.G. AR Cav. Davies' Bn. Co.E
Bracinridge, E.G. AR Cav. Davies' Bn. Co.E
Bracinridge, J.H. AR Cav. Davies' Bn. Co.E
Bracinridge, W.B. AR Cav. Davies' Bn. Co.E
Brack, A. GA Inf. 18th Bn. Co.A
Brack, Augustus GA 1st (Olmstead's) Inf. Screven's Co.
Brack, Augustus GA 50th Inf. Co.G Sgt.
Brack, Augustus L. GA 18th Inf. Co.D
Brack, Baker B. NC 30th Inf. Co.B
Brack, Benjamin F. GA 3rd Inf. Co.I
Brack, Benjamin H. GA Hvy.Arty. 22nd Bn. Co.C
Brack, B.F. AL 3rd Inf. Co.I
Brack, Burrel TX 13th Cav. Co.H
Brack, Charles D. TX 6th Cav. Co.A
Brack, D.W. MS 35th Inf. Co.F Cpl.
Brack, Edward 2nd Conf.Eng.Troops Co.D
Brack, Eli A. GA 59th Inf. Co.G
Brack, George W. NC 30th Inf. Co.B
Brack, Henderson F. TX 13th Cav. Co.H Ord.Sgt.
Brack, James GA 9th Inf. (St.Guards) Co.B
Brack, James M. TN 14th Inf. Co.F,E
Brack, James R. GA 3rd Inf. Co.I
Brack, James W. NC 4th Inf. Co.C
Brack, John LA 20th Inf. Co.B
Brack, John H. MS 35th Inf. Co.F
Brack, John H. Gen. & Staff Asst.Surg.
Brack, John W. GA 50th Inf. Co.G
Brack, Joseph MS 35th Inf. Co.F
Brack, L.C. 2nd Conf.Eng.Troops Co.D
Brack, Lewis C. MS 35th Inf. Co.F
Brack, Miles M. GA 3rd Inf. Co.F
Brack, Reaves NC 1st Inf. Co.B
Brack, Richard TX Cav. Giddings' Bn. White's Co.
Brack, Richard F. TX 12th Cav. Co.F
Brack, Robert F. NC 50th Inf. Co.K
Brack, Robert T. GA 64th Inf. Co.D Music.
Brack, S.C. MS 14th Inf. Co.C
Brack, Thomas GA Inf. 26th Bn. Co.C
Brack, Thomas H. TX 19th Cav. Co.G
Brack, Thomas J. TX 13th Cav. Co.H Capt.
Brack, W.B. MS 44th Inf. Co.A
Brack, Webster MS 16th Inf. Co.G
Brack, William A. GA Cav. 19th Bn. Co.B Cpl.
Brack, William B. MS 35th Inf. Co.F Capt.
Brack, William J. LA 27th Inf. Co.C
Brack, William S. GA 10th Inf. Co.K
Brackeen, A.H. TX Cav. Wells' Regt. Co.H
Brackeen, Eli J. TX 22nd Cav. Co.F
Brackeen, Ezeriah TX 22nd Cav. Co.F
Brackeen, George S. TN 3rd (Clack's) Inf. Co.A
Brackeen, J.A.J. TN 3rd (Forrest's) Cav. Co.C Cpl.
Brackeen, J.H. TX Cav. Wells' Regt. Co.H
Brackeen, John G. TN 3rd (Clack's) Inf. Co.A
Brackeen, Joseph TN 53rd Inf. Co.A
Brackeen, Josiah TN 53rd Inf. Co.A
Brackeen, Josiah W. GA 1st St.Line
Brackeen, J.W. AL 16th Inf. Co.C
Brackeen, L.L. TX 23rd Cav. Co.I
Brackeen, Nat. T. AL Cav. Roddey's Escort
Brackeen, Thomas H. TX Inf. Chambers' Bn.Res.Corps Co.D
Brackeen, William C. TN 53rd Inf. Co.A
Brackeen, William D. TX 22nd Cav. Co.F
Brackel, J.R. LA Mil. 4th Regt.Eur.Brig. Co.A
Bracken, --- AL Lt.Arty. Clanton's Btty.
Bracken, --- TX Cav. Good's Bn. Co.C
Bracken, A.H. TX 9th Cav. Co.H
Bracken, Albert MO 1st Inf. Co.G
Bracken, Albert MO 1st & 4th Cons.Inf. Co.G
Bracken, Benjamin AL 1st Inf. Co.I
Bracken, Benjamin TX 4th Cav. Co.I
Bracken, Charles L. MS 9th Inf. Old Co.B Cpl.
Bracken, Charles W. TX Cav. 6th Bn. Co.C
Bracken, E. TN 1st Cav.
Bracken, Elijah P. TX 14th Cav. Co.G
Bracken, Elvis TN Cav. 2nd Bn. (Biffle's) Co.F
Bracken, G.B. TX 25th Cav. Co.B
Bracken, H.P. LA 28th (Gray's) Inf. Co.A
Bracken, James AL 8th Inf. Co.E
Bracken, James AL 16th Inf. Co.I
Bracken, James AL 37th Inf. Co.C Cpl.
Bracken, James LA 15th Inf. Co.A Cpl.

Bracken, James LA 17th Inf. Co.F
Bracken, James TX 2nd Cav. Co.E
Bracken, James TX Cav. Waller's Regt. Goode's Co.
Bracken, James TX Inf. 2nd St.Troops Co.H
Bracken, James TX 13th Vol. 2nd Co.A
Bracken, James Central Div. KY Sap. & Min.,CSA
Bracken, James M. NC 62nd Inf. Co.K
Bracken, J.B. TX 5th Inf. Co.G
Bracken, John AL 1st Inf. Co.D
Bracken, John AL 27th Inf. Co.K
Bracken, John NC 62nd Inf. Co.K
Bracken, John SC 1st St.Troops Co.B
Bracken, John W. NC 42nd Inf. Co.F
Bracken, John W. TN Cav. 2nd Bn. (Biffle's) Co.F 1st Lt.
Bracken, Milton LA 7th Inf. Co.B
Bracken, P. GA 3rd Bn. (St.Guards) Co.A
Bracken, R. AL Cav. Barlow's Co.
Bracken, R. 15th Conf.Cav. Co.C
Bracken, Richard H. TN 4th (McLemore's) Cav. Co.F
Bracken, Robert AL 4th Inf. Co.E
Bracken, Robert LA 10th Inf. Co.B 1st Lt.
Bracken, Robert MO 1st & 4th Cons.Inf. Co.G
Bracken, Samuel FL 11th Inf. Co.C
Bracken, Samuel NC 64th Inf. Co.K
Bracken, Simeon FL Cav. 5th Bn. Co.E
Bracken, S.J. AL 11th Cav. Co.A Cpl.
Bracken, T.E. TX 5th Inf. Co.G
Bracken, T.G. MS 10th Cav. Co.H
Bracken, T.H. NC 5th Cav. (63rd St.Troops) Co.H
Bracken, Thomas C. MS 28th Cav. Co.D
Bracken, Thomas O. LA 2nd Cav. Co.I
Bracken, W.G. TX 25th Cav. Co.B
Bracken, William AL 4th Cav. Co.A
Bracken, William AR 7th Inf. Co.G
Bracken, William GA 34th Inf. Co.I
Bracken, William MO 5th Inf. Co.B
Bracken, William NC 62nd Inf. Co.K
Bracken, William TN 2nd Cav.
Bracken, William C. TN 15th Inf. Co.A
Bracken, William G. TX Cav. Ragsdale's Bn. Co.E Cpl.
Bracken, William H. NC 42nd Inf. Co.F
Bracken, William Y. TX 4th Cav. Co.I
Bracken, W.M. AL 6th Inf. Co.K
Brackenridge, David TN 19th (Biffle's) Cav. Co.F Black.
Brackenridge, James MO 7th Cav. Co.E
Brackenridge, James M. TX 33rd Cav. Co.K Capt.
Brackenridge, John AL 43rd Inf. Co.E
Brackenridge, John T. TX 33rd Cav. Co.K Maj.
Brackenridge, R.J. TX 33rd Cav. Co.K
Brackenridge, Robert J. TX Inf. 24th Bn. Co.B
Brackenridge, Robert W. AL 43rd Inf. Co.E
Brackenridge, Robert W. SC 24th Inf. Co.I
Brackenridge, R.W. SC 16th & 24th (Cons.) Inf. Co.G
Brackenridge, S.J. MS 5th Inf. (St.Troops) Co.I
Brackens, Adam NC 61st Inf. Co.I
Brackens, John NC 6th Cav. (65th St.Troops) Co.E
Brackens, John NC Cav. 7th Bn. Co.D,E
Brackens, John NC 58th Inf. Co.B
Brackens, John SC 3rd Res. Co.K
Brackens, Jonathan L. AL 35th Inf. Co.A
Brackens, Spencer H. NC 22nd Inf. Co.F
Bracker, A.M. MS Cav. Ham's Regt. Co.B
Bracker, F. LA Mil. 4th Regt.Eur.Brig. Co.D
Brackering, H. LA Mil. 4th Regt. 2nd Brig. 1st Div. Co.A
Bracket, --- NC 6th Inf. Co.E
Bracket, Adam GA 36th (Broyles') Inf. Co.I
Bracket, Benjamin NC 15th Inf. Co.C
Bracket, B.W. AR 11th & 17th Cons.Inf. Co.K
Bracket, B.W. GA Inf. 25th Bn. (Prov.Guard) Co.E 1st Sgt.
Bracket, David GA 23rd Inf. Co.B
Bracket, F.W. AR 38th Inf. Co.A
Bracket, J.H. NC 49th Inf. Co.B Cpl.
Bracket, John GA 11th Cav. Co.D
Bracket, John GA 4th Res. Co.K
Bracket, John GA 37th Inf. Co.A Cpl.
Bracket, John MO 6th Cav. Co.D
Bracket, John NC 49th Inf. Co.B
Bracket, John VA 122nd Mil. Co.C
Bracket, John F. GA 11th Inf. Co.D
Bracket, Joseph NC 49th Inf. Co.B Cpl.
Bracket, J.R. GA 36th (Broyles') Inf. Co.I
Bracket, Micajah GA Cav. 16th Bn. (St.Guards) Co.F
Bracket, Noah H. GA 6th Cav. Co.F
Bracket, R. NC 46th Inf. Co.C
Bracket, Robert NC 49th Inf. Co.B
Bracket, Thomas GA 23rd Inf. Co.B
Bracket, T.L. TN 6th (Wheeler's) Cav. Co.B
Bracket, William GA Inf. 4th Bn. (St.Guards) Co.G
Bracket, William NC Cav. 7th Bn. Co.A
Bracket, William NC 50th Inf. Co.I
Bracket, Zachariah NC 55th Inf. Co.F
Brackett, A.H. GA 6th Inf. Co.F
Brackett, Anson S. TN 2nd (Smith's) Cav.
Brackett, Anson S. TN 4th (McLemore's) Cav. Co.G
Brackett, Anson S. TN 7th Inf. Co.H Cpl.
Brackett, Bayless GA 39th Inf. Co.I
Brackett, Benjamin NC 18th Inf. Co.A
Brackett, B.W. AR 17th (Griffith's) Inf. Co.E
Brackett, B.W. NC 22nd Inf. Co.B
Brackett, Daniel GA 36th (Broyles') Inf. Co.I
Brackett, David GA Smith's Legion Anderson's Co.
Brackett, David M. MS 12th Inf. Co.G
Brackett, Edward SC Inf. Holcombe Legion Co.C
Brackett, Elijah NC 12th Inf. Co.G
Brackett, Elisha AL 13th Inf. Co.H
Brackett, G. KY Lt.Arty. Cobb's Co.
Brackett, George B. SC Lt.Arty. Beauregard's Co.
Brackett, George W. NC 49th Inf. Co.K
Brackett, Henry L. VA 15th Inf. Co.G
Brackett, Isaac TN Cav. 16th Bn. (Neal's) Co.B
Brackett, James M. MS 18th Inf. Co.D
Brackett, James W. GA 36th (Broyles') Inf.
Brackett, J.H. NC 15th Inf. Co.D Cpl.
Brackett, J.J. AL 8th (Hatch's) Cav. Co.E 5th Sgt.
Brackett, J.J. AL 5th Inf. New Co.I
Brackett, J.J. AL 48th Inf. Co.B
Brackett, John GA Inf. 3rd Bn. Co.B Cpl.
Brackett, John GA Inf. 4th Bn. (St.Guards) Co.C
Brackett, John NC 15th Inf. Co.D
Brackett, John TN 5th (McKenzie's) Cav. Co.B
Brackett, John TN Cav. 16th Bn. (Neal's) Co.B
Brackett, John D. NC 39th Inf. Co.D
Brackett, John W. VA 6th Cav. Co.A
Brackett, Joseph NC 15th Inf. Co.D Cpl.
Brackett, L.J. TN 13th Inf. Co.C
Brackett, M.J. AL 45th Inf. Co.I
Brackett, Morgan W. GA 6th Cav. Co.F
Brackett, Morgan W. GA Smith's Legion Anderson's Co.
Brackett, O.F. AR 1st Mtd.Rifles Co.G
Brackett, R. TN Lt.Arty. Rice's Btty.
Brackett, R.H. NC 32nd Inf. Co.H
Brackett, Richard T. VA Hvy.Arty. 10th Bn. Co.E
Brackett, Robert NC 1st Arty. (10th St.Troops) Co.C
Brackett, Robert NC 15th Inf. Co.C
Brackett, Robert N. VA 15th Inf. Co.G
Brackett, Rufus TN 5th (McKenzie's) Cav. Co.B
Brackett, Stephen AR 16th Inf. Co.K
Brackett, W.H. NC Cav. McRae's Bn. Co.E
Brackett, William GA 34th Inf. Co.G
Brackett, William NC 6th Cav. (65th St.Troops) Co.A,E
Brackett, William NC 1st Arty. (10th St.Troops) Co.C
Brackett, William TN Cav. 16th Bn. (Neal's) Co.B
Brackett, William D. NC 22nd Inf. Co.B
Brackett, William H. MO 1st Cav. Co.A
Brackett, William H. VA Hvy.Arty. 10th Bn. Co.E
Brackett, Williamson T. NC 55th Inf. Co.F
Brackey, Hanlon VA 20th Cav. Co.C
Brackien, Joe AL 9th Inf. Co.F
Brackin, Alfred LA 16th Inf. Co.I
Brackin, Barnard B. AR 3rd Inf. Co.E
Brackin, Cairel TN 30th Inf. Co.I
Brackin, Charles L. KY 2nd (Duke's) Cav. Co.F Cpl.
Brackin, E.J. AL 5th Cav. Co.C
Brackin, Henry M. MO Inf. 3rd Regt.St.Guard Co.C 1st Lt.
Brackin, J.A. TN 21st (Wilson's) Cav. Co.A 1st Sgt.
Brackin, James AL 3rd Bn. Hilliard's Legion Vol. Co.A
Brackin, James AL 60th Inf. Co.E
Brackin, James A. TX 10th Inf. Co.G
Brackin, John LA 16th Inf. Co.I
Brackin, John NC 5th Cav. (63rd St.Troops) Co.H
Brackin, John NC Cav. 5th Bn. Co.B
Brackin, Josiah AL 3rd Bn. Hilliard's Legion Vol. Co.A Sgt.
Brackin, Josiah AL 60th Inf. Co.E Sgt.
Brackin, L.B. AL 5th Cav. Co.C
Brackin, M. AL 6th Cav. Co.A
Brackin, M. AL 57th Inf. Co.I 1st Sgt.
Brackin, R.D. NC 4th Sr.Res. Co.A
Brackin, T. LA Inf. 1st Sp.Bn. (Rightor's) Co.A

Brackin, Thomas LA Arty. Green's Co. (LA Guard Btty.)
Brackin, Thomas NC 29th Inf. Co.G
Brackin, W.H. AL 38th Inf. Co.E
Brackin, W.H. AL 60th Inf. Co.E
Brackin, William AL 16th Inf. Co.I
Brackin, William TN 20th Cav.
Brackins, Samuel NC 5th Sr.Res. Co.B
Bracklin, William TX Cav. Baird's Regt. Co.A
Brackman, Archibald AL 44th Inf. Co.B
Brackman, Charles C. VA 27th Inf. Co.E
Brackman, D.M. VA 22nd Inf. Co.B
Brackman, E.M. MO 7th Cav. Co.E
Brackman, G.H. VA 14th Cav. Co.K
Brackman, G.H. VA 135th Mil. Co.D
Brackman, James W. VA 22nd Inf. Co.B
Brackman, Lewis VA 14th Cav. Co.E
Brackman, Michael VA 22nd Inf. Co.B
Brackman, T.B. VA 88th Mil.
Brackman, W.M. AL 5th Inf. Co.K Sgt.
Bracknel, Daniel GA 41st Inf. Co.H
Bracknell, A., Jr. AL 44th Inf. Co.B
Bracknell, Aquilla AL 44th Inf. Co.B
Bracknell, John SC 7th Inf. 1st Co.C, 2nd Co.C
Bracknell, William AL 44th Inf. Co.B
Bracknell, W.N. TX 1st Inf. Co.A
Brackrill, A.L. AL Cav. Roddey's Escort
Brackum, J.W. AL 9th (Malone's) Cav. Co.E
Brackville, George W. AR 4th Inf. Co.F
Brackweel, James H. TN 27th Inf. Co.I Sgt.
Bracmin, P. GA 47th Inf. Co.C
Bract, W.M. GA 18th Inf. Co.K
Bracwell, T.C. GA 12th Mil.
Bracy, A.W. VA 14th Inf. Co.E
Bracy, Charles H. NC 15th Inf. Co.A
Bracy, Edwin L. GA 41st Inf. Co.I Cpl.
Bracy, George VA 6th Inf. Ferguson's Co.
Bracy, G.W. MS 4th Inf. Co.C
Bracy, Hugh D. VA 14th Inf. Co.F,I
Bracy, James NC Hvy.Arty. 1st Bn. Co.A
Bracy, James R. AR 27th Inf. Co.H
Bracy, J.E. AL 38th Inf. Co.I
Bracy, John A. AL 38th Inf. Co.I
Bracy, John H. AL 38th Inf. Co.A,H
Bracy, John H. NC 1st Cav. (9th St.Troops) Co.B
Bracy, John R. VA 14th Inf. Co.F
Bracy, J.R. MO Cav. Coffee's Regt. Co.D
Bracy, J.S. AL 38th Inf. Co.I
Bracy, McFin TX Rangers Cav. Co.F
Bracy, Mills V. VA 16th Inf. Co.D
Bracy, M.W. VA 16th Inf. Co.D
Bracy, Othniel NC Hvy.Arty. 1st Bn. Co.A
Bracy, Robert GA 41st Inf. Co.I
Bracy, Robert Horse Arty. White's Btty.
Bracy, Samuel NC 8th Sr.Res. McLean's Co.
Bracy, S.L. Bradford's Corps Scouts & Guards Co.A
Bracy, Stephen VA 9th Inf. Co.E
Bracy, Thos. H. VA Inf. 44th Bn. Co.D
Bracy, W.A. MS 4th Cav. Co.F Cpl.
Bracy, W.A. MS Cav. Hughes' Bn. Co.E
Bracy, W.H. MO Cav. Coffee's Regt. Co.D
Bracy, William AR 1st Vol. Co.C
Bracy, William NC Hvy.Arty. 1st Bn. Co.A
Bracy, William VA 61st Inf. Co.F
Bracy, William F. VA 16th Inf. Co.B
Bracy, William H. AR 27th Inf. Co.H
Bradas, Julius KY 1st Inf. Co.H,A
Bradberrey, G. MS 2nd (Davidson's) Inf. Pott's Co.
Bradberry, --- AL 63rd Inf. Co.E
Bradberry, A.J. GA 42nd Inf. Co.G
Bradberry, Alexander GA 16th Inf. Co.E
Bradberry, Alf TX 21st Cav. Co.E
Bradberry, Alfred AR Mil. Desha Cty.Bn.
Bradberry, Anderson SC 2nd Rifles Co.D Sgt.
Bradberry, Andrew TX 21st Cav. Co.E
Bradberry, Anson TX 6th Cav. Co.F
Bradberry, Ben FL Campbellton Boys
Bradberry, B.F. FL 6th Inf. Co.E
Bradberry, C.C. GA 9th Inf. (St.Guards) Co.G
Bradberry, D.R. TX 30th Cav. Co.E
Bradberry, Edward GA 62nd Cav. Co.E
Bradberry, Francis E. GA 30th Inf. Co.E
Bradberry, G. VA Wade's Regt.Loc.Def. Co.A
Bradberry, George VA 36th Inf. Co.F
Bradberry, George W. AL 8th Inf. Co.A
Bradberry, Henry VA 54th Inf. Co.E
Bradberry, J. AR Mil. Desha Cty.Bn.
Bradberry, James AR 18th Inf. Co.C
Bradberry, James FL 11th Inf. Co.C
Bradberry, James GA 52nd Inf. Co.A
Bradberry, James MS 3rd Inf. (St.Troops) Co.I
Bradberry, James R. GA 10th Cav. (St.Guards) Co.A
Bradberry, James P. KY 7th Mtd.Inf. Co.B
Bradberry, James W. GA Carlton's Co. (Troup Cty.Arty.)
Bradberry, J.B. TN 50th Inf. Co.C
Bradberry, J.B. TN 51st (Cons.) Inf. Co.D
Bradberry, J.D. GA 16th Inf. Co.H
Bradberry, J.D. GA 55th Inf. Co.I
Bradberry, J.E. GA 3rd Inf. Co.L
Bradberry, J.H. AL 5th Inf. New Co.C
Bradberry, J.H. GA 7th Inf. Co.A
Bradberry, J.L. VA 57th Inf. Co.A
Bradberry, Joe MS Inf. 2nd Bn. Co.E
Bradberry, John AL 18th Inf. Co.D
Bradberry, John GA 16th Inf. Co.G,E
Bradberry, John TX 12th Cav. Co.I
Bradberry, John 8th (Wade's) Conf.Cav. Co.K
Bradberry, John J. NC 27th Inf. Co.K
Bradberry, John P. SC 1st (Orr's) Rifles Co.F
Bradberry, John W. GA 12th Inf. Co.C
Bradberry, Joseph MS 48th Inf. Co.E
Bradberry, Joseph E. GA 5th Inf. Co.E
Bradberry, Joseph J. TX 28th Cav. Co.K
Bradberry, Joseph L. VA 64th Mil. Davis' Co. 1st Sgt.
Bradberry, J.P. TN 20th (Russell's) Cav. Co.C Sgt.
Bradberry, J.R. GA 2nd Cav. Co.H
Bradberry, J.S. VA Cav. 32nd Bn. Co.B
Bradberry, Lewis J. GA Phillips' Legion Co.C
Bradberry, L.S. GA Lt.Arty. Ritter's Co.
Bradberry, L.Y. GA 4th Cav. (St.Guards) White's Co.
Bradberry, Marion F. GA 43rd Inf. Co.G
Bradberry, Nathan AL 29th Inf. Co.C
Bradberry, Nathaniel GA 13th Inf. Co.H
Bradberry, P. AR Mil. Desha Cty.Bn.
Bradberry, P.J. AR Inf. Hardy's Regt. Co.C
Bradberry, Q.A. MS 23rd Inf. Co.D
Bradberry, R. AR Mil. Desha Cty.Bn.
Bradberry, R.J. AL 46th Inf. Co.F
Bradberry, Stephen B. GA 16th Inf. Co.D
Bradberry, Thomas TX 21st Cav. Co.E
Bradberry, Thomas L. TN 18th Inf. Co.I
Bradberry, T.J. AL 15th Inf. Co.B
Bradberry, W.H. AL 34th Inf. Co.H
Bradberry, William AL 6th Cav. Co.F
Bradberry, William AL Conscr. Echols' Co.
Bradberry, William AR 20th Inf. Co.H
Bradberry, William GA 24th Inf. Co.F Cpl.
Bradberry, William GA Cobb's Legion Co.D
Bradberry, William MO Cav. Freeman's Regt. Co.I
Bradberry, William SC 1st (Orr's) Rifles Co.D
Bradberry, William H. GA 6th Inf. Co.G
Bradberry, William H. KY 7th Mtd.Inf. Co.B Sgt.
Bradberry, William J. GA Arty. 9th Bn. Co.D
Bradberry, William J. GA 4th Inf. Co.H
Bradberry, William L. VA Inf. 22nd Bn. Co.B
Bradberry, William W. AL 1st Regt.Conscr. Co.C
Bradberry, W.J. GA 55th Inf. Co.I
Bradberry, W.J. GA 59th Inf. Co.G Cpl.
Bradberry, W.J. MS 23rd Inf. Co.D
Bradberry, Wyley GA 1st (Fannin's) Res. Co.H
Bradbery, Charlton VA 54th Inf. Co.A
Bradbery, Ed. NC Cav. 16th Bn. Co.A
Bradbery, Edwin GA 8th Cav. Old Co.E
Bradbery, J.A. TX 30th Cav. Co.D
Bradbery, Jacob GA 43rd Inf. Co.H
Bradbery, James VA 54th Inf. Co.A
Bradbery, J.A.P. MS
Bradbery, L.F. AL 34th Inf. Co.C
Bradbery, L.S. MD Arty. 3rd Btty.
Bradbery, M.W. GA 11th Cav. Co.A
Bradbery, William MO 10th Inf. Co.C
Bradbery, William C. AR 2nd Cav.
Bradburn, A.B. TX Arty. Douglas' Co.
Bradburn, Barnabas AR 2nd Cav. Co.K,A
Bradburn, Barnabas AR 34th Inf. Co.K Music.
Bradburn, Buford A. NC 64th Inf. Co.C
Bradburn, David F. NC 64th Inf. Co.C
Bradburn, F.E. VA 23rd Cav. Co.D
Bradburn, Isaac MO 1st N.E. Cav. Co.H
Bradburn, Isaac MO 9th Bn.S.S. Co.D
Bradburn, Isaac N. NC 32nd Inf. Co.D,E Sgt.
Bradburn, James M. NC 12th Inf. Co.A
Bradburn, James M. NC 32nd Inf. Co.E,F
Bradburn, J.B. NC 32nd Inf. Co.E
Bradburn, John AR 8th Cav. Peoples' Co.
Bradburn, John AR Mil. Desha Cty.Bn.
Bradburn, M.S. AR 16th Inf. Co.I 2nd Lt.
Bradburn, Munroe J. NC 12th Inf. Co.A
Bradburn, Thomas N. NC 64th Inf. Co.C
Bradburn, Thomas W. NC 12th Inf. Co.A 2nd Lt.
Bradburn, W. AR Mil. Desha Cty.Bn. Capt.
Bradburn, W.A. VA 23rd Cav. Co.D,B
Bradburn, W.H. VA Lt.Arty. Woolfolk's Co.
Bradburry, B. MS 1st Cav.Res. Co.C
Bradburry, Isaac W. MS 2nd Part.Rangers Co.A
Bradburry, James LA 31st Inf. Co.A
Bradburry, J.J. NC 4th Inf. Co.D 2nd Lt.
Bradburry, William P. TN Lt.Arty. McClung's Co.

Bradbury, --- TN Lt.Arty. Morton's Co.
Bradbury, Aaron G. GA 7th Inf. Co.E
Bradbury, A.J. MS 35th Inf. Co.F
Bradbury, B. AL 4th Res. Co.G
Bradbury, C.G. TX Cav. 1st Bn.St.Troops Co.B
Bradbury, C.G. TX Cav. Terry's Regt. Co.A
Bradbury, Creed VA 24th Inf. Co.K
Bradbury, C.W. LA Mil.Conf.Guards Regt. Co.K
Bradbury, D. TX Arty. 4th Bn. Co.A Artif.
Bradbury, Edward VA 31st Inf. Co.I 1st Lt.
Bradbury, Edwin NC Mil. Clark's Sp.Bn. A.R. Davis' Co.
Bradbury, Francis L. MO 4th Cav.
Bradbury, George VA 54th Inf. Co.A
Bradbury, Guard VA 54th Inf. Co.E
Bradbury, Harrison TN 1st (Turney's) Inf. Co.C
Bradbury, H.C. TX 8th Cav. Co.B
Bradbury, Henry VA Inf. 54th Regt. Co.E
Bradbury, H.G. TX 20th Cav. Co.A
Bradbury, H.G. TX 2nd Inf. Co.F
Bradbury, H.L. AR Lt.Arty. Marshall's Btty.
Bradbury, Isaac V. GA 3rd Inf. Co.L
Bradbury, I.W. MS 7th Cav. Co.A
Bradbury, J. TN 21st & 22nd (Cons.) Cav. Co.A
Bradbury, J.A. LA Mil. 2nd Regt. 3rd Brig. 1st Div. Surg.
Bradbury, J.A. Duncan's Staff Surg.
Bradbury, James KY 1st (Butler's) Cav. New Co.H
Bradbury, James TX 3rd (Kirby's) Bn.Vol. Co.A
Bradbury, James C. AL 46th Inf. Co.F
Bradbury, J.B. TN 51st Inf. Co.H
Bradbury, J.C. GA Cav. Dorough's Bn.
Bradbury, J.E. GA Lt.Arty. (Arsenal Btty.) Hudson's Co.
Bradbury, J.M. TX 9th (Young's) Inf. Co.K
Bradbury, J.M. TX Waul's Legion Co.B
Bradbury, John GA 3rd Inf. Co.L,G
Bradbury, John GA 30th Inf. Co.G
Bradbury, John GA 47th Inf.
Bradbury, John SC 1st (Butler's) Inf. Co.I Cpl.
Bradbury, John VA 54th Inf. Co.E
Bradbury, John H. GA 2nd Bn.S.S. Co.D Sgt.
Bradbury, John J. NC Inf. 13th Bn. Co.D Capt.
Bradbury, Joseph H. GA 53rd Inf. Co.C
Bradbury, Joseph H. VA 24th Inf. Co.H
Bradbury, Joseph M. GA Carlton's Co. (Troup Cty.Arty.)
Bradbury, Joshua GA 16th Inf. Co.I
Bradbury, J.P. TN 12th Inf. Co.C
Bradbury, J.R. GA 10th Cav. Cpl.
Bradbury, J.R. GA Cav. 20th Bn. Co.E Cpl.
Bradbury, J.R. KY 3rd Mtd.Inf. Co.L
Bradbury, J.W. AL 17th Inf. Co.H
Bradbury, J.W. VA Inf. 25th Bn. Co.E
Bradbury, J.W. 2nd Conf.Eng.Troops Co.C Artif.
Bradbury, L.G. MS 18th Cav. Co.C
Bradbury, L.G. MS 8th Inf. Co.C
Bradbury, Marshall A. TN 1st (Turney's) Inf. Co.C
Bradbury, N. SC 1st (Hagood's) Inf. Co.B
Bradbury, Patterson W. GA 3rd Inf. Co.L
Bradbury, P.W. LA 7th Inf. Co.I
Bradbury, R.V. GA 3rd Inf. Co.M
Bradbury, S.H. GA 3rd Bn. (St.Guards) Co.B
Bradbury, Thomas AL 2nd Bn. Hilliard's Legion Vol. Co.B
Bradbury, T.L. TN 45th Inf. Co.G
Bradbury, W. MS 12th Inf. Co.K
Bradbury, W.H. KY 7th Cav. Co.B Cpl.
Bradbury, Wiley GA 41st Inf. Co.A
Bradbury, William MS 20th Inf. Co.H
Bradbury, William SC 1st St.Troops Co.A
Bradbury, William L. AL 37th Inf. Co.I
Bradbury, William M. VA 24th Inf. Co.H
Bradbury, William S. GA Floyd Legion (St.Guards) Co.A
Bradbury, William W. GA 7th Inf. Co.E Capt.
Bradbury, W.T. AR 1st Inf.
Braddas, J.C. VA 24th Bn.Part.Rangers Co.A
Bradders, G.W. AL Coosa Guards J.W. Suttles' Co.
Braddley, J.B. GA 12th Cav. Co.C
Braddock, A.A. SC 4th Bn.Res. Co.E
Braddock, Adam MS Inf. 2nd St.Troops Co.I
Braddock, Charles S. MD Inf. 2nd Bn. Co.A
Braddock, Edwin M. MS 2nd Cav. Co.F
Braddock, Elbert M. MS 32nd Inf. Co.E
Braddock, Enoch MS 40th Inf. Co.A
Braddock, Frank SC 21st Inf. Co.D
Braddock, George W. MS 32nd Inf. Co.E
Braddock, G.W. SC 21st Inf. Co.D
Braddock, Hamilton FL 1st (Res.) Inf. Co.G
Braddock, H.E. FL 2nd Cav. Co.H
Braddock, Henry E. FL 1st Cav. Co.B
Braddock, Henry T. LA 15th Inf. Co.G
Braddock, Hutto L. FL 1st Cav. Co.B
Braddock, James A. FL 1st Cav. Co.B
Braddock, James T. MS 23rd Inf. Co.G
Braddock, James T. MS 32nd Inf. Co.E
Braddock, J.C. FL 1st (Res.) Inf. Co.G
Braddock, J.F. GA 37th Inf. Co.E
Braddock, J.F. SC 13th Inf. Co.A
Braddock, J.L. KY 10th (Johnson's) Cav. New Co.F
Braddock, J.M. TX 9th (Nichols') Inf. Co.A
Braddock, Joel D. TX 35th (Brown's) Cav. Co.H
Braddock, Joel D. TX 13th Vol. 2nd Co.F, 1st Co.H
Braddock, John FL 2nd Cav. Co.B Cpl.
Braddock, John SC 21st Inf. Co.D
Braddock, John F. MS 32nd Inf. Co.E
Braddock, John G.H. GA 22nd Inf. Co.B
Braddock, John S. FL 1st Cav. Co.B Cpl.
Braddock, Joseph FL 1st Cav. Co.B
Braddock, Joseph FL 2nd Cav. Co.B
Braddock, Joseph SC 21st Inf. Co.D
Braddock, J.S. MS 10th Inf. New Co.K
Braddock, Lee J. KY 10th Cav. Co.G,E
Braddock, O.F. FL 10th Inf. Co.I 2nd Lt.
Braddock, Oscar F. FL Inf. 2nd Bn. Co.A 2nd Lt.
Braddock, Perry G. MS 2nd Inf. Co.B Sgt.
Braddock, Ralph SC 8th Inf. Co.C
Braddock, Ralph SC 21st Inf. Co.D
Braddock, Spicer C. FL Inf. 2nd Bn. Co.A
Braddock, S.S. MS Inf. 2nd St.Troops Co.I
Braddock, Stephen MS 32nd Inf. Co.E
Braddock, Stephen B. MS 2nd Inf. Co.B
Braddock, Thomas SC 21st Inf. Co.D
Braddock, Thomas W. MS 8th Inf. Co.G
Braddock, Thomas W. MS 32nd Inf. Co.E Cpl.
Braddock, T.W. MS 1st Cav.Res. Co.A
Braddock, W. Ellerbe SC 21st Inf. Co.D
Braddock, W.H.H. VA Cav. 35th Bn. Co.B
Braddock, Wiley G. GA 48th Inf. Co.A
Braddock, William FL 2nd Cav. Co.B
Braddock, William A. GA 61st Inf. Co.I
Braddock, William A. KY 2nd Mtd.Inf. Co.C Capt.
Braddock, William G. FL 8th Inf. Co.I Sgt.
Braddock, William H. VA 11th Cav. Co.A
Braddock, William H. VA Cav. 41st Bn. Co.B
Braddock, William H. VA 7th Inf. Co.H
Braddock, William J. MS 20th Inf. Co.I
Braddock, William S. FL 1st Cav. Co.B
Braddock, Wilson FL 3rd Inf. Co.F Sgt.
Braddock, W.L. MS Inf. 2nd St.Troops Co.I Cpl.
Braddock, W.R. MS 44th Inf. Co.H
Braddy, Amariah NC 3rd Arty. (40th St.Troops) Co.I
Braddy, B. FL 1st (Res.) Inf. Co.L
Braddy, Benjamin MO Inf. 1st Bn. Co.A
Braddy, Benjamin F. NC 17th Inf. (1st Org.) Co.K
Braddy, Benjamin H. NC 24th Inf. Co.E
Braddy, B.F. GA 32nd Inf. Co.B
Braddy, Charles VA Inf. 1st Bn.
Braddy, Daniel NC 2nd Arty. (36th St.Troops) Co.B
Braddy, Daniel F. GA 12th Inf. Co.D
Braddy, Daniel R. GA Lt.Arty. 12th Bn. 3rd Co.E
Braddy, Denil SC 1st (Hagood's) Inf. 1st Co.D
Braddy, Derril SC 25th Inf. Co.F
Braddy, E. GA Inf. 1st Conf.Bn. Co.F Sgt.
Braddy, Ebenezer GA 25th Inf. Co.D Sgt.
Braddy, Edward SC 25th Inf. Co.F
Braddy, G. MS 46th Inf. Co.B
Braddy, H. SC Lt.Arty. 3rd (Palmetto) Bn. Co.K
Braddy, Hilery GA 4th Bn.S.S. Co.A
Braddy, Howell G. GA 12th Inf. Co.H
Braddy, J. AL 37th Inf. Co.H
Braddy, J. NC Mallett's Co.
Braddy, James NC 28th Inf. Co.H
Braddy, James SC Lt.Arty. 3rd (Palmetto) Bn. Co.K
Braddy, James A. AL Cav. 5th Bn. Hilliard's Legion Co.C
Braddy, James A. AL Inf. 1st Regt. Co.D
Braddy, James A. 10th Conf.Cav. Co.C Cpl.
Braddy, James J. AL 18th Inf. Co.K
Braddy, J.E. MS 5th Cav. Co.K Sgt.
Braddy, J.E. SC Inf. 7th Bn. (Enfield Rifles) Co.H Cpl.
Braddy, Jesse NC 2nd Jr.Res. Co.I
Braddy, J.M. GA 2nd Inf. Co.I Cpl.
Braddy, John MS 46th Inf. Co.B
Braddy, John A. NC 2nd Cav. (19th St.Troops) Co.D
Braddy, John B. SC 1st Arty. Co.C Cpl.
Braddy, John H. AL Cav. 5th Bn. Hilliard's Legion Co.C
Braddy, John H. 10th Conf.Cav. Co.C
Braddy, John W. GA 48th Inf. Co.A Sgt.
Braddy, Jordan B. GA 14th Inf. Co.F
Braddy, Joseph GA 38th Inf. Co.C
Braddy, Joseph GA 48th Inf. Co.A

Braddy, Joseph NC 55th Inf. Co.E
Braddy, Josephus NC 15th Inf. Co.F
Braddy, Joshua GA 25th Inf. Co.D
Braddy, J.W. MS 6th Inf. Co.C
Braddy, Kinchen J. NC 2nd Arty. (36th St.Troops) Co.C Capt.
Braddy, Kinchen J. NC 1st Inf. (6 mo. '61) Co.F
Braddy, L.C. SC 1st (Orr's) Rifles Co.D
Braddy, Nathan GA 48th Inf. Co.A Cpl.
Braddy, Nathan NC 56th Inf. Co.B
Braddy, Nathan M. NC 5th Inf. Co.A
Braddy, O.B. GA 1st (Symons') Res. Co.E
Braddy, P. MS Cav. Yerger's Regt. Co.B
Braddy, R. LA Miles' Legion Co.E
Braddy, Reuben A. NC 8th Inf. Co.C
Braddy, Robert B. SC 1st (Orr's) Rifles Co.H Capt.
Braddy, Samuel H. NC 24th Inf. Co.E
Braddy, S.D. NC 2nd Arty. Co.B
Braddy, T.B. SC 3rd St.Troops Co.B
Braddy, Thomas D. SC 1st (Orr's) Rifles Co.D
Braddy, W.A. GA 32nd Inf. Co.B
Braddy, W.G. GA Cav. 7th Bn. (St.Guards) Co.G 2nd Lt.
Braddy, W.G. GA 59th Inf. Co.K
Braddy, William B. NC 61st Inf. Co.B Music.
Braddy, William J. NC 8th Sr.Res. Daniel's Co.
Braddy, William W. AL Inf. 1st Regt. Co.D
Braddy, W.R. GA 25th Inf. Co.D
Braddy, W.W. SC Cav. Tucker's Co.
Braddy, W.W. SC 11th Res. Co.H
Bradeley, P.R. GA 6th Cav. Co.E
Bradely, J.A. GA Arty. Lumpkin's Co.
Bradely, J.C. GA Arty. Lumpkin's Co.
Bradely, J.C. KY 1st (Butler's) Cav.
Braden, A. TX 3rd Inf. 2nd Co.A Cpl.
Braden, Adam TX 6th Inf. Co.K
Braden, A.J. AR 19th (Dawson's) Inf. Co.K Cpl.
Braden, A.J. AR Inf. Hardy's Regt. Co.K Ord.Sgt.
Braden, Alfred AL 42nd Inf. Co.G
Braden, Andreas TX 17th Inf. Co.H Cpl.
Braden, Andrew J. LA 12th Inf. Co.K,G Capt.
Braden, Charles TN 11th (Holman's) Cav. Co.I
Braden, Charley TN Douglass' Bn.Part.Rangers Perkins' Co.
Braden, Christopher C. LA 19th Inf. Co.A 2nd Lt.
Braden, D. MS 11th (Cons.) Cav. Co.H
Braden, Edward TX 6th Inf. Co.K 2nd Lt.
Braden, F.M. KY 2nd (Duke's) Cav. Co.F
Braden, F.M. LA 19th Inf. Co.A
Braden, F.M. TN 4th Inf. Co.G Sgt.
Braden, F.M. TX 5th Inf. Co.C
Braden, G.A. TX 33rd Cav. Co.B Sgt.
Braden, Gabriel V. VA 6th Cav. Co.K
Braden, George W. MS 9th Inf. Old Co.B, New Co.D Capt.
Braden, George W. TN 14th Inf. Co.C
Braden, G.H. GA Inf. 8th Bn. Co.A
Braden, Green MO 12th Cav. Co.E Cpl.
Braden, G.V. VA Cav. Mosby's Regt. (Part. Rangers) Co.D
Braden, H. TN 51st (Cons.) Inf. Co.K
Braden, H.A. AL 27th Inf. Co.A
Braden, H.B. FL Kilcrease Lt.Arty.
Braden, Henry TN 2nd (Ashby's) Cav. Co.H
Braden, I.P. TN 6th (Wheeler's) Cav. Co.H
Braden, Isaac MO 5th Cav. Co.A,H
Braden, Isaac MO 1st Inf. Co.H
Braden, Isum MO 7th Cav. Co.D,B
Braden, J. VA 3rd Inf.
Braden, James VA 58th Mil. Co.A
Braden, James A. AL 33rd Inf. Co.H
Braden, James B. MS 31st Inf. Co.G
Braden, James M. MS 9th Inf. New Co.I
Braden, James P. TN 14th Inf. Co.H Cpl.
Braden, James W. TN 32nd Inf. Co.I Cpl.
Braden, James W. TN 35th Inf. 2nd Co.F
Braden, James W. 1st Conf.Cav. 2nd Co.E
Braden, J.B. MS 2nd St.Cav. Co.E
Braden, J.C. TN Cav. Nixon's Regt. Co.K
Braden, J.D. LA 6th Cav. Co.C
Braden, J.F. AR 12th Inf. Co.G Cpl.
Braden, J.F. MS St.Troops (Herndon Rangers) Montgomery's Ind.Co.
Braden, J.H. MS 2nd Cav. Co.H
Braden, J.H. MS 46th Inf. Co.E
Braden, John TX 19th Cav. Co.C
Braden, John F. AR 1st (Dobbin's) Cav. Swan's Co.
Braden, John H. LA 9th Inf. Co.D
Braden, John W. TN 3rd (Clack's) Inf. Co.B
Braden, John W., Jr. TN 4th Inf.
Braden, Joseph TN 3rd (Clack's) Inf. Co.D
Braden, J.V. MS Lt.Arty. (Jefferson Arty.) Darden's Co.
Braden, J.W. TN 11th (Holman's) Cav. Co.E
Braden, J.W. TN 14th (Neely's) Cav. Co.I
Braden, J.W. TX 11th Cav. Co.F
Braden, Martin TX 6th Inf. Co.K Cpl.
Braden, M.F. LA 3rd (Harrison's) Cav. Co.C
Braden, M.L. GA Lt.Arty. 12th Bn. 3rd Co.C Jr.1st Lt.
Braden, M.V. MO 7th Cav. Co.I
Braden, Nanan MS Cav. Ham's Regt. Co.E
Braden, N.E. AL 51st (Part.Rangers) Co.E
Braden, Oscar S. VA 6th Cav. Co.K Capt.
Braden, Perry MS 1st (Johnston's) Inf. Co.B
Braden, Perry C. TN 32nd Inf. Co.I
Braden, P.H. AR 19th (Dawson's) Inf. Co.K
Braden, R. Morgan's,CSA Recruit
Braden, R.E. TN 17th Inf. Co.F
Braden, Reuben TN 9th Inf. Co.K
Braden, Richard AL 30th Inf. Co.C
Braden, R.M. GA 16th Inf. Co.I Sgt.
Braden, Robert FL 9th Inf. Co.E
Braden, Robert TX 1st Regt.St.Troops Co.B
Braden, R.S. AL 22nd Inf. Co.F
Braden, R.W. TN 7th (Duckworth's) Cav. Co.M
Braden, S. AL 18th Inf. Co.C
Braden, Samuel MS 12th Inf. Co.B
Braden, S.L. Conf.Cav. Wood's Regt. 2nd Co.A
Braden, Stephen TN 34th Inf. Co.A
Braden, T.C. AR Inf. Hardy's Regt. Co.K
Braden, Thomas FL 3rd Inf. Co.E
Braden, T.M. AR 19th (Dawson's) Inf. Co.K
Braden, T.M. TX 35th (Brown's) Cav. Co.E
Braden, W. Exch.Bn.,CSA 1st Co.A
Braden, W.A. AR Inf. Cocke's Regt. Co.D
Braden, W.A. TN 21st & 22nd (Cons.) Cav. Co.F
Braden, W.F. MO 10th Cav. Co.F
Braden, W.H. TN 2nd (Walker's) Inf. Co.B
Braden, W.H. TN 50th Inf. Co.B
Braden, W.H. 9th Conf.Inf. Co.H
Braden, Wilie F. MS 2nd Inf. Co.H
Braden, William AL Inf. 2nd Regt. Co.E
Braden, William AL 27th Inf. Co.A
Braden, William AL Conscr.
Braden, William MS Inf. 3rd Bn. Co.I
Braden, William H. TN 21st (Wilson's) Cav. Co.E
Braden, William H. 1st Conf.Cav. 2nd Co.G
Braden, William M. AL 10th Inf. Co.F
Braden, William W. TN 11th (Holman's) Cav. Co.C 1st Lt.
Braden, Wily AR Cav. Wright's Regt. Co.I
Braden, W.L. AR Inf. Hardy's Regt. Co.K
Braden, W.M. TN 8th (Smith's) Cav. Co.L
Braden, W.N. AL Cav. Hardie's Bn.Res. Co.C Sgt.
Braden, W.N. TN Douglass' Bn.Part.Rangers Miller's Co. 1st Lt.
Bradenex, T.W. LA 1st Res. Co.E
Bradenham, J. VA 2nd Bn.Res. Co.A
Bradenham, John R. VA 3rd Cav. Co.F Cpl.
Bradenham, John R. VA 53rd Inf. Co.E Sgt.
Bradenstine, Henry MO 1st N.E. Cav. White's Co.
Bradeny, W.W. AL 21st Inf. Co.E
Brader, G.W. MS 6th Cav. Co.I
Brader, W.H. MO 4th Inf. Co.H
Bradey, A.E. AL 9th (Malone's) Cav. Co.C Sgt.
Bradey, Daniel W. AR 6th Inf. New Co.D
Bradey, Gidion GA Inf. 14th Bn. (St.Guards) Co.A
Bradey, J.E. VA 23rd Cav. Co.I Lt.
Bradey, Joseph TN Inf. 4th Cons.Regt. Co.D
Bradey, J.Z. AL 6th Inf. Co.F
Bradey, L.M. NC 4th Inf. Co.K
Bradey, Rob. A. KY Corbin's Men
Bradfield, Andrew VA 8th Inf. Co.G Sgt.
Bradfield, Andrew J. VA 17th Inf. Co.C Com.Sgt.
Bradfield, Cornelius H. VA 17th Inf. Co.C
Bradfield, George W. VA 15th Cav. Co.H
Bradfield, G.W. VA 3rd Inf.Loc.Def. Co.B
Bradfield, J. VA 46th Inf. Co.L
Bradfield, J.A. TX 4th Inf. Co.E
Bradfield, James O. GA Cobb's Legion Co.A
Bradfield, James O. TX 1st Inf. Co.E
Bradfield, James R. AL 63rd Inf. Co.C Cpl.
Bradfield, James W. GA Phillips' Legion Co.D,K
Bradfield, James Y. TX 27th Cav. Co.I Asst.Surg.
Bradfield, James Young Gen. & Staff Asst.Surg.
Bradfield, J.J. 2nd Conf.Eng.Troops Cpl.
Bradfield, John A. TX 7th Inf. Co.D
Bradfield, John E. VA 59th Inf. 3rd Co.F Sgt.
Bradfield, John O. TN 12th Cav. Sgt.Maj.
Bradfield, John R. GA Phillips' Legion Co.D,K
Bradfield, John W. TX 27th Cav. Co.I
Bradfield, Josiah GA 2nd Cav. Co.H Sgt.
Bradfield, J.R. AL 21st Inf. Co.C,H
Bradfield, J.R. TX 28th Cav. Co.F Far.
Bradfield, J.W. TX 11th Cav. Co.I
Bradfield, L.H. TX 27th Cav. Co.I
Bradfield, Marion GA 16th Inf. Co.H Cpl.
Bradfield, Oliver S. GA 7th Inf. (St.Guards) Co.I

Bradfield, R.P. GA 1st Cav. Co.K
Bradfield, R.P. GA Phillips' Legion Co.D,K
Bradfield, Silas VA 146th Mil. Co.E
Bradfield, T.S. GA 37th Mil. Co.E
Bradfield, William TX 7th Inf. AQM
Bradford, --- LA 25th Inf. Sgt.Maj.
Bradford, --- TX Cav. McCord's Frontier Regt. Co.K Bugler
Bradford, A. GA Lt.Arty. Pritchard's Co. (Washington Arty.) Artif.
Bradford, A. MS Lt.Arty. Turner's Co.
Bradford, A. TN 21st (Wilson's) Cav. Co.G
Bradford, A.B. AL 21st Inf. Co.A
Bradford, Abel W. VA 39th Inf. Co.H
Bradford, Abram G. AL 28th Inf. Co.I
Bradford, A.C. MO Cav. 2nd Regt.St.Guard Co.H Capt.
Bradford, A.D. MS 9th Cav. Co.C 1st Sgt.
Bradford, A.D. MS Cav. 17th Bn. Co.E
Bradford, A.D. Gen. & Staff, Ord.Dept. Artif.
Bradford, Adam MO 4th Cav. Co.E
Bradford, A.H. TN 31st Inf. Co.D Capt.
Bradford, A.J. TN 24th Inf. Co.F
Bradford, A.L. AL 12th Inf. Co.G
Bradford, Albert NC 60th Inf. Co.H
Bradford, Alex 1st Conf.Inf. 1st Co.F
Bradford, Alexander GA 36th (Villepigue's) Inf. Co.F
Bradford, Alex K. TN Cav. Welcker's Bn. Kincaid's Co.
Bradford, Alfred TN 41st Inf. Co.I
Bradford, A.M. MS 44th Inf. Co.E Capt.
Bradford, A.M. TN 6th Inf. Co.L
Bradford, A.M. TN 55th (Brown's) Inf. Ford's Co.
Bradford, Ambrose GA 2nd Res. Co.K,C
Bradford, Andrew J. AL 28th Inf. Co.B
Bradford, Andrew S. MS 9th Inf. Old Co.E Cpl.
Bradford, Andrew S. MS 10th Inf. New Co.A Sgt.
Bradford, A.O. VA 4th Cav. Co.C
Bradford, A.R. TN 25th Inf. Co.F
Bradford, Armistead H. TN 1st (Feild's) Inf. Co.A Sgt.
Bradford, Arthur D. VA 39th Inf. Co.F
Bradford, Arthur L. VA 46th Inf. 4th Co.F
Bradford, Asbury C. MO 5th Inf. Co.C Capt.
Bradford, A.T. AL St.Arty. Co.C
Bradford, Augustus M. AL 10th Inf. Co.A
Bradford, B. GA Lt.Arty. Ritter's Co. Cpl.
Bradford, Baldwin MD Arty. 3rd Btty.
Bradford, Basil GA Conscr. Conscr.
Bradford, Ben J. TX 6th Cav. Co.H
Bradford, Benjamin F. TN Cav. Newsom's Regt. Co.B
Bradford, Benjamin M. MS 11th Inf. Co.I
Bradford, Bennett NC Walker's Bn. Thomas' Legion Co.F
Bradford, Bennett B. TN 5th (McKenzie's) Cav. Co.K
Bradford, Berry GA 1st (Olmstead's) Inf. Co.H
Bradford, B.F. AR 2nd Cav. Co.C
Bradford, B.F. TN 6th Inf. Co.B
Bradford, B.F. VA 4th Cav. Co.C
Bradford, B.F. VA 82nd Mil. Co.D Cpl.
Bradford, B.G. LA 4th Inf. Co.F
Bradford, B.M. MS 2nd Cav. Co.A 2nd Lt.
Bradford, C. AL 18th Inf. Co.K
Bradford, C. GA 1st Inf. Co.E
Bradford, C. KY Jessee's Bn.Mtd.Riflemen Co.B
Bradford, C.A. AL 1st Regt. Mobile Vol. Baas' Co.
Bradford, Calvin KY Corbin's Men
Bradford, C.G. TN 21st & 22nd (Cons.) Cav. Co.C
Bradford, C.G. TN 22nd (Barteau's) Cav. Co.K
Bradford, Charles GA 1st (Ramsey's) Inf. Co.D
Bradford, Charles KY 2nd Cav. Co.F
Bradford, Charles TN 25th Inf. Co.F Cpl.
Bradford, Charles TX 20th Inf. Co.D
Bradford, Charles M. LA 1st (Strawbridge's) Inf. Maj.
Bradford, Charles M. LA 15th Inf. Lt.Col.
Bradford, Chas. M. Gen. & Staff Maj.,QM
Bradford, Charles N. GA 1st (Ramsey's) Inf. Co.G
Bradford, Charles W. TX 10th Inf. Co.G
Bradford, C.L. TX 1st Inf. Co.B 2nd Lt.
Bradford, C.M. TX Cav. Mann's Regt. Col.
Bradford, C.N. GA Siege Arty. Campbell's Ind.Co.
Bradford, C.S. GA Inf. (RR Guards) Preston's Co. 1st Sgt.
Bradford, C.T. MS Inf. 1st Bn.St.Troops (30 days, '64) Co.F
Bradford, D.A. AL Cav. Barbiere's Bn. Truss' Co.
Bradford, D.A. TN 15th (Cons.) Cav. Co.C
Bradford, D.A. TN 4th Inf. Co.G
Bradford, Daniel MD Cav. 2nd Bn. Co.B
Bradford, Daniel VA 3rd Inf. Co.D
Bradford, Daniel B. Sig.Corps,CSA
Bradford, Daniel W. GA 15th Inf. Co.C,F
Bradford, David GA Lt.Arty. 12th Bn. 3rd Co.C, 2nd Co.E
Bradford, David MS 10th Inf. Old Co.I
Bradford, David F. TN 25th Inf. Co.F Sgt.
Bradford, David G. TN 13th (Gore's) Cav. Co.H
Bradford, David L. NC 49th Inf. Co.E
Bradford, D. Bartlett NC 17th Inf. (1st Org.) Co.L Sgt.Maj.
Bradford, D.C. AR 31st Inf. Co.B
Bradford, D.C. AR 31st Inf. Co.D
Bradford, D.L. NC 20th Inf. Co.B
Bradford, E.B. TN 39th Mtd.Inf. Co.C
Bradford, E.B. TN Conscr. (Cp. of Instr.)
Bradford, E.C. TX 30th Cav. Co.K
Bradford, Ed AL 11th Cav. Co.A
Bradford, Ed TN Inf. 4th Cons.Regt. Co.D
Bradford, Ed Conf.Cav. Baxter's Bn. 2nd Co.B
Bradford, Edmond Gen. & Staff Maj.,QM
Bradford, Edmund TN 10th Cav. Co.A
Bradford, Edmund M. VA 6th Inf. Co.G Capt.
Bradford, Edward, Jr. FL 1st Inf. Old. Co.A 1st Sgt.
Bradford, Edward TN 1st (Feild's) Inf. Co.D
Bradford, Edw. Gen. & Staff Maj.,QM
Bradford, Edward E. TN 20th Inf. Co.A
Bradford, Edward J. MS 9th Inf. Old Co.A, New Co.F,E
Bradford, E.H. AL Cav. Hardie's Bn.Res. Co.C
Bradford, E.H. AL 10th Inf. Co.A
Bradford, E.J. MO 2nd Cav. Co.D
Bradford, E.J. MO 10th Inf. Co.A
Bradford, E.J. NC 26th Inf. Co.F
Bradford, Elbert T. TN 39th Mtd.Inf.
Bradford, Elisha TN 1st (Feild's) Inf. Co.H
Bradford, E.M. AL Res. J.G. Rankin's Co.
Bradford, E.M. VA 82nd Mil. Co.D
Bradford, Enoch VA Inf. 23rd Bn. Co.G
Bradford, Ephraim TN 41st Inf. Co.I
Bradford, Erwin NC 29th Inf. Co.G
Bradford, E.W. AL Pris.Guard Freeman's Co. Sgt.
Bradford, F.B. AL 12th Cav. Co.C
Bradford, Fielding AL 4th Inf. Co.I
Bradford, F.M. AR 31st Inf. Co.D 3rd Lt.
Bradford, F.M. GA 18th Inf. Co.G
Bradford, F.M. LA 1st Cav. Co.B
Bradford, F.R. TN 19th Inf. Co.H
Bradford, Francis M. GA 8th Inf. (St.Guards) Co.F Cpl.
Bradford, Francis M. MS 44th Inf. Co.E
Bradford, Francis M. NC 26th Inf. Co.F
Bradford, Frank LA 8th Inf. Co.H
Bradford, Frank TN Arty. Bibb's Co. Cpl.
Bradford, Franklin GA 50th Inf. Co.D Sgt.
Bradford, Franklin L. MS 9th Inf. Old. Co.E
Bradford, Franklin L. MS 10th Inf. New Co.A
Bradford, Garret MO Cav. Jackman's Regt. Co.E
Bradford, Garrett TN 1st (Feild's) Inf. Co.D
Bradford, G.D. GA 1st Inf. Co.E
Bradford, G.D. Gen. & Staff, AG Dept. Capt.
Bradford, George TN 7th (Duckworth's) Cav. Co.E Cpl.
Bradford, George TX 10th Cav. Co.I
Bradford, George P. SC 1st (McCreary's) Inf. Co.L
Bradford, George W. MS 4th Cav. Co.E 2nd Lt.
Bradford, George W. MS 2nd Inf. Co.D
Bradford, George W. MS Inf. 3rd Bn. Co.F
Bradford, George W. MO 4th Cav. Co.E,H 2nd Lt.
Bradford, George W. TN 34th Inf. Co.B
Bradford, G.M. TN 12th Inf. Co.G
Bradford, G.M. Gen. & Staff Maj.,QM
Bradford, G.N. TN 12th (Cons.) Inf. Co.E
Bradford, G.W. AL Cav. Forrest's Regt.
Bradford, G.W. AL 58th Inf. Co.A
Bradford, G.W. GA 16th Inf. Co.I
Bradford, G.W. SC 4th St.Troops Co.I
Bradford, G.W. TN 21st (Wilson's) Cav. Co.B
Bradford, H. MS 4th Cav. Co.D
Bradford, H. TN 47th Inf. Co.F
Bradford, Hamilton TX 6th Cav. Co.H Asst.Surg.
Bradford, Hamilton TX Cav. Hardeman's Regt. Surg.
Bradford, Hamlet Gen. & Staff Surg.
Bradford, Hampton FL 8th Inf. Co.G
Bradford, Harrison AL 7th Cav. Co.E
Bradford, H.C. AL Inf. 2nd Regt. Co.K Lt.Col.
Bradford, H.C. AL 55th Vol. Co.H Adj.
Bradford, H.C. VA 1st Arty. Co.D 2nd Lt.
Bradford, H.C. Gen. & Staff 1st Lt.,Adj.
Bradford, Henry AL 9th Inf. Co.A
Bradford, Henry FL 1st Cav. Co.I Maj.
Bradford, Henry MS 34th Inf. Co.H
Bradford, Henry TX 14th Cav. Co.C
Bradford, Henry A. VA 22nd Inf. Co.H Sgt.
Bradford, Henry B. MS Inf. 5th Bn. Co.B

Bradford, Henry B. MS 27th Inf. Co.K
Bradford, Henry C. VA Lt.Arty. Cayce's Co.
Bradford, Henry E. TX 6th Inf. Co.F Capt.
Bradford, Henry M. GA 1st Cav. Co.C
Bradford, Henry M. GA 34th Inf. Co.F
Bradford, Henry T. GA 22nd Inf. Sgt.
Bradford, Henry T. GA 64th Inf. Co.A
Bradford, H.H. AR 36th Inf. Co.D Cpl.
Bradford, H.H. LA 3rd (Wingfield's) Cav. Co.G
Bradford, Hill C. VA 6th Cav. Co.B
Bradford, Hill C. VA Lt.Arty. Cayce's Co. Cpl.
Bradford, Hosea NC 26th Inf. Co.F
Bradford, H.S. AL 18th Inf. Co.L
Bradford, H.S. AL 32nd & 58th (Cons.) Inf.
Bradford, H.S. AL 58th Inf. Co.A
Bradford, H.S. LA 3rd (Wingfield's) Cav. Co.C
Bradford, H.S. Gen. & Staff, AG Dept. Maj.,AAG
Bradford, I.N. MO 1st Cav. Co.K
Bradford, Isaac AL 37th Inf. Co.G
Bradford, Isaac N. MO 4th Cav. Co.E
Bradford, I.W. Gen. & Staff Capt.
Bradford, J. GA 16th Inf. Co.K
Bradford, J. GA Inf. 25th Bn. (Prov.Guard) Co.D
Bradford, J. LA 3rd (Wingfield's) Cav. Co.H
Bradford, J. MS Hall's Co.
Bradford, J. TN 15th (Cons.) Cav. Co.G
Bradford, J.A. GA 1st (Fannin's) Res. Co.B
Bradford, J.A. GA 2nd Res. Co.F
Bradford, J.A. GA 21st Inf. Co.A
Bradford, J.A. Gen. & Staff AQM
Bradford, Jackson GA 34th Inf. Co.F
Bradford, Jackson TN 25th Inf. Co.F
Bradford, Jacob VA 4th Res. Co.D
Bradford, Jacob S. MS 9th Inf. Old Co.C
Bradford, Jacob S. MS 19th Inf. Co.E
Bradford, James AL 11th Cav. Co.A
Bradford, James AL Arty. 1st Bn. Co.D
Bradford, James AL 13th Inf. Co.D
Bradford, James AL 19th Inf. Co.H 1st Lt.
Bradford, James GA Cav. Roswell's Bn. Co.B
Bradford, James GA 24th Inf. Co.F Cpl.
Bradford, James MS 2nd St.Cav. Co.D
Bradford, James MS 2nd Inf. Co.D
Bradford, James MS 10th Inf. New Co.D
Bradford, James SC 14th Inf. Co.G
Bradford, James TN Cav. Newson's Regt. Co.E
Bradford, James TN Arty. Ramsey's Btty.
Bradford, James TX 4th Cav. Co.F
Bradford, James TX 28th Cav. Co.M
Bradford, James TX 2nd Field Btty. 1st Lt.
Bradford, James TX 14th Inf. 2nd Co.K
Bradford, James TX 19th Inf. Co.H
Bradford, James TX St.Troops Teel's Co.
Bradford, James VA Hvy.Arty. 20th Bn. Co.E
Bradford, James A. LA Res.Corps
Bradford, James A. NC 20th Inf. Co.B
Bradford, James A.J. NC 1st Arty. (10th St.Troops) Col.
Bradford, James C., Jr. TN 1st (Carter's) Cav. Maj.
Bradford, James C. TN Cav. Newsom's Regt. Co.B
Bradford, James D. GA 22nd Inf. Co.A
Bradford, James F. SC Cav.Bn. Holcombe Legion Co.A 1st Lt.
Bradford, James F. TN 27th Inf. Co.I
Bradford, James H. NC Arty. & Eng.Vol. Capt.
Bradford, James J. FL 2nd Cav. Co.C
Bradford, James J. TX 1st Inf. Co.B
Bradford, James M. GA 3rd Cav. (St.Guards) Co.H
Bradford, James M. LA 4th Inf. Co.C
Bradford, James M. MS 1st Cav. Co.C Cpl.
Bradford, James M. MS 2nd Part.Rangers Co.G
Bradford, James M. TN 33rd Inf. Co.K Capt.
Bradford, James N. MS 9th Inf. Old Co.E
Bradford, James N. MS 10th Inf. New Co.A
Bradford, James R. MO 1st N.E. Cav. Price's Co.M
Bradford, James R. TN Cav. 7th Bn. (Bennett's) Co.E Trump.
Bradford, James S. MS 11th Inf. Co.I Cpl.
Bradford, James S. NC 49th Inf. Co.E
Bradford, James T. AL 38th Inf. Co.D,H,C
Bradford, James W. AR 15th (Josey's) Inf. Co.B 1st Lt.
Bradford, James W. TN 39th Mtd.Inf. Co.H Sgt.
Bradford, James W. VA 39th Inf. Co.K
Bradford, Jasper NC 26th Inf. Co.F
Bradford, J.B. AR 2nd Cav. Co.C Bvt.2nd Lt.
Bradford, J.B. MS Cav. Co.E 2nd Lt.
Bradford, J.B. NC 26th Inf. Co.F
Bradford, J.B. TN Cav. 17th Bn. (Sanders') Co.C
Bradford, J.B. Gen. & Staff Capt.,Vol.ADC
Bradford, J.C. GA 29th Inf. Co.G
Bradford, J.C. MS 10th Inf. New Co.A
Bradford, J.C. TN 19th (Biffle's) Cav. Co.K
Bradford, J.C. TN 21st (Wilson's) Cav. Co.G
Bradford, J.D. AL 27th Inf. Co.C Sgt.
Bradford, J.D. MS 9th Cav. Co.F
Bradford, J.D. MS 10th Cav. Co.A
Bradford, J.D. MS Inf. 3rd Bn. Co.H Sgt.
Bradford, J.D. TN Cav. 17th Bn. (Sanders') Co.C
Bradford, J.D. Bradford's Corps Scouts & Guards Maj.
Bradford, J.E. VA 13th Inf. Co.F
Bradford, Jefferson Davis Gen. & Staff Maj.
Bradford, Jerry MO St.Guard
Bradford, Jesse TN 41st Inf. Co.I
Bradford, Jesse O. GA 41st Inf. Co.I
Bradford, J.F. SC 7th Cav. Co.I Cpl.
Bradford, J.F. SC Lt.Arty. 3rd (Palmetto) Bn. Co.G,K
Bradford, J.F. SC Arty. Manigault's Bn. 2nd Co.C
Bradford, J.F. SC 2nd Inf. Co.D
Bradford, J.F. TN Cav. 16th Bn. (Neal's) Co.B Sgt.
Bradford, J.G. TN 27th Inf. Co.F
Bradford, J.H. AL 62nd Inf. Co.I
Bradford, Jiles GA Cav. 16th Bn. (St.Guards) Co.G
Bradford, Jiles GA 11th Inf. Co.E
Bradford, J.J. GA Inf. 3nd Bn. Co.F Capt.
Bradford, J.J. GA 5th Inf. Co.I
Bradford, J.J. GA 37th Inf. Maj.
Bradford, J.J. TN 6th Inf. Co.L
Bradford, J.J. TN 55th (Brown's) Inf. Ford's Co.
Bradford, J.J. TX 35th (Brown's) Cav. Co.C
Bradford, J.L. MS 1st Lt.Arty. Co.F Capt.
Bradford, J.L. MS 10th Inf. Old Co.A
Bradford, J.L. TX 9th Cav. Co.B 1st Lt.
Bradford, J.M. AL 18th Inf. Co.I
Bradford, J.M. AL Cp. of Instr. Talladega
Bradford, J.M. AR 10th Inf. Co.C
Bradford, J.M. AR 15th (Josey's) Inf. 1st Co.G
Bradford, J.M. GA 7th Cav. Co.C
Bradford, J.M. GA Cav. 24th Bn. Co.B
Bradford, J.M. LA 17th Inf. Co.D Sgt.
Bradford, J.M. MS 2nd St.Cav. Co.L
Bradford, J.M. MS 1st Lt.Arty. Co.F
Bradford, J.M. Eng.,CSA 1st Lt.
Bradford, J.N. SC Lt.Arty. 3rd (Palmetto) Bn. Co.C
Bradford, John AL 5th Inf. New Co.F
Bradford, John AL 18th Bn.Vol. Co.B
Bradford, John AL 46th Inf. Co.G
Bradford, John AL 47th Inf. Co.E
Bradford, John FL 5th Inf. Co.K
Bradford, John GA 50th Inf. Co.D
Bradford, John NC 29th Inf. Co.G
Bradford, John TN Inf. 4th Cons.Regt. Co.D
Bradford, John TN 8th Inf. Co.C Sgt.
Bradford, John TN 20th Inf. Co.A
Bradford, John TN 24th Inf. Co.I
Bradford, John TX Cav. McCord's Frontier Regt. Co.K
Bradford, John 1st Conf.Eng.Troops Co.H Capt.
Bradford, John A. AL 21st Inf. Co.A
Bradford, John A. VA 151st Mil. Co.E Sgt.
Bradford, John B. AL 51st (Part.Rangers) Co.G
Bradford, John B. AL Pris.Guard Freeman's Co. Cpl.
Bradford, John C. TN 44th (Cons.) Inf. Co.I
Bradford, John C. TN 55th (McKoin's) Inf. Co.I
Bradford, John D. AL Inf. 1st Regt. Co.D
Bradford, John D. MS Inf. 5th Bn. Co.B
Bradford, John D. MS 27th Inf. Co.K
Bradford, John D. TN Cav. 16th Bn. (Neal's) Co.B Sgt.Maj.
Bradford, John F. AL 10th Inf. Co.A
Bradford, John F. AL Cp. of Instr. Talladega
Bradford, John H. AR 2nd Mtd.Rifles Co.C Cpl.
Bradford, John H. TN 41st Inf. Co.C
Bradford, John H. VA 39th Inf. Co.D
Bradford, John J. MS 3rd Inf. Co.G Capt.
Bradford, John L. AL 4th Inf. Co.I Sgt.
Bradford, John M. VA 13th Inf. 1st Co.E
Bradford, John M. VA 24th Bn.Part.Rangers Co.A
Bradford, John N. SC Lt.Arty. Garden's Co. (Palmetto Lt.Btty.)
Bradford, John R. FL 5th Inf. Co.K
Bradford, John R. MS 35th Inf. Co.F
Bradford, John R. NC 20th Inf. Co.B
Bradford, John R. SC Cav.Bn. Holcombe Legion Co.B
Bradford, Johnson TN 8th Inf. Co.D
Bradford, John T. TN 16th Inf. Co.B
Bradford, John W. LA 4th Inf. Co.A
Bradford, John W. LA 9th Inf. Co.F Sgt.
Bradford, John W. NC 47th Inf. Co.G
Bradford, Joseph AR 2nd Mtd.Rifles Co.C
Bradford, Joseph GA 6th Inf. Co.B
Bradford, Joseph TX 16th Inf. Co.C
Bradford, Joseph H. AL 12th Inf. Co.B Capt.

Bradford, Joseph H. Gen. & Staff Capt.
Bradford, Joseph W. AL Cav. Holloway's Co.
Bradford, Joshua GA 35th Inf. Co.F
Bradford, Josiah TX 11th Inf. Co.C
Bradford, J.P. AL 7th Inf. Co.D
Bradford, J.R. AL 4th (Russell's) Cav. Co.B
Bradford, J.R. AL 1st Inf. Co.H
Bradford, J.R. SC 7th Cav. Co.D
Bradford, J.R. TN 3rd (Forrest's) Cav. 1st Co.E
Bradford, J.R. TN 21st & 22nd (Cons.) Cav. Co.K Bugler
Bradford, J.R. TN 22nd (Barteau's) Cav. Co.G Ch.Bugler
Bradford, J.R. TN Arty. Bibb's Co.
Bradford, J.R.W. LA 3rd (Wingfield's) Cav. Co.G
Bradford, J.S. MS 9th Cav. Co.F Cpl.
Bradford, J.S. MS 10th Cav. Co.A Cpl.
Bradford, J.S. MS 28th Cav. Co.D
Bradford, J.S. TN Cav. 17th Bn. (Sanders') Co.C Cpl.
Bradford, J.T. AL 17th Inf. Co.F
Bradford, J.T. GA 3rd Res. Co.E
Bradford, J.T. MO Cav. 13th Regt.St.Guard Co.D Capt.
Bradford, J.T. TN 44th Inf. Co.F
Bradford, Junius B. GA 15th Inf. Co.C,F
Bradford, J.W. GA 50th Inf. Co.D
Bradford, J.W. SC 5th Bn.Res. Co.B
Bradford, J.W. TX Cav. Ragsdale's Bn. 2nd Co.C
Bradford, J.W. TX Inf. Houston's Bn. Co.D
Bradford, J.W. 4th Conf.Inf. Co.I
Bradford, J.W. Gen. & Staff Capt.,PayM.
Bradford, L. VA 82nd Mil. Co.D
Bradford, L.A. VA 4th Cav. Co.C
Bradford, Larkin H. MS 34th Inf. Co.F
Bradford, Leroy KY Lt.Arty. Green's Btty.
Bradford, L.J. AL 29th Inf. Co.H
Bardford, L.M. GA 7th Cav. Co.D Sgt.
Bradford, L.M. GA Cav. 24th Bn. Co.C
Bradford, L.S. AL 31st Inf. Co.K Sgt.
Bradford, M. AL 21st Inf. Co.E
Bradford, Marius E. VA 10th Inf. Co.L
Bradford, Martin L. LA Cav. 18th Bn. Co.G Lt.
Bardford, Martin L. LA Pointe Coupee Arty.
Bradford, Martin R. AL Mil. 4th Vol. Co.A
Bradford, Matthew AL 30th Inf. Co.H
Bradford, M.D. AL 38th Inf. Co.D
Bradford, M.H. TN 7th (Duckworth's) Cav. Co.D
Bradford, M.L. Conf.Cav. Powers' Regt. Co.K 2nd Sr.Lt.
Bradford, Morris VA Cav. 46th Bn. Co.A
Bradford, Moses J. MO 10th Inf. Co.G Capt.
Bradford, M.R. AL 38th Inf. Co.H
Bradford, M.T. LA 3rd (Wingfield's) Cav. Co.G
Bradford, M.V. TN 12th Inf. Co.G
Bradford, M.V. TN 12th (Cons.) Inf. Co.E
Bradford, N. TX 12th Cav. Co.K
Bradford, N.A. GA 1st (Fannin's) Res. Co.C Sgt.
Bradford, N.A. GA 2nd Res. Co.E
Bradford, Nap. B. TX Inf. Riflemen Arnold's Co.
Bradford, Nathaniel AL Randolph Cty.Res. J. Orr's Co.
Bradford, Nathaniel GA 6th Inf. Co.F Cpl.
Bradford, Nathaniel M. GA 15th Inf. Co.C
Bradford, N.B. LA Miles' Legion Co.A
Bradford, N.B. TN 5th (McKenzie's) Cav. Co.D
Bardford, N.C. TX 14th Inf. Co.F
Bradford, N.E. AL 23rd Inf. Co.K
Bradford, Nero G. NC 26th Inf. Co.I Capt.
Bradford, Osmond VA 7th Inf. Co.A Cpl.
Bradford, Otey VA Lt.Arty. Grandy's Co.
Bradford, Otey VA 12th Inf. Co.A
Bradford, Patterson West TN 2nd (Walker's) Inf. Co.E 1st Sgt.
Bradford, Paul AL 10th Inf. Maj.,PACS
Bradford, Paul AL 30th Inf. Lt.Col.
Bradford, Peter C. VA 4th Inf. Co.E
Bradford, P.H. AL 58th Inf. Co.G
Bradford, P.H. AR 1st Inf. Co.K
Bradford, Phil AL Cav. Hardie's Bn.Res. Co.C
Bradford, Phil H. AL 18th Inf. Co.L
Bradfrod, Pleasant R. TN 6th Inf. Co.H
Bradford, Powell H. TX 37th Cav. Co.C Cpl.
Bradford, Powell L. TX 13th Cav. Co.E
Bradford, P.S. GA Inf. 3rd Bn. Co.F 2nd Lt.
Bradford, R. GA 54th Inf. Co.E
Bradford, R. TN 12th Inf. Co.G Sgt.
Bradford, R. TN 12th (Cons.) Inf. Co.E Sgt.
Bradford, R.A. LA 13th Bn. (Part.Rangers) Co.B
Bradford, R.B. GA Inf. 9th Bn. Co.D
Bradford, R.B. TN 5th Inf. 2nd Co.E
Bradford, R.F. FL 1st (Res.) Inf. Co.E 2nd Lt.
Bradford, R.H. AR 1st Mtd.Rifles Co.F
Bradford, R.H. AR 6th Inf. 1st Co.B
Bradford, R.H. LA Mil. Beauregard Bn. 2nd Lt.
Bradford, Richard FL 1st Inf. Old Co.F Capt.
Bradford, R.L. TX 13th Vol. Co.D
Bradford, R.L. TX 14th Inf. Co.E
Bradford, R.L. Bradford's Corps Scouts & Guards Co.B
Bradford, R.M. MS 2nd Part. Co.A
Bradford, R.M. MS 10th Cav. Co.A
Bradford, R.M. TN Cav. 17th Bn. (Sanders') Co.C
Bradford, R.M. Forrest's Scouts T. Henderson's Co.,CSA
Bradford, Robert AR 4th Inf. Co.K
Bradford, Robert A. TN 44th (Cons.) Inf. Co.E
Bradford, Robert C. NC 20th Inf. Co.B Sgt.
Bradford, Robert H. AR Arty. 2nd Btty. Co.D,B
Bardford, Robert H. AR Inf. 2nd Bn. Co.B 2nd Lt.
Bradford, Robert H. GA 46th Inf. Co.K
Bradford, Robt. H. Gen. & Staff Capt.,Insp.
Bradford, Robert Hector LA 28th (Gray's) Inf. Co.F Capt.
Bradford, Robert M. Gen. & Staff Maj.,QM
Bradford, Robert W. GA 24th Inf. Co.F
Bradford, R.S. TN Hvy.Arty. Johnston's Co.
Bradford, R.T. AR 18th Inf. Co.D
Bradford, R.W. GA Inf. 9th Bn. Co.D
Bradford, R.W. GA 16th Inf. Co.I
Bradford, R.W. GA 37th Inf. Co.G
Bradford, R.W. LA 4th Inf. Co.I
Bradford, R.W. LA 16th Inf. Co.F
Bradford, S. MS 9th Cav. Co.A 2nd Lt.
Bradford, S.A. AL 58th Inf. Co.F
Bradford, Samuel AL 44th Inf. Co.K
Bradford, Samuel GA 26th Inf. Co.F
Bradford, Samuel LA 1st (Strawbridge's) Inf. Co.F
Bradford, Samuel NC 29th Inf. Co.B,G
Bradford, Samuel TN 43rd Inf. Co.H
Bradford, Samuel TX 6th Inf. Co.A
Bradford, Samuel TX Conscr.
Bradford, Saulsbury S. AL 28th Inf. Co.G
Bradford, Seborn MO 16th Inf. Co.H 2nd Sgt.
Bradford, S.F. AL 11th Cav. Co.A
Bradford, Shadrick GA 12th Mil.
Bradford, Sherwood MS Cav. 17th Bn. Co.A Lt.
Bradford, Sidney F. AR 1st Inf. Co.I
Bradford, Silas P. AL Inf. 1st Regt. Co.D Cpl.
Bradford, Silas P. AL 25th Inf. Co.G Capt.
Bradford, Silas P. Lt.Arty. Dent's Btty.,CSA Sgt.
Bradford, S.J. TN Cav. Nixon's Regt. Co.A
Bradford, Solomon MO 3rd Cav. Co.F
Bradford, Solomon K. MO 4th Cav. Co.E Cpl.
Bradford, S.P. Wheeler's Staff Capt.,ADC
Bradford, Spencer C. TN 32nd Inf. Co.D
Bradford, S.T. AR 10th Inf. Co.C
Bardford, T. NC 12th Inf. Co.K
Bradford, Taul AL 10th Inf. Maj.
Bradford, T.B. AL Cav. Barbiere's Bn. Truss' Co.
Bradford, T.C. KY Morgan's Men Co.E
Bradford, T.H. AL Gid Nelson Lt.Arty.
Bradford, T.H. AL 17th Inf. Co.C
Bradford, T.H. LA Cav. 18th Bn. Co.G
Bradford, The TX 13th Vol. 1st Co.H
Bradford, Thomas AL 11th Cav. Co.A
Bradford, Thomas AR 31st Inf. Co.B
Bradford, Thomas FL 2nd Cav. Co.C
Bradford, Thomas FL Milton Lt.Arty. Dunham's Co.
Bradford, Thomas KY 10th Cav. Co.G
Bradford, Thomas LA 13th Inf. Co.C
Bradford, Thomas NC 29th Inf. Co.B
Bradford, Thomas TN 41st Inf. Co.I
Bradford, Thomas TN 48th (Voorhies') Inf. Co.D Lt.
Bradford, Thomas TN 51st (Cons.) Inf. Co.F
Bradford, Thomas A. VA 20th Cav. Co.D
Bradford, Thomas A. VA 31st Inf. Co.E Capt.
Bradford, Thomas B. MS 17th Inf. Co.H Cpl.
Bradford, Thomas C. LA 16th Inf. Co.A Sgt.Maj.
Bradford, Thomas C. TN 9th (Ward's) Cav. Co.D
Bradford, Thomas G. MD Arty. 1st Btty.
Bradford, Thomas G. MO Cav. Wood's Regt. Co.B,D
Bradford, Thomas J. AL Inf. 2nd Regt. Co.B Sgt.
Bradford, Tillman K. MS 9th Inf. Old Co.K
Bradford, Tipton AL Cav. Bowie's Co.
Bradford, Tipton AL 30th Inf. Co.I
Bradford, Tipton Gen. & Staff Ord.Sgt.
Bradford, T.J. AL 5th Inf. New Co.C Jr.2nd Lt.
Bradford, T.J. AL 53rd (Part.Rangers) Co.F Bvt.2nd Lt.
Bradford, T.J. MO Cav. 5th Regt.St.Guard Co.G Capt.
Bradford, T.J. TN 16th Inf. Co.K
Bradford, T.M. Gen. & Staff MSK
Bradford, T.N. TX 35th (Brown's) Cav. Co.C
Bradford, W.A. SC 3rd Inf. Co.A

Bradford, W.A. TX 11th Inf. Co.C
Bradford, W.D. TN 30th Inf. Co.D
Bradford, W.F. GA Inf. 25th Bn. (Prov.Guard) Co.D
Bradford, W.F. MS 2nd (Davidson's) Inf. Pott's Co.
Bradford, W.H. AL Cp. of Instr. Talladega Co.C
Bradford, W.H. MS 10th Inf. New Co.A
Bradford, William AL 39th Inf. Co.C
Bradford, William AR 36th Inf. Co.D
Bradford, William FL 2nd Cav. Co.D
Bradford, William, Jr. GA 50th Inf. Co.D
Bradford, William LA 9th Inf. Co.F 1st Sgt.
Bradford, William NC 3rd Arty. (40th St.Troops) Co.I
Bradford, William NC 26th Inf. Co.F
Bradford, William SC 1st Cav. Co.G
Bradford, William SC 3rd Bn.Res. Co.D
Bradford, William SC 5th St.Troops Co.B
Bradford, William TN Cav. Williams' Co.
Bradford, William TN 1st Hvy.Arty. 2nd Co.C
Bradford, William TN 5th Inf. Co.A
Bradford, William TN 10th Inf. Co.A
Bradford, William TN 41st Inf. Co.I
Bradford, William TX 29th Cav. Co.E
Bradford, William VA 7th Cav. Co.C
Bradford, William VA 14th Inf. Co.I
Bradford, William 3rd Conf.Cav. Co.D
Bradford, William A. TN Cav. Newsom's Regt. Co.B
Bradford, William A. TX 36th Cav. Co.K
Bradford, William A. VA 122th Mil. Co.D
Bradford, William A. Gen. & Staff,Comsy.Dept. Maj.
Bradford, William Alsey TN 7th (Duckworth's) Cav. Co.D
Bradford, William B. GA 1st (Olmstead's) Inf. Co.H
Bradford, William B. GA 29th Inf. Co.G
Bradford, William B. NC 20th Inf. Co.B 2nd Lt.
Bradford, William C. AL 5th Cav. Co.K
Bradford, William C. AL 26th (O'Neal's) Inf. Co.H
Bradford, William C. TN 2nd (Ashby's) Cav. Co.G
Bradford, William C. TN Cav. Allison's Squad. Co.C
Bradford, William C. TN 19th Inf. Co.H
Bradford, William D. MS Bradford's Co. (Conf. Guards Arty.) Capt.
Bradford, William E. TN 44th (Cons.) Inf. Co.E
Bradford, William E. TN 55th (McKoin's) Inf. Co.H
Bradford, William F. AR 1st Inf. Co.I
Bradford, William H. GA 24th Inf. Co.F
Bradford, William H. KY 9th Cav. Co.I
Bradford, William H. KY 13th Cav. Co.C
Bradford, William H. MS 9th Inf. Old Co.E
Bradford, William H. NC 13th Inf. Co.D
Bradford, William H. NC 30th Inf. Co.G
Bradford, William H. TN 18th Inf. Co.G Cpl.
Bradford, William H.H. TX 15th Cav. Co.B
Bradford, William J. GA 18th Inf. Co.F Sgt.
Bradford, William J. GA 34th Inf. Co.F
Bradford, William J. MS 2nd Part.Rangers Co.I
Bradford, William J. MS George's Brig.
Bradford, Wm. K. Gen. & Staff Capt.,AAG,EO
Bradford, William L. MO 1st Cav. Co.K Cpl.
Bradford, William M. FL Cav. 5th Bn. Co.C Sgt.
Bradford, William M. TN 39th Mtd.Inf. Co.I Col.
Bradford, William R. AR 9th Inf. Co.A Sgt.
Bradford, William R. SC Horse Arty. (Washington Arty.) Vol. Hart's Co. Cpl.
Bradford, William R. SC Arty.Bn. Hampton Legion Co.A
Bradford, William S. VA 1st Cav. Co.A
Bradford, William S. VA 1st Lt.Arty. Co.C
Bradford, William S. VA Lt.Arty. Cutshaw's Co.
Bradford, William S. VA 51st Mil. Co.B
Bradford, William T. GA 31st Inf. Co.E
Bradford, William T. VA 39th Inf. Co.H
Bradford, William T. VA 41st Inf. 2nd Co.E
Bradford, William W. GA 50th Inf. Co.I
Bradford, W.J. NC 1st Cav. (9th St.Troops) Co.C
Bradford, W.J. TN 3rd (Forrest's) Cav.
Bradford, W.K. MS 9th Inf. New Co.H
Bradford, W.L. MO 1st & 3rd Cons.Cav. Cpl.
Bradford, W.M. TX 14th Inf. Co.G Capt.
Bradford, W.P. GA 61st Inf. Co.B Ch.Music.
Bradford, W.P. TN 43rd Inf. Co.H Sgt.
Bradford, W.R. 1st Conf.Cav. 2nd Co.E
Bradford, W.S. VA Lt.Arty. Carpenter's Co. Cpl.
Bradford, Y. TN 14th (Neely's) Cav. Co.F
Bradfurd, Thomas TN 51st Inf. Co.F
Bradfute, Irwin H. LA Mil. 1st Regt. 3rd Brig. 1st Div. Co.H Capt.
Bradfute, W.R. Gen. & Staff Col.
Bradham, A.H. SC Cav. 14th Bn. Co.A Cpl.
Bradham, Alexander MO 7th Cav. Co.C
Bradham, B. 14th Conf.Cav. Co.F
Bradham, Benjamin TX 1st Inf. Co.F
Bradham, D.J. SC 23rd Inf. Co.I 2nd Lt.
Bradham, D.M. MS 39th Inf. Co.D Capt.
Bradham, Edward M. SC 5th Cav. Co.H Capt.
Bradham, E. Manley SC Cav. 14th Bn. Co.A 1st Lt.
Bradham, Henry FL Lt.Arty. Perry's Co.
Bradham, Henry FL 7th Inf. Co.A Sgt.
Bradham, J.A. SC 1st (Hagood's) Inf. 1st Co.E
Bradham, J.A. SC 25th Inf. Co.C
Bradham, J.H. SC 25th Inf. Co.C
Bradham, John SC 4th Cav. Co.I
Bradham, John SC Cav. 12th Bn. Co.B
Bradham, Lawrence F. SC 25th Inf. Co.G
Bradham, L.S. SC 23rd Inf. Co.I
Bradham, R.J. SC 9th Inf. Co.D
Bradham, S.H. SC 4th Cav. Co.D
Bradham, S.H. SC 23rd Inf. Co.I
Bradham, T.A. SC 4th Cav. Co.D Cpl.
Bradham, T.A. SC 23rd Inf. Co.I Cpl.
Bradham, W. MS Cav. Part.Rangers Rhodes' Co.
Bradham, W. 14th Conf.Cav. Co.F
Bradham, W.C. SC 7th Cav. Co.I
Bradham, W.C. SC Cav.Bn. Holcombe Legion Co.A
Bradham, Z. MS Cav. Part.Rangers Rhodes' Co.
Bradham, Z. 14th Conf.Cav. Co.F
Bradherrig, H. TX 3rd Inf. Co.B
Bradick, William A. AL Vol. Rabby's Coast Guard Co. No.1
Bradie, Haskins VA Lt.Arty. 1st Bn. Co.D
Bradigal, Isaac VA 23rd Cav. Co.I
Bradigan, F. TX 20th Inf. Co.K
Bradigan, G. TX 20th Inf. Co.K
Bradigum, Isaac VA 7th Cav. Co.K
Braden, William F. MO 3rd Inf. Co.D
Bradle, S.K. MS 9th Cav. Co.D
Bradley, --- TX Cav. 4th Regt.St.Troops Co.H
Bradley, --- TX Cav. Bourland's Regt. Co.G
Bradley, A. AR 8th Cav. Co.A 1st Sgt.
Bradley, A. KY Kirkpatrick's Bn. Co.B,D
Bradley, A. LA Odgen's Cav. Capt.
Bradley, A. MS Henley's Co. (Henley's Invincibles)
Bradley, A. SC Lt.Arty. 8th (Palmetto) Bn. Co.A
Bradley, A. TN 13th (Gore's) Cav. Co.F
Bradley, A. 1st Conf.Cav. 1st Co.C
Bradley, A.A. Conf.Cav. Wood's Regt. 2nd Co.G
Bradley, Aaron AL 2nd Cav. Co.H
Bradley, A.B. AR 18th Inf. Co.G
Bradley, A.B. NC 16th Inf. Co.G
Bradley, A.B. NC 60th Inf. Co.B
Bradley, A.B. NC 60th Inf. Co.C
Bradley, Abraham TN 30th Inf. Co.I Bvt.2nd Lt.
Bradley, Abraham B. NC 60th Inf. Co.D
Bradley, Abraham M. AL Inf. 1st Regt. Co.F
Bradley, Abram C. TN 48th (Nixon's) Inf. Co.I
Bradley, A.C.J. TN 36th Inf. Co.G
Bradley, Adin KY 7th Cav. Co.A
Bradley, A.G. SC 25th Inf. Asst.Surg.
Bradley, A.G. Eng.,CSA Surg.
Bradley, A.G. Gen. & Staff Hosp.Stew.
Bradley, A.H. GA Cav. 6th Bn. (St.Guards) Co.B
Bradley, A. Hampton NC 50th Inf. Co.I Sgt.
Bradley, A.J. GA 39th Inf. Co.E
Bradley, A.J. MS 38th Cav. Co.G
Bradley, A.J. TN 2nd (Ashby's) Cav. Co.H
Bradley, A.J. TN 2nd (Smith's) Cav. Thomason's Co.
Bradley, A.J. TN Inf. 1st Cons.Regt. Co.G
Bradley, A.J. TN 28th (Cons.) Inf. Co.E
Bradley, A.J. TN 39th Mtd.Inf. Co.A Fifer
Bradley, A.J. TN 84th Inf. Co.A
Bradley, A.J. 3rd Conf.Cav. Co.C Sgt.
Bradley, A. Jackson NC Inf. Thomas Legion Co.K
Bradley, A.L. GA 2nd Inf. Co.E
Bradley, A.L. MS 3rd Inf. Co.E
Bradley, A.L. MS 8th Inf. Co.G
Bardley, Alexander NC 8th Sr.Res. Williams' Co.
Bradley, Alexander TN 8th Cav. Co.H
Bradley, Alexander TN 9th Cav.
Bradley, Alexander D. NC 31st Inf. Co.I Cpl.
Bradley, Alexander W. AL Inf. 1st Regt. Co.C
Bradley, Alfred LA Inf. 9th Bn. Co.D Capt.
Bradley, Alfred J. GA 31st Inf. Co.K 1st Lt.
Bradley, Algern S. VA Cav. 1st Bn. (Loc.Def.Troops) Co.A
Bradley, A.M. AR 27th Inf. Co.F
Bradley, A.M. MO Cav. Wood's Regt. Co.F
Bradley, Amandam MS 44th Inf. Co.K
Bradley, Ambrose B. TX Cav. Baylor's Regt. Co.B

Bradley, Amos S. MO Cav. 10th Regt.St.Guard Co.B Capt.
Bradley, Amos S. MO 11th Inf. Co.I Capt.
Bradley, Anderson NC 31st Inf. Co.I
Bradley, Anderson VA 36th Inf. 2nd Co.H
Bradley, Andrew GA 38th (Villepigue's) Inf. Co.B
Bradley, Andrew TX 15th Inf. 2nd Co.G
Bradley, Andrew J. AL 57th Inf. Co.C Cpl.
Bradley, Andrew J. KY 4th Cav. Co.F
Bradley, Andrew J. TN 7th Inf. Co.B
Bradley, Andrew J. 1st Conf.Inf. Co.B
Bradley, Anthony MO 4th Cav. Co.E
Bradley, Anthony MO St.Guard 2nd Sgt.
Bradley, A.P. MS 12th Cav. Co.G Cpl.
Bradley, Archey B. SC 14th Inf. Co.G Cpl.
Bradley, Archibald A. 1st Conf.Eng.Troops Co.F Artif.
Bradley, A.S. MO Inf. Lewis' Brig. Capt.,AAG
Bradley, A.S. VA Lt.Arty. R.M. Anderson's Co.
Bradley, Austin AL 3rd Bn.Res. Jackson's Co.
Bradley, Austin TN 13th (Gore's) Cav. Co.H
Bradley, A.W. AL 33rd Inf. Co.E
Bradley, A.W. GA 53rd Inf. Co.C Sgt.
Bradley, A.W. TN 30th Inf. Co.E Sgt.
Bradley, B. MS Blythe's Bn. (St.Troops) Co.B Cpl.
Bradley, B. SC 1st Regt. Charleston Guard Co.H
Bradley, B. SC 4th St.Troops Co.C
Bradley, B.A. TX 7th Cav. Co.F
Bradley, Balis J.E. SC 4th Inf. Co.F
Bradley, Barton K.W. MO Cav. Fristoe's Regt. Co.F Sgt.
Bradley, Bass A. TX 17th Cav. Co.D
Bradley, B.B. AR 2nd Cav. 1st Co.A Sgt.
Bradley, B.B. MS 3rd Cav. Co.B
Bradley, B.C. TN 42nd Inf. Co.G
Bradley, Ben F. KY 1st Bn.Mtd.Rifles Maj.
Bradley, Benjamin AL 29th Inf. Co.D
Bradley, Benjamin MS 7th Cav. Co.C
Bradley, Benjamin MO 1st N.E. Cav. Co.O
Bradley, Benjamin MO 9th Bn.S.S. Co.D
Bradley, Benjamin NC 8th Sr.Res. Gardner's Co.
Bradley, Benjamin NC Inf. 13th Bn. Co.D
Bradley, Benjamin NC 66th Inf. Co.K
Bradley, Benjamin A. VA 4th Inf. Co.I
Bradley, Benjamin B. AR 1st (Colquitt's) Inf. Co.G
Bradley, Benjamin F. VA Cav. 11th Bn. Lt.Col.
Bradley, Benj. F. VA 97th Mil. Co.L,E
Bradley, Benj. F. Gen. & Staff, AG Dept. Maj.
Bradley, Benjamin M. NC 43rd Inf. Co.D
Bradley, Benj. W. Gen. & Staff Asst.Surg.
Bradley, Benton NC 16th Inf. Co.G
Bradley, Beriman TN 19th Inf. Co.D
Bradley, B.F. AL 25th Inf. Co.E
Bradley, B.F. GA Inf. 9th Bn. Co.E
Bradley, B.F. GA 37th Inf. Music.
Bradley, B.F. NC 50th Inf. Co.K
Bradley, B.G. NC 29th Inf. Co.A
Bradley, B.G. NC Mallett's Bn. (Cp.Guard) Co.D
Bradley, B.H. FL 2nd Cav. Co.B
Bradley, Birzaliel MO 1st N.E. Cav.
Bradley, B.J.E. SC Inf. 13th Bn. Co.D
Bradley, B.J.E. SC Inf. Hampton Legion Co.K,I
Bradley, B.K.W. AR 14th (Powers') Inf. Co.D
Bradley, B.P. TN 18th Inf. Co.E 1st Sgt.
Bradley, B.S. MS 28th Cav. Co.D
Bradley, B.T. MO 5th Inf. Co.F
Bradley, Burton GA 1st Inf. (St.Guards) Co.E Cpl.
Bradley, C. AL 1st Inf. Co.C
Bradley, C. GA 59th Inf. Co.C
Bradley, C. NC 18th Inf. Co.G
Bradley, C. TN 7th (Duckworth's) Cav. Co.A Sgt.
Bradley, C.A. AL 29th Inf. Co.G
Bradley, C.A. MS 9th Cav. Co.D
Bradley, Calvin GA Cav. 16th Bn. (St.Guards) Co.G Sgt.
Bradley, Calvin A. MS 27th Inf. Co.G Cpl.
Bradley, Carter H. VA 12th Inf. Co.A
Bradley, C.B. AR 1st (Monroe's) Cav. Co.L
Bradley, C.E. TN 5th Inf. 2nd Co.D
Bradley, C.H. TN 28th (Cons.) Inf. Co.H Sgt.
Bradley, C.H. TN 84th Inf. Co.D Sgt.
Bradley, C.H. TX 30th Cav. Co.E
Bradley, Charles KY 9th Mtd.Inf. Co.K
Bradley, Charles MS Cav. Buck's Co.
Bradley, Charles MS 12th Inf. Co.G
Bradley, Charles MS 13th Inf. Co.D
Bradley, Charles MS 39th Inf. Co.D
Bradley, Charles TN 14th (Neely's) Cav. Co.E
Bradley, Charles TN Hvy.Arty. Johnston's Co.
Bradley, Charles TN Inf. 154th Sr.Regt. 2nd Co.B Sgt.
Bradley, Charles 1st Conf.Eng.Troops Co.I
Bradley, Charles F. VA Lt.Arty. Cayce's Co.
Bradley, Charles F. VA Lt.Arty. J.D. Smith's Co.
Bradley, Charles M. VA Inf. Cohoon's Bn. Co.C
Bradley, Charles N. VA 61st Inf. Co.I,K,
Bradley, Charles P. VA Lt.Arty. Douthat's Co.
Bradley, Charles W. LA Miles' Legion Co.E
Bradley, Charles W. NC 8th Sr.Res. Jacob's Co.
Bradley, Charles William KY 1st (Butler's) Cav. Co.B
Bradley, Chesterfield NC 16th Inf. Co.G
Bradley, Chilson N. NC Mallett's Bn. (Cp.Guard) Co.B
Bradley, C.L. MO Lt.Arty. H.M. Bledsoe's Co. Cpl.
Bradley, C.M. VA 1st (Farinholt's) Res. Co.H
Bradley, C.M. VA Inf. 19th Bn. Co.D
Bradley, Coleman NC 64th Inf. Co.E
Bradley, Cornelius NC 17th Inf. (2nd Org.) Co.I
Bradley, Cornelius TX 1st Field Btty.
Bradley, Cornelius VA 22nd Inf. Co.F Cpl.
Bradley, Cornell VA Inf. 2nd Bn.Loc.Def. Co.E
Bradley, C.R. MS 8th Cav. Co.H
Bradley, C.R. MS 28th Cav. Co.L
Bardley, Craton GA 36th (Broyles') Inf. Co.C
Bradley, C.T. LA 2nd Inf. Co.G Sgt.
Bradley, C.W. KY 1st (Helm's) Cav. Co.B
Bradley, Daniel AL 4th Inf. Co.A
Bradley, Daniel NC 6th Cav. (65th St.Troops) Co.F,A
Bradley, Daniel TX Cav. 2nd Regt.St.Troops Co.H
Bradley, Daniel TX 21st Cav. Co.E 2nd Lt.
Bradley, Daniel T. VA 57th Inf. Co.A
Bradley, David VA Lt.Arty. Griffin's Co.
Bradley, David VA 9th Inf. 1st Co.A
Bradley, David H. SC 16th Inf. Co.A
Bradley, David L. MS Inf. 2nd Bn. Co.C Sgt.
Bradley, David L. MS 48th Inf. Co.C Sgt.
Bradley, David P. GA 31st Inf. Co.F
Bradley, David T. GA 29th Inf. Co.C
Bradley, Davis W. TN 17th Inf. Co.C Sgt.
Bradley, D.B. AR 19th (Dockery's) Inf. Co.F
Bradley, D.C. AR 19th Inf. Co.A 1st Lt.
Bradley, D.C. SC 3rd Cav. Co.F
Bradley, D.C. TN 48th (Nixon's) Inf. Co.I
Bradley, DeKalb TN 9th (Nichol's) Inf. Co.E
Bradley, DeLaFayette VA 18th Inf. Co.A
Bradley, D.F. FL 2nd Inf. Co.A 2nd Lt.
Bradley, D.J. AR 30th Inf. Co.F,H
Bradley, D.J. TX 9th Cav. Co.A
Bradley, D.L. MO Cav. 3rd Regt.St.Guard Co.A 3rd Lt.
Bradley, D.O. VA Tuttle's Bn.Loc.Def. Co.A
Bradley, D.P. GA 1st Troops & Defences (Macon) Co.G
Bradley, D.R. AL 1st Cav. Co.H
Bradley, D.R. AL 45th Inf. Co.G
Bradley, D.R. MS Cav. Ham's Regt. Co.A
Bradley, Drury R. TN 14th Inf. Co.F
Bradley, D.T. SC Inf. 7th Bn. (Enfield Rifles) Co.G
Bradley, D.T. SC 12th Inf. Co.E
Bradley, D.T. VA 20th Inf. Co.F
Bradley, E. NC 3rd Arty. (40th St.Toops) Co.I
Bradley, E. 3rd Conf.Eng.Troops Co.G Artif.
Bradley, E. Eng.Dept. Polk's Corps A. of TN Sap. & Min. Co.,CSA
Bradley, E.A. NC 42nd Btty. Home Guards Co.B
Bradley, E.B. AL 21st Inf. Co.D
Bradley, Ebenezer GA 4th Inf. Co.F
Bradley, E.D. VA Inf. 23rd Bn. Co.C
Bradley, Edmund TN 17th Inf. Co.C
Bradley, Edmund G. AL 19th Inf. Co.H Capt.,AQM
Bradley, Edward AL 8th Cav. Co.F
Bradley, Edward FL 9th Inf. Co.D
Bradley, Edward GA 1st (Olmstead's) Inf. Co.B
Bradley, Edward KY 12th Cav. Co.B
Bradley, Edward MO 5th Cav. Co.G
Bradley, Edward TN 2nd (Robison's) Inf. Co.E
Bradley, Edward G. Gen. & Staff Capt.,AQM
Bradley, Edward H. VA 6th Inf. Co.D
Bradley, Edw. M. VA 52nd Mil. Co.B
Bradley, E.F. TN 5th Inf. 2nd Co.K
Bradley, E.G. TX 20th Inf. Co.I
Bradley, E.H. MS Cav. Ham's Regt. Co.A Sgt.
Bradley, E.L. KY 3rd Mtd.Inf. Co.C Sgt.
Bradley, Eli AL 14th Inf. Co.B
Bradley, Eli AL Conscr.
Bradley, Eli GA 25th Inf. Co.H
Bradley, Eli MS Cav. 3rd Bn. (Ashcraft's) Co.A
Bradley, Eli NC 64th Inf. Co.E
Bradley, Eli Bird AL 28th Inf. Co.E
Bradley, Elijah GA 27th Inf. Co.F
Bradley, Eli S. AR 19th (Dawson's) Inf. Co.G
Bradley, Ely AL 2nd Cav. Co.H
Bradley, E.M. AR 15th (Johnson's) Inf. Co.B
Bradley, E.M. MO 6th Cav. Co.I
Bradley, E.M. MO Lt.Arty. Von Phul's Co.
Bradley, E.M. TN 40th Inf. Co.D
Bradley, E.N. AR 30th Inf. Co.H
Bradley, Enoch D. GA 25th Inf. Co.H

Bradley, E.P. GA 26th Inf. Co.F
Bradley, E.P. SC 4th Cav. Co.I
Bradley, E.P. SC Cav. 12th Bn. Co.B
Bradley, Ephraim D. VA 22nd Cav. Co.E
Bradley, Ephraim T. VA Courtney Arty.
Bradley, E.W. MS 25th Inf. Co.D
Bradley, Ezekiel AL 39th Inf. Co.F
Bradley, Ezra NC 17th Inf. (2nd Org.) Co.I
Bradley, F. VA 19th Inf. Co.B
Bradley, F. VA 72nd Mil.
Bradley, F.A. AL 48th Inf. Co.K
Bradley, F.A. Conf.Cav. 6th Bn.
Bradley, Fielding A. VA Cav. McFarlane's Co.
Bradley, F.M. AL 40th Inf. Co.C Music.
Bradley, F.M. AL 50th Inf. Co.I
Bradley, F.M. GA 10th Cav.
Bradley, F.M. GA 16th Inf. Co.B
Bradley, F.M. TN 48th (Nixon's) Inf. Co.I
Bradley, F.M. TX 7th Inf. Co.G
Bradley, Francis M. MO 5th Inf. Co.F
Bradley, Francis M. NC 15th Inf. Co.K
Bradley, Francis V. MS 16th Inf. Co.D
Bradley, Frank AL Cav. Lewis' Bn. Co.D
Bradley, Frank AL Lt.Arty. 2nd Bn. Co.A
Bradley, Frank AL 5th Inf. New Co.F Sgt.
Bradley, Frank D. LA 25th Inf. Co.H
Bradley, Frank M. 7th Conf.Cav. Co.B
Bradley, Frederick M. NC 20th Inf. Co.B
Bradley, F.T. MS 44th Inf. Co.H
Bradley, G. TN 18th Inf. Co.E
Bradley, G.R. GA 22nd Inf. Co.C
Bradley, Garrett KY 8th Cav. Co.I
Bradley, General W.L. NC 22nd Inf. Co.K
Bradley, George AL 55th Vol. Co.A
Bradley, George GA 3rd Inf. Co.H
Bradley, George KY 13th Cav. Co.C
Bradley, George LA 1st Hvy.Arty. (Reg.) Co.D,C Sgt.
Bradley, George LA Miles' Legion Co.H 2nd Lt.
Bradley, George MO 5th Inf. Co.F
Bradley, George MO 10th Inf. Co.D
Bradley, George NC 1st Bn.Jr.Res. Co.C
Bradley, George TN 14th (Neely's) Cav. Co.E
Bradley, George TN 30th Inf. Co.E,K
Bradley, George TX 12th Cav. Co.B
Bradley, George VA 97th Mil. Co.K
Bradley, George Conf.Inf. Tucker's Regt. Co.A
Bradley, George A. MO Searcy's Bn.S.S. Co.F
Bradley, George A. SC 2nd Rifles Co.E 1st Sgt.
Bradley, George K. FL Lt.Arty. Abell's Co.
Bradley, George M. GA 15th Inf. Co.A
Bradley, George McD. NC 37th Inf. Co.F
Bradley, George S. AL 42nd Inf. Co.A
Bradley, George S. MS 21st Inf. Co.A,H
Bradley, George T. TX 7th Inf. Co.G
Bradley, George W. AL Inf. 1st Regt. Co.F Cpl.
Bradley, George W. GA 4th Inf. Co.F
Bradley, George W. GA 16th Inf. Co.A
Bradley, George W. GA 16th Inf. Co.D
Bradley, George W. KY 5th Mtd.Inf. Co.H
Bradley, George W. MS 1st Lt.Arty. Co.E
Bradley, George W. MS 13th Inf. Co.A 3rd Lt.
Bradley, George W. MO 5th Inf. Co.F
Bradley, George W. NC 64th Inf. Co.B
Bradley, George W. VA Lt.Arty. G.B. Chapman's Co.
Bradley, George W. VA 26th Inf. Co.I
Bradley, George W. VA 64th Mtd.Inf. Co.I
Bradley, G.F. TN 48th (Voorhies') Inf. Co.I
Bradley, Gifford MO 10th Inf. Co.G
Bradley, Gilford MO 12th Inf. Co.I
Bradley, G.J. GA 11th Cav. Co.F
Bradley, G.M. TX 3rd Cav. Co.D Cpl.
Bradley, G.P. GA 8th Inf. (St.Guards) Co.H Sgt.
Bradley, G. Thomas KY 9th Cav. Co.C
Bardley, Gustavus AR 17th (Griffith's) Co.H
Bradley, G.W. AR 2nd Cav. Co.D
Bradley, G.W. FL 2nd Cav. Co.D
Bradley, G.W. MS Cav. 17th Bn. Co.F
Bradley, G.W. NC 1st Jr.Res. Co.C
Bradley, G.W. NC 31st Inf. Co.K
Bradley, G.W. NC 60th Inf. Co.K
Bradley, G.W. TN 4th (Murray's) Cav. Co.H
Bradley, G.W. TN 8th (Smith's) Cav. Co.C
Bradley, G.W. 2nd Conf.Inf. Co.D
Bradley, H. KY Morgan's Men. Co.D
Bradley, H. SC Inf. 7th Bn. (Enfield Rifles) Co.E
Bradley, H. SC 4th Hvy.Inf. Co.D
Bradley, Hampton NC 60th Inf. Co.K Cpl.
Bradley, Hampton B. MS 42nd Inf. Co.B Sgt.
Bradley, Hayslett VA 27th Inf. Co.F
Bradley, H.C. TN Cav. 1st Bn. (McNairy's) Co.D
Bradley, H.C. Gen. & Staff AASurg.
Bradley, Hendrix AL 8th Cav. Co.F Cpl.
Bradley, Henry AL Inf. 1st Regt. Co.F 1st Sgt.
Bradley, Henry AL Inf. 1st Regt. Co.F,H
Bradley, Henry GA 10th Inf. Co.H
Bradley, Henry GA 64th Inf. Co.G
Bradley, Henry KY 9th Cav. Co.F
Bradley, Henry KY Horse Arty. Byrne's Co.
Bradley, Henry MS 13th Inf. Co.E Sgt.
Bradley, Henry MO Searcy's Bn.S.S. Co.C
Bradley, Henry SC 1st (Butler's) Inf. Co.D
Bradley, Henry SC 1st (Butler's) Inf. Co.F
Bradley, Henry TN 14th Inf. Co.F
Bradley, Henry TX 22nd Inf. Co.K
Bradley, Henry C. AL 16th Inf. Co.G
Bradley, Henry C. GA 1st (Olmstead's) Inf. Co.D
Bradley, Henry C. MO Cav. Jackman's Regt. Co.D
Bradley, Henry C. NC 7th Inf. Co.G
Bradley, Henry F. TX 1st Inf. Co.G
Bradley, Henry F. VA 97th Mil. Co.F Capt.
Bradley, Henry H. NC 25th Inf. Co.D
Bradley, Henry H. VA 17th Inf. Co.H Cpl.
Bradley, Henry M. SC 1st (McCreary's) Inf. Co.B
Bradley, Henry M. SC Inf. Hampton Legion Co.B
Bradley, Henry S. GA Cobb's Legion Co.C Asst.Surg.
Bradley, Henry W. MO 5th Inf. Co.F
Bradley, H.F. AR 15th (N.W.) Inf. Co.D
Bradley, H.F. AR 19th Inf. Co.C
Bradley, H.G. Gen. & Staff Hosp.Stew.
Bradley, H.H. SC 6th Inf. 2nd Co.H
Bradley, H.H. TN Inf. 1st Cons.Regt. Co.D
Bradley, H.H. TN 8th Inf. Co.A
Bradley, H.H. VA 3rd Inf.Loc.Def. Co.F
Bradley, H.H. Gen. & Staff Comsy.Sgt.
Bradley, Hiram MS 10th Inf. Co.B Cpl.
Bradley, H.J. AR 20th Inf. Co.H 2nd Lt.
Bradley, H.K. NC 3rd Arty. (40th St.Troops) Co.I
Bradley, H.L. AR 1st (Monroe's) Cav. Co.B Sgt.
Bradley, H.L. TX 30th Cav. Co.E
Bradley, H.M. GA 55th Inf. Co.I
Bradley, Hobbs FL Cav. 3rd Bn. Co.B
Bradley, Hobbs 15th Conf.Cav. Co.F Cpl.
Bradley, Hosea AL 42nd Inf. Co.F
Bradley, H.R. AR 5th Inf.
Bradley, H.S. Gen. & Staff Asst.Surg.
Bradley, Hugh AR 9th Inf. Co.D 1st Sgt.
Bradley, Hugh LA 5th Inf. Co.K
Bradley, Hugh C. AL 4th Inf. Co.C
Bradley, Hugh L. AR 9th Inf. Co.A Ord.Sgt.
Bradley, H.W. SC 7th Cav. Co.I
Bradley, H.W. SC Cav.Bn. Holcombe Legion Co.A
Bradley, Ira MO 1st Brig.St.Guard
Bradley, Irwin T.D. AL 63rd Inf. Co.G
Bradley, Isaac GA 18th Inf. Co.B
Bradley, Isaac MD 1st Cav. Co.B
Bradley, Isaac H. TX 9th Cav. Co.A
Bradley, Isaac M. NC 39th Inf. Co.A
Bradley, Isaac M. NC 60th Inf. Co.C
Bradley, Isaac T. NC 16th Inf. Co.H
Bradley, Isaac W. SC 6th Inf. 2nd Co.E
Bradley, Isaac W. SC 9th Inf. Co.F
Bradley, J. AL 42nd Inf. Co.F
Bradley, J. FL 1st (Res.) Inf. Co.E
Bradley, J. GA Lt.Arty. Clinch's Btty.
Bradley, J. GA 1st Bn.S.S. Co.D
Bradley, J. GA 39th Inf. Co.E
Bradley, J. GA 63rd Inf. Co.D
Bradley, J. LA 6th Inf. Co.A
Bradley, J. LA 15th Inf. Co.E
Bradley, J. LA Mil.Bn. British Fusileers Co.A
Bradley, J. Cherokee Regt. Miller's Co. Cpl.
Bradley, J.A. GA 3rd Res. Co.E
Bradley, J.A. GA 39th Inf. Co.G
Bradley, J.A. MO Cav. Woodson's Co.
Bradley, J.A. TN 50th (Cons.) Inf. Co.C
Bradley, Jackson MO Lt.Arty. 1st Field Btty.
Bradley, Jackson TN 30th Inf. Co.E
Bradley, Jackson N. AL 47th Inf. Co.A 2nd Lt.
Bradley, Jacob KY 13th Cav. Co.F
Bradley, Jacob L. GA 52nd Inf. Co.F
Bradley, James AL 3rd Bn.Res. Co.C
Bradley, James AL Mil. 4th Vol. Co.E
Bradley, James AL 11th Inf. Co.D
Bradley, James AL 23rd Inf. Co.F
Bradley, James AL Rives' Supp.Force 9th Congr.Dist.
Bradley, James AL Stockland's Bn.St.Res.
Bradley, James GA 41st Inf. Co.B
Bradley, James GA 47th Inf. Co.G
Bradley, James GA 59th Inf. Co.C
Bradley, James LA 1st (Strawbridge's) Inf. Co.D
Bradley, James LA 1st (Strawbridge's) Inf. Co.K Cpl.
Bradley, James MD Cav. 2nd Bn. Co.B
Bradley, James MD Inf. 2nd Bn. Co.E
Bradley, James MS 1st Lt.Arty. Co.I
Bradley, James MS 12th Inf. Co.F
Bradley, James MS 18th Inf. Co.K

Bradley, James MO 1st N.E. Cav. Co.F,O
Bradley, James MO 12th Cav. Co.E
Bradley, James MO 1st & 4th Cons.Inf. Co.B
Bradley, James MO 4th Inf. Co.A
Bradley, James MO Inf. 8th Bn. Co.D
Bradley, James MO 9th Inf. Co.H
Bradley, James MO 10th Inf. Co.D
Bradley, James NC 2nd Arty. (36th St.Troops) Co.H
Bradley, James NC 29th Inf. Co.F
Bradley, James NC 50th Inf. Co.I
Bradley, James NC 58th Inf. Co.F
Bradley, James NC 64th Inf. Co.E,C
Bradley, James SC 3rd Cav. Co.F
Bradley, James, Jr. SC Lt.Arty. 3rd (Palmetto) Bn. Co.E,G Cpl.
Bradley, James, Sr. SC Lt.Arty. 3rd (Palmetto) Bn. Co.G,K
Bradley, James SC Hvy.Arty. Gilchrist's Co. (Gist Guard)
Bradley, James SC Arty. Manigault's Bn. 2nd Co.C
Bradley, James SC Arty. Manigault's Bn. Co.E
Bradley, James SC Arty. Zimmerman's Co. (Pee Dee Arty.)
Bradley, James TN Inf. 1st Bn. (Colms') Co.B
Bradley, James TN 2nd (Walker's) Inf. Co.B
Bradley, James TN 62nd Mtd.Inf. Co.H
Bradley, James TX 35th (Brown's) Cav. Co.C
Bradley, James TX 13th Vol. 1st Co.H
Bradley, James VA 2nd Cav. Co.B
Bradley, James VA 17th Inf. Co.G
Bradley, James VA 25th Inf. 2nd Co.I
Bradley, James VA 37th Mil. 2nd Co.B Cpl.
Bradley, James VA 61st Inf. Co.I,K Sgt.
Bradley, James VA Inf. Cohoon's Bn. Co.C Cpl.
Bradley, James VA Tuttle's Bn.Loc.Def. Co.A Cpl.
Bradley, James Conf.Inf. 1st Bn.
Bradley, James 9th Conf.Inf. Co.F
Bradley, James A. AL 33rd Inf. Co.E
Bradley, James A. AL 50th Inf. Co.B
Bradley, James A. KY 4th Cav. Co.F
Bradley, James A. KY 5th Mtd.Inf. Co.E
Bradley, James A. MO 1st N.E. Cav.
Bradley, Jas. A. MO St.Guard
Bradley, James A. VA Lt.Arty. Parker's Co.
Bradley, James A. VA 62nd Mtd.Inf. Co.A
Bradley, James A.M.D. AR 1st (Colquitt's) Inf. Co.G Music.
Bradley, James B. AL 43rd Inf. Co.A,F
Bradley, James C. MO 10th Cav. Co.G
Bradley, James D. NC 3rd Arty. (40th St.Troops) Co.I
Bradley, James D. NC 1st Inf. (6 mo. '61) Co.I
Bradley, James D. NC 60th Inf. Co.I,A
Bradley, James D. TN 5th Inf. 2nd Co.B
Bradley, James D. TN 50th Inf.
Bradley, James E. MS Cav. 3rd Bn.Res. Co.E
Bradley, James G. VA Inf. 26th Bn. Co.C
Bradley, James H. GA Inf. 25th Inf. (Prov. Guard) Co.C
Bradley, James H. KY 2nd Cav. Co.D
Bradley, James H. MO 4th Inf. Co.K
Bradley, James H. NC 56th Inf. Co.K
Bradley, James H. NC Inf. Thomas Legion Co.F
Bradley, James H. TN 9th Cav. Co.F
Bradley, James H. VA 2nd Bn.Res. Co.H Capt.
Bradley, James J. AL Inf. 1st Regt. Co.F,A
Bradley, James J. AL 42nd Inf. Co.F
Bradley, James J. AL Cp. of Instr. Talladega
Bradley, James J. GA 1st Cav. Co.F Cpl.
Bradley, James L. KY 10th (Johnson's) Cav. Co.E
Bradley, James L. LA 19th Inf. Co.A
Bradley, James L. MS 1st Lt.Arty. Co.E
Bradley, James L. TN 32nd Inf. Co.G
Bradley, James L. VA 4th Cav. Co.B
Bradley, James L. VA Inf. 2nd Bn.Loc.Def. Co.E
Bradley, James M. GA 16th Inf. Co.F,B
Bradley, James M. GA Conscr. Conscr.
Bradley, James M. MS 9th Inf. Old Co.I
Bradley, James M. MS 42nd Inf. Co.B
Bradley, James M. MO 3rd Inf. Co.K Cpl.
Bradley, James M. NC 25th Inf. Co.C
Bradley, James M. TN 23rd Inf. 2nd Co.A Sgt.
Bradley, James M. VA Horse Arty. Shoemaker's Co.
Bradley, James O. VA 40th Inf. Co.G
Bradley, James R. VA 16th Inf. Co.B
Bradley, James S. LA 31st Inf. Co.B,E
Bradley, James S. TN 7th Inf. Sutler
Bradley, James T. NC Inf. 13th Bn. Co.C
Bradley, James T. NC 31st Inf. Co.B Capt.
Bradley, James W. AL 3rd Res. Co.I
Bradley, James W. AL 8th Inf. Co.A
Bradley, James W. GA 16th Inf. Co.A
Bradley, James W. MO Cav. Coffee's Regt.
Bradley, James W. MO 5th Inf. Co.F
Bradley, James W. TN 37th Inf. Co.G 2nd Lt.
Bradley, James W. TX 31st Cav. Co.A
Bradley, Jasper P. GA 36th (Broyles') Inf. Co.C Sgt.
Bradley, J.B. AL Inf. 1st Regt. Co.C
Bradley, J.B. LA 1st Hvy.Arty. (Reg.) Co.E
Bradley, J.B. TN 11th (Holman's) Cav. Co.C
Bradley, J.C. AL 27th Inf. Co.K
Bradley, J.C. TN 11th (Holman's) Cav. Co.K
Bradley, J.C. TN Inf. 4th Cons.Regt. Co.H
Bradley, J.C. TN 11th Inf. Co.H
Bradley, J.D. AL Inf. 1st Regt. Co.C
Bradley, J.E. GA Inf. 26th Bn. Co.C
Bradley, Jere W. NC 29th Inf. Co.D
Bradley, Jesse FL 11th Inf. Co.L
Bradley, Jeese TN Cav. 4th Bn. (Branner's) Co.D
Bradley, Jesse VA 12th Inf. 2nd Co.I Cpl.
Bradley, Jesse VA 36th Inf. Co.F
Bradley, Jesse VA Inf. 57th Inf. Co.F
Bradley, Jesse C. TN 39th Mtd.Inf. Co.C
Bradley, Jessee AL 38th Inf. Co.B
Bradley, Jesse G. SC Inf.Bn. Co.F
Bradley, Jesse T. NC 54th Inf. Co.D
Bradley, Jesse Y. SC 19th Inf. Co.H
Bradley, J.F. MO 11th Inf. Co.F
Bradley, J.F. MO St.Guard W.H. Taylor's Co.
Bradley, J.F. TN 4th Inf. Co.I
Bradley, J.F. TX 7th Inf.
Bradley, J.F.T. TX 4th Inf. Co.K Sgt.
Bradley, J.G. AL 6th Inf. Co.I
Bradley, J.H. FL 2nd Cav. Co.K
Bradley, J.H. GA 1st Inf. Co.C
Bradley, J.H. GA 1st Inf. (St.Guards) Co.E 3rd Lt.
Bradley, J.H. KY Morgan's Men Co.C
Bradley, J.H. KY Morgan's Men Co.E
Bradley, J.H. MO 5th Cav. Co.H
Bradley, J.H. MO 1st & 4th Cons.Inf. Co.H 2nd Lt.
Bradley, J.H. NC Hvy.Arty. 10th Bn. Co.E Sgt.
Bradley, J.H. TN 30th Inf. Co.E
Bradley, J.H. TX 12th Cav. Co.E
Bradley, J.H. 8th (Dearing's) Conf.Cav. Co.G
Bradley, J.J. AL 22nd Inf. Co.B
Bradley, J.J. GA 40th Inf. Co.D
Bradley, J.J. MS 24th Inf. Co.A
Bradley, J.J. NC 18th Inf. Co.B
Bradley, J.J. TX 20th Inf. Co.I Cpl.
Bradley, J.L. SC 8th Res.
Bradley, J.M. AL 1st Bn. Hilliard's Legion Vol. Co.D
Bradley, J.M. AL 1st Bn. Hilliard's Legion Vol. Co.G
Bradley, J.M. AR 1st (Monroe's) Cav. Co.B Cpl.
Bradley, J.M. GA 4th Res. Co.E
Bradley, J.M. GA Phillips' Legion Co.O
Bradley, J.M. GA Weems' Detach.Cp.Guard (Augusta)
Bradley, J.M. MS Inf. 2nd St.Troops Co.D
Bradley, J.M. NC 16th Inf.
Bradley, J.M. NC 60th Inf. Co.C
Bradley, J.M. TN 6th (Wheeler's) Cav. Co.K
Bradley, J.M. TN 37th Inf. Co.G
Bradley, J.N. AL Arty. 1st Bn. Co.F
Bradley, J.N. AL 33rd Inf. Co.E
Bradley, J.N. SC 22nd Inf. Co.D
Bradley, J.N. TN Cav. 11th Bn. (Gordon's) Co.A
Bradley, Joel AL 48th Inf. Co.F
Bradley, Joel GA Inf. 8th Bn. Co.A
Bradley, John AL 12th Cav. Co.B
Bradley, John AL 12th Cav. Co.G
Bradley, John AL 13th Inf. Co.H
Bradley, John AL 17th Inf. Co.H
Bradley, John AL 27th Inf. Co.I
Bradley, John AL Rives' Supp.Force 9th Congr.Dist.
Bradley, John AR 10th (Witt's) Cav. Co.G Capt.
Bradley, John FL Cav. 3rd Bn. Co.D
Bradley, John GA 4th (Clinch's) Cav. Co.C
Bradley, John GA Cav. Hendry's Co. (Atlantic & Gulf Guards)
Bradley, John GA 1st Inf.
Bradley, John KY 10th Cav. Co.C
Bradley, John LA Arty. Moody's Co. (Madison Lt.Arty.)
Bradley, John LA 1st (Strawbridge's Inf.) Co.K,E,G Music.
Bradley, John LA 3rd Inf. Co.E
Bradley, John MS Inf. 3rd Bn. Co.H
Bradley, John MS 17th Inf. Co.G Cpl.
Bradley, John MS 19th Inf. Co.B
Bradley, John MO 1st & 3rd Cons.Cav. Co.I Sgt.
Bradley, John NC 1st Arty. (10th St.Troops) Co.E
Bradley, John NC 22nd Inf. Co.K
Bradley, John NC 29th Inf. Co.F

Bradley, John NC 35th Inf. Co.B
Bradley, John SC 7th Inf. Co.B
Bradley, John SC 14th Inf. Co.G
Bradley, John SC 15th Inf. Co.D
Bradley, John TN 7th (Duckworth's) Cav. Co.L
Bradley, John TN 10th Inf. Co.H
Bradley, John TN Inf. Nashville Bn. Felts' Co.
Bradley, John TX 12th Cav. Co.D
Bradley, John TX 2nd Inf. Co.G
Bradley, John VA 24th Cav. Co.G Cpl.
Bradley, John VA 54th Mil. Co.G
Bradley, John VA Loc.Def. Chappell's Co.
Bradley, John Cav. 1st Conf.Reg. Co.A Capt.
Bradley, John 15th Conf.Cav. Co.I
Bradley, John 2nd Cherokee Mtd.Vol. Co.C
Bradley, John Gen. & Staff AQM
Bradley, John A. GA 1st Inf. Co.I
Bradley, John A. MO 1st Cav. Co.I Sgt.
Bradley, John A. MO 10th Inf. Co.D
Bradley, John A. SC 2nd Cav. Co.A
Bradley, John A. SC 5th Inf. 2nd Co.B
Bradley, John A. SC 5th St.Troops Co.A Lt.Col.
Bradley, John A. TN 29th Inf. Co.G
Bradley, John A. VA 22nd Cav. Co.A,K
Bradley, John A. VA 22nd Inf. Co.A
Bradley, John A. VA 58th Inf. Co.K
Bradley, John B. AL 46th Inf. Co.G
Bradley, John B. LA 14th Inf. Co.D Capt.
Bradley, John C. NC 2nd Inf. Co.A
Bradley, John C. TN 32nd Inf. Co.G
Bradley, John D. TN 8th Inf.
Bradley, John D. TN 20th Inf. Co.K
Bradley, John D. 1st Conf.Eng.Troops Co.C
Bradley, John E. LA 2nd Inf. Co.G
Bradley, John E. SC 7th Inf. 1st Co.C
Bradley, John E. VA 15th Inf. Co.A 1st Lt.
Bradley, John E. VA Inf. 25th Bn. Co.B Ens.
Bradley, John F. TX 18th Inf. Co.C
Bradley, John F. VA 55th Inf. Co.F
Bradley, John H. AL 39th Inf. Co.I
Bradley, John H. AR 2nd Inf. Co.I
Bradley, John H. NC 16th Inf. Co.G Sgt.
Bradley, John H. NC 25th Inf. Co.G
Bradley, John H. VA 5th Inf. Co.E
Bradley, John H. 7th Conf.Cav. Co.F
Bradley, John J. AR 19th (Dockery's) Inf. Co.E
Bradley, John J. GA 36th (Broyles') Inf. Co.A
Bradley, John J. LA 8th Inf. Co.H
Bradley, John J. MS 8th Inf. Co.K
Bradley, John J. TX 19th Inf. Co.G Capt.
Bradley, John J. VA Rockbridge Cty.Res. Donald's Co.
Bradley, John L. NC 11th (Bethel Regt.) Inf. Co.E
Bradley, John L. VA Inf. 26th Bn. Co.C
Bradley, John M. AR 9th Inf. Co.A Capt.
Bradley, John M. GA 2nd Inf. Co.E
Bradley, John M. GA 8th Inf. (St.Guards) Co.H
Bradley, John M. LA 9th Inf. Co.H
Bradley, John M. MS 13th Inf. Co.A Lt.Col.
Bradley, John M. 1st Choctaw & Chickasaw Mtd.Rifles 1st Co.K
Bradley, John N. AR 37th Inf. Co.D Capt.
Bradley, John P. MS Bowen's Co. (Chulahoma Cav.)
Bradley, John P. MS 19th Inf. Co.I
Bradley, John P. TN 13th (Gore's) Cav. Co.H
Bradley, John P. TN 28th (Cons.) Inf. Co.H Sgt.
Bradley, John P. VA Hvy.Arty. 19th Bn. Co.B
Bradley, John P. 1st Conf.Eng.Troops Co.G Artif.
Bradley, John R. SC 6th Inf. 1st Co.B
Bradley, John R. VA 15th Inf. Co.A 1st Lt.
Bradley, John S. GA St.Mil.
Bradley, John S. LA Washington Arty.Bn. Co.2 QMSgt.
Bradley, John S. LA Inf. 1st Sp.Bn. (Rightor's) New Co.C
Bradley, John S. TN 8th Inf. Co.A Sgt.
Bradley, Johnston T. VA Lt.Arty. 38th Bn. Co.C
Bradley, Johnston T. VA Lt.Arty. E.J. Anderson's Co.
Bradley, John T. NC 1st Cav. (9th St.Troops) Co.D
Bradley, John T. TN 19th Inf. Co.E
Bradley, Jno T. Gen. & Staff Asst.Surg.
Bradley, John W. AL 1st Regt.Conscr. Co.E
Bradley, John W. AL 22nd Inf. Co.C
Bradley, John W. GA 42nd Inf. Co.F
Bradley, John W. MS 2nd Inf. Co.E
Bradley, John W. MS 39th Inf. Co.D
Bradley, John W. MO Lt.Arty. 1st Field Btty.
Bradley, John W. SC 3rd Cav. Co.K
Bradley, John W. TN 43rd Inf. Co.B
Bradley, John W. TX 17th Cav. Co.D
Bradley, John W. TX 11th Inf. Co.C
Bradley, John W. VA 15th Inf. Co.A
Bradley, John W. VA Inf. 25th Bn. Co.A
Bradley, Joseph AL 10th Inf. Co.A Cpl.
Bradley, Joseph GA 29th Inf. Co.H
Bradley, Joseph LA 7th Inf. Co.D Sgt.
Bradley, Joseph NC Cav. 12th Bn. Co.A
Bradley, Joseph TN 7th (Duckworth's) Cav. Co.F
Bradley, Joseph TX 6th Cav. Co.E 1st Lt.
Bradley, Joseph 8th (Dearing's) Conf.Cav. Co.A
Bradley, Joseph C., Jr. AL Lt.Arty. Ward's Btty. Cpl.
Bradley, Joseph C. AL 14th Inf. Co.G
Bradley, Joseph C. AL 62nd Inf. Co.G
Bradley, Joseph D. NC 29th Inf. Co.D
Bradley, Joseph F. TN 48th (Nixon's) Inf. Co.I
Bradley, Joseph J. NC 2nd Arty. (36th St.Troops) Co.F
Bradley, Joseph J. NC 15th Inf. Co.I Cpl.
Bradley, Joseph J. NC 62nd Inf. Co.A
Bradley, Joseph L. MS 13th Inf. Co.A 3rd Lt.
Bradley, Joseph L. NC 22nd Inf. Co.K Cpl.
Bradley, Joseph L. VA 2nd Inf.Loc.Def. Co.C
Bradley, Joseph M. VA 58th Inf. Co.K 1st Lt.
Bradley, Joseph P. AL 46th Inf. Co.F Sgt.
Bradley, Joseph T. MS 12th Inf. Co.A 1st Sgt.
Bradley, Joseph W. LA 11th Inf. Co.D
Bradley, Joshua VA 14th Cav. 1st Co.F
Bradley, Joshua VA Cav. 36th Bn. Co.E
Bradley, Josiah M. AL 32nd Inf. Co.K
Bradley, J.P. GA 1st Res. Co.F
Bradley, J.P. GA 42nd Inf. Co.G 1st Sgt.
Bradley, J.P. NC 3rd Arty. (40th St.Troops) Co.B
Bradley, J.P. SC Cav. 12th Bn. Co.B
Bradley, J.P. TN 13th (Gore's) Cav. Co.F
Bradley, J.P. TN 84th Inf. Co.D
Bradley, J.P. TX 12th Cav. Co.A
Bradley, J.R. TN 7th (Duckworth's) Cav. White's Co.
Bradley, J.R. Sap. & Min. Flynn's Co.,CSA
Bradley, J.S. GA Cav. 9th Bn. (St.Guards) Co.D 1st Sgt.
Bradley, J.S. GA 51st Inf. Co.F
Bradley, J.S. TN 30th Inf. Co.I
Bradley, J.T. AL 19th Inf. Co.D
Bradley, J.T. AL Talladega Cty.Res. G.M. Gamble's Co.
Bradley, J.T. MO 16th Inf. Surg.
Bradley, J.T. NC 3rd Arty. (40th St.Troops) Co.D
Bradley, J.T. TN Inf. 3rd Cons.Regt. Co.H
Bradley, J.T. VA 10th Bn.Res. Co.B
Bradley, Judson L. GA 65th Inf. Co.A
Bradley, Junius H. NC 54th Inf. Co.D
Bradley, J.W. AL 25th Inf. Co.E
Bradley, J.W. AL Ready's Bn.Res. Co.B
Bradley, J.W. GA Cav. 9th Bn. (St.Guards) Co.E
Bradley, J.W. GA 24th Inf. Co.A
Bradley, J.W. GA 34th Inf. Lt.Col.
Bradley, J.W. LA 1st Hvy.Arty. (Reg.) Co.E
Bradley, J.W. MS Cav. Powers' Regt. Co.E
Bradley, J.W. SC 1st Mtd.Mil. Johnson's Co.
Bradley, J.W. SC Lt.Arty. 3rd (Palmetto) Bn. Co.A,H
Bradley, J.W. SC 1st (McCreary's) Inf. Campbell's Co.
Bradley, J.W. SC 16th & 24th (Cons.) Inf. Co.E
Bradley, J.W. TN 20th (Russell's) Cav. Co.K
Bradley, J.W. TN 30th Inf. Co.E,B Sgt.
Bradley, J.W. TN Inf. 154th Sr.Regt. Co.F
Bradley, J.W. TN Conscr. (Cp. of Instr.)
Bradley, J.W. TX 17th Cons.Dismtd.Cav. Co.C
Bradley, K. VA 3rd Cav. Co.I
Bradley, L. MO St.Guard Ord.Sgt.
Bradley, Larkin N. TN 13th (Gore's) Cav. Co.E
Bradley, Lawrence AR 8th Inf. New Co.E Sgt.
Bradley, Lawrence NC 15th Inf. Co.I
Bradley, L.B. Hosp.Stew.
Bradley, L.D. TX 12th Inf. Co.I 1st Lt.
Bradley, L.D. TX Inf. Timmons' Regt. Co.A Capt.
Bradley, L.D. TX Waul's Legion Co.B Capt.
Bradley, Leander N. TN 32nd Inf. Co.G
Bradley, Lee KY 2nd Mtd.Inf. Co.B
Bradley, Leonard K. TN 7th Inf. Co.B
Bradley, Levi MO 11th Inf. Co.B,I
Bradley, Levi H. NC 1st Arty. (10th St.Troops) Co.F
Bradley, Lewis GA 52nd Inf. Co.F
Bradley, Littleberry D. VA Cav. 40th Bn. Co.A
Bradley, L.M. GA 13th Cav. Co.I
Bradley, L.M. GA Lt.Arty. Daniell's Btty.
Bradley, Loranzo NC 39th Inf. Co.C
Bradley, Lucius C. GA 43rd Inf. Co.C,L Cpl.
Bradley, L.W. TN Inf. 4th Cons.Regt. Co.H
Bradley, M. MS Cav. 3rd Bn. (Ashcraft's) Co.A
Bradley, M. SC 3rd Cav. Co.A,G
Bradley, M. TN 54th Inf. Hollis' Co.
Bradley, M.A. AL 25th Inf. Co.H
Bradley, M.A. VA Inf. 7th Bn.Loc.Def. Co.A
Bradley, Malvin M. TX 18th Cav. Co.K
Bradley, Mark TN 60th Mtd.Inf. Co.D

Bradley, Mark M. TX 18th Cav. Co.F
Bradley, Martin MS 1st Cav.Res. Co.A
Bradley, Matthew LA 20th Inf. Co.H,K
Bardley, M.D. MO 6th Cav. Co.I 3rd Lt.
Bradley, M.D.L. AL 14th Inf. Co.G
Bradley, M.G. AL Mtd.Res. Logan's Co.
Bradley, M.H. GA 7th Inf. Co.I
Bradley, Mike MS 1st Cav.Res. Co.A
Bradley, Milan J. KY 13th Cav. Co.G
Bradley, Milton TN 15th Cav. Co.G 2nd Lt.
Bradley, Mitchell AR 9th Inf. Co.A
Bradley, M.J. SC 11th Inf. Co.G
Bradley, M.M. TN 24th Inf. 1st Co.H, Co.I Cpl.
Bradley, Morris GA Cav. 16th Bn. (St.Guards) Co.B
Bradley, Moses TN Inf. 3rd Cons.Regt. Co.B
Bradley, Moses TN 38th Inf. Co.C
Bradley, M.S. AL 2nd Cav. Co.F
Bradley, M.W. TX 3rd Cav. Co.E
Bradley, M.W. VA 51st Inf. Co.D
Bradley, N. TX 25th Cav. Co.F
Bradley, Nathan M. LA 28th (Gray's) Inf. Co.E
Bradley, N.B. GA 1st (Olmstead's) Inf. Gordon's Co.
Bradley, N.B. GA 63rd Inf. Co.F Cpl.
Bradley, N.B. TN Cav. Allison's Squad. Co.B
Bradley, N.C. TN 28th (Cons.) Inf. Co.E
Bradley, N.C. TN 84th Inf. Co.A
Bradley, N.E. GA Cav. 20th Bn. Co.B
Bradley, Nelson NC 60th Inf. Co.G
Bradley, Newman B. GA 30th Inf. Co.D Sgt.
Bradley, Newton LA 9th Inf. Co.H
Bradley, Noah H. MS 1st (King's) Inf. (St.Troops) Co.C Capt.
Bradley, Oliver NC 30th Inf. Co.F Cpl.
Bradley, O.R. AL 9th Inf. Co.K Sgt.
Bradley, O.R. TN Cav. 4th Bn. (Branner's) Co.D
Bradley, Osborn NC Inf. Thomas Legion Co.F
Bradley, Park B. VA Lt.Arty. Thornton's Co.
Bradley, Pat MS 12th Inf. Co.E
Bradley, Pat TX Inf. 1st St.Troops Lawrence's Co.D
Bradley, Patrick AR 15th (N.W.) Inf. Co.K
Bradley, Patrick LA 13th Inf. Co.A Sgt.
Bradley, Patrick LA 14th Inf. Co.A
Bradley, Patrick LA 20th Inf. Co.K 1st Sgt.
Bradley, Patrick MS Inf. 2nd Bn. Co.G
Bradley, Patrick MS 48th Inf. Co.G
Bradley, Patrick TN 10th Inf. Co.H
Bradley, Patrick H. SC 7th Inf. 1st Co.C Capt.
Bradley, Peter AL Arty. 1st Bn. Co.C
Bradley, Peter AL 24th Inf.
Bradley, Peter LA 7th Inf. Co.I
Bradley, Peter MS 9th Inf. Old Co.E Cpl.
Bradley, Peter MS 10th Inf. New Co.A 1st Sgt.
Bradley, Peter TX Lt.Arty. Jones' Co.
Bradley, Phillip GA 19th Inf. Co.B
Bradley, Pleasant VA 3rd Cav. Co.F
Bradley, Pryon TN Inf. 1st Bn. (Colm's) Co.E
Bradley, Pryon TN 50th (Cons.) Inf. Co.H
Bradley, R. FL 2nd Inf. Co.H
Bradley, R. LA Mil. Beauregard Bn. Co.C
Bradley, R. MO Inf. 1st Regt.St.Guard Co.F
Bradley, R. NC 1st Arty. (10th St.Troops) Co.E
Bradley, R. TN Inf. 1st Cons.Regt. Co.I
Bradley, R. TN 27th Inf. Co.B
Bradley, R. VA 3rd Cav. Co.F
Bradley, R.A. VA Inf. 2nd Bn.Loc.Def. Co.D
Bradley, Randolph LA 14th Inf. Co.B,D Capt.
Bradley, Randolph TN 10th Inf.
Bradley, Randolph TN 14th Inf. Co.F
Bradley, Randolph VA 4th Inf. Co.D
Bradley, Ransom MO Cav. Freeman's Regt. Chap.
Bradley, R.C. GA Cav. 9th Bn. (St.Guards) Co.D
Bradley, R.C. MS 2nd Part. Co.A
Bradley, R.C. SC Cav.Bn. Holcombe Legion Co.A
Bradley, R.D. AL 48th Inf. Co.K Cpl.
Bradley, R.D. AR Inf. Hardy's Regt. Co.C
Bradley, R.D. TX 4th Inf. Co.E
Bradley, Reid MO St.Guard
Bradley, Reuben VA 61st Inf. Co.C
Bradley, R.F. GA Cav. 1st Bn.Res. Co.C Sgt.
Bradley, R.F. KY 9th Mtd.Inf. Co.B
Bradley, R.F. SC 2nd Cav. Co.G
Bradley, R.H. SC Mil.
Bradley, Richard LA Cav. Lott's Co. (Carroll Drag.)
Bradley, Richard MS 2nd Part.Rangers Co.B
Bradley, Richard SC 11th Res. Co.L Cpl.
Bradley, Richard TN 4th Inf. Co.I
Bradley, Richard T. MS 16th Inf. Co.K
Bradley, Richard T. MO Inf. 8th Bn. Co.E
Bradley, Richard T. MO 9th Inf. Co.I
Bradley, Rich T. MO Inf. 3rd Bn. Co.A 2nd Lt.
Bradley, R.J. AL 1st Cav. 2nd Co.E
Bradley, R.J. TN 48th (Nixon's) Inf. Co.I
Bradley, R.J.W. KY 3rd Mtd.Inf. Co.C
Bradley, R.K. TN 59th Mtd.Inf. Co.D Lt.
Bradley, R.K. TN 62nd Mtd.Inf. Co.C
Bradley, R.L. SC 2nd St.Troops Co.F
Bradley, R.M. GA 54th Inf. Co.F
Bradley, R. Newton SC Inf. Hampton Legion Co.D
Bradley, Robert AL Cav. Lewis' Bn. Co.B
Bradley, Robert LA Inf.Cons.Crescent Regt. Co.H
Bradley, Robert LA Inf.Crescent Regt. Co.C
Bradley, Robert MS 18th Inf. Co.K
Bradley, Robert MO 6th Inf. Co.B
Bradley, Robert NC 33rd Inf. Co.B
Bradley, Robert SC 2nd St.Troops Co.E
Bradley, Robert VA 3rd Cav. Co.F
Bradley, Robert VA 38th Inf. Co.A Cpl.
Bradley, Robert A. VA 58th Inf. Co.K Cpl.
Bradley, Robert B. FL 1st Cav. Co.K Sgt.
Bradley, Robert D. AR 9th Inf. Co.E
Bradley, Robert E. SC 9th Inf. Co.F
Bradley, Robert F. GA 1st Cav. Co.F Sgt.
Bradley, Robert F. GA 12th (Robinson's) Cav. (St.Guard) Co.G
Bradley, Robert H. NC 1st Inf. (6 mo. '61) Co.A
Bradley, Robert H. VA 53rd Inf. Co.I
Bradley, Robert J. TN 48th (Nixon's) Inf. Co.I Jr.2nd Lt.
Bradley, Robert P. MO Inf. 3rd Bn. Co.C
Bradley, Robert R. MS 10th Inf. Co.O, New Co.B
Bradley, Robert W. NC 17th Inf. (1st Org.) Co.C
Bradley, Robert W. VA Hvy.Arty. 19th Bn. Co.B
Bradley, R.P. GA Cav. 1st Bn.Res. Co.E Cpl.
Bradley, R.R. LA Cav. Nutt's Co. (Red River Rangers)
Bradley, R.R. LA 16th Inf. Co.B
Bradley, R.R. LA 25th Inf. Co.A
Bradley, R.R. MS 1st (Patton's) Inf. Co.A
Bradley, R.R. TX 20th Inf. Co.K 2nd Lt.
Bradley, R.S. TN 21st (Wilson's) Cav. Co.B
Bradley, R.S. TN 21st & 22nd (Cons.) Cav. Co.G
Bradley, Rufus C. GA 43rd Inf. Co.C,L
Bradley, R.W. VA 20th Inf. Co.F
Bradley, S.A. AL 8th (Livingston's) Cav. Co.H
Bradley, S.A. AL 13th Bn.Part.Rangers Co.D
Bradley, S.A. AL 56th Part.Rangers Co.H
Bradley, S.A. GA Inf. 8th Bn. Co.F
Bradley, Salathial AL 22nd Inf. Co.G
Bradley, Salathiel AL 39th Inf. Co.I Sgt.
Bradley, Samuel AR 30th Inf. Co.I
Bradley, Samuel KY 2nd (Woodward's) Cav. Co.B
Bradley, Samuel NC 43rd Inf. Co.D
Bradley, Samuel SC 5th Inf. 1st Co.D
Bradley, Samuel TN 4th (McLemore's) Cav. ACS
Bradley, Samuel TN 6th (Wheeler's) Cav. Co.D Sgt.
Bradley, Samuel VA 27th Inf. Co.C
Bradley, Samuel A. AL 58th Inf. Co.I
Bradley, Samuel A. VA 8th Inf. Co.A
Bradley, Samuel G. TN 2nd (Smith's) Cav.
Bradley, Samuel G. TN 4th (McLemore's) Cav. Co.G
Bradley, Samuel H. TN 18th Inf. Co.E Sgt.
Bradley, Samuel J. NC 22nd Inf. Co.K
Bradley, Samuel L. AL 50th Inf.
Bradley, Samuel M. MO 5th Inf. Co.H Sgt.
Bradley, Samuel P. GA 2nd Inf. Co.E
Bradley, Samuel P. GA 52nd Inf. Co.H 1st Sgt.
Bradley, Smauel S. TN 19th Inf. Co.E
Bradley, Samuel T. LA 8th Inf. Co.E
Bradley, Samuel W. VA 33rd Inf. Co.F Sgt.
Bradley, Sanders W. GA 24th Inf. Co.A
Bradley, Saunders NC 37th Inf. Co.D
Bradley, S.B. AL 33rd Inf. Co.D
Bradley, S.B. AL 35th Inf. Co.D
Bradley, S.B. GA 23rd Inf. Co.D
Bradley, S.B. NC 34th Inf. Co.E 1st Lt.
Bradley, S.B. TX 29th Cav. Co.H Cpl.
Bradley, S.B. VA 3rd Inf.Loc.Def. Co.A Sgt.
Bradley, S.B. Gen. & Staff Hosp.Stew.
Bradley, S.D. TX 12th Cav. Co.E
Bradley, S.H. AR 2nd Cav. Co.A
Bradley, S.H. AR 8th Cav. Co.A
Bradley, Sidney AL 10th Inf. Co.K
Bradley, Simon B. NC 15th Inf. Co.I
Bradley, S.J. SC 4th Cav. Co.I
Bradley, S.J. SC Cav. 12th Bn. Co.B Sgt.
Bradley, S.J. TN 8th Cav. Co.A,H
Bradley, S.L. AR 6th Inf. Co.B
Bradley, S.M. GA Cav. 6th Bn. (St.Guards) Co.A
Bradley, S.P. LA 14th Inf. Co.A
Bradley, S.Q. MS 9th Cav. Co.D
Bradley, S.Q. MS Cav. 17th Bn. Co.F
Bradley, S.R. SC Lt.Arty. 3rd (Palmetto) Bn. Co.H

Bradley, S.R. SC 16th & 24th (Cons.) Inf. Co.E
Bradley, S.S. AR 15th Mil. Co.C
Bradley, S.T. TN 26th Inf. Co.F
Bradley, Staten NC 17th Inf. (2nd Org.) Co.D
Bradley, Stephen AL Arty. 1st Bn. Co.F
Bradley, Stephen MS 13th Inf. Co.D
Bradley, Stephen NC 31st Inf. Co.I
Bradley, Stephen NC Inf. Thomas Legion Co.K
Bradley, Stephen SC 1st Arty. Co.H
Bradley, Stephen B. GA 16th Inf. Co.D
Bradley, Stephen B. SC 20th Inf. Co.G
Bradley, Stephen E. AL Inf. 1st Regt. Co.C
Bradley, Stokley M. TX 27th Cav. Co.G
Bradley, Sylvester KY 5th Mtd.Inf. Co.C
Bradley, Sylvester VA Lt.Arty. G.B. Chapman's Co.
Bradley, T. MS Inf. 2nd Bn. Co.E
Bradley, T. MS 48th Inf. Co.E
Bradley, T. TX Cav. Terry's Regt. Co.I
Bradley, T. VA 60th Inf. Co.A
Bradley, T.B. TN 16th Cav. Co.C
Bradley, T.C. MS 2nd Part.Rangers Co.K
Bradley, T.E. MS 7th Cav. Co.K
Bradley, T.E. TN 8th Inf. Co.A 1st Lt.
Bradley, Telverton J. AL 61st Inf. Co.G
Bradley, T.H. FL 2nd Cav. Co.K
Bradley, Thaddus VA 13th Cav. Co.F
Bradley, Thaddus VA 9th Inf. Co.C
Bradley, Theodore TN 10th Inf. Co.F
Bradley, Theodore G. GA 19th Inf. Co.A
Bradley, Thomas AL 28th Inf. Co.E
Bradley, Thomas AL 42nd Inf. Co.F
Bradley, Thomas AL Cp. of Instr. Talladega
Bradley, Thomas AR 9th Inf. Co.D
Bradley, Thomas LA 11th Inf. Co.H
Bradley, Thomas MO 9th Inf. Co.D
Bradley, Thomas NC Inf. Thomas Legion Co.F
Bradley, Thomas TN 3rd (Forrest's) Cav. Co.E
Bradley, Thomas TN 8th Cav. Co.C
Bradley, Thomas TN 13th (Gore's) Cav. Co.D
Bradley, Thomas TN Lt.Arty. Burroughs' Co.
Bradley, Thomas TN 30th Inf. Co.E
Bradley, Thomas TN 34th Inf. Co.F
Bradley, Thomas VA 26th Inf. Co.E
Bradley, Thomas C. AR Inf. Crawford's Bn. Co.B 1st Lt.
Bradley, Thomas C. AR Inf. Hardy's Regt. Co.A 1st Lt.
Bradley, Thomas C. SC 6th Cav. Co.C Cpl.
Bradley, Thomas Chiles SC 7th Inf. 1st Co.C Sgt.
Bradley, Thomas D. VA 38th Inf. Co.A Sgt.
Bradley, Thomas E. TN 23rd Inf. 2nd Co.A 2nd Lt.
Bradley, Thomas F. TN 4th Cav.
Bradley, Thomas F. TN 24th Inf. Co.F
Bradley, Thomas G. MO 10th Cav. Co.G
Bradley, Thomas H. TN 4th Cav.
Bradley, Thomas H. TN 19th Inf. Co.D
Bradley, Thos. J. GA 16th Inf. Co.B
Bradley, Thomas J. LA 31st Inf. Co.E
Bradley, Thomas J. MD Arty. 2nd Btty.
Bradley, Thomas J. VA 2nd Arty. Co.A
Bradley, Thos. J. VA 44th Inf. Co.C
Bradley, Thos. J. VA Inf. 44th Bn. Co.D
Bradley, Thomas J. Conf.Cav. Wood's Regt. 2nd Co.G
Bradley, Thomas L.C. NC 22nd Inf. Co.K
Bradley, Thomas M. AL Jeff Davis Arty.
Bradley, Thomas M. MO 9th Bn.S.S. Co.E
Bradley, Thomas M. TN Cav. 7th Bn. (Bennett's) Co.B Cpl.
Bradley, Thomas M. TN 22nd (Barteau's) Cav. Co.E Sgt.
Bradley, Thomas M. TX 8th Inf. Co.I Sgt.
Bradley, Thomas Madison MS 1st Lt.Arty. Co.A Artif.
Bradley, Thomas P. AL 5th Inf. New Co.F
Bradley, Thomas R. GA 43rd Inf. Co.C
Bradley, Thomas W. TN 13th (Gore's) Cav. Co.H
Bradley, Thornton NC Walker's Bn. Thomas' Legion Co.E
Bradley, Tim E. GA 31st Inf. Co.F
Bradley, T.J. GA 2nd Mil. Co.I
Bradley, T.J. MO 11th Inf. Co.D
Bradley, T.J. VA Inf. 44th Bn. Co.D Ord.Sgt.
Bradley, T.M. MS 1st (Percy's) Inf. Co.D
Bradley, T.M. NC Walker's Bn. Thomas' Legion Co.E
Bradley, T.M. TN 21st & 22nd (Cons.) Cav. Co.B Sgt.
Bradley, T.P. AL Arty. 4th Bn. Hilliard's Legion Co.A
Bradley, T.P. AL 59th Inf. Co.I
Bradley, T.P. TN 18th Inf. Co.E
Bradley, T.R. TN 1st (Carter's) Cav. Capt.
Bradley, T.S. GA Cav. 1st Bn. Walthour's Co.
Bradley, T.S. GA 5th Cav. Co.G
Bradley, T.W. GA Inf. Whiteside's Naval Bn. (Loc.Def.) Co.A Sgt.
Bradley, T.W. MS 9th Cav. Co.D
Bradley, T.W. SC Cav. 17th Bn. Co.A
Bradley, T.W. SC 2nd Inf. Co.K 2nd Lt.
Bradley, T.W. TN 3rd (Forrest's) Cav.
Bradley, T.W. TN 13th (Gore's) Cav. Co.F
Bradley, T.W. VA 1st (Farinholt's) Res. Co.D
Bradley, V.B. TN 30th Inf. Co.E
Bradley, Virgil GA 43rd Inf. Co.C
Bradley, W. KY 10th (Johnson's) Cav. Co.E
Bradley, W. KY 2nd Mtd.Inf. Co.H
Bradley, W. LA 2nd Cav. Co.H
Bradley, W. MO Perkins' Regt. Lt.
Bradley, W. SC Inf. 7th Bn. (Enfield Rifles) Co.D
Bradley, W. SC 16th Inf. Co.D
Bradley, W. VA 8th Inf. Co.E
Bradley, W.A. KY 2nd Bn.Mtd.Rifles Co.B
Bradley, W.A. SC Lt.Arty. 2nd (Palmetto) Bn. Co.H,A
Bradley, Walter KY 2nd Mtd.Inf. Co.E
Bradley, Walter MO Douglas' Regt. Bly's Co.
Bradley, W.B. GA 3rd Res. Co.C
Bradley, W.B. TN 14th (Neely's) Cav. Co.I
Bradley, W.C. LA 3rd Inf. Co.H
Bradley, W.C. MS 14th (Cons.) Inf. Co.H
Bradley, W.C. VA 2nd Cav. Co.B
Bradley, W.E. TX 4th Cav. Co.I Bugler
Bradley, Wesley TN Cav. 7th Bn. (Bennett's) Co.A
Bradley, Wesley TN 30th Inf. Co.E
Bradley, Wesley M. TX Cav. Martin's Regt. Co.B Sgt.
Bradley, Westley G. LA Inf. 11th Bn. Co.A
Bradley, W.F. AR Inf. Hardy's Regt. Co.I
Bradley, W.F. Gen. & Staff, QM Dept. Capt.
Bradley, W.G. NC 1st Bn.Jr.Res. Co.C
Bradley, W.H. AL 13th Inf. Co.H
Bradley, W.H. AL 25th Inf. Co.E
Bradley, W.H. AR 50th Mil. Co.B
Bradley, W.H. GA Cav. 1st Bn. Hughes' Co.
Bradley, W.H. GA 5th Cav. Co.D
Bradley, W.H. GA Inf. 8th Bn. Co.A
Bradley, W.H. GA 36th (Villepigue's) Inf. Co.F
Bradley, W.H. GA 54th Inf. Co.F
Bradley, W.H. LA 28th (Gray's) Inf. Co.H
Bradley, W.H. MS 43rd Inf. Co.B
Bradley, W.H. SC 17th Inf. Co.D
Bradley, W.H. TN 15th (Stewart's) Cav. Co.F
Bradley, W.H. TN Inf.Crews' Bn. Co.C Capt.
Bradley, W.H. 1st Conf.Inf. 1st Co.F
Bradley, W.I. SC Lt.Arty. Garden's Co. (Palmetto Lt.Arty.)
Bradley, Wiley SC Lt.Arty. 3rd (Palmetto) Bn. Co.G,E Sgt.
Bradley, William AL 6th Cav. Co.I
Bradley, William AL 12th Inf. Co.D
Bradley, William AL 33rd Inf. Co.E
Bradley, William AL 57th Inf. Co.H
Bradley, William AL 59th Inf. Co.C
Bradley, William AL 59th Inf. Co.D
Bradley, William AR 20th Inf. Co.H
Bradley, William AR 31st Inf. Co.A 1st Lt.
Bradley, William GA Inf. 1st Loc.Troops (Augusta) Co.H
Bradley, William GA 29th Inf. Co.G
Bradley, William GA Smith's Legion Stiff's Co.
Bradley, William KY 1st (Butler's) Cav. Co.A
Bradley, William KY 3rd Bn.Mtd.Rifles McCormick's Co.
Bradley, William KY 5th Cav. Co.G
Bradley, William KY Morgan's Men Co.E
Bradley, William KY Morgan's Men Beck's Co.
Bradley, William LA 9th Inf. Co.G
Bradley, William LA 20th Inf. Co.K
Bradley, William LA 31st Inf. Co.B
Bradley, William LA Mil.Conf.Guards Regt. Co.I
Bradley, William LA Miles' Legion Co.G
Bradley, William MS Cav. Ham's Regt. Co.G
Bradley, William MO 2nd Cav. Co.H
Bradley, William MO 5th Cav. Co.G
Bradley, William MO Lt.Arty. Landis' Co.
Bradley, William NC 22nd Inf. Co.E
Bradley, William NC 64th Inf. Co.E
Bradley, William NC Inf. Thomas Legion Co.F
Bradley, William SC 7th Inf. 1st Co.C
Bradley, William SC 14th Inf. Co.G Cpl.
Bradley, William TN Cav. 1st Bn. (McNairy's) Co.D
Bradley, William TN 22nd (Barteau's) Cav. Co.B Cpl.
Bradley, William TN 19th Inf. Co.D
Bradley, William TN 31st Inf. Co.C
Bradley, William TN 44th Inf. Co.I
Bradley, William TN 44th (Cons.) Inf. Co.A
Bradley, William TX 12th Cav. Co.E
Bradley, William TX 4th Field Btty. Cpl.
Bradley, William VA 22nd Cav. Co.A
Bradley, William VA 6th Inf. Co.I
Bradley, William VA 58th Inf. Co.D

Bradley, William VA 64th Mtd.Inf. Co.H
Bradley, William VA Mil. Scott Cty.
Bradley, William A. AR 45th Mil. Co.G
Bradley, William A. GA 24th Inf. Co.A
Bradley, William A. GA 56th Inf. Co.D Cpl.
Bradley, William A. LA 9th Inf. Co.H
Bradley, William A. NC 34th Inf. Co.C
Bradley, William B. AL 4th Inf. Co.I Cpl.
Bradley, William C. AR 25th Inf. Co.H
Bradley, William C. GA 18th Inf. Co.K
Bradley, William C. MO Lt.Arty. 1st Field Btty.
Bradley, William C. MS 2nd Inf. Co.L
Bradley, William C. MS Inf. 5th Bn. Co.A
Bradley, William C. MS 43rd Inf. Co.I
Bradley, William C. VA 8th Cav.
Bradley, William D. SC 22nd Inf. Co.D Cpl.
Bradley, William D. VA 24th Inf. Co.B
Bradley, William E. AL 16th Inf. Co.F
Bradley, William E. AL 37th Inf. Co.A 1st Lt.
Bradley, William E. MS St.Cav. Perrin's Bn. Co.F
Bradley, William E. NC 33rd Inf. Co.B
Bradley, William E. VA Hvy.Arty. Coleman's Co.
Bradley, William E. VA Lt.Arty. Pollock's Co.
Bradley, William E. VA 12th Inf. 2nd Co.I
Bradley, William F. AL 46th Inf. Co.G
Bradley, William F. VA 7th Cav. Co.D
Bradley, William G. AL 32nd Inf. Co.K
Bradley, William H. AL 19th Inf. Co.D
Bradley, Wiiliam H. AL 28th Inf. Co.E
Bradley, William H. GA Lt.Arty. Pritchard's Co. (Washington Arty.) Artif.
Bradley, William H. GA 48th Inf. Co.E
Bradley, William H. KY 9th Cav.
Bradley, William H. LA 31st Inf. Co.E
Bradley, William H. MO Inf. 3rd Bn. Co.A
Bradley, William H. MO 6th Inf. Co.E
Bradley, William H. NC 2nd Arty. (36th St.Troops) Co.F
Bradley, William H. TN 14th (Neely's) Cav. Co.E
Bradley, William H. TN 17th Inf. Co.C
Bradley, William H. TN 23rd Inf. 2nd Co.A
Bradley, William H. TX 18th Cav. Witt's Co.
Bradley, William J. NC 25th Inf. Co.C
Bradley, William J. VA 3rd Cav. Co.D
Bradley, William J. Gen. & Staff Maj.,AQM
Bradley, William J.P. AL 3rd Bn. Hilliard's Legion Vol. Co.C
Bradley, William K. NC 15th Inf. Co.A
Bradley, William L. AL Inf. 1st Regt. Co.C
Bradley, William L. TN 11th (Holman's) Cav. Co.I
Bradley, William M. AR 3rd Inf. Co.C
Bradley, William M. MS 17th Inf. Co.C
Bradley, William M. TN 2nd (Smith's) Cav.
Bradley, William M. VA 6th Bn.Res. Co.G
Bradley, William P. AL 3rd Inf. Co.B
Bradley, William R. MO 5th Inf. Co.F Sgt.
Bradley, William R. TX Cav. 1st Bn.St.Troops Co.B
Bradley, William R. 1st Choctaw & Chickasaw Mtd.Rifles 1st Co.K
Bradley, William S. AL Arty. 1st Bn. Co.F Cpl.
Bradley, William S. VA 11th Inf. Co.C
Bradley, Williamson MS 2nd Inf. Co.E
Bradley, Williamson MS 10th Inf. Co.L, New Co.C Cpl.
Bradley, William T. TN 9th Cav. Co.F
Bradley, William T. TN 7th Inf. Co.B
Bradley, William T. VA 38th Inf. Co.A
Bradley, William T. VA 53rd Inf. Co.I
Bradley, William T. 8th (Dearing's) Conf.Cav. Co.I
Bradley, William W. AL 4th Inf. Co.A
Bradley, William W. MS 1st Lt.Arty. Co.E
Bradley, William W. NC 22nd Inf. Co.K
Bradley, William W. SC 9th Inf. Co.F
Bradley, William W. VA Lt.Arty. 12th Bn. 2nd Co.A Cpl.
Bradley, William W. VA Lt.Arty. Sturdivant's Co.
Bradley, William Waite GA 1st (Olmstead's) Inf. Gordon's Co.
Bradley, William Waite GA 63rd Inf. Co.B,K
Bradley, Willis NC 12th Inf. Co.H
Bradley, Willis NC 32nd Inf. Co.H
Bradley, Willis NC 39th Inf. Co.D
Bradley, Willis B. AR 32nd Inf. Co.K
Bradley, Willis C. NC 62nd Inf. Co.H
Bradley, Wilson KY 5th Mtd.Inf. Co.H
Bradley, Wilson NC 50th Inf. Co.I
Bradley, Wilson NC Inf. Thomas Legion Co.F
Bradley, Winfree VA 11th Inf. Co.E
Bradley, Winfree 1st Conf.Eng.Troops Co.E Cpl.
Bradley, W.J. GA 3rd Res. Co.C
Bradley, W.J. KY 2nd (Duke's) Cav. Co.K
Bradley, W.J. SC 20th Inf. Co.G
Bradley, W.K. SC 5th Res. Co.H Capt.
Bradley, W.L. AL 35th Inf. Co.E
Bradley, W.L. AR 19th (Dawson's) Inf. Co.G
Bradley, W.L. TN Douglass' Bn.Part.Rangers Perkins' Co.
Bradley, W.L. TX 9th (Nichols') Inf. Co.A
Bradley, W.L. TX 17th Inf. Co.G Sgt.
Bradley, W.M. MS 5th Cav. Co.I
Bradley, W.M. TX 19th Inf. Co.K
Bradley, W.O. AR 1st (Monroe's) Cav. Co.D
Bradley, W.R. AL Conscr.
Bradley, W.R. TN 21st (Wilson's) Cav. Co.H
Bradley, W.R. TN 36th Inf. Co.G
Bradley, W.S. AL 35th Inf. Co.B
Bradley, W.S. 7th Conf.Cav. Co.F
Bradley, W.S. 8th (Dearing's) Conf.Cav. Co.G
Bradley, W.S. Morgan's,CSA
Bradley, W.S. SC 20th Inf. Co.G
Bradley, W.S. TX 17th Inf. Co.G Sgt.
Bradley, W.T. AR 37th Inf. Co.D 1st Sgt.
Bradley, W.T. SC 2nd Bn.Res. Co.B
Bradley, W.T.C. AL 14th Inf. Co.G
Bradley, W.W. TN 40th Inf. Co.C
Bradley, W.W. TN 42nd Inf. 2nd Co.E
Bradley, Zadock M. NC Lt.Arty. 3rd Bn. Co.C,A
Bradly, Absalom B. NC 50th Inf. Co.K
Bradly, A.D. MS 9th Inf. Co.C Sgt.
Bradly, Alex VA 60th Inf. Co.A
Bradly, Alexander VA 108th Mil. Co.G
Bradly, Ambrose J. SC Inf. Hampton Legion Co.D Sgt.
Bradly, Anderson VA 86th Mil.
Bradly, Andrew J. KY 9th Cav. Co.F Cpl.
Bradly, Archibald T. VA 63rd Inf. Co.B Cpl.
Bradly, Augustus NC 50th Inf. Co.K
Bradly, A.W. GA 30th Inf. Co.E
Bradly, B. GA 5th Res. Co.E
Bradly, B. LA 4th Cav. Co.F
Bradly, B. NC Loc.Def. Cox's Co.
Bradly, B.B. TN 1st Hvy.Arty. Co.K, 2nd Co.C
Bradly, Benjamin VA 53rd Inf. Co.B
Bradly, Benjamin F. MO 16th Inf. Co.C
Bradly, Benton AL 2nd Cav. Co.H,A
Bradly, B.N. NC 6th Inf. Co.H
Bradly, Burges VA 48th Inf. Co.K
Bradly, Cornelius NC 1st Bn.Jr.Res. Co.A
Bradly, Doctr LA 4th Cav. Co.F
Bradly, D.T. GA 4th Cav. (St.Guards) Cartledge's Co.
Bradly, E. GA 9th Inf.
Bradly, Edward L. TN 23rd Inf. 2nd Co.A Sgt.
Bradly, Enoch N. TN 84th Inf.
Bradly, E.P. SC 3rd Inf. Co.B Sgt.
Bradly, George W. GA 24th Inf. Co.A
Bradly, G.W. AL 8th Regt. Co.A
Bradly, G.W. VA 3rd Res. Co.K
Bradly, H. AL 25th Inf. Co.E
Bradly, Hampton B. MS 9th Inf. Old Co.I
Bradly, J. AL 24th Inf. Co.C
Bradly, J.A. TN 50th Inf. Co.C
Bradly, James LA 3rd (Wingfield's) Cav. Co.B Cpl.
Bradly, James MO 1st N.E. Cav. Co.M
Bradly, James NC 68th Inf.
Bradly, James TX 1st Hvy.Arty. Co.F
Bradly, James A. TN 7th Inf. Co.B
Bradly, James B. LA 12th Inf. Co.G
Bradly, James G. VA 108th Mil. Co.E
Bradly, James J. GA 51st Inf. Co.F Sgt.
Bradly, J.B. TN 15th (Stewart's) Cav. Co.G
Bradly, J.C. TN Holman's Bn.Part.Rangers Co.D
Bradly, J.D. TX 24th & 25th Cav. (Cons.) Co.B
Bradly, J.D. TX 25th Cav. Co.A
Bradly, J.E. MS 9th Inf. Co.D
Bradly, Jeff C. TN Cav. 9th Bn. (Gantt's) Co.C
Bradly, Jesse GA 47th Inf. Co.K
Bradly, J.J. GA 5th Res. Co.D
Bradly, J.M. AR 15th Mil. Co.C
Bradly, J.N. GA 7th Inf. (St.Guards) Co.B
Bradly, Jo TX 6th Cav. Co.E
Bradly, John AR 8th Cav. Co.A 2nd Lt.
Bradly, John GA 13th Inf. Co.E
Bradly, John NC 1st Cav. (9th St.Troops) Co.G
Bradly, John VA Cav. 32nd Bn. Co.A Cpl.
Bradly, John A. MO 1st & 3rd Cons.Cav. Co.E Sgt.
Bradly, John C. GA 43rd Inf. Co.C,L
Bradly, John H. NC 2nd Arty. (36th St.Troops) Co.F
Bradly, John J. AL 57th Inf. Co.D,E
Bradly, John L. VA 108th Mil. Co.E, Lemon's Co.
Bradly, John S. KY 8th Cav. Co.D
Bradly, John W. AL 37th Inf. Co.K
Bradly, John W. GA 34th Inf. Co.E
Bradly, John W. SC 16th Inf. Co.A
Bradly, Joseph NC 4th Cav. (59th St.Troops) Co.K
Bradly, Joseph F. TN 54th Inf. Ives' Co.
Bradly, Joseph M. LA 13th Inf. Co.K

Bradly, J.W. AL 48th Inf. Co.C
Bradly, J.W. AL 60th Inf. Co.B
Bradly, J.W. VA 1st (Farinholt's) Res. Co.D
Bradly, Levi P. TN 25th Inf. Co.I
Bradly, L.F. TN 46th (Nixon's) Inf. Co.I
Bradly, Lindsey VA 22nd Inf. Co.F Music.
Bradly, Linsey VA 189th Mil. Co.C
Bradly, Loranzo F. TN 54th Inf. Ives' Co.
Bradly, M.D. GA Inf. City Bn. (Columbus) Co.B
Bradly, M.D. TX 2nd Cav. Co.H
Bradly, M.H. TN 8th (Smith's) Cav. Co.F
Bradly, O.R. GA 1st Cav. Co.F Sgt.
Bradly, Patrick TX Arty. 4th Bn. Co.A
Bradly, R. LA 18th Inf. Co.K
Bradly, R.A. MO Cav. Freeman's Regt. Co.B
Bradly, Richard J. TN 54th Inf. Co.B
Bradly, Robert TN 54th Inf. Ives' Co.
Bradly, Rufus H. VA 42nd Inf. Co.K Sgt.
Bradly, Sam H. AR 9th Inf. Co.D
Bradly, Samuel AL 2nd Cav. Co.E
Bradly, Samuel 1st Creek Mtd.Vol. Co.M
Bradly, Simeon R. SC 16th Inf. Co.A
Bradly, S.S. AR Inf. Cocke's Regt. Co.B
Bradly, S.T. TN 51st (Cons.) Inf. Co.E
Bradly, Stephen GA 1st Inf. (St.Guards) Co.C Cpl.
Bradly, Sylvester VA 108th Mil. Co.E
Bradly, T. AL 37th Inf. Co.I
Bradly, T. VA 59th Inf. 1st Co.B
Bradly, T.S. VA 108th Mil. Lemon's Co.
Bradly, W. GA 5th Res. Co.E
Bradly, W.H. TX 5th Cav. Co.I
Bradly, William AR 8th Cav. Co.L 1st Sgt.
Bardly, William H. GA 5th Inf. Co.H
Bradly, William H. KY 4th Cav. Co.F
Bradly, William M. GA 6th Cav. Co.C
Bradly, W.J. AL 60th Inf. Co.B
Bardly, W.T. AR 8th Cav. Co.A
Bradner, H.S. VA 60th Inf. Co.B
Bradner, James A. VA Cav. 39th Bn. Co.D
Bradner, John VA 53rd Inf. Co.F
Bradner, John VA 53rd Inf. Co.I Sgt.
Bradner, John VA Inf. Montague's Bn. Co.B
Bradner, John VA Inf. Montague's Bn. Co.C
Bradner, J.W. TX Cav. Waller's Regt. Co.F 2nd Lt.
Bradner, R.H. VA 1st Arty. 3rd Co.C
Bradner, R.H. VA Arty. Young's Co.
Bradner, Richard H. VA Lt.Arty. 1st Bn. Co.C
Bradner, Thomas H. VA 38th Inf. Co.B
Bradner, Thomas J. VA 29th Inf. 2nd Co.F
Bradner, Thomas J. VA 45th Inf. Co.E
Bradner, Wm. G. VA 38th Inf. Co.B
Bradner, William H. VA 46th Inf. 2nd Co.C
Bradney, W. SC Mil.Arty. 1st Regt. Walters' Co.
Bradon, --- AL 10th Inf. Co.F
Bradon, James MS Cav. 3rd Res. Co.D
Bradon, J.K.P. MS 10th Inf. Co.L, New Co.C
Bradon, John KY 10th Cav. Co.A
Bradon, William M. MS 2nd Inf. Co.E
Bradow, Herman AL 20th Inf. Co.B
Brads, James W. VA 9th Inf. Co.D
Brads, John A. VA 58th Inf. Co.G
Bradsfaw, A.N. KY 2nd Cav. Co.G 1st Lt.
Bradshaw, --- TX 1st Hvy.Arty. Co.E
Bradshaw, A. MS 6th Inf. Co.D
Bradshaw, A. SC 25th Inf. Co.C
Bradshaw, A. TX 19th Inf. Co.A Sgt.
Bradshaw, A. 2nd Cherokee Mtd.Vol. Co.K
Bradshaw, Abm. MO 16th Inf. Co.D
Bradshaw, A.C. GA 12th Cav. Co.K Capt.
Bradshaw, A.G. AL St.Arty. Co.D
Bradshaw, A.H. VA 60th Inf. Co.G
Bradshaw, A.J. AR 14th (Powers') Inf. Co.D
Bradshaw, A.J. AR 26th Inf. Co.I
Bradshaw, A.J. TN 12th Inf. Co.D
Bradshaw, A.J. TN 12th (Cons.) Inf. Co.E
Bradshaw, A.J. TN 44th (Cons.) Inf. Co.H
Bradshaw, A.J. TN Inf. 154th Sr.Regt. Co.F
Bradshaw, A.J. TX 22nd Inf. Co.K
Bradshaw, Albert GA 3rd Inf. Co.L
Bradshaw, Albert N. TN 2nd (Ashby's) Cav. Co.G 1st Lt.
Bradshaw, Albert N. TN Cav. 4th Bn. (Branner's) Co.B 2nd Lt.
Bradshaw, Alexander KY Cav. 1st Bn. Co.A
Bradshaw, Alexander KY 4th Cav. Co.D
Bradshaw, Alexander MS 29th Inf. Co.H
Bradshaw, Alexander H. TN 32nd Inf. Co.I
Bradshaw, Alexander H. VA 5th Cav. Coakley's Co. Cpl.
Bradshaw, Alexander H. VA 52nd Inf. Co.E
Bradshaw, Alex M. NC 45th Inf. Co.C Sgt.
Bradshaw, Alfred L. NC 26th Inf. Co.I
Bradshaw, A.M. AL Cav. Moreland's Regt. Co.B
Bradshaw, A.M. MO 2nd Inf. Co.D
Bradshaw, A.M. 1st Conf.Cav. Co.I
Bradshaw, Amos VA 61st Inf. Co.F
Bradshaw, Amzi TX 19th Cav. Co.C
Bradshaw, Amzi TX Cav. Baird's Regt. Co.D Capt.
Bradshaw, Amzi T. TX 9th (Nichols') Inf. Co.A 2nd Lt.
Bradshaw, Andrew J. TN 34th Inf. Co.I
Bradshaw, Andrew S. TN 7th Inf. Co.K
Bradshaw, Anthony A. TN 34th Inf. Co.G Sgt.
Bradshaw, Ashley NC 20th Inf. Co.K
Bradshaw, A.W. TN 3rd (Forrest's) Cav. Co.C
Bradshaw, B. TN Cav. Nixon's Regt. Co.D
Bradshaw, B.D. NC 30th Inf. Co.E
Bradshaw, C.G. VA Lt.Arty. Cooper's Co.
Bradshaw, C.H. LA Mil.Conf.Guards Regt. Co.D
Bradshaw, C.H. VA Loc.Def. Chappell's Co. 1st Lt.
Bradshaw, Charles AR 1st (Crawford's) Cav. Co.A
Bradshaw, Charles MO 7th Cav. Co.B
Bradshaw, Charles NC 6th Inf. Co.A
Bradshaw, Charles 7th Conf.Cav. Co.C
Bradshaw, Charles E. AR 3rd Cav. Co.H
Bradshaw, Charles F. NC 2nd Bn.Loc.Def.Troops Co.B
Bradshaw, Charles H. AL 3rd Cav. Co.E
Bradshaw, Charles H. VA 9th Inf. 1st Co.H
Bradshaw, Charles H. VA Inf. 28th Bn. Co.C
Bradshaw, Charles H. VA 59th Inf. 2nd Co.H
Bradshaw, Charles H. Conf.Cav. Wood's Regt. 1st Co.D
Bradshaw, Charles J. GA 31st Inf. Co.F Cpl.
Bradshaw, Charles W. NC 1st Cav. (9th St.Troops) Co.F Bugler
Bradshaw, Charles W. NC 42nd Inf. Co.A Lt.Col.
Bradshaw, C.M. TX 8th Cav. Co.I
Bradshaw, Colin NC 20th Inf. Co.K
Bradshaw, Columbus F. NC 38th Inf. Co.G
Bradshaw, Cumberland G. VA 13th Inf. 1st Co.E
Bradshaw, C.W. AR 19th (Dawson's) Inf. Co.E
Bradshaw, D. AR 1st (Monroe's) Cav. Co.L
Bradshaw, D. MS 3rd Inf. Co.F
Bradshaw, D.A. MO Cav. Woodson's Co.
Bradshaw, Daniel VA 61st Inf. Co.F
Bradshaw, Daniel A. TX 8th Cav. Co.G
Bradshaw, Daniel B. AR 15th (N.W.) Inf. Co.G
Bradshaw, Daniel H. TN 39th Mtd.Inf. Co.C Sgt.
Bradshaw, Daniel J. NC 51st Inf. Co.B
Bradshaw, David MO Lewis Regt.
Bradshaw, David NC 12th Inf. Co.C
Bradshaw, David TX Inf. Rutherford's Co.
Bradshaw, David A. TX 18th Cav. Co.C
Bradshaw, David C. AR 36th Inf. Co.A Sgt.
Bradshaw, David T. NC Hvy.Arty. 1st Bn. Co.C
Bradshaw, David W. NC 43rd Inf. Co.A
Bradshaw, Denton MS 23rd Inf. Co.F
Bradshaw, D.H. KY 10th (Diamond's) Cav. Co.L
Bradshaw, D.W. NC 4th Cav. (59th St.Troops) Co.C
Bradshaw, D.W. SC 4th St.Troops Co.I
Bradshaw, D.W. SC 5th Bn.Res. Co.B
Bradshaw, E. AL 15th Inf. Co.C
Bradshaw, E. VA 32nd Inf. Co.F
Bradshaw, Ed. TN Lt.Arty. Morton's Co.
Bradshaw, Ed M. TN 61st Mtd.Inf. Co.F
Bradshaw, Edward A. TN 39th Mtd.Inf. Co.C
Bradshaw, Edward F. VA 32nd Inf. 2nd Co.I
Bradshaw, Edward H. VA 115th Mil. Co.C
Bradshaw, Edwin E. GA Cav. 7th Bn. (St.Guards) Co.F Sgt.
Bradshaw, Edwin H. VA 53rd Inf. Co.I Comsy.Sgt.
Bradshaw, E.H. VA Inf. Montague's Bn. Co.B
Bradshaw, Elbert VA 61st Inf. Co.F
Bradshaw, Eli VA 61st Inf. Co.G
Bradshaw, Elijah NC 58th Inf. Co.H Cpl.
Bradshaw, Elisha GA Lt.Arty. Scogin's Btty. (Griffin Lt.Arty.)
Bradshaw, Elisha VA 61st Inf. Co.F
Bradshaw, E.N. TN 29th Inf. Co.A 1st Lt.
Bradshaw, Ephram W. AR 6th Inf. New Co.D
Bradshaw, E.T. VA 53rd Inf. Co.C
Bradshaw, Evans A. NC Moseley's Co. (Sampson Arty.)
Bradshaw, E.W. AR 12th Inf. Co.H
Bradshaw, F. AL 5th Cav. Co.F
Bradshaw, Fields M. TX 24th Cav. Co.C
Bradshaw, F.M. GA 5th Inf. (St.Guards) Russell's Co.
Bradshaw, Francis NC 5th Inf. Co.K Cpl.
Bradshaw, Francis TN 6th Inf. Co.F
Bradshaw, Francis M. AL 30th Inf. Co.D
Bradshaw, Frank TX 7th Cav. Co.F
Bradshaw, Franklin VA 31st Inf. Co.B
Bradshaw, Franklin VA 162nd Mil. Co.A
Bradshaw, George AR 45th Mil. Co.E
Bradshaw, George TN 21st Inf. Co.H Cpl.
Bradshaw, George TN 40th Inf. Co.G

Bradshaw, George TN 42nd Inf. 1st Co.I
Bradshaw, George 9th Conf.Inf. Co.G
Bradshaw, George F. TX Cav. Baylor's Regt. Co.B
Bradshaw, George H. AR 14th (McCarver's) Inf. Co.B
Bradshaw, Geo. W. AR 32nd Inf. Co.G
Bradshaw, George W. NC 1st Cav. (9th St.Troops) Co.K
Bradshaw, George W. VA Conscr. Cp.Lee Co.B
Bradshaw, G.H. AR 8th Inf. New Co.F Music.
Bradshaw, Graham G. NC 6th Inf. Co.F
Bradshaw, G.W. GA 3rd Cav. Co.H
Bradshaw, G.W. GA Floyd Legion (St.Guards) Co.F
Bradshaw, G.W. NC 20th Inf. Co.K
Bradshaw, G.W. TX 13th Vol. 2nd Co.D
Bradshaw, G.W. TX 13th Vol. Co.H
Bradshaw, Hartwell H. TN 7th Inf. Co.G
Bradshaw, H.B. LA 20th Inf. Co.D
Bradshaw, H.C. GA 1st (Fannin's) Res. Co.D
Bradshaw, Henry AR 18th (Marmaduke's) Inf. Co.I
Bradshaw, Henry VA Cav. McFarlane's Co.
Bradshaw, Henry VA 72nd Mil.
Bradshaw, Henry A.E. VA 11th Inf. Co.D
Bradshaw, Hiram N. TX 20th Inf. Co.A
Bradshaw, H.L. GA Floyd Legion (St.Guards) Co.F Cpl.
Bradshaw, Hoyt B. LA 11th Inf. Co.I
Bradshaw, H.R. KY 2nd Mtd.Inf. Co.E
Bradshaw, I. GA Siege Arty. Campbell's Ind.Co.
Bradshaw, I.N. MO 6th Cav. Co.C
Bradshaw, Isaac N. MO 3rd Cav. Co.C
Bradshaw, Isaiah MS 34th Inf. Co.A
Bradshaw, I.T.J. TN 12th (Green's) Cav. Co.H
Bradshaw, Iverson GA Cav. 7th Bn. (St.Guards) Co.A
Bradshaw, Iverson 7th Conf.Cav. Co.E
Bradshaw, J. MS 33rd Inf.
Bradshaw, J. NC 5th Sr.Res. Co.I
Bradshaw, J. NC Mallett's Bn. Co.C
Bradshaw, J.A. GA Cav. 20th Bn. Co.B,E
Bradshaw, J.A. MS Cav. Jeff Davis Legion Co.G
Bradshaw, J.A. MO 6th Cav. Co.C
Bradshaw, J.A. TX 27th Cav. Co.K
Bradshaw, J.A. VA Inf. 4th Bn.Loc.Def. Co.F
Bradshaw, J.A. VA Inf. 4th Bn. Co.F
Bradshaw, J.A. VA 10th Bn.Res. Co.D
Bradshaw, Jack AR 1st (Crawford's) Cav. Co.D
Bradshaw, Jacob VA 14th Inf. Co.H
Bradshaw, Jacob B. NC McDugald's Co.
Bradshaw, Jacob T. VA 61st Inf. Co.F Sgt.
Bradshaw, James AR 16th Inf. Co.G
Bradshaw, James GA 11th Cav. Co.F
Bradshaw, James MO 16th Inf. Co.A
Bradshaw, James NC 18th Inf. Co.C
Bradshaw, James NC 30th Inf. Co.E
Bradshaw, James VA Cav. 1st Bn. Co.C
Bradshaw, James VA 11th Cav. Co.F
Bradshaw, James VA 16th Cav. Co.H
Bradshaw, James VA Cav. Ferguson's Bn. Ferguson's Co.
Bradshaw, James VA Inf. 2nd Bn.Loc.Def. Co.E
Bradshaw, James VA 16th Inf. Co.D
Bradshaw, James A. FL 7th Inf. Co.C
Bradshaw, James A. NC Inf. Thomas Legion Co.F
Bradshaw, James A. VA 18th Inf. Co.C
Bradshaw, James B. AR 33rd Inf. Co.B
Bradshaw, James B. FL 2nd Cav. Co.B
Bradshaw, James B. TN Cav. 12th Bn. (Day's) Co.A
Bradshaw, James C. AR 36th Inf. Co.D 1st Lt.
Bradshaw, James E. MO 9th Bn.S.S. Co.C Sgt.
Bradshaw, James H. KY 3rd Bn.Mtd.Rifles Co.F
Bradshaw, James H. NC 1st Cav. (9th St.Troops) Co.D Far.
Bradshaw, James H. VA Cav. McFarlane's Co. Cpl.
Bradshaw, James J. AL 9th Inf. Co.H Sgt.
Bradshaw, James L. TX 8th Cav. Co.G
Bradshaw, James L. VA 59th Inf. 2nd Co.A
Bradshaw, James M. AR 16th Inf. Co.K
Bradshaw, James M. NC 13th Inf. Co.E
Bradshaw, James M. VA Loc.Def. Chappell's Co.
Bradshaw, James N. NC 6th Inf. Co.F
Bradshaw, James N. TN 10th Inf. Co.F 2nd Lt.
Bradshaw, James P. NC 13th Inf. Co.E Sgt.
Bradshaw, James R. AL 5th Bn.Vol. Co.A
Bradshaw, James T. NC 6th Inf. Co.F
Bradshaw, James T. TX 8th Cav. Co.G Cpl.
Bradshaw, James V. NC Inf. Thomas Legion Co.H
Bradshaw, James W. MO 3rd Inf. Co.D 2nd Lt.
Bradshaw, J.B. SC 8th Inf. Co.A
Bradshaw, J.C. TN 47th Inf. Co.D 2nd Lt.
Bradshaw, J.E. TN 15th (Cons.) Cav. Co.C
Bradshaw, Jefferson NC 45th Inf. Co.C
Bradshaw, Jefferson NC Mil. Clark's Sp.Bn. A.R. Davis' Co.
Bradshaw, Jefferson Monroe TN 40th Inf. Co.A
Bradshaw, Jeremiah VA 41st Inf. Co.I
Bradshaw, Jesse NC 33rd Inf. Co.G
Bradshaw, Jesse NC 38th Inf. Co.D
Bradshaw, Jesse TN 12th Inf. Co.D
Bradshaw, Jesse TN 12th (Cons.) Inf. Co.E
Bradshaw, Jesse TN 46th Inf. Co.A
Bradshaw, J.F. AL 46th Inf. Co.I
Bradshaw, J.G. TX 2nd Inf. Co.G
Bradshaw, J.H. AR 45th Cav. Co.H
Bradshaw, J.H. KY 3rd Cav. Co.F
Bradshaw, J.H. KY 2nd Bn.Mtd.Rifles Co.E Capt.
Bradshaw, J.H. SC 25th Inf. Co.C
Bradshaw, J.H. 1st Cherokee Mtd.Vol. 2nd Co.A
Bradshaw, J.J. AL 15th Inf. Co.C
Bradshaw, J.J. AL 37th Inf. Co.F Cpl.
Bradshaw, J.J. AL 40th Inf. Co.G
Bradshaw, J.J. FL 8th Inf. Co.B
Bradshaw, J.J. GA 46th Inf. Co.H
Bradshaw, J.J. TX 22nd Inf. Co.K
Bradshaw, J.L. AL 18th Inf. Co.C
Bradshaw, J.M. AL 30th Inf. Co.D
Bradshaw, J.M. FL 8th Inf. Co.B
Bradshaw, J.M. GA 5th Inf. (St.Guards) Russell's Co.
Bradshaw, J.M. MO Cav. Coffee's Regt. Co.C
Bradshaw, J.M. TN 4th (McLemore's) Cav. Co.C
Bradshaw, J.N. MS Cav. Gartley's Co. (Yazoo Rangers)
Bradshaw, J.N. TX 25th Cav. Smith's Co. 1st Lt.
Bradshaw, John AL 9th Inf. Co.B
Bradshaw, John AL 33rd Inf. Co.A Cpl.
Bradshaw, John AR 5th Inf. Co.B
Bradshaw, John AR 5th Inf. Co.D
Bradshaw, John AR 45th Mil. Maj.
Bradshaw, John FL 10th Inf. Co.B 1st Sgt.
Bradshaw, John GA Inf. 17th Bn. (St.Guards) Stocks' Co.
Bradshaw, John KY 9th Cav. Co.G
Bradshaw, John KY 9th Mtd.Inf. Co.H
Bradshaw, John LA 15th Inf. Co.F
Bradshaw, John LA 20th Inf. Co.D
Bradshaw, John LA 22nd Inf. Co.A
Bradshaw, John MS 34th Inf. Co.F
Bradshaw, John MO Cav. Wood's Regt. Co.F
Bradshaw, John MO 2nd Inf. Co.D
Bradshaw, John MO 16th Inf. Co.K
Bradshaw, John NC 6th Inf. Co.A
Bradshaw, John NC 8th Bn.Jr.Res. Co.C
Bradshaw, John NC 20th Inf. Co.K
Bradshaw, John NC 33rd Inf. Co.G Cpl.
Bradshaw, John NC 44th Inf. Co.G Cpl.
Bradshaw, John SC 1st (Orr's) Rifles Co.H
Bradshaw, John TX 9th (Young's) Inf. Co.C
Bradshaw, John TX Inf. W. Cameron's Co.
Bradshaw, John VA 32nd Inf. 2nd Co.I
Bradshaw, John VA 61st Inf. Co.F
Bradshaw, John Mead's Conf.Cav. Co.I
Bradshaw, John B. MS 14th Inf. Co.C
Bradshaw, John D. GA 49th Inf. Co.K Music.
Bradshaw, John D. TN 14th Inf. Co.A
Bradshaw, John F. NC 11th (Bethel Regt.) Inf. Co.E
Bradshaw, John G.W. SC Lt.Arty. 3rd (Palmetto) Bn. Co.F
Bradshaw, John H. AR 18th (Marmaduke's) Inf. Co.I 2nd Lt.
Bradshaw, John H. AR 33rd Inf. Co.A
Bradshaw, John H. AR 45th Mil. Co.E
Bradshaw, John H. KY 5th Mtd.Inf. Co.I
Bradshaw, John H. NC 3rd Inf. Co.F
Bradshaw, John H. NC Inf. Thomas Legion Co.F
Bradshaw, John H. TN 5th (McKenzie's) Cav. Co.K
Bradshaw, John H. 3rd Conf.Inf. Co.I 2nd Lt.
Bradshaw, John J. NC 2nd Bn.Loc.Def.Troops Co.B
Bradshaw, John J. VA 53rd Inf. Co.C
Bradshaw, John M. VA Hvy.Arty. 20th Bn. Co.D Music.
Bradshaw, John R. NC 2nd Arty. (36th St.Troops) Co.A
Bradshaw, John R. NC Moseley's Co. (Sampson Arty.)
Bradshaw, John R. NC 46th Inf. Co.I
Bradshaw, John S. NC 38th Inf. Co.G
Bradshaw, John T. AL 37th Inf. Co.C,D Cpl.
Bradshaw, John T. NC 51st Inf. Co.K
Bradshaw, John T. NC Inf. Thomas Legion Co.H
Bradshaw, John T. VA Hvy.Arty. Allen's Co.
Bradshaw, John T. VA Hvy.Arty. Epes' Co.
Bradshaw, John T. VA 115th Mil. Co.C
Bradshaw, John W. MS 12th Cav. Co.K 2nd Lt.
Bradshaw, Jonas N. NC 38th Inf. Co.G,B 1st Sgt.

Bradshaw, Jones J. NC 26th Inf. Co.I
Bradshaw, Joseph MS Cav. 24th Bn. Co.B,F
Bradshaw, Joseph NC 13th Inf. Co.E
Bradshaw, Joseph NC 16th Inf. Co.K
Bradshaw, Joseph SC 1st (Hagood's) Inf. 1st Co.E
Bradshaw, Joseph SC 3rd St.Troops Co.A
Bradshaw, Joseph TN 44th Inf. Co.B
Bradshaw, Joseph VA 2nd Inf.Loc.Def. Co.C
Bradshaw, Joseph H. AR 1st (Colquitt's) Inf. Co.D,H,F
Bradshaw, Josephus W. AR 14th (McCarver's) Inf. Co.B
Bradshaw, Joseph W. TX 14th Cav. Co.D
Bradshaw, Josiah MS 34th Inf. Co.F
Bradshaw, Josiah C. VA 61st Inf. Co.F
Bradshaw, Josiah R. NC 1st Cav. (9th St.Troops) Co.K Cpl.
Bradshaw, J.R. MS 23rd Inf. Co.G
Bradshaw, J.R. SC 3rd St.Troops Co.A
Bradshaw, J.T. AR 5th Inf. Co.D Cpl.
Bradshaw, J.T. TN 47th Inf. Co.D
Bradshaw, J.T.J. TN 22nd Inf. Co.H
Bradshaw, J.W. AL 14th Inf. Co.K
Bradshaw, J.W. GA 13th Inf. Co.G
Bradshaw, J.W. MS 3rd Cav. Co.D
Bradshaw, J.W. NC 1st Home Guards Co.A
Bradshaw, J.W. TN 5th Inf. Co.A Sgt.
Bradshaw, J.W. TN 45th Inf. Co.H
Bradshaw, J.W. VA 2nd Cav. Co.I
Bradshaw, K.D. TX 7th Inf. Co.E
Bradshaw, K.D. TX 22nd Inf. Co.G
Bradshaw, L. LA 19th Inf. Co.A
Bradshaw, L. LA Inf. Pelican Regt. Co.A
Bradshaw, L. NC 3rd Jr.Res. Co.G
Bradshaw, Levi NC 42nd Inf. Co.D
Bradshaw, Lewis AR 16th Inf. Co.K 1st Sgt.
Bradshaw, Lewis AR 36th Inf. Co.G
Bradshaw, Lott KY 6th Mtd.Inf. Co.E
Bradshaw, Louis NC 20th Inf. Co.E
Bradshaw, Luther LA 11th Inf. Co.I
Bradshaw, Luther F. VA 16th Inf. Co.D
Bradshaw, Malachi SC 25th Inf. Co.K
Bradshaw, Manson VA 4th Cav. Co.E Cpl.
Bradshaw, Martin MO 7th Cav. Co.I
Bradshaw, Mercer GA Inf. Taylor's Co.
Bradshaw, Middleton SC 8th Inf. Co.A
Bradshaw, M.L. TN 27th Inf. Co.H
Bradshaw, M.L. TX 11th Inf. Co.F
Bradshaw, Moses NC Mil. Clark's Sp.Bn. D.N. Bridgers' Co.
Bradshaw, Moses VA 36th Inf. 2nd Co.B
Bradshaw, Moses L. NC 51st Inf. Co.K
Bradshaw, M.S. MO 16th Inf. Co.D
Bradshaw, Murdock VA Inf. 44th Bn. Co.D
Bradshaw, Murray H. VA 30th Inf. Co.C
Bradshaw, N. LA Siege Train Bn. Co.A
Bradshaw, Nathan NC 26th Inf. Co.F
Bradshaw, Nathaniel J. NC 2nd Inf. Co.G
Bradshaw, Noah W. TN 19th Inf. Co.I
Bradshaw, N. Sloan NC 3rd Inf. Co.G
Bradshaw, O. MS 7th Inf. Co.K
Bradshaw, Obed NC 30th Inf. Co.E
Bradshaw, Olin AL 42nd Inf. Co.A
Bradshaw, Oliver A. TN Inf. 1st Cons.Regt. Lt.Col.
Bradshaw, Oliver A. TN 34th Inf. Co.G Lt.Col.
Bradshaw, Oliver P. MS 34th Inf. Co.F
Bradshaw, Owen K. NC 30th Inf. Co.A
Bradshaw, Pascal G. AL 46th Inf. Co.B
Bradshaw, Perry MS Cav. 24th Bn.
Bradshaw, P.M. AL 4th (Russell's) Cav. Co.H
Bradshaw, R. AL 56th Part.Rangers Co.E
Bradshaw, R. VA 15th Cav. Co.B
Bradshaw, R. VA Inf. 2nd Bn.Loc.Def. Co.G
Bradshaw, R.B. TX 7th Cav. Co.F
Bradshaw, R.B. VA Inf. 4th Bn.Loc.Def. Co.F
Bradshaw, R.F. VA Inf. 1st Bn. Co.C
Bradshaw, R.H. MS 35th Inf. Co.F
Bradshaw, Richard TN 46th Inf. Co.A
Bradshaw, Richard VA 2nd Inf.Loc.Def. Co.I
Bradshaw, Richard VA 41st Inf. Co.H
Bradshaw, Richard A. VA 21st Inf. Co.K
Bradshaw, Richard B. VA 18th Inf. Co.C
Bradshaw, Richard B. VA 53rd Inf. Co.C Sgt.
Bradshaw, Richard B. VA Inf. Montague's Bn. Co.D Cpl.
Bradshaw, Richard R. TN 61st Mtd.Inf. Co.F Cpl.
Bradshaw, R.O. TX Cav. Crump's Regt. Sgt.
Bradshaw, Robert MS 14th Inf. Co.C
Bradshaw, Robert TX 12th Inf. Co.D
Bradshaw, Robert B. KY 9th Cav. Co.B 1st Sgt.
Bradshaw, Robert H. VA 31st Inf. 2nd Co.B Capt.
Bradshaw, Robert M. NC 20th Inf. Faison's Co.
Bradshaw, Robert M. NC 30th Inf. Co.A
Bradshaw, Robert M. VA 53rd Inf. Co.C
Bradshaw, Robert M. VA Inf. Montague's Bn. Co.D
Bradshaw, Robert O. MS 44th Inf. Co.H
Bradshaw, Robert R. MS 21st Inf. Co.K
Bradshaw, Robert V. NC 44th Inf. Co.G
Bradshaw, Robert V. VA Hvy.Arty. Wright's Co. 1st Lt.
Bradshaw, Rodney B. VA Lt.Arty. Cooper's Co. Sgt.
Bradshaw, R.T. VA 21st Inf. Co.K
Bradshaw, R.V. VA 38th Inf. Co.H
Bradshaw, S. AL 15th Inf. Co.B,A
Bradshaw, Samuel NC 30th Inf. Co.E
Bradshaw, Samuel H. AR 2nd Mtd.Rifles Co.K
Bradshaw, Samuel T. NC 16th Inf. Co.H
Bradshaw, S.B. TN 4th Inf. Co.K
Bradshaw, S.B. TN 47th Inf. Co.D
Bradshaw, S.D. TX 9th (Nichols') Inf. Co.A
Bradshaw, Seth NC 4th Sr.Res. Co.H
Bradshaw, S.F. MS 46th Inf. Co.A
Bradshaw, S.F. TN 61st Mtd.Inf. Co.B 1st Lt.
Bradshaw, S.H. AR Cav. Gordon's Regt. Co.K
Bradshaw, Sidney NC 55th Inf. Co.F
Bradshaw, Sion A. NC 38th Inf. Co.D 3rd Lt.
Bradshaw, S.J. FL 8th Inf. Co.B
Bradshaw, S.J. TN 9th Inf. Co.C Sgt.
Bradshaw, S.K. AR Inf. Cocke's Regt. Co.H
Bradshaw, Solomon AL 58th Inf. Co.K
Bradshaw, Solomon GA 2nd Bn.S.S. Co.E
Bradshaw, S.R. AR 15th (N.W.) Inf. Co.I
Bradshaw, S.R. AR Inf. Cocke's Regt. Co.H
Bradshaw, Stephen AL Seawell's Btty. (Mohawk Arty.)
Bradshaw, Stephen LA 5th Inf. Old Co.A, Co.K
Bradshaw, Stephen R. TN 39th Mtd.Inf. Co.C
Bradshaw, S.W. TX 7th Cav. Co.F
Bradshaw, T. AR 11th & 17th Cons.Inf. Co.I
Bradshaw, T. AR 17th (Griffith's) Inf. Co.C
Bradshaw, T. GA 10th Inf. Co.G
Bradshaw, T. MS 3rd Inf. Co.F
Bradshaw, Taylor AL 5th Bn.Vol. Co.A Cpl.
Bradshaw, T.D. VA 53rd Inf. Co.C
Bradshaw, T.E. MS Inf. 2nd Bn. (St.Troops) Co.C
Bradshaw, T.F. NC 8th Mallett's Btty. Co.C
Bradshaw, T.G. AL 23rd Inf. Co.F
Bradshaw, Theodore MO Cav. Stallard's Co.
Bradshaw, Thomas AR Lt.Arty. Zimmmerman's Btty.
Bradshaw, Thomas AR 14th (Powers') Inf. Co.D
Bradshaw, Thomas GA 62nd Cav. Co.L
Bradshaw, Thomas MS 23rd Inf. Co.F
Bradshaw, Thomas NC 5th Cav. (63rd St.Troops) Co.C
Bradshaw, Thomas TN 22nd (Barteau's) Cav. Co.G
Bradshaw, Thomas VA 24th Cav. Co.K
Bradshaw, Thomas VA 30th Inf. Co.C
Bradshaw, Thomas 8th (Dearing's) Conf.Cav. Co.E
Bradshaw, Thomas J. AL 37th Inf. Co.C Cpl.
Bradshaw, Thomas J. TN Cav. 4th Bn. (Branner's) Co.E
Bradshaw, Thomas S. MO 1st N.E. Cav. 2nd Lt.
Bradshaw, Thomas S. MO 2nd N.E. Cav. Co.B Sgt.
Bradshaw, Thomas W. TN 28th Inf. Co.F Cpl.
Bradshaw, T.J. NC 3rd Jr.Res. Co.D
Bradshaw, T.J. NC 7th Bn.Jr.Res. Co.B
Bradshaw, T.J. TN 2nd (Ashby's) Cav. Co.I
Bradshaw, T.L. KY 7th Cav. Co.I
Bradshaw, T.L. KY 7th Mtd.Inf. Co.A
Bradshaw, T.R. NC 31st Inf. Co.E
Bradshaw, T.S. MD 1st Cav. Co.C 1st Lt.
Bradshaw, T.S. MO Cav. Woodson's Co. Lt.
Bradshaw, T.W. TN 28th (Cons.) Inf. Co.B Cpl.
Bradshaw, U.H. VA Lt.Arty. Rogers' Co.
Bradshaw, V.B. NC 30th Inf. Co.K
Bradshaw, Vernon GA 12th Cav. Co.C
Bradshaw, W. AL 35th Inf. Co.F
Bradshaw, Walter N. VA 55th Inf. Co.M
Bradshaw, Warren GA 2nd Bn.S.S. Co.E
Bradshaw, Washington E. MS Cav. 24th Bn. Co.B,F
Bradshaw, W.C. TX Cav. Madison's Regt. Co.A
Bradshaw, W.C. TX 13th Vol. 2nd Co.D
Bradshaw, W.D. AR 17th (Griffith's) Inf. Co.C
Bradshaw, W.D. MS 1st Inf. Co.C
Bradshaw, Wells NC 8th Sr.Res. Broadhurst's Co.
Bradshaw, Wesley GA 62nd Cav. Co.L
Bradshaw, Wesley VA Hvy.Arty. 18th Bn. Co.A
Bradshaw, Wesley 8th (Dearing's) Conf.Cav. Co.E
Bradshaw, Westley VA 24th Cav. Co.K
Bradshaw, W.F. GA Siege Arty. 28th Bn. Co.B
Bradshaw, W.F. GA 1st Reg. Co.K
Bradshaw, W.F. NC 1st Inf. Co.C
Bradshaw, W.H. AR Inf. Kuykendall's Co.
Bradshaw, W.H. GA 1st Troops & Defences (Macon) Co.H
Bradshaw, W.H. GA 46th Inf. Co.H

Bradshaw, W.H. MS 7th Inf. Co.K
Bradshaw, W.H. SC 24th Inf. Co.F
Bradshaw, W. Henry GA Cav. 1st Bn.Res. McKenney's Co.
Bradshaw, Wiley T. VA Hvy.Arty. 18th Bn. Co.A Sgt.
Bradshaw, William AL 18th Inf. Co.A
Bradshaw, William AL 42nd Inf. Co.A
Bradshaw, William AR 18th (Marmaduke's) Inf. Co.I
Bradshaw, William GA 9th Inf. Co.E Cpl.
Bradshaw, William GA 42nd Inf. Co.F
Bradshaw, William GA 53rd Inf. Co.E
Bradshaw, William MS Cav. Ham's Regt.
Bradshaw, William NC Lt.Arty. 3rd Bn.
Bradshaw, William NC 58th Inf. Co.H
Bradshaw, William NC Mil. Clark's Sp.Bn. Co.D
Bradshaw, William TN 5th Inf. Co.A
Bradshaw, William TN 29th Inf. Co.A
Bradshaw, William TX 7th Cav.
Bradshaw, William VA 16th Inf. Co.D,A
Bradshaw, William VA 36th Inf. 2nd Co.B
Bradshaw, Wm. VA Inf. 44th Bn. Co.D
Bradshaw, William Trans-MS Conf.Cav. 1st Bn. Co.D
Bradshaw, William A. KY 4th Mtd.Inf. Co.K
Bradshaw, William A. MS 44th Inf. Co.H
Bradshaw, William A. NC 13th Inf. Co.D
Bradshaw, William D. NC 3rd Inf. Co.B
Bradshaw, William D. VA 32nd Inf. 2nd Co.I
Bradshaw, William D. VA 115th Mil. Co.C
Bradshaw, William E. VA 3rd Res. Co.E
Bradshaw, William E. VA 16th Inf. Co.D
Bradshaw, William F. NC 58th Inf. Co.B
Bradshaw, William G.C. NC 15th Inf. Co.H
Bradshaw, William H. AR Inf. 1st Bn. Co.D
Bradshaw, William J. GA 40th Inf. Co.C
Bradshaw, William J. VA 31st Inf. Co.I Cpl.
Bradshaw, William K. NC 30th Inf. Co.A
Bradshaw, William L. VA 9th Inf. 1st Co.H
Bradshaw, William L. VA 20th Inf. Co.B
Bradshaw, William L. VA Inf. 28th Bn. Co.C
Bradshaw, William L. VA 59th Inf. 2nd Co.H
Bradshaw, William M. TN 7th Inf. Co.D
Bradshaw, William M. TN 61st Mtd.Inf. Co.F
Bradshaw, William McD. MS 44th Inf. Co.H Sgt.
Bradshaw, William P. VA 53rd Inf. Co.C Cpl.
Bradshaw, William P. VA 53rd Inf. Co.I Sgt.Maj.
Bradshaw, William P. VA Inf. Montague's Bn. Co.D
Bradshaw, William Paxton TX 2nd (Walker's) Inf. Co.E
Bradshaw, William R. TX 36th Cav. Co.D
Bradshaw, W.J. AL 57th Inf. Co.A
Bradshaw, W.M. TX 11th Inf. Co.F
Bradshaw, W.M. Mead's Conf.Cav. Co.A
Bradshaw, Woodford KY 6th Mtd.Inf. Co.E
Bradshaw, W.P. GA 2nd Bn. Troops & Defences (Macon) Co.C
Bradshaw, W.P. TN Lt.Arty. Scott's Co.
Bradshaw, W.P. VA Inf. Montague's Bn. Co.B
Bradshaw, W.R. NC 2nd Arty. (36th St.Troops) Co.A
Bradshaw, W.S. NC 7th Sr.Res. Bradshaw's Co. Capt.
Bradshaw, W.T. GA 18th Inf. Co.H
Bradshaw, W.T.F. TX 7th Cav. Co.F
Bradsher, A.M. MO 11th Inf. Co.I
Bradsher, Benjamin G. TN 16th (Logwood's) Cav. Co.B
Bradsher, Benjamin L. NC 24th Inf. Co.H
Bradsher, C.H. Gen. & Staff AASurg.
Bradsher, David Y. NC 4th Cav. (59th St.Troops) Co.B
Bradsher, Dolphus G. NC 13th Inf. Co.D
Bradsher, Eli AR 30th Inf. Co.B
Bradsher, Elias A. AR 23rd Inf. Co.K
Bradsher, James NC Lt.Arty. 13th Bn. Co.E
Bradsher, James M. NC 50th Inf. Co.A
Bradsher, James O. NC 24th Inf. Co.H
Bradsher, J.M. NC 7th Sr.Res. Davie's Co.C
Bradsher, John O. MO Inf. Perkins' Bn. Co.B
Bradsher, John W. NC 50th Inf. Co.A
Bradsher, Monroe AR 30th Inf. Co.F
Bradsher, Moses B. NC 24th Inf. Co.H
Bradsher, Patrick H. AR 13th Inf. Co.K
Bradsher, S.G. TN 7th (Duckworth's) Cav. Co.B,K
Bradsher, Thomas C. AR 23rd Inf. Co.A Sgt.
Bradsher, V.J. AR 30th Inf. Co.M,B
Bradsher, W. TN 7th (Duckworth's) Cav. Co.K
Bradsher, William A., Jr. NC 24th Inf. Co.H
Bradsher, William G. NC 4th Cav. (59th St.Troops) Co.B
Bradsher, Wilson NC 4th Cav. (59th St.Troops) Co.B,E
Bradsher, W.M. TN 7th (Duckworth's) Cav. Co.B
Bradshour, John VA 72nd Mil.
Bradsliver, T. NC 61st Inf. Co.A
Bradston, Samuel J. TX 1st Inf. Co.I Cpl.
Bradt, Alanson P. AL Arty. 1st Bn. Co.B N.C.S. QMSgt.
Bradwell, Alexander M. GA 1st (Ramsey's) Inf. Co.G
Bradwell, A.M. FL 8th Inf. Co.B
Bradwell, Asberry SC 5th Cav. Co.E
Bradwell, Asberry SC Manigault's Bn.Vol. Co.A
Bradwell, E.W. MS 19th Inf. Co.C
Bradwell, G.M. GA 11th Inf. Co.B
Bradwell, H.F. TN 3rd (Clack's) Inf. Co.A
Bradwell, Isaac G. GA 31st Inf. Co.I
Bradwell, L.P. GA 3rd Res. Co.I
Bradwell, O.P. SC 11th Inf. Co.H
Bradwell, R.T. AL 15th Inf. Co.E
Bradwell, S. Dowse GA 25th Inf. Co.H Capt.
Bradwell, Thomas M. GA 2nd Cav. Co.K
Bradwell, Thomas M. GA 1st (Ramsey's) Inf. Co.G
Bradwell, Warrn AL 20th Inf. Co.H
Brady, --- TX 33rd Cav. Co.F
Brady, --- TX Cav. Border's Regt. Co.F
Brady, A. AL Mil. 4th Vol. Co.K
Brady, A. GA 23rd Inf. Co.A
Brady, Adam NC 6th Sr.Res. Co.D
Brady, Adhemar AL Cav. Lewis' Bn. Co.D
Brady, Adhemar AL 1st Bn.Cadets Capt.
Brady, A.E. MS 6th Inf. Co.B
Brady, A.E. MS 46th Inf. Co.B
Brady, A.J. AL 8th Inf. Co.K
Brady, A.J. AL Moreland's Bn. Co.A
Brady, A.J. GA 1st (Symons') Res. Co.B
Brady, A.J. LA Inf.Cons.Crescent Regt. Co.C
Brady, Albert VA 6th Cav. Co.B
Brady, Alex AL 33rd Inf. Co.B
Brady, Alexander TN 8th Inf. Co.K
Brady, Alfred NC 50th Inf. Co.K
Brady, Allen D. GA 43rd Inf. Co.D
Brady, Alvin TN 7th Inf. Co.D
Brady, A.M. SC 1st (Butler's) Inf. Co.D
Brady, A.M. 7th Conf.Cav. Co.C
Brady, Andrew AL 6th Inf. Co.D
Brady, Andrew LA 15th Inf. Co.A Maj.
Brady, Anthony VA Lt.Arty. E.J. Anderson's Co.
Brady, Augustus GA 51st Inf. Co.A
Brady, B. AR 11th & 17th Cons.Inf. Co.D
Brady, Barnard GA 12th Inf. Co.H
Brady, Barnard GA 25th Inf. Co.A
Brady, Barnet VA 49th Inf. 3rd Co.G
Brady, Barney LA 1st Hvy.Arty. (Reg.) Co.I
Brady, Barney LA Inf. 9th Bn. Co.C
Brady, Barney B. NC 22nd Inf. Co.L
Brady, Benjamin AR 14th (Powers') Inf. Co.F
Brady, Benjamin GA 11th Cav. Co.A
Brady, Benjamin GA 43rd Inf. Co.D
Brady, Benjamin NC 1st Arty. (10th St.Troops) Co.D
Brady, Benjamin TN 37th Inf. Co.D
Brady, Bernard GA Hvy.Arty. 22nd Bn. Co.D
Bardy, Bernard MS 22nd Inf. Co.C
Brady, B.F. AR 27th Inf. New Co.C
Brady, B.F. VA 67th Mil. Co.C
Brady, Bradley NC 26th Inf. Co.H
Brady, Braxton 1st Conf.Inf. 2nd Co.C
Brady, Briant MS 19th Inf. Co.G
Brady, Bryan TN 15th Inf. Co.C
Brady, Bryant B. MS 34th Inf. Co.E Sgt.
Brady, C. VA 61st Inf.
Brady, Calvin B. GA 48th Inf. Co.H
Brady, Calvin M. NC 1st Arty. (10th St.Troops) Co.D
Brady, C.C. VA Inf. 35th Regt. Co.B
Brady, C.E. LA Ogden's Cav. Co.I
Brady, C.E. Bradford's Corps Scouts & Guards Co.A
Brady, Charles LA Washington Arty.Bn. Co.3 Driver
Brady, Charles NC 3rd Inf. Co.C
Brady, Charles NC 46th Inf. Co.H
Brady, Charles TN 6th Inf. Co.H
Brady, Charles, Jr. TN 43rd Inf. Co.B
Brady, Charles, Sr. TN 43rd Inf. Co.B
Brady, Charles VA 67th Mil. Co.A
Brady, Charles 1st Cherokee Mtd.Vol. 2nd Co.F
Brady, Charles Eugene LA 12th Inf. Co.I
Brady, Charles H. MD Inf. 2nd Bn. Co.G
Brady, Charles P. FL 1st Inf. New Co.F Sgt.
Brady, Charles T. TN Lt.Arty. Tobin's Co. QMSgt.
Brady, Charles U. NC 2nd Cav. (19th St.Troops) Co.I
Brady, Chrisenberry NC 26th Inf. Co.E
Brady, Clestien LA Mil. St.John the Baptist Res. Guards
Brady, Cornelius MS 15th (Cons.) Inf. Co.I
Brady, Cornelius MS 20th Inf. Co.I

Brady, C.T. TN Lt.Arty. Morton's Co.
Brady, C.W. AR 2nd Cav.
Brady, D. AR 11th Inf. Co.G
Brady, D. AR 11th & 17th Cons.Inf. Co.G
Brady, D. AR 15th (N.W.) Inf. Co.D
Brady, D. LA Mil. Orleans Fire Regt. Co.H
Brady, Daniel AL 20th Inf. Co.B
Brady, Daniel LA C.S. Zouave Bn. Co.C
Brady, Daniel VA Lt.Arty. 38th Bn. Co.C
Brady, Daniel P. MS 9th Inf. New Co.D, Old Co.A
Brady, Daniel P. MS 10th Inf. Old Co.H
Brady, David NC 1st Arty. (10th St.Troops) Co.D
Brady, Dennis AL Lt.Arty. 2nd Bn. Co.F
Brady, Dennis P. GA Cav. 2nd Bn. Co.F
Brady, Dennis P. GA 5th Cav. Co.B
Brady, D.N. AR 12th Inf. Co.K
Brady, E. AL 5th Inf. Co.D
Brady, E. LA 3rd (Winfield's) Cav. Co.I
Brady, E. LA 22nd Inf. Wash. Marks' Co.
Brady, Edmond MS 19th Inf. Co.I
Brady, Edmond B. VA 25th Inf. 2nd Co.C Sgt.
Brady, Edmund VA 17th Cav. Co.C
Brady, Edmund B. VA Inf. 9th Bn. Duffy's Co.C
Brady, Edward GA Hvy.Arty. 22nd Bn. Co.E
Brady, Edward GA 1st (Olmstead's) Inf. Guilmartins' Co.
Brady, Edward SC 20th Inf. Co.B
Brady, Edward TN 28th (Cons.) Inf. Co.H
Brady, Edward TN 84th Inf. Co.D
Brady, Edward TX Arty. 4th Bn. Co.A
Brady, Edward TX 8th Inf. Co.A
Brady, Edward J. SC Hvy.Arty. 15th (Lucas') Bn. Co.C
Brady, Edward J. SC Arty. Childs' Co.
Brady, Edward J. SC Arty. Lee's Co.
Brady, Edward T. VA 17th Inf. Co.F
Brady, Eli AR 38th Inf. Co.G
Brady, Eli NC 1st Jr.Res. Co.F
Brady, Elijah AL 39th Inf. Co.K
Brady, Elza M. VA Inf. 23rd Bn. Co.D
Brady, Enoch GA 2nd Inf. Co.E Sgt.
Brady, Enoch NC 5th Inf. Co.A Teamster
Brady, Eug VA 3rd Inf.Loc.Def. Co.A
Brady, Eugene MD 1st Cav. Co.K
Brady, Eugene VA 1st Cav. 2nd Co.K
Brady, Eugene Sig.Corps,CSA
Brady, Ezra T. MO 10th Cav. Co.B
Brady, F. MS Inf. 2nd Bn. Co.E
Brady, F. MS 48th Inf. Co.E
Brady, F.M. GA 28th Inf. Co.B
Brady, Francis GA Siege Arty. 28th Bn. Co.C
Brady, Francis GA 64th Inf. Co.F
Brady, Francis GA Phillips' Legion Co.F
Brady, Francis KY 2nd Mtd.Inf. Co.E 2nd Lt.
Brady, Francis LA C.S. Zouave Bn. Co.A
Brady, Francis MO 16th Inf. Co.E
Brady, Francis M. TN 25th Inf. Co.B Sgt.
Brady, Frank AR 2nd Inf. Co.I Cpl.
Brady, Frank KY 14th Cav. Co.B 3rd Lt.
Brady, Frank MS 9th Inf. Old Co.H,K Cpl.
Brady, Franklin GA 57th Inf. Co.D
Brady, Franklin VA 34th Mil. Co.A
Brady, Franklin A. NC 22nd Inf. Co.L
Brady, F.W. LA Inf. 1st Sp.Bn. (Rightor's) Co.B
Brady, George LA Washington Arty.Bn. Co.3
Brady, George MS 19th Inf. Co.D
Brady, George NC 4th Inf. Co.C
Brady, George NC 49th Inf. Co.I
Brady, George TN 26th Inf. Co.E
Brady, George M. LA 28th (Gray's) Inf. Co.G
Brady, George M. SC 22nd Inf. Co.K
Brady, George R. LA Inf.Cons.Crescent Regt. Co.E
Brady, George T. VA Cav. 32nd Bn. Co.A
Brady, George W. AL 61st Inf. Co.A
Brady, George W. GA Cobb's Legion Co.C
Brady, George W. LA Inf. 1st Sp.Bn. (Rightor's) Co.B
Brady, George W. LA 31st Inf. Co.K Sgt.
Brady, George W. MO 15th Cav. Co.H
Brady, George W. NC 5th Inf. Co.A
Brady, George W. VA Horse Arty. J.W. Carter's Co. Sgt.
Brady, G.L. VA 31st Inf. Co.F
Brady, Guilford L. TN 39th Mtd.Inf. Co.E
Brady, G.W. MS 20th Inf. Co.I
Brady, H. AR Pine Bluff Arty.
Brady, H. 3rd Conf.Inf. Co.G
Brady, Henry LA 1st Hvy.Arty. (Reg.) Co.D
Brady, Henry LA Hvy.Arty. 8th Bn. 2nd Co.E
Brady, Henry C. AL 5th Inf.
Brady, Henry M. GA Siege Arty. 28th Bn. Co.E Cpl.
Brady, Henry T. VA Inf. 1st Bn. Co.D
Brady, Hiram J. GA Cav. 16th Bn. (St.Guards) Co.C
Brady, H.R. AR 2nd Inf. Co.I 3rd Lt.
Brady, Hugh AL Mobile City Troop
Brady, Hugh AL Mil. 3rd Vol. Co.B
Brady, Hugh AR 18th (Marmaduke's) Inf. Co.G
Brady, Hugh R. AR 5th Inf. Co.C
Brady, Hutson B. AL 61st Inf. Co.B
Brady, I.B. VA 16th Inf.
Brady, Isaac NC 1st Jr.Res. Co.F
Randy, Isaac NC 3rd Inf. Co.H
Brady, Isaac NC 44th Inf. Co.E
Brady, Isaac NC 48th Inf. Co.D
Brady, Isaac B. VA 14th Cav. Co.L Cpl.
Brady, Isaac S. VA 11th Cav. Co.D Sgt.Maj.
Brady, Isaac T. VA 13th Inf. Co.K
Brady, Isaiah VA Cav. 46th Bn. Co.B
Brady, Isom M. MS 20th Inf. Co.I
Brady, J. AR 13th Inf. Co.C
Brady, J. GA 5th Cav. Co.E
Brady, J. MO Lt.Arty. 3rd Field Btty.
Brady, J. TN 19th (Biffle's) Cav. Co.E
Brady, J. TN Inf. Harman's Regt. Co.A
Brady, J.A. AL 17th Inf. Co.I
Brady, J.A. SC 2nd Cav. Co.A
Brady, J.A. VA 36th Inf. 2nd Co.C
Brady, J.A. 8th (Wade's) Conf.Cav. Co.E
Brady, Jackson VA 34th Mil. Co.A
Brady, Jackson M. AL 2nd Cav. Co.F
Brady, Jacquess LA Inf. 16th Bn. (Conf.Guards Resp.Bn.) Co.B
Brady, James AL Seawell's Btty. (Mohawk Arty.) Sgt.
Brady, James AL 1st Regt. Mobile Vol. British Guards Co.A
Brady, James AR 1st Vol. Co.K Cpl.
Brady, James AR 7th Inf. Co.A
Brady, James AR 13th Mil. Co.E
Brady, James AR 24th Inf. Co.D
Brady, James AR 38th Inf. Co.D
Brady, James AR Mil. Desha Cty.Bn.
Brady, James GA 11th Cav. Co.H Bvt.2nd Lt.
Brady, James GA Cav. 20th Bn. Co.C
Brady, James GA Lt.Arty. 12th Bn. 2nd Co.D
Brady, James GA Hvy.Arty. 22nd Bn. Co.E
Brady, James GA 1st (Olmstead's) Inf. Guilmartin's Co.
Brady, James GA 1st (Ramsey's) Inf. Co.I
Brady, James GA 49th Inf. Co.A
Brady, James LA 1st Cav. Co.C
Brady, James LA 1st Hvy.Arty. (Reg.) Co.A Sgt.
Brady, James LA Arty. Kean's Btty. (Orleans Ind.Arty.)
Brady, James LA Inf. 1st Sp.Bn. (Wheat's) Co.C
Brady, James LA 6th Inf. Co.D
Brady, James LA 9th Inf. Co.E
Brady, James MS 6th Inf. Co.K
Brady, James MS 10th Inf. Old Co.G, New Co.H
Brady, James MS 12th Inf. Co.G
Brady, James MS 14th (Cons.) Inf. Co.B
Brady, James MO 8th Inf. Co.H
Brady, James NC 2nd Bn.Loc.Def.Troops Co.E
Brady, James NC 4th Inf. Co.E
Brady, James NC 6th Sr.Res. Co.I
Brady, James SC 2nd Inf. Co.K
Brady, James TN 20th Inf. Co.A
Brady, James TX 10th Field Btty.
Brady, James TX 5th Inf. Co.I
Brady, James VA 23rd Cav. Co.F
Brady, James VA 24th Cav. Co.G
Brady, James VA Cav. 32nd Bn. Co.A Cpl.
Brady, James VA Cav. 41st Bn. Co.F
Brady, James VA 5th Inf. Co.G
Brady, James A. GA 10th Inf. Co.D
Brady, James A. NC Inf. Thomas Legion Co.B Sgt.
Brady, James B. LA Arty. Moody's Co. (Madison Lt.Arty.)
Brady, James B. VA 17th Cav. Co.I Cpl.
Brady, James B. VA 77th Mil. Co.C
Brady, James C. NC 2nd Cav. (19th St.Troops) Co.I
Brady, James C. TN 18th (Newsom's) Cav. Co.I
Brady, James C.G. GA 30th Inf. Co.A
Brady, James D. VA 17th Inf. Co.F
Brady, James E. GA 34th Inf. Co.I
Brady, James Edward VA 6th Inf. Co.D Cpl.
Brady, James K.P. GA 9th Inf. Co.K
Brady, James L. AL 10th Inf. Co.G
Brady, James M. AL 11th Inf. Co.A
Brady, James M. AR 1st (Colquitt's) Inf. Co.F Cpl.
Brady, James M. GA 64th Inf. Co.F Cpl.
Brady, James M. TN 44th Inf. Co.K
Brady, James M. TN 44th (Cons.) Inf. Co.F
Brady, James P. GA Cav. 16th Bn. (St.Guards) Co.C
Brady, James P. KY 1st (Butler's) Cav. New Co.H
Brady, James P. KY Cav. Buckner Guards
Brady, James R. GA 15th Inf. Co.B
Brady, James S. LA 16th Inf. Co.E,F 1st Sgt.
Brady, James S. LA Mil. Chalmette Regt. Co.D 1st Sgt.

Brady, James S. 2nd Conf.Eng.Troops Co.G Artif.
Brady, James S.H. VA 5th Inf. Co.D
Brady, James S.H. Gen. & Staff, QM Dept.
Brady, James T. AL 18th Inf. Co.B Capt.
Brady, James T. AL 42nd Inf. Co.E Capt.
Brady, James T. VA Lt.Arty. 38th Bn. Co.C
Brady, James W. AR 10th Inf. Co.F,C
Brady, James W. LA 6th Inf. Co.E
Brady, James W. MS 15th Inf. Co.E
Brady, James W. NC 13th Inf. Co.A
Brady, James W. TN 19th Inf. Co.I
Brady, Jams B. AL 39th Inf. Co.K
Brady, J.B. LA Mil. 3rd Regt. 1st Brig. 1st Div. Co.C
Brady, J.C. KY 12th Cav. Co.D 2nd Lt.
Brady, J.C. MS 1st Cav. Co.D Sgt.
Brady, J.E. GA 64th Inf. Co.A
Brady, Jeff GA Inf. 1st Bn. (St.Guards) Co.D Capt.
Brady, Jeremiah AR 1st Vol. Co.K Cpl.
Brady, Jeremiah GA 1st (Olmstead's) Inf. Gordon's Co.
Brady, Jeremiah GA 1st (Olmstead's) Inf. Way's Co. Cpl.
Brady, Jeremiah GA 63rd Inf. Co.B Cpl.
Brady, Jerome B. TN 32nd Inf. Co.I
Brady, Jesse TN 29th Inf. Co.H
Brady, Jesse J. AL 5th Cav.
Brady, J.F. MS 46th Inf. Co.B
Brady, J.G. AR Inf. Hardy's Regt. Co.C
Brady, J.H. LA Red River S.S.
Brady, J.H. MD Weston's Bn. Co.B
Brady, J.H. MO 8th Inf. Co.A
Brady, J.I. MS 20th Inf. Co.I
Brady, J.M. LA Inf.Cons.Crescent Regt. Co.I
Brady, J.M. SC 16th Inf. Co.H
Brady, J.N. TN Inf. 2nd Cons.Regt. Co.D
Brady, J.N. TN 12th (Cons.) Inf. Co.B
Brady, John AL St.Arty. Co.A
Brady, John AL 1st Regt. Mobile Vol. British Guard Co.A
Brady, John AL 14th Inf. Co.H
Brady, John AL 42nd Inf. Co.C
Brady, John AL Mil. Bligh's Co.
Brady, John AR 38th Inf. Co.D
Brady, John AR Col.,EO
Brady, John GA Hvy.Arty. 22nd Bn. Co.C
Brady, John GA 1st (Olmstead's) Inf. Co.D
Brady, John GA 5th Inf. Co.C
Brady, John GA 63rd Inf. Co.B
Brady, John LA 1st (Nelligan's) Inf. Co.C
Brady, John LA Inf. 1st Sp.Bn. (Rightor's) New Co.C
Brady, John LA 1st (Strawbridge's) Inf. Co.D
Brady, John LA Mil. 3rd Regt. 1st Brig. 1st Div. Co.E
Brady, John LA 4th Inf. Co.D
Brady, John LA Miles' Legion Co.G
Brady, John LA C.S. Zouave Bn. Co.A,C
Brady, John MS Inf. 2nd St.Troops Co.A
Brady, John MS Inf. 3rd Bn. Co.F
Brady, John MS 19th Inf. Co.C 1st Sgt.
Brady, John MS 27th Inf. Co.A
Brady, John MS 29th Inf. Co.C Music.
Brady, John MS 29th Inf. Co.G
Brady, John MS 31st Inf. Co.I
Brady, John MS 36th Inf. Co.C
Brady, John MO 1st Inf. Co.F
Brady, John NC 3rd Inf. Co.H
Brady, John NC 61st Inf. Co.D
Brady, John NC Inf. Thomas Legion Co.I
Brady, John TN 19th & 20th (Cons.) Cav. Co.C
Brady, John TN 2nd (Robison's) Inf. Co.E
Brady, John TN 2nd (Walker's) Inf. Co.C
Brady, John TN 2nd (Walker's) Inf. Co.I
Brady, John TN 12th (Cons.) Inf. Co.G
Brady, John TN 22nd Inf. Co.G
Brady, John TN 29th Inf.
Brady, John VA 19th Cav. Co.C
Brady, John VA 20th Cav. Co.E
Brady, John VA 23rd Cav. Co.F
Brady, John VA Lt.Arty. Page's Co.
Brady, John VA Lt.Arty. Waters' Co.
Brady, John VA 52nd Inf. Co.K
Brady, John VA 59th Inf. 2nd Co.B
Brady, John VA 3rd Cav. & Inf.St.Line Co.D
Brady, John Conf.Inf. 8th Bn. Co.E
Brady, John 9th Conf.Inf. Co.D Cpl.
Brady, John Conf.Inf. Tucker's Regt. Co.K
Brady, John A. AL 19th Inf. Co.K
Brady, John A. GA 50th Inf. Co.G
Brady, John A. NC 1st Arty. (10th St.Troops) Co.D
Brady, John A. VA 19th Inf. Co.H
Brady, John B. VA 12th Inf. Co.B
Brady, John E. LA Washington Arty.Bn.
Brady, John E. LA 1st (Nelligan's) Inf. Co.E
Brady, John F. NC 49th Inf. Co.I
Brady, John F. TN 3rd (Lillard's) Mtd.Inf. Co.H
Brady, John H. LA 1st Hvy.Arty. (Reg.) Co.D
Brady, John H. SC 2nd Rifles Co.A Sgt.Maj.
Brady, John H. VA 21st Inf. Co.B
Brady, John H.R. MS 12th Inf. Co.A
Brady, John R. MO 10th Inf. Co.F Sgt.
Brady, John T. MS 20th Inf. Co.I
Brady, John W. AL 11th Inf. Co.A
Brady, John W. FL Cav. Pickett's Co. 1st Lt.
Brady, John W. GA Lt.Arty. 14th Bn. Co.C
Brady, John W. GA Lt.Arty. Ferrell's Btty.
Brady, John W. GA 2nd Inf. Co.E
Brady, John W. GA 6th Inf. (St.Guards) Pittman's Co.
Brady, John W. GA 30th Inf. Co.A Cpl.
Brady, John W. GA 39th Inf. Co.K Capt.
Brady, John W. MS 8th Cav. Co.I Sgt.
Brady, John W. MO 1st Cav. Co.C
Brady, John W. MO 1st Cav. Co.I Sgt.
Brady, John W. MO 1st & 3rd Cons.Cav. Co.E Sgt.
Brady, John W. NC 1st Inf. Co.E
Brady, John W. VA 17th Inf. Co.F
Brady, John W. Gen. & Staff Chap.
Brady, John W. Gen. & Staff AAQM,Comsy.
Brady, Joseph LA 1st Cav. Co.C
Brady, Joseph MS 12th Inf. Co.K
Brady, Joseph MS 18th Inf. Co.A
Brady, Joseph NC 2nd Cav. (19th St.Troops) Co.H
Brady, Joseph NC Cav. 5th Bn. Co.A
Brady, Joseph NC 6th Cav. (65th St.Troops) Co.A
Brady, Joseph NC 3rd Inf. Co.H
Brady, Joseph SC 6th Inf. Co.B Cpl.
Brady, Joseph SC Mil. 16th Regt. Pendergast's Co.
Brady, Joseph TX Inf. Griffin's Bn. Co.B
Brady, Joseph A. AL 5th Bn.Vol. Co.D
Brady, Joseph A. NC 1st Arty. (10th St.Troops) Co.D
Brady, Joseph M. NC 49th Inf. Co.E Sgt.
Brady, Joseph P. TX 26th Cav. Co.D Sgt.
Brady, Joseph W. VA 6th Cav. Co.B Cpl.
Brady, J.P. GA 2nd Inf. Co.E
Brady, J.P. KY 3rd Cav. Co.E
Brady, J.R. AR 7th Inf. Co.D Sgt.
Brady, J.S. GA 28th Inf. Co.B
Brady, J.S. VA 1st St.Res. Co.F
Brady, J.T. TN Conscr. (Cp. of Instr.)
Brady, Julien LA 18th Inf. Co.A
Brady, J.W. GA 4th Res. Co.G 1st Sgt.
Brady, J.W. MS 6th Cav. Co.C Sgt.
Brady, J.W. MO 5th Inf. Co.F
Brady, J. Wes AR 10th Inf. Co.C,F
Brady, King GA 4th Inf. Co.D
Brady, L. TN 13th (Gore's) Cav. Co.I
Brady, Levi NC 44th Inf. Co.H
Brady, Lewis GA 43rd Inf. Co.D
Brady, Lewis GA 52nd Inf. Co.D
Brady, Lewis NC 44th Inf. Co.E Music.
Brady, Lewis J. GA 50th Inf. Co.G
Brady, Lewis S. TN 25th Inf. Co.B
Brady, Lucas NC 2nd Cav. (19th St.Troops) Co.I
Brady, M. AL 11th Inf. Co.F
Brady, M. LA Mil. 3rd Regt. 3rd Brig. 1st Div. Co.G
Brady, M. TN 19th Inf. Co.E
Brady, M. VA 2nd St.Res. Co.H Cpl.
Brady, Manly NC 2nd Bn.Loc.Def.Troops Co.F
Brady, Martin VA Inf. 1st Bn. Co.E
Brady, Martin V. TN 3rd (Forrest's) Cav. Co.A
Brady, Matthew GA 1st (Olmstead's) Inf. Gordon's Co.
Brady, Matthew GA 63rd Inf. Co.B
Brady, M.B. LA Mil.Conf.Guards Regt. Co.D
Brady, M.H. AL Inf. 1st (Loomis') Bn. Co.C
Brady, M.H. AL 25th Inf. Co.C
Brady, Michael AL 32nd Inf. Co.K
Brady, Michael LA 6th Inf. Co.F
Brady, Michael MD 1st Inf. Co.G
Brady, Michael NC 56th Inf. Co.H
Brady, Michael TN 1st (Feild's) Inf. Co.K
Brady, Michael VA Hvy.Arty. 19th Bn. Co.A
Brady, Michael H. MD Arty. 4th Btty. Artif.
Brady, Michael H. VA Arty. Forrest's Co.
Brady, Milton J. GA 24th Inf. Co.A
Brady, Morgan MO St.Guard
Brady, Morris VA 21st Mil. Co.D
Brady, Moses G. NC 1st Arty. (10th St.Troops) Co.D
Brady, M.T. MS Inf. 7th Bn. Co.A
Brady, M.V. TN 1st (Carter's) Cav. Co.A
Brady, Nathan NC 3rd Inf. Co.C
Brady, Nathan E. VA 4th Inf. Co.C
Brady, Nathaniel NC 54th Inf. Co.K
Brady, Nicholas B. VA Lt.Arty. Brander's Co.
Brady, N.K. AR 1st Mtd.Rifles Co.A
Brady, N.R. NC 6th Sr.Res. Co.H
Brady, O. AL Gid Nelson Lt.Arty.
Brady, O.B. TN 4th (Murray's) Cav. Co.D
Brady, O.B. 1st Conf.Cav. 2nd Co.C

Brady, Owen AR Mil. Desha Cty.Bn.
Brady, Owen TN Cav. Welcker's Bn. Co.A
Brady, Owen R. TN 43rd Inf. Co.B
Brady, Owin TN 5th (McKenzie's) Cav. Co.B
Brady, P. GA Inf. 1st Bn. (St.Guards) Co.D
Brady, P. LA 13th Inf. Co.K
Brady, P. NC Mallett's Bn. Co.A
Brady, Pat TN Lt.Arty. Phillips' Co.
Brady, Patrick AL Lt.Arty. 2nd Bn. Co.B Artif.
Brady, Patrick AR Mil. Desha Cty.Bn.
Brady, Patrick GA Inf. City Bn. (Columbus) Co.C
Brady, Patrick LA 14th Inf. Co.F
Brady, Patrick LA 21st (Patton's) Inf. Co.A
Brady, Patrick LA 22nd (Cons.) Inf. Co.I
Brady, Patrick MS Inf. 2nd Bn. Co.B
Brady, Patrick MS 22nd Inf. Co.C
Brady, Patrick MS 48th Inf. Co.B
Brady, Patrick SC Inf. 1st (Charleston) Bn. Co.C
Brady, Patrick SC Inf. Hampton Legion Co.C
Brady, Patrick TN 28th (Cons.) Inf. Co.H
Brady, Patrick TN 84th Inf. Co.D
Brady, Patrick TX 2nd Field Btty.
Brady, Patrick TX Arty. 4th Bn. Co.A
Brady, Patrick TX 8th Inf. Co.A
Brady, Patrick TX Waul's Legion Co.A
Brady, Patrick VA Courney Arty.
Brady, Patrick Conf.Inf. Tucker's Regt. Co.K
Brady, P.B. GA 11th Cav. Co.I
Brady, Peter GA Hvy.Arty. 22nd Bn. Co.F
Brady, Peter GA 1st (Olmstead's) Inf. Bonaud's Co.
Brady, Peter LA 11th Inf. Co.L
Brady, Peter LA 20th Inf. New Co.E Cpl.
Brady, Peter MS 1st (Patton's) Inf. Co.A
Brady, Peter SC 24th Inf. Co.H Cpl.
Brady, Peter VA 2nd Inf. Co.D
Brady, Peter VA 27th Inf. 1st Co.H
Brady, Peter A. MS 10th Inf. Co.O, New Co.B
Brady, Philip AL Lt.Arty. 2nd Bn. Co.B
Brady, Philip GA Inf. 8th Bn. Co.G
Brady, Philip TX 32nd Cav. Co.C
Brady, Philip VA 1st Arty. Co.K
Brady, Philip VA Arty. L.F. Jones' Co.
Brady, Philip VA Inf. 25th Bn. Co.C
Brady, Phillip LA 1st (Nelligan's) Inf. Co.E
Brady, R. TN 13th (Gore's) Cav. Co.I
Brady, R.A. AL 63rd Inf. Co.E
Brady, R.A. KY Jessee's Bn.Mtd.Riflemen Co.B
Brady, R.A. NC 4th Sr.Res. Co.D
Brady, Randolph VA 4th Cav. Co.A
Brady, R.B. SC 7th Cav. Co.F
Brady, R.B. TN 40th Inf. Co.D
Brady, R.F. SC 1st Cav. Co.E
Brady, Richard VA 17th Inf. Co.F
Brady, Richard VA 49th Inf. Co.E
Brady, Richard B. NC 33rd Inf. Co.E
Brady, Robert GA Inf. 10th Bn. Co.A
Brady, Robert MO 1st Cav. Co.H
Brady, Robert NC 3rd Inf. Co.C
Brady, Robert TX 31st Cav. Co.E
Brady, Robert F. AR 1st (Colquitt's) Inf. Co.F Cpl.
Brady, Robert N. GA 50th Inf. Co.G
Brady, R.V. GA 1st (Fannin's) Res. Co.E
Brady, S. GA 62nd Cav. Co.F
Brady, Samuel AR Cav. Wright's Regt. Co.G
Brady, Samuel AR Inf. Hardy's Regt. Co.H
Brady, Samuel TN 1st (Carter's) Cav. Co.D
Brady, Samuel VA Cav. 46th Bn. Co.B
Brady, Samuel B. NC 2nd Cav. (19th St.Troops) Co.A
Brady, Samuel E. GA 50th Inf. Co.G
Brady, Samuel H. TN 1st (Carter's) Cav. Co.D
Brady, Samuel H. VA Lt.Arty. Waters' Co.
Brady, Samuel H. VA 5th Inf. Co.L
Brady, S.B. GA 23rd Inf. Co.B
Brady, S.B. NC 6th Inf. Co.A
Brady, S.H. AR 47th (Crandall's) Cav. Surg.
Brady, S.H. MD Cav. 2nd Bn. Co.B
Brady, S.H. VA 12th Cav. Co.F
Brady, Sidney G. VA 6th Cav.
Brady, Smith TN Cav. Welcker's Bn. Co.A
Brady, Solomon FL 6th Inf. Co.B
Brady, Stephen LA 1st (Strawbridge's) Inf. Co.A Cpl.
Brady, T. GA 1st Reg. Co.B
Brady, Terrance TN 21st Inf. Co.F
Brady, Thomas AL 2nd Cav. Co.F
Brady, Thomas AL Lt.Arty. 2nd Bn. Co.E
Brady, Thomas AL 1st Regt. Mobile Vol. Co.C
Brady, Thomas GA 2nd Cav. Co.E
Brady, Thomas GA 62nd Cav. Co.H
Brady, Thomas GA 10th Inf. Co.G
Brady, Thomas GA 49th Inf. Co.A
Brady, Thomas KY 1st Bn.Mtd.Rifles Co.D
Brady, Thomas LA 1st Cav. Co.A
Brady, Thomas LA 5th Inf. Co.I
Brady, Thomas LA 14th Inf.
Brady, Thomas LA 15th Inf. Co.B
Brady, Thomas LA 21st (Patton's) Inf. Co.G
Brady, Thomas LA Mil. Stanley Guards Co.B
Brady, Thomas LA Mil. Surgi's Co. (Sap. & Min.) Ord.Sgt.
Brady, Thomas MS Inf. 2nd Bn. Co.A
Brady, Thomas MS 19th Inf. Co.K
Brady, Thomas MO Lt.Arty. Landis' Co.
Brady, Thomas MO 3rd Inf. Co.D
Brady, Thomas NC 5th Inf. Co.A,D
Brady, Thomas TN 15th Inf. Co.C
Brady, Thomas TN 63rd Inf. Co.B
Brady, Thomas TX 1st (Yager's) Cav. Co.F Cpl.
Brady, Thomas TX 13th Vol. 3rd Co.A
Brady, Thomas VA 54th Mil. Co.C,D
Brady, Thomas A. GA 50th Inf. Co.G
Brady, Thomas B. GA Arty. 11th Bn. (Sumter Arty.) New Co.C, Co.A
Brady, Thomas C. SC 18th Inf. Co.E 2nd Lt.
Brady, Thomas C. SC Inf. Holcombe Legion Co.A Capt.
Brady, Thomas E. GA Lt.Arty. (Arsenal Btty.) Hudson's Co. 1st Lt.
Brady, Thomas E. GA 12th Inf. Co.H Music.
Brady, Thomas F. TX 1st Inf. Co.F
Brady, Thomas H. MS 48th Inf. Co.A
Brady, Thomas Jefferson TN 2nd (Walker's) Inf. Co.D 2nd Lt.
Brady, Thomas L. AR Inf. Cocke's Regt. Co.B
Brady, Thomas M. MS 12th Inf. Co.G
Brady, Thomas S. LA 7th Inf. Co.B
Brady, Thomas S. MS 30th Inf. Co.H
Brady, Thornton KY 1st Bn.Mtd.Rifles Co.D,F
Brady, Thornton KY 3rd Bn.Mtd.Rifles Co.F
Brady, T.M. GA Cav. 19th Bn. Co.B
Brady, T.M. GA Lt.Arty. Anderson's Btty.
Brady, T.M. 10th Conf.Cav. Co.G
Brady, T.R. LA Odgen's Cav. Co.F 2nd Lt.
Brady, T.R. Conf.Cav. Powers' Regt. Co.F Capt.
Brady, W. LA 3rd (Wingfield's) Cav. Co.K
Brady, W.A. AR 6th Inf. Co.C
Brady, W.A. TX Inf. Whaley's Co.
Brady, W.E. AL 7th Inf. Co.B
Brady, Wesley NC 44th Inf. Co.E
Brady, W.F. AR 10th Inf. Co.C,F
Brady, W.F. MS 3rd Inf. Co.F
Brady, W.G. GA Hvy.Arty. 22nd Bn. Co.B
Brady, W.H. GA 11th Cav. Co.I
Brady, William GA 4th Cav. (St.Guards) McDonald's Co.
Brady, William LA Arty. Moody's Co. (Madison Lt.Arty.)
Brady, William MD Cav. 2nd Bn.
Brady, William MS 12th Inf. Co.G
Brady, William MS 20th Inf. Co.I
Brady, William NC 4th Inf. Co.C
Brady, William NC 6th Sr.Res. Co.D
Brady, William SC 1st (Butler's) Inf. Co.B Sgt.
Brady, William SC 1st (Butler's) Inf. Co.K
Brady, William SC 2nd St.Troops Co.C
Brady, William SC 20th Inf. Co.B
Brady, William TN 1st (Feild's) Inf. Co.G
Brady, William TN 43rd Inf. Co.B
Brady, William TN 59th Mtd.Inf. Co.H
Brady, William VA 1st Cav.
Brady, William VA Hvy.Arty. 20th Bn. Co.D
Brady, William VA 38th Inf. Co.E
Brady, William VA 49th Inf. Co.E
Brady, William A. KY 6th Mtd.Inf. Co.C
Bardy, William A. NC 32nd Inf. Co.B
Brady, William A. TX 15th Cav. Co.F 2nd Lt.
Brady, William A. TX 6th & 15th (Cons.) Vol. Co.F 2nd Lt.
Brady, William B. VA 6th Cav. Co.B
Brady, William B. VA Cav. Mosby's Regt. (Part.Rangers) Co.B
Brady, William C. VA 19th Inf. Co.B Sgt.
Brady, William D. GA Inf. 10th Bn. Co.C
Brady, William D. GA 30th Inf. Co.A
Brady, William F. MS Inf. 7th Bn. Co.A
Brady, William F. TN 11th (Holman's) Cav. Co.D
Brady, William F. TN Douglass' Bn. Part.Rangers Lytle's Co.
Brady, William G. AL 19th Inf. Co.G
Brady, William G. AL 61st Inf. Co.B
Brady, William H. VA 20th Cav. Co.A
Brady, William H. VA Cav. 46th Bn. Co.A
Brady, William H. VA 62nd Mtd.Inf. Co.H
Brady, William J. AL Arty. 1st Bn. Co.B,A
Brady, William M. GA 34th Inf. Co.I
Brady, William M. MS 27th Inf. Co.D
Brady, William M. MO 11th Inf. Co.I
Brady, William M. TN 44th Inf. Co.K
Brady, William M. TN 44th (Cons.) Inf. Co.F
Brady, William M.C. GA 10th Inf. Co.G
Brady, William Price MS 23rd Inf. Co.F Cpl.
Brady, William R. AL 17th Inf. Co.I
Brady, William S. AL 2nd Cav. Co.F
Brady, William W. AR 23rd Inf. Co.B

Brady, William W. LA 16th Inf. Co.E
Brady, William W. NC 3rd Inf. Co.H
Brady, William W. SC Arty. Manigault's Bn. 1st Co.C Jr.1st Lt.
Brady, W.J. GA 43rd Inf. Co.D
Brady, W.J. MS 40th Inf. Co.B
Brady, W.M. AR 36th Inf. Co.I
Brady, W.M. GA 45th Inf. Co.F
Brady, W.M. NC 3rd Inf. Co.E
Brady, W.P.K. GA Arty. 11th Bn. (Sumter Arty.) New Co.C
Brady, W.R. GA Inf. 9th Bn. Co.C
Brady, W.R. GA 37th Inf. Co.F
Brady, W.R. SC 1st Cav. Co.G
Brady, Wright GA Arty. 11th Bn. (Sumter Arty.) Co.A
Brady, Wright GA 12th Inf. Co.A Cpl.
Brady, W.S. AR 11th Inf. Co.F
Brady, W.S. AR 11th & 17th Cons.Inf. Co.F
Brady, W.S. MS 46th Inf. Co.B
Brady, W.T. AL 18th Inf. Co.B
Brady, W.T. SC Cav. 2nd Bn.Res. Co.H
Brady, W.W. AL 3rd Inf. Co.A
Brady, W.W. LA Inf.Crescent Regt. Co.K
Brady, W.W. NC 48th Inf. Co.D
Brady, W.W. SC 5th Cav. Co.E
Brady, Wyett NC 1st Jr.Res. Co.F
Brady, Zimri NC 44th Inf. Co.H Sgt.
Bradys, Patrick Conf.Lt.Arty. Davis' Co.
Braek, B. GA 26th Inf. Co.G
Brael, H. LA Mil. 1st Native Guards
Braess, Albert TX Arty. 4th Bn. Co.A
Braess, Albert TX 8th Inf. Co.B
Braeunig, Jacob TX Arty. 4th Bn. Co.B
Braeunig, Jacob TX 8th Inf. Co.B
Braeux, Gracien LA Mil. LaFourche Regt.
Brafford, A.A. TN 53rd Inf. Co.B
Brafford, Atlas NC 26th Inf. Co.E
Brafford, Edward NC 3rd Inf. Co.F
Brafford, Eli NC 30th Inf. Co.H
Brafford, George W. VA 22nd Inf. Co.K Sgt.
Brafford, James NC 26th Inf. Co.E
Brafford, James NC 44th Inf. Co.E
Brafford, Joshua NC 1st Arty. (10th St.Troops) Co.F
Brafford, Joshua NC 35th Inf. Co.I
Brafford, Joshua VA Inf. 2nd Bn.Loc.Def. Co.B
Brafford, Marcellus VA 11th Inf. Co.K
Brafford, Nathan NC 1st Arty. (10th St.Troops) Co.G,F
Brafford, Nathan NC 6th Sr.Res. Co.B
Brafford, Nathan NC 35th Inf. Co.I
Brafford, Philander VA 11th Inf. Co.K
Brafford, Robert NC 26th Inf. Co.E
Brafford, Robert S. VA 34th Inf. Co.C Cpl.
Brafford, Wesley NC 1st Arty. (10th St.Troops) Co.G,H,F
Brafford, William NC 44th Inf. Co.E
Braford, James S. VA 10th Cav. Co.G
Brag, Alex VA 3rd Cav. Co.K
Brag, Austin VA Inf. 4th Bn.Loc.Def. Co.E
Brag, G.W. GA 11th Inf. Co.B
Brag, Walter SC Mil. 1st Regt. (Charleston Res.) Co.F
Bragan, Peter GA Conscr.
Bragassur, J. VA 3rd Inf.Loc.Def. Co.I
Bragaw, C. GA Inf. 18th Bn. Co.A,C
Bragaw, J.H. GA Inf. City Bn. (Columbus) Williams' Co.
Bragaw, John H. AL 7th Inf. Co.A 1st Sgt.
Bragaw, R.H. GA Inf. 1st Bn. (St.Guards) Co.E Surg.
Bragden, Dennis GA 1st Reg. Co.G,I Sgt.
Bragdon, A.J. GA 6th Cav. Co.L
Bragdon, Arthur Gen. & Staff Asst.Surg.
Bragdon, Henderson LA 1st Inf.
Bragdon, J.J. SC 8th Inf. Co.H
Bragdon, John B. SC 10th Inf. Co.I
Bragdon, Joseph TN Cav. 16th Bn. (Neal's) Co.E Cpl.
Bragdon, J.T. SC 6th Cav. Co.I
Bragdon, J.T. SC 10th Inf. Co.F 2nd Lt.
Bragdon, Manly SC Arty. Gregg's Co. (McQueen Lt.Arty.)
Bragdon, Manly SC Arty. Manigault's Bn. 1st Co.C
Bragdon, Ulisses LA 1st Inf.
Bradgon, William TN Cav. 16th Bn. (Neal's) Co.E
Bragel, Antonio LA Mil. Cazadores Espanoles Regt. Co.2
Bragg, A. NC 6th Cav. (65th St.Troops)
Bragg, A.C. TX Cav. Morgan's Regt. Co.F
Bragg, A.J. GA Inf. Athens Reserved Corps
Bragg, A.J. NC 14th Inf. Co.G
Bragg, Alex B. VA 20th Inf. Co.C
Bragg, Alexander B. VA Hvy.Arty. Epes' Co.
Bragg, Alexander J. VA Cav. 34th Bn. Co.B
Bragg, Alfred Culom TX 20th Cav. Co.A
Bragg, A.N. VA 23rd Cav. Co.G
Bragg, A.N. VA 51st Mil. Co.A
Bragg, Antelicus A. VA 3rd Cav. Co.K Sgt.
Bragg, A.P. TN 4th (McLemore's) Cav. Co.I Sgt.
Bragg, A.P. TN 16th Inf. Co.D
Bragg, Arthur VA Cav.O'Ferrall's Bn. Co.B
Bragg, B. GA 54th Inf. Co.K
Bragg, B. GA Mil. Coast Guard Bn. Co.A Sgt.
Bragg, B. TX 10th Field Btty. Cpl.
Bragg, Bartholomew K. VA 52nd Inf. Co.H
Bragg, Bedford GA Hardwick Mtd.Rifles
Bragg, Benajah H. GA 35th Inf. Co.H
Bragg, Benjamin AL 4th (Russell's) Cav. Co.K
Bragg, Benjamin TN 28th (Cons.) Inf. Co.E
Bragg, Benjamin TN 84th Inf. Co.A
Bragg, Benjamin TX 20th Cav. Co.G
Bragg, Benjamin TX Cav. Morgan's Regt. Co.F
Bragg. Benjamin VA Inf. 4th Bn.Loc.Def. Co.C
Bragg, Benjamin Mead's Conf.Cav. Co.B Sgt.
Bragg, Benjamin H. VA 44th Inf. Co.F
Bragg, B.H. MO 2nd Inf. Co.K
Bragg, B.H. MO 3rd & 5th Cons.Inf.
Bragg, B.M. MS 23rd Inf. Co.L Sgt.
Bragg, Branch AR Cav. Wright's Regt. Co.A
Bragg, Braxton LA Dreux's Cav. Co.A
Bragg, Braxton Gen. & Staff Gen.
Bragg, Charles E. VA 17th Cav. Co.D
Bragg, Charles P. VA Cav. Mosby's Regt. (Part.Rangers) Co.B
Bragg, Charles P. VA 3rd Inf.Loc.Def. Co.A
Bragg, Charles P. VA 17th Inf. Co.K
Bragg, Chas. P. Gen. & Staff Hosp.Stew.
Bragg, Charles W. MO 2nd N.E. Cav. (Franklin's Regt.)
Bragg, Cicero NC 22nd Inf. Co.G
Bragg, C.P. AL 7th Cav. Co.E Sgt.
Bragg, C.P. AL Gid Nelson Lt.Arty.
Bragg, C.R. VA 5th Cav. Co.G
Bragg, D. NC Mallett's Bn. Co.C
Bragg, Daniel W. VA 13th Cav. Co.B
Bragg, David GA 54th Inf. Co.D
Bragg, David VA 166th Mil. R.G. Lively's Co.
Bragg, David L. GA 54th Inf. Co.D 1st Sgt.
Bragg, David M. AL 20th Inf. Co.E,A Sgt.
Bragg, Davis VA 79th Mil. 1st Co.
Bragg, D.F. TN 84th Inf. Co.C
Bragg, D.W. SC Inf. 1st (Charleston) Bn. Co.B,G
Bragg, D.W. SC 27th Inf. Co.K
Bragg, D.W. SC Inf. Holcombe Legion Co.A
Bragg, Edward S. VA Cav. 46th Bn. Co.A
Bragg, Edward S. VA Inf. 9th Bn. Co.A
Bragg, Elias H. MO 4th Cav. Co.G
Bragg, Elisha TX 1st Bn.S.S. Co.D
Bragg, Elmore TN 21st (Wilson's) Cav. Co.K
Bragg, E.S. VA 26th Cav. Co.A
Bragg, E.S. VA 25th Inf. 2nd Co.A
Bragg, E.W. GA Hardwick Mtd.Rifles
Bragg, E.W. GA Mil. Coast Guard Bn. Co.A 3rd Lt.
Bragg, Felix E. VA Cav. Hounshell's Bn. Thurmond's Co.
Bragg, F.J. LA Mil. Orleans Guards Regt. Co.F
Bragg, F.M. VA Cav. 34th Bn. Co.B
Bragg, George AL 20th Inf. Co.H Cpl.
Bragg, George TN 29th Inf. Co.K
Bragg, George B. AL 22nd Inf. Co.H
Bragg, George M. NC 8th Bn.Part.Rangers Co.B,C
Bragg, George W. AL 57th Inf. Co.D
Bragg, G.M. NC 66th Inf. Co.D Music.
Bragg, Granville J. NC 21st Inf. Co.A
Bragg, G.W. SC 5th St.Troops Co.E
Bragg, G.W. SC 7th Res. Co.D
Bragg, G.W. TN Conscr. (Cp. of Instr.) Co.B
Bragg, H. GA Hardwick Mtd.Rifles
Bragg, H. GA 29th Inf. Co.B
Bragg, Harvey VA Cav. Hounshell's Bn. Huffman's Co.
Bragg, Harvey VA Cav. (Part.Rangers) Thurmond's Co.
Bragg, Harvey VA 79th Mil. 1st Co.
Bragg, Hazzard VA Cav. Hounshell's Bn. Thurmond's Co.
Bragg, H. Bascom KY 3rd Mtd.Inf. Co.E
Bragg, Henry GA 54th Inf. Co.D
Bragg, Henry NC 2nd Arty. (36th St.Troops) Co.C
Bragg, Henry NC Lt.Arty. 13th Bn. Co.C
Bragg, Henry A. Gen. & Staff Lt.Col.,AAG
Bragg, Henry H. GA 13th Inf. Co.D
Bragg, Henry H. LA 16th Inf. Co.E
Bragg, Henry H. TN Sullivan Cty.Res. (Loc.Def.Troops) Trevitt's Co.
Bragg, Henry Lewis VA 57th Inf. Co.H
Bragg, Henry R. VA 57th Inf. Co.H
Bragg, H.O. LA 18th Inf. Co.B
Bragg, Horatio C. VA 57th Inf. Co.H
Bragg, Howell GA 54th Inf. Co.D
Bragg, H.T. TN 7th (Duckworth's) Cav. Co.A
Bragg, I.R. VA 1st Res. Co.F

Bragg, Ira VA Cav. (Part.Rangers) Thurmond's Co.
Bragg, Ira VA 79th Mil. 1st Co. Cpl.
Bragg, Irvin W. VA Inf. 9th Bn. Co.B
Bragg, Irwin W. VA 25th Inf. 2nd Co.G
Bragg, J. NC 66th Inf. Music.
Bragg, J. VA 44th Inf. Co.I
Bragg, Jacob VA 22nd Inf. Co.E
Bragg, James AL 4th (Russell's) Cav. Co.C
Bragg, James GA 50th Inf. Co.E
Bragg, James MS 2nd Inf. Co.A
Bragg, James MS 30th Inf. Co.B
Bragg, James VA 19th Cav. Co.H Cpl.
Bragg, James VA 62nd Mtd.Inf. 2nd Co.G
Bragg, James D. NC 21st Inf. Co.A
Bragg, James E. VA 2nd St.Res. Co.G
Bragg, James H. VA Lt.Arty. Snead's Co.
Bragg, James M. VA 18th Inf. Co.E
Bragg, James M. VA 44th Inf. Co.K
Bragg, James P. NC 47th Inf. Co.F
Bragg, James T. AL 27th Inf. Co.F
Bragg, James T. VA Hvy.Arty. Epes' Co.
Bragg, James W. VA 18th Inf. Co.E
Bragg, James Y. VA 19th Inf. Co.E 1st Lt.
Bragg, James Z. MS 8th Inf. Co.D
Bragg, Jasper GA 54th Inf. Co.D Sgt.
Bragg, J.B. MS 5th Inf. Co.E
Bragg, J.B. TX 1st Hvy.Arty. Co.A
Bragg, J.C. VA Hvy.Arty. Allen's Co.
Bragg, J.C. VA 46th Inf. Co.D,E
Bragg, J.C. Gen. & Staff AASurg.
Bragg, Jeff AL 4th (Russell's) Cav. Co.K
Bragg, Jesse VA 14th Cav. Co.M
Bragg, Jesse VA Cav. 36th Bn. Co.B
Bragg, Jesse VA 22nd Inf. Co.E
Bragg, Jesse, Jr. VA 22nd Inf. Co.E
Bragg, Jesse A. VA Cav. (Part.Rangers) Thurmond's Co.
Bragg, Jesse J. TX 31st Cav. Co.E
Bragg, Jesse John TX 20th Cav. Co.D
Bragg, J.F. SC Inf. Holcombe Legion Co.E
Bragg, J. Henry AR 7th Inf. Co.B Cpl.
Bragg, J.J. VA Inf. 44th Bn. Co.C
Bragg, J.N. AR 33rd Inf. Asst.Surg.
Bragg, J.N. Gen. & Staff Asst.Surg.
Bragg, John GA 1st (Symons') Res. Co.C
Bragg, John GA 31st Inf. Co.K
Bragg, John MS 13th Inf. Co.A
Bragg, John MS 23rd Inf. Co.L
Bragg, John NC 22nd Inf. Co.G
Bragg, John TN 2nd (Walker's) Inf. Co.I Music.
Bragg, John TN 51st (Cons.) Inf. Co.K Cpl.
Bragg, John A. AL 3rd Cav. Co.D
Bragg, John A. AL Inf. 1st Regt. Co.B,I
Bragg, John B. VA 13th Inf. Co.C Sgt.
Bragg, John D. AR 37th Inf. Co.G Capt.
Bragg, John E. VA Lt.Arty. Snead's Co.
Bragg, John G. VA Lt.Arty. Cayce's Co.
Bragg, John H. NC 14th Inf. Co.G Cpl.
Bragg, John J. VA 2nd Cav. Co.H
Bragg, John J. VA 23rd Inf. Co.G
Bragg, John J. VA 44th Inf. Co.K
Bragg, John K. VA Lt.Arty. Snead's Co.
Bragg, John L. VA 30th Bn.S.S. Co.A 1st Sgt.
Bragg, John M. AL 20th Inf. Co.E
Bragg, John M. VA Inf. 25th Bn. Co.B
Bragg, John M. VA 44th Inf. Co.F
Bragg, John O. VA 9th Cav. Co.G Sgt.
Bragg, John P. VA 5th Cav. Co.I
Bragg, John P. VA Hvy.Arty. Epes' Co.
Bragg, John P. VA 44th Inf. Co.F
Bragg, John T.B. VA 12th Inf. Co.A
Bragg, John W. NC 15th Inf. Co.E
Bragg, John W. NC 47th Inf. Co.F
Bragg, Jonas VA 91st Regt. Co.E
Bragg, Jonas B. SC Inf. Holcombe Legion Co.E
Bragg, Joseph AL 4th (Russell's) Cav. Co.C
Bragg, Joseph AL 10th Inf. Co.H
Bragg, Joseph NC 8th Bn.Part.Rangers Co.B,C Cpl.
Bragg, Joseph NC 66th Inf. Co.D Cpl.
Bragg, Joseph TX 20th Cav. Co.G Sgt.
Bragg, Joseph VA 22nd Inf. Co.E
Bragg, Joseph VA 166th Mil. R.G. Lively's Co.
Bragg, Joseph H. VA Inf. 9th Bn. Co.B
Bragg, Joseph H. VA 25th Inf. 2nd Co.G
Bragg, Joseph M. VA 2nd Cav. Co.K
Bragg, J.R. GA Cav. 22nd Bn. (St.Guards) Co.A Cpl.
Bragg, J.R. MS 8th Inf. Co.H Cpl.
Bragg, J.R. MS 36th Inf. Sgt.
Bragg, J.S. NC 1st Inf. Co.D
Bragg, J.T. TN 19th Inf. Co.K
Bragg, Junius N. AR Inf. Crawford's Bn. Asst.Surg.
Bragg, Junius N. Gen. & Staff Asst.Surg.
Bragg, J. Walker VA 18th Inf. Co.E
Bragg, L. GA 54th Inf. Co.D
Bragg, L.H. AL 27th Inf. Co.F
Bragg, L.H. MS Inf. 3rd Bn. Co.H
Bragg, L.M. TX 20th Cav. Co.I
Bragg, L.M. TX 20th Inf. Co.I
Bragg, Looney MS 15th Bn.S.S. Co.A
Bragg, M. VA Cav. Hounshell's Bn.
Bragg, Marcus J. VA Hvy.Arty. Epes' Co.
Bragg, M.B. MS Cav. (St.Troops) Gamblin's Co.
Bragg, M.B. MS 8th Inf. Co.D
Bragg, Michael VA 166th Mil. Co.A
Bragg, Miles F. GA 2nd Inf. Co.F
Bragg, Milton VA 60th Inf. Co.F
Bragg, Napoleon G. TN 12th (Green's) Cav. Co.G
Bragg, O.O. AL 62nd Inf. Co.C
Bragg, Peter VA 36th Inf. Co.F
Bragg, Philip E. VA 6th Cav. Co.B
Bragg, R.D. VA 1st Res. Co.D
Bragg, Richard LA 6th Cav. Co.I
Bragg, Rievs D. VA 60th Inf. Co.D
Bragg, R.J. VA 2nd Arty. Co.H
Bragg, R.M. VA Murphy's Co. Cpl.
Bragg, Robert AR 1st (Monroe's) Cav. Co.B 2nd Lt.
Bragg, Robert M. AR 9th Inf. Co.E 3rd Lt.
Bragg, Robert R. VA 9th Inf. 1st Co.H
Bragg, Robert R. VA Inf. 28th Bn. Co.C
Bragg, Robert R. VA 59th Inf. 2nd Co.H
Bragg, Robert S. VA Lt.Arty. Carrington's Co.
Bragg, Robert T. VA 57th Inf. Co.H
Bragg, Ro J. VA Inf. 22nd Bn. Co.H
Bragg, Samuel GA Cav. 1st Bn.Res. Co.C
Bragg, Samuel TN 11th (Holman's) Cav. Co.H
Bragg, Samuel TN Douglass' Bn.Part.Rangers Coffee's Co.
Bragg, Samuel, Jr. VA Cav. 34th Bn. Co.B
Bragg, Samuel, Sr. VA Cav. 34th Bn. Co.B
Bragg, Samuel H. VA 2nd Arty. Co.I
Bragg, Samuel H. VA Inf. 22nd Bn. Co.G
Bragg, Sanford C. AL 27th Inf. Co.F
Bragg, Silas M. TX 22nd Cav. Co.C
Bragg, S.T. GA Cav. 22nd Bn. (St.Guards) Co.A
Bragg, Sylvester VA Inf. 26th Bn. Co.G
Bragg, Sylvester VA 79th Mil. 1st Co.
Bragg, T. TX 1st Hvy.Arty. Co.A
Bragg, T.C. AL 17th Inf. Co.D Capt.
Bragg, T.F. LA Mil. Orleans Guards Regt. Co.F
Bragg, T.H. AR 45th Cav. Co.A
Bragg, Thomas AR 20th Inf. Co.H
Bragg, Thomas GA 1st (Symons') Res. Co.C
Bragg, Thomas GA 40th Inf. Co.A
Bragg, Thomas MS Cav. (St.Troops) Gamblin's Co.
Bragg, Thomas VA 15th Cav.
Bragg, Thomas VA Murphy's Co.
Bragg, Thomas Mead's Conf.Cav. Co.G
Bragg, Thomas B. AL 22nd Inf. Co.H
Bragg, Thomas B. VA 23rd Inf. Co.A
Bragg, Thomas H. VA 41st Mil. Co.A 1st Lt.
Bragg, Thomas J. TN 29th Inf. Co.K
Bragg, Thomas J. VA 49th Inf. 3rd Co.G
Bragg, Thomas J. VA 122nd Mil. 1st Co.D 2nd Lt.
Bragg, Thomas P. MS 8th Inf. Co.D
Bragg, Thomas W. NC 55th Inf. Co.I 1st Sgt.
Bragg, T.J. AR 32nd Inf. Co.C
Bragg, T.M. AL 9th Inf. Co.G Cpl.
Bragg, T.Z. MS 2nd Cav. Co.B
Bragg, T.Z. MS 22nd Inf.
Bragg, Val AL 1st Regt. Mobile Vol. Co.C
Bragg, Virgilius T. VA 2nd Cav. Co.K
Bragg, W. AR 8th Cav. Co.C
Bragg, Walker AL 7th Cav.
Bragg, Walter L. AR 6th Inf. Co.H
Bragg, W.D. MS St.Cav. Stubbs' Bn. Asst.Surg.
Bragg, W.D. MS 16th Inf. Co.H
Bragg, W.G. LA 22nd (Cons.) Inf. Co.F
Bragg, W.G. VA 22nd Inf. Co.H
Bragg, W.H. LA 2nd Cav. Co.G Cpl.
Bragg, Wiley SC 5th St.Troops Co.F
Bragg, Wiley SC 7th Res. Co.G
Bragg, Wiley D. TX 1st Bn.S.S. Co.D
Bragg, William AL 7th Cav. Co.E
Bragg, William AL Cav. Lenoir's Ind.Co. 2nd Lt.
Bragg, William AR 7th Inf. Co.B
Bragg, William GA 54th Inf. Co.D
Bragg, William TN Sullivan Cty.Res. Trevitt's Co.
Bragg, William VA Cav. (Part.Rangers) Thurmond's Co.
Bragg, William VA 22nd Inf. Co.A
Bragg, William VA Inf. 26th Bn. Co.G
Bragg, William VA 79th Mil. 1st Co.
Bragg, William A., Jr. VA Hvy.Arty. 18th Bn. Co.C 2nd Lt.
Bragg, William A. VA 12th Inf. Co.E
Bragg, William A. VA 54th Inf. Co.C 2nd Lt.
Bragg, William A., Jr. Conf.Arty. Lewis' Bn. Co.C 2nd Lt.
Bragg, William B. NC 33rd Inf. Co.I,H
Bragg, William D. GA 16th Inf. Co.D
Bragg, Williamet AR 45th Cav. Co.E

Bragg, William J. AL 30th Inf. Co.D
Bragg, William J. LA 31st Inf. Co.A
Bragg, William L. VA Lt.Arty. Ancell's Co.
Bragg, William L. VA Lt.Arty. Snead's Co.
Bragg, William L. VA 9th Inf. 1st Co.H
Bragg, William L. VA Inf. 28th Bn. Co.C
Bragg, William L. VA 59th Inf. 2nd Co.H
Bragg, William M. GA 63rd Inf. Co.B,K
Bragg, William M. VA Cav. Mosby's Regt. (Part.Rangers) Co.A,B Sgt.
Bragg, William M. VA 17th Inf. Co.K Ens.
Bragg, William T. AL 8th Cav. Co.C
Bragg, William W. VA Arty. Dance's Co. Cpl.
Bragg, Willis SC 9th Res. Co.I
Bragg, Willis M. SC 5th St.Troops Co.H
Bragg, Willis M. SC Inf. Holcombe Legion Co.E
Bragg, W.L. GA 2nd Inf. Co.D
Bragg, W.N. AL 4th (Russell's) Cav. Co.K
Bragg, W.N. TN 3rd (Forrest's) Cav. 1st Co.F
Bragg, W.P. NC 47th Inf. Co.C Music.
Bragg, W.P. SC Inf. Holcombe Legion Co.E
Bragg, W.P. VA 3rd Lt.Arty. Co.F
Bragg, Wyatt M. GA 1st (Olmstead's) Inf. Gordon's Co.
Bragg, Z.T. MS Cav. 24th Bn. Co.D
Braggett, Hiram W. GA 1st Inf. Co.F
Braggs, A.W. AR 3rd Cav.
Braggs, M. AL 48th Inf. Co.I
Braggs, Y.D. GA 2nd Cav. Co.D Cpl.
Bragh, J. 15th Conf.Cav. Co.C
Bragin, E.B. MS 4th Inf. Co.D
Bragin, J. MS 4th Inf. Co.D
Bragin, W. MS 4th Inf. Co.D
Bragonier, Daniel H. VA 10th Inf. 1st Co.C, Co.F
Bragonier, R.C. VA 11th Cav. Co.F
Bragonier, Robert C. VA 10th Inf. 1st Co.C, Co.F
Braguet, Gertrand LA 13th Inf. Co.D
Braham, A.F. FL 10th Inf. QM
Braham, Alfred F. FL 1st Inf. AQM
Braham, Joseph VA 5th Bn.Res. Co.A
Brahan, H. TX Inf. Cunningham's Co. 1st Sgt.
Brahan, Haywood TX 4th Inf. Co.F 1st Lt.
Brahan, J.H. MS 1st Bn.S.S. Co.A Sgt.
Brahan, R.W. Gen. & Staff Brig.Gen.
Brahan, Thomas MS 1st Bn.S.S. Co.A Capt.
Brahan, Thomas F. MS 25th Inf. Co.I Capt.
Brahe, C.D. SC Mil.Arty. 1st Regt. Co.A
Brahe, Conrad D. GA Inf. 1st Loc.Troops (Augusta) Co.A
Brahe, Fred A. GA Inf. 1st Loc.Troops (Augusta) Co.A
Brahm, Henry TX Inf. Griffin's Bn. Co.F
Brahm, John MD 3rd Regt.Vol.
Brahmer, Henry NC 18th Inf. Co.A
Brahold, Jacob C. LA Lewis Regt. Co.B
Brahson, W.T. TN 14th Cav. Co.L
Braid, J.A. SC 12th Inf. Co.F 1st Lt.
Braid, John S. TX 2nd Inf. Co.I
Braiden, David MS Cav. 3rd Bn. (Ashcraft's) Co.D
Braiden, George GA 12th Cav. Co.C
Braiden, H.B. FL Lt.Arty. Dyke's Co.
Braiden, Overton TN Lt.Arty. Barry's Co.
Braiden, Perry MS Cav. 3rd Bn. (Ashcraft's) Co.D Cpl.
Braiden, Robert P. MS 19th Inf. Co.F
Braiden, W.M. AL 9th Inf.
Braidfoot, Edward A. AL 16th Inf. Co.B
Braidfoot, J.A. TX Cav. Martin's Regt. Co.A
Braidfoot, Jesse S. AL 16th Inf. Co.B
Braidfoot, Peter M. AL 16th Inf. Co.B
Braidy, Denis LA Mil. Stanley Guards Co.B
Braidy, J. SC 2nd Inf. Co.I Sgt.
Braidy, John MS 38th Cav. Co.D
Braietts, William GA 45th Inf. Co.B
Braiger, F. LA New Orleans Btty. Co.C
Brail, Luis Conf.Inf. 8th Bn.
Brail, Michael Inf.School of Pract. Recruit
Braile, P. TN 10th Inf. Co.A
Brailey, Hugh NC 15th Inf.
Brailsford, A.M. SC 2nd Inf. Co.I 2nd Lt.
Brailsford, D.W. SC 7th Cav. Co.B
Brailsford, D.W. SC Rutledge Mtd.Riflemen & Horse Arty. Trenholm's Co.
Brailsford, D.W. SC 2nd Inf. Co.I
Brailsford, Edward D. SC 1st Inf. Co.M 2nd Lt.
Brailsford, Edward D. SC 1st (McCreary's) Inf. Co.I Maj.
Brailsford, R.M. SC Mil.Cav. Rutledge's Co.
Brailsford, Robert J. TX 27th Cav. Co.D,E Capt.
Brailsford, Theo. W. SC Inf. Hampton Legion Co.C
Brailsford, Thomas R. SC Lt.Arty. Parker's Co. (Marion Arty.)
Brailsford, T.W. SC 5th Cav. Co.H Cpl.
Brailsford, William GA Cav. 1st Bn. Lamar's & Brailsford's Co. Capt.
Brailsford, William GA 5th Cav. Co.H Capt.
Brailsford, William R. SC 1st Inf. Co.M
Brailsford, William R. 3rd Conf.Cav.
Brailsford, W.R. SC 3rd Cav. Co.H
Brailsford, W.R. SC Mil. 16th Regt. Triest's Co. 3rd Lt.
Brailsford, W.W. SC 5th Bn.Res. Co.F
Braim, Gid KY Lt.Arty. Cobb's Co.
Braim, James A. TX Cav. 6th Bn. Co.B
Braim, Louis LA 1st Hvy.Arty. (Reg.) Co.D
Braim, Patrick GA 11th Cav. Co.E
Braim, Sosthene LA 1st Hvy.Arty. (Reg.) Co.D
Braim, William TX 5th Inf. Co.C
Brain, David AL 5th Cav. Co.C
Brain, Hiram KY Inf. Ficklin's Bn. Hargis' Co.
Brain, Thomas D. VA 12th Cav. Co.F
Brain, Wesley G. MO 2nd Cav. Co.C Cpl.
Brain, William KY 4th Cav. Co.E
Brainard, H.C. AL 15th Inf. Co.G Capt.
Brainard, James Conf.Reg.Inf. Brooks' Bn. Co.D
Brainard, Thos VA Loc.Def. Sutherland's Co.
Brainard, William J. AL 21st Inf. Co.K 1st Lt.
Braine, James M. AL 43rd Inf. Co.B
Brainsen, James TX Waul's Legion Co.A
Brainstadt, Alex TX 3rd Inf. Co.I
Braisington, W.F. GA 59th Inf. Co.C
Braithewaite, J.R. VA 33rd Inf. AQM
Braithwait, G.W. AR 34th Inf. Co.F
Braithwait, John A. VA 18th Cav. Co.F Cpl.
Braithwait, William VA 5th Cav. (12 mo. '61-2) Co.A,I
Braithwaite, James G. VA 6th Inf. Co.F
Braithwaite, J.C. VA 14th Cav. Co.B
Braithwaite, J.R. Gen. & Staff Maj.,QM
Braithwaite, Newton VA Cav. McNeill's Co.
Braithwaite, Thomas VA 12th Inf. Co.H Cpl.
Braithwaite, William H. VA 32nd Inf. Co.F 1st Lt.
Braithwaite, William S. VA 10th Inf. Co.G
Braithwate, William S. VA 12th Cav. Co.H
Braioan, S. MS 9th Inf. New Co.F
Braje, Anto LA Mil. 5th Regt.Eur.Brig. (Spanish Regt.) Co.9
Brake, A.C. GA Phillips' Legion Co.O Sgt.
Brake, A.J. AR 37th Inf. Co.E
Brake, Alva C. GA 41st Inf. Co.B Cpl.
Brake, Andrew J. AR 4th Inf. Co.E
Brake, Andrew Jackson MO 10th Inf. Co.G
Brake, Auley J. MO Cav. Preston's Bn. Co.A
Brake, Aulsy J. MO 4th Cav. Co.A
Brake, B. TN 40th Inf. Co.C
Brake, B. TN 42nd Inf. 2nd Co.E
Brake, Benjamin F. GA Inf. 26th Bn. Co.A
Brake, Benjamin F. TX 22nd Cav. Co.E
Brake, Benjamin F. Brush Bn.
Brake, B.F. GA Arty. St.Troops Pruden's Btty.
Brake, Charles I. GA 15th Inf. Co.D
Brake, Daniel C. GA 15th Inf. Co.D
Brake, Daniel G. MO Cav. 2nd Bn.St.Guard Co.A
Brake, Daniel G. MO Cav. Preston's Bn. Co.A
Brake, David C.L. AR 4th Inf. Co.E
Brake, George W. NC 12th Inf. Co.K
Brake, George W. TX Cav. Martin's Regt. Co.B
Brake, H. NC 2nd Jr.Res. Co.G
Brake, Henry LA 15th Inf. Co.B
Brake, Henry A. TN 14th Inf. Co.F,E
Brake, Jacob AL 38th Inf. Co.F
Brake, Jacob AL Cp. of Instr. Talladega
Brake, Jacob LA 11th Inf. Co.E
Brake, Jacob TN 9th (Ward's) Cav. Co.B
Brake, Jacob W. TN 30th Inf. Co.F
Brake, James D. TN 11th Inf. Co.F
Brake, James H. Brush Bn.
Brake, James M. GA 41st Inf. Co.B
Brake, Jesse AR 30th Inf. Co.F 1st Sgt.
Brake, Jesse NC 2nd Arty. (36th St.Troops) Co.F
Brake, J.L. NC 2nd Jr.Res. Co.G
Brake, John E. NC 3rd Arty. (40th St.Troops) Co.F
Brake, John H. GA 7th Inf. Co.D
Brake, John H. GA Phillips' Legion Co.O Sgt.
Brake, John L. TN 5th Inf. Co.A, 1st Co.C Cpl.
Brake, John R. TX 16th Cav. Co.K
Brake, John W. GA 15th Inf. Co.D
Brake, John W. NC 2nd Arty. (36th St.Troops) Co.F
Brake, M.D. AR 12th Bn.S.S. Co.C
Brake, Richard J. SC 1st Arty. Co.A
Brake, Robert E. TX 31st Cav. Co.H
Brake, Thomas TN 14th Inf. Co.F
Brake, Thomas W. TN 11th Inf. Co.F
Brake, W.B. TX 24th Cav. Co.B
Brake, William TN 5th Inf. Co.A, 1st Co.C
Brake, William J. TX 22nd Cav. Co.E
Brake, W.J. Brush Bn.
Brake, W.L. TN 46th Inf. Co.D Cpl.
Brake, Z. GA Inf. 23rd Bn. Cook's Co.
Brakebill, John GA Cav. (St.Guards) Bond's Co.
Brakefield, B. TN Cav. 5th Bn. (McClellan's) Co.A

Brakefield, Bartlet TN 41st Inf. Co.I
Brakefield, B.S. LA 1st Hvy.Arty. (Reg.) Co.D
Brakefield, B.S. LA Hvy.Arty. 8th Bn. Co.2,E
Brakefield, D. Conf.Cav. Raum's Co.
Brakefield, D.A. AL 13th Bn.Part.Rangers Co.D
Brakefield, D.A. AL 56th Part.Rangers Co.H
Brakefield, D.N. AR Inf. Cocke's Regt. Co.E
Brakefield, D.N. MS 3rd Inf. Co.E
Brakefield, Edward L. NC Inf. 2nd Bn. Co.E
Brakefield, George TN 30th Inf. Co.A
Brakefield, G.W. AL 29th Inf. Co.F
Brakefield, G.W. SC 6th Inf. 1st Co.E
Brakefield, H.A. SC Cav. 10th Bn. Co.A Cpl.
Brakefield, Henry MS 38th Cav. Co.I
Brakefield, Henry N. GA 60th Inf. Co.A
Brakefield, Henry N. NC Inf. 2nd Bn. Co.E
Brakefield, H.M. GA 54th Inf. Co.G
Brakefield, James SC 12th Inf. Co.A
Brakefield, James TN 30th Inf. Co.H
Brakefield, James H. TN 37th Inf. Co.C
Brakefield, Jesse AR 2nd Cav. Co.A
Brakefield, Jesse AR 8th Cav. Co.A
Brakefield, Jesse W. GA 27th Inf. Co.D
Brakefield, Jesse W. GA 37th Inf. Co.B
Brakefield, J.M. SC Cav. 10th Bn. Co.A
Brakefield, J.N. TN 30th Inf. Co.A
Brakefield, J.O. GA Inf. 3rd Bn. Co.F
Brakefield, John O. GA 37th Inf. Co.B
Brakefield, J.W. GA Inf. 3rd Bn. Co.F
Brakefield, Lemuel TN 42nd Inf. 2nd Co.K
Brakefield, Madison MS 7th Inf. Co.D
Brakefield, Thomas SC Cav. 10th Bn. Co.A
Brakefield, Walter A. MS 7th Inf. Co.D
Brakefield, Washington AL 22nd Inf. Co.A
Brakefield, William A. GA 2nd Inf. Co.B
Brakeley, William GA 41st Inf. Co.B
Brakeney, Benjamin AR 1st (Dobbin's) Cav. Co.A
Braker, Fred TX 18th Cav. Co.F
Braker, G.W. SC 1st Mtd.Mil. Scotts' Co.
Braker, H.M. SC 1st Mtd.Mil. Scotts' Co.
Braker, J.L. SC 1st Mtd.Mil. Scotts' Co.
Braker, J.L. SC 2nd St.Troops Co.H
Braker, J.L. SC 11th Res. Co.D
Braker, M. SC 1st Mtd.Mil. Scotts' Co.
Brakey, John VA 55th Inf. Co.E
Brakey, William MO 4th Cav. Co.G
Brakfield, James SC Hvy.Arty. 15th (Lucas') Bn. Co.B
Brakfield, T.A. SC Hvy.Arty. 15th (Lucas') Bn. Co.B
Braklin, Frederick LA 20th Inf. Co.A
Brale, Richard TX 29th Cav. Co.K
Braley, Alfred M. AR 45th Mil. Co.E 1st Lt.
Braley, C. AR 11th & 17th Cons.Inf. Co.I 1st Lt.
Braley, G. AR 17th (Griffith's) Inf. Co.C
Braley, James P. TX 17th Cav. Co.D
Braley, J.C. MS 11th (Cons.) Cav. Co.E
Braley, J.M. AL 39th Inf. Co.K
Braley, John A. VA 72nd Mil.
Braley, John D. TX Inf. 2nd St.Troops Co.D
Braley, Joseph W. AL 6th Inf. Co.F
Braley, Levi TX 17th Cons.Dismtd.Cav. Co.H Sr.2nd Lt.
Braley, Levi TX 25th Cav. Co.E 1st Lt.
Braley, Matthew H. AL 6th Inf. Co.F
Braley, R.C. FL 4th Inf. Co.K
Braley, W.C. AR 34th Inf. Co.B
Braley, W.H. MS 11th (Cons.) Cav. Co.E Sgt.
Braley, William H.H. TX 22nd Cav. Co.G Sgt.
Braley, Wyatt TN 16th Inf. Co.C
Bralley, A.J. VA 51st Inf. Co.B
Bralley, Eli TX Inf. 2nd St.Troops Co.E
Bralley, Guy VA 51st Inf. Co.B
Bralley, H.P. AR 1st Vol. Co.E
Bralley, H.P. AR 38th Inf. Co.B
Bralley, James M. VA 45th Inf. Co.D Sgt.
Bralley, Levi TX 24th & 25th Cav. Co.E 1st Lt.
Bralley, Mitchell C. VA 45th Inf. Co.D
Bralley, Rush VA 51st Inf. Co.B
Bralley, Samuel S. VA 45th Inf. Co.D 1st Sgt.
Bralley, Stephen C. VA 45th Inf. Co.D Jr.2nd Lt.
Bralley, William P. AL 16th Inf. Co.C
Brally, E.J. VA 45th Inf. Co.D 1st Sgt.
Brally, John MO 3rd Cav. Co.H
Brally, Leroy TX 28th Cav. Co.A
Brally, Monroe VA 45th Inf. Co.D
Brally, William H. MS 31st Inf. Co.G Cpl.
Brally, W.J. LA 4th Cav. Co.F
Bralock, Reuben TN 34th Inf. Co.B
Bralock, W. SC 7th Inf. 2nd Co.L
Braly, B.F. TX 11th Cav. Co.F 2nd Lt.
Braly, Elijah M. TX 31st Cav. Co.E 1st Sgt.
Braly, E.T. TN 11th (Holman's) Cav. Co.K
Braly, E.T. TN Holman's Bn.Part.Rangers Co.D
Braly, G. LA Mil. Claiborne Regt. Co.A
Braly, Gentile MS 13th Inf. Co.C
Braly, H.S. TX 16th Cav. Co.E
Braly, J.D. TN 11th (Holman's) Cav. Co.K
Braly, J.D. TX 13th Cav. Co.I
Braly, J.M. TN 11th (Holman's) Cav. Co.K
Braly, John N. TX 31st Cav. Co.E
Braly, Milledge B. AL 5th Bn.Vol. Co.A
Braly, R.C. TN 11th (Holman's) Cav. Co.K
Braly, W. TX Cav. Border's Regt. Co.F
Braly, William D. TN 32nd Inf. Co.H Sgt.
Braly, William H. MS St.Cav. 2nd Bn. (Harris') Co.A Sgt.
Bram (Slave) GA 4th (Clinch's) Cav. Cook
Bram, A.L. MS Burt's Ind.Co. (Dixie Guards)
Bram, G.R. GA Lt.Arty. 12th Bn. Co.F
Bram, Henery A. AR 15th (N.W.) Inf. Co.F
Bram, W.H. MS Burt's Ind.Co. (Dixie Guards)
Bramage, John TN 17th Inf. Co.E
Braman, B.F. GA 25th Inf. Co.F
Braman, Erastus TX 35th (Brown's) Cav. Co.F
Braman, H. TX 35th (Brown's) Cav. Co.F
Braman, James W. GA 57th Inf.
Braman, John TX 18th Cav. Co.B
Braman, John D. TX Cav. Waller's Regt. Co.E
Braman, Martin, Jr. GA 39th Inf. Co.D
Braman, R. TN 27th Inf. Co.C
Bramann, W.W. AR 31st Inf. Co.G
Bramb, John C. GA Smith's Legion Co.B
Bramber, William VA 146th Mil. Co.F
Brambett, Elias A. AL 31st Inf. Co.A
Bramble, Charles MO Cav. 3rd Bn. Co.D
Bramble, James H. NC 2nd Bn.Loc.Def.Troops Co.G
Bramble, John H. NC 8th Sr.Res. Kelly's Co.
Bramble, Kinchen G. NC 3rd Inf. Co.C
Bramble, Samuel VA 40th Inf. Co.F
Bramble, William R. MS 27th Inf. Co.C Cpl.
Bramble, William W. NC 2nd Cav. (19th St.Troops) Co.D
Bramble, W.W. NC 52nd Inf. Co.A
Bramblet, Albert TN 43rd Inf. Co.A
Bramblet, Alexander W. GA 52nd Inf. Co.B
Bramblet, C. SC 3rd Inf. Co.G
Bramblet, Colmon C. GA 52nd Inf. Co.H
Bramblet, D.C. MS 7th Inf. Co.C
Bramblet, E.L. MS 7th inf. Co.C
Bramblet, Elisha L. GA 52nd Inf. Co.H
Bramblet, Enoch GA 13th Cav. Co.A
Bramblet, F.P. MS 7th Inf. Co.C
Bramblet, G.W. SC 6th Cav. Co.E
Bramblet, James A.H. SC 6th Cav. Co.E
Bramblet, J.B. GA 11th Cav. Co.G
Bramblet, J.M. SC Lt.Arty. 3rd (Palmetto) Bn. Co.E
Bramblet, John GA 11th Inf. Co.F
Bramblet, John SC Inf. 3rd Bn. Co.E
Bramblet, Lewis SC 4th Bn.Res. Co.E
Bramblet, Lewis SC 5th St.Troops Co.I
Bramblet, L.R. SC Inf. 3rd Bn. Co.E
Bramblet, M. GA 11th Cav. Co.G Cpl.
Bramblet, N. SC Lt.Arty. 3rd (Palmetto) Bn. Co.E
Bramblet, Nathan GA 11th Inf. Co.C
Bramblet, Robert MO 7th Cav. Co.B
Bramblet, Rufus GA 24th Inf. Co.C
Bramblet, T.M. SC 6th Cav. Co.E
Bramblet, W.H. GA 11th Inf. Co.D Cpl.
Bramblet, William H. SC 6th Cav. Co.E
Bramblet, W.R. SC 5th St.Troops Co.I
Bramblet, W.R. SC 9th Res. Co.E
Bramblet, Z. TN 11th (Holman's) Cav. Co.L Capt.
Bramblete, William C. VA 16th Cav. Co.D Sgt.
Bramblett, A.M. GA 42nd Inf. Co.A Sgt.
Bramblett, A.T. SC 6th Cav. Co.E
Bramblett, Augustus W. GA 24th Inf. Co.F
Bramblett, A.W. GA 13th Cav. Co.K
Bramblett, A.W. GA 8th Inf. (St.Guards) Co.E Sgt.
Bramblett, B. VA 2nd Cav. Co.G
Bramblett, F.P. MS 18th Inf. Co.E
Bramblett, Henry M. GA 35th Inf. Co.H
Bramblett, Isaac N. GA 24th Inf. Co.F
Bramblett, J.A. TN 23rd Inf. Co.D
Bramblett, James AL 18th Inf. Co.L
Bramblett, James A. GA 13th Cav. Co.A
Bramblett, James H. SC 14th Inf. Co.C
Bramblett, J.B. AL 12th Inf. Co.G
Bramblett, J.B. AR 1st Vol. Anderson's Co.
Bramblett, J.H. AL 5th Cav. Co.I
Bramblett, J.H. AL 58th Inf. Co.H
Bramblett, J.O. GA 10th Cav. (St.Guards) Co.C
Bramblett, John L. SC 14th Inf. Co.C
Bramblett, John O. GA 13th Cav. Co.I
Bramblett, Jonas KY 5th Cav. Co.B
Bramblett, Josiah SC 3rd Res. Co.A
Bramblett, J.R. GA 65th Inf. Co.H Cpl.
Bramblett, J.R. KY 5th Cav. Co.B
Bramblett, J.W. AL 58th Inf. Co.A Cpl.
Bramblett, J.W. GA Smith's Legion Co.B
Bramblett, L.O. GA Phillips' Legion Co.D
Bramblett, L.W. GA 3rd Bn. (St.Guards) Co.E
Bramblett, Martin M. SC 16th Inf. Co.B

Bramblett, Nathan KY 9th Cav. Co.B
Bramblett, Newton H. AL 18th Inf. Co.K
Bramblett, R.P. KY 5th Cav. Co.B
Bramblett, Thomas GA 11th Cav. Co.F
Bramblett, W.G. AL 58th Inf. Co.A
Bramblett, W.H. KY Jessee's Bn.Mtd.Riflemen
Bramblett, W.H. VA 8th Cav. Co.C Capt.
Bramblett, William B. SC 20th Inf. Co.A
Bramblett, William G. AL 58th Inf. Co.A
Bramblett, William H. GA 22nd Inf. Co.D
Bramblett, Wm. H. Gen. & Staff Surg.
Bramblett, William P. KY 4th Mtd.Inf. Co.H Capt.
Bramblett, Z. TN Douglass' Bn.Part.Rangers Bruster's Co. Capt.
Bramblette, Joseph C. MS 8th Cav. Co.A Cpl.
Bramblitt, John L. VA 58th Inf. Co.K
Bramblitt, J.R. GA Smith's Legion Co.A
Brambtee, J.S. AL 58th Inf.
Brame, Andrew J. NC 5th Cav. (63rd St.Troops) Co.D
Brame, B.W. TN 50th Inf. Co.A
Brame, David VA 38th Inf. Co.G
Brame, D.W. VA 59th Inf. 3rd Co.G
Brame, Elbert NC 43rd Inf. Co.G
Brame, F. LA 3rd (Wingfield's) Cav. Co.I
Brame, Frank Sig.Corps,CSA
Brame, George W. KY 10th Cav. Co.D
Brame, George W. TN 33rd Inf. Co.B
Brame, G.J. KY 3rd Mtd.Inf. Co.D
Brame, G.R. KY 2nd (Woodward's) Cav. Co.G Cpl.
Brame, Henry AL 11th Inf. Co.A
Brame, Howard MS 12th Cav. Co.I Sgt.
Brame, James A. NC 54th Inf. Co.K
Brame, James H. TN 14th Inf. Co.B Cpl.
Brame, James H. TN 50th Inf. Co.A
Brame, James T. VA 1st (Farinholt's) Res. Co.A
Brame, James Y. AL 3rd Inf. Co.G
Brame, J.H. TN 50th (Cons.) Inf. Co.A
Brame, J.J. VA Loc.Def. Durrett's Co.
Brame, J.K. KY 3rd Mtd.Inf. Co.D
Brame, J.M. TN 42nd Inf. Co.C
Brame, J.M. 4th Conf.Inf. Co.H
Brame, John A. VA 1st (Farinholt's) Res. Co.A
Brame, John B. VA 3rd Cav. Co.A Sgt.
Brame, John H. MO 11th Inf. Co.K
Brame, John I. VA 24th Inf. Co.A
Brame, John J. NC 54th Inf. Co.K Cpl.
Brame, John L. KY 2nd (Woodward's) Cav. Co.C Comsy.Sgt.
Brame, John M. NC 30th Inf. Co.B 1st Lt.
Brame, John T. VA 14th Inf. Co.E Cpl.
Brame, John W. TX 12th Cav. Co.D Sgt.
Brame, J.W. TX 12th Cav. Co.D Sgt.
Brame, L.R. KY 3rd Mtd.Inf. Co.D
Brame, M.A. KY 2nd (Woodward's) Cav. Co.A
Brame, Mack KY 1st (Butler's) Cav. Co.G
Brame, Monroe T. NC 54th Inf. Co.K
Brame, Peter W. VA 2nd Arty. Co.D
Brame, Peter W. VA Inf. 22nd Bn. Co.D
Brame, Signal H. Gen. & Staff Capt.,AQM
Brame, T.H. NC 54th Inf. ACS
Brame, Tignal H. NC 6th Inf. AQM
Brame, Tingnal H. NC 12th Inf. Co.B,D Sgt.
Brame, T.R. VA 1st (Farinholt's) Res. Co.A Fifer
Brame, Wesley KY 1st (Butler's) Cav. Co.G
Brame, W.H. MS 35th Inf. Co.F
Brame, W.H. MS 44th Inf. Co.A
Brame, W.H. Gen. & Staff Asst.Surg.
Brame, William C. VA 1st (Farinholt's) Res. Co.A Sgt.
Brame, William Henry NC 12th Inf. Co.B,D
Brame, W.M. AL 15th Bn.Part.Rangers Co.C 2nd Lt.
Brame, W.M. AL Lt.Arty. 2nd Bn. Co.C
Brame, W.M. MS Inf. 2nd St.Troops Co.E 3rd Lt.
Brame, W.M. MS 27th Inf. Co.H 1st Lt.
Brame, W.S. TN 18th Inf. Co.F
Brame, W.W. AL 15th Bn.Part.Rangers Co.A Comsy.Sgt.
Brame, W.W. AL 56th Part.Rangers Comsy.Sgt.
Brame, W.W. AL 1st Bn. Hilliard's Legion Vol. Co.A Cpl.
Brame, W.Y. AL 51st (Part.Rangers) Co.I
Bramel, William F. MO 3rd Inf. Co.H Ch.Music.
Bramer, A. TX 2nd Cav. Co.E
Bramer, F. TX 2nd Inf. Co.A
Bramer, Fred Conf.Inf. 8th Bn. Co.D Sgt.
Bramer, J. TX 2nd Inf. Co.A
Bramer, James M. VA Cav. 34th Bn. Co.K Cpl.
Bramer, J.H. VA 5th Cav. Arty. & Inf.St.Line Co.I
Bramer, J.W. SC 1st Mtd.Mil. Christopher's Co.
Bramer, P.E. MO 6th Cav. Co.D
Bramer, Wright GA 11th Cav. (St.Guards) Johnson's Co.
Brames, George E. TN 1st (Turney's) Inf. Co.K
Bramhall, Benjamin W. VA 26th Inf. Co.D
Bramhall, I. MO Cav. Wood's Regt. Co.A
Bramhall, Joseph H. GA Arty. Baker's Co.
Bramham, A.N. VA 40th Inf. Co.B Cpl.
Bramham, Isaac N. TN 38th Inf. Co.D Cpl.
Bramham, James G. VA 19th Inf. Co.E Sgt.
Bramham, John H. VA 19th Inf. Co.E Ord.Sgt.
Bramin, John W. VA Cav. O'Ferrall's Bn. Co.B
Bramine, B.N. AR 12th Inf. Co.D
Bramit, Henry VA Mil. Washington Cty.
Bramlet, C.M. TX 21st Cav. Co.D
Bramlet, Elkaner C. TX 18th Cav. Co.E
Bramlet, E.W. GA 12th Cav. Co.I Cpl.
Bramlet, Harne TN 50th Inf. Co.K
Bramlet, H.W. GA 1st Inf. (St.Guards) Co.F
Bramlet, J. AR 38th Inf. Co.E
Bramlet, J.L. MS 2nd (Davidson's) Inf. Co.G QSS
Bramlet, John AR Cav. Davies' Bn. Co.D
Bramlet, John S. GA 65th Inf. Co.C
Bramlet, John W. GA 52nd Inf. Co.F
Bramlet, J.W. GA 18th Inf. Co.K
Bramlet, J.W. MS Cav. 1st Bn. (Montgomery's) St.Troops Hammond's Co
Bramlet, J.W. TN 50th Inf. Co.K
Bramlet, Levi GA Inf. 4th Bn. (St.Guards) Co.H
Bramlet, L.W. GA 18th Inf. Co.B
Bramlet, M.C. TX 16th Inf. Co.A
Bramlet, M.H. TX Cav. Baird's Regt. Co.B Sgt.
Bramlet, Nathan GA 11th Cav. Co.B
Bramlet, T.F. MS Cav. 1st Bn. (Montgomery's) St.Troops Hammond's Co
Bramlet, Thomas M. AL 13th Inf. Co.D
Bramlet, T.J. TX 16th Inf. Co.A
Bramlet, T.N. SC 1st (Butler's) Inf. Co.B QMSgt.
Bramlet, T.P. GA 37th Inf. Co.A
Bramlet, W. GA 4th Cav. (St.Guards) Cannon's Co.
Bramlet, W.H. GA 39th Inf. Co.A
Bramlet, W.H. GA Cherokee Legion (St.Guards) Co.E
Bramlet, William MS Cav.1st Bn. (Montgomery's) St.Troops Hammond's Co. Cpl.
Bramlet, William H. GA 37th Inf. Co.A
Bramlet, William H. GA 52nd Inf. Co.A
Bramlet, W.J.O. SC 1st (McCreary's) Inf. Campbell's Co.
Bramlett, Albert W. SC 13th Inf. Co.D
Bramlett, Ambrose TX 6th Cav. Co.H
Bramlett, Ambrose G. AR Cav. 1st Bn. (Stirman's) Co.B
Bramlett, Benjamin F. KY 1st Bn.Mtd.Rifles Co.B
Bramlett, B.H. KY 3rd Bn.Mtd.Rifles Co.D
Bramlett, C.T. GA 65th Inf. Co.A
Bramlett, E.C. KY 7th Cav. Co.B
Bramlett, Eganiah R. SC 16th Inf. Co.A
Bramlett, Elias SC Cav.Bn. Hampton Legion Co.B
Bramlett, E.S. GA Cav. 29th Bn. Co.G
Bramlett, F. VA 8th Cav. Co.K
Bramlett, F.M. MS Inf. 3rd Bn. (St.Troops) Co.F
Bramlett, Frank MS 1st (Patton's) Inf. Co.H Sgt.
Bramlett, G.B. KY 9th Cav. Co.A
Bramlett, G.W. GA 13th Inf. Co.G
Bramlett, H.A. MS 1st Cav. Co.I
Bramlett, J. SC 2nd Inf. Co.B
Bramlett, J.A. GA 36th (Broyles') Inf. Co.E
Bramlett, James GA 40th Inf. Co.G
Bramlett, James E. GA 51st Inf. Co.A
Bramlett, J.H. GA 13th Inf. Co.G
Bramlett, John C. GA 65th Inf. Co.A
Bramlett, John F. GA 3rd Bn. (St.Guards) Co.C
Bramlett, John T. SC Inf. Hampton Legion Co.F Cpl.
Bramlett, John W. SC 18th Inf. Co.D Capt.
Bramlett, Joseph F. SC 16th Inf. Co.A
Bramlett, Josiah SC 1st St.Troops Co.K Cpl.
Bramlett, Josiah TX 1st Bn.S.S. Co.C
Bramlett, J.Q. MS 1st Cav. Co.I
Bramlett, J.W. GA 65th Inf. Co.A
Bramlett, J.W. MS 5th Cav. Co.B
Bramlett, J.W. MS Cav. Dunn's Co. (MS Rangers)
Bramlett, J.W. SC 16th Inf. Co.I
Bramlett, McHenry TX Cav. Ragsdale's Bn. Co.D 1st Sgt.
Bramlett, N. SC 19th Inf. Co.E
Bramlett, N.H. GA 66th Inf. Co.F
Bramlett, R. SC Inf. Hampton Legion Co.F
Bramlett, R.E. SC Lt.Arty. 3rd (Palmetto) Bn. Co.I
Bramlett, R.E. SC 16th & 24th (Cons.) Inf. Co.E
Bramlett, Reuben GA 6th Cav. Co.K
Bramlett, Reuben GA 52nd Inf. Co.F
Bramlett, R.H. SC 2nd Inf. Co.B
Bramlett, R.M. KY 9th Cav. Co.A
Bramlett, Rufus GA 2nd Inf. Co.E

Bramlett, S.G. TX 6th Cav. Co.H Bugler
Bramlett, T.F. MS 5th Cav. Co.B
Bramlett, W.B. SC 3rd Res. Co.H Cpl.
Bramlett, W.D. SC 1st St.Troops Co.K Sgt.
Bramlett, W.D. SC 3rd Res. Co.B Cpl.
Bramlett, W.D. SC 16th Inf. Co.I
Bramlett, W.H. MS 5th Cav. Co.B
Bramlett, W.H. MS Cav. Dunn's Co. (MS Rangers)
Bramlett, W.H. MS Cav. Yerger's Regt. Co.A
Bramlett, W.H. SC Lt.Arty. 3rd (Palmetto) Bn. Co.H
Bramlett, Wiley AR 14th (McCarver's) Inf. Co.E
Bramlett, William TN 1st (Carter's) Cav. Co.A
Bramlett, William A. SC Inf. Hampton Legion Co.F
Bramlett, William E. GA 14th Inf. Co.K
Bramlett, William H. SC 3rd Res. Co.F Cpl.
Bramlett, William M. SC 16th Inf. Co.A
Bramlett, W.J.O. SC Lt.Arty. 3rd (Palmetto) Bn. Co.A
Bramlett, W.L. FL Lt.Arty. Dyke's Co.
Bramlette, Elkana C. KY 3rd Cav. Co.B
Bramlette, J.O. TN 16th Cav. Co.I
Bramlette, Nathan KY 1st (Butler's) Cav. Co.C
Bramlette, Reuben M. TX 19th Cav. Co.I
Bramlette, T.P. GA 54th Inf. Co.E
Bramlitt, E.S. GA Conscr. Conscr.
Bramlitt, J.M. MS 2nd Cav. Co.E
Bramly, J.J. AR 2nd Inf. Co.D
Bramme, Etienne LA Inf.Crescent Regt. Co.B
Brammer, Anderson VA 30th Bn.S.S. Co.A
Brammer, Elkanah VA 11th Bn.Res. Co.D
Brammer, George W. VA 30th Bn.S.S. Co.A
Brammer, Henry T. VA 51st Inf. Co.H
Brammer, James VA Inf. 23rd Bn. Co.B
Brammer, James VA 36th Inf. 2nd Co.I Cpl.
Brammer, James A. VA Inf. 23rd Bn. Co.G 1st Lt.
Brammer, James A. VA 151st Mil. Co.F 1st Lt.
Brammer, Jasper VA 36th Inf. 2nd Co.I Sgt.
Brammer, Jesse D. MO 5th Inf. Co.I
Brammer, J.L. VA 51st Inf. Co.D
Brammer, John AR 1st Mtd.Rifles Co.A
Brammer, John H. VA 151st Mil. Co.F
Brammer, John W. VA 57th Inf. Co.B
Brammer, J.W. TN 9th (Ward's) Cav. Co.G
Brammer, J.W. VA Lt.Arty. Fry's Co.
Brammer, Madison L. VA 51st Inf. Co.D
Brammer, R.H. MS 44th Inf. Co.B Cpl.
Brammer, Thomas W. LA Lt.Arty. Fenner's Btty.
Brammer, Thomas W. LA Inf. 1st Sp.Bn. (Rightor's) Co.F
Brammer, T.P. VA 51st Inf. Co.D
Brammer, W.H. MS 44th Inf. Co.B
Brammer, William D. VA 12th Inf. Co.D
Brammer, William J. VA Inf. 23rd Bn. Co.B Sgt.
Bramon, A. NC 16th Inf. Co.E
Bramon, Bushrod T. VA 67th Mil. Co.A
Bramon, Elitia AL 18th Bn.Vol. Co.E
Bramsford, J.W. VA 2nd St.Res. Co.A Sgt.
Bramsner, Tazuel C. VA 54th Inf. Co.A
Bran, Coleman NC 13th Inf. Co.K
Bran, Frederick W. VA 47th Inf. Co.D
Bran, Henry T. NC 28th Inf. Co.F Cpl.
Bran, J.H. NC 21st Inf. Co.B
Bran, John C. VA 55th Inf. Co.A
Bran, John M. NC 28th Inf. Co.F
Bran, J.T. MS 15th Bn.S.S. Co.A
Bran, William D. NC 21st Inf. Co.B
Brana, Lucien LA Mil. 1st Native Guards 1st Sgt.
Branagahr, Peter LA Mil.Cont.Regt. Mitchell's Co.
Branagan, C.P.B. AL 8th Inf. Co.I Capt.
Branagan, M. LA 1st Cav. Co.F
Branagan, Patrick LA 1st Hvy.Arty. (Reg.) Co.C
Branagin, Arthur MS 42nd Inf. Co.H
Branagin, Barney LA Inf. 4th Bn. Co.C
Branam, Alexander Mead's Conf.Cav. Co.C
Branam, Alphred F. GA 41st Inf. Co.A
Branam, Anderson Mead's Conf.Cav. Co.C
Branam, Daniel TN 7th Inf. Co.C
Branam, Eli NC 62nd Inf. Co.I
Branam, G.W. AL 26th Inf. Co.C
Branam, John TN 15th (Cons.) Cav. Co.E
Branam, John VA 9th Bn.Res. Co.C
Branam, Marian NC 62nd Inf. Co.I
Branam, Thomas S. GA 36th (Broyles') Inf. Co.C
Branaman, Daniel VA 33rd Inf. Co.I
Branaman, James H. VA 60th Inf. Co.E
Branamon, A. VA 5th Inf. Co.I
Branan, Alfred F. GA 41st Inf. Co.D
Branan, B. Owen AL 13th Inf. Co.K
Branan, Cornelius MS 22nd Inf. Gaines' Co.
Branan, C.W. GA Inf. 25th Bn. (Prov.Guard) Co.B Sgt.
Branan, D.F. AL 13th Bn.Part.Rangers Co.A Far.
Branan, D.F. TN 22nd (Barteau's) Cav. 1st Co.H
Branan, D.L. MS Lt.Arty. Turner's Co.
Branan, G.F. AL 37th Inf. Co.C
Branan, J. NC 38th Inf.
Branan, James F. GA 57th Inf. Co.K
Branan, James K. GA 3rd Inf. Co.F Cpl.
Branan, James L. GA 3rd Inf. Co.F Cpl.
Branan, James R. GA 12th Inf. Co.F
Branan, Jasper N. GA 3rd Inf. Co.F
Branan, John A. GA 12th Inf. Co.F
Branan, John F. GA 3rd Inf. Co.F
Branan, Jonathan J. GA 53rd Inf. Co.F,L Sgt.
Branan, J.T. GA Cav. 22nd Bn. (St.Guards) Co.A
Branan, J.T. GA 6th Inf. (St.Guards) Co.A
Branan, J.W. GA Cav. 22nd Bn. (St.Guards) Co.A
Branan, L. GA 6th Inf. (St.Guards) Co.A
Branan, P.R. GA Inf. 1st Bn. (St.Guards) Co.E,F
Branan, Thomas GA 12th Inf. Co.B
Branan, Thomas MS 22nd Inf. Gaines' Co.
Branan, Thomas C. VA 30th Inf. Co.E
Branan, Thomas J. GA 44th Inf. Co.F Sgt.
Branan, Wesley GA 2nd Res. Co.F
Branan, Wiley C. GA 3rd Inf. Co.B
Branan, William F. TN 61st Mtd.Inf. Co.A
Branan, W.T. GA 40th Inf. Co.K
Branand, J.F. TX 8th Field Btty. Cpl.
Branard, George A. TX 1st Inf. Co.L Cpl.
Branard, M.D. AR Lt.Arty. Marshall's Btty.
Branaugh, M. TX Inf. Chambers' Bn.Res.Corps Co.E
Bramblett, G.W. GA 18th Inf. Co.K
Brancefory, Benjamin MS 1st Cav. Co.I
Branch, --- GA 22nd Inf. Co.I
Branch, --- TX Cav. 4th Regt.St.Troops Co.G
Branch, Aaron H. VA 6th Inf. Co.K Sgt.
Branch, A.B. TN 47th Inf. Co.I Sgt.
Branch, Abe TN 63rd Inf. Co.G
Branch, A.C. NC 11th (Bethel Regt.) Inf. Co.B
Branch, A.F. SC 6th Inf. 1st Co.H
Branch, A.F. SC Prov.Guard Hamilton's Co.
Branch, A.G. TX 8th Cav. Co.I
Branch, A.H. MS Res.Corps Withers' Co. Sgt.
Branch, A.L. NC 30th Inf. Co.H
Branch, Albert H. GA Lt.Arty. Milledge's Co.
Branch, Albert H. GA 3rd Inf. 1st Co.I
Branch, Alcey NC 51st Inf. Co.K
Branch, Alden NC 50th Inf. Co.B
Branch, Alex TN 11th Inf. Co.D
Branch, Alfred NC 27th Inf. Co.H
Branch, Alpheus NC 3rd Cav. (41st St.Troops) Co.G
Branch, Alpheus NC 1st Inf. (6 mo. '61) Co.I
Branch, A.M. TX 21st Cav. Co.A Capt.
Branch, Amon J. NC 51st Inf. Co.E
Branch, Anderson NC 6th Inf. Co.E
Branch, Archy LA 12th Inf. Co.C
Branch, Archy B. NC 8th Sr.Res. Broadhurst's Co.
Branch, Augustus H. MS 43rd Inf. Co.D
Branch, Austin TN 26th Inf. Co.C
Branch, B. TN 38th Inf. 2nd Co.A
Branch, B. TX 8th Cav. Co.I
Branch, Ballard B. AL 34th Inf. Co.G
Branch, Benjamin TN 16th (Logwood's) Cav. Co.H 2nd Lt.
Branch, Benjamin TN 6th Inf. Co.D Bvt.2nd Lt.
Branch, B.F. AR 36th Inf. Co.K
Branch, B.F. LA 3rd (Wingfield's) Cav. Co.C
Branch, Bluford B. NC 54th Inf. Co.B
Branch, Bolin NC 43rd Inf. Co.D
Branch, Boling P. AL 5th Bn.Vol. Co.A Cpl.
Branch, Bolin P. NC 3rd Cav. (41st St.Troops) Co.G
Branch, Britton F. LA 12th Inf. Co.A
Branch, Bryant NC 8th Inf. Co.E
Branch, B.T. TN 16th (Logwood's) Cav. Co.D Cpl.
Branch, C.E. TX Cav. Benavides' Regt. Co.F Music.
Branch, Charles VA Horse Arty. D. Shanks' Co.
Branch, Charles A. NC 6th Inf. Co.D
Branch, Charles R. VA 5th Cav. 1st Co.F Sgt.
Branch, Charles T. VA Goochland Lt.Arty. Cpl.
Branch, C.L. TX 17th Cons.Dismtd.Cav. Co.G
Branch, C.M. VA 3rd Inf.Loc.Def. Co.A 2nd Lt.
Branch, Cornelius E. NC 1st Inf. Co.K 2nd Lt.
Branch, Curtis N. VA 56th Inf. Co.D
Branch, C.W. FL 5th Inf. Co.K Cpl.
Branch, Cyrus A. VA 1st Arty. Co.B 1st Lt.
Branch, Cyrus A. VA 32nd Inf. 1st Co.H 1st Lt.
Branch, Daniel W. AR 9th Inf. Co.G
Branch, Daniel W. AR 19th (Dockery's) Inf. Co.G Music.
Branch, David GA 49th Inf. Co.F
Branch, David GA 50th Inf. Co.B
Branch, David GA 57th Inf. Co.B

Branch, David GA 61st Inf. Co.A
Branch, David NC 16th Inf. Co.E
Branch, David A. VA 2nd St.Res. Co.F
Branch, David P. VA Lt.Arty. Pegram's Co.
Branch, David Patterson VA 12th Inf. Co.A
Branch, Delaware VA 1st Arty. Co.I
Branch, Dennis J. NC 3rd Inf. Co.D
Branch, D.G. TN 34th Inf. 2nd Co.C
Branch, D.W. GA Inf. 1st Loc.Troops (Augusta) Co.F
Branch, D.W. NC 1st Inf. (6 mo. '61) Co.G
Branch, E. NC 8th Sr.Res. Williams' Co.
Branch, E.B. Gen. & Staff, QM Dept. Maj.
Branch, Edward T. NC 3rd Cav. (41st St.Troops) Co.G
Branch, Edwin R. GA 1st Cav. Co.A
Branch, Edwin R. GA 21st Inf. Co.D Sgt.
Branch, Edwin W. VA 1st Inf. Co.A 1st Sgt.
Branch, Edwin W. VA 12th Inf. Co.G Capt.
Branch, E.K. LA Mtd.Part.Rangers Bond's Co.
Branch, Elias GA Cav. 22nd Bn. (St.Guards) Co.H
Branch, Elias GA Mayer's Co. (Appling Cav.) Ens.
Branch, Elias GA Lt.Arty. Guerard's Btty.
Branch, Elias GA 61st Inf. Co.A Cpl.
Branch, Elihu TX 15th Cav. Co.D
Branch, Ephraim NC 3rd Cav. (41st St.Troops) Co.F
Branch, Ephraim NC 58th Inf. Co.E
Branch, Erwin TX Inf. 24th Bn. (St.Troops) Cpl.
Branch, Ethemare T.C. NC 51st Inf. Co.E
Branch, F.A. GA 11th Cav. (St.Guards) Bruce's Co.
Branch, Fleming T. VA 18th Inf. Co.C
Branch, Flemin T. VA 41st Inf. Co.K
Branch, Frank VA Hvy.Arty. 18th Bn. Co.A
Branch, G.A. NC 12th Inf. Co.G
Branch, G.E. VA 14th Inf. Co.D
Branch, George SC Arty. Childs' Co.
Branch, George TN 21st (Wilson's) Cav. Co.H
Branch, George TN 21st & 22nd (Cons.) Cav. Co.H
Branch, George H. VA 1st (Farinholt's) Res. Co.G Cpl.
Branch, George M. MS 43rd Inf. Co.D
Branch, George N. NC 43rd Inf. Co.D
Branch, George W. NC 54th Inf. Co.B
Branch, Giles SC 11th Inf. 1st Co.F, Co.K
Branch, Green A. NC 11th (Bethel Regt.) Inf. Co.B
Branch, H. AL 1st Cav. 2nd Co.E
Branch, H. FL Lt.Arty. Dyke's Co.
Branch, Harrison C. NC 6th Inf. Co.D
Branch, Haywood TN 31st Inf. Co.E
Branch, H.E. FL Lt.Arty. Dyke's Co.
Branch, Henry AL 37th Inf. Co.B
Branch, Henry GA Cav. 29th Bn. Co.F
Branch, Henry GA 26th Inf. Co.F
Branch, Henry TN Cav. Newsom's Regt. Co.F
Branch, Henry B. FL Lt.Arty. Abell's Co.
Branch, Henry B. FL Milton Lt.Arty. Dunham's Co.
Branch, Henry C. AR 9th Inf. Co.G
Branch, Henry E. FL 5th Inf. Co.K
Branch, Henry R. NC 16th Inf. Co.E 2nd Lt.
Branch, H.M. GA 8th Inf. Co.B
Branch, H.M. GA 54th Inf. Co.F 1st Lt.
Branch, H.S. NC 5th Sr.Res. Co.I
Branch, Hugh TN 7th (Duckworth's) Cav. Co.L
Branch, H.W. MS 7th Inf. Co.D
Branch, Isaac GA Lt.Arty. Guerard's Btty.
Branch, Isaac GA Inf. 1st Loc.Troops (Augusta) Co.F,C 1st Lt.
Branch, Isaac W. NC 15th Inf. Co.F
Branch, J. GA 1st Reg. Co.D
Branch, J. VA Inf. 44th Bn. Co.B N.C.S. QMSgt.
Branch, J. VA 53rd Inf. Co.G
Branch, J.A. AL 1st Regt.Mobile Vol. Baas' Co. Sgt.
Branch, J.A. GA 29th Inf. Co.D
Branch, J.A. MS Scouts Montgomery's Co.
Branch, J.A. Gen. & Staff Asst.Surg.
Branch, Jackson NC 26th Inf. Co.F
Branch, James AL Mil. Co.B 2nd Lt.
Branch, James FL Inf. 2nd Bn. Co.D
Branch, James GA 50th Inf. Co.G
Branch, James GA 57th Inf. Co.B
Branch, James GA 61st Inf. Co.A
Branch, James KY 4th Cav. Co.H
Branch, James NC 16th Inf. Co.E
Branch, James NC 46th Inf. Co.B
Branch, James SC 11th Inf. Co.K
Branch, James TN 21st (Wilson's) Cav. Co.F
Branch, James TN 21st & 22nd (Cons.) Cav. Co.E
Branch, James TN 21st Inf. Co.H
Branch, James TN 60th Mtd.Inf. Co.A
Branch, James TX 14th Inf. Co.G
Branch, James 1st Conf.Cav. 2nd Co.G
Branch, James C. AL 37th Inf. Co.B
Branch, James C. MS Lt.Arty. (Madison Lt.Arty.) Richards' Co.
Branch, James E. AL 34th Inf. Co.G
Branch, James E. VA Lt.Arty. Cayce's Co.
Branch, James F. NC 3rd Inf. Co.D,A,B
Branch, James G. NC 51st Inf. Co.C 1st Lt.
Branch, James H. VA Inf. 5th Bn. (Loc.Def.) Co.G 1st Lt.
Branch, James J. GA 3rd Cav. (St.Guards) Co.F
Branch, James L. TX 6th Inf. Co.C 2nd Lt.
Branch, James M. MS 28th Cav. Co.C
Branch, James N. FL 5th Inf. Co.H
Branch, James Peter VA Hvy.Arty. 20th Bn. Co.A
Branch, James Peter VA 44th Inf. Co.A
Branch, James R. VA Lt.Arty. Pegram's Co. Capt.
Branch, James R. VA 12th Inf. Branch's Co. Capt.
Branch, James R. VA 16th Inf. Co.K Capt.
Branch, Jas. R. Gen. & Staff Maj.
Branch, James T. GA 49th Inf. Co.F
Branch, James T. GA 61st Inf. Co.A
Branch, James W. VA 61st Inf. Co.G Sgt.
Branch, J.B. TN 19th & 20th (Cons.) Cav. Co.E
Branch, J.C. Gen. & Staff Asst.Surg.
Branch, J.D. MS 3rd Inf. (St.Troops) Co.E
Branch, J.E. SC 2nd St.Troops Co.H
Branch, Jesse GA 61st Inf. Co.A Cpl.
Branch, J.F. NC Cav. 15th Bn. 1st Lt.
Branch, J.G.W. AR 19th (Dockery's) Inf. Co.G
Branch, J.H. AR 32nd Inf. Co.A
Branch, J.H. FL 2nd Cav. Co.D
Branch, J.H. FL Cav. 5th Bn. Co.C Cpl.
Branch, J.H. TX 37th Cav. 2nd Co.D
Branch, J.K.P. FL 10th Inf. Co.K
Branch, J.L. MO Cav. Woodson's Co.
Branch, J.L. TN 7th (Duckworth's) Cav. Co.D
Branch, J.L. TN 47th Inf. Co.F Capt.
Branch, J.L. TX 21st Cav. Co.A Cpl.
Branch, J.M. GA 29th Inf. Co.A
Branch, J.M.F. TN 51st Inf. Co.C
Branch, J.M.F. TN 51st (Cons.) Inf. Co.I Sgt.
Branch, John AL 63rd Inf. Co.D
Branch, John AR 17th (Lemoyne's) Inf. Co.E
Branch, John AR 21st Inf. Co.I
Branch, John FL 1st Inf. Old Co.C, New Co.B
Branch, John FL 1st (Res.) Inf. Co.E 1st Lt.
Branch, John FL 1st (Res.) Inf. Co.E
Branch, John FL Inf. 2nd Bn. Co.B
Branch, John FL 8th Inf. Co.K
Branch, John FL 9th Inf. Co.B
Branch, John FL 10th Inf. Co.G
Branch, John GA 1st (Fannin's) Res. Co.E
Branch, John GA 5th Res. Co.E
Branch, John GA 57th Inf. Co.B
Branch, John KY 6th Mtd.Inf. Co.H
Branch, John TN 16th (Logwood's) Cav. Co.D
Branch, John TN Inf. 23rd Bn. Co.D
Branch, John TX 14th Inf. Co.G
Branch, John VA 51st Inf. Co.H
Branch, John A.D. FL 9th Inf. Co.I
Branch, John B. TX 35th (Brown's) Cav. Co.K
Branch, John B. TX 13th Vol. 3rd Co.I
Branch, John H. MS Lt.Arty. (The Hudson Btty.) Hoole's Co.
Branch, John H. VA 3rd Inf. Co.D
Branch, John H. VA 11th Inf. Co.F
Branch, John H. 7th Conf.Cav. Co.F 1st Lt.
Branch, John J. TN 34th Inf. Co.C
Branch, John L. GA 1st Cav. Co.A Surg.
Branch, John L. GA 1st Reg. 1st Lt.
Branch, John L. GA Inf. 1st Loc.Troops (Augusta) Co.F Lt.
Branch, John L. GA 8th Inf. Adj.
Branch, John L. GA 21st Inf. Co.D 2nd Lt.
Branch, John L. SC Mil. 1st Regt.Rifles Col.
Branch, John L. Gen. & Staff Surg.
Branch, John M. NC 5th Cav. (63rd St.Troops) Co.G
Branch, John P. VA Inf. 44th Bn. Co.E 1st Lt.
Branch, Jno. P. Gen. & Staff Lt.,AAQM
Branch, John R. NC 3rd Cav. (41st St.Troops) Co.G
Branch, John R. NC 1st Inf. (6 mo. '61) Co.I Cpl.
Branch, John R. NC 17th Inf. (1st Org.) Co.I
Branch, John R. NC 68th Inf.
Branch, John T. TN 9th Cav. Co.G
Branch, John T. TN 3rd (Clack's) Inf. Co.F
Branch, John T. VA Hvy.Arty. 18th Bn. Co.A
Branch, John T. VA 41st Inf. Co.H
Branch, John T. VA Inf. Montague's Bn. Co.D
Branch, John W. AL 3rd Bn.Res. Co.B
Branch, John W. AL 27th Inf. Co.F
Branch, John W. TN 1st (Feild's) Inf. Co.A
Branch, Jonas LA 3rd (Wingfield's) Cav. Co.C

Branch, Jordan W. NC 2nd Bn.Loc.Def.Troops Co.C
Branch, Joseph AR 17th (Lemoyne's) Inf. Co.E
Branch, Joseph TN 51st (Cons.) Inf. Co.A
Branch, Joseph F. NC Lt.Arty. 3rd Bn. Co.C
Branch, Joseph H. NC 3rd Cav. (41st St.Troops) Co.G
Branch, Joshua VA 51st Inf. Co.D
Branch, J.R. NC 43rd Inf. Co.F Sgt.
Branch, J.T. MS 40th Inf. Co.C Sgt.
Branch, Julian VA Goochland Lt.Arty.
Branch, Julius VA Inf. 44th Bn. Co.B
Branch, Junius VA Inf. 5th Bn. Co.B
Branch, J.W. AR 15th (Josey's) Inf. 1st Co.G
Branch, J.W. NC 8th Sr.Res. McLean's Co.
Branch, J.W. TN 12th Inf. Co.D
Branch, J.W. TN 12th (Cons.) Inf. Co.E
Branch, J.W. TX 7th Cav. Co.C
Branch, K. AR 1st (Monroe's) Cav. Co.A Sgt.
Branch, Lafayette TX 17th Cav. Co.H Cpl.
Branch, Lafayette TX 17th Cons.Dismtd.Cav. Co.A Cpl.
Branch, Lawrence O.B. NC 33rd Inf. Col.
Branch, L.C. LA 13th Bn. (Part.Rangers) Co.D
Branch, Levi LA 3rd (Wingfield's) Cav. Co.C
Branch, Levi F. TN 29th Inf. Co.G
Branch, Lewis C. LA 5th Cav. Co.I
Branch, L.F. TN 60th Mtd.Inf. Co.D
Branch, Littleberg H. MS Lt.Arty. (The Hudson Btty.) Hoole's Co.
Branch, Lloyd MO 6th Inf. Co.F
Branch, L.O.B. Gen. & Staff Brig.Gen.
Branch, Lord MO 3rd & 5th Cons.Inf.
Branch, Loyd MO Inf. 3rd Bn. Co.D
Branch, Lucian C. NC 46th Inf. Co.I
Branch, Lucian W. VA 6th Inf. Co.K
Branch, Lucien C. NC 24th Inf. Co.E
Branch, M. NC 11th (Bethel Regt.) Inf. Co.B
Branch, Manuel NC 46th Inf. Co.A
Branch, Marion MS 8th Cav. Co.D
Branch, Marshall NC 8th Bn.Part.Rangers Co.F
Branch, Marshall NC 20th Inf. Co.E
Branch, Marshall NC 66th Inf. Co.I
Branch, Martin AR 17th (Lemoyne's) Inf. Co.E
Branch, Martin AR 21st Inf. Co.I
Branch, Martin MS 17th Inf. Co.E
Branch, Martin NC 47th Inf. Co.H
Branch, Martin J. NC 6th Inf. Co.D
Branch, Methias AR 35th Inf. Co.I
Branch, Michael GA 54th Inf. Co.B 2nd Lt.
Branch, Miles B. VA 12th Inf. Co.E
Branch, Miles P. Sig.Corps,CSA
Branch, M.P. TN 3rd (Clack's) Inf. Co.B
Branch, M.V. MS 29th Inf. Co.F
Branch, N. GA 4th (Clinch's) Cav. Co.D
Branch, N. GA 7th Cav. Co.G
Branch, N. GA Cav. 24th Bn. Co.A
Branch, Nathaniel MS 14th Inf. Co.I
Branch, Nathaniel MS 24th Inf. Co.L
Branch, N.B. AR 19th (Dawson's) Inf. Co.I
Branch, N.B. TX 17th Inf. Co.G
Branch, Needham GA Cav. 20th Bn. Co.E
Branch, Needham GA 25th Inf. Co.I
Branch, Newton A. NC 6th Inf. Co.D
Branch, Noah AL 17th Inf. Co.A
Branch, O. GA 1st Inf. Co.D
Branch, O. NC 66th Inf. Co.G
Branch, Oliver C. TX 28th Cav. Co.A,K
Branch, P. AL 31st Inf. Co.F
Branch, Patrick B. VA 3rd Inf. Co.D
Branch, Peter AL 30th Inf. Co.I
Branch, Peter J., Jr. TN 13th Inf. Co.A 2nd Lt.
Branch, Pinkney NC 54th Inf. Co.B
Branch, R. TN 16th (Logwood's) Cav. Co.H
Branch, R. TN 38th Inf. Co.C
Branch, R.C. TN 51st (Cons.) Inf. Co.A
Branch, R.E.J. TN 6th (Wheeler's) Cav. Co.F
Branch, Reuben NC 1st Inf. (6 mo. '61) Co.G
Branch, Reuben NC 11th (Bethel Regt.) Inf. Co.B
Branch, Reuben NC 20th Inf. Co.E
Branch, Richard C. NC 3rd Cav. (41st St.Troops) Co.I Wagon M.
Branch, Richard H. NC 3rd Inf. Co.D
Branch, R.L. TN 21st (Wilson's) Cav. Co.H
Branch, Robert NC 2nd Bn.Loc.Def.Troops Co.D
Branch, Robert A. VA 4th Cav. Co.E
Branch, Robert W. VA 41st Inf. Co.A
Branch, Samuel TN 3rd (Lillard's) Mtd.Inf. Co.E
Branch, Samuel W. VA 61st Inf. Co.G
Branch, S.C. NC 58th Inf. Co.F
Branch, S.C. TN 37th Inf. Co.I
Branch, Sherwood NC 3rd Cav. (41st St.Troops) Co.F
Branch, Sidney NC 58th Inf. Co.F
Branch, S.T. MS 28th Cav. Co.A
Branch, Stanhope NC 29th Inf. Co.G
Branch, Stephen MS 38th Cav. Co.C
Branch, S.W. GA 8th Inf. Co.B,D 1st Lt.
Branch, T.A.J. TN 38th Inf. Co.C 3rd Lt.
Branch, Talton D. NC 51st Inf. Co.E
Branch, Thaddeus VA 12th Inf. Co.E Cpl.
Branch, Thomas NC 51st Inf. Co.C
Branch, Thomas VA 12th Inf. Co.C
Branch, Thomas B. MS 24th Inf. Co.L
Branch, Thomas C. VA 12th Inf. Co.C,E
Branch, Thomas E. VA Inf. 5th Bn. Co.B Capt.
Branch, Thomas H. NC 55th Inf. Co.I Sgt.
Branch, Thomas J. AR 9th Inf. Co.G
Branch, Thomas M. TX 14th Cav. Co.D
Branch, Thomas P. VA 5th Cav. (12 mo. '61-2) Co.D
Branch, Thomas P. VA Lt.Arty. Pegram's Co. Jr.2nd Lt.
Branch, Thomas W. AL 3rd Inf. Co.B
Branch, Thomas W. VA Inf. 44th Bn. Co.B Capt.
Branch, Thomas W. VA 61st Inf. Co.G
Branch, Thomas Wiley VA 12th Inf. Co.A 2nd Lt.
Branch, T.J. TN 45th Inf. Co.F
Branch, T.L. NC 43rd Inf. Co.F
Branch, T.P. Ransom's Staff Maj.
Branch, V.M.R. LA Arty. Moody's Co. (Madison Lt.Arty.)
Branch, V.M.R. VA 1st St.Res. Co.E
Branch, V.M.R. VA 3rd Inf.Loc.Def. Co.I
Branch, W.A. NC 57th Inf. Co.G
Branch, W.A. SC Arty. Stuart's Co. (Beaufort Vol.Arty.)
Branch, W.A. TX Cav. 3rd Regt.St.Troops Co.A
Branch, W.A. TX 21st Cav. Co.A
Branch, W.A. TX 20th Inf. Co.H
Branch, Wallace A. NC 6th Inf. Co.D
Branch, Walter P. VA 4th Cav. Co.F
Branch, Walter S. VA 37th Inf. Co.K Comsy.Sgt.
Branch, Washington C. FL 5th Inf. Co.K
Branch, Washington L. NC 15th Inf. Co.L
Branch, Washington L. NC 32nd Inf. Co.K Cpl.
Branch, W.C. TN Inf. 4th Cons.Regt. Co.B 1st Lt.
Branch, W.C. TN 45th Inf. Co.F 1st Lt.
Branch, W.H. AL 1st Regt.Mobile Vol. Baas' Co.
Branch, W.H. AR 36th Inf. Co.K
Branch, W.H. NC 6th Sr.Res. Co.K
Branch, W.H.H. Gen. & Staff 2nd Lt.,Dr.M.
Branch, William AR 12th Bn.S.S. Co.B
Branch, William AR 15th Mil. Co.I
Branch, William AR 17th (Lemoyne's) Inf. Co.E
Branch, William AR 21st Inf. Co.I
Branch, William GA 36th (Villepigue's) Inf. Co.G
Branch, William GA 49th Inf. Co.F Sgt.
Branch, William GA 57th Inf. Co.B
Branch, William GA 61st Inf. Co.A
Branch, William LA 3rd (Wingfield's) Cav. Co.C
Branch, William MS 1st Lt.Arty. Co.H
Branch, William NC 8th Bn.Part.Rangers Co.B
Branch, William NC 3rd Arty. (40th St.Troops) Co.I
Branch, William NC 61st Inf. Co.G
Branch, William VA 58th Inf. Co.H
Branch, William 1st Conf.Inf. 1st Co.G
Branch, William Bradford's Corps Scouts & Guards Co.B
Branch, William A. VA Lt.Arty. Pegram's Co.
Branch, William B. FL 7th Inf. Co.F
Branch, William B. LA 12th Inf. Co.I
Branch, William B. VA 2nd Arty. Co.E
Branch, William B. VA Inf. 22nd Bn. Co.E
Branch, William H. NC 12th Inf. Co.G
Branch, William H.H. GA Phillips' Legion Co.A
Branch, William J. VA 12th Inf. Co.H
Branch, William L. VA 56th Inf. Co.D
Branch, William N. NC 1st Cav. (9th St.Troops) Co.E 1st Sgt.
Branch, William R. NC 1st Inf. Co.K Music.
Branch, William R. VA 6th Cav. Co.G Sgt.
Branch, William R. VA 1st (Farinholt's) Res. Co.E Capt.
Branch, William S. NC 6th Inf. Co.E 1st Sgt.
Branch, William T. FL 3rd Inf. Co.E
Branch, William T. TN 23rd Inf. 1st Co.A
Branch, W.J. SC Cav. 19th Bn. Co.A
Branch, W.J. SC Part.Rangers Kirk's Co.
Branch, W.L. AR 35th Inf. Co.I
Branch, W.P. VA 13th Cav. Co.E
Branch, W.T. SC Bn.St.Cadets Co.B
Branch, W. William NC 54th Inf. Co.B
Branchcomb W. AR 27th Inf. Co.F
Branche, D. LA Mil. 4th Regt. French Brig. Co.3 Cpl.
Brancher, J.B. VA 29th Inf. Co.E
Branchford, John TN 7th (Duckworth's) Cav. Co.E
Brancil, H. GA 12th Inf. Co.E
Branck, L.P. VA 3rd Res. Co.I
Brancomb, Andy AR 32nd Inf. Co.F

Brancourt, C. LA 22nd Inf. Co.C
Brancroft, William KY Inf. Ficklin's Bn.
Brand, --- LA Mil. 2nd Regt. 2nd Brig. 1st Div. Co.A
Brand, A. LA Inf.Cons. 18th Regt. & Yellow Jacket Bn. Co.B
Brand, Abel LA Ogden's Cav. Co.A
Brand, Abel 14th Conf.Cav. Co.D
Brand, Adam LA 27th Inf. Co.D
Brand, A.J. MD 1st Cav. Co.K
Brand, A.J.S. VA 1st Cav. 2nd Co.K
Brand, Alexander TX 33rd Cav. Co.B Asst.Surg.
Brand, Alvin SC 21st Inf. Co.K Sgt.
Brand, A.R. AL Lt.Arty. 2nd Bn. Co.E
Brand, A.R. GA Inf. (East To West Point Guards) Matthews' Co.
Brand, Aurelien LA 26th Inf. Co.I Sgt.
Brand, B. LA Arty. 5th Field Btty. (Pelican Lt.Arty.)
Brand, B.D. AL Mil. 4th Vol. Co.I
Brand, B.F. AR 38th Inf. Co.D Sgt.
Brand, B.H. AL 14th Inf. Co.F
Brand, Blaney D. AL 62nd Inf. Co.K 1st Lt.
Brand, Bryant AL 3rd Res. Co.E
Brand, Bryant AL 59th Inf. Co.F
Brand, Bryant AL 2nd Bn. Hilliard's Legion Vol. Co.A
Brand, C.A. AL 14th Inf. Co.F
Brand, Charles LA 4th Inf.
Brand, Charles MO 2nd Cav. Co.G
Brand, Charles D. VA 5th Inf. Co.E
Brand, C.W. VA 3rd Cav. Lt.
Brand, D. AL 63rd Inf. Co.I
Brand, Daniel AL 3rd Res. Co.E
Brand, Daniel J. GA 42nd Inf. Co.B
Brand, David J. GA 35th Inf. Co.F
Brand, Desire LA 28th (Thomas') Inf. Co.H
Brand, Doctor C. GA 35th Inf. Co.B
Brand, F. LA Mil. 3rd Regt. 3rd Brig. 1st Div. Co.G
Brand, F. Conf.Lt.Arty. 1st Reg.Btty.
Brand, F.B. LA Miles' Legion Lt.Col.
Brand, F.M. GA 3rd Inf. Co.G
Brand, Francis M. Inf.School of Pract. Powell's Detach. Co.A
Brand, Frederick B. LA 1st Hvy.Arty. (Reg.) Co.D,C Capt.
Brand, George C. MO 2nd Cav. Co.B,I 2nd Lt.
Brand, G.M. GA 62nd Cav. Co.D
Brand, G.W. GA 30th Inf. Co.F Cpl.
Brand, H. TN 12th (Cons.) Inf. Co.F Sgt.
Brand, Henry FL 2nd Inf. Co.K
Brand, Hezekiah AL 14th Inf. Co.F
Brand, Hiram W. AL 10th Inf. Co.C
Brand, Horace H. Price's Staff Col.
Brand, Isaac NC 61st Inf. Co.E
Brand, Isaiah C. GA 64th Inf. Co.K
Brand, Isaiah T. GA 45th Inf. Co.E
Brand, J.A. GA 35th Inf. Co.G
Brand, J.A. LA Arty. 5th Field Btty. (Pelican Lt.Arty.)
Brand, Jackob LA 21st (Patton's) Inf. Co.I
Brand, Jackson C. GA 44th Inf. Co.H
Brand, James AR 19th Inf. Co.A
Brand, James LA 7th Inf. Co.B
Brand, James A. MS 17th Inf. Co.A
Brand, James W. GA 35th Inf. Co.F Cpl.
Brand, James W. VA 4th Inf. Co.A 2nd Lt.
Brand, J.C. LA Mil. 1st Regt. 2nd Brig. 1st Div.
Brand, Jeremiah VA 1st Arty. Co.G
Brand, Jeremiah VA 32nd Inf. 1st Co.I
Brand, Jesse SC 2nd Arty. Co.D Cpl.
Brand, J.G. GA 8th Inf. (St.Guards) Co.E
Brand, J.H. GA 42nd Inf. Co.I
Brand, J.L. TN 1st (Feild's) Inf. Co.G
Brand, John AR Cav. Hindman's Regt. Co.
Brand, John KY 2nd Cav. Co.D
Brand, John MS 15th Bn.S.S. Co.B
Brand, John NC 3rd Inf. Co.A
Brand, John NC 58th Inf. Co.E
Brand, John SC 1st Arty. Co.E
Brand, John A. MS 24th Inf. Co.H Cpl.
Brand, John B. NC 2nd Arty. (36th St.Troops) Co.G
Brand, John C. VA 55th Inf. Co.K
Brand, John F. AL 16th Inf. Co.K
Brand, John M. AL 37th Inf. Co.B
Brand, John W. VA 5th Inf. Co.E
Brand, Jonas W. GA 14th Inf. Co.D
Brand, Joseph LA Arty. Landry's Co. (Donaldsonville Arty.) Bugler
Brand, Joseph M. Conf.Lt.Arty. 1st Reg.Btty.
Brand, Joseph N. GA 2nd Inf. Co.F
Brand, Joseph N. GA 34th Inf. Co.B
Brand, Joseph R. VA 28th Inf. Co.I Cpl.
Brand, J.T. GA 42nd Inf. Co.I
Brand, J.T. 1st Conf.Cav. 1st Co.K
Brand, J.T.M. GA 7th Inf. Co.H Cpl.
Brand, J.W. GA 28th Inf. Co.D
Brand, J.W. VA 1st Cav. Co.I
Brand, L.C. MO 7th Inf. Co.D
Brand, Leon LA Mil.Cav.Squad. (Ind.Rangers Iberville)
Brand, Levi H. GA Conscr.
Brand, M.L. AL 24th Inf.
Brand, M.L. AL 34th Inf. Co.D
Brand, M.V. GA 64th Inf. Co.K Sgt.
Brand, Nathan NC Loc.Def. Croom's Co.
Brand, O. LA Mil.Cav.Squad. (Ind.Rangers Iberville)
Brand, Onezime LA 28th (Thomas') Inf. Co.E Sgt.
Brand, Ovide LA Mil.Cav.Squad. (Ind.Rangers Iberville)
Brand, P.A. LA Arty. 5th Field Btty. (Pelican Lt.Arty.) Cpl.
Brand, Patrick GA 8th Inf.
Brand, Ransom GA 42nd Inf. Co.B,E
Brand, Robert VA Lt.Arty. G.B. Chapman's Co.
Brand, Robert M.C. GA 34th Inf. Co.B
Brand, Rodolph TX Inf. Griffin's Bn. Co.F
Brand, Sabin LA Arty. Landry's Co. (Donaldsonville Arty.) Guidon
Brand, Samuel MO 15th Cav. Co.C
Brand, S.S. GA 1st Reg. Co.C Cpl.
Brand, S.S. VA Lt.Arty. Jackson's Bn.St.Line Co.A
Brand, T. AL 59th Inf. Co.F
Brand, Terrell M. GA 4th Inf. Co.H 2nd Lt.
Brand, Theops MS Cav. 2nd Bn.Res. Co.F
Brand, Thomas AL 2nd Bn. Hilliard's Legion Vol. Co.A
Brand, Thomas GA 35th Inf. Co.G
Brand, Thomas TN 33rd Inf. Co.H
Brand, Thomas H. VA 5th Inf. Co.E
Brand, Thomas M. GA 35th Inf. Co.G Sgt.
Brand, T.M. GA Conscr.
Brand, V. NC 7th Sr.Res. Williams' Co.
Brand, Victor LA 7th Inf. Co.B
Brand, Warren H. GA 35th Inf. Co.G
Brand, W.E. 3rd Conf.Eng.Troops
Brand, W.G. MO 9th Bn.S.S. Co.A
Brand, W.H. MS St.Cav. Perrin's Bn. Co.E
Brand, William GA 35th Inf. Co.G
Brand, William LA Mil. 4th Regt.Eur.Brig. Co.D
Brand, William SC 21st Inf. Co.K
Brand, William 2nd Conf.Eng.Troops Co.G
Brand, William E. KY 2nd Mtd.Inf. Co.D
Brand, William F. VA 5th Inf. Co.E
Brand, William H. MS 11th (Perrin's) Cav. Co.K
Brand, William H. MO 2nd Cav. Co.G
Brand, William H. MO 6th Cav. Co.D Sgt.
Brand, William M. GA 3rd Inf. Co.G
Brand, William M. GA Inf. 25th Bn. (Prov. Guard) Co.C
Brand, William S. SC 6th Inf. 2nd Co.K Capt.
Brand, William T. GA 39th Inf. Co.E
Brand, William W. GA 24th Inf. Co.F 2nd Lt.
Brand, William W. VA 54th Inf. Co.K Capt.
Brand, Willis M. GA 45th Inf. Co.E
Brand, Wilson H. GA 35th Inf. Co.F
Brand, W.S. SC 9th Inf. Co.C 1st Lt.
Brand, W.W. GA 10th Cav. (St.Guards) Co.H
Brand, Zachariah N. GA Inf. 25th Bn. (Prov. Guard) Co.C Cpl.
Brand, Zach David GA 34th Inf. Co.B
Brand, Z.D. GA 39th Inf. Co.E
Brand, Z.K. AL 34th Inf. Co.D
Brand, Z.N. GA Cav. 9th Bn. (St.Guards) Co.A
Branda, J.C. GA 1st (Symons') Res. Co.H
Branda, P.H. GA 12th (Wright's) Cav. (St.Guards) Thiot's Co.
Branda, V.S. GA 12th (Wright's) Cav. (St.Guards) Thiot's Co.
Brandage, Francis TN 2nd (Walker's) Inf. Co.C
Brandale, Noah NC 50th Inf. Co.G
Brandall, Alfred M. NC 62nd Inf. Co.D
Brandall, John H. NC 62nd Inf. Co.D
Brandall, Joseph W. NC 62nd Inf. Co.D
Brandall, Micajah D. NC 62nd Inf. Co.D
Brandao, E.A. LA Lt.Arty. Fenner's Btty.
Brandau, John LA Mil. Mech.Guard
Branddon, J.B. 4th Conf.Inf. Co.H
Brandecker, Henry LA 8th Inf. Co.B
Brandel, George LA Mil. 4th Regt. 2nd Brig. 1st Div. Co.D
Branden, James AR 31st Inf. Co.E 2nd Lt.
Branden, J.S. AR 45th Cav. Co.A
Branden, J.W. AL 9th (Malone's) Cav. Co.M
Branden, Lewis C. AR 15th Inf. Co.E Sgt.
Branden, N. MO 1st Cav. Co.D
Branden, Thomas TN Cav. 11th Bn. (Gordon's) Co.A
Branden, Thomas VA 14th Cav. Co.I
Branden, William AR Cav. Davies' Bn. Co.A
Brandenburg, D. AL 42nd Inf. Co.G
Brandenburg, David AR 23rd Inf. Co.G
Brandenburg, David KY 6th Mtd.Inf. Co.D
Brandenburg, J. AR 34th Inf. Co.A
Brandenburg, Jacob LA 22nd (Cons.) Inf. Co.B

Brandenburg, Jesse W. MD Cav. 2nd Bn. Co.C
Brandenburg, J.M. MD Cav. 2nd Bn. Co.C
Brandenburg, John LA 7th Inf. Co.K
Brandenburg, J.W. AR Cav. 1st Bn. (Stirman's) Co.D
Brandenburg, M. SC 2nd St.Troops Co.C
Brandenburg, Martin L. AL 38th Inf. Co.A
Brandenburg, O. LA 26th Inf. Co.B
Brandenburg, S.J. AR Mil. Desha Cty.Bn.
Brandenburg, S.J. Gen. & Staff Prov.Marsh.
Brandenburg, Thomas KY 2nd Mtd.Inf. Co.I
Brandenburg, W. MO St.Guard
Brandenburgh, B.F. TX 6th Cav. Co.C
Brandenburgh, James TX 6th Cav. Co.C
Brandenburgh, J.B. SC 1st Cav. Co.E
Brandenburgh, J.M. SC 1st Cav. Co.E Cpl.
Brandenburgh, L. SC 1st Cav. Co.E
Brandenburgh, T.P. SC 1st Cav. Co.E Cpl.
Brandenburh, Thomas B. TX 6th Cav. Co.C 2nd Lt.
Brandenbury, David KY 1st Inf.
Brandenstein, M. LA 3rd Inf. Co.K Cpl.
Brander, Arthur AL Hilliard's Legion Vol.
Brander, Auguste VA Lt.Arty. Brander's Co.
Brander, Carter VA Cav. 1st Bn. Co.A
Brander, Carter VA Lt.Arty. Brander's Co. QMSgt.
Brander, Carter VA Arty. C.F. Johnston's Co.
Brander, James S., Jr. LA 1st Cav. Co.C
Brander, James T. VA Lt.Arty. 12th Bn. Co.B Sgt.
Brander, James T. VA Lt.Arty. R.M. Anderson's Co.
Brander, J.F. LA Mil.Conf.Guards Regt. Co.A
Brander, J.H. MS Inf. 12th Regt. Sgt.
Brander, M.A. AL 60th Inf. Co.H
Brander, Thomas A. VA Lt.Arty. Brander's Co. Capt.
Brander, Thomas A. VA 20th Inf. Co.A 2nd Lt.
Brander, Thomas A. Arty. Poague's Bn.,CSA Maj.
Brander, V.S. GA 7th Cav. Co.E
Brander, W.H. VA Cav. Mosby's Regt. (Part. Rangers) Co.D
Brander, William H. VA 4th Cav. Co.B
Brander, William H. VA Lt.Arty. 12th Bn. Co.B Cpl.
Branderbery, Charles LA 5th Inf. Co.G
Brandes, Augustus VA Hvy.Arty. Wilkinson's Co.
Brandes, F. TX Inf. 1st St.Troops Shield's Co.B
Brandes, Frederick W. 4th Conf.Eng.Troops Co.D Sgt.
Brandes, Henry SC Inf. Hampton Legion Co.H
Brandes, Henry Sig.Corps,CSA
Brandes, Henry B. TX 13th Vol. 2nd Co.A Far.
Brandes, Hy B. TX 35th (Brown's) Cav. Co.H
Brandes, S.E. LA Mil. Chalmette Regt. Co.A
Brandeth, F. LA Inf.Cons.Crescent Regt. Co.I
Brandin, Jacque LA Mil. 1st Chasseurs a pied Co.8 1st Lt.
Brandin, James LA Dreux's Cav. Co.A
Brandin, James LA Lt.Arty. LeGardeur, Jr.'s Co. (Orleans Guard Btty.)
Brandinburg, G.H. TX Cav. Chisum's Regt. (Dismtd.) Co.G
Brandinburg, Green AR 32nd Inf. Co.G 1st Lt.
Brandingburg, David MO 1st N.E. Cav. Co.E
Brandis, Adolf TX 33rd Cav. Co.K MD
Brandis, Adolph TX Arty. 4th Bn. Co.B
Brandis, Adolph TX 8th Inf. Co.B
Brandis, August C. VA Inf. 5th Bn. Co.F
Brandis, Charles TX 3rd Inf. 2nd Co.A 1st Sgt.
Brandis, Charles TX 6th Inf. Co.D Clerk
Brandis, F.W. TX 16th Inf. Co.F Cpl.
Brandis, Henry TX 36th Cav. Co.B
Brandle, Edward NC 9th Bn.S.S. Co.B
Brandlett, John AL 51st (Part.Rangers) Co.E
Brandly, Theod TN 15th Inf. Co.K
Brandner, --- LA Mil. Orleans Guards Regt. Co.I
Brandner, J. LA Mil. Orleans Guards Regt. Co.H
Brandner, Theodore LA 20th Inf. Co.D,B
Brandno, Jas. LA Dreux's Cav. Co.A
Brando, A.H. LA Inf. 1st Sp.Bn. (Rightor's) Co.F
Brandor, H. GA 66th Inf.
Brandom, Solomon NC 48th Inf. Co.K
Brandon AR Cav. Gordon's Regt. Co.F
Brandon Gen. & Staff Chap.
Brandon, --- SC Inf. 1st (Charleston) Bn. Co.A
Brandon, A. TN Inf. 22nd Bn. Co.E
Brandon, Aaron S. MS 21st Inf. Co.D
Brandon, Abraham AR 3rd Cav. Co.B Cpl.
Brandon, A.E. TX 24th & 25th Cav. (Cons.) Co.E
Brandon, A.E. TX 25th Cav. Co.G
Brandon, A.G. GA 65th Inf. Co.D,I
Brandon, A.G. GA Smith's Legion Co.F
Brandon, A.G. TN 8th (Smith's) Cav. Co.D
Brandon, A.L. MS Shields' Co.
Brandon, Alex W. TN 1st (Feild's) Inf. Co.H Cpl.
Brandon, Amos MS 41st Inf. Co.D
Brandon, Amos L. MS Inf. (Res.) Berry's Co.
Brandon, Andrew M. TN 33rd Inf. Co.C
Brandon, A.S. MS Wilkinson Cty. Minute Men Co.B
Brandon, A.T. TN 23rd Inf. Co.H
Brandon, A.W. TN Inf. 1st Cons.Regt. Co.B Cpl.
Brandon, A.W. TX Cav. Waller's Regt. Co.H
Brandon, B. TN Cav. Welcker's Bn. Kincaid's Co.
Brandon, Bedford G. VA 59th Inf. 3rd Co.C
Brandon, Benjamin TX 11th Inf. Co.G Jr.2nd Lt.
Brandon, C. AR 30th Inf. Co.K
Brandon, Calvin F. TN 40th Inf. Co.K
Brandon, C.C. MS 4th Inf. Co.H,A
Brandon, C.F. AL 54th Inf. Co.K 2nd Lt.
Brandon, C.H. TX 12th Inf. Co.K
Brandon, Charles VA 5th Cav. Co.B
Brandon, Charles L. TN 7th Inf. Co.K Cpl.
Brandon, Christopher MS Cav. Ham's Regt. Co.G
Brandon, Christopher SC 7th Res. Co.E
Brandon, Christopher C. MS 13th Inf. Co.K 1st Sgt.
Brandon, C.M. TN 33rd Inf. Co.C
Brandon, Cres. MS Thos. Williams' Co.
Brandon, C.Y. AR 2nd Inf. Old Co.E, Co.D
Brandon, David L. MS 37th Inf. Co.C 2nd Lt.
Brandon, David L. NC 4th Inf. Co.C
Brandon, David P. GA 18th Inf. Co.F
Brandon, David S. GA 50th Inf. Co.E Surg.
Brandon, David W. AL 10th Inf. Co.A
Brandon, David Y. MO 8th Cav. Co.B
Brandon, D.C. MS Inf. 3rd Bn. (St.Troops) Co.C
Brandon, D.C. MS Rogers' Co.
Brandon, D.C. MS Shields' Co.
Brandon, D.C. TX 11th Inf. Co.H
Brandon, D. Calvin NC 4th Inf. Co.B
Brandon, Dewitt TN 50th Inf. Co.D Cpl.
Brandon, Dewitt TN 50th (Cons.) Inf. Co.D Cpl.
Brandon, D.S. Gen. & Staff Surg.
Brandon, Duke TN 14th Inf. Co.D
Brandon, E.B. TN 34th Inf. Co.D
Brandon, Edmon TN 18th Inf. Co.H
Brandon, Edmond TN 1st (Feild's) Inf. Co.H
Brandon, Edmond TN Inf. 1st Cons.Regt. Co.B
Brandon, Edmond TN 23rd Inf. Co.H
Brandon, Edward M. AR 3rd Cav. Co.I
Brandon, E.L. VA 14th Inf. Co.K
Brandon, F. TX 13th Vol. Co.H
Brandon, Francis M. MS Bradford's Co. (Conf. Guards Arty.)
Brandon, Frank T. AL 47th Inf. Co.E Capt.
Brandon, F.S. TN 6th (Wheeler's) Cav. Co.K
Brandon, F.T.J. Gen. & Staff Chap.
Brandon, G.C. SC Lt.Arty. J.T. Kanapaux's Co. (Lafayette Arty.)
Brandon, George KY 10th (Johnson's) Cav. New Co.B
Brandon, George MS 41st Inf. Co.K
Brandon, George MO 1st N.E. Cav. Co.A
Brandon, George A. GA 11th Inf. Co.H Sgt.
Brandon, George A. GA 12th Inf. Co.H Sgt.
Brandon, George B. MS 21st Inf. Co.D
Brandon, George W. GA 6th Inf. (St.Guards) Co.C
Brandon, George W. NC 13th Inf. Co.C Cpl.
Brandon, George W. TN 9th (Ward's) Cav. Co.D
Brandon, G.R. SC 3rd Bn.Res. Co.C
Brandon, G.R. SC 6th Res. Co.G
Brandon, G.W. GA 32nd Inf. Co.A
Brandon, H. MO Cav. Freeman's Regt. Co.D
Brandon, H. SC 18th Inf. Co.H
Brandon, Hardy MS 20th Inf. Co.D
Brandon, Henry MO 1st N.E. Cav. Co.A
Brandon, H.G. AR Inf. Cocke's Regt. Co.B
Brandon, H.H. MS 29th Inf. Co.D
Brandon, Hines H. AL 19th Inf. Co.H
Brandon, Hiram B. AR 16th Inf. Co.B
Brandon, Hiram B. TN 26th Inf. Co.I
Brandon, H.M. TN 55th (Brown's) Inf. Co.C
Brandon, Hugh SC 5th St.Troops Co.K
Brandon, Hugh SC 6th Res. Co.G
Brandon, Hugh L. AR 16th Inf. Co.B
Brandon, J. AR 13th Inf. Co.B 1st Sgt.
Brandon, J.A. TN 8th (Smith's) Cav. Co.G
Brandon, James FL 4th Inf. Co.K Sgt.
Brandon, James MS 13th Inf. Co.K
Brandon, James MS 14th Inf. Co.B
Brandon, James TN 1st (Feild's) Inf. Co.H
Brandon, James TN 42nd Inf. 2nd Co.H
Brandon, James A. SC 5th Inf. 1st Co.H, 2nd Co.E Sgt.
Brandon, James A. TN 18th Inf. Co.H

Brandon, James C. AL 4th Inf. Co.I Cpl.
Brandon, James C. MS 2nd St.Cav. Co.F Sgt.
Brandon, James C. NC 4th Cav. (59th St.Troops) Co.B
Brandon, James F. AL 10th Inf. Co.A
Brandon, James F. TN 33rd Inf. Co.C
Brandon, James F.R. AL 19th Inf. Co.H
Brandon, James G. AL 13th Inf. Co.K
Brandon, James G. TN 39th Mtd.Inf. Co.D
Brandon, James H. GA Inf. (Richmond Factory Guards) Barney's Co.
Brandon, James K.P. KY 13th Cav. Co.B
Brandon, James L. GA Lt.Arty. Scogin's Btty. (Griffin Lt.Arty.)
Brandon, James M. VA 20th Inf. Co.K
Brandon, James M. VA 59th Inf. 3rd Co.C
Brandon, Jas. M. Gen. & Staff, AG Dept. Capt.
Brandon, James T. TX 14th Cav. Co.B
Brandon, James W. AR 38th Inf. Co.F
Brandon, James W. GA Inf. 1st Loc.Troops (Augusta) Co.C
Brandon, J.B. TN 42nd Inf. Co.C
Brandon, J.C. AL 4th (Russell's) Cav. Co.C
Brandon, J.C. MS Cav. Buck's Co.
Brandon, J.C. NC 5th Cav. (63rd St.Troops) Co.H
Brandon, J.C. SC 5th Inf. 2nd Co.B
Brandon, J.C. SC 20th Inf. Co.N
Brandon, J.C. TN 44th (Cons.) Inf. AQM
Brandon, J.C. TX 11th Inf. Co.H
Brandon, J.D. SC 3rd Bn.Res. Co.C
Brandon, J.D. Gen. & Staff Capt.,AQM
Brandon, Jefferson R. GA 18th Inf. Co.F 2nd Lt.
Brandon, Jessie B. MS 19th Inf. Co.H
Brandon, J.F. MS 1st Lt.Arty. Co.C
Brandon, J.H. TN 31st Inf. Co.F
Brandon, J.H. VA 25th Cav. Co.E
Brandon, J.J. MS 41st Inf. Co.H
Brandon, J.J. NC 2nd Jr.Res. Co.C
Brandon, J.J. TN 33rd Inf. Co.E
Brandon, J.L. MO 1st Cav. Co.D
Brandon, J.L. TN 15th (Cons.) Cav. Co.G
Brandon, J.L. TX 1st Inf. 2nd Co.K
Brandon, J.M. TX 4th Inf. Co.E Capt.
Brandon, J.N. TN 31st Inf. Co.I
Brandon, John AL 40th Inf. Co.G
Brandon, John AR 14th (McCarver's) Inf. Co.I Cpl.
Brandon, John AR 21st Inf. Co.A Cpl.
Brandon, John AR 21st Inf. Co.B
Brandon, John AR 38th Inf. Co.F
Brandon, John GA Cav. Allen's Co.
Brandon, John GA Cobb's Legion Co.E
Brandon, John KY 10th Cav. Co.K
Brandon, John MS 37th Inf. Co.A
Brandon, John SC 5th Cav. Co.E
Brandon, John SC 7th Cav. Co.C
Brandon, John SC 3rd Bn.Res. Co.C
Brandon, John SC 5th St.Troops Co.K
Brandon, John SC 6th Res. Co.G
Brandon, John SC Cav.Bn. Holcombe Legion Co.D
Brandon, John TN 28th (Cons.) Inf. Co.G
Brandon, John TN 59th Mtd.Inf. Co.H
Brandon, John TN 84th Inf. Co.C
Brandon, John TX 1st Inf. 2nd Co.K
Brandon, John TX Inf. Cotton's Co.
Brandon, John VA 14th Inf. Co.I
Brandon, John A. NC 4th Inf. Co.C
Brandon, John C. MS 1st Bn.S.S. Co.C
Brandon, John C. MS 22nd Inf. Co.B
Brandon, John D. AL 4th Inf. Co.I Comsy.
Brandon, John D. MS 11th Inf. Co.C 3rd Lt.
Brandon, John F. MO 3rd Inf. Co.C
Brandon, John F. TN 33rd Inf. Co.C
Brandon, John H. MO 10th Inf. Co.K
Brandon, John M. AR 47th (Crandall's) Cav.
Brandon, Jno P. Gen. & Staff ACS
Brandon, John R. AL 40th Inf. Co.B
Brandon, John R. AL Recruits
Brandon, John R. TN 37th Inf. Co.A
Brandon, John T. MS Bradford's Co. (Conf. Guards Arty.)
Brandon, John T. SC Hvy.Arty. 15th (Lucas) Bn. Co.A
Brandon, Joseph TN 60th Mtd.Inf. Co.B
Brandon, Joseph TX Cav. Crump's Regt. Co.I
Brandon, Joseph TX 22nd Inf. Co.I
Brandon, Joseph J. MS 30th Inf. Co.K
Brandon, Joshua NC 5th Cav. (63rd St.Troops) Co.H
Brandon, Josiah H. TN 1st (Turney's) Inf. Co.E
Brandon, J.R. AR Inf. Cocke's Regt. Co.B
Brandon, J.S. TN 31st Inf. Co.F 1st Lt.
Brandon, J.T. AL 20th Inf. Co.I
Brandon, J.W. AL 37th Inf. Co.G
Brandon, J.W. AL 47th Inf. Co.E
Brandon, J.W. TN 9th (Ward's) Cav. Co.E 1st Sgt.
Brandon, L. LA 3rd (Harrison's) Cav. Co.C
Brandon, Lane W. MS 21st Inf. Co.D Capt.
Brandon, L.B. AR Cav. (46th) Crabtree's Regt. Co.B
Brandon, L.C. MS 26th Inf. Co.H,K Sgt.
Brandon, Lee TN 9th Inf. Co.K
Brandon, L.P. SC 5th St.Troops Co.K
Brandon, L.P. SC 6th Res. Co.G Cpl.
Brandon, Marshall T. AR 2nd Inf. Co.F
Brandon, M.N. AR 19th (Dawson's) Inf. Co.A
Brandon, M.T. KY 3rd Cav. Co.C
Brandon, M.T. TN 12th (Green's) Cav. Co.I
Brandon, M.W. KY 3rd Mtd.Inf. Co.C
Brandon, N. TN 14th Inf. Lt.Col.
Brandon, N.B. MS 2nd Cav.
Brandon, N.H. NC 4th Sr.Res. Co.D
Brandon, N.T. MS 9th Cav. Co.F
Brandon, N.T. TN Cav. 17th Bn. (Sanders') Co.C
Brandon, Orville TN 39th Mtd.Inf. Co.D
Brandon, Paul LA 5th Inf. Co.C
Brandon, Philip F. MS 2nd Inf. Co.F
Brandon, Philip Franklin MS 1st (Johnston's) Inf. Co.C
Brandon, Phillip A. AL 12th Inf. Co.E Cpl.
Brandon, Pinkney TN 50th Inf. Co.D 1st Lt.
Brandon, Pinkney TN 50th (Cons.) Inf. Co.D 1st Lt.
Brandon, R.A. NC 46th Inf. Co.B
Brandon, R.D. AL 19th Inf. Co.D Cpl.
Brandon, R.D. AL 40th Inf. Co.G
Brandon, R.H. TN 23rd Inf. Co.D
Brandon, R.H. VA 3rd Cav.
Brandon, Rich MS 12th Cav. Co.F
Brandon, Richard AL 4th (Russell's) Cav. Co.G
Brandon, Richard MS 31st Inf. Co.G
Brandon, Richard TN 47th Inf. Co.E Sgt.
Brandon, Richard D. TX 15th Cav. Co.E
Brandon, R.L. MS Cav. Semple's Co. Ord.Sgt.
Brandon, R.L. TX Cav. Benavides' Regt. Co.F
Brandon, Robert MO Lt.Arty. 4th (Harris') Field Btty.
Brandon, Robert B. MO 8th Cav. Co.G
Brandon, Robert G. VA 14th Inf. Co.K
Brandon, Robert L. Gen. & Staff Capt.,AAG
Brandon, Robert M. AL 16th Inf. Co.E 1st Sgt.
Brandon, Robert M. MS 2nd Inf. Co.D Capt.
Brandon, R.S. GA Smith's Legion Co.F
Brandon, Rufus L. TX Cav. Baylor's Regt. Co.A
Brandon, Samuel VA Lt.Arty. Penick's Co.
Brandon, Samuel VA 59th Inf. 3rd Co.E
Brandon, Samuel J. MS 2nd Inf. Co.H
Brandon, S.D. MS 2nd Cav. Co.I
Brandon, S.G. MS Wilkinson Cty. Minute Men Co.B
Brandon, Sinit S. MO 8th Cav. Co.G
Brandon, Solomon S. TN 37th Inf. Co.A
Brandon, S.S. MO Lt.Arty. 4th (Harris') Field Btty.
Brandon, Stephen TN 10th Inf. Maj.
Brandon, T. VA 27th Inf. Co.D
Brandon, T. Ord.Scouts & Guards Click's Co.,CSA
Brandon, T.B. MS Cav. 2nd Bn.Res. Co.B
Brandon, T.E. AL 36th Inf. Co.G
Brandon, Thos. AL 10th Inf. Co.A
Brandon, Thomas GA Inf. (Richmond Factory Guards) Barney's Co.
Brandon, Thomas MO 6th Cav. Co.G
Brandon, Thomas 1st Conf.Cav. Co.C
Brandon, Thomas 7th Conf.Cav. Co.G
Brandon, Thomas D. VA 27th Inf. Co.B 2nd Lt.
Brandon, Thomas J. TN 7th Inf. Co.E
Brandon, Thomas P. MO 5th Inf. Co.E
Brandon, Thomas W. SC 1st Arty. Co.A
Brandon, Thomas W. SC 27th Inf. Co.I,A
Brandon, T.J. AL 14th Inf. Co.F
Brandon, T.J. MS 20th Inf. Co.D
Brandon, T.M. AR 1st Inf. Co.B Sgt.
Brandon, T.T. GA Inf. 1st Loc.Troops (Augusta) Dearing's Cav.Co.
Brandon, T.W. MS Cav. Ham's Regt. Co.H
Brandon, V.C. AR 1st (Colquitt's) Inf. Co.C 2nd Lt.
Brandon, Victor M. AR 1st (Colquitt's) Inf. Co.C 2nd Lt.
Brandon, W. MS Cav. Ham's Regt. Co.H
Brandon, W. TN Inf. 2nd Cons.Regt. Co.D
Brandon, W. TX Granbury's Cons.Brig. Co.F
Brandon, W.A. NC 5th Cav. (63rd St.Troops) Co.H
Brandon, W.A. SC Lt.Arty. J.T. Kanapaux's Co. (Lafayette Arty.)
Brandon, W.A. SC 6th Res. Co.G
Brandon, W.A. SC 18th Inf. Co.H
Brandon, Walter W. TX 15th Cav. Co.B
Brandon, Washington MS 41st Inf. Co.E
Brandon, W.C. GA 22nd Inf. Asst.Surg.
Brandon, W.C. TN 42nd Inf. 1st Co.K 1st Sgt.
Brandon, W.C. Gen. & Staff Asst.Surg.
Brandon, W.F. 7th Conf.Cav. Co.G

Brandon, William MO 8th Cav. Co.G
Brandon, William SC 7th Cav. Co.C
Brandon, William SC Cav.Bn. Holcombe Legion Co.D
Brandon, William TN 19th (Biffle's) Cav. Co.A
Brandon, William TN Cav. Williams' Co.
Brandon, William TN 18th Inf. Co.D
Brandon, William TN 47th Inf. Co.D
Brandon, William A. TN 34th Inf. Co.C
Brandon, William B. TN 44th Inf. Co.E
Brandon, William B. TN 44th (Cons.) Inf. Co.B
Brandon, William C. AL 12th Inf. Co.E
Brandon, William C. GA Floyd Legion (St.Guards) Co.E 1st Lt.
Brandon, William C. NC 42nd Inf. Co.D Cpl.
Brandon, William C. NC 66th Inf. Co.G 2nd Lt.
Brandon, William C. NC Pris.Guards Howard's Co. 1st Sgt.
Brandon, William J. GA 18th Inf. Co.F Sgt.
Brandon, William J. MS Packer's Co. (Pope Guards) Bvt.2nd Lt.
Brandon, William J. NC 13th Inf. Co.C Cpl.
Brandon, William L. MS 21st Inf. Co.D Col.
Brandon, William L. MO 10th Inf. Co.K 2nd Lt.
Brandon, Wm. L. Gen. & Staff Col.
Brandon, William M. TX 1st Inf. Co.I
Brandon, William N. TN 14th Inf. Co.E
Brandon, William O. TN 3rd (Lillard's) Mtd.Inf. Co.F
Brandon, William P. AL 10th Inf. Co.A
Brandon, William R. MS 21st Inf. Co.D
Brandon, William S. MS 21st Inf. Co.D
Brandon, William T. NC 13th Inf. Co.C 1st Lt.
Brandon, W.J. GA 32nd Inf. Co.A
Brandon, W.J. KY 5th Mtd.Inf. Co.E
Brandon, W.J. TN 4th Cav. Co.H Sgt.
Brandon, W.J. TN 12th (Green's) Cav. Co.A
Brandon, W.K. TX 30th Cav. Co.A
Brandon, W.L. MS 4th Cav. Co.I
Brandon, W.L. MS Res.Forces Brig.Gen.
Brandon, W.M. TN 9th Inf. Co.K
Brandon, W.M. TX Inf. Cotton's Co.
Brandon, W.N. AL 33rd Inf. Co.F,I Capt.
Brandon, W.S. GA 32nd Inf. Co.D,A
Brandon, W.W. MS 1st (Johnston's) Inf. Co.C
Brandonburg, John AR Cav. Gordon's Regt. Co.F Sgt.
Brandonburgh, Joseph W. AR Cav. Gordon's Regt. Co.F
Brandriff, William R. MS 12th Inf. Co.A
Brandriff, W.R. Gen. & Staff Hosp.Stew.
Brands, Edward TX Cav. Wells' Bn. Co.A
Brands, J. GA Inf. City Bn. (Columbus) Co.B 1st Lt.
Brands, Julius GA Inf. 19th Bn. (St.Guards) Co.F Capt.
Brands, Vincent SC 7th Inf. Co.E
Brandson, T.S. TN 19th Inf. Co.G
Brandt, A. GA Inf. 1st Loc.Troops (Augusta) Dearing's Cav.Co.
Brandt, A. SC Cav. 17th Bn. Co.A
Brandt, A. TX 1st Inf. Co.L
Brandt, A. TX 3rd Inf. 2nd Co.A
Brandt, A. TX 4th Inf. Co.D
Brandt, A. TX Inf. 4th Bn. (Oswald's) Co.A 1st Sgt.
Brandt, Abraham TN Inf. 3rd Bn. Co.F
Brandt, Alexander MD 1st Inf. Co.E
Brandt, Alexander MD Inf. 2nd Bn. Co.E
Brandt, Alexander VA Inf. 25th Bn. Co.A
Brandt, Anton TX 1st Hvy.Arty. Co.C
Brandt, Chs. LA Mil. 3rd Regt. 3rd Brig. 1st Div. Co.H
Brandt, Charles TX Arty. 4th Bn. Co.B
Brandt, Charles TX 8th Inf. Co.B
Brandt, David G. AL St.Arty. Co.D
Brandt, F. LA Mil. Chalmette Regt. Co.I
Brandt, F. LA Mil. Lewis Guards
Brandt, F. TX Inf. 1st St.Troops Sheldon's Co.B
Brandt, F. TX Conscr.
Brandt, Fred MS Cav. Garland's Bn. Co.A
Brandt, Frederick LA Mil. 1st Regt. 2nd Brig. 1st Div. Co.D
Brandt, F.W. SC Mil.Arty. 1st Regt. Werner's Co.
Brandt, F.W. SC Lt.Arty. Wagener's Co. (Co.A,German Arty.)
Brandt, George NC 1st Inf. (6 mo. '61) Co.F
Brandt, George NC Cumberland Cty.Bn. Detailed Men Co.B
Brandt, H. GA Washington Lt.Arty. J.P. Girardey's Co. Sgt.
Brandt, H. GA Inf. 1st Loc.Troops (Augusta) Dearing's Cav. Co. Sgt.
Brandt, H. SC 1st Regt. Charleston Guard Co.D
Brandt, H. TX Inf. Houston Bn. Co.D
Brandt, Henry TX Waul's Legion Co.C 1st Sgt.
Brandt, Herman GA 36th (Villepigue's) Inf. Co.F 1st Sgt.
Brandt, Herman 1st Conf.Inf. 1st Co.F Sgt.
Brandt, J.C. SC Mil. 1st Regt. (Charleston Res.) Co.B
Brandt, John LA 5th Inf. Co.C
Brandt, John M. NC 18th Inf. Co.A
Brandt, L. TX 2nd Inf. Co.C
Brandt, L.F. SC Mil. 1st Regt. (Charleston Res.) Co.B
Brandt, Logan Gen. & Staff Asst.Surg.
Brandt, Louis H. SC 1st (Orr's) Rifles Co.C
Brandt, Max TX 2nd Inf. Co.K
Brandt, P.V. SC Mil. 1st Regt. (Charleston Res.) Co.D
Brandt, Rudolph SC 6th Inf. 1st Co.A, 2nd Co.F
Brandt, William MD 1st Inf. Co.F,E
Brandt, William MD Inf. 2nd Bn. Co.E
Brandt, William VA 23rd Inf. Co.H
Brandt, William A. TX 3rd Inf.
Brandtley, John KY 10th (Johnson's) Cav. New Co.C
Brandum, George VA 63rd Inf. Co.D
Brandum, Henry VA 63rd Inf. Co.D
Brandum, John VA 21st Cav. Co.B
Brandum, John J. VA 24th Inf. Co.K
Brandum, Thomas VA 24th Inf. Co.K
Brandum, Thomas H. VA 21st Cav. Co.B
Brandum, Watkins VA 24th Inf. Co.K
Brandy, Robert 1st Choctaw & Chickasaw Mtd.Rifles Co.G, 3rd Co.K Cpl.
Brandyburg, L. SC 1st Cav. Co.E
Brane, A.L. AL Cav. 24th Bn. Co.B
Brane, James AL 16th Inf.
Brane, Michael B. VA 52nd Inf. Co.I
Brane, Samuel 1st Creek Mtd.Vol. 2nd Co.I
Braneghan, John TX 1st Inf. Co.C
Branen, G.W. AR 27th Inf. Co.D
Branen, Harris AL 6th Cav. Co.A
Branen, James NC 8th Sr.Res. McNeill's Co.
Branen, J.P. AR 27th Inf. Co.D
Branen, Seaborn J. FL 5th Inf. Co.D
Branen, William AR 27th Inf. Co.D
Braner, Green VA Cav. 34th Bn. Co.K
Braner, W.A. SC Mil.Cav. Theo. Cordes' Co.
Branerly, Thomas TN 10th Inf. Co.B
Branet, C.B. AR Inf. Cocke's Regt. Co.H
Branett, John B. VA 62nd Mtd.Inf. Co.K
Branford, B.G. SC 5th Cav. Co.C Sgt.
Branford, B.G. SC Cav. 17th Bn. Co.D
Branford, B.Z. SC 1st Mtd.Mil. Christopher's Co. 1st Sgt.
Branford, C.G. SC Mil. 1st Regt. (Charleston Res.) Co.D
Branford, C.L. SC Inf.Loc.Def. Estill's Co. Cpl.
Branford, J. AL 62nd Inf. Co.I
Branford, R.M. SC Arty. Manigault's Bn. 1st Co.A
Branford, William AL 20th Inf. Co.C
Brangan, Alexander SC 1st Arty. Co.F Sgt.
Brangan, Alex. Gen. & Staff Drum Maj.
Brangan, Henry MS 4th Regt.St.Troops
Brangar, J.F. AL 26th (O'Neal's) Inf. Co.I
Branger, Enor AR 1st (Dobbin's) Cav. Henderson's or Anderson's Co.
Brangon, Francis M. GA 56th Inf. Co.G Cpl.
Branham, --- VA 3rd Lt.Arty. Co.F
Branham, A. GA Cav. 12th Bn. (St.Guards) Co.A
Branham, Alfred F. Gen. & Staff, QM Dept. Capt.
Branham, Aquilar MO 7th Cav. Co.H
Branham, Barnabas TN 4th (Murray's) Cav. Co.F,A Bvt.2nd Lt.
Branham, Barney 1st Conf.Cav. 2nd Co.D 3rd Lt.
Branham, Benjamin TN 37th Inf. Co.G
Branham, C. Benjamin GA 2nd Res. Co.B
Branham, C.C. AR 30th Inf. Co.C
Branham, Charles P. MO 4th Cav. Co.A,B
Branham, C.M. KY 9th Cav. Co.C
Branham, C.P. MO Cav. Hunter's Regt. Co.A
Branham, Cyrus W. KY 6th Mtd.Inf. Co.B Cpl.
Branham, David TN 37th Inf. Co.B Sgt.
Branham, David VA 5th Cav. Co.I
Branham, Edward V. GA 42nd Inf. Co.F QMSgt.
Branham, F.C.M. KY 5th Cav. Co.B
Branham, George H. VA 2nd Cav. Co.H
Branham, George W. VA Arty. Bryan's Co. Sgt.
Branham, George W. VA 27th Inf. Co.E
Branham, G.J. AR 16th Inf. Co.I
Branham, G.T. TN 63rd Inf. Co.H Fife Maj.
Branham, G.W. MS 20th Inf. Co.A
Branham, H. SC 6th Res. Co.H
Branham, H.C. KY 2nd (Woodward's) Cav. Co.E Sgt.
Branham, Henry MO Inf. Clark's Regt. Co.G
Branham, Henry Conf.Cav. Clarkson's Bn. Ind. Rangers Co.E
Branham, Henry C. GA 2nd Res. Co.K
Branham, Hiram AR 7th Cav. Co.D

Branham, Horace W. MO 10th Cav. Co.A Ord.Sgt.
Branham, Houston MO Cav. Preston's Bn. Co.A
Branham, H.R. Gen. & Staff Surg.
Branham, Isham H. GA 57th Inf. Co.E Capt.
Branham, Isham R. Gen. & Staff, AG Dept. Capt.
Branham, J. AL 5th Inf. Co.C
Branham, J. KY Cav. Thompson's Co.
Branham, James AL Cav. Hardie's Bn.Res. Co.C
Branham, James AR 45th Mil. Co.C
Branham, James GA Lt.Arty. 14th Bn. Co.B
Branham, James GA Lt.Arty. Anderson's Btty.
Branham, James KY 2nd (Woodward's) Cav. Co.E
Branham, James TN 5th (McKenzie's) Cav. Co.D
Branham, James TN 36th Inf. Co.F,L
Branham, James TN 62nd Mtd.Inf. Co.E
Branham, James VA 10th Cav. Co.H
Branham, James VA 62nd Mtd.Inf. 2nd Co.A
Branham, James E. TN 43rd Inf. Co.G
Branham, James H.C. MO 3rd Cav. Co.A,K 1st Lt.
Branham, James L. AR 32nd Inf. Co.F
Branham, James W. VA Lt.Arty. G.B. Chapman's Co.
Branham, James W. VA 27th Inf. Co.A
Branham, James W. Gen. & Staff 1st Lt.
Branham, J.B. TN 63rd Inf. Co.H Cpl.
Branham, J.G. VA 3rd Inf. Co.F
Branham, J.H. GA Cav. 6th Bn. (St.Guards) Co.D
Branham, J.H.C. MO Cav. 3rd Bn. Co.E Capt.
Branham, J.N. TX Cav. McCord's Frontier Regt. Co.D
Branham, Joel Gen. & Staff M.D.,AASurg.
Branham, John KY 10th Cav. Co.F
Branham, John KY 5th Mtd.Inf. Co.E
Branham, John MO 12th Inf. Co.B
Branham, John TN 1st Cav.
Branham, John TN 20th Inf. Co.K
Branham, John TN 37th Inf. Co.B Cpl.
Branham, John VA 30th Inf. Co.E
Branham, John VA 56th Inf. Co.C
Branham, John B. VA 6th Inf. Vickery's Co. 1st Lt.
Branham, John B. VA 16th Inf. 1st Co.H 1st Lt.
Branham, John C. TN 36th Inf. Co.A
Branham, John C. VA Inf. French's Bn. Co.C,A
Branham, John H. VA 9th Cav. Co.B
Branham, John H. VA 14th Cav. Co.K
Branham, John H. VA Arty. Bryan's Co.
Branham, John M. GA 14th Inf. Co.K
Branham, John T. MO 10th Cav. Co.H Cpl.
Branham, John T. TN 2nd (Robison's) Inf. Co.K
Branham, John W. VA 15th Cav. Co.B Sgt.
Branham, J.R. GA Inf. 14th Bn. (St.Guards) Co.C
Branham, J.R. TN 24th Inf. Co.E
Branham, Junius W. GA Inf. 2nd Bn. Co.B
Branham, J.W. AL 49th Inf. Co.I
Branham, J.W. VA Lt.Arty. Carpenter's Co.
Branham, J.W. VA 59th Inf. Co.I
Branham, L.L. AR 32nd Inf. Co.F
Branham, L.L. AR 45th Mil. Co.C
Branham, M. MO 2nd Cav. Co.D
Branham, Martin TN 1st Cav.
Branham, Matt GA 54th Inf. Music.
Branham, Nathaniel, Jr. VA 56th Inf. Co.C
Branham, Paul MO Lt.Arty. Landis' Co. Sgt.
Branham, Perish MO 7th Cav. Co.H Sgt.
Branham, Perish MO 8th Cav. Co.K
Branham, Richard KY 5th Mtd.Inf. Co.K Sgt.
Branham, Richard KY Fields' Co. (Part.Rangers)
Branham, Richard T. SC 15th Inf. Co.A
Branham, Samuel SC 6th Cav. Co.C
Branham, Samuel TN 40th Inf.
Branham, Samuel TN 62nd Mtd.Inf. Co.E
Branham, Severe MO Cav. Preston's Bn. Co.A
Branham, Solomon AL Lt.Arty. 20th Bn. Co.A
Branham, Solomon AL 6th Inf. Co.D
Branham, S.W. AR 30th Inf. Co.C
Branham, T. TX Cav. Chisum's Regt. Co.F
Branham, Tecumseh MO 7th Cav. Co.H
Branham, Turpin VA 135th Mil. Co.D
Branham, T.W.M. VA 46th Inf. 2nd Co.E
Branham, Washington L. AR 23rd Inf. Co.C
Branham, W.C. GA Floyd Legion (St.Guards) Co.E
Branham, W.G. TN 22nd (Barteau's) Cav. Co.I
Branham, W.H. Sig.Corps,CSA
Branham, William GA 66th Inf. Co.A
Branham, William VA 46th Inf. 2nd Co.I
Branham, William A. VA 60th Inf. Co.E
Branham, William C. GA 12th Cav. Co.F
Branham, William R. TN 37th Inf. Co.G
Branham, W.T. SC 6th Inf. 2nd Co.H
Branham, W.T. SC 9th Inf. Co.B
Branhan, A.D. VA Arty. Wise Legion
Branhan, George W. TN 36th Inf. Co.F
Branhan, H.H. KY Lt.Arty. Cobb's Co.
Branhan, J.H.C. MO 2nd Inf. Co.I
Branhan, J.T. GA 7th Cav. Co.B
Branhan, Mitchel MO Cav. 1st Regt.St.Guard Co.F
Branhan, Tecumseh MO Cav. 1st Regt.St.Guard Co.F
Branhan, William J. MO Cav. 1st Regt.St.Guard Co.F
Branhann, R. AL 4th Inf.
Branie, Eli 2nd Cherokee Mtd.Vol. Co.C
Branican, G.W. VA 15th Cav. Co.E
Branick, Benjamin VA Cav. 37th Bn. Co.D
Branick, Hillary VA Cav. 37th Bn. Co.D
Branick, Joseph VA Cav. 37th Bn. Co.D
Braniff, Joseph T. Inf.School of Pract. Powell's Detach. Co.D
Branigan, James SC 1st (Butler's) Inf. Co.H
Branigan, Peter LA Mil. Stanley Guards, Co.B
Branimann, Samuel VA Harper's Res. Co.A
Branin, James AL 9th Inf. Co.C
Branin, R.J. TX Cav. Ragsdale's Bn. Asst.Surg.
Branin, S.D. LA Dreux's Cav. Co.A
Braning, Jacob VA 10th Cav. Co.D
Braning, James AL Lt.Arty. Kolb's Btty.
Braning, James AL 59th Inf. Co.E
Braning, William O. FL 4th Inf. Co.F
Brank, R.H. TN 1st (Feild's) & 27th Inf. (Cons.) Co.H
Brank, Robert H. TN 1st (Feild's) Inf. Co.H
Brank, Washington J. NC 13th Inf. Co.F
Brankham, John VA 22nd Cav.
Brankin, John NC 6th Inf. Co.H
Brankinship, William M. VA 54th Inf. Co.G
Branklin, J. GA 15th Inf. Co.A
Branks, J.M. AL 33rd Inf. Co.A Cpl.
Branks, John J. TN 43rd Inf. Co.A
Brankston, W.W. MO 2nd Cav. Co.D
Branley, R. TN Cav. 17th Bn. (Sanders') Co.C
Branlley, G.W. AL Mil. 4th Vol. Co.F
Branly, P.W. NC 4th Inf. Co.A
Branman, George VA 8th Bn.Res. Co.D
Branman, H. VA 8th Bn.Res. Co.D
Branman, Joseph A. MO Searcy's Bn.S.S.
Branman, S. AL 1st Cav. Co.G
Brann, C. LA 21st (Kennedy's) Inf. Co.B
Brann, Camilos NC 2nd Cav. (19th St.Troops) Co.G
Brann, G.N. GA 8th Cav. Old Co.D
Brann, J.H. NC 9th Bn.S.S. Co.A
Brann, John C. NC 45th Inf. Co.H
Brann, John C. VA 41st Mil. Co.C
Brann, John V. NC 13th Inf. Co.K
Brann, Lawson VA 15th Cav. Co.D
Brann, Lawson VA Cav. 15th Bn. Co.B
Brann, Lawson VA 37th Mil. Co.D
Brann, Lewis L. NC 2nd Arty. (36th St.Troops) Co.F
Brann, Martin TN 11th Inf. Co.G
Brann, Nicholas NC 7th Inf. Co.D
Brann, Nick T. NC 45th Inf. Co.H
Brann, Peter D. NC 45th Inf. Co.H
Brann, Samuel E. NC 45th Inf. Co.H Cpl.
Brann, Thomas J. TN 46th Inf. Co.F
Brann, W.D. NC 9th Bn.S.S. Co.A
Brann, W.W. VA 6th Cav.
Branna, B. LA 1st Bn. Co.E
Brannam, Alexander AR 27th Inf. Old Co.C
Brannam, Beverly B. TX 6th Cav. Co.E Sgt.
Brannam, H. 1st Conf.Inf. 2nd Co.K
Brannam, J.C. MS 6th Cav. Co.E Cpl.
Brannam, J.P. AL 46th Inf. Co.B 2nd Lt.
Brannam, Sol. AR 27th Old Co.C
Brannam, Thomas J. TN 46th Inf.
Brannam, W.J. GA 5th Inf. Co.G
Brannam, W.L. TX 11th Inf. Co.I
Brannaman, James H. VA 5th Inf. Co.H
Brannaman, John W. VA 5th Inf. Co.I
Brannaman, Samuel VA 5th Inf. Co.I
Brannaman, William P. VA 5th Inf. Co.H
Brannan, A. AL 12th Cav. Co.G
Brannan, A. AL Talladega Cty.Res. D.M. Reid's Co.
Brannan, A. FL 1st (Res.) Inf. Co.I
Brannan, Abraham VA 14th Cav. Co.E
Brannan, A.H.E. GA 53rd Inf. Co.K
Brannan, A.J. VA 12th Cav. Co.E
Brannan, A.J. VA Cav. 32nd Bn. Co.A
Brannan, A.J. VA 10th Inf. Co.F
Brannan, Andrew J. MS 21st Inf. Co.D
Brannan, Andrew J. VA Hvy.Arty. 10th Bn. Co.C
Brannan, B.C. GA 3rd Res. Co.H
Brannan, B.M. MS 9th Bn.S.S. Co.C
Brannan, B.M. MS 29th Inf. Co.D
Brannan, Bryant T. MS 27th Inf. Co.L
Brannan, Caleb E. MS 24th Inf. Co.L Sgt.
Brannan, C.E. MS 9th Bn.S.S. Co.C
Brannan, C.E. MS 29th Inf. Co.D
Brannan, Charles E. MS 26th Inf. Co.D

Brannan, C.W. GA 5th Inf. Co.I
Brannan, David AL 22nd Inf. Co.H
Brannan, David AL 45th Inf. Co.E
Brannan, David FL 7th Inf. Co.E
Brannan, D.C. MS 38th Cav. Co.D
Brannan, Dennis NC 12th Inf. Co.F
Brannan, D.H. GA 2nd Cav. Co.D
Brannan, E. TN 20th Inf. Co.K
Brannan, Fanty L. FL 7th Inf. Co.B
Brannan, Francis J. FL 3rd Inf. Co.G
Brannan, Frank VA Inf. 6th Bn.Loc.Def. Co.C
Brannan, George J. GA 57th Inf. Co.K Cpl.
Brannan, George W. TN 32nd Inf. Co.K
Brannan, G.W. AL 45th Inf. Co.C
Brannan, H. TN 26th Inf. Co.G
Brannan, Henry AL 22nd Inf. Co.A
Brannan, Henry AL 22nd Inf. Co.H
Brannan, Henry TX 11th Cav. Co.I
Brannan, Henry TX 11th Inf. Co.I
Brannan, Henry M. TN 1st (Turney's) Inf. Co.C QMSgt.
Brannan, Jacob MS 14th Inf. Co.D
Brannan, Jacob P. VA 14th Cav. Co.E
Brannan, James AL 22nd Inf. Co.H
Brannan, James AL 36th Inf.
Brannan, James LA 1st (Strawbridge's) Inf. Co.C
Brannan, James LA 18th Inf. Co.D
Brannan, James LA Inf.Cons. 18th Regt. & Yellow Jacket Bn. Co.E
Brannan, James C. MS 24th Inf. Co.L
Brannan, James K.P. AR Cav. Harrell's Bn. Co.D
Brannan, James T. MS 1st (Patton's) Inf. Co.K
Brannan, Jasper AL 33rd Inf. Co.B
Brannan, J.B. 10th Conf.Cav. Co.E
Brannan, J.E. AL 8th Inf. Co.H
Brannan, Jesse AL 22nd Inf. Co.H
Brannan, Jesse TN 26th Inf. Co.G Cpl.
Brannan, J. Ford MS 21st Inf. Co.D
Brannan, J.H. TN 26th Inf. Co.G
Brannan, J.L. GA Arty. (Macon Lt.Arty.) Slaten's Co.
Brannan, Joel GA 57th Inf. Co.K
Brannan, John MS 14th Inf. Co.D
Brannan, John MS 29th Inf. Co.D
Brannan, John MO St.Guard
Brannan, John VA 10th Inf. Co.L
Brannan, John B. AL 45th Inf. Co.F
Brannan, John H. GA 61st Inf. Co.I
Brannan, John M. AL 39th Inf. Co.E 1st Lt.
Brannan, John R.B. FL 2nd Inf. Co.M
Brannan, John W. AL 4th Res. Co.G
Brannan, J.R. GA Lt.Arty. 12th Bn. 3rd Co.E, Co.C Cpl.
Brannan, J.T. GA Lt.Arty. 12th Bn. 3rd Co.E, Co.C
Brannan, J.W. AL 8th Inf. Co.H Sgt.
Brannan, J.W. GA Inf. 26th Bn. Co.C
Brannan, J.W. GA 66th Inf. Co.H
Brannan, L.B. TX Cav. Sutton's Co.
Brannan, Luke SC 1st (Butler's) Inf. Co.F
Brannan, Luke SC Mil. 1st Regt. (Charleston Res.) Co.A
Brannan, M. VA 4th Cav. Co.F
Brannan, M. 3rd Conf.Inf. Co.D
Brannan, Mark GA 27th Inf. Co.I
Brannan, Martin AL 36th Inf. Co.E
Brannan, Michael AL Cav. Hardie's Bn.Res. Co.E
Brannan, Michael MS 28th Cav. Co.K
Brannan, Mitchell J. KY Cav. 2nd Bn. (Dortch's) Co.C Sgt.
Brannan, Needham J. NC 24th Inf. Co.K
Brannan, P. GA 63rd Inf. Co.C
Brannan, P. LA Mil. Irish Regt. O'Brien's Co.
Brannan, Patrick AL 15th Inf. Co.K Music.
Brannan, Paul LA 2nd Cav. Co.K
Brannan, P.B. SC 5th Inf. 2nd Co.K
Brannan, Peter SC 19th Inf. Co.A
Brannan, Pleasant R. AL Lt.Arty. Hurt's Btty.
Brannan, R.H. AL 45th Inf. Co.F
Brannan, R.H. FL 6th Inf. Co.H
Brannan, Richard VA 13th Inf. Co.C
Brannan, Robert TN 4th (McLemore's) Cav. Co.F
Brannan, Robert TN 1st (Turney's) Inf. Co.C Bvt.2nd Lt.
Brannan, Robert VA Inf. 4th Bn.Loc.Def. Co.F
Brannan, Robert E. TN Cav. 12th Bn. (Day's) Co.B
Brannan, S.M. GA 5th Inf. (St.Guards) Johnston's Co. 2nd Sgt.
Brannan, Solomon TN Arty. Ward's Bn.
Brannan, T.C. TX Cav. 6th Bn. Co.B Sgt.
Brannan, Thomas AL 4th Res. Co.G
Brannan, Thomas LA 11th Inf. Co.H
Brannan, Thomas MS 2nd Cav. Co.F
Brannan, Thomas MS 14th Inf. Co.D
Brannan, Thomas J. TN 55th (Brown's) Inf.
Brannan, T.J. SC Inf. 1st (Charleston) Bn. Co.F
Brannan, T.M. MS 38th Cav. Co.D Cpl.
Brannan, W.F. MS 9th Bn.S.S. Co.C
Brannan, William AL Cav. Hardie's Bn.Res. Co.E Sgt.
Brannan, William GA Siege Arty. Campbell's Ind.Co.
Brannan, William LA 1st Hvy.Arty. (Reg.) Co.I
Brannan, William LA 31st Inf. Co.E
Brannan, William SC 4th Cav. Co.B
Brannan, Wm. SC 13th Inf. Co.F
Brannan, William TN 1st (Turney's) Inf. Co.C
Brannan, William G. NC 24th Inf. Co.K
Brannan, William H. TN 1st (Turney's) Inf. Co.C AQM
Brannan, Willis TN 1st (Turney's) Inf. Co.C,I 2nd Lt.
Brannan, W.J. AL 8th Inf. Co.H
Brannan, W.J. MS 29th Inf. Co.D
Brannaugh, A.F. GA 1st Inf. Co.G
Brannegan, George W. VA Cav. 15th Bn. Co.C
Brannegan, P. LA Mil. 3rd Regt. 3rd Brig. 1st Div. Co.G
Brannen, A. GA 1st Reg. Co.H
Brannen, Alexander GA 12th (Wright's) Cav. (St.Guards) Brannen's Co. Cpl.
Brannen, Berry A. FL 1st Cav. Co.A
Brannen, Charles AL 18th Inf. Co.A Sgt.
Brannen, Daniel GA 25th Inf. Co.I
Brannen, Elias F. GA 12th Inf. Co.K
Brannen, Everett AL 18th Inf. Co.A
Brannen, Francis W. FL 9th Inf. Co.H
Brannen, H. FL 4th Inf. Co.D
Brannen, H. GA 47th Inf. Co.C
Brannen, Harrison GA 12th (Wright's) Cav. (St.Guards) Brannen's Co.
Brannen, H.C. AL 30th Inf. Co.F Drum.
Brannen, Hope GA 25th Inf. Co.G
Brannen, James FL 10th Inf. Co.H
Brannen, Jasper W. AL 18th Inf. Co.A
Brannen, Jesse AL 36th Inf. Co.E
Brannen, J.F. GA 7th Cav. Co.E
Brannen, J.F. GA Cav. 21st Bn. Co.B
Brannen, J.H. GA 7th Cav. Co.E
Brannen, John FL 10th Inf. Co.F
Brannen, John VA 146th Mil. Co.E
Brannen, John C. GA 61st Inf. Co.D 2nd Lt.
Brannen, John T. GA 25th Inf. Co.G Cpl.
Brannen, Joseph AL 25th Inf. Co.K 2nd Lt.
Brannen, Joseph S. FL 4th Inf. Co.D
Brannen, J.T. GA 7th Cav. Co.B
Brannen, Mathew AL 42nd Inf. Co.E
Brannen, M.S. GA 47th Inf. Co.C
Brannen, P.U. GA 47th Inf. Co.C
Brannen, Ranson C. TN 27th Inf. Co.C
Brannen, R.G.F. GA 12th (Wright's) Cav. (St.Guards) Brannen's Co.
Brannen, R.H. FL 9th Inf. Co.E,H
Brannen, Richmond AL 18th Inf. Co.A
Brannen, Robert H. FL 4th Inf. Co.E
Brannen, S. AR 18th (Marmaduke's) Inf. Co.A
Brannen, Solomon GA 47th Inf. Co.C
Brannen, T.E. AL 20th Inf. Co.E
Brannen, T.E. AL 30th Inf. Co.F
Brannen, T.J. KY Cav.
Brannen, W.A. GA 12th (Wright's) Cav. (St.Guards) Brannen's Co. Capt.
Brannen, William J. TN 15th Inf. Co.B
Brannen, William M. FL 4th Inf. Co.D
Brannen, W.T.C. GA 5th Inf. (St.Guards) Allums' Co.
Brannen, W.T.C. GA 10th Inf. Co.C
Branner, Benjamin M. TN Cav. 4th Bn. (Branner's) Lt.Col.
Branner, B.M. TN 2nd (Ashby's) Cav. Co.I
Branner, Caspar VA 97th Mil. Co.C Cpl.
Branner, Casper C. VA 10th Cav. Co.H 1st Sgt.
Branner, Charles TX 10th Inf. Co.H
Branner, Charles TX 15th Inf. Co.C
Branner, George A. TN 2nd (Ashby's) Cav. Co.I
Branner, George A. TN Cav. 4th Bn. (Branner's) 3rd Lt.
Branner, H. VA 9th Bn.Res. Co.D Capt.
Branner, H.E. GA Cherokee Legion (St.Guards) Co.E Cpl.
Branner, J. GA 23rd Inf. Co.B
Branner, James H. AL 25th Inf. Co.K
Branner, James M. VA 58th Mil. Co.K
Branner, John LA 4th Inf. Co.C
Branner, John VA 33rd Inf. Co.I
Branner, John VA 58th Mil. Co.G
Branner, John A. NC 45th Inf. Sgt.Maj.
Branner, Joseph A. NC Inf. Thomas Legion 2nd Co.A
Branner, Michael VA Lt.Arty. B.Z. Price's Co.
Branner, Michael VA Lt.Arty. W.H. Rice's Co.
Branner, Napoleon B. TN 39th Mtd.Inf. Co.C 1st Sgt.
Branner, N.B. TN 43rd Inf. Co.G Ord.Sgt.
Branner, P. LA Lt.Arty. 2nd Field Btty.
Branner, Philip VA 7th Cav. Co.K Cpl.

Branner, Philip VA Lt.Arty. B.Z. Price's Co.
Branner, Philip VA Lt.Arty. W.H. Rice's Co.
Branner, P.U. GA 1st Reg. Co.H
Branner, R.B. MO Robertson's Regt.St.Guard Co.7
Branner, Thomas W. TN 3rd (Lillard's) Mtd.Inf. Co.A
Branner, Thomas W. TN 39th Mtd.Inf. Co.C
Branner, T.U. AR 1st Inf. Co.B
Branner, W.A. TN 32nd Inf. Co.B Sgt.
Brannigan, Charles LA 1st Hvy.Arty. (Reg.) Co.I
Brannigan, Charles Inf. School of Pract. Powell's Detach. Co.D
Brannigan, John LA Herrick's Co. (Orleans Blues)
Branniman, John VA Inf. 26th Bn. Co.B
Branniman, Samuel MO 7th Inf. Co.C
Brannin, Alfred F. GA Lt.Arty. 12th Bn. 2nd Co.A
Brannin, David TN 12th (Cons.) Inf. Co.C
Brannin, Harrison S. MS 12th Inf. Co.B
Brannin, H.S. MS Cav. Yerger's Regt. Co.F
Brannin, James W. MS 29th Inf. Co.H
Brannin, J.E. KY 6th Mtd.Inf. Co.B
Brannin, J.M. GA Mil. Coast Guard Bn. Co.A 2nd Lt.
Brannin, John AR 13th Inf. Co.A
Brannin, P. VA Lt.Arty. Lamkin's Co.
Brannin, Samuel TN 7th (Duckworth's) Cav. White's Co.
Brannin, Seaborn R. AL 63rd Inf. Co.B
Brannin, T.W. MO 16th Inf. Co.F
Branning, Benjamin FL 7th Inf. Co.A
Branning, D.L. FL Lt.Arty. Dyke's Co. Cpl.
Branning, E. TN 40th Inf. Co.C Regt.Drum.
Branning, E. TN 42nd Inf. 2nd Co.E
Branning, Eliah 4th Conf.Inf. Co.C
Branning, Elijah TN 55th (Brown's) Inf. Co.C
Branning, George W. FL 1st Cav. Co.C
Branning, James AL Arty. 4th Bn. Hilliard's Legion Co.B,E
Branning, Jessup FL 2nd Cav. Co.B
Branning, Levey FL 2nd Cav. Co.B
Branning, Robert MS 40th Inf. Co.I
Branning, Samuel A.J. MS 40th Inf. Co.I
Branning, T.J. FL 2nd Cav. Co.B Sgt.
Branning, T.R. GA Inf. 18th Bn. Co.C
Branning, T.R. GA 45th Inf. Co.C
Branning, William MS Inf. 2nd St.Troops Co.C
Brannock, C.W. 2nd Cherokee Mtd.Vol. Co.E
Brannock, James KY 4th Cav. Co.H
Brannock, James NC 28th Inf. Co.A Drum.
Brannock, James M. NC 47th Inf. Co.K
Brannock, James M. Gen. & Staff Surg.
Brannock, J.M. TN 5th Inf. Surg.
Brannock, John P. MO 2nd Cav. Co.I Cpl.
Brannock, J.P. MO 12th Cav. Co.I Cpl.
Brannock, R.J. KY Cav. 1st Bn.
Brannock, R.J. KY 1st Inf. Co.C
Brannock, Robert J. KY 9th Cav. Co.H
Brannock, Samuel T. MO 3rd Cav. Co.F
Brannock, Thomas AL Inf. 1st Regt. Co.D
Brannock, Thomas MS 9th Inf. New Co.B
Brannock, Thos. H. MD 1st Inf. Barry's Co. Cpl.
Brannock, Thomas H. MD Inf. 2nd Bn. Co.G
Brannock, Thomas J. GA Phillips' Legion Co.I
Brannock, Thomas J. NC 47th Inf. Co.K Sgt.
Brannock, Thomas Y. MO 12th Cav. Co.I
Brannock, William H. NC 4th Cav. (59th St.Troops) Co.B
Brannock, Wm. J. MD 1st Inf. Barry's Co.
Brannock, William J. MD Inf. 2nd Bn. Co.G
Brannock, Willis D. MD Inf. 2nd Bn. Co.A Cpl.
Brannom, James W. TN 62nd Mtd.Inf. Co.K
Brannom, M.B. TX 9th Cav. Co.K
Brannom, William FL Cav. 5th Bn. Co.F
Brannon, A.F. GA Siege Arty. 28th Bn. Co.G Cpl.
Brannon, A.H. AL Lt.Arty. Kolb's Btty.
Brannon, A.L. AR 45th Cav. Co.H
Brannon, Albert W. AL Eufaula Lt.Arty.
Brannon, Allen M. AR Cav. Wright's Regt. Co.A Cpl.
Brannon, A.M. GA 5th Inf. (St.Guards) Brooks' Co. 2nd Lt.
Brannon, Andrew GA 63rd Inf. Co.F,D
Brannon, Andrew G. GA Cherokee Legion (St.Guards) Co.B
Brannon, Andrew G. NC 6th Cav. (65th St.Troops) Co.E,D
Brannon, Andrew J. LA 5th Cav. Co.I
Brannon, Andy G. NC Cav. 7th Bn. Co.E,D
Brannon, Ansel G. TN 37th Inf. Co.G
Brannon, Augustus SC Inf. Holcombe Legion Co.C
Brannon, A.W. AL Lt.Arty. Kolb's Btty.
Brannon, Barnard GA 29th Inf. Co.D,B
Brannon, Barney SC 18th Inf. Co.G
Brannon, Ben AL 55th Vol. Co.G
Brannon, Benjamin NC 39th Inf. Co.A
Brannon, B.H. GA 12th (Wright's) Cav. (St.Guards) Stubbs' Co.
Brannon, Calvin C. MS 37th Inf. Co.D
Brannon, Caprel J. GA 35th Inf. Co.K
Brannon, C.C. MS Inf. 2nd St.Troops Co.A
Brannon, C.M. MS 15th Inf. Co.H
Brannon, Columbus SC Inf. Holcombe Legion Co.C
Brannon, C.P. MO 1st Brig.St.Guard
Brannon, C.S. TN 45th Inf. Co.C
Brannon, C.W. GA 64th Inf. Co.F
Brannon, Daniel GA 1st Bn.S.S. Co.A
Brannon, Daniel E. AL 36th Inf. Co.E
Brannon, David AL 45th Inf. Co.E
Brannon, David 7th Conf.Cav. Co.D
Brannon, David L. MS 1st (Patton's) Inf. Co.K Cpl.
Brannon, Early GA 46th Inf. Co.E
Brannon, Ed. B. GA 11th Inf. Co.I Capt.
Brannon, Edward MO Lt.Arty. McDonald's Co. Sgt.
Brannon, Edward MO 1st Inf. Co.B
Brannon, Edward TX Cav. Baylor's Regt. Co.F
Brannon, Eli MS 8th Cav. Co.C,I Sgt.
Brannon, Eli MS 1st Bn.S.S. Co.C
Brannon, Elias SC Inf. 7th Bn. (Enfield Rifles) Co.A
Brannon, E.W. GA 31st Inf. Co.B
Brannon, E.W. GA Inf. City Bn. (Columbus) Co.B
Brannon, F. VA 2nd Inf.Loc.Def. Co.F
Brannon, F. VA 3rd Inf.Loc.Def. 1st Co.G
Brannon, Fletcher GA 41st Inf. Co.F
Brannon, Fletcher J. GA 35th Inf. Co.K
Brannon, Francis B. VA Loc.Res.
Brannon, Frank VA 1st Inf. Drum.
Brannon, G.A. TN 2nd (Ashby's) Cav. Co.K
Brannon, G.A. TN Cav. 5th Bn. (McClellan's) Co.E
Brannon, George AR 1st Mtd.Rifles Co.G Sgt.
Brannon, George LA 10th Inf. Co.D
Brannon, George VA 12th Cav. Co.A
Brannon, George W. GA Phillips' Legion Co.C,I
Brannon, G.I. MS 3rd Cav. Co.D
Brannon, G.M.D. TN 30th Inf. Co.C
Brannon, H. GA 5th Cav. Co.F
Brannon, Hampton GA 41st Inf. Co.C
Brannon, Henry MS Inf. 2nd Bn. Co.D
Brannon, Henry MS 48th Inf. Co.D
Brannon, Henry TN 39th Mtd.Inf. Co.H
Brannon, Henry VA 19th Cav. Co.A Cpl.
Brannon, Henry VA 3rd Cav. & Inf.St.Line Co.A
Brannon, Henry H. MS 29th Inf. Co.D
Brannon, H.N. MS Inf. 3rd Bn. (St.Troops) Co.C 1st Cpl.
Brannon, H.S. AL 4th Res. Co.H
Brannon, H.S. MS 11th (Perrin's) Cav. Co.H
Brannon, Hugh SC 1st Arty. Co.C,E
Brannon, J. GA Floyd Legion (St.Guards) Co.I
Brannon, J. VA 2nd Cav. Co.G
Brannon, J.A. GA Floyd Legion (St.Guards) Co.G
Brannon, Jacob C. VA 37th Inf. Co.K
Brannon, James AL 18th Bn.Vol. Co.A
Brannon, James AL 50th Inf.
Brannon, James AR 34th Inf. Co.D Cpl.
Brannon, James FL Inf. 2nd Bn. Co.C
Brannon, James GA 1st Inf. Co.B
Brannon, James NC 39th Inf. Co.A
Brannon, James SC Inf. 7th Bn. (Enfield Rifles) Co.A
Brannon, James VA 89th Mil. Co.B
Brannon, James C. TN 44th Inf. Co.D
Brannon, James C. TN 44th (Cons.) Inf. Co.D
Brannon, James E. AR 11th Cav. Co.A
Brannon, James E. AR Cav. Wright's Regt. Co.A
Brannon, James F. GA 1st Inf. Co.F
Brannon, James F. GA 40th Inf. Co.F
Brannon, James J. SC 27th Inf. Co.K Cpl.
Brannon, James M. NC 44th Inf. Co.G
Brannon, James M. TX 8th Cav. Co.D
Brannon, James R. LA Siege Train Bn.
Brannon, James T. MS 37th Inf. Co.C Sgt.
Brannon, James W. MS 17th Inf. Co.D Cpl.
Brannon, Jasper AL 57th Inf. Co.E
Brannon, J.C. GA 13th Cav. Co.B
Brannon, J.C. GA 36th (Broyles') Inf. Co.C
Brannon, J.C. Gen. & Staff Capt.,AQM
Brannon, Jesse 1st Conf.Inf. 2nd Co.K Cpl.
Brannon, J.H. MS 8th Cav. Co.D
Brannon, J.H. TN Lt.Arty. Barry's Co.
Brannon, J.J. SC 7th Res. Co.L
Brannon, J.L. GA Arty. 11th Bn. (Sumter Arty.) Co.A
Brannon, J.M. GA 11th Cav. Co.G
Brannon, J.O. LA 9th Inf. Co.G
Brannon, Joel E. AL 33rd Inf. Co.B

Brannon, Joel E. AL 57th Inf. Co.E
Brannon, Joel G. LA 1st Cav. Co.E
Brannon, John AL 20th Inf. Co.G
Brannon, John AL 33rd Inf. Co.G
Brannon, John GA Cav. 20th Bn. Co.G
Brannon, John GA Cav. 21st Bn. Co.C
Brannon, John GA Cav. 21st Bn. Co.C
Brannon, John LA 5th Cav. Co.I
Brannon, John LA Arty. Moody's Co. (Madison Lt.Arty.)
Brannon, John LA 10th Inf. Co.B
Brannon, John MS Cav. 1st Bn. (McNair's) St.Troops Co.D
Brannon, John MS 7th Cav. Co.K
Brannon, John SC 1st Arty. Co.E
Brannon, John SC 5th St.Troops Co.F
Brannon, John SC 7th Res. Co.M
Brannon, John SC 15th Inf. Co.D
Brannon, John TN 27th Inf. Co.H
Brannon, John TX 2nd Cav. Co.G
Brannon, John TX Cav. Baylor's Regt. Co.A
Brannon, John, Jr. VA 19th Cav. Co.A Sgt.
Brannon, John VA Hvy.Arty. 19th Bn. 3rd Co.C
Brannon, John, Jr. VA 3rd Cav. & Inf.St.Line Co.A
Brannon, John A. LA 22nd Inf. Jones' Co.
Brannon, John M. MS 2nd Inf. Co.K
Brannon, John P. AR 10th (Witt's) Cav. Co.F
Brannon, John P. AR Cav. Wright's Regt. Co.A Bvt.2nd Lt.
Brannon, John S. AR 34th Inf. Co.K
Brannon, John W. GA Cherokee Legion (St.Guards) Co.E
Brannon, Jonathan TX 11th Cav. Co.I
Brannon, Joseph MS 4th Inf. Co.H
Brannon, Joseph TN 9th (Ward's) Cav. Co.G
Brannon, Joseph TN 10th Inf. Co.B
Brannon, Joseph L. MS 3rd Cav. Co.H Capt.
Brannon, Joseph L. MS 15th Inf. Co.H
Brannon, Joseph L. MS 29th Inf. Co.D 1st Lt.
Brannon, Joseph M. SC 13th Inf. Co.B
Brannon, Joseph S. TN 37th Inf. Co.G Sgt.
Brannon, J.P. AR 10th Inf. Co.B Cpl.
Brannon, J.Z. AL 25th Inf. Co.K
Brannon, J.P. SC 5th Inf. 2nd Co.E
Brannon, J.W. AL 6th Cav. Co.C
Brannon, J.W. MS 34th Inf. Co.H
Brannon, J.W. TN 5th Inf. 2nd Co.B
Brannon, Levi G. VA 13th Inf. Co.H
Brannon, Lewellin H. AL 6th Inf. Co.C
Brannon, Lewis TN 3rd (Lillard's) Mtd.Inf. Co.H
Brannon, Luke LA 7th Inf. Co.D
Brannon, M. AR 45th Cav. Co.A
Brannon, M. GA 63rd Inf. Co.F
Brannon, M. TN Inf. 154th Sr.Regt.
Brannon, Martin AL 3rd Inf. Co.B
Brannon, Meredith TX Cav. 2nd Regt.St.Troops Co.I Capt.
Brannon, Michael GA 1st (Olmstead's) Inf. Way's Co.
Brannon, Michael VA 1st Arty. Co.I
Brannon, Michael VA 21st Inf. Co.G
Brannon, Milledge FL 8th Inf. Co.K 2nd Lt.
Brannon, Morgan VA 31st Mil. Co.A
Brannon, N.A. TN 2nd (Ashby's) Cav. Co.K
Brannon, N.A. TN Cav. 5th Bn. (McClellan's) Co.E
Brannon, P. TN Inf. 4th Cons.Regt. Co.D
Brannon, Patrick LA 4th Inf. New Co.G
Brannon, Patrick NC 7th Inf. Co.D
Brannon, Patrick SC 1st Arty.
Brannon, Patrick TN 29th Inf. Co.E
Brannon, Patrick P. NC 5th Inf. Co.A Cpl.
Brannon, Patt TN 15th Inf. Co.D
Brannon, P.R. SC 7th Res. Co.M Sgt.
Brannon, Pleasant R. GA Arty. Baker's Co.
Brannon, Presley B. SC 1st (McCreary's) Inf. Co.L
Brannon, R. SC Inf. Holcombe Legion Co.C
Brannon, R.C. TN 1st (Carter's) Cav. Co.C Sgt.
Brannon, Reuben SC 5th Inf. 1st Co.C, 2nd Co.K
Brannon, Richard GA 5th Inf. Co.I Cpl.
Brannon, Richard NC 16th Inf. Co.I
Brannon, R.L. GA 34th Inf. Co.G
Brannon, Robert SC 4th St.Troops Co.C
Brannon, Robert E. TN 3rd (Lillard's) Mtd.Inf. Co.A Cpl.
Brannon, R.W. AL 15th Inf. Co.K Sgt.
Brannon, S. MS 15th Bn.S.S. Co.B
Brannon, Sampson NC Walker's Bn. Thomas' Legion Co.B
Brannon, Samuel GA 26th Inf. Co.C
Brannon, Sam'l NC Walker's Bn. Thomas Legion Co.B
Brannon, Samuel R. MS 16th Inf. Co.F Sgt.
Brannon, Smith 3rd Conf.Inf. Co.A,H
Brannon, Solomon AR 45th Cav. Co.D
Brannon, S.W. AR 30th Inf. Co.D
Brannon, T.G. AL 4th Res. Co.H
Brannon, T.G. VA Arty. Wise Legion
Brannon, T.H. GA 1st (Symons') Res. Co.C
Brannon, Thatcher W. KY 7th Cav. Co.E
Brannon, Thomas AL 15th Inf. Co.K
Brannon, Thomas AL 33rd Inf. Co.G
Brannon, Thomas GA Inf. 1st City Bn. (Columbus) Co.A
Brannon, Thomas GA Floyd Legion (St.Guards) Co.D
Brannon, Thomas LA Arty. Kean's Btty. (Orleans Ind.Arty.)
Brannon, Thomas MS 9th Inf. Co.D
Brannon, Thomas TN 12th Inf. Co.D
Brannon, Thomas VA 26th Inf. Co.A
Brannon, Thomas 1st Conf.Cav. 2nd Co.F
Brannon, Thomas 1st Conf.Cav. 2nd Co.F Sgt.
Brannon, Thos. Gen. & Staff Contr.Surg.
Brannon, Thomas J. AL Inf. 1st Regt. Co.A
Brannon, Thomas J. AL 39th Inf. Co.K Capt.
Brannon, T.J. AL 22nd Inf. Co.F Capt.
Brannon, T.J. TN Cav. Williams' Co.
Brannon, Toliver J. GA 4th Inf. Co.A
Brannon, T.W. KY 2nd Cav. Co.E
Brannon, T.W. KY 8th Cav. Co.K
Brannon, W. AR 1st Vol. Co.K
Brannon, W. TN 21st & 22nd (Cons.) Cav. Co.C
Brannon, Walter GA 54th Inf. Co.H
Brannon, Warren W. SC 4th St.Troops Co.C
Brannon, W.C. GA Inf. 1st City Bn. (Columbus) Co.B
Brannon, W.C. SC 13th Inf. Co.F
Brannon, W.H. SC 5th Inf. 2nd Co.K
Brannon, W.H. Gen. & Staff, QM Dept. Capt.
Brannon, Wiley SC 4th St.Troops Co.C
Brannon, Wiley L. MS 3rd Cav. Co.H 2nd Lt.
Brannon, Wiley L. MS 15th Inf. Co.H
Brannon, William AR 38th Inf. Co.D Cpl.
Brannon, William FL 2nd Cav. Co.I
Brannon, William KY 3rd Mtd.Inf. Co.L
Brannon, William LA 13th Inf. Co.C
Brannon, William SC Cav. 10th Bn. Co.A
Brannon, William SC 4th St.Troops Co.C
Brannon, William SC 7th Inf. Co.B Cpl.
Brannon, William, Jr. SC 15th Inf. Co.D Cpl.
Brannon, William, Sr. SC 15th Inf. Co.D
Brannon, William TN 3rd (Lillard's) Mtd.Inf. Co.H
Brannon, William TN 12th Inf. Co.E
Brannon, William TX 32nd Cav. Co.B
Brannon, William VA 7th Cav. Glenn's Co.
Brannon, William VA 12th Cav. Co.A
Brannon, William A. AR 23rd Inf. Co.I
Brannon, William B., Jr. AL Eufaula Lt.Arty. Cpl.
Brannon, William B. GA 36th (Broyles') Inf. Co.C 3rd Lt.
Brannon, William B. VA Inf. Lyneman's Co.
Brannon, William G. GA 16th Inf. Co.D 2nd Lt.
Brannon, William H. GA Phillips' Legion Co.C,I
Brannon, William H. LA 12th Inf. Co.I
Brannon, William J. AL 17th Bn.S.S. Co.B 1st Lt.
Brannon, William J. AL Inf. 1st Regt. Co.A,C,K 2nd Lt.
Brannon, William J. AL 39th Inf. Co.K Sgt.Maj.
Brannon, William W. VA 13th Inf. Co.H
Brannon, Willis SC 6th Cav. Co.F
Brannon, Willis SC 18th Inf. Co.F
Brannon, Wilson N. AL 19th Inf. Co.D
Brannon, W.L. AL 26th (O'Neal's) Inf. Co.C 2nd Lt.
Brannon, W.R. AL Cp. of Instr. Talladega
Brannon, W.R. TN 5th Inf. 2nd Co.B
Brannum, Ben MS 25th Inf. Co.D
Brannum, Ben 2nd Conf.Inf. Co.D
Brannum, David SC 15th Inf. Co.D
Brannum, G.T. TN 5th (McKenzie's) Cav. Co.C
Brannum, Hordimon AL 49th Inf. Co.H
Brannum, James C. TN 59th Mtd.Inf. Co.A
Brannum, J.A.W. MS 40th Inf. Co.G
Brannum, J.B. TN 5th (McKenzie's) Cav. Co.C
Brannum, Jerry AL 49th Inf. Co.H
Brannum, John AR 20th Inf. Co.F
Brannum, John TN 59th Mtd.Inf. Co.A
Brannum, John B. TX 6th Cav. Co.E
Brannum, John C. MS 29th Inf. Co.D Cpl.
Brannum, John W. GA 22nd Inf. Co.B
Brannum, Needham NC 31st Inf. Co.D
Brannum, Richard VA Inf. 45th Bn. Co.E
Brannum, Robert SC 15th Inf. Co.D
Brannum, Samuel TN 36th Inf. Co.C
Brannum, William TN 34th Inf. Co.D
Brannum, William TN 62nd Mtd.Inf. Co.K
Brannum, William, Jr. TN 62nd Mtd.Inf. Co.K
Branom, Edward NC Walker's Bn. Thomas' Legion Co.B
Branom, James NC Walker's Bn. Thomas' Legion Co.B
Branom, John AR 14th (McCarver's) Inf. Co.C

Branom, John Mead's Conf.Cav. Co.F
Branom, Julius NC Walker's Bn. Thomas' Legion Co.B
Branom, Martin NC Walker's Bn. Thomas' Legion Co.B
Branoming, J.F. AL 29th Inf. Co.A
Branon, A.C. AL 14th Inf. Co.D
Branon, A.J. VA 24th Cav. Co.G
Branon, Enoch GA 40th Inf. Co.C
Branon, F. LA 22nd (Cons.) Inf. Co.B
Branon, Fulton TN Cav. 16th Bn. (Neal's) Co.D
Branon, James B. TX 14th Inf. Co.G
Branon, James D. TX Cav. Mann's Regt. Co.A
Branon, James D. TX Cav. Mann's Bn. Co.A
Branon, Joseph S. TX 1st Res.Corps Co.K
Branon, J.R. KY 2nd (Duke's) Cav. Co.G
Branon, M. AR Inf. Cocke's Regt. Co.C
Branon, Patrick LA Inf. 1st Sp.Bn. (Wheat's) New Co.E
Branon, Simion S. AL 11th Inf. Co.H
Branon, T. VA 20th Inf. Co.A 2nd Lt.
Branon, Thomas TN 12th (Cons.) Inf. Co.E
Branor, William MS 44th Inf. Co.H Cpl.
Branoski, John N. VA 61st Inf. Co.G
Branroth, --- LA Mil. 2nd Regt. 2nd Brig. 1st Div. Co.A
Bransby, T. GA 25th Inf. Pritchard's Co.
Bransby, Thomas J. GA Hvy.Arty. 22nd Bn. Co.C
Bransby, T.J. GA 1st (Olmstead's) Inf. Co.F
Branscom, A.C. VA 21st Cav. 2nd Co.C Capt.
Branscom, A.G. VA 2nd Cav. Co.G Capt.
Branscom, Alexander C. VA 24th Inf. Co.C
Branscom, Alfred M. VA 63rd Inf. Co.G, 2nd Co.I
Branscom, E. VA 45th Inf. Co.F
Branscom, Gren M. VA 45th Inf. Co.E 1st Lt.
Branscom, Isaac VA 45th Inf. Co.E
Branscom, James VA Inf. 1st Bn. Co.C
Branscom, Jeffrey VA 30th Bn.S.S. Co.E
Branscom, Lafayette VA 45th Inf. Co.E
Branscom, Thomas C.C. VA 45th Inf. Co.E
Branscomb, Alex AL 11th Cav. Co.K
Branscomb, A.M. VA Mil. Carroll Cty.
Branscomb, Andrew AR 45th Mil. Co.E
Branscomb, Ed AL 11th Cav. Co.F
Branscomb, Edmund VA Mil. Carroll Cty.
Branscomb, Edmund 1st Conf.Eng.Troops Co.B
Branscomb, Elijah AL 1st Regt.Conscr. Co.B
Branscomb, Franklin VA 54th Inf. Co.G 2nd Lt.
Branscomb, George L. TN 13th Inf. Co.G
Branscomb, George W. AR 45th Mil. Co.E
Branscomb, Hamilton AR 45th Mil. Co.E
Branscomb, Isaac VA 54th Inf. Co.G
Branscomb, James AL 11th Cav. Co.F
Branscomb, James AR 45th Mil. Co.E
Branscomb, James Z. AL 3rd Inf. Co.D
Branscomb, John VA 54th Inf. Co.G
Branscomb, J.W. AL 3rd Inf. Co.L
Branscomb, L.T. AL 3rd Inf. Co.L
Branscomb, Moses AR 16th Inf. Co.K 2nd Lt.
Branscomb, Nathaniel NC 64th Inf. Co.I
Branscomb, Robert VA 54th Inf. Co.G
Branscomb, T.W. TN 13th Inf. Co.E,L
Branscomb, Wesley AR 16th Inf. Co.K 3rd Lt.
Branscomb, William AL 11th Cav. Co.F
Branscomb, William H. AR 45th Mil. Co.E
Branscome, Franklin VA 25th Cav. Co.F,K Sgt.
Branscome, Stephen E. VA 12th Inf. Co.F
Branscome, Stith P. VA 12th Inf. 2nd Co.I
Branscum, Thomas R. TX 11th Inf. Co.K
Branscumb, T.R. TX 22nd Inf. Co.H
Bransem, Huston MO 4th Cav. Co.A
Bransfield, Andrew AL 49th Inf.
Bransfield, W. LA Miles' Legion Co.F
Bransford, A.M. VA 1st (Farinholt's) Res. Co.G
Bransford, A.T. TN 30th Inf. Co.G Sgt.
Bransford, B.H. Forrest's Scouts T. Henderson's Co.,CSA
Bransford, Felix G. MO 11th Inf. Co.H Sgt.
Bransford, F.G. AR 35th Inf. Old Co.F Sgt.
Bransford, Fletcher TN 28th (Cons.) Inf. Co.E Sgt.
Bransford, Fletcher TN 84th Inf. Co.A Sgt.
Bransford, George VA 2nd Inf.Loc.Def. Co.I
Bransford, George VA Inf. 2nd Bn. Co.G
Bransford, H.W. VA 1st Cav. Co.G
Bransford, J.F. MS 8th Cav. Co.F
Bransford, J.F. MS Inf. 3rd Bn. (St.Troops) Co.A
Bransford, J.F. VA VMI Co.B
Bransford, J.H. AR 12th Bn.S.S. Co.C Sgt.
Bransford, J.H. AR 20th Inf. Co.K
Bransford, J.H. Exch.Bn. 3rd Co.B,CSA
Bransford, John AL 7th Inf. Co.F
Bransford, John AL 58th Inf. Co.K Cpl.
Bransford, John AR 27th Inf. Co.A
Bransford, John GA 2nd Bn.S.S. Co.E
Bransford, John LA 5th Inf. Co.I
Bransford, John VA Lt.Arty. R.M. Anderson's Co.
Bransford, John B. VA 59th Inf. 2nd Co.A Capt.
Bransford, John B. VA 60th Inf. Co.E
Bransford, John S. Gen. & Staff Maj.,QM
Bransford, John W. AR 1st Vol. Co.B
Bransford, John W. VA 2nd Arty. Co.K
Bransford, John W. VA Lt.Arty. Clutter's Co. 1st Lt.
Bransford, John W. VA Inf. 22nd Bn. Co.A
Bransford, John W. Conf.Arty. Nelson's Bn. Co.F Sr.1st Lt.
Bransford, Pleasant A. VA 56th Inf. Co.D Sgt.
Bransford, R.B. TN 9th (Ward's) Cav. Co.E
Bransford, Robert W. VA 41st Inf. Co.B
Bransford, R.S. TN 7th (Duckworth's) Cav. Co.M
Bransford, R.S. Forrest's Scouts T. Henderson's Co.,CSA
Bransford, Samuel M. TN 23rd Inf. 2nd Co.A Cpl.
Bransford, Samuel O. VA 2nd Arty. Co.K
Bransford, Samuel O. VA Inf. 25th Bn. Co.H
Bransford, Silas W. VA 22nd Inf. Taylor's Co.
Bransford, Silas W. VA 60th Inf. Co.E
Bransford, S.M. TN 8th Inf. Co.A Sgt.
Bransford, Thomas L. TN Arty. Fisher's Co. 1st Lt.
Bransford, Thomas L. TN Arty.Corps Co.10 4th Lt.
Bransford, T.L. Forrest's Scouts T. Henderson's Co.,CSA
Bransford, William VA Hvy.Arty. Wilkinson's Co.
Bransford, William VA Inf. 4th Bn.Loc.Def. Co.F
Bransford, William A. VA 17th Inf. Co.E
Bransford, William N. AR 26th Inf. Co.I 3rd Lt.
Bransom, C.W. LA 16th Inf. Co.A
Bransom, G.W. TX 30th Cav. Co.E
Bransom, Hezekiah VA Lt.Arty. Hardwicke's Co.
Bransom, James W. TX 10th Inf. Co.C Cpl.
Bransom, John T. VA Lt.Arty. Hardwicke's Co.
Branson, Absalom VA 48th Inf. Co.I Sgt.
Branson, A.J. TN 8th Inf. Co.B
Branson, Alvin NC 44th Inf. Co.E
Branson, Alvis TX 21st Inf. Co.A
Branson, Augustus VA 29th Inf. Co.E
Branson, B. VA Murphy's Co. Cpl.
Branson, Benjamin H. VA 9th Cav. Co.C
Branson, Benjamin H. VA 40th Inf. Co.A
Branson, Bryant NC 6th Cav. (65th St.Troops) Co.A,I
Branson, B.S. TN 41st Inf. Co.C
Branson, D.A. VA Lt.Arty. King's Co.
Branson, Daniel B. NC 3rd Cav. (41st St.Troops) Co.D
Branson, D.L. AL 11th Cav. Co.I,K
Branson, Eli NC 26th Inf. Co.G
Branson, Eli SC 1st (McCreary's) Inf. Co.G
Branson, Eli B., Jr. NC 15th Inf. Co.H Cpl.
Branson, Eli B., Sr. NC 15th Inf. Co.H Sgt.
Branson, Eli M. TN 26th Inf. Co.B,H
Branson, Francis M. VA 29th Inf. Co.A
Branson, Freeman NC 23rd Inf. Co.C
Branson, Greenbury NC 29th Inf. Co.E
Branson, Greenbury M. VA 29th Inf. Co.E
Branson, G.W. KY 12th Cav. Co.F
Branson, H.L. VA Lt.Arty. King's Co. 2nd Lt.
Branson, Isaac N. NC 46th Inf. Co.F 1st Sgt.
Branson, J.A. TN 62nd Mtd.Inf. Co.G
Branson, Jas. AL 25th Inf. Co.K
Branson, James KY 13th Cav. Co.H
Branson, James TN 1st (Carter's) Cav. Co.F
Branson, James TN 37th Inf. Co.K
Branson, James TX 19th Inf. Co.E Drum.
Branson, J.C. GA Cav. 10th Bn. (St.Guards) Co.D
Branson, Jesse NC 2nd Cav. (19th St.Troops) Co.I
Branson, Jesse NC 44th Inf. Co.E
Branson, J.J. GA Phillips' Legion Co.D
Branson, J.K. TN 8th Inf. Co.E
Branson, J.M. NC Inf. 2nd Bn. Co.F
Branson, John GA 3rd Inf. Co.A
Branson, John LA 7th Inf. Co.D
Branson, John NC 3rd Jr.Res. Co.B
Branson, John TN Cav. 16th Bn. (Neal's) Co.D
Branson, John VA 10th Cav. Co.F
Branson, John C. GA 18th Inf. Co.K
Branson, John C. GA Phillips' Legion Co.B,H
Branson, John W. VA 9th Cav. Co.C Sgt.
Branson, John W. VA 29th Inf. Co.E
Branson, Jonathan VA 31st Mil. Co.D
Branson, Joseph TN 18th Inf. Co.G
Branson, J.R. TN 41st Inf. Co.C
Branson, J.S. KY 12th Cav. Co.F
Branson, J.S. NC 52nd Inf. Co.D
Branson, Levi GA Cav. 10th Bn. (St.Guards) Co.D 2nd Lt.

Branson, Lewis B. NC Inf. 2nd Bn. Co.H
Branson, Louis B. NC Cav. 5th Bn. Co.A
Branson, Moses S. VA Mil. Washington Cty.
Branson, Nathaniel VA 31st Mil. Co.D
Branson, Phineas A. VA 31st Mil. Co.D
Branson, Randolph Gen. & Staff, Med.Dept. Surg.
Branson, R.S. KY 13th Cav. Co.B Sgt.
Branson, R.S. SC 7th Inf. 2nd Co.I
Branson, Rufus TN 8th Inf. Co.E
Branson, Sol. R. VA Cav. 15th Bn. Co.A
Branson, Solomon R. VA 111th Mil. Co.2 Sgt.
Branson, S.S. GA Cav. 10th Bn. (St.Guards) Co.D
Branson, S.S. GA Phillips' Legion Co.B,H
Branson, Stewart L. VA 29th Inf. 2nd Co.F, Co.C Cpl.
Branson, Stewart L. VA Mil. Carroll Cty.
Branson, Thomas A. NC 2nd Cav. (19th St.Troops) Co.F Ch.Music.
Branson, Thomas A. NC 46th Inf. Co.F Capt.
Branson, Thomas M. NC 5th Cav. (63rd St.Troops) Co.E
Branson, T.N. SC 1st (McCreary's) Inf. Co.G
Branson, T.N. SC 7th Inf. 1st Co.G
Branson, T.W. KY 12th Cav. Co.F
Branson, T.W. TN 12th Inf. Co.K
Branson, T.W. TN 12th (Cons.) Inf. Co.K
Branson, Vincent T. VA 40th Inf. Co.K Sgt.
Branson, W.H. NC 14th Inf. Co.G Sgt.
Branson, William GA Cav. 10th Bn. (St.Guards) Co.D
Branson, William MO 10th Inf. Co.K
Branson, William TN 2nd (Ashby's) Cav. Co.B
Branson, William VA Cav. McNeill's Co.
Branson, William F. VA 11th Cav. Co.B Cpl.
Branson, William F. VA 14th Mil. Co.D
Branson, William H. NC Inf. 2nd Bn. Co.H Cpl.
Branson, William H. NC 64th Inf. Co.G Sgt.
Branson, William J. VA 48th Inf. Co.I
Branson, William L. VA 29th Inf. Co.G
Branson, William L. VA 72nd Mil.
Branson, William M. NC 26th Inf. Co.G
Branson, W.L. VA Inf. 26th Bn. Co.I 2nd Lt.
Branson, Z.W. TN 12th Inf. Co.K
Branstetter, Charles M. MO 10th Inf. Co.E
Branstetter, John W. MO 10th Inf. Co.E
Bransty, S.L. MS 5th Inf. Co.H
Brant, --- MO Collin's Btty.
Brant, A.G. TX Cav. Wells' Regt. Co.F
Brant, Archie G. TX Cav. Wells' Bn. Co.B
Brant, Charles SC Brabham Ind.Cav.
Brant, Charles W. VA 61st Inf. Co.H
Brant, Emit MO 2nd Cav. Co.D
Brant, Franklin AR 11th & 17th Cons.Inf. Co.I Cpl.
Brant, Franklin AR 17th (Griffith's) Inf. Co.C Cpl.
Brant, G. Martin SC 17th Inf. Co.G
Brant, G.W. SC 2nd St.Troops Co.E
Brant, G.W. SC 8th Bn.Res. Co.C
Brant, G.W. SC 11th Res. Co.L
Brant, H. SC Cav. 19th Bn. Co.C,A
Brant, Henry SC Part.Rangers Kirk's Co.
Brant, Henry VA 36th Inf. 2nd Co.B
Brant, J. TN 40th Inf. Co.C
Brant, Jacob E. TX 27th Cav. Co.L
Brant, James LA Mil. 4th Regt. 1st Brig. 1st Div. Co.E
Brant, James MS 28th Cav.
Brant, James MO 11th Inf. Co.C
Brant, J.F. SC Cav. 19th Bn. Co.C
Brant, J.F. SC Part.Rangers Kirk's Co.
Brant, J.F. SC 2nd St.Troops Co.E
Brant, John AR 13th Inf. Co.B
Brant, John SC 17th Inf. Co.G
Brant, Josiah SC 3rd Cav. Co.A,G
Brant, L.H. SC 11th Inf. Co.C
Brant, L.R. SC Cav. 19th Bn. Co.C
Brant, L.R. SC Part.Rangers Kirk's Co.
Brant, L.R. SC 17th Inf. Co.G
Brant, Magness TX Cav. Madison's Regt. Co.D
Brant, Magnus TX 1st (McCulloch's) Cav. Co.A
Brant, Mason M. VA Inf. 26th Bn. Co.G
Brant, Owen SC 3rd Cav. Co.F
Brant, R.H. SC 11th Inf. Co.K
Brant, Samuel H. VA 14th Cav. Co.A
Brant, W.A. GA 22nd Inf. Co.A
Brant, W.A. SC 3rd Cav. Co.A,G
Brant, W.A. SC 17th Inf. Co.G Cpl.
Brant, William AR 18th Inf. Co.A
Brant, William MO 7th Cav. Ward's Co.
Brant, William SC 22nd Inf. Co.D
Brant, William J. SC 17th Inf. Co.G
Brant, William N. VA 22nd Inf. Co.F
Brant, William N. VA 135th Mil. Co.C Cpl.
Branten, L.O. NC 1st Jr.Res. Co.D
Brantes, W.B. AR 30th Inf. Co.F
Brantham, Hardy SC 21st Inf. Co.K
Brantley, --- TX Cav. McCord's Frontier Regt. Co.K
Brantley, A. NC 21st Inf. Co.E
Brantley, A.H. NC Inf. 2nd Bn. Co.E
Brantley, A.J. GA 54th Inf. Co.A Sgt.
Brantley, A.J. LA 1st Hvy.Arty. (Reg.) Co.E
Brantley, A.K. AL 50th Inf. Co.F 1st Sgt.
Brantley, A.K. MS Inf. 3rd Bn. (St.Troops) Capt.,Adj.
Brantley, Allen NC 47th Inf. Co.B
Brantley, Amos W. GA 8th Inf. Co.C Cpl.
Brantley, Anthony FL 5th Inf. Co.E
Brantley, Asa GA Cav. 8th Bn. (St.Guards) Co.A
Brantley, Asa GA Inf. 2nd Bn. Co.C
Brantley, Asa GA 64th Inf. Co.B
Brantley, Augustus G. AR 6th Inf. Co.I
Brantley, B. GA 49th Inf. Co.B
Brantley, B. NC 6th Inf. Co.D
Brantley, B.C. GA 13th Inf. Co.B Sgt.
Brantley, Benjamin GA 28th Inf. Co.H
Brantley, Benjamin GA 59th Inf. Co.D
Brantley, Benjamin D. GA 4th (Clinch's) Cav. Co.G
Brantley, Benjamin D. GA 59th Inf. Co.D
Brantley, Benjamin G. LA Cav. Webb's Co. Cpl.
Brantley, Benjamin T. GA 28th Inf. Co.H
Brantley, Bennett D. NC 7th Inf. Co.E Sgt.
Brantley, Bluford B. KY 10th (Johnson's) Cav. New Co.C
Brantley, Cater F. NC 1st Arty. (10th St.Troops) Co.G
Brantley, Charles AL 62nd Inf. Co.H
Brantley, Charles AR 24th Inf. Co.E
Brantley, Charles B. AR 19th (Dockery's) Inf. Co.F
Brantley, Charles C. AR 12th Bn.S.S. Co.D Sgt.
Brantley, Charles W. LA Hvy.Arty. 2nd Bn. Co.B Sgt.
Brantley, Chornick T. AL 23rd Bn.S.S. Co.F
Brantley, Christopher S. NC 7th Inf. Co.E Cpl.
Brantley, David TX Inf. 1st St.Troops Wheat's Co.A
Brantley, D.B. GA Cav. 1st Bn.Res. Co.A
Brantley, D.F.S. FL 2nd Cav. Co.H 2nd Lt.
Brantley, D.L. AL Cav. Lewis' Bn. Co.B Sgt.
Brantley, Ed. C. LA Hvy.Arty. 2nd Bn. Co.B
Brantley, Edward TX 20th Inf. Co.K
Brantley, Edwin FL Lt.Arty. Perry's Co.
Brantley, Edwin NC 3rd Bn.Sr.Res. Williams' Co.
Brantley, E.F. GA 4th Res. Co.A
Brantley, E.G. LA 28th (Gray's) Inf. Co.H
Brantley, Eli AL 16th Inf. Co.D Cpl.
Brantley, Eli W. GA 49th Inf. Co.G
Brantley, E.R. AL 15th Inf. Co.G
Brantley, E.T. LA 19th Inf. Co.I
Brantley, E.W. SC 20th Inf. Co.B
Brantley, F.C. FL 2nd Inf. Co.K
Brantley, F.M. GA Lt.Arty. Howell's Co. Cpl.
Brantley, F.M. LA 19th Inf. Co.I
Brantley, F.M. LA 27th Inf. Co.G
Brantley, Francis M. AR 9th Inf. Co.E Cpl.
Brantley, Francis M. SC Cav. 12th Bn. Co.A
Brantley, Francis Marion SC 4th Cav. Co.A
Brantley, F.W. AL Inf. 2nd Regt. Co.C
Brantley, F.W. MO 15th Cav. Co.F
Brantley, George AL Cav. Barbiere's Bn. Goldsby's Co.
Brantley, George MO Cav. 2nd Bn.St.Guard Co.A
Brantley, George C. FL Sp.Cav. 1st Bn. Watson's Co.
Brantley, George F. GA 28th Inf. Co.H
Brantley, George L. TN 14th (Neely's) Cav. Co.D
Brantley, George M. NC 1st Inf. Co.F
Brantley, George S.J. VA 9th Inf. Co.B
Brantley, George W. AL 40th Inf. Co.K
Brantley, George W. AL 63rd Inf. Co.C
Brantley, George W. MS 1st Lt.Arty. Co.G
Brantley, George W. NC 3rd Inf. Co.F
Brantley, George W.A. GA Cav. 2nd Bn. Co.D
Brantley, G.M. GA 28th Inf. Co.A Sgt.
Brantley, G.R. AL Cp. of Instr. Talladega
Brantley, Green J. GA 28th Inf. Co.A
Brantley, Green J. GA 63rd Inf. Co.H
Brantley, G.T. GA 54th Inf. Co.K
Brantley, G.T. TX 7th Field Btty.
Brantley, G.W. LA 6th Inf. Co.A
Brantley, G.W. 10th Conf.Cav. Co.F
Brantley, H. Gillum's Regt. Co.F
Brantley, Harris GA 59th Inf. Co.D Sgt.
Brantley, Harris A. GA 57th Inf. Co.G
Brantley, Harris M. FL 1st Inf. New Co.B, Old Co.E
Brantley, H.D. TN 14th (Neely's) Cav. Co.D
Brantley, Heman L. NC 2nd Arty. (36th St.Troops) Co.B
Brantley, Henry NC 27th Inf. Co.E Sgt.
Brantley, Henry R. AL 10th Inf. Co.B

Brantley, H.L. NC Lt.Arty. 13th Bn. Co.B
Brantley, H.L. SC Simons' Co.
Brantley, H.N. GA 35th Inf. Co.H
Brantley, H.R. LA 3rd Brig. Lt.,AAIG
Brantley, H.S. GA 54th Inf. Co.F,A
Brantley, H.T. GA 2nd Res. Co.D
Brantley, H.T. GA 54th Inf. Co.A
Brantley, Isaac M. GA 42nd Inf. Co.G
Brantley, J. TN 12th (Green's) Cav. Co.I
Brantley, J.A. MS 4th Inf. Co.F
Brantley, Jackson AR 18th Inf. Co.B
Brantley, Jackson NC 47th Inf. Co.A
Brantley, Jacob NC 24th Inf. Co.F
Brantley, James GA Lt.Arty. Croft's Btty. (Columbus Arty.)
Brantley, James TN 14th Inf. Co.G Sgt.
Brantley, James A. AL Cp. of Instr. Talladega
Brantley, James B. NC 48th Inf. Co.A
Brantley, James C. VA Hvy.Arty. 18th Bn. Co.A
Brantley, James D. GA 26th Inf. Co.F Sgt.
Brantley, James F. AL 15th Bn.Part.Rangers Co.B
Brantley, James K. MS 5th Inf. Co.K
Brantley, James L. GA 59th Inf. Co.D
Brantley, James M. GA 10th Cav. (St.Guards) Co.A
Brantley, James M. GA Cav. 22nd Bn. (St.Guards) Co.H
Brantley, James M. GA Lt.Arty. Ferrell's Btty.
Brantley, James P. TX Cav. Madison's Regt. Co.D
Brantley, James S. GA 28th Inf. Co.H
Brantley, J.B. AL 15th Bn.Part.Rangers Co.B
Brantley, J.B. AL 56th Part.Rangers Co.B
Brantley, J.D. TX 3rd Cav. Co.A
Brantley, J.E. AL 1st Cav. Co.I Cpl.
Brantley, Jeptha GA 28th Inf. Co.H
Brantley, Jery GA 28th Inf. Co.A
Brantley, J.G. AR 2nd Inf. Co.D
Brantley, J.H. NC 32nd Inf. Co.C
Brantley, J.H. TN 34th Inf. Co.F
Brantley, J.H. TX 34th Cav. Co.K
Brantley, J.L. LA 6th Inf. Co.A
Brantley, J.L. NC 32nd Inf. Co.C
Brantley, J.M. GA Brooks' Co. (Terrell Lt.Arty.)
Brantley, J.M. NC 14th Inf. Co.G
Brantley, J.N. AL 18th Inf. Co.L
Brantley, J.N. GA 66th Inf. Co.K
Brantley, Joel W. AR 24th Inf. Co.B Ord.Sgt.
Brantley, Joel W. AR Inf. Hardy's Regt. Co.B
Brantley, John GA 18th Inf. Co.K
Brantley, John GA 28th Inf. Co.H
Brantley, John GA 59th Inf. Co.D
Brantley, John GA 66th Inf. Co.K
Brantley, John NC Hvy.Arty. 10th Bn. Co.D
Brantley, John MO Cav. 2nd Bn.St.Guard Co.B
Brantley, John SC 4th Cav. Co.A
Brantley, John SC Cav. 12th Bn. Co.A
Brantley, John A. FL 2nd Cav. Co.B
Brantley, John A. FL Inf. 2nd Bn. Co.F Cpl.
Brantley, John A. GA 59th Inf. Co.D
Brantley, John B. NC Jones' Co. (Supp.Force) Sgt.
Brantley, John D. FL 1st Inf. Old Co.E
Brantley, John D. FL 6th Inf. Co.D
Brantley, John D. FL Conscr. Sgt.
Brantley, John D. TX 24th Cav. Co.K Lt.
Brantley, Jno. H. AL 17th Inf. Co.E
Brantley, John H. GA Cav. 2nd Bn. Co.E
Brantley, John H. MS 3rd Inf. (St.Troops) Co.F
Brantley, John H. MS 15th Inf. Co.C
Brantley, John H. NC 1st Inf. Co.E
Brantley, John J. GA 28th Inf. Co.H
Brantley, John L. TX 4th Inf. Co.F
Brantley, John M. NC 48th Inf. Co.A
Brantley, John R. AL 36th Inf. Co.A
Brantley, John R. MS 29th Inf. Co.F
Brantley, John S. 1st Conf.Inf. Co.A
Brantley, John T. LA 12th Inf. Co.D 2nd Lt.
Brantley, John W. GA 12th Inf. Co.C
Brantley, John W. GA 60th Inf. Co.B
Brantley, Joseph FL 1st (Res.) Inf. Co.K
Brantley, Joseph GA 62nd Cav. Co.C Music.
Brantley, Joseph GA 4th Inf. Co.I Sgt.
Brantley, Joseph GA 8th Inf. Co.C
Brantley, Joseph GA 36th (Broyles') Inf. Co.D
Brantley, Joseph A. GA Inf. 10th Bn. Co.D
Brantley, Joseph D. GA 28th Inf. Co.A
Brantley, Joseph J. FL Lt.Arty. Abell's Co.
Brantley, Joseph L. GA 1st (Ramsey's) Inf. Co.E
Brantley, Joseph T. VA 41st Inf. Co.H
Brantley, J.S. AL 56th Part.Rangers Co.B
Brantley, J.S. AR 1st (Monroe's) Cav. Co.H
Brantley, J.S. AR Willett's Co.
Brantley, J.S. TX 10th Cav. Co.F
Brantley, J.T. GA 2nd Cav. (St.Guards) Co.K Cpl.
Brantley, J.T. GA Inf. 40th Bn. Co.F
Brantley, J.T. MS 40th Inf. Co.B
Brantley, J.W. AR 9th Inf. Co.H
Brantley, J.W. GA 23rd Inf. Co.A
Brantley, J.W. TX Cav. Benavides' Regt. Co.F
Brantley, J.W. TX Cav. Crump's Regt. Co.E
Brantley, Lawrence NC 7th Inf. Co.E
Brantley, Lewis L. GA 28th Inf. Co.H
Brantley, Louis GA 32nd Inf. Co.E
Brantley, Louis TX 14th Inf. Co.A
Brantley, Louis W. TX 7th Inf. Co.D
Brantley, L.T. NC 3rd Bn.Sr.Res. Williams' Co.
Brantley, M.A. GA 64th Inf. Co.A
Brantley, Mac NC 47th Inf. Co.A
Brantley, Mark GA 1st (Ramsey's) Inf. Co.K
Brantley, Martin L. GA 1st Reg. Co.M Sgt.
Brantley, Martin L. GA 54th Inf. Co.A 2nd Lt.
Brantley, M.C. LA 28th (Gray's) Inf. Co.F
Brantley, Micah A. NC 7th Inf. Co.E
Brantley, Nathan NC 7th Inf. Co.E
Brantley, Nathaniel G. GA 2nd Inf. 1st Co.B
Brantley, Nathaniel G. GA 26th Inf. Co.E
Brantley, Nathaniel H. AL 13th Inf. Co.A Sgt.
Brantley, Orin AL 4th Res. Co.F
Brantley, Orren NC 7th Inf. Co.E
Brantley, P.C. TN 21st Inf. Co.A
Brantley, R.A. TX 5th Inf. Co.D Cpl.
Brantley, R.B. KY 3rd Cav. Co.C
Brantley, R.E. TN 17th Inf. Co.G Sgt.
Brantley, Redmond NC 30th Inf. Co.I
Brantley, R.H. MS 22nd Inf. Co.E
Brantley, R.O. VA 41st Inf. Co.H
Brantley, Robert AL 11th Inf. Co.E
Brantley, Robert NC 4th Inf. Co.C
Brantley, Robert E. GA Inf. 2nd Bn. Co.C
Brantley, Robert E. NC 1st Inf. Co.F
Brantley, Robert H. MS 33rd Inf. Co.A
Brantley, Robert R. GA 60th Inf. Co.B
Brantley, S. NC Lt.Arty. 13th Bn. Co.D
Brantley, Samuel J. NC 1st Inf. Co.F
Brantley, S.J. SC 2nd St.Troops Co.C
Brantley, S.J. SC 11th Res. Co.H
Brantley, S.L. GA 2nd Cav. (St.Guards) Co.A 1st Sgt.
Brantley, S.N. TN 7th (Duckworth's) Cav. Co.L
Brantley, S.N. TN 14th (Neely's) Cav. Co.D
Brantley, Sol GA 5th Res. Co.A
Brantley, Solomon L. AL 1st Bn. Hilliard's Legion Vol. Co.F
Brantley, Spencer GA 28th Inf. Co.H
Brantley, S.P. MS Mil. 4th Cav. Co.H 1st Lt.
Brantley, S.T. GA 28th Inf. Co.H
Brantley, T.B. AR Cav. 1st Bn. (Stirman's) Co.C Capt.
Brantley, T.D. GA 5th Inf. (St.Guards) Everett's Co.
Brantley, T.E. GA Inf. Arsenal Bn. (Columbus) Co.C 2nd Lt.
Brantley, Theodore F. GA Inf. 2nd Bn. Co.B
Brantley, Thomas AR 8th Inf. New Co.H
Brantley, Thomas FL 2nd Inf. Co.G Sgt.
Brantley, Thomas GA 12th Inf. Co.B
Brantley, Thomas GA 57th Inf. Co.C
Brantley, Thomas TX 34th Cav. Co.K
Brantley, Thomas B. Stirman's Regt.S.S. Co.C Capt.
Brantley, Thomas C. TN Cav. 11th Bn. (Gordon's) Co.B
Brantley, Thomas H. Gen. & Staff Adj.
Brantley, Thomas J. GA 5th Inf. Co.E Music.
Brantley, Thomas J. GA 59th Inf. Co.D
Brantley, Thomas J. LA 25th Inf. Co.E 1st Sgt.
Brantley, Thomas J. LA 31st Inf. Co.G
Brantley, Thomas K. AL Cav. 5th Bn. Hilliard's Legion Co.B
Brantley, Thomas T. GA Inf. 27th Bn. Co.B
Brantley, T.M. GA 54th Inf. Co.C Capt.,Adj.
Brantley, T.W. GA 54th Inf. Co.A Capt.
Brantley, T.W. TX 25th Cav. Co.B
Brantley, W. AL 16th Inf. Co.G
Brantley, W. MS 34th Inf. Co.I
Brantley, W.A. AL Mil. 4th Vol. Co.G
Brantley, W.A. FL 2nd Cav. Co.H
Brantley, Walton AL 23rd Inf. Co.E
Brantley, Warren A. AL Cav. Lewis' Bn. Co.E
Brantley, Warren H. GA 2nd Res. Co.F,D
Brantley, Warren H. GA 42nd Inf. Co.F
Brantley, Washington L. GA 55th Inf. Co.A
Brantley, W.C. TN 6th (Wheeler's) Cav. Co.H
Brantley, W.F. Gen. & Staff Brig.Gen.
Brantley, W.H. GA Siege Arty. 28th Bn. Co.K
Brantley, W.H. GA 28th Inf. Co.A
Brantley, W.H. Gen. & Staff Brig.Gen.
Brantley, Wiley H. NC 1st Jr.Res. Co.A
Brantley, Wiley L. GA 41st Inf. Co.E
Brantley, William GA Cav. Nelson's Ind.Co.
Brantley, William GA 12th Inf. Co.K
Brantley, William GA 14th Inf. Co.F
Brantley, William GA 28th Inf. Co.A
Brantley, William GA 40th Inf. Co.C
Brantley, William GA 47th Inf. Co.F
Brantley, William GA Smith's Legion Co.G
Brantley, William MS 8th Cav. Co.I
Brantley, William TN 14th Inf. Co.G Cpl.

Brantley, William B. GA Cav. 19th Bn. Co.C
Brantley, William B. MO 5th Inf. Co.K,C Sgt.
Brantley, William B. NC 12th Inf. Co.N
Brantley, William B. NC 32nd Inf. Co.C,B
Brantley, William B. VA 13th Cav. Co.B
Brantley, William C. TN 32nd Inf. Co.B
Brantley, William F. MS 15th Inf. Co.D Maj.
Brantley, William H. GA Hvy.Arty. 22nd Bn. Co.B
Brantley, William H. GA 25th Inf. 1st Co.K Cpl.
Brantley, Wm. J. GA 14th Inf. Co.D
Brantley, William M. FL 7th Inf. Co.F
Brantley, William M. GA 13th Inf. Co.K
Brantley, William M. GA 59th Inf. Co.D
Brantley, William P. SC 4th Cav. Co.A
Brantley, William P. SC Cav. 12th Bn. Co.A
Brantley, William T. GA Inf. 10th Bn. Co.D
Brantley, William T. GA 28th Inf. Co.H Sgt.
Brantley, William T. NC 26th Inf. Co.E
Brantley, William W. GA 63rd Inf. Co.H
Brantley, William W. NC 42nd Inf. Co.G Sgt.
Brantley, William W. NC 47th Inf. Co.G Sgt.
Brantley, W.J. GA Lt.Arty. Croft's Btty. (Columbus Arty.)
Brantley, W.J. GA 54th Inf. Co.A
Brantley, W.J. MS 4th Inf. Co.I
Brantley, W.L. GA 45th Inf. Co.A
Brantley, W.M. FL Cav. 5th Bn. Co.H
Brantley, W.M. MS 28th Cav. Co.H
Brantley, W.P. MS 2nd Cav. Co.C
Brantley, W.P. MS 22nd Inf. Co.C
Brantley, W.R. AL 15th Inf. Co.G
Brantley, W.T. AL 23rd Inf. Co.I
Brantley, W.T. GA Inf. 27th Bn. (NonConscr.) Co.A
Brantly, A.H. GA 8th Inf. Co.D
Brantly, A.P. LA 4th Cav. Co.F
Brantly, B.B. AL 2nd Cav. Co.H,A
Brantly, Benjamin F. NC 13th Inf. Co.G
Brantly, Benjamin F. NC 50th Inf. Co.H 2nd Lt.
Brantly, Benjamin H. GA 28th Inf. Co.H 2nd Lt.
Brantly, Berry NC 6th Sr.Res. Co.D
Brantly, Beverly B. SC Inf. Hampton Legion Co.A
Brantly, B.F. AR 8th Inf. New Co.H
Brantly, C.H. MS 5th Inf. Co.K
Brantly, Chonic T. AL 1st Bn. Hilliard's Legion Vol. Co.F
Brantly, Christopher C. GA 25th Inf. Co.D
Brantly, C.T. GA 25th Inf. Co.D
Brantly, David TX 13th Cav. Co.K
Brantly, David H. NC 38th Inf. Co.G
Brantly, D.F.S. FL Cav. 5th Bn. Co.H 2nd Lt.
Brantly, Edward C. LA 3rd Inf. Co.C
Brantly, Eli TX 29th Cav. Co.K
Brantly, E.W. SC 2nd Inf. Co.I
Brantly, F.L. GA Inf. (Baldwin Inf.) Moore's Co.
Brantly, Francis AR Inf. 1st Bn. Co.G
Brantly, F.W. AL 42nd Inf. Co.A Cpl.
Brantly, F.W. GA 45th Inf. Co.A Cpl.
Brantly, G. FL 9th Inf. Co.F
Brantly, G.D. LA 3rd Inf. Co.C
Brantly, George J. VA 61st Inf. Co.G
Brantly, Giles AR 24th Inf. Co.B
Brantly, G.L. TN 15th (Stewart's) Cav. Co.F
Brantly, H. TX Cav. Border's Regt. Co.F
Brantly, Harris GA 62nd Cav. Co.F
Brantly, Harris H. AL 38th Inf. Co.E
Brantly, Henry NC 4th Inf. Co.I Music.
Brantly, Henry C. GA 49th Inf. Co.I
Brantly, Harman L. SC 3rd Inf. Co.E
Brantly, Hil MS S.W. Red's Co. (St.Troops)
Brantly, J. GA 5th Cav. Co.C
Brantly, Jack R. NC 4th Inf. Co.I
Brantly, James A. GA 15th Inf. Co.K Cpl.
Brantly, James E. AL Inf. 1st Regt. Co.I,F Cpl.
Brantly, James E. AL 38th Inf. Co.E Sgt.
Brantly, J.B. TN 14th (Neely's) Cav. Co.D
Brantly, J.C. TN 6th Inf. Co.A
Brantly, Jesse M. GA 28th Inf. Co.A
Brantly, J.H. GA 8th Cav. Co.F
Brantly, J.J. GA 8th Cav. Co.C Music.
Brantly, J.L. TX 4th Cav. Co.F
Brantly, John NC 50th Inf. Co.H 2nd Lt.
Brantly, John SC 4th Cav. Co.A
Brantly, John A. FL 2nd Inf. Co.G
Brantly, John A. FL 11th Inf. Co.D Cpl.
Brantly, John A. MS 17th Inf. Co.K
Brantly, John M. AL Inf. 1st Regt. Co.I,F Sgt.
Brantly, John N. AL 58th Inf. Co.G
Brantly, John N. NC 5th Inf. Co.F Cpl.
Brantly, John S. AR Lt.Arty. Etter's Btty.
Brantly, John S. GA Inf. 1st Conf.Bn. Co.A
Brantly, John T. GA 49th Inf. Co.D Cpl.
Brantly, John W. GA 42nd Inf. Co.F,A
Brantly, Joseph K. AR Lt.Arty. Zimmerman's Btty. Cpl.
Brantly, J.R. AL Mil. 2nd Regt.Vol. Co.A
Brantly, J.T. AL 23rd Inf. Co.F
Brantly, Lewis GA 15th Inf. Co.K
Brantly, L.W. AL 2nd Cav. Co.H
Brantly, M.H. GA 28th Inf. Co.A Cpl.
Brantly, Nathaniel G. GA 4th (Clinch's) Cav. Co.G
Brantly, R.E. GA Cav. 2nd Bn. Co.D
Brantly, R.E. GA 5th Cav. Co.A
Brantly, R.E. GA 54th Inf. Co.F
Brantly, Robert TX 17th Cav. Co.E
Brantly, R.S. SC 20th Inf. Co.B
Brantly, Sandy G. NC 33rd Inf. Co.C
Brantly, S.D. Gen. & Staff AASurg.
Brantly, Spencer GA 49th Inf. Co.B
Brantly, Thomas GA Inf. (Ogeechee Minute Men) Garrison's Co.
Brantly, Thomas H. NC 4th Inf. Co.I
Brantly, Thomas J. LA 28th (Gray's) Inf. Co.C
Brantly, Thomas K. 10th Conf.Cav. Co.B
Brantly, Thomas M. GA 49th Inf. Co.B
Brantly, Timothy GA Inf. (St.Armory Guards) Green's Co. Cpl.
Brantly, Tzwell B. NC 61st Inf. Co.D
Brantly, W. GA 8th Inf. (St.Guards) Co.K
Brantly, W.A. FL Cav. 5th Bn. Co.H
Brantly, W.B. MS 5th Inf. Co.K
Brantly, W.B. SC 4th Cav. Co.A
Brantly, W.C. GA 8th Inf. Co.H
Brantly, W.F. Brantly's Brig. Brig.Gen.
Brantly, W.H. NC 38th Inf. Co.K
Brantly, William GA 3rd Inf. Co.D
Brantly, William GA 49th Inf. Co.I
Brantly, William D. GA 49th Inf. Co.I Cpl.
Brantly, William F. MS 29th Inf. Col.
Brantly, William Mariman MS 8th Cav. Co.A
Brantly, William T. FL 2nd Inf. Co.G
Brantly, W.T. AL 6th Cav. Co.I
Brantly, Young B. AR 18th Inf. Co.G
Brantner, George VA 12th Cav. Co.D
Brantner, George W. VA 2nd Inf. Co.H
Brantner, G.H. TX 4th Inf. Co.D
Brantom, Francis VA Inf. Cohoon's Bn. Co.D
Brantom, Miles VA Inf Cohoon's Bn. Co.D
Brantom, Timothy NC 1st Inf. (6 mo. '61) Co.I
Branton, Alva NC 2nd Arty. (36th St.Troops) Co.K
Branton, Burwell NC 33rd Inf. Co.E
Branton, Charles E. NC 30th Inf. Co.D
Branton, Ephram AR 33rd Inf. Co.B
Branton, Henry SC 11th Inf. 1st Co.I
Branton, Henry H. NC 3rd Inf. Co.I
Branton, H.H. SC 1st Cav. Co.I
Branton, Hiram AL 57th Inf. Co.I
Branton, Isaac SC 11th Inf. Sherridan's Co.
Branton, Jackson NC 33rd Inf. Co.E
Branton, J.C. SC 10th Inf. 1st Co.G
Branton, J.J. AR 11th Inf. Co.H 1st Sgt.
Branton, John NC 1st Arty. (10th St.Troops) Co.G
Branton, John SC 1st Cav. Co.I
Branton, John TN 4th Inf.
Branton, John VA 59th Inf. 3rd Co.E
Branton, Joseph GA 40th Inf. Co.B
Branton, J.R. NC 15th Inf. Co.C
Branton, Lewis O. NC 30th Inf. Co.D
Branton, Mathew M. MS 7th Inf. Co.G
Branton, Moses NC 33rd Inf. Co.E
Branton, Pharoah AL 6th Inf. Co.B
Branton, R. SC 11th Inf. Co.B
Branton, R.H. SC Lt.Arty. M. Ward's Co. (Waccamaw Lt.Arty.)
Branton, Richard VA 3rd Cav. Co.G
Branton, Richard M. AR 1st (Crawford's) Cav. Co.D
Branton, Samuel GA 40th Inf. Co.B
Branton, Samuel SC Arty. Manigault's Bn. 1st Co.B, 2nd Co.D
Branton, Samuel SC 7th Inf. 1st Co.L
Branton, Samuel P. SC 10th Inf. 2nd Co.G
Branton, S.P. Eng.Dept. Polk's Corps A. of TN Sap. & Min. Co.,CSA
Branton, T.H. LA 1st Res. Co.D Sgt.
Branton, Thomas NC 55th Inf. Co.C
Branton, Thomas E. AL 36th Inf. Co.G
Branton, Timothy NC 44th Inf. Co.B
Branton, William A. VA 3rd Cav. Co.G Cpl.
Branton, William E. TX 1st Hvy.Arty. Co.D
Branton, William H. AR Inf. Hardy's Regt. Co.A
Branum, Allen SC 7th Cav. Co.H
Branum, Allen C. SC Cav.Bn. Holcombe Legion Co.E
Branum, Andrew J. VA 97th Mil. Co.L
Branum, Bengamin U. FL 9th Inf. Co.E
Branum, James VA 25th Inf. 1st Co.I
Branum, Jeff. MO Cav. 1st Regt.St.Guard Co.A Capt.
Branum, J.S. KY 7th Cav. Co.E
Branum, J.T. TN 33rd Inf. Co.F Bvt.2nd Lt.
Branum, Martin AL 49th Inf. Co.H
Branum, Robert TX 17th Inf. Co.A Cpl.

Branum, Rufus M. TX 31st Cav. Co.A,G
Branum, Thomas J. TN 37th Inf. Co.E
Branum, William NC 31st Inf. Co.D
Branum, William NC Walker's Bn. Thomas' Legion Co.A
Branum, William TN 33rd Inf. Co.E Sgt.
Branum, William H. GA Inf. 3rd Bn. Co.B
Branum, William H. GA 37th Inf. Co.A
Branum, William J. AR 16th Inf. Co.F
Branum, W.R. AL 4th (Russell's) Cav. Co.F
Branyan, Henry MS 4th Regt.St.Troops
Branyan, J.G.E. SC 1st St.Troops Co.F
Branyan, J.J. SC 1st St.Troops Co.C
Branyan, J.M.G. SC 1st St.Troops Co.F
Branyan, John Robert SC 19th Inf. Co.I
Branyan, John W. SC 1st (Orr's) Rifles Co.K
Branyan, Richard A. SC 1st (Orr's) Rifles Co.K
Branyan, R.P. SC 24th Inf. Co.F Cpl.
Branyan, R.T. MS 32nd Inf. Co.B
Branyan, Samuel Thompson SC 19th Inf. Co.I
Branyan, T.F. MS Cav. Ham's Regt. Co.E
Branyan, T.F. MS 32nd Inf. Co.B
Branyan, T.M. MS 11th (Cons.) Cav. Co.C
Branyan, T.M. SC 6th Cav. Co.G
Branyan, T.M. SC 1st St.Troops Co.C
Branyan, William MO 16th Inf. Co.A
Branyan, William C. SC 2nd Rifles Co.L
Branyan, W.M. MS Cav. Ham's Regt. Co.E
Branyon, Alonzo W. SC 2nd Rifles Co.F
Branyon, A.W. SC 5th Res. Co.A
Branyon, H.M. AL 13th Bn.Part.Rangers Co.E
Branyon, H.N. AL 56th Part.Rangers Co.I
Branyon, John J. AL 41st Inf. Co.B
Branyon, Richard M. SC 2nd Rifles Co.F
Branyon, Robert H. SC 1st (Orr's) Rifles Co.K
Branyon, Robert M. AL 41st Inf. Co.B
Branyon, Robert T. MS 2nd (Davidson's) Inf. Co.D
Branyon, Thomas F. MS 10th Cav. Co.C
Branyon, Thomas F. MS 2nd (Davidson's) Inf. Co.D
Branyon, T.M. SC 7th Inf. 1st Co.B
Branyon, William L. AL 3rd Inf. Co.C Sgt.
Branyon, W.L. AL 26th (O'Neal's) Inf. Co.K 2nd Lt.
Braphy, C.C.A. KY Morehead's Regt. (Part. Rangers) Co.A
Braquet, J. LA Mil. 1st Regt. French Brig. Co.2 Cpl.
Brard, Alfred LA Mil. 1st Native Guards
Brardon, Z.T. AL 1st Inf. Co.K
Bras, Joachim LA Mil. LaFourche Regt.
Brasale, James AL 12th Cav. Co.C Cpl.
Brasano, Encarnacion TX Cav. Ragsdale's Bn. 1st Co.A
Brasard, W.J. AL 60th Inf. Co.C
Brasby, William AL 21st Inf. Co.B
Brasby, William AL 40th Inf. Co.H
Brasch, C.E. GA Cav. 2nd Bn. Co.A
Brasch, C.E. GA 5th Cav. Co.I
Brascke, A. TX Inf. Timmons' Regt. Co.B
Brascut, T.J. TX 24th & 25th Cav. (Cons.) Co.B
Braseail, J.W. MS 15th Bn.S.S. Co.A
Braseaile, J.W. AL 16th Inf. Co.D
Braseal, Whitney AL 19th Inf. Co.B
Braseale, D.H. AL 12th Cav. Co.C
Braseale, Zack AL 9th (Malone's) Cav. Co.L 3rd Lt.
Braseel, S.P. AL 9th (Malone's) Cav. Co.M
Brasel, E.D. Exch.Bn. Co.D,CSA
Brasell, Green W. AL 11th Inf. Co.F
Brasell, Henry AL 44th Inf. Co.A
Brasell, J. LA Mil. Claiborne Regt. Co.A
Brasell, Joseph TX 3rd Inf. Co.H
Brasell, P.L. TN Cav. Allison's Squad. Co.B,A
Brasell, R.F. AL Inf. 1st Regt. Co.D Sgt.
Brasell, Septho AR 1st (Crawford's) Cav. Co.A
Braselman, Berkley L. LA Washington Arty.Bn. Co.3 Lt.
Braselman, B.L. Gen. & Staff, Arty. 1st Lt.
Braselman, C. GA Inf. 23rd Bn.Loc.Def. Sim's Co.
Braselman, Nathan T. MS 2nd Inf. Co.F 2nd Lt.
Braselman, William R. LA 5th Inf. New Co.A,B
Braselton, Cicero A. GA Phillips' Legion Co.C,I
Braselton, Elijah W. GA 16th Inf. Co.G
Braselton, John A. GA 9th Inf. (St.Guards) DeLaperriere's Co.
Braselton, Judson AR 32nd Inf. Co.D
Braselton, William M. GA 3rd Cav. Co.K,A
Braselton, William S. GA 1st Reg. Co.K,D Sgt.
Brasey, W. GA 47th Inf. Co.G
Brasfield, J.M. MS 2nd St.Cav. Co.H
Brasfield, John AL 13th Bn.Part.Rangers Co.B
Brasfield, John M. MS 6th Inf. Co.B
Brasfield, John W. TX 16th Cav. Co.A
Brasfield, Joseph A. TX 14th Cav. Co.D Cpl.
Brasfield, R.M. AL Cav. Murphy's Bn. Co.C Sgt.
Brasfield, R.M. 15th Conf.Cav. Co.H Sgt.
Brasfield, R.M. Bradford's Corps Scouts & Guards Co.B
Brasfield, Thomas J. MS 35th Inf. Co.G
Brasfield, William A. TX 14th Cav. Co.D
Brasfield, W.W. AL 2nd Cav. Co.C
Brash, Frederick MS 15th Inf. Co.I
Brash, Harris AR 9th Inf. Co.K
Brashaw, H. TX 36th Cav. Capt.
Brashe, Lawrence AL 31st Inf. Co.K
Brashear, A.B. TX 5th Inf. Co.C
Brashear, A.B. Gen. & Staff Surg.
Brashear, Absalom TN 18th (Newsom's) Cav. Co.D 2nd Lt.
Brashear, A. Davis LA 3rd Inf. AASurg.
Brashear, A.J. TN 10th (DeMoss') Cav. Co.B
Brashear, A.J. TN Cav. Newsom's Regt. Co.G
Brashear, Alonzo KY 6th Mtd.Inf. Co.B
Brashear, B.C. TX 5th Inf. Co.F
Brashear, Beesly J. TN Cav. 2nd Bn. (Biffle's) Co.B
Brashear, C.D., Jr. TX 5th Inf. Co.F
Brashear, C.H. LA 3rd Inf. Co.E Capt.
Brashear, C.H. LA 22nd (Cons.) Inf. Co.H Capt.
Brashear, Dennis Sig.Corps,CSA Sgt.
Brashear, D.F. Gen. & Staff Capt.,ACS
Brashear, D.P. AL 4th Inf. Co.D
Brashear, Elias TX Cav. 6th Bn. Co.D Sgt.
Brashear, Ezra M. MO Inf. 2nd Regt.St.Guard Co.D Maj.
Brashear, G. TX 21st Inf. Co.D
Brashear, Harvy G. KY 13th Cav. Co.H
Brashear, Hugh LA 4th Inf. New Co.G 1st Sgt.
Brashear, J. MO 9th Inf. Co.B
Brashear, J. TX 21st Inf. Co.D
Brashear, James TX 12th Field Btty.
Brashear, James C. KY 4th Mtd.Inf. Co.K Sgt.
Brashear, James R. TN Cav. Newsom's Regt. Co.G
Brashear, J.H. TX 24th Cav. Co.I
Brashear, John KY 10th Cav. Co.H
Brashear, John MS Cav. 24th Bn. Co.F
Brashear, John TN 8th (Smith's) Cav. Co.E
Brashear, John TX Cav. 6th Bn. Co.D
Brashear, John TX 1st Hvy.Arty. Co.G 1st Lt.
Brashear, John M. TN 18th (Newsom's) Cav. Co.D
Brashear, Joseph TN 10th (DeMoss') Cav. Co.B
Brashear, Joseph S. TN 18th (Newsom's) Cav. Co.D
Brashear, Joseph U. MS Cav. 24th Bn. Co.F 2nd Lt.
Brashear, Judson MO Inf. Clark's Regt. Co.A
Brashear, L. KY 10th (Johnson's) Cav. New Co.B
Brashear, Lafayette AR 35th Inf. Co.H
Brashear, Lilbern A. MO Inf. Perkins' Bn. Co.B
Brashear, L.J. MO 9th Inf. Co.B
Brashear, L.J. MO Inf. Clark's Regt. Co.A
Brashear, N. MO Inf. Clark's Regt. Co.A
Brashear, N.D. TX Inf. Timmons' Regt. Co.D
Brashear, N.D. TX Waul's Legion Co.F
Brashear, Neri MO 9th Inf. Co.B
Brashear, R. AL 4th Inf. Co.D
Brashear, R. AR 15th Mil. Co.G
Brashear, R.C. MO Lt.Arty. 3rd Btty.
Brashear, Richard H. AR 3rd Inf. Co.H Sgt.
Brashear, S.B. TX Inf. Timmons' Regt. Co.D
Brashear, S.B. TX Waul's Legion Co.F
Brashear, S.D. TN 10th (DeMoss') Cav. Co.B
Brashear, S.F. MS 1st (Patton's) Inf. Co.A
Brashear, S.R. KY 13th Cav. Co.H Capt.
Brashear, T.C. LA Lt.Arty. 2nd Field Btty.
Brashear, Thomas P. MD 1st Cav. Co.D
Brashear, Volney O. MO 1st Cav. Co.B
Brashear, William KY 13th Cav. Co.H Sgt.
Brashear, William TN Cav. Newsom's Regt. Co.G
Brashear, William TN 18th Inf. Co.A
Brashear, William T. TN Cav. Newsom's Regt. Co.G
Brashear, W.J. AL 63rd Inf. Co.I
Brashear, W.R. TX Inf. Timmons' Regt. Co.D
Brashear, W.R. TX Waul's Legion Co.F
Brashear, W.W. AR 21st Inf. Co.I
Brashears, --- TX Inf. Griffin's Bn. Co.E Sgt.
Brashears, A.J. TN 31st Inf. Co.H Bvt.2nd Lt.
Brashears, Alexander M. TX Inf. Griffin's Bn. Co.E
Brashears, B.S. TX 7th Cav. Co.D
Brashears, E. LA 13th Bn. (Part.Rangers) Co.D
Brashears, E.J. MO Inf. Clark's Regt. Co.G 1st Sgt.
Brashears, Ezekiel KY 13th Cav. Co.B
Brashears, F. LA 3rd (Wingfield's) Cav. Co.H
Brashears, George TX Inf. Griffin's Bn. Co.C,E
Brashears, G.M. LA 3rd (Wingfield's) Cav. Co.D
Brashears, Isaac KY 13th Cav. Co.B
Brashears, James TX 5th Cav. Co.H

Brashears, James G. MO 3rd Cav. Co.A,F Sgt.
Brashears, James M. KY 13th Cav. Co.B
Brashears, Jason W. TN 48th (Voorhies') Inf. Co.B
Brashears, J.E. KY 13th Cav. Co.H
Brashears, J.E. Conf.Cav. Clarkson's Bn. Ind.Rangers Co.A,F Sgt.
Brashears, Jesse C. KY 13th Cav. Co.H
Brashears, Jesse W. TX 13th Cav. Co.F
Brashears, J.M. TX 7th Cav. Co.D Cpl.
Brashears, John L. KY 13th Cav. Co.H
Brashears, Johnson Deneale's Regt. Choctaw Warriors Co.E
Brashears, John W. TX Inf. Griffin's Bn. Co.E
Brashears, J.R. AR 20th Inf. Co.D
Brashears, J.S. MO 6th Cav. Co.D
Brashears, Lafayett AR 15th Mil. Co.A
Brashears, Lewis MO Cav. 3rd Bn. Co.C Lt.
Brashears, M.W. TX Cav. 6th Bn. Co.C
Brashears, Pope TN 13th Cav. Co.G
Brashears, Robert AR 35th Inf. Co.I
Brashears, Robert TN 3rd (Clack's) Inf. Co.K
Brashears, Sampson KY 13th Cav. Co.B
Brashears, Sampson KY 5th Mtd.Inf. Co.I
Brashears, Sampson A. KY 13th Cav. Co.B Cpl.
Brashears, S.R. KY 10th Cav. Co.H Capt.
Brashears, S.R. KY 5th Mtd.Inf. Co.H Music.
Brashears, T. Benton MD 1st Inf. Co.G
Brashears, Thomas KY 7th Cav. Co.F
Brashears, Thomas LA 3rd (Wingfield's) Cav. Co.G
Brashears, W. LA 3rd (Wingfield's) Cav. Co.H
Brashears, W.C. TX 21st Inf. Co.D Sgt.
Brashears, W.F. TN 13th Cav. Co.G
Brashears, W.H. MO 6th Cav. Co.D
Brashears, William KY 13th Cav. Co.B Cpl.
Brashears, William TX 5th Cav. Co.H
Brashears, William 1st Choctaw & Chickasaw Mtd.Rifles 2nd Co.D
Brashears, William C. TX Inf. Griffin's Bn. Co.E
Brashears, William G. TN 32nd Inf. Co.C
Brashears, William T.B. KY 13th Cav. Co.A,C
Brashears, W.S. LA 13th Bn. (Part.Rangers) Co.D
Brasheer, Elijah MS 42nd Inf. Co.F
Brasheer, John T. MS 42nd Inf. Co.F Cpl.
Brasheer, S.J., Jr. TN 51st (Cons.) Inf. Co.A
Brasheer, S.J., Sr. TN 51st (Cons.) Inf. Co.A
Brasheer, W.T. TN 51st (Cons.) Inf. Co.A
Brashem, John W. AR 15th Mil. Co.H Cpl.
Brashene, D.S. Gen. & Staff Capt.,ACS
Brasher, A. MO 11th Inf. Co.G
Brasher, A.B. AL 5th Inf. New Co.E
Brasher, A.B. AL 10th Inf. Co.E
Brasher, Abimeleck H. AL 3rd Res. Co.B
Brasher, A. Davis Gen. & Staff A.Surg.
Brasher, A.J. AL 29th Inf. Co.E
Brasher, Alonzo AL 10th Inf. Co.E
Brasher, Alonzo A. AL 2nd Cav. Co.B Cpl.
Brasher, A.Q. AR 33rd Inf. Co.G
Brasher, Benjamin F. AL 2nd Cav. Co.B Cpl.
Brasher, C.M. TX 9th (Nichols') Inf. Co.F
Brasher, C.M. TX Waul's Legion Co.D
Brasher, Colins AL 9th Inf.
Brasher, Collins AL 10th Inf. Co.C
Brasher, C.P., 1st AL 2nd Cav. Co.B
Brasher, C.P., 2nd AL 2nd Cav. Co.B
Brasher, C.P. AL 10th Inf. Co.E
Brasher, E.B. AL 30th Inf. Co.K
Brasher, E.B. MS 4th Inf. Co.D
Brasher, E.H. MO 11th Inf. Co.G
Brasher, E.L. AL 29th Inf. Co.E
Brasher, Elbridge G. AR 2nd Inf. Co.D Lt.Col.
Brasher, E.M. MO 5th Cav. Co.D
Brasher, E.T. AL 10th Inf. Co.E
Brasher, Eurick MO Searcy's Bn.S.S. Chorn's Co.
Brasher, Ezra M. MO 2nd Cav. Capt.
Brasher, Flemmince C. AL 2nd Cav. Co.B 2nd Lt.
Brasher, F.M. TX 19th Inf. Co.E
Brasher, George H. TX 2nd Inf. Co.D
Brasher, George W. MO Searcy's Bn.S.S. Chorn's Co.
Brasher, G.H. AL Res. J.G. Rankin's Co.
Brasher, Green MO 11th Inf. Co.G
Brasher, H.C. AL 18th Inf. Co.I,A
Brasher, H.C. AL 29th Inf. Co.E
Brasher, Henry AL 26th (O'Neal's) Inf. Co.A
Brasher, H.S. MS Lt.Arty. 14th Bn. Co.B
Brasher, Isaac N. MO 3rd Cav. Co.D
Brasher, Jacob TN 40th Inf. Co.G
Brasher, James C. KY 2nd Cav. Co.C
Brasher, James H. TX 19th Inf. Co.A
Brasher, James L. TX 13th Cav. Co.C
Brasher, James T. MS Inf. 2nd St.Troops Co.F
Brasher, J.H. AL 29th Inf. Co.E
Brasher, J.H. TX Waul's Legion Co.D
Brasher, J.M. AL 31st Inf. Co.K
Brasher, J.M. TN 1st (Feild's) & 27th Inf. (Cons.) Co.I,E
Brasher, J.N. AL 5th Inf. Co.E
Brasher, J.N. MS 6th Cav. Co.K
Brasher, John MS 4th Inf. Co.D
Brasher, John MO 3rd Cav. Co.D
Brasher, John C. MS 3rd Inf. Co.E
Brasher, John T. MS 31st Inf. Co.D
Brasher, Joseph MO 11th Inf. Co.G
Brasher, Joseph H. TX 9th (Nichols') Inf. Co.F
Brasher, J.T. MS 7th Cav. Co.H 1st Sgt.
Brasher, J.W. AL 29th Inf. Co.E,A
Brasher, J.W. AR 19th (Dawson's) Inf. Co.H Cpl.
Brasher, L. AL 23rd Inf. Co.H
Brasher, L. MS Hightower's Co.
Brasher, Lewis AL 31st Inf. Co.K
Brasher, L.G. MO Searcy's Bn.S.S. Chorn's Co.
Brasher, L.H. MO 11th Inf. Co.G
Brasher, L.T. MO 11th Inf. Co.G
Brasher, L.T. TX 19th Inf. Co.E
Brasher, L.W. LA Inf.Cons.Crescent Regt. Co.A
Brasher, Mitchel J. MO 3rd Cav. Co.D
Brasher, M.J. AL 29th Inf. Co.E
Brasher, N.B. AL 31st Inf. Co.K
Brasher, N.E. AL 5th Inf. New Co.E
Brasher, R.H. 8th (Wade's) Conf.Cav. Co.A
Brasher, R.S. TX 19th Inf. Co.E
Brasher, Samuel TX 19th Inf. Co.E
Brasher, Semore C. TX 10th Inf. Co.F Maj.
Brasher, S.R. SC 16th Inf. Co.K
Brasher, S.S. AL 29th Inf. Co.E 2nd Lt.
Brasher, Talton AR 33rd Inf. Co.G
Brasher, Talton TN 40th Inf. Co.G
Brasher, Thomas E. TX 13th Cav. Co.C Sgt.
Brasher, Thomas H. AL 10th Inf. Co.E QMSgt.
Brasher, Thomas H. TX 19th Inf. Co.E
Brasher, Thomas J. AR 2nd Inf. Co.D 2nd Lt.
Brasher, Thomas J. LA 31st Inf. Co.I
Brasher, T.J. SC 6th Cav. Co.A
Brasher, T.J. SC 16th Inf. Co.K
Brasher, W.E. MS 3rd Inf. (St.Troops) Co.K
Brasher, William MS 4th Inf. Co.D
Brasher, William M. TX 10th Inf. Co.F Sgt.
Brasher, William T. MO 3rd Cav. Co.D
Brasher, W.J. AL 3rd Res. Co.B
Brasher, W.M. AL 23rd Inf. Co.H
Brasher, Wyatt MS 4th Inf. Co.D,G Sgt.
Brasher, Z.S. AL 10th Inf. Co.K
Brashers, Absolem AR 15th (N.W.) Inf. Co.I
Brashers, Bery TN 19th (Biffle's) Cav. Co.B
Brashers, C.R. TN 27th Inf. Co.E Cpl.
Brashers, C.R. TN 31st Inf. Co.H Cpl.
Brashers, I.R. AR Cav. Davies' Bn. Co.D 1st Lt.
Brashers, Jesse 1st Choctaw Mtd.Rifles Co.D
Brashers, J.L. TN 31st Inf. Co.H Sgt.
Brashers, J.M. TN 27th Inf. Co.E
Brashers, John VA 1st Arty. 3rd Co.C
Brashers, M.G. AR 20th Inf. Co.D
Brashers, P.N. AR Cav. Davies' Bn. Co.D
Brashers, P.R. AR 20th Inf. Co.D 2nd Lt.
Brashers, S.D. TN 27th Inf. Co.E
Brashers, S.J. TN 52nd Inf. Co.A Sgt.
Brashers, Walter AR 15th (N.W.) Inf. Co.I
Brashers, William TN 27th Inf. Co.E
Brashers, William J. TN 53rd Inf. Co.G Cpl.
Brashier, Alen S. AL 41st Inf. Co.H
Brashier, C.D. MS Cav. Ham's Regt. Co.I
Brashier, Christopher D. MS 14th Inf. Co.D
Brashier, Henry AR Inf. Hardy's Regt. Torbett's Co.
Brashier, James T. MS 37th Inf. Co.C
Brashier, J.H. TX 24th & 25th Cav. (Cons.) Co.H
Brashier, Philip LA 14th Inf. Co.G
Brashier, Philip 14th Conf.Cav. Co.G
Brashier, R.B. MS 14th Inf. Co.D
Brashier, Robert 14th Conf.Cav. Co.G
Brashier, T.J. LA Ogden's Cav. Co.C
Brashier, T.J. 14th Conf.Cav. Co.G
Brashier, William M. MS 8th Inf. Co.F
Brashier, W.R. MS Hightower's Co.
Brashius, James AR 10th Mil. Co.E 3rd Lt.
Brasier, Abraham MO 10th Inf. Co.H
Brasier, Alfred T. AR 33rd Inf. Co.G Sgt.
Brasier, B.O. KY 8th Cav. Co.F
Brasier, David AL 48th Inf. Co.C
Brasier, F.H. TN 32nd Inf. Co.I
Brasier, Francis M. MO 10th Inf. Co.H
Brasier, Isaac N. TN 32nd Inf. Co.I
Brasier, James G. TN 32nd Inf. Co.I
Brasier, James T. AL 4th (Russell's) Cav. Co.D
Brasier, J.H. AR 6th Inf. Co.I,K
Brasier, John G. AL 44th Inf. Co.D
Brasier, Joseph TN 3rd (Forrest's) Cav.
Brasier, Lemuel G. TN 1st (Turney's) Inf. Co.D Sgt.
Brasier, Leroy AL 12th Inf. Co.I
Brasier, William M. TN Inf. 23rd Bn. Co.D Sgt.
Brasier, W.M. TN 32nd Inf. Co.I

Brasil, Eli AL 1st Regt.Conscr. Co.D
Brasil, F.E. AL Inf. 1st Regt. Co.E
Brasil, Henry SC 12th Inf. Co.D
Brasil, J. GA Cav. Floyd's Co.
Brasil, Joel SC 12th Inf. Co.D
Brasil, Joseph SC 12th Inf. Co.D
Brasil, J.W. SC Cav. 10th Bn. Co.D
Brasil, R. SC 12th Inf. Co.D
Brasill, Benjamin GA 9th Inf. Co.D
Brasill, Richard L. GA 36th (Broyles') Inf. Co.C
Brasington, George C. SC 2nd Inf. Co.H 2nd Lt.
Brasington, James SC 12th Inf. Co.E 1st Lt.
Brasington, James F. SC 2nd Inf. Co.E
Brasington, J.W. SC 2nd Inf. Co.A
Brasington, Samuel W. NC 14th Inf. Co.I Lt.
Brasington, William SC 2nd Inf. Co.H
Brasington, William B. NC 35th Inf. Co.D
Brasley, Daniel AL 15th Inf. Co.A
Brasmith, N.E. GA 27th Inf. Co.D
Brasnaham, C. VA 60th Inf. Co.G
Brasnahan, Thomas TN 7th Inf. Co.C
Brasner, John VA Lt.Arty. Cooper's Co.
Brason, --- TX Cav. 8th (Taylor's) Bn. Co.E
Brason, John MO Cav. Freeman's Regt. Co.B
Brass, B.H. AL 3rd Inf. Co.F
Brass, G. LA Mil. 2nd Regt. 3rd Brig. 1st Div.
Brass, J.J. AL 3rd Inf. Co.I
Brass, J.W. VA 44th Inf. Co.K
Brass, W. NC 2nd Conscr. Co.B
Brass, W. VA 7th Inf. Co.G
Brass, W.C. AL Cav. 24th Bn. Co.F
Brass, William SC Hvy.Arty. 15th (Lucas') Bn. Co.C
Brass, William SC Arty. Childs' Co.
Brass, William SC Arty. Lee's Co.
Brassall, N.S. AL 6th Cav. Co.E
Brassane, P. VA Cav. 37th Bn. Co.I Cpl.
Brassart, F., Jr. LA 21st (Kennedy's) Inf. Co.A
Brassart, F., Sr. LA 21st (Kennedy's) Inf. Co.A
Brassart, Fred LA 1st (Strawbridge's) Inf. Co.A
Brasseal, Elias AL 19th Inf. Co.B
Brasseal, J.H. AL 48th Inf. Co.A 1st Sgt.
Brasseau, Marcise LA 14th (Austin's) Bn.S.S. Co.B
Brasseau, N. LA 11th Inf. Co.I
Brasseaux, Gosthene LA 7th Cav. Co.K
Brassel, Elisha MS 30th Inf. Co.B
Brassel, J.E. AL 6th Cav. Co.H
Brassel, J.H. GA 28th Inf. Co.I
Brassel, John LA 6th Inf. Co.I
Brassel, J.W. SC 4th Cav. Co.H
Brassel, Nathan M. MS 17th Inf. Co.C
Brassell, B.W. TX 36th Cav. Co.I
Brassell, Eli AL Conscr. Echols' Co.
Brassell, G.W. SC 4th Cav. Co.C
Brassell, Henry T. TN Cav. 7th Bn. (Bennett's) Co.A
Brassell, I.S. AL 9th (Malone's) Cav. Co.B
Brassell, James H. GA 17th Inf. Co.B
Brassell, James M. MS 3rd (St.Troops) Cav. Co.I
Brassell, J.F. GA Inf. 27th Bn. Co.A
Brassell, J.M. MS Inf. 1st Bn.St.Troops (12 mo. '62-3) Co.D
Brassell, John AL 29th Inf. Co.E
Brassell, J.T. TX Cav. 6th Bn. Co.B
Brassell, J.W. AL 10th Inf. Co.E
Brassell, J.W. GA 10th Inf. Co.I
Brassell, Philip R. AL 3rd Inf. Co.I
Brassell, Phillip H. GA 7th Inf. (St.Guards) Co.D
Brassell, T.K. GA 55th Inf. Co.B
Brassell, W. SC 5th Cav. Co.E
Brassell, W.A. AL 34th Inf. Co.A
Brassell, Wm. AL 14th Inf. Co.I
Brassell, William AR 20th Inf. Co.H
Brassell, William SC 10th Inf. Co.K
Brassell, William H.H. GA Inf. 27th Bn. Co.A Cpl.
Brassell, William T. MS 20th Inf. Co.H
Brassell, Willis GA 2nd Cav. (St.Guards) Co.E Sgt.
Brassell, Willis SC 10th Inf. Co.K
Brassell, W.M. AL 1st Bn. Hilliard's Legion Vol. Co.H
Brassell, W.T. GA 55th Inf. Co.B
Brasselton, B.F. GA 11th Cav. Co.K
Brasselton, J.R. GA 11th Cav. Co.K
Brasselton, Robert M. GA Phillips' Legion Co.C,I,M
Brassen, A. LA 26th Inf. Co.A
Brassen, A. LA Inf.Crescent Regt. Co.H
Brasser, Louis LA 22nd Inf. Co.B
Brasser, Louis LA 22nd (Cons.) Inf. Co.B
Brasset, Henry C. LA 4th Inf. Co.E
Brasseur, J. LA 2nd Res.Corps. Co.A
Brasseur, J. LA Inf.Cons. 18th Regt. & Yellow Jacket Bn. Co.C
Brasseur, Joseph LA C.S. Zouave Bn. Co.C
Brasseur, Jules LA 18th Inf. Co.K
Brasseur, Reule LA 28th (Thomas') Inf. Co.K
Brasseux, A. LA 4th Inf. Co.F
Brasseux, Octave LA 18th Inf. Co.F
Brasseux, Pierre LA 18th Inf. Co.F Sgt.
Brassey, John VA Inf. 1st Bn. Co.E
Brassfield, A.G. AR 21st Mil. Co.E
Brassfield, Albert AR 36th Inf. Co.B
Brassfield, E. TN 15th (Stewart's) Cav. Co.D
Brassfield, E.L. TN 31st Inf. Co.E
Brassfield, F.J. AR 21st Mil. Co.E
Brassfield, G. TN 15th (Stewart's) Cav. Co.D
Brassfield, G.P. NC 1st Jr.Res. Co.D
Brassfield, J. MS 1st (King's) Inf. (St.Troops) Co.G Sgt.
Brassfield, James D. AL 11th Inf. Co.B
Brassfield, James F. MS 3rd (St.Troops) Cav. Co.A
Brassfield, James G. MS 35th Inf. Co.G
Brassfield, James W. NC 30th Inf. Co.D
Brassfield, J.E. AR 21st Mil. Co.E
Brassfield, Jesse T. MS Inf. 3rd Bn. Co.G
Brassfield, J.F. MS Inf. 2nd St.Troops Co.G
Brassfield, J.J. AR 8th Cav. Co.E
Brassfield, J.L. AR Inf. Cocke's Regt. Co.G
Brassfield, John AR 15th Mil. Co.I
Brassfield, Joshaway AR 36th Inf. Co.B
Brassfield, J.P. AR Inf. Cocke's Regt. Co.G
Brassfield, J.W. AL 56th Part.Rangers Co.F Sgt.
Brassfield, K.L. MS 11th (Cons.) Cav. Co.K
Brassfield, L. MS 35th Inf. Co.G
Brassfield, Levi MS 5th Inf. Co.G
Brassfield, L.K. MS 43rd Inf. Co.C
Brassfield, Perry AR 15th Mil. Co.I
Brassfield, Reuben NC 6th Inf. Co.C
Brassfield, R.M. AL Mil. 4th Vol. Co.F
Brassfield, T.A. LA Cav. 18th Bn. Co.A
Brassfield, William AL 2nd Cav. Co.I Far.
Brassfield, William B. AL 1st Regt.Conscr. Co.G
Brassfield, William B. AL Conscr. Echols' Co.
Brassfield, William R. MS 35th Inf. Co.G
Brassfield, William S. MO 1st N.E. Cav. Co.E
Brassieux, P. LA Inf.Cons. 18th Regt. & Yellow Jacket Bn. Co.I Cpl.
Brassil, D. SC Charleston Arsenal Bn. Co.C 1st Lt.
Brassill, George AL 17th Inf. Co.F
Brassill, George W. AL 61st Inf. Co.B
Brassill, John SC 10th Inf. Co.K
Brassill, Thomas GA Inf. City Bn. (Columbus) Williams' Co.
Brassington, James L. GA 2nd Inf. Co.I Sgt.
Brassington, R. GA Lt.Arty. (Arsenal Btty.) Hudson's Co.
Brassmaer, Ernst KY 4th Mtd.Inf. Co.I
Brassmann, C. TX Waul's Legion Co.C Drum.
Brasswell, C.R. NC 2nd Inf. Co.E
Brasswell, D.B. AL 5th Cav. Co.C
Brasswell, George NC Mil. Clark's Sp.Bn. Co.K
Brasswell, H.H. GA 2nd Cav. (St.Guards) Co.A
Brasswell, James AL 18th Inf. Co.B
Brasswell, James R. SC 23rd Inf. Co.E Sgt.
Brasswell, J.M. AL 9th (Malone's) Cav. Co.D
Brasswell, J.M. AL 11th Cav. Co.G
Brasswell, John G. SC 23rd Inf. Co.H
Brasswell, Lewis NC 50th Inf. Co.C
Brasswell, Nicholas A. FL 1st Cav. Co.K
Brasswell, Thomas GA 1st Inf. Co.B
Braster, W.A. AL Talladega Cty.Res. J.T. Smith's Co.
Braston, I.M. Ewell's Staff Capt.
Brastus, A.J. AL 10th Inf. Co.F
Brasuil, R.S. AR 15th (Johnson's) Inf. Co.I
Brasur, T. AR 15th (Johnson's) Inf. Co.D Cpl.
Braswell, --- LA 5th Cav. Co.I
Braswell, A. GA 8th Cav. New Co.D
Braswell, A. GA Cav. 20th Bn. Co.A
Braswell, A. GA 5th Res. Co.E
Braswell, A. MS Rogers' Co.
Braswell, A. NC 2nd Jr.Res. Co.G
Braswell, Abel A. GA 29th Inf. Co.C
Braswell, Abner GA 20th Inf. Co.A
Braswell, A.C. SC 12th Inf. Co.C
Braswell, A.D. KY 8th Cav. Co.C
Braswell, A.G. GA 28th Inf. Co.A Bvt.2nd Lt.
Braswell, A.H. GA Inf. 25th Bn. (Prov.Guard) Co.G
Braswell, Alfred MS 22nd Inf. Co.G
Braswell, Alfred T. GA 20th Inf. Co.A
Braswell, Allan F. AL 21st Inf. Co.C
Braswell, Alx. NC 2nd Jr.Res. Co.G
Braswell, Andrew J. GA Arty. 11th Bn. (Sumter Arty.) Co.D,A
Braswell, Ashley MS Res. Co.B
Braswell, B.A. TX 12th Cav. Co.I
Braswell, Baker W. NC 2nd Inf. Co.I
Braswell, Baker W. NC 17th Inf. (2nd Org.) Co.I
Braswell, Barney NC 43rd Inf. Co.I
Braswell, B.B. AL 8th Inf. Co.D
Braswell, B.B. AL 38th Inf. Co.C
Braswell, B.B. AL Cp. of Instr. Talladega Co.A
Braswell, B.B. GA Inf. (Express Inf.) Witt's Co.

Braswell, B.B. NC 3rd Arty. (40th St.Troops) Co.B
Braswell, Benjamin NC 47th Inf. Co.H
Braswell, Benjamin D. GA 59th Inf. Co.E
Braswell, Benjamin F. NC 26th Inf. Co.K
Braswell, B.S. GA 38th Inf. Co.A
Braswell, Buckner VA 9th Inf. 2nd Co.A
Braswell, Bullock NC 33rd Inf. Co.B
Braswell, Burrell B. GA 2nd Res. Co.K
Braswell, B.W. LA 16th Inf. Co.I,G Cpl.
Braswell, B.W. NC Mallett's Bn. Co.C
Braswell, Caswell GA 12th Mil.
Braswell, Charles E. NC 26th Inf. Co.K Sgt.
Braswell, Charles J. NC 1st Inf. (6 mo. '61) Co.I
Braswell, Charles J. NC 47th Inf. Co.A Sgt.
Braswell, Churchell NC 2nd Jr.Res. Co.F
Braswell, Churchwell NC 27th Inf. Co.F
Braswell, Daniel NC 26th Inf. Co.K
Braswell, Darling FL 3rd Inf. Co.H
Braswell, David NC 33rd Inf. Co.B
Braswell, D.B. AL 9th Inf. Co.F
Braswell, Dempsey A. AL 43rd Inf. Co.B
Braswell, D.M. AL 3rd Bn.Res. Flemming's Co.
Braswell, Dorsey AL Vol. Rabby's Coast Guard Co. No.1
Braswell, Drew NC 44th Inf. Co.B
Braswell, Duke W. GA 30th Inf. Co.D
Braswell, E. AL 4th Inf. Co.A
Braswell, E. GA Inf. 25th Bn. (Prov.Guard) Co.B
Braswell, Edmond C. NC 26th Inf. Co.K Cpl.
Braswell, E.H. TN 12th Inf. Co.K
Braswell, E.L. GA 63rd Inf. Co.I
Braswell, Elbert H. AL 3rd Cav. Co.A
Braswell, Elbert H. Conf.Cav. Wood's Regt. Co.C
Braswell, Elias AL 11th Inf. Co.A
Braswell, Elijah GA 2nd Res. Co.K
Braswell, E.R. LA 13th Bn. (Part.Rangers) Co.E
Braswell, F.M. GA 36th (Broyles') Inf. Co.C
Braswell, G.A. GA Lt.Arty. 12th Bn. 3rd Co.E, Co.C Cpl.
Braswell, G.A. GA 38th Inf. Co.A
Braswell, George NC Alex. Brown's Co.
Braswell, George L. GA 50th Inf. Co.E Cpl.
Braswell, George W. GA 36th (Broyles') Inf. Co.F
Braswell, George W. TN 4th Cav. Co.K
Braswell, G.H. TN 12th (Cons.) Inf. Co.K
Braswell, H. GA Cav. 9th Bn. (St.Guards) Co.A
Braswell, Hans NC 12th Inf. Co.H
Braswell, Hanswell NC 46th Inf. Co.C
Braswell, H.B. TN 38th Inf. Co.D
Braswell, Henry GA 40th Inf. Co.A 1st Lt.
Braswell, Henry NC 1st Cav. (9th St.Troops) Co.B
Braswell, Henry NC Jones' Co. (Supp.Force)
Braswell, Henry H. FL 5th Inf. Co.I
Braswell, H.H. GA 1st Cav. Co.B
Braswell, H.K. TN 4th (Murray's) Cav. Co.H
Braswell, H.K. TN 8th (Smith's) Cav. Co.C Sgt.
Braswell, I.C. GA 29th Inf.
Braswell, Isaac L. GA 2nd Inf. Co.B
Braswell, Isaac T. VA Hvy.Arty. Coleman's Co.
Braswell, J. AR 2nd Cav. Co.E
Braswell, J. GA 8th Cav. New Co.D
Braswell, J. GA Lt.Arty. (Jackson Arty.) Massenburg's Btty.
Braswell, J. GA 3rd Inf. Co.L
Braswell, J. GA 5th Res. Co.K
Braswell, J. LA Inf. 4th Bn. Co.D
Braswell, J.A. GA 5th Res. Co.E
Braswell, Jacob GA 2nd Res. Co.K,C
Braswell, Jacob GA 8th Inf. (St.Guards) Co.H Cpl.
Braswell, Jacob NC 8th Sr.Res. Daniel's Co.
Braswell, Jacob B. AL 43rd Inf. Co.H
Braswell, Jacob G. GA 30th Inf. Co.D
Braswell, James AL 17th Inf. Co.B
Braswell, James GA Cav. 9th Bn. Co.C
Braswell, James NC Cav. 16th Bn. Co.B
Braswell, James NC 26th Inf. Co.F
Braswell, James NC 30th Inf. Co.F
Braswell, James A. GA 51st Inf. Co.D Cpl.
Braswell, James A. GA Cobb's Legion Co.G
Braswell, James D. GA 57th Inf. Co.C
Braswell, James E.D. AL 3rd Bn. Hilliard's Legion Vol. Co.E
Braswell, James E.D. AL 60th Inf. Co.G
Braswell, James F. NC 13th Inf. Co.G
Braswell, James J. AL 61st Inf. Co.G Cpl.
Braswell, James M. NC 48th Inf. Co.F
Braswell, James M. TN Inf. 1st Bn. (Colms') Co.A
Braswell, James W. 7th Conf.Cav. 2nd Co.I
Braswell, J.B. AL 26th (O'Neal's) Inf. Co.B
Braswell, J.B. GA 2nd Inf. Co.B
Braswell, J.C. AL 15th Inf. Co.C
Braswell, J.C. TN 5th Inf. 2nd Co.B
Braswell, Jefferson TN Cav. Allison's Squad. Co.C
Braswell, Jeremiah C. SC 2nd Rifles Co.H
Braswell, Jerry C. SC Arty. Fickling's Co. (Brooks Lt.Arty.)
Braswell, Jesse NC 32nd Inf. Co.H
Braswell, Jesse NC 33rd Inf. Co.B Sgt.
Braswell, Jesse B. GA 59th Inf. Co.D
Braswell, Jesse M. VA Hvy.Arty. Coleman's Co.
Braswell, J.H. NC Cav. 10th Bn. Co.F
Braswell, J.J. GA Cav. 20th Bn. Co.A
Braswell, J.J. GA Lt.Arty. Howell's Co.
Braswell, J.J. GA 5th Res. Co.E
Braswell, J.L. AL 3rd Cav. Co.A
Braswell, J.L. GA 5th Inf. Co.B
Braswell, J.L. GA Inf. 25th Bn. (Prov.Guard) Co.B
Braswell, J.M. TN Cav. Allison's Squad. Co.A
Braswell, J.M. TN 50th (Cons.) Inf. Co.B
Braswell, Joel H. GA 16th Inf. Co.H
Braswell, John AR 27th Inf. Co.K
Braswell, John GA 20th Inf. Co.A
Braswell, John GA 30th Inf. Co.D
Braswell, John GA 55th Inf. Co.F,B
Braswell, John MS 20th Inf. Co.H
Braswell, John NC 5th Sr.Res. Co.D
Braswell, John NC 17th Inf. (2nd Org.) Co.F
Braswell, John TN 5th (McKenzie's) Cav. Co.G
Braswell, John TN 24th Inf. Co.F
Braswell, John A. NC 12th Inf. Co.H
Braswell, John D. NC 17th Inf. (2nd Org.) Co.I
Braswell, John F.E. NC 48th Inf. Co.I
Braswell, John H. AL Lt.Arty. Kolb's Btty.
Braswell, John H. GA 56th Inf. Co.G
Braswell, John H. NC Vol. Lawrence's Co.
Braswell, John H. 7th Conf.Cav. Co.H
Braswell, John R. GA 26th Inf. 1st Co.G
Braswell, John R. GA 29th Inf. Co.E
Braswell, John V. MS 48th Inf. Co.L,E
Braswell, Joseph GA Inf. Taylor's Co.
Braswell, Jos. E. VA Hvy.Arty. Coleman's Co.
Braswell, Joseph R. NC Inf. 13th Bn. Co.B
Braswell, Joshua NC 33rd Inf. Co.B
Braswell, J.R. GA Inf. 1st Conf.Bn. Co.E
Braswell, J.R. GA 64th Inf. Co.G
Braswell, J.R. NC 66th Inf. Co.B
Braswell, J.S.T. AR 15th (Johnson's) Inf. Co.D Sgt.
Braswell, J.T. NC 12th Inf. Co.H
Braswell, J.T. TN 12th (Green's) Cav. Co.B
Braswell, J.T. VA 21st Inf. Co.G
Braswell, J.V. MS 1st (King's) Inf. (St.Troops) Co.E
Braswell, J.W. FL Cav. 5th Bn. Co.C
Braswell, J.W. GA 8th Inf. Co.D
Braswell, J.W. NC 6th Sr.Res. Co.G
Braswell, K. GA 6th Inf. (St.Guards) Sim's Co.
Braswell, K.D. GA Cav. 29th Bn. Co.A
Braswell, Landy GA 9th Inf. (St.Guards) Co.F
Braswell, L.B. TN 40th Inf. Co.D
Braswell, L.C. NC 12th Inf. Co.H
Braswell, Leland R. AL 43rd Inf. Co.B
Braswell, Lemuel T. NC 47th Inf. Co.A
Braswell, Leonidas NC 32nd Inf. Co.H
Braswell, Lewis GA 42nd Inf. Co.G
Braswell, L.M. NC 26th Inf. Co.F
Braswell, L.S. GA Lt.Arty. Howell's Co.
Braswell, Mathew AR Cav. Wright's Regt. Co.B
Braswell, Mathew P. GA 26th Inf. 1st Co.G
Braswell, Mathew P. GA 29th Inf. Co.E
Braswell, M.C. GA 51st Inf. Co.I
Braswell, McDaniel GA 51st Inf. Co.I
Braswell, M.D. TN 24th Inf. Co.F 1st Lt.
Braswell, M.G. AL 38th Inf. Co.C
Braswell, Miles G. AL Cp. of Instr. Talladega
Braswell, M.J. GA 8th Cav. Co.C
Braswell, M.J. GA 62nd Cav. Co.C
Braswell, M.L. NC 26th Inf. Co.F
Braswell, M.L. SC 12th Inf. Co.C
Braswell, M.M. FL 2nd Cav. Co.D
Braswell, Moses K. AR 1st Cav. Co.C
Braswell, M.V. GA 13th Inf. Co.B
Braswell, Neusom 7th Conf.Cav. 2nd Co.I
Braswell, N.J. GA 8th Inf. (St.Guards) Co.H 3rd Lt.
Braswell, N.J. GA 18th Inf. Co.B
Braswell, Norfleit NC 6th Sr.Res. Co.K
Braswell, Oscar NC 12th Inf. Co.H
Braswell, Oscar NC 32nd Inf. Co.H
Braswell, P.E. SC 7th Cav. Co.A Cpl.
Braswell, P.E. SC Cav. Tucker's Co. Cpl.
Braswell, Peter L. TN Inf. 1st Bn. (Colms') Co.A
Braswell, Peter L. TN 50th (Cons.) Inf. Co.B
Braswell, P. Henry NC 47th Inf. Co.A
Braswell, R.B. LA Inf. 4th Bn. Co.D
Braswell, R.B. NC 2nd Arty. (36th St.Troops) Co.B
Braswell, R.B. NC Lt.Arty. 13th Bn. Co.B
Braswell, R.B. 7th Conf.Cav. 2nd Co.I
Braswell, R.F. AL 15th Inf. Co.E

Braswell, R.F. NC 1st Jr.Res. Co.A
Braswell, Richard GA Siege Arty. 28th Bn. Co.C
Braswell, Richard S. VA 3rd Inf. Co.E
Braswell, R.M. NC 26th Inf. Co.F
Braswell, Robert AR 8th Inf. New Co.G
Braswell, Robert AR 14th (McCarver's) Inf. Co.H
Braswell, Robert GA 57th Inf. Co.E
Braswell, Robert MS 28th Cav. Co.G
Braswell, Robert NC 17th Inf. (2nd Org.) Co.I
Braswell, Robert NC 43rd Inf. Co.I
Braswell, Robert H. GA 57th Inf. Co.C
Braswell, Robert J. VA Hvy.Arty. Coleman's Co. 1st Lt.
Braswell, Robert S. NC 17th Inf. (2nd Org.) Co.I
Braswell, Rowan J. GA 57th Inf. Co.C
Braswell, R.S.S. AL 43rd Inf. Co.B Cpl.
Braswell, R.S.S. VA Inf. 28th Bn. Co.D
Braswell, R.S.S. VA 59th Inf. 3rd Co.I
Braswell, Rufus H. NC 15th Inf. Co.K
Braswell, R.W. NC 26th Inf. Co.F
Braswell, Sampson TN 24th Inf. Co.F
Braswell, Sampson TN 35th Inf. Co.E
Braswell, Samuel NC 55th Inf. Co.I
Braswell, Samuel TN Inf. 1st Bn. (Colms') Co.A
Braswell, Samuel D. NC 32nd Inf. Co.H Cpl.
Braswell, Samuel R. NC 47th Inf. Co.B
Braswell, Samuel T. NC 12th Inf. Co.H
Braswell, Samuel W. AL 4th Inf. Co.B
Braswell, Samuel W. 1st Conf.Inf. 2nd Co.E
Braswell, San. H. GA 38th Inf. Co.A
Braswell, S.G. GA 4th (Clinch's) Cav.
Braswell, Shepard NC 48th Inf. Co.I
Braswell, Sidney NC 32nd Inf. Co.H
Braswell, S. James GA 2nd Res. Co.B
Braswell, S.N. TX 23rd Cav. Co.K
Braswell, Spencer D. NC 8th Inf. Co.C
Braswell, S.S. MS 36th Inf. Co.F
Braswell, T. LA Inf. 4th Bn. Co.D
Braswell, Thaddeus NC 58th Inf. Co.E
Braswell, Thos. AL 22nd Inf. Co.C
Braswell, Thomas AR 27th Inf. Old Co.B
Braswell, Thomas NC Lt.Arty. 13th Bn. Co.F
Braswell, Thomas P. SC Arty. Fickling's Co. (Brooks Lt.Arty.)
Braswell, Thomas P. SC 4th Inf. Co.H
Braswell, T.J. NC 3rd Bn.Sr.Res. Williams' Co.
Braswell, T.N. NC 26th Inf. Co.F
Braswell, T.P. SC 2nd Inf. Co.K
Braswell, Warren D. VA Hvy.Arty. Coleman's Co.
Braswell, W.D. AL 26th (O'Neal's) Inf. Co.B
Braswell, W.D. AR 18th (Marmaduke's) Inf. Co.H 1st Sgt.
Braswell, W.D. 3rd Conf.Inf. Co.E 1st Sgt.
Braswell, W.E. TN 11th Cav. Co.F
Braswell, W.F.J. GA 46th Inf. Co.E
Braswell, W.H. GA Lt.Arty. (Arsenal Btty.) Hudson's Co.
Braswell, W.H. GA 2nd Res. Co.H
Braswell, W.H. GA 51st Inf. Co.K
Braswell, W.H. NC 26th Inf. Co.F
Braswell, W.H. TN 12th Inf. Co.K
Braswell, W.H. TN 12th (Cons.) Inf. Co.K
Braswell, Wiley B. AR Inf. 8th Bn. Co.B
Braswell, Wiley C. NC 8th Inf. Co.C
Braswell, William AL 17th Inf. Co.B
Braswell, William AL Leighton Rangers
Braswell, William MS 13th Inf. Co.G
Braswell, William MO 1st & 4th Cons.Inf. Co.G
Braswell, William SC 10th Inf. Co.E,A
Braswell, William SC 19th Inf. Co.A
Braswell, William TN 16th Inf. Co.F
Braswell, William VA 28th Inf. Co.E
Braswell, William A. NC 4th Cav. (59th St.Troops) Co.A
Braswell, William B. AL 43rd Inf. Co.B
Braswell, William D. NC 15th Inf. Co.K Capt.
Braswell, William E. NC Hvy.Arty. 10th Bn. Co.C
Braswell, William H.H. MS 20th Inf. Co.F
Braswell, William J. AL 3rd Bn. Hilliard's Legion Vol. Co.E
Braswell, William J. AL 43rd Inf. Co.A Cpl.
Braswell, William J. MO 1st Inf. Co.G
Braswell, William J. TN Cav. Allison's Squad. Co.A
Braswell, William J. TN Inf. 1st Bn. (Colms') Co.A
Braswell, Wm. L. AR Inf. 8th Bn. Co.C Capt.
Braswell, William L. GA 36th (Villepigue's) Inf. Co.C
Braswell, William L. VA Hvy.Arty. Coleman's Co.
Braswell, William W. GA 35th Inf. Co.G
Braswell, Wilson NC 1st Cav. (9th St.Troops) Co.B
Braswell, W.J. AL 60th Inf. Co.G
Braswell, W.L. 1st Conf.Inf. 2nd Co.E Sgt.Maj.
Braswell, W.M. GA Lt.Arty. 12th Bn. 3rd Co.E
Braswell, W.N. TX 5th Inf. Co.K
Braswell, W.T. SC 7th Cav. Co.A
Braswell, W.T. SC Cav. Tucker's Co.
Braswell, W.W. AL 25th Inf. Co.K
Braswell, W.Z. GA 1st Cav. Co.B
Braswell, Zadock R. NC 2nd Cav. (19th St.Troops) Co.E
Braswen, Birton E. GA 1st Inf. Co.E
Bratcher, Addison NC 46th Inf. Co.E
Bratcher, A.E.B. AR Cav. McGehee's Regt. Co.D
Bratcher, A.J. AR 45th Cav. Co.F
Bratcher, A.J. FL Kilcrease Lt.Arty.
Bratcher, A.L. MS 3rd (St.Troops) Cav. Co.K
Bratcher, A.L. MS 8th Inf. Co.A Sgt.
Bratcher, A.L. MS 46th Inf. Co.H 2nd Lt.
Bratcher, Alexander SC 15th Inf. Co.G
Bratcher, Amos J. AR 14th (McCarver's) Inf. Co.I
Bratcher, Amos J. AR 21st Inf. Co.B
Bratcher, Andrew J. FL 2nd Cav. Co.E
Bratcher, Arson MO 12th Inf. Co.E
Bratcher, B. TN 15th (Cons.) Cav. Co.B
Bratcher, E.J., Jr. AR 45th Cav. Co.F Cpl.
Bratcher, E.J., Sr. AR 45th Cav. Co.L,F Sgt.
Bratcher, Eli J., Jr. AR 14th (McCarver's) Inf. Co.I
Bratcher, Eli J., Sr. AR 14th (McCarver's) Inf. Co.I
Bratcher, Eli J., Jr. AR 21st Inf. Co.B
Bratcher, Eli J., Sr. AR 21st Inf. Co.B
Bratcher, Eli J. AR 38th Inf. Co.D
Bratcher, George TN 43rd Inf. Co.B
Bratcher, Henry SC 1st (McCreary's) Inf. Co.K
Bratcher, Henry SC 19th Inf. Co.I
Bratcher, J. FL 11th Inf. Co.G
Bratcher, J. SC 3rd St.Troops Co.D
Bratcher, James P. NC 1st Arty. (10th St.Troops) Co.B
Bratcher, J.F. MO 6th Cav. Co.C,K 1st Lt.
Bratcher, John TN 19th Inf. Co.D
Bratcher, John A. TX 10th Cav. Co.A
Bratcher, John W. NC 20th Inf. Co.K
Bratcher, J.W. TN 16th Inf. Co.E
Bratcher, J.W. TN Inf. 22nd Bn. Co.B Sgt.
Bratcher, Lazarus MO St.Guard
Bratcher, R.B. SC Inf. Holcombe Legion Co.F
Bratcher, Reuben NC 3rd Arty. (40th St.Troops) Co.K
Bratcher, Reuben NC 61st Inf. Co.C
Bratcher, Robert B. SC 19th Inf. Co.I
Bratcher, Stanley NC 2nd Inf. Co.G
Bratcher, T.C. AR Cav. McGehee's Regt. Co.D
Bratcher, Thomas LA 1st (Nelligan's) Inf. Co.F
Bratcher, Thomas J. SC Palmetto S.S. Co.L
Bratcher, Thomas Jefferson SC 4th Inf. Co.D
Bratcher, T.J. TN Inf. 22nd Bn. Co.B
Bratcher, William TN 43rd Inf. Co.B
Bratcher, William TN 48th (Nixon's) Inf. Co.I
Bratcher, William TX 10th Cav. Co.A
Bratcher, William H. NC 1st Arty. (10th St.Troops) Co.B
Bratcher, William M. MO 4th Cav. Co.G
Brath, Augustine MD Cav. 2nd Bn.
Bratham, J.G. MS Cav. Jeff Davis Legion Co.H
Brathe, T.T. FL Cav. 5th Bn. Capt.
Brather, John MO Cav. Wood's Regt. Co.H
Brathwait, David VA 33rd Inf. Co.D
Brathwait, William VA 18th Cav. Co.F
Brathwaite, Joseph VA 31st Mil. Co.E
Brathwaite, Joseph VA 31st Mil. Co.H
Brathwaite, J.R. VA 10th Inf. Co.G
Brathwaite, Newton VA 10th Inf. Co.G
Brathwaite, Robert VA 77th Mil. Co.B
Brathwaite, Thornton VA 33rd Inf. Co.D,A
Brathwate, J. VA 23rd Cav. Co.E
Bratler, Andrew TX Arty. 4th Bn. Co.A
Bratner, J.W. MS 7th Cav. Co.B
Braton, J.G. VA 1st Inf. Co.D Music.
Braton, W.R. MS Inf. 2nd Bn. (St.Troops) Co.B
Bratt, B.J. TN 21st Cav. Co.C
Bratt, Edward LA 8th Inf. Co.F
Bratt, Franklin AR 17th (Griffith's) Inf.
Bratt, W. TN 5th Cav. Co.F Sgt.
Brattain, A.W. NC 42nd Inf. Co.C
Brattan, G.D. TN 14th (Neely's) Cav. Co.I
Brattan, James A. VA Lt.Arty. Jeffress' Co.
Brattan, James H. AR 1st (Crawford's) Cav. Co.A
Brattan, J.H. TN 12th (Green's) Cav. Co.I
Brattan, Thomas MO Inf. 6th Regt.St.Guard Co.D
Bratten, E.C. NC 1st Jr.Res. Co.C
Bratten, Jackson J. TN Cav. 9th Bn. (Gantt's) Co.C
Bratten, James H. NC 1st Inf. Co.A
Bratten, J.D. MO St.Guard
Bratten, John NC 52nd Inf. Co.C
Bratten, John Carter MO 8th Inf. Co.G
Bratten, John L. NC 1st Inf. Co.A 2nd Lt.
Bratten, John L., Jr. NC 1st Inf. Co.A

Braughton, Thomas A.J. MS Cav. 4th Bn. Sykes' Co.
Braughton, W.A. AL 51st (Part.Rangers) Co.G
Braughton, W.E. VA 5th Cav. Co.D
Brauley, James A. VA 45th Inf. Co.F
Brauley, James G. MO Cav. Fristoe's Regt. Co.L
Braum, --- TX Waul's Legion Co.D
Braum, P. GA Cav. 21st Bn. Co.A
Braumblow, Linzey E. GA 39th Inf. Co.G
Braun, Abram VA Cav. Mosby's Regt. (Part.Rangers)
Braun, August TX 5th Field Btty. Artif.
Braun, C.H. TN 1st Hvy.Arty. Co.F, 2nd Co.D,C Capt.
Braun, Charles LA 6th Inf. Co.G
Braun, Frederick TX 36th Cav. Co.F
Braun, Henri SC 2nd Inf. Co.K
Braun, Hermann SC Arty. Fickling's Co. (Brooks Lt.Arty.)
Braun, J. SC Inf. 1st (Charleston) Bn. Co.F
Braun, J.A. 1st Gen. & Staff Lt.,Adj.
Braun, J.C. LA 3rd Inf. Co.A
Braun, J.M. LA Mil. 4th Regt.Eur.Brig. Co.B Sgt.
Braun, John LA 6th Inf. Co.G
Braun, John TN Inf. 3rd Bn. Co.F
Braun, Joseph KY 4th Cav. Co.D Sgt.
Braun, Jul. A. LA 11th Inf. Co.I Cpl.
Braun, Martin LA 20th Inf. Co.A Cpl.
Braun, P. GA 7th Cav. Co.A
Braunan, L. GA Hvy.Arty. 22nd Bn. Co.D
Braunaw, Moses AR 12th Inf. Co.D
Braund, Tomas LA Mil. 5th Regt.Eur.Brig. (Spanish Regt.) Co.7 Cpl.
Braune, C.H. AL Cp. of Instr. Talladega
Brauner, A.W. Gen. & Staff Surg.
Brauner, James VA 135th Mil. Co.C
Brauner, Louis L. TX 33rd Cav. Co.D Bugler
Braunfield, T.J. TX Waul's Legion Co.H
Braunfield, T.J. Exch.Bn. 1st Co.C,CSA
Brauninger, David LA Mil. Mech.Guard
Braunlee, N. AL 42nd Inf. Co.B
Braunn, George LA Mil. Chalmette Regt. Co.I
Brauns, Ernst LA 20th Inf. Co.D,C
Brauns, M.C. TX 6th Field Btty.
Braunschweiger, Hy. TX 1st Hvy.Arty. Co.C
Brause, Arnold TX 1st (Yager's) Cav. Prin.Music.
Brauseaux, A. LA Inf.Cons.Crescent Regt. Co.E
Braush, John LA Mil.Cont.Regt. Roder's Co.
Brausletter, Charles MO 1st Inf. Co.E
Brausletter, John MO 1st Inf. Co.E
Brauss, R. MS 2nd (Quinn's St.Troops) Inf. Co.H
Braussier, Theophile LA 33rd Regt.Vol.
Brautner, Samuel VA 10th Bn.Res. Co.D
Brauton, John M. AR 15th (Johnson's) Inf. Co.B
Braux, Clerville LA 26th Inf. Co.E Cpl.
Braux, E. LA Mil. LaFourche Regt.
Braux, Ellis LA Mil. LaFourche Regt. Lt.
Braux, J. LA Mil. LaFourche Regt.
Braux, Joachim LA 26th Inf. Co.E
Braux, Joachim LA Mil. LaFourche Regt.
Braux, Louis LA Mil. LaFourche Regt.
Braux, Marcel LA Mil. LaFourche Regt.
Braux, Norbert LA 26th Inf. Co.E
Braux, Paul LA 26th Inf. Co.E
Braux, Paul O. LA 26th Inf. Co.E
Braux, S. LA Miles' Legion Co.B
Braux, Simon LA 26th Inf. Co.E
Braux, T. LA Mil. LaFourche Regt.
Braveboy, Moris M. SC 10th Inf. Co.H
Braveboy, Moses SC 10th Inf. Co.H
Braveboy, M.W. SC Lt.Arty. 3rd (Palmetto) Bn. Co.E
Bravell, Seraphy LA 12th Inf. Co.D
Braverman, Maximilian MS 22nd Inf. Co.E
Braves, W.C. AL 1st Cav. Co.A
Bravin, J.B. LA 1st (Strawbridge's) Inf. Co.H
Bravo, Christobal M. FL 3rd Inf. Co.B Cpl.
Bravo, William AR 2nd Cav. 1st Co.A Cpl.
Bravo, William AR Cav. 6th Bn. Co.C
Bravuno, H.M. AL 1st Inf. Co.G
Bravurre, L. LA Mil. 2nd Regt. 2nd Brig. 1st Div. Co.K
Brawbee, James 20th Conf.Cav. Co.B
Brawd, Pierre LA Pointe Coupee Arty.
Brawders, A. KY Cav. 1st Bn. Co.A
Brawford, James AL Cav. Forrest's Regt.
Brawford, James MS 10th Cav. Co.H
Brawford, James TN 18th (Newsom's) Cav. Co.A
Brawford, James VA 10th Cav. Co.H
Brawford, J.W. TN 19th & 20th (Cons.) Cav. Co.C
Brawford, J.W. Forrest' Cav. Lyon's Escort,CSA
Brawford, Samuel VA 60th Inf. Co.F
Brawley, Anselm VA 8th Cav. Co.F
Brawley, Arther GA 64th Inf. Co.E
Brawley, C. AR 17th (Griffith's) Inf. Co.C Lt.
Brawley, Daniel H. GA 1st Reg. Co.H,D
Brawley, Elijah D. MO Cav. Clardy's Bn. Co.A Capt.
Brawley, E.M. Mead's Conf.Cav. Co.I
Brawley, Greek TN Inf. 3rd Cons.Regt. Co.F
Brawley, H.C. SC 6th Inf. 1st Co.A Sgt.
Brawley, H.C. Gen. & Staff, QM Dept. Agent
Brawley, Hiram A. NC 4th Inf. Co.A
Brawley, Hiram A. President's Guard,CSA
Brawley, H.P. AR 21st Inf. Co.A
Brawley, H.P. TX 5th Cav. Co.H
Brawley, Hugh AR 19th (Dockery's) Inf. Co.C
Brawley, Hugh P. AR 14th (McCarver's) Inf. Co.C
Brawley, James NC 6th Inf. Co.G
Brawley, James SC 1st Arty. Co.C
Brawley, James TX 28th Cav. Co.A
Brawley, James B. SC 5th Inf. 1st Co.K
Brawley, James M. SC 6th Inf. 1st Co.F
Brawley, James S. NC 4th Inf. Co.C
Brawley, James S. TN 23rd Inf. 1st Co.A
Brawley, James W. TX 1st (Yager's) Cav. Co.G
Brawley, James W. TX Cav. 8th (Taylor's) Bn. Co.A
Brawley, J.B. SC Inf. Holcombe Legion Co.K Sgt.
Brawley, J.B. SC Palmetto S.S. Co.H 2nd Lt.
Brawley, J.G. AR 36th Inf. Co.K
Brawley, J.G. AR 50th Mil. Co.I
Brawley, J.G. NC 4th Sr.Res. Co.D
Brawley, J.J. TX 1st Field Btty. Sgt.
Brawley, J.M. SC Arty. Stuart's Co. (Beaufort Vol.Arty.)
Brawley, Joel V. NC 2nd Cav. (19th St.Troops) Co.B
Brawley, Joel V. NC 7th Inf. Co.I
Brawley, John AL 12th Cav. Co.C
Brawley, John AL 48th Inf. Co.F
Brawley, John TX Inf. 1st Bn. Co.A
Brawley, John F. TX 1st (Yager's) Cav. Co.G
Brawley, John F. TX Cav. 8th (Taylor's) Bn. Co.A
Brawley, John J. TX St.Troops Edgar's Co. Cpl.
Brawley, John M. NC 4th Sr.Res. Co.B Capt.
Brawley, J.S. TN 19th (Biffle's) Cav. Co.E Cpl.
Brawley, J.S. TN 48th (Nixon's) Inf. Co.K
Brawley, J.W. TN 48th (Nixon's) Inf. Co.K
Brawley, M.B. AL Inf. 1st Regt. Co.D
Brawley, Miledge B. AL 16th Inf. Co.C
Brawley, N.S. NC 4th Inf. Co.A
Brawley, N.S. NC 4th Sr.Res. Co.D
Brawley, Peter W. NC 18th Inf. Co.A
Brawley, Peter W. NC 49th Inf. Co.I
Brawley, Robert M. NC 4th Inf. Co.A
Brawley, Robert W. NC 56th Inf. Co.K
Brawley, Samuel S. TX 22nd Cav. Co.G Cpl.
Brawley, S.H. MO 1st & 3rd Cons.Cav. Co.K
Brawley, W.B. NC 57th Inf. Co.A
Brawley, Wm. H. MS 31st Inf. Co.G Cpl.
Brawley, William H. SC 6th Inf. 1st Co.F, 2nd Co.F
Brawley, William M. TX 1st (Yager's) Cav. Co.G
Brawley, William M. TX Cav. 8th (Taylor's) Bn. Co.A
Brawley, William R.I. NC 4th Inf. Co.C Music.
Brawly, G. TN 84th Inf. Co.B
Brawly, John W. TN 54th Inf. Co.E
Brawn, Benjamin AL Lt.Arty. 2nd Bn. Co.F
Brawn, Benjamin LA 1st (Strawbridge's) Inf. Co.C
Brawn, C.S. TN 31st Cav. Co.H
Brawn, F. SC 15th Inf. Co.K
Brawn, John SC 1st (Butler's) Inf. Co.E
Brawn, Robert AL 7th Inf. Co.B
Brawn, W. MS Inf. 12th Regt.
Brawner, Asa W. GA 3rd Cav. (St.Guards) Co.E
Brawner, C.C. AL 2nd Cav. Co.E
Brawner, Charles H. VA 4th Cav. Co.A
Brawner, Christopher C. 1st Conf.Inf. 2nd Co.H
Brawner, Daniel LA Miles' Legion Co.F
Brawner, D.O. MO 3rd Inf. Co.I
Brawner, E.S. TN 62nd Mtd.Inf. Co.C Sgt.
Brawner, George R. VA 8th Inf. Co.D,G
Brawner, George W. AR 23rd Inf. Co.G Music.
Brawner, George W. VA 17th Inf. Co.F
Brawner, Harrison VA 8th Inf. Co.A
Brawner, H.D. TN 21st (Wilson's) Cav. Co.K
Brawner, H.D. TN 15th Inf. Co.A,G
Brawner, Henry S. GA Lt.Arty. Scogin's Btty. (Griffin Lt.Arty.) Cpl.
Brawner, Henry S. GA 5th Inf. Co.B
Brawner, H.M. GA 18th Inf. Co.G Cpl.
Brawner, James C. TN 51st (Cons.) Inf. Co.K
Brawner, James F. VA 8th Inf. Co.D
Brawner, James K. GA 3rd Cav. (St.Guards) Co.H
Brawner, James K. GA 15th Inf. Co.C
Brawner, James L. GA 54th Inf. Co.H
Brawner, J.C. GA 29th Inf. Co.B

Brawner, Jesse J. GA 36th (Broyles') Inf. Co.D Sgt.
Brawner, Jesse W. MS 2nd Inf. Co.E
Brawner, J.F. GA Cav. 10th Bn. (St.Guards) Co.A Cpl.
Brawner, J.F. GA 4th Res. Co.H
Brawner, J.H. TN 21st (Wilson's) Cav. Co.K
Brawner, J.M. AR 5th Inf. Co.E
Brawner, J.M. AR 30th Inf. Co.A
Brawner, John KY Jessee's Bn.Mtd.Riflemen
Brawner, John A. VA 17th Inf. Co.F
Brawner, John E. VA 8th Inf. Co.A
Brawner, John F. GA 29th Inf. Co.B
Brawner, John J. MD 1st Inf. Co.I 1st Sgt.
Brawner, John M. MS 2nd Inf. Co.E
Brawner, John P. VA 49th Inf. Co.B
Brawner, John T. VA 49th Inf. Co.B
Brawner, Joseph S. TX 7th Inf. Co.D
Brawner, J.R. MO 3rd Inf. Co.I
Brawner, M.B. TN 15th Inf. Co.A
Brawner, M.D. TN 27th Inf. Co.H
Brawner, M.L. GA 54th Inf. Co.H,A Sgt.
Brawner, Richard A. FL 6th Inf. Co.E
Brawner, Richard H. VA 15th Cav. Co.H
Brawner, Robert VA 8th Inf. Co.C
Brawner, Thomas MS 12th Inf. Co.G
Brawner, Thomas MS 22nd Inf. Co.I
Brawner, Thomas M. VA Inf. 25th Bn. Co.B
Brawner, Thomas P. KY 9th Cav.
Brawner, Tillman M. AR 9th Inf. Co.E
Brawner, T.M. AR 1st (Monroe's) Cav. Co.B Cpl.
Brawner, T.M. MD 1st Cav. Co.E
Brawner, W.F. TN 51st (Cons.) Inf. Co.K
Brawner, W.H. GA 29th Inf. Co.F
Brawner, William GA 12th Cav. Co.E
Brawner, William VA 49th Inf. Co.B
Brawner, William F. MD Inf. 2nd Bn. Co.F,D
Brawner, William G. VA 15th Cav. Co.H Capt.
Brawner, William G. VA Mil. 36th Regt. Col.
Brawner, William H., Jr. TX 17th Cav. Co.E
Brawner, William H., Sr. TX 17th Cav. Co.E
Brawner, William M. GA 3rd Cav. (St.Guards) Co.H
Brawner, William M. GA 15th Inf. Co.I
Brawner, William T. GA 15th Inf. Co.B
Brawner, W.L. GA 29th Inf. Co.B
Brawner, W.T. AL 2nd Cav. Co.E
Braxley, John NC 2nd Bn.Loc.Def.Troops Co.E
Braxson, L.M. AL 54th Inf. Co.E
Braxten, Martin AL 42nd Inf. Co.H
Braxton, A.C. VA 11th Cav. Co.H,B Capt.
Braxton, A.C. VA Lt.Arty. 38th Bn. Co.C
Braxton, A.M. Conf.Inf. 8th Bn. Co.C,A Capt.
Braxton, Augustine M. VA Inf. 5th Bn. Co.D 1st Lt.
Braxton, Benjamin FL 11th Inf. Co.I,K
Braxton, Carter GA 16th Inf.
Braxton, Carter M. VA Lt.Arty. Pollock's Co. Capt.
Braxton, Carter M. Conf.Arty. Braxton's Bn. Lt.Col.
Braxton, C.M. Conf.Arty. R.C.M. Page's Bn. Maj.
Braxton, E. MS Inf. 2nd Bn. (St.Troops) Co.D Cpl.
Braxton, E.A. TN 28th Cav. Co.A
Braxton, E.A. TN 16th Inf. Co.C
Braxton, Edmond Sig.Corps,CSA
Braxton, Elliot M. VA 47th Inf. 2nd Co.I Capt.
Braxton, Elliott M. VA 30th Inf. 2nd Co.I Capt.
Braxton, Elliott M. Gen. & Staff Maj.,QM
Braxton, Francis M. NC 17th Inf. (2nd Org.) Co.K
Braxton, George W. FL 6th Inf. Co.I
Braxton, Gustavus NC 8th Inf. Co.G
Braxton, Hiram NC 14th Inf. Co.B
Braxton, H.W. GA Lt.Arty. (Arsenal Btty.) Hudson's Co.
Braxton, Isaac NC 27th Inf. Co.C
Braxton, Isham FL 11th Inf. Co.K
Braxton, I.T. GA 10th Inf.
Braxton, James NC 44th Inf. Co.C
Braxton, James T. FL 11th Inf. Co.A
Braxton, James T. NC 33rd Inf. Co.K
Braxton, Jesse NC 66th Inf. Co.E
Braxton, Jesse SC 1st (Hagood's) Inf. 1st Co.E
Braxton, Jesse J. GA 9th Inf. Co.D
Braxton, J.J. SC 2nd Cav. Co.B
Braxton, John NC 14th Inf. Co.B
Braxton, John A. TN 5th (McKenzie's) Cav. Co.G Asst.Bugler
Braxton, John H. FL 6th Inf. Co.I
Braxton, John S. VA 30th Inf. 2nd Co.I 1st Lt.
Braxton, John S. VA 47th Inf. 2nd Co.I 1st Lt.
Braxton, John S. Gen. & Staff, AG Dept. Capt.
Braxton, J.T. FL Inf. 2nd Bn. Co.E
Braxton, J.W. SC 7th Inf. 2nd Co.I
Braxton, Nathan NC 44th Inf. Co.D
Braxton, Oliver O. FL 11th Inf. Co.K
Braxton, P. VA Inf. 26th Bn. Surg.
Braxton, R.C. Conf.Inf. 8th Bn. Co.D 2nd Lt.
Braxton, Robert C. VA Inf. 5th Bn. Co.D 2nd Lt.
Braxton, Ro. C., Jr. Gen. & Staff Lt.,Adj.
Braxton, Tomlin VA 19th Inf. Asst.Surg.
Braxton, Tomlin VA 30th Bn.S.S. Surg.
Braxton, Tomlin Gen. & Staff Surg.
Braxton, W. SC 1st Mtd.Mil. Evan's Co.
Braxton, Warren NC 44th Inf. Co.I
Braxton, William SC 2nd Arty. Co.H
Braxton, William A. VA Cav. 1st Bn. Co.A
Braxton, William A. VA Cav. Mosby's Regt. (Part.Rangers) Co.F
Braxton, William A. VA 87th Mil. Co.D
Braxton, Wm. A. Gen. & Staff, QM Dept. Capt.
Braxton, York NC 22nd Inf. Co.M
Braxtwell, Edward NC 38th Inf. Co.D
Bray, A.E. TN 21st (Wilson's) Cav. Co.D
Bray, A.E. TN 21st & 22nd (Cons.) Cav. Co.H
Bray, Alexander W. MS 34th Inf. Co.G O.Sgt.
Bray, Alfred FL 1st Inf. New Co.G
Bray, Allison NC 34th Inf. Co.H
Bray, Alpheus VA 4th Cav. Co.D
Bray, Ambrose J. VA 57th Inf. Co.F
Bray, Andrew Conf.Inf. 8th Bn. Co.E
Bray, Andrew J. AL 18th Inf. Co.L
Bray, Andrew J. GA Inf. 1st Conf.Bn. Co.D
Bray, Andrew P. 1st Conf.Inf. 2nd Co.G
Bray, Andrew W. AL 58th Inf. Co.I
Bray, A.P. GA Floyd Legion (St.Guards) Co.I
Bray, A.P. TN Cav. 17th Bn. (Sanders') Co.B
Bray, A.W. AL 9th Inf. Co.I
Bray, Arthur NC 28th Inf. Co.A
Bray, Augustus GA 27th Inf. Co.E
Bray, A.W. AL 32nd & 58th (Cons.) Inf.
Bray, B. GA 43rd Inf. Co.D
Bray, Banister R. GA 21st Inf. Co.G
Bray, Bannister O. GA 40th Inf. Co.D
Bray, Bannister R. GA 40th Inf. Co.D Chap.
Bray, Benjamin GA 2nd Inf. Co.A
Bray, Benjamin F. NC 2nd Inf. Co.A 1st Lt.
Bray, Benjamin F. NC 21st Inf. Co.C 1st Lt.
Bray, Berry J. TX Waul's Legion Co.F
Bray, B.J. TX Inf. Timmons' Regt. Co.C
Bray, Bledsoe TX 22nd Cav. Co.B Cpl.
Bray, B.M. TN 21st (Wilson's) Cav. Co.C AQM
Bray, B.M. TN 13th Inf. Co.I 1st Lt.
Bray, B.M. Gen. & Staff AQM
Bray, B.R. GA 63rd Inf. Co.I
Bray, Byron A. GA 48th Inf. Co.B
Bray, C. AL 13th Inf.
Bray, Cadmus MO 1st & 4th Cons.Inf. Co.B Sr.2nd Lt.
Bray, Cadmus MO 4th Inf. Co.F 1st Lt.
Bray, Calvin T. NC 28th Inf. Co.A Music.
Bray, Cavil LA 17th Inf. Co.B Sgt.
Bray, C.B. GA 15th Inf. Co.B
Bray, C.F. TN 19th (Biffle's) Cav. Co.K,I
Bray, C.F. TN 6th Inf. Co.L
Bray, C.F. TN 55th (Brown's) Inf. Ford's Co.
Bray, Charles AR 33rd Inf. Co.H
Bray, Charles FL 3rd Inf. Co.K
Bray, Charles VA 53rd Inf. Co.D
Bray, Clinton TN 1st Cav. Co.F,L
Bray, Columbus F. TN Cav. Newsom's Regt.
Bray, D. GA 10th Cav. Co.D
Bray, D.A. GA 39th Inf. Co.B
Bray, Daniel VA 24th Inf. Co.H
Bray, David LA 17th Inf. Co.B
Bray, David NC Inf. 2nd Bn. Co.B
Bray, David VA 37th Mil. 2nd Co.B
Bray, David A. GA 34th Inf. Co.H
Bray, David C.K. NC Hvy.Arty. 1st Bn. Co.A,D
Bray, D.M. GA 16th Inf. Co.D
Bray, D.Q. 7th Conf.Cav. Co.D
Bray, D.S. SC 3rd Inf. Co.K,D 1st Sgt.
Bray, Dupree H. GA 6th Inf. Co.K
Bray, E.C. VA 5th Bn.Res. Co.C Cpl.
Bray, Edward J. NC 46th Inf. Co.G
Bray, Edward W. NC 28th Inf. Co.A
Bray, E.G. AL 21st Inf. Co.F
Bray, Ellis H. VA 38th Inf. Co.K
Bray, E.M. TN 21st (Wilson's) Cav. Co.D
Bray, E.M. TN 21st & 22nd (Cons.) Cav. Co.H
Bray, E.P. TN 51st Inf. Co.F
Bray, E.P. TN 51st (Cons.) Inf. Co.F
Bray, E.R. MS 10th Cav. Co.F
Bray, E.R. TN Cav. 17th Bn. (Sanders') Co.B
Bray, E.S. AL Crawford's Co.
Bray, Ezekiel GA 16th Inf. Co.A
Bray, F.G. MO Lt.Arty. 13th Btty.
Bray, F.H. MO 1st & 4th Cons.Inf. Co.B
Bray, F.H. MO 4th Inf. Co.F
Bray, F.M. TN 21st & 22nd (Cons.) Cav. Co.H
Bray, F.M. TN 51st Inf. Co.F
Bray, Francis J. GA 40th Inf. Co.D
Bray, Franklin NC 44th Inf. Co.E Sgt.
Bray, Gaines P. GA 4th Bn.S.S. Co.C
Bray, G.C. AL 15th Inf. Co.F

Bray, George GA Siege Arty. 28th Bn. Co.F
Bray, George C. VA 1st St.Res. Co.C,E
Bray, George W. GA 4th Inf. Co.F
Bray, George W. GA Inf. 9th Bn. Co.B
Bray, George W. GA 54th Inf. Co.I Cpl.
Bray, George W. VA Arty. Fleet's Co.
Bray, George W. VA Lt.Arty. Kirkpatrick's Co.
Bray, George W. VA Lt.Arty. Woolfolk's Co.
Bray, George W. VA 30th Inf. Co.A
Bray, George W. VA 55th Inf. Co.B
Bray, George W. VA 109th Mil. 2nd Co.A
Bray, Gerrett FL 1st Inf. New Co.G
Bray, G.P. GA Inf. 9th Bn. Co.C
Bray, G.W. GA 37th Inf. Co.E
Bray, G.W. VA Inf. 2nd Bn.Loc.Def. Co.F
Bray, G.W. Sap. & Min.,CSA
Bray, H. GA Inf. 1st Bn. (St.Guards) Co.D
Bray, Hamilton W. FL 4th Inf. Co.B
Bray, Hardy D. AR 6th Inf. Co.E
Bray, Harmon GA 14th Inf. Co.G Cpl.
Bray, Harry R. TN 2nd (Robison's) Inf. Co.I
Bray, H.C. AR Inf. Cocke's Regt. Co.E Sgt.
Bray, H.C. GA 16th Inf. Co.A
Bray, H.C. GA 38th Inf. 2nd Co.I
Bray, H.C. GA 60th Inf. 2nd Co.A
Bray, H.D. AR Inf. Cocke's Regt. Co.E
Bray, Henry AL 6th Inf. Co.D
Bray, Henry FL Cav. 3rd Bn. Co.D
Bray, Henry GA Inf. City Bn. (Columbus) Co.A
Bray, Henry MO 3rd Cav. Co.K
Bray, Henry MO Cav. Fristoe's Regt. Co.A
Bray, Henry 15th Conf.Cav. Co.I
Bray, Henry B. AL 17th Inf. Co.F,I 1st Sgt.
Bray, Henry C. AL 61st Inf. Co.K
Bray, Henry C. GA 25th Inf. Co.E
Bray, Henry J. NC 13th Inf. Co.K
Bray, Henry W. NC 44th Inf. Co.E 1st Sgt.
Bray, H.H. NC 26th Inf. Co.E
Bray, H.P. GA 16th Inf. Co.D
Bray, Iradell KY 6th Cav. Co.C
Bray, Isaac KY 3rd Cav. Co.H
Bray, Isaac TX Inf. 1st Bn. Co.D
Bray, Isaac VA 40th Inf. Co.G
Bray, Isaac B. VA 51st Inf. Co.A
Bray, Isaac T. AR 10th Inf. Co.A
Bray, J. AL Lt.Arty. Kolb's Btty.
Bray, J. GA 9th Inf. (St.Guards) Co.D
Bray, J.A. MS Cav. 3rd Bn. (Ashcraft's) Co.E
Bray, J.A. MS Stricklin's Co. (St.Troops)
Bray, Jackson O. GA 40th Inf. Co.D
Bray, Jacob NC 32nd Inf. Co.H
Bray, Jacob S. NC 17th Inf. (2nd Org.) Co.E
Bray, James MS 10th Cav. Co.H
Bray, James MS 35th Inf. Co.D Cpl.
Bray, James MO 6th Cav. Co.C Sgt.
Bray, James TN 20th (Russell's) Cav. Co.D
Bray, James TN 21st (Wilson's) Cav. Co.D
Bray, James TN 21st (Wilson's) Cav. Co.G
Bray, James TN 21st & 22nd (Cons.) Cav. Co.G
Bray, James TN Cav. Newsom's Regt. Co.B
Bray, James VA 55th Inf. Co.F Cpl.
Bray, James Conf.Cav. Baxter's Bn. Co.A
Bray, James A. GA 10th Inf. Co.D
Bray, James C. GA 24th Inf. Co.B
Bray, James E. TN 1st (Turney's) Inf. Co.H
Bray, James F. TN 6th Inf. Co.F,C 1st Sgt.
Bray, James F. TX 16th Cav. Co.A
Bray, James H. TN 6th Inf. Co.F,L
Bray, James H. TN 44th (Cons.) Inf. Co.A
Bray, James H. VA 21st Inf. Co.I
Bray, James L. AL 49th Inf. Co.C
Bray, James L. VA 1st Inf. Co.H Sgt.
Bray, James L. VA Inf. 25th Bn. Co.E 1st Lt.
Bray, James M. TN Cav. 17th Bn. (Sanders') Co.B Cpl.
Bray, James W. AL 57th Inf. Co.F
Bray, James W. TN 51st Inf. Co.F 2nd Lt.
Bray, Jared C. GA 9th Inf. Co.K
Bray, Jasper N. NC 26th Inf. Co.G
Bray, J.B. AL 3rd Bn.Res. Co.H
Bray, J.B. GA 11th Cav. Co.I
Bray, J.B. KY 3rd Bn.Mtd.Rifles
Bray, J.B. TN 31st Inf. Co.G
Bray, J.D. LA 4th Cav. Co.A
Bray, J.E. AL 15th Inf. Co.F,K
Bray, J.E. VA 5th Cav. Co.E
Bray, Jesse GA 16th Inf. Co.D
Bray, Jesse F. NC Hvy.Arty. 10th Bn. Co.A
Bray, Jesse N. GA 30th Inf. Co.E
Bray, J.F. NC 5th Inf. Co.K
Bray, J.H. AR 12th Bn.S.S. Co.D
Bray, J.H. AR 19th (Dockery's) Inf. Cons. Co.E,D
Bray, J.H. TN 19th (Biffle's) Cav. Co.K
Bray, J.H. TN 27th Cav. Co.G
Bray, J.H.L. TX 9th (Young's) Inf. Co.K Capt.
Bray, J.I.H.C. 7th Conf.Cav. Co.D
Bray, J.L. MO 1st Inf. Co.H
Bray, J.M. MS 10th Cav. Co.F Sgt.
Bray, J.M. NC 1st Jr.Res. Co.H
Bray, J.M. TN 21st (Wilson's) Cav. Co.D Bvt.2nd Lt.
Bray, J.N. AL 15th Inf. Co.F Sgt.
Bray, J.N. VA 6th Cav. Co.A
Bray, Joel E. VA 9th Mil. Co.B Cpl.
Bray, John AL 9th (Malone's) Cav. Co.I Sgt.
Bray, John GA Inf. 1st City Bn. (Columbus) Co.D
Bray, John GA Inf. 19th Bn. (St.Guards) Co.B
Bray, John MO 6th Cav. Co.C
Bray, John MO Lt.Arty. 13th Btty.
Bray, John NC 44th Inf. Co.E
Bray, John VA 38th Inf. Co.K
Bray, John A. VA 3rd Inf. 2nd Co.K
Bray, John B. TN 53rd Inf. Co.I
Bray, John B. 1st Conf.Inf. 2nd Co.G Capt.
Bray, John E. VA 9th Mil. Co.B 1st Sgt.
Bray, Jno. L. Gen. & Staff AASurg.
Bray, John P. SC 1st Arty. Co.D,A
Bray, John R. TN 21st (Wilson's) Cav. Co.D
Bray, John R. VA 24th Cav. Co.C
Bray, John R. VA Cav. 40th Bn. Co.C
Bray, John R. VA 26th Inf. Co.A 1st Sgt.
Bray, John T. VA 5th Cav. Co.A
Bray, John T. VA 50th Inf. Co.H Sgt.
Bray, John W. AL Inf. 1st Regt. Co.E
Bray, John W. KY 5th Mtd.Inf. Co.G,C
Bray, John W.V. GA 2nd Inf.
Bray, Joseph TX 35th (Brown's) Cav. Co.E
Bray, Joshua NC 64th Inf. Co.F
Bray, Josiah AR 1st Vol. Anderson's Co. Cpl.
Bray, Josiah AR Inf. Cocke's Regt. Co.E
Bray, J.R. GA 11th Cav. Co.K
Bray, J.R. GA 30th Inf. Co.K
Bray, J.R. TN 21st & 22nd (Cons.) Cav. Co.H
Bray, J.R. TN 13th Inf. Co.I Sgt.
Bray, J.R. VA 5th Cav. Co.E
Bray, J.S. GA 63rd Inf. Co.I
Bray, J.S. GA Inf. (Madison Cty. Home Guard) Milner's Co.
Bray, J.S. TN 31st Inf. Co.K
Bray, J.T. 7th Conf.Cav. Co.D
Bray, J.W. AL 5th Bn.Vol. Co.C
Bray, J.W. GA 2nd Res. Co.D
Bray, J.W. LA Mil. Chalmette Regt. Co.D
Bray, J.W. NC 30th Inf. Co.E
Bray, J.W. TN 51st (Cons.) Inf. Co.F
Bray, Kinchen TN 17th Inf. Co.A
Bray, King H. NC Inf. 2nd Bn. Co.B Sgt.
Bray, L.B. FL Cav. 3rd Bn. Co.B
Bray, L.B. GA Inf. 5th Bn. (St.Guards) Co.E
Bray, L.B. 15th Conf.Cav. Co.D
Bray, L.D. GA 38th Inf. 2nd Co.I
Bray, L.D. GA 60th Inf. 2nd Co.A
Bray, Lewis VA 4th Inf. Co.A
Bray, Lewis R. NC 4th Cav. (59th St.Troops) Co.B
Bray, Linson GA 9th Inf. Co.K
Bray, Ls. LA Mil. 4th Regt. 1st Brig. 1st Div. Co.K
Bray, L. Thomas GA 34th Inf. Co.H
Bray, Luis D. AL 61st Inf. Co.K
Bray, L.W. NC 5th Sr.Res. Co.C
Bray, L.W. NC 28th Inf. Co.A
Bray, Lynn MO 1st & 4th Cons.Inf. Co.B Sgt.
Bray, Lynn MO 4th Inf. Co.F
Bray, Madison H. VA 38th Inf. Co.K
Bray, Mathew AR Cav. Davies' Bn. Comsy.Sgt.
Bray, Mathis D. NC 44th Inf. Co.E
Bray, M.D. VA 64th Mtd.Inf. Co.C
Bray, Michael D. VA Inf. 21st Bn. 2nd Co.C, 1st Co.D
Bray, Miles S. GA Inf. 5th Bn. (St.Guards) Co.B
Bray, M.W. AR Cav. Davies' Bn. Co.D
Bray, M.W. AR Inf. Cocke's Regt. Co.E
Bray, M.W. TN 22nd Inf. Co.B
Bray, N.L. GA 9th Inf. Co.K
Bray, O. VA 14th Inf. Co.K
Bray, Obediah VA Hvy.Arty. Wright's Co.
Bray, Oliver NC Inf. 2nd Bn. Co.B
Bray, Peter MO 6th Cav. Co.C
Bray, Peter J. TX 13th Cav. Co.C
Bray, R.B. VA 24th Cav. Co.C
Bray, Reuben NC Unassign.Conscr.
Bray, Richard VA 3rd Inf. 2nd Co.K
Bray, Richard B. VA Cav. 40th Bn. Co.C
Bray, Richard B. VA Arty. Fleet's Co.
Bray, Richard B. VA 55th Inf. Co.B
Bray, R.L. GA 23rd Inf. Co.C Cpl.
Bray, R.M. VA 24th Cav. Co.C
Bray, R.M. VA Cav. 40th Bn. Co.C
Bray, Robert VA 40th Inf. Co.G
Bray, Robert F. NC Inf. 2nd Bn. Co.B
Bray, Robert H. GA 64th Inf. Co.K
Bray, R.P. MS 2nd St.Cav. Co.G,K
Bray, R.T. GA 2nd Cav. Co.K
Bray, Rufus W. GA 40th Inf. Co.D
Bray, R.V. GA 2nd Cav. (St.Guards) Co.B Sgt.
Bray, R.V. GA 1st (Fannin's) Res. Co.E 1st Sgt.
Bray, S. MS 2nd St.Cav. Co.G,K
Bray, S. TN 61st Mtd.Inf. Co.B

Bray, Samuel 1st Conf.Cav. 2nd Co.E
Bray, Samuel B. TN Cav. Newsom's Regt. Co.D
Bray, S.B. TN 19th (Biffle's) Cav. Co.C
Bray, S.B. TN 22nd Inf. Co.B
Bray, Solomon GA Youngbloods' Bn. Co.A
Bray, Stagner AL Cav.Res. Hardie's Bn. Co.C
Bray, Stagner AL Morris' Co. (Mtd.)
Bray, Stogner TN 61st Mtd.Inf. Co.H
Bray, Thomas GA 43rd Inf. Co.D
Bray, Thomas NC Inf. Thomas' Legion Co.K
Bray, Thomas VA 59th Inf. 2nd Co.I
Bray, Thomas A. VA 61st Inf. Co.B Music.
Bray, Thomas B. NC 2nd Bn.Loc.Def.Troops Co.B
Bray, Thomas B. NC 2nd Home Guards Co.B
Bray, Thomas J. GA 16th Inf. Co.D
Bray, Thomas M. VA 55th Inf. Co.C
Bray, Thomas M. VA 109th Mil. Co.B
Bray, Thos. M. VA Mtd.Guard 3rd Congr.Dist.
Bray, Thomas T. TN 39th Mtd.Inf. Co.G Sgt.
Bray, Thomas W. AR 9th Inf. Co.C
Bray, Thomas W. NC 2nd Inf. Co.A
Bray, Tipton B. AL 49th Inf. Co.C
Bray, W.A. GA 63rd Inf. Co.I
Bray, W.A. TX 17th Inf. Co.C
Bray, W.A. Blake's Scouts,CSA
Bray, Wallace M. NC 4th Cav. (59th St.Troops) Co.G
Bray, Walter L. AL 5th Bn.Vol. Co.C 2nd Lt.
Bray, W.D. AL 1st Inf. Co.E
Bray, Wells J. AL Eufaula Lt.Arty.
Bray, W.H. AL Cav. 4th Bn. (Love's) Co.C 2nd Lt.
Bray, W.H. GA 53rd Inf. Lt.
Bray, W.H. MS Cav. Jeff Davis Legion Co.K Lt.
Bray, William AL 9th (Malone's) Cav. Co.I
Bray, William AL Res. J.G. Rankin's Co.
Bray, William FL 1st Inf. New Co.E
Bray, William FL 6th Inf. Co.H
Bray, William GA Cav. 2nd Bn. Co.A
Bray, William GA 5th Cav. Co.I
Bray, William GA 54th Inf. Co.F
Bray, William LA Mil. Brenan's Co. (Co.A, Shamrock Guards)
Bray, William MO Cav. 3rd Regt.St.Guard Co.A
Bray, William MO Cav. 4th Regt.St.Guard Co.A
Bray, William NC 2nd Bn.Loc.Def.Troops Co.B
Bray, William NC 6th Sr.Res. Co.I
Bray, William TN 1st (Carter's) Cav. Co.E
Bray, William TN Cav. 17th Bn. (Sanders') Co.B
Bray, William TX 16th Cav. Co.A
Bray, William A. GA 23rd Inf. Co.C
Bray, William A. GA 30th Inf. Co.E
Bray, William A. NC Inf. 2nd Bn. Co.B 2nd Lt.
Bray, William A. TX 22nd Cav. Co.B
Bray, William B. GA 22nd Inf. Co.G
Bray, William C. GA 2nd Cav. (St.Guards) Co.B Capt.
Bray, William C. NC Inf. 2nd Bn. Co.E 1st Lt.
Bray, William C. NC 18th Inf. Co.B
Bray, William D. AR 33rd Inf. Co.H
Bray, William F. NC 26th Inf. Co.G
Bray, William H. AL Hardy's Co. (Eufaula Minute Men) 1st Sgt.
Bray, William H. GA 43rd Inf. Co.H
Bray, William H. TN Cav. 17th Bn. (Sanders') Co.B
Bray, William H. TN 21st (Wilson's) Cav. Co.D Capt.
Bray, William H. TN 6th Inf. Co.F Sgt.
Bray, William H TN 31st Inf. Co.G 2nd Lt.
Bray, William H. TX 11th Cav. Co.B Cpl.
Bray, William H. VA 53rd Inf. Co.D,E,B Capt.
Bray, William J. VA 3rd Inf. 2nd Co.K
Bray, William L. NC 26th Inf. Co.G
Bray, William M. AL Cav. Hardie's Bn.Res. Co.C
Bray, William M. GA 63rd Inf. Co.I 1st Lt.
Bray, William P. NC 17th Inf. (1st Org.) Co.A Hosp.Stew.
Bray, William P. NC 32nd Inf. Co.B
Bray, William P. NC 56th Inf. Co.C 2nd Lt.
Bray, William R. AR 23rd Inf. Co.C
Bray, William T. NC 3rd Cav. (41st St.Troops) Co.A
Bray, William T. VA 9th Mil. Co.B
Bray, William T. VA 26th Inf. Co.G
Bray, William Y. VA 14th Inf. Co.K
Bray, Willis NC 6th Sr.Res. Co.I
Bray, Winfield M. NC 1st Arty. (10th St.Troops) Co.C
Bray, Winter VA Mtd.Res. Rappahannock Dist. Sale's Co.
Bray, W.J. AL Arty. 4th Bn. Hilliard's Legion Co.B,E
Bray, W.M. AL Morris' Co. (Mtd.)
Bray, W.M. GA 40th Inf. Co.D
Bray, W.M. MS 10th Cav. Co.F
Bray, W.R. TN 25th Inf. Co.E
Bray, W.R. Dobbin's Brig. Ch.S.
Bray, W.S. MS 1st (Foote's) Inf. (St.Troops) Hobart's Co. Sgt.
Bray, Z. AL Res. J.G. Rankin's Co.
Brayden, David VA 5th Cav. Co.K
Brayden, N.P. GA 8th Cav. Old Co.I
Brayden, William VA 5th Cav. Co.K
Brayden, William E. AL 17th Inf. Co.C
Braydon, David MS 10th Inf. New Co.C,L
Braydon, Patrick TN 34th Inf. Co.A
Braydon, W.A. VA 13th Cav. Co.E
Brayelton, R. Oliver AL 49th Inf. Co.K
Brayer, A.J. AL 11th Inf. Co.I
Brayer, W.L. NC 2nd Jr.Res. Co.D
Brayiel, Richard AR 11th Inf. Co.B
Brayles, J.H. MO Cav. Fristoe's Regt. Co.D
Brayley, J.W. TN 19th (Biffle's) Cav. Co.H
Braylock, Joseph VA 25th Cav. Co.G,K
Braylock, Joseph VA Inf. Mileham's Co.
Braylock, Reuben VA 4th Inf. Co.B
Brayman, Alex SC 1st Arty. Music.
Braynard, S. GA 54th Inf. Co.H
Braynon, John J. GA 2nd Inf. Co.B
Brayon, John J. AL 44th Inf. Co.B
Brayon, W.M. AL 26th (O'Neal's) Inf. Co.K Sgt.
Braysher, Thomas TN 54th Inf. Hollis' Co.
Brayson, B.F. GA 16th Inf.
Brayton, James G. VA 46th Inf. Prin.Music.
Brayton, James G. VA Loc.Def. Mallory's Co. Sgt.
Braywell, Ben R. AR 1st (Crawford's) Cav. Co.I
Braywell, William H. AR 1st (Crawford's) Cav. Co.I
Brazack, S. TX 14th Field Btty.
Brazeal, --- TX Cav. McCord's Frontier Regt. Co.K Sgt.
Brazeal, A.T. MS 10th Cav. Co.C
Brazeal, C.H. VA 44th Inf. Co.H
Brazeal, Charles H. VA 23rd Inf. Co.C
Brazeal, Drury Ballard LA 19th Inf. Co.D
Brazeal, Francis M. AL 17th Inf. Co.E
Brazeal, Fred AR 15th (Johnson's) Inf. Co.D
Brazeal, George L. VA 23rd Inf Co.C
Brazeal, G.H. GA Cav. 22nd Bn. (St.Guards) Co.A
Brazeal, Harvey AL 36th Inf. Co.H
Brazeal, Henry M. VA 44th Inf. Co.H,I Cpl.
Brazeal, James H. GA Inf. 3rd Bn. Co.C
Brazeal, James K.P. AL 17th Inf. Co.E
Brazeal, James T. MS 41st Inf. Co.E
Brazeal, J.H. AR 11th Inf. Co.A
Brazeal, J.H. AR 11th & 17th Cons.Inf. Co.A
Brazeal, J.K.P. AR 15th (Johnson's) Inf. Co.D
Brazeal, John B. AR 15th (Johnson's) Inf. Co.D Cpl.
Brazeal, John H. MS 2nd Inf. Co.C
Brazeal, John T. MS 41st Inf. Co.E
Brazeal, Joseph AR Inf. Hardy's Regt. Co.H
Brazeal, Joseph MO Cav. Freeman's Regt. Co.A Cpl.
Brazeal, J.R. AR 33rd Inf. Co.C
Brazeal, J.T. MS 9th Inf. Co.K
Brazeal, Samuel TX 1st Inf. Co.E
Brazeal, Thomas C. Sig.Corps,CSA
Brazeal, W.F. TX 9th (Nichols') Inf. Co.F
Brazeal, William MS 10th Cav. Co.C
Brazeal, William F. TX 13th Vol. 2nd Co.A,F Cpl.
Brazeale, Allen LA Arty. Moody's Co. (Madison Lt.Arty.)
Brazeale, Daniel M. AL Cav. Lewis' Bn. Co.D
Brazeale, David R. AR 3rd Inf. Co.A
Brazeale, D.B. LA Inf. Pelican Regt. Co.E
Brazeale, D.J. TX 9th (Young's) Inf. Co.E
Brazeale, E.E. AR 18th Inf. Co.G Cpl.
Brazeale, Elias DeLoach AL 49th Inf. Co.B
Brazeale, Francis M. SC 1st (Orr's) Rifles Co.K
Brazeale, Henry N. SC 2nd Rifles Co.G Cpl.
Brazeale, J. AL 9th Inf. Co.I
Brazeale, Jesse AL 19th Inf. Co.A
Brazeale, Joel M. AL 19th Inf. Co.A
Brazeale, J.W. SC 4th Cav. Co.C
Brazeale, J.W. SC Cav. 10th Bn. Co.B
Brazeale, Stephen A. SC 2nd Rifles Co.L 2nd Lt.
Brazeale, Walter Overton LA Lt.Col.,ADC
Brazeale, William G. TX Cav. 6th Bn. Co.E
Brazeall, E.E. MS 10th Cav. Co.G
Brazeall, James P. AL 19th Inf. Co.B Sgt.
Brazealle, Charles J. TX 17th Cav. Co.K
Brazean, Joseph D. MO Lt.Arty. McDonald's Co. 2nd Lt.
Brazean, Joseph D. MO Inf. 5th Regt.St.Guard Co.C Bvt.2nd Lt.
Brazee, W.C. TX 21st Cav. Co.G
Brazeel, Arch AR 47th (Crandall's) Cav. Co.E
Brazeel, Thomas W. AR 32nd Inf. Co.G
Brazeil, James H. GA 3rd Bn.S.S. Co.C

Brazel, Allen AL 36th Inf. Co.F
Brazel, C. AL 8th Cav. Co.E
Brazel, Charles AR 20th Inf. Co.G
Brazel, David GA 26th Inf. Atkinson's Co.B
Brazel, George A. GA 42nd Inf. Co.G
Brazel, James SC 1st Arty. Co.B
Brazel, James SC 1st (Hagood's) Inf. 2nd Co.G
Brazel, James R. AL 21st Inf. Co.A
Brazel, P. SC 10th Inf. Co.A
Brazel, Samuel LA Hvy.Arty. 2nd Bn. Co.F
Brazel, Valentine AR Inf. Cocke's Regt. Co.B
Brazel, W. TN 22nd Inf. Co.F
Brazel, William AR 8th Inf. New Co.E
Brazel, William GA 4th (Clinch's) Cav. Co.C
Brazel, William GA 26th Inf. Atkinson's Co.B
Brazel, William SC 1st (Hagood's) Inf. 2nd Co.G
Brazele, Hiram AL 19th Inf. Co.B
Brazell, A.B. AL 7th Cav. Co.F
Brazell, Andrew J. AL 39th Inf. Co.E
Brazell, Benjamin AL 53rd (Part.Rangers) Co.D
Brazell, D.H. GA 4th (Clinch's) Cav. Co.F
Brazell, D.H. TX 19th Inf. Co.D
Brazell, G. GA 10th Inf. Co.A
Brazell, George W. AL 39th Inf. Co.E
Brazell, G.L. AR 19th (Dockery's) Inf. Co.C
Brazell, H.C. AR 19th (Dockery's) Inf. Co.C
Brazell, Henry TN 11th Inf. Co.K
Brazell, Henry D. GA 64th Inf. Co.E
Brazell, H.H. MS 2nd Cav. Co.A
Brazell, James B. AL 20th Inf. Co.D
Brazell, James K. AL Jeff Davis Arty.
Brazell, James P. SC Inf. 7th Bn. (Enfield Rifles) Co.C Cpl.
Brazell, James R. KY 10th Cav. Co.E
Brazell, James W. GA 60th Inf. Co.A
Brazell, James W. GA 61st Inf. Co.H
Brazell, James W. NC Inf. 2nd Bn. Co.E
Brazell, J.B. TN Cav. Napier's Bn. Co.B
Brazell, J.L. GA 2nd Cav. (St.Guards) Co.F
Brazell, J.M. AL 14th Inf. Co.C
Brazell, John SC Inf. 7th Bn. (Enfield Rifles) Co.C
Brazell, John C. AL 39th Inf. Co.E Sgt.
Brazell, John D. AL 62nd Inf. Co.A
Brazell, John G. AL Lt.Arty. 20th Bn. Co.A
Brazell, John T. GA 60th Inf. Co.A
Brazell, John T. NC Inf. 2nd Bn. Co.E
Brazell, Jordan GA Inf. (Richmond Factory Guards) Barney's Co.
Brazell, J.R. SC Inf. 7th Bn. (Enfield Rifles) Co.C
Brazell, J.W. GA 11th Inf.
Brazell, J.W. GA 11th Cav. Co.C
Brazell, Malachi AL 5th Bn.Vol. Co.B
Brazell, M.J. GA Inf. 27th Bn. (NonConscr.) Co.D
Brazell, M.K. TX 19th Inf. Co.D
Brazell, N.G. AL 14th Inf. Co.C
Brazell, Oliver H. AL 20th Inf. Co.D
Brazell, R.P. AL 8th Cav. Co.F Cpl.
Brazell, Thomas A. KY 3rd Cav. Co.A 1st Lt.
Brazell, T.S. AR 19th (Dockery's) Inf. Co.C
Brazell, W. AL 8th Cav. Co.F
Brazell, W. AL 15th Inf. Co.K
Brazell, W. SC 5th Bn.Res. Co.A
Brazell, William A. GA 2nd Inf. Co.D
Brazell, William H. GA 61st Inf. Co.B
Brazelle, L.F. AR 24th Inf. Co.C
Brazelle, Renny P. AL 4th (Russell's) Cav.
Brazelman, J.A. LA Mil.Conf.Guards Regt. Co.F Sgt.
Brazelton, Abraham TN 41st Inf. Co.G
Brazelton, A.C. AL 4th (Russell's) Cav. Co.F
Brazelton, E.W. AL 3rd Cav. Co.F
Brazelton, Jacob TN 1st (Turney's) Inf. Co.F
Brazelton, James C. AL 35th Inf. Co.H Cpl.
Brazelton, James H. TN 1st (Turney's) Inf. Co.F
Brazelton, James L. AL 11th Inf. Co.K
Brazelton, J.M. AL 50th Inf. Co.C
Brazelton, John C. TN 1st (Turney's) Inf. Co.C 1st Lt.,Eng.
Brazelton, John F. NC Inf. Thomas Legion Co.D
Brazelton, John F. TN Conscr. (Cp. of Instr.)
Brazelton, Judson AR 47th (Crandall's) Cav. Co.E
Brazelton, Martin V. TN 1st (Turney's) Inf. Co.F
Brazelton, M.B. TN Inf. Crews' Bn. Co.E Capt.
Brazelton, P.D. GA Floyd Legion (St.Guards) Co.I
Brazelton, S.I. TN 39th Mtd.Inf. Co.C
Brazelton, Titus V. GA 27th Inf. Co.D 2nd Lt.
Brazelton, W. Vaughn's Staff Col.
Brazelton, William TN 1st (Carter's) Cav. Co.K
Brazelton, William, Jr. TN 1st (Carter's) Cav. Lt.Col.
Brazelton, William TN 41st Inf. Co.G
Brazelton, William G. TN 1st (Turney's) Inf. Co.I
Brazelton, William H. AL 4th (Russell's) Cav. Co.F
Brazelton, William W. AL 11th Inf. Co.K N.C.S. Sgt.Maj.
Brazenn, Joseph D. MO 6th Inf. Co.D 3rd Lt.
Brazentine, Thomas VA 1st (Farinholt's) Res. Co.B
Brazer, J.F. AL 12th Inf. Co.B
Brazeton, J. AL 31st Inf. Co.F
Brazewell, B.B. AL 9th Inf. Co.G
Brazewell, G.W. TN Inf. 22nd Bn. Co.F
Brazie, G.C. AR 19th (Dawson's) Inf. Co.B
Braziel, --- GA 3rd Cav. Co.E
Braziel, A.C. AL 8th Cav. Co.E
Braziel, A.D. GA 8th Inf. (St.Guards) Co.E
Braziel, B.R. SC 12th Inf. Co.C
Braziel, G.C. AR 24th Inf. Co.A
Braziel, Horatio GA 65th Inf. Co.C
Braziel, J. TX Cav. Chisum's Regt. Co.I
Braziel, Jasper MS 10th Cav. Co.K
Braziel, John FL Inf. 2nd Bn. Co.A
Braziel, John M. MS Inf. (Res.) Berry's Co.
Braziel, Joseph AR 24th Inf. Co.A Cpl.
Braziel, Joseph SC Shiver's Co.
Braziel, J.S. GA 27th Inf. Co.D
Braziel, Thomas B. GA 42nd Inf. Co.A
Braziel, W. SC Shiver's Co.
Braziel, W.J. SC 12th Inf. Co.C
Brazier, A.B. AL 20th Inf. Co.D
Brazier, A.G. TN 9th (Ward's) Cav. Co.A
Brazier, C. AL Cp. of Instr. Talladega
Brazier, C.D. MS 1st Cav.Res. Co.B
Brazier, Edward T. TX 28th Cav. Co.I
Brazier, Ellis AL 1st Cav. Co.C
Brazier, Ellis AL 18th Bn.Vol. Co.C
Brazier, Ellis TN 4th Inf. Co.D
Brazier, F.M. MS 7th Cav. Co.H
Brazier, George MS Inf. 2nd Bn. (St.Troops) Co.F 1st Sgt.
Brazier, Henry TX 7th Cav. Co.G
Brazier, James G. TN 44th (Cons.) Inf. Co.F
Brazier, James L. TX 13th Cav. Co.C
Brazier, J.L. KY 1st (Helm's) Cav. Old Co.G
Brazier, John MO Cav. Fristoe's Regt. Co.C
Brazier, John A. TX 13th Cav. Co.C Cpl.
Brazier, John C. GA Inf. 3rd Bn. Co.E
Brazier, J.T. AL Cav. Hardie's Bn.Res. Co.C
Brazier, J.T. MS 8th Cav. Co.B
Brazier, J.W. MS 1st Cav.Res. Co.B
Brazier, J.W. MS 5th Inf. (St.Troops) Co.D
Brazier, Leroy AL Cav. Hardie's Bn.Res. Co.C
Brazier, Lewis J. AL 49th Inf. Co.E
Brazier, L.H. AR 1st (Dobbin's) Cav. Co.F
Brazier, L.J. MS 7th Cav. Co.H
Brazier, M.J. MO 3rd Cav. Co.D
Brazier, N.J. TN 9th (Ward's) Cav. Co.B
Brazier, N.J. TN 30th Inf. Co.C
Brazier, Robert GA Cav. 29th Bn. Co.D
Brazier, Thomas AL 49th Inf. Co.E
Brazier, Thomas N. TN 44th Inf. Co.E
Brazier, Thomas N. TN 44th (Cons.) Inf. Co.B
Brazier, T.M. TN Inf. Spencer's Co.
Brazier, W.C. TX 5th Cav. Co.E Music.
Brazier, W.E. AR 1st (Dobbin's) Cav. Co.F
Brazier, W.E. AR 5th Inf.
Brazier, W.E. 3rd Conf.Inf. Co.E
Brazier, W.F. AR 30th Inf. Co.F
Brazier, W.H. GA Cav. 19th Bn. Co.D,E Capt.
Brazier, W.H. 10th Conf.Cav. Co.K Capt.
Brazier, W.H. Gen. & Staff Capt.,ADC
Brazier, William TN 4th Inf. Co.A,B
Brazier, William TN 34th Inf. Co.D
Brazier, William E. AR 18th Inf. (Marmaduke's) Inf. Co.E
Brazier, William F. TN 30th Inf. Co.F
Brazier, William H. AL 49th Inf. Co.E
Brazier, W.J. MO 3rd Cav. Co.D
Brazier, W.T. TN 32nd Inf. Co.H
Brazier, W.W. AL Cav. Shockley's Co.
Brazier, Z. AR 30th Inf. Co.F
Brazier, Zachariah TN 30th Inf. Co.F
Braziers, Morris 1st Choctaw & Chickasaw Mtd.Rifles 2nd Co.C
Brazil, Alonzo TN 4th (McLemore's) Cav. Co.I
Brazil, Andrew J. TX 35th (Brown's) Cav. Co.D Cpl.
Brazil, Andrew J. TX 13th Vol. 1st Co.I
Brazil, A.W. AL 7th Cav. Co.C
Brazil, A.W. AL 1st Regt.Conscr. Co.G
Brazil, G.W. AL 15th Inf. Co.F Sgt.
Brazil, H.L. AR 11th Inf. Co.G
Brazil, J. NC 5th Sr.Res. Co.I
Brazil, J. 1st Conf.Cav. 1st Co.K
Brazil, James LA 3rd Inf. Co.G
Brazil, J.E. AL 16th Inf. Co.D
Brazil, Jesse L. AR Inf. Hardy's Regt. Co.A
Brazil, J.G. AL 16th Inf. Co.D
Brazil, J.H. AR 20th Inf. Co.F
Brazil, J.H. GA 16th Inf. Co.I
Brazil, J.L. GA 2nd Cav. (St.Guards) Co.G
Brazil, Joel H. AR Cav. Poe's Bn. Co.A Sgt.
Brazil, John SC 4th St.Troops Co.G
Brazil, John TN 11th Inf. Co.E

Brazil, J.R. AR 1st (Monroe's) Cav. Co.H
Brazil, K.D. LA 2nd Cav. Co.B
Brazil, Lacy SC Inf. 7th Bn. (Enfield Rifles) Co.D
Brazil, Leacy SC 1st (Butler's) Inf. Co.F
Brazil, L.P. SC Lt.Arty. 3rd (Palmetto) Bn. Co.B
Brazil, N.S. AL 6th Cav. Co.C
Brazil, Owen SC 4th St.Troops Co.G
Brazil, Owen L. SC Inf. 7th Bn. (Enfield Rifles) Co.B
Brazil, R.F. AL 16th Inf. Co.D
Brazil, R.J. AR 26th Inf. Co.E
Brazil, Robert B. AL 41st Inf. Co.I
Brazil, Robert C. AR 3rd Cav. Co.G 1st Sgt.
Brazil, Robert C. AR 33rd Inf. Co.K 1st Lt.
Brazil, Robert H. GA 11th Inf. Co.A
Brazil, Sanders W. AL 1st Regt.Conscr. Co.A
Brazil, Voluntine AL 37th Inf. Co.E
Brazil, W. AL 6th Cav. Co.C
Brazil, W.B. SC Lt.Arty. 3rd (Palmetto) Bn. Co.B
Brazil, William SC 19th Inf. Co.K
Brazil, William M. AR 11th Inf. Co.B
Brazil, William M. AR 11th & 17th Cons.Inf. Co.A,B 2nd Lt.
Brazil, Wm. S. AL 26th Inf.
Brazil, W.R. TN 1st Hvy.Arty. 2nd Co.B
Brazile, B.B. SC Cav. A.C. Earle's Co. 3rd Lt.
Brazile, Benjamin AL 39th Inf. Co.H
Brazile, D.K. SC Cav. A.C. Earle's Co. Sgt.
Brazile, E. SC Cav. A.C. Earle's Co.
Brazile, Elseylus AL 22nd Inf. Co.F
Brazile, Fred MO 1st Cav. Co.D Cpl.
Brazile, J.B. MS 5th Inf. (St.Troops) Co.B
Brazile, Jesse AL 39th Inf. Co.H
Brazile, John AL 3rd Bn. Hilliard's Legion Vol. Co.C
Brazile, John H. AL 60th Inf. Co.B
Brazile, John M. TX 13th Cav. Co.F
Brazile, Robert TX 2nd Inf. Co.E
Brazile, Robert 3rd Conf.Cav. Co.B
Brazile, R.S. AR 37th Inf. Co.D
Brazile, S.A. SC Cav. A.C. Earle's Co.
Brazile, S.H. SC Cav. A.C. Earle's Co.
Brazile, W.H. MS 5th Inf. (St.Troops) Co.B
Brazile, William TX 13th Cav. Co.F
Brazile, William TX 19th Inf. Co.C
Brazile, William C. GA 22nd Inf. Co.D
Brazile, W.S. LA Inf.Cons.Crescent Regt. Co.L
Brazill, A.J. GA 3rd Res. Co.B
Brazill, A.W. AL 10th Cav. Co.C
Brazill, D.W. GA 4th (Clinch's) Cav. Co.E
Brazill, George AR 21st Mil. Co.E
Brazill, George W.F. GA 20th Inf. Co.C
Brazill, G.W. AR 3rd Cav. Co.B
Brazill, J.B. VA 10th Cav. Co.E
Brazill, Sampson TN Cav. Allison's Squad.
Brazill, Thomas AR 27th Inf. Old Co.B
Brazill, T.S. AR 1st (Monroe's) Cav. Co.K
Brazill, W.B. MS 12th Cav. Co.B
Brazill, W.B. TX 31st Cav. Co.H
Brazill, William H. TN 5th (McKenzie's) Cav. Co.E Sgt.
Brazille, A. TX 3rd Cav. Co.A
Brazille, Burton W. TX 1st (McCulloch's) Cav. Co.B
Brazille, J.P. LA 31st Inf. Co.F
Brazille, William MS Inf. 7th Bn. Co.C
Brazille, William MS 27th Inf. Co.H
Brazington, J. GA 45th Inf. Co.E
Brazleton, B.F. GA 4th Cav. (St.Guards) Pirkle's Co. 1st Lt.
Brazleton, J.A. GA 11th Cav. Co.B
Brazleton, Jacob GA 4th Cav. (St.Guards) Gower's Co.
Brazleton, John C. TN 1st Regt. Ens.,Asst.Comsy.
Brazleton, W.H. GA 4th Cav. (St.Guards) Pirkle's Co. 2nd Lt.
Brazley, J.A. KY 5th Cav. Co.I
Brazonier, D.H. VA 11th Cav. Co.C
Brazor, Marion TX 19th Inf. Co.E
Brazsail, M.A. MS 10th Cav. Co.A
Brazseil, M.A. TN Cav. 17th Bn. (Sanders') Co.C
Brazule, I. MS 1st Inf. Co.E
Brazur, Jasper AL 29th Inf. Co.E
Brazwell, Alley AL 6th Inf. Co.C
Brazwell, E.J. MS 28th Cav. Co.D
Brazwell, George SC 20th Inf. Co.I
Brazwell, Horatio GA 56th Inf. Co.C
Brazwell, J.W. GA 11th Cav. Co.C
Brazwell, R.G. AL 23rd Inf. Co.E
Brazwell, W.D. AL 11th Cav. Co.H
Brazwell, William TN 44th (Cons.) Inf. Co.C
Brazza, Joseph MO 7th Cav. Co.D Sgt.
Brazzel, J.F. MS 1st (Johnston's) Inf. Co.B
Brazzel, John H. LA 28th (Gray's) Inf. Co.C,I
Brazzel, R. LA 26th Inf. Co.G Cpl.
Brazzel, Thomas MO 7th Cav. Co.E
Brazzel, Thomas A. MO 7th Cav. Co.E
Brazzell, Bird AL 24th Inf. Co.E
Brazzell, James TN 11th Inf. Co.K
Brazzell, James R. TN 9th (Ward's) Cav. Co.D
Brazzell, John KY 7th Mtd.Inf. Co.B
Brazzell, J.R. TN 10th (DeMoss') Cav. Co.E
Brazzell, L.F. AR Inf. Hardy's Regt. Co.F
Brazzell, Richard AL 24th Inf. Co.E
Brazzell, S.A. TX Cav. Morgan's Regt. Co.G
Brazzell, W.H. GA 2nd Cav. (St.Guards) Co.F
Brazzell, William TN 9th (Ward's) Cav. Co.D
Brazzell, William TX Cav. Morgan's Regt. Co.G
Brazzie, T.J. AR 32nd Inf. Co.C
Brazzil, John TX 14th Inf. Co.B
Brazzil, Wyly TX 14th Inf. Co.B
Brazzile, Warren LA Inf. 11th Bn. Co.C Jr.2nd Lt.
Brazziola, M.J. NC 28th Inf. Co.B
Brazzle, James AL 32nd Inf. Co.H
Brazzle, Josiah F. AL Conscr.
Brazzle, Nathan AR 2nd Inf. Co.I
Brazzle, William AR 2nd Inf. Co.I
Brazzlia, Joseph VA 18th Inf. Co.A
Brazzlia, Lewis VA 18th Inf. Co.A
Breacher, J. TX 8th Field Btty.
Breacher, J. TX Lt.Arty. Dege's Bn.
Breack, J.H. VA 27th Inf. Chap.
Breackanridge, Robert LA Mil. British Guard Bn. Kurczyn's Co.
Bread, T.M. GA 6th Inf. (St.Guards) Co.K 3rd Lt.
Breadford, Elijah 1st Choctaw & Chickasaw Mtd.Rifles 2nd Co.K
Breading, Abraham MO St.Guard
Breading, James AL 40th Inf. Co.F
Breadley, A.B. AL 10th Cav. Co.G 2nd Lt.
Breadlouv, William F. VA Lt.Arty. 38th Bn. Co.C
Breadlove, H.P. AL 1st Cav. 1st Co.C
Breadlove, Leciel D. GA 12th Cav. Co.D
Breadlove, R.P. MO 12th Inf. Co.K
Breadlove, Thomas AL 9th (Malone's) Cav. Co.D
Breadlove, William M. MO 12th Inf. Co.K
Breadon, Branson MD Arty. 2nd Btty.
Bread Oo nur we ya lie 1st Cherokee Mtd.Rifles Co.E
Breadsnyder, Edmond TX 16th Inf. Co.C
Breadwell, A.W. VA 18th Inf. Co.D
Breadwell, Robert MO Cav. Preston's Bn. Co.C
Bready, Alexander TN 8th Inf. Co.K
Bready, D.C. VA 6th Cav. Co.K Sgt.
Bready, I.N. TN 12th Inf. Co.C 1st Sgt.
Bready, Robert M. NC Hill's Bn.Res. Co.C 2nd Lt.
Bready, Ross A. NC 37th Inf. Co.C
Break, M.D. AR 20th Inf. Co.E
Break, Michael VA 14th Mil. Co.B
Breakbill, Henry TN 62nd Mtd.Inf. Co.D
Breakbill, J.R. GA 60th Inf. Co.E
Breakbill, Philip KY 11th Cav. Co.H
Breakbill, Spencer TN 2nd (Ashby's) Cav. Co.A
Breake, W.W. AR 1st Mtd.Rifles Co.F
Breaker, C.H. SC 1st Cav. Co.I
Breaker, George W. SC Lt.Arty. 3rd (Palmetto) Bn. Co.F
Breaker, Henry M. FL 3rd Inf. Co.C
Breaker, H.M. SC 1st Cav. Co.I
Breaker, James W.H. TX Waul's Legion Co.C
Breaker, M. SC 5th Cav. Co.C
Breakey, William MO Cav. Poindexter's Regt.
Breakfield, B. TN 2nd (Ashby's) Cav. Co.A Black.
Breakfield, B.A. SC 4th Cav. Co.B
Breakfield, C. MS Cav. Yerger's Regt. Co.B
Breakfield, H.A. SC 4th Cav. Co.B Cpl.
Breakfield, H.L. MS 3rd Inf. Co.E Cpl.
Breakfield, Jacob MS 3rd Inf. Co.A Sgt.
Breakfield, J.M. SC 4th Cav. Co.B
Breakfield, Joe H. NC 62nd Inf. Co.F
Breakfield, J.T. SC 18th Inf. Co.B
Breakfield, Thomas SC 4th Cav. Co.B
Breakfield, William SC 5th Inf. 2nd Co.E
Breakfield, William H. AR 23rd Inf. Co.F Sgt.
Breakfield, W.S. TN 17th Inf. Co.D
Breakheimer, W. AL 1st Regt. Mobile Vol. Co.C
Breaky, William MO 1st N.E. Cav.
Brealand, D.B. MS 18th Cav. Co.G
Brealey, Joseph AR 17th (Lemoyne's) Inf. Co.E
Brealon, James GA 25th Inf. Co.C
Bream, G.B. LA 7th Cav. Co.D
Breame, C.W. KY 1st (Helm's) Cav. New Co.G
Breame, John KY 1st (Helm's) Cav. New Co.G
Breame, M.B. KY 1st (Helm's) Cav. New Co.G
Breancale, F.M. AL Mil. 4th Vol. Co.G
Breand, Octave LA 18th Inf. Co.E
Breans, T.R. TX 20th Inf. Co.D
Brear, J.R. AL 15th Inf. Co.E 2nd Lt.
Breard, C.A. LA 3rd Inf. Co.I 1st Sgt.
Breard, Charles A. TX Waul's Legion Co.H
Breard, D.A. LA 2nd Inf. Co.C

Brearley, Henry J. AR Cav. 1st Bn. (Stirman's) Co.B
Brearley, James W. SC 8th Inf. Co.F,M 1st Sgt.
Brearley, James W. SC 9th Inf. Co.G
Brearley, Joseph AR Cav. Gordon's Regt. Co.E
Breasly, Martin L. SC 8th Inf. Chap.
Breashear, J.L. TN 9th Cav. Co.G
Breast, J.K. TN Inf. 3rd Cons.Regt. Co.D
Breast, John K. TN 5th Inf. 2nd Co.K Cpl.
Breathard, John VA Cav. 35th Bn. Co.B
Breatheart, W. AR 2nd Cav. Co.D
Breathed, Isaac VA Cav. Mosby's Regt. (Part.Rangers) Co.A
Breathed, James VA 1st Cav. Co.B
Breathed, James VA Horse Arty. D. Shanks' Co. Capt.
Breathed, James Gen. & Staff, Arty. Maj.
Breathitt, John B. MO 2nd Cav. Co.G
Breathwait, James AL 11th Inf. Co.C
Breathwaite, Thomas VA 6th Inf. Ferguson's Co.
Breatt, D.H. Gen. & Staff Capt.
Breau, Francis M. LA 1st Hvy.Arty. (Reg.) Co.H
Breau, Hypolite LA 1st Hvy.Arty. Co.G
Breau, Leo. LA 1st Hvy.Arty. Co.G
Breau, Michael VA 60th Inf. 1st Co.H
Breau, Onesime LA 1st Hvy.Arty. (Reg.) Co.G
Breau, Sosthene LA 26th Inf. Co.A
Breau, V. LA 26th Inf. Co.A
Breaud, Arsene LA 18th Inf. Co.E
Breaud, C. LA Inf.Cons. 18th Regt. & Yellow Jacket Bn. Co.B
Breaud, Octave LA Inf.Cons. 18th Regt. & Yellow Jacket Bn. Co.E
Breaud, Stasnislas LA 3rd Inf. Co.A
Breauer, Frederick VA 1st St.Res. Co.C
Breauer, John VA 1st St.Res. Co.C
Breaux, A. LA Mtd.Part.Rangers Bond's Co.
Breaux, A. LA Inf.Cons. 18th Regt. & Yellow Jacket Bn. Co.I Sgt.
Breaux, A. LA Inf.Cons.Crescent Regt. Co.C
Breaux, Adolphe LA 15th Inf. Co.C
Breaux, Alexander LA Inf. 10th Bn. Co.D
Breaux, Alexander LA Inf.Cons. 18th Regt. & Yellow Jacket Bn. Co.D
Breaux, Alexandre LA 18th Inf. Co.F Sgt.
Breaux, Alphonse LA 7th Cav. Co.H Cpl.
Breaux, Amour LA 2nd Cav. Co.I
Breaux, Armand LA Inf.Crescent Regt. Co.A
Breaux, Augustin LA 26th Inf. Co.D Sgt.
Breaux, Aurelien LA Inf. 10th Bn. Co.D
Breaux, Aurelien LA Inf.Cons. 18th Regt. & Yellow Jacket Bn. Co.D
Breaux, Aurelien LA Conscr.
Breaux, Belisaire LA 28th (Thomas') Inf. Co.A
Breaux, C. LA 1st Hvy.Arty. (Reg.) Co.B
Breaux, C. LA Inf.Cons. 18th Regt. & Yellow Jacket Bn. Co.E
Breaux, C. LA 30th Inf. Co.A
Breaux, C. LA Miles' Legion Co.B
Breaux, Carmile LA 18th Inf. Co.D
Breaux, Charles LA 26th Inf. Co.E
Breaux, D. LA 18th Inf. Co.F
Breaux, D. LA Inf.Cons. 18th Regt. & Yellow Jacket Bn. Co.I Sgt.
Breaux, D. LA 28th (Gray's) Inf.
Breaux, David LA Inf. 10th Bn. Co.D
Breaux, David LA Inf.Cons. 18th Regt. & Yellow Jacket Bn. Co.D
Breaux, David LA Conscr.
Breaux, Desire LA 27th Inf. Co.D
Breaux, Donas LA Mil. Terrebonne Regt.
Breaux, Donat LA Conscr.
Breaux, Drepuis LA Inf. 10th Bn. Co.F
Breaux, Drepuis LA Inf.Cons. 18th Regt. & Yellow Jacket Bn. Co.F
Breaux, E. LA Inf. 7th Bn. Co.A Ord.Sgt.
Breaux, Edmond LA C.S. Zouave Bn. Co.D,A Cpl.
Breaux, Edmond VA Horse Arty. G.W. Brown's Co.
Breaux, Emile LA 1st Hvy.Arty. (Reg.) Co.B
Breaux, Emile L. LA 3rd Inf. Co.A
Breaux, Enos LA 26th Inf. Co.E
Breaux, Esdraze LA 8th Inf. Co.C
Breaux, Esteve LA Inf. 10th Bn. Co.B
Breaux, Esteve LA Inf.Cons. 18th Regt. & Yellow Jacket Bn. Co.B
Breaux, Eug LA 20th Inf. Co.C
Breaux, Faustin LA 15th Inf. Co.C
Breaux, Felicien LA 26th Inf. Co.D
Breaux, Francois LA 2nd Cav. Co.I
Breaux, Francois LA 18th Inf. Co.K
Breaux, G. LA Inf. 10th Bn. Co.G
Breaux, G.A. LA 30th Inf. Co.G,H,I Capt.
Breaux, Gessner LA 28th (Thomas') Inf. Co.A
Breaux, Gus A. LA 30th Inf. Col.
Breaux, Gus A. LA Mil.Conf.Guards Regt. Co.I
Breaux, H. LA 18th Inf. Co.I
Breaux, H. LA Inf.Cons. 18th Regt. & Yellow Jacket Bn. Co.H
Breaux, J. LA 7th Cav. Co.A
Breaux, J. LA 7th Cav. Co.F
Breaux, J. LA 18th Inf. Co.F
Breaux, J. LA Inf.Cons. 18th Regt. & Yellow Jacket Bn. Co.F
Breaux, J. LA Mil. LaFourche Regt.
Breaux, J.A. LA 30th Inf. Co.B,I
Breaux, J. Adolphe LA 27th Inf. Co.D Cpl.
Breaux, John LA 20th Inf. Co.C
Breaux, John LA Inf. Pelican Regt. Co.H
Breaux, Joseph LA Inf. 10th Bn. Co.B
Breaux, Joseph LA 15th Inf. Co.C
Breaux, Joseph LA Inf.Cons. 18th Regt. & Yellow Jacket Bn. Co.B
Breaux, Joseph LA Conscr.
Breaux, Jos. A. LA 7th Cav. Co.E 1st Lt.
Breaux, Joseph H. LA 3rd Inf. Co.A
Breaux, Joseph T. LA 2nd Res.Corps Co.K
Breaux, L. LA Inf. 10th Bn. Co.I
Breaux, L. LA Inf.Cons. 18th Regt. & Yellow Jacket Bn. Co.I,G,A
Breaux, Leo LA 7th Cav. Co.F
Breaux, Leufroy LA 26th Inf. Co.D
Breaux, Levy LA 20th Inf. Co.D
Breaux, Louis G. LA 18th Inf. Co.I Cpl.
Breaux, Lonriski LA 2nd Cav. Co.I
Breaux, Lucien LA 1st Hvy.Arty. (Reg.) Co.A
Breaux, M.A. LA 2nd Res.Corps Co.K
Breaux, Marcel LA Inf. 10th Bn. Co.F
Breaux, Marcel LA Inf.Cons. 18th Regt. & Yellow Jacket Bn. Co.F
Breaux, Numa LA 26th Inf. Co.A
Breaux, O. LA 30th Inf. Co.I
Breaux, O. Conf.Lt.Arty. 1st Reg.Btty.
Breaux, Octave LA Mil. LaFourche Regt. Cpl.
Breaux, Oscar LA Mil. LaFourche Regt. Lt.
Breaux, Ovide LA 2nd Cav. Co.I
Breaux, P. LA 2nd Cav. Co.H
Breaux, P. LA Arty. 5th Field Btty. (Pelican Lt.Arty.)
Breaux, P.A. LA 15th Inf. Co.C Jr.2nd Lt.
Breaux, S. LA Inf.Cons. 18th Regt. & Yellow Jacket Bn. Co.E
Breaux, S. LA 26th Inf. Co.G
Breaux, S.D. LA 7th Cav. Co.A
Breaux, Seraphim LA 18th Inf. Co.D
Breaux, Solomon LA 15th Inf. Co.C
Breaux, Sosthene LA Inf.Cons. 18th Regt. & Yellow Jacket Bn. Co.D
Breaux, Sosthene C. LA Inf.Cons. 18th Regt. & Yellow Jacket Bn. Co.D
Breaux, Sosthenes LA Conscr.
Breaux, T. LA 7th Cav. Co.F
Breaux, Talsen LA Inf.Crescent Regt. Co.A
Breaux, Th. LA 26th Inf. Co.C
Breaux, Theodore LA 20th Inf. Co.C
Breaux, Theodule LA 11th Inf. Co.B
Breaux, Thomas LA 11th Inf. Co.I
Breaux, Thomas LA 20th Inf. Co.C
Breaux, V. LA Inf.Cons. 18th Regt. & Yellow Jacket Bn. Co.I
Breaux, Valery LA Mil. LaFourche Regt.
Breaux, Vilmond LA 18th Inf. Co.F
Breazeal, Benjamin S. GA 3rd Inf. Co.F,B Music.
Breazeal, Clinton TX 17th Inf. Co.E Cpl.
Breazeal, Henry W. TN 27th Inf. Co.K
Breazeal, John TX 29th Cav. Co.B
Breazeal, William B. SC 1st (Orr's) Rifles Co.C
Breazeal, Willis W. GA 20th Inf. Co.A Capt.
Breazeale, A.J. AR 19th (Dockery's) Inf. Co.G Cpl.
Breazeale, A.J. LA Inf. 4th Bn. Co.D
Breazeale, A.J. LA Inf. Pelican Regt. Co.F
Breazeale, Balie B. SC 4th Inf. Co.J Sgt.
Breazeale, B.B. LA 3rd Inf. Co.G Sgt.
Breazeale, B.B. SC 6th Cav. Co.E Sgt.
Breazeale, B.B. SC Inf. 13th Bn. Co.A 1st Sgt.
Breazeale, B.B. SC Inf. Hampton Legion Co.K
Breazeale, C.J. TX 7th Inf. Co.H
Breazeale, D. SC Inf. Hampton Legion Co.K
Breazeale, David J. TX 2nd Inf. Co.E
Breazeale, David K. SC 6th Cav. Co.E
Breazeale, David K. SC 4th Inf. Co.J Cpl.
Breazeale, D.K. SC Inf. 13th Bn. Co.A
Breazeale, D.W. AL 8th (Livingston's) Cav. Co.B
Breazeale, E. SC Inf. Hampton Legion Co.K
Breazeale, Emerzies M. TX 2nd Inf. Co.E
Breazeale, Enoch SC 6th Cav. Co.E Cpl.
Breazeale, Enoch SC 4th Inf. Co.J
Breazeale, Enoch SC Inf. 13th Bn. Co.A
Breazeale, J.J. LA Inf. 4th Bn. Co.D Sgt.
Breazeale, J.N. LA 2nd Inf. Co.D
Breazeale, John H. SC 6th Cav. Co.E
Breazeale, John T. SC 1st (Orr's) Rifles Co.K
Breazeale, S. SC Inf. Hampton Legion Co.K
Breazeale, S.H. SC Inf. 13th Bn. Co.A
Breazeale, Silas H. SC 6th Cav. Co.E
Breazeale, Silas H. SC 4th Inf. Co.J

Breazeale, Stephen A. SC 4th Inf. Co.J
Breazeale, Walter S. MO Price's Div.
Breazeale, W.O. LA 2nd Cav. Co.C Lt.Col.
Breazeale, W.O. LA 3rd Inf. Co.G 1st Lt.
Breazeale, W.W. LA 2nd Cav. Lt.Col.
Breazeale, W.W. LA 3rd Inf. Co.G Capt.
Breazeole, B.B. VA Cav. 37th Bn. Co.B
Breazeole, D.R. VA Cav. 37th Bn. Co.B
Breazeole, E. VA Cav. 37th Bn. Co.B
Breazeole, S.H. VA Cav. 37th Bn. Co.B
Breazzeal, Jackson C. MS 40th Inf. Co.G
Breazzeal, John W. MS 40th Inf. Co.G
Brech, William B. AL Cav. Falkner's Co.
Brecheen, J.B. MS 10th Cav. Co.H
Brecheen, John C. TN 53rd Inf. Co.B
Brecheen, Thomas F. TN 32nd Inf. Co.G
Brecheen, W.T. TX 19th Inf. Co.K
Brecher, Philip MS Page's Co. (Lexington Guards)
Brechert, W.J. TN Cav. Kaiser's Regt.
Brechtel, Frederic LA Mil. 1st Regt. French Brig. Co.6
Brechun, Theodore TN 32nd Inf. Co.G
Breck, C.H. TN 7th (Duckworth's) Cav. Co.A
Breck, Charles H. KY Guerrilla Maddison Cty.
Breck, John LA 7th Inf. Co.D
Breck, W.A. GA 44th Inf.
Breck, W.C. AL 42nd Inf. Chap.
Breckenridge, --- NC 66th Inf. Lt.
Breckenridge, Adam A. KY 9th Cav. Co.A
Breckenridge, Alexander KY 8th Cav. Co.D
Breckenridge, A.N. TX 4th Inf. Co.F
Breckenridge, A.N. VA Lt.Arty. Garber's Co. Jr.2nd Lt.
Breckenridge, Andrew KY 4th Cav. Co.A
Breckenridge, Cary VA 2nd Cav. Co.C Lt.Col.
Breckenridge, Cary, Sr. VA Burks' Regt. Loc.Def. McCue's Co.
Breckenridge, C.J. LA 4th Inf. Co.D
Breckenridge, David S. SC 2nd Rifles Co.L
Breckenridge, D.F. MS 1st Bn.S.S. Co.A Sgt.
Breckenridge, D.I.E. AR Cav. Davies' Bn. Co.D
Breckenridge, E. AL 21st Inf. Co.C
Breckenridge, Ebenezer AL 11th Inf. Co.A
Breckenridge, George W. VA 2nd Bn.Res. Co.E Capt.
Breckenridge, Gilmer VA 28th Inf. Co.K Capt.
Breckenridge, Gilmore VA 2nd Cav. Co.C Color Sgt.
Breckenridge, G.N. MO 4th Inf. Co.G
Breckenridge, G. Newt MO 1st & 4th Cons.Inf. Co.B
Breckenridge, James AR 47th (Crandall's) Cav. Co.E
Breckenridge, James AR 32nd Inf. Co.C
Breckenridge, James SC 1st St.Troops Co.E
Breckenridge, James VA 2nd Cav. Co.C Capt.
Breckenridge, James A. MO 8th Cav. Co.D
Breckenridge, Jefferson AL 11th Inf. Co.A
Breckenridge, J.M. MS 41st Inf. Co.H
Breckenridge, J.N. AL Gid Nelson Lt.Arty.
Breckenridge, John H. VA 28th Inf. Co.K Sgt.
Breckenridge, John L. SC 1st (Orr's) Rifles Co.A Sgt.
Breckenridge, Joseph C. Breckinridge's Staff 1st Lt.
Breckenridge, Joseph F. AL 61st Inf. Co.I
Breckenridge, J.P. SC 1st St.Troops Co.E
Breckenridge, J.T. AL 3rd Res. Co.I
Breckenridge, J.T. AL 21st Inf.
Breckenridge, R.A. KY Inf. 37th Regt. Co.H
Breckenridge, R.A. VA Cav. 37th Bn. Co.H
Breckenridge, R.C. KY 3rd Mtd.Inf. Co.B
Breckenridge, R.H. KY 8th Mtd.Inf. Co.H
Breckenridge, R.J. AL Lt.Arty. Ward's Btty.
Breckenridge, R.N. VA 31st Mil. Co.B
Breckenridge, R.W. AL 21st Inf. Co.C
Breckenridge, Samuel AR 8th Inf. New Co.E 1st Lt.
Breckenridge, Samuel MO 7th Cav. Co.E 1st Lt.
Breckenridge, S.P. AL Asst.Surg.
Breckenridge, S.P. Gen. & Staff Asst.Surg.
Breckenridge, Stanhope KY 2nd Mtd.Inf. Asst.Surg.
Breckenridge, T.E. AL 8th (Livingston's) Cav. Co.B
Breckenridge, Thomas E. MO Cav. 3rd Regt. St.Guard Co.A
Breckenridge, W.C.P. KY 9th Cav. Col.
Breckenridge, W.E. MO Cav. Ford's Bn. Co.C
Breckenridge, William B. AR Inf. 1st Bn. Co.D
Breckenridge, W.S. AR 32nd Inf. Co.C
Breckenrige, James MO Cav. Ford's Bn. Co.C
Brecker, Dietrick LA 20th Inf. Co.F
Brecker, Philip MS 15th Inf. Co.C Cpl.
Breckin, F.H. TN 27th Inf. Co.B
Breckin, J.A. TN 27th Inf. Co.B
Brecking, G. TN 30th Inf. Co.I
Breckinridge, C.R. MS Cav. Buck's Co. Escort to J.C. Breckinridge
Breckinridge, D.C. KY 6th Mtd.Inf. Co.K
Breckinridge, James KY 3rd Mtd.Inf. Co.B
Breckinridge, James T. KY 2nd Mtd.Inf. Co.B Cpl.
Breckinridge, J. Cabell Breckinridge's Staff 1st Lt.,ADC
Breckinridge, John C. Gen. & Staff Maj.Gen.
Breckinridge, Joseph Cabel KY 2nd Mtd.Inf. Co.B Cpl.
Breckinridge, R.J. TX 5th Inf. Surg.
Breckinridge, R.J. Gen. & Staff, A. of N.VA. Medical Insp.
Breckinridge, Robert J. KY 2nd Mtd.Inf. Co.B Capt.
Breckinridge, Robert J. Gen. & Staff Col.
Breckinridge, Stanhope P. KY 4th Mtd.Inf. Asst.Surg.
Breckinridge, Stanley KY 4th Mtd.Inf. Asst.Surg.
Breckling, H. TX 1st Hvy.Arty. Co.B
Breckman, T. GA 1st (Symons') Res. Co.C
Brecount, William MS 21st Inf. Co.A
Breda, A.P. LA 2nd Cav. Co.C
Breda, J.E. LA 2nd Cav. Co.C
Bredell, Anton TX 20th Inf. Co.A
Bredell, Edward, Jr. Gen. & Staff 1st Lt.
Breden, Carroll W. TN 40th Inf. Co.K
Breden, Elijah VA 3rd (Chrisman's) Bn.Res. Co.A
Breden, H. Bradford's Corps Scouts & Guards Co.B
Breden, J.H. VA Lt.Arty. Clutter's Co.
Breden, Joseph TX 36th Cav. Co.E
Breden, L. TX 8th Field Btty.
Breden, L. TX Lt.Arty. Dege's Bn.
Breden, Martin SC Arty. Bachman's Co. (German Lt.Arty.)
Breden, Martin SC Arty.Bn. Hampton Legion Co.B
Breden, Nathaniel VA Lt.Arty. Kirkpatrick's Co.
Breden, Sam 4th Conf.Inf. Co.K
Breden, Samuel TN 42nd Inf. Co.D
Breden, William VA Lt.Arty. Kirkpatrick's Co.
Bredenberg, L. SC 3rd Cav. Co.G Sgt.
Bredenberg, L. SC Mil.Cav. Theo. Cordes' Co. Sgt.
Bredenberg, P. SC Mil. 16th Regt. Triest's Co. Cpl.
Brederich, Enoch MO Inf. Clark's Regt. Co.D
Brederick, Marion MO Inf. Clark's Regt. Co.D,G
Bredgeman, W.A. MO 2nd Cav. Co.E
Bredgman, T.F. AR 19th (Dawson's) Inf. Co.I
Bredinback, William LA 1st Hvy.Arty. (Reg.) Co.K
Bredinberg, J.J. SC Mil. 1st Regt. (Charleston Res.) Co.F
Breding, J.H. VA 64th Mtd.Inf. Co.K
Bredlon, T.B. TX Home Guards Killough's Co.
Bredlove, M.B. GA 8th Cav. Co.B
Bredmore, E.J. AL 11th Inf. Co.H
Bredow, G., Jr. LA 28th (Thomas') Inf. Co.F Capt.
Bredow, Geo., Jr. Gen. & Staff Capt.,AQM
Bredow, Richard LA 3rd (Wingfield's) Cav. Co.B Capt.
Bredow, Richard LA 5th Inf. Co.G 2nd Lt.
Bredric, Enoch O. 1st Cherokee Mtd.Vol. 1st Co.K
Bredrich, Enoch Conf.Cav. Clarkson's Bn. Ind.Rangers Co.H
Bredrich, Marion Conf.Cav. Clarkson's Bn. Ind.Rangers Co.H
Bredwell, Hazell KY 1st (Butler's) Cav.
Bredwell, John T. AL 20th Inf. Co.H
Bredy, J. LA Mil. 1st Regt. French Brig. Co.5
Bree, --- TX 8th Field Btty.
Bree, James Golding Gen. & Staff 2nd Lt.
Breece, Benijah TN 48th (Voorhies') Inf. Co.I
Breece, George W. NC 4th Cav. (59th St.Troops) Co.C
Breece, Henry N. TN 48th (Voorhies') Inf. Co.I
Breece, H.H.C. TX 2nd Cav. Co.E 1st Sgt.
Breece, James NC 3rd Inf. Co.C
Breece, James NC 3rd Inf. Co.E
Breece, James NC 8th Inf. Co.E Cpl.
Breece, J.L. TN 19th Inf. Co.F
Breece, Joseph NC 51st Inf. Co.I
Breece, Luther R. NC 8th Inf. Co.E Capt.
Breechu, John GA 63rd Inf. Co.K
Breed, A.N. AL 62nd Inf. Co.I
Breed, Avery LA 1st (Nelligan's) Inf. Co.I
Breed, Benjamin 10th Conf.Cav. Co.B
Breed, Benjamin J. AL Cav. 5th Bn. Hilliard's Legion Co.B
Breed, Edward MS 16th Inf. Co.E
Breed, Henry J. MS 35th Inf. Co.A Cpl.
Breed, Henry L. MD 1st Cav. Co.F
Breed, J.B. GA 13th Inf. Co.C 2nd Lt.
Breed, Jefferson F. AL 4th Inf. Co.G
Breed, J.F. AL Cp. of Instr. Talladega

Breed, John M. 10th Conf.Cav. Co.B
Breed, J.W. AL 62nd Inf. Co.I
Breed, J.W. MS Inf. 3rd Bn. (St.Troops) Co.A
Breed, Richard H. AL 7th Inf. Co.A
Breed, R.J. AL 28th Inf. Co.I
Breed, R.J. AL Cp. of Instr. Talladega Co.7
Breed, R.N. AL Talladega Cty.Res. Breed's Co.
Breed, S.C. MO 2nd & 6th Cons.Inf. Co.A Cpl.
Breed, T.J. AL Talladega Cty.Res. Breed's Co.
Breed, T.M. GA 13th Inf. Co.C 1st Lt.
Breed, W. LA 3rd (Harrison's) Cav. Co.E
Breed, W.A. AL Talladega Cty.Res. Breed's Co.
Breed, W.B. 8th (Wade's) Conf.Cav. Co.B
Breed, William B. AL Cav. Falkner's Co.
Breed, W.J. AL Talladega Cty.Res. Breed's Co.
Breed, W.N. AL Cav. Moses' Squad. Co.B
Breedelove, Moses B. GA 4th Inf. Co.A
Breeden, Ahab LA 27th Inf. Co.H
Breeden, A.J. SC 4th Cav. Co.E
Breeden, B.A. AL Mil. 2nd Regt.Vol. Co.E
Breeden, Barlet B. VA Lt.Arty. 1st Bn. Co.C Cpl.
Breeden, Bartlett B. VA 1st Arty. 2nd Co.C, 3rd Co.C
Breeden, B.B. VA Arty. Young's Co.
Breeden, Berryman VA 34th Inf. Co.D
Breeden, Branson VA 10th Inf. Co.E
Breeden, Calvin VA 10th Inf. Co.E
Breeden, Carroll W. AL 31st Inf. Co.A
Breeden, Clinton VA 10th Inf. Co.E
Breeden, D.F. TX 6th Inf. Co.A 2nd Lt.
Breeden, Dudley KY 5th Cav. Co.E
Breeden, E.V. VA 2nd St.Res. Co.C
Breeden, E.W. Secret Serv. McDaniel's Co.
Breeden, F. LA Lt.Arty. Holmes' Btty.
Breeden, Francis M. VA 22nd Inf. Co.A
Breeden, F.W. KY 5th Cav. Co.E
Breeden, George W. VA 97th Mil. Co.E
Breeden, H. KY 2nd (Woodward's) Cav. Co.C
Breeden, H. VA Inf. 2nd Bn.Loc.Def. Co.A
Breeden, Hamilton V. VA 22nd Inf. Co.A
Breeden, Haskins VA 1st Arty. 3rd Co.C, Co.D
Breeden, Henry J. VA 34th Inf. Fray's Co.D
Breeden, Henry J. 2nd Conf.Eng.Troops
Breeden, Hinkle VA 34th Inf. Co.D
Breeden, Horace S. VA Lt.Arty. 38th Bn. Co.C
Breeden, Haskins VA Arty. B.H. Smith's Co.
Breeden, Isaac VA 34th Inf. Co.D
Breeden, Isham TN 50th Inf. Co.B
Breeden, Jackson VA 59th Inf. 3rd Co.I
Breeden, Jacob VA 8th Bn.Res. Co.B
Breeden, James TN 1st (Turney's) Inf. Co.B
Breeden, James E. VA 22nd Inf. Co.E
Breeden, James H. VA 3rd Lt.Arty. Co.H
Breeden, James H. VA 59th Inf. 3rd Co.I
Breeden, James M. VA 34th Inf. Co.D
Breeden, James O. VA Hvy.Arty. Coffin's Co.
Breeden, James O. VA 15th Inf. Co.H
Breeden, Jerry S. VA 34th Inf. Fray's Co.D Sgt.
Breeden, Jesse E. TN 14th Inf. Co.F
Breeden, J.H. VA Inf. 28th Bn. Co.D
Breeden, J.J. FL 2nd Inf. Co.B
Breeden, J.L. TN 49th Inf. Co.E
Breeden, J.O. TN 49th Inf. Co.E
Breeden, J.O. VA Loc.Def. Tayloe's Co. 1st Lt.
Breeden, John AR Cav. Gordon's Regt. Co.B 2nd Lt.
Breeden, John VA 58th Mil. Co.F
Breeden, John C. TN 39th Mtd.Inf. Co.K Cpl.
Breeden, John H. VA Inf. 25th Bn. Co.F
Breeden, John L. SC Cav. 12th Bn. Co.C Sgt.
Breeden, John W. VA 34th Inf. Co.D
Breeden, Joseph TN 49th Inf. Co.E
Breeden, Joseph VA Cav. 37th Bn. Co.K
Breeden, Joseph H. VA 34th Inf. Fray's Co.
Breeden, Joseph H. VA 97th Mil. Co.M
Breeden, Joseph N. VA 34th Inf. Co.D
Breeden, Lindsy TN 50th Inf. Co.B
Breeden, Lins O. TN 14th Inf. Co.F,E
Breeden, Loyd L. TN 59th Mtd.Inf. Co.I
Breeden, M. MS 3rd Inf. Co.G
Breeden, Marion MS 12th Inf. Co.D
Breeden, Marion MS 14th Inf. Co.B
Breeden, Marion MS 36th Inf. Co.A
Breeden, Mark LA Mil.Cont.Regt. Mitchell's Co. Sgt.
Breeden, Mitchell TN Inf. 22nd Bn. Co.D
Breeden, Nathan VA 3rd Lt.Arty. Co.H
Breeden, Nicholas VA 10th Inf. Co.E
Breeden, Peter L. SC 4th Cav. Co.E Capt.
Breeden, P.H. TX 8th Inf. Co.F Capt.
Breeden, P.H. TX St.Troops Hampton's Co.
Breeden, P. Lindsay SC Cav. 12th Bn. Co.C 1st Lt.
Breeden, P.O. AR Cav. Gordon's Regt. Co.B
Breeden, Pomp TN 50th Inf. Co.B
Breeden, Pompey O. AR 2nd Mtd.Rifles Co.B
Breeden, R.C. MS 12th Inf. Co.C
Breeden, Richard L. MS 16th Inf. Co.C Cpl.
Breeden, R.J. SC 23rd Inf. Co.G
Breeden, Robert O. VA 1st Arty. Co.B Cpl.
Breeden, Robert O. VA Lt.Arty. 1st Bn. Co.B Cpl.
Breeden, Robert O. VA Arty. Richardson's Co. Cpl.
Breeden, Robert O. VA 32nd Inf. 1st Co.H
Breeden, Robert R. LA 20th Inf. Co.G Adj.
Breeden, Robt. R. Gen. & Staff 1st Lt.,Adj.
Breeden, R.R. AR 35th Inf. Co.G
Breeden, R.R. LA Inf.Cons.Crescent Regt. Co.C
Breeden, R.R. LA Inf.Crescent Regt. Co.B
Breeden, R.S. TN 62nd Mtd.Inf. Co.F 1st Sgt.
Breeden, Rufus VA 1st Arty. 2nd Co.C, 3rd Co.C
Breeden, Rufus VA 59th Inf. 3rd Co.C
Breeden, Samuel TN 7th (Duckworth's) Cav. Co.E
Breeden, Thomas F. VA 34th Inf. Co.D
Breeden, Thomas S. VA 97th Mil. Co.E
Breeden, W. KY 2nd (Woodward's) Cav. Co.C
Breeden, W.C. TN 49th Inf. Co.E
Breeden, Wesley VA 10th Inf. Co.I
Breeden, W.F. VA Loc.Def. Durrett's Co.
Breeden, W.H. TN 49th Inf. Co.E
Breeden, William TX Cav. Baylor's Regt. Co.D
Breeden, William VA Cav. 34th Bn. Co.C
Breeden, William, Jr. VA Arty. B.H. Smith's Co.
Breeden, William VA 58th Mil. Co.B
Breeden, William (of Elijah) VA 58th Mil. Co.B
Breeden, William B. NC 39th Inf. Co.C Sgt.
Breeden, William F. VA Hvy.Arty. 10th Bn. Co.A
Breeden, William F. VA 1st Inf. Co.D
Breeden, William J. VA Lt.Arty. 1st Bn. Co.D
Breeden, William S. AR 27th Inf. New Co.B
Breeden, William T. VA Inf. 25th Bn. Co.F
Breeden, W.M. SC 3rd Inf. Co.G
Breeden, W.T. VA 59th Inf. 3rd Co.I
Breeder, C. TX 16th Inf. Co.C
Breeder, F.M. KY 11th Cav. Co.G
Breedin, B.A. AL St.Arty. Co.C
Breedin, Briant VA 72nd Mil.
Breedin, C.T. MS Horse Arty. Cook's Co.
Breedin, Jasper VA Cav. 2nd Bn. Rowan's Co.
Breeding, Alford VA Inf. 21st Bn. 2nd Co.F
Breeding, Alfred H. VA 22nd Cav. Co.B Jr.2nd Lt.
Breeding, A.U. TN 1st (Carter's) Cav. Co.A Sgt.
Breeding, B.F. MO Inf. 1st Bn. Co.C
Breeding, Brient VA Cav. Ferguson's Bn. Stevenson's Co.
Breeding, B.W. TX 15th Cav. Co.E
Breeding, B.W. TX 26th Cav. 1st Co.G
Breeding, B.W. TX Waul's Legion Co.D
Breeding, Byron Frank MO 6th Inf. Co.K Cpl.
Breeding, C.P. TX 9th (Nichols') Inf. Co.A
Breeding, C.P. TX Waul's Legion Co.D Bugler
Breeding, D.C. KY 6th Mtd.Inf. Co.A,C
Breeding, D.C. TX 24th & 25th Cav. Co.I
Breeding, D.S. TX 26th Cav. 1st Co.G
Breeding, D.S. TX Waul's Legion Co.D
Breeding, F.M. KY 10th (Diamond's) Cav. Co.I 1st Sgt.
Breeding, Harrison VA 34th Inf. Co.D
Breeding, Harrison H. VA 29th Inf. Co.A
Breeding, Henderson VA 29th Inf. Co.A
Breeding, Isaac VA 82nd Mil. Co.C
Breeding, J. KY Jessee's Bn.Mtd.Riflemen Co.C
Breeding, James KY 6th Cav. Co.E
Breeding, James VA 7th Inf. Co.F
Breeding, James A. KY 6th Mtd.Inf. Co.C
Breeding, James C. KY 6th Mtd.Inf. Co.C
Breeding, James M. VA 72nd Mil.
Breeding, Jasper GA 6th Cav. 1st Co.K
Breeding, Jasper KY Part.Rangers Rowan's Co.
Breeding, Jasper VA 50th Inf. Cav.Co.B
Breeding, Jasper VA 64th Mtd.Inf. 2nd Co.F
Breeding, J.B. TN 1st (Carter's) Cav. Co.A
Breeding, J.G. AR Inf. Cocke's Regt. Co.H
Breeding, J.L. VA 50th Inf. Co.I
Breeding, J.M. MO 12th Inf. Co.G
Breeding, J.M. VA 72nd Mil.
Breeding, J.M. VA Conscr. Cp.Lee Co.B
Breeding, John TN 25th Inf. Co.I
Breeding, John C. KY 6th Mtd.Inf. Co.C
Breeding, Joseph VA 72nd Mil.
Breeding, Newton KY Jessee's Bn.Mtd.Riflemen Co.C
Breeding, Newton KY Part.Rangers Rowan's Co.
Breeding, Newton VA 25th Cav. Co.H
Breeding, Newton VA Inf. 21st Bn. 1st Co.E
Breeding, P.C. TX 18th Cav. Co.I
Breeding, P.L. TN 61st Mtd.Inf. Co.H Cpl.
Breeding, Russell TN Cav. 12th Bn. (Day's) Co.C Cpl.
Breeding, S.A. MO Inf. 1st Bn. Co.C
Breeding, S.A. MO 6th Inf. Co.K
Breeding, Samuel TN 63rd Inf. Co.A
Breeding, Spencer VA 72nd Mil.

Breeding, T.J. TN 1st (Carter's) Cav. Co.A
Breeding, W.F. MO 12th Inf. Co.G
Breeding, William AL 11th Cav. Co.E
Breeding, William A. KY 6th Mtd.Inf. Co.C
Breeding, William J. TN 1st (Carter's) Cav. Co.A
Breeding, William W. VA 48th Inf. Co.H
Breedlove, Abraham NC 22nd Inf. Co.M
Breedlove, Albert B. LA 7th Inf. Co.H Cpl.
Breedlove, Ambrose VA Cav. 47th Bn. Aldridge's Co.
Breedlove, And T. VA Cav. 47th Bn. Co.B
Breedlove, A.W. GA Cav. 15th Bn. (St.Guards) Allen's Co.
Breedlove, A.W. GA 2nd Res. Co.G
Breedlove, Benjamin AL 4th Inf. Co.B
Breedlove, Bennett NC 23rd Inf. Co.G
Breedlove, B.F. AL 3rd Inf. Co.C
Breedlove, B.F. AL 34th Inf. Breedlove's Co. 1st Sgt.
Breedlove, B.J. NC 1st Jr.Res. Co.B
Breedlove, B.W. NC 62nd Inf. Co.K
Breedlove, C.G. GA 9th Inf. (St.Guards) Co.F
Breedlove, Charles VA 37th Inf. Co.C
Breedlove, Charles VA 72nd Mil.
Breedlove, Charles N. MO 3rd Cav. Co.F
Breedlove, Charles R. TX Cav. Martin's Regt. Co.K
Breedlove, David AL 9th (Malone's) Cav. Co.K
Breedlove, David NC 2nd Cav. (19th St.Troops) Co.G
Breedlove, David NC 23rd Inf. Co.G
Breedlove, David R. VA 6th Cav. 2nd Co.E
Breedlove, David W. NC 22nd Inf. Co.L
Breedlove, D.R. VA 13th Cav. Co.K
Breedlove, D.T. NC 45th Inf. Co.C
Breedlove, E. AR 18th (Marmaduke's) Inf. Co.C
Breedlove, E.B. AL 34th Inf. Breedlove's Co. Capt.
Breedlove, George W. TX Cav. Martin's Regt. Co.K
Breedlove, George W. VA 4th Res. Co.C
Breedlove, Henry GA 14th Inf. Co.A
Breedlove, Henry NC Inf. 2nd Bn. Co.F
Breedlove, Henry NC 22nd Inf. Co.I
Breedlove, Henry NC 22nd Inf. Co.M
Breedlove, Henry VA Inf. 23rd Bn. Co.B
Breedlove, Henry VA 86th Mil. Co.F,C
Breedlove, Henry C. GA 6th Inf. Co.A
Breedlove, Henry C. TX 36th Cav. Co.A
Breedlove, Henry G. GA 14th Inf. Co.A
Breedlove, Henry T. NC 15th Inf. Co.G
Breedlove, Hiram GA 20th Inf. Co.D
Breedlove, J. SC 16th & 24th (Cons.) Inf. Co.I
Breedlove, James A. NC 23rd Inf. Co.G Capt.
Breedlove, James L. VA 14th Cav. Co.H,D
Breedlove, James M. KY 2nd (Duke's) Cav. Co.K Cpl.
Breedlove, James W. LA Arty. Green's Co. (LA Guard Btty.)
Breedlove, Jesse E. NC 1st Cav. (9th St.Troops) Co.K
Breedlove, Jesse M. GA 15th Inf. Co.E
Breedlove, J.F. GA Inf. 23rd Bn.Loc.Def. Pendergrass' Co.
Breedlove, J.H. NC 23rd Inf. Co.G
Breedlove, J.L. GA 3rd Res. Co.K
Breedlove, J.M. TX Rangers
Breedlove, John MS Inf. 2nd St.Troops Co.C
Breedlove, John NC Cav. 7th Bn. Co.A
Breedlove, John SC 24th Inf. Co.C
Breedlove, John F. AL 53rd (Part.Rangers) Co.B 3rd Lt.
Breedlove, John H. NC 30th Inf. Co.G
Breedlove, John M. AR 3rd Inf. Co.D 1st Sgt.
Breedlove, John P. AL 4th Inf. Co.B Capt.
Breedlove, John W. NC Inf. Thomas Legion Co.H
Breedlove, John W. VA 5th Inf. Co.B
Breedlove, John W. VA 27th Inf. 2nd Co.H
Breedlove, John W. VA 28th Inf. Co.B Cpl.
Breedlove, John W. VA 56th Inf. Co.I
Breedlove, Joseph NC 22nd Inf. Co.M
Breedlove, Joseph NC 47th Inf. Co.G
Breedlove, J.W. GA Inf. 23rd Bn.Loc.Def. Pendergrass' Co.
Breedlove, J.W. LA 20th Inf. Surg.
Breedlove, J.W. LA Inf.Crescent Regt. Co.G
Breedlove, J.W. TX 20th Cav. Co.A
Breedlove, J. Winchester LA 3rd Inf. Surg.
Breedlove, L. GA 55th Inf. Co.B
Breedlove, L. NC 22nd Inf. Co.I
Breedlove, Leonard GA Inf. 13th Bn. (St.Guards) Douglass' Co.
Breedlove, Lindsey VA 22nd Inf. Swann's Co.
Breedlove, Lindsey VA 59th Inf. 2nd Co.K
Breedlove, M. KY Morgan's Men Co.E Cpl.
Breedlove, Mathew E. TN 55th (McKoin's) Inf. Co.F
Breedlove, Moses GA 62nd Cav. Co.B
Breedlove, Napoleon B. 1st Choctaw & Chickasaw Mtd.Rifles Asst.Comsy.Sub.
Breedlove, Nathaniel H. NC 43rd Inf. Co.G
Breedlove, N.B. Gen. & Staff Comsy.Agent
Breedlove, Philip M. VA 28th Inf. Co.B
Breedlove, R. SC 1st (Hagood's) Inf. 2nd Co.G
Breedlove, Randal NC 23rd Inf. Co.G
Breedlove, Ransom S. AR 3rd Inf. Co.D
Breedlove, R.H. TN 10th (DeMoss') Cav. Co.K
Breedlove, R.H. TN 21st & 22nd (Cons.) Cav. Co.I
Breedlove, Richard L. AR 3rd Inf. Co.D
Breedlove, R.M. GA Inf. 23rd Bn.Loc.Def. Pendergrass' Co. Cpl.
Breedlove, Robert SC 9th Inf. Co.B
Breedlove, Robert VA 22nd Inf. Swann's Co.
Breedlove, Robert VA Inf. 45th Bn. Co.A
Breedlove, Robert VA 59th Inf. 2nd Co.K
Breedlove, Samuel VA 12th Cav. Co.I
Breedlove, Samuel VA 146th Mil. Co.H
Breedlove, S.C. TN 5th Inf. 2nd Co.F Sgt.
Breedlove, Simpson AR 15th (N.W.) Inf. Co.H
Breedlove, Stan TN Cav. 1st Bn. (McNairy's) Co.B
Breedlove, Thomas AL 9th (Malone's) Cav. Co.K Cpl.
Breedlove, Thomas MS 11th (Perrin's) Cav. Co.B
Breedlove, Thomas A. TX 36th Cav. Co.A
Breedlove, T.J. TX 12th Inf. Co.C Sgt.
Breedlove, W.B. AL 9th (Malone's) Cav. Co.A
Breedlove, W.F. TX 30th Cav. Co.C Cpl.
Breedlove, William AR 27th Inf. Co.A
Breedlove, William LA 7th Inf.
Breedlove, William MO Cav. Schnabel's Bn. Co.A
Breedlove, William NC 22nd Inf. Co.I
Breedlove, William VA 8th Bn.Res. Co.C
Breedlove, William VA 37th Inf. Co.C
Breedlove, William A. NC 15th Inf. Co.G
Breedlove, William A. TX 36th Cav. Co.A
Breedlove, William E. AR 3rd Inf. Co.D Cpl.
Breedlove, William F. VA Lt.Arty. Montgomery's Co.
Breedlove, William L. VA Inf. 45th Bn. Co.A
Breedlove, Willis M. NC 15th Inf. Co.L
Breedlove, W.J. AL 10th Inf. Co.K
Breedlove, W.J. AL 30th Inf. Co.A
Breedlove, W.M. NC 32nd Inf. Co.K
Breedlove, W.T. TN 8th (Smith's) Cav. Co.F
Breedlove, W.W. LA Mil.Conf.Guards Regt. Co.K
Breedlove, W.W. VA 3rd (Chrisman's) Bn.Res. Co.C
Breedon, E. VA 7th Bn.Res. Co.B
Breedon, Fountain VA 97th Mil. Co.I
Breedon, George TN 50th Inf. Co.I
Breedon, H.J. MS St.Cav. 3rd Bn. (Cooper's) 1st Co.A
Breedon, J. VA 7th Inf. Co.K
Breedon, Rholen C. MS 33rd Inf. Co.C
Breedow, Gust Gen. & Staff AQM
Breedwell, G. AL 23rd Inf. Co.C
Breedwell, Henry AR 27th Inf. Co.A
Breedwell, L.O. Gen. & Staff Maj.,QM
Breedwell, Nathaniel TN Conscr. (Cp. of Instr.) Co.B
Breedwell, Robert MO 4th Cav. Co.C Cpl.
Breek, John L. GA 10th Inf. Sgt.
Breelan, D.Z. MS Cav. 17th Bn. Co.D
Breeland, C.H. MS Cav. 17th Bn. Co.E
Breeland, Elisha MS 38th Cav. Co.F
Breeland, H. MS 38th Cav. Co.F
Breeland, James J. GA Cav. 2nd Bn. Co.F
Breeland, James J. GA 5th Cav. Co.B
Breeland, J.B. MS 38th Cav. Co.F
Breeland, J.C. MS Cav. 17th Bn. Co.A
Breeland, J.C. MS 3rd Inf. Co.A
Breeland, Jessee MS Cav. 17th Bn. Co.A
Breeland, J.F. SC 3rd Cav.
Breeland, J.S. SC 8th Bn.Res. Co.C
Breeland, M.L. MS 3rd Inf. Co.A
Breeland, T.T. MS 27th Inf. Co.G
Breeland, Van D. LA 1st Hvy.Arty. (Reg.) Co.A
Breeland, W. SC Mil. 18th Regt. Co.D
Breeland, William B. GA Cav. 2nd Bn. Co.F
Breeland, William B. GA 5th Cav. Co.B
Breeland, W.S. MS Cav. 17th Bn. Co.A
Breem, P. GA 19th Inf. Co.B
Breeman, Peter G. VA 32nd Inf. 2nd Co.H
Breemer, John SC 22nd Inf. Co.A,D
Breen, Charles MS 19th Inf. Co.H
Breen, Daniel VA Inf. 1st Bn. Co.A Sgt.
Breen, Dennis TN Inf. 3rd Cons.Regt. Co.I
Breen, Dennis TN 21st Inf. Co.B
Breen, Dennis 9th Conf.Inf. Co.B
Breen, D.H. NC 1st Arty. (10th St.Troops) Co.A
Breen, Francis M. KY 5th Mtd.Inf. Co.A
Breen, James Conf.Inf. 1st Bn. Co.I Sgt.
Breen, James C. VA 10th Cav. Co.H
Breen, J.G. TN Inf. 3rd Bn. Co.E

Breen, John GA Hvy.Arty. 22nd Bn. Co.F
Breen, John GA 1st (Olmstead's) Inf. Bonaud's Co.
Breen, John GA Inf. 2nd Bn. (St.Guards) Old Co.D
Breen, John GA 25th Inf. Co.C
Breen, John GA 54th Inf. Co.F
Breen, John TN Inf. 3rd Cons.Regt. Co.I
Breen, John TN 21st Inf. Co.B
Breen, John VA 17th Inf. Co.E
Breen, John 9th Conf.Inf. Co.B
Breen, John H. MO 2nd Cav. Co.G,K
Breen, L. AL 46th Inf. Co.B
Breen, Mark GA Hvy.Arty. 22nd Bn. Co.E
Breen, Mark GA 1st (Olmstead's) Inf. Guilmartin's Co.
Breen, Michael LA 1st Hvy.Arty. (Reg.) Co.D
Breen, Michael VA 46th Inf. Co.L
Breen, Michael VA 59th Inf. 3rd Co.F Sgt.
Breen, Michael N. VA Lt.Arty. French's Co. Cpl.
Breen, Michael N. VA Arty. Wise Legion
Breen, Morris F. GA 26th Inf. Co.A
Breen, Patrick AR 35th Inf. Co.C
Breen, Patrick VA 25th Cav. Co.I
Breen, Phillip LA 21st (Patton's) Inf. Co.B,A Sgt.
Breen, P.J. SC Inf. 1st (Charleston) Bn. Co.F
Breen, P.J. SC 25th Inf. Co.E
Breen, R.F. AL Arty. 1st Bn. Co.C
Breen, Thomas LA 13th Inf. Co.A,H
Breen, Thomas TN 2nd (Walker's) Inf. Co.H
Breen, Thomas TX 9th Cav. Co.E
Breen, Thomas Inf. School of Pract. Powell's Detach. Co.B
Breen, Timothy GA 26th Inf. Co.C
Breen, William LA 8th Inf. Co.H
Breenan, M.J. TN 15th Inf. 2nd Co.F 1st Lt.
Breene, J. AL Inf. 2nd Regt. Co.I Cpl.
Breene, Joseph A. VA 60th Inf. 1st Co.H
Breene, P.J. SC 27th Inf. Co.C
Breene, Thomas LA 1st Hvy.Arty. (Reg.) Co.I
Breening, Robert LA 3rd Inf. Co.F,C
Breerwood, Robert VA 3rd Lt.Arty. Co.A
Breerwood, William VA 47th Inf. Co.B Sgt.
Breese, James GA 24th Inf. Co.G
Breese, Joseph NC 3rd Inf. Co.E
Breese, Richard T. NC 3rd Inf. Co.E
Breese, S.V.V. SC 23rd Inf. Co.A Cpl.
Breese, S.V.V. SC 25th Inf. Co.A
Breese, William R. NC 3rd Inf. Co.E
Breeson, Enoch GA 41st Inf. Co.B
Breeton, W.H. SC Inf. 9th Bn. Co.A
Breetschky, --- TX Waul's Legion Co.D
Breever, H.M. TX 12th Inf. Co.B
Breeze, James TX 18th Cav. Co.B
Breeze, John NC 3rd Bn.Sr.Res. Durham's Co.
Breeze, Robert KY Cav. Jenkins' Co.
Breeze, William T. VA 21st Inf. Co.E Sgt.
Breffel, Joseph LA 8th Inf. Co.A
Brefko, Charles MO 3rd Inf. Co.B
Brefko, Charles Conf.Inf. 8th Bn.
Bregan, Peter GA Inf. 5th Bn. (St.Guards) Co.B Cpl.
Bregant, Jeams TN 1st (Carter's) Cav. Co.G
Bregazzi, Giovanni LA Mil. Cazadores Espanoles Regt. Co.F
Bregg, Joseph LA 14th Inf. Co.K
Bregner, John GA 63rd Inf. Co.K
Bregrley, Joseph AR 21st Inf. Co.I
Breheny, Thomas LA Mil. Stanley Guards Co.B
Brehlan, Alfonso 4th Conf.Eng.Troops Co.I Capt.
Brehm, Andrew LA 1st (Strawbridge's) Inf. Co.F
Brehm, John P. MD 1st Cav. Co.C
Brehop, C.T. MS 6th Inf. Co.E
Brehop, J.H. LA Mil. Bragg's Bn. Fowler's Co.
Breidenback, Wilhelm LA Mil. Mech.Guard
Breidenstein, W. TX Inf. 4th Bn. (Oswald's) Co.B
Breidenthal, D. TX 1st Hvy.Arty. 2nd Co.A
Breidwell, August AL 19th Inf. Co.H
Breidwell, Jasper W. AL 19th Inf. Co.H
Breier, J.C. GA 37th Inf. Co.C
Breighthing, F. 15th Conf.Cav. Co.G
Breikle, L. MS 1st Cav. Co.E
Breil, Henry LA Mil. Fire Bn. Co.D
Breiling, P. TX 2nd Inf. Co.I
Breilling, Gottlieb AL 24th Inf. Co.A
Breisacher, Charles VA 1st Inf. Co.K
Breiten, John TX 36th Cav. Co.H
Breitenbach, George AL 5th Inf. Co.H
Breitenback, George AL Lt.Arty. Phelan's Co. Cpl.
Breithaupst, C. LA 11th Inf. Co.G
Breithaupst, C.E. AL 2nd Cav. Co.I
Breithaupt, E. LA 11th Inf. Co.G Cpl.
Breithaupt, John T. MS 16th Inf. Co.F
Breithaupt, W.I. AL 2nd Cav. Co.I
Breithoup, William AL Jeff Davis Arty.
Breitling, Charles K. AL 43rd Inf. Co.A
Breitling, F.H. TX 1st Regt.St.Troops Co.B
Breitling, George AL 24th Inf. Co.I
Breitling, George 3rd Conf.Eng.Troops Co.G Artif.
Breitling, Gottlieb AL Lt.Arty. 2nd Bn. Co.E Sgt.
Breitling, J. AL 21st Inf. Co.E
Breitling, John AL 21st Inf.
Breitling, Lenhart LA Recruits
Breker, D. LA 13th Inf. Co.F
Breland, A.B. SC 11th Inf. 1st Co.F
Breland, A.B. SC 24th Inf. Co.E
Breland, A.C. SC Lt.Arty. Gaillard's Co. (Santee Lt.Arty.)
Breland, A.H. AL 19th Inf. Co.G
Breland, A.H. AL 28th Inf.
Breland, Bostic MS Cav. 17th Bn. Co.F
Breland, C.A. MS Cav. 17th Bn. Co.F
Breland, C.F. AL 56th Part.Rangers Co.D
Breland, C.F. MS 24th Inf. Co.A
Breland, C.J.W. SC 11th Inf. 2nd Co.I Cpl.
Breland, Colen MS Cav. 17th Bn. Co.F
Breland, Colon MS 9th Cav. Co.D
Breland, C.W. SC 7th Inf. Co.C
Breland, C.W. SC 8th Bn.Res. Fishburne's Co.
Breland, Daniel M. MS Inf. 7th Bn. Co.B
Breland, David E. SC 17th Inf. Co.G Sgt.
Breland, D.V. MS Cav. 17th Bn. Co.B
Breland, Elisha LA 3rd (Wingfield's) Cav. Co.C
Breland, E.R. MS 33rd Inf. Co.B
Breland, Franklin P. LA Miles' Legion Co.B
Breland, George MS 9th Cav. Co.D Cpl.
Breland, George MS Cav. 17th Bn. Co.F
Breland, G.H. SC 24th Inf. Co.E Sgt.
Breland, H.C. MS 24th Inf. Co.A
Breland, H.C. SC Cav. 19th Bn. Co.C
Breland, H.C. SC Part.Rangers Kirk's Co.
Breland, H.D. MS 24th Inf. Co.A
Breland, Henry LA Miles' Legion Co.C
Breland, Hillery MS 7th Inf. Co.H
Breland, H.J. MS 9th Cav. Co.D
Breland, H.J. MS Cav. 17th Bn. Co.F
Breland, H.J. MS 24th Inf. Co.A
Breland, Isaiah SC 24th Inf. Co.D
Breland, Jacob F. SC Arty.Bn. Hampton Legion Co.A Cpl.
Breland, J.C. MS 9th Cav. Co.D
Breland, J.C. MS Cav. 17th Bn. Co.F
Breland, Jesse MS 9th Cav. Co.A
Breland, Jesse MS Cav. 17th Bn. Co.F Cpl.
Breland, J.F. SC 17th Inf. Co.G
Breland, J.M. LA 3rd (Wingfield's) Cav. Co.C
Breland, J.M. MS Cav. 17th Bn. Co.F
Breland, John C. MS Inf. 7th Bn. Co.F
Breland, John V. SC 2nd Cav. Co.D Sgt.
Breland, Josiah MS 9th Cav. Co.D
Breland, Josiah MS Cav. 17th Bn. Co.F
Breland, Josiah W. SC 24th Inf. Co.E
Breland, J.P. LA Inf. 9th Bn. Co.B
Breland, J.R. SC 11th Inf. 1st Co.F
Breland, J.R. SC 24th Inf. Co.E
Breland, J.V. SC Cav. 4th Bn. Co.D
Breland, J.W. AL 40th Inf. Co.H
Breland, J.W. MS 4th Cav. Co.A
Breland, Lester 14th Conf.Cav. Co.D
Breland, Martin MS Cav. 17th Bn. Co.F
Breland, N.R. AL 36th Inf. Co.I
Breland, O.F. MS 6th Cav. Co.G 2nd Lt.
Breland, O.F. MS 5th Inf. (St.Troops) Co.E 1st Lt.
Breland, R.E. MS 33rd Inf. Co.B
Breland, Robert TX 5th Cav. Co.C
Breland, Samuel MS Inf. 3rd Bn. (St.Troops) Co.H,B
Breland, S.L. SC 16th & 24th (Cons.) Inf. Co.B
Breland, S.L. SC 24th Inf. Co.E
Breland, T.A.S. SC 16th & 24th (Cons.) Inf. Co.B
Breland, T.A.S. SC 24th Inf. Co.E
Breland, T.J. SC 1st (Hagood's) Inf. 1st Co.F, 2nd Co.G 2nd Lt.
Breland, Van D. LA Inf. 9th Bn. Co.A
Breland, W.C. MS 33rd Inf. Co.B
Breland, W.F. MS Inf. 3rd Bn. (St.Troops) Co.B
Breland, W.G. LA 1st Hvy.Arty. (Reg.) Co.I
Breland, William E. SC 1st (Hagood's) Inf. 1st Co.I, 2nd Co.C Sgt.
Breland, William G. LA Miles' Legion Co.C
Breland, W.S. MS 9th Cav. Co.A
Breland, W.S. MS Inf. 3rd Bn. (St.Troops) Co.H,A
Brelet, M. LA Arty. Watson Btty.
Brelet, Paul LA Lt.Arty. LeGardeur, Jr.'s Co. (Orleans Guard Btty.)
Brellsford, J.H. KY 2nd Mtd.Inf. Co.D
Brelsford, Edward VA 13th Inf. Co.K
Brelsford, John T. LA Inf. 1st Sp.Bn. (Rightor's) Co.E
Brelsford, Thomas GA Inf. 1st Loc.Troops (Augusta) Co.I

Brelsfort, James VA Cav. 41st Bn. Co.E
Brem, Charles J. NC 5th Cav. (63rd St.Troops) Co.F
Brem, G.W. TX 9th (Young's) Inf. Co.B
Brem, J.W. 1st Conf.Inf. 2nd Co.K
Brem, M. Stokes NC 48th Inf. Co.C 2nd Lt.
Brem, T.H. NC 63rd Bn. Home Guards Col.
Brem, Thomas H. NC 1st Arty. (10th St.Troops) Co.C Capt.
Breman, M.X. AL 32nd Inf. Co.B
Breman, Thos. Gen. & Staff AASurg.
Breman, Thomas H. Gen. & Staff Chap.
Bremann, Herman LA Mil. 3rd Regt. 1st Brig. 1st Div. Co.F Cpl.
Breme, Henry LA 2nd Inf. Co.B
Bremen, Adam H. MO Cav. Slayback's Regt.
Bremer, A.J. NC 4th Cav. (59th St.Troops) Co.I
Bremer, Charles LA 6th Inf. Co.H
Bremer, Charles F.B. SC 1st (Butler's) Inf. Co.A Sgt.
Bremer, David E. NC 1st Cav. (9th St.Troops) Co.D
Bremer, E. TN 40th Inf. Co.G
Bremer, F.W. LA Mil.Conf.Guards Regt. Co.I
Bremer, H. SC Mil.Arty. 1st Regt. Werner's Co.
Bremer, H. SC Lt.Arty. Wagener's Co. (Co.A, German Arty.)
Bremer, Henry, 1st LA 20th Inf. Co.B
Bremer, Henry, 2nd LA 20th Inf. Co.B
Bremer, Henry, No.1 LA 21st (Kennedy's) Inf. Co.F
Bremer, Henry, No.2 LA 21st (Kennedy's) Inf. Co.F
Bremer, Henry SC Arty. Bachman's Co. (German Lt.Arty.)
Bremer, Henry SC Arty.Bn. Hampton Legion Co.B
Bremer, Herman LA 20th Inf. New Co.B
Bremer, John SC 1st St.Troops Co.E
Bremer, John A. GA Inf. 18th Bn. (St.Guards) Co.C
Bremer, John L. MD 1st Inf. Co.B,A
Bremer, John M. NC 18th Inf. Co.A
Bremer, Leroy AL Mil. 2nd Regt.Vol. Co.D
Bremer, P. MS 2nd Inf. Nurse
Bremer, William AR 23rd Inf. Co.G
Bremer, W.J. Gen. & Staff Capt.,AQM
Bremer, W.P. TN Inf. 3rd Bn. Co.G
Bremgartner, Albert AR Lt.Arty. Owen's Btty.
Bremhall, George MO Cav. Wood's Regt. Co.A
Bremham, John W. VA 5th Cav. Co.I Sgt.
Bremly, John LA 7th Cav. Capt.
Bremman, Henry AR Cav. 15th Bn. Co.B
Bremmer, Joseph W. TN Cav. 7th Bn. (Bennett's) Co.E
Bremmerman, John L. VA 1st Inf. Chambers' Co.
Bremmerman, John L. VA 2nd Inf. Co.K
Bremner, John LA 30th Inf. Co.B
Bremner, Patrick NC 54th Inf. Co.F
Bremo, Joseph LA C.S. Zouave Bn. Co.A
Bremo, Joseph VA Lt.Arty. Page's Co.
Bremond, E.L. TX Cav. Waller's Regt. Menard's Co.
Bremond, Eugene TX Conscr.
Bremond, Jno., Sr. TX Conscr.
Bremond, Jno. J. TX Conscr.
Bremont, Jean LA 10th Inf. Co.I
Bren, Robert GA 1st (Olmstead's) Inf. Co.H
Brena, Allen GA Inf. 23rd Bn.Loc.Def. Pendergrass' Co. Cpl.
Brenam, John AR Part.Rangers Fitzwilliam's Co.
Brenan, Andrew GA 1st (Olmstead's) Inf. Co.A
Brenan, D. AL Chas. A. Herts' Co.
Brenan, Daniel LA O'Hara's Co. (Pelican Guards,Co.B)
Brenan, D.O.D. TN Lt.Arty. Scott's Co. Sgt.
Brenan, D.R. TX 2nd Inf. Co.H
Brenan, Eugene Henry TX 2nd Inf. Co.H Sgt.
Brenan, James LA Inf.Cons. 18th Regt. & Yellow Jacket Bn. Co.E
Brenan, James LA 27th Inf. Co.D
Brenan, James P. AL 24th Inf. Co.K 2nd Lt.
Brenan, John LA Mil. Brenan's Co. (Co.A, Shamrock Guards)
Brenan, John VA 16th Inf. Co.B,A Capt.
Brenan, Mathew LA Mil. Brenan's Co. (Co.A, Shamrock Guards)
Brenan, Michael LA 21st (Patton's) Inf. Co.A
Brenan, M.J. LA Mil. Brenan's Co. (Co.A, Shamrock Guards) Capt.
Brenan, Moses GA Hvy.Arty. 22nd Bn. Co.D Music.
Brenan, M.X. LA Lt.Arty. Fenner's Btty.
Brenan, Patrick LA 21st (Patton's) Inf. Co.A
Brenan, Patrick MS 25th Inf. Co.C
Brenan, Peter GA 61st Inf. Co.F Capt.
Brenan, T.H. TX 2nd Inf. Chap.
Brenan, William NC 17th Inf. (1st Org.) Co.I Bvt.2nd Lt.
Brenan, William NC 17th Inf. (2nd Org.) Co.L 2nd Lt.
Brenard, Frederick LA 14th Inf. Co.G
Brenardo, John AL 95th Mil. Co.D
Brenburg, F.M. FL 5th Inf.
Brench, E.K. LA 2nd Cav. Co.B
Brenclare, S. NC 22nd Inf. Co.I
Brendel, Joseph H. NC 1st Arty. (10th St.Troops) Co.C
Brendel, William T. NC 1st Arty. (10th St.Troops) Co.C
Brendle, C. NC 1st Arty. (10th St.Troops) Co.C
Brendle, Henry P. NC Inf. Thomas Legion Co.G
Brendle, James P. GA 2nd Inf. Co.E
Brendle, John H. NC Inf. Thomas Legion Co.G Cpl.
Brendle, John P. NC 21st Inf. Co.E
Brendle, J.P. NC 9th Bn.S.S. Co.B
Brendle, L.G. NC 9th Bn.S.S. Co.B
Brendle, Lieugene G. NC 21st Inf. Co.E
Brendle, Logan G. NC 58th Inf. Co.F
Brendle, Michael E. NC 53rd Inf. Co.D
Brendly, R.W. LA 18th Inf. Co.C
Brendt, John H. MS 9th Inf. New Co.D
Brendt, Marcus FL 10th Inf. Co.C
Brendtner, Charles LA 8th Inf. Co.E
Breneman, B.F. TX 33rd Cav. Co.C Cpl.
Breneman, J.T. VA 2nd Cav. Co.C
Breneman, Melchior VA 12th Cav. Co.H
Breneman, Melchior VA 58th Mil. Co.E
Brener, Joseph NC 11th (Bethel Regt.) Inf. Co.E
Brener, Meda AL Cp. of Instr. Talladega
Brenford, John T. LA Washington Arty.Bn. Co.3,2
Brenger, John O. LA 20th Inf. Co.B
Brengle, W.D. GA Inf. 3rd Bn. Asst.Surg.
Brengle, W.D. GA 3rd Bn.S.S. Asst.Surg.
Brengle, W.D. Gen. & Staff Asst.Surg.
Brenham, C.C. TX Cav. Baird's Regt. Co.C
Brenham, J.F. GA Cav. Alexander's Co.
Brenham, John B. VA 9th Cav. Co.D
Brenham, S. TN 1st (Carter's) Cav. Co.F
Brenham, W.H. LA Cav. Greenleaf's Co. (Orleans Lt.Horse)
Brenham, William Inf. School of Pract. Powell's Command Powell's Detach. Co.A
Brenigan, Mike LA 13th Inf. Co.H
Brenizer, Addison G. NC 1st Detailed Men Co.H Col.
Brenizer, A.G. LA 1st Inf. Co.E
Brenizer, A.G. Gen. & Staff, Arty. Capt.,Comdg. Arsenal
Brenk, Jacob TX Cav. Baylor's Regt. Co.E
Brenk, Jacob TX Inf. Griffin's Bn. Co.F
Brenk, Michael TX Inf. Griffin's Bn. Co.F
Brenker, George J. MO Robertson's Regt. St.Guard Co.7
Brenketta, H. TX Cav. Baird's Regt. Co.G
Brenkle, A.C. NC 2nd Inf. Co.B
Brenkley, Wm. AL 36th Inf. Co.E
Brenn, M. TN Inf. 3rd Bn. Co.F
Brennagan, Peter TN Inf. 154th Sr.Regt. Co.C
Brennan, A. LA 1st Inf. Co.E
Brennan, Barney AL Lt.Arty. 2nd Bn. Co.A
Brennan, Barney NC 6th Inf. Co.A
Brennan, Bartley TN Inf. 2nd Cons.Regt. Co.C
Brennan, Charles LA 1st (Nelligan's) Inf. Co.G
Brennan, Charles SC 3rd Inf. Co.K
Brennan, Cornelius 9th Conf.Inf. Co.B
Brennan, D. TN 3rd (Clack's) Inf. Co.C
Brennan, D.O.D. TN Arty. Marshall's Co.
Brennan, E. SC 18th Inf. Co.A
Brennan, Edward MO 1st & 4th Cons.Inf. Co.D
Brennan, Edward TN Inf. 154th Sr.Regt. Co.C
Brennan, Ferdinand AL Lt.Arty. 2nd Bn. Co.E
Brennan, Frank LA 1st (Strawbridge's) Inf. Co.C
Brennan, Garrett TN 2nd (Walker's) Inf. Co.A Sgt.
Brennan, J. LA Arty. Watson Btty.
Brennan, J. SC 25th Inf. Co.E
Brennan, J. TX 21st Inf. Co.A
Brennan, James GA Hvy.Arty. 22nd Bn. Co.E
Brennan, James GA 1st (Olmstead's) Inf. Co.B
Brennan, James GA 1st (Olmstead's) Inf. Way's Co., Guilmartin's Co.
Brennan, James KY 2nd Mtd.Inf. Co.E
Brennan, James LA Dreux's Cav. Co.A
Brennan, James LA 1st (Strawbridge's) Inf. Co.A,C Music.
Brennan, James LA 8th Inf. Co.D
Brennan, James LA Inf. 16th Bn. (Conf.Guards Resp.Bn.) Co.B Cpl.
Brennan, James LA Miles' Legion Co.G
Brennan, James TX Cav. Baird's Regt. Co.B,F N.C.S. QMSgt.
Brennan, James VA 17th Inf. Co.G Cpl.
Brennan, James Sig.Corps,CSA
Brennan, James G. LA Mil. Beauregard Bn. Co.G
Brennan, James P. AL Inf. 2nd Regt. Co.F Sgt.
Brennan, J.C. TX 4th Field Btty.

Brennan, J.J. VA Inf. 1st Bn. Co.C
Brennan, John AL Arty. 1st Bn. Co.A
Brennan, John AR 2nd Inf. Co.B Cpl.
Brennan, John LA 1st (Nelligan's) Inf. Co.G
Brennan, John LA Mil. 1st Regt. 3rd Brig. 1st Div. Co.A
Brennan, John LA 6th Inf. Co.F
Brennan, John LA 6th Inf. Co.G
Brennan, John LA 11th Inf. Co.D
Brennan, John LA 14th Inf. Co.G
Brennan, John, 2nd LA 14th Inf.
Brennan, John LA 15th Inf. Co.H
Brennan, John LA 22nd Inf. Durrive, Jr.'s Co.
Brennan, John MO 1st Inf. Co.A
Brennan, John MO 5th Inf. Co.E Sgt.
Brennan, John SC 25th Inf. Co.E
Brennan, John TN 10th Inf. Co.D
Brennan, John TX 1st Hvy.Arty. Co.D
Brennan, John TX 11th Inf. Co.H
Brennan, John TX 11th (Spaight's) Bn.Vol. Co.A Black.
Brennan, John B. LA 8th Inf. Co.B
Brennan, Joseph LA 16th Inf. Co.D
Brennan, J.P. AL 34th Inf. Co.H Sgt.
Brennan, J.P. SC 2nd Inf. Co.D,B
Brennan, M. SC 4th St.Troops Co.G
Brennan, M. TN Inf. 154th Sr.Regt. Co.A
Brennan, Martin X. LA 5th Inf. Co.F
Brennan, Michael AL Mil. 3rd Vol. Co.D
Brennan, Michael AL 61st Inf. Co.I
Brennan, Michael AR 18th (Marmaduke's) Inf. Co.D Sgt.
Brennan, Michael LA 1st Hvy.Arty. (Reg.) Co.I
Brennan, Michael LA 1st (Strawbridge's) Inf. Co.F
Brennan, Michael LA 8th Inf. Co.B
Brennan, Michael SC 1st Inf. Co.H
Brennan, Michael Inf. School of Pract. Co.D
Brennan, Michael J. SC 1st (McCreary's) Inf. Co.I
Brennan, Nath NC 7th Inf. Co.D
Brennan, Oliver GA Cav. 21st Bn. Co.B,D
Brennan, P. GA 8th Inf. Co.I
Brennan, P. SC 1st Regt. Charleston Guard Co.F
Brennan, Pat MS 16th Inf. Co.D
Brennan, Patrick GA 1st Reg. Co.M
Brennan, Patrick KY 7th Mtd.Inf. Co.K
Brennan, Patrick LA 1st (Strawbridge's) Inf. Co.I
Brennan, Patrick SC Mil. 1st Regt. (Charleston Res.) Co.H
Brennan, Patrick TN 10th Inf. Co.A
Brennan, Patrick TN Inf. 154th Sr.Regt. Co.C
Brennan, Patrick J. LA 21st (Patton's) Inf. Co.D
Brennan, P.C. MS 6th Inf. Co.C
Brennan, Philip LA 16th Inf. Co.D Sgt.
Brennan, Philip TN 2nd (Walker's) Inf. Co.F
Brennan, Richard LA 7th Inf. Co.G Cpl.
Brennan, Richard LA 14th (Austin's) Bn.S.S. Co.B
Brennan, R.J. LA Inf.Crescent Regt. Co.I
Brennan, Robert MO 1st Inf. Co.A
Brennan, Robert MO 1st & 4th Cons.Inf. Co.A
Brennan, Stephen AL 1st Bn.Cadets Co.B
Brennan, T. LA Arty. Watson Btty.
Brennan, T. TN 21st Inf. Co.D
Brennan, Thomas AL St.Arty. Co.A
Brennan, Thomas GA Hvy.Arty. 22nd Bn. Co.C
Brennan, Thomas KY Kirkpatrick's Bn. Co.A
Brennan, Thomas LA Lt.Arty. Holmes' Btty.
Brennan, Thomas MS Lt.Arty. (The Hudson Btty.) Hoole's Co.
Brennan, Thomas MS 18th Inf. Co.C
Brennan, Thomas TN 2nd (Walker's) Inf. Co.C Cpl.
Brennan, Thomas TN 2nd (Walker's) Inf. Co.D
Brennan, Thomas TX 2nd Cav. Co.H Hosp.Stew.
Brennan, Thomas VA 17th Inf. Co.G
Brennan, Thomas 9th Conf.Inf. Co.G,C
Brennan, Thomas Gen. & Staff Hosp.Stew.
Brennan, Thomas F. 9th Conf.Inf. Co.E 2nd Lt.
Brennan, Thomas J. SC Cav.Bn. Holcombe Legion Co.E
Brennan, T.J. SC 7th Cav. Co.H
Brennan, W. AL Chas. A. Herts' Co.
Brennan, W.H. GA 19th Inf. Co.A
Brennan, William AL Lt.Arty. Ward's Btty.
Brennan, William GA Cav. 29th Bn. Co.B
Brennan, William LA Lt.Arty. Holmes' Btty.
Brennan, William LA Arty. Watson Btty.
Brennan, William LA 11th Inf. Co.C
Brennan, William MS Lt.Arty. (The Hudson Btty.) Hoole's Co.
Brennan, William MO 1st Inf. Co.E
Brennan, William TN Lt.Arty. Winston's Co.
Brennar, Joseph LA C.S. Zouave Bn. Co.A
Brenneck, Michael LA Mil. 1st Regt. 3rd Brig. 1st Div.
Brennecke, Augustus SC 1st (Orr's) Rifles Ch.Music.
Brenneman, Peter LA 28th (Thomas') Inf. Co.C
Brennen, Cornelus TN 21st Inf. Co.I
Brennen, C.W. AR 10th Inf. Co.B
Brennen, James GA 1st (Olmstead's) Inf. Guilmartin's Co.
Brennen, James TX 8th Inf. Co.D
Brenner, August GA 1st (Symons') Res. Co.K Sgt.
Brenner, Casper VA 7th Cav. Co.C
Brenner, Casper C. VA 1st Cav. Co.E Sgt.
Brenner, Christian D. KY
Brenner, Fred LA 5th Inf. Co.E
Brenner, G. GA 5th Inf. Co.K Music.
Brenner, G.M.D. SC 2nd Hvy.Arty. Co.F
Brenner, H. VA 3rd (Chrisman's) Bn.Res. Co.B Capt.
Brenner, Henry TX Conscr.
Brenner, James GA Cav. 21st Bn. Co.A
Brenner, John E. VA 17th Inf. Co.C
Brenner, Lewis LA Inf. 7th Bn. Co.B
Brenner, Louis LA C.S. Zouave Bn. Co.B
Brenner, Media AL 26th Inf. Co.F
Brenner, Peter GA 1st (Symons') Res. Co.K
Brenner, R. VA 1st St.Res. Co.D
Brenner, S.L. AR Inf. Cocke's Regt. Co.A
Brenner, Thomas TX Cav. Waller's Regt. Menard's Co.
Brenner, T.W. TX 25th Cav. Cpl.
Brenner, W. GA Inf. 1st Loc.Troops (Augusta) Co.K
Brenner, William GA 1st (Symons') Res. Co.K
Brenney, A. TX Cav. Baird's Regt. Co.C
Brennick, Ed KY 2nd (Woodward's) Cav. Co.F
Brenniman, Peter LA 22nd (Cons.) Inf. Co.G
Brennin, George LA 21st (Patton's) Inf. Co.G Sgt.
Brennin, John LA 15th Inf. Co.B
Brennin, John VA 21st Inf. Co.G
Brenning, Edw. VA 10th Cav.
Brenning, J.H. TX 20th Inf. Co.B Cpl.
Brenning, John LA 6th Inf. Co.G
Brenning, John VA 10th Cav. Co.D
Brennon, Barney AL Lt.Arty. 2nd Bn. Co.B
Brennon, Bartley TN 11th Inf. Co.I,G
Brennon, Charles LA 8th Inf. Co.H
Brennon, D.D. AL 1st Regt. Mobile Vol. Co.K 1st Sgt.
Brennon, Edward TN 2nd (Walker's) Inf. Co.I Sgt.
Brennon, F.R. TN 3rd (Forrest's) Cav. Co.A
Brennon, F.R. TN Inf. 154th Sr.Regt. 1st Co.B
Brennon, James AL Lt.Arty. 2nd Bn. Co.C
Brennon, J.C. KY 2nd Mtd.Inf. Co.B
Brennon, J.E. SC Inf. Holcombe Legion Co.G 1st Lt.
Brennon, John LA 20th Inf. Co.K
Brennon, John TN Arty. Fisher's Co.
Brennon, John TN 11th Inf. Co.G
Brennon, John TX Vol. Duke's Co.
Brennon, Mike TN 27th Inf. Co.H
Brennon, Patrick GA Hvy.Arty. 22nd Bn. Co.E
Brennon, Patrick GA 1st (Olmstead's) Inf. Guilmartin's Co.
Brennon, Patrick TN 10th Inf. Co.H
Brennon, Phillip 9th Conf.Inf. Co.F
Brennon, Richard TX Vol. Duke's Co.
Brennon, Thomas GA 2nd Bn.S.S. Co.C
Brennon, Timothy Conf.Inf. Tucker's Regt. Co.A
Brennon, William AL Lt.Arty. 2nd Bn. Co.B
Brennon, William AL St.Arty. Co.D
Brennum, John AL 15th Bn.Part.Rangers Co.E
Brennum, J.S. AL 15th Bn.Part.Rangers Co.E
Breno, J.T.A. TN 16th (Logwood's) Cav. Co.K
Brenon, Douglas Bradford's Corps Scouts & Guards Co.A
Brenon, Frederick R. MS Lt.Arty. (The Hudson Btty.) Hoole's Co. Cpl.
Brenow, William GA 1st (Olmstead's) Inf. Co.A
Brenrinn, D. LA Lt.Arty. Bridges' Btty.
Brenrinn, N., Jr. LA Lt.Arty. Bridges' Btty.
Brenrinn, P.A. LA Lt.Arty. Bridges' Btty.
Brensel, Henry LA 6th Inf. Co.E
Brensfield, Lindsey GA 1st Inf. (St.Guards) Co.B
Brenson, C.J. LA Cav. 13th Regt.
Brenson, J.H. GA 12th (Wright's) Cav. (St.Guards) Stubbs' Co.
Brenson, John H. AL 25th Inf. Co.B
Brenson, Rufus W. AL 25th Inf. Co.B
Brent, A. TN 10th & 11th (Cons.) Cav. Co.A
Brent, Albert H. TN 6th (Wheeler's) Cav. Co.C
Brent, Albert H. TN Cav. 11th Bn. (Gordon's) Co.C
Brent, Alexander M. VA 1st Arty. 1st Co.C
Brent, Alexander M. VA 1st Inf. Co.F
Brent, Alphonso H. TN 30th Inf. Co.D
Brent, A.M. VA 6th Cav. Co.A
Brent, B.C. Gen. & Staff QM Agent
Brent, Burr. C. MO 2nd St.Guards Col.
Brent, C.C. AL 3rd Inf. Co.D
Brent, C.B. Gen. & Staff Capt.
Brent, Charles B. KY Cav. 4th Bn. Lt.Col.

Brent, Courtney B. VA 6th Cav. Co.F
Brent, Daniel G. FL 1st Inf. Old Co.K, New Co.A Cpl.
Brent, Elias C. VA 9th Cav. Co.D
Brent, Elias E. VA 9th Cav. Co.D
Brent, E.S. VA 31st Mil. Co.B
Brent, F.C. AL 62nd Inf. Co.B Sgt.
Brent, George M. VA Lt.Arty. Moore's Co.
Brent, George M. VA Lt.Arty. Thompson's Co.
Brent, George W. MS 16th Inf. Co.E
Brent, George W. VA 31st Mil. Co.D
Brent, George William VA 17th Inf. Maj.
Brent, George William Beauregard's Staff Col.
Brent, Harrison AR 1st (Monroe's) Cav. Co.C Cpl.
Brent, Heath A. VA Lt.Arty. Rogers' Co.
Brent, Heath J. VA Lt.Arty. 38th Bn. Co.A Sgt.
Brent, Henry VA Cav. 32nd Bn. Co.A
Brent, Henry M. VA Lt.Arty. W.H. Chapman's Co. Bvt.2nd Lt.
Brent, H.H. AR 11th Inf. Co.C
Brent, Hugh VA 7th Cav. Co.A
Brent, J.A. AL 23rd Inf. Co.G
Brent, J.A. MS Cav. Powers' Regt. Co.E
Brent, J.A. TX 20th Inf. Co.I
Brent, J. Alexander MS 16th Inf. Co.E
Brent, James MS Cav. 24th Bn. Co.C
Brent, James MS 3rd Inf. Co.C
Brent, James VA 51st Inf. Co.E
Brent, James Conf.Cav. Raum's Co. Sgt.
Brent, James Conf.Cav. Wood's Regt. 1st Co.G Sgt.
Brent, James H. GA Cobb's Legion Co.B Sgt.
Brent, James R. VA Cav. Mosby's Regt. (Part.Rangers) Co.A
Brent, James W. VA 11th Cav. Co.E 1st Lt.
Brent, James W. VA 18th Cav. 2nd Co.G 2nd Lt.
Brent, J.C. MS Cav. Powers' Regt. Co.E Sgt.
Brent, J.C. 20th Conf.Cav. Co.A
Brent, J. Chambers KY 3rd Bn.Mtd.Rifles
Brent, J. Chambers KY 1st (Butler's) Cav.
Brent, J.D. MS Yerger's Co. (St.Troops)
Brent, Jefferson AR 6th Inf. Co.E Cpl.
Brent, J.H. TN 18th (Newsom's) Cav. Co.D,G Sgt.
Brent, J. Harry KY 5th Cav. Co.G 2nd Lt.
Brent, J. Harry KY Cav. Buckner Guards
Brent, J.J. AL 13th Inf. Co.I
Brent, J.M.C. TX 18th Cav. Co.C
Brent, John AL 8th Cav. Co.A
Brent, John AL 33rd Inf. Co.A
Brent, John AR 8th Cav. Peoples' Co.
Brent, John AR Cav. Carlton's Regt. Flournoy's Co.
Brent, John AR 1st Inf. Co.B
Brent, John MS 38th Cav. Co.G
Brent, John TN 16th (Logwood's) Cav. Co.B
Brent, John TN 47th Inf. Co.E
Brent, John VA Inf. 4th Bn.Loc.Def. Co.C
Brent, John VA 7th Inf. Co.F
Brent, John VA 21st Inf. Co.I Cpl.
Brent, John A. MS 2nd (Quinn's St.Troops) Inf. Co.I 1st Sgt.
Brent, John B. TN 12th (Cons.) Inf. Co.H
Brent, John C. KY 1st Bn.Mtd.Rifles Co.H
Brent, John C. MS 18th Inf. Co.E
Brent, John H. AL 11th Inf. Co.G
Brent, John L. AR 18th Inf. Co.F Capt.
Brent, John M. VA 25th Cav. Co.I
Brent, John T. AR 1st (Monroe's) Cav. Co.C
Brent, John T. VA 9th Inf. Co.D
Brent, Joseph AL 17th Inf. Co.B
Brent, Joseph L. Gen. & Staff Maj.
Brent, Joseph R.A. VA 9th Cav. Co.E
Brent, Joseph W. VA 9th Cav. Co.D
Brent, J.T. AR 6th Inf. Co.E Cpl.
Brent, J.W. 14th Conf.Cav. Co.C
Brent, J. Warren VA 7th Cav. Co.A
Brent, K. MS 7th Cav. 2nd Co.G
Brent, Nathan A. VA 31st Mil. Co.A
Brent, O.J. Gen. & Staff Chap.
Brent, Oscar J. NC 28th Inf. Chap.
Brent, P.E. TX 28th Cav. Co.L
Brent, Peter TX Cav. Morgan's Regt. Co.C
Brent, Peter E. TX 13th Cav. Co.B Sgt.
Brent, Preston MS 38th Cav. Co.K Col.
Brent, Robert GA 1st Reg. Co.B
Brent, Robert TN 30th Inf. Co.D
Brent, Robert VA 40th Inf. Co.I
Brent, S.R. TN 33rd Inf. Co.A
Brent, T. Carroll VA Arty. L.F. Jones' Co.
Brent, Thomas TN 55th (McKoin's) Inf. James' Co.
Brent, Thomas A. TX 4th Inf. Co.H
Brent, Thomas C. VA 1st Arty. Co.K
Brent, Thomas O. VA 37th Mil. Co.A Capt.
Brent, Thomas Y. KY 2nd (Duke's) Cav. Co.A
Brent, Thomas Y., Jr. KY 5th Cav. Maj.
Brent, Thomas Y. KY 9th Mtd.Inf. Co.B
Brent, T.O. VA 9th Cav. Co.D
Brent, Virginius VA 17th Inf. Co.H
Brent, W. VA 3rd Inf.Loc.Def. 1st Co.G
Brent, W.D. AR 6th Inf. Co.E Sgt.
Brent, W.D. 15th Conf.Cav. Co.D
Brent, W.E. MS 1st (Percy's) Inf. Co.F 1st Sgt.
Brent, W.E. VA Arty. Dance's Co. (Powhatan Arty.)
Brent, W.E. VA Arty. B.H. Smith's Co.
Brent, W.F. AL 15th Cav. Co.D
Brent, Will B. MS Graves' Co. (Copiah Horse Guards)
Brent, William MO 5th Cav. Co.E
Brent, William MO Arty. Jos. Bledsoe's Co.
Brent, William A. VA 6th Cav. Co.H Sgt.
Brent, William A. VA 7th Cav. Co.A
Brent, William C. MD 1st Cav.
Brent, William E. MS 38th Cav. Co.K 1st Sgt.
Brent, William F. LA 28th (Gray's) Inf. Co.H
Brent, William H. TN 13th Inf. Co.K
Brent, William H., Jr. VA 9th Cav. Co.D
Brent, William H., Sr. VA 9th Cav. Co.D
Brent, William L. LA 4th Cav. Co.D
Brent, W.J. MS Cav. Powers' Regt. Co.H
Brent, W.J. TN 12th Inf. Co.C
Brent, W.J. 20th Conf.Cav. Co.A
Brent, W.T. AL 17th Inf. Co.H
Brenter, William H. VA 42nd Inf. Co.A
Brentin, J.R. AR Cav. Crabtree's (46th) Regt. Co.A
Brentley, Wiley B. AR 1st Field Btty. (McNally's Btty.)
Brenton, Albert G. AR 1st Vol. Co.C
Brenton, Brenchman TX Cav. Madison's Regt. Co.E
Brenton, E.J. 1st Conf.Eng.Troops
Brenton, Henry MO 8th Inf. Co.H Cpl.
Brenton, Henry TX 2nd Inf. Music.
Brenton, William VA 47th Inf. 3rd Co.I
Brents, Andrew J. AR 1st (Colquitt's) Inf. Co.E Cpl.
Brents, Benjamin AR Cav. Nave's Bn. Co.E
Brents, James F. MS 4th Inf. Co.D Sgt.
Brents, James K.P. AR 36th Inf. Co.F
Brents, James P. AR 45th Cav. Co.G
Brents, Milton S. AR 36th Inf. Co.F
Brents, Pleasant M. AR 36th Inf. Co.F
Brents, P.M. AR 21st Inf. Co.D
Brents, Robert AR 1st (Crawford's) Cav. Co.B Cpl.
Brents, Robert AR 1st (Colquitt's) Inf. Co.E
Brents, Thomas TN 11th Cav.
Brents, Thomas E. TN 8th Inf. Co.A
Brents, Thomas J. AR 36th Inf. Co.F
Brents, William L. AR 36th Inf. Co.F
Brents, Wilson P. TN 41st Inf. Co.H
Brents, W.L. AR 17th (Lemoyne's) Inf. Co.A
Brents, W.L. AR 21st Inf. Co.D
Brents, W.T. MS 9th Inf. New Co.I, Co.B
Brentt, George T. MD 1st Cav. Co.B
Brenty, Randolph VA Cav. Caldwell's Bn. Taylor's Co.
Brentz, Dwight AR 5th Inf. Co.K
Brenzel, F. TX 3rd Inf. 2nd Co.A
Brenzel, Paul TX 1st Hvy.Arty. Co.E Cpl.
Breon, Stephen TN Arty. Bibb's Co.
Brequet, Samuel VA Inf. 1st Bn.Loc.Def. Co.C
Brereton, Daniel SC 1st (McCreary's) Inf. Co.K Sgt.
Brereton, Robert Inf. School of Pract. Powell's Detach. Co.C
Bres, J.B. LA Mil.Conf.Guards Regt. Co.E
Bresan, F. LA 1st Inf. Co.B
Bresanhan, Tim SC Cav. DeSaussure's Squad.
Bresbon, W. TX 37th Cav. Grey's Co.
Bresbony, B. LA Mil. Cazadores Espanoles Regt. Co.D
Brescianni, Francisco LA 10th Inf. Co.I Sgt.
Bresco, W. TX Inf. Rutherford's Co.
Bresendine, J.J. GA Lt.Arty. Van Den Corput's Co.
Bresenon, John MS 21st Inf. Co.L
Breshaw, William MS Packer's Co. (Pope Guards)
Breshears, Thomas AR 26th Inf. Co.I
Breshenham, John TN Lt.Arty. McClung's Co.
Breshers, James TN 48th (Voorhies') Inf.
Breshirs, David 2nd Cherokee Mtd.Vol. Co.G
Breshong, Abram VA 146th Mil. Co.E
Breshordt, Frank VA 32nd Inf. Co.C
Bresingham, John AL Lt.Arty. 2nd Bn. Co.A Cpl.
Bresingham, M. AL Cav. Murphy's Bn. Co.B
Bresino, Marjirito TX Cav. Ragsdale's Bn. Co.B
Bresintine, J.J. GA Inf. 3rd Bn. Co.A
Bresintine, P.H. GA Inf. 3rd Bn. Co.A
Breskovich, Ant. LA Mil. 4th Regt.Eur.Brig. Cognevich's Co.
Bresland, C.H. MS 9th Cav. Co.C
Breslaur, Maurice LA 10th Inf. Co.F

Bresley, H. NC 35th Inf.
Breslin, Edward AL 5th Bn.Vol. Co.D
Breslin, Edward VA Hvy.Arty. 19th Bn. 2nd Co.C
Breslin, William TX 3rd Inf. 1st Co.A Sgt.
Bresnaham, Mathew VA 1st Inf. Co.C,H
Bresnahan, John 1st Conf.Reg.Cav. Co.A
Bresnan, J.B. LA 6th Inf. Co.I Capt.
Bresnan, John GA 1st (Olmstead's) Inf. Co.A Cpl.
Bresnan, John GA 1st Inf.
Bresnan, Patrick GA 1st Inf. Co.A
Bresnan, Thomas SC Inf. 1st (Charleston) Bn. Co.C
Bresnaugh, Cornelius LA Arty. Moody's Co. (Madison Lt.Arty.)
Bresnehan, Hugh VA 33rd Inf. Co.E
Bresnehan, James AL 94th Mil. Co.A
Bresnehan, John VA 33rd Inf. Co.E
Bresnell, R. VA 46th Inf.
Bresner, John VA 2nd Cav. Co.E
Bresnihan, James GA Inf. 1st Loc.Troops (Augusta) Co.I
Bresnihan, John GA Inf. 1st Loc.Troops (Augusta) Co.I
Bressanam, Francis VA Inf. 25th Bn. Co.A
Bressaur, Peter VA 13th Inf. Co.A
Bressellieur, T.E. SC 3rd Cav. Co.B
Bressenham, Timothy SC Hvy.Arty. 15th (Lucas') Bn. Co.A Sgt.
Bresset, C. LA Dreux's Cav. Co.A
Bressig, Peter LA Mil. 3rd Regt. 1st Brig. 1st Div. Co.G
Bressingham, J.D. 3rd Conf.Inf. Co.E
Bressingham, M. 15th Conf.Cav. Co.G
Bressler, Jonathan AL St.Arty. Co.A
Bressner, John MD 1st Inf. Co.E
Bresson, W. LA Mil. 1st Native Guards
Bresszeale, Jesse M. MO Inf. 4th Regt.St.Guard Co.C Cpl.
Brestige, J.J. MS 42nd Inf. Co.F
Brestling, F.A. TX Res.Corps Bauvinghauser's Co.
Bret, --- LA Mil. 2nd Regt. French Brig. Co.3
Bretagne, Andrew TX Arty. 4th Bn. Co.A
Bretch, Thomas FL 10th Inf. Co.B
Bretelle, I.B. LA Maddox's Regt.Res.Corps Co.B
Brethwait, J.R. Gen. & Staff, QM Dept. Capt.
Brethweit, J.F. VA Cav. 41st Bn. Co.E
Bretie, Nepomucino TX 3rd Inf. 1st Co.C
Bretney, J. MS Cav. Abbott's Co.
Bretney, Joseph, Dr. MS 11th Inf. Co.C
Bretny, Dr. Gen. & Staff
Breton, --- LA Mil. 1st Regt. French Brig. Co.2
Breton, Albert A. AL 43rd Inf. Co.A 2nd Lt.
Breton, Auguste LA 1st (Nelligan's) Inf. Co.C
Breton, J.F. Gen. & Staff Lt.Col.,AAG
Breton, L. LA Mil. 3rd Regt.Eur.Brig. (Garde Francaise) Co.2
Breton, L.A. AL 11th Inf.
Breton, Lewis C. AL 43rd Inf. Co.A
Breton, Michael LA 14th Inf. Co.E
Brett, A.K. GA 39th Inf. Co.I
Brett, Alexander M. TN 1st Cav. Co.C
Brett, Aurelius NC 17th Inf. (2nd Org.) Co.C
Brett, B.B. AR 4th Regt. Field Btty. Lt.
Brett, B.B. AR Mil. 6th Regt. 1st Lt.
Brett, Calvin AL 11th Inf. Co.B
Brett, George W. MS 7th Cav.
Brett, Hardy TN 45th Inf. Co.F Capt.
Brett, Henry T. NC 4th Cav. (59th St.Troops) Co.D Hosp.Stew.
Brett, James NC 67th Inf. Co.D
Brett, James TN 43rd Inf. Co.B
Brett, James, Jr. TN Inf. 154th Sr.Regt. Co.G Cpl.
Brett, James J. MS Inf. 2nd Bn. Co.D 2nd Lt.
Brett, James J. MS 48th Inf. Co.D Capt.
Brett, James W. FL 2nd Inf. Co.F Sgt.
Brett, James W. FL 8th Inf. Co.E 1st Sgt.
Brett, J.B. TX 24th & 25th Cav. (Cons.) Co.E
Brett, Jesse E. LA 12th Inf. Co.C
Brett, Jessee M. AL 33rd Inf. Co.G
Brett, J.G. LA 1st Res. Co.D Sgt.
Brett, John LA Arty. Kean's Btty. (Orleans Ind.Arty.)
Brett, John MS 30th Inf. Co.G
Brett, John D. AL 33rd Inf. Co.G
Brett, John D. NC 31st Inf. Co.G
Brett, John H. GA 21st Inf. Co.F
Brett, John W. AL Cav. Chisolm's Co. Sgt.
Brett, John W. FL 6th Inf. Co.D 2nd Lt.
Brett, John W. FL Cav. 5th Bn. Co.I
Brett, John W. GA 2nd St.Line Co.B
Brett, Joseph MS 9th Inf. New Co.K
Brett, J.W. MS 26th Inf. Co.B
Brett, Leroy LA 5th Inf. Co.I
Brett, Martin W. GA 12th Inf. Co.F Cpl.
Brett, M.C. NC 31st Inf. Co.G
Brett, M.D. NC 31st Inf. Co.G
Brett, Patrick J. MS Inf. 2nd Bn. Co.D
Brett, Patrick J. MS 48th Inf. Co.D Sgt.
Brett, Patrick J. VA 61st Inf. Co.F
Brett, Robert B.G. FL 6th Inf. Cpl.
Brett, Samuel J. GA 14th Inf. Co.G
Brett, William MS 9th Inf. New Co.K
Brett, William C. NC Mallett's Bn. Co.C
Brett, William H. FL 6th Inf. Co.G
Brett, William H. GA 6th Inf. Co.A
Brett, William P. VA 1st Inf. Co.A
Brett, William P. VA 12th Inf. Co.G Ord.Sgt.
Brett, William T. MS 48th Inf. Co.D
Brette, A. LA Mil. Orleans Guards Regt. Co.D
Brette, B. LA 2nd Cav. Co.H
Brette, J. LA Mil. 1st Regt. French Brig. Co.1
Brettell, J.C.C. TX 20th Inf. Co.D 1st Lt.
Bretten, H. TN Cav. Nixon's Regt. Co.D
Bretter, Andrew TX 13th Vol. 2nd Co.C
Bretter, G.W. MS 4th Cav. Co.C
Brettle, Robert LA 21st (Patton's) Inf. Co.C
Bretton, W.A. AL 31st Inf. Co.F
Bretway, Joseph Gen. & Staff Surg.
Brety, G. LA Mil. 4th Regt. French Brig. Co.1
Bretz, Christian TX Arty. 4th Bn. Co.B
Bretz, Christian TX 8th Inf. Co.B
Bretzel, William F. VA 18th Inf. Sgt.
Breuer, J.H. SC Lt.Arty. Wagener's Co. (Co.A, German Arty.)
Breuer, J.M. AR 11th & 17th Cons.Inf. Co.C
Breuer, Martin AR 23rd Inf. Co.E
Breugnot, O. LA Mil. 3rd Regt. French Brig. Co.3 Cpl.
Breusing, H. LA Mil. 4th Regt.Eur.Brig. Co.F
Breusing, H. LA Mil. Fire Bn. Co.A
Breuster, C.F. Gen. & Staff Capt.,AQM
Breux, J.A. SC Mil. 17th Regt. Buist's Co. Sgt.
Breuyer, Paul LA C.S. Zouave Bn. Co.C
Brevan, J.H. GA 56th Inf. Co.I
Brevard, A.E. KY 1st Inf. Co.E Cpl.
Brevard, A.E. TN Inf. 3rd Cons.Regt. Co.D
Brevard, A.E. TN 5th Inf. 2nd Co.K Cpl.
Brevard, A.H. LA Washington Arty.Bn. Co.5
Brevard, A.L. TN Inf. 3rd Cons.Regt. Co.D Sgt.
Brevard, A.L. TN 5th Inf. 2nd Co.K Sgt.
Brevard, Alfred SC 6th Inf. 2nd Co.C 1st Lt.
Brevard, Alfred SC 9th Inf. Co.E Jr.2nd Lt.
Brevard, B.F. Gen. & Staff ADC
Brevard, David L. NC 60th Inf. Co.C 2nd Lt.
Brevard, E.A. VA 5th Inf. Asst.Surg.,Capt.
Brevard, E.A. Gen. & Staff Surg.
Brevard, Edward C. FL 2nd Cav. Co.C
Brevard, E.J. TX Cav. 3rd Regt.St.Troops Co.A
Brevard, Ephraim FL 1st Inf. Old Co.D
Brevard, G.D. TN 21st & 22nd (Cons.) Cav. Co.B
Brevard, G.D. TN 22nd (Barteau's) Cav. Co.E Sgt.Maj.
Brevard, Goldman D. TN 2nd (Robison's) Inf. Co.H 2nd Lt.
Brevard, J.A. TX 23rd Cav. Co.K
Brevard, John G. AR 32nd Inf. Co.B
Brevard, John G. LA Washington Arty.Bn. Co.5
Brevard, John G. LA 5th Inf. New Co.A
Brevard, John G. MO 8th Cav. Co.F,B
Brevard, John G. Porter's Staff 1st Lt.
Brevard, Joseph A. NC 29th Inf. Co.H Capt.
Brevard, L.T. MO 5th Inf. Co.C
Brevard, Mays S. FL Inf. 2nd Bn. Co.B 3rd Lt.
Brevard, R.B. KY 1st Inf. Co.E 1st Sgt.
Brevard, R.B. TN 5th Inf. 2nd Co.K Sgt.
Brevard, R.M. MO 2nd Cav. Co.F
Brevard, R.M. MO 7th Cav. Co.D
Brevard, S.M. FL 2nd Inf. Co.D Sgt.
Brevard, Theodore W. FL 2nd Inf. Co.D Capt.
Brevard, T.W. FL Inf. 2nd Bn. Lt.Col.
Brevard, T.W. FL 11th Inf. Col.
Brevard, T.W. Gen. & Staff Brig.Gen.
Brevard, Zebulan P. MO Cav. 3rd Bn. Co.B
Brevard, Zebulon P. NC 29th Inf. Co.H
Brevarde, --- AR 3rd Inf. Asst.Surg.
Brevelle, Louis LA 2nd Cav. Co.D
Brevelle, Ovide LA 2nd Cav. Co.D
Brevelle, S. LA Cav. Benjamin's Co.
Brever, James W. FL 1st Cav. Co.E Far.
Brevirt, Charles TN 35th Inf. Co.E
Brevirt, S.J. TN 35th Inf. Co.E
Brew, Benjamin VA 22nd Inf. Co.E
Brew, George LA 15th Inf. Co.H
Brew, George VA 5th Inf. Co.G
Brew, J. GA 66th Inf. Co.G
Brew, James GA Phillips' Legion Co.A
Brew, Patrick TN 2nd (Walker's) Inf. Co.K
Brew, Patrick 9th Conf.Inf. Co.A
Brewa, George LA Mil.Conf.Guards Regt. Co.F
Breward, John H. VA 6th Cav. Co.K
Breward, S. Mays FL 10th Inf. Co.G 1st Lt.
Brewbaker, Alexander NC 28th Inf. Co.I
Brewbaker, Christopher C. VA 53rd Inf. Co.F
Brewbaker, J.C. Gen. & Staff Asst.Surg.

Brewbaker, Joel VA 28th Inf. Co.A
Brewbaker, Richard P. VA 10th Cav. Co.B
Brewbaker, Washington NC 28th Inf. Co.I
Brewbaker, William VA 57th Inf. Co.K Capt.
Brewbeck, T.M. VA 2nd Inf. Co.F
Brewen, A.J. MO 2nd Cav. 2nd Co.K
Brewen, William M.V. MO 2nd Cav. 2nd Co.K Sgt.
Brewen, William M.V. MO Cav. 3rd Regt. St.Guard Co.C
Brewer, --- LA Washington Arty.Bn. Co.2,3
Brewer, --- NC 30th Inf. Co.E
Brewer, A. AL 35th Inf. Co.A
Brewer, A. GA 60th Inf. Co.B
Brewer, A. KY 7th Cav. Co.K
Brewer, A. NC Mallett's Bn. Co.A
Brewer, A.A. LA 4th Inf. Co.I Sgt.
Brewer, Aaron NC 5th Cav. (63rd St.Troops) Co.K
Brewer, Aaron VA 129th Mil. Wilkinson's Co. 1st Sgt.
Brewer, A.B. MO 3rd Inf. Co.H
Brewer, A.B. MO 12th Inf. Co.A
Brewer, Abner TN 7th (Duckworth's) Cav. Co.E
Brewer, Abraham H. NC 20th Inf. Faison's Co.
Brewer, Abraham H. NC 30th Inf. Co.A Cpl.
Brewer, Adam NC 5th Cav. (63rd St.Troops) Co.K
Brewer, Adam C. TN 19th Inf. Co.I
Brewer, A.G. AL 5th Inf. Chap.
Brewer, A.G. AL 33rd Inf. Chap.
Brewer, A.G. Gen. & Staff Chap.
Brewer, A.J. NC 17th Inf. (1st Org.) Co.D Music.
Brewer, A.L. MO 1st & 4th Inf. Co.I Cpl.
Brewer, A.L. MO 4th Inf. Co.I Cpl.
Brewer, Albert 1st Choctaw & Chickasaw Mtd.Rifles Maytubby's Co.
Brewer, Alex AL Cp. of Instr. Talladega Co.A
Brewer, Alexander NC 7th Inf. Co.D
Brewer, Alexander B. VA 24th Inf. Co.D
Brewer, Allen C. NC 52nd Inf. Co.D
Brewer, Ambrus KY 7th Mtd.Inf. Co.C
Brewer, Amos MO Cav. Fristoe's Regt. Co.F
Brewer, Amos NC 6th Sr.Res. Co.B
Brewer, Anderson TN 29th Inf. Co.C
Brewer, Andrew J. MO 5th Inf. Co.K
Brewer, Andrew J. NC Lt.Arty. 3rd Bn. Co.B,C
Brewer, Andrew J. SC Lt.Arty. Kelly's Co. (Chesterfield Arty.)
Brewer, Andrew Jackson MO Inf. 1st Bn. Co.B
Brewer, Andy TN Inf. 2nd Cons.Regt. Co.E
Brewer, Anthony W. VA 36th Inf. 1st Co.B, 2nd Co.D
Brewer, A.R. MS 43rd Inf. Co.F
Brewer, Archibel GA 61st Inf. Co.E
Brewer, Aron AR 27th Inf. Co.G
Brewer, Aron V.B. AR 18th (Marmaduke's) Inf. Co.K
Brewer, Arthur NC Prov.Guard
Brewer, Arthur G. GA Siege Arty. 28th Bn. Co.E,F
Brewer, A.S. KY 7th Cav. Co.I Bugler
Brewer, A.S. TN 3rd (Forrest's) Cav. 1st Co.G
Brewer, Ase TX 28th Cav. Co.C
Brewer, Ausbury NC 6th Sr.Res. Co.E
Brewer, Austin NC 8th Sr.Res. McNeill's Co.
Brewer, A.W. MS 2nd Part.Rangers Co.K
Brewer, A.W. MS 7th Cav. Co.K
Brewer, B. MS 6th Cav. Co.A
Brewer, B. MO 12th Inf. Co.B
Brewer, B.A. GA 1st Cav. Co.D
Brewer, Barzilla H. AR 33rd Inf. Co.C Sgt.
Brewer, B.D. TX 9th (Nichols') Inf. Co.G
Brewer, Benjamin GA 1st (Fannin's) Res. Co.D
Brewer, Benjamin P. GA 5th Inf. Co.D
Brewer, Benjamin R. KY 8th Cav.
Brewer, Bennett NC 5th Cav. (63rd St.Troops) Co.C
Brewer, Benton D. TX 16th Inf. Co.F
Brewer, B.F. GA 8th Inf. Co.K
Brewer, B.H. TN 29th Inf.
Brewer, B.M. MS 18th Cav. Co.C
Brewer, B.Mc. AL 31st Inf. Co.E
Brewer, B.N. AL 19th Inf. Co.A
Brewer, B.P. AR 11th Inf. Co.A
Brewer, B.P. 10th Conf.Cav. Co.A
Brewer, B.R. KY 8th Mtd.Inf. Co.D Sgt.
Brewer, Bracken KY 5th Mtd.Inf. Co.C
Brewer, Burrell P. AL Cav. 5th Bn. Hilliard's Legion Co.H
Brewer, B.W. TX 7th Cav. Co.D
Brewer, C. VA 1st Cav. Co.C
Brewer, Calvin VA 129th Mil. Wilkinson's Co. Cpl.
Brewer, C.C. GA 2nd Res. Co.H
Brewer, C.C. TN 16th Inf. Co.B Capt.
Brewer, C.C. TN 35th Inf. Co.G 1st Lt.
Brewer, C.C. TN 48th (Nixon's) Inf. Co.H
Brewer, C.C. TX 37th Cav. Mullins' Co.
Brewer, C.D. GA 8th Inf. Co.K
Brewer, C.H. TN 1st Cav.
Brewer, C.H. TN 29th Inf. Co.D Cpl.
Brewer, C.H. TN 33rd Inf. Co.A
Brewer, Charles GA 1st Bn.S.S. Co.B
Brewer, Charles 20th Conf.Cav. Co.B Sgt.
Brewer, Chas. Gen. & Staff Surg.
Brewer, Charles A. MO 10th Inf. Co.D 1st Sgt.
Brewer, Charles V. AR 2nd Inf. Co.G Ord.Sgt.
Brewer, Charles W. VA Cav. Mosby's Regt. (Part.Rangers) Co.A
Brewer, Chiles C. AL 9th Inf. Co.I Cpl.
Brewer, Christopher MS 24th Inf. Co.A
Brewer, Clemens GA 38th Inf. Co.F,I
Brewer, Cleyburn W. AR 8th Inf. New Co.B
Brewer, C.N. TN 51st (Cons.) Inf. Co.A
Brewer, Columbus AL 30th Inf. Co.H
Brewer, C.P. MS 9th Inf. New Co.K
Brewer, Creed VA 51st Inf. Co.I Cpl.
Brewer, C.W. AR 27th Inf. Co.G
Brewer, D. MS Inf. 2nd St.Troops Co.B
Brewer, Daniel GA 3rd Inf. Co.F Cpl.
Brewer, Daniel LA Inf.Cons.Crescent Regt. Co.D
Brewer, Daniel Mead's Conf.Cav. Co.D Sgt.
Brewer, Daniel C. VA 21st Inf. Co.A
Brewer, Daniel M. VA Inf. 5th Bn. Co.F
Brewer, Daniel W. MS 2nd St.Cav. Co.H
Brewer, Daniel W. MS Inf. 1st Bn. Co.A
Brewer, Daniel W. MS 41st Inf. Co.G
Brewer, Daniel W. SC 1st (McCreary's) Inf. Co.C
Brewer, David AR Cav. 1st Bn. (Stirman's) Co.C
Brewer, David AR 4th Inf. Kelley's Co.
Brewer, David AR 16th Inf. Co.H
Brewer, David AR 34th Inf. Co.E Cpl.
Brewer, David MS 22nd Inf. Co.A
Brewer, David TN 12th (Cons.) Inf. Co.D
Brewer, David TN 22nd Inf. Co.K
Brewer, David TN 23rd Inf. 1st Co.A, Co.B
Brewer, David 1st Choctaw & Chickasaw Mtd.Rifles Maytubby's Co.
Brewer, David D. GA 42nd Inf. Co.C
Brewer, David E. NC 24th Inf. Co.E
Brewer, David E. NC 37th Inf. Co.E
Brewer, David J. MS 5th Inf. Co.F
Brewer, D.C. GA 39th Inf. Co.F
Brewer, D.C. MS 28th Cav. Co.H
Brewer, D.C. MO 1st & 4th Cons.Inf. Co.I
Brewer, D.C. MO 4th Inf. Co.I
Brewer, D.H. AR 2nd Vol. Co.D
Brewer, D.H. AR 14th (McCarver's) Inf. Co.K
Brewer, D.H. AR 21st Inf. Co.F
Brewer, D.H. TX 17th Inf. Co.B
Brewer, D.J. AR 35th Inf. Co.F
Brewer, D.J. GA 8th Inf. Co.I
Brewer, D.M. VA 53rd Inf. Co.K
Brewer, Drew M.E. AL 63rd Inf. Co.A
Brewer, Drury J. GA 42nd Inf. Co.E Sgt.
Brewer, D.S. SC 1st (Orr's) Rifles Co.F
Brewer, D.W. MS 11th (Perrin's) Cav. Co.K
Brewer, D.W. MS 5th Inf. Co.A
Brewer, D.W. TX 6th Field Btty.
Brewer, E. GA 2nd Inf. Co.H
Brewer, E. LA Inf. 7th Bn. Co.B
Brewer, E. MS 5th Cav. Co.B
Brewer, E. TN 5th Inf. 2nd Co.C
Brewer, E. TN 20th Inf. Co.E
Brewer, E.A. VA 5th Cav.
Brewer, E.A. VA 15th Cav. Co.A
Brewer, Edmond H. AL 63rd Inf. Co.B
Brewer, Edward NC 22nd Inf. Co.G
Brewer, Edward NC 38th Inf. Co.C 2nd Lt.
Brewer, Edward Stuart Horse Arty. McGregor's Btty.
Brewer, Edward B. VA 14th Inf. Co.E Cpl.
Brewer, Edward E. GA 30th Inf. Co.D
Brewer, Edward L. VA Lt.Arty. Lowry's Co.
Brewer, Edward S. AR 36th Inf. Co.F Sgt.
Brewer, Edward S. VA 6th Inf. Co.A
Brewer, E.F. MS Inf. 1st Bn.St.Troops (30 days '64) Co.G
Brewer, E.G. NC 12th Inf. Co.K
Brewer, E.G. TX Cav. 2nd Regt.St.Troops Co.B
Brewer, E.H. FL 2nd Cav. Co.F Sgt.
Brewer, E.H. NC 49th Inf. Co.K
Brewer, E.L. VA 30th Bn.S.S. Co.C
Brewer, Eli VA Mil. Washington Cty.
Brewer, Elias A. NC Hvy.Arty. 10th Bn. Co.A
Brewer, Elias K. TX 31st Cav. Co.B
Brewer, Eli C. NC 26th Inf. Co.E
Brewer, Eli H. NC 17th Inf. (1st Org.) Co.F
Brewer, Eli H. NC 28th Inf. Co.E
Brewer, Eli H. NC 31st Inf. Co.F
Brewer, Elijah AR 35th Inf. Co.E
Brewer, Elijah NC 5th Inf. Co.K
Brewer, Elijah NC 26th Inf. Co.E
Brewer, Elijah 1st Choctaw Mtd.Rifles Co.I
Brewer, Elijah H. MS 1st Bn.S.S. Co.A
Brewer, Elijah L. AR 15th (N.W.) Inf. Co.B Fifer

Brewer, Elisha GA 42nd Inf. Co.E
Brewer, Elisha SC 26th Inf. Co.F
Brewer, Elisha M. TN 44th Inf. Co.E
Brewer, Elisha M. TN 44th (Cons.) Inf. Co.B
Brewer, Ely MS 29th Inf. Co.G
Brewer, Ely MO 1st & 4th Cons.Inf. Co.B
Brewer, E.M. NC 45th Inf. Co.C
Brewer, Emerson AL 55th Vol. Co.I
Brewer, Emerson TN 42nd Inf. 1st Co.I
Brewer, Ephraim M. GA Cobb's Legion Co.A
Brewer, E.R. TX 34th Cav. Co.B
Brewer, Erasmus S. NC 23rd Inf. Co.C
Brewer, Ethan A. VA 40th Inf. Co.D Sgt.
Brewer, Ethan M. GA 3rd Bn.S.S. Co.D
Brewer, F. GA 4th Cav. (St.Guards) Cartledge's Co.
Brewer, F. GA Arty. Lumpkin's Co.
Brewer, F.D. GA Cav. Arnold's Co.
Brewer, F.D. GA 9th Inf. Co.C
Brewer, Felix NC 33rd Inf. Co.D
Brewer, Fielden G. VA 51st Inf. Co.I
Brewer, F.L. AR 27th Inf. Co.G
Brewer, Floyd VA 28th Inf. Co.B
Brewer, F.M. AR 24th Inf. Co.K
Brewer, Francis M. AR Lt.Arty. Rivers' Btty.
Brewer, Franklin GA 65th Inf. Co.D
Brewer, Franklin MS 1st (Patton's) Inf. Co.C
Brewer, Frank M. AL 37th Inf. Co.D
Brewer, Frederick AR 33rd Inf. Co.I
Brewer, Frederick LA 19th Inf. Co.F
Brewer, Frederick William TX 1st Hvy.Arty. Co.E
Brewer, Freel VA 4th Res. Co.B
Brewer, Freeman GA Carlton's Co. (Troup Cty.Arty.)
Brewer, F.X. KY 2nd (Woodward's) Cav. Co.E
Brewer, G. LA Mil. Chalmette Regt. Co.B
Brewer, G.B. SC 26th Inf. Co.F
Brewer, G.E. AL 23rd Inf. Capt.
Brewer, George AL 8th Inf. Co.I
Brewer, George FL 1st Inf. Old Co.C
Brewer, George LA Mil. 4th Regt. 1st Brig. 1st Div. Co.I
Brewer, George TN 6th (Wheeler's) Cav. Co.C
Brewer, George TN Cav. 11th Bn. (Gordon's) Co.E
Brewer, George A. GA Inf. 27th Bn. Co.C
Brewer, George A. TN Cav. 2nd Bn. (Biffle's) Co.B
Brewer, George A. TN 6th (Wheeler's) Cav. Co.G
Brewer, George B. SC Inf. 9th Bn. Co.E
Brewer, Geo. E. AL 25th Inf. Chap.
Brewer, George E. AL 46th Inf. Co.A Capt.
Brewer, George E. GA 25th Inf. Co.I 1st Lt.
Brewer, Geo. E. Gen. & Staff Chap.
Brewer, George H. AR 15th (N.W.) Inf. Co.E
Brewer, George H. AR 35th Inf. Co.H
Brewer, George J. MO Cav. Wood's Regt. Co.B
Brewer, George L. TN 26th Inf. Co.E Cpl.
Brewer, George V. MS Inf. 2nd Bn. Co.D
Brewer, George V. MS 48th Inf. Co.D
Brewer, George V. MS K. Williams' Co. (Gray's Port Greys)
Brewer, George W. AL 11th Inf. Co.G
Brewer, George W. AL 37th Inf. Co.A,C Sgt.
Brewer, George W. AR 4th Inf. Co.F
Brewer, George W. GA 25th Inf. Co.F
Brewer, George W. GA 35th Inf. Co.F,A
Brewer, George W. MS 22nd Inf. Co.A
Brewer, George W. TN 3rd (Lillard's) Mtd.Inf. Co.E
Brewer, George W. TN 23rd Inf. 1st Co.A, Co.B
Brewer, George W. TX 35th (Brown's) Cav. Co.E Cpl.
Brewer, George W. VA 63rd Inf. Co.C
Brewer, George W. VA Mil. Grayson Cty.
Brewer, George W. 1st Cherokee Mtd.Vol. 1st Co.C
Brewer, Geo. W. 2nd Cherokee Mtd.Vol. Capt.
Brewer, George Washington MO Inf. 1st Bn. Co.B
Brewer, George Washington MO 5th Inf. Co.K
Brewer, Gerry G. NC 26th Inf. Co.E Cpl.
Brewer, Gideon TN 48th (Nixon's) Inf. Co.F
Brewer, Gideon L. TN 54th Inf. Co.H
Brewer, G.J. AR 10th (Witt's) Cav. Co.G
Brewer, G.J. MO 8th Inf. Co.E
Brewer, Green GA 6th Inf. (St.Guards) Co.A
Brewer, Green NC 61st Inf. Co.D Sgt.
Brewer, Greenberry TX 10th Inf. Co.B
Brewer, Gustavus A. TN 14th Inf. Co.C Cpl.
Brewer, G.W. AR Cav. Gordon's Regt. Co.F
Brewer, G.W. AR 11th & 17th Cons.Inf. Co.C
Brewer, G.W. AR 27th Inf. Co.G
Brewer, G.W. AR Inf. Cocke's Regt. Co.H
Brewer, G.W. GA 3rd Inf. Co.F
Brewer, G.W. GA 60th Inf. Co.C
Brewer, G.W. MS 35th Inf. Co.K
Brewer, G.W. SC Lt.Arty. Garden's Co. (Palmetto Lt.Btty.)
Brewer, G.W. TX 13th Vol. 2nd Co.D
Brewer, H. AL 63rd Inf. Co.E
Brewer, H. SC 1st Regt. Charleston Guard Co.D
Brewer, H. TX 20th Inf. Co.B Cpl.
Brewer, Hardy TN 4th (McLemore's) Cav. Co.E
Brewer, Harmon TN 21st (Wilson's) Cav. Co.C
Brewer, Harrison AL 14th Inf. Co.F
Brewer, Harrison GA 18th Inf. Co.F
Brewer, Hastin VA Mil. Grayson Cty.
Brewer, H.B. TN 2nd Cav. Co.G
Brewer, H.C. KY 8th & 12th (Cons.) Cav. Co.E 2nd Lt.
Brewer, H.C. SC Inf. 6th Bn. Co.A
Brewer, H.C. SC 26th Inf. Co.C
Brewer, H.C. TN 12th (Green's) Cav. Co.D
Brewer, H.C. TN 16th (Logwood's) Cav. Co.G
Brewer, H.D. AL 31st Inf. Co.E
Brewer, Henry AL 18th Inf. Co.D
Brewer, Henry AL 55th Vol. Co.B
Brewer, Henry AL 1st Regt.Conscr. Co.A Conscr.
Brewer, Henry GA Cav. 22nd Bn. (St.Guards) Co.I Cpl.
Brewer, Henry NC 22nd Inf. Co.M
Brewer, Henry NC 26th Inf. Co.E
Brewer, Henry NC 46th Inf. Co.H
Brewer, Henry TN 1st (Carter's) Cav. Co.A
Brewer, Henry TN 44th Inf. Co.A
Brewer, Henry TN 44th (Cons.) Inf. Co.B
Brewer, Henry TN 44th (Cons.) Inf. Co.D
Brewer, Henry VA 11th Cav. Co.A
Brewer, Henry C. TN Lt.Arty. Palmer's Co.
Brewer, Henry D. MD Cav. 2nd Bn. Co.E Capt.
Brewer, Henry E. AR Inf. 1st Bn. Co.F
Brewer, Henry H. LA 9th Inf. Co.H
Brewer, Henry J. AL 20th Inf. Co.D
Brewer, Henry L. AR 4th Inf. Co.G
Brewer, Henry O. FL 11th Inf. Co.C
Brewer, Henry W. VA 7th Inf. Co.H 2nd Lt.
Brewer, Hezekiah VA Inf. 23rd Bn. Co.C
Brewer, H.F. MS 43rd Inf. Co.F
Brewer, H.G. AR 32nd Inf. Co.I
Brewer, H.H. TN 18th Inf. Co.C
Brewer, Hilliard GA 60th Inf. Co.B
Brewer, Hiram NC 34th Inf. Co.K
Brewer, H.J. MS St.Cav. 3rd Bn. (Cooper's) 1st Co.A
Brewer, H.L. AR Inf. Hardy's Regt. Co.H
Brewer, H.L. NC 49th Inf. Co.K
Brewer, H.M. MS 4th Cav. Co.E
Brewer, Holland MS 10th Cav. Co.B
Brewer, Howell M. MS 46th Inf. Co.A
Brewer, H.P. GA Cav. 2nd Bn. Co.A 1st Sgt.
Brewer, H.P. GA 5th Cav. Co.I 1st Sgt.
Brewer, H.R. TN 17th Inf. Co.G
Brewer, Hubert 7th Conf.Cav. Co.G
Brewer, H.W. LA Inf.Cons. 18th Regt. & Yellow Jacket Bn. Co.F
Brewer, H.W. NC 61st Inf. Co.D
Brewer, I. 2nd Cherokee Mtd.Vol. Co.K
Brewer, I.B. MS 22nd Inf. Co.A 2nd Cpl.
Brewer, I.E. Conf.Cav. Raum's Co.
Brewer, I.H. TN 4th Inf. Co.B
Brewer, Isaac AR 12th Inf. Co.F
Brewer, Isaac VA 1st Cav. Co.C
Brewer, Isaac VA Inf. 45th Bn. Co.E
Brewer, Isaac 1st Choctaw & Chickasaw Mtd.Rifles 2nd Co.D
Brewer, Isaac W. LA Washington Arty.Bn. Co.3 1st Lt.
Brewer, Isham NC 6th Sr.Res. Co.B
Brewer, Isham TN 23rd Inf. 1st Co.A
Brewer, J. AL Cp. of Instr. Talladega Co.D
Brewer, J. AR 11th Inf. Co.H
Brewer, J. GA 23rd Inf. Co.C
Brewer, J. LA 3rd (Wingfield's) Cav. Co.D
Brewer, J. MS Graves' Co. (Copiah Horse Guards)
Brewer, J. MS 9th Inf. Co.H
Brewer, J. MS 24th Inf. Co.A
Brewer, J. MS 37th Inf. Co.F
Brewer, J. NC 45th Inf. Co.C
Brewer, J. TN 3rd (Forrest's) Cav. Lt.Col.
Brewer, J.A. AL 31st Inf. Co.H
Brewer, J.A. GA 56th Inf. Co.F
Brewer, J.A. MS 1st Lt.Arty.
Brewer, J.A. NC 58th Inf. Co.G
Brewer, J.A. SC 7th Inf. 2nd Co.F
Brewer, J.A. TN 19th Inf. Co.F Cpl.
Brewer, Jacob TN 1st (Carter's) Cav. Co.L
Brewer, Jacob TX 26th Cav. Co.B, 2nd Co.G
Brewer, Jacob J. NC 15th Inf. Co.G
Brewer, Jacob W. AR 18th (Marmaduke's) Inf. Co.F
Brewer, James AL 7th Inf. Co.F Sgt.
Brewer, James AR 47th (Crandall's) Cav. Co.I
Brewer, James AR 10th Inf. Co.G
Brewer, James GA 11th Inf. Co.E
Brewer, James GA Inf. 23rd Bn.Loc.Def. Pendergrass' Co.

Brewer, James MS 15th Inf. Co.E
Brewer, James MS 34th Inf. Co.G
Brewer, James MO Cav. Fristoe's Regt. Co.F 2nd Lt.
Brewer, James MO Cav. Hobb's Co.
Brewer, James NC 4th Inf. Co.D Sgt.
Brewer, James NC 6th Sr.Res. Co.H
Brewer, James, Jr. NC 12th Inf. Co.H
Brewer, James NC 27th Inf. Co.E Music.
Brewer, James NC 37th Inf. Co.A,E
Brewer, James NC 44th Inf. Co.E
Brewer, James TN 1st Cav.
Brewer, James TN 8th Inf. Co.D
Brewer, James 1st Cherokee Mtd.Vol. 2nd Co.E
Brewer, James A. AL Cav. Bowie's Co.
Brewer, James A. AL Cp. of Instr. Talladega
Brewer, James A. NC 62nd Inf. Co.B
Brewer, James A. TN 29th Inf. Co.D
Brewer, James A. VA 30th Inf. Co.E Cpl.
Brewer, James A. VA Conscr. Cp.Lee Co.B
Brewer, James A. 8th (Wade's) Conf.Cav. Co.A
Brewer, James B. VA 21st Inf. Co.A
Brewer, James C. AR 4th Inf. Co.G
Brewer, James C. MS 14th Inf. Co.D
Brewer, James C. TN 48th (Nixon's) Inf. Co.H
Brewer, James C. VA 63rd Inf. Co.C
Brewer, James D. NC 23rd Inf. Co.C
Brewer, James E. KY 6th Mtd.Inf. Co.H
Brewer, James E. TN 44th Inf. Co.E
Brewer, Jas. F. Gen. & Staff Col.
Brewer, James H. AR 12th Inf. Co.F
Brewer, James H. GA 3rd Cav. (St.Guards) Co.H
Brewer, James H. GA 6th Inf. Co.G
Brewer, James H. MS 2nd Inf. Co.A
Brewer, James H. NC 30th Inf. Co.K
Brewer, James H. TN 54th Inf. Hollis' Co. Sgt.
Brewer, James H. VA Inf. 5th Bn. Co.F
Brewer, James J. AR 17th (Lemoyne's) Inf. Co.D
Brewer, James J. AR 21st Inf. Co.H
Brewer, James J. GA Cav. 2nd Bn. Co.A 1st Lt.
Brewer, James J. GA 5th Cav. Co.I 1st Lt.
Brewer, James J. MS 34th Inf. Co.K Sgt.
Brewer, James J. VA 61st Inf. Co.F
Brewer, James L. AL 36th Inf. Co.H
Brewer, James L. GA 16th Inf. Co.H
Brewer, James M. AL 3rd Cav. Co.H
Brewer, James M. AL Cav. 5th Bn. Hilliard's Legion Co.H
Brewer, James M. AR 3rd Inf. (St.Troops) Co.E
Brewer, James M. AR 12th Inf. Co.F,D
Brewer, James M. AR 14th (Powers') Inf. Co.H
Brewer, James M. GA 3rd Inf. Co.F
Brewer, James M. MS Lt.Arty. (The Hudson Btty.) Hoole's Co.
Brewer, James M. VA Lt.Arty. Thompson's Co.
Brewer, James O. AR 12th Inf. Co.F Sgt.
Brewer, James P. AL 18th Bn.Vol. Co.C Sgt.Maj.
Brewer, James R. GA 1st (Olmstead's) Inf. 1st Co.A
Brewer, James R. GA 1st Bn.S.S. Co.B
Brewer, James R. KY 2nd Cav. Co.E
Brewer, James R. TN 35th Inf. Co.G Lt.
Brewer, James W. KY 14th Cav. Co.C
Brewer, James W. NC 2nd Cav. (19th St.Troops) Co.I
Brewer, James W. VA 50th Inf. Co.C Cpl.
Brewer, Jasper J. 10th Conf.Cav. Co.E Cpl.
Brewer, J.A.W. FL 1st (Res.) Inf. Co.G
Brewer, J.B. NC 2nd Jr.Res. Co.K Sgt.
Brewer, J.C. AL 1st Part.Rangers Co.G
Brewer, J.C., Jr. AL 32nd Inf. Co.I
Brewer, J.C., Sr. AL 32nd Inf. Co.I
Brewer, J.C. AR 12th Inf. Co.F Capt.
Brewer, J.C. GA 5th Inf. (St.Guards) Brooks' Co.
Brewer, J.C. TN 38th Inf. 2nd Co.K
Brewer, J.C. VA Mil. Grayson Cty.
Brewer, J.D. AR Inf. Cocke's Regt. Co.D
Brewer, J.E. AL 37th Inf. Co.E
Brewer, J.E. AL 58th Inf. Co.E Cpl.
Brewer, J.E. AL 59th Inf. Co.E
Brewer, J.E. AR 2nd Cav. Co.B
Brewer, Jefferson KY 10th (Diamond's) Cav. Co.E
Brewer, Jefferson KY 5th Mtd.Inf. Co.I
Brewer, Jere B. AL 3rd Cav. Co.A
Brewer, Jerre B. Conf.Cav. Wood's Regt. Co.C
Brewer, Jerry AL 18th Inf. Co.D
Brewer, Jerry AL 30th Inf. Co.A
Brewer, Jerry NC 6th Sr.Res. Co.H
Brewer, Jerry A. AL 26th Inf. Co.I
Brewer, Jerry A. AL 36th Inf. Co.C
Brewer, Jerrymiah KY 10th (Diamond's) Cav. Co.E Cpl.
Brewer, Jesse AL Inf. 1st Regt. Co.A
Brewer, Jesse AL 5th Inf. New Co.H
Brewer, Jesse GA 3rd Inf. Co.E
Brewer, Jesse GA 25th Inf. Co.H 1st Lt.
Brewer, Jesse MS Inf. 1st Bn.St.Troops (30 days '64) Co.G Cpl.
Brewer, Jesse MS 1st Bn.S.S. Co.A
Brewer, Jesse MS 25th Inf. Co.I
Brewer, Jesse NC 51st Inf. Co.F
Brewer, Jesse 1st Cherokee Mtd.Rifles Co.A
Brewer, Jesse 1st Cherokee Mtd.Vol. 2nd Co.F
Brewer, Jesse A. VA 12th Inf. 2nd Co.I
Brewer, Jesse B. VA 5th Cav. (12 mo. '61-2) Co.G Capt.
Brewer, Jesse B. VA 13th Cav. Capt.
Brewer, Jessee GA 12th (Robinson's) Cav. (St.Guards) Co.B Cpl.
Brewer, Jesse J. NC 50th Inf. Co.E
Brewer, Jesse L.M. VA 24th Inf. Co.F
Brewer, Jessie S. MS 8th Cav. Co.B
Brewer, J.F. AR 10th Inf. Co.G
Brewer, J.F. SC 25th Inf. Co.I
Brewer, J.F. TN 8th Inf. Co.C
Brewer, J.G. TN 8th Inf. Co.C
Brewer, J.H. AL 63rd Inf. Co.I,H
Brewer, J.H. AR 11th Inf. Co.B
Brewer, J.H. GA 8th Inf. Co.K
Brewer, J.H. GA 25th Inf. Co.I
Brewer, J.H. LA 4th Inf. Co.G
Brewer, J.H. MS 43rd Inf. Co.F
Brewer, J.H. TN 1st (Feild's) Inf. Co.K
Brewer, J.H. TN 42nd Inf. Co.D
Brewer, J.H. TX 5th Inf. Co.C
Brewer, J.H. VA 42nd Inf. Co.E
Brewer, J.H. 4th Conf.Inf. Co.K
Brewer, J.J. AL Cav. 5th Bn. Hilliard's Legion Co.E Cpl.
Brewer, J.J. AL 3rd Inf. Co.E
Brewer, J.J. AL 31st Inf. Co.E
Brewer, J.L. AR 31st Inf. Co.D
Brewer, J.L. AR Inf. Cocke's Regt. Co.C,I
Brewer, J.L. GA Lt.Arty. Barnwell's Btty.
Brewer, J.L. GA Arty. Maxwell's Reg.Lt.Btty.
Brewer, J.L. GA 7th Inf. Co.I
Brewer, J.L. MS 35th Inf. Co.I
Brewer, J.L. TN 8th Inf. Co.C
Brewer, J.L. VA 21st Inf. Co.G
Brewer, J.M. AL 12th Inf. Co.G
Brewer, J.M. AR Inf. Cocke's Regt. Co.C
Brewer, J.M. AR Inf. Hardy's Regt. Co.H
Brewer, J.M. FL 1st (Res.) Inf. Co.B
Brewer, J.M. NC 1st Jr.Res. Co.F Cpl.
Brewer, J.M. NC 4th Bn.Jr.Res. Co.A
Brewer, J.M. SC 22nd Inf. Co.G
Brewer, J.M. TN 47th Inf. Co.B Cpl.
Brewer, J.M. 10th Conf.Cav. Co.A
Brewer, J.N. MS 37th Inf. Co.G
Brewer, J.N. TN 45th Inf. Co.H
Brewer, J.O. AR 51st Mil. Co.H
Brewer, Joel GA 14th Inf. Co.B
Brewer, Joel GA Floyd Legion (St.Guards) Co.H
Brewer, Joel NC 5th Sr.Res. Co.K
Brewer, Joel TN 35th Inf. Co.G
Brewer, Joel J. GA 3rd Inf. Co.F
Brewer, Joel W. AL 2nd Bn. Hilliard's Legion Vol. Co.E
Brewer, John AL 5th Cav. Co.E
Brewer, John AL 4th Inf. Co.K,H
Brewer, John AL 20th Inf. Co.G
Brewer, John AL 20th Inf. Co.H
Brewer, John AL Res. J.G. Rankin's Co.
Brewer, John GA Inf. 1st Conf.Bn. Co.A Sgt.
Brewer, John GA Inf. 1st Loc.Troops (Augusta) Co.B
Brewer, John GA Cobb's Legion Co.A
Brewer, John MS 7th Cav. Co.F
Brewer, John MS 9th Cav. Co.A
Brewer, John MS 12th Cav. Co.G
Brewer, John MS Cav. 17th Bn. Co.F
Brewer, John MS 5th Inf. (St.Troops) Co.H
Brewer, John MS Inf. 7th Bn. Co.F
Brewer, John MS 9th Bn.S.S. Co.A
Brewer, John MS 15th Inf. Co.E Sgt.
Brewer, John MO 10th Inf. Co.C
Brewer, John NC 7th Sr.Res. Clinard's Co.
Brewer, John NC 25th Inf. Co.D
Brewer, John NC 26th Inf. Co.E
Brewer, John NC Walker's Bn. Thomas' Legion Co.F
Brewer, John TN 5th (McKenzie's) Cav. Co.K
Brewer, John TN 6th (Wheeler's) Cav. Co.H
Brewer, John TN 7th (Duckworth's) Cav. Co.E
Brewer, John TN 12th (Cons.) Inf. Co.D
Brewer, John TN 22nd Inf. Co.K
Brewer, John TN 26th Inf. 1st Co.H
Brewer, John TX 17th Cav. Co.H
Brewer, John TX 32nd Cav. Co.K
Brewer, John TX 9th (Young's) Inf. Co.K
Brewer, John VA 54th Mil. Co.H
Brewer, John 1st Conf.Inf. 2nd Co.I Sgt.
Brewer, John 1st Cherokee Mtd.Vol. 1st Co.C
Brewer, John A. GA 24th Inf. Co.F

Brewer, John A. LA 12th Inf. Co.B
Brewer, John A. MS 1st Cav.Res. Co.F
Brewer, John A. NC 6th Sr.Res. Co.B Capt.
Brewer, John A. TN 13th Inf. Co.D Sgt.
Brewer, John B. AR 19th (Dawson's) Inf. Co.A
Brewer, John B. GA 5th Inf. Co.D
Brewer, John B. GA 35th Inf. Co.F
Brewer, John B. TX 15th Inf. Co.K
Brewer, John C. GA 21st Inf. Co.F
Brewer, John C. NC 51st Inf. Co.F
Brewer, John D. TX 13th Cav. Co.I Sgt.
Brewer, John D. TX Cav. Ragsdale's Bn. Co.E
Brewer, John D. TX Inf. 1st St.Troops Sheldon's Co.B
Brewer, John E. AL Lt.Arty. Kolb's Btty.
Brewer, John E. AL Arty. 4th Bn. Hilliard's Legion Co.B,E
Brewer, John E. AR 17th (Lemoyne's) Inf. Co.D
Brewer, John E. AR 21st Inf. Co.H
Brewer, John E. VA 3rd Cav. Co.C
Brewer, John E. VA 5th Cav. Co.C
Brewer, John G. AL 11th Inf. Co.K Cpl.
Brewer, John H. AL 3rd Res. Co.B
Brewer, John H. AL 5th Inf. New Co.G
Brewer, John H. MS Cav. Jeff Davis Legion Co.D
Brewer, John H. TN 5th Inf. 2nd Co.F Cpl.
Brewer, John H. TN 44th Inf. Co.E
Brewer, John H. TN 44th (Cons.) Inf. Co.B
Brewer, John J. KY 13th Cav. Co.I Sgt.
Brewer, John L. AR 32nd Inf. Co.A
Brewer, John L. MS 42nd Inf. Co.H
Brewer, John M. GA 7th Cav. Co.C Jr.2nd Lt.
Brewer, John M. GA Cav. 24th Bn. Co.B 3rd Lt.
Brewer, John M. GA 15th Inf. Co.C
Brewer, John M. MS 43rd Inf. Co.A
Brewer, John N.R. TN 54th Inf. Hollis' Co. Sgt.
Brewer, John O. AR Lt.Arty. Rivers' Btty.
Brewer, John O. VA 63rd Inf. Co.C
Brewer, John P. SC 6th Inf. 2nd Co.D Cpl.
Brewer, John P. SC 9th Inf. Co.H
Brewer, John R. AL 9th Inf. Co.G,B 1st Lt.
Brewer, John S. GA 31st Inf. Co.G Cpl.
Brewer, John S. SC 3rd Res. Co.K 1st Sgt.
Brewer, John S. SC 20th Inf. Co.A
Brewer, Johnson VA 129th Mil. Chambers' Co., Avis' Co.
Brewer, John W. GA 2nd Inf. Co.A Cpl.
Brewer, John W. GA Inf. 10th Bn. Co.A
Brewer, John W. GA 17th Inf. Co.B
Brewer, John W. GA 24th Inf. Co.A Sgt.
Brewer, John W. MS 1st Bn.S.S. Co.A
Brewer, John W. MS 25th Inf. Co.I
Brewer, John W. NC 33rd Inf. Co.G
Brewer, John W. TN 13th Inf. Co.I
Brewer, John W. VA 12th Cav. Co.E
Brewer, John W. VA 21st Inf. Co.A
Brewer, Jones AR 18th (Marmaduke's) Inf. Co.K
Brewer, Jordan NC 2nd Arty. (36th St.Troops) Co.G
Brewer, Jordan NC 12th Inf. Co.H Cpl.
Brewer, Joseph AR 17th (Lemoyne's) Inf. Co.B
Brewer, Joseph AR 21st Inf. Co.H
Brewer, Joseph AR 34th Inf. Co.H
Brewer, Joseph GA Floyd Legion (St.Guards) Co.K 1st Lt.
Brewer, Joseph NC 5th Inf. Co.A
Brewer, Joseph NC 21st Inf. Co.K
Brewer, Joseph SC 1st St.Troops Co.E Cpl.
Brewer, Joseph TN 51st (Cons.) Inf. Co.A
Brewer, Joseph A. GA 35th Inf. Co.F
Brewer, Joseph C. MS 13th Inf. Co.A
Brewer, Joseph H. GA 2nd Inf. Co.A 1st Lt.
Brewer, Joseph H. KY 13th Cav. Co.I Sgt.
Brewer, Joseph W. TN 48th (Nixon's) Inf. Co.I Sgt.
Brewer, Joseph W. TN 54th Inf. Ives' Co. Sgt.
Brewer, Josiah NC Cumberland Cty.Bn. Detailed Men Co.B
Brewer, J.P. GA Phillips' Legion Co.A
Brewer, J.P. MS Inf. 1st Bn.St.Troops (30 days '64) Co.C
Brewer, J.R. GA 5th Cav. Co.I
Brewer, J.R. TN 35th Inf. Co.G 2nd Lt.
Brewer, J.R. TX 32nd Cav. Co.E
Brewer, J.R. TX Cav. Morgan's Regt. Co.G
Brewer, J.S. AL 8th Inf.
Brewer, J.S. AL 9th Inf. Co.I
Brewer, J.S. AR 36th Inf. Co.I
Brewer, J.S. TN Cav. Nixon's Regt. Co.E
Brewer, J.S. TN Inf. Spencer's Co.
Brewer, J.S. 8th (Wade's) Conf.Cav. Co.D
Brewer, J.T. GA 8th Inf. Co.I
Brewer, J.T. SC 22nd Inf. Co.K
Brewer, J.T. TN 7th (Duckworth's) Cav. Co.F
Brewer, J.T. TN 14th (Neely's) Cav. Co.K
Brewer, J.T. TN 18th Inf. Co.C
Brewer, J.T. 3rd Conf.Eng.Troops Co.C Artif.
Brewer, Judson E. AL 17th Inf. Co.B
Brewer, Junius NC 1st Jr.Res. Co.K
Brewer, J.W. AL 18th Inf. Co.C
Brewer, J.W. AL 38th Inf. Co.B
Brewer, J.W. AL 59th Inf. Co.B
Brewer, J.W. FL 2nd Inf. Co.A Cpl.
Brewer, J.W. FL 2nd Inf. Co.C
Brewer, J.W. GA Inf. 4th Bn. (St.Guards) Co.G
Brewer, J.W. GA 42nd Inf. Co.B
Brewer, J.W. GA 54th Inf. Co.I 1st Lt.
Brewer, J.W. GA 66th Inf. Co.I
Brewer, J.W. MS 29th Inf. Co.F
Brewer, J.W. MS 46th Inf. Co.B
Brewer, J.W. SC 2nd Rifles Co.C
Brewer, J.W. TN 4th (McLemore's) Cav. Co.E
Brewer, J.W. TN 21st (Wilson's) Cav. Co.D
Brewer, J.W. TN 36th Inf. Co.E
Brewer, J.W. TN 45th Inf. Co.I
Brewer, J.W. TX 3rd Inf. Co.E
Brewer, J.W. VA 8th Cav. Co.C
Brewer, J.W. VA 3rd Inf.Loc.Def. Co.A
Brewer, Kenly VA 4th Res. Co.B
Brewer, Kinion K. TX 11th Inf. Co.I Sgt.
Brewer, K.K. TX 3rd Cav. Co.G Sgt.
Brewer, L. MS 1st Cav.Res. Co.E
Brewer, L. SC 5th Regt. Co.A
Brewer, L. TX Cav. McCord's Frontier Regt. Co.B
Brewer, Larkin NC 44th Inf. Co.H
Brewer, Larkin TN 63rd Inf. Co.C
Brewer, Lawson MS 5th Inf. Co.K
Brewer, L.D. MS 2nd Cav. Co.D
Brewer, L.D. TX 1st Hvy.Arty. Co.I
Brewer, L.D. TX 20th Inf. Co.B
Brewer, Leon AL 61st Inf. Co.I
Brewer, Leroy AL 1st Regt. Mobile Vol. Co.A Bvt.2nd Lt.
Brewer, Leven TX 10th Cav. Co.E
Brewer, Levin TX Cav. Morgan's Regt. Co.B
Brewer, Lewis AR 4th Inf. Co.H
Brewer, Lewis TN 55th (Brown's) Inf. Co.B
Brewer, Lewis C. VA 63rd Inf. Co.C
Brewer, Lewis G. AR Inf. 1st Bn. Co.F Cpl.
Brewer, Lewis T. NC Lt.Arty. 3rd Bn. Co.C
Brewer, Lewis W. VA Mil. Grayson Cty.
Brewer, L.G. AR 9th Inf. Co.K
Brewer, L.H. AR 10th (Witt's) Cav. Co.G
Brewer, Linnear AL 38th Inf. Co.B
Brewer, L.J. AR 1st (Cons.) Inf. 1st Co.
Brewer, L.J. MS 1st Cav.Res. Co.F 2nd Lt.
Brewer, L.J. MS 5th Cav. Co.F
Brewer, L.J. MS 4th Inf. Co.C Cpl.
Brewer, L.J. 20th Conf.Cav. 1st Co.H 2nd Lt.
Brewer, L.M. AL 5th Inf. New Co.G
Brewer, L.P. TN 35th Inf. Co.H
Brewer, L.P. VA 8th Cav. Co.C
Brewer, Lucius L. AL 63rd Inf. Co.A
Brewer, Luther T. AR 32nd Inf. Co.A
Brewer, L.W. AL Cav. Stewart's Bn. Co.E
Brewer, L.W. TN Cav. Williams' Co.
Brewer, L.W. VA Cav. 37th Bn. Co.D Sgt.
Brewer, M. GA Phillips' Legion Co.A
Brewer, M. NC 1st Arty. (10th St.Troops) Co.B,D
Brewer, M. TN 1st Hvy.Arty. 3rd Co.A
Brewer, M. VA 5th Cav. Co.A
Brewer, M.A. TN 17th Inf. Co.E
Brewer, Malcolm NC 26th Inf. Co.H Cpl.
Brewer, Marion GA Cobb's Legion Co.A
Brewer, Marion SC 1st Inf. Co.H
Brewer, Marion J. SC 1st (McCreary's) Inf. Co.G
Brewer, Martin NC 3rd Inf. Co.F
Brewer, Mathew E. GA 61st Inf. Co.F
Brewer, Mathew W. AL 33rd Inf. Co.F
Brewer, Matthew NC 1st Cav. (9th St.Troops) Co.B 1st Sgt.
Brewer, Matthew P. AL 44th Inf. Co.G
Brewer, M.G. GA Lt.Arty. 14th Bn. Co.C
Brewer, M.G. GA Lt.Arty. Ferrell's Btty.
Brewer, Michael VA 36th Inf. 2nd Co.D
Brewer, Milton AR Cav. 1st Bn. (Stirman's) Co.C
Brewer, Milton AR 34th Inf. Co.E Cpl.
Brewer, Milton VA Cav. 34th Bn. Co.A Cpl.
Brewer, Milton VA 129th Mil. Wilkinson's Co.
Brewer, Milton H. GA 4th Inf. Co.K
Brewer, Milton H. Sig.Corps,CSA
Brewer, Mitchel VA 1st Cav.St.Line Co.A
Brewer, Monroe MS 2nd (Quinn's St.Troops) Inf. Co.A
Brewer, Morean MS Cav. (St.Troops) Grace's Co. 1st Sgt.
Brewer, Morris F. AR 25th Inf. Co.B
Brewer, Moses AR 15th (N.W.) Inf. Co.E
Brewer, M.V. GA 23rd Inf. Co.C
Brewer, N. MS 26th Inf. Co.I
Brewer, N. NC 61st Inf. Co.D
Brewer, N. TN 55th (Brown's) Inf. Co.B
Brewer, N. VA Loc.Def. Durrett's Co. Sgt.
Brewer, N.A. AR 37th Inf. Co.K
Brewer, Napoleon B. TN 13th Inf. Co.D

Brewer, Nathan GA 13th Inf. Co.K
Brewer, Nathan GA 60th Inf. Co.B
Brewer, Nathan MS 5th Inf. (St.Troops) Co.H
Brewer, Nathan NC 26th Inf. Co.E
Brewer, N.B. TN 12th Inf. Co.C Cpl.
Brewer, N.B. TN 47th Inf. Co.K
Brewer, Neriah AR 21st Inf. Co.E
Brewer, Nicholas 1st Choctaw & Chickasaw Mtd.Rifles 2nd Co.D
Brewer, N.L. TN 15th (Cons.) Cav. Co.E
Brewer, N.M. NC 49th Inf. Co.K
Brewer, Noah MS 2nd Inf. Co.F
Brewer, Noah MS 20th Inf. Co.F
Brewer, Norman B. AR 1st (Colquitt's) Inf. Co.F
Brewer, N.W. NC 7th Bn.Jr.Res. Co.C
Brewer, O. MS 8th Inf. Co.A
Brewer, O.C. NC 6th Sr.Res. Co.D,F 1st Sgt.
Brewer, O.H.P. 2nd Cherokee Mtd.Vol. Co.F Lt.Col.
Brewer, Oliver C. NC 28th Inf. Co.E
Brewer, P. GA 8th Inf. Co.K
Brewer, Perry 1st Cherokee Mtd.Vol. 1st Co.C 1st Lt.
Brewer, P.G. AL 42nd Inf. Co.F
Brewer, P.H. MS 18th Cav. Co.H
Brewer, Phillip NC 37th Inf. Co.E
Brewer, P.J. AL 59th Inf. Co.B
Brewer, Pollard J. AL 2nd Bn. Hilliard's Legion Vol. Co.E
Brewer, P.R. LA 2nd Inf. Co.I 2nd Lt.
Brewer, P.R. LA 4th Inf. Co.I 2nd Lt.
Brewer, Prior MO 10th Inf. Co.D
Brewer, P.W. TN 17th Inf. Co.E
Brewer, R. MS 24th Inf. Co.A
Brewer, Raphael MO 2nd N.E. Cav. (Franklin's Regt.)
Brewer, Ratcliff R. MS 2nd Part.Rangers Co.A Capt.
Brewer, R.D.W. GA 38th Inf. Co.F
Brewer, R.E. TN 62nd Mtd.Inf. Co.B Sgt.
Brewer, Reece AL 36th Inf. Co.I
Brewer, Reuben NC 8th Inf. Co.G
Brewer, R.H. GA 5th Cav. Co.I
Brewer, R.H. 8th (Wade's) Conf.Cav. Lt.Col.
Brewer, R.H. Gen. & Staff Chap.
Brewer, Richard NC 51st Inf. Co.F
Brewer, Richard TN 2nd (Ashby's) Cav. Co.B
Brewer, Richard E. VA 40th Inf. Co.D
Brewer, Richard E. VA 55th Inf. Co.E
Brewer, Richard H. Ransom's Staff Maj.
Brewer, Richard L. VA 3rd (Archer's) Bn.Res. Co.C
Brewer, Riley NC 58th Inf. Co.D
Brewer, R.K. AL 14th Inf. Co.H
Brewer, R.K. TN 8th (Smith's) Cav. Co.E
Brewer, R.K. TN 23rd Inf. Co.H
Brewer, R.L. TN 27th Inf. Co.H
Brewer, R.L. 10th Conf.Cav. Co.I
Brewer, R.M. MS 2nd St.Cav. Co.H Cpl.
Brewer, Robert NC 5th Cav. (63rd St.Troops) Co.K
Brewer, Robert NC 34th Inf. Co.K
Brewer, Robert NC 44th Inf. Co.E
Brewer, Robert C. NC 17th Inf. (2nd Org.) Co.I Cpl.
Brewer, Robert E. NC 13th Inf. Co.C
Brewer, Robert K. TN 18th Inf. Co.A
Brewer, Robert Willis AL Lt.Arty. 2nd Bn. Co.D
Brewer, Ro L. VA Inf. 25th Bn. Co.A
Brewer, Royal F. TN 23rd Inf. 1st Co.A, Co.B
Brewer, R.R. MS 7th Cav. Capt.
Brewer, Russell TN 16th Inf. Co.B Cpl.
Brewer, R.W. AL 4th Inf.
Brewer, R.W. MO Lt.Arty. Barret's Co.
Brewer, R.W. TN 3rd (Clack's) Inf. Co.C
Brewer, R.Y. GA Cav. 19th Bn. Co.D
Brewer, S. AL Inf. 1st Regt. Co.E
Brewer, S. AL 27th Inf. N.C.S. Drum Maj.
Brewer, S. AL 58th Inf. Co.C,F
Brewer, S. NC 5th Inf. Co.A
Brewer, Sam B. AL 12th Inf. Co.F,B
Brewer, Sampson NC 46th Inf. Co.H
Brewer, Samuel AL 57th Inf. Drum Maj.
Brewer, Samuel AR 9th Inf. New Co.I
Brewer, Samuel AR 30th Inf. Co.I
Brewer, Samuel LA 7th Inf. Co.G 2nd Lt.
Brewer, Samuel LA 22nd (Cons.) Inf. Co.G Capt.
Brewer, Samuel LA 28th (Thomas') Inf. Co.G 1st Lt.
Brewer, Samuel MS 25th Inf. Co.G
Brewer, Samuel MO Lt.Arty. H.M. Bledsoe's Co.
Brewer, Samuel TN Inf. 23rd Bn. Co.E
Brewer, Samuel TN 34th Inf. Co.A
Brewer, Samuel VA 129th Mil. Wilkinson's Co.
Brewer, Samuel 2nd Conf.Inf. Co.G
Brewer, Samuel 1st Choctaw Mtd.Rifles Co.I
Brewer, Samuel B. TX 10th Inf. Co.A
Brewer, Samuel J. GA 8th Inf. Co.I
Brewer, Samuel M. MS 6th Cav. Co.A
Brewer, Samuel M. MS Perrin's Bn.St.Cav. Co.D
Brewer, Samuel M. MS 11th Inf. Co.A
Brewer, Samuel N. VA 21st Inf. Co.A Cpl.
Brewer, Samuel P. VA Hvy.Arty. Wright's Co.
Brewer, Samuel R. TN 13th Inf. Co.A,D Capt.
Brewer, Samuel W. AL Arty. 4th Bn. Hilliard's Legion Co.B,E
Brewer, Samuel W. GA 44th Inf. Co.C
Brewer, Samuel W. NC 15th Inf. Co.D Sgt.
Brewer, Samuel W. NC 49th Inf. Co.B
Brewer, S.B. VA 3rd Inf.Loc.Def. Co.A
Brewer, S.B. Gen. & Staff Maj.,Ch.S
Brewer, S.D. AR 24th Inf. Co.K
Brewer, S.D. GA 16th Inf. Co.H
Brewer, Seborn TN 54th Inf. Co.H
Brewer, Septimus L. GA 27th Inf. Lt.Col.
Brewer, S.F. AL 40th Inf. Co.K
Brewer, S.H. SC 5th Bn.Res. Co.D
Brewer, Silas AL 17th Bn.S.S. Co.B
Brewer, Silas AL 28th Inf. Co.A
Brewer, Silas AL Mtd.Inf. J. Oden's Co.
Brewer, Silas W. AL 39th Inf. Co.I Fifer
Brewer, Siler NC 5th Sr.Res. Co.B
Brewer, Silranes AL Cp. of Instr. Talladega
Brewer, Simeon MS 46th Inf. Co.A
Brewer, Simon NC 5th Inf. Co.I
Brewer, S.J. AL 5th Inf. Co.C
Brewer, S.J. MS 19th Inf. Co.A
Brewer, S.L. AR 25th Inf. Co.K
Brewer, S.L. AR Inf. Cocke's Regt. Co.C
Brewer, S.L. TN 36th Inf. Co.E
Brewer, Solomon MO Cav. Fristoe's Regt. Co.I
Brewer, Solomon NC 50th Inf. Co.E
Brewer, Solomon TN 40th Inf. Co.G
Brewer, Solomon TN 42nd Inf. 1st Co.I
Brewer, Sol R. NC 4th Sr.Res. Co.I
Brewer, S.P. MO Cav. Fristoe's Regt. Co.G
Brewer, S.P. MO 1st & 4th Cons.Inf. Co.I
Brewer, S.P. MO 4th Inf. Co.I
Brewer, Stephen AL Cp. of Instr. Talladega
Brewer, Stephen MO Lt.Arty. H.M. Bledsoe's Co.
Brewer, Stephen NC 1st Inf. (6 mo. '61) Co.D
Brewer, Stephen W. NC 1st Inf. Co.D
Brewer, Stephen W. NC 26th Inf. Co.E Capt.
Brewer, Stephen W. NC 26th Inf. Co.H
Brewer, S.W. AL Lt.Arty. Kolb's Btty.
Brewer, S.W. GA 7th Cav. Co.K Lt.
Brewer, S.W. TN 40th Inf. Co.G
Brewer, T.C. AL 23rd Inf. Comsy.
Brewer, T.C. Gen. & Staff Capt.,ACS
Brewer, T.D. MO 4th Inf. Co.G
Brewer, T.E. TX 1st Inf. Co.A Cpl.
Brewer, Terrell NC 3rd Arty. (40th St.Troops) Co.G
Brewer, T.F. GA 3rd Inf. Co.F
Brewer, T.F. TN 16th (Logwood's) Cav. Co.E
Brewer, T.F. TN 20th (Russell's) Cav. Co.C
Brewer, T.F. TN 21st & 22nd (Cons.) Cav. Co.I
Brewer, T.F. TN 47th Inf. Co.K
Brewer, T.F. 1st Cherokee Mtd.Vol. 1st Co.C
Brewer, T.G. LA 4th Inf. Co.I
Brewer, T.H. AL 59th Inf. Co.B
Brewer, T.H. GA 18th Inf. Co.F
Brewer, T.H. TN 63rd Inf. Co.C 2nd Lt.
Brewer, Theodore G. NC 62nd Inf. Co.B
Brewer, Tho F. 2nd Cherokee Mtd.Vol. Co.F 1st Lt.
Brewer, Thomas AL 55th Vol. Co.B
Brewer, Thomas AR 2nd Cav. Co.L
Brewer, Thomas AR 1st (Colquitt's) Inf. Co.I
Brewer, Thomas AR 32nd Inf. Co.E
Brewer, Thomas GA 32nd Inf. Co.F
Brewer, Thomas NC 26th Inf. Co.K
Brewer, Thomas SC Inf. 9th Bn. Co.B
Brewer, Thomas SC 26th Inf. Co.B Sgt.
Brewer, Thomas TX 18th Cav. Co.F Sgt.
Brewer, Thomas 1st Cherokee Mtd.Rifles Co.C 1st Sgt.
Brewer, Thomas A. GA 54th Inf. Co.I,F
Brewer, Thomas J. VA 47th Inf. Co.A
Brewer, Thomas P. AR 3rd Inf. Co.K 2nd Lt.
Brewer, T.J. TX 10th Cav. Co.B
Brewer, T.M. AR Lt.Arty. Hart's Btty.
Brewer, T.W. MO 1st & 4th Cons.Inf. Co.B
Brewer, T.W. MO 4th Inf. Co.G
Brewer, W. AL 1st Cav. 2nd Co.E, Co.H
Brewer, W. GA 17th Inf. Co.B
Brewer, W. KY 4th Cav. Co.E
Brewer, W. MS 3rd Cav. Co.A
Brewer, W. MS 3rd Inf. (St.Troops) Co.D
Brewer, W.A. MS 2nd (Davidson's) Inf. Co.G
Brewer, W.A. SC 4th St.Troops Co.D
Brewer, W.A. SC 23rd Inf. Co.I
Brewer, Warren NC 30th Inf. Co.F
Brewer, W.B. FL 2nd Inf. Co.C
Brewer, W.B. TN 55th (Brown's) Inf. Co.B
Brewer, W.C. AL 3rd Res. Co.C
Brewer, W.C. AR 35th Inf. Co.D

Brewer, W.C. MS 7th Cav. 1st Co.H
Brewer, W.C. MS 28th Cav. Co.H
Brewer, W.C. MS 35th Inf. Co.I
Brewer, W.C. TN 15th (Cons.) Cav. Co.E
Brewer, W.C. TN 9th Inf. Co.F
Brewer, W.D. AL 19th Inf. Co.A
Brewer, Wesley GA 3rd Res. Co.D
Brewer, Wesley NC 33rd Inf. Co.I
Brewer, Wesley NC 46th Inf. Co.H
Brewer, Wesley NC 47th Inf. Co.F
Brewer, Wesley D. NC 22nd Inf. Co.L
Brewer, Wesley M. AR 36th Inf. Co.F
Brewer, Westley AL 3rd Cav. Co.C
Brewer, W.F. GA 24th Inf. Co.F
Brewer, W.F. MS 6th Inf. Co.E
Brewer, W.G. KY 8th Mtd.Inf. Co.G Cpl.
Brewer, W.G. KY 10th (Diamond's) Cav. Co.M
Brewer, W.H. AR 15th Mil. Co.A
Brewer, W.H. AR Inf. Cocke's Regt. Co.B
Brewer, W.H. KY 8th Mtd.Inf. Co.G
Brewer, W.H. LA 18th Inf. Co.B
Brewer, W.H. LA Inf.Cons. 18th Regt. & Yellow Jacket Bn. Co.G
Brewer, W.H. NC 17th Inf. (1st Org.) Co.C
Brewer, W.H. TN 45th Inf. Co.H
Brewer, Wiley NC 3rd Inf. Co.A
Brewer, Wiley NC 38th Inf. Co.C
Brewer, Wiley TX 18th Inf. Co.I
Brewer, Wiley VA 28th Inf. Co.I
Brewer, William, Jr. AL Lt.Arty. Kolb's Btty.
Brewer, William AL 24th Inf. Co.H
Brewer, William AL 38th Inf. Co.B
Brewer, William AL Mtd.Inf. J. Oden's Co.
Brewer, William AL Randolph Cty.Res. D.A. Self's Co. Sgt.
Brewer, William, Jr. AL Arty. 4th Bn. Hilliard's Legion Co.B,E Sgt.
Brewer, William AR 3rd Cav. Co.H
Brewer, William AR 34th Inf. Co.H
Brewer, William AR 35th Inf. Co.E
Brewer, William AR 51st Mil. Co.B
Brewer, William GA 4th Cav. (St.Guards) Cartledge's Co.
Brewer, William GA 2nd Bn.S.S. Co.D
Brewer, William GA Floyd Legion (St.Guards) Co.A 3rd Lt.
Brewer, William KY 8th Cav. Co.G
Brewer, William KY 10th (Diamond's) Cav. Co.E Cpl.
Brewer, William KY 5th Mtd.Inf. Co.C
Brewer, William LA 1st Hvy.Arty. (Reg.) Co.C
Brewer, William MS 1st Cav. Co.H
Brewer, William MS Lt.Arty. (Issaquena Arty.) Graves' Co.
Brewer, William MS 37th Inf. Co.E
Brewer, William MS 43rd Inf. Co.F
Brewer, William MS Condrey's Co. (Bull Mtn.Invinc.)
Brewer, William NC 11th (Bethel Regt.) Inf. Co.B
Brewer, William NC 15th Inf. Co.G 2nd Lt.
Brewer, William NC 44th Inf. Co.C
Brewer, William NC 44th Inf. Co.E
Brewer, William NC 46th Inf. Co.H Sgt.
Brewer, William NC 51st Inf. Co.F
Brewer, William SC Inf. 9th Bn. Co.B
Brewer, William SC 22nd Inf. Co.D Sgt.
Brewer, William TN Cav. 11th Bn. (Gordon's) Co.B
Brewer, William TN 30th Inf. Co.I
Brewer, William TN 43rd Inf. Co.G
Brewer, William TX 1st Bn.S.S. Co.C
Brewer, William TX 10th Inf. Co.H Cpl.
Brewer, William VA 59th Mil. Hunter's Co.
Brewer, William Conf.Reg.Inf. Brooks' Bn. Co.A
Brewer, William A. MS 15th Bn.S.S. Co.A
Brewer, William A. MS 32nd Inf. Co.D
Brewer, William A. NC 34th Inf. Co.K
Brewer, William B. GA 1st Cav. Co.G
Brewer, William B. NC 56th Inf. Co.E
Brewer, William B. TX 11th Inf. Co.I Sgt.
Brewer, William C. NC 2nd Inf. Co.F 1st Lt.
Brewer, William D. NC 26th Inf. Co.H
Brewer, William E. MS 28th Cav. Co.K 1st Sgt.
Brewer, William E. MS 12th Inf. Co.G
Brewer, William E. NC 38th Inf. Co.D
Brewer, William E. VA 61st Inf. Co.F
Brewer, William F. GA 49th Inf. Co.B
Brewer, William F.G. SC 12th Inf. Co.K
Brewer, William G. VA Mil. Washington Cty.
Brewer, William H. GA Inf. 2nd Bn. Co.D
Brewer, William H. GA 35th Inf. Co.F
Brewer, William H. GA 49th Inf. Co.B
Brewer, William H. VA 3rd Cav. Co.C Cpl.
Brewer, William H. VA 12th Inf. 2nd Co.I
Brewer, William J. MS 10th Inf. New Co.C
Brewer, William J. TN 6th (Wheeler's) Cav. Co.H Sgt.
Brewer, William J. TN 44th Inf. Co.E
Brewer, William J. TN 44th (Cons.) Inf. Co.B
Brewer, William J. TX 11th Cav. Co.C
Brewer, William J. TX 16th Inf. Co.F
Brewer, William J. VA 30th Bn.S.S. Co.A
Brewer, William J. VA 47th Inf. Co.C
Brewer, William Johnson GA 12th Cav. Co.D
Brewer, William K. TX 17th Cav. Co.I Cpl.
Brewer, William K. TX 18th Inf. Co.L
Brewer, William L. AL Nitre & Min.Corps Young's Co.
Brewer, William L. AR 1st Vol. Co.B
Brewer, William L. AR 7th Inf. Co.I
Brewer, William L. AR 17th (Lemoyne's) Inf. Co.D
Brewer, William L. AR 21st Inf. Co.H
Brewer, William L. GA 51st Inf. Co.K
Brewer, William M. MS 9th Inf. New Co.D
Brewer, William M. MS 15th Inf. Co.D
Brewer, William M. NC 3rd Arty. (40th St.Troops) Co.G
Brewer, William M. SC 3rd Res. Co.K 2nd Lt.
Brewer, William M. TN 44th Inf. Co.C
Brewer, William M. TX 4th Cav. Co.H
Brewer, William M. TX 24th Cav. Co.D Cpl.
Brewer, Wm. M. Gen. & Staff 1st Lt.,Adj.
Brewer, William P. AL 8th Cav. Co.G Sgt.
Brewer, William P. AL 32nd Inf. Co.B
Brewer, William P. AR 4th Inf. Co.F
Brewer, William P. GA 5th Inf. Co.D
Brewer, William P. LA Washington Arty.Bn. Co.3
Brewer, William P. LA 6th Inf. Co.G Jr.2nd Lt.
Brewer, William P. MS 2nd Part.Rangers Co.I
Brewer, Wm. P. Gen. & Staff Asst.Surg.
Brewer, William R. AR 4th Inf. Co.G
Brewer, William R. TX 13th Cav. Co.F
Brewer, William R. TX 30th Cav. Co.G
Brewer, William S. AL 15th Bn.Part.Rangers Co.A
Brewer, William S. NC 7th Inf. Co.G
Brewer, William S. VA 30th Inf. Co.E
Brewer, William T. AR 3rd Inf. Co.I
Brewer, Wm. T. AR 9th Inf. Co.C 1st Lt.
Brewer, William T. NC 43rd Inf. Co.C Surg.
Brewer, William T. VA 6th Inf. Co.F
Brewer, Wm. T. Gen. & Staff Surg.
Brewer, William W. MS 30th Inf. Co.A
Brewer, Willis KY 10th (Diamond's) Cav. Co.E
Brewer, W.J. GA 53rd Inf. Co.E Cpl.
Brewer, W.J. MO Cav. Williams' Regt. Co.D
Brewer, W.J. TX 11th Cav. Co.E Cpl.
Brewer, W.J. TX 17th Cons.Dismtd.Cav. Co.I
Brewer, W.K. TX 17th Cons.Dismtd.Cav. Co.K
Brewer, W.K. TX 14th Inf. 1st Co.K
Brewer, W.L. AR 27th Inf. Co.G
Brewer, W.L. SC 4th St.Troops Co.D
Brewer, W.L. SC 5th Bn.Res. Co.F
Brewer, W.M. AL 7th Inf. Co.F
Brewer, W.M. AR 8th Cav. Co.A
Brewer, W.M. GA 3rd Inf. Surg.
Brewer, W.M. NC Lt.Arty. 13th Bn. Co.E
Brewer, W.M. TX 20th Cav. Co.K
Brewer, W.M.R. AR 1st (Monroe's) Cav. Co.H
Brewer, W.N. GA 42nd Inf. Co.E,A
Brewer, W.N. TN 21st (Wilson's) Cav. Co.D
Brewer, W.N. TN 13th Inf. Co.I
Brewer, W.O. TN 63rd Inf. Co.A
Brewer, W.P. AR 26th Inf. Co.D
Brewer, W.P. GA Inf. 25th Bn. (Prov.Guard) Co.A
Brewer, W.P. 15th Conf.Cav. Co.I
Brewer, W.P. Arty. Kemper's Bn.Res.,CSA Capt.,Asst.Surg.
Brewer, W.R. AR Inf. Hardy's Regt. Co.H
Brewer, W.R. NC 38th Inf. Co.K
Brewer, W.S. AL 56th Part.Rangers Co.A
Brewer, W.S. GA 59th Inf. Co.C
Brewer, W.S. MS 10th Inf. Co.E
Brewer, W.S. 1st Cherokee Mtd.Vol. 1st Co.C 1st Sgt.
Brewer, W.S. 2nd Cherokee Mtd.Vol. Co.F 2nd Lt.
Brewer, W.T. GA 8th Inf. Co.K
Brewer, W.T. GA 54th Inf. Co.I,F Cpl.
Brewer, W.T. MS 10th Inf. New Co.D,E
Brewer, W.T. MS 37th Inf. Co.G
Brewer, W.T. MS Conscr.
Brewer, W.T. TX 10th Cav. Co.E 2nd Lt.
Brewer, W.T. 20th Conf.Cav. Co.E
Brewer, W.W. TN 3rd (Forrest's) Cav. Co.F
Brewer, W.W. VA 17th Cav. Co.A
Brewer, Wyley VA 56th Inf. Co.A
Brewerton, A.W. LA Washington Arty.Bn. Co.5
Brewerton, Charles MS 7th Inf. Co.A
Brewerton, Frederick MS 21st Inf. Co.L
Brewerton, G. Edward MS 16th Inf. Co.I
Brewett, E.G. AR 2nd Cav. Co.B
Brewett, T.E. Gen. & Staff Asst.Surg.
Brewin, Daniel G. MO 8th Cav. Co.C Cpl.
Brewin, William H. TX 1st (Yager's) Cav. Co.A Capt.

Brewin, William H. TX Cav. 3rd (Yager's) Bn. Co.A Capt.
Brewingham, A.F. MS 26th Inf. Co.B
Brewington, George TN 4th (Murray's) Cav. Co.E
Brewington, John D. GA 44th Inf. Co.F
Brewington, R.G. TN 45th Inf. Co.B
Brewington, Robert TX 3rd Inf. 1st Co.A,E
Brewington, Russell M. TN 28th Inf. Co.E
Brewington, William J. GA 9th Inf. (St.Guards) Co.A
Brewington, Wm. J. GA 44th Inf. Co.F
Brewis, Andrew J. TN 2nd (Smith's) Cav.
Brewitt, E.G. MO 2nd Cav. Co.G
Brewner, Alexander 1st Creek Mtd.Vol. Co.G
Brewner, Jack 1st Creek Mtd.Vol. Co.G Cpl.
Brewner, Joshua 1st Creek Mtd.Vol. Co.G
Brewner, Louis 1st Creek Mtd.Vol. Co.G Sgt.
Brewner, Louis 1st Creek Mtd.Vol. Co.L
Brewner, Luney 1st Creek Mtd.Vol. Co.L Capt.
Brewner, N.T. GA Inf. 1st Conf.Bn. Ord.Sgt.
Brewner, Samuel 1st Creek Mtd.Vol. Co.G
Brewner, William 1st Creek Mtd.Vol. Co.G 2nd Lt.
Brews, Thomas J. KY 5th Cav. Co.D
Brewster, --- TX Cav. Mann's Regt. Co.K
Brewster, A.J. TX 4th Inf. Co.I Cpl.
Brewster, A.J. VA Cav. 34th Bn. Co.C,E
Brewster, Albert AR 26th Inf. Co.C
Brewster, Alexander AR 23rd Inf. Co.B
Brewster, Alex. LA Mil. Orleans Fire Regt. Co.F
Brewster, Alphonse AR 9th Inf. Co.F
Brewster, Ander J. AL 10th Inf. Co.F
Brewster, Benjamin C.M. AL 10th Inf. Co.F
Brewster, B.F. MO Cav. Freeman's Regt. Co.E
Brewster, Bil MO Cav. Freeman's Regt. Co.E
Brewster, Blake D. GA 1st (Ramsey's) Inf. Co.A
Brewster, Blake D. GA 56th Inf. Co.A Sgt.
Brewster, C.C. AL 18th Inf. Co.L
Brewster, Christopher C. MS Inf. (Res.) Berry's Co.
Brewster, Comfort VA 129th Mil. Wilkinson's Co.
Brewster, Daniel F. GA 1st (Ramsey's) Inf. Co.A
Brewster, Daniel F. GA 56th Inf. Co.A Sgt.Maj.
Brewster, D.F. GA 42nd Inf. Co.K Capt.
Brewster, E. TN 2nd (Ashby's) Cav. Co.A Black.
Brewster, E.M. AL 14th Inf. Co.D Sgt.
Brewster, E.R. GA 12th Cav. Co.G Black.
Brewster, F.E. AL Morris' Co. (Mtd.) 1st Sgt.
Brewster, F.M. TX 34th Cav. Co.B
Brewster, Fred MS 21st Inf. Co.D
Brewster, George MS 13th Inf. Co.E
Brewster, George VA 50th Inf. Co.C
Brewster, George M. GA 35th Inf. Co.A Cpl.
Brewster, Geo. W. AL 40th Inf. Co.D
Brewster, Gideon LA 28th (Gray's) Inf. Co.B
Brewster, G.W. GA 52nd Inf. Co.E
Brewster, H. LA 2nd Inf. Co.E
Brewster, H. TN 14th (Neely's) Cav. Co.H 2nd Lt.
Brewster, H.A.K. VA 23rd Cav. Co.F
Brewster, H.B. Gen. & Staff Capt.,Adj.
Brewster, Henry VA Cav. 41st Bn. Co.F
Brewster, Henry H. AL 3rd Cav. Co.G
Brewster, Henry P. Gen. & Staff, AG Dept. Capt.
Brewster, Henry R. AR 4th Inf. Co.I
Brewster, H.H. MS 6th Cav. Co.G
Brewster, H.H. MS 5th Inf. Co.C
Brewster, Hiram AR 34th Inf. Co.B
Brewster, H.J. MS 2nd Part.Rangers Co.L,D Bvt.2nd Lt.
Brewster, H.J. TN 13th Inf. Co.G
Brewster, H.P. TN Cav. Nixon's Regt. Co.C 1st Lt.
Brewster, Hugh GA 28th Inf. Capt.,ACS
Brewster, Hugh Gen. & Staff, Comsy.Dept. Capt.
Brewster, J. 1st Chickasaw Inf. Hansell's Co.
Brewster, J.A. LA Mil. Lewis Guards
Brewster, James AL 3rd Res. Co.E
Brewster, James AL 18th Inf. Co.L
Brewster, James AL 55th Vol. Co.B
Brewster, James GA Inf. 17th Bn. (St.Guards) Stocks' Co.
Brewster, James VA 129th Mil. Wilkinson's Co., Baisden's Co.
Brewster, James N. GA 18th Inf. Co.K
Brewster, James P. GA 1st (Ramsey's) Inf. Co.A
Brewster, James P. GA 56th Inf. Co.A Maj.
Brewster, James W. VA 16th Cav. Co.F Cpl.
Brewster, J.B. NC 38th Inf.
Brewster, J.D. AL 7th Cav. Co.A
Brewster, Jeff M. 8th (Wade's) Conf.Cav. Co.H
Brewster, Jere AR 30th Inf. Co.A
Brewster, Jesse GA 23rd Inf. Co.A
Brewster, J.J. TN Arty. Bibb's Co.
Brewster, John FL 5th Inf. Co.F
Brewster, John GA 12th Cav. Co.G
Brewster, John GA Inf. 17th Bn. (St.Guards) Stocks' Co.
Brewster, John LA 21st (Patton's) Inf. Co.B 2nd Lt.
Brewster, John LA 22nd Inf. Co.B 2nd Lt.
Brewster, John VA 36th Inf. 1st Co.B, 2nd Co.D
Brewster, John C. GA 12th Cav. Co.E
Brewster, John C. TX 18th Cav. Co.G
Brewster, John L. AL 37th Inf. Co.B
Brewster, Joseph GA 11th Cav. Co.I
Brewster, Joseph LA 18th Inf. Co.B
Brewster, Josiah GA 65th Inf. Co.G
Brewster, J.R. TN 43rd Inf. Co.K
Brewster, J.W. AL 3rd Res. Co.C
Brewster, J.W. AL 38th Inf. Co.C
Brewster, Lafayette AR 34th Inf. Co.B
Brewster, L.D. Gen. & Staff Sgt.Maj.,ACS
Brewster, Lewis VA 1st Cav.St.Line Co.A
Brewster, L.N. AL 2nd Bn. Hilliard's Legion Vol. Co.A
Brewster, Lyman D. TX 3rd Inf. Co.D Sgt.Maj.
Brewster, Milton VA 45th Inf. Co.A Cpl.
Brewster, M.J. AL 14th Inf. Co.D
Brewster, M.J. VA Cav. 37th Bn. Co.K
Brewster, M.M. TX Cav. Mann's Bn. Cox's Co.
Brewster, M.M. TX Cav. Waller's Regt. Co.A
Brewster, N.J. GA Lt.Arty. Croft's Btty. (Columbus Arty.)
Brewster, O.F. TN 11th (Holman's) Cav. Co.L Capt.
Brewster, Owen VA Inf. 45th Bn. Co.E
Brewster, Owen VA 1st Cav.St.Line Co.A
Brewster, Owendire VA 129th Mil. Wilkinson's Co., Baisden's Co.
Brewster, P.H. GA Cherokee Legion (St.Guards) Co.A Capt.
Brewster, R. LA Mil. Lewis Guards
Brewster, R. TN Inf. 3rd Bn. Co.A
Brewster, R.D. AL 14th Inf. Co.D
Brewster, Robert KY 6th Cav. Co.I
Brewster, Robert LA Mil. Orleans Fire Regt. Co.F
Brewster, R.T. AR 15th (Johnson's) Inf. Co.B
Brewster, R.T. TN 40th Inf. Co.D Sgt.
Brewster, S. 9th Conf.Inf. Co.C Sgt.
Brewster, S.A. AL 14th Inf. Co.D
Brewster, Sheriff AL 5th Bn. (Blount's) Vol. Co.A Capt.
Brewster, Sheriff AL 18th Inf. Co.L 2nd Lt.
Brewster, Sherrod TN 21st Inf. Co.F
Brewster, S.L. MS 46th Inf. Co.F
Brewster, S. Lafayette MS 13th Inf. Co.E
Brewster, T.F. GA 54th Inf. Co.H 1st Lt.
Brewster, Thomas VA Inf. 45th Bn. Co.E
Brewster, Thomas VA Cav.St.Line Co.A
Brewster, Thomas L. TX 6th Cav. Co.C
Brewster, Thomas M. AR 38th Inf. Co.F
Brewster, T.L. TX 35th (Brown's) Cav. Co.K
Brewster, Vincent H. AL 10th Inf. Co.A
Brewster, W.A. GA 1st (Fannin's) Res. Co.A Sgt.
Brewster, Walter S. SC Mil. 1st Regt. Co.1 Lt.
Brewster, Washington LA 12th Inf. Co.I Cpl.
Brewster, W.D. AL 58th Inf. Co.I
Brewster, W.D. GA 6th Inf. Co.E
Brewster, W.D. MS 2nd Part.Rangers Co.L,D
Brewster, W.D. TN 7th (Duckworth's) Cav. Co.K
Brewster, William AR 30th Inf. Co.A
Brewster, William AR 34th Inf. Co.B
Brewster, William GA 1st (Ramsey's) Inf. Co.A
Brewster, William GA 23rd Inf. Co.A
Brewster, William LA 31st Inf. Co.G
Brewster, William VA Cav. 34th Bn. Co.E
Brewster, William E. AL 4th Inf. Co.I Cpl.
Brewster, William J. 1st Choctaw & Chickasaw Mtd.Rifles 1st Co.I
Brewster, William R. AR 2nd Inf. Co.G Sgt.
Brewster, William T. GA 1st (Olmstead's) Inf. Co.G
Brewster, William T. GA 35th Inf. Co.A
Brewster, Wilson L. AL 10th Inf. Co.A Capt.
Brewster, W.J. GA 1st (Ramsey's) Inf.
Brewster, W.S. GA 24th Inf. Co.G Capt.
Brewster, Y. LA 2nd Inf. Co.E
Brewton, A.M. AL 23rd Inf. Co.D Sgt.
Brewton, Berry B. GA 61st Inf. Co.B
Brewton, Caleb W. AL 10th Inf. Co.I Capt.
Brewton, Cas L. AR Cav. 1st Bn. (Stirman's) Co.A
Brewton, C.W. AL 10th Inf. Co.F
Brewton, D.A. SC Cav. 4th Bn. Co.C
Brewton, D.A. SC Inf. Holcombe Legion Co.C
Brewton, David L. GA 50th Inf. Co.B
Brewton, D.L. GA 26th Inf. Co.E
Brewton, E. SC 6th Cav. Co.H
Brewton, E.G. FL Cav. 3rd Bn. Co.B
Brewton, E.G. 15th Conf.Cav. Co.D
Brewton, Enoch NC Inf. 2nd Bn. Co.D

Brewton, E.W. FL 1st Inf. New Co.H
Brewton, G.J. AR 2nd Mtd.Rifles Co.B
Brewton, Henry M. GA 26th Inf. Co.F,E
Brewton, H.W. TX Cav. Baird's Regt. Co.F Cpl.
Brewton, Jacob C. AR Cav. 1st Bn. (Stirman's) Co.B
Brewton, James J. AR 17th (Lemoyne's) Inf. Co.E
Brewton, James W. GA Cav. Hendry's Co. (Atlantic & Gulf Guards) Cpl.
Brewton, J.D. MS 18th Inf. Co.D
Brewton, J.H. SC 1st Cav. Co.B
Brewton, J.I. SC 3rd Inf. Co.K,D
Brewton, J.M. GA 1st Troops & Defences (Macon) Co.G
Brewton, John D. MS 17th Inf. Co.D
Brewton, John M. AL 2nd Inf. Co.A
Brewton, John M. AL 51st (Part.Rangers) Co.A
Brewton, John W. AR Cav. 1st Bn. (Stirman's) Co.B
Brewton, Jonathan B. GA 5th Cav. Co.G
Brewton, J.W. GA 26th Inf. Co.E
Brewton, L.C. SC Inf. Holcombe Legion Co.A
Brewton, Martin B. GA Cav. 1st Bn. Hughes' Co.
Brewton, Martin B. GA 61st Inf. Co.H 2nd Lt.
Brewton, Oliver D. MS Inf. 2nd Bn. Co.C
Brewton, Oliver D. MS 48th Inf. Co.C
Brewton, Samuel T. MS 17th Inf. Co.D
Brewton, Simon W. GA 47th Inf. Co.G Sgt.
Brewton, S.W. GA Cav. 20th Bn. Co.B
Brewton, T.P. SC 1st Cav. Co.B Cpl.
Brewton, W.F. AL Morgan Defenders Orr's Co. Ord.Sgt.
Brewton, W.L. SC Inf. Holcombe Legion Co.A
Brewton, W.T. AL 23rd Inf. Co.D
Brey, A.P. MS 9th Cav. Co.E
Brey, E.R. MS 9th Cav. Co.E
Brey, F. LA Mil. 4th Regt. French Brig. Co.1
Brey, G.B. GA 2nd Inf. Co.K
Brey, J.M. MS 9th Cav. Co.E
Brey, Thomas W. AR Cav. Wright's Regt. Co.C
Brey, W.M. MS 9th Cav. Co.E
Breyce, J.M. AR 45th Cav. Co.K
Breyno, T. AL 25th Inf. Co.C
Breysacher, A.L. Gen. & Staff Surg.
Breyvogel, C. GA 5th Inf. (St.Guards) Everett's Co.
Breyvogle, C. GA Inf. City Bn. (Columbus) Williams' Co.
Breze, Janes TX Cav. Hardeman's Regt. Co.G
Brezendine, J.W. MO 11th Inf. Co.D
Brezendine, Orville VA Inf. 25th Bn. Co.A
Brezendine, R.A. MO 11th Inf. Co.D
Brezon, C.F. TX 21st Cav. Co.C
Brian, A. TX 3rd Inf. Co.B
Brian, A.A. SC 5th Inf. 1st Co.F, 2nd Co.K Sgt.
Brian, Aaron GA Cobb's Legion Co.H
Brian, Alce O. LA Inf.Cons. 18th Regt. & Yellow Jacket Bn. Co.D Cpl.
Brian, A.W. AR 3rd Cav. Co.H 2nd Lt.Jr.
Brian, Benjamin L. GA 44th Inf. Co.K
Brian, B.F. LA 3rd (Harrison's) Cav. Co.C Sgt.
Brian, B.F. LA 3rd Inf. Co.I
Brian, D.F. AR 26th Inf. Co.G
Brian, D.F. LA 6th Cav. Co.F
Brian, E.F.S. LA 27th Inf. Co.A
Brian, Ezekiel GA Cobb's Legion Co.H
Brian, G. VA Hvy.Arty. 10th Bn. Co.C
Brian, Gabral AL 37th Inf. Co.B
Brian, James GA Cobb's Legion Co.H
Brian, James SC 5th St.Troops Co.F Sgt.
Brian, James SC 7th Res. Co.G Sgt.
Brian, James M. LA 3rd (Harrison's) Cav. Co.C
Brian, James P. KY 3rd Mtd.Inf. Co.A 2nd Lt.
Brian, J.H. KY 12th Cav. Co.B
Brian, J.H. VA 4th Inf. Co.I
Brian, J.L. MS 1st Cav. Co.B
Brian, J.M. LA 12th Inf. Co.K
Brian, J.N. MS 33rd Inf. Co.B Sgt.
Brian, John TN 10th Inf. Co.D
Brian, J.T. SC 5th Inf. 1st Co.F, 2nd Co.K 1st Lt.
Brian, M. MS Cav.1st Bn. (Montgomery's) St.Troops Cameron's Co.
Brian, Monroe LA 2nd Cav.
Brian, Robert M. TX 11th Inf. Co.I
Brian, T.C. LA 6th Cav. Co.H Sgt.
Brian, Thomas N. Gen. & Staff Asst.Surg.
Brian, T.N. AL 10th Cav. Asst.Surg.
Brian, T.T. MS 39th Inf. Co.F
Brian, W.H. KY 3rd Mtd.Inf. Co.A Cpl.
Brian, William B. GA Cobb's Legion Co.H
Briand, Leon TX Lt.Arty. Jones' Co.
Briangea, A. LA 21st (Kennedy's) Inf. Co.B
Brians, Albert P. VA 17th Cav. Co.A
Brians, Columbus A. MS 19th Inf. Co.G
Brians, D.M. MS 18th Cav. Co.E
Brians, Henley C. VA 64th Mtd.Inf. Co.H
Brians, Henry C. VA Inf. French's Bn. Co.D
Brians, Ibson L. MS 19th Inf. Co.G
Brians, John H. MS 3rd Cav. Co.C Sgt.
Brians, M. MS 8th Cav. Co.H
Brians, M. MS 28th Cav. Co.L
Brians, Manelius C. VA 17th Cav. Co.E
Brians, Robert H. VA 17th Cav. Co.A
Brians, Robert Hall VA 8th Cav. 1st Co.D
Brians, T.F. MS Lt.Arty. 14th Bn. Co.C Sgt.
Brians, Thomas VA 29th Inf. Co.H
Brians, William H. VA 17th Cav. Co.E
Brians, W.J. MS Cav. 2nd Bn.Res. Co.A Cpl.
Briant, A. VA Cav. Swann's Bn. Carpenter's Co. Sgt.
Briant, A.B. SC Inf. Holcombe Legion Co.B Capt.
Briant, A.J. AL 6th Cav. Co.C
Briant, Ambrose VA 42nd Inf. Co.B
Briant, Andrew B. LA 7th Inf. Co.B
Briant, Asbery AL 4th (Russell's) Cav.
Briant, C. SC 16th Inf. Co.H
Briant, C.A.P. SC Inf. Holcombe Legion Co.B
Briant, D. AL 56th Part.Rangers Co.D
Briant, David GA 11th Inf. Co.D Sgt.
Briant, David SC Inf. Holcombe Legion Co.B
Briant, Douglass TN 35th Inf. 2nd Co.A
Briant, Edward LA 20th Inf. Co.K
Briant, Elijah O. NC 44th Inf. Co.E Sgt.
Briant, Elza MS 2nd St.Cav. Co.K
Briant, E.S.V. SC Inf. Holcombe Legion Co.B
Briant, G. LA Mil. St.James Regt. Gaudet's Co.
Briant, G. MS 12th Cav. Co.K
Briant, G. VA Cav. Swann's Bn. Carpenter's Co. Cpl.
Briant, Gabriel LA 22nd Inf. Co.C Sgt.
Briant, Gabriel LA 22nd (Cons.) Inf. Co.C
Briant, G.W.L. GA 11th Inf. Co.F
Briant, Harcanus SC Inf. Holcombe Legion Co.B
Briant, Harris SC 7th Inf. 1st Co.B
Briant, Henry C. GA Phillips' Legion Co.L 1st Sgt.
Briant, H.O. AR 37th Inf. Co.I
Briant, Isham 3rd Conf.Cav. Co.K
Briant, James TN 14th (Neely's) Cav. Co.G
Briant, James VA 25th Cav. Co.D
Briant, James A. NC 34th Inf. Co.F
Briant, James F. AL 5th Bn.Vol. Co.B
Briant, James M. GA Inf. 25th Bn. (Prov.Guard) Co.A
Briant, Jasper MS 38th Cav. Co.I
Briant, J.B. SC Cav.Bn. Inf. Holcombe Legion Co.B
Briant, Jesse E. AL 9th Res. Co.D
Briant, J.F. AL 34th Inf. Co.D
Briant, J.H. GA 11th Inf. Co.F
Briant, J.N. AR 45th Mil. Co.A
Briant, John VA Cav. Swann's Bn. Carpenter's Co.
Briant, John Nitre & Min.Bur. War Dept.,CSA
Briant, Johnson A. TN 36th Inf. Co.F
Briant, Joseph J. NC 43rd Inf. Co.F
Briant, Josiah KY 5th Mtd.Inf. Co.I
Briant, J.P. SC 5th Inf. 2nd Co.H
Briant, Lassaline P. Gen. & Staff Adj.
Briant, L.L. MS Inf. 7th Bn. Co.G
Briant, L.O. 10th Conf.Cav. Co.H
Briant, M. SC 16th Inf. Co.H
Briant, Martin SC 3rd Inf. Co.G
Briant, M.C. GA 11th Inf. Co.D,F Capt.
Briant, N. 14th Conf.Cav. Co.F Cpl.
Briant, Needham SC 9th Inf. Co.B
Briant, Paul LA 22nd Inf. Co.C
Briant, Paul LA 22nd (Cons.) Inf. Co.C 1st Sgt.
Briant, R.D. AR Inf. Cocke's Regt. Co.H
Briant, R.O. GA 11th Cav. Co.K
Briant, S.A. NC 55th Inf. Co.C
Briant, Samuel C. MS 23rd Inf. Co.F
Briant, Stephen H. NC 44th Inf. Co.A
Briant, Sterling Wright MS 23rd Inf. Co.F
Briant, S.V. AL 26th (O'Neal's) Inf. Co.I
Briant, S.W. MS 3rd Inf. Co.F
Briant, Terrill AR 10th Inf. 3rd Lt.
Briant, Thomas NC Cav. 5th Bn. Co.C
Briant, Thomas NC 6th Cav. (65th St.Troops) Co.C
Briant, Thomas F. AL 4th (Russell's) Cav.
Briant, T.L. SC Inf. Holcombe Legion Co.B Sgt.
Briant, Warren SC 2nd Rifles Co.B
Briant, W.E. AR 11th Inf. Co.E
Briant, W.E. AR 11th & 17th Cons.Inf. Co.E
Briant, W.G. SC 7th Res. Co.A Cpl.
Briant, W.H. NC 2nd Jr.Res. Co.F
Briant, William AL 30th Inf. Co.A
Briant, William AL 37th Inf. Co.I
Briant, William GA Cav. 1st Gordon Squad. (St.Guards) Co.A
Briant, William SC 5th Res. Co.K
Briant, William SC 16th Inf. Co.H
Briant, William Jasper SC 6th Inf. 1st Co.I
Briant, William P. NC 55th Inf. Co.C

Briant, Z. VA Cav. Swann's Bn. Carpenter's Co. Cpl.
Briant, Zack KY 12th Cav. Co.A
Briants, Albert VA 59th Inf. 2nd Co.I
Briants, Manilius C. VA 59th Inf. 2nd Co.I
Briants, William H. VA 59th Inf. 2nd Co.I
Briard, A. VA Cav. Swann's Bn. Vincent's Co.
Briard, John VA Cav. Swann's Bn. Vincent's Co.
Briarfield, G.W. AL 50th Inf. Co.F
Briarley, Samuel N. MO Cav. Wood's Regt. Co.E
Briband, M. LA Mil. 1st Regt. 2nd Brig. 1st Div.
Brice, A. AL 33rd Inf. Co.C
Brice, A.H. MS 28th Cav. Co.D
Brice, Alex SC 27th Inf. Co.C
Brice, Alexander TN 2nd (Walker's) Inf. Co.D
Brice, B.A. GA 34th Inf. Co.D
Brice, Calvin SC 6th Inf. 1st Co.C, 2nd Co.H Sgt.
Brice, C.C. TN 63rd Inf. Co.C
Brice, Charles NC 50th Inf. Co.C
Brice, Charles S. SC 6th Inf. 1st Co.F
Brice, C.N. GA 39th Inf. Co.C
Brice, Columbus C. LA 28th (Gray's) Inf. Co.H 2nd Lt.Jr.
Brice, Condy LA 31st Inf. Co.I
Brice, C.S. SC 1st Cav. Co.D
Brice, C.S. SC 4th Cav. Co.H
Brice, C.S. SC Cav. 10th Bn. Co.D
Brice, Daniel FL 2nd Cav. Co.A
Brice, Daniel P. GA 38th Inf. Co.N Sgt.
Brice, David J. GA 50th Inf. Co.K
Brice, D.G. MS Inf. 2nd Bn. (St.Troops) Co.F Sgt.
Brice, D.J. TX 26th Cav. Co.I
Brice, D.J. TX 13th Vol. 3rd Co.I
Brice, D.M. SC 5th St.Troops Co.E 2nd Lt.
Brice, D.P. SC 3rd Inf. Co.K
Brice, D.W. GA 34th Inf. Co.F
Brice, E. VA 16th Cav. Co.D
Brice, Francis NC 8th Sr.Res. Broadhurst's Co.
Brice, Francis VA 51st Inf. Co.C Sgt.
Brice, Franklin SC 1st St.Troops Co.A
Brice, G. MS Cav. 3rd Bn. (Ashcraft's) Co.C
Brice, George (Col'd.) GA 1st (Olmstead's) Inf. Read's Co. Music.
Brice, George P.D. VA 5th Cav. (12 mo. '61-2) Co.B Sgt.
Brice, George P.D. VA Cav. 14th Bn. Co.C
Brice, George P.D. VA 15th Cav. Co.C Bvt.2nd Lt.
Brice, H. AL 10th Inf. Co.A
Brice, H.A. GA 8th Inf. Co.E
Brice, I.N. SC Post Guard Senn's Co.
Brice, J. AR Mtd.Vol. Baker's Co.
Brice, J. MO St.Guard 1st Lt.,Dr.M.
Brice, J.A. SC 1st Cav. Co.D
Brice, Jacob Gen. & Staff Capt.,QM
Brice, James AL 10th Inf. Co.C
Brice, James GA Cav. 9th Bn. (St.Guards) Co.E Cpl.
Brice, James LA 1st Hvy.Arty. (Reg.) Co.H
Brice, James LA 1st Hvy.Arty. (Reg.) Co.I
Brice, James LA 28th (Gray's) Inf. Co.H Capt.
Brice, James SC 1st Arty. Co.H Cpl.
Brice, James SC Inf. 3rd Bn. Co.D
Brice, James TN 21st (Wilson's) Cav. Co.B
Brice, James A. SC 6th Inf. 2nd Co.H
Brice, James H. SC 12th Inf. Co.G,F
Brice, James P. SC Inf. Hampton Legion Co.F
Brice, James S. AR Cav. Wright's Regt. Co.D
Brice, James Y. SC 12th Inf. Co.F Sgt.
Brice, J.C. LA 2nd Cav. Co.E
Brice, J.C. 4th Conf.Eng.Troops Co.K
Brice, Jesse R. SC 3rd Bn.Res. Co.B
Brice, J.F. GA Lt.Arty. 14th Bn. Co.D Sr.2nd Lt.
Brice, J.F. GA Lt.Arty. King's Btty. 2nd Lt.
Brice, J.M. GA 52nd Inf. Co.D Sgt.
Brice, J.M. SC 6th Inf. 1st Co.D, 2nd Co.G 2nd Lt.
Brice, J.M. SC 6th Res. Co.I
Brice, John AL 30th Inf. Co.C
Brice, John AR 12th Bn.S.S.
Brice, John FL 2nd Cav. Co.A
Brice, John LA 28th (Gray's) Inf. Co.H
Brice, John MS 8th Inf. Co.A Sgt.
Brice, John TN 11th Inf. Co.B
Brice, John VA Lt.Arty. Douthat's Co.
Brice, John Exch.Bn. 1st Co.A,CSA Sgt.
Brice, John C. SC Cav.Bn. Hampton Legion Co.A
Brice, John C. TX 17th Cav. Co.E
Brice, John J. NC Hvy.Arty. 1st Bn. Co.B,D
Brice, John M. SC 3rd Bn.Res. Co.B
Brice, John M. SC 4th St.Troops Co.H
Brice, John M. SC 6th Inf. 1st Co.C, 2nd Co.H
Brice, John P. AR 1st Cav. Co.H
Brice, John R. GA 38th Inf. Co.N,F Cpl.
Brice, John W. LA 3rd Inf. Co.B
Brice, Joseph AL 26th (O'Neal's) Inf. Co.H
Brice, J.P. AR Lt.Arty. Owen's Btty. Lt.
Brice, J.P. LA Red River S.S.
Brice, J.W. GA 11th Inf. Co.F
Brice, J.W. GA Floyd Legion (St.Guards) Co.B
Brice, J.W. LA 13th Bn. (Part.Rangers) Co.D
Brice, L.R. GA 34th Inf. Co.D
Brice, M. GA Cav. 20th Bn. Co.A,D
Brice, N.A. TX 26th Cav. Co.I
Brice, N.A. TX 13th Vol. 3rd Co.I
Brice, Nathaniel P. MO 2nd Inf. Co.A
Brice, N.J. TX 26th Cav. Co.I
Brice, Patrick AL 11th Inf. Co.K
Brice, Patrick TN 15th Inf. Co.H
Brice, Porter MO 2nd Inf. Co.A
Brice, R.W. Sig.Corps,CSA
Brice, Robert W. GA 39th Inf. Co.K,H
Brice, R.P. GA Lt.Arty. Van Den Corput's Co.
Brice, R.P. GA 8th Inf. Co.E
Brice, R. Wade SC 2nd Cav. Co.H
Brice, R. Wade SC 6th Inf. 1st Co.C, 2nd Co.H
Brice, S. AL 5th Cav. Co.E
Brice, S.A. AL 49th Inf. Co.I
Brice, S.A. GA 39th Inf. Co.K,H Sgt.
Brice, Samuel VA 23rd Cav. Co.I
Brice, S.C. TX 26th Cav. Co.I
Brice, S.S. TX 26th Cav. Co.I
Brice, Stephen H. MO 1st N.E. Cav.
Brice, T. AL 12th Inf. Co.B
Brice, T. SC 1st (Butler's) Inf. Co.K
Brice, Thomas GA Arty. Maxwell's Reg.Lt.Btty.
Brice, Thomas GA 1st Reg. Co.D Cpl.
Brice, Thomas SC Lt.Arty. Wagener's Co. (Co.A,German Arty.)
Brice, Thomas SC Inf. Hampton Legion Co.F
Brice, Thomas J. GA 88th Inf. Co.N
Brice, Thomas M. VA 37th Inf. Co.H
Brice, Thomas S. SC 6th Inf. 1st Co.C, 2nd Co.H Cpl.
Brice, Thomas W. SC 6th Inf. 2nd Co.D 2nd Lt.
Brice, Timothy GA 50th Inf. Co.K
Brice, T.K. SC 1st (Hagood's) Inf. 2nd Co.F
Brice, W. MO 6th Cav. Co.H
Brice, W. VA 23rd Cav. Co.I
Brice, W.A. GA 34th Inf. Co.D
Brice, Walter TN 9th Inf. Surg.
Brice, Walter Gen. & Staff Surg.
Brice, Walter W. SC 12th Inf. Co.G,F
Brice, Warren Lewis TX 20th Cav. Co.B
Brice, W.F. LA 3rd Inf. Co.E
Brice, W.H.H. AL 26th (O'Neal's) Inf. Co.H
Brice, William GA 19th Inf. Co.I
Brice, William LA 28th (Gray's) Inf. Co.H
Brice, William NC 16th Inf. Co.K
Brice, William SC 2nd Cav. Co.C
Brice, William A. SC 1st (Butler's) Inf. Co.K
Brice, William H. VA 5th Cav. 1st Co.F Cpl.
Brice, William N. LA 3rd Inf. Co.B
Brice, Wm. W. AL 6th Inf. Co.A
Brice, Wm. W. AL Cp. of Instr. Talladega
Brice, W.K. VA 23rd Cav. Co.I
Brice, W.M. SC 6th Inf. 1st Co.D, 2nd Co.G
Brice, W.S. SC 4th Cav. Co.B
Brice, W.S. SC Cav. 10th Bn. Co.A
Brice, W.S. SC 12th Inf. Co.F
Brice, W.S. SC 25th Mil.
Brice, W.W. AL 22nd Inf. Co.A
Brice, W.W. GA Lt.Arty. Van Den Corput's Co.
Brice, W.W. SC 1st Cav. Co.D
Bricelin, --- AR Lt.Arty. Marshall's Btty.
Bricet, James GA 36th (Villepigue's) Inf. Co.F
Bricet, James 1st Conf.Inf. 1st Co.F
Brich, Sebastian TX Conscr.
Brichart, A. AL 47th Inf. Co.G
Briches, --- 1st Cherokee Mtd.Vol. Co.J
Brichette, Joe VA 8th Inf. Co.F
Brichetto, Antonio AL 12th Inf. Co.A
Brichle, J.D. NC 4th Cav. (59th St.Troops) Co.I
Brichler, P.C. SC Simons' Co.
Brichn, John 2nd Conf.Eng.Troops Co.D Cpl.
Brichta, Frank TX Conscr.
Brick, Calvin AL 12th Cav. Co.F
Brick, Charles MS 10th Inf. Old Co.F
Brick, Charles TX 3rd Cav. Co.K
Brick, David F. TN 22nd (Barteau's) Cav. Co.F
Brick, J. MS Inf. 2nd Bn. (St.Troops) Co.E Sgt.
Brick, John A. AL Arty. 1st Bn. Co.G
Brick, John E. MS 1st Lt.Arty. Co.G
Brick, John E. MO Lt.Arty. 1st Btty.
Brick, Robert AL 1st Regt. Mobile Vol. Co.A
Brick, T. TX 25th Cav.
Brick, Thomas TX Cav. Waller's Regt. Menard's Co.
Brick, William TN 6th (Wheeler's) Cav. Co.D
Brick, William F. GA Arty. 9th Bn. Co.C
Brickbee, Titus Jas. Conf.Reg.Inf. Brooks' Bn. Co.F Sgt.
Brickeen, A.J. TN 3rd (Clack's) Inf. Co.B
Brickeen, M.F. TN 3rd (Clack's) Inf. Co.B
Brickeen, M.F. TN Inf. 4th Cons.Regt. Co.C
Brickeen, William TN 52nd Inf. Co.C

Brickeen, William M. TN 3rd (Clack's) Inf. Co.B 2nd Lt.
Brickeens, H. TN 51st (Cons.) Inf. Co.C
Brickeens, James P. MS 26th Inf. Co.D
Brickeens, J.M. TN 18th (Newsom's) Cav. Co.H Cpl.
Brickeens, William TN 51st (Cons.) Inf. Co.C
Brickel, D.H. GA 28th Inf. Co.I
Brickell, D. Warren Gen. & Staff Surg.
Brickell, I.N. Gist's Brig. 1st Lt.,Ord.Off.
Brickell, James NC 12th Inf. Co.G
Brickell, James C. LA 1st (Nelligan's) Inf. 1st Co.B
Brickell, James H. NC 4th Inf. Co.E
Brickell, James N. LA Arty. Green's Co. (LA Guard Btty.)
Brickell, J.J.A. Conf.Cav. Wood's Regt. Co.K
Brickell, J.J.W. MS 1st Lt.Arty. Co.I
Brickell, J.J.W. MS 10th Inf. Old Co.K
Brickell, Joseph W. NC 37th Inf. Co.E
Brickell, Nicholas GA 2nd Cav. (St.Guards) Co.G
Brickell, R.B. AL 35th Inf. QMSgt.
Brickell, Sterling H. NC 12th Inf. Co.G Capt.
Brickell, W.E. AR 8th Inf. Surg.
Brickell, William E. 3rd Conf.Inf. Surg.
Brickell, Wm. E. Gen. & Staff Surg.
Brickell, W.W. AL 7th Inf. Co.D 2nd Lt.
Brickell, W.W. Gen. & Staff Comsy.Agent
Brickelman, Henry VA 44th Inf. Co.E
Brickems, J.M. MS 26th Inf. Co.E
Bricken, B.R. AL 46th Inf. Co.C
Bricken, J.W. MO Robertson's Regt.St.Guard Co.C
Brickens, James MS 26th Inf. Co.E
Brickens, James TN 19th & 20th (Cons.) Cav. Co.D
Brickens, J.M. AL Cav. Forrest's Regt. Cpl.
Brickens, John C. TX 26th Cav. Co.B
Bricker, Abner VA 10th Inf. Co.D
Bricker, Chelton MO 2nd Cav. 3rd Co.K
Bricker, George W. VA 10th Inf. Co.D
Bricker, John VA 10th Inf. Co.D
Bricker, M.A. TX 30th Cav. Co.D
Bricker, Thomas C.H. MO 12th Cav. Co.E 2nd Lt.
Bricker, W.G. MO Robertson's Regt.St.Guard Co.6
Bricker, William D. GA 41st Inf. Co.G
Brickery, Preston B. MO Cav. 6th Regt.St.Guard Co.D,F Capt.
Brickett, James GA 3rd Inf. Co.G
Brickett, J.J. GA Inf. 1st Loc.Troops (Augusta) Co.G
Brickey, A.J. VA 36th Inf. 2nd Co.E
Brickey, Compton P. VA 48th Inf. Co.C
Brickey, Daniel M. VA Inf. 21st Bn. 2nd Co.E
Brickey, Daniel M. VA 64th Mtd.Inf. Co.E
Brickey, Daniel M. VA Mil. Scott Cty.
Brickey, E.C. VA Mil. Scott Cty.
Brickey, E.G. VA 4th Res. Co.A
Brickey, Elijah C. VA Inf. 21st Bn. 2nd Co.E
Brickey, Francis M. MO 3rd Regt.St.Guards Co.E
Brickey, George W. VA 59th Inf. 1st Co.G
Brickey, George W. VA 60th Inf. Co.D
Brickey, Green AR 10th Cav. Co.C
Brickey, James A. VA 25th Cav. Co.C
Brickey, James A. VA Inf. 21st Bn. 2nd Co.E
Brickey, James A. VA 64th Mtd.Inf. Co.E
Brickey, J.M. AR 34th Inf. Co.C
Brickey, John VA 22nd Inf. Co.E
Brickey, John 1st Cherokee Mtd.Vol. 2nd Co.A
Brickey, John M. VA 25th Cav. Co.C
Brickey, John M. VA Mil. Scott Cty.
Brickey, John S. VA 42nd Inf. Co.E
Brickey, N.G. AR 36th Inf. Co.D
Brickey, P. VA Mil. Scott Cty.
Brickey, Par VA Mil. Scott Cty.
Brickey, Parish VA Inf. 21st Bn. 2nd Co.E
Brickey, Parish VA 64th Mtd.Inf. Co.E
Brickey, Pattison VA 25th Cav. Co.C
Brickey, P.B. AR 14th (McCarver's) Inf. Co.G
Brickey, P.B. AR 21st Inf. Co.F
Brickey, Peter VA 36th Inf. Co.F
Brickey, Samuel AR 16th Inf. Co.F
Brickey, Samuel VA Lt.Arty. J.D. Smith's Co.
Brickey, W.H. AR 15th (N.W.) Inf. Co.H
Brickey, W.H. VA Hvy.Arty. 20th Bn. Co.C
Brickey, William P. VA 48th Inf. Co.C
Brickfield, G.W. AL 26th Inf. Co.G
Brickhart, F.G. AR 23rd Inf. Co.F
Brickhouse, B.D. VA Lt.Arty. Grandy's Co. Artif.
Brickhouse, Benjamin Conf.Lt.Arty. Richardson's Bn. Co.C Artif.
Brickhouse, Benjamin D. VA 6th Inf. Vickery's Co.
Brickhouse, Benjamin D. VA 16th Inf. 1st Co.H
Brickhouse, C.F. VA 5th Cav. Co.K 1st Lt.
Brickhouse, C.F. VA 5th (Cons.) Cav. Co.K 1st Lt.
Brickhouse, Cincinattus VA Cav. 14th Bn. Co.B
Brickhouse, Cincinnattus VA 5th Cav. (12 mo. '61-2) Co.I
Brickhouse, Cincinnatus VA 15th Cav. Co.I 1st Lt.
Brickhouse, Cincinnatus F. VA 39th Inf. Co.C Sgt.
Brickhouse, D.B. NC 2nd Cav. (19th St.Troops) Co.H
Brickhouse, Doctrine D. NC Lt.Arty. 3rd Bn. Co.B
Brickhouse, Franklin L. NC Lt.Arty. 3rd Bn. Co.B Cpl.
Brickhouse, George W. NC 1st Inf. Co.G
Brickhouse, Horace M. VA 39th Inf. Co.D
Brickhouse, J.A. TX 21st Cav. Co.C 1st Sgt.
Brickhouse, James AL Cp. of Instr. Talladega
Brickhouse, James M. VA 6th Inf. 2nd Co.B 1st Lt.
Brickhouse, J.H. AL 38th Inf. Co.H
Brickhouse, John NC 32nd Inf. Co.F,A
Brickhouse, John B. AL 10th Inf. Co.F
Brickhouse, Joseph A. AL 10th Inf. Co.H
Brickhouse, L. TN 15th (Cons.) Cav. Co.H
Brickhouse, Lawrence L. VA 15th Cav. Co.I
Brickhouse, L.L. VA 5th Cav. Co.I
Brickhouse, L.L. VA Cav. 14th Bn. Co.B
Brickhouse, L.L. VA 54th Mil. Co.G
Brickhouse, M. TN 12th Inf. Co.G Sgt.
Brickhouse, M. TN 12th (Cons.) Inf. Co.E Sgt.
Brickhouse, N.A. NC 61st Inf. Co.G
Brickhouse, Nathan NC 17th Inf. (2nd Org.) Co.H
Brickhouse, Samuel NC 12th Inf. Co.L
Brickhouse, Samuel NC 32nd Inf. Co.F,A
Brickhouse, Smith N. VA 54th Mil. Co.E,F
Brickhouse, S.N. VA Lt.Arty. Grandy's Co. Cpl.
Brickhouse, S.N. Conf.Lt.Arty. Richardson's Bn. Co.C
Brickhouse, William P. NC 12th Inf. Co.L Cpl.
Brickhouse, William P. NC 32nd Inf. Co.F,A Cpl.
Brickile, Daniel W. Gen. & Staff Surg.
Brickle, F.A. SC 2nd Arty. Co.C
Brickle, J.A. TN 24th Inf. 1st Co.H, Co.C Cpl.
Brickle, Jacob VA 15th Cav. Co.B
Brickle, Jacques VA Hvy.Arty. 18th Bn. Co.E
Brickle, James FL Lt.Arty. Dyke's Co.
Brickle, J.D. NC Cav. 12th Bn. Co.B
Brickle, J.D. 8th (Dearing's) Conf.Cav. Co.B
Brickle, J.M. FL Lt.Arty. Dyke's Co.
Brickle, J.M. SC 2nd Arty. Co.F
Brickle, John FL 1st Inf.
Brickle, Morgan FL 1st Inf. New Co.C
Brickle, Richard B. FL 1st Inf. Old Co.D, New Co.C
Brickle, R. Mathias FL 1st Inf. New Co.C
Brickle, Vastine V. SC 1st (Hagood's) Inf. 1st Co.A
Brickle, V.V. SC 2nd Arty. Co.F
Brickle, W. GA 5th Res. Co.I
Brickle, W.E. SC 2nd Arty. Co.C
Brickle, William TN 6th (Wheeler's) Cav. Co.A
Brickley, Elisha MO 8th Cav. Co.C
Brickley, Green AR 10th Inf. Co.C
Brickley, James MO 1st Inf. 2nd Co.A
Brickley, Jesse C. AR 10th Inf. Co.C
Brickley, John MS 19th Inf. Co.C
Brickley, J.W. AL 13th Inf. Co.C
Brickley, Richard VA Inf. 1st Bn. Co.A
Brickly, Jerad VA Inf. 23rd Bn. Co.G
Brickman, Caspar GA 1st (Olmstead's) Inf. 1st Co.A
Brickman, Caspar GA 1st Bn.S.S. Co.B
Brickman, F. SC 23rd Inf. Co.C Sgt.
Brickun, J.R. TN 13th Inf. Co.F
Brickurst, Alex. C. VA 7th Inf. Co.L
Brickwedel, N. SC Lt.Arty. Wagener's Co. (Co.A,German Arty.)
Bricky, George AR 1st Inf. Co.E
Bricky, Haden VA Hvy.Arty. 20th Bn. Co.C
Bricky, James VA Mil. Scott Cty.
Bricquet, Claudius GA Lt.Arty. Milledge's Co.
Bridault, Ernest LA Mil. 6th Regt.Eur.Brig. (Italian Guards Bn.) Co.5
Briddell, James LA Arty. 1st Field Btty.
Briddell, James E. MD Inf. 2nd Bn. Co.G Cpl.
Briddell, James E. VA 39th Inf. Co.B
Briddle, James MD 1st Inf. Co.D
Bride, Daniel NC 4th Inf. Co.E
Bride, Henry AR 2nd Inf. Co.K
Bride, L.C. AL 44th Inf. Co.C
Bride, S.J. TX Cav. Border's Regt. Co.A
Bride, William T. GA 1st Bn.S.S. Co.B
Bridell, E., Jr. MO St.Guard ADC,1st Lt.
Bridelong, Eli LA Inf. 10th Bn. Co.B
Bridenhall, J.P. LA 2nd Cav. Co.A

Brideson, --- AL 25th Inf. Co.A
Bridet, Joseph LA 13th Inf. Co.D
Bridewell, C.A. AR 6th Inf. Co.D,B Capt.
Bridewell, C.A. Gen. & Staff Capt.
Bridewell, Charles A. AR 7th Inf. Asst.QM
Bridewell, Chester D. MS Cav. Powers' Regt. Co.E
Bridewell, Henry F. MS 21st Inf. Co.I 2nd Lt.
Bridewell, J. KY 7th Cav. Co.K
Bridewell, Jacob KY 3rd Cav. Co.C
Bridewell, John T. MS Cav. Powers' Regt. Co.E,F Sgt.
Bridewell, Lemuel O. AR 2nd Inf. Co.A Capt.
Bridewell, L.O. W.J. Conf.Arty. Hardee's Div. 1st Div. Maj.,QM
Bridewell, Thomas J. MS Inf. Lewis' Co. Cpl.
Bridewell, W.P. GA 2nd Cav. Co.A
Bridewell, Z. GA Inf. Exempts Roberts' Co.
Bridgar, W.B, AL Randolph Cty.Res. B.C. Raney's Co.
Bridge, A.L.A. SC 1st Cav. Co.I
Bridge, Alexander VA 52nd Inf. 2nd Co.B
Bridge, Amasa TX 1st Bn.S.S. Co.B Cook
Bridge, Andrew SC 2nd St.Troops Co.H
Bridge, Andrew SC 11th Res. Co.K
Bridge, A.S.A. SC 11th Inf. Sheridan's Co.
Bridge, B., Jr. LA Washington Arty.Bn. Co.5
Bridge, C.E. LA Mil. 2nd Regt. 3rd Brig. 1st Div. Co.H Capt.
Bridge, Charles Z. TX 1st Bn.S.S. Co.B Capt.
Bridge, Daniel P. TX 22nd Cav. Co.C
Bridge, Ed. TN Inf. 154th Sr.Regt. Co.A
Bridge, E.G. LA Mil.Conf.Guards Regt. Co.E Cpl.
Bridge, F.E. Gen. & Staff Capt.,AQM
Bridge, Frederick E. LA 7th Inf. Co.H AQM
Bridge, H.C. TX 11th Cav. Co.F
Bridge, Henry Horse Arty. White's Btty.
Bridge, Henry C. LA Arty. Green's Co. (LA Guard Btty.)
Bridge, Henry C. LA 1st (Nelligan's) Inf. 1st Co.B, Co.C
Bridge, James SC 11th Inf. Sheridan's Co.
Bridge, James VA 28th Inf. Co.A
Bridge, J.B. TN 4th (Murray's) Cav. Co.H
Bridge, Jefferson VA 52nd Inf. Co.B
Bridge, John GA 41st Inf. Co.D
Bridge, Joseph S. VA 25th Inf. 2nd Co.D
Bridge, Robert B. LA Arty. Green's Co. (LA Guard Btty.)
Bridge, Samuel P. TX 9th Cav. Co.H
Bridge, W.A. TX 5th Inf. Co.B
Bridge, W.E. MS 42nd Inf. Co.E
Bridge, William SC 11th Inf. Sheridan's Co.
Bridge, William SC 23rd Inf. Co.A,C
Bridge, William B. TX 21st Cav. Co.K
Bridge, William B. TX 8th Inf. Co.E
Bridge, W.Z.T. GA 3rd Res. Co.E
Bridgeford, J.H. MO Inf. Clark's Regt. Co.B
Bridgeford, John MO 1st N.E. Cav. Co.F
Bridgeford, John R. AR 36th Inf. Co.G
Bridgeford, J.R. MO Inf. Clark's Regt. Co.B Sgt.
Bridgeford, R.M. MS 1st Cav. Co.B 1st Lt.
Bridgeford, William MO 1st N.E. Cav. Co.F
Bridgeford, W.T. MO Inf. Clark's Regt. Co.B
Bridgeforth, D.J. TN 3rd (Clack's) Inf. Co.K
Bridgeforth, J.L.C. TN Lt.Arty. Sparkman's Co.
Bridgeforth, John J. AR Lt.Arty. Thrall's Btty. Sgt.
Bridgeforth, J.W. AL 9th Inf. Co.F Cpl.
Bridgeforth, J.W. TN Inf. 4th Cons.Regt. Co.H Sgt.
Bridgeforth, R.M. MS 3rd Inf. (St.Troops) Co.G Sgt.
Bridgeforth, S.H. TN 6th (Wheeler's) Cav. Co.A
Bridgeforth, William M. MS 1st Lt.Arty. Co.I
Bridgeforth, W. Lewis VA Hvy.Arty. Allen's Co.
Bridgeman, A.J. TX Cav. Hardeman's Regt. Co.D
Bridgeman, Alexander VA Inf. 23rd Bn. Co.A
Bridgeman, Edward W. VA Inf. 5th Bn. Co.B
Bridgeman, E.W. VA Inf. 44th Bn. Co.E
Bridgeman, Franklin NC 64th Inf. Co.E
Bridgeman, George FL 1st Inf. New Co.C
Bridgeman, George VA 4th Inf. Co.D
Bridgeman, George VA 63rd Inf. Co.K
Bridgeman, George H. VA Hvy.Arty. 18th Bn. Co.E
Bridgeman, George H. VA Inf. 5th Bn. Co.B
Bridgeman, G.W. MO 1st Cav. Co.A
Bridgeman, Howard 1st Conf.Inf. 2nd Co.D
Bridgeman, Hudson AL 47th Inf. Co.D
Bridgeman, I. VA Inf. 44th Bn. Co.C
Bridgeman, James VA 8th Cav. Co.E
Bridgeman, James W. VA Hvy.Arty. Epes' Co.
Bridgeman, John VA 48th Inf. Co.B
Bridgeman, John H. AL 28th Inf. Co.G
Bridgeman, John L. NC 3rd Arty. (40th St.Troops) Co.B
Bridgeman, Joshua VA 37th Inf. Co.B
Bridgeman, Lewis J. NC 2nd Arty. (36th St.Troops) Co.D
Bridgeman, Lorenzo D. VA Inf. 23rd Bn. Co.A
Bridgeman, M.C. SC 7th Res. Co.G
Bridgeman, M.E. SC 5th St.Troops Co.F
Bridgeman, O.M.L. VA 37th Mil. 2nd Co.B
Bridgeman, O.M.N.L. VA 40th Inf. Co.G
Bridgeman, R.F. VA 12th Inf. Co.D
Bridgeman, Seth NC 1st Arty. (10th St.Troops) Co.K
Bridgeman, Seth NC 3rd Arty. (40th St.Troops) Co.I 2nd Lt.
Bridgeman, Thomas TN Inf. 4th Cons.Regt. Co.A
Bridgeman, Thomas TN 15th Inf. Co.D
Bridgeman, Thomas G. NC 3rd Arty. (40th St.Troops) Co.B 1st Cpl.
Bridgeman, Thornton LA 12th Inf. Co.G 1st Lt.
Bridgeman, W.A. MS 2nd Inf. Co.E
Bridgeman, W.A. TN 15th (Cons.) Cav. Co.E
Bridgeman, William GA 64th Inf. Co.I
Bridgeman, William B. VA 12th Inf. 1st Co.I
Bridgeman, William H. VA Inf. 23rd Bn. Co.A
Bridgeman, William M. VA 63rd Inf. Co.E
Bridgeman, W.T. AR 37th Inf. Co.F
Bridgemon, Edwin W. VA 53rd Inf. Co.E
Bridgemon, George H. VA 53rd Inf. Co.E
Bridgemon, W.A. MO Cav. 3rd Regt.St.Guard Co.C
Bridgen, Joel T. AL 19th Inf.
Bridgeport, R.T. MO 3rd & 5th Cons.Inf.
Bridger, Benjamin H. GA 26th Inf. Co.I
Bridger, Charles SC Inf. Hampton Legion Co.H
Bridger, Elisha H. VA 16th Inf. Co.A
Bridger, George LA 15th Inf. Co.E
Bridger, George E. NC 3rd Inf. Co.D Cpl.
Bridger, Henry AL Cav. Lenoir's Ind.Co.
Bridger, Henry TX 12th Inf. Co.A
Bridger, Ingodozier C. LA 31st Inf. Co.B
Bridger, Ivey GA 66th Inf. Co.A
Bridger, James VA 59th Mil. Riddick's Co.
Bridger, James E. MS 29th Inf. Co.C
Bridger, J.C. LA 3rd Inf. Co.I Cpl.
Bridger, J.C. SC 3rd St.Troops Co.D
Bridger, J.L. LA 2nd Cav. Co.F
Bridger, J.M. GA 8th Inf. Co.G
Bridger, John C. NC 1st Jr.Res. Co.K Cpl.
Bridger, John D. MS 12th Inf. Co.K Sgt.
Bridger, Joseph P. NC 18th Inf. Co.I 1st Lt.
Bridger, J.P. Gen. & Staff AQM
Bridger, J.W. GA 63rd Inf. Co.E
Bridger, J.W. NC 7th Inf. Co.I
Bridger, Levi GA 61st Inf. Co.F
Bridger, L.M. AL Cav. Hardie's Bn.Res. S.D. McClellan's Co.
Bridger, M.M. VA 56th Inf. Co.K
Bridger, R. MS 29th Inf. Co.C
Bridger, Robert D. LA 31st Inf. Co.B Maj.
Bridger, Robert M. NC 4th Cav. (59th St.Troops) Co.F
Bridger, W.E. TN 12th (Green's) Cav. Co.I
Bridger, William E. VA 41st Inf. Co.K
Bridger, W.R. GA Cav. 1st Bn.Res.
Bridgers, A. LA Inf. 4th Bn. Co.A
Bridgers, A.J. AR 1st (Monroe's) Cav. Co.G
Bridgers, Albert T. MS Cav. 24th Bn. Co.D,E
Bridgers, Albert T. MS 1st (King's) Inf. (St.Troops) Co.C Cpl.
Bridgers, Alfred W. NC 43rd Inf. Co.G Capt.
Bridgers, Andrew J. NC 4th Cav. (59th St.Troops) Co.D
Bridgers, Andrew T. NC 32nd Inf. Co.C,D
Bridgers, Clement NC Cav. 12th Bn. Co.A
Bridgers, Clemonts NC 17th Inf. (2nd Org.) Co.C
Bridgers, Daniel E. NC 12th Inf. Co.O
Bridgers, D.N. NC Mil. Clark's Sp.Bn. D.N. Bridgers' Co. Capt.
Bridgers, Edwin C. NC 4th Inf. Co.F
Bridgers, Emory A. NC 4th Cav. (59th St.Troops) Co.D
Bridgers, G.B. GA 8th Inf. Co.G
Bridgers, George H. MS 21st Inf. Co.I
Bridgers, George T. NC 4th Cav. (59th St.Troops) Co.D
Bridgers, George V. NC 1st Arty. (10th St.Troops) Co.A
Bridgers, Green NC 2nd Inf. Co.H
Bridgers, Harmin P. MS 3rd Cav. Co.H 2nd Lt.
Bridgers, Harmon H. MS 29th Inf. Co.E 1st Sgt.
Bridgers, Harmon P. MS 29th Inf. Co.E Cpl.
Bridgers, Henry LA Hvy.Arty. 2nd Bn. Co.D
Bridgers, H.H. NC 18th Inf. Co.G
Bridgers, Jackson NC 15th Inf. Co.E
Bridgers, James B. MS 10th Inf. Old Co.A, New Co.H
Bridgers, James W. NC 17th Inf. (2nd Org.) Co.I
Bridgers, John GA 13th Inf. Co.E
Bridgers, John MS Cav. 24th Bn. Co.D

Bridgers, John NC 1st Arty. (10th St.Troops) Co.F
Bridgers, John E. GA 13th Inf. Co.E Cpl.
Bridgers, John F. 7th Conf.Cav. 2nd Co.I
Bridgers, John L. NC 1st Inf. (6 mo. '61) Co.A Capt.
Bridgers, John R. TN 4th Inf. Co.D 2nd Lt.
Bridgers, John W. 8th (Wade's) Conf.Cav. Co.D Cpl.
Bridgers, Joseph J. NC 8th Inf. Co.F
Bridgers, Joseph J. NC 43rd Inf. Co.C Sgt.
Bridgers, Junius A. NC 2nd Cav. (19th St.Troops) Co.H 1st Lt.
Bridgers, J.W. AL Inf. 2nd Regt. Co.B
Bridgers, J.W. AR 13th Mil. Co.E 1st Sgt.
Bridgers, J.W. TN Cav. Jackson's Co.
Bridgers, Lamson MS 4th Cav. Co.C
Bridgers, Lemuel H. NC 12th Inf. Co.O
Bridgers, Lemuel H. NC 32nd Inf. Co.C,D Sgt.
Bridgers, Lemuel T. NC Cav. 12th Bn. Co.C
Bridgers, Lemuel T. NC 15th Inf. Co.A
Bridgers, Lemuel T. NC 32nd Inf. Co.D
Bridgers, L.M. TX 24th Cav. Co.A
Bridgers, L.M. TX 28th Cav. Co.D
Bridgers, L.M. TX 9th (Nichols') Inf. Co.I
Bridgers, R. MS Home Guards Barnes' Co. Cpl.
Bridgers, Randolph MO 4th Cav. Co.E
Bridgers, Reddin NC 3rd Arty. (40th St.Troops) Co.F
Bridgers, Sabat S. VA 12th Inf. Co.E
Bridgers, Samuel A. NC 18th Inf. Co.E
Bridgers, Samuel H.J. NC 47th Inf. Co.G QMSgt.
Bridgers, Sidnum H. NC 47th Inf. Co.A 2nd Lt.
Bridgers, Silas H. AL 3rd Res. Co.I
Bridgers, S.L. AL Lt.Arty. Tarrant's Btty.
Bridgers, Thomas B. NC 1st Arty. (10th St.Troops) Co.A 2nd Lt.
Bridgers, Thomas E. LA Inf. 4th Bn. Co.A Cpl.
Bridgers, T.J.N. MS 4th Mil.Cav. Co.I Capt.
Bridgers, W.F. MS Cav. 4th Bn. Co.B
Bridgers, Wiley R. NC 2nd Inf. Co.B Sgt.
Bridgers, William NC 1st Jr.Res. Co.K
Bridgers, William B. NC 15th Inf. Co.L
Bridgers, William H. NC 2nd Cav. Co.H Band
Bridgers, William L. TX 2nd Cav. Co.D
Bridgers, William Ruffin NC 3rd Arty. (40th St.Troops) Co.D
Bridgers, Willie W. NC 2nd Cav. (19th St.Troops) Co.E
Bridges, --- AL 12th Inf. Co.B Lt.
Bridges, --- TX Cav. Good's Bn. Co.D
Bridges, --- TX Cav. Mann's Regt. Co.F Sgt.
Bridges, A. GA Lt.Arty. 12th Bn. 3rd Co.E
Bridges, A. GA 6th Mil.
Bridges, A. KY 7th Mtd.Inf. Co.E
Bridges, A. MO 12th Cav. Co.D Sgt.
Bridges, A. SC 1st (Hagood's) Inf. 2nd Co.F
Bridges, Aaron MO 11th Inf. Co.A
Bridges, Aaron NC 34th Inf. Co.I
Bridges, A.B. AR 11th Inf. Co.B
Bridges, A.B. TN 36th Inf. Co.G
Bridges, Abner P. VA 10th Inf. Co.I Sgt.
Bridges, Abram NC 34th Inf. Co.H
Bridges, A.C. SC 1st St.Troops Co.H
Bridges, A.C. SC 3rd Res. Co.G
Bridges, A.D. MO Inf. 1st Regt.St.Guard Co.C 3rd Lt.
Bridges, A.D. SC 16th Inf. Co.G
Bridges, A.F. TN 4th Cav. Co.K Sgt.
Bridges, A.J. AL 28th Inf. Co.H
Bridges, A.J. AL 40th Inf. Co.G
Bridges, A.J. AR 3rd Cav. Co.G
Bridges, A.J. AR Mil. Desha Cty.Bn.
Bridges, A.J. GA 31st Inf. Co.K
Bridges, A.J. SC 16th Inf. Co.G 1st Sgt.
Bridges, A.J. SC 17th Inf. Co.C
Bridges, A.L. LA 2nd Cav. Co.G
Bridges, A.L. MS 18th Cav. Co.K,L
Bridges, A.L. MS 27th Inf. Co.A
Bridges, Alexander SC Inf. Holcombe Legion Co.A
Bridges, Alexander M. NC 39th Inf. Co.H
Bridges, Alexander S. TX Cav. Baylor's Regt. Co.E
Bridges, Alfred N. AL 33rd Inf. Co.I
Bridges, Alfred T. NC 32nd Inf. Co.E,F Cpl.
Bridges, Alfred Wilson NC 56th Inf. Co.I
Bridges, All MO 15th Cav. Co.A
Bridges, Allen AL 33rd Inf. Co.F
Bridges, Allen MS 37th Inf. Co.K 1st Lt.
Bridges, A.M. MS 35th Inf. Co.H
Bridges, Andrew H. NC 55th Inf. Co.D
Bridges, Andrew J. MS 40th Inf. Co.K
Bridges, Andrew J. NC 15th Inf. Co.D
Bridges, A.N.M.R. AR 3rd Cav. Co.D
Bridges, Ansel S. GA 2nd Cav. (St.Guards) Co.I
Bridges, A.P. SC 16th Inf. Co.G
Bridges, Arthur SC 1st St.Troops Co.H
Bridges, A.S. GA Inf. Fuller's Co. 2nd Lt.
Bridges, A.S. NC 4th Sr.Res. Co.H
Bridges, Asbury F. TX 1st Hvy.Arty. Co.G 2nd Lt.
Bridges, A.T. MS 10th Inf. Old Co.E
Bridges, Augustus AR Lt.Arty. Thrall's Btty.
Bridges, A.W. MS 23rd Inf. Co.E
Bridges, B. MS Graves' Co. (Copiah Horse Guards)
Bridges, B. TN 12th (Cons.) Inf. Co.G Sgt.
Bridges, Bailus AL 9th (Malone's) Cav. Co.M Sgt.
Bridges, Balum GA 21st Inf. Co.K
Bridges, Barney W. GA Inf. 13th Bn. (St.Guards) Beall's Co.
Bridges, Beal S. GA 51st Inf. Co.F
Bridges, Ben GA 12th (Robinson's) Cav. (St.Guards) Co.C
Bridges, Benjamin GA Hvy.Arty. 22nd Bn. Co.B
Bridges, Benjamin GA Inf. 10th Bn. Co.A
Bridges, Benjamin KY 4th Cav. Co.G
Bridges, Benjamin MO 11th Inf. Co.A
Bridges, Benjamin SC 3rd Res. Co.G
Bridges, Benjamin A. VA 9th Inf. Co.G
Bridges, Benjamin F. AL 43rd Inf. Co.E
Bridges, Benjamin F. GA 59th Inf. Co.B
Bridges, Benjamin F. VA Hvy.Arty. 18th Bn. Co.B
Bridges, Benjamin F. VA Lt.Arty. Armistead's Co.
Bridges, Benjamin F. VA 58th Mil. Co.G
Bridges, Benjamin F. VA 61st Mil. Co.B
Bridges, Benjamin F. Conf.Lt.Arty. Stark's Bn. Co.B
Bridges, Benjamin J. MS 3rd Inf. Co.A
Bridges, Benjamin L. AR 37th Inf. Co.H
Bridges, Benjamin M. AL 55th Vol. Co.J,K Cpl.
Bridges, Bennett L. GA 2nd Cav. Co.A Capt.
Bridges, Berry TN 10th Inf. Co.B
Bridges, Berry H. MS 23rd Inf. Co.E
Bridges, B.F. AL 33rd Inf. Co.I
Bridges, B.F. MO 6th Cav. Co.B
Bridges, B.F. NC 12th Inf.
Bridges, B.F. SC 16th Inf. Co.B
Bridges, B.H. MS 32nd Inf. Co.C
Bridges, B.H. NC 55th Inf. Co.D 1st Sgt.
Bridges, Blackburn MS 7th Inf. Co.H
Bridges, Blackburn MO 1st & 3rd Cons.Cav. Co.I,F
Bridges, Blackburn MO Cav. 3rd Bn. Co.F,I
Bridges, B.M. TN 2nd Cav.
Bridges, Burrel H. NC 28th Inf. Co.H 2nd Lt.
Bridges, B.W. TN 22nd Inf. Co.E Cpl.
Bridges, C. MS 12th Cav. Co.K
Bridges, C.A. TX 24th Cav. Co.A
Bridges, Calvin W. NC 29th Inf. Co.C
Bridges, Carter O. GA 29th Inf. Co.B
Bridges, C.B. KY 12th Cav. Co.D
Bridges, C.C. VA Lt.Arty. 13th Bn. Co.A
Bridges, C.H. GA Hvy.Arty. 22nd Bn. Co.B
Bridges, Charles GA 1st Cav. Co.K
Bridges, Charles GA 61st Inf. Co.E
Bridges, Charles SC 6th Inf. 1st Co.I
Bridges, Charles C. LA Mil.Cont.Regt. Mitchell's Co.
Bridges, Charles T. AR 1st (Colquitt's) Inf. Co.B Sgt.
Bridges, Charles W. SC 16th Inf. Co.B
Bridges, C.J. GA 13th Cav. Co.E
Bridges, C.J. GA 55th Inf. Co.D,A
Bridges, Clinton H. GA Inf. 10th Bn. Co.A
Bridges, Columbus NC 43rd Inf. Co.D
Bridges, Crowder NC Walker's Bn. Thomas' Legion Co.H
Bridges, C.T. SC 18th Inf. Co.K
Bridges, C.T. SC Inf. Holcombe Legion Co.C
Bridges, D. MS 12th Cav. Co.E
Bridges, Daniel GA Inf. 9th Bn. Co.A
Bridges, Daniel GA 37th Inf. Co.D
Bridges, Daniel E. NC 32nd Inf. Co.C,D
Bridges, David NC 34th Inf. Co.B
Bridges, David TN 4th (McLemore's) Cav. Co.B
Bridges, David TX 2nd Inf. Co.H
Bridges, David, Jr. VA Lt.Arty. Brander's Co. Sgt.
Bridges, David, Jr. VA 21st Inf. Co.F
Bridges, David A. TN 9th (Ward's) Cav. Co.A
Bridges, David K. NC 34th Inf. Co.H
Bridges, David L. AL 1st Bn. Hilliard's Legion Vol. Co.C
Bridges, David S. TX 27th Cav. Co.M
Bridges, David W. KY 2nd Mtd.Inf. Co.B
Bridges, David Y. MO 4th Cav. Co.E Cpl.
Bridges, Davis MS Inf. 2nd Bn. (St.Troops) Co.B
Bridges, D.F. MS 13th Inf. Co.I
Bridges, D.J. AL 5th Inf. New Co.D
Bridges, D.J. GA 25th Inf. Co.C Cpl.
Bridges, D.L. AL 60th Inf. Co.K
Bridges, Duncan LA 3rd Inf. Co.A Cpl.
Bridges, D.W. GA 1st Cav. Co.G,I

Bridges, D.W. KY 2nd (Woodward's) Cav. Co.A,B
Bridges, E. AR 51st Mil. Co.H
Bridges, E.B. GA 51st Inf. Co.F
Bridges, E.B. MS 7th Inf. Co.G
Bridges, E.C. MS Graves' Co. (Copiah Horse Guards)
Bridges, E.C.L. TN 3rd (Clack's) Inf. Co.G 1st Lt.
Bridges, Ed AR 45th Cav. Co.K
Bridges, Edmon F. TX 13th Cav. Co.C
Bridges, Edward T. VA 57th Inf. Co.C Capt.
Bridges, Edwin GA 20th Inf. Co.A Cpl.
Bridges, E.H. MS 3rd Inf. Co.E
Bridges, E.H. MS 23rd Inf. Co.E
Bridges, E.H. SC 17th Inf. Co.F
Bridges, E.J. MS 5th Cav. Co.E
Bridges, E.J. TX 5th Cav. Co.G
Bridges, E.J. TX 7th Cav. Co.G
Bridges, Elias A. GA 1st Reg. Co.B
Bridges, Elias H. GA 1st Reg. Co.I
Bridges, Ellison TX 17th Cons.Dismtd.Cav. Co.H Sgt.
Bridges, Ellison W. TX 15th Cav. Co.C Sgt.
Bridges, Ephr. MS 36th Inf. Co.B
Bridges, E.R. GA Hvy.Arty. 22nd Bn. Co.A
Bridges, E.R. GA 60th Inf. 1st Co.A
Bridges, F. AL 24th Inf. Co.K
Bridges, F.C. SC 2nd Bn.S.S. Co.A
Bridges, F.E. AR Inf. 4th Bn. Co.A Music.
Bridges, F.H. NC 55th Inf. Co.C
Bridges, F.H. SC 17th Inf. Co.C
Bridges, F.J. MS 38th Cav. Co.F
Bridges, Floyd MS 36th Inf. Co.G
Bridges, F.M. AL 15th Bn.Part.Rangers Co.A
Bridges, F.M. AL 56th Part.Rangers Co.A
Bridges, F.M. GA 31st Inf. Co.K
Bridges, Francis G. VA 34th Inf. Co.A Sgt.
Bridges, Francis M. NC 38th Inf. Co.I Sgt.
Bridges, Frank AL Mil. 4th Vol. Co.A
Bridges, Franklin MS 39th Inf. Co.F
Bridges, Franklin C. SC 15th Inf. Co.E
Bridges, Frazier MS 8th Inf. Co.E 2nd Lt.
Bridges, Fred E. Gen. & Staff, Comsy.Dept. Capt.
Bridges, Freeman GA 29th Inf. Co.B
Bridges, Freeman C. VA Cav. 35th Bn. Co.A
Bridges, G. LA 3rd (Wingfield's) Cav. Co.F
Bridges, G. NC 2nd Jr.Res. Co.K
Bridges, G.A. MS 25th Inf. Co.B
Bridges, G.A. 2nd Conf.Inf. Co.B
Bridges, George AL 28th Inf. Co.H
Bridges, George AR 1st (Dobbin's) Cav. Swan's Co.
Bridges, George AR 11th Cav. Co.G,K
Bridges, George GA 61st Inf. Co.E
Bridges, George TN 19th (Biffle's) Cav. Co.F
Bridges, George VA 3rd Inf.Loc.Def. 1st Co.G, 2nd Co.G, Co.B
Bridges, George D. NC 1st Inf. Co.C
Bridges, George F. AL 58th Inf. Co.F
Bridges, George L. GA 8th Inf. Co.G 1st Lt.
Bridges, George P. MS 21st Inf. Co.G
Bridges, George R. GA 4th Inf. Co.D Sgt.
Bridges, George R. NC 26th Inf. Co.G
Bridges, George Rodney AL 3rd Inf. Co.E
Bridges, George W. MS 30th Inf. Co.G
Bridges, George W. NC 1st Cav. (9th St.Troops) Co.H
Bridges, George W. NC 30th Inf. Co.D
Bridges, George W. NC 47th Inf. Co.F
Bridges, G.F. AL 18th Inf. Co.F
Bridges, G.H. SC Inf. 1st (Charleston) Bn. Co.B,G
Bridges, G.H. SC 27th Inf. Co.K
Bridges, G.L. LA 2nd Cav. Co.A Capt.
Bridges, Goodnun L. TN 32nd Inf. Co.F 1st Lt.
Bridges, G.P. MS 27th Inf. Co.E
Bridges, G.P. MS 32nd Inf. Co.B
Bridges, Green MS 1st (King's) Inf. (St.Troops) Co.B
Bridges, Green MS 39th Inf. Co.F
Bridges, Green B. NC 34th Inf. Co.B
Bridges, Green H. SC 7th Res. Co.H
Bridges, Green M. AR 1st (Colquitt's) Inf. Co.D Cpl.
Bridges, G.S. MO 1st & 4th Cons.Inf. Co.C
Bridges, G.S. MO 4th Inf. Co.C
Bridges, G.T. GA 62nd Cav. Co.D
Bridges, Guy. LA 4th Inf. Old Co.G,I
Bridges, G.W. AL 24th Inf. Co.F
Bridges, G.W. MO 4th Inf. Co.C
Bridges, G.W. VA Cav. Mosby's Regt. (Part. Rangers) Co.H
Bridges, H. MS Cav. 17th Bn. Co.B
Bridges, H. NC 8th Sr.Res. Williams' Co.
Bridges, Hardage VA 2nd Cav. Co.A
Bridges, Harvey TN 55th (Brown's) Inf. Co.C
Bridges, Hayden MO 2nd Cav. Co.B
Bridges, H.B. NC 2nd Jr.Res. Co.D
Bridges, H.C. AR 51st Mil. Co.E
Bridges, H.C. MS 5th Cav. Co.I
Bridges, H.D. AL 47th Inf. Co.A
Bridges, Henderson SC 5th St.Troops Co.G
Bridges, Henderson TN 62nd Mtd.Inf. Co.I
Bridges, Henderson H. NC 39th Inf. Co.H
Bridges, Henry AL 3rd Cav. Co.I
Bridges, Henry AL 33rd Inf. Co.F Cpl.
Bridges, Henry MO Cav. 4th Regt.St.Guard Co.C 2nd Lt.
Bridges, Henry C. AR 35th Inf. Co.D
Bridges, Henry E. AR 23rd Inf. Co.H
Bridges, Henry H. AL 55th Vol. Co.J,K
Bridges, Henry H. AR 4th Inf. Co.A
Bridges, Henry N. MS Page's Co. (Lexington Guards)
Bridges, Henry P. AR 37th Inf. Co.H
Bridges, Henry P. GA 36th (Broyles') Inf. Co.G
Bridges, Henry P. MS Cav. 1st Bn. (Miller's) Co.A Cpl.
Bridges, Henry P. MS 16th Inf. Co.C
Bridges, Henry W. TX 6th Cav. Co.I Capt.
Bridges, Henry W. Stirman's Regt.S.S. Lt.Col.
Bridges, H.H. AL 26th (O'Neal's) Inf. Co.F
Bridges, H.H. AL 31st Inf. Co.G
Bridges, H.H. TX Cav. Morgan's Regt. Co.F
Bridges, H.H.W. GA 19th Inf. Co.L
Bridges, Hillard D. AL 24th Inf.
Bridges, Hiram M. AR 3rd Inf. Co.C
Bridges, H.N. MS 1st Lt.Arty. Co.B
Bridges, H.N. MS 3rd Inf. Co.I 2nd Lt.
Bridges, H.O. MS 5th Cav. Co.D
Bridges, H.O. MS 28th Cav. Co.F
Bridges, Hope MS 18th Inf. Co.E
Bridges, Horace A. NC 48th Inf. Co.D
Bridges, Hosea P. SC 18th Inf. Co.A Cpl.
Bridges, Hosea W. NC 32nd Inf. Co.D,E
Bridges, Housen N. NC 60th Inf. Co.A
Bridges, Houston L. AR 15th (N.W.) Inf. Co.A
Bridges, H.P. MS St.Troops (Herndon Rangers) Montgomery's Ind.Co. Cpl.
Bridges, H.Q. Conf.Cav. Powers' Regt. Adj.
Bridges, Hugh Q. MS 11th Inf. Co.A
Bridges, H.W. AR Cav. 1st Bn. (Stirman's) Lt.Col.
Bridges, H.W. Gen. & Staff,PACS Maj.
Bridges, H.Y. SC 16th Inf. Co.G
Bridges, Irvin L. NC 26th Inf. Co.G
Bridges, Isaac J. NC 55th Inf. Co.D
Bridges, Isaac O. NC 28th Inf. Co.H Capt.
Bridges, J. GA 13th Cav. Co.B
Bridges, J. GA Inf. 1st Loc.Troops (Augusta) Co.K
Bridges, J. GA 5th Res. Co.E
Bridges, J. MS 2nd St.Cav. Co.H
Bridges, Jackson R. TX 13th Cav. Co.C Sgt.
Bridges, Jacob C. AR 8th Cav. Co.H
Bridges, Jacob J. TN 44th Inf. Co.I
Bridges, James AL 9th (Malone's) Cav. Co.H
Bridges, James AL 15th Bn.Part.Rangers Co.C
Bridges, James AL 56th Part.Rangers Co.C
Bridges, James AL 5th Bn.Vol. Co.C
Bridges, James AL 27th Inf. Co.A
Bridges, James AL 55th Vol. Co.I
Bridges, James GA 2nd Cav. Co.E
Bridges, James GA Hvy.Arty. 22nd Bn. Co.B
Bridges, James GA 21st Inf. Co.D
Bridges, James GA 22nd Inf. Co.D
Bridges, James GA 25th Inf. 1st Co.K
Bridges, James MS 30th Inf. Co.D
Bridges, James MS Inf. Comfort's Co.
Bridges, James MO Inf. 4th Regt.St.Guard Co.E
Bridges, James NC 5th Inf. Co.A Cpl.
Bridges, James NC 34th Inf. Co.K
Bridges, James SC 17th Inf. Co.C
Bridges, James TN 11th Cav.
Bridges, James TN 42nd Inf. 1st Co.I
Bridges, James TX 4th Field Btty.
Bridges, James A. AL 27th Inf. Co.H
Bridges, James A. TN 28th Inf. Co.F
Bridges, James C. AR 2nd Mtd.Rifles Co.E Sgt.
Bridges, James D. AL 4th (Russell's) Cav. Co.E
Bridges, James D. TN 1st (Turneys') Inf. Co.F
Bridges, James D. TN 30th Inf. Co.H
Bridges, James E. GA 55th Inf. Co.A
Bridges, James E. MS 31st Inf. Co.E 1st Sgt.
Bridges, James H. AR 2nd Inf. Co.G
Bridges, James H. MO 11th Inf. Co.A
Bridges, James H. TX 11th Inf. Co.C
Bridges, James L. AL 19th Inf. Co.I
Bridges, James L. GA 6th Inf. Co.K
Bridges, James M. AR 24th Inf. Co.G
Bridges, James M. GA 1st Cav. Co.K 1st Sgt.
Bridges, James M. MS 16th Inf. Co.C
Bridges, James M. MO 7th Cav. Co.I
Bridges, James N. GA 28th Inf. Co.E
Bridges, James N. TN Inf. 3rd Cons.Regt. Surg.
Bridges, James P. MS 18th Inf. Co.E
Bridges, James R. TX 27th Cav. Co.I 1st Lt.
Bridges, James R. TX Cav. Sutton's Co.
Bridges, James R. VA 1st St.Res. Co.F

Bridges, James R. VA 34th Inf. Co.A Cpl.
Bridges, James T. AL 33rd Inf. Co.I
Bridges, James W. AL 2nd Cav. Co.B Sgt.
Bridges, James W. AL 10th Inf. Co.C
Bridges, James W. AL 47th Inf. Co.A
Bridges, James W. MS 6th Inf. Co.F
Bridges, James W. NC 28th Inf. Co.H
Bridges, James W. SC 20th Inf. Co.L,M Cpl.
Bridges, James W. TX 13th Cav. Co.C
Bridges, James W. TX 11th Inf. Co.K
Bridges, Jasper GA 24th Inf. Co.D
Bridges, J.B. GA 6th Mil.
Bridges, J.B. LA Cav. 18th Bn. Co.E 2nd Lt.
Bridges, J.B. MS 38th Cav. Co.F
Bridges, J.B. MS Cav. Powers' Regt. Co.D Capt.
Bridges, J.B. TN 8th (Smith's) Cav. Co.C
Bridges, J.B. Conf.Cav. Powers' Regt. Co.H 2nd Lt.
Bridges, J.B. Gillum's Regt. Co.H
Bridges, J.C. AR Inf. 4th Bn. Co.A
Bridges, J.C. GA 5th Inf. Co.B
Bridges, J.C. GA 44th Inf. Co.A
Bridges, J.C. MS 10th Cav. Co.F
Bridges, J.C. MS 13th Inf. Co.I Cpl.
Bridges, J.C. MO 12th Cav. Co.D
Bridges, J.C.A. AL 34th Inf. Co.F Bvt.2nd Lt.
Bridges, J.D. AL 1st Regt. Mobile Vol. Butts' Co. Cpl.
Bridges, J.D. AL Mil. 2nd Regt.Vol. Co.D
Bridges, J.D. AL 4th Res. Co.A Sgt.
Bridges, J.D. GA 55th Inf. Co.F
Bridges, J.E. SC 7th Res. Co.C
Bridges, J.E. TN 38th Inf. 2nd Co.H
Bridges, Jefferson AL 12th Inf. Co.F,B
Bridges, Jeremiah GA 15th Inf. Co.E
Bridges, Jesse GA 28th Inf. Co.E Teamster
Bridges, Jesse W. GA 1st Reg. Co.M Sgt.
Bridges, J.G. AR 35th Inf. Co.F
Bridges, J.G. MO 11th Inf. Co.A
Bridges, J.H. GA 39th Inf. Co.H
Bridges, J.H. TX Cav. Hardeman's Regt. Co.A
Bridges, J.J. LA 2nd Cav. Co.F
Bridges, J.L. TX 7th Cav. Co.C
Bridges, J.M. GA 8th Cav. Old Co.D
Bridges, J.M. GA 62nd Cav. Co.D
Bridges, J.M. NC 2nd Jr.Res. Co.D
Bridges, J.N. AL Cp. of Instr. Talladega
Bridges, J.N. AR 51st Mil. Co.H
Bridges, J.N. Gen. & Staff Surg.
Bridges, J.O. AL 55th Vol. Co.D Sgt.
Bridges, J.O. AL 56th Part.Rangers Co.D Sgt.
Bridges, J.O. 2nd Conf.Inf. Co.B
Bridges, Joe D. LA 17th Inf. Co.F 2nd Lt.
Bridges, Joel KY 4th Cav. Co.F
Bridges, John AL 5th Cav. Co.A
Bridges, John AL 12th Inf. Co.B
Bridges, John AL 19th Inf. Co.B
Bridges, John AL 24th Inf. Co.K,C
Bridges, John AR 3rd Cav. Co.G 1st Lt.
Bridges, John AR 23rd Inf. Co.H Music.
Bridges, John AR Inf. Cocke's Regt. Co.D
Bridges, John GA 2nd Cav. Co.E,A
Bridges, John GA 62nd Cav. Co.D
Bridges, John GA Inf. 10th Bn. Co.A
Bridges, John GA 12th Inf. Co.C
Bridges, John GA Inf. 18th Bn. (St.Guards) Adams' Co.
Bridges, John GA 21st Inf. Co.D
Bridges, John GA Inf. 27th Bn. (NonConscr.) Co.E Sgt.
Bridges, John MS 44th Inf. Co.I
Bridges, John MO 8th Cav. Co.H
Bridges, John MO Inf. 4th Regt.St.Guard Co.D Sgt.
Bridges, John NC 28th Inf. Co.H
Bridges, John SC 18th Inf. Co.K
Bridges, John TX 12th Cav. Co.I
Bridges, John TX 6th Inf. Co.D Cpl.
Bridges, John VA Wade's Regt.Loc.Def. Co.D
Bridges, John 2nd Cherokee Mtd.Vol. Co.C
Bridges, John A. VA 34th Inf. Co.A Sgt.
Bridges, John B. AL 33rd Inf. Co.I
Bridges, John B. MS Cav. Stockdale's Bn. Co.A,B
Bridges, John C. GA 17th Inf. Co.I Sgt.
Bridges, John C. MO 7th Cav. Co.D,B
Bridges, John C. NC 3rd Arty. (40th St.Troops) Co.E,K
Bridges, John C. TN 6th (Wheeler's) Cav. Co.C Sgt.
Bridges, John C. TN Cav. 11th Bn. (Gordon's) Co.E
Bridges, John C.C. MS 16th Inf. Co.F
Bridges, John F. LA 2nd Inf. Co.G
Bridges, John F. TN 43rd Inf. Co.K
Bridges, John F. VA 4th Inf. Co.E
Bridges, John G. SC 17th Inf. Co.C
Bridges, John H. GA 39th Inf. Co.C
Bridges, John H. MS 17th Inf. Co.I
Bridges, John H. NC 34th Inf. Co.B
Bridges, John H. TX 16th Cav. Co.C
Bridges, John H. VA 17th Cav. Co.E
Bridges, John H. VA 15th Inf. Co.E
Bridges, John J. GA 55th Inf. Co.H,C Cpl.
Bridges, John L. GA 2nd Cav. Co.H
Bridges, John L. NC 49th Inf. Co.G Sgt.
Bridges, John M. NC 38th Inf. Co.I
Bridges, John N. AL 24th Inf. Co.C,A
Bridges, John N. GA 2nd Bn.S.S. Co.D Cpl.
Bridges, John N. GA 4th Bn.S.S. Co.C
Bridges, John N. MS Hudson's Co. (Noxubee Guards)
Bridges, John N. SC Lt.Arty. 3rd (Palmetto) Bn. Co.K
Bridges, John O. MS 25th Inf. Co.B
Bridges, John R. GA 5th Res. Co.F Sgt.
Bridges, John R. MS 38th Cav. Co.E
Bridges, John R. MS 16th Inf. Co.B
Bridges, John R. TN 13th (Gore's) Cav. Co.D
Bridges, John S. KY 2nd Mtd.Inf. Co.B
Bridges, John W. AL 21st Inf. Co.K
Bridges, John W. AL 33rd Inf. Co.I
Bridges, John W. AL 39th Inf. Co.B
Bridges, John W. GA 6th Inf. Co.K
Bridges, John W. KY 5th Cav. Co.B
Bridges, John W. LA 16th Inf. Co.D
Bridges, John W. MS 15th Bn.S.S. Co.B
Bridges, John W. MS 20th Inf. Co.D
Bridges, John W. MS 23rd Inf. Co.K
Bridges, John W. TN 38th Inf. 2nd Co.H
Bridges, Jonathan SC 17th Inf. Co.C
Bridges, Joseph AL 2nd Bn. Hilliard's Legion Vol. Co.C
Bridges, Joseph GA 36th (Broyles') Inf. Co.G
Bridges, Joseph GA 55th Inf. Co.C Sgt.
Bridges, Joseph MS 2nd Bn. (Harris') St.Cav. Co.C
Bridges, Joseph MS 43rd Inf. Co.G
Bridges, Joseph MO 4th Cav. Co.D
Bridges, Joseph MO 7th Cav. Ward's Co.
Bridges, Joseph NC 2nd Cav. (19th St.Troops) Co.I
Bridges, Joseph NC 1st Jr.Res. Co.H
Bridges, Joseph NC 30th Inf. Co.A
Bridges, Joseph NC 55th Inf. Co.I
Bridges, Joseph SC 6th Cav. Co.F
Bridges, Joseph SC 18th Inf. Co.K 1st Sgt.
Bridges, Joseph B. MS 23rd Inf. Co.D
Bridges, Joseph D. LA 28th (Gray's) Inf. Co.C
Bridges, Joseph J. NC 32nd Inf. Co.G Sgt.Maj.
Bridges, Joseph N. TN 24th Inf. Surg.
Bridges, Joseph T. NC 1st Inf. Co.C
Bridges, Jourdan GA 66th Inf. Co.B
Bridges, J.P. LA 19th Inf. Co.G Capt.
Bridges, J.R. TX 14th Inf. Co.B
Bridges, J.R.P. TX 23rd Cav. Co.I 1st Lt.
Bridges, J.T. AL 55th Vol. Co.D Capt.
Bridges, J.T. AR 7th Inf. Co.C
Bridges, J.T. AR 51st Mil. Co.E
Bridges, J.T. GA 2nd Inf. Co.K
Bridges, J.T. MS 25th Inf. Co.B Sgt.
Bridges, J.T. TN 33rd Inf. Co.A
Bridges, J.T. 2nd Conf.Inf. Co.B Sgt.
Bridges, J.T.M. TX 9th (Young's) Inf. Co.D
Bridges, J.W. AL 3rd Cav. Co.C Cpl.
Bridges, J.W. AL 15th Inf. Co.F
Bridges, J.W. GA 3rd Inf. Co.H
Bridges, J.W. GA Inf. 8th Bn. Co.A Sgt.
Bridges, J.W. GA 60th Inf. Co.D
Bridges, J.W. MS Cav. Part.Rangers Rhodes' Co.
Bridges, J.W. MS Inf. 1st Bn.St.Troops (30 days '64) Co.G
Bridges, J.W. MS 3rd Inf. Co.K
Bridges, J.W. MS 4th Inf. Co.G
Bridges, J.W. MS 15th (Cons.) Inf. Co.F
Bridges, J.W. MS 40th Inf. Co.B Cpl.
Bridges, J.W. MO 1st & 4th Cons.Inf. Co.C
Bridges, J.W. MO 4th Inf. Co.B
Bridges, J.W. SC Cav. 19th Bn. Co.E,B
Bridges, J.W. TX 19th Inf. Co.A
Bridges, J.W. 14th Conf.Cav. Co.F
Bridges, J.W. Gen. & Staff Capt.,AQM
Bridges, J.W.S. FL 1st (Res.) Inf. Co.A
Bridges, Kimbro A. NC 47th Inf. Co.E
Bridges, Kinchen A. GA 59th Inf. Co.B
Bridges, L. GA 5th Res. Co.A
Bridges, L. MS 3rd Cav. Co.B
Bridges, L.A. MS 10th Inf. Old Co.B
Bridges, Lawson A. NC 56th Inf. Co.F Cpl.
Bridges, Lemuel S. AR 35th Inf. Co.D
Bridges, Levi B. GA 46th Inf. Co.B Cpl.
Bridges, Levi C. TX 6th Cav. Co.E
Bridges, Levi M. LA 12th Inf. Co.C
Bridges, Lewis GA 8th Inf. (St.Guards) Co.F
Bridges, Lewis F. GA 29th Inf. Co.B
Bridges, L.H. NC 34th Inf. Co.H
Bridges, L.L. MS 33rd Inf. Co.H 2nd Lt.

Bridges, L.M. TX 25th Cav. Co.B
Bridges, L.M. TX 2nd Inf. Co.C
Bridges, L.M. TX 20th Inf. Co.I
Bridges, L.M. TX Waul's Legion Co.H
Bridges, Lorenzo MS 1st (King's) Inf. (St.Troops) Co.A
Bridges, Lorenzo D. NC 34th Inf. Co.B
Bridges, Lorenzo R. NC 48th Inf. Co.I
Bridges, Louis AR 45th Cav. Co.I
Bridges, L.P. LA 26th Inf. Co.G
Bridges, L.R. VA Inf. 2nd Bn.Loc.Def. Co.B
Bridges, L.W. SC 16th Inf. Co.B
Bridges, L.W. SC 16th & 24th (Cons.) Inf. Co.E
Bridges, M. GA Inf. 10th Bn. Co.A
Bridges, M. GA 47th Inf. Co.B
Bridges, M. MS 38th Cav. Co.F
Bridges, M.A. SC Lt.Arty. 3rd (Palmetto) Bn. Co.B Ord.Sgt.
Bridges, Madison GA 31st Inf. Co.K
Bridges, Marion VA Lt.Arty. B.Z. Price's Co.
Bridges, Marion VA 4th Res. Co.A
Bridges, Marion VA 136th Mil. Co.G
Bridges, Martin KY Cav. 1st Bn.
Bridges, Martin KY 5th Cav. Co.B
Bridges, Martin MS 39th Inf. Co.F
Bridges, Martin C. NC Walker's Bn. Thomas' Legion Co.E,H
Bridges, Melville M. MS 23rd Inf. Co.H
Bridges, M.H. MS 3rd Inf. Co.I
Bridges, M.H. MS 23rd Inf. Co.I
Bridges, M.J. GA 2nd Cav. Co.E
Bridges, Monroe GA 65th Inf. Co.G
Bridges, M.W. MS 1st Cav.Res. Co.E
Bridges, M.W. MS 10th Cav. Co.G
Bridges, N. GA 13th Cav. Co.E
Bridges, Nathan B. Gen. & Staff Asst.Surg.
Bridges, Nathaniel AL 47th Inf. Co.A Cpl.
Bridges, Nathaniel GA 56th Inf. Co.F
Bridges, N.C. MS 46th Inf. Co.I
Bridges, Ned T. VA Cav. 37th Bn. Co.A,G Capt.
Bridges, Ned T. VA Inf. 57th Regt. Co.C Capt.
Bridges, Nelson GA 21st Inf. Co.D
Bridges, Neri TX 35th (Likens') Cav. Co.I
Bridges, Newit D. NC 5th Inf. Co.C
Bridges, Newton AR 23rd Inf. Co.H
Bridges, Newton C. AR 35th Inf. Co.D
Bridges, Nicholas SC Inf. Holcombe Legion Co.A
Bridges, Nichols B. MS 15th Inf. Co.K
Bridges, N.S. NC 1st Jr.Res. Co.H
Bridges, N.T. GA Cav. 10th Bn. (St.Guards) Co.A
Bridges, N.T. Gen. & Staff Asst.Surg.
Bridges, O.H. MS 41st Inf. Co.D
Bridges, P.A. GA 2nd Cav. Co.K
Bridges, Parham P. MS 1st (Percy's) Inf. Co.A
Bridges, Parv. AL 46th Inf. Co.G
Bridges, P.C. MS Inf. 1st Bn.St.Troops (30 days '64) Co.G
Bridges, P.C. MS 27th Inf. Co.A Sgt.
Bridges, Pearl TN 7th (Duckworth's) Cav. Co.G
Bridges, Peter AL 32nd Inf. Co.G Cpl.
Bridges, Peter VA 5th Inf. Co.F
Bridges, Peter H. AR 37th Inf. Co.H Sgt.
Bridges, P.H. SC 2nd Inf. Co.H
Bridges, Pinkney MS Inf. 3rd Bn. (St.Troops) Co.G,C
Bridges, Pinkney C. AL 30th Inf. Co.D
Bridges, Pinkney C. AL 31st Inf. Co.G
Bridges, Pleasant GA Inf. Alexander's Co.
Bridges, P.M. AR 3rd Cav. Co.A Sgt.
Bridges, Porter TN 7th (Duckworth's) Cav. Co.G
Bridges, P.P. MS 39th Inf. Co.F 1st Sgt.
Bridges, Preston NC 28th Inf. Co.H
Bridges, R. MS 1st (King's) Inf. (St.Troops) Co.B
Bridges, R. TX Cav. Wells' Regt. Co.I
Bridges, R.A. GA Lt.Arty. Croft's Btty. (Columbus Arty.)
Bridges, Ransom NC 8th Sr.Res. Daniel's Co. Sgt.
Bridges, R.C. GA 64th Inf. Co.F
Bridges, R.C. VA 34th Inf. Co.A
Bridges, R.D. NC 8th Sr.Res. Bryans' Co. 1st Lt.
Bridges, Richard AL 42nd Inf. Co.D
Bridges, Richard AR 23rd Inf. Co.A
Bridges, Richard MS 10th Inf. Old Co.K
Bridges, Richard MS 46th Inf. Co.C
Bridges, Richard C. MS 11th Inf. Co.A
Bridges, Richard M. VA 21st Inf. Co.F
Bridges, Richard M. Conf.Cav. Wood's Regt. Co.K
Bridges, Riley GA 31st Inf. Co.K
Bridges, R.J. LA 13th Bn. (Part.Rangers) Co.C Cpl.
Bridges, R.L. GA Cav. 1st Bn.Res. McKinney's Co.
Bridges, R.M. VA 1st St.Res. Co.F
Bridges, R.M. VA Inf. 25th Bn. 2nd Lt.
Bridges, R.M.J. AL 18th Inf. Co.F
Bridges, Robert MS Cav. 1st Bn. (McNair's) St.Troops Co.A
Bridges, Robert TN 4th (McLemore's) Cav. Co.G
Bridges, Robert C. GA 2nd Cav. (St.Guards) Co.E
Bridges, Robert H. GA 39th Inf. Co.H Cpl.
Bridges, Robert L. MS 16th Inf. Co.B
Bridges, Robert T. GA 36th (Broyles') Inf. Co.G 1st Lt.
Bridges, Robert W. GA 17th Inf. Co.I Cpl.
Bridges, Roswald NC 11th (Bethel Regt.) Inf. Co.F
Bridges, Rowan MS Cav. 1st Bn. (Miller's) Co.A
Bridges, Rowan MS St.Troops (Herndon Rangers) Montgomery's Ind.Co.
Bridges, R.S. 20th Conf.Cav. 2nd Co.H
Bridges, Rufus L. MS 31st Inf. Co.I
Bridges, Russell J. TN 4th (McLemore's) Cav. Co.K
Bridges, S. KY 12th Cav. Co.D
Bridges, S. 1st Conf.Cav. 1st Co.B
Bridges, Samuel NC 34th Inf. Co.B
Bridges, Samuel NC 47th Inf. Co.E
Bridges, Samuel NC Mallett's Bn. (Cp.Guard) Co.B
Bridges, Samuel G.H. NC 28th Inf. Co.H
Bridges, Samuel J. NC 12th Inf. Co.E
Bridges, Sandy R. VA 63rd Inf. Co.E Cpl.
Bridges, S.D. GA 19th Inf. Co.F
Bridges, S.F. LA Inf. Pelican Regt. Co.E
Bridges, S.H. GA 19th Inf. Curtis' Co.
Bridges, S.M. FL 4th Inf. Co.G
Bridges, Solomon Franklin LA 19th Inf. Co.D
Bridges, S.S. VA 3rd (Archer's) Bn.Res. Co.F
Bridges, S.T. TX 7th Inf. Co.C
Bridges, S.T. Gen. & Staff, Comsy.Dept. Capt.
Bridges, T. GA 1st (Symons') Res. Co.F
Bridges, T. NC Cav. 16th Bn. Co.B
Bridges, T.D. GA 19th Inf. Co.F
Bridges, Terrell J. MS St.Cav. Perrin's Bn. Co.F Sgt.
Bridges, T.G. MS 41st Inf. Co.H Cpl.
Bridges, T.H. MO 9th Bn.S.S. Co.B
Bridges, T.H. NC 33rd Mil. Lt.
Bridges, Theo. C. GA Inf. 1st Loc.Troops (Augusta) Co.C
Bridges, Thomas AL 2nd Bn. Hilliard's Legion Vol. Co.C
Bridges, Thomas AL 28th Inf. Co.H
Bridges, Thomas AL 59th Inf. Co.A
Bridges, Thomas GA 27th Inf. Co.C
Bridges, Thomas GA 61st Inf. Co.E
Bridges, Thomas MS Inf. 2nd Bn. Co.K
Bridges, Thomas MS 48th Inf. Co.K
Bridges, Thomas MO 15th Cav. Co.H
Bridges, Thomas MO 6th Inf. Co.I
Bridges, Thomas NC 3rd Cav. (41st St.Troops) Co.I
Bridges, Thomas VA Lt.Arty. Armistead's Co.
Bridges, Thomas VA Inf. 4th Bn.Loc.Def. Co.D
Bridges, Thomas VA 61st Mil. Co.B
Bridges, Thomas 8th (Wade's) Conf.Cav. Co.F
Bridges, Thomas Conf.Lt.Arty. Stark's Bn. Co.B
Bridges, Thomas A. TN 4th (McLemore's) Cav. Co.K Sgt.
Bridges, Thomas C. TX 29th Cav. Co.A
Bridges, Thomas H. MS 1st Cav. Co.F
Bridges, Thomas H. MO 11th Inf. Co.A
Bridges, Thomas J. GA 2nd Inf. Co.K Cpl.
Bridges, Thomas J. LA 16th Inf. Co.F
Bridges, Thomas J. TX 6th Cav. Co.E
Bridges, Thomas K. GA 55th Inf. Co.F
Bridges, Thomas P. TN 9th (Ward's) Cav. Co.D Bvt.2nd Lt.
Bridges, Thomas S. NC 28th Inf. Co.H
Bridges, Thomas S. NC 38th Inf. Co.I
Bridges, Thomas W. GA 41st Inf. Co.A 2nd Lt.
Bridges, Thomas W. MO 3rd Cav. Co.H
Bridges, Thomas W. MO 8th Cav. Co.H
Bridges, Thomas W. MO Inf. 4th Regt.St.Guard Co.D
Bridges, Thomas W. NC 28th Inf. Co.H Sgt.
Bridges, Tillman G. GA 63rd Inf. Co.G Sgt.
Bridges, T.J. GA 1st Cav. Co.G,I Cpl.
Bridges, T.J. NC 28th Inf.
Bridges, T.J. TX 15th Inf. Co.C
Bridges, T.M. MS 6th Cav. Co.H
Bridges, Troy MS 28th Cav. Co.C,I
Bridges, T.W. GA 2nd Cav. (St.Guards) Co.C
Bridges, T.Y. SC 16th Inf. Co.B
Bridges, Tyrill B. NC 22nd Inf. Co.B
Bridges, W. AR 8th Cav. Co.K
Bridges, W. MD Arty. 3rd Btty.
Bridges, W.A. AL 62nd Inf. Co.I Cpl.
Bridges, W.A. GA 1st (Symons') Res. Co.F
Bridges, W.A. MS 1st Cav. Co.H 2nd Lt.
Bridges, Walter MO 7th Cav. Haislip's Co. Sgt.

Bridges, Walter A. SC 15th Inf. Co.E Sgt.
Bridges, Walter L. MS 11th Inf. Co.A
Bridges, W.A.M. AL 3rd Bn.Res. Jackson's Co.
Bridges, Warren MS 3rd Inf. (St.Troops) Co.F
Bridges, Washington NC 4th Sr.Res. Co.H
Bridges, Washington VA 9th Inf. Co.E
Bridges, Washington L. TN 38th Inf. 1st Co.H
Bridges, Watson H. GA 21st Inf. Co.K
Bridges, W.B. AL 7th Cav. Co.B,I
Bridges, W.B. AL 24th Inf. Co.K
Bridges, W.B. GA 59th Inf. Co.G
Bridges, W.B. MS Res.
Bridges, W.B. MO 15th Cav. Co.E
Bridges, W.C. GA 10th Cav. Co.C
Bridges, W.C. GA 59th Inf. Co.B
Bridges, W.C. TN 3rd (Forrest's) Cav.
Bridges, W.C. 7th Conf.Cav. Co.C
Bridges, W.D. GA 3rd Cav. (St.Guards) Co.C
Bridges, W.D. MS 11th (Perrin's) Cav. Co.G Cpl.
Bridges, W.E. AL 62nd Inf.
Bridges, W.F. TN 55th (Brown's) Inf. Co.C
Bridges, W.F. 8th (Wade's) Conf.Cav. Co.D
Bridges, W.G. AR 18th (Marmaduke's) Inf. Co.B
Bridges, W.G. GA 1st Troops & Defences (Macon) Co.A
Bridges, W.H. AL 33rd Inf. Co.F
Bridges, W.H. GA 13th Cav. Co.D
Bridges, W.H.H. GA 55th Inf. Co.F,B
Bridges, Wiley AR 3rd Inf. Co.C
Bridges, Wiley GA Cav. 10th Bn. (St.Guards) Co.A
Bridges, Wiley NC 34th Inf. Co.B
Bridges, Wiley W. MS Inf. 3rd Bn. Co.E
Bridges, Wiley W. MS 42nd Inf. Co.E
Bridges, William AL 2nd Bn. Hilliard's Legion Vol. Co.F
Bridges, William AL 59th Inf. Co.C
Bridges, William AR 35th Inf. Co.D
Bridges, William AR Inf. Cocke's Regt. Co.D
Bridges, William GA 6th Inf. Co.K
Bridges, William GA 21st Inf. Co.D
Bridges, William KY 4th Mtd.Inf. Co.G,I
Bridges, William KY 7th Mtd.Inf. Co.E
Bridges, William MS Cav. 1st Bn. (Miller's) Co.A
Bridges, William MS 2nd St.Cav. Co.E
Bridges, William MS Cav. Yerger's Regt. Co.B
Bridges, William MS 16th Inf. Co.F 2nd Sgt.
Bridges, William MO 1st Cav. Co.C Cpl.
Bridges, William MO 8th Cav. Co.A
Bridges, William MO 9th (Elliott's) Cav.
Bridges, William NC 34th Inf. Co.B
Bridges, William NC 45th Inf. Co.B
Bridges, William NC 54th Inf. Co.F
Bridges, William NC Mallett's Bn. (Cp.Guard) Co.B
Bridges, William SC 5th Inf. 1st Co.G
Bridges, William SC 6th Inf. 1st Co.I
Bridges, William SC Palmetto S.S. Co.M
Bridges, William TN 4th (Murray's) Cav. Co.H
Bridges, William TN 8th (Smith's) Cav. Co.C Cpl.
Bridges, William TN Inf. Crews' Bn. Co.E 1st Lt.
Bridges, William TX 11th Cav. Co.I
Bridges, William TX 27th Cav. Co.I 2nd Lt.
Bridges, William VA 62nd Mtd.Inf. 2nd Co.L
Bridges, William A. AL Arty. 4th Bn. Hilliard's Legion Co.B
Bridges, William A. AL 59th Inf. Co.D
Bridges, William A. AR 3rd Cav. Co.G
Bridges, William A. NC 37th Inf. Co.I
Bridges, William B. AR 8th Inf. New Co.A
Bridges, William B. KY 2nd Mtd.Inf. Co.D
Bridges, William B. NC 1st Arty. (10th St.Troops) Co.C
Bridges, William B. NC 32nd Inf. Co.K
Bridges, William B. TN Arty. Marshall's Co.
Bridges, William B. TN 38th Inf. 2nd Co.H
Bridges, William C. LA 16th Inf. Co.F,H
Bridges, William C. MO Inf. 4th Regt.St.Guard Co.B Cpl.
Bridges, Wm. D. GA 6th Inf. Co.K
Bridges, William D. MS Inf. 3rd Bn. Co.A
Bridges, William David 1st Conf.Eng.Troops Co.F
Bridges, William E. MS 7th Cav. Co.C
Bridges, William E. TX 11th Inf. Co.K
Bridges, William F. AL 24th Inf. Co.K,C
Bridges, William F. LA 31st Inf. Co.E
Bridges, William F. MS 44th Inf. Co.I
Bridges, William G. 3rd Conf.Inf. Co.B
Bridges, William H. AR 7th Inf. Co.C Sgt.
Bridges, William H. GA 2nd Cav. Co.A Sgt.
Bridges, William H. GA 12th Inf. Co.D
Bridges, William H. LA Hvy.Arty. 2nd Bn. Co.B
Bridges, William H. LA 27th Inf. Co.F Cpl.
Bridges, William H. TN Inf. 3rd Bn. Co.E Sgt.
Bridges, William H. TN 37th Inf. Co.H Sgt.
Bridges, William H. VA 21st Mil. Co.D
Bridges, William J. AR 33rd Inf. Co.E Music.
Bridges, William J. GA 3rd Cav. (St.Guards) Co.E
Bridges, William J. GA Hvy.Arty. 22nd Bn. Co.B 1st Sgt.
Bridges, William J. GA 25th Inf. 1st Co.K Sgt.
Bridges, William J. LA 12th Inf. Co.D
Bridges, William L. MS 2nd Part.Rangers Co.E
Bridges, William L. TX 13th Vol. 2nd Co.F
Bridges, William L. VA 17th Cav. Co.E 1st Lt.
Bridges, William L. VA 59th Inf. 2nd Co.I 1st Sgt.
Bridges, William M. AL 4th Res. Co.G
Bridges, William M. GA Phillips' Legion Co.B
Bridges, William M. LA 1st Hvy.Arty. (Reg.) Co.E 1st Lt.
Bridges, William M. LA Lt.Arty. Bridges' Btty. Capt.
Bridges, William M. MS 38th Cav. Co.C
Bridges, William M. SC Arty. Manigault's Bn. Co.D Capt.
Bridges, William M. SC 18th Inf. Co.K Cpl.
Bridges, William N. MS 23rd Inf. Co.E Cpl.
Bridges, William P. GA 3rd Cav. Co.B,K
Bridges, William R. GA 61st Inf. Co.I
Bridges, William T. AR 15th (N.W.) Inf. Co.A
Bridges, William U. AR Zimmerman's Btty.
Bridges, William W. AL 4th Cav. Sgt.
Bridges, Wilson W. NC 34th Inf. Co.B Sgt.
Bridges, W.J. GA 2nd Cav. Co.E Sgt.
Bridges, W.J. GA 19th Inf. Co.D 2nd Lt.
Bridges, W.J. LA Hvy.Arty. 2nd Bn. Co.A
Bridges, W.J. MS 5th Cav. Co.I
Bridges, W.J. MS 46th Inf. Co.I
Bridges, W.J. TX 8th Cav. Co.B
Bridges, W.L. AL 22nd Inf. Co.K Cpl.
Bridges, W.L. AL 50th Inf. Co.G
Bridges, W.L. GA 60th Inf. Co.D
Bridges, W.L. MS Graves' Co. (Copiah Horse Guards)
Bridges, W.L. TN 19th & 20th (Cons.) Cav. Co.K
Bridges, W.L. TX 35th (Brown's) Cav. Co.A Cpl.
Bridges, W.M. AL 4th (Russell's) Cav. Co.E
Bridges, W.M. AL 7th Inf. Co.G
Bridges, W.M. GA 39th Inf. Co.C
Bridges, W.M. LA Inf. 1st Sp.Bn. (Rightor's) Co.B Sgt.
Bridges, W.M. SC 1st (Hagood's) Inf. 2nd Co.F
Bridges, W.M. TN 19th (Biffle's) Cav. Co.B
Bridges, W.P. GA 5th Inf. (St.Guards) Johnston's Co. 3rd Lt.
Bridges, W.P. MS 3rd Cav. Co.A
Bridges, W.P. SC 18th Inf. Co.K Capt.
Bridges, W.R. AR 10th Inf. Co.B
Bridges, W.W. AR 8th Cav. Co.A
Bridges, W.W. AR 10th Inf. Co.C Capt.
Bridges, W.W. GA Inf. 8th Bn. Co.A
Bridges, Young MO 4th Cav. Co.E Cpl.
Bridges, Zachariah NC 12th Inf. Co.E
Bridgess, Albert A. VA 50th Inf. Co.I 1st Lt.
Bridget, John F. VA 25th Cav. Co.F
Bridgett, Arnold TN 4th Cav.
Bridgett, Gabriel TN 25th Inf.
Bridgett, J.H. VA Lt.Arty. G.B. Chapman's Co.
Bridgewarter, John C. TN 30th Inf. A.Comsy.
Bridgewater, C.W. MO Cav. Wood's Regt. Co.H
Bridgewater, G. MO 6th Cav. Co.B
Bridgewater, H. MO Robertson's Regt.St.Guard Co.9
Bridgewater, H.H. MO Cav. Wood's Regt. Co.H
Bridgewater, James C. VA Hood's Bn.Res. Co.B
Bridgewater, James F. TN 9th Inf. Co.D Cpl.
Bridgewater, J.N. MO 11th Inf. Co.E
Bridgewater, Jno C. TN Inf. 35th Regt. Maj.,ACS
Bridgewater, John W. MO Robertson's Regt.St.Guard Co.9
Bridgewater, Matthew MO Cav. Wood's Regt. Co.I
Bridgewater, Miles TN 2nd (Walker's) Inf. Co.E
Bridgewater, O.C. VA Lt.Arty. 38th Bn. Co.C
Bridgewater, Oscar C. VA Lt.Arty. E.J. Anderson's Co.
Bridgewater, P. VA Arty. Young's Co.
Bridgewater, Patrick VA Lt.Arty. 1st Bn. Co.C
Bridgewater, Patrick H. VA 1st Arty. 2nd Co.C, 3rd Co.C
Bridgewater, R. VA Arty. Young's Co.
Bridgewater, Robert VA 1st Arty. 2nd Co.C, 3rd Co.C
Bridgewater, Robert VA Lt.Arty. 1st Bn. Co.C
Bridgewater, S. VA 49th Inf. Co.F
Bridgewater, Samuel MO Robertson's Regt. St.Guard Co.9
Bridgewaters, Samuel TN 61st Mtd.Inf. Co.G
Bridgewaters, William TN 26th Inf. Co.D
Bridgewaters, William TN 37th Inf. Co.K
Bridgewaters, William TN 61st Mtd.Inf. Co.G

Bridgford, D.B. VA Inf. 1st Bn. Co.B Maj.
Bridgford, J.H. MO 9th Inf. Co.C
Bridgford, John R. MO 2nd Inf. Co.G
Bridgford, J.R. MO 9th Inf. Co.C Sgt.
Bridgford, R.T. MO 2nd Inf. Co.G
Bridgforth, David AL 9th Inf. Co.F
Bridgforth, Jack AL 9th (Malone's) Cav. Co.G
Bridgforth, James W. TN 32nd Inf. Co.E Sgt.
Bridgforth, J.V. SC 1st (Butler's) Inf. Co.B
Bridgforth, R.E. VA 1st Cav. Co.G Sgt.
Bridgforth, R.M. MS 5th Cav. Co.F 1st Lt.
Bridgforth, Robert E. VA 14th Inf. Co.A
Bridgforth, Thomas K. VA Lt.Arty. Jeffress' Co.
Bridgforth, William L. VA 20th Inf. Co.B
Bridgforth, W.L. VA 2nd Arty. Co.F
Bridgins, John LA Lt.Arty. Fenner's Btty.
Bridgins, Joseph LA Lt.Arty. Fenner's Btty.
Bridgins, R.A. LA Lt.Arty. Fenner's Btty.
Bridgman, A. AR 30th Inf. Co.K
Bridgman, Addison D. GA 25th Inf. Co.G,I
Bridgman, B.E. TN 2nd (Ashby's) Cav. Co.A
Bridgman, Daniel M. VA 63rd Inf. Co.E
Bridgman, Fleet VA 40th Inf. Co.G
Bridgman, J. GA 39th Inf. Co.E
Bridgman, James AR 5th Mil. Co.I
Bridgman, James E. NC 33rd Inf. Co.I,H
Bridgman, J.B. VA 37th Mil. 2nd Co.B
Bridgman, J.M. TN 2nd (Ashby's) Cav. Co.F Capt.
Bridgman, John VA 37th Inf. Co.B
Bridgman, John M. TN Cav. 4th Bn. (Branner's) Co.F Maj.
Bridgman, Joseph B. VA 40th Inf. Co.G
Bridgman, L.J. NC Part.Rangers Swindell's Co.
Bridgman, Mathew S. VA 50th Inf. 1st Co.G
Bridgman, Mathew S. VA 63rd Inf. Co.E, 1st Co.I
Bridgman, Ozias B. NC 3rd Cav. (41st St.Troops) Co.K
Bridgman, Seth NC 61st Inf. Co.B Sgt.
Bridgman, W.H. VA 50th Inf. Co.E
Bridgman, William VA 50th Inf. 1st Co.G
Bridgman, William B. VA 9th Inf. 2nd Co.H
Bridgman, William T. AR 45th Mil. Co.E
Bridgman, W.R. NC 42nd Inf. Co.G
Bridgwater, N.P. VA 8th Cav. Co.B
Bridgwater, William N. VA 19th Inf. Co.D
Bridgwater, William N. VA 49th Inf. Co.F
Bridie, R.B. VA 9th Cav. Co.G
Bridier, Henry FL 3rd Inf. Co.B
Bridier, Henry A. GA 63rd Inf. Co.F
Bridier, Louis D. FL 3rd Inf. Co.B
Bridier, Theodore F. FL 3rd Inf. Co.B Ord.Sgt.
Bridleman, T.W. TN Detailed Conscr. Co.A
Bridlon, A.W. GA 2nd Inf.
Bridlow, A.W. GA Inf. 2nd Bn.
Bridlow, Randal NC 25th Inf.
Bridor, Elisha GA 23rd Inf. Co.D
Bridwell, A. AL 20th Inf. Co.H
Bridwell, Albert VA 4th Cav. Co.A
Bridwell, Cicero F. GA 7th Inf. Co.K
Bridwell, Francis M. GA 2nd Res. Co.C
Bridwell, G. KY 3rd Cav. Co.E
Bridwell, George L. GA 7th Inf. Co.B Cpl.
Bridwell, H. SC Lt.Arty. 3rd (Palmetto) Bn. Co.H
Bridwell, Haywood VA 4th Cav. Co.A
Bridwell, J. GA 2nd Cav. Co.H
Bridwell, J. MS 24th Inf. Co.B Cpl.
Bridwell, J. SC 7th Res. Co.L
Bridwell, James SC 3rd Res. Co.E
Bridwell, James SC 16th Inf. Co.F
Bridwell, James H. VA 20th Cav. Co.H Cpl.
Bridwell, James P. GA 5th Inf. Co.D
Bridwell, James P. GA Inf. 25th Bn. (Prov. Guard) Co.A
Bridwell, James P. GA 36th (Villepigue's) Inf. Co.D
Bridwell, James P. Conf.Inf. 1st Bn. 2nd Co.A
Bridwell, J.E. MD 1st Inf. Co.G,F Cpl.
Bridwell, Jeremiah T. AL 20th Inf. Co.H
Bridwell, Jesse GA Cherokee Legion (St.Guards) Co.B
Bridwell, J.H. SC 16th Inf. Co.G
Bridwell, J.J. GA 39th Inf. Co.G
Bridwell, J.M.D. GA 10th Inf. Co.B
Bridwell, J.N. TX 33rd Cav. Co.G
Bridwell, John SC 14th Inf. Co.D
Bridwell, John TN 19th Inf. Co.C
Bridwell, John A. GA 36th (Villepigue's) Inf. Co.D
Bridwell, John A. 1st Conf.Inf. 1st Co.D
Bridwell, John C. GA 7th Inf. Co.B Sgt.
Bridwell, John H. VA 9th Cav. Co.A
Bridwell, Josiah C. SC 13th Inf. Co.B
Bridwell, J.P. GA 64th Inf. Co.F
Bridwell, J.W. GA 2nd Res. Co.A,G
Bridwell, J.W. GA Inf. Ezzard's Co. Cpl.
Bridwell, Langhorn VA 4th Cav. Co.A
Bridwell, Malachi L. GA 3rd Inf. Co.G Sgt.
Bridwell, Martin GA 3rd Inf. Co.G Sgt.
Bridwell, O.H. VA Lt.Arty. Fry's Co.
Bridwell, P. GA 7th Cav. Co.A
Bridwell, P. GA Cav. 21st Bn. Co.A
Bridwell, Sanford TN 8th (Smith's) Cav. Co.B
Bridwell, Sanford TN 60th Mtd.Inf. Co.L Sgt.
Bridwell, W. GA Inf. 1st Loc.Troops (Augusta) Barnes' Lt.Arty.Co.
Bridwell, W.A. TX 33rd Cav. Co.G
Bridwell, Warren AL Arty. 1st Bn. Co.A
Bridwell, Warren T. AL 20th Inf. Co.H
Bridwell, W.C. SC 18th Inf. Co.C
Bridwell, W.H. GA 5th Inf. Co.I
Bridwell, W.H. GA 64th Inf. Co.E
Bridwell, Willford VA 30th Inf. Co.B
Bridwell, William AR Inf. 2nd Bn. Co.C
Bridwell, William SC 16th Inf. Co.H
Bridwell, William A. SC 1st Arty. Co.C
Bridwell, William H. GA Inf. 25th Bn. (Prov. Guard) Co.A
Bridwell, William H. GA 36th (Villepigue's) Inf. Co.D
Bridwell, William H. Conf.Inf. 1st Bn. 2nd Co.A
Bridwell, William T. VA Lt.Arty. Utterback's Co.
Bridwell, W.T. VA Lt.Arty. Fry's Co.
Bridwell, Z. GA 3rd Bn. (St.Guards) Co.H
Bridwell, Zion GA Cav. 16th Bn. (St.Guards) Co.G
Brieden, A. TX 3rd Inf. Co.B
Brieer, J.A. AR 50th Mil. Co.G
Briegel, John LA Mil.Cont.Regt. Lang's Co.
Brieger, Charles TX 17th Inf. Co.F
Brieger, Daniel F. TX Lt.Arty. Hughes' Co.
Brieger, Daniel T. TX Inf. Griffin's Bn. Co.F
Brieger, John G. TX 4th Inf. Co.F
Brieger, Robert TX Lt.Arty. Hughes' Co.
Brieger, Robert TX Inf. Griffin's Bn. Co.F
Briegleb, J. AL Mobile Fire Bn. Co.D Capt.
Briegleb, Julius AL 3rd Inf. Co.A
Briel, J.A. SC Inf. Hampton Legion Co.E
Briel, P. VA 2nd St.Res. Co.H
Briely, Edward LA 8th Inf. Co.H
Briemberg, U. LA Mil. 2nd Regt. 3rd Brig. 1st Div. Co.B
Brien, D. TN Cav. Allison's Squad. Co.B 1st Lt.
Brien, Edward N. MD Arty. 1st Btty.
Brien, Eugene LA Inf. 1st Sp.Bn. (Rightor's) Co.E Sgt.
Brien, G.W. KY 1st (Butler's) Cav. Co.C
Brien, James VA Cav. Mosby's Regt. (Part. Rangers) Co.D
Brien, J.D. Gen. & Staff Maj.,ADC
Brien, J.G. TN 44th (Cons.) Inf.
Brien, John O. LA 7th Inf.
Brien, Jordan GA Cav. 6th Bn. (St.Guards) Co.E
Brien, Joseph GA Inf. 18th Bn. Co.B
Brien, Joseph R. LA 7th Inf. Co.K
Brien, L.B. 1st Conf.Cav. 2nd Co.A
Brien, Lemuel VA 1st Cav. Co.H
Brien, L. Tiernan VA 1st Cav. Lt.Col.
Brien, Luke Tiernan Lee's Staff Maj.,AAG
Brien, M.M., Jr. TN 23rd Inf. Co.H Capt.
Brien, M.O. LA 14th Inf. Co.B
Brien, Pierre LA 2nd Cav. Co.H
Brien, P.O. LA 2nd Cav. Co.I Sgt.
Brien, P.O. LA Inf. 16th Bn. (Conf.Guards Resp.Bn.) Co.C
Brien, W. VA 17th Inf. Co.E
Brien, W.A. TN Cav. 1st Bn. (McNairy's) Co.A
Brien, W.A. TN Cav. 1st Bn. (McNairy's) Co.D
Brien, W.L. 1st Conf.Cav. 2nd Co.A Cpl.
Briene, James MS 28th Cav. Co.I
Briengne, Oscar LA C.S. Zouave Bn. Co.C,B
Brierly, E.C. LA 9th Inf. Co.B
Brierly, Francis KY 16th Regt. Co.D
Brierly, Isaac M. MO 1st Cav. Co.A
Brierly, John T. SC Arty. Childs' Co.
Brierly, Nelson MS 20th Inf. Co.K
Brierly, Peter MO Robertson's Regt.St.Guard Co.1
Brierly, Thomas VA 31st Mil. Co.F
Brierre, J. LA Mil. 3rd Regt.Eur.Brig. (Garde Francaise) Co.1
Brierre, T. LA Mil. 1st Regt. French Brig. Co.1
Briers, Henry MO Lt.Arty. Barret's Co.
Briers, Henry H. AL 3rd Inf. Co.D
Briers, J. VA 2nd St.Res. Co.I
Briers, Oliver B. AL 3rd Inf. Co.D
Brierton, James TN Inf. 154th Sr.Regt. Co.C
Brierton, Martin TN Inf. 154th Sr.Regt. Co.C Sgt.
Brierwood, Robert VA Lt.Arty. 38th Bn. Co.A
Briese, William MO 1st N.E. Cav. Co.L
Brietling, A. AL 17th Inf. Co.H
Brietz, A.C. TX 4th Inf. Co.G Ord.Sgt.
Brietz, E.A. LA 2nd Inf. Co.H 2nd Lt.
Brietz, Edward A. NC 21st Inf. Co.D 2nd Lt.
Brietz, Edward A. NC 26th Inf. Co.B 1st Lt.
Brietz, Samuel NC 9th Bn.S.S. Co.B

Brig, Alexander TN 8th Inf. Co.I
Brigam, W.C. AR 21st Inf. Co.I Sgt.
Brigance, A.L. TX 12th Inf. Co.C 2nd Lt.
Brigance, C.G. MS 9th Inf. New Co.A
Brigance, D.W. TN 21st (Wilson's) Cav. Co.C
Brigance, Elias TX 13th Vol. 2nd Co.C
Brigance, Harvey TX 4th Inf. Co.E
Brigance, J.A. TN 5th Inf. 2nd Co.K
Brigance, James TN Lt.Arty. Morton's Co.
Brigance, J.D. TN 14th (Neely's) Cav. Co.I
Brigance, J.D. TN 19th (Biffle's) Cav. Co.F
Brigance, J.F. TN 1st (Feild's) & 27th Inf. (Cons.) Co.I
Brigance, J.F. TN 27th Inf. Co.G Sgt.
Brigance, J.H. TN 21st (Wilson's) Cav. Co.C
Brigance, J.H. TN Lt.Arty. Morton's Co.
Brigance, J.H. TN 5th Inf. 2nd Co.K
Brigance, J.H. TN 27th Inf. Co.E
Brigance, J.H. TX 32nd Cav. Co.K
Brigance, J.M. TN 1st (Feild's) & 27th Inf. (Cons.) Co.I
Brigance, J.M. TN 27th Inf. Co.E
Brigance, J.N. AR Cav. Gordon's Regt. Co.K 1st Sgt.
Brigance, J.N. AR 7th Mil. Co.B Music.
Brigance, J.S. AR Cav. 1st Bn. (Stirman's) Co.G
Brigance, M.L. AR 15th Mil. Co.C
Brigance, M.L. AR 35th Inf. Co.I
Brigance, O.C. TN 15th Inf. Co.E
Brigance, R.R. TX 29th Cav. Co.D
Brigance, S.A. AR 20th Inf. Co.C
Brigance, Samuel TN 9th (Ward's) Cav. Co.A
Brigance, W. AL Mil. 3rd Vol. Co.E
Brigance, W.H. TN 27th Inf. Co.G
Brigance, W.L. TN 27th Inf. Co.F
Brigante, A.P. TN 12th (Green's) Cav. Co.A
Brigemore, Francis M. AL 12th Inf. Co.B
Brigens, Charles TN 15th (Stewart's) Cav. Co.B
Briger, John TN 7th (Duckworth's) Cav. Co.F
Brigeraman, Henry MS 12th Inf. Co.C
Briges, J.A. AL 33rd Inf. Co.F
Brigg, F. TN Patterson's Regt. Co.B
Brigg, G.W. Gen. & Staff Surg.
Briggance, A.F. TN 30th Inf. Co.E
Briggance, W.G. AR 30th Inf. Co.B
Briggance, W.M. TN 30th Inf. Co.E
Briggans, John D. TN 22nd Cav. Co.F
Briggans, Josephus H. TN 27th Inf. Co.G
Briggers, J.E. FL 8th Inf.
Brigges, James B. MS 15th (Cons.) Inf. Co.K
Brigges, R. AR 23rd Inf. Co.K
Briggini, H.N. VA 3rd Inf.
Briggins, William J. TN 30th Inf. Co.B
Briggman, F.H.W. SC 2nd Arty. Co.C Capt.
Briggman, Griffin SC 5th Bn.Res. Co.C
Briggman, Isaac SC 1st (Butler's) Inf. Co.G
Briggons, W. GA 3rd Cav.
Briggs, --- Cox's Brig. Sr.Surg.
Briggs, A. AR 51st Mil. Co.H
Briggs, A.A.E. MS 1st (Percy's) Inf. Co.D
Briggs, Adolphus NC 64th Inf. Co.A
Briggs, A.J. SC 7th Inf. 1st Co.I, 2nd Co.I
Briggs, Albert A. Morgan's Co.C,CSA
Briggs, Albert G. MS 22nd Inf. Co.K
Briggs, Alexander NC 46th Inf. Co.E
Briggs, Alfred VA Horse Arty. Ed. Graham's Co.
Briggs, Alson NC 58th Inf. Co.C
Briggs, Andrew NC 11th (Bethel Regt.) Inf. Co.F
Briggs, Andrew VA 5th Cav. (12 mo. '61-2) Co.C
Briggs, Andrew VA 13th Cav. Co.H
Briggs, Andrew J. VA Inf. Cohoon's Bn. Co.D
Briggs, Andrew S. VA 24th Inf. Co.C
Briggs, A.T. TN Douglass' Bn.Part.Rangers Miller's Co.
Briggs, A.W. TX Legion Co.C
Briggs, Benjamin AR 27th Inf. Co.A
Briggs, Benjamin VA 32nd Inf. 2nd Co.I
Briggs, Benjamin F. AL 16th Inf. Co.B
Briggs, Benjamin F. NC 16th Inf. Co.M Maj.
Briggs, Benjamin F. NC 55th Inf. Co.A Capt.
Briggs, Benjamin F. TX 16th Inf. Co.I
Briggs, B.F. MO Cav. Schnabel's Bn. Co.G
Briggs, B.F. TX Cav. Benavides' Regt. Co.H
Briggs, B.H. SC 1st Arty. Co.A
Briggs, Burton NC 29th Inf. Co.K
Briggs, C.C. NC 3rd Arty. (40th St.Troops) Co.D
Briggs, C.C. TN 21st Inf. Co.F
Briggs, Chs. AL Mil. 2nd Regt.Vol. Co.C 1st Lt.
Briggs, Charles AL 42nd Inf. Co.I Capt.
Briggs, Charles LA 10th Inf. Co.A Sgt.
Briggs, Charles LA 20th Inf. Co.B Cpl.
Briggs, Charles LA 21st (Kennedy's) Inf. Co.E Cpl.
Briggs, Charles A. VA 9th Cav. Co.A
Briggs, Charles H. AL 4th Inf. Co.C
Briggs, Charles S. FL Lt.Arty. Perry's Co. Cpl.
Briggs, Charles T. AL 5th Inf. New Co.D
Briggs, Claiborne C. MS 6th Inf. Co.G
Briggs, D. SC Mil. 1st Regt. (Charleston Res.) Co.C
Briggs, Daniel LA 2nd Inf. Co.H
Briggs, Daniel P. TX 4th Cav. Co.A
Briggs, Daniel P. TX 36th Cav. Co.D
Briggs, Daniel R. AR 2nd Mtd.Rifles Co.G Sgt.
Briggs, David LA 12th Inf. Co.A
Briggs, D.E. TN 60th Mtd.Inf. Co.K
Briggs, D.H. LA 25th Inf. Co.F Cpl.
Briggs, Duncan D. MS 24th Inf. Co.I
Briggs, Duncan Day, Sr. MS Inf. 1st St.Troops Co.E 2nd Lt.
Briggs, E. NC 14th Inf. Co.I
Briggs, E.B. GA 2nd Inf. Co.G QMSgt.
Briggs, Edmund B. Gen. & Staff 1st Lt.,ADC
Briggs, Elish W. AR 27th Inf. Co.K AQM
Briggs, E.T. LA Mil. 2nd Regt. 3rd Brig. 1st Div.
Briggs, Eugene MS Inf. 2nd Bn. Co.H
Briggs, Eugene MS 48th Inf. Co.H Cpl.
Briggs, E.W. Gen. & Staff Capt.,AQM
Briggs, F.H. 1st Chickasaw Inf. Milam's Co. Sgt.
Briggs, Fletcher KY 6th Mtd.Inf. Co.A
Briggs, F.M. MS 41st Inf. Co.H Sgt.
Briggs, F.M. NC Wallace's Co. (Wilmington RR Guard)
Briggs, Fountain R. VA 5th Cav. Co.G
Briggs, Fountain R. VA 59th Inf. Co.D
Briggs, Francis M. MS 22nd Inf. Co.K Cpl.
Briggs, Francis W. VA 3rd Inf. Co.G
Briggs, Frederick AL 5th Cav. Co.H
Briggs, George KY 6th Mtd.Inf. Co.A
Briggs, George LA 3rd (Wingfield's) Cav. Co.I
Briggs, George LA 25th Inf. Co.F
Briggs, George TN 21st (Carter's) Cav. Co.G
Briggs, George A. TN 18th Inf. Co.G
Briggs, George D. TX 26th Cav. Co.D 2nd Lt.
Briggs, George H. MO Cav. Schnabel's Bn.
Briggs, George K. NC 24th Inf. Co.H Cpl.
Briggs, George L. VA Lt.Arty. 13th Bn. Co.C Cpl.
Briggs, George R. VA 1st Cav. Co.G Cpl.
Briggs, George W. AL 8th (Hatch's) Cav. Co.H
Briggs, George W. AL 15th Inf. Surg.
Briggs, George W. NC 2nd Cav. (19th St.Troops) Co.F
Briggs, George W. TN 32nd Inf. Co.F 1st Sgt.
Briggs, George W. Gen. & Staff Surg.
Briggs, G.H. MS 3rd Inf. Co.D 1st Sgt.
Briggs, G.H. MS 23rd Inf. Co.D 1st Sgt.
Briggs, G.T. NC 22nd Inf. Co.E
Briggs, G.W. AL Cp. of Instr. Talladega Asst.Tr.Off.
Briggs, G.W. NC 30th Inf. Surg.
Briggs, G.W. VA 44th Inf. Surg.
Briggs, H. AL 3rd Bn.Res. Co.H
Briggs, H. TX 5th Inf. Martindale's Co.
Briggs, Harrison B. VA 49th Inf. Co.C 2nd Lt.
Briggs, Harvey J. NC 58th Inf. Co.C
Briggs, Harvy F. TX Cav. Hardeman's Regt. Co.E
Briggs, H.C. SC 2nd Cav. Co.F
Briggs, H.C. SC Lt.Arty. 3rd (Palmetto) Bn. Co.H
Briggs, H.C. Gen. & Staff Contr.AASurg.
Briggs, H.D. LA 3rd Inf. Co.H
Briggs, Henry AL 24th Inf. Co.I
Briggs, Henry AL 61st Inf. Co.K
Briggs, Henry NC 29th Inf. Co.D
Briggs, Henry SC 7th Inf. 1st Co.I
Briggs, Henry C. SC 3rd Res. Co.K Capt.
Briggs, Henry C. VA 5th Cav. (12 mo. '61-2) Co.C
Briggs, Henry C. VA 17th Inf. Co.K
Briggs, Henry Clay 1st Conf.Eng.Troops Co.F Sgt.
Briggs, Henry L. VA 24th Inf. Co.C
Briggs, H.H. AL Arty. Carnes' Btty.
Briggs, H.H. TN Lt.Arty. Rice's Btty. 2nd Lt.
Briggs, H.H. TN 38th Inf. Co.A Lt.
Briggs, H.L. NC 23rd Inf. Co.I
Briggs, Horace TN Lt.Arty. Rice's Btty. Lt.
Briggs, Horace TN 38th Inf. 1st Co.A Cpl.
Briggs, Howell NC 17th Inf. (2nd Org.) Co.F
Briggs, J. SC 7th Cav. Co.C
Briggs, Jackson NC 53rd Inf. Co.F
Briggs, Jackson NC 58th Inf. Co.C
Briggs, James MS Inf. 1st Bn.St.Troops (30 days '64) Co.B Cpl.
Briggs, James MO 2nd Cav. Co.A
Briggs, James NC 4th Inf. Co.B
Briggs, James NC 11th (Bethel Regt.) Inf. Co.F
Briggs, James SC 6th Cav. Co.B
Briggs, James TX 1st Inf. Co.H
Briggs, James VA 1st (Farinholt's) Res. Co.G
Briggs, James Conf.Inf. 8th Bn. Co.D
Briggs, James A. TN 16th Inf. Co.A

Briggs, James C. AR 14th (Powers') Inf. Co.C 3rd Lt.
Briggs, Jas. H. AL 24th Inf. Co.I
Briggs, James H. LA 6th Inf. Co.A
Briggs, James H. LA 9th Inf.
Briggs, James H. TN 32nd Inf. Co.A
Briggs, James M. AR 23rd Inf. Co.H Ord.Sgt.
Briggs, James M. GA 12th Inf. Co.I Capt.
Briggs, James T. TN 21st (Carter's) Cav. Co.G
Briggs, J.B. MS 24th Inf. Co.F
Briggs, J.C. TN 19th (Biffle's) Cav. Co.C
Briggs, J.C. TX 27th Cav. Co.K Sgt.
Briggs, Jefferson SC 1st (Butler's) Inf. Co.B
Briggs, Jefferson SC 7th Inf. 1st Co.I, 2nd Co.I Cpl.
Briggs, Jeremiah NC 17th Inf. (1st Org.) Co.I
Briggs, Jeremiah VA 23rd Cav. Co.G
Briggs, Jesse F. TN Cav. 9th Bn. (Gantt's) Co.D
Briggs, J.F. TN 11th (Holman's) Cav. Co.E
Briggs, J.H. MS Inf. 7th Bn. Co.E
Briggs, J.H. TN 11th (Holman's) Cav. Co.E
Briggs, J.J. AR 24th Inf. Co.I Cpl.
Briggs, J.J. MS 28th Cav. Co.G
Briggs, J.J. TN 42nd Inf. Co.C
Briggs, J.L. MS 7th Cav. Co.K
Briggs, J.L. MS 15th Bn.S.S. Co.B
Briggs, J.L. MS 32nd Inf. Co.D
Briggs, J.N. MS 1st Lt.Arty. Co.B Artif.
Briggs, J.N. VA 9th Cav.
Briggs, John LA 25th Inf. Co.F
Briggs, John MO 7th Cav. Co.K
Briggs, John SC 6th Cav. Co.B Sgt.
Briggs, John D. NC 24th Inf. Co.D
Briggs, John E. NC Cav. 5th Bn. Co.B
Briggs, John E. NC 58th Inf. Co.A
Briggs, John G. TN 53rd Inf. Co.D Cpl.
Briggs, John H. NC 33rd Inf. Co.F,I
Briggs, John Henry AR 31st Inf. Co.A
Briggs, John J. AR 1st (Monroe's) Cav. Co.C
Briggs, John Jackson TX 20th Cav. Co.B
Briggs, John V. MS 29th Inf. Co.A
Briggs, John W. GA 15th Inf. Co.D
Briggs, John W. GA 49th Inf.
Briggs, John W. NC 49th Inf. Co.K Cpl.
Briggs, John W. SC 26th Inf. Co.G
Briggs, John W. TN 19th Inf. Co.B
Briggs, John W. Gen. & Staff ACS
Briggs, Joseph KY 8th Cav. Co.H
Briggs, Joseph KY Cav. Buckner Guards
Briggs, Joseph NC 24th Inf. Co.H
Briggs, Joseph B. TN 4th (McLemore's) Cav. QM
Briggs, Joseph B. Gen. & Staff AQM
Briggs, Joseph R. VA Hvy.Arty. 18th Bn. Co.A
Briggs, Joseph W. MS 1st Cav. Co.E
Briggs, Joseph W. TX 1st (Yager's) Cav. Co.A Sgt.
Briggs, Joseph W. TX 3rd (Yager's) Cav. Co.A Sgt.
Briggs, J.P. MS 1st Lt.Arty. Co.B
Briggs, J.R. TN 11th (Holman's) Cav. Co.E
Briggs, J.S. TN 30th Inf. Co.H Sgt.
Briggs, J.T. AL 1st Cav. 2nd Co.D
Briggs, J.T. AR 24th Inf. Co.I 2nd Lt.
Briggs, Lafayette SC 7th Cav. Co.C
Briggs, Lafayette SC Inf. Holcombe Legion Co.D
Briggs, S.E. AL 60th Inf. Co.H Sgt.
Briggs, Lemuel D. LA 12th Inf. Co.A
Briggs, Levi E. AL 1st Bn. Hilliard's Legion Vol. Co.B
Briggs, Levi E. AL 13th Inf. Co.G
Briggs, L.L. AR 7th Cav. Co.D Cpl.
Briggs, L.M. TX 15th Inf. Co.B
Briggs, Loftis LA 13th Bn. (Part.Rangers) Co.E
Briggs, M. TX 4th Cav. Co.A
Briggs, M. Conf.Inf. Tucker's Regt. Co.F
Briggs, Macmus M. TN Cav. 9th Bn. (Gantt's) Co.D
Briggs, M.B. GA Hvy.Arty. 22nd Bn. Co.D
Briggs, Melvin W. NC 29th Inf. Co.K
Briggs, Melvin W. NC 58th Inf. Co.C Lt.
Briggs, Michael W. VA 24th Inf. Co.C
Briggs, Milton TN 48th (Voorhies') Inf.
Briggs, Minor B. GA Cav. 1st Bn. Lamars' & Brailsford's Co.
Briggs, M.M. TN 48th (Nixon's) Inf. Co.D
Briggs, M.M. TN 48th (Voorhies') Inf. Co.D
Briggs, Norman F. AL 4th Inf. Co.H
Briggs, P. LA 25th Inf. Co.F
Briggs, Peter LA 26th Inf.
Briggs, Peter M. NC 3rd Arty. (40th St.Troops) Co.D Cpl.
Briggs, Peter M. NC 55th Inf. Co.A 2nd Lt.
Briggs, P.T. GA 2nd Inf. Co.C
Briggs, R. AL 59th Inf. Co.B
Briggs, R.A. AL 4th (Roddey's) Cav. Co.F
Briggs, R.F. SC 15th Inf. Co.B
Briggs, Rial NC Mil. 7th Regt. Co.C Sgt.
Briggs, Richard FL 11th Inf.
Briggs, Richard H. NC 5th Inf. Co.B
Briggs, Robert VA 1st St.Res. Co.D Sgt.
Briggs, Robert A. KY Morgan's Men Murphy's Co.
Briggs, Robert H. MO 2nd Cav. 3rd Co.K
Briggs, Robert H. NC 64th Inf. Co.A
Briggs, Robert T. VA 15th Inf. Co.B
Briggs, Robert W. MS 24th Inf. Co.I Cpl.
Briggs, Robert W. TX Cav. Morgan's Regt. Co.I
Briggs, R. Pickens SC Inf. Hampton Legion Co.B Cpl.
Briggs, R.R. SC Cav. 14th Bn. Co.A
Briggs, R.S. TN 63rd Inf. Co.D
Briggs, R.T. AR 30th Inf. Co.E 3rd Lt.
Briggs, R.T. MS 8th Cav. Co.H
Briggs, R.T. MS 28th Cav. Co.L
Briggs, R.T. VA Lt.Arty. 13th Bn. Co.A
Briggs, Rufus S. NC 29th Inf. Co.K
Briggs, Samuel TN 24th Inf. Co.F
Briggs, Samuel George MS Inf. 1st St.Troops Co.E Cpl.
Briggs, Sanders R. AR Conscr.
Briggs, S.C. TX 20th Inf. Co.D
Briggs, S.D. SC 3rd Bn.Res. Co.A Cpl.
Briggs, S.D. SC 9th Res. Co.H
Briggs, S. Draton SC 5th St.Troops Co.H
Briggs, S.O. LA 2nd Cav. Co.A
Briggs, Solomon R. NC 29th Inf. Co.K
Briggs, S. Oscar TX Lt.Arty. H. Van Buren's Co.
Briggs, Squire B. LA 31st Inf. Co.H Cpl.
Briggs, Suel B. NC 58th Inf. Co.C Capt.
Briggs, Sylvanus A. MO 3rd Inf. Co.H
Briggs, T.D. GA Mil. Capt.,ARQM
Briggs, T.D. Gen. & Staff Capt.,AQM
Briggs, T.F. AR 2nd Cav. Gillespie's Co.
Briggs, T.H. AL Lt.Arty. Clanton's Btty.
Briggs, T.H. MS Inf. 1st St.Troops Co.D
Briggs, T.H. NC 7th Sr.Res. Davie's Co.
Briggs, Thomas LA 25th Inf. Co.F
Briggs, Thomas NC 4th Inf. Co.B
Briggs, Thomas H. AL 9th Inf. Co.G Sgt.
Briggs, Thomas H. AL 41st Inf. Co.K Cpl.
Briggs, Thomas J. SC Inf. Hampton Legion Co.B
Briggs, Thomas J. Wheeler's Scouts,CSA
Briggs, Thomas J. TN 1st (Feild's) Inf. Co.A
Briggs, Thomas N. VA 5th Cav. (12 mo. '61-2) Co.H
Briggs, Thomas N. VA 13th Cav. Co.A
Briggs, Thomas W. NC 49th Inf. Co.K
Briggs, T.R. AR 19th (Dawson's) Inf. Co.B
Briggs, T.W. SC 5th Cav. Co.H
Briggs, W. NC 3rd Jr.Res. Co.C
Briggs, W.A. NC 3rd Jr.Res. Co.B
Briggs, Wallace S. TN 6th (Wheeler's) Cav. Co.A Lt.
Briggs, Wallace S. TN Cav. 11th Bn. (Gordon's) Co.C
Briggs, Washington MS 11th (Perrin's) Cav. Co.G Sgt.
Briggs, W.B. AL Cp. of Instr. Talladega Asst.Tr.Off.
Briggs, W.B. MS 22nd Inf. Co.A
Briggs, W.B. SC 5th Cav. Co.K
Briggs, W. Ben AL 8th Inf. Co.C Capt.
Briggs, W.D. MS 4th Cav. Co.G
Briggs, W.D. MS Cav. Hughes' Bn. Co.F Cpl.
Briggs, W.E. MS 11th (Perrin's) Cav. Co.G
Briggs, W.E. MS 6th Inf. Co.A
Briggs, W.E. TX Cav. 4th Regt.St.Troops Co.H
Briggs, W.E. TX 15th Inf. Co.B
Briggs, Wesley NC 29th Inf. Co.K
Briggs, W.F. TN Inf. 4th Cons.Regt. Co.F
Briggs, W.G. LA 19th Inf. Co.F
Briggs, W.H. AR 19th (Dawson's) Inf. Co.B Sgt.Maj.
Briggs, W.H. GA 6th Cav. Co.B
Briggs, W.H. MO 5th Inf. Co.G
Briggs, W.H. Bryan's GA Brig. AQM
Briggs, Wilbeon L. AR 14th (Powers') Inf. Co.C 1st Lt.
Briggs, William GA 2nd Cav. Co.F
Briggs, William LA 2nd Cav. Co.I Cpl.
Briggs, William NC 4th Bn.Jr.Res. Co.B
Briggs, William VA 122nd Mil. Co.D
Briggs, William 1st Conf.Inf. Co.E
Briggs, William Sig.Corps,CSA
Briggs, William B. NC 49th Inf. Co.K 2nd Lt.
Briggs, William E. VA 5th Cav. (12 mo. '61-2) Co.E
Briggs, William E. VA 13th Cav. Co.G
Briggs, William F. TN 18th Inf. Co.G
Briggs, William G. TN Cav. 9th Bn. (Gantt's) Co.D
Briggs, William Green GA 11th Inf. Co.A
Briggs, William H. AR 14th (Powers') Inf. Co.B
Briggs, William H. GA 50th Inf. Co.D QM
Briggs, William H. NC Cav. (Loc.Def.) Howard's Co.
Briggs, William H. SC 6th Cav. Co.B
Briggs, William H. TN 53rd Inf. Co.D

Briggs, William H. VA 13th Cav. ACS
Briggs, William H. VA Inf. 5th Bn. Co.F Capt.
Briggs, William H. VA 15th Inf. Co.B Sgt.Maj.
Briggs, William H. VA 41st Inf. Capt.,ACS
Briggs, William H. VA Loc.Def. Scott's Co. 2nd Lt.
Briggs, Wm. H. Gen. & Staff, Comsy.Dept. Capt.
Briggs, William J. AL Lt.Arty. Clanton's Btty.
Briggs, William J. TN Cav. 9th Bn. (Gantt's) Co.E
Briggs, William J. TN 1st (Feild's) Inf. Co.D
Briggs, William J. VA Mil. Washington Cty.
Briggs, William J. Inf. School of Pract. Powell's Detach. Co.D
Briggs, William Joseph MO 8th Inf. Co.C
Briggs, William M. MS 29th Inf. Co.A 1st Sgt.
Briggs, William R. SC Hvy.Arty. Gilchrist's Co. (Gist Guard)
Briggs, William R. SC 5th St.Troops Co.H Orderly
Briggs, William S. NC 22nd Inf. Co.E Cpl.
Briggs, William W. NC 3rd Arty. (40th St.Troops) Co.D Sgt.
Briggs, William W. TN Cav. 9th Bn. (Gantt's) Co.D
Briggs, William W. VA 5th Cav. (12 mo. '61-2) Co.H
Briggs, William Z. MO 4th Cav. Co.C
Briggs, William Z. MO Cav. Preston's Bn. Co.C
Briggs, W.J. TN 55th (Brown's) Inf. QMSgt.
Briggs, W.L. TX 27th Cav. Co.K Sgt.
Briggs, W.R. SC Arty. Manigault's Bn. Co.E
Briggs, W.R. SC 15th Inf. Co.H Capt.
Briggs, W.R. SC 18th Inf. Co.C
Briggs, W.S. GA 61st Inf. Co.B
Briggs, W.W. TN 3rd (Clack's) Inf. Co.B
Briggs, W.W. TX 26th Cav. Co.C
Briggs, W.W. TX Cav. Border's Regt. Co.D
Briggs, W.W. Gen. & Staff Maj.,QM
Briggs, Z.T. VA 3rd Inf.Loc.Def. 2nd Co.G
Brigham, A. TX 26th Cav. 1st Co.G
Brigham, A. TX 9th (Nichols') Inf. Atchison's Co.
Brigham, A.C. TN 1st Hvy.Arty. Co.B
Brigham, A.H. TX Conscr.
Brigham, Albert C. TN 50th Inf. Co.D
Brigham, Alexander S. TN 2nd (Robison's) Inf. Co.I
Brigham, Benjamin TX 26th Cav. 1st Co.G
Brigham, Benjamin TX 35th (Brown's) Cav. Co.H
Brigham, Benjamin TX 9th (Nichols') Inf. Atchison's Co.
Brigham, Benjamin F. TX 13th Vol. 2nd Co.A
Brigham, B.F. TX 12th Cav. Co.F
Brigham, D.L. LA 3rd Inf. Co.B Cpl.
Brigham, D.L. LA 25th Inf. Co.D
Brigham, E.S. VA 5th Cav. Co.C
Brigham, George L. TN 2nd (Robison's) Inf. Co.I
Brigham, Henry TX 9th Cav. Co.K Cpl.
Brigham, Henry D. LA 15th Inf. Co.G ACS
Brigham, James F. TN 2nd (Robison's) Inf. Co.I
Brigham, James H. AR 2nd Inf. Co.A
Brigham, James H. TN 33rd Inf. Co.C
Brigham, J.C. TN Cav. Napier's Bn. Co.D
Brigham, J.E. AL 35th Inf. Co.F
Brigham, J.F. GA 14th Inf. Sgt.
Brigham, J.H. TN Inf. 3rd Cons.Regt. Co.G
Brigham, J.H. TN 40th Inf. Co.I
Brigham, J.H. Gen. & Staff 1st Lt.,Adj.
Brigham, J. Henry LA 3rd Inf. Co.B 1st Lt.,Adj.
Brigham, John AR 8th Inf. New Co.E 1st Lt.
Brigham, John C. GA Inf. 27th Bn. Co.D 2nd Lt.
Brigham, John F. TN 14th Inf. Co.F,E 1st Lt.
Brigham, J.W. TN 50th (Cons.) Inf. Co.A
Brigham, Marion M. TN 33rd Inf. Co.C
Brigham, M.M. TN Inf. 3rd Cons.Regt. Co.G
Brigham, P.C. LA 3rd Inf. Co.E 1st Lt.
Brigham, Richard A. TN Lt.Arty. Weller's Co.
Brigham, R.W. TN 50th Inf. Co.K 1st Sgt.
Brigham, T.B. MS 18th Cav. Co.G
Brigham, T.B. MS St.Troops (Peach Creek Rangers) Maxwell's Co.
Brigham, T.G. LA 3rd Inf. Co.E Cpl.
Brigham, T.G. LA 25th Inf. Co.D
Brigham, Thomas G. LA 25th Inf. Co.D
Brigham, Thomas R. TN 14th Inf. Co.F
Brigham, Thomas W. TX Cav. Martin's Regt. Co.C,I
Brigham, T.J. MS 9th Cav. Co.G
Brigham, T.R. TN 10th (DeMoss') Cav. Co.F
Brigham, W.D. LA 3rd Inf. Co.E Jr.2nd Lt.
Brigham, William AR Cav. Gordon's Regt. Co.E
Brigham, William C. AR 17th (Lemoyne's) Inf. Co.E Music.
Brigham, W.J. AR 15th Mil. Co.A
Brigham, W.J. TN 50th Inf. Co.B
Brighan, S.M. TN 1st Hvy.Arty. Co.B
Brighance, Alexander TN Inf. 4th Cons.Regt. Co.I
Brighford, A.D. VA 46th Inf. Co.G
Bright, --- TX Cav. 4th Regt.St.Troops Co.D
Bright, A. AL 43rd Inf. Co.K
Bright, A. MS 2nd Cav. Co.I
Bright, A.B. NC 6th Sr.Res. Co.B
Bright, A.D. MS 18th Inf. Co.K
Bright, A.D. Gen. & Staff Capt.
Bright, Adam NC Inf. 2nd Bn. Co.H Sgt.
Bright, A.E. AR Cav. Gordon's Regt. Co.H
Bright, A.F. GA 22nd Inf. Co.D
Bright, A.G. SC 7th Cav. Co.H
Bright, A.G. SC 13th Inf. Co.B
Bright, A.H. FL 1st (Res.) Inf. Co.C
Bright, Alex. H. AL 7th Cav. Co.C Capt.
Bright, Alexander H. FL 1st Inf. Old Co.K, New Co.E Capt.
Bright, Alfred AL Lt.Arty. Clanton's Btty. Cpl.
Bright, Alnay NC 58th Inf. Co.F
Bright, Alvis T. NC 5th Cav. (63rd St.Troops) Co.G
Bright, Ambros K. TN 59th Mtd.Inf. Co.B
Bright, Andrew J. SC 22nd Inf. Co.C
Bright, Arson MS 18th Cav. Co.D
Bright, Arthur G. SC Cav.Bn. Holcombe Legion Co.E
Bright, A. Tate GA 22nd Inf. Co.D
Bright, B.C. AR 20th Inf. Co.C
Bright, Benjamin MS Cav. Vivion's Co. 1st Lt.
Bright, B.P. TN 45th Inf. Co.G
Bright, Byers SC Inf. Holcombe Legion Co.C
Bright, C. MS 10th Cav. Co.H
Bright, C. MS Cav. Ham's Regt. Co.G
Bright, C. SC Palmetto S.S. Co.D
Bright, C. Conf.Cav. Baxter's Bn. Co.A
Bright, Caleb MS 2nd (Davidson's) Inf. Co.I
Bright, Charles MO Searcy's Bn.S.S. Co.A
Bright, Charles MO Cav. Williams' Regt. Co.C
Bright, Charles P. VA 14th Cav. Co.K
Bright, Chase MS 2nd Cav. Co.B
Bright, Chase B. MS 11th (Perrin's) Cav. Co.K
Bright, Chesterfield SC 7th Res. Co.C
Bright, C.Q. NC 1st Inf. Co.G
Bright, C.T. TN Lt.Arty. Huggins' Co.
Bright, D. LA 1st (Nelligan's) Inf. Co.H
Bright, D. LA Inf. 1st Sp.Bn. (Rightor's) Co.D
Bright, D. TX Cav. Morgan's Regt. Co.G
Bright, D.A. LA 7th Inf.
Bright, Daniel NC 17th Inf. (1st Org.) Co.A
Bright, Daniel NC 32nd Inf. Co.B
Bright, Daniel S. NC Hvy.Arty. 1st Bn. Co.C
Bright, David LA Cav. Nutt's Co. (Red River Rangers)
Bright, David VA 62nd Mtd.Inf. 2nd Co.A
Bright, David F. VA 18th Cav. 2nd Co.G
Bright, David F. VA 25th Inf. 1st Co.G
Bright, Davidson MS 18th Inf. Co.K Capt.
Bright, Davis NC 58th Inf. Co.F
Bright, D.H. NC 4th Cav. (59th St.Troops) Co.A
Bright, D.H. NC 1st Jr.Res. Co.E
Bright, D.H. VA 54th Mil. Co.G
Bright, D.H. Gen. & Staff AASurg.
Bright, Dennis AL 12th Inf. Co.D
Bright, Dozier NC 17th Inf. (1st Org.) Co.E
Bright, Dozier NC 32nd Inf. Co.B
Bright, E. NC 4th Inf.
Bright, E.B. AR 51st Mil. Co.B
Bright, E.C. AR 20th Inf. Co.C 1st Lt.
Bright, Ed. C. TN 4th Inf. Co.F
Bright, Eli S. NC 18th Inf. Co.G
Bright, Elisha NC 12th Inf. Co.M
Bright, Elisha NC 32nd Inf. Co.B
Bright, Elisha J. NC Hvy.Arty. 1st Bn. Co.C
Bright, Elzy V. KY 9th Mtd.Inf. Co.D Sgt.
Bright, Felix GA 39th Inf. Co.A
Bright, Francis M. AL 28th Inf. Co.F
Bright, Franklin NC 1st Arty. (10th St.Troops) Co.I
Bright, Fryer VA Cav. 47th Bn. Co.A
Bright, Garland AR 24th Inf. Co.F
Bright, Garland AR Inf. Hardy's Regt. Co.D
Bright, G.B. AR 11th Inf. Co.A Cpl.
Bright, G.B. AR 11th & 17th Cons.Inf. Co.A,B
Bright, George NC 1st Arty. (10th St.Troops) Co.I
Bright, George TN 4th (McLemore's) Cav. Co.C
Bright, George TN 7th (Duckworth's) Cav. Co.E
Bright, George TN Cav. 16th Bn. (Neal's) Co.E
Bright, George C. TX 1st Bn.S.S. Co.B
Bright, George D. Gen. & Staff Chap.
Bright, George H. MS Cav.Res. Mitchell's Co. Sgt.
Bright, George H. SC Lt.Arty. (Palmetto) Bn.
Bright, Geo. H. Gen. & Staff Asst.Surg.
Bright, George W. MO 10th Inf. Co.B
Bright, George W. TN 31st Inf. Co.H Capt.
Bright, George W. VA 41st Inf. Co.H
Bright, George W. VA 61st Inf. Co.A

Bright, G.H. SC Lt.Arty. 3rd (Palmetto) Bn. Co.F Asst.Surg.
Bright, G.H. Arty. Kemper's Bn.Res.,CSA Capt.,Asst.Surg.
Bright, Green B. TN Inf. 4th Bn. Co.C
Bright, Green B. TN 34th Inf. Co.F
Bright, G.W. AR 2nd Inf. Co.H
Bright, G.W. AR 11th Inf. Co.A
Bright, G.W. GA Hvy.Arty. 22nd Bn. Co.I
Bright, G.W. TN 19th (Biffle's) Cav. Co.I
Bright, G.W. 20th Conf.Cav. Co.G
Bright, H. MS 3rd (St.Troops) Cav. Co.A
Bright, H.A. FL Campbellton Boys
Bright, Hansom NC 68th Inf.
Bright, Harvey GA 55th Inf. Co.A
Bright, Harvey M. TN 59th Mtd.Inf. Co.B
Bright, Harvey S. TX 16th Cav. Co.K
Bright, Henry AL 21st Inf. Co.E Cpl.
Bright, Henry MS St.Cav. 3rd Bn. (Cooper's) 2nd Co.A
Bright, Henry NC 12th Inf. Co.M
Bright, Henry NC 32nd Inf. Co.B
Bright, Henry A. FL 1st Inf. Old Co.E
Bright, Henry A. FL 6th Inf. Co.I
Bright, Henry C. NC 12th Inf. Co.M
Bright, Henry C. NC 32nd Inf. Co.B Cpl.
Bright, Henry J. MS 20th Inf. Co.H
Bright, H.M. NC 1st Inf. (6 mo. '61) Co.E
Bright, H.T. NC 6th Sr.Res. Co.B
Bright, Isaac NC 4th Cav. (59th St.Troops) Co.G
Bright, Isaac NC 35th Inf. Co.D
Bright, Isah TN 15th (Cons.) Cav. Co.D
Bright, Isaiah MS Cav. Street's Bn.
Bright, Isaiah MS 2nd Inf. Co.F
Bright, J.A. MS 7th Inf. Co.K
Bright, Jacob SC 1st Bn.S.S. Co.C
Bright, Jacob SC 5th St.Troops Co.E
Bright, Jacob SC Inf. Hampton Legion Co.F
Bright, James NC Inf. 2nd Bn. Co.H
Bright, James SC 1st (McCreary's) Inf. Co.F Music.
Bright, James SC 16th Inf. Co.H
Bright, James TN 14th (Neely's) Cav. Co.G Sgt.
Bright, James VA 2nd St.Res. Co.C
Bright, James VA 48th Inf. Co.H
Bright, James C. Gen. & Staff Hosp.Stew.
Bright, James H. AL 50th Inf. Co.D
Bright, James H. TN 61st Mtd.Inf. Co.A
Bright, James K. VA Cav. Moorman's Co. Cpl.
Bright, James M. AR 2nd Inf. Co.H
Bright, James M. TX 36th Cav. Co.C Sgt.
Bright, James R. KY 9th Mtd.Inf. Co.E Capt.
Bright, James R. TN Inf. 23rd Bn. Co.A Capt.
Bright, James W. VA 6th Bn.Res. Co.H
Bright, J.C. AL 17th Inf. Co.A 2nd Lt.
Bright, J.C. TN 12th (Green's) Cav. Co.K
Bright, J.C. TN 8th Inf. Co.K Asst.Surg.
Bright, J.C.S. AR Mil. Desha Cty.Bn.
Bright, J.D. KY 8th Cav. Co.C
Bright, J.E. MO Cav. Hicks' Co.
Bright, Jesse TX 25th Cav. Co.G
Bright, Jesse VA Inf. 26th Bn. Co.G
Bright, Jesse VA 135th Mil. Co.C
Bright, Jesse C. VA 14th Cav. Co.K
Bright, Jesse C. VA Cav. Moorman's Co.
Bright, Jesse P. VA 5th Cav. (12 mo. '61-2) Co.A
Bright, Jesse T. VA Cav. 14th Bn. Co.C
Bright, Jesse T. VA 15th Cav. Co.C
Bright, J.F. AL 1st Cav. 2nd Co.G, 1st Co.A
Bright, J.G. MS 6th Inf. Co.E
Bright, J.H. AL 11th Cav. Co.B
Bright, J.J. MS 1st Cav.Res. Co.K
Bright, J.K. VA 14th Cav. Co.K,E
Bright, J.L. TX 20th Cav. Co.D,B
Bright, J.M. MS St.Cav. 3rd Bn. (Cooper's) 2nd Co.A
Bright, J.M. VA 30th Inf. Co.A
Bright, John GA 64th Inf. Co.E
Bright, John MO 10th Inf. Co.B
Bright, John NC 1st Arty. (10th St.Troops) Co.I
Bright, John NC 2nd Jr.Res. Co.I
Bright, John NC 67th Inf. Co.F
Bright, John TN 37th Inf. Co.C
Bright, John VA Inf. 26th Bn. Co.A
Bright, John VA 58th Mil. Co.F
Bright, John 1st Cherokee Mtd.Vol. 1st Co.G
Bright, John B. NC 17th Inf. (1st Org.) Co.K
Bright, John B. NC 26th Inf. Co.E
Bright, John B. TN 1st (Turney's) Inf. Co.C
Bright, John D. KY 12th Cav. Co.B
Bright, John D. TN Cav. 12th Bn. (Day's) Co.B
Bright, John D. VA 62nd Mtd.Inf. Co.K
Bright, John E. VA 18th Cav. 2nd Co.G
Bright, John E. VA 25th Inf. 1st Co.G
Bright, John E. VA 62nd Mtd.Inf. Co.A
Bright, John F. VA 3rd Inf. Co.D,B Cpl.
Bright, John F. VA 6th Inf. Co.F
Bright, John H. AL 2nd Cav. Co.K Sr.2nd Lt.
Bright, John H. AL 48th Mil. Co.C Capt.
Bright, John H. Gen. & Staff Capt.,A.Comsy.
Bright, John J. NC 5th Cav. (63rd St.Troops) Co.E
Bright, John J. NC Hvy.Arty. 1st Bn. Co.C 1st Lt.
Bright, John M. MS 20th Inf. Co.H
Bright, John M. TN Gen. & Staff IG
Bright, John R. AL Coosa Guard J.W. Suttle's Co.
Bright, John R. VA 12th Cav. Co.H
Bright, John W. GA 44th Inf. Co.E
Bright, John W. NC 26th Inf. Co.E
Bright, Jonathan NC 8th Inf. Co.I
Bright, Jonathan NC 32nd Inf. Co.B
Bright, Jonathan B. VA 9th Inf. Co.D Cpl.
Bright, Joseph AR 30th Inf. Co.K
Bright, Joseph GA 6th Inf. (St.Guards) Co.I
Bright, Joseph H. TN 7th Inf. Co.G
Bright, Josiah F. VA 52nd Inf. Co.C
Bright, J.R. NC 1st Jr.Res. Co.H
Bright, J.S. MO Cav. Hicks' Co.
Bright, J.S.D. AL 1st Cav. 2nd Co.A, Co.F Sgt.
Bright, J.T. AL 32nd & 58th (Cons.) Inf.
Bright, J.T. AL 58th Inf. Co.A
Bright, J.U. MS Inf. 3rd Bn. (St.Troops) Co.I
Bright, J.W. AL 34th Inf.
Bright, J.W. NC 1st Jr.Res. Co.H
Bright, J.W. NC 35th Inf. Co.D
Bright, J.W. NC Mil. Clark's Sp.Bn. Co.B
Bright, J.W. TN Lt.Arty. Tobin's Co.
Bright, L.D. KY 4th Mtd.Inf. Co.C
Bright, Lewis W. MS 42nd Inf. Co.K
Bright, L.J. LA Mil.Conf.Guards Regt. Co.D
Bright, M., Jr. AL 1st Regt. Mobile Vol. Co.E
Bright, M. MS Scouts Morphis' Ind.Co. Cpl.
Bright, M. SC Lt.Arty. 3rd (Palmetto) Bn. Co.H
Bright, M.A. AL 37th Inf. Co.H
Bright, Manly SC Lt.Arty. 3rd (Palmetto) Bn. Co.H
Bright, Manly F. SC 13th Inf. Co.B
Bright, Marcus NC 32nd Inf. Co.B
Bright, Mark NC 12th Inf. Co.M
Bright, Mason MO 3rd Cav. Co.K
Bright, M.D. AL 46th Inf. Co.C
Bright, Merritt NC 58th Inf. Co.F
Bright, Michael C. NC 64th Inf. Co.H Cpl.
Bright, Miles MS St.Cav. Perrin's Bn. Co.I
Bright, Milton VA 11th Cav. Co.E
Bright, Milton T. TN Cav. 12th Bn. (Day's) Co.E
Bright, M.J. MO 7th Cav. Co.E
Bright, M.J. TN 21st & 22nd (Cons.) Cav. Co.I
Bright, M.M. TN 2nd & 21st Regt. Co.K
Bright, Morgan A. AL 42nd Inf. Co.G
Bright, Morgan W. GA Inf. 10th Bn. Co.E
Bright, Moses D. MO 1st N.E. Cav.
Bright, M.U. GA 63rd Inf.
Bright, Nehemiah MS Lt.Arty. Hoskins' Btty. (Brookhaven Lt.Arty.) Guidon
Bright, Nehimiah MS 2nd Cav. Co.B
Bright, Oliver NC 6th Sr.Res. Co.E Cpl.
Bright, Oloy SC Palmetto S.S. Co.M
Bright, Olvi SC 5th Inf. 1st Co.G
Bright, Orvi V. SC 5th St.Troops Co.G
Bright, Othaniel L. TN 59th Mtd.Inf. Co.D 2nd Lt.
Bright, O.V. SC 7th Res. Co.C
Bright, P.R. VA 3rd Bn. Valley Res. Co.C 1st Lt.
Bright, R. SC 22nd Inf. Co.H
Bright, R.B. TN 18th Inf. Co.E
Bright, Richard H. AL Eufaula Lt.Arty.
Bright, Robert NC 20th Inf. Co.K
Bright, Robert NC 22nd Inf. Co.K
Bright, Robert A. VA 1st Arty. Co.G Bvt.2nd Lt.
Bright, Robert A. VA 32nd Inf. 1st Co.I 2nd Lt.
Bright, Robert A. VA 53rd Inf. Co.B Capt.
Bright, Robert A. Gen. & Staff Capt.,ADC
Bright, Robert W. TX Inf. Griffin's Bn. Co.C
Bright, R.R. AR 32nd Inf. Co.D
Bright, R.U. MS Inf. 3rd Bn. (St.Troops) Co.F
Bright, Ruben C. AL 4th (Russell's) Cav. Co.I
Bright, R.W. NC 60th Inf. Co.I
Bright, S. MS Scouts Morphis' Ind.Co.
Bright, Samuel MS 10th Cav. Co.G
Bright, Samuel MS 2nd Inf. Co.E
Bright, Samuel TN 5th Inf. 2nd Co.H
Bright, Samuel 1st Cherokee Mtd.Vol. 1st Co.E, 2nd Co.C
Bright, Samuel F. NC 51st Inf. Co.H
Bright, Samuel G. VA 36th Inf. Co.F
Bright, Samuel S. NC Hvy.Arty. 1st Bn. Co.C
Bright, Samuel S. NC 2nd Arty. (36th St.Troops) Co.B,E
Bright, Samuel W. GA 52nd Inf. Co.A
Bright, San TN 3rd (Forrest's) Cav. Co.H
Bright, Shedrick AR 33rd Inf. Co.F Cpl.
Bright, Sidney T. NC 8th Bn.Jr.Res. Co.C
Bright, Simeon M. MS 23rd Inf. Co.G

Bright, Simon NC 3rd Cav. (41st St.Troops) Co.E
Bright, Spencer VA 22nd Inf. Co.D Music.
Bright, S.S. MS 1st (Johnston's) Inf. Co.K
Bright, S.T. AR 20th Inf. Co.C
Bright, Strauther VA 9th Bn.Res. Co.C
Bright, Strother VA 3rd (Chrisman's) Bn.Res. Co.B
Bright, S.W. MS 1st (Johnston's) Inf. Co.K
Bright, T. MS Cav. Powers' Regt. Co.G
Bright, Tandy F. MS 23rd Inf. Co.G
Bright, Theodore S.D. TX 13th Vol. Co.E Sgt.
Bright, Thomas TN 13th (Gore's) Cav. Co.A
Bright, Thomas B. SC 5th Inf. 1st Co.K
Bright, Thomas B. SC Palmetto S.S. Co.K
Bright, Thomas J. AL 11th Cav. Co.B
Bright, Thomas J. AL 50th Inf. Co.D
Bright, Thomas J. NC 23rd Inf. Co.C Cpl.
Bright, Thomas J. VA 3rd Inf. Co.A
Bright, Thomas M. VA 25th Inf. 1st Co.G
Bright, Thomas M. VA 62nd Mtd.Inf. 2nd Co.A
Bright, T.M. VA 18th Cav. 2nd Co.G
Bright, Tobias TN 33rd Inf. Co.H
Bright, T.S. NC 2nd Cav. (19th St.Troops) Co.C
Bright, T.S. NC 3rd Jr.Res. Co.G
Bright, T.S.D. TX 15th Inf. 2nd Co.G 1st Sgt.
Bright, W. GA 61st Inf. Co.I
Bright, W. MS Scouts Morphis' Ind.Co.
Bright, W. Allen LA 6th Inf. Co.A
Bright, Washington NC 12th Inf. Co.M
Bright, Washington NC 32nd Inf. Co.B
Bright, W.C. TN 8th Inf. Co.E Capt.
Bright, W.D. MS 40th Inf. Co.K
Bright, W.F. MS 9th Inf. New Co.F
Bright, Wiley J. GA 16th Inf. Co.B
Bright, William MS 7th Cav. Co.G
Bright, William MO Cav. Williams' Regt. Co.C
Bright, William MO 10th Inf. Co.B
Bright, William MO Inf. Perkins' Bn. Co.D
Bright, William NC 48th Inf. Co.G
Bright, William SC 7th Res. Co.C
Bright, William A. SC 13th Inf. Co.B
Bright, William D. VA 18th Cav. Co.G
Bright, William H. NC 6th Sr.Res. Co.D
Bright, William H. TX 7th Field Btty. Cpl.
Bright, William I. SC 22nd Inf. Co.C
Bright, William J. VA Horse Arty. Shoemaker's Co.
Bright, William J. VA Lt.Arty. Thompson's Co.
Bright, William J. VA 9th Inf. Co.D
Bright, William M. MS 23rd Inf. Co.G
Bright, William R. MS 18th Inf. Co.K Music.
Bright, William T. NC 1st Arty. (10th St.Troops) Co.G
Bright, W.J. GA 26th Inf. Co.K
Bright, W.J. SC 3rd Inf. Co.A,I
Bright, W.J. SC 5th Inf. 1st Co.F
Bright, W.N. MS 7th Cav. Co.D
Bright, W.R. AL 54th Inf. Co.D
Bright, W.R. MS 39th Inf. Co.I Drum Maj.
Bright, W.R. 4th Conf.Inf. Co.E Sgt.
Bright, W.W.F. TN 2nd (Ashby's) Cav. Co.K
Bright, W.W.F. TN Cav. 5th Bn. (McClellan's) Co.E
Brighthaupt, George VA 1st Inf. Co.E
Brighthaupt, George A. MD Inf. 2nd Bn. Co.G 2nd Lt.
Brighthaupt, George E. VA Hvy.Arty. 19th Bn. 2nd Co.C
Brightling, Alfred AL Eufaula Lt.Arty.
Brightman, Alston W. SC Horse Arty. (Washington Arty.) Vol. Hart's Co.
Brightman, Austin W. SC Arty.Bn. Hampton Legion Co.A
Brightman, C.N. LA Lt.Arty. Bridges' Btty.
Brightman, C.W. SC Lt.Arty. M. Ward's Co. (Waccamaw Lt.Arty.)
Brightman, J.C. TX 35th (Brown's) Cav. Co.G
Brightman, John C. TX 13th Vol. 2nd Co.G
Brightman, Lyman TX 8th Inf. Co.E
Brightman, W. TX Cav. Mann's Regt. Co.H
Brightman, William TX Cav. Mann's Bn. Cox's Co.
Brightman, William H. SC Lt.Arty. Walter's Co. (Washington Arty.) Artif.
Brightman, William M. AL 5th Inf. New Co.K Sgt.
Brightman, William M. AL 6th Inf. Co.M
Brighton, William M. NC 6th Inf. Co.E
Brightrode, W. AR 8th Cav. Co.A
Brightwell, Addison VA 18th Inf. Co.F
Brightwell, Addison W. VA 18th Inf. Co.D
Brightwell, A.F. GA 11th Inf. Sgt.
Brightwell, A.J. GA 5th Res. Co.D
Brightwell, A.J. MO 8th Inf. Co.B
Brightwell, A.J. TX Cav. 1st Bn.St.Troops Co.D 1st Sgt.
Brightwell, A.L. Hosp.Stew.
Brightwell, A.S. Hosp.Stew.
Brightwell, A.T. GA 8th Inf. Co.K
Brightwell, A.T. GA Inf. Wright Loc.Guards Holmes' Co.
Brightwell, A.T. Gen. & Staff Hosp.Stew.
Brightwell, Bennet W. GA 42nd Inf. Co.F
Brightwell, B.H. 1st Conf.Eng.Troops Co.I Cpl.
Brightwell, C.A. VA 56th Inf. Co.I
Brightwell, Charles GA 5th Inf. Co.H
Brightwell, Charles GA Inf. 25th Bn. (Prov. Guard) Co.B
Brightwell, Charles R. TX 6th Inf. Co.H
Brightwell, Charles T. VA 18th Inf. Co.D
Brightwell, Charles W. VA 4th Cav. Co.K
Brightwell, Charles W. VA 18th Inf. Co.D
Brightwell, C.R. TX Cav. Mann's Bn. Cox's Co.
Brightwell, Elgin AR 7th Inf. Co.G
Brightwell, Elgin AR 8th Inf. Co.F
Brightwell, E.R. VA 4th Cav. Co.L
Brightwell, Francis M. GA 46th Inf. Co.F
Brightwell, G. AR 8th Cav. Co.F Capt.
Brightwell, G. AR 7th Inf. Co.G
Brightwell, G.M. VA 3rd Res. Co.D
Brightwell, H.C. VA 4th Cav. Co.K,H
Brightwell, In TN 19th & 20th (Cons.) Cav. Co.E
Brightwell, James AR 8th Cav. Co.F Sgt.
Brightwell, James AR 7th Inf. Co.G Cpl.
Brightwell, James T. VA Arty. Paris' Co.
Brightwell, Jason VA Hvy.Arty. 10th Bn. Co.C
Brightwell, Jasper H. GA 8th Inf. Co.K Hosp.Stew.
Brightwell, J.B. TN 20th (Russell's) Cav. Co.I
Brightwell, Jefferson TN 5th Cav. Co.I
Brightwell, Jefferson TN 26th Inf. Co.E
Brightwell, J.F. GA Inf. 5th Bn. (St.Guards) Co.C Cpl.
Brightwell, J.F. GA 17th Inf. Co.A
Brightwell, J.H. Gen. & Staff Hosp.Stew.
Brightwell, J.M. GA 3rd Cav. (St.Guards) Co.K
Brightwell, John TX Granbury's Cons.Brig. Co.A
Brightwell, John A. TX 6th Inf. Co.H Cpl.
Brightwell, John A. VA Inf. 25th Bn. Co.C
Brightwell, John D., Jr. VA 6th Cav. Co.I
Brightwell, John D. VA 9th Cav. Co.E
Brightwell, John J. NC 50th Inf. Co.A
Brightwell, John R. MO 1st Cav. Co.I
Brightwell, Jonathan GA 17th Inf. Co.A
Brightwell, Josiah VA Arty. Paris' Co.
Brightwell, Josiah P. VA 18th Inf. Co.D Music.
Brightwell, J.T. VA 17th Inf. Co.C
Brightwell, Lemuel VA 59th Inf. 3rd Co.D
Brightwell, M.L. 1st Conf.Eng.Troops Co.I Artif.
Brightwell, N.G. GA 8th Inf. Co.K
Brightwell, Reynolds AL 37th Inf. Co.C
Brightwell, Robert S. VA 44th Inf. Co.G 2nd Lt.
Brightwell, Robert W. 1st Conf.Eng.Troops Co.A
Brightwell, S.O. VA 42nd Inf. Co.D
Brightwell, S.T. MO 15th Cav. Co.B
Brightwell, T.A. VA 4th Cav. Co.K
Brightwell, Thomas H. VA 18th Inf. Co.D Sgt.Maj.
Brightwell, W.D. VA 18th Inf. Co.K
Brightwell, W.E. AR 7th Inf. Co.G 2nd Lt.
Brightwell, W.H. GA 8th Inf. Co.K
Brightwell, William GA 17th Inf. Co.A
Brightwell, William 3rd Conf.Eng.Troops Co.F
Brightwell, William Sap. & Min. G.W. Maxson's Co.,CSA
Brightwell, William B. GA 2nd Res. Co.C Sgt.
Brightwell, William C. VA 38th Inf. Co.A
Brightwell, William E. AR 8th Cav. Co.F
Brightwell, William J. VA 23rd Inf. Co.A
Brigins, C.C. TN 55th (Brown's) Inf. Co.F
Brigins, H.C. TN 55th (Brown's) Inf. Co.F
Brigins, J.D. TN 55th (Brown's) Inf. Co.F Cpl.
Brigins, W.L. TN 55th (Brown's) Inf. Co.F
Brigle, Frank Conf.Inf. Tucker's Regt. Co.I
Brigman, A.J. GA 46th Inf. Co.B
Brigman, A.J. GA 60th Inf. Co.I
Brigman, Alex NC 8th Sr.Res. McNeill's Co.
Brigman, Alex SC Cav. 12th Bn. Co.C
Brigman, Alexander NC 51st Inf. Co.F
Brigman, Alexander SC 4th St.Troops Co.F
Brigman, Anamas NC 53rd Inf. Co.I
Brigman, A.P. SC 8th Inf. Co.C,I
Brigman, Archibald SC 8th Inf. Co.I
Brigman, Arthur P. SC 1st (Hagood's) Inf. 2nd Co.I
Brigman, B.C. SC 23rd Inf. Co.G
Brigman, C.C. NC 11th (Bethel Regt.) Inf. Co.A
Brigman, C.C. SC Cav. 4th Bn. Co.B
Brigman, C.C. TX 3rd Cav. Co.C
Brigman, Chesley D. SC 4th St.Troops Co.F
Brigman, David GA 60th Inf. Co.I
Brigman, Daniel SC 1st Arty. Co.D
Brigman, Daniel SC 4th St.Troops Co.A
Brigman, E. SC 23rd Inf. Co.E Sgt.
Brigman, Eli SC Inf. 9th Bn. Co.C
Brigman, Eli SC 26th Inf. Co.D

Brigman, Elijah SC 26th Inf. Co.D
Brigman, Evander SC 4th Cav. Co.E
Brigman, Evander SC Cav. 12th Bn. Co.C
Brigman, Evander SC 26th Inf. Co.D
Brigman, George SC 21st Inf. Co.F
Brigman, Griffin SC 4th St.Troops Co.K
Brigman, Harris GA 60th Inf. Co.I
Brigman, Henry SC 26th Inf. Co.D
Brigman, H.M. TX Cav. Border's Regt. Co.A
Brigman, Irving NC 2nd Arty. (36th St.Troops) Co.D
Brigman, Isaac GA 54th Inf. Co.C
Brigman, Isaac NC 16th Inf. Co.B
Brigman, Isaac TN 3rd (Lillard's) Mtd.Inf. Co.A
Brigman, Isaac J. GA 3rd Inf. Co.G
Brigman, J. GA 6th Cav. Co.K
Brigman, J. NC 64th Inf. Co.C
Brigman, James SC 1st (Butler's) Inf. Co.A,C
Brigman, James SC 12th Inf. Co.B
Brigman, James W. Conf.Cav. Wood's Regt. Co.K
Brigman, J.C. SC Inf. 9th Bn. Co.C Cpl.
Brigman, J.C. SC 26th Inf. Co.D Cpl.
Brigman, Jesse LA 2nd Inf. Co.I
Brigman, J.F. SC 6th Inf. 2nd Co.K
Brigman, J.J. 1st Conf.Eng.Troops Co.I
Brigman, John LA Mil. 3rd Regt. 1st Brig. 1st Div. Co.A
Brigman, John NC 30th Inf. Co.E
Brigman, John SC 4th Cav. Co.E
Brigman, John SC Cav. 12th Bn. Co.C
Brigman, J.R. MS Scouts Morphis' Ind.Co.
Brigman, J.R. MS 23rd Inf. Co.C
Brigman, J.W. SC 10th Inf. Co.C
Brigman, L. SC 24th Inf. Co.B
Brigman, Louis J. NC 61st Inf. Co.G
Brigman, M. FL Conscr. Cpl.
Brigman, M. SC 23rd Inf. Co.E
Brigman, Moses SC 26th Inf. Co.D
Brigman, N.K. NC 1st Cav. (9th St.Troops) Co.G Bugler
Brigman, Noah NC 12th Inf. Co.D
Brigman, Noah NC 18th Inf. Co.D
Brigman, Owen NC 64th Inf. Co.D
Brigman, Peter SC 4th Cav. Co.E
Brigman, Peter SC Cav. 12th Bn. Co.C
Brigman, Robert NC 1st Cav. (9th St.Troops) Co.G Sgt.
Brigman, Robert SC Inf. 9th Bn. Co.B
Brigman, Robert SC 26th Inf. Co.B
Brigman, Robinson GA 56th Inf. Co.K
Brigman, Thomas GA 54th Inf. Co.C
Brigman, T.J. SC Inf. Hampton Legion Co.C
Brigman, Wellington NC 46th Inf. Co.A
Brigman, Wellington NC 51st Inf. Co.F
Brigman, W.H. MS 5th Inf. Co.A
Brigman, William SC Cav. 12th Bn. Co.C
Brigman, William F. TX 1st Inf. Co.G
Brigman, William M. SC 4th Cav. Co.E
Brigman, William S. SC 1st (Butler's) Inf. Co.H
Brigmon, Campbell C. SC 2nd Cav. Co.C
Brigmon, E.A. AL 5th Cav. Co.B
Brigmon, L.A. TN 34th Inf. Co.K
Brignac, Alceste LA 10th Inf. Co.H
Brignac, Evariste, Jr. LA 2nd Res.Corps Co.I
Brignac, Evariste, Sr. LA 2nd Res.Corps Co.I
Brignac, Henry LA Inf. 9th Bn. Co.D
Brignac, J.B.O. LA Inf. 9th Bn. Co.D
Brignac, Mathieu LA Inf. 9th Bn. Co.D
Brignac, Thomassin LA Arty. Watson Btty.
Brignae, Ernest LA 8th Cav. Co.B Sgt.
Brignan, Thomas AL 25th Inf. Co.C
Brigs, Thomas E. TX 7th Inf. Co.D
Brigsly, --- VA Hvy.Arty. 19th Bn. Co.C
Brigvet, P. AL Stewart's Arty.
Brihon, N. LA Mil. 1st Native Guards Sgt.
Briket, John NC 1st Inf. Co.B
Brikon, Fate TN 4th Cav. Co.A
Briles, Andrew VA 22nd Inf. Co.C
Briles, H. AR 19th Inf. Co.B
Briles, Jacob NC Hvy.Arty. 10th Bn. Co.A
Briles, John C. NC 66th Inf. Co.G
Briles, Joseph D. NC 42nd Inf. Co.B
Briles, N. NC 1st Jr.Res. Co.F
Briles, Neal FL McBride's Co. (Indians)
Briles, Oliver P. NC 34th Inf. Co.B
Briley, A.J. GA 13th Inf. Co.B
Briley, A.J. TX Inf. 2nd St.Troops Co.C
Briley, Allen NC 44th Inf. Co.C
Briley, A.W.B. NC 17th Inf. (2nd Org.) Co.K
Briley, B.C. GA 1st (Fannin's) Res. Co.E
Briley, Ben TN 14th (Neely's) Cav. Co.K
Briley, Benjamin TN 14th (Neely's) Cav. Co.E
Briley, B.F. MS 4th Cav. Co.I
Briley, B.P. GA 13th Inf. Co.B
Briley, B.T. TN 12th (Green's) Cav. Co.I Cpl.
Briley, Daniel NC 4th Inf. Co.E
Briley, Edward LA 4th Inf. Old Co.G
Briley, Elihue NC 55th Inf. Co.E Cpl.
Briley, Elisha TN Cav. 7th Bn. (Bennett's) Co.D
Briley, Elisha TN 22nd (Barteau's) Cav. Co.F
Briley, Elkanah NC 33rd Inf. Co.B
Briley, George W. MS 33rd Inf. Co.E
Briley, Gustavus NC 1st Arty. (10th St.Troops) Co.H
Briley, G.W. MS 7th Cav. Co.K
Briley, G.W. MS Cav. Powers' Regt. Co.H
Briley, G.W. MS Scouts Morphis' Ind.Co.
Briley, G.W. MS 1st (Percy's) Inf. Co.F
Briley, Henry F. MS 21st Inf. Co.A
Briley, Irvin NC 27th Inf. Co.H
Briley, James NC 43rd Inf. Co.I Cpl.
Briley, James A. NC 17th Inf. (2nd Org.) Co.K
Briley, James A. NC 27th Inf. Co.H Music.
Briley, James S. AL 4th Inf. Co.E Cpl.
Briley, Jefferson GA Inf. 4th Bn. (St.Guards) Co.G
Briley, Jerome GA 28th Inf. Co.E
Briley, Jessee AR 1st (Dobbin's) Cav. Co.C Sgt.
Briley, J.M. AL 11th Cav. Co.D
Briley, John NC 26th Inf. Co.K
Briley, John A. MO 16th Inf. Co.E
Briley, John C. NC 1st Arty. (10th St.Troops) Co.H
Briley, John H. GA 12th (Robinson's) Cav. (St.Guards) Co.I
Briley, John W. TN Cav. 7th Bn. (Bennett's) Co.D
Briley, John W. TN 22nd (Barteau's) Cav. Co.F
Briley, Joseph MS 16th Inf. Co.H
Briley, Joseph J. NC 17th Inf. (2nd Org.) Co.K
Briley, M.C. AL 15th Inf. Co.E
Briley, Napoleon B. NC Inf. 2nd Bn. Co.E
Briley, Neomiah O. GA 41st Inf. Co.F
Briley, Samuel C. GA 41st Inf. Co.F
Briley, Samuel H. TN Cav. 7th Bn. (Bennett's) Co.D
Briley, S.H. GA 28th Inf. Co.E
Briley, S.H. TN 22nd (Barteau's) Cav. Co.F
Briley, Shadrach NC 33rd Inf. Co.B
Briley, Sidney H. NC Inf. 2nd Bn. Co.E
Briley, Stephen NC 3rd Cav. (41st St.Troops) Co.K
Briley, Thomas H. LA 8th Inf. Co.I
Briley, Tilman NC 26th Inf. Co.K
Briley, W. TN 19th (Biffle's) Cav. Co.G Cpl.
Briley, W.A. LA 13th Bn. (Part.Rangers) Co.A
Briley, W.A. LA 3rd Inf. Co.E
Briley, W.F. AL 15th Inf.
Briley, W.G. NC Inf. 2nd Bn. Co.E
Briley, W.H. NC 1st Arty. (10th St.Troops) Co.H
Briley, Wiley NC 17th Inf. (2nd Org.) Co.K
Briley, William NC 17th Inf. (1st Org.) Co.C
Briley, William NC 33rd Inf. Co.B
Briley, William B.W. NC 33rd Inf. Co.B
Briley, William H. AL 15th Inf.
Briley, William J. GA 34th Inf. Co.I
Briley, William L. NC 17th Inf. (2nd Org.) Co.K
Briley, Wm. S. NC 3rd Cav. Co.K
Briley, William S. NC 17th Inf. (2nd Org.) Co.H
Briley, W.J. AL 7th Cav. Co.B
Briley, W.W. AR 7th Inf. Co.D
Brill, --- SC Mil. 16th Regt. Steinmeyer's Co.
Brill, A.A. VA 18th Cav. Co.K
Brill, A.A. VA 114th Mil. Co.D Capt.
Brill, Alexis AL Lt.Arty. 2nd Bn. Co.E
Brill, Alford VA 33rd Inf. Co.F
Brill, Amos T. VA 114th Mil. Co.D
Brill, Amos W. VA 114th Mil. Co.D
Brill, A.S. VA Inf. 1st Bn.Loc.Def. Co.F
Brill, A.T. VA 18th Cav. Co.K
Brill, Augustus VA Inf. 1st Bn.Loc.Def. Co.E
Brill, Casper VA Cav. 40th Bn. Co.A
Brill, Charles LA Lt.Arty. Holmes' Btty. Sgt.
Brill, Charles LA 18th Inf. Co.I Sgt.
Brill, Charles Exch.Bn. 2nd Co.A,CSA Sgt.
Brill, H. TX 6th Field Btty.
Brill, H. VA 23rd Cav. Co.E
Brill, Hampton VA 33rd Inf. Co.F
Brill, Hampton J. VA 114th Mil. Co.D
Brill, Harrison VA Cav. 41st Bn. Co.E
Brill, Harrison VA 33rd Inf. Co.D
Brill, Harrison VA 114th Mil. Co.D
Brill, Henry TX 20th Inf. Co.A
Brill, Henry VA Cav. 1st Bn. Co.C
Brill, Henry VA 24th Cav. Co.G
Brill, Henry VA Cav. 40th Bn. Co.B
Brill, Henry H. VA 7th Cav.
Brill, Henry H. VA 51st Mil. Co.G
Brill, Henry L. VA Cav. 39th Bn. Co.A
Brill, Henry L. VA 51st Mil. Co.G
Brill, Henry R. VA 33rd Inf. Co.D
Brill, Henry R. VA 51st Mil. Co.G
Brill, H.J. VA 8th Cav. Co.K
Brill, Isaac VA 33rd Inf. Co.F
Brill, Isaac VA 51st Mil. Co.E
Brill, Isaac P. VA 18th Cav. Co.K
Brill, Isaac P. VA 114th Mil. Co.D
Brill, Isaac W. VA 51st Mil. Co.G
Brill, J.A. VA 23rd Cav. Co.E

Brill, J.A. VA 31st Mil. Co.B
Brill, J.A. VA Loc.Def. Tayloe's Co.
Brill, Jacob B. VA 11th Cav. Co.H
Brill, John TX Cav. Border's Regt. Co.G
Brill, John A. VA 18th Cav. Co.F
Brill, John A. VA Cav. 41st Bn. Co.E
Brill, John A. VA 18th Inf. Co.E
Brill, John A. VA 114th Mil. Co.D
Brill, John H. VA 51st Mil. Co.E
Brill, John W. VA Cav. 41st Bn. Trayhern's Co.
Brill, Jonathan H. VA 114th Mil. Co.I
Brill, Joseph VA 18th Cav. Co.B
Brill, Joseph VA 14th Mil. Co.C
Brill, Joseph VA 40th Inf.
Brill, Joseph VA 58th Mil. Co.B
Brill, Joseph VA 62nd Mtd.Inf. 1st Co.G
Brill, Joseph VA 136th Mil. Co.A
Brill, Josiah VA 51st Mil. Co.E
Brill, J.W. VA 51st Mil. Co.E
Brill, L.E. VA 18th Cav. Co.K
Brill, Lemuel E. VA 33rd Inf. Co.F Cpl.
Brill, Lemuel E. VA 114th Mil. Co.D Sgt.
Brill, Martin VA 136th Mil. Co.A
Brill, Mathias W. VA 114th Mil. Co.D
Brill, Matthias W. VA 11th Cav. Co.D
Brill, Morgan VA 33rd Inf. Co.F
Brill, Morgan VA 114th Mil. Co.D
Brill, Philip VA 15th Inf. Co.K
Brill, Samuel LA 18th Inf. Co.I
Brill, Samuel VA 51st Mil. Co.G
Brill, Samuel VA 146th Mil. Co.G
Brill, S.J. TX Cav. Border's Regt. Co.A
Brill, Uriah VA 51st Mil. Co.E
Brill, William J. VA 146th Mil. Co.G
Brill, William M. VA 33rd Inf. Co.F
Brill, William M. VA 114th Mil. Co.G
Brill, William P. VA 18th Cav. Co.K
Brill, William P. VA 33rd Inf. Co.F
Brill, William Paul VA 114th Mil. Co.D
Brillant, P. LA Mil. 3rd Regt.Eur.Brig. (Garde Francaise) Co.6
Brillhart, Henry H. VA Lt.Arty. Griffin's Co.
Brillhart, Henry H. VA 9th Inf. 1st Co.A
Brillhart, Jacob VA 36th Inf. Chap.
Brillhart, Jacob Gen. & Staff Chap.
Brillhart, Rezen W. AR 1st (Crawford's) Cav. Co.A
Brillheart, Adam VA 22nd Inf. Co.E
Brillman, L.C. VA 5th Cav. (12 mo. '61-2) Co.E
Brilton, Albert TN 59th Mtd.Inf. Co.B
Brily, J. TX 13th Cav.
Brily, Samuel R. TX 1st Inf. Co.H Sgt.
Brily, William A. LA 5th Cav. Co.K
Brim, Allen NC 45th Inf. Co.A
Brim, C. TN 16th Inf. Co.G
Brim, Edwin O. MS 21st Inf. Co.H
Brim, George W. VA 58th Inf. Co.D
Brim, G.W. AR 10th Mil. Co.I
Brim, G.W. TX 23rd Cav. Co.A
Brim, Henry R. AR 15th (N.W.) Inf. Co.F
Brim, Hughs TN 23rd Inf. Co.C Fifer
Brim, J.A. TN 1st Hvy.Arty. 2nd Co.B
Brim, Jackson H. VA 54th Inf. Co.G
Brim, Jackson H. VA Mil. Carroll Cty.
Brim, James MO Cav. Ford's Bn. Co.E
Brim, James NC 45th Inf. Co.A
Brim, James VA 6th Bn.Res. Co.F
Brim, James M. VA 58th Inf. Co.D
Brim, James R. TN 6th Inf. Co.H
Brim, J.K. TN 20th Inf. Co.F
Brim, John AR Cav. 1st Bn. (Stirman's) Co.G
Brim, John, Sr. AR 15th (N.W.) Inf. Co.F
Brim, John FL 4th Inf. Co.C
Brim, John NC 45th Inf. Co.K
Brim, John TX Cav. Madison's Regt. Co.A
Brim, John G. AR 15th (N.W.) Inf. Co.F
Brim, John W. TN 20th Inf. Co.G
Brim, Joseph D. VA 54th Inf. Co.G
Brim, J.R. MO 16th Inf. Co.I
Brim, Lewis VA 58th Inf. Co.D
Brim, L.R. TX 13th Vol. Co.E, 1st Co.I, Milton's Squad. Sgt.
Brim, M.A. TN 49th Inf. Co.B
Brim, Philip W. VA 58th Inf. Co.H
Brim, Rawley VA Inf. 23rd Bn. Co.H
Brim, Rice O. VA 58th Inf. Co.H
Brim, Richard NC 13th Inf. Co.I
Brim, R.S. TX 29th Cav. Co.G Orderly
Brim, S.M. MO 16th Inf. Co.I
Brim, Thomas J. TX 27th Cav. Co.H 1st Sgt.
Brim, W.A.J. MO 2nd Inf. Co.E
Brim, W.B. MS 11th (Perrin's) Cav. Co.A
Brim, W.B. TN 49th Inf. Co.B
Brim, W.B. Inf. Bailey's Cons.Regt. Co.D
Brim, W.H. NC 12th Inf. Co.B
Brim, William AR 30th Inf. Co.K
Brim, William MO 6th Cav. Co.C Cpl.
Brim, William TN 23rd Inf. 2nd Co.A
Brim, William L. VA 55th Inf. Co.C
Brim, W.J. SC 7th Res. Co.L
Brim, W.L. AR 8th Inf. Old Co.B
Brimage, J.P. AR 1st Vol. Kelsey's Co.
Brimage, J.P. MO 12th Inf. Co.K
Brimage, Thomas AR 7th Inf. Co.A
Brimar, William NC 1st Inf. Co.D
Brimberry, Benjamin F. GA 2nd Cav. Co.C
Brimberry, Elbert TX Conscr.
Brimberry, F.M. TX Cav. 6th Bn. Co.B
Brimberry, George TX 28th Cav. Co.L
Brimberry, George TX Cav. Morgan's Regt. Co.C
Brimberry, I.J. TX Cav. 6th Bn. Co.B
Brimberry, James TX 28th Cav. Co.L
Brimberry, James TX Cav. Morgan's Regt. Co.C
Brimberry, John LA Miles' Legion Co.C
Brimberry, Marion F. GA 2nd Cav. Co.C
Brimberry, Peter TX 28th Cav. Co.L
Brimberry, Peter TX Cav. Morgan's Regt. Co.C
Brimberry, Samuel LA 25th Inf. Co.B
Brimberry, W.A. TX 37th Cav. Co.G,E
Brimberry, William A. TX 17th Cav. Co.A
Brimberry, Willis TX 35th (Brown's) Cav. Co.K
Brimberry, Willis TX 13th Vol. 3rd Co.I
Brimby, A. TX Cav. Border's Regt. Co.B
Brime, George W. TX 1st Bn.S.S. Co.C
Brimer, A.J. TX 23rd Cav. Co.I
Brimer, Alfred NC 13th Inf. Co.B
Brimer, Amos G. TN 4th Cav. Co.H
Brimer, Andrew NC 49th Inf. Co.H
Brimer, Anthony T. NC 1st Arty. (10th St.Troops) Co.K
Brimer, C.F.D. SC Mil. 16th Regt. Eason's Co.
Brimer, David TX 18th Cav. Co.D
Brimer, George NC 37th Inf. Co.H
Brimer, James P. NC 37th Inf. Co.H
Brimer, John AL Cav. Hardie's Bn.Res. Co.C
Brimer, John NC 11th (Bethel Regt.) Inf. Co.E
Brimer, John TN 23rd Inf. Co.E
Brimer, John W. AL 44th Inf. Co.K
Brimer, Joseph GA 24th Inf. Co.F
Brimer, J.S. GA 13th Cav. Co.F
Brimer, T.J. GA 7th Inf. Co.G Cpl.
Brimer, W.H. TX Granbury's Cons.Brig. Co.G
Brimer, William TN 4th Cav. Co.H
Brimer, William TN 13th (Gore's) Cav. Co.I
Brimer, William TN Inf. 1st Bn. (Colms') Co.E
Brimer, William H.H. TX 17th Cav. Co.E
Brimer, William W. GA 14th Inf. Co.D Sgt.
Brimfield, Henry AR 14th (McCarver's) Inf. Co.E
Brimhall, William MO 1st & 4th Cons.Inf. Co.I
Brimhall, William MO 4th Inf. Co.D
Brimhall, W.M. MO Cav. Fristoe's Regt. Co.K
Brimingham, Charles TX 6th Inf. Co.A Music.
Brimingham, E.L.B. TX Waul's Legion Co.F
Brimingham, Thomas B. AR 25th Inf. Co.I Cpl.
Brimlow, Nathan TX 9th (Young's) Inf. Co.A Cpl.
Brimm, James GA 64th Inf. Co.H
Brimm, J.W. NC 15th Inf. Co.C
Brimm, Nicholas VA 58th Inf. Co.H
Brimm, R. NC Inf. 2nd Bn. Co.A
Brimm, Raleigh GA Inf. 23rd Bn.Loc.Def. Co.H
Brimm, Richard NC 45th Inf. Co.G
Brimm, S.N. LA 19th Inf. Co.C
Brimm, W.H. AL 37th Inf. Co.B
Brimm, William W. GA 7th Inf. Co.E
Brimm, W.W. Gen. & Staff 2nd Lt.,Dr.M.
Brimmage, A.B. AR 21st Mil. Co.G Cpl.
Brimman, J. FL 5th Inf.
Brimmer, Charles H. VA 18th Inf. Co.F
Brimmer, Fred VA 2nd Inf.Loc.Def. Co.E
Brimmer, Fred VA Inf. 6th Bn.Loc.Def. Co.B
Brimmer, Frederick VA Courtney Arty.
Brimmer, Henry F. VA 1st Inf. Co.G
Brimmer, John A. VA 6th Inf. Co.H
Brimmer, Joseph MO Todd's Co.
Brimmer, William VA 1st St.Res. Co.F
Brin, M.N. MS 6th Cav. Co.E
Brinager, Israel KY 4th Mtd.Inf. Co.H
Brinager, John W. NC 34th Inf. Co.A
Brinberry, Henry TX Waul's Legion Co.F
Brinberry, Peter Morgan's Co.C,CSA Cpl.
Brinby, John KY 6th Mtd.Inf. Co.K
Brincefield, Andrew J. NC 6th Inf. Co.H Sgt.
Brincefield, Calvin NC 13th Inf. Co.A
Brincefield, Colman NC 3rd Cav. (41st St.Troops) Co.C
Brincefield, John NC 54th Inf. Co.F
Brincefield, Martin NC 13th Inf. Co.A
Brincefield, Starlin NC 22nd Inf. Co.G
Brincefield, William AL 49th Inf. Co.E
Brincfield, Thompson A. NC 4th Cav. (59th St.Troops) Co.B
Brincfield, Zachariah AL 48th Inf. Co.B
Brinck, B. LA Mil. Fire Bn. Co.D
Brinckley, Alfred A. LA Hvy.Arty. 2nd Bn. Co.A
Brinckley, James U. VA 59th Mil. Arnold's Co.
Brinckley, J.K. NC 27th Inf.
Brinckman, Fred GA 1st (Olmstead's) Inf. Co.I

Brinckman, Henry F. LA 5th Inf. New Co.A
Brind, Etenn. LA 2nd Cav.
Brindal, F. NC 39th Inf. Co.H Sgt.
Brindick, --- TX Cav. 4th Regt.St.Troops Co.G
Brindle, A. AR 1st Inf. Co.A
Brindle, A.A. NC 7th Sr.Res. Clinard's Co.
Brindle, Charles A. NC 48th Inf. Co.H
Brindle, D. VA 51st Mil. Co.A
Brindle, Daniel NC 18th Inf. Co.I
Brindle, Daniel NC 42nd Inf. Co.A
Brindle, David A. NC 55th Inf. Co.F
Brindle, F.L. NC 35th Inf. Co.K
Brindle, George S. NC 54th Inf. Co.H
Brindle, George W. TN 10th Inf. Co.C
Brindle, Henry F. NC 53rd Inf. Co.D Music.
Brindle, Henry M. NC 54th Inf. Co.H
Brindle, James F. NC 28th Inf. Co.I Sgt.
Brindle, James F. NC 29th Inf. Co.E
Brindle, Jesse Jones NC 8th Bn.Jr.Res. Co.C
Brindle, J.J. NC 3rd Jr.Res. Co.G
Brindle, John GA Murray Cav. Asher's Co.
Brindle, John NC 48th Inf. Co.H
Brindle, John B. GA 11th Inf. Co.C
Brindle, Joseph M. NC 39th Inf. Co.I
Brindle, J.P. GA 6th Cav. Co.D
Brindle, J.P. NC Inf. Thomas Legion Co.D Sgt.
Brindle, Mark NC 28th Inf. Co.I
Brindle, R.A. NC 3rd Jr.Res. Co.B
Brindle, R.A. NC 4th Bn.Jr.Res. Co.B
Brindle, Robert R. NC 42nd Inf. Co.D
Brindle, Wesley NC 55th Inf. Co.F
Brindle, William NC 42nd Inf. Co.A
Brindle, William N. NC 6th Cav. (65th St.Troops) Co.B,F
Brindle, William N. NC Cav. 7th Bn. Co.B
Brindley, Alonzo B. AL 12th Inf. Co.E
Brindley, Asa B. AL 5th Cav. Co.B 2nd Lt.
Brindley, Asa B. KY 2nd (Duke's) Cav. Co.G 1st Sgt.
Brindley, Gabriel L. AL 54th Inf. Co.I 1st Lt.
Brindley, G.L. TN 40th Inf. Co.E 2nd Lt.
Brindley, J. KY 3rd Mtd.Inf. 1st Co.F Sgt.
Brindley, James KY Lt.Arty. Cobb's Co. Sgt.
Brindley, John AR 36th Inf. Co.F
Brindley, J.P. AL 4th (Russell's) Cav. Co.B 2nd Lt.
Brindley, L.D. KY Lt.Arty. Cobb's Co.
Brindley, L.D. KY 3rd Mtd.Inf. 1st Co.F
Brindley, L.D. LA Washington Arty.Bn. Co.5
Brindley, Mace AL 22nd Inf. Co.D
Brindley, R.W. LA Inf.Crescent Regt. Co.D
Brindley, R.W. 14th Conf.Cav. Co.H
Brindley, T.M. AL 22nd Inf. Co.D 2nd Lt.
Brindley, Van Buren AL 54th Inf. Co.I
Brindley, V.B. LA 25th Inf. Co.K Sgt.
Brindley, V.B. TN 40th Inf. Co.E
Brindly, J.P. TN 3rd (Forrest's) Cav. 1st Co.E
Brindsley, Louis VA 5th Cav. Co.H
Brine, I. MO 3rd Inf. Co.K
Brine, Samuel G. MD 1st Inf. Co.A
Brinegar, A. NC 22nd Inf. Co.F
Brinegar, David VA 22nd Inf. Co.G
Brinegar, E.L. NC 1st Cav. (9th St.Troops) Co.A
Brinegar, James M. NC 33rd Inf. Co.D
Brinegar, John W. NC 33rd Inf. Co.D
Brinegar, Joseph S. NC 33rd Inf. Co.D Cpl.
Brinegar, M. NC 5th Cav. (63rd St.Troops) Co.H
Brinegar, P.E. GA 1st Inf. (St.Guards) Co.F
Brinegar, William T. KY 9th Cav. Co.D Cpl.
Briner, David TN 15th Inf. Co.K Cpl.
Briner, R.F. MS 9th Inf. New Co.E Sgt.
Briner, R.F. MS 10th Inf. Old Co.C
Brines, James W. NC 37th Inf. Co.I
Brines, J.W. NC 2nd Jr.Res. Co.E
Briney, B.C. TX 23rd Cav. Co.F
Briney, David KY 7th Cav. Co.B
Briney, George H. AR 35th Inf. Co.C
Briney, J.A. MO 7th Inf. Co.E
Briney, William AR 16th Inf. Co.B Sgt.
Bring, Alburn GA 34th Inf. Co.G
Bring, Lamuel 1st Creek Mtd.Vol. Co.M
Bringer, C.P. LA Mil. 4th Regt. 2nd Brig. 1st Div. Co.G 1st Lt.
Bringer, J.D. TN 1st (Feild's) Inf. Co.F
Bringer, William AL St.Arty. Co.C
Bringeworth, W. SC Mil.Arty. 1st Regt. Harms' Co.
Bringham, Leath AL 54th Inf. Co.E
Bringhurst, A.C. LA 9th Inf. Co.B Capt.
Bringhurst, Edward S. TN 14th Inf. Co.H
Bringhurst, John Henry TX 24th Cav. Co.H
Bringhurst, Robert TN 49th Inf. Co.A Sgt.
Bringhurst, Robert Inf. Bailey's Cons.Regt. Co.G Sgt.
Bringhurst, R.W. LA 18th Inf. Co.C
Bringhurst, R.W. LA Inf.Crescent Regt. Co.K
Bringhurst, R.W. Eng.,CSA Lt.
Bringhurst, William KY 2nd (Woodward's) Cav. Co.A
Bringhurst, W.S. LA Inf.Cons.Crescent Regt. Co.I
Bringhurst, W.S.L. Gen. & Staff 1st Lt.,Ord.Off.
Bringier, C.P. LA 22nd Inf. Co.B
Bringier, L.A. LA 7th Cav. Col.
Bringier, L.A. Gen. & Staff ADC
Bringier, M.D. LA 7th Cav. Co.H 1st Lt.
Bringier, M.D. LA Inf.Crescent Regt. Co.B
Bringle, --- VA 46th Inf. Co.A
Bringle, Albert AR 15th (Johnson's) Inf. Co.E
Bringle, Albert TN 40th Inf. Co.F
Bringle, Alexander AR Cav. 1st Bn. (Stirman's) Co.A
Bringle, Christian TN 32nd Inf. Co.H
Bringle, D.L. NC 1st Inf. (6 mo. '61) Co.C Sgt.
Bringle, Henry AR 20th Inf. Co.G
Bringle, J.H. TN 7th (Duckworth's) Cav. Co.I
Bringle, J.H. TN 51st Inf. Co.G Sgt.
Bringle, J.H. TN 51st (Cons.) Inf. Co.H
Bringle, John C. NC 5th Inf. Co.A
Bringle, John C. NC 6th Inf. Co.G
Bringle, John H. NC 1st Arty. (10th St.Troops) Co.D
Bringle, L.D. NC 5th Inf. Co.K
Bringle, N.T. TN 7th (Duckworth's) Cav. Co.I
Bringle, Oliver P. AR 18th Inf. Co.E
Bringle, Thomas TN 7th (Duckworth's) Cav. Co.I
Bringle, W.D. Gen. & Staff Asst.Surg.
Bringle, W.D. Gen. & Staff Surg.
Bringlow, Samuel SC Mil. 1st Regt. (Charleston Res.) Co.F
Brinham, William H. Sig.Corps,CSA
Briniger, John NC 13th Inf. Co.F
Brining, E. MO Lt.Arty. Barret's Co.
Brinison, W.T. GA 11th Cav. (St.Guards) Smith's Co.
Brink, Cornelius TX 1st Hvy.Arty. Co.C
Brink, Jacob TX 21st Cav. Co.D Cpl.
Brink, Jacob TX Cav. Madison's Regt. Co.B
Brink, J.P. TX 19th Inf. Sgt.
Brink, W.H.H. MO 8th Inf. Co.E
Brink, William GA 40th Inf. Co.K
Brink, William H. MO Cav. Wood's Regt. Co.C
Brink, William H. MO Inf. Clark's Regt. Co.C
Brink, William L. MO 12th Cav. Co.F
Brinker, --- TX 1st Hvy.Arty. Co.C
Brinker, Abraham MO 16th Inf. Co.D
Brinker, Abraham TX 1st (Yager's) Cav. Co.A
Brinker, A.J. AL 18th Inf. Co.I
Brinker, A.J. AL Cp. of Instr. Talladega
Brinker, Albert J. AL Cp. of Instr. Talladega Asst.Enrolling Off.
Brinker, Arthur W. MO Cav. Wood's Regt. Co.C
Brinker, Benjamin VA 51st Mil. Co.A Capt.
Brinker, Benjamin F. VA Lt.Arty. Cutshaw's Co. 1st Lt.
Brinker, George J. MO Cav. Wood's Regt. Co.C Ord.Sgt.
Brinker, George J. MO St.Guard
Brinker, Henry LA Mil. Chalmette Regt. Co.I
Brinker, H.H. MS Inf. 3rd Bn. (St.Troops) Co.F
Brinker, Isaac Gen. & Staff Maj.,AQM
Brinker, Jacob B. VA 33rd Inf. Co.B
Brinker, J.C. TX 18th Inf. Co.E
Brinker, John D. MO 10th Cav. Co.A Capt.
Brinker, John T. LA 12th Inf. Co.E
Brinker, Joseph VA 59th Inf. 2nd Co.A
Brinker, Joseph L. AR 1st (Monroe's) Cav. Co.C
Brinker, Joseph L. LA Inf. McLean's Co.
Brinker, J.T. AL 18th Inf. Co.I Sgt.
Brinkerhaff, W.R. Mtd.Spies & Guides Madison's Co.
Brinkerhotf, William R. TX Cav. Madison's Regt. Co.E
Brinkham, Henry LA 15th Inf. Co.C
Brinkhoff, C. TX 2nd Inf. Co.D
Brinkhoff, Chas. TX 1st Regt.St.Troops Co.A
Brinkhoff, Fred TX 1st Hvy.Arty. Co.C,F
Brinkle, J. LA Mil. 1st Regt. French Brig. Co.5
Brinkle, J. LA 22nd Inf. Co.C
Brinkle, J.C. NC 2nd Jr.Res. Co.B
Brinkle, John NC 7th Inf. Co.D
Brinkle, Nicholas NC 23rd Inf. Co.D
Brinkle, P. NC 27th Inf. Co.I
Brinkle, Thomas NC 7th Inf. Co.D Sgt.
Brinkle, Thomas J. TN Lt.Arty. Palmer's Co.
Brinkley, A. AR 6th Inf. Co.K
Brinkley, A. GA 8th Cav. Old Co.D
Brinkley, A. NC 2nd Jr.Res. Co.K
Brinkley, A.C. GA 62nd Cav. Co.D
Brinkley, A.D. TX 5th Inf. Co.H
Brinkley, Admiral VA 41st Inf. Co.I
Brinkley, A.L. LA Lt.Arty. 2nd Field Btty.
Brinkley, Albert VA 41st Inf. Co.I
Brinkley, Alexander NC 58th Inf. Co.A
Brinkley, Allen J. FL 3rd Inf. Co.I Cpl.
Brinkley, Andrew T. VA 59th Mil. Hunter's Co.
Brinkley, A.P. AR 10th Inf. Co.E

Brinkley, Archer VA 3rd Inf. Co.F
Brinkley, A.S. VA 5th Cav. Co.G
Brinkley, A.T. GA 62nd Cav. Co.L
Brinkley, B.B. AR 36th Inf. Co.D
Brinkley, Christian TX 5th Inf. Co.H
Brinkley, D. NC 15th Inf. Co.D
Brinkley, D. NC 49th Inf. Co.B
Brinkley, Daniel VA 9th Inf. Co.I
Brinkley, Daniel, Jr. VA 59th Mil. Arnold's Co.
Brinkley, David NC 16th Inf. Co.C
Brinkley, David NC 33rd Inf. Co.E
Brinkley, D.C. GA Arty. 11th Bn. (Sumter Arty.) Co.A,B
Brinkley, D.H. NC Lt.Arty. 13th Bn. Co.C
Brinkley, Edward AL 36th Inf. Co.E
Brinkley, Edward A. GA 48th Inf. Co.B N.C.S. ACS
Brinkley, Edwin GA Inf. 48th Regt. Asst.Comsy.
Brinkley, E.H. MS Inf. 1st Bn.St.Troops (30 days '64) Co.A Cpl.
Brinkley, Eli H. MS 1st (King's) Inf. (St.Troops) Co.G Cpl.
Brinkley, Elijah TX 3rd Cav. Co.E
Brinkley, Elish MO 7th Cav. Co.A
Brinkley, Ephraim T. MS 19th Inf. Co.I Sgt.
Brinkley, E.T. MS 28th Cav. Co.G
Brinkley, Eugene TX Cav. Morgan's Regt. Co.E
Brinkley, E.W. TN 19th & 20th (Cons.) Cav. Co.E
Brinkley, E.W. TN 20th (Russell's) Cav. Co.C
Brinkley, Francis L. GA Cav. 7th Bn. (St.Guards) Co.F
Brinkley, Frederick VA 41st Inf. Co.I
Brinkley, G. LA 8th Cav. Co.D
Brinkley, George W. VA 16th Inf. Co.B
Brinkley, G.H. NC 44th Inf. Co.B
Brinkley, Granville VA 9th Inf. Co.I
Brinkley, G.W. LA Lt.Arty. 2nd Field Btty.
Brinkley, H. NC 15th Inf. Co.D
Brinkley, H. NC 49th Inf. Co.B
Brinkley, H.A. TN 21st & 22nd (Cons.) Cav. Co.C
Brinkley, Henry NC 21st Inf. Co.A Cpl.
Brinkley, Henry NC 30th Inf. Co.K
Brinkley, Henry NC 33rd Inf. Co.I
Brinkley, Henry A. TN Cav. 7th Bn. (Bennett's) Co.D
Brinkley, Henry A. TN 22nd (Barteau's) Cav. Co.F
Brinkley, Henry B. NC 48th Inf. Co.B
Brinkley, Henry F. NC 3rd Cav. (41st St.Troops) Co.I
Brinkley, Hugh G. VA 6th Inf. Vickery's Co.
Brinkley, Hugh G. VA 16th Inf. 1st Co.H
Brinkley, Hugh G. VA 41st Inf. Co.I 2nd Lt.
Brinkley, H.W. TN 18th Inf. Co.E
Brinkley, I.T. TN 19th & 20th (Cons.) Cav. Co.E
Brinkley, J. TX 14th Inf. Co.A
Brinkley, J. VA 3rd Cav. Co.I
Brinkley, J.A. TN 19th & 20th (Cons.) Cav. Co.E
Brinkley, J.A. TN 20th (Russell's) Cav. Co.C
Brinkley, Jackson VA 59th Mil. Arnold's Co.
Brinkley, Jackson R. VA 14th Inf. Co.A
Brinkley, Jackson R. VA 41st Inf. Co.I Sgt.
Brinkley, Jackson W. NC Vol. Lawrence's Co.
Brinkley, Jackson W. 7th Conf.Cav. Co.H
Brinkley, Jacob VA 59th Mil. Arnold's Co.
Brinkley, James NC 2nd Arty. (36th St.Troops) Co.K
Brinkley, James NC 2nd Inf. Co.F
Brinkley, James NC 42nd Inf. Co.E
Brinkley, James TN 9th (Ward's) Cav. Co.A
Brinkley, James TN 45th Inf. Co.D
Brinkley, James TX 3rd Cav. Co.E
Brinkley, James C. TN 10th Inf. Co.F
Brinkley, James H. MO 1st N.E. Cav.
Brinkley, James H. VA 24th Cav. Co.I
Brinkley, James H. 8th (Dearing's) Conf.Cav. Co.D
Brinkley, James S. TN 12th (Green's) Cav. Co.C
Brinkley, J.C. TN Lt.Arty. Burroughs' Co.
Brinkley, J.E. TN Inf. 154th Sr.Regt. Co.F
Brinkley, J.E. VA Cav. 47th Bn. Co.A
Brinkley, Jeremiah AR Cav. Wright's Regt. Co.C
Brinkley, Jerry VA Cav. Swan's Bn. Watkins' Co.
Brinkley, Jesse AL 14th Inf. Co.D
Brinkley, Jethro K. NC 33rd Inf. Co.E
Brinkley, J.H. AR 18th (Marmaduke's) Inf. Co.C
Brinkley, J.H. GA 62nd Cav. Co.L
Brinkley, J.H. NC 15th Inf. Co.D
Brinkley, J.H. NC 49th Inf. Co.B
Brinkley, J.K. TN 21st & 22nd (Cons.) Cav. Co.C
Brinkley, J.M. NC 68th Inf. Co.D
Brinkley, John AR 27th Inf. Co.I
Brinkley, John AR 31st Inf. Co.D
Brinkley, John NC 3rd Arty. (40th St.Troops) Co.K
Brinkley, John NC 61st Inf. Co.C
Brinkley, John TN 45th Inf. Co.I
Brinkley, John TX Cav. 2nd Regt.St.Troops Co.H Teamster
Brinkley, John TX Cav. Ragsdale's Bn. 2nd Co.C
Brinkley, John A. TN Cav. 7th Bn. (Bennett's) Co.D Sgt.
Brinkley, John A. TN 22nd (Barteau's) Cav. Co.F Capt.
Brinkley, John A. VA 14th Inf. Co.A
Brinkley, John C. NC 18th Inf. Co.B
Brinkley, John F. NC 57th Inf. Co.H Sgt.
Brinkley, John H. MO 2nd N.E. Cav. (Franklin's Regt.)
Brinkley, John H. NC 28th Inf. Co.A Cpl.
Brinkley, John K. TN 22nd (Barteau's) Cav. Co.F 1st Sgt.
Brinkley, John Q.W. GA 4th Inf. Co.E
Brinkley, John R. GA 62nd Cav. Co.L
Brinkley, John R. GA 5th Inf. Co.K
Brinkley, John R. KY 4th Mtd.Inf. Co.C
Brinkley, John R. NC 38th Inf. Co.F Cpl.
Brinkley, John R. NC Inf. Thomas Legion Co.G 3rd Lt.
Brinkley, John R. TN Cav. 7th Bn. (Bennett's) Co.D Cpl.
Brinkley, John R. TN 37th Inf. Co.A
Brinkley, John R. VA 24th Cav. Co.K
Brinkley, John R. VA 59th Mil. Riddick's Co.
Brinkley, John R. 8th (Dearing's) Conf.Cav. Co.E
Brinkley, John S. SC Conscr.
Brinkley, John T. VA 41st Inf. Co.I
Brinkley, John W. MS 15th Inf. Co.F
Brinkley, John W. TX Cav. Ragsdale's Bn. 2nd Co.C
Brinkley, Joseph C. NC Sr.Res. 3rd Bn. Durham's Co.
Brinkley, Joseph W. GA 4th Inf. Co.E
Brinkley, J.R. GA Lt.Arty. Pritchard's Co. (Washington Arty.)
Brinkley, J.R. GA 36th (Villepigue's) Inf. Co.F
Brinkley, J.R. TN Lt.Arty. Scott's Co.
Brinkley, J.R. 1st Conf.Inf. 1st Co.F
Brinkley, J.S. NC 1st Arty. (10th St.Troops) Co.A
Brinkley, J.S. SC Inf. 7th Bn. (Enfield Rifles) Co.B
Brinkley, J.S. TN 20th (Russell's) Cav. Co.C
Brinkley, J.S. TN 22nd Inf. Co.K
Brinkley, J.T. GA 4th Inf. Co.E
Brinkley, J.W. NC Cav. 16th Bn. Co.H
Brinkley, J.W. TN 12th (Cons.) Inf. Co.D
Brinkley, J.W. VA 4th Inf. Co.E
Brinkley, L. LA Res.Corps Hatcher's Co.
Brinkley, Louis H. TN 45th Inf. Co.I
Brinkley, L.P. GA 62nd Cav. Co.L
Brinkley, L.P. VA 24th Cav. Co.I
Brinkley, L.P. 8th (Dearing's) Conf.Cav. Co.D
Brinkley, Madison MO 2nd Inf. Co.H
Brinkley, Mallory VA 9th Inf. Co.I
Brinkley, Martin NC 33rd Inf. Co.I
Brinkley, Miles NC 5th Inf. Co.H
Brinkley, Miles VA 61st Inf. Co.I
Brinkley, Miles VA Inf. Cohoon's Bn. Co.A,B
Brinkley, Mills VA 9th Inf. Co.I
Brinkley, Nathan G. FL 7th Inf. Co.C
Brinkley, Nathaniel NC 33rd Inf. Co.E
Brinkley, Owen NC 33rd Inf. Co.E
Brinkley, Peter TX 13th Vol. 3rd Co.A
Brinkley, Peter TX Inf. Griffin's Bn. Co.D
Brinkley, Philip VA 41st Inf. Co.I 1st Sgt.
Brinkley, Ranson NC 6th Inf. Co.C
Brinkley, Ranson NC Snead's Co. (Loc.Def.)
Brinkley, Richard NC Snead's Co. (Loc.Def.)
Brinkley, Richard H. VA 5th Cav. (12 mo. '61-2) Co.G
Brinkley, Richard H. VA 13th Cav. Co.I Cpl.
Brinkley, Richard H. VA 59th Mil. Hunter's Co.
Brinkley, R.L. LA 16th Inf. Co.H,A
Brinkley, Robert NC 12th Inf. Co.G Sgt.
Brinkley, Robert B. VA 16th Inf. Co.B 1st Sgt.
Brinkley, Robert B. VA 41st Inf. Co.I Capt.
Brinkley, Robert W. GA 12th Inf. Co.B Cpl.
Brinkley, R.W. NC 21st Inf. Co.I
Brinkley, Sam TN 3rd (Forrest's) Cav. Co.H
Brinkley, S.B. TN 7th (Duckworth's) Cav. White's Co., Co.A
Brinkley, Simeon NC 8th Inf. Co.D
Brinkley, S.S. GA 8th Cav. Old Co.D
Brinkley, S.S. GA 62nd Cav. Co.D
Brinkley, Sterling GA Cav. 20th Bn. Co.A,E
Brinkley, Sterling G. GA 57th Inf. Co.A
Brinkley, S.W. NC 23rd Inf. Co.G
Brinkley, Thomas KY 1st Inf. Co.B
Brinkley, Thomas VA 10th Cav. 1st Co.E
Brinkley, Thomas H. LA 12th Inf. Co.C
Brinkley, Thomas H. NC 1st Inf. Co.I

Brinkley, W. AR 1st Vol. Co.K
Brinkley, W. MS 7th Cav. Co.H
Brinkley, Walter J. NC 46th Inf. Co.E
Brinkley, W.E. AR 10th Inf. Co.C
Brinkley, W.F. GA Cav. 7th Bn. (St.Guards) Co.E
Brinkley, W.H. MS 28th Cav. Co.D
Brinkley, W.H. NC 16th Inf. Co.H
Brinkley, W.H. TX 13th Vol. Co.G
Brinkley, Wiley NC 8th Inf. Co.D
Brinkley, Wiley NC 46th Inf. Co.E
Brinkley, William AR 27th Inf. Co.I
Brinkley, William GA 41st Inf. Co.B
Brinkley, William NC 33rd Inf. Co.E 1st Sgt.
Brinkley, William NC 33rd Inf. Co.I
Brinkley, William TX 15th Cav. Co.D
Brinkley, William VA Cav. Swann's Bn. Watkins' Co.
Brinkley, William A. NC 3rd Inf. Co.K
Brinkley, William B. FL 10th Inf. Co.C
Brinkley, William H. AR 25th Inf. Co.G
Brinkley, William H. MS 44th Inf. Co.E
Brinkley, William H. MS Conscr.
Brinkley, William H. NC 2nd Arty. (36th St.Troops) Co.F
Brinkley, William J. MS 9th Inf. Old Co.D
Brinkley, William James MS 2nd Part.Rangers Co.G Sgt.
Brinkley, William S. NC 3rd Inf. Co.I
Brinkley, William T. NC 5th Inf. Co.B
Brinkley, W.P. NC 1st Arty. (10th St.Troops) Co.B
Brinkley, W.R. SC 6th Cav. Co.C
Brinkley, Zackery NC 24th Inf. Co.C
Brinkly, Admiral VA 41st Inf. 1st Co.G
Brinkly, Alexander GA 62nd Cav. Co.D
Brinkly, C. LA Lt.Arty. 2nd Field Btty.
Brinkly, Daniel VA 10th Bn.Res. Co.E
Brinkly, E.G. NC 7th Sr.Res. Davie's Co.
Brinkly, G. LA Inf. 1st Bn. (St.Guards) Co.B
Brinkly, Jevan F. NC 5th Inf. Co.H
Brinkly, John VA Inf. Cohoon's Bn. Co.D
Brinkly, J.R. TN Arty. Marshall's Co.
Brinkly, Redding NC 2nd Inf. Co.F
Brinkly, Robert W. NC 21st Inf. Co.H Sgt.
Brinkly, Thomas H. NC 30th Inf. Co.B
Brinkly, W.F. GA 3rd Inf. Co.E Sgt.
Brinkman, August LA Mil. Leeds' Guards Regt. Co.F
Brinkman, F.L. AL 16th Inf. Co.K
Brinkman, Frank AR 6th Inf. Co.H
Brinkman, Fred A. MS 16th Inf. Co.K
Brinkman, Fred W. TN Inf. 154th Sr.Regt. Co.D
Brinkman, Henry LA Mil. 4th Regt. 2nd Brig. 1st Div. Co.K
Brinkman, William LA 1st Hvy.Arty. Reg. Co.H
Brinkman, William LA 1st (Strawbridge's) Inf. Co.H
Brinkman, William LA 21st (Patton's) Inf. Co.B
Brinkman, William LA 22nd (Cons.) Inf. Co.I
Brinkman, William LA 28th (Thomas') Inf. Co.C
Brinkmann, --- LA Mil. 3rd Regt. 1st Brig. 1st Div. Co.F Sgt.
Brinkmann, Alex TX 3rd Inf. Co.B
Brinkmann, Charles TX 3rd Inf. Co.B
Brinkmann, E. LA Mil. Chalmette Regt. Co.D
Brinkmann, F. LA Mil. 4th Regt.Eur. Brig. Co.D
Brinkmeier, D. LA Mil. 3rd Regt. 3rd Brig. 1st Div. Co.H
Brinkmeyer, A. SC Mil.Arty. 1st Regt. Werner's Co.
Brinkmeyer, A. SC Lt.Arty. Wagener's Co. (Co.A,German Arty.)
Brinkmire, Henry AR 1st Cav. (St.) Co.C
Brinkmire, Henry J. AR 16th Inf. Co.C 1st Sgt.
Brinks, Alexander AL 32nd Inf. Co.H
Brinlee, Andrew AL 49th Inf. Co.A
Brinlee, G.R. TX 6th Cav. Co.D
Brinlee, H.C. TX Inf. 3rd St.Troops Co.B
Brinlee, Hiram C. TX 6th Cav. Co.D
Brinlee, Richard M. TX Cav. Martin's Regt. Co.K Cpl.
Brinley, Jacob L. TX 19th Cav. Co.G
Brinley, James AL 1st Inf. Co.I
Brinley, Jessie AL 18th Inf. Co.G
Brinley, Levi TX 16th Cav. Co.A
Brinley, M.F. TX 7th Inf. Co.C
Brinley, Stephen L. TX 19th Cav. Co.G Sgt.
Brinley, William R. TX 16th Cav. Co.A
Brinly, J.P. TN 3rd (Forrest's) Cav. Co.E 2nd Lt.
Brinn, Abner NC 2nd Jr.Res. Co.I
Brinn, Abner NC 33rd Inf. Co.F
Brinn, Charlton E. TN 54th Inf. Dooley's Co.
Brinn, F. NC Home Guards
Brinn, J.D. NC Gibbs' Co. (Loc.Def.)
Brinn, J.H. GA Inf. 14th Bn. (St.Guards) Co.B Cpl.
Brinn, J.W. GA Lt.Arty. (Jackson Arty.) Massenburg's Btty.
Brinn, Nathan GA 15th Inf. Co.C Music.
Brinn, Seth NC 4th Inf. Co.E
Brinn, S.T. NC Gibbs' Co. (Loc.Def.)
Brinn, Thomas F. NC 61st Inf. Co.B Sgt.
Brinn, Thomas H. GA Inf. 2nd Bn. Co.C
Brinn, William N. AR Inf. Hardy's Regt. Co.A
Brinn, W.P. NC Gibbs' Co. (Loc.Def.)
Brinngen, T. LA Hvy.Arty. 8th Bn. Drum.
Brinnick, Edward KY 1st Inf. Co.A
Brinnick, James KY 1st Inf. Co.A
Brinnin, James TX 19th Cav. Co.C
Brinnum, John AL 56th Part.Rangers Co.E
Brinom, William W. GA 10th Cav. (St.Guards) Co.A
Brinrau, W.A. LA Mil. 4th Regt. 2nd Brig. 1st Div. Co.H
Brinsentine, J.T. VA 28th Inf. Co.F
Brinsfield, Charles H. NC 45th Inf. Co.I Music.
Brinsfield, David TN 41st Inf. Co.I
Brinsfield, Francis L. NC 54th Inf. Co.F
Brinsfield, Granderson H. NC 13th Inf. Co.K
Brinsfield, Henry AR 8th Inf. New Co.F
Brinsfield, Henry MO Cav. Freeman's Regt. Co.G
Brinsfield, James VA 57th Inf. Co.I
Brinsfield, Pinkney NC 45th Inf. Co.H
Brinsfield, Thomas B. GA 45th Inf. Co.A
Brinsley, Joseph VA 18th Inf. Co.B
Brinsmade, A.A. LA Washington Arty.Bn. Co.2 1st Sgt.
Brinsmould, A.A. Gen. & Staff 2nd Lt.,Dr.M.
Brinsolara, Vincent LA Mil. 3rd Regt. 2nd Brig. 1st Div.
Brinson, Adam GA 22nd Inf. Co.A
Brinson, Adam MS Cav. Stockdale's Bn. Co.B
Brinson, Adam C. GA 25th Inf. Co.K
Brinson, Adam C. GA 26th Inf. 1st Co.G
Brinson, Adam C. GA 29th Inf. Co.E
Brinson, Anthony W. LA 16th Inf. Co.I
Brinson, A.S. MS Cav. Yerger's Regt. Co.B Cpl.
Brinson, A.W. MS 4th Cav. Co.B
Brinson, B. SC 10th Inf. Co.K
Brinson, Benjamin FL 9th Inf. Co.K
Brinson, B.F. GA 17th Inf. Co.A Sgt.
Brinson, B.F. GA 32nd Inf. Co.K
Brinson, B.T. SC 4th Cav. Co.D
Brinson, B.T. SC Manigault's Bn.Vol. Co.A
Brinson, Calvin G. MS 16th Inf. Co.B 2nd Cpl.
Brinson, Charlton FL 4th Inf. Co.C
Brinson, Christopher NC 8th Bn.Part.Rangers Co.F
Brinson, Christopher NC 66th Inf. Co.I
Brinson, C.S. MS 2nd (Quinn's St.Troops) Inf. Co.A 1st Lt.
Brinson, D. GA 54th Inf. Co.D
Brinson, David GA Inf. 1st Loc.Troops (Augusta) Co.C
Brinson, David A. FL 4th Inf. Co.F Cpl.
Brinson, David H. NC 67th Inf. Co.B
Brinson, David W. GA 25th Inf. Co.K 1st Sgt.
Brinson, D.F. GA 29th Inf. Co.I
Brinson, D.J. GA Cav. 2nd Bn. Co.C
Brinson, D.J. GA Cav. Nelson's Ind.Co.
Brinson, D.K. GA 13th Inf. Co.H Sgt.
Brinson, D.W. GA Inf. 1st Conf.Bn. Co.F 2nd Lt.
Brinson, Edward NC 8th Bn.Part.Rangers Co.B,C
Brinson, Edward NC 66th Inf. Co.H
Brinson, Edward F., Jr. NC 43rd Inf. Co.A
Brinson, Ed. F., Sr. NC 43rd Inf. Co.A
Brinson, Edward P. NC 3rd Arty. (40th St.Troops) Co.H
Brinson, Edward T. GA 61st Inf. Co.B,K
Brinson, Fields W. NC 3rd Inf. Co.B
Brinson, George M.T. FL 8th Inf. Co.H 2nd Lt.
Brinson, George W. GA 12th (Wright's) Cav. (St.Guards) Wright's Co.
Brinson, G.W. GA 2nd Mil. Co.G
Brinson, G.W. NC 3rd Cav. (41st St.Troops)
Brinson, G.W. NC 3rd Inf. Co.E
Brinson, H. SC 20th Inf. Co.N Cpl.
Brinson, H. SC Manigault's Bn.Vol. Co.A
Brinson, Hartwell GA 29th Inf. Co.I
Brinson, Henry SC 5th Cav. Co.E
Brinson, Henry SC Manigault's Bn.Vol. Co.A
Brinson, Henry B. NC 31st Inf. Co.K
Brinson, Henry L. SC Inf. Hampton Legion Co.A
Brinson, Hillary F. NC 3rd Inf. Co.B
Brinson, Hiram H. AL 8th Inf. Co.E
Brinson, H.L. SC 4th Cav. Co.D
Brinson, H.L. SC 10th Inf. Co.G
Brinson, H.N. LA 27th Inf. Co.E
Brinson, I.C. MS 14th (Cons.) Inf. Co.A Cpl.
Brinson, Isaac GA Cav. 15th Bn. (St.Guards) Jones' Co.

Brinson, Isaac B. GA 18th Inf. Co.D Cpl.
Brinson, Isaac C. MS 6th Inf. Co.A Cpl.
Brinson, Isaac J. GA 4th Inf. Co.E Sgt.
Brinson, Isaac T. NC 12th Inf. Co.C
Brinson, J. GA 3rd Inf.
Brinson, J. LA 3rd (Harrison's) Cav. Co.C
Brinson, J. SC 20th Inf. Co.D
Brinson, J.A. GA 66th Inf. Co.B
Brinson, James GA Cav. 29th Bn. Co.C
Brinson, James GA 2nd Inf. Co.F
Brinson, James NC 35th Inf. Co.A
Brinson, James TX 1st Hvy.Arty. Co.G
Brinson, James TX 12th Inf. Co.F
Brinson, James D. GA 38th Inf. Co.C
Brinson, James J. FL Lt.Arty. Perry's Co.
Brinson, James P. GA Inf. 27th Bn. Co.F
Brinson, Jason B. GA Cav. 2nd Bn. Co.C Cpl.
Brinson, Jason Simeon GA 20th Inf. Co.K Cpl.
Brinson, Jasper J. FL Lt.Arty. Perry's Co.
Brinson, J.B. GA 5th Cav. Co.E Sgt.
Brinson, J.E. GA 7th Cav. Co.B
Brinson, J.E. GA Cav. 21st Bn. Co.C
Brinson, Jerome B. NC 31st Inf. Co.K
Brinson, Jesse A. GA Inf. Grubbs' Co. 2nd Lt.
Brinson, J.H. LA 12th Inf. Co.K
Brinson, J.H. SC 26th Inf. Co.K
Brinson, J.L. GA 7th Cav. Co.B 1st Sgt.
Brinson, J.L. GA Cav. 21st Bn. Co.C 1st Sgt.
Brinson, J.M. GA 7th Cav. Co.B
Brinson, J.M. GA Cav. 21st Bn. Co.C
Brinson, Joe GA 46th Inf. Co.F
Brinson, John GA 3rd Res. Co.I
Brinson, John NC 12th Inf. Co.C
Brinson, John NC Inf. 13th Bn. Co.D
Brinson, John NC 51st Inf. Co.A
Brinson, John C. NC 31st Inf. Co.K Cpl.
Brinson, John H. GA 1st (Olmstead's) Inf. Co.C
Brinson, John H. NC 1st Inf. Co.C
Brinson, John H. NC 51st Inf. Co.H
Brinson, John P. AL 37th Inf. Co.D
Brinson, John Q. AR 1st Mtd.Rifles Co.H
Brinson, John S. NC 3rd Arty. (40th St.Troops) Co.D
Brinson, John W. GA 38th Inf. Co.G Capt.
Brinson, Jonas NC 43rd Inf. Co.A
Brinson, Jonathan NC 3rd Inf. Co.B
Brinson, Joseph NC 51st Inf. Co.H
Brinson, Joseph SC 1st Inf. Co.C Sgt.
Brinson, Joseph C. NC 1st Inf. Co.C
Brinson, Joseph W. NC 2nd Inf. Co.K
Brinson, J.S. FL 1st (Res.) Inf. Co.K
Brinson, Lafayette NC 66th Inf. Co.H
Brinson, L.E. NC 3rd Arty. (40th St.Troops) Co.H
Brinson, Lewis SC Lt.Arty. Gaillard's Co. (Santee Lt.Arty.)
Brinson, Madison FL 9th Inf. Co.K
Brinson, Mathew GA 32nd Inf. Co.G
Brinson, Mathew T. GA 46th Inf. Co.F
Brinson, Mills C. GA 25th Inf. Co.K
Brinson, M.J. GA 7th Cav. Co.B Sgt.
Brinson, M.J. GA Cav. 21st Bn. Co.C Sgt.
Brinson, M.J. TX 9th Cav. Co.D Capt.
Brinson, M.T. GA Cav. 21st Bn. Co.C
Brinson, N. GA Inf. Grubbs' Co.
Brinson, N. TX Cav. 6th Bn. Co.B
Brinson, Nathaniel G. NC 3rd Arty. (40th St.Troops) Co.D
Brinson, N.M. GA Cobb's Legion Co.L 2nd Lt.
Brinson, Payton G. GA 5th Cav. Co.E
Brinson, Peter V. NC 3rd Arty. (40th St.Troops) Co.H
Brinson, P.M. LA 28th (Gray's) Inf. Co.A
Brinson, P.V. NC Lt.Arty. 13th Bn. Co.F
Brinson, R.A. GA Cav. 2nd Bn. Co.B
Brinson, R.A. GA 5th Cav. Co.F
Brinson, R.C. AR 35th Inf. Co.H
Brinson, R.M. GA 29th Inf. Co.I Sgt.
Brinson, S. GA 5th Cav. Co.E
Brinson, Samuel FL Cav. 5th Bn. Co.A
Brinson, S.B. GA 7th Cav. Co.B
Brinson, S.B. GA Cav. 21st Bn. Co.C
Brinson, S.C. GA Cav. 2nd Bn. Co.B
Brinson, S.C. GA 5th Cav. Co.F
Brinson, Simeon J. GA 25th Inf. Co.K
Brinson, S.S. AL 7th Cav. Co.C,G Sgt.
Brinson, Stiring AL 37th Inf. Co.E
Brinson, Stiring FL 11th Inf. Co.C
Brinson, T.H. MS Cav. 1st Bn. (McNair's) St.Troops Co.A
Brinson, Thomas VA 16th Inf. Co.G
Brinson, Thomas H. GA 12th Inf. Co.I
Brinson, Thomas W. SC 23rd Inf. Co.D
Brinson, T.N. TX 9th Cav. Co.D Sgt.
Brinson, T.W. SC 4th Cav. Co.D
Brinson, T.W. SC 10th Inf. 1st Co.G, Co.C
Brinson, T.W. SC Manigault's Bn.Vol. Co.A
Brinson, W.A. FL 4th Inf. Co.C Hosp.Stew.
Brinson, W.A. GA 1st Mil. Sgt.
Brinson, W.G. NC Mil. Clark's Sp.Bn. Co.B
Brinson, W.H. AL 43rd Inf. Co.H
Brinson, W.H. AR 15th (N.W.) Inf. Co.D
Brinson, W.H. NC 1st Arty. (10th St.Troops) Co.I
Brinson, William NC 12th Inf. Co.C
Brinson, William SC 1st Inf. Co.C 1st Sgt.
Brinson, William A. GA 12th (Wright's) Cav. (St.Guards) Wright's Co.
Brinson, William C. AL 63rd Inf. Co.C
Brinson, William G. NC 1st Arty. (10th St.Troops) Co.K Sgt.
Brinson, William G. NC 5th Inf. Co.D 1st Lt.
Brinson, William H. NC 67th Inf. Co.B
Brinson, William J. GA 25th Inf. Co.K
Brinson, William M. GA Inf. 27th Bn. Co.F
Brinson, William N. NC 43rd Inf. Co.A
Brinson, William R. NC 1st Inf. Co.C
Brinson, William T. GA 3rd Inf. Co.A
Brinson, W.P. SC Lt.Arty. Gaillard's Co. (Santee Lt.Arty.)
Brinson, W.P. SC 10th Inf. 1st Co.G
Brinson, W.P. SC Manigault's Bn.Vol. Co.B Cpl.
Brinson, W.T. GA 7th Cav. Co.B
Brinson, W.T. GA Cav. 21st Bn. Co.C
Brinston, James TX 26th Cav. Co.K
Brint, John TN 55th (Brown's) Inf. Co.E
Brint, W. TN 14th (Neely's) Cav. Co.A
Brint, William TN 9th Inf. Co.F
Brintle, Albert B. TN 32nd Inf. Co.A
Brintle, James H. NC 4th Cav. (59th St.Troops) Co.B
Brintle, O.F. GA 60th Inf. Co.K Jr.2nd Lt.
Brintle, O.F. GA 63rd Inf. Co.I
Brintle, William H. AR 3rd Inf. Co.H
Brintle, William H. TN 32nd Inf. Co.A
Brintle, Zachariah NC 4th Cav. (59th St.Troops) Co.B
Brintley, John S. VA 20th Inf. Co.I
Brintly, H.S. GA 27th Inf. Co.H
Brintnall, J.J. TX 25th Cav.
Brintnall, J.J. TX Cav. Waller's Regt. Menard's Co.
Brintnall, John J. TX Lt.Arty. H. Van Buren's Co.
Brinton, A.H. LA 5th Cav. Co.K
Brinton, Caleb AR 3rd Inf. Co.E
Brinton, J.A. LA 3rd Inf. Co.I 1st Sgt.
Brinton, J.W. MS 2nd Inf. Co.F
Brinton, Wallace MO 6th Cav. Co.K
Brints, P.M. AR 17th (Lemoyne's) Inf. Co.A
Brinwell, Thomas B. VA 31st Inf. Co.C
Briody, Thomas GA 1st (Olmstead's) Inf. Co.A
Brion, Bazile LA Mil. 1st Native Guards Sgt.Maj.
Brion, F. LA Mil. Orleans Guards Regt. Co.B
Briquet, C. GA Inf. 1st Loc.Troops (Augusta) Co.D
Briquet, Claudius GA 3rd Inf. 1st Co.I
Briquet, Samuel VA 23rd Inf. Co.H
Briqut, Francis D. VA 46th Inf. 2nd Co.A
Brirentine, J.D. MO Robertson's Regt.St.Guard Co.11
Brisat, A. LA Mil. 2nd Regt. French Brig. Co.8
Brisbane, J.L. SC 4th Cav. Co.K
Brisbane, J.L. Conf.Inf. Tucker's Regt. Co.I 2nd Lt.
Brisbane, W. SC 2nd Cav. Co.G
Brisbane, William SC 2nd Inf. Co.I
Brisben, J. AR 13th Mil. Co.A
Brisbin, George M. LA 6th Inf. Co.E 2nd Lt.
Brisbin, John AR 6th Inf. Co.A Cpl.
Brisbin, L.M. LA Inf. 10th Bn. Co.B
Brisbin, L.M. LA Inf. 16th Bn. (Conf.Guards Resp.Bn.) Co.A,B Music.
Brisbin, L.M. LA Inf.Cons. 18th Regt. & Yellow Jacket Bn. Co.B
Brisbin, L.M. LA Mil. Lewis Guards
Brisbin, L.M. Exch.Bn. 2nd Co.A,CSA Sgt.Maj.
Brisbin, W.W. LA Inf. 16th Bn. (Conf.Guards Resp.Bn.) Co.A
Brisbin, W.W. LA Mil. Lewis Guards
Brisblanc, Ed LA Cav. Greenleaf's Co. (Orleans Lt.Horse)
Brisblane, A. LA Lt.Arty. Bridges' Btty.
Brisbo, G. LA 18th Inf. Co.G,C
Brisbo, J. LA Inf.Cons.Crescent Regt.
Brisbo, John LA Inf.Crescent Regt. Co.H
Brisby, Harvy TN 10th (DeMoss') Cav. Co.C Cpl.
Brisby, James TN 10th & 11th (Cons.) Cav. Co.C
Brisby, William R. 1st Chickasaw Inf. Gregg's Co. Sgt.
Brisclair, H. MS 27th Inf. Co.F
Brisco, H. 14th Conf.Cav. Co.K
Brisco, Jacob Gen. & Staff Capt.,AQM
Brisco, James 2nd Cherokee Mtd.Vol. Co.C
Brisco, James M. AL 4th (Russell's) Cav.
Brisco, J.E. 2nd Cherokee Mtd.Vol. Co.C

Brisco, John W. MO Inf. 8th Bn. Co.D Sgt.
Brisco, L.N. SC 7th Inf. Co.K
Brisco, M.C. TX Cav. 2nd Regt.St.Troops Co.F
Brisco, N.A. TX Inf. 1st St.Troops Wheat's Co.A
Brisco, Parmenas TX Waul's Legion Co.A Sgt.
Brisco, P.J. MS Inf. 1st Bn.St.Troops (12 mo. '62-3) Co.A
Brisco, William TN Lt.Arty. Weller's Co.
Brisco, William TX 14th Cav. Co.E
Briscoe, A.B. TX 8th Cav. Co.K 2nd Lt.
Briscoe, A.H. Gen. & Staff Prov.Marsh.Gen.
Briscoe, Albro W. GA 57th Inf. Co.H
Briscoe, A.W. GA 57th Inf. Co.H
Briscoe, Broadas MO Cav. Snider's Bn. Co.C
Briscoe, C.B. MD Weston's Bn. Co.D
Briscoe, C.B. VA 3rd Inf.Loc.Def. Co.F
Briscoe, Chapman B. MD 1st Inf. Co.H Sgt.
Briscoe, Claiborne C. LA Inf. 4th Bn. Co.A 3rd Lt.
Briscoe, D. MO Cav. Snider's Bn. Co.C
Briscoe, Daniel NC 64th Inf. Co.B Sgt.Maj.
Briscoe, David S. MD 1st Inf. Co.H
Briscoe, Dixon T. GA Floyd Legion (St.Guards) Co.G
Briscoe, D.S. VA Cav. Mosby's Regt. (Part. Rangers) Co.D Lt.
Briscoe, Easton NC 52nd Inf. Co.C
Briscoe, E.D. Bradford's Corps Scouts & Guards Co.A
Briscoe, Egbert B. GA 2nd Cav. Co.D
Briscoe, Egbert B. GA 11th Inf. Co.H
Briscoe, F.A. Gen. & Staff Maj.,QM
Briscoe, Fred N. TX Cav. Benavides' Regt. Co.F
Briscoe, F.S. VA 35th Regt. Co.B
Briscoe, George SC 24th Inf. Co.K
Briscoe, George W. GA 35th Inf. Co.G
Briscoe, George W. MS 3rd Inf. Co.C
Briscoe, Gerrard MD 1st Inf. Co.I
Briscoe, G. Leigh Conf.Cav. Wood's Regt. 1st Co.A Sgt.Maj.
Briscoe, H. GA Inf. 25th Bn. (Prov.Guard) Co.C
Briscoe, H. TX Cav. Baird's Regt. Co.G
Briscoe, H.C. MS 48th Inf. Co.B
Briscoe, H.C. 20th Conf.Cav. Co.A
Briscoe, Henry GA 35th Inf. Co.G
Briscoe, Henry MD 1st Inf. Co.H
Briscoe, Henry MD Weston's Bn. Co.D
Briscoe, Henry VA 26th Inf. Surg.
Briscoe, Henry L. Gen. & Staff, Comsy.Dept. Capt.
Briscoe, H.S. MS Inf. 2nd Bn. Co.B
Briscoe, Isaac H. VA 14th Cav. Crawford's Co. 1st Sgt.
Briscoe, Isaac H. VA 17th Cav. Co.F 1st Sgt.
Briscoe, Isaac J. MO 3rd Cav. Co.I
Briscoe, Isaac N. TX 16th Cav. Co.E Cpl.
Briscoe, J. AR Inf. 8th Bn. Co.D
Briscoe, J.A. VA 17th Cav. Co.F
Briscoe, James TN 1st (Feild's) Inf. Co.F
Briscoe, James TN 3rd (Lillard's) Mtd.Inf. Co.A
Briscoe, James A. MO 3rd Cav. Co.I
Briscoe, James C. MO 3rd Cav. Co.I
Briscoe, James M. LA 3rd Inf. Co.B Cpl.
Briscoe, James R. TX 16th Cav. Co.E
Briscoe, James W. GA 57th Inf. Co.H Sgt.
Briscoe, J.D. MO 16th Inf. Co.D
Briscoe, Jesse AR 31st Inf. Co.E
Briscoe, J.F. MO 6th Cav. Co.B Sgt.
Briscoe, J.G. AR 37th Inf. Co.C
Briscoe, J.G. MO 10th Cav. Co.F Cpl.
Briscoe, J.H. LA 22nd (Cons.) Inf. Co.A Sgt.
Briscoe, J.H. TX 14th Cav. Co.A Capt.
Briscoe, J.N. Brush Bn.
Briscoe, John GA 16th Inf. Co.K
Briscoe, John MO St.Guard
Briscoe, John TN 7th (Duckworth's) Cav. Co.C
Briscoe, John B. LA 1st Bn.Res.Corps
Briscoe, John B. TX 16th Cav. Co.E
Briscoe, John B. VA 162nd Mil. Co.C
Briscoe, John F. Conf.Cav. Clarkson's Bn. Ind.Rangers Co.E
Briscoe, John G. AR 21st Inf. Co.F
Briscoe, John H. MD Arty. 1st Btty.
Briscoe, John H. MO 1st N.E. Cav.
Briscoe, John H. MO 2nd N.E. Cav. (Franklin's Regt.)
Briscoe, John H. MO Cav. Snider's Bn. Co.C
Briscoe, John L. MS 12th Inf. Co.A QM
Briscoe, Jno. L. Gen. & Staff Capt.,AQM
Briscoe, John N. AL 4th (Russell's) Cav. Co.D
Briscoe, John P. GA 35th Inf. Co.G
Briscoe, John P. Bradford's Corps Scouts & Guards Co.A
Briscoe, John R. TX 16th Cav. Co.E Capt.
Briscoe, John W. MO 10th Cav. Co.F 1st Lt.
Briscoe, Joseph MO 3rd & 5th Cons.Inf. Sgt.
Briscoe, Joseph A. TX 14th Cav. Co.A
Briscoe, Joseph H. MO Inf. 3rd Bn. Co.D
Briscoe, Joseph H. MO 6th Inf. Co.F,E Sgt.
Briscoe, J.P. AR 1st (Monroe's) Cav.
Briscoe, J.P. GA 9th Inf. (St.Guards) Co.E Cpl.
Briscoe, J.S. GA Arty. St.Troops Pruden's Btty.
Briscoe, J.T. GA Cav. Arnold's Co.
Briscoe, J.W. TN 61st Mtd.Inf. Co.K 1st Sgt.
Briscoe, L. TN 63rd Inf. Co.K
Briscoe, Lafayette NC 18th Inf. Co.E
Briscoe, Larkin W. TX 6th Cav. Co.B,E
Briscoe, L.M. GA Lt.Arty. 12th Bn. 2nd Co.B, Co.F
Briscoe, M. LA Mil. 4th Regt. 2nd Brig. 1st Div. Co.A
Briscoe, M. TX Cav. Waller's Regt. Goode's Co.
Briscoe, Marshall MD 1st Inf. Co.I
Briscoe, Marshall MD Inf. 2nd Bn. Co.F
Briscoe, M.J. AL 36th Inf. Co.H
Briscoe, M.P. GA 3rd Cav. (St.Guards) Co.K Cpl.
Briscoe, M.P. GA 55th Inf. Co.B,A
Briscoe, Owen TN 3rd (Lillard's) Mtd.Inf. 1st Co.K Cpl.
Briscoe, Owen TN 63rd Inf. Co.E
Briscoe, P. TX Inf. Timmons' Regt. Co.H Sgt.
Briscoe, Philip D. GA 35th Inf. Co.G Cpl.
Briscoe, P.T. MD 1st Cav. Co.B
Briscoe, R.C. MD Arty. 2nd Btty.
Briscoe, R.F. AR 32nd Inf. Co.G
Briscoe, Richard SC 1st Arty. Co.D
Briscoe, Richard VA 46th Inf. 2nd Co.A
Briscoe, Robert NC 11th (Bethel Regt.) Inf. Co.F Cpl.
Briscoe, Robert TN 63rd Inf. Co.E
Briscoe, Robert P. TX 24th Cav. Co.F Jr.2nd Lt.
Briscoe, Samuel TN 3rd (Lillard's) Mtd.Inf. 1st Co.K
Briscoe, Samuel J. TN 63rd Inf. Co.E
Briscoe, Stephen MO 1st N.E. Cav. Co.I
Briscoe, Stephen MO 2nd N.E. Cav. (Franklin's Regt.)
Briscoe, Thomas MS 14th Inf. Co.I 1st Sgt.
Briscoe, Thomas W. VA 2nd Inf. Co.G
Briscoe, W. GA 19th Inf. Co.I
Briscoe, Walter MO Cav. Snider's Bn. Co.C
Briscoe, Warren S. MO Cav. Wood's Regt. Co.A Capt.
Briscoe, Washington MD Arty. 1st Btty.
Briscoe, W.E. GA 9th Inf. (St.Guards) Co.E
Briscoe, W.E. GA Inf. 25th Bn. (Prov.Guard) Co.B
Briscoe, William LA 28th (Thomas') Inf. Co.A
Briscoe, William H. TN 63rd Inf. Co.E
Briscoe, William H. VA 25th Inf. 2nd Co.F
Briscoe, William H. VA 162nd Mil. Co.C
Briscoe, William J. TX 19th Cav. Co.G
Briscoe, William M. MO Cav. 3rd Regt.St.Guard QM
Briscoe, William M. MO St.Guard Staff Lt.Col.,ADC
Briscoe, William R. AR 15th (N.W.) Inf. Co.A
Briscoe, William R. MO 3rd Cav. Co.I
Briscoe, William S. GA 2nd Cav. Co.D Sgt.
Briscow, John MS 12th Cav. Co.L
Briscow, John A. TN 14th Inf. Co.A
Briscow, Thomas GA 1st Cav. Co.G
Brise, John S. GA 12th Mil.
Brisen, D.M. AL 19th Inf. Co.D
Brisen, J.H. GA 23rd Inf. Co.H
Brisendin, William H. GA 38th Inf. Co.K
Brisendine, D.D. TN 10th (DeMoss') Cav. Co.I Sgt.
Brisendine, D.D. TN Inf. 154th Sr.Regt. Co.F Cpl.
Brisendine, James W. MS 2nd Part.Rangers Co.A
Brisendine, J.J.B. AR 32nd Inf. Co.I Sgt.
Brisendine, John J.B. AR 2nd Vol. Co.A Cpl.
Brisendine, L. GA Inf. Alexander's Co.
Brisendine, P. GA Inf. Alexander's Co.
Brisendine, P. GA Floyd Legion (St.Guards) Co.F Sgt.
Brisendine, P.H. GA Lt.Arty. Van Den Corput's Co.
Brisendine, T.J. TN 5th Inf. 2nd Co.D
Brisendine, W.H. GA 7th Inf. Co.B
Brisenham, William MS 32nd Inf. Co.A
Brisentin, John T. TX Cav. Martin's Regt. Co.D
Brisentine, Claiborne VA 18th Inf. Co.D
Brisentine, James R. VA 28th Inf. Co.B
Brisentine, Jesse R. VA 28th Inf. Co.B
Brisentine, John M. VA 28th Inf. Co.B
Brisentine, Leybourn VA 28th Inf. 2nd Co.C
Brisentine, Newton VA 6th Inf. Co.G
Brisentine, Reuben VA 28th Inf. Co.B
Brisentine, Samuel VA 18th Inf. Co.D
Brisentine, William B. VA 28th Inf. Co.B
Brisentine, W.M. TN 46th Inf. Co.K
Brisentine, W.W. TN 46th Inf. Co.K
Brisey, Benjamin VA 31st Inf. Co.A
Brishof, H.A. AL 51st (Part.Rangers) Co.C
Brisindine, D.D. TN Cav. Napier's Bn. Co.E

Brisindine, Henderson MS 2nd Part.Rangers Co.A
Brisindine, W.W. VA Inf. 2nd Bn.Loc.Def. Co.F
Brisinger, John C. AL 8th (Hatch's) Cav. Co.K Sgt.
Brisk, Isaac AL City Troop (Mobile) Arrington's Co.A Sgt.
Brisk, Isaac 15th Conf.Cav. Co.F
Briskey, G.M. AL 14th Inf. Co.D
Briskey, H. AL 14th Inf. Co.D
Briskey, Jasper AL 14th Inf. Co.D
Briskey, Jesse AL 14th Inf. Co.D
Briskly, B. AL 6th Cav. Co.A
Brisko, J. MS Mtd.Inf. (St.Troops) Maxey's Co.
Brisky, J.M. AL 14th Inf. Co.D Cpl.
Brislow, W. TX 37th Cav. Grey's Co.
Brisnahan, J. MS 2nd Cav. Co.D
Brisolara, Antoine LA Mil. 6th Regt.Eur.Brig. (Italian Guards Bn.) Maj.
Brisolara, Giovanni LA Mil. 6th Regt.Eur.Brig. (Italian Guards Bn.) Co.1
Brisolara, Guiseppe LA Mil. 6th Regt.Eur.Brig. (Italian Guards Bn.) Co.1 Cpl.
Brisolara, M. LA Mil. Orleans Fire Regt. Co.G
Brison, Abner AR 27th Inf. Co.A
Brison, C.G. MO Cav. Fristoe's Regt. Co.L
Brison, Green Hansbury VA 8th Cav. 1st Co.D
Brison, G.W. AL 11th Inf. Co.G
Brison, H.B. NC 49th Inf. Co.H
Brison, James GA 11th Inf. Co.C
Brison, J.B.F. NC 23rd Inf. Co.H
Brison, J.B.P. NC 49th Inf. Co.H
Brison, J.H. AR 27th Inf. Co.G
Brison, J.H. NC 23rd Inf. Co.H
Brison, John TN 1st (Carter's) Cav. Co.D
Brison, John VA Lt.Arty. Carpenter's Co.
Brison, John R. VA 1st Lt.Arty. Co.C
Brison, John R. VA Lt.Arty. Cutshaw's Co. Cpl.
Brison, Joseph AR 8th Inf. New Co.F
Brison, Joseph W. NC 49th Inf. Co.H Cpl.
Brison, L. MS 2nd Cav.Res. Co.F
Brison, P.B. TN 24th Bn.S.S. Co.C
Brison, Robert GA 6th Cav. Co.G
Brison, R.T. TX 14th Inf. Co.I Cpl.
Brison, S.B.A. NC 49th Inf. Co.H
Brison, T.L. NC 49th Inf. Co.H
Brison, T.M. GA 40th Inf. Co.E
Brison, W.D. AR 58th Mil. Co.A
Brissan, Isham NC 8th Sr.Res. McNeill's Co.
Brissauw, Alexander TX 13th Cav. Co.F
Brisset, Charles 2nd Conf.Eng.Troops 2nd Lt.
Brisset, Charles Armand Sap. & Min. Gallimard's Co.,CSA Sgt.Maj.
Brissey, Charles SC 16th & 24th (Cons.) Inf. Co.E
Brissey, F.F. KY 4th Cav. Co.G
Brissey, James A. SC 16th Inf. Co.B
Brissey, Jesse SC 16th Inf. Co.B
Brissey, John SC 1st Arty. Co.B Artif.
Brissey, John 2nd Conf.Eng.Troops Co.F
Brissey, Peter VA 25th Mil. Co.C
Brisson, Alexander NC 2nd Arty. (36th St.Troops) Co.H
Brisson, Anthony NC 2nd Arty. (36th St.Troops) Co.I
Brisson, Anthony NC 8th Sr.Res. Callihan's Co.
Brisson, J. NC 8th Sr.Res. Callihan's Co.
Brisson, Joseph H. NC 2nd Arty. (36th St.Troops) Co.H
Brisson, Reuben NC 2nd Arty. (36th St.Troops) Co.H
Brisson, Stephen T. NC 2nd Arty. (36th St.Troops) Co.H
Brissot, Paul LA 2nd Cav. Co.D Cpl.
Brister, A.C. AR 11th & 17th Cons.Inf. Co.F Sgt.
Brister, Allen LA 25th Inf. Co.D
Brister, Allen MS 18th Inf. Co.F 1st Sgt.
Brister, A.W. MS 2nd (Quinn's St.Troops) Inf. Co.A
Brister, Benjamin MS 2nd (Quinn's St.Troops) Inf. Co.B
Brister, Benjamin MS McCord's Co. (Slate Springs Co.)
Brister, Bird MS Cav. 24th Bn. Co.B
Brister, D.J. TX 33rd Cav. Co.D
Brister, D.J. TX Cav. McCord's Frontier Regt. 1st Co.A
Brister, Drury MS 5th Cav. Co.F
Brister, Drury MS Lt.Arty. Lomax's Co.
Brister, Drury MS 3rd Inf. (St.Troops) Co.G Sgt.
Brister, E. MS 5th Cav. Co.E
Brister, E. MS 18th Cav. Co.I
Brister, E.B. TX 21st Cav. Co.C 1st Sgt.
Brister, Edmond C. MS 40th Inf. Co.D Sgt.
Brister, E.L. AR 11th & 17th Cons.Inf. Co.F
Brister, F.M. TX Cav. 6th Bn. Co.F
Brister, Francis M. TX 17th Inf. Co.A
Brister, George W. TX 13th Cav. Co.H
Brister, G.W. LA Inf. 16th Bn. (Conf.Guards Resp.Bn.)
Brister, G.W. LA 25th Inf. Co.G
Brister, G.W. TX 36th Cav. Co.I
Brister, H. MS 13th Inf. Co.I
Brister, H.F. Conf.Cav. Wood's Regt. Co.K
Brister, H.N. LA 25th Inf. Co.G
Brister, Isaiah MS 40th Inf. Co.D
Brister, I.V. AR 11th & 17th Cons.Inf. Co.F
Brister, J.A. LA Inf.Crescent Regt. Co.K
Brister, Jacob LA 27th Inf. Co.C
Brister, James GA 62nd Cav. Co.L
Brister, James TX 4th Cav. Co.D
Brister, James VA 24th Cav. Co.I
Brister, James 8th (Dearing's) Conf.Cav. Co.D
Brister, James C. VA 9th Inf. 2nd Co.A Sgt.
Brister, James C. VA 12th Inf. Co.D 2nd Lt.
Brister, James W. MS 30th Inf. Co.D
Brister, J.C. VA 39th Mil. Co.B
Brister, Jesse MS 33rd Inf. Co.C
Brister, J.M. MS 7th Inf. Co.B Capt.
Brister, John MS 2nd (Quinn's St.Troops) Inf. Co.B
Brister, John MS 7th Inf. Co.B
Brister, John A. LA 16th Inf. Co.E
Brister, John C. TX 36th Cav. Co.I
Brister, John J. MS 33rd Inf. Co.C
Brister, John W. VA 7th Cav. Co.D
Brister, Joseph TX Cav. Ragsdale's Bn. Co.B
Brister, M. MS 1st Cav. Co.B
Brister, Moses MS 5th Cav. Co.F Cpl.
Brister, Moses MS 3rd Inf. (St.Troops) Co.G Cpl.
Brister, N.R. LA 25th Inf. Co.G
Brister, R.G. TX 36th Cav. Co.I Cpl.
Brister, Richard A. VA 3rd Inf. Co.D Sgt.Maj.
Brister, Robert E. MS 19th Inf. Co.I
Brister, Samuel MS Lt.Arty. Lomax's Co.
Brister, Samuel MS 2nd (Quinn's St.Troops) Inf. Co.B
Brister, Samuel MS 18th Inf. Co.F
Brister, Samuel MS 33rd Inf. Co.H
Brister, Samuel MS 40th Inf. Co.D 1st Lt.
Brister, Samuel W. MS 34th Inf. Co.C
Brister, T.M. Conf.Cav. Wood's Regt. 2nd Co.M
Brister, W. LA Inf. Pelican Regt. Co.B
Brister, Warrick MS 2nd (Quinn's St.Troops) Inf. Co.B
Brister, William MS 40th Inf. Co.D
Brister, William TX 33rd Cav. Co.D
Brister, William TX 36th Cav. Co.E
Brister, William H. MS 33rd Inf. Co.H
Brister, William M. LA 27th Inf. Co.C
Brister, William M. TX 33rd Cav. Co.D
Brister, William M. TX Cav. McCord's Frontier Regt. 1st Co.A
Brister, William W. Sig.Corps,CSA
Brister, W.J. LA 25th Inf. Co.G
Brister, W.T. MS 24th Inf. Co.H
Brister, W.T. MS 33rd Inf. Co.H
Brister, W. Theo TN 3rd (Clack's) Inf. Co.G
Brister, W.W. MS 15th Inf. Co.B Cpl.
Brister, Z.L. MS Lt.Arty. Lomax's Co.
Bristle, G. TX Cav. Ragsdale's Bn. Co.B
Bristle, Louis MO Lt.Arty. Barret's Co.
Bristley, M. TX 24th & 25th Cav. Co.H 2nd Lt.
Bristley, M. TX 25th Cav. Co.I 2nd Lt.
Bristman, C.O. LA Mil. 2nd Regt. 3rd Brig. 1st Div.
Bristo, Francis M. TN 28th Inf. Co.C
Bristo, S.C. MO 9th Inf. Co.B
Bristo, T.C. SC 16th & 24th (Cons.) Inf. Co.H
Bristo, W.R. TX Cav. Hardeman's Regt. Co.E
Bristoe, E.B. NC 1st Inf. (6 mo. '61) Co.G
Bristoe, John MO Cav. Jackman's Regt.
Bristoe, John SC Lt.Arty. Beauregard's Co.
Bristoe, John Y. VA 3rd Inf. Co.E
Bristoe, L.C. AR 15th (Josey's) Inf. Co.B
Bristoe, P.T. MD Cav. 2nd Bn. Co.B
Bristoe, R.C. MO 11th Inf. Co.D
Bristoe, S.S. MO Cav. Jackman's Regt.
Bristoe, Stephen AR Cav. Harrell's Bn. Co.D
Bristoe, William AR 7th Cav. Co.K
Bristoe, William MO 11th Inf. Co.D
Bristoe, William G. AR 16th Inf. Co.A
Bristol, --- SC Lt.Arty. Walter's Co. (Washington Arty.) Col'd. Teamster
Bristol, D.W. Gen. & Staff Hosp.Stew.
Bristol, Dwight W. MS 44th Inf. Co.D
Bristol, E.B. NC 11th (Bethel Regt.) Inf. Co.B 1st Sgt.
Bristol, E.H. Gen. & Staff, QM Dept.
Bristol, Elias KY 6th Mtd.Inf. Co.B
Bristol, F.G. MO 5th Cav. Co.A Sgt.
Bristol, George G. NC 39th Inf. Co.E Capt.
Bristol, James LA 14th (Austin's) Bn.S.S.
Bristol, John M. NC 3rd Cav. (41st St.Troops) Co.F
Bristol, L.A. NC 11th (Bethel Regt.) Inf. Co.B
Bristol, Lambert A. NC 3rd Jr.Res. Co.G Capt.

Bristol, Lambert A. NC 8th Bn.Jr.Res. Co.C Capt.
Bristol, Louis LA 7th Inf. Co.D
Bristol, Robert LA Inf. 1st Sp.Bn. (Wheat's) Co.B
Bristol, Robert A. GA 3rd Inf. Co.K
Bristol, Robert A. NC 39th Inf. Co.E 2nd Lt.
Bristol, Thomas B. MS 13th Inf. Co.K Music.
Bristol, Thomas B. NC 39th Inf. Co.E QMSgt.
Bristol, W. LA Inf. 7th Bn. Co.B
Bristol, William LA Inf. 1st Sp.Bn. (Wheat's) Old Co.D
Bristol, William W. LA 15th Inf. Co.I
Bristol, W.W. MS 28th Cav. Co.H
Briston, John GA 1st Inf.
Briston, J.W. AR 10th Mil. Co.G Sgt.
Briston, W.J. AR 10th Mil. Co.G Cpl.
Bristow, --- (Col'd.) SC Lt.Arty. J.T. Kanapa
Bristow, Addison F. VA 26th Inf. Co.H
Bristow, A.E. SC Inf. 9th Bn. Co.C,E 2nd Lt.
Bristow, A.L. AL 46th Inf. Co.C
Bristow, A.L. VA 5th Cav. Co.E
Bristow, Alex. E. SC 26th Inf. Co.D Capt.
Bristow, Andrew L. VA 109th Mil. Co.B, 2nd Co.A
Bristow, B.W. MS 20th Inf. Co.E
Bristow, B.W. TX 5th Inf. Co.C
Bristow, B.W. Gen. & Staff Asst.Surg.
Bristow, Calvin VA Arty. Fleet's Co.
Bristow, Calvin VA Lt.Arty. Woolfolk's Co.
Bristow, Calvin VA 55th Inf. Co.B
Bristow, Charles W. VA 9th Inf. 2nd Co.H
Bristow, Charles W. VA 12th Inf. 1st Co.I
Bristow, Chesley D. SC 8th Inf. Co.G
Bristow, Columbus C. SC 8th Inf. Co.E,G 1st Sgt.
Bristow, C.S. AL 23rd Inf. Co.B
Bristow, C.S. AL 46th Inf. Co.C
Bristow, D.M. SC 21st Inf. Co.F
Bristow, E. NC Mallett's Bn. Co.A
Bristow, E. VA 9th Inf. Co.F
Bristow, E. VA Conscr. Cp.Lee Co.A
Bristow, E.D. SC 8th Inf. Co.G
Bristow, Edwin J. AL 57th Inf. Co.C
Bristow, E.H. MS 6th Cav. Morgan's Co.
Bristow, E.H. MS 12th Cav. Co.C
Bristow, E.H. MS 20th Inf. Co.E
Bristow, E.H. SC 23rd Inf. Co.A,B Sgt.
Bristow, E.H. TX 5th Inf. Co.C
Bristow, E.T. AL 48th Inf. Co.B
Bristow, Ethelbert VA 12th Inf. 1st Co.I
Bristow, Ethelbert VA 41st Inf. Co.C
Bristow, F. NC Mallett's Bn. Co.A
Bristow, F.A. VA Lt.Arty. Woolfolk's Co.
Bristow, F.O. VA 32nd Inf. Co.F
Bristow, Fountain G. MO 5th Cav. Co.A Sgt.
Bristow, Francis A. VA Arty. Fleet's Co.
Bristow, Francis A. VA 55th Inf. Co.B
Bristow, G. KY Morgan's Men Co.C Cpl.
Bristow, G.B. AR Inf. Cocke's Regt. Co.G
Bristow, George B. AR 7th Inf. Co.G
Bristow, George Edward VA 26th Inf. 2nd Co.B
Bristow, George F. VA 55th Inf. Co.C
Bristow, George H. VA 21st Mil. Co.E
Bristow, George H. VA 26th Inf. 2nd Co.B
Bristow, George T. VA Arty. Fleet's Co.
Bristow, George T. VA 55th Inf. Co.B
Bristow, George W. TN Conscr. (Cp. of Instr.)
Bristow, Harris A. MS 12th Inf. Co.A
Bristow, Henry VA Lt.Arty. Clutter's Co.
Bristow, Henry VA Arty. Fleet's Co.
Bristow, Henry VA 55th Inf. Co.B
Bristow, James LA 3rd (Wingfield's) Cav. Co.I
Bristow, James A. NC 1st Inf. Co.F
Bristow, James B. VA 26th Inf. Co.C
Bristow, James B. VA 55th Inf. Co.B
Bristow, James M. AR 14th (Powers') Inf. Co.B
Bristow, James M. VA 4th Cav. Co.E
Bristow, James S. SC 2nd Arty. Co.D
Bristow, James T. SC 2nd Arty. Co.D
Bristow, James T. SC 21st Inf. Co.K 1st Sgt.
Bristow, James T. VA 26th Inf. 2nd Co.B
Bristow, J.B. 20th Conf.Cav. 2nd Co.H
Bristow, J.C. NC 30th Inf. Co.K
Bristow, J.D. SC Cav. 19th Bn. Co.E
Bristow, J.D. SC 20th Inf. Co.L
Bristow, Jerome KY 7th Cav. Co.E
Bristow, J.J. KY 2nd (Duke's) Cav. Co.I
Bristow, J.M. NC 8th Inf. Co.D
Bristow, J.M. SC 20th Inf. Co.L
Bristow, J.M. SC 23rd Inf. Co.G
Bristow, J.N. AL 17th Inf. Co.I
Bristow, Joel C. GA 25th Inf. Co.H 2nd Lt.
Bristow, John VA Lt.Arty. 12th Bn. Co.D
Bristow, John A. VA 21st Mil. Co.E
Bristow, John F. AL 22nd Inf. Co.I
Bristow, John R. VA 26th Inf. Co.H
Bristow, John T. VA 109th Mil. Co.B
Bristow, John W. AR 14th (Powers') Inf. Co.D
Bristow, John Y. SC 8th Inf. Co.E 1st Sgt.
Bristow, Joseph A. VA 24th Cav. Co.C Sgt.
Bristow, Joseph A. VA Cav. 40th Bn. Co.C
Bristow, Joseph A. VA 55th Inf. Co.C
Bristow, Joseph W. VA 55th Inf. Co.C
Bristow, Julian P. VA 9th Cav. Co.F
Bristow, J.W. AL 17th Inf. Co.I
Bristow, J.W. MS 10th Cav. Co.C
Bristow, Lemuel C. VA Arty. Fleet's Co. Sr.2nd Lt.
Bristow, Lemuel C. VA 55th Inf. Co.B Sgt.
Bristow, Lewis L. VA 109th Mil. Co.B,A
Bristow, Lewis S., Jr. VA 109th Mil. 2nd Co.A
Bristow, Llelyne M. VA 61st Mil. Co.B
Bristow, Llewellyn M. VA 34th Inf. Co.A
Bristow, L.M. VA 26th Inf. Co.H
Bristow, L.S. VA 9th Cav. Co.F
Bristow, Peter W. VA 21st Mil. Co.E
Bristow, Peter W. VA 26th Inf. 2nd Co.B
Bristow, R.B. VA Lt.Arty. Woolfolk's Co.
Bristow, Richard S. VA 6th Inf. Co.A
Bristow, Richmond VA Lt.Arty. 12th Bn. Co.D
Bristow, R.N. SC Cav. 19th Bn. Co.E
Bristow, R.N. SC 20th Inf. Co.L,M
Bristow, R.N. SC 21st Inf. Co.F
Bristow, Robert B. VA 17th Inf. Co.F
Bristow, Robert H. VA 34th Inf. Co.A
Bristow, Robert R. VA 34th Inf. Co.A
Bristow, S. VA 53rd Inf. Co.B
Bristow, Sam KY 8th Cav. Co.D
Bristow, Samuel NC 58th Inf. Co.E
Bristow, Samuel VA Conscr. Cp.Lee Co.A
Bristow, S.G. MO Inf. Clark's Regt. Co.A
Bristow, S.T. AR Cav. Carlton's Regt. Co.F 2nd Lt.
Bristow, Thomas B. AL 51st (Part.Rangers) Co.B Sgt.
Bristow, Thomas C. SC 24th Inf. Co.B
Bristow, Walter VA 109th Mil. Co.B
Bristow, Wiley J. SC 21st Inf. Co.F
Bristow, William B. VA 21st Mil. Co.D,E Sgt.
Bristow, William C. VA Lt.Arty. Clutter's Co.
Bristow, William C. VA Arty. Fleet's Co. Sgt.
Bristow, William C. VA 55th Inf. Co.B Sgt.
Bristow, William F. NC 1st Inf. Co.F
Bristow, William G. AL 51st (Part.Rangers) Co.B
Bristow, William H. NC 2nd Cav. (19th St.Troops) Co.G
Bristow, William K. TX 12th Inf. Co.H
Bristow, William M. SC Cav. 12th Bn. Co.C Bvt.2nd Lt.
Bristow, William M. TN 15th Cav. Co.G
Bristow, William M. TX 15th Cav. Co.G
Bristow, William P. MS 10th Inf. Old Co.F
Bristow, William P. VA 34th Inf. Co.A
Bristow, William R. TX 12th Inf. Co.H
Bristow, W.M. SC Arty. Manigault's Bn. 2nd Co.C
Bristow, W. Presten MS 22nd Inf. Co.B
Bristowe, B.W. TX Lavaca Cty. Minute Men
Brit, Benjamin VA 4th Res. Co.D
Brit, C.G. AR 15th (Johnson's) Inf. Co.I
Brit, George AL 19th Inf. Co.B
Brit, Jackson A.J. AL 40th Inf. Co.A
Brit, Nelson Mead's Conf.Cav. Co.A
Brit, Patrick TN 3rd (Forrest's) Cav. Co.F
Brit, Pinkny TN 55th (Brown's) Inf. Co.E
Brit, William L. MS 43rd Inf. Co.A
Britain, Andrew J. NC 8th Bn.Part.Rangers Co.A
Britain, Andrew J. NC 66th Inf. Co.F
Britain, J.A. AR 1st (Dobbin's) Cav. Co.C
Britain, J.E. TX 1st Hvy.Arty. 2nd Co.A
Britain, J.E. TX 15th Inf. 1st Co.E
Britain, T.T. AR 1st (Dobbin's) Cav. Co.C Cpl.
Britain, Tyrie, Sr. GA 1st Cav. Co.B
Britain, W.A. TX 1st Hvy.Arty. 2nd Co.A
Britain, W.H. LA 9th Inf. Co.C
Britberg, J.H. AL 5th Inf. Co.C Cpl.
Britch, John LA Mil. Bonnabel Guards
Britchbill, S.L. MO Cav. Williams' Regt. Co.B
Britcher, F. TX 1st Hvy.Arty. Co.G Cpl.
Britches, --- 2nd Cherokee Mtd.Vol. Co.B
Brite, Asbury MO 8th Inf. Co.G
Brite, Benton MO 11th Inf. Co.A
Brite, David B. TX 26th Cav. Co.B Far.
Brite, George W. NC 8th Inf. Co.A Sgt.
Brite, James W. NC 56th Inf. Co.C Sgt.
Brite, John MO 8th Inf. Co.G
Brite, John NC 8th Inf. Co.A
Brite, John H. TX 36th Cav. Co.K,E
Brite, John Richard MO 8th Inf. Co.G
Brite, L.C. TX Cav. McDowell's Co.
Brite, Lucus C. TX 36th Cav. Co.K 2nd Lt.
Brite, Rolla E. MO 8th Inf. Co.G
Brite, Thomas NC 8th Inf. Co.A
Brite, Thomas Benton MO 8th Inf. Co.G
Brite, W. NC Mallett's Bn. Co.A
Brite, William C. NC 8th Inf. Co.A
Brith, Joel AL 31st Inf. Co.D
Brith, J.W. NC 33rd Inf. Co.K
Britian, Thomas Sidney AR 31st Inf. Co.A

Britin, Frank VA 23rd Cav. Co.M
Britlard, James MS 3rd Inf. Co.H
Britleing, A. AL 17th Inf. Co.H
Britling, George Eng.Dept. Polk's Corps A. of TN Sap. & Min. Co.,CSA
Britlingham, J.M. AL 38th Inf. Co.H
Britnall, William W. AL 2nd Bn. Hilliard's Legion Vol. Co.E
Britnall, W.W. AL 59th Inf. Co.B
Britnell, B. AL 5th Cav. Co.H
Britnell, B.S. AL 5th Cav. Co.B
Britnell, J.B. AL 10th Cav. Co.A 1st Lt.
Britnell, J.M. AL 10th Cav. Co.A 2nd Lt.
Britnell, J.W. AL 5th Cav. Co.E
Britnell, J.W. AL 27th Inf. Co.A Bvt.2nd Lt.
Britnell, S. AL 4th (Roddey's) Cav. Co.E 2nd Lt.
Britner, Gregory VA Horse Arty. J.W. Carter's Co. Cpl.
Britner, Thaddeus S. VA 11th Cav. Co.A
Brito, Gabino TX Cav. Ragsdale's Bn. 1st Co.A Bugler
Briton, George TN Conscr. (Cp. of Instr.)
Briton, J.S. TN 19th (Biffle's) Cav. Co.C
Briton, Moses NC 35th Inf. Co.C Sgt.
Briton, Wilson TN 35th Inf. 2nd Co.F
Brits, James H. VA 22nd Inf. Co.H
Britsch, A. LA 26th Inf. Co.D Sgt.
Britsford, T.S. AL 47th Inf. Co.D
Britson, Thomas AL Inf. 1st Regt. Co.D
Britson, Thomas MS 9th Inf. New Co.B
Britt, --- TX 24th & 25th Cav. Co.F
Britt, A. GA Conscr.
Britt, A. SC 24th Inf. Co.H
Britt, A. TN 12th (Green's) Cav. Co.I
Britt, A. TN 9th Inf. Co.A
Britt, Aaron NC 7th Bn.Jr.Res. Co.C
Britt, Aaron K. GA 34th Inf. Co.C
Britt, Albert G. NC 2nd Cav. (19th St.Troops) Co.C Far.
Britt, Albert G. NC 4th Cav. (59th St.Troops) Co.D Far.
Britt, Alexander AR 32nd Inf. Co.C
Britt, Alexander, Jr. NC 12th Inf. Co.D
Britt, Alexander, Sr. NC 12th Inf. Co.D
Britt, Alexander NC 30th Inf.
Britt, Alexander, Jr. NC 50th Inf. Co.B
Britt, Alexander, Sr. NC 50th Inf. Co.B
Britt, Alexander A. NC 3rd Inf. Co.K
Britt, Alexander S. NC 31st Inf. Co.A
Britt, Alfred MS Inf. 7th Bn. Co.C
Britt, Alfred NC 50th Inf. Co.B
Britt, Alva G. NC 12th Inf. Co.D
Britt, Alvin G. NC 50th Inf. Co.B 1st Music.
Britt, A.M. TX 10th Cav. Co.G
Britt, Amos FL 1st Cav. Co.C
Britt, Amos NC 18th Inf. Co.D
Britt, Andrew J. NC 49th Inf. Co.D
Britt, Anglish FL 9th Inf. Co.G
Britt, Archibald NC 51st Inf. Co.E
Britt, Arick NC 5th Inf. Co.A
Britt, Arick NC 12th Inf. Co.D
Britt, Aurilius NC 17th Inf. (1st Org.) Co.D Sgt.
Britt, B. AL 31st Inf. Co.D
Britt, B. AL Talladega Cty.Res. T.M. McClintick's Co.
Britt, B.B. AR Mil. Desha Cty.Bn.
Britt, Ben TN 12th (Green's) Cav. Co.G
Britt, Benjamin C. VA 3rd Inf. Co.G
Britt, Benjamin F. NC 1st Inf. (6 mo. '61) Co.I
Britt, Benjamin R. NC 3rd Inf. Co.A
Britt, Benjamin S. NC 46th Inf. Co.A
Britt, Berry AL 7th Cav. Co.A,E
Britt, Berry AL Cp. of Instr. Talladega
Britt, B.F. GA 64th Inf. Co.G,H
Britt, Byan NC 6th Sr.Res. Co.H
Britt, C. GA Lt.Arty. Croft's Btty. (Columbus Arty.)
Britt, C. GA 3rd Res. Co.E
Britt, Calvin TN Cav. 12th Bn. (Day's) Co.D
Britt, Calvin C. NC 51st Inf. Co.E
Britt, Caswell NC 51st Inf. Co.E
Britt, Charles N. TX 12th Cav. Co.I Cpl.
Britt, Colen L. NC 50th Inf. Co.B
Britt, D.A. AL 53rd (Part.Rangers) Co.A
Britt, Daniel H. GA 14th Inf. Co.A
Britt, David AL 34th Inf. Co.E
Britt, David Newton LA 19th Inf. Co.D Sgt.
Britt, David T. 7th Conf.Cav. Co.F
Britt, David T. 8th (Dearing's) Conf.Cav. Co.G
Britt, D.J. AR 32nd Inf. Co.K
Britt, D.L. NC Wallace's Co. (Wilmington RR Guard)
Britt, Doctor L. NC Hvy.Arty. 1st Bn. Co.C
Britt, D.W. MS 2nd (Quinn's St.Troops) Inf. Co.C
Britt, Dwight NC 5th Inf. Co.A
Britt, E. MS 1st (King's) Inf. (St.Troops) Co.B
Britt, E. NC 1st Jr.Res.
Britt, E. 8th (Dearing's) Conf.Cav. Co.A
Britt, E.B. AL 46th Inf. Co.F
Britt, E.B. MS 9th Bn.S.S. Co.A Sgt.
Britt, E.B. MS 29th Inf. Co.I
Britt, Edmund NC 50th Inf. Co.B
Britt, Edward NC 38th Inf. Co.D
Britt, Edwin G. GA 13th Inf. Co.E
Britt, E.J. AL 53rd (Part.Rangers) Co.A,G
Britt, E.J. NC 18th Inf. Co.D
Britt, E.L. AR 19th (Dawson's) Co.B
Britt, Elberry NC Lt.Arty. 3rd Bn. Co.C
Britt, Elias VA Lt.Arty. J.D. Smith's Co.
Britt, Elijah B. GA 48th Inf. Co.F
Britt, Ellis NC 18th Inf. Co.D Cpl.
Britt, Enoch NC 3rd Inf. Co.F
Britt, E.Q. SC Inf. 6th Bn. Co.A
Britt, E.Q. SC 26th Inf. Co.C
Britt, E.Q. SC Manigault's Bn.Vol. Co.D
Britt, Evan MS Adair's Co. (Lodi Co.)
Britt, Evan NC 18th Inf. Co.D
Britt, Everitt NC Loc.Def. Croom's Co.
Britt, Evin MS 4th Inf. Co.E
Britt, E.W. NC 50th Inf. Co.B
Britt, Exum B. VA 16th Inf. Co.B Capt.
Britt, F.C. NC Mil. Clark's Sp.Bn. D.N. Bridger's Co.
Britt, Felix NC 31st Inf. Co.A
Britt, Francis C. NC 8th Sr.Res. Gardner's Co.
Britt, Frank J. NC 14th Inf. Co.B Sgt.
Britt, Gaston NC Mil. Clark's Sp.Bn. D.N. Bridger's Co.
Britt, G.D. AR 3rd Inf. (St.Troops) Co.B
Britt, George GA Inf. 10th Bn. Co.C,E
Britt, George C. NC 3rd Arty. (40th St.Troops) Co.B
Britt, George T. VA 4th Cav. Co.F
Britt, George W. AL 20th Inf. Co.F
Britt, George W. NC 2nd Arty. (36th St.Troops) Co.F Cpl.
Britt, George W. NC 1st Inf. (6 mo. '61) Co.I
Britt, George W. NC 2nd Inf. Co.C 1st Lt.
Britt, George W. TN 51st (Cons.) Inf. Co.E
Britt, George W. TN 60th Mtd.Inf. Co.H 1st Lt.
Britt, Giles NC 31st Inf. Co.A
Britt, Granberry MS Lt.Arty. (Brookhaven Lt.Arty.) Hoskins' Btty.
Britt, Grant TN Cav. Shaw's Bn. Hamilton's Co.
Britt, H. MS 38th Cav. Co.G
Britt, Hardy NC Giddins' Co. (Detailed & Petitioned Men)
Britt, H.C. MS 34th Inf. Co.E
Britt, Henry NC 6th Inf. Co.I
Britt, Henry 7th Conf.Cav. Co.F
Britt, Henry C. NC 31st Inf. Co.A
Britt, Henry H. GA Inf. 10th Bn. Co.B
Britt, Henry L. NC 12th Inf. Co.D
Britt, Henry L. NC 50th Inf. Co.B Sgt.
Britt, Henry P. NC 50th Inf. Co.B
Britt, Henry T. AR 24th Inf. Co.F
Britt, Henry T. AR Inf. Hardy's Regt. Co.D
Britt, Hezekiah M. GA 7th Inf. Co.A
Britt, H.F. AL Pris.Guard Freeman's Co.
Britt, Hiram H. AL 13th Inf. Co.F
Britt, H.M. GA 16th Inf. Co.I
Britt, H.N. GA 54th Inf. Co.A,D Cpl.
Britt, I.M. NC Mallet's Bn. (Cp.Guard)
Britt, Isaac C. NC 20th Inf. Co.I
Britt, Isaac T. VA 4th Bn.Res. Co.D Capt.
Britt, Isham NC 18th Inf. Co.D
Britt, J. GA 5th Res. Co.B
Britt, J.A. MS 2nd Cav. 2nd Co.G
Britt, J.A. MS 5th Cav. Co.B
Britt, James GA 1st Reg. Co.B
Britt, James LA 3rd (Wingfield's) Cav. Co.G
Britt, James NC 3rd Inf. Co.A
Britt, James SC 2nd Arty. Co.A
Britt, James TN Cav. 16th Bn. (Neal's) Co.A
Britt, James 8th (Dearing's) Conf.Cav. Co.G
Britt, James E. NC 1st Inf. Co.F
Britt, James E. NC 12th Inf. Co.D
Britt, James E. NC 50th Inf. Co.B Sgt.
Britt, James E. VA 41st Inf. Co.H
Britt, James H. NC 3rd Arty. (40th St.Troops) Co.I Sgt.
Britt, James H. NC 1st Inf. (6 mo. '61) Co.I
Britt, James J. GA 54th Inf. Co.D
Britt, James J. NC 38th Inf. Co.C
Britt, James M. TN Cav. 16th Bn. (Neal's) Co.E
Britt, James M. TN 60th Mtd.Inf. Co.B
Britt, James P. NC Lt.Arty. 3rd Bn. Co.C
Britt, James P. SC 4th Cav. Co.E
Britt, James P. SC Lt.Arty. M. Ward's Co. (Waccamaw Lt.Arty.)
Britt, James P. 7th Conf.Cav. Co.F
Britt, James T. VA Hvy.Arty. 18th Bn. Co.A
Britt, J.B. NC 1st Bn. Home Guards
Britt, J.C. LA 4th Cav.
Britt, J.C. TN 2nd (Ashby's) Cav. Co.I
Britt, J.C. TN 23rd Inf. Co.D Music.
Britt, J. Calvin TN Cav. 4th Bn. (Branner's) Co.E
Britt, J.D. GA 3rd Res. Co.B

Britt, J.D. GA 54th Inf. Co.A
Britt, J.D. 8th (Dearing's) Conf.Cav. Co.D Cpl.
Britt, Jefferson GA 10th Cav. (St.Guards) Co.C
Britt, Jefferson GA 2nd Res. Co.K,C
Britt, Jefferson P. AR Inf. Cocke's Regt. Co.A
Britt, Jesse M. AR 33rd Inf. Co.A
Britt, Jesse N. MS 23rd Inf. Co.B
Britt, J.H. AL 57th Inf. Co.G
Britt, J.H. FL 11th Inf. Co.C
Britt, J.H. MS 10th Cav. Co.H
Britt, J.H. Conf.Cav. Baxter's Bn. Co.A
Britt, J.J. AL 23rd Inf. Co.G
Britt, J.J. AL Talladega Cty.Res. J. Henderson's Co.
Britt, J.J. AR Cav. Gordon's Regt. Co.G
Britt, J.L. AR 20th Inf. Co.E
Britt, J.L. NC 3rd Jr.Res. Co.I
Britt, J.L. TN 19th & 20th (Cons.) Cav. Co.C
Britt, J.M. NC Mil. Clark's Sp.Bn. Co.L
Britt, J.N. MS Inf. 1st Bn. Co.D
Britt, Joel AL 23rd Inf. Co.G
Britt, Joel GA 7th Inf. (St.Guards) Co.C
Britt, Joel NC 51st Inf. Co.E
Britt, John AR Inf. 4th Bn. Co.E
Britt, John MS 3rd Inf. (St.Troops) Co.H
Britt, John NC 3rd Inf. Co.A
Britt, John NC 37th Inf. Co.C
Britt, John NC 61st Inf. Co.E
Britt, John SC 19th Inf. Co.F
Britt, John TN Cav. 12th Bn. (Day's) Co.D
Britt, John TX Waul's Legion Co.B
Britt, John VA Hvy.Arty. Bowyer's Co. (Botetourt Arty.)
Britt, John VA Lt.Arty. J.D. Smith's Co.
Britt, John A. NC 26th Inf. Co.H
Britt, John C. 1st Conf.Eng.Troops Co.G
Britt, John C. B.R. Johnson's Brig.Band Music.
Britt, John Carroll Brig.Band B.R. Johnson's Brig.,CSA Music.
Britt, John D. NC Mallett's Bn. (Cp.Guard) Co.C
Britt, John D. VA 24th Cav. Co.I Cpl.
Britt, John E. AR 20th Inf. Co.E Cpl.
Britt, John E. NC 2nd Cav. (19th St.Troops) Co.C
Britt, John G. AL 13th Inf. Co.F
Britt, John G. NC 12th Inf. Co.D
Britt, John H. GA 12th Inf. Co.E
Britt, John H. NC 17th Inf. (2nd Org.) Co.D 1st Sgt.
Britt, John J. GA 54th Inf. Co.A,D
Britt, John J. NC 1st Arty. (10th St.Troops) Co.D
Britt, John J. NC 43rd Inf. Co.D Sgt.
Britt, John J. NC 51st Inf. Co.E
Britt, John K. GA 64th Inf. Co.G
Britt, John L. SC 23rd Inf. Co.H
Britt, John N.K. GA 47th Inf. Co.B
Britt, John R. GA 13th Inf. Co.E
Britt, John Rhodes GA 42nd Inf. Co.B
Britt, John W. AL 1st Regt.Conscr. Co.G
Britt, John W. MS 20th Inf. Co.F
Britt, John W. NC 50th Inf. Co.B
Britt, John W. TN 48th (Voorhies') Inf.
Britt, John W. TN 53rd Inf. Co.F
Britt, Jon TX Cav. 4th Regt.St.Troops Co.E
Britt, Jonathan M. NC 24th Inf. Co.F
Britt, Joseph AL 46th Inf. Co.F
Britt, Joseph NC 48th Inf. Co.D
Britt, Joseph NC 50th Inf. Co.B
Britt, Joseph J. NC 3rd Arty. (40th St.Troops) Co.G
Britt, Joseph L. NC 2nd Arty. (36th St.Troops) Co.F Cpl.
Britt, Joseph R. AL 11th Inf. Co.G Bvt.2nd Lt.
Britt, J.P. NC Cav. 16th Bn. Co.C
Britt, J.P. NC 20th Inf. Co.K
Britt, J.R. MO 11th Inf. Co.A Sgt.
Britt, J.R. NC 3rd Jr.Res. Co.I
Britt, J.T. NC 2nd Jr.Res. Co.G
Britt, J.W. AL 2nd Cav. Co.I
Britt, J.W. GA 29th Inf. Co.B Sgt.
Britt, Kennedy TN Cav. 16th Bn. (Neal's) Co.A
Britt, Kennedy TN 26th Inf. Co.E
Britt, Kenneth NC 50th Inf. Co.H
Britt, Kenneth R.C. NC 2nd Cav. (19th St.Troops) Co.C
Britt, K.G. AL 4th (Russell's) Cav. Co.K
Britt, K.G. TN 3rd (Forrest's) Cav. 1st Co.F
Britt, Kinchen L. GA Lt.Arty. Guerard's Btty.
Britt, Kinchin NC 3rd Inf. Co.F
Britt, L. NC 2nd Jr.Res. Co.K
Britt, L.A. TN 17th Cav. Co.C
Britt, L.A. TN 21st (Wilson's) Cav. Co.H
Britt, Labon NC 51st Inf. Co.E
Britt, Lawrence NC 1st Cav. (9th St.Troops) Co.B
Britt, Lawrence NC 1st Inf. (6 mo. '61) Co.I
Britt, L.B. TX 3rd Cav. Co.A
Britt, Lemuel NC 1st Arty. (10th St.Troops) Co.F
Britt, Levi NC 2nd Inf. Co.K
Britt, Levi SC Inf. Holcombe Legion Co.H
Britt, Lewis NC 3rd Inf. Co.G
Britt, Lewis T. NC 3rd Arty. (40th St.Troops) Co.K
Britt, L.H. GA 54th Inf. Co.A,D
Britt, L.H. TN 27th Inf. Co.D
Britt, L.L. AL 5th Inf. New Co.I
Britt, L.M.C. GA 10th Mil.
Britt, L.R. AL 51st (Part.Rangers) Co.F
Britt, M. MS 3rd Inf. Co.K
Britt, M. TN 9th Inf. Co.A
Britt, Madison R. GA 43rd Inf. Co.B
Britt, Mathew C. NC 1st Inf. (6 mo. '61) Co.I
Britt, Mayberry MS Lt.Arty. (Brookhaven Lt.Arty.) Hoskin's Btty.
Britt, M.C. NC 21st Inf. Co.D
Britt, M.C. NC 43rd Inf. Co.F Cpl.
Britt, M.D. GA Cav. 19th Bn. Co.E
Britt, M.D. NC Mil. 1st Regt. W. Crowder's Co.
Britt, M.D. 10th Conf.Cav. Co.K Sgt.
Britt, Mills NC 8th Sr.Res. Gardner's Co.
Britt, Mills VA 61st Inf. Co.F
Britt, Mills C. NC 32nd Inf. Co.C,D
Britt, Monore TN 60th Mtd.Inf. Co.K
Britt, M.T. AL Lt.Arty. Kolb's Btty.
Britt, Nathan NC 5th Cav. (63rd St.Troops) Co.C
Britt, Nathan SC Inf. Holcombe Legion Co.H
Britt, N.B. TN Cav. 12th Bn. (Day's) Co.D Sgt.
Britt, N.J. AL 31st Inf. Co.D
Britt, Noah AR Inf. Hardy's Regt. Co.K
Britt, Noah NC 1st Arty. (10th St.Troops) Co.F
Britt, O. AL Cp. of Instr. Talladega
Britt, O.D. GA 54th Inf. Co.A
Britt, Patrick MS 44th Inf. Co.L
Britt, P.C. GA Lt.Arty. 14th Bn. Co.A
Britt, P.C. GA Lt.Arty. Havis' Btty.
Britt, P.G. GA 13th Inf. Co.D Cpl.
Britt, Pinckney C. GA 1st (Ramsey's) Inf. Co.C
Britt, P.M. LA 27th Inf. Co.K
Britt, Powell B. AL 24th Inf. Co.I
Britt, P.W.C. GA Inf. 25th Bn. (Prov.Guard) Co.D
Britt, R. AL 31st Inf. Co.D
Britt, R. MS 1st (King's) Inf. (St.Troops) Co.B
Britt, R.B. NC 3rd Arty. (40th St.Troops) Co.I
Britt, Rice W. GA 54th Inf. Co.C
Britt, Rice W. VA 54th Inf. Co.C
Britt, Richard L. AL 47th Inf. Co.F
Britt, Richard T. NC 2nd Cav. (19th St.Troops) Co.C
Britt, R.N. MO 2nd Inf. Co.I
Britt, Robert H. GA 53rd Inf. Co.K
Britt, Robert S. GA 4th Bn.S.S. Co.B
Britt, Robert T. 7th Conf.Cav. Co.F
Britt, R.T. 8th (Dearing's) Conf.Cav. Co.G
Britt, R. Thomas NC 4th Cav. (59th St.Troops) Co.D
Britt, Rufus G. NC 24th Inf. Co.E
Britt, S.T. TN Inf. 22nd Bn. Co.B
Britt, Thomas AR 32nd Inf. Co.C
Britt, Thomas GA 12th Inf. Co.H,K
Britt, Thomas MS 2nd Part.Rangers Co.C
Britt, Thomas NC 1st Arty. (10th St.Troops) Co.F
Britt, Thomas TN 2nd (Walker's) Inf. Co.K
Britt, Thomas 4th Conf.Inf. Co.C
Britt, Thomas 9th Conf.Inf. Co.A
Britt, Thomas A. NC 15th Inf. Co.A QMSgt.
Britt, Thomas B. SC 4th Cav. Co.E
Britt, Thomas G. NC Lt.Arty. 3rd Bn. Co.C,A Sgt.
Britt, Thomas G. NC Moseley's Co. (Sampson Arty.) Sgt.
Britt, Thomas J. GA 14th Inf. Co.A
Britt, Thomas P. SC 5th Bn.Res. Co.C
Britt, Thomas W. NC 1st Inf. (6 mo. '61) Co.M Sgt.
Britt, Timothy LA 6th Inf. Co.B
Britt, Uriah NC 24th Inf. Co.E
Britt, W. MS 3rd Inf. (St.Troops) Co.H
Britt, W. NC 14th Inf. Co.G
Britt, W. SC 2nd St.Troops Co.B
Britt, W.B. TN Cav. 16th Bn. (Neal's) Co.A
Britt, W.D. NC Mallett's Bn. Co.C
Britt, Webster Van Buren LA 28th (Gray's) Inf. Co.F
Britt, W.G. LA 3rd (Wingfield's) Cav. Co.C
Britt, W.G.B. GA Inf. 5th Bn. (St.Guards) Co.E
Britt, W.H. GA 55th Inf. Co.I
Britt, W.H. NC Loc.Def. Croom's Co.
Britt, W.H. TN 60th Mtd.Inf. Co.G
Britt, Wiley E. VA 61st Inf. Co.F
Britt, Wiley J. GA 14th Inf. Co.A
Britt, William AL Cp. of Instr. Talladega
Britt, William MS 1st Cav.Res. Co.K
Britt, William NC 1st Arty. (10th St.Troops) Co.D
Britt, William NC 3rd Arty. (40th St.Troops) Co.G
Britt, William NC 31st Inf. Co.A

Britt, William SC 6th (Merriwether's) Bn.St.Res. Co.D
Britt, William TN 5th Inf. 1st Co.C
Britt, William VA 17th Cav. Co.D
Britt, William VA 10th Inf. Co.E
Britt, William VA 58th Mil. Co.B
Britt, William B. NC 24th Inf. Co.E
Britt, William G. NC Lt.Arty. 3rd Bn. Co.C,A Sgt.
Britt, William G. NC 1st Inf. (6 mo. '61) Co.M Sgt.
Britt, William H. NC 24th Inf. Co.E
Britt, William H. NC 38th Inf. Co.D Cpl.
Britt, William H. NC 61st Inf. Co.E
Britt, William H. VA 2nd Arty. Co.H
Britt, William H. VA Inf. 1st Bn. Co.A
Britt, William H. VA 11th Inf. Co.D
Britt, William H. VA Inf. 22nd Bn. Co.H
Britt, William J. GA Inf. 3rd Bn. Co.C
Britt, William J. VA 61st Inf. Co.F
Britt, William P. NC 8th Sr.Res. Gardner's Co.D
Britt, William R. GA 12th Inf. Co.E Sgt.
Britt, William R. VA 16th Inf. Co.D
Britt, William T. NC 2nd Arty. (36th St.Troops) Co.F
Britt, William T. NC 15th Inf. Co.A
Britt, William T. NC 43rd Inf. Co.F Sgt.
Britt, Wilson TN 29th Inf. Co.I
Britt, W.J. GA 25th Inf. Co.H
Britt, W.J. TX 3rd Cav. Co.A Sgt.
Britt, W.J. 2nd Conf.Eng.Troops Co.E
Britt, W.L. MO 4th Inf. Co.A
Britt, W.P. NC 24th Inf. Co.E
Britt, Zachariah NC 6th Sr.Res. Co.H
Brittain, A.J. NC 27th Inf. Co.I
Brittain, A.J. TN 20th Inf. Co.B
Brittain, A.J. TN 36th Inf. Co.E
Brittain, Alfred NC 6th Inf. Co.D
Brittain, Benjamin AR 27th Inf. Co.C,D Sgt.
Brittain, B.F. TN 63rd Inf. Co.H Capt.
Brittain, Burrell B. LA 4th Cav. Co.E
Brittain, Calvin VA 5th Cav. (12 mo. '61-2) Co.G
Brittain, Calvin VA 13th Cav. Co.I
Brittain, C.C. GA 1st Cav. Co.B
Brittain, Columbus L. TN 4th (McLemore's) Cav. Co.F Ord.Sgt.
Brittain, E. AL 1st Cav. 2nd Co.D
Brittain, G. AL 22nd Inf. Co.B
Brittain, George VA 5th Cav. (12 mo. '61-2) Co.G
Brittain, George W. VA 13th Cav. Co.I
Brittain, G.H. TX Granbury's Cons.Brig. Co.C Sgt.
Brittain, G.H. TX 7th Inf. Co.H Sgt.
Brittain, G.H. Mead's Conf.Cav. Co.B
Brittain, H.B. TX Cav. Sculley's Scout.Bn. Co.C
Brittain, Henry L. GA Inf. Athens Reserved Corps
Brittain, Henry S. TX 21st Cav. Co.K
Brittain, H.L. GA 13th Inf. Co.B
Brittain, Isaac W. NC 29th Inf. Co.H
Brittain, Jabez L. TX Cav. Morgan's Regt. Co.A
Brittain, Jabez M. GA 38th Inf. Co.E 1st Sgt.
Brittain, Jabez M. Gen. & Staff Asst.Surg.
Brittain, Jack L. GA 38th Inf. Co.E
Brittain, James NC 14th Inf. Co.F
Brittain, James A. NC Cav. 5th Bn. Co.C
Brittain, James H. NC 21st Inf. Co.M
Brittain, James K.P. AR Cav. Harrell's Bn. Co.D
Brittain, James L. AL Cav. Holloway's Co.
Brittain, James L. NC 60th Inf. Co.D Lt.
Brittain, James S. AL 12th Inf. Co.H 1st Lt.
Brittain, J.C. GA 38th Inf. Co.N
Brittain, J.C. MS 27th Inf. Co.I
Brittain, Jerome MS 26th Inf. Co.E Cpl.
Brittain, Jesse J. NC 14th Inf. Co.C
Brittain, J.F. TN 10th & 11th (Cons.) Cav. Co.C
Brittain, J.F. TX 22nd Inf. Co.G
Brittain, J.H. NC 14th Inf. Co.F
Brittain, J.H. TX 22nd Inf. Co.G
Brittain, J.H. Mead's Conf.Cav. Co.B
Brittain, J.L.M. TN 36th Inf. Co.B 2nd Lt.
Brittain, J.L.M. TN 63rd Inf. Co.H 2nd Lt.
Brittain, J.M. TX 3rd Cav. Co.C
Brittain, J.M. Gen. & Staff Chap.
Brittain, John MS 26th Inf. Co.E
Brittain, John MO 11th Inf. Co.F
Brittain, John TN 22nd Inf. Co.F
Brittain, John 7th Conf.Cav. Co.A
Brittain, John D. NC 6th Inf. Co.D
Brittain, John H. AR 16th Inf. Co.D
Brittain, John W. TX 11th Inf. Co.F
Brittain, Josaph AR 1st Vol. Co.I
Brittain, Joseph AR 38th Inf. New Co.I Bvt.2nd Lt.
Brittain, Joseph A. NC Cav. 5th Bn. Co.C
Brittain, Joseph A. NC 6th Cav. (65th St.Troops) Co.C,H
Brittain, Joseph L. NC 6th Inf. Co.D
Brittain, Joseph M. AL 19th Inf. Co.B Sgt.
Brittain, Joseph McCord NC 14th Inf. Co.F
Brittain, J.T. NC 11th (Bethel Regt.) Inf. Co.D
Brittain, J.W. NC 2nd Cav. (19th St.Troops) Co.A
Brittain, J.W. TN 23rd Inf. Co.C
Brittain, Lucian G. TX Cav. Ragsdale's Bn. Co.C
Brittain, Luke L. MS 36th Inf. Co.E Music.
Brittain, Marcus L. NC 47th Bn. Home Guards Maj.
Brittain, Martin NC 16th Inf. Co.E
Brittain, M.J. TX Cav. McCord's Frontier Regt. Co.C
Brittain, O.E. TX 26th Cav. Co.C
Brittain, O.J. NC 1st Inf. (6 mo. '61) Co.G
Brittain, O.J. NC 11th (Bethel Regt.) Inf. Co.D 1st Sgt.
Brittain, O.P. NC 3rd Cav. (41st St.Troops) Co.F
Brittain, Oscar C. GA Inf. 40th Bn. Co.B
Brittain, Owen W. NC 38th Inf. Co.A Cpl.
Brittain, P.H. AL Rebels
Brittain, Philip V. NC Walker's Bn. Thomas' Legion Co.E
Brittain, P.S. AR 31st Inf. Co.F 3rd Lt.
Brittain, R.H. TN 17th Inf. Co.F
Brittain, Robert MO Inf. 8th Bn. Co.D
Brittain, Robert TN 10th & 11th (Cons.) Cav. Co.B
Brittain, Robert T. GA Carlton's Co. (Troup Cty.Arty.)
Brittain, Robert W. NC Cav. 5th Bn. Co.C Sgt.
Brittain, Robert W. NC 6th Cav. (65th St.Troops) Co.C,H Sgt.
Brittain, Rufus VA 29th Inf. Co.H Adj.
Brittain, Rufus Gen. & Staff 1st Lt.,Adj.
Brittain, Samuel NC 11th (Bethel Regt.) Inf. Co.D
Brittain, Samuel E. VA 5th Cav. (12 mo. '61-2) Co.G
Brittain, Samuel E. VA 13th Cav. Co.I
Brittain, Samuel T. NC 38th Inf. Co.A
Brittain, Sol B. AL 39th Inf. Co.D
Brittain, S.T. VA Inf. 2nd Bn.Loc.Def. Co.C
Brittain, Thomas AR 27th Inf. Co.D
Brittain, Thomas TX 7th Cav. Co.E
Brittain, Thomas A. NC Cav. 5th Bn. Co.C
Brittain, Thomas A. NC 6th Cav. (65th St.Troops) Co.C
Brittain, T.Y. MS 1st Cav.Res. Co.E
Brittain, W.A. LA 31st Inf. Co.F
Brittain, Waightstill A. NC 6th Cav. (65th St.Troops) Co.C,H
Brittain, Washington NC 45th Inf. Co.B
Brittain, W.C. AL 1st Cav. 1st Co.K
Brittain, W.G. NC 16th Inf. Co.K Music.
Brittain, William GA 64th Inf. Co.I
Brittain, William TX 11th Inf. Co.F
Brittain, William H. NC 60th Inf. Co.A
Brittain, William J. GA Cobb's Legion Co.D
Brittain, William J. Mead's Conf.Cav. Co.B 1st Lt.
Brittain, William K. VA 25th Cav. Co.I
Brittain, William M. MS 13th Inf. Co.C
Brittain, William M. MS 35th Inf. Co.A
Brittain, William T. NC 11th (Bethel Regt.) Inf. Co.K
Brittain, William W. TN 4th (McLemore's) Cav. Co.F Far.
Brittain, W.L. NC Cav. McRae's Bn. Co.B
Brittain, W.T. GA 1st Cav. Co.B
Brittain, W.T. NC 1st Cav. (9th St.Troops) Co.G
Brittain, W.W. TX 11th Inf. Co.F Cpl.
Brittan, Benjamin F. GA Arty. 9th Bn. Co.C
Brittan, F.G.P. MS 5th Inf. (St.Troops) Co.I
Brittan, George S.T. VA 97th Mil. Co.F
Brittan, H.S. AL 7th Cav. Co.F
Brittan, J.J. NC 4th Bn.Jr.Res. Co.A
Brittan, Thomas TX 3rd (Kirby's) Bn.Vol. Co.C
Brittan, T.J. TX 24th & 25th Cav. (Cons.) Co.B Cpl.
Brittan, William AR 35th Inf. Co.A 3rd Lt.
Brittan, William A. VA 33rd Inf. Co.H
Britte, James LA 7th Inf. Co.B
Britte, J.H. AR 8th Inf. New Co.K
Brittell, C.E. AR 21st Inf. Co.I Sgt.
Britten, Benjamin F. TN 5th (McKenzie's) Cav. Co.C 1st Lt.
Britten, Edward VA 27th Inf. 1st Co.H
Britten, James TN 31st Inf. Co.F
Britten, James W. MO Cav. 1st Regt.St.Guard Co.A
Britten, John MO 6th Cav. Co.G
Britten, John MO Ord.Dept. St.Guard 1st Lt.
Britten, John R. AL 63rd Inf. Co.C
Britten, Joseph TX 19th Cav. Co.G
Britten, M. NC 14th Inf. Co.G
Britten, Thomas J. AR 23rd Inf. Co.D
Britten, W.A. TN 29th Inf. Co.I

Britten, W.J. SC 10th Inf. Co.E
Brittenam, Mills E. MS 17th Inf. Co.F 2nd Lt.
Brittenham, Caswell MO Arty. Jos. Bledsoe's Co. Sgt.
Brittenham, Salathiel S. AL 24th Inf. Co.E
Brittenum, Mills E. MS 18th Cav. Co.A Capt.
Brittian, Benjamin C. NC 16th Inf. Co.I
Brittian, James GA 11th Cav. Co.E
Brittian, James T. TX 4th Field Btty.
Brittian, J.L. TN 16th Inf. Co.G
Brittian, John C. GA 11th Cav. Co.E 1st Sgt.
Brittian, John R. NC 25th Inf. Co.C
Brittian, J.T. NC 3rd Cav. (41st St.Troops) Co.F
Brittian, J.T. Brush Bn.
Brittian, Thomas D. NC 16th Inf. Co.I 2nd Lt.
Brittian, Weldon E. TN 1st (Turney's) Inf. Co.B
Brittigan, John B. MS 10th Inf. Old Co.I
Brittigan, John P. MS Lt.Arty. (Madison Lt.Arty.) Richards' Co.
Brittin, A. LA Lt.Arty. Fenner's Btty.
Brittin, Benjamin NC 39th Inf. Co.A
Brittin, John W. AR 8th Cav. Co.E
Brittin, R.H. TN 11th (Holman's) Cav. Co.B
Brittingham, Andrew M. TX 37th Cav. Co.B
Brittingham, Edward L. VA 39th Inf. Co.B
Brittingham, Francis O. VA 61st Inf. Co.H
Brittingham, H. VA 15th Cav. Co.I
Brittingham, James E. VA 16th Inf. Co.C
Brittingham, John W. NC 14th Inf. Co.I 1st Sgt.
Brittingham, O.F. GA Phillips' Legion
Brittingham, Severn VA 39th Inf. Co.B Sgt.
Brittingham, William H. VA 9th Inf. Co.G Sgt.
Brittle, B.W. VA 13th Cav. Co.D
Brittle, C.A. GA 25th Inf. Pritchard's Co. Cpl.
Brittle, Charles E. VA 41st Inf. Co.A
Brittle, Claudius E. AR 17th (Lemoyne's) Inf. Co.E
Brittle, Exum NC 1st Jr.Res. Co.K
Brittle, G.G.G. VA 13th Cav. Co.D
Brittle, J.H. GA 1st (Olmstead's) Inf. Co.F
Brittle, John T. NC 32nd Inf. Co.C,D
Brittle, Joseph A. VA 41st Inf. Co.H
Brittle, Littleton H. VA Hvy.Arty. 10th Bn. Co.D
Brittle, Mills B. VA 5th Cav. (12 mo. '61-2) Winfield's Co. 1st Sgt.
Brittle, Mills B. VA 13th Cav. Co.D 1st Lt.
Brittle, Mills B. VA 46th Inf. 2nd Co.F Cpl.
Brittle, O.A. GA 1st (Olmstead's) Inf. Co.F Sgt.
Brittle, Peyton O. VA 13th Cav. Co.E
Brittle, Samuel VA 3rd Inf. Co.D
Brittle, Samuel H. VA 41st Inf. Co.H Cpl.
Brittle, W.A. Trans-MS Conf.Cav. 1st Bn. Co.A
Britton, --- GA 16th Inf. Co.F
Britton, --- VA 7th Cav. Co.D
Britton, A. LA Inf.Crescent Regt. Co.E
Britton, A.B. AR 31st Inf. Co.G 1st Lt.
Britton, Abraham TN 24th Inf. Co.F Capt.
Britton, A.J. AL 20th Inf. Co.D
Britton, Alexander TN 32nd Inf. Co.F
Britton, Alexander J. AR Inf. Cocke's Regt. Co.A
Britton, Andrew B. AR 36th Inf. Co.F
Britton, Andrew J. NC 15th Inf. Co.A
Britton, Andrew J. VA 3rd Cav. Co.H
Britton, B.C. TN 14th (Neely's) Cav. Co.F,G
Britton, Benjamin AR 2nd Inf. Co.D Cpl.
Britton, Benjamin TX Cav. 2nd Regt.St.Troops Co.F
Britton, Benjamin C. NC Inf. 69th Regt. Co.A 1st Lt.
Britton, Benjamin F. AL 20th Inf. Co.G
Britton, Bennet Risek TX 20th Cav. Co.C
Britton, B.F. AL 2nd Cav. Co.A,B
Britton, B.F. MS 3rd Cav. Co.E
Britton, B.F. SC 10th Inf. Co.E
Britton, C. GA Lt.Arty. 14th Bn. Co.G
Britton, C. GA Lt.Arty. Anderson's Btty.
Britton, C. KY 12th Cav. Co.C
Britton, C. KY 3rd Mtd.Inf. Co.M
Britton, C. LA 2nd Inf. Co.D
Britton, C. TX 6th Inf. Co.C
Britton, C.H. AL 24th Inf. Co.G
Britton, Chadwell KY 5th Cav. Co.B
Britton, Chadwell KY 13th Cav. Co.K
Britton, Charles S. SC 20th Inf. Co.G
Britton, C.L. VA 2nd St.Res. Co.B
Britton, Daniel TN 61st Mtd.Inf. Co.A 1st Lt.
Britton, Daniel W. NC 11th (Bethel Regt.) Inf. Co.C Sgt.
Britton, David TN 29th Inf. Co.K
Britton, David B. VA 20th Inf. Co.H
Britton, David B. VA 56th Inf. Co.G
Britton, David C. TN 39th Mtd.Inf. Co.G
Britton, D.H. AL 36th Inf. Co.C 2nd Lt.
Britton, D.M. AL Cav. Murphy's Bn. Co.D
Britton, D.M. 15th Conf.Cav. Co.K
Britton, D.W. NC 32nd Inf. Co.G
Britton, E. VA 20th Cav. Co.C
Britton, E.B. MO 10th Inf. Co.F
Britton, Edman TN 19th (Biffle's) Cav. Co.I
Britton, Edward VA 1st Lt.Arty. Co.B
Britton, Edward VA Lt.Arty. J.S. Brown's Co.
Britton, Edward VA Lt.Arty. Taylor's Co.
Britton, Edward D. VA 5th Cav. (12 mo. '61-2) Co.D
Britton, Edward D. VA 13th Cav. Co.B
Britton, Edward F. AL Lt.Arty. Lee's Btty.
Britton, Edward W. Gen. & Staff Surg.
Britton, Edward William TX 3rd Inf. Surg.
Britton, E.F. NC 1st Inf. (6 mo. '61) Co.C
Britton, Erasmus J. AL 36th Inf. Sgt.
Britton, E.W. TX 19th Inf. Co.C
Britton, Exum NC Cav. 12th Bn. Co.C
Britton, F. MS Inf. 2nd St.Troops Co.B
Britton, F. SC 4th Cav. Co.I
Britton, F. TX 1st Hvy.Arty. Co.K
Britton, F.B. AL Cav. Murphy's Bn. Co.D
Britton, F.B. 15th Conf.Cav. Co.K
Britton, F.M. GA Inf. (Jasper & Butts Cty. Guards) Lane's Co.
Britton, F.M. LA 17th Inf. Co.H
Britton, F.M. SC Lt.Arty. M. Ward's Co. (Waccamaw Lt.Arty.)
Britton, F. Marion SC 10th Inf. Co.E 2nd Lt.
Britton, Francis G. FL 8th Inf. Co.E Sgt.
Britton, Francis M. SC 2nd Arty. Co.D
Britton, Francis M. TN 61st Mtd.Inf. Co.A Cpl.
Britton, G.A. AL Cp. of Instr. Talladega
Britton, George G. TN 61st Mtd.Inf. Co.A Sgt.
Britton, George M. VA 5th Inf. Co.E
Britton, George R. NC 2nd Cav. (19th St.Troops) Co.E
Britton, George W. GA Lt.Arty. 14th Bn. Co.C,G Sgt.
Britton, George W. GA Lt.Arty. Ferrell's Btty. Sgt.
Britton, George W. TN 39th Mtd.Inf. Co.G
Britton, George W. TX 6th Inf. Co.A
Britton, G.H. AL 27th Inf. Co.F
Britton, G.H. Inf. Bailey's Cons.Regt. Co.A
Britton, G.S.T. VA 7th Cav. Co.D
Britton, G.W. GA Lt.Arty. Anderson's Btty.
Britton, G.W. GA 46th Inf. Co.K
Britton, G.W. VA 2nd St.Res. Co.B
Britton, H. TN 14th (Neely's) Cav. Co.F,G Cpl.
Britton, H. Inf. Bailey's Cons.Regt. Co.A
Britton, Hamilton A. AR 23rd Inf. Co.D
Britton, H.B. TX 15th Inf. Co.B
Britton, Henry MS 13th Inf. Co.F
Britton, Henry SC 6th Inf. 2nd Co.E
Britton, Henry SC 9th Inf. Co.F
Britton, Henry TX 7th Inf. Co.C
Britton, Henry C. VA 9th Inf. Co.C Capt.
Britton, Henry G. VA 31st Inf. 2nd Co.B Sgt.
Britton, Henry T. NC 15th Inf. Co.A
Britton, H.S. AL 75th Cav. Co.A
Britton, Isaiah VA Lt.Arty. Pegram's Co.
Britton, J. NC 5th Sr.Res. Co.I
Britton, J. NC 35th Inf. Co.K
Britton, J. TX Waul's Legion Co.D Cpl.
Britton, J. VA 53rd Inf. Co.A
Britton, J.A. AR 1st (Monroe's) Cav. Co.G
Britton, J.A. TX 26th Cav. 1st Co.G
Britton, Jackson GA 38th Inf. 2nd Co.I
Britton, James AL 26th (O'Neal's) Inf. Co.C
Britton, James LA Arty. Moody's Co. (Madison Lt.Arty.) Cpl.
Britton, James TN 3rd (Clack's) Inf. Co.D
Britton, James TX 6th Cav. Co.C
Britton, James A. VA 7th Cav. Co.D
Britton, James D. NC Cav. 12th Bn. Co.C
Britton, James D. NC Cav. 16th Bn. Co.G
Britton, James D. 8th (Dearing's) Conf.Cav. Co.C
Britton, James E. MD Cav. 2nd Bn. Co.A
Britton, James F. VA Hvy.Arty. 10th Bn. Co.A
Britton, James H. TN 8th (Smith's) Cav. Co.K Capt.
Britton, James J. VA 3rd Inf. Co.A
Britton, James J. VA 61st Inf. Co.H
Britton, James L. NC 31st Inf. Co.F
Britton, James M. MS 9th Inf. Old Co.F
Britton, James M. TN 29th Inf. Co.K Cpl.
Britton, James M. TN 53rd Inf. Co.D
Britton, James P. GA 45th Inf. Co.I Cpl.
Britton, James Peyton NC 5th Inf. Co.F Cpl.
Britton, James W. AL Cav. 5th Bn. Hilliard's Legion Co.A
Britton, James W. GA Lt.Arty. Ferrell's Btty.
Britton, James W. GA 20th Inf. Co.E
Britton, J.B. GA 21st Inf. Co.F
Britton, J.D. Inf. Bailey's Cons.Regt. Co.A
Britton, J.D. TX 7th Inf. Co.C
Britton, Jesse T. NC 2nd Cav. (19th St.Troops) Co.H
Britton, Jesse T. NC Cav. 16th Bn. Co.G 2nd Lt.
Britton, Jesse T. 8th (Dearing's) Conf.Cav. Co.C 2nd Lt.

Britton, Jesse Thomas NC Cav. 12th Bn. Co.C 2nd Lt.
Britton, J.F. SC Inf. 1st (Charleston) Bn. Co.E
Britton, J.F. TN 1st Cav. Co.E
Britton, J.F. TN 11th (Holman's) Cav. Co.C
Britton, J.F. VA Hvy.Arty. 10th Bn. Co.A
Britton, J.F.D. SC 3rd St.Troops Co.A Sgt.
Britton, J.F.D. SC 10th Inf. Co.E Bvt.2nd Lt.
Britton, J.G. LA Inf.Cons.Crescent Regt. Co.K
Britton, J.H. AR 10th Mil.
Britton, J.J. GA Lt.Arty. Anderson's Btty. Cpl.
Britton, J.M. AL 3rd Bn. Hilliard's Legion Vol. Co.C 1st Sgt.
Britton, J.M. AL 22nd Inf. Co.B
Britton, J.M. AL 27th Inf. Co.F Cpl.
Britton, J.M. AL 60th Inf. Co.B Jr.2nd Lt.
Britton, Joel TX Cav. Chisum's Regt. (Dismtd.) Co.A
Britton, John AR 31st Inf. Co.G
Britton, John TN Cav. 12th Bn. (Day's) Co.E
Britton, John TN 29th Inf. Co.K
Britton, John TX 27th Cav. Co.C
Britton, John VA Inf. 5th Bn. Co.D Cpl.
Britton, John VA 53rd Inf. Co.A
Britton, John VA 53rd Inf. Co.D
Britton, John VA 62nd Mtd.Inf. 2nd Co.L
Britton, John A. AL 61st Inf. Co.I
Britton, John A. AR 23rd Inf. Co.G 2nd Jr.Lt.
Britton, John A. MS Cav. Jeff Davis Legion Co.F
Britton, John B. TX 11th Inf. Co.B
Britton, John C. GA Phillips' Legion Co.A,G
Britton, John D. AL 6th Inf. Co.L
Britton, John D. AR 3rd Inf. Co.A
Britton, John D. LA Washington Arty.Bn. Co.2 2nd Lt.
Britton, John F. SC 27th Inf. Co.A
Britton, John H. VA Inf. 25th Bn. Co.F
Britton, John J. GA Lt.Arty. 14th Bn. Co.C,G Cpl.
Britton, John J. GA Lt.Arty. Ferrell's Btty. Cpl.
Britton, John J. SC Lt.Arty. Garden's Co. (Palmetto Lt.Btty.)
Britton, John J. SC 9th Inf. Co.F
Britton, John L. TN 4th (McLemore's) Cav. Co.B Capt.
Britton, John S. GA 45th Inf. Co.I
Britton, John W. AR 36th Inf. Co.F
Britton, John W. FL Kilcrease Lt.Arty. Sgt.
Britton, John W. NC 12th Inf. Co.O
Britton, John W. NC 32nd Inf. Co.C,D
Britton, John W. TX 18th Inf. Co.D
Britton, John W. VA 5th Cav. (12 mo. '61-2) Co.D
Britton, John W. VA 13th Cav. Co.B Sgt.
Britton, Jonas NC Mallet's Bn. (Cp.Guard) Co.B
Britton, Jonathan W. FL Lt.Arty. Dyke's Co.
Britton, Jonathan W. FL 1st Inf. Old Co.A,B Cpl.
Britton, Jones NC 8th Inf. Co.B
Britton, Joseph TN 19th Inf. Co.K
Britton, Joseph E. TX Inf. Griffin's Bn. Co.C,E
Britton, Joseph H. GA 56th Inf. Co.K
Britton, Joseph W. SC Cav. Tucker's Co.
Britton, J.P. TN 19th (Biffle's) Cav. Co.L Sgt.
Britton, J.R. MS 5th Inf. (St.Troops) Co.I
Britton, J.S. AL Cav. Moreland's Regt. Co.D
Britton, J.T. NC 35th Inf. Co.K
Britton, J.W. GA Lt.Arty. 14th Bn. Co.G
Britton, J.W. GA Lt.Arty. Anderson's Btty.
Britton, J.W. SC 7th Cav. Co.A
Britton, J.W. TN Conscr. (Cp. of Instr.)
Britton, Leonidas A. GA 21st Inf. Co.F
Britton, Leonidas A. GA 35th Inf. Co.D
Britton, Leonidas R. MS 22nd Inf. Co.F
Britton, Little John AL 36th Inf. Co.I
Britton, Lucius C. MS 42nd Inf. Co.B
Britton, M. NC 44th Inf. Co.C
Britton, Marcus L. NC 16th Inf. Co.L
Britton, McArnold NC 17th Inf. (2nd Org.) Co.K
Britton, McG. NC 2nd Arty. (36th St.Troops) Co.G
Britton, McG. NC Lt.Arty. 13th Bn. Co.D
Britton, Mitchell TN 34th Inf. Co.E
Britton, M.L. NC 17th Inf. (2nd Org.) Co.K
Britton, M.L. 8th (Wade's) Conf.Cav. Co.I
Britton, Moses NC 33rd Mil. Ray's Co.
Britton, N. VA Cav. 39th Bn. Co.B
Britton, N.G. AR 35th Inf. Co.E
Britton, Noah J. NC 1st Inf. Co.F
Britton, O.C. GA 7th Inf. Co.G Sgt.
Britton, O.P. VA 10th Cav. 2nd Co.E
Britton, Orin C. GA 2nd Cav. (St.Guards) Co.K Sgt.
Britton, O.W. NC 66th Inf. Co.H
Britton, Owen NC 8th Bn.Part.Rangers Co.B,E
Britton, P.H. AR 10th (Witt's) Cav. Co.A
Britton, P.H. AR 31st Inf. Co.F Capt.
Britton, Porter M. AL 20th Inf. Co.I Cpl.
Britton, P.S. AR 8th Cav. Co.E
Britton, R. LA Mil. 4th Regt. 1st Brig. 1st Div. Co.E
Britton, R. LA Mil.Conf.Guards Regt. Co.E
Britton, R.A. SC Inf. 1st (Charleston) Bn. Co.E Cpl.
Britton, R.F. LA Red River S.S.
Britton, Richard A. SC 27th Inf. Co.A Cpl.
Britton, Richard J. VA 9th Inf. Co.C
Britton, R.N. AR Inf. Hardy's Regt. Co.A
Britton, Robert MS 13th Inf. Co.F
Britton, Robert VA Inf. 5th Bn. Co.D
Britton, Robert VA 53rd Inf. Co.A
Britton, Samuel VA Lt.Arty. Ellett's Co.
Britton, Sidney D. TX 37th Cav. Co.A
Britton, S.S. SC Inf.Bn. Co.B
Britton, S.T. SC 23rd Inf. Co.K
Britton, Stephen W. LA Washington Arty.Bn. Co.2
Britton, Stephen W. VA 12th Inf. Co.A
Britton, Sylvanus S. SC 10th Inf. Co.E
Britton, T.C. TN Holman's Bn.Part.Rangers Co.A
Britton, T.F. SC Arty. Fickling's Co. (Brooks Lt.Arty.)
Britton, T.F. TX Cav. 1st Bn.St.Troops Co.C
Britton, T.F. TX Cav. Crump's Regt.
Britton, T.G. SC 4th Cav. Co.I
Britton, T.G. SC 10th Inf. Co.E
Britton, Thomas GA 7th Inf. Co.G
Britton, Thomas TN 14th (Neely's) Cav. Co.G
Britton, Thos. A. AR Inf. Adams' Regt. Co.B Cpl.
Britton, Thomas C. TN 11th (Holman's) Cav. Co.B
Britton, Thomas J. GA 21st Inf. Co.F
Britton, Thomas J. TX 25th Cav. Co.F Cpl.
Britton, Thomas M. SC 10th Inf. Co.E 2nd Lt.
Britton, Thomas N. SC 10th Inf. Asst.Comsy.
Britton, Thomas Y. MS Inf. 1st Bn.St.Troops (12 mo. '62-3) Co.C
Britton, T.J. AL 34th Inf. Co.G
Britton, T.J. NC 3rd Jr.Res. Co.A
Britton, T.N. SC 10th Inf. ACS
Britton, W. TN 22nd (Barteau's) Cav. Co.A
Britton, W.A. AR 17th (Griffith's) Inf. Co.C Sgt.
Britton, W.A. MS 1st (Patton's) Inf. Co.A
Britton, W.A. TX 29th Cav. Co.B
Britton, Washington TN Cav. 12th Bn. (Day's) Co.E
Britton, W.B. TX 11th Inf. Co.B
Britton, W.B.C. GA Lt.Arty. Ferrell's Btty.
Britton, W.E. AL 35th Inf. Co.I
Britton, W.F. TX Cav. 3rd (Yager's) Bn. Co.D
Britton, W.H. NC 27th Inf. Co.H
Britton, W.H. TX 25th Cav. Co.I
Britton, W.H. 8th (Wade's) Conf.Cav. Co.I
Britton, W.H.P. SC 7th Cav. Co.A
Britton, Wilburn A. AL 4th Cav. Co.K
Britton, William AL 3rd Bn. Hilliard's Legion Vol. Co.C
Britton, William AR 7th Inf. Co.A
Britton, William AR 7th Inf. Co.D
Britton, William AR 8th Inf. New Co.H Cpl.
Britton, William GA 46th Inf. Co.K
Britton, William TN Cav. 1st Bn. (McNairy's) Co.A Sgt.
Britton, William TN 2nd (Ashby's) Cav. Co.A
Britton, William TX 1st (Yager's) Cav. Co.D
Britton, William VA Hvy.Arty. Wright's Co.
Britton, William VA 6th Inf. 1st Co.E
Britton, William VA 61st Inf. Co.D Sgt.
Britton, William A. VA Lt.Arty. Woolfolk's Co.
Britton, William B.C. AL Cav. 5th Bn. Hilliard's Legion Co.A
Britton, William C. VA Lt.Arty. Utterback's Co.
Britton, William E. NC 15th Inf. Co.A
Britton, William G. AL 5th Inf. New Co.D 1st Sgt.
Britton, William H. NC 31st Inf. Co.F
Britton, William J.C. TN 44th Inf. Co.I
Britton, William J.C. TN 44th (Cons.) Inf. Co.A
Britton, William M. VA Inf. 25th Bn. Co.F
Britton, William T. VA Horse Arty. Ed. Graham's Co. 2nd Lt.
Britton, Wilson TN 32nd Inf. Co.F
Britton, W.L. NC 5th Cav. (63rd St.Troops) Co.F
Britton, W.L. NC 35th Inf. Co.K
Britton, W.L. NC Mallett's Bn. (Cp.Guard) Co.B
Britts, --- TX Cav. Ragsdale's Bn. Co.E
Britts, --- Gen. & Staff Surg.
Britts, Adam F. VA 45th Inf. Co.L
Britts, A.N. GA 4th Res. Co.A
Britts, Dexter S. VA 28th Inf. Co.B Cpl.
Britts, George VA 60th Inf. Co.A
Britts, George W. VA 28th Inf. Co.B
Britts, John MO 1st & 4th Cons.Inf. Surg.
Britts, John H. MO Inf. 3rd Regt.St.Guard Co.B Capt.
Britts, John H. MO 4th Inf. Co.H Capt.

Britts, John H. Gen. & Staff Surg.
Britts, Samuel VA 11th Bn.Res. Co.B
Britts, Samuel VA 28th Inf. Co.B
Britts, Samuel C. VA 45th Inf. Co.F
Britwiser, George MS 11th Inf. Co.B
Brity, Ephraim AL 5th Inf. Co.F,E
Britz, J.H. LA 2nd Inf. Co.H 2nd Lt.
Britz, Peter TX Conscr.
Britzell, William VA 6th Inf. Co.H
Brivins, L.T. MS Lt.Arty. Yates' Btty.
Brixcy, L.B. AR 34th Inf. Co.K
Brixey, Burnett AR Home Guards
Brixey, Calvin TN 16th Inf. Co.C
Brixey, Clark AR 34th Inf. Co.F
Brixey, George AR 27th Inf. Co.E
Brixey, James AR 17th (Griffith's) Inf. Co.G
Brixey, James AR 35th Inf. Co.K
Brixey, John MO 11th Inf. Co.B
Brixey, John W. TN 35th Inf. Co.G, 1st Co.D
Brixey, Samuel H. TN 24th Inf. 2nd Co.G
Brixey, William T. TN 16th Inf. Co.F
Brixie, Joseph AR 38th Inf. Co.A
Briyant, Lewis MS Cav. Stockdale's Bn. Co.B
Brizantine, F.M. TX 3rd Cav. Co.F
Brizell, R.J. GA 28th Inf. Co.C
Brizendine, Arthur VA 55th Inf. Co.A
Brizendine, Boswell VA 55th Inf. Co.A
Brizendine, Clement VA Lt.Arty. Douthat's Co.
Brizendine, Ferreall F. VA 55th Inf. Co.G
Brizendine, James A. VA 55th Inf. Co.A
Brizendine, J.B. TN 30th Inf. Co.E
Brizendine, John TX 4th Cav. Co.C
Brizendine, John C. VA 55th Inf. Co.G
Brizendine, John R. VA 55th Inf. Co.A
Brizendine, John R. VA 55th Inf. Co.D,G
Brizendine, M.J. TN 9th (Ward's) Cav. Co.E
Brizendine, Orville VA 55th Inf. Co.G
Brizendine, Philip VA 55th Inf. Co.G
Brizendine, R.A. TN 5th Inf. 2nd Co.D 2nd Lt.
Brizendine, Richard H. VA 55th Inf. Co.A
Brizendine, Richard V. VA 55th Inf. Co.D
Brizendine, Robert VA 55th Inf. Co.D
Brizendine, Temple VA 55th Inf. Co.A
Brizendine, Valentine VA 55th Inf. Co.G
Brizendine, William AR 8th Inf. New Co.B
Brizendine, William A. VA 34th Inf. Co.C
Brizendine, William A. VA 55th Inf. Co.G
Brizendine, William L. VA 55th Inf. Co.A
Brizendine, W.W. TN 30th Inf. Co.E Ord.Sgt.
Brizentine, Alexander TN 61st Mtd.Inf. Co.F
Brizentine, John VA 3rd Res. Co.F
Brizentine, William TN 7th (Duckworth's) Cav. Co.G
Brizentine, W.M. KY 12th Cav. Co.G
Brizentine, W.W. TN 7th (Duckworth's) Cav. Co.G
Brizzentine, J.P. VA 28th Inf. Co.F
Brizzolara, J.N. VA 1st St.Res. Co.B
Brket, F.M. MO Cav. Freeman's Regt. Co.K
Bro, Pierre LA Mil. 1st Native Guards
Broach, A. TN 5th Inf. 2nd Co.I Sgt.
Broach, Absalom L. AL Cav. 4th Bn. (Love's) Co.B
Broach, A.L. MS Cav. Jeff Davis Legion Co.I
Broach, Alex A. TX 12th Cav. Co.K
Broach, A.M. VA 9th Cav. Co.H
Broach, A.P. SC Lt.Arty. Gaillard's Co. (Santee Lt.Arty.)
Broach, Augustin M. VA 87th Mil. Co.D
Broach, Benjamin VA 26th Inf. Co.H
Broach, Benjamin F. VA Lt.Arty. E.J. Anderson's Co.
Broach, Calvin GA Cav. 8th Bn. (St.Guards) Co.A
Broach, C.M. GA Cav. 12th Bn. (St.Guards) Co.D Cpl.
Broach, C.M. GA Cav. 29th Bn. Co.D
Broach, C.W.B. GA Tiller's Co. (Echols Lt.Arty.) Cpl.
Broach, E. AR 7th Cav. Co.E
Broach, E.B. AR 10th Mil. Co.B
Broach, G.A. NC 7th Sr.Res. Fisher's Co.
Broach, George W. MS 13th Inf. Co.K
Broach, G.W. MS 46th Inf. Co.F
Broach, G.W. SC 8th Inf. Co.H
Broach, G.W. VA 9th Mil. Co.A
Broach, G.W. Gen. & Staff Capt.
Broach, H.F. AL 56th Part.Rangers Co.H 2nd Lt.
Broach, H.H. GA 42nd Inf. Co.H,F
Broach, Ira KY 12th Cav. Co.I
Broach, Ira 1st Conf.Cav. 1st Co.C
Broach, J.A. GA Tiller's Co. (Echols Lt.Arty.)
Broach, James E. SC Inf. 9th Bn. Co.F Cpl.
Broach, James T. MS 13th Inf. Co.K
Broach, J.B. TX 12th Cav. Co.K
Broach, J.E. SC 26th Inf. Co.G Cpl.
Broach, J.K. SC 23rd Inf. Co.E
Broach, J.M. TX 12th Cav. Co.K
Broach, John E. SC 26th Inf. Co.G
Broach, John H. NC 50th Inf. Co.A
Broach, Jones GA 46th Inf. Co.G,D
Broach, J.R. SC 8th Inf. Co.A
Broach, Lawrence VA 2nd Arty. Co.G
Broach, Lawrence VA Inf. 22nd Bn. Co.G
Broach, N. NC Inf. Huhs Bn.
Broach, N.H. GA Cav. 12th Bn. (St.Guards) Co.E
Broach, Pleasant NC 50th Inf. Co.A
Broach, R. SC 10th Inf. Co.F
Broach, Richard VA 55th Inf. Co.C
Broach, Richard H. NC 50th Inf. Co.A
Broach, Robert SC 23rd Inf. Co.A,C
Broach, Robert VA 55th Inf. Co.G
Broach, Robert VA 55th Inf. Co.H
Broach, Robert R. SC Arty. Manigault's Bn. 1st Co.C
Broach, S.S. SC 23rd Inf. Co.E
Broach, T.B. NC 7th Sr.Res. Davie's Co.G
Broach, T.G. 1st Conf.Cav. 1st Co.C
Broach, T.J. TN 5th Inf. 2nd Co.I Cpl.
Broach, Vincent NC 13th Inf. Co.D
Broach, W.B. GA Inf. 17th Bn. (St.Guards) Fay's Co.
Broach, W.G. AL 2nd Cav. Co.D
Broach, W.G. AL 56th Part.Rangers Co.H
Broach, William AL Cav. 4th Bn. (Love's) Co.B
Broach, William GA 55th Inf. Co.B
Broach, William H. GA Cav. 7th Bn. (St.Guards) Co.D
Broach, William H. GA Siege Arty. 28th Bn. Co.C
Broach, William H. GA Inf. 27th Bn. Co.C
Broach, W.J. GA 46th Inf. Co.G
Broach, W.J. TX Cav. Chisum's Regt. (Dismtd.) Co.B
Broach, W.R. KY 12th Cav. Co.G Cpl.
Broach, W.T. AL 56th Part.Rangers Co.F,H
Broad, Christy 1st Cherokee Mtd.Rifles Co.K
Broad, John W. TX 34th Cav. Co.C
Broad, Sidney T. TX 30th Cav. Co.I
Broad, William H. TX 18th Cav. Co.E
Broadas, A. TN Lt.Arty. Tobin's Co.
Broadaus, Orval A. MO 3rd Inf. Co.A Music.
Broadaway, A. AL 23rd Inf. Co.A
Broadaway, Abner AL 17th Inf. Co.F
Broadaway, Alx AL 46th Inf. Co.H
Broadaway, Benjamin F. LA 31st Inf. Co.C
Broadaway, B.F. LA Inf. 4th Bn. Co.C
Broadaway, David AR 30th Inf. Co.I
Broadaway, E. GA Lt.Arty. 14th Bn. Co.D
Broadaway, E. GA Lt.Arty. King's Btty.
Broadaway, George TN 21st & 22nd (Cons.) Cav. Co.G
Broadaway, G.M. AR 30th Inf. Co.I Sgt.
Broadaway, G.W. TN 21st (Wilson's) Cav. Co.B
Broadaway, Henry W. TN 23rd Inf. Co.G Sgt.
Broadaway, H.W. 3rd Conf.Eng.Troops Co.C Artif.
Broadaway, H.W. Sap. & Min. G.W. Maxson's Co.,CSA
Broadaway, James GA Cav. Hall's Co.
Broadaway, James GA Arty. 9th Bn. Co.C
Broadaway, James P. GA 2nd Cav. Co.G
Broadaway, James T. AL Inf. 1st Regt. Co.G,I Sgt.
Broadaway, J.C. AR 23rd Inf. Co.I
Broadaway, Jerry GA Inf. 3rd Bn. Co.F
Broadaway, Jesse TN 8th Inf. Co.D
Broadaway, Jesse C. AR 30th Inf. Co.I
Broadaway, Jessie M. MS 1st Lt.Arty. Co.D
Broadaway, J.K. AR 35th Inf. Co.I
Broadaway, J.M. AL 3rd Bn. Hilliard's Legion Vol. Co.D
Broadaway, J.M. AR 23rd Inf. Co.I
Broadaway, John TX 13th Cav. Co.F
Broadaway, John W. MS 35th Inf. Co.A
Broadaway, John W. NC 26th Inf. Co.K
Broadaway, Jordan GA Inf. 3rd Bn. Co.F
Broadaway, Jourdan MS Moseley's Regt.
Broadaway, J.T. GA Cobb's Legion Co.D
Broadaway, J.W. 1st Conf.Inf. 2nd Co.G
Broadaway, N. AL Inf. 2nd Regt. Co.K
Broadaway, Nathaniel G. GA 55th Inf. Co.C,B,E
Broadaway, Parkley MS 4th Inf. Co.F
Broadaway, Robert GA Arty. (Macon Lt.Arty.) Slaten's Co.
Broadaway, Thomas TN 8th Inf. Co.D
Broadaway, W.A. GA Cobb's Legion Co.D
Broadaway, William AR 23rd Inf. Co.A
Broadaway, William FL 10th Inf. Co.F
Broadaway, William GA Siege Arty. 28th Bn. Co.C
Broadaway, William GA 3rd Inf.
Broadaway, William A. MS 34th Inf. Co.E
Broadaway, William C. AL 5th Bn.Vol. Co.B
Broadaway, William H. AR 23rd Inf. Co.I
Broadaway, William H. AR 30th Inf. Co.I
Broadaway, William H. NC 26th Inf. Co.K Sgt.

Broadaway, William M. NC Hvy.Arty. 10th Bn. Co.C
Broadaway, W.M. NC 23rd Inf. Co.A
Broaday, James K. AR Cav. 1st Bn. (Stirman's) Co.B
Broadbeck, John R. LA 2nd Inf. Co.H Sgt.
Broadbent, Allan MS 21st Inf. Co.H
Broadbent, John VA Loc.Def. Chappell's Co.
Broadbent, William W. VA 16th Inf. Co.E Capt.
Broadberry, W.L. AL 37th Inf. Co.I
Broadbridge, W. Gen. & Staff Hosp.Stew.
Broaddensider, B. FL Milton Lt.Arty. Dunham's Co. Sgt.
Broadders, Edward KY 3rd Cav. Co.G
Broaddrick, J. AL 5th Cav. Co.E
Broaddus, Alexander W. VA 55th Inf. Co.F,D AQM
Broaddus, Andrew KY 2nd (Duke's) Cav. Co.I
Broaddus, Andrew J. VA Cav. 39th Bn. Co.D 2nd Lt.
Broaddus, A. Thomas VA 9th Cav. Co.B
Broaddus, A. Thomas VA 30th Inf. Co.H Cpl.
Broaddus, A.W. Gen. & Staff, QM Dept. Capt.
Broaddus, Benjamin F. KY 1st Inf. Co.H
Broaddus, B.F. KY Morgan's Men Co.I 1st Sgt.
Broaddus, C.A. TX 2nd Inf. Co.H
Broaddus, C.C. VA 30th Inf. Co.H
Broaddus, C.C. Gen. & Staff AASurg.
Broaddus, Eugene L. VA 9th Cav. Co.B
Broaddus, Geo. W. VA Mtd. Guards 8th Congr.Dist.
Broaddus, George W. VA 30th Inf. Co.F Cpl.
Broaddus, Harvey N. VA 9th Cav. Co.B
Broaddus, Harvey N. VA 30th Inf. Co.H 1st Sgt.
Broaddus, Henry C. TX 2nd Inf. Co.H
Broaddus, Henry O. VA 9th Cav. Co.B
Broaddus, H.O. VA Lt.Arty. Thornton's Co.
Broaddus, James J. VA 47th Inf. 2nd Co.K Sgt.
Broaddus, James M. VA 30th Inf. Co.H 1st Sgt.
Broaddus, John E. TX 18th Inf. Co.F
Broaddus, John E. VA 9th Cav. Co.E 2nd Lt.
Broaddus, John E. VA 24th Cav. Co.F 2nd Lt.
Broaddus, John E. VA Cav. 40th Bn. Co.F 2nd Lt.
Broaddus, John F. VA Lt.Arty. Pollock's Co.
Broaddus, John W. VA 9th Cav. Co.B Cpl.
Broaddus, Joseph A. VA 9th Cav. Co.B
Broaddus, Jos. A. Gen. & Staff Detach. QM Dept.
Broaddus, Julian VA 9th Cav. Co.B
Broaddus, Leland W. TX 2nd Inf. Co.H
Broaddus, Luther VA 24th Cav. Co.F
Broaddus, Muscoe W. VA 15th Inf. Co.H
Broaddus, M.W. Eng.,CSA 2nd Lt.
Broaddus, Oscar L. TX 2nd Inf. Co.H 1st Sgt.
Broaddus, Preston VA 30th Inf. Co.H 2nd 2nd Lt.
Broaddus, Reuben G. TX 2nd Inf. Co.H
Broaddus, Reuben T. VA 30th Inf. Co.H Cpl.
Broaddus, R.F. VA Cav. 40th Bn. Co.F
Broaddus, Richard F. VA 24th Cav. Co.F
Broaddus, Richard F. VA 30th Inf. Co.H 2nd Lt.
Broaddus, Robert F. VA 24th Cav. Co.F
Broaddus, S.C. KY 11th Cav. Co.F Cpl.
Broaddus, Sidney C. KY 7th Cav.
Broaddus, Silas B. VA 9th Cav. Co.B
Broaddus, Silas W. VA 47th Inf. 2nd Co.K Cpl.
Broaddus, T.C. KY 11th Cav. Co.F
Broaddus, Temple C. KY 7th Cav. Co.F
Broaddus, Thomas L. VA 30th Inf. Co.H
Broaddus, Thomas M. TN 14th Inf. Co.H
Broaddus, Walter MO Inf. Perkins' Bn. Co.B
Broaddus, W.H. MO 3rd Inf. Co.K
Broaddus, William L. Sig.Corps,CSA
Broaddus, William S. LA Arty. Green's Co. (LA Guard Btty.) Cpl.
Broaddus, William S. LA 1st (Nelligan's) Inf. 1st Co.B
Broaddus, William T. VA 21st Mil. Co.D,E
Broaddus, Woodford VA 9th Cav. Co.B
Broaddus, Woodford VA Res.
Broaddus, W.T. VA 5th Cav. Co.A
Broaddy, J.M. Conf.Cav. Clarkson's Bn. Ind. Rangers Co.H Cpl.
Broaden, John W. MS 43rd Inf. Co.A
Broaden, William W. GA 31st Inf. Co.B
Broaderick, James LA 11th Inf. Co.D
Broaderick, Samuel TN 5th (McKenzie's) Cav. Co.H
Broaders, B.F. KY Cav. 1st Bn. Co.B Sgt.
Broades, H.M. AL 21st Inf. Co.I
Broades, John W. MO Cav. Slayback's Regt. Co.F
Broades, M. AL 21st Inf. Co.I
Broadfield, C.D. GA Arty. 11th Bn. (Sumter Arty.) Co.B
Broadfield, Charles D. GA Inf. 10th Bn. Co.C
Broadfoot, B.C. KY 10th (Johnson's) Cav. New Co.C
Broadfoot, Charles W. NC 1st Jr.Res. Lt.Col.
Broadfoot, Charles W. NC 43rd Inf. Co.D Sgt.
Broadfoot, Chas. W. Gen. & Staff ADC,Lt.Col.
Broadfoot, C.L. AR 38th Inf. Co.C
Broadfoot, C.S. MO Cav. Coffee's Regt. Co.E
Broadfoot, G. AL 11th Cav. Co.A
Broadfoot, G. Conf.Cav. Baxter's Bn. 2nd Co.B
Broadfoot, George B. NC 5th Cav. (63rd St.Troops) Co.A
Broadfoot, George L. AR 25th Inf. Co.G Cpl.
Broadfoot, G.L. AR 1st Vol. Co.K
Broadfoot, James D. MS 20th Inf. Co.H Cpl.
Broadfoot, Peter MS 46th Inf. Co.G,A
Broadfoot, W.G. MS 2nd Inf. Co.E
Broadfoot, William G. MS 11th Inf. Co.E
Broadfoot, William J. MD 1st Inf. Co.F 2nd Lt.
Broadfoot, William J. MD Inf. 2nd Bn. Co.E 1st Lt.
Broadfoot, W.J. MD Weston's Bn. Co.D
Broadford, Charles TN 14th Inf. Co.F
Broadhead, George W. AL 62nd Inf. Co.A
Broadhead, James E. MS 8th Inf. Co.D
Broadhead, J.M. AL 29th Inf. Co.D
Broadhead, Joseph MO Cav. Slayback's Regt. Co.G Sgt.
Broadhead, J.W. AL 29th Inf. Co.D
Broadhead, J.W. AL 29th Inf. Co.H
Broadhead, J.W. AL Cp. of Instr. Talladega
Broadhead, Lindsey AL Cp. of Instr. Talladega
Broadhead, Noah MS Inf. 2nd St.Troops Co.A
Broadhurst, David J. NC 20th Inf. Co.E,K Capt.
Broadhurst, E. GA 1st (Ramsey's) Inf. Co.I
Broadhurst, E. GA 66th Inf. Co.I
Broadhurst, Edward GA Inf. 1st Loc.Troops (Augusta) Co.D
Broadhurst, George W. GA Inf. 18th Bn. (St.Guards) Co.E
Broadhurst, George W. NC 20th Inf. Co.E Sgt.
Broadhurst, G.W. GA Inf. 1st Loc.Troops (Augusta) Barnes' Lt.Arty.Co.
Broadhurst, G.W. MO Cav. Poindexter's Regt.
Broadhurst, Henry NC 8th Sr.Res. Broadhurst's Co. Capt.
Broadhurst, J.A., Sr. MO 12th Cav. Co.F Cpl.
Broadhurst, James MO 3rd Inf. Co.D
Broadhurst, James MO 8th Inf. Co.G
Broadhurst, James A. MO 2nd Cav. Co.F
Broadhurst, James A. MO 12th Cav. Co.F
Broadhurst, John C. NC 51st Inf. Co.A Sgt.
Broadhurst, J.W. MO 12th Cav. Co.F Sgt.
Broadhurst, J.W. MO 8th Inf. Co.G
Broadhurst, Robert Cicero NC Hvy.Arty. 10th Bn. Co.D
Broadhurst, Thomas W. NC 20th Inf. Co.E Sgt.Maj.
Broadhurst, T.W. AL 13th Inf. Co.F Sgt.Maj.
Broadhurst, W.G. NC 1st Cav. (9th St.Troops) Co.I
Broadhurst, W.H. MO Cav. Poindexter's Regt.
Broadhurst, William G. NC 20th Inf. Co.E,K
Broadis, H.M. AL Arty. 1st Bn. Co.D
Broadnase, William H. FL 8th Inf. Co.I
Broadnax, Benjamin H. GA 1st (Symons') Res. Co.K
Broadnax, C. AL 53rd (Part.Rangers) Co.G
Broadnax, E.A. VA Second Class Mil. Wolff's Co.
Broadnax, J.C. GA 2nd Cav. (St.Guards) Co.F
Broadnax, J.M. GA Inf. Whiteside's Nav.Bn. (Loc.Def.) Co.A Sgt.
Broadnax, M.C.D. GA Cav. 24th Bn. Co.D Cpl.
Broadnax, O.W. AL 53rd (Part.Rangers) Co.G 1st Sgt.
Broadnax, R.W. VA 3rd (Archer's) Bn.Res. Co.D
Broadnax, R.W. VA Second Class Mil. Wolff's Co.
Broadnax, William C.D. GA 11th Inf. Co.E,H
Broadnax, Wm. E. Gen. & Staff 1st Lt.,ADC
Broadrick, James LA 14th (Austin's) Bn.S.S. Co.B
Broads, --- AL 25th Inf., Co.G
Broadside, J.S. TX Cav. Bourland's Regt. Co.A
Broadstreet, James TX 23rd Cav. Co.B Sgt.
Broadstreet, James R. NC 4th Cav. (59th St.Troops) Co.E
Broadstreet, J.D.T. MS Cav. 2nd Bn.Res. Co.D
Broadstreet, J.H. AL 18th Inf. Co.F
Broadstreet, Joseph R. NC 14th Inf. Co.F
Broadstreet, Paris C. TX 18th Inf. Co.F
Broadus, Benjamin KY 2nd (Duke's) Cav. Co.D Cpl.
Broadus, C.L. VA 7th Cav. Co.D 1st Sgt.
Broadus, Clarence L. VA 10th Inf. 1st Co.C
Broadus, E.W. TX Cav. 2nd Bn.St.Troops Co.A
Broadus, J.L. LA 27th Inf. Co.G
Broadus, J.N. Gen. & Staff Chap.
Broadus, John F. LA 31st Inf. Co.A Sgt.Maj.
Broadus, S.C. TN 1st (Carter's) Cav. Co.K

Broadus, T.W. KY 7th Cav. Co.E
Broadus, William KY Cav. Jenkins' Bn. Co.C
Broadus, William S. VA Cav. Mosby's Regt. (Part.Rangers) Co.F
Broadwater, Abram SC 6th Cav. Co.B
Broadwater, Arthur VA 17th Cav. Co.D
Broadwater, C.E. MS 1st (Percy's) Inf. Co.B
Broadwater, C.E. MS 39th Inf. Co.E
Broadwater, Charles M. AL 15th Inf. Co.A
Broadwater, C.K. VA Mil. Scott Cty.
Broadwater, George M. SC 14th Inf. Co.D
Broadwater, George W. SC 6th Cav. Co.B
Broadwater, Guy VA Cav. Mosby's Regt. (Part.Rangers) Sgt.Maj.
Broadwater, James VA 39th Inf. Co.L
Broadwater, James H. GA 2nd Cav. Co.A
Broadwater, John VA Mil. Scott Cty.
Broadwater, Josiah S. FL Lt.Arty. Perry's Co.
Broadwater, J.W. MS 3rd (St.Troops) Cav. Co.E
Broadwater, L.B. AL 16th Inf. Co.C
Broadwater, Lewis E. GA 51st Inf. Co.E
Broadwater, N.L. SC 7th Inf. 1st Co.I, Co.D, 2nd Co.I Cpl.
Broadwater, Paschall AL 16th Inf. Co.C
Broadwater, P.H. SC 7th Inf. 1st Co.H, 2nd Co.I
Broadwater, R.F. VA Cav. Mosby's Regt. (Part.Rangers) Co.D
Broadwater, Robert E. SC 6th Cav. Co.B
Broadwater, Robert H. SC 14th Inf. Co.D
Broadwater, S. SC 7th Inf. 1st Co.I, Co.D, 2nd Co.I
Broadwater, Stephen VA 48th Inf. Co.E
Broadwater, Stephen G. VA 22nd Cav. Co.A
Broadwater, S.W. GA 10th Mil.
Broadwater, T. SC 7th Inf. 2nd Co.I
Broadwater, Thomas SC 2nd St.Troops Co.I
Broadwater, W.C. SC 5th Cav. Co.C
Broadwater, W.C. SC 6th Cav. Co.I
Broadwater, William H. FL 2nd Inf. Co.E 1st Sgt.
Broadwaters, John VA Inf. 21st Bn. 2nd Co.E
Broadwaters, John VA 64th Mtd.Inf. Co.E
Broadwaters, T.J. AL 17th Inf. Co.G
Broadwax, John W. Gen. & Staff Maj.,Contr.Surg.
Broadway, A.A. NC 48th Inf. Co.D Sgt.
Broadway, A. Sydney AL 16th Inf. Co.C
Broadway, Benjamin L. SC 5th Cav. Co.H
Broadway, Charles AL 15th Bn.Part.Rangers Co.C
Broadway, Charles AL 56th Part.Rangers Co.C
Broadway, Charles MS 10th Cav. Co.F
Broadway, Charles MS Cav. Powers' Regt. Co.F
Broadway, David T. NC 54th Inf. Co.A
Broadway, David W. NC 54th Inf. Co.A
Broadway, George Washington SC 5th Cav. Co.H
Broadway, G.W. MS 37th Inf. Co.F
Broadway, G.W. SC Cav. 14th Bn. Co.A
Broadway, Henry T. SC 5th Cav. Co.H
Broadway, H.T. SC Cav. 14th Bn. Co.A
Broadway, I.W. Fort's Scouts,CSA
Broadway, J. AL 17th Inf. Co.F
Broadway, J. GA 54th Inf. Co.H
Broadway, J. LA Inf.Cons. 18th Regt. & Yellow Jacket Bn. Co.G
Broadway, James AL 31st Inf. Co.F
Broadway, James O. NC 33rd Inf. Co.E
Broadway, Jesse W. MS 1st Lt.Arty. Co.D
Broadway, Jesse W. NC 67th Inf. Co.I
Broadway, J.H. Forrest's Scouts T. Elliott's Co.,CSA
Broadway, J.J. SC Cav. 14th Bn. Co.A
Broadway, John GA 3rd Cav. Co.H
Broadway, John LA 12th Inf. Co.C
Broadway, John LA 18th Inf. Co.K
Broadway, John NC 35th Inf. Co.B
Broadway, John W. NC 54th Inf. Co.A
Broadway, Judson J. SC 5th Cav. Co.H
Broadway, J.W. NC Snead's Co. (Loc.Def.)
Broadway, J.W. SC 5th Cav. Co.H Sgt.
Broadway, J.W. SC Cav. 14th Bn. Co.A Sgt.
Broadway, Moses J. LA 25th Inf. Co.B
Broadway, M.W. GA Siege Arty. Campbell's Ind.Co.
Broadway, P.F. NC 34th Inf. Co.H
Broadway, Samuel W. NC 48th Inf. Co.D Cpl.
Broadway, T.D. AL 57th Inf. Co.H
Broadway, Thomas MO 12th Inf. Co.I
Broadway, Thomas J. LA 3rd Inf. Co.I Cpl.
Broadway, T.J. AL 3rd Inf. Co.H
Broadway, T.J. NC 6th Sr.Res. Co.C
Broadway, W.A. MS 37th Inf. Co.F
Broadway, W.H. AL 17th Inf. Co.F
Broadway, Whitner NC 1st Arty. (10th St.Troops) Co.C
Broadway, William AR 3rd Inf. Co.F
Broadway, William MD 3rd Regt.Vol.
Broadway, William MO 12th Inf. Co.I
Broadway, William H. NC 14th Inf. Co.I
Broadway, William R. LA 31st Inf. Co.B
Broadway, William R. NC 42nd Inf. Co.A
Broadway, W.J. MS 26th Inf. Co.F
Broadwell, C.B. LA Cav. Greenleaf's Co. (Orleans Lt.Horse)
Broadwell, Cornelius TX 20th Inf. Co.D
Broadwell, Edward E. GA 8th Inf. (St.Guards) Co.F
Broadwell, Freeman NC 24th Inf. Co.G
Broadwell, George W. GA 22nd Inf. Co.A
Broadwell, H.A. TN 3rd (Clack's) Inf. Co.A
Broadwell, Harrison NC 3rd Bn.Sr.Res. Williams' Co.
Broadwell, Harrison M. GA 32nd Inf. Co.A 2nd Lt.
Broadwell, James GA 3rd Cav. (St.Guards) Co.H
Broadwell, James NC 1st Inf. Co.G
Broadwell, James M. GA 2nd Inf. Co.F
Broadwell, James W. GA 5th Inf. Co.B
Broadwell, Jesse GA 16th Inf. Co.I
Broadwell, J.H. NC 50th Inf. Co.C
Broadwell, J.J. GA 31st Inf. Co.I
Broadwell, John GA Cherokee Legion (St.Guards) Co.K
Broadwell, John M. GA 2nd Inf. Co.F
Broadwell, John M. GA 15th Inf. Co.F
Broadwell, J.P. LA Cav. Greenleaf's Co. (Orleans Lt.Horse)
Broadwell, J.P. Gen. & Staff, Comsy.Dept. Capt.
Broadwell, J.W. GA Inf. 25th Bn. (Prov.Guard) Co.B
Broadwell, Mitchel M. GA 8th Inf. (St.Guards) Co.F
Broadwell, Perry G. GA 24th Inf. Co.F Cpl.
Broadwell, Ruffin NC 12th Inf. Co.K
Broadwell, Seth NC 47th Inf. Co.H
Broadwell, W.A. Gen. & Staff, Comsy.Dept. Lt.Col.
Broadwell, William GA 14th Inf. Co.E
Broadwell, William T. GA 38th Inf. Co.F Sgt.
Broady, David VA 48th Inf. Co.F,B
Broady, G.S. AR 35th Inf. Co.D Sgt.
Broady, James VA Mil. Washington Cty.
Broady, Joseph VA Mil. Washington Cty.
Broagan, T.P. TN 84th Inf. Co.B
Brobazon, J.M. LA Mil. Beauregard Regt. QM
Brobeck, Joseph LA Inf. McLean's Co.
Brobeck, Joseph VA 59th Inf. 2nd Co.A
Brobery, Oscar W. AL 6th Inf. Co.E
Brobham, Joseph MS 2nd (Quinn's St.Troops) Inf. Co.C
Brobham, Z. MS 2nd (Quinn's St.Troops) Inf. Co.C
Brobie, A. VA 3rd Res. Co.I
Brobston, E.L. TN 41st Inf. Co.E
Brobston, Joseph NC Inf. Thomas Legion
Broca, J. LA Mil. 3rd Regt. French Brig. Co.8 Cpl.
Broca, Jules LA Mil. 1st Native Guards
Brocard, Edgar 14th Conf.Cav. Co.H
Brocard, Edgard LA 22nd Inf. Co.B
Brocard, Edw. LA 22nd (Cons.) Inf.
Brocard, Leonice LA Mil. 1st Chasseurs a pied
Brocart, S. LA Pointe Coupee Arty.
Brocca, Jean LA Mil. 1st Regt. French Brig. Co.6
Brocchus, E.F. 1st Conf.Cav. Co.I Cpl.
Brocchus, John G. TN 2nd (Walker's) Inf. Co.E 1st Lt.
Brocchus, Robert A. TX 34th Cav. Co.A Adj.
Brocchus, Thomas TN 7th (Duckworth's) Cav. Co.C Cpl.
Broce, George T. VA 4th Inf. Co.L
Broce, Lewis L. VA 63rd Inf. Co.D
Broce, Samuel R. VA 4th Inf. Co.L
Broches, William VA 2nd Inf. Co.D
Brochurst, James C. MS 2nd Part.Rangers Co.C
Brocins, Benton MO 2nd Cav. Co.A
Brocius, J. VA 12th Cav. Co.I
Brocius, William K. NC 12th Inf. Co.D,B
Brock, A. FL 8th Inf. Co.B
Brock, A. MS 2nd St.Cav. Co.G Cpl.
Brock, A. MS 2nd St.Cav. Co.K
Brock, A. MS Cav. Ham's Regt. Co.G
Brock, A. MS 31st Inf. Co.K
Brock, A. SC 2nd Rifles Co.G Cpl.
Brock, A. Gen. & Staff Hosp.Stew.
Brock, A.B. MS 28th Cav. Co.A
Brock, Abram M. SC Hvy.Arty. Gilchrist's Co. (Gist Guard)
Brock, A.E. NC 66th Inf. Co.D
Brock, A.F. SC 20th Inf. Co.N
Brock, A.F. SC Inf. Hampton Legion Co.I
Brock, A.J. TN 5th (McKenzie's) Cav. Co.A Capt.
Brock, Albert G. MS 18th Inf. Co.E 1st Sgt.
Brock, Alex MS 39th Inf. Co.K
Brock, Alfred AL St.Res. Palmer's Co.
Brock, Allen KY 11th Cav. Co.A
Brock, Allen NC Loc.Def. Croom's Co.

Brock, Allen 1st Conf.Cav. 2nd Co.D
Brock, Almond D. AR 23rd Inf. Co.I Cpl.
Brock, A.M. GA Inf. 9th Bn. Co.C
Brock, A.M. SC Inf. Hampton Legion Co.I
Brock, Amos NC 3rd Arty. (40th St.Troops) Co.A
Brock, Andrew J. MS Inf. 2nd Bn. Co.C
Brock, Andrew J. MS 48th Inf. Co.C
Brock, Andrew J. SC 20th Inf. Co.E
Brock, Antony MS 23rd Inf. Co.I
Brock, A.P. MO 9th Inf. Co.F
Brock, A.P. SC 5th Bn.Res. Co.F
Brock, Arthur W. SC 4th Inf. Co.J
Brock, Asberry W. VA 4th Cav. Co.G
Brock, A.T. FL 1st (Res.) Inf. Co.C
Brock, A.V.B. MS 3rd Inf. Co.C
Brock, A.W. SC Inf. 13th Bn. Co.E
Brock, A.W. SC Inf. Hampton Legion Co.I
Brock, Barney AL 3rd Bn.Res. Co.B Jr.2nd Lt.
Brock, Barney NC 3rd Arty. (40th St.Troops) Co.H
Brock, Benjamin KY Jessee's Bn.Mtd.Riflemen Co.B
Brock, Benjamin C. TX 13th Cav. Co.D
Brock, Benjamin F. TN 59th Mtd.Inf. Co.A
Brock, Benjamin F. VA 9th Inf. Co.F
Brock, Benjamin F. VA 42nd Inf. Co.F Cpl.
Brock, Benjamin F. 7th Conf.Cav. Co.K
Brock, Benjamin R. NC 43rd Inf. Co.D
Brock, Bevert TX 22nd Inf. Co.F
Brock, B.G. TN 3rd (Lillard's) Mtd.Inf. Co.G
Brock, B.M. AL 48th Inf. Co.F Sgt.
Brock, B.M. 7th Conf.Cav. Co.K
Brock, Booker D. AR 4th Inf. Co.G Capt.
Brock, Brinckley NC 3rd Arty. (40th St.Troops) Co.H
Brock, Britton M. KY 2nd Mtd.Inf. Co.G
Brock, C. AL 23rd Inf. Co.I
Brock, C. AL Cp. of Instr. Talladega
Brock, C. GA 2nd Inf. Co.H Cpl.
Brock, C. SC 8th Inf. Co.B
Brock, Calvin SC 21st Inf. Co.D
Brock, Carrel MO 6th Cav. Co.C
Brock, C.D. FL 8th Inf. Co.B
Brock, C.D. GA 60th Inf. Co.G Cpl.
Brock, C.G. AL 12th Cav. Co.F
Brock, C.H. AL 8th Cav. Co.I
Brock, C.H. SC 1st Cav. Co.F
Brock, C.H. VA 13th Cav. Co.K
Brock, Charles NC 20th Inf. Co.E
Brock, Charles VA 15th Inf. Asst.Surg.
Brock, Charles A. SC 4th Cav. Co.A
Brock, Charles A. SC Cav. 12th Bn. Co.A
Brock, Charles H. SC Lt.Arty. Kelly's Co. (Chesterfield Arty.)
Brock, Charles J. VA 10th Cav. Co.H
Brock, Charles J.M. GA 40th Inf. Co.I
Brock, Charles L. GA 13th Cav. Co.G,F Cpl.
Brock, Charles P. MS 28th Cav. Co.E,F
Brock, Charles P. MS 18th Inf. Co.E
Brock, Charles S. LA Inf. 4th Bn. Co.C
Brock, Charles S. LA 31st Inf. Co.C
Brock, Charles W. TN 48th (Nixon's) Inf. Co.H
Brock, Charles W.P. Gen. & Staff Asst.Surg.
Brock, Christopher C. AR 36th Inf. Co.D
Brock, Cleveland TN 59th Mtd.Inf. Co.A
Brock, Collins MS 22nd Inf. Co.B 1st Cpl.
Brock, Cornelius H. VA 5th Cav. (12 mo. '61-2) Co.C
Brock, C.P. MS 7th Inf. Co.E
Brock, C.W.P. VA 1st Bn.Res. Asst.Surg.
Brock, D. TN 55th (Brown's) Inf. Ford's Co.
Brock, Daniel L. NC McDugald's Co. Cpl.
Brock, David AL 28th Inf. Co.D
Brock, David AR 17th (Lemoyne's) Inf. Co.C
Brock, David AR 21st Inf. Co.C
Brock, David AR Cav. Nichols Regt. Co.D
Brock, David MS 5th Inf. (St.Troops) Co.D
Brock, David MO 7th Cav. Co.F
Brock, David MO 16th Inf. Co.E
Brock, David NC 4th Inf. Co.E
Brock, David NC Inf. 13th Bn. Co.D
Brock, David NC 66th Inf. Co.K
Brock, David TN 3rd (Lillard's) Mtd.Inf. Co.G
Brock, David H. TN 29th Inf. Co.D
Brock, David J. LA 12th Inf. Co.C Cpl.
Brock, David J. NC 2nd Inf. Co.C
Brock, David W. NC 51st Inf. Co.I
Brock, D.D. Bradford's Corps Scouts & Guards Co.B
Brock, D.J. AL Cav. 24th Bn. Co.B
Brock, D.N. GA 19th Inf. Co.H,I
Brock, D.O. MS 7th Cav. Co.C
Brock, Donovon TN Lt.Arty. Sparkman's Co.
Brock, Drury TN 6th Inf. Co.L Sgt.
Brock, D.W. AL 22nd Inf. Co.C 2nd Lt.
Brock, E. GA 18th Inf. Co.K
Brock, Eanus GA Inf. 9th Bn. Co.C
Brock, E.B. AR 34th Inf. Co.H
Brock, E.C. AL 15th Inf. Co.A
Brock, E.C. AL 40th Inf. Co.E
Brock, Edward A. NC 2nd Inf. Co.I
Brock, E.H. MS 7th Cav. 1st Co.H
Brock, E.L. 7th Conf.Cav. Co.A
Brock, Elhanon V. LA Inf. 4th Bn. Co.C
Brock, Elhanon V. LA 31st Inf. Co.C
Brock, Eli MO 16th Inf. Co.E Cpl.
Brock, Eli SC 6th Cav. Co.D
Brock, Eli SC 1st Arty. Co.I
Brock, Elias C. AL 10th Inf. Co.D Sgt.
Brock, Elias J. MS 14th Inf. Co.I 2nd Lt.
Brock, Eliazer GA Cav. 10th Bn. (St.Guards) Co.B Sgt.
Brock, Elmore TN 5th (McKenzie's) Cav. Co.I
Brock, E.M. GA 24th Inf. Co.H
Brock, Emmanuel MO 16th Inf. Co.E
Brock, Enoch NC 2nd Cav. (19th St.Troops) Co.B
Brock, Enos GA 37th Inf. Co.F
Brock, E.R. MO 28th Cav. Co.A
Brock, Ernest TX St.Troops Atkins' Co.
Brock, E.S. AL 12th Cav. Co.A
Brock, E.W. VA Cav. Mosby's Regt. (Part. Rangers) Co.D
Brock, F. TN 11th (Holman's) Cav. Co.G
Brock, F. TN 19th (Biffle's) Cav. Co.L
Brock, F.A. GA Arty. 9th Bn. Co.C
Brock, F.M. AR 1st (Monroe's) Cav. Co.D
Brock, F.M. MS 7th Cav. Co.D
Brock, F.R. LA Inf.Crescent Regt. Co.H
Brock, Francis KY 7th Cav. Co.A
Brock, Francis KY 11th Cav. Co.A
Brock, Francis J. GA 15th Inf. Co.B
Brock, Fred AR 6th Inf. Co.A
Brock, G. TX Inf. 4th Bn. (Oswald's) Co.B
Brock, G.A. MO 10th Inf. Co.I
Brock, G.B. TX 18th Inf. Co.K
Brock, George AR 35th Inf. Co.B
Brock, George GA 19th Inf. Co.K
Brock, George F. MS 1st Bn.S.S. Co.C
Brock, George R. AR 4th Inf. Co.G
Brock, George W. AR 4th Inf. Co.G
Brock, George W. GA 24th Inf. Co.H
Brock, George W. GA 41st Inf. Co.A,D Cpl.
Brock, George W. GA 43rd Inf. Co.B Cpl.
Brock, George W. KY 2nd (Duke's) Cav. Co.G
Brock, George W. SC 27th Inf. Co.G
Brock, George W. TN Lt.Arty. Kain's Co.
Brock, George W. TN 59th Mtd.Inf. Co.A Cpl.
Brock, Gillison H. FL 4th Inf. Co.C
Brock, Godfrey VA 7th Cav. Co.B,H
Brock, Gotthelf TX 4th Field Btty.
Brock, Granville KY 4th Cav. Co.C
Brock, Granville KY 9th Cav. Co.E
Brock, Granville TN 3rd (Lillard's) Mtd.Inf. Co.G
Brock, G.T. NC 2nd Jr.Res. Co.A
Brock, G.T. NC 51st Inf. Co.B
Brock, G.W. GA Inf. 40th Bn. Co.F Cpl.
Brock, G.W. MO 4th Inf. Co.B
Brock, G.W. SC 3rd Res. Co.K
Brock, H. AR 1st Vol. Kelsey's Co.
Brock, H. AR 38th Inf. Co.H
Brock, H. MO 12th Inf. Co.K
Brock, H. TX 22nd Inf. Co.F
Brock, Hardin V. TX 17th Cav. Co.D
Brock, H.C. MS 1st Cav. Co.B
Brock, H.C. MS 5th Cav. Co.F
Brock, H.C. MS 3rd Inf. (St.Troops) Co.G
Brock, H.C. VA 9th Cav. Co.H
Brock, H.C. VA 3rd Inf.Loc.Def. Co.B
Brock, Henderson GA 14th Inf. Co.K
Brock, Henderson H. AL 38th Inf. Co.C
Brock, Henry KY 8th Cav.
Brock, Henry TN 29th Inf. Co.D
Brock, Henry TX Inf. Timmons' Regt. Co.F
Brock, Henry VA Cav. Mosby's Regt. (Part. Rangers) Co.D
Brock, Henry VA 44th Inf. Co.E
Brock, Henry M. AL 22nd Inf. Co.D
Brock, Henry N. NC 12th Inf. Co.E
Brock, Henry T. VA 13th Cav. Co.A
Brock, Henry W. MS 1st Cav.Res. Co.I
Brock, Henry W. VA 5th Cav. (12 mo. '61-2) Co.A
Brock, Henry W. VA Cav. 14th Bn. Co.C
Brock, Henry W. VA 15th Cav. Co.C
Brock, Hezekiah SC 4th St.Troops Co.K
Brock, Hezekiah SC 5th Bn.Res. Co.C
Brock, H.M. KY 11th Cav.
Brock, H.M. TN 47th Inf. Co.A
Brock, H.N. SC 20th Inf. Co.N
Brock, Hugh TX 10th Inf. Co.I
Brock, Ignatious W. NC 46th Inf. Co.G 1st Lt.
Brock, I.N. VA 10th Cav. Co.B
Brock, Isaac GA 14th Inf. Co.K
Brock, Isaac TX 19th Inf. Co.H
Brock, Isaac J. GA Lt.Arty. Guerard's Btty.
Brock, Ivin B. TN 36th Inf. Co.F Capt.
Brock, J. AL 26th (O'Neal's) Inf. Co.E

Brock, J. SC Arty. Fickling's Co. (Brooks Lt.Arty.)
Brock, J. TX 1st (Yager's) Cav. Co.B
Brock, J. VA Invalid Corps Cpl.
Brock, J.A. FL 1st (Res.) Inf. Co.B
Brock, J.A. GA 4th Cav. (St.Guards) Cartledge's Co. Cpl.
Brock, J.A. GA 59th Inf. Co.A
Brock, J.A. TX 21st Inf. Co.I
Brock, Jacob GA 55th Inf. Co.A
Brock, Jacob LA 3rd Inf. Co.C
Brock, Jacob LA 27th Inf. Co.F
Brock, Jacob VA 16th Cav. Co.B
Brock, Jacob VA 14th Mil. Co.C
Brock, Jacob VA 62nd Mtd.Inf. 1st Co.G
Brock, Jacob H. SC Lt.Arty. Kelly's Co. (Chesterfield Arty.) Cpl.
Brock, Jacob H. VA Cav. Mosby's Regt. (Part. Rangers) Cpl.
Brock, James AL 15th Cav. Co.F
Brock, James AL 40th Inf. Co.I
Brock, James AR 1st Cav. Co.E
Brock, James GA 17th Inf. Co.F
Brock, James LA 3rd (Wingfield's) Cav. Co.C,K
Brock, James MS 3rd Cav.Res. Co.D
Brock, James NC 33rd Inf. Co.G
Brock, James NC 56th Inf. Co.G
Brock, James SC 1st Arty. Co.F
Brock, James SC 1st Arty. Co.I
Brock, James SC 1st (Butler's) Inf. Co.E
Brock, James SC Inf. 13th Bn. Co.D
Brock, James TN Cav. 12th Bn. (Day's) Co.C
Brock, James TN 61st Mtd.Inf. Bundren's Co.
Brock, James TN 62nd Mtd.Inf. Co.G Sgt.
Brock, James A. FL 1st Cav. Co.I 1st Lt.
Brock, James A. FL 9th Inf. Co.C
Brock, James A. MS Cav. Ham's Regt. Co.E
Brock, James C. MS 9th Cav. Co.F Capt.
Brock, James C. MS 14th Inf. Co.I
Brock, James C. TN Cav. 17th Bn. (Sanders') Co.C Capt.
Brock, James D. GA Lt.Arty. 12th Bn. 2nd Co.A
Brock, James F. AR 21st Inf. Co.C
Brock, James G. GA 11th Inf. Co.E
Brock, James H. AR 17th (Lemoyne's) Inf. Co.C
Brock, James H. GA 21st Inf. Co.A
Brock, James H. NC 3rd Cav. (41st St.Troops) Co.E
Brock, James H. NC 5th Cav. (63rd St.Troops) Co.B
Brock, James H. NC 54th Inf. Co.C Cpl.
Brock, James H. SC 1st (Orr's) Rifles Co.K
Brock, James H. SC 20th Inf. Co.E Cpl.
Brock, James H. VA 5th Cav. (12 mo. '61-2) Co.C
Brock, James J. VA 9th Inf. Co.F Cpl.
Brock, James L. SC 20th Inf. Co.E Sgt.
Brock, James M. AL 43rd Inf. Co.I Cpl.
Brock, James M. GA 14th Inf. Co.K Cpl.
Brock, James M. GA 24th Inf. Co.H
Brock, James M. LA 6th Cav. Co.B
Brock, James M. SC 4th Inf. Co.G
Brock, James M. VA 16th Inf. Co.G
Brock, James N. GA 18th Inf. Co.F
Brock, James N. MO Cav. 11th Regt.St.Guard Co.B 1st Lt.
Brock, James O. GA 40th Inf. Co.I
Brock, James P. TX Inf. Griffin's Bn. Co.A
Brock, James R. TX 6th Cav. Co.E
Brock, James S. AL 6th Cav. Co.A
Brock, James T. Conf.Arty. Marshall's Co.
Brock, James V. NC 42nd Inf. Co.E 2nd Lt.
Brock, James W. LA 2nd Cav. Co.F
Brock, Jarvis J. TX 19th Cav. Co.E
Brock, Jasper GA Cav. 29th Bn. Co.A
Brock, J. Baldwin Gen. & Staff Surg.
Brock, J.C. MS 10th Cav. Co.A Capt.
Brock, J.C. TN 23rd Inf. Co.C
Brock, J.E. AL 6th Cav. Co.A
Brock, J.E. AL Lt.Arty. Kolb's Batty.
Brock, J.E. AL Arty. 4th Bn. Hilliard's Legion Co.B
Brock, J.E. AL 3rd Bn. Hilliard's Legion Vol. Co.A
Brock, J.E. AL Cp. of Instr. Talladega
Brock, J.E. GA 11th Cav. Co.I
Brock, J.E. MS Conscr.
Brock, Jeff MS 9th Cav. Co.E
Brock, Jeff TN Cav. 17th Bn. (Sanders') Co.B
Brock, Jefferson MS 10th Cav. Co.F
Brock, Jesse NC 8th Sr.Res. Broadhurst's Co.
Brock, Jesse NC 38th Inf. Co.A
Brock, Jesse W. AR 31st Inf. Co.A
Brock, J.F. AL 26th (O'Neal's) Inf. Co.E
Brock, J.F. GA 30th Inf. Co.K
Brock, J.F. SC Lt.Arty. Gaillard's Co. (Santee Lt.Arty.)
Brock, J.F. SC Palmetto S.S. Co.I
Brock, J.G. MS Lt.Arty. Lomax's Co.
Brock, J.H. GA Arty. Maxwell's Reg.Lt.Btty.
Brock, J.H. GA 18th Inf. Co.K
Brock, J.H. GA 56th Inf. Co.G
Brock, J.H. KY 8th Mtd.Inf. Co.E Cpl.
Brock, J.H. MS 7th Cav. Co.D
Brock, J.H. NC 46th Inf. Co.G
Brock, J.H. SC 2nd Inf. Co.E Cpl.
Brock, J.H. TN 19th Inf. Co.F 1st Sgt.
Brock, J.J. NC 66th Inf. Co.D
Brock, J.J. NC Mil. Clark's Sp.Bn. Co.C
Brock, J.J. TX 22nd Inf. Co.F
Brock, J.L. AL 8th (Hatch's) Cav. Co.I
Brock, J.L. AL 26th (O'Neal's) Inf. Co.E Cpl.
Brock, J.L. TX 22nd Inf. Co.F
Brock, J.M. AR 20th Inf. Co.E
Brock, J.M. GA 1st Cav.
Brock, J.M. GA Cav. 1st Bn.Res.
Brock, J.M. GA 11th Cav. Co.H
Brock, J.M. GA 24th Inf. Co.C
Brock, J.M. TN Inf. 22nd Bn. Co.C
Brock, J.N. GA 56th Inf. Co.G
Brock, J.O. TN 1st (Feild's) & 27th Inf. (Cons.) Co.I 1st Sgt.
Brock, Job GA 43rd Inf. Co.D
Brock, Joel D. LA 1st (Nelligan's) Inf. Howell's Co.
Brock, Joel D. VA 9th Inf. Co.E
Brock, Joel M. TX 17th Cav. Co.D
Brock, John AL 6th Inf. Co.A
Brock, John AL 44th Inf. Co.E
Brock, John AR 31st Inf. Co.E
Brock, John GA Cav. 6th Bn. (St.Guards) Co.E
Brock, John GA 12th Cav. Co.K
Brock, John GA 35th Inf. Co.E Cpl.
Brock, John KY 2nd (Duke's) Cav. Co.F
Brock, John KY 5th Cav. Co.D
Brock, John LA 14th Inf. Co.B
Brock, John MS 39th Inf. Co.F
Brock, John NC 25th Inf. Co.A
Brock, John NC 27th Inf.
Brock, John TN 19th Inf. Co.F
Brock, John TN 26th Inf. 1st Co.H
Brock, John TN 35th Inf. Co.C Cpl.
Brock, John TX 18th Cav. Co.C
Brock, John TX Lt.Arty. Hughes' Co.
Brock, John VA 14th Mil. Co.C
Brock, John 1st Conf.Inf. 2nd Co.I
Brock, John A. AR 4th Inf. Co.I Sgt.
Brock, John A. GA 59th Inf. Co.D
Brock, John E. MS 1st (Johnston's) Inf. Co.B Cpl.
Brock, John G. NC 33rd Inf. Co.G
Brock, John H. GA 59th Inf. Co.E
Brock, John H. SC 1st (Orr's) Rifles Co.G
Brock, John H. TX 6th Cav. Co.E Sgt.
Brock, John H.J. GA 50th Inf. Co.E
Brock, John J. GA Hvy.Arty. 22nd Bn. Co.F
Brock, John J. GA 2nd Inf. Co.H
Brock, John J. NC 8th Bn.Part.Rangers Co.A,C
Brock, John J. NC Inf. 13th Bn. Co.C
Brock, John Jackson MO Inf. 1st Bn. Co.A
Brock, John Jackson MO 5th Inf. Co.K
Brock, John L. MO 3rd Inf. Co.F,D
Brock, John M. MS 32nd Inf. Co.E
Brock, John M.F. NC 3rd Cav. (41st St.Troops) Co.H Cpl.
Brock, John O. TN 27th Inf. Co.G Cpl.
Brock, John P. GA 60th Inf. Co.G Sgt.
Brock, John P. VA 10th Cav. Co.H Capt.
Brock, John P. VA 24th Inf. Co.H
Brock, John R. FL 8th Inf. Co.B
Brock, John R. GA 24th Inf. Co.H Sgt.
Brock, John R. TX 12th Cav. Co.H
Brock, John T. TX 18th Inf. Co.F
Brock, John W. AL 8th Cav. Co.I
Brock, John W. MO 10th Inf. Co.I
Brock, John W. NC 55th Inf. Co.G
Brock, John W. 7th Conf.Cav. Co.B
Brock, Jonah NC 20th Inf. Co.E
Brock, Jonathan A. TX Inf. Griffin's Bn. Co.A
Brock, Joseph GA 40th Inf. Co.F
Brock, Joseph GA 56th Inf. Co.A
Brock, Joseph NC 27th Inf. Co.C
Brock, Joseph SC 18th Inf. Co.B
Brock, Joseph SC Inf. Hampton Legion Co.D
Brock, Joseph TN 41st Inf. Co.A Sgt.
Brock, Joseph B. 2nd Conf.Inf. Co.B
Brock, Joseph C. MO 12th Cav. Co.A
Brock, Joseph E. AL 60th Inf. Co.E
Brock, Joseph F. AL 58th Inf. Co.I
Brock, Joseph F. NC 8th Bn.Part.Rangers Co.A Cpl.
Brock, Joseph F. NC 66th Inf. Co.F
Brock, Joseph G. NC 33rd Mil. Ray's Co.
Brock, Joseph G. NC 43rd Inf. Co.D
Brock, Joseph T. AL 22nd Inf. Co.D Sgt.
Brock, J.P. AL 53rd (Part.Rangers) Co.I 2nd Lt.
Brock, J.P. GA Cav. 29th Bn. Co.A
Brock, J.P. SC 1st Arty. Co.I
Brock, J.P. TX 21st Inf. Co.I
Brock, J.R. GA 43rd Inf. Co.D
Brock, J.R. MS 7th Cav. Co.C

Brock, J.R. MS 4th Inf. Co.H
Brock, J.T. AR 1st (Dobbin's) Cav. Co.E
Brock, J.T. KY 9th Cav. Co.A Sgt.
Brock, J.T. 2nd Conf.Inf. Co.B
Brock, J.W. AR 1st (Monroe's) Cav. Co.D
Brock, J.W. FL Cav. 3rd Bn. Co.D
Brock, J.W. GA 10th Cav. Co.B
Brock, J.W. GA Siege Arty. 28th Bn. Co.K Cpl.
Brock, J.W. GA 4th Res. Co.B,F
Brock, J.W. GA 24th Inf. Co.C
Brock, J.W. GA 39th Inf. Co.K
Brock, J.W. GA 52nd Inf. Co.B
Brock, J.W. MS 38th Cav. Co.D Sgt.
Brock, J.W. MO Robertson's Regt.St.Guard Co.6
Brock, J.W. NC 57th Inf. Co.A Cpl.
Brock, J.W. 3rd Conf.Cav. Co.B Sgt.
Brock, J.W. 15th Conf.Cav. Co.I
Brock, J.W.N. GA 18th Inf. Co.K
Brock, Kenyon NC 7th Inf. Co.C
Brock, L. AL 23rd Inf. Co.C
Brock, Larkin AL Cav. Hardie's Bn.Res. Co.A Cpl.
Brock, Larkin AL 30th Inf. Co.A Lt.
Brock, Lawrence AR 4th Inf. Co.I
Brock, L.E. NC 5th Cav. (63rd St.Troops) Co.H
Brock, Leonidas TX 6th Cav. Co.C
Brock, Levi J. NC 66th Inf. Co.H,I
Brock, Levin NC 38th Inf. Co.A
Brock, Levy J. NC 8th Bn.Part.Rangers Co.B
Brock, Lewelen TX 18th Cav. Co.H
Brock, Lewis AL 5th Cav. Co.E
Brock, Lewis AR 47th (Crandall's) Cav. Burks Co.
Brock, Lewis MO Inf. 5th Regt.St.Guard Co.F 1st Lt.
Brock, Lewis MO 8th Inf. Co.F
Brock, Lewis B. KY 5th Cav. Co.D
Brock, Lewis B. KY 6th Cav. Co.D Teamster
Brock, Little B. LA 31st Inf. Co.C
Brock, Lloyd 3rd Conf.Cav. Co.I
Brock, Lysander VA Lt.Arty. Grandy's Co.
Brock, M. AR 10th Mil. Co.B Sgt.
Brock, M. GA 1st Cav.
Brock, M. GA Cav. 1st Bn.Res.
Brock, M. Bradford's Corps Scouts & Guards Co.B
Brock, M. Gen. & Staff Hosp.Stew.
Brock, Madison AR 7th Cav. Co.B
Brock, Marion KY 6th Cav. Co.G
Brock, Marion TN Inf. 1st Bn. (Colms') Co.C
Brock, Martin TN Lt.Arty. Kain's Co.
Brock, Martin VA 33rd Inf. Co.F
Brock, Martin H. LA 28th (Gray's) Inf. Co.B Sgt.
Brock, Martin V. MS Inf. 2nd Bn. Co.C
Brock, Martin V. MS 48th Inf. Co.C
Brock, Martin V. TN 59th Mtd.Inf. Co.A
Brock, Mathew A. GA 37th Inf. Co.F
Brock, M.E. MS 7th Cav. Co.D
Brock, Meredith E. FL 1st Cav. Co.H,B 1st Lt.
Brock, Merideth E. FL 1st Inf. Old Co.H
Brock, M.F. VA 2nd Cav. Co.H
Brock, Michael TN 59th Mtd.Inf. Co.A
Brock, Michael F. VA 10th Cav. Co.H
Brock, Miles MO 9th Inf. Co.F
Brock, M.L. AL 12th Cav. Co.A
Brock, M.L. GA 66th Inf. Co.H
Brock, M.M. AL 26th (O'Neal's) Inf. Co.E
Brock, Moseley L. GA 56th Inf. Co.G
Brock, Moses TN Cav. 12th Bn. (Day's) Co.C
Brock, Moses TN 26th Inf. Co.B,H Cpl.
Brock, Moses TN 37th Inf. Co.C
Brock, Moses TN 61st Mtd.Inf. Bundren's Co. Cpl.
Brock, Moses K. AR 4th Inf. Co.G Jr.2nd Lt.
Brock, Moses S. MS 1st Lt.Arty. Co.K
Brock, M.V. TX 32nd Cav. Co.I
Brock, N. GA 60th Inf. Co.D
Brock, N. NC 3rd Arty. (40th St.Troops) Co.H
Brock, Napoleon J. TN Inf. 1st Bn. (Colms') Co.A
Brock, Needham NC 20th Inf. Co.E
Brock, Newton V. TX 6th Cav. Co.E
Brock, Nimrod M. AL 55th Vol. Co.C
Brock, Noah VA Horse Arty. McClanahan's Co.
Brock, Noah M. VA 10th Cav. Co.B 2nd Lt.
Brock, N.P. AL 62nd Inf. Co.C
Brock, O.B. MS 10th Cav. Co.C
Brock, Orrison TN 17th Inf. Co.B
Brock, O.S.A. VA 5th Cav. (12 mo. '61-2) Co.I
Brock, O.S.A. VA Cav. 14th Bn. Co.B
Brock, O.S.A. VA 15th Cav. Co.I
Brock, Pendleton KY 3rd Cav. Co.D
Brock, Pendleton KY 5th Cav. Co.D
Brock, P.F. GA 11th Cav. Co.G
Brock, P.F. GA Cav. 16th Bn. (St.Guards) Co.G
Brock, Pinkney C. MS 7th Cav. Co.D
Brock, Pinkney L. AL 56th Part.Rangers Co.K
Brock, P.J. NC 64th Inf. Co.B Fifer
Brock, P.L. TN 2nd (Ashby's) Cav. Co.B
Brock, P.L. TN 61st Mtd.Inf. Bundren's Co.
Brock, Pleasant A. SC 4th Cav. Co.A
Brock, Pleasant A. SC Cav. 12th Bn. Co.A
Brock, Qudellas W. MS Inf. 5th Bn. Co.B
Brock, Qudellas W. MS 27th Inf. Co.K
Brock, R. AL 6th Inf. Co.H
Brock, R.A. GA 37th Inf. Co.F
Brock, R.A. SC Inf. 4th Bn. Co.C
Brock, R.A. Gen. & Staff Hosp.Stew.
Brock, R.C. GA 23rd Inf. Co.E
Brock, Reuben GA Cav. 9th Bn. (St.Guards) Co.F
Brock, Reuben GA 40th Inf. Co.D
Brock, Reuben GA 66th Inf. Co.A
Brock, Reuben NC 25th Inf. Co.I
Brock, Reuben SC 1st St.Troops Co.C
Brock, Reuben B. SC 20th Inf. Co.E Music.
Brock, Reuben C. GA 34th Inf. Co.I
Brock, Reubin NC 35th Inf. Co.G Sgt.
Brock, R.H. MS 31st Inf. Co.K
Brock, Richard AR 2nd Cav. Co.C
Brock, Richard AR Inf. 1st Bn. Co.5
Brock, Richard MS 10th Inf. Old Co.C, New Co.H
Brock, Richard E. NC 42nd Inf. Co.E 1st Sgt.
Brock, Richard J. NC 2nd Inf. Co.K
Brock, R.J. AL 9th Inf. Co.I
Brock, R.J. GA 16th Inf. Co.E
Brock, R.M. MS 1st (King's) Inf. (St.Troops) Co.I
Brock, R.M. NC Mil. Clark's Sp.Bn. Co.A
Brock, Robert AL 19th Inf. Co.E
Brock, Robert AL 60th Inf. Co.D
Brock, Robert MO 10th Inf. Co.E
Brock, Robert NC 2nd Inf. Co.C
Brock, Robert A. GA 4th Bn.S.S. Co.C
Brock, Robert A. VA 21st Inf. Co.F Cpl.
Brock, Robert H. VA 24th Cav. Co.A
Brock, Robert H. VA Cav. 40th Bn. Co.A
Brock, Robert M. NC 67th Inf. Co.H
Brock, Robert S. VA 13th Inf. Co.C Cpl.
Brock, Robert T. NC 2nd Inf. Co.C
Brock, R.P. AL 60th Inf. Co.E
Brock, R.R. AL 1st Cav. 2nd Co.E
Brock, R.R. AL Lt.Arty. Goldthwaite's Btty.
Brock, R.W. NC 5th Sr.Res. Co.A
Brock, R.W. 3rd Conf.Cav. Co.B Sgt.
Brock, R.W. 3rd Conf.Cav. Co.B Cpl.
Brock, R.Z. SC 2nd Inf. Music.
Brock, Samuel SC 1st Arty. Co.I
Brock, Samuel TN 2nd (Ashby's) Cav. Co.D
Brock, Samuel M. LA 20th Inf. Co.I
Brock, Samuel W.H. SC 5th Bn.Res. Co.C
Brock, S.F. TN 19th (Biffle's) Cav. Co.I
Brock, S.F. TN 1st (Feild's) & 27th Inf. (Cons.) Co.I
Brock, S.F. TN 27th Inf. Co.G
Brock, Sherod 1st Cherokee Mtd.Vol. 2nd Co.A
Brock, Silas NC 39th Inf. Co.H
Brock, Silas J. NC 39th Inf. Co.H
Brock, S.J. GA Inf. 2nd Bn. (St.Guards) Co.A Sgt.
Brock, S.P. TX 12th Cav. Co.H
Brock, S.P. TX Inf. 2nd St.Troops Co.C
Brock, S.R. TN 5th (McKenzie's) Cav. Co.A Sgt.
Brock, S.R. TN Cav. 12th Bn. (Day's) Co.C
Brock, S.R. TN 29th Inf. Co.C
Brock, S.S. AR 36th Inf. Co.D
Brock, S.T. GA 2nd Inf. Co.A
Brock, S.T. GA 24th Inf. Co.A
Brock, Stephen SC 19th Inf. Co.I
Brock, Stephen SC Inf.Bn. Co.E
Brock, Stephen SC Post Guard Senn's Co.
Brock, Swepson A. VA 5th Cav. (12 mo. '61-2) Co.I Cpl.
Brock, Swepson A. VA Cav. 14th Bn. Co.B Cpl.
Brock, T. AL 26th (O'Neal's) Inf. Co.E
Brock, Tarlton F. VA 57th Inf. Co.F Cpl.
Brock, T.B. GA Cav. 6th Bn. (St.Guards) Co.E
Brock, T.C. TX Cav. Morgan's Regt. Co.D
Brock, T.G. TN 31st Inf. Co.H
Brock, Theodore MS Inf. 3rd Bn. Co.K
Brock, Theodore MS 15th Bn.S.S. Co.A
Brock, Thomas AR 4th Inf. Co.I
Brock, Thomas GA 56th Inf. Co.A
Brock, Thomas MS Cav. Ham's Regt. Carpenter's Co.
Brock, Thomas SC 21st Inf. Co.D
Brock, Thomas TN 19th Inf. Co.F
Brock, Thomas TN 59th Mtd.Inf. Co.A
Brock, Thomas C. GA 60th Inf. Co.I
Brock, Thomas C. GA 65th Inf. Co.G,I
Brock, Thomas David MO Inf. 1st Bn. Co.A
Brock, Thomas David MO 5th Inf. Co.K
Brock, Thomas H. LA 2nd Inf. Co.G
Brock, Thomas J. TX 11th Inf. Co.I
Brock, Thomas M. VA 10th Cav. Co.B
Brock, Thomas W. GA 2nd Res. Co.E 1st Sgt.

Brock, Thomas W. GA 7th Inf. Co.I Sgt.
Brock, T.N. TN 50th Inf. Co.G
Brock, T.R. GA Inf. 8th Bn. Co.F
Brock, Tubal Fontaine VA 10th Cav. Co.C
Brock, Tubar C. TX 18th Cav. Co.H
Brock, Van D. Gillum's Regt. Whitaker's Co. Sgt.
Brock, V.D. Bradford's Corps Scouts & Guards Co.B
Brock, V.M. MS 1st Cav. Co.E
Brock, Van Buren GA 2nd Inf. Co.H
Brock, W. AR Mil. Desha Cty.Bn.
Brock, W. MS Inf. 4th St.Troops Co.L
Brock, W.A. AL 9th Inf. Co.G
Brock, W.A. AL 23rd Inf. Co.B
Brock, W.A. AL 33rd Inf. Co.C
Brock, W.A. AL 40th Inf. Co.E
Brock, W.A. LA 16th Inf. Co.H
Brock, W.A. LA Mil. Chalmette Regt. Co.D
Brock, Walker GA 10th Inf. Co.K
Brock, Walker GA 40th Inf. Co.F
Brock, Walter D. MS 1st (Percy's) Inf. Co.B
Brock, Walter K. GA 2nd Inf. Co.A
Brock, Washington M. GA Cobb's Legion Co.F
Brock, W.D. GA 10th Inf. Co.H
Brock, W.D. MS 28th Cav. Co.A
Brock, W.E. GA Inf. 9th Bn. Co.C
Brock, W.E. GA 39th Inf. Surg.
Brock, W.E. Gen. & Staff Surg.
Brock, Wesley AR 5th Inf. Co.D
Brock, Wesley MO 16th Inf. Co.E
Brock, Wesley A. FL 8th Inf. Co.E
Brock, W.H. AR 50th Mil. Gleave's Co. Cpl.
Brock, W.H. GA Arty. 9th Bn. Co.C
Brock, W.H. GA 7th Inf. (St.Guards) Co.G 1st Lt.
Brock, W.H. GA 24th Inf. Co.H
Brock, W.H. KY 3rd Cav. Co.D
Brock, W.H. KY 4th Cav. Co.G
Brock, W.H. KY 5th Cav. Co.D
Brock, W.H. MS 7th Cav. Co.C
Brock, W.H. MS 3rd Inf. Co.B
Brock, Wilburn AL Cav. Barbiere's Bn.
Brock, William AL Lt.Arty. Goldthwaite's Btty.
Brock, Wm. AL Cp. of Instr. Talladega
Brock, William GA Cav. 1st Bn. Hopkin's Co.
Brock, William GA 12th Cav. Co.F
Brock, William GA 17th Inf. Co.F Sgt.
Brock, William GA 21st Inf. Co.A
Brock, William GA 38th Inf. Co.F
Brock, William KY 2nd (Duke's) Cav. Co.F
Brock, William KY 7th Cav. Co.A
Brock, William KY 11th Cav. Co.A
Brock, William MS 3rd Cav. Co.C
Brock, William MS 3rd Inf. (St.Troops) Co.I
Brock, William MS 26th Inf. Co.G
Brock, William MS 39th Inf. Co.K
Brock, William MO 16th Inf. Co.E
Brock, William NC 4th Cav. (59th St.Troops) Co.G
Brock, William NC 24th Inf. Co.F
Brock, William SC 1st (Butler's) Inf. Co.E
Brock, William TN 1st Cav. Co.B
Brock, William TN 1st (Carter's) Cav. Co.E
Brock, William TN 19th Inf. Co.I
Brock, William TN 40th Inf. Co.F
Brock, William VA 7th Cav. Co.B,H
Brock, William VA Cav. 36th Bn. Co.D
Brock, William A. GA Cav. 22nd Bn. (St.Guards) Co.H
Brock, William B. GA Inf. 4th Bn. (St.Guards) Co.A
Brock, William C. SC 2nd Rifles Co.F
Brock, William C. SC 20th Inf. Co.E
Brock, William D. AL 27th Inf. Co.G
Brock, William D. AL 57th Inf. Co.B
Brock, William E. GA 34th Inf. Co.F Surg.
Brock, William E. GA 43rd Inf. Co.K
Brock, William F. VA 5th Cav. Co.G
Brock, William F. VA 5th Cav. (12 mo. '61-2) Co.A
Brock, William F. VA 10th Cav. Co.B Cpl.
Brock, William F. VA Cav. 14th Bn. Co.C
Brock, William F. VA 15th Cav. Co.C
Brock, William G. FL 4th Inf. Co.C Music.
Brock, William H. VA 1st Inf. Co.C
Brock, William I. MS 22nd Inf. Co.B
Brock, William J. SC 16th Inf. Co.F
Brock, William J. TN 3rd (Lillard's) Mtd.Inf. Co.G
Brock, William L. SC Lt.Arty. Beauregard's Co.
Brock, William R. GA 5th Cav. Co.K Teamster
Brock, William Richard VA Courtney Arty.
Brock, William T. VA 6th Inf. Co.F Cpl.
Brock, William T.M. GA 34th Inf. Co.E
Brock, Willis J. AR 14th (McCarver's) Inf. Co.F Sgt.
Brock, Willis J. AR 21st Inf. Co.B,D 1st Sgt.
Brock, Wilson AL 9th (Malone's) Cav. Co.B
Brock, Wilson VA 54th Mil. Co.C,D
Brock, W.J. AL 26th (O'Neal's) Inf. Co.E Cpl.
Brock, W.J. GA 24th Inf. Co.C
Brock, W.J. KY 4th Cav. Co.C
Brock, W.J. SC 13th Inf. Co.A
Brock, W.J. SC 16th & 24th (Cons.) Inf. Co.A
Brock, W.J.C. KY 12th Cav. Co.I
Brock, W.L. AR 15th (Johnson's) Inf. Co.E
Brock, W.L. MS 29th Inf. Co.F Cpl.
Brock, W.L. MS 39th Inf. Co.F Cpl.
Brock, W.M. GA 43rd Inf. Co.G
Brock, W.M. MS Inf. 1st Bn.St.Troops (30 days '64) Co.F
Brock, W.O. SC 1st Arty. Co.E
Brock, W.O. SC 3rd Res. Co.K
Brock, W.P. GA Cobb's Legion Co.F
Brock, W.R. GA 18th Inf. Co.K
Brock, W.R. GA 51st Inf. Co.C
Brock, W.R. TX 22nd Inf. Co.F
Brock, W.S. SC Inf. Co.D
Brock, W.T. AL Cav. Roddey's Escort
Brock, W.T. SC 1st St.Troops Co.F
Brock, W.T. SC 4th Bn.Res. Co.B
Brock, W.T. SC Post Guard Senn's Co.
Brock, W.W. AR 15th Mil. Co.H
Brock, W.W. MO 12th Cav. Co.A
Brock, W.W. TN 29th Inf. Co.C 2nd Lt.
Brock, W.W. VA 5th Cav. Co.K
Brock, X.M. NC 1st Arty. (10th St.Troops) Co.I
Brock, Y.A. AL 9th Inf.
Brock, Y.B. GA Inf. 1st Conf.Bn. Co.A
Brock, Young 1st Conf.Inf. 2nd Co.I
Brock, Young A. AL 10th Inf. Co.D
Brock, Younger TN Lt.Arty. Barry's Co.
Brock, Younger TN 26th Inf. 1st Co.H
Brock, Zachariah AR 3rd Cav. Co.F
Brock, Zebedee T. NC 39th Inf. Co.H Sgt.
Brockard, --- NC 3rd Arty. (40th St.Troops)
Brockaway, Lafayette FL 9th Inf. Co.C
Brockbank, John AL 24th Inf. Co.A Cpl.
Brockbank, R. AL 24th Inf. Co.A
Brockden, Gideon TN 1st Hvy.Arty. 2nd Co.B
Brocke, Martin MS Lt.Arty. Stanford's Co.
Brocke, Martin TN Conscr.
Brockelman, H. VA Hvy.Arty. 19th Bn. 1st Co.E
Brocken, W. NC 2nd Inf. Co.H
Brockenboro, --- VA 3rd Lt.Arty. Co.F
Brockenboro, George L. FL 1st Inf. Old Co.B
Brockenborough, W.N. MD Inf. 2nd Bn. 2nd Lt.
Brockenbrough, --- VA VMI Co.A 2nd Cpl.
Brockenbrough, Arthur S. VA 55th Inf. Co.A
Brockenbrough, A.S. VA 3rd Inf.Loc.Def. Co.D
Brockenbrough, Austen Sig.Corps,CSA
Brockenbrough, Austin VA 55th Inf. Co.F,D Capt.
Brockenbrough, B.B. VA 9th Cav. Co.F
Brockenbrough, Edward VA 40th Inf. Co.B 1st Lt.
Brockenbrough, J.B. Conf.Arty. Cutshaw's Bn. Maj.
Brockenbrough, J.B. Gen. & Staff, Arty. Maj.
Brockenbrough, John B. MD Arty. 2nd Btty. Capt.
Brockenbrough, John B. VA Lt.Arty. Arch. Graham's Co. 1st Lt.
Brockenbrough, John B. Gen. & Staff, Arty. Maj.
Brockenbrough, John F. VA Cav. Young's Co.
Brockenbrough, John M. VA 40th Inf. Col.
Brockenbrough, M.C. LA 1st (Nelligan's) Inf. Co.B 2nd Lt.
Brockenbrough, M.C. Gen. & Staff Lt.,AAQM
Brockenbrough, Robert L. Conf.Inf. Tucker's Regt. Co.C 1st Lt.
Brockenbrough, W.H. MD Arty. 2nd Btty.
Brockenbrough, William A. VA 40th Inf. Co.E 1st Lt.
Brockenbrough, Wm. A. Gen. & Staff 1st Lt.,Adj.
Brockenbrough, Willoughby N. VA Lt.Arty. Arch. Graham's Co.
Brockenton, J.S. MS 46th Inf. Co.G
Brocker, George LA Miles' Legion Co.F
Brocker, G.F. TX 8th Cav. Co.I
Brocker, G.W. KY 1st Bn.Mtd.Rifles Co.G
Brocker, S.L. KY 1st Bn.Mtd.Rifles Co.F
Brocket, B.S. GA 6th Inf. (St.Guards) Sim's Co. 2nd Lt.
Brocket, Green KY 1st (Helm's) Cav.
Brocket, Hiram GA 6th Inf. (St.Guards) Sim's Co. Sgt.
Brocket, J. GA Siege Arty. Campbell's Ind.Co.
Brocket, Redin H. NC 56th Inf. Co.A Sgt.
Brocket, William VA 6th Inf. Ferguson's Co.
Brocket, William B. VA 12th Inf. Co.H
Brockett, Burlin B. TN 28th Inf. Co.I Cpl.
Brockett, E. AR 30th Inf. Co.G Cpl.
Brockett, Edgar L. VA 12th Inf. Maj.
Brockett, E.H. TN 30th Inf. Co.G Cpl.
Brockett, F.L. VA 3rd Inf.Loc.Def. Co.D

Brockett, Frederick VA 6th Inf. Co.C
Brockett, Gideon L. VA 5th Cav. (12 mo. '61-2) Co.A
Brockett, Gideon L. VA Cav. 14th Bn. Co.C
Brockett, H. GA Cav. 29th Bn.
Brockett, J. AL Arty. 1st Bn.
Brockett, Jesse L. GA 1st (Ramsey's) Inf. Co.G
Brockett, J.L. GA Cav. 29th Bn. Co.B Sgt.
Brockett, John NC 17th Inf. (1st Org.) Co.E
Brockett, M. AL Arty. 1st Bn. Co.A
Brockett, Thomas R. FL 1st Cav. Co.F
Brockett, W.B. LA Inf. 4th Bn. Co.A 2nd Lt.
Brockett, W.B. Gen. & Staff, QM Dept. Capt.
Brockfohr, W. LA Mil.Squad. Guides d'Orleans
Brockhoft, Henry LA 4th Inf. Co.E Drum.
Brocking, E.M. TX Cav. Border's Regt. Co.H
Brocking, J.B. MS 10th Cav. Co.H
Brockington, B.F. SC 7th Cav. Co.F
Brockington, J.F. SC 7th Cav. Co.F
Brockington, R.W. FL 2nd Inf. Co.K
Brockington, Samuel MS 3rd (St.Troops) Cav. Co.K
Brockington, Samuel MS Inf. 1st Bn.St.Troops (30 days '64) Co.H Cpl.
Brockington, Samuel A. GA 26th Inf. Co.A Sgt.
Brockington, Samuel A. GA Inf. (Brunswick Rifles) Harris' Ind.Co.
Brockington, W., Jr. SC 7th Cav. Co.I
Brockinton, B.P. SC 1st (Hagood's) Inf. 1st Co.E 1st Sgt.
Brockinton, B.P. SC 25th Inf. Co.C Lt.
Brockinton, Emory S. SC 21st Inf. Co.K Sgt.
Brockinton, James F. SC 10th Inf. Co.E
Brockinton, J.F., Sr. SC 10th Inf. Co.E
Brockinton, John W. GA 4th (Clinch's) Cav. Co.C
Brockinton, John W. GA 26th Inf. Atkinson's Co.B Sgt.
Brockinton, J.S. SC 10th Inf. Co.E Sgt.
Brockland, William E. SC 1st (McCreary's) Inf. Co.C
Brockley, P. AL 1st Inf. Co.F
Brockley, Patrick TN Inf. Harman's Regt. Co.K
Brockly, James TX 2nd Inf. Co.D
Brockly, Patrick Conf.Inf. 1st Bn. Co.F
Brockman, --- KY 2nd (Duke's) Cav. Co.D
Brockman, Albert VA Lt.Arty. Fry's Co.
Brockman, Alfred T. VA 13th Inf. Co.A
Brockman, Asa VA 13th Inf. Co.A
Brockman, B. VA 13th Inf. Co.F
Brockman, Benjamin T. SC 13th Inf. Co.B Col.
Brockman, Birtley VA 19th Inf. Co.E
Brockman, C.M. GA 7th Inf. Co.H
Brockman, Conrad SC Arty. Bachman's Co. (German Lt.Arty.)
Brockman, Conrad SC Arty.Bn. Hampton Legion Co.B
Brockman, Ezekiel M. MO Cav. Poindexter's Regt. Co.D
Brockman, Ezekiel M. MO Searcy's Bn.S.S. Co.D
Brockman, F.S. NC 2nd Cav. (19th St.Troops) Co.A
Brockman, Gabriel F. MO 1st Cav. Co.D
Brockman, Garrett M. KY 3rd Cav. Co.K Sgt.
Brockman, Garrett M. KY 2nd Mtd.Inf. Co.K Sgt.
Brockman, G.M. KY 3rd Mtd.Inf. Co.K Cpl.
Brockman, G.M. MO 12th Cav. Co.B
Brockman, G.W. MO 5th Cav. Co.I
Brockman, Henry MO 10th Inf. Co.K Capt.
Brockman, Henry SC Arty. Bachman's Co. (German Lt.Arty.)
Brockman, Henry SC Arty.Bn. Hampton Legion Co.B
Brockman, Ira VA 13th Inf. Co.A
Brockman, J.A. MO 1st N.E. Cav. Co.B
Brockman, Jacob E. MO Searcy's Bn.S.S. Co.D
Brockman, James KY 2nd (Woodward's) Cav. Co.A
Brockman, James VA 2nd Arty. Co.H
Brockman, James VA Inf. 22nd Bn. Co.H
Brockman, James M. GA 1st Reg. Co.E Cpl.
Brockman, James P. AL 28th Inf. Co.A
Brockman, James P. GA Cobb's Legion Co.C Cpl.
Brockman, James P. VA 19th Inf. Co.E
Brockman, J.F. KY 7th Mtd.Inf. Co.C
Brockman, J.F. SC Cav. 4th Bn. Co.C
Brockman, J.K. SC 13th Inf. Co.B Capt.
Brockman, J.L. KY 2nd Mtd.Inf. Co.D
Brockman, J.L. SC 2nd Cav. Co.E
Brockman, J.L. SC 22nd Inf. Co.C
Brockman, John AR 17th (Lemoyne's) Inf. Co.C
Brockman, John AR 21st Inf. Co.C
Brockman, John KY Lt.Arty. Cobb's Co.
Brockman, John VA 56th Inf. Co.C
Brockman, John G. NC 8th Inf. Co.K
Brockman, John M. GA 1st Reg. Co.C,I Cpl.
Brockman, John T. MO Searcy's Bn.S.S. Co.D
Brockman, Joseph KY 3rd Cav. Co.A
Brockman, Joseph VA 13th Inf. Co.A
Brockman, Joseph W. TX Vol. Duke's Co.
Brockman, J.U. KY 7th Cav. Co.A Wag.
Brockman, Kelley GA Cav. 1st Bn.Res. Stark's Co.
Brockman, Lewis MO 1st N.E. Cav. Co.B
Brockman, L. Tandy VA 13th Inf. Co.A
Brockman, Mason S. MO 2nd Cav. Co.D,B
Brockman, M.R. MO 12th Cav. Co.B
Brockman, N.W. MO Lt.Arty. H.M. Bledsoe's Co.
Brockman, Oliver MO 5th Cav. Co.A
Brockman, Robert VA 6th Cav. Co.I
Brockman, Stephen R. MO 1st Cav. Co.D
Brockman, T.B. VA 2nd Cav. Co.K
Brockman, Thomas VA Lt.Arty. Fry's Co.
Brockman, W. LA Mil. 2nd Regt. 3rd Brig. 1st Div. Co.B
Brockman, W.A. VA 6th Cav. Co.I
Brockman, Waller D. VA 19th Inf. Co.E
Brockman, W.H. KY 7th Cav. Co.G
Brockman, William KY 3rd Mtd.Inf. Co.D
Brockman, William MO 12th Cav. Co.B
Brockman, William MO Lt.Arty. Von Phul's Co.
Brockman, William MO Inf. 8th Bn. Co.C
Brockman, William MO 9th Inf. Co.G
Brockman, William VA 13th Inf. Co.A
Brockman, William 4th Conf.Eng.Troops
Brockman, William A. MO Inf. Perkins' Bn. Co.A
Brockman, William A. VA 13th Inf. Co.A
Brockman, William E. VA Lt.Arty. Rives' Co. 1st Sgt.
Brockman, William L. MO 11th Inf. Co.I,G
Brockman, William M. MO Inf. 8th Bn. Co.F
Brockman, William M. MO 9th Inf. Co.K
Brockman, William T. MO 16th Inf. Co.D Cpl.
Brockman, William W. MO 1st Cav. Co.D
Brockman, Z. MO 5th Cav. Co.A Jones' Co.
Brockmann, H. LA Mil. 4th Regt.Eur.Brig. Co.D
Brockmeyer, Aug. TX 17th Inf. Co.H
Brockmeyer, Charles A. VA Lt.Arty. E.J. Anderson's Co. Sgt.
Brockmyer, Charles A. VA 1st St.Res. Co.C
Brocknell, R.R. AL 12th Inf. Co.F
Brockslager, John LA 1st Hvy.Arty. (Reg.) Co.B Sgt.
Brockway, Augustus C. KY 1st Bn.Mtd.Rifles Co.B
Brockway, C.R. TX 20th Inf. Co.B
Brockway, E. GA 2nd Bn. Troops & Defences (Macon) Co.B
Brockway, Simeon L. FL 7th Inf. Co.B Cpl.
Brockwell, A. VA 3rd (Archer's) Bn.Res. Co.E
Brockwell, A.J. NC 11th (Bethel Regt.) Inf. Co.G
Brockwell, Alexander W. VA 12th Inf. Co.A Music.
Brockwell, Anderson NC 11th (Bethel Regt.) Inf. Co.G
Brockwell, Asa O. VA Hvy.Arty. 10th Bn. Co.D
Brockwell, Aurelius M. VA 41st Inf. 2nd Co.G
Brockwell, Benjamin NC 28th Inf. Co.G
Brockwell, Edward VA 1st Arty. Co.E
Brockwell, Edward VA Hvy.Arty. 10th Bn. Co.D
Brockwell, Francis VA 1st Arty. Co.E
Brockwell, Francis VA Hvy.Arty. 10th Bn. Co.D Cpl.
Brockwell, George VA Hvy.Arty. 18th Bn. Co.C
Brockwell, George W. GA Cobb's Legion Co.G
Brockwell, George W. NC Inf. 13th Bn. Co.A
Brockwell, George W. NC 66th Inf. Co.A
Brockwell, George W. VA 3rd (Archer's) Bn.Res. Co.C
Brockwell, Hutson NC 1st Arty. (10th St.Troops) Co.F
Brockwell, Isah VA Inf. 44th Bn. Co.E
Brockwell, J. FL 6th Inf.
Brockwell, J. VA 44th Inf. Co.E
Brockwell, James GA 44th Inf. Co.F
Brockwell, James NC Inf. 13th Bn. Co.A
Brockwell, James NC 66th Inf. Co.A
Brockwell, James F. AL 12th Inf. Co.F
Brockwell, James I. NC 28th Inf. Co.G
Brockwell, James W. VA 3rd (Archer's) Bn.Res. Co.C Cpl.
Brockwell, James W. VA 9th Inf. 2nd Co.A
Brockwell, J.D. TN 33rd Inf. Co.E Cpl.
Brockwell, J.H. TN 47th Inf. Co.I Sgt.
Brockwell, J.M. VA 10th Cav. 2nd Co.E
Brockwell, John NC 1st Inf. (6 mo. '61) Co.D
Brockwell, John NC 28th Inf. Co.G
Brockwell, John H. GA 44th Inf. Co.I
Brockwell, John R. TN 63rd Inf. Co.I
Brockwell, Joseph J. NC 28th Inf. Co.G
Brockwell, Josiah D. VA 6th Inf. Co.I
Brockwell, J.W. VA 2nd Inf.Loc.Def. Co.B
Brockwell, J.W. VA Inf. 2nd Bn.Loc.Def. Co.D

Brockwell, Littleberry VA Hvy.Arty. 10th Bn. Co.D
Brockwell, Lorenzo VA Hvy.Arty. 10th Bn. Co.D
Brockwell, Patrick H. VA 41st Inf. 2nd Co.E
Brockwell, R. VA 53rd Inf. Co.D
Brockwell, Richard VA Inf. 5th Bn. Co.C
Brockwell, Richard E. VA 12th Inf. Co.A
Brockwell, Robert VA 6th Inf. Co.A
Brockwell, Thomas VA 1st Arty. Co.E
Brockwell, Thomas VA Hvy.Arty. 10th Bn. Co.D
Brockwell, William B. NC 28th Inf. Co.G
Brockwell, William H. GA 2nd Cav. Co.D
Brockwell, William H. TN 63rd Inf. Co.I
Brockwell, Winfield J. VA 12th Inf. Co.F
Brockwell, W.J. VA 9th Inf. 2nd Co.A
Brockwell, W.S. TN 47th Inf. Co.I Cpl.
Brockwell, W.Z. VA 14th Inf.
Brockwell, Z. VA 1st (Farinholt's) Res. Drum.
Broco, Wm. M. Gen. & Staff 1st Lt.,Adj.
Brocton, Robt. M. AR 1st Inf. (Colquitt's) Co.A
Brodas, C.L. VA 1st Lt.Arty. Co.C
Brodas, Eli AL 24th Inf. Co.F
Brodas, William MS 3rd Inf. Co.A
Brodaway, James P. Gen. & Staff, QM Dept. Agent
Brodbacker, Frank GA 1st (Olmstead's) Inf. 1st Co.A
Brodbacker, Frank GA 1st Bn.S.S. Co.B
Brodberry, Abs GA Inf. 4th Bn. (St.Guards) Co.D
Broddaway, William TX 20th Inf. Co.G
Brodder, C. TX 16th Inf. Co.E
Broddie, S.L. TN 7th (Duckworth's) Cav. Co.A
Broddus, E.W. TX 33rd Cav. Co.H
Broddy, Joseph VA 6th Bn.Res. Co.I
Brode, Fred. A. LA Washington Arty.Bn. Co.4 Cpl.
Brode, H. LA 22nd Inf. Co.B
Brode, H. LA 22nd (Cons.) Inf. Co.B
Brodeck, Leopold LA 4th Inf. Co.B
Broden, Absalom D. TX 14th Cav. Co.F
Broden, J.M. TX 28th Cav. Co.K
Broden, John VA 6th Cav. Co.C
Broden, John P. TX 14th Cav. Co.F
Broden, Joseph S. TX 14th Cav. Co.F
Broden, R.W. GA 40th Inf. Co.C
Brodenax, R.M. MS 2nd Cav. Co.A Cpl.
Brodenicht, J. AL 1st Regt. Mobile Vol. Baas' Co.
Broder, John LA 13th Inf. Co.B
Broderick, Charles TN 2nd (Walker's) Inf. Co.K
Broderick, Charles TX 2nd Inf. Co.D
Broderick, Charles 9th Conf.Inf. Co.A
Broderick, Daniel LA Mil. Lafayette Arty.
Broderick, Daniel LA 10th Inf. Co.D
Broderick, Daniel TN 15th Inf. Co.D 3rd Lt.
Broderick, Denis LA 5th Inf. Old Co.A
Broderick, Denis LA 6th Inf. Co.I
Broderick, Henry W. VA Arty. Wise Legion 1st Sgt.
Broderick, Henry W. VA 45th Inf. Co.C
Broderick, Henry W. Conf.Lt.Arty. Stark's Bn. Co.D
Broderick, James GA 20th Inf. Co.G Cpl.
Broderick, James LA Mil. Irish Regt. O'Brien's Co.
Broderick, James TN 19th Inf. Co.A
Broderick, James VA Lt.Arty. Brander's Co.
Broderick, John NC Hvy.Arty. 1st Bn. Co.A
Broderick, John TN Lt.Arty. Tobin's Co.
Broderick, John A. TN 10th Inf. Co.C
Broderick, Lawrence AL 1st Regt. Mobile Vol. British Guard Co.A
Broderick, M. SC 25th Inf. Co.E
Broderick, Michael SC 1st Arty. Co.E
Broderick, P. LA Mil. Bragg's Bn. Fowler's Co.
Broderick, P. 3rd Conf.Inf. Co.G
Broderick, Patrick LA 7th Inf. Co.C
Broderick, Patrick LA 11th Inf. Co.A Jr.2nd Lt.
Broderick, Patrick NC 1st Inf. Co.E
Broderick, Richard GA Arty. (Chatham Arty.) Wheaton's Co.
Broderick, Richard GA 1st (Olmstead's) Inf. Claghorn's Co.
Broderick, Richard LA 22nd Inf. D.H. Mark's Co. Sgt.
Broderick, T. AR 15th (Josey's) Inf. 1st Co.C
Broderick, Thomas AL Lt.Arty. 2nd Bn. Co.B
Broderick, Timothy VA 2nd Inf. Co.D
Broderick, William LA 1st Hvy.Arty. Co.D
Brodes, A. GA 2nd Cav. Co.F
Brodes, Gustave LA 26th Inf. Co.A
Brodess, John E. VA 39th Inf. Co.G
Brodeway, John W. AR Cav. McGehee's Regt. Co.A
Brodfoot, Charles W. NC 1st Inf. (6 mo. '61) Co.H
Brodford, J.P. TN 9th Inf. Co.K
Brodford, R.L. TX Cav. 1st Regt.St.Troops Co.G
Brodgdon, William R. GA Arty. 9th Bn. Co.D
Brodgen, N.P. NC 16th Inf. Co.I Cpl.
Brodgen, W.T. SC 5th Bn.Res. Co.B
Brodgon, John R. AL 63rd Inf. Co.A
Brodhead, Joseph AL 3rd Res. Co.K
Brodhead, William MS 6th Cav. Co.A
Brodie, Albert A. AR 34th Inf. Co.K,H. 1st Lt.
Brodie, Alexander M. GA Inf. 1st Loc.Troops (Augusta) Co.A Sgt.
Brodie, A.M. VA 17th Inf. Co.K 1st Lt.
Brodie, Arch. LA 10th Inf. Co.D
Brodie, B. SC Mil. 16th Regt. Triest's Co. 2nd Lt.
Brodie, B.M. SC Mil. 14th Regt. Lt.
Brodie, B.M. VA 3rd Inf.Loc.Def. Co.D
Brodie, Charles E. NC 15th Inf. Co.L
Brodie, Charles E. NC 32nd Inf. Co.K
Brodie, David AR 35th Inf. Co.G Sgt.
Brodie, E.G. NC 12th Inf. Co.D,B
Brodie, E.G. NC 54th Inf. Co.K Ord.Sgt.
Brodie, E.N. SC 5th Cav. Co.B
Brodie, E.N. SC Cav. 17th Bn. Co.C
Brodie, George W. GA 20th Inf. Co.G
Brodie, J. AR Mil. Borland's Regt. Woodruff's Co.
Brodie, J. SC 1st Mtd.Mil. Evan's Co. Sgt.
Brodie, J.A. TN 9th (Ward's) Cav. Kirkpatrick's Co.H,C
Brodie, Jacob SC 2nd Inf. Co.I
Brodie, James MO 6th Cav. Co.B
Brodie, J.K. AR Lt.Arty. Marshall's Btty.
Brodie, J.K. SC 2nd Inf. Co.I
Brodie, J.K. SC 20th Inf. Co.B
Brodie, J.L. GA 8th Inf. Co.A
Brodie, J.L. LA 8th Inf. Hosp.Stew.
Brodie, J.L. NC 1st Cav. (9th St.Troops) Co.E
Brodie, John AR Cav. Gordon's Regt. Co.D Capt.
Brodie, John AR 35th Inf. Co.G
Brodie, John AR Willett's Co.
Brodie, John L. KY 1st Cav. (Helm's) Co.A
Brodie, John L. TN 14th Inf. Co.L
Brodie, John M. AR Cav. Gordon's Regt. Co.C
Brodie, John M. 1st Cherokee Mtd.Vol. 1st Co.K Cpl.
Brodie, John W., No.1 SC 20th Inf. Co.B
Brodie, John W., No.2 SC 20th Inf. Co.B
Brodie, John W. TN 14th Inf. Co.L
Brodie, Joshua Conf.Inf. Tucker's Regt. Co.K
Brodie, Joshua Brice TX 20th Cav. Co.F 1st Lt.
Brodie, J.S. KY 2nd (Duke's) Cav. Co.D
Brodie, Judson SC 2nd Arty. Co.H
Brodie, Judson SC 20th Inf. Co.B
Brodie, J.W. SC Cav. 17th Bn. Co.C
Brodie, J.W. SC 2nd Arty. Co.H
Brodie, P.R. AR Lt.Arty. Marshall's Btty.
Brodie, R.L. Gen. & Staff Surg.,Medical Director
Brodie, Robert SC 2nd St.Troops Co.G
Brodie, T.F. SC 20th Inf. Co.B
Brodie, T.H. TN 14th Inf. Co.L
Brodie, Thomas M. TN 50th Inf. Co.H Cpl.
Brodie, T.M. TN Inf. 2nd Cons.Regt. Co.I Sgt.
Brodie, T.M. TN 50th (Cons.) Inf. Co.I Sgt.
Brodie, W.B. AR 50th Mil. Co.A
Brodie, William AL Mil. 3rd Vol. Co.E
Brodie, William F. VA 10th Cav. Co.C
Brodier, Jean LA 13th Inf. Co.D
Brodier, Martial LA 1st Cav. Co.H
Brodigan, Peter TX 1st (Yager's) Cav. Co.A
Brodigan, Peter TX Cav. 3rd (Yager's) Bn. Co.A
Brodiss, Alfred 15th Conf.Cav. Co.H
Brodiss, Thomas 15th Conf.Cav. Co.H
Brodiss, Willis 15th Conf.Cav. Co.H
Brodle, John LA 7th Inf. Co.C Sgt.
Brodles, John TN 40th Inf. Co.G
Brodly, --- AL Inf. 1st (Loomis') Bn. Co.E
Brodnax, A.W. MS 12th Cav. Co.A
Brodnax, Benjamin H. GA Inf. 18th Bn. (St.Guards) Co.C
Brodnax, D.W. TX 5th Cav. Co.D
Brodnax, E.A. VA 3rd (Archer's) Bn.Res. Co.B
Brodnax, Edward C. FL 3rd Inf. Co.A
Brodnax, Edward T. NC 5th Cav. (63rd St.Troops) Co.D 1st Lt.
Brodnax, James H. AL 20th Inf. Co.F Cpl.
Brodnax, J.G. Gen. & Staff Surg.
Brodnax, Joel C. GA Conscr.
Brodnax, John R. MS 18th Inf. Co.G Sgt.
Brodnax, John T. AL 6th Inf. Co.G
Brodnax, Joseph W. AL 4th Inf. Co.A 2nd Lt.
Brodnax, J.R. MS Griffin's Co. (Madison Guards)
Brodnax, J.T. LA 12th Inf. Co.F
Brodnax, O.W. AL 17th Inf. Co.F Sgt.
Brodnax, Robert TX Waul's Legion Ord.Off.
Brodnax, Robt. Gen. & Staff 1st Lt.,ADC
Brodnax, Robert R. FL 3rd Inf. Co.A

Brodnax, Robert W. VA 5th Cav. (12 mo. '61-2) Co.D
Brodnax, R.T. TN 7th (Duckworth's) Cav. Co.B
Brodnax, S. GA 2nd Cav. Co.D
Brodnax, Thomas H. AL 6th Inf. Co.M
Brodnax, W.C.D. GA 2nd Cav. Co.D
Brodnax, W.H. TX Waul's Legion Co.B
Brodnax, William MS 18th Inf. Co.G
Brodnax, William E. NC 1st Cav. (9th St.Troops) Co.G 2nd Lt.
Brodnax, William F. TN 7th (Duckworth's) Cav. Co.K 1st Lt.
Brodnax, William G. AR 15th (Josey's) Inf. Co.C Sgt.
Brodnitz, Barnett MS 7th Inf. Co.A
Brodnox, R.W. Gen. & Staff Dr.Min.Dept.
Brodnox, T.W. LA Inf. 1st Bn. (St.Guards) Co.B
Brodon, G.B. MS 9th Inf. Co.K
Brodowski, Charles LA Mil. 2nd French Brig. Co.5
Brodowski, S.C. LA Mil. Lewis Guards
Brodowski, S.C. LA Mil. Orleans Fire Regt. Co.F
Brodrick, Charles TN Inf. 3rd Cons.Regt. Co.I
Brodrick, John Edmondson's Cav.,CSA
Brodrick, Patrick AR Lt.Arty. Key's Btty.
Brodrick, Patrick AR 18th (Marmaduke's) Inf. Co.K
Brodrick, T. LA Mil. 4th Regt.Eur.Brig. Co.F
Brodrick, Thomas MS 16th Inf. Co.D
Brodrick, W.J. AL Cav. Moreland's Regt. Co.E
Brodt, John TX 4th Inf. Co.F
Brodt, John T. VA 22nd Inf. Co.H
Brodt, N. TX 3rd Inf. 2nd Co.A
Brodtman, W. LA 30th Inf. Co.A
Brodus, Alfred AL 21st Inf. Co.I
Brodwater, Leonard VA 39th Inf. Co.E
Brodwell, Hamilton G. GA 22nd Inf. Co.A
Brodwell, John GA 22nd Inf. Co.A Sgt.
Brodwell, Joseph A. GA 22nd Inf. Co.A
Brodwell, Mitchell M. GA 22nd Inf. Co.A
Brody, James SC 2nd Inf. Co.I
Broe, Thomas GA 1st (Olmstead's) Inf. Co.B
Broeck, Evan FL 11th Inf. Co.K Lt.
Broeck, William FL 11th Inf. Co.K
Broeg, Charles MS 10th Inf. New Co.B
Broeg, John MS 10th Inf. New Co.B
Broek, Joseph SC 7th Res. Co.K
Broek, Mathew TN 54th Inf. Co.E
Broelnar, E.T. NC 3rd Cav. (41st St.Troops) Co.E
Broer, George W. FL 2nd Cav. Co.B
Broer, John FL 2nd Bn. Co.F
Broer, John F. FL 2nd Cav. Co.B
Brofey, Martin LA Mil. Brenan's Co. (Co.A Shamrock Guards)
Broff, J.C. Gen. & Staff AASurg.
Brofford, James Conf.Cav. Baxter's Bn. Co.A
Brogan, A.J. AL Vol. Lowndes Rangers Fagg's Co.
Brogan, A.J. Conf.Cav. Wood's Regt. Co.H
Brogan, C.C. MS 1st (Patton's) Inf. Co.A
Brogan, Charles LA 6th Inf. Co.K
Brogan, E.C. AR 51st Mil. Co.B
Brogan, Edward VA 60th Inf. Co.K
Brogan, Epps AR 17th (Lemoyne's) Inf. Co.D Cpl.
Brogan, Epps AR 21st Inf. Co.H
Brogan, Frank LA 10th Inf. Co.H Cpl.
Brogan, George W. MS 13th Inf. Co.B
Brogan, George W. MS 14th Inf. Co.C
Brogan, G.J. MS Inf. 2nd St.Troops (30 days '64) Co.B
Brogan, J. LA Hvy.Arty. 8th Bn.
Brogan, Jackson VA Cav. Swann's Bn. Sweeny's Co.
Brogan, Jackson VA 42nd Inf. Co.B
Brogan, James AR 7th Inf. Co.C Sgt.
Brogan, James FL 4th Inf. Co.A Marker
Brogan, James LA 1st Hvy.Arty. (Reg.) Co.I
Brogan, James LA 22nd Inf. Co.B
Brogan, James LA 22nd (Cons.) Inf. Co.B
Brogan, Jas. MS 16th Inf. Co.K 2nd Lt.
Brogan, James TX 6th Cav. Co.K
Brogan, James VA 27th Inf. Co.B
Brogan, James Inf. School of Pract. Co.B
Brogan, J.E. MS 8th Inf. Co.D
Brogan, John LA 1st Hvy.Arty. (Reg.) Co.I
Brogan, J.T. AL 1st Inf. Co.G
Brogan, Martin SC 1st Cav. Co.K,C
Brogan, Martin SC 1st Arty. Co.B
Brogan, Michael AL Inf. 1st Regt. Co.G
Brogan, P. TN 42nd Inf. 2nd Co.I
Brogan, P. VA 2nd St.Res. Co.E
Brogan, Pat AL 8th Inf. Co.F
Brogan, Patrick SC 1st Arty. Co.C
Brogan, Patrick P. MS 46th Inf. Co.A
Brogan, Peter 4th Conf.Inf. Co.A Cpl.
Brogan, Peter E. MS 8th Inf. Co.D
Brogan, R. VA Cav. Swann's Bn. Sweeny's Co.
Brogan, Robert VA 42nd Inf. Co.B
Brogan, Run VA 57th Inf. Co.C
Brogan, Thomas AL 24th Inf. Co.K,A
Brogan, Thomas FL 1st Inf. Old Co.B
Brogan, Thomas LA Hvy.Arty. 8th Bn. Co.A,I
Brogan, Thomas TN 20th Inf. Co.K
Brogan, Thomas E. MS 16th Inf. Co.C
Brogan, Thomas P. TN 28th (Cons.) Inf. Co.F
Brogan, William LA 1st Hvy.Arty. (Reg.) Co.H
Brogan, William LA 6th Inf. Co.K
Brogans, John TN Cav. 12th Bn. (Day's) Co.C
Brogans, John TN 1st (Turney's) Inf. Co.K
Brogdan, J.W. TN 5th Inf. 1st Co.H, 2nd Co.E Sgt.
Brogdan, William F.M. GA Inf. 25th Bn. (Prov. Guard) Co.C
Brogden, A. Gen. & Staff Surg.
Brogden, Alexander AL 5th Cav. Co.D
Brogden, Arthur MS 2nd Part.Rangers Surg.
Brogden, B.A. AL 1st Cav. 1st Co.C
Brogden, B.B. TN 15th (Cons.) Cav. Co.F
Brogden, Benjamin H. NC Inf. 13th Bn. Co.D
Brogden, Claiborne AL 27th Inf. Co.H
Brogden, D.W. LA 3rd (Wingfield's) Cav. Co.G
Brogden, E. GA Inf. 8th Bn. Co.C
Brogden, Frank L. LA Inf. 1st Sp.Bn. (Rightor's) New Co.C
Brogden, Frank L. VA Inf. 25th Bn. Co.E
Brogden, G.B. TN 20th (Russell's) Cav. Co.D
Brogden, George M. TN 6th Inf. Co.F
Brogden, George W. FL 4th Inf. Co.I
Brogden, George W. GA Inf. 8th Bn. Co.D
Brogden, H.H. VA Cav. 37th Bn. Adj.
Brogden, H.H. Sig.Corps,CSA Sgt.
Brogden, Hubbard TX 4th Cav. Co.A
Brogden, J. SC Rhett's Co.
Brogden, James GA 54th Inf. Co.E
Brogden, James SC 19th Inf. Co.B
Brogden, James D. MS 29th Inf. Co.G
Brogden, James H. TN 1st Hvy.Arty. 2nd Co.B
Brogden, James I. NC 1st Inf. Co.I
Brogden, James M. GA 53rd Inf. Co.C
Brogden, Jesse FL 8th Inf. Co.E
Brogden, Jesse SC 20th Inf. Co.I
Brogden, J.K. AL 5th Cav. Co.L
Brogden, John GA Inf. 1st Loc.Troops (Augusta) Co.G
Brogden, John GA 29th Inf. Co.K
Brogden, John NC 42nd Inf. Co.E
Brogden, John SC 19th Inf. Co.K
Brogden, John T. FL 4th Inf. Co.I
Brogden, Jordan AR 26th Inf. Co.I
Brogden, Joseph LA 4th Cav. Co.C
Brogden, Joseph LA 18th Inf. Co.G
Brogden, Mancel SC 20th Inf. Co.I
Brogden, Marion AR 15th Mil. Co.G
Brogden, Nasrey L. FL 11th Inf. Co.H
Brogden, N.P. GA 62nd Cav. Co.I
Brogden, R.D. GA 8th Cav. Old Co.E
Brogden, R.D. GA 62nd Cav. Co.E
Brogden, R.D. NC Cav. 16th Bn. Co.A
Brogden, Robert SC 9th Inf. Co.K
Brogden, Robert SC Palmetto S.S. Co.F
Brogden, R.T. NC 1st Arty. (10th St.Troops) Co.F
Brogden, S. MD Weston's Bn. Co.F
Brogden, Sellman MD 1st Inf. Co.H
Brogden, Theophilus H. AR 1st (Colquitt's) Inf. Co.G
Brogden, Thos. W. NC Mil. Clark's Sp.Bn. D.N. Bridgers' Co.
Brogden, T.L. LA 1st (Nelligan's) Inf. Co.C
Brogden, T.M. MS 32nd Inf. Co.K
Brogden, W. LA 3rd (Wingfield's) Cav. Co.G
Brogden, W.A. MS 5th Cav. Co.G
Brogden, W.H. GA Inf. 25th Bn. (Prov.Guard) Co.C
Brogden, Wilie TN 36th Inf. Co.A
Brogden, William AL 24th Inf. Co.I Sgt.
Brogden, William GA 54th Inf. Co.E
Brogden, William NC 51st Inf. Co.E
Brogden, William SC 20th Inf. Co.I
Brogden, William G. NC 11th (Bethel Regt.) Inf. Co.C
Brogden, William S. TX 16th Cav. Co.C Sgt.
Brogden, William T. NC 4th Cav. (59th St.Troops) Co.F,H
Brogden, William T. NC 5th Inf. Co.F
Brogden, Willis H. NC 1st Cav. Co.H Sgt.
Brogden, W.T. SC 7th Cav. Co.I
Brogdern, Dave MS St.Cav. Perrin's Bn. Co.I
Brogdin, W.E. GA 1st Inf. (St.Guards) Co.A Sgt.
Brogdius, William NC 1st Bn.Jr.Res. Co.E
Brogdon, Andrew J. NC 47th Inf. Co.E
Brogdon, B.W. SC 7th Cav. Co.I
Brogdon, B.W. SC Cav.Bn. Holcombe Legion Co.A
Brogdon, C.B. GA 2nd Cav. Co.F
Brogdon, Daniel G. GA 42nd Inf. Co.A
Brogdon, Elcanah TN 43rd Inf. Co.F

Brogdon, Evander SC 10th Inf. Co.L
Brogdon, F.J. AL 12th Inf. Co.D
Brogdon, F.M. TN 7th (Duckworth's) Cav. Co.G
Brogdon, George N. GA Inf. 8th Bn. Co.C
Brogdon, George W. NC 47th Inf. Co.E
Brogdon, I.J. NC 1st Arty. (10th St.Troops) Co.G
Brogdon, J.A. TN 13th (Gore's) Cav. Co.I,D,H
Brogdon, James NC 22nd Inf. Co.I
Brogdon, J.B. SC Cav.Bn. Holcombe Legion Co.A
Brogdon, J.D. SC 2nd Inf. Co.D
Brogdon, J.H. GA 16th Inf. Co.I 2nd Lt.
Brogdon, John NC 1st Arty. (10th St.Troops) Co.G
Brogdon, John T. GA 44th Inf. Co.G
Brogdon, Joseph SC 25th Inf. Co.I
Brogdon, J.S. TN 13th (Gore's) Cav. Co.I
Brogdon, Leonidas TX 34th Cav. Co.H
Brogdon, Moses TN 33rd Inf. Co.E
Brogdon, Noah R. GA Arty. 9th Bn. Co.D
Brogdon, Noah R. GA 42nd Inf. Co.A 2nd Lt.
Brogdon, P.A. AL 34th Inf. Co.E
Brogdon, Richard TX 20th Cav. Co.G
Brogdon, Robert P. AR 45th Cav. Co.E
Brogdon, S.G. GA 42nd Inf. Co.A,H
Brogdon, Thomas W. NC 8th Sr.Res. Gardner's Co.
Brogdon, T.M. SC 7th Cav. Co.I
Brogdon, T.M. SC Cav.Bn. Holcombe Legion Co.A
Brogdon, T. McD. SC 2nd Inf. Co.D
Brogdon, W.B. TN 13th (Gore's) Cav. Co.I
Brogdon, William TN 36th Inf. Co.A
Brogdon, William J. AL 34th Inf. Co.E Sgt.
Brogdon, W.J. AL 15th Cav. Co.E
Brogdon, W.J. FL Cav. 3rd Bn. Co.C
Brogdon, W.J. 15th Conf.Cav. Co.E
Brogdon, W.P. TN 15th (Stewart's) Cav. Co.G
Brogg, John TN 1st (Feild's) Inf. Co.E,G
Broggs, William A. Nitre & Min.Bureau War Dept.,CSA
Brogie, A.C. AL 8th Cav. Co.E
Brogle, Antony LA Mil. Mooney's Co. (Saddlers Guards)
Brogle, Wm. D. Gen. & Staff Asst.Surg.
Broglie, Charles LA 10th Inf. Co.F
Brogniet, --- LA Mil.Bn.French Vol. Adj.
Brogniet, Ernest LA Mil. 3rd Regt. French Brig. Col.
Brogran, Creed VA 42nd Inf. Co.B
Brogue, Charles MS 9th Inf. Co.G
Broh, Adam TN Inf. 3rd Bn. Co.F Cpl.
Broham, R.C. MO 9th Inf. Co.E
Brohan, J.H. MS 25th Inf. Co.I Cpl.
Broihier, Francois LA 1st (Nelligan's) Inf. Co.I
Broiles, James F. TN 45th Inf. Co.D Sgt.
Broiles, John M. TN 2nd (Robison's) Inf. Co.F
Broiles, Thomas MO Cav. Wood's Regt. Co.E
Broils, --- GA 18th Inf.
Broils, A.J. TN 45th Inf. Co.D
Broils, Andrew VA 22nd Inf.
Broils, Branson NC 60th Inf. Co.D
Broils, F.M. AL 30th Inf. Co.F
Broils, James R. AR 18th Inf. Co.I
Broils, L.G. AL Cav. Moreland's Regt. Co.A
Broils, Michael VA 60th Inf. Co.A
Broils, M.N. AR 16th Inf. Co.K
Broils, S.H. TN 45th Inf. Co.D
Broils, T.J. TX 4th Cav. Co.H
Broines, A.M. TN 63rd Inf. Co.K
Broisand, S. TX Cav. 1st Regt.St.Troops Co.B
Broison, Albyners W. AR 33rd Inf. Co.D
Brojaus, Robert S. KY 5th Cav. Co.A,H
Brok, Richard GA 41st Inf. Co.E
Brokaw, P.B. FL 2nd Cav. Co.D Capt.
Broke, J.W. TN 19th & 20th (Cons.) Cav. Co.K
Broke Arm 1st Osage Bn.,CSA Maj.
Brokenaur, P. VA 5th Inf.
Brokenber, J.S. SC 12th Inf. Co.C
Brokenboro, Thomas VA 5th Cav. Co.I
Brokenborough, I.W. Arty. 2nd Corps Maj.
Brokenbrough, B.W., Jr. VA 1st St.Res. Co.A
Brokenbrough, Thomas W. VA 1st St.Res. Co.A
Brokins, Ira H. AL 61st Inf. Co.I
Broker, Frank LA 21st (Patton's) Inf. Co.E
Broker, H. LA 22nd Inf. Co.C
Broker, H. MO Lt.Arty. Barret's Co.
Broker, Henry LA Lt.Arty. LeGardeur, Jr.'s Co. (Orleans Guard Btty.)
Broker, Henry LA 21st (Patton's) Inf. Co.B,A
Broker, Joseph LA Mil. Bragg's Bn. Schwartz's Co.
Brokreth, Henry LA Mil. 4th Regt. 1st Brig. 1st Div. Co.C
Brol, John VA 5th Bn.Res.
Broline, John AL Mil. 3rd Vol. Co.B
Broll, John H. VA 18th Cav. Co.B
Broll, John Henry VA 62nd Mtd.Inf. Co.G
Broll, Justus TX Conscr.
Brolley, C.L. TX Cav. McCord's Frontier Regt. Co.G
Brollis, M. LA 7th Inf. Co.I Sgt.
Brolly, W.C. AL Mil. 2nd Regt.Vol. Co.A
Brolly, William C. AL 1st Regt. Mobile Vol. British Guard Co.B
Brolm, John LA Mil. 3rd Regt. 1st Brig. 1st Div. Co.E
Brom, E. MS 2nd (Davidson's) Inf. Pott's Co.
Brom, Victor VA 18th Inf.
Bromagem, Marshall KY 5th Mtd.Inf. Co.H
Bromard, J.J. GA 15th Inf.
Bromback, Charles MS 20th Inf. Co.A
Bromback, Charles VA Conscr.
Brombelow, N.V. TX 7th Field Btty.
Bromberg, C. AL 94th Mil. Co.A Cpl.
Bromblet, Lewis SC 9th Res. Co.C
Bromblet, Reuben E. GA Cav. 16th Bn. (St.Guards) Co.C
Bromblett, H. GA 12th Cav. Co.E
Brombly, James H. TN Cav. 9th Bn. (Gantt's) Co.F
Brombly, J.M. GA 5th Res. Co.E
Brombly, Samuel TN Cav. 9th Bn. (Gantt's) Co.F,E Cpl.
Bromburg, Chs. AL Mobile Fire Bn. Mullany's Co.
Brome, Wm. AL 22nd Inf. Co.K
Bromer, H. LA 13th Inf. Co.B
Bromer, P. VA 6th Inf.
Bromet, Alexander VA 64th Mtd.Inf. Co.H
Bromet, George VA 64th Mtd.Inf. Co.H
Bromet, J. AL 31st Inf. Co.E
Bromfield, Ed. TN 17th Inf. Co.B
Bromfield, George W. MS 1st Lt.Arty. Co.B
Bromfield, John TN 17th Inf. Co.B
Bromfield, John M. VA 1st Arty. Co.I Driver
Bromlet, B.M. VA 42nd Inf. Co.D Sgt.
Bromlet, J. GA 40th Inf. Co.G
Bromlet, Stephen L. GA 39th Inf. Co.G
Bromlet, Wm. E. GA 14th Inf. Co.K
Bromlett, E. Horse Arty. White's Btty.
Bromlett, Harrison Horse Arty. White's Btty.
Bromlett, J.B. AR Inf. Cocke's Regt. Co.E
Bromlett, Ruben AR Inf. Cocke's Regt. Co.E
Bromley, Abner KY 6th Cav. Co.K
Bromley, A.C. MS 1st (Patton's) Inf. Co.H
Bromley, A.C. MS 41st Inf. Co.F Cpl.
Bromley, Bennet FL 5th Inf. Co.I
Bromley, Burwell AR 12th Inf. Co.F
Bromley, Daniel KY 9th Mtd.Inf. Co.K
Bromley, Elias L. AL 58th Inf. Co.C
Bromley, George VA 122nd Mil. Co.A
Bromley, George W. MD Arty. 1st Btty.
Bromley, G.W. AR 12th Inf. Co.F
Bromley, James AR 8th Inf. New Co.E
Bromley, James KY 5th Mtd.Inf. Co.E
Bromley, J.J. TN Cav. 9th Bn. (Gantt's) Co.F Sgt.
Bromley, J.L. AL 56th Part.Rangers Co.K
Bromley, John TX 11th Cav. Co.B Sgt.
Bromley, John VA Cav. 15th Bn. Co.B
Bromley, John VA 122nd Mil. Co.A
Bromley, John S. VA 15th Cav. Co.D
Bromley, John T. TX 1st (McCulloch's) Cav. Co.H 2nd Lt.
Bromley, John T. TX Cav. Morgan's Regt. Co.E
Bromley, John W. MS 2nd Inf. Co.C Sgt.
Bromley, Lewis B. VA 15th Cav. Co.D Cpl.
Bromley, Robert MS 9th Cav. Co.F
Bromley, R.T. GA 2nd Res. Co.D
Bromley, Samuel H. MO Lawther's Part.Rangers
Bromley, Samuel H. VA 15th Cav. Co.D
Bromley, Samuel H. VA Cav. 15th Bn. Co.B
Bromley, S.H. MO Cav. 3rd Bn. Co.H,K Sgt.
Bromley, S.P. TX 19th Inf. Co.K
Bromley, S.W. MS Inf. 3rd Bn. Co.F
Bromley, S.W. MS 41st Inf. Co.F
Bromley, Thomas AL 56th Part.Rangers Co.K
Bromley, T.S. TX 19th Inf. Co.K Bvt.2nd Lt.
Bromley, W.C. MS 4th Inf. (St.Troops) Col.
Bromley, William TN 23rd Inf. Co.B
Bromley, William TX Cav. Benavides' Regt. Co.F
Bromley, William C. MS 2nd Inf. Co.C Capt.
Bromley, William H. MS 2nd Part.Rangers Co.K,H
Bromley, William L. TN Cav. 2nd Bn. (Biffle's) Co.C
Bromley, W.L. TN Cav. 9th Bn. (Gantt's) Co.F Capt.
Bromley, W.T. TX 32nd Cav. Co.D
Bromlow, J.E. AL Cp. of Instr. Talladega
Bromlow, W.F. GA 60th Inf. Co.D
Bromlow, Wylie T. Conf.Cav. Wood's Regt. Co.B
Bromly, J.T. AR 3rd Cav.
Bromly, P.C. MO St.Guard
Bromm, Lewis GA 1st (Olmstead's) Inf. 1st Co.A
Bromm, Lewis GA 1st Bn.S.S. Co.B
Brommer, Anderson VA 151st Mil. Co.E

Brommer, George W. VA 151st Mil. Co.E
Bromson, David AR 12th Bn.S.S. Co.B
Bromwell, Henry Hall MD 1st Cav. Co.D
Bromwell, Josiah R. MD 1st Cav. Co.D
Bromwell, T.C.S. VA 24th Cav. Co.F
Bromwell, Thomas C.S. MD 1st Cav. Co.D
Bromwell, W.J. VA 3rd Inf.Loc.Def. Co.F
Bron, Alex NC Wallace's Co. (Wilmington RR Guard)
Bron, M. LA 7th Cav. Co.C
Brona, H. TX Waul's Legion Co.D
Bronahew, Thomas TN 7th Inf.
Bronaski, --- LA Mil. 1st Regt. 2nd Brig. 1st Div. Co.A
Bronat, Marselino LA Mil. 5th Regt.Eur.Brig. (Spanish Regt.) Co.A Cpl.
Bronaugh, Addison MO Cav. 14th Regt.St.Guard QM
Bronaugh, C.C. MO 16th Inf. Co.K
Bronaugh, Charles E. VA 36th Inf. Co.A
Bronaugh, D. TX 1st Inf. Co.A
Bronaugh, David MO 3rd Inf. Co.D Sgt.
Bronaugh, David Banks KY Lt.Arty. Green's Btty.
Bronaugh, David T. AR 16th Inf. Co.F,K 1st Lt.
Bronaugh, D.H. MO 16th Inf. Co.K
Bronaugh, Edward A. VA 36th Inf. Co.A
Bronaugh, F.B. MO Inf. 1st Regt.St.Guard Co.G 2nd Lt.
Bronaugh, F.L. AR Inf. 2nd Bn. Asst.Surg.
Bronaugh, F.P. MO Cav. 2nd Regt.St.Guard Co.G 2nd Lt.
Bronaugh, F.P. MO Cav. 14th Regt.St.Guard Co.C 2nd Lt.
Bronaugh, F.P. MO 16th Inf. Co.K Capt.
Bronaugh, Frank Gen. & Staff Asst.Surg.
Bronaugh, George D. VA 1st Inf. Co.E
Bronaugh, James KY 1st (Helm's) Cav. New Co.G Ord.Sgt.
Bronaugh, James KY 2nd (Woodward's) Cav. Co.I,G 2nd Lt.
Bronaugh, James H. MO 16th Inf. Co.K Jr.2nd Lt.
Bronaugh, J.C. VA 3rd Inf.Loc.Def. Co.F Capt.
Bronaugh, J.F. AL 4th (Russell's) Cav. Co.F
Bronaugh, J.G. KY 2nd Cav.
Bronaugh, Jno. M. Gen. & Staff Surg.
Bronaugh, J.W. VA 3rd Inf.Loc.Def.
Bronaugh, J.W. Gen. & Staff AASurg.
Bronaugh, K.C. TX 5th Cav. Co.C
Bronaugh, W.C. MO 16th Inf. Co.K Sgt.
Bronaugh, William VA 5th Cav. Co.B
Bronaugh, William J. AR 25th Inf. Co.H 2nd Lt.
Bronaugh, William N. AR 1st (Colquitt's) Inf. Co.D 2nd Lt.
Bronaugh, William N. AR Inf. 2nd Bn. Maj.
Bronaugh, W.M. KY 1st (Helm's) Cav. Co.H 2nd Lt.
Bronaugh, W.T. KY 2nd (Woodward's) Cav. Co.E
Bronaugh, W.Y. MO Cav. 14th Regt.St.Guard Co.C Capt.
Bronaugt, J. MO Cav. 3rd Regt.St.Guard Co.G 1st Lt.
Bronblow, Asa NC 5th Sr.Res. Co.E
Bronch, Mathews AR 15th Mil. Co.H
Brondeecker, Henry VA 15th Inf. Co.B
Bronder, William J. VA 56th Inf. Co.E
Brondinger, H. VA Loc.Def. Wood's Co.
Brone, D. LA Mil. Cazadores Espanoles Regt. Co.D
Bronell, R.J. AR 3rd Cav. Co.I Sgt.
Broner, Alexander G. KY 2nd Mtd.Inf. Co.H
Bronet, Ogee LA 2nd Cav. Co.C
Bronet, Tranquillin LA 2nd Cav. Co.C
Bronfman, David VA Inf. 26th Bn. Co.B
Bronford, L.F. GA 48th Inf. Co.G
Bronhom, J.W. TN Inf. 4th Cons.Regt. Co.I
Bronin, J. LA Mil. 1st Chasseurs a pied Co.8
Bronk, C. AR 6th Inf. Co.A
Bronk, I. LA 17th Inf. Co.B
Bronlin, Evans MS 9th Cav. Co.D
Bronn, William O. AR 20th Inf. Co.F
Bronnald, J.H. LA 1st (Nelligan's) Inf. Co.H
Bronner, H.A. VA Cav. Mosby's Regt. (Part. Rangers) Co.A
Bronner, William A. VA Cav. Mosby's Regt. (Part.Rangers) Co.A
Bronnox, Eugene LA 15th Inf. Co.C
Bronough, Francis L. VA 1st Arty. Co.H
Bronough, J. GA 3rd Cav. Sgt.
Bronough, J.M. TX 5th Cav. Surg.
Bronson, A. GA Cav. 15th Bn. (St.Guards) Allen's Co.
Bronson, Albert VA Hvy.Arty. 19th Bn. 3rd Co.C
Bronson, Alfred TN 61st Mtd.Inf. Bundren's Co.
Bronson, Charles H. NC 51st Inf. Co.K Cpl.
Bronson, C.S. KY 1st (Helm's) Cav. Old Co.G
Bronson, C.S. KY 2nd (Duke's) Cav. Co.E
Bronson, C.S. MS Cav. Yerger's Regt. Co.B
Bronson, David TN 61st Mtd.Inf. Bundren's Co.
Bronson, D.S. MS 3rd (St.Troops) Cav. Co.A
Bronson, D.S. MS 6th Inf. Co.A 2nd Lt.
Bronson, E.L. MS Mtd.Inf. (St.Troops) Maxey's Co.
Bronson, Eli TN 61st Mtd.Inf. Bundren's Co.
Bronson, F.J. LA 2nd Inf. Co.G
Bronson, George GA Inf. 18th Bn. Co.B,C
Bronson, George W. FL 10th Inf. Co.D
Bronson, Gustavus A. NC 20th Inf. Co.F Sgt.
Bronson, G.W. SC 1st Mtd.Mil. 2nd Sgt.
Bronson, J. GA 5th Res.
Bronson, James TN 34th Inf. Co.H
Bronson, James G. LA Cav. Cole's Co.
Bronson, J.C. KY 2nd (Duke's) Cav. Co.K Sgt.
Bronson, J.C. SC 21st Inf. Co.C
Bronson, J.E. KY 3rd Cav. Co.C
Bronson, J.J. AL 3rd Bn.Res. Flemming's Co.
Bronson, J.L.F. SC 7th Cav. Co.I Cpl.
Bronson, John AL 11th Inf. Co.E
Bronson, John MS 2nd Part.Rangers Co.K Sgt.
Bronson, John SC 1st Arty. Co.I
Bronson, Josiah NC 32nd Inf. Co.B
Bronson, Julian NC 51st Inf. Co.K
Bronson, Julius J. NC 51st Inf. Co.K
Bronson, L.R.M. GA 54th Inf. Co.A
Bronson, Marion D. SC 25th Inf. Co.G
Bronson, M.O. MS Rogers' Co.
Bronson, Peter FL 1st Cav. Co.H
Bronson, P.H. MS 37th Inf. Co.B Sgt.
Bronson, R.A. SC 1st Mtd.Mil. Martin's Co.
Bronson, R.L. TN 16th Inf. Co.K
Bronson, Robert GA Cav. 2nd Bn. Co.D
Bronson, Robert GA 47th Inf. Co.D
Bronson, T.A. MS 2nd (Quinn's St.Troops) Inf. Co.A
Bronson, Theron W. AL Lt.Arty. 2nd Bn. Co.E
Bronson, Thomas GA 11th Cav. (St.Guards) Griff's Co.
Bronson, Thomas L. TN 50th Inf. Co.F,D
Bronson, T.J. MS Lt.Arty. 14th Bn. Co.A
Bronson, T.W. LA LA & Government Employees Regt. Co.C Capt.
Bronson, William TN 61st Mtd.Inf. Bundren's Co.
Bronson, William J. GA 5th Cav. Co.A
Bronssel, E.M. LA Sabine Res.
Bronssin, Roque LA Mil. 5th Regt.Eur.Brig. (Spanish Regt.) Co.3
Bronston, J.C. KY 11th Cav. Co.F
Bronte, A.H. LA 9th Inf. Co.K Sgt.
Brontee, William E. AR 1st (Colquitt's) Inf. Co.H
Brontin, F. MS Cav. 3rd Bn.Res. Co.B
Brontley, E.G. LA Lt.Arty. 3rd Btty. (Benton's)
Bronton, Fremont MS 3rd Bn.Res.
Bronuagh, Banks KY 1st (Helm's) Cav. New Co.G
Bronuagh, D.A. KY 1st (Helm's) Cav. New Co.G
Brony, M. AL 1st Inf. Co.C
Brooch, Bazil AR 1st (Crawford's) Cav. Co.D Sgt.
Brooch, G.W. Gen. & Staff Surg.
Broocke, William R. VA 34th Inf. Co.K
Broocks, Edwin S. VA 56th Inf. Co.G Sgt.
Broocks, J.P. VA 23rd Inf. Co.K
Broocks, John H. TX 27th Cav. Co.C Lt.Col.
Broocks, John W. VA 18th Inf. Co.K
Broocks, L.W. Gen. & Staff, Arty. 2nd Lt.
Broocks, M.G. VA Mtd.Guard 4th Congr.Dist.
Broocks, William MO Cav. Fristoe's Regt. Co.B
Broodbery, E. NC 60th Inf. Co.E
Broodfoot, George NC Lt.Arty. 13th Bn. Co.B
Broodfoot, G.L. AR 1st Mtd.Rifles Co.K
Broofey, John VA Hvy.Arty. 10th Bn. Co.C
Broofman, David VA 27th Inf. Co.F
Broohen, C.W. AR Cav. Gordon's Regt. Co.G
Brook, --- TX Cav. 4th Regt.St.Troops Co.H
Brook, --- TX Cav. 4th Regt.St.Troops Co.L
Brook, A.R. GA 1st Cav. Co.A
Brook, Beal VA Cav. Mosby's Regt. (Part. Rangers) Co.A
Brook, C.B. MD 1st Cav. Co.H Sgt.
Brook, C.B. Gen. & Staff, CSA MD
Brook, Charles T. AL 3rd Bn.Res. Co.C
Brook, D.M. AL 5th Cav. Co.E
Brook, D.M. AL 27th Inf. Co.K Cpl.
Brook, E.H. TN 3rd (Forrest's) Cav. 1st Co.F
Brook, F.F. GA Mil. 37th Regt. Co.A 1st Lt.
Brook, Gebbert T. LA Inf. 11th Bn. Co.G
Brook, G.L. GA 4th Res. Co.H
Brook, H. MO Inf. Perkins' Bn.
Brook, Hillery B. GA 30th Inf. Co.A
Brook, J. GA 34th Inf. Co.H
Brook, James GA 34th Inf. Co.C
Brook, James MS 11th (Perrin's) Cav. Co.K
Brook, James MO Cav. 2nd Regt.St.Guard Co.E 3rd Lt.
Brook, James H. GA 55th Inf. Co.K,G

Brook, James W. GA 36th (Broyles') Inf. Co.C
Brook, J.E. GA 8th Inf. Co.I
Brook, Jerry M. GA 34th Inf. Co.C
Brook, Jesse TX 2nd Inf. Co.K
Brook, Jesse G. GA 34th Inf. Co.C
Brook, J.G. GA 39th Inf. Co.I Sgt.
Brook, J.L. TN 9th Inf. Co.G
Brook, J.M. TN Prov.Guard
Brook, John KY Morgan's Men Beck's Co.
Brook, John J. Conf.Lt.Arty. 1st Reg.Btty.
Brook, John M. VA 6th Cav. Co.H
Brook, John P. GA Cherokee Legion (St.Guards) Co.B
Brook, John R. TX 6th Inf. Co.E
Brook, J.W. AL 27th Inf. Co.K
Brook, J.W. AR Cav. Carlton's Regt. Co.C 1st Lt.
Brook, M.J. NC 1st Bn.Jr.Res. Co.C
Brook, M.M. AR 1st Cav. Co.C
Brook, Ransom TX Cav. 2nd Bn.St.Troops Hubbard's Co.
Brook, Robert MO Cav. Freeman's Regt. Co.A Cpl.
Brook, Spenser FL 7th Inf. Co.H
Brook, Thos. G. Gen. & Staff, Comsy.Dept. Capt.
Brook, W. TN 50th Inf. Co.K
Brook, Walter TX 21st Cav. Co.A
Brook, W.H. GA Inf. 25th Bn. (Prov.Guard) Co.G
Brook, Wiley V. GA 34th Inf. Co.C Cpl.
Brook, William GA 3rd Cav. (St.Guards) Co.K
Brook, William GA 34th Inf. Co.C
Brook, William TX 2nd Inf. Co.K Cpl.
Brook, William Henry H. GA 34th Inf. Co.C
Brook, William M. AL 3rd Res. Co.H Capt.
Brook, William T. VA 36th Inf. Co.A
Brook, W.S. AR 1st (Dobbin's) Cav. Swan's Co.
Brookbank, Henry T. NC Jones' Co. (Supp. Force)
Brookbanks, Charles M. SC Arty. Fickling's Co. (Brooks Lt.Arty.)
Brookbanks, William SC 1st Arty. Co.I
Brookbanks, William SC Arty. Fickling's Co. (Brooks Lt.Arty.)
Brooke, A.E. VA Lt.Arty. W.P. Carter's Co.
Brooke, Albert AR Mil. Borland's Regt. Pulaski Lancers
Brooke, C.C. GA 15th Inf. Co.A
Brooke, Charles B. VA 23rd Inf. Co.H
Brooke, Charles F. MS 10th Inf. Old Co.F 2nd Lt.
Brooke, Christopher C. VA 15th Inf. Co.A
Brooke, Clay TN 11th Inf. Co.D
Brooke, Clement MD 1st Cav. Co.E Sgt.
Brooke, Dennie VA 9th Cav. Co.K
Brooke, E.C. VA Horse Arty. J.W. Carter's Co.
Brooke, E.D. Gen. & Staff Capt.,AQM
Brooke, E.N. GA 23rd Inf. Co.G
Brooke, Eugene VA 1st Arty. 1st Co.C
Brooke, Francis T. VA 4th Inf. Co.I Cpl.
Brooke, Francis T. VA 30th Inf. Co.A 1st Lt.
Brooke, Francis T. Gen. & Staff Lt.,Prov.Marsh.
Brooke, F.T. VA Horse Arty. McClanahan's Co.
Brooke, George G. Gen. & Staff Chap.
Brooke, George W. MD 1st Cav. Co.E
Brooke, George W. VA 9th Cav. Co.H
Brooke, George W. VA 12th Cav. Co.G
Brooke, George W. VA 24th Cav. Co.E
Brooke, George W. VA 15th Inf. Co.A
Brooke, George W. VA 26th Inf. Co.H
Brooke, G.W. MS Cav. Yerger's Regt. Co.B
Brooke, G.W. VA 8th Inf. Co.K Sgt.
Brooke, Henry MD 1st Cav. Co.E 1st Lt.
Brooke, Ignatius F. MS 35th Inf. Co.A
Brooke, J.A. VA Horse Arty. J.W. Carter's Co.
Brooke, James V. VA Lt.Arty. 12th Bn. 1st Co.A Capt.
Brooke, James V. VA Lt.Arty. Utterback's Co. Capt.
Brooke, J.D. FL Cav. 5th Bn. Co.H
Brooke, J.E. VA Inf. 1st Bn. Co.D Cpl.
Brooke, J.F. MS 1st (Patton's) Inf. Co.I 1st Lt.
Brooke, John B. Gen. & Staff Prov.Marsh.
Brooke, John F. VA 5th Inf. Co.L Ord.Sgt.
Brooke, John L. VA 13th Inf. 2nd Co.E Capt.
Brooke, John L. VA Cadets
Brooke, Jno. M. Gen. & Staff AADC
Brooke, John P. MD Inf. 2nd Bn. Co.F
Brooke, Joseph G. GA 15th Inf. Co.D 1st Sgt.
Brooke, Joseph P. MS 35th Inf. Co.A
Brooke, J.W. MS (St.Troops) Patton's Co. Cpl.
Brooke, N.C. GA 23rd Inf. Co.G
Brooke, Pendleton VA Lt.Arty. Arch. Graham's Co.
Brooke, Philip E. VA 9th Mil. Co.B
Brooke, R. VA 3rd Inf. 1st Co.G, Co.B
Brooke, R. VA 3rd Inf.Loc.Def. 2nd Co.G
Brooke, Richard VA Lt.Arty. 1st Bn. Co.D
Brooke, Richard VA Arty. B.H. Smith's Co.
Brooke, Robert D. VA 6th Cav. Co.B
Brooke, Robert T. VA 1st St.Res.Co.E 2nd Lt.
Brooke, Samuel S. VA 30th Inf. 1st Co.I 2nd Lt.
Brooke, Samuel S. VA 47th Inf. 3rd Co.I Capt.
Brooke, St.George T. VA 2nd Cav. Co.B
Brooke, Thomas MD Arty. 1st Btty. Sgt.
Brooke, Thomas VA 1st Inf. Co.F
Brooke, Thomas G. VA 9th Mil. Co.B
Brooke, Thomas H. VA 30th Inf. Co.H 1st Lt.
Brooke, Thomas T. VA 13th Inf. Co.K
Brooke, Thomas V. VA 1st Arty. Co.D, 1st Co.C Cpl.
Brooke, Thomas V. VA Lt.Arty. 1st Bn. Co.D Cpl.
Brooke, V.T. VA 21st Inf. Co.E 1st Lt.
Brooke, Walker Reynold's Staff Vol.ADC
Brooke, Walter B. VA 1st Arty. 1st Co.C
Brooke, Walter B. VA 1st Inf. Co.F
Brooke, W.H. VA Mtd.Guard 1st Congr.Dist.
Brooke, W. Henry GA 24th Inf. Co.C
Brooke, William VA Cav. Mosby's Regt. (Part.Rangers) Co.D
Brooke, William C. VA 26th Inf. Co.F
Brooke, William H. VA 9th Cav. Co.F
Brooke, William H. VA 55th Inf. Co.K
Brooke, William J. GA 23rd Inf. Co.G 3rd Lt.
Brooke, William L. VA 55th Inf. Co.G,K Capt.
Brooke, William P. VA 6th Cav. Co.B
Brooke, Winter B. VA 25th Mil. Co.C
Brooke, W.J. Gen. & Staff Capt.,AIG
Brooke, W.Q. AL 23rd Inf. Co.B Sgt.
Brookeart, Jacob MO Inf. 3rd Bn. Co.D
Brooken, I. NC 24th Inf. Co.E
Brookens, D.R. FL 11th Inf. Co.C
Brooker, A. Fuller SC 1st (Hagood's) Inf. 1st Co.A, 2nd Co.K Sgt.
Brooker, B.D. SC 1st Bn.S.S. Co.A
Brooker, B.D. SC 27th Inf. Co.E
Brooker, C. GA 4th (Clinch's) Cav. Co.E
Brooker, Charles GA Cav. Newbern's Co. (Coffee Revengers)
Brooker, E. TN Cav. 1st Bn. (McNairy's) Co.B
Brooker, E. SC 5th Cav. Co.I 1st Lt.
Brooker, E. SC Cav. 14th Bn. Co.D 2nd Lt.
Brooker, Edward SC 11th Inf. Co.E
Brooker, Gilbert GA 50th Inf. Co.C
Brooker, Harrison GA 50th Inf. Co.C
Brooker, H.M. GA 8th Cav. New Co.E
Brooker, H.M. GA Cav. 20th Bn. Co.C
Brooker, H.M. SC 3rd Cav. Co.K
Brooker, H.M. SC 11th Inf. Co.E
Brooker, J. GA 4th (Clinch's) Cav. Co.E
Brooker, J. SC 7th Cav. Co.D
Brooker, J. VA 56th Inf. Co.I
Brooker, J.A. MS 8th Cav. Co.B
Brooker, James GA 29th Inf. Co.H
Brooker, James SC 1st (Hagood's) Inf. 1st Co.A, 2nd Co.K Sgt.
Brooker, James P. SC 3rd Cav. Co.C Sgt.
Brooker, James P. SC Mil.Cav. 4th Regt. Howard's Co. Sgt.
Brooker, James R. GA 50th Inf. Co.C Sgt.
Brooker, J.C. FL 2nd Inf. Co.B
Brooker, J.J. SC Beanham's Cav.
Brooker, J.J. SC 2nd St.Troops Co.E
Brooker, John GA 54th Inf. Co.G Music.
Brooker, John SC 1st Mtd.Mil.
Brooker, John E.C. VA 32nd Inf. 1st Co.H
Brooker, John R. SC 1st Mtd.Mil. Johnson's Co.
Brooker, John S. SC Cav.Bn. Holcombe Legion Co.B
Brooker, John S.E. VA 1st Arty. Co.B
Brooker, John W. GA 39th Inf. Co.B 1st Lt.
Brooker, Joseph FL 1st Cav. Co.K
Brooker, Joseph GA 4th (Clinch's) Cav. Co.B,K
Brooker, Joseph GA 31st Inf. Co.A
Brooker, J.R. SC 3rd Cav. Co.K
Brooker, J.R. SC 11th Inf. Co.E
Brooker, Lucius B. SC 3rd Cav. Co.K,E
Brooker, N.W. SC 7th Cav. Co.D
Brooker, N.W. SC Cav.Bn. Holcombe Legion Co.B
Brooker, Richard G. GA 47th Inf. Co.F
Brooker, Silas E. FL Lt.Arty. Perry's Co.
Brooker, W.G. VA 5th Cav.
Brooker, W.H. FL 10th Inf. Co.A
Brooker, W.H. GA 20th Inf. Co.C
Brooker, W.H. SC 1st Mtd.Mil. Johnson's Co.
Brooker, William FL 1st Cav. Co.C
Brooker, William GA 28th Inf. Co.C
Brooker, William H. GA 39th Inf. Co.B
Brooker, William H. GA 50th Inf. Co.C
Brooker, William H. SC 3rd Cav. Co.K
Brooker, William T. SC 2nd Cav. Co.K
Brooker, William T. SC Cav.Bn. Hampton Legion Co.B
Brooker, W.S.H. SC 2nd Arty. Co.B
Brooker, W.W. MS 8th Cav. Co.B
Brookes, David M. NC 12th Inf. Co.E
Brookes, George Exch.Bn. 2nd Co.A,CSA Sgt.
Brookes, James M. VA Inf. 22nd Bn. Co.H Sgt.

Brookes, John E. LA 7th Inf. Co.H
Brookes, John V. VA 3rd Cav. Co.C
Brookes, Pulaski 10th Conf.Cav. Co.B
Brookes, Samuel H. VA 3rd Cav. Co.C
Brookes, Thomas J. VA Cav. 40th Bn. Co.C Sgt.
Brookes, W.T. LA Mil. Irish Regt. O'Brien's Co.
Brookfield, Ed TX 9th (Nichols') Inf. Co.F
Brookfield, Isaac N. TX Cav. Martin's Regt. Co.D 2nd Lt.
Brookfield, J. AR 30th Inf. Co.M,B
Brookfield, Jacob NC 5th Inf. Co.D Capt.
Brookfield, John NC 1st Arty. (10th St.Troops) Co.B
Brookfield, Joshua S. AR 23rd Inf. Co.K Capt.,AQM
Brookfield, Rayner NC 5th Inf. Co.C Capt.
Brookhart, Henry VA 19th Cav. Co.C
Brookhart, Henry VA 20th Cav. Co.E
Brookhart, Jacob F. MO 3rd Cav. Mtd.St.Guard Surg.
Brookhart, J.F. AR Cav. 15th Bn. (Buster's Bn.) Asst.Surg.
Brookhart, J.F. MO Cav. 3rd Regt.St.Guard Surg.
Brookhart, J.F. MO 10th Cav. Asst.Surg.
Brookhart, J.F. Gen. & Staff Asst.Surg.
Brookheart, Jacob MO 6th Inf. Co.F
Brookheart, J.F. AR 36th Inf. Asst.Surg.
Brookin, --- TX Cav. Mann's Regt. Co.H
Brookin, A. AL 4th Inf. Co.K
Brookin, F. 1st Chickasaw Inf. Minnis' Co. Cpl.
Brookin, Henry AR 6th Inf. Co.A Sgt.
Brookin, James C. GA 44th Inf. Co.F
Brookin, Samuel AR 3rd Cav. Co.D 3rd Lt.
Brooking, --- AL 22nd Inf. Co.I
Brooking, A.C. VA 4th Cav. Co.F
Brooking, B.Y. GA 63rd Inf. Co.G
Brooking, Delma GA Cav. 29th Bn. Co.F
Brooking, Ezekiel W. VA 13th Inf. Co.F 2nd Lt.
Brooking, H.C. MO Inf. 1st Regt.St.Guard Co.A 1st Lt.
Brooking, H.C. MO 16th Inf. Co.A Capt.
Brooking, Henry C. MO Cav. 1st Regt.St.Guard Co.A 1st Lt.
Brooking, Henry W. VA 21st Mil. Co.E
Brooking, John R. VA 2nd Cav. Co.E
Brooking, John W. VA 21st Mil. Co.D,E
Brooking, John W. VA 26th Inf. 2nd Co.B
Brooking, Josiah W. VA Lt.Arty. 12th Bn. Co.C
Brooking, Josiah W. VA Lt.Arty. Taylor's Co.
Brooking, Miles H. VA 26th Inf. 2nd Co.B
Brooking, R.E. FL 1st (Res.) Inf. Co.F
Brooking, R.K. TX Cav. Mann's Bn. Cox's Co.
Brooking, R.L. VA 4th Cav. Co.F
Brooking, Robert L. MO Inf. 3rd Regt.St.Guard QM
Brooking, S.A. MO 6th Cav. Co.K
Brooking, Sterling T. AL 47th Inf. Co.A
Brooking, V.C. VA 13th Inf. Co.F
Brooking, William MO 11th Inf. Co.K
Brooking, William VA 21st Mil. Co.D
Brooking, William B.W. VA 4th Cav. Co.F
Brooking, William C. VA 26th Inf. 2nd Co.B
Brooking, William F. VA 4th Cav. Co.C Sgt.
Brookings, James M. VA 2nd Cav. Co.E
Brookins, A.B. TX Waul's Legion Co.A
Brookins, Andrew B. Gen. & Staff Asst.Surg.
Brookins, Benjamin GA 37th Inf. Co.E
Brookins, Benjamin GA 57th Inf. Co.E
Brookins, C.H. MO 11th Inf. Co.G
Brookins, Edwin G. AL 46th Inf. Co.I
Brookins, George GA 57th Inf. Co.E
Brookins, Haywood GA 9th Inf. Co.F
Brookins, Henry T. GA 6th Inf. Co.C
Brookins, Isaac B. GA Inf. 13th Bn. (St.Guards) Guerry's Co.
Brookins, Isaac B. GA 37th Inf. Co.B
Brookins, James GA 57th Inf. Co.E
Brookins, James B. GA 57th Inf. Co.E
Brookins, J.H. AL 46th Inf. Co.I
Brookins, R.B. GA Inf. 3rd Bn. Co.F
Brookins, Reuben B. GA 37th Inf. Co.B
Brookins, Robert B. GA 37th Inf.
Brookins, S.B. GA 3rd Res. Co.B
Brookins, Thomas GA 57th Inf. Co.E
Brookins, William LA 1st (Strawbridge's) Inf. Co.B
Brookins, Z. GA 3rd Res. Co.B
Brookley, P. Conf.Inf. Tucker's Regt. Co.B
Brookman, David T. VA 54th Inf. Co.E
Brookman, Fred TX 16th Inf. Co.A
Brookman, G. VA 5th Inf. Co.H
Brookman, George W. TN 41st Inf. Co.I
Brookman, Henry VA 13th Inf. Co.F
Brookman, James L. MO Cav. Williams' Regt. Co.E
Brookman, John TX 36th Cav. Co.E
Brookman, John TX 3rd Inf. Co.I
Brookman, John VA Inf. 1st Bn.
Brookman, John VA 13th Inf. Co.F
Brookman, John C. TX 6th Cav. Co.H
Brookman, O.H. SC 12th Inf. Co.F
Brookman, Pleasant VA Hvy.Arty. 20th Bn. Co.E
Brookman, Pleasant VA 13th Inf. Co.F
Brookman, Robert H. VA 50th Inf. Co.I
Brookman, S. VA 5th Inf. Co.H
Brookman, Samuel VA 54th Inf. Co.F
Brookman, V. VA 4th Res. Co.E,G Cpl.
Brookman, William MO 1st Inf. Co.H
Brookman, William G. MO 1st Inf. Co.A Cpl.
Brookman, William S. VA 30th Bn.S.S. Co.A
Brookman, W.M. TN 17th Inf. Co.E
Brookner, R. MS 5th Cav. Co.K
Brooks, --- TX Cav. Good's Bn. Co.D
Brooks, --- TX Cav. Mann's Regt. Co.B
Brooks, --- VA Hvy.Arty. 19th Bn. Co.C
Brooks, A. GA 1st Inf. Co.I
Brooks, A. GA 9th Inf. (St.Guards) Co.D
Brooks, A. KY 3rd Cav. Co.E Cpl.
Brooks, A.A. GA 10th Cav. Co.H Lt.
Brooks, A.A. GA Cav. 20th Bn. Co.A,D,E 1st Lt.
Brooks, A.A. GA 38th Inf. Co.I
Brooks, A.A. TN 37th Inf. Co.G
Brooks, A.A. TX Waul's Legion Co.D
Brooks, Aaron MS 21st Inf. Co.H
Brooks, Aaron TN 25th Inf. Co.K
Brooks, Aaron S. TN 55th (Brown's) Inf. Ford's Co.
Brooks, Aaron T. AR 2nd Mtd.Rifles Co.G Cpl.
Brooks, A.B. GA Cav. 19th Bn. Co.D
Brooks, A.B. 10th Conf.Cav. Co.I
Brooks, Abner NC 16th Inf. Co.B
Brooks, Abner B. TX Cav. Madison's Regt. Co.D
Brooks, Abner T. VA Arty. J.W. Drewry's Co.
Brooks, Abraham VA Lt.Arty. Cayce's Co.
Brooks, Abraham W. AR Inf. Clayton's Co.
Brooks, Abram TX 4th Inf. Co.F
Brooks, Abram VA 19th Cav. Co.K
Brooks, Abram A. NC 39th Inf. Co.G,C
Brooks, A.C. GA 21st Inf. Co.B
Brooks, A.C. LA Cav. Greenleaf's Co. (Orleans Lt.Horse)
Brooks, A.C. NC 57th Inf. Co.B
Brooks, Addison VA 7th Bn.Res. Co.D
Brooks, Adolphus TN 62nd Mtd.Inf. Co.C
Brooks, Adolphus E. GA 13th Cav. Co.D 1st Sgt.
Brooks, Adolphus J. VA 44th Inf. Co.B
Brooks, A.E. GA Lt.Arty. Barnwell's Btty.
Brooks, A.E. GA Lt.Arty. Daniell's Btty.
Brooks, A.E. GA Reg.Lt.Arty. Maxwell's Bn. Co.B
Brooks, A.E. GA 1st (Ramsey's) Inf. Co.F
Brooks, Aeneas L. GA 9th Inf. Co.G
Brooks, A.F. KY 1st (Butler's) Cav. Co.D Sgt.
Brooks, A.F. NC 1st Jr.Res. Co.H
Brooks, A.F. TN 21st (Wilson's) Cav. Co.K 2nd Lt.
Brooks, A.F. TN 33rd Inf. Co.E 3rd Lt.
Brooks, A.F. VA Loc.Def. Tayloe's Co.
Brooks, A.F. Gen. & Staff Hosp.Stew.
Brooks, A.G. NC 33rd Mil. Col.
Brooks, A.J. AL 15th Bn.Part.Rangers Co.A Cpl.
Brooks, A.J. AL 56th Part.Rangers Co.A Cpl.
Brooks, A.J. AL Inf. 2nd Regt. Co.I
Brooks, A.J. AL 33rd Inf. Co.E
Brooks, A.J. AL 37th Inf. Co.I
Brooks, A.J. AL 46th Inf. Co.B
Brooks, A.J. AR 11th & 17th Cons.Inf. Co.I
Brooks, A.J. AR 35th Inf. Co.A
Brooks, A.J. AR 35th Inf. Co.E
Brooks, A.J. GA 27th Inf. Co.G Sgt.
Brooks, A.J. TN 50th Inf. Co.C 1st Lt.
Brooks, A.J. TX 24th Cav. Co.B
Brooks, A.J. VA 10th Cav. Co.K
Brooks, A.J. VA Hvy.Arty. 20th Bn. Co.C
Brooks, A.J. VA 19th Inf. Co.A
Brooks, A.J. VA 38th Inf. Co.E
Brooks, A.J.S. GA 5th Inf. Co.I
Brooks, A.J.S. GA Inf. 25th Bn. (Prov.Guard) Co.D
Brooks, A.L. AL 9th Inf. Co.C
Brooks, A.L. MS 2nd Cav. Co.C
Brooks, A.L. SC 1st (Butler's) Inf. Co.E Sgt.
Brooks, A.L. VA Lt.Arty. W.P. Carter's Co.
Brooks, Albert AR Field Arty. H.C. West's 4th Btty.
Brooks, Albert MS Cav. 1st Bn. (Miller's) Co.E
Brooks, Albert MO 8th Cav. Co.C
Brooks, Albert TN 20th Cav. Co.D
Brooks, Albert TN Cav. Williams' Co. Cpl.
Brooks, Albert TN 55th (Brown's) Inf. Co.A
Brooks, Albert VA Lt.Arty. 38th Bn. Co.C
Brooks, Albert VA 46th Inf. 1st Co.K

Brooks, Albert G. NC 24th Inf. Co.A
Brooks, Albert G. GA 49th Inf. Co.F 2nd Lt.
Brooks, Albert W.W. TN 4th (Murray's) Cav. Co.E 1st Lt.
Brooks, Albert W.W. TN Cav. Shaw's Bn. Cpl.
Brooks, Albert W.W. TN Inf. 22nd Bn. Co.K 1st Lt.
Brooks, Alex MO Cav. Ford's Bn. Co.E
Brooks, Alex TN 37th Inf. Co.I
Brooks, Alex VA Lt.Arty. Cooper's Co.
Brooks, Alex VA 46th Inf. 1st Co.K
Brooks, Alexander GA Cherokee Legion (St.Guards) Co.I
Brooks, Alexander NC 42nd Inf. Co.H 1st Lt.
Brooks, Alexander TN 39th Mtd.Inf. Co.B
Brooks, Alexander B. VA 52nd Inf. Co.C
Brooks, Alexander S. GA 32nd Inf. Co.I 1st Lt.
Brooks, Alex J. VA 45th Inf. Co.K
Brooks, Alex M. VA 28th Inf. Co.I Sgt.
Brooks, Alfred GA Cav. Dorough's Bn.
Brooks, Alfred GA 8th Inf. Co.K
Brooks, Alfred NC 58th Inf. Co.B
Brooks, Alfred VA Lt.Arty. Cooper's Co.
Brooks, Alfred Conf.Inf. 1st Bn. Co.I
Brooks, Alfred E. VA 45th Inf. Co.K
Brooks, Alfred S. GA 56th Inf. Co.G
Brooks, Allen GA 5th Inf. (St.Guards) Johnston's Co.
Brooks, Allen TN 26th Inf. Co.C
Brooks, Allen TN 60th Mtd.Inf. Co.I Sgt.
Brooks, Allen TX 20th Inf. Co.A
Brooks, Allen VA Inf. 4th Bn.Loc.Def. Co.D
Brooks, Allen B. GA 21st Inf. Co.I
Brooks, Allen C. GA Inf. 10th Bn. Co.B
Brooks, Allen C. GA 64th Inf. Co.D
Brooks, Allen H. MS 31st Inf. Co.E
Brooks, Allen J. VA Lt.Arty. 38th Bn. Co.C
Brooks, Allen S. AR 14th (McCarver's) Inf. Co.C
Brooks, Allen S. AR 21st Inf. Co.A
Brooks, Almon F. AL 16th Inf. Co.A
Brooks, Alonzo VA 24th Cav. Co.E
Brooks, Alonzo A. GA Cobb's Legion Co.H
Brooks, Alpheues GA Inf. 1st Loc.Troops (Augusta) Co.H
Brooks, A.M. AL 9th Inf. Co.F
Brooks, A.M. GA 59th Inf. Co.C,G
Brooks, A.M. TN 36th Inf. Co.D
Brooks, A.M. VA 26th Inf. Co.A 1st Lt.
Brooks, Amanuel F. AL 50th Inf. Co.A
Brooks, Amos GA 31st Inf. Co.A
Brooks, Amus M. GA 27th Inf. Co.D
Brooks, Anderson AL 8th Inf. Co.E
Brooks, Anderson AR 35th Inf. Co.E
Brooks, Andrew MS 39th Inf. Co.C
Brooks, Andrew VA 4th Inf. Co.I
Brooks, Andrew H. GA 44th Inf. Co.I
Brooks, Andrew J. AL Inf. 1st Regt. Co.G,C
Brooks, Andrew J. AL 61st Inf. Co.G
Brooks, Andrew J. GA 34th Inf. Co.E
Brooks, Andrew J. GA 45th Inf. Co.F Cpl.
Brooks, Andrew J. VA Lt.Arty. Ancell's Co.
Brooks, Andrew J. VA Lt.Arty. Snead's Co.
Brooks, Andrew J. VA 45th Inf. Co.K
Brooks, Andrew J. VA Inf. 45th Bn. Co.C
Brooks, Andrew J. VA 190th Mil. Co.E 1st Sgt.
Brooks, Andrew P. SC 1st (Orr's) Rifles Co.G
Brooks, Andrew T. MS 16th Inf. Co.C
Brooks, Andrew T. VA 19th Cav. Co.A
Brooks, Andrew T. VA 3rd Cav. & Inf.St.Line Co.A
Brooks, Andrew W. VA Lt.Arty. Montgomery's Co.
Brooks, Aneas L. TN 18th (Newsom's) Cav. Co.D Cpl.
Brooks, Angus P. NC 3rd Cav. (41st St.Troops) Co.D
Brooks, A.P. LA Mil. British Guard Bn. Hamilton's Co.
Brooks, A.P. TN 38th Inf. Co.D
Brooks, Archer VA 10th Cav. Co.D
Brooks, Archibald GA 64th Inf. Co.F
Brooks, Archibald VA 55th Inf. Co.D
Brooks, Archibald G. GA 64th Inf. Co.H Cpl.
Brooks, Archibald T. TN 43rd Inf. Co.C Chap.
Brooks, Armstead TN 29th Inf. Co.C
Brooks, Arthur T. TX 4th Cav. Co.B
Brooks, A.S. GA 5th Res. Co.B
Brooks, A.S. MO Cav. Ford's Bn. Co.B
Brooks, A.S. TN 6th Inf. Co.L
Brooks, A.T. GA Inf. 8th Bn. Co.G
Brooks, A.T. Hosp.Stew.
Brooks, Augustine VA 5th Cav. 3rd Co.F
Brooks, Augustine VA 61st Mil. Co.F,I
Brooks, Augustus AL Mobile City Troop Capt.
Brooks, Augustus A. GA 57th Inf. Co.D
Brooks, Augustus F. VA 29th Inf. Co.H
Brooks, Augustus G. GA 66th Inf. Co.C
Brooks, Austin TN 63rd Inf. Co.G
Brooks, Austin M. VA Lt.Arty. 13th Bn. Co.C
Brooks, A.W. AL 15th Inf. Co.E
Brooks, A.W. AR 8th Cav. Co.D
Brooks, A.W. AR 5th Inf. Co.F
Brooks, A.W. GA Phillips' Legion Co.D,K
Brooks, A.W. NC 50th Inf. Co.A
Brooks, A.W.W. TN 8th Inf. Co.K 3rd Lt.
Brooks, B. GA 55th Inf. Co.G
Brooks, B. LA 2nd Inf. Co.A
Brooks, B. TX 14th Cav. Co.K
Brooks, B. TX 31st Cav. Co.F
Brooks, B. TX 17th Field Btty.
Brooks, B. TX 7th Inf. Co.B
Brooks, B. VA Inf. 2nd Bn.Loc.Def. Co.F
Brooks, B. VA 62nd Mtd.Inf. 1st Co.H
Brooks, Bailey AR 16th Inf. Co.D
Brooks, Bailey MO 1st Inf. Co.B
Brooks, Bailey MO 1st & 4th Cons.Inf. Co.D
Brooks, Bailey VA Inf. 4th Bn.Loc.Def. Co.D
Brooks, Balaam AL Inf. 1st Regt. Co.G,C
Brooks, Barnett C. VA Hvy.Arty. Patteson's Co.
Brooks, Basil VA 22nd Cav. Co.H
Brooks, B.B. GA 43rd Inf. Co.C
Brooks, B.B. NC 9th Bn.S.S. Co.B 2nd Lt.
Brooks, B.B. VA 2nd Inf.Loc.Def. Co.D
Brooks, B.B. VA Inf. 6th Bn.Loc.Def. Co.A
Brooks, B.C. TN 26th Inf. Co.D
Brooks, B.C. VA 2nd Inf.Loc.Def. Co.H
Brooks, B.C. 15th Conf.Cav. Co.I
Brooks, B.D. MS 41st Inf. Co.K
Brooks, Belvidere TX 2nd Inf. Co.E Capt.
Brooks, Benjamin GA 7th Inf. Co.C Cpl.
Brooks, Benjamin MS 23rd Inf. Co.E
Brooks, Benjamin MS 31st Inf. Co.B
Brooks, Benjamin MO 12th Inf. Co.B
Brooks, Benjamin NC 34th Inf. Co.B
Brooks, Benjamin TN 5th Inf. 2nd Co.K Cpl.
Brooks, Benjamin TX 22nd Inf. Co.I
Brooks, Benjamin VA 3rd Cav. Co.A
Brooks, Benjamin VA 18th Cav. Co.H Sgt.
Brooks, Benjamin VA 13th Inf. Co.I
Brooks, Benjamin Gen. & Staff AASurg.
Brooks, Benjamin A. AL 10th Inf. Co.G
Brooks, Benjamin B. NC 3rd Arty. (40th St.Troops) Co.B
Brooks, Benjamin C. VA Hvy.Arty. 18th Bn. Co.D
Brooks, Benjamin F. AL 34th Inf. Co.G Cpl.
Brooks, Benjamin F. GA 6th Inf. Co.G
Brooks, Benjamin F. GA 13th Inf. Co.E Capt.
Brooks, Benjamin F. GA 55th Inf. Co.G
Brooks, Benjamin F. TX 1st (Yager's) Cav. Co.A
Brooks, Benjamin F. TX 11th (Spaight's) Bn.Vol. Co.F
Brooks, Benjamin P. GA 1st Inf. Co.G
Brooks, Bennett MO 1st Inf. Co.I
Brooks, Benton VA 64th Mtd.Inf. Co.F
Brooks, Beverly B. TX 36th Cav. Co.G
Brooks, Bezaleel VA 20th Inf. Co.F 1st Sgt.
Brooks, Bezaleel A. VA 57th Inf. Co.A 2nd Lt.
Brooks, B.F. FL Lt.Arty. Dyke's Co.
Brooks, B.F. FL Kilcrease Lt.Arty.
Brooks, B.F. KY 7th Mtd.Inf. Co.G Sgt.
Brooks, B.F.C. TN 22nd Inf. Looney's Co.
Brooks, B.F.C. TN 38th Inf. Co.L
Brooks, B.J. MS 1st (Foote's) Inf. (St.Troops) Co.B
Brooks, B.N. VA 14th Inf. Co.I
Brooks, B.P. GA 51st Inf. Co.G
Brooks, B.R. TX 9th (Young's) Inf. Co.D
Brooks, B.S. AL 5th Inf. New Co.A
Brooks, Burton AL 25th Inf. Co.I
Brooks, B.V. SC 1st Inf. Co.A
Brooks, B.W. GA Phillips' Legion Co.C,I
Brooks, C. TX 35th (Brown's) Cav.
Brooks, C. TX St.Troops Teel's Co.
Brooks, Caleb SC 6th Inf. 1st Co.A, 2nd Co.I
Brooks, Caleb S. AL Inf. 1st Regt. Co.G,C
Brooks, Calvin H. NC 15th Inf. Co.B
Brooks, Camillus VA 9th Inf. Co.C
Brooks, Campbell C. KY 5th Mtd.Inf. Co.C
Brooks, Campbell C. VA 22nd Cav. Co.H Sgt.
Brooks, Canaan AR 14th (McCarver's) Inf. Co.C 2nd Lt.
Brooks, Carter GA Phillips' Legion Co.D
Brooks, C.B. GA Hvy.Arty. 22nd Bn. Co.B
Brooks, C.B. SC 3rd Inf. Co.G
Brooks, C.B. TX Cav. 2nd Bn. Co.C
Brooks, C.B. TX Inf. Timmons' Regt. Co.F
Brooks, C.B. TX Waul's Legion Co.C
Brooks, C.C. AL 27th Inf. Co.D
Brooks, C.C. GA Cav. 12th Bn. (St.Guards) Co.D
Brooks, C.C. MS 25th Inf. Co.B 1st Sgt.
Brooks, C.C. KY 10th (Diamond's) Cav. Co.E Cpl.
Brooks, C.C. NC 50th Inf. Music.
Brooks, C.C. TN 1st Hvy.Arty.
Brooks, C.C. TN 34th Inf. Co.K 1st Sgt.
Brooks, C.C. TX 30th Cav. Co.H
Brooks, C.C. 2nd Conf.Inf. Co.B 2nd Lt.

Brooks, C.H. AL 4th (Russell's) Cav. Co.K
Brooks, C.H. AL 46th Inf. Co.E
Brooks, C.H. TX 2nd Inf. Co.C
Brooks, C.H. TX 20th Inf. Chap.
Brooks, Charles GA 45th Inf. Co.A
Brooks, Charles MS 34th Inf. Co.F
Brooks, Charles TX Cav. 2nd Regt.St.Troops Co.A
Brooks, Charles VA Cav. Caldwell's Bn. Hankins' Co.
Brooks, Charles VA Cav. Mosby's Regt. (Part.Rangers) Co.F
Brooks, Charles VA 4th Inf. Co.I
Brooks, Charles Conf.Inf. 8th Bn. Co.B
Brooks, Charles A. GA 2nd Bn.S.S. Co.B
Brooks, Charles A. GA 5th Inf. Co.E,L
Brooks, Charles B. NC 21st Inf. Co.E 2nd Lt.
Brooks, Charles B. SC 6th Cav. Co.E Bvt.2nd Lt.
Brooks, Charles B. 3rd Conf.Eng.Troops Co.C
Brooks, Charles C. GA 17th Inf. Co.K
Brooks, Charles C. KY 5th Mtd.Inf. Co.I Sgt.
Brooks, Chs. C. VA 45th Inf. Co.K
Brooks, Charles E. SC 2nd Inf. Co.F Sgt.
Brooks, Charles G. GA 3rd Inf. Co.D
Brooks, Charles G. TN 2nd Cav.
Brooks, Charles H. VA 55th Inf. Co.G Cpl.
Brooks, Charles L. GA 12th Inf. Co.H
Brooks, Charles L. MS 1st (King's) Inf. (St.Troops) Co.C
Brooks, Charles O. MS 11th Inf. Co.F 1st Lt.
Brooks, Charles S. NC Inf. 2nd Bn. Co.E
Brooks, Charles T. VA 45th Inf. Co.A
Brooks, Charles W. MO 3rd Cav. Co.F Cpl.
Brooks, Charley S. GA 60th Inf. Co.A
Brooks, Christopher C. GA 12th (Robinson's) Cav. (St.Guards) Co.H
Brooks, Christopher C. TN 1st (Feild's) Inf. Co.I
Brooks, Ch. William LA 3rd Inf. Co.D
Brooks, Cicero AL 53rd (Part.Rangers) Co.D Cpl.
Brooks, Cicero C. GA Cobb's Legion Co.H 3rd Lt.
Brooks, Cicero H. NC 33rd Inf. Co.F
Brooks, Cicero W. VA 11th Inf. Co.B Cpl.
Brooks, Cincinnatti TX 4th Inf. Co.F
Brooks, Cincinnatus T. NC 25th Inf. Co.G
Brooks, C.J. GA 12th (Robinson's) Cav. (St.Guards) Co.E
Brooks, C.L. MS 3rd Cav. Co.B
Brooks, C.L. MS 39th Inf. Co.E
Brooks, C.M. TN 19th (Biffle's) Cav. Co.I
Brooks, C.M. TN 50th Inf. Co.K
Brooks, C.N. AR 21st Mil. Co.E
Brooks, Columbus W. GA 9th Inf. Co.C Cpl.
Brooks, Cornelius B. NC 52nd Inf. Co.I
Brooks, Crofford MO Cav. Fristoe's Regt. Co.L
Brooks, C.S. NC 2nd Inf. Co.G
Brooks, C.T. MS 1st (King's) Inf. (St.Troops) Co.D
Brooks, Cullin C. NC 15th Inf. Co.B
Brooks, C.W. AL 31st Inf. Co.E
Brooks, C.W. GA 55th Inf. Co.D
Brooks, C.W. LA 16th Inf. Co.I
Brooks, C.W. TX 17th Inf. Co.C
Brooks, Cyrus VA Lt.Arty. 13th Bn. Co.A
Brooks, Cyrus D. NC 3rd Arty. (40th St.Troops) Co.G
Brooks, Cyrus T. MS 1st Lt.Arty. Co.C
Brooks, D. AL 1st Cav. 2nd Co.A
Brooks, D. LA 1st Cav. Co.B
Brooks, D. MS 18th Cav. Co.I
Brooks, D. MO 3rd Cav. Co.F Cpl.
Brooks, D. TX Cav. 2nd Regt.St.Troops Co.E
Brooks, D. TX 3rd Cav. Co.H
Brooks, D.A. GA Arty. Lumpkin's Co.
Brooks, D.A. TN 4th Inf. Co.C
Brooks, Daniel A. GA Arty. 9th Bn. Co.D Sgt.
Brooks, Daniel F.C. AL 13th Inf. Co.A
Brooks, Daniel H. GA 49th Inf. Co.A Sgt.
Brooks, Daniel S. NC 3rd Inf. Co.I
Brooks, Daniel W. NC 25th Inf. Co.G
Brooks, David GA 1st (Fannin's) Res. Co.E
Brooks, David KY 2nd (Duke's) Cav. Co.G
Brooks, David LA C.S. Zouave Bn. Co.A Sgt.
Brooks, David NC 25th Inf. Co.I
Brooks, David NC 60th Inf. Co.H Sgt.
Brooks, David SC 1st Cav. Co.A
Brooks, David TN 26th Inf. Co.C
Brooks, David TX 11th Cav. Co.C
Brooks, David TX 22nd Cav. Co.D
Brooks, David A. MS 43rd Inf. Co.H
Brooks, David A. Gen. & Staff Capt.
Brooks, David B. LA Arty. Kean's Btty. (Orleans Ind.Arty.)
Brooks, David E. MS Cav. Powers' Regt. Co.E
Brooks, David H. GA Lt.Arty. 12th Bn. 2nd Co.A Lt.
Brooks, David H. GA 1st (Ramsey's) Inf. Co.A
Brooks, David H. GA 11th Inf. Co.G
Brooks, David H. TN 44th Inf. Co.A
Brooks, David L. KY 1st (Butler's) Cav. Co.D
Brooks, David L. KY 7th Cav. Co.L
Brooks, David R. NC 1st Arty. (10th St.Troops) Co.G Music.
Brooks, David S. AL 41st Inf. Co.F
Brooks, David S. VA 10th Cav. Co.K
Brooks, D.B. MS 2nd Cav. Co.D
Brooks, D.C. 3rd Conf.Cav. Co.E
Brooks, D.D. SC 1st Cav. Co.A
Brooks, Demsey W. GA Inf. White's Co.
Brooks, Dewitt C. TX 17th Cav. Co.F Cpl.
Brooks, D.J. NC 45th Inf. Co.K
Brooks, D.L. AR Inf. Crawford's Bn. Co.A
Brooks, D.L. KY 3rd Cav. Co.E
Brooks, D.M. GA Inf. 40th Bn. Co.C
Brooks, D.M. GA Inf. 43rd Inf. Co.F
Brooks, Dow P. AL 34th Inf. Co.K
Brooks, D.P. AL 8th Inf. Co.F
Brooks, D.W. GA 9th Inf. (St.Guards) Culp's Co.
Brooks, E. KY 3rd Cav. Co.I
Brooks, E. MS Inf. Lewis' Co.
Brooks, E. TX 7th Cav. Co.C
Brooks, E.A. GA 4th Regt. 2nd Brig. St.Troops Lt.Col.
Brooks, E.A. GA 7th Inf. (St.Guards) Co.H Capt.
Brooks, E.A. SC 2nd Cav. Co.G
Brooks, E.A. SC 3rd Inf. Co.B
Brooks, E. Allen MS 23rd Inf. Co.G Cpl.
Brooks, E.B. GA Phillips' Legion Co.C,I
Brooks, Ebeneza A. AR 1st (Colquitt's) Inf. Co.K
Brooks, E.D. MS 3rd Inf. (St.Troops) Co.I
Brooks, Edmond VA Hvy.Arty. 19th Bn. Co.D
Brooks, Edwd. J. AR (late of USA)
Brooks, Edward J. NC 2nd Inf. Co.F 1st Sgt.
Brooks, Ed. S. TX 20th Inf. Co.C
Brooks, Edward T. VA 44th Inf. Co.B
Brooks, Edwin MD Walters' Co. (Zarvona Zouaves)
Brooks, Edwin C. VA 9th Inf. Co.G
Brooks, Edwin T. VA Hvy.Arty. 10th Bn. Co.C
Brooks, Edwin T. VA 74th Mil. Co.C
Brooks, E.F. MS 28th Cav. Co.D
Brooks, E. Foster TN 4th Cav.
Brooks, E.H. AL 4th (Russell's) Cav. Co.K
Brooks, E.H. AR 2nd Mtd.Rifles Hawkins' Co.
Brooks, E.H. LA Inf. 4th Bn. Co.B
Brooks, E.H. NC Inf. 2nd Bn. Co.E Chap.
Brooks, E.J. MS 14th Inf. Co.E
Brooks, Elanson M. TN 55th (Brown's) Inf.
Brooks, Eli GA Inf. 27th Bn. Co.F
Brooks, Elias VA 26th Inf. Co.C
Brooks, Elias VA 47th Inf. 3rd Co.I
Brooks, Elihu C. GA 1st (Fannin's) Res. Co.G
Brooks, Elijah AL 25th Inf. Co.I
Brooks, Elijah AL Cp. of Instr. Talladega
Brooks, Elijah GA 11th Inf. Co.D
Brooks, Elijah GA 60th Inf. Co.F
Brooks, Elijah GA Cherokee Legion (St.Guards) Co.C
Brooks, Elijah MO 4th Cav. Co.I
Brooks, Elijah MO Cav. Wood's Regt. Co.D
Brooks, Elijah B. GA 1st Inf. Co.K
Brooks, Elijah G. NC 24th Inf. Co.H
Brooks, Elijah M. GA 40th Inf. Co.G
Brooks, Elijah P. TX 19th Cav. Co.A
Brooks, Eli R. NC 5th Cav. (63rd St.Troops) Co.E
Brooks, Elisha TN 34th Inf. Co.H
Brooks, Elisha W. AL 28th Inf. Co.C
Brooks, Eli W. GA 12th Inf. Co.H
Brooks, E.M. NC 6th Cav. (65th St.Troops) Co.H
Brooks, E.M. NC Mallett's Bn. Co.E
Brooks, E.P. GA 16th Inf. Co.H
Brooks, E.P. GA 36th (Broyles') Inf. Co.K
Brooks, Erasmus S. GA 5th Inf. Co.F,A Sgt.
Brooks, Erastus H. TX 27th Cav. Co.A
Brooks, Eri M. LA 1st Cav. Co.B 1st Lt.
Brooks, Esaw AL 15th Inf. Co.E Capt.
Brooks, Eugene AL 1st Regt. Mobile Vol. Co.K Capt.
Brooks, Eugene AL 8th Inf. Co.E 1st Lt.
Brooks, Eugene TN 6th Inf. Co.H Sgt.
Brooks, Eugene VA 1st Inf. Co.E
Brooks, Eugene K. VA 9th Inf. Co.K
Brooks, Evan AL 2nd Cav. Co.H
Brooks, Evans AL 1st Bn. Hilliard's Legion Vol. Co.F
Brooks, E.W. AL 14th Inf. Co.E
Brooks, E.W. VA Lt.Arty. Grandy's Co.
Brooks, E.W. Conf.Lt.Arty. Richardson's Bn. Co.C
Brooks, Ezekiel VA Hvy.Arty. 20th Bn. Co.D
Brooks, F. TX 15th Cav. Co.K Far.

Brooks, F. TX Cav. McCord's Frontier Regt. Co.H
Brooks, F. Gen. & Staff, Ord.Dept.
Brooks, F.B. LA Miles' Legion Co.A
Brooks, F.E.P. AR Cav. 1st Bn. (Stirman's) Co.A
Brooks, Festus VA Lt.Arty. Thornton's Co.
Brooks, F.I. VA 1st Inf.
Brooks, Floyd T. AL 37th Inf. Co.G
Brooks, F.M. AL 12th Cav. Co.A
Brooks, F.M. AL 29th Inf. Co.H
Brooks, F.M. FL Fernandez's Mtd.Co. (Supply Force)
Brooks, F.M. GA 62nd Cav. Co.H
Brooks, F.M. GA Hvy.Arty. 22nd Bn. Co.A
Brooks, F.M. GA 5th Inf. (St.Guards) Co.B Capt.
Brooks, F.M. GA 13th Inf. Co.E
Brooks, F.M. GA Inf. 17th Bn. (St.Guards) Stocks' Co.
Brooks, F.M. GA 40th Inf. Co.C
Brooks, F.M. GA 53rd Inf. Co.A
Brooks, F.M. GA 60th Inf. 1st Co.A
Brooks, F.M. GA Inf. City Bn. (Columbus) Williams' Co.
Brooks, F.M. GA Phillips' Legion Co.D
Brooks, F.M. LA 1st Cav. Co.B
Brooks, F.M. MS 1st Cav. Co.E
Brooks, F.M. NC 17th Inf. (2nd Org.) Co.L
Brooks, F.M. TN 39th Mtd.Inf. Co.I
Brooks, Francis KY 13th Cav. Co.D
Brooks, Francis MO 10th Inf. Co.I Sgt.
Brooks, Francis A. AL Lt.Arty. Clanton's Btty. Far.
Brooks, Francis A. TX 5th Cav. Co.G
Brooks, Francis M. GA Arty. 9th Bn. Co.D
Brooks, Francis M. GA 5th Inf. (St.Guards) Russell's Co. 1st Lt.
Brooks, Francis M. GA 20th Inf. Co.I 1st Lt.
Brooks, Francis M. GA 55th Inf. Co.G
Brooks, Francis M. NC 17th Inf. (1st Org.) Co.L
Brooks, Francis M. TX 22nd Cav. Co.G
Brooks, Francis P. VA 4th Cav. Co.B
Brooks, Frank L. GA 12th (Robinson's) Cav. (St.Guards) Co.K
Brooks, Frank L. GA 20th Inf. Co.I Music.
Brooks, Franklin E. VA 55th Inf. Co.M
Brooks, Frank M. TN 12th (Cons.) Inf. Co.D
Brooks, Frederick FL 2nd Cav. Co.C
Brooks, Frederick W. MS Cav. 1st Bn. (Miller's) Co.E
Brooks, F.S.L. GA 3rd Inf. Co.H
Brooks, F.S.L. GA 20th Inf. Co.I Music.
Brooks, F.T. AL 37th Inf. Co.A
Brooks, F.W. GA Arty. Lumpkin's Co. 3rd Lt.
Brooks, Garland KY Cav. 1st Bn. Co.A
Brooks, Garland VA 22nd Cav. Co.H Sgt.
Brooks, Garland J. VA Hvy.Arty. 10th Bn. Co.C
Brooks, G.D. AL 3rd Bn.Res. Jackson's Co.
Brooks, G.D. AR 2nd Inf. New Co.C
Brooks, G.D. TN Inf. 3rd Conf.Regt. Co.G
Brooks, G.D. TN 33rd Inf. Co.H
Brooks, G.E. AL 63rd Inf. Co.F
Brooks, George AL 61st Inf. Co.F
Brooks, George LA 18th Inf. Co.A
Brooks, George LA Inf.Crescent Regt.
Brooks, George MS 28th Cav. Co.D
Brooks, George NC 26th Inf. Co.D
Brooks, George NC 64th Inf. Co.C
Brooks, George SC 1st St.Troops Co.G
Brooks, George VA 61st Mil. Co.I
Brooks, George A. NC 25th Inf. Co.I
Brooks, George A. VA 5th Cav. 3rd Co.F Cpl.
Brooks, George A. VA 61st Mil. Co.I
Brooks, George F. VA 33rd Inf. Co.G Sgt.
Brooks, George G. MS 21st Inf. Co.H
Brooks, George K. VA Lt.Arty. Armistead's Co.
Brooks, George K. VA 61st Mil. Co.D
Brooks, George M. TN 36th Inf. Co.D
Brooks, George R. MO Cav. Snider's Bn. Co.E Capt.
Brooks, George R. MO Inf. Clark's Regt. Co.H 1st Lt.
Brooks, George R. VA Inf. 26th Bn. Co.F
Brooks, George T. VA 55th Inf. Co.A
Brooks, George S. VA 4th Cav. Co.D
Brooks, George W. AL Lt.Arty. Ward's Btty. Bugler
Brooks, Geroge W. AL 24th Inf. Co.D
Brooks, George W. AL 24th Inf. Co.E
Brooks, George W. AL 39th Inf. Co.F
Brooks, George W. AR 14th (Powers') Inf. Co.B 1st Lt.
Brooks, George W. FL 2nd Cav. Co.C
Brooks, George W. FL 7th Inf. Co.H
Brooks, George W. GA 3rd Cav. Co.F 2nd Lt.
Brooks, George W. GA Arty. 9th Bn. Co.D
Brooks, George W. GA Lt.Arty. Croft's Btty. (Columbus Arty.)
Brooks, George W. GA 7th Inf. Co.C,A
Brooks, George W. GA 49th Inf. Co.A
Brooks, George W. MS 34th Inf. Co.B
Brooks, George W. NC 3rd Cav. (41st St.Troops) Co.D
Brooks, George W. NC 60th Inf. Co.E Cpl.
Brooks, George W. TN 5th (McKenzie's) Cav. Co.F
Brooks, George W. TX 22nd Cav. Co.D
Brooks, George W. TX 20th Inf. Co.C
Brooks, George W. VA 19th Cav. Co.B
Brooks, George W. VA Lt.Arty. Ancell's Co.
Brooks, George W. VA Lt.Arty. Hardwicke's Co.
Brooks, George W. VA Lt.Arty. Snead's Co.
Brooks, George W. VA 6th Inf. Co.I
Brooks, George W. VA 18th Inf. Co.E
Brooks, George W. VA Inf. 25th Bn. Co.C
Brooks, George W. VA 55th Inf. Co.D
Brooks, George W. VA 57th Inf. Co.I
Brooks, George W. VA Res.Forces Clark's Co.
Brooks, Geo. W. VA Mtd.Res. Rappahannock Dist. Sale's Co.
Brooks, G.F. GA 1st (Fannin's) Res. Co.E
Brooks, G.F. GA 2nd Res. Co.I
Brooks, Gideon W. GA 7th Inf. Co.B Cpl.
Brooks, Gillis NC 55th Inf. Co.I
Brooks, G.L. AL 63rd Inf. Co.F
Brooks, G.L. GA Floyd Legion (St.Guards) Co.H
Brooks, Glover GA 9th Inf. (St.Guards) Co.D
Brooks, G.M. MS 28th Cav. Co.B
Brooks, G.R. MO 8th Inf. Co.I
Brooks, G.R. MO 9th Inf. Co.E Capt.
Brooks, Granville VA Lt.Arty. Cooper's Co.
Brooks, Granville VA 46th Inf. 1st Co.K
Brooks, Green M. AR 31st Inf. Co.K
Brooks, G.W. AL 7th Cav. Co.K
Brooks, G.W. AL 12th Cav. Co.B
Brooks, G.W. AL 4th Inf. Co.E
Brooks, G.W. AR 7th Cav. Co.C 2nd Lt.
Brooks, G.W. AR 2nd Inf. Co.I
Brooks, G.W. GA Cav. 12th Bn. (St.Guards) Co.D
Brooks, G.W. GA 48th Inf.
Brooks, G.W. MS St.Cav. 3rd Bn. (Cooper's) 2nd Co.A
Brooks, G.W. MS 2nd (Davidson's) Inf. Co.C
Brooks, G.W. NC 3rd Inf. Co.C
Brooks, G.W. NC 64th Inf. Co.L
Brooks, G.W. TX Cav. McCord's Frontier Regt. Co.H Cpl.
Brooks, G.W. VA Inf. 1st Bn. Co.A
Brooks, G.W. VA 2nd St.Res. Co.C
Brooks, G.W. VA 10th Bn.Res. Co.B
Brooks, G.W. 7th Conf.Cav. Co.C
Brooks, G.W. Gen. & Staff Asst.Surg.
Brooks, H. AL Cav. Thomas' Regt. Co.D Capt.
Brooks, H. AR 35th Inf. Co.A
Brooks, H. AR 51st Mil. Co.F
Brooks, H. KY 7th Mtd.Inf. Co.D
Brooks, H. LA 3rd Inf. Co.D
Brooks, H. LA 21st (Kennedy's) Inf. Co.A
Brooks, H. LA Mil. Orleans Fire Regt. Co.C
Brooks, H. NC 3rd Inf. Co.F
Brooks, H. TN 16th (Logwood's) Cav. Co.C
Brooks, H. VA 46th Inf. 2nd Co.H
Brooks, H.A. AL 6th Inf. Co.C
Brooks, H.A. GA 6th Inf. (St.Guards) Co.K Cpl.
Brooks, H.A. Exch.Bn. 1st Co.A,CSA
Brooks, H. Abraham GA 2nd Res. Co.B
Brooks, Harrison VA 7th Cav. Glenn's Co.
Brooks, Harrison J. AL Cav. 8th Regt. (Livingston's) Co.I
Brooks, Harrison J. AL Cav. Moses' Squad. Co.A
Brooks, Harvey T. LA 1st Cav. Co.D
Brooks, Haywood NC 5th Inf. Co.A
Brooks, H.B. GA 5th Res. Co.B
Brooks, H.C. AL 33rd Inf. Co.F
Brooks, H.C. NC 51st Inf. Chap.
Brooks, H.C. Gen. & Staff Dr.M. & AADC to Wise
Brooks, H.D. TX Cav. Wells' Regt. Co.K
Brooks, Henry AL Cav. Lewis' Bn. Co.D,E Capt.
Brooks, Henry AL Cav. (St.Res.) Young's Co.
Brooks, Henry AL 14th Inf. Co.G Capt.
Brooks, Henry AL 19th Inf. Co.B
Brooks, Henry AL 35th Inf. Co.E
Brooks, Henry AL 61st Inf. Co.C
Brooks, Henry GA 43rd Inf. Co.C
Brooks, Henry MS 28th Cav. Co.E
Brooks, Henry MS 5th Inf. (St.Troops) Co.D
Brooks, Henry MO 4th Cav. Co.H
Brooks, Henry MO Cav. Williams' Regt.
Brooks, Henry MO 1st & 4th Cons.Inf. Co.K,I Sgt.
Brooks, Henry MO Mtd.Inf. Boone's Regt. Co.A
Brooks, Henry VA 3rd Inf. 2nd Co.K
Brooks, Henry VA Conscr.

Brooks, Henry Conf.Lt.Arty. 1st Reg.Btty.
Brooks, Henry Inf. School of Pract. Powell's Detach. Co.A Powell's Comd.
Brooks, Henry Gen. & Staff Capt.,Insp.
Brooks, Henry A. VA 2nd Bn.Res. Co.A
Brooks, Henry C. AL Arty. 1st Bn. Co.F
Brooks, Henry C. AL 5th Inf. New Co.F Lt.
Brooks, Henry C. AR 19th (Dawson's) Inf. Co.K
Brooks, Henry C. TN 3rd (Forrest's) Cav. Co.F
Brooks, Henry C. VA 40th Inf. Co.E
Brooks, Henry E. GA 44th Inf. Chap.
Brooks, Henry E. NC Inf. 2nd Bn. Chap.
Brooks, Henry E. Gen. & Staff Chap.
Brooks, Henry F. TN 54th Inf. Co.C
Brooks, Henry G. AL 31st Inf. Co.I
Brooks, Henry G. GA 31st Inf. Co.I
Brooks, Henry G. LA Washington Arty.Bn. Co.3,2 Driver
Brooks, Henry G. LA Inf. 1st Sp.Bn. (Wheat's) Co.A
Brooks, Henry H. AL 13th Inf. Co.A
Brooks, Henry H. VA 30th Inf. 1st Co.I
Brooks, Henry H. VA 47th Inf. 3rd Co.I
Brooks, Henry J. SC 20th Inf. Co.F Cpl.
Brooks, Henry R. NC 30th Inf. Co.G
Brooks, Henry S. TN 40th Inf. Co.E
Brooks, Henry T. AL Lt.Arty. 20th Bn. Co.A Artif.
Brooks, Henry T. LA 21st (Patton's) Inf. Co.I
Brooks, Henry W. AL 14th Inf. Co.G Cpl.
Brooks, Henry W. VA 50th Inf. Co.A
Brooks, Henry W. VA 50th Inf. Cav.Co.B Cpl.
Brooks, Hezekiah VA 12th Cav. Co.H
Brooks, Hezekiah VA 1st Inf. Co.I
Brooks, H.H. TN 13th Inf. Co.C 2nd Lt.
Brooks, H.H. 8th (Wade's) Conf.Cav. Co.E
Brooks, H.I. TN 45th Inf. Co.C
Brooks, Hiram GA Inf. 8th Bn. Co.G
Brooks, Hiram NC 64th Inf. Co.C
Brooks, Hiram TN 39th Mtd.Inf. Co.K
Brooks, Hiter W. VA 47th Inf. 2nd Co.G
Brooks, H.K. NC Cav. 5th Bn. Co.A
Brooks, H.K. NC 6th Cav. (65th St.Troops) Co.A
Brooks, H.L. TN 20th Inf.
Brooks, H.M. MS 3rd Inf. Co.D
Brooks, H.M. NC 4th Cav. (59th St.Troops) Co.B
Brooks, H.M. NC 57th Inf. Co.B
Brooks, Homer C. GA 5th Inf. Co.H,E Capt.
Brooks, Horace VA 55th Inf. Co.G
Brooks, Horace A. VA 9th Cav. Co.C Cpl.
Brooks, Howard VA 114th Mil. Co.G
Brooks, H.P. AL 62nd Inf. Co.F
Brooks, H.P. GA 60th Inf. Co.F
Brooks, H.P. GA Inf. (Mitchell Home Guards) Brooks' Co. Capt.
Brooks, H.S. LA 13th Bn. (Part.Rangers) Co.A
Brooks, Hugh AR 37th Inf. Co.G
Brooks, Humphry P. GA 1st Inf. (St.Guards)
Brooks, H.W. AR 1st (Monroe's) Cav. Co.D
Brooks, I. AL 19th Inf. Co.G
Brooks, I.C. NC Inf. Thomas Legion Co.G Fifer
Brooks, Ignatins F. MS Part.Rangers Smyth's Co.
Brooks, Ike GA 17th Inf. Co.I
Brooks, I.N. GA 53rd Inf. Co.E
Brooks, I.O. TN 38th Inf. Co.D
Brooks, I.P. MS 43rd Inf. Co.F Sgt.
Brooks, Ira P. VA 23rd Inf. Co.K
Brooks, Ira W. VA 3rd Inf. Co.C
Brooks, Isaac LA 3rd Inf. Co.I
Brooks, Isaac LA Inf.Crescent Regt. Co.H
Brooks, Isaac NC 39th Inf. Co.H
Brooks, Isaac SC 7th Inf. 2nd Co.F
Brooks, Isaac TN 12th (Green's) Cav. Co.A
Brooks, Isaac M. AL Inf. 1st Regt. Co.F,A Cpl.
Brooks, Isaac M. AL 47th Inf. Co.B
Brooks, Isaac N. TX 18th Inf. Co.F
Brooks, Isaac W. GA 51st Inf. Co.C Capt.
Brooks, Isham R. GA 12th Inf. Co.E
Brooks, Iverson J.W. NC 3rd Arty. (40th St.Troops) Co.C
Brooks, Iverson Lea AR 26th Inf. Co.A,G Col.
Brooks, I.W. TN 61st Mtd.Inf. Co.D Cpl.
Brooks, J. AL 61st Inf. Co.F
Brooks, J. AR Lt.Arty. 5th Btty.
Brooks, J. AR 18th (Marmaduke's) Inf. Co.A
Brooks, J. GA Lt.Arty. Fraser's Btty.
Brooks, J. GA Inf. Co.F
Brooks, J. NC 2nd Arty. (36th St.Troops) Co.B
Brooks, J. SC 5th Inf. Co.F
Brooks, J.A. AL Cav. Lewis' Bn. Co.B
Brooks, J.A. GA 3rd Bn.S.S. Co.F
Brooks, J.A. GA 4th Res. Co.I
Brooks, J.A. GA Inf. 8th Bn. Co.G Sgt.
Brooks, J.A. GA Phillips' Legion Co.D
Brooks, J.A. NC 1st Jr.Res. Co.H
Brooks, J.A. NC 58th Inf. Co.H
Brooks, J.A. TN Inf. 2nd Cons.Regt. Co.E
Brooks, J.A. TX Vol. Rainey's Co.
Brooks, J.A.C. VA 53rd Inf. Co.G
Brooks, Jack NC Inf. 2nd Bn. Co.E
Brooks, Jack R. MS 14th Inf. Co.B
Brooks, Jackson AR 12th Inf. Co.E
Brooks, Jackson AR 35th Inf. Co.E
Brooks, Jackson VA Hvy.Arty. Wright's Co. QMSgt.
Brooks, Jackson P. TN 28th Inf. Co.I
Brooks, Jackson P. TN 28th (Cons.) Inf. Co.D
Brooks, Jacob FL 1st Cav. Co.E Cpl.
Brooks, Jacob TX 3rd Inf. Co.I
Brooks, Jacob W. MS 5th Inf. Co.K
Brooks, James AL 29th Inf. Co.I
Brooks, James AL 33rd Inf. Co.F
Brooks, James AL 55th Vol. Co.K Cpl.
Brooks, James GA 11th Cav. Co.H
Brooks, James GA Arty. 9th Bn. Co.D
Brooks, James GA Siege Arty. 28th Bn. Co.D
Brooks, James GA 63rd Inf. Co.C
Brooks, James GA Phillips' Legion Co.D
Brooks, James LA 1st Hvy.Arty. Co.A
Brooks, James LA Washington Arty.Bn. 2nd Co.
Brooks, James LA Inf. 1st Sp.Bn. (Wheat's) Co.C
Brooks, James LA 8th Inf. Co.B
Brooks, James MS Cav. 3rd Bn. (Ashcraft's) Co.F Sgt.
Brooks, James MS Cav. 3rd Bn. (Ashcraft's) Co.F
Brooks, James MS 43rd Inf. Co.A
Brooks, James MO 10th Cav. Co.D Sgt.
Brooks, James NC 16th Inf. Co.B
Brooks, James NC 39th Inf. Co.K
Brooks, James NC 42nd Inf. Co.H
Brooks, James NC 52nd Inf. Co.F
Brooks, James NC Mallett's Bn. (Cp.Guard) Co.A
Brooks, James SC 1st (Orr's) Rifles Co.G
Brooks, James SC Inf. 3rd Bn. Co.C
Brooks, James SC Inf. Holcombe Legion Co.F
Brooks, James TN 12th (Green's) Cav. Co.F 2nd Lt.
Brooks, James TN 14th (Neely's) Cav. Co.F
Brooks, James TN 19th Inf. Co.B
Brooks, James TN 30th Inf. Co.G 1st Lt.
Brooks, James TN 59th Mtd.Inf. Co.C Capt.
Brooks, James TX 13th Vol. Co.D
Brooks, James VA Lt.Arty. Hardwicke's Co.
Brooks, James VA 3rd (Archer's) Bn.Res. Co.A
Brooks, James VA 46th Inf. Co.B
Brooks, James VA 55th Inf. Co.D
Brooks, James VA 61st Mil. Co.B 1st Lt.
Brooks, James Conf.Lt.Arty. Stark's Bn. Co.B
Brooks, James A. FL Cav. 3rd Bn. Co.A Sgt.
Brooks, James A. GA 22nd Inf. Co.B
Brooks, James A. SC 1st (Orr's) Rifles Co.F
Brooks, James A. TN 29th Inf. Co.C
Brooks, James A. TX 27th Cav. Co.C Capt.
Brooks, James A. TX Cav. McCord's Frontier Regt. Co.H 2nd Lt.
Brooks, James A. VA 7th Cav. Co.D
Brooks, James A. VA Lt.Arty. Pegram's Co.
Brooks, James A. VA 56th Inf. Co.A
Brooks, James A. 15th Conf.Cav. Co.A Sgt.
Brooks, James B. AL Lt.Arty. 2nd Bn. Co.C Sgt.
Brooks, James B. GA 6th Inf. Co.D
Brooks, James B. KY 1st (Butler's) Cav. Co.D
Brooks, James B. TX 18th Cav. Co.C
Brooks, James C. GA 12th Inf. Co.E
Brooks, James C. MS 10th Inf. New Co.C
Brooks, James C. SC 5th Res. Co.K Sgt.
Brooks, James C. TN 17th Inf. Co.D
Brooks, James D. VA 61st Mil. Co.C 1st Lt.
Brooks, James F. AR 4th Inf.
Brooks, James F. AR 21st Inf. Co.C
Brooks, James F. GA Lt.Arty. Howell's Co.
Brooks, James F. MS 1st Cav. Co.F,G Sgt.
Brooks, James F. NC 27th Inf. Co.H
Brooks, James F. VA 61st Mil. Co.F
Brooks, James G. NC 5th Inf. Co.F
Brooks, James G. TX 23rd Cav. Co.B 1st Lt.
Brooks, James G. VA 14th Inf. Co.H Cpl.
Brooks, James G. VA 28th Inf. Co.B
Brooks, James H. TN 37th Inf. Co.H
Brooks, James H. TX 11th (Spaight's) Bn.Vol. Co.F
Brooks, James H. TX 19th Inf. Co.E
Brooks, James H. VA 4th Cav. Co.G
Brooks, James H. VA 8th Cav. Co.H
Brooks, James H. VA Lt.Arty. Armistead's Co.
Brooks, James H. VA Courtney Arty. Cpl.
Brooks, Jas. H. VA Cav. 37th Bn. Co.A Lt.,Dr.M.
Brooks, James H. VA 57th Inf. Co.E
Brooks, James H. VA 61st Mil. Co.H
Brooks, Jas. H. Gen. & Staff, Cav. 2nd Lt.,Dr.M.
Brooks, James J. GA 42nd Inf. Co.A
Brooks, James J. KY 6th Mtd.Inf. Co.C

Brooks, James J. NC 50th Inf. Co.A
Brooks, James J. TX 10th Inf. Co.A 1st Lt.
Brooks, James K. Conf.Lt.Arty. Stark's Bn. Co.B
Brooks, James L. AL Cp. of Instr. Talladega
Brooks, James L. GA 62nd Cav. Co.C,H
Brooks, James L. GA Siege Arty. 28th Bn. Co.C
Brooks, James L. GA 6th Inf. Co.F
Brooks, James L. NC 25th Inf. Co.G
Brooks, James L. NC 30th Inf. Co.G 1st Sgt.
Brooks, James L. NC 64th Inf. Co.C
Brooks, James L. SC 16th Inf. Co.A Sgt.
Brooks, James M. AL Cav. 8th Regt. (Livingston's) Co.I
Brooks, James M. AL Cav. Falkner's Co. Cpl.
Brooks, James M. AL Cav. Moses' Squad. Co.A
Brooks, James M. AL Lt.Arty. 2nd Bn. Co.C Cpl.
Brooks, James M. AL Lt.Arty. 20th Bn. Co.A
Brooks, James M. AL 51st (Part.Rangers) Co.B
Brooks, James M. AL 46th Inf. Co.H
Brooks, James M. GA Inf. 13th Bn. (St.Guards) Douglass' Co. 1st Sgt.
Brooks, James M. GA 41st Inf. Co.A
Brooks, James M. LA 7th Inf. Co.H 2nd Lt.
Brooks, James M. MS 44th Inf. Co.H
Brooks, James M. MO 3rd Cav. Co.H
Brooks, James M. NC Inf. 2nd Bn. Co.E
Brooks, James M. NC 16th Inf. Co.A
Brooks, James M. NC 24th Inf. Co.D
Brooks, James M. NC 26th Inf. Co.E Sgt.
Brooks, James M. NC 52nd Inf. Co.F
Brooks, James M. TN 8th Inf. Co.I
Brooks, James M. TN 20th Inf. Co.I
Brooks, James M. TX 35th (Brown's) Cav. Co.H
Brooks, James M. TX 13th Vol. 2nd Co.A
Brooks, James M. TX Inf. Griffin's Bn. Co.C
Brooks, James M. VA 1st Cav. Co.E
Brooks, James M. VA 2nd Arty. Co.H Sgt.
Brooks, James M. VA Lt.Arty. Hardwicke's Co.
Brooks, James M. VA Inf. 1st Bn.Loc.Def. Co.D
Brooks, James M. VA 22nd Inf. Co.A
Brooks, James M. VA Inf. 45th Bn. Co.C
Brooks, James M. 8th (Wade's) Conf.Cav. Co.B
Brooks, James M. 3rd Conf.Eng.Troops Co.E Sgt.
Brooks, James O. FL 1st Cav. Co.A
Brooks, James O. FL 9th Inf. Co.G
Brooks, James O. GA 1st Cav. Co.F
Brooks, James P. LA C.S. Zouave Bn. Co.A
Brooks, James P. NC Lt.Arty. 13th Bn. Co.A
Brooks, James P. Conf.Cav. Wood's Regt. Co.K
Brooks, James R. VA 55th Inf. Co.A Sgt.
Brooks, James S. TN 8th Inf. Co.I
Brooks, James T. AL Inf. 1st Regt. Co.E 1st Sgt.
Brooks, James T. AL 7th Inf. Co.A
Brooks, James T. AR 6th Inf. Co.C Cpl.
Brooks, James T. NC 34th Inf. Co.I
Brooks, James T. VA 57th Inf. Co.E
Brooks, James W. AL 33rd Inf. Co.A
Brooks, James W. AL 33rd Inf. Co.B
Brooks, James W. AR 3rd Inf. Co.C
Brooks, James W. AR 25th Inf. Co.B
Brooks, James W. AR 34th Inf. Co.A
Brooks, James W. AR Inf. Hardy's Regt. Co.F
Brooks, James W. GA 1st (Fannin's) Res. Co.G
Brooks, James W. GA 10th Mil.
Brooks, James W. GA 16th Inf. Co.D
Brooks, James W. GA 27th Inf. Co.D
Brooks, James W. GA 44th Inf. Co.I
Brooks, James W. TN 12th (Green's) Cav. Co.C
Brooks, James W. TN 62nd Mtd.Inf. Co.I Sgt.
Brooks, Jason T. SC 19th Inf. Co.G
Brooks, Jasper MO Inf. 5th Regt.St.Guard Co.A
Brooks, Jasper N. MO 8th Cav. Co.K,F
Brooks, J. Augustus VA 1st Cav. Co.E
Brooks, J.B. AL 32nd & 58th (Cons.) Inf.
Brooks, J.B. AL 58th Inf. Co.D,H
Brooks, J.B. GA 4th (Clinch's) Cav. Co.D
Brooks, J.B. GA 43rd Inf. Co.F
Brooks, J.B. KY 3rd Cav. Co.E
Brooks, J.B. MS Cav. 4th Bn. Co.C
Brooks, J.B. MS Inf. 2nd Bn. Co.L
Brooks, J.B. MS 48th Inf. Co.L
Brooks, J.B. MO Lt.Arty. H.M. Bledsoe's Co. Cpl.
Brooks, J.B. NC 3rd Jr.Res. Co.C
Brooks, J.B. TN 33rd Inf. Co.H
Brooks, J.B. 8th (Wade's) Conf.Cav. Co.E
Brooks, J.C. LA 3rd Inf. Co.C
Brooks, J.C. SC 2nd St.Troops Co.I Capt.
Brooks, J.C. TN 3rd (Forrest's) Cav. Co.G
Brooks, J.C. TN 51st Inf. Co.G
Brooks, J.C. TN 51st (Cons.) Inf. Co.H Cpl.
Brooks, J.C. TN Inf. 154th Sr.Regt. Co.I
Brooks, J.C. TX Cav. 6th Bn. Co.B
Brooks, J.C. TX 11th Inf. Co.F
Brooks, J.C. TX Inf. Cotton's Co.
Brooks, J.D. AL 5th Cav. Co.C
Brooks, J.D. AL Cav. Stewart's Bn. Co.C
Brooks, J.D. AR 1st (Monroe's) Cav. Co.D
Brooks, J.D. MS 4th Inf. Co.G Sgt.
Brooks, J.D. MS 15th Inf. Co.C
Brooks, J.D. NC 1st Jr.Res. Co.H
Brooks, J.D. TN 4th Cav. Co.D
Brooks, J.D. TN 4th Cav. Co.K
Brooks, J.D. TX 8th Inf. Co.K
Brooks, J.E. TN Lt.Arty. Winston's Co.
Brooks, Jefferson GA Cav. 1st Bn.Res. Stark's Co.
Brooks, Jeremiah TN Cav. 55th Regt.
Brooks, Jeremiah H. AR Cav. Cabell's Regt. Co.C
Brooks, Jeremiah M. MS 31st Inf. Co.E Cpl.
Brooks, Jerry TX 1st (Yager's) Cav. Co.B
Brooks, Jerry TX Cav. 3rd (Yager's) Bn. Co.B
Brooks, Jesse AR 35th Inf. Co.D
Brooks, Jesse KY 8th Cav.
Brooks, Jesse MS 8th Inf. Co.E
Brooks, Jesse MS 40th Inf. Co.A
Brooks, Jesse TX 2nd Inf. Co.C
Brooks, Jesse B. NC 39th Inf. Co.C
Brooks, Jesse F. NC 33rd Inf. Co.D
Brooks, Jesse L. MS 1st Lt.Arty. Co.C
Brooks, Jesse N. GA Arty. 9th Bn. Co.D
Brooks, Jesse W. AL 4th (Roddey's) Cav. Co.F
Brooks, J.F. MS Bradford's Co. (Conf.Guards Arty.)
Brooks, J.F. MS 29th Inf. Co.D
Brooks, J.F. TN 20th Inf. Co.I Cpl.
Brooks, J.F. 15th Conf.Cav. Co.A
Brooks, J.G. GA Lt.Arty. Ferrell's Btty.
Brooks, J.G. KY 3rd Mtd.Inf. Co.D Sgt.
Brooks, J.G. MS Inf. 1st Bn. Co.C
Brooks, J.G. TX 12th Cav. Co.G
Brooks, J.H. AL Cav. Moreland's Regt. Co.H
Brooks, J.H. AL 60th Inf. Co.A
Brooks, J.H. AR 7th Cav. Co.C
Brooks, J.H. AR 15th Mil. Co.C
Brooks, J.H. GA 13th Inf. Co.K
Brooks, J.H. GA 66th Inf. Co.C
Brooks, J.H. KY 12th Cav. Co.C,K
Brooks, J.H. LA 2nd Inf. Co.C
Brooks, J.H. LA 13th Inf. Co.K
Brooks, J.H. MS 26th Inf. Co.K
Brooks, J.H. NC 32nd Inf. Lenoir Braves 1st Co.K
Brooks, J.H. TN 15th (Cons.) Cav. Co.F
Brooks, J.H. TN 16th (Logwood's) Cav. Co.C
Brooks, J.H. TN 5th Inf. 2nd Co.K
Brooks, J.H. TX 10th Cav. Co.C
Brooks, J.H. TX 32nd Cav. Co.I
Brooks, J.H. VA Inf. 6th Bn. Co.C
Brooks, J. Hampden SC 7th Inf. 1st Co.G Capt.
Brooks, J.J. AL 46th Inf. Co.E
Brooks, J.J. AR 4th Field Btty. Sr.2nd Lt.
Brooks, J.J. AR 36th Inf. Co.E
Brooks, J.J. AR Mil. Desha Cty.Bn.
Brooks, J.J. GA 13th Cav. Co.D
Brooks, J.J. GA Lt.Arty. Anderson's Btty.
Brooks, J.J. GA 18th Inf. Co.B
Brooks, J.J. GA 18th Inf. Co.F
Brooks, J.J. MO 10th Inf. Co.G
Brooks, J.J. NC 6th Sr.Res. Co.K
Brooks, J.J. TN 47th Inf. Co.G
Brooks, J.K. MS 12th Cav. Co.D
Brooks, J.K. MS Fant's Co.
Brooks, J.L. AL 13th Inf. Co.F
Brooks, J.L. GA 27th Inf. Co.D
Brooks, J.L. GA Inf. 27th Bn. Co.E
Brooks, J.L. MS 3rd Inf. Co.K Cpl.
Brooks, J.L. MO 12th Inf. Co.C
Brooks, J.L. NC 2nd Inf. Co.H
Brooks, J.L. NC 2nd Home Guards Co.H
Brooks, J.L. TN 3rd (Forrest's) Cav. Co.D
Brooks, J.L. TN 21st (Wilson's) Cav. Co.G
Brooks, J.L. TX Lt.Arty. Hughes' Co. Cpl.
Brooks, J.L. VA Inf. 4th Bn.Loc.Def. Co.A
Brooks, J.L. 3rd Conf.Cav. Co.D
Brooks, J. Lary FL 1st Inf. 1st Lt.
Brooks, J. Leary GA 26th Inf. Co.H
Brooks, J.M. AL Mil. 4th Vol. Gantt's Co. Sgt.
Brooks, J.M. AL 14th Inf. Co.C
Brooks, J.M. AR 7th Cav. Co.C
Brooks, J.M. GA 2nd Cav. (St.Guards) Co.B
Brooks, J.M. GA 4th Cav. (St.Guards) Deadwyler's Co. Cpl.
Brooks, J.M. GA Lt.Arty. Daniell's Btty. Sgt.
Brooks, J.M. GA Arty. Maxwell's Reg.Lt.Btty.
Brooks, J.M. GA 53rd Inf. Co.A
Brooks, J.M. KY 2nd (Woodward's) Cav. Co.B
Brooks, J.M. KY Cav.
Brooks, J.M. LA 16th Inf. Co.C
Brooks, J.M. LA Mil. Chalmette Regt. Co.C
Brooks, J.M. MS 28th Cav. Co.F Wag.
Brooks, J.M. MS 1st (Foote's) Inf. (St.Troops) Holbart's Co. Sgt.
Brooks, J.M. MS 15th Inf. Co.K
Brooks, J.M. TN 6th (Wheeler's) Cav. Co.K
Brooks, J.M. TN Cav. 11th Bn. (Gordon's) Co.A

Brooks, J.M. TN 20th (Russell's) Cav. Co.F Ord.Sgt.
Brooks, J.M. TN Cav. Williams' Co.
Brooks, J.M. TX 1st (Yager's) Cav. Co.B
Brooks, J.M. TX 26th Cav. 1st Co.G
Brooks, J.M. VA 20th Inf.
Brooks, J.M. VA Inf. 25th Bn. Co.A
Brooks, J.M. 3rd Conf.Cav. Co.A
Brooks, J. Martin MS 14th Inf. Co.G
Brooks, J.M.C. LA Inf. 4th Bn. Co.B
Brooks, J.N. AR 35th Inf. Co.E Sgt.
Brooks, J.N. GA 1st (Ramsey's) Inf. Co.A
Brooks, J.N. KY 12th Cav. Co.C
Brooks, J.N. TX 9th (Nichols') Inf. Atchison's Co.
Brooks, Joab NC 50th Inf. Co.F
Brooks, Joah Conf.Cav. Wood's Regt. 2nd Co.A
Brooks, Joe TN 14th (Neely's) Cav. Co.F
Brooks, Joel AL Inf. 1st Regt. Co.G
Brooks, Joel AR 1st (Crawford's) Cav. Co.G Sgt.
Brooks, Joel NC 21st Inf. Co.C
Brooks, John AL Talladega Cty.Res. R.N. Ware's Cav.Co.
Brooks, John AL Cav. (St.Res.) Young's Co.
Brooks, John AL 20th Inf. Co.B
Brooks, John AL 31st Inf. Co.H
Brooks, John AL 35th Inf. Co.E
Brooks, John AR 2nd Cav.
Brooks, John AR 8th Cav. Co.B
Brooks, John AR Cav. Wright's Regt. Co.C
Brooks, John AR 9th Inf. Co.H
Brooks, John AR 11th & 17th Cons.Inf. Co.H,K
Brooks, John AR 17th (Griffith's) Inf. Co.F Sgt.
Brooks, John AR 17th (Griffith's) Inf. Co.H
Brooks, John AR 24th Inf. Co.B
Brooks, John AR 35th Inf. Co.E
Brooks, John AR Mil. Desha Cty.Bn.
Brooks, John AR Inf. Hardy's Regt. Co.B
Brooks, John FL 1st Cav. Co.B
Brooks, John GA 5th Cav. Co.B
Brooks, John GA Siege Arty. 28th Bn. Co.G
Brooks, John GA Lt.Arty. Barnwell's Btty.
Brooks, John GA Lt.Arty. Daniell's Btty.
Brooks, John GA Arty. Maxwell's Reg.Lt.Btty.
Brooks, John GA 7th Inf. (St.Guards) Co.G
Brooks, John GA 10th Mil.
Brooks, John GA 20th Inf. Co.I
Brooks, John GA 34th Inf. Co.E
Brooks, John GA 48th Inf. Co.B
Brooks, John GA 57th Inf. Co.D
Brooks, John KY 8th Mtd.Inf. Co.A
Brooks, John LA Arty. Moody's Co. (Madison Lt.Arty.)
Brooks, John LA 7th Inf. Co.A
Brooks, John MD Inf. 2nd Bn. Co.E
Brooks, John MS Lt.Arty. Stanford's Co.
Brooks, John MS 26th Inf. Co.B
Brooks, John NC 5th Cav. (63rd St.Troops) Co.F
Brooks, John NC Inf. 2nd Bn. Co.D
Brooks, John NC 9th Bn.S.S. Co.A Cpl.
Brooks, John NC 16th Inf. Co.B
Brooks, John NC 21st Inf. Co.B Cpl.
Brooks, John NC 32nd Inf. Co.I
Brooks, John NC 58th Inf. Co.B
Brooks, John NC 60th Inf. Co.B
Brooks, John NC 66th Inf. Co.G
Brooks, John SC 5th St.Troops Co.G
Brooks, John SC 6th Inf. 1st Co.A, 2nd Co.I
Brooks, John SC 6th Inf. 2nd Co.I
Brooks, John SC 19th Inf. Co.B
Brooks, John SC 19th Inf. Co.H
Brooks, John SC Inf.Bn. Co.C
Brooks, John TN 1st Cav.
Brooks, John TN 12th (Green's) Cav. Co.H
Brooks, John TN 19th (Biffle's) Cav. Co.C Sgt.
Brooks, John TN 25th Inf. Co.I
Brooks, John TN 37th Inf. Co.I
Brooks, John TN 44th Inf. Co.E
Brooks, John TN 44th (Cons.) Inf. Co.B
Brooks, John TN Inf. Spencer's Co.
Brooks, John TX 18th Inf. Co.C
Brooks, John VA 4th Cav. Co.D Sgt.
Brooks, John VA 14th Cav. 2nd Co.F
Brooks, John VA 19th Cav. Co.K
Brooks, John VA 1st St.Res. Co.C
Brooks, John VA 2nd Inf.Loc.Def. Co.H
Brooks, John VA Inf. 2nd Bn.Loc.Def. Co.F
Brooks, John VA 3rd Inf.Loc.Def. Co.H
Brooks, John VA 28th Inf. Co.F
Brooks, John VA Burks' Regt.Loc.Def.
Brooks, John 4th Conf.Inf. Co.A
Brooks, John A. FL 1st Cav. Co.A
Brooks, John A. FL 7th Inf. Co.A Cpl.
Brooks, John A. GA 45th Inf. Co.F
Brooks, John A. NC 26th Inf. Co.E
Brooks, John A. TN 3rd (Lillard's) Mtd.Inf. Co.A
Brooks, John A. VA Lt.Arty. Montgomery's Co.
Brooks, John A.C. VA Inf. 5th Bn. Co.B
Brooks, John B. AR 9th Inf. Old Co.I
Brooks, John B. GA 18th Inf. Co.E
Brooks, John B. NC 51st Inf. Co.H Sgt.
Brooks, John B. VA 9th Inf. Co.F
Brooks, John B.L. GA 31st Inf. Co.G
Brooks, John C. NC 24th Inf. Co.H
Brooks, John C. SC 19th Inf. Co.H
Brooks, John C. TN 29th Inf. Co.C
Brooks, John C. TX 20th Inf. Co.A 1st Lt.
Brooks, John C. VA 17th Cav. Co.F
Brooks, John D. AR Lt.Arty. Key's Btty.
Brooks, John D. VA Lt.Arty. Carrington's Co. Cpl.
Brooks, John D. VA 5th Inf. Co.H QM,Capt.
Brooks, John D. Gen. & Staff Capt.,AQM
Brooks, John E. MO 2nd Cav. Co.C Sgt.
Brooks, John E. MO 2nd Btty. Co.A
Brooks, John E. VA Goochland Lt.Arty.
Brooks, John F. AL 9th Inf. Co.C
Brooks, John F. AR 3rd Inf. Co.G
Brooks, John F. FL Cav. 3rd Bn. Co.A
Brooks, John F. GA 10th Inf. Co.D Sgt.
Brooks, John F. GA Inf. 10th Bn. Co.B
Brooks, John F. TX 4th Inf. Co.F Capt.
Brooks, John F. TX Inf. Cunningham's Co. 1st Lt.
Brooks, John F. VA 12th Cav. Co.H
Brooks, John F. VA 146th Mil. Co.B
Brooks, John Fletcher TX 20th Cav. Co.D
Brooks, John H. AL 1st Regt.Conscr. Co.F
Brooks, John H. AL 15th Inf.
Brooks, John H. FL 2nd Cav. Co.C
Brooks, John H. FL 5th Inf. Co.G
Brooks, John H. SC Inf. 7th Bn. (Enfield Rifles) Co.H Capt.
Brooks, John H. TN Inf. 154th Sr.Regt. Co.E
Brooks, John J. AL 15th Inf. Co.L
Brooks, John J. GA Lt.Arty. 14th Bn. Co.C,G Sgt.
Brooks, John J. GA Lt.Arty. Ferrell's Btty. Sgt.
Brooks, John J. GA 46th Inf. Co.C
Brooks, John J. TN 6th Inf. Co.B Capt.
Brooks, John J. VA 11th Inf. Co.B
Brooks, John J. VA 11th Inf. Co.C
Brooks, John J. VA 30th Inf. Co.C
Brooks, John K. VA 45th Inf. Co.A,B
Brooks, John K. VA 56th Inf. Co.E
Brooks, John L. AL 41st Inf. Co.D
Brooks, John L. GA 10th Inf. Co.D Cpl.
Brooks, John L. GA 40th Inf. Co.G
Brooks, John L. NC 25th Inf. Co.I
Brooks, John L. TN Cav. Newsom's Regt. Co.H
Brooks, John L. TN 55th (McKoin's) Inf. Co.H
Brooks, John L. VA 61st Mil. Co.F
Brooks, John M. GA 59th Inf. Co.E
Brooks, John M. LA Inf. 16th Bn. (Conf.Guards Resp.Bn.) Co.B
Brooks, John M. LA Inf.Cons.Crescent Regt. Co.A
Brooks, John M. LA Mil. Leeds' Guards Regt. Co.A Capt.
Brooks, John M. MS 23rd Inf. Co.K Sgt.
Brooks, John M. SC Lt.Arty. Beauregard's Co.
Brooks, John M. SC 7th Inf. 1st Co.D, 2nd Co.D
Brooks, John M. TN 2nd (Ashby's) Cav. Co.I
Brooks, John M. VA 10th Cav. Co.K
Brooks, John M.P.B. GA 9th Inf. (St.Guards) DeLaperriere's Co.
Brooks, John Murray SC 4th Inf. Co.K
Brooks, John N. GA 7th Inf. Co.A N.C.S.
Brooks, John N. GA 51st Inf. Co.H
Brooks, John N. GA Cobb's Legion Co.E Cpl.
Brooks, John N. MS 3rd Inf. Co.D
Brooks, John N. NC 52nd Inf. Co.F
Brooks, John N. TX 24th Cav. Co.E
Brooks, John P. NC 8th Inf. Co.E
Brooks, John P. NC 46th Inf. Co.H
Brooks, John R. AL 38th Inf. Co.K Music.
Brooks, John R. GA 53rd Inf. Co.C Cpl.
Brooks, John R. GA 55th Inf. Co.G,K
Brooks, John R. MS 36th Inf. Co.H
Brooks, John R. MO Inf. Clark's Regt. Co.A
Brooks, John R. TN Lt.Arty. Kain's Co.
Brooks, John R. VA 29th Inf. Co.H
Brooks, John R. VA 45th Inf. Co.K
Brooks, John R. VA 55th Inf. Co.D Cpl.
Brooks, John R. VA 56th Inf. Co.A 2nd Lt.
Brooks, John S. GA 55th Inf. Co.B
Brooks, John S. LA 7th Inf. Co.H
Brooks, John S. NC 20th Inf. Co.G Lt.Col.
Brooks, John S. TN Inf. 154th Sr.Regt. Co.D Cpl.
Brooks, Johnson J. KY 6th Mtd.Inf. Co.A,C
Brooks, John T. AL 1st Regt.Conscr. Co.A
Brooks, John T. AL 17th Inf. Co.A
Brooks, John T. AL Conscr. Echols' Co.
Brooks, John T. LA 1st Cav. Co.A
Brooks, John T. MS 32nd Inf. Co.E
Brooks, John T. NC 13th Inf. Co.C
Brooks, John T. NC 43rd Inf. Co.I

Brooks, John T. TX 11th Cav. Co.E 2nd Lt.
Brooks, John T. VA 9th Cav. Co.G
Brooks, John T. VA Hvy.Arty. 10th Bn. Co.A
Brooks, John T. VA 57th Inf. Co.I
Brooks, John T. 4th Conf.Inf. Co.D
Brooks, John V. AR 23rd Inf. Co.G
Brooks, John V. Gen. & Staff Asst.Surg.
Brooks, John W. AL 19th Inf. Co.A
Brooks, John W. AL 28th Inf. Co.G
Brooks, John W. AL 41st Inf. Co.B
Brooks, John W. AL 61st Inf. Co.F 2nd Lt.
Brooks, John W. AR Cav. Wright's Regt. Co.C
Brooks, John W. AR Mil. Desha Cty.Bn.
Brooks, John W. GA 62nd Cav. Co.C
Brooks, John W. GA Brooks' Co. (Terrell Lt.Arty.) Capt.
Brooks, John W. GA 4th Inf. Co.D
Brooks, John W. GA 11th Inf. Co.C
Brooks, John W. MS 43rd Inf. Co.A
Brooks, John W. MO 8th Inf. Co.D
Brooks, John W. MO 16th Inf. Co.C
Brooks, John W. TN 29th Inf. Co.C
Brooks, John W. TN 44th (Cons.) Inf. Co.E
Brooks, John W. TX 1st (McCulloch's) Cav. Co.E
Brooks, John W. TX Cav. 6th Bn. Co.C
Brooks, John W. TX 21st Cav. Co.D
Brooks, John W. TX 36th Cav. Co.I
Brooks, John W. VA Hvy.Arty. 10th Bn. Co.A
Brooks, John W. VA 5th Inf. Co.E
Brooks, John W. VA 41st Inf. 2nd Co.G
Brooks, John W. VA 50th Inf. Co.A Sgt.
Brooks, John Wesley VA 55th Inf. Co.D
Brooks, John William VA 3rd Cav. Co.K
Brooks, John W.T. NC 50th Inf. Co.A
Brooks, Jonathan F. AL 33rd Inf. Co.A
Brooks, Jordan GA 43rd Inf. Co.F
Brooks, Jordan C. GA Arty. 9th Bn. Co.C
Brooks, Jordan C. GA Inf. 3rd Bn. Co.F
Brooks, Jordan D. GA 17th Inf. Co.E
Brooks, Jordan G. AL 33rd Inf. Co.H
Brooks, Joseph LA 1st Cav. Co.E Cpl.
Brooks, Joseph MS Cav. Ham's Regt. Co.F
Brooks, Joseph NC 1st Arty. (10th St.Troops) Co.I
Brooks, Joseph NC 20th Inf. Co.G
Brooks, Joseph TN 3rd (Forrest's) Cav. Co.H
Brooks, Joseph TN 40th Inf. Co.D Cpl.
Brooks, Joseph TX 20th Inf. Co.C
Brooks, Joseph 4th Conf.Eng.Troops Artif.
Brooks, Joseph Forrest's Scouts T. Henderson's Co.,CSA
Brooks, Joseph A. AL 40th Inf. Co.I
Brooks, Joseph B. AL Inf. 1st Regt. Co.G,C Sgt.
Brooks, Joseph C. MS 7th Inf. Co.F
Brooks, Joseph F. VA 37th Inf. Co.K
Brooks, Joseph G. MS 31st Inf. Co.E
Brooks, Joseph H. AR 13th Inf. Co.B
Brooks, Joseph H. GA 12th Inf. Co.E Sgt.
Brooks, Joseph H. NC 3rd Arty. (40th St.Troops) Co.A
Brooks, Jos. H. VA 34th Inf. Co.A
Brooks, Joseph J. AR 2nd Mtd.Rifles Co.G
Brooks, Joseph L. GA 3rd Cav. Co.E
Brooks, Joseph L. VA 14th Inf. Co.D
Brooks, Joseph N. VA 3rd Inf. Co.C
Brooks, Joseph P. FL 9th Inf. Co.G Sgt.
Brooks, Josephus D. TX 27th Cav. Co.C Sgt.
Brooks, Joseph W. AR 2nd Mtd.Rifles Co.G Sgt.
Brooks, Joshua AL 19th Inf. Co.G
Brooks, Joshua LA 11th Inf. Co.D
Brooks, Joshua MS 20th Inf. Co.K
Brooks, Joshua MS 40th Inf. Co.K
Brooks, Joshua NC 5th Cav. (63rd St.Troops) Co.F
Brooks, Joshua NC 42nd Inf. Co.H
Brooks, Josiah GA Arty. 9th Bn. Co.B
Brooks, Josiah VA 5th Cav. 3rd Co.F
Brooks, Josiah H. NC 53rd Inf. Co.D 1st Sgt.
Brooks, Josiah T. NC 26th Inf. Co.E
Brooks, Josiah W. SC 1st (McCreary's) Inf. Co.G
Brooks, J.P. AL 3rd Bn.Res. Co.H
Brooks, J.P. GA Cav. 29th Bn. Co.C
Brooks, J.P. GA 1st (Symons') Res. Co.A
Brooks, J.P. GA 54th Inf. Co.A
Brooks, J.P. MS 6th Cav. Co.I Sgt.
Brooks, J.P. TN 19th & 20th (Cons.) Cav. Co.E
Brooks, J.P. TN 20th (Russell's) Cav. Co.H
Brooks, J.P. TN 21st (Wilson's) Cav. Co.K
Brooks, J.P. TN 21st & 22nd (Cons.) Cav. Co.F
Brooks, J.P. TN 31st Inf. Co.K 1st Lt.
Brooks, J.P. TN 33rd Inf. Co.H
Brooks, J.R. AL 2nd Cav. Co.F
Brooks, J.R. AL 10th Inf. Co.K
Brooks, J.R. AL 31st Inf. Co.I Cpl.
Brooks, J.R. AR 7th Cav. Co.C
Brooks, J.R. GA 8th Inf. Co.K
Brooks, J.R. GA 46th Inf. Co.C 1st Sgt.
Brooks, J.R. MO 9th Inf. Co.B Sgt.
Brooks, J.R. NC 1st Jr.Res. Co.H
Brooks, J.R. TX 8th Cav. Co.C
Brooks, J.R. VA 55th Inf. Co.M
Brooks, J.R.K. TX 19th Inf. Co.H 1st Lt.
Brooks, J.S. AL 23rd Inf. Co.A
Brooks, J.S. AL 29th Inf. Co.E,I
Brooks, J.S. AL 53rd (Part.Rangers) Co.H
Brooks, Js. GA Inf. 4th Bn. (St.Guards) Co.D
Brooks, J.S. KY 7th Mtd.Inf. Co.G
Brooks, J.S. MS 26th Inf. Co.B
Brooks, J.S. SC 4th Bn.Res. Co.D
Brooks, J.S. SC 5th St.Troops Co.D
Brooks, J.S. SC 9th Res. Co.K
Brooks, J.S. TN 29th Inf. Co.F Cpl.
Brooks, J.S.O. TX Cav. 1st Regt.St.Troops Co.E
Brooks, J.T. AL 21st Inf. Co.G
Brooks, J.T. AL 37th Inf. Co.A
Brooks, J.T. AL 37th Inf. Co.H,I,K 2nd Lt.
Brooks, J.T. GA Inf. 1st Bn. (St.Guards) Co.B
Brooks, J.T. GA Inf. Arsenal Bn. (Columbus) Co.B
Brooks, J.T. NC 4th Bn.Jr.Res. Co.C Sgt.
Brooks, J.T. TN 29th Inf. Co.F Sgt.
Brooks, J.T. 8th (Wade's) Conf.Cav. Co.K
Brooks, Judge D. GA 9th Inf. Co.C
Brooks, J.V. AR 30th Inf. Co.G
Brooks, J.V. TX 30th Cav. Co.H
Brooks, J.W. AL 3rd Cav. Co.C,B
Brooks, J.W. AL 5th Cav. Co.C
Brooks, J.W. AL 24th Inf. Co.K
Brooks, J.W. AL 25th Inf. Co.G
Brooks, J.W. AL 31st Inf. Co.E
Brooks, J.W. AR 24th Inf. Co.C
Brooks, J.W. AR 27th Inf. New Co.C
Brooks, J.W. AR 27th Inf. Co.I
Brooks, J.W. FL 2nd Cav. Co.D
Brooks, J.W. FL Cav. 5th Bn. Co.G
Brooks, J.W. FL 1st (Res.) Inf. Co.E
Brooks, J.W. GA 8th Cav. Co.C
Brooks, J.W. GA 8th Cav. Co.H
Brooks, J.W. GA 3rd Res. Co.F 1st Lt.
Brooks, J.W. GA 17th Inf. Co.K
Brooks, J.W. GA Inf. 25th Bn. (Prov.Guard) Co.B
Brooks, J.W. GA 43rd Inf. Co.F
Brooks, J.W. GA 56th Inf. Co.I
Brooks, J.W. GA 64th Inf. Co.I
Brooks, J.W. MS 2nd St.Cav. Co.A
Brooks, J.W. MS Inf. 1st Bn. Ray's Co.
Brooks, J.W. MS 3rd Inf. Co.C
Brooks, J.W. MS 14th (Cons.) Inf. Co.G
Brooks, J.W. MS 17th Inf. Co.G
Brooks, J.W. MO 2nd Inf. Co.G
Brooks, J.W. NC 2nd Inf. Co.B Sgt.
Brooks, J.W. NC 2nd Home Guards Co.K Sgt.
Brooks, J.W. NC 3rd Jr.Res. Co.C
Brooks, J.W. NC 7th Bn.Jr.Res. Co.B
Brooks, J.W. SC 4th Bn.Res. Co.B
Brooks, J.W. SC 11th Inf. Co.G
Brooks, J.W. TN 3rd (Forrest's) Cav. Co.K 2nd Lt.
Brooks, J.W. TN 13th Inf. Co.A
Brooks, J.W. TN Inf. 154th Sr.Regt. Co.I Cpl.
Brooks, J.W. TX Cav. 1st Regt.St.Troops Co.E
Brooks, J.W. TX 32nd Cav. Co.I
Brooks, J.W. TX 7th Inf. Co.A
Brooks, J.W. TX 13th Vol. Co.G
Brooks, J.W. TX 14th Inf. Co.C
Brooks, J.W. VA Hvy.Arty. 10th Bn. Co.A
Brooks, J.W. 20th Conf.Cav. Co.E 1st Sgt.
Brooks, J.Y. AR 2nd Cav. Co.G
Brooks, K.B. 3rd Conf.Cav. Co.E
Brooks, K.J. LA 3rd (Wingfield's) Cav. Co.C,K
Brooks, Kosisco AR 9th Inf. Co.F
Brooks, L. AL 13th Inf.
Brooks, L. MO Cav. Snider's Bn. Co.E
Brooks, L. NC 53rd Inf. Co.D
Brooks, L. SC 7th Inf. 1st Co.G
Brooks, L.A. Mead's Conf.Cav. Co.K Sgt.
Brooks, Lafayette VA 1st Inf. Co.B
Brooks, Lafayette VA Inf. 4th Bn.Loc.Def. Co.B
Brooks, Lambkin VA Hvy.Arty. 19th Bn. Co.A
Brooks, Larkin NC 35th Inf. Co.E
Brooks, L.B. AL 32nd Inf. Co.D
Brooks, L.C. VA 8th Cav. Co.H
Brooks, L.D. AL 15th Inf. Co.E
Brooks, L.D. AL 60th Inf. Co.A
Brooks, L.D. MO 9th Inf. Co.E
Brooks, Leander GA 49th Inf. Co.I
Brooks, Lem SC 2nd Cav. Co.K
Brooks, Lemuel SC 1st (McCreary's) Inf. Co.G
Brooks, Lemuel W. SC 16th Inf. Co.A
Brooks, Leonard GA 3rd Res. Co.G
Brooks, Leonidas H. TN 28th Inf. Co.E
Brooks, Leonidas L. KY Soldier
Brooks, Leonidas L. VA 45th Inf. Co.K
Brooks, Leonidas M. AL 17th Inf. Co.C
Brooks, Leroy M. VA Hvy.Arty. Patteson's Co.
Brooks, Levi TN 1st (Carter's) Cav. Co.L

Brooks, Levi TN 5th (McKenzie's) Cav. Co.C
Brooks, Levi TN 63rd Inf. Co.H
Brooks, Levi TX 22nd Cav. Co.D
Brooks, Lewis GA 1st Cav. Co.B,F
Brooks, Lewis LA 1st Cav. Co.F
Brooks, Lewis H. KY Cav. 2nd Bn. (Dortch's) Co.B
Brooks, Lewis P. GA 7th Inf. Co.B 1st Lt.
Brooks, Lewis S. MS Part.Rangers Smyth's Co.
Brooks, Lewis S. MS 5th Inf. Co.K
Brooks, L.H. KY 2nd (Duke's) Cav. Co.B
Brooks, L.H. KY 5th Cav. Co.F
Brooks, L.H. TN Inf. 1st Cons.Regt. Co.C
Brooks, Lindsey T. VA Lt.Arty. Hardwicke's Co.
Brooks, Lorenzo D. MO Inf. Clark's Regt. Co.H
Brooks, Louis P. GA 32nd Inf. Co.D
Brooks, L. Robert SC 6th Cav. Co.E Sgt.
Brooks, L. Russell MS 35th Inf. Co.I
Brooks, L.S. TN 60th Mtd.Inf. Co.I
Brooks, Lucius D. AL 3rd Bn. Hilliard's Legion Vol. Co.B
Brooks, Luther VA 23rd Inf. Co.G
Brooks, L.W. GA Cav. 6th Bn. (St.Guards) Co.E
Brooks, L.W. TX 3rd Cav. Co.E
Brooks, Lycurgus W. TX 27th Cav. Co.C Ord.Sgt.
Brooks, M. MS 5th Cav. Co.E
Brooks, M. MS 11th (Cons.) Cav. Co.H
Brooks, M. MS 18th Cav. Co.I
Brooks, M. NC 3rd Jr.Res. Co.C
Brooks, M. VA Mil. Washington Cty.
Brooks, M.A. GA 38th Inf. Co.I
Brooks, Madison MO St.Guard
Brooks, Madison R. AL Lt.Arty. 2nd Bn. Co.F
Brooks, Malichi G. AL Inf. 1st Regt. Co.B,K
Brooks, Marcus L. AL 15th Inf. Co.L
Brooks, Mark LA 16th Inf. Co.H,A,I
Brooks, Martin GA Siege Arty. 28th Bn. Co.D
Brooks, Martin NC 58th Inf. Co.B,E
Brooks, Martin C. NC 1st Arty. (10th St.Troops) Co.G
Brooks, Martin M. AL 46th Inf. Co.H
Brooks, Martin V. NC 46th Inf. Co.G
Brooks, Mathew VA 40th Inf. Co.E
Brooks, Matthew NC 52nd Inf. Co.F
Brooks, Matthias J. NC 24th Inf. Co.H
Brooks, M.B. AR 10th Inf. Co.E
Brooks, M.B. GA 3rd Cav. (St.Guards) Co.K
Brooks, Merrit G. VA 1st Arty. Co.D
Brooks, Miles P. VA 19th Cav. Co.B
Brooks, Milton MS 40th Inf. Co.K
Brooks, Milton O. TN 11th Inf. Co.G
Brooks, M.J. GA 7th Inf. Co.I
Brooks, M.J. MO 1st Inf. Extra Bn.St.Guard Co.B
Brooks, M.L. VA Inf. 4th Bn.Loc.Def.
Brooks, M.M. AL 23rd Inf. Co.A Music.
Brooks, M.M. MS Inf. 3rd Bn. (St.Troops) Co.C
Brooks, M.M. MS Fant's Co.
Brooks, M.M. 10th Conf.Cav. Co.I
Brooks, Moffet VA 4th Inf. Co.I
Brooks, Morgan AL 19th Inf. Co.D
Brooks, Moses NC 16th Inf. Co.H Sgt.
Brooks, Moses TN Inf. 23rd Bn. Co.A
Brooks, Moses R. AL 24th Inf. Co.E
Brooks, Moses Y. TN 1st (Turney's) Inf. Co.F
Brooks, M.P.C. FL 2nd Inf. Co.L Sgt.
Brooks, M.R. AL 12th Inf. Co.G
Brooks, M.R. GA Lt.Arty. 14th Bn. Co.F
Brooks, M.R. GA Lt.Arty. King's Btty.
Brooks, M.S. AL 1st Cav. 1st Co.K
Brooks, M.S. AL 4th Inf. Co.G
Brooks, M.T. AL Cp. of Instr. Talladega
Brooks, M.T. GA 4th Res. Co.D
Brooks, Muscoe VA 55th Inf. Co.D Cpl.
Brooks, M.V.B. 8th (Wade's) Conf.Cav. Co.I
Brooks, M.W. TN 50th Inf. Co.K
Brooks, M.W. TN 61st Mtd.Inf. Co.D
Brooks, N.A. AL 5th Inf. Co.B
Brooks, Napoleon KY Morgan's Men Co.D
Brooks, Napoleon B. VA 22nd Inf. Co.H 1st Sgt.
Brooks, Nathan TN 26th Inf. Co.C
Brooks, Nathan TN 26th Inf. Co.D
Brooks, Nathan TN 39th Mtd.Inf. Co.G
Brooks, Nathan TX 1st (McCulloch's) Cav. Co.E
Brooks, Nathan 3rd Conf.Eng.Troops Co.C
Brooks, Nathan F. VA Inf. 23rd Bn. Co.A
Brooks, Nathaniel C. VA 2nd Cav. Co.I
Brooks, Nathan L. AL Cav.Res. Brooks' Co. Capt.
Brooks, Nathan P. SC Inf. 3rd Bn. Co.C
Brooks, Nathan T. VA 57th Inf. Co.D Cpl.
Brooks, N.B. GA Inf. (St.Armory Guards) Green's Co.
Brooks, N.B. TX 23rd Cav. Co.D Cpl.
Brooks, N.B. TX 27th Cav. Co.K
Brooks, Newbery MS 16th Inf. Co.H
Brooks, Newton NC 44th Inf. Co.E
Brooks, N.H. GA Phillips' Legion Co.C,I Sgt.
Brooks, Nick P. MO Cav. Wood's Regt. Co.D
Brooks, N.J. AL 14th Inf. Co.A
Brooks, N.J. AL 19th Inf. Co.A
Brooks, N.J. AL 46th Inf. Co.K
Brooks, N.S. AR 20th Inf. Co.A
Brooks, O.D. LA 4th Cav. Co.E
Brooks, O.H. MO 1st Inf. 2nd Co.A
Brooks, O.H. TX 11th Field Btty. (Howell's Co. Lt.Arty.)
Brooks, Oliver M. AL 14th Inf. Co.C
Brooks, Othniel H. GA 9th Inf. Co.C
Brooks, Owen TN 35th Inf. 1st Co.D
Brooks, P. LA Mil. Plaquemines Mtd.Rangers
Brooks, P. MS 6th Cav. Co.I Sgt.
Brooks, P. TX 1st (Yager's) Cav. Co.I
Brooks, Parker NC 5th Inf. Co.A
Brooks, Parker R. GA 40th Inf. Co.I
Brooks, Paschal L. AL 13th Inf. Co.K
Brooks, Patrick LA Washington Arty.Bn. Co.2,1 Driver
Brooks, Patrick LA 11th Inf. Co.L
Brooks, P.C. Central Div. KY Sap. & Min.,CSA
Brooks, Pennilton VA 14th Cav. Co.I
Brooks, Pet MO Cav. Snider's Bn. Co.A
Brooks, Peter B. TN 28th Inf. Co.E,I
Brooks, Peter B. TN 28th (Cons.) Inf. Co.D
Brooks, Peter H. VA 10th Cav. Co.K
Brooks, P.H. GA 19th Inf. Co.E
Brooks, P.H. SC 4th St.Troops Co.G
Brooks, P.H. TN 9th Inf. Co.G 3rd Lt.
Brooks, Philip B. AL 6th Inf. Co.K
Brooks, Phillip A. GA 35th Inf. Co.F
Brooks, Phillip P. AL 18th Bn.Vol. Co.C
Brooks, Philo GA 42nd Inf. Co.A
Brooks, P.L. AL 38th Inf. Co.H
Brooks, P.L. AL Cp. of Instr. Talladega
Brooks, P.M. VA Inf. 4th Bn.Loc.Def. Co.E
Brooks, P.P. TX 2nd Inf. Co.F
Brooks, Preston TN Lt.Arty. Winston's Co.
Brooks, Preston TN 35th Inf. 3rd Co.F
Brooks, Prince SC Inf. 1st (Charleston) Bn. Co.E
Brooks, P.S. SC 4th Bn.Res. Co.A
Brooks, P.S. TN 8th Inf. Co.B
Brooks, P.T. KY 3rd Mtd.Inf. Co.I 2nd Lt.
Brooks, Pulaski K. AL Cav. 5th Bn. Hilliard's Legion Co.B
Brooks, Pulaski K. AL 13th Inf. Co.K
Brooks, Purvis LA 3rd Inf. Co.E 2nd Lt.
Brooks, Q.H. AL 19th Inf. Co.A
Brooks, R. AL 26th (O'Neal's) Inf. Co.D
Brooks, R. AR 1st (Monroe's) Cav. Co.G 2nd Lt.
Brooks, R. KY 2nd (Woodward's) Cav. Co.C
Brooks, R. KY 10th (Johnson's) Cav. Co.A
Brooks, R. NC 1st Jr.Res. Co.H
Brooks, R. SC 5th Res. Co.D
Brooks, R. SC 7th Inf. 1st Co.I, 2nd Co.I
Brooks, R.A. TX 33rd Cav. Co.I 2nd Lt.
Brooks, R.A. 20th Conf.Cav. Co.E Sgt.
Brooks, Ransom AR 7th Inf. Co.A
Brooks, R.C. AR 30th Inf. Co.A
Brooks, R.C. GA 46th Inf. Co.C
Brooks, R.C. MO Cav. Slayback's Regt. Co.B 3rd Lt.
Brooks, R.D. FL Cav. 5th Bn. Co.H
Brooks, R.D. NC 15th Inf. Co.M
Brooks, R.D. VA 14th Inf. Co.I
Brooks, R.E. VA 2nd Inf.
Brooks, Reuben MO 1st Inf. Co.I Cpl.
Brooks, Reuben VA 40th Inf. Co.K
Brooks, Reuben H. NC 25th Inf. Co.G
Brooks, R.G. GA 3rd Cav. (St.Guards) Co.K
Brooks, R.H. GA Inf. 5th Bn. (St.Guards) Co.F
Brooks, R.H. NC 1st Arty. (10th St.Troops) Co.A Sgt.
Brooks, R.H. TN Inf. 2nd Cons.Regt. Co.G 1st Sgt.
Brooks, R.H. TN 4th Inf. Co.I
Brooks, R.H. TN 13th Inf. Co.H 1st Sgt.
Brooks, R.H. TX Cav. Wells' Regt. Co.I Sgt.
Brooks, R.H. TX 22nd Inf. Co.A
Brooks, Rhodom M. NC Inf. 2nd Bn. Co.E
Brooks, Rhodum M. GA 1st Inf. Co.F
Brooks, Ricey M. GA Hvy.Arty. 22nd Bn. Co.B
Brooks, Ricey M. GA 25th Inf. 1st Co.K
Brooks, Richard MO 4th Cav. Co.B
Brooks, Richard NC 2nd Bn.Loc.Def.Troops Co.C
Brooks, Richard TX 2nd Inf. Co.D Cpl.
Brooks, Richard VA 14th Cav. Crawford's Co. Sgt.
Brooks, Richard VA 17th Cav. Co.F Sgt.
Brooks, Richard VA 55th Inf. Co.F
Brooks, Richard C. VA 47th Inf. Co.E Sgt.
Brooks, Richard D. NC 30th Inf. Co.G Cpl.
Brooks, Richard Emmet VA 12th Inf. Co.A
Brooks, Richard C. GA 51st Inf. Co.A
Brooks, Richard H. VA 30th Inf. Co.C
Brooks, Richard M. VA 47th Inf. Co.D Sgt.
Brooks, Richard P. TX 2nd Inf. Co.H

Brooks, Richard P.D. GA Lt.Arty. 12th Bn. 2nd Co.A
Brooks, Richard R. VA 52nd Inf. Co.G
Brooks, Richard T. GA Arty. 9th Bn. Co.D
Brooks, Richard W. FL 3rd Inf. Co.E Sgt.
Brooks, Rienza VA 5th Cav. 3rd Co.F
Brooks, Rienzi VA 61st Mil. Co.F
Brooks, Riley KY 5th Cav.
Brooks, R.J. GA 53rd Inf. Co.B
Brooks, R.J. MO Cav. 2nd Regt.St.Guard Co.A
Brooks, R.L. LA 15th Inf. Co.I
Brooks, R.L. TX Cav. 6th Bn. Co.B
Brooks, R.L. TX 12th Cav. Co.D
Brooks, R.L. TX 20th Inf. Co.H Sgt.
Brooks, R.L. 4th Conf.Eng.Troops Co.E Sgt.
Brooks, R.M. AR 1st (Dobbin's) Cav. Co.D
Brooks, R.M. AR 7th Inf. Co.K
Brooks, R.M. GA 2nd Cav. (St.Guards) Co.B
Brooks, R.M. TN Cav. 12th Bn. (Day's) Co.E
Brooks, R.M. VA Horse Arty. G.W. Brown's Co.
Brooks, R.M. VA Lt.Arty. Thornton's Co.
Brooks, Robert AL Cav. Murphy's Bn. Co.B
Brooks, Robert AR 2nd Inf. New Co.C
Brooks, Robert GA Inf. 1st Loc.Troops (Augusta) Co.F
Brooks, Robert GA 26th Inf. Co.B
Brooks, Robert GA Phillips' Legion Co.C,I QMSgt.
Brooks, Robert KY 8th Mtd.Inf. Co.A
Brooks, Robert KY 9th Mtd.Inf. Co.H
Brooks, Robert LA 8th Inf. Sutler
Brooks, Robert MS 40th Inf. Co.H
Brooks, Robert NC 7th Sr.Res. Davie's Co.
Brooks, Robert NC 33rd Inf. Co.D
Brooks, Robert SC Inf. 1st (Charleston) Bn. Co.C
Brooks, Robert SC 2nd Rifles Co.F
Brooks, Robert SC 5th Res. Co.D
Brooks, Robert SC 7th Inf. 1st Co.F, 2nd Co.F
Brooks, Robert SC 14th Inf. Co.B
Brooks, Robert SC 27th Inf. Co.H
Brooks, Robert TN Lt.Arty. Morton's Co.
Brooks, Robert TX Inf. W. Cameron's Co.
Brooks, Robert VA Cav. 37th Bn. Co.F
Brooks, Robert VA 47th Inf. Co.E
Brooks, Robert VA 55th Inf. Co.A
Brooks, Robert VA Res.Forces Clark's Co.
Brooks, Robert A. GA 4th Inf. Co.A
Brooks, Robert A. TN 29th Inf. Co.C Sgt.Maj.
Brooks, Robert C. VA Inf. 22nd Bn. Co.B
Brooks, Robert D. GA 2nd Inf. Co.I
Brooks, Robert D. NC 32nd Inf. Co.I
Brooks, Robert E. VA Inf. 1st Bn.Loc.Def. Co.E
Brooks, Robert F. AL Inf. 1st Regt. Co.E
Brooks, Robert G. GA 1st Reg. Co.F
Brooks, Robert H. TN 2nd (Robison's) Inf. Sgt.
Brooks, Robert H. TX Arty. Douglas' Co.
Brooks, Robert J. AR 32nd Inf. Co.B 1st Sgt.
Brooks, Robert J. GA 27th Inf. Co.G
Brooks, Robert J. GA 44th Inf. Co.H Cpl.
Brooks, Robert J. MO 3rd Cav. Co.B 1st Sgt.
Brooks, Robert J. MO 8th Cav. Co.C,E Capt.
Brooks, Robert J. VA 15th Inf. Co.E
Brooks, Robert L. VA 9th Cav. Co.B
Brooks, Robert M. MS 21st Inf. Co.K
Brooks, Robert M. VA 47th Inf. Co.E
Brooks, Robert P. AL 3rd Bn.Res. Flemming's Co.
Brooks, Robert P. MS Lt.Arty. Stanford's Co.
Brooks, Robert P. NC 16th Inf. Co.H
Brooks, Robert P. NC 38th Inf. Co.E
Brooks, Robert P. NC 52nd Inf. Co.F
Brooks, Robert P. VA Res.Forces Clark's Co. Sgt.
Brooks, Robert R. KY 12th Cav. Co.G
Brooks, Robert T. TN 14th Inf. Co.F
Brooks, Robert T. VA 5th Cav. 3rd Co.F
Brooks, Robert T. VA 52nd Inf. Co.C
Brooks, Robert T. VA 61st Mil. Co.B Sgt.
Brooks, Robinson L. VA 10th Cav. Co.K
Brooks, Roland TN 26th Inf. Co.D
Brooks, Rowland 3rd Conf.Eng.Troops Co.C
Brooks, Royal GA Cav. 6th Bn. (St.Guards) Co.D
Brooks, Royal NC 60th Inf. Co.H 2nd Lt.
Brooks, Royal TN Cav. 16th Bn. (Neal's) Co.E
Brooks, R.P. AL 5th Cav. Co.C
Brooks, R.P. TX 24th & 25th Cav. Co.E
Brooks, R.P. TX 25th Cav. Co.K,E
Brooks, R.P. TX 4th Inf. Co.E
Brooks, R.S. KY 9th Mtd.Inf. Co.C
Brooks, R.T. GA 29th Inf. Co.A
Brooks, R.T. VA 14th Inf. Co.I
Brooks, Rufus J. TX 1st (McCulloch's) Cav. Co.K
Brooks, Rufus J. TX 1st (Yager's) Cav. Co.I
Brooks, Rufus J. TX Cav. 8th (Taylor's) Bn. Co.D Sgt.
Brooks, Rufus M. VA 53rd Inf. Co.F
Brooks, R.W. NC 1st Jr.Res. Co.H
Brooks, R.W. TX 8th Cav. Co.C
Brooks, R.W. TX 26th Cav. Co.H
Brooks, R.W. VA Bn.
Brooks, Ryal GA 18th Inf. Co.A
Brooks, S. AL 4th (Russell's) Cav. Co.A
Brooks, S. MS 46th Inf. Co.F
Brooks, S. SC 7th Inf. Co.H
Brooks, S. TN 3rd (Forrest's) Cav. 1st Co.B
Brooks, S. TX 7th Cav. Co.G
Brooks, S. TX 11th Cav. Co.K
Brooks, S.A. KY 2nd Mtd.Inf. Co.G
Brooks, Sampson GA Arty. 9th Bn. Co.B
Brooks, Sampson GA 18th Inf. Co.F
Brooks, Samuel, Jr. GA Cav. 16th Bn. (St.Guards) Co.F
Brooks, Samuel, Sr. GA Cav. 16th Bn. (St.Guards) Co.F
Brooks, Samuel GA 1st Inf. Co.H
Brooks, Samuel KY 10th Cav.
Brooks, Samuel MS 13th Inf. Co.I
Brooks, Samuel NC 1st Bn.Jr.Res. Co.A
Brooks, Samuel NC 5th Sr.Res. Co.H
Brooks, Samuel NC 34th Inf. Co.B
Brooks, Samuel TN 61st Mtd.Inf. Co.F
Brooks, Samuel VA 109th Mil. Co.B
Brooks, Samuel Lt.Arty. Dent's Btty.,CSA
Brooks, Samuel 1st Conf.Eng.Troops Co.F
Brooks, Samuel 1st Chickasaw Inf. White's Co.
Brooks, Samuel A. GA 1st Inf. Co.K
Brooks, Samuel B. AL 3rd Inf. Co.B
Brooks, Samuel C. AL Inf. 1st Regt. Co.G
Brooks, Samuel D. LA Inf. 4th Bn. Co.A
Brooks, Samuel E. AL 17th Inf. Co.B
Brooks, Samuel J. GA 49th Inf. Co.A
Brooks, Samuel L. NC 3rd Arty. (40th St.Troops) Co.H Sgt.
Brooks, Samuel L. NC 2nd Inf. Co.A Sgt.
Brooks, Samuel M. GA Arty. 11th Bn. (Sumter Arty.) Co.A
Brooks, Samuel M. GA 34th Inf. Co.E
Brooks, Samuel Martigue TX 20th Cav. Co.B
Brooks, Samuel P. NC 35th Inf. Co.E
Brooks, Samuel T. TN 48th (Voorhies') Inf. Co.A
Brooks, Samuel W. AL 17th Inf. Co.I
Brooks, Samuel W. KY 5th Mtd.Inf. Co.A
Brooks, Samuel W. VA 22nd Cav. Co.H 1st Lt.
Brooks, Sanford KY 11th Cav. Co.A
Brooks, Sanford MS 15th Inf. Co.D
Brooks, S.B. SC 6th Cav. Co.C
Brooks, S.B. TN Arty. Ramsey's Btty.
Brooks, S.C. GA 17th Inf. Co.I Cpl.
Brooks, S.C. TN 14th (Neely's) Cav. Co.E
Brooks, S.D. KY 1st (Butler's) Cav. Co.D 2nd Lt.
Brooks, S.D. KY 3rd Cav. Co.E 1st Sgt.
Brooks, S.D. LA Inf. Pelican Regt. Co.F
Brooks, S.D. NC 9th Bn.S.S. Co.A
Brooks, S.D. 2nd Corps A. of N.VA. Capt.,AQM
Brooks, Seaborn H. AL Inf. 1st Regt. Co.E,G Cpl.
Brooks, Seaborn R. AL Inf. 1st Regt. Co.G
Brooks, Seborn AR 37th Inf. Co.H
Brooks, Semple VA Lt.Arty. Thornton's Co.
Brooks, S.H. AL 37th Inf. Co.F 1st Lt.
Brooks, S.H. GA 32nd Inf. Co.I
Brooks, S.H. KY Morgan's Men Co.C
Brooks, S.H. TN Inf. 154th Sr.Regt. Co.G
Brooks, S.H. TX Cav. Terry's Regt. Lt.Col.
Brooks, S.H. VA 20th Inf. Co.H
Brooks, S.H. Gen. & Staff Maj.,Vol.ADC
Brooks, Shadrach GA 31st Inf. Co.A
Brooks, Shedrick TN 9th Cav.
Brooks, Shubal C. VA Inf. 23rd Bn. Co.A
Brooks, Shubel NC 6th Cav. (65th St.Troops) Co.G Sgt.
Brooks, Sid. B. Conf.Arty. Marshall's Co.
Brooks, Silas AL 54th Inf. Co.B
Brooks, Silas NC 12th Inf. Co.F
Brooks, Silas TN 40th Inf. Co.A
Brooks, Silas VA 1st Bn.Res. Co.D
Brooks, Silas VA 30th Inf. Co.C
Brooks, Silas H. SC 7th Inf. 1st Co.D, 2nd Co.D
Brooks, Simeon J. SC Inf. 7th Bn. (Enfield Rifles) Co.H
Brooks, Simpson H. NC 62nd Inf. Co.H
Brooks, S.J. NC 9th Bn.S.S. Co.A
Brooks, S.J. SC 7th Inf. 1st Co.G
Brooks, S.K. TN Inf. 2nd Cons.Regt. Co.E Sgt.
Brooks, S.K. TN 29th Inf. Co.F Sgt.
Brooks, S.M. AR 7th Inf. Co.C
Brooks, Sm. GA 8th Cav. Co.K
Brooks, S.M. GA Inf. 4th Bn. (St.Guards) Co.D
Brooks, S.M. MS 39th Inf. Co.E,A
Brooks, S.M. NC 25th Inf. Co.I
Brooks, Smith NC 33rd Inf. Co.D
Brooks, Socrates VA Arty. Paris' Co. Cpl.
Brooks, Solomon NC 1st Cav. (9th St.Troops) Co.A

Brooks, S.P. AL 31st Inf. Co.E
Brooks, S.P. MO Cav. Snider's Bn. Co.A
Brooks, S.P. MO 9th Inf. Co.E
Brooks, S.P. TN 50th Inf. Co.K
Brooks, S.P. TN 61st Mtd.Inf. Co.D
Brooks, Spencer FL 9th Inf. Co.G Cpl.
Brooks, S.R. AL 51st (Part.Rangers) Co.H,F
Brooks, S.R. KY 1st (Helm's) Cav. New Co.G
Brooks, S.R. TN 3rd (Forrest's) Cav. Co.E Capt.
Brooks, S.S. AR 2nd Mtd.Rifles Co.H
Brooks, S.T. KY 12th Cav. Co.A
Brooks, Stanmore B. SC 2nd Inf. Co.F
Brooks, Stapleton VA 55th Inf. Co.D
Brooks, Stephen GA Cav. 6th Bn. (St.Guards) Co.D
Brooks, Stephen MO 2nd Cav.
Brooks, Stephen MO 3rd Cav. Co.A
Brooks, Stephen NC 58th Inf. Co.C 2nd Lt.
Brooks, Stephen NC 60th Inf. Co.H
Brooks, Stephen Hoskins TX 20th Cav. Co.D
Brooks, Stephen P. MO Inf. Clark's Regt. Co.H
Brooks, Sumner TN 48th (Voorhies') Inf.
Brooks, S.W. AL 58th Inf. Co.E
Brooks, S.W. LA Mil. Irish Regt. Co.No.2 1st Lt.
Brooks, Swepson W. VA 6th Inf. Co.F
Brooks, Sylvanus NC 16th Inf. Co.A
Brooks, Sylvanus NC Inf. Thomas Legion 1st Co.A
Brooks, Sylvanus R. NC 39th Inf. Co.K
Brooks, T. GA 2nd Cav. (St.Guards) Co.K
Brooks, T. GA Arty. (Macon Lt.Arty.) Slaten's Co.
Brooks, T. GA 63rd Inf. Co.C
Brooks, T. LA Mil. 4th Regt. 1st Brig. 1st Div. Co.E
Brooks, T. MS 3rd Cav. Co.K
Brooks, T. SC Lt.Arty. Beauregard's Co.
Brooks, T.A. MS 1st (Percy's) Inf. Co.H
Brooks, T.A. MS 39th Inf. Co.E
Brooks, T.A. NC 60th Inf. Co.B Sgt.
Brooks, T.B. MO 9th Inf. Co.B Cpl.
Brooks, T.B. MO Inf. Clark's Regt. Co.A
Brooks, T.B. TN 19th (Biffle's) Cav. Co.E
Brooks, T.C. AR 20th Inf. Co.D
Brooks, T.D.L. SC 25th Inf. Co.E 2nd Lt.
Brooks, Terrell NC 6th Sr.Res. Co.B Maj.
Brooks, Terrell A. NC Inf. 2nd Bn. Co.H
Brooks, T.F. VA 16th Inf. Co.C
Brooks, T.H. NC 7th Sr.Res. Davie's Co. 1st Lt.
Brooks, T.H. 3rd Conf.Cav. Co.E
Brooks, Thaddeus VA Lt.Arty. Cooper's Co.
Brooks, Thaddeus H. TN 3rd (Lillard's) Mtd.Inf. Co.B
Brooks, Thomas AR 1st (Cons.) Inf. Co.D
Brooks, Thomas AR 9th Inf. Co.H
Brooks, Thomas GA 13th Cav. Co.I
Brooks, Thomas GA Arty. 9th Bn. Co.E
Brooks, Thomas GA 4th Res. Co.C Jr.2nd Lt.
Brooks, Thomas GA 9th Inf. (St.Guards) DeLaperriere's Co.
Brooks, Thomas GA 35th Inf. Co.B
Brooks, Thomas KY Morgan's Men Co.G
Brooks, Thomas MS 10th Cav. Co.K Sgt.
Brooks, Thomas MS 31st Inf. Co.B
Brooks, Thomas MO Cav. Poindexter's Regt.
Brooks, Thomas NC 33rd Inf. Co.D
Brooks, Thomas NC 46th Inf. Co.G
Brooks, Thomas NC 53rd Inf. Co.I
Brooks, Thomas SC 1st (Butler's) Inf. Co.I
Brooks, Thomas TX 29th Cav. Co.K
Brooks, Thomas TX 35th (Brown's) Cav. Co.A
Brooks, Thomas TX Cav. Waller's Regt. Goode's Co.
Brooks, Thomas TX 4th Field Btty.
Brooks, Thomas TX 19th Inf. Co.E
Brooks, Thomas VA 7th Cav. Co.H
Brooks, Thomas VA Lt.Arty. Hardwicke's Co.
Brooks, Thomas VA 6th Inf. 1st Co.B
Brooks, Thomas VA 41st Inf. 1st Co.E
Brooks, Thomas VA 61st Mil. Co.F,I
Brooks, Thos. Gen. & Staff Med.Off.
Brooks, Thos. A. Gen. & Staff MD (Member of Ex.Board)
Brooks, Thomas B. AR Inf. Cocke's Regt. Co.K
Brooks, Thomas B. KY 5th Mtd.Inf. Co.A Lt.
Brooks, Thomas B. NC 14th Inf. Co.F
Brooks, Thos. B. VA 45th Inf. Co.K
Brooks, Thomas D. GA Cobb's Legion Co.H Cpl.
Brooks, Thomas D. NC 3rd Arty. (40th St.Troops) Co.G
Brooks, Thomas D. VA 17th Inf. Co.K
Brooks, Thomas F. LA 26th Inf. Co.F Hosp.Stew.
Brooks, Thomas F. NC 16th Inf. Co.B
Brooks, Thomas F. TN 8th Inf. Co.A Bvt.2nd Lt.
Brooks, Thomas F. VA 45th Inf. Co.K
Brooks, Thomas G. VA 3rd Cav. Co.K
Brooks, Thomas G. VA 26th Inf. Co.C
Brooks, Thomas H. GA 2nd Cav. Co.G
Brooks, Thomas H. NC 7th Inf. Co.G
Brooks, Thomas H. NC Inf. 7th Bn. Co.G
Brooks, Thomas H. TX 2nd Inf. Co.B Sgt.
Brooks, Thomas H. VA 54th Mil. Co.A
Brooks, Thomas J. AL 15th Inf. Co.H
Brooks, Thomas J. FL 3rd Inf. Co.E
Brooks, Thomas J. GA 2nd Cav. Co.E Capt.
Brooks, Thomas J. GA 4th Inf. Co.G
Brooks, Thomas J. GA 56th Inf. Co.G
Brooks, Thomas J. MS Conscr.
Brooks, Thomas J. NC 3rd Cav. (41st St.Troops) Co.D Capt.
Brooks, Thomas J. NC 1st Inf. (6 mo. '61) Co.F
Brooks, Thomas J. NC Inf. 2nd Bn. Co.E
Brooks, Thomas J. NC 31st Inf. Co.D
Brooks, Thomas J. TN Cav. 2nd Bn. (Biffle's) Co.D 2nd Lt.
Brooks, Thomas J. TX 18th Cav. Co.B
Brooks, Thomas J. VA 24th Cav. Co.C Sgt.
Brooks, Thomas J. VA Lt.Arty. Armistead's Co.
Brooks, Thomas L. AL 13th Inf. Co.F
Brooks, Thomas L. VA Arty. Kevill's Co.
Brooks, Thomas M. AL 13th Bn.Part.Rangers Co.C
Brooks, Thomas M. GA 53rd Inf. Co.A
Brooks, Thomas M. KY Cav. 2nd Bn. (Dortch's) Co.C
Brooks, Thomas R. GA 36th (Broyles') Inf. Co.E
Brooks, Thomas R. KY 14th Cav. Co.B
Brooks, Thomas R. MO 4th Cav. Co.D 1st Sgt.
Brooks, Thomas S. GA 6th Inf. Co.G
Brooks, Thomas S. MS 1st Cav. Co.G
Brooks, Thomas T. TX 34th Cav. Co.D
Brooks, Thomas V. VA Arty. B.H. Smith's Co. Cpl.
Brooks, Thomas W. SC 1st (Orr's) Rifles Co.G
Brooks, Thorndike TN 15th Inf. Co.G Lt.Col.
Brooks, Timothy T. NC 7th Inf. Co.K
Brooks, T.J. GA Lt.Arty. Howell's Co.
Brooks, T.J. GA 6th Inf. (St.Guards) Co.K
Brooks, T.J. GA 6th Mil. Surg.
Brooks, T.J. MS 11th (Cons.) Cav. Co.H
Brooks, T.J. MS 1st (Johnston's) Inf. Co.K
Brooks, T.J. TX 21st Cav. Co.A
Brooks, T.J. 8th (Wade's) Conf.Cav. Co.K
Brooks, T.J. Gen. & Staff Surg.
Brooks, T.L. TN 21st & 22nd (Cons.) Cav. Co.F
Brooks, T.M. KY 10th (Johnson's) Cav. Co.K
Brooks, T.M. 8th (Wade's) Conf.Cav. Co.B
Brooks, T.P. LA C.S. Zouave Bn.
Brooks, T.R. TX 7th Inf. Co.B
Brooks, Trasimon LA 1st Cav. Co.A
Brooks, T.S. GA Cav. 1st Bn.Res. McKenney's Co.
Brooks, Tudor F. VA 9th Inf. Co.K
Brooks, T.W. MS 35th Inf. Co.C
Brooks, T.W. TX 7th Cav. Co.I Bugler
Brooks, T.W. TX 22nd Inf. Co.K
Brooks, T.W. VA Lt.Arty. Cooper's Co.
Brooks, Ulysses VA Hvy.Arty. 20th Bn. Co.A,C
Brooks, U.R. SC 6th Cav. Co.B
Brooks, Uriah J. 4th Conf.Inf. Co.A 1st Lt.
Brooks, Uriah J. Gen. & Staff ADC to D.M. Walker
Brooks, U.S. TN 42nd Inf. 2nd Co.I 1st Lt.
Brooks, Vincent NC 33rd Inf. Co.D
Brooks, W. AL 1st Regt. Mobile Vol. Baas' Co.
Brooks, W. AR 2nd Inf. Co.I
Brooks, W. AR 35th Inf. Co.A
Brooks, W. FL Res. Poe's Co.
Brooks, W. GA 44th Inf. Co.H
Brooks, W. GA Inf. Collier's Co.
Brooks, W. MS Cav. Ham's Regt. Co.G
Brooks, W. SC 6th Inf. 2nd Co.I
Brooks, W. TN 17th Inf. Ch.Music.
Brooks, W. TX 26th Cav. 1st Co.G
Brooks, W. TX 15th Inf. Co.C
Brooks, W.A. GA 21st Inf. Co.I
Brooks, W.A. NC 1st Jr.Res. Co.H
Brooks, Wade AL Lt.Arty. 2nd Bn. Co.F Cpl.
Brooks, Walter G. AL Inf. 1st Regt. Co.G,I Cpl.
Brooks, Walter N. TX 9th (Nichols') Inf. Co.E
Brooks, Warren GA 27th Inf. Co.G
Brooks, Warren D. SC 7th Inf. 1st Co.F, 2nd Co.F Capt.
Brooks, W.B. AL Morris' Co. (Mtd.)
Brooks, W.B. GA 9th Inf. Co.E Cpl.
Brooks, W.B. TX 1st Hvy.Arty. Co.I
Brooks, W.C. AL Cav. 24th Bn. Co.A
Brooks, W.C. AL 4th Res. Co.D
Brooks, W.C. MS Inf. 3rd Bn. (St.Troops) Co.D
Brooks, W.C. MS Burt's Ind.Co. (Dixie Guards)
Brooks, W.C. TX 12th Cav. Co.D
Brooks, W.C. 8th (Wade's) Conf.Cav. Co.E
Brooks, W.C.F. MS 21st Inf. Co.C Capt.
Brooks, W.D. KY 3rd Mtd.Inf. Co.I
Brooks, W.D. MS 26th Inf. Co.A

Brooks, W.E. GA Inf. 1st Bn. (St.Guards) Co.B
Brooks, W.E. GA 9th Inf. Co.C
Brooks, W.E. GA Inf. (Express Inf.) Witt's Co.
Brooks, Wesley AR 30th Inf. Co.E
Brooks, Wesley VA 55th Inf. Co.D
Brooks, Wesley W. AL 24th Inf. Co.E
Brooks, Westley LA 8th Cav. Co.E Sgt.
Brooks, W.F. AL 17th Inf. Co.B
Brooks, W.F. AR 24th Inf. Co.K
Brooks, W.F. AR Inf. Cocke's Regt. Co.C
Brooks, W.F. TN 50th Inf. Co.C Sgt.
Brooks, W.G. GA 53rd Inf. Co.A
Brooks, W.G. TN 38th Inf. Co.D
Brooks, W.H. AL 1st Inf. Co.K Sgt.
Brooks, W.H. AL 13th Inf. Co.A
Brooks, W.H. FL 1st (Res.) Inf. Co.I Sgt.
Brooks, W.H. GA 10th Mil. Cpl.
Brooks, W.H. GA 42nd Inf. Co.H
Brooks, W.H. GA 47th Inf. Co.E
Brooks, W.H. MO 1st Inf. Co.I Sgt.
Brooks, W.H. MO Inf. 5th Regt.St.Guard Co.B
Brooks, W.H. NC 5th Inf. Co.A
Brooks, W.H. SC 5th Res. Co.H
Brooks, W.H. TN 15th Cav. Co.D,H
Brooks, W.H. TN 16th Inf. Co.E
Brooks, W.H. TN 33rd Inf. Co.H,E Cpl.
Brooks, W.H. TX 13th Vol. Co.G
Brooks, W.H.H. LA 1st Cav. Co.C
Brooks, Whitfield SC 2nd Arty. Co.K
Brooks, Whitfield SC 4th Inf. Co.G
Brooks, Whitfield SC 16th Inf. Co.A Hosp.Stew.
Brooks, Whitfield B. SC 6th Cav. Co.B
Brooks, Whitfield R. VA 11th Inf. Co.B
Brooks, Wiley West AL 19th Inf. Co.F
Brooks, Wilkins GA 1st (Ramsey's) Inf. Co.B
Brooks, William AL Arty. 1st Bn. Co.B 1st Sgt.
Brooks, William AL 1st Inf. Co.G
Brooks, William AL 3rd Inf. Co.A
Brooks, William AL 40th Inf. Co.A
Brooks, William AR Cav. 1st Bn. (Stirman's)
Brooks, William AR 1st (Colquitt's) Inf. Co.E
Brooks, William AR 7th Inf. Co.K
Brooks, William AR 9th Inf. Co.H
Brooks, William FL Cav. 3rd Bn. Co.D
Brooks, William GA 62nd Cav. Co.L
Brooks, William GA Lt.Arty. Fraser's Btty.
Brooks, William GA Lt.Arty. Howell's Co.
Brooks, William GA 5th Res. Co.K
Brooks, William GA 8th Inf. Co.F
Brooks, William GA 22nd Inf. Co.A
Brooks, William GA 25th Inf. Co.C
Brooks, William GA 38th Inf. Co.K
Brooks, William GA 55th Inf. Co.G
Brooks, William GA Phillips' Legion Co.D
Brooks, William LA 3rd (Wingfield's) Cav. Co.H
Brooks, William LA Arty. Moody's Co. (Madison Lt.Arty.)
Brooks, William LA Inf. 4th Bn. Co.B
Brooks, William MS 20th Inf. Co.K
Brooks, William MO Lt.Arty. Walsh's Co. Sgt.
Brooks, William NC 5th Cav. (63rd St.Troops) Co.F
Brooks, William NC 34th Inf. Co.B
Brooks, William NC 45th Inf. Co.I
Brooks, William SC 2nd Arty. Co.K
Brooks, William SC 13th Inf. Co.F
Brooks, William SC 19th Inf. Co.C
Brooks, William TN 4th Cav. Lt.
Brooks, William TN Cav. 16th Bn. (Neal's) Co.E
Brooks, William TN 23rd Inf. 2nd Co.A
Brooks, William TN 39th Mtd.Inf. Co.I
Brooks, William TX 1st (Yager's) Cav. Co.A
Brooks, William TX 9th (Nichols') Inf. Atchison's Co.
Brooks, William TX 10th Inf. Co.D
Brooks, William TX 19th Inf. Co.D
Brooks, William TX 19th Inf. Co.G
Brooks, William TX 20th Inf. Co.G Sgt.
Brooks, William VA 24th Cav. Co.I
Brooks, William VA Mtd.Riflemen Balfour's Co.
Brooks, William VA Lt.Arty. Hardwicke's Co.
Brooks, William VA Lt.Arty. Parker's Co.
Brooks, William VA 4th Inf. Co.I
Brooks, William VA Inf. 6th Bn.Loc.Def. Co.A
Brooks, William VA Inf. 26th Bn. Co.G,A
Brooks, William VA 47th Inf. 2nd Co.K
Brooks, William VA 54th Mil. Co.A
Brooks, William VA 79th Mil. Co.5
Brooks, William 8th (Dearing's) Conf.Cav. Co.D
Brooks, William 15th Conf.Cav. Co.I
Brooks, William Lt.Arty. Dent's Btty.,CSA
Brooks, William A. GA 3rd Inf. Co.D Cpl.
Brooks, William A. GA 44th Inf. Co.I
Brooks, William A. GA Phillips' Legion Co.C,I
Brooks, William A. NC 1st Arty. (10th St.Troops) Co.K
Brooks, William A. NC 8th Sr.Res. Broadhurst's Co. 2nd Lt.
Brooks, William A. NC 26th Inf. Co.E
Brooks, William A. NC 30th Inf. Co.G Jr.2nd Lt.
Brooks, William A. VA 5th Cav. 3rd Co.F Cpl.
Brooks, William A. VA Lt.Arty. Thornton's Co.
Brooks, William A. VA 61st Mil. Co.I
Brooks, William B. AL 7th Inf. Co.A
Brooks, William B. AL 37th Inf. Co.I Sgt.
Brooks, William B. AL 41st Inf. Co.F
Brooks, William C. AL Lt.Arty. 20th Bn. Co.A
Brooks, William C. AL 63rd Inf. Co.A
Brooks, William C. MS Lt.Arty. Stanford's Co.
Brooks, William C. MS 4th Inf. Co.K 1st Lt.
Brooks, William C. MO 16th Inf. Co.C Sgt.
Brooks, William C. TN 44th Inf. Co.H Sgt.
Brooks, William C. TN 44th (Cons.) Inf. Co.A
Brooks, William D. AL 1st Regt.Conscr. Co.A
Brooks, William D. MS 40th Inf. Co.K
Brooks, William D. VA Lt.Arty. Cooper's Co. Bugler
Brooks, William D. VA 46th Inf. 1st Co.K
Brooks, William D. VA 57th Inf. Co.E
Brooks, William E. VA 10th Cav. Co.K Cpl.
Brooks, William E. VA Arty. J.W. Drewry's Co.
Brooks, William E. VA 55th Inf. Co.A
Brooks, William F. AR 3rd Cav. Co.F
Brooks, Wm. F. MO 2nd & 6th Cons.Inf. Co.C 1st Lt.
Brooks, William F. NC 2nd Arty. (36th St.Troops) Co.K Capt.
Brooks, William F. TX 1st Inf. 2nd Co.K Cpl.
Brooks, William F. VA 2nd Inf.Loc.Def. Co.D
Brooks, William F. VA 44th Inf. Co.B
Brooks, William G. TN 1st (Turney's) Inf. Co.F ACS
Brooks, William G. VA 5th Cav. Co.E
Brooks, William G. VA 26th Inf. Co.G
Brooks, Wm. G. Gen. & Staff Asst.Comsy.
Brooks, William H. AR Cav. 1st Bn. (Stirman's) Co.A
Brooks, William H. AR 34th Inf. Col.
Brooks, William H. GA 1st Reg. Co.C Cpl.
Brooks, William H. GA 1st (Olmstead's) Inf. 1st Co.A
Brooks, William H. GA 1st Bn.S.S. Co.B
Brooks, William H. GA 40th Inf. Co.G Sgt.
Brooks, William H. GA 57th Inf. Co.C
Brooks, William H. TN Cav. 23rd Regt. Lowe's Co.
Brooks, William H. TX 6th Cav. Co.K
Brooks, William H. VA Lt.Arty. Montgomery's Co.
Brooks, William H. VA Lt.Arty. Moore's Co.
Brooks, William H. VA 30th Inf. Co.F,I
Brooks, William H. VA 74th Mil. Co.C
Brooks, William H.H. LA Mil. Chalmette Regt. Co.F
Brooks, William J. GA Lt.Arty. 14th Bn. Co.C Sgt.
Brooks, William J. GA Lt.Arty. Ferrell's Btty. Sgt.
Brooks, William J. GA 56th Inf. Co.I
Brooks, William J. LA 12th Inf. 2nd Co.M Sgt.
Brooks, William J. LA Mil. Irish Regt. Co.G
Brooks, William J. NC 17th Inf. (1st Org.) Co.L
Brooks, William J. NC 66th Inf. Co.A
Brooks, William J. VA 5th Cav. Co.A
Brooks, William J. VA 2nd St.Res. Co.I
Brooks, William J. VA 13th Inf. Co.D Cpl.
Brooks, William K. VA 36th Inf. 3rd Co.I
Brooks, William K. VA 61st Mil. Co.H
Brooks, William K. VA 86th Mil. Co.F,A
Brooks, William L. AL 63rd Inf. Co.G Cpl.
Brooks, William L. MS Lt.Arty. (Madison Lt.Arty.) Richards' Co. Cpl.
Brooks, William L. TX 26th Cav. Co.D
Brooks, William M. AL 12th Inf. Co.K
Brooks, William M. AL 53rd (Part.Rangers) Co.B
Brooks, Wm. M. AL Cp. of Instr. Talladega
Brooks, William M. GA 11th Inf. Co.D
Brooks, William M. MS 43rd Inf. Co.H
Brooks, William M. NC 3rd Cav. (41st St.Troops) Co.D
Brooks, William M. NC 50th Inf. Co.F Sgt.
Brooks, William M. TN 36th Inf. Co.D
Brooks, William M. TN Inf. 154th Sr.Regt. Co.E,G
Brooks, William M. 3rd Conf.Inf. Co.B,G
Brooks, William Morris NC 56th Inf. Co.I
Brooks, William O. VA 45th Inf. Co.K
Brooks, William P. GA 60th Inf. Co.A
Brooks, William P. MS 31st Inf. Co.E Cpl.
Brooks, William P. MO 4th Cav. Co.E
Brooks, William P. NC Inf. 2nd Bn. Co.E
Brooks, William P. TN 29th Inf. Co.C
Brooks, William P. TN 59th Mtd.Inf. Co.C 2nd Lt.
Brooks, William R. AL 17th Inf. Co.K
Brooks, Wm. R. AL 21st Inf. Co.K
Brooks, William R. GA 35th Inf. Co.F
Brooks, William R. NC 2nd Inf. Co.K

Brooks, William R. VA Inf. 45th Bn. Co.C
Brooks, William R. VA 57th Inf. Co.A
Brooks, William S. AL 9th Inf. Co.I Cpl.
Brooks, Wm. S. AR Gipson's Bn.Mtd.Riflemen Co.D
Brooks, William S. MO 10th Inf. Co.F
Brooks, William S. TX 27th Cav. Co.B
Brooks, William S. Brig.Band B.R. Johnson's Brig.,CSA Ch.Music.
Brooks, William T. AL 25th Inf. Sgt.Maj.
Brooks, William T. MS 15th Inf. Co.F Drum.
Brooks, William T. NC 17th Inf. (2nd Org.) Co.D Sgt.
Brooks, William T. VA 2nd Cav. Co.H
Brooks, William T. VA Cav. 37th Bn. Co.K
Brooks, William T. VA 6th Inf. Co.I
Brooks, William T. VA 9th Inf. Co.C
Brooks, William W. GA 8th Inf. (St.Guards) Co.F Sgt.
Brooks, William W. MS 14th Inf. Co.K
Brooks, William W. MS 14th (Cons.) Inf. Co.F
Brooks, William W. MS 21st Inf. Co.K
Brooks, William W. MS 43rd Inf. Co.H
Brooks, William W. TN 29th Inf. Co.C 2nd Lt.
Brooks, William W. TX 13th Vol. 2nd Co.B
Brooks, William W. VA 45th Inf. Co.K
Brooks, Willis GA Lt.Arty. Croft's Btty. (Columbus Arty.)
Brooks, Will W. KY 1st (Butler's) Cav. Co.D
Brooks, Wilson AR 11th & 17th Cons.Inf. Co.I
Brooks, Wilson AR 17th (Griffith's) Inf. Co.F
Brooks, Wilson L. AL 28th Inf. Co.C
Brooks, Wilson L. GA 41st Inf. Co.A Cpl.
Brooks, W.J. AL Inf. 2nd Regt. Co.G
Brooks, W.J. GA 10th Cav. (St.Guards) Co.C
Brooks, W.J. GA Hvy.Arty. 22nd Bn. Co.A
Brooks, W.J. GA Lt.Arty. Howell's Co.
Brooks, W.J. GA 17th Inf. Co.I
Brooks, W.J. GA 22nd Inf. Co.A
Brooks, W.J. LA 9th Inf. Co.K
Brooks, W.J. SC 3rd Inf. Co.G
Brooks, W.J. TN 13th Inf. Co.I
Brooks, W.J. Sig.Corps,CSA
Brooks, W.J.H. GA 44th Inf. Co.H
Brooks, W.J.S. AR 30th Inf. Co.K
Brooks, W.J.S. MS 26th Inf. Co.E
Brooks, W.L. AL 12th Cav. Co.C
Brooks, W.L. AL 34th Inf. Co.G Lt.
Brooks, W.L. GA 13th Cav. Co.F
Brooks, W.L. TN 2nd (Ashby's) Cav. Co.I
Brooks, W.M. GA 8th Cav. Co.H
Brooks, W.M. TN 32nd Inf. Co.H
Brooks, W.M. TX 26th Cav. Co.H Sgt.
Brooks, W.M.P. TN Conscr. (Cp. of Instr.)
Brooks, W.P. AR Mil. Desha Cty.Bn.
Brooks, W.P. GA Hvy.Arty. 22nd Bn. Co.B
Brooks, W.P. MS Inf. 1st Bn. Co.C
Brooks, W.R. GA 1st Cav. Co.E,F Sgt.
Brooks, W.R. GA 5th Res. Co.K
Brooks, W.R. GA 7th Inf. Co.G
Brooks, W.R. GA 53rd Inf. Co.A
Brooks, W.R. MS Lt.Arty. 14th Bn.
Brooks, W.R. MS Lt.Arty. Yates' Btty.
Brooks, W.R. TX 8th Cav. Co.C
Brooks, W.R. Sig.Corps,CSA
Brooks, W.S. AR Inf. Cocke's Regt. Co.K
Brooks, W.S. MS 10th Cav. Co.H
Brooks, W.S. MS 2nd (Davidson's) Inf. Co.I
Brooks, W.S. TX 24th Cav. Co.A
Brooks, W.S. Conf.Cav. Baxter's Bn. Co.A
Brooks, W.T. AL 22nd Inf. Co.D Lt.
Brooks, W.T. GA Lt.Arty. (Arsenal Btty.) Hudson's Co.
Brooks, W.T. GA Inf. (Loc.Def.) Hamlet's Co.
Brooks, W.T. LA Mil. Leeds' Guards Regt. Co.F
Brooks, W.T. NC 4th Bn.Jr.Res. Co.C
Brooks, W. Thomas NC 17th Inf. (1st Org.) Co.D
Brooks, W.W. GA 9th Inf. (St.Guards) Co.D
Brooks, W.W. GA 10th Mil.
Brooks, W.W. GA 66th Inf. Co.H
Brooks, W.W. KY 3rd Cav. Co.E
Brooks, W.W. LA 6th Cav. Co.A
Brooks, W.W. MS 20th Inf. Co.I
Brooks, W.W. TX Cav. Madison's Regt. Co.D Sgt.
Brooks, W.W. Eng.,CSA Capt.
Brooks, Wyatt H. AR 33rd Inf. Co.G
Brooks, Wyatt H. NC 50th Inf. Co.A,I
Brooks, Z. LA Mil. St.James Regt. Co.F
Brooks, Z. VA 10th Cav. Co.K
Brooks, Zachariah VA 57th Inf. Co.E
Brookshear, A.B. GA 1st (Olmstead's) Inf. Co.G
Brookshear, Green W. GA Cobb's Legion Co.C
Brooksheer, James NC 15th Inf. Co.I
Brooksher, Benjamin GA 52nd Inf. Co.D
Brooksher, George M.D. TN 3rd (Lillard's) Mtd.Inf. Co.C
Brooksher, James M. GA 24th Inf. Co.D
Brooksher, J.C. TN Inf. 23rd Bn. Co.E
Brooksher, J.F. SC 22nd Inf. Co.H
Brooksher, Joel TN 14th Inf. Co.D
Brooksher, John C. NC 29th Inf. Co.C
Brooksher, Larkin H. NC 29th Inf. Co.C
Brooksher, Riley GA 12th Cav. Co.C
Brooksher, Robert A. TN 36th Inf. Co.C
Brooksher, Thomas F. NC 52nd Inf. Co.B
Brooksher, T.P. NC 58th Inf. Co.H Cpl.
Brooksher, W.B. GA Inf. 8th Bn. Co.A Sgt.
Brooksher, William GA 12th Cav. Co.B
Brooksher, William M. NC 35th Inf. Co.K
Brooksher, Willis TN 2nd (Robison's) Inf. Co.H
Brooksher, Willis A. NC 56th Inf. Co.A
Brooksher, W.R. GA 12th Cav. Co.C
Brooksher, W.V. NC 16th Inf. Co.F Sgt.
Brookshier, H.P. GA 24th Inf. Co.K Sgt.
Brookshier, J. GA 11th Cav. Co.E
Brookshier, Jesse TX Cav. Chisum's Regt. Dismtd. Co.E 1st Lt.
Brookshier, Jesse TX 9th (Young's) Inf. Co.F 1st Lt.
Brookshier, Joseph SC 16th Inf. Co.C Sgt.
Brookshier, Richard MS Cav. Ham's Regt. Co.E
Brookshier, Thomas B. MO 3rd Inf. Co.H 1st Lt.
Brookshier, Tilman GA 23rd Inf. Co.I
Brookshier, Tilmon GA 28th Inf. Co.G
Brookshier, Z.B. GA 11th Cav. Co.E
Brookshir, John C. GA 52nd Inf. Co.C
Brookshire, A.J. TX 28th Cav. Co.A
Brookshire, A.K. TX Cav. 3rd Regt.St.Troops Co.A
Brookshire, Benjamin F. NC 24th Inf. Co.K
Brookshire, Benjamin F. NC 58th Inf. Co.L
Brookshire, Benjamin F. NC 60th Inf. Co.E
Brookshire, Benjamin H. NC 37th Inf. Co.G
Brookshire, Bethel L. NC 54th Inf. Co.K 1st Sgt.
Brookshire, B.F. NC Mallett's Co.
Brookshire, Christopher C. TN 5th (McKenzie's) Cav. Co.E Cpl.
Brookshire, David SC 1st (Hagood's) Inf. 2nd Co.F
Brookshire, E.C. AR 18th (Marmaduke's) Inf. Co.B
Brookshire, Edward C. 3rd Conf.Inf. Co.B Sgt.
Brookshire, Enoch NC 53rd Inf. Co.K Cpl.
Brookshire, Enoch NC 54th Inf. Co.K
Brookshire, Farley AR 15th (N.W.) Inf. Co.A
Brookshire, Farley W. NC 18th Inf. Co.D
Brookshire, Franklin R. MS 2nd Inf. Co.H Sr.2nd Lt.
Brookshire, Graves T. TX 2nd Inf. Co.D
Brookshire, G.W. GA 52nd Inf. Co.E
Brookshire, H. AR 18th (Marmaduke's) Inf. Co.B
Brookshire, H.H. TX Cav. Border's Regt. Co.E
Brookshire, Humphrey P. NC 25th Inf. Co.F
Brookshire, James TN 5th (McKenzie's) Cav. Co.E
Brookshire, James B. MS 2nd Inf. Co.H
Brookshire, James G. NC 7th Inf. Co.K
Brookshire, J.B. AR 8th Cav. Co.B
Brookshire, J.C. TX 24th Cav. Co.F Cpl.
Brookshire, Jesse W. TX 13th Cav. Co.F
Brookshire, J.F. TX Cav. Border's Regt. Co.E
Brookshire, J.H. LA 13th Bn. (Part.Rangers) Co.B
Brookshire, J.H. TX 1st Inf. Co.A
Brookshire, John NC 50th Inf. Co.K
Brookshire, John B. AR 8th Cav. Co.B
Brookshire, John E. NC 25th Inf. Co.F
Brookshire, John F. GA Inf. 11th Bn. (St.Guards) Co.B
Brookshire, Joseph J. GA 24th Inf. Co.K
Brookshire, Levi GA 65th Inf. Co.B
Brookshire, L.H. NC Mallett's Co.
Brookshire, Madring MO 1st & 3rd Cons.Cav.
Brookshire, Mannering AR 2nd Mtd.Rifles Co.D
Brookshire, Nathaniel J.A. MO 10th Inf. Co.D
Brookshire, N.F. GA 1st Inf. Co.G
Brookshire, Noah B. NC 53rd Inf. Co.K
Brookshire, R.A. TN 19th Inf. Co.F
Brookshire, R.R. NC McLean's Bn.Lt.Duty Men Co.A
Brookshire, Thaddeus NC 1st Bn.Jr.Res. Co.A
Brookshire, Thomas P. NC 60th Inf. Co.E Cpl.
Brookshire, T.N. MS Inf. 3rd Bn. (St.Troops) Co.C Sgt.
Brookshire, Vardary GA 36th (Broyles') Inf. Co.H Sgt.
Brookshire, W.C. MS 1st Lt.Arty. Co.B
Brookshire, William AL 19th Inf. Co.B
Brookshire, William NC 37th Inf. Co.G
Brookshire, William F. NC 52nd Inf. Co.E Sgt.
Broom, --- 1st Cherokee Mtd.Rifles Co.E Cpl.
Broom, A. MS Cav. 2nd Bn.Res. Co.A
Broom, A. MS 1st Lt.Arty. Co.I
Broom, A. MS 29th Inf. Co.D
Broom, Abel SC 12th Inf. Co.E

Broom, A.J. SC Inf. Hampton Legion Co.D
Broom, Albert L. NC 26th Inf. Co.B
Broom, Albert T. NC 43rd Inf. Co.B
Broom, Alexander H. GA 64th Inf. Co.K
Broom, Ananias R. NC 37th Inf. Co.D
Broom, Arch 1st Cherokee Mtd.Rifles Co.F
Broom, Asgill GA 18th Inf. Co.D Cpl.
Broom, Augustus C. TX 2nd Cav. Co.A
Broom, A.W. GA 8th Inf. Co.I
Broom, B. SC 1st St.Troops Co.E
Broom, Benjamin 10th Cav. Co.K
Broom, B.H.W. NC 2nd Jr.Res. Co.F
Broom, B.R. GA 12th Inf. Co.H
Broom, B.R. 10th Conf.Cav. Co.K
Broom, Briant NC 48th Inf. Co.E
Broom, Burel W. NC 35th Inf. Co.F
Broom, Burton NC 42nd Inf. Co.K
Broom, B.W. GA 60th Inf. Co.H
Broom, Calvin NC 43rd Inf. Co.B
Broom, Calvin NC Mallett's Bn. (Cp.Guard) Co.B
Broom, Charles P.A. SC Inf. 7th Bn. (Enfield Rifles) Co.B
Broom, Cicero GA 15th Inf. Co.K
Broom, C.P.A. SC 1st Inf. Co.O
Broom, C.W. SC Inf. 3rd Bn. Co.G
Broom, Cyrus L. MS 16th Inf. Co.C
Broom, Daniel TN 29th Inf. Co.B
Broom, Daniel P. SC 1st (Orr's) Rifles Co.C
Broom, Darling NC 48th Inf. Co.A
Broom, David P. MS 42nd Inf. Co.H
Broom, E. MS 20th Inf. Co.K
Broom, Ebenezer E. MS 42nd Inf. Co.H
Broom, Elias NC 48th Inf. Co.E
Broom, Elias T. SC Inf. 7th Bn. (Enfield Rifles) Co.B
Broom, Ellerson L. NC 15th Inf. Co.B
Broom, Ellison NC 48th Inf. Co.A
Broom, Elly H. MS 36th Inf. Co.K
Broom, F.C. GA 36th (Broyles') Inf. Co.G
Broom, F.E. TN 12th (Green's) Cav. Co.B 2nd Lt.
Broom, F.E. TN 13th Inf. Co.A
Broom, F.M. GA 23rd Inf. Co.C
Broom, Francis M. NC Hvy.Arty. 10th Bn. Co.C
Broom, G.A. AL 23rd Inf. Co.I
Broom, George A. AR 13th Inf. Co.K Cpl.
Broom, George H. TN Cav. 9th Bn. (Gantt's) Co.D Bvt.2nd Lt.
Broom, George W. KY 2nd Mtd.Inf. Co.C
Broom, George W. MS 9th Inf. New Co.D
Broom, George W. NC 48th Inf. Co.A
Broom, Gillam AR 23rd Inf. Co.I
Broom, Gilson NC Hvy.Arty. 10th Bn. Co.C
Broom, G.W. AR 13th Inf. Co.D
Broom, Hardy MS 2nd (Quinn's St.Troops) Inf. Co.G
Broom, H.B. SC 17th Inf. Co.C Ens.
Broom, H.D. TX 17th Cons.Dismtd.Cav. Co.G 2nd Lt.
Broom, Henry GA 4th Res. Co.H
Broom, Henry D. TX 17th Cav. Co.B 2nd Lt.
Broom, Henry H. MS 15th Inf. Co.H
Broom, Henry T. GA 6th Inf. Co.A
Broom, Hiram NC 48th Inf. Co.A
Broom, H.J. Inf. Bailey's Cons.Regt. Co.A
Broom, H.J. TX 7th Inf. Co.H
Broom, Ira LA 17th Inf. Co.G 1st Sgt.
Broom, Isaac AL 48th Inf. Co.B
Broom, Ishmael GA 23rd Inf. Co.C 1st Sgt.
Broom, Ivan C. MS 31st Inf. Co.D 2nd Lt.
Broom, J. MS 3rd Cav. Co.D
Broom, Jackson NC 26th Inf. Co.B
Broom, Jackson A. NC 43rd Inf. Co.B
Broom, James AR 6th Inf. Co.E
Broom, James GA Inf. 1st Loc.Troops (Augusta) Co.A
Broom, James GA 1st (Symons') Res. Co.I
Broom, James SC 2nd Arty. Co.G
Broom, James SC 5th Res. Co.C
Broom, James SC 12th Inf. Co.G
Broom, James TN 14th Inf. Co.B
Broom, James A. AR 5th Inf. Co.F
Broom, James A. GA Inf. 1st Loc.Troops (Augusta) Co.B,K
Broom, James E. FL 11th Inf. Co.I 1st Sgt.
Broom, James F. MS 31st Inf. Co.D Sgt.
Broom, James F. SC 1st (Orr's) Rifles Co.E
Broom, James M. NC Hvy.Arty. 10th Bn. Co.C
Broom, James M. NC 26th Inf. Co.B
Broom, James M. NC 35th Inf. Co.F
Broom, James P. NC 35th Inf. Co.F
Broom, James W. GA Cav. 10th Bn. (St.Guards) Co.D
Broom, Jason NC 48th Inf. Co.A
Broom, J.E. GA 18th Inf. Co.G
Broom, J.H. AR Cav. McGehee's Regt. Co.F
Broom, J.L. GA 36th (Broyles') Inf. Co.G
Broom, J.L. MS 3rd Cav. Co.C
Broom, J.L. MS Inf. 4th St.Troops Co.F Cpl.
Broom, J.L. SC 17th Inf. Co.C
Broom, J.M. NC 6th Inf. Co.D
Broom, Joel NC Hvy.Arty. 10th Bn. Co.C
Broom, John AL 15th Bn.Part.Rangers Co.D
Broom, John NC Hvy.Arty. 10th Bn. Co.C
Broom, John SC Inf. Holcombe Legion Co.D
Broom, John TN 62nd Mtd.Inf. Co.B
Broom, John TX 14th Inf. Co.B Cpl.
Broom, John A. NC 48th Inf. Co.A
Broom, John B. SC 12th Inf. Co.C
Broom, John F. GA 14th Inf. Co.K
Broom, John J. GA 34th Inf. Co.I
Broom, John L. NC 35th Inf. Co.F
Broom, John L. NC 48th Inf. Co.A Cpl.
Broom, John N. SC 20th Inf. Co.E
Broom, John T. GA Cobb's Legion Co.F Sgt.
Broom, John T. MS 36th Inf. Co.G
Broom, John W. NC Hvy.Arty. 10th Bn. Co.D
Broom, John W. TN 49th Inf. Co.E 1st Lt.
Broom, John Wesley NC Hvy.Arty. 10th Bn. Co.C
Broom, Jonathan P. TN Cav. 9th Bn. (Gantt's) Co.D Cpl.
Broom, Joseph GA 1st (Ramsey's) Inf. Co.I
Broom, Joseph GA 24th Inf. Co.I
Broom, Joseph NC 35th Inf. Co.F
Broom, Joseph NC 48th Inf. Co.A
Broom, Joseph H. GA 1st Cav. Co.E,F
Broom, Joseph S. MS 37th Inf. Co.B
Broom, J.P. NC 2nd Jr.Res. Co.F
Broom, J.P. Inf. Bailey's Cons.Regt. Co.A Cpl.
Broom, J.P. TX 7th Inf. Co.H Cpl.
Broom, J.R. GA 13th Inf. Co.K
Broom, J.R. SC Inf. 3rd Bn. Co.G
Broom, J.W. SC 2nd Arty. Co.G Sgt.
Broom, J.W. SC Inf. 3rd Bn. Co.G
Broom, J.W. SC 12th Inf. Co.C
Broom, J.W. Inf. Bailey's Cons.Regt. Co.F 1st Lt.
Broom, L.C. GA 9th Inf. (St.Guards) Co.C
Broom, Levi GA 24th Inf. Co.I
Broom, Levi NC Hvy.Arty. 10th Bn. Co.C
Broom, Loyd NC 15th Inf. Co.B
Broom, Luke MS 2nd (Quinn's St.Troops) Inf. Co.D
Broom, M. GA 49th Inf. Co.D
Broom, M. MS 1st Lt.Arty. Co.I
Broom, M. SC 2nd Inf. Co.I
Broom, Madison AR 14th (Powers') Inf. Co.A
Broom, Marcus SC 1st Arty. Co.G
Broom, Marion GA 15th Inf. Co.D
Broom, Martin H. GA Cobb's Legion Co.F Sgt.
Broom, Marvel NC 35th Inf. Co.F
Broom, Morgan NC 48th Inf. Co.A
Broom, Nathaniel GA 15th Inf. Co.D
Broom, Nimrod W. NC 43rd Inf. Co.B
Broom, Philip NC 48th Inf. Co.A Sgt.
Broom, Phillip C. LA 28th (Gray's) Inf. Co.B 1st Sgt.
Broom, Reuben SC Inf. Holcombe Legion Co.D
Broom, Richard 1st Cherokee Mtd.Rifles Co.F
Broom, Richard M. TN 2nd (Ashby's) Cav. Co.G
Broom, Richard M. TN Cav. 4th Bn. (Branner's) Co.B
Broom, Sampson NC 43rd Inf. Co.B
Broom, Sampson A. NC 43rd Inf. Co.B
Broom, Samuel W. SC 12th Inf. Co.C Ord.Sgt.
Broom, Solomon NC 43rd Inf. Co.B Cpl.
Broom, Solomon 7th Conf.Cav. Co.E
Broom, Squire NC Hvy.Arty. 10th Bn. Co.C Cpl.
Broom, S.S. NC 2nd Jr.Res. Co.F
Broom, T.F. SC Manigault's Bn.Vol. Co.C
Broom, Thomas GA Inf. 1st Loc.Troops (Augusta) Co.D
Broom, Thomas MS 2nd (Quinn's St.Troops) Inf. Co.G
Broom, Thomas MS 46th Inf. Co.B
Broom, Thos. MO 10th Cav. Co.B
Broom, Thomas NC 4th Sr.Res. Co.I
Broom, Thomas SC 1st (Orr's) Rifles Co.C
Broom, Thomas SC 1st St.Troops Co.E
Broom, Thomas SC Inf. Holcombe Legion Co.D
Broom, Thomas TN 50th Inf. Co.I
Broom, Thomas F. SC 12th Inf. Co.C
Broom, Thos. F. Gen. & Staff Hosp.Stew.
Broom, Thomas J. NC 26th Inf. Co.B
Broom, Thomas J. TN 34th Inf. Co.A
Broom, T.M. GA Lt.Arty. 12th Bn. 2nd Co.D
Broom, W. TX Inf. 1st St.Troops Whitehead's Co.
Broom, W.C. GA 15th Inf. Co.D
Broom, W.E. SC 2nd Arty. Co.G
Broom, W.E. SC 1st (Hagood's) Inf. 1st Co.G
Broom, Wesley SC 12th Inf. Co.E
Broom, William NC 15th Inf. Co.I
Broom, William NC 48th Inf. Co.A
Broom, William SC 2nd Rifles Co.B
Broom, William TN Cav. 9th Bn. (Gantt's) Co.D
Broom, William F. TN 14th Inf. Co.B

Broom, William G. GA 2nd Cav. Co.K
Broom, William H. NC 15th Inf. Co.B
Broom, William J. NC 26th Inf. Co.B
Broom, William J. SC 4th Inf. Co.J 1st Lt.
Broom, William J. SC 20th Inf. Co.E Sgt.
Broom, William J. TX 16th Inf. Co.I
Broom, William M. TN 2nd (Ashby's) Cav. Co.G Black.
Broom, William P. AR 13th Inf. Co.K
Broom, Wilson NC 43rd Inf. Co.B
Broom, W.J. SC Inf. Hampton Legion Co.D
Broom, W.L.D. NC 62nd Inf. Co.G
Broom, W.W. NC 4th Sr.Res. Co.I
Broom, W.X. MS Scouts Montgomery's Co.
Broom Bear 1st Cherokee Mtd.Rifles Co.F
Broombly, D.T. AR 12th Inf. Co.G
Broome, A.C. Sig.Corps,CSA
Broome, Alonzo TX Waul's Legion Co.H
Broome, Alonzo R. MS 16th Inf. Co.C Cpl.
Broome, Alpheus GA 55th Inf. Co.B
Broome, Charles M. FL 1st Inf. Old Co.H 1st Sgt.
Broome, C.P.A. SC 12th Inf. Co.C
Broome, E.E. AL 40th Inf. Co.E
Broome, Ella TX Waul's Legion Co.H
Broome, Ellis H. Gillum's Regt. Whitaker's Co.
Broome, Emerson MS 12th Inf. Co.I
Broome, G.E. SC 5th Inf. 2nd Co.G
Broome, George AR 32nd Inf. Co.B
Broome, George K. FL Lt.Arty. Perry's Co. 2nd Lt.
Broome, George R. FL 1st Inf. Old Co.H
Broome, Isaac SC 1st Arty. Co.E
Broome, Ishmael R. GA 59th Inf. Co.I
Broome, J.A. GA Inf. 18th Bn. (St.Guards) Adams' Co.
Broome, James A. AL 14th Inf. Co.D Lt.Col.
Broome, James E. FL 2nd Inf. Co.E
Broome, J.H. Gen. & Staff 2nd Lt.
Broome, John TX Waul's Legion Co.H
Broome, John VA 1st Cav. Co.A
Broome, John D. FL 7th Inf. Co.G 2nd Lt.
Broome, Jno. D. Gen. & Staff Lt.,Ord.Off.
Broome, John F. GA 48th Inf. Co.D 1st Sgt.
Broome, John M. MS 16th Inf. Co.C
Broome, John W. LA 19th Inf. Co.K
Broome, John W. LA Inf.Cons.Crescent Regt. Co.E
Broome, Joseph GA Cobb's Legion Co.I
Broome, Josh S. MS 14th Inf. Co.H
Broome, M. GA 18th Inf. Co.D
Broome, Milton E. AL 39th Inf. Co.A Sgt.
Broome, Milton E. TX 10th Cav. Co.I
Broome, Pugh C. MS 17th Inf. Co.K
Broome, R.E. Gen. & Staff Lt.,Adj.
Broome, Robert MD Arty. 2nd Btty.
Broome, Robert VA 2nd St.Res. Co.N
Broome, Robert P. TN 3rd (Lillard's) Mtd.Inf. Co.H
Broome, R.W. FL 1st Inf. Old Co.C,H, New Co.B Sgt.
Broome, R.W. Gen. & Staff 2nd Lt.
Broome, Thomas LA 13th Inf. Co.D
Broome, Thomas VA Inf. 1st Bn. Co.F
Broome, Thomas Gen. & Staff 2nd Lt.,Dr.M.
Broome, Thomas H. FL 2nd Inf. Co.E
Broome, W.D. TN 3rd (Forrest's) Cav. Co.B
Broome, Wesley L. GA 55th Inf. Co.B
Broome, William A. MS 1st Lt.Arty. Co.K
Broomer, W.A. TN 21st & 22nd (Cons.) Cav. Co.H
Broomet, Samuel TN 1st (Turney's) Inf. Co.I
Broomfield, Allen VA Inf. 45th Bn. Co.F
Broomfield, C.W. MS Rogers' Co.
Broomfield, Davis TX 7th Cav. Co.I
Broomfield, D.S. VA 25th Cav. Co.D
Broomfield, Dudley NC 23rd Inf. Co.F
Broomfield, George MS 2nd (Quinn's St.Troops) Inf. Co.D
Broomfield, G.H. MS 6th Inf. Co.I
Broomfield, G.W. TX Cav. Benavides' Regt. Co.G
Broomfield, Jasper AR Inf. Cocke's Regt. Co.B
Broomfield, Jasper MO Cav. 13th Regt.St.Guard Co.C 2nd Lt.
Broomfield, J. William LA Sabine Res.
Broomfield, Paris VA Inf. 45th Bn. Co.F
Broomfield, T.D. VA 3rd Inf.Loc.Def. Co.I
Broomfield, Vincent VA 53rd Inf. Co.I
Broomfield, Woodson MO Cav. Poindexter's Regt. Co.F
Broomfilla, Walter J. LA 12th Inf. Co.H
Broomhall, Myres W. MS 31st Inf. Co.I
Broomhall, Sylvester P. MS 31st Inf. Co.I
Broomhall, W.H. AL 54th Inf.
Broomhall, William H. MS 31st Inf. Co.I
Broomit, Samuel TN 1st Turney's Inf. Co.I
Broomley, Robert MS 10th Cav. Co.A
Brooms, D.H. AL 21st Inf. Co.D
Brooms, G.F. AR 30th Inf. Co.H
Brooms, J.M. AL 4th Inf. Co.F
Brooms, Mason NC 27th Inf. Co.H
Broon, A.J. GA 3rd Inf. Co.C
Broon, A.M. GA 1st Inf. (St.Guards) Co.B Sgt.
Broon, I.B. LA 7th Cav. Co.A
Broon, M. AR 1st (Dobbin's) Cav. Co.K
Broon, T.T. GA 6th Cav. Co.C Cpl.
Broone, --- TX 1st (McCulloch's) Cav. Co.C
Brooner, Robert MS Cav. Ham's Regt. Co.F
Broones, Ernst LA Mil. Chalmette Regt. Co.G
Brooster, A. AR 32nd Inf. Co.B
Brooster, B.F. AR 27th Inf. New Co.C
Brooster, F.E. AL 12th Cav. Co.A
Brooton, Ezekel G. AL 3rd Cav. Co.E
Brooton, Ezekiel G. Conf.Cav. Wood's Regt. 1st Co.D
Broox, C.W. 1st Conf.Cav. 2nd Co.G
Broox, J.R. TN 11th (Holman's) Cav. Co.L
Brophey, James LA Recruit
Brophey, Michael VA Loc.Def. Mallory's Co.
Brophey, Thomas LA 11th Inf. Co.F
Brophy, C.C. TN Inf. 154th Sr.Regt. Co.H
Brophy, J. VA 1st St.Res. Co.C
Brophy, James MO Thompson's Command
Brophy, John Inf.School of Pract. Co.C Powell's Comd. Powell's Detach.
Brophy, John R. TX 16th Inf. Co.B Music.
Brophy, M. AL Inf. 2nd Regt. Co.I
Brophy, M. LA Mil. 4th Regt. 1st Brig. 1st Div. Co.E
Brophy, Martin Conf.Inf. 1st Bn. Co.I
Brophy, Michael VA 27th Inf. Co.B
Brophy, Nais GA 26th Inf. Co.A
Brophy, Patrick MO 1st Inf. Co.A
Brophy, T. LA Mil.Conf.Guards Regt. Co.I
Brophy, W.E. TX 23rd Cav. Co.H
Brophy, William MS 44th Inf. Co.L
Bros, Smith LA Mil.Cont.Regt. Mitchell's Co.
Brosaby, Sims NC 1st Cav. (9th St.Troops) Sgt.
Brosch, Edward LA Inf. McLean's Co.
Brose, George T. VA Conscr.
Brose, Samuel P. VA Hvy.Arty. 20th Bn. Co.E
Brose, William LA 21st (Patton's) Inf. Co.H
Brose, William Sap. & Min.,CSA
Brosell, A.B. AL 8th Inf. Co.C
Brosey, John TX 3rd Cav. Co.B
Brosheads, Thomas KY Cav. 2nd Bn. (Dortch's) Co.A
Broshears, Malcomb AR Inf. Cocke's Regt. Co.I Sgt.
Broshears, Thomas KY 3rd Mtd.Inf.
Brosheer, George M. MO Lt.Arty. Landis' Co. Sgt.
Broshen, A.B. AL 16th Inf. Co.E
Brosher, Elijah H. AL 29th Inf. Co.E
Broshurs, Heny AR Inf. Hardy's Regt. Torbetts' Co.
Broshurs, Luke AR Inf. Hardy's Regt. Torbetts' Co.
Brosi, John LA 3rd Inf. Co.F
Brosier, E.M. LA 2nd Cav. Co.I
Brosieus, James MO 10th Inf. Co.I
Brosig, Charles TX 1st Hvy.Arty. Co.C
Brosig, Charles TX Lt.Arty. Jones' Co.
Brosig, G. TX Inf. Timmons' Regt. Co.B
Brosig, George TX Waul's Legion Co.D
Brosig, Hugo TX 1st Hvy.Arty. Co.C Cpl.
Brosius, Benjamin F. MO 2nd Cav. Co.A
Brosius, Isaac B. MO 2nd Cav. Co.A
Brosius, Isaac B. MO 9th (Elliott's) Cav. Co.D
Brosius, James VA 1st Cav. Co.E
Brosius, J.E. AL Lt.Arty. Goldthwaite's Btty. Artif.
Brosius, Jeremiah MO Cav. Wood's Regt. Co.G
Brosius, Josephus F. VA Lt.Arty. J.D. Smith's Co.
Brosius, Nash J. VA 28th Inf. Co.E
Brosius, William K. NC 5th Cav. (63rd St.Troops) Co.G
Brosler, B.E. LA 8th Inf. Co.B
Brosly, D.S. TX 19th Inf. Co.G
Brosman, John MS 12th Inf. Co.E
Brosnaham, Daniel VA 26th Inf. 1st Co.B
Brosnaham, George O. AL 3rd Cav. Co.H
Brosnaham, John 15th Conf.Cav. Contr.Surg.
Brosnahan, G.O. Gen. & Staff Asst.Surg.
Brosnam, Patrick LA 8th Inf. Co.H
Brosneau, C. AL 8th Inf. Co.F
Brosneham, Cornelius VA 33rd Inf. Co.I
Brosnehan, Daniel MS Inf. 2nd Bn. Co.A
Brosnehan, Daniel MS 48th Inf. Co.A
Brosnehan, Edmund GA Hvy.Arty. 22nd Bn. Co.C
Brosnehan, Patrick VA 67th Mil. Co.B
Brosnihan, Daniel GA 29th Inf. Co.D Cpl.
Bross, B. AL 34th Inf. Co.D
Bross, Benjamin F. AL 3rd Inf. Co.I
Bross, George W. AL 3rd Inf. Co.I
Bross, J.D. VA 21st Cav. 2nd Co.D
Bross, Joseph LA 28th (Thomas') Inf. Co.C
Bross, Joseph MS 1st Lt.Arty. Co.I

Bross, J.P. VA 21st Cav. 2nd Co.D
Bross, Syd. A. AL 3rd Inf. Co.I,F
Bross, W.C. AL 24th Inf. Co.K,F
Bross, W.T. Gen. & Staff, Ord.Dept. Capt.
Brossard, O. LA Ogden's Cav. Co.K
Brossel, Antoino LA 13th Inf. Co.D
Brossell, Henry TN 22nd (Barteau's) Cav. Co.D
Brosset, D. LA Cav. Benjamin's Co.
Brosset, G. LA 26th Inf. Co.D
Brosset, Gervais LA 1st Hvy.Arty. Co.D
Brosset, J. LA Mil. 3rd Regt.Eur.Brig. (Garde Francaise) Co.5 Cpl.
Brosset, M.C. LA 3rd Inf. Co.D
Brosset, P. LA 18th Inf. Co.C
Brosset, P. LA Inf.Cons. 18th Regt. & Yellow Jacket Bn. Co.C
Brosset, T. LA Cav. Benjamin's Co.
Brossett, J.B. LA 27th Inf. Co.K
Brossett, Jules LA 2nd Cav. Co.C
Brossett, L. LA 2nd Cav. Co.C
Brossett, N. Trans-MS Conf.Cav. 1st Bn. Co.B
Brossett, O. LA 2nd Cav. Co.C
Brossett, T. LA 2nd Cav. Co.C
Brossette, L. LA Mil. 1st Regt. French Brig. Co.8
Brossfield, W.B. AL 21st Inf. Co.G
Brossic, F.W. TX Cav. Terry's Regt. Co.E
Brossig, F.W. TX Cav. Waller's Regt. Menard's Co.
Brossman, C. TX Inf. Timmons' Regt. Co.K
Brosswell, James GA 2nd Inf. Co.G
Brostols, George SC Hvy.Arty. 15th (Lucas') Bn. Co.B
Broswell, B.B. FL 2nd Res.
Broswell, George W. TN 4th (Murray's) Cav. Co.K
Broth, D. NC 7th Sr.Res. Watts' Co.
Broth, J.C. GA 66th Inf.
Broth, J.W. GA 66th Inf.
Brother, Benjamin F. MO 1st Cav. Co.K
Brother, B.F. MO 1st & 3rd Cons.Cav. Co.F
Brother, J. LA 7th Cav. Co.K
Brother, James M. KY 2nd Bn.Mtd.Rifles Adj.
Brother, James M. KY 5th Mtd.Inf. Co.H 1st Lt.
Brother, Joseph MS 1st Cav. Co.F
Brother, Joseph MO 1st Cav. Co.K
Brother, J.R. AL 51st (Part.Rangers) Co.E
Brotherd, W.J. AL 19th Inf. Co.D
Brothers, ---, 1st TX Cav. Mann's Regt. Co.F
Brothers, ---, 2nd TX Cav. Mann's Regt. Co.F
Brothers, A.M. LA 13th Bn. (Part.Rangers) Co.E
Brothers, Andrew M. TN 7th Inf. Co.K
Brothers, A. White TN 1st (Feild's) Inf. Co.I
Brothers, B. AL Res. J.G. Rankin's Co.
Brothers, Benjamin TN 4th (McLemore's) Cav. Co.E
Brothers, Benjamin F. AL 10th Inf. Co.D,B,K
Brothers, Bisha NC 48th Inf. Co.I
Brothers, C.F. AL 12th Cav. Co.A
Brothers, Charles TN 3rd (Forrest's) Cav. Co.C
Brothers, C.P. SC 11th Inf. Co.H
Brothers, Daniel GA 62nd Cav. Co.L
Brothers, Daniel VA 59th Mil. Arnold's Co. 1st Lt.
Brothers, David NC 8th Inf. Co.B
Brothers, D.L. AR Inf. Cocke's Regt. Co.K Cpl.
Brothers, Edward TX 16th Cav. Co.A
Brothers, George TN 45th Inf. Co.E
Brothers, Geo. W. AL 10th Inf. Co.A
Brothers, George W. TN 2nd (Robison's) Inf. Co.F
Brothers, G.L. LA 2nd Inf. Co.K
Brothers, Henton NC McDugald's Co.
Brothers, Hilliard MS 44th Inf. Co.A
Brothers, H.J. Gen. & Staff 1st Lt.,ADC
Brothers, Hugh A. AR 19th (Dawson's) Inf. Co.H
Brothers, Isah AL Morris' Co. (Mtd.)
Brothers, J. AL 10th Inf. Co.D
Brothers, James NC 8th Inf. Co.A
Brothers, James VA 13th Cav. Co.C
Brothers, James H. AL 19th Inf. Co.D,K
Brothers, James K.P. AL 50th Inf. Co.A
Brothers, James W. NC 17th Inf. (2nd Org.) Co.B
Brothers, James W. NC 56th Inf. Co.C
Brothers, James W. SC 1st (Orr's) Rifles Co.G
Brothers, James W. SC 11th Inf. Co.C Music.
Brothers, J.C. TX 36th Cav. Co.I
Brothers, Jesse TN 18th Inf. Co.F
Brothers, Jesse TX 20th Cav. Co.K
Brothers, J.F. TN 11th Cav.
Brothers, J.F. TN 18th Inf. Co.F Cpl.
Brothers, J.H. AL Cp. of Instr. Talladega Co.A Cpl.
Brothers, J.H. KY 2nd Bn.Mtd.Rifles Co.C
Brothers, J.M. AL 12th Cav. Co.A
Brothers, John KY 4th Cav. Co.F
Brothers, John KY 9th Cav. Co.F Sgt.
Brothers, John NC Lt.Arty. 3rd Bn. Co.C
Brothers, John SC 3rd Cav. Co.B
Brothers, John SC 11th Inf. Co.C
Brothers, John N. NC 8th Inf. Co.A Cpl.
Brothers, John R. NC 51st Inf. Co.A
Brothers, John W. NC 17th Inf. (1st Org.) Co.L
Brothers, John W. NC 56th Inf. Co.C
Brothers, Joseph H. AR 1st Mtd.Rifles Co.G Sgt.
Brothers, Joseph N. NC 17th Inf. (1st Org.) Co.L
Brothers, Joseph N. NC 56th Inf. Co.C
Brothers, Joseph Warren NC 1st Arty. (10th St.Troops) Co.I
Brothers, Joseph Warren NC 17th Inf. (1st Org.) Co.L
Brothers, Joshua AR 18th Inf. Co.K
Brothers, J.P. TN Lt.Arty. Morton's Co.
Brothers, J.R. TN 18th Inf. Co.C
Brothers, J.W. NC 67th Inf. Co.C,D 1st Lt.
Brothers, J.W. SC 1st Mtd.Mil. Earnests' Co.
Brothers, L. TN 21st Inf. Co.A
Brothers, Mark NC 21st Inf. Co.M
Brothers, Oliver J. AL 12th Cav. Co.A
Brothers, Oscar C. MS 24th Inf. Co.D Surg.
Brothers, Oscar C. Gen. & Staff Surg.
Brothers, R. LA Mil. Lewis Guards
Brothers, R.A. AR Inf. Cocke's Regt. Co.K
Brothers, R.B. TN 4th (McLemore's) Cav. Co.E
Brothers, Richard NC 33rd Inf. Co.E
Brothers, Richard T. NC 8th Inf. Co.A
Brothers, R.J. TX 1st Hvy.Arty. Co.H
Brothers, R.K. AL 51st (Part.Rangers) Co.D
Brothers, Rufus AL 12th Cav. Co.A
Brothers, Terril AR 19th (Dawson's) Inf. Co.H
Brothers, Thad MS 6th Cav. Co.H Sgt.
Brothers, Thomas NC 17th Inf. (1st Org.) Co.A
Brothers, Thomas NC 32nd Inf. Co.B Cpl.
Brothers, Thomas TN 45th Inf. Co.D
Brothers, Thomas TX 17th Cons.Dismtd.Cav. Co.H
Brothers, Thomas J. AL 12th Cav. Co.A Sgt.
Brothers, Thomas J. TX 6th Inf. Co.E
Brothers, T.J. AL 58th Inf. Co.A
Brothers, T.S. AL 21st Inf. Co.K
Brothers, W.D. TN 18th Inf. Co.C
Brothers, W.E. TN Inf. 4th Cons.Regt. Co.D
Brothers, William LA 19th Inf. Co.B
Brothers, William NC 17th Inf. (1st Org.) Co.E
Brothers, William TN 5th Inf. 2nd Co.K
Brothers, William E. TN 20th Inf. Co.E 2nd Lt.
Brothers, William H. NC 4th Cav. (59th St.Troops) Co.G
Brothers, William H., Jr. NC 4th Cav. (59th St.Troops) Co.G
Brothers, William H. NC 17th Inf. (1st Org.) Co.E
Brothers, William H. VA Inf. 4th Bn.Loc.Def. Co.C
Brothers, William Henry NC 2nd Cav. (19th St.Troops) Co.C Cpl.
Brothers, William W. GA 62nd Cav. Co.L
Brothers, Willis AL Morris' Co. (Mtd.)
Brothers, Willis A. NC 17th Inf. (1st Org.) Co.A
Brothers, Willis A. NC 32nd Inf. Co.B
Brothers, Wilson NC 4th Cav. (59th St.Troops) Co.G
Brothers, Wilson NC 17th Inf. (1st Org.) Co.E
Brotherson, P.P. TX 1st Hvy.Arty. AQM
Brotherson, P.P. TX 9th (Nichols') Inf. Atchison's Co. Sgt.
Brotherson, P.P. Gen. & Staff Capt.,AQM
Brotherston, P.P. TX 26th Cav. 1st Co.G Sgt.
Brothert, Talliaferio J. AL 1st Cav. Co.H
Brotherton, A.J. TN 25th Inf. Co.I
Brotherton, Benjamin AR 34th Inf. Co.K
Brotherton, David H. VA 1st Inf. Co.H
Brotherton, D.H. VA 62nd Mtd.Inf.
Brotherton, Elias M. NC 42nd Inf. Co.D
Brotherton, Francis A. AL 11th Inf. Co.I 1st Sgt.
Brotherton, George TN 4th (McLemore's) Cav. Co.D
Brotherton, George TN Cav. 16th Bn. (Neal's) Co.E
Brotherton, George TN 26th Inf. Co.C
Brotherton, George H.W. TN 44th Inf. Co.K
Brotherton, Henry NC 52nd Inf. Co.G
Brotherton, Hiram NC 52nd Inf. Co.H
Brotherton, H.R. TX 28th Cav. Co.B
Brotherton, Hugh NC 49th Inf. Co.I
Brotherton, Hugh NC Mallett's Bn. (Cp.Guard) Co.B
Brotherton, Isaac N. NC 4th Inf. Co.C
Brotherton, I.W. MO 2nd Cav. Co.G
Brotherton, James MO Cav. Snider's Bn. Co.D
Brotherton, James MO Beck's Co.
Brotherton, James NC 52nd Inf. Co.G
Brotherton, James TN 62nd Mtd.Inf. Co.I
Brotherton, James M. GA 39th Inf. Co.C 2nd Lt.
Brotherton, James W. MO 10th Cav. Co.H
Brotherton, J.J. MS 43rd Inf. Co.F Sgt.

Brotherton, J.J. MS 44th Inf. Co.A
Brotherton, J.L. 1st Conf.Inf. 2nd Co.I
Brotherton, J.M.C. NC 26th Inf. Co.C
Brotherton, John AR 34th Inf. Co.B
Brotherton, John NC 34th Inf. Co.G
Brotherton, John TN 44th (Cons.) Inf. Co.F
Brotherton, John M.C. NC 52nd Inf. Co.F
Brotherton, L. GA 12th Cav. Co.K
Brotherton, Robert TX 6th Cav. Co.F
Brotherton, Robert VA 2nd Inf. Co.G
Brotherton, R.W. VA Loc.Def. French's Co.
Brotherton, Sylvester NC 4th Inf. Co.C
Brotherton, Thomas GA 12th Cav. Co.K
Brotherton, Thomas TN 1st (Carter's) Cav. Co.A
Brotherton, Thomas TN 26th Inf. 1st Co.H
Brotherton, Thomas 1st Conf.Inf. 2nd Co.I
Brotherton, Thomas W. VA Lt.Arty. French's Co. Artif.
Brotherton, Thomas W. VA Arty. Wise Legion Artif.
Brotherton, W. GA Cav. 6th Bn. (St.Guards) Co.E
Brotherton, W.H. GA 39th Inf. Co.C Capt.,ACS
Brotherton, W.H. NC 23rd Inf. Co.K
Brotherton, William NC 4th Sr.Res. Co.K
Brotherton, William NC 34th Inf. Co.G
Brotherton, William E. VA 6th Inf. Co.A Sgt.
Brotherton, Wm. H. Gen. & Staff Capt.,ACS
Brotherton, William J. TN 44th Inf. Co.K
Brotherton, William J. TN 44th (Cons.) Inf. Co.F
Brotherton, W.J. 1st Conf.Inf. 2nd Co.I
Brotherton, W.W. TX Inf. Chambers' Bn.Res.Corps Co.E
Brothro, A.B. LA 2nd Cav.
Brotten, J.W. MS Inf. 1st Bn. Rays' Co.
Brotton, G.W. AR 8th Inf. Old Co.A
Brotton, William AR 13th Inf. Co.H
Brotze, Frederick TX 7th Cav. Co.B
Brotze, Otto TX 8th Inf. Co.K
Brotzer, Otto TX Inf. Cunningham's Co.
Brou, Arthur LA 2nd Cav.
Brou, Dupres LA 7th Cav. Co.G
Brou, H.G. AL 4th (Russell's) Cav. Co.E Cpl.
Brou, Jules LA 18th Inf. Co.E
Brou, Leon LA 26th Inf. Co.E
Brou, Marcell LA 7th Cav. Co.G
Brou, T. LA 4th Inf. Co.F
Brou, Theodule LA 30th Inf. Co.G
Brouard, A.L. LA Inf.Cons.Crescent Regt. Co.E Sgt.
Brouddus, R.F. VA 10th Cav. Co.I
Brouder, Benjamin F. TN 6th Inf. Co.F
Brouder, James M. TX 18th Cav. Co.C
Broudwell, W.C. TX 4th Inf.
Brough, --- LA C.S. Zouave Bn. Co.F
Brough, A.J. VA 9th Inf. Co.E
Brough, C.B. LA Miles' Legion Co.B
Brough, E. LA Inf. 7th Bn. Co.A Ord.Sgt.
Brough, George MS 28th Cav. Co.A
Brough, George F. VA 3rd Inf. Co.C
Brough, George T. VA 9th Inf. 2nd Co.H
Brough, James FL Parsons' Co.
Brough, James A. VA 20th Inf. Co.I
Brough, James A. VA 59th Inf. 3rd Co.B
Brough, James A. VA Conscr. Cp.Lee Co.B
Brough, James H. LA Mil. British Guard Bn. Burrowes' Co.
Brough, J.K.P. GA 66th Inf. Co.G
Brough, John W. VA 53rd Inf. Co.B
Brough, Jonas K. VA 36th Inf. Co.A
Brough, Michael TX Arty. 4th Bn. Co.A
Brough, Michael TX 8th Inf. Co.A
Brough, Richard C. VA Inf. 5th Bn. Co.E
Brough, Samuel, Jr. VA 54th Mil. Co.E,F
Brough, Samuel D. TX 11th Cav. Co.B 2nd Lt.
Brough, S.D. TX Cav. Bourland's Regt. Co.B
Brough, Thomas J. SC 7th Inf. 1st Co.C
Brough, T.J. SC 2nd Cav. Co.G
Brough, W.H. MS 3rd Inf. Co.B
Brough, William H. SC 14th Inf. Co.G
Brough, William J. VA 54th Mil. Co.E,F
Brough, William W. VA 9th Inf. 2nd Co.H
Brough, William W. VA 12th Inf. 1st Co.I
Broughan, Jno. H. Gen. & Staff Capt.,AQM
Brougher, David M. MS 29th Inf. Co.C Sgt.
Brougher, F.W. MS 29th Inf. Co.C
Brougher, Jacob T. MS 29th Inf. Co.C Sgt.
Broughill, J.E. NC 5th Sr.Res. Co.A
Broughman, Andrew J. VA 57th Inf. Co.K
Broughman, Charles VA 60th Inf. Co.F
Broughman, Charles, Sr. VA 60th Inf. Co.F
Broughman, Christopher L. VA 60th Inf. Co.F
Broughman, George W. VA Hvy.Arty. 20th Bn. Co.C
Broughman, Henry VA 60th Inf. Co.F
Broughman, Jacob VA Hvy.Arty. Bowyer's Co. (Botetourt Arty.)
Broughman, Jacob VA Lt.Arty. J.D. Smith's Co.
Broughman, James K. VA 57th Inf. Co.K
Broughman, John L. VA 22nd Inf. Co.D
Broughman, John L. 3rd Conf.Eng.Troops Co.E Cpl.
Broughman, Peter VA 60th Inf. Co.K
Broughman, Samuel VA 60th Inf. Co.F
Broughman, William TN 41st Inf. Co.I
Broughman, William VA 22nd Inf. Co.I
Broughman, William P. VA 57th Inf. Co.K
Broughons, E. VA 5th Cav. Co.K
Broughton, --- TX Cav. Good's Bn. Co.B
Broughton, A.B. Gen. & Staff 1st Lt.,Adj.
Broughton, A. Ben LA 19th Inf. Co.A 2nd Lt.
Broughton, Alexander NC 2nd Arty. (36th St.Troops) Co.C
Broughton, Benjamin NC 47th Inf. Co.I
Broughton, Benj. TN Inf. 1st Cons.Regt. Co.D
Broughton, Calvin NC 47th Inf. Co.I
Broughton, C.W. GA Cav. 1st Bn Hopkins' Co.
Broughton, C.W. GA 5th Cav. Co.K Teamster
Broughton, Daniel S. GA Lt.Arty. Guerard's Btty.
Broughton, Dempsey Winborn TX 20th Cav. Co.C Maj.
Broughton, D.J.E. GA Cav. 1st Bn. Hopkins' Co. Cpl.
Broughton, D.J.E. GA 5th Cav. Co.K Cpl.
Broughton, E. LA Mil. 4th Regt. 3rd Brig. 1st Div. Co.A
Broughton, Edward MS 22nd Inf. Co.D 1st Sgt.
Broughton, E.L. SC Inf. 7th Bn. (Enfield Rifles) Co.G Music.
Broughton, Eli F. AL 15th Inf. Co.A
Broughton, E.T. TX 7th Inf. Co.C Capt.
Broughton, F. SC Inf. 7th Bn. (Enfield Rifles) Co.C Drum.
Broughton, Gaston NC 26th Inf. Co.D 1st Lt.
Broughton, George H. NC 47th Inf. Co.I
Broughton, George W. LA 11th Inf. Co.B Sgt.
Broughton, George W. NC 1st Arty. (10th St.Troops) Co.B
Broughton, H.J. TN 38th Inf. Co.G
Broughton, J. LA Mil. British Guard Bn. Burrowes' Co.
Broughton, J. SC Rhett's Co.
Broughton, J. Hosp.Stew.
Broughton, James J. AL 15th Inf. Co.A
Broughton, James M. AL 43rd Inf. Co.D
Broughton, James W. VA 24th Cav. Co.C Cpl.
Broughton, James W. VA Cav. 40th Bn. Co.C Cpl.
Broughton, James W. VA 39th Inf. Co.L
Broughton, J.G. MS 5th Cav. Co.G
Broughton, J.J. SC 23rd Inf. Co.C 2nd Lt.
Broughton, John KY Cav. Buckner Guards
Broughton, John MS 4th Cav. Co.C
Broughton, John NC Mallett's Bn. Co.C
Broughton, John SC 5th St.Troops Co.H
Broughton, John SC 9th Res. Co.I
Broughton, John VA 6th Inf. 2nd Co.B
Broughton, Jno Gen. & Staff Hosp.Stew.
Broughton, John G. MS St.Cav. Perrin's Bn. Co.B
Broughton, John J. AL 15th Inf. Co.A
Broughton, John J. SC 6th Cav. Co.F
Broughton, John R. AR 9th Inf. Co.E Sgt.
Broughton, John W. AL 5th Inf.
Broughton, John W. Buckner's Escort
Broughton, Joseph NC 31st Inf. Co.D
Broughton, Joseph TN Inf. 1st Cons.Regt. Co.D
Broughton, Joseph VA 61st Inf. Co.H
Broughton, Joseph E. VA 3rd Inf. Co.B
Broughton, J.P. MS Inf. 2nd Bn. (St.Troops) Co.A
Broughton, J.T. TN 38th Inf. Co.G
Broughton, J.W. AL 1st Cav. Co.A
Broughton, J.W. AL Cav. Hardie's Bn.Res. Co.F
Broughton, J.W. AL 23rd Inf. Co.E
Broughton, J.W. AL Mil. James' Co.
Broughton, J.W. NC 50th Inf. Co.C
Broughton, Lee MS 4th Cav. Co.C
Broughton, Lewis P. AL 13th Inf. Co.G 1st Lt.
Broughton, L.P. GA 47th Inf. Co.I Cpl.
Broughton, Nathan MO 10th Cav. Co.K Sgt.
Broughton, N.W. TX 7th Inf. Co.C
Broughton, R. LA Mil. British Guard Bn. Coburn's Co. 2nd Lt.
Broughton, Richard G. VA 54th Mil. Co.B
Broughton, Robert S. VA 6th Inf. Vickery's Co.
Broughton, Robert S. VA 16th Inf. 1st Co.H
Broughton, R.S. VA Lt.Arty. Grandy's Co. Cpl.
Broughton, Samuel LA Inf. Pelican Regt. Co.G
Broughton, S.W. GA Cav. 1st Bn. Hopkins' Co.
Broughton, S.W. GA 5th Cav. Co.K
Broughton, Thd. D. MS Cav. Yerger's Regt. Co.C
Broughton, Thomas MD Arty. 1st Btty.
Broughton, Thomas A.J. 8th (Wade's) Conf.Cav. Co.G
Broughton, Thomas B. LA 8th Inf. Co.E
Broughton, Thomas B. Gen. & Staff Hosp.Stew.
Broughton, Thomas T. TN 5th Inf. 2nd Co.C
Broughton, T.N. SC 4th St.Troops Co.D

Broughton, W. MS 4th Cav. Co.C
Broughton, W.H. VA 54th Mil. Co.G
Broughton, William NC 1st Inf. Co.A
Broughton, William NC 26th Inf. Co.D
Broughton, William D. TX 6th Cav. Co.G Cpl.
Broughton, William E. AL 1st Bn. Hilliard's Legion Vol. Co.F 1st Lt.
Broughton, William E. AL 23rd Bn.S.S. Co.F Capt.
Broughton, William S. AL 15th Inf. Co.A
Broughton, W.N. AL 23rd Inf. Co.E
Broughton, W.W. SC 2nd Cav. Co.B 2nd Lt.
Broughton, W. Wilson SC Cav.Bn. Hampton Legion Co.C 2nd Lt.
Broughy, E. LA Mil. 2nd Regt. 2nd Brig. 1st Div.
Brouilhet, J.M. LA Inf.Cons. 18th Regt. & Yellow Jacket Bn. Co.I
Brouilhet, P. LA Inf.Cons. 18th Regt. & Yellow Jacket Bn. Co.I
Brouillet, J.M. LA 18th Inf. Co.F
Brouillet, P. LA 18th Inf. Co.F
Brouillet, V. LA 18th Inf. Co.F
Brouillette, Joseph LA Inf.Cons.Crescent Regt. Co.H
Brouk, Robert GA 12th Cav. Co.K
Broullette, Frank LA 1st Cav. Co.G
Broun, Charley 1st Creek Mtd.Vol. Co.E Sgt.
Broun, Georgue LA Mil. 5th Regt.Eur.Brig. (Spanish Regt.) Co.7
Broun, James H. AL 3rd Inf. Co.A 1st Sgt.
Broun, Josiah VA Loc.Def. Earhart's Co.
Broun, William H. VA Loc.Def. Dulany's Co. 2nd Lt.
Broun, William Leroy VA 1st Arty. Co.H 1st Lt.
Brounaud, Louis LA Inf.Cons.Crescent Regt. Co.F
Brounell, Thomas C. GA Inf. (St.Guards) Hansell's Co.
Brounlee, Elijah SC 11th Inf. Co.G
Brounlee, James A. SC 2nd Inf. Co.F
Brounlee, James W. SC 11th Inf. Co.G
Brounson, --- LA Cav. Nutt's Co. (Red River Rangers) Surg.
Brounson, Georgi B. AL 4th Inf.
Brounson, W.E. MS Cav. 2nd Bn.Res. Co.B
Brounze, W.W. LA 5th Inf. Co.F
Brouough, David MS 1st Inf. Co.A
Brour, J.G. AL Randolph Cty.Res. B.C. Raney's Co.
Brousard, A. TX 11th (Spaight's) Bn.Vol. Co.D
Brousard, D. LA 26th Inf. Co.A
Brousard, Desire TX 1st (McCulloch's) Cav. Co.F
Brousard, Desire TX Cav. 8th (Taylor's) Bn. Co.B
Brousard, Dupre LA 26th Inf. Co.A
Brousard, E. LA 4th Inf. Co.F
Brousard, E. LA 26th Inf. Co.A
Brousard, Emile LA 7th Cav. Co.E
Brousard, L. LA 26th Inf. Co.A
Brousard, M. LA Lt.Arty. 2nd Field Btty.
Brousard, Meance LA 7th Cav. Co.F
Brousard, St.M. LA 26th Inf. Co.A
Brousard, Trevile LA 26th Inf. Co.A
Brouse, H.D. LA Mil. 2nd Regt. 3rd Brig. 1st Div. Co.C
Brousear, Louis TX 4th Cav.
Brousel, P.N. LA 28th (Gray's) Inf. Co.B
Brousett, Pierre LA Inf.Cons.Crescent Regt. Co.G
Brousild, Joseph LA Miles' Legion Co.E
Broussar, Phenix LA 7th Cav. Co.G Cpl.
Broussard, A. LA 2nd Cav. Co.H
Broussard, A. LA Inf. 10th Bn. Co.D
Broussard, A. TX 21st Inf. Co.H
Broussard, Abraham LA Inf. 10th Bn. Co.K
Broussard, Abraham LA Inf.Cons. 18th Regt. & Yellow Jacket Bn. Co.K
Broussard, A.C. LA 2nd Cav. Capt.
Broussard, A.C. LA 7th Cav. Co.H
Broussard, A.C. TX 13th Vol. 4th Co.I
Broussard, Adelma LA Mil. Orleans Guards Regt. Co.D Sgt.
Broussard, Adeol LA Inf. 10th Bn. Co.D
Broussard, Adeol LA Inf.Cons. 18th Regt. & Yellow Jacket Bn. Co.D,E
Broussard, Adéolle LA Conscr.
Broussard, Adolphe LA 4th Inf. Co.F
Broussard, A.G. LA Mil. St.Martin's Regt. Co.B 2nd Lt.
Broussard, A.J. LA 7th Cav. Co.E
Broussard, Alcee LA Arty. 1st Field Btty.
Broussard, Alexander M. LA 26th Inf. Co.E
Broussard, Alexandre LA Conscr.
Broussard, Alex D. LA 26th Inf. Co.A
Broussard, Amadee LA 2nd Cav. Co.K 1st Sgt.
Broussard, Amedie LA 18th Inf. Co.F
Broussard, Angus LA Inf. 10th Bn. Co.C
Broussard, Angus LA Inf.Cons. 18th Regt. & Yellow Jacket Bn. Co.C
Broussard, Antoine LA 7th Cav. Co.F
Broussard, Arthur LA 8th Inf. Co.C
Broussard, Austin LA 18th Inf. Co.D
Broussard, Bazile LA Miles' Legion Co.F
Broussard, Benjamin LA Inf.Crescent Regt. Co.A
Broussard, Brenot LA 1st Hvy.Arty. (Reg.) Co.B
Broussard, Camille LA 18th Inf. Co.F
Broussard, C.E. Gen. & Staff Capt.,AQM
Broussard, Clemile LA 7th Cav. Co.F
Broussard, D. LA 7th Cav. Co.F
Broussard, D. LA Inf. 10th Bn. Co.G,B Sgt.
Broussard, D. LA Inf.Cons. 18th Regt. & Yellow Jacket Bn. Co.G,B Sgt.
Broussard, Derneville TX 11th (Spaight's) Bn.Vol. Co.E
Broussard, Desire LA 18th Inf. Co.F
Broussard, Desire TX 1st (Yager's) Cav. Band
Broussard, Despanet LA Inf. 10th Bn. Co.D,F
Broussard, Despanet LA Inf.Cons. 18th Regt. & Yellow Jacket Bn. Co.D,F
Broussard, Despanet LA Conscr.
Broussard, D.O. LA Mil. Vermillion Regt. Co.C Capt.
Broussard, Donat LA Conscr.
Broussard, Drauzin LA 18th Inf. Co.F
Broussard, Drissard LA 18th Inf. Co.D
Broussard, Drissard LA Inf.Cons. 18th Regt. & Yellow Jacket Bn. Co.D
Broussard, D.U. LA 18th Inf. Co.K Cpl.
Broussard, Dufrayon LA 1st Hvy.Arty. Co.A
Broussard, Dupre LA 7th Cav. Co.A
Broussard, Dupre LA 2nd Res.Corps Co.K
Broussard, D.V. LA Inf. 10th Bn. Co.H
Broussard, E. LA 2nd Cav. Co.K
Broussard, E. LA Inf. 10th Bn. Co.G
Broussard, E. LA Inf.Cons. 18th Regt. & Yellow Jacket Bn. Co.G
Broussard, E. TX 13th Vol. 4th Co.I
Broussard, Edmond LA 2nd Res.Corps Co.K
Broussard, E.J. LA Conscr.
Broussard, Elise LA 1st Hvy.Arty. (Reg.) Co.G
Broussard, Ernest LA 8th Inf. Co.C Music.
Broussard, Esebe LA Mil. Orleans Guards Regt. Co.D
Broussard, Eu LA 18th Inf. Co.F
Broussard, Euselere LA 1st Hvy.Arty. Co.A
Broussard, F. LA Inf. 10th Bn. Co.C,D
Broussard, F. LA 18th Inf. Co.A
Broussard, F. LA Inf.Cons. 18th Regt. & Yellow Jacket Bn. Co.C
Broussard, F.A. LA 5th Cav. Co.I Lt.
Broussard, Felix LA 2nd Cav. Co.C
Broussard, Felosee LA Inf.Crescent Regt. Co.A
Broussard, Forrestere LA Inf.Cons. 18th Regt. & Yellow Jacket Bn. Co.G
Broussard, Frederic LA 3rd (Harrison's) Cav. Co.K
Broussard, G. LA 26th Inf. Co.E
Broussard, Gerard LA 3rd (Harrison's) Cav. Co.K
Broussard, Gervais LA 18th Inf. Co.F
Broussard, Gustave LA Conscr.
Broussard, Gust P. LA Inf. 10th Bn. Co.D 1st Sgt.
Broussard, Gust P. LA Inf.Cons. 18th Regt. & Yellow Jacket Bn. Co.D 1st Sgt.
Broussard, Hipolite LA Inf.Cons. 18th Regt. & Yellow Jacket Bn. Co.K
Broussard, J. LA Inf. 10th Bn. Co.K,G Sgt.
Broussard, J. LA Inf.Cons. 18th Regt. & Yellow Jacket Bn. Co.G
Broussard, J. LA Inf.Cons. 18th Regt. & Yellow Jacket Bn. Co.K,F Sgt.
Broussard, J. LA 30th Inf. Co.A
Broussard, J.A. LA Inf. 10th Bn. Co.D 1st Lt.
Broussard, J.B.L. LA 7th Cav. Co.A
Broussard, J.B.L. LA Inf. 10th Bn. Co.H
Broussard, J.B.L. LA Inf.Cons. 18th Regt. & Yellow Jacket Bn. Co.H
Broussard, J.D. LA Mil. St.Martin's Regt. Co.B Capt.
Broussard, J.D. LA Conscr.
Broussard, Jean LA 2nd Res.Corps Co.K
Broussard, J.F.E. LA 2nd Res.Corps Co.K Cpl.
Broussard, J.O. LA 1st Hvy.Arty. (Reg.) Co.A
Broussard, John LA 7th Inf. Co.B
Broussard, Joisin LA Inf.Crescent Regt. Co.A
Broussard, Joseph LA 18th Inf. Co.A
Broussard, Joseph LA Inf.Cons. 18th Regt. & Yellow Jacket Bn. Co.A
Broussard, Joseph LA Inf.Crescent Regt. Co.E
Broussard, Joseph J. LA 7th Cav. Co.G
Broussard, J.T. LA Inf.Cons. 18th Regt. & Yellow Jacket Bn. Co.K Cpl.
Broussard, Jules LA 2nd Cav. Co.K 1st Lt.
Broussard, Jules LA Inf. 10th Bn. Co.A,F
Broussard, Jules LA Inf.Cons. 18th Regt. & Yellow Jacket Bn. Co.A,F

Broussard, Jules LA 26th Inf. Co.E
Broussard, Jules LA Conscr.
Broussard, Jules S. LA Inf. 10th Bn. Co.D
Broussard, Julien LA Inf. 10th Bn. Co.A,D
Broussard, Julien LA Inf.Cons. 18th Regt. & Yellow Jacket Bn. Co.A,D
Broussard, L. LA 7th Cav. Co.A
Broussard, L. LA 7th Cav. Co.F
Broussard, L. LA 7th Cav. Co.K
Broussard, L. LA Inf. 10th Bn. Co.I,H,E
Broussard, L. LA 18th Inf. Co.E,F
Broussard, L. LA Inf.Cons. 18th Regt. & Yellow Jacket Bn. Co.I,H,E
Broussard, L.D. LA Inf. 16th Bn. (Conf.Guards Resp.Bn.) Co.B
Broussard, Leo. LA Mil. St.Martin's Regt. Co.B 3rd Lt.
Broussard, Leonard LA 18th Inf. Co.F
Broussard, Lesin LA 15th Bn.S.S. (Weatherly's) Co.A
Broussard, Louis LA 1st Cav. Co.G
Broussard, L.S. LA 7th Cav. Co.A Cpl.
Broussard, Lusyan LA 8th Inf. Co.C
Broussard, M. LA Inf. 10th Bn. Co.I,B
Broussard, M. LA Inf.Cons. 18th Regt. & Yellow Jacket Bn. Co.I,B
Broussard, M. TX 21st Inf. Co.K
Broussard, Marcel LA 1st Hvy.Arty. (Reg.) Co.I
Broussard, Martial LA 18th Inf. Co.F
Broussard, Martin LA Inf.Cons. 18th Regt. & Yellow Jacket Bn. Co.K
Broussard, Maurice R. LA 3rd Inf. Co.A
Broussard, Meonce LA 1st Hvy.Arty. (Reg.) Co.I
Broussard, Michel LA Inf.Cons. 18th Regt. & Yellow Jacket Bn. Co.K
Broussard, Moise LA 18th Inf. Co.F
Broussard, Moise LA Inf.Cons. 18th Regt. & Yellow Jacket Bn. Co.I
Broussard, Moise TX 11th (Spaight's) Bn.Vol. Co.E,G
Broussard, Nicholas LA Inf. 16th Bn. (Conf. Guards Resp.Bn.) Co.B
Broussard, Norbert LA 2nd Cav. Co.K
Broussard, Norbert LA 2nd Res.Corps Co.K
Broussard, Numa LA 18th Inf. Co.D
Broussard, Numa LA Inf.Cons. 18th Regt. & Yellow Jacket Bn. Co.D
Broussard, Numa LA Inf.Cons. 18th Regt. & Yellow Jacket Bn. Co.K
Broussard, O. LA 7th Cav. Co.E
Broussard, O. LA 2nd Res.Corps Co.H
Broussard, O., Jr. LA Mil. Orleans Guards Regt. Co.E
Broussard, O.D. LA Inf.Cons. 18th Regt. & Yellow Jacket Bn. Co.K
Broussard, Oliver LA Inf. 10th Bn. Co.D Sgt.
Broussard, Oliver LA Inf.Cons. 18th Regt. & Yellow Jacket Bn. Co.D Sgt.
Broussard, Onez LA 18th Inf. Co.F 2nd Lt.
Broussard, Orile LA Inf. 9th Bn. Co.B
Broussard, Paul LA 26th Inf. Co.E Sgt.
Broussard, Paulin LA 3rd (Harrison's) Cav. Co.K
Broussard, P. Foligny LA 8th Inf. Co.C
Broussard, Phavius LA Inf.Cons. 18th Regt. & Yellow Jacket Bn. Co.D
Broussard, Pierre LA 1st Hvy.Arty. (Reg.) Co.G
Broussard, Pierre LA 1st Hvy.Arty. (Reg.) Co.I
Broussard, P.J. LA 18th Inf. Co.D 1st Sgt.
Broussard, P.M. LA Inf. 10th Bn. Co.A Lt.
Broussard, Rosemond LA 3rd (Harrison's) Cav. Co.K
Broussard, S. LA Inf. 10th Bn. Co.G,F
Broussard, S. LA Inf.Cons. 18th Regt. & Yellow Jacket Bn. Co.G,F
Broussard, S. TX 11th (Spaight's) Bn.Vol. Co.B
Broussard, S. TX 13th Vol. 4th Co.I
Broussard, Saligny LA Inf. 10th Bn. Co.D
Broussard, Saligny LA Inf.Cons. 18th Regt. & Yellow Jacket Bn. Co.D
Broussard, Severien LA Conscr.
Broussard, S.K. TX 11th (Spaight's) Bn.Vol. Co.B
Broussard, Soliguie LA Conscr.
Broussard, Sosthene LA Inf.Cons. 18th Regt. & Yellow Jacket Bn. Co.G
Broussard, Sosthenes T. LA 18th Inf. Co.F
Broussard, S.P. TX 13th Vol. 4th Co.I
Broussard, Stanislas LA 8th Inf. Co.C
Broussard, Steral LA Inf.Crescent Regt. Co.A
Broussard, T. LA 2nd Cav. Co.B
Broussard, T. TX 11th (Spaight's) Bn.Vol. Co.B
Broussard, T. Laizer LA 8th Inf. Co.C Jr.2nd Lt.
Broussard, Theodore LA Miles' Legion Co.F
Broussard, Theodule LA Inf. Weatherly's Bn. Co.A
Broussard, Theophile LA Inf. 10th Bn.
Broussard, U. LA 4th Inf. Co.F
Broussard, U. LA Inf.Cons. 18th Regt. & Yellow Jacket Bn. Co.C
Broussard, Uclide LA 18th Inf. Co.D
Broussard, Ursin LA 2nd Cav. Co.K
Broussard, Ursin I. LA 2nd Res.Corps Co.K
Broussard, Valiere LA Conscr.
Broussard, Vallerien LA Inf. 10th Bn. Co.D
Broussard, Vallerien LA Inf.Cons. 18th Regt. & Yellow Jacket Bn. Co.D
Broussard, Victorine LA Inf. 16th Bn. (Conf. Guards Resp.Bn.) Co.B
Broussard, Z.L. LA Ogden's Cav. Co.K
Broussare, A.E. LA 2nd Cav. Co.B
Broussau, J.M. LA Mil. 4th Regt. French Brig. Co.3
Broussau, N. LA Mil. 4th Regt. French Brig. Co.3
Broussaurd, Placide LA 15th Bn.S.S. (Weatherly's)
Brousse, Jean LA Mil. 3rd Regt.Eur.Brig. (Garde Francaise) Frois' Co.
Brousseau, A. LA Mil. Orleans Guards Regt. Co.F
Broussel, Joseph LA 2nd Cav. Co.B
Brousset, D. LA Inf.Cons.Crescent Regt. Co.G
Broussila, T. LA 4th Eng.Corps Co.K
Brouster, P.H. GA 42nd Inf. Co.K
Broute, Allen H. LA 12th Inf. 2nd Co.M 1st Sgt.
Broutigan, C.H. VA 1st St.Res. Co.A
Broutin, F. MS 1st (King's) Inf. (St.Troops) Co.H
Brouzat, J. LA Mil. 1st Regt. French Brig. Co.2
Brovier, J.A. TN 21st Inf. Co.H
Brow, --- GA 16th Inf. Co.C
Brow, Arthur Sig.Corps,CSA
Brow, E.G. AL Cav. Moreland's Regt. Co.H
Brow, G. AL 50th Inf.
Brow, J. LA Inf.Cons. 18th Regt. & Yellow Jacket Bn. Co.B
Brow, W. GA 49th Inf. Co.G
Brow, William G. Conf.Reg.Inf. Brooks' Bn. Co.D
Browan, C.A. TN 19th & 20th (Cons.) Cav. Co.C Cpl.
Browanon, Thomas GA 12th Cav. Co.I
Broward, Charles FL 2nd Cav. Co.K
Broward, John FL 2nd Cav. Co.F
Broward, Montgomery L. FL Lt.Arty. Perry's Co.
Broward, Pulaski FL Lt.Arty. Perry's Co. Cpl.
Browater, J.H. GA 6th Cav. Co.L
Browden, Ed. AL 7th Inf. Co.F
Browden, John F. TN Conscr. (Cp. of Instr.)
Browden, R.C. VA Mil. Carroll Cty.
Browder, --- AL 22nd Inf. Co.K
Browder, A. SC Lt.Arty. Beauregard's Co.
Browder, Adam SC Lt.Arty. Beauregard's Co.
Browder, Adam SC 25th Inf. Co.K
Browder, A.J. TN 4th Inf. Co.E
Browder, Albert TN 5th (McKenzie's) Cav. Co.D
Browder, A.M. AL 2nd Bn. Hilliard's Legion Vol. Co.D
Browder, A.W. VA 3rd Inf. Co.E
Browder, Bartlett H. TN 51st Inf. Col.
Browder, Benjamin H. Conf.Arty. Lewis' Bn. Co.B
Browder, Benjamin R. SC 25th Inf. Co.K
Browder, Benjamin X. VA 1st Arty. Co.E
Browder, Benjamin X. VA Hvy.Arty. 10th Bn. Co.D
Browder, B.M. SC 7th Inf. 2nd Co.I
Browder, D. AL Montgomery Guards
Browder, D. NC 27th Inf.
Browder, D. TX Cav. Bone's Co.
Browder, D. TX Cav. Terry's Regt. Co.I
Browder, Darius TN 62nd Mtd.Inf. Co.F 2nd Lt.
Browder, David AL Res. Belser's Co.
Browder, David NC 33rd Inf. Co.F,I
Browder, David A. TN 2nd (Ashby's) Cav. Co.G
Browder, David A. TN Cav. 4th Bn. (Branner's) Co.B
Browder, David D. VA Inf. 21st Bn. 2nd Co.E
Browder, David D. VA 64th Mtd.Inf. Co.E
Browder, D.H. KY 10th Cav. Co.A 1st Lt.
Browder, D.H. KY 8th Mtd.Inf. Co.A Sgt.Maj.
Browder, D.P. TN 43rd Inf. Co.G
Browder, D.P. TN 62nd Mtd.Inf. Co.D
Browder, E.C. TX Arty. (St.Troops) Good's Co.
Browder, Ed TN 62nd Mtd.Inf. Co.A Sgt.
Browder, Ed C. TX 18th Cav. Co.C Capt.
Browder, Edmond AL 9th (Malone's) Cav. Co.F
Browder, Edward C. TX 6th Cav. Co.C
Browder, Edward T. VA Inf. 21st Bn. 2nd Co.E
Browder, Edward T. VA 64th Mtd.Inf. Co.E
Browder, Edwin SC 25th Inf. Co.K
Browder, E.E. KY 7th Mtd.Inf. Co.A
Browder, E.M. SC 25th Inf. Co.C
Browder, F. TN 27th Inf. Co.B

Browder, F.G. KY 7th Cav. Co.G
Browder, F.M. TX 17th Inf. Co.A
Browder, Frank G. KY 3rd Cav. Co.G
Browder, Gadsden SC 25th Inf. Co.K
Browder, G.E. VA Hvy.Arty. Allen's Co.
Browder, George E. VA 14th Inf. Co.E
Browder, George W. VA 6th Inf. Co.I
Browder, Goodwin E. VA Lt.Arty. Pegram's Co.
Browder, Goodwyn E. VA Horse Arty. Ed. Graham's Co.
Browder, G.W. SC 25th Inf. Co.K
Browder, H. VA 41st Inf. Co.C
Browder, Hardy AL 37th Inf. Co.B
Browder, Henry SC 15th Inf. Co.G
Browder, H.H. AL Cadets Co.C
Browder, H.H. TN 31st Inf. Co.D Cpl.
Browder, H.W. AL Lt.Arty. Lee's Btty.
Browder, I. KY 7th Cav. Co.I Cpl.
Browder, Isaac J. SC 25th Inf. Co.K
Browder, Isham KY 7th Mtd.Inf. Co.A Cpl.
Browder, J. KY 10th (Johnson's) Cav. Co.A
Browder, J. TX Cav. Terry's Regt. Co.I
Browder, J.A. TN 15th (Stewart's) Cav. Co.D Cpl.
Browder, James TX Cav. Bone's Co.
Browder, James B. VA Inf. 21st Bn. 2nd Co.E
Browder, James B. VA 64th Mtd.Inf. Co.E
Browder, James M. TX 18th Cav. Co.F
Browder, James R. AL Lt.Arty. Lee's Btty.
Browder, James W. SC 25th Inf. Co.K
Browder, J.B. KY 8th Mtd.Inf.
Browder, J.E. TX Inf. 1st Bn. Co.B
Browder, Jere M. AL 34th Inf. Co.H 1st Lt.
Browder, J.J. LA Arty. Hutton's Co. (Crescent Arty.,Co.A)
Browder, J.J. SC 21st Inf. Co.G
Browder, J.J. TN 62nd Mtd.Inf. Co.D
Browder, J.L. TN 31st Inf. Co.B
Browder, Joel AL 1st Inf. Co.G
Browder, Joel W. VA 6th Inf. Co.I
Browder, John AL Montgomery Guards
Browder, John KY 7th Mtd.Inf. Co.A
Browder, John TN 15th (Cons.) Cav. Co.H
Browder, John F. TN 2nd (Ashby's) Cav. Co.G
Browder, John F. TN Cav. 4th Bn. (Branner's) Co.B
Browder, John F. TN 39th Mtd.Inf. Co.F
Browder, John J. VA Lt.Arty. Pegram's Co. Sgt.
Browder, John J. VA 12th Inf. Branch's Co. Cpl.
Browder, John J. VA 16th Inf. Co.K Sgt.
Browder, John M. AL 37th Inf. Co.F
Browder, John N. NC 21st Inf. Co.G
Browder, John U. VA 59th Inf. 3rd Co.B
Browder, Joshua AL Inf. 1st Regt. Co.G
Browder, Junius C. VA 16th Inf. Co.E
Browder, J.W. MS 28th Cav. Co.D
Browder, J.W. NC 25th Inf. Co.C
Browder, J.W. SC 25th Inf. Co.C
Browder, J.W. VA 20th Inf. Co.C
Browder, Maliciah C. AL 1st Bn. Hilliard's Legion Vol. Co.B
Browder, McKinzie SC 25th Inf. Co.K
Browder, M.V. AL 1st Cav. 2nd Co.A
Browder, N. VA Inf. 44th Bn. Co.A
Browder, N. 2nd Conf.Eng.Troops Co.G
Browder, P. VA 21st Inf. Co.E
Browder, P.C. TN Inf. 3rd Cons.Regt. Co.G
Browder, Philip B. VA Courtney Arty.
Browder, Philip B. VA Lt.Arty. Weisiger's Co.
Browder, Philip B. VA 16th Inf. Co.I
Browder, Pitt C. TN 31st Inf. Co.B
Browder, R.A. KY 7th Mtd.Inf. Co.A 3rd Lt.
Browder, R.F. TN 5th (McKenzie's) Cav. Co.I
Browder, R.H. VA 3rd (Archer's) Bn.Res. Co.F
Browder, R.J. AL Lt.Arty. Goldthwaite's Btty.
Browder, R.J. SC 21st Inf. Co.G
Browder, Robert C. VA 29th Inf. 2nd Co.F
Browder, Robert H. VA 59th Inf. Co.D
Browder, S.D. TN 5th (McKenzie's) Cav. Co.D
Browder, S.W. SC 1st (Hagood's) Inf. 1st Co.E
Browder, S.W. SC 25th Inf. Co.B
Browder, Thomas VA 2nd Inf.Loc.Def. Co.I
Browder, Thomas VA Inf. 2nd Bn.Loc.Def. Co.G
Browder, Thomas VA 6th Inf. Co.I
Browder, Thomas W. VA 21st Inf. Co.C
Browder, T.O. KY 8th Mtd.Inf. Co.A
Browder, Uriah VA 3rd Inf. Co.E
Browder, W.B. KY 9th Mtd.Inf. Co.A
Browder, Wesley TN 19th & 20th (Cons.) Cav. Co.C
Browder, W.F. LA 2nd Inf. Co.C
Browder, W.F. Conf.Cav. Powers' Regt. Co.E
Browder, W.H. AL 1st Cav. Co.A
Browder, William AL 4th (Russell's) Cav. Co.B
Browder, William AL 9th (Malone's) Cav. Co.F
Browder, William TN 4th Inf. Co.E
Browder, William TX 15th Cav. Co.D
Browder, William E. VA 6th Inf. Co.I
Browder, William H. AL 1st Cav. 1st Co.A
Browder, William T. AL 1st Bn. Hilliard's Legion Vol. Co.B
Browder, William T. SC 25th Inf. Co.K
Browder, William T. VA Loc.Def. Chappell's Co.
Browder, W.T. VA 4th Bn.Res. Co.B
Browdn, Phillip VA 6th Inf. Weisiger's Co.
Browe, Burwell A. GA 12th Mil.
Browe, William Conf.Reg.Inf. Brooks' Bn. Co.D
Browell, W.D. MS 6th Cav. Co.K
Browen, Joseph B. AR 19th (Dawson's) Inf. Co.A
Browen, William AR 19th (Dawson's) Inf. Co.A
Brower, Abraham D. MS 8th Inf. Co.H
Brower, Alfred NC 6th Sr.Res. Co.D
Brower, Allen NC 1st Inf. Co.G Cpl.
Brower, A.M. NC 11th (Bethel Regt.) Inf. Co.H
Brower, Briant T. TN 27th Inf. Co.I
Brower, Daniel C. MO Cav. 3rd Bn. Co.C Sgt.
Brower, D.C. Ord.Scouts & Guards Click's Co.,CSA Sgt.
Brower, D.F. NC 2nd Inf. Co.E
Brower, D.W. GA 47th Inf. Co.C
Brower, Edward A. KY 5th Mtd.Inf. Co.F Cpl.
Brower, F. LA 20th Inf.
Brower, George LA Mil. Orleans Guards Regt. Co.C
Brower, George C. Conf.Cav. Wood's Regt. Co.E
Brower, H. LA Mil. Fire Bn. Co.F
Brower, Henry V.H. NC 2nd Cav. (19th St.Troops) Co.D Bugler
Brower, Isaac TX Arty. 4th Bn. Co.A
Brower, Isaac TX 8th Inf. Co.A
Brower, J. NC Cav. 14th Bn. Co.B
Brower, James 1st Cherokee Mtd.Vol. 1st Co.D, 2nd Co.K Music.
Brower, James M. NC 46th Inf. Co.F
Brower, Jeremiah E. AR 18th Inf. Co.H
Brower, Jesse D. MO 11th Inf. Co.K Cpl.
Brower, John MS 4th Cav. Co.D
Brower, John A. NC 14th Inf. Co.C
Brower, John J. MO 11th Inf. Co.K Sgt.
Brower, John J. VA 15th Inf. Co.H
Brower, John L. NC 22nd Inf. Co.I
Brower, John S. MS 42nd Inf. Co.H
Brower, J.S. TN 21st (Wilson's) Cav. Co.D
Brower, Lewis S. NC 26th Inf. Co.G
Brower, N.A. AR 25th Inf. Co.I
Brower, Noah W. MS 8th Cav. Co.C
Brower, Robert J. MS 42nd Inf. Co.F Sgt.
Brower, Rudah C. NC 5th Cav. (63rd St.Troops) Co.K
Brower, Rudy C. NC 22nd Inf. Co.L Sgt.
Brower, Shelton MS Lt.Arty. (Brookhaven Lt.Arty.) Hoskins' Btty.
Brower, T.C. Gen. & Staff, Comsy.Dept. Capt.
Brower, T.M. TN 51st Inf. Co.F
Brower, T.W. TN 51st (Cons.) Inf. Co.F
Brower, W. SC 24th Inf. Co.A
Brower, W.B. MS 18th Cav.
Brower, Wesley A. TN 21st (Wilson's) Cav. Co.H
Brower, Wesley A. TN Cav. Newsom's Regt. Co.F
Brower, Wesley A. TN 27th Inf. Co.I
Brower, Wesley D. NC 5th Cav. (63rd St.Troops) Co.K Cpl.
Brower, William MS 42nd Inf. Co.F
Brower, William VA 10th Cav. Co.D
Brower, William H. NC 14th Inf. Co.C
Brower, William P. NC 46th Inf. Co.G
Brower, Willis L. NC 46th Inf. Co.G
Brower, W.L. NC Mallett's Bn. Co.F
Brower, W.N. MS 1st Bn.S.S. Co.C
Browers, J. AR 58th Mil. Co.C
Browers, W.H. TN 51st Inf. Sgt.
Browes, James W. NC 58th Inf. Co.F
Browing, A. LA 3rd Inf. Co.C
Browing, Aaron AR 45th Cav. Co.H
Browing, Andrew J. AL 51st (Part.Rangers) Co.A
Browing, James W. SC Cav. 4th Bn. Co.D
Browing, John W. KY 7th Cav. Co.G
Browing, J.T. LA 3rd (Wingfield's) Cav. Co.G
Browings, J.W. GA 2nd Inf. Co.E Sgt.
Browling, --- TX 1st (Yager's) Cav. Co.E
Browm, W.J. LA Inf. Jeff Davis Regt. Co.J Sgt.
Browman, G. TX Inf. Timmons' Regt. Co.K
Browman, T.G. VA 23rd Inf. Co.I Sgt.
Brown, --- AL 1st Cav. Brown's Troop
Brown, --- AL 37th Inf. QMSgt.
Brown, --- AL Capt.
Brown, --- GA 19th Inf. Co.K
Brown, --- GA 59th Inf. Co.F
Brown, --- LA 12th Inf. 2nd Co.M
Brown, --- LA 19th Inf. Co.F
Brown, --- MS 6th Cav. Co.B
Brown, --- SC Inf. 1st (Charleston) Bn. Co.A

Brown, --- SC 12th Inf. Co.E
Brown, --- TN 1st (Carter's) Cav.
Brown, --- TN 3rd (Clack's) Inf. Co.G
Brown, --- TN 63rd Inf. Co.B
Brown, --- TX Cav. 4th Regt.St.Troops Co.C
Brown, --- TX 24th & 25th Cav. (Cons.) Co.E
Brown, --- TX 33rd Cav. Co.A
Brown, --- TX Cav. Good's Bn. Co.C
Brown, --- TX Cav. Mann's Regt. Co.C Sgt.
Brown, --- TX Cav. Mann's Regt. Co.F
Brown, --- TX Cav. Mann's Regt. Co.G
Brown, --- TX Cav. McCord's Frontier Regt. Co.A
Brown, ---, 1st TX Cav. McCord's Frontier Regt. Co.F
Brown, ---, 2nd TX Cav. McCord's Frontier Regt. Co.F
Brown, --- TX 1st Hvy.Arty. Co.I
Brown, --- TX 5th Inf. Co.B
Brown, ---, 2nd VA 3rd Lt.Arty. Co.F
Brown, --- Hosp.Stew.
Brown, --- Gen. & Staff Asst.Surg.
Brown, A. AL 17th Inf. Co.D 1st Lt.
Brown, A. AL 34th Inf. Co.A
Brown, A. AR 15th (Johnson's) Inf. Co.B
Brown, A. AR 32nd Inf. Co.K
Brown, A. AR Inf. Hardy's Regt. Co.I
Brown, A. FL Lt.Arty. Perry's Co.
Brown, A. GA Cav. 2nd Bn. Co.C
Brown, A. GA 4th (Clinch's) Cav. Co.I
Brown, A. GA 5th Cav. Co.E
Brown, A. GA 12th Cav. Co.I
Brown, A. GA Lt.Arty. Howell's Co.
Brown, A. GA Arty. Maxwell's Reg.Lt.Btty.
Brown, A. GA 1st Reg. Co.D
Brown, A. GA 3rd Res. Co.H
Brown, A. GA 4th Inf. Co.I
Brown, A. GA 4th Res. Co.F
Brown, A. GA 5th Res. Co.H
Brown, A. GA 8th Inf. (St.Guards) Co.K 2nd Lt.
Brown, A. KY 7th Cav. Co.D
Brown, A. KY 3rd Mtd.Inf. Co.L
Brown, A. KY 4th Mtd.Inf. Co.B
Brown, A. MS 28th Cav. Co.I
Brown, A. MO 15th Cav. Co.L 3rd Lt.
Brown, A. NC 4th Sr.Res. Co.D
Brown, A. NC Home Guards Co.A
Brown, A. SC Cav. 12th Bn. Co.D
Brown, A. SC Cav. Tucker's Co.
Brown, A. SC Inf. 1st (Charleston) Bn. Co.B
Brown, A. SC Inf. 9th Bn. Co.A
Brown, A. SC Mil. 16th Regt. Bancroft's Co.
Brown, A. SC 24th Inf. Co.F
Brown, A. SC 26th Inf. Co.A
Brown, A. TN 19th & 20th (Cons.) Cav. Co.D
Brown, A. TN 4th Inf. Co.I
Brown, A. TN 12th Inf. Co.E Music.
Brown, A. TN 16th Inf. Co.E
Brown, A. TN 22nd Inf. Co.B
Brown, A. TX 35th (Brown's) Cav. Co.A
Brown, A. TX Cav. Giddings' Bn. Weisiger's Co.
Brown, A. TX 13th Vol. 1st Co.B
Brown, A. VA 21st Cav. Co.F
Brown, A. VA Murphy's Co.
Brown, A. Exch.Bn. 2nd Co.C,CSA
Brown, A.A. TN 14th (Neely's) Cav. Co.D
Brown, A.A. TN 9th Inf. Co.A
Brown, A.A. VA 19th Inf. Co.G
Brown, A.A. VA 28th Inf. Co.E
Brown, Aaron MS 7th Cav. 1st Co.I, Co.C
Brown, Aaron NC 33rd Inf. Co.C
Brown, Aaron TN 11th Inf. Co.K
Brown, Aaron TN 31st Inf. Co.F
Brown, Aaron TX Cav. 6th Bn. Co.E
Brown, Aaron TX 21st Cav. Co.D
Brown, Aaron B. TX 1st (McCulloch's) Cav. Co.C
Brown, Aaron B. TX 1st (Yager's) Cav. Co.H
Brown, Aaron B. TX Cav. 8th (Taylor's) Bn. Co.E
Brown, Aaron P. NC 52nd Inf. Co.F
Brown, Aaron P. Gen. & Staff, QM Dept. Capt.
Brown, Aaron R. MS 1st Bn.S.S. Co.D
Brown, Aaron V. AL 10th Inf. Co.F
Brown, Aaron V. VA 18th Inf. Co.G Cpl.
Brown, Aaron W. MS 12th Inf. Co.H
Brown, Aaron W. NC 16th Inf. Co.L
Brown, Aaron W. NC Inf. Thomas Legion Co.E Cpl.
Brown, A.B. AL 45th Inf. Co.F Drum.
Brown, A.B. GA 2nd Cav. (St.Guards) Co.F Sgt.
Brown, A.B. GA 4th (Clinch's) Cav. Co.D
Brown, A.B. GA Mil. (Mtd.) Camden Cty. 3rd Lt.
Brown, A.B. GA 1st (Fannin's) Res. Co.A
Brown, A.B. GA 5th Res. Co.D
Brown, A.B. GA Inf. 13th Bn. (St.Guards) Beall's Co.
Brown, A.B. NC 4th Inf. Co.E
Brown, A.B. SC 17th Inf. Co.A,E
Brown, A.B. SC 20th Inf. Co.A
Brown, A.B. TN Inf. 1st Cons.Regt. Co.H
Brown, A.B. VA 25th Inf. Co.F,G
Brown, Abe AR 23rd Inf. Co.H Cpl.
Brown, Abe VA Cav. 32nd Bn. Co.B
Brown, A. Blair VA 8th Cav. Co.F
Brown, Able 1st Choctaw Mtd.Rifles Ward's Co.
Brown, Abner AR 1st (Colquitt's) Inf. Co.I,A
Brown, Abner GA 49th Inf. Co.E
Brown, Abner NC 18th Inf. Co.I
Brown, Abner TN Inf. 1st Bn. (Colms') Co.E
Brown, Abner TN 35th Inf. Co.G
Brown, Abner TX 17th Cons.Dismtd.Cav. Co.C
Brown, Abner E. NC 7th Inf. Co.A
Brown, Abner G. TX 17th Cav. Co.C Sgt.
Brown, Abner S. AR 2nd Inf. Co.G
Brown, Abner T. MS Cav. 24th Bn. Co.A
Brown, Abner W. SC 15th Inf. Co.G
Brown, A. Booton VA 7th Cav. Co.D 1st Lt.
Brown, Abraham AL Cav. Forrest's Regt.
Brown, Abraham AL 1st Regt.Conscr. Co.B
Brown, Abraham MO 2nd Cav.
Brown, Abraham MO 12th Cav. Co.C
Brown, Abraham TN 18th (Newsom's) Cav. Co.F
Brown, Abraham TN 40th Inf. Co.D
Brown, Abraham VA 1st Cav. Co.A
Brown, Abraham VA Cav. Young's Co.
Brown, Abraham VA 37th Inf. Co.H
Brown, Abraham G. 1st Conf.Inf. 2nd Co.C
Brown, Abram NC 52nd Inf. Co.F
Brown, Abram NC 53rd Inf. Co.G
Brown, Abram VA 54th Inf. Co.F
Brown, Abram VA Inf. 54th Bn. Co.G
Brown, Absalam M. GA Smith's Legion Standridge's Co. 1st Lt.
Brown, Absalom FL Lt.Arty. Abell's Co.
Brown, Absalom GA 47th Inf. Co.B
Brown, Absalom TN 16th Inf. Co.H
Brown, Absey R. GA Inf. (Richmond Factory Guards) Barney's Co.
Brown, Absolem M. GA 6th Cav. Co.A 1st Lt.
Brown, A.C. GA Cav. 22nd Bn. (St.Guards) Co.A Cpl.
Brown, A.C. LA 19th Inf. Co.I
Brown, A.C. LA 25th Inf. Co.A
Brown, A.C. MS 8th Cav. Co.F
Brown, A.C. MO Lt.Arty. Barret's Co.
Brown, A.C. TN 13th Inf. Co.E Sgt.
Brown, A.C. TN 16th Inf. Co.G
Brown, A.C. TN 28th (Cons.) Inf. Co.K
Brown, A.C. TX 32nd Cav. Co.F Sgt.
Brown, A.C. TX Cav. Wells' Regt. Co.A
Brown, A.C. TX Cav. Wells' Bn. Co.A 1st Sgt.
Brown, A.D. AL 6th Cav. Co.L
Brown, A.D. AL 17th Inf. Co.E
Brown, A.D. GA 17th Inf. Co.C
Brown, A.D. GA 39th Inf. Co.F
Brown, A.D. GA 43rd Inf. Co.D
Brown, A.D., Jr. GA Inf. Arsenal Bn. (Columbus) Co.B Capt.
Brown, A.D. MO Cav. 3rd Bn. Co.F Capt.
Brown, A.D. SC 4th Inf. Co.B
Brown, A.D. TN 15th (Stewart's) Cav. Co.A
Brown, A.D. VA 21st Inf. Co.F
Brown, A.D., Jr. Gen. & Staff Det. in Ord.Dept.
Brown, Adam GA 10th Mil.
Brown, Adam NC 5th Inf. Co.E
Brown, Adam NC 42nd Inf. Co.A
Brown, Adam NC 52nd Inf. Co.B
Brown, Adam NC 66th Inf. Co.G
Brown, Adam NC Pris.Guards Howard's Co.
Brown, Adam A. FL 11th Inf. Co.C,F
Brown, Adam A. TN 19th Inf. Co.B
Brown, Adam M. VA 14th Cav. Co.H
Brown, Adam R. GA Siege Arty. 28th Bn. Co.C Sgt.Maj.
Brown, Adam R. GA 4th Inf. Co.K 2nd Lt.
Brown, Adam S. TX 15th Cav. Co.B
Brown, Addison C. VA 47th Inf. Co.A
Brown, Addison W. SC Horse Arty. (Washington Arty.) Vol. Hart's Co.
Brown, Aden NC 26th Inf. Co.E
Brown, Aderson TX 9th (Young's) Inf. Co.F
Brown, Adolphus MS Cav. Garland's Bn. Co.B
Brown, Adolphus MS 7th Inf. Co.A 3rd Lt.
Brown, Adolphus NC 24th Inf. Co.D
Brown, Adolphus 14th Conf.Cav. Co.B
Brown, Adolphus E. NC 60th Inf. Co.D
Brown, A.E. LA Mil. British Guard Bn. Hamilton's Co.
Brown, A.E. NC 49th Inf. Co.I Sgt.
Brown, A.E. SC 9th Inf. Co.D
Brown, A.E. TN 21st (Wilson's) Cav. Co.D
Brown, A.E. TN 21st & 22nd (Cons.) Cav. Co.G
Brown, Aesop AR 3rd Inf. Co.G
Brown, A.F. MS 7th Cav. Co.G 1st Sgt.
Brown, A.F. MS 41st Inf. Co.C Sgt.

Brown, A.F. TN 21st (Wilson's) Cav. Co.I
Brown, A.F. TN 21st & 22nd (Cons.) Cav. Co.K
Brown, A.F. TN 1st Hvy.Arty. 3rd Co.A,L
Brown, A.F. TX Cav. Border's Regt. Co.C
Brown, A.F. Conf.Cav. Wood's Regt. 1st Co.A
Brown, A.F. 2nd Conf.Inf. Co.H
Brown, A. Frank KY Cav. Buckner Guards
Brown, A.G. MS 24th Inf. Co.A
Brown, A.G. MS 39th Inf. Co.F
Brown, A.G. TX 33rd Cav. Co.D
Brown, A.G. VA Inf. 25th Bn. Co.G
Brown, A.G. VA Burks' Regt.Loc.Def. Ammen's Co.
Brown, A.H. AL 13th Bn.Part.Rangers Co.A
Brown, A.H. AR 1st (Dobbin's) Cav. Co.C
Brown, A.H. KY 3rd Mtd.Inf. Co.L
Brown, A.H. LA Arty. King's Btty.
Brown, A.H. LA 25th Inf. Co.G Sgt.
Brown, A.H. LA Inf.Cons.Crescent Regt. Co.H
Brown, A.H. MD Arty. 3rd Btty.
Brown, A.H. MO Inf. 4th Regt.St.Guard Co.A
Brown, A.H. NC 1st Inf. (6 mo. '61) Co.C
Brown, A.H. NC 13th Inf. Co.H 2nd Lt.
Brown, A.H. SC 1st Regt. Charleston Guard Co.H
Brown, A.H. SC Invalid Corps
Brown, A.H. TN 22nd (Barteau's) Cav. 1st Co.H Sgt.
Brown, A.H. TN 5th Inf.
Brown, A.H. TN 12th Inf. Co.E
Brown, A.H. TN 13th Inf. Co.B
Brown, A.H. TX 5th Inf. Co.G Cpl.
Brown, A.H. VA 21st Inf. Co.F
Brown, A.H. VA 47th Inf. Co.A
Brown, A.I. AL 62nd Inf. Co.B
Brown, A.I. LA Hvy.Arty. 2nd Bn. Co.D
Brown, A.J. AL 20th Cav. Lee's Co.
Brown, A.J. AL Cav. Barbiere's Bn. Truss' Co.
Brown, A.J. AL 31st Inf. Co.E
Brown, A.J. AL 33rd Inf. Co.C
Brown, A.J. AL 46th Inf. Co.K
Brown, A.J. AL 61st Inf. Co.K
Brown, A.J. AL 63rd Inf. Co.I,H
Brown, A.J. AL Inf. Crosky's Co.
Brown, A.J. AR 1st (Dobbin's) Cav. Co.A
Brown, A.J. AR 2nd Cav. Co.G
Brown, A.J. AR 8th Cav. Co.L
Brown, A.J. AR 4th Inf. Co.G
Brown, A.J. AR 21st Mil. Co.E
Brown, A.J. GA 7th Cav. Co.H
Brown, A.J. GA Cav. 10th Bn. (St.Guards) Co.E
Brown, A.J. GA 11th Cav. Co.I
Brown, A.J. GA Hardwick Mtd.Rifles Co.B
Brown, A.J. GA 1st Mil. Co.G
Brown, A.J. GA 23rd Inf. Co.K 1st Sgt.
Brown, A.J. GA 26th Inf. Co.I
Brown, A.J. GA 38th Inf. 2nd Co.I
Brown, A.J. GA 52nd Inf. Co.E
Brown, A.J. GA 54th Inf. Co.F
Brown, A.J. GA 60th Inf. 2nd Co.A
Brown, A.J. GA Phillips' Legion Co.D,K
Brown, A.J. LA 13th Bn. (Part.Rangers) Co.A
Brown, A.J. LA 13th Bn. (Part.Rangers) Co.E
Brown, A.J. LA Inf.Cons.Crescent Regt. Co.O
Brown, A.J. MS 4th Cav. Co.B
Brown, A.J. MS 8th Cav. Co.D
Brown, A.J. MS 10th Cav. Co.H
Brown, A.J. MS 12th Cav. Co.H
Brown, A.J. MS 3rd Inf. Co.G
Brown, A.J. MS 3rd Inf. (St.Troops) Co.G 1st Cpl.
Brown, A.J. MS 5th Inf. (St.Troops) Co.B
Brown, A.J. MS 15th Bn.S.S. Co.B
Brown, A.J. MS Rogers' Co.
Brown, A.J. NC 2nd Arty. (36th St.Troops) Co.D,A
Brown, A.J. NC 4th Inf. Co.F
Brown, A.J. NC 29th Inf. Co.D
Brown, A.J. NC 38th Inf. Co.B
Brown, A.J. NC 64th Inf. Co.F Sr.2nd Lt.
Brown, A.J. SC Lt.Arty. Wagener's Co. (Co.A, German Arty.)
Brown, A.J. SC 1st (Hagood's) Inf. 2nd Co.B
Brown, A.J. SC Inf. 1st (Charleston) Bn. Co.D
Brown, A.J. TN 3rd (Forrest's) Cav. 1st Co.B
Brown, A.J. TN 16th Inf. Co.F Ord.Sgt.
Brown, A.J. TN 22nd Inf. Co.K
Brown, A.J. TN 26th Inf. Co.B,H
Brown, A.J. TN 35th Inf. 2nd Co.D
Brown, A.J. TN 38th Inf. Co.F
Brown, A.J. TN 43rd Inf. Co.I
Brown, A.J. TN 62nd Mtd.Inf. Co.L
Brown, A.J. TX 21st Inf. Co.K
Brown, A.J. VA 1st Cav. Co.F,A
Brown, A.J. VA Cav. Mosby's Regt. (Part. Rangers) Asst.Surg.
Brown, A.J. VA 22nd Inf. Co.B
Brown, A.J. VA 30th Inf.
Brown, A.J. 20th Conf.Cav. 2nd Co.I
Brown, A.J. Conf.Cav. Baxter's Bn. Co.A
Brown, A.J. Gen. & Staff, QM Dept. Capt.
Brown, A.J. Gen. & Staff Surg.
Brown, A. Jackson MS 30th Inf. Co.F
Brown, A. Jackson SC Horse Arty. (Washington Arty.) Vol. Hart's Co.
Brown, Akillas S. NC 62nd Inf. Co.A
Brown, A.L. AR 45th Cav. Co.G
Brown, A.L. GA 10th Cav. Co.C
Brown, A.L. GA 13th Cav. Co.F Cpl.
Brown, A.L. GA 11th Inf. Co.D
Brown, A.L. GA Inf. 27th Bn. (NonConscr.) Co.B
Brown, A.L. GA 45th Inf. Co.H 2nd Lt.
Brown, A.L. LA 1st Res. Co.I
Brown, A.L. MS 1st (King's) Inf. (St.Troops) Co.D Capt.
Brown, A.L. TN 15th (Stewart's) Cav. Co.G Cpl.
Brown, A.L. 7th Conf.Cav. Co.C
Brown, Albert AL 6th Inf. Co.E
Brown, Albert AL 13th Bn.Part.Rangers Co.C
Brown, Albert AL 11th Inf. Co.A
Brown, Albert AL 12th Inf. Co.D
Brown, Albert AL 44th Inf. Co.K
Brown, Albert AL 50th Inf. Co.E
Brown, Albert AL 55th Vol. Co.E
Brown, Albert NC 15th Inf. Co.D Sgt.
Brown, Albert NC 49th Inf. Co.B Sgt.
Brown, Albert SC 5th Inf. 1st Co.K
Brown, Albert SC 22nd Inf. Co.B
Brown, Albert SC Palmetto S.S. Co.K
Brown, Albert TN 42nd Inf. 1st Co.K
Brown, Albert TX 4th Inf. Co.C
Brown, Albert TX 18th Inf. Co.I
Brown, Albert VA 2nd Cav. Co.A
Brown, Albert VA 2nd Cav. Co.B
Brown, Albert Conf.Inf. 8th Bn. Co.F
Brown, Albert Conf.Inf. Tucker's Regt. Co.A
Brown, Albert E. GA 11th Inf. Co.E
Brown, Albert F. NC Cav. 5th Bn. Co.A
Brown, Albert F. NC Inf. 2nd Bn. Co.H Cpl.
Brown, Albert G. AL 27th Inf. Co.B Cpl.
Brown, Albert G. MS 1st Cav.Res. Co.H
Brown, Albert G. MS 18th Inf. Co.H Capt.
Brown, Albert H. GA 6th Inf. Co.H
Brown, Albert L. TX 25th Cav. Co.H Sgt.
Brown, Albert L. VA 2nd Arty. Co.H
Brown, Albert L. VA Inf. 22nd Bn. Co.H
Brown, Albert N. VA 3rd Inf. 1st Co.I
Brown, Albert O. VA Cav. 35th Bn. Co.A
Brown, Albert P. TX 4th Inf. Co.A Sgt.
Brown, Albert R. MS 15th Inf. Co.E
Brown, Alchaner GA 49th Inf. Co.B
Brown, Aleck AR 32nd Inf. Co.B
Brown, Alex AL 2nd Cav. Co.K Sgt.
Brown, Alex NC Cumberland Cty.Bn. Detailed Men Co.A
Brown, Alex SC Inf. Holcombe Legion Co.C
Brown, Alex SC 10th Inf. Co.D
Brown, Alexander AL Lt.Arty. 2nd Bn. Co.A
Brown, Alexander AR 31st Inf. Co.B
Brown, Alexander FL Cav. 3rd Bn. Co.B Far.
Brown, Alexander GA 1st Cav. Co.A
Brown, Alexander GA 35th Inf.
Brown, Alexander NC 45th Inf. Co.B
Brown, Alexander NC Alex. Brown's Co. Capt.
Brown, Alexander SC 1st Arty. Co.F
Brown, Alexander SC 13th Inf. Co.B
Brown, Alexander TX 20th Cav. Co.C
Brown, Alexander VA Arty. Paris' Co. Cpl.
Brown, Alexander VA 34th Inf. Co.G
Brown, Alexander VA 45th Inf. Co.H,K
Brown, Alexander VA 55th Inf. Co.A
Brown, Alexander 15th Conf.Cav. Co.D
Brown, Alexander A. MS 27th Inf. Co.D
Brown, Alexander B. LA 28th (Gray's) Inf. Co.A
Brown, Alexander C. MS 9th Inf. Old Co.F
Brown, Alexander C. MS 11th Inf. Co.F
Brown, Alexander C. TN 28th Inf. Co.B
Brown, Alexander C. VA 34th Inf. Co.A
Brown, Alexander D. MO 3rd Cav. Co.A Capt.
Brown, Alexander D. NC 2nd Arty. (36th St.Troops) Co.C 2nd Lt.
Brown, Alexander D. NC Lt.Arty. 13th Bn. Co.C 2nd Lt.
Brown, Alexander G. NC 18th Inf. Co.H
Brown, Alexander G. VA 27th Inf. Co.G 2nd Lt.
Brown, Alexander H. NC 30th Inf. Co.H 2nd Lt.
Brown, Alexander H. VA 17th Inf. Co.E
Brown, Alex. J. TN 55th (Brown's) Inf. Col.
Brown, Alex. Jackson TN 6th Inf. Co.H 1st Lt.
Brown, Alexander M. AL 53rd (Part.Rangers) Co.K 1st Lt.
Brown, Alexander R. LA 28th (Gray's) Inf. Co.H
Brown, Alexander Y. TN 11th Inf. Co.E 1st Lt.
Brown, Alex H. SC Mil. 1st Regt. (Charleston Res.) Col.
Brown, Alford AL 10th Inf. Co.I

Brown, Alford W. GA 11th Inf. Co.E Sgt.
Brown, Alford W. GA Cav. 16th Bn. (St.Guards) Co.G 3rd Lt.
Brown, Alfred AR 15th (N.W.) Inf. Co.G
Brown, Alfred GA Lt.Arty. Guerard's Btty. Cpl.
Brown, Alfred GA 44th Inf. Co.F
Brown, Alfred GA 57th Inf. Co.D
Brown, Alfred KY 5th Mtd.Inf. Co.K,C
Brown, Alfred, Jr. KY 5th Mtd.Inf. Co.C
Brown, Alfred LA 12th Inf. Co.F
Brown, Alfred MO 8th Inf. Co.D
Brown, Alfred NC 16th Inf. Co.B
Brown, Alfred NC 18th Inf. Co.I
Brown, Alfred NC 30th Inf. Co.G
Brown, Alfred NC 45th Inf. Co.B
Brown, Alfred NC 58th Inf. Co.I
Brown, Alfred SC 7th Cav. Co.F
Brown, Alfred SC Mil.Cav. Rutledge's Co.
Brown, Alfred SC 16th Inf. Co.F
Brown, Alfred TN 16th Inf. Co.B
Brown, Alfred TN 25th Inf. Co.I
Brown, Alfred TX 12th Cav. Co.E
Brown, Alfred VA 20th Inf. Co.A
Brown, Alfred VA 51st Inf. Music.
Brown, Alfred VA Lt.Arty. Jackson's Bn.St.Line Co.B
Brown, Alfred A. NC 16th Inf. Co.H
Brown, Alfred D. TN 7th Inf. Co.C
Brown, Alfred D. VA 2nd Arty. Co.A
Brown, Alfred D. VA Inf. 22nd Bn. Co.A
Brown, Alfred E. GA 5th Inf. Co.B
Brown, Alfred E. NC 25th Inf. Co.G
Brown, Alfred F. MS Inf. (Res.) Berry's Co.
Brown, Alfred G. LA 22nd (Cons.) Inf. Co.I
Brown, Alfred J. NC 3rd Arty. (40th St.Troops) Co.F Sgt.
Brown, Alfred J. NC 7th Inf. Co.A
Brown, Alfred L. AR 2nd Mtd.Rifles Co.F
Brown, Alfred M. TN 39th Mtd.Inf. Co.C
Brown, Alfred N. VA 11th Inf. Co.D Drum.
Brown, Alfred P. LA 8th Inf. Co.I
Brown, Alfred P. VA 29th Inf. Co.H
Brown, Alfred S. MS 25th Inf. Co.H
Brown, Alfred T. LA 1st Cav. Co.H
Brown, Alfred W. NC 25th Inf. Co.K
Brown, Algernon R. MS 34th Inf. Co.F 2nd Lt.
Brown, Algernon S. GA 30th Inf. Co.G Sgt.
Brown, Allan L. NC Cav. 7th Bn. Co.C
Brown, Allen AL 6th Cav. Co.F
Brown, Allen AL 57th Inf. Co.G
Brown, Allen AL St.Res. Palmer's Co.
Brown, Allen AR 35th Inf. Co.H
Brown, Allen GA Cav. Hendry's Co. (Atlantic & Gulf Guards) Cpl.
Brown, Allen GA Mtd.Inf. (Pierce Mtd.Vols.) Hendry's Co.
Brown, Allen GA 38th Inf. Co.K
Brown, Allen MO 1st N.E. Cav. Co.F
Brown, Allen MO Inf. 2nd Regt.St.Guard Co.F Capt.
Brown, Allen MO 7th Cav. Haislip's Co.
Brown, Allen NC 57th Inf. Co.C
Brown, Allen SC Inf. 7th Bn. (Enfield Rifles) Co.C
Brown, Allen TN 9th Cav.
Brown, Allen TN 1st (Turney's) Inf. Co.B
Brown, Allen TN 14th Inf. Co.A
Brown, Allen VA 151st Mil. Co.B
Brown, Allen A. NC 18th Inf. Co.B
Brown, Allen B. TN 48th (Voorhies') Inf. Co.F
Brown, Allen F. TN Lt.Arty. Lynch's Co. Cpl.
Brown, Allen G. AL 39th Inf. Co.H
Brown, Allen H. VA 20th Inf. Co.F Sgt.
Brown, Allen H. VA Inf. 25th Bn. Co.C Cpl.
Brown, Allen T. GA 12th (Wright's) Cav. (St.Guards) Wright's Co.
Brown, Allen T. GA Cobb's Legion Co.L
Brown, Allen W. AR Cav. Wright's Regt. Co.B Cpl.
Brown, Alney L. NC 62nd Inf. Co.C Sgt.Maj.
Brown, Alonzo LA 5th Inf. Co.H
Brown, Alonzo VA Horse Arty. Lurty's Co.
Brown, Alsa James NC 38th Inf. Co.A Capt.
Brown, Alvey NC 26th Inf. Co.I
Brown, Alvin VA Hvy.Arty. 19th Bn. 1st Co.E
Brown, Alvin VA 44th Inf. Co.E
Brown, Alvin A. GA 56th Inf. Co.F Sgt.
Brown, Alwyn H. SC 1st (McCreary's) Inf. Co.L
Brown, A.M. AL 1st Cav. 1st Co.K
Brown, A.M. GA 8th Inf. Co.I
Brown, A.M. GA 10th Inf. Co.H
Brown, A.M. GA 64th Inf.
Brown, A.M. GA Phillips' Legion Co.C,I
Brown, A.M. LA 18th Inf. Co.I
Brown, A.M. LA Inf.Crescent Regt. Co.B
Brown, A.M. LA Inf.Cons.Crescent Regt. Co.C
Brown, A.M. MS Cav. 2nd Bn.Res. Co.G
Brown, A.M. MS 7th Cav. Co.A
Brown, A.M. MS Cav. Garland's Bn. Co.C
Brown, A.M. MS Cav. Part.Rangers Rhodes' Co. Cpl.
Brown, A.M. NC 5th Inf. Co.K
Brown, A.M. TN 24th Bn.S.S. Co.B 1st Lt.
Brown, A.M. TN 55th (Brown's) Inf. Co.G 1st Sgt.
Brown, A.M. 14th Conf.Cav. Co.C Cpl.
Brown, A.M. 14th Conf.Cav. Co.F
Brown, Ambers J. TN 13th (Gore's) Cav. Co.B
Brown, Ambrose VA 6th Cav. Co.B,D
Brown, Ambros S. AR 17th (Lemoyne's) Inf. Co.F
Brown, A. McD. SC 1st Regt. Charleston Guard Co.H
Brown, Americus M. GA 12th Inf. Co.D Sgt.
Brown, Amos AR 34th Inf. Co.K
Brown, Amos NC 2nd Arty. (36th St.Troops) Co.D
Brown, Amos VA 8th Bn.Res. Co.A
Brown, Amos A. AR 15th (N.W.) Inf. Co.G
Brown, Amus Conf.Reg.Inf. Brooks' Bn. Co.C
Brown, Amzy B. MS 23rd Inf. Co.I,G
Brown, A.N. GA 3rd Mil. Co.H
Brown, A.N. LA 2nd Inf. Co.I
Brown, Anderson AL 57th Inf. Co.G
Brown, Anderson GA 20th Inf. Co.F
Brown, Anderson MO 1st Cav. Co.K
Brown, Anderson SC 1st (Hagood's) Inf. 2nd Co.F
Brown, Anderson TX 10th Inf. Co.E
Brown, Anderson TX 18th Inf. Co.E
Brown, Anderson W.C. TX 19th Cav. Co.E
Brown, Anderton NC 3rd Inf. Co.I
Brown, Andrew AL 7th Inf. Co.K
Brown, Andrew AL 8th Inf. Co.G
Brown, Andrew AL 33rd Inf. Co.B 1st Lt.
Brown, Andrew FL 10th Inf. Co.D
Brown, Andrew GA 59th Inf. Co.D
Brown, Andrew GA Cobb's Legion Co.C
Brown, Andrew GA Phillips' Legion
Brown, Andrew LA 18th Inf. Co.H Cpl.
Brown, Andrew MS 3rd Inf. Co.G
Brown, Andrew MS 15th Bn.S.S. Co.A 1st Lt.,AQM
Brown, Andrew NC 48th Inf. Co.G
Brown, Andrew TX 24th Cav. Co.K
Brown, Andrew VA 9th Cav. Co.F
Brown, Andrew 1st Conf.Inf. 2nd Co.G
Brown, Andrew Conf.Reg.Inf. Brooks' Bn. Co.B
Brown, Andrew Conf.Inf. Tucker's Regt. Co.E
Brown, Andrew A. LA 9th Inf. Co.A
Brown, Andrew B. GA Phillips' Legion Co.D
Brown, Andrew C. LA 1st (Nelligan's) Inf. Co.A
Brown, Andrew C. MS 24th Inf. Co.H
Brown, Andrew C. SC 14th Inf. Co.G
Brown, Andrew D. VA 22nd Inf. Swann's Co.H
Brown, Andrew D. VA Inf. 26th Bn. Co.A Cpl.
Brown, Andrew D. VA 59th Inf. 2nd Co.K
Brown, Andrew F. GA 15th Inf. Co.I
Brown, Andrew H. AR 8th Inf. New Co.G
Brown, Andrew H. AR 14th (McCarver's) Inf. Co.A
Brown, Andrew H. MO 10th Cav. Co.B
Brown, Andrew H. TN 1st (Feild's) Inf. Co.C Capt.
Brown, Andrew J. AL 6th Cav. Co.E
Brown, Andrew J. AL 3rd Res. Co.D
Brown, Andrew J. AL 6th Inf. Co.K
Brown, Andrew J. AL 28th Inf. Co.A
Brown, Andrew J. AL 44th Inf. Co.I
Brown, Andrew J. AR 16th Inf. Co.C
Brown, Andrew J. GA Arty. 9th Bn. Co.D
Brown, Andrew J. GA 25th Inf. Co.E
Brown, Andrew J. GA 32nd Inf. Co.H Cpl.
Brown, Andrew J. LA 12th Inf. Co.C
Brown, Andrew J. LA 31st Inf. Co.K
Brown, Andrew J. MS 9th Cav. Co.G
Brown, Andrew J. MS 23rd Inf. Co.B
Brown, Andrew J. MS 23rd Inf. Co.E
Brown, Andrew J. MS 23rd Inf. Co.I Sgt.,Music.
Brown, Andrew J. MO 2nd Inf. Co.H,K
Brown, Andrew J. MO 8th Inf. Co.D
Brown, Andrew J. NC 22nd Inf. Co.H
Brown, Andrew J. SC 27th Inf. Co.D
Brown, Andrew J. TN 5th Inf. Co.G
Brown, Andrew J. TN 32nd Inf. Co.E 1st Sgt.
Brown, Andrew J. TN 48th (Voorhies') Inf. Co.I 2nd Lt.
Brown, Andrew J. TX Cav. Madison's Regt. Co.G Bvt.2nd Lt.
Brown, Andrew J. VA 6th Cav. Co.C
Brown, Andrew J. VA 19th Inf. Co.D,A
Brown, Andrew J. VA 36th Inf. 2nd Co.B
Brown, Andrew O. TN 10th Cav.
Brown, Andrew P. GA Lt.Arty. 12th Bn. 2nd Co.A 1st Lt.
Brown, Andrew P. GA 1st (Ramsey's) Inf. Co.A Lt.
Brown, Andrew S. MS 40th Inf. Co.D
Brown, Andrew S. NC 30th Inf. Co.H Cpl.

Brown, Andrew T. GA 2nd Cav. (St.Guards) Co.G Cpl.
Brown, Andy C. MS 6th Cav. Co.B
Brown, Andy J. MS 1st Cav.Res. Co.I
Brown, Angus P. SC 1st Cav. Co.C,K Capt.
Brown, Ansel W. AL 13th Inf. Co.D
Brown, Anthoney B. GA 6th Cav. Co.A
Brown, Anthony SC 4th Inf. Co.B
Brown, Anthony B. GA Smith's Legion Standridge's Co.
Brown, Antoine LA Mil. 2nd Regt. French Brig. Co.6
Brown, Antonio GA 46th Inf. Co.D
Brown, A.O. GA Cav. (St.Guards) Bond's Co. Sgt.
Brown, A.P. AL 1st Inf. Co.K
Brown, A.P. AL 25th Inf. Co.A Sgt.
Brown, A.P. GA 11th Cav. Co.I
Brown, A.P. GA 2nd Inf. Asst.Surg.
Brown, A.P. GA 43rd Inf. AQM
Brown, A.P. LA 28th (Gray's) Inf. Co.A
Brown, A.P. MS 15th Inf. Co.K
Brown, A.P. MS 27th Inf. Co.A
Brown, A.P. MO Robertson's Regt.St.Guard Co.10
Brown, A.P. VA 2nd St.Res. Co.C Sgt.
Brown, A.P. VA 45th Inf. Co.A
Brown, A.P. Gen. & Staff AASurg.
Brown, A.R. AR 13th Inf. Lt.Col.
Brown, A.R. GA 8th Cav. Co.K
Brown, A.R. GA 62nd Cav. Co.K
Brown, A.R. GA 5th Inf. Co.C
Brown, A.R. GA 15th Inf. Co.H
Brown, A.R. MS 22nd Inf. Co.A
Brown, A.R. MS 30th Inf. Co.K
Brown, A.R. TX Cav. Wells' Regt. Co.F 2nd Lt.
Brown, A.R. TX Cav. Wells' Bn. Co.B
Brown, Arch. TX Cav. Wells' Regt. Co.A
Brown, Arch VA 10th Bn.Res. Co.B
Brown, Archer NC 37th Inf. Co.G
Brown, Archey S. NC 1st Inf. (6 mo. '61) Co.F
Brown, Archibald NC 2nd Arty. (36th St.Troops) Co.C
Brown, Archibald NC 26th Inf. Co.H
Brown, Archibald NC 51st Inf. Co.D
Brown, Archibald SC 4th Cav. Co.A
Brown, Archibald SC Cav. 12th Bn. Co.A
Brown, Archibald TX Cav. Wells' Bn. Co.A
Brown, Archibald VA Rockbridge Cty.Res. Hutcheson's Co.
Brown, Archie B. VA 53rd Inf. Co.D 2nd Lt.
Brown, Archy VA Inf. 26th Bn. Co.F
Brown, Arelius AR 8th Inf. New Co.A Music.
Brown, Aris, Jr. TN 1st (Feild's) Inf. Co.A 1st Lt.
Brown, Aristo B. TN 1st (Feild's) Inf. Co.A Cpl.
Brown, Armistead VA 34th Mil. Co.D
Brown, Armistead H. VA 4th Cav. Co.C
Brown, Armistead H. VA Hvy.Arty. Epes' Co. Sgt.
Brown, Armstead H. VA 44th Inf. Co.H Jr.2nd Lt.
Brown, Arron AL 25th Inf. Co.A
Brown, Arter T. MS 33rd Inf. Co.I
Brown, Arthor A. FL 5th Inf. Co.D
Brown, Arthur MO Lt.Arty. H.M. Bledsoe's Co. Comsy.Sgt.
Brown, Arthur NC 33rd Inf. Co.G
Brown, Arthur B. NC 38th Inf. Co.D
Brown, Arthur W. GA 36th (Broyles') Inf.
Brown, A.S. AR 21st Inf. Co.E
Brown, A.S. AR Inf. Cocke's Regt. Co.B
Brown, A.S. FL Cav. 5th Bn. Co.D
Brown, A.S. FL Kilcrease Lt.Arty.
Brown, A.S. GA 9th Inf. Co.G
Brown, A.S. MS 18th Cav. Co.K,L
Brown, A.S. SC 6th Inf. 1st Co.D, 2nd Co.G, Co.F
Brown, A.S. VA 17th Cav. Co.B
Brown, Asa GA 48th Inf. Co.E Sgt.
Brown, Asa NC Cav. 5th Bn. Co.C
Brown, Asa NC 6th Cav. (65th St.Troops) Co.C
Brown, Asa NC 1st Inf. Co.H
Brown, Asa NC 5th Inf. Co.D
Brown, Asa NC 27th Inf. Co.G
Brown, Asa NC 33rd Inf. Co.B
Brown, Asa NC 58th Inf. Co.I
Brown, Asa SC 4th Cav. Co.F
Brown, Asa A. GA 24th Inf. Co.B
Brown, Asa A. TN 15th (Stewart's) Cav. Co.H
Brown, Asa C. GA Inf. 4th Bn. (St.Guards) Co.C
Brown, Asa C. GA 38th Inf. Co.F,I Sgt.
Brown, Asa Fletcher MS 2nd Part.Rangers Co.G Sgt.
Brown, Asa L. GA 30th Inf. Co.H
Brown, Asa M. MS Inf. 3rd Bn. Co.E
Brown, Asa N. SC Inf. 9th Bn. Co.D
Brown, Asa N. SC 26th Inf. Co.E
Brown, Asa R. TX 19th Cav. Co.H
Brown, Asa R. TX Cav. Madison's Regt. Co.G
Brown, Asbury FL Inf. 2nd Bn. Co.A
Brown, Ashbell KY 5th Cav. Co.A
Brown, Ashbury FL 10th Inf. Co.I
Brown, Ashley NC 5th Inf. Co.C
Brown, Asoph AR 15th (N.W.) Inf. Co.G
Brown, A.T. GA 6th Inf. (St.Guards) Co.I
Brown, A.T. MS 7th Inf. Co.G Sgt.
Brown, A.T. MS 22nd Inf. Co.G
Brown, A.T. TN 51st Inf. Co.H
Brown, A.T. TN 51st (Cons.) Inf. Co.D
Brown, A.U. SC Inf. Holcombe Legion Co.A Capt.
Brown, August VA 9th Inf. Co.F
Brown, August VA 15th Inf. Co.K
Brown, Augustine VA 21st Mil. Co.D
Brown, Augustine VA 34th Inf. Co.A
Brown, Augustin Y. MS 36th Inf. Co.E
Brown, Augustus GA Lt.Arty. Milledge's Co.
Brown, Augustus GA 3rd Inf. 1st Co.I
Brown, Augustus H. KY 4th Mtd.Inf. Co.D
Brown, Augustus H. MO 8th Cav. Co.A
Brown, Augustus T. GA Lt.Arty. Scogin's Btty. (Griffin Lt.Arty.)
Brown, August Y. MS 26th Inf. Co.E
Brown, Aurelius W. TX Cav. Mann's Regt. Co.A
Brown, Aurelius W. TX Cav. Mann's Bn. Co.A
Brown, Ausburn D. TN 13th Inf. Co.K 1st Lt.
Brown, Austin AL 29th Inf. Co.C Cpl.
Brown, Austin MO St.Guard
Brown, Austin NC 3rd Arty. (40th St.Troops) Co.H
Brown, Austin NC Lt.Arty. 13th Bn. Co.F
Brown, Austin VA 48th Inf. Co.A Sgt.
Brown, A.V. AL 9th Inf.
Brown, A.V. MO Cav. 1st Regt.St.Guard Co.E
Brown, A.V. TN 19th (Biffle's) Cav. Co.G
Brown, A.V. TN 20th Inf. Co.C Cpl.
Brown, A.W. AL 4th Cav. Co.E
Brown, A.W. AR Lt.Arty. Owen's Btty.
Brown, A.W. AR 8th Inf. New Co.A
Brown, A.W. FL 2nd Inf. Co.G
Brown, A.W. GA 31st Inf. Co.K
Brown, A.W. GA 59th Inf. Co.D
Brown, A.W. KY 12th Cav. Co.A
Brown, A.W. NC 3rd Inf. Co.C
Brown, A.W. SC 1st Mtd.Mil. Johnson's Co.
Brown, A.W. SC 3rd Cav. Co.K
Brown, A.W. SC 7th Cav. Co.I
Brown, A.W. TN 3rd (Forrest's) Cav. Co.D
Brown, A.W. TX 3rd Cav. Co.E 2nd Jr.Lt.
Brown, A.W. TX 21st Cav. Co.A Cpl.
Brown, A.W. TX 25th Cav. Co.A
Brown, A.W. TX Cav. Hardeman's Regt. Co.D
Brown, A.W. TX 1st Inf. Co.M
Brown, A.Y. NC 2nd Cav. (19th St.Troops) Co.K
Brown, Azariah NC 28th Inf. Co.F
Brown, B. AL 12th Cav. Co.G
Brown, B. AL 40th Inf. Co.E
Brown, B. AL Randolph Cty.Res. Shepherd's Co.
Brown, B. AL St.Guards
Brown, B. AR 3rd Inf.
Brown, B. AR 37th Inf. Co.A
Brown, B. KY 1st (Butler's) Cav. Co.E
Brown, B. KY 3rd Cav. Co.D
Brown, B. LA 1st Cav. Co.E
Brown, B. LA 3rd (Harrison's) Cav. Co.C
Brown, B. MS Inf. 2nd St.Troops Co.G
Brown, B. MO 5th Cav. Co.E
Brown, B. MO 8th Inf. Co.E
Brown, B. SC 1st (McCreary's) Inf. Co.B
Brown, B. SC 20th Inf. Co.O
Brown, B. TN 33rd Inf. Co.E
Brown, B. 8th (Wade's) Conf.Cav. Co.C
Brown, B. Gen. & Staff Capt.,AQM
Brown, B.A. GA Mil. (Mtd.) Camden Cty.
Brown, B.A. NC 5th Cav. (63rd St.Troops) Co.I
Brown, B.A. TX Cav. McCord's Frontier Regt. Co.D
Brown, Bailey TN 50th Inf. Co.E,I Sgt.
Brown, Baily KY 1st (Helm's) Cav. New Co.G
Brown, Baker S. NC 17th Inf. (2nd Org.) Co.I
Brown, Ballard VA 17th Cav. Co.H
Brown, Ballard VA 19th Cav. Co.C
Brown, Ballard VA 3rd Cav. & Inf.St.Line Co.D
Brown, Ballard Preston VA 8th Cav. Co.F Cpl.
Brown, Bandon T. MS 18th Inf. Co.B
Brown, Bardin NC Lt.Arty. 13th Bn. Co.F
Brown, Bardin NC Mil. Clark's Sp.Bn. Co.I
Brown, Barlow C. AL 18th Inf. Co.C
Brown, Barm B. SC 3rd Res. Co.F
Brown, Barnabas NC 2nd Arty. (36th St.Troops) Co.H Music.
Brown, Barnabas NC 28th Inf. Co.A
Brown, Barnett AR 1st (Monroe's) Cav. Co.B
Brown, Barney SC Inf. Holcombe Legion Co.D
Brown, Baron C. AL 38th Inf. Co.C

Brown, Barram B. SC 4th Inf. Co.F
Brown, Bartholomew C. FL 1st Cav. Co.G
Brown, Bartlet A. MS 13th Inf. Co.K
Brown, Bartlett J. VA 3rd Inf. Co.A Sgt.
Brown, Bartlett J. VA 61st Inf. Co.H
Brown, Bartlet W. GA 57th Inf. Co.I
Brown, Bartley MS 28th Cav. Co.B
Brown, Bartly C. FL 9th Inf. Co.I
Brown, Barton NC 3rd Arty. (40th St.Troops) Co.H
Brown, Barton R. NC 1st Cav. (9th St.Troops) Co.D 2nd Lt.
Brown, Barton R. NC 6th Cav. (65th St.Troops) Co.F,A Capt.
Brown, Baswell VA 50th Inf. Co.E
Brown, Baylis E. AL 4th Inf. Co.B Capt.
Brown, Bayly VA Horse Arty. J.W. Carter's Co.
Brown, Bazzel VA 63rd Inf. Co.K
Brown, B.B. FL Inf. 2nd Bn. Co.E
Brown, B.B. GA 11th Inf. Co.F
Brown, B.B. GA 66th Inf. Co.K
Brown, B.B. MS 44th Inf. Co.B
Brown, B.B. SC 1st St.Troops Co.H
Brown, B.B. SC Inf. 13th Bn. Co.D
Brown, B.B. TN 24th Bn.S.S. Co.C
Brown, B.B. TX Cav. Benavides' Regt. Co.H
Brown, B.B. VA 5th Cav. Co.I Sgt.
Brown, B.B. VA 7th Cav. Co.G
Brown, B.B. VA 3rd Lt.Arty. Co.F Sgt.
Brown, B.B. VA Arty. C.F. Johnston's Co.
Brown, B.C. GA Lt.Arty. 12th Bn. Co.F Cpl.
Brown, B.C. GA 7th Inf. (St.Guards) Co.L
Brown, B.C. MO 9th Inf. Co.B
Brown, B.C. MO Inf. Clark's Regt. Co.A Cpl.
Brown, B.C. TX 17th Inf. Co.C
Brown, B.C. 1st Conf.Cav. Adj.
Brown, B.C. 1st Conf.Cav. Co.I
Brown, B.C. Conf.Reg.Inf. Brooks' Bn. Co.F
Brown, B. Cornelius Conf.Cav. Wood's Regt. Co.B
Brown, B.D. GA 7th Cav. Co.C
Brown, B.D. GA Cav. 24th Bn. Co.B
Brown, Bedford NC 17th Inf. (2nd Org.) Co.E
Brown, Bedford NC 24th Inf. Surg.
Brown, Bedford NC 24th Inf. Co.A
Brown, Bedford, Jr. NC 43rd Inf. Surg.
Brown, Bedford NC 44th Inf. Co.K 3rd Lt.
Brown, Bedford Gen. & Staff Surg.
Brown, Bedford S. NC 21st Inf. Co.G
Brown, Ben KY 8th Cav. Co.G
Brown, Ben TX 28th Cav. Co.F
Brown, Ben TX 20th Inf. Co.D
Brown, Benager T. GA 38th Inf. Co.F 2nd Lt.
Brown, Benedict TX 12th Inf. Co.A
Brown, Bengerman AL 12th Inf. Co.D
Brown, Beniah GA 38th Inf. Co.G Hosp.Stew.
Brown, Benjamin AL 53rd (Part.Rangers) Co.G,B Far.
Brown, Benjamin AR 19th (Dawson's) Inf. Co.F
Brown, Benjamin AR 23rd Inf. Co.B
Brown, Ben. AR 32nd Inf. Co.C
Brown, Benjamin GA 64th Inf. Co.D
Brown, Benjamin KY 6th Cav. Co.C
Brown, Benjamin LA 1st Cav. Co.E
Brown, Benjamin LA 8th Inf. Co.D
Brown, Benjamin MS Lt.Arty. (Jefferson Arty.) Darden's Co.
Brown, Benjamin MO 6th Cav. Co.C Cpl.
Brown, Benjamin MO Lt.Arty. H.M. Bledsoe's Co.
Brown, Benjamin NC 8th Bn.Part.Rangers Co.A
Brown, Benjamin NC 66th Inf. Co.F
Brown, Benjamin SC 22nd Inf. Co.C
Brown, Benjamin TN 17th Inf. Co.A
Brown, Benjamin TN 50th Inf. Co.I 2nd Lt.
Brown, Benjamin TX Arty. 4th Bn. Co.A
Brown, Benjamin TX 16th Inf. Co.D
Brown, Benjamin TX Inf. (St.Serv.) Townsend's Co. (Robertson Five Shooters)
Brown, Benjamin VA 21st Cav. Co.K
Brown, Benjamin VA Lt.Arty. Jackson's Bn.St.Line Co.B
Brown, Benjamin VA 8th Bn.Res. Co.A
Brown, Benjamin, Jr. VA 19th Inf. Co.H Capt.
Brown, Benjamin VA 46th Inf. 1st Co.K
Brown, Benjamin VA 49th Inf. Co.D
Brown, Benjamin A. GA 20th Inf. Co.C Cpl.
Brown, Benjamin B. NC 17th Inf. (1st Org.) Co.G
Brown, Benjamin B. NC 44th Inf. Co.B Cpl.
Brown, Benjamin B. VA 34th Inf. Co.D
Brown, Benjamin C. GA 25th Inf. Co.G
Brown, Benjamin C. Conf.Reg.Inf. Brooks' Bn. Co.F
Brown, Benjamin D. MS 17th Inf. Co.K
Brown, Benjamin D. NC 56th Inf. Co.K
Brown, Benjamin Dabney MS 2nd Part.Rangers Co.G
Brown, Benjamin E. MO 4th Cav. Co.B Sgt.
Brown, Benjamin F. AL Lt.Arty. Hurt's Btty.
Brown, Benjamin F. AL 3rd Res. Co.I
Brown, Benjamin F. AR 36th Inf. Co.H
Brown, Benjamin F. FL 1st Inf. Old Co.E Music.
Brown, Benjamin F. FL 6th Inf. Co.C
Brown, Benjamin F. GA Inf. 8th Bn. Co.B
Brown, Benjamin F. GA 12th Inf. Co.B
Brown, Benjamin F. GA 28th Inf. Co.E
Brown, Benjamin F. GA 31st Inf. Co.F
Brown, Benjamin F. GA 36th (Villepigue's) Inf. Co.G
Brown, Benjamin F. GA 52nd Inf. Co.K
Brown, Benjamin F. GA Smith's Legion Co.K Maj.
Brown, Benjamin F. KY 2nd Mtd.Inf. Co.I Cpl.
Brown, Benjamin F. LA 8th Inf. Co.G
Brown, Benjamin F. LA 9th Inf. Co.H
Brown, Benjamin F. MS 10th Inf. Old Co.G, New Co.H
Brown, Benjamin F. MS 16th Inf. Co.B
Brown, Benjamin F. NC 37th Inf. Co.C Sgt.
Brown, Benjamin F. SC 1st (McCreary's) Inf. Co.L Ord.Sgt.
Brown, Benjamin F. SC 2nd Rifles Co.L Surg.
Brown, Benjamin F. TN 10th Cav.
Brown, Benjamin F. TN Lt.Arty. Baxter's Co.
Brown, Benjamin F. TN Lt.Arty. Kain's Co.
Brown, Benjamin F. TX 18th Cav. Co.H
Brown, Benjamin F. VA Lt.Arty. Pegram's Co. Cpl.
Brown, Benjamin F. VA 27th Inf. Co.D
Brown, Benjamin F. VA 56th Inf. Co.D
Brown, Benj. F. Gen. & Staff Surg.
Brown, Benjamin G. AR 14th (McCarver's) Inf. Co.D
Brown, Benjamin G. AR 21st Inf. Co.K
Brown, Benjamin H. GA 2nd Cav. Co.G
Brown, Benjamin H. MO 10th Inf. Co.F
Brown, Benjamin H. TN Conscr. (Cp. of Instr.)
Brown, Benjamin I. MS 11th Inf. Co.E
Brown, Benjamin J. AL 41st Inf. Co.G
Brown, Benjamin J. FL 7th Inf. Co.A 1st Sgt.
Brown, Benjamin J.H. LA Inf. 11th Bn. Co.F
Brown, Benjamin L. GA Inf. 1st Conf.Bn. Co.D
Brown, Benjamin L. GA 30th Inf. Co.F Cpl.
Brown, Benjamin L. GA 59th Inf. Co.E Capt.
Brown, Benjamin L. VA 40th Inf. Co.I
Brown, Benjamin L.R. NC 17th Inf. (1st Org.) Co.G
Brown, Benjamin M. VA Courtney Arty.
Brown, Benjamin M. VA Lt.Arty. Weisiger's Co.
Brown, Benjamin M. VA 6th Inf. Weisiger's Co.
Brown, Benjamin M. VA 16th Inf. Co.I
Brown, Benjamin O. TX 22nd Inf. Co.H Cpl.
Brown, Benjamin P. GA 43rd Inf. Co.D
Brown, Benjamin R. MS 44th Inf. Co.E
Brown, Benjamin R. NC 52nd Inf. Co.F
Brown, Benjamin S. AL 63rd Inf. Co.B
Brown, Benjamin S. GA 1st (Ramsey's) Inf. Co.K
Brown, Benjamin S. GA 30th Inf. Co.F
Brown, Benjamin S. VA 21st Cav. Co.K
Brown, Benjamin S. VA 5th Inf. Co.H
Brown, Benjamin T. TN Cav. 16th Bn. (Neal's) Co.D Capt.
Brown, Benjamin W. GA 3rd Cav. (St.Guards) Co.I
Brown, Benjamin W. TX 8th Inf. Co.A
Brown, Bennett B. AL Lt.Arty. Lee's Btty. Cpl.
Brown, Bennett B. AL 3rd Inf. Co.G
Brown, Bennett R. TX 17th Cav. Co.A
Brown, Bentley R. VA 3rd Cav. Co.G
Brown, Benton J. Gen. & Staff Capt.,AQM
Brown, Beny B. FL Cav. 5th Bn. Co.E
Brown, Bernard TX Cav. Hardeman's Regt. Co.B Bugler
Brown, Bernard TX Cav. Madison's Regt. Co.D
Brown, Bernard S. VA 58th Mil. Co.D
Brown, Berry NC 7th Inf. Co.F
Brown, Berry Francis SC 1st (Butler's) Inf. Co.A
Brown, Berywick MO Inf. Perkins' Bn. Co.F
Brown, Bevaldry T. GA 13th Cav. Co.D
Brown, Beverly NC Lt.Arty. 3rd Bn. Co.C
Brown, Beverly J. TX 34th Cav. Co.H
Brown, Beverly W. VA 7th Inf. Co.E Sgt.
Brown, Bezaleel I. VA 57th Inf. Co.H Music.
Brown, Bezaliel G. VA 7th Inf. Co.I Capt.
Brown, Bezaliel G., Jr. VA 7th Inf. Co.I Cpl.
Brown, B.F. AL 24th Inf. Co.A
Brown, B.F. AL 62nd Inf. Co.E
Brown, B.F. AR 19th (Dawson's) Inf. Co.K
Brown, B.F. FL 2nd Inf. Co.H
Brown, B.F. GA 6th Cav. Lt.Col.
Brown, B.F. GA 2nd Inf. Co.D
Brown, B.F. GA 2nd (Stapleton's) St.Troops Co.I
Brown, B.F. GA 10th Inf. Co.A
Brown, B.F. GA 11th Inf. Co.G
Brown, B.F. GA 65th Inf. Co.K Maj.
Brown, B.F. GA 66th Inf. Co.I

Brown, B.F. GA Inf. (Jones Hussars) Jones' Co. Sgt.
Brown, B.F. GA Inf. (Loc.Def.) Whiteside's Nav.Bn. Co.B
Brown, B.F. KY 1st (Helm's) Cav. Co.F Capt.
Brown, B.F. KY 7th Cav. Co.G
Brown, B.F. KY 3rd Mtd.Inf. Co.L Sgt.
Brown, B.F. LA Hvy.Arty. 2nd Bn. Co.B
Brown, B.F. LA 16th Inf. Co.A Capt.
Brown, B.F. MS 3rd Cav. Co.D
Brown, B.F. MS Cav. Powers' Regt. Co.A
Brown, B.F. MO 12th Inf. Co.B
Brown, B.F. NC 38th Inf. Co.B
Brown, B.F. NC 52nd Inf. Co.D
Brown, B.F. TN 12th Inf. Co.E
Brown, B.F. TN 63rd Inf. Co.D Fifer
Brown, B.F. 20th Conf.Cav. Co.D
Brown, B.F. Conf.Cav. Wood's Regt. Co.L
Brown, B.F. 1st Conf.Inf. 1st Co.G
Brown, B.F. Jackson's Co.,CSA
Brown, B.G. AL 29th Inf. Co.D,H Capt.
Brown, B.G. MS 6th Cav. Co.F
Brown, B.G. MS 44th Inf. Co.H Capt.
Brown, B.G. SC 5th Inf. 2nd Co.B
Brown, B.G. TX 1st Field Btty.
Brown, B.H. AL Lt.Arty. 2nd Bn. Co.D Artif.
Brown, B.H. AL 15th Inf. Co.I
Brown, B.H. AR Lt.Arty. 4th Btty. Cpl.
Brown, B.H. AR 37th Inf. Co.K
Brown, B.H. GA Inf. 40th Bn. Co.C
Brown, B.H. GA 43rd Inf. Co.E Hosp.Stew.
Brown, B.H. SC Mil. 1st Regt. (Charleston Res.) Co.D
Brown, B.H. TN Lt.Arty. Browne's Co. Artif.
Brown, Bill 1st Cherokee Mtd.Rifles Co.K
Brown, Bird VA 34th Inf. Co.C
Brown, Bird Ruffin TN 40th Inf. Co.A 1st Sgt.
Brown, B.J. AR 19th (Dawson's) Inf. Co.F Cpl.
Brown, B.J. GA 39th Inf. Co.G Capt.
Brown, B.J. MO St.Guard Col.
Brown, B.J. VA 88th Mil.
Brown, B.J. VA Conscr. Cp.Lee Co.B
Brown, B.J. Gen. & Staff Col.,Insp.
Brown, B.L. AR 15th Mil. Co.B
Brown, B.L. AR 35th Inf. Co.H
Brown, B.L. MS 1st (King's) Inf. (St.Troops) Co.C
Brown, B.L. MS Inf. 1st Bn.St.Troops (30 days '64) Co.F Sgt.
Brown, B.L. TN 28th (Cons.) Inf. Co.H Sgt.
Brown, B.L. TN 84th Inf. Co.D
Brown, Blackburn H. TN 27th Inf. Co.K Lt.Col.
Brown, B.L.R. NC 17th Inf. (2nd Org.) Co.A
Brown, Bluford W. AL 44th Inf. Co.G Capt.
Brown, B.M.G. LA 1st Cav. Co.E
Brown, B.N. MS Cav. 3rd Bn.Res. Co.C
Brown, Bolar A. TX Cav. Morgan's Regt. Co.I
Brown, Boliver A. TX 2nd Cav. 1st Co.F
Brown, Bowling VA Hvy.Arty. 18th Bn. Co.A
Brown, Bowling Callahill VA 10th Cav. Co.C 2nd Lt.
Brown, Boyd W. TX Cav. Mann's Regt. Co.A
Brown, B.P. AR 5th Mil. Co.E Sgt.
Brown, B.R. AL 54th Inf. QMSgt.
Brown, B.R. AR 1st Inf. Co.B
Brown, B.R. GA Cav. 19th Bn. Co.E
Brown, B.R. MS 38th Cav.
Brown, B.R. NC 21st Inf. Co.H
Brown, B.R. NC 55th Inf. Co.B
Brown, B.R. TX 17th Cons.Dismtd.Cav. Co.A Jr.2nd Lt.
Brown, B.R. VA 3rd Inf.Loc.Def. Co.I
Brown, Brantly NC 50th Inf. Co.A
Brown, Breaker SC 19th Inf. Co.E
Brown, Bridges J. AR 1st (Colquitt's) Inf. Co.H Cpl.
Brown, Brisban SC Mil. 18th Regt. Co.F
Brown, Brisbern SC 1st Mtd.Mil. Earnests' Co.
Brown, Britton A. GA 27th Inf. Co.E
Brown, Britton A. NC 20th Inf. Co.I Sgt.
Brown, Bryan FL Sp.Cav. 1st Bn. Co.B
Brown, Bryant FL 2nd Inf. Co.I
Brown, Bryant NC Hvy.Arty. 1st Bn. Co.B,D
Brown, Bryant NC 12th Inf. Co.C
Brown, Bryant TX 13th Cav. Co.K
Brown, B.S. SC Inf. Holcombe Legion Co.D
Brown, B.T. AL 5th Inf. New Co.E Cpl.
Brown, B.T. MS 7th Cav. Co.K
Brown, B.T. MS 2nd Part.Rangers Co.K
Brown, B.T. MS 3rd Inf. (St.Troops) Co.K
Brown, B.T. VA 58th Inf. Co.D
Brown, Bunting LA 21st (Patton's) Inf. Co.E
Brown, Burket NC Home Guards Co.D
Brown, Burlington MS 31st Inf. Co.E
Brown, Burnett SC Inf. Hampton Legion Co.A
Brown, Burney R. GA 6th Inf. Co.A
Brown, Burrel SC 22nd Inf. Co.B
Brown, Burrell NC 21st Inf. Co.L
Brown, Burrell B. GA 3rd Inf. Co.D
Brown, Burrell J. SC 19th Inf. Co.E
Brown, Burrow E. GA 36th (Broyles') Inf. Co.D
Brown, Burton NC 66th Inf. Co.G
Brown, Burton C. NC 6th Inf .Co.D Cpl.
Brown, Burton T. GA 38th Inf. Co.F
Brown, Burwell B. VA 57th Inf. Co.E
Brown, Burwell J. GA 12th (Wright's) Cav. (St.Guards) Wright's Co.
Brown, Burwell J. GA Inf. 27th Bn. Co.B
Brown, Bushrod B. VA 9th Cav. Co.C
Brown, Butler GA Inf. (Mitchell Home Guards) Brooks' Co.
Brown, Butler MS 1st Lt.Arty. Co.B
Brown, B.W. AL 8th (Livingston's) Cav. Co.A 1st Lt.
Brown, B.W. AL 50th Inf.
Brown, B.W. AR 23rd Inf. Co.H
Brown, B.W. FL 2nd Cav. Co.F,H,C
Brown, B.W. GA Cav. Roswell Bn. Co.A Sgt.
Brown, B.W. GA 12th (Robinson's) Cav. (St.Guards) Co.D Sgt.
Brown, B.W. GA 10th Inf. Co.I
Brown, B.W. GA 60th Inf. Co.F
Brown, B.W. MS Inf. 2nd Bn. (St.Troops) Co.B
Brown, B.W. MS 1st (Patton's) Inf. Co.E
Brown, B.W. SC Inf. Holcombe Legion Co.A
Brown, B.W. TX 11th (Spaight's) Bn.Vol. Co.F AQM
Brown, B.W. Conf.Cav. Wood's Regt. 2nd Co.A
Brown, B.W. Gen. & Staff Capt.,AQM
Brown, Bythal G. NC 3rd Arty. (40th St.Troops) Co.F Sgt.
Brown, C. AL 3rd Inf. Co.E
Brown, C. GA 4th (Clinch's) Cav. Co.D
Brown, C. GA 13th Cav. Co.H Cpl.
Brown, C. GA Inf. 8th Bn.
Brown, C. GA 15th Inf. Co.A
Brown, C. GA 47th Inf. Co.H
Brown, C. GA 63rd Inf. Co.D
Brown, C. KY 12th Cav. Co.C Sgt.
Brown, C. LA 25th Inf. Co.K
Brown, C. MS Cav. Hughes' Bn. Co.C
Brown, C. NC 14th Inf. Co.H
Brown, C. NC 17th Inf. (2nd Org.)
Brown, C. SC 6th Res. Co.A
Brown, C. SC 11th Inf. 2nd Co.F
Brown, C. TN 21st & 22nd (Cons.) Cav. Co.C
Brown, C. TN 31st Inf. Co.K
Brown, C. TN 38th Inf. Co.C
Brown, C. TX 7th Cav. Co.E
Brown, C. TX 24th Cav. Co.I
Brown, C. TX 30th Cav. Co.F
Brown, C. TX 8th Inf. Co.F
Brown, C. VA 2nd St.Res. Co.H
Brown, C. VA 2nd St.Res. Co.M
Brown, C. VA 3rd Inf.Loc.Def. 1st Co.G
Brown, C. 2nd Conf.Eng.Troops Co.E
Brown, C.A. MS 28th Cav. Co.D
Brown, C.A. Eng.Dept. Polk's Corps A. of TN Sap. & Min. Co.,CSA
Brown, Calain AL 6th Cav. Co.A
Brown, Caleb GA 23rd Inf. Co.E
Brown, Caleb L. KY 1st Bn.Mtd.Rifles Co.B
Brown, Caleb L. KY 3rd Bn.Mtd.Rifles Co.D 2nd Lt.
Brown, Caleb P. SC Palmetto S.S. Co.H 1st Lt.
Brown, Caleb R. FL 6th Inf. Co.C
Brown, Caleb S. GA 57th Inf. Co.I
Brown, Calloway AL 31st Inf. Co.E
Brown, Calvin AL 9th (Malone's) Cav. Co.D,C
Brown, Calvin AR 10th Cav.
Brown, Calvin GA 65th Inf. Co.F Sgt.
Brown, Calvin MS 4th Cav. Co.C
Brown, Calvin MS Lt.Arty. (Jefferson Arty.) Darden's Co. Cpl.
Brown, Calvin NC 50th Inf. Co.A
Brown, Calvin SC 18th Inf. Co.F
Brown, Calvin TN 25th Inf. Co.D
Brown, Calvin TN 48th (Nixon's) Inf. Co.E
Brown, Calvin TX Cav. Saufley's Scouting Bn. Co.D
Brown, Calvin B. NC 42nd Inf. Co.C
Brown, Calvin J. LA 19th Inf. Co.F
Brown, Calvin J. NC 5th Cav. (63rd St.Troops) Co.F Cpl.
Brown, Calvin L. NC 1st Arty. (10th St.Troops) Co.D
Brown, Calvin L. TN 54th Inf. Dooley's Co.
Brown, Calvin M. TX 6th Cav. Co.F
Brown, Calvin P. AL 31st Inf. Co.A 3rd Lt.
Brown, Calvin P. GA 8th Inf. Co.G
Brown, Calvin R. GA Lt.Arty. 14th Bn. Co.B
Brown, Calvin R. GA Lt.Arty. Anderson's Btty.
Brown, Calvin S. NC 11th (Bethel Regt.) Inf. Co.D Capt.
Brown, Campbell TN 3rd (Clack's) Inf. Co.E 1st Lt.
Brown, Campbell TN 34th Inf. Co.I Capt.
Brown, Caney NC 60th Inf. Co.F
Brown, Capt. LA Mil. 3rd Regt. 1st Brig. 1st Div. Co.K
Brown, Carl AL 21st Inf. Co.H

Brown, Carl LA 6th Inf. Co.B
Brown, Carlos GA 42nd Inf. Co.D
Brown, Carter SC Hvy.Arty. 15th (Lucas') Bn. Co.B
Brown, Carter T. TN Lt.Arty. Baxter's Co.
Brown, Carver W. TN Cav. 9th Bn. (Gantt's) Co.C
Brown, Cary C. VA 2nd Cav. Co.H
Brown, C.B. AR 6th Inf. Co.G Sgt.
Brown, C.B. GA 2nd Cav. (St.Guards) Co.G
Brown, C.B. GA Phillips' Legion Co.D,K
Brown, C.B. MS 1st Lt.Arty.
Brown, C.B. SC 1st St.Troops Co.A
Brown, C.C. AR 14th (McCarver's) Inf. Co.I
Brown, C.C. GA Cav. 12th Bn. (St.Guards) Co.B
Brown, C.C. GA 2nd Res. Co.H
Brown, C.C. GA 46th Inf. Co.H
Brown, C.C. GA 53rd Inf. Co.E 1st Lt.
Brown, C.C. KY Cav. 2nd Bn. (Dortch's) Co.D
Brown, C.C. KY 8th Cav. Co.H
Brown, C.C. KY 8th Mtd.Inf. Co.A Sgt.
Brown, C.C. KY Morgan's Men Co.D
Brown, C.C. MD 1st Cav. Co.A
Brown, C.C. MS 9th Inf. Co.A
Brown, C.C. MO Cav. Williams' Regt. Co.G
Brown, C.C. TN 8th (Smith's) Cav. Co.E
Brown, C.D. FL 6th Inf.
Brown, C.D. GA 6th Inf. Cpl.
Brown, C.D. LA Inf.Crescent Regt. Co.D
Brown, C.D. NC 64th Inf.
Brown, C.D. SC 2nd Arty. Co.A Sgt.
Brown, C.E. LA Miles' Legion
Brown, C.E. TX 15th Cav. Co.D
Brown, Cealsberry LA 1st Hvy.Arty. (Reg.) Co.C
Brown, C.F. GA Cav. Nelson's Ind.Co.
Brown, C.F. TX Cav. Giddings' Bn. Weisiger's Co.
Brown, C.F. VA Lt.Arty. Sturvidant's Co.
Brown, C.F. VA 88th Mil.
Brown, C.G. AL 20th Inf. Co.F Sgt.
Brown, C.G. GA 17th Inf. Co.C
Brown, C.G. MS 10th Cav. Co.F 1st Lt.
Brown, C.G. MS 23rd Inf. Co.L
Brown, C.G. TN 28th (Cons.) Inf. Co.B
Brown, C.G. Eng.Dept. Polk's Corps A. of TN Sap. & Min. Co.,CSA
Brown, C.H. AL 16th Inf. Co.D
Brown, C.H. MS 7th Cav. Co.E
Brown, C.H. MO 1st Cav. Co.A
Brown, C.H. SC 22nd Inf. Co.G
Brown, C.H. TN 18th (Newsom's) Cav. Co.K Cpl.
Brown, C.H. TN 9th Inf. Co.K
Brown, Chancellor M. MO Searcy's Bn.S.S. Co.F 1st Sgt.
Brown, Chapman VA 36th Inf. 2nd Co.K
Brown, Chappell H. GA 59th Inf. Co.F
Brown, Charles AL Eufaula Lt.Arty.
Brown, Charles AL 50th Inf.
Brown, Charles AL 94th Mil. Co.A
Brown, Charles AL Gorff's Co. (Mobile Pulaski Rifles)
Brown, Charles AR 9th Inf. Co.G
Brown, Charles AR Inf. Hardy's Regt. Co.K
Brown, Charles FL 1st Inf. New Co.I
Brown, Charles GA Cav. 21st Bn. Co.D
Brown, Charles GA 1st (Olmstead's) Inf. Co.I
Brown, Charles GA Inf. 1st Bn. (St.Guards) Co.C
Brown, Charles GA Inf. 1st Loc.Troops (Augusta) Co.D
Brown, Charles GA 51st Inf. Co.D 1st Sgt.
Brown, Charles GA Inf. City Bn. (Columbus) Co.C
Brown, Charles KY 10th (Johnson's) Cav. Co.A Sgt.
Brown, Charles KY 5th Mtd.Inf. Co.F
Brown, Charles LA 1st Hvy.Arty. (Reg.) Co.F
Brown, Charles LA Hvy.Arty. 8th Bn. Co.2 Sgt.
Brown, Charles LA Washington Arty.Bn. Co.1
Brown, Charles LA 1st (Strawbridge's) Inf. Co.F
Brown, Charles LA 3rd Inf. Co.B
Brown, Charles LA Mil. 4th Regt. 1st Brig. 1st Div. Co.I Sgt.
Brown, Charles LA Mil. 4th Regt. 2nd Brig. 1st Div. Co.F
Brown, Charles LA Inf. 4th Bn. Co.D Cpl.
Brown, Charles LA 5th Inf. Co.C Sgt.
Brown, Charles LA 8th Inf. Co.I
Brown, Charles LA 10th Inf. Co.B
Brown, Charles LA 13th Inf. Co.F,E,I
Brown, Charles LA 15th Inf. Co.B
Brown, Charles LA 15th Inf. Co.C
Brown, Charles LA 18th Inf. Co.E
Brown, Charles LA 20th Inf. Co.B
Brown, Charles LA 21st (Kennedy's) Inf. Co.B
Brown, Charles LA 22nd Inf. Co.D,C
Brown, Charles LA 22nd (Cons.) Inf. Co.D
Brown, Charles LA 26th Inf. Co.E
Brown, Charles LA 30th Inf. Co.E
Brown, Charles LA Mil. British Guard Bn. Coburn's Co.
Brown, Charles LA
Brown, Charles MS 5th Inf. (St.Troops) Co.C
Brown, Charles MS 21st Inf. Co.C
Brown, Charles MO 8th Cav. Co.F
Brown, Charles MO 12th Cav. Co.H
Brown, Charles MO Lt.Arty. 3rd Btty.
Brown, Charles MO Lt.Arty. Barret's Co.
Brown, Charles MO 5th Inf. Co.F
Brown, Charles MO 11th Inf. Co.D
Brown, Charles MO Inf. Perkins' Bn. Co.E Cpl.
Brown, Charles MO St.Guard
Brown, Charles NC 5th Inf. Co.K
Brown, Charles NC 8th Inf. Co.K
Brown, Charles SC 1st Arty. Co.B
Brown, Charles SC 1st (Butler's) Inf. Co.B
Brown, Charles SC 1st (Butler's) Inf. Co.G,H
Brown, Charles SC 7th Inf.
Brown, Charles SC 14th Inf. Co.D
Brown, Charles SC 17th Inf. Co.G
Brown, Charles TN 9th (Ward's) Cav. Co.G
Brown, Charles TN Lt.Arty. Baxter's Co.
Brown, Charles TN 3rd (Lillard's) Mtd.Inf. Co.E
Brown, Charles TN 35th Inf. Co.H
Brown, Charles TX 2nd Cav. 2nd Co.F Bugler
Brown, Charles TX 2nd Cav. Co.I
Brown, Charles TX 36th Cav. Co.G
Brown, Charles TX 2nd Field Btty.
Brown, Chas. TX 1st Regt.St.Troops Co.A
Brown, Charles TX 5th Inf. Co.E
Brown, Charles VA 2nd Cav.
Brown, Charles VA 5th Cav. Co.I
Brown, Charles VA 6th Cav. Co.H
Brown, Charles VA 12th Cav. Co.C
Brown, Charles VA 14th Cav. Co.G
Brown, Charles VA 17th Cav. Co.K 1st Sgt.
Brown, Charles VA Cav. 32nd Bn. Co.A,B
Brown, Charles VA Cav. 36th Bn. Co.B
Brown, Charles VA 1st Arty. Co.I
Brown, Charles VA Lt.Arty. 38th Bn. Co.B
Brown, Charles VA Lt.Arty. Motley's Co.
Brown, Charles VA Lt.Arty. Thompson's Co.
Brown, Charles VA 2nd Inf.Loc.Def. Co.D
Brown, Charles VA Inf. 6th Bn.Loc.Def. Co.A
Brown, Charles VA 9th Inf. Co.G
Brown, Charles VA 11th Inf. Co.B
Brown, Charles VA Inf. 25th Bn. Co.A
Brown, Charles VA 31st Mil. Co.F
Brown, Charles VA 34th Inf. Co.A
Brown, Charles VA 59th Inf. 3rd Co.F
Brown, Charles Conf.Hvy.Arty. Montague's Bn. Co.A
Brown, Charles Central Div. KY Sap. & Min.,CSA
Brown, Charles 1st Choctaw & Chickasaw Mtd.Rifles 2nd Co.C Sgt.
Brown, Charles A. MD 1st Inf. Co.E
Brown, Charles A. MS Inf. (Red Rebels) D.J. Red's Co.
Brown, Charles A. SC Lt.Arty. Beauregard's Co.
Brown, Charles A. VA 17th Inf. Co.B
Brown, Charles B. VA 6th Cav. Co.I 2nd Lt.
Brown, Charles B. VA 7th Inf. Co.I Lt.
Brown, Charles B. VA 15th Inf. Co.K
Brown, Charles C. TN 34th Inf. Co.G
Brown, Charles C. VA 14th Cav. Co.M
Brown, Charles C. VA 16th Cav. Co.C
Brown, Charles C. VA Cav. Hounshell's Bn. Thurmond's Co.
Brown, Charles C. VA Lt.Arty. Woolfolk's Co.
Brown, Charles C. VA 61st Mil. Co.E
Brown, Charles C. VA Swan's Bn.St.Line Co.B
Brown, Charles D. Gen & Staff Maj.,Comsy.
Brown, Charles E. GA 52nd Inf. Co.H
Brown, Charles E. KY 4th Mtd.Inf. Co.H
Brown, Charles E. NC 53rd Inf. Co.I
Brown, Charles E. TX 21st Cav. Co.K Far.
Brown, Charles E. VA 9th Cav. Co.F
Brown, Charles E. VA 31st Mil. Co.H 1st Lt.
Brown, Charles F. AL 8th Inf. Co.D 1st Lt.
Brown, Charles F. VA 36th Inf. 2nd Co.K Sgt.
Brown, Charles F. VA 86th Mil. Co.C
Brown, Chas. F. Gen. & Staff Surg.
Brown, Charles G. AL Mil. 4th Vol. Co.C
Brown, Charles G. NC 3rd Arty. (40th St.Troops) Co.F
Brown, Charles H. AL 12th Inf. Co.G
Brown, Charles H. KY Kirkpatrick's Bn. Co.A Sgt.
Brown, Charles H. NC 3rd Arty. (40th St.Troops) 2nd Lt.
Brown, Charles H. VA 5th Inf. Co.A
Brown, Charles H. VA 57th Inf. Co.B
Brown, Chas. H. Gen. & Staff,Arty. Capt.
Brown, Charles H.A.S. LA 1st (Nelligan's) Inf. Co.A
Brown, Charles H.C. LA Washington Arty.Bn. Co.1 2nd Lt.

Brown, Charles J. VA 2nd Inf. Co.E
Brown, Charles L. TX Cav. Morgan's Regt. Co.E
Brown, Charles M. FL 2nd Inf. Co.E Cpl.
Brown, Charles M. FL 9th Inf. Co.G 2nd Lt.
Brown, Charles M. VA 10th Inf. Co.K Cook
Brown, Chas. M. Gen. & Staff Cadet
Brown, Charles N. AR 23rd Inf. Co.E 1st Sgt.
Brown, Charles P. TN 34th Inf. Co.B
Brown, Charles S. TX 4th Inf. Co.F Sgt.Maj.
Brown, Charles S. TX Inf. Cunningham's Co. Sgt.
Brown, Ch. T. AL 1st Cav. Co.G
Brown, Charles T. KY Cav. 1st Bn.
Brown, Charles T. VA 56th Inf. Co.H
Brown, Charles W. AL St.Arty. Co.A
Brown, Charles W. AL Inf. 1st Regt. Co.K
Brown, Charles W. SC Palmetto S.S. Co.H
Brown, Chas W. VA 3rd Arty. Co.I
Brown, Charles W. VA 19th Inf. Co.H
Brown, Charles W. VA 34th Inf. Co.K
Brown, Charles W. VA 40th Inf. Co.B
Brown, Charles Z. NC 12th Inf. Co.F
Brown, Charly T. MS 18th Inf. Co.I
Brown, Chastain H. VA 9th Inf. Co.C
Brown, Che par ney 1st Creek Mtd.Vol. Co.F Cpl.
Brown, Childess MO Cav. 3rd Regt.St.Guard Co.D
Brown, Chilem MO St.Guard
Brown, Chillis MO Lt.Arty. 4th (Harris') Field Btty.
Brown, Chris C. AL 3rd Cav. Co.A
Brown, Christian LA Mil. 2nd Regt. French Brig. Co.8
Brown, Christian LA 8th Inf. Co.B
Brown, Christian TX Comal Res.
Brown, Christian Y. TN 36th Inf. Co.B Capt.
Brown, Christopher GA 1st (Fannin's) Res. Co.K
Brown, Christopher VA Lt.Arty. Parker's Co.
Brown, Chris. C. AR 21st Inf. Co.K
Brown, Chris. C. Conf.Cav. Wood's Regt. Co.C
Brown, Christopher G. TN 28th Inf. Co.F
Brown, Christopher G. 3rd Conf.Eng.Troops Co.B Artif.
Brown, Christopher J. NC 1st Inf. Co.D
Brown, Christopher P. LA Mil. Brenan's Co. (Co.A,Shamrock Guards)
Brown, Christopher P. VA 40th Inf. Co.K
Brown, Churchill G. VA 7th Inf. Co.E
Brown, Churchwell VA Lt.Arty. Pegram's Co.
Brown, Churchwell A. VA Lt.Arty. Motley's Co.
Brown, Cicero MS 7th Inf. Co.K
Brown, Cicero F. TX 30th Cav. Co.A
Brown, C.J. AR 8th Cav. Co.I
Brown, C.J. AR 19th (Dawson's) Inf. Co.D
Brown, C.J. GA 44th Inf. Co.F Sgt.
Brown, C.J. LA Inf. 1st Bn. (St.Guards) Co.B
Brown, C.J. SC 2nd Inf. Co.I
Brown, C.J. TN 19th (Biffle's) Cav. Co.E
Brown, C.J. TN 34th Inf. Co.A
Brown, C.J. TX 7th Inf. Co.A
Brown, C.J. TX Montgomery's Unatt.Co.
Brown, C.J. VA 8th Inf. Co.A
Brown, C.J.H. SC Inf. 1st (Charleston) Bn. Co.B
Brown, C.J.H. SC 24th Inf. Co.A
Brown, C.K. SC 17th Inf. Co.G Sgt.
Brown, C.L. KY 13th Cav. Co.B Sgt.
Brown, C.L. MS Cav. (St.Troops) Gamblin's Co.
Brown, C.L. TN 12th Inf. Co.E
Brown, C.L. TN 24th Inf. Co.I
Brown, C.L. TN Inf. Sowell's Detach.
Brown, Claborne M. GA 7th Inf. Co.A Cpl.
Brown, Clarence D. GA 12th Inf. Co.D
Brown, Clark M. AL 50th Inf. Co.D
Brown, Clark W. SC 2nd Rifles Co.K
Brown, Clayton SC 16th Inf. Co.C
Brown, Clement C. GA 15th Inf. Co.E 2nd Lt.
Brown, Clinton P. TX 1st (McCulloch's) Cav. Co.C Bugler
Brown, Clinton P. TX 1st (Yager's) Cav. Co.H
Brown, Clinton P. TX Cav. 8th (Taylor's) Bn. Co.E
Brown, C.M. GA 1st Cav. Co.C
Brown, C.M. KY 10th (Johnson's) Cav. New Co.I
Brown, C.M. LA 25th Inf. Co.G Sgt.
Brown, C.M. SC 4th Cav. Co.B
Brown, C.M. SC Cav. 10th Bn. Co.A
Brown, C.M. TX Arty. (St.Troops) Good's Co.
Brown, C.M. TX 9th (Young's) Inf. Co.K
Brown, C.N. NC 12th Inf. Co.A
Brown, Cohol AL 38th Inf. Co.B
Brown, Cole KY Lt.Arty. Cobb's Co.
Brown, Coley VA 30th Inf. 2nd Co.I
Brown, Columbus LA 6th Inf. Co.G Cpl.
Brown, Columbus SC 19th Inf. Co.F
Brown, Columbus C. AL 3rd Cav. Co.D
Brown, Columbus W. NC 13th Inf. Co.B
Brown, Columbus W. TX Cav. 6th Bn. Co.C
Brown, Coly VA 47th Inf. 2nd Co.I
Brown, Commodore TN 43rd Inf. Co.E
Brown, Cornelius AL 36th Inf. Co.I
Brown, Cornelius AR Inf. Hardy's Regt. Torbett's Co.
Brown, Cornelius GA 56th Inf. Co.E Sgt.
Brown, Cornelius NC 1st Jr.Res. Co.E Cpl.
Brown, Cornelius VA 12th Inf. Co.K
Brown, Cornelius P. VA 7th Inf. Co.E
Brown, Council L. NC 51st Inf. Co.H
Brown, C.P. AL Cav. Forrest's Regt.
Brown, C.P. GA Lt.Arty. 14th Bn. Co.B,F Sgt.
Brown, C.P. GA Lt.Arty. Anderson's Btty. Sgt.
Brown, C.P. GA Lt.Arty. King's Btty. Sgt.
Brown, C.P. GA 44th Inf. Co.I
Brown, C.P. SC Inf. 1st (Charleston) Bn. Co.E
Brown, C.P. SC 9th Inf. Co.I
Brown, C.P. SC 27th Inf. Co.A
Brown, C.P. TN 8th (Smith's) Cav. Co.E
Brown, C.R. AL St.Arty. Co.C
Brown, C.R. AL 21st Inf. Co.K
Brown, C.R. GA 8th Cav. Co.K
Brown, C.R. GA 62nd Cav. Co.K
Brown, C.R. MO 5th Cav. Co.I
Brown, C.R. MO 6th Cav. Co.D,B
Brown, C.R. SC 2nd Inf. Co.A
Brown, C.R. TX 37th Cav. Mullin's Co.
Brown, Crawford GA Mil. (Mtd.) Camden Cty.
Brown, Crawford P. GA 4th (Clinch's) Cav. Co.C
Brown, Crawford P. GA 23rd Inf. Atkinson's Co.B
Brown, Creed VA 51st Inf. Co.K
Brown, Creed F. TN 2nd (Ashby's) Cav. Co.G Cpl.
Brown, Creed F. TN Cav. 4th Bn. (Branner's) Co.B
Brown, C. Reginald MO Arty. Jos. Bledsoe's Co.
Brown, Crisman S. VA 7th Inf. Co.K
Brown, Crockett TN 13th (Gore's) Cav. Co.H
Brown, Crockett M. VA 4th Inf. Co.A
Brown, Crosby J. AL 57th Inf. Co.G
Brown, Crossley M. NC 53rd Inf. Co.E
Brown, C.S. AR 2nd Inf. Co.H,F
Brown, C.S. AR 30th Inf. Co.H
Brown, C.S. AR Inf. Kuykendall's Co.
Brown, C.S. GA 6th Inf. (St.Guards) Co.A
Brown, C.S. NC 1st Inf. (6 mo. '61) Co.G 1st Lt.
Brown, C.S. TN 22nd (Barteau's) Cav. Co.H Sgt.
Brown, C.T. AL 34th Inf. Co.E
Brown, C.T. GA 7th Inf. Co.G
Brown, C.T. KY Morgan's Men Co.G
Brown, C.T. MS 9th Inf. New Co.H
Brown, C.T. VA 88th Mil.
Brown, Cumberland G. VA 7th Inf. Co.G 1st Sgt.
Brown, C.W. AL Talladega Cty.Res. J.T. Smith's Co.
Brown, C.W. LA 16th Inf. Co.A
Brown, C.W. MS Conscr.
Brown, C.W. SC Palmetto S.S. Co.B,H
Brown, C.W. TX 7th Inf. Co.H
Brown, C.W. VA 5th Cav. Co.G
Brown, C.W. VA 7th Bn.Res. Co.D
Brown, C.W. VA 8th Inf. Co.B
Brown, C.W. VA 18th Inf. Co.K
Brown, C.W. 1st Conf.Cav. Co.I
Brown, C.W. 7th Conf.Cav. Co.C
Brown, Cyrus VA 3rd Bn. Valley Res. Co.D
Brown, Cyrus N. MS 18th Inf. Co.B Capt.
Brown, Cyrus W. SC 1st (McCreary's) Inf.
Brown, Cyrus W. TX 24th Cav. Co.K Cpl.
Brown, D. AL Cav. Moreland's Regt. Co.D
Brown, D. AL 3rd Inf. Co.C
Brown, D. AL 20th Inf. Co.H Sgt.
Brown, D. AL 40th Inf. Co.H
Brown, D. AL Cp. of Instr. Talladega
Brown, D. AR 10th Mil. Co.G
Brown, D. AR 23rd Inf. Co.H
Brown, D. AR 58th Mil. Co.D
Brown, D. GA Inf. 1st Bn. (St.Guards) Co.A
Brown, D. GA 13th Inf. Co.B
Brown, D. MS 33rd Inf. Co.A
Brown, D. NC Cumberland Cty.Bn. Detailed Men Co.B
Brown, D. SC Lt.Arty. 3rd (Palmetto) Bn. Co.H,I
Brown, D. TN 14th (Neely's) Cav. Co.G
Brown, D. TN 51st Inf. Co.A
Brown, D. TX Waul's Legion Co.G,H
Brown, D. Exch.Bn. 1st Co.C,B,CSA
Brown, D.A. GA 7th Inf. Co.I Cpl.
Brown, D.A. GA Inf. 23rd Bn.Loc.Def. Pendergrass' Co.
Brown, D.A. VA 4th Res. 1st Co.A
Brown, D.A. VA Wade's Regt.Loc.Def. Co.A
Brown, Dan LA 10th Inf. Co.B
Brown, Dan TX 5th Cav. Co.D

Brown, Dan C. AR 3rd Cav. 2nd Co.E 1st Lt.
Brown, Daniel AL 2nd Cav. Co.A Cpl.
Brown, Daniel AL 5th Cav. Co.G
Brown, Daniel AL 12th Cav. Co.D
Brown, Daniel AL 1st Bn. Hilliard's Legion Vol. Co.F
Brown, Daniel AL 23rd Bn.S.S. Co.F
Brown, Daniel AR 15th (Josey's) Inf. Co.F
Brown, Daniel AR 34th Inf. Co.H
Brown, Daniel AR Inf. Cocke's Regt. Co.C
Brown, Daniel GA 3rd Res. Co.C
Brown, Daniel GA 55th Inf. Co.B
Brown, Daniel KY 8th Mtd.Inf. Co.E 2nd Lt.
Brown, Daniel KY 9th Mtd.Inf. Co.F
Brown, Daniel LA 21st (Patton's) Inf. Co.E
Brown, Daniel MS Cav. Williams' Co. Sgt.
Brown, Daniel MS Inf. 1st Bn.St.Troops (12 mo. '62-3) Co.B
Brown, Daniel MS 5th Inf. (St.Troops) Co.D 3rd Lt.
Brown, Daniel MO 11th Inf. Co.F
Brown, Daniel NC 2nd Arty. (36th St.Troops) Co.C
Brown, Daniel NC 1st Inf. Co.D
Brown, Daniel NC 2nd Bn.Loc.Def.Troops Co.A Ord.Sgt.
Brown, Daniel NC 8th Sr.Res. Kelly's Co.
Brown, Daniel NC 32nd Inf. Co.I
Brown, Daniel SC 6th Cav. Co.I
Brown, Daniel SC 7th Res. Co.D
Brown, Daniel SC 16th Inf.
Brown, Daniel TN 2nd (Ashby's) Cav. Co.A
Brown, Daniel TN 4th (Murray's) Cav. Co.D
Brown, Daniel TN 1st (Feild's) Inf. Co.G
Brown, Daniel TN 3rd (Lillard's) Mtd.Inf. Co.D Cpl.
Brown, Daniel TN 25th Inf. Co.B
Brown, Daniel TX 19th Cav. Co.H
Brown, Daniel TX 36th Cav. Co.C Sgt.
Brown, Daniel TX 14th Inf. Co.H
Brown, Daniel TX 14th Inf. Co.I
Brown, Daniel VA 21st Cav. Co.B
Brown, Daniel VA Horse Arty. G.W. Brown's Co.
Brown, Daniel VA Lt.Arty. Carrington's Co.
Brown, Daniel 1st Conf.Cav. 2nd Co.C
Brown, Daniel Morgan's,CSA
Brown, Daniel 1st Creek Mtd.Vol. Co.F
Brown, Daniel B. AL Inf. 6th (McClellan's) Bn. Co.B 2nd Lt.
Brown, Daniel B. AL Cp. of Instr. Talladega
Brown, Daniel B. NC Hvy.Arty. 1st Bn. Co.D
Brown, Daniel B. NC Lt.Arty. 13th Bn. Co.A
Brown, Daniel B. TX 16th Cav. Co.E Cpl.
Brown, Daniel B. VA Lt.Arty. 12th Bn. Co.D
Brown, Daniel C. AL 15th Inf.
Brown, Daniel C. AR 7th Cav. Co.A 1st Lt.
Brown, Daniel D. TX 1st Hvy.Arty. Co.D
Brown, Daniel E. AR 1st (Colquitt's) Inf. Co.H Sgt.
Brown, Daniel E. NC 4th Cav. (59th St.Troops) Co.I Cpl.
Brown, Daniel E. NC Cav. 12th Bn. Co.C
Brown, Daniel E. NC Cav. 16th Bn. Co.G Cpl.
Brown, Daniel E. NC Lt.Arty. 3rd Bn. Co.C,A Artif.
Brown, Daniel E. SC 14th Inf. Adj.
Brown, Daniel F. VA Cav. Mosby's Regt. (Part.Rangers) Co.B
Brown, Daniel H. GA Inf. 8th Bn. Co.D Sgt.
Brown, Daniel H. MS 12th Inf. Co.D
Brown, Daniel H. MS 16th Inf. Co.C
Brown, Daniel H. MO 4th Cav. Co.I Sgt.
Brown, Daniel H. TX Inf.Riflemen Arnold's Co.
Brown, Daniel H. VA 3rd Cav. Co.G
Brown, Daniel J. AL 12th Inf. Co.H
Brown, Daniel J. AL 44th Inf. Co.B
Brown, Daniel J. NC Hvy.Arty. 10th Bn. Co.A
Brown, Daniel K. AR Cav. 1st Bn. (Stirman's) Co.B
Brown, Daniel L. MS 14th Inf. Co.K
Brown, Daniel L. TN Cav. 9th Bn. (Gantt's) Co.D Sgt.
Brown, Daniel L. VA 146th Mil. Co.K
Brown, Daniel M. FL 7th Inf. Co.E
Brown, Daniel M. NC 3rd Inf. Co.B
Brown, Daniel M. VA 28th Inf. Co.E Cpl.
Brown, Daniel O. GA 12th Inf. Co.I
Brown, Daniel P. AL 6th Inf. Co.B
Brown, Dnl. P. LA Mil. 3rd Regt. 1st Brig. 1st Div. Co.E Cpl.
Brown, Daniel P. NC 20th Inf. Co.K
Brown, Daniel R. NC Cav. 5th Bn. Co.B
Brown, Daniel R. NC 6th Cav. (65th St.Troops) Co.K,B
Brown, Daniel S. KY 9th Cav. Co.G
Brown, Daniel S. TN 2nd (Robison's) Inf. Co.A
Brown, Daniel S. VA 34th Inf. Co.D
Brown, Daniel T. GA 3rd Res. Co.C
Brown, Daniel T. SC 14th Inf. Co.B
Brown, Daniel T. TN 16th Inf. Co.K Lt.Col.
Brown, Daniel T. VA 7th Inf. Co.E
Brown, Daniel W. LA 13th Inf. Co.G 1st Sgt.
Brown, Daniel W. SC Inf. 9th Bn. Co.D
Brown, Daniel W. TX 1st Inf. Co.I
Brown, Daniel W. VA 51st Mil. Co.E
Brown, Danil TN 2nd (Ashby's) Cav. Co.A
Brown, Danison GA Cav. 6th Bn. (St.Guards) Co.C Sgt.
Brown, Darling AR 34th Inf. Co.F
Brown, Dave TX 7th Cav. Co.D
Brown, David AL 8th Inf. Co.A
Brown, David AL 8th Inf. Co.E
Brown, David AL 11th Inf. Co.F
Brown, David AL 33rd Inf. Co.B
Brown, David AR 27th Inf. Co.I
Brown, David AR 33rd Inf. Co.E
Brown, David FL 10th Inf. Co.C Cpl.
Brown, David GA 11th Cav. Co.F
Brown, David GA 55th Inf. Co.D
Brown, David GA 66th Inf. Co.D
Brown, David KY 13th Cav. Co.F
Brown, David LA Inf. 11th Bn. Co.G
Brown, David LA 15th Inf. Co.B
Brown, David LA 31st Inf. Co.G
Brown, David MS 7th Cav. Co.F
Brown, David MS Inf. 3rd Bn. Co.E
Brown, David MO 7th Cav. Co.C
Brown, David MO Inf. Clark's Regt. Co.G
Brown, David NC 1st Arty. (10th St.Troops) Co.K
Brown, David NC 24th Inf. Co.E
Brown, David NC 44th Inf. Co.B
Brown, David NC 48th Inf. Co.K
Brown, David NC Cumberland Cty.Bn. Detailed Men Co.A
Brown, David SC Cav. 4th Bn. Co.C
Brown, David SC 3rd St.Troops Co.C
Brown, David SC 8th Inf. Co.B
Brown, David SC 25th Inf. Co.G
Brown, David TN Inf. 4th Cons.Regt. Co.D
Brown, David TN 63rd Inf. Co.D,I
Brown, David TX 5th Cav. Co.D
Brown, David TX 30th Cav. Co.K
Brown, David VA 5th Cav. (12 mo. '61-2) Co.G
Brown, David VA 17th Inf. Co.B
Brown, David VA 59th Mil. Arnold's Co.
Brown, David Conf.Cav. Clarkson's Bn. Ind. Rangers Co.G
Brown, David 1st Choctaw & Chickasaw Mtd.Rifles 3rd Co.F
Brown, David 1st Creek Mtd.Vol. Co.A
Brown, David A. AL 1st Bn. Hilliard's Legion Vol. Co.B Sgt.
Brown, David A. AL 60th Inf. Co.H Sgt.
Brown, David A. FL 1st Inf. Old Co.I,B
Brown, David A. FL 5th Inf. Co.A,F Sgt.
Brown, David A. GA 16th Inf. Co.F Cpl.
Brown, David A. VA Lt.Arty. Parker's Co.
Brown, David A. VA 10th Inf. Co.A
Brown, David A. VA 31st Mil. Co.F
Brown, David B. NC Hvy.Arty. 1st Bn. Co.B
Brown, David B. TN 18th Inf. Co.C
Brown, David B. VA Rockbridge Cty.Res. Donald's Co.
Brown, David C. AR 8th Inf. New Co.G
Brown, David C. AR 14th (McCarver's) Inf. Co.H
Brown, David C. FL 9th Inf. Co.F
Brown, David C. FL 10th Inf. Co.H Sgt.
Brown, David C. GA Arty. 9th Bn. Co.A,E Cpl.
Brown, David C. GA 20th Inf. Co.F
Brown, David C. LA 31st Inf. Co.B
Brown, David C. MS 31st Inf. Co.D
Brown, David C. NC 61st Inf. Co.D
Brown, David C. VA 86th Mil. Co.F,A Cpl.
Brown, David C. Nitre & Min.Bur. War Dept.,CSA Employee
Brown, David D. MS 12th Inf. Co.H
Brown, David F. NC 39th Inf. Co.I Cpl.
Brown, David F. NC 62nd Inf. Co.G 1st Lt.
Brown, David F. TX 22nd Inf. Co.D
Brown, David F. VA 10th Inf. Co.A
Brown, David G. MS 31st Inf. Co.H
Brown, David G.S. VA 10th Inf. Co.A
Brown, David G.W. GA 39th Inf. Co.F
Brown, David H. TX 32nd Cav. Co.B Sgt.
Brown, David H. TX 33rd Cav. Co.B Sgt.
Brown, David H. TX Conscr.
Brown, David H. VA Lt.Arty. 12th Bn. 1st Co.A
Brown, David H. VA Lt.Arty. Utterback's Co. Guidon
Brown, David J. LA 25th Inf. Co.C
Brown, David J. SC 1st (McCreary's) Inf. Co.B
Brown, David J. VA Hvy.Arty. 19th Bn. Co.A
Brown, David J. VA Hvy.Arty. Kyle's Co.
Brown, David L. AL 11th Inf. Co.F Sgt.
Brown, David L. GA 52nd Inf. Co.E Sgt.
Brown, David L. NC 37th Inf. Co.H
Brown, David L. NC 44th Inf. Co.B Sgt.
Brown, David L. SC 15th Inf. Co.G Cpl.

Brown, David M. GA 12th (Robinson's) Cav. (St.Guards) Co.D Capt.
Brown, David M. MS 2nd Inf. Co.F,D
Brown, David M. TX Lt.Arty. H. Van Buren's Co.
Brown, David O. TN 24th Inf. Co.K
Brown, David S. AL 48th Inf. Co.G
Brown, David S. GA 2nd Cav. Co.A 2nd Lt.
Brown, David S. GA Inf. 10th Bn. Co.B
Brown, David S. LA 4th Cav. Co.D
Brown, David S. TN Cav. 4th Bn. (Branner's) Co.F
Brown, David T. 15th Conf.Cav. Co.E
Brown, Davis KY 5th Mtd.Inf. Co.C
Brown, Dawson GA Cav. Nelson's Ind.Co.
Brown, Dayton S. VA Inf. 26th Bn. Co.A
Brown, D.B. AL 25th Inf. Co.G 2nd Lt.
Brown, D.B. AL Cp. of Instr. Talladega
Brown, D.B. AR 1st Inf. Co.C
Brown, D.B. LA 6th Cav. Co.H
Brown, D.B. TN 13th (Gore's) Cav. Co.G
Brown, D.B. TX 9th Cav. Co.C Capt.
Brown, D.B. TX Cav. Baird's Regt. Co.E
Brown, D. Bedford NC 7th Inf. Co.A
Brown, D.C. AR 8th Cav. Co.F
Brown, D.C. AR Inf. Williamson's Bn. Co.E 1st Lt.
Brown, D.C. FL Inf. 2nd Bn. Co.C Sgt.
Brown, D.C. MO 1st Inf. Co.I
Brown, D.C. NC 64th Inf. Co.B
Brown, D.C. SC 3rd Inf. Co.B,A
Brown, D.C. TN Lt.Arty. Morton's Co.
Brown, D.C. TN 18th Inf. Co.C
Brown, D.C. TX 19th Inf. Co.B
Brown, D.D. TX 15th Field Btty.
Brown, D.E. GA 5th Res. Co.H
Brown, D.E. GA 66th Inf. Co.H
Brown, D.E. LA 28th (Gray's) Inf. Co.H
Brown, D.E. SC 1st (Orr's) Rifles Co.D
Brown, D.E. VA 4th Cav. Co.C
Brown, D.E. 8th (Dearing's) Conf.Cav. Co.C Cpl.
Brown, D. Edward SC 2nd Rifles Co.K Sgt.
Brown, Demcy LA 12th Inf. Co.A
Brown, Dempsey MS 5th Inf. (St.Troops) Co.B Cpl.
Brown, Dempsey S. NC Inf. 2nd Bn. Co.G 1st Lt.
Brown, Dennis LA 20th Inf. Co.I
Brown, Denson GA 42nd Inf. Co.D
Brown, Denson GA Cobb's Legion Co.C
Brown, D.F. GA 3rd Inf. Co.F
Brown, D.F. MS 38th Cav. Co.D
Brown, D.F. MS Cav. Jeff Davis Legion Co.D Cpl.
Brown, D.F. MS Home Guards Barnes' Co.
Brown, D.F. NC Cav. 16th Bn. Co.H
Brown, D.F. Mead's Conf.Cav. Co.B
Brown, D.G. MS Inf. 3rd Bn. (St.Troops) Co.F
Brown, D.H. GA 4th Res. Co.E
Brown, D.H. KY 3rd Mtd.Inf. Co.L Sgt.
Brown, D.H. MS 3rd (St.Troops) Cav. Co.A
Brown, D.H. MS 28th Cav. Co.G
Brown, D.H. TN 12th Inf. Co.E
Brown, D.H. Gen. & Staff Hosp.Stew.
Brown, D. Homer GA Lt.Arty. 14th Bn. Co.A,G Sgt.
Brown, D. Homer GA Lt.Arty. Anderson's Btty. Sgt.
Brown, D. Homer GA Brooks' Co. (Terrell Lt.Arty.)
Brown, D. Homer GA Lt.Arty. Havis' Btty.
Brown, D. Homer GA 1st (Ramsey's) Inf. Co.C
Brown, Dickson 1st Choctaw & Chickasaw Mtd.Rifles 2nd Co.I
Brown, Dixon VA 1st Arty. Co.G Cpl.
Brown, Dixon VA Lt.Arty. Page's Co. Sgt.
Brown, Dixon VA Lt.Arty. J.D. Smith's Co. Cpl.
Brown, Dixon VA 32nd Inf. 1st Co.I Cpl.
Brown, D.J. AL Lt.Arty. Tarrant's Btty.
Brown, D.J. AL 38th Inf. Co.E
Brown, D.L. GA 11th Cav. Co.F
Brown, D.L. MS 5th Cav. Co.I
Brown, D.L. MS 1st (King's) Inf. (St.Troops) Co.H
Brown, D.L. SC 7th Inf. Co.I Cpl.
Brown, D.M. AR Inf. Cocke's Regt. Co.H
Brown, D.M. GA 65th Inf. Co.E
Brown, D.M. MS 3rd Cav. Co.G
Brown, D.M. MS Lt.Arty. 14th Bn. Co.C Cpl.
Brown, D.M. MS Lt.Arty. Merrin's Btty. Cpl.
Brown, D.M. NC 30th Inf. Co.B
Brown, D.M. SC 12th Inf. Co.F
Brown, D.M. TN 20th Inf. Co.F
Brown, D.M. TX 4th Cav. Co.I
Brown, D.M. TX 5th Cav. Co.F
Brown, D.N. NC 8th Sr.Res. Callihan's Co.
Brown, Doctor E. NC 2nd Arty. (36th St.Troops) Co.H Sgt.
Brown, Doctor F. VA 60th Inf.
Brown, Dominique GA 1st (Olmstead's) Inf. 1st Co.A Sgt.
Brown, Dominique GA 1st Bn.S.S. Co.B 1st Sgt.
Brown, Douglas B. VA 24th Inf. Co.C
Brown, Dozier GA 24th Inf. Co.B
Brown, D.P. TN 27th Inf. Co.E
Brown, D.P.W. TN 19th (Biffle's) Cav. Co.G Cpl.
Brown, D.R. MS 1st Bn.S.S.
Brown, D.R. SC 22nd Inf. Co.B
Brown, D.R.B. TN 15th (Stewart's) Cav. Co.F
Brown, D.R.G. SC 3rd St.Troops Co.C
Brown, D.R.G. SC Post Guard Senn's Co.
Brown, Drury J. MS 36th Inf. Co.K Col.
Brown, D.S. GA 38th Inf. Co.H
Brown, D.S. TN 2nd (Ashby's) Cav. Co.F,A Ord.Sgt.
Brown, D.S. 8th (Wade's) Conf.Cav. Co.C
Brown, D.T. GA 3rd Res. Co.C
Brown, D.T. MS 4th Inf. Co.G
Brown, D.T.M. MS Inf. 1st Bn.St.Troops (30 days '64) Co.F
Brown, Duke H. AR 15th (N.W.) Inf. Co.D Sgt.
Brown, Duncan GA 6th Inf. Co.A
Brown, Duncan NC Hvy.Arty. 1st Bn. Co.A Sgt.
Brown, D.W. AR 8th Cav. Co.G Sgt.
Brown, D.W. AR Cav. McGehee's Regt. Co.G
Brown, D.W. AR 14th (Powers') Inf. Co.F
Brown, D.W. AR 30th Inf. Co.C
Brown, D.W. GA 1st (Ramsey's) Inf. Co.F
Brown, D.W. MS 39th Inf. Co.F
Brown, D.W. NC 5th Sr.Res. Co.K
Brown, D.W. SC Cav. 10th Bn. Co.D Jr.2nd Lt.
Brown, D.W. SC Lt.Arty. 3rd (Palmetto) Bn. Co.C Bugler
Brown, D.W. SC 3rd St.Troops Co.D
Brown, D.W. SC 4th St.Troops Co.B
Brown, D.W. SC 12th Inf. Co.B
Brown, D.W. SC 26th Inf. Co.E
Brown, D.W. TN 3rd (Forrest's) Cav. Co.E
Brown, D.W. TX 27th Cav. Co.K
Brown, E. AL 4th Inf. Co.K
Brown, E. AL 60th Inf. Co.F
Brown, E. AR 37th Inf. Co.A
Brown, E. AR 51st Mil. Co.D 2nd Lt.
Brown, E. AR Inf. Hardy's Regt. Co.E Capt.
Brown, E. AR Inf. Hardy's Regt. Co.K
Brown, E. FL Ind.Inf. Capt.
Brown, E. GA 1st (Fannin's) Res. Co.C
Brown, E. GA 2nd Res. Co.E
Brown, E. GA 30th Inf. Co.A
Brown, E. GA 40th Inf. Co.C
Brown, E. KY 3rd Cav. Co.I
Brown, E. LA 4th Inf. Co.F
Brown, E. LA 31st Inf. Co.F
Brown, E. MS Cav. Powers' Regt. Co.B
Brown, E. MS 20th Inf. Co.C
Brown, E. NC 6th Inf. Co.C
Brown, E. NC 6th Inf. Co.I
Brown, E. SC 5th Cav. Co.I
Brown, E. SC 1st (McCreary's) Inf. Co.G
Brown, E. SC 2nd Bn.S.S. Co.B
Brown, E. SC Inf. 9th Bn. Co.A
Brown, E. SC 16th & 24th (Cons.) Inf. Co.A
Brown, E. SC 26th Inf. Co.A
Brown, E. SC 27th Inf. Co.I
Brown, E. TN 19th Inf. Co.G
Brown, E. TX Cav. Border's Regt. Co.A
Brown, E. TX Inf. Timmons' Regt. Co.A
Brown, E. TX Waul's Legion Co.B
Brown, E. VA Lt.Arty. Cayce's Co.
Brown, E. 7th Conf.Cav. Co.L
Brown, E. 20th Conf.Cav. 2nd Lt.
Brown, E. 4th Conf.Inf. Co.E Music.
Brown, E.A. AL 46th Inf. Co.K
Brown, E.A. AR 8th Inf. New Co.I
Brown, E.A. GA 1st Cav. Co.A
Brown, E.A. GA 4th (Clinch's) Cav. Co.D
Brown, E.A. GA Cav. Floyd's Co.
Brown, E.A. NC 4th Cav. (59th St.Troops) Co.C
Brown, E.A. SC 4th St.Troops Co.I Sgt.
Brown, E.A. SC 5th Bn.Res. Co.B 1st Lt.
Brown, E.A. TN 50th Inf. Co.K
Brown, E.A. TX 22nd Inf. Co.A Capt.
Brown, Eaton GA Inf. 8th Bn. Co.F
Brown, E.B. GA 6th Inf. Co.A
Brown, E.B. MO 9th (Elliott's) Cav. Co.H 2nd Lt.
Brown, E.B. MO Cav. Jackman's Regt. Co.H
Brown, E.B. TX 1st Inf. Co.D
Brown, E.B. VA 5th Inf. Co.G
Brown, E.B. VA 50th Inf. Co.I
Brown, E.B. VA Loc.Def. Morehead's Co.
Brown, Ebeneazer R. GA Arty. 9th Bn. Co.A
Brown, Ebenezer AL 50th Inf. Co.K
Brown, Ebenezer TN 38th Inf. 1st Co.K
Brown, Ebenezer R. KY 1st Bn.Mtd.Rifles Co.B Cpl.

Brown, E.C. GA 4th (Clinch's) Cav. Co.F
Brown, E.C. GA Cav. 29th Bn. Co.H
Brown, E.C. GA 46th Inf. Co.G
Brown, E.D. AR 1st Cav. Co.C Lt.
Brown, E.D. GA Cav. 29th Bn.
Brown, Ed. KY 7th Cav. Co.I
Brown, Ed MS 20th Inf. Co.B
Brown, E.D. MS 37th Inf. Co.G
Brown, E.D. TN 60th Mtd.Inf. Co.E Sgt.
Brown, Edmond AL Mtd.Res. Logan's Co.
Brown, Edmond F. VA 11th Inf. Co.B
Brown, Edmond T. SC 27th Inf. Co.A Cpl.
Brown, Edmund GA 17th Inf. Co.D
Brown, Edmund KY 2nd Mtd.Inf. Co.A
Brown, Edmund VA Lt.Arty. J.R. Johnson's Co.
Brown, Edmund P. KY 2nd Mtd.Inf. Co.B
Brown, Edmund P. KY 4th Mtd.Inf. Co.E
Brown, Edmund W. GA 54th Inf. Co.F Cpl.
Brown, Edom K. NC Inf. 2nd Bn. Co.A,H 1st Lt.
Brown, Ed. W. LA Inf. 9th Bn. Co.A 1st Lt.
Brown, Ed. W. LA Mil. Beauregard Bn. Co.C
Brown, Edward AL 1st Bn. Hilliard's Legion Vol. Co.A
Brown, Edward AL Mil. 3rd Vol. Co.A
Brown, Edward AL 4th Res. Co.D
Brown, Edward GA Lt.Arty. Daniell's Btty.
Brown, Edward GA 56th Inf. Co.C A.Sgt.Maj.
Brown, Edward KY 2nd Mtd.Inf. Co.C
Brown, Edward LA 7th Inf. Co.D
Brown, Edward LA 14th Inf. Co.B
Brown, Edward LA 22nd Inf. Co.B
Brown, Edward MS 36th Inf. Lt.Col.
Brown, Edward NC 4th Inf. Co.E
Brown, Edward SC 6th Cav. Co.F
Brown, Edward SC 1st (Butler's) Inf. Co.B
Brown, Edward SC 1st St.Troops Co.C
Brown, Edward SC 3rd Inf. Co.K
Brown, Edward SC 11th Inf. Co.E
Brown, Edward SC 16th Inf. Co.F
Brown, Edward SC 18th Inf. Co.F
Brown, Edward VA 1st Arty. Co.H
Brown, Edward VA Lt.Arty. Brander's Co.
Brown, Edward VA 6th Inf. Co.C
Brown, Edward Conf.Cav. Wood's Regt. 2nd Co.M
Brown, Edward Conf.Inf. 1st Bn. Co.I
Brown, Edward Gen. & Staff, QM Dept. Capt.
Brown, Edward A. GA Floyd Legion (St.Guards) Co.G
Brown, Edward A. LA 7th Inf. Co.K
Brown, Edward A. NC 18th Inf. Co.G
Brown, Edward B. MO 4th Cav. Co.A Sgt.
Brown, Edward B. MO Cav. Preston's Bn. Co.A Sgt.
Brown, Edward C. KY 2nd Cav. Co.E
Brown, Edward D. FL 3rd Inf. Co.K Cpl.
Brown, Edward F. KY 6th Cav. Co.A
Brown, Edward G. FL 8th Inf. Co.E
Brown, Edward Henry MO 8th Inf. Co.A,H
Brown, Edward J. GA Arty. 11th Bn. (Sumter Arty.) Co.A
Brown, Edward M. TN 4th (Murray's) Cav. Co.E
Brown, Edward M. TN 8th Inf. Co.K
Brown, Edward M. TN Inf. 22nd Bn. Co.K
Brown, Edward P. VA Lt.Arty. 12th Bn. 2nd Co.A
Brown, Edward S. GA 20th Inf. Co.C
Brown, Edward W. KY Fields' Co. (Part. Rangers)
Brown, Edward W. MO 8th Inf. Co.D
Brown, Edward W. VA 28th Inf. Co.D
Brown, Edward Warren MO 6th Cav. Co.A 1st Sgt.
Brown, Edwin AL Inf. 2nd Regt. Co.F
Brown, Edwin AR 30th Inf. Co.C Cpl.
Brown, Edwin NC 1st Arty. (10th St.Troops) Co.E
Brown, Edwin NC 5th Sr.Res. Co.D 1st Lt.
Brown, Edwin NC 26th Inf. Co.I
Brown, Edwin TN Inf. 1st Bn. (Colms') Co.A
Brown, Edwin B. VA 21st Inf. Co.D Sgt.
Brown, Edwin D. VA 9th Cav. Co.C
Brown, Edwin J. LA 15th Inf. Co.G Sgt.
Brown, E.E. KY 9th Mtd.Inf. Co.E
Brown, E.E. TN Inf. 23rd Bn. Co.A
Brown, E.E. TN 34th Inf. 2nd Co.C
Brown, E.E. TN 60th Mtd.Inf. Co.E
Brown, E.F. AL 1st Inf. Co.K
Brown, E.F. AL 17th Inf. Co.I
Brown, E.F. KY 9th Mtd.Inf. Co.E Sgt.
Brown, E.F. MS Cav. 2nd Bn.Res. Co.B
Brown, E.F. MS Lt.Arty. (Jefferson Arty.) Darden's Co.
Brown, E.F. MS 2nd (Davidson's) Inf. Co.A
Brown, E.F. MO 15th Cav. Co.A
Brown, E.F. TN 10th (DeMoss') Cav. Co.K
Brown, E.F. TN Inf. 23rd Bn. Co.A Sgt.
Brown, E.F. TN Inf. 154th Sr.Regt. Co.F
Brown, E.G. AL 2nd Bn. Hilliard's Legion Vol. Co.F
Brown, E.G. AL 59th Inf. Co.C
Brown, E.G. GA Cav. 12th Bn. (St.Guards) Co.B
Brown, E.G. GA 4th Res. Co.E Sr.2nd Lt.
Brown, E.G. GA 4th Inf. Co.E
Brown, E.G. GA 15th Inf. Co.A
Brown, E.G. SC 1st St.Troops Co.A
Brown, E.G. SC 5th Bn.Res. Co.B
Brown, E.G. SC Palmetto S.S. Co.E
Brown, E.G. TN 24th Inf. Co.A Cpl.
Brown, E.G. TN 31st Inf. Co.G
Brown, E.G. TN 63rd Inf. Co.H
Brown, E.H. AL 28th Inf. Co.I
Brown, E.H. AL 53rd (Part.Rangers) Co.E Cpl.
Brown, E.H. GA 1st Mil. Co.G
Brown, E.H. MO Cav. 3rd Regt.St.Guard Co.D Capt.
Brown, E.H. SC 1st (McCreary's) Inf. Co.L
Brown, E.H. TN 21st Inf. Co.H
Brown, E.H. TN Inf. 22nd Bn. Co.C
Brown, E.J. AL 5th Inf. New Co.E
Brown, E.J. GA 1st Bn.S.S. Co.A
Brown, E.J. GA 46th Inf. Co.G
Brown, E.J. GA 47th Inf. Co.I
Brown, E.J. NC Lt.Arty. 13th Bn. Co.D
Brown, E.J. TX 9th Cav. Co.A
Brown, E.J. 14th Conf.Cav. Co.A
Brown, E.J. 15th Conf.Cav. Co.H
Brown, E. Jasper AL 13th Inf. Co.H
Brown, E.J.K. TN 21st (Carter's) Cav. Co.G Cpl.
Brown, E.L. GA 18th Inf. Co.E 3rd Lt.
Brown, E.L. LA Mil. 3rd Regt. 3rd Brig. 1st Div. Co.B
Brown, E.L. SC 5th Bn.Res. Co.B
Brown, E.L. Gen. & Staff AL Cadet
Brown, Elam NC 6th Cav. (65th St.Troops) Co.C
Brown, Elbert NC 25th Inf. Co.B 1st Sgt.
Brown, Elbert A. NC 53rd Inf. Co.K Cpl.
Brown, Elbert F. TN 1st (Turney's) Inf. Co.E
Brown, Elbert F. TN Inf. 23rd Bn. Co.E 1st Lt.
Brown, Elbert J. MO 2nd Cav. Co.C
Brown, Elbridge G. TN 5th (McKenzie's) Cav. Co.C
Brown, Eleazer B. TX Cav. Madison's Regt. Co.D
Brown, Eli GA 12th Inf. Co.H
Brown, Eli MS 31st Inf. Co.K
Brown, Eli NC 37th Inf. Co.K
Brown, Eli NC 38th Inf. Co.G
Brown, Eli NC 52nd Inf. Co.B
Brown, Eli TN 15th Cav. Co.G
Brown, Eli TN Lt.Arty. Kain's Co.
Brown, Eli VA 8th Cav.
Brown, Eli VA Cav. 37th Bn. Co.I
Brown, Eliab M. SC 2nd Rifles Co.L Capt.
Brown, Eliab M. SC 4th Inf. Co.J 2nd Lt.
Brown, Elias AL 41st Inf. Co.C
Brown, Elias LA 2nd Cav. Co.I
Brown, Elias MS 8th Inf. Co.K
Brown, Elias SC 19th Inf. Co.E
Brown, Elias TN 60th Mtd.Inf. Co.D
Brown, Elias C. TN 53rd Inf. Co.B
Brown, Elias Faison FL 9th Inf. Co.G Music.
Brown, Elias M. GA 13th Cav. Co.H Cpl.
Brown, Elias R. TX 37th Cav. Co.E
Brown, Elias W. NC 1st Inf. Co.B
Brown, Elias Z. SC 1st (Orr's) Rifles Co.D
Brown, Elias Z. SC 2nd Rifles Co.F
Brown, Eli C. VA 51st Inf. Co.B
Brown, Eliga TN 22nd Inf. Co.C
Brown, Elige GA 63rd Inf. Co.H
Brown, Elijah AL 20th Inf. Co.D
Brown, Elijah AR 17th (Lemoyne's) Inf. Co.D
Brown, Elijah AR 34th Inf.
Brown, Elijah AR 38th Inf. Co.C
Brown, Elijah GA 25th Inf. Co.B
Brown, Elijah KY 7th Cav. Co.D 1st Lt.
Brown, Elijah KY 14th Cav. Co.F 1st Lt.
Brown, Elijah MS 44th Inf. Co.I
Brown, Elijah NC 52nd Inf. Co.F
Brown, Elijah NC Walker's Bn. Thomas' Legion Co.F
Brown, Elijah SC 18th Inf. Co.A
Brown, Elijah SC 23rd Inf. Co.A,C
Brown, Elijah TN 5th (McKenzie's) Cav. Co.K
Brown, Elijah TN Cav. Shaw's Bn. Hamilton's Co.
Brown, Elijah TN 28th Inf. Co.B
Brown, Elijah TN 28th (Cons.) Inf. Co.K
Brown, Elijah TX 34th Cav. Co.H Cpl.
Brown, Elijah VA 5th Cav. Co.C
Brown, Elijah VA 47th Inf. Co.A
Brown, Elijah B. AL 24th Inf. Co.E
Brown, Elijah B. TN 8th Inf. Co.K
Brown, Elijah C. KY 2nd (Woodward's) Cav. Co.D Cpl.

Brown, Elijah G. AR 18th Inf. Co.B
Brown, Elijah G. MO 1st Cav. Co.A
Brown, Elijah R. SC 9th Inf. Co.I
Brown, Elijah W. SC 2nd Rifles Co.L
Brown, Eli P. TX 5th Cav. Co.K
Brown, Elisha AL 57th Inf. Co.G,K Cpl.
Brown, Elisha AR 1st (Colquitt's) Inf. Co.B
Brown, Elisha AR 19th (Dawson's) Inf. Co.D
Brown, Elisha AR 21st Inf. Co.H
Brown, Elisha GA 42nd Inf. Co.F,B
Brown, Elisha NC Hvy.Arty. 10th Bn. Co.B
Brown, Elisha NC 58th Inf. Co.H
Brown, Elisha SC 1st (Hagood's) Inf. 1st Co.B, 2nd Co.K
Brown, Elisha TN Inf. 22nd Bn. Co.C
Brown, Elisha TN 45th Inf. Co.F Sgt.
Brown, Elisha TX 12th Cav. Co.B 1st Sgt.
Brown, Elisha B. NC 15th Inf. Co.D
Brown, Elisha B. NC 49th Inf. Co.B
Brown, Elisha N. MS 19th Inf. Co.F
Brown, Elisha W. GA 36th (Broyles') Inf. Co.A
Brown, Elmore TN 43rd Inf. Co.A
Brown, Elvin E. LA 17th Inf. Co.K
Brown, Elza MO 5th Cav. Co.G
Brown, Elzey J. GA 41st Inf. Co.A
Brown, Elzy MS 2nd Inf. Co.A
Brown, E.M. GA 1st (Fannin's) Res. Co.B 1st Sgt.
Brown, E.M. MS 7th Cav. 2nd Co.G
Brown, E.M. TN 14th (Neely's) Cav. Co.A
Brown, E.M. VA 2nd Cav. Co.K
Brown, E.M. VA 67th Mil. Co.D
Brown, Emanuel GA Inf. 2nd Bn. Co.C
Brown, Emanuel GA Storey's 2nd St.Line Co.I
Brown, Emanuel SC 1st (Hagood's) Inf. 2nd Co.K
Brown, E.N. AL Inf. 1st Regt. QMSgt.
Brown, E.N. AL 45th Inf. Co.C
Brown, E.N. VA 7th Cav. Co.E
Brown, E.N. Gen. & Staff QMSgt.
Brown, E. Newton MS 34th Inf. Co.K
Brown, Enno S. MS 3rd Inf. Co.A
Brown, Enoch TN 7th Inf. Co.B
Brown, Enoch A. NC 16th Inf. Co.L
Brown, Enoch A. NC Inf. Thomas Legion Co.E
Brown, Enoch B. AR 14th (Powers') Inf. Co.G
Brown, Enoch F. NC 44th Inf. Co.G
Brown, Enoch M. GA Inf. 3rd Bn. Co.D 1st Sgt.
Brown, Enoch M. GA 3rd Bn.S.S. Co.B Sgt.
Brown, Enoch M. GA 4th Bn.S.S. Co.B 1st Sgt.
Brown, Enoch O. GA 46th Inf. Co.G 2nd Lt.
Brown, Enoch S. NC 26th Inf. Co.H
Brown, Enoch T. MS 24th Inf. Co.B
Brown, Enos GA 65th Inf. Co.G
Brown, E.P. SC 5th Cav. Co.B
Brown, E.P. SC Cav. 17th Bn. Co.C
Brown, E.P. TN 24th Bn.S.S. Co.A
Brown, E.P. VA Lt.Arty. Sturdivant's Co.
Brown, E.P. VA 88th Mil.
Brown, E.P. Conf.Lt.Arty. Richardson's Bn. Co.C
Brown, Epamenandas FL 4th Inf. Co.D 3rd Lt.
Brown, Epaminondas FL Inf. 2nd Bn. Co.C N.C.S. 2nd Lt.
Brown, Epaminondas FL 10th Inf. Co.H Jr.2nd Lt.
Brown, Ephraim MS 10th Inf. Old Co.B, Co.P, New Co.G 2nd Lt.
Brown, Ephraim J. AL 12th Inf. Co.H
Brown, Ephraim M. GA 65th Inf. Co.G
Brown, Ephraim O. LA 31st Inf. Co.C
Brown, Ephram AL 4th Inf. Co.D
Brown, Ephrim H. MO 15th Cav. Co.A
Brown, Epps AL 24th Inf. Co.H
Brown, Epps AL 34th Inf. Co.B
Brown, Epram NC Hvy.Arty. 10th Bn. Co.A
Brown, E.R. AZ Cav. Herbert's Bn. Helm's Co.
Brown, E.R. AR 10th Cav. Co.A
Brown, E.R. AR 34th Inf. Co.D
Brown, E.R. MO 10th Cav. Co.A
Brown, E.R. MO 9th Inf. Co.A
Brown, E.R. SC 5th Inf. Co.I
Brown, Erasmus A. AR 1st (Colquitt's) Inf. Co.C 1st Lt.
Brown, Erasmus D. GA Cav. 7th Bn. (St.Guards) Co.C
Brown, Erastus G. VA 6th Bn.Res. Co.B
Brown, Ernest William TN Lt.Arty. Winston's Co.
Brown, Erving GA 11th Inf. Co.E
Brown, E.S. AL 37th Inf. Co.A Sgt.
Brown, E.S. AR 10th Inf. Co.C
Brown, E.S. GA 34th Inf. Co.G
Brown, E.S. VA 122nd Mil. Co.E,D Sgt.
Brown, E.S. 4th Conf.Inf. Co.C
Brown, Esibeous 1st Conf.Cav. 2nd Co.C Sgt.
Brown, Esibious TN 4th (Murray's) Cav. Co.D Sgt.
Brown, Esmenard KY 1st Inf. Co.K
Brown, Esmenard Gen. & Staff Capt.,ACS
Brown, E.T. AL 16th Inf. Co.F Cpl.
Brown, E.T. AL 23rd Inf. Co.E,D
Brown, E.T. GA 38th Inf. Co.K
Brown, E.T. MS 6th Cav. Co.G
Brown, E.T. MS 32nd Inf. Co.A
Brown, E.T. NC 61st Inf. Co.E
Brown, E.T. SC Inf. 1st (Charleston) Bn. Co.E Cpl.
Brown, E.T. SC 1st (Orr's) Rifles Co.F
Brown, E.T. SC 2nd Rifles Co.C
Brown, Eugene A. VA 7th Cav. Co.E
Brown, Eugene H. VA 16th Inf. Co.C Cpl.
Brown, Eurick H. AL 29th Inf. Co.H
Brown, Evans NC 27th Inf. Co.G
Brown, Evarastus TX Cav. Hardeman's Regt. Co.B Cpl.
Brown, Everet 15th Conf.Cav. Co.I
Brown, E.W. GA 16th Inf. Co.C
Brown, E.W. GA 38th Inf. Co.F
Brown, E.W. MS 3rd (St.Troops) Cav. Co.H
Brown, E.W. MS 5th Cav. Co.H
Brown, E.W. MS 1st (Johnston's) Inf. Co.E
Brown, E.W. MS 10th Inf. Old Co.A
Brown, E.W. MS 34th Inf. Co.I
Brown, E.W. MS 36th Inf. Co.K Adj.
Brown, E.W. NC 54th Inf. Co.F
Brown, E.W. NC Mallett's Bn. Co.A
Brown, E.W. SC 1st Cav. Co.F
Brown, E.W. SC Cav. 19th Bn. Co.C
Brown, E.W. SC Part.Rangers Kirk's Co.
Brown, E.W. SC 1st (Hagood's) Inf. 1st Co.K, 2nd Co.A
Brown, E.W. SC 2nd St.Troops Co.E
Brown, E.W. SC 11th Res. Co.E
Brown, E.W. TN 59th Mtd.Inf. Music.
Brown, E.W. TX 27th Cav. Co.E
Brown, E.W. VA 13th Inf. 2nd Co.B
Brown, E.W. VA 88th Mil. Cpl.
Brown, E.W. Brass Band Vaughn's Brig.,CSA Music.
Brown, E.W. Gen. & Staff AAAG to W.W. Witherspoon
Brown, Ewel VA Cav. 32nd Bn. Co.B
Brown, Ewell NC 53rd Inf. Co.G
Brown, Ezekiel AR 24th Inf. Co.H Capt.
Brown, Ezekiel GA Arty. 9th Bn. Co.A,E
Brown, Ezekiel A. NC 62nd Inf. Co.G Fifer
Brown, Ezekiel B. FL Cav. Pickett's Co. Cpl.
Brown, Ezekiel C. MO 7th Regt.St.Guards Co.B
Brown, Ezekiel E. GA Cav. 29th Bn. Co.E
Brown, Ezekiel J. AL 47th Inf. Co.I
Brown, Ezra M. VA 56th Inf. Co.H Sgt.
Brown, F. AL 34th Inf. Co.E
Brown, F. GA 5th Res. Co.K
Brown, F. GA 10th Inf. Co.D
Brown, F. KY 2nd Bn.Mtd.Rifles Co.C
Brown, F. MD Cav. 2nd Bn. Co.D 1st Sgt.
Brown, F. NC 1st Jr.Res. Co.C
Brown, F. TN 2nd (Robison's) Inf.
Brown, F. TX Inf. 1st St.Troops Shields' Co.B
Brown, F. VA 5th Cav. Co.E
Brown, F. VA Cav. Mosby's Regt. (Part. Rangers) Co.B
Brown, F.A. AL Mil. 4th Vol. Modawell's Co.
Brown, F.A. MS 10th Inf. Old Co.D
Brown, F.A. TN 21st (Wilson's) Cav. Co.A
Brown, F.A. TN 24th Bn.S.S. Co.B
Brown, F.A. TX Waul's Legion Co.B
Brown, F.A. 8th (Wade's) Conf.Cav. ACS
Brown, Fairchild B. MS 1st (King's) Inf. (St.Troops) Co.C Music.
Brown, Fante P. AL 27th Inf. Co.B
Brown, F.B. AL Mil.
Brown, F.B. SC 21st Inf. Co.C 2nd Lt.
Brown, F.B. SC 25th Inf. Co.I 1st Lt.
Brown, F.B. TN 20th Inf. Co.I
Brown, F.C. GA Inf. 25th Bn. (Prov.Guard) Co.F Sgt.
Brown, F.C. GA 65th Inf. Co.C
Brown, F.C. MS 9th Inf. Co.C
Brown, F.C. MO 1st & 3rd Cons.Cav. Co.E Sgt.
Brown, F.C. MO 6th Cav. Co.K
Brown, F.C. MO 12th Cav. Co.K Hosp.Stew.
Brown, F.C. SC 22nd Inf. Co.K
Brown, F.C. Gen. & Staff Asst.Surg.
Brown, F.E. MS 7th Inf. Co.H
Brown, F.E. SC 3rd Inf. Co.E
Brown, Feliss MO Lt.Arty. 1st Btty.
Brown, Felix AR 1st Mtd.Rifles Co.H,B
Brown, Felix FL Milton Lt.Arty. Dunham's Co.
Brown, Felix FL 1st Inf. Old Co.E
Brown, Felix MO 1st & 3rd Cons.Cav. Co.G
Brown, Felix MO 3rd Cav. Co.D,G
Brown, Felix MO Cav. 3rd Bn. Co.D
Brown, Felix NC 30th Inf. Co.E
Brown, Felix 1st Choctaw Mtd.Rifles Co.E
Brown, Felix C. MO 1st Cav. Co.H Sgt.
Brown, Felix C. MO Lt.Arty. 1st Field Btty.
Brown, Ferdinand H. VA 20th Cav. Co.I

Brown, Ferdinand H. VA Lt.Arty. Lowry's Co.
Brown, Ferdinand H. VA 27th Inf. Co.D
Brown, Ferdinand J. MS 1st (Johnston's) Inf. Co.K 1st Sgt.
Brown, Ferris F. KY 10th (Johnson's) Cav. New Co.I 1st Lt.
Brown, F.G. Conf.Cav. Powers' Regt. Co.A
Brown, F.H. AR 13th Inf. Co.D
Brown, F.H. SC 6th Res. Co.G
Brown, F.H.T. VA Loc.Def. Hamilton's Co.
Brown, Fielding LA 12th Inf. Co.K Cpl.
Brown, Fielding VA 17th Inf. Co.C
Brown, Fielding 1st Choctaw & Chickasaw Mtd.Rifles 2nd Co.K 1st Sgt.
Brown, Fielding G. AR 33rd Inf. Co.K
Brown, Fielding R. NC Cav. 7th Bn. Co.D
Brown, Fielding R. NC 64th Inf. Co.E Sgt.
Brown, Field T. VA 13th Inf. 2nd Co.E
Brown, Finley NC 55th Inf. Co.B
Brown, F.J. LA 9th Inf. Co.A
Brown, F.J. MS 7th Inf. Co.H Sgt.
Brown, F.J. SC 15th Inf. Co.A
Brown, F.J. VA 8th Cav. Co.L
Brown, F.J. VA 14th Cav. Co.A
Brown, F.J. VA Inf. 25th Bn. Co.D
Brown, F.L. AR 35th Inf. Co.H
Brown, F.L. LA 18th Inf. Co.E
Brown, F.L. LA Inf.Crescent Regt. Co.B
Brown, F.L. LA Inf.Cons.Crescent Regt. Co.B
Brown, Fleming GA 27th Inf. Co.G
Brown, Fleming MS Inf. 2nd Bn. Co.A Cpl.
Brown, Fleming MS 48th Inf. Co.A Cpl.
Brown, Fleming SC 14th Inf. Co.G
Brown, Fleming VA 26th Inf. 1st Co.B Cpl.
Brown, Fletcher C. GA Inf. 10th Bn. Co.E
Brown, Floyd J. GA 7th Inf. (St.Guards) Co.F
Brown, F.M. AL 1st Cav. 1st Co.C
Brown, F.M. AL Cav. Forrest's Regt.
Brown, F.M. AL 3rd Bn.Res. Co.C
Brown, F.M. AL St.Res. Cpl.
Brown, F.M. AR 27th Inf. Co.F Sgt.
Brown, F.M. AR 30th Inf. Co.D
Brown, F.M. AR Inf. Cocke's Regt. Co.A
Brown, F.M. GA Inf. 9th Bn. Co.A
Brown, F.M. GA 32nd Inf. Co.H
Brown, F.M. KY Cav. 2nd Bn. Dortch's Co.B
Brown, F.M. KY 8th Cav. Co.F
Brown, F.M. LA 3rd (Wingfield's) Cav. Co.F
Brown, F.M. LA 19th Inf. Co.A
Brown, F.M. MS 2nd Cav. Co.C
Brown, F.M. MS 36th Inf. Co.E
Brown, F.M. MO 7th Cav. Co.D
Brown, F.M. MO Cav. Fristoe's Regt. Co.G
Brown, F.M. SC 7th Inf. 2nd Co.I, Co.D
Brown, F.M. SC 23rd Inf. Co.K
Brown, F.M. TN 18th (Newsom's) Cav. Co.F
Brown, F.M. TX 28th Cav. Co.H
Brown, F. Marion SC 1st Inf. Co.H
Brown, F.N. AL 40th Inf. Co.E
Brown, F.N. MS Cav. 1st Bn. (McNair's) St.Troops Co.A
Brown, F.N. TN 7th (Duckworth's) Cav. Co.E
Brown, Fontain E. MS 1st (Johnston's) Inf. Co.A
Brown, Forman Augustus MS Inf. 1st St.Troops Co.D
Brown, Forrest LA 1st Cav. Co.D
Brown, F.P. AL 55th Vol. Co.E
Brown, F.P. AR 27th Inf. Co.B
Brown, F.P. SC 1st (Orr's) Rifles Co.D
Brown, F.P. TN 42nd Inf. 1st Co.K
Brown, F.R. MS Cav. Powers' Regt. Co.I
Brown, Francis AL 32nd Inf. Co.B
Brown, Francis GA 8th Inf. (St.Guards) Co.I
Brown, Francis GA 59th Inf. Co.I
Brown, Francis MS Lt.Arty. (The Hudson Btty.) Hoole's Co.
Brown, Francis NC 17th Inf. (1st Org.) Co.L
Brown, Francis VA Inf. 22nd Bn. Co.G
Brown, Francis A. AL 5th Inf. New Co.H 1st Lt.
Brown, Francis A. KY Fields' Co. (Part.Rangers)
Brown, Francis A. MO 2nd Inf. Co.H
Brown, Francis A. TX 3rd Cav. Co.I
Brown, Francis B. VA 1st St.Res. Co.C
Brown, Francis D. AR 33rd Inf. Co.E Sgt.
Brown, Francis H. SC 2nd Inf. Co.D
Brown, Francis H.T. VA 7th Bn.Res. Co.D
Brown, Francis J. FL 10th Inf. Co.C
Brown, Francis J. VA 13th Inf. 2nd Co.E
Brown, Francis K. GA Smith's Legion Co.D
Brown, Francis M. AL Cav.Res. Brooks' Co. Cpl.
Brown, Francis M. AL 6th Inf. Co.M
Brown, Francis M. AL 20th Inf. Co.C
Brown, Francis M. AL 61st Inf. Co.D
Brown, Francis M. AR 25th Inf. Co.D Sgt.
Brown, Francis M. FL 1st Inf. Old Co.C
Brown, Francis M. FL 5th Inf. Co.F 1st Sgt.
Brown, Francis M. GA 3rd Cav. (St.Guards) Co.B
Brown, Francis M. GA 6th Cav. Co.F
Brown, Francis M. GA 38th Inf. Co.H
Brown, Francis M. GA Smith's Legion Anderson's Co.
Brown, Francis M. KY 3rd Cav. Co.D
Brown, Francis M. MS 29th Inf. Co.K
Brown, Francis M. MS 43rd Inf. Co.E
Brown, Francis M. MO Cav. Freeman's Regt. Co.C
Brown, Francis M. MO 8th Inf. Co.D
Brown, Francis M. NC 5th Cav. (63rd St.Troops) Co.G
Brown, Francis M. NC 16th Inf. Co.A
Brown, Francis M. NC 39th Inf. Co.K
Brown, Francis M. NC Inf. Thomas Legion 1st Co.A
Brown, Francis M. TN 34th Inf. Co.B
Brown, Francis M. TX 35th (Brown's) Cav. Co.I
Brown, Francis M. TX 13th Vol. 3rd Co.I
Brown, Francis M. VA 11th Cav. Co.D
Brown, Francis M. VA 11th Inf. Co.E
Brown, Francis M. VA 77th Mil. Co.B
Brown, Francis Marion TX 20th Cav. Co.A
Brown, Frank AL 21st Inf. Co.B
Brown, Frank KY 2nd (Woodward's) Cav. Co.G
Brown, Frank LA 1st Res. Co.E
Brown, Frank MS 2nd Cav. Co.G
Brown, Frank MS 9th Cav. Co.C
Brown, Frank MS Cav. 17th Bn. Co.E
Brown, Frank MS 39th Inf. Co.G
Brown, Frank MO Inf. 5th Regt.St.Guard Co.B
Brown, Frank NC Lt.Arty. 13th Bn. Co.D
Brown, Frank TN 15th (Cons.) Cav. Co.A Ord.Sgt.
Brown, Frank TN 61st Mtd.Inf. Co.K
Brown, Frank TX Conscr.
Brown, Frank VA 8th Cav. Co.I
Brown, Frank VA Cav. 32nd Bn. Co.A,B
Brown, Frank VA 4th Inf. Co.B
Brown, Frank B. TN 61st Mtd.Inf. Co.D
Brown, Franklin AL 3rd Res. Co.C
Brown, Franklin AL 10th Inf. Co.A
Brown, Franklin AL 89th Mil. Co.B
Brown, Franklin GA Inf. (Anderson Guards) Anderson's Co.
Brown, Franklin MO 1st Cav.
Brown, Franklin MO 9th (Elliott's) Cav. Co.B
Brown, Franklin MO 9th (Elliott's) Cav.
Brown, Franklin MO Cav. Snider's Bn. Co.D
Brown, Franklin NC Inf. 13th Bn. Co.C
Brown, Franklin NC 66th Inf. Co.E
Brown, Franklin SC Inf. 3rd Bn. Co.G
Brown, Franklin SC 6th Res. Co.I
Brown, Franklin SC 13th Inf. Co.B
Brown, Franklin SC 19th Inf. Co.E
Brown, Franklin TN Conscr. (Cp. of Instr.)
Brown, Franklin VA 6th Cav. Co.H
Brown, Franklin 15th Conf.Cav. Co.H
Brown, Franklin C. VA 58th Mil. Co.K
Brown, Franklin K. GA Conscr. Conscr.
Brown, Franklin M. NC 37th Inf. Co.G
Brown, Frank P. AL 24th Inf. Co.C
Brown, Frank T. AL Mil. 4th Vol. Co.A
Brown, Fred LA 25th Inf. Co.H
Brown, Fred Conf.Inf. 8th Bn. Co.A
Brown, Frederic TX 36th Cav. Co.G
Brown, Frederick LA 1st Hvy.Arty. (Reg.) Co.B
Brown, Frederick LA 7th Inf. Co.H
Brown, Frederick LA 15th Inf. Co.C
Brown, Frederick LA C.S. Zouave Bn. Co.F
Brown, Frederick MO Cav. Preston's Bn. Co.B
Brown, Frederick TN 41st Inf. Co.B
Brown, Frederick TX 4th Cav. Co.A
Brown, Frederick A. AL 8th Cav. Co.A
Brown, Fredrick MO 4th Cav. Co.B
Brown, Freeman GA 5th Inf. (St.Guards) Russell's Co.
Brown, Frestel NC 33rd Inf. Co.B Cpl.
Brown, Fretnell AL 4th Inf. Co.E
Brown, Front G. TN Conscr. (Cp. of Instr.)
Brown, F.S. TN 44th (Cons.) Inf. Co.G
Brown, F.T. AL 5th Inf. New Co.E
Brown, F.T. AL 38th Inf. Co.H
Brown, F.T. MS 32nd Inf. Co.F
Brown, F.T.A. SC Inf. 1st (Charleston) Bn. Co.B
Brown, Fulton W. VA 5th Inf. Co.H
Brown, F.W. AL 8th Inf. Co.B Cpl.
Brown, F.W. AR 2nd Inf. Co.A Sgt.
Brown, F.W. MS 5th Cav. Co.G
Brown, F.W. MS 28th Cav. Co.C
Brown, F.W. SC 20th Inf. Co.D
Brown, F.W. TN 61st Mtd.Inf. Co.C
Brown, F.W. TX 36th Cav. Co.H
Brown, G. AL 6th Inf. Co.M
Brown, G. AL 34th Inf. Co.B
Brown, G. AR 13th Inf. Co.C Sgt.
Brown, G. KY 6th Cav. Co.I Sgt.
Brown, G. KY 3rd Mtd.Inf. Co.F Sgt.
Brown, G. MS 1st Cav. Co.F
Brown, G. MS 2nd Cav. Co.B
Brown, G. MS 1st (Patton's) Inf. Co.H

Brown, G. MO 1st & 3rd Cons.Cav.
Brown, G. SC 6th Cav. Co.F
Brown, G. TN 19th & 20th (Cons.) Cav. Co.D
Brown, G. TX Cav. 2nd Regt.St.Troops Co.A
Brown, G. Conf.Reg.Inf. Brooks' Bn. Co.A
Brown, G.A. AL 8th Cav. Co.D
Brown, G.A. AL 9th Cav. Co.C
Brown, G.A. AR 13th Inf. Co.K Sgt.
Brown, G.A. FL 2nd Cav. Sgt.
Brown, G.A. GA Lt.Arty. 12th Bn. 3rd Co.E, Co.C Cpl.
Brown, G.A. SC 6th Inf. 2nd Co.A
Brown, G.A. VA Inf. 25th Bn. Co.F
Brown, G.A. 4th Conf.Eng.Troops Co.C
Brown, G.A. Central Div. KY Sap. & Min.,CSA
Brown, Gabrael L. GA 8th Inf. (St.Guards) Co.F
Brown, Gabriel MO St.Guard
Brown, Gabriel VA 12th Cav. Co.G
Brown, Gabriel VA 34th Mil. Co.C
Brown, Gabriel B. TN Cav. 9th Bn. (Gantt's) Co.B
Brown, Garrison J. VA 19th Inf. Co.C
Brown, Gaston GA Cav. 7th Bn. (St.Guards) Co.E 1st Sgt.
Brown, Gaston W. GA 6th Inf. Co.A
Brown, Gaston W. GA 49th Inf. Co.I
Brown, G.B. AR 19th (Dawson's) Inf. Co.D
Brown, G.B. KY 3rd Mtd.Inf. Co.D
Brown, G.B. MS Inf. 2nd Bn. (St.Troops) Co.B
Brown, G.B. MO Inf. 4th Regt.St.Guard Co.A
Brown, G.B. TN 24th Bn.S.S. Co.B
Brown, G.B. Gen. & Staff Capt.,AQM
Brown, G.C. AR 36th Inf. Co.I
Brown, G.C. GA 5th Inf. Co.I
Brown, G.C. GA Inf. 23rd Bn.Loc.Def. Sim's Co.
Brown, G.C. LA 5th Inf. Co.I
Brown, G.C. TN 3rd (Clack's) Inf. Co.E 1st Lt.
Brown, G.C. Gen. & Staff Capt.,AAG
Brown, G.D. AL 57th Inf. Co.A
Brown, G.D. MS 7th Inf. Co.F
Brown, G.D. NC 50th Inf. Co.A
Brown, G.E. AL 30th Inf. Co.F
Brown, G.E. GA 18th Inf. Co.G
Brown, G.E. GA Phillips' Legion Co.B
Brown, G.E. TX 2nd Inf. Co.C
Brown, G.E. VA 46th Inf. Co.D Cpl.
Brown, George AL 4th (Russell's) Cav. Co.C
Brown, George AL 7th Cav. Co.B
Brown, George AL Cav. Forrest's Regt.
Brown, George, Jr. AL Cav. Mobile City Troops Co.A
Brown, George AL Arty. 1st Bn. Co.D 1st Sgt.
Brown, George AL 4th Res. Co.B
Brown, George AL 16th Inf. Co.K
Brown, George AL 32nd Inf. Co.B
Brown, George AL 51st (Part.Rangers) Co.K
Brown, George AL Gorff's Co. (Mobile Pulaski Rifles)
Brown, George AR 26th Inf. Co.I
Brown, George GA 4th (Clinch's) Cav. Co.E Cpl.
Brown, George GA Mil. (Mtd.) Camden Cty. 2nd Lt.
Brown, George GA Lt.Arty. 12th Bn. 3rd Co.E, Co.C
Brown, George GA Lt.Arty. (Arsenal Btty.) Hudson's Co.
Brown, George GA 1st (Fannin's) Res. Co.A
Brown, George GA 3rd Inf. Co.F
Brown, George GA 5th Res. Co.C
Brown, George GA Inf. 8th Bn. Co.D Ord.Sgt.
Brown, George GA 25th Inf. Co.B
Brown, George GA 43rd Inf. Co.C
Brown, George GA 47th Inf. Co.E
Brown, George GA 49th Inf. Co.H
Brown, George KY 12th Cav. Co.A
Brown, George KY 14th Cav. Co.B Sgt.
Brown, George LA 1st Cav. Co.I Cpl.
Brown, George LA Mil. Lafayette Arty. Sgt.
Brown, George LA 8th Inf. Co.B
Brown, George LA 13th Inf. Co.B
Brown, George LA 15th Inf. Co.C
Brown, George LA 18th Inf. Co.I
Brown, George MD 1st Cav. Co.F
Brown, George MS 2nd Cav. Co.E Sgt.
Brown, George MS 2nd Inf. Co.C
Brown, George MS 2nd (Quinn's St.Troops) Inf. Co.G
Brown, George MS 11th Inf. Co.A,E
Brown, George MO 1st N.E. Cav. Co.F
Brown, George MO 6th Cav. Co.D
Brown, George NC 5th Cav. (63rd St.Troops) Co.G
Brown, George NC 3rd Inf. Co.H
Brown, George NC 14th Inf. Co.K
Brown, George NC 64th Inf. Co.G
Brown, George SC Lt.Arty. 3rd (Palmetto) Bn. Co.E,G
Brown, George SC 1st (Butler's) Inf. Co.K
Brown, George SC Inf. 1st (Charleston) Bn. Co.F 1st Lt.
Brown, George SC 1st St.Troops Co.C
Brown, George SC 27th Inf. Co.C Capt.
Brown, George TN 18th (Newsom's) Cav. Co.F
Brown, George TN 1st (Feild's) Inf. Co.F
Brown, George TN 8th Inf.
Brown, George TN 19th Inf. Co.B
Brown, George TN 63rd Inf. Co.A
Brown, George TX 1st (Yager's) Cav. Co.C
Brown, George TX Cav. 3rd (Yager's) Bn. Co.C
Brown, George TX 5th Cav. Co.D
Brown, George TX Cav. Baylor's Regt. Co.B
Brown, George TX 4th Field Btty.
Brown, George VA 17th Cav. Co.B
Brown, George VA 23rd Cav. Co.D
Brown, George VA Cav. 34th Bn. Co.G
Brown, George VA Lt.Arty. Brander's Co.
Brown, George VA Lt.Arty. Garber's Co.
Brown, George VA Inf. 9th Bn. Co.B
Brown, George VA 22nd Inf. Co.I
Brown, George VA 25th Inf. 2nd Co.G
Brown, George VA 26th Inf. Co.G,H
Brown, George VA 31st Mil. Co.C
Brown, George VA 58th Inf. Co.K Cpl.
Brown, George VA 79th Mil. Co.5
Brown, George VA Inf. Lyneman's Co.
Brown, George Conf.Inf. 8th Bn. Co.D Sgt.
Brown, George Conf.Reg.Inf. Brooks' Bn. Co.A
Brown, George Inf. School of Pract. Co.C Powell's Detach.
Brown, George Gen. & Staff ACS,Post Comsy.
Brown, George A. GA 4th Inf. Co.K
Brown, George A. MO 1st N.E. Cav.
Brown, George A. NC 42nd Inf. Co.G
Brown, George A. NC Unassig.Conscr.
Brown, George A.A. LA Watkins' Bn.Res.Corps
Brown, George B. NC 51st Inf. Co.B
Brown, George B. TX 6th Cav. Co.C Capt.
Brown, George B. VA 15th Cav. Co.E Sgt.
Brown, George B. VA 30th Inf. Co.K
Brown, George C. GA 38th Inf. Co.G
Brown, George C. MS 1st (Patton's) Inf. Co.C Capt.
Brown, George C. MS 35th Inf. Co.H Capt.
Brown, George C. VA Lt.Arty. B.Z. Price's Co. 1st Lt.
Brown, George C. VA 41st Inf. Co.K
Brown, George E. FL 1st Inf. New Co.G Sgt.
Brown, George E. LA Washington Arty.Bn. Co.5
Brown, George E. LA Mil.Conf.Guards Regt. Co.H
Brown, George E. MO Cav. Williams' Regt. Co.K
Brown, George E. NC 30th Inf. Co.A
Brown, George E.W. VA Conscr. Cp.Lee Co.B
Brown, George F. GA 3rd Cav. Co.A
Brown, George F. NC 7th Inf. Co.A
Brown, George F. TN 43rd Inf. Co.I
Brown, George F. TN Conscr. (Cp. of Instr.)
Brown, George G. GA Inf. 9th Bn. Co.D
Brown, George G. GA 37th Inf. Co.G
Brown, George H. AL Hardy's Co. (Eufaula Minute Men)
Brown, George H. AR 12th Inf. Co.G
Brown, George H. KY 3rd Mtd.Inf. Co.B
Brown, George H. MS Inf. 3rd Bn. Co.C
Brown, George H. NC 6th Inf. Co.G Sgt.
Brown, George H. NC 18th Inf. Co.H
Brown, George H. NC 52nd Inf. Co.F
Brown, George H. TN 34th Inf. Co.C
Brown, George H. TX 20th Inf. Co.B
Brown, George H. VA 16th Cav. Co.C Sgt.
Brown, George H. VA Cav. Caldwell's Bn. Hankins' Co. Sgt.
Brown, George H. VA 5th Inf. Co.I Sgt.
Brown, George H. VA 29th Inf. Co.H
Brown, George H. VA Hood's Bn.Res. Tappey's Co. Cpl.
Brown, George H. 1st Choctaw & Chickasaw Mtd.Rifles 3rd Co.D
Brown, George Henry MD 1st Cav. Co.K
Brown, George J. VA 7th Inf. Co.B
Brown, George K. SC 2nd Arty. Co.D
Brown, George K. TN 60th Mtd.Inf. Co.C
Brown, George K. TN 60th Mtd.Inf. Co.E
Brown, George L. GA 21st Inf. Co.I
Brown, George L. GA 56th Inf. Co.F
Brown, George L. SC Horse Arty. (Washington Arty.) Vol. Hart's Co.
Brown, George L. VA 5th Cav. Co.G
Brown, George L. VA 15th Cav. Co.K
Brown, George L. VA Lt.Arty. Griffin's Co.
Brown, George L. VA 22nd Inf. Co.D
Brown, George M. AL Arty. 1st Bn. Co.E
Brown, George M. AL 13th Inf. Co.E
Brown, George M. GA 41st Inf. Co.B
Brown, George M. NC 51st Inf. Co.H Sgt.
Brown, George M.D. TN Lt.Arty. Baxter's Co.

Brown, George N. MO Inf. Clark's Regt. Co.A
Brown, George N. VA 22nd Inf. Co.A
Brown, George N. VA 166th Mil. Co.A
Brown, George O. MO Cav. Wood's Regt. Co.K Cpl.
Brown, George P. AL 10th Inf. Co.E Lt.,Adj.
Brown, George P. VA 7th Inf. Co.E
Brown, Geo. P. Gen. & Staff 1st Lt.,Adj.
Brown, George R. FL 2nd Inf. Co.G
Brown, George R. GA Inf. 13th Bn. (St.Guards) Beall's Co.
Brown, George R. NC 1st Arty. (10th St.Troops) Co.G
Brown, George R. TX 32nd Cav. Co.C Ch.Music.
Brown, George R. TX 33rd Cav. 1st Co.I Bugler
Brown, Geo. S. AL 38th Inf. Co.I
Brown, George S. AR 35th Inf. Co.H
Brown, George S. KY 6th Cav. Co.A
Brown, George S. MS 9th Inf. Old Co.A
Brown, George S. SC Lt.Arty. Parker's Co. (Marion Arty.) Sgt.
Brown, George T. FL 5th Inf. Co.K Cpl.
Brown, George T. GA 15th Inf. Co.B
Brown, George T. GA 34th Inf. Co.G
Brown, George T. TN Cav. 7th Bn. (Bennett's) Co.A
Brown, George T. TN 22nd (Barteau's) Cav. Co.D 1st Sgt.
Brown, George T. Burroughs' Bn.Part.Rangers Co.A
Brown, Geo T. Gen. & Staff, Ord.Dept. Ord.Sgt.,1st Lt. of Arty.
Brown, George V. VA 53rd Inf. Co.C
Brown, George V. VA Inf. Montague's Bn. Co.D
Brown, George W. AL Lt.Arty. Goldthwaite's Btty. Sgt.
Brown, George W. AL 3rd Res. Co.H
Brown, George W. AL 25th Inf. Co.I
Brown, George W. AL 27th Inf. Co.A
Brown, George W. AL 55th Vol. Co.H
Brown, George W. AR Lt.Arty. Rivers' Btty.
Brown, George W. AR 14th (Powers') Inf. Co.D
Brown, George W. FL Sp.Cav. 1st Bn. Co.B Sgt.
Brown, George W. FL 4th Inf. Co.D 2nd Lt.
Brown, George W. FL 6th Inf. Co.G
Brown, George W. GA Lt.Arty. 14th Bn. Co.B
Brown, George W. GA Lt.Arty. Anderson's Btty.
Brown, George W. GA 4th Res. Co.D,G
Brown, George W. GA 6th Inf. Co.K
Brown, George W. GA 7th Inf. (St.Guards) Co.K Cpl.
Brown, George W. GA 9th Inf. Co.D
Brown, George W. GA 10th Inf. Co.H
Brown, George W. GA Inf. 14th Bn. (St.Guards) Co.C
Brown, George W. GA 16th Inf. Co.D
Brown, George W. GA 23rd Inf. Co.G
Brown, George W. GA 25th Inf. Co.B
Brown, George W. GA 26th Inf. Co.I
Brown, George W. GA 30th Inf. Co.E
Brown, George W. GA 42nd Inf. Co.A
Brown, George W. GA 46th Inf. Co.G
Brown, George W. GA 48th Inf. Co.E
Brown, George W. GA 59th Inf. Co.E
Brown, George W. GA 65th Inf. Co.G
Brown, George W. GA 66th Inf.
Brown, George W. GA Inf. Cobb Guards Co.A
Brown, George W. KY 2nd (Duke's) Cav. Co.A
Brown, George W. KY 2nd Mtd.Inf. Co.C
Brown, George W. KY 5th Mtd.Inf. Co.H
Brown, George W. LA 9th Inf. Co.C
Brown, George W. LA 12th Inf. Co.K
Brown, George W. MD Arty. 3rd Btty.
Brown, George W. MD Inf. 2nd Bn. Co.H 1st Lt.
Brown, George W. MS Cav. 4th Bn. Roddey's Co.
Brown, George W. MS 11th (Perrin's) Cav. Co.F Sgt.
Brown, George W. MS 2nd Inf. Co.D
Brown, George W. MO 1st Cav. Co.E
Brown, George W. MO Cav. Wood's Regt. Co.F
Brown, George W. MO 10th Inf. Co.C
Brown, George W. MO 12th Inf. Co.B Lt.
Brown, George W. NC 1st Cav. (9th St.Troops) Co.F
Brown, George W. NC 17th Inf. (1st Org.) Co.D
Brown, George W. NC 26th Inf. Co.C
Brown, George W. NC 39th Inf. Co.I
Brown, George W. NC 58th Inf. Co.I
Brown, George W. NC 60th Inf. Co.K
Brown, George W. SC 10th Inf. Co.L
Brown, George W. SC 18th Inf. Co.I
Brown, George W. TN 4th (Murray's) Cav. Co.E
Brown, George W. TN Cav. 7th Bn. (Bennett's) Co.C
Brown, George W. TN Cav. 9th Bn. (Gantt's) Co.B
Brown, George W. TN Lt.Arty. Barry's Co.
Brown, George W. TN Lt.Arty. Huggins' Co.
Brown, George W. TN 1st (Turney's) Inf. Co.B
Brown, George W. TN 8th Inf. Co.K
Brown, George W. TN Inf. 22nd Bn. Co.K
Brown, George W. TN 25th Inf. Co.B
Brown, George W. TN Conscr. (Cp. of Instr.)
Brown, George W. TX 18th Cav. Witt's Co.
Brown, George W. TX 37th Cav. 2nd Co.D
Brown, George W. TX Cav. Mann's Regt. Co.A
Brown, George W. TX Cav. Wells' Bn. Co.B Cpl.
Brown, George W. VA 5th Cav. (12 mo. '61-2) Co.A
Brown, George W. VA 8th Cav. Co.G
Brown, George W. VA Cav. 14th Bn. Co.C
Brown, George W. VA 1st Arty. Co.E
Brown, George W. VA 1st Arty. Co.I Cpl.
Brown, George W. VA Hvy.Arty. 20th Bn. Co.E
Brown, George W. VA Lt.Arty. 38th Bn. Co.B Sgt.
Brown, George W. VA Lt.Arty. 38th Bn. Co.C
Brown, George W. VA Arty. L.F. Jones' Co. Artif.
Brown, George W. VA 1st St.Res. Co.F
Brown, George W. VA 4th Res. Co.I
Brown, George W. VA 9th Inf. Co.B
Brown, George W. VA 11th Inf. Co.G
Brown, George W. VA 13th Inf. Co.I
Brown, George W. VA 14th Inf. Co.H
Brown, George W. VA 16th Inf. Co.G
Brown, George W. VA Inf. 25th Bn. Co.B
Brown, George W. VA 26th Inf. Co.F Cpl.
Brown, George W. VA 36th Inf. Co.F
Brown, George W. VA 39th Inf. Co.E
Brown, George W. VA 40th Inf. Co.C
Brown, George W. VA 40th Inf. Co.I
Brown, George W. VA 48th Inf. Co.H
Brown, George W. VA 49th Inf. Co.C
Brown, George W. VA 59th Inf. 2nd Co.A
Brown, George W. VA 74th Mil. Co.E
Brown, George W. VA 146th Mil. Co.K
Brown, George W. 8th (Wade's) Conf.Cav. Co.I
Brown, George W. 2nd Conf.Eng.Troops Co.G
Brown, Geo W. Gen. & Staff 1st Lt.,ADC
Brown, George Wash. GA 34th Inf. Co.A
Brown, George W.L. AL 33rd Inf. Co.C Sgt.
Brown, George W.M. SC Inf. Hampton Legion Co.D
Brown, Gerard VA 11th Bn.Res. Co.C
Brown, G.F. AR 1st (Monroe's) Cav. Co.F
Brown, G.F. KY 3rd Cav. Co.E
Brown, G.F. TN 9th Inf. Co.I
Brown, G.F. VA 13th Cav. Co.E
Brown, G.F. VA Inf. 5th Bn.Loc.Def. Co.B
Brown, G.F.M. SC 1st (Orr's) Rifles Co.F
Brown, G.G. MS 5th Inf. (St.Troops) Co.C
Brown, G.G. MS 6th Inf. Co.I Music.
Brown, G.G. VA 4th Cav. Co.G
Brown, G.H. AL 49th Inf. Co.F
Brown, G.H. GA Cav. 2nd Bn. Co.C Sgt.
Brown, G.H. GA 5th Cav. Co.E Sgt.
Brown, G.H. GA Inf. 25th Bn. (Prov.Guard) Co.G
Brown, G.H. GA Inf. Cobb Guards
Brown, G.H. MS Mtd.Men Foote's Co.
Brown, G.H. SC 4th St.Troops Co.B
Brown, G.H. TX 3rd Cav. Co.E
Brown, G.H. TX 2nd Inf. Co.C Sgt.
Brown, G.H. VA Loc.Def. Earhart's Co.
Brown, G.H. Gen. & Staff, QM Dept. Capt.
Brown, Gideon L. MO 1st Cav. Co.H
Brown, Gideon W. AL 40th Inf. Co.F
Brown, Gilbert MS 3rd (St.Troops) Cav. Co.I
Brown, Gilbert MS 36th Inf. Co.F
Brown, Gilbert SC 1st Mtd.Mil. Earnest's Co.
Brown, Gilbert SC 1st Arty. Co.G Cpl.
Brown, Gilbert M. AL 39th Inf. Co.E
Brown, Giles LA 15th Inf. Co.C
Brown, G.J. NC 13th Inf. Co.G
Brown, G.J. NC 17th Inf. (2nd Org.) Co.I
Brown, G.K. TN 8th (Smith's) Cav. Co.F
Brown, G.L. AR Cav. Chrisman's Bn. Co.A
Brown, G.L. AR 15th (Johnson's) Inf. Co.E
Brown, G.L. GA 1st Cav. Co.H
Brown, G.L. LA Lt.Arty. Holmes' Btty.
Brown, G.L. LA Mil. Chalmette Regt. Co.G
Brown, G.L. MO 12th Cav. Co.B
Brown, G.L. SC 3rd Bn.Res. Co.B
Brown, G.L. Brush Bn.
Brown, G.M. AR 14th (Powers') Inf. Co.D
Brown, G.M. GA 27th Inf. Co.B
Brown, G.M. GA 66th Inf. Co.K
Brown, G.M. GA Floyd Legion (St.Guards) Co.E
Brown, G.M. MS 2nd Cav. Co.B
Brown, G.M. MS 8th Cav. Co.E
Brown, G.M. MS 4th Inf. Co.C
Brown, G.M. MS 22nd Inf.

Brown, G.M. NC 30th Inf. Co.H
Brown, G.M. SC Lt.Arty. 3rd (Palmetto) Bn. Co.C
Brown, G.M. SC 4th Bn.Res. Co.D Sgt.
Brown, G.M. SC 5th St.Troops Co.D
Brown, G.M. SC 9th Res. Co.B Cpl.
Brown, G.M. TX 12th Cav. Co.E
Brown, G.M. TX 12th Cav. Co.G
Brown, G.M. VA 6th Cav.
Brown, G.M. VA Lt.Arty. Motley's Co.
Brown, G. Milton SC Inf. 3rd Bn. Co.C
Brown, G.N. LA 8th Inf. Co.C
Brown, G.N. VA Cav. Hounshell's Bn. Gwinn's Co.
Brown, Goldman AR 23rd Inf. Co.K
Brown, G.P. AL 18th Inf. Co.G
Brown, G.P. TX 23rd Cav. Co.K
Brown, G.R. GA 1st Lt.Duty Men Co.A Cpl.
Brown, G.R. GA 10th Inf. Co.B
Brown, G.R. GA 56th Inf. Co.F
Brown, G.R. GA Inf. (Jones Hussars) Jones' Co.
Brown, G.R. MS 41st Inf. Co.I
Brown, G.R. TN 20th Inf. Co.I Cpl.
Brown, G.R. TX Cav. Benavides' Regt. Co.C
Brown, G.R. VA 7th Inf. Co.G
Brown, Granvill A. MO Inf. 3rd Bn. Co.C
Brown, Granville GA 34th Inf. Co.F
Brown, Granville A. AR 10th Cav.
Brown, Granville A. MO 6th Inf. Co.B
Brown, Granville A. VA 10th Inf. Co.A 1st Lt.
Brown, Gray J. NC 34th Inf. Co.A
Brown, Green AL 15th Inf. Co.A
Brown, Green AL 60th Inf. Co.E
Brown, Green LA 8th Cav. Co.E
Brown, Green SC 5th Inf. 1st Co.G
Brown, Green SC Palmetto S.S. Co.M
Brown, Green TN 35th Inf. Co.G, 2nd Co.D
Brown, Green B. AR 35th Inf. Co.H
Brown, Green B. SC 5th St.Troops Co.G
Brown, Green B. SC 7th Res. Co.A
Brown, Greenberry TN 35th Inf. 1st Co.A
Brown, Greenberry B. MO 2nd Inf. Co.H
Brown, Green M. GA Inf. 10th Bn. Co.B
Brown, Green M. GA 19th Inf.
Brown, Green W. MS 1st Inf. Bvt.2nd Lt.
Brown, Green W. MS 18th Inf. Co.H
Brown, Greenwood NC 15th Inf. Co.F
Brown, Greg C. AR 1st (Colquitt's) Inf. Co.B
Brown, Greg L. NC 13th Inf. Co.G Capt.
Brown, Gregory NC 8th Sr.Res. Broadhurst's Co.
Brown, Gregory B. GA 13th Cav. Co.D
Brown, G.R.W. SC 10th Inf. Co.L
Brown, G.S. AL 7th Cav. Co.H
Brown, G.S. AL 14th Inf. Co.F
Brown, G.S. AL 25th Inf. Co.F
Brown, G.S. GA 1st (Olmstead's) Inf. Gordon's Co.
Brown, G.S. GA 63rd Inf. Co.F
Brown, G.T. AL 20th Inf. Co.E
Brown, G.T. NC 2nd Jr.Res. Co.G
Brown, G.T. TN Lt.Arty. Browne's Co. Sgt.
Brown, G.T. TN Lt.Arty. Morton's Co. Jr.1st Lt.
Brown, G.T. TN 16th Inf. Co.H
Brown, G.T. TX 12th Cav. Co.K
Brown, G.T. TX 26th Cav. Co.K Sgt.
Brown, G.T. TX Cav. Durant's Co.
Brown, G.T. TX Cav. Madison's Regt. Co.B
Brown, G.T. VA 6th Cav. Co.B
Brown, G.T. VA Hvy.Arty. 20th Bn. Co.C
Brown, Guilford J. GA 56th Inf. Co.F Cpl.
Brown, Gus Eng.Dept. Polk's Corps A. of TN Sap. & Min.Co.,CSA
Brown, Gustavus FL 2nd Inf. Co.M
Brown, Gustavus A. TN 18th Inf. Co.G Sgt.
Brown, Gustavus B. AL Lt.Arty. 2nd Bn. Co.F
Brown, Gustavus T. MD Inf. 2nd Bn. Co.B
Brown, G.W. AL 12th Cav. Co.B
Brown, G.W. AL 16th Inf. Co.D
Brown, G.W. AL 18th Inf. Co.E,D
Brown, G.W. AL 50th Inf. Co.H
Brown, G.W. AR 1st (Monroe's) Cav. Co.H Capt.
Brown, G.W. AR 3rd Cav. Co.H
Brown, G.W. AR 8th Cav. Co.B
Brown, G.W. AR Cav. Gordon's Regt. Co.B
Brown, G.W. AR 1st (Cons.) Inf. Co.7
Brown, G.W. AR 2nd Inf. Co.H
Brown, G.W. AR 3rd Inf. Co.H
Brown, G.W. AR 7th Inf. Co.E
Brown, G.W. AR 10th Inf. Co.A Cpl.
Brown, G.W. AR 20th Inf. Co.D
Brown, G.W. AR 27th Inf. New Co.C
Brown, G.W. AR 51st Mil. Co.H Sgt.
Brown, G.W. AR Inf. Cocke's Regt. Co.B
Brown, G.W. FL 4th Inf. Co.B
Brown, G.W. FL 9th Inf. Co.K
Brown, G.W. GA 8th Cav. Co.H,K
Brown, G.W. GA Cav. 16th Bn. (St.Guards) Co.B
Brown, G.W. GA Cav. 16th Bn. (St.Guards) Co.G
Brown, G.W. GA 62nd Cav. Co.K,H
Brown, G.W. GA Lt.Arty. Ritter's Co.
Brown, G.W. GA 1st (Olmstead's) Inf.
Brown, G.W. GA Inf. 1st City Bn. (Columbus) Co.F 1st Lt.
Brown, G.W. GA 4th Res. Co.E
Brown, G.W. GA 5th Res. Co.C
Brown, G.W. GA 46th Inf. Co.A
Brown, G.W. KY 1st (Butler's) Cav. Co.K
Brown, G.W. LA Pointe Coupee Arty.
Brown, G.W. LA Inf. 11th Bn. Co.B
Brown, G.W. LA Inf.Cons.Crescent Regt. Co.K
Brown, G.W. LA Inf. McLean's Co.
Brown, G.W. MS 2nd Cav. Co.E
Brown, G.W. MS 2nd Cav. Co.F
Brown, G.W. MS 4th Cav. Co.I,C
Brown, G.W. MS 15th Bn.S.S. Co.A
Brown, G.W. MS 37th Inf. Co.I Sgt.
Brown, G.W. MS 41st Inf. Co.C
Brown, G.W. MS 48th Inf.
Brown, G.W. MO Cav. 5th Regt.St.Guard Co.H
Brown, G.W. MO 2nd & 6th Cons.Inf.
Brown, G.W. NC 9th Bn.S.S. Co.A
Brown, G.W. NC 12th Inf.
Brown, G.W. NC 21st Inf. Co.B
Brown, G.W. NC 44th Inf. Co.G
Brown, G.W. NC 58th Inf. Co.F
Brown, G.W. NC 64th Inf. Co.B
Brown, G.W. SC Inf. 3rd Bn. Co.G
Brown, G.W. SC 16th Inf. Co.K
Brown, G.W. SC 21st Inf. Co.I
Brown, G.W. SC 25th Mil.
Brown, G.W. SC Inf. Hampton Legion Co.G
Brown, G.W. SC Inf. Holcombe Legion Co.B Cpl.
Brown, G.W. TN 2nd (Ashby's) Cav. Co.K Bugler
Brown, G.W. TN Cav. 5th Bn. (McClellan's) Co.E Bugler
Brown, G.W. TN 5th Inf. 1st Co.H, 2nd Co.E
Brown, G.W. TN Inf. 23rd Bn. Co.E
Brown, G.W. TN 25th Inf. Co.H
Brown, G.W. TN 25th Inf. Co.I
Brown, G.W. TN 26th Inf. Co.K
Brown, G.W. TN 28th Inf. Co.B
Brown, G.W. TN 28th (Cons.) Inf. Co.K
Brown, G.W. TN 30th Inf. Co.E
Brown, G.W. TN 44th (Cons.) Inf. Co.G
Brown, G.W. TN 55th (McKoin's) Inf. Bound's Co.
Brown, G.W. TN 63rd Inf. Co.D
Brown, G.W. TX 13th Cav. Co.B
Brown, G.W. TX 5th Inf. Co.D
Brown, G.W. VA 5th Cav. Co.C
Brown, G.W. VA Cav. 34th Bn. Co.K
Brown, G.W. VA Horse Arty. G.W. Brown's Co. 1st Lt.
Brown, G.W. VA 21st Inf. Co.F
Brown, G.W. VA 46th Inf. Co.D
Brown, G.W. VA 5th Cav. & Inf.St.Line Co.I
Brown, G.W. Conf.Inf. 8th Bn. Co.D
Brown, G.W. Exch.Bn. 2nd Co.A,CSA Cpl.
Brown, G. Wilmer VA Horse Arty. G.W. Brown's Co. Lt.
Brown, H. AL 7th Cav. Co.B
Brown, H. AL 7th Cav. Co.G
Brown, H. AL 14th Inf. Co.H
Brown, H. AL 34th Inf. Co.A
Brown, H. AL 48th Inf. Co.I
Brown, H. AR 8th Cav. Co.F
Brown, H. AR 51st Mil. Co.E
Brown, H. GA 8th Cav. Co.C
Brown, H. GA 62nd Cav. Co.C
Brown, H. GA 63rd Inf. Co.E
Brown, H. LA 6th Cav. Co.A
Brown, H. LA Inf.Crescent Regt. Co.D
Brown, H. MS 1st Cav.Res. Co.C
Brown, H. MS 2nd Cav. Co.I
Brown, H. MS Grace's Co. (St.Troops)
Brown, H. NC Cav. Robinson's Bn.
Brown, H. NC 6th Inf. Co.F
Brown, H. NC 7th Inf. Co.E
Brown, H. NC 30th Inf. Co.E
Brown, H. NC Mil. Clark's Sp.Bn. Co.C
Brown, H. TN 11th (Holman's) Cav. Co.I
Brown, H. TN Lt.Arty. Tobin's Co.
Brown, H. TX 7th Cav. Co.D
Brown, H. TX 21st Inf. Co.F
Brown, H. VA 9th Cav.
Brown, H. VA 24th Cav. Co.H
Brown, H. VA Cav. 32nd Bn. Co.B
Brown, H. VA 21st Inf. Co.F
Brown, H. VA 22nd Inf. Co.K
Brown, H. VA 42nd Inf. Co.D
Brown, H. Conf.Inf. Tucker's Regt. Co.D
Brown, H.A. AL 10th Inf. Co.C
Brown, H.A. GA 52nd Inf. Co.E

Brown, H.A. LA Inf.Cons.Crescent Regt. Co.O Cpl.
Brown, H.A. NC 3rd Jr.Res. Co.K Sgt.
Brown, H.A. NC 4th Bn.Jr.Res. Co.D Sgt.
Brown, H.A. TN 1st Field's Inf. Co.C Capt.
Brown, H.A. TX Cav. 2nd Bn.St.Troops Co.A
Brown, H.A. TX 9th Cav. Co.I
Brown, H.A. Eng.,CSA Lt.
Brown, Hamilton AR Cav. Gordon's Regt. Co.B
Brown, Hamilton TN 25th Inf. Co.I
Brown, Hamilton A. NC 1st Inf. Co.B Lt.Col.
Brown, Hamilton G. GA 24th Inf. Co.F
Brown, Hamilton W. GA 40th Inf. Co.B Cpl.
Brown, Hampton B. NC 38th Inf. Co.B 1st Sgt.
Brown, Hanibal R. TX 22nd Cav. Co.K Far.
Brown, Harden KY 11th Cav. Co.A
Brown, Hardin MO Cav. Coleman's Regt. Co.D
Brown, Hardy NC 8th Bn.Part.Rangers Co.B
Brown, Hardy NC 1st Arty. (10th St.Troops) Co.F
Brown, Hardy NC 66th Inf. Co.C
Brown, Harmon NC 2nd Arty. (36th St.Troops) Co.D
Brown, Harrington E. SC 13th Inf. Co.B
Brown, Harris 1st Choctaw & Chickasaw Mtd.Rifles 2nd Co.I
Brown, Harrison MS 43rd Inf. Co.F
Brown, Harrison MO Cav. Snider's Bn. Co.B Capt.
Brown, Harrison SC 1st (Orr's) Rifles Co.F
Brown, Harrison C.F. MS 12th Inf. Co.I Sgt.
Brown, Harry GA Arty. Maxwell's Reg.Lt.Btty.
Brown, Harry TX 2nd Cav. Co.H
Brown, Harvey VA 6th Cav. Co.B
Brown, Harvey VA 16th Cav. Co.C
Brown, Harvey VA Cav. 34th Bn. Co.G
Brown, Harvey VA 51st Inf. Co.B,C Music.
Brown, Harvey VA 58th Mil. Co.K
Brown, Hayman AR 3rd Cav. Co.F
Brown, Haywood MS 7th Cav. Co.A
Brown, Haywood NC 48th Inf. Co.K
Brown, H.B. AL 6th Cav. Co.A
Brown, H.B. AL 8th Cav. Co.B
Brown, H.B. AL 40th Inf. Co.G
Brown, H.B. AR Inf. Sparks' Co.
Brown, H.B. LA 9th Inf. Co.K
Brown, H.B. LA 27th Inf. Co.E
Brown, H.B. MS 6th Cav. Co.B Capt.
Brown, H.B. MS Cav. Davenport's Bn. (St.Troops) Co.A Capt.
Brown, H.B. MS 32nd Inf. Co.H
Brown, H.B. Gen. & Staff Surg.
Brown, H.C. AL 3rd Inf. Co.I Cpl.
Brown, H.C. AR 1st (Dobbin's) Cav. Co.H
Brown, H.C. GA 10th Cav. Co.B
Brown, H.C. GA Arty. 11th Bn. (Sumter Arty.) Co.B
Brown, H.C. KY 12th Cav. Co.B
Brown, H.C. LA Dreux's Cav. Co.A
Brown, H.C. LA Inf. 1st Sp.Bn. (Rightor's) Co.B
Brown, H.C. LA 3rd Inf. Co.B
Brown, H.C. MS Cav. 3rd Bn. (Ashcraft's) Co.A Sgt.
Brown, H.C. MS Cav. Jeff Davis Legion Co.H
Brown, H.C. NC Lt.Arty. 13th Bn. Co.F
Brown, H.C. SC 3rd Cav. Co.B
Brown, H.C. TN 5th Inf. 2nd Co.C
Brown, H.C. TN 8th Inf. Co.D Sgt.
Brown, H.C. 7th Conf.Cav. Co.B
Brown, H.C. Eng.,CSA Asst.Eng.
Brown, H.C. Sig.Corps,CSA
Brown, H.C.F. MS 10th Inf. Old Co.F 1st Sgt.
Brown, H.D. KY 7th Cav. Co.I 2nd Lt.
Brown, H.D. KY 8th Mtd.Inf. Lt.
Brown, H.D. LA Bickham's Co. (Caddo Mil.)
Brown, H.D. MS 6th Cav. Co.D
Brown, H.D. MS 8th Cav. Co.K
Brown, H.D. TN 3rd (Forrest's) Cav. Co.G Bvt.2nd Lt.
Brown, H.D. TX 15th Inf. 2nd Co.G
Brown, H.E. SC Inf. 6th Bn. Co.B Cpl.
Brown, H.E. SC 26th Inf. Co.H Cpl.
Brown, H.E. SC Manigault's Bn.Vol. Co.D
Brown, Henderson GA 22nd Inf. Co.C
Brown, Henderson NC 53rd Inf. Co.E,I
Brown, Henry AL Lt.Arty. 2nd Bn. Co.E
Brown, Henry AL 51st (Part.Rangers) Co.K
Brown, Henry AL 59th Inf. Co.A
Brown, Henry AL 60th Inf. Co.F
Brown, Henry AL 1st Bn. Hilliard's Legion Vol. Co.A
Brown, Henry AL 2nd Bn. Hilliard's Legion Vol. Co.C
Brown, Henry FL Inf. 2nd Bn. Co.E Cpl.
Brown, Henry FL 11th Inf. Co.A Cpl.
Brown, Henry FL Res. Poe's Co.
Brown, Henry GA Cav. 1st Bn.Res. McKenney's Co.
Brown, Henry GA 7th Cav. Co.H
Brown, Henry GA Hardwick Mtd.Rifles Co.B
Brown, Henry GA Lt.Arty. Guerard's Btty.
Brown, Henry GA Inf. 2nd Bn. Co.A
Brown, Henry GA 4th Res. Co.H
Brown, Henry GA 8th Inf. Co.G
Brown, Henry GA 19th Inf. Co.C
Brown, Henry GA 32nd Inf. Co.C
Brown, Henry GA 36th (Broyles') Inf. Co.C
Brown, Henry GA 43rd Inf. Co.C
Brown, Henry GA Cobb's Legion Co.F
Brown, Henry GA Inf. Fuller's Co.
Brown, Henry KY 2nd (Duke's) Cav. Co.D
Brown, Henry KY 3rd Cav. Co.B
Brown, Henry KY 11th Cav. Co.A
Brown, Henry KY 3rd Bn.Mtd.Rifles Co.B
Brown, Henry LA 1st Cav. Robinson's Co.C
Brown, Henry LA Mtd.Rifles Miller's Ind.Co.
Brown, Henry LA Birdsall Btty. Co.C
Brown, Henry LA 1st (Nelligan's) Inf. Co.C
Brown, Henry LA Mil. 3rd Regt. 1st Brig. 1st Div. Co.E 1st Sgt.
Brown, Henry LA 5th Inf. Co.I
Brown, Henry LA 11th Inf. Co.L
Brown, Henry LA 14th Inf. Co.B
Brown, Henry LA Inf.Cons.Crescent Regt. Co.H
Brown, Henry MD 1st Cav. Co.K
Brown, Henry MS 3rd Cav. Co.D
Brown, Henry MS 3rd Inf. Co.C
Brown, Henry MS Inf. 3rd Bn. (St.Troops) Co.G,C
Brown, Henry MS 10th Inf. Old Co.B, New Co.C 2nd Sr.Lt.
Brown, Henry MS 14th Inf. Co.D
Brown, Henry MS 18th Inf. Co.A
Brown, Henry MS 20th Inf. Co.E
Brown, Henry MS 35th Inf. Co.G
Brown, Henry MO Cav. 3rd Bn. Co.D
Brown, Henry MO 4th Cav. Co.G
Brown, Henry MO Cav. Coleman's Regt. Co.F
Brown, Henry MO Lt.Arty. Parsons' Co.
Brown, Henry MO 6th Inf. Co.I
Brown, Henry NC 5th Sr.Res. Co.E
Brown, Henry NC 6th Inf. Co.D
Brown, Henry NC 17th Inf. (1st Org.)
Brown, Henry NC 25th Inf. Co.E Sgt.
Brown, Henry NC 30th Inf. Co.F Cpl.
Brown, Henry NC 32nd Inf. Co.I
Brown, Henry NC 33rd Inf. Co.D
Brown, Henry NC 44th Inf. Co.A
Brown, Henry NC 45th Inf. Co.C
Brown, Henry SC 8th Inf. Co.F Music.
Brown, Henry (Colored) SC 21st Inf.
Brown, Henry SC 21st Inf. Co.H Music.
Brown, Henry SC 21st Inf. Co.I
Brown, Henry TN Cav. Newsom's Regt. Co.A
Brown, Henry TN Arty. Ramsey's Btty.
Brown, Henry TN 14th Inf. Co.K
Brown, Henry TX Cav. 3rd (Yager's) Bn. Co.A Bugler
Brown, Henry TX 5th Cav. Co.D
Brown, Henry TX 8th Cav. Co.F
Brown, Henry TX 1st Hvy.Arty. Co.D
Brown, Henry TX 11th (Spaight's) Bn.Vol. Co.F
Brown, Henry VA 1st Cav. 2nd Co.K
Brown, Henry VA 4th Cav. Co.H
Brown, Henry VA 5th Cav. Coakley's Co.
Brown, Henry VA 10th Cav. Co.G Sgt.
Brown, Henry VA 14th Cav. Co.G
Brown, Henry VA 23rd Cav. Co.K
Brown, Henry VA 25th Cav. Co.F
Brown, Henry VA Lt.Arty. Cayce's Co.
Brown, Henry VA 4th Res. Co.E,G
Brown, Henry VA 13th Inf. Co.A
Brown, Henry VA 45th Inf. Co.A
Brown, Henry VA 47th Inf. Co.F
Brown, Henry VA 58th Inf.
Brown, Henry 20th Conf.Cav. 2nd Co.I
Brown, Henry Conf.Inf. Tucker's Regt. Co.A
Brown, Henry Gen. & Staff Chap.
Brown, Henry Gen. & Staff Capt.,AGD
Brown, Henry A. TX 31st Cav. Co.B
Brown, Henry A. VA Hvy.Arty. 20th Bn. Co.D
Brown, Henry A. VA Hvy.Arty. Patteson's Co.
Brown, Henry B. VA 19th Cav. Co.H 1st Lt.
Brown, Henry B. VA Lt.Arty. B.Z. Price's Co.
Brown, Henry B. VA 28th Inf. Co.F Sgt.
Brown, Henry C. AL 2nd Cav. Co.H
Brown, Henry C. AL Cav. 4th Bn. (Love's) Co.A
Brown, Henry C. AL 8th Inf. Co.E
Brown, Henry C. AL 36th Inf. Co.G
Brown, Henry C. AR 23rd Inf. Co.H 2nd Cpl.
Brown, Henry C. GA 1st Inf. Co.B
Brown, Henry C. GA Cobb's Legion Co.B Sgt.
Brown, Henry C. MS 8th Inf. Co.D
Brown, Henry C. NC 3rd Arty. (40th St.Troops) Co.H
Brown, Henry C. NC 26th Inf. Co.G
Brown, Henry C. NC Inf. Thomas Legion Co.E
Brown, Henry C. VA 6th Cav. Co.B

Brown, Henry C. VA Lt.Arty. Arch. Graham's Co.
Brown, Henry C. VA 6th Inf. Vickery's Co.
Brown, Henry C. VA 13th Inf. 1st Co.E
Brown, Henry C. VA 16th Inf. 1st Co.H
Brown, Henry C. VA 57th Inf. Co.B
Brown, Henry C. VA 60th Inf. Co.A
Brown, Henry D. KY 3rd Cav. Co.C 2nd Lt.
Brown, Henry D. LA 9th Inf. Co.H
Brown, Henry D. MS Lt.Arty. Stanford's Co.
Brown, Henry D. VA 27th Inf. Co.F
Brown, Henry F. AL 34th Inf. Co.E
Brown, Henry F. MS 31st Inf. Co.D
Brown, Henry F. VA 6th Inf. Co.H Cpl.
Brown, Henry G. AL 1st Cav. Co.A,B,D
Brown, Henry G. AL 33rd Inf. Co.B
Brown, Henry G. AL 57th Inf. Co.D
Brown, Henry G. KY 8th Cav. Co.I
Brown, Henry G. NC 38th Inf. Co.B
Brown, Henry H. AL 8th Cav. Co.B
Brown, Henry H. AL 6th Inf. Co.F
Brown, Henry H. GA Inf. 9th Bn. Co.D
Brown, Henry H. KY Corbin's Men
Brown, Henry H. NC 33rd Inf. Co.D
Brown, Henry H. TN 23rd Inf. 1st Co.A, Co.B Cpl.
Brown, Henry H. TX 1st Bn.S.S. Co.A
Brown, Henry H. President's Guard,CSA
Brown, Henry H.S. AR Cav. Davies' Bn. Co.A
Brown, Henry H.S. AR Inf. 1st Bn. Co.E
Brown, Henry H.S. AR Inf. 8th Bn. Co.E
Brown, Henry J. AL 53rd (Part.Rangers) Co.K Black.
Brown, Henry J. GA Smith's Legion Standridge's Co.
Brown, Henry J. MS 13th Inf. Co.D
Brown, Henry J. MS 17th Inf. Co.K
Brown, Henry J. NC 7th Inf. Co.B
Brown, Henry J. SC 2nd Inf. Co.C,D
Brown, Henry J. VA 49th Inf. Co.D
Brown, Henry K. AR 2nd Mtd.Rifles Co.G Lt.Col.
Brown, Henry K. TN Cav. 16th Bn. (Neal's) Co.B Cpl.
Brown, Henry L. GA 44th Inf. Co.B
Brown, Henry L. MS 42nd Inf. Co.A
Brown, Henry L. VA 2nd Cav. Co.E
Brown, Henry M. AL 49th Inf. Co.F
Brown, Henry M. AR Inf. 2nd Bn. Co.B
Brown, Henry M. MO Cav. 1st Regt.St.Guard Co.B 2nd Lt.
Brown, Henry M. NC 1st Arty. (10th St.Troops) Co.D
Brown, Henry M. NC 2nd Arty. (36th St.Troops) Co.E
Brown, Henry M. MO Inf. 1st Regt.St.Guard Co.B 2nd Lt.
Brown, Henry M. NC 5th Inf. Co.E
Brown, Henry M. SC 25th Inf. Co.G
Brown, Henry M. VA 41st Inf. Co.K
Brown, Henry M. VA 47th Inf. Co.B Sgt.
Brown, Henry N. GA 65th Inf. Co.G
Brown, Henry R. SC Cav.Bn. Holcombe Legion Co.E
Brown, Henry T. GA 6th Inf. (St.Guards) Co.D Cpl.
Brown, Henry T. GA 46th Inf. Co.A
Brown, Henry T. GA 59th Inf. Co.F
Brown, Henry T. LA Ogden's Cav. Co.A 1st Sgt.
Brown, Henry T. LA 7th Inf. Co.B
Brown, Henry T. NC 34th Inf. Co.D
Brown, Henry T. NC Walker's Bn. Thomas' Legion Co.E
Brown, Henry T. TN 2nd (Robison's) Inf. Co.A Sgt.
Brown, Henry T. VA 33rd Inf. Co.I
Brown, Henry T. 14th Conf.Cav. Co.D Sgt.
Brown, Henry T. Eng.,CSA 1st Lt.
Brown, Henry W. GA 29th Inf. Co.A
Brown, Henry W. GA Inf. Cobb Guards Co.A Cpl.
Brown, Henry W. NC 37th Inf. Co.C
Brown, Henry W. NC 55th Inf. Co.E Capt.
Brown, Henry W. VA 42nd Inf. Co.I Ord.Sgt.
Brown, Henry William LA 1st (Strawbridge's) Inf. Co.D
Brown, Hensford D. FL 4th Inf. Co.A
Brown, Henson MO Inf. Clark's Regt. Co.E
Brown, Henson S. Conf.Cav. Clarkson's Bn. Ind.Rangers Co.A
Brown, Hercules MS 2nd Cav. Co.D
Brown, Herman V. AL Lt.Arty. Lee's Btty.
Brown, Herman V. AL 3rd Inf. Co.G
Brown, Hesakiah NC 17th Inf. (1st Org.) Co.G
Brown, Hesekiah G.D. MS Arty. (Seven Stars Arty.) Roberts' Co. Capt.
Brown, Hesikiah NC 12th Inf. Co.C
Brown, Hezekiah FL 1st Cav. Co.C
Brown, Hezekiah GA 50th Inf. Co.D
Brown, Hezekiah NC 20th Inf. Faison's Co.
Brown, Hezekiah NC 43rd Inf. Co.A,C 2nd Lt.
Brown, Hezekiah Gillum's Regt. Whitaker's Co.
Brown, Hezekiah R. AR 15th (N.W.) Inf. Co.G
Brown, H.F. GA Cav. 1st Bn. Co.F Cpl.
Brown, H.F. TN 20th Inf. Co.I
Brown, H.G. MS 6th Inf. Music.
Brown, H.G. VA Lt.Arty. Griffin's Co.
Brown, H.G. VA Inf. 23rd Bn. Co.C
Brown, H.G.D. MS 3rd (St.Troops) Cav. Co.E 2nd Lt.
Brown, H.G.D. MS Cav. Brown's Co. (Foster Creek Rangers) Capt.
Brown, H.H. AL 1st Regt. Mobile Vol. Co.E
Brown, H.H. AL 4th Res. Co.C
Brown, H.H. AL 8th Inf. Ord.Sgt.
Brown, H.H. AL 15th Inf. Co.A
Brown, H.H. AL 59th Inf. Co.F Sgt.
Brown, H.H. AR 8th Cav. Co.A
Brown, H.H. AR Cav. McGehee's Regt. Co.H
Brown, H.H. AR 1st Vol. Kelsey's Co.
Brown, H.H. AR 8th Inf. New Co.K
Brown, H.H. AR 12th Inf. Co.K
Brown, H.H. GA 13th Inf. Co.H
Brown, H.H. GA 37th Inf. Co.G
Brown, H.H. KY Jessee's Bn.Mtd.Riflemen Co.B
Brown, H.H. NC 34th Inf. Co.H
Brown, H.H. SC 5th Inf. 1st Co.F
Brown, H.H. SC 24th Inf. Co.F
Brown, H.H. SC Palmetto S.S. Co.D
Brown, H.H. TN 1st Field's Inf. Co.C Capt.
Brown, H.H. TN 40th Inf. Co.C
Brown, H.H. TN 42nd Inf. 2nd Co.E 2nd Lt.
Brown, H. Harris FL 6th Inf. Co.G
Brown, Hillary D. VA 11th Inf. Co.E
Brown, Hilliard F. AR 1st (Colquitt's) Inf. Co.C
Brown, Hilry H. AL 2nd Bn. Hilliard's Legion Vol. Co.A Sgt.
Brown, Hilton MS 4th Inf. Co.G
Brown, Hinman AL 1st Bn.Cadets Co.A
Brown, Hinton MS Inf. 3rd Bn. Co.A
Brown, Hiram MS Inf. (Res.) Berry's Co.
Brown, Hiram SC Lt.Arty. 3rd (Palmetto) Bn. Co.I
Brown, Hiram SC 22nd Inf. Co.B
Brown, Hiram TN 21st (Wilson's) Cav. Co.K
Brown, Hiram TN 30th Inf. Co.E
Brown, Hiram TN 84th Inf. Co.G
Brown, Hiram TX 12th Cav. Co.A
Brown, Hiram TX 13th Cav. Co.F Capt.
Brown, Hiram TX 13th Vol. Co.E
Brown, Hiram VA 3rd Lt.Arty. Co.D
Brown, Hiram VA Lt.Arty. Ancell's Co.
Brown, Hiram VA Lt.Arty. Snead's Co.
Brown, Hiram A. AL 7th Inf. Co.A Cpl.
Brown, Hiram A. TN 13th (Gore's) Cav. Co.H
Brown, Hiram F. NC 6th Cav. (65th St.Troops) Co.B,F
Brown, Hiram F. NC Cav. 7th Bn. Co.B
Brown, Hiram G. GA 56th Inf. Co.G
Brown, Hiram H. GA 41st Inf. Co.K
Brown, Hiram J.L. TX 13th Vol. 2nd Co.G
Brown, Hiram R. Inf. School of Pract. Co.D Powell's Detach.
Brown, Hiram W. AL 3rd Cav. Co.H
Brown, Hiram W. AL 2nd Bn. Hilliard's Legion Vol. Co.E Cpl.
Brown, Hiram W. AL 7th Inf. Cox's Co.
Brown, Hiram W. TX 2nd Cav. Co.D Jr.2nd Lt.
Brown, Hitson MS 39th Inf. Co.A
Brown, H.J. AL 48th Inf. Co.I
Brown, H.J. GA 13th Inf. Co.F
Brown, H.J. GA 28th Inf. Co.G Cpl.
Brown, H.J. MS 2nd Cav. Co.B
Brown, H.J. MO Robertson's Regt.St.Guard Co.5 Sgt.
Brown, H.J. SC Arty. Fickling's Co. (Brooks Lt.Arty.)
Brown, H.J. SC 1st (Hagood's) Inf. 1st Co.E
Brown, H.J. SC 25th Inf. Co.C
Brown, H.J. TN Lt.Arty. Barry's Co.
Brown, H.J. TN Lt.Arty. Winston's Co.
Brown, H.J. VA Cav. 37th Bn. Co.B
Brown, H.J. VA 3rd Res. Co.G
Brown, H.J.T. TX 35th (Brown's) Cav. Co.G
Brown, H.L. AL 53rd (Part.Rangers) Co.K
Brown, H.L. MS 1st Cav. Co.D
Brown, H.L. NC 57th Inf. Co.K 2nd Lt.
Brown, H.L. TN 10th (DeMoss') Cav. Co.G
Brown, H.L. TN Cav. Napier's Bn. Co.D
Brown, H.L. TX 28th Cav. Co.H
Brown, H.M. AL 20th Inf. Co.H
Brown, H.M. AR 11th & 17th Cons.Inf. Co.I 1st Lt.
Brown, H.M. AR 15th (Johnson's) Inf. Co.E 1st Sgt.
Brown, H.M. AR 17th (Griffith's) Inf. Co.B 2nd Lt.,Adj.
Brown, H.M. FL 4th Inf. Co.B
Brown, H.M. GA Hvy.Arty. 22nd Bn. Co.B

Brown, H.M. GA 18th Inf. Co.K
Brown, H.M. MO Arty. Lowe's Co. Sr.2nd Lt.
Brown, H.M. NC 8th Bn.Part.Rangers Co.B
Brown, H.M. NC 53rd Inf. Co.A
Brown, H.M. NC 66th Inf. Co.C
Brown, H.M. NC Mallett's Bn. Co.A
Brown, H.M. SC Inf. Hampton Legion Co.G
Brown, H.M. TX 2nd Inf. Co.B
Brown, H.M. TX 12th Inf. Co.H
Brown, H.M. VA Hvy.Arty. 20th Bn. Co.C
Brown, H.M.C. Eng.,CSA Military Asst.Eng.
Brown, H.N. GA 11th Cav. Co.I
Brown, H.N. GA 6th Inf. Co.E
Brown, H.N. GA 52nd Inf. Co.E
Brown, H.N. SC 23rd Inf. Co.K Adj.
Brown, H.N. TN 14th (Neely's) Cav. Co.D
Brown, H.N. TN 10th Inf. Chap.
Brown, H.N. VA 88th Mil.
Brown, H.N. 2nd Cherokee Mtd.Vol. Co.C
Brown, H.O. KY 6th Mtd.Inf. Co.B
Brown, Hopson NC 53rd Inf. Co.C
Brown, Horace MS Wilkinson Cty. Minute Men Co.A
Brown, Horace N. VA Lt.Arty. 12th Bn. 2nd Co.A Cpl.
Brown, Horace N. VA Lt.Arty. Sturdivant's Co. Cpl.
Brown, Horace P. AL St.Arty. Co.A
Brown, Horatio M. TX 22nd Inf. Co.C
Brown, Hosea NC 49th Inf. Co.I Cpl.
Brown, Hosea B. MS 26th Inf. Co.K,H
Brown, Hosia MO Cav. Preston's Bn. Co.B
Brown, Houston TN 44th Inf. Co.E
Brown, Houston TN 44th (Cons.) Inf. Co.B
Brown, Howard H. AR 6th Inf. New Co.D
Brown, H.P. AL 7th Cav. Co.B 3rd Lt.
Brown, H.P. AL Mil. 4th Vol. Co.H
Brown, H.P. LA Inf. 7th Bn. Co.C
Brown, H.P. MO Cav. Fristoe's Regt. Co.L
Brown, H.P. MO Inf. 2nd Regt.St.Guard Co.F 2nd Lt.
Brown, H.P. VA 42nd Inf.
Brown, H.R. GA 65th Inf. Co.E
Brown, H.R. KY 12th Cav. Co.A,B
Brown, H.R. MS Inf. 7th Bn. Co.B
Brown, H.R. MS 44th Inf. Co.H Sgt.
Brown, H.R. SC Inf. 3rd Bn. Co.B
Brown, H.R. TN 6th (Wheeler's) Cav. Co.K Sgt.
Brown, H.R. TN 21st & 22nd (Cons.) Cav. Co.C
Brown, H.R. TN 22nd (Barteau's) Cav. Co.K
Brown, H.R. VA 1st Inf.
Brown, H.S. AL 8th Inf. Co.C
Brown, H.S. FL 1st Inf. Old Co.D, New Co.A
Brown, H.T. AR 3rd Inf. (St.Troops) Co.G Capt.
Brown, H.T. AR 34th Inf. Co.G
Brown, H.T. GA 4th Inf. Co.I
Brown, H.T. GA 6th Inf. Co.A
Brown, H.T. GA 10th Mil.
Brown, H.T. GA 46th Inf. Co.A
Brown, H.T. TX 9th Cav. Co.C
Brown, H.T. TX Cav. Waller's Regt. Co.F
Brown, Hubbard NC 22nd Inf. Co.H
Brown, Hubbard V. VA 42nd Inf. Co.H Sgt.
Brown, Hu F. TN 26th Inf. Co.I
Brown, Hugh AL 22nd Inf.
Brown, Hugh AR 1st (Monroe's) Cav. Co.B
Brown, Hugh AR 9th Inf. Co.A
Brown, Hugh FL 5th Inf. Co.B Cpl.
Brown, Hugh GA 4th (Clinch's) Cav. Co.C
Brown, Hugh GA 26th Inf. Atkinson's Co.B 1st Sgt.
Brown, Hugh SC Arty. Gregg's Co. (McQueen Lt.Arty.)
Brown, Hugh SC Arty. Manigault's Bn. 1st Co.C
Brown, Hugh B. LA 12th Inf. 2nd Co.M
Brown, Hugh L. GA Lt.Arty. 14th Bn. Co.B
Brown, Hugh L. GA Lt.Arty. Anderson's Btty.
Brown, Hugh M. GA 43rd Inf. Co.D Sgt.
Brown, Hugh M. LA 5th Cav. Co.D
Brown, Hugh M. LA Inf. 9th Bn. Co.A
Brown, Hugh R. NC 29th Inf. Co.F
Brown, Hugh W. LA 28th (Gray's) Inf. Co.A
Brown, Humphrey P. GA 6th Cav. Co.A
Brown, Humphry P. GA Smith's Legion Standridge's Co.
Brown, Huston TN 5th (McKenzie's) Cav. Co.A
Brown, Huston H. TN 41st Inf. Co.B
Brown, H.V. Gen. & Staff Chap.
Brown, H.W. AL 59th Inf. Co.B Cpl.
Brown, H.W. AR 19th (Dockery's) Inf. Co.C
Brown, H.W. AR 38th Inf. Old Co.I,H
Brown, H.W. AR 50th Mil. Gleave's Co.
Brown, H.W. GA 7th Inf. Co.G
Brown, H.W. GA 43rd Inf. Co.F
Brown, H.W. MS 2nd Cav. Co.B
Brown, H.W. MO Cav. Coleman's Regt. Co.E
Brown, H.W. NC Cav. 16th Bn. Co.D
Brown, H.W. SC Inf. 9th Bn. Co.A
Brown, H.W. SC 26th Inf. Co.A
Brown, H.W. Gen & Staff Surg.
Brown, H.Y. SC 23rd Inf. Co.A
Brown, I. GA 20th Inf.
Brown, I.A. VA 4th Cav. Co.E
Brown, I.B. LA Inf.Cons. 18th Regt. & Yellow Jacket Bn. Surg.
Brown, I.B. MO Cav. Freeman's Regt. Co.C Capt.
Brown, Icem MO 2nd Inf. Co.D
Brown, I.C.P. AL 2nd Cav. Co.I
Brown, I.E. AL Pickens Cty. Supp.Force Allen's Co.
Brown, I.E. TN 45th Inf. Co.E
Brown, I.F. NC Mallett's Bn. (Cp.Guard)
Brown, I.F. TX Cav. Terry's Regt. Co.A
Brown, I.H. LA 9th Inf. Co.F
Brown, I.H. NC Mallett's Bn. (Cp.Guard) Co.F Cpl.
Brown, I.H. SC Mil. 1st Regt.Rifles Palmer's Co.
Brown, I.H. TX 8th Cav. Co.H
Brown, I.L. 15th Conf.Cav. Prov.Marsh.
Brown, I.M. NC Hvy.Arty. 10th Bn. Co.C
Brown, I.N. MS Inf. 1st Bn. Co.D
Brown, Innis TN 1st (Feild's) Inf. Co.D
Brown, I.P. MS Lt.Arty. (Jefferson Arty.) Darden's Co.
Brown, I.P. MO Cav. Freeman's Regt. Co.C
Brown, I.P. NC 2nd Inf. Co.B
Brown, I.P. TN 19th (Biffle's) Cav. Co.C
Brown, I.R. Dobbins' Brig. Ord.Off.
Brown, Ira AR Mil. Desha Cty.Bn.
Brown, Ira B. SC 15th Inf. Co.A
Brown, Ira D. AL 33rd Inf. Co.C
Brown, Ira E. AL 4th Inf. Co.K 1st Lt.
Brown, Ira E. MS 1st Cav.Res. Co.K
Brown, Ira M. GA 3rd Cav. (St.Guards) Co.M
Brown, Ira P. AL Nitre & Min.Corps Young's Co.
Brown, Ira W. GA 38th Inf. Co.B
Brown, Iredell NC 21st Inf. Co.H
Brown, Iri MS 3rd Inf. (St.Troops) Co.H
Brown, Irvin MO Cav. Coleman's Regt. Co.G
Brown, Irvine LA 1st Cav. Co.E Sgt.
Brown, Irving MO 10th Cav. Co.B Capt.
Brown, Irwin TN 34th Inf. Co.I
Brown, Isaac AL 3rd Cav. Co.B
Brown, Isaac AL 23rd Bn.S.S. Co.F
Brown, Isaac AL 41st Inf. Co.A
Brown, Isaac AL 59th Inf. Co.I,F
Brown, Isaac AL 1st Bn. Hilliard's Legion Vol. Co.F
Brown, Isaac AL 2nd Bn. Hilliard's Legion Vol. Co.A
Brown, Isaac AR 19th (Dockery's) Inf. Co.I
Brown, Isaac AR 27th Inf. Co.H
Brown, Isaac AR 58th Mil. Co.D
Brown, Isaac KY 5th Mtd.Inf. Co.B
Brown, Isaac LA 1st (Strawbridge's) Inf. Co.G
Brown, Isaac LA 15th Inf. Co.I Jr.2nd Lt.
Brown, Isaac MS Cav. 3rd Bn. (Ashcraft's) Co.A
Brown, Isaac MO Cav. Wood's Regt. Co.B
Brown, Isaac MO Inf. 4th Regt.St.Guard Co.F
Brown, Isaac NC 5th Sr.Res. Co.H
Brown, Isaac NC 8th Sr.Res. Broadhurst's Co. 1st Lt.
Brown, Isaac NC 12th Inf. Co.C
Brown, Isaac NC 43rd Inf. Co.A Sgt.
Brown, Isaac SC 1st Arty. Co.I
Brown, Isaac SC Lt.Arty. Parker's Co. (Marion Arty.)
Brown, Isaac SC 5th St.Troops Co.G
Brown, Isaac SC 7th Res. Co.A
Brown, Isaac SC Inf. 9th Bn. Co.D
Brown, Isaac SC Post Guard Senn's Co.
Brown, Isaac TN Inf. 3rd Cons.Regt. Co.H 1st Sgt.
Brown, Isaac TN 19th Inf. Co.D 1st Sgt.
Brown, Isaac TN 22nd Inf. Co.B
Brown, Isaac TN 25th Inf. Co.F
Brown, Isaac TN 35th Inf. Co.A,G
Brown, Isaac TX 12th Cav.
Brown, Isaac VA 7th Cav. Co.I
Brown, Isaac VA 17th Cav. Co.I
Brown, Isaac VA 4th Inf. Co.D
Brown, Isaac Conf.Cav. Wood's Regt. 1st Co.M
Brown, Isaac Conf.Inf. 1st Bn. 2nd Co.B 2nd Lt.
Brown, Isaac A. AL Inf. 2nd Regt. Co.H Sgt.
Brown, Isaac B. TN 1st (Feild's) Inf. Co.D
Brown, Isaac B. VA Cav. Caldwell's Bn. Hankins' Co.
Brown, Isaac H. NC 3rd Inf. Co.K
Brown, Isaac J. AR 2nd Inf. Co.H
Brown, Isaac J. TX 22nd Inf. Co.H
Brown, Isaac L. GA 55th Inf. Co.I
Brown, Isaac L. MS 13th Inf. Co.K
Brown, Isaac M. AL 28th Inf. Co.D
Brown, Isaac M. MS 2nd Inf. Co.A
Brown, Isaac M. MO Cav. Freeman's Regt. Co.C

Brown, Isaac M. TN 2nd (Ashby's) Cav. Co.B 1st Sgt.
Brown, Isaac M. TN Cav. 5th Bn. (McClellan's) Co.C
Brown, Isaac M. VA 21st Cav. Co.K
Brown, Isaac N. NC Inf. 2nd Bn. Co.G
Brown, Isaac N. VA Inf. 9th Bn. Co.B
Brown, Isaac N. VA 25th Inf. 2nd Co.G
Brown, Isaac N. VA 45th Inf. Co.A
Brown, Isaac Nealy MO 8th Inf. Co.E Sgt.
Brown, Isaac Newton GA 13th Inf. Co.G
Brown, Isaac Newton LA Inf. 1st Sp.Bn. (Wheat's) Old Co.D
Brown, Isaac Newton LA 12th Inf. Co.G Cpl.
Brown, Isaaha AL 43rd Inf. Co.D
Brown, Isadore LA Mil. Orleans Fire Regt. Hall's Co.
Brown, Isaiah AL Bn. Co.A
Brown, Isaiah MS 41st Inf. Co.B
Brown, Isaiah SC 3rd St.Troops Co.C
Brown, Isaiah H. TX 22nd Inf. Co.H
Brown, Isaiah M. NC 1st Inf. Co.B Ens.
Brown, Isaiah W. MS 42nd Inf. Co.A
Brown, Isam MO 2nd Inf. Co.D
Brown, Isam S. LA Inf. 16th Bn. (Conf.Guards Resp.Bn.) Co.B
Brown, Iseral LA Inf.Cons.Crescent Regt. Co.B
Brown, Isham FL 1st (Res.) Inf. Co.I Cpl.
Brown, Isham J. TN 48th (Voorhies') Inf. Co.I
Brown, Isham P. SC 1st (Orr's) Rifles Co.L
Brown, Isom N. GA 7th Inf. Co.K
Brown, Isom P. SC 1st Arty. Co.G
Brown, Israel VA 14th Cav. Co.L
Brown, Israel, Jr. VA 14th Cav. Co.L
Brown, Israel, 1st VA 17th Cav. Co.I
Brown, Israel, 2nd VA 17th Cav. Co.I
Brown, I.T. MS Cav. Yerger's Regt. Co.A
Brown, I.T. SC 12th Inf. Co.B Cpl.
Brown, I.T. TN 19th (Biffle's) Cav. Co.C
Brown, I.T. TN Inf. 2nd Cons.Regt. Co.D
Brown, Iverson S. GA 13th Inf. Co.G
Brown, Ivey C. VA 61st Inf. Co.B Sgt.
Brown, J. AL 11th Cav. Co.A Cpl.
Brown, J. AL 11th Cav. Co.E
Brown, J. AL 12th Cav. Co.G
Brown, J. AL 56th Part.Rangers Co.L Lt.
Brown, J. AL 5th Inf. Co.C
Brown, J. AL 8th Inf.
Brown, J. AL 12th Inf. Co.H
Brown, J. AL 17th Inf. Co.A
Brown, J. AL 25th Inf. Co.F
Brown, J. AL 32nd Inf. Co.F
Brown, J. AL 46th Inf. Co.A
Brown, J. AL Cp. of Instr. Talladega
Brown, J. AL Conscr.
Brown, J. AR 8th Cav. Co.C
Brown, J. AR 1st Inf. Co.C
Brown, J. AR 6th Inf. Co.E
Brown, J. AR 15th Inf.
Brown, J. AR 27th Inf. Co.C
Brown, J. AR 27th Inf. Co.H
Brown, J. AR 32nd Inf. Co.H
Brown, J. FL 11th Inf. Co.I
Brown, J. GA 4th (Clinch's) Cav. Co.D
Brown, J. GA 4th (Clinch's) Cav. Co.E
Brown, J. GA 8th Cav. New Co.E
Brown, J. GA Cav. 20th Bn. Co.C
Brown, J. GA Arty. 11th Bn. (Sumter Arty.) Old Co.C
Brown, J. GA Lt.Arty. Clinch's Btty. Cpl.
Brown, J. GA Lt.Arty. (Arsenal Btty.) Hudson's Co. Cpl.
Brown, J. GA 10th Inf. Co.K
Brown, J. GA 29th Inf. Co.C
Brown, J. GA 39th Inf. Co.A
Brown, J. KY 3rd Cav. Co.D
Brown, J. LA Inf. 7th Bn. Co.C
Brown, J. LA 21st (Kennedy's) Inf. Co.D
Brown, J. LA 25th Inf. Co.K
Brown, J. MS 5th Cav. Co.H
Brown, J. MS 28th Cav. Co.F
Brown, J. MS Inf. 1st Bn.St.Troops (12 mo. '62-3) Co.C
Brown, J. MS 19th Inf. Co.K
Brown, J. MS 21st Inf.
Brown, J. MO 5th Cav. Co.H
Brown, J. MO Cav. Coffee's Regt. Co.A
Brown, J. MO Cav. Fristoe's Regt. Co.L
Brown, J. MO Inf. 3rd Regt.St.Guard Co.F Capt.
Brown, J. NC Cav. 7th Regt. Co.D
Brown, J. NC 3rd Jr.Res. Co.C
Brown, J. NC 3rd Jr.Res. Co.H
Brown, J. NC 7th Sr.Res. Johnson's Co.
Brown, J. NC 22nd Inf. Co.I
Brown, J. NC 30th Inf. Co.F
Brown, J. SC 4th Cav. Co.B
Brown, J. SC 7th Cav. Co.D 2nd Lt.
Brown, J. SC 2nd Inf. Co.H
Brown, J. SC 2nd Inf. Co.I
Brown, J. SC 6th Res. Co.H
Brown, J. SC 7th Res. Co.L
Brown, J. SC 23rd Inf. Co.C
Brown, J. SC 27th Inf. Co.B
Brown, J. SC Bn.St.Cadets Co.A
Brown, J. TN 21st & 22nd (Cons.) Cav. Co.C Sgt.
Brown, J. TN 49th Inf. Co.F Cpl.
Brown, J. Inf. Bailey's Cons. Regt. Co.C
Brown, J. TX 23rd Cav. Co.K
Brown, J. TX Cav. Baird's Regt. Co.C
Brown, J. TX Cav. Baird's Regt. Co.E
Brown, J. TX Cav. Bourland's Regt. Co.H
Brown, J. TX Cav. Terry's Regt. Co.I
Brown, J. TX Cav. Waller's Regt. Goode's Co.
Brown, J. TX Cav. Wells' Regt. Co.E
Brown, J. TX 15th Field Btty.
Brown, J. TX 9th (Young's) Inf. Co.H
Brown, J. VA 2nd St.Res. Co.L
Brown, J. VA 34th Inf. Orderly
Brown, J. Conf.Cav. Baxter's Bn. 2nd Co.B Cpl.
Brown, J.A. AL 10th Cav. Co.A
Brown, J.A. AL 10th Cav. Co.B,D
Brown, J.A. AL 10th Cav. Co.H Capt.
Brown, J.A. AL 1st Inf. Co.E
Brown, J.A. AL 17th Inf. Co.C
Brown, J.A. AL 18th Inf. Co.I,G
Brown, J.A. AL 23rd Inf. Co.G
Brown, J.A. AL 25th Inf. Co.F
Brown, J.A. AL 25th Inf. Co.I
Brown, J.A. AL 36th Inf. Co.A
Brown, J.A. AL 62nd Inf. Co.F
Brown, J.A. AL Cp. of Instr. Talladega
Brown, J.A. AR 8th Cav. Co.I
Brown, J.A. AR 2nd Vol. Co.C
Brown, J.A. AR 26th Inf. Co.G
Brown, J.A. AR 26th Inf. Co.H
Brown, J.A. AR 27th Inf. Co.F
Brown, J.A. GA 8th Cav. Old Co.I Sgt.
Brown, J.A. GA 62nd Cav. Co.I Sgt.
Brown, J.A. GA Arty. Lumpkin's Co.
Brown, J.A. GA 1st Troops & Defences (Macon) Co.C
Brown, J.A. GA 5th Res. Co.H
Brown, J.A. GA 5th Res. Co.I Sgt.
Brown, J.A., Jr. GA Inf. 9th Bn. Co.A
Brown, J.A. GA 18th Inf. Co.A
Brown, J.A. KY 8th Mtd.Inf. Co.B
Brown, J.A. MS 12th Cav. Co.B
Brown, J.A. MS 1st Lt.Arty. Co.B
Brown, J.A. MS Inf. (Choctaw Silver Greys) Drane's Co. Cpl.
Brown, J.A. NC 2nd Jr.Res. Co.B
Brown, J.A. NC 58th Inf. Co.H
Brown, J.A. NC 61st Inf. Co.D
Brown, J.A. NC Mil. Clark's Sp.Bn. Co.I
Brown, J.A. SC 3rd Inf. Co.B
Brown, J.A. SC 5th Inf. 1st Co.I
Brown, J.A. SC Palmetto S.S. Co.G
Brown, J.A. TN 1st (Carter's) Cav. Co.C
Brown, J.A. TN 1st (Feild's) Inf. Co.D Lt.
Brown, J.A. TN 12th Inf. Co.B
Brown, J.A. TN 17th Inf. Co.H
Brown, J.A. TN 47th Inf. Co.A
Brown, J.A. TX 12th Cav. Co.D
Brown, J.A. TX 21st Inf. Co.F Sgt.
Brown, J.A. VA 4th Cav. Co.G
Brown, J.A. VA Lt.Arty. Carpenter's Co.
Brown, J.A. VA 88th Mil. Cpl.
Brown, J.A. 8th (Wade's) Conf.Cav. Co.A
Brown, J.A. Mead's Conf.Cav. Co.G
Brown, Jabes VA 34th Inf. Co.G
Brown, Jabez TN 9th Inf. Co.H
Brown, Jack AL 34th Inf. Co.I
Brown, Jack GA 59th Inf. Co.H Col.
Brown, Jack KY 5th Cav. Co.H
Brown, Jack KY 7th Cav. Co.I Sgt.
Brown, Jack NC Mil. Clark's Sp.Bn. Co.C Cpl.
Brown, Jack TN 3rd (Forrest's) Cav. 1st Co.G Sgt.
Brown, Jack B. VA 7th Inf. Co.E
Brown, Jackson AL 43rd Inf. Co.D
Brown, Jackson AR 9th Inf. Old Co.I
Brown, Jackson GA 16th Inf. Co.F
Brown, Jackson GA 25th Inf. Co.B
Brown, Jackson MS Nash's Co. (Leake Rangers)
Brown, Jackson MS St.Cav. Perrin's Bn. Co.B
Brown, Jackson MS 30th Inf. Co.F
Brown, Jackson NC 37th Inf. Co.K
Brown, Jackson NC 52nd Inf. Co.F
Brown, Jackson NC 54th Inf. Co.H
Brown, Jackson SC 1st St.Troops Co.K
Brown, Jackson SC 3rd Res. Co.A
Brown, Jackson TN 4th (McLemore's) Cav. Co.I
Brown, Jackson TN 35th Inf. 2nd Co.D
Brown, Jackson VA 46th Inf. 1st Co.C
Brown, Jackson VA 60th Inf. Co.B
Brown, Jackson G. GA 10th Cav. (St.Guards) Co.A
Brown, Jackson H. VA 54th Inf.
Brown, Jackson J. GA 40th Inf. Co.D

Brown, Jackson J. Trans-MS Conf.Cav. 1st Bn. Co.B
Brown, Jackson M. AL Rives' Supp.Force 9th Congr.Dist.
Brown, Jacob AR 1st Vol. Simington's Co.
Brown, Jacob GA 23rd Inf. Co.E
Brown, Jacob KY 9th Mtd.Inf. Co.H
Brown, Jacob LA 1st Hvy.Arty. Co.C Fifer
Brown, Jacob MO 2nd Cav.
Brown, Jacob MO 3rd Cav.
Brown, Jacob MO 4th Cav. Co.A
Brown, Jacob NC 3rd Inf. Co.B
Brown, Jacob NC 5th Sr.Res. Co.H
Brown, Jacob NC 13th Inf. Co.H
Brown, Jacob NC 17th Inf. (2nd Org.) Co.D
Brown, Jacob NC 49th Inf. Co.I
Brown, Jacob NC 52nd Inf. Co.D
Brown, Jacob NC 54th Inf. Co.H
Brown, Jacob NC McDugald's Co.
Brown, Jacob SC 24th Inf. Co.D
Brown, Jacob TN 1st (Carter's) Cav. Co.M
Brown, Jacob TN 63rd Inf. Co.D
Brown, Jacob TX 11th Cav. Co.E
Brown, Jacob TX 33rd Cav. Co.F
Brown, Jacob TX Cav Ragsdale's Co.
Brown, Jacob TX Conscr.
Brown, Jacob VA 22nd Cav. Co.K
Brown, Jacob VA 23rd Cav. Co.G
Brown, Jacob VA 5th Inf. Co.H
Brown, Jacob VA 13th Inf. Co.G
Brown, Jacob VA 37th Inf. Co.C
Brown, Jacob 2nd Cherokee Mtd.Vol. Co.A,H
Brown, Jacob A. TN 48th (Voorhies') Inf.
Brown, Jacob A. TN 63rd Inf. Co.I
Brown, Jacob C. KY 3rd Cav. Co.E
Brown, Jacob C. TN 34th Inf. Co.I
Brown, Jacob J. NC 3rd Arty. (40th St.Troops) Co.B
Brown, Jacob L. AL 61st Inf. Co.F
Brown, Jacob L. GA 56th Inf. Co.K
Brown, Jacob M. MO Cav. 3rd Bn. Co.B Cpl.
Brown, Jacob R. MS 8th Inf. Co.K 1st Lt.
Brown, Jacob S. TN 26th Inf. Co.E
Brown, Jacob W. NC 25th Inf. Co.G
Brown, Jacqueline H. MS 2nd Part.Rangers Co.G
Brown, J.A.F. LA 18th Inf. Co.F
Brown, J.A.F., Jr. LA Mil. Beauregard Bn.
Brown, J.A.F., Jr. LA Inf.Crescent Regt. Co.D
Brown, J.A.J. GA Cav. 1st Bn.Res. Co.E
Brown, J.A.J. NC Inf. 2nd Bn. Co.G
Brown, J. Alexander SC Inf. Holcombe Legion Co.C
Brown, J. Aline VA 22nd Inf. Co.H 2nd Lt.
Brown, James AL 1st Cav. Co.K
Brown, James AL 3rd Cav. Co.E
Brown, James AL 3rd Cav. Co.F
Brown, James AL 3rd Cav. Co.G
Brown, James AL 4th (Russell's) Cav. Co.A
Brown, James AL 56th Part.Rangers Co.E
Brown, James AL Cav. Moreland's Regt. Co.G Cpl.
Brown, James AL Arty. 1st Bn. Co.C
Brown, James AL Lt.Arty. Phelan's Co.
Brown, James AL 1st Inf. Co.C
Brown, James AL Inf. 1st Regt. Co.B
Brown, James AL Inf. 1st Regt. Co.D
Brown, James AL Inf. 2nd Regt. Co.E
Brown, James AL 6th Inf. Co.A
Brown, James AL 27th Inf. Co.E
Brown, James AL 29th Inf. Co.K
Brown, James AL 38th Inf. Co.E
Brown, James AL 47th Inf. Co.D
Brown, James AL 55th Vol. Co.E
Brown, James AL 62nd Inf. Co.G
Brown, James AL Pris.Guard Freeman's Co.
Brown, James AR 1st (Monroe's) Cav. Co.B
Brown, James AR 7th Cav. Co.M
Brown, James AR 45th Cav. Co.A
Brown, James AR Cav. Gordon's Regt. Co.F
Brown, James AR Cav. Wright's Regt. Co.C
Brown, James AR 3rd Inf. Co.L,A
Brown, James AR 9th Inf. Co.A
Brown, James AR 12th Inf. Co.E
Brown, James AR 15th Mil. Co.B
Brown, James AR 17th (Lemoyne's) Inf. Co.I
Brown, James AR 19th Inf. Co.B
Brown, James AR 21st Inf. Co.H
Brown, James AR 45th Mil. Co.E
Brown, James FL 1st Inf. Old Co.H
Brown, James FL 4th Inf. Co.B
Brown, James GA 4th (Clinch's) Cav. Co.C
Brown, James GA 8th Cav. Co.K
Brown, James GA 10th Cav. (St.Guards) Co.I
Brown, James GA 12th Cav. Co.H
Brown, James GA Cav. 16th Bn. (St.Guards) Co.D
Brown, James GA 62nd Cav. Co.K
Brown, James GA Cav. Hendry's Co. (Atlantic & Gulf Guards)
Brown, James GA Hvy.Arty. 22nd Bn. Co.C
Brown, James GA Hvy.Arty. 22nd Bn. Co.F
Brown, James GA Lt.Arty. Croft's Btty. (Columbus Arty.)
Brown, James GA Lt.Arty. Daniell's Btty.
Brown, James GA Lt.Arty. (Jackson Arty.) Massenburg's Btty.
Brown, James GA Arty. Maxwell's Reg.Lt.Btty.
Brown, James GA 1st (Fannin's) Res. Co.H
Brown, James GA 1st (Symons') Res. Co.G
Brown, James GA Inf. 3rd Bn. Co.B
Brown, James GA 5th Res. Co.G
Brown, James GA 9th Inf. Co.F
Brown, James GA Inf. 14th Bn. (St.Guards) Co.E
Brown, James GA 17th Inf. Co.H
Brown, James GA 22nd Inf. Co.D
Brown, James GA 22nd Inf. Co.G
Brown, James GA 25th Inf. Co.A
Brown, James GA 26th Inf. Co.D
Brown, James GA 27th Inf. Carr's Co.
Brown, James GA 31st Inf. Co.F
Brown, James GA 37th Inf. Co.A
Brown, James GA 50th Inf. Co.H
Brown, James GA 54th Inf. Co.F
Brown, James GA 56th Inf. Co.E
Brown, James GA 65th Inf. Co.E
Brown, James GA Cherokee Legion (St.Guards) Co.E
Brown, James GA Inf. Cobb Guards Co.A
Brown, James GA Floyd Legion (St.Guards) Co.K
Brown, James GA Inf. Whiteside's Naval Bn. (Loc.Def.) Co.A
Brown, James KY 2nd (Duke's) Cav. Co.G
Brown, James KY 2nd (Duke's) Cav. Co.I
Brown, James KY 10th (Diamond's) Cav. Co.A
Brown, James KY 12th Cav. Co.E
Brown, James KY 13th Cav. Co.A
Brown, James LA 3rd (Harrison's) Cav. Co.C
Brown, James LA 5th Cav. Co.I
Brown, James LA 1st Hvy.Arty. (Reg.) Co.C
Brown, James LA Arty. Castellanos' Btty.
Brown, James LA Arty. Moody's Co. (Madison Lt.Arty.)
Brown, James LA Washington Arty.Bn. Co.2 Driver
Brown, James LA Inf. 1st Sp.Bn. (Wheat's) Co.B
Brown, James LA Mil. 4th Regt. 1st Brig. 1st Div. Co.G
Brown, James LA 6th Inf. Co.B
Brown, James LA 7th Inf. Co.D
Brown, James LA Inf. 7th Bn. Co.B
Brown, James LA Inf. 7th Bn. Co.C Cpl.
Brown, James LA 15th Inf. Co.E
Brown, James LA 15th Inf. Co.K
Brown, James LA Inf. 16th Bn. (Conf.Guards Resp.Bn.) Co.B
Brown, James LA 21st (Kennedy's) Inf. Co.A
Brown, James LA 22nd Inf. Co.A Cpl.
Brown, James LA 22nd Inf. Durrive, Jr.'s Co.
Brown, James LA 27th Inf. Co.E
Brown, James LA 28th (Gray's) Inf. Co.K
Brown, James LA Mil. Orleans Guards Regt.
Brown, James MD Inf. 2nd Bn. Co.D
Brown, James MD Inf. 2nd Bn. Co.H
Brown, James MD Inf. 2nd Bn. Co.I
Brown, James MS 1st Cav. Co.K
Brown, James MS Cav.1st Bn. (Montgomery's) St.Troops Hammond's Co.
Brown, James MS 3rd Cav.Res. Co.A
Brown, James MS Cav. 3rd Bn.Res. Co.D
Brown, James MS Cav. 3rd Bn. (Ashcraft's) Co.D Cpl.
Brown, James MS 4th Cav. Co.B
Brown, James MS 12th Cav. Co.E
Brown, James MS 28th Cav. Co.I
Brown, James MS Cav. Buck's Co.
Brown, James MS Lt.Arty. (Jefferson Arty.) Darden's Co.
Brown, James MS 1st (King's) Inf. (St.Troops) Co.F
Brown, James MS Inf. 3rd Bn. (St.Troops) Co.D
Brown, James MS 10th Inf. Old Co.D
Brown, James MS 16th Inf. Co.A Capt.
Brown, James MS 16th Inf. Co.I
Brown, James MS 18th Inf. Co.B
Brown, James MS 18th Inf. Co.E
Brown, James MS 32nd Inf. Co.I
Brown, James MS 46th Inf. Co.C,A Cpl.
Brown, James MS 48th Inf. Co.E
Brown, James MO 1st Cav. Co.D
Brown, James MO 1st N.E. Cav. Co.F
Brown, James MO 4th Cav. Co.B 1st Lt.
Brown, James MO Cav. Freeman's Regt. Co.A
Brown, James MO Cav. Hicks' Co.
Brown, James MO 2nd Inf. Co.B
Brown, James MO Inf. 3rd Bn. Co.C
Brown, James MO 3rd Regt.St.Guards Co.H
Brown, James MO 6th Inf. Co.B
Brown, James MO 10th Inf. Co.E Cpl.

Brown, James MO 11th Inf. Co.K Cpl.
Brown, James MO Inf. Clark's Regt. Co.H
Brown, James MO Searcy's Bn.S.S.
Brown, James NC 2nd Cav. (19th St.Troops) Co.B
Brown, James NC 4th Cav. (59th St.Troops) Co.D
Brown, James NC 3rd Arty. (40th St.Troops) Co.I
Brown, James NC 3rd Inf. Co.D
Brown, James NC 4th Inf. Co.I
Brown, James NC 5th Sr.Res. Co.H 3rd Lt.
Brown, James NC 8th Sr.Res. Kelly's Co.
Brown, James NC 12th Inf. Co.A
Brown, James NC 12th Inf. Co.B,D
Brown, James NC 17th Inf. (2nd Org.) Co.E
Brown, James NC 22nd Inf. Co.M
Brown, James NC 28th Inf. Co.A
Brown, James NC 30th Inf. Co.H
Brown, James NC 38th Inf. Co.D
Brown, James NC 39th Inf. Co.E
Brown, James NC 43rd Inf. Co.A
Brown, James NC 46th Inf.
Brown, James NC 55th Inf. Co.C
Brown, James NC 64th Inf. Forage M.
Brown, James NC Snead's Co. (Loc.Def.)
Brown, James NC Walker's Bn. Thomas' Legion Co.E
Brown, James NC Walker's Bn. Thomas' Legion Co.G
Brown, James SC 1st Mtd.Mil. Heyward's Co.
Brown, James SC Cav. 10th Bn. Co.A
Brown, James SC 1st Arty. Co.A
Brown, James SC 1st Arty. Co.H Cpl.
Brown, James, 2nd SC 1st Arty. Co.H
Brown, James SC Hvy.Arty. 15th (Lucas') Bn. Co.B
Brown, James SC 1st (McCreary's) Inf. Co.K
Brown, James SC Inf. 3rd Bn. Co.E
Brown, James SC 3rd Bn.Res. Co.E Sgt.
Brown, James SC 4th St.Troops Co.A Cpl.
Brown, James SC 5th St.Troops Co.L
Brown, James SC 5th St.Troops Co.M
Brown, James SC 6th Inf. 1st Co.G
Brown, James SC 6th Res. Co.B
Brown, James SC 9th Res. Co.G
Brown, James SC 17th Inf. Co.D
Brown, James SC 19th Inf. Co.E
Brown, James SC 19th Inf. Co.H
Brown, James SC 21st Inf. Co.H
Brown, James SC 22nd Inf. Co.B
Brown, James SC 23rd Inf. Co.F
Brown, James SC 25th Inf. Co.H
Brown, James SC Inf. Holcombe Legion Co.D
Brown, James SC Inf. Holcombe Legion Co.G
Brown, James TN 1st (Carter's) Cav. Co.H
Brown, James TN 2nd (Ashby's) Cav. Co.A
Brown, James TN 2nd (Ashby's) Cav. Co.H
Brown, James TN 3rd (Forrest's) Cav. Co.D
Brown, James TN Cav. 4th Bn. (Branner's) Co.A Bugler
Brown, James TN 4th (McLemore's) Cav. Co.G
Brown, James TN 4th (Murray's) Cav. Co.B
Brown, James TN 5th (McKenzie's) Cav. Co.E
Brown, James TN 6th (Wheeler's) Cav. Co.E
Brown, James TN Cav. 12th Bn. (Day's) Co.A
Brown, James TN 13th (Gore's) Cav. Co.D
Brown, James TN 13th (Gore's) Cav. Co.F
Brown, James TN 13th (Gore's) Cav. Co.G
Brown, James TN 21st (Wilson's) Cav. Co.D
Brown, James TN 21st (Wilson's) Cav. Co.G
Brown, James TN 21st & 22nd (Cons.) Cav. Co.I
Brown, James TN 22nd (Barteau's) Cav. Co.H
Brown, James TN 28th Cav. Co.F
Brown, James TN Cav. Napier's Bn. Co.A
Brown, James TN Arty. Ramsey's Btty.
Brown, James TN 6th Inf. Co.I
Brown, James TN 8th Inf. Co.F
Brown, James TN 9th Inf. Co.D
Brown, James TN 10th Inf. Co.A
Brown, James TN 12th (Cons.) Inf. Co.A
Brown, James TN 16th Inf. Co.B
Brown, James TN 16th Inf. Co.E,B
Brown, James TN 16th Inf. Co.K
Brown, James TN Inf. 22nd Bn. Co.A
Brown, James TN Inf. 22nd Bn. Co.C
Brown, James TN Inf. 22nd Bn. Co.H
Brown, James TN 24th Bn.S.S. Co.B
Brown, James TN 25th Inf. Co.H
Brown, James TN 26th Inf. Co.B,H
Brown, James TN 26th Inf. Co.K
Brown, James TN 28th Inf. Co.F
Brown, James TN 34th Inf. 2nd Co.C
Brown, James TN 36th Inf. Co.E 1st Lt.
Brown, James TN 37th Inf. Co.F Cpl.
Brown, James TN 42nd Inf. 1st Co.K
Brown, James, Jr. TN 60th Mtd.Inf. Co.A
Brown, James, Sr. TN 60th Mtd.Inf. Co.A
Brown, James TN 60th Mtd.Inf. Co.K
Brown, James TN 63rd Inf. Co.C
Brown, James TX 4th Cav. Co.I
Brown, James TX 5th Cav. Co.I
Brown, James TX 12th Cav. Co.E Ord.Sgt.
Brown, James TX 12th Cav. Co.G
Brown, James TX 25th Cav. Co.E
Brown, James TX 28th Cav. Co.M
Brown, James TX Cav. Baylor's Regt. Co.E
Brown, James TX 15th Inf. Co.C
Brown, James TX 15th Inf. Co.K
Brown, James TX 18th Inf. Co.H
Brown, James TX 19th Inf. Co.C
Brown, James TX 19th Inf. Co.D
Brown, James TX 22nd Inf. Co.A
Brown, James TX St.Troops Edgar's Co.
Brown, James TX Conscr.
Brown, James VA 2nd Cav. Co.H
Brown, James VA 23rd Cav. Co.A,M
Brown, James VA Hvy.Arty. 19th Bn. 3rd Co.C
Brown, James VA Lt.Arty. Clutter's Co.
Brown, James VA Horse Arty. Jackson's Co.
Brown, James VA Horse Arty. D. Shank's Co. Cpl.
Brown, James VA 2nd St.Res. Co.N
Brown, James VA Inf. 4th Bn.Loc.Def. Co.F
Brown, James VA 6th Inf. Co.D
Brown, James VA 9th Inf. Co.D Music.
Brown, James VA 11th Bn.Res. Co.F
Brown, James VA 13th Inf. Co.C
Brown, James VA 16th Inf. Co.D
Brown, James VA 19th Inf. Co.F
Brown, James VA 24th Inf. Co.E
Brown, James VA 32nd Inf. 2nd Co.H
Brown, James VA 33rd Inf. Co.C
Brown, James VA 34th Inf. Co.E
Brown, James VA 37th Inf. Co.K
Brown, James VA 42nd Inf. Co.D
Brown, James VA 46th Inf. 2nd Co.I
Brown, James VA 59th Inf. 3rd Co.F
Brown, James VA Loc.Def. Burks' Regt. Ammen's Co.
Brown, James 3rd Conf.Cav. Co.C Cpl.
Brown, James Conf.Cav. Wood's Regt. 1st Co.D
Brown, James Conf.Cav. Wood's Regt. Co.K
Brown, James Conf.Inf. 1st Bn. 2nd Co.C
Brown, James Conf.Inf. 8th Bn.
Brown, James Conf.Reg.Inf. Brooks' Bn. Co.C
Brown, James Conf.Reg.Inf. Brooks' Bn. Co.F
Brown, James Conf.Inf. Tucker's Regt. Co.H
Brown, James Conf.Inf. Tucker's Regt. Co.K
Brown, James A. AL 30th Inf. Co.I
Brown, James A. AL 36th Inf. Co.C Cpl.
Brown, James A. AL 41st Inf. Co.A
Brown, James A. AL 46th Inf. Co.H
Brown, James A. AR Cav. McGehee's Regt. Co.H
Brown, James A. AR 15th (Josey's) Inf. 1st Co.C
Brown, James A. AR 18th Inf. Co.K
Brown, James A. GA 1st (Olmstead's) Inf. Co.H
Brown, James A. GA 4th Res. Co.H
Brown, James A. GA 57th Inf. Co.F
Brown, James A. KY 5th Mtd.Inf. Co.E
Brown, James A. LA Arty. Green's Co. (LA Guard Btty.)
Brown, James A. LA Inf. 1st Sp.Bn. (Wheat's) Co.A
Brown, James A. MS Inf. 2nd (Quinn's St.Troops) Co.E
Brown, James A. MS Inf. 3rd Bn. Co.F Sgt.
Brown, James A. MS 15th Inf. Co.C
Brown, James A. MS 15th Inf. Co.F
Brown, James A. MO 1st N.E. Cav. Co.A
Brown, James A. MO 4th Cav. Co.G
Brown, James A. NC 2nd Arty. (36th St.Troops) Co.B
Brown, James A. NC Lt.Arty. 13th Bn. Co.B
Brown, James A. NC 1st Inf. (6 mo. '61) Co.F
Brown, James A. NC 8th Inf. Co.I Cpl.
Brown, James A. NC 21st Inf. Co.A
Brown, James A. NC 51st Inf. Co.B
Brown, James A. SC 10th Inf. Co.H Sgt.
Brown, James A. SC 17th Inf. Co.G Cpl.
Brown, James A. TN 11th Inf. Co.H 1st Sgt.
Brown, James A. TN 27th Inf. Co.K Bvt.2nd Lt.
Brown, James A. TN 42nd Inf. 2nd Co.E
Brown, James A. TN 63rd Inf. Co.D
Brown, James A. TX 11th (Spaight's) Bn.Vol. Co.F Sgt.
Brown, James A. VA 14th Cav. Co.M
Brown, James A. VA 19th Cav. Co.B
Brown, James A. VA Cav. 36th Bn. Co.B
Brown, James A. VA 3rd Inf. Co.B
Brown, James A. VA 11th Inf. Co.C
Brown, James A. VA 19th Inf. Co.D Sgt.
Brown, James A. VA 51st Inf. Co.K
Brown, James A. VA 52nd Inf. Co.D
Brown, James A. 14th Conf.Cav. Co.B
Brown, James A. Forrest's Scouts T.N. Kiser's Co.,CSA
Brown, James A. Conf.Inf. 1st Bn. 2nd Co.B
Brown, James A.M. FL 8th Inf. Co.H Lt.

Brown, James B. AL 3rd Cav. Co.G
Brown, James B. AR 7th Cav. Co.A
Brown, James B. FL 2nd Cav. Co.B Ord.Sgt.
Brown, James B. GA Hardwick Mtd.Rifles Co.B Sgt.
Brown, James B. MS 2nd Cav. Co.F
Brown, James B. SC 5th Cav. Co.H
Brown, James B. TN Cav. 7th Bn. (Bennett's) Co.B
Brown, James B. TN Lt.Arty. Barry's Co. Cpl.
Brown, James B. TN 2nd (Robison's) Inf. Co.H
Brown, James B. TN 23rd Inf. Co.E 1st Sgt.
Brown, James B. TN 43rd Inf. Co.A
Brown, James B. TX 17th Cav. Co.A
Brown, James B. TX 36th Cav. Co.G
Brown, James B. Gen. & Staff Surg.
Brown, James Brisbain SC Cav. 17th Bn. Co.B
Brown, James C. AL 3rd Cav. Co.E Capt.
Brown, James C. AR 20th Inf. Co.H
Brown, James C. AR 24th Inf. Co.F
Brown, James C. AR Inf. Hardy's Regt. Co.D
Brown, James C. GA Lt.Arty. Van Den Corput's Co.
Brown, James C. GA Inf. 3rd Bn. Co.A
Brown, James C. KY 4th Cav. Co.F
Brown, James C. LA 1st Hvy.Arty. (Reg.) Co.I,K
Brown, James C. MS 9th Inf. Old Co.K
Brown, James C. MS 17th Inf. Co.H
Brown, James C. MO Lawther's Part.Rangers Co.B,H
Brown, James C. MO 2nd Inf. Co.B
Brown, James C. MO 3rd Inf. Co.A
Brown, James C. NC 26th Inf. Co.G
Brown, James C. TN Lt.Arty. Kain's Co.
Brown, James C. TN 3rd (Lillard's) Mtd.Inf. Co.F
Brown, James C. TX 27th Cav. Co.D
Brown, James C. TX 15th Inf. Co.B
Brown, James C. VA Lt.Arty. J.R. Johnson's Co.
Brown, James C. VA 5th Inf. Co.D
Brown, James C. Conf.Cav. Wood's Regt. 1st Co.D 2nd Lt.
Brown, James D. AL 4th (Russell's) Cav. Co.I Cpl.
Brown, James D. AL Inf. 1st Regt. Co.E
Brown, James D. AL 12th Inf. Co.H
Brown, James D. FL 3rd Inf. Co.I
Brown, James D. GA 4th (Clinch's) Cav. Co.C
Brown, James D. GA 2nd Inf. 1st Co.B
Brown, James D. GA 26th Inf. Co.E
Brown, James D. GA 38th Inf. Co.G
Brown, James D. LA 28th (Gray's) Inf. Co.C
Brown, James D. MS 20th Inf. Co.C
Brown, James D. MS 31st Inf. Co.G
Brown, James D. NC Cav. 5th Bn. Co.B Sgt.
Brown, James D. NC 6th Cav. (65th St.Troops) Co.K
Brown, James D. NC 43rd Inf. Co.A
Brown, James D. SC 1st (Butler's) Inf. Co.A
Brown, James D. TN 13th Inf. Co.I
Brown, James D. TX 4th Cav. Co.A Sgt.
Brown, James D. VA 4th Cav. Co.E
Brown, James D. VA 5th Bn.Res. Co.B
Brown, James D. VA 57th Inf. Co.A
Brown, James E. AL 3rd Cav. Co.E
Brown, James E. AL 38th Inf. Co.K Sgt.
Brown, James E. GA 9th Inf. Co.D Cpl.
Brown, James E. MS 13th Inf. Co.K Sgt.
Brown, James E. TX 16th Inf. Co.I
Brown, James E. VA 22nd Cav. Co.G
Brown, James E. VA Lt.Arty. 38th Bn. Co.D
Brown, James E. VA Lt.Arty. Rives' Co.
Brown, James E. VA 3rd Inf. Co.C 2nd Lt.
Brown, James E. VA 17th Inf. Co.B
Brown, James E. VA 24th Inf. Co.B
Brown, James E. VA 24th Inf. Co.D
Brown, James E. VA 51st Inf. Co.B Sgt.
Brown, James E. VA 55th Inf. Co.E
Brown, James E. VA 56th Inf. Co.G
Brown, James E. VA 86th Mil. Co.F,A 1st Sgt.
Brown, James E. Conf.Cav. Wood's Regt. 1st Co.D Cpl.
Brown, James E. Conf.Inf. 1st Bn. Co.F
Brown, James Edward VA 13th Inf. Co.I
Brown, James F. AL 12th Inf. Co.K
Brown, James F. AR 1st Field Btty. (McNally's)
Brown, James F. GA Lt.Arty. 12th Bn. 3rd Co.B
Brown, James F. GA 7th Inf. Co.E Asst.Surg.
Brown, James F. GA 10th Mil.
Brown, James F. GA 12th Inf. Co.K Jr.2nd Lt.
Brown, James F. GA Inf. 14th Bn. (St.Guards) Co.H
Brown, James F. GA 59th Inf. Co.G Capt.
Brown, James F. GA 66th Inf. Co.E Jr.2nd Lt.
Brown, James F. GA Cobb's Legion Co.L
Brown, James F. MS Inf. 3rd Bn. Co.C
Brown, James F. NC 3rd Cav. (41st St.Troops) Co.E
Brown, James F. NC Hvy.Arty. 1st Bn. Co.B
Brown, James F. NC 56th Inf. Co.D
Brown, James F. SC 18th Inf. Co.E
Brown, James F. TX 6th Inf. Co.G
Brown, James F. TX 19th Inf. Co.D
Brown, James F. VA 4th Cav. Co.D
Brown, James F. VA 36th Inf. 2nd Co.B
Brown, James F. Gen. & Staff Asst.Surg.
Brown, James G. AL 4th Inf. Co.C Cpl.
Brown, James G. AL 30th Inf. Co.I
Brown, James G. AL 44th Inf. Co.G
Brown, James G. AL 48th Inf. N.C.S. Sgt.Maj.
Brown, James G. AL 50th Inf. Co.I
Brown, James G. GA Inf. 2nd Bn. Co.A
Brown, James G. GA 17th Inf. Co.C
Brown, James G. GA 64th Inf. Co.D Capt.
Brown, James G. NC 49th Inf. Co.F
Brown, James G. NC 55th Inf. Co.K
Brown, James G. SC 7th Cav. Co.D
Brown, James H. AL 1st Bn. Hilliard's Legion Vol. Co.B
Brown, James H. AL 4th Inf. Co.F Capt.
Brown, James H. AL 15th Inf. Co.H
Brown, James H. AL 21st Inf. Co.F Cpl.
Brown, Jas. H. AL Cp. of Instr. Talladega
Brown, James H. AR 16th Inf. Co.A
Brown, James H. AR 18th (Marmaduke's) Inf. Co.E
Brown, James H. GA Siege Arty. 28th Bn. Co.A
Brown, James H. GA 6th Inf. Co.K Sgt.
Brown, James H. GA 9th Inf. Co.I
Brown, James H. GA 31st Inf. Co.F
Brown, James H. GA 42nd Inf. Co.K 1st Lt.
Brown, James H. GA 53rd Inf. Co.C
Brown, James H. GA 63rd Inf. Co.B
Brown, James H. KY 7th Cav. Co.I Cpl.
Brown, James H. MS 27th Inf. Co.D 2nd Lt.
Brown, James H. MO 12th Cav. Co.H
Brown, James H. NC 7th Inf. Co.F
Brown, James H. NC 17th Inf. (2nd Org.) Co.G
Brown, James H. NC 18th Inf. Co.I Sgt.
Brown, James H. NC 24th Inf. Co.B
Brown, James H. NC 57th Inf. Co.H
Brown, James H. SC Inf. Hampton Legion Co.A
Brown, James H. TN 3rd (Forrest's) Cav. 1st Co.G Cpl.
Brown, James H. TN 28th Inf. Co.E
Brown, James H. TX 1st (McCulloch's) Cav. Co.H
Brown, James H. TX 10th Cav. Co.C
Brown, James H. TX 27th Cav. Co.D
Brown, James H. TX Cav. Morgan's Regt. Co.B Cpl.
Brown, James H. VA 6th Cav. Co.B
Brown, James H. VA 9th Cav. Co.D
Brown, James H. VA Lt.Arty. 38th Bn. Co.D
Brown, James H. VA 2nd Inf. Co.G Cpl.
Brown, James H. VA 7th Inf. Co.F
Brown, James H. VA 7th Inf. Co.G
Brown, James H. VA 14th Inf. Co.H
Brown, James H. VA 17th Inf. Co.B Cpl.
Brown, James H. VA 26th Inf. Co.F
Brown, James H. VA 28th Inf. Co.F
Brown, James H. VA 34th Inf. Co.A
Brown, James H. VA 57th Inf. Co.F
Brown, James H. VA 21st Mil. Co.B
Brown, James H. VA 129th Mil. Buchanon's Co.
Brown, James H. 1st Conf.Inf. 2nd Co.F Cpl.
Brown, James H. 3rd Conf.Inf. Co.E Sgt.
Brown, James H. 4th Conf.Inf. Co.G
Brown, James Henry LA Recruit
Brown, James I. GA Phillips' Legion Co.C,I
Brown, James J. AL 13th Inf. Co.D
Brown, James J. GA 12th (Wright's) Cav. (St.Guards) Wright's Co.
Brown, James J. GA 29th Inf. Co.K
Brown, James J. GA 40th Inf. Co.I
Brown, James J. GA Phillips' Legion Co.H
Brown, James J. NC 7th Inf. Co.D
Brown, James J. TN 63rd Inf. Co.B
Brown, James J. VA 3rd Cav. Co.D
Brown, James J. VA 19th Inf. Co.A Cpl.
Brown, James J. VA 47th Mil. Adj.
Brown, James J. VA 53rd Inf. Co.K
Brown, James K. GA Cherokee Legion (St.Guards) Co.I
Brown, James K. NC 29th Inf. Co.H
Brown, James K.P. AR Inf. 1st Bn. Co.C
Brown, James K.P. NC 28th Inf. Co.F Sgt.
Brown, James K.P. NC 37th Inf. Co.I
Brown, James L. AL Lt.Arty. Phelan's Co.
Brown, Jas. L. AL 15th Inf. Co.E
Brown, James L. GA 2nd Res. Co.D
Brown, James L. GA Inf. 10th Bn. Co.E
Brown, James L. GA 60th Inf. Co.A
Brown, James L. GA Cobb's Legion
Brown, James L. MS 11th (Perrin's) Cav. Co.D
Brown, James L. MS 7th Inf. Co.I
Brown, James L. NC Inf. 2nd Bn. Co.E
Brown, James L. NC 42nd Inf. Co.G
Brown, James L. NC Kinston Prov.Guard

Brown, James L. VA 26th Inf. Co.G
Brown, James L. VA 36th Inf. 2nd Co.K
Brown, James L. VA 45th Inf. Co.F
Brown, James L. VA 55th Inf. Co.F
Brown, James L. VA 88th Mil. Co.E 1st Sgt.
Brown, James Landon MS Lt.Arty. (Madison Lt.Arty.) Richards' Co.
Brown, James Logan NC 37th Inf. Co.H
Brown, James M. AL Inf. 1st Regt. Co.A Sgt.
Brown, James M. AL 20th Inf. Co.E
Brown, James M., Jr. AL 20th Inf. Co.E
Brown, James M. AL 30th Inf. Co.E
Brown, James M. AR 12th Inf. Co.E
Brown, James M. AR 13th Inf. Co.E
Brown, James M. AR 15th (Josey's) Inf. Co.C
Brown, James M. AR 23rd Inf. Co.K
Brown, James M. AR 34th Inf. Co.E
Brown, James M. AR 37th Inf. Co.F
Brown, James M. FL Milton Lt.Arty. Dunham's Co.
Brown, James M. FL 7th Inf. Co.C
Brown, James M. FL 9th Inf. Co.I
Brown, James M. GA Cav. 7th Bn. (St.Guards) Co.B Sgt.
Brown, James M. GA Lt.Arty. 14th Bn. Co.B 1st Sgt.
Brown, James M. GA Lt.Arty. Anderson's Btty. 1st Sgt.
Brown, James M. GA Carlton's Co. (Troup Cty.Arty.)
Brown, James M. GA 1st (Ramsey's) Inf. Co.E
Brown, James M. GA 2nd Inf. Stanley's Co.
Brown, James M. GA 9th Inf. Co.G
Brown, James M. GA 12th Inf. Co.F 2nd Lt.
Brown, James M. GA Inf. 26th Bn. Co.A
Brown, James M. GA 42nd Inf. Co.G,C
Brown, James M. GA 57th Inf. Co.H
Brown, James M. GA 60th Inf. Co.E
Brown, James M. GA 66th Inf. Co.D
Brown, James M. GA Cobb's Legion Co.F
Brown, James M. LA Mtd.Rifles Miller's Ind.Co.
Brown, James M. MS St.Cav. 2nd Bn. (Harris') Co.A
Brown, James M. MS 36th Inf. Co.E
Brown, James M. MS 44th Inf. Co.F
Brown, James M. MO 4th Cav. Co.I
Brown, James M. NC 1st Inf. Co.D
Brown, James M. NC 2nd Bn.Loc.Def.Troops Co.C
Brown, James M. NC 7th Inf. Co.K
Brown, James M. NC 12th Inf. Co.A 2nd Lt.
Brown, James M. NC 22nd Inf. Co.L
Brown, James M. NC 29th Inf. Co.A
Brown, James M. SC 2nd Cav. Co.A
Brown, James M. SC 6th Cav. Co.G
Brown, James M. SC Arty. Bachman's Co. (German Lt.Arty.)
Brown, James M. SC 25th Inf. Co.C
Brown, James M. TN 13th (Gore's) Cav. Co.B
Brown, James M. TN 11th Inf. Co.E 1st Sgt.
Brown, James M. TN 37th Inf. Co.D
Brown, James M. TN 63rd Inf. Co.I,D
Brown, James M. TX 11th Cav. Co.I
Brown, James M. TX 18th Cav. Co.G
Brown, James M. TX 11th Inf. Co.D
Brown, James M. VA 9th Cav. Co.E
Brown, James M. VA 12th Cav. Co.I
Brown, James M. VA 14th Cav. Co.D
Brown, James M. VA 14th Cav. Co.K
Brown, James M. VA 22nd Cav. Co.G Cpl.
Brown, James M. VA Cav. 40th Bn. Co.F
Brown, James M. VA Cav. Moorman's Co.
Brown, James M. VA 7th Inf. Co.B
Brown, James M. VA 7th Inf. Gibson's Co.
Brown, James M. VA 7th Bn.Res. Co.D
Brown, James M. VA 12th Inf. Co.F
Brown, James M. VA 19th Inf. Co.F
Brown, James M. VA 30th Inf. Co.I
Brown, James M. VA 34th Inf. Co.G
Brown, James M. VA 49th Inf. Co.K
Brown, James M. VA 146th Mil. Co.K
Brown, James M. Gen. & Staff Clerk,QMGO
Brown, James M. Gen. & Staff Chap.
Brown, James M.M. AL 58th Inf. Co.B
Brown, James M.T. GA 21st Inf. Co.A
Brown, James N. GA 3rd Inf. Co.D
Brown, James N. GA 6th Inf. Co.I Sgt.
Brown, James N. GA 9th Inf. (St.Guards) Co.B
Brown, James N. LA 2nd Inf. Co.A
Brown, James N. LA 3rd Inf. Co.B
Brown, James N. MO 1st Cav. Co.E Cpl.
Brown, James N. NC 7th Inf. Co.E
Brown, James N. NC 52nd Inf. Co.A
Brown, James N. TX Cav. Morgan's Regt. Co.A
Brown, James N. VA 11th Inf. Co.K Cpl.
Brown, James Nardin SC 4th Inf. Co.B
Brown, James O. FL 4th Inf. Co.G 1st Lt.
Brown, James P. AL 46th Inf. Co.A
Brown, James P. AR Lt.Arty. Rivers' Btty.
Brown, James P. AR 2nd Inf.
Brown, James P. AR Inf. 4th Bn. Co.C
Brown, James P. AR 34th Inf. Co.G
Brown, James P. MS 22nd Inf. Co.E
Brown, James P. TN 4th Cav. Co.K,E Capt.
Brown, James P. TN Inf. 1st Bn. (Colms') Co.D
Brown, James P. TN 54th Inf. Co.A
Brown, James P. TN 59th Mtd.Inf. Co.B Lt.Col.
Brown, James P. TX 12th Cav. Co.K Capt.
Brown, James P. TX Cav. Hardeman's Regt. Co.F
Brown, James P. VA 15th Cav. Co.D
Brown, James P. VA Cav. 15th Bn. Co.B
Brown, James P. VA 7th Bn.Res. Co.D
Brown, James P. VA 37th Mil. Co.C, 2nd Co.B 2nd Lt.
Brown, James Q. VA 3rd Inf. Co.D
Brown, James R. AR 15th Mil. Co.B
Brown, James R. AR 16th Inf. Co.E
Brown, James R. GA Cav. 1st Bn.Res. Co.C
Brown, James R. GA 12th (Robinson's) Cav. (St.Guards) Co.G
Brown, James R. GA Lt.Arty. 12th Bn. 3rd Co.C, Co.E
Brown, James R. GA Inf. 3rd Bn. Co.E
Brown, James R. GA Inf. 5th Bn. (St.Guards) Co.E
Brown, James R. GA 24th Inf. Co.B
Brown, James R. GA Cherokee Legion (St.Guards) Co.B
Brown, James R. LA 2nd Inf. Co.F
Brown, James R. MS 8th Cav. Co.C
Brown, James R. NC 2nd Arty. (36th St.Troops) Co.A
Brown, James R. NC 2nd Arty. (36th St.Troops) Co.E
Brown, James R. TN 2nd (Ashby's) Cav. Co.H
Brown, James R. TN 8th (Smith's) Cav. Co.L Cpl.
Brown, James R. TN 1st (Turney's) Inf. Co.D
Brown, James R. TX 2nd Cav. Co.H
Brown, James R. TX 14th Inf. 2nd Co.K
Brown, James R. VA 6th Cav. Co.I
Brown, James R. VA 1st Arty. Co.H Sgt.
Brown, James R. VA Arty. C.F. Johnston's Co. Sgt.
Brown, James R. VA 13th Inf. 1st Co.E
Brown, James R.T. AL Cav. 5th Bn. Hilliard's Legion Co.A 1st Sgt.
Brown, James S. GA 24th Inf. Co.I
Brown, James S. LA 12th Inf. Co.F
Brown, James S. MS 6th Cav. Co.B
Brown, James S. MS 8th Cav. Co.F
Brown, James S. MS 16th Inf. Co.C
Brown, James S. MS 22nd Inf. Co.B 2nd Lt.
Brown, James S. TN 39th Mtd.Inf. Co.B Sgt.
Brown, James S. TX 2nd Inf. Co.H
Brown, James S. TX 10th Inf. Co.E
Brown, James S. VA 1st Lt.Arty. Co.B Capt.
Brown, James S. VA Lt.Arty. J.S. Brown's Co. Capt.
Brown, James S. VA 30th Inf. Co.A
Brown, James S. VA 59th Mil. Riddick's Co.
Brown, James S. 8th (Wade's) Conf.Cav. Co.H
Brown, James Samuel J. GA 22nd Inf. Co.E
Brown, James T. AR 1st Mtd.Rifles Co.I
Brown, James T. GA 2nd Cav. Co.H,D Cpl.
Brown, James T. GA 2nd Cav. (St.Guards) Co.G
Brown, James T. GA 24th Inf. Co.I
Brown, James T. GA Inf. Cobb Guards Co.A
Brown, James T. MD Inf. 2nd Bn. Co.C,F Cpl.
Brown, James T. MS Inf. 3rd Bn. Co.C
Brown, James T. NC 4th Cav. (59th St.Troops) Co.D
Brown, James T. NC Cav. 5th Bn. Co.A
Brown, James T. NC Inf. 2nd Bn. Co.H
Brown, James T. NC 64th Inf. Co.B,D Sgt.
Brown, James T. SC 1st (Butler's) Inf. Co.F
Brown, James T. SC 19th Inf. Co.E
Brown, James T. SC Inf. Holcombe Legion Co.C Sgt.
Brown, James T. TN Conscr. (Cp. of Instr.)
Brown, James T. TX 11th Inf. Co.D
Brown, James T. TX 16th Inf. Co.G
Brown, James T. VA Horse Arty. G.W. Brown's Co. Cpl.
Brown, James T. VA 3rd Inf. 1st Co.I
Brown, James T. VA 17th Inf. Co.D
Brown, James T. Brown's Div. 1st Lt.,ADC
Brown, James T. Gen. & Staff Capt.,AAG
Brown, James V. GA 11th Cav. Co.A
Brown, James W. AL Lt.Arty. 2nd Bn. Co.F Cpl.
Brown, James W. AL 32nd Inf. Co.H
Brown, James W. AR 1st (Crawford's) Cav. Asst.Surg.
Brown, James W. AR 2nd Inf. Co.G
Brown, James W. AR Inf. 2nd Bn. Co.C Cpl.
Brown, James W. GA 3rd Cav. (St.Guards) Co.B Cpl.

Brown, James W. GA 12th (Robison's) Cav. (St.Guards) Co.G Far.
Brown, James W. GA Arty. 9th Bn. Co.B
Brown, James W. GA 10th Inf. Co.G Music.
Brown, James W. GA Inf. 10th Bn. Co.B Sgt.
Brown, James W. GA 40th Inf. Co.I
Brown, James W. GA 41st Inf. Co.C Sgt.
Brown, James W. KY 8th Mtd.Inf. Co.B Capt.
Brown, James W. KY 9th Mtd.Inf. Co.E
Brown, James W. LA 12th Inf. Co.E
Brown, James W. MS 2nd Inf. Co.C 2nd Lt.
Brown, James W. MS 26th Inf. Co.C
Brown, James W. MS 35th Inf. Co.F
Brown, James W. MO 1st N.E. Cav. Co.A
Brown, James W. MO 4th Cav. Co.A
Brown, Jas. W. MO 7th Cav. Co.K
Brown, James W. MO Cav. Jackman's Regt. Co.D
Brown, James W. NC 1st Cav. (9th St.Troops)
Brown, James W. NC 3rd Cav. (41st St.Troops) Co.E
Brown, James W. NC 5th Cav. (63rd St.Troops) Co.B
Brown, James W. NC 11th (Bethel Regt.) Inf. Co.H Cpl.
Brown, James W. NC 13th Inf. Co.B Music.
Brown, James W. NC 13th Inf. Co.K
Brown, James W. NC 32nd Inf. Co.B
Brown, James W. NC 52nd Inf. Co.F
Brown, James W. SC 3rd Cav. Co.C Sgt.
Brown, James W. SC Mil.Cav. 4th Regt. Howard's Co.
Brown, James W. TN Cav. Williams' Co.
Brown, James W. TN 1st (Turney's) Inf. Co.D
Brown, James W. TN 19th Inf. Co.B
Brown, James W. TN 23rd Inf. Co.H
Brown, James W. TN 45th Inf.
Brown, James W. TX 24th Cav. Co.K
Brown, James W. TX 35th (Brown's) Cav. Co.D
Brown, James W. TX Cav. Baylor's Regt. Co.A
Brown, James W. TX 13th Vol. 1st Co.I
Brown, James W. VA 2nd Cav. Co.I 2nd Lt.
Brown, James W. VA 6th Cav. Co.I
Brown, James W. VA 7th Cav. Co.E
Brown, James W. VA 11th Cav. Co.E
Brown, James W. VA Cav. Thurmond's Co.
Brown, James W. VA Lt.Arty. Grandy's Co.
Brown, James W. VA 5th Inf. Co.F
Brown, James W. VA 7th Inf. Co.G Lt.
Brown, James W. VA 9th Inf. Co.K Sgt.
Brown, James W. VA 11th Inf. Co.I
Brown, James W. VA 52nd Inf. Co.I
Brown, James W. VA 79th Mil. Co.5
Brown, James W. VA 114th Mil. Co.B
Brown, James W. VA 136th Mil. Co.H Cpl.
Brown, James W.H. VA 2nd Cav. Co.D
Brown, James Y. NC 45th Inf. Co.C
Brown, James Z. NC 17th Inf. (2nd Org.) Co.D
Brown, Jancel AL 27th Inf. Co.E
Brown, J. Andrew SC 18th Inf. Co.A
Brown, Jarvin GA 11th Cav. Co.I
Brown, Jason J. NC Inf. 2nd Bn. Co.H Sgt.
Brown, Jasper AL 36th Inf. Co.I
Brown, Jasper MS 38th Cav. Co.I
Brown, Jasper MO Inf. 8th Bn. Co.D
Brown, Jasper MO 9th Inf. Co.H
Brown, Jasper NC 16th Inf. Co.B
Brown, Jasper TN 51st (Cons.) Inf. Co.A
Brown, Jasper M. AL 37th Inf. Co.A
Brown, Jasper N. MS 13th Inf. Co.K
Brown, J. Augustus VA 56th Inf. Co.H
Brown, Javan GA 52nd Inf. Co.E
Brown, Javan NC 25th Inf. Co.G
Brown, J.B. AL Cav. Moreland's Regt. Co.G Capt.
Brown, J.B. AL Inf. 1st Regt. Co.A
Brown, J.B. AL 48th Inf. Co.K
Brown, J.B. AR 10th Mil. Co.C Sgt.
Brown, J.B. AR Inf. Hardy's Regt. Torbett's Co.
Brown, J.B. FL 1st (Res.) Inf. Co.D
Brown, J.B. GA 7th Cav. Co.H Sgt.
Brown, J.B. GA 11th Cav. Co.E
Brown, J.B. GA 3rd Res. Co.K
Brown, J.B. GA 18th Inf. Surg.
Brown, J.B. GA 38th Inf. Co.H
Brown, J.B. GA 46th Inf. Co.A
Brown, J.B. GA 52nd Inf. Co.D
Brown, J.B. LA Cav. Greenleaf's Co. (Orleans Lt.Horse)
Brown, J.B. LA Inf. 1st Sp.Bn. (Rightor's) Co.F
Brown, J.B. LA Inf. 16th Bn. (Conf.Guards Resp.Bn.) Co.B
Brown, J.B. LA 28th (Gray's) Inf. Co.F
Brown, J.B. LA Inf.Crescent Regt. Co.F
Brown, J.B. MS 14th Inf. Co.F
Brown, J.B. MS 18th Inf. Co.C Cpl.
Brown, J.B. MO Cav. Jackman's Regt. Co.I
Brown, J.B. MO Robertson's Regt.St.Guard Co.5 Cpl.
Brown, J.B. SC 12th Inf. Co.A
Brown, J.B. SC 21st Inf. Co.D
Brown, J.B. SC 21st Inf. Co.E
Brown, J.B. TN Cav. 5th Bn. (McClellan's) Co.A
Brown, J.B. TN 22nd (Barteau's) Cav. Co.E
Brown, J.B. TN 10th Inf. Co.H
Brown, J.B. TN 29th Inf. Co.C
Brown, J.B. TX 17th Cons.Dismtd.Cav. Co.A
Brown, J.B. TX Cav. Baird's Regt. Co.E
Brown, J. Bedford NC 33rd Inf. Co.E
Brown, J.B.H. AR Mtd.Vol. Hooker's Co.
Brown, J. Bunyan MS 11th (Perrin's) Cav. Co.D Sgt.
Brown, J.C. AL 7th Cav. Co.H
Brown, J.C. AL Inf. 1st Regt. Co.G
Brown, J.C. AL 12th Inf. Co.D Maj.
Brown, J.C. AL 14th Inf. Co.H
Brown, J.C. AL 18th Inf. Co.C
Brown, J.C. AL 20th Inf. Co.A
Brown, J.C. AL 36th Inf. QMSgt.
Brown, J.C. AR 8th Cav. Co.D
Brown, J.C. AR 1st (Colquitt's) Inf. Co.D
Brown, J.C. FL 4th Inf. Co.I
Brown, J.C. GA Hvy.Arty. 22nd Bn. Co.B
Brown, J.C. GA 5th Res. Co.D
Brown, J.C. GA 15th Inf. Co.H Sgt.
Brown, J.C. GA 32nd Inf. Co.D
Brown, J.C. GA 38th Inf. Co.F
Brown, J.C. GA 43rd Inf. Co.D,I Sgt.
Brown, J.C. KY 7th Cav. Co.E
Brown, J.C. LA 17th Inf. Co.F
Brown, J.C. LA 25th Inf. Co.D
Brown, J.C. MS 28th Cav. Co.B
Brown, J.C. MS 5th Inf. (St.Troops) Co.D
Brown, J.C. MS 18th Inf. Co.C
Brown, J.C. MS 29th Inf. Co.I
Brown, J.C. MO 1st & 4th Cons.Inf. Co.B
Brown, J.C. NC 3rd Cav. (41st St.Troops) Co.F
Brown, J.C. NC 1st Jr.Res. Co.H
Brown, J.C. NC 2nd Inf. Co.A
Brown, J.C. NC 4th Inf. Co.E
Brown, J.C. NC 38th Inf. Co.H
Brown, J.C. SC Cav. 12th Bn. Co.D
Brown, J.C. SC 1st Arty. Co.D
Brown, J.C. SC 1st (Butler's) Inf. Co.D
Brown, J.C. SC 5th Inf. 2nd Co.B
Brown, J.C. SC 6th Res. Co.C
Brown, J.C. SC 16th Inf. Co.H
Brown, J.C. SC 16th & 24th (Cons.) Inf. Co.B
Brown, J.C. SC 21st Inf. Co.I
Brown, J.C. TN Cav. 9th Bn. (Gantt's) Co.E
Brown, J.C. TN Inf. 23rd Bn. Co.D
Brown, J.C. TX 26th Cav. 2nd Co.G
Brown, J.C. TX 1st Hvy.Arty. Co.I
Brown, J.C. TX 8th Inf. Co.C
Brown, J.C. TX 12th Inf. Co.C
Brown, J.C. VA 9th Cav. Co.D Cpl.
Brown, J.C. VA 12th Inf. Co.A
Brown, J.C. Conf.Cav. Baxter's Bn. Co.C Ord.Sgt.
Brown, J.C. Gen. & Staff, QMDept.
Brown, J.C. Gen. & Staff Chap.
Brown, J.C. Gen. & Staff Asst.Surg.
Brown, J. Calvin NC 56th Inf. Co.K
Brown, J. Conway Gen. & Staff Asst.Surg.
Brown, J.C.P. AL 18th Inf. Co.E
Brown, J.C.S. SC Cav. 19th Bn. Co.B
Brown, J.C.S. SC 20th Inf. Co.M
Brown, J.D. AL 8th Cav. Co.F
Brown, J.D. AL 40th Inf. Co.I
Brown, J.D. AR 10th Mil. Co.A Cpl.
Brown, J.D. AR 12th Inf. Co.K
Brown, J.D. GA 2nd Cav. (St.Guards) Co.F
Brown, J.D. GA Inf. 1st City Bn. (Columbus) Co.A
Brown, J.D. GA Inf. 1st Loc.Troops (Augusta) Co.B
Brown, J.D. GA 1st (Fannin's) Res. Co.C
Brown, J.D. GA 2nd Res. Co.E
Brown, J.D. GA 3rd Res. Co.B
Brown, J.D. GA 13th Inf. Co.K
Brown, J.D. GA 39th Inf. Co.F
Brown, J.D. LA 3rd (Harrison's) Cav. Co.G
Brown, J.D. LA Bickham's Co. (Caddo Mil.)
Brown, J.D. MS 2nd Cav.Res. Co.F
Brown, J.D. MS 6th Cav. Co.A
Brown, J.D. MS 11th (Perrin's) Cav. Co.H
Brown, J.D. MS 9th Inf. Co.B
Brown, J.D. NC 5th Cav. (63rd St.Troops) Co.I Sgt.
Brown, J.D. SC 1st (Hagood's) Inf. 2nd Co.K
Brown, J.D. SC 18th Inf. Co.I Sgt.
Brown, J.D. SC 21st Inf. Co.D
Brown, J.D. SC Inf. Hampton Legion Co.H
Brown, J.D. TN 21st (Wilson's) Cav. Co.C
Brown, J.D. TN 21st & 22nd (Cons.) Cav. Co.F
Brown, J.D. TN 49th Inf. Co.F
Brown, J.D. TN 51st (Cons.) Inf. Co.H
Brown, J.D. Inf. Bailey's Cons.Regt. Co.C
Brown, J.D. TX 21st Cav. Co.I
Brown, J.D. TX 34th Cav. Co.K

Brown, J.D. TX 9th Field Btty.
Brown, J.D. TX Inf. Chambers' Bn.Res.Corps Co.B
Brown, J. Don MO Cav. 3rd Bn. Co.F Capt.
Brown, J. Douglas TX 25th Cav. Co.I Ord.Sgt.
Brown, J. Duff TX 9th (Nichol's) Inf. Co.F 1st Lt.
Brown, J. Duff TX Waul's Legion Co.D Capt.
Brown, J.E. AL Cav. Lewis' Bn. Co.A
Brown, J.E. AL 5th Inf. New Co.E
Brown, J.E. AL 5th Inf. Co.H,E
Brown, J.E. AL 1st Bn. Hilliard's Legion Vol. Co.E
Brown, J.E. AR 15th Inf. Co.E
Brown, J.E. AR 24th Inf. Co.I
Brown, J.E. FL 1st Inf. New Co.D Sgt.
Brown, J.E. GA 1st Cav. Co.H Sgt.
Brown, J.E. GA Cav. 2nd Bn. Co.C
Brown, J.E. GA 5th Cav. Co.E
Brown, J.E. GA 2nd Inf. Co.B
Brown, J.E. GA 41st Inf. Co.E
Brown, J.E. KY 5th Mtd.Inf.
Brown, J.E. LA 25th Inf. Co.G
Brown, J.E. MS 36th Inf. Co.G
Brown, J.E. MO 10th Inf. Co.B
Brown, J.E. NC 1st Arty. (10th St.Troops) Co.H
Brown, J.E. SC Lt.Arty. 3rd (Palmetto) Bn. Co.B
Brown, J.E. SC Lt.Arty. 3rd (Palmetto) Bn. Co.E
Brown, J.E. SC 1st (Hagood's) Inf. 2nd Co.K
Brown, J.E. SC 7th Inf. 1st Co.H, Co.A
Brown, J.E. SC Mil. 14th Regt. Co.A
Brown, J.E. TN 4th Inf. Co.H
Brown, J.E. TN 17th Inf. Co.I
Brown, J.E. TN 48th (Nixon's) Inf. Co.A Cpl.
Brown, J.E. TN 48th (Voorhies') Inf. Co.G
Brown, J.E. TN Inf. Sowell's Detach.
Brown, J.E. VA 3rd Cav. Co.C Lt.
Brown, Jeff MS 1st Lt.Arty. Co.B
Brown, Jeff A. SC 3rd Inf. Co.E
Brown, Jeff A. VA 34th Inf. Co.A
Brown, Jefferson KY 5th Mtd.Inf. Co.B
Brown, Jefferson TX 34th Cav. Co.I
Brown, Jefferson VA 21st Mil. Co.D
Brown, Jefferson VA Inf. 25th Bn. Co.H
Brown, Jefferson 1st Choctaw & Chickasaw Mtd.Rifles 2nd Co.I
Brown, Jefferson A. TN 12th (Cons.) Inf. Co.A
Brown, Jefferson H. SC 1st (Butler's) Inf. Co.C Cpl.
Brown, Jefferson H. TN 32nd Inf. Co.G
Brown, Jefferson M. GA Cav. 1st Bn.Res. Co.C
Brown, Jeff H. SC 7th Inf. 2nd Co.F
Brown, Jehu MO St.Guard
Brown, Jehu C. NC Inf. Thomas Legion Co.E
Brown, Jehu D. MS 29th Inf. Co.E
Brown, Jeptha AL 15th Inf. Co.A
Brown, Jeptha K. TN Lt.Arty. Tobin's Co. Sgt.
Brown, Jeramiah GA Lt.Arty. Anderson's Btty.
Brown, Jere MS 2nd Part.Rangers Co.C
Brown, Jeremiah AL 5th Inf. New Co.E
Brown, Jeremiah AL 29th Inf. Co.C
Brown, Jeremiah GA Lt.Arty. 14th Bn. Co.B
Brown, Jeremiah GA 43rd Inf. Co.C
Brown, Jeremiah LA 2nd Inf. Co.F Sgt.
Brown, Jeremiah NC 15th Inf. Co.A
Brown, Jeremiah TN 49th Inf. Co.F
Brown, Jeremiah VA Inf. 9th Bn. Co.B
Brown, Jeremiah VA 25th Inf. 2nd Co.G
Brown, Jeremiah VA 54th Mil. Co.E,F
Brown, Jeremiah F. FL 7th Inf. Co.A
Brown, Jeremiah R. VA 58th Inf. Co.F 2nd Lt.
Brown, Jerome FL 10th Inf. Co.A
Brown, Jerome B. VA 41st Inf. 2nd Co.E
Brown, Jerre B. AL 50th Inf. Co.D Sgt.
Brown, Jerry TN 4th Inf. Co.C
Brown, Jerry C. TN 28th Inf. Co.E Cpl.
Brown, Jerry M. TX Cav. 2nd Regt.St.Troops Co.F
Brown, Jesse GA 4th (Clinch's) Cav. Co.I
Brown, Jesse GA Lt.Arty. 14th Bn. Co.B
Brown, Jesse GA Lt.Arty. Anderson's Btty.
Brown, Jesse GA Lt.Arty. Croft's Btty. (Columbus Arty.)
Brown, Jesse GA 6th Inf. Co.F
Brown, Jesse GA Inf. 26th Bn. Co.A
Brown, Jesse GA 36th (Broyles') Inf. Co.D Sgt.
Brown, Jesse GA 47th Inf. Co.K
Brown, Jesse GA Cherokee Legion (St.Guards) Co.B
Brown, Jesse MO 1st Cav. Co.K
Brown, Jesse NC 1st Arty. (10th St.Troops) Co.F
Brown, Jesse NC Hvy.Arty. 1st Bn. Co.D Music.
Brown, Jesse NC Hvy.Arty. 10th Bn. Co.A
Brown, Jesse NC 3rd Inf. Co.H
Brown, Jesse NC 4th Inf. Co.E
Brown, Jesse NC 5th Sr.Res. Co.A
Brown, Jesse NC 8th Sr.Res. Co.I
Brown, Jesse NC Inf. 13th Bn. Co.C
Brown, Jesse NC 30th Inf. Co.E
Brown, Jesse NC 37th Inf. Co.B Sgt.
Brown, Jesse NC 38th Inf. Co.A Music.
Brown, Jesse NC 56th Inf. Co.D
Brown, Jesse NC 60th Inf. Co.B
Brown, Jesse NC 66th Inf. Co.E
Brown, Jesse SC 2nd Cav. Co.E Cpl.
Brown, Jesse SC Cav. 4th Bn. Co.C Cpl.
Brown, Jesse SC 14th Inf. Co.B
Brown, Jesse TN 4th (Murray's) Cav. Co.D
Brown, Jesse TN 38th Inf. 2nd Co.H
Brown, Jesse TN 40th Inf. Co.C
Brown, Jesse TN 42nd Inf. 2nd Co.E
Brown, Jesse TX Cav. Martin's Regt. Co.B
Brown, Jesse TX Cav. Martin's Regt. Co.E
Brown, Jesse TX 13th Vol. 2nd Co.B Music.
Brown, Jesse VA 11th Inf. Co.I
Brown, Jesse VA 17th Inf. Co.B
Brown, Jesse 1st Conf.Cav. 2nd Co.C
Brown, Jesse A. MS 39th Inf. Co.A
Brown, Jesse A. TN 15th Inf. Co.E Sgt.
Brown, Jesse B. MS 1st Cav. Co.F
Brown, Jesse C. TN 25th Inf. Co.K
Brown, Jesse D. AL Eufaula Lt.Arty.
Brown, Jesse D. AL Lt.Arty. Kolb's Btty.
Brown, Jesse D. AL Arty. 4th Bn. Hilliard's Legion Co.B
Brown, Jessee FL 10th Inf. Co.C
Brown, Jesse E. NC 43rd Inf. Co.E
Brown, Jessee M. AL 11th Inf. Co.F Sgt.
Brown, Jessee M. AR Cav. Gordon's Regt. Co.H
Brown, Jessee M. LA 28th (Gray's) Inf. Co.H 1st Lt.
Brown, Jesse F. GA 23rd Inf. Co.B Cpl.
Brown, Jesse F. MO 9th (Elliott's) Cav. Co.B
Brown, Jesse F. NC 26th Inf. Co.I
Brown, Jesse F. NC 28th Inf. Co.F
Brown, Jesse F. NC 52nd Inf. Co.F
Brown, Jesse F. VA 54th Inf. Co.F
Brown, Jesse H. MS Cav. Jeff Davis Legion Co.E
Brown, Jesse H. TN 44th (Cons.) Inf. Co.B
Brown, Jesse H. Band Finegan's Brig. Music.
Brown, Jesse J. AL 29th Inf. Co.K
Brown, Jesse J. AL 57th Inf. Co.B
Brown, Jesse J. NC 17th Inf. (2nd Org.) Co.I
Brown, Jesse J. SC 1st (McCreary's) Inf. Co.L
Brown, Jesse K. TX 1st (McCulloch's) Cav. Co.E Black.
Brown, Jesse K. TX 36th Cav. Co.G
Brown, Jesse M. MO Arty. Lowe's Co. (Jackson Btty.)
Brown, Jesse N. MS 31st Inf. Co.D
Brown, Jesse P. NC 18th Inf. Asst.Surg.
Brown, Jesse R. AR 2nd Inf. Co.G
Brown, Jesse R. TN 42nd Inf. 2nd Co.F 2nd Lt.
Brown, Jesse S. MS 1st Bn.S.S. Co.C
Brown, Jesse S. MS 42nd Inf. Co.F
Brown, Jesse S. NC 26th Inf. Co.H
Brown, Jesse T. GA Cobb's Legion Co.B,G
Brown, Jesse T. MS 13th Inf. Co.A
Brown, Jesse T. SC 2nd Inf. Co.A,B
Brown, Jesse W. KY 3rd Cav. Co.G
Brown, Jessey E. AL 4th (Russell's) Cav. Co.C
Brown, Jessie P. Gen. & Staff Asst.Surg.
Brown, Jessie R. VA 5th Inf. Co.G Cpl.
Brown, Jessup H. FL 3rd Cav. Co.G
Brown, Jessup H. FL 5th Inf. Co.A,E Music.
Brown, Jethro FL 2nd Inf. Co.C
Brown, Jethro MS 28th Cav. Co.E
Brown, J.F. AL 11th Cav. Co.C
Brown, J.F. AL 5th Inf. New Co.C
Brown, J.F. AL 5th Inf. New Co.H
Brown, J.F. AL 34th Inf. Co.E
Brown, J.F. AL 46th Inf. Co.F
Brown, J.F. AR 1st Vol. Co.E 3rd Lt.
Brown, J.F. AR 38th Inf. Co.B Sgt.
Brown, J.F. AR Mil. Borland's Regt. Woodruff's Co.
Brown, J.F. FL 2nd Cav. Co.H,K
Brown, J.F. GA 1st Cav. Co.F
Brown, J.F. GA Cav. 29th Bn. Co.C
Brown, J.F. GA Lt.Arty. 12th Bn. 3rd Co.C
Brown, J.F. GA Inf. 8th Bn. Co.C
Brown, J.F. GA Inf. 14th Bn. (St.Guards) Co.H
Brown, J.F. GA 32nd Inf. Co.I
Brown, J.F. GA 46th Inf. Co.A Cpl.
Brown, J.F. GA 48th Inf. Co.E
Brown, J.F. GA 56th Inf. Co.E
Brown, J.F. LA Mtd.Rifles Miller's Ind.Co.
Brown, J.F. MS 44th Inf. Co.C Sgt.
Brown, J.F. MO Cav. Woodson's Co.
Brown, J.F. MO Beck's Co.
Brown, J.F. MO St.Guard
Brown, J.F. NC 3rd Cav. (41st St.Troops) Co.A
Brown, J.F. NC 3rd Jr.Res. Co.G
Brown, J.F. NC 5th St.Res. Co.H
Brown, J.F. NC 35th Inf. Co.H
Brown, J.F. NC 57th Inf. Co.F

Brown, J.F. SC Lt.Arty. 3rd (Palmetto) Bn. Co.K
Brown, J.F. SC Lt.Arty. Garden's Co. (Palmetto Lt.Btty.)
Brown, J.F. SC 5th Inf. 2nd Co.I
Brown, J.F. SC 13th Inf. Co.B
Brown, J.F. SC 14th Inf. Co.G
Brown, J.F. SC Inf. Hampton Legion Co.K
Brown, J.F. TN Inf. 4th Cons.Regt. Co.I
Brown, J.F. TN 47th Inf. Co.B
Brown, J.F. Inf. Bailey's Cons.Regt. Co.A
Brown, J.F. TX 8th Cav. Co.A
Brown, J.F. TX 11th Cav. Co.F
Brown, J.F. TX 7th Inf. Co.C
Brown, J.F. TX 12th Inf. Co.K
Brown, J.F. VA 62nd Mtd.Inf. Co.O,I
Brown, J.F. Gen. & Staff Asst.Comsy.
Brown, J.F.C. Gen. & Staff AASurg.
Brown, J.F.E. NC 2nd Jr.Res. Co.B
Brown, J.G. AL 34th Inf. Co.B
Brown, J.G. AR 10th Mil. Co.C
Brown, J.G. GA Lt.Arty. 14th Bn. Co.D
Brown, J.G. GA Lt.Arty. King's Btty.
Brown, J.G. GA 18th Inf. Co.A
Brown, J.G. GA 56th Inf. Co.G 2nd Lt.
Brown, J.G. GA Inf. Arsenal Bn. (Columbus) Co.B Sgt.
Brown, J.G. GA Inf. City Bn. (Columbus) Williams' Co.
Brown, J.G. LA 17th Inf. Co.C
Brown, J.G. LA Mil.Conf.Guards Regt. Co.B
Brown, J.G. MS 7th Cav. Co.E
Brown, J.G. SC Cav. A.C. Earle's Co.
Brown, J.G. SC 6th Inf. 1st Co.D, 2nd Co.G
Brown, J.G. SC Prov.Guard Hamilton's Co. Sgt.
Brown, J.G. SC Inf. Holcombe Legion Co.B 2nd Lt.
Brown, J.G. TN 2nd (Ashby's) Cav. Co.A
Brown, J.G. TN Cav. 5th Bn. (McClellan's) Co.A
Brown, J.G. TN 16th Inf. Co.E,H
Brown, J.G. TN 24th Inf. Co.C
Brown, J.G. TX Lt.Arty. Hughes' Co.
Brown, J.G. TX 5th Cav. Co.F Sgt.
Brown, J.G. VA 25th Inf.
Brown, J.G. Gen. & Staff AAQM
Brown, J.G.G. AL 12th Inf. Co.F
Brown, J.G.L. LA 1st Res. Co.D
Brown, J. Graham SC 1st (Orr's) Rifles Co.H 1st Lt.
Brown, J.H. AL Morris' Co. (Mtd.) Cpl.
Brown, J.H. AL Lt.Arty. Tarrant's Btty.
Brown, J.H. AL 5th Inf. Co.G
Brown, J.H. AL 9th Inf. Co.I
Brown, J.H. AL 14th Inf. Co.C
Brown, J.H. AL 20th Inf. Ens.
Brown, J.H. AL 23rd Inf. Co.G
Brown, J.H. AL 38th Inf. Co.D Cpl.
Brown, J.H. AL 57th Inf. Co.A
Brown, J.H. AZ Cav. Herbert's Bn. Helm's Co.
Brown, J.H. AR 5th Inf. Cpl.
Brown, J.H. AR 38th Inf. Co.D Sgt.
Brown, J.H. FL Cav. 5th Bn. Co.H
Brown, J.H. FL 9th Inf. Co.F
Brown, J.H. GA Cav. 1st Bn.Res. Co.E
Brown, J.H. GA 3rd Cav. Co.E
Brown, J.H. GA 8th Cav. New Co.E
Brown, J.H. GA Cav. 20th Bn. Co.C Sgt.
Brown, J.H. GA Cav. Floyd's Co.
Brown, J.H. GA 1st (Fannin's) Res. Co.E
Brown, J.H. GA 7th Inf. Co.F
Brown, J.H. GA 7th Inf. (St.Guard) Co.
Brown, J.H. GA 38th Inf. Co.H
Brown, J.H. GA 52nd Inf. Co.E Cpl.
Brown, J.H. LA Mil. 4th Regt. 1st Brig. 1st Div. Co.G
Brown, J.H. LA 5th Inf. Co.G
Brown, J.H. LA 17th Inf. Co.F
Brown, J.H. LA 30th Inf. Co.F
Brown, J.H. LA 31st Inf. Co.D
Brown, J.H. LA Mil. Orleans Guards Regt. Co.C
Brown, J.H. MS 7th Cav. Co.A,G
Brown, J.H. MS 18th Cav. Co.K
Brown, J.H. MS 6th Inf. Co.H
Brown, J.H. MS 23rd Inf. Co.A
Brown, J.H. MS 32nd Inf. Co.A Sgt.
Brown, J.H. MS 35th Inf. Co.D
Brown, J.H. MS 39th Inf. Co.A
Brown, J.H. MS Henley's Co. (Henley's Invincibles)
Brown, J.H. MO 11th Inf. Co.C
Brown, J.H. NC 4th Bn.Jr.Res. Co.C
Brown, J.H. NC 44th Inf. Co.K
Brown, J.H. SC 2nd Inf. Co.C
Brown, J.H. SC 2nd Res.
Brown, J.H. SC 4th St.Troops Co.C Cpl.
Brown, J.H. SC 15th Inf. Co.A
Brown, J.H. SC 25th Inf. Co.B
Brown, J.H. SC Charleston Arsenal Bn. (Loc.Def.Troops) Co.C Jr.2nd Lt.
Brown, J.H. TN Cav. 5th Bn. (McClellan's) Co.B
Brown, J.H. TN 8th (Smith's) Cav. Co.H
Brown, J.H. TN 15th (Stewart's) Cav. Co.E
Brown, J.H. TN 1st Hvy.Arty. 3nd Co.A, Co.L
Brown, J.H. TN 1st Hvy.Arty. Co.D Capt.
Brown, J.H. TN 8th Inf. Co.D
Brown, J.H. TN 14th Inf. Co.K
Brown, J.H. TN 42nd Inf. Co.A
Brown, J.H. TN 49th Inf. Co.D
Brown, J.H. TN Inf. 154th Sr.Regt. Co.F
Brown, J.H. TX 2nd Cav. Co.D
Brown, J.H. TX 8th Cav. Co.B
Brown, J.H. TX 12th Cav. Co.K
Brown, J.H. TX 26th Cav. 2nd Co.G
Brown, J.H. TX 5th Inf. Co.F
Brown, J.H. TX 13th Vol. Co.D,C
Brown, J.H. TX 15th Inf. Co.I
Brown, J.H. TX Waul's Legion Co.C
Brown, J.H. VA 7th Cav. Co.E Sgt.
Brown, J.H. VA 18th Inf. Co.E
Brown, J.H. 1st Conf.Cav. Co.I
Brown, J.H. 8th (Wade's) Conf.Cav. Co.B
Brown, J.H. 4th Conf.Inf. Co.K
Brown, J.H. 2nd Conf.Eng.Troops Co.C
Brown, J.H. 4th Conf.Eng.Troops Co.E
Brown, J.H.H. GA 8th Inf. Co.K
Brown, J.I. GA 8th Cav. Co.K
Brown, J.I. GA 62nd Cav. Co.K
Brown, J.I. TN 21st (Wilson's) Cav. C Sgt.
Brown, J.I. 1st Conf.Cav. Co.A
Brown, J.J. AL 4th Inf. Co.A
Brown, J.J. AL 5th Cav. Co.D
Brown, J.J. AL 12th Inf. Co.B
Brown, J.J. AL 16th Inf. Co.D
Brown, J.J. AL 21st Inf. Co.E
Brown, J.J. AL 23rd Inf. Co.B,I Sgt.
Brown, J.J. AL 58th Inf. Co.E
Brown, J.J. AR Lt.Arty. Key's Btty.
Brown, J.J. AR Lt.Arty. Owen's Btty.
Brown, J.J. AR 32nd Inf. Co.K
Brown, J.J. AR 38th Inf. Co.
Brown, J.J. GA Lt.Arty. 12th Bn. 3rd Co.C, Co.E
Brown, J.J. GA 1st (Fannin's) Res. Co.E
Brown, J.J. GA 13th Inf. Co.B
Brown, J.J. GA 55th Inf. Co.F
Brown, J.J. KY Cav. Thompson's Co.
Brown, J.J. MS 2nd Cav. Co.F
Brown, J.J. MO Cav. Coleman's Regt. Co.A
Brown, J.J. NC Cav. 16th Bn. Co.B
Brown, J.J. NC 3rd Inf. Co.E
Brown, J.J. NC 57th Inf. Co.G
Brown, J.J. NC 64th Inf. Co.B
Brown, J.J. SC 6th Cav. Co.I
Brown, J.J. SC 2nd Arty. Co.B Jr.2nd Lt.
Brown, J.J. SC 2nd Arty. Co.E
Brown, J.J. SC Arty. Fickling's Co. (Brooks Lt.Arty.)
Brown, J.J. SC 1st (Butler's) Inf. Co.G
Brown, J.J. SC 6th Inf. 2nd Co.C
Brown, J.J. SC 7th Inf. 1st Co.H, Co.A
Brown, J.J. SC 16th Inf. Co.I
Brown, J.J. SC 24th Inf. Co.D
Brown, J.J. SC 27th Inf. Co.C
Brown, J.J. SC Inf. Hampton Legion Co.H
Brown, J.J. TN 21st & 22nd (Cons.) Cav. Co.F Sgt.
Brown, J.J. TN Lt.Arty. Phillips' Co. Sgt.
Brown, J.J. TN 8th Inf. Co.H
Brown, J.J. TN Inf. 154th Sr.Regt. Co.A 1st Sgt.
Brown, J.J. TX 11th Cav. Co.G 1st Sgt.
Brown, J.J. TX Cav. McCord's Frontier Regt. Co.E Cpl.
Brown, J.J. VA 34th Inf. Co.B
Brown, J.J. VA Loc.Def. Tayloe's Co.
Brown, J.J. 2nd Cherokee Mtd.Vol. Co.C
Brown, J.J. Gen. & Staff Capt.,AQM
Brown, J.K. AL Lt.Arty. Phelan's Co.
Brown, J.K. GA 11th Cav. Co.G
Brown, J.K. GA Cav. 19th Bn. Co.A
Brown, J.K GA 10th Inf. Co.F
Brown, J.K. NC 2nd Inf. Co.A
Brown, J.K. TX 32nd Cav. Co.G
Brown, J.K. 10th Conf.Cav. Co.F
Brown, J. Keith SC 5th Cav. Co.D
Brown, J. Keith SC Cav. 17th Bn. Co.A
Brown, J.K.M. TN 49th Inf. Co.F
Brown, J.K.M. Inf. Bailey's Conf.Regt. Co.C
Brown, J.L. AL 4th Cav. Co.A
Brown, J.L. AL 4th Cav. Co.C
Brown, J.L. AL 53rd (Part.Rangers) Co.D
Brown, J.L. AL 9th Inf. Co.F
Brown, J.L. AL 10th Inf. Co.E
Brown, J.L. AL 12th Inf. Co.B
Brown, J.L. AL 19th Inf. Co.F
Brown, J.L. AL Pris.Guard Freeman's Co.
Brown, J.L. AR 1st (Dobbin's) Cav. Co.K
Brown, J.L. AR Lt.Arty. Wiggins' Btty.
Brown, J.L. AR 7th Inf. Co.B Capt.

Brown, J.L. AR 10th Inf. Co.A
Brown, J.L. AR 21st Mil. Co.A
Brown, J.L. AR 36th Inf. Co.B
Brown, J.L. FL 1st (Res.) Inf. Co.H
Brown, J.L. FL Inf. 2nd Bn. Co.C
Brown, J.L. GA 3rd Cav. (St.Guards) Co.B
Brown, J.L. GA Cav. 12th Bn. (St.Guards) Co.A
Brown, J.L. GA 9th Inf. (St.Guards) Co.C QMSgt.
Brown, J.L. GA Inf. 25th Bn. (Prov.Guard) Co.D
Brown, J.L. GA 63rd Inf. Co.B
Brown, J.L. GA Phillips' Legion Co.D,K
Brown, J.L. LA 2nd Inf. Co.I Sgt.
Brown, J.L. LA 4th Inf. Co.K
Brown, J.L. MS St.Cav. Perrin's Bn. Co.C
Brown, J.L. MS 41st Inf. Co.D
Brown, J.L. NC 1st Arty. (10th St.Troops) Co.K
Brown, J.L. NC 4th Inf. Co.A
Brown, J.L. NC Loc.Def. Croom's Co.
Brown, J.L. SC 4th Cav. Co.B
Brown, J.L. SC 12th Cav. Co.C
Brown, J.L. SC 12th Inf. Co.D Cpl.
Brown, J.L. SC 14th Inf. Co.I
Brown, J.L. TN Inf. 4th Cons.Regt. Co.G
Brown, J.L TN 28th (Cons.) Inf. Co.E 1st Lt.
Brown, J.L. TN 36th Inf. Capt.
Brown, J.L. TN 46th Inf. Co.I
Brown, J.L. TX Cav. 2nd Bn.St.Troops Co.B
Brown, J.L. TX 1st Bn.S.S. Co.A
Brown, J.L. VA 7th Inf. Co.K 1st Sgt.
Brown, J.L. Forrest's Scouts T.N. Kizer's Co.,CSA Bvt.2nd Lt.
Brown, J.L. 1st Conf.Inf. 2nd Co.C Cpl.
Brown, J.L. Bradford's Corps Scouts & Guards Co.A
Brown, J.L.A. TN 34th Inf. 2nd Co.C
Brown, J. Liter TX Cav. Martin's Regt. Co.C
Brown, J.M. AL 2nd Cav. Co.H
Brown, J.M. AL Inf. 1st Regt. Co.D
Brown, J.M. AL 6th Inf. Co.D
Brown, J.M. AL 9th Inf. Co.C
Brown, J.M. AL 15th Inf. Co.K
Brown, J.M. AL 18th Inf. Co.I Music.
Brown, J.M. AL 25th Inf. Co.I
Brown, J.M. AL 30th Inf. Co.F
Brown, J.M. AL 46th Inf. Co.C
Brown, J.M. AL 63rd Inf. Co.K Sgt.
Brown, J.M. AL Shelby Cty.Res. J.M. Webster's Co. Sgt.
Brown, J.M. AR Pine Bluff Arty.
Brown, J.M. AR Lt.Arty. Zimmerman's Btty.
Brown, J.M. AR 10th Inf. Co.G
Brown, J.M. AR 15th (Johnson's) Inf. Co.B
Brown, J.M. AR 15th Mil. Co.G Sgt.
Brown, J.M. AR 19th (Dawson's) Inf. Co.E 1st Sgt.
Brown, J.M. AR 26th Inf. Co.H
Brown, J.M. AR 34th Inf. Co.F Sgt.
Brown, J.M. AR 37th Inf. Chap.
Brown, J.M. AR 37th Inf. Co.A
Brown, J.M. AR 38th Inf. Co.E
Brown, J.M. FL 1st (Res.) Inf. Co.C
Brown, J.M. FL 1st (Res.) Inf. Co.H
Brown, J.M. GA 1st Cav. Co.H
Brown, J.M. GA 2nd Cav. (St.Guards) Co.C Sgt.
Brown, J.M. GA 7th Cav. Co.G
Brown, J.M. GA 7th Cav. Co.H
Brown, J.M. GA Hardwick Mtd.Rifles Co.B
Brown, J.M. GA Arty. Maxwell's Reg.Lt.Arty.
Brown, J.M. GA 1st Inf. Co.H
Brown, J.M. GA 2nd Res. Co.E
Brown, J.M. GA 3rd Mil. Co.G
Brown, J.M. GA 4th Res. Co.E
Brown, J.M. GA 5th Res. Co.K 1st Lt.
Brown, J.M. GA 7th Inf. Co.G
Brown, J.M. GA 17th Inf. Co.H Cpl.
Brown, J.M. GA 30th Inf. Co.L
Brown, J.M. GA 31st Inf. Co.C
Brown, J.M. GA 38th Inf. Co.H
Brown, J.M. GA 40th Inf. Co.F
Brown, J.M. GA 52nd Inf. Co.E
Brown, J.M. GA Phillips' Legion Co.D
Brown, J.M. KY 1st (Helm's) Cav. Co.A
Brown, J.M. LA 1st Cav. Co.K, Robinson's Co. Cpl.
Brown, J.M. LA 2nd Cav. Co.E
Brown, J.M. LA 25th Inf. Co.H 1st Lt.
Brown, J.M. LA 28th (Gray's) Inf. Co.C
Brown, J.M. LA Inf. Pelican Regt. Co.D
Brown, J.M. MS 5th Cav. Co.I 2nd Lt.
Brown, J.M. MS 28th Cav. Co.D
Brown, J.M. MS 30th Inf. Co.C
Brown, J.M. MS 42nd Inf. Co.I
Brown, J.M. MO Cav. Ford's Bn. Co.B
Brown, J.M. MO Cav. Snider's Bn. Co.A
Brown, J.M. MO Lt.Arty. Farris Btty. (Clark Arty.)
Brown, J.M. MO Lt.Arty. Von Phul's Co.
Brown, J.M. MO 3rd Inf. Co.E
Brown, J.M. MO 11th Inf. Co.G
Brown, J.M. MO Inf. Clark's Regt. Co.A
Brown, J.M. MO Inf. Winston's Regt. Co.A
Brown, J.M. NC 2nd Jr.Res. Co.D
Brown, J.M. NC 3rd Inf. Co.H
Brown, J.M. NC 3rd Jr.Res. Co.B
Brown, J.M. NC 4th Bn.Jr.Res. Co.B
Brown, J.M. NC 20th Inf. Co.E
Brown, J.M. NC 56th Inf. Co.K
Brown, J.M. NC 62nd Inf. Co.G
Brown, J.M. NC Mallett's Bn. (Cp.Guard) Co.D
Brown, J.M. SC 1st (Hagood's) Inf. 1st Co.E
Brown, J.M. SC 14th Inf. Co.B
Brown, J.M. SC 15th Inf. Co.K
Brown, J.M. TN 15th (Cons.) Cav. Co.B
Brown, J.M. TN 19th (Biffle's) Cav. Co.K
Brown, J.M. TN 21st (Wilson's) Cav. Co.F Cpl.
Brown, J.M. TN Cav. Nixon's Regt. Co.D
Brown, J.M. TN 1st (Feild's) Inf. Co.E
Brown, J.M. TN Inf. 2nd Cons.Regt. Co.C 1st Sgt.
Brown, J.M. TN 17th Inf. Co.K 1st Sgt.
Brown, J.M. TN 31st Inf. Co.K
Brown, J.M. TN 40th Inf. Co.D
Brown, J.M. TN 60th Mtd.Inf. Co.L
Brown, J.M. Inf. Bailey's Cons.Regt. Co.C
Brown, J.M. TX Cav. 2nd Regt.St.Troops Co.B
Brown, J.M. TX 5th Cav. Co.F
Brown, J.M. TX 7th Cav. Co.E
Brown, J.M. TX 11th Cav. Co.G 2nd Lt.
Brown, J.M. TX 26th Cav. Co.I
Brown, J.M. TX 34th Cav. Co.I
Brown, J.M. TX Cav. Bone's Co.
Brown, J.M. TX Cav. Terry's Regt. Co.I
Brown, J.M. TX 1st Regt.St.Troops Co.D
Brown, J.M. TX 20th Inf. Co.D
Brown, J.M. TX 20th Inf. Co.E
Brown, J.M. VA 3rd Cav. Co.G
Brown, J.M. VA 7th Cav. Co.E
Brown, J.M. VA 59th Inf. Co.C
Brown, J.M. Conf.Cav. Baxter's Bn. Co.C
Brown, J.M. Mead's Conf.Cav. Co.B
Brown, J.M. Mead's Conf.Cav. Co.G
Brown, J.M. 2nd Conf.Eng.Troops Co.D
Brown, J.M. 4th Conf.Eng.Troops
Brown, J.M Gen. & Staff Surg.
Brown, J.M.C. SC 14th Inf. Co.I
Brown, J.M.C.H. TX 23rd Cav. Co.I
Brown, J.M.F. MS 18th Inf. Co.K
Brown, J. Milton SC 2nd Rifles Co.K
Brown, J. Montgomery LA Arty. Green's Co. (LA Guard Btty.)
Brown, J. Montgomery LA 1st (Nelligan's) Inf. 1st Co.B
Brown, J. Morgan GA 15th Inf. Co.E
Brown, J.M.R. MO Cav. Freeman's Regt. Co.C
Brown, J.N. AL Cav. Moreland's Regt. Co.G 2nd Lt.
Brown, J.N. AL 17th Inf. Co.H
Brown, J.N. AR Cav. Gordon's Regt. Co.D
Brown, J.N. AR 1st Inf. Co.F
Brown, J.N. AR 3rd Inf. (St.Troops) King's Co. Lt.
Brown, J.N. AR 38th Inf. Co.E
Brown, J.N. GA 1st (Fannin's) Res. Co.A
Brown, J.N. GA 7th Inf. Co.I
Brown, J.N. GA 17th Inf. Co.C Sgt.
Brown, J.N. LA Inf. 7th Bn. Co.B
Brown, J.N. MS 34th Inf. Co.G
Brown, J.N. MS 44th Inf. Co.A
Brown, J.N. MO Lt.Arty. H.M. Bledsoe's Co.
Brown, J.N. MO Watkins' Regt.St.Guard Co.E Sgt.
Brown, J.N. SC 1st Cav. Co.B
Brown, J.N. SC 7th Inf. 1st Co.B Cpl.
Brown, J.N. TN Cav. 16th Bn. (Neal's) Co.B
Brown, J.N. TN 38th Inf. Co.F
Brown, J. Nardin SC Palmetto S.S. Co.C
Brown, J.N.C. AL 8th (Livingston's) Cav. Co.A Sgt.
Brown, J.O. FL 2nd Cav. Co.H
Brown, J.O. GA 20th Inf. Co.G
Brown, J.O. MS 7th Inf. Co.B
Brown, J.O. SC 3rd Cav. Co.B
Brown, J.O. SC 21st Inf. Co.L
Brown, J.O.A. AL Cp. of Instr. Talladega
Brown, Jo. A. TN 24th Bn.S.S. Co.B
Brown, Job VA 14th Mil. Co.A
Brown, Joe LA 14th Inf. Co.D
Brown, Joe SC Lt.Arty. 3rd (Palmetto) Bn. Co.I
Brown, Joel AR 62nd Mil. Co.A 1st Sgt.
Brown, Joel SC 10th Inf. Co.L
Brown, Joel, Sr. VA 26th Inf. Co.K
Brown, Joel E. GA 57th Inf. Co.D
Brown, Joel F. TX 37th Cav. Co.F
Brown, Joel F. TX Cav. Terry's Regt. Co.A
Brown, Joel H. NC 37th Inf. Co.G 1st Lt.
Brown, Joel H. VA 12th Inf. Co.C
Brown, Joel M. NC 3rd Cav. (41st St.Troops) Co.I

Brown, Joel T. SC Horse Arty. (Washington Arty.) Vol. Hart's Co.
Brown, Joel W. VA 20th Inf. Co.H
Brown, Joel W. VA 26th Inf. Co.K
Brown, John AL 3rd Cav. Co.D
Brown, John AL 4th (Roddey's) Cav.
Brown, John AL 4th (Russell's) Cav. Co.D
Brown, John AL Cav. 4th Bn. (Love's) Co.A
Brown, John AL 5th Cav. Co.H
Brown, John AL 5th Cav. Co.L
Brown, John AL 6th Cav. Co.K
Brown, John AL 7th Cav. Co.K
Brown, John AL 11th Cav. Co.C
Brown, John AL 13th Bn.Part.Rangers Co.A 1st Lt.
Brown, John AL Cav. Graves' Co.
Brown, John AL City Troop (Mobile) Arrington's Co.A
Brown, John AL Cav. Moreland's Regt. Co.B
Brown, John AL Lt.Arty. 2nd Bn. Co.A
Brown, John AL Inf. 2nd Regt. Co.F Sgt.
Brown, John AL 4th Res. Co.D
Brown, John AL 8th Inf. Co.C
Brown, John AL 8th Inf. Co.D
Brown, John AL 12th Inf. Co.A
Brown, John AL 15th Inf. Co.H,K
Brown, John AL 18th Inf.
Brown, John AL 18th Bn.Vol. Co.B Cpl.
Brown, John AL 21st Inf. Co.F
Brown, John AL 29th Inf. Co.K Sgt.
Brown, John AL 30th Inf. Co.I
Brown, John AL 44th Inf. Co.C
Brown, John AL 46th Inf. Co.H Cpl.
Brown, John AL Mil. Campbell's Co.
Brown, John AL Cp. of Instr. Talladega Asst.Enrolling Off.
Brown, John AR 1st Cav. Co.I
Brown, John AR 7th Cav. Co.M 1st Sgt.
Brown, John AR 6th Inf. Co.G
Brown, John AR 18th Inf. Co.G
Brown, John AR 24th Inf. Co.E
Brown, John FL 2nd Cav. Co.H
Brown, John FL Cav. 3rd Bn. Co.C
Brown, John FL Fernandez's Mtd.Co. (Supply Force)
Brown, John, Jr. FL 7th Inf. Co.A
Brown, John FL 10th Inf. Co.D
Brown, John FL 10th Inf. Co.F Cpl.
Brown, John GA 2nd Cav. Co.E
Brown, John GA 2nd Cav. Co.G
Brown, John GA 3rd Cav. (St.Guards) Co.I
Brown, John GA 12th Cav. Co.I
Brown, John GA 12th (Wright's) Cav. (St.Guards) Brannen's Co.
Brown, John GA 13th Cav. Co.A
Brown, John GA Cav. Nelson's Ind.Co.
Brown, John GA Cav. Ragland's Co.
Brown, John GA Arty. 9th Bn. Co.C
Brown, John GA Inf. 1st Loc.Troops (Augusta) Co.B
Brown, John GA 1st (Olmstead's) Inf. Co.K Music.
Brown, John GA 1st (Ramsey's) Inf.
Brown, John (Colored) GA 1st Bn.S.S. Co.A Ch.Cook
Brown, John GA 3rd Inf. Co.D
Brown, John GA 4th Res. Co.B,F
Brown, John GA 7th Inf. (St.Guards) Co.G
Brown, John GA 8th Inf. Co.F
Brown, John GA 10th Inf. Co.F
Brown, John GA 12th Inf. Co.A
Brown, John GA 13th Inf. Co.G
Brown, John GA 18th Inf. Co.A
Brown, John GA 25th Inf. Co.D
Brown, John GA Inf. 25th Bn. (Prov.Guard) Co.E
Brown, John GA Inf. 27th Bn. Co.B
Brown, John GA 36th (Broyles') Inf. Co.D
Brown, John GA 36th (Villepigue's) Inf. Co.K
Brown, John GA 49th Inf. Co.E
Brown, John GA 50th Inf. Co.F
Brown, John GA 50th Inf. Co.H
Brown, John GA 59th Inf. Co.E Sgt.
Brown, John GA 62nd Inf. Co.B
Brown, John GA Inf. Cobb's Legion Co.B
Brown, John GA Cobb's Legion Co.G
Brown, John GA Phillips' Legion Co.A
Brown, John GA Phillips' Legion Co.M
Brown, John GA Inf. Whiteside's Nav.Bn. (Loc.Def.) Co.A
Brown, John KY 5th Cav. Co.C
Brown, John KY 6th Cav. Co.C
Brown, John KY 3rd Mtd.Inf. Co.K
Brown, John KY 5th Mtd.Inf. Co.B
Brown, John LA 2nd Cav. Co.I
Brown, John LA Arty. Moody's Co. (Madison Lt.Arty.)
Brown, John LA 1st (Strawbridge's) Inf. Co.E,F
Brown, John LA Mil. 4th Regt. 1st Brig. 1st Div. Co.C
Brown, John LA 5th Inf. Co.G
Brown, John LA 7th Inf. Co.F Cpl.
Brown, John LA 8th Inf. Co.B
Brown, John LA 8th Inf. Co.D
Brown, John LA 9th Inf. Co.C Cpl.
Brown, John LA Inf. 9th Bn. Co.D
Brown, John LA 10th Inf. Co.B
Brown, John LA 13th Inf. Co.H
Brown, John LA 14th Inf. Co.H
Brown, John LA 15th Inf. Co.C
Brown, John LA 15th Inf. Co.C Cpl.
Brown, John LA 15th Inf. Co.E
Brown, John LA 19th Inf. Co.F Color Sgt.
Brown, John LA 20th Inf. Co.I
Brown, John LA 21st (Patton's) Inf. Co.G
Brown, John LA 22nd Inf. Co.C,D Drum.
Brown, John LA 22nd (Cons.) Inf. Drum.
Brown, John LA 28th (Thomas') Inf.
Brown, John LA 31st Inf. Co.I
Brown, John LA Bickham's Co. (Caddo Mil.)
Brown, John MD Inf. 2nd Bn. Co.E
Brown, John MS 1st Cav.Res. Co.A
Brown, John MS Cav. 1st Bn. (Miller's) Co.A
Brown, John, Sr. MS 2nd Cav. Co.E
Brown, John MS St.Cav. 2nd Bn. (Harris') Co.A
Brown, John MS St.Cav. 3rd Bn. (Cooper's) 2nd Co.A
Brown, John MS 28th Cav. Co.K
Brown, John MS 38th Cav. Co.C
Brown, John MS Inf. 2nd Bn. (St.Troops) Co.C
Brown, John MS Inf. 2nd St.Troops Co.G
Brown, John MS Inf. 2nd St.Troops Co.H 1st Lt.
Brown, John MS 8th Inf. Co.K
Brown, John MS 11th Inf. Co.K
Brown, John MS 12th Inf. Co.K
Brown, John MS 16th Inf. Co.C
Brown, John MS 16th Inf. Co.D 2nd Cpl.
Brown, John MS 18th Inf. Co.A
Brown, John MS 31st Inf. Co.B
Brown, John MS 31st Inf. Co.G
Brown, John MS 37th Inf. Co.D
Brown, John MS Wilkinson Cty. Minutemen Co.B
Brown, John MO 1st N.E. Cav. Co.F
Brown, John MO 1st N.E. Cav. Co.M 2nd Lt.
Brown, John MO 1st & 3rd Cons.Cav. Co.H
Brown, John MO Cav. 3rd Bn. Co.B,H
Brown, John MO 4th Cav.
Brown, John MO 6th Cav. Co.C
Brown, John MO 6th Cav. Co.D
Brown, John MO 6th Cav. Co.H
Brown, John MO 12th Cav. Co.F 1st Sgt.
Brown, John MO Cav. Clardy's Bn. Co.A
Brown, John MO Cav. Fristoe's Regt. Co.G
Brown, John MO Cav. Poindexter's Regt. Co.K
Brown, John MO 1st Inf. Co.B
Brown, John MO 3rd Inf. Co.B
Brown, John MO 5th Inf. Co.G
Brown, John MO 16th Inf. Co.B
Brown, John NC 1st Cav. (9th St.Troops) Co.A
Brown, John NC 3rd Cav. (41st St.Troops) Co.H
Brown, John NC 3rd Cav. (41st St.Troops) Co.F
Brown, John NC 8th Bn.Part.Rangers Co.B
Brown, John NC 8th Bn.Part.Rangers Co.D Cpl.
Brown, John NC Cav. (Loc.Def.) Howard's Co.
Brown, John NC 2nd Arty. (36th St.Troops) Co.I
Brown, John NC 3rd Arty. (40th St.Troops) Co.A
Brown, John NC 3rd Arty. (40th St.Troops) Co.G
Brown, John NC Inf. 2nd Bn. Co.H
Brown, John NC 3rd Inf. Co.F
Brown, John NC 5th Inf. Co.A
Brown, John NC 7th Inf.
Brown, John NC 7th Bn.Jr.Res. Co.A
Brown, John NC 12th Inf. Co.H
Brown, John NC 16th Inf. Co.B Sgt.
Brown, John NC 17th Inf. (2nd Org.) Co.E
Brown, John NC 20th Inf. Co.K 1st Lt.
Brown, John NC 21st Inf. Co.B
Brown, John NC 22nd Inf. Co.L
Brown, John NC 23rd Inf. Co.B
Brown, John NC 25th Inf. Co.A
Brown, John NC 27th Inf. Co.I
Brown, John NC 30th Inf. Co.E
Brown, John NC 32nd Inf. Lenoir Braves 1st Co.K
Brown, John NC 34th Inf. Co.H
Brown, John NC 35th Inf. Co.A
Brown, John NC 37th Inf. Co.K
Brown, John NC 38th Inf. Co.H
Brown, John NC 39th Inf. Co.F
Brown, John NC 39th Inf. Co.H
Brown, John NC 42nd Inf. Co.K
Brown, John NC 46th Inf. Co.F
Brown, John NC 47th Inf. Co.D
Brown, John NC 50th Inf. Co.E
Brown, John NC 54th Inf. Co.C
Brown, John NC 54th Inf. Co.H
Brown, John NC 56th Inf. Co.A

Brown, John NC 62nd Inf. Co.G
Brown, John NC 66th Inf. Co.C
Brown, John NC Mil. Clark's Sp.Bn. Co.C
Brown, John NC Loc.Def. Croom's Co.
Brown, John NC Cumberland Cty.Bn. Detailed Men Co.A
Brown, John SC 1st Cav. Co.G
Brown, John SC 4th Cav. Co.H
Brown, John SC 7th Cav. Co.D
Brown, John SC Cav. 10th Bn. Co.A
Brown, John SC 1st Arty. Co.C,E
Brown, John SC 1st Arty. Co.H,B
Brown, John SC 1st Arty. Co.H
Brown, John SC Lt.Arty. 3rd (Palmetto) Bn. Co.H
Brown, John SC Hvy.Arty. 15th (Lucas') Bn. Co.B
Brown, John SC 1st Regt. Charleston Guard Co.G
Brown, John SC 3rd Inf. Co.I
Brown, John SC 3rd Bn.Res. Co.B Cpl.
Brown, John SC 4th Inf. Co.H
Brown, John SC 4th St.Troops Co.I
Brown, John SC 5th St.Troops Co.L
Brown, John SC 5th Res. Co.K
Brown, John SC 5th Bn.Res. Co.B
Brown, John SC 7th Inf. 2nd Co.F
Brown, John SC Inf. 7th Bn. (Enfield Rifles) Co.E
Brown, John SC 13th Inf. Co.B
Brown, John SC 14th Inf. Co.B
Brown, John SC 15th Inf. Co.G
Brown, John SC 16th Inf. Co.C
Brown, John SC 17th Inf. Co.K
Brown, John SC 19th Inf. Co.H
Brown, John SC 24th Inf. Co.D
Brown, John SC Cav.Bn. Holcombe Legion Co.B
Brown, John TN 4th (McLemore's) Cav. Co.I
Brown, John TN 4th (Murray's) Cav. Co.B
Brown, John TN 4th (Murray's) Cav. Co.H
Brown, John TN 12th (Green's) Cav. Co.A
Brown, John TN 13th (Gore's) Cav. Co.E
Brown, John TN 16th (Logwood's) Cav. Co.B
Brown, John TN 19th (Biffle's) Cav. Co.H
Brown, John TN 19th & 20th (Cons.) Cav. Co.C
Brown, John TN 21st (Wilson's) Cav. Co.G
Brown, John TN 21st & 22nd (Cons.) Cav. Co.I
Brown, John TN 22nd (Barteau's) Cav. 1st Co.H 1st Lt.
Brown, John TN Douglass' Bn.Part.Rangers Lytle's Co.
Brown, John TN Cav. Newsom's Regt. Co.A
Brown, John TN Arty. Ramsey's Btty.
Brown, John TN Inf. 1st Bn. (Colms') Co.D Sgt.
Brown, John TN 2nd (Walker's) Inf. Co.B
Brown, John TN 6th Inf. Co.B Cpl.
Brown, John TN 8th Inf. Co.K
Brown, John TN 9th Inf. Co.E 1st Lt.
Brown, John TN 9th Inf. Co.F
Brown, John TN 16th Inf.
Brown, John TN 16th Inf. Co.E
Brown, John TN 16th Inf. Co.F
Brown, John TN Inf. 22nd Bn. Co.H
Brown, John TN 24th Inf. Co.K
Brown, John TN 26th Inf. Co.K
Brown, John TN 29th Inf. Co.A
Brown, John TN 34th Inf. Co.B
Brown, John TN 34th Inf. Co.E
Brown, John TN 34th Inf. Co.I
Brown, John TN 39th Mtd.Inf. Co.B
Brown, John TN 44th Inf. Co.I
Brown, John TN 44th (Cons.) Inf. Co.A
Brown, John TN 48th (Nixon's) Inf. Co.A
Brown, John TN 48th (Voorhies') Inf. Co.G
Brown, John TN 60th Mtd.Inf. Co.C
Brown, John TX 2nd Cav. Co.B
Brown, John TX 13th Cav. Co.A Cpl.
Brown, John TX 16th Cav. Co.D
Brown, John TX 17th Cav. Co.D Bugler
Brown, John TX 17th Cons.Dismtd.Cav. Co.E 3rd Lt.
Brown, John TX 18th Cav. Co.D 2nd Lt.
Brown, John TX 24th Cav. Co.G
Brown, John TX Cav. Madison's Regt. Co.C Cpl.
Brown, John TX 2nd Field Btty.
Brown, John TX Arty. 4th Bn. Co.A
Brown, John TX 1st Inf. Co.I
Brown, John TX 3rd Inf. Co.H Cpl.
Brown, John TX 3rd Inf. Co.I
Brown, John TX 6th Inf. Co.D
Brown, John TX 9th (Young's) Inf. Co.G
Brown, John TX 11th (Spaight's) Bn.Vol. Co.F Cpl.
Brown, John TX 14th Inf. Co.F
Brown, John TX 16th Inf. Co.G
Brown, John TX 22nd Inf. Co.K
Brown, John VA 5th Cav. Co.B
Brown, John VA 5th Cav. 1st Co.F
Brown, John VA 9th Cav. Co.K
Brown, John VA 14th Cav. Co.G
Brown, John VA 15th Cav. QMSgt.
Brown, John VA 17th Cav. Co.B
Brown, John VA Cav. Hounshell's Bn. Co.A
Brown, John VA Hvy.Arty. 10th Bn. Co.A
Brown, John VA Lt.Arty. Brander's Co.
Brown, John VA Lt.Arty. Garber's Co.
Brown, John VA Horse Arty. D. Shank's Co.
Brown, John VA Inf. 1st Bn. Co.F
Brown, John VA 1st Bn.Res. Co.H
Brown, John VA 4th Inf. Co.L
Brown, John VA 6th Inf. Co.C
Brown, John VA 7th Inf. Co.E
Brown, John VA 8th Inf. Co.A
Brown, John VA 10th Inf. Co.B
Brown, John VA 14th Mil. Co.E
Brown, John VA 25th Inf. Co.G
Brown, John VA Inf. 25th Bn. Co.C
Brown, John VA 26th Inf. Co.F
Brown, John VA 27th Inf. Co.C
Brown, John VA 34th Mil. Co.C
Brown, John VA 36th Inf. Co.F Cpl.
Brown, John VA 41st Inf. 1st Co.E
Brown, John VA 42nd Inf. Co.H
Brown, John VA Inf. Lyneman's Co.
Brown, John VA Mil. Scott Cty.
Brown, John 1st Conf.Cav. 1st Co.E
Brown, John 3rd Conf.Cav. Co.D Cpl.
Brown, John 7th Conf.Cav. Co.B
Brown, John Conf.Lt.Arty. 1st Reg.Btty.
Brown, John 1st Conf.Inf. 2nd Co.G
Brown, John 1st Conf.Inf. 2nd Co.I Sgt.
Brown, John 1st Conf.Inf. 1st Co.K
Brown, John Conf.Inf. 1st Bn. 2nd Co.E
Brown, John 9th Conf.Inf. Co.F
Brown, John Conf.Reg.Inf. Brooks' Bn. Co.D
Brown, John 3rd Conf.Eng.Troops Co.C,F
Brown, John Eng.,CSA
Brown, John 1st Creek Mtd.Vol. 2nd Co.D 1st Lt.
Brown, John A. AL 8th Inf. Co.D N.C.S. Hosp.Stew.
Brown, John A. AL 16th Inf. Co.K Sgt.
Brown, John A. AL Nitre & Min. Corps Young's Co.
Brown, John A. FL 7th Inf. Co.G
Brown, John A. FL 9th Inf. Co.B Sgt.
Brown, John A. GA Inf. 9th Bn. Co.A Sgt.
Brown, John A. GA 21st Inf. Co.D
Brown, John A. GA 23rd Inf. Co.A
Brown, John A. GA 37th Inf. Co.D
Brown, John A. GA Cobb's Legion Co.B
Brown, John A. LA 6th Cav. Co.K
Brown, John A. MS 16th Inf. Co.F
Brown, John A. MS 18th Inf. Co.F
Brown, John A. MS 41st Inf. Co.C
Brown, John A. NC 2nd Arty. (36th St.Troops) Co.B
Brown, John A. NC Lt.Arty. 13th Bn. Co.B
Brown, John A. NC 11th (Bethel Regt.) Inf. Co.I
Brown, John A. NC 48th Inf. Co.C
Brown, John A. SC 5th Cav. Co.H
Brown, John A. SC Cav. 14th Bn. Co.A
Brown, John A. SC 1st (Butler's) Inf. Co.D
Brown, John A. SC 7th Inf. 2nd Co.F
Brown, John A. SC 13th Inf. Co.B
Brown, John A. TN Lt.Arty. Kain's Co.
Brown, John A. TN 6th Inf.
Brown, John A. TX 5th Cav. Co.B
Brown, John A. VA Cav. Hounshell's Bn. Huffman's Co.
Brown, John A. VA Lt.Arty. 12th Bn. 2nd Co.A Sgt.
Brown, John A. VA Lt.Arty. Sturdivant's Co. Sgt.
Brown, John A. VA 1st Inf.
Brown, John A. VA 6th Bn.Res. Co.B
Brown, John A. VA 10th Bn.Res. Co.B
Brown, John A. VA 22nd Inf. Co.A
Brown, John A. VA 24th Inf. Co.G 1st Sgt.
Brown, John A. VA 34th Inf. Co.K
Brown, John A. VA 51st Inf. Co.C
Brown, John A. VA Rockbridge Cty.Res. Donald's Co.
Brown, John A. Mead's Conf.Cav. Co.C 2nd Lt.
Brown, John A. Nitre & Min.Bur. War Dept.,CSA Lt.
Brown, John A. Gen. & Staff, Arty. Col.
Brown, John A.B. AL 43rd Inf. Co.I
Brown, John A.J. GA 3rd Cav. (St.Guards) Co.A
Brown, John A.J. GA 38th Inf. Co.F
Brown, John B. AL 13th Inf. Co.H Cpl.
Brown, John B. LA 19th Inf. Co.K
Brown, John B. MS St.Cav. Perrin's Bn. Co.C Sgt.
Brown, John B. MS Inf. 7th Bn. Co.B
Brown, John B. MS Inf. Weis' Regt. Co.A
Brown, John B. MO St.Guard

Brown, John B. NC 2nd Bn.Loc.Def.Troops Co.G
Brown, John B. NC 3rd Inf. Co.B Capt.
Brown, John B. SC 5th Inf. 1st Co.H, 2nd Co.B Cpl.
Brown, John B. VA Cav. 14th Bn. Co.D
Brown, John B. VA Lt.Arty. Grandy's Co. Sgt.
Brown, John B. VA 6th Inf. Vickery's Co.
Brown, John B. VA 16th Inf. 1st Co.H
Brown, John B. Gen. & Staff Capt.,AIG
Brown, John C. AL Cav. Barbiere's Bn. Brown's Co. Capt.
Brown, John C. AL 10th Inf. Co.A
Brown, John C. AL 39th Inf. Co.E
Brown, John C. AR 33rd Inf. Co.H
Brown, John C. FL 1st Cav. Co.A
Brown, John C. FL Inf. 2nd Bn. Co.F Cpl.
Brown, John C. FL 6th Inf. Co.B
Brown, John C. FL 11th Inf. Co.D Sgt.
Brown, John C. GA Cav. Roswell Bn. Co.A
Brown, John C. GA Siege Arty. 28th Bn. Co.A
Brown, John C. GA 7th Inf. Co.I Cpl.
Brown, John C. GA 38th Inf. Co.N
Brown, John C. GA 57th Inf. Co.F
Brown, John C. GA Inf. Cobb Guards Co.B
Brown, John C. LA 2nd Cav. Co.F
Brown, John C. LA 9th Inf. Co.C
Brown, John C. LA 27th Inf. Co.E
Brown, John C. MS Part.Rangers Smyth's Co. 2nd Lt.
Brown, John C. MS 11th Inf. Co.E,F
Brown, John C. MS 13th Inf. Co.K
Brown, John C. MS 15th Inf. Co.K
Brown, John C. MS 24th Inf. Co.D
Brown, John C. NC 1st Inf. Co.H
Brown, John C. NC 16th Inf. Co.L
Brown, John C. NC 20th Inf. Co.K
Brown, John C. NC 28th Inf. Co.F Sgt.
Brown, John C. NC 37th Inf. Co.D
Brown, John C. NC 66th Inf. Co.G
Brown, John C. SC 4th Cav. Co.F
Brown, John C. TN 11th (Holman's) Cav. Co.D
Brown, John C. TN 3rd (Clack's) Inf. Col.
Brown, John C. TN 32nd Inf. Co.B
Brown, John C. TN 32nd Inf. Co.I
Brown, John C. TN 37th Inf. Co.F
Brown, John C. TN 60th Mtd.Inf. Co.F Sgt.
Brown, John C. TN Conscr. (Cp. of Instr.)
Brown, John C. TX 2nd Cav. Co.D
Brown, John C. TX 12th Cav. Co.E Capt.
Brown, John C. TX Cav. McCord's Frontier Regt. 2nd Co.A
Brown, John C. VA 25th Cav. Co.I
Brown, John C. VA 11th Inf. Co.H
Brown, John C. VA 13th Inf. 1st Co.B
Brown, John C. VA 17th Inf. Co.C
Brown, John C. VA 22nd Inf. Taylor's Co.
Brown, John C. VA 37th Mil. 2nd Co.B
Brown, John C. VA 51st Inf. Co.C
Brown, John C. VA 60th Inf. Co.E
Brown, John C. VA 61st Mil. Co.E
Brown, John C. VA Mil. Wythe Cty.
Brown, John C. 7th Conf.Cav. Co.B Sgt.
Brown, John C. Brown's Div. Maj.Gen.
Brown, John D. AL 3rd Bn.Res. Co.C
Brown, John D. AL 19th Inf. Co.K,H
Brown, John D. AR 6th Inf. New Co.D
Brown, John D. GA Arty. 11th Bn. (Sumter Arty.) Co.D, New Co.C
Brown, John D. GA Inf. 8th Bn. Co.B Drum.
Brown, John D. GA 38th Inf. Co.H
Brown, John D. LA 3rd Inf. Co.G
Brown, John D. LA 5th Inf. Old Co.A
Brown, John D. MS 7th Inf. Co.B
Brown, John D. MO 3rd Cav. Co.H Sgt.
Brown, John D. NC 2nd Bn.Loc.Def.Troops Co.C Cpl.
Brown, John D. NC 3rd Inf. Co.B Music.
Brown, John D. NC 4th Sr.Res. Co.B
Brown, John D. NC 16th Inf. Co.B
Brown, John D. NC 26th Inf. Co.G Sgt.
Brown, John D NC 37th Inf. Co.C Capt.
Brown, John D. NC 44th Inf. Co.E
Brown, John D. SC Cav. 17th Bn. Co.A 1st Sgt.
Brown, John D. TX 13th Vol. Co.E
Brown, John D. TX 15th Inf. 2nd Co.G
Brown, John D. VA 6th Cav. Co.I
Brown, John D. VA 13th Inf. 1st Co.E
Brown, John D. VA 54th Mil. Co.G
Brown, John D.A. NC 46th Inf. Co.B
Brown, John E. AL 36th Inf. Co.K Sgt.
Brown, John E. GA Inf. 2nd Bn. Co.B
Brown, John E. GA 11th Inf. Co.E
Brown, John E. MS 13th Inf. Co.K
Brown, John E. MO 1st N.E. Cav. Co.D
Brown, John E. NC 3rd Cav. (41st St.Troops) Co.H
Brown, John E. NC 7th Inf. Co.D Adj.
Brown, John E. NC 29th Inf. Co.C
Brown, John E. NC 42nd Inf. Col.
Brown, John E. NC 54th Inf. Co.F
Brown, John E. SC Loc.Def.Troops Shiver's Co.
Brown, John E. TN 7th Inf. Co.I
Brown, John F. AL 44th Inf. Co.K
Brown, John F. AR 12th Inf. Co.E
Brown, John F. AR 27th Inf. Co.A,K
Brown, John F. FL 1st (Res.) Inf. Co.A
Brown, John F. FL 8th Inf. Co.K
Brown, John F. GA Arty. 9th Bn. Co.C
Brown, John F. GA 2nd Mil. Co.I
Brown, John F. GA Mil.Inf. 4th Brig. Maj.,QM
Brown, John F. GA 20th Inf.
Brown, John F. GA 31st Inf. Co.H
Brown, John F. GA 42nd Inf. Co.D Band Music.
Brown, John F. KY 4th Cav. Willis' Co.
Brown, John F. MS 7th Cav. Co.G
Brown, John F. MS 11th Inf. Co.G
Brown, John F. MS 21st Inf. Co.D
Brown, John F. MO 1st N.E.Cav.
Brown, John F. NC 16th Inf. Co.M
Brown, John F. NC Mallett's Bn. (Cp.Guard) Co.B
Brown, John F. SC 14th Inf. Co.F
Brown, John F. SC Inf. Hampton Legion Co.G Sgt.
Brown, John F. TN 15th Cav. Co.A
Brown, John F. TX 14th Cav. Co.E Sgt.
Brown, John F. TX 36th Cav. Co.H
Brown, John F. TX Cav. Mogan's Regt. Co.B 2nd Lt.
Brown, John F. VA 14th Inf. Co.H Sgt.
Brown, John F. VA 22nd Inf. Taylor's Co.
Brown, John F. VA 33rd Inf. Co.F
Brown, John F. VA 46th Inf. 2nd Co.D Sgt.
Brown, John F. VA 56th Inf. Co.E
Brown, John F. VA 60th Inf. Co.E
Brown, John G. GA 12th (Robinson's) Cav. (St.Guards) Co.F
Brown, John G. GA 12th Inf. Co.F 2nd Lt.
Brown, John G. GA 45th Inf. Co.H Capt.
Brown, John G. NC 2nd Arty. (36th St.Troops) Co.B
Brown, John G. NC Lt.Arty. 13th Bn. Co.B
Brown, John G. SC 2nd Cav. Co.H
Brown, John G. SC Cav.Bn. Hampton Legion Co.D
Brown, John G. TX 22nd Cav. Co.F
Brown, John G. TX 35th (Brown's) Cav. Co.G
Brown, John G. TX 13th Vol. 2nd Co.G
Brown, John G. VA 21st Cav. Co.K
Brown, John G. VA 18th Inf. Co.D
Brown, John G. VA 36th Inf. 2nd Co.B
Brown, John G. VA 45th Inf. Co.B Sgt.
Brown, John G. VA 49th Inf. Co.D 2nd Lt.
Brown, John G.W. GA 10th Cav. (St.Guards) Co.D,I
Brown, John G.W. MS 23rd Inf. Co.E 1st Lt.,Eng.
Brown, John H. AL 6th Cav. Co.E,C
Brown, John H. AL 8th Inf. Co.B
Brown, John H. AL 28th Inf. Co.D
Brown, John H. FL 5th Inf. Co.K
Brown, John H. GA 2nd Bn.S.S. Co.C
Brown, John H. GA 50th Inf. Co.K
Brown, John H. LA 13th Inf. Co.B
Brown, John H. LA 21st (Patton's) Inf. Co.F
Brown, John H. MS 1st Cav. Co.H
Brown, John H. MS 2nd Cav. Co.E,B
Brown, John H. MS 4th Inf. Co.I
Brown, John H. MS 9th Inf. Old Co.F Music.
Brown, John H. MS 18th Inf. Co.D
Brown, John H. MS 34th Inf. Co.I
Brown, John H. MO 3rd Inf. Co.F
Brown, John H. NC 7th Inf. Co.I Cpl.
Brown, John H. NC 21st Inf. Co.G
Brown, John H. SC 2nd Bn. Co.B
Brown, John H. SC 22nd Inf. Co.B Sgt.
Brown, John H. TN 4th Cav.
Brown, John H. TN 13th Inf. Co.G
Brown, John H. TN 31st Inf. Co.B
Brown, John H. TN 40th Inf. Co.A
Brown, John H. TN 42nd Inf. Co.D
Brown, John H. TX 11th Cav. Co.I
Brown, John H. TX 25th Cav. Co.D
Brown, John H. TX 35th (Brown's) Cav. Asst.Surg.
Brown, John H. TX 36th Cav. Co.K
Brown, John H. VA Lt.Arty. Clutter's Co.
Brown, John H. VA 22nd Inf. Taylor's Co.
Brown, John H. VA 60th Inf. Co.E
Brown, John H. VA 97th Mil. Co.A
Brown, John H.C. NC 52nd Inf. Co.A Cpl.
Brown, John H.D. TX 11th Inf. Co.D
Brown, John Henry TX Conscr.
Brown, John Henry Gen. & Staff,PACS Capt.
Brown, John H.S. TN 28th Inf. Co.E 1st Lt.
Brown, John J. GA 13th Cav. Co.C
Brown, John J. GA Cav. Roswell Bn. Co.B,A Sgt.
Brown, John J. GA 4th Inf. Co.I

Brown, John J. GA 20th Inf. Co.A Band Music.
Brown, John J. GA 30th Inf. Co.C
Brown, John J. GA 31st Inf. Co.D
Brown, John J. GA 39th Inf. Co.A
Brown, John J. MS 2nd Inf. Co.F
Brown, John J. NC 1st Inf. Co.K
Brown, John J. NC 2nd Inf. Co.C 2nd Lt.
Brown, John J. NC 52nd Inf. Co.F
Brown, John J. NC 58th Inf. Co.L
Brown, John J. NC 67th Inf. Co.F 1st Lt.
Brown, John J. SC 2nd Rifles Co.L
Brown, John J. SC 9th Inf. Co.I 2nd Lt.
Brown, John J. SC 15th Inf. Co.G Cpl.
Brown, John J. SC 19th Inf. Co.F
Brown, John J. SC Palmetto S.S. Co.H Capt.
Brown, John J. TN 7th Inf. Co.C
Brown, John J. TN 11th Inf. Co.K
Brown, John J. TN 48th (Voorhies') Inf. Co.B
Brown, John J. VA 7th Inf. Co.A
Brown, John J. 7th Conf.Cav. Co.B
Brown, John J. 7th Conf.Cav. 2nd Co.I
Brown, John J. Thompson VA 2nd Cav. Co.E Sgt.
Brown, John K. NC 1st Arty. (10th St.Troops) Co.E
Brown, John K. NC 7th Inf. Co.E
Brown, John Kent Eng.,CSA A.2nd Lt.
Brown, John Kent Eng.,CSA 2nd Lt.
Brown, John L. AL 4th (Russell's) Cav. Co.G 1st Lt.
Brown, John L. AL 27th Inf.
Brown, John L. AL 32nd Inf. Co.H Sgt.
Brown, John L. AR 1st (Colquitt's) Inf. Co.E
Brown, John L. GA 13th Cav. Co.A
Brown, John L. GA Lt.Arty. 2nd Co.B, Co.D
Brown, John L. GA Lt.Arty. 14th Bn. Co.B
Brown, John L. GA Lt.Arty. Anderson's Btty. Sgt.
Brown, John L. GA 20th Inf. Co.D Cpl.
Brown, John L. GA 35th Inf. Co.C
Brown, John L. GA 47th Inf. Co.B
Brown, John L. GA 48th Inf. Co.E Cpl.
Brown, John L. GA 51st Inf. Co.I 1st Lt.
Brown, John L. GA 56th Inf. Co.H Sgt.
Brown, John L. KY 2nd (Woodward's) Cav. Co.D Sgt.
Brown, John L. MS Cav. Jeff Davis Legion Co.D 2nd Lt.
Brown, John L. MS 23rd Inf. Co.H
Brown, John L. MO 3rd Inf. Co.D
Brown, John L. NC 2nd Arty. (36th St.Troops) Co.G QMSgt
Brown, John L. NC Lt.Arty. 13th Bn. Co.D Sgt.
Brown, John L. NC 17th Inf. (1st Org.) Co.H
Brown, John L. NC 17th Inf. (2nd Org.) Co.B
Brown, John L. NC 37th Inf. Co.G 2nd Lt.
Brown, John L. NC 48th Inf. Co.C
Brown, John L. NC 52nd Inf. Co.F
Brown, John L. SC 1st (McCreary's) Inf.
Brown, John L. SC 1st (Orr's) Rifles Co.D
Brown, John L. SC 5th Res. Co.H
Brown, John L. SC 18th Inf. Co.A
Brown, John L., Jr. TN 4th (Murray's) Cav. Co.E
Brown, John L., Sr. TN 4th (Murray's) Cav. Co.E
Brown, John L. TN 8th Inf. Co.D
Brown, John L., Jr. TN Inf. 22nd Bn. Co.K
Brown, John L., Sr. TN Inf. 22nd Bn. Co.K
Brown, John L. TN 39th Mtd.Inf. Co.C
Brown, John L. TX 5th Cav. Co.F
Brown, John L. TX Cav. Martin's Regt. Co.I
Brown, John L. TX Cav. Wells' Regt. Co.A
Brown, John L. TX Cav. Wells' Regt. Co.G
Brown, John L. TX Cav. Wells' Bn. Co.A
Brown, John L. VA 22nd Cav. Co.F
Brown, John L. VA Lt.Arty. Arch. Graham's Co.
Brown, John L. VA 18th Inf. Co.G
Brown, Jno. L. Gen. & Staff Maj.,Comsy.
Brown, John L.A. NC 2nd Cav. (19th St.Troops) Co.D
Brown, John Lowe AL 4th Inf. Co.B Sgt.Maj.
Brown, John M. AL 51st (Part.Rangers) Co.F
Brown, John M. AL Lt.Arty. Clanton's Btty.
Brown, John M. AL 20th Inf. Co.F
Brown, John M. AL 45th Inf. Co.K
Brown, John M. AL 50th Inf. Co.B
Brown, John M. AR 16th Inf. Co.A Cpl.
Brown, John M. FL 9th Inf. Co.K
Brown, John M. GA 3rd Bn.S.S. Co.B
Brown, John M. GA 15th Inf. Co.C 1st Lt.
Brown, John M. GA 23rd Inf. Co.A
Brown, John M. GA 47th Inf. Co.K
Brown, John M. GA 54th Inf. Co.H
Brown, John M. LA 19th Inf. Co.G 1st Sgt.
Brown, John M. MS 13th Inf. Co.G Cpl.
Brown, John M. MS Home Guards Barnes'Co.
Brown, John M. MO Lt.Arty. Farris' Btty. (Clark Arty.)
Brown, John M. MO 10th Inf. Co.G
Brown, John M. NC 1st Inf. Co.D
Brown, John M. NC 6th Inf. Co.C
Brown, John M. NC 8th Sr.Res. Daniel's Co.
Brown, John M. NC 25th Inf. Co.G
Brown, John M. NC 37th Inf. Co.B Jr.2nd Lt.
Brown, John M. NC 42nd Inf. Co.G
Brown, John M. NC 64th Inf. Co.A
Brown, John M. SC 1st St.Troops Co.C
Brown, John M. TN 49th Inf. Co.F
Brown, John M. TN Vol. (Loc.Def.Troops) McLin's Co. 3rd Lt.
Brown, John M. TX 3rd Cav. Co.B
Brown, John M. TX 26th Cav. Co.D
Brown, John M. TX 15th Inf. Co.I Capt.
Brown, John M. VA 12th Cav. Co.H
Brown, John M. VA Lt.Arty. Arch. Graham's Co.
Brown, John M. VA 5th Inf. Co.F 1st Lt.
Brown, John M. VA 6th Bn.Res. Co.B ACS
Brown, John M. VA 146th Mil. Co.A
Brown, John M. VA Loc.Def. Bosher's Co.
Brown, John McI. NC 3rd Arty. (40th St.Troops) Co.E
Brown, John Moore NC 6th Inf. Co.C
Brown, John N. AL 6th Cav. Co.D
Brown, John N. GA Cav. Roswell Bn. Co.A Sgt.
Brown, John N. GA 65th Inf. Co.C
Brown, John N. GA Inf. Pool's Co.
Brown, John N. MS 38th Cav. Co.I 1st Sgt.
Brown, John N. MS 6th Inf. Co.I Cpl.
Brown, John N. MO 10th Inf. Co.D
Brown, John N. TN 12th (Green's) Cav. Co.E
Brown, John N. VA 5th Cav. (12 mo. '61-2) Winfield's Co.
Brown, John N. VA 8th Cav. Co.G
Brown, John N. VA 9th Cav. Co.C
Brown, John N. VA 13th Cav. Co.D Hosp.Stew.
Brown, John N. VA 17th Inf. Co.B
Brown, John Newton VA 53rd Inf. Co.D 1st L
Brown, John O. NC 2nd Cav. (19th St.Troops) Co.A Cpl.
Brown, John O. TX 1st Inf. 2nd Co.K
Brown, John O. TX Inf. Riflemen Arnold's Co.
Brown, John O. VA 21st Cav. Co.K
Brown, John P. AL 33rd Inf. Co.B
Brown, John P. AL 40th Inf. Co.F
Brown, John P. AR 2nd Mtd.Rifles Co.K
Brown, John P. AR 8th Inf. New Co.G
Brown, John P. LA 12th Inf. Co.F Sgt.
Brown, John P. MS 11th (Perrin's) Cav. Co.D 1st Lt.,Adj.
Brown, John P. MS St.Cav. Perrin's Bn. Co.C Sgt.
Brown, John P. MO Cav. Freeman's Regt. Co.C
Brown, John P. SC 1st (Orr's) Rifles Co.D
Brown, John P. TN 13th (Gore's) Cav. Co.G
Brown, John P. TN 14th Inf. Co.K Capt.
Brown, John P. TN 19th Inf. Co.F
Brown, John P. TX 13th Cav. Co.A
Brown, John P. TX 37th Cav. Co.C
Brown, John P. VA 5th Cav. (12 mo. '61-2) Co.D
Brown, John P. VA 57th Inf. Co.I
Brown, John Peter SC 2nd Rifles Co.K 2nd Lt.
Brown, John Q. KY 6th Cav. Co.A
Brown, John R. AL 16th Inf. Co.K
Brown, John R. AL 17th Inf. Co.A
Brown, John R. AL 60th Inf. Co.C
Brown, John R. AR 3rd Inf. Co.G Surg.
Brown, John R. AR 13th Inf. Co.F 1st Sgt.
Brown, John R. GA Hardwick Mtd.Rifles Co.B
Brown, John R. GA 54th Inf. Co.H
Brown, John R. GA 63rd Inf. Co.B
Brown, John R. KY 1st (Helm's) Cav. Co.A
Brown, John R. KY 4th Mtd.Inf. Co.K
Brown, John R. MD 1st Cav. Co.A
Brown, John R. MS 2nd Part.Rangers Co.F
Brown, John R. MO 4th Cav. Co.A
Brown, John R. MO Cav. Preston's Bn. Co.A
Brown, John R. MO 2nd Regt.St.Guard Co.B
Brown, John R. MO Robertson's Regt.St.Guard Co.5
Brown, John R. NC 2nd Arty. (36th St.Troops) Co.C Cpl.
Brown, John R. TX 22nd Inf. Co.A Cpl.
Brown, John R. VA 2nd Cav. Co.I
Brown, John R. VA 6th Cav. Co.G
Brown, John R. VA 23rd Cav. 2nd Co.K Cpl.
Brown, John R. VA 11th Inf. Co.C
Brown, John R. VA 21st Mil. Co.D
Brown, John R. VA 24th Inf. Co.D Sgt.
Brown, John R. VA 34th Inf. Co.A
Brown, John R. VA 34th Inf. Co.G
Brown, John R. VA 45th Inf. Co.F Cpl.
Brown, John R. VA 56th Inf. Co.D
Brown, Jno. R. Gen. & Staff Asst.Surg.
Brown, John Ray MO Cav. Freeman's Regt. Co.C

Brown, John S. AL Inf. 1st Regt. Co.E Cpl.
Brown, John S. GA 12th (Wright's) Cav. (St.Guards) Wright's Co.
Brown, John S. GA 8th Inf.
Brown, John S. GA Inf. 9th Bn. Co.B,D
Brown, John S. GA 60th Inf. Co.A
Brown, John S. KY 7th Mtd.Inf. Co.F
Brown, John S. MS 14th Inf. Co.D
Brown, John S. MS 30th Inf. Co.A
Brown, John S. NC 2nd Cav. (19th St.Troops) Co.A
Brown, John S. NC Inf. 2nd Bn. Co.E
Brown, John S. NC 8th Sr.Res. Kelly's Co.
Brown, John S. NC 39th Inf. Co.F
Brown, John S. NC 55th Inf. Co.B
Brown, John S. SC 2nd Inf. Co.E
Brown, John S. SC 7th Inf. 1st Co.C, 2nd Co.C, Co.G
Brown, John S. SC Inf. 7th Bn. (Enfield Rifles) Co.B
Brown, John S. TN 8th Inf. Co.E Capt.
Brown, John S. TN 25th Inf. Co.B 2nd Lt.
Brown, John S. TX 15th Cav. Co.C
Brown, John S. TX 18th Cav. Co.A Cpl.
Brown, John S. TX 37th Cav. Co.B
Brown, John S. TX Cav. Waller's Regt. Co.C
Brown, John S. VA 3rd Cav. Co.H Black.
Brown, John S. VA 6th Cav. Co.H
Brown, John S. VA 7th Cav. Co.D
Brown, John S. VA Lt.Arty. Clutter's Co.
Brown, John S. VA Lt.Arty. Motley's Co.
Brown, John S. VA 2nd Inf. Co.G,H
Brown, John S. VA 10th Inf. Co.D Capt.
Brown, John S. VA 15th Inf. Co.C Sgt.
Brown, John S. VA 19th Inf. Co.I
Brown, John S. VA 22nd Inf. Co.B
Brown, John S. VA 26th Inf. Co.K
Brown, John S. VA 34th Inf. Co.A
Brown, John S. VA 62nd Mtd.Inf. Co.B
Brown, John S. 8th (Wade's) Conf.Cav. Co.G
Brown, John Saunders LA 19th Inf. Co.D 2nd Jr.Lt.
Brown, Johnson 1st Choctaw Mtd.Rifles Ward's Co.
Brown, John S. William NC 55th Inf. Co.E
Brown, John T. AL 53rd (Part.Rangers) Co.B
Brown, John T. AL Cav. Chisolm's Co.
Brown, John T. AL Inf. 1st Regt. Co.G
Brown, John T. AR 14th (McCarver's) Inf. Co.H
Brown, John T. GA 12th (Robinson's) Cav. (St.Guards) Co.E
Brown, John T. GA 28th Inf. Co.E
Brown, John T. GA 35th Inf. Co.B
Brown, John T. GA 45th Inf. AQM
Brown, John T. GA 46th Inf. Co.G Sgt.
Brown, John T. GA 48th Inf. Co.C Cpl.
Brown, John T. KY 3rd Cav.
Brown, John T. KY 4th Mtd.Inf. Co.C Capt.
Brown, John T. KY 5th Mtd.Inf. Co.5 Cpl.
Brown, John T. MS Cav. Garland's Bn. Co.C
Brown, John T. MS 17th Inf. Co.K
Brown, John T. MS 42nd Inf. Co.F
Brown, John T. NC 6th Inf. Co.A
Brown, John T. NC 8th Bn.Jr.Res. Co.C
Brown, John T. NC 15th Inf. Co.A
Brown, John T. NC 52nd Inf. Co.F
Brown, John T. SC Cav.Bn. Holcombe Legion Co.B Sgt.
Brown, John T. SC 19th Inf. Co.E
Brown, John T. TN 12th (Green's) Cav. Co.I 1st Lt.
Brown, John T. TN Cav. Shaw's Bn. Co.G
Brown, John T. TN 38th Inf. 1st Co.H
Brown, John T. TX 1st (McCulloch's) Cav. Co.H
Brown, John T. TX 36th Cav. Co.A
Brown, John T. VA 11th Cav. Co.D
Brown, John T. VA 12th Cav. Co.G
Brown, John T. VA 12th Cav. Co.I Black.
Brown, John T. VA 18th Cav. Co.B
Brown, John T. VA 9th Inf. Co.C
Brown, John T. VA 10th Inf. Co.A
Brown, John T. VA 13th Inf. 1st Co.B, 2nd Co.B Sgt.
Brown, John T. VA 25th Inf. 1st Co.H Music.
Brown, John T. VA 26th Inf. Co.K
Brown, John T. VA 38th Inf. Co.E Sgt.
Brown, John T. VA Inf. 44th Bn. Co.B
Brown, John T. VA 49th Inf. Co.C
Brown, John T. VA 58th Inf. Co.E
Brown, John T. VA 62nd Mtd.Inf. 2nd Co.B Music.
Brown, John T. VA 77th Mil. Co.A Cpl.
Brown, John T. Gen. & Staff Capt.,AQM
Brown, John T. Gen. & Staff Hosp.Stew.
Brown, John T.H. SC 1st Arty. Co.C
Brown, John T.H.B. AL 19th Inf. Co.C Cpl.
Brown, John Thomas MS 2nd Part.Rangers Co.G
Brown, John Thomas TN 1st (Feild's) Inf. Co.D
Brown, John Thomas VA 18th Cav. Co.D
Brown, John Thompson VA 1st Arty. Co.K Col.
Brown, John Thompson VA 20th Inf. Co.A 1st Sgt.
Brown, John T.S. AL 20th Inf. Co.H,F Sgt.
Brown, John T.T. AL 3rd Cav. Co.E
Brown, John T.T. Conf.Cav. Wood's Regt. 1st Co.D
Brown, John V. AR 37th Inf. Co.F
Brown, John W. AL Arty. 1st Bn. Co.F Sgt.
Brown, John W. AL 17th Inf. Co.I
Brown, John W. AL 20th Inf. Co.I
Brown, John W. AL 23rd Bn.S.S. Co.F Sgt.
Brown, John W. AL 41st Inf. Co.A Cpl.
Brown, John W. AL 47th Inf. Co.K Sgt.
Brown, John W. AL 61st Inf. Co.D Sgt.
Brown, John W. AL 1st Bn. Hilliard's Legion Vol. Co.F Sgt.
Brown, John W. AR 1st Cav. Co.C
Brown, John W. AR Lt.Arty. Thrall's Btty.
Brown, John W. AR 4th Inf. Co.D
Brown, John W. AR 6th Inf. Co.K
Brown, John W. GA 12th (Robinson's) Cav. (St.Guards) Co.G
Brown, John W. GA Cav. 21st Bn. Co.A Cpl.
Brown, John W. GA Arty. 9th Bn. Co.A Capt.
Brown, John W. GA Lt.Arty. 14th Bn. Co.B
Brown, John W. GA Lt.Arty. Anderson's Btty.
Brown, John W. GA 36th (Villepigue's) Inf. Co.D 2nd Lt.
Brown, John W. GA 40th Inf. Co.D
Brown, John W. GA 42nd Inf. Co.D
Brown, John W. GA 46th Inf.
Brown, John W. GA 46th Inf. Co.A
Brown, John W. GA 56th Inf. Co.G
Brown, John W. GA 60th Inf. Co.G
Brown, John W. GA Smith's Legion Co.K
Brown, John W. KY 3rd Cav. Co.G,C
Brown, John W. KY 4th Cav. Co.C
Brown, John W. KY 11th Cav. Co.C
Brown, John W. KY 11th Cav. Co.F Capt.
Brown, John W. KY Lt.Arty. Green's Btty.
Brown, John W. LA 2nd Inf. Co.A Capt.
Brown, John W. MD Arty. 4th Btty.
Brown, John W. MD 1st Inf. Co.A
Brown, John W. MS 1st Cav. Co.K
Brown, John W. MS 1st (Johnston's) Inf. Co.D Cpl.
Brown, John W. MS 6th Inf. Co.I
Brown, John W. MS 14th Inf. Co.C
Brown, John W. MS 15th Inf. Co.F
Brown, John W. MO Cav. 3rd Bn. Co.G Cpl.
Brown, John W. MO 5th Cav. Co.F
Brown, John W. MO 7th Cav. Co.B Jr.2nd Lt.
Brown, John W. MO 7th Cav. Co.K,F
Brown, John W. MO 2nd Inf. Co.B
Brown, John W. NC 1st Inf. Co.C
Brown, John W. NC 6th Inf. Co.E
Brown, John W. NC 12th Inf. Co.C
Brown, John W. NC 20th Inf. Co.F 2nd Lt.
Brown, John W. NC 25th Inf. Co.C
Brown, John W. NC 30th Inf. Co.D
Brown, John W. NC 33rd Inf. Co.B
Brown, John W. NC 33rd Inf. Co.C
Brown, John W. NC 35th Inf. Co.A Cpl.
Brown, John W. NC 37th Inf. Co.F
Brown, John W. NC 43rd Inf. Co.A Cpl.
Brown, John W. NC 47th Inf. Co.I Capt.
Brown, John W. NC 58th Inf. Co.I Cpl.
Brown, John W. NC McCorkle's Bn.Sr.Res. Co.A Capt.
Brown, John W. NC Unassig.Conscr.
Brown, John W. SC Inf. 7th Bn. (Enfield Rifles) Co.C
Brown, John W. SC 10th Inf. Co.H
Brown, John W. SC 14th Inf. Co.I
Brown, John W. TN Cav. 1st Bn. (McNairy's) Co.C
Brown, John W. TN 2nd (Smith's) Cav. Thomason's Co.
Brown, John W. TN 19th (Biffle's) Cav. Co.B
Brown, John W. TN Cav. Williams' Co.
Brown, John W. TN 1st (Turney's) Inf. Co.E
Brown, John W. TN 13th Inf. Co.E,L
Brown, John W. TN 32nd Inf. Co.E
Brown, John W. TN 41st Inf. Co.H Sgt.
Brown, John W. TN 63rd Inf. Co.I
Brown, John W. TN Inf. 154th Sr.Regt. Co.A
Brown, John W. TX 10th Cav. Co.B Sgt.
Brown, John W. TX Cav. Mann's Bn. Co.A
Brown, John W. TX Cav. Mann's Regt. Co.A,I
Brown, John W. TX 1st Inf. Co.L
Brown, John W. TX 6th Inf. Co.F
Brown, John W. TX 19th Inf. Co.D
Brown, John W. VA 1st Cav. 2nd Co.K
Brown, John W. VA 2nd Cav. Co.I
Brown, John W. VA 12th Cav. Co.E
Brown, John W. VA 18th Cav. Co.D
Brown, John W. VA 22nd Cav. Co.F Sgt.
Brown, John W. VA Cav. 32nd Bn. Co.A
Brown, John W. VA Cav. 39th Bn. Co.A

Brown, John W. VA Cav. Caldwell's Bn. Graham's Co.
Brown, John W. VA Hvy.Arty. 20th Bn. Co.B
Brown, John W. VA Lt.Arty. 38th Bn. Co.A
Brown, John W. VA 3rd Res. Co.C,D
Brown, John W. VA 4th Inf. Co.A
Brown, John W. VA 4th Inf. Co.B Cpl.
Brown, John W. VA Inf. 4th Bn. Co.E Capt.
Brown, John W. VA 7th Inf. Gibson's Co.
Brown, John W. VA 16th Inf. 2nd Co.H
Brown, John W. VA 26th Inf. Co.E
Brown, John W. VA 34th Inf. Co.I
Brown, John W. VA 38th Inf. 2nd Co.I
Brown, John W. VA 40th Inf. Co.K
Brown, John W. VA 47th Inf. 3rd Co.H Sgt.
Brown, John W. VA 49th Inf. Co.K Sgt.
Brown, John W. VA 50th Inf. Co.I
Brown, John W. VA 52nd Inf. Co.D
Brown, John W. VA 115th Mil. Co.A Capt.
Brown, John W. VA 151st Mil. Co.A Cpl.
Brown, John W. Conf.Inf. Tucker's Regt. Co.K
Brown, John W. 1st Cherokee Mtd.Vol. 1st Co.C, 2nd Co.E 1st Lt.
Brown, John W. Gen. & Staff, QM Dept. Capt.
Brown, John W. Gen. & Staff Maj.
Brown, John W.A. VA 60th Inf. Co.A Cpl.
Brown, John Walter SC 1st Arty. Co.A Cpl.
Brown, John Wesley VA 30th Bn.S.S. Co.B Cpl.
Brown, John Whitehead VA 2nd Cav. Co.E
Brown, John Willcox VA 12th Inf. Co.E 1st Lt.
Brown, John Wilson KY 2nd (Duke's) Cav. Co.K
Brown, John Z. AL 36th Inf. Co.K
Brown, Jon TX 22nd Cav. Co.K
Brown, Jonas KY 6th Cav. Co.C
Brown, Jonas KY 10th Cav. Co.C
Brown, Jonas NC 16th Inf. Co.M
Brown, Jonas NC 37th Inf. Co.C
Brown, Jonathan NC 21st Inf. Co.A
Brown, Jonathan NC 38th Inf. Co.G
Brown, Jonathan TX Cav. Ragsdale's Bn. Co.E
Brown, Jonathan H. NC 1st Cav. (9th St.Troops) Co.D
Brown, Jonathan J. AL 58th Inf. Co.I
Brown, Jonathan M. VA 22nd Inf. Co.F
Brown, Jones MS 5th Inf. Co.K
Brown, Jones H. TN 4th (Murray's) Cav. Co.E
Brown, Jones H. TN 8th Inf. Co.K
Brown, Jones H. TN Inf. 22nd Bn. Co.K
Brown, Jones M. NC 1st Cav. (9th St.Troops) Co.D
Brown, Jordan C. MO 4th Inf. Co.A
Brown, Jordan D. AL Mil. 4th Vol. Gantt's Co.
Brown, Joseph AL 5th Cav. Co.G
Brown, Joseph AL 6th Cav. Co.B
Brown, Joseph AL 3rd Res.Co.E
Brown, Joseph AL 9th Inf. Co.F
Brown, Joseph AL 19th Inf. Chap.
Brown, Joseph AL 22nd Inf. Co.H
Brown, Joseph AL 58th Inf. Co.I
Brown, Joseph AR Lt.Arty. Marshall's Btty. Cpl.
Brown, Joseph AR 15th (Johnson's) Inf. Co.F
Brown, Joseph AR 19th (Dockery's) Inf. Co.I
Brown, Joseph AR 30th Inf. Co.C
Brown, Joseph FL Cav. 5th Bn. Co.E
Brown, Joseph GA 11th Cav. Co.B
Brown, Joseph GA 1st (Fannin's) Res. Co.E
Brown, Joseph GA 3rd Res. Co.K
Brown, Joseph GA 39th Inf. Co.E
Brown, Joseph KY 9th Mtd.Inf. Co.C
Brown, Joseph LA 2nd Cav. Co.E
Brown, Joseph LA 4th Inf. Co.D
Brown, Joseph LA 4th Inf. Co.F
Brown, Joseph LA Inf. 9th Bn. Co.D
Brown, Joseph LA 14th Inf. Co.B
Brown, Joseph LA 22nd Inf. Co.D
Brown, Joseph MS 1st Cav. Co.D
Brown, Joseph MS 2nd Cav. Co.B
Brown, Joseph MS 2nd Cav. Co.E
Brown, Joseph MS 4th Cav. Co.C
Brown, Joseph MS 28th Cav. Co.E
Brown, Joseph MS 1st Lt.Arty. Co.D
Brown, Joseph MS 1st (Foote's) Inf. (St.Troops) Co.B
Brown, Joseph MS 2nd Inf. Co.B
Brown, Joseph MS 4th Inf. Co.E
Brown, Joseph MS 8th Inf. Co.K
Brown, Joseph MO 1st Cav. Co.K Sgt.
Brown, Joseph MO 6th Cav. Co.K Sgt.
Brown, Joseph MO Cav. Slayback's Regt. Co.A 1st Sgt.
Brown, Joseph MO Cav. Wood's Regt. Co.I
Brown, Joseph MO 8th Inf. Co.D
Brown, Joseph NC 1st Cav. (9th St.Troops) Co.D
Brown, Joseph NC 3rd Arty. (40th St.Troops) Co.I
Brown, Joseph NC 14th Inf. Co.G
Brown, Joseph NC 32nd Inf. Co.C
Brown, Joseph NC 33rd Inf. Co.K
Brown, Joseph NC 62nd Inf. Co.C
Brown, Joseph NC McDugald's Co.
Brown, Joseph NC Unatt.Inf.
Brown, Joseph SC 6th Cav. Co.F
Brown, Joseph SC 1st Arty. Co.K Band
Brown, Joseph SC 1st St.Troops Co.K
Brown, Joseph SC 2nd Inf. Co.I
Brown, Joseph SC 2nd St.Troops Co.G
Brown, Joseph SC 3rd Res. Co.B
Brown, Joseph SC 8th Inf. Co.F
Brown, Joseph SC 10th Inf. Co.F
Brown, Joseph SC 16th Inf. Co.D
Brown, Joseph SC 18th Inf. Co.F
Brown, Joseph SC 20th Inf. Co.K
Brown, Joseph SC 22nd Inf. Co.B
Brown, Joseph SC 22nd Inf. Co.C
Brown, Joseph TN 7th (Duckworth's) Cav. Co.B,I
Brown, Jospeh TN 10th (DeMoss') Cav. Co.D
Brown, Joseph TN Cav. 12th Bn. (Day's) Co.D
Brown, Joseph TN Lt.Arty. Winston's Co.
Brown, Joseph TN 20th Inf. Co.G
Brown, Joseph TN 29th Inf. Co.E Cpl.
Brown, Joseph TN 35th Inf. 1st Co.D, 3rd Co.F AQM
Brown, Joseph TX 37th Cav. Co.F
Brown, Joseph VA 12th Cav. Co.A
Brown, Joseph VA 21st Cav. Co.A
Brown, Joseph VA Cav. Caldwell's Bn. Taylor's Co.
Brown, Joseph VA Lt.Arty. 12th Bn. Co.B
Brown, Joseph VA 4th Res. Co.E,G
Brown, Joseph VA 5th Inf. Co.H
Brown, Joseph VA 8th Inf. Co.F
Brown, Joseph VA 10th Inf. Co.L
Brown, Joseph VA 17th Inf. Co.B
Brown, Joseph VA 26th Inf. Co.F
Brown, Joseph VA 51st Mil. Co.F
Brown, Joseph VA 52nd Inf. Co.G
Brown, Joseph VA 62nd Mtd.Inf. 1st Co.A
Brown, Joseph VA 87th Mil. Co.D
Brown, Joseph VA 146th Mil. Co.H
Brown, Joseph VA Res.Forces Thurston's Co.
Brown, Joseph Conf.Cav. 8th Bn. Co.A
Brown, Joseph Gen. & Staff Capt.,AQM
Brown, Joseph Gen. & Staff Chap.
Brown, Joseph A. AL 16th Inf. Co.K Sgt.
Brown, Joseph A. AR 45th Mil. Co.E
Brown, Joseph A. LA 9th Inf. Co.H
Brown, Joseph A. MO 1st Cav. Co.H Cpl.
Brown, Joseph A. NC 15th Inf. Co.D
Brown, Joseph A. NC 49th Inf. Co.B
Brown, Joseph A. VA 17th Inf. Co.B
Brown, Joseph A. VA 26th Inf. Co.D
Brown, Joseph A.C. NC 22nd Inf. Co.L Capt.
Brown, Joseph A.S. VA 58th Inf. Co.C
Brown, Joseph B. GA 1st (Ramsey's) Inf. Co.H
Brown, Joseph B. GA 7th Inf. Co.G Capt.
Brown, Joseph B. VA 4th Cav. Co.G
Brown, Joseph B. VA 15th Inf. Co.C
Brown, Joseph B. VA 50th Inf. Co.K
Brown, Joseph C. NC 6th Inf. Co.E Sgt.
Brown, Joseph C. SC Palmetto S.S. Co.K
Brown, Joseph C. TN 1st (Feild's) Inf. Co.D 2nd Lt.
Brown, Joseph C. TN 1st (Feild's) & 27th Inf. (Cons.) Co.F 2nd Lt.
Brown, Joseph C. VA 16th Cav. Co.C
Brown, Joseph D. GA 2nd Res. Co.D
Brown, Joseph E. AL 35th Inf. Co.E 2nd Lt.
Brown, Joseph E. GA Inf. 2nd Bn. Co.B
Brown, Joseph F. GA 19th Inf. Co.K
Brown, Joseph F. LA Inf. 4th Bn. Co.C
Brown, Joseph F. LA 9th Inf. Co.A
Brown, Joseph F. NC 42nd Inf. Co.G
Brown, Joseph F. SC 1st (Hagood's) Inf. 1st & 2nd Co.B Sgt.
Brown, Joseph F. TX 1st Hvy.Arty. Co.G 1st Lt.
Brown, Joseph F. TX 1st Inf. Co.L
Brown, Joseph F. VA 2nd Inf. Co.H
Brown, Joseph F. VA 31st Mil. Co.F
Brown, Joseph G. AL 27th Inf. Co.G
Brown, Joseph G. AL 35th Inf.
Brown, Joseph G. MS Lt.Arty. (Madison Lt.Arty.) Richards' Co.
Brown, Joseph H. AL 30th Inf. Co.I
Brown, Joseph H. GA 5th Inf. (St.Guards) Curley's Co.
Brown, Joseph H. GA 17th Inf. Co.C Sgt.
Brown, Joseph H. GA 53rd Inf. Co.C
Brown, Joseph H. KY 7th Cav. Co.I
Brown, Joseph H. KY 6th Mtd.Inf. Co.C
Brown, Joseph H. MS 2nd Inf. Co.F
Brown, Joseph H. NC 6th Inf. Co.A
Brown, Joseph H. TN 3rd (Forrest's) Cav. 1st Co.G
Brown, Joseph H. TX 24th Cav. Co.K
Brown, Joseph H. TX 29th Cav. Co.D,C
Brown, Joseph H. VA 24th Inf. Co.G

Brown, Joseph H. VA Conscr. Cp.Lee Co.B
Brown, Joseph H.L. AL Inf. 1st Regt. Co.G
Brown, Joseph J. AL 38th Inf. Co.K Sgt.
Brown, Joseph J. SC Arty. Stuart's Co. (Beaufort Vol.Arty.) Sgt.
Brown, Joseph J. VA 9th Cav. Co.A
Brown, Joseph J. VA 28th Inf. Co.A
Brown, Joseph L. TN 6th Inf. Co.E Capt.
Brown, Joseph L. VA 3rd Inf. Co.G
Brown, Joseph L. VA 12th Inf. Co.C Music.
Brown, Joseph M. AL 5th Inf. New Co.D
Brown, Joseph M. AL 29th Inf. Co.A
Brown, Joseph M. AR Cav. Gordon's Regt. Co.E
Brown, Joseph M. GA Cav. 24th Bn. Co.A
Brown, Joseph M. GA 8th Inf. (St.Guards) Co.D
Brown, Joseph M. LA 19th Inf. Co.K
Brown, Joseph M. SC 13th Inf. Co.B
Brown, Joseph M. TN 5th (McKenzie's) Cav. Co.H
Brown, Joseph M. VA 2nd Inf. Co.I
Brown, Joseph M. VA 13th Inf. Co.D
Brown, Joseph M. VA 60th Inf. AQM
Brown, Joseph M. Gen. & Staff Capt.,AQM
Brown, Joseph N. SC 14th Inf. Co.E Col.
Brown, Joseph O. FL Cav. 3rd Bn. Co.A
Brown, Joseph P. VA 52nd Mil. Co.A
Brown, Joseph R. VA 45th Inf. Co.B 2nd Lt.
Brown, Joseph S. AL 45th Inf. Co.I
Brown, Joseph S. GA 14th Inf. Co.I
Brown, Joseph S. MS 16th Inf. Co.K
Brown, Joseph S. TN Conscr. (Cp. of Instr.)
Brown, Joseph S. TX Cav. 6th Bn. Co.C
Brown, Joseph S. VA Lt.Arty. Kirkpatrick's Co.
Brown, Joseph S. VA 46th Inf.
Brown, Joseph Samuel VA Lt.Arty. Grandy's Co.
Brown, Joseph T. AL 7th Cav. Co.B Cpl.
Brown, Joseph T. AL 36th Inf. Co.B
Brown, Joseph T. AR 21st Inf. Co.K
Brown, Joseph T. GA 2nd Cav. Co.D
Brown, Joseph T. GA 11th Inf. Co.H
Brown, Joseph T. SC 20th Inf. Co.G
Brown, Josephus W. GA 1st Res. Co.G
Brown, Joseph W. AL 20th Inf. Co.H,I
Brown, Joseph W. GA Inf. 2nd Bn. (St.Guards) Co.B 1st Lt.
Brown, Joseph W. GA 36th (Broyles') Inf. Co.L 1st Lt.
Brown, Joseph W. GA 55th Inf. Co.A Cpl.
Brown, Joseph W. MS 22nd Inf. Co.E
Brown, Joseph W. NC 2nd Arty. (36th St.Troops) Co.E
Brown, Joseph W. TN 1st (Feild's) Inf. Co.B
Brown, Joseph W. TX 8th Cav. Co.A
Brown, Joseph W. TX 11th Inf. Co.D Sgt.
Brown, Joseph W. TX Waul's Legion Co.A
Brown, Joseph W. VA 59th Inf. 1st Co.G
Brown, Joseph W. VA 60th Inf. Co.D
Brown, Joseph William VA 8th Cav. 1st Co.D Ord.Sgt.
Brown, Joshua AL 5th Cav.
Brown, Joshua GA 10th Inf. Co.K
Brown, Joshua GA Cherokee Legion (St.Guards) Co.A
Brown, Joshua KY 2nd Cav. Sgt.
Brown, Joshua LA 4th Inf. Co.F
Brown, Joshua MS 14th Inf. Co.I
Brown, Joshua MO 2nd Inf. Co.B
Brown, Joshua MO 11th Inf. Co.I
Brown, Joshua NC 42nd Inf. Co.E
Brown, Joshua NC 46th Inf. Co.D
Brown, Joshua SC 1st Bn.S.S. Co.A
Brown, Joshua SC 15th Inf. Co.K
Brown, Joshua SC 20th Inf. Co.G
Brown, Joshua SC 27th Inf. Co.E
Brown, Joshua 1st Choctaw & Chickasaw Mtd.Rifles 2nd Co.D
Brown, Joshua A. TN 1st (Turney's) Inf. Co.B
Brown, Joshua B. NC 12th Inf. Co.O
Brown, Joshua B. NC 32nd Inf. Co.C,D Cpl.
Brown, Joshua K. MO 1st Cav. Co.E
Brown, Joshua L. GA 6th Inf. Co.H
Brown, Josiah SC 1st Bn.S.S. Co.A
Brown, Josiah SC 27th Inf. Co.E
Brown, Josiah TN 28th Inf. Co.B Cpl.
Brown, Josiah TN 28th (Cons.) Co.K
Brown, Josiah TX 20th Inf. Co.F Sgt.
Brown, Josiah VA Mil. Wythe Cty.
Brown, Josiah Shecoe's Chickasaw Bn.Mtd.Vol. Co.D 2nd Lt.
Brown, Josiah S. LA Inf. 11th Bn. Co.E
Brown, Josiah S. SC 27th Inf. Co.A
Brown, Josiah T. VA 1st Inf. Co.H
Brown, Jourdan LA 21st (Patton's) Inf. Co.A Cook
Brown, J.P. AL 18th Inf. Co.F
Brown, J.P. AL 30th Inf. Co.F
Brown, J.P. AL 54th Inf.
Brown, J.P. AL 58th Inf. Co.F Cpl.
Brown, J.P. AL Cp. of Instr. Talladega
Brown, J.P. GA Inf. 8th Bn. Co.F Cpl.
Brown, J.P. GA 53rd Inf. Co.A
Brown, J.P. MS Cav. 1st Bn.St.Troops (McNair's) Co.A 2nd Jr. Lt.
Brown, J.P. MS 11th (Perrin's) Cav. Co.H
Brown, J.P. MS Inf. 1st Bn.St.Troops (12 mo. '62-3) Co.E 1st Lt.
Brown, J.P. NC 2nd Jr.Res. Co.K
Brown, J.P. NC 3rd Jr.Res. Co.K
Brown, J.P. NC 4th Bn.Jr.Res. Co.D
Brown, J.P. NC 61st Inf. Co.D
Brown, J.P. SC 5th Cav. Co.I
Brown, J.P. SC 1st (Hagood's) Inf. 1st Co.B, 2nd Co.K
Brown, J.P. TN Cav. 9th Bn. (Gantt's) Co.D Cpl.
Brown, J.P. TN 20th Inf. Co.F
Brown, J.P. TN 48th (Nixon's) Inf. Co.F
Brown, J.P. TX 10th Cav. Co.B 2nd Lt.
Brown, J.P. TX 30th Cav. Co.H Sgt.
Brown, J.P. TX 17th Field Btty.
Brown, J.P. TX Waul's Legion Co.A
Brown, J.P. VA Cav. Mosby's Regt. (Part. Rangers) Co.B
Brown, J.P. Gen. & Staff Capt.,ACS
Brown, J.P.H. GA Cav. 1st Bn. Walthour's Co.
Brown, J.P.H. GA Cav. 12th Bn. (St.Guards) Co.A
Brown, J.P.H. GA Cav. 29th Bn. Co.F Cpl.
Brown, J.P.H. GA Inf. (Express Inf.) Witt's Co. Cpl.
Brown, J. Preston TN 41st Inf. Co.F
Brown, J.P.S. TX 14th Inf. Co.E
Brown, J.R. AL 8th Hatch's Cav. Co.E
Brown, J.R. AL 53rd (Part.Rangers) Co.E
Brown, J.R. AL 10th Inf. Co.A
Brown, J.R. AL 23rd Inf. Co.E
Brown, J.R. AR Cav. Davies' Bn. Co.E
Brown, J.R. AR Lt.Arty. Owen's Btty.
Brown, J.R. AR 10th Inf. Co.C
Brown, J.R. AR 12th Inf.
Brown, J.R. AR 20th Inf. Co.E Cpl.
Brown, J.R. AR 26th Inf. Co.H
Brown, J.R. AR 30th Inf. Co.C 1st Lt.
Brown, J.R. AR 30th Inf. Co.F
Brown, J.R. AR 35th Inf. Co.H
Brown, J.R. FL 5th Inf.
Brown, J.R. GA 7th Cav. Co.H
Brown, J.R. GA 1st Reg. Co.I Sgt.
Brown, J.R. GA 5th Res. Co.C
Brown, J.R. GA 7th Inf. (St.Guards) Co.C
Brown, J.R. GA 47th Inf. Co.H
Brown, J.R. KY 2nd (Woodward's) Cav. Co.D
Brown, J.R. LA Inf. 4th Bn. Co.D 2nd Lt.
Brown, J.R. LA 31st Inf. Co.F
Brown, J.R. MS 7th Cav. Co.A,F
Brown, J.R. MS 8th Cav. Co.B
Brown, J.R. MS 28th Cav. 2nd Co.E, Co.K
Brown, J.R. MS Inf. 2nd St.Troops Co.H
Brown, J.R. MS 13th Inf. Co.G
Brown, J.R. MS 34th Inf. Co.G
Brown, J.R. MO 1st & 4th Cons.Inf. Co.C
Brown, J.R. NC 5th Cav. (63rd St.Troops) Co.I
Brown, J.R. SC 2nd Inf. Co.E
Brown, J.R. SC 4th St.Troops Co.D
Brown, J.R. SC 7th Inf. Co.A
Brown, J.R. SC 11th Inf. Co.H
Brown, J.R. SC 12th Inf. Co.A
Brown, J.R. SC 18th Inf. Co.G
Brown, J.R. SC 25th Mil.
Brown, J.R. TN 12th Cav.
Brown, J.R. TN 22nd (Barteau's) Cav. Co.H
Brown, J.R. TN 22nd (Barteau's) Cav. Co.K
Brown, J.R. TN 8th Inf. Co.D
Brown, J.R. TN 16th Inf. Co.E,H Sgt.
Brown, J.R. TN 49th Inf. Co.D
Brown, J.R. TX 32nd Cav. Co.I
Brown, J.R. TX Cav. Baird's Regt. Co.B
Brown, J.R. TX 20th Inf. Co.F Sgt.
Brown, J.R. VA 21st Inf. Co.F
Brown, J.R. VA Loc.Def. Bosher's Co.
Brown, J.R.T. GA 7th Inf. Co.G 3rd Lt.
Brown, J.R.T. 10th Conf.Cav. Co.A 2nd Lt.
Brown, J.R.Y. SC 13th Inf. Co.G
Brown, J.S. AL 8th Inf.
Brown, J.S. AL 9th Inf. Co.G,F
Brown, J.S. AL 11th Inf. Co.C
Brown, J.S. AL 50th Inf. Co.I
Brown, J.S. AL 62nd Inf. Co.F
Brown, J.S. AR Pine Bluff Arty.
Brown, J.S. AR 37th Inf. Co.G
Brown, J.S. GA 2nd Cav. (St.Guards) Co.F
Brown, J.S. GA Arty. 11th Bn. (Sumter Arty.) Chap.
Brown, J.S. GA 37th Inf. Co.G
Brown, J.S. GA 54th Inf. Co.C
Brown, J.S. LA Inf.Cons.Crescent Regt. Co.A,D
Brown, J.S. MS 11th Inf. Co.E
Brown, J.S. MS 15th Bn.S.S.
Brown, J.S. MO 5th Cav. Co.K

Brown, J.S. NC 5th Sr.Res. Co.K
Brown, J.S. NC 64th Inf. Co.B
Brown, J.S. SC Inf. 1st (Charleston) Bn. Co.D
Brown, J.S. SC Inf. 1st (Charleston) Bn. Co.E
Brown, J.S. SC 2nd Inf. Co.G
Brown, J.S. SC 27th Inf. Co.D
Brown, J.S. TN 4th (McLemore's) Cav. Co.I
Brown, J.S. TN 8th (Smith's) Cav. Co.K
Brown, J.S. TN 11th (Holman's) Cav. Co.H Sgt.
Brown, J.S. TN Cav. 16th Bn. (Neal's) Co.B Cpl.
Brown, J.S. TN Douglass' Bn.Part.Rangers Coffee's Co. Sgt.
Brown, J.S. TN 8th Inf. Co.E Capt.
Brown, J.S. TN 16th Inf. Co.B
Brown, J.S. TN 16th Inf. Co.G
Brown, J.S. TN 46th Inf. Maj.
Brown, J.S. TX 10th Cav. Co.B Comsy.Sgt.
Brown, J.S. TX 35th (Brown's) Cav. 2nd Co.B
Brown, J.S. TX Inf. 1st St.Troops Whitehead's Co.
Brown, J.S. TX 3rd Kirby's Bn.Vol. Co.A
Brown, J.S. TX 22nd Inf. Co.F
Brown, J.S. VA Inf. 2nd Bn.Loc.Def. Co.I
Brown, J.S. Conf.Lt.Arty. Richardson's Bn. Co.C
Brown, J.S. Conf.Inf. Tucker's Regt. Co.A
Brown, J.S. Gen. & Staff Chap.
Brown, J.T. AL Lt.Arty. Goldwaite's Btty.
Brown, J.T. AL Lt.Arty. Kolb's Btty.
Brown, J.T. AL 18th Inf. Co.E
Brown, J.T. AL 22nd Inf. Co.K
Brown, J.T. AL 50th Inf. Co.I
Brown, J.T. AR 35th Inf. Co.I
Brown, J.T. AR 37th Inf. Co.D
Brown, J.T. AR 37th Inf. Co.I
Brown, J.T. FL Cav. 5th Bn. Co.I
Brown, J.T. GA Cav. 2nd Bn. Co.C
Brown, J.T. GA 2nd Cav. (St.Guards) Co.F
Brown, J.T. GA 5th Cav. Co.E
Brown, J.T. GA 12th (Robinson's) Cav. (St.Guards) Co.D
Brown, J.T. GA Lt.Arty. Van Den Corput's Co.
Brown, J.T. GA 2nd Regt.St.Line Co.I
Brown, J.T. GA 5th Res. Co.C Cpl.
Brown, J.T. GA 39th Inf. Co.F 2nd Lt.
Brown, J.T. GA 60th Inf. Co.D
Brown, J.T. GA 63rd Inf. Co.E
Brown, J.T. GA Cherokee Legion (St.Guards) Co.E 1st Sgt.
Brown, J.T. LA 1st Hvy.Arty. (Reg.) Co.K
Brown, J.T. MS 12th Cav. Co.F Sgt.
Brown, J.T. MS 11th Inf. Co.D
Brown, J.T. MO Inf. Clark's Regt. Co.A
Brown, J.T. NC Cav. 14th Bn. Co.B
Brown, J.T. NC 62nd Inf. Co.G
Brown, J.T. SC 1st Mtd.Mil. Anderson's Co.
Brown, J.T. SC 7th Cav. Co.D Sgt.
Brown, J.T. SC 1st Inf. Co.A
Brown, J.T. SC 4th St.Troops Co.A
Brown, J.T. SC 5th Inf. 1st Co.H
Brown, J.T. SC 6th Inf. 1st Co.D
Brown, J.T. SC Inf. 7th Bn. (Enfield Rifles) Co.D
Brown, J.T. SC Inf. 13th Bn. Co.C
Brown, J.T. SC Mil. 18th Regt. Co.E
Brown, J.T. TN 10th (DeMoss') Cav. Co.I
Brown, J.T. TX Cav. Cater's Bn. Co.B
Brown, J.T. TX 2nd Inf. Co.B
Brown, J.T. TX Conscr.
Brown, J.T. VA Cav. 37th Bn. Co.B
Brown, J.T. VA Lt.Arty. Hankins' Co.
Brown, J.T. VA 34th Inf. Co.H
Brown, J.T. VA Inf. 44th Bn. Co.B
Brown, J.T. 8th (Wade's) Conf.Cav. Co.K
Brown, J.T. 14th Conf.Cav. Co.C
Brown, J.T. Horse Arty. White's Btty. Jr.1st Lt.
Brown, J.T. Hosp.Stew.
Brown, J. Thompson VA Lt.Arty. Parker's Co. 1st Lt.
Brown, J. Thompson Conf.Arty. Nelson's Bn. Co.D Jr.1st Lt.
Brown, J. Thompson Gen. & Staff, Arty. Col.,ACA
Brown, J.T.L. MS 12th Cav. Co.A
Brown, Jugirtha Y. VA 10th Inf. Co.A
Brown, Jules LA Mil. Mtd.Rangers Plaquemines
Brown, Julius NC 17th Inf. (1st Org.) Co.G
Brown, Julius NC 58th Inf. Co.H
Brown, Julius L. AL 4th Inf. Co.E
Brown, Julius P., Jr. SC Cav. 17th Bn. Co.A
Brown, Julius S. NC 6th Inf. Co.A
Brown, J.V. FL 2nd Inf. Co.F
Brown, J.V. FL Inf. 2nd Bn. Co.C
Brown, J.V. GA 24th Inf. Co.I
Brown, J.V. GA 63rd Inf. Co.I
Brown, J.V. NC 60th Inf. Co.B
Brown, J.V. TN 16th Inf. Co.H Bvt.2nd Lt.
Brown, J.V. TX 25th Cav. Co.A
Brown, J.V. VA 7th Inf. Co.G
Brown, J.V. VA 31st Mil. Co.F
Brown, J.W. AL 2nd Cav. Co.C
Brown, J.W. AL 6th Cav. Co.A
Brown, J.W. AL Lt.Arty. Kolb's Btty.
Brown, J.W. AL 3rd Res. Co.C Sgt.
Brown, J.W. AL 4th Res. Co.H
Brown, J.W. AL 15th Inf. Co.A
Brown, J.W. AL 23rd Inf. Co.F Sgt.
Brown, J.W. AL 27th Inf. Co.D Cpl.
Brown, J.W. AL 34th Inf. Co.A
Brown, J.W. AL 63rd Inf. Co.F Capt.
Brown, J.W. AL Cp. of Instr. Talladega Co.A
Brown, J.W. AR 1st (Monroe's) Cav. Co.H
Brown, J.W. AR 2nd Inf. Co.K
Brown, J.W. AR 8th Inf. Co.A
Brown, J.W. AR 31st Inf. Co.F
Brown, J.W. AR Inf. Cocke's Regt. Co.G
Brown, J.W. AR Inf. Cocke's Regt. Co.K,F
Brown, J.W. GA Cav. 2nd Bn. Co.C
Brown, J.W. GA 7th Cav. Co.A Cpl.
Brown, J.W. GA Hvy.Arty. 28th Bn. Co.F
Brown, J.W. GA 1st Inf. Co.H
Brown, J.W. GA 1st (Fannin's) Res. Co.E
Brown, J.W. GA 1st (Fannin's) Res. Co.F
Brown, J.W. GA 1st (Olmstead's) Inf. Co.I
Brown, J.W. GA 1st (Ramsey's) Inf. Co.F
Brown, J.W. GA 2nd Res. Co.I
Brown, J.W. GA 5th Res. Co.B
Brown, J.W. GA 5th Res. Co.C
Brown, J.W. GA Inf. 8th Bn. Co.F
Brown, J.W. GA 10th Inf. Co.I Sgt.
Brown, J.W. GA Inf. 10th Bn. Co.A
Brown, J.W. GA Inf. 10th Bn. Co.D
Brown, J.W. GA 13th Inf. Co.B
Brown, J.W. GA 13th Inf. Co.C
Brown, J.W. GA 31st Inf. Co.C
Brown, J.W. GA 44th Inf. Co.E
Brown, J.W. GA 46th Inf. Co.A
Brown, J.W. GA 46th Inf. Co.E
Brown, J.W. GA 52nd Inf. Co.E
Brown, J.W. GA 65th Inf. Co.E
Brown, J.W. GA 65th Inf. Co.K
Brown, J.W. GA Inf. (Loc.Def.) Hamlet's Co.
Brown, J.W. GA Inf. (Mell Scouts) Wyly's Co.
Brown, J.W. KY 8th & 12th (Cons.) Cav. Co.A Capt.
Brown, J.W. KY 1st Inf. Co.C
Brown, J.W. KY 2nd Mtd.Inf. Co.K
Brown, J.W. LA 4th Inf. New Co.G
Brown, J.W. MS 1st Cav.Res. Co.F
Brown, J.W. MS Cav. 1st Bn. (McNair's) St.Troops Co.E Sgt.
Brown, J.W. MS 4th Cav. Co.D
Brown, J.W. MS 5th Cav. Co.K
Brown, J.W. MS 7th Cav. 2nd Co.G
Brown, J.W. MS 18th Cav. Co.G
Brown, J.W. MS Cav. Ham's Regt. Co.H
Brown, J.W. MS Cav. Hughes' Bn. Co.C
Brown, J.W. MS 1st Inf. Lt.
Brown, J.W. MS Inf. 2nd St.Troops Co.H
Brown, J.W. MS 13th Inf.
Brown, J.W. MS 16th Inf. Co.F
Brown, J.W. MS 31st Inf. Co.C
Brown, J.W. MS 41st Inf. Co.E 2nd Lt.
Brown, J.W. MO 1st & 3rd Cons.Cav. Co.G Cpl.
Brown, J.W. MO 5th Cav. Co.K
Brown, J.W. MO Cav. Hicks' Co.
Brown, J.W. MO Lt.Arty. Barret's Co.
Brown, J.W. MO 1st Inf.
Brown, J.W. MO 3rd & 5th Cons.Inf. Co.G Cpl.
Brown, J.W. MO Inf. 4th Regt.St.Guard Co.A
Brown, J.W. MO 12th Inf. Co.A
Brown, J.W. NC 8th Bn.Part.Rangers Co.B,E
Brown, J.W. NC 12th Inf. Co.M
Brown, J.W. NC 14th Inf. Co.H
Brown, J.W. NC 44th Inf. Co.E
Brown, J.W. NC 66th Inf. Co.H
Brown, J.W. SC 3rd Cav. Co.B
Brown, J.W. SC 6th Cav. Co.D
Brown, J.W. SC 6th Cav. Co.H
Brown, J.W. SC Cav. 10th Bn. Co.C
Brown, J.W. SC 1st (Hagood's) Inf. 2nd Co.B
Brown, J.W. SC Inf. 3rd Bn. Co.C
Brown, J.W. SC 16th Inf. Co.H
Brown, J.W. SC 16th & 24th (Cons.) Inf. Co.B
Brown, J.W., Jr. SC 21st Inf. Co.E
Brown, J.W., Sr. SC 21st Inf. Co.E
Brown, J.W. SC Inf. Holcombe Legion Co.D
Brown, J.W. TN 14th (Neely's) Cav. Co.A
Brown, J.W. TN 14th (Neely's) Cav. Co.I
Brown, J.W. TN 1st Hvy.Arty. 3rd Co.B
Brown, J.W. TN Lt.Arty. Morton's Co. Sgt.
Brown, J.W. TN Lt.Arty. Rice's Btty.
Brown, J.W. TN 4th Inf. Co.C
Brown, J.W. TN 6th Inf. Co.B,G
Brown, J.W. TN 8th Inf. Co.B
Brown, J.W. TN 17th Inf. Co.B
Brown, J.W. TN 17th Inf. Co.H
Brown, J.W. TN 20th Inf. Co.F

Brown, J.W. TN Inf. 23rd Bn. Co.A
Brown, J.W. TN Inf. 23rd Bn. Co.E
Brown, J.W. TN 35th Inf. Co.L Cpl.
Brown, J.W. TN 51st (Cons.) Inf. Co.E
Brown, J.W. TX 8th Cav. Co.L
Brown, J.W. TX 21st Cav. Co.I Ens.
Brown, J.W. TX 26th Cav. Co.H Cpl.
Brown, J.W. TX 35th (Brown's) Cav. Co.E
Brown, J.W. TX Cav. Bourland's Regt. Co.C
Brown, J.W. TX Cav. Ragsdale's Co.
Brown, J.W. TX 2nd Inf. Co.G
Brown, J.W. VA 11th Cav. Co.C
Brown, J.W. VA 15th Cav. Co.B
Brown, J.W. VA Lt.Arty. 38th Bn. Co.A
Brown, J.W. VA 8th Inf. Co.F
Brown, J.W. VA 18th Inf. Co.E
Brown, J.W. VA Inf. 26th Bn. Co.C
Brown, J.W. VA 46th Inf. 2nd Co.E
Brown, J.W. 3rd Conf.Cav. Co.C
Brown, J.W. Conf.Cav. Clarkson's Bn. Ind. Rangers Co.E
Brown, J.W. 1st Conf.Inf. 2nd Co.C
Brown, J.W.A. VA 59th Inf. 1st Co.B Cpl.
Brown, J. Welsman SC 2nd Arty. Co.B,K Lt.Col.
Brown, J. Welsman Elliott's Brig. Lt.Col.
Brown, J. Wesley KY 7th Cav. Co.D
Brown, J. Wesley VA Lt.Arty. Fry's Co.
Brown, J. Wilcox VA Inf. 5th Bn.Loc.Def. Co.B Capt.
Brown, J. Wilcox Gen. & Staff, Arty. Maj.
Brown, J. William SC Inf. 7th Bn. (Enfield Rifles) Co.B
Brown, J. William TX 7th Inf. Co.I Col.
Brown, J.W.P. GA 22nd Inf. Co.A
Brown, J.Z. GA 5th Res. Co.G
Brown, J.Z. Gen. & Staff Hosp.Stew.
Brown, K. AL 10th Inf. Co.G
Brown, K. LA Mil. 2nd Regt. 2nd Brig. 1st Div. Co.G
Brown, Kader NC 5th Inf. Co.C
Brown, Karrew 2nd Regt. Choctaw Co.G,M
Brown, K.B. TN 8th (Smith's) Cav. Co.F
Brown, Kilby NC 51st Inf. Co.G
Brown, Killis GA 38th Inf. Co.K
Brown, Kirby J. GA 5th Inf. Co.A
Brown, K.J. MS 7th Cav. 2nd Co.G
Brown, L. AL 1st Cav. 1st Co.K,I
Brown, L. AL 6th Cav. Co.C
Brown, L. AL 7th Cav. Co.G
Brown, L. AR 2nd Cav. Co.D
Brown, L. GA 39th Inf. Co.F 2nd Lt.
Brown, L. KY 12th Cav. Co.K
Brown, L. LA Inf. 7th Bn. Co.C
Brown, L. MS 18th Cav. Co.D
Brown, L. NC 20th Inf. Co.C
Brown, L. SC Mil.Arty. 1st Regt. Walter's Co.
Brown, L. SC Lt.Arty. 3rd (Palmetto) Bn. Co.C
Brown, L. SC Lt.Arty. 3rd (Palmetto) Bn. Co.H
Brown, L. SC Inf. 13th Bn. Co.B
Brown, L. SC 16th Inf. Co.F
Brown, L.A. MO Lt.Arty. Walsh's Co.
Brown, Lafayette J. VA 7th Inf. Co.B
Brown, Lafayette W. NC 43rd Inf. Co.A
Brown, Lafoyett MS St.Cav. Perrin's Bn. Co.B
Brown, Larkin MS 6th Cav. Co.B
Brown, Larkin MS 8th Cav. Co.F
Brown, Larkin MS Inf. 3rd Bn. (St.Troops) Co.F
Brown, Larkin NC 53rd Inf. Co.C
Brown, Larkin SC 1st (Butler's) Inf. Co.C
Brown, Larkin SC 2nd St.Troops Co.K
Brown, Larkin SC 11th Res. Co.C
Brown, Larkin VA 21st Cav. Co.K
Brown, Larkin VA Lt.Arty. Jackson's Bn.St.Line Co.B
Brown, Larkin C. AR 3rd Inf. Co.F
Brown, Larkin M. SC 8th Bn.Res. Co.C
Brown, Larkin P. GA 56th Inf. Co.F
Brown, Larkin S. GA Inf. 10th Bn. Co.A Music.
Brown, Laurence W. TX Cav. Mann's Bn. Co.A
Brown, Lawrence LA 15th Inf. Co.K 1st Sgt.
Brown, Lawrence NC 42nd Inf. Co.G
Brown, Lawrence T. AR 1st Mtd.Rifles Co.H Capt.
Brown, Lawrence W. TX Cav. Mann's Regt. Co.A Cpl.
Brown, Lawson NC 3rd Cav. (41st St.Troops) Co.F
Brown, Lawson NC 37th Inf. Co.G
Brown, Lawson A. GA 1st Lt.Duty Men Co.A
Brown, L.B. MS 11th (Cons.) Cav. Co.C 2nd Lt.
Brown, L.B. MS Cav. Ham's Regt. Co.I 1st Sgt.
Brown, L.B. TN Cav. 12th Bn. (Day's) Co.D
Brown, L.B. TX Cav. Ragsdale's Bn. 2nd Co.G
Brown, L.B. VA Cav. Mosby's Regt. (Part. Rangers) Co.E
Brown, L.B. VA Loc.Def. Mallory's Co.
Brown, L.B.A. AL 19th Inf. Co.D
Brown, L.B.H. AL 3rd Inf. Conscr.
Brown, L.B.H. TN 30th Inf. Co.E
Brown, L.B.N. AL 40th Inf. Co.F
Brown, L.B.N. MS 8th Inf. Co.H
Brown, L.C. MO 5th Cav. Co.G
Brown, L.C. MO 9th Inf. Co.D
Brown, L.C. MO Inf. Clark's Regt. Co.C
Brown, L.D. AL 44th Inf. Co.B Capt.
Brown, L.D. AR 7th Inf. Co.E
Brown, L.D. AR 15th Mil. Co.G
Brown, L.D. AR 26th Inf. Co.H
Brown, L.D. MS 28th Cav. Co.A
Brown, L.D. TX Cav. 3rd (Yager's) Bn. Co.D
Brown, L.D. TX 20th Inf. Co.B
Brown, L.E. NC 22nd Inf. Co.G
Brown, Leam GA 8th Cav. Co.K 1st Lt.
Brown, Leander MO 2nd Cav. Co.A
Brown, Leander SC 20th Inf. Co.A
Brown, Leander TN 41st Inf. Co.A
Brown, Leander F. MS 4th Cav. Co.A,G
Brown, Leander J. VA 37th Inf. Co.K
Brown, Lee GA 10th Mil.
Brown, Lee NC 26th Inf. Co.F
Brown, Lee SC 24th Inf. Co.D
Brown, Lee P. TN 28th Inf. Co.A
Brown, Leland R. GA 65th Inf. Co.G
Brown, Lem Gen. & Staff, QM Dept.
Brown, Lemuel GA 34th Inf. Co.A
Brown, Lemuel NC 8th Bn.Part.Rangers Co.B Cpl.
Brown, Lemuel NC 66th Inf. Co.C Cpl.
Brown, Lemuel SC 18th Inf. Co.F
Brown, Lemuel TX 4th Inf. Co.E
Brown, Lemuel E. GA 36th (Broyles') Inf. Co.A
Brown, Lemuel F. VA 7th Inf. Co.E
Brown, Len AR 13th Inf. Co.G
Brown, Leo SC Inf. Hampton Legion Co.I
Brown, Leon LA 1st Cav. Co.E
Brown, Leonard GA 1st St.Line
Brown, Leonard NC 27th Inf. Co.A
Brown, Leonard SC 4th Inf. Co.G
Brown, Leonard SC 4th St.Troops Co.I
Brown, Leonard VA Cav. Mosby's Regt. (Part. Rangers) Co.B
Brown, Leonard C. NC Walker's Bn. Thomas' Legion Co.B,E
Brown, Leonard W. SC 10th Inf. Co.B
Brown, Leonidas TN 3rd (Clack's) Inf. Co.G
Brown, Leonidas D. 3rd Conf.Eng.Troops Co.F Artif.
Brown, Leroy TN 2nd (Ashby's) Cav. Co.H
Brown, Leroy TN Cav. 4th Bn. (Branner's) Co.A
Brown, Leroy TX Cav. Martin's Regt. Co.E
Brown, Leroy TX Cav. Martin's Regt. Co.F
Brown, Leroy Gen. & Staff, Arty. Supt. of Armories
Brown, Leroy B. TN 13th (Gore's) Cav. Co.G,C
Brown, Leroy C. GA 24th Inf. Co.B
Brown, Leroy H. GA Cobb's Legion Co.E
Brown, Leroy M. TN 28th Inf. Co.E
Brown, Leroy P. TX 14th Cav. Co.E
Brown, Leslie C. VA 11th Inf. Co.A
Brown, Leslie R. KY 6th Cav. Co.B Cpl.
Brown, Lester M. TN 1st (Feild's) Inf. Co.K
Brown, Let AR 45th Mil. Co.E
Brown, Levi AL 53rd (Part.Rangers) Co.K
Brown, Levi NC 62nd Inf. Co.G
Brown, Levi SC 3rd St.Troops Co.A
Brown, Levi TN Lt.Arty. Phillips' Co.
Brown, Levi VA Cav. 36th Bn. Co.B
Brown, Levi A. GA 12th Cav. Co.D
Brown, Levi S. LA 11th Inf. Co.I
Brown, Levi T. MS 17th Inf. Co.I Sgt.
Brown, Lewis AL 57th Inf. Co.D
Brown, Lewis GA 38th Inf. Co.K
Brown, Lewis GA Cobb's Legion Co.C
Brown, Lewis LA 13th Inf. Co.C
Brown, Lewis MS 9th Inf. Old Co.K, New Co.K 2nd Lt.
Brown, Lewis MS 23rd Inf. Co.E
Brown, Lewis NC 2nd Cav. (19th St.Troops) Co.I
Brown, Lewis NC 23rd Inf. Co.C
Brown, Lewis SC 10th Inf. Co.L
Brown, Lewis TN 9th Inf. Co.F
Brown, Lewis TN 18th Inf. Co.K
Brown, Lewis TN 34th Inf. Co.I
Brown, Lewis TN 44th Inf. Co.E
Brown, Lewis TN 44th (Cons.) Inf. Co.B
Brown, Lewis TN 61st Mtd.Inf. Co.C
Brown, Lewis TX 6th Inf. Co.D Music.
Brown, Lewis VA 10th Cav. 1st Co.E
Brown, Lewis VA Horse Arty. J.W. Carter's Co.
Brown, Lewis VA 18th Bn. Co.A
Brown, Lewis VA 30th Bn.S.S. Co.B 1st Sgt.
Brown, Lewis VA 34th Inf. Co.A
Brown, Lewis B. GA 25th Inf. Co.G Cpl.
Brown, Lewis C. MS 9th Inf. Old Co.K
Brown, Lewis C. TN 24th Inf. 2nd Co.H
Brown, Lewis E. VA 28th Inf. Co.K Cpl.
Brown, Lewis H. GA 34th Inf. Co.K
Brown, Lewis H. MO 4th Cav. Co.G

Brown, Lewis M. AL 29th Inf. Co.A
Brown, Lewis N. MS 1st Lt.Arty. Co.C
Brown, Lewis T. NC 35th Inf. Co.A
Brown, Lewis T. VA 34th Inf. Co.K
Brown, Lewis T. Conf.Hvy.Arty. Montague's Bn. Co.B
Brown, Lewis W. LA 27th Inf. Co.H
Brown, Lewis W. NC 43rd Inf. Co.A
Brown, Lewis W. VA 31st Mil. Co.E
Brown, Leyette Conf.Inf. Tucker's Regt. Co.A
Brown, L.F. AL 23rd Inf. Co.K
Brown, L.F. 1st Conf.Cav. 2nd Co.F
Brown, L.G. AL 22nd Inf. Co.G Sgt.
Brown, L.G. AL 25th Inf. Co.F
Brown, L.G. AL 30th Inf. Co.G
Brown, L.G. TN 15th (Cons.) Cav. Co.H
Brown, L.G. VA 58th Inf.
Brown, L.H. AR 27th Inf. Co.F
Brown, L.H. GA Cav. 19th Bn. Co.E Sgt.
Brown, L.H. GA 6th Inf. Co.C Cpl.
Brown, L.H. GA 39th Inf. Co.B
Brown, L.H. GA 48th Inf. Co.D
Brown, L.H. TN 5th (McKenzie's) Cav. Co.B Cpl.
Brown, L.H. 10th Conf.Cav. Co.H Sgt.
Brown, L.H.J. AL 53rd (Part.Rangers) Co.I
Brown, Little B. MS 37th Inf. Co.B
Brown, Littleberry NC 17th Inf. (2nd Org.) Co.E
Brown, Little Y.A. TN 1st (Turney's) Inf. Co.D
Brown, L.J. AL 31st Inf. Co.I
Brown, L.J. MO 12th Cav. Co.I
Brown, L.K. AR Lt.Arty. Zimmerman's Btty.
Brown, L.K. AR 21st Inf. Co.E
Brown, L.K. VA 56th Inf.
Brown, L.L. GA 1st Cav. Co.D
Brown, L.L. GA 5th Res. Co.G
Brown, L.L. LA Washington Arty.Bn. Co.1
Brown, L.L. TN 51st (Cons.) Inf. Co.D
Brown, Llewellyn LA 4th Inf. Co.F,B Cpl.
Brown, L.M. GA 15th Inf. Co.C
Brown, L.M. NC 15th Inf. Co.M
Brown, L.M. NC 32nd Inf. Co.I 1st Sgt.
Brown, L.M. SC 8th Inf. Co.C
Brown, L.M. TN 4th Inf. Co.B 2nd Lt.
Brown, L.M. TX Granbury's Cons.Brig. Music.
Brown, L.N. AR Cav. McGehee's Regt. Co.H
Brown, L.N. MO Cav. Freeman's Regt. Co.D Cpl.
Brown, Loam GA 62nd Cav. Co.K 1st Lt.
Brown, Lock TN 6th Inf. Co.L
Brown, Lock TN 55th (Brown's) Inf. Ford's Co.
Brown, Locke Forrest's Scouts T. Henderson's Co.,CSA
Brown, Loftin TN 6th Inf. Co.E
Brown, London NC 24th Inf. Co.E 2nd Lt.
Brown, Loren S. GA 22nd Inf. Co.K
Brown, Lorenza S. GA 64th Inf. Co.E
Brown, Lorenzo VA 54th Mil. Co.E,F
Brown, Lorenzo D. MS 10th Inf. Old Co.G
Brown, Lorenzo D. TX 6th Cav. Co.D
Brown, Lorenzo K. AR 17th (Lemoyne's) Inf. Co.F
Brown, Losson TN 13th (Gore's) Cav. Co.D
Brown, Louden VA 28th Inf. 2nd Co.C
Brown, Louis GA 1st Bn.S.S. Co.B Cpl.
Brown, Louis LA 11th Inf. Co.F
Brown, Louis LA 14th Inf. Co.K
Brown, Louis LA 20th Inf. Co.I
Brown, Louis SC Lt.Arty. Walter's Co. (Washington Arty.) Cpl.
Brown, Louis TX 36th Cav. Co.G
Brown, Louis M. GA 29th Inf. Co.A
Brown, Louis W. AR 13th Mil. Totten Arty.Co. 2nd Lt.
Brown, Lovet NC 3rd Inf. Co.G
Brown, Lovick P. GA Cherokee Legion (St.Guards) Co.B Sgt.
Brown, Loyd TN 2nd Cav. Co.I
Brown, Lozarus GA 52nd Inf. Co.G
Brown, L.P. FL 2nd Inf. Co.C
Brown, L.R.B. AL 12th Cav. Co.B
Brown, L.S. GA 26th Inf. Co.A
Brown, L.S. SC 1st (Hagood's) Inf. 1st Co.B, 2nd Co.B
Brown, L.S. SC Inf. 9th Bn. Co.A
Brown, L.S. SC 26th Inf. Co.A Teamster
Brown, L.T. GA 53rd Inf. Co.H
Brown, L.T. SC 26th Inf. Co.A
Brown, Lucian NC 15th Inf. Co.M
Brown, Lucian NC 32nd Inf. Co.I
Brown, Lucian H. AL 3rd Cav. Co.H Cpl.
Brown, Lucien B. VA Lt.Arty. Carrington's Co.
Brown, Lucious VA 15th Inf. Co.I
Brown, Lucius VA Lt.Arty. 38th Bn. Co.C
Brown, Lucius H. TX 3rd Inf. Co.I 1st Lt.
Brown, Luis M. AR 36th Inf. Co.E Cpl.
Brown, Luke AL 1st Inf. Co.H
Brown, Luke A. AL 38th Inf. Co.F
Brown, Lutt NC 60th Inf. Co.H
Brown, L.V. NC 38th Inf. Co.A
Brown, L.V. TX 9th (Young's) Inf. Co.B
Brown, L.W. AL 61st Inf. Co.F
Brown, L.W. AR Brown's Btty. Capt.
Brown, L.W. AR Mil. Borland's Regt. Woodruff's Co.
Brown, L.W. GA 36th (Broyles') Inf. Co.A
Brown, L.W. MS 7th Cav. Co.I
Brown, L.W. MS 18th Inf. Co.B
Brown, L.W. TN 14th Cav. Co.A
Brown, L.W. TX Cav. 3rd Regt.St.Troops Townsend's Co.
Brown, L.W. VA 57th Inf.
Brown, L.W. Gen. & Staff Surg.
Brown, Lycurgus FL 6th Inf. Co.C
Brown, Lycurgus MS 30th Inf. Co.G
Brown, Lycurgus C. TX 31st Cav. Co.D
Brown, Lycurgus M. TX 4th Inf. Co.A
Brown, Lyman 1st Choctaw Mtd.Rifles Co.H
Brown, Lyncoy W. VA 53rd Inf. Co.E
Brown, M. AL Cav. Moreland's Regt. Co.E,K
Brown, M. AL 50th Inf. Co.D
Brown, M. AR 58th Mil. Co.D
Brown, M. GA Cav. 1st Bn.Res. Co.E
Brown, M. GA Cav. 15th Bn. (St.Guards) Allen's Co.
Brown, M. GA Inf. 1st Conf.Bn. Co.C
Brown, M. GA Inf. 17th Bn. (St.Guards) Jefferson's Co.
Brown, M. GA 18th Inf. Co.K Capt.
Brown, M. GA 66th Inf. Co.G
Brown, M. GA Mil. Coast Guard Bn. Co.A
Brown, M. LA 3rd Inf. Co.H
Brown, M. LA Mil.Conf.Guards Regt. Co.B
Brown, M. MS 6th Cav. Co.G
Brown, M. MS Cav. Williams' Co.
Brown, M. MS Blythe's Bn. (St.Troops) Co.A
Brown, M. NC 1st Jr.Res. Co.F
Brown, M. NC 7th Sr.Res. Johnson's Co.
Brown, M. SC 2nd Regt. Co.I
Brown, M. SC 7th Inf. Co.A
Brown, M. TN 22nd (Barteau's) Cav.
Brown, M. TN 50th (Cons.) Inf. Co.C
Brown, M. TX Inf. 1st St.Troops Whitehead's Co.
Brown, M. TX Conscr.
Brown, M. 14th Conf.Cav. Co.F
Brown, M.A. AL 60th Inf. Co.A Cpl.
Brown, M.A. GA 25th Inf. Co.C
Brown, M.A. KY 12th Cav. Co.C
Brown, M.A. MS 3rd Cav. Co.G
Brown, M.A. MO 9th Inf. Surg.
Brown, M.A. MO Inf. Clark's Regt. Asst.Surg.
Brown, M.A. SC 1st (Hagood's) Inf. 1st Co.E
Brown, M.A. SC 25th Inf. Co.C
Brown, M.A. TN 14th (Neely's) Cav. Co.D
Brown, M.A. TN 26th Inf. Co.B,H
Brown, M.A. TX 13th Vol. Co.D
Brown, Madison GA 2nd Cav. Co.I Cpl.
Brown, Madison NC 4th Inf. Co.H
Brown, Madison VA 27th Inf. Co.C
Brown, Madison A. NC 20th Inf. Co.B
Brown, Madison H. NC 6th Sr.Res. Co.E
Brown, Major VA 16th Inf. Co.G,A
Brown, Major Burroughs' Bn.Part.Rangers Co.A
Brown, Malcolm M. SC Inf. Hampton Legion Co.B
Brown, Malcom NC 2nd Arty. (36th St.Troops) Co.B
Brown, Malin C. NC 26th Inf. Co.C
Brown, Mallory VA 12th Cav. Co.G
Brown, Mallory J. AL 39th Inf. Co.E
Brown, Mancil GA 24th Inf. Co.I
Brown, Manelius C. VA 151st Mil. Co.F
Brown, Manning SC 2nd Cav. Chap.
Brown, Manning Gen. & Staff Chap.
Brown, Manning R. SC 20th Inf. Co.F
Brown, Mansfield NC 1st Arty. (10th St.Troops) Co.E
Brown, Mansfield W. MO 8th Inf. Co.H Sgt.
Brown, Marceullus MO Cav. Slayback's Regt. Co.D
Brown, Marcus GA Cobb's Legion Co.C 1st Lt.
Brown, Marcus D. AL 24th Inf. Co.F,B Cpl.
Brown, Marion AL 12th Inf. Co.A
Brown, Marion AL 51st (Part.Rangers) Co.E 1st Lt.
Brown, Marion AR 11th & 17th Cons.Inf. Co.K
Brown, Marion AR 17th (Griffith's) Inf. Co.D
Brown, Marion GA 23rd Inf. Co.C
Brown, Marion MS 10th Cav. Co.F
Brown, Marion MO 4th Cav. Co.D
Brown, Marion TN Cav. 17th Bn. (Sanders') Co.B
Brown, Marion TX 5th Cav. Co.F 2nd Lt.
Brown, Marion Brush Bn.
Brown, Marion A. MO 8th Cav. Co.D
Brown, Marion C. TX 36th Cav. Co.I Cpl.
Brown, Marion D. MS 3rd Cav. Co.I
Brown, Marion D. MS 38th Cav. Co.A
Brown, Marion L. FL 4th Inf. Co.F 2nd Lt.
Brown, Marion W. GA 1st (Fannin's) Res. Co.I

Brown, Mark MS 8th Inf. Co.K
Brown, Mark A. AL Inf. 1st Regt. Co.E Cpl.
Brown, Mark A. AL 3rd Bn. Hilliard's Legion Vol. Co.B Cpl.
Brown, Mark C. NC 47th Inf. Co.I Cpl.
Brown, Marshal MS 1st Lt.Arty. Co.I
Brown, Marshal H. GA Arty. 9th Bn. Co.A
Brown, Marshal H. VA Prov.Guard Avis' Co. Cpl.
Brown, Marshal J. NC Cav. 7th Bn. Co.B
Brown, Marshall NC Hvy.Arty. 1st Bn. Co.C ACSgt.
Brown, Marshall NC 26th Inf. Co.G
Brown, Marshall VA 60th Inf. Co.K
Brown, Marshall Sig.Corps,CSA
Brown, Marshall A. Gen. & Staff Surg.
Brown, Marshall H. VA Cav. 39th Bn. Co.C
Brown, Marshall H. VA 10th Inf. Co.D
Brown, Marshall J. NC 6th Cav. (65th St.Troops) Co.B,F
Brown, Marshall S. VA 5th Inf. Co.A Capt.
Brown, Martin AL Cav. Falkner's Co. Far.
Brown, Martin GA Phillips' Legion Co.E
Brown, Martin LA Mil. Leeds' Guards Regt. Co.D
Brown, Martin MS 3rd Inf. (St.Troops) Co.B
Brown, Martin NC 5th Sr.Res. Co.F 1st Lt.
Brown, Martin NC 33rd Inf. Co.D
Brown, Martin NC Mil. 66th Bn. J.H. Whitman's Co.
Brown, Martin TN 48th (Voorhies') Inf. Co.E
Brown, Martin VA 4th Cav. Co.H
Brown, Martin 8th (Wade's) Conf.Cav. Co.B
Brown, Martin J. GA 2nd Inf. Co.K
Brown, Martin L. VA 58th Inf. Co.F 2nd Lt.
Brown, Martin L. VA Loc.Def. Bosher's Co.
Brown, Martin M. VA 13th Inf. 1st Co.E
Brown, Martin N. TN 1st (Feild's) Inf. Co.A
Brown, Martin P. TN 48th (Nixon's) Inf. Co.E Sgt.
Brown, Martin P. TN 54th Inf. Dooley's Co. Sgt.
Brown, Martin R. NC 37th Inf. Co.B Sgt.
Brown, Martin V. AL 19th Inf. Co.E
Brown, Martin V. AL 42nd Inf. Co.G
Brown, Martin V. MS 1st (Percy's) Inf. Co.A
Brown, Martin V. TN 8th Inf. Co.B
Brown, Martin V. TN 48th (Voorhies') Inf. Co.E
Brown, Martin V.B. AL 20th Inf. Co.K
Brown, Martin Y. AL 41st Inf. Co.D
Brown, Mary LA 8th Inf. Co.B Laundress
Brown, Mason NC 5th Sr.Res. Co.K
Brown, Math AR Inf. 2nd Bn. Co.A
Brown, Mathadiux VA Inf. 25th Bn. Co.H
Brown, Mathew AR 3rd Inf. Co.F
Brown, Mathew AR 31st Inf. Co.K
Brown, Mathew NC 64th Inf. Co.N
Brown, Mathew VA 56th Inf. Co.D 1st Lt.
Brown, Mathew A. MO 1st Cav. Co.C
Brown, Mathew J. GA 3rd Inf. Co.F
Brown, Mathew M. MS 22nd Inf. Co.B
Brown, Mathew M. TX 22nd Cav. Co.F
Brown, Mathew R. MS Cav. Garland's Bn. Co.A
Brown, Mathew W. FL 10th Inf. Co.C
Brown, Mathias NC 34th Inf. Co.A
Brown, Mathias VA 129th Mil. Buchanon's Co.
Brown, Matison VA 51st Inf. Co.K
Brown, Matthew L. GA Cobb's Legion Co.F
Brown, Matthew T. AR 16th Inf. Co.B
Brown, M.B. NC 48th Inf. Co.K
Brown, M.B. SC 2nd Arty. Co.E
Brown, M.B. SC 11th Inf. Co.E
Brown, M.B. TN 4th Inf. Co.E 2nd Lt.
Brown, M.C. AL 28th Inf. Co.L
Brown, Mc. TN Inf. Sowell's Detach.
Brown, M.C. TX 5th Inf. Co.D
Brown, McClintoex C. TN 2nd Cav.
Brown, McKinney TN 48th (Nixon's) Inf. Co.E
Brown, McKinney TN 54th Inf. Dooley's Co.
Brown, McNorrill LA 13th Bn. (Part.Rangers) Co.C 1st Sgt.
Brown, McP. TN Inf. Sowell's Detach. Sgt.
Brown, M.D. AR 2nd Inf. Co.K Capt.
Brown, M.D. GA 1st (Olmstead's) Inf. Co.F Sgt.
Brown, M.D. GA 1st (Symons') Res. Co.A Sgt.
Brown, M.D. GA 25th Inf. Pritchard's Co. Sgt.
Brown, M.D. MS 9th Inf. Co.A Cpl.
Brown, M.D. TN 20th Inf. Co.F
Brown, M.D. VA Cav. 37th Bn. Co.I
Brown, M.E. GA 3rd Inf. Co.F
Brown, Melvin P. GA Cav. Roswell Bn. Co.A
Brown, Meredith M. VA 111st Mil. Co.5
Brown, Merida GA Inf. 17th Bn. (St.Guards) Stocks' Co.
Brown, Merida GA Cherokee Legion (St.Guards) Co.I
Brown, Merida GA Phillips' Legion Co.E
Brown, Merida TN 50th Inf. Co.C
Brown, Merideth VA 9th Cav. Co.F
Brown, Merrill W. NC 38th Inf. Co.A Sgt.
Brown, Merritt TN 4th Inf. Co.C Cpl.
Brown, M.F. AL 7th Cav. Co.H
Brown, M.G. NC 44th Inf. Co.G
Brown, M.H. AL 1st Cav. 2nd Co.E
Brown, M.H. TN 55th (Brown's) Inf. Co.D
Brown, M.I. TN Arty. Marshall's Co. 2nd Lt.
Brown, Micager C. SC 14th Inf. Co.G
Brown, Micajah NC 52nd Inf. Co.K
Brown, Michael AL 3rd Inf. Co.K
Brown, Michael AR 27th Inf. New Co.B Cpl.
Brown, Michael LA 21st (Kennedy's) Inf. Co.C
Brown, Michael LA 21st (Patton's) Inf. Co.D
Brown, Michael MO 10th Inf. Co.E
Brown, Michael NC Hvy.Arty. 1st Bn. Co.C
Brown, Michael NC 3rd Arty. (40th St.Troops) Co.H
Brown, Michael NC Lt.Arty. 13th Bn. Co.F
Brown, Michael NC 8th Inf. Co.K
Brown, Michael SC 22nd Inf. Co.D
Brown, Michael TN 10th Inf. Co.A
Brown, Michael TX 3rd (Kirby's) Bn.Vol. Co.A
Brown, Michael TX 16th Inf. Co.B
Brown, Michael D. VA 45th Inf. Co.B
Brown, Micheal AR 1st Vol. Co.C
Brown, Michol AL 19th Inf. Co.F
Brown, Mike AL 23rd Inf. Co.F
Brown, Mike GA Hvy.Arty. 22nd Bn. Co.A
Brown, Mike GA 60th Inf. 1st Co.A
Brown, Mike NC 12th Inf. Co.C
Brown, Milledge GA 3rd Inf. Co.G
Brown, Milton AL 1st Cav. 1st Co.K
Brown, Milton GA 2nd Res. Co.A
Brown, Milton GA 59th Inf. Co.G Capt.
Brown, Milton SC 2nd Bn.S.S. Co.A Cpl.
Brown, Milton TN 21st (Wilson's) Cav. Co.C
Brown, Milton TN 21st & 22nd (Cons.) Cav. Co.F
Brown, Milton TN 33rd Inf. Co.H
Brown, Milton VA 22nd Cav. Co.A
Brown, Milton 1st Choctaw Mtd.Rifles Co.A 2nd Lt.
Brown, Milton A. GA Cobb's Legion Co.E Capt.
Brown, Milton B. SC 3rd Cav. Co.E
Brown, Milton E. TN 7th Inf. Co.E
Brown, Milton J. TN 6th Inf. Co.H Sgt.Maj.
Brown, Milton James AL 5th Inf. New Co.B 1st Lt.
Brown, Milton P. AL 4th Inf. Co.K Cpl.
Brown, Milton S. AR 4th Inf. Co.D
Brown, Milus E. TN 43rd Inf. Co.D Fifer
Brown, Minor A. AL 41st Inf. Co.C
Brown, M.J.S. TN 34th Inf. 2nd Co.C
Brown, M.L. FL Mil.Inf.
Brown, M.L. GA 13th Inf. Co.B
Brown, M.L. GA 63rd Inf. Co.I
Brown, M.L. 8th (Wade's) Conf.Cav. Co.H
Brown, M.L. Gen. & Staff Surg.
Brown, M.L. Gen. & Staff 2nd Lt.,Dr.M.
Brown, M.M. AR 10th Inf. Co.A Sgt.
Brown, M.M. GA 7th Cav. Co.K
Brown, M.M. GA Hardwick Mtd.Rifles Co.A
Brown, M.M. MS 9th Bn.S.S. Co.B Cpl.
Brown, M.M. MS 44th Inf. Co.H Cpl.
Brown, M.M. MO 11th Inf. Co.A
Brown, M.M. SC 9th Inf. Co.D
Brown, M.M. SC 15th Inf. Co.K
Brown, M.M. SC Palmetto S.S. Co.E Sgt.
Brown, M.M. TN 62nd Mtd.Inf. Co.H
Brown, M.M. Exch.Bn. 2nd Co.A,CSA 1st Sgt.
Brown, M.N. MS Cav. Ham's Regt. Co.C Sgt.
Brown, M.N. MS Inf. 2nd Bn. Co.H
Brown, M.N. MS 44th Inf. Co.H
Brown, M.N. NC 2nd Cav. (19th St.Troops) Co.D
Brown, M.N. SC 5th Bn.Res. Co.D
Brown, M.N. TN Inf. 1st (Cons.) Regt. Co.H
Brown, Monheim GA 1st (Olmstead's) Inf. Davis' Co.
Brown, Monroe AL 22nd Inf. Co.K
Brown, Monroe NC 49th Inf. Co.H
Brown, Monroe W. GA 2nd Inf. Co.B
Brown, Monroe W. GA 55th Inf. Co.K
Brown, Montgomery LA Mil. 2nd Regt. 3rd Brig. 1st Div. Co.B 1st Lt.
Brown, Montgomery MO Lt.Arty. 1st Btty. Capt.
Brown, Mordecai VA 49th Inf. Co.K
Brown, Mordicai VA 7th Inf. Gibson's Co.
Brown, Morgan LA Mil. McPherson's Btty. (Orleans Howitzers)
Brown, Morgan MS Cav. Part.Rangers Rhodes' Co. 1st Sgt.
Brown, Morgan SC 1st (Hagood's) Inf. 2nd Co.F
Brown, Morgan VA 108th Mil. Co.B
Brown, Morgan D. AR Cav. Poe's Bn. Co.A Capt.
Brown, Morgan M. GA 24th Inf. Co.B
Brown, Morgan S. GA Arty. 9th Bn. Co.D
Brown, Morris GA Hvy.Arty. 22nd Bn. Co.F

Brown, Morris GA 1st (Olmstead's) Inf. Bonaud's Co.
Brown, Morris MO Searcy's Bn.S.S.
Brown, Morris MO Douglas' Regt.
Brown, Morris TN 28th Inf. Co.G
Brown, Morris TN 28th (Cons.) Inf. Co.A
Brown, Morris A. VA 8th Cav. Co.B 2nd Lt.
Brown, Morrison SC 10th Inf. Co.F Sgt.
Brown, Moses AL 36th Inf. Co.F
Brown, Moses GA 4th (Clinch's) Cav. Co.C Bugler
Brown, Moses GA 36th (Broyles') Inf. Co.I
Brown, Moses KY 2nd (Woodward's) Cav.
Brown, Moses MO 7th Cav. Co.C Cpl.
Brown, Moses MO Inf. 1st Regt.St.Guard Co.E
Brown, Moses NC 16th Inf. Co.B
Brown, Moses D. GA 35th Inf. Co.C
Brown, Moses J. FL 2nd Inf. Co.G
Brown, Moses J. FL Inf. 2nd Bn. Co.F Sgt.
Brown, Moses J. FL 11th Inf. Co.D 1st Sgt.
Brown, Moses L. GA 66th Inf. Co.E Capt.
Brown, Moses M. AL 23rd Inf.
Brown, M.P. TN 32nd Inf. Co.C
Brown, M.R. GA 38th Inf. Co.H
Brown, M.R. SC 3rd Inf. Co.D
Brown, M.R. 14th Conf.Cav. Co.A
Brown, M.S. SC 1st (Butler's) Inf. Co.I
Brown, M.S. TN 38th Inf. Co.F
Brown, M.T. AR 58th Mil. Co.E Cpl.
Brown, M.T. MS Cav. 3rd Bn.Res. Co.C
Brown, M.T. SC 4th Cav. Co.H
Brown, Murray S. NC 6th Cav. (65th St.Troops) Co.A
Brown, Murray S. TN 37th Inf. Co.F Cpl.
Brown, Murray S. TN 59th Mtd.Inf. Co.C 1st Sgt.
Brown, M.V. SC 4th Cav. Co.H
Brown, M.V. SC Cav. 10th Bn. Co.D
Brown, M.V. TN 48th (Nixon's) Inf. Co.C
Brown, M.V. 1st Conf.Inf. 2nd Co.C
Brown, M.W. GA 4th Cav. (St.Guards) Dorsey's Co.
Brown, M.W. GA 12th (Robinson's) Cav. (St.Guards) Co.F
Brown, M.W. GA Arty. Maxwell's Reg.Lt.Btty.
Brown, M.W. GA 1st (Fannin's) Res. Co.E
Brown, M.W. GA 2nd Res. Co.I
Brown, M.W. VA 1st (Farinholt's) Res. Co.K
Brown, N. LA 3rd (Wingfield's) Cav. Co.F
Brown, N. NC 3rd Jr.Res. Co.I
Brown, N. SC 1st Cav. Co.B
Brown, N. TX 21st Inf. Co.H
Brown, N. VA 56th Inf. Co.E
Brown, Naman KY 5th Mtd.Inf.
Brown, Nathan GA 7th Cav. Co.H Sgt.
Brown, Nathan GA Hardwick Mtd.Rifles Co.B Sgt.
Brown, Nathan GA 22nd Inf. Co.D
Brown, Nathan NC 57th Inf. Co.C
Brown, Nathan SC Inf. 3rd Bn. Co.G
Brown, Nathan VA 45th Inf. Co.D
Brown, Nathan A. AR 31st Inf. Co.K
Brown, Nathan A. GA 4th (Clinch's) Cav. Co.K,C Capt.
Brown, Nathan A. GA 26th Inf. Atkinson's Co.B 1st Lt.
Brown, Nathan B. GA Arty. (Chatham Arty.) Wheaton's Co.
Brown, Nathan B. GA 1st (Olmstead's) Inf. Claghorn's Co.
Brown, Nathaniel GA 65th Inf. Co.F
Brown, Nathaniel LA 1st Hvy.Arty. (Reg.) Co.I Cpl.
Brown, Nathaniel NC 48th Inf. Co.K
Brown, Nathaniel, Jr. TN 1st (Feild's) Inf. Co.C 1st Sgt.
Brown, Nathaniel Inf. School of Pract. Co.A
Brown, Nathaniel L. NC 47th Inf. Co.C 1st Lt.
Brown, Nathaniel M. VA 34th Inf. Co.I
Brown, Nathan J. AR 9th Inf. Co.A
Brown, Nathan L. VA 51st Inf. Co.C
Brown, Nathan S. GA 13th Cav. Co.E
Brown, Nathan S. GA 34th Inf. Co.H
Brown, Nath J.W. GA 57th Inf. Co.A Cpl.
Brown, N.B. AR 6th Inf. New Co.F Cpl.
Brown, N.B. AR 12th Inf. Co.A
Brown, N.B. LA 13th Bn. (Part.Rangers) Co.A
Brown, N.B. TN 10th Inf. Co.B
Brown, N.B. TN 47th Inf. Co.A
Brown, N.B. TX 12th Inf. Co.K
Brown, N.B. Walthall's Div. Capt.,Asst.QM
Brown, N.C. VA 23rd Inf. Co.H
Brown, N.D. MS 18th Cav. Co.K
Brown, N.E. AR 31st Inf. Co.B
Brown, Neal MS 5th Inf. Co.G
Brown, Ned MO 1st Inf. Co.H Music.
Brown, Needham NC 7th Bn.Jr.Res. Co.C
Brown, Needham NC Bass' Co.
Brown, Needham NC Mil. Clark's Sp.Bn. Co.D
Brown, Needham NC Mil. Clark's Sp.Bn. A.R. Davis' Co.
Brown, Needham TX Inf. Cunningham's Co
Brown, Needham P.P. TX 3rd Inf. Co.I
Brown, Needham R. GA 47th Inf. Co.B
Brown, Nehemiah AL 13th Bn.Part.Rangers Co.C
Brown, Nehemire AL 56th Part.Rangers Co.G
Brown, Neill NC 18th Inf. Co.F
Brown, Neill NC Cumberland Cty.Bn. Detailed Men Co.A
Brown, Neill B. NC 2nd Arty. (36th St.Troops) Co.B
Brown, Neill B. NC Lt.Arty. 13th Bn. Co.B
Brown, Nelson AL 3rd Inf. Co.G
Brown, Nelson MS Inf. 4th St.Troops Co.L
Brown, Nelson SC 21st Inf. Co.K
Brown, Nelson TX 28th Cav. Co.D
Brown, Nelson TX 37th Cav. Co.K
Brown, Newton AL 8th (Livingston's) Cav. Co.E
Brown, Newton SC 1st (Orr's) Rifles Co.F
Brown, Newton TN 9th (Ward's) Cav. Co.C
Brown, Newton TX 11th (Spaight's) Bn.Vol. Co.D
Brown, Newton D. SC 1st (Orr's) Rifles Co.D
Brown, Newton J. TN 59th Mtd.Inf. Co.E Cpl.
Brown, Newton L. SC 2nd Rifles Co.L
Brown, Newton M. VA 56th Inf. Co.D Cpl.
Brown, N.F. AL 34th Inf. Co.E
Brown, N.H. AL Cav. Murphy's Bn. Co.B 1st Sgt.
Brown, N.H. AL 1st Regt. Mobile Vol. Co.A
Brown, N.H. AL Mobile Fire Bn. Mullany's Co.
Brown, N.H. TN 31st Inf. Co.B Sgt.
Brown, N.H. Gen. & Staff, Comsy.Dept. Maj.
Brown, Nicholas KY 5th Mtd.Inf. Co.B
Brown, Nicholas MS 3rd Inf. Co.E
Brown, Nicholas Conf.Inf. 8th Bn. Co.A
Brown, Nicholas A. AR 37th Inf. Co.K
Brown, Nicholas C. VA 45th Inf. Co.H Sgt.
Brown, Nicholas E. SC Inf. Hampton Legion Co.B
Brown, Nicholas G. TX 4th Cav. Co.D
Brown, Nick GA 1st Cav. Co.B
Brown, Nick Lt.Arty. Dent's Btty.,CSA Sgt.
Brown, N.J. AR 1st Mtd.Rifles Co.H
Brown, N.J. AR 3rd Cav. Co.A
Brown, N.J. AR Lt.Arty. 5th Btty.
Brown, N.J. MS 10th Inf. New Co.G
Brown, N.J. SC 3rd Bn.Res. Co.E
Brown, N.J. SC 6th Inf. 2nd Co.D
Brown, N.J. SC Palmetto S.S. Co.K
Brown, N.L. AL 8th Inf. Co.B
Brown, N.L. FL 2nd Inf. Co.F
Brown, N.L. FL 6th Inf.
Brown, N.L. GA Inf. 9th Bn. Co.D
Brown, N.L. TN 53rd Inf. Co.B
Brown, N.M. MS Inf. 3rd Bn. Co.E
Brown, N.N. MS 35th Inf. Co.N
Brown, Noah AR 26th Inf. Co.H
Brown, Noah NC 37th Inf. Co.G
Brown, Noah VA Lt.Arty. Parker's Co.
Brown, Noah VA 49th Inf. Co.E Cpl.
Brown, Noah R. NC 26th Inf. Co.H
Brown, Noah W. NC 53rd Inf. Co.H Cpl.
Brown, Norris B. AL 20th Inf. Co.H
Brown, N.R. AL 17th Inf. Co.H
Brown, N.R. GA 1st Reg. Co.F Sgt.
Brown, N.W. VA Inf. 25th Bn. Co.I
Brown, O. AR Cav. McGehee's Regt. Co.E
Brown, O. MS 38th Cav. Co.C
Brown, O. MO Lt.Arty. 3rd Field Btty.
Brown, O. NC 44th Inf. Co.D
Brown, O. TX 12th Cav. Co.G
Brown, O.A. NC 60th Inf. Co.B
Brown, O.A. TN 10th (DeMoss') Cav. Co.G
Brown, O.A. TN Cav. Napier's Bn. Co.D
Brown, O.B. AL 26th (O'Neal's) Inf. Co.C
Brown, Obadiah GA Inf. 8th Bn. Co.F
Brown, Obediah A. NC Inf. 2nd Bn. Co.H
Brown, O.D. TN Inf. 3rd Cons.Regt. Co.G Capt.
Brown, O.G. MS 41st Inf. Co.C
Brown, O.H. MO 4th Inf. Co.G
Brown, O.H.P. AR 7th Cav. Co.M
Brown, O.J. TX 34th Cav. Co.B
Brown, O.K. AL 21st Inf. Co.D
Brown, O.L. AR 23rd Cav. Co.C
Brown, O.L. MO St.Guard
Brown, O.L. TX 5th Cav. Co.F
Brown, Oliver GA 11th Inf. Co.C
Brown, Oliver GA 63rd Inf. Co.C
Brown, Oliver NC 3rd Inf. Co.G
Brown, Oliver NC 37th Inf. Co.H
Brown, Oliver TX 36th Cav. Co.H
Brown, Oliver C. AL 8th Inf. Co.A
Brown, Oliver G. MS 13th Inf. Co.K
Brown, O.M. TX 11th Cav. Co.I
Brown, O.R. MO Inf. 3rd Bn. Co.B Music.
Brown, O.R. SC 5th St.Troops Co.L
Brown, O.R. SC 17th Inf. Co.D,K 2nd Lt.

Brown, O.R. SC 25th Mil.
Brown, O.R. TN 47th Inf. Co.A Sgt.
Brown, Orlando GA Inf. 1st Loc.Troops (Augusta) Co.E,B
Brown, Orlando TN 16th (Logwood's) Cav. Co.G
Brown, Orval M. KY 10th (Diamond's) Cav. Co.E
Brown, Orville M. VA 29th Inf. Co.H
Brown, Osborn TX Cav. 2nd Bn.St.Troops Co.A
Brown, Osborn AR 25th Inf. Co.D
Brown, Oscar MO 9th (Elliott's) Cav. Co.G
Brown, Oscar M. TX 11th Inf. Co.D
Brown, Oscar S. TX Cav. Baylor's Regt. Co.H 2nd Lt.
Brown, Oscar V. GA Cav. 7th Bn. (St.Guards) Co.C
Brown, Ose GA 63rd Inf. Co.E
Brown, O.T. AR 2nd Cav. 1st Co.A
Brown, O.T. 4th Conf.Inf. Co.C Sgt.
Brown, Otis R. MO 6th Inf. Co.A Music.
Brown, O.V. GA Arty. St.Troops Pruden's Btty.
Brown, O.V. NC 60th Inf. Co.B
Brown, Overton D. VA 25th Inf. 2nd Co.B 1st Lt.
Brown, O.W. AR 10th Mil. Co.D
Brown, O.W. AR 26th Inf. Co.H
Brown, Owen NC 8th Bn.Part.Rangers Co.B,E
Brown, Owen NC 66th Inf. Co.H
Brown, Owen TX 4th Inf. Co.E
Brown, Owen Conf.Cav. Wood's Regt. 2nd Co.M
Brown, Owen H. NC 20th Inf. Co.K
Brown, Owen N. NC 37th Inf. Co.C Maj.
Brown, Owen P. GA 5th Inf. Co.E Music.
Brown, Owen T. NC 51st Inf. Co.B
Brown, P. AL 7th Cav. Co.D
Brown, P. AL 1st Bn.Cadets Co.B
Brown, P. AL 1st Regt.Mobile Vol. Baas' Co. Sgt.
Brown, P. GA 4th (Clinch's) Cav. Co.E
Brown, P. LA 1st (Strawbridge's) Inf. Co.E
Brown, P. SC Bn.St.Cadets Co.A
Brown, P. TN 1st (Carter's) Cav. Co.C
Brown, P. 2nd Conf.Inf. Capt.
Brown, Page NC 26th Inf. Co.H
Brown, P.A.H. MO Lt.Arty. 4th (Harris') Field Btty. Sgt.
Brown, Palestine T. TX 36th Cav. Co.G
Brown, Parker E. GA 44th Inf. ACS
Brown, Parker E. Gen. & Staff, Comsy.Dept. Capt.
Brown, Parker N. GA 30th Inf. Co.C
Brown, Paschal B. NC 47th Inf. Co.I
Brown, Pat LA Mil. 2nd Regt. 3rd Brig. 1st Div. Co.K
Brown, Pat LA 5th Inf. Old Co.A
Brown, Patrick GA Lt.Arty. Ferrell's Btty.
Brown, Patrick GA 1st (Olmstead's) Inf. Co.A
Brown, Patrick LA Arty. (Madison Lt.Arty.) Moody's Co.
Brown, Patrick LA 7th Inf. Co.F Sgt.
Brown, Patrick TN 10th Inf. Co.A
Brown, Patrick TX 35th (Brown's) Cav. Co.G
Brown, Patrick TX 13th Vol. 2nd Co.G
Brown, Patrick C. GA Hvy.Arty. 22nd Bn. Co.F
Brown, Patrick D. NC 24th Inf. Co.G Sgt.
Brown, Patrick M.C. GA 20th Inf. Co.C Cpl.
Brown, Patrick W. VA 15th Inf. Co.I
Brown, Patrick W. VA 56th Inf. Co.K
Brown, Patten VA 16th Cav. Co.C Cpl.
Brown, Patton J. VA 29th Inf. Co.H
Brown, Patton R. VA 17th Cav. Co.D
Brown, Patton R. VA 151st Mil. Co.B Sgt.
Brown, Paul C. VA 7th Inf. Co.G
Brown, P.B. LA 27th Inf. Co.B
Brown, P.B. MS 5th Inf. Co.G
Brown, P.R. VA 1st Bn.Res. Co.D
Brown, P.C. GA 1st (Olmstead's) Inf. Bonauds' Co.
Brown, P.C. NC 1st Arty. (10th St.Troops) Co.H
Brown, P.C. VA 59th Inf. 3rd Co.D
Brown, P.E. GA Cav. 8th Bn. (St.Guards) Co.D 2nd Lt.
Brown, Pearson D. GA 14th Inf. Co.G
Brown, Perkins P. AR 23rd Inf. Co.E
Brown, Perrin S. AR 19th (Dockery's) Inf. Co.F
Brown, Perrin W. GA Phillips' Legion Co.A Sgt.
Brown, Perry SC 24th Inf. Co.D Cpl.
Brown, Perry L. TN 6th Inf.
Brown, Peter AL Mobile City Troop
Brown, Peter AL 8th Inf. Co.G
Brown, Peter AL 33rd Inf. Co.B Cpl.
Brown, Peter GA 12th Inf. Co.D
Brown, Peter GA 56th Inf. Co.E
Brown, Peter LA 6th Cav. Co.A
Brown, Peter LA 22nd Inf. Wash. Mark's Co.
Brown, Peter MS 3rd (St.Troops) Cav. Co.G
Brown, Peter MS 17th Inf. Co.H Sgt.
Brown, Peter MO Cav. Snider's Bn. Co.E
Brown, Peter NC 22nd Inf. Co.E
Brown, Peter NC 51st Inf. Co.D
Brown, Peter SC 6th Inf. 1st Co.D, 2nd Co.G
Brown, Peter SC 17th Inf.
Brown, Peter TN 36th Inf. Co.F
Brown, Peter TN 39th Mtd.Inf. Co.D
Brown, Peter VA 14th Cav. Crawford's Co.
Brown, Peter VA 17th Cav. Co.F
Brown, Peter VA Lt.Arty. Clutter's Co.
Brown, Peter VA Lt.Arty. Motley's Co.
Brown, Peter VA 6th Inf. Co.H
Brown, Peter A. NC 4th Inf. Co.K Cpl.
Brown, Peter A. NC 18th Inf. Co.A
Brown, Peter H. AL 19th Inf. Co.G Hosp.Stew.
Brown, Peter H. VA 26th Inf. Co.K
Brown, Peter J. AL 24th Inf. Co.E
Brown, Peter J. GA 1st (Ramsey's) Inf. Co.A 1st Sgt.
Brown, Peter M. LA 7th Inf. Co.K
Brown, Peter M. NC 27th Inf. Co.B
Brown, Peter P. NC 22nd Inf. Co.M
Brown, Peter R. TX 35th (Brown's) Cav. Co.D,F
Brown, Peter R. TX 13th Vol. 1st Co.I
Brown, Peter Randolph SC 4th Inf. Co.C Sgt.
Brown, Peter S. TX 2nd Cav. Co.E Sgt.
Brown, Peter William LA 5th Inf. Co.C
Brown, Petterway MO 7th Cav. Co.C 1st Sgt.
Brown, Peyton A. VA 3rd Cav. Co.G
Brown, P.F. SC 2nd Arty. Co.E
Brown, P.F. Gen. & Staff Surg.
Brown, P.G. VA 46th Inf. Co.D Cpl.
Brown, P.H. AL 5th Cav. Co.C 2nd Lt.
Brown, P.H. AL 15th Inf. Co.K AASurg.
Brown, P.H. MS 4th Cav. Co.D
Brown, P.H. TX 4th Inf. Co.C
Brown, P.H. 1st Conf.Cav. 1st Co.E
Brown, P.H. Gen. & Staff Asst.Surg.
Brown, Pheelin R. AR 4th Inf. Co.D
Brown, Phil TX 28th Cav. Co.F Capt.
Brown, Philander P. MS 27th Inf. Co.D 1st Lt.
Brown, Philip AL 12th Inf. Co.C
Brown, Philip GA 49th Inf. Co.E 2nd Lt.
Brown, Philip LA 10th Inf. Co.D
Brown, Philip SC 16th Inf. Co.A Sgt.
Brown, Philip TN 9th Inf. Co.B
Brown, Philip TN 59th Mtd.Inf. Co.E
Brown, Philip VA 9th Cav. Sandford's Co.
Brown, Philip VA Cav. 15th Bn. Co.A
Brown, Philip VA 33rd Inf. Co.E 1st Sgt.
Brown, Philip VA 111th Mil. Co.2
Brown, Philip A.H. MD Arty. 4th Btty. Sgt.
Brown, Philip F. VA 12th Inf. Co.C
Brown, Philip J. NC 52nd Inf. Co.A
Brown, Philip S. MS 10th Inf. Old Co.G, New Co.H 2nd Lt.
Brown, Philip W. NC 4th Sr.Res. Co.E
Brown, Phillip LA 15th Inf. Co.K
Brown, Phillip VA 15th Cav. Co.A
Brown, Phillip VA Inf. 4th Bn.Loc.Def. Co.A
Brown, Pierce B. SC 16th Inf. Co.E
Brown, Pierre LA Mil. 1st Regt. French Brig. Co.6
Brown, Pike SC 1st (Hagood's) Inf. 1st Co.H
Brown, Pike Gen. & Staff Asst.Surg.
Brown, Pinkney B. TX 10th Inf. Co.A
Brown, Pinkney S. NC 2nd Inf. Co.A
Brown, Pitt M. GA 5th Inf. Co.B
Brown, Pitt M. GA 6th Inf. (St.Guards) Co.I Ens.
Brown, P.J. GA Phillips' Legion Co.K,D
Brown, P.L. MS 6th Inf. Co.H
Brown, P.L. MS 39th Inf. Co.A
Brown, P.L. TN 24th Bn.S.S. Co.B
Brown, Pleasant TN 4th (McLemore's) Cav. Co.E
Brown, Pleasant TN 43rd Inf. Co.E
Brown, Pleasant VA 30th Bn.S.S. Co.C,D
Brown, Pleasant VA 166th Mil. Ballard's Co.
Brown, Pleasant M. NC 1st Cav. (9th St.Troops) Co.F
Brown, Pleasant T. AR 23rd Inf. Co.E Cpl.
Brown, Plen GA Inf. 27th Bn. Co.C
Brown, P.M. AR 19th (Dockery's) Inf. Co.F
Brown, P.M. NC 62nd Inf. Co.G
Brown, P.M.H. TX Cav. Terry's Regt. Co.H
Brown, Polk AR 38th Inf. Co.G
Brown, Polk TN Cav. 16th Bn. (Neal's) Cav. Co.A
Brown, Porter W. LA Inf. 11th Bn. Co.E
Brown, Porter W. LA Inf.Cons.Crescent Regt. Co.D
Brown, Posey NC 64th Inf. Co.B
Brown, Powell NC 27th Inf. Co.C
Brown, P.P. TN 19th Inf. Co.F
Brown, P.P. TX Cav. Bourland's Regt. Co.H
Brown, P.R. SC Inf. 13th Bn. Co.E
Brown, P.R. SC Inf. Hampton Legion Co.I Sgt.
Brown, Presley NC 1st Inf. Co.K
Brown, Presly SC 15th Inf. Co.A Capt.
Brown, Preston MS 25th Inf. Co.B 1st Lt.
Brown, Preston VA 11th Inf. Co.H

Brown, Preston VA 34th Inf. Co.C
Brown, Preston Gen. & Staff Capt.,ACS
Brown, P.S. KY 7th Mtd.Inf. Co.C
Brown, P.T. AR 36th Inf. Co.C Sgt.
Brown, P.T. AR 50th Mil. Co.B
Brown, P.W. GA 13th Inf. Co.A
Brown, P.W. LA Arty. Hutton's Co. (Crescent Arty.,Co.A) Cpl.
Brown, Q. MO 15th Cav. Co.L
Brown, R. AL 1st Cav. 2nd Co.A
Brown, R. AL 3rd Cav. Co.E
Brown, R. AL 63rd Inf. Co.G
Brown, R. AR 12th Inf. Co.A
Brown, R. GA Cav. 9th Bn. (St.Guards) Co.E
Brown, R. GA Lt.Arty. (Jackson Arty.) Massenburg's Btty.
Brown, R. GA 13th Inf. Co.B
Brown, R. GA 44th Inf. Co.F
Brown, R. LA 4th Inf. Co.K
Brown, R. MS 2nd Part. Co.G 2nd Lt.
Brown, R. MS 6th Cav. Co.D
Brown, R. MS 7th Cav. 2nd Co.G
Brown, R. MS 18th Cav. Co.D
Brown, R. MS 2nd Part.Rangers Co.C
Brown, R. MS Cav. Davenport's Bn. (St.Troops) Co.C
Brown, R. MS Scouts Montgomery's Co.
Brown, R. MO Robertson's Regt.St.Guard Co.10
Brown, R. NC 5th Sr.Res. Co.I
Brown, R. SC Lt.Arty. Gaillard's Co. (Santee Lt.Arty.)
Brown, R. SC 2nd Inf. Co.I
Brown, R. SC Manigault's Bn.Vol. Co.B
Brown, R. TN 10th (DeMoss') Cav. Co.I
Brown, R. TN 14th (Neely's) Cav. Co.A Sgt.
Brown, R. TN Cav. Napier's Bn. Co.E
Brown, R. TX 1st (Yager's) Cav. Co.A
Brown, R. TX 2nd Inf. Co.D
Brown, R. TX 12th Inf. Co.E
Brown, R. VA Cav. Mosby's Regt. (Part. Rangers) Co.E
Brown, R. VA 4th Res. Co.G Sgt.
Brown, R. VA 45th Inf. Co.F
Brown, R. VA 51st Mil. Co.E
Brown, R.A. AL Inf. 2nd Regt. Co.D
Brown, R.A. FL 6th Inf.
Brown, R.A. FL Conscr.
Brown, R.A. GA 4th Res. Co.F,B
Brown, R.A. GA 7th Inf. Co.G
Brown, R.A. LA Hvy.Arty. 8th Bn. Co.C 1st Sr.Lt.
Brown, R.A. LA 5th Inf. Co.E Ord.Sgt.
Brown, R.A. MS 28th Cav. Co.E 1st Lt.
Brown, R.A. TX 26th Cav. Co.I Sgt.
Brown, R.A. VA 7th Cav. Co.G
Brown, R.A. Martin's Escort,CSA
Brown, R.A. Gen. & Staff 1st Lt.,Ord.Off.
Brown, Ragin S. TN 41st Inf. Co.B
Brown, Raleigh L. AR 23rd Inf. Co.K
Brown, Ralph S. SC 2nd Inf. Co.A 2nd Lt.
Brown, Randolf AR 12th Inf. Co.D 2nd Lt.
Brown, Randolph A. TN 19th Inf. Co.B Music.
Brown, Rankin GA 36th (Broyles') Inf. Co.L
Brown, Ransom GA 57th Inf. Co.H
Brown, Ransom SC 4th Cav. Co.F
Brown, Ransom VA Lt.Arty. Clutter's Co.
Brown, Ransom F. SC 5th Inf. 1st Co.K, 2nd Co.I Cpl.
Brown, R.B. AL 20th Inf. Co.B
Brown, R.B. AL 30th Inf. Co.E
Brown, R.B. MS Cav. Ham's Regt. Co.H Cpl.
Brown, R.B. TN 4th (McLemore's) Cav. Co.B
Brown, R.B. TN 27th Inf. Co.B
Brown, R.B. Conf.Cav. Wood's Regt. 1st Co.G 2nd Lt.
Brown, R.B. 2nd Cherokee Mtd.Vol. Co.A
Brown, R.C. AL Cav. Moreland's Regt. Co.D 1st Lt.
Brown, R.C. GA 12th Mil.
Brown, R.C. GA Inf. (Loc.Def.) Whiteside's Nav.Bn. Co.A
Brown, R.C. MS 32nd Inf. Co.D
Brown, R.C. NC Res. Co.A
Brown, R.C. SC Inf. 7th Bn. (Enfield Rifles) Co.E
Brown, R.C. TN Cav. 12th Bn. (Day's) Co.D Ord.Sgt.
Brown, R.C. TN 9th Inf.Co.K
Brown, R.C. TN 12th Inf. Co.K
Brown, R.C. TN 12th (Cons.) Inf. Co.K
Brown, R.C. TX 5th Inf. Co.D
Brown, R.C. VA Cav. 34th Bn. Co.F Capt.
Brown, R.C. VA 3rd Inf.Loc.Def. Co.D
Brown, R.C. VA 37th Inf. Co.H
Brown, R.C. 3rd Conf.Eng.Troops Co.A
Brown, R.C.A. LA 6th Cav. Co.K
Brown, R.C.S. TX 7th Inf. Co.D
Brown, R.D. GA 37th Inf. Co.D
Brown, R.D. GA 45th Inf. Co.H Sgt.
Brown, R.D. GA 54th Inf. Co.H Sgt.
Brown, R.D. NC 27th Inf. Co.B
Brown, R.D. TN 12th Cav. Co.E
Brown, R.D. TN 43rd Inf. Co.I
Brown, R.E. AL Lt.Arty. Kolb's Btty.
Brown, R.E. AL Arty. 4th Bn. Hilliard's Legion Co.B,E
Brown, R.E. NC 62nd Inf. Co.G
Brown, R.E. SC Mil. 1st Regt. (Charleston Res.) Co.C
Brown, R.E. SC 21st Inf. Co.I
Brown, R.E. VA 1st (Farinholt's) Res. Co.D
Brown, Reason LA 1st Cav. Co.E
Brown, Reddin L. GA 6th Inf. Co.H
Brown, Redman SC 15th Inf. Co.K
Brown, Redmond SC 1st St.Troops Co.I
Brown, Redmond SC 5th Res. Co.I
Brown, Resin L. TX 28th Cav. Co.K
Brown, Reuben FL 3rd Inf. Co.G
Brown, Reuben FL 5th Inf. Co.D
Brown, Reuben GA 2nd Inf. Co.I
Brown, Reuben GA 59th Inf. Co.H,G 1st Lt.
Brown, Reuben GA Cobb's Legion Co.G
Brown, Reuben MS Wilkinson Cty. Minute Men Co.B
Brown, Reuben NC 52nd Inf. Co.B
Brown, Reuben NC 52nd Inf. Co.F
Brown, Reuben TN 2nd (Ashby's) Cav. Co.F
Brown, Reuben TN 2nd (Smith's) Cav. Rankin's Co.
Brown, Reuben TN Cav. 4th Bn. (Branner's) Co.F
Brown, Reuben TN 4th (McLemore's) Cav. Co.H
Brown, Reuben TX 17th Cons.Dismtd.Cav. Co.A
Brown, Reuben TX 11th Inf. Co.A
Brown, Reuben TX Inf. Riflemen Arnold's Co.
Brown, Reuben D. VA 26th Inf. Co.K
Brown, Reuben E. AL Vol. Lee, Jr.'s Co. 2nd Lt.
Brown, Reuben E. MO Inf. 8th Bn. Co.C
Brown, Reuben E. MO 9th Inf. Co.G Cpl.
Brown, Reuben G. MO 8th Cav. Co.A
Brown, Reuben H. NC 33rd Inf. Co.E
Brown, Reuben J. NC 25th Inf. Co.C
Brown, Reuben R. TX 13th Vol. Lt.Col.
Brown, Reuben R. VA 16th Inf. Co.G
Brown, Reuben R. VA 56th Inf. Co.D
Brown, Reuben Z. TN Inf. Tackitt's Co.
Brown, Reubin NC 16th Inf. Co.B
Brown, R.F. AR Lt.Arty. Owen's Btty.
Brown, R.F. AR 23rd Inf. Co.K
Brown, R.F. AR 36th Inf. Co.I
Brown, R.F. MS 40th Inf. Co.D
Brown, R.F. MS 41st Inf. Co.C Cpl.
Brown, R.F. TN 12th Inf. Co.B
Brown, R.F. TN 12th (Cons.) Inf. Co.A
Brown, R.F. TN 18th Inf. Co.C
Brown, R.F. TX Cav. Durant's Co.
Brown, R.F. TX Cav. Madison's Regt. Co.B
Brown, R.F. 3rd Conf.Eng.Troops Co.B Sgt.
Brown, R. Franklin SC 5th Res. Co.G Wag.
Brown, R.G. MO Inf. 4th Regt.St.Guard Co.A
Brown, R.H. AR Cav. Anderson's Unatt.Bn. Co.K
Brown, R.H. GA 63rd Inf. Co.C
Brown, R.H. MO St.Guard
Brown, R.H. NC 7th Sr.Res. Williams' Co.
Brown, R.H. NC 38th Inf. Co.D
Brown, R.H. NC Inf. Thomas Legion 1st Co.A
Brown, R.H. TX 20th Cav. Co.H
Brown, R.H. TX 23rd Cav. Co.I 2nd Lt.
Brown, R.H. TX Inf. 3rd St.Troops Co.A
Brown, R.H. TX 17th Inf. Co.A
Brown, R.H. VA 5th Cav. Co.G 2nd Lt.
Brown, R.H. VA Cav. Mosby's Regt. (Part. Rangers) Co.H
Brown, R.I. MS 1st Cav. Co.B Sgt.
Brown, Rial G. AL 20th Inf. Co.H,F Cpl.
Brown, Richard AL 11th Inf. Co.F
Brown, Richard AL 33rd Inf. Co.B Cpl.
Brown, Richard AR Anderson's Regt. Co.K
Brown, Richard GA Hvy.Arty. 22nd Bn. Co.C
Brown, Richard GA 10th Inf. Co.H
Brown, Richard LA 1st (Strawbridge's) Inf. Co.C
Brown, Richard MS 3rd Cav.Res. Co.D
Brown, Richard MS Cav. 3rd Bn.Res. Co.C
Brown, Richard MS 9th Inf. New Co.F
Brown, Richard MS 22nd Inf. Co.I 2nd Sgt.
Brown, Richard MS 32nd Inf. Co.K Cpl.
Brown, Richard MO 1st Cav. Co.F
Brown, Richard MO 9th (Elliott's) Cav. Co.G
Brown, Richard MO Cav. Fristoe's Regt. Co.F
Brown, Richard MO Cav. Preston's Bn. Co.F
Brown, Richard MO 1st & 4th Cons.Inf. Co.B,D
Brown, Richard MO 4th Inf. Co.G
Brown, Richard MO 10th Inf. Co.E
Brown, Richard MO St.Guard
Brown, Richard NC 8th Bn.Part.Rangers Co.F
Brown, Richard NC Inf. 13th Bn. Co.D

Brown, Richard NC 66th Inf. Co.I
Brown, Richard NC 66th Inf. Co.K
Brown, Richard NC Loc.Def. Croom's Co.
Brown, Richard SC 7th Cav. Co.F
Brown, Richard SC Lt.Arty. 3rd (Palmetto) Bn. Co.E,G
Brown, Richard SC Inf. 9th Bn. Co.D
Brown, Richard SC 19th Inf. Co.E
Brown, Richard SC 26th Inf. Co.E
Brown, Richard TN 4th (McLemore's) Cav. Co.I
Brown, Richard TX 2nd Cav. Co.H
Brown, Richard TX 27th Cav. Co.I,N
Brown, Richard VA Lt.Arty. Cooper's Co.
Brown, Richard VA 2nd St.Res. Co.B
Brown, Richard VA Inf. 4th Bn.Loc.Def. Co.F
Brown, Richard VA 19th Inf. Co.F
Brown, Richard VA 33rd Inf. Co.I
Brown, Richard VA 40th Inf. Co.D
Brown, Richard VA 50th Inf. Co.D
Brown, Richard Martin's Escort,CSA
Brown, Richard A. GA Siege Arty. 28th Bn. Co.C
Brown, Richard A. GA 4th Inf. Co.K Cpl.
Brown, Richard A. GA 61st Inf. Co.H Capt.
Brown, Richard A. GA 64th Inf. Co.G,H. Capt.
Brown, Richard A. TN 1st (Feild's) Inf. Co.K
Brown, Richard A. TN 9th Inf. Co.B
Brown, Richard A. VA 49th Inf. Co.C
Brown, Richard C. VA 6th Inf. Co.I
Brown, Richard D. MS Lt.Arty. (Madison Lt.Arty.) Richards' Co.
Brown, Richard D. VA Lt.Arty. Moore's Co. Cpl.
Brown, Richard D. VA 6th Inf. 1st Co.E Sgt.
Brown, Richard D. VA 54th Mil. Co.E,F
Brown, Richard E. NC 58th Inf. Co.I
Brown, Richard F. GA Cav. 7th Bn. (St.Guards) Co.B
Brown, Richard F. TN 2nd (Robison's) Inf. Co.H Sgt.
Brown, Richard H. LA 15th Inf. Co.G Sgt.
Brown, Richard H. MS 2nd Part.Rangers Co.H
Brown, Richard H. TN 14th Inf. Co.K Lt.
Brown, Richard H. VA Lt.Arty. 12th Bn. 2nd Co.A
Brown, Richard H. VA Lt.Arty. Sturdivant's Co.
Brown, Richard H. VA 55th Inf. Co.B
Brown, Richard H. VA 56th Inf. Co.D
Brown, Richard H. VA 56th Inf. Co.D Sgt.
Brown, Richard H. VA 111th Mil. Co.5
Brown, Richard J. TN 26th Inf. Co.E
Brown, Richard J. VA 49th Inf. Co.C
Brown, Richard L. GA 41st Inf. Co.I
Brown, Richard L. NC 1st Arty. (10th St.Troops) Co.D
Brown, Richard L. VA 3rd Inf.Loc.Def. Co.D
Brown, Richard M. SC 2nd Cav. Co.C
Brown, Richard M. VA 6th Bn.Res. Co.A Capt.
Brown, Richard M. VA Inf. 23rd Bn. Co.F
Brown, Richard O. TX 13th Cav. Co.F
Brown, Richard O. TX 22nd Inf. Co.D
Brown, Richard R. GA 66th Inf. Co.C
Brown, Richard R. GA Phillips' Legion Co.A,G
Brown, Richard S. VA 11th Cav. Co.D
Brown, Richard S. VA 77th Mil. Co.A
Brown, Richardson VA Hvy.Arty. 19th Bn. 3rd Co.E
Brown, Richard T. NC 18th Inf. Co.E
Brown, Richard T. SC 9th Inf. Co.I
Brown, Richard T. VA 11th Inf. Co.C
Brown, Richard T. VA 56th Inf. Co.H
Brown, Richard W. AL 61st Inf. Co.I Cpl.
Brown, Richard W. NC 1st Inf. Co.C
Brown, Richard W. VA 3rd Cav. 2nd Co.I
Brown, Richard W. VA 55th Inf. Co.C
Brown, Richard W. Gillums's Regt. Whitaker's Co.
Brown, Richard Z. LA 7th Inf. Co.B
Brown, Richmond H. GA 21st Inf. Co.A
Brown, Ridgely MD 1st Cav. Lt.Col.
Brown, Ridgely VA 1st Cav. 2nd Co.K 1st Lt.
Brown, Rigdon H. FL 7th Inf. Co.E
Brown, Riley NC 45th Inf. Co.I
Brown, Rily J. NC 22nd Inf. Co.M
Brown, Ringgold M. MS 36th Inf. Co.K
Brown, Ritchard J. MO Cav. Fristoe's Regt. Co.K
Brown, R.J. AL 1st Bn. Hilliard's Legion Vol. Co.E
Brown, R.J. AR 34th Inf. Co.G
Brown, R.J. GA 3rd Mil. Co.G
Brown, R.J. GA Inf. 40th Bn. Co.E
Brown, R.J. GA Cobb's Legion Co.D
Brown, R.J. MS 2nd St.Cav. Co.L
Brown, R.J. MS Cav. 4th Bn. Co.A
Brown, R.J. MS 5th Cav. Co.C,F 1st Sgt.
Brown, R.J. MS 8th Inf. Co.C
Brown, R.J. MS 15th Inf. Co.K
Brown, R.J. MS Adams' Co. (Holmes Cty.Ind.)
Brown, R.J. MO Lt.Arty. Landis' Co.
Brown, R.J. MO St.Guard
Brown, R.J. SC 5th St.Troops Co.B
Brown, R.J. TN 12th (Green's) Cav. Co.K
Brown, R.J. TX 9th (Nichols') Inf. Co.I
Brown, R.J. TX 20th Inf. Co.G
Brown, R.J. 8th (Wade's) Conf.Cav. Co.C Cpl.
Brown, R.J. 20th Conf.Cav. 2nd Co.H
Brown, R.J. Gen. & Staff Asst.Surg.
Brown, R.K. SC Part.Rangers Kirk's Co.
Brown, R.K. SC 24th Inf. Co.D
Brown, R.K. TN 1st Hvy.Arty. 2nd Co.D
Brown, R.L. AL 28th Inf. Co.L
Brown, R.L. AL Cp. of Instr. Talladega
Brown, R.L. GA Inf. 40th Bn. Co.D
Brown, R.L. MO 4th Cav. Co.G
Brown, R.L. TN 16th Inf. Co.H
Brown, R.L. TX Cav. Crump's Regt.
Brown, R.L. TX Cav. Saufley's Scouting Bn. Co.C
Brown, R.L. VA 17th Cav. Co.K Lt.
Brown, R.L. VA 62nd Mtd.Inf.
Brown, R.M. AL Cp. of Instr. Talladega
Brown, R.M. AR 10th Inf. Co.C,F
Brown, R.M. FL Cav. 5th Bn. Co.D
Brown, R.M. GA Cav. 12th Bn. (St.Guards) Co.A
Brown, R.M. GA Phillips' Legion Co.C
Brown, R.M. MS 7th Inf. Co.B
Brown, R.M. SC Cav. 4th Bn. Co.B Cpl.
Brown, R.M. SC Cav. 12th Bn. Co.D
Brown, R.M. SC 2nd Inf. Co.K
Brown, R.M. SC 10th Inf. Co.L
Brown, R.M. TN 21st (Carter's) Cav. Co.A
Brown, R.M. TN 8th Inf. Co.E 1st Sgt.
Brown, R.M. TN 8th Inf. Co.F
Brown, R.M. TN Inf. 23rd Bn. Co.E
Brown, R.M. TX 1st Regt.St.Troops Co.A
Brown, R.M. VA Lt.Arty. W.P. Carter's Co.
Brown, R.M. Trans-MS Conf.Cav. 1st Bn. Co.C
Brown, R.M. Gen. & Staff Capt.,ACS
Brown, R.N. AL 65th Inf. Co.I Cpl.
Brown, R.N. AR 6th Inf. Co.C Sgt.
Brown, R.N. SC Lt.Arty. 3rd (Palmetto) Bn. Co.C
Brown, R.N. SC 10th Inf. Co.H Cpl.
Brown, R.N. TN Cav. Nixon's Regt. Co.E
Brown, R.N. TN 53rd Inf. Co.A
Brown, R.O. MS 1st Lt.Arty. Co.K
Brown, R.O. MS 40th Inf. Co.D
Brown, Robert AL Inf. 2nd Regt. Co.B
Brown, Robert AL 42nd Inf. Co.D Sgt.
Brown, Robert AR 3rd Cav. Co.B
Brown, Robert AR 2nd Inf. Co.B Cpl.
Brown, Robert AR 15th Inf. Co.I
Brown, Robert AR 15th (Johnson's) Inf. Co.F
Brown, Robert FL 5th Inf. Co.F
Brown, Robert GA Cav. 9th Bn. (St.Guards) Co.E
Brown, Robert GA Arty. 11th Bn. (Sumter Arty.) Co.A
Brown, Robert GA 5th Inf. Co.K
Brown, Robert GA 6th Inf. (St.Guards) Co.H
Brown, Robert GA 27th Inf. Co.F
Brown, Robert GA 30th Inf. Co.G
Brown, Robert GA 56th Inf. Co.K
Brown, Robert GA Phillips' Legion Co.F
Brown, Robert KY 5th Mtd.Inf. Co.E Cpl.
Brown, Robert LA 26th Inf. Co.D
Brown, Robert MS 5th Cav. Co.I
Brown, Robert MS 18th Cav. Co.H 2nd Lt.
Brown, Robert MS St.Troops (Peach Creek Rangers) Maxwell's Co.
Brown, Robert MS 4th Inf. Co.K
Brown, Robert MS Inf. 7th Bn. Co.C
Brown, Robert MS 25th Inf. Co.I
Brown, Robert MS 25th Inf. Co.K
Brown, Robert MS 41st Inf. Co.C Music.
Brown, Robert MO 6th Cav. Co.D
Brown, Robert MO 1st Inf. Co.C
Brown, Robert MO 1st & 4th Cons.Inf. Co.G
Brown, Robert MO 4th Inf. Co.A
Brown, Robert MO 12th Inf. Co.B
Brown, Robert NC 3rd Cav. (41st St.Troops) Co.F
Brown, Robert NC 4th Inf. Co.H
Brown, Robert NC 7th Inf. Co.G
Brown, Robert NC 24th Inf. Co.F
Brown, Robert SC 6th Res. Co.E
Brown, Robert SC 9th Res. Co.K
Brown, Robert SC 10th Inf. 1st Co.G
Brown, Robert SC 10th Inf. Co.L
Brown, Robert TN 4th (Murray's) Cav. Co.F
Brown, Robert TN 6th (Wheeler's) Cav. Co.C
Brown, Robert TN 8th (Smith's) Cav. Co.I Sgt.
Brown, Robert TN Cav. 11th Bn. (Gordon's) Co.C
Brown, Robert TN 9th Inf. Co.B
Brown, Robert TN 9th Inf. Co.F
Brown, Robert TN 18th Inf. Co.D
Brown, Robert TN 24th Inf. 1st Co.G, Co.B
Brown, Robert TN 34th Inf. Co.C

Brown, Robert TN 41st Inf. Co.B
Brown, Robert TX 18th Cav. Co.G
Brown, Robert TX 26th Cav. Co.E
Brown, Robert TX Cav. Benavides' Regt. Co.A
Brown, Robert TX 14th Field Btty. Artif.
Brown, Robert TX 11th Inf. Co.I
Brown, Robert VA 6th Cav. Co.B
Brown, Robert VA 10th Cav. 1st Co.E
Brown, Robert VA 19th Cav. Co.F
Brown, Robert VA Inf. 4th Bn.Loc.Def. Co.E
Brown, Robert VA 9th Inf. Co.B
Brown, Robert VA Inf. 26th Bn. Co.A
Brown, Robert VA 30th Inf. Co.C
Brown, Robert VA 41st Mil. Co.D
Brown, Robert VA 42nd Inf. Co.H
Brown, Robert VA 47th Inf. Co.A
Brown, Robert VA 48th Inf. Co.I
Brown, Robert VA 51st Mil. Co.F
Brown, Robert VA 135th Mil. Co.F
Brown, Robert 1st Creek Mtd.Vol. Co.E
Brown, Robert Gillum's Regt. Whitaker's Co.
Brown, Robert A. AL 40th Inf. Co.A 1st Lt.
Brown, Robert A. GA Cav. Nelson's Ind.Co.
Brown, Robert A. GA 4th Inf. Co.E
Brown, Robert A. LA 7th Inf. Co.I Jr.2nd Lt.
Brown, Robert A. VA 4th Cav. Co.H
Brown, Robert A. VA 9th Inf. 1st Co.H
Brown, Robert A. VA Inf. 28th Bn. Co.C
Brown, Robert A. VA 42nd Inf. Co.B
Brown, Robert A. VA 45th Inf. Co.H
Brown, Robert A. VA 59th Inf. 2nd Co.H
Brown, Robert B. GA 41st Inf.
Brown, Robert B. LA Mil. Beauregard Bn. Co.G
Brown, Robert B. NC 28th Inf. Co.E
Brown, Robert B. TN 14th Inf.
Brown, Robert B. TN 41st Inf.
Brown, Robert B. VA 1st Arty. Co.D
Brown, Robert C. GA 55th Inf. Co.K
Brown, Robert C. MS 11th Inf. Co.I
Brown, Robert C. MS 18th Inf. Co.C. 2nd Lt.
Brown, Robert C. NC 44th Inf. Co.B Capt.
Brown, Robert C. VA 4th Inf. Co.A Cpl.
Brown, Robert C. VA 7th Inf. Co.I
Brown, Robert D. GA 9th Inf. Co.H
Brown, Robert D. GA 50th Inf. Co.K
Brown, Robert D. TX 27th Cav. Co.D
Brown, Robert D. TX Cav. Mann's Regt. Co.A Cpl.
Brown, Robert D. TX Cav. Mann's Bn. Co.A Cpl.
Brown, Robert D. VA Hvy.Arty. Epes' Co.
Brown, Robert D. VA 57th Inf. Co.I
Brown, Robert E. AL 10th Inf. Co.A
Brown, Robert E. MD 1st Cav. Co.C
Brown, Robert F. GA 24th Inf. Co.F Comsy. Sgt.
Brown, Robert F. NC 1st Inf. Co.D
Brown, Robert F. NC 1st Inf. (6 Mo. '61) Co.K
Brown, Robert F. SC 1st (Orr's) Rifles Co.L
Brown, Robert F. TN 12th Cav. Co.F
Brown, Robert F. TN 6th Inf. Co.G
Brown, Robert G. LA 12th Inf. Co.A,H Sgt.
Brown, Robert G. NC 12th Inf. Co.E Sgt.
Brown, Robert G. NC 25th Inf. Co.C
Brown, Robert G. NC 29th Inf. Co.E
Brown, Robert G. TN 28th Inf. Co.G
Brown, Robert H. AL 37th Inf. Co.E
Brown, Robert H. GA Lt.Arty. 14th Bn. Co.B QMSgt.
Brown, Robert H. GA Lt.Arty. Anderson's Btty. 2nd Lt.
Brown, Robert H. GA 30th Inf. Co.F
Brown, Robert H. MO 1st N.E. Cav. Co.A Sgt.
Brown, Robert H. NC 16th Inf. Co.A Cpl.
Brown, Robert H. NC 39th Inf. Co.K 2nd Lt.
Brown, Robert H. VA 9th Cav. Co.K
Brown, Robert J. AL 23rd Bn.S.S. Co.E
Brown, Robert J. AR 3rd Cav. Co.I Sgt.
Brown, Robert J. GA 43rd Inf. Co.D
Brown, Robert J. MO Cav. Poindexter's Regt.
Brown, Robert J. TN 11th Inf. Co.A
Brown, Robert J. TX 3rd Cav. Co.H
Brown, Robert J. TX 15th Cav. Co.B 1st Lt.
Brown, Robert J. TX 27th Cav. Co.D
Brown, Robert J. TX 19th Inf. Co.D Cpl.
Brown, Robert J. VA 9th Inf. Co.C
Brown, Robert J. Conf.Cav. Wood's Regt. Co.E
Brown, Robert L. TN 14th Inf. Co.K
Brown, Robert L. VA Loc.Def. Bosher's Co. 2nd Lt.
Brown, Robert L. Gen. & Staff Lt.,Judge Advocate
Brown, Robert M. GA 7th Inf. Co.E
Brown, Robert M. MS 1st Bn.S.S. Co.B 1st Lt.,Adj.
Brown, Robert M. MS 25th Inf. Co.A Sgt.
Brown, Robert M. MS 44th Inf. Co.H Capt.
Brown, Robert M. MS Inf. (Red Rebels) D.J. Red's Co. Cpl.
Brown, Robert M. MO 8th Cav. Co.D Comsy.Sgt.
Brown, Robert M. TN 3rd (Clack's) Inf. Co.B
Brown, Robert M. TX 16th Cav. Co.K Sgt.
Brown, Robert M., Jr. VA 2nd Cav. Co.E
Brown, Robert M. VA 24th Bn.Part.Rangers Cropper's Co. Cpl.
Brown, Robert M. VA 24th Inf. Co.C
Brown, Robert M. VA 108th Mil. McNeer's Co.
Brown, Robt. M. Gen. & Staff 1st Lt.,Adj.
Brown, Robert P. GA 60th Inf. Co.A Cpl.
Brown, Robert P. MS 42nd Inf. Co.D
Brown, Robert P. NC Inf. 2nd Bn. Co.E Cpl.
Brown, Robert R. GA 4th Inf. Co.K
Brown, Robert R. GA 5th Inf. (St.Guards) Rucker's Co.
Brown, Robert S. GA 9th Inf. Co.D
Brown, Robert S. GA 13th Inf. Co.C
Brown, Robert S. MS 16th Inf. Co.K 4th Sgt.
Brown, Robert S. NC 7th Inf. Co.I
Brown, Robert S. TN Cav. 2nd Bn. (Biffle's) Co.F Bvt.2nd Lt.
Brown, Robert S. TN 4th Inf.
Brown, Robert S. TN 24th Bn.S.S. Co.A Cpl.
Brown, Robert S. VA Horse Arty. Ed. Graham's Co.
Brown, Robertson B. GA 45th Inf. Co.H 2nd Lt.
Brown, Robert T. TX 5th Cav. Co.B
Brown, Robert V. GA 35th Inf. Co.D
Brown, Robert W. AL Cav. Barbiere's Bn. Truss' Co. Sgt.
Brown, Robert W. AL 4th Inf. Co.E
Brown, Robert W. MS 15th Inf. Co.I
Brown, Robert W. MO 3rd Inf. Co.K
Brown, Robert W. NC 2nd Arty. (36th St.Troops) Co.D
Brown, Robert W. NC 28th Inf. Co.I
Brown, Robert W. NC 35th Inf. Co.A
Brown, Robert W. VA 5th Cav. (12 mo. '61-2) Winfield's Co.
Brown, Robert W. VA 13th Cav. Co.D
Brown, Rob. W. VA 46th Inf. 2nd Co.F
Brown, Robert W. 7th Conf.Cav. Co.B
Brown, Robert William VA Inf. 1st Bn. Co.E
Brown, Robert Y. MS 18th Inf. Co.H Capt.
Brown, Robinson J. TN 14th Inf. Co.L 1st Lt.
Brown, Rodger LA 21st (Patton's) Inf. Co.F 1st Lt.
Brown, Rolen R. GA 40th Inf. Co.G
Brown, Romulas M. NC Inf. 2nd Bn. Co.G
Brown, Romulus W. NC Cav. 5th Bn. Co.B Cpl.
Brown, Romulus W. NC 6th Cav. (65th St.Troops) Co.K,B 1st Lt.
Brown, Romulus W. NC 58th Inf. Co.A
Brown, Roscoe H. VA 5th Cav. (12 mo. '61-2) Co.B
Brown, Roscoe H. VA Cav. 14th Bn. Co.A Sgt.
Brown, Roscoe H. VA 15th Cav. Co.F Sgt.
Brown, Ross AL 21st Inf. Co.A
Brown, R.P. AR 7th Inf. Co.A 1st Lt.
Brown, R.P. GA 5th Inf. Co.H
Brown, R.P. GA Inf. 25th Bn. (Prov.Guard) Co.B
Brown, R.P. LA 4th Inf. New Co.G, Co.K
Brown, R.P. MS 5th Inf. (St.Troops) Co.C
Brown, R.P. TN 11th (Holman's) Cav. Co.K Ord.Sgt.
Brown, R.P. TN Holman's Bn.Part.Rangers Co.D
Brown, R.P. TN 55th (McKoin's) Inf. Co.I
Brown, R.P. TX 26th Cav. Co.I
Brown, R.P. TX 20th Inf. Co.E
Brown, R.R. AL 3rd Res. Co.G
Brown, R.R. AL 38th Inf. Co.A
Brown, R.R. GA Arty. 11th Bn. (Sumter Arty.) Co.B
Brown, R.R. GA Lt.Arty. 14th Bn. Co.B
Brown, R.R. GA Lt.Arty. Anderson's Btty.
Brown, R.R. SC 11th Res. Co.I
Brown, R.R. TN 13th (Gore's) Cav. Co.C
Brown, R.R. TX 35th (Brown's) Cav. Col.
Brown, R.R. TX 35th (Brown's) Cav. Co.A
Brown, R.R., Jr. TX 35th (Brown's) Cav. Co.H
Brown, R.R., Jr. TX 13th Vol. 2nd Co.B, 1st Co.B
Brown, R.R. VA 28th Inf. Co.F
Brown, R.R. VA 34th Inf. Co.H
Brown, R.S. AL 28th Inf. Co.L
Brown, R.S. GA 21st Inf. Co.B
Brown, R.S. MS Wilkinson Cty. Minute Men Co.A 2nd Lt.
Brown, R.S. SC 7th Cav. Co.K
Brown, R.S. SC 1st (Butler's) Inf. Co.I
Brown, R.S. SC Inf. Hampton Legion Co.G
Brown, R.S. TN 1st Hvy.Arty. 2nd Co.C
Brown, R.S. TN 17th Inf. Co.F
Brown, R.S.H. TN 14th Inf. Co.K
Brown, R.T. AL 29th Inf. Co.B Sgt.
Brown, R.T. AR 1st (Dobbin's) Cav. Co.D
Brown, R.T. MS 9th Inf. Music.

Brown, R.T. SC 5th Inf. 2nd Co.I
Brown, R.T. TN 1st Hvy.Arty. Co.K
Brown, R.T. TX 12th Cav. Co.E Sgt.
Brown, R. Traverse VA 47th Inf. Co.A
Brown, R.U. TN 7th (Duckworth's) Cav. Co.E
Brown, Rubbin C. MS 3rd Cav.Res. Co.F
Brown, Ruben Conf.Reg.Inf. Brooks' Bn. Co.F
Brown, Ruffin NC 45th Inf. Co.B
Brown, Rufus AR 8th Inf. New Co.B
Brown, Rufus MO 4th Inf. Co.K
Brown, Rufus TN 35th Inf. 2nd Co.D
Brown, Rufus VA 36th Inf. 2nd Co.B
Brown, Rufus 1st Choctaw & Chickasaw Mtd.Rifles 2nd Co.I
Brown, Rufus D. GA 3rd Bn.S.S. Co.D
Brown, Rufus D. GA Cobb's Legion Co.G
Brown, Rufus D. NC 4th Inf. Co.G 1st Lt.
Brown, Rufus E. NC 13th Inf. Co.B
Brown, Rufus H. KY Horse Arty. Byrne's Co.
Brown, Rufus L. TN 2nd (Robison's) Inf. Co.D
Brown, Rufus M. MO 1st N.E. Cav. Co.I Capt.
Brown, Rufus M. MO 9th Bn.S.S. Co.A,E Sr.2nd Lt.
Brown, Rufus M. VA 5th Inf. Co.C Sgt.
Brown, Rufus P. MS 14th Inf. Co.F
Brown, Rufus S. AR 7th Inf. Co.E Capt.
Brown, Russell TN 11th Cav. Co.L
Brown, Russell TN 11th Inf. Co.I
Brown, R.W. AL 4th Inf. Co.H
Brown, R.W. AL 34th Inf. Co.A
Brown, R.W. AL 58th Inf. Co.B
Brown, R.W. AR 31st Inf. Co.G Sgt.
Brown, R.W. MS 5th Inf. (St.Troops) Co.C
Brown, R.W. MS 46th Inf. Co.F
Brown, R.W. TN 61st Mtd.Inf. Co.C
Brown, R.W. Conf.Cav. Wood's Regt. Co.L
Brown, R.W. Gen. & Staff 1st Lt.,ADC
Brown, R.Y. MS 6th Cav. Col.
Brown, S. AL 59th Inf. Co.H
Brown, S. AL 22nd Inf. Co.F
Brown, S. GA Inf. 1st Conf.Bn. Co.C
Brown, S. GA 39th Inf. Co.F
Brown, S. KY 7th Cav. Co.E
Brown, S. KY Jessee's Bn.Mtd.Riflemen Co.C
Brown, S. KY Part.Rangers Rowan's Co.
Brown, S. LA 13th Bn. (Part.Rangers) Co.D
Brown, S. LA 11th Inf. Co.G
Brown, S. MS 3rd Cav. Co.K
Brown, S. MS 3rd (St.Troops) Cav. Co.K Sgt.
Brown, S. MS Scouts Montgomery's Co. Sgt.
Brown, S. NC 3rd Jr.Res. Co.C
Brown, S. NC 4th Bn.Jr.Res. Co.C
Brown, S. NC 11th Bn. Home Guards
Brown, S. SC Lt.Arty. Wagener's Co. (Co.A, German Arty.)
Brown, S. SC 1st Regt. Charleston Guard Co.D
Brown, S. SC 1st Inf. Co.O
Brown, S. SC 21st Inf. Co.E
Brown, S. TN 10th (DeMoss') Cav. Co.I
Brown, S. TN 19th (Biffle's) Cav. Co.E
Brown, S. TN Cav. Napier's Bn. Co.E
Brown, S. TX Cav. Chisum's Regt. Co.I
Brown, S. VA 12th Cav. Co.G
Brown, S. VA 3rd Inf.
Brown, S. Lt.Arty. Dent's Btty.,CSA
Brown, S.A. AL 25th Inf. Co.I Cpl.
Brown, S.A. FL 1st (Res.) Inf. Co.D Sgt.
Brown, S.A. GA Siege Arty. 28th Bn. Co.A
Brown, S.A. GA Inf. 18th Bn. Co.A
Brown, S.A. GA 66th Inf. Co.C
Brown, S.A. SC 2nd Arty. Co.D Cpl.
Brown, S.A. TN 18th Inf. Co.E
Brown, S.A. TN 38th Inf. Co.E
Brown, S.A. TX 17th Inf. Co.K
Brown, S.A. Hosp.Stew.
Brown, Salathiel W. TN 32nd Inf. Co.E
Brown, Sal W. GA Cav. 9th Bn. (St.Guards) Co.C
Brown, Sam SC 17th Inf. Co.D
Brown, Sam J. AL Arty. 4th Bn. Hilliard's Legion Co.B,E
Brown, Sampson AL 50th Inf. Co.K
Brown, Sampson H. TX 36th Cav. Co.D
Brown, Sampson J. AL 6th Inf. Co.F
Brown, Samuel AL 1st Regt.Mobile Vol. Co.E Sgt.
Brown, Samuel AL 28th Inf. Co.E
Brown, Samuel AR 1st (Crawford's) Cav. Co.G Sgt.
Brown, Samuel AR Cav. Anderson's Unatt.Bn. Co.F
Brown, Samuel AR 1st (Colquitt's) Inf. Co.E
Brown, Samuel AR 15th Inf. Co.F
Brown, Samuel AR Inf. Hardy's Regt. Co.C
Brown, Samuel FL 4th Inf. Co.C
Brown, Samuel GA 12th Cav. Co.D
Brown, Samuel GA Cav. 22nd Bn. (St.Guards) Co.D
Brown, Samuel GA Lt.Arty. Anderson's Btty.
Brown, Samuel GA 1st (Olmstead's) Inf. Co.H
Brown, Samuel GA Inf. 9th Bn. Co.A
Brown, Samuel GA 23rd Inf. Co.E
Brown, Samuel GA 25th Inf. Co.C
Brown, Samuel GA 43rd Inf. Co.C
Brown, Samuel GA 49th Inf. Co.E
Brown, Samuel GA 56th Inf. Co.H
Brown, Samuel GA Inf. (Emanuel Troops) Moring's Co.
Brown, Samuel KY 2nd (Duke's) Cav. Co.K,I
Brown, Samuel KY 3rd Mtd.Inf. Co.I
Brown, Samuel KY 4th Cav. Revill's Co.
Brown, Samuel LA 1st (Nelligan's) Inf. Co.G
Brown, Samuel LA 5th Inf. Co.G Sgt.
Brown, Samuel LA 14th Inf. Co.K
Brown, Samuel MS 11th (Perrin's) Cav. Co.F
Brown, Samuel MS 3rd Inf. (St.Troops) Co.A Sgt.
Brown, Samuel MS Inf. 3rd Bn. (St.Troops) Co.A
Brown, Samuel MS Inf. 5th Bn. Co.A
Brown, Samuel MS 24th Inf. Co.G
Brown, Samuel MS 43rd Inf. Co.F
Brown, Samuel MS 43rd Inf. Co.I
Brown, Samuel MO Cav. Ford's Bn. Co.C
Brown, Samuel MO 5th Inf. Co.F
Brown, Sam'l MO Dorsey's Regt.
Brown, Samuel NC 12th Inf. Co.A
Brown, Samuel NC 17th Inf. (2nd Org.) Co.A
Brown, Samuel NC 24th Inf. Co.D
Brown, Samuel NC Walker's Bn. Thomas' Legion Co.H
Brown, Samuel SC 1st Cav. Co.G
Brown, Samuel SC 2nd Cav. Co.E
Brown, Samuel SC 2nd Inf. Co.C
Brown, Samuel SC 4th St.Troops Co.A
Brown, Samuel SC Inf. 9th Bn. Co.D
Brown, Samuel SC 21st Inf. Co.K
Brown, Samuel TN 4th (McLemore's) Cav. Co.G Cpl.
Brown, Samuel TN 4th (Murray's) Cav. Co.D
Brown, Samuel TN 13th (Gore's) Cav. Co.F 1st Sgt.
Brown, Samuel, Jr. TN Cav. Welcker's Bn. Kincaid's Co.
Brown, Samuel TN Lt.Arty. Scott's Co. 1st Sgt.
Brown, Samuel TN 11th Inf. Co.I
Brown, Samuel TN 24th Bn.S.S. Co.C
Brown, Samuel TN 48th (Voorhies') Inf. Co.G
Brown, Samuel TX 4th Cav. Co.C
Brown, Samuel TX 7th Cav. Co.D 2nd Lt.
Brown, Samuel TX Cav. Martin's Regt. Co.F
Brown, Samuel VA 3rd Bn. Valley Res. Co.A
Brown, Samuel VA 10th Bn.Res. Co.C
Brown, Samuel VA 11th Bn.Res. Co.F 1st Sgt.
Brown, Samuel VA 16th Inf. 2nd Co.H
Brown, Samuel VA Inf. 25th Bn. Co.D Cook
Brown, Samuel VA 34th Inf. Co.E
Brown, Samuel VA 86th Mil. Co.F
Brown, Samuel 1st Conf.Cav. 2nd Co.C Sgt.
Brown, Samuel 1st Conf.Cav. Co.I
Brown, Samuel 1st Creek Mtd.Vol. Co.E 2nd Lt.
Brown, Samuel A. AR 21st Inf. Co.K
Brown, Samuel A. KY 2nd Cav. Co.E
Brown, Samuel A. TN 5th (McKenzie's) Cav. Co.C
Brown, Samuel A. TN 16th (Logwood's) Cav. Co.H
Brown, Samuel A. TN 63rd Inf. Co.H
Brown, Samuel A. TX 6th Cav. Co.K
Brown, Samuel A. VA 58th Inf. Co.G
Brown, Samuel A. Gen. & Staff Hosp.Stew.
Brown, Samuel B. AL 11th Inf. Co.B
Brown, Samuel B. AL 45th Inf. Co.I
Brown, Samuel B. MS 33rd Inf. Co.I 1st Lt.
Brown, Samuel B. TX Cav. Ragsdale's Bn. 2nd Co.C
Brown, Samuel B. VA Cav. 39th Bn. Co.C Capt.
Brown, Samuel B.J. VA 52nd Inf. Co.C Capt.
Brown, Samuel C. GA 55th Inf. Co.I
Brown, Samuel C. NC Walker's Bn. Thomas' Legion Co.F
Brown, Samuel C. TN 4th (McLemore's) Cav. Co.D
Brown, Samuel C. TN 5th (McKenzie's) Cav. Co.K
Brown, Samuel C. TN 1st (Feild's) Inf. Co.H
Brown, Samuel C. TN 42nd Inf. 2nd Co.F
Brown, Samuel D. TN 34th Inf. 2nd Co.C
Brown, Samuel D. TX 13th Cav. Co.D
Brown, Samuel E. VA 2nd Cav. Co.A
Brown, Samuel E. VA 12th Inf. Co.B
Brown, Samuel E. VA 28th Inf. Co.F 3rd Lt.
Brown, Samuel F. GA 15th Inf. Co.F
Brown, Samuel G. AL 11th Inf. Co.G
Brown, Samuel G. GA 40th Inf. Co.A
Brown, Samuel G. MD 1st Inf. Lt.
Brown, Samuel G. SC 9th Inf. Co.D
Brown, Samuel G. SC Palmetto S.S. Co.E
Brown, Sam. H. AL 7th Inf. Co.K
Brown, Samuel H. LA 9th Inf. Co.H

Brown, Samuel H. LA 11th Inf. Co.D
Brown, Samuel H. NC 61st Inf. Co.F
Brown, Samuel H. TN 23rd Inf. 1st Co.F, Co.H
Brown, Samuel H. VA Horse Arty. Shoemaker's Co.
Brown, Samuel H. VA 2nd Inf. Co.G 1st Sgt.
Brown, Sam'l H. Gen. & Staff Surg.
Brown, Samuel J. AL 30th Inf. Co.D
Brown, Sameul J. AL 32nd Inf. Co.A
Brown, Samuel J. GA Cobb's Legion Co.B
Brown, Samuel J. MS 31st Inf. Co.F
Brown, Samuel J. SC Lt.Arty. 3rd (Palmetto) Bn. Co.E,G,K Sgt.
Brown, Samuel L. GA 41st Inf. Co.G
Brown, Samuel L. TN 2nd (Smith's) Cav.
Brown, Samuel M. AL 28th Inf. Co.C
Brown, Samuel M. FL 11th Inf. Co.G
Brown, Samuel M. MO Cav. 3rd Bn. Co.A
Brown, Samuel M. SC 1st (Orr's) Rifles Co.L
Brown, Samuel M. TN 4th (Murray's) Cav. Co.E
Brown, Samuel M. TN Inf. 22nd Bn. Co.K
Brown, Samuel M. TX Inf. Rutherford's Co.
Brown, Samuel M. VA 28th Inf. Co.E,I
Brown, Sam'l. Moore Gen. & Staff Asst.Surg.
Brown, Samuel N. NC Hvy.Arty. 1st Bn. Co.C Sgt.
Brown, Samuel N. NC 18th Inf. Co.I
Brown, Samuel P. NC 6th Inf. Co.E 2nd Lt.
Brown, Samuel R. VA 20th Inf. Co.B 1st Sgt.
Brown, Samuel S. GA 64th Inf. Co.E 1st Sgt.
Brown, Samuel S. GA Cobb's Legion Co.A
Brown, Samuel S. MS 2nd Cav. Co.F
Brown, Samuel S. NC 14th Inf.Co.F 2nd Lt.
Brown, Samuel S. SC Hvy.Arty. 15th (Lucas') Bn. Co.A
Brown, Samuel T. TN 48th (Voorhies') Inf. Co.E Sgt.
Brown, Samuel V. AR 4th Inf. Co.A
Brown, Samuel W. GA Phillips' Legion Co.C
Brown, Samuel W. MO 5th Cav. Co.C Surg.
Brown, Samuel W. TX 27th Cav. Co.D
Brown, Samuel W. TX 10th Inf. Co.G
Brown, Samuel W. VA 27th Inf. Co.F Capt.
Brown, Samuel Y. NC 24th Inf. Co.H
Brown, Samuel Y. VA 9th Inf. Co.K Sgt.
Brown, Sandy NC 66th Inf. Co.G
Brown, Sandy M. NC 4th Inf. Co.E
Brown, Sanford TX 8th Inf. Co.K
Brown, Sanford E. AL 3rd Cav. Co.E
Brown, Sanford E. Conf.Cav. Wood's Regt. 1st Co.D
Brown, Sanford V. GA 3rd Cav. (St.Guards) Co.B 2nd Lt.
Brown, S.B. AL 53rd (Part.Rangers) Co.H
Brown, S.B. GA 5th Inf. Co.C 1st Lt.
Brown, S.B. GA 5th Res. Co.D
Brown, S.B. GA 37th Inf. Co.D
Brown, S.B. GA 52nd Inf. Co.B
Brown, S.B. TX 19th Inf. Co.B
Brown, S.C. AL 8th Cav. Co.C
Brown, S.C. AL Cav. Lenoir's Ind.Co.
Brown, S.C. AL 27th Inf. Co.I 1st Lt.
Brown, S.C. AL 43rd Inf. Co.C 2nd Lt.
Brown, S.C. AR 7th Inf. Co.A Capt.
Brown, S.C. GA 15th Inf. Co.H
Brown, S.C. MS Inf. 1st Bn.St.Troops (12 mo.'62-3) Co.E Sgt.
Brown, S.C. MS 6th Inf. Co.I
Brown, S.C. TN Cav. Napier's Bn. Co.D
Brown, S.C. TN 24th Inf. Co.I
Brown, S.C. TN 45th Inf.Co.A
Brown, S.C. TN 63rd Inf. Co.C,D
Brown, S.C. TN Inf. Nashville Bn. Fulcher's Co.
Brown, S.C. TX 12th Inf. Co.C Cpl.
Brown, S.C.C. TN 8th Inf. Co.H
Brown, Schley V. GA 9th Inf. Co.K
Brown, S. Cisero GA Cav. Roswell Bn. Co.A Ord.Sgt.
Brown, S.D. AL 43rd Inf. Co.D
Brown, S.D. AL Cp. of Instr. Talladega Co.B
Brown, S.D. MS 3rd (St.Troops) Cav. Co.G
Brown, S.D. MS Inf. 2nd St.Trooops Co.B 1st Sgt.
Brown, S.E. FL Cav. 5th Bn.
Brown, S.E. GA Lt.Arty. 12th Bn. 1st Co.C Sr.2nd Lt.
Brown, Seaborn AL Cav. Hardie's Bn.Res. Co.C
Brown, Seaborn J. GA 51st Inf. Co.H
Brown, Seaborn S. GA 9th Inf. (St.Guards) Co.B Cpl.
Brown, Searcy P. AL 11th Inf. Co.G
Brown, Seawell Y. NC 47th Inf. Co.I
Brown, Seborn S. GA 3rd Inf. Co.D
Brown, Sebron GA Inf. (Richmond Factory Guards) Barney's Co.
Brown, Sebron TX Cav. Ragsdale's Bn. Co.D
Brown, Sebron J. AL 19th Inf. Co.C
Brown, Seneca J. LA Mil. 1st Regt. 3rd Brig. 1st Div. Co.F 1st Sgt.
Brown, Seth AR 18th (Marmaduke's) Inf. Co.F
Brown, Seth B. NC 21st Inf. Co.A
Brown, Seth C. VA 13th Inf. Co.C
Brown, Seth R. FL 9th Inf. Co.A,G
Brown, Seymour VA 26th Inf. Co.F
Brown, S.F. AL Talladega Cty.Res. J. Hurst's Co.
Brown, S.F. GA Cav. 19th Bn. Co.B
Brown, S.F. MS 28th Cav. Co.A
Brown, S.F. NC Home Guards
Brown, S.F. SC 7th Cav. Co.G
Brown, S.F. TN 26th Inf. Co.K
Brown, S.F. 10th Conf.Cav. Co.G
Brown, S.G. AR 19th (Dawson's) Inf. Co.D
Brown, S.G. AR Inf. Sparks' Co.
Brown, S.G. FL 1st (Res.) Inf. Co.K
Brown, S.G. GA Cav. 1st Bn.Res. Co.E
Brown, S.G. NC 60th Inf. Co.B
Brown, S.H. AL 5th Cav. Co.C Capt.
Brown, S.H. AL 35th Inf. Co.B
Brown, S.H. FL 9th Inf. Co.A
Brown, S.H. GA 4th (Clinch's) Cav. Co.D
Brown, S.H. GA Cav. Dorough's Bn.
Brown, S.H. KY 6th Mtd.Inf. Co.I
Brown, S.H. MS Cav. 1st Bn. (Miller's) Co.A
Brown, S.H. NC 2nd Inf. Co.B
Brown, S.H. NC 35th Inf. Co.H
Brown, S.H. TN 16th Inf. Co.D 1st Lt.
Brown, S.H. TX 34th Cav. Co.G
Brown, S.H. TX 6th Inf. Co.B
Brown, S.H. VA 10th Inf. Conscr.
Brown, S.H. VA 43rd Mil. Shaon's Co. Cpl.
Brown, Shad GA 2nd St.Line Co.F
Brown, Shadrack TX 14th Cav. Co.K
Brown, Sheldrick GA 35th Inf. Co.K
Brown, Shepherd KY 5th Cav. Co.B
Brown, Shepherd KY 8th Cav. Co.B
Brown, Shepherd VA 32nd Inf. 2nd Co.H Sgt.
Brown, Shepperd VA Lt.Arty. J.D. Smith's Co.
Brown, Sherod J. NC 2nd Arty. (36th St.Troops) Co.A
Brown, Shilldrake GA 2nd St.Line
Brown, S. Howell 1st Conf.Eng.Troops Co.I 1st Lt.
Brown, Sidney NC 47th Inf. Co.D
Brown, Sidney B. KY 4th Cav. Co.G
Brown, Sidney M. NC 22nd Inf. Co.E Cpl.
Brown, Silas TN 13th Cav. Co.G
Brown, Silas TN Cav. Newsom's Regt. Co.G
Brown, Silas TN 27th Inf. Co.E
Brown, Silas TX 2nd Inf. Co.E
Brown, Silas H. VA 57th Inf. Co.F
Brown, Silas M. GA Arty. 9th Bn. Co.A
Brown, Silas R. AL 46th Inf. Co.H
Brown, Silas S. AR 24th Inf. Co.B Sgt.
Brown, Silas S. AR Inf. Hardy's Regt. Co.B
Brown, Silvanus TX 36th Cav. Co.G
Brown, Sim TX 33rd Cav. Co.K
Brown, Simeon GA 1st Cav. Co.A
Brown, Simeon GA 51st Inf. Co.G,D
Brown, Simeon GA Inf. Cobb Guards Co.B Cpl.
Brown, Simeon NC 53rd Inf. Co.C
Brown, Simeon A. MS 15th Inf. Co.C
Brown, Simeon E. MS 15th Inf. Co.K
Brown, Simeon J. MS 1st Bn.S.S. Co.B
Brown, Simeon J. MS 25th Inf. Co.A
Brown, Simeon W. TX 10th Inf. Co.E
Brown, Simon SC Inf. 7th Bn. (Enfield Rifles) Co.E
Brown, Simon S. FL 2nd Cav. Co.B
Brown, S.J. AL Lt.Arty. Kolb's Btty.
Brown, S.J. AL 59th Inf. Co.E
Brown, S.J. FL 1st Inf. Old Co.D
Brown, S.J. GA 3rd Cav. Co.I Cpl.
Brown, S.J. GA 48th Inf. Co.E
Brown, S.J. KY 13th Cav. Co.D
Brown, S.J. MS Cav. 1st Bn.(Montgomery's) St.Troops Cameron's Co.
Brown, S.J. MS 8th Cav. Co.I
Brown, S.J. MS 12th Cav. Co.K
Brown, S.J. MS 5th Inf. (St.Troops) Co.C Sgt.
Brown, S.J. MS 6th Inf. Co.I
Brown, S.J. MS 37th Inf. Co.B,E
Brown, S.J. NC 6th Cav. (65th St.Troops) Co.F,A 1st Lt.
Brown, S.J. SC Lt.Arty. Garden's Co. (Palmetto Lt.Btty.)
Brown, S.J. SC Arty. Manigault's Bn. 2nd Co.C
Brown, S.J. SC 6th Inf. 2nd Co.F
Brown, S.J.G. GA 8th Inf. Co.I
Brown, S.J.M. NC 2nd Jr.Res. Co.B
Brown, S.L. GA 59th Inf. Co.D
Brown, S.L. NC 61st Inf. Co.D Sgt.
Brown, S.L. VA 2nd St.Res. Co.G Cpl.
Brown, S.M. AL Cav. Moreland's Regt. Co.D
Brown, S.M. AL 41st Inf. Co.K
Brown, S.M. AL 42nd Inf. Co.F
Brown, S.M. AL Pris.Guard Freeman's Co.
Brown, S.M. AR Inf. Cocke's Regt. Co.A
Brown, S.M. FL 10th Inf. Co.E
Brown, S.M. GA Cav. 20th Bn. Co.E
Brown, S.M. GA 1st (Ramsey's) Inf. Co.D

Brown, S.M. KY 7th Cav. Co.E
Brown, S.M. MS 1st Cav. Co.F
Brown, S.M. MS 5th Cav. Co.H
Brown, S.M. MS 18th Cav. Co.K
Brown, S.M. MO 3rd Inf. Co.K
Brown, S.M. SC 7th Inf. Co.D
Brown, S.M. SC 11th Inf. Co.L
Brown, S.M. TN 21st (Wilson's) Cav. Co.C
Brown, S.M. TN 21st (Wilson's) Cav. Co.H
Brown, S.M. TN 21st & 22nd (Cons.) Cav. Co.H
Brown, S.M. TN 27th Inf. Co.D Cpl.
Brown, S.M. TN 44th (Cons.) Inf. Co.G
Brown, S.M. TX Inf. 1st St.Troops White's Co.D
Brown, S.M. TX 22nd Inf. Co.F
Brown, S.M. VA Inf. 1st Bn. Asst.Surg.
Brown, S.M. VA 10th Inf. 2nd Co.C 1st Lt.
Brown, Smiley J. NC 7th Inf. Co.I
Brown, S.N. GA Lt.Arty. 12th Bn. Co.E, 3rd Co.C
Brown, S.N. SC 25th Inf. Co.B
Brown, S.O. AL Cav. Moreland's Regt. Co.D
Brown, S.O. MS 6th Inf. Co.I
Brown, S.O. MS 9th Inf. New Co.F
Brown, S.O. MS 14th (Cons.) Inf. Co.C
Brown, S.O. TX 11th Cav. Co.I
Brown, Sol SC 2nd Res.
Brown, Solomon GA 10th Cav. Co.E
Brown, Solomon SC 4th Cav. Co.F
Brown, Solomon W. GA 15th Inf. Co.I
Brown, S.P. AL 26th (O'Neal's) Inf. Co.H
Brown, S.P. AR 38th Inf. Co.E
Brown, S.P. TN Lt.Arty. Phillips' Co.
Brown, S.P. TX Cav. 2nd Regt.St.Troops Co.B
Brown, S.P. TX Cav. Morgan's Regt. Co.E
Brown, S.P. VA 2nd Inf.Loc.Def. Co.H 1st Lt.
Brown, S.P. VA Inf. 2nd Bn.Loc.Def. Co.A,F 1st Lt.
Brown, Spencer D. VA 21st Inf. Co.K
Brown, S.P.G. VA 10th Cav. Co.K
Brown, Spill NC 44th Inf. Co.E
Brown, Sptemis Gen. & Staff Surg.
Brown, Squire MO Cav. 4th Regt.St.Guard Co.E 3rd Lt.
Brown, Squire NC 28th Inf. Co.F
Brown, S.R. AR 8th Inf. New Co.A
Brown, S.R. FL 2nd Cav. Co.H
Brown, S.R. GA 53rd Inf. Co.F,B Maj.
Brown, S.R. TX Cav. 2nd Regt.St.Troops Co.B
Brown, S.R. VA 9th Cav. Co.G
Brown, S.S. GA Cav. 29th Bn. Co.B
Brown, S.S. GA Siege Arty. 28th Bn. Co.I
Brown, S.S. GA Siege Arty. Campbell's Ind.Co.
Brown, S.S. GA 5th Res. Co.E
Brown, S.S. GA 22nd Inf. Co.A Capt.
Brown, S.S. GA Inf. 25th Bn. (Prov.Guard) Co.A
Brown, S.S. SC Inf. 1st (Charleston) Bn. Co.F
Brown, S.S. SC 27th Inf. Co.C
Brown, S.S. TX 2nd Inf. Co.C
Brown, S.T. AL 15th Cav. Co.I
Brown, S.T. AL 10th Inf. Co.I
Brown, S.T. AL 48th Inf. Co.I
Brown, S.T. AL Pris.Guard Freeman's Co.
Brown, S.T. GA 7th Inf. Co.G
Brown, S.T. LA 13th Bn. (Part.Rangers) Co.C
Brown, S.T. NC 3rd Arty. (40th St.Troops) Co.I
Brown, S.T. TX 11th Cav. Co.G
Brown, S.T. VA 10th Cav. 2nd Co.E
Brown, S.T. 15th Conf.Cav. Co.I
Brown, S.T. Gen. & Staff Surg.
Brown, Stanhope H. NC Mallett's Bn. (Cp.Guard) Co.B
Brown, Stanley TX 6th Inf. Co.B
Brown, Starke A. FL 10th Inf. Co.E
Brown, Starkey NC 17th Inf. (2nd Org.) Co.D
Brown, Starling AL 3rd Cav. Co.B
Brown, Starling Conf.Cav. Wood's Regt. 1st Co.M
Brown, Stephen AL 3rd Cav. Co.B
Brown, Stephen AL 8th Inf. Co.E
Brown, Stephen FL 1st (Res.) Inf. Co.I
Brown, Stephen GA 4th Res. Co.D,G
Brown, Stephen GA 7th Inf. (St.Guards) Co.K
Brown, Stephen GA 46th Inf. Co.C
Brown, Stephen GA 56th Inf. Co.E Cpl.
Brown, Stephen GA 66th Inf.Co.D
Brown, Stephen NC 8th Sr.Res. Daniel's Co.
Brown, Stephen SC 4th Cav. Co.F
Brown, Stephen SC Arty. Gregg's Co. (McQueen Lt.Arty.)
Brown, Stephen SC Arty. Manigault's Bn. 1st Co.C
Brown, Stephen TX Cav. Hardeman's Regt. Co.B
Brown, Stephen Conf.Cav. Wood's Regt. 1st Co.M
Brown, Stephen A. FL 5th Inf. Co.D Sgt.
Brown, Stephen A. NC 4th Inf. Co.K
Brown, Stephen C. GA 56th Inf. Co.G Sgt.
Brown, Stephen D. VA 5th Cav. (12 mo. '61-2) Co.D
Brown, Stephen D. VA 13th Cav. Co.B
Brown, Stephen F. TX 6th Cav. Co.K Black.
Brown, Stephen H. MS Lt.Arty. (Warren Lt.Arty.) Swett's Co.
Brown, Stephen J. KY 6th Cav. Co.C 2nd Lt.
Brown, Stephen J. NC 1st Cav. (9th St.Troops) Co.D Sgt.
Brown, Stephen M. GA 43rd Inf. Co.K
Brown, Stephen M. MS 18th Inf. Co.E
Brown, Stephen W. AL 18th Bn.Vol. Co.B Sgt.
Brown, Stephen W. FL 2nd Inf. Co.G
Brown, Stephen W. NC 24th Inf. Co.B Cpl.
Brown, Stephen W. NC 33rd Inf. Co.B
Brown, Stephen W. TN 8th Cav.
Brown, Stephen W. TN Arty. Ramsey's Btty.
Brown, Sterling AL 42nd Inf. Co.C Sgt.
Brown, Sterling TN 48th (Nixon's) Inf. Co.C
Brown, Sterling TN 48th (Voorhies') Inf. Co.F
Brown, Sterling T. AL 28th Inf. Co.C
Brown, Steven M. MS 11th (Perrin's) Cav. Co.A,D
Brown, Stirling C. TN 17th Inf. Co.F
Brown, Stuart S. VA 5th Inf. Co.D
Brown, S. Turner AR 1st (Monroe's) Cav. Co.C
Brown, Sumberlin C. MS 21st Inf. Co.D
Brown, Sumelton NC 47th Inf. Co.H
Brown, Sumner W. GA 5th Inf. Co.A Cpl.
Brown, S.V. AL 31st Inf. Co.G
Brown, S.W. AR 7th Inf. Surg.
Brown, S.W. FL 1st Inf. 2nd Lt.
Brown, S.W. GA Cav. 19th Bn. Co.C
Brown, S.W. GA 47th Inf. Co.H
Brown, S.W. NC 45th Inf. Co.K
Brown, S.W. SC 1st (Hagood's) Inf. 1st Co.B, 2nd Co.B
Brown, S.W. TN 4th (McLemore's) Cav. Co.I
Brown, S.W. TN 5th (McKenzie's) Cav. Co.B
Brown, S.W. TN 16th Inf. Co.K Sgt.
Brown, Swan H. GA 35th Inf. Co.C
Brown, S.W.E. SC 24th Inf. Co.F
Brown, Sydney K. VA 9th Inf. Co.C
Brown, Sylvanus TX 24th Cav. Co.K
Brown, Sylvester AR 14th (Powers') Inf. Co.C
Brown, Sylvester LA 14th (Austin's) Bn.S.S. Co.B
Brown, Sylvester SC 20th Inf. Co.K Sgt.
Brown, Sylvester TN 33rd Inf. Co.K
Brown, Sylvester S. AL Mil. 4th Vol. Co.H
Brown, T. GA 8th Cav. Old Co.D
Brown, T. GA 62nd Cav. Co.D
Brown, T. GA Arty. Maxwell's Reg.Lt.Btty.
Brown, T. GA 1st Reg. Co.D
Brown, T. LA 9th Inf. Co.B
Brown, T. LA Miles' Legion Co.A
Brown, T. MO Cav. Freeman's Regt. Co.G
Brown, T. NC Hvy.Arty. 10th Bn. Co.C
Brown, T. NC 4th Sr.Res. Co.D
Brown, T. SC Mil.Arty. 1st Regt. Small's Co.
Brown, T. SC Inf. 9th Bn. Co.A
Brown, T. TN Cav. Napier's Bn. Co.A
Brown, T. TX 37th Cav. Mullin's Co.
Brown, T. VA 55th Inf. Co.E
Brown, T.A. MO St.Guard
Brown, T.A. NC Lt.Arty. 13th Bn. Co.D
Brown, T.A. NC 4th Sr.Res. Co.D
Brown, T.A. SC 7th Inf. Co.D
Brown, T.A. TN Inf. 4th Cons.Regt. Co.C
Brown, T.A. TX 32nd Cav. Co.F
Brown, T.A. TX Inf. 2nd St.Troops Adj.
Brown, Tandy GA 10th Cav. (St.Guards) Co.C
Brown, Tandy A. LA 9th Inf. Co.C
Brown, Taylor TX 3rd Cav. Co.B 3rd Lt.
Brown, Tazewell Brightberry MS 2nd Part. Rangers Co.G 3rd Lt.
Brown, T.B. AL 1st Cav. Co.A Lt.Col.
Brown, T.B. KY 3rd Mtd.Inf. Co.D
Brown, T.B. MS 12th Cav. Co.K
Brown, T.B. SC 21st Inf. Co.G Cpl.
Brown, T.B. TN 21st (Wilson's) Cav. Co.D
Brown, T.B. TN 51st (Cons.) Inf. Co.C
Brown, T.B. VA 54th Mil. Co.G
Brown, T.C. AR 10th Mil.
Brown, T.C. MS 3rd Cav. Co.H
Brown, T.C. MS 7th Cav. Co.H
Brown, T.C. MS 9th Cav. Co.E Capt.
Brown, T.C. MS 10th Cav. Co.F Capt.
Brown, T.C. Trans-MS Conf.Cav. 1st Bn. Co.B
Brown, T. Cicero SC Palmetto S.S. Co.H 1st Sgt.
Brown, T.D. LA 2nd Cav. Co.C
Brown, T.D. VA 7th Inf. Co.C
Brown, T.E. AL 7th Cav. Co.G
Brown, T.E. AR 15th (Johnson's) Inf. Co.D
Brown, T.E. AR 27th Inf. Co.F
Brown, T.E. GA Lt.Arty. Clinch's Btty.
Brown, T.E. NC 24th Inf. Co.B
Brown, T.E. SC 2nd Arty. Co.I
Brown, T.E. SC 1st (Butler's) Inf. Co.C

Brown, T.E. SC 8th Res.
Brown, T.E. TN 12th (Cons.) Inf. Co.B
Brown, T.E. TN 27th Inf. Co.B
Brown, Telimacus C. TN Cav. 17th Bn. (Sanders') Co.B Capt.
Brown, Temple NC 23rd Inf. Co.C
Brown, Temple NC 44th Inf. Co.H
Brown, Terial GA Inf. Phillips' Legion Co.E Cpl.
Brown, Terrell GA Phillips' Legion Co.E Cpl.
Brown, T.F. GA 55th Inf. Co.C
Brown, T.F. KY 12th Cav. Co.B
Brown, T.F. NC 5th Cav. Co.H
Brown, T.F. SC 3rd St.Troops Co.C
Brown, T.F. TN 20th Inf. Co.C
Brown, T.F. 7th Conf.Cav. Co.L
Brown, T.F.M. TX 21st Inf. Co.B
Brown, T.G. AR Cav. Crabtree's (46th) Regt. Co.B
Brown, T.G. FL 1st Inf. Old Co.G
Brown, T.G. GA 29th Inf. Co.A
Brown, T.G. SC Inf. 3rd Bn. Co.G
Brown, T.G., Sr. TN 2nd (Ashby's) Cav. Co.A
Brown, T.G. TN Cav. 5th Bn. (McClellan's) Co.A Far.
Brown, T.H. GA 46th Inf. Co.A
Brown, T.H. LA 25th Inf. Co.G 2nd Lt.
Brown, T.H. MS 1st (King's) Inf. (St.Troops) Co.D
Brown, T.H. MS 41st Inf. Co.E
Brown, T.H. MS 41st Inf. Co.E Jr.2nd Lt.
Brown, T.H. SC 21st Inf. Co.I
Brown, T.H. SC 25th Inf. Co.H Sgt.
Brown, T.H. TX 28th Cav. Co.M
Brown, T.H. TX 30th Cav. Co.K
Brown, T.H. TX Cav. Terry's Regt. Co.I
Brown, T.H. TX Conscr.
Brown, Thaddeus GA 2nd St.Line Co.F
Brown, Thaddeus VA 37th Mil. Co.A
Brown, Thaddeus VA 40th Inf. Co.A
Brown, Thaddeus C. VA 15th Inf. Co.C
Brown, Thaddeus C. VA 15th Inf. Co.E
Brown, Thaddeus P. VA Cav. 15th Bn. Co.B
Brown, Thaddeus S. SC Inf. 3rd Bn. Co.B
Brown, Thaddeus T. VA 1st Inf. Co.E
Brown, Theodore LA 16th Inf. Co.H
Brown, Theodore VA 30th Bn.S.S. Co.B
Brown, Theodore VA Loc.Def. Chappell's Co.
Brown, Theodore H. KY 9th Mtd.Inf.
Brown, Theo. O. GA Inf. 1st Loc.Troops (Augusta) Co.C
Brown, Theophilus NC 44th Inf. Co.B
Brown, Theophilus VA Hvy.Arty. 10th Bn. Co.C
Brown, Theophilus VA 1st Inf. Co.B
Brown, Theophilus A. NC 42nd Inf. Co.B
Brown, Theophilus M. AR Cav. Harrell's Bn. Co.C
Brown, Theophulus MD 1st Cav. Co.F
Brown, Theron AL 3rd Res. Co.G
Brown, Thomas AL Cav. Barbiere's Bn. Truss' Co.
Brown, Thomas AL Arty. 1st Bn. Co.B
Brown, Thomas AL 6th Inf. Co.A
Brown, Thomas AL 8th Inf. Co.A
Brown, Thomas AL 17th Inf. Co.G
Brown, Thomas AL 23rd Inf. Co.E
Brown, Thomas AR Cav. Gordon's Regt. Co.B
Brown, Thomas AR Cav. Gordon's Regt. Co.G
Brown, Thomas AR 1st (Colquitt's) Inf. Co.A
Brown, Thomas AR 18th (Marmaduke's) Inf. Co.K
Brown, Thomas AR 27th Inf. Co.I
Brown, Thomas FL 4th Inf. Co.I
Brown, Thomas FL 5th Inf. Co.G
Brown, Thomas GA 62nd Cav. Co.D
Brown, Thomas GA Arty. Culpepper's Btty.
Brown, Thomas GA 1st (Fannin's) Res. Co.K
Brown, Thomas GA Inf. 3rd Bn. Co.B
Brown, Thomas GA 5th Inf. Co.E
Brown, Thomas GA 7th Inf. Co.G 2nd Lt.
Brown, Thomas GA 10th Inf. Co.F
Brown, Thomas GA 28th Inf. Co.E
Brown, Thomas GA 31st Inf. Co.B
Brown, Thomas GA 37th Inf. Co.A
Brown, Thomas GA 52nd Inf. Co.G
Brown, Thomas GA 56th Inf. Co.E
Brown, Thomas GA 65th Inf. Co.G
Brown, Thomas GA 66th Inf. Co.K
Brown, Thomas KY 2nd (Duke's) Cav. Co.F
Brown, Thomas KY 5th Mtd.Inf. Co.I
Brown, Thomas KY 9th Mtd.Inf. Co.G
Brown, Thomas LA Mil. 4th Regt. 1st Brig. 1st Div. Co.C
Brown, Thomas LA 14th Inf. Sgt.
Brown, Thomas LA 14th Inf. Co.B,H
Brown, Thomas LA 14th Inf. Co.K Cpl.
Brown, Thomas LA 20th Inf. Co.I
Brown, Thomas LA 22nd Inf. Co.B
Brown, Thomas MS 2nd Cav. Co.E
Brown, Thomas MS Cav. 3rd Bn. (Ashcraft's) Co.A
Brown, Thomas MS 38th Cav. Co.H
Brown, Thomas MS 8th Inf. Co.K
Brown, Thomas MS 18th Inf. Co.E
Brown, Thomas MS 46th Inf. Co.A
Brown, Thomas MO 4th Cav. Co.A
Brown, Thomas MO 6th Cav. Co.C
Brown, Thomas MO 10th Cav. Co.B
Brown, Thomas MO Lt.Arty. 3rd Btty.
Brown, Thomas MO Arty. Lowe's Co. (Jackson Btty.)
Brown, Thomas MO 1st Inf. 2nd Co.A
Brown, Thomas MO Inf. 1st Bn.St.Guard Lt.Col.
Brown, Thomas MO 10th Inf. Co.E Cpl.
Brown, Thomas MO 16th Inf. Co.F
Brown, Thomas, Sr. NC 1st Cav. (9th St.Troops) Co.D
Brown, Thomas NC 4th Cav. (59th St.Troops) Co.B
Brown, Thomas NC 3rd Arty. (40th St.Troops) Co.H
Brown, Thomas NC 1st Inf. Co.K
Brown, Thomas NC Inf. 2nd Bn. Co.E
Brown, Thomas NC 5th Sr.Res. Co.F
Brown, Thomas NC 9th Bn.S.S. Co.A
Brown, Thomas NC 21st Inf. Co.H
Brown, Thomas NC 22nd Inf. Co.E
Brown, Thomas NC 62nd Inf. Co.G Drum.
Brown, Thomas SC Lt.Arty. Garden's Co. (Palmetto Lt.Btty.)
Brown, Thomas SC 1st (Butler's) Inf. Co.A
Brown, Thomas SC 1st (Hagood's) Inf. 1st Co.B, 2nd Co.K
Brown, Thomas SC 2nd Inf. Co.C
Brown, Thomas SC 2nd Bn.S.S. Co.B
Brown, Thomas SC 4th St.Troops Co.A
Brown, Thomas SC 14th Inf. Co.H
Brown, Thomas SC 15th Inf.
Brown, Thomas SC 16th Inf. Co.B
Brown, Thomas SC 16th & 24th (Cons.) Inf. Co.E
Brown, Thomas SC Mil. 18th Regt. Co.F
Brown, Thomas TN 1st (Carter's) Cav. Co.C
Brown, Thomas TN 2nd (Ashby's) Cav. Co.A
Brown, Thomas TN 5th (McKenzie's) Cav. Co.H
Brown, Thomas TN Cav. 5th Bn. (McClellan's) Co.A
Brown, Thomas TN 10th (DeMoss') Cav. Co.D Comsy.Sgt.
Brown, Thomas TN 16th (Logwood's) Cav. Co.G
Brown, Thomas TN 21st (Wilson's) Cav. Co.C
Brown, Thomas TN 2nd (Walker's) Inf. Co.C
Brown, Thomas TN 8th Inf. Co.K
Brown, Thomas TN 11th Inf. Co.D
Brown, Thomas TN 14th Inf. Co.D
Brown, Thomas TN 16th Inf. Co.E
Brown, Thomas TN 17th Inf. Co.K
Brown, Thomas TN 24th Inf. Co.K
Brown, Thomas TN 31st Inf. Co.I
Brown, Thomas TN 37th Inf.
Brown, Thomas TN 60th Mtd.Inf. Co.A
Brown, Thomas, Jr. TN Inf. Sowell's Detach.
Brown, Thomas TX 1st (Yager's) Cav. Co.A
Brown, Thomas TX Cav. 3rd (Yager's) Bn. Co.A
Brown, Thomas TX 10th Cav. Co.C
Brown, Thomas TX 13th Cav. Co.D
Brown, Thomas TX 22nd Cav. Co.F
Brown, Thomas TX 30th Cav. Co.K
Brown, Thomas TX 35th (Brown's) Cav. Co.K
Brown, Thomas TX 13th Vol. 3rd Co.I
Brown, Thomas TX 20th Inf. Co.F
Brown, Thomas TX 20th Inf. Co.H
Brown, Thomas VA 9th Cav. Co.C
Brown, Thomas VA 12th Cav. Co.A
Brown, Thomas VA 22nd Cav. Co.H
Brown, Thomas VA Cav. 47th Bn. Co.A Cpl.
Brown, Thomas VA Cav. Young's Co.
Brown, Thomas VA Lt.Arty. Brander's Co.
Brown, Thomas VA Lt.Arty. W.P. Carter's Co.
Brown, Thomas VA Lt.Arty. Douthat's Co.
Brown, Thomas VA Lt.Arty. Lamkin's Co.
Brown, Thomas VA 11th Inf. Co.I
Brown, Thomas VA 22nd Inf. Co.I
Brown, Thomas VA 23rd Inf. Co.C
Brown, Thomas VA 28th Inf. Co.K
Brown, Thomas VA 30th Inf. Co.B
Brown, Thomas VA 45th Inf. Co.A
Brown, Thomas VA 47th Inf. Co.A
Brown, Thomas VA 50th Inf. Co.A
Brown, Thomas VA 51st Mil. Co.E
Brown, Thomas VA 54th Mil. Co.C,D
Brown, Thomas VA Loc.Def. Chappell's Co.
Brown, Thomas VA 1st Cav. St.Line Co.A
Brown, Thomas 4th Conf.Inf. Co.A
Brown, Thomas 1st Creek Mtd.Vol. Co.B
Brown, Thomas 1st Creek Mtd.Vol. Co.E Lt.
Brown, Thomas A. AR 7th Inf. Co.G Cpl.

Brown, Thomas A. NC 2nd Arty. (36th St.Troops) Co.G
Brown, Thomas A. NC 5th Inf. Co.B
Brown, Thomas A. NC 18th Inf. Co.G Cpl.
Brown, Thomas A. TN 3rd (Clack's) Inf. Co.B
Brown, Thomas A. TX 21st Cav. Co.F
Brown, Thomas A. TX 9th (Nichols') Inf. Co.B
Brown, Thomas A. VA 25th Inf. 2nd Co.D Cpl.
Brown, Thomas B. AL Lt.Arty. 2nd Bn. Co.E
Brown, Thomas B. GA 51st Inf. Co.F
Brown, Thomas B. TN 24th Inf. Co.F
Brown, Thomas B. TN 26th Inf. Co.I Capt.
Brown, Thomas B. TX 8th Cav. Co.H Far.
Brown, Thomas B. VA Lt.Arty. Cooper's Co.
Brown, Thomas C. AL 51st Part.Rangers Co.I
Brown, Thomas C. AL Cav. Lenoir's Ind.Co.
Brown, Thomas C. AR 3rd Inf. Co.B 1st Sgt.
Brown, Thomas C. GA Arty. 9th Bn. Co.B
Brown, Thomas C. LA 3rd Inf. Co.A 1st Lt.
Brown, Thomas C. NC 2nd Cav. (19th St.Troops) Co.C
Brown, Thomas C. SC 3rd Inf. Co.E Asst.Surg.
Brown, Thomas C. TN 4th (Murray's) Cav. Co.E
Brown, Thomas C. TN Inf. 22nd Bn. Co.K,B
Brown, Thomas C. VA 24th Inf. Co.G
Brown, Thomas C. Gen. & Staff Asst.Surg.
Brown, Thomas D. GA 24th Inf. Co.B,D
Brown, Thomas D. MS Lt.Arty. (Madison Lt.Arty.) Richards' Co.
Brown, Thomas D. MS 10th Inf. Old Co.I
Brown, Thomas D. MS 31st Inf. Co.D
Brown, Thomas E. AL 4th (Roddey's) Cav. Co.H
Brown, Thomas E. AR Cav. 1st Bn. (Stirman's) Co.C Cpl.
Brown, Thomas E. AR 8th Inf. New Co.G
Brown, Thomas E. AR 12th Bn.S.S. Co.C
Brown, Thomas E. AR 14th (McCarver's) Inf. Co.A
Brown, Thomas E. GA 4th (Clinch's) Cav. Co.I
Brown, Thomas E. GA Cav. 7th Bn. (St.Guards) Co.B Capt.
Brown, Thomas E. GA 30th Inf. Co.G
Brown, Thomas E. MO 16th Inf. Co.D
Brown, Thomas E. NC 17th Inf. (2nd Org.) Co.D
Brown, Thomas E. SC 1st Arty. Co.E Sgt.
Brown, Thomas E. TN 1st (Turney's) Inf. Co.E
Brown, Thomas E. TN 7th Inf. Co.D
Brown, Thomas E. VA 1st Cav. 1st Co.K
Brown, Thomas E. VA 6th Cav. Co.C
Brown, Thomas E. VA 37th Inf. Co.K
Brown, Thomas E. VA 58th Mil. Co.E
Brown, Thomas E.M. GA 9th Inf. Co.D
Brown, Thomas E.M. GA 59th Inf. Co.E
Brown, Thomas F. GA 1st (Olmstead's) Inf. Co.A
Brown, Thomas F. GA Inf. 2nd Bn. Co.A
Brown, Thomas F. TX 6th Cav. Co.C
Brown, Thomas F. TX 27th Cav. Co.C
Brown, Thomas F.M. TX 11th (Spaight's) Bn.Vol. Co.E
Brown, Thomas G. AL 30th Inf. Co.D Cpl.
Brown, Thomas G. FL 6th Inf. Co.C Sgt.
Brown, Thomas G. LA 7th Inf. Co.B
Brown, Thomas G. LA 14th Inf. Co.B Music.
Brown, Thomas G. MS 18th Inf. Co.B
Brown, Thomas G. NC 32nd Inf. Co.E
Brown, Thomas G. NC 37th Inf. Co.I Sgt.
Brown, Thomas G. TN 37th Inf. Co.F 2nd Lt.
Brown, Thomas H. GA Inf. 2nd Bn. Co.C
Brown, Thomas H. GA 6th Inf. Co.K
Brown, Thomas H. GA 31st Inf. Co.C
Brown, Thomas H. GA 60th Inf. Co.H
Brown, Thomas H. KY 4th Mtd.Inf. Co.C
Brown, Thomas H. LA 5th Inf. New Co.A
Brown, Thomas H. NC 1st Cav. (9th St.Troops) Co.D Sgt.
Brown, Thomas H. TN 51st (Cons.) Inf. Co.E
Brown, Thomas H. TN 60th Mtd.Inf. Co.E Cpl.
Brown, Thomas H. TX 26th Cav. Co.E
Brown, Thomas H. TX 14th Inf. 2nd Co.K
Brown, Thomas H. VA 2nd Cav. Co.D
Brown, Thomas H. VA Cav. 35th Bn. Co.F Sgt.
Brown, Thomas H. VA Lt.Arty. 13th Bn. Co.B
Brown, Thomas H. VA Hvy.Arty. 20th Bn. Co.A
Brown, Thomas H. VA Inf. 1st Bn. Co.F
Brown, Thomas H. VA 9th Inf. Co.D
Brown, Thomas H. VA 44th Inf. Co.A
Brown, Thomas H. 1st Conf.Inf. Co.B,G
Brown, Thomas H. 1st Conf.Eng.Troops Co.D Cpl.
Brown, Thomas J. AL 3rd Bn. Hilliard's Legion Vol. Co.C
Brown, Thomas J. AL 23rd Bn.S.S. Co.E
Brown, Thomas J. AR Cav. Poe's Bn. Co.A
Brown, Thomas J. AR 4th Inf. Co.F Sgt.
Brown, Thomas J. AR 14th (McCarver's) Inf. Co.I
Brown, Thomas J. FL 5th Inf. Co.D
Brown, Thomas J. FL 5th Inf. Co.K
Brown, Thomas J. GA 10th Cav. (St.Guards) Co.B
Brown, Thomas J. GA Cav. 12th Bn. (St.Guards) Co.E 2nd Lt.
Brown, Thomas J. GA 2nd Inf. Co.A
Brown, Thomas J. GA 2nd Bn.S.S. Co.B
Brown, Thomas J. GA Inf. 13th Bn. (St.Guards) Douglass' Co.
Brown, Thos. J. GA 16th Inf. Co.I
Brown, Thomas J. GA 63rd Inf. Co.D
Brown, Thomas J. KY 2nd Mtd.Inf. Co.D
Brown, Thomas J. LA 3rd Inf. Co.B Sgt.
Brown, Thomas J. MS Cav. Garland's Bn. Co.A
Brown, Thomas J. MS 2nd Inf. Co.H
Brown, Thomas J. MS 10th Inf. New Co.C
Brown, Thomas J. MS 13th Inf. Co.E
Brown, Thomas J. MO Cav. Freeman's Regt. Co.C
Brown, Thomas J. MO 16th Inf. Co.C
Brown, Thomas J. NC 4th Inf. Co.G 2nd Lt.
Brown, Thomas J. NC 5th Inf. Co.B
Brown, Thomas J. NC 18th Inf. Co.H
Brown, Thomas J. NC 42nd Inf. Co.E Maj.
Brown, Thomas J. SC 2nd Arty. Co.D
Brown, Thomas J. SC 21st Inf. Co.G Sgt.
Brown, Thomas J. TN 4th (Murray's) Cav. Co.B
Brown, Thomas J. TN Cav. 16th Bn. (Neal's) Co.A Capt.
Brown, Thomas J. TN Holman's Bn.Part.Rangers Co.B
Brown, Thomas J. TN 12th (Cons.) Inf. Co.F
Brown, Thomas J. TN Inf. 22nd Bn. Co.H
Brown, Thomas J. TN 26th Inf. Co.I Lt.
Brown, Thomas J. TN 31st Inf. Co.B Cpl.
Brown, Thomas J. TN 48th (Nixon's) Inf. Co.A Sgt.
Brown, Thomas J. TX 1st (Yager's) Cav. Co.B
Brown, Thomas J. TX 5th Cav. Co.C
Brown, Thomas J. TX 18th Cav. Co.C
Brown, Thomas J. TX 22nd Cav. Co.E Capt.
Brown, Thomas J. TX 22nd Inf. Co.I
Brown, Thomas J. VA 2nd Cav. Co.I
Brown, Thomas J. VA Lt.Arty. 38th Bn. Co.C
Brown, Thomas J. VA 15th Inf. Co.C
Brown, Thomas J. VA 21st Inf. Co.D
Brown, Thomas J. VA Inf. 25th Bn. Co.B
Brown, Thomas J. VA 40th Inf. Co.K
Brown, Thomas J. VA 58th Inf. Co.C
Brown, Thomas K. GA Phillips' Legion Co.C
Brown, Thomas K. NC 11th (Bethel Regt.) Inf. Co.K Sgt.
Brown, Thomas L. AR 1st (Crawford's) Cav. Co.B
Brown, Thomas L. AR 6th Inf. Old Co.F 2nd Lt.
Brown, Thomas L. GA 10th Inf. Co.D
Brown, Thomas L. GA 20th Inf. Co.C
Brown, Thomas L. MS 43rd Inf. Co.D
Brown, Thomas L. MO 1st Inf. Co.B
Brown, Thomas L. TN 37th Inf. Co.G 1st Lt.
Brown, Thomas L. TX 35th (Brown's) Cav. Co.E Cpl.
Brown, Thomas L. VA 16th Inf. Co.F Cpl.
Brown, Thomas L. Gen. & Staff Maj.,QM
Brown, Thomas L.B. TN 2nd (Robison's) Inf. Co.I Asst.Surg.
Brown, Thos. L.B. Gen. & Staff Surg.
Brown, Thomas M. FL 2nd Inf. Co.G 1st Lt.
Brown, Thomas M. GA 2nd Cav. Co.H
Brown, Thomas M. GA Cav. 7th Bn. (St.Guards) Co.A 1st Lt.
Brown, Thomas M. GA Lt.Arty. Scogin's Btty. (Griffin Lt.Arty.)
Brown, Thomas M. LA 12th Inf. Co.L Sgt.
Brown, Thomas M. MS Cav. Duncan's Co. (Tishomingo Rangers)
Brown, Thomas M. SC 2nd Rifles Co.L
Brown, Thomas M. TN 17th Inf. Co.A
Brown, Thomas M. VA 20th Cav. Co.I
Brown, Thomas M. VA Lt.Arty. 13th Bn. Co.B Teamster
Brown, Thomas M. VA 23rd Inf. Co.E
Brown, Thomas M. VA 54th Mil. Co.A
Brown, Thomas N. MO 4th Cav. Co.I
Brown, Thomas N. MO 10th Inf. Co.A
Brown, Thomas N. VA 11th Cav. Co.K
Brown, Thomas O. GA 3rd Inf. Co.D
Brown, Thomas O. TN Inf. 22nd Bn. Co.C
Brown, Thomas P. AL 3rd Inf. Co.A Capt.,QM
Brown, Thomas P. MS 30th Inf. Co.E
Brown, Thomas P. MO 1st Cav. Co.H
Brown, Thomas P. MO 10th Cav. Co.C
Brown, Thomas P. Gen. & Staff, QM Dept. Capt.
Brown, Thomas R. AL 8th (Livingston's) Cav. Co.A
Brown, Thomas R. MS 30th Inf. Co.K

Brown, Thomas R. SC Lt.Arty. 3rd (Palmetto) Bn. Co.C
Brown, Thomas R. SC 1st St.Troops Co.H
Brown, Thomas R. SC 4th St.Troops Co.G Capt.
Brown, Thos. R. SC 5th Bn.Res. Lt.Col.
Brown, Thomas R. VA Cav. Mosby's Regt. (Part.Rangers)
Brown, Thomas R. VA 24th Inf. Co.B
Brown, Thomas S. GA 12th Inf. Co.B
Brown, Thomas S. GA 47th Inf. Co.D
Brown, Thomas S. VA 24th Cav. Co.E
Brown, Thomas S. VA Cav. 40th Bn. Co.E
Brown, Thomas S. VA 55th Inf. Co.H
Brown, Thomas T. GA Cav. 6th Bn. (St.Guards) Co.D 2nd Lt.
Brown, Thomas T. GA Inf. 27th Bn. Co.B
Brown, Thomas W. AR 19th (Dawson's) Inf. Co.F
Brown, Thomas W. FL 8th Inf. Co.B 2nd Lt.
Brown, Thomas W. GA Brooks Co. (Terrell Lt.Arty.) Cpl.
Brown, Thomas W. GA 12th Inf. Co.C
Brown, Thomas W. GA 37th Inf. Co.H
Brown, Thos. W. KY 9th Mtd.Inf. Co.G
Brown, Thomas W. MS Inf. Lewis' Co.
Brown, Thomas W., Jr. NC 18th Inf. Co.I,A Capt.
Brown, Thomas W. TX 22nd Inf. Co.H
Brown, Thomas W. VA 21st Inf. Co.K 2nd Lt.
Brown, Thomas W. VA 56th Inf. Co.H Cpl.
Brown, Thomas Y. GA 1st (Ramsey's) Inf. Co.A
Brown, Thomas Y. TN Lt.Arty. Morton's Co.
Brown, Thompson NC 13th Inf. Co.K
Brown, Thompson NC 49th Inf. Co.I
Brown, Thompson TX 5th Cav. Co.D Cpl.
Brown, Thompson TX Cav. Benavides' Regt. Co.G
Brown, Thompson VA 6th Cav. Co.B
Brown, Thompson C. GA 5th Res. Co.A
Brown, Thompson G. SC 19th Inf. Co.E
Brown, Thompson J.B. TN 2nd (Robison's) Inf. Co.A
Brown, Thornton S. VA 7th Inf. Co.E
Brown, T.I. TX 3rd St.Troops Lt.,ADC
Brown, Tilman SC 2nd Arty. Co.H
Brown, Tilman H. GA Cobb's Legion Co.H
Brown, Tim TN Inf. 23rd Bn. Co.E
Brown, Timothy FL 1st (Res.) Inf. Co.A
Brown, Timothy MS 4th Cav. Co.A
Brown, Timothy MS Arty. (Seven Stars Arty.) Roberts' Co. Sgt.
Brown, Timothy C. SC 12th Inf. Co.F Cpl.
Brown, Timothy W. NC 1st Inf. Co.B
Brown, Titmon GA Floyd Legion (St.Guards) Co.K Sgt.
Brown, Titus SC 2nd Inf. Co.I
Brown, T.J. AL Lt.Arty. Kolb's Btty.
Brown, T.J. AL 1st Bn. Hilliard's Legion Vol. Co.E
Brown, T.J. AL 5th Inf. Co.H
Brown, T.J. AL 34th Inf. Co.B
Brown, T.J. AR Lt.Arty. Owen's Btty.
Brown, T.J. AR 11th Inf. Co.A
Brown, T.J. AR 11th & 17th Cons.Inf. Co.A
Brown, T.J. AR 30th Inf. Co.C
Brown, T.J. FL Conscr. Lt.
Brown, T.J. GA Ind.Cav. (Res.) Humphrey's Co. Sgt.
Brown, T.J. GA Lt.Arty. 12th Bn. 3rd Co.E, Co.C
Brown, T.J. GA 15th Inf. Co.C
Brown, T.J. GA 37th Inf. Co.G
Brown, T.J. MS 6th Inf. Co.H
Brown, T.J. MS 35th Inf. Co.E
Brown, T.J. MS 39th Inf. Co.A
Brown, T.J. MO St.Guard
Brown, T.J. TN 11th (Holman's) Cav. Co.G
Brown, T.J. TN Cav. Nixon's Regt. Co.I
Brown, T.J. TN 14th Inf. Co.D
Brown, T.J. TN 40th Inf. Co.B
Brown, T.J. TN 47th Inf. Co.A
Brown, T.J. TN 48th (Voorhies') Inf. Co.G
Brown, T.J. TX Cav. 3rd (Yager's) Bn. Co.B
Brown, T.J. TX 5th Cav. Co.F
Brown, T.J. TX 32nd Cav. Co.D
Brown, T.J. TX Cav. Chisum's (Dismtd.) Regt. Co.C
Brown, T.J. TX Cav. Crump's Regt. Co.B
Brown, T.J. TX Granbury's Cons.Brig. Co.H Sgt.
Brown, T.J., Sr. TX 7th Inf. Co.A
Brown, T.J., Jr. TX 7th Inf. Co.F
Brown, T.J. VA 5th Cav. Co.B
Brown, T.J. VA 38th Inf. Sgt.
Brown, T.J. 14th Conf.Cav. Co.A
Brown, T.J. Conf.Cav. Powers' Regt. Co.E
Brown, T.J. Conf.Cav. Powers' Regt. Co.G
Brown, T. Josiah LA Inf. 9th Bn. T. Bynum's Co.
Brown, T.K. SC 25th Inf. Co.B
Brown, T.L. AR 1st (Monroe's) Cav. Co.D
Brown, T.L. MS 8th Cav. Co.D
Brown, T.L. MS Inf. 2nd St.Troops Co.D
Brown, T.L. VA 5th Cav. Co.C
Brown, T.L. VA Horse Arty. Shoemaker's Co.
Brown, T.L. VA 60th Inf. Capt.
Brown, T.M. AL 3rd Bn.Res. Jackson's Co.
Brown, T.M. AL 20th Inf. Co.C
Brown, T.M. AR Cav. Gordon's Regt. Co.I
Brown, T.M. AR 10th Inf. Co.K
Brown, T.M. AR 23rd Inf. Co.K
Brown, T.M. AR 24th Inf. Co.K
Brown, T.M. AR Inf. Hardy's Regt. Co.H
Brown, T.M. GA Inf. 1st Bn. (St.Guards) Co.D
Brown, T.M. GA 10th Mil. Co.F Capt.
Brown, T.M. GA 27th Inf. Co.B Cpl.
Brown, T.M. GA Inf. Whiteside's Nav.Bn. (Loc.Def.) Co.A
Brown, T.M. MS 2nd (Davidson's) Inf. Pott's Co. Ord.Sgt.
Brown, T.M. MS Inf. 2nd St.Troops Co.A
Brown, T.M. SC 1st Arty. Co.B
Brown, T.N. AR 8th Cav. Co.G
Brown, T.N. AR 47th (Crandall's) Cav. Co.E
Brown, T.N. GA 23rd Inf.
Brown, T.O. KY 8th Mtd.Inf. Co.A
Brown, Tom AL 8th Inf. Co.I
Brown, T.P. AL 4th Res. Co.D Cpl.
Brown, T.P. GA 18th Inf. Co.A
Brown, T.P. MS 3rd Inf. Co.D
Brown, T.P. MS 8th Inf. Co.G
Brown, T.P. SC 10th Inf. Co.M
Brown, T.R. GA 1st Cav. Co.G
Brown, T.R. GA 10th Mil. Co.B
Brown, T.R. SC 5th Bn.Res. Lt.Col.
Brown, T.R. SC 16th Inf. Co.F
Brown, T.R. SC 24th Inf. Co.F
Brown, T.R. VA 22nd Inf. Co.C
Brown, Travis NC 44th Inf. Co.H
Brown, T.S. GA 7th Cav. Co.B
Brown, T.S. GA Cav. 21st Bn. Co.C
Brown, T.S. GA 28th Inf. Co.A 2nd Lt.
Brown, T.S. MO 1st N.E. Cav.
Brown, T.S. MO Cav. Poindexter's Regt.
Brown, T.S. SC Mil.Arty. 1st Regt. Walter's Co.
Brown, T.S. SC Lt.Arty. Walter's Co. (Washington Arty.)
Brown, T.S. TN 20th Inf. Co.C
Brown, T.S. VA Cav. Mosby's Regt. (Part. Rangers)
Brown, T.S. Gen. & Staff Surg.
Brown, T.T. SC Cav.Bn. Holcombe Legion Co.B
Brown, T.T. VA 12th Inf.
Brown, Tucker GA 6th Cav. Co.L
Brown, Tullius C. SC 9th Inf. Co.I Sgt.
Brown, Tully AL Lt.Arty. 2nd Bn. Co.D Sgt.
Brown, Turner GA 59th Inf. Co.D
Brown, T.W. AL Cp. of Instr. Talladega
Brown, T.W. AR 2nd Cav. Co.G
Brown, T.W. AR 11th & 17th Cons.Inf. Co.I
Brown, T.W. FL Cav. 5th Bn. Co.D Sgt.
Brown, T.W. GA Brooks' Co. (Terrell Lt.Arty.) Cpl.
Brown, T.W. GA 3rd Inf.
Brown, T.W. GA Inf. 5th Bn. (St.Guards) Co.E
Brown, T.W. GA Inf. 9th Bn. Co.E
Brown, T.W. MS Cav. Hughes' Bn. Co.C
Brown, T.W. MS 1st (Johnston's) Inf. Co.D
Brown, T.W. MS Wilkinson Cty. Minute Men Co.D Capt.
Brown, T.W. SC Inf. 7th Bn. (Enfield Rifles) Co.D
Brown, T.W. VA Cav. 41st Bn. 2nd Co.H
Brown, T.W. VA Hvy.Arty. 20th Bn. Co.B
Brown, T.W. VA 3rd Inf.Loc.Def. Co.C
Brown, T.W. 10th Conf.Cav. Co.F
Brown, T.W. Gillum's Regt
Brown, T.W. Hardee's Corps Capt.
Brown, T. Winthrop LA Inf. 9th Bn. Co.A Capt.
Brown, Tyre H. AR 3rd Inf. Co.I 2nd Lt.
Brown, T.Z. LA Inf. 9th Bn. Co.A
Brown, U. AL 1st Inf. Co.I
Brown, U.J. SC 24th Inf. Co.D Cpl.
Brown, U.J. SC 25th Inf. Co.D
Brown, U.M. TX Inf. 1st St.Troops Whitehead's Co.
Brown, Uriah AL Inf. 1st Regt. Co.I
Brown, Uriah SC 14th Inf. Co.H
Brown, Uriah T. TN 28th Inf. Co.E Capt.
Brown, U.T. Gen. & Staff Surg.
Brown, V. AL 1st Regt. Mobile Vol. Co.C Sgt.
Brown, V., Jr. GA Lt.Arty. 12th Bn. 2nd Co.B, Co.D
Brown, V.A. AR 1st Inf. Lt.,Ens.
Brown, Valentine, Jr. VA Lt.Arty. Cayce's Co.
Brown, Valentine, Jr. VA 1st Inf. Co.D
Brown, Valentine VA 3rd Inf.Loc.Def. Co.F
Brown, Valsin LA Inf. 9th Bn. Co.D
Brown, Van NC Inf. 2nd Bn. Co.H Capt.

Brown, V.C. GA 40th Inf. Co.H
Brown, V.C. SC 5th St.Troops Co.L
Brown, V.C. SC 6th Res. Co.C
Brown, Veline B. GA Lt.Arty. (Jackson Arty.) Massenburg's Btty. Sgt.
Brown, Veline B. GA Inf. 2nd Bn. Co.C
Brown, Victor SC 5th Bn.Res. Co.F
Brown, Victor H. VA Lt.Arty. Grandy's Co.
Brown, Victor H. VA 6th Inf. Vickery's Co.
Brown, Victor H. VA 16th Inf. 1st Co.H
Brown, Victor M. VA 17th Inf. Co.B 2nd Lt.
Brown, Vincent NC 7th Sr.Res. Co.F
Brown, Vincent J. GA 37th Inf. Co.I
Brown, Vincent O. AL 38th Inf. Conscr.
Brown, Vinson SC 2nd St.Troops Co.E
Brown, Vinson SC 8th Bn.Res. Co.C
Brown, Vinson SC 17th Inf. Co.G
Brown, Virgil S. FL 1st Inf. New Co.I
Brown, Virginius VA 49th Inf. 3rd Co.G Sgt.
Brown, V.K. AR Willett's Co. (Prov.Guard)
Brown, V.M. Corse's Brig. Maj.,Comsy.
Brown, V.R. GA 10th Cav. Co.C
Brown, V.R. 7th Conf.Cav. Co.C
Brown, V.T. SC 2nd Res.
Brown, V.T. SC 8th Inf. Co.B
Brown, V.T. SC 21st Inf. Co.E
Brown, V.V. GA Inf. 25th Bn. (Prov.Guard) Co.D
Brown, V.V. GA Phillips' Legion Co.D
Brown, W. AL
Brown, W. AL 1st Cav. 2nd Co.E
Brown, W. AL Gid Nelson Lt.Arty.
Brown, W. AL 3rd Inf. Co.L
Brown, W. AL 10th Inf. Co.A
Brown, W. AL 22nd Inf. Co.A
Brown, W. AL 25th Inf. Co.I
Brown, W. AL 42nd Inf. Co.F
Brown, W. AL 2nd Bn. Hilliard's Legion Vol. Co.D
Brown, W. AR Cav. McGehee's Regt. Co.I
Brown, W. GA Cav. 1st Bn.Res. Tuft's Co.
Brown, W. GA 5th Res. Co.B
Brown, W. GA 10th Inf. Co.B Ens.
Brown, W. GA 12th Inf. Co.F
Brown, W. GA 18th Inf. Co.K
Brown, W. GA 34th Inf. Co.I
Brown, W. KY 1st (Butler's) Cav. Co.F Capt.
Brown, W. KY 8th Cav. Co.A
Brown, W. LA 17th Inf. Co.F
Brown, W. LA Inf. McLean's Co.
Brown, W. MS Inf. 2nd Bn. Co.E
Brown, W. MS 48th Inf. Co.E
Brown, W. MS Wilkinson Cty. Minute Men Co.B
Brown, W. MO 1st Inf. 2nd Co.A
Brown, W. NC 1st Detailed Men Co.H
Brown, W. NC 67th Inf. Co.D
Brown, W. NC Mil. Clark's Sp.Bn. Co.D
Brown, W. SC 1st Mtd.Mil. Earnest's Co.
Brown, W. SC 2nd Inf.
Brown, W. SC Mil. 16th Regt. Sigwald's Co.
Brown, W. SC 21st Inf. Co.E
Brown, W., Jr. SC 21st Inf. Co.E
Brown, W., Sr. SC 21st Inf. Co.E
Brown, W. TN Lt.Arty. Morton's Co. Sgt.
Brown, W. TN 13th Inf. Co.H
Brown, W., Jr. TN Inf. Harman's Regt. Co.A
Brown, W., Sr. TN Inf. Harman's Regt. Co.A
Brown, W. TX Cav. 1st Regt.St.Troops Co.A
Brown, W. TX 18th Cav. Co.E
Brown, W. TX 26th Cav. Co.F
Brown, W. TX Cav. Baird's Regt. Co.G
Brown, W. TX Cav. Waller's Regt. Co.G
Brown, W. TX 1st Hvy.Arty. Co.A
Brown, W. VA 5th Cav. Co.F
Brown, W. VA 11th Inf. Co.K
Brown, W. VA 42nd Inf. Co.E
Brown, W. VA 46th Inf.
Brown, W. Exch.Bn. 1st Co.A,CSA QMSgt.
Brown, W.A. AL 8th Hatch's Cav. Co.C
Brown, W.A. AL 10th Cav. Co.H 1st Lt.
Brown, W.A. AL Mil. 2nd Regt.Vol. Co.C
Brown, W.A. AL 10th Inf. Co.H,A
Brown, W.A. AL 11th Inf. Co.F
Brown, W.A. AL 12th Inf. Co.I
Brown, W.A. AL 36th Inf. Co.F
Brown, W.A. AL 42nd Inf. Co.D
Brown, W.A. AL 58th Inf. Co.F
Brown, W.A. AR Arty. 1st Btty.
Brown, W.A. AR Arty. 2nd Btty.
Brown, W.A. AR 12th Inf. Co.E
Brown, W.A. GA Cav. Nelson's Ind.Co.
Brown, W.A. GA Lt.Arty. Anderson's Btty.
Brown, W.A. GA Lt.Arty. Howell's Co.
Brown, W.A. GA 2nd Inf. Co.G
Brown, W.A. GA 2nd Res. Co.H
Brown, W.A. GA 3rd Inf. Co.G
Brown, W.A. GA 22nd Inf. Co.C
Brown, W.A. GA 25th Inf. Co.C 1st Lt.
Brown, W.A. GA Inf. 25th Bn. (Prov.Guard) Co.E
Brown, W.A. GA 53rd Inf. Co.F
Brown, W.A. KY 2nd (Duke's) Cav. Co.K
Brown, W.A. MS 5th Cav. Co.I
Brown, W.A. MS Cav. Williams' Co.
Brown, W.A. MS 4th Inf. Co.I
Brown, W.A. MO 12th Cav. Co.C
Brown, W.A. MO 15th Cav. Co.L 3rd Lt.
Brown, W.A. MO Inf. 1st Bn. Co.C
Brown, W.A. MO 1st Regt.St.Guards Asst.Surg.
Brown, W.A. MO 1st Brig.St.Guard
Brown, W.A. NC 6th Inf. Co.A
Brown, W.A. SC Lt.Arty. 3rd (Palmetto) Bn. Co.I
Brown, W.A. SC 16th Inf. Co.C
Brown, W.A. SC Inf. 38th Regt. Co.G
Brown, W.A. TN 8th (Smith's) Cav. Co.F Cpl.
Brown, W.A. TN Cav. Williams' Co.
Brown, W.A. TN 8th Inf. Co.E
Brown, W.A. TN 16th Inf. Co.B
Brown, W.A. TN 17th Inf. Co.B
Brown, W.A. TN 21st Inf. Co.F 1st Lt.
Brown, W.A. TN 24th Bn.S.S. Co.B,A
Brown, W.A. VA 15th Cav. Co.B
Brown, W.A. VA Arty. Young's Co. Cpl.
Brown, W.A. VA 26th Inf. Co.D
Brown, W.A. 9th Conf.Inf. Co.C Capt.
Brown, Waddy SC Inf. Hampton Legion Co.I
Brown, Wade 10th Conf.Cav. Co.G
Brown, Wade H. MS 22nd Inf. Co.A
Brown, W.A.G. NC 29th Inf. Co.D QMSgt.
Brown, W.A.G. Sig.Corps
Brown, Waide GA Cav. 19th Bn. Co.B
Brown, W.A.J. GA 37th Inf. Co.E
Brown, W.A.J. GA 54th Inf. Co.I
Brown, W.A.J. MO 3rd Cav. Co.K
Brown, Walker LA 1st Res. Co.I
Brown, W. Allen AR Lt.Arty. Wiggins' Btty.
Brown, Walter TN Cav. 1st Bn. (McNairy's) Co.A 2nd Lt.
Brown, Walter VA Cav. 39th Bn.
Brown, Walter VA 31st Mil. Co.F
Brown, Walter E. GA Phillips' Legion Co.A
Brown, Walter E. NC 16th Inf. Co.A Sgt.
Brown, Walter E. NC 39th Inf. Co.K Sgt.
Brown, Walter E. NC Inf. Thomas Legion 1st Co.A Sgt.
Brown, Walter Edgar GA Inf. 2nd Bn. Co.B
Brown, Walter J. NC 32nd Inf. Co.B
Brown, Walter J. VA 30th Inf. 2nd Co.I
Brown, Walter J. VA 47th Inf. 2nd Co.I
Brown, Walter N. NC 44th Inf. Co.D
Brown, Walter S.D. MS 17th Inf. Co.D,B Cpl.
Brown, Waman L. TN 25th Inf. Co.A
Brown, Wamon L. AL 20th Inf. Co.D Sgt.
Brown, Warren H. NC 49th Inf. Co.F
Brown, Washington GA 12th (Wright's) Cav. (St.Guards) Brannen's Co.
Brown, Washington NC 42nd Inf. Co.K
Brown, Washington VA 17th Inf. Co.B
Brown, Washington VA 61st Mil. Co.E
Brown, Washington VA 166th Mil. Co.A
Brown, Washington A. VA 1st Arty. 2nd Co.C, 3rd Co.C Cpl.
Brown, Washington A. VA Lt.Arty. 1st Bn. Co.C Cpl.
Brown, Washington L. VA Cav. 14th Bn. Co.A
Brown, Watkins L. VA 11th Inf. Co.C Sgt.
Brown, W.B. AL 12th Cav. Co.C
Brown, W.B. FL 1st (Res.) Inf. Sgt.
Brown, W.B. FL 2nd Inf. Co.C 2nd Lt.
Brown, W.B. FL Inf. 2nd Bn. Co.C 1st Lt.
Brown, W.B. GA 1st Cav. Co.B
Brown, W.B. GA 3rd Res. Co.K
Brown, W.B. GA 5th Res. Co.H Cpl.
Brown, W.B. GA 18th Inf. Co.K Capt.
Brown, W.B. GA 32nd Inf. Co.G
Brown, W.B. GA Phillips' Legion Co.D
Brown, W.B. LA 2nd Inf. Co.F
Brown, W.B. MS 8th Cav. Co.A
Brown, W.B. MS 9th Inf. New Co.H
Brown, W.B. MS 10th Inf. Old Co.A
Brown, W.B. MS 13th Inf. Co.H
Brown, W.B. MS 18th Inf. Co.C
Brown, W.B. MS 41st Inf. Co.C 2nd Lt.
Brown, W.B. MS 41st Inf. Co.I Cpl.
Brown, W.B. SC 2nd Bn.S.S. Co.B
Brown, W.B. TN 17th Inf. Co.G
Brown, W.B. TN 17th Inf. Co.H
Brown, W.B. TN 35th Inf. 2nd Co.D Cpl.
Brown, W.B. TN 53rd Inf. Co.B
Brown, W.B. TN 61st Mtd.Inf. Co.C
Brown, W.B. TX Cav. Chisum's Regt. (Dismtd.) Co.D
Brown, W.B. VA Inf. 4th Bn.Loc.Def. Co.F Cpl.
Brown, W.B. VA Conscr. Cp.Lee Co.A
Brown, W.B.W. AR 2nd Mtd.Rifles Co.E
Brown, W.C. AL 53rd (Part.Rangers) Co.I
Brown, W.C. AL 10th Inf. Co.C
Brown, W.C. AR 14th (McCarver's) Inf. Co.I

Brown, W.C. GA 3rd Cav. Co.B
Brown, W.C. GA Inf. 1st Bn. (St.Guards) Co.B
Brown, W.C. GA 5th Inf. (St.Guards) Brooks' Co.
Brown, W.C. GA Inf. City Bn. (Columbus) Co.C
Brown, W.C. MS Cav. Terrell's Unatt.Co.
Brown, W.C. MS Lt.Arty. 14th Bn. Co.A
Brown, W.C. MS Lt.Arty. Yates' Btty.
Brown, W.C. MS Inf. 1st Bn.St.Troops (12 mo.'62-3) Co.E
Brown, W.C. SC 7th Cav. Co.K
Brown, W.C. SC 6th Inf. 2nd Co.H
Brown, W.C. SC 6th Res. Co.I
Brown, W.C. SC Inf. Hampton Legion Co.H
Brown, W.C. TN 21st (Carter's) Cav. Co.A
Brown, W.C. TN 4th Inf. Co.G
Brown, W.C. TN 23rd Inf. 2nd Co.F Sgt.Maj.
Brown, W.C. TN Inf. 23rd Bn. Co.A,E
Brown, W.C. TN Inf. 154th Sr.Regt. Co.L
Brown, W.C. TX 25th Cav. Co.I
Brown, W.C. TX 33rd Cav. Co.D
Brown, W. Caleb Gen. & Staff, QM Dept. Capt.
Brown, W. Calvin AR Cav. Gordon's Regt. Co.B
Brown, W.D. AL Cav. 5th Bn. Hilliard's Legion Co.E
Brown, W.D. AL Lt.Arty. Goldthwaite's Btty.
Brown, W.D. AL 11th Inf. Co.F
Brown, W.D. AL 18th Inf. Co.I
Brown, W.D. AL Montgomery Guards
Brown, W.D. AR 32nd Inf. Co.G Bvt.2nd Lt.
Brown, W.D. FL 3rd Inf.
Brown, W.D. GA 4th (Clinch's) Cav. Co.D
Brown, W.D. GA Cav. 29th Bn. Co.F
Brown, W.D. GA 30th Inf. Co.F
Brown, W.D. GA 32nd Inf. Co.I
Brown, W.D. KY 10th Cav.
Brown, W.D. KY 12th Cav. Co.B
Brown, W.D. KY 8th Mtd.Inf.
Brown, W.D. KY 9th Mtd.Inf. Co.K
Brown, W.D. LA 17th Inf. Co.F Sgt.
Brown, W.D. NC 57th Inf. Co.D Cpl.
Brown, W.D. SC Cav. 12th Bn. Co.D
Brown, W.D. TN 15th (Cons.) Cav. Co.B 3rd Lt.
Brown, W.D. TN Inf. Sowell's Detach.
Brown, W.D. TX 27th Cav. Co.E
Brown, W.D. VA Cav. Mosby's Regt. (Part. Rangers) Co.B
Brown, W.E. AL 9th Inf.
Brown, W.E. AL 14th Inf. Co.A
Brown, W.E. AL Talladega Cty.Res. J.T. Smith's Co.
Brown, W.E. GA 1st Inf. Co.K
Brown, W.E. GA Inf. 1st Loc.Troops (Augusta) Co.G Cpl.
Brown, W.E. GA 2nd Inf. Co.B
Brown, W.E. GA 5th Res. Co.G
Brown, W.E. GA 26th Inf.
Brown, W.E. LA 1st Cav. Co.B
Brown, W.E. LA 2nd Inf. Co.C
Brown, W.E. LA 19th Inf. Co.G
Brown, W.E. LA Inf. Pelican Regt. Co.D
Brown, W.E. MS 31st Inf. Co.E
Brown, W.E. NC 29th Inf. Co.K Sgt.
Brown, W.E. NC 60th Inf. Co.F
Brown, W.E. TN Inf. 2nd Cons.Regt. Co.D
Brown, W.E. TN 12th (Cons.) Inf. Co.F
Brown, W.E. TN 22nd Inf. Co.I
Brown, W.E. TN 40th Inf. Co.C
Brown, W.E. TN 42nd Inf. 2nd Co.E
Brown, W.E. TX 32nd Inf. Co.B Sgt.
Brown, W.E. Bradford's Corps Scouts & Guards Co.A
Brown, W.E. Gen. & Staff AASurg.
Brown, Wesley AL 3rd Cav. Co.F
Brown, Wesley NC 30th Inf. Co.G
Brown, Wesley TX Cav. Sutton's Co.
Brown, Wesley VA Inf. 9th Bn. Co.B
Brown, Wesley VA 25th Inf. 2nd Co.G
Brown, Wesley W. NC 34th Inf. Co.A Cpl.
Brown, Weyman TN 13th (Gore's) Cav. Co.H
Brown, W.F. FL 1st Inf. New Co.I Jr.2nd Lt.
Brown, W.F. GA Hvy.Arty. 22nd Bn. Co.B
Brown, W.F. GA Arty. Lumpkin's Co. 1st Lt.
Brown, W.F. GA 18th Inf. Co.A
Brown, W.F. GA 54th Inf. Co.A
Brown, W.F. MS 4th Cav. Co.A
Brown, W.F. SC 3rd St.Troops Co.C
Brown, W.F. SC Post Guard Senn's Co.
Brown, W.F. TN Cav. 16th Bn. (Neal's) Co.A
Brown, W.F. TN Arty. Marshall's Co.
Brown, W.F. TN Lt.Arty. Scott's Co.
Brown, W.F. TN 48th (Nixon's) Inf. Co.K
Brown, W.F. TX 23rd Cav. Co.E
Brown, W.F. VA Inf. 5th Bn.Loc.Def. Co.B
Brown, W.F. 1st Conf.Inf. 1st Co.F
Brown, W.G. AL 63rd Inf. Co.F
Brown, W.G. GA Cav. 9th Bn. (St.Guards) Co.D
Brown, W.G. GA 7th Inf. (St.Guards) Co.L
Brown, W.G. MS 24th Inf. Co.E
Brown, W.G. NC 60th Inf. Co.B
Brown, W.G. TN 4th (Murray's) Cav. Co.D
Brown, W.G. TN 13th (Gore's) Cav. Co.E 1st Sgt.
Brown, W.G. TN 21st (Wilson's) Cav. Co.H
Brown, W.G. TN 18th Inf. Co.F
Brown, W.G. TX 9th (Young's) Inf. Co.F Capt.
Brown, W.G. VA 88th Mil.
Brown, W.G. 1st Conf.Cav. 2nd Co.C
Brown, W.G.N. MS 38th Cav. Co.D
Brown, W.H. AL 1st Cav. 2nd Co.C, Co.B
Brown, W.H. AL 3rd Inf. Co.H
Brown, W.H. AL 15th Inf. Co.B,H
Brown, W.H. AL 25th Inf. Co.H
Brown, W.H. AL 27th Inf. Co.D Bvt.2nd Lt.
Brown, W.H. AL 29th Inf. Co.H
Brown, W.H. AL Cp. of Instr. Talladega
Brown, W.H. AR 11th & 17th Cons.Inf. Co.K
Brown, W.H. AR 17th (Griffith's) Inf. Co.E
Brown, W.H. AR Inf. Cocke's Regt. Co.B
Brown, W.H. FL 2nd Cav. Co.I
Brown, W.H. GA 7th Cav. Co.H
Brown, W.H. GA Cav. 22nd Bn. (St.Guards) Co.D
Brown, W.H. GA Hardwick Mtd.Rifles Co.B
Brown, W.H. GA Inf. 8th Bn. Co.A Cpl.
Brown, W.H. GA 14th Inf. Co.C
Brown, W.H. GA 18th Inf. Co.K
Brown, W.H. GA 40th Inf. Co.F
Brown, W.H. GA Inf. 40th Bn. Co.C
Brown, W.H. GA 56th Inf. Co.I
Brown, W.H. KY 2nd (Duke's) Cav. Co.K
Brown, W.H. KY 9th Cav. Co.A
Brown, W.H. KY 8th Mtd.Inf. Co.A Sgt.
Brown, W.H. LA 2nd Cav.
Brown, W.H. LA 22nd Inf. Co.B
Brown, W.H. LA 22nd (Cons.) Inf. Co.B
Brown, W.H. LA 27th Inf. Co.E
Brown, W.H. LA 28th (Gray's) Inf. Co.H
Brown, W.H. LA Mil.Conf.Guards Regt. Co.G
Brown, W.H. MD Arty. 2nd Btty.
Brown, W.H. MS 2nd Cav. Co.D QMSgt.
Brown, W.H. MS 2nd St.Cav. Co.K
Brown, W.H. MS Cav. 3rd Bn. (Ashcraft's) Co.C
Brown, W.H. MS 10th Cav. Co.H
Brown, W.H. MS 11th (Ashcraft's) Cav. Co.C
Brown, W.H. MS 6th Inf. Co.H
Brown, W.H. MS 10th Inf. Old Co.D QM
Brown, W.H. MS 15th Inf. Co.E
Brown, W.H. MS 16th Inf. Co.H
Brown, W.H. MS 37th Inf. Co.F Sgt.
Brown, W.H. MO 5th Cav. Co.K
Brown, W.H. MO 1st & 4th Cons.Inf. Co.B Sgt.
Brown, W.H. MO 16th Inf. Co.I
Brown, W.H. MO St.Guard
Brown, W.H., Sr. NC 2nd Cav. (19th St.Troops) Co.A
Brown, W.H. NC 1st Arty. (10th St.Troops) Co.E
Brown, W.H. NC 1st Inf. (6 Mo. '61) Co.C
Brown, W.H. NC 30th Inf. Co.F Cpl.
Brown, W.H. NC 32nd Inf. Lenoir Braves 1st Co.K
Brown, W.H. NC 43rd Inf. Co.D
Brown, W.H. NC 67th Inf. Co.D
Brown, W.H. SC 2nd Arty. Co.G
Brown, W.H. SC 2nd Inf. Co.D
Brown, W.H. SC 3rd Inf. Co.F
Brown, W.H. SC 5th St.Troops Co.M
Brown, W.H. SC Inf. Holcombe Legion Co.B
Brown, W.H. TN 1st (Carter's) Cav.
Brown, W.H. TN 11th (Holman's) Cav. Co.G
Brown, W.H. TN 3rd (Clack's) Inf. Co.E
Brown, W.H. TN Inf. 22nd Bn. Co.K
Brown, W.H. TN 24th Bn.S.S. Co.A Cpl.
Brown, W.H. TN 51st (Cons.) Inf. Co.D Capt.
Brown, W.H. TX 5th Cav. Co.G Music.
Brown, W.H. TX 7th Cav. Co.E
Brown, W.H. TX 25th Cav. Co.G
Brown, W.H. TX Cav. Terry's Regt. Co.E
Brown, W.H. TX 2nd Inf. Co.B
Brown, W.H. TX 11th Inf. Co.E
Brown, W.H. TX 22nd Inf. Co.D
Brown, W.H. TX Inf. Houston Bn. Co.D
Brown, W.H. VA 13th Cav. Co.B
Brown, W.H. VA 1st (Farinholt's) Res. Co.G
Brown, W.H. VA 45th Inf. Co.D
Brown, W.H. 7th Conf.Cav. Co.D
Brown, W.H. Conf.Cav. Baxter's Bn. Co.A
Brown, W.H. Conf.Cav. Clarkson's Bn. Ind. Rangers Co.G
Brown, W.H. 1st Conf.Eng.Troops Co.K
Brown, W.H. Gen. & Staff AASurg.
Brown, W.H. Gen. & Staff IG
Brown, Whitfield LA 31st Inf. Co.A Cpl.
Brown, W.I. AL 15th Inf. Co.I
Brown, W.I. Conf.Cav. Wood's Regt. 2nd Co.F
Brown, Wiley GA Arty. 9th Bn. Co.B
Brown, Wiley GA 59th Inf. Co.E Cpl.

Brown, Wiley MS Inf. 1st Bn.St.Troops (12 mo.'62-3) Co.F
Brown, Wiley TN 63rd Inf. Co.I
Brown, Wiley B. NC Inf. 2nd Bn. Co.H
Brown, Wiley B. NC 60th Inf. Co.B
Brown, Wiley B. TN 48th (Voorhies') Inf.
Brown, Wiley C. AR 4th Inf. Co.A 2nd Lt.
Brown, Wiley D. NC 15th Inf. Co.H
Brown, Wiley J. KY 5th Mtd.Inf. Co.B
Brown, Wiley T. TX 14th Cav. Co.F 1st Sgt.
Brown, Wiley W. AL 31st Inf.
Brown, Wilferd TX 21st Cav. Co.E Jr.2nd Lt.
Brown, William AL 5th Cav. Co.L
Brown, William AL Inf. 2nd Regt. Co.G
Brown, William AL 3rd Inf. Co.H
Brown, William AL 4th Inf. Co.E
Brown, William AL 8th Inf. Co.A
Brown, William AL 8th Inf. Co.G Sgt.
Brown, William AL 9th Inf. Co.A
Brown, William AL 12th Inf. Co.H
Brown, William AL 13th Inf. Co.E
Brown, William AL 22nd Inf. Co.K
Brown, William AL 23rd Bn.S.S. Co.E
Brown, William AL 23rd Bn.S.S. Co.F
Brown, William AL 29th Inf. Co.E
Brown, William AL 33rd Inf. Co.B
Brown, William AL 37th Inf.
Brown, William AL 43rd Inf. Co.I
Brown, Wm. AL 51st Inf. Co.I
Brown, William AL 61st Inf. Co.C
Brown, William AL Cp. of Instr. Talladega
Brown, William AL Vol. Rabby's Coast Guard Co. No.1
Brown, William AL Randolph Cty.Res. Shepherd's Co.
Brown, William AL 1st Bn. Hilliard's Legion Vol. Co.E
Brown, William AL 1st Bn. Hilliard's Legion Vol. Co.F
Brown, William AZ Cav. Herbert's Bn. Swope's Co. Sgt.
Brown, William AR 1st (Crawford's) Cav. Co.I
Brown, William AR 2nd Cav. Co.E
Brown, William AR 3rd Cav. Co.G
Brown, William AR Cav. Wright's Regt. Co.K
Brown, William AR 1st Inf. Co.I
Brown, William AR 1st Vol. Simington's Co.
Brown, William AR 2nd Inf. Co.K
Brown, William AR 3rd Inf. Co.I
Brown, William AR 3rd Inf. (St.Troops) Co.C Sgt.
Brown, William AR 11th Inf. Co.F
Brown, William AR 11th & 17th Cons.Inf. Co.F,E
Brown, William AR 13th Mil. Co.A
Brown, William AR 15th (Johnson's) Inf. Co.B
Brown, William AR 15th (Josey's) Inf. Co.H
Brown, William AR 16th Inf. Co.B
Brown, William AR 17th (Lemoyne's) Inf. Co.D
Brown, William AR 18th (Marmaduke's) Inf. Co.K
Brown, William AR 20th Inf. Co.B
Brown, William AR 21st Inf. Co.H
Brown, William AR 34th Inf. Co.G
Brown, William AR 35th Inf. Co.H
Brown, William AR 37th Inf. Co.F Sgt.
Brown, William AR Inf. Adams' Regt. Moore's Co.
Brown, William AR Inf. Hardy's Regt. Torbett's Co.
Brown, William FL 4th Inf. Co.E
Brown, William FL 5th Inf. Co.I
Brown, William FL 7th Inf. Co.E Sgt.
Brown, William GA 12th Cav. Co.D
Brown, William GA Cav. 19th Bn. Co.B
Brown, William GA Cav. 20th Bn. Co.D
Brown, William GA Arty. 9th Bn. Co.A
Brown, William GA Lt.Arty. 12th Bn. 3rd Co.E, Co.C
Brown, William GA Arty. Maxwell's Reg. Lt.Btty.
Brown, William GA Lt.Arty. Pritchard's Co. (Washington Arty.)
Brown, William GA Arty. (Chatham Arty.) Wheaton's Co.
Brown, William GA 1st Reg. Co.D
Brown, William GA 1st (Olmstead's) Inf. Way's Co., Claghorn's Co.
Brown, William GA 1st (Symons') Res. Co.I
Brown, Wm. GA 5th Inf. Co.F
Brown, William GA 6th Inf. (St.Guards) Co.D
Brown, William GA Inf. 8th Bn. Co.D Sgt.
Brown, William GA 10th Inf.
Brown, William GA 11th Inf. Co.D 2nd 2nd Lt.
Brown, William GA 11th Inf. Co.G Recruit
Brown, William GA 13th Inf. Co.A
Brown, William GA 13th Inf. Co.B
Brown, William GA 13th Inf. Co.D
Brown, William GA Inf. 17th Bn. (St.Guards) McCarty's Co.
Brown, William GA 18th Inf. Co.K Capt.
Brown, William GA 19th Inf. Co.G
Brown, William GA 23rd Inf. Co.D Sgt.
Brown, William GA 24th Inf. Co.F
Brown, William GA Inf. 25th Bn. (Prov.Guard) Co.C Cpl.
Brown, William GA Inf. 25th Bn. (Prov.Guard) Co.F
Brown, William GA 27th Inf. Co.E
Brown, William GA 29th Inf. Co.E
Brown, William GA 44th Inf. Co.F
Brown, William GA 44th Inf. Co.I
Brown, William GA 45th Inf. Co.D
Brown, William GA 46th Inf. Co.C
Brown, William GA 49th Inf. Co.K
Brown, William GA 54th Inf. Co.G
Brown, William GA 59th Inf. Co.K
Brown, William GA 66th Inf. Co.K
Brown, William GA Inf. (Milledgeville Guards) Caraker's Co.
Brown, William GA Unassign.Mil.
Brown, William KY 1st (Butler's) Cav. Co.A
Brown, William KY 1st (Butler's) Cav. Co.B
Brown, William KY 2nd (Woodward's) Cav. Co.F
Brown, William KY 7th Cav. Co.H
Brown, William KY 8th Cav. Co.F
Brown, William KY 8th Cav. Co.G
Brown, William KY 1st Inf. Co.G
Brown, William KY 2nd Mtd.Inf. Co.I
Brown, William KY 4th Mtd.Inf.
Brown, William KY 7th Mtd.Inf. Co.C Cpl.
Brown, William LA 1st Hvy.Arty. (Reg.) Co.E
Brown, William LA 1st (Nelligan's) Inf. Co.K
Brown, William LA 4th Inf. Co.D
Brown, William LA Mil. 4th Regt. 1st Brig. 1st Div. Co.E
Brown, William LA 6th Inf. Co.I Sgt.
Brown, William LA 7th Inf. Co.A
Brown, William LA 8th Inf. Co.A
Brown, William LA 9th Inf. Co.G
Brown, William LA Inf. 9th Bn. Co.A
Brown, William LA 13th Inf. Co.B Cpl.
Brown, William LA 19th Inf. Co.F
Brown, William LA 28th (Thomas') Inf. Co.G
Brown, William LA 31st Inf. Co.I
Brown, William LA Miles' Legion Co.A
Brown, William LA Recruit
Brown, William MD 1st Inf. Co.D
Brown, William MD Brown's Bn.
Brown, William MS St.Cav. 2nd Bn. (Harris') Co.B
Brown, William MS 11th (Cons.) Cav. Co.G
Brown, William MS 38th Cav. Co.K
Brown, William MS Lt.Arty. English's Co.
Brown, William MS Inf. 1st St.Troops Co.E
Brown, William MS 2nd (Quinn's St.Troops) Inf. Co.I
Brown, William MS 3rd Inf. Co.A
Brown, William MS 3rd Inf. Co.G
Brown, William MS 9th Inf. New Co.A
Brown, William MS 9th Inf. Old Co.G
Brown, William MS 11th Inf. Co.D
Brown, William MS 12th Inf. Co.E
Brown, William, Jr. MS 12th Inf. Co.K
Brown, William MS 14th Inf. Co.A
Brown, William MS 20th Inf. Co.A
Brown, William MS 21st Inf. Co.B Cpl.
Brown, William MS 22nd Inf. Co.E
Brown, William MS 22nd Inf. Co.F
Brown, William MS 30th Inf. Co.F
Brown, William MS 33rd Inf. Co.B
Brown, William MS 35th Inf. Co.H
Brown, William MS Blythe's Bn. (St.Troops)
Brown, William MS Inf. Comfort's Co.
Brown, William MO 3rd Cav. Co.K
Brown, William MO 6th Cav. Co.H
Brown, William MO 6th Cav. Co.K
Brown, William MO Cav. Schnabel's Bn. Co.F
Brown, William MO Cav. Snider's Bn. Co.D
Brown, William MO Lt.Arty. 3rd Btty.
Brown, William MO Lt.Arty. Barret's Co. 1st Lt.
Brown, William, 1st MO Lt.Arty. Farris' Btty. (Clark Arty.)
Brown, William, 2nd MO Lt.Arty. Farris' Btty. (Clark Arty.)
Brown, William MO 6th Inf. Co.A,C
Brown, William MO 8th Inf. Co.D Cpl.
Brown, William MO 8th Inf. Co.H
Brown, William MO 9th Inf. Co.B
Brown, William MO 11th Inf. Co.G
Brown, William MO 16th Inf. Co.B
Brown, William MO Inf. Clark's Regt. Co.A
Brown, William MO Inf. Clark's Regt. Co.E
Brown, William MO Inf. Perkins' Bn. Co.D
Brown, William MO 3rd St.Guards
Brown, William MO St.Guard Col.
Brown, William NC 1st Cav. (9th St.Troops) Co.G

Brown, William NC 2nd Cav. (19th St.Troops) Co.G
Brown, William NC 6th Cav. (65th St.Troops) Co.A
Brown, William NC 3rd Arty. (40th St.Troops) Co.C
Brown, William NC 3rd Bn.Sr.Res. Durham's Co.
Brown, William NC 4th Inf. Co.E
Brown, William NC 4th Inf. Co.K 2nd Lt.
Brown, William NC 5th Inf. Co.A
Brown, William NC 5th Inf. Co.B
Brown, William NC 5th Inf. Co.F
Brown, William NC 5th Sr.Res. Co.D
Brown, William NC 8th Inf. Co.A
Brown, William NC 12th Inf. Co.H
Brown, William NC 13th Inf. Co.G
Brown, William NC 14th Inf. Co.A
Brown, William NC 27th Inf. Co.D
Brown, William NC 30th Inf. Co.G
Brown, William NC 31st Inf. Co.G
Brown, William NC 32nd Inf. 1st Co.H
Brown, William NC 32nd Inf. 2nd Co.H
Brown, William NC 33rd Inf. Co.D
Brown, William NC 42nd Inf. Co.D
Brown, William NC 44th Inf. Co.B
Brown, William NC 44th Inf. Co.E
Brown, William NC 47th Inf. Co.H
Brown, William NC 52nd Inf. Co.D
Brown, William NC 56th Inf. Co.F
Brown, William NC 57th Inf. Co.B Capt.
Brown, William NC 64th Inf. Co.B
Brown, William NC 66th Inf. Co.G Sgt.
Brown, William NC Pris.Guards Howard's Co.
Brown, William NC McLean's Bn.Lt.Duty Men Co.A
Brown, William SC 4th Cav. Co.H
Brown, William SC Mil.Cav. Rutledge's Co.
Brown, William SC 1st Arty. Co.B
Brown, William SC 1st Arty. Co.G
Brown, William SC Hvy.Arty. Mathewes' Co.
Brown, William SC Arty. Zimmerman's Co. (Pee Dee Arty.)
Brown, William SC 1st (Hagood's) Inf. 1st Co.B, 2nd Co.B
Brown, William SC 1st (Hagood's) Inf. 2nd Co.K
Brown, William SC 1st (McCreary's) Inf. Co.D
Brown, William SC 1st Bn.S.S. Co.B
Brown, William SC 2nd Inf. Co.K
Brown, William SC 5th Inf. 1st Co.B, 2nd Co.F
Brown, William SC 5th Inf. 2nd Co.E Cpl.
Brown, William SC 6th Inf. 1st Co.E 1st Sgt.
Brown, William SC Inf. 6th Bn. Co.B
Brown, William SC Inf. 7th Bn. (Enfield Rifles) Co.E
Brown, William SC 12th Inf. Co.D
Brown, William SC 13th Inf. Co.A
Brown, William SC 15th Inf. Co.D
Brown, William SC 15th Inf. Co.F
Brown, William SC 16th Inf. Co.E
Brown, William SC 19th Inf. Co.E
Brown, William SC 21st Inf. Co.H
Brown, William SC 27th Inf. Co.F
Brown, William SC Manigault's Bn.Vol. Co.D
Brown, Wm. SC Cav.Bn. Inf. Holcombe Legion Co.B
Brown, William TN 1st Cav. Co.D
Brown, William TN 1st (Carter's) Cav. Co.K Far.
Brown, William TN 2nd (Smith's) Cav. Thomason's Co.
Brown, William TN 3rd (Forrest's) Cav. Co.H 2nd Lt.
Brown, William TN 4th Cav. Co.I
Brown, William TN 4th (McLemore's) Cav. Co.G
Brown, William TN 6th (Wheeler's) Cav. Co.E
Brown, William TN 7th (Duckworth's) Cav. Co.H
Brown, William TN 9th Cav. Co.A
Brown, William TN Cav. 11th Bn. (Gordon's) Co.D
Brown, William TN 11th (Holman's) Cav. Co.B
Brown, William TN 12th (Green's) Cav. Co.A Ord.Sgt.
Brown, William TN 14th (Neely's) Cav. Co.A
Brown, William TN 21st (Wilson's) Cav. Co.G
Brown, William TN 22nd (Barteau's) Cav. Co.D Sgt.
Brown, William TN Holman's Bn.Part.Rangers Co.A
Brown, William TN Cav. Jackson's Co. Sgt.
Brown, William TN Cav. Newsom's Regt. Co.B
Brown, William TN Cav. Shaw's Bn. Hamilton's Co.
Brown, William TN Cav. Welcker's Bn. Kincaid's Co.
Brown, William TN 1st Hvy.Arty. 2nd Co.D
Brown, William TN Lt.Arty. Scott's Co.
Brown, William, 2nd TN Lt.Arty. Scott's Co.
Brown, William TN Lt.Arty. Tobin's Co.
Brown, William TN Lt.Arty. Winston's Co.
Brown, William TN 1st (Feild's) & 27th Inf. (Cons.) Co.I
Brown, William TN Inf. 1st Bn. (Colms') Co.A
Brown, William TN Inf. 1st Bn. (Colms') Co.D Cpl.
Brown, William TN Inf. 2nd Cons.Regt. Co.B
Brown, William TN Inf. 4th Cons.Regt. Co.K
Brown, William TN 13th Inf. Co.A,D
Brown, William TN 13th Inf. Co.E ACS
Brown, William TN 22nd Inf. Co.F
Brown, William TN 23rd Inf. 2nd Co.F
Brown, William TN 26th Inf. Co.A
Brown, William TN 28th Inf. Co.E Sgt.
Brown, William TN 28th (Cons.) Inf. Co.D
Brown, William TN 32nd Inf. Co.H
Brown, William TN 34th Inf. Co.D
Brown, William TN 35th Inf. 2nd Co.D
Brown, William TN 40th Inf. Co.D
Brown, William TN 40th Inf. Co.I
Brown, William TN 42nd Inf. 1st Co.K
Brown, William TN 43rd Inf. Co.A
Brown, William TN 48th (Nixon's) Inf. Co.B
Brown, William TN 48th (Voorhies') Inf. Co.H
Brown, William TN 50th (Cons.) Inf. Co.K Sgt.
Brown, William TN 53rd Inf. Co.A
Brown, William TN 60th Mtd.Inf. Co.L
Brown, William TN 62nd Mtd.Inf. Co.F
Brown, William TN Inf. 154th Sr.Regt. Co.G
Brown, William TN Inf. 154th Sr.Regt. Co.L
Brown, William TN Inf. Sowell's Detach.
Brown, William TX 2nd Cav. Co.D
Brown, William TX 7th Cav. Co.F
Brown, William TX 7th Cav. Co.H
Brown, William TX 9th Cav. Co.H
Brown, William TX 10th Cav. Co.D
Brown, William TX 11th Cav. Co.C
Brown, William TX 11th Cav. Co.I
Brown, William TX 16th Cav. Co.D
Brown, William TX 18th Cav. Co.I
Brown, William TX 26th Cav. 2nd Co.G
Brown, William TX 29th Cav. Co.A
Brown, William TX 37th Cav. Mullin's Co.
Brown, William TX Cav. Baird's Regt. Co.D
Brown, William TX Cav. Baylor's Regt. Co.B
Brown, William TX Cav. Border's Regt. Co.A
Brown, William TX Cav. Bourland's Regt. Co.D 1st Lt.
Brown, William TX 1st Hvy.Arty. Co.K
Brown, William TX Arty. Douglas' Co.
Brown, William TX Lt.Arty. Jones' Co.
Brown, William, 1st TX Lt.Arty. Jones' Co.
Brown, William, 2nd TX Lt.Arty. Jones' Co.
Brown, William, 3rd TX Lt.Arty. Jones' Co.
Brown, William, Jr. TX Lt.Arty. Jones' Co.
Brown, William, Sr. TX Lt.Arty. Jones' Co.
Brown, William TX 2nd Inf. Co.D
Brown, William TX 2nd Inf. Co.E
Brown, William TX 6th Inf. Co.D
Brown, William TX 13th Vol. 2nd Co.H
Brown, William TX Inf. Cunningham's Co.
Brown, William TX Inf. Griffin's Bn. Co.A Sgt.
Brown, William TX Waul's Legion Co.A
Brown, Wm. TX Conscr.
Brown, William VA 1st Cav. 1st Co.D
Brown, William VA 5th Cav. Co.I
Brown, William VA 6th Cav. Co.D,B
Brown, William VA 9th Cav. Co.C
Brown, William VA 9th Cav. Co.F
Brown, William VA 10th Cav. Co.A
Brown, William VA 14th Cav. Co.D
Brown, William VA 17th Cav. Co.A
Brown, William VA 20th Cav. Co.I
Brown, William VA 21st Cav. Co.B
Brown, William VA Cav. 32nd Bn. Co.A
Brown, William VA Cav. 35th Bn. Co.A
Brown, William VA Cav. 39th Bn. Co.C
Brown, William VA Lt.Arty. 38th Bn. Co.C
Brown, William VA Lt.Arty. W.P. Carter's Co.
Brown, William VA Lt.Arty. B.Z. Price's Co.
Brown, William VA Lt.Arty. W.H. Rice's Co.
Brown, William VA Lt.Arty. Sturdivant's Co.
Brown, William VA Lt.Arty. Waters' Co.
Brown, William VA Hvy.Arty. Wilkinson's Co.
Brown, William VA Inf. 1st Bn. Co.C
Brown, William VA 3rd (Archer's) Bn.Res. Co.E Cpl.
Brown, William VA 4th Inf.
Brown, William VA Inf. 4th Bn.Loc.Def. Co.A
Brown, William VA 9th Inf. Co.B
Brown, William VA 9th Inf. Co.F
Brown, William VA 11th Inf. Co.C
Brown, William VA 21st Mil. Co.A Sgt.
Brown, William VA 26th Inf. Co.E
Brown, William VA 34th Inf. Co.K
Brown, William VA 34th Inf. Norton's Co.
Brown, William VA 38th Inf. Co.F
Brown, William VA 40th Inf. Co.C,K
Brown, William VA 40th Inf. Co.G
Brown, William VA 47th Inf. Co.F Capt.

Brown, William VA 54th Inf. Co.F
Brown, William VA 58th Mil. Co.D
Brown, William VA 60th Inf. Co.E
Brown, William, Jr. VA 151st Mil. Co.A
Brown, William VA Prov.Guard Avis' Co.
Brown, William VA Inf. Cohoon's Bn. Co.B
Brown, William VA Lt.Arty. Jackson's Bn.St.Line Co.B
Brown, William 3rd Conf.Cav. Co.D
Brown, William Conf.Cav. 6th Bn. Co.G
Brown, William 8th (Wade's) Conf.Cav. Co.I
Brown, William 10th Conf.Cav. Co.E
Brown, William 20th Conf.Cav. 2nd Co.I
Brown, William Conf.Lt.Arty. 1st Reg.Btty.
Brown, William Horse Arty. White's Btty.
Brown, William Conf.Inf. 1st Bn. Co.I
Brown, William 4th Conf.Inf. Co.I
Brown, William Conf.Reg.Inf. Brooks' Bn. Co.E
Brown, William Conf.Inf. Tucker's Regt. Co.D Cpl.
Brown, William Conf.Inf. Tucker's Regt. Co.H Cpl.
Brown, William 2nd Cherokee Mtd.Vol. Co.F
Brown, Wm. Gen. & Staff Capt.,AGD
Brown, Wm. Gen. & Staff Sgt.,ACS
Brown, William A. AL 9th (Malone's) Cav. Co.C
Brown, Wm. A. AL 51st Part.Rangers Co.I
Brown, William A. AL 15th Inf. Co.L
Brown, William A. AL 16th Inf. Co.K
Brown, William A. AL 28th Inf. Co.A Sgt.
Brown, William A. AL 30th Inf. Co.E
Brown, William A. AL 47th Inf. Co.E Sgt.
Brown, William A. AL 58th Inf. Co.C
Brown, William A. AL 61st Inf. Co.I
Brown, William A. AL 63rd Inf. Co.A
Brown, William A. AR Lt.Arty. 2nd Btty.
Brown, William A. AR Lt.Arty. Wiggins' Btty. Cpl.
Brown, William A. AR Inf. 2nd Bn. Co.C Sgt.
Brown, William A. AR 3rd Inf. Co.E
Brown, William A. AR Inf. Ballard's Co.
Brown, William A. AR Inf. Cocke's Regt. Co.I
Brown, William A. GA 3rd Cav. Co.H Sgt.
Brown, William A. GA Lt.Arty. 14th Bn. Co.C,G
Brown, William A. GA Lt.Arty. Ferrell's Btty.
Brown, William A. GA 7th Inf. Co.I Sgt.
Brown, William A. GA 38th Inf. Co.G
Brown, William A. GA 42nd Inf. Co.D,B
Brown, William A. GA 43rd Inf. Co.H
Brown, William A. GA 43rd Inf. Co.I
Brown, William A. GA 49th Inf. Co.A
Brown, William A. KY Cav. 1st Bn. Co.A
Brown, William A. MS Lt.Arty. Stanford's Co. 2nd Lt.
Brown, William A. MS 12th Inf. Co.D
Brown, William A. MO 3rd Cav. Co.B
Brown, William A. MO 6th Inf. Co.K
Brown, William A. NC Hvy.Arty. 1st Bn. Co.A
Brown, William A. NC 7th Inf. Co.H
Brown, William A. NC 8th Inf. Co.H Sgt.
Brown, William A. NC 16th Inf. Co.I
Brown, William A. NC 49th Inf. Co.D
Brown, William A. SC 4th Cav. Co.F
Brown, William A. TN 4th (McLemore's) Cav. Co.E Cpl.
Brown, William A. TN 1st Hvy.Arty.
Brown, William A. TN 35th Inf. Co.L Cpl.
Brown, William A. TN 43rd Inf. Co.E
Brown, William A. TN 44th Inf. Co.E
Brown, William A. TN 44th (Cons.) Inf. Co.B
Brown, William A. TN 63rd Inf. Co.D
Brown, William A. TX 11th Cav. Co.G 1st Lt.
Brown, William A. TX 29th Cav. Co.H Capt.
Brown, William A. VA 5th Cav. (12 mo. '61-2) Co.B
Brown, William A. VA 7th Inf. Co.I 2nd Lt.
Brown, William A. VA 15th Inf. Co.A Cpl.
Brown, William A. VA 15th Inf. Co.H
Brown, William A. VA 19th Inf. Co.D 1st Lt.
Brown, William A. VA 28th Inf. Co.K
Brown, William A. VA 45th Inf. Co.B,D
Brown, William A. VA 60th Inf. Co.E
Brown, William A. 8th (Wade's) Conf.Cav. Co.G
Brown, William A.D. GA 38th Inf. Co.F
Brown, William A.G. TN 59th Mtd.Inf. Co.K
Brown, William B. AL Cav. Barbiere's Bn. Truss' Co. 2nd Lt.
Brown, William B. AL 32nd Inf. Co.C
Brown, William B. FL 1st Cav. Co.G
Brown, William B. GA Carlton's Co. (Troup Cty.Arty.)
Brown, William B. GA 9th Inf. Co.H
Brown, Wm. B. GA 16th Inf. Co.C
Brown, William B. KY 3rd Mtd.Inf. Co.E
Brown, William B. LA 25th Inf. Co.C
Brown, William B. MD Arty. 1st Btty. Sgt.
Brown, William B. MS 2nd Inf. Co.A
Brown, William B. MO 5th Cav. Co.E
Brown, William B. MO 2nd Inf. Co.H
Brown, William B. NC 34th Inf. Co.H
Brown, William B. NC 52nd Inf. Co.F
Brown, William B. TN Cav. 7th Bn. (Bennett's) Co.A
Brown, William B. TN 59th Mtd.Inf. Co.C Sgt.
Brown, William B. TX 18th Cav. Co.G 1st Lt.
Brown, William B. VA 5th Cav. (12 mo. '61-2) Co.B
Brown, William B. VA Cav. 14th Bn. Co.A
Brown, William B. VA 15th Cav. Co.F
Brown, William B. VA 22nd Cav. Co.B
Brown, William B. VA Lt.Arty. Jeffress' Co. Ch.Caisson Cpl.
Brown, William B. VA 6th Inf. Weisiger's Co.
Brown, William B. VA 16th Inf. Co.I
Brown, William B. Gen. & Staff Capt., A.Ch.Arty.
Brown, William B.S.A. GA 24th Inf. Co.B
Brown, William Burns MS 1st Lt.Arty. Co.A
Brown, William C. AL 49th Inf. Co.F
Brown, William C. AR 21st Inf. Co.A
Brown, William C. FL 1st Inf. New Co.A
Brown, William C. FL 4th Inf. Co.B
Brown, William C. GA Inf. 4th Bn. (St.Guards) Co.F
Brown, William C. GA 6th Inf. Co.B
Brown, William C. GA 11th Inf. Co.E 1st Sgt.
Brown, William C. GA Inf. 25th Bn. (Prov.Guard) Co.C
Brown, William C. GA 59th Inf. Co.F
Brown, William C. GA 64th Inf. Co.K Sgt.
Brown, William C. KY 9th Mtd.Inf. Co.E
Brown, William C. LA 1st Inf. Co.C
Brown, William C. LA 11th Inf. Co.I
Brown, William C. MS 11th (Perrin's) Cav. Co.G Cpl.
Brown, William C. MS 1st (Patton's) Inf. Co.B
Brown, William C. MS 17th Inf. Co.K
Brown, William C. NC 8th Inf. Co.D
Brown, William C. NC 42nd Inf. Surg.
Brown, William C. NC 45th Inf. Co.K Sgt.
Brown, William C. NC 47th Inf. Co.I
Brown, William C. NC Inf. Thomas Legion Co.E 3rd Lt.
Brown, William C. SC 4th Cav. Co.H
Brown, William C. SC Inf. 7th Bn. (Enfield Rifles) Co.B
Brown, William C. SC 9th Inf. Co.B
Brown, William C. SC Cav.Bn. Holcombe Legion Co.E
Brown, William C. TN 11th Cav.
Brown, William C. TN 13th (Gore's) Cav. Co.G
Brown, William C. TN Lt.Arty. Barry's Co.
Brown, William C. TN 3rd (Clack's) Inf.
Brown, William C. TX 1st (McCulloch's) Cav. Co.E
Brown, William C. VA 7th Inf. Co.E
Brown, William C. VA Inf. 26th Bn. Co.D
Brown, William C. VA 38th Inf. Co.A 1st Lt.
Brown, William C. VA 40th Inf. Co.I
Brown, William C. 10th Conf.Cav. Co.C
Brown, William C. Gen. & Staff Asst.Surg.
Brown, William D. AL 12th Inf. Co.B
Brown, William D. GA 5th Inf. Co.A
Brown, William D. GA 9th Inf. Co.I
Brown, William D. KY 6th Mtd.Inf. Co.G
Brown, William D. LA Inf. 4th Bn. Co.F
Brown, William D. MD Arty. 4th Btty. Capt.
Brown, William D. MS 1st (King's) Inf. (St.Troops) Co.A
Brown, William D. MS Inf. 3rd Bn. Co.C
Brown, William D. MS 12th Inf. Co.K
Brown, William D. SC 4th Cav. Co.F
Brown, William D. SC 1st Arty. Co.D
Brown, William D. SC 1st (Butler's) Inf. Co.C
Brown, William D. SC 1st (Butler's) Inf. Co.D
Brown, William D. SC 23rd Inf. Co.K
Brown, William D. TN 16th (Logwood's) Cav. Co.B Ord.Sgt.
Brown, William D. TN 48th (Nixon's) Inf. Co.E
Brown, William D. TN 54th Inf. Dooley's Co. Music.
Brown, William D. VA 2nd Arty. Co.A Sgt.
Brown, William D. VA Arty. Forrest's Co. 1st Lt.
Brown, William D. VA 1st Bn.Res. Co.C
Brown, William D. VA 7th Inf. Co.C 2nd Lt.
Brown, William D. VA 15th Inf. Co.A
Brown, William D. VA Inf. 22nd Bn. Co.A Sgt.
Brown, William D.T. MO Cav. Wood's Regt. Co.A
Brown, William E. AL 10th Inf. Co.I
Brown, William E. AR 15th (Josey's) Inf. Co.H 2nd Lt.
Brown, William E. KY 1st (Helm's) Cav. New Co.A
Brown, William E. MS 15th Inf. Co.D
Brown, William E. NC 14th Inf. Co.A
Brown, William E. NC 30th Inf. Co.B
Brown, William E. TX 11th Inf. Co.A

Brown, William E. VA Lt.Arty. Griffin's Co.
Brown, William E. VA 9th Inf. 1st Co.A
Brown, William E. President's Guard,CSA
Brown, William F. AL 19th Inf. Co.B
Brown, William F. AL 39th Inf. Co.F
Brown, William F. AR 1st (Colquitt's) Inf. Co.F
Brown, William F. AR 14th (McCarver's) Inf. Co.C
Brown, William F. AR 21st Inf. Co.A
Brown, William F. AR 26th Inf. Co.C Cpl.
Brown, William F. GA 12th (Robinson's) Cav. (St.Guards) Co.A
Brown, William F. GA Inf. 2nd Bn. Co.B
Brown, William F. GA 12th Inf. Co.F Capt.
Brown, William F. GA 24th Inf. Co.B
Brown, William F. GA 34th Inf. Co.G
Brown, William F. GA 36th (Villepigue's) Inf. Co.E,F
Brown, William F. GA 42nd Inf. Co.G
Brown, William F. GA Conscr. Cpl.
Brown, William F. LA 28th (Gray's) Inf. Co.D
Brown, William F. MS 13th Inf. Co.K Capt.
Brown, William F. MS 29th Inf. Co.C
Brown, William F. MS 41st Inf. Co.E
Brown, William F. NC 18th Inf. Co.E
Brown, William F. SC 17th Inf. Co.G
Brown, William F. TN 11th Inf. Co.G
Brown, William F. TN 26th Inf. Co.I
Brown, William F. TN 54th Inf. Co.G
Brown, William F. VA Lt.Arty. W.P. Carter's Co.
Brown, William F. VA Lt.Arty. B.Z. Price's Co.
Brown, William F. VA 29th Inf. Co.H
Brown, William F. VA 40th Inf. Co.D
Brown, William F. VA 45th Inf. Co.A
Brown, William Franklin SC 19th Inf. Co.E
Brown, William G. AL 13th Inf. Co.C
Brown, William G. AL 16th Inf. Co.K
Brown, William G. FL 5th Inf. Co.E
Brown, William G. GA 21st Inf. Co.C
Brown, William G. GA 39th Inf. Co.G
Brown, William G. GA 49th Inf. Co.I 1st Sgt.
Brown, William G. GA 59th Inf. Co.D 2nd Lt.
Brown, William G. MS 31st Inf. Co.D
Brown, William G. MO 10th Cav. Co.E
Brown, William G. MO Inf. 3rd Bn. Co.E
Brown, William G. MO 6th Inf. Co.C
Brown, William G. SC 1st Arty. Co.A
Brown, William G. TN 4th (Murray's) Cav. Co.B
Brown, William G. TN Inf. 22nd Bn. Co.H
Brown, William G. VA 25th Cav. Co.I Sgt.
Brown, William G. VA 7th Inf. Co.I
Brown, William G. VA 10th Inf. Co.G
Brown, William G. VA 56th Inf. Co.H
Brown, William G. VA 146th Mil. Co.B
Brown, William G. VA Inf. Mileham's Co.
Brown, William H. AL Lt.Arty. Hurt's Btty.
Brown, Wm. H. AL 1st Inf. Co.C,G
Brown, William H. AL 5th Bn.Vol. Co.B
Brown, William H. AL 11th Inf. Co.F
Brown, William H. AL 57th Inf. Co.B
Brown, William H. AR Cav. Crabtree's (46th) Regt. Co.C
Brown, William H. AR 4th Inf. Co.B
Brown, William H. AR 11th Inf. Co.I 1st Lt.
Brown, William H. AR 31st Inf. Co.B
Brown, William H. FL 5th Inf. Co.E,A
Brown, William H. FL 5th Inf. Co.G,F
Brown, William H. FL 7th Inf. Co.B 1st Sgt.
Brown, William H. GA 6th Cav. Co.F
Brown, William H. GA 2nd Bn.S.S. Co.B Capt.
Brown, William H. GA Inf. 3rd Bn. Co.G Cpl.
Brown, William H. GA 4th Bn.S.S. Co.A
Brown, William H. GA 5th Inf. Co.K,L Capt.
Brown, William H. GA 6th Inf. Co.B Music.
Brown, William H. GA 23rd Inf. Co.B
Brown, William H. GA 30th Inf. Co.F
Brown, William H. GA 45th Inf. Co.H,C 1st Lt.
Brown, William H. GA 51st Inf. Co.G
Brown, William H. GA Smith's Legion Anderson's Co.
Brown, William H. GA Inf. Cobb Guards Co.A
Brown, William H. GA Inf. Taylor's Co. Cpl.
Brown, William H. KY 14th Cav. Co.D Sgt.
Brown, William H. LA 1st Hvy.Arty. Co.D Sgt.
Brown, William H. MS Cav. Jeff Davis Legion Co.D
Brown, William H. MS 3rd Inf. Co.K Cpl.
Brown, William H. MS 9th Inf. Old Co.I
Brown, William H. MS 10th Inf. Old Co.A 2nd Lt.
Brown, William H. MS 13th Inf. Co.B
Brown, William H. MS 21st Inf. Co.A 2nd Lt.
Brown, William H. MS 27th Inf. Co.I
Brown, William H. MS 29th Inf. Co.C Sgt.
Brown, William H. MO 1st Cav. Co.C
Brown, William H. MO 1st & 3rd Cons.Cav.
Brown, William H. MO 2nd Cav. Co.B
Brown, William H. MO Lt.Arty. 3rd Btty. Cpl.
Brown, William H. MO 4th Inf. Co.F Cpl.
Brown, William H. NC 2nd Cav. (19th St.Troops) Co.A Cpl.
Brown, William H. NC 3rd Cav. (41st St.Troops) Co.H
Brown, William H. NC 4th Cav. (59th St.Troops) Co.D
Brown, William H. NC Hvy.Arty. 1st Bn. Co.C Capt.
Brown, William H. NC 3rd Arty. (40th St.Troops) Co.A Cpl.
Brown, William H. NC 16th Inf. Co.L
Brown, William H. NC 17th Inf. (2nd Org.) Co.D
Brown, William H. NC 25th Inf. Co.C
Brown, William H. NC 29th Inf. Co.D 2nd Lt.
Brown, William H. NC 29th Inf. Co.H
Brown, William H. NC 44th Inf. Co.E
Brown, William H. NC 52nd Inf. Co.F
Brown, William H. NC 53rd Inf. Co.K 1st Sgt.
Brown, William H. NC 56th Inf. Co.D,H
Brown, William H. NC Inf. Thomas Legion Co.E
Brown, William H. SC 1st (Hagood's) Inf. 1st Co.G
Brown, William H. SC 12th Inf. Co.D Sgt.
Brown, William H. SC 19th Inf. Co.E
Brown, William H. TN 1st (Carter's) Cav. Co.D
Brown, William H. TN 4th (Murray's) Cav. Co.E
Brown, William H. TN Holman's Bn. Part. Rangers Co.B
Brown, William H. TN 23rd Inf. 1st Co.F, Co.H
Brown, William H. TN 28th Inf. Co.A Cpl.
Brown, William H. TN 28th Inf. Co.H
Brown, William H. TN 34th Inf. Co.I
Brown, William H. TX 1st (Yager's) Cav. Co.K
Brown, William H. TX 13th Cav. Co.A
Brown, William H. TX 13th Cav. Co.F
Brown, William H. TX 20th Cav. Co.G
Brown, William H. TX 30th Cav. Co.A Capt.
Brown, William H. TX 36th Cav. Co.D
Brown, William H. TX Cav. Border's Regt. Co.E Sgt.
Brown, William H. TX Cav. Morgan's Regt. Co.F
Brown, Wm. H. VA 16th Cav. Co.C
Brown, William H. VA Cav. 40th Bn. Co.E
Brown, William H. VA Cav. Caldwell's Bn. Hankins' Co. 1st Sgt.
Brown, William H. VA Mtd.Riflemen St.Martin's Co.
Brown, William H. VA Hvy.Arty. Epes' Co.
Brown, William H. VA 1st St.Res. Co.C
Brown, William H. VA 3rd Inf. Co.H
Brown, William H. VA Inf. 4th Bn.Loc.Def. Co.B Capt.
Brown, William H. VA 5th Inf. Co.K Cpl.
Brown, William H. VA 7th Inf. Co.B Sgt.
Brown, William H. VA 17th Inf. Co.D
Brown, William H. VA 18th Inf. Co.E
Brown, William H. VA 19th Inf. Co.A
Brown, William H. VA 28th Inf. Co.K
Brown, William H. VA 37th Inf. Co.A Cpl.
Brown, William H. VA 40th Inf. Co.D
Brown, William H. VA 45th Inf. Co.G Col.
Brown, William H. VA 55th Inf. Co.E
Brown, William H. Gen. & Staff Hosp.Stew.
Brown, William H.C. VA 18th Inf. Co.A
Brown, William Henry GA 1st Cav. Co.F
Brown, William Henry TX 4th Inf. Co.B
Brown, William Henry Harrison TN 40th Inf. Co.A
Brown, William H.H. AL 54th Inf. Co.G
Brown, William H.H. GA Inf. 8th Bn. Co.B
Brown, William H.H. VA 7th Inf. Co.I
Brown, William H.H. VA 36th Inf. 3rd Co.I
Brown, William Horatio VA 61st Mil. Co.G Capt.
Brown, William I. MS 21st Inf. Co.G
Brown, William J. AL 4th Inf. Co.K
Brown, Wm. J. AL 17th Inf. Co.H
Brown, William J. AL 28th Inf. Co.D
Brown, William J. AL 39th Inf. Co.A
Brown, William J. AL 42nd Inf. Co.F
Brown, William J. AL Nitre & Min. Corps Young's Co.
Brown, William J. AR 19th Cav.
Brown, William J. FL 5th Inf. Co.C
Brown, William J. FL 5th Inf. Co.G,F
Brown, William J. GA Cav. 1st Bn.Res. Co.C
Brown, William J. GA Hvy.Arty. 22nd Bn. Co.D
Brown, William J. GA Lt.Arty. Ritter's Co.
Brown, William J. GA 6th Inf. Co.A
Brown, William J. GA 20th Inf. Co.F
Brown, William J. GA 24th Inf. Co.F
Brown, William J. GA 28th Inf. Co.G
Brown, William J. GA 38th Inf. Co.F Sgt.
Brown, William J. GA 40th Inf. Co.E
Brown, William J. GA Cobb's Legion Co.E
Brown, William J. MS Cav. Hughes' Bn. Co.B

Brown, William J. MS 17th Inf. Co.K
Brown, William J. MS 22nd Inf. Co.E
Brown, William J. MS 35th Inf. Co.B
Brown, William J. MO 1st N.E. Cav.
Brown, William J. NC 3rd Inf. Co.K
Brown, William J. NC 11th (Bethel Regt.) Inf. Co.A Sgt.
Brown, William J. NC 22nd Inf. Co.H
Brown, William J. NC 29th Inf. Co.C
Brown, William J. NC 29th Inf. Co.H
Brown, William J. NC 49th Inf. Co.I
Brown, William J. NC 64th Inf. Co.A
Brown, William J. TN 10th Cav.
Brown, William J. TN 2nd (Robison's) Inf. Co.D
Brown, William J. TN 11th Inf. Co.A
Brown, William J. TX 16th Cav. Co.D Sgt.
Brown, William J. TX 29th Cav. Co.A
Brown, William J. TX 3rd Inf. Co.D
Brown, William J. VA Lt.Arty. 12th Bn. 1st Co.A Sr.2nd Lt.
Brown, William J. VA Lt.Arty. 13th Bn. Co.B Teamster
Brown, William J. VA 2nd Inf. Co.A,G
Brown, William J. VA 3rd Inf. Co.C 1st Sgt.
Brown, William J. VA 15th Inf. Co.A
Brown, William J. VA 38th Inf. Co.E
Brown, William Joshua TX 20th Cav. Co.F Sgt.
Brown, William Judson VA Lt.Arty. Utterback's Co. 1st Lt.
Brown, William K. MS 7th Inf. Co.A
Brown, William L. AL Cav. Hardie's Bn.Res. Co.E
Brown, William L. AL 7th Inf. Co.C
Brown, William L. AL 11th Inf. Co.K
Brown, Wm. L. AL 15th Inf. Co.D
Brown, William L. AL 61st Inf. Co.F
Brown, William L. AL 62nd Inf. Co.E
Brown, Wm. L. AL Cp. of Instr. Talladega
Brown, William L. FL 1st Inf. New Co.D
Brown, William L. GA 11th Cav. Co.I Cpl.
Brown, William L. GA 2nd Bn.S.S. Co.A Sgt.
Brown, William L. GA 5th Inf. Co.I,M
Brown, William L. GA 21st Inf. Co.I
Brown, William L. GA 22nd Inf. Co.D
Brown, William L. GA 24th Inf. Co.D
Brown, William L. GA 65th Inf. Co.B
Brown, William L. GA Inf. Cobb Guards Co.B
Brown, William L. GA Inf. Cobb Guards Co.B Sgt.
Brown, William L. LA Arty. Moody's Co. (Madison Lt.Arty.)
Brown, William L. MS St.Cav. Perrin's Bn. Co.B
Brown, William L. MS Lt.Arty. Stanford's Co.
Brown, William L. MS 29th Inf. Co.D
Brown, William L. MS 37th Inf. Co.D Sgt.
Brown, William L. NC 42nd Inf. Co.G
Brown, William L. NC 55th Inf. Co.C Sgt.
Brown, William L. NC 56th Inf. Co.B
Brown, William L. NC 58th Inf. Co.I
Brown, William L. NC Walker's Bn. Thomas' Legion Co.B
Brown, William L. SC 1st Arty. Co.C,I
Brown, William L. SC Palmetto S.S. Co.H
Brown, William L. TN 5th (McKenzie's) Cav. Co.C Capt.
Brown, William L. TN 41st Inf. Co.B Capt.
Brown, William L. TN 63rd Inf. Co.H Capt.
Brown, William L. VA Cav. 36th Bn. Co.C
Brown, William L. VA Lt.Arty. Kirkpatrick's Co.
Brown, William L. VA 4th Inf. Co.I
Brown, William L. VA 37th Mil. 2nd Co.B
Brown, William L. VA 38th Inf. Co.E
Brown, William L. 1st Conf.Eng.Troops Co.G
Brown, William Leroy VA 1st Arty. Co.H 1st Lt.
Brown, William M. AL 42nd Inf. Co.H Cpl.
Brown, William M. AR 7th Cav. Co.A
Brown, William M. AR 27th Inf. Co.E Sgt.
Brown, William M. FL 4th Inf. Co.E
Brown, William M. GA 1st Cav. Co.A
Brown, William M. GA 52nd Inf. Co.A
Brown, William M. GA 65th Inf. Co.G
Brown, William M. GA Smith's Legion Standridge's Co.
Brown, Wm. M. KY 1st Helm's Cav. Co.D Capt.
Brown, William M. KY 4th Cav. Co.B
Brown, William M. KY 1st Bn.Mtd.Rifles Co.A
Brown, William M. MS Cav. Buck's Co. Cpl.
Brown, William M. MS 2nd Inf. Co.K
Brown, William M. MS 26th Inf. Co.K,G
Brown, William M. MS 41st Inf. Co.I
Brown, William M. MO 7th Cav. Co.C
Brown, William M. NC 4th Sr.Res. Co.B
Brown, William M. NC 22nd Inf. Co.H
Brown, William M. NC 22nd Inf. Co.K Sgt.
Brown, William M. NC 39th Inf. Co.K
Brown, William M. SC 3rd St.Troops Co.B
Brown, William M. SC 6th Res. Co.E
Brown, William M. SC 12th Inf. Co.B,D
Brown, William M. TN Cav. 4th Bn. (Branner's) Co.B 2nd Lt.
Brown, William M. TN 5th (McKenzie's) Cav. Co.H
Brown, William M. TN Cav. Newsom's Regt. Co.F
Brown, William M. TN 44th Inf. Co.F
Brown, William M. TN 44th (Cons.) Inf. Co.K
Brown, William M. TN 60th Mtd.Inf. Co.E
Brown, William M. TX 34th Cav. Co.E
Brown, William M. TX 1st Hvy.Arty. Co.G
Brown, William M. TX 20th Inf. Co.F Cpl.
Brown, William M. VA Lt.Arty. Arch. Graham's Co. 1st Lt.
Brown, William M. VA 22nd Inf. Co.B
Brown, William M. VA 28th Inf. Co.F
Brown, William M. VA 34th Inf. Co.G
Brown, William M. Gen. & Staff Capt.,AAG
Brown, William N. GA 7th Inf. Co.D
Brown, William N. MS Cav. Shelby's Co. (Bolivar Greys)
Brown, William N. MS 20th Inf. Co.A Col.
Brown, William N. MO 10th Cav. Co.E
Brown, William N. TN 27th Inf. Co.I
Brown, William N. TX 18th Cav. Co.H
Brown, William N. VA 8th Bn.Res. Co.D
Brown, William O. VA 12th Inf. Co.F Sgt.
Brown, William P. AR Lt.Arty. Thrall's Btty.
Brown, William P. GA 43rd Inf. Co.D Capt.
Brown, William P. GA 50th Inf. Co.E 1st Lt.
Brown, William P. MO 8th Cav. Co.K,B
Brown, William P. NC 1st Detailed Men Co.F Capt.
Brown, William P. NC 42nd Inf. Co.A
Brown, William P. NC 49th Inf. Co.D
Brown, William P. TX 22nd Inf. Co.E Sgt.
Brown, William P. VA Inf. 23rd Bn. Co.G
Brown, William P. VA 36th Inf. 3rd Co.I
Brown, William P. VA 58th Inf. Co.C
Brown, William P. VA 63rd Inf. Co.D
Brown, William Pery TN Lyons Cav. J.C. Stone's Co.A
Brown, William P.H. VA 58th Inf. Co.E Capt.
Brown, William R. AL St.Arty. Co.A
Brown, William R. AL 59th Inf. Co.C
Brown, William R. AL 2nd Bn. Hilliard's Legion Vol. Co.F
Brown, William R. AR 1st (Crawford's) Cav. Co.A
Brown, William R. AR 8th Inf. New Co.H
Brown, William R. GA 1st (Ramsey's) Inf. Co.H
Brown, William R. GA 1st Lt.Duty Men Co.A
Brown, William R. GA 6th Inf. (St.Guards) Co.I
Brown, William R. GA 7th Inf. Co.B
Brown, William R. GA 50th Inf. Co.F
Brown, William R. GA 53rd Inf. Co.C
Brown, William R. GA 57th Inf. Co.D
Brown, William R. MS 1st Lt.Arty. Co.C
Brown, William R. MS 16th Inf. Co.C 1st Lt.
Brown, William R. MS 31st Inf. Co.G
Brown, William R. MO Lt.Arty. 3rd Btty.
Brown, William R. MO 2nd Inf. Co.I
Brown, William R. NC 3rd Arty. (40th St.Troops) Co.K
Brown, William R. NC 1st Inf. Co.H
Brown, William R. NC 15th Inf. Co.K
Brown, William R. NC 56th Inf. Co.C
Brown, William R. TN 19th Inf. Co.F
Brown, William R. TN 48th (Voorhies') Inf. Co.A Sgt.
Brown, William R. TN 55th (McKoin's) Inf. Bounds' Co.
Brown, William R. TX 30th Cav. Co.A Capt.
Brown, William R. VA 7th Cav. Co.D
Brown, William R. VA Horse Arty. Shoemaker's Co.
Brown, William R. VA Inf. 1st Bn. Co.D
Brown, William R. VA 10th Inf. Co.D 1st Lt.
Brown, William R. VA 56th Inf. Co.D
Brown, Wm. R. Gen. & Staff, Arty. Maj.
Brown, William R.O. AL 2nd Bn. Hilliard's Legion Vol. Co.A Fifer
Brown, William S. AL 10th Inf. Co.B Sgt.
Brown, William S. AL 15th Inf. Co.H
Brown, William S. GA 2nd Cav. (St.Guards) Co.E
Brown, William S. GA Arty. 9th Bn. Co.B
Brown, William S. GA 7th Inf. (St.Guards) Co.K 1st Lt.
Brown, William S. GA 9th Inf. Co.C
Brown, William S. GA 17th Inf. Co.C
Brown, William S. GA 44th Inf. Co.E
Brown, William S. KY 9th Mtd.Inf. Co.E
Brown, William S. LA 5th Inf. Co.K
Brown, William S. MS Inf. 7th Bn. Co.E
Brown, William S. MS 18th Inf. Co.D
Brown, William S. NC 1st Detailed Men Co.H 2nd Lt.

Brown, Williams NC 42nd Inf. Co.A 2nd Lt.
Brown, William S. SC Arty. Bachman's Co. (German Lt.Arty.) Artif.
Brown, William S. SC Arty.Bn. Hampton Legion Co.B Artif.
Brown, William S. TN Cav. 4th Bn. (Branner's) Co.D
Brown, William S. TN 39th Mtd.Inf. Co.I
Brown, William S. TN 59th Mtd.Inf. Co.B
Brown, William S. TX 13th Cav. Co.D
Brown, William S. TX 36th Cav. Co.G
Brown, William S. TX Inf. Rutherford's Co.
Brown, William S. VA 10th Inf. Co.B
Brown, William S. VA 29th Inf. Co.H
Brown, William S. VA 57th Inf. Co.B
Brown, William S. VA 64th Mtd.Inf. Co.K
Brown, William T. AL 39th Inf. Co.G
Brown, William T. AL 41st Inf. Co.A
Brown, William T. AL 47th Inf. Co.D Sgt.
Brown, William T. AR 1st Mtd.Rifles Co.H
Brown, William T. GA 23rd Inf. Co.E
Brown, William T. GA 25th Inf. Co.C
Brown, William T. GA 35th Inf. Co.F
Brown, William T. GA 40th Inf. Co.B
Brown, William T. GA 61st Inf. Co.I
Brown, William T. LA Inf.Cons.Crescent Regt. Co.G
Brown, William T. MS 29th Inf. Co.I
Brown, William T. MS 39th Inf. Co.I Cpl.
Brown, William T. MO 8th Cav. Co.A Cpl.
Brown, William T. MO Inf. 4th Regt.St.Guard Co.A Cpl.
Brown, William T. NC 5th Sr.Res. Co.K
Brown, William T. TN 19th Inf. Co.I
Brown, William T. TX Cav. 6th Bn. Co.D Cpl.
Brown, William T. TX 31st Cav. Co.H
Brown, William T. TX Cav. Baylor's Regt. Co.E 1st Lt.
Brown, William T. TX 4th Inf. Co.K
Brown, William T. VA 6th Cav. Co.B
Brown, William T. VA 24th Bn.Part.Rangers Cropper's Co.
Brown, William T. VA 6th Bn.Res. Co.E
Brown, William T. Inf. School of Pract. Powell's Detach. Co.D
Brown, William W. AL 11th Inf. Co.F 1st Sgt.
Brown, William W. AL 44th Inf. Co.B
Brown, William W. AR 23rd Inf. Co.K 1st Sgt.
Brown, William W. FL 6th Inf. Co.C 2nd Lt.
Brown, William W. GA Hvy.Arty. 22nd Bn. Co.E
Brown, William W. GA 1st (Olmstead's) Inf. Co.H
Brown, William W. GA 21st Inf. Co.I
Brown, William W. GA 31st Inf. Co.E
Brown, William W. GA 50th Inf. Co.G
Brown, William W. GA 57th Inf. Co.F
Brown, William W. KY 5th Mtd.Inf. Co.C
Brown, William W. LA 28th (Gray's) Inf. Co.D Sgt.
Brown, William W. LA Miles' Legion Co.E
Brown, William W. MS 3rd Inf. Co.D Sgt.
Brown, William W. MS 9th Inf. Old Co.C
Brown, William W. MO 3rd Cav. Co.B
Brown, William W. MO 5th Cav. Co.F
Brown, William W. MO Cav. Snider's Bn. Co.B
Brown, William W. MO 11th Inf. Co.H
Brown, William W. NC 2nd Cav. (19th St.Troops) Co.I Bugler
Brown, William W. NC 2nd Arty. (36th St.Troops) Co.E Sgt.
Brown, William W. NC 22nd Inf.
Brown, William W. SC 10th Inf. Co.L
Brown, William W. TN 60th Mtd.Inf. Co.A
Brown, William W. TX 4th Inf. Co.A 1st Lt.,Adj.
Brown, William W. VA 22nd Cav. Co.F Capt.
Brown, William W. VA 13th Inf. Co.A
Brown, William W. VA 22nd Inf. Co.A Sgt.
Brown, William W. VA 24th Inf. Co.D
Brown, William W. VA 29th Inf. Co.I 1st Lt.
Brown, William W. VA 30th Inf. Co.A
Brown, William W. VA 36th Inf. Co.A Cpl.
Brown, William W. VA Res.Forces Thurston's Co.
Brown, William W.L. LA 2nd Inf. Co.A
Brown, William Y. GA 48th Inf. Co.E
Brown, Wm. Z. Gen. & Staff, Treasury Dept. Clerk
Brown, Willis AL 6th Inf. Co.A
Brown, Willis GA 15th Inf. Co.I
Brown, Willis MS 2nd St.Cav. Co.K,L
Brown, Willis MS 44th Inf. Co.F
Brown, Willis NC Lt.Arty. 3rd Bn. Co.C Drum.
Brown, Willis SC 16th Inf. Co.F
Brown, Willis VA Hvy.Arty. 18th Bn. Co.A
Brown, Willis VA 3rd Inf. Co.A
Brown, Willis B. TX 19th Cav. Co.E Cpl.
Brown, Willis J. SC 5th Cav. Co.H
Brown, Willis J. TX 4th Cav. Co.A
Brown, Willis S. GA 35th Inf. Co.C
Brown, Willis S. NC Mallett's Bn. (Cp. Guard) Co.F
Brown, Willis S. VA 64th Mtd.Inf. 2nd Co.F
Brown, Will J. TX 2nd Cav. Co.B
Brown, Wilson GA 1st Inf. (St.Guards) Co.C
Brown, Wilson GA 53rd Inf. Co.C
Brown, Wilson NC 27th Inf. Co.G
Brown, Wilson NC 31st Inf. Co.E
Brown, Wilson 3rd Conf.Cav. Co.G
Brown, Wilson B. FL 10th Inf. Co.H 1st Lt.
Brown, Wilson D. SC 12th Inf. Co.B
Brown, Wilson S. SC 16th Inf. Co.A
Brown, Wilson W. AL 45th Inf. Co.G
Brown, Wily P. MS Cav. 1st Bn. (McNair's) St.Troops Co.A
Brown, Winfield S.F. MS 24th Inf. Co.H
Brown, Winlock AL Inf. 1st Regt. Co.F
Brown, Winlock AL 23rd Bn.S.S. Co.E Sgt.
Brown, Winlock AL 1st Bn. Hilliard's Legion Vol. Co.E Cpl.
Brown, W. Ira GA Inf. 5th Bn. (St.Guards) Co.E 2nd Lt.
Brown, Withers B. TX 16th Cav. Co.D
Brown, Witherspoon SC Cav.Bn. Holcombe Legion Co.A
Brown, W.J. AL 4th Res. Co.E
Brown, W.J. AL 22nd Inf. Co.F
Brown, W.J. AL 41st Inf. Co.K
Brown, W.J. AL 63rd Inf. Co.H
Brown, W.J. AR Inf. Cocke's Regt. Co.H
Brown, W.J. FL Cav. 5th Bn.
Brown, W.J. FL 1st Inf. Old Co.G
Brown, W.J. FL 1st Inf. Old Co.H,D
Brown, W.J. GA Cav. 9th Bn. (St.Guards) Co.E
Brown, W.J. GA Inf. 9th Bn. Co.D
Brown, W.J. GA 9th Inf. (St.Guards) Co.E
Brown, W.J. GA 19th Inf. Co.G
Brown, W.J. GA 28th Inf. Co.F
Brown, W.J. GA 29th Inf. Co.C
Brown, W.J. GA 32nd Inf. Co.F
Brown, W.J. GA 34th Inf. Co.F
Brown, W.J. GA 38th Inf. Co.H
Brown, W.J. GA 46th Inf. Co.I
Brown, W.J. LA 2nd Cav. Co.B
Brown, W.J. LA 17th Inf. Co.B
Brown, W.J. LA King's Sp.Bn. Cpl.
Brown, W.J. MD Arty. 3rd Btty.
Brown, W.J. MS Cav. 24th Bn. Co.F
Brown, W.J. MS 34th Inf. Co.D
Brown, W.J. MS 35th Inf. Co.I
Brown, W.J. MS 41st Inf. Co.C
Brown, W.J. MO Beck's Co.
Brown, W.J. NC 1st Inf. (6 Mo. '61) Co.C
Brown, W.J. SC 2nd Rifles Co.B
Brown, W.J. SC 2nd Bn.S.S. Co.A
Brown, W.J. SC 3rd St.Troops Co.A
Brown, W.J. SC 13th Inf. Co.B
Brown, W.J. SC 18th Inf. Co.I
Brown, W.J. SC 21st Inf. Co.I
Brown, W.J. SC 23rd Inf. Co.I
Brown, W.J. SC Lt.Arty. Beauregard's Co.
Brown, W.J. TN 8th (Smith's) Cav. Co.A
Brown, W.J. TN 8th (Smith's) Cav. Co.F
Brown, W.J. TN 14th (Neely's) Cav. Co.A
Brown, W.J. TN 19th (Biffle's) Cav. Co.B
Brown, W.J. TN 21st & 22nd (Cons.) Cav. Co.I
Brown, W.J. TN 5th Inf. 1st Co.H
Brown, W.J. TN 9th Inf. Co.F
Brown, W.J. TN 11th Inf. Co.I
Brown, W.J. TN 15th Inf. Co.G
Brown, W.J. TN 16th Inf. Co.B
Brown, W.J. TN 24th Inf. Co.A
Brown, W.J. VA 25th Inf.
Brown, W.J. VA 25th Inf. 2nd Co.A
Brown, W.J. 2nd Cherokee Mtd.Vol. Co.C
Brown, W.J. Gen. & Staff, IG Office Clerk
Brown, W.J.K. AL 41st Inf. Co.D
Brown, W.J.R. GA 63rd Inf. Co.I
Brown, W.K. AL Mil. 4th Vol. Co.I
Brown, W.K. SC Mil.Arty. 1st Regt. Walter's Co.
Brown, W.K. SC Lt.Arty. J.T. Kanapaux's Co. (Lafayette Arty.)
Brown, W.K. SC Arty. Manigault's Bn. 1st Co.A, 2nd Co.B
Brown, W.L. AL 8th Cav. Co.B 1st Sgt.
Brown, W.L. AL Cav. 8th Regt. (Livingston's) Co.B Cpl.
Brown, W.L. AL 30th Inf. Co.G
Brown, W.L. AR 15th (Johnson's) Inf. Co.C
Brown, W.L. GA 6th Inf. (St.Guards) Co.G
Brown, W.L. KY 8th Mtd.Inf. Co.A
Brown, W.L. LA 16th Inf. Co.A
Brown, W.L. MS 5th Cav. Co.G
Brown, W.L. NC 56th Inf. Co.K
Brown, W.L. SC 1st (Butler's) Inf. Co.I
Brown, W.L. SC 3rd Bn.Res. Co.D Capt.
Brown, W.L. SC 4th St.Troops Co.D
Brown, W.L. SC Prov.Guard Hamilton's Co.
Brown, W.L. TN Cav. 11th Bn. (Gordon's) Co.E

Brown, W.L. TN 13th (Gore's) Cav. Co.D
Brown, W.L. TN 16th (Logwood's) Cav. Co.H
Brown, W.L. TX Cav. 2nd Regt.St.Troops Co.F
Brown, W.L. TX 34th Cav. Co.K
Brown, W. Lafayette LA Mil.Cav. (Jeff Davis Rangers) Norwood's Co.
Brown, W. LeRoy VA Inf. 5th Bn.Loc.Def. Col.
Brown, W.M. AL 18th Inf. Co.G
Brown, W.M. AL 62nd Inf. Co.F
Brown, W.M. AR Mil. Desha Cty.Bn.
Brown, W.M. GA 1st Res. Co.G
Brown, W.M. GA 53rd Inf. Co.A
Brown, W.M. GA Inf. (Milledgeville Guards) Caraker's Co.
Brown, W.M. KY 1st (Butler's) Cav. Co.A
Brown, W.M. KY 3rd Bn.Mtd.Rifles Co.A
Brown, W.M. KY 7th Mtd.Inf. Co.H Cpl.
Brown, W.M. KY 8th Mtd.Inf. Co.A Sgt.
Brown, W.M. LA 12th Inf. Co.K
Brown, W.M. MS 3rd Cav. Co.F
Brown, W.M. MS 39th Inf. Co.A
Brown, W.M. MO 9th Inf. Co.F
Brown, W.M. NC 2nd Jr.Res. Co.B
Brown, W.M. SC Cav. 2nd Bn.Res. Co.H
Brown, W.M. SC 1st Arty. Co.B,D
Brown, W.M. SC 5th St.Troops Co.K,A
Brown, W.M. SC 15th Inf. Co.K
Brown, W.M. TN 2nd (Ashby's) Cav. Co.G 2nd Lt.
Brown, W.M. TN 21st (Wilson's) Cav. Co.G,C
Brown, W.M. TN 49th Inf. Co.B
Brown, W.M. TX Ind.Cav. Peere Bn.
Brown, W.M. VA Cav. 1st Bn. Col.
Brown, W.M. VA 3rd Inf.Loc.Def. Co.F
Brown, W.M. VA 27th Inf. Co.A
Brown, W.M. Gen. & Staff Brig.Gen.
Brown, W.M. Gen. & Staff Capt.,AIG
Brown, W.N. AL 26th (O'Neal's) Inf. Co.H 2nd Lt.
Brown, W.N. AL 50th Inf. Co.I
Brown, W.N. FL Cav. 5th Bn. Co.D
Brown, W.N. MS 15th (Cons.) Inf. Co.F
Brown, W.N. SC Inf. Holcombe Legion Co.B
Brown, W.N. TN 21st (Wilson's) Cav. Co.B
Brown, W.N. TX 20th Inf. Co.E
Brown, W.O. SC Lt.Arty. Beauregard's Co.
Brown, W.O. TX 24th Cav. Co.G
Brown, W.O. TX Cav. Border's Regt. Co.A
Brown, W.O.B. AL 5th Cav. Co.F
Brown, W.P. AR Cav. McGehee's Regt. Co.A Ord.Sgt.
Brown, W.P. GA Lt.Arty. 12th Bn. 3rd Co.C
Brown, W.P. LA 13th Bn. (Part.Rangers) Co.C
Brown, W.P. LA 18th Inf. Co.K
Brown, W.P. LA 27th Inf. Co.K
Brown, W.P. LA Inf.Crescent Regt. Co.K
Brown, W.P. MS 20th Inf. Co.D
Brown, W.P. NC 1st Detailed Men Co.H 2nd Lt.
Brown, W.P. SC 1st (Butler's) Inf. Co.I
Brown, W.P. SC 11th Inf. Co.G
Brown, W.P. SC 17th Inf. Co.D
Brown, W.P. TN 24th Bn.S.S. Co.A
Brown, W.P. TX 20th Cav. Co.K Capt.
Brown, W.P. TX 34th Cav. Co.E
Brown, W.P. TX 9th (Nichol's) Inf. Co.F
Brown, W.P. VA 21st Cav. 2nd Co.D Cpl.
Brown, W.P. VA 41st Inf. Co.F
Brown, W.P. Trans-MS Conf.Cav. 1st Bn. Co.C
Brown, W.P. Trans-MS Conf.Cav. 1st Bn. Co.D
Brown, W.R. AL 21st Inf. Maj.
Brown, W.R. AL 55th Vol. Co.E Cpl.
Brown, W.R. AR Cav. 1st Bn. (Stirman's) Co.G
Brown, W.R. GA Inf. Whiteside's Nav.Bn. (Loc.Def.) Co.A
Brown, W.R. MS 2nd Part.Rangers Co.A,L
Brown, W.R. MS Inf. 3rd Bn. Co.E Sgt.
Brown, W.R. SC Inf. 7th Bn. (Enfield Rifles) Co.E Cpl.
Brown, W.R. SC 20th Inf.
Brown, W.R. SC 25th Inf. Co.I
Brown, W.R. TN 3rd (Forrest's) Cav. Co.A
Brown, W.R. TN 8th (Smith's) Cav. Co.A
Brown, W.R. TN 11th (Holman's) Cav. Co.B
Brown, W.R. TN Holman's Bn.Part.Rangers Co.A
Brown, W.R. TN Inf. 3rd Bn. Co.C
Brown, W.R. TN Inf. 23rd Bn. Co.E Cpl.
Brown, W.R. TN 45th Inf. Co.E
Brown, W.R. TN 84th Inf. Co.G Sgt.
Brown, W.R. TN Inf. Nashville Bn. Fulcher's Co.
Brown, Wright AL Lt.Arty. Clanton's Btty.
Brown, W.R.O. AL 59th Inf. Co.F
Brown, W. Rufus AL 3rd Inf. Co.F
Brown, W.S. AL 6th Inf. Co.H
Brown, W.S. AR 15th Mil. Co.I 1st Sgt.
Brown, W.S. AR 34th Inf. Co.F Cpl.
Brown, W.S. GA 34th Inf. Co.H
Brown, W.S. KY Cav. 2nd Bn. (Dortch's) Co.A
Brown, W.S. LA 2nd Cav. Co.A
Brown, W.S. LA Inf. 10th Bn. Co.A
Brown, W.S. LA Inf.Cons. 18th Regt. & Yellow Jacket Bn. Co.A
Brown, W.S. LA 25th Inf. Co.F
Brown, W.S. LA Mil. Lewis Guards
Brown, W.S. MS 1st Cav.Res. Co.F Sgt.
Brown, W.S. MS Cav. 3rd Bn.Res. Co.C
Brown, W.S. MS 12th Cav. Co.F
Brown, W.S. MS 2nd Inf. Co.G
Brown, W.S. MS 3rd Inf. Co.G
Brown, W.S. MS 41st Inf. Co.E
Brown, W.S. SC 7th Cav. Co.K
Brown, W.S. SC Cav. A.C. Earle's Co.
Brown, W.S. SC Arty. Fickling's Co. (Brook's Lt.Arty.)
Brown, W.S. SC 4th Inf. Co.H
Brown, W.S. SC Inf. 13th Bn. Co.C
Brown, W.S. SC Inf. Hampton Legion Co.K
Brown, W.S. TN 11th Inf. Co.H
Brown, W.S. TN 11th Inf. Co.K
Brown, W.S. TN Inf. 22nd Bn. Co.C
Brown, W.S. TN Inf. 23rd Bn. Co.A
Brown, W.S. TX Inf. 1st Bn. Co.E
Brown, W.S. TX Cav McCord's Frontier Regt. Co.F
Brown, W.S. VA Cav. 37th Bn. Co.B
Brown, W.S. VA 82nd Mil. Co.B
Brown, W.S. Sig.Corps,CSA
Brown, W.T. AL Arty. 4th Bn. Hilliard's Legion Co.B,E
Brown, W.T. AL Lt.Arty. Kolb's Btty.
Brown, W.T. AL 4th Res. Co.D Jr.2nd Lt.
Brown, W.T. AL 19th Inf. Co.A
Brown, W.T. AR 7th Inf. Co.K Sgt.
Brown, W.T. AR 11th Inf. Co.H
Brown, W.T. AR 15th Mil. Co.B
Brown, W.T. LA Inf.Crescent Regt. Co.D 1st Sgt.
Brown, W.T. MO 1st Inf. Co.K
Brown, W.T. MO 1st & 4th Cons.Inf. Co.H
Brown, W.T. NC 2nd Cav. (19th St.Troops) Co.A
Brown, W.T. NC 1st Detailed Men Co.H 1st Lt.
Brown, W.T. SC 4th Inf. Co.B
Brown, W.T. SC Inf. 13th Bn. Co.A
Brown, W.T. SC Inf. Hampton Legion Co.K Cpl.
Brown, W.T. SC Inf. Holcombe Legion Co.A Cpl.
Brown, W.T. TN 24th Bn.S.S. Co.A
Brown, W.T. TN 28th (Cons.) Inf. Co.E Col.
Brown, W.T. TX 1st Hvy.Arty. Co.H
Brown, W.T. VA 7th Inf. Co.G
Brown, W.V. MS Roach's Co. (Tippah Scouts)
Brown, W.W. AL 2nd Cav. Co.H
Brown, W.W. AR 30th Inf. Co.G
Brown, W.W. GA 4th (Clinch's) Cav. Co.H
Brown, W.W. GA 1st Inf. (St.Guards) Co.B
Brown, W.W. GA 26th Inf. Co.E
Brown, W.W. GA 52nd Inf. Co.H Capt.
Brown, W.W. MS 2nd St.Cav. Co.L
Brown, W.W. MS 3rd Cav. Co.C,D
Brown, W.W. MS Inf. 4th St.Troops Co.A Sgt.
Brown, W.W. MS 29th Inf. Co.K
Brown, W.W. MS 35th Inf. Co.H
Brown, W.W. NC 31st Inf. Co.C
Brown, W.W. VA 59th Inf. 2nd Co.A
Brown, W.W. Lt.Arty. Dent's Btty.,CSA
Brown, W.W. Gen. & Staff 1st Lt.,Adj.
Brown, W.Y. AR 38th Inf. New Co.I
Brown, W.Y. TX 12th Inf. Co.A Sgt.
Brown, Wyatt MO Cav. Jackman's Regt. Co.A
Brown, Wyatt M. NC 17th Inf. (1st Org.) Surg.
Brown, Wyatt M. Gen. & Staff Surg.
Brown, Wyley TN Lt.Arty. Kain's Co.
Brown, W.Z. TX 4th Inf. Co.F
Brown, Yeargin NC 1st Arty. (10th St.Troops) Co.E
Brown, Yelven VA 42nd Inf. Co.E
Brown, Y.G. MS 9th Inf. Old Co.H
Brown, Young K. AL 13th Inf. Co.H
Brown, Y.S. FL 1st (Res.) Inf. Co.B Cpl.
Brown, Y.W. GA Inf. Whiteside's Nav.Bn. (Loc.Def.) Co.A
Brown, Z. AL 12th Cav. Co.G
Brown, Z. NC Mil. Clark's Sp.Bn. Co.C 2nd Cpl.
Brown, Z. VA 10th Bn.Res. Co.B
Brown, Zach FL 11th Inf. Co.H Sgt.
Brown, Zachariah NC 3rd Inf. Co.K
Brown, Zachariah NC 61st Inf. Co.K
Brown, Zachariah TX 16th Inf. Co.D
Brown, Zachariah VA Rockbridge Cty.Res. Donald's Co.
Brown, Zachariah T. GA 66th Inf. Co.E
Brown, Zachariah T. TX 6th Cav. Co.K
Brown, Zach T. FL 1st (Res.) Inf. Co.A
Brown, Zack TN 8th (Smith's) Cav. Co.A
Brown, Zackariah GA 2nd Bn.S.S. Co.A

Browning, Caleb TX 22nd Inf. Co.E
Browning, Caleb B. MS 15th Inf. Co.F
Browning, Caleb P. AL 18th Inf. Co.L
Browning, Calvin W. KY Cav. Buckner Guards
Browning, C.B. MS 18th Cav. Co.E
Browning, C.H. GA 3rd Bn. (St.Guards) Co.D
Browning, C.H. GA Inf. (Wright Loc.Guards) Holmes' Co.
Browning, C.H. SC Mil. 16th Regt. Eason's Co. Sgt.
Browning, Chapel GA 40th Inf. Co.F
Browning, Charles VA 16th Cav. Co.A
Browning, Charles VA Cav. 34th Bn. Co.D Sgt.
Browning, Charles B. TN 32nd Inf. Co.E
Browning, Charles B. TN 35th Inf. 2nd Co.K
Browning, Charles D. GA 1st (Olmstead's) Inf. Co.K Cpl.
Browning, Charles M. VA 29th Inf. Co.G
Browning, Charles M. VA 72nd Mil.
Browning, Charles N. TN 27th Inf. Co.F 2nd Lt.
Browning, Charles P. VA 2nd Cav. Co.B
Browning, C.J. AR 8th Inf. New Co.E
Browning, C.M. SC 2nd Arty. Co.G
Browning, C.M. SC 1st (Hagood's) Inf. 1st Co.G
Browning, C.N. Forrest's Scouts T.N. Kizer's Co.,CSA
Browning, Cornelius TX 17th Cav. Co.D
Browning, C.R. GA 61st Inf. Co.C
Browning, Dallas B. MS 21st Inf. Co.I
Browning, Daniel B. LA Scouts Ind.Co.
Browning, Daniel B. MO 5th Inf. Co.I
Browning, Daniel W. GA 61st Inf. Co.E
Browning, David TN 21st (Wilson's) Cav. Co.K
Browning, David R. VA 129th Mil. Avis' Co.
Browning, David S. VA 49th Inf. 3rd Co.G Sgt.
Browning, D.C. MS 28th Cav. Co.H
Browning, DeWit MS 4th Inf. Co.H
Browning, D.H. TX 8th Cav. Co.K
Browning, Dolphus E. NC 3rd Cav. (41st St.Troops) Co.F Cpl.
Browning, Drewrey TX Waul's Legion Co.B
Browning, D.W. TX 32nd Cav. Co.A
Browning, E. GA 46th Inf. Co.K
Browning, E.C. VA 15th Cav. Co.B
Browning, E.D. TN 31st Inf. Co.E
Browning, Edmond 1st Choctaw & Chickasaw Mtd.Rifles 2nd Co.H, 3rd C
Browning, Edward AR Lt.Arty. Wiggins' Btty. Cpl.
Browning, Edward W. VA Loc.Res.
Browning, Edwin R. VA 18th Inf. McNeill's Co.
Browning, E.J. GA Conscr.
Browning, Eli J. GA 45th Inf. Co.D
Browning, Elijah MS 2nd Inf. Co.I
Browning, Elijah C. NC 6th Inf. Co.H
Browning, Elijah W. AL 12th Inf. Co.I Music.
Browning, Elijah W. AL 31st Inf. Co.B Music.
Browning, Elisha C. VA 51st Inf. Co.E
Browning, Ely W. TN 1st (Feild's) Inf. Co.G
Browning, E.M. VA 2nd Inf.Loc.Def. Co.B
Browning, E.M. VA Inf. 2nd Bn.Loc.Def. Co.D
Browning, Enoch G. MS 27th Inf. Co.C
Browning, E.P. TX Cav. Baird's Regt. Co.E
Browning, E.S. NC 25th Inf. Co.I
Browning, E.W. TN 51st (Cons.) Inf. Co.B Jr.2nd Lt.
Browning, F.A. VA 72nd Mil.
Browning, F.J. GA Cav. 29th Bn. Co.C Capt.
Browning, F.M. TN Inf. 4th Cons.Regt. Co.F
Browning, F.M. TN 30th Inf. Co.H 1st Sgt.
Browning, Francis VA Cav. 34th Bn. Co.C
Browning, Francis J. FL 2nd Cav. Co.E
Browning, Francis M. TX 14th Cav. Co.B
Browning, Francis S. VA 129th Mil. Buchanon's Co. Cpl.
Browning, Franklin T. MS 26th Inf. Co.B
Browning, F.T. MS 32nd Inf. Co.I
Browning, F.W. AL 8th Inf. Co.F
Browning, Gastin NC Inf. 13th Bn. Co.A
Browning, Gastin NC 66th Inf. Co.A
Browning, G.B. MS 40th Inf. Co.K
Browning, G.C. AR 10th Inf. Co.D
Browning, G.E. LA 2nd Inf. Co.G
Browning, George AR Inf. Cocke's Regt. Co.C
Browning, George VA 129th Mil. Chambers' Co., Avis' Co.
Browning, George H. AL 51st (Part.Rangers) Co.A
Browning, George H. AL 2nd Inf. Co.A
Browning, George W. AR Arty. 1st Btty.
Browning, George W. GA 29th Inf. Co.I
Browning, George W. GA 61st Inf. Co.E Sgt.
Browning, George W. LA 12th Inf. Co.L
Browning, George W. TN 19th Inf. Co.A Cpl.
Browning, Gustavus J. VA 6th Cav. Co.I Capt.
Browning, G.W. AL 18th Inf. Co.D
Browning, G.W. AR 8th Inf. New Co.H 1st Lt.
Browning, G.W. GA 3rd Res. Co.C
Browning, G.W. LA 18th Inf. Co.C
Browning, G.W. LA Inf.Cons. 18th Regt. & Yellow Jacket Bn. Co.H
Browning, G.W. SC Lt.Arty. 3rd (Palmetto) Bn. Co.H,I
Browning, G.W. TN 24th Bn.S.S. Co.A
Browning, G.W. TN 27th Inf. Co.F
Browning, G.W. TN 30th Inf. Co.H
Browning, H. GA 4th (Clinch's) Cav. Co.A
Browning, H. KY 8th Cav. Co.A
Browning, Hamilton SC 1st Arty. Co.F
Browning, Harrison KY Cav. Jenkins' Co.
Browning, Harrison C. GA 5th Inf. Co.G Sgt.
Browning, Harvey KY 4th Mtd.Inf. Co.D
Browning, H.B. 7th Conf.Cav. Co.B
Browning, H. Bartlett NC 21st Inf. Co.E
Browning, H.C. TX 1st Hvy.Arty. Co.B,H
Browning, Henderson VA Inf. 45th Bn. Co.D
Browning, Henry AL 53rd (Part.Rangers) Co.B
Browning, Henry GA 46th Inf. Co.I
Browning, Henry KY 2nd (Duke's) Cav. Co.D
Browning, Henry VA 6th Cav. Co.B
Browning, Henry C. VA Lt.Arty. Moore's Co.
Browning, Hiram VA 129th Mil. Buchanon's Co., Avis' Co.
Browning, Homer VA 129th Mil. Avis' Co.
Browning, Hosea SC 3rd Inf. Co.D
Browning, Houston AL 50th Inf. Co.B
Browning, H.P. VA 2nd Inf.Loc.Def. Co.B
Browning, H.P. VA Inf. 2nd Bn.Loc.Def. Co.D
Browning, H.W. SC Mil. 18th Regt. Co.F
Browning, Isaac KY 2nd (Duke's) Cav. Co.K Sgt.
Browning, Isaac KY Morgan's Men Co.E Sgt.
Browning, Isaiah MO 6th Cav. Co.B
Browning, Isaiah D. MS 29th Inf. Co.I 1st Sgt.
Browning, Israel H. VA Inf. 45th Bn. Co.E Cpl.
Browning, Iverson VA 129th Mil. Chambers' Co., Avis' Co., Buchanon's Co.
Browning, J. AL Arty. 1st Bn. Co.D
Browning, J. AL 21st Inf. Co.D Cpl.
Browning, J. AR 2nd Cav. Co.F
Browning, J. MS 27th Inf. Co.C
Browning, J. NC 3rd Arty. (40th St.Troops) Co.G
Browning, J. SC Lt.Arty. 3rd (Palmetto) Bn. Co.I
Browning, J. SC Rhett's Co.
Browning, J.A. AL 29th Inf. Co.I
Browning, J.A. GA 31st Inf. Co.B Sgt.
Browning, J.A. KY 9th Cav. Co.G
Browning, J.A. KY 16th Cav. Page's Co.
Browning, J.A. KY 8th Mtd.Inf. Co.F
Browning, J.A. MS 4th Inf. Co.H,K
Browning, J.A. TN 20th (Russell's) Cav. Co.E
Browning, J.A. TN 5th Inf. 2nd Co.C
Browning, J.A. TN 11th Inf. Co.I
Browning, J.A. TN 24th Bn.S.S. Co.A Cpl.
Browning, J.A. TX Cav. Crump's Regt. Co.B 1st Lt.
Browning, Jackson FL Inf. 2nd Bn. Co.C
Browning, Jackson VA Cav. 34th Bn. Co.D
Browning, Jackson VA 1st Cav.St.Line Co.A
Browning, Jackson J. GA 29th Inf. Co.I
Browning, Jacob VA 22nd Cav. Co.K
Browning, Jacob VA 29th Inf. Co.G
Browning, Jacob VA 72nd Mil.
Browning, Jacob VA 129th Mil. Carter's Co.
Browning, Jacob A. GA 61st Inf. Co.E Cpl.
Browning, James AL Lt.Arty. 20th Bn. Co.A
Browning, James AL 39th Inf. Co.F
Browning, James AR 10th Inf. Co.D
Browning, James GA 29th Inf. Co.H,I
Browning, James GA 31st Inf.
Browning, James GA 35th Inf. Co.K
Browning, James KY 11th Cav. Co.H
Browning, James KY Kirkpatrick's Bn. Co.A
Browning, James NC 7th Sr.Res. Clinard's Co.
Browning, James TX 12th Inf. Co.B
Browning, James VA Inf. 45th Bn. Co.D
Browning, James Mead's Conf.Cav. Co.B
Browning, James B. VA 29th Inf. Co.G
Browning, James B. VA 72nd Mil.
Browning, James C. GA 1st (Olmstead's) Inf. Co.K
Browning, James C. KY 5th Cav. Co.G
Browning, James C. KY 7th Cav. Co.G
Browning, James D. GA 61st Inf. Co.E
Browning, James E. MS 43rd Inf. Co.E 1st Sgt.
Browning, James F. NC 45th Inf. Co.K
Browning, James G. VA Inf. 21st Bn. 1st Co.D, Co.B Sgt.
Browning, James H. NC Inf. 13th Bn. Co.A
Browning, James H. NC 66th Inf. Co.A
Browning, James H. SC 18th Inf. Co.D
Browning, James H. VA 16th Cav. Co.B
Browning, James H. VA Cav. 34th Bn. Co.C
Browning, James H. VA 49th Inf. 3rd Co.G Cpl.
Browning, James H. VA 72nd Mil.
Browning, James L. LA Washington Arty.Bn. Co.5 Sgt.

Browning, James L. LA 2nd Inf. Co.B
Browning, James L. NC 6th Inf. Co.K
Browning, James M. GA 43rd Inf. Co.D
Browning, James M. MO 16th Inf. Co.B
Browning, James M. NC 4th Cav. (59th St.Troops) Co.E
Browning, James M. NC 27th Inf. Co.G
Browning, James O. AL 50th Inf. Co.A
Browning, James S. AL 10th Inf. Co.D
Browning, James Y. AL 10th Inf. Co.G
Browning, J.B. AL 5th Inf. Co.A Sgt.
Browning, J.B. AL 36th Inf. Co.A
Browning, J.B. GA Cav. 29th Bn. Capt.
Browning, J.B. MS 12th Cav. Co.A
Browning, J.B. SC 1st Arty. Co.F
Browning, J. Bailey AL 5th Bn.Vol. Co.A Sgt.
Browning, J.C. GA 53rd Inf. Co.G
Browning, J.C. MS 18th Cav. Co.E
Browning, J.C. VA 72nd Mil.
Browning, J.D. AL 62nd Inf. Co.F
Browning, J.D. TN Inf. 154th Sr.Regt. Co.I
Browning, J.E. Trans-MS Conf.Cav. 1st Bn. Co.A
Browning, Jefferson NC 6th Inf. Co.C
Browning, Jefferson NC Inf. 13th Bn. Co.A
Browning, John TN Cav. 5th Bn. (McClellan's) Co.C
Browning, Jerry MO 6th Cav. Co.B
Browning, Jesse GA 25th Inf. Co.E
Browning, Jesse VA Lt.Arty. King's Co.
Browning, J.F. AL 30th Inf. Co.G
Browning, J.F. TN 5th Inf. 2nd Co.C
Browning, J.H. AL 1st Inf. Co.A
Browning, J.H. KY 8th Mtd.Inf. Co.I
Browning, J.H. SC Cav. 4th Bn. Co.D 1st Sgt.
Browning, J.H. SC 4th Inf. Co.D
Browning, J.J. AL 14th Inf. Co.K
Browning, J.J. MD 1st Cav. Co.A Sgt.
Browning, J.J. MO 1st Cav. Co.A Sgt.
Browning, J.J. MO Cav. Woodson's Co. Sgt.
Browning, J.J. SC 1st Mtd.Mil. Christopher's Co. Sgt.
Browning, J.J. SC 2nd Cav. Co.D
Browning, J.J. SC Cav. 4th Bn. Co.D QMSgt.
Browning, J.J. SC Mil. 18th Regt. Co.F Bvt.2nd Lt.
Browning, J.J. VA 1st Cav. Co.A
Browning, J.K. AL 34th Inf. Co.D
Browning, J.L. AL Lt.Arty. 2nd Bn. Co.E
Browning, J.L.W. 1st Conf.Cav. 1st Co.E
Browning, J.M. AL 6th Inf. Co.C
Browning, J.M. AL 45th Inf. Co.E
Browning, J.M. GA Inf. 40th Bn. Co.E
Browning, J.M. MO 6th Cav. Co.B
Browning, J.M. TN 15th Inf. 2nd Co.F
Browning, J.N. GA 46th Inf. Co.K
Browning, J.O. AL Cp. of Instr. Talladega
Browning, J.O. GA 4th Cav. (St.Guards) Deadwyler's Co.
Browning, John AL Arty. 1st Bn. Co.A
Browning, John AL 15th Inf. Co.H
Browning, John AL 23rd Inf. Co.B,I
Browning, John AL 39th Inf. Co.G 2nd Lt.
Browning, John AL 62nd Inf. Co.A
Browning, John FL 5th Inf. Co.D
Browning, John GA 1st (Ramsey's) Inf.
Browning, John GA 26th Inf. Co.C
Browning, John KY 9th Cav. Co.B
Browning, John KY 9th Cav. Co.G
Browning, John KY 10th (Johnson's) Cav. New Co.I
Browning, John MS 20th Inf. Surg.
Browning, John SC 18th Inf. Co.D
Browning, John TN 2nd (Ashby's) Cav. Co.B
Browning, John VA Courtney Arty.
Browning, John VA 29th Inf. Co.G
Browning, John VA 72nd Mil.
Browning, Jno. A. Gen. & Staff, QM Dept. Capt.
Browning, Johna R. GA 10th Cav. (St.Guards) Co.G
Browning, John B. GA 11th Inf. Co.H
Browning, John B. NC 45th Inf. Co.I
Browning, John C. AL 3rd Cav. Co.G
Browning, John C. AL 43rd Inf. Co.K
Browning, John C. VA Lt.Arty. Montgomery's Co.
Browning, John D. VA 2nd Cav. Co.B
Browning, John E. NC 25th Inf. Co.D
Browning, John F. NC 24th Inf. Co.D Cpl.
Browning, John G. AR 3rd Cav. Co.H
Browning, John G. TX 14th Cav. Co.B
Browning, John H. KY 2nd Cav. Co.A
Browning, John H. KY 11th Cav. Co.H,G
Browning, John H. SC 2nd Cav. Co.D
Browning, John I. AL 4th (Russell's) Cav. Co.I
Browning, John J. MO 5th Inf. Co.I Cpl.
Browning, John L. AL 51st (Part.Rangers) Co.A
Browning, John L. AL 2nd Inf. Co.A
Browning, John L. VA 34th Mil. Surg.
Browning, John P. VA Cav. McFarlane's Co.
Browning, John P. VA Lt.Arty. King's Co.
Browning, John P. VA 72nd Mil.
Browning, John R. AL 34th Inf. Co.C
Browning, John R. MS 43rd Inf. Co.E
Browning, John S. FL 6th Inf. Co.C
Browning, John T. GA 26th Inf. 1st Co.G
Browning, John T. GA 29th Inf. Co.E
Browning, John W. MS 1st Lt.Arty. Co.E
Browning, John W. MS 2nd Inf. Co.H
Browning, John W. MS 11th Inf. Co.K
Browning, John W. MS 20th Inf. Co.C
Browning, John W. MS 30th Inf. Co.K
Browning, John W. MO 1st N.E. Cav. Co.C
Browning, John W. MO 4th Cav. Co.G
Browning, John W. NC Inf. 13th Bn. Co.A
Browning, John W. NC 66th Inf. Co.A
Browning, Jonathan D. MS 43rd Inf. Co.E
Browning, Jones AL 50th Inf. Co.B
Browning, Joseph AL 45th Inf. Co.E
Browning, Joseph MS 26th Inf. Co.B
Browning, Joseph VA 6th Cav. Co.B
Browning, Joseph B. MS 9th Inf. Old Co.K, New Co.K
Browning, Joseph H. GA 3rd Cav. (St.Guards) Co.F
Browning, Joshua GA 61st Inf. Co.C
Browning, Josiah VA 22nd Cav. Co.K
Browning, Josiah VA Cav. 34th Bn. Co.D 1st Sgt.
Browning, Josiah VA 129th Mil. Carter's Co. Sgt.
Browning, Josiah VA 129th Mil. Carter's Co.
Browning, J.R. AL 18th Inf. Co.E
Browning, J.R. GA 9th Inf. (St.Guards) Co.E
Browning, J.R. MS 2nd Cav. Co.G
Browning, J.R. MS 6th Inf. Co.C
Browning, J.R. 20th Conf.Cav. Co.E
Browning, J.T. KY 7th Mtd.Inf. Co.C
Browning, J.T. SC 1st Mtd.Mil. Anderson's Co.
Browning, J.T. SC Mil. 18th Regt. Co.E
Browning, J.T. TX 3rd (Kirby's) Bn.Vol. Co.A
Browning, J.T. VA 3rd Res. Co.I Cpl.
Browning, J.V. AR Inf. 4th Bn. Co.C Sgt.
Browning, J.V. MS Cav. 1st Bn.(Montgomery's) St.Troops Cameron's Co.
Browning, J.V. TN 7th (Duckworth's) Cav. White's Co.
Browning, J.W. KY 9th Cav. Co.G,D
Browning, J.W. MS 1st Cav.Res. Co.H
Browning, J.W. MO 6th Cav. Co.B
Browning, J.Z. TX Cav. Border's Regt. Co.D
Browning, J.Z. TX 18th Inf. Co.A
Browning, K.H. MS 1st (King's) Inf. (St.Troops) Co.K
Browning, L. MS Part.Rangers Armistead's Co.
Browning, Lafayette VA Cav. Mosby's Regt. (Part.Rangers) Co.B
Browning, L.D. VA 1st Cav.St.Line Co.A
Browning, Lorenzo D. VA Inf. 45th Bn. Co.E Sgt.
Browning, Louis R. NC 1st Inf. Co.I
Browning, Ludwell Y. KY 3rd Cav. Co.F
Browning, M. AR 24th Inf. Co.A
Browning, M. SC Lt.Arty. Parker's Co. (Marion Arty.)
Browning, M.A. VA 13th Inf. 2nd Co.B
Browning, Marion AL Cav. Roddey's Escort
Browning, Mark A.H. VA Lt.Arty. 12th Bn. 1st Co.A
Browning, Martin B. MS 43rd Inf. Co.E
Browning, Milton VA Inf. 45th Bn. Co.D
Browning, Milton VA 129th Mil. Buchanon's Co.
Browning, Mitchel VA 36th Inf. 2nd Co.K
Browning, Mitchel VA Inf. 45th Bn. Co.E,B
Browning, Moses NC Inf. 13th Bn. Co.A
Browning, Moses NC 66th Inf. Co.A
Browning, M.W. AL 14th Inf. Co.H
Browning, Nathaniel VA 129th Mil. Chambers' Co., Avis' Co., Buchanon's Co.
Browning, Newton Jasper SC 4th Inf. Co.K
Browning, N.J. SC 2nd Rifles Co.D Music.
Browning, Noah FL 9th Inf. Co.B
Browning, O.P. AL 58th Inf. Co.G
Browning, P.A. GA Inf. 3rd Bn. Co.F
Browning, Paris VA Inf. 45th Bn. Co.F
Browning, Patterson VA 129th Mil. Chambers' Co., Avis' Co.
Browning, P.E. MS 4th Inf. Co.C
Browning, Perry FL 1st Cav. Co.D
Browning, Perry GA 29th Inf. Co.K
Browning, Perry GA 46th Inf. Co.D
Browning, Peter M. MO 1st N.E. Cav. Co.C
Browning, Peter M. MO 4th Cav. Co.G Cpl.
Browning, P.G. AL 18th Inf. Co.C
Browning, R.A. SC 23rd Inf. Co.B
Browning, Radford GA 20th Inf. Co.H
Browning, Radford J. GA 20th Inf. Co.H Cpl.
Browning, R.E. GA Inf. 25th Bn. (Prov.Guard) Co.B

Browning, Rease VA 129th Mil. Maj.
Browning, Reuben TX 11th (Spaight's) Bn.Vol. Co.E
Browning, R.H. AL Inf. 2nd Regt. Co.D
Browning, R.H. AL 38th Inf. Co.I
Browning, R.H. TN 7th (Duckworth's) Cav. Co.D
Browning, R.H. TX 1st Inf. Co.A
Browning, Richard LA 19th Inf. Co.K
Browning, Richard H. VA 49th Inf. 3rd Co.G 1st Sgt.
Browning, Richard J. VA Arty. Dance's Co. (Powhatan Arty.)
Browning, Ringold W. AL 3rd Inf. Co.G
Browning, R.M. AR 8th Cav. Co.L
Browning, R.M. AR Cav. McGehee's Regt. Co.F
Browning, R.M. AR 32nd Inf. Co.I
Browning, R.M. MS 39th Inf. Co.E
Browning, Robert KY 4th Mtd.Inf. Co.D Cpl.
Browning, Robert GA 4th Bn.S.S. Co.A 1st Sgt.
Browning, Robert GA Inf. Bard's Co.
Browning, Robert SC 5th Cav. Co.A
Browning, Robert SC Cav. 14th Bn. Co.B
Browning, Robert A. MO 10th Cav. Co.K
Browning, Robert A. MO Inf. 3rd Bn. Co.D
Browning, Robert A. MO 6th Inf. Co.F
Browning, Robert C. GA 5th Inf. Co.B
Browning, Robert H. NC 24th Inf. Co.D
Browning, Robert J. SC Walker's Squad.
Browning, Robert M. TN 7th Inf. Co.D
Browning, Robert W. AL 10th Inf. Co.G
Browning, Robert W. KY 9th Mtd.Inf. Co.A
Browning, Robert Y. AL 50th Inf. Co.A
Browning, Rowan J. GA 12th Inf. Co.A Sgt.
Browning, R.R. AL 40th Inf. Co.C
Browning, R.R. TX 11th Inf. Co.G
Browning, R.S. AL Talladega Cty.Res. Breed's Co.
Browning, Rufus MS 40th Inf. Co.K
Browning, Rufus M. MS 1st (Percy's) Inf. Co.A
Browning, R.W. TX Inf. 2nd St.Troops Co.B
Browning, R.W. VA 23rd Cav. Co.F
Browning, S. AL 15th Inf. Co.F
Browning, S. AL 63rd Inf. Co.I
Browning, Samuel MS 20th Inf. Co.K
Browning, Samuel Mead's Conf.Cav. Co.B
Browning, Samuel J. NC 51st Inf. Co.A
Browning, Samuel R. MO 1st N.E. Cav. Co.C Jr.2nd Lt.
Browning, Samuel R. MO 4th Cav. Co.G Sgt.
Browning, Sanders W. AL 10th Inf. Co.D
Browning, Sandford MS 4th Inf. Co.B
Browning, Sanford MS 40th Inf. Co.K
Browning, Scott TN 9th Inf. Co.K Cpl.
Browning, S.E. AL 46th Inf. Co.G
Browning, S.H. MS 40th Inf. Co.H
Browning, Shelby C. NC 45th Inf. Co.I
Browning, Sidney AL 62nd Inf. Co.E
Browning, Sidney NC Inf. 13th Bn. Co.A
Browning, Sidney NC 66th Inf. Co.A
Browning, S.J. MS 12th Cav. Co.E
Browning, Stanfield G. VA 49th Inf. 3rd Co.G
Browning, Stephen GA 45th Inf. Co.C
Browning, Stephen GA 46th Inf. Co.C
Browning, S.W. AL 4th (Russell's) Cav. Co.F
Browning, T.A. GA 8th Inf. (St.Guards) Co.H
Browning, T.F. AL 30th Inf. Co.G
Browning, Thomas GA 4th Inf.
Browning, Thos. NC McIlhenny's Co.
Browning, Thomas SC Mil. 18th Regt. Co.E Sgt.
Browning, Thomas TN 3rd (Lillard's) Mtd.Inf. Co.C
Browning, Thomas TX 30th Cav. Co.B
Browning, Thomas TX 22nd Inf. Co.E
Browning, Thomas VA Inf. 45th Bn. Co.E
Browning, Thomas A. MO Inf. 3rd Bn. Co.D
Browning, Thomas A. MO 6th Inf. Co.F Sgt.
Browning, Thos. E. VA Cav. Mosby's Regt. (Part.Rangers) Co.B
Browning, Thomas E. VA 129th Mil. Avis' Co.
Browning, Thomas F. NC 6th Inf. Co.K
Browning, Thomas G. MO Inf. 3rd Bn. Co.D
Browning, Thomas G. MO 6th Inf. Co.F Cpl.
Browning, Thomas G. VA 129th Mil. Avis' Co.
Browning, Thomas J. NC 2nd Arty. (36th St.Troops) Co.I Cpl.
Browning, Thomas N. SC Inf. Hampton Legion Co.B
Browning, Thomas S. SC 2nd Cav. Co.D
Browning, T.J. AR Inf. Cocke's Regt. Co.C
Browning, T.J. GA Arty. Baker's Co.
Browning, T.J. SC 2nd Rifles Co.D Cpl.
Browning, T.M. TX Cav. McCord's Frontier Regt. Co.E Ord.Sgt.
Browning, T.N. AL 14th Inf. Co.K
Browning, T.R. GA 64th Inf. Co.A
Browning, T.S. SC Cav. 4th Bn. Co.D
Browning, T.S. SC 2nd Inf. Co.D
Browning, T.S. SC 8th Bn.Res. Co.A
Browning, T.W. TN 5th Inf. 2nd Co.D
Browning, Vincent VA 72nd Mil.
Browning, W. GA Inf. 40th Bn. Co.A
Browning, W. MS 2nd (Quinn's St.Troops) Inf. Co.H
Browning, W. MO 9th Bn.S.S. Co.D
Browning, W. TN 15th Inf. Co.H
Browning, W.A. TX 21st Cav. Co.F Sgt.
Browning, Warren J. AL 12th Inf. Co.I
Browning, W.B. AL 61st Inf. Co.B
Browning, W.C. MO 16th Inf. Co.I
Browning, W.F. SC 2nd Rifles Co.D
Browning, W.H. AL 51st (Part.Rangers)
Browning, W.H. GA 4th (Clinch's) Cav. Co.A,F
Browning, W.H. GA 61st Inf. Co.E
Browning, W.H. TN 15th Inf. Co.A,G
Browning, W.H. TN 38th Inf. 2nd Co.K
Browning, W.H. TN 51st Inf. Co.B
Browning, W.H. VA 5th Cav. Co.G
Browning, Wiley GA 40th Inf. Co.F
Browning, Wiley J. MS St.Cav. Perrin's Bn. Co.C
Browning, William AL City Troop (Mobile) Arrington's Co.A
Browning, William AL 1st Regt. Mobile Vol. Co.K Sgt.
Browning, William AL 12th Inf. Co.I,D
Browning, Wm. AL 17th Inf. Co.I
Browning, William GA 12th Inf. Co.H
Browning, William GA 40th Inf. Co.F
Browning, William KY 1st (Helm's) Cav. Old Co.G
Browning, William KY 2nd Mtd.Inf. Co.G
Browning, William MS 11th Inf. Co.K
Browning, William MO 4th Cav. Co.G
Browning, William NC Inf. 13th Bn. Co.A
Browning, William NC 52nd Inf. Co.K
Browning, William NC 66th Inf. Co.A
Browning, William VA 1st Inf. Co.F
Browning, William VA 129th Mil. Chambers' Co., Avis' Co.
Browning, William Deneale's Regt. Choctaw Warriors Co.C
Browning, William Choctaw Inf. Wilkins' Co.
Browning, William A. AL 3rd Bn. Hilliard's Legion Vol. Co.G
Browning, William A. GA 61st Inf. Co.E
Browning, William A. NC 3rd Arty. (40th St.Troops) Co.G
Browning, William B. AL 2nd Inf. Co.A
Browning, William B. AL 51st (Part.Rangers) Co.A
Browning, William B. SC 16th Inf. Co.E 2nd Lt.
Browning, William C. VA Inf. 45th Bn. Co.D
Browning, William C. VA 129th Mil. Buchanon's Co.
Browning, William E. TN 3rd (Lillard's) Mtd.Inf. Co.H,K
Browning, William F. VA 41st Inf. Co.D
Browning, William H. AR 1st (Crawford's) Cav. Co.D Comsy.Sgt.
Browning, William H. MS 2nd Cav. Co.G Cpl.
Browning, William H. NC 5th Cav. (63rd St.Troops) Co.G
Browning, William H. NC 6th Inf. Co.C
Browning, William H. NC 8th Inf. Co.C Sgt.
Browning, William H. VA 129th Mil. Buchanon's Co.
Browning, Wm. H. Gen. & Staff Chap.
Browning, William J. AL 28th Inf. Co.H
Browning, William J. TN 11th Inf. Co.G
Browning, William L. VA 4th Cav. Co.D
Browning, William M. TN Inf. 23rd Bn. Co.A Sgt.
Browning, William P. NC 6th Cav. (65th St.Troops) Co.B
Browning, William R. NC 6th Inf. Co.K
Browning, William R. NC 18th Inf. Co.B
Browning, William S. AL 4th (Russell's) Cav. Co.I 3rd Lt.
Browning, William S. AL 4th Inf. Co.I
Browning, William S. SC 5th Cav. Co.A
Browning, William S. VA 6th Cav. Co.B 2nd Lt.
Browning, William S. VA Lt.Arty. Montgomery's Co.
Browning, William T. KY 12th Cav.
Browning, William T. SC 2nd Cav. Co.D
Browning, William W. AL 47th Inf. Co.G Sgt.
Browning, William W. GA 45th Inf. Co.D
Browning, Willis SC 2nd St.Troops Co.E
Browning, Willis SC 8th Bn.Res. Co.C
Browning, Willis SC 11th Res. Co.B
Browning, Wils KY 1st (Helm's) Cav. Old Co.G
Browning, Wilson VA 22nd Cav. Co.K
Browning, W.J. TX 9th (Young's) Inf. Co.I 1st Sgt.
Browning, W.M. GA 46th Inf. Co.D Cpl.
Browning, W.M. LA 16th Inf. Co.A
Browning, W.M. TN 34th Inf. 2nd Co.C Cpl.

Browning, W.M. TN Inf. Spencer's Co.
Browning, W.R. AL 2nd Cav. Co.K
Browning, W.R. AL 14th Inf. Co.K
Browning, W.S. SC Cav. 14th Bn. Co.B
Browning, W.T. AL 18th Inf. Co.E
Browning, W.T. KY 5th Mtd.Inf. Co.I Sgt.
Browning, W.T. KY 9th Mtd.Inf. Co.I Cpl.
Browning, W.V. GA 45th Inf. Co.B
Browning, Young H. AL 51st (Part.Rangers) Co.A
Browning, Young H. AL 2nd Inf. Co.A
Brownlee, Abner S. MS 14th Inf. Co.K
Brownlee, A.L. TX 1st Inf. Co.M
Brownlee, Alexander C. AR 1st (Crawford's) Cav. Co.A
Brownlee, Alphonso TX Cav. 1st Regt.St.Troops Co.C
Brownlee, A.M. MS 18th Cav.
Brownlee, Benjamin F. MS 11th Inf. Co.H
Brownlee, Benjamin F. MS 24th Inf. Co.C
Brownlee, C.C. MO 6th Cav. Co.C Sgt.
Brownlee, Charles AR 35th Inf. Old Co.F
Brownlee, Charles MO 5th Cav. Co.B
Brownlee, Charles MO Cav. Schnabel's Bn. Co.G 2nd Lt.
Brownlee, Charles MO 11th Inf. Co.H
Brownlee, Charles A. TX Inf. 1st Bn. Co.C
Brownlee, Charles D. MS 10th Inf. Old Co.I
Brownlee, Clinton D. SC 2nd Rifles Co.D
Brownlee, D.D. SC 3rd Inf. Co.G Cpl.
Brownlee, E. GA Inf. 1st Conf.Bn. Co.F
Brownlee, E.A. SC Mil. 18th Regt. Co.F
Brownlee, E.A. SC 20th Inf. Co.O
Brownlee, Edward GA 25th Inf. Co.A
Brownlee, E.J. SC 11th Inf. Co.C
Brownlee, E.P. TX 1st Inf. Co.M Sgt.
Brownlee, F.L. SC 11th Inf. Co.G
Brownlee, George W. Conf.Cav. Wood's Regt. Co.B
Brownlee, George Washington SC 19th Inf. Co.I Sgt.
Brownlee, G.H. AL 3rd Res. Co.C
Brownlee, G.P. SC 2nd Cav. Co.H
Brownlee, G.R. SC 11th Inf. Co.G
Brownlee, G.W. GA Cav. Roswell Bn. Co.A
Brownlee, H.M. MS 32nd Inf. Co.B
Brownlee, Horatio H. VA 25th Inf. 2nd Co.H
Brownlee, J.A. GA 13th Inf. Co.E
Brownlee, J.A. GA Inf. 27th Bn. (NonConscr.) Co.E
Brownlee, J.A. SC 1st Mtd.Mil. Earnest's Co. Sgt.
Brownlee, J.A. SC 2nd Cav. Co.G
Brownlee, J.A. SC 5th Cav. Co.D
Brownlee, Jackson TX 32nd Cav. Co.A
Brownlee, James GA 63rd Inf. Co.I
Brownlee, James A. VA 2nd Cav. Co.C Cpl.
Brownlee, James F. AL 41st Inf. Co.C Sgt.
Brownlee, James H. AL 10th Inf. Co.H
Brownlee, James H. MS 12th Inf. Co.I Cpl.
Brownlee, James M. GA 53rd Inf. Co.I
Brownlee, James M. LA Arty. Moody's Co. (Madison Lt.Arty.)
Brownlee, James M. VA 1st Cav. Co.E
Brownlee, J.C. LA 31st Inf. Co.K
Brownlee, J.C. MS 29th Inf. Co.K
Brownlee, Jesse MS 1st (Patton's) Inf. Co.G Sgt.
Brownlee, J.F. SC 1st Arty. Co.E
Brownlee, J.H. LA Inf. 1st Sp.Bn. (Rightor's) Co.D
Brownlee, J.H. SC 11th Inf. Co.G 2nd Lt.
Brownlee, J.H. TX 25th Cav.
Brownlee, J.H. TX Cav. Waller's Regt. Menard's Co.
Brownlee, J.J. SC 5th St.Troops Co.D
Brownlee, J.J. SC 9th Res. Co.B
Brownlee, J.M. AL 42nd Inf. Co.D
Brownlee, J.M. MS St.Cav. Perrin's Bn. Co.H 1st Lt.
Brownlee, J.M. MS 35th Inf. Co.K 2nd Lt.
Brownlee, J. Milton MS 8th Cav. Co.E 1st Lt.
Brownlee, John GA Cav. 1st Gordon Squad. (St.Guards) Reeve's Co.
Brownlee, John LA Mil. Algier's Bn.
Brownlee, John MS 1st (Patton's) Inf. Co.G
Brownlee, John SC 1st Mtd.Mil. Earnest's Co.
Brownlee, John VA 52nd Inf. Co.H
Brownlee, John A. VA 14th Cav. Co.G
Brownlee, John A. VA 4th Inf. Co.H
Brownlee, John C. GA 42nd Inf. Co.B
Brownlee, John E. SC 14th Inf. Co.I Sgt.
Brownlee, John E. VA 14th Cav. Co.G
Brownlee, John H. GA 6th Cav. Co.L
Brownlee, John L. AL Mil. 4th Vol. Co.B
Brownlee, John L. AL 6th Inf. Co.G
Brownlee, John R. MS 18th Cav. Co.A
Brownlee, John R. MS Inf. 3rd Bn. Co.F
Brownlee, John S.J. Conf.Cav. Wood's Regt. Co.B Cpl.
Brownlee, John W. MS 1st Cav.Res. Co.H
Brownlee, John W. MO Cav. Wood's Regt. Co.G Sgt.
Brownlee, Joseph B. MS 19th Inf. Co.I Sgt.
Brownlee, J.P. SC Mil. 18th Regt. Co.F
Brownlee, J.R. SC 2nd Cav. Co.G
Brownlee, J.R. SC Inf. 3rd Bn. Co.D
Brownlee, J.R. SC 7th Inf. 1st Co.B
Brownlee, J.W. MS 18th Cav.
Brownlee, J.W. SC Lt.Arty. Beauregard's Co.
Brownlee, J.W. SC 11th Inf. Co.G
Brownlee, Llewellyn S. MS 14th Inf. Co.K,A
Brownlee, L.S. MS 6th Cav. Co.I
Brownlee, Milton GA 42nd Inf. Co.B
Brownlee, Milton MS 1st (Patton's) Inf. Co.G
Brownlee, Phillip VA Burks' Regt.Loc.Def.
Brownlee, R. MS 18th Cav. Co.A
Brownlee, R.C. SC 4th Bn.Res. Co.B
Brownlee, Robert A. AL 6th Inf. Co.G
Brownlee, Robert A. VA 25th Inf. 2nd Co.H, 2nd Co.D
Brownlee, Robert C. SC Lt.Arty. Beauregard's Co.
Brownlee, Robert C. SC 2nd Rifles Co.F
Brownlee, Robert M. GA 6th Inf. Co.D Sgt.
Brownlee, Samuel Robinson SC 19th Inf. Co.I Sgt.
Brownlee, Seaborn L. LA 8th Inf. Co.I
Brownlee, S.H. SC 11th Inf. Co.G Bvt.2nd Lt.
Brownlee, Thomas SC 11th Inf. Co.G
Brownlee, Thomas A. VA 5th Inf. Co.E
Brownlee, Thomas C.S. MS Inf. 3rd Bn. Co.F
Brownlee, Thomas N. GA 6th Inf. Co.D Sgt.
Brownlee, Thomwell AL 5th Bn.Vol. Co.B
Brownlee, Thornton AL 10th Inf. Co.H
Brownlee, Thornwell AL 10th Inf. Co.H
Brownlee, T.J. MS 2nd Part.Rangers Co.E
Brownlee, T.O. GA 42nd Inf. Co.B
Brownlee, W.A. SC 1st St.Troops Co.A
Brownlee, Warren GA 42nd Inf. Co.B
Brownlee, William AL 41st Inf. Co.I
Brownlee, William MS Cav. Jeff Davis Legion Co.A Sgt.
Brownlee, William MS 8th Inf. Co.F
Brownlee, William A. AL 10th Inf. Co.H 3rd Lt.
Brownlee, William H. VA 48th Inf. Co.F
Brownlee, William J. MS Inf. 3rd Bn. Co.F
Brownlee, William J. VA 25th Inf. 2nd Co.H
Brownlee, William K. VA 14th Cav. Co.H Sgt.
Brownlee, W.N. AL 5th Inf. New Co.H
Brownlee, W.W. MS 6th Cav. Co.L
Brownley, Alexander M. VA Lt.Arty. Thompson's Co.
Brownley, Alexander M. VA 9th Inf. Co.D
Brownley, Augustus VA 54th Mil. Co.A
Brownley, Charles D. VA 9th Inf. Co.G
Brownley, Daniel T. VA 3rd Inf. Co.B Sgt.
Brownley, D.T. AR 12th Inf. Co.G
Brownley, D.T. VA 61st Inf. Co.H
Brownley, James AR Mtd.Vol. (St.Troops) Abraham's Co.
Brownley, James VA 55th Inf. Co.L Cpl.
Brownley, James R. VA 61st Mil. Co.G
Brownley, Jefferson L. VA 61st Mil. Co.D 2nd Lt.
Brownley, John VA 23rd Cav. Co.H
Brownley, Joseph F. VA 16th Inf. Co.C
Brownley, L.L. TX Cav. Baylor's Regt. Co.K
Brownley, Oscar H. VA Lt.Arty. Armistead's Co.
Brownley, Robert W. VA 61st Mil. Co.D Capt.
Brownley, W. KY Kirkpatrick's Bn. Co.A
Brownley, William A. VA 61st Mil. Co.F
Brownley, William K. VA 9th Inf. Co.G
Brownley, William M. VA Lt.Arty. Armistead's Co.
Brownley, William M. VA 6th Inf. Ferguson's Co.
Brownley, William M. VA 12th Inf. Co.H
Brownley, William T. VA 26th Inf. Co.D
Brownlie, John A. VA 7th Cav. Preston's Co.
Brownlow, A. TX 37th Cav. Co.B
Brownlow, A.B. GA 1st (Ramsey's) Inf.
Brownlow, Alex VA Conscr. Cp.Lee Co.A
Brownlow, Alexander NC 64th Inf. Co.H
Brownlow, B.F. AR 23rd Inf. Co.K
Brownlow, Charles V. AL 32nd Inf. Co.B
Brownlow, David R. FL 9th Inf. Co.G
Brownlow, Elzi MO 10th Inf. Co.G
Brownlow, F.M. TN 47th Inf. Co.H
Brownlow, George M. TN 6th (Wheeler's) Cav. Co.K
Brownlow, G.H. TN 3rd (Clack's) Inf. Co.I
Brownlow, G.T. TN 22nd (Barteau's) Cav. Co.I Cpl.
Brownlow, G.T. TN 47th Inf. Co.H
Brownlow, G.W. GA 1st Inf. (St.Guards) Co.A
Brownlow, H.C. TN 47th Inf. Co.H
Brownlow, I.N. MS 5th Cav. Co.C
Brownlow, I.N. MS 28th Cav. Co.C

Brownlow, Isaac MS 3rd Inf. (St.Troops) Co.C Cpl.
Brownlow, James A.H. GA Floyd Legion (St.Guards) Co.H
Brownlow, James C. TN 32nd Inf. Co.H
Brownlow, James E. AL Cp. of Instr. Talladega
Brownlow, John L. TN 32nd Inf. Co.H Capt.
Brownlow, John W. GA 40th Inf. Co.D
Brownlow, Joseph B.F. TN 1st (Feild's) Inf. Co.K
Brownlow, J.P. TN 19th (Biffle's) Cav. Co.C Jr.2nd Lt.
Brownlow, J.P. TN 3rd (Clack's) Inf. Co.D
Brownlow, J.W. TX 24th Cav. Co.A
Brownlow, Martin TN 32nd Inf. Co.H
Brownlow, R.S. TN 3rd (Clack's) Inf. Cpl.
Brownlow, R.S. TX 10th Cav. Co.G
Brownlow, Samuel L. MS 2nd Inf. Co.H
Brownlow, Samuel L. MS 30th Inf. Co.H
Brownlow, S.L. MS 24th Inf. Co.C
Brownlow, William B. GA 4th Inf. Co.F
Brownlow, William E. MO 3rd Cav. Co.F
Brownlow, William W.J. TN 32nd Inf. Co.H Maj.
Brownlow, W.W.J. TN 35th Inf. Maj.
Brownly, Alexander M. VA Lt.Arty. Moore's Co.
Brownly, James VA 92nd Mil. Co.A Cpl.
Brownly, Jesse VA Inf. 4th Bn.Loc.Def. Co.A
Brownly, William VA 61st Mil. Co.C
Brownne, Robert H. MS 37th Inf. Co.B
Brownning, J.M. AR 19th (Dockery's) Inf. Co.H
Brownrigg, J. MS 44th Inf. Surg.
Brownrigg, J.B. TX 33rd Cav. Co.A
Brownrigg, John Gen. & Staff Surg.
Brownrigg, Junius TX 2nd Cav. Co.B
Brownrigg, Rich T. Gen. & Staff, Comsy.Dept. Maj.
Brownrigg, R.T. TX Inf. Carter's Co.
Brownrigg, Thomas MS 9th Bn.S.S. Co.B Capt.
Brownrigg, Thomas MS 44th Inf. Co.A 1st Lt.
Browns, Perino GA 3rd Bn. (St.Guards) Co.E Capt.
Browns, W.M. TN 14th Cav. Co.C
Brownsburger, George W. MO 1st Cav. Co.D Sgt.
Brownson, A.A. SC 1st (Butler's) Inf. Co.D
Brownson, John M. TX 8th Cav. Co.E
Brownson, L. Ord.Scouts & Guards Click's Co.,CSA Sgt.
Brownson, Louis MO Cav. 3rd Bn. Co.F Sgt.
Brownson, T.J. TX 8th Cav. Co.E
Brownson, T.W. TN 19th Inf. Co.G
Brownwell, G. LA 18th Inf. Co.H
Brownwell, James M. TN 32nd Inf. Co.G Sgt.
Brownwell, Wm. J. VA Loc.Def. Sutherland's Co.
Brows, --- TX 24th & 25th Cav. Co.I
Browton, C. VA 42nd Inf. Co.B
Browyer, E.F. Gen. & Staff Asst.Surg.
Broxon, G.W. AL 17th Inf. Co.E
Broxson, Enoch TX 13th Cav. Co.B 1st Lt.
Broxson, George AL 6th Cav. Co.K
Broxson, George FL 6th Inf. Co.I
Broxson, Henry W. FL 2nd Inf. Co.G
Broxson, Isaac AL 6th Cav. Co.K
Broxson, Thomas FL 6th Inf. Co.I
Broxton, Albert FL 11th Inf. Co.H
Broxton, Dennis GA 32nd Inf. Co.C
Broxton, George P. SC 1st Arty. Co.C Music.
Broxton, George T. 4th Conf.Cav. Co.D
Broxton, George W. AL 17th Inf. Co.A,H
Broxton, George W. 4th Conf.Inf. Co.D
Broxton, Hardy A. GA 17th Inf. Co.K
Broxton, Homer GA 3rd Inf. Co.E
Broxton, James FL Inf. 2nd Bn. Co.D
Broxton, James B. GA 17th Inf. Co.K
Broxton, James H. GA Inf. 3rd Bn. Co.G
Broxton, James H. GA 4th Bn.S.S. Co.A
Broxton, Jerry GA Inf. 26th Bn. Co.A
Broxton, J.J. AL 57th Inf. Co.A Ord.Sgt.
Broxton, John GA 32nd Inf. Co.C
Broxton, John W. 4th Conf.Inf. Co.D
Broxton, Noah AL 3rd Bn. Hilliard's Legion Vol. Co.A
Broxton, O.M. GA 33rd Regt. Co.G
Broxton, S.C. GA 32nd Inf. Co.C
Broxton, T.G. SC 3rd Cav. Co.G
Broxton, W.C. TX 30th Cav. Co.D
Broxton, W.H. GA 3rd Bn. (St.Guards) Co.A
Broxton, William J. GA 9th Inf. Co.D
Broy, Addison VA 2nd Inf. Co.I
Broy, Charles W. VA 49th Inf. 3rd Co.G
Broy, Elias VA 17th Inf. Co.B
Broy, Elijah M. VA 58th Mil. Co.K
Broy, Elijah N. VA Cav. 39th Bn. Co.A
Broy, Isaac M. VA 146th Mil. Co.H
Broy, Isaac N. VA 6th Cav. Co.A
Broy, James E. VA 12th Cav. Co.E,G
Broy, James F. VA Cav. 35th Bn. Co.F Cpl.
Broy, James F. VA 2nd Inf. Co.I
Broy, John M. VA 12th Cav. Co.G
Broy, R.W. VA 23rd Cav. Co.D
Broy, W.B. VA Arty. 1st Lt.Btty.
Broy, William VA 17th Inf. Co.B
Broy, William P. VA Lt.Arty. Cayce's Co.
Broy, William P. VA Lt.Arty. W.H. Chapman's Co.
Broyard, Henry LA Mil. 1st Native Guards Cpl.
Broyd, J.F. MS 1st (Johnston's) Inf. Co.B
Broyen, N.M. AL 2nd Cav. Co.E
Broyer, B. LA Mil. 3rd Regt. French Brig. Co.3,8
Broyer, Bernard LA Mil. 3rd Regt. French Brig. Co.1
Broyhill, G.W. 2nd Cherokee Mtd.Vol. Co.C
Broyhill, James AR 2nd Mtd.Rifles Co.E
Broyhill, Johnson NC 52nd Inf. Co.F
Broyhill, J.W. NC 7th Inf. Co.A
Broyhill, Paul AR Cav. Witherspoon's Bn. Co.A Cpl.
Broyhill, Paul AR 2nd Mtd.Rifles Co.E Cpl.
Broyhill, Stephen NC 37th Inf. Co.B
Broyhill, Thomas E. NC 7th Inf. Co.A
Broyler, James KY 2nd Cav. Co.A
Broyles, A.C. TN 5th (McKenzie's) Cav. Co.H
Broyles, Alexander AL 19th Inf. Co.E
Broyles, Alexander GA 6th Cav. Co.H
Broyles, Alexander VA 36th Inf. 2nd Co.G Sgt.
Broyles, Alexander VA 45th Inf. Co.K
Broyles, Andrew VA 166th Mil. Co.H
Broyles, A.T. SC 7th Cav. Co.G
Broyles, A.T. SC Rutledge Mtd.Riflemen & Horse Arty. Trenholm's Co.
Broyles, A.T. TN 5th (McKenzie's) Cav. Co.H Sgt.
Broyles, A.T. VA 4th Cav. Co.C
Broyles, A.T. VA 82nd Mil. Co.B
Broyles, A.T. Gen. & Staff, Cav. Capt.
Broyles, Augustus VA Inf. 26th Bn. Co.F
Broyles, Augustus VA 166th Mil. Co.H
Broyles, Augustus Taliaferro SC 4th Inf. Co.C Capt.
Broyles, Benjamin A. TX 37th Cav. Co.K
Broyles, Benjamin F. VA 10th Inf. Co.L
Broyles, Benjamin G. TX 17th Cav. Co.B
Broyles, B.F. AL 8th Inf.
Broyles, B.F. AL 9th Inf. Co.F
Broyles, B.F. TX 7th Cav. Co.I 1st Lt.
Broyles, B.F. VA 82nd Mil. Co.D
Broyles, Charles E. GA 36th (Broyles') Inf. Maj.
Broyles, Christopher VA 26th Inf. Co.I
Broyles, Christopher VA 30th Bn.S.S. Co.C
Broyles, David TN 63rd Inf. Co.K
Broyles, David VA 166th Mil. Co.H
Broyles, E.C. GA 12th Cav. Co.G
Broyles, Edwin A. TN 5th (McKenzie's) Cav. Co.H Sgt.Maj.
Broyles, Edwin G. KY Cav. 1st Bn. Co.A
Broyles, Erasmus VA 60th Inf. 2nd Co.H
Broyles, Erasmus R. MS 13th Inf. Co.A
Broyles, George AL 8th Inf.
Broyles, George AL 9th Inf. Co.F
Broyles, George W. VA Lt.Arty. Lowry's Co.
Broyles, George W. VA 166th Mil. Co.D Capt.
Broyles, Green VA 60th Inf. Co.A
Broyles, Green VA 166th Mil. Co.H
Broyles, Harvey TN 63rd Inf. Co.K
Broyles, Henry VA 7th Cav. Co.D
Broyles, Howard K. VA 34th Inf. Fray's Co.D
Broyles, I. Empsil AL 4th (Russell's) Cav. Co.K
Broyles, Isaac N. TN 61st Mtd.Inf. Co.D
Broyles, Jacob T. AL 10th Inf. Co.I
Broyles, James TN 61st Mtd.Inf. Co.B
Broyles, James VA 16th Cav. Co.I
Broyles, James VA Cav. 37th Bn. Co.H
Broyles, James VA 166th Mil. W. Lively's Co.
Broyles, James B. KY 6th Cav. Co.A
Broyles, James F. AR 18th (Marmaduke's) Inf. Co.K
Broyles, James H. VA 30th Bn.S.S. Co.C
Broyles, James H. VA 166th Mil. Ballard's Co.D
Broyles, James M. TN 61st Mtd.Inf. Co.D Cpl.
Broyles, James Mc. TN 61st Mtd.Inf. Co.D
Broyles, James O. TN Conscr. (Cp. of Instr.)
Broyles, James R. AR 3rd Cav. Co.G
Broyles, James V. TN 5th (McKenzie's) Cav. Co.H
Broyles, Jefferson TN 61st Mtd.Inf. Co.D
Broyles, J. Empsil TN 3rd (Forrest's) Cav. 1st Co.F
Broyles, Jesse TN 61st Mtd.Inf. Co.D
Broyles, Jesse TX Cav. Hardeman's Regt. Co.A
Broyles, J.H. AR 27th Inf. Co.I
Broyles, J.J. GA 18th Inf. Asst.Surg.
Broyles, J.J. GA Phillips' Legion Co.B
Broyles, J.L. TN 4th (Murray's) Cav. Co.D
Broyles, J.L. 1st Conf.Cav. 2nd Co.C
Broyles, J.N. TN 1st (Carter's) Cav. Co.A
Broyles, J.O. TN 61st Mtd.Inf. Co.D

Broyles, John VA Inf. 26th Bn. Co.F,H Sgt.
Broyles, John VA 166th Mil. Ballard's Co. Sgt.
Broyles, John C. AL 10th Inf. Co.I
Broyles, John E. TN 3rd (Forrest's) Cav. 1st Co.F
Broyles, John J. VA Lt.Arty. 13th Bn. Co.C QMSgt.
Broyles, John S. TN 5th (McKenzie's) Cav. Co.H
Broyles, John S. TN 28th Inf. Co.A
Broyles, John W. VA 97th Mil. Co.K
Broyles, Joseph M. AL 9th Inf. Co.F
Broyles, Joshua VA Inf. 26th Bn. Co.H
Broyles, J.R. AR 33rd Inf. Co.K
Broyles, Junius J. Gen. & Staff Asst.Surg.
Broyles, J.W. McB. TN 5th (McKenzie's) Cav. Co.H 2nd Lt.
Broyles, Lachar VA 21st Cav. Co.H
Broyles, Lafayette AL Cav. Forrest's Regt.
Broyles, Lafayette TN 18th (Newsom's) Cav. Co.H
Broyles, Lafayette G. MS 2nd Inf. Co.A
Broyles, Lawrence V. TN 61st Mtd.Inf. Co.D
Broyles, Lewis MO 2nd Cav. Co.A Cpl.
Broyles, Lewis VA Cav. 41st Bn.
Broyles, Lewis VA 36th Inf. 2nd Co.G Sgt.
Broyles, Lewis H. VA Lt.Arty. Lowry's Co.
Broyles, Lewis H., Jr. 1st Conf.Cav. 2nd Co.G
Broyles, M. AR 36th Inf. Co.B,C
Broyles, M. VA 11th Bn.Res. Co.C
Broyles, Manly TN 63rd Inf. Co.K Cpl.
Broyles, Marion W. TN 5th (McKenzie's) Cav. Co.H
Broyles, McB. Gen. & Staff 2nd Lt.,AAAG
Broyles, M.F. GA Phillips' Legion Co.B
Broyles, M.T. TN 84th Inf. Co.D
Broyles, Nicholas AL 17th Bn.S.S. Co.A
Broyles, Nicholas AL 19th Inf. Co.E,B
Broyles, O.G.M. TN 1st (Carter's) Cav. Co.D 1st Sgt.
Broyles, Oscar E. TX 4th Cav. Co.H
Broyles, Ozey R. SC 2nd Rifles Co.G
Broyles, R.C. TN 1st (Carter's) Cav. Co.A
Broyles, R.C. TN Cav. 16th Bn. (Neal's) Co.C
Broyles, R.M. AR 27th Inf. Co.F
Broyles, Robert AL 2nd Cav. Co.A
Broyles, Robert MO 2nd Cav. Co.A
Broyles, Samuel TN 61st Mtd.Inf. Co.D
Broyles, Samuel A. VA Lt.Arty. Hardwicke's Co. Cpl.
Broyles, Samuel C. AR 8th Inf. New Co.F
Broyles, Samuel C. AR 14th (McCarver's) Inf. Co.B
Broyles, Samuel N. TN 39th Mtd.Inf. Co.B Sgt.
Broyles, S.D. MO Cav. Coffee's Regt. Co.C
Broyles, S.D. TN Cav. 16th Bn. (Neal's) Co.C
Broyles, Simeon TN 61st Mtd.Inf. Co.D
Broyles, Simeon VA 166th Mil. Ballard's Co.H Flag Bearer
Broyles, Solomon VA 11th Bn.Res. Co.C
Broyles, Thomas AL 7th Inf. Co.B Sgt.
Broyles, Thomas TN 61st Mtd.Inf. Co.D
Broyles, Thomas J. AL 2nd Cav. Co.A
Broyles, Thompson VA 11th Bn.Res. Co.C
Broyles, T.J. TN 1st Hvy.Arty. 2nd Co.B Sgt.
Broyles, T.T. SC 7th Cav. Co.B
Broyles, Vance TN 84th Inf. Co.D
Broyles, Walker VA 52nd Inf. Co.A
Broyles, William B. TN 37th Inf. Co.F
Broyles, William G. TN 29th Inf. Co.H 3rd Lt.
Broyles, William H. KY 6th Cav. Co.A
Broyles, William H. TN 63rd Inf. Co.I
Broyles, William H. VA Lt.Arty. Hardwicke's Co. Cpl.
Broyles, William Henry TN 60th Mtd.Inf. Co.F
Broyles, William S. VA 166th Mil. Co.D,H
Broyles, William Y. VA Cav. 41st Bn. Co.B Sgt.
Broyles, William Y. VA 7th Inf. Gibson's Co.
Broyles, William Y. VA 49th Inf. Co.K
Broyles, W.L. GA Phillips' Legion Co.B
Broyles, W. Newton TN 5th (McKenzie's) Cav. Co.H
Broyles, W.Y. VA 82nd Mil. Co.D
Broyles, Yancy VA 10th Inf. Co.L
Broyles, Z.T. MO Cav. Coffee's Regt. Co.C
Broyley, W.M. NC 3rd Inf. Co.E
Broyls, J.C. MO 9th Inf. Co.D
Broyly, F.M. AL 20th Inf. Co.E
Broyton, T.D. AL 28th Inf. Co.D
Broze, Charles LA 13th Inf. Co.E,K Cpl.
Brozel, B. SC 12th Inf. Co.D
Brozer, E.B. AL Cav. Barbiere's Bn. Co.B
Brozill, W.P. MS 5th Cav. Co.I
Brozir, --- VA 5th Cav. Co.I
Bruat, A. LA Mil. 3rd Regt. French Brig. Co.1
Bruat, J.B. LA Mil. 3rd Regt. French Brig. Co.3
Brubake, R. MD Cav. 2nd Bn. Co.F
Brubaker, Andrew J. VA 10th Inf. Co.K
Brubaker, Andrew J. VA 97th Mil. Co.I
Brubaker, D.A. VA 7th Cav. Co.D
Brubaker, Daniel R. VA Lt.Arty. W.H. Chapman's Co.
Brubaker, Elias VA 157th Mil. Co.B
Brubaker, George T. VA 97th Mil. Co.M 1st Sgt.
Brubaker, G.H. NC 21st Inf. Co.A
Brubaker, Henry L. VA 157th Mil. Co.B
Brubaker, Isaac GA 9th Inf. Co.E
Brubaker, Isaac VA 12th Cav. Co.D
Brubaker, Isaac VA 157th Mil. Co.B
Brubaker, J.C. TX Cav. Chisum's Regt. Asst.Surg.
Brubaker, J. Curry TX 13th Cav. Co.A Asst.Surg.
Brubaker, Joseph T. VA Res. Keyser's Co.
Brubaker, Lane F. VA 157th Mil. Co.B
Brubaker, Moses VA 157th Mil. Co.B
Brubaker, Nathan SC 9th Inf. Co.B
Brubaker, Peter VA 8th Bn.Res. Co.B 1st Lt.
Brubaker, Richard P. NC 38th Inf. Co.B
Brubaker, T.C. VA 7th Cav. Co.D
Brubaker, Thompson C. VA 10th Inf. Co.K
Brubaker, William A. VA 33rd Inf. Co.H
Brubeck, Adam S. VA 25th Inf. 2nd Co.D
Brubeck, David F. VA 5th Inf. Co.D
Brubeck, James L. VA 5th Inf. Co.D
Brubeck, J.H. VA 14th Cav. Co.I
Brubeck, John VA 5th Inf. Co.D
Brubeck, John M. VA 136th Mil. Co.H
Brubecker, H. VA 110th Mil. Saunder's Co. Cpl.
Brubecker, Henry VA 6th Inf. Co.A
Brubs, B.G. LA Lt.Arty. Bridges' Btty.
Bruc, Berry MS 3rd Inf. (St.Troops) Co.I
Bruc, J. Harrison GA Phillips' Legion Co.O
Bruce, --- VA 46th Inf. Co.H
Bruce, A. GA Inf. 10th Bn.
Bruce, A. TN 15th (Cons.) Cav. Asst.Surg.
Bruce, A. VA 24th Inf. Co.G
Bruce, A.A. TN 6th Inf. Co.K
Bruce, A.A. TN 9th Inf. Co.B
Bruce, A.A. Gen. & Staff Asst.Surg.
Bruce, A.B. LA Ogden's Cav. Co.A
Bruce, Abraham GA 14th Inf. Co.D
Bruce, A.C. TX 6th & 15th (Cons.) Vol. Ens.
Bruce, Adamson M. GA 2nd (Stapleton's) St.Troops
Bruce, A.H. GA 13th Inf. Co.K
Bruce, A.J. AL 30th Inf. Co.I
Bruce, A.J. GA 31st Inf. Co.A
Bruce, A.J. LA 9th Inf. Co.G
Bruce, A.J. LA Miles' Legion Co.A
Bruce, A.J. MS Inf. 1st Bn.St.Troops (12 mo.'62-3) Co.B
Bruce, Alamander P. KY 6th Cav. Co.A
Bruce, Alamander P. Retributors Young's (5th) Co.
Bruce, Alexander GA 1st (Symons') Res. Co.K,C Sgt.
Bruce, Alexander MS 39th Inf. Co.D
Bruce, Algernon M. LA 31st Inf. Co.H
Bruce, Allen A. TN 15th (Stewart's) Cav. Asst.Surg.
Bruce, Amos VA 45th Inf. Co.F
Bruce, A.N. GA Arty. 11th Bn. (Sumter Arty.) Co.A Capt.
Bruce, Anderson GA 44th Inf. Lt.
Bruce, Anderson F. GA 44th Inf. Co.K
Bruce, Andrew MS 13th Inf. Co.A
Bruce, Andrew J. AR 6th Inf.
Bruce, Andrew J. GA 3rd Cav. Co.F
Bruce, Andrew J. GA 24th Inf. Co.I
Bruce, Andrew J. GA 34th Inf.
Bruce, Andrew Jackson AL 5th Inf. New Co.B
Bruce, A.P. KY Kirkpatrick's Bn. Co.C
Bruce, Aquilla GA Cobb's Legion Co.C
Bruce, Aris TN 2nd (Ashby's) Cav. Co.D
Bruce, Arthur TX 6th Inf. Co.D Ens.
Bruce, Asa B. TN 36th Inf. Co.B Drum.
Bruce, A.W. MS 1st (King's) Inf. (St.Troops) Co.H
Bruce, Bailey B. GA Inf. 3rd Bn. Co.B
Bruce, Baily W. AL 43rd Inf.
Bruce, Ballard Gen. & Staff,PACS Capt.
Bruce, Bayles GA 38th Inf. Co.B
Bruce, Benjamin GA 4th Res. Co.G
Bruce, B.F. GA 4th Res. Co.E
Bruce, B.F. 4th Regt.St.Troops
Bruce, Brad. B. VA Lt.Arty. Brander's Co.
Bruce, Burton GA Cherokee Legion (St.Guards) Co.C
Bruce, C.A. SC 8th Inf. Co.A 1st Sgt.
Bruce, Calaway GA 21st Inf. Co.C Cpl.
Bruce, Calton GA 2nd Inf. Co.F
Bruce, Carrol TN 5th Inf. 2nd Co.D
Bruce, C.B. TN 5th Inf. 2nd Co.H
Bruce, C.H. MO St.Guard
Bruce, Charles GA 1st Reg. Co.I 1st Sgt.
Bruce, Charles GA Inf. 9th Bn. Co.C
Bruce, Charles GA 37th Inf. Co.F

Bruce, Charles GA 54th Inf. Co.H
Bruce, Charles SC 8th Inf. Co.F Cpl.
Bruce, Charles TX 26th Cav. Co.F
Bruce, Charles VA 7th Cav. Co.A
Bruce, Charles VA Arty. Paris' Co. Capt.
Bruce, Charles VA 2nd St.Res. Co.A
Bruce, Charles, Jr. VA 14th Inf. Co.K Capt.
Bruce, Charles B. TX 4th Cav. Co.A
Bruce, Charles B. TX 36th Cav. Co.G
Bruce, Charles D. TX 35th (Brown's) Cav. Co.D
Bruce, Charles E. AR 24th Inf. Co.F
Bruce, Charles E. AR Inf. Hardy's Regt. Co.D Cpl.
Bruce, Charles G. MO 5th Cav. Co.E Cpl.
Bruce, Charles H. MO Inf. 3rd Bn. Co.E
Bruce, Cicero TN 2nd (Ashby's) Cav. Co.D
Bruce, Columbus SC 16th Inf. Co.D
Bruce, C.P. SC 1st (Butler's) Inf. Co.G
Bruce, C.W. GA Inf. 1st Conf.Bn. Co.C
Bruce, C.W. GA 66th Inf. Co.F
Bruce, D.A. GA 1st Cav. Co.I
Bruce, Dallas VA 47th Inf. Co.E
Bruce, Daniel GA 42nd Inf. Co.C
Bruce, Daniel TX 1st Hvy.Arty. Co.E
Bruce, Daniel A. GA 2nd Cav. Co.H
Bruce, Daniel H. VA 51st Inf. Co.A Capt.
Bruce, Daniel R. GA 7th Inf. Co.B
Bruce, David R. AL 6th Inf. Co.I
Bruce, Don A. TN 27th Inf. Co.A 2nd Lt.
Bruce, Donald FL Lt.Arty. Abell's Co. Cpl.
Bruce, Donald FL Milton Lt.Arty. Dunham's Co.
Bruce, Donald GA 1st (Ramsey's) Inf. Co.G
Bruce, E. KY 5th Cav.
Bruce, E. MS 38th Cav. Co.G
Bruce, E. TN 9th Inf. Co.I
Bruce, E.C. SC 1st (Butler's) Inf. Co.G
Bruce, E.D. GA 8th Inf. Co.I
Bruce, Edmond I. NC 43rd Inf. Colored Serv.
Bruce, Edward LA Arty. Kean's Btty. (Orleans Ind.Arty.)
Bruce, Edward LA 28th (Thomas') Inf. Co.C
Bruce, Edward LA C.S. Zouave Bn. Co.A Cpl.
Bruce, Edwin TN 4th (McLemore's) Cav. Co.G
Bruce, Edwin W. GA 55th Inf. Co.K
Bruce, E.E. SC 2nd Arty. Co.F Sgt.
Bruce, E.E. SC 1st (Hagood's) Inf. 1st Co.C
Bruce, E.J. MS 1st Lt.Arty. Co.F
Bruce, Eli MS 5th Cav. Co.I
Bruce, Elijah KY 4th Cav. Co.G
Bruce, Elijah KY 6th Cav. Co.I,G
Bruce, Eli W. TX 10th Inf. Co.G Cpl.
Bruce, E.M. GA 44th Inf. Co.K
Bruce, F. LA 8th Cav. Co.F
Bruce, F.A. SC 2nd Arty. Co.F
Bruce, Finis TN 30th Inf. Co.F
Bruce, Fleming VA 58th Inf. Co.C
Bruce, F.M. GA 22nd Inf. Co.I
Bruce, F.M. KY 3rd Mtd.Inf. Co.I
Bruce, Francis M. AR 27th Inf. Co.A
Bruce, Frank A. SC 1st (Hagood's) Inf. 1st Co.C
Bruce, Frederick H. VA 49th Inf. Co.K 2nd Lt.
Bruce, Fred H. VA 7th Inf. Gibson's Co. 1st 2nd Lt.
Bruce, F.W. AL 23rd Inf. Co.F,D
Bruce, G. GA 8th Inf. Co.I
Bruce, G. MO Robertson's Regt.St.Guard Co.9
Bruce, G. VA 1st Res. Co.F
Bruce, G.B. TX 9th (Young's) Inf. Co.E
Bruce, George MO Inf. Perkins' Bn. Co.C
Bruce, George SC Lt.Arty. J.T. Kanapaux's Co. (Lafayette Arty.)
Bruce, George SC 6th Res. Co.G
Bruce, George TN 10th (DeMoss') Cav. Co.H
Bruce, George TN 19th (Biffle's) Cav. Co.F
Bruce, George A. VA Arty. Paris' Co. Sgt.
Bruce, George B. TN 3rd (Clack's) Inf. Co.A
Bruce, George F. GA 10th Inf. Co.H
Bruce, George F. VA 9th Inf. Co.C
Bruce, George M. TN 17th Inf. Co.K
Bruce, George P. AL 3rd Bn.Res. Appling's Co. Cpl.
Bruce, George W. GA 2nd Inf. Co.H 2nd Lt.
Bruce, George W. GA 46th Inf. Co.I
Bruce, George W. SC 3rd Res. Co.G
Bruce, George W. SC 20th Inf. Co.A
Bruce, George W. VA 46th Inf. 2nd Co.D
Bruce, George W. 1st Conf.Inf. Co.B, 2nd Co.I 2nd Lt.
Bruce, G.G. TX 11th (Spaight's) Bn.Vol. Co.G,C
Bruce, G.G. TX 21st Inf. Co.E
Bruce, G.H. SC 21st Inf. Co.H
Bruce, G.H. TX 8th Cav. Co.E Sgt.
Bruce, G.J. GA 46th Inf. Co.I
Bruce, G.M. Gen. & Staff AMD
Bruce, G.P. GA 3rd Inf. Cpl.
Bruce, G.P. GA Inf. 3rd Bn. Cpl.
Bruce, Granville VA 50th Inf. Co.F
Bruce, Green B. GA 38th Inf. Co.B
Bruce, G.W. GA 1st Inf. Co.I
Bruce, G.W. NC 14th Inf. Co.I
Bruce, G.W. TN Inf. Nashville Bn. Cattles' Co.
Bruce, H. LA 8th Inf. Co.B 1st Lt.
Bruce, Harold F. VA 36th Inf. 2nd Co.G
Bruce, Harris G. AL 49th Inf. Co.C
Bruce, Harvey NC Inf. Thomas Legion
Bruce, H.C. SC 2nd Arty. Co.A
Bruce, H.C. TN Inf. 3rd Cons.Regt. Co.G
Bruce, H.C. TN 31st Inf. Co.D
Bruce, Hector FL 1st Inf. Old Co.G
Bruce, Hector FL 8th Inf. Co.B Capt.
Bruce, Hector LA 1st Hvy.Arty. (Reg.) Co.E
Bruce, Henley G. VA 8th Cav. Co.F
Bruce, Henry AL 49th Inf. Co.C
Bruce, Henry KY Corbin's Men
Bruce, Henry VA 56th Inf. Co.H Sgt.
Bruce, Henry F. GA 65th Inf. Co.D Cpl.
Bruce, Henry L. AL 11th Inf. Co.A Sgt.
Bruce, H.F. GA Smith's Legion Co.F
Bruce, H.G. AL 7th Inf. Co.G
Bruce, Hilary S. AL 47th Inf. Co.D,F
Bruce, H.K. GA 60th Inf. Co.E Music.
Bruce, Horatio SC Inf. Hampton Legion Co.D
Bruce, Horatio Gales TX 20th Cav. Co.F Capt.
Bruce, H.T. SC 16th & 24th (Cons.) Inf. Co.K Cpl.
Bruce, Hugh C. GA 36th (Broyles') Inf. Co.E
Bruce, Hugh T. SC 24th Inf. Co.H
Bruce, H.V. KY 5th Cav.
Bruce, Ignatius Bailey AL 49th Inf. Co.C Cpl.
Bruce, I.M. GA 57th Inf.
Bruce, Ira NC 64th Inf. Co.E
Bruce, Isaac AR 13th Inf. Co.E
Bruce, Isaac KY 7th Mtd.Inf. 1st Co.K
Bruce, Isaac B. TN 43rd Inf. Co.F
Bruce, I.W. MO Cav. Fristoe's Regt. Co.G
Bruce, J. AR 3rd Inf. (St.Troops) Co.A
Bruce, J. TX 7th Cav. Co.D
Bruce, J. VA Arty.Bn.
Bruce, J.A. TN Inf. Spencer's Co.
Bruce, J.A. TX 9th Cav. Co.B
Bruce, Jackson GA 27th Inf. Co.K
Bruce, James AL 1st Regt. Mobile Vol. Co.A
Bruce, James AR 1st Inf. Co.D
Bruce, James GA Cav. 16th Bn. (St.Guards) Co.A Capt.
Bruce, James GA 22nd Inf. Co.E
Bruce, James GA 24th Inf. Co.G
Bruce, James GA 36th (Broyles') Inf. Co.E
Bruce, James GA 60th Inf. Co.I
Bruce, James GA Cherokee Legion (St.Guards) Co.I Capt.
Bruce, James KY 9th Mtd.Inf. Co.G
Bruce, James LA 1st Cav. Co.I
Bruce, James MS 2nd Cav. Co.A
Bruce, James NC 37th Inf. Co.I
Bruce, James NC Mallett's Bn. (Cp.Guard) Co.B Music.
Bruce, James SC 1st St.Troops Co.I
Bruce, James SC 5th Res. Co.G
Bruce, James SC Inf. 7th Bn. (Enfield Rifles) Co.A,F
Bruce, James TN 30th Inf. Co.F
Bruce, James VA Lt.Arty. 38th Bn. Co.B
Bruce, James VA 88th Mil.
Bruce, James Terry's Brig. Maj.,QM
Bruce, James A. GA 15th Inf. Co.I
Bruce, James C. VA 58th Inf. Co.C
Bruce, James D. VA 30th Inf. 1st Co.I Capt.
Bruce, James D. VA 47th Inf. 3rd Co.I Lt.Col.
Bruce, James F. TN 8th (Smith's) Cav. Co.C
Bruce, James F. TN 7th Inf. Co.E
Bruce, James G. VA Lt.Arty. Huckstep's Co.
Bruce, James G. VA Lt.Arty. Snead's Co.
Bruce, James H. AR 14th (Powers') Inf. Co.C
Bruce, James H. VA 1st Arty. Co.H
Bruce, James H. VA 36th Inf. 2nd Co.G
Bruce, James K. MO 10th Cav. Co.E
Bruce, James L. GA 12th Inf. Co.K
Bruce, James M. GA 43rd Inf. Co.K
Bruce, James M. GA Cherokee Legion (St.Guards) Co.A,H
Bruce, James P. SC 25th Inf. Co.G
Bruce, James T. TX 18th Inf. Co.D
Bruce, James W. MO 4th Cav. Co.D
Bruce, James W. TX 27th Cav. Co.L Sgt.
Bruce, James W. VA Lt.Arty. Huckstep's Co.
Bruce, James W. VA Lt.Arty. Snead's Co.
Bruce, James W. VA 34th Mil. Co.C
Bruce, Jasper GA 52nd Inf. Co.B
Bruce, Jasper N. GA 42nd Inf. Co.K
Bruce, J.B. AR Inf. Hardy's Regt. Co.E
Bruce, J.B.F. TN 3rd Cav. (Forrest's) Co.G
Bruce, J.C. MS Mtd.Inf. (St.Troops) Maxey's Co.
Bruce, J.C. SC 2nd Arty. Co.F
Bruce, J.C. TX Cav. Chisum's Regt. Co.F
Bruce, J.D. GA 22nd Inf. Co.C
Bruce, J.D. SC 3rd Inf. Co.E
Bruce, J.D. SC 8th Inf. Co.K
Bruce, J.D. Gen. & Staff Surg.

Bruce, J.E. MO 6th Cav. Co.D 3rd Lt.
Bruce, Jefferson M. GA 42nd Inf. Co.K
Bruce, Jehiel M. VA 36th Inf. 2nd Co.G 2nd Lt.
Bruce, Jeremiah E. VA 84th Inf. Co.D
Bruce, J.F. TN 2nd Cav. Co.C
Bruce, J.F. TN 4th (Murray's) Cav. Co.H
Bruce, J.H. AL 23rd Inf. Co.F
Bruce, J.H. AR 37th Inf. Co.D
Bruce, J.H. GA Inf. 27th Bn. (NonConscr.) Co.B
Bruce, J.H. GA Inf. 40th Bn. Co.F
Bruce, J.H. SC 2nd Inf. Co.G
Bruce, J.H. SC 2nd Inf. Co.K
Bruce, J.H. TN 11th (Holman's) Cav. Co.C
Bruce, J.H. TN 5th Inf. 2nd Co.H
Bruce, J.H. TN 17th Inf. Co.F
Bruce, J.J. AL 23rd Inf. Co.B
Bruce, J.J. AL 45th Inf. Co.F
Bruce, J.J. SC 2nd Rifles Co.D Sgt.
Bruce, J.J. SC Inf. Hampton Legion Co.K
Bruce, J.J. TN Lt.Arty. Sparkman's Co.
Bruce, J.J. TN 45th Inf. Co.B
Bruce, J.L. GA 54th Inf. Co.G
Bruce, J.L. MO Lt.Arty. H.M. Bledsoe's Co.
Bruce, J.M. AL Vol. Goldsmith's Ind.Co.
Bruce, J.M. GA 3rd Cav. (St.Guards) Co.C
Bruce, J.M. GA 22nd Inf. Co.I
Bruce, J.M. SC 12th Inf. Co.I Sgt.
Bruce, J.M. TN 18th Inf. Co.B
Bruce, John FL 10th Inf.
Bruce, John GA Cav. 19th Bn. Co.B
Bruce, John GA 5th Res. Co.A
Bruce, John GA Inf. 11th Bn. (St.Guards) Co.C
Bruce, John GA 38th Inf. Co.B,F
Bruce, John LA 9th Inf. Co.G
Bruce, John MS 9th Inf. New Co.F
Bruce, John MS 18th Inf. Co.I
Bruce, John MO Cav. Schnabel's Bn. Co.G
Bruce, John MO Inf. 1st Regt.St.Guard Co.N 1st Lt.
Bruce, John NC 64th Inf. Co.E
Bruce, John TN 9th Inf. Co.D
Bruce, John TN 45th Inf. Co.H
Bruce, John 3rd Conf.Cav. Co.B
Bruce, John 10th Conf.Cav. Co.G
Bruce, John A. TN 1st (Feild's) Inf. Co.B Cpl.
Bruce, John A. TN 44th Inf. Co.E
Bruce, John A. TN 44th Inf. Co.G
Bruce, John A. TN 44th (Cons.) Inf. Co.B
Bruce, John A. TN 44th (Cons.) Inf. Co.F
Bruce, John B. KY 3rd Cav.
Bruce, John B. SC 7th Cav.
Bruce, John B. TN 4th (McLemore's) Cav. Co.G
Bruce, John B. TN 1st (Turney's) Inf. Co.I Cpl.
Bruce, John B. VA 58th Inf. Co.C
Bruce, John C. SC 1st (Hagood's) Inf. 1st Co.C Sgt.
Bruce, John C. SC Inf. Hampton Legion Co.D 1st Sgt.
Bruce, John C. TX 11th Cav. Co.C
Bruce, John C. TX 22nd Cav. Co.A
Bruce, John Daniel SC 19th Inf. Co.D
Bruce, John G. VA 45th Inf. Co.F
Bruce, John J. SC 4th Inf. Co.F
Bruce, John J. SC Inf. 13th Bn. Co.D
Bruce, John J. VA Inf. 22nd Bn. Co.A
Bruce, John M. GA Inf. 9th Bn. Co.B
Bruce, John M. GA 51st Inf. Co.K
Bruce, John N. GA 42nd Inf. Co.E
Bruce, John N. TX 12th Inf. Co.F
Bruce, John N. VA 2nd Arty. Co.E
Bruce, John T. AL 35th Inf. Co.F
Bruce, John T. VA 2nd Cav. Co.G
Bruce, John T. VA 11th Inf. Co.B Sgt.
Bruce, John W. AL Lt.Arty. Clanton's Btty.
Bruce, John W. AR 1st Vol. Co.B
Bruce, John W. GA 2nd Bn.S.S. Co.B
Bruce, John W. SC 1st (Orr's) Rifles Co.L
Bruce, John W. VA 45th Inf. Co.F
Bruce, John Y. AR 27th Inf. Co.A
Bruce, Jonathan M. TN 11th Inf. Co.A
Bruce, Joseph GA 1st Inf. Co.B
Bruce, Joseph TN Inf. 3rd Bn. Co.A
Bruce, Joseph 3rd Conf.Cav. Co.G
Bruce, Joseph A. VA Lt.Arty. Huckstep's Co.
Bruce, Joseph A. VA Lt.Arty. Snead's Co.
Bruce, Joseph G. SC 4th St.Troops Co.C Sgt.
Bruce, Joseph M. VA 12th Cav. Co.G
Bruce, Joseph R. VA Lt.Arty. Huckstep's Co.
Bruce, Joseph R. VA Lt.Arty. Snead's Co.
Bruce, Josiah AL Cav. Barbiere's Bn. Brown's Co.
Bruce, Josiah AL 12th Inf. Co.D Jr.2nd Lt.
Bruce, J.P. SC 1st (Hagood's) Inf. 1st Co.C
Bruce, J.P. TN 26th Inf. Co.F Sgt.
Bruce, J.R. MS 1st (King's) Inf. (St.Troops) D. Love's Co.
Bruce, J.S. TX 5th Inf. Co.B
Bruce, J.S. VA 47th Inf. Asst.Surg.
Bruce, J.S. Gen. & Staff Asst.Surg.
Bruce, J.T. AL 22nd Inf. Co.I
Bruce, J.T. GA 5th Res. Co.E
Bruce, J.T. TX Cav. Wells' Bn. Co.A
Bruce, J.T. TX 9th Field Btty.
Bruce, Junius J. AL Cav. 5th Bn. Hilliard's Legion Co.C
Bruce, Junius J. 10th Conf.Cav. Co.C
Bruce, J.W. GA 1st Cav. Co.A
Bruce, J.W. GA 57th Inf. Co.N
Bruce, J.W. MS Inf. 7th Bn. Co.F
Bruce, J.W. MO 4th Inf. Co.I
Bruce, J.W. NC 53rd Inf. Co.B
Bruce, J.W. TN 9th (Ward's) Cav. Co.B Cpl.
Bruce, J.W. TN 11th (Holman's) Cav. Co.C
Bruce, J.W. TN 55th (McKoin's) Inf. Joyner's Co. 1st Sgt.
Bruce, J.W. TX 10th Field Btty.
Bruce, J.W. 1st Conf.Inf. 2nd Co.C, 2nd Co.G
Bruce, Killis R. GA 43rd Inf. Co.E
Bruce, Landon H. AR 9th Inf. Co.G
Bruce, Larkin VA 23rd Cav. Co.H
Bruce, Larkin VA 10th Inf. 2nd Co.C
Bruce, Levi D. GA 3rd Inf. Co.C
Bruce, Levi M. VA 11th Bn.Res. Co.A
Bruce, Lewis MO 1st N.E.Cav. Co.B
Bruce, L.J. AL 22nd Inf. Co.I
Bruce, L.O. SC 1st (Butler's) Inf. Co.G
Bruce, Lumpkin GA 23rd Inf. Co.A Cpl.
Bruce, M., Mrs. LA 11th Inf. Co.D Laundress
Bruce, M. SC 6th Cav. Co.H
Bruce, M. VA 11th Cav. Co.D
Bruce, M.A. TN 17th Inf. Co.E
Bruce, Mack V. GA 38th Inf. Co.B
Bruce, Marshall B. VA 7th Inf. Co.B
Bruce, Martin V. GA 14th Inf. Co.D
Bruce, M.C. AL St.Arty. Co.D
Bruce, Merida SC 16th Inf. Co.D
Bruce, M.L. TN 1st (Feild's) Inf. Co.L Cpl.
Bruce, M.L. TN Inf. Nashville Bn. Felts' Co.
Bruce, Moses SC 2nd Cav. Co.I
Bruce, M.V. GA Cherokee Legion (St.Guards) Co.I
Bruce, Nehemiah AR 14th (Powers') Inf. Co.C
Bruce, Newton AL 43rd Inf. Co.E Cpl.
Bruce, N.L. LA Washington Arty.Bn. Co.5 Cpl.
Bruce, O.P. TN 3rd (Clack's) Inf. Co.K Jr.2nd Lt.
Bruce, Perry GA 6th Cav. Co.B
Bruce, Perry GA Smith's Legion Co.D
Bruce, Perry S., Jr. GA 3rd Cav. (St.Guards) Co.H
Bruce, Peter TN 55th (McKoin's) Inf. Joyner's Co.
Bruce, Philip A. TX 22nd Cav. Co.A
Bruce, Philip S. TN Lt.Arty. Huggins' Co. Sgt.
Bruce, Powhatan TX 10th Field Btty.
Bruce, P.S. TN Inf. Spencer's Co.
Bruce, P.S.F. GA Inf. 9th Bn. Co.D
Bruce, R. NC 1st Bn.Jr.Res. Co.D
Bruce, R. TX 13th Vol. Co.B
Bruce, R.E. MD Cav. 2nd Bn.
Bruce, R.E. NC 2nd Inf. Co.C
Bruce, Reuben VA 1st Bn.Res. Co.D
Bruce, Reuben A. VA Lt.Arty. Snead's Co.
Bruce, Reuben T. GA 44th Inf. Co.K
Bruce, R.G. MS Stewart's Co. (Yalobusha Rangers)
Bruce, Richard T. VA 9th Inf. Co.C
Bruce, R.J. Horse Arty. White's Btty.
Bruce, R.J. Gen. & Staff, Arty. Capt.
Bruce, R.L. LA Mil.Cont.Regt. Capt.
Bruce, R.L. VA 9th Cav. Co.G
Bruce, R.N. GA Inf. 17th Bn. (St.Guards) Stocks' Co.
Bruce, Robert AR 4th Inf. Co.D
Bruce, Robert FL Conscr.
Bruce, Robert GA 6th Inf.
Bruce, Robert GA Inf. 9th Bn. Co.C
Bruce, Robert LA 1st Hvy.Arty. (Reg.) Co.G,B,I 1st Lt.
Bruce, Robert LA Washington Arty.Bn. Co.3
Bruce, Robert MD 1st Cav. Co.K Cpl.
Bruce, Robert MO 4th Cav. Co.H
Bruce, Robert SC 2nd Rifles Co.F
Bruce, Robert TN 11th (Holman's) Cav. Co.H 2nd Lt.
Bruce, Robert TN Douglass' Bn.Part.Rangers Coffee's Co. 2nd Lt.
Bruce, Robert TX 8th Cav. Co.B
Bruce, Robert TX Cav. Bourland's Regt. Co.C
Bruce, Robert TX 8th Field Btty.
Bruce, Robert VA 1st Cav. 2nd Co.K Cpl.
Bruce, Robert VA 34th Inf. Co.G
Bruce, Robert A. VA 52nd Inf. 2nd Co.B
Bruce, Robert B. GA 5th Inf. Co.I
Bruce, Robert G. MS 48th Inf.
Bruce, Robert J. MS 40th Inf. Co.B
Bruce, Robert J. VA 47th Inf. Co.B Sgt.
Bruce, Robert L. FL 5th Inf. Co.C
Bruce, Robert L. TX 3rd Inf. Co.I
Bruce, Robert N. VA 7th Inf. Gibson's Co. 2nd 2nd Lt.

Bruce, Robert N. VA 49th Inf. Co.K 2nd Lt.
Bruce, Robert W. VA 46th Inf. 2nd Co.D
Bruce, Rufus GA Inf. 17th Bn. (St.Guards) Fay's Co.
Bruce, Rufus TN 25th Inf. Co.F
Bruce, Rufus James LA 1st Hvy.Arty. (Reg.) Co.D Capt.
Bruce, S. SC 6th Cav. Co.H
Bruce, S.A. MO St.Guard
Bruce, Samuel NC 62nd Inf. Co.B
Bruce, Samuel SC 16th Inf. Co.D
Bruce, Samuel VA 4th Cav. Co.B
Bruce, Samuel VA 2nd Arty. Co.A
Bruce, Samuel VA 2nd Inf.
Bruce, Samuel A. VA 3rd Cav. Co.K
Bruce, Samuel A. VA 53rd Inf. Co.C
Bruce, Samuel D. VA Inf. 22nd Bn. Co.A
Bruce, Samuel Johnson AL 49th Inf. Co.C Capt.
Bruce, S. Averet MO Inf. 3rd Bn. Co.E
Bruce, S.D. GA 45th Inf.
Bruce, S.G. GA 1st Cav. Co.G,I
Bruce, Silas J. GA 46th Inf. Co.I
Bruce, Silas W. TN 32nd Inf. Co.I
Bruce, Simeon R. TX 8th Cav. Co.E
Bruce, S.J.J. GA Cav. 19th Bn. Co.D
Bruce, S.J.J. 10th Conf.Cav. Co.I
Bruce, S.L. TN 18th Inf. Co.B
Bruce, S.L. Central Div. KY Sap. & Min.,CSA
Bruce, S.P. GA Inf. Clemons' Co.
Bruce, S.P. GA Conscr.
Bruce, Spartin H. AL Cav. Stewart's Bn. Co.C
Bruce, S.V. SC 2nd Arty. Co.C
Bruce, S.V.R. SC 1st (Hagood's) Inf. 1st Co.C
Bruce, S.W. TN 3rd (Clack's) Inf. Co.A
Bruce, T. MS 35th Inf. Co.C
Bruce, Terrill GA Inf. 1st Loc.Troops (Augusta) Co.D,B
Bruce, Thomas MS 2nd Cav. Co.A Cpl.
Bruce, Thomas VA 20th Inf. Co.K 2nd Lt.
Bruce, Thomas VA 21st Inf. Co.H
Bruce, Thomas VA 59th Inf. Co.C 2nd Lt.
Bruce, Thomas C. NC 38th Inf. Co.G
Bruce, Thomas J. GA 38th Inf. 2nd Co.I
Bruce, Thomas J. KY 5th Cav. Co.D
Bruce, Thomas J. TN 3rd (Clack's) Inf. Co.A
Bruce, Thomas N. TN 11th Inf. Co.A
Bruce, Thomas P. TX 2nd Cav. Co.B Cpl.
Bruce, Thompson MS 15th Inf. Co.K
Bruce, T.J. AR 7th Inf. Co.B
Bruce, T.J. TN 6th (Wheeler's) Cav. Co.K 1st Sgt.
Bruce, T.L. AR 38th Inf. Old Co.I, Co.H
Bruce, T.L. MO Cav. Coleman's Regt. Co.E
Bruce, T.M. TN Inf. 154th Sr.Regt. Co.F
Bruce, T.N. SC 1st (Hagood's) Inf. 1st Co.C
Bruce, T.P. KY 6th Mtd.Inf. Co.A
Bruce, T.P. VA 59th Inf. Co.E
Bruce, T.R. MO Cav. 1st Bn.St.Guard Surg.
Bruce, T.R. MO Inf. 3rd Regt.St.Guard Asst.Surg.
Bruce, T.R. SC 8th Inf. Co.K
Bruce, T.R. SC 23rd Inf. Co.G
Bruce, Turkey G. VA 57th Inf. Co.H
Bruce, T.W. SC 2nd Arty. Co.F
Bruce, T.W. TN Inf. 22nd Bn. Co.D
Bruce, W. MS Inf. 3rd Bn. (St.Troops) Co.E
Bruce, W. SC 6th Cav. Co.H
Bruce, W. SC Lt.Arty. 3rd (Palmetto) Bn. Co.I
Bruce, Walter M. VA 19th Inf. Co.H
Bruce, W.B. MS 6th Cav. Co.F
Bruce, W.B. SC 16th Inf. Co.D
Bruce, Wesley AR 8th Inf. New Co.F
Bruce, W.G. GA Cav. 10th Bn. (St.Guards) Co.D 1st Lt.
Bruce, W.H. AR 17th (Lemoyne's) Inf. Co.A
Bruce, W.H. MS 1st Cav. Co.B
Bruce, W.H. TN 33rd Inf. Co.K
Bruce, Wilkins VA 14th Inf. Co.K Jr.2nd Lt.
Bruce, Wilkins Gen. & Staff 2nd Lt.,Dr.M.
Bruce, William AL Cav. Moreland's Regt. Co.C
Bruce, William AL 11th Inf.
Bruce, William AR 21st Inf. Co.D
Bruce, William AR 24th Inf. Co.B Cpl.
Bruce, William GA 54th Inf. Co.G
Bruce, William KY 4th Cav. Co.G
Bruce, William KY 6th Cav. Co.K
Bruce, William KY 12th Cav. Co.D Sgt.
Bruce, William LA 11th Inf. Co.D
Bruce, William MD 1st Inf. Co.I
Bruce, William MS 2nd Cav. Co.A
Bruce, William MS 10th Cav. Co.B
Bruce, William MS 22nd Inf. Co.I
Bruce, William SC 14th Inf. Co.C
Bruce, William SC 16th Inf. Co.D
Bruce, William TN 1st (Carter's) Cav. Co.L
Bruce, William TN 9th (Ward's) Cav. Co.A
Bruce, William TN 15th (Stewart's) Cav. Co.C
Bruce, William TN 26th Inf. 1st Co.H
Bruce, William TX 9th (Young's) Inf. Co.E
Bruce, William A. LA 31st Inf. Co.H
Bruce, William A. VA 3rd Cav. Co.K
Bruce, William A. VA 53rd Inf. Co.C
Bruce, William A. VA Inf. Montague's Bn. Co.D Sgt.
Bruce, William B. GA 25th Inf. Co.E
Bruce, William B. SC 12th Inf. Co.I
Bruce, William B. VA 20th Inf. Co.K Capt.
Bruce, William B. VA 59th Inf. Co.C Capt.
Bruce, William B. 1st Conf.Eng.Troops Co.I Capt.
Bruce, William D. VA 13th Inf. Co.C
Bruce, William E. TX 6th Cav. Co.H
Bruce, William E. TX Cav. Baylor's Regt. Co.G Cpl.
Bruce, William F. MS 21st Inf. Co.F
Bruce, William Fleming AL 49th Inf. Co.C
Bruce, William G. GA 63rd Inf. Co.B Sgt.
Bruce, Wm. G. MO St.Guard
Bruce, William G. 1st Conf.Inf. 2nd Co.E
Bruce, William H. AR Cav. 1st Bn. (Stirman's) Co.C
Bruce, William H. MS 1st Lt.Arty. Co.K
Bruce, William I. AL 21st Inf. Co.K
Bruce, William J. SC 22nd Inf. Co.H
Bruce, William J. TN 7th Inf. Co.D
Bruce, William M. KY 6th Cav. Co.B
Bruce, William M. MO 10th Cav. Co.E
Bruce, William M. NC 4th Inf. Co.A
Bruce, William M. 1st Conf.Inf. 2nd Co.I
Bruce, Wm. M. Gen. & Staff Lt.,Adj.Inf.
Bruce, William N. GA 11th Cav. (St.Guards) Bruce's Co. Capt.
Bruce, William N. TX 11th Cav. Co.C
Bruce, William P. KY 13th Cav. Co.D
Bruce, William P. VA 6th Cav. Co.B
Bruce, William P. VA 8th Cav. Co.F 2nd Lt.
Bruce, William P. VA 45th Inf. Co.F
Bruce, Wm. Rea GA 8th Inf. Co.I
Bruce, William S. KY 12th Cav. Co.D
Bruce, William S. VA 47th Inf. 3rd Co.H
Bruce, William T. SC Inf. Hampton Legion Co.D
Bruce, William W. GA 22nd Inf. Co.B
Bruce, William W. MS 16th Inf. Co.F
Bruce, William W. MS 40th Inf. Co.F
Bruce, William W. SC 6th Inf. 1st Co.B
Bruce, William W. VA 17th Cav. Co.D
Bruce, William W. VA 151st Mil. Co.B
Bruce, Willis TN 13th (Gore's) Cav. Co.M Lt.
Bruce, Wilson MS 19th Inf. Co.B,E
Bruce, Wilson P. AL 47th Inf. Co.D,H
Bruce, Winfield S. VA 6th Cav. Co.B Cpl.
Bruce, W.J. GA 22nd Inf. Co.I
Bruce, W.J. LA 1st Cav. Co.C Sgt.
Bruce, W.L. GA 23rd Inf. Co.A Cpl.
Bruce, W.P. GA 2nd Cav. Co.H
Bruce, W.R. MS 3rd Cav. Co.C
Bruce, W.R. MS Inf. 4th St.Troops Co.F
Bruce, W.S. GA 8th Inf. Co.I
Bruce, W.W. AR Lt.Arty. Wiggins' Btty.
Bruce, W.W. AR 27th Inf. New Co.C
Bruce, W.W. LA Res.Corps
Bruce, W.W. SC 17th Inf. Co.D
Bruce, Yearby GA 6th Cav. Co.B
Bruce, Yearly GA Smith's Legion Co.D
Bruce, Zedok W. MS 5th Inf. Co.B
Bruce, Z.W. MS 2nd Cav. Co.K
Bruce, Z.W. MS 4th Inf. Co.K,B
Bruceau, N. LA Miles' Legion Co.G
Bruch, Michael AR 2nd Cav. Co.C
Bruch, Otto TX 1st Hvy.Arty. Co.E Sr.1st Lt.
Bruche, N. LA Miles' Legion Co.A
Brucher, E. TN 15th Inf. Co.I
Brucher, Joseph TX 2nd Inf. Co.F Sgt.
Bruck, E. SC 2nd Bn.S.S. Co.A
Bruck, E. SC 25th Inf. Co.E
Brucke, Henry SC 20th Inf. Co.A
Brucke, Oscar TX 1st Hvy.Arty. Co.C
Brucken, James TX 35th (Brown's) Cav. Co.H
Brucker, O. TX Inf. 4th Bn. (Oswald's) Co.B
Bruckett, J.J. AL 8th Cav. Co.E
Bruckey, Charles SC 2nd Rifles Co.C Sgt.
Bruckisch, C. TX 3rd Inf. Co.B
Bruckisch, W.J. TX 6th Field Btty. Bugler
Bruckish, W. TX 6th Field Btty. Bugler
Bruckman, Joseph VA 25th Inf.
Bruckmiller, Joseph TX 7th Inf. Co.D Music.
Bruckner, D.L. MS 18th Cav. Co.H Cpl.
Bruckner, George D. GA Arty. 11th Bn. (Sumter Arty.) New Co.C
Bruckner, George D. GA 9th Inf. Co.A
Bruckner, J.O. GA Inf. (Wright Loc.Guards) Holmes' Co.
Bruckner, John TX 3rd Inf. Co.B Cpl.
Bruckner, John D. GA 2nd Bn.S.S. Co.C Cpl.
Bruckner, John T. AL 50th Inf. Adj.
Bruckner, J.T. TN Lt.Arty. McClung's Co. 1st Sgt.
Bruckner, T.S. VA 7th Inf. Co.K
Brucks, Henry TX Conscr.
Brucky, F. SC 2nd Inf. Co.C
Brudar, Henry B. VA 2nd St.Res. Co.A

Brudbery, M. AL 17th Inf. Co.H Cpl.
Bruddler, James VA 6th Cav. Co.C
Bruden, E.V. VA Cav. 1st Bn. Co.C
Bruden, Horace S. VA Lt.Arty. E.J. Anderson's Co.
Bruden, Jasper VA Cav. 2nd Bn. Rowan's Co.
Bruden, John KY 10th (Johnson's) Cav. Co.A
Bruder, J. LA 19th Inf. Co.G
Bruder, Jacob LA Mil. 3rd Regt. 1st Brig. 1st Div. Co.A
Bruder, J.M. TN 19th Inf. Co.A
Bruder, John SC 1st Arty. Co.K
Bruder, John TN Inf. 3rd Bn. Co.G
Bruder, M. AL 11th Inf. Co.D
Bruder, Peter AR Cav. Gordon's Regt. Co.A
Bruder, Valentine SC 1st Arty. Co.B
Bruder, Valentine SC 1st (Butler's) Inf. Co.G Music.
Bruder, William SC 1st (Butler's) Inf. Co.G Music.
Bruderle, S. LA Mil. 4th Regt. French Brig. Co.3
Brudlove, J. AL Cav. Co.A
Brudlove, W. AL 14th Cav. Co.A
Brudly, I.B. AL 2nd Cav. Co.F
Bruds, S.E. FL Cav. 5th Bn.
Brue, James GA Inf. 1st Conf.Bn. Co.C Cpl.
Brue, Ulice LA 26th Inf. Co.F
Bruell, Israel MS 48th Inf. Co.E
Bruell, J. MS Inf. 2nd Bn. Co.E
Bruen, David G. MO 12th Inf. Co.F
Bruen, Halsey F. SC Inf. Hampton Legion Co.A
Bruen, Owen LA Mil. Stanley Guards Co.B
Bruen, William B. MO 16th Inf. Co.K
Bruen, William R.H. SC Inf. Hampton Legion Co.A
Brueno, Peter O. LA 14th (Austin's) Bn.S.S. Co.A
Bruer, A.B. MO 15th Cav. Co.A
Bruer, Alston NC 2nd Bn.Loc.Def.Troops Co.D
Bruer, David NC 22nd Inf. Co.G
Bruer, D.L. FL Cav. 5th Bn.
Bruer, Francis MO Inf. Perkins' Bn. Co.A
Bruer, Henry R. VA 64th Mtd.Inf. Co.A
Bruer, James LA Mil. Borge's Co. (Garnet Rangers)
Bruer, James LA Mil. Beauregard Bn. Co.C
Bruer, James D. NC Lt.Arty. 3rd Bn. Co.C 1st Lt.
Bruer, James D. NC 1st Inf. Co.A Sgt.
Bruer, John MS 44th Inf. Co.B
Bruer, John MO Inf. Perkins' Bn. Co.A
Bruer, Leroyer L. AL 65th Inf. Co.G Sgt.
Bruer, Lorenzo D. MS 34th Inf. Co.K Sgt.
Bruer, Neriah AR 17th (Lemoyne's) Inf. Co.I
Bruer, T.Q. AL Talladega Cty.Res. Cunningham's Co.
Bruer, William K. TX 13th Cav. Co.F
Bruett, Francois LA 1st Cav. Co.G
Bruey, A. LA Mil. 3rd Regt. French Brig. Co.5
Bruff, Alfred NC 42nd Inf. Co.D
Bruff, Charles LA Mil.Conf.Guards Regt. Co.D
Bruff, James A. VA 57th Inf. Co.B
Bruff, John H. VA 9th Cav. Co.G
Bruff, John H. VA 21st Inf. Co.K
Bruff, John K. NC 2nd Bn.Loc.Def.Troops Co.E Cpl.
Bruff, R.H. AR 1st Vol. Co.K Cpl.
Bruff, Richard W. NC 2nd Bn.Loc.Def.Troops Co.D 2nd Lt.
Bruff, Robert H. AR 25th Inf. Co.G 3rd Lt.
Bruff, S.H. TN 47th Inf. Co.K
Bruff, W.T. MO 1st & 4th Cons.Inf. Co.E
Bruff, W.T. MO 4th Inf. Co.E
Bruffee, Patrick W. VA 31st Inf. Co.I 1st Lt.
Bruffet, Arthur NC 3rd Arty. (40th St.Troops) Co.I
Bruffey, James A. VA Loc.Def. Mallory's Co.
Bruffey, J.W. VA Cav. 41st Bn. Co.B
Bruffey, M.F. VA Inf. 26th Bn. Co.B
Bruffey, Samuel, Jr. VA Loc.Def. Mallory's Co. Cpl.
Bruffman, Wm. VA 22nd Inf. Co.I
Bruffy, J.A. VA 23rd Cav. Co.H
Bruffy, John S. VA Cav. 46th Bn. Co.B Cpl.
Bruffy, John William VA 23rd Cav. Co.B Hosp.Stew.
Bruffy, J.W. VA Cav. 35th Bn. Hosp.Stew.
Bruffy, Marion F. VA 108th Mil. Co.C, Lemon's Co.
Bruffy, Michael VA 5th Inf. Co.G
Bruffy, Robert H. VA 7th Cav. Co.H
Bruffy, William VA 47th Mil.
Bruffy, William S. VA 19th Cav. Co.H 1st Sgt.
Bruffy, William S. VA 2nd Cav.St.Line McNeel's Co. Ord.Sgt.
Brugan, S.C. MS 37th Inf. Co.K
Bruger, H. TX Inf. Houston Bn. Loc.Def.Troops Co.B Cpl.
Bruger, Leon TX 1st Field Btty.
Brugere, --- LA Mil. 2nd Regt. French Brig. Co.3 Sgt.
Brugere, Eug. P. LA Mil.Conf.Guards Regt. Co.H
Brugere, Gustave LA 22nd Inf. Co.B
Bruggeman, F.H. GA Inf. 1st Loc.Troops (Augusta) Co.C Cpl.
Bruggeman, R. Gen. & Staff A.Dept.QM
Bruggemann, A.F. SC Mil.Arty. 1st Regt. Werner's Co.
Bruggemann, A.F. SC Lt.Arty. Wagener's Co. (Co.A,German Arty.)
Bruggemann, D.W. SC 1st Arty. Co.E
Bruggemann, R. TX 9th Cav. Co.E
Brugh, A.C. VA 60th Inf. Co.K
Brugh, B. VA 22nd Inf. Co.E
Brugh, Benjamin VA 2nd Cav. Co.C
Brugh, Benjamin VA Burks' Regt.Loc.Def. 1st Lt.
Brugh, Edward VA 2nd Cav. Co.C 1st Lt.
Brugh, Effiah VA 28th Inf. Co.K
Brugh, Elijah C. VA 19th Cav. Co.C
Brugh, F. VA Burks' Regt.Loc.Def. McCue's Co.
Brugh, J. VA Hvy.Arty. 20th Bn. Co.C
Brugh, Jacob VA 11th Inf. Co.D
Brugh, James B. VA 11th Inf. Co.G
Brugh, J.P. VA 3rd Res. Co.K
Brugh, J.P. VA Burks' Regt.Loc.Def. Ammen's Co.
Brugh, Rufus VA 28th Inf. Co.K
Brugh, Samuel C. VA 19th Cav. Co.C
Brugh, William P. VA 1st Arty. 2nd Co.C, Co.H
Brugh, William P. VA Arty. C.F. Johnston's Co.
Brugier, A. LA Mil. Chalmette Regt. Co.H
Brugier, Amedia LA Arty. Kean's Btty. (Orleans Ind.Arty.)
Brugier, Amedie LA Mil. 1st Chasseurs a pied Co.3 Cpl.
Brugier, Anatol LA Pointe Coupee Arty.
Brugier, Anatole LA Mil. 1st Chasseurs a pied Co.3
Brugier, Arthur LA Pointe Coupee Arty.
Brugier, Aug. LA Mil. 1st Chasseurs a pied Co.3
Brugier, F. LA Inf. 1st Sp.Bn. (Rightor's) Co.A
Brugier, F. LA 30th Inf. Co.F
Brugier, F. LA Mil. Orleans Guards Regt. Co.A
Brugier, O. LA Inf. 7th Bn. Co.A
Brugier, Oscar LA Lt.Arty. LeGardeur, Jr.'s Co.(Orleans Guard Btty.)
Brugier, P. LA Mil. 1st Chasseurs a pied Co.3
Brugier, P., Jr. LA Mil. Orleans Guards Regt. Co.H
Brugiere, Auguste LA Pointe Coupee Arty.
Brugiere, L. TX 1st Regt.St.Troops Co.C
Brugmens, John LA Lt.Arty. Holmes' Btty.
Brugmiae, C. LA Mil. Orleans Guards Regt. Co.C Cpl.
Brugniens, A. LA 18th Inf. Co.I
Brugniens, A.G. LA Inf.Crescent Regt. Co.E Lt.
Brugniens, John LA Inf.Crescent Regt. Co.E
Brugniens, John Exch.Bn. 2nd Co.A,CSA
Brugniens, L. GA 7th Cav. Co.A
Brugniens, Louis LA 6th Inf. Co.E
Brugniens, Theodore LA Hvy.Arty. 8th Bn. Co.2
Brugnier, C. LA Mil. Orleans Guards Regt. Co.I Sgt.
Brugnier, E.A. LA 8th Inf.
Brugnieus, Claude LA Arty. Kean's Btty. (Orleans Ind.Arty.)
Bruhl, Jacob LA 9th Inf. Co.I
Bruhn, A. LA Mil. 4th Regt.Eur.Brig. Co.A
Bruhn, John LA Mil. 3rd Regt. 1st Brig. 1st Div. Co.D
Bruhns, Frederick TX 4th Cav. Co.G
Bruhns, Henry LA 6th Inf. Co.H
Bruhr, W. NC 8th Inf. Co.C
Bruice, Coleman H. GA 2nd Res. Co.K,C
Bruice, C.W.C. AL 18th Inf. Co.K
Bruice, D. FL 2nd Cav.
Bruice, J.A. FL 6th Inf.
Bruice, John VA Cav. 47th Bn. Co.B
Bruickenrige, S. MO Cav. Ford's Bn. Co.C 1st Lt.
Bruin, Andrew J. TN 6th Inf. Co.F,L
Bruin, Dulany VA 17th Inf. Co.E
Bruin, Sidney VA Citizen Culpepper Cty.
Bruin, William MO Cav. Slayback's Regt. Co.A
Bruington, George TN 17th Inf. Co.K
Bruington, George TN Inf. 22nd Bn. Co.K
Bruington, Harris TN 25th Inf. Co.A
Bruington, Jeff TN 25th Inf. Co.A
Bruington, Jo TN 25th Inf. Co.A
Bruington, Joseph TN 13th (Gore's) Cav. Co.B
Bruington, Lafayette TN 25th Inf. Co.A
Bruington, Vincent TN 25th Inf. Co.A
Bruister, Bird L. VA 188th Mil. Co.C
Bruister, J.W. MS 8th Inf. Co.H
Bruland, C. MS 9th Cav. Co.C
Brulard, Arthur LA Pointe Coupee Arty.
Brulard, Charles LA Pointe Coupee Arty. Cpl.
Brulatour, C.W. LA 22nd Inf. Co.B

Brules, Charles A. Hebert's Staff 1st Lt.,ADC
Brulet, Miance LA Miles' Legion
Bruling, R. MO Lt.Arty. Von Phul's Co.
Brulley, James M. VA 51st Inf. Co.B
Brum, David AL 8th Inf.
Brum, F. LA 12th Inf. Co.K Cpl.
Brum, J. TX 1st Hvy.Arty. Co.H
Brum, J.D. AL 5th Inf.
Brum, J.J. AL 48th Inf. Co.H
Brum, John AR Mil. Desha Cty.Bn.
Brum, J.W. AL 27th Inf. Co.G
Brum, William V. AL 18th Inf. Co.I
Brumage, Isaac VA 19th Cav. Co.D
Brumager, J.W. TN Cav. Williams' Co.
Brumager, Marshall KY Inf. Ficklin's Bn. Co.A
Brumander, W.F. AL Cav. Lewis Bn. Co.D
Brumback, Andrew J. VA Cav. 35th Bn. Co.E
Brumback, Isaac N. VA 97th Mil. Co.M
Brumback, J.A. VA Cav. 35th Bn. Co.E 3rd Sgt.
Brumback, Jacob H. VA 12th Cav. Co.C
Brumback, Joseph B. VA 12th Cav. Co.C
Brumback, Joseph B.N. VA 51st Mil. Co.D
Brumback, Joseph C. VA Cav. 39th Bn. Co.C
Brumback, Joseph C. VA Lt.Arty. W.H. Chapman's Co. Cpl.
Brumback, Newton VA 97th Mil. Co.M
Brumback, S. MO Lt.Arty. Farris' Btty. (Clark Arty.)
Brumback, Silas TX 3rd Cav. Co.D
Brumback, William H. VA Cav. 35th Bn. Co.E
Brumback, William H. VA 97th Mil. Co.M
Brumback, William S. KY 4th Cav. Co.G
Brumback, William S. KY 9th Cav. Co.G
Brumbalo, H. TN 26th Inf. 1st Co.H
Brumbaloe, E.G. 8th (Wade's) Conf.Cav. Co.K
Brumbaugh, Greenberry VA 136th Mil. Co.C
Brumbeloe, Cicero L. GA Phillips' Legion Co.O
Brumbeloe, E.M. AL 14th Inf. Co.F Sgt.
Brumbeloe, James H. AL 2nd Bn. Hilliard's Legion Vol. Co.A
Brumbeloe, Joseph H. GA 12th Inf. Co.C
Brumbeloe, N.D. AL 14th Inf. Co.F
Brumbeloe, William A. GA 12th Inf. Co.C
Brumbelon, E. LA 18th Inf. Co.B
Brumbelow, A.A. FL 11th Inf. Co.C
Brumbelow, A.J. TX 1st Bn.S.S. Co.A
Brumbelow, A.L. AR Inf. Cocke's Regt. Co.D
Brumbelow, Calvin GA 12th Cav. Co.I Sgt.
Brumbelow, Isaac AR 1st (Crawford's) Cav. Co.G
Brumbelow, James A. GA 7th Inf. (St.Guards) Co.G
Brumbelow, James M. GA 8th Inf. (St.Guards) Co.F
Brumbelow, L. AR Inf. Cocke's Regt. Co.D
Brumbelow, V.P. GA 56th Inf. Co.G
Brumbelow, W.L. AR 19th (Dockery's) Inf. Co.E
Brumbey, Richard GA 7th Inf. (St.Guards) Co.E
Brumblatt, A. AL Mil. Gueringer's Co. 1st Sgt.
Brumble, Andrew NC 31st Inf. Co.A
Brumble, James NC 4th Inf.
Brumble, J.H. 4th Conf.Inf. Co.K
Brumble, Orrel NC 31st Inf. Co.A
Brumble, Willis NC 46th Inf. Co.A
Brumbles, James N. GA Inf. 10th Bn. Co.A
Brumblew, A. TX Inf. (Unatt.) Rutherford's Co.
Brumbley, B.B. AR 24th Inf. Co.A
Brumbley, Dempsey AR 24th Inf. Co.A
Brumbley, John S. VA 37th Mil. Co.D Cpl.
Brumbley, Lewis B. VA 37th Mil. Co.D
Brumbley, Samuel H. VA 37th Mil. Co.D
Brumblow, A.J. Brush Bn.
Brumblow, I.L. TX 13th Vol. Co.E
Brumblow, Isaac AR 11th Inf. Co.D
Brumblow, Isaac AR 11th & 17th Cons.Inf. Co.D
Brumblow, James TN 42nd Inf. Co.D
Brumblow, James A. AR Inf. Cocke's Regt. Co.I
Brumblow, J.W. TX Cav. 2nd Regt.St.Troops Co.E
Brumblow, L. AR Inf. Cocke's Regt. Co.I
Brumblow, M.V. TX 13th Vol. Co.E Cpl.
Brumblow, N. GA Cav. 9th Bn. (St.Guards) Co.E
Brumblow, William AR 11th Inf. Co.D
Brumblow, William AR 11th & 17th Cons.Inf. Co.D
Brumblow, W.S. AR 19th (Dawson's) Inf. Co.F
Brumbly, Benjamin FL 11th Inf. Co.I
Brumbly, C. 20th Conf.Cav. Co.A
Brumbly, James M. AR 4th Inf. Co.K
Brumbly, John AR 4th Inf. Co.K
Brumbly, Martin A. AR 4th Inf. Co.K
Brumbough, David VA 22nd Inf. Co.B
Brumbow, Daniel AL Cav. Hardie's Bn.Res. Co.E
Brumbow, Isaac AL Cav. Hardie's Bn.Res. Co.E
Brumbuck, E.S. VA Cav. Mosby's Regt. (Part.Rangers)
Brumby, A.B. SC Lt.Arty. 3rd (Palmetto) Bn. Co.B
Brumby, A. Brevard GA 14th Inf. Sgt.Maj.
Brumby, A.V. GA 14th Inf. Col.
Brumby, A.V. GA Inf. Alexander's Co.
Brumby, Charles R. GA 7th Inf. (St.Guards) Co.E Sgt.
Brumby, C.R. GA 7th Cav. Co.I Sgt.
Brumby, E.R. GA 7th Cav. Co.I
Brumby, G. McD. LA 25th Inf. Co.B 1st Lt.
Brumby, G.M.D. Gen. & Staff Asst.Surg.
Brumby, James R. GA 7th Cav. Co.I
Brumby, John G. MS 15th Inf. Co.C Sgt.
Brumby, John W. GA 7th Cav. Co.I Capt.
Brumby, John W. 7th Conf.Cav. Capt.
Brumby, J.S. SC 2nd Inf. Co.D
Brumby, J.W. GA 5th Cav. Co.G
Brumby, Robert E. MS 29th Inf. Co.K 2nd Lt.
Brumby, R.T. GA 4th Res. Co.D
Brumby, Thomas P.G. AL 1st Cav. 1st Co.K
Brumby, T.P.G. AL 17th Inf. Co.I 1st Lt.
Brume, J.U. MS 34th Inf. Co.F
Brumead, John J. NC 1st Inf. (6 mo. '61) Co.K
Brumel, Adonirum D. VA 56th Inf. Co.A
Brumell, W. MO 9th Inf. Co.D
Brumer, Alford MS Cav. 3rd Bn. (Ashcraft's) Co.A
Brumer, Alford MS 11th (Ashcraft's) Cav. Co.A
Brumer, C. NC 3rd Jr.Res. Co.B
Brumet, Abner H. TN 19th Inf. Co.H
Brumet, A.J. TX Inf. 3rd St.Troops Co.D
Brumet, Edwin R. NC 47th Inf. Co.G
Brumet, J.A. MS 7th Cav. Co.F
Brumet, John TX 12th Cav. Co.K
Brumet, Joseph W. TN 19th Inf. Co.H
Brumet, William AL 55th Vol. Co.F
Brumet, William TN 42nd Inf. 1st Co.E
Brumett, G.W. AL 6th Inf. Co.K
Brumett, Jonathan H. TN 60th Mtd.Inf. Co.A
Brumett, Samuel TN 17th Inf. Co.I
Brumett, William TN 60th Mtd.Inf. Co.F
Brumett, William F. TX 16th Cav. Co.F
Brumett, W.J. AR 26th Inf. Co.C Sgt.
Brumfield, Abraham LA 8th Inf. Co.I
Brumfield, Allen B. VA 129th Mil. Carter's Co.
Brumfield, Andrew J. MS 38th Cav. Co.K
Brumfield, Andrew T. VA 46th Inf. 2nd Co.C
Brumfield, Anthony VA Cav. Ferguson's Bn. Nounnan's Co.
Brumfield, B.W. LA 3rd (Wingfield's) Cav. Co.C,K
Brumfield, D.E. LA 3rd (Wingfield's) Cav. Co.A,K
Brumfield, E. VA St.Line
Brumfield, E.E. MO St.Guard
Brumfield, Elisha MS 38th Cav. Co.K
Brumfield, Elisha MS 39th Inf. Co.K
Brumfield, Everman VA Mil. 1st Regt. Co.H
Brumfield, Evermont VA 129th Mil. Carter's Co.
Brumfield, Ezekiel LA 16th Inf. Co.B
Brumfield, F.T. LA 3rd (Wingfield's) Cav. Co.A
Brumfield, George VA 54th Inf. Co.C
Brumfield, George W. MS 38th Cav. Co.K
Brumfield, George W. TX 31st Cav. Co.I Cpl.
Brumfield, Harrison H. MS 38th Cav. Co.K Sgt.
Brumfield, Henry A. VA 46th Inf. 2nd Co.C
Brumfield, Henry S. MS 38th Cav. Co.K Capt.
Brumfield, H.H. MS 1st (Percy's) Inf. Co.F
Brumfield, H.S. LA 3rd (Wingfield's) Cav. Co.K
Brumfield, Isaac LA 3rd (Wingfield's) Cav. Co.K
Brumfield, Isaac MS 2nd (Quinn's St.Troops) Inf. Co.I Sgt.
Brumfield, J. MO 1st Brig.St.Guard
Brumfield, J.A. LA 3rd (Wingfield's) Cav. Co.C
Brumfield, James TN Cav. 16th Bn. (Neal's) Co.E
Brumfield, James M. MS 38th Cav. Co.K
Brumfield, James W. MO 1st Cav. Co.H
Brumfield, J.E. LA 3rd (Wingfield's) Cav. Co.A,K Sgt.
Brumfield, Jesse MS 10th Inf. Old Co.K
Brumfield, Jesse K. MS 38th Cav. Co.K Sgt.
Brumfield, Jesse M. MS 1st Lt.Arty. Co.B Sgt.
Brumfield, J.H. MO 9th Inf. Co.D
Brumfield, J.H. MO Inf. Clark's Regt. Co.C
Brumfield, J.H. TX 31st Cav. Co.I
Brumfield, J.K. MS 1st (Percy's) Inf. Co.F Sgt.
Brumfield, John MS 38th Cav. Co.K
Brumfield, John MS 30th Inf. Co.E 3rd Lt.
Brumfield, John Conf.Cav. Wood's Regt. Co.K
Brumfield, John D. LA 3rd (Wingfield's) Cav. Co.C
Brumfield, John D. TN 49th Inf. Co.A
Brumfield, John D. Inf. Bailey's Cons.Regt. Co.G
Brumfield, John M. VA Lt.Arty. 38th Bn. Co.B
Brumfield, Joshua F. VA 46th Inf. 2nd Co.C
Brumfield, Martin VA 129th Mil. Chambers' Co., Avis' Co.
Brumfield, Martin P. LA 9th Inf. Co.I 2nd Lt.

Brumfield, Milton D. VA Cav. Ferguson's Bn. Nounnan's Co.
Brumfield, M.N. LA 3rd (Wingfield's) Cav. Co.A
Brumfield, N.G. MS 1st (Percy's) Inf. Co.F
Brumfield, O.H. MS 46th Inf. Co.E Sgt.
Brumfield, T.C. LA 3rd (Wingfield's) Cav. Co.K
Brumfield, Thomas MS 1st Lt.Arty. Co.B
Brumfield, T.W. LA 3rd (Wingfield's) Cav. Co.A
Brumfield, T.W. VA 46th Inf. 2nd Co.C
Brumfield, W.F. TX 31st Cav. Co.I
Brumfield, W.H.H. MS 38th Cav. Co.K Sgt.
Brumfield, William AL 5th Inf.
Brumfield, William TN Cav. 16th Bn. (Neal's) Co.E Cpl.
Brumfield, William B. MO Cav. Wood's Regt. Co.F
Brumfield, William S. VA 54th Inf. Co.C Cpl.
Brumfield, Willis N. MS 38th Cav. Co.K
Brumfield, W.L. LA 3rd (Wingfield's) Cav. Co.C,K
Brumgoole, B. MS 12th Inf. Co.K
Brumham, C. TX Cav. Chisum's Regt. (Dismtd.) Co.F
Brumilt, John VA 72nd Mil.
Brumit, A.H. TN Inf. 3rd Cons.Regt. Co.C
Brumit, Henry VA 29th Inf. Co.A
Brumit, J.W. TN Inf. 3rd Cons.Regt. Co.C
Brumit, Samuel TN 3rd (Lillard's) Mtd.Inf. Co.G
Brumitt, Daniel TN Vol. (Loc.Def.Troops) McLin's Co.
Brumitt, John MS Lt.Arty. (Issaquena Arty.) Graves' Co.
Brumlee, C.S. TX Inf. Chambers' Bn.Res.Corps Co.B
Brumlee, Francis TN 2nd (Smith's) Cav. Rankin's Co.
Brumlee, James B. MS 43rd Inf. Co.I
Brumlee, William TN 2nd (Smith's) Cav. Rankin's Co.
Brumlery, J.J. TN 14th (Neely's) Cav. Co.H
Brumley, A.B. AR 2nd Cav. Co.G
Brumley, A.B. AR Inf. Hardy's Regt. Co.H
Brumley, A.J. AR 4th Inf. Co.I
Brumley, A.M. AL 19th Inf. Co.A
Brumley, Andrew J. AL 44th Inf. Co.K
Brumley, Benjamin F. TX 37th Cav. Co.B
Brumley, Cornelius MS 1st (Johnston's) Inf. Co.F
Brumley, C.S. TX 3rd Cav. Co.D
Brumley, David AL 16th Inf. Co.E
Brumley, E.L. AL 17th Inf. Co.F
Brumley, Ephraim TX 11th Inf. Co.K
Brumley, Erastus AR 1st (Dobbin's) Cav. Co.H
Brumley, F.R. MS 1st (Johnston's) Inf. Co.E
Brumley, Francis M. AR 36th Inf. Co.H
Brumley, Frank AR 1st Vol. Co.I
Brumley, George T. VA 3rd Cav. Co.F 1st Lt.
Brumley, George W. GA Cobb's Legion Co.I
Brumley, H.N. MS Cav. 3rd Bn. (Ashcraft's)
Brumley, H.N. MS 11th (Ashcraft's) Cav.
Brumley, J. TN 49th Inf. Co.H
Brumley, James TN 4th (Murray's) Cav. Co.G
Brumley, James TN Inf. 22nd Bn. Co.G
Brumley, James C. NC 20th Inf. Co.B
Brumley, Jas. C. Gen. & Staff Asst.Surg.
Brumley, James J. MS 21st Inf. Co.I
Brumley, James W. AR 9th Inf. Co.A
Brumley, Jasper TN 48th (Nixon's) Inf. Co.K
Brumley, Jasper S. TX Cav. Martin's Regt. Co.H
Brumley, J.B. TX Inf. 1st Bn. Co.E
Brumley, J.B. TX 19th Inf. Co.K
Brumley, J.H. TX Cav. McCord's Frontier Regt. Co.H Cpl.
Brumley, J.H. VA 30th Inf. Co.D
Brumley, J.J. Gen. & Staff AASurg.
Brumley, J.M. GA Arty. 5th Btty.
Brumley, John AR 33rd Inf. Co.C
Brumley, John VA Cav. O'Ferrall's Bn. Co.C
Brumley, John A. AR 3rd Cav. Co.K
Brumley, John A. LA 6th Inf. Co.D
Brumley, John A. NC 1st Cav. (9th St.Troops) Co.F
Brumley, John L. AL 50th Inf. Co.I
Brumley, Joseph AR 4th Inf. Co.I
Brumley, Joseph AR 23rd Inf. Co.H
Brumley, Joseph L. VA 12th Inf. Co.C Sgt.
Brumley, Joshua AR 19th (Dawson's) Inf. Co.D
Brumley, J.P. TN 24th Inf. Co.E
Brumley, Luke L. TX 11th Cav. Co.B Cpl.
Brumley, M. AR 15th Mil. Co.G
Brumley, M. MS Cav. 3rd Bn. (Ashcraft's)
Brumley, M. MS 11th (Ashcraft's) Cav.
Brumley, Mathew AR 3rd Cav. Co.K
Brumley, M.B. AL 5th Inf.
Brumley, Newton TX Cav. Martin's Regt. Co.H
Brumley, Oram J. MD 1st Inf. Co.B
Brumley, Ozni R. NC 20th Inf. Co.B Capt.
Brumley, Richard VA 54th Mil. Co.C,D
Brumley, Robert TN 14th Inf. Co.K
Brumley, Robert B. VA 30th Inf. Co.D
Brumley, T.B. AR 19th (Dawson's) Inf. Co.B
Brumley, Thomas AR Inf. Hardy's Regt. Co.H
Brumley, T.S. TN 24th Inf. Co.E
Brumley, T.W. NC 2nd Jr.Res. Co.E
Brumley, William AR 2nd (Cons.) Inf. Co.I
Brumley, William MS 34th Inf. Co.B
Brumley, William C. MS 10th Cav. Co.G
Brumley, William C. NC 57th Inf. Co.F
Brumley, William L. MS 32nd Inf. Co.H
Brumley, William T. VA 30th Inf. Co.D
Brumley, William T. VA 55th Inf. Co.M Sgt.
Brumley, W.J. TN 24th Inf. Co.E
Brumley, W.R. NC 4th Sr.Res. Co.F
Brumlow, A. GA 39th Inf. Co.G
Brumlow, John GA 6th Inf. Co.B
Brumlow, John MS Lt.Arty. (Jefferson Arty.) Darden's Co.
Brumlow, Levis AR 1st (Crawford's) Cav. Co.G
Brumlow, Linsey E. GA 39th Inf. Co.G
Brumlow, L.P. TX Cav. 2nd Regt.St.Troops Co.K
Brumlow, N. GA 40th Inf. Co.G
Brumlow, Thomas J. AR 36th Inf. Co.B
Brumlow, T.J. AR Mil. Louis' Co.
Brumlow, William E. AR 30th Inf. Co.I
Brumly, C.B. LA 7th Cav. Sgt.
Brumly, C.R. GA Cav. 24th Bn. Co.D Sgt.
Brumly, E.R. GA Cav. 24th Bn. Co.D
Brumly, George VA 23rd Cav. Co.D
Brumly, H.K. AR 21st Mil. Co.F
Brumly, I.M. MS 2nd Cav.Res. Co.G
Brumly, J. AR Lt.Arty. Hart's Btty.
Brumly, J. AR 24th Inf. Co.H
Brumly, J.N. TX Cav. McCord's Frontier Regt. Co.H
Brumly, John W. GA Cav. 24th Bn. Co.D Capt.
Brumly, Joseph AR Inf. Hardy's Regt. Co.E
Brumly, J.P. TN 55th (Brown's) Inf. Co.G
Brumly, J.R. GA Cav. 24th Bn. Co.D
Brumly, M.H. TX Cav. McCord's Frontier Regt. Co.H
Brumly, W.B. TX 10th Cav. Co.B
Brumly, W.M. AR 1st (Monroe's) Cav. Co.F Cpl.
Brummal, Edwin W. MO 3rd Inf. Co.K
Brummall, J.B. VA Inf. 25th Bn. Co.E
Brummall, L.D. MO 9th Inf. Co.D
Brummall, L.D. MO Inf. Perkins' Bn. Co.B Ord.Sgt.
Brumme, Ch. TX 32nd Cav. Co.B
Brumme, J. Sap. & Min.,CSA
Brumme, John TX 1st Regt.St.Troops Co.A
Brumme, John 4th Conf.Eng.Troops Co.E Artif.
Brumme, Louis TX 3rd Inf. Co.K
Brummel, A.O VA Arty. Wise Legion 1st Lt.
Brummel, James S. MO Cav. Williams' Regt. Co.I
Brummel, Joseph VA 1st St.Res. Co.D
Brummel, R.E. MS Cav. Williams' Co.
Brummel, Richard VA Hvy.Arty. 20th Bn. Co.B
Brummel, Robert H. AR 24th Inf. Co.F
Brummel, William A. AR 24th Inf. Co.F
Brummell, Joseph MO Dorsey's Regt.
Brummell, L.D. MO Inf. Clark's Regt. Co.C
Brummell, Leonard B. MO Cav. Poindexter's Regt. Co.K Ord.Sgt.
Brummell, Richard VA 6th Inf. 1st Co.B
Brummell, Robert H. AR Inf. Hardy's Regt. Co.D
Brummell, Thomas VA 13th Cav. Co.K
Brummell, William VA 22nd Cav. Co.C
Brummer, Harvey S. MO 1st N.E. Cav.
Brummer, Joseph MO 2nd Cav.
Brummer, W.A. TN 21st Cav. Co.G
Brummerstadt, H. LA 20th Inf. Co.F Capt.
Brummet, Daniel W. AR 18th Inf. Co.I Cpl.
Brummet, Elisha VA 63rd Inf. Co.A,E
Brummet, James AL 49th Inf. Co.E
Brummet, Newton AL 49th Inf. Co.E
Brummet, R.H. AR 27th Inf. Co.K
Brummet, Robbert H. AR 1st Vol. Co.B Cpl.
Brummet, Thomas E. AL Inf. 1st Regt. Co.A
Brummet, W.C. MS 41st Inf. Co.B
Brummet, William TN 47th Inf. Co.K
Brummett, --- VA 21st Cav. Co.F
Brummett, A.H. AR 26th Inf. Co.C
Brummett, A.J. TN 27th Inf. Co.H
Brummett, A.J. TX Inf. Rutherford's Co.
Brummett, B.R. TN 13th Inf. Co.B
Brummett, E. GA 18th Inf. Co.K
Brummett, E. 1st Chickasaw Inf. Hayne's Co.
Brummett, Edward VA 6th Bn.Res. Co.C
Brummett, George W. AR 9th Inf. Co.A,I Sgt.
Brummett, G.T. TN 8th Inf. Co.H
Brummett, J.H. AR 18th Inf. Co.I
Brummett, John KY 4th Mtd.Inf. Co.B 2nd Lt.
Brummett, John VA 6th Bn.Res. Co.G
Brummett, Jonathan M. VA 8th Inf. Co.B
Brummett, J.T.B. TX 22nd Inf. Co.E

Brummett, N.G. AR 26th Inf. Co.C Sgt.
Brummett, Robert AR 18th Inf. Co.I
Brummett, S.F. TX 9th (Young's) Inf. Co.I
Brummett, T.J. AR 18th Inf. Co.D
Brummett, William B. VA 8th Inf. Co.B
Brummett, William H. AR 9th Inf. Co.A
Brummette, Charles A. TN 19th Inf. Co.K
Brummit, Alexander VA 29th Inf. 1st Co.F
Brummit, J.O. NC 1st Jr.Res. Co.B
Brummit, W.A. AL 6th Cav. Co.C
Brummit, W.H. LA 4th Cav. Co.C
Brummit, W.H. 1st Conf.Cav. 2nd Co.B
Brummitt, John H. NC 44th Inf. Co.A Cpl.
Brummitt, Thomas MO Robertson's Regt. St.Guard Co.8
Brummitt, William A. AR 18th Inf. Co.B Cpl.
Brummitt, William A. NC 44th Inf. Co.A Cpl.
Brummul, E.W. MO Robertson's Regt.St.Guard Co.3
Brumnett, H. TX McMinn's Co.
Brumney, O.J. TN 3rd (Lillard's) Mtd.Inf. Co.D
Brump, H.C. AR 1st Field Btty. Sgt.
Brump, H.C. AR 18th Inf. Co.D
Brumsey, Augustus W. NC Currituck Guard J.W.F. Bank's Co.
Brumsey, John W. NC 4th Cav. (59th St.Troops) Co.G
Brumsey, John W. NC Currituck Guard J.W.F. Bank's Co.
Brumsey, Malachi J. NC 4th Cav. (59th St.Troops) Co.G
Brumsey, Thomas NC Currituck Guard J.W.F. Bank's Co.
Brumsleiter, C. LA Mil. 4th Regt. 3rd Brig. 1st Div. Co.B
Brun, --- AR 1st (Colquitt's) Inf. Co.F
Brun, A.E. TX Conscr.
Brun, C'les. LA Mil. 3rd Regt.Eur.Brig. (Garde Francaise) Co.7
Brun, E. LA Mil. French Co. of St.James
Brun, J. GA 55th Inf. Co.F
Brun, J. LA Mil. 1st Regt. French Brig. Co.2
Brun, James MD 1st Cav.
Brun, L. LA Mil.Cont.Regt. Roder's Co.
Brun, Thomas TX 9th Cav. Co.E
Bruna, Juan VA 18th Inf. Co.B
Brunagel, Joseph LA 20th Inf. Co.A,B
Brunan, M. Conf.Inf. Tucker's Regt. Co.B
Brunar, F.J. LA 28th (Gray's) Inf. Co.K
Brunaso, John LA Mil. 5th Regt.Eur.Brig. (Spanish Regt.) Co.8 Capt.
Brunau, John LA Mil. Fire Bn. Co.C
Brunayo, John LA Mil. 5th Regt.Eur.Brig. Co.8 Capt.
Brunazo, J. LA Mil. Cazadores Espanoles Regt. Co.1 2nd Lt.
Brunbly, H.K. AR 36th Inf. Co.C
Bruncan, Joseph LA Mil. Orleans Guards Regt. Co.C
Bruncen, C.C. SC 8th Bn.Res. Co.C
Bruncin, Albert AL 5th Bn.Vol. Co.D,A Cpl.
Brunck, Nicholas LA 1st Hvy.Arty. (Reg.) Co.K
Brundage, A. TX 30th Cav. Co.K
Brundage, Albert TX Cav. Chisum's Regt. (Dismtd.) Co.C 2nd Lt.
Brundage, A.R. GA 6th Inf. (St.Guards) Co.A
Brundage, D.P. MS 18th Cav. Co.G
Brundage, James M. AR 32nd Inf. Co.A
Brundage, J.C. TX Cav. Chisum's Regt. (Dismtd.)
Brundage, William E. AR 32nd Inf. Co.A
Brundedge, Joseph AL 37th Inf. Co.C
Brundege, Jeremiah MO 8th Inf. Co.A Sgt.
Brundig, E.N. AL 3rd Bn.Res. Co.H
Brundige, B.A. TX 17th Inf. Co.I
Brundige, James M. AL 12th Inf. Co.H
Brundige, John J. MO Cav. Williams' Regt.
Brundige, J.W. AL 9th Inf. Co.F
Brundige, Warren P. AL 9th (Malone's) Cav. Co.D
Brundrage, Jesse M. AL 4th Res. Co.I
Brundredge, J.L. TN 46th Inf. Co.B
Brundrett, George A. TX 8th Inf. Co.D
Brundrett, J.N. TX 4th Cav. Co.I
Brundrett, John TX 8th Inf. Co.D
Brundridge, Daniel MS Moseley's Regt. Sgt.
Brundt, J.C. SC Mil. 16th Regt. Lawrence's Co.
Brune, --- TX 4th Inf. Co.F
Brune, H. TX Inf. Timmons' Regt. Co.B Cpl.
Brune, Henry TX Inf. Timmons' Regt. Co.B Cpl.
Brune, Henry TX Waul's Legion Co.D
Brune, Joseph LA 2nd Res.Corps Co.I
Brune, William TX Waul's Legion Co.C
Brunean, Daquerre LA Mil. 6th Regt.Eur.Brig. (Italian Guards Bn.) Co.5
Bruneau, P. LA Mil. 3rd Regt. French Brig. Co.5
Brunel, August LA 13th Inf. Co.I
Brunel, J. Pierre LA Mil. 1st Regt. French Brig. Co.7
Brunell, E.W. GA 1st (Olmstead's) Inf. Co.D
Brunell, Joseph MO 2nd Inf. Co.C
Brunell, Stanton NC 52nd Inf. Co.B
Brunelle, Joseph Conf.Inf. Tucker's Regt. Co.A
Brunen, Bernard LA Mil. 3rd Regt. 1st Brig. 1st Div. Co.F
Bruner, A. AL Cav. Chisolm's Co.
Bruner, A. AL 3rd Bn.Res. Appling's Co.
Bruner, A. AL 6th Inf. Co.A
Bruner, A.A. TN Sullivan Cty.Res. Trevitt's Co. 1st Sgt.
Bruner, A.J. KY 7th Cav. Co.C Capt.
Bruner, A.J. KY 8th Cav. Co.C,A Capt.
Bruner, A.M. AL Cav. 24th Bn. Co.B
Bruner, Andrew TN 29th Inf. Co.E
Bruner, Andrew TN Conscr. (Cp. of Instr.)
Bruner, Andrew J. KY 11th Cav. Co.C Capt.
Bruner, Archibald TN 60th Mtd.Inf. Co.C
Bruner, Asa M. AL 6th Inf. Co.M
Bruner, Cabe NC 62nd Inf. Co.B
Bruner, Charles E. AL 6th Inf. Co.M
Bruner, Christian AL 57th Inf. Co.G
Bruner, C.L. AL Cav. 24th Bn. Co.B
Bruner, C.W. GA Inf. 14th Bn. (St.Guards) Co.A
Bruner, David 1st Seminole Mtd.Vol.
Bruner, D.L. TX 15th Inf. Co.I Cpl.
Bruner, D.M. AR 37th Inf. Co.D
Bruner, Edward KY 1st Inf. Co.D
Bruner, Edward VA 12th Cav. Co.F Cpl.
Bruner, E.S. MS 12th Inf. Co.B
Bruner, F.M. TN 15th Cav. Co.F
Bruner, Francis H. NC 23rd Inf. Co.F Hosp.Stew.
Bruner, G. AR 38th Inf. Co.K
Bruner, G. SC 2nd Arty. Co.F
Bruner, George VA 16th Cav. Co.E
Bruner, George 1st Creek Mtd.Vol. Co.G Cpl.
Bruner, George L.H. AL 6th Inf. Co.M
Bruner, George M. NC 52nd Inf. Co.K
Bruner, G.W. AL 63rd Inf. Co.H
Bruner, Hamilton MD 1st Inf. Co.B
Bruner, Henry NC 21st Inf. Co.K Cpl.
Bruner, H.W. GA Arty. 11th Bn. (Sumter Arty.) Co.A
Bruner, J. GA 55th Inf. Co.G
Bruner, J. Gen. & Staff Surg.
Bruner, J. Hosp.Stew.
Bruner, J.A. MS 9th Inf. New Co.A
Bruner, Jack 1st Creek Mtd.Vol. 2nd Co.I
Bruner, James FL 6th Inf. Co.E
Bruner, James NC 22nd Inf. Co.K
Bruner, James TN 60th Mtd.Inf. Co.L
Bruner, James A. MS 10th Inf. Old Co.B
Bruner, James M. MS Cav. 1st Bn. (Miller's) Co.E
Bruner, James R. KY 2nd Cav. Co.E
Bruner, James W. AL 33rd Inf. Co.G
Bruner, Jesse S. AL 6th Inf. Co.I,F Lt.
Bruner, J.F. AL 23rd Inf. Co.A,I Cpl.
Bruner, J.H. MS 9th Inf. Co.H Sgt.
Bruner, J.J. 10th Conf.Cav. Co.D
Bruner, J.K.P. MS 10th Cav. Co.I
Bruner, John MS 6th Inf. Co.K
Bruner, John C. MO Robertson's Regt.St.Guard Co.7 Sgt.
Bruner, John E. SC Vol. Simons' Co.
Bruner, John H. GA 51st Inf. Co.I Cpl.
Bruner, John M. MS 1st (Johnston's) Inf. Co.K
Bruner, John M. VA 63rd Inf. Co.K
Bruner, Joseph Gen. & Staff Hosp.Stew.
Bruner, Joseph J. NC 14th Inf. Co.C
Bruner, Joseph J. President's Guard,CSA
Bruner, Josephus Hosp.Stew.
Bruner, Joshua FL Cav. 5th Bn. Co.E
Bruner, J.R.K.P. MS 1st (Johnston's) Inf. Co.K
Bruner, J.S. AL 57th Inf. Co.D 1st Lt.
Bruner, Julius J. AL Cav. 5th Bn. Hilliard's Legion Co.D
Bruner, J.W. AL 17th Inf. Co.D
Bruner, J.W. GA Siege Arty. 28th Bn. Co.K
Bruner, L. SC Blanchard's Brig. Co.C
Bruner, Lee Grau KY 8th Cav. Co.K Cpl.
Bruner, Levi AL 36th Inf. Co.K
Bruner, Levi KY 5th Cav. Co.B
Bruner, Lewis A. GA 9th Inf. Co.K Sgt.
Bruner, L.G. KY 6th Cav. Co.K
Bruner, L.H. GA Arty. 11th Bn. (Sumter Arty.) Old Co.C
Bruner, Major J. AL Cav. Murphy's Bn. Co.D
Bruner, Marion NC 22nd Inf. Co.K
Bruner, Media AL 50th Inf. Co.F
Bruner, Meedy AL 26th (O'Neal's) Inf. Co.F
Bruner, Michael A. AL 27th Inf. Co.F
Bruner, Michael A. AL 33rd Inf. Co.G
Bruner, M.J. MS 16th Inf. Co.D
Bruner, M.J. 15th Conf.Cav. Co.K
Bruner, Moses KY 5th Cav. Co.D
Bruner, Moses KY 9th Cav. Co.D,C

Bruner, Nathan 1st Seminole Mtd.Vol.
Bruner, N.T. GA 1st (Olmstead's) Inf. Screven's Co.
Bruner, O.B. SC 2nd Arty. Co.C
Bruner, P.A. AL Lowndes Rangers Vol. Fagg's Co.
Bruner, P.A. Conf.Cav. Wood's Regt. Co.H
Bruner, P.M. AL 6th Inf. Co.M Hosp.Stew.
Bruner, R.C. MS 2nd (Davidson's) Inf. Co.F Cpl.
Bruner, Robert AL 6th Inf. Co.M
Bruner, Robert C. MS 10th Cav. Co.E,I Sgt.
Bruner, Samuel 1st Creek Mtd.Vol. 2nd Co.I
Bruner, Thomas H. MS Graves' Co. (Copiah Horse Guards)
Bruner, Thomas T. GA Inf. Cobb Guards Co.A
Bruner, Tillman N. AR 1st Cav. Co.B Sgt.
Bruner, V. GA Inf. 14th Bn. (St.Guards) Co.A
Bruner, W. MS Cav. Yerger's Regt. Co.A
Bruner, W.F. SC Vol. Simons' Co.
Bruner, W.H. MS 41st Inf. Co.D
Bruner, William FL 6th Inf. Co.D
Bruner, William A. MS 1st Lt.Arty. Co.C
Bruner, William F. SC 2nd Cav. Co.D
Bruner, William J. MS 3rd Inf. Co.C AQM
Bruner, Wilson 1st Seminole Mtd.Vol.
Brunes, Henry TX 2nd Cav. 2nd Co.F
Brunet, --- LA Mil. 2nd Regt. French Brig. Co.3
Brunet, A. LA 22nd Inf. Co.C Sgt.
Bruner, A. LA 22nd (Cons.) Inf. Co.C Sgt.
Bruner, Ad LA 2nd Res.Corps Co.B
Brunet, Aug. LA Mil. French Co. of St.James
Brunet, B.T. LA Lt.Arty. Fenner's Btty.
Brunet, Ch. LA Mil. 3rd Regt. French Brig. Co.8
Brunet, Faustin LA 26th Inf. Co.H
Brunet, J. LA Mil. 1st Regt. French Brig. Co.4
Brunet, James FL Campbellton Boys
Brunet, J.M. LA Mil. 3rd Regt.Eur.Brig. (Garde Francaise) Co.4
Brunet, M. LA Inf.Crescent Regt. Co.G
Brunet, P. LA Mil. 1st Regt. French Brig. Co.3,4
Brunet, R.H., Jr. LA Lt.Arty. Fenner's Btty.
Brunet, R.H., Jr. LA Inf. 1st Sp.Bn. (Rightor's) Co.F
Brunet, S.E. LA Lt.Arty. LeGardeur, Jr.'s Co. (Orleans Guard Btty.)
Brunet, S.E. LA 22nd (Cons.) Inf. Co.C
Brunet, W.M. LA Lt.Arty. Fenner's Btty. Cpl.
Brunet, W.M. LA Inf. 1st Sp.Bn. (Rightor's) Co.F
Brunett, Joseph TN 9th Inf. Co.G
Brunett, Walter NC 32nd Inf. Co.C,K Drum.
Brunett, William TN 51st (Cons.) Inf. Co.K
Brunette, Franco GA Siege Arty. 28th Bn. Music.
Brunette, James GA 46th Inf. Co.I
Brunetti, Henry LA 22nd Inf. Jones' Co.
Brunfield, G.W. TX Cav. Benavides' Regt. Co.G
Brungess, M. LA 10th Inf. Co.C Cpl.
Brunhall, J.R. TX Conscr.
Brunham, David MO Douglas' Regt. Owen's Co.
Bruni, A. MS Inf. 2nd Bn. (St.Troops) Co.B
Brunidu, J. LA Mil. Orleans Guards Regt. Co.I
Brunies, R. LA Mil. Lafayette Arty. Cpl.
Brunig, P. LA 22nd Inf. Co.C
Bruning, D.H. Inf. School of Pract. Powell's Detach. Co.C
Bruning, H. SC Mil.Arty. 1st Regt. Harms' Co
Bruning, H. SC Arty. Melchers' Co. (Co.B,German Arty.)
Bruning, Henri SC 2nd Inf. Co.K
Bruning, Henry LA Mil. 1st Regt. 2nd Brig. 1st Div.
Bruning, Henry SC Arty. Fickling's Co. (Brooks Lt.Arty.)
Bruning, John LA Mil. 1st Regt. 2nd Brig. 1st Div. Co.F
Bruning, John LA 13th Inf. Co.H
Bruning, Thomas LA Mil. Squad. Guides d'Orleans 2nd Lt.
Brunini, Nicola LA Mil. 6th Regt.Eur.Brig. (Italian Guards Bn.) Co.1
Brunjes, H. SC Mil.Arty. 1st Regt. Harms' Co.
Brunjes, H. SC Arty. Melchers' Co. (Co.B,German Arty.)
Brunk, A.D. VA 12th Cav. Co.H
Brunk, C. AR 13th Mil. Co.A
Brunk, C. AR Inf. Cocke's Regt. Co.C
Brunk, Daniel TX Inf. Chambers' Bn.Res.Corps Co.E
Brunk, George E. VA 25th Cav. Co.G
Brunk, George T. TX 16th Cav. Co.A
Brunk, George W. VA 46th Inf. 2nd Co.K
Brunk, John W. VA 10th Inf. Co.H
Brunk, Joseph W. VA 10th Inf. Co.H
Brunk, Mark S. TX 16th Cav. Co.A
Brunk, Samuel VA 58th Mil. Co.G
Brunk, Samuel VA 146th Mil. Co.A
Brunker, A.G. KY 3rd Bn.Mtd.Rifles
Brunker, Alfred KY 1st Bn.Mtd.Rifles Co.D
Brunker, George W. KY 1st Bn.Mtd.Rifles Co.D
Brunker, Samuel L. KY 1st Bn.Mtd.Rifles Co.D
Brunker, Samuel L. KY 3rd Bn.Mtd.Rifles Co.F
Brunker, William LA Mil. Chalmette Regt. Co.I
Brunly, F.R. MS 7th Inf. Co.H
Brunly, Jasper TN 54th Inf. Co.E
Brunn, A. MS Cav. 4th Bn. Co.B
Brunn, Adolphus 8th (Wade's) Conf.Cav. Co.D
Brunn, A.E. TX 3rd Inf. 2nd Co.C
Brunn, Henry LA 14th Inf. Co.E
Brunn, I.P. NC 35th Inf. Co.F
Brunn, J.T. TN 3rd (Forrest's) Cav. Co.C
Brunneman, Henry LA 20th Inf. Co.A Sgt.
Brunner, C. GA Inf. 18th Bn. Co.B
Brunner, Georges LA 2nd Cav. Co.C
Brunner, Herrmann LA 12th Inf. Co.E Sgt.Maj.
Brunner, H.W. GA 63rd Inf. Co.I
Brunner, J.A. VA Inf. 23rd Bn. Co.B
Brunner, James M. MS 1st Lt.Arty. Co.L
Brunner, J.H. MS 41st Inf. Co.D 1st Sgt.
Brunner, Jordan P. MS 29th Inf. Co.H
Brunner, J.W. MS 41st Inf. Co.D
Brunner, L. VA 2nd St.Res. Co.B
Brunner, N.T. GA 1st Bn.S.S. Ord.Sgt.
Brunner, N.T. GA Inf. 18th Bn. Co.A,C
Brunner, Reuben F. AL 28th Inf. Co.E
Brunner, Richard VA 1st Inf. Co.K
Brunner, R.S. MS 41st Inf. Co.D
Brunner, U.T. GA 13th Inf. Co.E
Brunner, V. GA 1st (Olmstead's) Inf. Screven's Co.
Brunner, V. GA Inf. 18th Bn. Co.A
Brunner, William H. GA 13th Inf. Co.E
Brunning, Bernhard LA 20th Inf. Co.A
Brunning, Henry Conf.Lt.Arty. 1st Reg.Btty.
Brunning, John LA 20th Inf. Co.G
Brunnuct, George AL 16th Inf. Co.I
Bruno, A.B. LA Conscr.
Bruno, Abelard LA 11th Inf. Co.B
Bruno, Edward AL 17th Inf. Music.
Bruno, Edward TN Lt.Arty. Winston's Co.
Bruno, Pierre LA Mil. 2nd Regt. French Brig. Co.5
Bruno, Pierre O. LA 11th Inf. Co.B
Bruno, T. LA Mil. 1st Chasseurs a pied Co.7
Brunold, Oswald LA 1st (Strawbridge's) Inf. Co.C
Brunon, F. TX 1st Hvy.Arty. Co.C Sgt.
Brunon, Imo AR 20th Inf. Co.A
Brunot, A. LA Mil. 3rd Regt. French Brig. Co.6
Brunot, Felix R. LA 3rd Inf. Co.K 2nd Lt.
Brunow, Edward TX Waul's Legion Co.B Sgt.
Bruns, A. Conf.Cav. Wood's Regt. 2nd Co.M
Bruns, G. TX 5th Field Btty.
Bruns, G. TX Lt.Arty. Dege's Bn.
Bruns, G. TX 3rd Inf. 2nd Co.A
Bruns, George SC 2nd Inf. Co.A Cpl.
Bruns, H.D. LA Mil.Cont.Regt. Roder's Co.
Bruns, Henry SC 1st Arty. Co.A
Bruns, J. Henry SC 15th Inf. Co.A Sgt.
Bruns, John TX 5th Field Btty. Cpl.
Bruns, John Dickson Gen. & Staff Surg.
Bruns, R.S. SC Mil. 1st Regt. Rifles Capt.
Brunschurtz, Bruno VA 10th Cav. 1st Co.E
Brunscomb, J.W. VA 25th Cav. Co.E
Brunsen, A. GA 1st (Fannin's) Res.
Brunser, I. MS 7th Cav. Co.K Cpl.
Brunsford, Joseph MS 6th Cav. Co.B
Brunson, --- AR 2nd Inf. Surg.
Brunson, A. SC 1st Mtd.Mil. Kirk's Co.
Brunson, A.B. AL 53rd (Part.Rangers) Co.H
Brunson, A.C. AL Cp. of Instr. Talladega
Brunson, Adam AL 1st Bn. Hilliard's Legion Vol. Co.B
Brunson, A.L. SC 7th Inf. Co.K
Brunson, A.L. TX Cav. McCord's Frontier Regt. Co.D
Brunson, Albert VA 59th Inf. 3rd Co.F
Brunson, Alexander AR Cav. Wright's Regt. Co.G
Brunson, Allen A. MS 37th Inf. Co.B
Brunson, Alonzo TX 15th Inf. Co.B
Brunson, A.M. SC 3rd Cav. Co.F Cpl.
Brunson, Benjamin AL 25th Inf. Co.B
Brunson, C. GA 5th Cav. Co.K
Brunson, C.C. SC 11th Res. Co.I
Brunson, C.H. SC 17th Inf. Co.G Cpl.
Brunson, C.H. SC 23rd Inf. Co.I
Brunson, Charles SC 1st Mtd.Mil. Kirk's Co. Cpl.
Brunson, Charles SC 3rd Cav. Co.H
Brunson, Charles SC Mil.Cav. 4th Regt. Howard's Co.
Brunson, Charles A. AL 1st Bn. Hilliard's Legion Vol. Co.B
Brunson, Charles B. LA Inf. 1st Sp.Bn. (Wheat's) Old Co.D
Brunson, Charlton GA Cav. 1st Bn. Hopkins' Co.

Brunson, Christopher C. AL 25th Inf. Co.B
Brunson, C.J. LA 13th Bn. (Part.Rangers) Co.A
Brunson, Columbus AL 22nd Inf. Co.C
Brunson, C.R. LA Inf. 7th Bn. Co.B
Brunson, C.R. LA 15th Inf. Co.I
Brunson, C.S. KY Lt.Arty. Cobb's Co. Asst.Surg.
Brunson, D.A. AL Cp. of Instr. Talladega
Brunson, D.A.F. AL 53rd (Part.Rangers) Co.I Sgt.
Brunson, Daniel SC Lt.Arty. 3rd (Palmetto) Bn. Co.G
Brunson, Daniel SC 9th Inf. Co.F
Brunson, Daniel SC 23rd Inf. Co.K
Brunson, Daniel T. GA 4th Inf. Co.K
Brunson, David AR 21st Inf. Co.E
Brunson, David TN 50th Inf. Co.D
Brunson, David J. AR 17th (Lemoyne's) Inf. Co.G
Brunson, D.L. SC 11th Res. Co.G
Brunson, D.O. SC 23rd Inf. Co.I
Brunson, E.A. AR 34th Inf. Co.B
Brunson, E.B. SC 1st Inf. Co.B 1st Sgt.
Brunson, E.B. VA Lt.Arty. Cayce's Co.
Brunson, E.J. SC Prov.Guard Hamilton's Co.
Brunson, E.M. SC 7th Cav. Co.I
Brunson, Ervin B. SC Arty. Zimmerman's Co. (Pee Dee Arty.) Capt.
Brunson, Ervin B. SC 1st (McCreary's) Inf. Co.D 1st Lt.
Brunson, Francis M. AL 25th Inf. Co.B
Brunson, G. SC Arty. Stuart's Co. (Beaufort Vol.Arty.)
Brunson, G. SC 2nd St.Troops Co.K
Brunson, George A. AL 32nd Inf. Co.H
Brunson, George W. AR 17th (Lemoyne's) Inf. Co.G
Brunson, G.J. 9th Conf.Inf. Co.H Sgt.
Brunson, G.S. MS Lt.Arty. 14th Bn. Co.A
Brunson, G.W. AR 21st Inf. Co.E
Brunson, G.W. SC Cav. 19th Bn. Co.A Cpl.
Brunson, G.W. SC Part.Rangers Kirk's Co.
Brunson, H. AR 37th Inf. Co.G
Brunson, Harvey P. MS 1st (Patton's) Inf. Co.K
Brunson, Harvey P. MS 37th Inf. Co.B Sgt.
Brunson, H.M. SC 7th Inf. Co.K
Brunson, Isaac SC 11th Inf. Co.C
Brunson, Isaac TN 14th Inf. Co.G Capt.
Brunson, Isaac N. SC Cav.Bn. Holcombe Legion Co.A
Brunson, Isaiah GA 50th Inf. Co.F
Brunson, Isham AL 13th Inf. Co.B
Brunson, Isham SC 11th Inf. Co.C
Brunson, J. SC Mil. 18th Regt. Co.E
Brunson, J.A. TX 32nd Cav. Co.C
Brunson, James SC 7th Cav. Co.I
Brunson, James SC Cav.Bn. Holcombe Legion Co.A
Brunson, James B. SC 9th Inf. Co.F
Brunson, James B. SC Cav.Bn. Holcombe Legion Co.A
Brunson, James C. SC 2nd Arty. Co.D
Brunson, James H. AL Inf. 1st Regt. Co.C,K,F 1st Lt.
Brunson, James H. SC 25th Inf. Co.K Cpl.
Brunson, Jarrett LA 16th Inf. Co.A
Brunson, J.B. AL 32nd Inf. Co.F
Brunson, J.C. SC Arty. Manigault's Bn. 2nd Co.C Cpl.
Brunson, J.C. SC Arty. Zimmerman's Co. (Pee Dee Arty.) Cpl.
Brunson, J.C. SC 1st Arty. Co.B
Brunson, J.C. SC 25th Inf. Co.C
Brunson, J.E. AL 37th Inf. Co.A
Brunson, Jef. TN 3rd (Forrest's) Cav. Co.C
Brunson, J.G. TN 21st Inf. Co.A Cpl.
Brunson, J.H. AL 25th Inf. Co.B
Brunson, J.H. GA Cav. 29th Bn. Co.H
Brunson, J.H. SC 25th Inf. Co.K
Brunson, J.J. SC 3rd Cav. Co.D
Brunson, J.K. LA 1st Cav. Co.G
Brunson, J.L.F. SC Cav.Bn. Holcombe Legion Co.A
Brunson, J.M. LA 16th Inf. Co.A
Brunson, J.N. SC 7th Cav. Co.I
Brunson, J.N. TN 12th (Green's) Cav. Co.D
Brunson, J.O. SC 3rd Cav. Co.F
Brunson, Joe MS Moseley's Regt.
Brunson, Joel AL 54th Inf.
Brunson, John AL 13th Inf. Co.B Cpl.
Brunson, John AR 15th Mil. Co.B
Brunson, John MO 5th Inf. Co.C
Brunson, John NC 4th Bn.Jr.Res. Co.B
Brunson, John TX 26th Cav. Co.I
Brunson, John VA 24th Bn.Part.Rangers Cropper's Co.
Brunson, John VA 46th Inf. Co.A
Brunson, John A. SC 6th Inf. 2nd Co.E
Brunson, John B. AL Cav. Barbiere's Bn. Brown's Co.
Brunson, John Boyd SC 8th Inf. Co.H 2nd Lt.
Brunson, John E. FL 2nd Cav. Co.F
Brunson, John F. GA Cav. 29th Bn. Co.A
Brunson, Johh Isaac SC 20th Inf. Co.G
Brunson, John R. AL 57th Inf. Co.C
Brunson, John R. FL Cav. (Marianna Drag.) Smith's Co.
Brunson, John R. 15th Conf.Cav. Co.B
Brunson, Joseph AL 13th Inf. Co.B
Brunson, Joseph FL Cav. (Marianna Drag.) Smith's Co.
Brunson, Joseph MS 18th Cav. Co.C
Brunson, Joseph SC 14th Inf. Co.D Sgt.
Brunson, Joseph 15th Conf.Cav. Co.B
Brunson, Joseph W. SC Arty. Zimmerman's Co. (Pee Dee Arty.) 1st Sgt.
Brunson, Joshua N. TN 32nd Inf. Co.H
Brunson, Joshua N. TN 35th Inf. 2nd Co.F
Brunson, J.P. AL 37th Inf. Co.K
Brunson, J.R. SC 2nd Inf. Co.B
Brunson, J.S.R. TN 6th (Wheeler's) Cav. Co.K
Brunson, J.S.R. TN Cav. 11th Bn. (Gordon's) Co.A
Brunson, J.T. SC Lt.Arty. Garden's Co. (Palmetto Lt.Btty.)
Brunson, J.W. AL 23rd Inf. Co.G
Brunson, J.W. AR 34th Inf. Co.H
Brunson, J.W. SC Arty. Manigault's Bn. 2nd Co.C 1st Sgt.
Brunson, J.W. SC 1st (McCreary's) Inf. Co.D
Brunson, L.A. AL 53rd (Part.Rangers) Co.H
Brunson, L.F. AL 23rd Inf. Co.G
Brunson, L.F. 4th Conf.Inf. Co.F
Brunson, Matatha SC 3rd Cav. Co.F
Brunson, Mathew N. AR Mil. J. Gantt's Co.
Brunson, Matthew AL Cav. Barbiere's Bn. Brown's Co. Sgt.
Brunson, M.O. MS 5th Inf. (St.Troops) Co.G Sgt.
Brunson, N.J AL 29th Inf. Co.G
Brunson, N.L. SC 6th Cav. Co.B
Brunson, Oscar SC 14th Inf. Co.D
Brunson, P.A. SC 7th (Ward's) Bn.St.Res. Co.A Lt.
Brunson, Peter SC 1st Mtd.Mil. Kirk's Co.
Brunson, Peter SC 8th Bn.Res. Co.C
Brunson, Peter A. SC 4th St.Troops Co.E Bvt.2nd Lt.
Brunson, P.J. SC 11th Inf. Co.D Sgt.
Brunson, P.R.M. AL 15th Bn.Part.Rangers Co.E
Brunson, P.R.M. AL 56th Part.Rangers Co.E
Brunson, Q.N. SC 1st Mtd.Mil. Green's Co.
Brunson, R. MS 10th Inf. Old Co.K
Brunson, Randolph Gen. & Staff Surg.
Brunson, R.D. SC 7th Inf. 1st Co.I 1st Sgt.
Brunson, Reuben A. SC 3rd Cav. Co.E
Brunson, R.G. SC 3rd Cav. Co.D
Brunson, Richard M. AL 1st Bn. Hilliard's Legion Vol. Co.B
Brunson, Robert MS 9th Inf. New Co.E Cpl.
Brunson, Robert J. TN 32nd Inf. Co.H
Brunson, Robert J. TN 35th Inf. 2nd Co.F
Brunson, Robert S. SC 6th Cav. Co.B
Brunson, R.S. SC Inf. Hampton Legion Co.E
Brunson, R.W. AL 25th Inf. Co.B
Brunson, S. AR 1st (Monroe's) Cav. Co.L Cpl.
Brunson, S.A. MS Cav. Jeff Davis Legion Co.H
Brunson, Samuel SC 1st Mtd.Mil. Smarts' Co.
Brunson, Samuel A. AL Cav. 4th Bn. (Love's) Co.A
Brunson, Samuel C. SC Mil.Cav. 4th Regt. Howard's Co.
Brunson, S.C. SC 5th Bn.Res. Co.F
Brunson, S.C. SC 11th Res. Co.I
Brunson, S.J. SC 11th Inf. Co.D
Brunson, S.T. SC 7th Inf. 1st Co.I Cpl.
Brunson, Thomas AL 13th Inf. Co.B
Brunson, Thomas M. AL 40th Inf. Co.C Capt.
Brunson, T.J. MS Lt.Arty. Yates' Btty.
Brunson, T.J. SC 11th Inf. Co.D
Brunson, T.L. AL 25th Inf. Co.B
Brunson, W. SC 1st Regt. Charleston Guard Co.F
Brunson, W.A. SC Arty. Manigault's Bn. 2nd Co.C
Brunson, W.A. SC 1st (McCreary's) Inf. Co.D
Brunson, W. Acles AL 49th Inf. Co.H
Brunson, Waren G. AL 1st Bn. Hilliard's Legion Vol. Co.B
Brunson, W.D. SC Lt.Arty. 3rd (Palmetto) Bn. Co.K
Brunson, W.D. SC 1st (McCreary's) Inf. Co.F
Brunson, W.E. SC 1st Mtd.Mil. Smarts' Co.
Brunson, W.E. SC 3rd Cav. Co.F
Brunson, W.E. SC 2nd Inf. Co.D
Brunson, W.E. SC Palmetto S.S. Co.E
Brunson, W.G. AL 60th Inf. Co.H
Brunson, W.H. AL 1st Bn.Cadets Co.B
Brunson, W.H. AL Cp. of Instr. Talladega
Brunson, W.H. SC 3rd Cav. Co.D
Brunson, William AL 25th Inf. Co.B

Brunson, William AR 17th (Lemoyne's) Inf. Co.G
Brunson, William FL Cav. (Marianna Drag.) Smith's Co.
Brunson, William LA 16th Inf. Co.K
Brunson, William SC 1st (Hagood's) Inf. 1st Co.A
Brunson, William SC 1st Bn.S.S. Co.C
Brunson, William SC 20th Inf. Co.B
Brunson, William 15th Conf.Cav. Co.B
Brunson, Wm. A. AL 21st Inf. Co.C
Brunson, William A. AR 21st Inf. Co.E
Brunson, William A. SC 1st Arty. Co.F
Brunson, William A. SC Arty. Zimmerman's Co. (Pee Dee Arty.)
Brunson, William D. GA 31st Inf. Co.F 2nd Lt.
Brunson, William H. SC 14th Inf. Co.D 1st Lt.
Brunson, William J. SC 5th Cav. Co.H
Brunson, William L. MS 1st (Patton's) Inf. Co.K Cpl.
Brunson, William L. MS 37th Inf. Co.B
Brunson, William M. SC 1st (Hagood's) Inf. 1st Co.H, 2nd Co.E
Brunson, William R. MS 1st Lt.Arty. Co.I
Brunson, W.J. SC 2nd Inf. Co.D,B
Brunson, W.J. SC 9th Inf. Co.D
Brunson, W.L. SC 23rd Inf. Co.I
Brunson, W.M. SC 2nd Arty. Co.G
Brunson, W.M. SC Arty. Manigault's Bn. 2nd Co.C
Brunson, W.M. SC Arty. Zimmerman's Co. (Pee Dee Arty.) Bugler
Brunson, W.M. SC 1st (McCreary's) Inf. Co.D
Brunson, W.W. SC 1st Mtd.Mil. Smarts' Co.
Brunson, W.W. SC 3rd Cav. Co.F
Brunson, Zachary LA 1st (Strawbridge's) Inf. Co.D Cpl.
Brunson, Z.E. AL 2nd Cav. Co.K 1st Lt.
Brunster, A. VA Cav. Swann's Bn. Vincent's Co.
Brunston, David TN 12th Inf. Co.B
Brunston, David TN 12th (Cons.) Inf. Co.A
Brunston, Thomas AL 61st Inf. Co.A
Brunston, William TN 12th Inf. Co.B
Brunston, William TN 12th (Cons.) Inf. Co.A
Brunswick, Edward VA Lt.Arty. Jackson's Bn.St.Line Co.A
Brunswick, George LA C.S. Zouave Bn. Co.C
Brunswick, W.S. AL 53rd (Part.Rangers) Co.A
Brunt, Elbert GA 13th Inf. Co.K
Brunt, G.W. MS 38th Cav. Co.G
Brunt, Hilliard AL 37th Inf. Co.G Cpl.
Brunt, J. MS 38th Cav. Co.G
Brunt, James AL St.Arty. Co.A
Brunt, James MS 11th (Perrin's) Cav. Co.C
Brunt, James MS 38th Cav. Co.G
Brunt, James MS Cav. Dunn's Co. (MS Rangers)
Brunt, J.C. AL Coosa Guards J.W. Suttles' Co.
Brunt, J.W. MS 3rd (St.Troops) Cav. Co.E
Brunt, P.C. MS 38th Cav. Co.G
Brunt, Peter C. MS 11th (Perrin's) Cav. Co.C
Brunt, Robert W. VA Lt.Arty. 38th Bn. Co.C
Brunt, Robert W. VA Lt.Arty. E.J. Anderson's Co.
Brunt, Simeon GA 12th Inf. Co.A Cpl.
Brunt, Thomas MS 38th Cav. Co.G
Brunt, William NC 1st Bn.Jr.Res. Co.E
Brunt, Wm. T. MS 38th Cav. Co.G
Brunter, --- GA 19th Inf. Co.E
Bruntley, Eblen TX Cav. 2nd Bn.St.Troops Wilson's Co.
Bruntley, Joseph TX Cav. 2nd Bn.St.Troops Wilson's Co.
Bruntley, W.R. GA 7th Mil.
Brunton, G.M. NC Malletts Bn. (Cp.Guard) Co.E
Brunton, Hiram AL 54th Inf. Co.I
Brunton, J.L. AR 35th Inf. Co.I
Bruntson, J. AL 13th Inf. Co.D
Brunty, Jesse KY 10th (Diamond's) Cav. Co.D
Brunty, Randolph VA 16th Cav. Co.F
Brunty, Ransom VA 17th Cav. Co.E
Brunty, Ransom VA 59th Inf. 2nd Co.I
Bruntz, Charles LA 18th Inf. Co.H
Brunwinkle, William TX 8th Inf. Co.G
Bruorton, H.W. SC 7th Cav. Co.A
Bruorton, H.W. SC Cav. Tucker's Co.
Bruorton, J.A. SC 7th Cav. Co.A
Bruorton, J.A. SC Cav. Tucker's Co. Lance Cpl.
Bruorton, John A. SC Arty.Bn. Hampton Legion Co.A
Brupbacher, --- LA Mil. 3rd Regt.Eur.Brig. (Garde Francaise) Euler's Co.
Bruse, --- L. VA 46th Inf.
Bruse, Wesley AR 14th (McCarver's) Inf. Co.B
Bruse, William TN 19th Inf. Co.G
Bruser, P.R. LA Bn. Co.B
Bruser, Thomas SC 23rd Inf. Co.D
Brush, Charles FL Inf. 2nd Bn. Co.B
Brush, Charles H. FL 3rd Inf. Co.B
Brush, Clifford FL 3rd Inf. Co.B
Brush, Clifford E. FL 10th Inf. Co.G
Brush, E.W. VA Burks' Regt.Loc.Def. McCue's Co.
Brush, George 1st Cherokee Mtd.Rifles Co.F
Brush, H.C. 1st Conf.Cav. 1st Co.A
Brush, Israel MO 2nd Inf. Co.B
Brush, J. VA 11th Inf. Co.D
Brush, J.G. TN 51st Inf. Co.A
Brush, John TN Inf. Harman's Regt. Co.K
Brush, Madison Inf. School of Pract. Powell's Detach. Co.I
Brushingham, Cornelius TN 59th Mtd.Inf. Co.C
Brushingham, Cornelius TN Sullivan Cty.Res. Witcher's Co.
Brushirs, S. TN Cav. Cox's Bn. Co.C
Brushwood, Edward C. VA 26th Inf. 2nd Co.B
Brushwood, George VA Cav. 40th Bn. Co.C
Brushwood, George W. VA 24th Cav. Co.C
Brushwood, George W. VA 53rd Inf. Co.D
Brushwood, James VA 9th Mil. Co.B
Brushwood, James VA 34th Inf. Co.K
Brushwood, John VA 10th Cav. 2nd Co.E
Brushwood, John VA 12th Inf. Co.B
Brushwood, Levi VA 26th Inf. Co.H
Brushwood, Levi C. VA 21st Mil. Co.D,E 1st Sgt.
Brushwood, Washington VA 53rd Inf. Co.E
Brushwood, William MO 11th Inf. Co.E
Bruske, Harris AR 9th Inf. Co.K
Brusla, C.A. Webster's Staff 1st Lt.,ADC
Bruslan, William LA 6th Inf. Co.F
Brusle, Charles A. LA 3rd Inf. Co.A Capt.
Brusnan, John VA Cav. 35th Bn. Co.B
Brusnihan, Michael LA 27th Inf. Co.D
Bruss, Dean Conf.Inf. Tucker's Regt. Co.A
Brussa, Cammel LA 3rd (Harrison's) Cav. Co.I
Brussa, Clemma LA 3rd (Harrison's) Cav.
Brussa, D.R. LA 3rd (Harrison's) Cav. Sgt.
Brussa, E.R. LA 18th Inf. Co.G
Brussa, E.R. LA Inf.Cons. 18th Regt. & Yellow Jacket Bn. Co.G
Brussa, Joseph LA 3rd (Harrison's) Cav.
Brussa, Ovid LA 3rd (Harrison's) Cav.
Brussa, Philip LA 3rd (Harrison's) Cav.
Brussa, Theofeel LA 3rd (Harrison's) Cav.
Brussard, C. LA 7th Cav. Co.D
Brussard, Felix LA 7th Cav. Co.I Sgt.
Brussard, Jules S. LA Inf.Cons. 18th Regt. & Yellow Jacket Bn. Co.D
Brussaw, Paul MS 15th Inf. Co.G
Brussel, Adolphus GA Cobb's Legion Co.G
Brust, Jacob TN 15th Inf. Co.I 1st Lt.
Bruster, Andrew J. VA 16th Cav. Co.C
Bruster, Andrew J. VA Cav. Caldwell's Bn. Hankins' Co.
Bruster, Andrew P. VA 29th Inf. Co.H
Bruster, Benjamin VA Cav. Caldwell's Bn. Taylor's Co.
Bruster, Bird L. VA 29th Inf. Co.H
Bruster, D.C. AL 10th Inf. Co.I
Bruster, Ebenezer VA 29th Inf. Co.H Capt.
Bruster, Ebenezer VA 188th Mil. Capt.
Bruster, George F. VA 29th Inf. Co.H
Bruster, Harvy. P. VA 16th Cav. Co.C
Bruster, Harvey P. VA 29th Inf. Co.H
Bruster, H.H. AL 8th Cav. Co.C
Bruster, Hiram AL 8th Cav. Co.C
Bruster, H.W. TX 28th Cav. Co.C
Bruster, I.F. TN Douglass' Bn.Part.Rangers Bruster's Co. Capt.
Bruster, James AL 3rd Res. Co.I
Bruster, James VA Cav. Caldwell's Bn. Taylor's Co. Cpl.
Bruster, James R. VA Cav. 34th Bn. Co.C,E Cpl.
Bruster, Jarret AR 33rd Inf. Co.E
Bruster, John TN 16th Inf. Co.F
Bruster, John D. AR Lt.Arty. Thrall's Btty.
Bruster, O.F. TN 35th Inf. 1st Co.D QM
Bruster, Reese TN 16th Inf. Co.C
Bruster, R.T. TN 18th Inf. Co.I Sgt.
Bruster, Thomas P. VA 16th Cav. Co.C
Bruster, Thomas P. VA 29th Inf. Co.H
Bruster, William AL 11th Cav. Co.C
Bruster, William VA 29th Inf. Co.H
Bruster, William J. TN 11th Cav.
Brustin, G.E. NC 16th Inf.
Brustrom, John AL 1st Regt. Mobile Vol. Co.E
Brut, C.F. TX 14th Inf. Co.B
Brutan, C.F. MS 7th Cav. Co.D
Brutatour, G. LA Mil. French Co. of St.James
Brutcher, S.T. SC 7th Inf. 1st Co.B, Co.A
Brutine, William FL Parsons' Co. Sgt.
Bruton, A. MO 12th Cav. Co.F
Bruton, A. TX Cav. Baird's Regt. Co.C
Bruton, Alberry GA 43rd Inf. Co.E 1st Lt.
Bruton, Albury MS 2nd Inf. Co.D
Bruton, Alex NC 44th Inf. Co.H
Bruton, Alexander NC 14th Inf. Co.E

Bruton, Alexander NC 38th Inf. Co.E
Bruton, Alonzo TX 27th Cav. Co.F
Bruton, A.S. TX 11th Inf. Co.I
Bruton, Atlas J. NC 3rd Arty. (40th St.Troops) Co.G
Bruton, B.C. AL 38th Inf. Co.E
Bruton, Benjamin F. MS Cav. 1st Bn. (Miller's) Co.E
Bruton, Benjamin L. LA 31st Inf. Co.A
Bruton, B.F. GA 59th Inf. Co.G AQM
Bruton, B.F. MS 1st Cav. Co.A
Bruton, B.F. Gen. & Staff Capt.,AQM
Bruton, B.L. LA 3rd Inf. Co.H
Bruton, B. Lacy LA 13th Bn. (Part.Rangers) Co.B
Bruton, Calvin F. MS 23rd Inf. Co.B Music.
Bruton, C.M. AL Cav. Moreland's Regt. Co.C
Bruton, D.L. GA 50th Inf. Co.B
Bruton, E. AL 43rd Inf. Co.E
Bruton, E. NC 1st Jr.Res. Co.E
Bruton, E.A. MS 2nd St.Cav. Co.K Capt.
Bruton, E.A. MS 19th Inf. Co.H 1st Lt.
Bruton, E.M. MS 10th Cav. Co.B
Bruton, E.M.R. TX 38th Cav. Co.G
Bruton, Enoch GA 48th Inf. Co.E
Bruton, Enoch NC Inf. 2nd Bn. Co.D
Bruton, E.W. GA 43rd Inf. Co.E
Bruton, G.A. GA Cav. 29th Bn. Co.A
Bruton, George A. LA 10th Inf. Co.E
Bruton, George C. MS 19th Inf. Co.K Sgt.
Bruton, G.W. MS 28th Cav. Co.F
Bruton, James MO 12th Cav. Co.F
Bruton, James G. AR 31st Inf. Co.E Jr.2nd Lt.
Bruton, James T. LA 5th Inf. Co.D Jr.2nd Lt.
Bruton, J.B. SC 3rd St.Troops Co.C
Bruton, Jesse P. NC 5th Cav. (63rd St.Troops) Co.B Sgt.
Bruton, J.G. LA 1st Res. Co.D
Bruton, J.H. TX 4th Cav. Co.I
Bruton, J.J. AR 21st Inf. Co.I
Bruton, J.J. MS Blythe's Bn. (St.Troops) Co.A
Bruton, J.M. AL 38th Inf. Co.E
Bruton, John AR Lt.Arty. Zimmerman's Btty.
Bruton, John MO 12th Cav. Co.F
Bruton, John A. LA 19th Inf. Co.B Capt.
Bruton, John B. SC 10th Inf. Co.M
Bruton, John B. TX 11th Inf. Co.D
Bruton, John C. TX Cav. Hardeman's Regt. Co.E
Bruton, John C. TX 8th Inf. Co.K
Bruton, John D. MS 9th Inf. Old Co.D
Bruton, John F. TX 27th Cav. Co.G
Bruton, John K. GA 29th Inf. Co.D Cpl.
Bruton, John M. NC 44th Inf. Co.H
Bruton, John R. AR 7th Inf. Co.A Sgt.
Bruton, Joseph LA 28th (Gray's) Inf. Co.K
Bruton, Joseph H. TX 17th Cav. Co.H Capt.
Bruton, Josiah H. TX 17th Cons.Dismtd.Cav. Co.G Capt.
Bruton, J.T. AL Lt.Arty. Tarrant's Btty.
Bruton, Lausane T. TX 11th Inf. Co.D
Bruton, Napoleon B. FL 7th Inf. Co.G
Bruton, N.P. NC 44th Inf. Co.H
Bruton, Philip M. MS 17th Inf. Co.C
Bruton, R.B. TX Waul's Legion Co.E
Bruton, R.H. TN 5th Inf. Co.A
Bruton, Richard N. NC 3rd Arty. (40th St.Troops) Co.G
Bruton, Rufus G. TX 4th Cav. Co.H
Bruton, Samuel TX 7th Cav. Co.H
Bruton, Samuel B. FL 7th Inf. Co.G
Bruton, Samuel B. FL 9th Inf. Co.C
Bruton, Samuel G. LA 12th Inf. Co.D
Bruton, S.C. MS 34th Inf. Co.I
Bruton, Silas TX 7th Cav. Co.H
Bruton, Simon NC 67th Inf.
Bruton, Smith Brush Bn.
Bruton, Thomas A. TX 17th Cav. Co.H
Bruton, Thomas J. AL 20th Inf. Co.D
Bruton, Thomas J. Subsistence Dept.,CSA 1st Lt.,A.Ord.Off
Bruton, T.J. FL South Forces 2nd Lt.
Bruton, T.J. Lt.Arty. Dent's Btty.,CSA 1st Lt.
Bruton, W.G. NC 44th Inf. Co.F
Bruton, W.H. SC 26th Inf. Co.A Cpl.
Bruton, William AR Lt.Arty. Zimmerman's Btty.
Bruton, William TX 27th Cav. Co.G
Bruton, William TX 15th Inf. 2nd Co.E
Bruton, William A. FL 2nd Cav. Co.E Sgt.
Bruton, William F. AL 23rd Inf. Co.D
Bruton, William H. MS 27th Inf. Co.C
Bruton, William Henry TN 6th Inf. Co.H 1st Sgt.
Bruton, William J. GA 11th Cav. (St.Guards) McGriff's Co. 1st Lt.
Bruton, William J. GA 31st Inf. Co.I 2nd Lt.
Bruton, William J. LA 12th Inf. Co.D Sgt.
Bruton, William S. MS 35th Inf. Co.A
Bruton, W.J. GA Conscr.
Bruton, W.R. GA Floyd Legion (St.Guards) Co.D
Brutus, --- SC 24th Inf.
Brutwell, J.B. AL 22nd Inf. Co.C
Bruum, William A. AR Cav. McGehee's Regt. Co.A
Brux, James Augustus SC Arty. Manigault's Bn. 1st Co.A Jr.1st Lt.
Bruyere, --- TX Cav. Mann's Regt. Co.C
Bruyere, Gustave LA 8th Inf. Co.K Sgt.
Bruyere, Hyppolite LA C.S. Zouave Bn. Co.A
Bruyn, DeWitt GA 1st (Olmstead's) Inf. Gordons' Co.
Bruyn, DeWitt GA 47th Inf. Co.E Capt.
Bruyn, DeWitt GA 63rd Inf. Co.B
Bruyn, Joshua C. GA 1st (Olmstead's) Inf. Co.H 2nd Lt.
Bruza, Dennis LA 1st (Strawbridge's) Inf. Co.C
Bruzeau, --- LA Mil. 3rd Regt. French Brig. Co.1
Brwer, Edward LA Miles' Legion Co.H
Bry, Thomas TN 8th Cav. Co.I
Bryan, --- AL 1st Bn. Co.F
Bryan, --- AL 22nd Inf. Co.A
Bryan, --- GA 1st St.Line Lt.Col.
Bryan, --- GA 29th Inf. Co.E
Bryan, --- NC 1st Cav. (9th St.Troops) Co.G
Bryan, --- TX Cav. Good's Bn. Co.A
Bryan, --- TX Cav. Mann's Regt. Co.B
Bryan, --- TX Cav. Mann's Regt. Co.I
Bryan, A. TN 47th Inf. Co.G
Bryan, A.A. AL 15th Inf. Co.D
Bryan, A.A. AR 1st (Dobbin's) Cav. Co.K
Bryan, A.B. FL 2nd Cav. Co.A
Bryan, A.B. TX 7th Inf. Co.C
Bryan, Abner S. NC McIlhenney's Co.
Bryan, Abraham TN 9th Cav. Co.H
Bryan, A.C. GA Lt.Arty. 14th Bn. Co.A Cpl.
Bryan, A.C. GA Lt.Arty. Havis' Btty. Cpl.
Bryan, Acey AL 36th Inf. Co.I
Bryan, A.E. MS 15th Bn.S.S. Co.A
Bryan, A.F. GA 2nd Res. Co.E
Bryan, A.H. Inf. Bailey's Cons.Regt. Co.B
Bryan, A.H. TX Granbury's Cons.Brig. Co.C
Bryan, A.H. TX 7th Inf. Co.A
Bryan, A.J. AL Cav. Murphy's Bn. Co.C
Bryan, A.J. AL 37th Inf. Co.K Cpl.
Bryan, A.J. GA 12th (Robinson's) Cav. (St.Guards) Co.B Cpl.
Bryan, A.J. 15th Conf.Cav. Co.H
Bryan, A.J. Bradford's Corps Scouts & Guards Co.A
Bryan, A.L. MS 1st (Patton's) Inf. Co.H Sgt.
Bryan, A.L. MS 14th (Cons.) Inf. Co.G
Bryan, Alfred GA Cav. 2nd Bn. Co.D Sgt.
Bryan, Alfred GA Cav. Waring's Co. Sgt.
Bryan, Alfred GA 1st Bn.S.S. Co.A 2nd Lt.
Bryan, Allen TX 15th Cav. Co.B
Bryan, Allen TX 7th Inf. Co.A
Bryan, Allen B. TX 28th Cav. Co.K
Bryan, Almon R. GA 35th Inf. Co.F Sgt.
Bryan, Alsa B. GA 57th Inf. Co.A
Bryan, Alsey A. AL Lt.Arty. 20th Bn. Co.A
Bryan, A.M. NC 47th Inf. Co.I Cpl.
Bryan, A.M. SC 7th Inf. 1st Co.G, 2nd Co.G Sgt.
Bryan, A.M. Gen. & Staff Maj.,QM
Bryan, A.N. GA 12th Cav. Co.G
Bryan, Andrew NC 35th Inf. Co.A
Bryan, Andrew TX 5th Inf. Co.F
Bryan, Andrew J. MD Arty. 4th Btty.
Bryan, Andrew J. MS 19th Inf. Co.I Cpl.
Bryan, Andrew J. VA Lt.Arty. Douthat's Co.
Bryan, Andrew J. VA Arty. Forrest's Co.
Bryan, Andrew J. VA 28th Inf. Co.H
Bryan, Andrew S. VA 129th Mil. Avis' Co. 2nd Lt.
Bryan, Andy TX 3rd Cav. Co.E Cpl.
Bryan, Arch B. FL Lt.Arty. Abell's Co.
Bryan, Archibald B. FL 4th Inf. Co.A
Bryan, Archibald P. NC 15th Inf. Co.H
Bryan, Asa AL 32nd Inf. Co.I
Bryan, Asa AR 37th Inf. Co.B
Bryan, Asa L. GA 9th Inf. Co.G
Bryan, Asberry GA 6th Inf. Co.E
Bryan, Asberry 2nd Conf.Eng.Troops Co.G
Bryan, Asbery L. GA 44th Inf. Co.K
Bryan, Asbury M. GA 5th Inf. Co.H 2nd Lt.
Bryan, A.W. AL Cav. Lewis' Bn. Co.A,C 1st Lt.
Bryan, B. FL Cav. 5th Bn. Cone's Co.
Bryan, B. GA 8th Cav.
Bryan, B. VA 24th Cav. Co.F
Bryan, B.C. SC 19th Inf. ACS
Bryan, B.C. SC 22nd Inf. Co.A
Bryan, B.C. Gen. & Staff Capt.,ACS
Bryan, Benjamin AL 37th Inf. Co.C
Bryan, Benjamin FL 1st Cav. Co.E
Bryan, Benjamin NC 24th Inf. Co.B
Bryan, Benjamin TX Lt.Arty. Jones' Co.
Bryan, Benjamin B. NC 43rd Inf. Co.A

Bryan, Benjamin F. LA Washington Arty.Bn. Co.3
Bryan, Benjamin F. TX 19th Inf. Co.D Sgt.
Bryan, Benjamin L.C. NC 17th Inf. (2nd Org.) Co.G,A
Bryan, Benjamin R. NC 3rd Cav. (41st St.Troops) Co.D
Bryan, Benjamin R. NC 44th Inf. Co.G
Bryan, B.F. LA Mil.Conf.Guards Regt. Co.G
Bryan, B.F. LA Miles' Legion Co.A Capt.
Bryan, B.F. NC 3rd Inf. Co.E
Bryan, B.L. AL 3rd Inf.
Bryan, Blake NC Cav. 12th Bn. Co.A
Bryan, B.R. AR 1st Inf. Co.D
Bryan, B.R. VA Lt.Arty. 1st Bn. Co.D
Bryan, Brantly B. SC 14th Inf. Co.K 2nd Lt.
Bryan, Brinson M. AL 40th Inf. Co.A
Bryan, B.S. AL 12th Cav. Co.C
Bryan, B.S. SC Cav. Walpole's Co.
Bryan, B.S. Gen. & Staff Maj.,QM
Bryan, B.W. TX 21st Inf. AQM,Capt.
Bryan, C. LA 8th Cav. Co.E
Bryan, C. LA Cav. Greenleaf's Co. (Orleans Lt.Horse)
Bryan, C.A. FL Cav. 5th Bn. Co.C
Bryan, C.C. GA Cav. 6th Bn. (St.Guards) Co.A
Bryan, C.H. AL 7th Cav. Co.B
Bryan, Charles A. MD 1st Cav. Co.B
Bryan, Charles J. AL 3rd Inf. Co.C Capt.
Bryan, Charles K. AR 3rd Inf. Co.F Cpl.
Bryan, Charles L. NC 3rd Arty. (40th St.Troops) Co.K 1st Lt.
Bryan, Charles R. NC 20th Inf. Co.I
Bryan, Charles W. NC 2nd Arty. (36th St.Troops) Co.B
Bryan, Charles W. NC 18th Inf. Co.K
Bryan, Cicero C. GA 9th Inf. Co.G
Bryan, C.J. NC 2nd Arty. (36th St.Troops) Co.G
Bryan, C.J. NC Lt.Arty. 13th Bn. Co.D
Bryan, Clem D. GA 6th Inf. Co.I Cpl.
Bryan, C.O. KY 2nd Mtd.Inf. Co.A
Bryan, Cornelius A. AL 6th Inf. Co.A
Bryan, Council A. FL 5th Inf. Co.C Capt.
Bryan, C.S. GA 11th Inf. Co.K
Bryan, C.S. MS 18th Cav. Co.K
Bryan, D. MO 1st Inf. Co.A
Bryan, Daniel F. AL 15th Inf. Co.E 2nd Lt.
Bryan, Daniel F. AL 33rd Inf. Co.G Capt.
Bryan, Daniel H. FL Cav. 3rd Bn. Co.A Sgt.
Bryan, Daniel H. 15th Conf.Cav. Co.A Sgt.
Bryan, Daniel O. NC 2nd Cav. (19th St.Troops) Co.I 1st Lt.
Bryan, Darling D. AL 25th Inf. Co.K Cpl.
Bryan, David NC 2nd Arty. (36th St.Troops) Co.I Cpl.
Bryan, David NC 2nd Inf. Co.F
Bryan, David TN 32nd Inf. Co.D
Bryan, David Alexander AL 49th Inf. Co.C Sgt.
Bryan, David B. TX 11th (Spaight's) Bn.Vol. Co.F Cpl.
Bryan, David C. NC 44th Inf. Co.G
Bryan, David S. FL 2nd Cav. Co.F
Bryan, David S. FL 9th Inf. Co.D Sgt.
Bryan, David W.T. GA 12th Inf. Co.D
Bryan, Davis Bradford's Corps Scouts & Guards Co.A
Bryan, D.B. TX 7th Inf. Co.C
Bryan, D.B. TX 21st Inf. Co.F Cpl.
Bryan, D.D. 7th Conf.Cav. Co.F
Bryan, Decater TX Cav. 1st Bn.St.Troops Co.F
Bryan, Dempsey T. NC 5th Cav. (63rd St.Troops) Co.A
Bryan, Demps T. NC 12th Inf. Co.H
Bryan, Dennis VA 4th Inf. Co.I
Bryan, D.F. AL 26th (O'Neal's) Inf. Co.I Maj.
Bryan, D.F. GA 51st Inf. Co.B
Bryan, D.G. AL 3rd Inf. Co.I
Bryan, D.R. MS 28th Cav. Co.H Sgt.
Bryan, D.W. AL 5th Cav. Co.L
Bryan, D.W. AL 12th Cav. Co.C
Bryan, D.W. AR 30th Inf. Co.C
Bryan, D.W. GA 15th Inf.
Bryan, D.W. TX 4th Cav. Co.B
Bryan, E. AL 1st Cav. Co.G
Bryan, E.A. MO Cav. Wood's Regt. Co.A 2nd Lt.
Bryan, E.C. TN Inf. 4th Cons.Regt. Co.H
Bryan, Ed TX 30th Cav. Co.C
Bryan, Ed. H. Gen. & Staff Surg.
Bryan, Edmund MD Inf. 2nd Bn. Co.A
Bryan, Edmund VA Lt.Arty. Arch. Graham's Co.
Bryan, Ed R. TX 17th Inf. Co.A Sgt.
Bryan, Edw LA 20th Inf. Co.C
Bryan, Edward VA Cav. 35th Regt. Co.D
Bryan, Edward VA Hvy.Arty. 20th Bn. Co.E
Bryan, Edward B. SC Cav. Walpole's Co.
Bryan, Edward H. FL 1st Inf. Old Co.F, New Co.A
Bryan, Edward Jesse GA 56th Inf. Co.B
Bryan, Edward K. NC 2nd Inf. Co.I 1st Lt.
Bryan, Edward P. GA 22nd Inf. Co.A
Bryan, Edward R. LA 1st (Strawbridge's) Inf. Co.I
Bryan, Edwin TX 8th Cav. Co.H
Bryan, Edwin VA Lt.Arty. Cayce's Co.
Bryan, Edwin S.E. AL Eufaula Lt.Arty.
Bryan, E.F. TX 37th Cav. 2nd Co.D
Bryan, E.H. FL 2nd Cav. Co.I
Bryan, E.H. SC 11th Inf. 1st Co.F Cpl.
Bryan, E.H. SC 16th & 24th (Cons.) Inf. Co.B Sgt.
Bryan, E.H. SC 24th Inf. Co.E Sgt.
Bryan, E.J. GA Inf. 5th Bn. (St.Guards) Co.E
Bryan, E.J. MS 28th Cav. Co.D
Bryan, E.J. NC 3rd Cav. (41st St.Troops) Co.F
Bryan, E.K. NC 31st Inf. Adj.
Bryan, E.K. Gen. & Staff 1st Lt.,Adj.
Bryan, Ellis GA 16th Inf. Co.G
Bryan, Enoch C. TN 32nd Inf. Co.K Sgt.
Bryan, E.P. Sig.Corps,CSA Capt.
Bryan, E. Pliny Gen. & Staff Capt.,AGD
Bryan, Ephraim O. GA 15th Inf. Co.B
Bryan, E.Q. GA 29th Inf. Co.I
Bryan, E.S. MS 12th Inf.
Bryan, E.S. Gen. & Staff 1st Lt.,ADC
Bryan, E.S.E. Gen. & Staff Hosp.Stew.
Bryan, E.W. MS 10th Inf. Old Co.B
Bryan, E.W. TN 11th Inf. Co.F
Bryan, F. GA 2nd Cav. Co.A
Bryan, F. NC 5th Sr.Res. Co.B
Bryan, F.B. GA 41st Inf. Co.B
Bryan, F.B. TX 1st Inf. Co.D
Bryan, F.D. GA 4th (Clinch's) Cav. Co.A
Bryan, F.E. AR 1st (Monroe's) Cav. Co.D
Bryan, F.E. TN 7th Cav. Co.C
Bryan, F.E. TN 51st Inf. Co.D
Bryan, F.E. TN 51st (Cons.) Inf. Co.F
Bryan, F.E. TX 25th Cav. Co.G
Bryan, Finan E. AR 33rd Inf. Co.H
Bryan, F.J. SC 3rd Cav. Co.K
Bryan, F.J. SC Part.Rangers Kirk's Co.
Bryan, F.M. TN 28th (Cons.) Inf. Co.E
Bryan, F.M. TN 84th Inf. Co.A
Bryan, Francis FL 8th Inf. Co.A
Bryan, Francis M. GA Inf. 10th Bn. Co.A
Bryan, Francis M. LA 31st Inf. Co.K
Bryan, Francis M. TN Cav. 9th Bn. (Gantt's) Co.C 2nd Lt.
Bryan, Frank NC 39th Inf. Co.E 2nd Lt.
Bryan, Fred NC Mil. Clark's Sp.Bn. Co.A
Bryan, Frederick VA 6th Inf. Ferguson's Co.
Bryan, Frederick J. NC 8th Bn.Part.Rangers Co.A,C
Bryan, Frederick J. NC 66th Inf. Co.D
Bryan, Frederick J. SC Mil.Cav. 4th Regt. Howards' Co.
Bryan, Frederick P. VA 12th Inf. Co.H
Bryan, Fredrick B. AL 43rd Inf. Co.E
Bryan, Fredrick D. AL 3rd Cav. Co.D
Bryan, F.W. AL 8th Cav. Co.D Sgt.
Bryan, F.W. AL 56th Part.Rangers Co.D Sgt.
Bryan, F.Y. MS 27th Inf. Co.I Cpl.
Bryan, G. TN 84th Inf. Co.B
Bryan, Gabriel R. SC Horse Arty. (Washington Arty.) Vol. Hart's Co. Bugler
Bryan, Gabriel R. SC Arty.Bn. Hampton Legion Co.A
Bryan, G.C. TN 19th Inf. Co.A
Bryan, G.D. SC 2nd Bn.S.S. Co.B
Bryan, George AL Auburn Home Guards Vol. Darby's Co.
Bryan, George LA 3rd (Harrison's) Cav. Co.G
Bryan, George NC 1st Inf. (6 mo. '61) Co.I
Bryan, George NC Mil. Clark's Sp.Bn. Co.A
Bryan, George VA 9th Inf. Co.B
Bryan, George 1st Conf.Inf. 2nd Co.H
Bryan, George B. MO 1st N.E. Cav. Co.C
Bryan, George M. GA Inf. 2nd Bn. Co.A
Bryan, George N. AL Cav. 8th Regt. (Livingston's) Co.I
Bryan, George N. AL Cav. Moses' Squad. Co.A
Bryan, George P. NC 2nd Cav. (19th St.Troops) Co.G Capt.
Bryan, George W. KY 1st Bn.Mtd.Rifles Co.C
Bryan, George W. NC 3rd Cav. (41st St.Troops) Co.H
Bryan, George W. NC Cav. 5th Bn. Co.A
Bryan, George W. NC 3rd Arty. (40th St.Troops) Co.H Ord.Sgt.
Bryan, George W. NC Lt.Arty. 13th Bn. Co.F 1st Lt.
Bryan, George W. TN 4th Inf. Co.I
Bryan, George W. TX 16th Inf. Co.G
Bryan, George W. Gen. & Staff Asst.Surg.
Bryan, G.F. AL 37th Inf. Co.C
Bryan, G.F. SC Hvy.Arty. 15th (Lucas') Bn. Co.B
Bryan, G.J. GA 3rd Bn. (St.Guards) Co.G
Bryan, G.L. TN 4th (McLemore's) Cav. Co.I
Bryan, G.M. GA 52nd Inf. Co.D

Bryan, Goode GA 16th Inf. Col.
Bryan, Goode Gen. & Staff Brig.Gen.
Bryan, Goodwin SC 14th Inf. Co.K
Bryan, Green B. AL Rives' Supp.Force 9th Congr.Dist.
Bryan, Green L. FL 4th Inf. Co.I Cpl.
Bryan, G.S. MS Inf. 3rd Bn. (St.Troops) Co.A Lt.
Bryan, Guy M., Jr. TX 35th (Brown's) Cav. Co.A Cpl.
Bryan, Guy M. TX 13th Vol. 1st Co.B Cpl.
Bryan, Guy M. Gen. & Staff, AG Dept. Maj.
Bryan, G.V. KY 2nd (Woodward's) Cav. Co.A
Bryan, G.W. GA 12th Cav. Co.K Sgt.
Bryan, G.W. GA Inf. 23rd Bn.Loc.Def. Cook's Co.
Bryan, G.W. LA 2nd Cav. Co.F
Bryan, G.W. LA Inf.Crescent Regt. Co.I
Bryan, G.W. TX 9th Field Btty. Asst.Surg.
Bryan, H. FL 2nd Cav. Co.F
Bryan, H. GA 4th (Clinch's) Cav. Co.I
Bryan, H.A. AL 6th Inf. Co.H
Bryan, Hardy LA 6th Cav. Co.G Sr.2nd Lt.
Bryan, Hardy LA Cav. Greenleaf's Co. (Orleans Lt.Horse)
Bryan, Harrison FL 9th Inf. Co.D Music.
Bryan, Henry FL 3rd Inf. Co.B
Bryan, Henry NC 31st Inf. Co.D
Bryan, Henry TN 8th Inf. Co.E
Bryan, Henry Gen. & Staff Maj.,AIG
Bryan, Henry C. AL 37th Inf. Co.C
Bryan, Henry E. VA 5th Inf. Co.G
Bryan, Henry H. MS Part.Rangers Smyth's Co.
Bryan, Henry L. GA 3rd Inf. Co.H
Bryan, Henry L. GA 44th Inf. Co.D
Bryan, Henry L. NC Cav. 12th Bn. Co.A
Bryan, Henry M. LA 12th Inf. Co.C
Bryan, Henry M. NC 1st Arty. (10th St.Troops) Co.E
Bryan, Henry M. NC 37th Inf. Co.F Sgt.
Bryan, Henry S. Conf.Cav. Wood's Regt. Co.E
Bryan, Herbert A. TX 21st Cav. Co.D
Bryan, H.H. LA Mil.Conf.Guards Regt. Co.D Sgt.
Bryan, H.H. Sig.Corps,CSA
Bryan, H.K. SC 6th Cav. Co.F
Bryan, H.L. GA 11th Inf. Co.K
Bryan, H.L. TX Cav. Morgan's Regt. Co.E
Bryan, H.M. AL Cav. Chisolm's Co.
Bryan, H.M. AL Cav. Lewis' Bn. Co.A
Bryan, H.M. GA 10th Cav. Co.D Sgt.
Bryan, H.M. NC 2nd Arty. (36th St.Troops) Co.C
Bryan, H.M. 7th Conf.Cav. Co.D Sgt.
Bryan, H.O. LA Conscr.
Bryan, Horris N. FL 2nd Inf. Co.H
Bryan, H. Pickens SC 3rd Cav. Co.C
Bryan, H. Pickens SC Mil.Cav. 4th Regt. Howards' Co.
Bryan, H.S. AL 56th Part.Rangers Co.D
Bryan, Hugh GA 1st (Olmstead's) Inf. Stiles' Co.
Bryan, Hugh GA Inf. 18th Bn. Co.B
Bryan, H.W. VA Hvy.Arty. 20th Bn. Co.C
Bryan, H.W. VA Mtd.Guard 12th Congr.Dist.
Bryan, I.A. MS 4th Inf. Co.F
Bryan, I.F. AL Cav. Barbiere's Bn. Brown's Co.
Bryan, I.H. GA 8th Inf. (St.Guards) Co.K
Bryan, I.I. SC Inf.Bn. Co.A
Bryan, Isaac R. NC 15th Inf. Co.K
Bryan, Isaac W. GA 25th Inf. Co.F Bvt.2nd Lt.
Bryan, Isaiah B. TN 1st Cav. Co.H 2nd Lt.
Bryan, Isham 3rd Conf.Cav. Co.K
Bryan, I.W. GA Cav. 29th Bn.
Bryan, J. AL 26th (O'Neal's) Inf. Co.I
Bryan, J. MS Res.Corps Withers' Co. Cpl.
Bryan, J. TN 5th Inf. Co.F
Bryan, J. TN 20th Inf. Co.E
Bryan, J.A. LA Washington Arty.Bn. Co.5
Bryan, J.A. TN 14th (Neely's) Cav. Co.F
Bryan, J.A. TN Cav. Nixon's Regt. Co.A
Bryan, J.A. TN 9th Inf. Co.E
Bryan, J.A. TN 28th (Cons.) Inf. Co.F
Bryan, J.A. TN 48th (Nixon's) Inf. Co.K
Bryan, J.A. TN 84th Inf. Co.B
Bryan, J.A. Gen. & Staff Capt.,Ord.Off.
Bryan, Jacob AL 37th Inf. Co.F
Bryan, Jacob 4th Conf.Inf. Co.B
Bryan, James AL 8th Inf. Co.E
Bryan, James FL 11th Inf. Co.H
Bryan, James GA 1st (Olmstead's) Inf. Gordon's Co.
Bryan, James GA 1st (Olmstead's) Inf. Screven's Co.
Bryan, James GA Inf. 18th Bn. Co.A
Bryan, James GA 24th Inf.
Bryan, James GA 36th (Villepigue's) Inf. Co.G
Bryan, James GA 63rd Inf. Co.B
Bryan, James LA Arty. Landry's Co. (Donaldsonville Arty.)
Bryan, James LA Res.Corps Colbert's Co.
Bryan, James MS 3rd Cav. Co.A
Bryan, James MS 5th Cav. Co.C
Bryan, James MS 28th Cav. Co.C
Bryan, James NC 3rd Cav. (41st St.Troops) Co.H 2nd Lt.
Bryan, James NC 39th Inf. Co.E Capt.
Bryan, James NC Vol. Lawrence's Co.
Bryan, James SC 13th Inf.
Bryan, James TN 2nd (Walker's) Inf. Co.F
Bryan, James TX 9th (Young's) Inf. Co.K
Bryan, James VA 5th Inf. Co.D
Bryan, James VA Inf. 25th Bn. Co.D
Bryan, James VA 54th Mil. Co.E,F
Bryan, James 7th Conf.Cav. Co.H
Bryan, James Lt.Arty. Dent's Btty.,CSA
Bryan, James 9th Conf.Inf. Co.F
Bryan, James A. GA Cobb's Legion Co.I Sgt.
Bryan, James A. MO 1st N.E. Cav. Co.C
Bryan, James B. GA 12th Inf. Co.C
Bryan, James C. AL 6th Inf. Co.A 2nd Lt.
Bryan, James C. NC 2nd Cav. (19th St.Troops) Co.H
Bryan, James C. NC 1st Inf. (6 mo. '61) Co.I
Bryan, James C. VA 3rd Cav. & Inf.St.Line Co.A Cpl.
Bryan, James C. Battle's Brig. Maj.,QM
Bryan, James D. NC 27th Inf. Co.A Capt.
Bryan, James E. FL Cav. 5th Bn. Co.A
Bryan, James E. VA 25th Inf. 2nd Co.H Sgt.
Bryan, James F. NC 3rd Inf. Co.E
Bryan, James G. NC 7th Bn.Jr.Res. Co.C
Bryan, James H. AL 2nd Cav. Co.C
Bryan, James H. FL 3rd Inf. Co.I
Bryan, James H. GA 46th Inf. Co.I Asst.Surg.
Bryan, James H. KY 10th Cav. Co.D
Bryan, James H. KY Cav. Sypert's Regt. Co.A
Bryan, James H. MS 16th Inf. Co.K
Bryan, James H. MS 16th Inf. Co.K 2nd Lt.
Bryan, James H. NC 2nd Arty. Co.I
Bryan, James H. NC 3rd Inf. Co.E
Bryan, James H. NC 30th Inf. Co.I Sgt.
Bryan, James H. TN Inf. 1st Bn. (Colms') Co.B 1st Lt.
Bryan, James H. VA 5th Inf. Co.L,H
Bryan, James H. Gen. & Staff Asst.Surg.
Bryan, James J. AL 20th Inf. Co.B,C
Bryan, James J. GA 2nd Res. Co.A,G
Bryan, James J. GA 43rd Inf. Co.G
Bryan, James J. SC Inf. Hampton Legion Co.B
Bryan, James L. FL 6th Inf. Co.I
Bryan, Jas. L. Gen. & Staff Maj.,QM
Bryan, James M. GA Arty. 11th Bn. (Sumter Arty.) New Co.C
Bryan, James M. GA 25th Inf. Co.K
Bryan, James M. GA 42nd Inf. Co.E
Bryan, James M. KY 10th (Diamond's) Cav. Co.C
Bryan, James M. MS Inf. 2nd Bn. Co.B
Bryan, James M. NC 18th Inf. Co.I
Bryan, James M. NC 62nd Inf. Co.B
Bryan, James M. TN 11th Inf. Co.F
Bryan, James P. AL 22nd Inf. Co.I
Bryan, James P. NC 2nd Arty. (36th St.Troops) Co.I Music.
Bryan, James P. NC 18th Inf. Co.K
Bryan, James P. SC 2nd Cav. Co.I Music.
Bryan, James P. SC Cav.Bn. Hampton Legion Co.A Bugler
Bryan, James P. TX 35th (Brown's) Cav. Adj.
Bryan, James P. Gen. & Staff Surg.
Bryan, James R. AL 10th Inf. Co.I
Bryan, James R. TN Cav. 9th Bn. (Gantt's) Co.C
Bryan, James R. TX 16th Cav. Co.F
Bryan, James S. GA Lt.Arty. 14th Bn. Co.A
Bryan, James S. GA Lt.Arty. Havis' Btty.
Bryan, James S. MO 1st N.E. Cav. Co.C
Bryan, James T. NC 2nd Inf. Co.I
Bryan, James W. GA Inf. 10th Bn. Co.A
Bryan, James W. LA 28th (Thomas') Inf. Co.I Capt.
Bryan, James W. MS 17th Inf. Co.D
Bryan, James W. MS 44th Inf. Co.H
Bryan, James W. TN 28th Inf. Co.A
Bryan, James W. TX 6th Inf. Co.C Cpl.
Bryan, James W. VA 3rd (Chrisman's) Bn.Res. Co.B
Bryan, Jason W. GA 57th Inf. Co.B
Bryan, Jasper J. AL 3rd Bn. Hilliard's Legion Vol. Co.B
Bryan, Jasper N. GA Inf. 10th Bn. Co.A 1st Sgt.
Bryan, J.B. AL 36th Inf. Co.C
Bryan, J.B. LA 6th Cav. Co.H Sgt.
Bryan, J.B. NC Mil. Clark's Sp.Bn. Co.L
Bryan, J.B. VA 14th Cav. Co.D
Bryan, J.C. GA 1st (Olmstead's) Inf. Screven's Co.
Bryan, J.C. GA Inf. 18th Bn. Co.A,B
Bryan, J.C. KY 6th Mtd.Inf. Co.I
Bryan, J.C. LA 8th Cav. Co.H
Bryan, J.C. NC 3rd Inf. Co.E
Bryan, J.C. TN 4th (McLemore's) Cav. Co.I

Bryan, J.D. KY 6th Mtd.Inf. Co.I Bvt.2nd Lt.
Bryan, J.D. MO Inf. Clark's Regt. Co.D 2nd Lt.
Bryan, J.D. TN 13th Inf. Co.E
Bryan, J.D.M. AR 32nd Inf. Co.D
Bryan, J.E. LA 2nd Cav. Co.B
Bryan, J.E. MS 28th Cav. Co.G
Bryan, J.E. TX 23rd Cav. Co.C Sgt.
Bryan, J.E. TX 5th Inf. Co.G
Bryan, J.E. VA 14th Cav. Co.C
Bryan, Jeremiah VA 7th Cav. Co.I Cpl.
Bryan, Jesse AL St.Res.
Bryan, Jesse GA 54th Inf. Co.G
Bryan, Jesse LA Washington Arty.Bn. Co.1
Bryan, Jesse L. NC 2nd Cav. (19th St.Troops) Co.I Capt.
Bryan, Jesse L. TN 32nd Inf. Co.I
Bryan, Jesse M. GA 44th Inf. Co.K
Bryan, Jesse N. TN 11th Cav. Co.C
Bryan, Jesse Sanford GA 42nd Inf. Co.B,E 1st Sgt.
Bryan, J.F. AL Lt.Arty. Kolb's Btty.
Bryan, J.F. GA 39th Inf. Co.D
Bryan, J.F. MS Arty. (Wesson Arty.) Kittrell's Co.
Bryan, J.F.M. TX 9th (Young's) Inf. Co.C
Bryan, J.G. AL 28th Inf. Co.E
Bryan, J.H. AL 38th Inf. Co.H
Bryan, J.H. GA 42nd Inf. Co.E
Bryan, J.H. KY 3rd Bn.Mtd.Rifles Co.C 2nd Lt.
Bryan, J.H. MS 4th Inf. Co.F
Bryan, J.H. MS 41st Inf. Co.D
Bryan, J.H. NC Mallett's Bn. Co.E
Bryan, J.H. TX 18th Cav. Co.K
Bryan, J.J. AL 6th Inf. Co.L,M,G
Bryan, J.J. GA 1st (Symons') Res. Co.F,H Sgt.
Bryan, J.J. MS Inf. 2nd Bn. Co.F
Bryan, J.J. TN 19th Inf. Co.A
Bryan, J.J.H. GA 11th Cav. (St.Guards) Smith's Co.
Bryan, J.K. TX 5th Inf. Co.F
Bryan, J.K. TX 21st Inf. Co.B
Bryan, J.L. FL Cav. 5th Bn. Co.B
Bryan, J.L. GA 12th (Robinson's) Cav. (St.Guards) Co.B
Bryan, J.L. SC 2nd Arty. Co.B
Bryan, J.L. TN Inf. 1st Cons.Regt. Co.G
Bryan, J.L. TN 28th (Cons.) Inf. Co.F
Bryan, J.L. TN 84th Inf. Co.B
Bryan, J.L.M. TX 23rd Cav. Co.C Cpl.
Bryan, J.M. FL Cav. 5th Bn. Co.H 1st Sgt.
Bryan, J.M. GA Inf. 1st Conf.Bn. Co.F
Bryan, J.M. GA 5th Res. Co.K Cpl.
Bryan, J.M. MS 3rd Cav. Co.C
Bryan, J.M. SC Hvy.Arty. 15th (Lucas') Bn. Co.A
Bryan, J.M. SC Arty. Fickling's Co. (Brooks Lt.Arty.)
Bryan, J.M. SC 2nd St.Troops Co.H
Bryan, J.M. SC 23rd Inf. Co.A
Bryan, J.M. SC 24th Inf. Co.E
Bryan, J.M. TN Arty.Corps Co.11 4th Lt.
Bryan, J.M. Conf.Inf. 1st Bn. Co.A
Bryan, J.M. 2nd Cherokee Mtd.Vol. Maj.
Bryan, J.M. Cherokee Regt. Col.
Bryan, J.N. TN 4th (McLemore's) Cav. Co.C
Bryan, J.N. TN 18th Inf. Co.E Sgt.
Bryan, J.N. TX Cav. 2nd Regt. St.Troops Co.F
Bryan, J.O. AL Res.
Bryan, Joel P. GA 9th Inf. Co.K
Bryan, John AL 32nd Inf. Co.K
Bryan, John FL 9th Inf. Co.D Capt.
Bryan, John GA 12th Cav. Co.K
Bryan, John GA 1st (Olmstead's) Inf. Screven's Co.
Bryan, John GA Inf. 18th Bn. Co.A,B,C
Bryan, John GA 59th Inf. Co.C
Bryan, John KY 12th Cav. Co.E
Bryan, John LA 21st (Kennedy's) Inf. Co.E
Bryan, John MS 15th Bn.S.S. Co.A
Bryan, John MO 1st Cav. Co.A
Bryan, John NC 54th Inf. Co.H
Bryan, John SC 1st Arty. Co.E
Bryan, John SC 1st Arty. Co.G,K
Bryan, John SC 19th Inf. Co.B
Bryan, John TN 2nd (Walker's) Inf. Co.F
Bryan, John TX 23rd Cav. Co.C
Bryan, John VA 1st Cav. 2nd Co.D
Bryan, John 10th Conf.Cav. Co.B
Bryan, John 9th Conf.Inf. Co.F
Bryan, John A. AL 3rd Res. Co.C
Bryan, John A. AL 16th Inf. Co.A
Bryan, John A. NC 1st Home Guards Co.E
Bryan, John A. NC 15th Inf. Co.H
Bryan, John A. TX 3rd Cav. Co.I Capt.
Bryan, John C. AL 24th Inf. Co.A
Bryan, John C. LA 27th Inf. Co.F
Bryan, John D. KY 6th Cav. Co.A 1st Lt.
Bryan, John D. MS 1st Lt.Arty. Co.L,E Cpl.
Bryan, John D. MS 9th Inf. Old Co.F
Bryan, John D. MS 34th Inf. Co.D Sgt.
Bryan, John D. MO Inf. Clark's Regt. Co.H
Bryan, John D. NC 27th Inf. Co.A Capt.
Bryan, John E. GA 29th Inf. Co.E
Bryan, John E. VA 18th Inf. Co.B 1st Sgt.
Bryan, John G. NC 37th Inf. Co.G Maj.
Bryan, John G. NC 58th Inf. Co.I Cpl.
Bryan, John G. SC 14th Inf. Co.K
Bryan, John H. FL 1st (Res.) Inf. Co.D Capt.
Bryan, John H. MS 7th Cav. Co.C
Bryan, John H. NC 2nd Inf. Co.I
Bryan, John H. TX 22nd Cav. Co.F
Bryan, John H. TX 14th Inf. Co.I Sr.2nd Lt.
Bryan, John J. GA 6th Inf. Co.G
Bryan, John J. MS 48th Inf. Co.F
Bryan, John J. NC 2nd Cav. (19th St.Troops) Co.E Sgt.
Bryan, John J. NC 5th Inf. Co.E
Bryan, John J. SC 1st Arty. Co.D Sgt.
Bryan, John J. SC 10th Inf. Co.A
Bryan, John J. TN 26th Inf. Co.A
Bryan, John J. VA Lt.Arty. Douthat's Co.
Bryan, John J. VA 28th Inf. Co.H
Bryan, John K. TX 11th (Spaight's) Bn.Vol. Co.E
Bryan, John L. AL 39th Inf. Co.K
Bryan, John L. GA 35th Inf. Co.F
Bryan, John L. TX 15th Cav. Co.D,K
Bryan, John L. VA 28th Inf. Co.I
Bryan, John M. FL 3rd Inf. Co.G,K 1st Sgt.
Bryan, John M. GA 2nd Res. Co.F
Bryan, John M. GA 20th Inf. Co.H
Bryan, John M. GA 34th Inf. Co.K Cpl.
Bryan, John O. SC Hvy.Arty. 15th (Lucas') Bn. Co.A
Bryan, John P. GA 7th Inf. Co.I
Bryan, John Q. GA 29th Inf. Co.C
Bryan, John R. GA 9th Inf. Co.K
Bryan, John R. NC 64th Inf. Co.D
Bryan, John Randolph Gen. & Staff, QM Dept. Capt.
Bryan, John S. FL 6th Inf. Co.I,E
Bryan, John S. GA Cav. 2nd Bn. Co.F 2nd Lt.
Bryan, John S. GA 4th (Clinch's) Cav. Co.B Adj.
Bryan, John S. GA 5th Cav. Co.B 2nd Lt.
Bryan, John S. KY 8th Cav. Co.A
Bryan, John S. MO 1st N.E. Cav. Co.C
Bryan, John S. MO 4th Cav. Co.G
Bryan, John S. NC 14th Inf. Co.K 2nd Lt.
Bryan, John Scrivan GA 1st Reg. Co.C 2nd Lt.
Bryan, Johnson H. NC 1st Cav. (9th St.Troops) Co.H 2nd Lt.
Bryan, Johnson H. Gen. & Staff Capt.,AQM
Bryan, John T. GA 1st Reg. Co.M,D
Bryan, John W. AL 46th Inf. Co.H
Bryan, John W. GA Inf. 2nd Bn. Co.D
Bryan, John W., Jr. GA 10th Mil.
Bryan, John W., Sr. GA 10th Mil.
Bryan, John W. GA 68th Inf. Co.G Sgt.
Bryan, John W. NC 5th Cav. (63rd St.Troops) Co.A
Bryan, John W. NC Cav. 5th Bn. Co.A
Bryan, John W. TN 10th Inf. Co.B Capt.
Bryan, John W. TN 43rd Inf. Co.G 2nd Lt.
Bryan, John W. VA Lt.Arty. Garber's Co. Sgt.
Bryan, John W. VA 31st Inf. Co.K 2nd Lt.
Bryan, Jonathan MO 11th Inf. Co.E
Bryan, Joseph AR Cav. Gordon's Regt. Co.E
Bryan, Joseph LA 8th Inf. Co.E 1st Lt.
Bryan, Joseph Inf. Bailey's Cons.Regt. Co.B
Bryan, Joseph Conf.Inf. 8th Bn. Co.B
Bryan, Joseph B. NC 2nd Arty. (36th St.Troops) Co.G 2nd Lt.
Bryan, Joseph B. NC Lt.Arty. 13th Bn. Co.D 2nd Lt.
Bryan, Joseph C. GA 25th Inf. Co.G Capt.
Bryan, Joseph D. FL 9th Inf. Co.D 2nd Lt.
Bryan, Joseph D. GA 49th Inf. Co.B 2nd Lt.
Bryan, Joseph D. NC 1st Cav. (9th St.Troops) Co.D
Bryan, Joseph F. AL 37th Inf. Co.D
Bryan, Joseph H. AL Mil. 4th Vol. Co.A
Bryan, Joseph H. FL 1st Cav. Co.E
Bryan, Joseph H. MO 1st N.E. Cav. Co.C
Bryan, Joseph H. NC Cav. 12th Bn. Co.A
Bryan, Joseph H. NC 27th Inf. Co.A
Bryan, Joseph H. TX 7th Inf. Co.G
Bryan, Joseph J. SC 2nd Arty. Co.D
Bryan, Joseph L. FL 5th Inf. Co.C Sgt.
Bryan, Joseph M. LA 28th (Gray's) Inf. Co.B
Bryan, Joseph S. FL 4th Inf. Co.F
Bryan, Josephus GA 12th (Robinson's) Cav. (St.Guards) Co.B
Bryan, Josephus GA Inf. 10th Bn. Co.A
Bryan, Joshua GA 14th Inf. Co.C
Bryan, Joshua S. VA Lt.Arty. Garber's Co.
Bryan, Josiah E. MS Inf. 5th Bn. Co.B
Bryan, Josiah E. MS 27th Inf. Co.K
Bryan, Josiah H. NC 38th Inf. Co.C 1st Lt.
Bryan, J.P. GA Phillips' Legion Co.M
Bryan, J.P. TX 8th Cav. Co.B

Bryan, J. Perry TX 8th Inf. 1st Lt.
Bryan, J.R. SC Arty. Fickling's Co. (Brooks Lt.Arty.)
Bryan, J.R. TN 18th Inf. Co.E
Bryan, J.R. TX Cav. 6th Bn. Co.F
Bryan, J.S. FL Cav. 5th Bn.
Bryan, J.S. TX 16th Cav. Co.B 1st Sgt.
Bryan, J.S. TX 27th Cav. Co.C
Bryan, J.T. SC 11th Inf. 1st Co.F
Bryan, J.T. SC 24th Inf. Co.E
Bryan, J.T. TN 9th Inf. Co.E
Bryan, J.W. AL 1st Cav. Co.G Cpl.
Bryan, J.W. GA Cav. 15th Bn. (St.Guards) Allen's Co.
Bryan, J.W. GA 52nd Inf. Co.D Cpl.
Bryan, J.W. MS 2nd Cav. Co.G
Bryan, J.W. TX 12th Inf. Co.D
Bryan, J.W. VA 9th Bn.Res. Co.A
Bryan, J.W. 2nd Conf.Eng.Troops Co.D Artif.
Bryan, J.W. Gen. & Staff Capt.,EO
Bryan, J.W.K. TX 7th Cav. Co.I Sgt.
Bryan, King NC 51st Inf. Co.I
Bryan, King TX 5th Inf. Co.F Lt.Col.
Bryan, L. MS 41st Inf. Co.D
Bryan, Larkin W. AR 3rd Inf. Co.I
Bryan, Larry GA Cav. 16th Bn. (St.Guards) Co.D
Bryan, Lawrence C. GA 31st Inf. Co.F Music.
Bryan, L.D. NC Cav. 12th Bn.
Bryan, L.E. AL 15th Inf. Co.L Capt.
Bryan, L.E. GA Lt.Arty. 14th Bn. Co.A
Bryan, L.E. GA Lt.Arty. Havis' Btty.
Bryan, Leander J. AL 3rd Inf. Co.I
Bryan, Lemar NC 18th Inf. Co.C Sgt.
Bryan, Leonidas M. AL Inf. 1st Regt. Co.G Sgt.
Bryan, Levi NC 51st Inf. Co.I
Bryan, Lewis MS 4th Cav. Co.I
Bryan, Lewis C. NC 8th Bn.Part.Rangers Co.A
Bryan, Lewis C. NC 66th Inf. Co.F
Bryan, Lewis W. NC 54th Inf. Co.H 1st Lt.
Bryan, L.F. GA 60th Inf. Co.F 1st Lt.
Bryan, L.H. MS 38th Cav. Co.D
Bryan, L.H. MS Wilkinson Cty. Minute Men Harris' Co.
Bryan, Little J. GA Inf. 10th Bn. Co.A
Bryan, L.L. AL 3rd Cav. Co.C
Bryan, L.L. AL Cav. Barlow's Co.
Bryan, L.L. AR 30th Inf. Co.C 1st Lt.
Bryan, L.L. 15th Conf.Cav. Co.C
Bryan, L.M. AL 15th Inf. Co.L 1st Lt.,Capt.
Bryan, L.M. SC 3rd Cav. Co.F
Bryan, L.N. AL 34th Inf. Co.A
Bryan, L.N. SC 7th Cav. Co.F
Bryan, L.N. SC Lt.Arty. M. Ward's Co. (Waccamaw Lt.Arty.)
Bryan, Lorenzo D. NC 24th Inf. Co.B
Bryan, Louis MS Wilkinson Cty. Minute Men Harris' Co.
Bryan, Louis A. Gen. & Staff, Contr. Surg.
Bryan, L.S. SC 3rd Cav. Co.D Sgt.
Bryan, L.S. Gen. & Staff QMD
Bryan, L.T. SC 9th Inf. Co.I
Bryan, Lucian NC 8th Sr.Res. Daniel's Co. Sgt.
Bryan, Lucius C. GA 57th Inf. Co.A Capt.
Bryan, Luke SC 1st Inf. Co.C
Bryan, Luke TX Conscr.
Bryan, Luke H. SC 14th Inf. Co.D Music.
Bryan, L.W. AL 7th Cav. Co.C
Bryan, L.W. NC 20th Inf.
Bryan, L.W. TX 35th (Brown's) Cav. 2nd Co.B
Bryan, Lynn W. NC 31st Inf. Co.D Cpl.
Bryan, M. AL 30th Inf. Co.K
Bryan, M. GA 28th Inf. Co.K
Bryan, M.A. TX 4th Inf. (St.Troops) Maj.
Bryan, M.A. TX 9th (Young's) Inf. Co.C
Bryan, Macon NC 44th Inf. Co.I Sgt.
Bryan, Marcus L. NC Cav. 12th Bn. Co.A Cpl.
Bryan, Marion AL 39th Inf. Co.K
Bryan, Marion C. GA 1st Inf. (St.Guards)
Bryan, Marshall H. NC 24th Inf. Co.D
Bryan, Martin L. GA 25th Inf. Co.G Capt.
Bryan, Martin W. KY Cav. Malone's Regt. Lt.Col.
Bryan, Martin W. TN 11th Inf. Co.F Sgt.
Bryan, Matthew L. GA Cobb's Legion Co.B 2nd Lt.
Bryan, M.F. GA Inf. 10th Bn.
Bryan, M.G. GA Cav. 15th Bn. (St.Guards) Allen's Co.
Bryan, M.G. GA 10th Mil.
Bryan, Michael J.J. GA 57th Inf. Co.A 1st Sgt.
Bryan, Milton W. AL 6th Inf. Co.A
Bryan, M.J. FL 1st (Res.) Inf. Co.B
Bryan, M.J. NC 26th Inf.
Bryan, M.L. TN 28th (Cons.) Inf. Co.F Sgt.
Bryan, M.L. TN 84th Inf. Co.B
Bryan, Mordecai A. TX 24th Cav. Co.K
Bryan, Morgan F. MO 1st N.E. Cav. Co.C
Bryan, Moses TN Inf. 2nd Cons.Regt. Co.H
Bryan, Moses W. NC 2nd Cav. (19th St.Troops) Co.H
Bryan, Moses W. NC 54th Inf. Co.D Sgt.
Bryan, M.T. TN 11th Inf. Co.F
Bryan, M.V. TX Inf. 24th Bn.
Bryan, N. FL Cav. 5th Bn. Co.H
Bryan, N.A. GA 12th Cav. Co.K
Bryan, N.A. GA 39th Inf. Co.F
Bryan, Nathan LA 3rd (Wingfield's) Cav. Co.G,D
Bryan, Nathan LA 7th Inf. Co.B
Bryan, Nathaniel GA 29th Inf. Co.C
Bryan, Nathan L. FL 1st Cav. Co.E 2nd Lt.
Bryan, Nath Y. FL 9th Inf. Co.D
Bryan, Neal AL 6th Inf. N.C.S. Comsy.Sgt.
Bryan, Neal VA 8th Cav. Co.E
Bryan, Needham G. NC 24th Inf. Co.I
Bryan, Needham L. GA Cav. 29th Bn. Co.E
Bryan, Needham N. FL 3rd Inf. Co.H
Bryan, Needham R. GA 45th Inf. Co.B 1st Sgt.
Bryan, Nelson SC 5th Cav. Co.E Far.
Bryan, Newton FL 2nd Inf. Co.F,L Cpl.
Bryan, N.F. NC 26th Inf. Co.D
Bryan, Nicholas LA 31st Inf. Co.K
Bryan, Norman GA 2nd Res. Co.A,G
Bryan, N.R. GA 2nd Inf. Co.K
Bryan, P. GA Inf. 18th Bn. Co.A
Bryan, Patrick GA 25th Inf. Co.C
Bryan, Patrick TN 10th Inf. Co.D
Bryan, Pendleton VA 62nd Mtd.Inf. Co.F
Bryan, Pendleton S. VA 10th Inf. Co.G 1st Lt.
Bryan, Perry MO 9th Inf. Co.E
Bryan, Peterson NC Cav. 12th Bn. Co.A
Bryan, P.H. GA Lt.Arty. Barnwell's Btty.
Bryan, P.H. GA Arty. Maxwell's Reg.Lt.Btty.
Bryan, P.H. GA Reg.Lt.Arty. Maxwell's Bn. Co.A
Bryan, P.H. GA 7th Inf. Co.I
Bryan, Philip TX 11th Inf. Co.B
Bryan, Phillip FL 2nd Inf. Co.I
Bryan, P.L. TX 35th (Brown's) Cav. Co.H
Bryan, P.L. TX 5th Inf. Co.F 2nd Lt.
Bryan, Pleasant H. AL 36th Inf.
Bryan, P.N. FL 2nd Inf. Co.I
Bryan, P.N. FL 9th Inf. Co.D Sgt.
Bryan, P.N. GA 12th Cav. Co.G
Bryan, Preston H. AL 37th Inf. Co.C,D Cpl.
Bryan, P.S. GA Cav. 12th Bn. (St.Guards) Co.D
Bryan, P.T. GA 45th Inf. Co.F
Bryan, P.W. VA 46th Inf. Co.C
Bryan, P.W.A. SC 11th Inf. 1st Co.F Sgt.
Bryan, P.W.A. SC 24th Inf. Co.E
Bryan, R. LA 8th Cav. Co.K
Bryan, R. VA 28th Inf. Co.K
Bryan, R.A. GA 1st Reg. Co.I
Bryan, R.A. GA 3rd Res. Co.F Cpl.
Bryan, R.A. MS 41st Inf. Co.D
Bryan, Ransom TX 18th Inf. Co.C
Bryan, R.B. MS 12th Cav. Co.D
Bryan, R.B.W. NC 38th Inf. Co.C
Bryan, R.C. MS 2nd Part.Rangers Co.L Sgt.
Bryan, R.C. TN 13th Inf. Co.G Sgt.
Bryan, R.C. Gen. & Staff, Comsy.Dept. Capt.
Bryan, R.E. SC 16th & 24th (Cons.) Inf. Co.B
Bryan, R.E. SC 24th Inf. Co.E
Bryan, R.E. VA 50th Inf. Sgt.
Bryan, Reddin NC 5th Cav. (63rd St.Troops) Co.A Cpl.
Bryan, Redin NC 50th Inf. Co.F
Bryan, Reed Asa FL 2nd Inf. Co.I Sgt.
Bryan, Reuben T. KY 6th Cav. Co.A
Bryan, R.G. MO 16th Inf. Co.A
Bryan, R.G.W. SC 11th Inf. 1st Co.F Bvt.2nd Lt.
Bryan, R.G.W. SC 24th Inf. Co.E 1st Lt.
Bryan, R.H. AL Cav. Lewis' Bn. Co.A
Bryan, Rice E. VA 36th Inf. Co.A Music.
Bryan, Richard NC 5th Inf. Co.C
Bryan, Richard 7th Conf.Cav. Co.F
Bryan, Richard A. GA Siege Arty. 28th Bn. Co.A
Bryan, Richard A. GA 61st Inf. Co.E
Bryan, Richard A. SC 1st (Hagood's) Inf. 1st Co.H, 2nd Co.E 2nd Lt.
Bryan, Richard B. NC 46th Inf. Co.A
Bryan, R.J. TN 6th Inf. Co.K
Bryan, R.O. VA 24th Cav. Co.C
Bryan, Robert AL 46th Inf. Co.D
Bryan, Robert AR 32nd Inf. Co.D
Bryan, Robert GA Inf. 10th Bn. Co.A
Bryan, Robert NC 66th Inf. Co.E
Bryan, Robert SC 7th Inf. 1st Co.G
Bryan, Robert A. VA 5th Inf. Co.C Cpl.
Bryan, Robert B. GA 25th Inf. Co.G 1st Sgt.
Bryan, Robert C. KY 6th Mtd.Inf. Co.I
Bryan, Robert C. MS 18th Cav. Co.D 1st Lt.
Bryan, Robert C. TN 2nd Cav. Co.A 1st Lt.
Bryan, Robert C. TX 22nd Cav. Co.C
Bryan, Robert C. VA 48th Inf. Co.F 2nd Lt.
Bryan, Robert D. SC 2nd St.Troops Co.I Cpl.
Bryan, Robert M. TN 44th Inf. Co.G
Bryan, Robert M. TN 44th (Cons.) Inf. Co.F

Bryan, Robert S. MD Arty. 1st Btty. Cpl.
Bryan, Robert S. SC 22nd Inf. Co.A
Bryan, Robert S. 7th Conf.Cav. Co.D
Bryan, R.R. FL 2nd Inf. Co.F
Bryan, R.R. GA Cav. 9th Bn. (St.Guards) Co.C
Bryan, R.S. GA 10th Cav. Co.D
Bryan, R.S. Gen. & Staff Maj.,QM
Bryan, R.U. AL 5th Inf. New Co.G 2nd Lt.
Bryan, R.U. 15th Conf.Cav. Co.K
Bryan, Rufus FL 10th Inf. Co.A
Bryan, Rufus P. GA 17th Inf. Co.D
Bryan, R.W. AL 18th Inf. Co.B
Bryan, S. TX 7th Cav. Co.I
Bryan, S. TX 1st Hvy.Arty. Co.B Cpl.
Bryan, S. TX 7th Inf. Co.C
Bryan, S. TX 9th (Young's) Inf. Co.D
Bryan, Samuel NC Cav. 12th Bn. Co.A
Bryan, Samuel VA Inf. 25th Bn. Co.E
Bryan, Samuel D. MO Conscr.
Bryan, Samuel G. MS 1st Lt.Arty. Co.L,E
Bryan, Samuel H. MO 3rd Inf. Co.C
Bryan, Samuel H. NC 31st Inf. Co.D 2nd Lt.
Bryan, Samuel J. TX 8th Cav. Co.B
Bryan, Samuel O. GA 1st Reg. Co.I,C
Bryan, Samuel W. GA 25th Inf. Co.F
Bryan, S.C. AL 30th Inf. Co.K
Bryan, S.C. GA 12th (Robinson's) Cav. (St.Guards) Co.B
Bryan, Sebern TX 1st Inf. 2nd Co.K
Bryan, Sebern TX Montgomery's Unatt.Co.
Bryan, S.F.A. TX 8th Cav. Co.B
Bryan, S.H. TN 25th Inf. Co.K
Bryan, Sidney TX 1st Hvy.Arty. Co.B
Bryan, Silas J. TN Cav. 2nd Bn. (Biffle's) Co.B
Bryan, Silas J. TN 6th (Wheeler's) Cav. Co.G
Bryan, S.J. TN 5th (McKenzie's) Cav. Co.B
Bryan, S.J. TX 35th (Brown's) Cav. Co.H
Bryan, S.L. TN 3rd (Forrest's) Cav. Co.D
Bryan, S.O. GA 19th Inf. Co.B
Bryan, S.P. FL 2nd Inf. Co.K
Bryan, S.R. TN 14th (Neely's) Cav. Co.F
Bryan, St.George VA 1st Arty. Co.K
Bryan, St.George VA Arty. L.F. Jones' Co.
Bryan, Stephen GA 6th Inf. Co.E
Bryan, Stephen B. MS 21st Inf. Co.H 2nd Lt.
Bryan, Stephen V. AL 26th Inf. Co.I
Bryan, Sulathia P. MS 2nd Inf. Co.L
Bryan, T. AL 3rd Inf. Co.D
Bryan, T. LA Cav. Greenleaf's Co. (Orleans Lt.Horse)
Bryan, T. TX 35th (Brown's) Cav.
Bryan, T.A.A. GA 12th Inf. Co.I Sgt.
Bryan, T.C. Gen. & Staff Enrolling Off.
Bryan, Terrel LA 16th Inf. Co.I
Bryan, T.G. TN 43rd Inf. Co.H Capt.
Bryan, T.G. TX 11th (Spaight's) Bn.Vol. Co.G
Bryan, Thaddeus TX 15th Cav. Co.D
Bryan, Theophilus AL 3rd Inf. Co.L Cpl.
Bryan, Thomas AL 3rd Inf. Co.B
Bryan, Thomas FL 9th Inf. Co.D
Bryan, Thomas LA 1st (Strawbridge's) Inf. Co.K
Bryan, Thomas LA 13th Inf. Co.B
Bryan, Thomas MS 18th Cav. Co.F Sgt.
Bryan, Thomas MS Cav. Powers' Regt. Co.E
Bryan, Thomas MS 2nd (Davidson's) Inf. Co.K 3rd Lt.
Bryan, Thomas SC Lt.Arty. Kelly's Co.
Bryan, Thomas A. FL 6th Inf. Co.I
Bryan, Thomas A. TN 6th (Wheeler's) Cav. Co.C
Bryan, Thomas A. TN Cav. 11th Bn. (Gordon's) Co.C
Bryan, Thomas A. VA Arty. Bryan's Co. Capt.
Bryan, Thomas A. VA 22nd Inf. Co.A 2nd Lt.
Bryan, Thos. A. Gen. & Staff Asst.Surg.
Bryan, Thomas C. TN 13th Inf. Co.G
Bryan, Thomas E. GA 57th Inf. Co.C
Bryan, Thomas H. MS 44th Inf. Co.C
Bryan, Thomas H. VA 5th Inf. Co.L
Bryan, Thomas J. FL 10th Inf. Co.C
Bryan, Thomas J. NC 8th Bn.Part.Rangers Co.A,C
Bryan, Thomas J. TX 15th Cav. Co.D,K Sgt.
Bryan, Thomas J. TX Granbury's Cons.Brig. Co.F Sgt.
Bryan, Thomas K. NC Moseley's Co. (Sampson Arty.)
Bryan, Thomas K. NC 12th Inf. Co.C
Bryan, Thomas L. KY Cav. Buckner Guards
Bryan, Thomas L. TX 13th Cav. Co.A
Bryan, Thomas P. NC 18th Inf. Co.I Sgt.
Bryan, Thomas P. TX 2nd Inf. Co.B
Bryan, Thomas P. TX 5th Inf. Co.A
Bryan, Thomas S. AL 13th Inf. Co.G
Bryan, Thomas S. TN Cav. 9th Bn. (Gantt's) Co.C
Bryan, Thomas W. GA Cav. 2nd Bn. Co.E 1st Sgt.
Bryan, Thomas W. TX 5th Inf. Co.F
Bryan, Tilman C. LA 13th Bn. (Part.Rangers) Co.F
Bryan, T.J. AR 38th Inf. Old Co.I Capt.
Bryan, T.J. FL 2nd Cav. Co.F
Bryan, T.J. GA Cherokee Legion Co.I
Bryan, T.J. NC 66th Inf. Co.D
Bryan, T.J. Inf. Bailey's Cons.Regt. Co.B
Bryan, T.J. TX 1st Inf. Co.D
Bryan, T.L. TN 4th (McLemore's) Cav. Co.I
Bryan, T.M. TN 47th Inf. Co.I Sgt.
Bryan, T.M. TX 14th Inf. Co.H
Bryan, T.N. GA Cav. 24th Bn. Co.B
Bryan, T.N. Gen. & Staff Asst.Surg.
Bryan, T.O. AL 7th Inf. Co.K
Bryan, T.O. AL 16th Inf. Co.C
Bryan, Tom NC Mil. Clark's Sp.Bn. Co.A
Bryan, T.W. GA Cav. 20th Bn. Co.G
Bryan, T.W. GA Cav. 21st Bn. Co.D
Bryan, Vendick NC Mil. Clark's Sp.Bn. Co.L
Bryan, Vincent MO 3rd Inf. Co.C
Bryan, W. GA 25th Inf. Co.F
Bryan, W. GA 29th Inf. Co.C
Bryan, W.A. AL 15th Inf. Co.K
Bryan, W.A.D. MS Applewhite's Co. (Vaiden Guards)
Bryan, Wade TX 8th Inf. Co.D
Bryan, Walter 2nd Conf.Eng.Troops Co.A
Bryan, Walter J. NC 2nd Arty. (36th St.Troops) Co.F
Bryan, Washington M.C. AL 3rd Bn. Hilliard's Legion Vol. Co.B
Bryan, W.B. FL 1st (Res.) Inf. Co.F Sgt.
Bryan, W.B. FL 11th Inf. Co.G
Bryan, W.B. LA 8th Cav. Comsy.Sgt.
Bryan, W.B. MS Cav. Semple's Co. 1st Lt.
Bryan, W.C. AR Lt.Arty. 5th Btty. Capt.
Bryan, W.C. FL 2nd Inf. Co.A
Bryan, W.C. GA Cav. 12th Bn. (St.Guards) Co.D
Bryan, W.C. NC Nelson's Co. (Loc.Def.)
Bryan, W.C. TN Conscr. (Cp. of Instr.)
Bryan, W.C. TX 32nd Cav. Co.I
Bryan, W.D. GA 2nd Bn.Troops & Defences (Macon) Co.A
Bryan, Webster H. KY 3rd Mtd.Inf. Co.A Cpl.
Bryan, W.F. AL 62nd Inf.
Bryan, W.F. GA 4th (Clinch's) Cav. Co.A 2nd Lt.
Bryan, W.F. VA Cav. 36th Bn. Co.C
Bryan, W.G. GA 6th Inf. (St.Guards) Co.G
Bryan, W.G. TN 28th (Cons.) Inf. Co.F
Bryan, W.H. FL Cav. 5th Bn. Co.H
Bryan, W.H. GA 10th Inf. Co.C
Bryan, W.H. LA Mil. Chalmette Regt. Co.F
Bryan, W.H. SC 7th Cav. Co.I 2nd Lt.
Bryan, W.H. TN Cav. Nixon's Regt. Co.B
Bryan, W.H. Gen. & Staff AQM
Bryan, W.I. Gen. & Staff Capt.,AQM
Bryan, Wiley B. MS Wilkinson Cty. Minute Men Co.A Maj.
Bryan, Wilie NC Cav. 12th Bn. Co.A
Bryan, William AL 24th Inf. Co.D Cpl.
Bryan, William AL 37th Inf. Co.C,D
Bryan, William AL 44th Inf. Co.B
Bryan, William FL 2nd Inf. Co.F
Bryan, William FL 6th Inf. Co.I
Bryan, William FL 8th Inf.
Bryan, William GA 4th (Clinch's) Cav. Co.B
Bryan, William GA 20th Inf. Co.F
Bryan, William GA Inf. 87th Regt. Co.I
Bryan, William GA Phillips' Legion Co.N,E
Bryan, William LA 27th Inf. Co.B
Bryan, William LA Mil. Irish Regt. Co.D
Bryan, William LA Res.Corps
Bryan, William MO 3rd Inf. Co.C
Bryan, William NC 3rd Cav. (41st St.Troops) Co.H
Bryan, William NC Cav. 5th Bn. Co.A
Bryan, William TX 15th Cav. Co.B
Bryan, William VA Cav. 41st Bn. Co.G
Bryan, William VA Lt.Arty. Brander's Co.
Bryan, William A. AL 33rd Inf. Co.A
Bryan, William A. AL 57th Inf. Co.C
Bryan, William A. FL 2nd Inf. Co.I
Bryan, William A. NC Cav. 12th Bn. Co.A
Bryan, William A. VA Lt.Arty. Douthat's Co.
Bryan, William B. GA Cav. 29th Bn.
Bryan, William B. LA 19th Inf. Co.B
Bryan, William B. MS Cav. Jeff Davis Legion Co.C
Bryan, William B. NC 47th Inf. Co.I
Bryan, William C. FL 5th Inf. Co.E
Bryan, William C. MD 1st Cav. Co.E
Bryan, William D. AL 33rd Inf. Co.A
Bryan, William D. GA Inf. 10th Bn. Co.A,E
Bryan, William D. NC 43rd Inf. Co.A
Bryan, William D. SC 14th Inf. Co.D Music.
Bryan, William D. SC 21st Inf. Co.D Sgt.
Bryan, William D. TN Cav. 9th Bn. (Gantt's) Co.C
Bryan, William D. TN 44th Inf. Co.G

Bryan, William D. TN 44th (Cons.) Inf. Co.F Sgt.
Bryan, Wm. E. GA 16th Inf. Co.G
Bryan, William E. LA Res.Corps
Bryan, William F.J. GA Cav. Hendry's Co. (Atlantic & Gulf Guards)
Bryan, William F.J. GA 26th Inf. Dent's Co.A
Bryan, William G. GA 2nd Cav. Co.C
Bryan, William G., Jr. NC 2nd Inf. Co.I 1st Sgt.
Bryan, William G. TX 3rd Cav. Co.I Cpl.
Bryan, Wm. H. AL 22nd Inf. Co.I
Bryan, William H. FL 5th Inf. Co.K 1st Sgt.
Bryan, William H. MS 2nd Inf. Co.L
Bryan, William H. NC 8th Sr.Res. Bryan's Co. Capt.
Bryan, William H. SC Cav.Bn. Holcombe Legion Co.A Bvt.2nd Lt.
Bryan, William H. TX 2nd Inf. Co.C
Bryan, William H. VA Cav. Moorman's Co.
Bryan, William H.H. GA 2nd Bn.S.S. Co.D
Bryan, William J. GA Inf. 2nd Bn. Co.D 2nd Lt.
Bryan, William J. GA 44th Inf. Co.K
Bryan, William Joel TX Terry's Mtd. Co. Ord.Sgt.
Bryan, William L. GA Cav. 1st Bn.Res. Co.C
Bryan, William L. VA 36th Inf. Co.A
Bryan, William M. GA 25th Inf. Co.G
Bryan, William M. TN 1st (Feild's) Inf. Co.A
Bryan, William M. TX 1st Inf. 2nd Co.K
Bryan, William M. VA 28th Inf. Co.H
Bryan, William McD. GA 1st Inf. Co.C
Bryan, William P. FL 8th Inf. Co.G Sgt.
Bryan, William P. GA 23rd Inf. Co.K
Bryan, William P. NC 66th Inf. Co.A
Bryan, William P. TX 16th Cav. Co.F
Bryan, William R. AL 13th Inf. Co.K
Bryan, William R. MS 22nd Inf. Co.G
Bryan, William R. VA Arty. Bryan's Co. Sgt.
Bryan, William T. AL 11th Inf. Co.H Cpl.
Bryan, William T. MO 1st N.E. Cav. Co.C
Bryan, William T. NC 2nd Arty. (36th St.Troops) Co.G
Bryan, William T. NC 3rd Arty. (40th St.Troops) Co.G Cpl.
Bryan, William T. NC 1st Inf. (6 mo. '61) Co.A
Bryan, Wm. W. AL 37th Inf. Co.K
Bryan, William W. VA 32nd Inf. Co.F Cpl.
Bryan, W.J. GA 32nd Inf. Co.E
Bryan, W.J. NC 35th Inf. Co.D
Bryan, W.J. SC 1st (Hagood's) Inf. 2nd Co.E
Bryan, W.L. AL 53rd (Part.Rangers) Co.D
Bryan, W.L. MD 1st Cav. Co.B
Bryan, W.L. NC 27th Inf. Co.B Cpl.
Bryan, W.M. AL Lt.Arty. Kolb's Btty.
Bryan, W.M. AR Cav. Gordon's Regt. Co.F
Bryan, W.M. GA 39th Inf. Co.D,K
Bryan, W.M. TX 5th Inf. Co.F
Bryan, W. Munroe Gen. & Staff Asst.Surg.
Bryan, Wood GA 5th Inf. Co.F
Bryan, W.P. GA 1st Inf. Co.E
Bryan, W.R. KY 6th Mtd.Inf. Co.I
Bryan, Wright W. NC 43rd Inf. Co.A
Bryan, W.T. GA 45th Inf. Co.F
Bryan, W.T. MS 4th Inf. Co.F
Bryan, W.W. GA 66th Inf. Co.A
Bryan, Yancy L. AL 57th Inf. Co.F
Bryan, Young N. GA Inf. 10th Bn. Co.A
Bryans, Bluford H. GA 44th Inf. Co.I Cpl.
Bryans, G. LA Mil. Orleans Guards Regt. Co.K
Bryans, Greenbury S. GA 44th Inf. Co.I Sgt.
Bryans, I.H. GA 53rd Inf. Co.F
Bryans, James H. GA 6th Inf. (St.Guards) Pittman's Co.
Bryans, J.B. GA 22nd Inf. Co.H Sgt.
Bryans, J.B. GA 27th Inf. Co.H 1st Sgt.
Bryans, J.H. GA Ind.Cav. (Res.) Humphrey's Co.
Bryans, John H. GA 10th Cav. (St.Guards) Co.F Cpl.
Bryans, Thomas H. GA 10th Cav. (St.Guards) Co.F Sgt.Maj.
Bryans, W.H. GA Ind.Cav. (Res.) Humphrey's Co.
Bryans, William H. GA 10th Cav. (St.Guards) Co.F
Bryant, --- KY Huey's Bn.
Bryant, --- MS 8th Cav. Co.K
Bryant, A. AL 4th (Russell's) Cav. Co.I
Bryant, A. AL 9th Inf. Co.A
Bryant. A. AL 22nd Inf. Co.I Cpl.
Bryant, A. GA 55th Inf. Co.C
Bryant, A. MS 1st Cav. Co.E
Bryant, A. MS St.Troops Surg.
Bryant, A. NC 46th Inf. Co.E
Bryant, A. TX Inf. Timmons' Regt. Co.D
Bryant, Aaron TN 12th (Cons.) Inf.
Bryant, Aaron TN 26th Inf. Co.C
Bryant, Abe AR 8th Inf. New Co.D
Bryant, Abner MO Cav. 3rd Regt.St.Guard Co.F
Bryant, Absalom TN 17th Inf. Co.K Sgt.
Bryant, A.C. GA Inf. 26th Bn. Co.A Cpl.
Bryant, A.D. FL Cav. 5th Bn. Co.F
Bryant, A.D. TN 12th (Cons.) Inf. Co.F
Bryant, A.D. TN 22nd Inf. Co.D
Bryant, A.D. TN 55th (Brown's) Inf. Co.H Sgt.
Bryant, A.D. VA Inf. 26th Bn. Co.I
Bryant, Adrian TN 11th Cav.
Bryant, Adrian TN 35th Inf. 1st Co.D
Bryant, Adron TN 16th Inf. Co.D
Bryant, A.E. AL 16th Inf. Co.D
Bryant, A.F. GA Cav. Roswell Bn. Co.A
Bryant, A.F. GA 2nd Res. Co.E
Bryant, A.G. SC 18th Inf. Co.F
Bryant, A.H. MS 6th Inf. Co.A
Bryant, A. Henry TN 39th Mtd.Inf. Co.B
Bryant, A.J. GA 1st Cav. Co.B Cpl.
Bryant, A.J. GA 7th Inf. (St.Guards) Co.H Cpl.
Bryant, A.J. GA Phillips' Legion Co.N
Bryant, A.J. NC 8th Sr.Res. Callihan's Co.
Bryant, A.J. VA 36th Inf. 2nd Co.K
Bryant, A.J. VA 51st Inf. Co.D
Bryant, A.K. AR 30th Inf. Co.C Drum.
Bryant, A.L. MS 43rd Inf. Co.C
Bryant, Albert D. VA 16th Inf. Co.E
Bryant, Aldridge M. NC 51st Inf. Co.I
Bryant, Alex VA Lt.Arty. Cooper's Co.
Bryant, Alexander LA 31st Inf. Co.I
Bryant, Alexander TX Waul's Legion Co.F
Bryant, Alexander VA Cav. 15th Bn. Co.B
Bryant, Alexander VA Cav. 15th Bn. Co.D
Bryant, Alexander VA Hvy.Arty. 20th Bn. Co.D
Bryant, Alexander VA 30th Inf. 1st Co.I
Bryant, Alexander VA 40th Inf. Co.E
Bryant, Alexander VA 41st Mil. Co.A
Bryant, Alexander VA 47th Inf. 3rd Co.I
Bryant, Alexander VA 129th Mil. Carter's Co.
Bryant, Alexander H.R. TX 34th Cav. Co.D Capt.
Bryant, Alexander M. AL Lt.Arty. 2nd Bn. Co.E
Bryant, Alexander W. VA 4th Inf. Co.H
Bryant, Alford K. VA 50th Inf. Co.A
Bryant, Alford P. GA 30th Inf. Co.K Sgt.
Bryant, Alfred AL 24th Inf. Co.C,A
Bryant, Alfred AL 50th Inf. Co.A
Bryant, Alfred AL 62nd Inf. Co.E
Bryant, Alfred GA 1st Cav. Co.G,I
Bryant, Alfred KY 5th Cav. Co.I
Bryant, Alfred TN 55th (Brown's) Inf. Co.H Capt.
Bryant, Alfred McL. NC 20th Inf. Co.F
Bryant, Alfred T. MS 42nd Inf. Co.F,K
Bryant, Alfred T. SC 18th Inf. Co.F
Bryant, Allen MS 2nd Cav. Co.I
Bryant, Allen MS 2nd (Quinn's St.Troops) Inf. Co.D
Bryant, Allen NC 16th Inf. Co.C,A
Bryant, Allen NC 39th Inf. Co.K
Bryant, Allen C. GA 4th Inf. Co.A
Bryant, Allen M. NC 29th Inf. Co.G
Bryant, Ambrose M. LA 28th (Gray's) Inf. Co.K
Bryant, Ambrose S. AL Cav. Holloway's Co.
Bryant, Ambrose S. AL Recruits
Bryant, Amos VA 45th Inf. Co.E
Bryant, A.N. VA 51st Inf. Co.D
Bryant, And VA 157th Mil. Co.B
Bryant, Anderson R. AR 9th Inf. Co.G Sgt.
Bryant, Andrew B. SC 1st (Orr's) Rifles Co.H Cpl.
Bryant, Andrew D. TN 53rd Inf. Co.E 1st Lt.
Bryant, Andrew J. AL 3rd Bn.Res. Jackson's Co.
Bryant, Andrew J. AL 13th Inf. Co.D
Bryant, Andrew J. GA 1st Cav. Co.B Cpl.
Bryant, Andrew J. GA 57th Inf. Co.F
Bryant, Andrew J. LA 1st (Strawbridge's) Inf. Co.F Sgt.
Bryant, Andrew J. NC 1st Cav. (9th St.Troops) Co.B
Bryant, Andrew J. VA 50th Inf. Co.E
Bryant, Andrew J. VA 60th Inf. Co.K Sgt.
Bryant, Andrew J. 1st Cherokee Mtd.Vol. 2nd Co.K
Bryant, Angus R. NC 23rd Inf. Co.D
Bryant, A.O. MS 4th Inf. Co.K Ord.Sgt.
Bryant, A.P. AR 36th Inf. Co.I
Bryant, A.P. GA 11th Cav. Co.B
Bryant, A.R. TX Cav. Mann's Regt. Co.C
Bryant, Archibald W. MS 22nd Inf. Co.G Music.
Bryant, A.S. TN 51st (Cons.) Inf. Co.D
Bryant, Asa 3rd Conf.Cav. Co.K Cpl.
Bryant, Asa J. LA 28th (Gray's) Inf. Co.K
Bryant, Asberry FL 7th Inf. Co.C
Bryant, Asbery W. MS Inf. 2nd Bn. Co.B
Bryant, Asbery W. MS 48th Inf. Co.B
Bryant, Asbury AL 50th Inf. Co.A
Bryant, Ashford AL 38th Inf. Co.D
Bryant, Ashley MS 40th Inf. Co.A
Bryant, A.T. GA 12th (Robinson's) Cav. (St.Guards) Co.E Sgt.
Bryant, Augustus AL Cav. 24th Bn.

Bryant, Augustus NC 47th Inf. Co.A
Bryant, Augustus NC 47th Inf. Co.B Sgt.
Bryant, Augustus VA Lt.Arty. Cooper's Co.
Bryant, Augustus B. GA 35th Inf. Co.I
Bryant, Augustus M. NC 12th Inf. Co.O
Bryant, Augustus M. NC 32nd Inf. Co.C,D Cpl.
Bryant, Augustus S. NC 48th Inf. Co.H Cpl.
Bryant, Augustus W. AL 5th Bn.Vol. Co.B Sgt.
Bryant, Aurelius E. AL Inf. 1st Regt. Co.D 1st Sgt.
Bryant, A.V. TN 17th Inf. Co.H
Bryant, A.W. NC 62nd Inf. Co.K Sgt.
Bryant, A.W. TN 27th Inf. Co.E Sgt.
Bryant, A.W. TX 32nd Cav. Co.I
Bryant, A.W. 15th Conf.Cav. Co.C
Bryant, A.Y. GA 11th Mil. Co.B
Bryant, B. AL Cp. of Instr. Talladega Co.B
Bryant, B. KY Morgan's Men Co.C
Bryant, B. SC 27th Inf. Co.G
Bryant, B. VA 64th Mtd.Inf. Co.B
Bryant, Bartimus A. NC 33rd Inf. Co.G
Bryant, Bazil VA Lt.Arty. Cooper's Co.
Bryant, B.B. GA Cav. 29th Bn. Co.H
Bryant, B.B. VA 23rd Cav. Co.E
Bryant, B.D. GA 5th Res. Co.F
Bryant, Benjamin GA Cav. 10th Bn. (St.Guards) Co.A
Bryant, Benjamin GA 18th Inf. Co.H
Bryant, Benjamin GA 54th Inf. Co.H,F
Bryant, Benjamin MS 2nd (Davidson's) Inf. Co.H
Bryant, Benjamin A. LA 12th Inf. Co.H
Bryant, Benjamin C. VA 29th Inf. Co.C Fifer
Bryant, Benjamin F. AR 2nd Mtd.Rifles Co.C
Bryant, Benj. Franklin AL 49th Inf. Co.C
Bryant, Benjamin R. MS 2nd Inf. Co.E
Bryant, Benjamin T. VA 52nd Mil. Co.A
Bryant, Benjamin W. NC 12th Inf. Co.O
Bryant, Benjamin W. NC 32nd Inf. Co.C,D
Bryant, Benson B. GA 1st Reg. Co.E
Bryant, Berry NC 47th Inf. Co.B
Bryant, Berry Amm GA 22nd Inf. Co.A
Bryant, Berry L. MO Cav. 3rd Bn. Co.E
Bryant, Berryman SC 1st Bn.S.S. Co.C
Bryant, Bethel A. NC 58th Inf. Co.G
Bryant, B.F. SC 2nd Inf. Co.A
Bryant, B.F. SC 9th Inf. Co.A
Bryant, B.F. TN 50th Inf. Co.K
Bryant, B.F. 3rd Conf.Cav. Co.K
Bryant, B.G. GA 10th Inf. Co.D
Bryant, B.H. GA 44th Inf. Co.I Cpl.
Bryant, B.H. LA 1st Res. Co.K
Bryant, B.J. VA 3rd Inf.
Bryant, B.M. TN 27th Inf. Co.G
Bryant, B.M. TX 10th Cav. Co.K
Bryant, B.R. SC 23rd Inf. Co.I
Bryant, Britton B. VA 41st Inf. Co.H
Bryant, Brooks MO 7th Cav. Haislip's Co.
Bryant, Brooks MO 8th Cav. Co.I
Bryant, Brummet TN 26th Inf. Co.C
Bryant, B.S. Gen. & Staff, QM Dept. Maj.
Bryant, Burrell GA Lt.Arty. Anderson's Btty.
Bryant, Burril GA Lt.Arty. 14th Bn. Co.B
Bryant, Burt R. SC 18th Inf. Co.D Sgt.
Bryant, Bushrod VA 55th Inf. Co.E
Bryant, B.W. 15th Conf.Cav. Co.G
Bryant, Byron K. VA 25th Cav. Co.B
Bryant, C. SC 6th Res. Co.A
Bryant, C. TN 12th (Cons.) Inf. Co.I
Bryant, Caleb AL 9th Inf. Co.A
Bryant, Calvin AR 1st Mtd.Rifles Co.K
Bryant, Calvin GA 50th Inf. Co.H
Bryant, Calvin NC 33rd Inf. Co.C
Bryant, Cannon TN Cav. 16th Bn. (Neal's) Co.E
Bryant, Caswell GA Inf. 4th Bn. (St.Guards) Co.C
Bryant, Caswell G. NC 24th Inf. Co.E
Bryant, Caswell J. TN 28th Inf. Co.F
Bryant, Caswell J. Wheeler's Scouts,CSA
Bryant, C.C. MS Cav. 2nd Bn.Res. Co.E
Bryant, C.C. VA 15th Cav. Co.B
Bryant, C.D. MS 18th Cav. Co.G
Bryant, Cetrar GA 8th Inf. Co.D
Bryant, C.G. NC 21st Inf. Co.B
Bryant, C.H. VA 3rd Res. Co.H
Bryant, Charles NC 30th Inf. Co.F
Bryant, Charles SC 1st (Orr's) Rifles Co.L
Bryant, Charles SC 11th Inf.
Bryant, Charles TN Inf. 1st Bn. (Colms') Co.E
Bryant, Charles TN 50th (Cons.) Inf. Co.H
Bryant, Charles B. TX 10th Cav. Co.A
Bryant, Charles B. VA 24th Inf. Co.H Sgt.
Bryant, Charles C. KY 10th Cav. Co.A
Bryant, Charles C. LA Inf. 16th Bn. (Conf. Guards Resp.Bn.)
Bryant, Charles G. TN 15th (Cons.) Cav. Co.C
Bryant, Charles H. VA 51st Inf. Co.G
Bryant, Charles J. NC 4th Cav. (59th St.Troops) Co.D
Bryant, Charles P. VA 19th Inf. Co.G
Bryant, Charles T. LA 7th Inf. Co.A
Bryant, Charles W. VA 38th Inf. Co.A
Bryant, C.H.O. AL 5th Inf. Co.F
Bryant, Christopher E. LA 21st (Patton's) Inf. Co.A
Bryant, C.J. TN 4th Inf. Co.C
Bryant, C.J. TN 8th Inf. Co.F
Bryant, C.L. GA 6th Inf. (St.Guards) Co.B
Bryant, Claiborn R. TX 34th Cav. Co.D
Bryant, Clark H. GA 42nd Inf. Co.I
Bryant, Clay SC 3rd Cav. Co.D
Bryant, C.M. AR 2nd Cav. Co.A
Bryant, C.M. AR 2nd Mtd.Rifles Co.A
Bryant, C.M. AR 20th Inf. Co.K
Bryant, Coleman R. VA 57th Inf. Co.E
Bryant, Columbus A. NC 45th Inf. Co.A
Bryant, Columbus L. MS 7th Inf. Co.F
Bryant, Columbus O. NC 25th Inf. Co.K
Bryant, Cornelius MS 12th Inf. Co.C
Bryant, Cornelius NC 14th Inf. Co.I
Bryant, Cornelius VA Inf. 25th Bn. Co.C
Bryant, C.S. SC 23rd Inf. Co.G
Bryant, Cullen GA 27th Inf. Co.F
Bryant, C.W. MS Cav. 24th Bn. Co.C
Bryant, C.W. MS 1st (King's) Inf. (St.Troops) Co.G 3rd Lt.
Bryant, C.W.A. GA Floyd Legion (St.Guards) Co.G
Bryant, D. FL 2nd Inf. Co.D
Bryant, D. SC Arty. Manigault's Bn. Co.E
Bryant, Daliner Conf.Inf. 1st Bn. 2nd Co.A
Bryant, Daniel AL 51st (Part.Rangers) Co.D
Bryant, Daniel AL 22nd Inf. Co.I
Bryant, Daniel KY 1st Inf. Co.G Cpl.
Bryant, Daniel TN 9th (Ward's) Cav. Co.F Sgt.
Bryant, Daniel H. VA Lt.Arty. Motley's Co.
Bryant, Daniel L. GA 50th Inf. Co.F
Bryant, Daniel M. KY 4th Mtd.Inf. Co.F
Bryant, Dav E. TN 28th Inf. Co.B
Bryant, David AL 10th Inf. Co.D Cpl.
Bryant, David FL 2nd Cav. Co.C
Bryant, David FL 9th Inf. Co.H Cpl.
Bryant, David GA 56th Inf. Co.I
Bryant, David LA 31st Inf. Co.C Capt.
Bryant, David NC 29th Inf. Co.G
Bryant, David SC Arty. Gregg's Co. (McQueen Lt.Arty.)
Bryant, David SC Arty. Manigault's Bn. 1st Co.C
Bryant, David TN 4th (McLemore's) Cav. Co.I
Bryant, David TN 4th (Murray's) Cav. Co.A
Bryant, David TN 16th Inf. Co.K
Bryant, David VA Lt.Arty. Rives' Co.
Bryant, David VA 57th Inf. Co.B
Bryant, David 1st Conf.Cav. 2nd Co.D
Bryant, David A. AL Cav. 5th Bn. Hilliard's Legion Co.C Music.
Bryant, David A. VA 49th Inf. Co.F
Bryant, David A. 10th Conf.Cav. Co.C
Bryant, David F. TN 17th Cav. Co.H
Bryant, David F. TN 17th Inf. Co.H
Bryant, David H. Gen. & Staff Asst.Surg.
Bryant, David J. TN 42nd Inf. Co.B
Bryant, David M. TN 17th Inf. Co.C
Bryant, David M. VA Inf. Lyneman's Co.
Bryant, D.B. AR 6th Inf. Co.I
Bryant, Dempsey FL 2nd Inf. Co.E
Bryant, DeWitt Clinton LA 21st (Patton's) Inf. Co.A
Bryant, D.F. TN Inf. 3rd Cons.Regt. Co.I
Bryant, D.H. FL 2nd Cav. Co.K,B
Bryant, D.H. MS 38th Cav. Co.D
Bryant, D.H. Gen. & Staff, PACS Asst.Surg.
Bryant, D.J. GA 54th Inf. Co.F
Bryant, D.L. 9th Conf.Inf. Co.G Sgt.
Bryant, D.M. FL Sp.Cav. 1st Bn. Co.A
Bryant, D.R. AR 9th Inf. Co.H
Bryant, D.W. GA 63rd Inf. Co.E
Bryant, E. AL 23rd Inf. Co.C,I
Bryant, E. AL Cp. of Instr. Talladega
Bryant, E. GA 1st Bn.S.S. Co.D
Bryant, E. VA Inf. 44th Bn. Co.C
Bryant, E.A. AL 1st Cav. Co.G
Bryant, E.B. AR 7th Mil. Co.B
Bryant, E.B. AR 34th Inf. Co.I
Bryant, E.B. KY 24th Cav. Co.D
Bryant, E.B. TN 15th Cav. Co.H,D
Bryant, E.C. TN Cav. Napier's Bn. Co.C
Bryant, Ed KY 8th Cav. Co.A
Bryant, Edward AL 15th Bn.Part.Rangers Co.C
Bryant, Edward AL 56th Part.Rangers Co.C
Bryant, Edward AL 27th Inf. Co.C
Bryant, Edward FL 1st Cav. Co.A
Bryant, Edward GA 5th Res. Co.C
Bryant, Edward LA 2nd Inf. Co.H Sgt.
Bryant, Edward VA 55th Inf. Co.L
Bryant, Edward VA 92nd Mil. Co.A
Bryant, Edward A. MO Cav. 3rd Bn. Co.E
Bryant, Edward B. VA 18th Inf. Co.H
Bryant, Edward C. AL 12th Inf. Co.B
Bryant, Edward J. FL 5th Inf. Co.H

Bryant, Edward T. AL 22nd Inf. Co.H
Bryant, E.E. SC 5th Bn.Res. Co.F
Bryant, E.F. FL Sp.Cav. 1st Bn. Co.A
Bryant, E.F. LA 17th Inf. Co.E
Bryant, E.H. GA 54th Inf. Co.C Sgt.
Bryant, E.K. LA Mil.Conf.Guards Regt. Co.B
Bryant, E.L. AR 24th Inf. Co.D
Bryant, E.L. AR Inf. Hardy's Regt. Co.C Cpl.
Bryant, E.L. GA 4th Res. Co.B 1st Lt.
Bryant, E.L., Jr. GA 7th Inf. (St.Guards) Co.B
Bryant, Eli MS 37th Inf. Co.F
Bryant, Elias LA Hvy.Arty. 2nd Bn. Co.F
Bryant, Eligah VA 42nd Inf. Co.E
Bryant, Elihu NC 1st Cav. (9th St.Troops) Co.B
Bryant, Elijah GA 29th Inf. Co.I
Bryant, Elijah TN Cav. 11th Bn. (Gordon's) Co.F
Bryant, Elijah L. GA Lt.Arty. 12th Bn. 2nd Co.A
Bryant, Elijah T. TX 13th Vol. Co.M
Bryant, Elijah T. TX 15th Inf. 2nd Co.H
Bryant, Elisha MS 14th (Cons.) Inf. Co.K
Bryant, Elisha GA 43rd Inf. Co.C
Bryant, Elisha MS 43rd Inf. Co.H
Bryant, Elisha J. AL 1st Cav. Co.E
Bryant, Ellis C. TN 7th Inf. Co.C
Bryant, Ely VA 41st Inf. Co.H
Bryant, E.M. AL 2nd Cav. Co.G
Bryant, E.M. FL 1st (Res.) Inf. Co.C
Bryant, E.M. TN 63rd Inf. Co.D,K
Bryant, E.N. MS 12th Cav. Co.H
Bryant, E.R. TX Waul's Legion Co.H
Bryant, E.S. AL 36th Inf. Co.F
Bryant, E.V. TN 17th Inf. Co.C
Bryant, Evan NC 47th Inf. Co.A
Bryant, Evan N. NC 47th Inf. Co.A 2nd Lt.
Bryant, Evan T. SC 1st (Orr's) Rifles Co.H
Bryant, Ezekiel FL 1st Cav. Co.A
Bryant, Ezekiel KY 14th Cav.
Bryant, Ezekiel MO 9th Bn.S.S. Co.F
Bryant, Ezekiel TN 7th Inf. Co.I
Bryant, Ezekiel TN 41st Inf. Co.H
Bryant, F. GA 5th Res. Co.B
Bryant, F. KY 8th Mtd.Inf. Co.A 1st Sgt.
Bryant, F.A. AL Cav. Moreland's Regt. Co.B 1st Sgt.
Bryant, F.A. TN 1st Hvy.Arty. Co.L
Bryant, F.C. MS 32nd Inf. Co.K 2nd Lt.
Bryant, F.C. TN 19th (Biffle's) Cav. Co.G
Bryant, F.E. TN 13th Inf. Co.H
Bryant, Felix NC 35th Inf. Co.B
Bryant, Felix 7th Conf.Cav. Co.G
Bryant, Felix M. FL 8th Inf. Co.F Sgt.
Bryant, Felix T. GA 45th Inf. Co.F
Bryant, Ferdinand D. NC 20th Inf. Co.D
Bryant, F.J. AL 23rd Inf. Co.F
Bryant, F.J. FL Cav. 5th Bn. Co.G
Bryant, F.J. NC 3rd Inf. Co.E
Bryant, F.L. AL 2nd Bn. Hilliard's Legion Vol. Co.B
Bryant, F.L. VA 23rd Cav. Co.I
Bryant, Fleming B.W. VA 38th Inf. Co.C
Bryant, F.M. LA 8th Inf. Co.K 2nd Lt.
Bryant, Francis 1st Cherokee Mtd.Vol. 2nd Co.K
Bryant, Francis A. NC 44th Inf. Co.C
Bryant, Francis M. AL 63rd Inf. Co.A
Bryant, Francis M. FL 8th Inf. Co.K 2nd Lt.
Bryant, Francis M. NC 18th Inf. Co.D
Bryant, Frank AL 62nd Inf. Co.F
Bryant, Frank C. MS 26th Inf. Co.G
Bryant, Frederic N. VA 54th Inf. Co.K 2nd Lt.
Bryant, Frederick NC 8th Inf. Co.G
Bryant, Frederick J. NC 8th Inf. Co.G
Bryant, F.W. AL 15th Bn.Part.Rangers Co.D
Bryant, G. GA Inf. Collier's Co.
Bryant, G. SC Mil. 16th Regt. Sigwald's Co.
Bryant, Gabriel TN 11th Cav. Co.H
Bryant, Gabriel TN 35th Inf. Co.C, 1st Co.D
Bryant, Garland VA Lt.Arty. Lamkin's Co.
Bryant, G.C. AL 7th Inf. Co.F
Bryant, G.C. AL 9th (Malone's) Cav. Co.F
Bryant, G.D. SC 21st Inf. Co.E
Bryant, G.D. SC 26th Inf. Co.F
Bryant, G.D.L. TX 4th Inf. Co.H
Bryant, G.E. AR 19th (Dawson's) Inf. Co.I
Bryant, George AL 1st Regt. Mobile Vol. Co.E
Bryant, George GA 7th Inf. Co.G
Bryant, George KY 8th Mtd.Inf. Co.D
Bryant, George MO 2nd Inf. Co.B
Bryant, George NC 2nd Arty. (36th St.Troops) Co.F
Bryant, George TN 12th (Green's) Cav. Co.F
Bryant, George TN Lt.Arty. Phillips' Co.
Bryant, George VA Cav. 34th Bn. Co.B
Bryant, George VA Lt.Arty. Utterback's Co.
Bryant, George VA 2nd Inf.Loc.Def. Co.C Sgt.
Bryant, George VA Inf. 2nd Bn.Loc.Def. Co.E Sgt.
Bryant, George VA 129th Mil. Carter's Co.
Bryant, George A. NC 43rd Inf. Co.C
Bryant, George B. LA 30th Inf. Co.F
Bryant, George F. VA Courtney Arty.
Bryant, George F. VA Lt.Arty. Weisiger's Co.
Bryant, George F. VA 6th Inf. Weisiger's Co.
Bryant, George F. VA 16th Inf. Co.I
Bryant, George H. MD 1st Cav. Co.E
Bryant, George H. NC 37th Inf. Co.A
Bryant, George H. VA Inf. 23rd Bn. Co.F
Bryant, George H. VA 111th Mil. Co.8
Bryant, George M. MS 7th Inf. Co.F
Bryant, George S. AL 4th Res. Co.C Cpl.
Bryant, George S. AL Vol. Rabby's Coast Guard Co. No.1 1st Sgt.
Bryant, George S. TX 35th (Brown's) Cav. Co.G
Bryant, George S. TX 13th Vol. 2nd Co.G, 2nd Co.I
Bryant, George S. Gen. & Staff Surg.
Bryant, George T. GA 48th Inf. Co.G
Bryant, George T. NC 3rd Arty. (40th St.Troops) Co.G
Bryant, George W. AL 2nd Bn. Hilliard's Legion Vol. Co.C Sgt.
Bryant, George W. AR 1st Mtd.Rifles Co.H Sgt.
Bryant, George W. FL 5th Inf. Co.H
Bryant, George W. KY 2nd Mtd.Inf. Co.D
Bryant, George W. KY Lt.Arty. Green's Btty.
Bryant, George W. MO 3rd Inf. Co.E
Bryant, George W. NC 6th Cav. (65th St.Troops) Co.A
Bryant, George W. VA 56th Inf. Co.D
Bryant, G.H. TN 5th Inf. Co.D
Bryant, Gibson W. MS 46th Inf. Co.H
Bryant, Giles SC 1st Arty. Co.D
Bryant, G.J. GA Inf. 17th Bn. (St.Guards) Jefferson's Co. 2nd Lt.
Bryant, G.L. AR 18th Inf. Co.A
Bryant, G.L. GA 7th Cav. Co.D
Bryant, G.N. GA 3rd Res. Co.I
Bryant, G.P. NC 4th Inf. Surg.
Bryant, Granville KY 4th Cav. Co.C,I
Bryant, Gray SC 8th Inf. Co.A Bvt.2nd Lt.
Bryant, Gray SC 21st Inf. Co.B
Bryant, Gray TN Inf. Tackitt's Co. Cpl.
Bryant, Green GA 61st Inf. Co.F Cpl.
Bryant, G.T. NC 2nd Inf. Co.B
Bryant, G.W. AL 5th Cav. Co.K
Bryant, G.W. AL 59th Inf. Co.A
Bryant, G.W. GA 19th Inf. Co.E
Bryant, G.W. MS 2nd St.Cav. Co.B Cpl.
Bryant, G.W. MS 12th Cav. Co.H
Bryant, H. GA Inf. (GA RR Guards) Porter's Co.
Bryant, H. KY 24th Co.D
Bryant, H. LA 9th Inf. Co.H
Bryant, H. MS 3rd Cav. Co.D
Bryant, H. TX Cav. Saufley's Scouting Bn. Co.E
Bryant, H. VA 19th Inf.
Bryant, H. VA 46th Inf. Co.L
Bryant, Hamilton TX 4th Field Btty.
Bryant, Hardin VA 49th Inf. Co.F
Bryant, Hardy GA 27th Inf. Co.D
Bryant, Hardy NC 32nd Inf. Co.H
Bryant, Hardy SC 18th Inf. Co.D
Bryant, Hardy B. SC 1st (Orr's) Rifles Co.L
Bryant, Harmon MS 32nd Inf. Co.H,A
Bryant, Harrison MS 8th Inf. Co.C
Bryant, Harrison VA 22nd Inf. Co.D
Bryant, Harrison M. GA 14th Inf. Co.C
Bryant, Harvey TN 12th (Cons.) Inf. Co.F Sgt.
Bryant, Harvey J. AL 46th Inf. Co.F
Bryant, Harvy TN 22nd Inf. Co.D
Bryant, H.B. 7th Conf.Cav. Co.E
Bryant, H.C. GA Inf. 27th Bn. Co.F
Bryant, H.D. SC 7th Inf. 1st Co.H, Co.A
Bryant, Henry AL 9th (Malone's) Cav. Co.H
Bryant, Henry AL 8th Inf. Co.C
Bryant, Henry AL 9th Inf. Co.I
Bryant, Henry AL 11th Inf. Co.D
Bryant, Henry FL Lt.Arty. Abell's Co.
Bryant, Henry GA 62nd Cav. Co.L
Bryant, Henry MO 6th Inf. Co.I
Bryant, Henry MO 9th Bn.S.S. Co.E
Bryant, Henry NC 3rd Inf. Co.A 2nd Lt.
Bryant, Henry NC 24th Inf. Co.F
Bryant, Henry TX 17th Inf. Co.C,D
Bryant, Henry VA 16th Cav. Love's Co.
Bryant, Henry VA 56th Inf. Co.D
Bryant, Henry 3rd Conf.Cav. Co.K
Bryant, Henry 4th Conf.Inf. Co.B
Bryant, Henry D. NC Lt.Arty. 3rd Bn. Co.A
Bryant, Henry H. KY 2nd (Duke's) Cav. Co.E
Bryant, Henry P. MO Lt.Arty. Parsons' Co.
Bryant, Henry T. VA 24th Cav. Co.I
Bryant, Henry T. VA 3rd (Archer's) Bn.Res. Co.C
Bryant, Henry T. 8th (Dearing's) Conf.Cav. Co.D
Bryant, Henry W. KY 1st Inf. Co.K
Bryant, Herbert VA 17th Inf. Co.A Adj.
Bryant, Herbert VA Terry's Brig. Capt.,AAG
Bryant, Herschel D. GA 1st Inf. (St.Guards) Co.1

Bryant, Hezekiah VA 8th Cav. Co.G
Bryant, H.F. LA 13th Bn. (Part.Rangers) Co.D,E
Bryant, H.G. GA 2nd Inf. Co.D
Bryant, H.G. SC 23rd Inf. Co.H Cpl.
Bryant, H.H. KY 2nd (Duke's) Cav. Co.E
Bryant, H.H. KY 8th Mtd.Inf. Co.B
Bryant, H.H. VA 49th Inf. Co.K
Bryant, H.J. AR 7th Mil. Co.B
Bryant, H.J. 1st Conf.Eng.Troops Co.E
Bryant, H.L. NC 4th Cav. (59th St.Troops) Co.K
Bryant, H.L. 8th (Dearing's) Conf.Cav. Co.A
Bryant, H.L. Brush Bn.
Bryant, H.M. SC 16th Inf. Co.F
Bryant, Houston L. VA 49th Inf. Co.H
Bryant, H.P. MS 10th Cav. Co.C
Bryant, H.P. MS Inf. 3rd Bn. (St.Troops) Co.A
Bryant, H.T. TX 9th Cav. Co.E
Bryant, H.T. TX St.Troops Gould's Co. (Clarksville Lt.Inf.)
Bryant, Humphrey AR 31st Inf. Co.C Sgt.
Bryant, H.W. AL Cav. Barlow's Co.
Bryant, H.W. NC 1st Inf. Co.C
Bryant, H.W. 15th Conf.Cav. Co.C
Bryant, I.B. MS 5th Inf. (St.Troops) Co.A
Bryant, I.B. VA 1st Inf. Co.D
Bryant, I.J. TN 8th (Smith's) Cav. Co.G
Bryant, Irvin NC 2nd Bn.Loc.Def.Troops Co.C
Bryant, Irving NC 56th Inf. Co.B
Bryant, Isaac GA 12th Inf. Co.A
Bryant, Isaac KY 9th Mtd.Inf. Co.B
Bryant, Isaac MS 2nd Part.Rangers Co.E
Bryant, Isaac MO 9th (Elliott's) Cav.
Bryant, Isaac SC 14th Inf. Co.H
Bryant, Isaac VA 4th Res. Co.F,K
Bryant, Isaac M. LA 9th Inf. Co.C
Bryant, Isaac T. KY 5th Mtd.Inf. Co.A
Bryant, I.J. MS 22nd Inf. Co.A
Bryant, J. AL 21st Inf. Co.C Cpl.
Bryant, J. AL 45th Inf. Co.K
Bryant, J. AR 2nd Cav. Co.D
Bryant, J. AR Inf. Hardy's Regt. Co.I
Bryant, J. GA 1st Inf. Co.I
Bryant, J. GA 4th Mil. Co.H Col.
Bryant, J. GA 27th Inf. Co.G
Bryant, J. KY 3rd Bn.Mtd.Rifles Co.C
Bryant, J. NC 3rd Jr.Res. Co.G
Bryant, J. SC Lt.Arty. 3rd (Palmetto) Bn. Co.C Cpl.
Bryant, J. TN Cav. Napier's Bn. Co.B
Bryant, J. TX 20th Inf. Co.K
Bryant, J. VA 7th Inf. Co.F
Bryant, J. VA Inf. 44th Bn. Co.A Sgt.
Bryant, J.A. GA 40th Inf. Co.K
Bryant, J.A. TN 11th (Holman's) Cav. Co.E
Bryant, J.A. TN 15th (Cons.) Cav. Co.I
Bryant, J.A. TN 22nd Cav. Co.C
Bryant, J.A. TN 42nd Inf. Co.C
Bryant, J.A. VA 59th Inf. Co.F
Bryant, Jackson AR 12th Inf. Co.F
Bryant, Jackson MS 40th Inf. Co.A
Bryant, Jackson NC 35th Inf. Co.D
Bryant, Jackson G. SC 14th Inf. Co.H
Bryant, Jackson W. GA 10th Inf. Co.D Cpl.
Bryant, Jackson W. SC 1st (McCreary's) Inf. Co.G
Bryant, Jacob AL 3rd Inf. Co.K 2nd Lt.
Bryant, Jacob KY 13th Cav. Co.E
Bryant, Jacob MS 8th Inf. Co.H Sgt.
Bryant, Jacob NC 61st Inf. Co.G
Bryant, Jacob TN 19th (Biffle's) Cav. Co.D
Bryant, Jacob TN 48th (Nixon's) Inf. Co.K
Bryant, Jacob TX 9th (Nichols') Inf. Co.I
Bryant, Jacob M. SC 18th Inf. Co.D
Bryant, James AL Lt.Arty. Clanton's Btty.
Bryant, James AL Lt.Arty. Hurt's Btty.
Bryant, James AL 14th Inf. Co.I
Bryant, James FL 2nd Inf. Co.D
Bryant, James FL 5th Inf. Co.G,F
Bryant, James GA 3rd Cav. (St.Guards) Co.G
Bryant, James GA 6th Inf. Co.B
Bryant, James GA 10th Inf. Co.D
Bryant, James GA 14th Inf. Co.I
Bryant, James GA 16th Inf. Co.D
Bryant, James GA 19th Inf. Co.E
Bryant, James GA 43rd Inf. Co.K
Bryant, James GA 55th Inf. Co.C
Bryant, James KY 13th Cav. Co.D
Bryant, James MO 10th Cav. Co.B
Bryant, James MO 1st Inf. Co.K
Bryant, James NC 1st Arty. (10th St.Troops)
Bryant, James NC 3rd Arty. (40th St.Troops) Co.H
Bryant, James NC 2nd Inf. Co.A
Bryant, James NC 8th Bn.Jr.Res. Co.C
Bryant, James NC 16th Inf. Co.C,A
Bryant, James NC 39th Inf. Co.K
Bryant, James NC Inf. Thomas Legion 1st Co.A
Bryant, James SC 2nd Arty. Co.E
Bryant, James SC Arty. Gregg's Co. (McQueen Lt.Arty.)
Bryant, James SC Arty. Manigault's Bn. 1st Co.C
Bryant, James TN 3rd (Forrest's) Cav. Co.D
Bryant, James TN 4th (Murray's) Cav. Co.A
Bryant, James TN 16th (Logwood's) Cav. Co.G
Bryant, James TN 40th Inf. Co.C
Bryant, James TN 54th Inf. Childress' Co. Cpl.
Bryant, James TN 63rd Inf. Co.G
Bryant, James VA Cav. 32nd Bn. Co.B
Bryant, James VA Cav. 46th Bn. Co.F
Bryant, James VA Lt.Arty. 12th Bn. Co.B
Bryant, James VA Hvy.Arty. 19th Bn. 3rd Co.C
Bryant, James VA Lt.Arty. Griffin's Co.
Bryant, James VA 3rd Res. Co.C
Bryant, James VA 4th Res. Co.H,I
Bryant, James VA Inf. 4th Bn.Loc.Def. Co.E
Bryant, James VA 16th Inf. Co.F
Bryant, James VA 29th Inf. 2nd Co.F
Bryant, James VA 56th Inf. Co.D
Bryant, James VA 57th Inf. Co.K
Bryant, James VA 64th Mil. Norman's Co.
Bryant, James VA 129th Mil. Carter's Co.
Bryant, James VA Mil. Scott Cty.
Bryant, James 1st Conf.Cav. 2nd Co.D
Bryant, James 3rd Conf.Cav. Co.I
Bryant, James A. MO 5th Cav. Co.D 2nd Lt.
Bryant, James A. MO 5th Inf. Co.D 2nd Lt.
Bryant, James A. MO St.Guard
Bryant, James A. TN 13th (Gore's) Cav. Co.C
Bryant, James A. VA 6th Bn.Res. Co.I
Bryant, James A. VA 40th Inf. Co.C
Bryant, James A. VA Mil. Carroll Cty.
Bryant, James A. VA Mil. Washington Cty.
Bryant, James B. AR 33rd Inf. Co.C
Bryant, James B. GA 5th Inf. Co.K
Bryant, James B. GA 28th Inf. Co.K
Bryant, James B. GA 30th Inf. Co.K
Bryant, James C. FL 8th Inf. Co.K Cpl.
Bryant, James C. GA 3rd Inf. Co.D
Bryant, James C. NC 33rd Inf. Co.F
Bryant, James C. TX Cav. Baird's Regt. Co.D
Bryant, James C. VA Horse Arty. Pelham's Co.
Bryant, James C. VA 40th Inf. Co.E Sgt.
Bryant, James D. AL Cav. Holloway's Co.
Bryant, James D. AL 5th Bn.Vol. Co.B
Bryant, James D. GA Lt.Arty. 12th Bn. 2nd Co.A
Bryant, James E. MS 38th Cav. Co.G
Bryant, James E. TN 28th Inf. Co.A
Bryant, James E. VA 1st Inf. Co.G
Bryant, James E. VA Inf. 1st Bn.Loc.Def. Co.D
Bryant, James F. AR 37th Inf. Co.G 1st Sgt.
Bryant, James F. LA Lt.Arty. 3rd Btty. (Benton's)
Bryant, James F. TN 11th Inf. Co.G,B
Bryant, James F. TN 16th Inf. Co.F
Bryant, James F. VA 5th Cav. (12 mo. '61-2) Co.H
Bryant, James F. VA 13th Cav. Co.A
Bryant, James G. KY 4th Mtd.Inf. Co.F
Bryant, James G. VA 41st Inf. Co.H Sgt.
Bryant, James H. AR 27th Inf. Co.E
Bryant, James H. NC Lt.Arty. 13th Bn. Co.A
Bryant, James H. VA 9th Cav. Sandford's Co.
Bryant, James H. VA Lt.Arty. 12th Bn. Co.D
Bryant, James H. VA 46th Inf.
Bryant, James H. VA 56th Inf. Co.D
Bryant, James H. VA 111th Mil. Co.5
Bryant, James H. 7th Conf.Cav. Co.H
Bryant, James H.C. NC 8th Inf. Co.G
Bryant, James J. GA 5th Inf. Co.G
Bryant, James J. MS 17th Inf. Co.B
Bryant, James J. VA 20th Inf. Co.I
Bryant, James J. VA 59th Inf. 3rd Co.B 1st Lt.
Bryant, James L. AR 2nd (Cons.) Inf. Co.I
Bryant, James L. FL 1st Cav. Co.A
Bryant, James L. GA 48th Inf. Co.I
Bryant, James L. TN 8th Inf. Co.I Capt.
Bryant, James M. FL 6th Inf. Co.A Cpl.
Bryant, James M. GA 34th Inf. Co.C
Bryant, James M. MS 8th Inf. Co.C Cpl.
Bryant, James M. NC McDugald's Co. Sgt.
Bryant, James M. TN 42nd Inf. Co.B
Bryant, James M. VA 4th Inf. Co.A
Bryant, James M. VA 21st Inf. Co.E
Bryant, James M. VA 49th Inf. Co.H
Bryant, James M. VA 58th Inf. Co.C 3rd Lt.
Bryant, James Madison FL 3rd Inf. Co.I
Bryant, James N. GA Arty. 9th Bn. Co.A
Bryant, James N. MS 48th Inf. Co.B
Bryant, James O. AR 23rd Inf. Co.C
Bryant, James P. AR Lt.Arty. Wiggins' Btty. 1st Lt.
Bryant, James P. TN 43rd Inf. Co.K
Bryant, James P. VA 47th Inf. Co.A
Bryant, James P. Trans-MS Conf.Cav. 1st Bn. Co.E
Bryant, James Q. NC 5th Inf. Co.A Sgt.
Bryant, James R. AL Lt.Arty. 2nd Bn. Co.E
Bryant, James R. AR 9th Inf. Co.G
Bryant, James R. GA Inf. 1st Conf.Bn. Co.D

Bryant, James R. GA 65th Inf. Co.F
Bryant, James R. SC 5th Inf. 2nd Co.E
Bryant, James R. SC 13th Inf. Co.E Cpl.
Bryant, James R. TN 10th Inf. Co.I Cpl.
Bryant, James R. TX 15th Inf. 2nd Co.E
Bryant, James R. VA 8th Cav. Co.B
Bryant, James R. VA 57th Inf. Co.E
Bryant, James S. AR Cav. Carlton's Regt. Co.D
Bryant, James S. GA 30th Inf. Co.D 1st Sgt.
Bryant, James S. LA 9th Inf. Co.K,A
Bryant, James S. MS 30th Inf. Co.G Sgt.
Bryant, James S. NC 2nd Arty. (36th St.Troops) Co.F
Bryant, James S. VA 10th Cav. Co.K
Bryant, James S. VA 40th Inf. Co.K
Bryant, James T. SC Lt.Arty. 3rd (Palmetto) Bn. Co.E Cpl.
Bryant, James T. VA Inf. 1st Bn.Loc.Def. Co.D Sgt.
Bryant, James W. AL 15th Bn.Part.Rangers Co.B 1st Lt.
Bryant, James W. AL 56th Part.Rangers Co.B Capt.
Bryant, James W. AL 16th Inf. Co.C Sgt.
Bryant, James W. GA 45th Inf. Co.F
Bryant, James W. GA 57th Inf. Co.F
Bryant, James W. MO 1st Cav. Co.E Cpl.
Bryant, James W. MO 4th Cav. Co.I
Bryant, James W. MO 10th Cav. Co.K
Bryant, James W. SC 8th Inf. Co.A
Bryant, James W. TN 44th Inf. Co.I
Bryant, James W. TN 44th (Cons.) Inf. Co.A
Bryant, James W. VA 3rd Cav. Co.G
Bryant, Jasper AL 18th Bn.Vol. Co.A
Bryant, Jasper GA 9th Inf. (St.Guards) Co.A Cpl.
Bryant, Jasper G.D. GA 14th Inf. Co.C
Bryant, Jasper N. GA 55th Inf. Co.B,E
Bryant, Javan SC 13th Inf. Co.E
Bryant, Javan Gen. & Staff Asst.Surg.
Bryant, J.B. AR 32nd Inf. Co.I
Bryant, J.B. GA Lt.Arty. 14th Bn. Co.D Cpl.
Bryant, J.B. GA Lt.Arty. King's Btty. Cpl.
Bryant, J.B. LA 6th Cav. Co.C
Bryant, J.B. MS 2nd (Davidson's) Inf. Co.H
Bryant, J.B. NC 52nd Inf. Co.G
Bryant, J.B. TN 6th (Wheeler's) Cav. Co.F Bvt.2nd Lt.
Bryant, J.B. TN 42nd Inf. Co.C
Bryant, J.B. VA 34th Inf. Co.E
Bryant, J.B. 3rd Conf.Cav. Co.K
Bryant, J.B. 4th Conf.Inf. Co.H
Bryant, J.C. AR 9th Inf. Co.G
Bryant, J.C. GA 61st Inf. Co.G
Bryant, J.C. MS 9th Inf. Co.A Sgt.
Bryant, J.C. SC 1st Inf. Co.H
Bryant, J.C. SC 5th Bn.Res. Co.E
Bryant, J.C. SC 23rd Inf. Co.H
Bryant, J.C. TN Cav. Jackson's Co.
Bryant, J.C. Conf.Cav. Wood's Regt. Co.F
Bryant, J.C.H. Gen. & Staff Capt.,AGD
Bryant, J.D. AL 1st Cav. Co.G
Bryant, J.D. AL 17th Inf. Co.D
Bryant, J.D. AL 37th Inf. Co.D
Bryant, J.D. AL Cp. of Instr. Talladega
Bryant, J.D. AR Cav. 15th Bn. (Buster's Bn.) Co.D 2nd Lt.
Bryant, J.D. FL 2nd Inf. Co.B
Bryant, J.D. GA 11th Cav. Co.I
Bryant, J.D. KY 2nd (Duke's) Cav. Co.H
Bryant, J. Dorsett AL Cav. Holloway's Co.
Bryant, J.E. AR 30th Inf. Co.C
Bryant, J.E. AR 36th Inf. Co.C
Bryant, J.E. GA 4th (Clinch's) Cav. Co.H
Bryant, J.E. TN 14th (Neely's) Cav. Co.E
Bryant, J.E. TN 16th (Logwood's) Cav. Co.H
Bryant, J.E. TN 12th (Cons.) Inf. Co.H
Bryant, J.E. TN 22nd Inf. Co.C
Bryant, J.E. TX 11th Inf. Co.I
Bryant, Jefferson GA 6th Cav. Co.B
Bryant, Jefferson GA Smith's Legion Co.D
Bryant, Jefferson SC 21st Inf. Co.B
Bryant, Jefferson J. VA Inf. 21st Bn. Co.A
Bryant, Jefferson J. VA 64th Mtd.Inf. Co.A
Bryant, Jefferson L. GA 44th Inf. Co.B
Bryant, Jeptha M. GA 52nd Inf. Co.H
Bryant, Jeremiah AR 2nd Cav. Co.C
Bryant, Jeremiah FL 2nd Inf. Co.M
Bryant, Jeremiah W. AL 1st Regt.Conscr. Co.I
Bryant, Jerome LA 9th Inf. Co.A
Bryant, Jerry VA Inf. 4th Bn.Loc.Def. Co.D
Bryant, Jesse AL 12th Inf.
Bryant, Jesse AL 22nd Inf. Co.A
Bryant, Jesse GA 2nd Res. Co.K
Bryant, Jesse GA 66th Inf. Co.A
Bryant, Jesse MS Cav. 1st Bn. (McNair's) St.Troops Co.B
Bryant, Jesse MS 7th Inf. Co.D
Bryant, Jesse SC 21st Inf. Co.B
Bryant, Jessee AL 32nd Inf. Co.G
Bryant, Jessie MS 2nd (Quinn's St.Troops) Inf. Co.D
Bryant, J.F. AL 15th Inf. Co.E
Bryant, J.F. AR 7th Mil. Co.B Cpl.
Bryant, J.F. GA 44th Inf. Co.G
Bryant, J.F. SC 1st Bn.S.S. Co.B
Bryant, J.F. SC 2nd Inf. Co.A
Bryant, J.F. TN Inf. 2nd Cons.Regt. Co.C
Bryant, J.F. TX 27th Cav. Co.F
Bryant, J.F. TX 17th Inf. Co.C
Bryant, J.G. AL 5th Bn.Vol. Co.C
Bryant, J.G. NC 3rd Jr.Res. Co.I
Bryant, J.G. VA Inf. 44th Bn. Co.D
Bryant, J.H. AL 55th Vol. Co.I Sgt.
Bryant, J.H. AR 4th Inf. Co.B
Bryant, J.H. AR 35th Inf. Co.E
Bryant, J.H. AR 58th Mil. Co.A
Bryant, J.H. MS Inf. 1st Bn.St.Troops (30 days '64) Co.E
Bryant, J.H. MS 8th Inf. Co.B
Bryant, J.H. NC Mil. Clark's Sp.Bn. Co.I
Bryant, J.H. TN 31st Inf. Co.H
Bryant, J.H. TN 42nd Inf. 1st Co.I Sgt.
Bryant, J.H. TX Cav. 2nd Regt.St.Troops Co.G
Bryant, J.H. VA 59th Inf. 3rd Co.F
Bryant, J.I. MS 5th Inf. (St.Troops) Co.A
Bryant, J.I. MS 6th Inf. Co.E
Bryant, J.J. GA 3rd Cav. (St.Guards) Co.C
Bryant, J.J. MS 41st Inf. Co.B
Bryant, J.J. SC Arty. Manigault's Bn. 1st Co.B
Bryant, J.J. 1st Chickasaw Inf. McCord's Co. Cpl.
Bryant, J.J.L. TN 11th (Holman's) Cav. Co.E
Bryant, J.K. AR Inf. Hardy's Regt. Co.H
Bryant, J.K. TN Inf. Harman's Regt. Co.A
Bryant, J.K. VA 51st Inf. Co.E
Bryant, J.L. AL 2nd Cav. Co.G
Bryant, J.L. FL Cav. 5th Bn. Co.G
Bryant, J.L. GA 7th Cav. Co.C
Bryant, J.L. GA Cav. 22nd Bn. (St.Guards) Co.G 2nd Lt.
Bryant, J.L. GA Cav. 24th Bn. Co.B
Bryant, J.L. GA 4th Res. Co.F
Bryant, J.L. GA 8th Inf. Co.G
Bryant, J.L. GA Phillips' Legion Co.E,N,A
Bryant, J.L. TN 4th (McLemore's) Cav. Co.I
Bryant, J.L. TN 21st (Wilson's) Cav. Co.K
Bryant, J.L. TN 28th (Cons.) Inf. Co.E Capt.
Bryant, J.L. 3rd Conf.Eng.Troops Co.B
Bryant, J.M. GA 39th Inf. Co.B Cpl.
Bryant, J.M. GA 47th Inf. Co.E
Bryant, J.M. MS 12th Cav. Co.H
Bryant, J.M. NC 54th Inf. Co.E
Bryant, J.M. SC 1st St.Troops Co.F
Bryant, J.M. TN 40th Inf. Co.G Sgt.
Bryant, J.M. TN 42nd Inf. 2nd Co.E
Bryant, J.M. TX 25th Cav. Co.B
Bryant, J.N. MS 38th Cav. Co.I
Bryant, J.N. TN Cav. Napier's Bn. Co.C
Bryant, Job G. AL 29th Inf. Co.K
Bryant, Joel GA Cav. 19th Bn. Co.C
Bryant, Joel C. GA 42nd Inf. Co.E
Bryant, Joel H. TN 35th Inf. 2nd Co.D
Bryant, John AL Cav. Lewis' Bn. Co.B
Bryant, John AL Lt.Arty. Hurt's Btty.
Bryant, John AL 57th Inf. Co.C
Bryant, John AZ Cav. Herbert's Bn. Helm's Co.
Bryant, John AR 23rd Inf. Co.I
Bryant, John AR 30th Inf. Co.A
Bryant, John AR 30th Inf. Co.D
Bryant, John AR 30th Inf. Co.I
Bryant, John GA 3rd Cav. Co.C
Bryant, John GA 3rd Cav. Co.G
Bryant, John GA 4th Cav. (St.Guards) Robertson's Co.
Bryant, John GA 27th Inf. Co.D
Bryant, John GA 30th Inf. Co.K
Bryant, John GA 50th Inf. Co.H
Bryant, John GA 57th Inf. Co.F
Bryant, John KY 7th Cav. Co.K
Bryant, John LA 1st Cav. Co.C
Bryant, John LA 3rd Inf. Co.F
Bryant, John LA 7th Inf. Co.D
Bryant, John MS St.Cav. 2nd Bn. (Harris') Co.A
Bryant, John MS 11th (Perrin's) Cav. Co.B
Bryant, John MS 11th (Perrin's) Cav. Co.K
Bryant, John MS 38th Cav. Co.D
Bryant, John MS Cav. Ham's Regt. Co.I
Bryant, John MS St.Cav. Perrin's Bn. Co.E
Bryant, John MS St.Cav. Perrin's Bn. Co.G
Bryant, John MS Inf. 3rd Bn. (St.Troops) Co.E
Bryant, John MS 7th Inf. Co.D Sgt.
Bryant, John MS 14th Inf. Co.C
Bryant, John MO 7th Cav. Haislip's Co.
Bryant, John MO Cav. Williams' Regt. Co.C
Bryant, John NC 30th Inf. Co.F
Bryant, John NC 35th Inf. Co.D
Bryant, John NC 47th Inf. Co.H
Bryant, John NC 48th Inf. Co.A
Bryant, John NC 58th Inf. Co.H
Bryant, John NC Unassign.Conscr.

Bryant, John SC 2nd Arty. Co.K
Bryant, John SC Lt.Arty. Wagener's Co. (Co.A, German Arty.)
Bryant, John SC 22nd Inf. Co.A
Bryant, John TN 2nd Cav. Co.I
Bryant, John TN 10th (DeMoss') Cav. Co.E
Bryant, John TN 12th (Green's) Cav. Co.C
Bryant, John TN 12th (Green's) Cav. Co.G
Bryant, John TN 14th (Neely's) Cav. Co.G
Bryant, John TN 16th (Logwood's) Cav. Co.G
Bryant, John TN Cav. Allison's Squad. Co.C
Bryant, John TN Cav. Nixon's Regt. Co.A
Bryant, John TN Inf. 3rd Cons.Regt. Co.A
Bryant, John TN 14th Inf. Co.E Colored Cook
Bryant, John TN 35th Inf. Co.H
Bryant, John TX 27th Cav. Co.C
Bryant, John TX 4th Inf. Co.C
Bryant, John TX 13th Vol. Co.E
Bryant, John TX 15th Inf. 2nd Co.G Sgt.
Bryant, John TX Waul's Legion Co.F
Bryant, John VA 9th Cav. Co.I
Bryant, John VA 15th Cav. Co.A
Bryant, John VA 20th Cav. Co.I
Bryant, John VA Lt.Arty. Clutter's Co.
Bryant, John VA Lt.Arty. Rives' Co.
Bryant, John VA 4th Res. Co.H
Bryant, John VA 19th Inf. Co.I
Bryant, John VA 25th Mil. Co.B
Bryant, John VA 29th Inf. Co.C Capt.
Bryant, John VA 38th Inf. Co.E
Bryant, John VA 42nd Inf. Co.E
Bryant, John VA 49th Inf. Co.F
Bryant, John VA Petersburg City Guard Co.A
Bryant, John Conf.Cav. Clarkson's Bn. Ind. Rangers Co.B Sgt.
Bryant, John Conf.Cav. Powers' Regt. Co.G
Bryant, John A. AL 49th Inf. Co.C
Bryant, John A. Wheeler's Scouts,CSA
Bryant, John B. AR 4th Inf. Co.H Sgt.
Bryant, John B. MS 2nd Inf. Co.E
Bryant, John B. MO 10th Inf. Co.D,I
Bryant, John B. VA 22nd Cav. Co.H
Bryant, John B. VA 19th Inf. Co.H
Bryant, John B. VA 49th Inf. Co.H
Bryant, John B.D. GA 30th Inf. Co.D
Bryant, John C. AL 61st Inf. Co.G
Bryant, John C. FL Inf. 2nd Bn. Co.D
Bryant, John C. FL 3rd Inf. Co.I
Bryant, John C. FL 10th Inf. Co.A,K
Bryant, John C. MO Cav. 1st Regt.St.Guard Co.A
Bryant, John C. NC 3rd Inf. Co.C
Bryant, John C. NC 5th Inf. Co.G
Bryant, John C. NC 43rd Inf. Co.G
Bryant, John C. NC 62nd Inf. Co.K
Bryant, John C. SC 1st (Butler's) Inf. Co.H
Bryant, John C. SC 1st (McCreary's) Inf. Co.G
Bryant, John C. SC 5th Res. Co.C
Bryant, John C. Herbert Gen. & Staff Capt.,AAG
Bryant, John D. TN 44th Inf. Co.I
Bryant, John D. TN 44th (Cons.) Inf. Co.A
Bryant, John E. AL 3rd Cav. Co.E
Bryant, John E. MS 42nd Inf. Co.G
Bryant, John E. Conf.Cav. Wood's Regt. 1st Co.D
Bryant, John F. AL 6th Inf. Co.E Jr.2nd Lt.
Bryant, John F. GA 42nd Inf. Co.I
Bryant, John F. MS 25th Inf. Co.H
Bryant, John F. SC 27th Inf. Co.F
Bryant, John G. SC 18th Inf. Co.D 2nd Lt.
Bryant, John G. Staff Maj.,QM
Bryant, John H. AR 8th Cav. Co.H
Bryant, John H. AR Inf. 4th Bn. Co.B
Bryant, John H. KY 5th Mtd.Inf. Co.I
Bryant, John H. MS 2nd (Quinn's St.Troops) Inf. Co.A
Bryant, John H. VA Lt.Arty. Hankins' Co.
Bryant, John H. VA 3rd Inf. 1st Co.I
Bryant, John H. VA 47th Inf. Co.B
Bryant, John Henry MO 8th Inf. Co.H
Bryant, John H.P. NC 33rd Inf. Co.B
Bryant, John J. VA Lt.Arty. 13th Bn. Co.C
Bryant, John J. VA Hvy.Arty. 18th Bn. Co.A
Bryant, John J. VA 51st Inf. Co.D
Bryant, John J.L. TN 53rd Inf. Co.E
Bryant, John M. TN 13th Inf. Co.K Sgt.
Bryant, John Morris VA 46th Inf. 1st Co.C
Bryant, John Morris VA 60th Inf. Co.B
Bryant, John N. AL 48th Inf. Co.B
Bryant, John N. TX 18th Cav. Co.D
Bryant, John N. VA Hvy.Arty. 18th Bn. Co.A
Bryant, John O. FL 5th Inf. Co.A
Bryant, John O. KY 9th Mtd.Inf. Co.D
Bryant, John Quint NC 14th Inf. Co.K
Bryant, John R. FL 5th Inf. Co.H
Bryant, John R. SC 7th Inf. 2nd Co.H
Bryant, John R.T. VA Cav. 15th Bn. Co.A
Bryant, John R.Y. VA 9th Cav. Sandford's Co.
Bryant, John R.Y. VA 111th Mil. Co.5
Bryant, John S. AL 34th Inf. Co.E Cpl.
Bryant, John S. KY 3rd Cav. Co.C
Bryant, John S. VA 9th Cav. Co.K
Bryant, John S. VA 40th Inf. Co.K
Bryant, John S. VA 41st Mil. Co.C
Bryant, Johnson NC Walker's Bn. Thomas' Legion Co.H Cpl.
Bryant, Johnson A. 3rd Conf.Eng.Troops Co.A
Bryant, John T. AL 13th Inf. Co.H
Bryant, John T. GA 14th Inf. Co.A
Bryant, John T. LA Inf. 11th Bn. Co.A Cpl.
Bryant, John T. LA Inf.Cons.Crescent Regt. Co.B
Bryant, John T. MS 1st Bn.S.S. Co.D
Bryant, John T. VA 3rd Inf. Co.D
Bryant, John W. AL Mil. Co.A
Bryant, John W. GA 20th Inf. Co.I
Bryant, John W. GA 50th Inf. Co.F
Bryant, John W. KY 3rd Cav. Co.H
Bryant, John W. KY 1st Inf. Co.K
Bryant, John W. LA Mil. Beauregard Bn. Co.G
Bryant, John W. LA Miles' Legion N.C.S. AQMSgt.
Bryant, John W. NC 2nd Arty. (36th St.Troops) Co.F
Bryant, John W. NC 47th Inf. Co.A Capt.
Bryant, John W. NC 58th Inf. Co.G
Bryant, John W. SC Arty. Gregg's Co. (McQueen Lt.Arty.)
Bryant, John W. SC Arty. Manigault's Bn. 1st Co.C
Bryant, John W. SC 14th Inf. Co.H
Bryant, John W. VA Hvy.Arty. 10th Bn. Co.D
Bryant, John W. VA 3rd Inf. Co.D
Bryant, John W. VA 9th Inf. 1st Co.H
Bryant, John W. VA 12th Inf.
Bryant, John W. VA Inf. 25th Bn. Co.D
Bryant, John W. VA Inf. 28th Bn. Co.C
Bryant, John W. VA 41st Inf. 2nd Co.E
Bryant, John Y., Jr. VA 17th Inf. Co.A
Bryant, John Y., Jr. Eng.,CSA
Bryant, John Y. Staff Maj.,QM
Bryant, Jonah S. GA 51st Inf. Co.H
Bryant, Jonathan VA Cav. 15th Bn. Co.A
Bryant, Jonathan VA 55th Inf. Co.E
Bryant, Joseph AL 51st (Part.Rangers) Co.D
Bryant, Joseph AL Cav. Lewis' Bn. Co.B
Bryant, Joseph AL Jeff Davis Arty.
Bryant, Joseph AR 7th Cav. Co.C Cpl.
Bryant, Joseph FL 5th Inf. Co.B
Bryant, Joseph GA Inf. 9th Bn. Co.E
Bryant, Joseph GA 15th Inf. Co.A
Bryant, Joseph GA 19th Inf. Co.E
Bryant, Joseph MS Inf. 7th Bn. Co.B
Bryant, Joseph TN 51st (Cons.) Inf. Co.E
Bryant, Joseph VA Cav. Hounshell's Bn. Co.K
Bryant, Joseph VA Hvy.Arty. 19th Bn. 3rd Co.C
Bryant, Joseph E. MS 7th Inf. Co.F
Bryant, Joseph E. NC Moseley's Co. (Sampson Arty.)
Bryant, Joseph H. KY 5th Mtd.Inf. Co.K
Bryant, Joseph H. VA 34th Inf. Co.C
Bryant, Joseph J. MS 21st Inf. Co.K
Bryant, Joseph J. NC 2nd Inf. Co.B
Bryant, Joseph L. MS Inf. 7th Bn. Co.B 2nd Jr.Lt.
Bryant, Joseph L. TN 28th Inf. Co.H Capt.
Bryant, Joseph R. TX 34th Cav. Co.D
Bryant, Joseph R. VA 41st Inf. Co.H
Bryant, Joseph S. MS 2nd Inf. Co.E
Bryant, Josephus TN 51st (Cons.) Inf. Co.D
Bryant, Joseph V. 1st Cherokee Mtd.Vol. 1st Co.B, 2nd Co.D,G Sgt.
Bryant, Joseph W. AR 27th Inf. Co.F
Bryant, Joseph W. LA 1st Cav. Co.A Sgt.
Bryant, Joseph W. LA 4th Inf. Co.F,H
Bryant, Joseph W. VA 40th Inf. Co.E
Bryant, Josiah VA 4th Res. Co.H,I
Bryant, Josiah C. GA 1st Inf. (St.Guards)
Bryant, J.P. TN Inf. Harman's Regt. Co.A
Bryant, J.R. AR 19th (Dawson's) Inf. Co.I Cpl.
Bryant, J.R. GA 2nd Cav. (St.Guards) Co.C
Bryant, J.R. GA 21st Inf. Co.H
Bryant, J.R. GA 66th Inf. Co.H
Bryant, J.R. GA Smith's Legion Co.F
Bryant, J.R. VA 58th Inf. Co.B
Bryant, J.S. LA 3rd (Harrison's) Cav. Co.H
Bryant, J.S. TN Cav. Napier's Bn. Co.C
Bryant, J.S. TN 42nd Inf.
Bryant, J.S. VA 3rd Inf.Loc.Def. Co.A
Bryant, J.T. GA 37th Inf. Co.H
Bryant, J.T. GA 48th Inf. Co.E
Bryant, J.T. TN 10th (DeMoss') Cav. Co.F
Bryant, J.T. TN 27th Inf. Co.G
Bryant, J.V. TN 15th (Cons.) Cav. Co.I
Bryant, J.W. AL 62nd Inf. Co.F
Bryant, J.W. AR 14th (Powers') Inf. Co.D
Bryant, J.W. KY 7th Cav. Co.H
Bryant, J.W. KY 14th Cav. Co.A,D
Bryant, J.W. LA 7th Cav. Co.A
Bryant, J.W. LA Mil. McPherson's Btty. (Orleans Howitzers)

Bryant, J.W. MS 5th Cav. Co.D
Bryant, J.W. MS 25th Inf. Co.H
Bryant, J.W. MS 37th Inf. Co.G
Bryant, J.W. NC 6th Cav. (65th St.Troops) Co.A,I
Bryant, J.W. NC 1st Inf.
Bryant, J.W. SC 3rd Inf. Co.C
Bryant, J.W. SC Inf. 3rd Bn. Co.E
Bryant, J.W. TN 11th Inf. Co.K
Bryant, J.W. TN 12th Inf. Co.G
Bryant, J.W. TN 12th (Cons.) Inf. Co.E
Bryant, J.W. TN 41st Inf. Co.I
Bryant, J.W. TX 13th Cav. Co.C
Bryant, J.W. TX 31st Cav. Co.I
Bryant, J.W. VA Richmond Cty.Res.
Bryant, J.W. 2nd Conf.Eng.Troops Co.C
Bryant, J.Y. Gen. & Staff Maj.,QM
Bryant, Kale C. MS 17th Inf. Co.H
Bryant, K.D. TN 14th (Neely's) Cav. Co.K
Bryant, Kellis C. MS 19th Inf. Co.B
Bryant, Kelly NC 48th Inf. Co.D
Bryant, K. Solomon SC 1st (Orr's) Rifles Co.H
Bryant, L. FL Cav. 5th Bn. Co.G
Bryant, L. GA 5th Res. Co.B
Bryant, L. MS 4th Cav. Co.B
Bryant, L. MS 9th Inf. Co.H
Bryant, L. TN 12th (Green's) Cav. Co.F
Bryant, L. TN 14th (Neely's) Cav. Co.G
Bryant, L.A. GA Inf. 2nd Bn. (St.Guards) Co.C
Bryant, Laban TX 11th Cav. Co.F
Bryant, Labon L. GA 57th Inf. Co.F
Bryant, Lafayette VA 49th Inf. Co.H
Bryant, Lafayette VA 79th Mil. Co.5
Bryant, Landon C. VA 6th Bn.Res. Co.I
Bryant, Langley FL 5th Inf. Co.B
Bryant, Larry GA 5th Res. Co.I
Bryant, L.C. MS 29th Inf. Co.F
Bryant, L.C. MO 4th Cav. Co.D
Bryant, L.D. AR 8th Cav. Co.G Capt.
Bryant, L.D. TN 21st Inf. Co.D
Bryant, Leary O. GA Cav. 19th Bn. Co.C
Bryant, Lemuel C. MO Cav. 3rd Bn. Co.E
Bryant, Leroy MS 29th Inf. Co.F
Bryant, Levi GA Inf. 25th Bn. (Prov.Guard) Co.C
Bryant, Levi KY 2nd Mtd.Inf. Co.D
Bryant, Levi NC 24th Inf. Co.F
Bryant, Levi VA 55th Inf. Co.E
Bryant, Levi L. MS Cav. 3rd Bn.Res. Co.E
Bryant, Lewellen MS 23rd Inf. Co.H,E
Bryant, Lewis AR 8th Inf. New Co.H Music.
Bryant, Lewis NC 54th Inf. Co.H
Bryant, Lewis VA 3rd Res. Co.H
Bryant, Lewis Bradford's Corps Scouts & Guards Co.A
Bryant, Lewis E. GA Inf. 25th Bn. (Prov.Guard) Co.A
Bryant, Lewis E. Conf.Inf. 1st Bn. 2nd Co.A
Bryant, Lewis H. FL 9th Inf. Co.A
Bryant, Lewis H. VA 45th Inf. Co.C 1st Lt.
Bryant, L.F. MS 7th Inf. Co.D
Bryant, L.H. GA 25th Inf. Co.A 1st Sgt.
Bryant, L.H. TX 32nd Cav. Co.H Cpl.
Bryant, Lindsay NC 4th Inf. Co.K
Bryant, L.J. AL 1st Cav. 2nd Co.A
Bryant, Lorenzo FL 1st Cav. Co.A
Bryant, Lorenzo D. MO 4th Cav. Co.I Capt.
Bryant, Lorenzo D. NC 1st Cav. (9th St.Troops) Co.B
Bryant, L.S. VA 49th Inf. Co.H Cpl.
Bryant, Lucien R. TN 48th (Voorhies') Inf. Co.F
Bryant, Lum TN 3rd (Forrest's) Cav. Co.K
Bryant, L.W. AL Lt.Arty. Phelan's Co.
Bryant, L.W. TN 50th Inf. Co.K
Bryant, Lycurgus VA 34th Inf. Co.C
Bryant, M. AL 46th Inf. Co.C
Bryant, M. MS St.Troops (Herndon Rangers) Montgomery's Ind.Co.
Bryant, M. MS 1st (Foote's) Inf. (St.Troops) Hobart's Co.
Bryant, M. Conf.Inf. Tucker's Regt. Co.G
Bryant, M.A. MS 38th Cav. Co.D
Bryant, M.A. Conf.Cav. Powers' Regt. Co.E
Bryant, Major NC 50th Inf. Co.D
Bryant, Marble VA 2nd Inf. Co.D
Bryant, Marcellus A. GA 12th Inf. Co.E Cpl.
Bryant, Marcellus M. MS St.Cav. Perrin's Bn. Co.A
Bryant, Marion LA Pointe Coupee Arty.
Bryant, Marion F. TN 28th Inf. Co.I
Bryant, Marion M. LA 14th Inf. Co.I
Bryant, Mark SC 20th Inf. Co.I
Bryant, Martin GA Cav. 1st Bn.Res. McKenney's Co.
Bryant, Martin LA Inf. 4th Bn. Co.F
Bryant, Martin TN 44th Inf. Co.E
Bryant, Martin TN 44th (Cons.) Inf. Co.B
Bryant, Martin J. AL 10th Inf. Co.H
Bryant, Martin J. AL 31st Inf. Co.D
Bryant, Martin V. TX 8th Inf. Co.I
Bryant, Martin V.B. GA Phillips' Legion
Bryant, Mat MO 2nd Inf. Co.B
Bryant, Mathew KY 7th Mtd.Inf. Co.F
Bryant, Mathiew TN 5th (McKenzie's) Cav. Co.E
Bryant, M.C. AL 5th Inf. New Co.A
Bryant, McC. SC 11th Inf. Co.H Cpl.
Bryant, McGilbra NC 44th Inf. Co.C
Bryant, McKinzey NC 48th Inf. Co.H
Bryant, M.D. SC Hvy.Arty. Gilchrist's Co. (Gist Guard)
Bryant, M.D. SC Prov.Guard Hamilton's Co. Cpl.
Bryant, Melville S. KY 8th Cav. Capt.,QM
Bryant, M.G. VA 3rd Res. Co.E
Bryant, Michael NC 5th Cav. (63rd St.Troops) Co.D
Bryant, Michael M. VA 63rd Inf. Co.E
Bryant, Michael T. LA 28th (Gray's) Inf. Co.C
Bryant, Michael W. AR 3rd Inf. Co.C
Bryant, Miles GA 1st Reg. Co.E
Bryant, Miles J. TN 28th Inf. Co.I,H 1st Sgt.
Bryant, Miles M. NC 62nd Inf. Co.K
Bryant, Mills H. VA 41st Inf. Co.H
Bryant, Minor GA 27th Inf. Co.D
Bryant, M. John AR 45th Cav. Co.A
Bryant, M.L. AL 48th Inf. Co.K
Bryant, M.L. NC 4th Cav. (59th St.Troops) Co.K
Bryant, M.L. 8th (Dearing's) Conf.Cav. Co.A
Bryant, M.M. VA Mil. Grayson Cty.
Bryant, M.N. MS Inf. 7th Bn. Co.B
Bryant, Moses LA Inf. 9th Bn. Co.A
Bryant, Moses TN 29th Inf. Co.A
Bryant, M.R. TX 33rd Cav. Co.F
Bryant, M.V. GA Cav. 9th Bn. (St.Guards) Co.D
Bryant, M.W. AL 36th Inf. Co.A
Bryant, M.W. NC 1st Inf. Co.C
Bryant, N. AL St.Arty. Co.D
Bryant, N. MS Cav. Part.Rangers Rhodes' Co.
Bryant, N. VA 5th Cav. Co.I
Bryant, N. VA 15th Cav. Co.B
Bryant, Nathan FL 3rd Inf. Co.I
Bryant, Nathan GA 17th Inf. Co.B
Bryant, Nathanial N. AR 2nd Vol. Co.H
Bryant, Needam K. SC 18th Inf. Co.D
Bryant, Needham B. MS 19th Inf. Co.K
Bryant, Nelson TN Cav. Allison's Squad. Co.B
Bryant, Newton A. GA 39th Inf. Co.D
Bryant, Nicholas F. NC 51st Inf. Co.B
Bryant, Nicholass L. GA Arty. 9th Bn. Co.A
Bryant, N.J. MS 46th Inf. Co.H
Bryant, N.L. TX 18th Cav. Co.D
Bryant, N.N. AR 2nd Vol. Co.A
Bryant, Noah VA 4th Inf. Co.F
Bryant, Norris MS 8th Inf. Co.C
Bryant, N.T. MS 7th Cav. Co.H
Bryant, N.W. GA 54th Inf. Co.C
Bryant, O. LA 7th Inf. Co.G
Bryant, Ogden AR Lt.Arty. Zimmerman's Btty. Cpl.
Bryant, Ogden AR Mil. Borland's Regt. Peyton Rifles 2nd Lt.
Bryant, O.J. LA Inf.Cons.Crescent Regt. Co.K
Bryant, Oliver FL 7th Inf. Co.C
Bryant, O.O. VA 40th Inf. Co.E
Bryant, O.R. AR 24th Inf. Co.K 1st Sgt.
Bryant, O.R. AR Inf. Hardy's Regt. Co.H 2nd Lt.
Bryant, Owen AL 49th Inf. Co.G
Bryant, Owen O. KY 7th Mtd.Inf. Co.B
Bryant, P. FL 1st (Res.) Inf. Co.I
Bryant, P.A. AR 32nd Inf. Co.E Sgt.
Bryant, Paten NC 24th Inf. Co.E
Bryant, Pearsall NC 8th Bn.Part.Rangers Co.B,E
Bryant, Peter AR 6th Inf. New Co.F
Bryant, Peter NC 58th Inf. Co.H
Bryant, Peter VA 57th Inf. Co.I
Bryant, Peter VA Loc.Def. Bosher's Co.
Bryant, Peter H. VA 49th Inf. Co.H
Bryant, Peterson NC 4th Cav. (59th St.Troops) Co.K
Bryant, Peterson 8th (Dearing's) Conf.Cav. Co.A
Bryant, Peyton VA 189th Mil. Co.C
Bryant, Peyton H. TX 1st Bn.S.S. Co.C
Bryant, P.F. TN 28th (Cons.) Inf. Co.G
Bryant, P.F. TN 84th Inf. Co.C
Bryant, P.G. LA Mil.Cav. (Chasseurs Jefferson) Cagnolatti's Co.
Bryant, P.H. AR 12th Inf. Co.F Sr.2nd Lt.
Bryant, P.H. GA Cav. Roswell Bn. Co.A
Bryant, P.H. TN 10th (DeMoss') Cav. Co.F
Bryant, P.H. TN Cav. Napier's Bn. Co.C
Bryant, Philip TN 25th Inf. Co.G
Bryant, Pinkney SC 23rd Inf. Co.H
Bryant, P.J. NC 66th Inf. Co.H
Bryant, P.L. AR 12th Inf. Co.D
Bryant, Powhatan VA 49th Inf. Co.H
Bryant, Preston AL 49th Inf. Co.B Cpl.
Bryant, Preston VA 46th Inf. 2nd Co.I
Bryant, P.S. NC 47th Inf. Co.A

Bryant, P.W. NC 52nd Inf. Co.G
Bryant, R. AL 58th Inf. Co.K
Bryant, R. GA 5th Res. Co.H
Bryant, R. KY 1st (Butler's) Cav. Co.E
Bryant, R. KY 7th Cav. Co.F
Bryant, R. MS 4th Cav. Co.H
Bryant, R. TN 50th Inf. Co.K
Bryant, R. 1st Conf.Cav. 2nd Co.A
Bryant, R.A. TN 55th (Brown's) Inf. Co.H 2nd Lt.
Bryant, Raleigh D. VA 6th Inf. Co.H
Bryant, Rawleigh D. VA Cav. 15th Bn. Co.D
Bryant, R.C. GA 11th Cav. Co.I
Bryant, Reed A. VA 18th Inf. Co.E
Bryant, Reuben A. NC 44th Inf. Co.D
Bryant, Reuben A. VA Cav. 15th Bn. Co.D
Bryant, Reuben A. VA 41st Mil. Co.C
Bryant, Reuben H. FL 2nd Inf. Co.L,M
Bryant, Reuben J. AL Lt.Arty. Hurt's Btty.
Bryant, Reuben W. VA 28th Inf. Co.I,D
Bryant, R.G. MS 19th Inf. Co.A
Bryant, R.G. TX 20th Inf. Co.C
Bryant, R.H. KY 12th Cav. Co.F
Bryant, R.H. TN 4th (McLemore's) Cav. Co.D
Bryant, R.H.W. VA 5th Cav.
Bryant, R.H.W. VA 9th Cav. Sandford's Co.
Bryant, R.H.W. VA 15th Cav. Co.A
Bryant, Rial 3rd Conf.Cav. Co.K Cpl.
Bryant, Richard AL 18th Inf. Co.E
Bryant, Richard AL 30th Inf. Co.A
Bryant, Richard AL 80th Inf. Co.A
Bryant, Richard MO 9th Bn.S.S. Co.E
Bryant, Richard SC Hvy.Arty. Mathewes' Co.
Bryant, Richard TN 6th Inf. Co.C
Bryant, Richard TN 17th Inf. Co.C
Bryant, Richard TN 35th Inf. 2nd Co.I
Bryant, Richard VA 21st Cav. Co.B
Bryant, Richard VA Inf. 1st Bn. Co.D
Bryant, Richard VA 50th Inf. Co.E
Bryant, Richard A. VA 18th Inf. Co.E
Bryant, Richard B. NC 18th Inf. Co.D
Bryant, Richard D. VA 41st Mil. Co.A
Bryant, Richard F. KY 2nd (Duke's) Cav. Co.H
Bryant, Richard H.W. VA Cav. 15th Bn. Co.A
Bryant, Richard L. TN Cav. Newsom's Regt. Co.H
Bryant, Richard P. VA Cav. 15th Bn. Co.B
Bryant, Richard P. VA 41st Mil. Co.A Capt.
Bryant, Richmond GA 5th Res. Co.K
Bryant, Rizan V. FL 1st Cav. Co.G,A
Bryant, R.J. TN 4th (McLemore's) Cav. Co.C
Bryant, R.J. TX 12th Inf. Co.I
Bryant, R.J. TX Inf. Timmons' Regt. Co.A Sgt.
Bryant, R.J. TX Waul's Legion Co.B Sgt.
Bryant, R.M. AR 19th (Dawson's) Inf. Co.A
Bryant, R.M. GA Arty. St.Troops Pruden's Btty.
Bryant, R.M. GA 37th Inf. Co.I
Bryant, R.N. GA 56th Inf. Co.I
Bryant, Robert GA 27th Inf. Co.A
Bryant, Robert LA 19th Inf. Co.G
Bryant, Robert MS 8th Inf. Co.G
Bryant, Robert MS 24th Inf. Co.G
Bryant, Robert NC Inf. 13th Bn. Co.D
Bryant, Robert NC 26th Inf. Co.I
Bryant, Robert NC 58th Inf. Co.H
Bryant, Robert NC Mil. Clark's Sp.Bn. S.H. Rountree's Co.
Bryant, Robert TN Lt.Arty. Phillips' Co.
Bryant, Robert TN 8th Inf. Co.F Cpl.
Bryant, Robert TX 36th Cav. Co.D
Bryant, Robert VA 10th Cav. Co.K
Bryant, Robert VA 6th Inf. 2nd Co.E
Bryant, Robert VA Inf. 22nd Bn. Co.A
Bryant, Robert 3rd Conf.Cav. Co.K Cpl.
Bryant, Robert A. VA Lt.Arty. Parker's Co.
Bryant, Robert C. GA 48th Inf. Co.I
Bryant, Robert C. NC 66th Inf. Co.K
Bryant, Robert E. AR Cav. Jackman's Regt. Co.C
Bryant, Robert H. NC 2nd Bn.Loc.Def.Troops Co.A Laborer
Bryant, Robert H. NC Inf. 13th Bn. Co.C
Bryant, Robert H. VA 2nd Arty. Co.K
Bryant, Robert J. NC 20th Inf. Co.I
Bryant, Robert J. VA Hvy.Arty. 18th Bn. Co.A
Bryant, Robert L. Conf.Cav. Wood's Regt. Co.K
Bryant, Robert M. GA 12th (Robinson's) Cav. (St.Guards) Co.H
Bryant, Robert M. GA 38th Inf. Co.E
Bryant, Robert S. AL Arty. 1st Bn. Co.C
Bryant, Robert V.J. GA 21st Inf. Co.B
Bryant, Robert W. VA 57th Inf. Co.I
Bryant, Roland SC 13th Inf. Co.E
Bryant, Roland VA 5th Cav. Co.K
Bryant, Roland VA 12th Inf. Co.K
Bryant, Roland C. KY 4th Mtd.Inf. Co.D
Bryant, Rolin VA 5th Cav. Co.K
Bryant, Rolly D. VA 41st Mil. Co.A
Bryant, Roman AL 32nd Inf. Co.G
Bryant, Rowland SC 6th Inf. 1st Co.I
Bryant, R.P. AR 36th Inf. Co.I
Bryant, R.R. GA 35th Inf. Co.K
Bryant, R.T., Jr. MS Inf. 1st Bn.St.Troops (30 days '64) Co.H
Bryant, R.T., Sr. MS Inf. 1st Bn.St.Troops (30 days '64) Co.H
Bryant, R.T. MS 46th Inf. Co.H Cpl.
Bryant, Ruffin L. NC 31st Inf. Co.D Capt.
Bryant, Rufus VA 129th Mil. Carter's Co.
Bryant, Rufus A. SC Hvy.Arty. Mathewes' Co.
Bryant, Russell GA 23rd Inf. Co.E
Bryant, R.W. SC 21st Inf. Co.E
Bryant, R.W. TN 42nd Inf. Co.G Cpl.
Bryant, R.W. VA 2nd Inf.Loc.Def. Co.H
Bryant, R.W. VA Inf. 2nd Bn.Loc.Def. Co.F
Bryant, S. KY 2nd (Woodward's) Cav. Co.C
Bryant, S. TN 14th (Neely's) Cav. Co.G
Bryant, S. TN 31st Inf. Co.E 2nd Lt.
Bryant, S.A. GA Lt.Arty. 14th Bn. Co.D
Bryant, S.A. GA Lt.Arty. King's Btty.
Bryant, S.A. MO 3rd Inf. Co.E
Bryant, Sam 2nd Cherokee Mtd.Vol. Co.D
Bryant, Samuel AL 62nd Inf. Co.F
Bryant, Samuel AR 12th Inf. Co.G
Bryant, Samuel NC 4th Cav. (59th St.Troops) Co.K
Bryant, Samuel TN Lt.Arty. Burroughs' Co.
Bryant, Samuel VA 29th Inf. Co.E
Bryant, Samuel VA 45th Inf. Co.E
Bryant, Samuel VA 60th Inf. 2nd Co.H
Bryant, Samuel 8th (Dearing's) Conf.Cav. Co.A
Bryant, Samuel B. TN 1st (Turney's) Inf. Co.C
Bryant, Samuel B. VA 41st Inf. Co.H
Bryant, Samuel E. MS 42nd Inf. Co.E,A
Bryant, Samuel H. VA 3rd Inf. Co.E Cpl.
Bryant, Samuel J. GA 3rd Inf. Co.H
Bryant, Samuel J.N. AL Lt.Arty. Hurt's Btty.
Bryant, Samuel M. FL 10th Inf. Co.K
Bryant, Samuel R. NC 47th Inf. Co.A
Bryant, Samuel S. VA 47th Inf. Co.B
Bryant, Samuel S. VA 57th Inf. Co.K
Bryant, Samuel W. GA 61st Inf. Co.F
Bryant, Samuel W. 1st Cherokee Mtd.Vol. 2nd Co.K
Bryant, Sandy VA 47th Inf. Co.A
Bryant, Sanford GA 27th Inf. Co.D
Bryant, S.B. LA 28th (Gray's) Inf. Co.C
Bryant, S.B. MS 2nd Cav. Co.L
Bryant, S.B. TN 5th (McKenzie's) Cav. Co.A Cpl.
Bryant, S.B. TN 11th Inf. Co.B
Bryant, S.C. TX 12th Inf. Co.C
Bryant, S.D. SC 3rd St.Troops Co.D
Bryant, Seaborne AL 58th Inf. Co.F
Bryant, Sebrew Cav. Murchison's Bn. Co.H,CSA
Bryant, S.H. TX 4th Inf. Co.C
Bryant, Shirley GA 9th Inf. Co.K
Bryant, Sidney NC 11th (Bethel Regt.) Inf. Co.H
Bryant, Silas R. TX 18th Cav. Co.C
Bryant, Silas S. VA 3rd Cav. Co.G
Bryant, Sim KY 10th (Johnson's) Cav. Co.A
Bryant, Simeon NC 7th Inf. Co.C
Bryant, Simon G. SC 18th Inf. Co.D
Bryant, S.J. TX 29th Cav. Co.G
Bryant, S.M. TN 38th Inf. Co.G 1st Sgt.
Bryant, S.N. FL Inf. 2nd Bn. Co.D
Bryant, Solomon SC Arty. Gregg's Co. (McQueen Lt.Arty.) Cpl.
Bryant, Solomon SC Arty. Manigault's Bn. 1st Co.C Cpl.
Bryant, Solomon B. VA Horse Arty. Ed. Graham's Co.
Bryant, Squire AR 2nd Inf. Co.K
Bryant, Squire MO 10th Inf. Co.K
Bryant, Stephen AL 10th Inf. Co.H
Bryant, Stephen TN 36th Inf. Co.B
Bryant, Stephen H. NC 28th Inf. Co.I
Bryant, Stephen H. TN 11th Cav.
Bryant, Stephen N. NC 1st Inf. Co.K
Bryant, Stephen S. GA 19th Inf. Co.I
Bryant, Stinson VA 21st Inf. Co.E
Bryant, Sterling TN 41st Inf. Co.A Cpl.
Bryant, Stognar B. GA 21st Inf. Co.K
Bryant, Suttier MS 2nd (Davidson's) Inf. Co.C
Bryant, S.W. AR 24th Inf. Co.K
Bryant, S.W. GA 27th Inf. Co.A
Bryant, S.W. TN 8th (Smith's) Cav. Co.D
Bryant, Sylvester J. FL 5th Inf. Co.B
Bryant, T. AL 59th Inf. Co.F
Bryant, T. GA Floyd Legion (St.Guards) Co.D
Bryant, T. KY 1st (Butler's) Cav. Co.E
Bryant, T. TN 15th (Cons.) Cav. Co.G
Bryant, T. VA Cav. Swann's Bn. Vincent's Co.
Bryant, T.B. VA 4th Cav. Co.K
Bryant, T.B. VA Conscr. Cp.Lee Co.B
Bryant, Terrel MS 8th Inf. Co.C
Bryant, T.F. AL 4th (Russell's) Cav. Co.I
Bryant, T.F. MS 41st Inf. Co.E
Bryant, T.F.E. GA Inf. (Wright Loc.Guards) Holmes' Co.

Bryant, T.H. AL 1st Bn. Hilliard's Legion Vol. Co.G
Bryant, T.H. KY Lt.Arty. Green's Btty. Ord.Sgt.
Bryant, T.H. TN 3rd (Clack's) Inf. Co.E
Bryant, T.H. VA Loc.Def. Ezell's Co.
Bryant, Thaddeus R. MS 11th Inf. Co.A
Bryant, Theodorie F.E. GA 21st Inf. Co.B Sgt.
Bryant, Theophilus NC 32nd Inf. Co.C,D
Bryant, Thomas AL 2nd Bn. Hilliard's Legion Vol. Co.A
Bryant, Thomas AL 5th Inf.
Bryant, Thomas AL 12th Inf. Co.D Cpl.
Bryant, Thomas AL 26th (O'Neal's) Inf. Co.H
Bryant, Thomas AL 49th Inf. Co.B
Bryant, Thomas FL 1st (Res.) Inf. Co.I
Bryant, Thomas GA Inf. (Anderson Guards) Anderson's Co. Cpl.
Bryant, Thomas KY 5th Mtd.Inf. Co.A
Bryant, Thomas MS 6th Cav. Co.D
Bryant, Thomas MS Cav. Davenport's Bn. (St.Troops) Co.C
Bryant, Thomas MO 8th Inf. Co.H
Bryant, Thomas NC 14th Inf. Co.B
Bryant, Thomas NC 34th Inf. Co.E
Bryant, Thomas NC 58th Inf. Co.C,D
Bryant, Thomas TN 2nd (Smith's) Cav. Thomason's Co.
Bryant, Thomas TN 1st (Feild's) Inf. Co.D
Bryant, Thomas TN 11th Inf. Co.D,B
Bryant, Thomas TN 44th Inf. Co.E
Bryant, Thomas TN 44th (Cons.) Inf. Co.B 2nd Lt.
Bryant, Thomas TX Inf. 2nd St.Troops Co.F Sgt.
Bryant, Thomas TX 13th Vol. Co.G Sgt.
Bryant, Thomas TX 15th Inf. 2nd Co.H
Bryant, Thomas VA 3rd Res. Co.C
Bryant, Thomas VA Inf. 4th Bn.Loc.Def. Co.F
Bryant, Thomas 3rd Conf.Cav. Co.I
Bryant, Thomas A. GA 41st Inf. Co.B
Bryant, Thomas A. MS 27th Inf. Co.I
Bryant, Thomas B. VA 41st Inf. Co.H
Bryant, Thomas B. Sig.Corps.,CSA
Bryant, Thomas D. SC 1st Arty. Co.D Cpl.
Bryant, Thomas D. TN 17th Inf. Co.C
Bryant, Thomas E. VA 5th Cav. (12 mo. '61-2) Co.F
Bryant, Thomas E. VA 13th Cav. Co.F Cpl.
Bryant, Thomas G. AL 16th Inf. Co.F
Bryant, Thomas H. AL 1st Bn. Hilliard's Legion Vol. Co.D
Bryant, Thomas H. AL 23rd Bn.S.S. Co.G
Bryant, Thomas H. VA 18th Inf. Co.F
Bryant, Thomas H. VA 22nd Inf. Co.K
Bryant, Thomas J. TN 4th (McLemore's) Cav. Co.D
Bryant, Thomas J. TN Cav. 12th Bn. (Day's) Co.E
Bryant, Thomas J. VA 29th Inf. Co.C
Bryant, Thomas K. NC 2nd Arty. (36th St.Troops) Co.A
Bryant, Thomas L. AL 63rd Inf. Co.D
Bryant, Thomas L. AL Vol. Lee, Jr.'s Co.
Bryant, Thomas L. KY 1st Inf. Co.G
Bryant, Thomas M. GA 59th Inf. Co.A
Bryant, Thomas M. 7th Conf.Cav. Co.A 2nd Lt.
Bryant, Thomas N. GA Cobb's Legion Co.B
Bryant, Thomas N. MS 40th Inf. Co.F
Bryant, Thomas P. MS St.Cav. Perrin's Bn. Co.A Cpl.
Bryant, Thomas P. VA 2nd Arty. Co.K
Bryant, Thomas R. VA Inf. 1st Bn.Loc.Def. Co.F
Bryant, Thomas S. GA Inf. 13th Bn. (St.Guards) Guerry's Co. Ens.
Bryant, Thomas W. VA Cav. 15th Bn. Co.B
Bryant, Thomas W. VA 41st Mil. Co.A
Bryant, Tillman MS Morgan's Co. (Morgan Riflemen) Cpl.
Bryant, Tilman NC 26th Inf. Co.I
Bryant, Tilman NC 58th Inf. Co.H
Bryant, T.J. GA Cav. 9th Bn. (St.Guards) Co.A,E
Bryant, T.J. TN 5th Inf. 2nd Co.F
Bryant, T.L. AL 59th Inf. Co.K
Bryant, T.L. GA 4th Res. Co.H
Bryant, T.L. LA 3rd (Harrison's) Cav. Co.E
Bryant, T.M. GA 10th Cav. Co.A 2nd Lt.
Bryant, T.M. MS Inf. 2nd Bn. Co.B
Bryant, T.M. MS 48th Inf. Co.B
Bryant, T.O. GA 5th Res. Co.I
Bryant, T.P. MS 5th Inf. (St.Troops) Co.I
Bryant, T. Posey AL 31st Inf. Co.H
Bryant, T.R. AR 36th Inf. Co.I 1st Lt.
Bryant, T.R. MS 8th Cav. Co.I
Bryant, Travis FL 1st (Res.) Inf.
Bryant, Travis NC 51st Inf. Co.I
Bryant, T.S. GA 56th Inf. Co.I
Bryant, T.S. MS 7th Inf. Co.D
Bryant, Tulla S. KY 4th Cav. Co.E
Bryant, Tully S. KY Jessee's Bn.Mtd.Riflemen Co.A
Bryant, Tully S. Conf.Cav. 6th Bn. Co.G 1st Lt.
Bryant, Turner B. AR 6th Inf. Co.I Capt.
Bryant, T.W. AR 10th Inf. Co.K
Bryant, T.Y. TX Granbury's Cons.Brig. Co.F
Bryant, Uel M. TN 17th Inf. Co.C,E
Bryant, U.M. MS 17th Inf. Co.C
Bryant, U.M. TN 17th Inf. Co.C Adj.
Bryant, Vernon VA 5th Cav. Sgt.
Bryant, Vernon VA 9th Cav. Sandford's Co. Cpl.
Bryant, Vernon VA 15th Cav. Co.A Sgt.
Bryant, Vernon VA Cav. 15th Bn. Co.A Cpl.
Bryant, Vernon VA 111th Mil. Co.5
Bryant, V.W.S. GA 7th Inf. Co.I
Bryant, W. AL 26th Inf. Co.A
Bryant, W. AL 36th Inf. Co.E
Bryant, W. FL 10th Inf. Co.K
Bryant, W. FL Res. Poe's Co.
Bryant, W. GA Cav. 1st Bn.Res. Tuft's Co.
Bryant, W. GA Cobb's Legion Co.C
Bryant, W. MO Cav. Williams' Regt. Co.H
Bryant, W. SC 7th Inf. Co.F
Bryant, W. TN 27th Inf. Co.G
Bryant, W. TX Cav. Border's Regt. Co.C
Bryant, W. VA 46th Inf. 2nd Co.I
Bryant, W.A. AL 34th Inf. Co.E
Bryant, W.A. GA Siege Arty. 28th Bn. Co.A Sgt.
Bryant, W.A. MS 32nd Inf. Co.K Sgt.
Bryant, W.A. NC 4th Cav. (59th St.Troops) Co.K
Bryant, W.A. SC 5th Inf. 2nd Co.I
Bryant, W.A. TN 11th (Holman's) Cav. Co.E
Bryant, W.A. TX 10th Cav. Co.A
Bryant, W.A. 8th (Dearing's) Conf.Cav. Co.A
Bryant, Wade GA Inf. 5th Bn. (St.Guards) Co.D
Bryant, Wade H. FL 10th Inf. Co.F
Bryant, Warren FL 1st (Res.) Inf. Co.I
Bryant, Warren FL Inf. 2nd Bn. Co.D
Bryant, Watson NC 47th Inf. Co.A
Bryant, W.B. FL 2nd Inf. Co.L Cpl.
Bryant, W.B. LA 6th Cav. Co.K
Bryant, W.C. AR 8th Mil.
Bryant, W.C. MS Lt.Arty. Turner's Co.
Bryant, W.C. TN Cav. Allison's Squad. Co.B
Bryant, W.D. AL 10th Inf. Co.D
Bryant, W.D. GA 55th Inf. Co.G
Bryant, W.E.A. GA 39th Inf. Co.H
Bryant, Wellington L. GA Cobb's Legion Co.C
Bryant, Wesley MS 2nd St.Cav. Co.D
Bryant, Wesley TN 7th Inf. Co.I Music.
Bryant, Westley GA 35th Inf. Co.K
Bryant, W.F. VA 51st Inf. Co.D
Bryant, W.G. AR 8th Inf. New Co.E Sgt.
Bryant, W.G. GA 64th Inf. Co.A
Bryant, W.G. TN 20th Inf. Co.I Music.
Bryant, W.G. 15th Conf.Cav. Co.G
Bryant, W. Gasaway SC 5th St.Troops Co.G Cpl.
Bryant, W.H. AL 3rd Inf. Co.E Lt.
Bryant, W.H. AL 36th Inf. Co.F
Bryant, W.H. AL 55th Vol. Co.E
Bryant, W.H. AR 38th Inf. Co.B
Bryant, W.H. GA 7th Cav. Co.I
Bryant, W.H. GA Cav. 24th Bn. Co.D
Bryant, W.H. GA Hvy.Arty. 22nd Bn. Co.B
Bryant, W.H. GA 63rd Inf. Co.F
Bryant, W.H. KY 7th Cav. Co.H
Bryant, W.H. TN 14th (Neely's) Cav. Co.E
Bryant, W.H. TN 1st Hvy.Arty. Co.L
Bryant, W.H. TN 22nd Inf. Co.C
Bryant, W.H. 3rd Conf.Cav. Co.G
Bryant, W.H.O. VA 3rd Inf. Co.C
Bryant, Wiley NC 4th Cav. (59th St.Troops) Co.K
Bryant, Wiley 8th (Dearing's) Conf.Cav. Co.A
Bryant, Wiley A. NC 4th Cav. (59th St.Troops) Co.K
Bryant, Wiley A. NC Cav. 12th Bn. Co.A
Bryant, Wiley R. TN 26th Inf. Co.B,H
Bryant, William AL 7th Cav. Co.E
Bryant, William AL 1st Inf. Co.B
Bryant, William AL 5th Inf. New Co.G
Bryant, William AL 11th Inf. Co.D
Bryant, Wm. AL 17th Inf. Co.D
Bryant, William AL 20th Inf. Co.K
Bryant, William AL 27th Inf. Co.I
Bryant, William AZ Cav. Herbert's Bn. Oury's Co.
Bryant, William AR 3rd Cav. 3rd Co.E
Bryant, William AR 18th Inf. Co.A
Bryant, William FL 1st Cav. Co.A Far.
Bryant, William FL 2nd Cav. Co.B
Bryant, William FL 10th Inf. Co.A
Bryant, William GA 12th (Robinson's) Cav. (St.Guards) Co.G Bugler
Bryant, William GA Cav. 22nd Bn. (St.Guards) Co.C

Bryant, William GA 1st Inf. (St.Guards) Co.C
Bryant, William GA Inf. 1st Conf.Bn. Co.C
Bryant, William GA Inf. 4th Bn. (St.Guards) Co.C
Bryant, William GA 7th Inf. (St.Guards) Co.E
Bryant, William GA 16th Inf. Co.K
Bryant, William GA 19th Inf. Co.E
Bryant, William GA 43rd Inf. Co.K Sgt.
Bryant, William GA 55th Inf. Co.B,E
Bryant, William GA 66th Inf. Co.E Sgt.
Bryant, William GA Cobb's Legion Co.E
Bryant, William KY 3rd Mtd.Inf. Co.L
Bryant, William LA AZ Scouts
Bryant, William MS 2nd Inf. Co.E
Bryant, William MS 2nd (Davidson's) Inf. Co.A Cpl.
Bryant, William MS 14th (Cons.) Inf. Co.K
Bryant, William MS 43rd Inf. Co.H
Bryant, William NC 6th Cav. (65th St.Troops) Co.A,I
Bryant, William NC 1st Arty. (10th St.Troops) Co.E
Bryant, William NC 24th Inf. Co.E
Bryant, William NC 27th Inf. Co.E
Bryant, William NC 31st Inf. Co.D
Bryant, William NC 37th Inf. Co.B
Bryant, William NC 47th Inf. Co.A
Bryant, William NC 58th Inf. Co.C
Bryant, William SC 1st (Butler's) Inf. Co.I
Bryant, William SC 6th Inf. 2nd Co.D
Bryant, William SC 9th Inf. Co.H
Bryant, William SC 18th Inf. Co.D Sgt.
Bryant, William SC 21st Inf. Co.B
Bryant, William TN 5th (McKenzie's) Cav. Co.F Sgt.
Bryant, William TN 10th (DeMoss') Cav. Co.E
Bryant, William TN 13th (Gore's) Cav. Co.C
Bryant, William TN Cav. Napier's Bn. Co.B
Bryant, William TN 12th Inf. Co.E
Bryant, William TX 19th Cav. Co.E
Bryant, William TX 27th Cav. Co.F
Bryant, William TX 29th Cav. Co.D
Bryant, William TX Inf. 2nd St.Troops Co.B
Bryant, William VA 16th Inf. Co.F
Bryant, William VA Inf. 25th Bn. Co.D
Bryant, William VA 29th Inf. 2nd Co.F
Bryant, William VA 30th Inf. 1st Co.I
Bryant, William VA 41st Inf. Co.H
Bryant, William VA 45th Inf. Co.C
Bryant, William VA 47th Inf. 3rd Co.I
Bryant, William VA 49th Inf. Co.F Cpl.
Bryant, William A. AR 13th Inf. Co.B
Bryant, William A. FL 3rd Inf. Co.A,G,H
Bryant, William A. GA 12th Inf. Co.C
Bryant, William A. GA 61st Inf. Co.G
Bryant, William A. GA Phillips' Legion Co.B
Bryant, William A. TN 16th (Logwood's) Cav. Co.H
Bryant, William A. VA 3rd Res. Co.C
Bryant, William A. 8th (Dearing's) Conf.Cav. Co.A
Bryant, William B. FL 3rd Inf. Co.I
Bryant, William B. GA Inf. 27th Bn. Co.A
Bryant, William B. GA 44th Inf. Co.F
Bryant, William B. SC 9th Inf. Co.I
Bryant, William B.W. GA 24th Inf. Co.I
Bryant, William C. AR Lt.Arty. Etter's Btty. Jr.2nd Lt.
Bryant, William C. AR 26th Inf. Co.D
Bryant, William C. MS 13th Inf. Co.K
Bryant, William C. TX Cav. Martin's Regt. Co.K
Bryant, William C. VA 24th Inf. Co.I
Bryant, William D. NC 2nd Inf. Co.C
Bryant, William E. AR 33rd Inf. Co.F Cpl.
Bryant, William E. NC 1st Cav. (9th St.Troops) Co.B Bugler
Bryant, William E. TN 44th Inf. Co.I
Bryant, William E. TN 44th (Cons.) Inf. Co.A
Bryant, William E. TX Inf. 3rd St.Troops Co.H
Bryant, William F. NC 39th Inf. Co.H
Bryant, William F. NC 54th Inf. Co.H
Bryant, William F. SC Inf. 7th Bn. (Enfield Rifles) Co.D
Bryant, William F. VA 16th Cav. Love's Co.
Bryant, William G. GA 42nd Inf. Co.I
Bryant, William G. MS Inf. 3rd Bn. Co.G Cpl.
Bryant, William H. AL 3rd Cav. Co.F
Bryant, William H. AL 17th Inf. Co.F 2nd Lt.
Bryant, Wm. H. AL 21st Inf. Co.F
Bryant, William H. AL 53rd (Part.Rangers) Co.E 1st Lt.
Bryant, William H. GA Arty. 9th Bn. Co.C
Bryant, William H. GA 1st (Ramsey's) Inf. Co.B
Bryant, William H. GA 5th Inf. Co.G
Bryant, William H. GA 30th Inf. Co.A
Bryant, William H. GA 57th Inf. Co.F Sgt.
Bryant, William H. KY 2nd Cav. Co.D
Bryant, William H. KY 3rd Cav. Co.H
Bryant, William H. LA 16th Inf. Co.I
Bryant, William H. MS 27th Inf. Co.B
Bryant, William H. NC 1st Cav. (9th St.Troops) Co.B
Bryant, William H. NC 2nd Arty. (36th St.Troops) Co.F
Bryant, William H. NC 43rd Inf. Co.C
Bryant, William H. SC 10th Inf. Co.M,L
Bryant, William H. TN 14th Inf. Co.E Cpl.
Bryant, William H. VA 14th Cav. Co.K
Bryant, Wm. H. VA 29th Inf. Co.I
Bryant, William H. VA 47th Inf. Co.A
Bryant, William H. VA 49th Inf. Co.H
Bryant, William H. VA 55th Inf. Co.E
Bryant, William H. VA 59th Inf. 3rd Co.D Cpl.
Bryant, William H. VA 60th Inf. Co.E
Bryant, William J. AL 3rd Inf. Co.F
Bryant, William J. AR 23rd Inf. Co.C
Bryant, William J. FL 5th Inf. Co.F
Bryant, William J. GA 48th Inf. Co.I
Bryant, William J. GA 53rd Inf. Co.C
Bryant, William J. MS 21st Inf. Co.E 1st Lt.,ACS
Bryant, William J. MS 7th Congr.Dist. Capt., Post QM
Bryant, William J. TN 17th Inf. Co.C
Bryant, William J. VA 13th Cav. Co.E
Bryant, William J. VA 50th Inf. Co.A
Bryant, Wm. J. Gen. & Staff, Comsy.Dept. Capt.
Bryant, William James TN 6th Inf. Co.H
Bryant, William L. AL 47th Inf. Co.K
Bryant, William L. TN 23rd Inf. Co.H
Bryant, William M. AL Cav. Holloway's Co.
Bryant, William M. AR 5th Inf. Co.C
Bryant, William M. GA 2nd Bn.S.S. Co.D
Bryant, William M. MS 26th Inf. Surg.
Bryant, William M. NC Inf. 2nd Bn. Co.H
Bryant, William M. NC 3rd Inf. Co.A
Bryant, William M. TN 9th Inf. Co.I
Bryant, William M. TN 23rd Inf. Co.C Sgt.
Bryant, William M. TX 9th Cav. Co.E
Bryant, William M. VA Lt.Arty. Douthat's Co.
Bryant, William N. AL Lt.Arty. Phelan's Co.
Bryant, William N. GA Cobb's Legion Co.C
Bryant, William O. GA 27th Inf. Co.I
Bryant, William O. NC 55th Inf. Co.B
Bryant, William O. VA Hvy.Arty. 10th Bn. Co.C
Bryant, William P. GA 7th Inf. Co.A Cpl.
Bryant, William P. GA 56th Inf. Co.I
Bryant, William P. VA 28th Inf. Co.F
Bryant, William Q. 7th Conf.Cav. Co.E
Bryant, William R. AL 27th Inf. Co.H
Bryant, William R. MS 10th Inf. Old Co.A
Bryant, William R. MS 18th Inf. Co.K
Bryant, William R. NC 2nd Bn.Loc.Def.Troops Co.G
Bryant, William R. VA 28th Inf. Co.I,D
Bryant, William T. AL 17th Bn.S.S. Co.B Cpl.
Bryant, William T. VA 9th Inf. Co.E Cpl.
Bryant, William V. VA Loc.Def. Bosher's Co.
Bryant, William W. AR 2nd Cav.
Bryant, William W. TN 1st (Turney's) Inf. Co.G
Bryant, William W. 1st Conf.Eng.Troops
Bryant, William W.R. NC 4th Cav. (59th St.Troops) Co.B Cpl.
Bryant, W.J. AL 9th (Malone's) Cav. Co.F
Bryant, W.J. AL 31st Inf. Co.D
Bryant, W.J. GA 10th Cav. Co.E
Bryant, W.J. GA 32nd Inf. Co.F
Bryant, W.J. GA 40th Inf. Co.K
Bryant, W.J. NC 8th Sr.Res. Callihan's Co.
Bryant, W.J. SC 5th Inf. 2nd Co.I
Bryant, W.J. TN 17th Inf. Co.H
Bryant, W.J. 3rd Conf.Cav. Co.K
Bryant, W.L. AL 7th Inf. Co.B
Bryant, W.L. AR Inf. 4th Bn. Co.B
Bryant, W.L. AR 4th Inf. Co.B
Bryant, W.L. AR 18th (Marmaduke's) Inf. Co.C
Bryant, W.L. KY 8th Cav. Co.C
Bryant, W.L. TN 19th (Biffle's) Cav. Co.G Cpl.
Bryant, W.M. FL 2nd Inf. Co.B
Bryant, W.M. GA 3rd Bn. (St.Guards) Co.D
Bryant, W.M. SC 21st Inf. Co.B
Bryant, W.M.C. AL 60th Inf. Co.A
Bryant, Wolfred TX 6th Inf. Co.D
Bryant, Wood GA 11th Cav. (St.Guards) Bruce's Co.
Bryant, W.P. NC 15th Inf. Co.C
Bryant, W.P. NC 22nd Inf. Co.A
Bryant, W.P. NC 22nd Inf. Co.M
Bryant, W.R. NC Walker's Bn. Thomas' Legion 1st Co.D
Bryant, W.R. TN 1st (Carter's) Cav. Co.I
Bryant, W.R. TN 28th Inf. Co.B
Bryant, W.R. TN 28th (Cons.) Inf. Co.K
Bryant, W.S. AL 17th Inf. Co.G
Bryant, W.T. MS 12th Cav. Co.L
Bryant, W.T. MS Inf. 1st Bn.St.Troops (30 days '64) Co.H
Bryant, W.T. NC 1st Arty. (10th St.Troops) Co.A Cpl.

Bryant, W.T. SC 18th Inf. Co.D
Bryant, W.T. VA 3rd Res. Co.H
Bryant, W.W. GA 3rd Cav. (St.Guards) Co.C
Bryant, W.W. GA 61st Inf. Co.G
Bryant, W.W. MS 7th Cav. Co.A Sgt.
Bryant, W.W. NC 47th Inf. Co.I
Bryant, W.W. TN 42nd Inf. Co.G
Bryant, W.W. VA 2nd Cav. Co.K
Bryant, Wyatt VA 49th Inf. Co.F
Bryant, Z.H. TN Inf. 1st Cons.Regt. Co.H
Bryant, Z.H. TN 8th Inf. Co.G
Bryant, Z.H. TN 28th Inf. 2nd Co.H 1st Lt.
Bryant, Z.H. TN 28th (Cons.) Inf. Co.C 1st Lt.
Bryant, Z.J. GA 63rd Inf. Co.C
Bryant, Z.T. AL 17th Inf. Co.D
Bryants, Hezekiah MO Inf. 4th Regt.St.Guard Co.C
Bryar, J.W. MO 3rd & 5th Cons.Inf. Co.H
Bryarley, J.L. TX Ross' Brig. Capt.,ACS
Bryarley, Robert P. VA 27th Inf. 1st Co.H
Bryarly, J.L. AR 2nd Mtd.Rifles Hawkins' Co.
Bryarly, John W. VA 2nd Inf. Co.F
Bryarly, Joseph L. TX 27th Cav. Co.A Capt.,ACS
Bryarly, Robert P. VA 1st Cav. Co.B
Bryarly, Roland VA 62nd Mtd.Inf. 2nd Co.M
Bryarly, R.S. TX 19th Inf. Co.B Jr.2nd Lt.
Bryars, Benjamin H. AL 2nd Cav. Co.B
Bryars, C. AL Cav. Barlow's Co.
Bryars, C. 15th Conf.Cav. Co.C
Bryars, Ethelbert AL 23rd Inf. Co.I
Bryars, G.B. AL 23rd Inf. Co.I
Bryars, H. AL 23rd Inf. Co.E
Bryars, James AL 23rd Inf. Co.E
Bryars, John AL 23rd Inf. Co.E
Bryars, Joshua AL 23rd Inf. Co.I Sgt.
Bryars, R. AL 23rd Inf. Co.I
Bryars, R.B. AL Cav. Barlow's Co.
Bryars, R.B. 15th Conf.Cav. Co.C
Bryars, R.F. AL 23rd Inf. Co.E,I Cpl.
Bryars, R.H. Conf.Cav. Wood's Regt. Co.I Sgt.
Bryars, W.L. AL Cav. Barlow's Co.
Bryars, W.L. 15th Conf.Cav. Co.C
Bryce, Alexander GA 36th (Broyles') Inf. Co.A
Bryce, B.F. VA 2nd Arty. Co.H
Bryce, B.F. VA Lt.Arty. Woolfolk's Co.
Bryce, B.F. VA Inf. 22nd Bn. Co.H
Bryce, Campbell R. SC Cav.Bn. Hampton Legion Co.D 1st Lt.
Bryce, Charles Conf.Inf. Tucker's Regt. Co.K
Bryce, David Wells GA 57th Inf. Co.F
Bryce, George R. GA Cobb's Legion Co.F
Bryce, George W. FL Lt.Arty. Perry's Co.
Bryce, George W. GA Cobb's Legion Co.B
Bryce, Henry Gen. & Staff 1st Lt.,Ord.Off.
Bryce, J. SC Mil. 17th Regt. Rogers' Co.
Bryce, James TN 34th Inf. Co.B
Bryce, James G. SC 22nd Inf. Co.D 1st Lt.
Bryce, J.C. AR 19th (Dawson's) Inf. Co.D Sgt.
Bryce, J.C. SC 7th Cav. Co.D Cpl.
Bryce, J.C. SC Cav.Bn. Holcombe Legion Co.B
Bryce, J.E. GA 19th Inf. Co.D
Bryce, J.L. MS 27th Inf. Co.E
Bryce, James LA 13th Inf. Co.I
Bryce, John A. GA Inf. 10th Bn. Co.C
Bryce, John A. VA Lt.Arty. J.S. Brown's Co.
Bryce, John E. SC Lt.Arty. Parker's Co. (Marion Arty.)
Bryce, John F. GA Cobb's Legion Co.F
Bryce, John Y. NC 4th Cav. (59th St.Troops) Co.E Capt.
Bryce, John Y. NC 42nd Inf. Co.K Capt.
Bryce, J.T. MS 27th Inf. Co.E
Bryce, J.Y. GA Arty. (Macon Lt.Arty.) Slaten's Co.
Bryce, Mitchell GA 11th Cav. (St.Guards) Groover's Co.
Bryce, Peter C. GA 57th Inf. Co.F
Bryce, R.J. VA Lt.Arty. B.Z. Price's Co.
Bryce, Robert AL 26th (O'Neal's) Inf. Co.A
Bryce, Robert GA Phillips' Legion Co.F
Bryce, Robert S. NC 4th Cav. (59th St.Troops) Co.E 1st Lt.
Bryce, Robert S. NC 1st Inf. (6 mo. '61) Co.B Sgt.
Bryce, Robert Y. GA 57th Inf. Co.F
Bryce, R.P. SC 2nd Inf. Co.C Sgt.
Bryce, T.A. AR 19th (Dawson's) Inf. Co.D
Bryce, Thomas R. GA 57th Inf. Co.F Cpl.
Bryce, W.H. AL 26th (O'Neal's) Inf. Co.A
Bryce, William C. GA 61st Inf. Co.I
Bryce, William H. GA Cobb's Legion Co.F
Bryce, William H. NC 4th Cav. (59th St.Troops) Co.E 3rd Lt.
Bryce, William W. GA Inf. 3rd Bn. Co.A
Bryceins, Pryor AL Cav. Moreland's Regt. Co.G
Bryde, Arthur LA 5th Inf. Co.E 2nd Lt.
Bryden, Henry TX 20th Cav. Co.F
Brydson, D.W. TX 4th Inf. Co.F
Brydson, F.K. TX 4th Inf. Co.F
Bryean, E.J. AR Cav. Crabtree's (46th) Regt. Co.C
Bryeans, Edward D. AR Lt.Arty. Thrall's Btty. Cpl.
Bryeans, Elisha F. MO 8th Cav. Co.H
Bryeans, Wilson AR 7th Inf. Co.E
Bryeant, Elisha F. MO Inf. 4th Regt.St.Guard Co.C
Bryels, Thomas MO 1st N.E.Cav.
Bryen, G.N. MS 9th Inf. Co.I
Bryen, J. AL 12th Inf. Co.A
Bryen, John VA Mtd.Riflemen St.Martin's Co.
Bryen, Romy VA Mtd.Riflemen St.Martin's Co.
Bryens, George H. LA Washington Arty.Bn. Co.3
Bryens, Richard LA Washington Arty.Bn. Co.3
Bryent, Ceberne GA 1st Cav. Co.D
Bryent, Hugh NC 5th Sr.Res. Co.H
Bryent, John NC 5th Sr.Res. Co.H
Bryer, John LA Mil. 4th Regt. 1st Brig. 1st Div. Co.D
Bryer, Mount TN 28th (Cons.) Inf. Co.D
Bryerly, J.M. MO 9th (Elliott's) Cav. Co.B
Bryers, James AL 56th Part.Rangers Co.K
Bryers, R.B. AL Cav. Murphy's Bn. Co.B
Bryett, G.E. NC Mil. Clark's Sp.Bn. Co.I
Bryham, A.C. TN 1st Cav.
Brylaski, Michael SC 2nd Rifles Co.A
Bryles, Alfred NC 47th Inf. Co.H
Bryles, B.F. AL Cp. of Instr. Talladega
Bryles, C.C. AR 36th Inf. Co.C
Bryles, H. TN Lt.Arty. Morton's Co.
Bryles, J.H. AR 18th Inf. Co.K
Bryles, John A. AR 18th Inf. Co.K
Bryles, William AR 25th Inf. Co.C
Bryles, William H. AR 47th (Crandall's) Cav. Co.G
Bryley, B.T. TN 38th Inf. 2nd Co.A
Bryley, Burton NC 3rd Inf. Co.D
Bryley, Hiram AR 9th Inf. Co.B
Brylis, Andrew L. AR 6th Inf. Co.B 2nd Lt.
Bryly, G. AL 5th Cav. Co.E
Bryman, William H. AL 58th Inf. Co.F
Brymer, Amos TX 17th Inf. Co.C
Brymer, G.M. AR Cav. Gordon's Regt. Co.I
Brymer, J. TX 13th Vol.
Brymer, Jackson TX 2nd Inf. Co.H
Brymer, Jasper TX 2nd Inf. Co.H
Brymer, John T. TX 2nd Inf. Co.H
Brymer, Newton T. TX 2nd Inf. Co.H
Brymer, William AL 18th Inf. Co.A
Brymer, William AL 58th Inf. Co.C
Brymer, William TX 17th Inf. Co.A
Brymer, William H. AL 2nd Cav. Co.A
Brymer, William M. TX 17th Inf. Co.C
Brymer, W.J. GA Inf. 28th Bn.Loc.Def. Pendergrass' Co.
Bryn, Jeremiah VA 146th Mil. Co.B Sgt.
Bryn, J.H. TN 1st (Feild's) Inf. Co.G
Bryn, J.K. TN Inf. 154th Sr.Regt. Co.I
Bryne, B.W. VA Conscr. Cp.Lee
Bryne, F.B. TX Cav. Chisum's Regt. (Dismtd.) Co.K
Bryne, G.M. AR 3rd Cav.
Bryne, John GA 46th Inf. Co.A
Bryne, Jos. F. MO St.Guard
Brynes, E. AR Cav. Gordon's Regt. Co.I
Brynes, J.D. GA 46th Inf. Co.B
Bryney, D. KY 7th Mtd.Inf. Co.B
Brynton, A.J. GA 10th Mil. Co.H Sgt.
Brynum, William GA 13th Inf. Co.H
Bryody, M. LA Mil. Irish Regt. O'Brien's Co.
Bryon, A. SC 1st Regt. Charleston Guard Co.D
Bryon, Edward LA 14th Inf. Co.B
Bryon, G.D. MS 9th Inf. Co.I
Bryon, Henry C. AL 17th Inf. Co.E
Bryon, James TN Cav. Nixon's Regt. Co.D
Bryon, N.W. TN 14th (Neely's) Cav. Co.F
Bryon, W.O. SC 3rd St.Troops Co.B
Bryor, William B. VA 44th Inf. Co.B
Brys, John TX 31st Cav. Co.C
Brysh, Anton TX 6th Inf. Co.I
Brysh, John TX 24th Cav. Co.I
Brysindin, W.W. VA 2nd Inf.Loc.Def. Co.H
Bryson, Abner TN 34th Inf. Co.B
Bryson, Abner D. MS 48th Inf. Co.I
Bryson, A.D. MS Inf. 2nd Bn. Co.I
Bryson, Alexander VA 50th Inf. Co.I
Bryson, Alexander C. GA 11th Inf. Co.F
Bryson, Andrew W. NC 16th Inf. Co.A 1st Lt.
Bryson, Andrew W. NC 39th Inf. Co.K Capt.
Bryson, Andrew W. NC Inf. Thomas' Legion 1st Co.A Capt.
Bryson, Baron D. MO 10th Inf. Co.F Cpl.
Bryson, Carson P. NC 16th Inf. Co.A
Bryson, Carson P. NC 39th Inf. Co.K
Bryson, Carson P. NC 62nd Inf. Co.H Capt.,Asst.Comsy.
Bryson, Charles SC 1st St.Troops Co.A
Bryson, Coleman NC 62nd Inf. Co.H

Bryson, C.P. Gen. & Staff Asst.Comsy.
Bryson, Daniel M. AL 19th Inf. Co.D
Bryson, David C. NC 62nd Inf. Co.H
Bryson, D.D. TN 18th Inf. Co.D
Bryson, E.D. TN 22nd (Barteau's) Cav. Co.C
Bryson, Elam N. TN 48th (Voorhies') Inf. Co.B
Bryson, Eli TN 10th (DeMoss') Cav. Co.H
Bryson, E.N. TN Inf. 4th Cons.Regt. Co.K
Bryson, Filetes N. GA 11th Inf. Co.F
Bryson, F.M. TX 19th Inf. Co.F
Bryson, Francis M. NC 25th Inf. Co.B
Bryson, Francis M. NC 25th Inf. Co.D
Bryson, Franklin GA 11th Cav. Co.E
Bryson, Franklin GA Inf. 11th Bn. (St.Guards) Co.B
Bryson, George MO 11th Inf. Co.B
Bryson, George TN 21st & 22nd (Cons.) Cav. Co.D
Bryson, George G. TN 2nd (Robison's) Inf. Co.K
Bryson, George W. AL 11th Inf. Co.G
Bryson, George W. AL 28th Inf. Co.H
Bryson, Geo. W. AL 36th Inf. Co.D
Bryson, George W. NC 25th Inf. Co.B
Bryson, George W. NC 62nd Inf. Co.H
Bryson, George W. NC Inf. Thomas' Legion Co.F
Bryson, G.W. MO 2nd Inf. Co.G
Bryson, G.W. MO Inf. Perkins' Bn. Co.C Capt.
Bryson, H.B. NC 6th Cav. (65th St.Troops) Co.A
Bryson, H.B. NC Inf. Thomas' Legion Co.F
Bryson, H. Burton NC Cav. 7th Bn. Co.A
Bryson, H.E. TX 30th Cav. Co.K
Bryson, Henry 15th Conf.Cav. Co.D
Bryson, H.J. SC 3rd Inf. Co.F
Bryson, H.J. SC 9th Res. Co.K
Bryson, Houston H. NC 16th Inf. Co.A
Bryson, Houston H. NC 39th Inf. Co.K
Bryson, Huston H. NC Inf. Thomas' Legion 1st Co.A
Bryson, J. VA 7th Inf.
Bryson, Jacob 1st Conf.Cav. 1st Co.E
Bryson, James MS Shields' Co.
Bryson, James MO Inf. 8th Bn. Co.D
Bryson, James MO 9th Inf. Co.H
Bryson, James NC Walker's Bn. Thomas' Legion Co.A
Bryson, James SC 1st St.Troops Co.A
Bryson, James SC 5th St.Troops Co.D
Bryson, James SC 9th Res. Co.K
Bryson, James SC Inf.Loc.Def. Estill's Co.
Bryson, James TN Hvy.Arty. Johnston's Co.
Bryson, James TN 4th Inf. Co.A
Bryson, James C. SC 1st Arty. Co.F
Bryson, James D. GA 1st (Ramsey's) Inf. Co.H Cpl.
Bryson, James D. GA 55th Inf. Co.D Cpl.
Bryson, James H. NC 16th Inf. Co.I
Bryson, James H. SC Inf. 8th Bn. Co.B Sgt.
Bryson, James H. TN 3rd (Clack's) Inf. Co.D
Bryson, James L. MS Cav. Street's Bn.
Bryson, James M. SC 16th Inf. Co.E
Bryson, James M. VA 60th Inf. Co.I
Bryson, James N. NC Walker's Bn. Thomas' Legion Co.A 1st Lt.
Bryson, James W. GA 24th Inf. Co.G
Bryson, J.D. TN 55th (Brown's) Inf. Co.D
Bryson, Jefferson GA Cherokee Legion (St.Guards) Co.A
Bryson, Jeptha GA Cav. 16th Bn. (St.Guards) Co.C Cpl.
Bryson, Jeptha GA 65th Inf. Co.B
Bryson, Jessee M. GA 1st Reg. Co.H
Bryson, J.G. TX 6th Field Btty. Cpl.
Bryson, J.G. TX Lt.Arty. Dege's Bn. Cpl.
Bryson, J.H. MS 32nd Inf. Co.B
Bryson, J.H. NC Walker's Bn. Thomas' Legion Co.E
Bryson, J.H. SC Inf. 1st (Charleston) Bn. Co.D
Bryson, J.H. SC 3rd Inf. Co.F
Bryson, J.H. SC 9th Res. Co.K Sgt.
Bryson, J.H. SC 27th Inf. Co.D
Bryson, J.H. TN Inf. 4th Cons.Regt. Co.C
Bryson, J.H. Gen. & Staff Chap.
Bryson, J.L. MS Cav. Ham's Regt. Co.A
Bryson, J.L. TN 15th (Cons.) Cav. Co.E
Bryson, J.M. NC 12th Inf. Co.H
Bryson, J.M. SC 16th & 24th (Cons.) Inf. Co.F
Bryson, John GA 63rd Inf. Co.D
Bryson, John NC Walker's Bn. Thomas' Legion Co.A
Bryson, John SC 9th Res. Co.K
Bryson, John SC 27th Inf. Co.G
Bryson, John TX 30th Cav. Co.K Sgt.
Bryson, John A. GA 28th Inf. Co.D
Bryson, John A. TX 10th Cav. Co.C
Bryson, John C. NC 62nd Inf. Co.H
Bryson, John E. SC 3rd Inf. Co.F
Bryson, John H. GA 55th Inf. Co.D
Bryson, John H. KY 9th Mtd.Inf. Chap.
Bryson, John H. TN 3rd (Forrest's) Cav. Co.D Sgt.
Bryson, John J. TN 3rd (Clack's) Inf. Co.D
Bryson, John K. VA 60th Inf. Co.I
Bryson, John L. NC 25th Inf. Co.C
Bryson, John M. NC 62nd Inf. Co.H
Bryson, John S. GA 18th Inf. Co.E Cpl.
Bryson, John S. MS 37th Inf. Co.C
Bryson, Jno. T. AL 15th Inf. Co.E
Bryson, John W. MO Jackman's Cav. Rusk's Co.
Bryson, John W. NC 60th Inf. Co.E
Bryson, Joseph AR 14th (McCarver's) Inf. Co.E
Bryson, Joseph GA Cav. 16th Bn. (St.Guards) Co.B
Bryson, Joseph MO Cav. Freeman's Regt. Co.G
Bryson, Joseph A. NC 62nd Inf. Co.B
Bryson, Joseph B. NC 25th Inf. Co.B
Bryson, Joseph D. AL 11th Inf. Co.G
Bryson, Joseph H. NC Walker's Bn. Thomas' Legion Co.E Sgt.
Bryson, Joseph V. NC 25th Inf. Co.C
Bryson, J.R. MO Inf. Perkins' Bn. Co.C Sgt.
Bryson, J.W. MO 2nd Inf. Co.G
Bryson, J.W. MO Cav. (1st Indian Brig.) 1st Bn.
Bryson, J.W. SC 3rd Inf. Co.F Cpl.
Bryson, J.W.F. GA Conscr.
Bryson, L.T. MS 32nd Inf. Co.B
Bryson, Lucius A. GA 39th Inf. Co.B Cpl.
Bryson, Mangum H. GA 8th (Scott's) St.Troops
Bryson, Marcus W. NC 16th Inf. Co.A Cpl.
Bryson, Marcus W. NC 39th Inf. Co.K
Bryson, Marcus W. NC Inf. Thomas' Legion 1st Co.A
Bryson, Marsh S. SC Palmetto S.S. Co.K
Bryson, Matthew SC 5th Inf. 2nd Co.C
Bryson, M.H. GA Conscr.
Bryson, Milton M. NC 62nd Inf. Co.H
Bryson, Minian E. NC 62nd Inf. Co.H
Bryson, M.N. SC 1st St.Troops Co.G Cpl.
Bryson, M.N. SC 3rd Res. Co.C
Bryson, M.S. SC 13th Inf. Co.I
Bryson, Nelson GA Inf. 8th Bn. Co.D
Bryson, Pinkney H. TN 4th Inf. Co.A
Bryson, Porter MS 32nd Inf. Co.B Cpl.
Bryson, Presley MS 32nd Inf. Co.B Sgt.
Bryson, R. TN 22nd (Barteau's) Cav. Co.C
Bryson, R. VA 3rd Cav. Co.A
Bryson, R.F. MS 32nd Inf. Co.B
Bryson, R.F. SC 3rd Inf. Co.G
Bryson, Richard J. NC 16th Inf. Co.A
Bryson, Richard J. NC 39th Inf. Co.K
Bryson, Richard J. NC Inf. Thomas' Legion 1st Co.A
Bryson, R.J. AL 9th Inf.
Bryson, R.J. AL 10th Inf. Co.G
Bryson, R.J. AR 38th Inf. Co.D
Bryson, Robert AR 18th Inf. Co.D
Bryson, Robert FL 7th Inf. Co.K Music.
Bryson, Robert SC 1st St.Troops Co.K,G
Bryson, Robert SC 3rd Res. Co.B
Bryson, Robert, Jr. VA 2nd Arty. Co.D
Bryson, Robert B. NC 25th Inf. Co.H
Bryson, Robert F. SC 2nd Cav. Co.C
Bryson, Robert H. AR 33rd Inf. Co.D
Bryson, Robert Matthews MS 34th Inf. Co.C
Bryson, Rucius NC 39th Inf. Co.K
Bryson, Rucius NC Inf. Thomas' Legion 1st Co.A
Bryson, Rucus NC 16th Inf. Co.A
Bryson, Samuel AR 62nd Mil. Co.A 1st Lt.
Bryson, Samuel GA 63rd Inf. Co.D
Bryson, Samuel KY 2nd (Duke's) Cav. Co.G
Bryson, Samuel NC 2nd Cav. (19th St.Troops) Co.A Sgt.
Bryson, Samuel C. GA 6th Cav. Co.A
Bryson, Samuel C. GA Smith's Legion Standridge's Co.
Bryson, Samuel C. NC 25th Inf. Co.C Lt.Col.
Bryson, Samuel G. NC 62nd Inf. Co.H
Bryson, Samuel H. NC 25th Inf. Co.B
Bryson, Samuel N. AR 14th (McCarver's) Inf. Co.I
Bryson, Samuel W. NC 39th Inf. Co.B
Bryson, Samuel W. NC 62nd Inf. Co.H
Bryson, Seaborn NC 62nd Inf. Co.H
Bryson, Silas H. GA 35th Inf. Co.I
Bryson, S.M. AL 10th Inf. Co.G
Bryson, Stephen VA 50th Inf. Co.I
Bryson, Thaddeus D. NC 25th Inf. Co.B Capt.
Bryson, Thomas SC 9th Res. Co.K
Bryson, Thomas A. NC 25th Inf. Co.D
Bryson, Thomas F. MS 2nd (Davidson's) Inf. Co.D Cpl.
Bryson, Thomas L. SC 5th Inf. 1st Co.H
Bryson, Thomas W. TX 2nd Inf. Co.H
Bryson, Tilman H. GA 6th Cav. Co.A
Bryson, T.J. SC Inf. 1st (Charleston) Bn. Co.D
Bryson, T.J. SC 27th Inf. Co.D
Bryson, T.M. GA 3rd Bn. (St.Guards) Co.E
Bryson, T.M. KY Lt.Arty. Cobb's Co.

Bryson, T.M. MS 32nd Inf. Co.B
Bryson, T.N. TX 6th Field Btty.
Bryson, T.N. TX Lt.Arty. Dege's Bn. Cpl.
Bryson, Turner MS 32nd Inf. Co.B
Bryson, T.W. KY 1st (Helm's) Cav. Co.B
Bryson, T.W. KY 3rd Cav. Co.M
Bryson, W. SC 9th Res. Co.K
Bryson, W. SC 20th Inf. Co.B
Bryson, Walter M. NC 16th Inf. Co.I
Bryson, Walter M. NC 25th Inf. Co.C
Bryson, Walter M. NC 35th Inf. Co.G Capt.
Bryson, W.B. TN 8th (Smith's) Cav. Co.F
Bryson, W.C. SC 4th Bn.Res. Co.D
Bryson, Wesley SC 1st Bn.S.S. Co.C
Bryson, Wesley SC 27th Inf. Co.G
Bryson, W.H. SC 9th Res. Co.K
Bryson, William AL 3rd Res. Co.G
Bryson, William GA 1st (Ramsey's) Inf. Co.D
Bryson, William GA 11th Inf. Co.C
Bryson, William GA Cobb's Legion Co.I
Bryson, William NC 2nd Inf. Co.G
Bryson, William SC Lt.Arty. Beauregard's Co.
Bryson, William SC 9th Res. Co.E 3rd Lt.
Bryson, William Conf.Cav. Clarkson's Bn. Ind. Rangers Co.A
Bryson, William D. MS 2nd Inf. Co.E Cpl.
Bryson, William F. GA Lt.Arty. Hamilton's Co.
Bryson, William F. NC 55th Inf. Co.D
Bryson, William H., Jr. NC 25th Inf. Co.B Sgt.
Bryson, William H. NC 25th Inf. Co.C AQM
Bryson, William H. NC 39th Inf. Co.C
Bryson, William H. NC 62nd Inf. Co.H 2nd Lt.
Bryson, William H. TN 18th Inf. Co.D
Bryson, William H. VA 11th Bn.Res. Co.D
Bryson, Wm. H. Gen. & Staff, QM Dept. Capt.
Bryson, William L. SC 2nd Rifles Co.L
Bryson, William T. GA Lt.Arty. Milledge's Co.
Bryson, William T. GA 1st Reg. Co.A
Bryson, William V. GA 52nd Inf. Co.E
Bryson, William Y. GA 52nd Inf. Co.E
Bryson, Wilson Y. MS 19th Inf. Co.K
Bryson, W.J. SC 4th Bn.Res. Co.E
Bryson, W.J. SC 9th Res. Co.E
Bryson, Zaddock P. MO Dorsey's Regt.
Bua, Francis LA 7th Inf. Co.I
Bua, Francisco SC Lt.Arty. 3rd (Palmetto) Bn. Co.D
Buals, John VA Hvy.Arty. 20th Bn. Co.B
Buard, J.E. LA 26th Inf. Co.G
Buarns, J. TN 22nd Inf. Co.G
Bubant, Ant LA Mil. 3rd Regt. 1st Brig. 1st Div. Co.F
Buble, Peter VA 31st Mil. Co.E
Bubler, C.L. TN 15th (Stewart's) Cav. Co.G
Bubot, I. LA 26th Inf. Co.K
Bubroca, A. Valerien Gen. & Staff Capt.,AQM
Buby, Louis LA Mil. 3rd Regt. 3rd Brig. 1st Div. Co.H
Bue, Jules Sap. & Min. Gallimard's Co.,CSA 1st Sap.
Bucam, W.D. MS 28th Cav. Co.H
Bucannan, J.W. GA 39th Inf. Co.E
Bucat, Abner GA 24th Inf. Co.C
Buccarich, Giovanni LA Mil. 4th Regt.Eur.Brig. Cognevich's Co.
Buccegoluppo, James VA 1st St.Res. Co.D
Buce, C.C. GA 54th Inf. Co.H
Buce, H.C. GA 42nd Inf. Co.H
Buce, Henry LA 20th Inf. Co.K
Buce, James J. TX 11th Inf. Co.D
Buce, John AL 47th Inf. Co.B
Buce, John J. LA 12th Inf. Co.E
Buce, John M. AL 38th Inf. Co.F
Buceland, John AL 1st Regt. Mobile Vol. British Guard Co.B
Bucey, A.J. TN 9th Inf. Co.A 1st Lt.
Buch, C.B. TN 47th Inf. Co.G
Buch, C.T. TN 47th Inf. Co.G Sgt.
Buch, Louis TX Conscr.
Buch, W.C. AL 23rd Inf. Co.C
Buchalts, James M. TX 37th Cav. Co.K
Bucham, B.F. TN 19th & 20th (Cons.) Cav. Co.G
Bucham, Thomas GA 57th Inf. Co.F
Buchan, Chesley M. AR 33rd Inf. Co.H 1st Lt.
Buchan, D. GA Cav. 19th Bn. Co.B
Buchan, David GA Cav. 22nd Bn. (St.Guards) Co.G
Buchan, David LA 12th Inf. Co.C
Buchan, David M. GA 5th Res. Co.I
Buchan, D.T. AL 23rd Inf. Co.B
Buchan, George C. NC 2nd Arty. (36th St.Troops) Co.I
Buchan, George C. NC 3rd Arty. (40th St.Troops) Co.G Capt.
Buchan, J. GA 1st Reg. Co.H
Buchan, J. MS 2nd Cav. Co.A
Buchan, James GA Cav. 22nd Bn. (St.Guards) Co.G 1st Lt.
Buchan, James A.J. NC 26th Inf. Co.H Sgt.
Buchan, J.E. TX 14th Inf. Co.H 2nd Lt.
Buchan, J.F. TX 14th Inf. Co.H Capt.
Buchan, John LA 12th Inf. Co.C
Buchan, Jonathan E. NC 3rd Arty. (40th St.Troops) Co.G
Buchan, Joseph D. FL 8th Inf. Co.G
Buchan, Samuel S. VA 40th Inf. Co.H
Buchan, W.C. Trans-MS Conf.Cav. 1st Bn. Co.C
Buchan, William A.S. AL Inf. 1st Regt. Co.G Cpl.
Buchana, Georges LA Mil. 3rd Regt. 2nd Brig. 1st Div. Co.H
Buchanan, A. GA Inf. Whiteside's Nav.Bn. (Loc.Def.) Co.C
Buchanan, A. TN 12th (Cons.) Inf. Co.K
Buchanan, A.B. MS 2nd Part.Rangers Co.L AASurg.
Buchanan, A.B. NC 8th Sr.Res. Williams' Co.
Buchanan, A.B. TN 3rd (Clack's) Inf. Asst.Surg.
Buchanan, A.B. TN 12th Inf. Co.H
Buchanan, Abner AL 45th Inf. Co.C 3rd Lt.
Buchanan, Abram J. NC 58th Inf. Co.B,E,K
Buchanan, Adam NC 58th Inf. Co.B
Buchanan, A.G. LA 28th (Thomas') Inf. Co.I
Buchanan, A.H. Eng.,CSA Lt.,Asst.Eng.
Buchanan, A.J. GA 3rd Bn. (St.Guards) Co.B
Buchanan, A.J. GA Inf. 8th Bn. Co.G
Buchanan, A.J. NC 50th Inf. Co.F
Buchanan, A.J. SC Inf. Holcombe Legion Co.F
Buchanan, A.J. TN 10th (DeMoss') Cav. Co.A
Buchanan, A.J. TX 2nd Inf. Co.A
Buchanan, A.L. SC 6th Res. Co.A Sgt.
Buchanan, Alexander NC 18th Inf. Co.F
Buchanan, Alexander NC 58th Inf. Co.B
Buchanan, Alexander A. TX 18th Cav. Co.E
Buchanan, Alexander Blackman Gen. & Staff Asst.Surg.
Buchanan, Alex H. TN Lt.Arty. Huggins' Co. Black.
Buchanan, Alfred A. NC 16th Inf. Co.C Sgt.
Buchanan, Allen NC 58th Inf. Co.A
Buchanan, Alonzo J. GA Inf. 10th Bn. Co.C
Buchanan, Anderson B. GA Inf. 10th Bn. Co.C
Buchanan, Andrew E. VA 37th Inf. Co.F
Buchanan, Andrew J. MS 24th Inf. Co.H
Buchanan, A.P. AR 17th (Griffith's) Inf. Co.G
Buchanan, A.R. VA Inf. 23rd Bn. Co.H
Buchanan, Arthur NC 29th Inf. Co.I
Buchanan, Arthur R. VA 37th Inf. Co.F
Buchanan, Aumon B. MS 24th Inf. Co.H
Buchanan, B. NC 1st Jr.Res. Co.H
Buchanan, Baily P. MS 17th Inf. Co.E
Buchanan, Bales Martin's Escort,CSA
Buchanan, Bartholomew AR 1st Mtd.Rifles Co.H
Buchanan, Benjamin SC 4th St.Troops Co.K Cpl.
Buchanan, Benjamin F. MS 42nd Inf. Co.C
Buchanan, Benjamin F. TN 54th Inf. Childress' Co.G
Buchanan, Benjamin K. VA 6th Bn.Res. Co.I
Buchanan, Benjamin S. NC 25th Inf. Co.B Sgt.
Buchanan, Benson F. VA 5th Inf. Co.D
Buchanan, B.S. TN 19th & 20th (Cons.) Cav. Co.K
Buchanan, B.V. AR Vol. Capt.
Buchanan, C. GA 9th Inf. Co.E
Buchanan, C. SC 27th Inf. Co.C
Buchanan, C. TN 49th Inf. Co.H Sgt.
Buchanan, C. TX Cav. Border's Regt. Co.F
Buchanan, C. TX Inf. 2nd St.Troops Co.A 2nd Lt.
Buchanan, C. VA Cav. Mosby's Regt. (Part. Rangers) Co.C
Buchanan, C. VA Lt.Arty. Barr's Co.
Buchanan, Calven E. MS 27th Inf. Co.C
Buchanan, Calvin NC 22nd Inf. Co.E
Buchanan, C.B. NC 30th Inf. Co.H
Buchanan, C.C. GA 1st (Olmstead's) Inf. Stiles' Co.
Buchanan, C.C. GA Inf. 18th Bn. Co.B
Buchanan, Cerney NC 50th Inf. Co.F
Buchanan, Charles LA 21st (Patton's) Inf. Co.C
Buchanan, Charles MS 14th Inf. Co.H
Buchanan, Charles MO 2nd Inf. Co.A
Buchanan, Charles Conf.Reg.Inf. Brooks' Bn. Co.E
Buchanan, Charles H. VA 8th Inf. Co.K
Buchanan, Charles H. VA 15th Inf. Co.E
Buchanan, Charles J. GA 3rd Inf. Co.G
Buchanan, Charles J. GA Inf. 13th Bn. (St.Guards) Douglass' Co.
Buchanan, Charl J. GA 10th Inf.
Buchanan, Chesley M. TN 3rd (Clack's) Inf. Co.A
Buchanan, Christopher C. GA 4th (Clinch's) Cav. Co.G 1st Sgt.
Buchanan, Cicero MS Cav. 3rd Bn. (Ashcraft's) Co.A
Buchanan, Cicero TN 3rd (Clack's) Inf. Co.I Sgt.

Buchanan, Claudius TN 20th Inf. Co.D
Buchanan, Cleophas VA 4th Inf. Co.D
Buchanan, C.M. TN Cav. Nixon's Regt. Co.F
Buchanan, C.M. TN 8th Inf. Co.C Sgt.
Buchanan, C.M. VA Inf. 23rd Bn. Co.E
Buchanan, C.M. VA 50th Inf. Co.L
Buchanan, C.N. TN 3rd (Clack's) Inf. Co.G
Buchanan, Colen SC Inf. 1st (Charleston) Bn. Co.F
Buchanan, Colin TN Douglass' Bn.Part.Rangers Carter's Co. 2nd Lt.
Buchanan, Columbus M. VA 63rd Inf. Co.F Sgt.
Buchanan, C.W. AR 34th Inf. Co.B
Buchanan, Cyrus W. GA 5th Inf. Co.B
Buchanan, D. MS 2nd Cav.Res. Co.G Sgt.
Buchanan, D. MS Inf. 2nd Bn. (St.Troops) Co.B 3rd Lt.
Buchanan, D. TN 3rd (Clack's) Inf. Co.D
Buchanan, Daniel LA 1st (Strawbridge's) Inf. Co.D,C
Buchanan, Daniel LA 21st (Kennedy's) Inf. Co.F
Buchanan, David MO 1st Inf. Co.G
Buchanán, David NC 29th Inf. Co.I
Buchanan, David D. VA 48th Inf. Co.D
Buchanan, David H. VA 37th Inf. Co.F
Buchanan, Davis A. VA 37th Inf. Co.F
Buchanan, Demosthenes TN 48th (Nixon's) Inf. Co.G
Buchanan, Demosthenes TN 54th Inf. Co.D
Buchanan, D.M. AL 5th Inf. New Co.B
Buchanan, D.R. MS 27th Inf. Co.H
Buchanan, D.S. TN 20th (Russell's) Cav. Co.F
Buchanan, E.B. TN 4th Inf. Co.C
Buchanan, Edmund NC 29th Inf. Co.I
Buchanan, Edward E. TN 6th (Wheeler's) Cav. Co.C Capt.
Buchanan, Edward E. TN Cav. 11th Bn. (Gordon's) Co.C Capt.
Buchanan, Edward L. AL 3rd Res. Co.D
Buchanan, E.J. KY 12th Cav. Co.A
Buchanan, E. Key MD Inf. 2nd Bn. Co.C
Buchanan, E.L. KY 2nd (Duke's) Cav. Co.L
Buchanan, E.L. KY 3rd Cav. Co.M
Buchanan, E.L. MS 3rd (St.Troops) Cav. Co.A
Buchanan, Elbert FL 2nd Cav. Co.G
Buchanan, Elbert FL 6th Inf. Co.C
Buchanan, Elbert NC 50th Inf. Co.F
Buchanan, Eli NC 58th Inf. Co.K
Buchanan, Elias TN 24th Inf. Co.I
Buchanan, Elijah VA 32nd Inf. 2nd Co.I
Buchanan, E.P. TX 18th Cav. Co.E
Buchanan, E.P. TX 18th Cav. Witt's Co.
Buchanan, E.P. TX Cav. Wells' Bn. Co.B
Buchanan, Ephraim NC 58th Inf. Co.K,E
Buchanan, E.R. AL 9th Inf.
Buchanan, F. GA Arty. Maxwell's Reg.Lt.Btty. Artif.
Buchanan, F. MS Wilkinson Cty. Minute Men Co.A
Buchanan, F.A. SC 1st St.Troops Co.F
Buchanan, F.B. NC 29th Inf. Co.F
Buchanan, Felix G. TN 1st (Turney's) Inf. Co.G Maj.
Buchanan, F.H. TX 33rd Cav. Co.F
Buchanan, F.J. VA Inf. 23rd Bn. Co.E
Buchanan, F.J. VA 50th Inf. Co.L
Buchanan, F.M. GA 42nd Inf. Co.B
Buchanan, F.M. MS Cav. Ham's Regt. Co.I
Buchanan, F.M. 8th (Wade's) Conf.Cav. Co.C
Buchanan, F.P. GA Lt.Arty. 12th Bn. 3rd Co.E, Co.C
Buchanan, F.P. GA Lt.Arty. Daniell's Btty. Artif.
Buchanan, Francis AL Cp. of Instr. Talladega
Buchanan, Francis MS 4th Cav. Co.E
Buchanan, Francis A. SC 5th Res. Co.B Cpl.
Buchanan, Francis H. GA Inf. 10th Bn. Co.C
Buchanan, Francis M. TX 1st Res. Co.D
Buchanan, Frank TN 9th (Ward's) Cav. Co.A
Buchanan, Frank TN 9th (Ward's) Cav. Co.F
Buchanan, Frederick A. NC 14th Inf. Co.C Sgt.
Buchanan, G. NC 2nd Cav. (19th St.Troops) Co.F
Buchanan, G. SC Inf. Holcombe Legion Co.F
Buchanan, Gabriel D. SC 1st (Orr's) Rifles Co.B
Buchanan, Gabriel J. MS 11th Inf. Co.I Sgt.
Buchanan, Garrett MS 10th Inf. Old Co.B, New Co.C
Buchanan, G.B. GA 13th Inf. Co.A Clerk
Buchanan, G.B. GA 46th Inf. Co.K
Buchanan, G.B. Colquitt's Brig. Capt.,AQM
Buchanan, G.C. MS 46th Inf. Co.B 1st Lt.
Buchanan, George GA 26th Inf. Co.E
Buchanan, George LA 1st (Strawbridge's) Inf. Co.E
Buchanan, George NC 29th Inf. Co.I
Buchanan, George SC 5th Inf. 1st Co.D, 2nd Co.D
Buchanan, George TN Lt.Arty. Morton's Co.
Buchanan, George VA Inf. 45th Bn. Co.B
Buchanan, George A. TX 19th Cav. Co.F
Buchanan, George A. TX 37th Cav. Co.A
Buchanan, George A. VA Inf. 23rd Bn. Co.A
Buchanan, George B. GA 27th Inf. Co.G 3rd Lt.
Buchanan, George C. VA Inf. 23rd Bn. Co.E
Buchanan, George C. Gen. & Staff, Comsy.Dept. Bonded Agt.
Buchanan, George G. SC Palmetto S.S. Co.A
Buchanan, George H. VA 5th Inf. Co.D
Buchanan, George L. NC 22nd Inf. Co.B
Buchanan, George M. MO 2nd Cav. Co.A 2nd Lt.
Buchanan, George R. TN 4th Cav. Co.B
Buchanan, George R. TN 12th Cav.
Buchanan, George R. TN 2nd (Robison's) Inf. Co.A
Buchanan, George R. TX 16th Cav. Co.K 1st Sgt.
Buchanan, George W. NC 22nd Inf. Co.E
Buchanan, George W. TN 48th (Voorhies') Inf. Co.I
Buchanan, G.J. MS 1st (Johnston's) Inf. Adj.
Buchanan, G.J. Sig.Corps,CSA
Buchanan, G.J. Gen. & Staff 1st Lt.,Adj.
Buchanan, G.L. GA 1st (Cons.) Inf. Co.K
Buchanan, G.M. AL 54th Inf. Co.D
Buchanan, G.N. GA 2nd St.Line Co.E
Buchanan, G.P. AR 5th Inf. Co.G
Buchanan, Greenburg NC 58th Inf. Co.B Sgt.
Buchanan, G.W. AR 34th Inf. Co.B
Buchanan, G.W. GA 63rd Inf. Co.I
Buchanan, G.W. MS 9th Cav. Co.E
Buchanan, G.W. MS 41st Inf. Co.L
Buchanan, G.W. TN Cav. 17th Bn. (Sanders') Co.B
Buchanan, G.W. 4th Conf.Inf. Co.E
Buchanan, Hansel W. TN 2nd (Robison's) Inf. Co.G Cpl.
Buchanan, Harvey VA Inf. 45th Bn. Co.B Cpl.
Buchanan, Henry FL 11th Inf. Co.H
Buchanan, Henry KY 9th Mtd.Inf. Co.H 1st Lt.
Buchanan, Henry C. TN 4th (McLemore's) Cav. Co.K
Buchanan, Henry C. VA 63rd Inf. Co.K
Buchanan, Henry W. NC 4th Cav. (59th St.Troops) Co.A Ens.
Buchanan, Henry W. VA 1st Arty. Co.A
Buchanan, Henry W. VA 32nd Inf. 1st Co.K
Buchanan, H.F. GA Inf. 8th Bn. Co.F Capt.
Buchanan, Hilliard NC 50th Inf. Co.F
Buchanan, Horry C. SC Lt.Arty. Kelly's Co. (Chesterfield Arty.)
Buchanan, Hugh GA Phillips' Legion Co.D,K Capt.
Buchanan, Hugh SC Hvy.Arty. Gilchrist's Co. (Gist Guard)
Buchanan, Hugh A. VA 29th Inf. Co.B Sgt.
Buchanan, H.W. GA 46th Inf. Co.I
Buchanan, Israel H. VA Inf. 23rd Bn. Co.E
Buchanan, J. GA 11th Inf. Co.F
Buchanan, J. KY Jessee's Bn.Mtd.Riflemen Co.C
Buchanan, J. TN 10th (DeMoss') Cav. Co.K
Buchanan, J. TN 21st & 22nd (Cons.) Cav. Co.C
Buchanan, J. TX 33rd Cav. Co.F
Buchanan, J.A. AR 24th Inf. Co.I
Buchanan, J.A. AR 34th Inf. Co.B
Buchanan, J.A. LA 1st Cav. Co.F
Buchanan, J.A. TN 47th Inf. Co.B
Buchanan, Jackson AR Inf. Cocke's Regt. Co.E
Buchanan, Jackson B. TN 10th Cav.
Buchanan, Jacob B. AR 1st (Crawford's) Cav. Co.D
Buchanan, Jacob B. AR 33rd Inf. Co.D 2nd Lt.
Buchanan, James AR Inf. Clayton's Co.
Buchanan, James GA Inf. 2nd Bn. (St.Guards) Co.C
Buchanan, James GA 5th Inf. Co.F,A
Buchanan, James GA Cobb's Legion Co.B
Buchanan, James MS 11th (Cons.) Cav. Co.I Sgt.
Buchanan, James MS Scouts Montgomery's Co.
Buchanan, James MO 1st N.E. Cav. Price's Co.M, White's Co. Cpl.
Buchanan, James MO 1st Inf. Co.G
Buchanan, James NC 6th Cav. (65th St.Troops) Co.A
Buchanan, James NC 58th Inf. Co.B
Buchanan, James TX Cav. Baylor's Regt. Co.H Cpl.
Buchanan, James VA Hvy.Arty. 19th Bn. 3rd Co.C
Buchanan, James VA Courtney Arty.
Buchanan, James VA Lt.Arty. Weisiger's Co.
Buchanan, James VA 6th Inf. Co.A
Buchanan, James VA 16th Inf. Co.I
Buchanan, James VA 45th Inf. Co.B 1st Lt.
Buchanan, James, Jr. VA 52nd Inf. Co.I
Buchanan, James VA 1st Cav.St.Line Co.A
Buchanan, James Ind.Scouts & Rangers Lillard's Co.

Buchanan, James A. GA 64th Inf. Co.E
Buchanan, James C. NC 18th Inf. Co.F 2nd Lt.
Buchanan, James C. NC 58th Inf. Co.C
Buchanan, James C. VA Inf. 23rd Bn. Co.E 2nd Lt.
Buchanan, James C. VA 50th Inf. Co.L
Buchanan, James E. VA 6th Bn.Res. Co.I
Buchanan, James F. GA Cav. 10th Bn. (St.Guards) Co.D
Buchanan, James G. NC 58th Inf. Co.B
Buchanan, James H. VA Inf. 23rd Bn. Co.E Sgt.
Buchanan, James H. VA 45th Inf. Co.B
Buchanan, James H. VA 50th Inf. Co.L
Buchanan, James J. AR McRae's Regt.
Buchanan, James J. VA 5th Inf. Co.D
Buchanan, James L. VA 50th Inf. Co.L
Buchanan, James M. AL 7th Inf. Co.B
Buchanan, James M. AR 1st Mtd.Rifles Co.E
Buchanan, James M., Jr. MD Arty. 3rd Btty. Sgt.
Buchanan, James M. MS Inf. 3rd Bn. Co.B Sgt.
Buchanan, James M. NC Inf. Thomas' Legion Co.D 1st Lt.
Buchanan, James M. VA 4th Inf. Co.I
Buchanan, James P. VA 63rd Inf. AQM
Buchanan, Jas. P. Gen. & Staff, QM Dept. Capt.
Buchanan, James R. AR 4th Inf. Co.H
Buchanan, James S. NC 58th Inf. Co.K
Buchanan, James S. VA Lt.Arty. King's Co. 1st Lt.
Buchanan, James T. KY 4th Cav. Co.E Sgt.
Buchanan, James W. NC 62nd Inf. Co.H Sgt.
Buchanan, Jasper AL 22nd Inf. Co.K
Buchanan, Jasper N. NC 58th Inf. Co.B
Buchanan, J.B. AR 38th Inf. Co.D
Buchanan, J.B. GA 32nd Inf. Co.E
Buchanan, J.B. SC 11th Inf. Bellinger's 2nd Co.I
Buchanan, J.B. TN 42nd Inf. 2nd Co.H
Buchanan, J.B. TN 47th Inf. Co.A
Buchanan, J.B. Gen. & Staff 2nd Lt.,Dr.M.
Buchanan, J.C. GA Lt.Arty. Daniell's Btty.
Buchanan, J.C. GA 55th Inf. Co.H
Buchanan, J.C. TN Cav. Nixon's Regt. Co.F
Buchanan, J.C. TX 5th Inf. Co.B Cpl.
Buchanan, J. Charles VA 1st Cav. Co.B
Buchanan, J.D. LA 13th Bn. (Part.Rangers) Co.E
Buchanan, J.D. SC 11th Inf. Bellinger's Co.K
Buchanan, J.D. TN Lt.Arty. Huggins' Co.
Buchanan, J.D. TN 8th Inf. Co.C
Buchanan, J.E. AR 1st (Monroe's) Cav. Co.F Bvt.2nd Lt.
Buchanan, Jesse SC Palmetto S.S. Co.A
Buchanan, Jesse B. SC 5th Inf. 1st Co.D, 2nd Co.D Cpl.
Buchanan, Jesse J. KY Guerrilla Henry Cty.
Buchanan, J.F. GA 46th Inf. Co.K
Buchanan, J.F. MS 31st Inf. Co.K
Buchanan, J.H. AL 53rd (Part.Rangers) Co.C
Buchanan, J.H. NC McLean's Bn.Lt.Duty Men Co.A
Buchanan, J.H. SC 6th Inf. 1st Co.A, 2nd Co.F
Buchanan, J.H. TN 47th Inf. Co.A Sgt.
Buchanan, J.H. TX 20th Inf. Co.B
Buchanan, J.H. Gen. & Staff Capt.,AAG
Buchanan, J.J.S. TN 5th Inf. 2nd Co.G
Buchanan, J.K. KY 2nd (Duke's) Cav. Co.L
Buchanan, J.K. KY 3rd Cav. Co.M
Buchanan, J.L. MS 3rd (St.Troops) Cav. Co.A
Buchanan, J.L. MS 14th (Cons.) Inf. Co.C
Buchanan, J.M. AL 48th Inf. Co.K
Buchanan, J.M. AL Randolph Cty.Res. Shepherd's Co.
Buchanan, J.M. MS 10th Cav. Co.A
Buchanan, J.M. MS 12th Cav. Co.G
Buchanan, J.M. MS Cav. Hughes' Bn. Co.C
Buchanan, J.M. TN 22nd (Barteau's) Cav. Co.K
Buchanan, J.M. TN 27th Inf. Co.C
Buchanan, Joel NC 58th Inf. Co.K
Buchanan, John AL 48th Inf. Co.K
Buchanan, John, Jr. AR 34th Inf. Co.B
Buchanan, John AR Inf. Clayton's Co.
Buchanan, John GA 3rd Bn. (St.Guards) Co.A
Buchanan, John GA 11th Inf. Co.F
Buchanan, John KY 8th Mtd.Inf. Co.A
Buchanan, John TN 4th Inf. Co.C Asst.Surg.
Buchanan, John TN 19th Inf. Co.H
Buchanan, John TX 2nd Cav. Co.D Sgt.
Buchanan, John TX 12th Cav. Co.D
Buchanan, John VA 5th Cav. Co.G
Buchanan, John VA Inf. 25th Bn. Co.D
Buchanan, John VA 45th Inf. Co.B Capt.
Buchanan, John VA Inf. 45th Bn. Co.B Capt.
Buchanan, John VA 48th Inf. Co.D
Buchanan, John Conf.Cav. Wood's Regt. Co.K, 2nd Co.A
Buchanan, John A. GA Inf. 25th Bn. (Prov. Guard) Co.B
Buchanan, John A. MS 27th Inf. Co.H Sgt.
Buchanan, John A. NC 26th Inf. Co.K
Buchanan, John A. NC 43rd Inf. Co.I
Buchanan, John A. NC 46th Inf. Co.A
Buchanan, John A. SC Cav. 19th Bn. Co.E
Buchanan, John A. SC 8th Inf. Co.C
Buchanan, John A. TN 7th Cav. Bvt.2nd Lt.
Buchanan, John A. VA 4th Inf. Co.D
Buchanan, Jno. A. Gen. & Staff A.Adj.
Buchanan, John B. MS 1st Cav. Co.K
Buchanan, John B. MS 24th Inf. Co.H
Buchanan, John B. NC 18th Inf. Co.F Capt.
Buchanan, John B. NC 58th Inf. Co.E,K
Buchanan, John C. GA 22nd Inf.
Buchanan, John C. MS St.Cav. Perrin's Bn. Co.H
Buchanan, John C. NC 1st Arty. (10th St.Troops) Co.G
Buchanan, John C. NC 67th Inf. Co.E
Buchanan, John C. TX 18th Cav. Co.B
Buchanan, John C. VA Inf. 25th Bn. Co.B Sgt.
Buchanan, John D. GA 2nd Cav. Co.D
Buchanan, John E. AR 2nd Mtd.Rifles Co.F
Buchanan, John F. VA 50th Inf. Co.E 1st Lt.
Buchanan, John H. LA 31st Inf. Co.D
Buchanan, John H. MS 2nd Inf. Co.B Maj.
Buchanan, John H. TN 34th Inf. 2nd Co.C
Buchanan, John H. VA 59th Inf. 3rd Co.E
Buchanan, John H. Wheeler's Scouts,CSA Asst.Surg.
Buchanan, John J. NC 25th Inf. Co.B
Buchanan, John M. MS 1st (Johnston's) Inf. Co.I
Buchanan, John M. TN Cav. 17th Bn. (Sanders') Co.B,C
Buchanan, John M. TX 4th Cav. Co.B
Buchanan, John M. VA 4th Res. Co.E
Buchanan, John M. VA 37th Inf. Co.A 1st Lt.
Buchanan, John Madison AL 5th Inf. New Co.B
Buchanan, John M.B. VA 15th Inf. Co.E
Buchanan, John P. TN 14th Inf. Co.B Cpl.
Buchanan, John P. TN 41st Inf. Co.D Sgt.
Buchanan, John R. MD Arty. 1st Btty.
Buchanan, John R. NC 44th Inf. Co.A Sgt.
Buchanan, John R. SC 1st (Orr's) Rifles Co.B
Buchanan, John R. VA 6th Bn.Res. Co.D
Buchanan, John R. VA 25th Inf. 2nd Co.H 2nd Lt.
Buchanan, John R. Sig.Corps,CSA
Buchanan, John T. GA 1st Reg. Co.F
Buchanan, John T. MS 2nd Inf. Co.B
Buchanan, John T. VA Cav. 47th Bn. Co.C,B
Buchanan, John V.Y. NC 29th Inf. Co.I
Buchanan, John W. FL 6th Inf. Co.E,F
Buchanan, John W. MS 11th Inf. Co.K
Buchanan, John W. MO 2nd Cav. Co.C
Buchanan, John W. NC 24th Inf. Co.A
Buchanan, John W. VA Hvy.Arty. 18th Bn. Co.B Cpl.
Buchanan, John W. VA 5th Inf. Co.D
Buchanan, Joseph GA Inf. 2nd Bn. (St.Guards) Co.B
Buchanan, Joseph GA 5th Inf. (St.Guards) Curley's Co.
Buchanan, Joseph NC 6th Inf. Co.C
Buchanan, Joseph NC 30th Inf. Co.H Teamster
Buchanan, Joseph NC 51st Mil.
Buchanan, Joseph VA 48th Inf. Co.D
Buchanan, Joseph H. GA Inf. 10th Bn. Co.C
Buchanan, Joseph M. MS 2nd Inf. Co.G Cpl.
Buchanan, Joseph M. NC 58th Inf. Co.B,E,K
Buchanan, Joseph R. NC 62nd Inf. Co.H
Buchanan, Joseph S. MS 11th Inf. Co.H
Buchanan, Joseph W. MS 11th Inf. Co.H
Buchanan, Joseph W. NC 24th Inf. Co.A
Buchanan, Joseph W. VA 6th Bn.Res. Co.E
Buchanan, Josiah H. GA 30th Inf. Co.E Cpl.
Buchanan, J.P. TN Cav. Nixon's Regt. Co.F
Buchanan, J.P. TN 3rd (Clack's) Inf. Co.I Cpl.
Buchanan, J.P. TN Inf. 4th Cons.Regt. Co.C
Buchanan, J.P. TN 20th Inf. Co.D
Buchanan, J.R. AR 5th Inf. Co.G
Buchanan, J.R. SC 6th Inf. 1st Co.A
Buchanan, J.R. TN Cav. 1st Bn. (McNairy's) Co.A
Buchanan, J.R. TN 22nd (Barteau's) Cav. Co.A Cpl.
Buchanan, J.R. TX 33rd Cav. Co.C Sgt.
Buchanan, J. Ruffe NC 50th Inf. Co.F
Buchanan, J.S. SC 11th Inf. Bellinger's Co.
Buchanan, J.T. GA Inf. 8th Bn. Co.G Sgt.
Buchanan, J.T. SC Inf. Holcombe Legion Co.F
Buchanan, J.T. TX Cav. Waller's Regt. Co.A
Buchanan, Julius L. NC 25th Inf. Co.C
Buchanan, Julius W. NC 29th Inf. Co.F
Buchanan, J.W. GA Cav. 10th Bn. (St.Guards) Co.D
Buchanan, J.W. MS 24th Inf. Co.H Capt.
Buchanan, J.W. NC 50th Inf. Co.F
Buchanan, J.W. SC Inf. Holcombe Legion Co.F
Buchanan, L. AR 16th Inf. Co.G
Buchanan, L. TN Lt.Arty. Morton's Co.
Buchanan, L.A. VA 8th Cav. Co.A
Buchanan, Lafayette TX 4th Inf. Co.F
Buchanan, Leander C. NC 62nd Inf. Co.H

Buchanan, Leonard M. NC 58th Inf. Co.B,E,K 2nd Lt.
Buchanan, Leroy GA 61st Inf. Co.E
Buchanan, Lilburn H.S. VA 37th Inf. Co.H
Buchanan, Lorenzo D. NC 25th Inf. Co.B
Buchanan, L.R. TX 9th (Nichols') Inf. Co.K
Buchanan, L.R. TX Inf. Timmons' Regt. Co.E
Buchanan, L.R. TX Waul's Legion Co.D
Buchanan, Lucius A. NC 25th Inf. Co.C
Buchanan, L.W. MS 11th Inf. Co.I
Buchanan, M. GA Cav. 2nd Bn. Co.E
Buchanan, M. GA 5th Cav. Co.C
Buchanan, M.A. TN 34th Inf. Co.K
Buchanan, Mack Conf.Cav. Clarkson's Bn. Ind.Rangers Co.E
Buchanan, Marion NC 58th Inf. Co.B
Buchanan, Mark E. AR 16th Inf. Co.G
Buchanan, Martin VA 1st Arty. Co.F,K
Buchanan, Martin VA 32nd Inf. Co.G
Buchanan, Mathew TN 44th Inf. Co.E
Buchanan, Mathew H. VA 6th Bn.Res. Co.I
Buchanan, Maximillian B. MS 10th Cav. Co.G
Buchanan, M.B. MS 1st (Johnston's) Inf. Co.I 1st Lt.
Buchanan, M.B. MS 2nd (Davidson's) Inf. Lt.Col.
Buchanan, M.C. MS 6th Cav. Co.F
Buchanan, Merritt NC 58th Inf. Co.E,K
Buchanan, M.F. TX 9th Cav. Co.H
Buchanan, Mike TX 37th Cav. 2nd Co.I
Buchanan, Miles A. VA 50th Inf. Co.H
Buchanan, Milton A. AL 4th Inf. Co.K
Buchanan, M.J. NC 54th Inf. Co.E
Buchanan, Molton NC 58th Inf. Co.B,E,K
Buchanan, Molton M. NC 25th Inf. Co.C
Buchanan, Moses FL 6th Inf. Co.C
Buchanan, Moses C. TX 20th Inf. Co.D Cpl.
Buchanan, Moses H. VA 37th Inf. Co.F
Buchanan, N. GA 63rd Inf. Co.G
Buchanan, Nathan B. NC 62nd Inf. Co.H
Buchanan, Nathan Jefferson TX 2nd Inf. Co.A
Buchanan, Newton NC 29th Inf. Co.I
Buchanan, Newton NC 58th Inf. Co.E,B
Buchanan, N.G. TX 30th Cav. Co.B
Buchanan, Nicholas LA 1st (Strawbridge's) Inf. Co.G
Buchanan, O. MS 2nd (Davidson's) Inf. Co.E
Buchanan, P. LA Mil. Orleans Guards Regt. Co.D
Buchanan, Patrick M. VA 45th Inf. Co.K
Buchanan, P.C. TN 9th Inf. Co.H
Buchanan, P.C., Jr. VA 50th Inf. Co.L Capt.
Buchanan, Perry J. MS 19th Inf. Co.G Sgt.
Buchanan, Philip VA Inf. 23rd Bn. Co.A
Buchanan, Phister Martin's Escort,CSA
Buchanan, P.J. MS 29th Inf. Co.C Sgt.
Buchanan, P.M. VA Inf. 23rd Bn. Co.E
Buchanan, P.W. AR 3rd St.Inf. Capt.
Buchanan, P.W. AR 15th (N.W.) Inf. Co.H Capt.
Buchanan, R. TN 3rd (Clack's) Inf. Co.E
Buchanan, Randolph VA 1st Cav. 2nd Co.D
Buchanan, R.E. TN Cav. Jackson's Co.
Buchanan, Reece H. VA 63rd Inf. Co.F
Buchanan, R.H. KY 10th (Johnson's) Cav. Co.A
Buchanan, Richard C. NC 21st Inf. Co.M
Buchanan, Richard J. TX 22nd Cav. Co.A Sgt.
Buchanan, Riley NC 50th Inf. Co.F
Buchanan, R.J. TX 33rd Cav. Co.F
Buchanan, R.L. AR 6th Inf. New Co.F
Buchanan, R.L. AR 12th Inf. Co.A
Buchanan, R.M. MS 1st (Johnston's) Inf. Co.E 3rd Lt.
Buchanan, R.M. TX 15th Inf. Co.K
Buchanan, R.M. Gen. & Staff AASurg.
Buchanan, Robert AR 17th (Griffith's) Inf. Co.D
Buchanan, Robert LA Inf.Crescent Regt. Co.G
Buchanan, Robert NC 58th Inf. Co.K
Buchanan, Robert TN 4th (McLemore's) Cav. Co.F
Buchanan, Robert VA 10th Bn.Res. Co.B
Buchanan, Robert VA 45th Inf. Co.B
Buchanan, Robert Gen. & Staff Asst.Surg.
Buchanan, Robert E. VA 17th Inf. Co.H Cpl.
Buchanan, Robert H. VA 6th Inf. Co.C
Buchanan, Robert M. MS 42nd Inf. Co.I Capt.
Buchanan, Robert W. MS 2nd Inf. Co.K
Buchanan, Robert W. MS 21st Inf. Co.I Sgt.
Buchanan, R.S. NC 23rd Inf. Co.I
Buchanan, Ruffin NC 50th Inf. Co.F
Buchanan, R.W. TN 23rd Inf. Co.D
Buchanan, R.W. TX 15th Inf. Co.C
Buchanan, S. MS 2nd Cav.Res. Co.B
Buchanan, S. MS 3rd Inf. Co.I
Buchanan, S.A. MS 14th (Cons.) Inf. Co.C
Buchanan, S.A. VA 50th Inf. Co.E
Buchanan, Samuel GA Inf. 8th Bn. Co.G 3rd Lt.
Buchanan, Samuel MS 6th Inf. Co.I
Buchanan, Samuel MO 5th Cav. Co.F
Buchanan, Samuel NC 50th Inf. Co.F
Buchanan, Samuel, Jr. VA 37th Inf. Co.H
Buchanan, Samuel, Sr. VA 37th Inf. Co.H
Buchanan, Samuel A. MS 2nd Inf. Co.K
Buchanan, Samuel A. VA 5th Inf. Co.E
Buchanan, Samuel E. AR 10th Inf.
Buchanan, Samuel H. KY 6th Mtd.Inf. Co.C 2nd Lt.
Buchanan, Sam'l H. Gen. & Staff 1st Lt.,Adj.
Buchanan, Samuel J. TN 2nd Cav. Co.A
Buchanan, Samuel M. VA 32nd Inf. 2nd Co.K
Buchanan, Samuel T. VA 48th Inf. Co.D Capt.
Buchanan, S.E. TX 10th Cav. Co.E
Buchanan, Seaborn P. MS 2nd Inf. Co.I
Buchanan, S.G. Price's Div. 1st Lt.
Buchanan, S.H. AR 1st (Monroe's) Cav. Chap.
Buchanan, Silas M. GA 44th Inf. Co.D Cpl.
Buchanan, S.J. MS 9th Inf. New Co.E
Buchanan, S.J. TN 20th Inf. Co.E Cpl.
Buchanan, S.P. MS 2nd Cav. Co.G
Buchanan, S.S. TX 33rd Cav. Co.F
Buchanan, S.W. GA 46th Inf. Co.K Sgt.
Buchanan, T. SC 27th Inf. Co.I
Buchanan, T. TX Inf. Cunningham's Co.
Buchanan, T.A. TN 47th Inf. Co.A
Buchanan, T.A. TX 3rd Inf. Co.I
Buchanan, T.B. VA 21st Cav. 2nd Co.E 2nd Lt.
Buchanan, T.C. TN 15th (Cons.) Cav. Co.F Capt.
Buchanan, T.D. AR 12th Inf. Co.B Sgt.
Buchanan, T.E. TN 12th Inf. Co.D Cpl.
Buchanan, T.E. TN 12th (Cons.) Inf. Co.E Cpl.
Buchanan, T.F. NC 2nd Cav. (19th St.Troops) Co.F
Buchanan, Thaddeus M. NC 25th Inf. Co.B
Buchanan, Thomas AZ Cav. Herbert's Bn. Helm's Co. Cpl.
Buchanan, Thomas FL 6th Inf. Co.F
Buchanan, Thomas MS 12th Cav. Co.I
Buchanan, Thomas MS 20th Inf. Co.A
Buchanan, Thomas MS 44th Inf. Co.L
Buchanan, Thomas NC 30th Inf. Co.H
Buchanan, Thomas NC 58th Inf. Co.B
Buchanan, Thomas NC 58th Inf. Co.E
Buchanan, Thomas SC Inf. 1st (Charleston) Bn. Co.A
Buchanan, Thomas TN 10th Inf. Co.I
Buchanan, Thos. Martin's Escort,CSA
Buchanan, Thomas Gen. & Staff Asst.Surg.
Buchanan, Thomas B. TX 3rd Inf. Co.H,I
Buchanan, Thomas B. Gen. & Staff Asst.Surg.
Buchanan, Thomas C. AR 33rd Inf. Co.H Sgt.
Buchanan, Thomas C. TN 15th (Stewart's) Cav. Co.C 1st Lt.
Buchanan, Thomas C. TN 13th Inf. Co.K 2nd Lt.
Buchanan, Thomas D. AR 6th Inf. New Co.D
Buchanan, Thomas E. GA Cav. 29th Bn. Co.E
Buchanan, Thomas E. VA 12th Cav. Co.F
Buchanan, Thomas E. VA 2nd Inf. Co.D
Buchanan, Thos. G. MO St.Guard Ord.Ch.
Buchanan, Thos. G. Gen. & Staff Capt.,Ord.Off.
Buchanan, Thomas J. MS 1st Lt.Arty. Co.I
Buchanan, Thomas J. VA 15th Inf. Co.E Cpl.
Buchanan, Thomas M. VA Inf. 23rd Bn. Co.E
Buchanan, Thomas S. AL 11th Cav.
Buchanan, Thomas S. TN 5th Inf. 2nd Co.G 1st Sgt.
Buchanan, Thomas T. VA 50th Inf. Co.E
Buchanan, Thomas W. VA 6th Bn.Res. Co.D
Buchanan, T.M. VA Lt.Arty. Barr's Co.
Buchanan, T.N. TN 7th Inf. Co.K
Buchanan, T.N. TN Mil. 121st Regt. Col.
Buchanan, T.S. TN 20th Inf. Co.H
Buchanan, T.U. MS 7th Cav. Co.K
Buchanan, W. TX 7th Field Btty.
Buchanan, W.A. NC 22nd Inf. Co.B
Buchanan, Waightsville NC 58th Inf. Co.B,E
Buchanan, Walter TX 15th Inf. Co.C
Buchanan, Walter W. VA 5th Inf. Co.I
Buchanan, Washington NC 24th Inf. Co.A
Buchanan, W.C. SC 12th Inf. Co.C Adj.
Buchanan, W.C. Gen. & Staff 1st Lt.,Adj.
Buchanan, Wesley W. GA 4th (Clinch's) Cav. Co.G Sgt.
Buchanan, W.F. GA 9th Inf. (St.Guards) Co.E
Buchanan, W.F. TN Cav. Jackson's Co.
Buchanan, W.H. GA 9th Inf. (St.Guards) Co.H
Buchanan, W.H. KY 4th Mtd.Inf. Co.E
Buchanan, William AR Cav. Gordon's Regt. Co.E
Buchanan, William KY 4th Cav. Co.E Sgt.
Buchanan, William KY 10th (Johnson's) Cav. New Co.B
Buchanan, William LA 5th Inf. Co.E
Buchanan, William LA Inf.Crescent Regt. Co.G Cpl.
Buchanan, William MO Cav. Wood's Regt. Co.C
Buchanan, William NC 6th Inf. Co.E
Buchanan, William, Jr. NC 18th Inf. Co.F Sgt.
Buchanan, William TN 6th (Wheeler's) Cav. Co.C

Buchanon, Marion MS 34th Inf. Co.D
Buchanon, Perry MO Cav. Williams' Regt. Co.B Cpl.
Buchanon, Robert TN 19th (Biffle's) Cav. Co.A
Buchanon, R.T. TN 50th Inf. Co.B
Buchanon, S.B. LA Inf. 16th Bn. (Conf.Guards Resp.Bn.) Co.C
Buchanon, Thomas VA 129th Mil. Buchanon's Co. Capt.
Buchanon, T.N. TN 14th (Neely's) Cav. Co.C
Buchanon, T.N. TN 18th (Newsom's) Cav. Co.K
Buchanon, William TN Lt.Arty. Weller's Co.
Buchard, Christian LA Mil. Mech.Guard
Buchard, Louis TX 1st Hvy.Arty. Co.H
Buchard, Xaxier LA Mil. 2nd Regt. 2nd Brig. 1st Div. Co.E
Buchart, J.H. VA 5th Inf. Co.M
Buche, A.A. SC 3rd Cav. Co.K,F
Buche, A.A. SC 1st Mtd.Mil. 4th Sgt.
Buche, A.D. SC 1st Mtd.Mil. Blakewood's & Raysor's Co.
Buche, B.M. SC 3rd Cav. Co.K
Buche, B.M. SC 1st Mtd.Mil. 3rd Cpl.
Buchee, Frank Conf.Inf. Tucker's Regt. Co.F
Buchee, J. TX Inf. 1st St.Troops Whitehead's Co.
Buchel, A. TX 1st (Yager's) Cav. Col.
Buchel, A. TX 3rd Inf. Lt.Col.
Buchel, J.J. TX 3rd Cav. Co.H
Buchel, J. Philippe LA Mil. 1st Regt. French Brig. Co.7
Buchelor, B.F. SC 4th Bn.Res. Co.B Sgt.
Bucher, Camillus D. VA 1st Cav. Co.A Sgt.
Bucher, Daniel 1st Cherokee Mtd.Vol. Co.G
Bucher, David VA 5th Inf. QM,Capt.
Bucher, David Gen. & Staff Capt.,AQM
Bucher, E.A. Gen. & Staff Capt.
Bucher, Gustav LA Mil. 1st Regt. 2nd Brig. 1st Div. Co.C
Bucher, J. AR 10th Mil. Co.F
Bucher, J.A. VA 11th Cav. Co.H
Bucher, James R.S. VA 51st Mil. Co.D Cpl.
Bucher, James S. VA Cav. 39th Bn. Co.A
Bucher, John W. VA 5th Inf. Co.L
Bucher, Milton VA 5th Inf. Co.A
Bucher, Robert F. VA 5th Inf. Co.L Sgt.
Bucher, Samuel W. VA 11th Cav. Co.H
Bucher, S.W. VA 51st Mil. Co.G
Bucher, William F. VA 33rd Inf. Co.D
Bucher, William S. TX 18th Cav. Co.K 1st Sgt.
Buchet, Frank LA 22nd (Cons.) Inf. Co.B
Buchett, Frank LA 22nd Inf. Co.B
Buchhadlter, M.A. MS 7th Cav. Co.F
Buchhanan, Arter T. NC 58th Inf. Co.C
Buchhatter, Allen SC 8th Bn.Res. Co.C
Buchhatter, D.C. SC 8th Bn.Res. Co.C
Buchheit, P. SC Mil. 1st Regt.Rifles Chichester's Co.
Buchheit, P.H., Jr. SC 5th Cav. Co.G
Buchholtz, L.V. Gen. & Staff Ord.Capt.
Buchholtz, Theodore TX Cav. McCord's Frontier Regt. 2nd Co.A
Buchillon, C.D. MS 1st Lt.Arty.
Buchillon, J.J. MS 35th Inf. Co.D
Buchin, Fritz LA Miles' Legion Co.E
Buchin, H. LA Miles' Legion Co.E
Buchin, John GA 47th Inf. Co.F
Buchland, John VA 30th Bn.S.S. Co.C,D
Buchler, George B. LA Mil. Mech.Guard
Buchler, Jacob LA Mil. Fire Bn. Co.C
Buchler, T. LA Mil. Mech.Guard
Buchman, John TX Waul's Legion Co.D Music.
Buchnau, Conrad VA 1st Inf. Co.K Cpl.
Buchnau, Henry VA 1st Inf. Co.K
Buchner, C.A. TX 4th Inf. Co.B Music.
Buchner, William FL 1st Inf. Old Co.K, New Co.K
Buchnnon, J.M. GA 6th Cav. 1st Co.K
Bucholz, Henri LA 13th Inf. Co.E
Buchoz, Louis R. TX 3rd Inf. Co.D
Buchran, W. GA 32nd Inf. Co.E
Buchsbaum, Penheart NC 2nd Cav. (19th St.Troops) Co.G
Buchta, John L. LA Inf. 4th Bn. Co.A
Buchtean, Ernst TX 20th Inf. Co.A
Buchum, Lewis GA 12th Inf. Co.A
Buchwald, Henry LA 21st (Kennedy's) Inf. Co.E
Buchwell, --- Gen. & Staff Surg.
Buck MS 20th Inf. Co.G Negro Cook
Buck 1st Cherokee Mtd.Vol. 2nd Co.E
Buck 1st Cherokee Mtd.Vol. 1st Co.F, 2nd Co.F
Buck 1st Cherokee Mtd.Vol. 1st Co.I
Buck, A. AR 1st (Monroe's) Cav. Co.F Jr.2nd Lt.
Buck, A.A. AR 7th Mil. Co.A
Buck, Abraham VA 4th Inf. Co.L
Buck, A.J. LA Mil.Conf.Guards Regt. Co.G Sgt.
Buck, A.K. VA 21st Inf. Co.B
Buck, A. Kirkland MD Weston's Bn. Co.B
Buck, Alvin D. VA 17th Inf. Co.B
Buck, A.R. TX Cav. 1st Regt.St.Troops Co.B
Buck, Augustus SC Lt.Arty. 3rd (Palmetto) Bn. Co.D
Buck, Benjamin NC 51st Inf. Co.H
Buck, Benjamin A. NC 27th Inf. Co.H,E
Buck, Benjamin F. TN 49th Inf. Co.A
Buck, Benjamin F. Inf. Bailey's Cons.Regt. Co.G
Buck, B.F. NC Mil. Clark's Sp.Bn. F.G. Simmons' Co.
Buck, Bryan NC 3rd Cav. (41st St.Troops) Co.K
Buck, Bryan NC 4th Inf. Co.E
Buck, Burton TN 25th Inf. Co.G
Buck, Calvin E. TN 7th Inf. Co.C
Buck, C.E. MS 4th Cav. Co.C 1st Lt.
Buck, C.E. MS Cav. Hughes' Bn. Co.A Sr.2nd Lt.
Buck, C.F. SC 7th Cav. Co.F
Buck, C.F. SC 10th Inf. Co.B Sgt.
Buck, C.F. SC 26th Inf. Co.K
Buck, Charles AR Lt.Arty. Marshall's Btty.
Buck, Charles LA Inf. 1st Sp.Bn. (Wheat's) Co.C
Buck, Charles SC 1st Arty. Co.K Band
Buck, Charles C. VA 37th Inf. Co.A
Buck, Charles E. AR 6th Inf. Co.H
Buck, Charles E. MS 12th Inf. Co.K 3rd Lt.
Buck, Charles G. TN Inf. 3rd Bn. Co.E
Buck, Charles N. VA 17th Inf. Co.B
Buck, Charles W. Gen. & Staff Chap.
Buck, C.P. KY 1st Inf. Co.E Sgt.
Buck, David KY 10th Cav. Co.A
Buck, David VA 41st Inf. Co.F
Buck, David F. TN Cav. 7th Bn. (Bennett's) Co.D
Buck, Dewitt MS 1st Lt.Arty. Co.D
Buck, E. VA Mil. Wythe Cty.
Buck, Ed. TN 16th (Logwood's) Cav. Co.K
Buck, Eda Gen. & Staff, TMD Maj.,Ch.Insp.
Buck, Edwin A.J. VA 54th Inf. Co.E
Buck, Edwin H. MS 1st Lt.Arty. Co.D
Buck, E.G. VA 7th Cav. Co.E 1st Sgt.
Buck, E.H. AL Mil. 2nd Regt.Vol. Co.E
Buck, E.J. TN 22nd (Barteau's) Cav. Co.D
Buck, E.J. TN 22nd (Barteau's) Cav. Co.G
Buck, Elias J. TN Cav. 7th Bn. (Bennett's) Co.A Cpl.
Buck, Elias J., Jr. TN Cav.7th Bn. (Bennett's) Co.F
Buck, Enoch TN 28th (Cons.) Inf. Co.H
Buck, Enoch TN 84th Inf. Co.D
Buck, Ephraim VA 63rd Inf. Co.H
Buck, Ernest H. AL 43rd Inf. Co.F Capt.
Buck, Felix VA 29th Inf. Co.B
Buck, Felix VA 45th Inf. Co.B
Buck, F.N. VA 47th Mil.
Buck, Fleming N. VA 56th Inf. Co.B
Buck, Frank VA Mil. Wythe Cty.
Buck, Franklin NC 3rd Cav. (41st St.Troops) Co.K
Buck, Franklin VA 45th Inf. Co.B
Buck, Fred. C. NC 3rd Cav. (41st St.Troops) Co.K Sgt.
Buck, Frederick H. LA 18th Inf. Co.B
Buck, George VA Lt.Arty. Otey's Co.
Buck, George VA 33rd Inf. Co.K Capt.
Buck, George A. VA Horse Arty. McClanahan's Co.
Buck, George W. AL 17th Inf. Co.A
Buck, George W. TN 49th Inf. Co.A
Buck, George W. Inf. Bailey's Cons.Regt. Co.G
Buck, G.H. AR 32nd Inf. Co.C
Buck, G.J. TX 21st Cav. Co.D
Buck, G.J. TX 30th Cav. Co.F
Buck, G.M. TX 12th Inf. Co.K Cpl.
Buck, G.W. AR 3rd Cav. Co.H
Buck, H. AL 8th Inf. Co.H
Buck, H. MS 1st Lt.Arty. Co.D
Buck, H. MS Moseley's Regt.
Buck, H. SC Mil.Arty. 1st Regt. Werner's Co.
Buck, H. SC 1st Regt. Charleston Guard Co.D,G
Buck, H.A. AR 15th (Johnson's) Inf. Co.C
Buck, H.A. VA 7th Cav. Co.E
Buck, Hammon TX 2nd Inf. Co.A
Buck, Harvey TN 25th Inf. Co.G
Buck, Hazen AL Lt.Arty. 2nd Bn. Co.E
Buck, H.C. MS 28th Cav. Co.D
Buck, H.E.H. LA Inf.Cons.Crescent Regt. Co.F 2nd Jr.Lt.
Buck, Henry AL 21st Inf. Co.I
Buck, Henry GA 14th Inf. Co.B
Buck, Henry SC Mil.Cav. Theo. Cordes' Co.
Buck, Henry A. AR 33rd Inf. Co.F Sgt.
Buck, Henry L. SC 26th Inf. Co.A Capt.
Buck, Henry T. LA Inf. 11th Bn. Co.D
Buck, H.L. SC Inf. 9th Bn. Co.A Lt.
Buck, H. Lee SC 26th Inf. Co.A Capt.
Buck, H.W. LA Mil. 4th Regt.Eur.Brig. Co.E 2nd Lt.
Buck, I.A. Brown's Div. Capt.,AAG

Buck, Irving A. VA 17th Inf. Co.B
Buck, Isaac AR Cav. Harrell's Bn. Co.C
Buck, Isaac AR 27th Inf. Co.A
Buck, Isaiah VA 89th Mil. Adj.
Buck, Jacob VA 54th Inf. Co.E
Buck, Jacob VA Loc.Def. Neff's Co.
Buck, James AL 17th Inf. Co.A
Buck, James AR Cav. Harrell's Bn. Co.D
Buck, James GA 22nd Inf. Co.A
Buck, James VA 23rd Cav. Co.A
Buck, James A. KY 1st (Helm's) Cav.
Buck, James A. TN 28th Inf. Co.B Cpl.
Buck, James F. VA 45th Inf. Co.B
Buck, James H. MS Cav. Buck's Co. Capt.
Buck, James H. NC 3rd Cav. (41st St.Troops) Co.K Cpl.
Buck, James H. NC 27th Inf. Co.H
Buck, James H. VA 7th Cav. Co.G Sgt.
Buck, James K.P. TN 7th Inf. Co.C
Buck, James L. VA 4th Res. Co.E
Buck, James L. VA 63rd Inf. Co.H Ch.Music.
Buck, James L. VA Loc.Def. Neff's Co.
Buck, James M. NC 3rd Cav. (41st St.Troops) Co.E
Buck, James M. TN 49th Inf. Co.A
Buck, James M. TX 2nd Cav. Co.I
Buck, James M. TX Cav. Benavides' Regt. Co.H
Buck, James R., Jr. VA 19th Inf. Co.A Sgt.
Buck, J.C. LA Mil. British Guard Bn. Coburn's Co.
Buck, Jeremiah AR 9th Inf. New Co.I
Buck, Jeremiah MS 25th Inf. Co.G
Buck, Jeremiah 2nd Conf.Inf. Co.G
Buck, Jesse H. TN 13th (Gore's) Cav. Co.H Sgt.
Buck, J.G. GA 1st Reg. Co.C,B Cpl.
Buck, J.G. TX 1st Bn.S.S. Co.A
Buck, J.H. AR 2nd Inf. Co.A
Buck, J.H. LA Inf. 4th Bn. Co.E
Buck, J.L. VA Mil. Wythe Cty.
Buck, John AL 37th Inf. Co.H
Buck, John AR Cav. Gordon's Regt. Co.H
Buck, John AR 6th Inf. New Co.D
Buck, John AR 12th Inf. Co.I
Buck, John AR 19th (Dockery's) Inf. Co.B
Buck, John AR 33rd Inf. Co.K
Buck, John LA 3rd Inf. Co.I
Buck, John LA C.S. Zouave Bn. Co.H
Buck, John SC Mil. 16th Regt. Prendergast's Co.
Buck, John TN Cav. 7th Bn. (Bennett's) Co.A
Buck, John TN 9th (Ward's) Cav. Co.F
Buck, John TN 2nd (Robison's) Inf. Co.C
Buck, John TN 19th Inf.
Buck, John TN 25th Inf. Co.E
Buck, John TN 25th Inf. Co.G
Buck, John TN 44th (Cons.) Inf. Co.H
Buck, John TN 55th (McKoin's) Inf. Joyner's Co.
Buck, John TN 59th Mtd.Inf. Co.K
Buck, John VA 54th Inf. Co.E
Buck, John VA 89th Mil. Co.C,B Sgt.
Buck, John 1st Cherokee Mtd.Rifles Co.A
Buck, John 1st Creek Mtd.Vol. Co.E
Buck, John A. TX 22nd Cav. Co.F Maj.
Buck, John B. MS 1st Cav. Co.F Music.
Buck, John B. MS 11th Inf. Co.F
Buck, John C. Gen. & Staff Lt.,Ord.Off.
Buck, John Charles AL St.Arty. Co.A
Buck, John D. AL 4th Inf. Co.D
Buck, John E. MS 12th Inf. Co.E Sgt.
Buck, John F. GA Inf. (Richmond Factory Guards) Barney's Co. Ens.
Buck, John G. GA 28th Inf. Co.C
Buck, John G.H. MS 1st Lt.Arty. Co.D
Buck, John H. VA Lt.Arty. 12th Bn. 2nd Co.A
Buck, John H. VA Lt.Arty. Sturdivant's Co.
Buck, John L. MO St.Guard Staff Lt.,Asst.Post Comsy.
Buck, John N. VA 7th Cav. Co.E
Buck, John R. NC 3rd Cav. (41st St.Troops) Co.K
Buck, John R. NC 3rd Arty. (40th St.Troops) Co.H
Buck, John T. VA Lt.Arty. B.Z. Price's Co.
Buck, John T. Cav. Chalmer's Div. 1st Lt.,Ord.Off.
Buck, Jno. W. AL 8th (Hatch's) Cav. Co.E
Buck, John W.W. MS 15th Inf. Co.I
Buck, Jonathan A. MS 11th Inf. Co.F
Buck, Jonathan H. AR 27th Inf. Co.A
Buck, Joseph AL Mil. 4th Vol. Modawell's Co.
Buck, Joseph AR 1st (Crawford's) Cav. Co.K
Buck, Joseph TX Cav. Madison's Regt. Co.C
Buck, Joseph E. AR 33rd Inf. Co.F
Buck, Joseph E. MS 26th Inf. Co.B
Buck, Joseph F. MO Cav. 2nd Bn.St.Guard Co.A Ord.Sgt.
Buck, Joseph H. TN 47th Inf. Co.E Cpl.
Buck, J.Q. MS Cav. Drane's Co. (Choctaw Cty.Res.)
Buck, J.T. MS 1st Lt.Arty. Co.D
Buck, J.T. VA Loc.Def. Tayloe's Co.
Buck, J.W. AL 17th Inf. Co.H
Buck, J.W. AL 62nd Inf. Co.H,A
Buck, J.W. MS 15th (Cons.) Inf. Co.C
Buck, J.W.A. GA 7th Cav. Co.K
Buck, J.W.A. GA Hardwick Mtd.Rifles Co.A
Buck, L. SC 3rd Cav. Co.G Cpl.
Buck, L. SC 1st Regt. Charleston Guard Co.D,G
Buck, Lafayette TN 13th (Gore's) Cav. Co.H Cpl.
Buck, Lane 4th Conf.Eng.Troops Co.E Cpl.
Buck, Lane Kellersberg's Corps Sap. & Min.,CSA Artif.
Buck, Leander AR 6th Inf. New Co.D
Buck, Leander AR 12th Inf. Co.I
Buck, Louis SC Mil.Cav. Theo. Cordes' Co. Cpl.
Buck, Madison TN 7th Inf. Co.C
Buck, Major NC 17th Inf. (1st Org.) Co.K
Buck, M.E. AL 36th Inf. Co.H
Buck, Morgan AR 33rd Inf. Co.H
Buck, Mose 1st Cherokee Mtd.Vol. 2nd Co.C
Buck, Nathan AL City Troop (Mobile) Arrington's Co.A
Buck, Noah A. NC 67th Inf. Co.E
Buck, P. TX 1st Hvy.Arty. Co.D
Buck, P. VA Mil. Wythe Cty.
Buck, Pleasant TN Inf. 1st Cons.Regt. Co.G
Buck, Pleasant TN 28th Inf. Co.B Sgt.
Buck, Pleasant TN 28th (Cons.) Inf. Co.K
Buck, R.A. AL 54th Inf. Co.G
Buck, Randolph TN 25th Inf. Co.G Regt.Fifer
Buck, Ransom NC 3rd Cav. (41st St.Troops) Co.K
Buck, Ransom NC 17th Inf. (1st Org.) Co.K
Buck, R.B. VA 89th Mil. Co.B 1st Sgt.
Buck, R. Bruce VA 11th Cav. Co.E,A
Buck, Richard AR Cav. Gordon's Regt. Co.H
Buck, Richard AR 27th Inf. Co.H
Buck, Richard AR 34th Inf. Co.K
Buck, Richard FL 10th Inf. Co.E Sgt.
Buck, Richard A. NC 3rd Arty. (40th St.Troops) Co.H
Buck, Richard A. NC 2nd Inf. Co.I
Buck, Richard B. VA 17th Inf. Co.B Lt.
Buck, R.J. GA 16th Inf. Co.E
Buck, Robert TX Arty. Douglas' Co. Cpl.
Buck, S. VA Mil. Wythe Cty.
Buck, Samuel D. VA 13th Inf. Co.H Capt.
Buck, Samuel H. Gen. & Staff Capt.,AGD
Buck, Samuel R. NC 3rd Cav. (41st St.Troops) Co.E
Buck, S.H. TN Cav. Woodward's Co.
Buck, Sidney S. VA 55th Inf. Co.M Cpl.
Buck, Silas MS 12th Cav. Co.D
Buck, S.J. TN 16th (Logwood's) Cav. Co.K
Buck, Solomon VA Loc.Def. Neff's Co.
Buck, Stanhope F. TN 27th Inf. Co.I
Buck, Sydney S. Gen. & Staff Hosp.Stew.
Buck, T. NC 2nd Jr.Res. Co.I
Buck, T. VA Mil. Wythe Cty.
Buck, Theodore VA 2nd Inf. Co.G
Buck, Theodore VA 136th Mil. Co.D Sgt.
Buck, Theodoric C. MS 1st Lt.Arty. Co.L,E Cpl.
Buck, Thomas GA 16th Inf. Co.K
Buck, Thomas F. MO 2nd Cav. 3rd Co.K
Buck, Thomas H. VA 7th Cav. Co.E Capt.
Buck, Thomas J. LA 3rd (Harrison's) Cav. Co.A,K
Buck, Thomas K. TN 2nd (Robison's) Inf. Co.I
Buck, Thomas N. VA 7th Cav. Co.E
Buck, T.K. GA Inf. Clemons' Co. Cpl.
Buck, T.W. VA 7th Cav. Co.E
Buck, T.W. VA Lt.Arty. Thompson's Co.
Buck, Truman T. AL 6th Inf. Co.G
Buck, W. TX Cav. Benavides' Regt. Co.H
Buck, W.A. VA 7th Cav. Co.E
Buck, W.C.H. MS 11th Inf. Co.F Sgt.
Buck, W.C.H. MS 41st Inf. Co.D
Buck, W.D. AR 15th (Josey's) Inf. 1st Co.G
Buck, W.E. LA 2nd Inf. Co.D
Buck, W.F. AL 37th Inf. Co.I
Buck, W.F. AL 42nd Inf. Co.F Sgt.
Buck, W.F. GA 8th Cav. New Co.E
Buck, W.F. GA Cav. 20th Bn. Co.C
Buck, W.H. LA Legion Brig. Vol.ADC
Buck, W.I. 15th Conf.Cav. Co.C
Buck, William AR 15th (N.W.) Inf. Co.I
Buck, William FL 54th Regt. Cpl.
Buck, William GA 49th Inf. Co.H
Buck, William LA 20th Inf. Co.K
Buck, William LA 22nd Inf.
Buck, William SC 1st Arty. Co.H
Buck, William VA Horse Arty. J.W. Carter's Co.
Buck, William Conf.Cav. Wood's Regt. 2nd Co.F
Buck, William A. AL 24th Inf. Col.
Buck, William A. AR 45th Cav. Co.E
Buck, William A. VA 37th Inf. Co.H

Buck, William E. GA 2nd Bn.S.S. Co.D
Buck, William F. AR 37th Inf. Co.H
Buck, William H. MS 1st Lt.Arty. Co.K 2nd Lt.
Buck, William H. NC 44th Inf. Co.I
Buck, William H. VA 2nd Cav. Co.E
Buck, William M. AR Inf. Cocke's Regt. Co.C
Buck, William M. MO Cav. Schnabel's Bn. Co.F
Buck, William M. VA 3rd Inf. Co.E
Buck, William P. AR 23rd Inf. Co.H
Buck, Williamson VA 57th Inf. Co.I
Buck, W.W. VA 7th Cav. Co.E 2nd Lt.
Buckalan, I. GA 1st Inf. Co.H
Buckalew, A.J. MS 6th Inf. Co.D
Buckalew, A.M. AL 14th Inf. Co.F
Buckalew, George TX 14th Cav. Co.D
Buckalew, H.H. AL Cav. Lewis' Bn. Co.B
Buckalew, Hugh Gillum's Regt. Whitaker's Co.
Buckalew, Ira AL 40th Inf. Co.C
Buckalew, James F. GA 59th Inf. Co.F
Buckalew, J.M. AL 40th Inf. Co.E,D
Buckalew. John 1st Conf.Inf. 2nd Co.H
Buckalew, John C. MS 6th Inf. Co.I
Buckalew, Joseph M. GA Inf. 3rd Bn. Co.D
Buckalew, Joseph M. GA 4th Bn.S.S. Co.B,C
Buckalew, K.M. MS 6th Inf. Co.D Cpl.
Buckalew, McKinney 1st Conf.Inf. 2nd Co.H
Buckalew, Milton M. GA 53rd Inf. Co.H,I
Buckalew, Moses GA Inf. 3rd Bn. Co.C
Buckalew, Moses GA 37th Inf. Co.I Cpl.
Buckalew, R.F. AR 1st (Dobbin's) Cav. Co.E
Buckalew, S.R. GA 28th Inf. Co.K 1st Sgt.
Buckalew, Thomas T. GA 4th Bn.S.S. Co.B
Buckalew, T.T. GA 54th Inf. Co.B
Buckalew, Washington VA Cav. 46th Bn. Co.A
Buckalew, William AL 5th Inf. New Co.I
Buckalew, William GA 63rd Inf. Co.I
Buckalew, William G. GA Arty. 9th Bn. Co.A
Buckalew, W.M. GA 13th Inf. Co.A
Buckalieu, James M. TX 16th Inf. Co.I
Buckalieu, John AL 33rd Inf. Co.H
Buckaloo, A. AL 3rd Res. Co.E
Buckaloo, A. AL 38th Inf. Co.I
Buckaloo, A. MS 5th Inf. (St.Troops) Co.D
Buckaloo, Aaron AL Mil. 4th Vol. Co.E
Buckaloo, A.B. TN 19th Inf. Co.G Sgt.
Buckaloo, A.J. AL 33rd Inf. Co.F
Buckaloo, A.M. TN 4th (McLemore's) Cav. Co.E
Buckaloo, Charles MS 8th Inf. Co.E
Buckaloo, George W. MS 1st (Percy's) Inf. Co.A
Buckaloo, George W. TN 1st (Turney's) Inf. Co.B
Buckaloo, H.H. TN Lt.Arty. Winston's Co.
Buckaloo, J.A. MS Lt.Arty. Turner's Co.
Buckaloo, James L. MS Inf. 7th Bn. Co.E
Buckaloo, J.M. GA Inf. Hamlet's Co.
Buckaloo, John C. AL 32nd Inf. Co.A Sgt.
Buckaloo, Joseph AL Cp. of Instr. Talladega
Buckaloo, Joseph TX 10th Inf. Co.C
Buckaloo, Joseph W. AL 28th Inf. Co.B
Buckaloo, Manson MS 8th Inf. Co.D
Buckaloo, Ptolomey AL 32nd Inf. Co.A Cpl.
Buckaloo, Ransom A. MS 13th Inf. Co.G
Buckaloo, William MS 13th Inf. Co.G
Buckaloo, William B. AL 32nd Inf. Co.A
Buckalove, Jesse D. AL 6th Inf. Co.A
Buckalow, James AL 4th Inf. Co.D
Buckalow, J.M. TX 28th Cav. Co.E Cpl.
Buckaluw, George W. GA 1st (Fannin's) Res. Co.G
Buckanan, C. NC 2nd Jr.Res. Co.I
Buckanan, James H. AR 27th Inf. Co.F
Buckanan, Robert M. AL 13th Inf. Co.D
Buckanan, T.C. MS 15th Inf. Co.F Capt.
Buckanan, William D. VA 51st Inf. Co.A
Buckannan, W.A. VA Mil. Wythe Cty.
Buckannan, William AL Cav. 5th Bn. Hilliard's Legion Co.B
Buckanon, A.S. SC 5th St.Troops Co.A
Buckanon, George SC Inf. Hampton Legion Music.
Buckart, A. LA Mil. Fire Bn. Co.B
Buckart, W. LA Mil. Fire Bn. Co.B
Buckbee, John H. VA 31st Inf. 1st Co.B
Buckbee, J.T. Conf.Reg.Inf. Brooks' Bn. Co.F Sgt.
Buckbee, Thomas Conf.Inf. Tucker's Regt. Co.I
Buckbee, Titus J. Conf.Reg.Inf. Brooks' Bn. Co.F Sgt.
Buckby, Eli VA Lance Mil.
Bucke, A. SC 3rd Cav. Co.F
Buckeister, W.C. SC Inf. 1st (Charleston) Bn. Co.B
Buckelew, E. AL Cp. of Instr. Talladega
Buckelew, Francis M. TX 14th Cav. Co.D 1st Sgt.
Buckelew, G.D. AL 23rd Inf. Co.F 2nd Sgt.
Buckelew, G.W. MS 39th Inf. Co.E
Buckelew, J. AL Cp. of Instr. Talladega
Buckelew, James AL 17th Inf. Co.D
Buckelew, James L. GA 44th Inf. Co.H
Buckelew, John J. GA 44th Inf. Co.H
Buckelew, Josephus AL 17th Inf. Co.F
Buckelew, J.W. AL Cp. of Instr. Talladega
Buckelew, M.L. AL 3rd Inf. Co.K,L
Buckelew, R.C. AL 53rd (Part.Rangers) Co.G
Buckelew, S.B. AL 47th Inf. Co.I 1st Lt.
Buckelew, Seaborn AL 7th Inf. Co.A
Buckelew, S.P. AL Cp. of Instr. Talladega
Buckelew, W.F. LA 6th Cav. Co.A
Buckelew, William B. MS 12th Inf. Co.H
Buckellew, A.B. TN 60th Mtd.Inf. Co.G 1st Lt.
Buckells, Van A. AR 36th Inf. Co.H
Buckels, A.W. MS 12th Inf. Co.H
Buckels, A.W. MS Cp.Guard
Buckels, Edward R. TX 6th Cav. Co.C
Buckels, Franklin H. TX 6th Cav. Co.C
Buckels, George W. TN 37th Inf. Co.K
Buckels, Henry SC 15th Inf. Co.G
Buckels, H.M. MS 2nd (Quinn's St.Troops) Inf. Co.F
Buckels, James A. VA 48th Inf. Co.K
Buckels, J.F. LA Inf. 4th Bn. Co.E
Buckels, J.M. LA Inf. 4th Bn. Co.E
Buckels, J.M. SC 1st (Hagood's) Inf. 1st Co.E
Buckels, Joseph MS 18th Inf. Co.E 1st Lt.
Buckels, Lydford SC 15th Inf. Co.G Cpl.
Buckels, William P. MS 7th Inf. Co.A
Bucker, --- VA 33rd Inf.
Bucker, David VA 3rd Bn. Valley Res. Co.B
Bucker, Hamson TN 27th Inf. Co.I
Bucker, J. AL 14th Inf. Co.G
Bucker, J.A. AL 20th Inf. Co.D Cpl.
Bucker, John F. MO 9th Inf. Maj.
Bucker, O.D. AL 4th Inf. Co.H
Bucker, T. TX 5th Field Btty.
Bucker, T. TX Lt.Arty. Dege's Bn. Co.A
Bucker, W.G. AR 2nd Cav.
Bucker, William MS 1st Inf.
Bucket, B.G. MS Cav. Yerger's Regt. Co.A
Buckett, Au. FL 2nd Inf. Co.K Sgt.
Buckett, James 2nd Cherokee Mtd.Vol. Co.G
Buckett, R. AL 12th Inf. Co.K
Buckett, William H. NC 1st Arty. (10th St.Troops) Co.D Cpl.
Buckey, George H. TN 2nd (Robison's) Inf. Co.I QMSgt.
Buckey, James A. VA Mil. Scott Cty.
Buckey, J.W. VA Inf. 1st Bn. Co.B
Buckey, William R. KY 4th Cav.
Buckeye, James FL McBride's Co. (Indians)
Buckfast, T.S. Conf.Cav. Wood's Regt. 2nd Co.G
Buckfort, --- AL 1st Bn. Co.F
Buck Gerty 2nd Cherokee Mtd.Vol. Co.I
Buckhalten, John M. LA 9th Inf. Co.I
Buckhalter, A.C. MS Cav. 2nd Bn.Res. Co.B
Buckhalter, A.L. GA Inf. 1st Loc.Troops (Augusta) Co.I
Buckhalter, Allen SC 2nd St.Troops Co.K
Buckhalter, Allen SC 8th Inf. Co.C
Buckhalter, A.M. AL Talladega Cty.Res. J. Lucius' Co. Sgt.
Buckhalter, B. GA 22nd Inf. Co.G
Buckhalter, B. SC 1st (Hagood's) Inf. 1st Co.G, 2nd Co.E
Buckhalter, C. SC 1st (McCreary's) Inf. Co.A
Buckhalter, H.B. SC 2nd Arty. Co.E
Buckhalter, J.A. GA 1st (Fannin's) Res. Co.F
Buckhalter, J.A. SC 1st (McCreary's) Inf. Co.A Cpl.
Buckhalter, James FL Milton Lt.Arty. Dunham's Co.
Buckhalter, James SC Hvy.Arty. Mathewes' Co.
Buckhalter, James M. GA 29th Inf. Co.H
Buckhalter, J.B. SC 2nd Inf. Co.D
Buckhalter, J.D. SC 2nd St.Troops Co.K
Buckhalter, Jere AL 41st Inf. Co.D Sgt.
Buckhalter, John GA Cav. 1st Bn. Brailsford's Co.
Buckhalter, John GA 60th Inf. Co.B
Buckhalter, John MS 2nd (Quinn's St.Troops) Inf. Co.D
Buckhalter, Joshua MS 2nd (Quinn's St.Troops) Inf. Co.D 1st Sgt.
Buckhalter, J.W. SC Inf. Hampton Legion Co.G
Buckhalter, Milledge GA 31st Inf. Co.I
Buckhalter, M.L. SC 2nd Arty. Co.E
Buckhalter, Raymond SC 19th Inf. Co.B
Buckhalter, W. SC Cav. Allen's Co.
Buckhalter, W. SC 2nd Arty. Co.E Cpl.
Buckhalter, W.D. SC 2nd Arty. Co.E
Buckhalter, William GA 1st (Symons') Res. Co.D
Buckhalter, William LA 22nd (Cons.) Inf. Co.G
Buckham, R.E. KY 12th Cav. Co.G 2nd Lt.
Buckham, Sim. L. AL 38th Inf. Co.I
Buckhamon, Lorenzo TN Inf. 23rd Bn. Co.C
Buckhanan, B. GA Cav. 1st Bn.Res. Stark's Co.
Buckhanan, Ben 10th Conf.Cav. Co.B
Buckhanan, Benjamin F. TN 32nd Inf. Co.I

Buckhanan, Edward E. KY 2nd (Duke's) Cav. Co.L
Buckhanan, George W. MS 29th Inf. Co.I
Buckhanan, J.F. MS 5th Cav. Co.H
Buckhanan, John W. MS 27th Inf. Co.C Sgt.
Buckhanan, Joseph 10th Conf.Cav. Co.B
Buckhanan, M.H. TN 19th (Biffle's) Cav. Co.D
Buckhanan, Phelix VA Inf. 45th Bn. Co.B
Buckhanan, P.W. TN Cav. Williams' Co.
Buckhanan, William MS 27th Inf. Co.C
Buckhanan, William 10th Conf.Cav. Co.B
Buckhanan, William J. TN 32nd Inf. Co.I
Buckhand, Thomas A. TN 9th Inf. Co.H
Buckhannan, A.P. AR 35th Inf. Co.K
Buckhannan, F. MS Cav. Hughes' Bn. Co.D
Buckhannan, F.W. AR 2nd Cav. Co.E
Buckhannan, James NC Cav. 7th Bn. Co.A
Buckhannan, John E. GA 32nd Inf. Co.F
Buckhannan, M.Y. MO 10th Inf. Co.A
Buckhannan, Thomas AR Cav. 1st Bn. (Stirman's) Co.E
Buckhannan, Thos. KY 11th Cav. Co.A
Buckhannan, William H. KY 10th Cav. Co.C
Buckhannan, William O. NC Cav. 7th Bn. Co.A
Buckhannen, G. NC 5th Sr.Res. Co.F
Buckhannon, Benjamin F. AL 13th Inf. Co.E
Buckhannon, D.C. TX Cav. Wells' Bn. Co.F
Buckhannon, E.P. TX Cav. Wells' Regt. Co.F
Buckhannon, J. TN 14th Inf. Co.C
Buckhannon, James W. GA 34th Inf. Co.I
Buckhannon, John MS 8th Cav. Co.E
Buckhannon, William O. NC 46th Inf. Co.C
Buckhanon, A.B. AL 9th Inf. Co.K
Buckhanon, E.L. KY 1st (Butler's) Cav. Co.L
Buckhanon, George VA Cav. 47th Bn. Co.C
Buckhanon, James AR 8th Cav. Co.I
Buckhanon, J.M. MS 9th Cav. Co.F
Buckhanon, Thomas TN 3rd (Lillard's) Mtd.Inf. Co.D
Buckhard, G. GA Inf. 2nd Bn. (St.Guards) Co.A
Buckhart, Andrew NC 57th Inf. Co.F
Buckhart, C. TN 63rd Inf. Co.B
Buckhart, George TN 21st (Carter's) Cav. Co.G
Buckhart, J.D. LA Mil. 1st Regt. 2nd Brig. 1st Div. Co.D
Buckhart, J.F. TN 51st (Cons.) Inf. Co.I Cpl.
Buckhart, J.H. TN 63rd Inf. Co.B
Buckhart, P.F. TN 50th (Cons.) Inf. Co.A
Buckhart, S. AR 34th Inf. Co.F
Buckhart, S. LA 21st (Kennedy's) Inf. Co.B
Buckhart, Washington MO 5th Inf. Co.H
Buckhart, William TN 35th Inf. Co.L
Buckhaults, Charles D. AL 57th Inf. Co.F Cpl.
Buckhaults, George R. AL 57th Inf. Co.F Sgt.
Buckhavan, R.C. GA Inf. Fuller's Co. 3rd Lt.
Buckhead, William J. MS 11th Inf. Co.A
Buckheart, Obidah 1st Conf.Cav. 1st Co.D
Buckheister, A. SC Inf. 1st (Charleston) Bn. Co.E
Buckheister, A. SC 27th Inf. Co.A
Buckheister, J.A. SC 1st Regt. Charleston Guard Co.H
Buckheister, W.C. SC 27th Inf. Co.B
Buckheit, P.H. SC Hvy.Arty. Gilchrist's Co. (Gist Guard)
Buckhiester, J.B. SC 4th Cav. Co.C Artif.
Buckhiester, Joel R. SC 1st (Orr's) Rifles Co.A
Buckhiester, John SC Cav. 10th Bn. Co.B Artif.
Buckholt, Robert GA 45th Inf. Co.C
Buckholts, Charles TX 4th Cav. Co.E Capt.
Buckholts, Peter GA 45th Inf. Co.C
Buckholts, William C. FL 5th Inf. Co.H
Buckholts, Z.B. TX Cav. Mann's Regt. Co.H Cpl.
Buckholts, Zedock B. TX Cav. Hardeman's Regt. Co.F Far.
Buckholtz, --- TX Cav. McCord's Frontier Regt. Co.I
Buckholtz, Nicholas LA 6th Inf. Co.E
Buckhort, William TN 36th Inf. Co.L
Buckhumm, Charles VA 18th Cav. Co.D
Buckie, T.A. MO Lt.Arty. H.M. Bledsoe's Co.
Buckingame, L. GA Cobb's Legion Co.K
Buckingham, E.B. MS 8th Cav. Co.F
Buckingham, E.B. MS Cav. Abbott's Co.
Buckingham, G. MS 10th Cav. Co.F
Buckingham, George LA Mil.Conf.Guards Regt. Co.B
Buckingham, George MD 1st Cav. Co.K Sgt.
Buckingham, George H. MS 11th Inf. Co.C
Buckingham, George H. MS 14th Inf. Co.K
Buckingham, George M. VA 1st Cav. 3rd Co.K Sgt.
Buckingham, G.H. GA Lt.Arty. 14th Bn. Co.C
Buckingham, G.W. MS 9th Cav. Co.E
Buckingham, G.W. TN 3rd (Forrest's) Cav. Co.E Lt.
Buckingham, G.W. TN Cav. 17th Bn. (Sanders') Co.B
Buckingham, G.W. TN 12th (Cons.) Inf. Canliff's Co.
Buckingham, Henry LA 1st (Strawbridge's) Inf. Co.E,G
Buckingham, I.G. GA Lt.Arty. Ferrell's Btty.
Buckingham, J. TX Cav. Bourland's Regt. Co.D
Buckingham, John H. NC 56th Inf. Co.B
Buckingham, Lewis A. VA 54th Inf. Co.H 2nd Lt.
Buckingham, P. TN Lt.Arty. Weller's Co.
Buckingham, Peter TN Cav. 7th Bn. (Bennett's) Co.B
Buckingham, Peter TN 22nd (Barteau's) Cav. Co.E Cpl.
Buckingham, P.T. TN 21st & 22nd (Cons.) Cav. Co.B Cpl.
Buckingham, S.C. MS 11th Inf.
Buckingham, S.C., Jr. MS Conscr.
Buckingham, S.H. Lyon's Staff Vol.Aid
Buckingham, Thomas TN Cav. 7th Bn. (Bennett's) Co.F Sgt.
Buckingham, Thomas TN Lt.Arty. Weller's Co.
Buckingham, T.L. TN 22nd (Barteau's) Cav.
Buckingham, William TN Cav. 7th Bn. (Bennett's) Barksdale's Co.
Buckingham, William W. MS 11th Inf. Co.C Cpl.
Buckingham, W.J. TN 55th (McKoin's) Inf. Duggan's Co.
Buckingham, W.W. MS 8th Cav. Co.F
Buckinham, C. 1st Conf.Cav. 1st Co.B
Bucklan, A.J. VA 166th Mil. Co.D
Bucklan, Francis VA 166th Mil. R.G. Lively's Co.
Bucklan, Jacob VA 166th Mil. Co.D
Bucklan, James VA 166th Mil. R.G. Lively's Co.
Bucklan, John VA 166th Mil. Co.D
Bucklan, Richard VA 166th Mil. R.G. Lively's Co.
Buckland, Charles LA 21st (Patton's) Inf. Co.G
Buckland, Edward AL Inf. 1st Regt. Co.A
Buckland, Edward E. AL 32nd Inf. Co.K Cpl.
Buckland, E.E. TN Lt.Arty. Tobin's Co.
Buckland, Frank AL 21st Inf. Co.I
Buckland, H. TN Cav. Clark's Ind.Co.
Buckland, Hugh A. VA 50th Inf. Co.C
Buckland, Jacob VA Inf. 26th Bn. Co.C
Buckland, James VA Cav. Hounshell's Bn. Thurmond's Co.
Buckland, J.L. TN Cav. Clark's Ind.Co.
Buckland, John VA 11th Bn.Res. Co.C
Buckland, John R. VA 16th Cav. Co.F
Buckland, Lewis VA Cav. Hounshell's Bn. Huffman's Co.
Buckland, Lorenzo D. VA 17th Cav. Co.E
Buckland, Lorenzo Dow VA 8th Cav. 1st Co.D
Buckland, Richard VA Inf. 26th Bn. Co.A
Buckland, Swan AR 8th Inf. New Co.A
Buckland, William J. VA 50th Inf. Co.C
Buckle, --- TX Cav. Mann's Regt. Co.B
Buckleman, H. VA 34th Inf.
Buckleman, Henry VA 1st Arty. Co.I
Buckleman, Henry C. VA Lt.Arty. 38th Bn. Co.B
Buckler, C. AR 26th Inf. Co.E
Buckler, Charles W. VA 72nd Mil.
Buckler, Cornelius AR Mil. Desha Cty.Bn.
Buckler, E. VA 72nd Mil.
Buckler, F.D. MO 9th Inf. Co.D
Buckler, Henry AR Cav. Wright's Regt. Co.D
Buckler, H.H. KY 3rd Mtd.Inf. Co.D
Buckler, H.T. MO 9th Inf. Co.D
Buckler, J.A. TN 22nd Inf. Co.F
Buckler, John KY 3rd Mtd.Inf. Co.D
Buckler, Joseph KY 2nd (Woodward's) Cav. Co.E
Buckler, Joseph KY 2nd Mtd.Inf. Co.E
Buckler, J.P. KY 8th Mtd.Inf. Co.K
Buckler, Otto LA 21st (Patton's) Inf. Co.H
Buckler, William AR Mil. Desha Cty.Bn.
Buckler, William H. AR 13th Inf. Co.E
Buckler, William H. KY 7th Mtd.Inf. 1st Co.K
Buckler, W.W. MO 9th Inf. Co.D
Buckler, W.W. MO Inf. Clark's Regt. Co.C
Buckles, A.W. MS 4th Cav. Co.C Cpl.
Buckles, Charles VA Cav. McFarlane's Co.
Buckles, Charles Conf.Cav. 6th Bn. Co.E
Buckles, Edward R.A. TX Cav. Martin's Regt. Co.I
Buckles, Eli VA Cav. McFarlane's Co.
Buckles, Harvey G. VA 48th Inf. Co.I
Buckles, I. Bradford's Corps Scouts & Guards Co.B
Buckles, J. 20th Conf.Cav. Co.B
Buckles, J.C. MS 1st Lt.Arty. Co.K Cpl.
Buckles, J.M. SC 3rd St.Troops Co.A
Buckles, John FL 8th Inf. Co.I
Buckles, John TN 3rd (Lillard's) Mtd.Inf. 1st Co.K
Buckles, John F. VA 37th Inf. Co.C
Buckles, John M. SC 15th Inf. Co.G
Buckles, John M. TN 63rd Inf. Co.E

Buckles, L. SC 7th Inf. Co.I
Buckles, R. FL 2nd Cav. Co.F
Buckles, R.A. SC 4th Cav. Co.I
Buckles, R.A. SC Cav. 12th Bn. Co.B
Buckles, R.A. SC Cav. 19th Bn. Co.D
Buckles, R.A. SC Cav. Rodgers' Co.
Buckles, Robert TN Detailed Conscr. Co.A
Buckles, V.A. AR 37th Inf. Co.B
Buckles, William G. VA 6th Bn.Res. Co.G
Buckles, William N. TN 63rd Inf. Co.E
Buckles, W.M. MS Cav. Garland's Bn. Co.B
Buckles, W.N. TN 3rd (Lillard's) Mtd.Inf. 1st Co.K 1st Sgt.
Bucklew, Emisiah J. NC 62nd Inf. Co.B
Bucklew, J. GA 66th Inf. Co.B
Bucklew, Jackson GA 28th Inf. Co.G
Bucklew, Matthew MS 24th Inf. Co.B
Buckley, --- AR 13th Inf.
Buckley, A.B. AL Cav. Murphy's Bn. Co.B
Buckley, A.J. MS 39th Inf. Co.A
Buckley, A.L. MS 7th Inf. Co.G
Buckley, Albert MS 2nd (Quinn's St.Troops) Inf. Co.A
Buckley, Alex VA Loc.Def. Neff's Co.
Buckley, Alexander TX 16th Cav. Co.K
Buckley, A.T. LA 2nd Inf. Co.C
Buckley, B. MS St.Cav. 3rd Bn. (Cooper's) Little's Co.
Buckley, B.A. MS Cav. 1st Bn. (McNair's) St.Troops Co.A
Buckley, B.B. TX 19th Inf. Co.E
Buckley, Ben D. MS 21st Inf. Co.C
Buckley, Benjamin B. AR 12th Cav. Co.I
Buckley, Benjamin B. KY 12th Cav. Co.I
Buckley, Benjamin H. MS 33rd Inf. Co.D
Buckley, Benjamin M., Jr. MS 8th Inf. Co.G Capt.
Buckley, Benjamin M. MS 36th Inf. Co.I
Buckley, B.G. MS Inf. 2nd Bn. (St.Troops) Co.B
Buckley, B.G. Conf.Cav. Wood's Regt. 2nd Co.A
Buckley, Bushrod VA 51st Mil. Co.C
Buckley, C. TN 14th Cav. Co.F
Buckley, C. TX 9th (Nichols') Inf. Co.G
Buckley, Carter VA Horse Arty. McClanahan's Co. 1st Lt.
Buckley, Charles LA 10th Inf.
Buckley, Charles TX 2nd Field Btty.
Buckley, Christian TN 1st (Feild's) Inf. Co.E Sgt.
Buckley, Cornelius AL 40th Inf. Co.E
Buckley, Cornelius MO 12th Inf. Co.H 1st Sgt.
Buckley, C.S. MO 15th Cav. Co.B
Buckley, C.W. TX Nolan's Mtd.Co. (Loc.Def.)
Buckley, C.W. Gen. & Staff Hosp.Stew.
Buckley, Dan TX Waul's Legion Co.H
Buckley, Daniel GA 5th Inf. Co.C
Buckley, Daniel GA Inf. 18th Bn. (St.Guards) Co.D
Buckley, Daniel LA Mil. 3rd Regt. 1st Brig. 1st Div. Co.F
Buckley, Daniel LA Mil. 4th Regt. 1st Brig. 1st Div. Co.G
Buckley, Daniel J. MS 22nd Inf. Co.B
Buckley, David J. VA 18th Cav. Co.B Sgt.
Buckley, David J. VA 14th Mil. Co.C Sgt.
Buckley, D.J. AL 17th Inf. Co.F
Buckley, E. MS St.Cav. 3rd Bn. (Cooper's) Little's Co.
Buckley, E. MS Cp.Guard
Buckley, E.C. GA 10th Inf. Co.B
Buckley, Ed LA Mil. 3rd Regt. 1st Brig. 1st Div. Co.F
Buckley, Edmund VA 20th Cav. Co.K
Buckley, Edward GA Lt.Arty. Fraser's Btty.
Buckley, Edward LA Inf. 1st Sp.Bn. (Wheat's) Co.A
Buckley, Edward LA Inf. 1st Sp.Bn. (Wheat's) New Co.D
Buckley, Edward VA 32nd Inf. Co.C
Buckley, Edward Gen. & Staff AQM
Buckley, Edward A. MS 12th Inf. Co.H
Buckley, Edward A. MS 33rd Inf. Co.D Cpl.
Buckley, Edward C. TX 1st Inf. Co.L
Buckley, Edward F. VA 62nd Mtd.Inf. Co.D
Buckley, E.P. VA 18th Cav. Co.F
Buckley, Evan S. MS 22nd Inf. Co.A Cpl.
Buckley, E.W. MS 12th Inf. Co.C
Buckley, Francis Conf.Inf. 8th Bn. Co.E
Buckley, Frederick Zachariah TX 8th Cav. Co.H
Buckley, George AL 7th Cav. Co.K
Buckley, George T. AL Arty. 1st Bn. Co.E Sgt.
Buckley, George W. TX Cav. Mann's Regt. Co.B
Buckley, H. LA 10th Inf. Co.E
Buckley, H. TN 12th (Green's) Cav. Co.B
Buckley, H.D. MS 3rd Inf. (St.Troops) Co.F
Buckley, H.D. Gen. & Staff Maj.,Asst.Comsy.
Buckley, H.G. TX 5th Cav. Co.A
Buckley, H.H. TX 13th Vol. 1st Co.H
Buckley, H.M. TN 8th (Smith's) Cav. Co.K
Buckley, H.P. LA Mil.Conf.Guards Regt. Co.K
Buckley, H.P. MS 22nd Inf. Co.A
Buckley, H.T. TN 51st Inf. Co.B
Buckley, H.T. TN 51st (Cons.) Inf. Co.I Teamster
Buckley, I. TN 50th Inf. Co.E
Buckley, I.W. KY 12th Cav. Co.D
Buckley, J. AL Mil. 2nd Regt.Vol. Co.E
Buckley, J. GA Hvy.Arty. 22nd Bn. Co.B
Buckley, J. KY 12th Cav. Co.K
Buckley, J. LA Mil. Orleans Fire Regt. Co.H
Buckley, J. TN 30th Inf. Co.E
Buckley, J. VA 10th Cav. Co.A
Buckley, J.A. MS 38th Cav. Co.E Sgt.
Buckley, James AL 6th Cav. QMSgt.
Buckley, James AL 7th Cav. Old Co.G QMSgt.
Buckley, James MS 8th Inf. Co.G
Buckley, James MO 7th Cav. Co.B
Buckley, James MO 6th Inf. Co.I
Buckley, James MO Phelan's Regt.
Buckley, James TX Cav. Saufley's Scout.Bn. Co.C
Buckley, James TX 8th Inf. Co.I Sgt.
Buckley, James VA Lt.Arty. Cayce's Co.
Buckley, James VA 1st Inf. Band
Buckley, James VA 8th Inf. Co.B
Buckley, James B. LA 1st (Strawbridge's) Inf. Co.E Cpl.
Buckley, James E. MS 16th Inf. Co.B Cpl.
Buckley, James H. VA 15th Inf. Co.E
Buckley, James K. VA Inf. 23rd Bn. Co.F
Buckley, James N. MS 7th Inf. Co.I
Buckley, James S. TN 51st Inf. Co.C
Buckley, J.C. MS St.Cav. 3rd Bn. (Cooper's) Little's Co.
Buckley, J.E. MS Cav. 1st Bn. (McNair's) St.Troops Co.A
Buckley, J.E. MS Inf. 2nd St.Troops Co.A
Buckley, J.E. MS 36th Inf. Co.C
Buckley, Jeremiah GA 1st Inf.
Buckley, Jeremiah LA 22nd Inf. Co.A
Buckley, Jeremiah MS 9th Inf. Old Co.B, New Co.I
Buckley, Jeremiah TN Inf. 154th Sr.Regt. Co.C
Buckley, Jerry LA 22nd (Cons.) Inf. Co.A
Buckley, J.H. NC 32nd Inf. Co.C
Buckley, J.H. TN 51st Inf. Co.B 1st Sgt.
Buckley, J.H. TN 51st (Cons.) Inf. Co.I
Buckley, J.J. TX Waul's Legion Co.B
Buckley, J.M. MS 1st Lt.Arty. Co.F
Buckley, J.M. MS 9th Bn.S.S. Co.C
Buckley, J.M. TN 21st (Wilson's) Cav. Co.C Cpl.
Buckley, J.M. TN 21st & 22nd (Cons.) Cav. Co.G Cpl.
Buckley, J.M. VA 28th Bn. Co.A
Buckley, J.N. MS Inf. 1st Bn. Johnston's Co.
Buckley, J.O. LA 2nd Inf. Co.C
Buckley, Joel S. VA 45th Inf. Co.B 2nd Lt.
Buckley, John AR 1st (Colquitt's) Inf. Co.F Sgt.
Buckley, John LA 1st Inf. Co.B
Buckley, John LA Mil. 3rd Regt. 1st Brig. 1st Div. Co.A
Buckley, John LA Mil. 4th Regt. 1st Brig. 1st Div. Co.G
Buckley, John LA 6th Inf. Co.I Sgt.
Buckley, John LA 14th Inf. Co.C Sgt.
Buckley, John LA 21st (Patton's) Inf. Co.D,C Jr.2nd Lt.
Buckley, John LA 22nd (Cons.) Inf. Co.K Jr.2nd Lt.
Buckley, John LA 30th Inf. Co.E
Buckley, John MD Cav. 2nd Bn. Co.D
Buckley, John MS Cav. 3rd Bn.Res. Co.D
Buckley, John MS 5th Cav. Co.B
Buckley, John MS 15th Inf. Co.E
Buckley, John NC 6th Inf. Co.A Music.
Buckley, John TN 8th (Smith's) Cav. Co.K
Buckley, John TN 34th Inf. Co.E
Buckley, John TX 10th Cav. Co.E
Buckley, John TX 26th Cav. Co.A
Buckley, John TX 26th Cav. Co.F, 2nd Co.G
Buckley, John TX 2nd Field Btty.
Buckley, John TX 4th Field Btty.
Buckley, John VA 11th Cav.
Buckley, John VA Cav. 41st Bn. Co.G
Buckley, John VA 19th Inf. Co.F,I
Buckley, John Conf.Inf. Tucker's Regt. Co.E
Buckley, John A. MO Cav. Poindexter's Regt.
Buckley, John M. MS 16th Inf. Co.B 2nd Cpl.
Buckley, John R. VA 45th Inf. Co.B Cpl.
Buckley, John T. AL 8th Cav. 2nd Lt.
Buckley, John T. TN 22nd Inf. Co.I
Buckley, John T. 8th (Wade's) Conf.Cav. Co.I 2nd Lt.
Buckley, John W. MS 33rd Inf. Co.D
Buckley, Joseph VA 1st Inf. Co.I
Buckley, Joseph H. VA 21st Inf. Co.G
Buckley, Joseph L. LA 12th Inf. Co.F
Buckley, J.R. AR 27th Inf. Old Co.C, Co.D

Buckley, J.R. TX Waul's Legion Co.F
Buckley, J.S. GA 3rd Cav. Co.B
Buckley, J.S. TN 51st Inf. Co.B
Buckley, J.S. TN 51st (Cons.) Inf. Co.H
Buckley, J.W. MS 1st Cav. Co.C
Buckley, J.W. MS 21st Inf. Co.F
Buckley, Landon C., Sr. VA 2nd Bn.Res.
Buckley, Lemuel W. MS 21st Inf. Co.C
Buckley, Martin MS 7th Inf. Co.G 1st Sgt.
Buckley, M.B. MS 1st Cav.Res. Co.A
Buckley, M.C. TN 20th (Russell's) Cav. Co.K
Buckley, Mercer M. MS 36th Inf. Co.I Sgt.
Buckley, Michael LA 20th Inf. Co.K
Buckley, Michael TN 2nd (Walker's) Inf. Co.K
Buckley, M.J. LA 22nd Inf. Co.D
Buckley, M.J. LA 22nd (Cons.) Inf. Co.D
Buckley, M.J. LA Mil. Orleans Fire Regt. Co.A 2nd Lt.
Buckley, Morris LA Inf. 1st Sp.Bn. (Wheat's) Co.A Cpl.
Buckley, M.S. AR 58th Mil. Co.B
Buckley, N. TN 12th (Green's) Cav. Co.B
Buckley, Napoleon B. MS 22nd Inf. Co.A
Buckley, Nathaniel T. TN 18th (Newsom's) Cav. Co.B 2nd Lt.
Buckley, Nathan S. MS 2nd Cav. Co.F
Buckley, N.G. MS 22nd Inf.
Buckley, Norris LA Arty. Hutton's Co. (Crescent Arty.,Co.A)
Buckley, N.T. TN 19th & 20th (Cons.) Cav. Co.H 1st Lt.
Buckley, O. TN 19th & 20th (Cons.) Cav. Co.K
Buckley, O. TN 20th (Russell's) Cav. Co.K
Buckley, P. LA Mil. 1st Regt. 2nd Brig. 1st Div.
Buckley, Patrick GA 1st (Olmstead's) Inf. Co.E
Buckley, Patrick MS 19th Inf.Co.C
Buckley, Patrick NC Hvy.Arty. 1st Bn. Co.A
Buckley, Patrick NC 6th Inf. Co.A
Buckley, P.C. 1st Conf.Inf. 1st Co.F
Buckley, Peter AL Lt.Arty. 2nd Bn. Co.E Artif.
Buckley, Peter C. GA Lt.Arty. Pritchard's Co. (Washington Arty.) Cpl.
Buckley, Peter C. GA 36th (Villepigue's) Inf. Co.F
Buckley, R. MS St.Cav. 3rd Bn. (Cooper's) Little's Co.
Buckley, Reuben E. MS 36th Inf. Co.I
Buckley, Richard MS Cav. 3rd Bn.Res. Co.D
Buckley, Richard MS Cav. Gibson's Co.
Buckley, Richard MS 2nd (Quinn's St.Troops) Inf. Co.A
Buckley, R.L. TN 9th Inf. Co.E
Buckley, Robert LA 10th Inf. Co.E
Buckley, Robert J. VA 45th Inf. Co.B
Buckley, S. TN 51st Inf. Co.B
Buckley, S. TN 51st (Cons.) Inf. Co.H
Buckley, S.C. MS 1st Lt.Arty. Co.F
Buckley, S.C. MS Horse Arty. Cook's Co.
Buckley, S.C. MS 2nd (Quinn's St.Troops) Inf. Co.A
Buckley, S.C. MS 46th Inf. Co.B
Buckley, Seaborn MS 4th Cav. Co.A
Buckley, T. VA Res. Co.A
Buckley, Thomas MS Cav. Gibson's Co.
Buckley, Thomas MS 22nd Inf. Co.A
Buckley, Thomas TN 1st (Carter's) Cav. Co.E
Buckley, Thomas TN 2nd (Walker's) Inf. Co.H
Buckley, Thomas 9th Conf.Inf. Co.D
Buckley, Timothy FL 7th Inf. Co.K Sgt.
Buckley, Timothy GA 19th Inf. Co.F Drum.
Buckley, Timothy GA 20th Inf. Co.K
Buckley, Timothy LA 13th Inf. Co.B
Buckley, Timothy TN 1st Hvy.Arty. 2nd Co.D
Buckley, Timothy TX 1st Hvy.Arty. 2nd Co.F
Buckley, Timothy TX 3rd Inf. 1st Co.A,G
Buckley, Timothy B. SC 1st (Butler's) Inf. Co.F
Buckley, Timothy J. LA 1st (Nelligan's) Inf. Co.D 1st Lt.
Buckley, T.J. MS St.Cav. 3rd Bn. (Cooper's) Little's Co.
Buckley, Townsend M. AL 21st Inf. Co.E
Buckley, T.P. MS 39th Inf. Co.F
Buckley, W.C. TN 9th (Ward's) Cav. Co.B Cpl.
Buckley, W.D. TN 12th (Green's) Cav. Co.B,D
Buckley, W.H. MS 38th Cav. Co.A
Buckley, William AR Inf. Hardy's Regt. Co.G
Buckley, William GA Inf. 1st Loc.Troops (Augusta) Co.E
Buckley, William LA 1st (Nelligan's) Inf. Co.E
Buckley, William LA 9th Inf. Co.B
Buckley, William LA 10th Inf. Co.D
Buckley, William MO 8th Cav. Co.I
Buckley, William MO 1st Inf. Co.D,E
Buckley, William MO 1st & 4th Cons.Inf. Co.D
Buckley, William TN 13th Cav. Co.B Cpl.
Buckley, William VA 1st Inf. Band
Buckley, William VA 1st Inf. Co.C
Buckley, William VA Inf. 4th Bn. Co.A
Buckley, William VA 27th Inf. Co.C
Buckley, William A. VA 45th Inf. Co.B
Buckley, William B. TN 32nd Inf. Co.A
Buckley, William Edward MS 1st Lt.Arty. Co.A
Buckley, William J.S. MS Inf. 3rd Bn. Co.A
Buckley, William N. TX 35th (Likens') Cav. Co.C
Buckley, William O. TN 13th Cav. Co.B Cpl.
Buckley, William W. AL St.Arty. Co.A
Buckley, W.L. TX Cav. Baylor's Regt. Co.K
Buckley, Young Archy TX 1st Inf. 2nd Co.K
Bucklin, John VA Cav. Caldwell's Bn. Taylor's Co.
Bucklin, S. AR 8th Inf. Co.A
Bucklin, William H. NC Mil. Clark's Sp.Bn. Co.B
Bucklow, William NC 57th Inf. Co.A
Buckly, Bartholomew LA 4th Inf. Co.B
Buckly, David MS 38th Cav. Co.B
Buckly, Henry TN Cav. 11th Bn. (Gordon's) Co.C
Buckly, I.C. TX 8th Cav. Co.K
Buckly, J. GA Inf. 18th Bn. (St.Guards) Co.D
Buckly, J.M. TN 46th Inf. Co.F
Buckly, John LA 21st (Kennedy's) Inf. Co.B
Buckly, Thomas TN 3rd (Forrest's) Cav. Co.D
Buckman, Ben KY Cav. 2nd Bn. (Dortch's) Co.C Sgt.
Buckman, Ben KY 10th (Johnson's) Cav. New Co.F 1st Sgt.
Buckman, Ben KY Morgan's Men Co.G 1st Sgt.
Buckman, Benedict KY 1st (Butler's) Cav. Sgt.
Buckman, Charles B. VA 31st Inf. Co.G 2nd Lt.
Buckman, Charles H. KY 4th Mtd.Inf. Co.C Sgt.
Buckman, D.V. VA 26th Cav. Co.E
Buckman, F. LA Mil. Fire Bn. Co.B
Buckman, George AL 17th Inf. Co.K
Buckman, George L. NC 2nd Arty. (36th St.Troops) Co.G Sgt.
Buckman, George L. NC Lt.Arty. 13th Bn. Co.D
Buckman, H. TX Waul's Legion Co.B
Buckman, Henry J. NC 1st Arty. (10th St.Troops) Co.H 1st Sgt.
Buckman, J. KY 10th (Johnson's) Cav. New Co.G
Buckman, James VA 33rd Inf. Co.F
Buckman, James A. VA 31st Inf. Co.F
Buckman, J.B. GA 19th Inf. Co.G
Buckman, J.C. MS 18th Cav.
Buckman, John N. KY 1st (Helm's) Cav. Co.B Sgt.
Buckman, M. MS 48th Inf. Co.F
Buckman, Noah NC 1st Cav. (9th St.Troops)
Buckman, R.H. SC Inf. Hampton Legion
Buckman, Saml. VA 31st Inf. Co.G
Buckman, Sidney VA 31st Inf. Co.G 1st Lt.
Buckman, T.E. S. Jones' Staff Capt.,Ord.Ch.
Buckman, Thomas KY 10th (Johnson's) Cav. New Co.G
Buckman, Thomas E. FL 10th Inf. Co.D Capt.
Buckman, W.C. KY 10th (Johnson's) Cav. New Co.F
Buckmann, Gerhard TX 17th Inf. Co.H
Buckmaster, Daniel LA 3rd Inf. Co.B
Buckmaster, Henry C. MD Arty. 4th Btty. Sgt.
Buckmaster, Thomas Mtd.Spies & Guides Madison's Co.
Buckmer, Leonard AL 17th Inf. Co.F
Bucknear, Robert VA 6th Inf. 1st Co.B, Co.D
Buckner, --- VA Hvy.Arty. 19th Bn. Co.C
Buckner, Absolem NC Inf. 2nd Bn. Co.H
Buckner, A.H. SC Simons' Co.
Buckner, A.J. AR 45th Cav. Co.D
Buckner, Albert NC 29th Inf. Co.D
Buckner, Alexander TN 2nd (Robison's) Inf. Co.K
Buckner, Alfred NC 39th Inf. Co.I
Buckner, Allen NC 64th Inf. Co.A
Buckner, Ant TN 29th Inf. Co.A
Buckner, Archibald AL 44th Inf. Co.B
Buckner, Aug SC 1st Regt. Charleston Guard Co.I
Buckner, Augustus SC Arty. Fickling's Co. (Brooks Lt.Arty.) Cpl.
Buckner, Avery J. GA 3rd Inf. Co.B,D
Buckner, A.W. TX 1st Inf. Co.C 1st Lt.
Buckner, A.W. VA 4th Cav. Co.C
Buckner, Aylette Gen. & Staff AQM
Buckner, Benjamin VA Lt.Arty. Thornton's Co.
Buckner, Benjamin F. AL 33rd Inf. Co.B
Buckner, Benjamin F. NC 69th Inf. Co.D
Buckner, Benjamin F. VA 53rd Inf. Co.F
Buckner, Benj. F. Gen. & Staff Capt.,AQM
Buckner, B.F. NC 60th Inf. Co.C
Buckner, B.F. SC 1st Mtd.Mil. Martin's Co. 1st Sgt.
Buckner, B.F. SC 3rd Cav. Co.E 1st Sgt.
Buckner, B.F. VA 9th Inf. 2nd Co.A
Buckner, B.F. VA 55th Inf. Co.F
Buckner, B.M. VA 82nd Mil. Co.D
Buckner, C.B. MS 28th Cav. Co.C Capt.
Buckner, C.C. VA 7th Cav. Co.G

Buckner, C.C. VA 46th Inf. 1st Co.K
Buckner, C. Calhoun VA 59th Inf. Co.A 1st Lt.
Buckner, C.G. AL 8th Inf. Co.B
Buckner, Charles GA 1st Inf. Co.I Cpl.
Buckner, Charles A. VA 53rd Inf. Co.F
Buckner, Charles W. VA 53rd Inf. Co.F
Buckner, Christopher S. NC Inf. 2nd Bn. Co.H
Buckner, Clarborn AL 34th Inf. Co.H,E
Buckner, Clint TN 29th Inf. Co.A
Buckner, C.R. GA 2nd Inf. Co.I
Buckner, C.R. GA 8th Inf. (St.Guards) Co.A
Buckner, C.R. KY 2nd (Woodward's) Cav. Co.A Cpl.
Buckner, C.S. KY 12th Cav. Co.B
Buckner, Cuthbert VA 30th Inf. Co.C
Buckner, Cuthbert VA 40th Inf. Co.E
Buckner, D.A. VA 3rd Inf.Loc.Def. Co.D
Buckner, David NC Inf. 2nd Bn. Co.H
Buckner, David NC 25th Inf. Co.K
Buckner, David NC 64th Inf. Co.C
Buckner, David A. AL 7th Inf. Co.D QMSgt.
Buckner, David A. TN 44th (Cons.) Inf. Co.D Capt.
Buckner, David F. LA 6th Inf. Co.D Capt.
Buckner, Davis MS 28th Cav. Co.D
Buckner, D.P. Beall's Staff 1st Lt.,ADC
Buckner, D.S. GA 19th Inf. Co.I
Buckner, E. MS 1st Cav. Co.B
Buckner, E. MS 1st (Patton's) Inf. Co.A
Buckner, E. MS 10th Inf. Co.O Sgt.
Buckner, E. TN 19th (Biffle's) Cav. Co.E
Buckner, E.C. TN 15th (Stewart's) Cav. Co.G Cpl.
Buckner, Ed. G. AR 8th Inf. New Co.B
Buckner, Edward MO Inf. 3rd Regt.St.Guard Co.D 3rd Lt.
Buckner, E.E. MO 1st Brig.St.Guard 1st Lt.
Buckner, E.F. TX 11th Inf. Co.B
Buckner, E.F. TX 11th Inf. Co.F
Buckner, Elam NC 64th Inf. Co.D
Buckner, Eli NC 26th Inf. Co.G
Buckner, Elias VA Lt.Arty. Pollock's Co.
Buckner, Elias E. VA 24th Inf. Co.H
Buckner, Elijah NC 29th Inf. Co.K
Buckner, Elisha D. MS 22nd Inf. Co.F
Buckner, E.T. LA 25th Inf. Co.E
Buckner, F.B. KY 2nd Mtd.Inf. Co.D Cpl.
Buckner, F.M. TN 9th Cav. Co.C
Buckner, Frank KY 1st (Helm's) Cav. New Co.G
Buckner, Frank P. LA Washington Arty.Bn. Co.2
Buckner, Frank P. Gen. & Staff 1st Lt.,MSK
Buckner, F.W. TN 60th Mtd.Inf. Co.D
Buckner, G.A. LA 11th Inf. Comsy.
Buckner, Garrett D. GA 39th Inf. Co.D
Buckner, Garrett D. NC 64th Inf. Co.D Cpl.
Buckner, G.D. TN 43rd Inf. Co.H 1st Lt.
Buckner, George G. NC 64th Inf. Co.D
Buckner, George W. LA 7th Inf. Co.B
Buckner, George W. NC 64th Inf. Co.C
Buckner, George W. NC 64th Inf. Co.D
Buckner, George W. VA Hvy.Arty. Epes' Co.
Buckner, George W. VA Inf. 22nd Bn. Co.B
Buckner, George W. Trans-MS Conf.Cav. 1st Bn. Co.C Capt.
Buckner, Geo. W. Gen. & Staff Capt.,Asst. Comsy.,Surg.
Buckner, H. VA 7th Inf.
Buckner, Haley NC 6th Cav. (65th St.Troops) Co.A
Buckner, Haly NC Cav. 5th Bn. Co.A
Buckner, Harrison H. NC Cav. 5th Bn. Co.A
Buckner, Harris S. GA 45th Inf. Co.E
Buckner, H.C. MS 28th Cav. Co.D
Buckner, H.C. MO 9th (Elliott's) Cav. Co.H
Buckner, Henry KY 5th Mtd.Inf. Co.B
Buckner, Henry C. AR Cav. Wright's Regt. Co.F
Buckner, Henry C. NC 2nd Bn.Loc.Def.Troops Co.A
Buckner, Henry E. NC 3rd Cav. (41st St.Troops) Co.D Black.
Buckner, H.H. NC 6th Cav. (65th St.Troops) Co.A
Buckner, Hinley NC 64th Inf. Co.F
Buckner, Hiram C. TN 14th Inf. Co.D Capt.
Buckner, I.N. MO 11th Inf. Co.G
Buckner, J. VA 110th Mil. Saunder's Co. Cpl.
Buckner, J.A. SC 2nd Inf. Co.K
Buckner, J.A. TN 14th Inf. Co.L
Buckner, J.A. VA 8th Cav. 2nd Co.D
Buckner, J.A. VA Lt.Arty. 12th Bn. Co.B
Buckner, J.A. Conf.Lt.Arty. Richardson's Bn. Co.A
Buckner, Jacob C. TN 25th Inf. Co.K Cpl.
Buckner, Jacob M. NC 64th Inf. Co.D
Buckner, James AL 45th Inf. Co.B
Buckner, James AL 63rd Inf. Co.B
Buckner, James LA 10th Inf. Co.B Capt.
Buckner, James MO 4th Cav. Co.G
Buckner, James VA 55th Inf. Co.I
Buckner, James Gen. & Staff Capt.,AQM
Buckner, James A. VA Lt.Arty. Penick's Co.
Buckner, James B. TX 17th Cav. Co.C
Buckner, James C. MO Cav. Snider's Bn. Co.D 1st Lt.
Buckner, James C. MO Cav. Wood's Regt. Co.B Capt.
Buckner, James D. MO 3rd Cav. Co.I
Buckner, James G. TX 24th Cav. Co.G
Buckner, Jas. H. AL 51st (Part.Rangers) Co.F
Buckner, James H. SC 2nd St.Troops Co.D Capt.
Buckner, James H. SC 11th Res. Co.I 1st Lt.
Buckner, James H. VA 20th Inf. Co.B
Buckner, James M. GA Hvy.Arty. 22nd Bn. Co.B
Buckner, James M. TN 3rd (Lillard's) Mtd.Inf. Co.I Capt.
Buckner, James M. VA 19th Cav. Co.G
Buckner, James R. NC 25th Inf. Co.K
Buckner, James R. TN 1st (Feild's) Inf. Co.B Cpl.
Buckner, James R. VA 109th Mil. Co.B
Buckner, James R. Ashby's Brig. 2nd Lt.,Ord.Off.
Buckner, James S. LA Arty. Green's Co. (LA Guard Btty.)
Buckner, James S. LA 1st (Nelligan's) Inf. 1st Co.B
Buckner, James T. GA 1st (Olmstead's) Inf. Gordon's Co. 2nd Lt.
Buckner, James T. GA 63rd Inf. Co.B Capt.
Buckner, James W. NC 64th Inf. Co.D
Buckner, J.B. TX 1st Inf. Co.C
Buckner, J.D. MO Inf. 1st Bn. Co.C
Buckner, Jesse F. TN 59th Mtd.Inf. Co.H
Buckner, Jesse W. AL 41st Inf. Co.H
Buckner, J.H. AL 45th Inf. Co.B
Buckner, J.H. MS 28th Cav. Co.D
Buckner, J.H. NC 64th Inf. Co.G
Buckner, J.H. TN Cav. 1st Bn. (McNairy's) Co.D Cpl.
Buckner, J.J. TN 50th Inf. Co.G
Buckner, J.M. NC 60th Inf. Co.C
Buckner, J.N. AL 45th Inf. Co.B
Buckner, J.N. GA 1st Inf. (St.Guards) Co.K
Buckner, J.N. MS 15th Bn.S.S. Co.B
Buckner, Joel GA 49th Inf. Co.I
Buckner, John AL 41st Inf. Co.I
Buckner, John AR Lt.Arty. Zimmerman's Btty.
Buckner, John MO 8th Inf. Co.C
Buckner, John NC 1st Cav. (9th St.Troops) Co.K
Buckner, John NC 67th Inf. Co.H
Buckner, John SC 1st Arty. Co.I
Buckner, John SC 23rd Inf. Co.D
Buckner, John TN 7th Inf. Co.I
Buckner, John VA 5th Cav. Co.E
Buckner, John VA Cav. 40th Bn. Co.D
Buckner, John VA 27th Inf. Co.D,G
Buckner, John VA 57th Inf. Co.C
Buckner, John A. KY 8th Mtd.Inf. Co.G Capt.
Buckner, John A. NC 45th Inf. Co.I
Buckner, John A. TN 19th Inf. Co.H
Buckner, John A. VA 30th Inf. Co.F
Buckner, John A. Gen. & Staff Maj.,AAG
Buckner, John B. LA 28th (Gray's) Inf. Co.I
Buckner, John C. Gen. & Staff Enrolling Off.
Buckner, John J. MS 18th Inf. Co.A
Buckner, John J. NC Lt.Arty. 3rd Bn. Co.C
Buckner, John K. TN 32nd Inf. Co.K Sgt.
Buckner, John K. TN 36th Inf. Co.B
Buckner, John P. TN 14th Inf. Co.D
Buckner, John S. TN 43rd Inf. Co.F
Buckner, John T. Gen. & Staff 1st Lt.,Adj.
Buckner, John W. AR 3rd Cav. Co.I Sgt.
Buckner, Joseph MO 2nd Inf.
Buckner, Joseph H. NC 64th Inf. Co.D
Buckner, Jos. S. Gen. & Staff Asst.Surg.
Buckner, Joshua B. GA 45th Inf. Co.B
Buckner, Joshua M. GA 37th Inf. Co.C
Buckner, J.R. TN 43rd Inf. Co.D 1st Sgt.
Buckner, J.S. MS 27th Inf. Co.E Asst.Surg.
Buckner, J.S. TX 11th Inf. Co.E
Buckner, J.S. Gen. & Staff Asst.Surg.
Buckner, J.T. TX 7th Inf. Co.I
Buckner, J.T. TX 11th Inf. Co.B
Buckner, J.W. TN Cav. Allison's Squad. Co.B
Buckner, J.W. SC Inf. 7th Bn. (Enfield Rifles) Co.E
Buckner, L.A. KY 1st (Helm's) Cav. New Co.G
Buckner, Levi AL Cp. of Instr. Talladega
Buckner, Levi MO 4th Cav. Co.I
Buckner, Levi NC 39th Inf. Co.I
Buckner, Levi NC 64th Inf. Co.F
Buckner, Louis NC 18th Inf. Co.A
Buckner, M. NC 61st Inf. Co.D
Buckner, Marion L. NC 64th Inf. Co.A
Buckner, Milton T. GA 19th Inf. Co.I
Buckner, Mitchael A. NC 16th Inf. Co.B
Buckner, Moses M. TX 17th Cav. Co.C

Buckner, Mumphord J. TX 14th Cav. Co.D Sgt.
Buckner, M.W. AL 8th Inf. Co.B
Buckner, N. LA Washington Arty.Bn. Co.5
Buckner, N. TN Cav. 1st Regt. Co.M
Buckner, Nathan NC 64th Inf. Co.D
Buckner, Newton TX 15th Field Btty. Jr.1st Lt.
Buckner, Newton Sig.Corps,CSA Sgt.
Buckner, Newton J. NC 64th Inf. Co.D Cpl.
Buckner, Nimrod NC 58th Inf. Co.E
Buckner, Nimrod NC 60th Inf. Co.A
Buckner, Ninevah T. NC Cav. 14th Bn. Co.K
Buckner, Ninevah T. NC 25th Inf. Co.K 2nd Lt.
Buckner, Noah NC 64th Inf. Co.D
Buckner, Noah M. NC 64th Inf. Co.D
Buckner, O.G. AR 18th (Marmaduke's) Inf. Co.C
Buckner, Overton G. 3rd Conf.Inf. Co.C
Buckner, Perry F. SC 3rd Cav. Co.C
Buckner, Perry F. SC Mil.Cav. 4th Regt. Howard's Co.
Buckner, P.F. SC 5th Cav. Co.B 1st Lt.
Buckner, P.F. SC 1st Mtd.Mil. Green's Co. 2nd Lt.
Buckner, Pleasant AL 37th Inf. Co.A,C
Buckner, P.M. MS 28th Cav. Co.G
Buckner, R. KY Cav. 2nd Bn. (Dortch's) Co.D
Buckner, R.A. KY 2nd (Duke's) Cav. Co.E Cpl.
Buckner, Reason GA 12th (Robinson's) Cav. (St.Guards) Co.E
Buckner, R.H. TN 19th (Biffle's) Cav. Co.I 2nd Lt.
Buckner, R.H. VA 34th Mil. Co.C 1st Lt.
Buckner, Richard NC 26th Inf. Co.G
Buckner, Richard P. VA Cav. Mosby's Regt. (Part.Rangers) Co.B Sgt.
Buckner, Richmond T. TN 44th Inf. Co.D
Buckner, Richmond T. TN 44th (Cons.) Inf. Co.D
Buckner, Riley NC 64th Inf. Co.F
Buckner, Robert AL Lt.Arty. Lee's Btty.
Buckner, Robert KY Morgan's Men Co.D
Buckner, Robert VA Arty. Paris' Co.
Buckner, Robert VA Lt.Arty. Pollock's Co.
Buckner, Robert VA 41st Inf. 1st Co.E
Buckner, Robert Henry VA 2nd Cav. Co.G Sgt.
Buckner, Robert J. MS 19th Inf. Co.E
Buckner, Robert T. VA 24th Inf. Co.H Sgt.
Buckner, R.T. Gen. & Staff Capt.,AQM
Buckner, R.U. KY 2nd Mtd.Inf. Co.D Cpl.
Buckner, Rufus MO St.Guard
Buckner, Rufus M. MO 10th Inf. Co.G
Buckner, R.W.H. VA 9th Cav. Co.B
Buckner, Samuel KY 2nd (Duke's) Cav. Co.A
Buckner, Samuel MO 4th Cav. Co.I
Buckner, Samuel TN 1st (Carter's) Cav. Co.M
Buckner, Samuel E. TN 1st (Feild's) Inf. Co.B
Buckner, Samuel P. TN 19th Inf. Co.B
Buckner, S.B. TN 7th Inf. Co.G
Buckner, S.B. Gen. & Staff Brig.Gen.
Buckner, T. KY Morgan's Men Co.C
Buckner, T.A. MS 3rd Cav.
Buckner, Thaddeus G. SC 3rd Cav. Co.C Capt.
Buckner, Thaddeus G. SC Mil.Cav. 4th Regt. Howard's Co. 1st Lt.
Buckner, Thomas MO 1st N.E. Cav. Co.O Cpl.
Buckner, Thomas Gen. & Staff 2nd Lt.,Dr.M.
Buckner, Thomas J. MO 8th Cav. Co.C,D
Buckner, Thomas L. TX 2nd Cav. Co.C
Buckner, Thomas M. AL 63rd Inf. Co.B
Buckner, Thomas P. GA Lt.Arty. Scogin's Btty. (Griffin Lt.Arty.)
Buckner, Thomas R. KY 4th Cav. Co.E Sgt.
Buckner, Thomas R. KY 9th Cav. Co.E
Buckner, Thomas R. VA 44th Inf. Co.C Capt.
Buckner, Thomas S. NC 45th Inf. Co.I Sgt.
Buckner, T.J. TN 8th (Smith's) Cav. Co.D
Buckner, T.L. TX 3rd Inf. 2nd Co.C 2nd Lt.
Buckner, T.L. TX Conscr. 2nd Lt.
Buckner, T.R. AL 18th Inf. Co.I
Buckner, U.G. GA 46th Inf. Co.G Sgt.
Buckner, Uriah G. GA Conscr.
Buckner, Uriah T. TN Cav. Shaw's Bn. Hamilton's Co.
Buckner, W. LA 3rd (Harrison's) Cav. Co.A 2nd Lt.
Buckner, W.A. AL 36th Inf. Co.K Sgt.
Buckner, W.A. KY 5th Cav. Co.C
Buckner, W.A. NC 1st Cav. (9th St.Troops) Co.K
Buckner, W.A. TX 13th Vol. Co.C
Buckner, Warren J. MS 35th Inf. Co.I
Buckner, W.D. TX 3rd Cav. Co.I
Buckner, W.E. GA 19th Inf. Co.I
Buckner, Wesley NC 6th Sr.Res. Co.B Cpl.
Buckner, W.F. KY 1st (Helm's) Cav. Co.A
Buckner, W.F. KY 2nd (Woodward's) Cav. Co.A 2nd Lt.
Buckner, W.F. TN Cav. Woodward's Co.
Buckner, Wiley MO 10th Inf. Co.G
Buckner, William GA Lt.Arty. Ritter's Co. Cpl.
Buckner, William MS 3rd (St.Troops) Cav. Co.A
Buckner, William MO 1st N.E. Cav. Co.O Cpl.
Buckner, William NC 64th Inf. Co.C
Buckner, William TN 61st Mtd.Inf. Co.G
Buckner, William TX 18th Inf. Co.B
Buckner, William Conf.Cav. Wood's Regt. 1st Co.A
Buckner, William A. NC 39th Inf. Co.B
Buckner, William A. TN 3rd (Lillard's) Mtd.Inf. Co.I 3rd Lt.
Buckner, William A. VA Inf. 5th Bn. Co.F
Buckner, William A. VA Cav.Res. Lt.
Buckner, William C.D. GA 14th Inf. Co.A Cpl.
Buckner, William D. GA 39th Inf. Co.D
Buckner, William E. SC 1st Mtd.Mil. Screven's Co.
Buckner, William E. SC 3rd Cav. Co.C
Buckner, William J. LA 31st Inf. Co.H
Buckner, William L. NC 64th Inf. Co.D
Buckner, William M. VA 23rd Inf. Co.G Sgt.
Buckner, William R. VA Hvy.Arty. Epes' Co.
Buckner, William R. VA 20th Inf. Co.B
Buckner, William S. GA 44th Inf. Co.F
Buckner, William T. AR Cav. Wright's Regt. Co.D
Buckner, William W. GA Inf. 39th Regt. Co.D
Buckner, W.J. NC 60th Inf. Co.C
Buckner, W.S. MS 39th Inf. Co.B
Buckner, W.T. LA 16th Inf. Co.E
Buckner, W.T. LA Inf.Crescent Regt. Co.K
Buckner, W.T. LA Inf.Cons.Crescent Regt. Co.O
Buckney, L.M. AL 3rd Inf. Co.C
Buckon, J.E. SC 12th Inf. Co.E Cpl.
Buckow, John W. TX 3rd Inf. Co.D
Buckow, John William TX 8th Inf. Co.I
Buckow, Joseph TX 8th Inf. Co.I
Buckow, Joseph TX Inf. 24th Bn.
Bucks, H.T. TN 7th Inf. Co.B Cpl.
Bucks, Samuel B. TN 34th Inf. Co.B
Bucks, William H. 1st Chickasaw Inf. Gregg's Co.
Buck Skin 1st Seminole Mtd.Vol.
Buckskin, Jess 1st Cherokee Mtd.Rifles Co.A Sgt.
Buckston, M.C. TN 21st (Wilson's) Cav. Co.H
Buckstone, J.H. SC Cav. 10th Bn. Co.B
Buckwell, George TN Cav. 12th Bn. (Day's) Co.C
Buckwell, Geo. Gen. & Staff Lt.
Buckworth, G.W. TN 6th Inf. Co.D
Bucleve, --- TX 2nd Cav. Co.I
Bucner, Jacob TN 13th (Gore's) Cav. Co.H
Buco, Bedex A. SC 6th Inf. 1st Co.K
Bucy, A.J. TN 5th Inf. Co.A
Bucy, Charles MS 2nd Cav. Co.B
Bucy, Charles W. MS Cav. Jeff Davis Legion Co.B
Bucy, E.S. TN 33rd Inf. Co.C Sgt.
Bucy, H.W. MS 10th Cav. Co.K 2nd Lt.
Bucy, James M. TN 33rd Inf. Co.C
Bucy, J.L. TN 33rd Inf. Co.C
Bucy, J.M. TN Cav. Williams' Co.
Bucy, J.M. TN 5th Inf. Co.A
Bucy, John H. TN 33rd Inf. Co.C
Bucy, Thomas T. TN 33rd Inf. Co.C
Bucy, Wiley W. TN 33rd Inf. Co.C Cpl.
Bud, --- TX Coopwood's Spy Co.
Bud, G.W. VA 12th Inf.
Bud, J.B. GA 47th Inf. Co.A
Budd, Abram V. NC 15th Inf. Co.M
Budd, Abram V. NC 32nd Inf. Co.I Asst.Surg.
Budd, Augustus GA 8th Inf. Co.G
Budd, A.B. Gen. & Staff Asst.Surg.
Budd, A.V. LA 15th Inf. Asst.Surg.
Budd, Charles K. VA 108th Mil. Co.D Capt.
Budd, Daniel TX Inf. Whaley's Co.
Budd, D.B. VA 8th Cav. Co.B
Budd, Frank LA Mil. Bonnabel Guards
Budd, Frank LA Mil. Irish Regt. Co.F
Budd, G.C. NC 1st Inf. Co.A
Budd, George GA 5th Res. Co.B
Budd, George GA 5th Res. Co.G Cpl.
Budd, George E. TN 1st (Feild's) Inf. Co.K
Budd, Green NC 61st Inf. Co.K
Budd, G.W. GA Cav. 22nd Bn. (St.Guards) Co.F
Budd, H. AL 11th Inf. Co.H
Budd, J. GA 59th Inf. Co.H
Budd, James GA 8th Inf. Co.G
Budd, James W. NC 2nd Inf. Co.H
Budd, J.H. GA 8th Inf. Co.G
Budd, J.H. 10th Conf.Cav. Co.G
Budd, John Eng.,CSA
Budd, John H. GA Cav. 19th Bn. Co.B
Budd, Joseph H. NC 2nd Inf. Co.I
Budd, Joseph S. Sig.Corps,CSA
Budd, J.T. FL Lt.Arty. Dyke's Co.
Budd, J.W. AL 10th Inf. Co.K
Budd, J.W. NC Loc.Def. Griswold's Co. Cpl.
Budd, Lemuel G. NC 55th Inf. Co.G Cpl.
Budd, Leven GA 31st Inf. Co.F

Budd, L.G. NC Mil. Clark's Sp.Bn. D.N. Bridgers' Co.
Budd, N. SC 4th Cav. Co.D
Budd, Nathan SC Cav. Tucker's Co.
Budd, Nathaniel F. NC 2nd Inf. Co.K
Budd, Robert TX 26th Cav. Co.F
Budd, Robert TX 1st Hvy.Arty. Co.E
Budd, T.G. SC Rutledge Mtd.Riflemen & Horse Arty. Trenholm's Co. Ord.Off.
Budd, T.G. SC Mil. 1st Regt.Rifles QM
Budd, Thomas GA 10th Inf. Co.G
Budd, Thomas LA 18th Inf. Co.K
Budd, William FL Kilcrease Lt.Arty.
Budd, William NC 55th Inf. Co.G
Budd, William H. GA 8th Inf. Co.G
Budd, W.J. GA 8th Inf. Co.G
Budda, John TN 27th Inf. Co.B
Budde, Louis TX Arty. 4th Bn. Co.B
Budde, Louis TX 8th Inf. Co.B
Buddecke, Theo. W. LA Lt.Arty. Fenner's Btty.
Buddeke, H. TN Hvy.Arty. Sterling's Co.
Budden, Alfred SC Arty. Stuart's Co. (Beaufort Vol.Arty.)
Budden, Alfred SC 11th Inf. Co.A
Budden, William SC 5th Bn.Res. Co.B Sgt.
Budder, John TX 2nd Inf. Co.A
Buddes, --- TX Cav. Mann's Regt. Co.D
Buddin, A.T. SC 23rd Inf. Co.K
Buddin, J.P. NC 23rd Inf. Co.K
Buddin, J.P. SC 23rd Inf. Co.K
Buddin, W. SC 4th St.Troops Co.I
Buddin, William SC 23rd Inf. Co.K
Buddin, W.P. SC 10th Inf. Co.H 2nd Lt.
Buddington, A.G. TX 4th Inf. Co.C
Buddington, W.Z. FL 10th Inf. Co.A Comsy. Sgt.
Budds, N.S. TN 7th Inf. Co.B
Budduke, Theo. LA Mil. Beauregard Bn. A.Adj.
Buddy, Barney TX 2nd Inf. Co.A
Bude, H.M. MO Cav. 6th Regt.St.Guard Co.E 1st Lt.
Bude, John NC 67th Inf. Co.F
Buden, J.C. VA 24th Cav. Co.I
Budershan, Joseph S. AL 63rd Inf. Co.B
Budfixer, A.G. AL 5th Inf. New Co.C
Budgeforth, Samuel H. TN Cav. 2nd Bn. (Biffle's) Co.D
Budges, Joseph AL 28th Inf. Co.B
Budges, J.W. AL Cav. Hardie's Bn.Res. Co.K
Budget, James AL Mil. 2nd Regt.Vol. Co.A
Budget, J.G. TN 12th (Green's) Cav. Co.D
Budget, John TN 15th Inf. Co.D
Budget, Porter TN 15th Inf. Co.D
Budhanan, Thos. E. Gen. & Staff Exempt Off.
Budin, L. AL 20th Inf. Co.A
Budlong, Alfred FL 8th Inf. Co.F
Budly, J.W. NC 14th Inf. Co.E Cpl.
Budmin, J.W. AL 18th Inf. Co.A
Budney, L.M. AL 3rd Res. Co.C Cpl.
Budover, --- TX 2nd Cav. Co.G
Budrick, Louis SC Sea Fencibles Symons' Co.
Budroe, Joseph TX Cav. Madison's Regt. Co.A
Budroe, Ursan TX Cav. Ragsdale's Bn. 2nd Co.F
Budrow, Joseph TX 2nd Cav. Co.E
Budtz, Martin LA Mil. 1st Regt. 3rd Brig. 1st Div. Co.E
Budwell, G.W. LA Inf. 1st Bn. (St.Guards) Co.B
Budwell, John B. VA Goochland Lt.Arty. 2nd Lt.
Budwett, B.F. TN 20th Inf. Co.D Sgt.
Bue, C.F. AL 2nd Cav. Co.H
Bueachamp, G.B. LA 12th Inf. Co.F
Bueche, Eustache LA Pointe Coupee Arty.
Bueche, Toussaint LA Pointe Coupee Arty.
Buehel, Edouard LA C.S. Zouave Bn. Co.B
Buehel, P. LA C.S. Zouave Bn. Co.B Music.
Buehl, E.C.D. LA 8th Inf. Co.D
Buehler, Christian KY 1st (Butler's) Cav. Co.B
Buehler, John C. SC Arty.Bn. Hampton Legion Co.B
Bueker, B. LA Mil. 4th Regt. 1st Brig. 1st Div. Co.E
Buel, C.C TN 19th Inf. Co.C
Buel, Charles TN 6th (Wheeler's) Cav. Co.K
Buel, Charles L. TN Arty. Bibb's Co. Sgt.
Buel, G.W. MD 1st Inf. Co.G
Buela, R. LA Mil. Cazadores Espanoles Regt. Co.1
Buell, B. MS Cav. Buck's Co.
Buell, David AL 8th Inf. Co.F Ord.Sgt.
Buell, George LA Bickham's Co. (Caddo Mil.)
Buell, James AL 1st Cav. 2nd Co.B Capt.
Buell, James LA 5th Inf. Co.D
Buell, Julius H. AR 36th Inf. Co.H
Buell, William P. VA 13th Cav. Co.C Sgt.
Buell, William P. VA 12th Inf. Co.A
Bueller, C. LA Mil. Lafayette Arty.
Buelow, J. TX 4th Inf. Co.A
Bueneman, Theodore TX Arty. 4th Bn. Co.B
Buenemann, Theodore TX 8th Inf. Co.B
Bueno, Juan TX Conscr.
Buer, Charles AR 1st (Crawford's) Cav. Co.K
Buerger, William TX 16th Inf. Co.E Ord.Sgt.
Buerkle, E. LA Mil. Orleans Guards Regt. Co.I
Buero, Angelo SC 1st Regt. Charleston Guard Co.I
Buero, G.W. GA 44th Inf. Co.D
Bues, C.J. TN 19th (Biffle's) Cav. Co.G
Buesby, John SC Mil. 1st Regt. (Charleston Res.) Co.H
Buesche, J.B. LA 30th Inf. Co.A
Buesche, V. LA 30th Inf. Co.A
Buett, E. MS 39th Inf. Co.K
Buett, Thomas MS 7th Inf. Co.B